Ancien élève de
Agr...
Professeur à l'Univer...

MARIANE
Ancienne élève de ...ormale Supérieure
Agrégée de grammaire
Professeur détaché à l'Université de Paris IV-Sorbonne

DICTIONNAIRE
DES
SYNONYMES

HACHETTE
Éducation

Le **Dictionnaire Hachette des Synonymes** est édité
sous la direction de Ghislaine Stora

Chefs de projet
Jean-Pierre Mével
Véronique Chape pour la présente édition

Rédaction
Marc Baratin
Marianne Baratin-Lorenzi

Correction
Élisabeth Bonvarlet
Sylvie Hudelot

Conception graphique
Philippe Latombe

Couverture
Agence Pennel

Informatique éditoriale
Jean-Marc Destabeaux
Lionel Barth

Composition
MCP

Fabrication
Nathalie Chappant
Karine Mangili

Le groupe de linguistique informatique du Centre Scientifique d'IBM France a collaboré à cet ouvrage

ISBN 2.01.280492.6

© HACHETTE LIVRE, 1999.
43, quai de Grenelle,
75905 PARIS CEDEX 15
www.hachette-education.com
Tous droits de traduction, de reproduction et d'adaptation réservés pour tous pays.

Le Code de la propriété intellectuelle n'autorisant, aux termes des articles L. 122-4 et L. 122-5, d'une part, que les « copies ou reproductions strictement à l'usage privé du copiste et non destinées à une convention collective », et d'autre part, que « les analyses et les courtes citations » dans un but d'exemple et d'illustration, « toute représentation ou reproduction intégrale ou partielle, faite sans le consentement de l'auteur ou de ses ayants droit ou ayants cause, est illicite ».
Cette représentation ou reproduction, par quelque procédé que ce soit, sans autorisation de l'éditeur ou du Centre français de l'exploitation du droit de copie (20, rue des Grands-Augustins, 75006 Paris), constituerait donc une contrefaçon sanctionnée par les articles 425 et suivants du Code Pénal.

Avant-propos

On entend souvent dire que les synonymes n'existent pas : aucun mot n'ayant exactement le même sens qu'un autre, il n'y aurait jamais d'équivalence véritable et l'on ne pourrait envisager, tout au plus, que des approximations. Ce lieu commun, né dans le cercle des spécialistes de lexicographie, s'est peu à peu répandu dans le public. Mais ceux-là mêmes qui affirment cette spécificité radicale de chaque terme ne sont pas embarrassés de dire indifféremment qu'on demande à quelqu'un son *opinion* sur une question aussi bien que son *avis*, qu'on *bégaye* des excuses ou qu'on les *balbutie*, qu'il n'est pas bon de se laisser *embrigader* tout comme de se laisser *enrégimenter*, qu'on *dactylographie* un texte ou qu'on le *tape*, et chacun aurait bien du mal à distinguer un escalier *roulant* d'un escalier *mécanique*. Il s'agit là de l'usage courant, de la pratique journalière de la langue, et ce sont ces équivalences que l'on cherche quand on ouvre un dictionnaire de synonymes. Le but d'un tel dictionnaire n'est donc pas de prendre position sur des points de théorie, que nous abandonnons volontiers aux spécialistes, mais de rendre le service qu'en attend le lecteur.

Ce service paraît si simple qu'on peut se demander pourquoi les utilisateurs de dictionnaires de synonymes se plaignent si souvent de ne pas en trouver, aujourd'hui, de bon. Ce reproche mérite réflexion, parce qu'il permet, si l'on y songe, de se rendre compte qu'il y a plusieurs manières de rendre ce service, et que toutes ne se valent pas.

Dans les dictionnaires actuellement disponibles, la relation de synonymie est centrée sur la définition des mots : partant d'un mot, ou d'un de ses sens, on en délimite la définition, et l'on cite comme synonymes les termes qui correspondent à cette définition. Dès lors en effet qu'un *édifice* est une construction d'une certaine importance, le *bâtiment*, qui peut être défini de la même façon, en est un synonyme. Ce schéma de base, identité de définition = synonymie, est dans son principe tout à fait acceptable. Le problème, c'est qu'il conduit paradoxalement à une conception très extensive de la notion de synonymie, et finit par la fausser. Il apparaît très vite en effet que de nombreux termes ont en commun une définition d'ensemble, et ne diffèrent tout au plus que par un élément spécifique : par exemple, le *siège* et la *chaise* sont l'un et l'autre des objets destinés à ce qu'on s'assoie dessus, et la *chaise* se caractérise simplement par le fait qu'elle n'a pas de bras. Que vaut cet élément spécifique au regard de la définition d'ensemble ? Ces deux termes ne partagent-ils pas, en fait, l'essentiel ? Sans doute ne s'agit-il pas d'identité absolue de définition, mais d'une quasi-identité, considérée comme admissible.

Ce principe a un effet très important. Au nom d'une quasi-identité, qui s'articule autour du cœur, du noyau d'une définition, il est possible d'intégrer comme synonymes toutes les espèces correspondant à tel ou tel genre : à *siège*, terme générique, correspondent toutes sortes de termes représentant des objets destinés à ce qu'on s'assoie dessus, la *chaise*, le *fauteuil*, le *tabouret*, le *banc*, le *canapé*, etc., de même qu'à la définition de la *pipe*, ustensile composé d'un tuyau aboutissant à un fourneau contenant une substance fumable, correspondent le *brûle-gueule*, la *bouffarde*, le *calumet*, le *narguilé*. Cette méthode permet d'introduire

AVANT-PROPOS

mécaniquement toutes sortes de séries de termes spécifiques. Ceux qui se risquent sur cette pente arrivent cependant à des résultats absurdes : on en vient à considérer, comme on le trouve dans un dictionnaire existant, que *maladie* a pour synonymes *grippe, vérole, cancer, bronchite...,* et toutes les espèces de maladies, alors même qu'à l'évidence ni les sens ni les emplois de ces termes ne sont comparables, ni, a fortiori, identiques.

Cette conception extensive relâche ainsi la relation de synonymie. Surtout, elle sert de base et de justification à des relâchements plus importants encore. Tout d'abord, à partir de cette communauté d'éléments essentiels, il n'y a pas d'obstacle à considérer comme synonymes des termes qui partagent entre eux une définition générique, quelle que soit l'importance de leurs caractères spécifiques : à ce compte, *bouvier* et *cow-boy* sont synonymes, sur le motif que l'un et l'autre ont en commun d'être des gardiens de vaches, ou *barmaid* et *sommelière* parce que toutes deux servent des boissons, *bouge* et *café* parce qu'on y sert à boire, *appétit* et *boulimie* parce qu'il s'agit d'un désir de nourriture, etc. Une fois admis le principe même d'une différence de caractères spécifiques entre les « synonymes », tout un système de flèches ou de signaux divers indiquent et assument ces variations dans les dictionnaires existants, les sens intensifs, les enrichissements ou les appauvrissements de sens par rapport au terme de référence : à *bon* on trouve *excellent* ; à *mauvais, détestable* ; la *maisonnette* est citée comme synonyme de la *maison* ; la *forêt* du *boqueteau* ; *brader* de *solder*. En fait, plutôt que l'examen d'une relation d'identité, l'analyse de la synonymie devient le prétexte à une sorte de navigation, a priori sans fin, autour de chaque notion, pour en inventorier tout ce qui l'enveloppe, l'entoure, l'avoisine. En un mot, cette dérive entraîne le lecteur vers l'analogie, c'est-à-dire vers tout ce qui partage plus ou moins tel ou tel caractère avec le terme de référence, et peu à peu, renonçant aux exigences sérieuses de la synonymie, les dictionnaires de synonymes finissent par prouver qu'en effet les synonymes n'existent pas.

Faut-il participer à cette inflation ? Nous pourrions comme les autres multiplier à l'infini les listes de spécifications et les entrecroiser, citer à *rouge* toutes les espèces de rouge (*pourpre, bordeaux, carmin, cerise, écarlate, vermillon*, etc.), prétendre que *moyen* a pour synonyme à la fois *grand* (intensif) et *petit* (l'inverse), et introduire, pourquoi pas ?, *rhinocéros* et *fourmi* à *animal*, en même temps que *grizzli* et *tourterelle*. Ce serait céder à la facilité d'exploiter l'illusion du nombre, sans apporter aucun service à personne. Cela ne ferait que redoubler les dictionnaires existants sans corriger leurs défauts reconnus, et ce serait finalement méconnaître le service qu'on attend d'un dictionnaire de synonymes.

Car plus que le sens même de la notion de synonymie, ce qui importe, c'est ce à quoi sert un dictionnaire de ce genre, et ce qu'on y cherche. Revenons à cette pratique si courante qui fait qu'il est indifférent dans la langue qu'on demande à quelqu'un son *avis* ou son *opinion* sur une décision à prendre. Quand on rédige ou qu'on traduit un texte, quand on a à formuler ou à exposer une idée, quand en un mot on a besoin d'un dictionnaire de synonymes, on cherche un instrument qui permette de trouver un terme qui puisse permuter avec celui qu'on a en tête, dans la même tournure et, bien sûr, sans changement de sens. C'est cette demande du lecteur, nette et simple, qui détermine ce que doit être un dictionnaire de synonymes. Partant d'un terme quelconque, il s'agit avant

AVANT-PROPOS

tout de le présenter tel qu'il apparaît réellement dans l'usage, c'est-à-dire dans une formule simple, usuelle, banale, mais assez précise pour cerner clairement un sens particulier de ce terme : le sens d'un mot est en effet souvent quelque chose de vague, d'imprécis, qui ne prend réellement corps que dans chaque occurrence. La première chose à faire est donc de constituer une occurrence, de placer le terme dans un contexte, emprunté à l'usage le plus courant. Les synonymes sont alors simplement les termes qui peuvent permuter avec le terme de référence dans ce même contexte. Par cette méthode, on verra que *siège* n'a de synonyme que dans des formules comme *occuper un siège au premier rang* (= place), *se rendre au siège d'un parti* (= quartier général), *ordonner le siège d'une ville* (= investissement), cependant que *maladie* a des synonymes dans des formules comme *une maladie incurable* (= affection, mal), *avoir la maladie du rangement* (= manie, rage, obsession, vice, virus).

Cette méthode permet de s'abstraire de l'éternel problème de la définition. Le seul problème qui compte, c'est de savoir s'il y a ou non, dans la permutation, une perte ou un surcroît d'informations tels que la permutation même soit en fait impossible. Ainsi, il importe peu, au fond, que *regret* et *remords* n'aient pas exactement la même définition si dans une langue courante, mais non relâchée, par exemple dans une formule comme *on lui a surtout reproché de n'avoir manifesté aucun regret*, *regret* et *remords* permutent sans changement de sens, c'est-à-dire sans perte ni surcroît d'informations. De même, des termes dont le sens est assurément différent, comme *tactique* et *stratégie*, permutent sans difficulté quand il s'agit de dire que *pour obtenir tel ou tel résultat, chacun a sa stratégie personnelle* (sa *tactique,* sa *méthode,* son *truc*). À l'inverse, la permutation d'un terme spécifique avec un terme générique, dans un contexte qui soit à la fois vraisemblable, précis et pertinent, entraîne une variation d'informations telle qu'il n'y a évidemment pas de relation de synonymie : *une cravate bordeaux* n'est pas seulement *une cravate rouge*, et si l'on se donne le droit de faire permuter *une chaise de jardin,* qui s'oppose au *fauteuil,* avec *un siège de jardin,* qui l'inclut, pourquoi ne pas faire permuter *avoir une perruche en cage* avec *avoir un animal en cage* ?

La permutation permet ainsi d'écarter tous les à-peu-près qui seraient conservés dans la perspective de la définition : c'est le cas notamment pour les termes techniques, qui ne sont parfois distincts que par des caractères spécifiques très secondaires dans le cadre d'une définition, mais dont la permutation est impossible dans le cadre d'un contexte pertinent. Or non seulement ces à-peu-près, dont les dictionnaires fourmillent, ne sont d'aucune utilité, mais l'expérience prouve qu'ils peuvent induire en erreur, en masquant en fait les différences entre les termes.

Visant ainsi à créer un instrument de travail pratique et utile, où les différents sens sont distingués par des emplois en contexte, nous avons cherché à rendre compte du plus grand nombre possible de termes utiles, d'où le très grand nombre d'entrées (environ 17 500), alors même que nous n'avons pas retenu comme entrées certains termes qui peuvent figurer dans une série de synonymes, mais qui sont par eux-mêmes trop rares pour qu'ils apparaissent en entrée. Ce système garantit une utilisation large de ce dictionnaire, qui n'est pas limité à quelques termes simples ou basiques, sans être pour autant encombré de termes techniques ou inusités. À l'intérieur de chaque entrée, nous avons en outre

AVANT-PROPOS

distingué, le cas échéant, diverses sous-entrées, correspondant à des différences de sens du terme d'entrée : *abaisser* n'a pas les mêmes synonymes selon qu'on *abaisse la valeur d'une monnaie* (= *affaiblir, amoindrir, baisser, déprécier, diminuer, réduire*), qu'on *abaisse un auvent* (= *rabattre, replier, descendre*), ou dans une formule figurée du type *la misère abaisse l'homme* (= *avilir, dégrader, rabaisser, ravaler*). La multiplication de ces sous-entrées accroît encore l'extension du champ couvert par ce dictionnaire, tout en en renforçant la précision. Sauf dans le cas où le sens du terme d'entrée est unique et ne prête à aucune ambiguïté, chaque entrée ou sous-entrée est accompagnée de ces formules qui en situent le sens, et qui permettent de vérifier la validité de la permutation.

À l'intérieur même des séries de synonymes, nous ne nous sommes autorisé que deux variations qui touchent aux éventuelles connotations des synonymes et pourraient induire l'utilisateur en erreur. La première, très limitée, concerne la valeur péjorative de certains termes : *têtu* est employé exactement dans les mêmes contextes qu'*opiniâtre,* mais généralement en mauvaise part, tout comme le *jargon médical* par rapport au *vocabulaire médical*. La seconde est celle du niveau de langue : certains termes sont familiers, d'autres littéraires, quelques-uns vieillis. Par exemple, par rapport à *rusé*, *madré* et *matois* sont plutôt littéraires, tandis que *ficelle* est familier ; par rapport à *tomber*, *choir* est vieux. S'agissant des termes littéraires ou vieux, c'est parfois affaire d'appréciation, et la marge est souvent importante d'un dictionnaire à l'autre. Quant aux mots familiers, nous avons résisté à la tentation si fréquente de noyer les listes de synonymes sous des flots de termes plus ou moins argotiques. Nous sommes bien sûr conscients que la langue vit et bouge, et que les termes familiers en sont la marque. Cependant, de ce fait même, rien ne vieillit plus vite que ces termes, et parfois les lexicographes les plus fervents de ce genre de mots ne se rendent pas compte que ceux qu'ils proposent de voir figurer dans un dictionnaire de synonymes n'existent plus guère : *surin*, que l'on trouve si souvent comme synonyme de *couteau*, ou *gnouf* pour *prison*, dégagent un parfum d'années 50 qui informe plus sur l'âge des lexicographes que sur l'usage de la langue. Nous nous sommes quant à nous limités à des termes admis dans la pratique courante, perçus assurément comme familiers, mais fréquents, en excluant les termes proprement argotiques et tous ceux qui sont trop récents pour ne pas passer aussi vite qu'ils sont venus. De même, nous avons écarté les termes qui ne sont que des variantes (*ciné* ou *cinoche* par rapport à *cinéma*, *intello* par rapport à *intellectuel*, etc.). Introduire ce genre de termes dans un dictionnaire de synonymes n'est qu'un moyen de le gonfler artificiellement en répétant un même mot sous des formes différentes. Nous avons voulu, à l'inverse, rompre avec ce courant vieilli et routinier qui se dissimule derrière le rideau de fumée des accumulations trompeuses, analogiques et répétitives.

La lecture et l'utilisation d'un dictionnaire de ce type demandent que l'ouvrage qu'on a en mains soit simple et franc : c'est la condition pour qu'il remplisse le service qu'on lui demande, et c'est sur ce principe que nous nous sommes constamment réglés.

STRUCTURE DES ARTICLES

abhorrer v. Litt. ▸ **abominer** (litt.), **avoir en horreur**, **détester**, **exécrer**, **haïr**, **vomir**.

— le mot vedette est en caractères gras

— si le mot a un seul sens, sans ambiguïté d'emploi, il est directement suivi de ses synonymes

abîme n. m. **1** Litt. *Descendre dans un abîme* ▸ **aven**, **gouffre**, **précipice**. **2** *Spécialement sous la mer* ▸ **abysse**, **fosse**. **3** Fig. *Les abîmes de l'âme humaine* ▸ **abysses**, **gouffres**, **profondeurs**. **4** Fig. *Le pays est au bord de l'abîme* ▸ **catastrophe**, **déconfiture** (fam.), **naufrage**, **ruine**. **5** Fig. *Il y a un abîme entre ces deux modes de vie* ▸ **gouffre**, **océan**.

— indication du niveau de langue du mot vedette ou de l'un de ses sens

— le triangle annonce les synonymes

abîmé, ée adj. *Des produits alimentaires complètement abîmés* ▸ **altéré**, **amoché** (fam.), **avarié**, **corrompu**, **décomposé**, **gâté**, **moisi**, **perdu**, **pourri**, **putréfié**.

— la catégorie grammaticale suit l'entrée

abîmer v. **1** *abîmer qqch qui marchait bien* ▸ **amocher** (fam.), **bousiller** (fam.), **casser**, **déglinguer** (fam.), **démolir**, **détériorer**, **détraquer**, **endommager**, **esquinter** (fam.), **fusiller** (fam.), **saboter**, **saccager**. **2** *La pluie a abîmé les peintures* ▸ **amocher** (fam.), **bousiller** (fam.), **dégrader**, **détériorer**, **endommager**, **esquinter** (fam.), **gâter**, **saboter**, **saccager**. **3** **s'abîmer** Litt. *Le navire s'abîma dans les flots* ▸ **couler**, **disparaître**, **s'enfoncer**, **s'engloutir**, **sombrer**. **4** Fig. et litt. *S'abîmer dans de sombres méditations* ▸ **s'abandonner à**, **s'absorber dans**, **s'adonner à**, **se plonger dans**, **se vautrer dans** (péj.).

— les synonymes sont en gras ; ils sont présentés par ordre alphabétique

— indication du niveau de langue des synonymes

— la forme pronominale des verbes et les locutions sont en caractères gras

abondance n. f. **1** *Se sentir un peu perdu devant une telle abondance d'informations* ▸ **afflux**, **débauche**, **débordement**, **déluge**, **masse**, **multiplicité**, **pléthore**, **pluie**, **profusion**, **quantité**. **2** *Vivre dans l'abondance* ▸ **fortune**, **luxe**, **opulence**, **prospérité**, **richesse**. **3** **en abondance** *Avoir de la nourriture en abondance* ▸ **à foison**, **à profusion**, **à revendre** (fam.), **à satiété**, **beaucoup**.

— les chiffres arabes marquent les différents sens du mot vedette

— si le mot a plusieurs sens, un exemple, en italique, délimite le contexte d'emploi

ABRÉVIATIONS

adj. adjectif
adj. et n. adjectif et nom
adv. adverbe
conj. conjonction
fam. familier
fig. figuré
interj. interjection
litt. littéraire
loc. locution
n. nom
n.dép. nom déposé
n.f. nom féminin
n.f.pl. nom féminin pluriel
n.m. nom masculin
n.m. pl. nom masculin pluriel
péj. péjoratif
plur. pluriel
prép. préposition
qqch quelque chose
qqn quelqu'un
sing. singulier
v. verbe
vx vieux

a

abaissable adj. ▸ rabattable, repliable.

abaissement n. m. **1** *L'abaissement d'un taux* ▸ affaiblissement, amoindrissement, baisse, diminution. **2** *Déplorer un profond abaissement moral* ▸ abjection, avilissement, bassesse, décadence, déchéance.

abaisser v. **1** *Abaisser la valeur d'une monnaie* ▸ affaiblir, amoindrir, atténuer, baisser, déprécier, descendre, diminuer, réduire. **2** *Abaisser un auvent* ▸ descendre, rabattre, replier. **3** Fig. *La misère abaisse l'homme* ▸ abâtardir (litt.), avilir, dégrader, humilier (vx), rabaisser, ravaler (litt.). **4 s'abaisser** *La plage s'abaisse doucement jusqu'à la mer* ▸ descendre. **5** Fig. *Ce serait s'abaisser que de se comporter de cette façon* ▸ s'avilir, déchoir, déroger, s'humilier. **6** Fig. *S'abaisser à accepter ce à quoi on s'était toujours refusé* ▸ condescendre à, consentir à, daigner.

abandon n. m. **1** *L'abandon d'un bien* ▸ aliénation, cession. **2** *L'abandon d'un usage* ▸ arrêt, cessation, fin, suspension. **3** *Ce serait un abandon scandaleux de les laisser tomber maintenant* ▸ abdication, capitulation, défection, démission, dérobade, désertion, reculade, renoncement, renonciation. **4** Litt. *Mourir dans l'abandon* ▸ délaissement, déréliction (litt.), isolement, solitude. **5** *Parler dans un moment d'abandon* ▸ confiance, détente.

abandonné, ée adj. **1** *Une région abandonnée* ▸ dépeuplé, déserté. **2** *Un usage abandonné* ▸ en déshérence (litt.), obsolète.

abandonner v. **1** *L'affaire se présentait trop mal, il a préféré abandonner* ▸ abdiquer, s'avouer vaincu, baisser les bras, battre en retraite, caler (fam.), caner (fam.), capituler, céder, déclarer forfait, faire défection, s'incliner, jeter l'éponge (fam.), lâcher prise, laisser tomber (fam.), reculer, renoncer, se retirer. **2** *Abandonner tous ses biens et devenir ermite* ▸ céder, se dépouiller de, se dessaisir de, donner, laisser. **3** *Abandonner toutes ses fonctions à titre de protestation* ▸ se démettre de, démissionner de, se désister de, renoncer à. **4** *Abandonner une idée* ▸ enterrer, renoncer à. **5** *Abandonner sa femme* ▸ se défaire de, délaisser, se détacher de, fausser compagnie à, lâcher (fam.), laisser tomber (fam.), larguer (fam.), planter là (fam.), plaquer (fam.), quitter, se séparer de. **6 s'abandonner** *S'abandonner au désespoir* ▸ se laisser aller à, se livrer à, se plonger dans, sombrer dans, succomber à. **7** Litt. *S'abandonner à qqn pour régler un problème* ▸ s'en remettre à, se fier à, se reposer sur. **8** Litt. *Vieillir et commencer à s'abandonner* ▸ se laisser aller, se négliger.

abasourdir v. ▸ atterrer, choquer, consterner, ébahir, ébaubir (litt.), éberluer, étonner, hébéter, interloquer, méduser, pétrifier, sidérer, stupéfier.

abâtardir v. **1** Fig. et litt. *Des peuples fiers que la servitude a fini par abâtardir* ▸ abaisser, avilir, dégrader, gâter, rabaisser, vicier. **2 s'abâtardir** Litt. *Une race qui s'abâtardit* ▸ s'altérer, dégénérer.

abattage n. m. **1** *L'abattage des bœufs* ▸ mise à mort. **2** Fig. *Avoir de l'abattage* ▸ allant, brio, dynamisme, entrain, vivacité.

abattement n. m. **1** *Calculer la somme imposable après l'abattement forfaitaire* ▸ déduction, dégrèvement, exonération. **2** Fig. *Cet échec l'a laissé dans un grand état d'abattement* ▸ accablement, affliction, consternation, découragement, démoralisation, dépression, effondrement, lassitude, mélancolie, neurasthénie, prostration, torpeur.

abattre v. **1** *Abattre une muraille* ▸ démanteler, démolir, jeter à terre, raser, renverser. **2** *Abattre un otage* ▸ assassiner, démolir (fam.), descendre, éliminer, exécuter, flinguer (fam.), liquider (fam.), supprimer (fam.), tuer, zigouiller (fam.). **3** *Abattre différentes sortes d'animaux* ▸ assommer, servir, tirer, tuer. **4** Fig. *Cet échec l'a profondément abattu* ▸ accabler, affliger, attrister, consterner, décourager, dégoûter, démoraliser, déprimer. **5 s'abattre** *S'abattre par terre* ▸ s'affaisser, s'affaler, dégringoler (fam.), s'écraser, s'écrouler, s'effondrer, s'étaler, tomber. **6** Fig. *Des calamités qui s'abattent sur un pays* ▸ fondre, pleuvoir.

abbaye n. f. ▸ monastère.

abbé n. m. **1** *L'abbé d'un monastère* ▸ supérieur. **2** *L'abbé de la paroisse* ▸ curé, prêtre.

a b c n. m. **1** *Le premier a b c d'un enfant* ▸ abécédaire, alphabet. **2** Fig. *L'a b c d'un métier* ▸ b-a-ba, bases, principes, rudiments.

abdication n. f. *Dénoncer une atmosphère d'abdication générale* ▶ abandon, capitulation, démission, désistement, lâcheté, renoncement, veulerie.

abdiquer v. **1** Litt. *Abdiquer tous ses droits* ▶ abandonner, se désister de, renoncer à. **2** *Une autorité qui abdique devant l'accroissement des protestations* ▶ s'avouer vaincu, baisser les bras, capituler, céder, déclarer forfait, s'incliner, lâcher prise, laisser tomber (fam.), plier, reculer, renoncer.

abdomen n. m. ▶ bide (fam.), panse (fam.), ventre.

abdominal, ale adj. ▶ ventral.

abécédaire n. m. ▶ a b c, alphabet.

aberrant, ante adj. **1** *Une espèce biologique aberrante* ▶ anormal, atypique. **2** *Une forme linguistique aberrante* ▶ irrégulier. **3** *Une idée aberrante* ▶ absurde, déraisonnable, extravagant, fou, grotesque, idiot, insensé, loufoque, ridicule, saugrenu.

aberration n. f. **1** *Avoir un moment d'aberration* ▶ démence, divagation, égarement, folie. **2** *Seule son inexpérience peut expliquer de pareilles aberrations* ▶ erreur, fourvoiement (litt.), méprise. **3** *Raconter des aberrations* ▶ absurdité, bêtise, extravagance, folie, non-sens, stupidité.

abêtir v. **1** *Abêtir un enfant en le faisant trop travailler* ▶ abrutir. **2 s'abêtir** *S'abêtir à force de lectures ineptes* ▶ s'abrutir, se bêtifier, se crétiniser.

abêtissement n. m. ▶ abrutissement, hébétude, idiotie, imbécillité, stupidité.

abhorrer v. Litt. ▶ abominer (litt.), avoir en horreur, détester, exécrer, haïr, vomir.

abîme n. m. **1** Litt. *Descendre dans un abîme* ▶ aven, gouffre, précipice. **2** Spécialement sous la mer ▶ abysse, fosse. **3** Fig. et litt. *Les abîmes de l'âme humaine* ▶ abysses, gouffres, profondeurs. **4** Fig. *Le pays est au bord de l'abîme* ▶ catastrophe, déconfiture (fam.), naufrage, ruine. **5** Fig. *Il y a un abîme entre ces deux modes de vie* ▶ gouffre, océan.

abîmé, ée adj. *Des produits alimentaires complètement abîmés* ▶ altéré, amoché (fam.), avarié, corrompu, décomposé, gâté, moisi, perdu, pourri, putréfié.

abîmer v. **1** *Abîmer qqch qui marchait bien* ▶ amocher (fam.), bousiller (fam.), casser, déglinguer (fam.), démolir, détériorer, détraquer, endommager, esquinter (fam.), fusiller (fam.), saboter, saccager. **2** *La pluie a abîmé les peintures* ▶ amocher (fam.), bousiller (fam.), dégrader, détériorer, endommager, esquinter (fam.), gâter, saboter, saccager. **3 s'abîmer** Litt. *Le navire s'abîma dans les flots* ▶ couler, disparaître, s'enfoncer, s'engloutir, sombrer. **4** Fig. et litt. *S'abîmer dans de sombres méditations* ▶ s'abandonner à, s'absorber dans, s'adonner à, se plonger dans, se vautrer dans (péj.).

abject, ecte adj. ▶ abominable, bas, crapuleux, dégoûtant, déshonorant, écœurant, honteux, ignoble, ignominieux (litt.), indigne, infâme, infect, innommable, méprisable, misérable, odieux, repoussant, répugnant, sale, sordide, vil.

abjection n. f. ▶ avilissement, bassesse, boue, crapulerie, fange, honte, ignominie, indignité, infamie, vilenie.

abjuration n. f. *L'abjuration d'Henri IV* ▶ apostasie.

abjurer v. **1** *Monter sur le bûcher pour avoir refusé d'abjurer* ▶ apostasier, se convertir, renier sa foi. **2** *Abjurer une conviction* ▶ renier, répudier. **3** Litt. *Abjurer toute fierté pour sauver sa vie* ▶ abandonner, renoncer à.

ablation n. f. *L'ablation de tel ou tel organe* ▶ amputation, excision, exérèse, résection.

abnégation n. f. ▶ dévouement, renoncement, sacrifice.

abolir v. **1** *Abolir une disposition légale* ▶ abroger, supprimer. **2** *Abolir toutes les barrières sociales* ▶ anéantir, détruire, effacer, faire table rase de, supprimer.

abolition n. f. *L'abolition d'une disposition légale* ▶ abrogation, suppression.

abominable adj. ▶ affreux, atroce, détestable, exécrable, haïssable, horrible, monstrueux, odieux.

abominablement adv. *Un homme abominablement laid* ▶ affreusement, atrocement, horriblement, monstrueusement.

abomination n. f. ▶ atrocité, honte, horreur, ignominie, infamie, monstruosité, scandale.

abominer v. Litt. *Abominer l'hypocrisie* ▶ abhorrer, avoir en horreur, détester, exécrer, haïr, vomir.

abondamment adv. ▶ amplement, à satiété, à volonté, beaucoup, considérablement, copieusement, largement.

abondance n. f. **1** *Se sentir un peu perdu devant une telle abondance d'informations* ▶ afflux, débauche, débordement, déluge, masse, multiplicité, pléthore, pluie, profusion, quantité. **2** *Vivre dans l'abondance* ▶ fortune, luxe, opulence, pros-

abrogation

périté, richesse. **3 en abondance** *Avoir de la nourriture en abondance* ▶ à foison, à profusion, à revendre (fam.), à satiété, beaucoup.

abondant, ante adj. **1** *Une poitrine abondante* ▶ ample, copieux, généreux, opulent, plantureux, volumineux. **2** *Un style abondant* ▶ ample, copieux, foisonnant, généreux, luxuriant, pléthorique, prolixe, riche, touffu. **3** *Un phénomène illustré par d'abondants exemples* ▶ multiple, nombreux.

abonder v. ▶ foisonner, fourmiller, grouiller, pulluler, regorger.

abord n. m. **1** *Un lieu d'un abord facile* ▶ accès. **2** Plur. *Visiter les abords d'une ville* ▶ alentours, environs, voisinage. **3 d'abord** *Réglez d'abord ce problème, et on verra plus tard pour le reste* ▶ auparavant, au préalable, avant tout, en premier lieu, préalablement, premièrement.

abordable adj. *Un prix, un article abordable* ▶ accessible, bon marché, modéré, raisonnable.

abordage n. m. **1** *L'abordage d'un navire ennemi* ▶ arraisonnement, assaut. **2** *Un abordage entre deux navires* ▶ collision, heurt, télescopage.

aborder v. **1** *Le paquebot a abordé un chalutier à cause de la brume* ▶ heurter. **2** *Un corsaire qui aborde un navire en haute mer* ▶ attaquer, prendre d'assaut. **3** *Aborder un passant pour lui demander un renseignement* ▶ accoster. **4** *Nous abordons maintenant un sujet épineux* ▶ attaquer, en arriver à, se lancer dans.

aborigène n. ▶ autochtone, indigène, natif, naturel (vx).

aboucher (s') v. Litt. *S'aboucher avec un grossiste pour avoir des prix* ▶ s'acoquiner (péj.), s'entendre, se mettre en rapport, prendre langue.

aboulique adj. Litt. ▶ amorphe, apathique, indolent, mou, velléitaire.

abouter v. ▶ accoler, connecter, joindre, rabouter, raccorder, relier.

abouti, ie adj. *Un travail très abouti* ▶ au point, élaboré.

aboutir v. **1** *Cette rue aboutit à un grand boulevard* ▶ aller dans, arriver à, atteindre, conduire à, déboucher dans, donner dans, mener à, rejoindre, se terminer dans, tomber dans. **2** *Tout cela n'aboutira à rien* ▶ conduire à, déboucher sur, donner, mener à. **3** *La négociation n'a pas abouti* ▶ réussir.

aboutissement n. m. **1** *Une aventure qui arrive à son aboutissement* ▶ dénouement, fin, issue, terme. **2** *L'aboutissement des efforts de qqn* ▶ couronnement, résultat.

aboyer v. **1** *Un chien qui aboie* ▶ donner de la voix. **2** Fig. *Aboyer contre son voisin* ▶ crier, glapir, gueuler (fam.), hurler.

abracadabrant, ante adj. *Une idée, une histoire abracadabrante* ▶ absurde, baroque, biscornu, bizarre, délirant, démentiel, étrange, extravagant, farfelu (fam.), fou, incroyable, invraisemblable, saugrenu.

abrasif, ive adj. ▶ décapant.

abrasion n. f. ▶ corrosion, usure.

abrégé n. m. *Un abrégé d'histoire ancienne* ▶ aide-mémoire, compendium (litt.), épitomé (litt.), guide, mémento, résumé, synopsis, vade-mecum.

abrègement n. m. ▶ diminution, raccourcissement, réduction.

abréger v. **1** *Abréger une attente fastidieuse* ▶ diminuer, écourter. **2** *Abréger un article trop long* ▶ écourter, raccourcir, réduire, resserrer, restreindre.

abreuver v. **1** *Abreuver un cheval* ▶ désaltérer. **2** Fig. *La pluie abreuve la terre* ▶ arroser, gorger, imbiber, imprégner. **3** Fig. *Abreuver qqn de compliments* ▶ accabler, combler, couvrir. **4 s'abreuver** *S'abreuver après une longue marche* ▶ boire, se désaltérer, étancher sa soif, se rafraîchir. **5** Fig. *S'abreuver de littérature russe* ▶ s'imbiber, s'imprégner, se nourrir, se pénétrer.

abri n. m. **1** *Chercher un abri pour la nuit* ▶ asile, gîte, havre, refuge, retraite, toit. **2** *Cette cave servait d'abri à des brigands* ▶ cachette, planque (fam.), repaire. **3 à l'abri** *Ne vous inquiétez pas, ici vous êtes à l'abri* ▶ à couvert, en sécurité, hors d'atteinte. **4 mettre à l'abri** *Mettre des papiers précieux à l'abri* ▶ préserver, protéger, sauvegarder. **5 se mettre à l'abri** *Se mettre à l'abri sous un auvent* ▶ se mettre à couvert, se protéger.

abriter v. **1** *Mettre des plantes sous un auvent pour les abriter de la grêle* ▶ défendre, garantir, garder, préserver, protéger. **2** *Abriter des réfugiés* ▶ héberger, loger. **3** Fig. *Cette terre abrite un trésor* ▶ cacher, dissimuler, receler, recouvrir. **4 s'abriter** *S'abriter dans un recoin en attendant des secours* ▶ se cacher, se nicher, se planquer (fam.), se réfugier, se retrancher, se tapir.

abrogation n. f. *L'abrogation d'une loi* ▶ abolition, suppression.

abroger

abroger v. *Abroger une loi* ▶ abolir, supprimer.

abrupt, te adj. **1** *Une falaise abrupte* ▶ à pic, escarpé, raide. **2** Fig. *Des manières abruptes* ▶ bourru, brutal, direct, fruste, rébarbatif, revêche, rogue, rude, rustique, sauvage.

abruptement adv. ▶ à l'improviste, brusquement, ex abrupto, inopinément, subitement, tout à coup.

abruti, ie adj. et n. ▶ ahuri, crétin, demeuré, idiot, imbécile.

abrutir v. **1** *Ce bruit finit par abrutir tout le monde* ▶ assourdir, étourdir. **2** *Cette propagande les abrutit complètement* ▶ abêtir, crétiniser. **3 s'abrutir** *S'abrutir à force de lire des inepties* ▶ s'abêtir, se bêtifier, se crétiniser.

abrutissement n. m. ▶ abêtissement, hébétement, idiotie.

abscons, onse adj. Litt. ▶ abstrus (litt.), cabalistique, énigmatique, ésotérique, hermétique, impénétrable, incompréhensible, indéchiffrable, inintelligible, mystérieux, nébuleux, obscur, sibyllin (litt.).

absence n. f. **1** *Des maladies dues à une absence de vitamines* ▶ carence, défaut, manque, pénurie, privation. **2** *Souffrir de l'absence de qqn* ▶ disparition, éloignement. **3** *Avoir un moment d'absence* ▶ distraction, inattention.

absent, ente adj. **1** *Penser à ses amis absents* ▶ disparu, éloigné. **2** *Les élèves absents seront punis* ▶ manquant. **3** *Avoir l'air absent* ▶ absorbé, dans la lune (fam.), distrait, inattentif, lointain, préoccupé, rêveur.

absenter (s') v. *Il s'est absenté un instant, mais il va revenir* ▶ disparaître, s'éclipser, s'éloigner, partir, se retirer, sortir.

absolu, ue adj. **1** *Un pouvoir absolu* ▶ autocratique, autoritaire, despotique, dictatorial, discrétionnaire, souverain, totalitaire, tyrannique. **2** *Un dévouement absolu* ▶ aveugle, complet, entier, illimité, inconditionnel, infini, intégral, total. **3** *La beauté absolue* ▶ achevé, idéal, parfait, souverain, suprême, total. **4** *Un caractère absolu* ▶ entier, intransigeant.

absolu n. m. *La quête de l'absolu* ▶ idéal, perfection.

absolument adv. **1** *C'est absolument faux* ▶ à cent pour cent (fam.), complètement, entièrement, parfaitement, pleinement, totalement, tout à fait, vraiment. **2** *Il faut absolument faire qqch* ▶ à tout prix, coûte que coûte, nécessairement, obligatoirement. **3** Fam. *C'est bien comme cela que ça s'est passé ? _ Absolument!* ▶ bien sûr, certainement, certes, exactement, oui, parfaitement, tout à fait.

absolution n. f. *Obtenir l'absolution de ses péchés* ▶ pardon, remise, rémission.

absolutisme n. m. ▶ autocratie, autoritarisme, césarisme, despotisme, dictature, tyrannie.

absorbant, ante adj. Fig. *Un roman absorbant* ▶ captivant, passionnant, prenant.

absorbé, ée adj. Fig. *Avoir l'air profondément absorbé* ▶ absent, distrait, méditatif, occupé, pensif, préoccupé, rêveur, songeur.

absorber v. **1** *Un buvard absorbe de l'encre* ▶ boire, s'imbiber de, s'imprégner de, pénétrer de, pomper. **2** *Absorber de la nourriture* ▶ avaler, consommer, ingérer, ingurgiter, manger, prendre. **3** *Une entreprise qui en absorbe une plus petite* ▶ annexer, phagocyter. **4** Fig. *Ce travail l'absorbe entièrement* ▶ accaparer, occuper, prendre. **5 s'absorber** Fig. *S'absorber dans de tristes réflexions* ▶ s'abîmer (litt.), s'ensevelir (litt.), se perdre, se plonger, sombrer.

absorption n. f. **1** *Une absorption massive de médicaments* ▶ consommation, ingestion, ingurgitation. **2** Fig. *L'absorption d'une petite entreprise par une plus grosse* ▶ annexion.

absoudre v. **1** *Absoudre un accusé* ▶ acquitter, blanchir, disculper, innocenter. **2** *Absoudre un crime* ▶ effacer, excuser, pardonner.

abstenir (s') v. *Ne pas pouvoir s'abstenir de boire* ▶ se dispenser, s'empêcher, éviter, se garder, s'interdire, se passer, se priver.

abstinence n. f. **1** *Des religieux qui mènent une vie d'abstinence* ▶ ascétisme, privation, renoncement. **2** Spécialement du point de vue sexuel ▶ chasteté, continence.

abstinent, ente adj. *Rester abstinent par peur des maladies* ▶ chaste, continent, vertueux.

abstraction n. f. **1** *S'interroger sur la formation des abstractions dans l'esprit humain* ▶ concept, idée, notion. **2** *Raisonner sur des abstractions alors que l'ennemi est aux portes* ▶ chimère, fiction. **3 faire abstraction de** *On ne peut pas faire abstraction de cet aspect du problème* ▶ écarter, éliminer, exclure, laisser de côté, négliger, omettre.

abstraire (s') v. *S'abstraire du monde extérieur* ▶ s'isoler.

abstrait, aite adj. **1** *La peinture abstraite* ▶ non-figuratif. **2** *Une tournure de pensée purement abstraite* ▶ conceptuel, intellectuel, spéculatif, théorique. **3** *Tout cela reste très abstrait, alors qu'il faut prendre une décision* ▶ chimérique, irréel, théorique, utopique, vague. **4** Fig. *Un auteur un peu abstrait* ▶ abscons (litt.), abstrus (litt.), difficile, énigmatique, ésotérique, fumeux (fam.), hermétique, nébuleux, obscur, sibyllin (litt.).

abstrus, use adj. Litt. ▶ abscons (litt.), abstrait, cabalistique, difficile, énigmatique, ésotérique, hermétique, impénétrable, incompréhensible, indéchiffrable, inintelligible, mystérieux, nébuleux, obscur, sibyllin (litt.).

absurde adj. *Une décision absurde* ▶ aberrant, déraisonnable, extravagant, fou, idiot, illogique, incohérent, inconséquent, inepte, insensé, irrationnel, loufoque, ridicule, saugrenu, sot, stupide.

absurdité n. f. **1** *Ce départ est une absurdité* ▶ ânerie, bêtise, bourde, erreur, faute, idiotie, imbécillité, ineptie, niaiserie, sottise, stupidité. **2** *L'absurdité d'une conduite* ▶ extravagance, illogisme, incohérence, irrationalité.

abus n. m. **1** *Utiliser des somnifères sans abus* ▶ exagération, excès, outrance. **2** *On ne peut plus tolérer ces abus* ▶ débordement, dérèglement, injustice. **3** *Dénoncer les abus de l'Administration* ▶ iniquité. **4 abus de confiance** ▶ arnaque (fam.), carambouillage, escroquerie, tromperie.

abuser v. **1** *Abuser un naïf* ▶ attraper, avoir (fam.), berner, blouser (fam.), duper, leurrer, mystifier, pigeonner (fam.), posséder, refaire (fam.), rouler, tromper. **2** Litt. *Abuser d'une femme* ▶ déshonorer, violenter, violer. **3** *Il ne faut pas abuser* ▶ charrier (fam.), dépasser les bornes, exagérer, pousser (fam.), y aller trop fort (fam.). **4 s'abuser** *S'abuser sur ses propres capacités* ▶ se faire des illusions, s'illusionner, se leurrer, se méprendre, se tromper.

abusif, ive adj. **1** *Une consommation abusive de somnifères* ▶ exagéré, excessif, immodéré. **2** *Une décision abusive* ▶ inique. **3** *Une requête abusive* ▶ illégitime, indu, infondé, injustifié. **4** *L'emploi abusif d'un mot* ▶ impropre, incorrect. **5** *Une mère abusive* ▶ envahissant.

abusivement adv. **1** *User abusivement de médicaments* ▶ exagérément, excessivement, immodérément. **2** *Réclamer abusivement des agios à un client* ▶ illégitimement, indûment. **3** *Employer un mot abusivement* ▶ improprement, incorrectement.

abyssal, ale adj. Fig. *Être d'une bêtise abyssale* ▶ illimité, incommensurable, infini, insondable, profond.

abysse n. m. **1** *Un sous-marin qui explore un abysse de 8000 m.* ▶ fosse. **2** Fig. et litt. *Les abysses de l'âme humaine* ▶ abîme, gouffre, profondeur.

acabit n. m. *Méfiez-vous des gaillards de cet acabit* ▶ catégorie, espèce, genre, nature, qualité, sorte, type.

académicien, ienne n. ▶ immortel.

académie n. f. **1** *Une académie de gens de lettres* ▶ aréopage (litt.), assemblée, compagnie. **2** *Une académie d'art* ▶ école, institut. **3** *Un professeur qui dépend de l'académie de Créteil* ▶ rectorat. **4** *Les académies de Rubens* ▶ nu.

académique adj. *Opposer un style académique et un style novateur* ▶ apprêté, classique, compassé, conformiste, conventionnel, empesé, guindé.

académisme n. m. ▶ conformisme.

acariâtre adj. ▶ acrimonieux (litt.), aigre, atrabilaire (litt.), bougon, bourru, grincheux, grognon, hargneux, hypocondriaque (litt.), maussade, querelleur, rébarbatif, renfrogné, revêche, rogue.

accablant, ante adj. **1** *Une preuve accablante* ▶ irréfutable. **2** *Une chaleur accablante* ▶ écrasant, épouvantable, étouffant, intolérable, lourd, oppressant, pesant, suffocant. **3** Fig. *Une sottise accablante* ▶ affligeant, consternant.

accablement n. m. ▶ abattement, découragement, dépression, prostration.

accabler v. **1** *Accabler d'impôts une catégorie sociale* ▶ écraser, pressurer, surcharger. **2** *Accabler qqn d'insultes ou d'éloges* ▶ abreuver, combler, couvrir. **3** *Il proteste de son innocence, mais tout l'accable* ▶ accuser, charger, dénoncer. **4** *Le sentiment de son infériorité l'accable* ▶ abattre, affliger, anéantir, atterrer, briser, consterner, décourager, démoraliser, désespérer, effondrer, oppresser.

accalmie n. f. **1** *Attendre une accalmie pour partir* ▶ éclaircie, embellie. **2** Fig. *Un moment d'accalmie au milieu d'une crise* ▶ apaisement, calme, paix, pause, quiétude, répit, repos, sérénité, tranquillité, trêve.

accaparement n. m. *Dénoncer l'accaparement des moyens de production* ▶ mainmise, monopolisation.

accaparer v. 1 *Accaparer tous les honneurs* ▸ accumuler, s'approprier, concentrer, s'emparer de, monopoliser, rafler (fam.), truster (fam.). 2 *Son travail l'accapare complètement* ▸ absorber, occuper, prendre.

accéder à v. 1 *Accéder à la cuisine par le couloir* ▸ arriver à, atteindre, parvenir à. 2 *Accéder à la demande de qqn* ▸ acquiescer, consentir, souscrire.

accélérateur n. m. *Appuyer sur l'accélérateur* ▸ champignon (fam.).

accélérer v. 1 *Accélérer des travaux* ▸ activer, brusquer, hâter, précipiter, presser. 2 Fam. *Accélère un peu!* ▸ se dépêcher, se grouiller (fam.), se hâter, se magner (fam.), se presser.

accent n. m. 1 *La place de l'accent varie selon les langues* ▸ ton. 2 *On le comprend, mais son accent n'est pas très bon* ▸ prononciation. 3 *Une voix aux accents pathétiques* ▸ inflexion, intonation, modulation, tonalité.

accentuation n. f. *Craindre une accentuation de la crise* ▸ accroissement, amplification, augmentation, intensification, renforcement.

accentué, ée adj. Fig. *Des rides très accentuées* ▸ accusé, marqué, prononcé.

accentuer v. 1 Fig. *Cet incident va accentuer leur désaccord* ▸ accroître, accuser, augmenter, intensifier, renforcer, souligner. 2 *s'accentuer Une infirmité qui s'accentue avec l'âge* ▸ s'amplifier, augmenter, croître, grandir, s'intensifier.

acceptable adj. ▸ admissible, convenable, correct, honnête, passable, possible, potable (fam.), présentable, recevable, satisfaisant, suffisant, valable.

acceptation n. f. *Avoir besoin de l'acceptation de son conjoint* ▸ accord, acquiescement, agrément, approbation, assentiment, aval, consentement, feu vert, permission.

accepter v. 1 *Une assemblée qui accepte la politique qui lui est proposée* ▸ acquiescer à, adhérer à, admettre, agréer, autoriser, consentir à, permettre, se rallier à, ratifier, souscrire à. 2 *Accepter son sort avec résignation* ▸ endurer, se résigner à, souffrir (vx), se soumettre à, subir, supporter, tolérer. 3 *Accepter un nouveau venu* ▸ accueillir, agréer, recevoir. 4 *Il accepte de parler, mais à condition qu'on l'écoute* ▸ consentir à, vouloir bien.

acception n. f. *Distinguer les différentes acceptions d'un mot* ▸ emploi, sens, signification.

accès n. m. 1 *L'accès d'un souterrain* ▸ bouche, entrée, ouverture. 2 Fig. *Un accès de fièvre* ▸ attaque, atteinte, bouffée, crise, poussée. 3 **par accès** *Une fièvre qui se manifeste par accès* ▸ irrégulièrement, par intermittence, par intervalles.

accessible adj. 1 *C'est difficile, mais cela reste accessible* ▸ faisable, réalisable. 2 *Un livre accessible* ▸ assimilable, compréhensible, facile, intelligible, simple. 3 *Une personne accessible* ▸ abordable, accort (litt.), accueillant, affable, aimable, amène, approchable, engageant, ouvert.

accession n. f. *Préparer son accession à la magistrature suprême* ▸ arrivée, avènement, venue.

accessoire adj. 1 *Des revenus accessoires* ▸ additionnel, annexe, auxiliaire, complémentaire, subsidiaire, supplémentaire. 2 *Tout cela n'a qu'un intérêt accessoire* ▸ annexe, contingent, incident, marginal, mineur, secondaire, subsidiaire.

accessoire n. m. *Des accessoires chirurgicaux* ▸ appareil, instrument, ustensile.

accessoirement adv. ▸ éventuellement, incidemment, secondairement, subsidiairement.

accident n. m. 1 *Un accident de terrain* ▸ aspérité, relief. 2 *Cet échec n'est qu'un accident* ▸ épiphénomène, incident. 3 *Une voiture qui garde les traces d'un accident* ▸ choc, collision. 4 *Il y a eu un terrible accident dans cette famille* ▸ calamité, catastrophe, malheur, tuile (fam.). 5 Fig. *Les accidents de la vie* ▸ aventure, épisode, imprévu, péripétie, surprise, vicissitude.

accidenté, ée adj. 1 *Un terrain accidenté* ▸ bosselé, inégal, irrégulier, montueux (litt.), tourmenté. 2 *Une voiture accidentée* ▸ endommagé, esquinté (fam.).

accidentel, elle adj. ▸ fortuit, imprévu, inattendu, inopiné.

accidentellement adv. ▸ d'aventure, fortuitement, incidemment, inopinément, occasionnellement, par hasard.

acclamation n. f. ▸ applaudissement, bis, bravo, hourra, ovation, vivat.

acclamer v. ▸ applaudir, bisser, ovationner.

acclimatation n. f. ▸ accommodation, accoutumance, adaptation, habitude.

acclimater v. 1 *Acclimater une culture en France* ▸ adapter, introduire. 2 **s'acclimater** *S'acclimater à de nouvelles conditions de vie* ▸ s'accommoder à, s'accoutumer à, s'adapter à, se faire à, se familiariser avec, s'habituer à.

accointance n. f. Litt. *Avoir des accointances avec des individus peu recommandables* ▶ attache, lien, relation.

accointer (s') v. ▶ s'acoquiner (péj.), se lier, lier connaissance.

accolé, ée adj. *Une grange accolée à une ferme* ▶ attenant, contigu.

accoler v. *Accoler les pièces d'un mécanisme* ▶ joindre, juxtaposer, relier, réunir, unir.

accommodant, ante adj. ▶ arrangeant, commode, complaisant, conciliant, coulant (fam.), débonnaire, facile, facile à vivre, sociable, souple.

accommodation n. f. ▶ acclimatation, adaptation, ajustement.

accommodement n. m. ▶ accord, arrangement, compromis, conciliation, entente.

accommoder v. 1 *Accommoder un discours au goût du public* ▶ adapter, ajuster, aménager, approprier. 2 *Accommoder un rôti* ▶ apprêter, assaisonner, cuisiner, mitonner (fam.), préparer. 3 *s'accommoder S'accommoder à une nouvelle situation* ▶ s'acclimater, s'accoutumer, s'adapter, se faire, s'habituer. 4 *S'accommoder de tout* ▶ s'arranger de, prendre son parti de, se satisfaire de, supporter.

accompagnateur, trice n. ▶ cicérone (litt.), guide.

accompagnement n. m. *Servir des légumes en accompagnement* ▶ garniture.

accompagner v. 1 *Être accompagné par des gardes* ▶ chaperonner, conduire, escorter, flanquer, suivre. 2 Fig. *Il accompagna ces paroles d'un sourire aimable* ▶ ajouter à, compléter.

accompli, ie adj. 1 *Une maîtresse de maison accomplie* ▶ achevé, consommé, idéal, incomparable, irréprochable, modèle, parfait. 2 *Avoir dix-huit ans accomplis* ▶ révolu.

accomplir v. 1 *Accomplir une œuvre* ▶ effectuer, exécuter, faire, mener à bien, parachever, réaliser. 2 *Accomplir un forfait* ▶ commettre, consommer, exécuter, perpétrer. 3 *Accomplir un devoir* ▶ s'acquitter de, remplir, satisfaire à. 4 *Accomplir son temps de service* ▶ achever, finir, terminer. 5 *s'accomplir Ses rêves se sont accomplis* ▶ arriver, avoir lieu, se produire, se réaliser.

accomplissement n. m. 1 *L'accomplissement d'un acte* ▶ exécution, production, réalisation. 2 *L'accomplissement d'un rêve* ▶ réalisation.

accord n. m. 1 *L'accord qui règne entre deux personnes* ▶ communion, concorde, entente, fraternité, intelligence (litt.), paix, union. 2 *Parvenir à un accord avec une partie adverse* ▶ accommodement, arrangement, compromis, entente. 3 *Signer un accord* ▶ convention, pacte, traité. 4 *Il n'y aucun accord entre ses théories et sa vie* ▶ adéquation, cohérence, concordance, conformité, harmonie, rapport. 5 *Donner son accord à une décision* ▶ acceptation, agrément, approbation, autorisation, aval, consentement, feu vert, permission. 6 **être d'accord** *Si vous êtes d'accord, on peut commencer tout de suite* ▶ accepter, être du même avis, vouloir bien.

accorder v. 1 *Accorder l'utile et l'agréable* ▶ allier, associer, combiner, harmoniser. 2 *Accorder les parties d'un procès* ▶ raccommoder (fam.), réconcilier. 3 *Accorder une récompense au meilleur du groupe* ▶ adjuger, attribuer, décerner, donner, gratifier de, octroyer, offrir. 4 *Accorder trois jours à qqn pour finir un travail* ▶ allouer, concéder, donner, laisser. 5 *Qu'il en soit ainsi, je l'accorde bien volontiers* ▶ admettre, avouer, concéder, confesser, convenir de, reconnaître. 6 *s'accorder Des couleurs qui s'accordent* ▶ s'allier, s'associer, s'assortir, se combiner, correspondre, s'harmoniser. 7 *Cette couleur-ci ne s'accorde pas avec celle-là* ▶ aller avec, s'assortir à. 8 *S'accorder pour perturber une réunion* ▶ s'entendre. 9 *S'accorder sur la date d'un rendez-vous* ▶ convenir de, décider de, s'entendre sur. 10 *S'accorder la plus grande part du gâteau* ▶ s'adjuger, s'approprier, s'arroger, s'attribuer, s'octroyer, s'offrir, se payer (fam.).

accort, orte adj. Litt. ▶ agréable, aimable, avenant, engageant, gentil, gracieux, joli.

accostage n. m. ▶ abordage.

accoster v. ▶ aborder.

accotement n. m. ▶ bas-côté, bord.

accoter v. *Accoter une échelle contre un mur* ▶ adosser, appliquer, appuyer, poser.

accouchement n. m. 1 *Un accouchement douloureux* ▶ couches, enfantement (litt.), parturition. 2 Fig. *L'accouchement d'une œuvre d'art* ▶ accomplissement, création, exécution, production, réalisation.

accoucher v. 1 *Accoucher dans la douleur* ▶ enfanter. 2 *Accoucher d'un garçon* ▶ donner le jour à, donner naissance à, mettre au monde. 3 Fig. *Accoucher d'une œuvre* ▶ créer, engendrer, produire, réaliser.

accoucheur

accoucheur, euse n. 1 *Un médecin accoucheur* ▶ gynécologue, obstétricien. 2 Spécialement au féminin ▶ sage-femme.

accoudoir n. m. ▶ appuie-bras, bras, repose-bras.

accouplement n. m. 1 Vx *L'accouplement de pièces métalliques* ▶ couplage, jumelage. 2 *La saison de l'accouplement* ▶ acte sexuel, coït, copulation, monte, saillie.

accoupler v. 1 *Accoupler une jument anglaise à un étalon arabe* ▶ appareiller, apparier. 2 *Accoupler des boeufs* ▶ coupler, jumeler. 3 Fig. *Accoupler des couleurs qui jurent ensemble* ▶ assembler, associer, combiner, coordonner, rapprocher, réunir. 4 **s'accoupler** *Rêver d'une vie primitive où l'on s'accouplerait sans limites et sans freins* ▶ baiser (fam.), copuler, faire l'amour, forniquer.

accourir v. ▶ se hâter, se précipiter, se presser.

accoutrement n. m. ▶ affublement, attifement (fam.), déguisement, fagotage (fam.), habillement, tenue.

accoutrer v. ▶ affubler, attifer (fam.), déguiser, fagoter (fam.), ficeler, habiller, harnacher (fam.), nipper (fam.), vêtir.

accoutumance n. f. 1 *L'accoutumance au froid* ▶ acclimatement, adaptation, aguerrissement (vx), endurcissement. 2 *L'accoutumance à une drogue* ▶ addiction, assuétude, dépendance.

accoutumé, ée adj. 1 *Se livrer à ses occupations accoutumées* ▶ courant, coutumier, familier, habituel, ordinaire, usuel. 2 **à l'accoutumée** ▶ d'habitude, habituellement, ordinairement.

accoutumer v. 1 Litt. *Accoutumer qqn à un nouveau mode de vie* ▶ acclimater à, accommoder à, adapter à, familiariser avec, habituer à. 2 **s'accoutumer** *Ne pas pouvoir s'accoutumer à une nouvelle situation* ▶ s'acclimater à, s'accommoder à, s'adapter à, se faire à, se familiariser avec, s'habituer à.

accrédité, ée adj. *S'adresser aux journalistes accrédités* ▶ autorisé, officiel.

accréditer v. 1 *Cet incident ne servira qu'à accréditer sa réputation de maladresse* ▶ confirmer. 2 *Accréditer un ambassadeur auprès d'un chef d'État* ▶ installer, introduire, présenter. 3 **s'accréditer** *La rumeur de sa mort s'est accréditée très vite* ▶ se diffuser, se propager, se répandre.

accroc n. m. 1 *Un accroc dans un pantalon* ▶ déchirure, trou. 2 Fig. *Un accroc à la règle* ▶ entorse, infraction, transgression, violation. 3 Fig. *Tout s'est déroulé sans accroc* ▶ anicroche, complication, contretemps, difficulté, obstacle, os (fam.), problème.

accrochage n. m. 1 *Un accrochage entre deux voitures* ▶ accident, choc, collision, heurt. 2 *Un accrochage entre deux orateurs* ▶ altercation, dispute, engueulade (fam.), incident, querelle. 3 *Un accrochage entre deux bandes rivales* ▶ échauffourée, engagement, rixe.

accrocher v. 1 *Accrocher une image au mur* ▶ agrafer, attacher, épingler, fixer, suspendre. 2 Fig. *La négociation accroche sur un point litigieux* ▶ achopper, buter. 3 Fig. *Se laisser accrocher par un importun* ▶ aborder, accoster. 4 **s'accrocher** *S'accrocher à une gouttière* ▶ s'agripper, se cramponner, se retenir. 5 Fig. *Un pique-assiette qui s'accroche* ▶ coller (fam.), se cramponner (fam.), s'incruster. 6 Fig. *Un sportif qui s'accroche malgré sa fatigue* ▶ lutter, résister, tenir, tenir bon. 7 Fig. *Deux frères qui s'accrochent sans arrêt* ▶ s'attraper (fam.), se disputer, s'engueuler (fam.), se quereller.

accrocheur, euse adj. 1 *Un représentant particulièrement accrocheur* ▶ acharné, combatif, opiniâtre, tenace. 2 *Un titre accrocheur* ▶ racoleur.

accroissement n. m. 1 *L'accroissement d'un patrimoine* ▶ augmentation, croissance, développement, extension. 2 *L'accroissement d'une crise* ▶ accentuation, aggravation, amplification, developpement, extension, intensification, progression, recrudescence, renforcement.

accroître v. 1 *Accroître un territoire* ▶ agrandir, élargir, étendre. 2 *Accroître ses capacités de production* ▶ accentuer, amplifier, augmenter, développer, étendre, intensifier, multiplier, renforcer. 3 **s'accroître** *Le chômage s'accroît* ▶ s'aggraver, s'amplifier, augmenter, croître, se développer, s'élargir, s'étendre, grandir, s'intensifier, progresser.

accueil n. m. 1 *Adressez-vous à l'accueil* ▶ entrée, réception. 2 *Remercier qqn de son accueil* ▶ hospitalité.

accueillant, ante adj. 1 *Un pays accueillant* ▶ hospitalier. 2 *Un sourire accueillant* ▶ affable, aimable, amène, avenant, bienveillant, cordial, engageant, ouvert.

accueillir v. *Accueillir un hôte* ▶ héberger, loger, offrir l'hospitalité à, recevoir.

acculer v. 1 *Acculer qqn au fond d'une impasse* ▶ coincer (fam.), rencogner (litt.). 2 Fig.

Acculer qqn au suicide ▶ contraindre, forcer, obliger, pousser, réduire.

accumulateur n. m. ▶ batterie.

accumulation n. f. **1** *Un bureau qui disparaît sous une accumulation de papiers* ▶ amas, amoncellement, débauche, empilement, entassement, fatras, fouillis, masse, monceau, montagne, tas. **2** *Une pareille accumulation de forces inquiète les pays voisins* ▶ concentration, rassemblement, regroupement, réunion.

accumuler v. **1** *Accumuler des dossiers sur un bureau* ▶ amasser, amonceler, empiler, entasser, superposer. **2** *Accumuler des preuves contre une municipalité corrompue* ▶ amasser, rassembler, regrouper, réunir. **3** *Accumuler les erreurs* ▶ collectionner, multiplier.

accusateur, trice adj. *Un doigt accusateur* ▶ dénonciateur.

accusation n. f. **1** *Passer en justice sous l'accusation de viol* ▶ charge, imputation, inculpation. **2** *Répondre aux accusations du public* ▶ attaque, blâme, critique, grief, reproche.

accusé, ée adj. Fig. *Un accent étranger très accusé* ▶ fort, marqué, net, prononcé.

accusé, ée n. **1** *Les explications de l'accusé n'ont pas convaincu les jurés* ▶ inculpé, prévenu. **2 accusé de réception** ▶ récépissé, reçu.

accuser v. **1** *Accuser qqn sans preuve* ▶ attaquer, charger, critiquer, incriminer. **2** *Accuser qqn de négligence* ▶ taxer de. **3** *Je veux bien vous croire, mais tout vous accuse* ▶ accabler, dénoncer. **4** Fig. *L'âge accuse leurs différences* ▶ accentuer, faire ressortir, souligner. **5 s'accuser** Fig. *Un défaut qui s'accuse avec l'âge* ▶ s'accentuer, s'accroître, s'aggraver, s'amplifier, empirer.

acerbe adj. *Des critiques acerbes* ▶ acéré, acide, âcre, acrimonieux (litt.), agressif, aigre, âpre, caustique, grinçant, incisif, mordant, piquant, sarcastique, virulent.

acéré, ée adj. **1** *Un bec acéré* ▶ effilé, pointu, tranchant. **2** Fig. *Décrire qqn d'une plume acérée* ▶ acerbe, caustique, incisif, mordant.

achalandé, ée adj. Fig. *Une épicerie bien achalandée* ▶ approvisionné, assorti, fourni.

acharné, ée adj. *Un plaideur acharné* ▶ enragé, fanatique, forcené, opiniâtre, passionné.

acharnement n. m. *Se défendre avec acharnement* ▶ opiniâtreté, passion, rage.

acharner (s') v. **1** *Si vous vous acharnez, vous finirez par y arriver* ▶ s'entêter, s'obstiner, s'opiniâtrer (litt.), persévérer, persister. **2** *Tout le monde s'acharne contre ce malheureux* ▶ brimer, harceler, martyriser, opprimer, persécuter, tourmenter.

achat n. m. **1** *Faire l'achat d'un vase* ▶ acquisition, emplette. **2** Plur. *Aller faire ses achats dans un grand magasin* ▶ commissions, courses, emplettes, shopping (fam.).

acheminement n. m. *L'acheminement d'un colis postal* ▶ transport.

acheminer v. **1** *Acheminer du courrier* ▶ apporter, convoyer, faire parvenir, livrer, porter. **2 s'acheminer** *S'acheminer vers un lieu* ▶ aller, avancer, se diriger, marcher.

acheter v. **1** *Acheter une maison* ▶ acquérir. **2** *Combien avez-vous acheté cela ?* ▶ payer. **3** Fig. *Acheter un fonctionnaire* ▶ arroser (fam.), corrompre, graisser la patte à (fam.), payer, soudoyer, stipendier (litt.), suborner. **4 s'acheter** *S'acheter une robe pour une réception* ▶ s'offrir, se payer (fam.).

acheteur, euse n. ▶ acquéreur, chaland (vx), client, pratique (litt.), preneur.

achevé, ée adj. **1** Litt. *Un musicien achevé* ▶ accompli, consommé, incomparable, parfait. **2** *C'est d'un ridicule achevé* ▶ absolu, complet, total.

achèvement n. m. ▶ aboutissement, accomplissement, clôture, conclusion, couronnement, dénouement, fin, parachèvement, terme.

achever v. **1** *Achever un travail urgent* ▶ conclure, finir, mener à bien, terminer. **2** *Achever un adversaire* ▶ donner le coup de grâce à, tuer. **3 s'achever** *Quand tout cela s'achèvera-t-il ?* ▶ cesser, finir, prendre fin, se terminer.

achopper v. **1** Vx *Un cheval qui achoppe sur un obstacle* ▶ buter, trébucher. **2** Fig. et litt. *Une négociation qui achoppe sur une difficulté* ▶ accrocher sur, buter sur, se heurter à.

acide adj. **1** *Un fruit acide* ▶ aigre, sur (litt.), vert. **2** Fig. *Des propos acides* ▶ acerbe, âcre, acrimonieux (litt.), aigre, caustique, incisif, mordant, piquant, sarcastique.

acidité n. f. **1** *Une saveur d'une trop grande acidité* ▶ aigreur. **2** Fig. *L'acidité d'une remarque* ▶ âcreté, acrimonie (litt.), aigreur, amertume, causticité.

acidulé, ée adj. *Une saveur acidulée* ▶ aigrelet, suret (litt.).

acolyte n. m. Litt. ▶ comparse, compère (vx), complice.

acompte n. m. ▸ arrhes, à-valoir, avance, provision.

acoquiner (s') v. Litt. *S'acoquiner avec des personnes peu recommandables* ▸ s'aboucher, s'associer, se lier.

à-côté n. m. *Des pourboires qui représentent un à-côté appréciable* ▸ appoint, complément, supplément.

à-coup n. m. **1** *Il y a eu des à-coups au départ du train* ▸ saccade, secousse, soubresaut. **2** *Une affaire menée sans à-coup* ▸ accroc, anicroche, complication, ennui, pépin (fam.). **3** *par à-coups Travailler par à-coups* ▸ épisodiquement, irrégulièrement, par accès, sporadiquement.

acoustique n. f. *L'acoustique d'une salle* ▸ résonance, sonorité.

acquéreur, euse n. ▸ acheteur, preneur.

acquérir v. **1** *Acquérir des biens* ▸ acheter, entrer en possession de, se procurer. **2** Fig. *Acquérir le soutien des électeurs* ▸ se concilier, conquérir, gagner, obtenir, se procurer, rallier, remporter.

acquiescement n. m. ▸ acceptation, accord, adhésion, agrément, approbation, assentiment, autorisation, consentement, permission.

acquiescer v. **1** *Acquiescer d'un signe de tête* ▸ accepter, approuver, consentir, dire oui. **2** *Acquiescer à la demande de qqn* ▸ agréer, consentir, souscrire.

acquis, ise adj. **1** *Considérer un point comme acquis* ▸ admis, établi. **2** Fig. *Être acquis à une cause* ▸ dévoué à, favorable à, gagné à, partisan de.

acquis n. m. **1** *Défendre les acquis sociaux* ▸ conquête. **2** Fig. *Votre acquis vous permettra de trouver du travail* ▸ bagage, connaissances, expérience.

acquisition n. f. ▸ achat, emplette.

acquit n. m. *Signer un acquit* ▸ décharge, quittance, récépissé, reconnaissance, reçu.

acquittement n. m. *L'acquittement d'une dette* ▸ paiement, règlement, remboursement.

acquitter v. **1** *Acquitter un prévenu* ▸ absoudre, blanchir, disculper, innocenter. **2** *Acquitter une dette* ▸ payer, régler, rembourser. **3 s'acquitter** *S'acquitter d'un devoir* ▸ accomplir, mener à bien, remplir. **4** *S'acquitter d'une dette* ▸ se libérer de, payer.

âcre adj. **1** *Une saveur âcre qui prend à la gorge* ▸ aigre, âpre, irritant, piquant, râpeux. **2** Fig. et litt. *Des reproches âcres* ▸ acerbe, acide, acrimonieux (litt.), aigre, âpre, grinçant, mordant.

âcreté n. f. **1** *L'âcreté d'un goût* ▸ aigreur, amertume, âpreté. **2** Fig. et litt. *L'âcreté d'un propos* ▸ acrimonie (litt.), aigreur, amertume.

acrimonie n. f. Litt. ▸ âcreté, aigreur, amertume, âpreté.

acrimonieux, euse adj. Litt. ▸ acariâtre, acerbe, acide, aigre, atrabilaire, grinçant, maussade, mordant.

acrobatie n. f. *Un aviateur qui présente un numéro d'acrobatie* ▸ voltige.

acte n. m. **1** *Copier un acte* ▸ certificat, document, minute, original, titre. **2** *Un acte courageux* ▸ action, démarche, entreprise, fait, geste, intervention, opération, trait. **3** Plur. *Ne pas être responsable de ses actes* ▸ attitude, comportement, conduite, réactions.

acteur, trice n. **1** *Un metteur en scène qui dirige des acteurs* ▸ comédien, interprète. **2** *Il a été l'un des principaux acteurs de cette négociation* ▸ intervenant, protagoniste.

actif, ive adj. **1** *Un esprit actif* ▸ agile, prompt, rapide, vif. **2** *Un homme politique particulièrement actif* ▸ dynamique, efficace, énergique, entreprenant.

actif n. m. *L'actif d'une société* ▸ avoir, capital, patrimoine.

action n. f. **1** *Aimer l'action* ▸ activité, effort, mouvement. **2** *Une action courageuse* ▸ acte, entreprise, fait, geste, intervention, œuvre, opération, réalisation, trait. **3** *L'action a été chaude* ▸ bataille, combat, engagement. **4** *L'action d'un roman* ▸ intrigue, scénario. **5** *L'action d'un remède* ▸ effet, efficacité. **6** *Mettre une pompe en action* ▸ fonctionnement, marche, service. **7** *Intenter une action en justice* ▸ poursuite, procès, recours.

actionner v. *Actionner un mécanisme* ▸ déclencher, enclencher, entraîner, mouvoir.

activement adv. *Défendre activement la candidature d'un ami* ▸ ardemment, chaudement, énergiquement, vivement.

activer v. **1** *Il faudrait activer les travaux si l'on veut que les délais soient respectés* ▸ accélérer, hâter, précipiter, presser. **2** *Activer un feu* ▸ attiser, aviver, stimuler. **3 s'activer** *Dites-lui de s'activer un peu s'il ne veut pas arriver en retard* ▸ se dépêcher, faire diligence (litt.), se grouiller (fam.), se hâter, se presser. **4** *Un cuisinier qui s'active devant ses fourneaux* ▸ s'affairer.

activité n. f. 1 *L'activité d'un port* ► agitation, animation, mouvement, vie. 2 *Déployer une grande activité* ► affairement, ardeur, dynamisme, énergie, entrain, vitalité, vivacité. 3 *Une activité lucrative* ► boulot (fam.), emploi, job (fam.), métier, occupation, profession, travail. 4 *Une usine en activité* ► fonctionnement, marche, service.

actualisation n. f. ► aggiornamento, mise-à-jour, modernisation, rajeunissement, renouvellement.

actualiser v. ► mettre à jour, moderniser, rajeunir, renouveler.

actualités n. f. pl. *Écouter les actualités* ► informations, journal, nouvelles.

actuel, elle adj. ► contemporain, d'aujourd'hui, moderne, présent.

actuellement adv. ► à présent, aujourd'hui, de nos jours, de notre temps, maintenant, pour le moment, pour l'instant, présentement (litt.).

acuité n. f. 1 *L'acuité d'un son* ► stridence (litt.). 2 *L'acuité d'une douleur* ► intensité, violence. 3 *L'acuité d'un problème* ► gravité. 4 *L'acuité d'esprit* ► clairvoyance, finesse, lucidité, pénétration, perspicacité, sagacité.

adage n. m. ► dicton, maxime, proverbe.

adaptable adj. *Des horaires adaptables* ► flexible, souple.

adaptation n. f. 1 *Un nouveau venu qui a des problèmes d'adaptation* ► acclimatement, accommodation, accoutumance, intégration. 2 *L'adaptation d'un roman dans une langue étrangère* ► transposition. 3 *Préparer une adaptation pour trompette d'un morceau destiné au clavecin* ► arrangement.

adapté, ée adj. *Chercher la solution la plus adaptée* ► adéquat, approprié, convenable.

adapter v. 1 *Adapter deux tuyaux l'un à l'autre* ► abouter, ajuster, assembler, joindre, raccorder, rattacher, réunir, unir. 2 *Adapter son mode de vie à ses ressources* ► accommoder, accorder, ajuster, approprier, assortir, conformer, harmoniser. 3 *Adapter sa réplique en fonction de la personnalité de l'interlocuteur* ► ajuster, moduler. 4 **s'adapter** *S'adapter aux circonstances* ► s'acclimater, s'accommoder, s'accoutumer, se conformer, s'habituer. 5 *Des étrangers qui ont du mal à s'adapter* ► s'acclimater, s'intégrer. 6 *Ce genre de tableau risque de ne pas s'adapter à votre intérieur* ► aller avec, cadrer avec, concorder avec, convenir à, correspondre à.

addenda n. m. ► additif, annexe, appendice, complément, supplément.

additif n. m. 1 *Écrire un additif à la fin d'un texte* ► addenda, annexe, appendice, complément, post-scriptum, supplément. 2 *Un additif mélangé à l'essence* ► adjuvant.

addition n. f. 1 *Obtenir un rose par l'addition de blanc à du rouge* ► adjonction. 2 *Faire l'addition de plusieurs quantités* ► somme, total. 3 *Payer une addition* ► compte, douloureuse (fam.), facture, note. 4 *Un ouvrage enrichi de nombreuses additions* ► addenda, additif, adjonction, ajout, annexe, appendice, complément, rajout, supplément.

additionnel, elle adj. *Voici le contrat et les clauses additionnelles* ► adjoint, ajouté, annexe, complémentaire, subsidiaire, supplémentaire.

additionner v. 1 *Additionner tous les éléments d'un ensemble* ► sommer, totaliser. 2 *Additionner son vin d'un peu d'eau* ► ajouter à, couper.

adepte n. *Les adeptes d'une doctrine ésotérique* ► affilié, disciple, fidèle, militant, partisan, prosélyte (litt.), sectateur (litt.), tenant, zélateur (litt.).

adéquat, ate adj. ► ad hoc, approprié, convenable, idoine (litt.).

adéquatement adv. ► bien, convenablement.

adéquation n. f. ► accord, concordance.

adhérence n. f. ► collage.

adhérent, ente n. *Les adhérents d'une association, d'un parti* ► affilié, membre, militant, participant, partisan.

adhérer v. 1 *Un enduit qui n'adhère pas très bien* ► coller, tenir. 2 Fig. *Adhérer à une opinion* ► acquiescer à, adopter, approuver, consentir à, embrasser, se joindre à, prendre parti pour, se rallier à, se ranger à, souscrire à, suivre. 3 Fig. *Adhérer à un parti* ► s'affilier à, s'inscrire à.

adhésif, ive adj. ► collant.

adhésion n. f. 1 *Manifester son adhésion à un projet* ► accord, acquiescement, agrément, approbation, assentiment, consentement, ralliement. 2 *L'adhésion à un parti* ► affiliation, inscription.

ad hoc adj. 1 *Servez-vous pour cette manipulation du dispositif ad hoc* ► adéquat, approprié, convenable, idoine (litt.). 2 *Un argument ad hoc* ► circonstanciel.

adipeux

adipeux, euse adj. *Un gros homme adipeux* ▶ bouffi, empâté, gras, obèse.

adjacent, ente adj. ▶ attenant, contigu, limitrophe, mitoyen, voisin.

adjoindre v. **1** *On a dû lui adjoindre qqn pour finir le travail* ▶ associer. **2** *Adjoindre un appendice à un texte* ▶ ajouter.

adjoint, ointe n. ▶ aide, assistant, auxiliaire, bras droit, collaborateur, lieutenant, second, suppléant.

adjonction n. f. **1** *L'adjonction d'un territoire à un État* ▶ rattachement, réunion. **2** *Des adjonctions à la fin d'un ouvrage* ▶ addenda, additif, addition, ajout, annexe, appendice, complément, rajout, supplément.

adjudication n. f. ▶ vente aux enchères.

adjuger v. **1** *Adjuger une récompense à qqn* ▶ accorder, attribuer, décerner, donner, gratifier de, octroyer. **2** **s'adjuger** *S'adjuger la meilleure part* ▶ s'approprier, s'attribuer, s'octroyer.

adjuration n. f. Litt. ▶ imploration, supplication.

adjurer v. Litt. ▶ conjurer, implorer, prier, supplier.

adjuvant, ante adj. *Une substance adjuvante* ▶ additif, auxiliaire, complémentaire.

ad libitum adv. ▶ à loisir, à satiété, à volonté.

admettre v. **1** *Admettre qqn dans une société* ▶ accueillir, recevoir. **2** *Personne n'admettra ce genre de comportement* ▶ accepter, autoriser, permettre, souffrir (litt.), supporter, tolérer. **3** *Admettre qu'on s'est trompé* ▶ accorder, concéder, convenir, reconnaître. **4** *En admettant même que vous réussissiez* ▶ imaginer, supposer.

administrateur, trice n. ▶ dirigeant, gérant, gestionnaire, manager, responsable.

administratif, ive adj. *Pester contre les pesanteurs administratives* ▶ bureaucratique.

administration n. f. **1** *L'administration d'une entreprise* ▶ conduite, direction, gestion, gouvernement, management, pilotage (fam.). **2** *Travailler dans l'Administration* ▶ fonction publique.

administrer v. **1** *Administrer une société* ▶ conduire, diriger, gérer, gouverner, manager, piloter. **2** *Administrer un médicament à un malade* ▶ donner, faire absorber, fournir. **3** *Administrer une correction à qqn* ▶ donner, flanquer (fam.), infliger.

admirable adj. *Un spectacle admirable* ▶ éblouissant, excellent, extraordinaire, magnifique, merveilleux, remarquable, splendide, superbe.

admirablement adv. ▶ à merveille, extraordinairement, magnifiquement, merveilleusement, parfaitement, splendidement, superbement.

admirateur, trice n. ▶ fan (fam.), groupie (fam.).

admiratif, ive adj. *Un regard admiratif* ▶ ébloui, émerveillé, fasciné.

admiration n. f. *Susciter l'admiration du public* ▶ éblouissement, emballement, émerveillement, engouement, enthousiasme.

admirer v. *Admirer les exploits d'un héros* ▶ s'enthousiasmer pour, s'extasier devant.

admis, ise adj. *C'est un point admis* ▶ acquis, établi.

admissible adj. **1** *Son comportement n'est pas admissible* ▶ acceptable, supportable, tolérable. **2** *Des résultats tout juste admissibles* ▶ acceptable, convenable, correct, passable, potable (fam.), suffisant. **3** *Un argument admissible* ▶ plausible, recevable, satisfaisant, valable.

admission n. f. *L'admission de qqn dans un club très fermé* ▶ accueil, affiliation, entrée, réception.

admonestation n. f. Litt. ▶ avertissement, blâme, engueulade (fam.), mercuriale (litt.), remontrance, réprimande, reproche, savon (fam.), semonce, sermon.

admonester v. Litt. ▶ chapitrer (litt.), engueuler (fam.), gourmander, gronder, houspiller, morigéner (litt.), passer un savon à (fam.), réprimander, semoncer, sermonner, sonner les cloches à (fam.), tancer (litt.).

adolescence n. f. **1** ▶ âge tendre, formation, puberté. **2** Spécialement pour les filles ▶ nubilité.

adolescent, ente n. **1** ▶ jeune (fam.), teenager (fam.). **2** Spécialement pour les garçons ▶ damoiseau (vx), éphèbe (vx), jeune homme, jouvenceau (vx). **3** Spécialement pour les filles ▶ jeune fille, jouvencelle (vx).

adonis n. m. Litt. ▶ éphèbe (litt.).

adonner (s') v. *S'adonner au spiritisme* ▶ se consacrer à, cultiver, se livrer à, s'occuper de, pratiquer.

adopter v. **1** *Adopter une nouvelle patrie* ▶ choisir, élire, prendre. **2** *Adopter une proposition* ▶ acquiescer à, s'aligner sur, approuver, consentir à, entériner, se rallier à, se ranger à, ratifier, souscrire à, suivre, voter.

adoption n. f. **1** *L'adoption d'un nouveau procédé* ▶ choix, sélection. **2** *L'adoption d'un projet de loi* ▶ approbation, ralliement à, ratification.

adorable adj. **1** *Un visage adorable* ▶ craquant (fam.), exquis, irrésistible, ravissant. **2** *Ils ont été adorables avec nous* ▶ charmant, exquis, gentil, merveilleux, parfait.

adorateur, trice n. **1** *Un gourou accompagné d'une troupe d'adorateurs* ▶ dévot, fidèle, groupie (fam.), idolâtre, sectateur. **2** *Une femme entourée de ses adorateurs* ▶ amoureux, soupirant.

adoration n. f. **1** Litt. *Contempler avec adoration des images sacrées* ▶ dévotion, extase, ferveur, idolâtrie. **2** Fig. *Avoir une véritable adoration pour son professeur* ▶ amour, culte, emballement, engouement, passion, vénération.

adorer v. **1** Litt. *Adorer une idole* ▶ idolâtrer, révérer, vénérer. **2** Fig. *Adorer ses enfants* ▶ aduler, aimer, chérir, être fou de, raffoler de.

adosser v. *Adosser une cabane contre un rocher* ▶ accoter, appuyer.

adouber v. Vx *Adouber un chevalier* ▶ armer.

adoucir v. **1** *Adoucir le goût d'un médicament* ▶ dulcifier (litt.), édulcorer, radoucir, sucrer. **2** Fig. *Adoucir un chagrin* ▶ affaiblir, amortir, apaiser, atténuer, calmer, diminuer, émousser, modérer, réduire, tempérer. **3** **s'adoucir** *La température s'adoucit* ▶ s'attiédir, se réchauffer, tiédir.

adoucissant, ante adj. **1** *Une pommade adoucissante* ▶ calmant, lénifiant, lénitif. **2** *Un liquide adoucissant* ▶ adoucisseur, assouplissant.

adoucissement n. m. **1** *L'adoucissement de la température* ▶ attiédissement, réchauffement. **2** *L'adoucissement d'une souffrance* ▶ apaisement, soulagement. **3** Fig. *L'adoucissement d'une peine* ▶ affaiblissement, allègement, atténuation, diminution.

adresse n. f. **1** *Noter l'adresse de qqn* ▶ coordonnées. **2** *Admirer l'adresse d'un jongleur* ▶ agilité, aisance, dextérité, doigté, habileté, maestria, maîtrise, précision, savoir-faire, talent, virtuosité. **3** Litt. *Il a évidemment fait cette allusion à mon adresse* ▶ intention.

adresser v. **1** *Adresser un colis à qqn* ▶ envoyer, expédier, poster. **2** *Adressez-lui mes meilleurs vœux* ▶ exprimer, présenter, transmettre. **3** **s'adresser** *Vous pouvez vous adresser à lui en cas de besoin* ▶ aller voir, avoir recours à, faire appel à.

adroit, oite adj. **1** *Un financier adroit* ▶ expérimenté, habile, rusé, subtil. **2** *Un compliment adroit* ▶ fin, habile, ingénieux, politique, subtil.

adroitement adv. *Présenter adroitement une demande* ▶ astucieusement, avec tact, diplomatiquement, finement, habilement.

adulateur, trice n. Litt. *Un prince entouré d'adulateurs* ▶ adorateur, caudataire (litt.), courtisan, encenseur (fam.), flagorneur, flatteur, laudateur (litt.), lèche-bottes (fam.), thuriféraire (litt.).

adulation n. f. ▶ adoration, culte, dévotion.

aduler v. ▶ adorer, chérir, idolâtrer.

adulte adj. **1** *Avoir des enfants adultes* ▶ grand, majeur. **2** *Un comportement adulte* ▶ mûr, posé, raisonnable, réfléchi.

adulte n. ▶ grande personne.

adultère adj. et n. ▶ infidèle.

adultère n. m. ▶ cocuage (fam.), infidélité, trahison, tromperie.

adultérin, ine adj. *Un enfant adultérin* ▶ bâtard, illégitime, naturel.

advenir v. ▶ arriver, avoir lieu, se passer, se produire, survenir.

adventice adj. **1** Fig. et litt. *Un phénomène adventice* ▶ accidentel, annexe, contingent, fortuit, marginal, secondaire. **2** Fig. et litt. *Une idée adventice ajoutée au projet initial* ▶ accessoire, annexe, marginal, secondaire, subsidiaire, supplémentaire.

adversaire n. ▶ challenger, compétiteur, concurrent, contradicteur, ennemi, opposant, rival.

adverse adj. **1** *La partie adverse* ▶ antagonique, concurrent, ennemi, opposé, rival. **2** Litt. *Une fortune adverse* ▶ contraire, défavorable, ennemi, hostile, opposé.

adversité n. f. ▶ coup du sort, épreuve, fatalité, infortune, malchance, malheur, misère, poisse (fam.).

aérateur n. m. ▶ ventilateur.

aération n. f. ▶ ventilation.

aérer v. **1** *Aérer un local* ▶ ventiler. **2** Fig. *Aérer la présentation d'une page* ▶ alléger, éclaircir. **3** **s'aérer** Fig. *Aller faire un tour pour s'aérer un peu* ▶ se dégourdir, se détendre, s'oxygéner, prendre l'air.

aérien, enne adj. *Une grâce aérienne* ▶ arachnéen (litt.), céleste, éthéré, immatériel, vaporeux.

aéroglisseur

aéroglisseur n. m. ▶ hovercraft.
aérolithe n. f. ▶ météorite.
aéronautique n. f. ▶ aviation.
aérophagie n. f. ▶ aérogastrie.
aérosol n. m. ▶ atomiseur, nébuliseur, pulvérisateur, vaporisateur.
aérostat n. m. ▶ ballon, montgolfière.
affabilité n. f. ▶ amabilité, aménité, bienveillance, courtoisie, douceur, gentillesse, obligeance, politesse, urbanité.
affable adj. ▶ accueillant, agréable, aimable, amène, avenant, bienveillant, courtois, engageant, obligeant, poli, serviable, sociable.
affabulation n. f. 1 *L'affabulation romanesque* ▶ fable, intrigue, récit, trame. 2 *Les affabulations d'un enfant* ▶ fabulation, invention, mensonge.
affabuler v. *Ne le croyez pas, il affabule* ▶ fabuler, inventer, mentir.
affadir v. 1 *Affadir le goût d'une sauce* ▶ affaiblir, atténuer, édulcorer. 2 **s'affadir** *Une couleur qui s'est affadie* ▶ se décolorer, se délaver, s'estomper.
affaiblir v. 1 *Sa maladie l'affaiblit chaque jour davantage* ▶ amoindrir, anémier, débiliter, diminuer, ébranler, épuiser, fragiliser, miner, saper. 2 *Le temps affaiblit les passions* ▶ adoucir, affadir, atténuer, édulcorer, émousser, modérer, tempérer. 3 **s'affaiblir** *Ma vue s'affaiblit* ▶ s'amoindrir, baisser, décliner, décroître, diminuer, faiblir. 4 *Un malade qui s'affaiblit de jour en jour* ▶ baisser, décliner, dépérir, s'étioler.
affaiblissement n. m. 1 *L'affaiblissement d'une douleur* ▶ atténuation, diminution. 2 *L'affaiblissement de la mémoire* ▶ baisse, déclin, dégénérescence, dégradation, dépérissement, diminution, usure. 3 *L'affaiblissement d'un pays* ▶ abaissement, décadence, déchéance, déclin, dépérissement.
affaire n. f. 1 *Diriger une affaire* ▶ commerce, entreprise, firme, société. 2 *Conclure une affaire* ▶ marché, transaction. 3 *Plaider une affaire* ▶ cas, cause, dossier, litige, procès. 4 *C'est une autre affaire* ▶ paire de manches (fam.), problème, question. 5 *Cet achat est une affaire* ▶ aubaine, occasion. 6 *N'en faites pas une affaire* ▶ drame, histoire. 7 Plur. *Travailler dans les affaires* ▶ business (fam.), commerce, finance. 8 Plur. *Vaquer à ses affaires* ▶ activités, besogne (vx), occupations, tâches, travail. 9 Plur. *Ranger ses affaires* ▶ bazar (fam.).

affairé, ée adj. *Elle a toujours l'air très affairé, mais elle ne fait pas grand-chose* ▶ actif, agité, occupé, pris, surchargé.
affairement n. m. ▶ activité, agitation, remue-ménage.
affairer (s') v. ▶ s'activer, s'agiter, se décarcasser (fam.), se démancher (fam.), se démener, se donner de la peine, se donner du mal, se mettre en quatre.
affairisme n. m. ▶ spéculation.
affairiste n. m. ▶ spéculateur.
affaissement n. m. 1 *Un affaissement de terrain* ▶ glissement. 2 *Le brusque affaissement d'une paroi rocheuse* ▶ chute, éboulement, écroulement, effondrement. 3 *L'affaissement des chairs* ▶ avachissement, ramollissement, relâchement. 4 Fig. *Être dans un état inquiétant d'affaissement moral* ▶ abattement, accablement, délabrement, dépression.
affaisser (s') v. *Un mur de soutènement qui s'affaisse tout doucement* ▶ s'ébouler, s'écrouler, s'effondrer, glisser, tomber.
affaler v. 1 *Affaler une voile* ▶ amener, descendre. 2 **s'affaler** *S'affaler dans un fauteuil* ▶ s'abattre, s'avachir (fam.), s'écrouler, s'effondrer, s'étaler (fam.), tomber, se vautrer.
affamé, ée adj. 1 *Un loup affamé* ▶ famélique. 2 Fig. *Être affamé de connaissances* ▶ altéré (litt.), assoiffé, avide.
affectation n. f. 1 *L'affectation d'une somme à un poste budgétaire* ▶ assignation, attribution, imputation. 2 *Obtenir une affectation en province* ▶ emploi, nomination, poste. 3 *Parler avec affectation* ▶ afféterie (litt.), mièvrerie, pédanterie, pédantisme, préciosité, recherche.
affecté, ée adj. 1 *Une humilité affectée* ▶ artificiel, de commande, factice, feint, forcé. 2 *Un style affecté* ▶ ampoulé, apprêté, arrangé, artificiel, compassé, guindé, maniéré, précieux, recherché.
affecter v. 1 *Affecter une somme à un poste budgétaire* ▶ assigner, attribuer, destiner, imputer. 2 *Affecter qqn en province* ▶ envoyer, nommer. 3 *Affecter une grande douleur* ▶ afficher, feindre, jouer, simuler. 4 *La mort de cet ami l'a beaucoup affecté* ▶ affliger, atteindre, attrister, chagriner, désoler, émouvoir, frapper, marquer, peiner, toucher, troubler.
affectif, ive adj. ▶ émotionnel, sentimental.
affection n. f. 1 *Avoir de l'affection pour qqn* ▶ amitié, attachement, inclination, pen-

chant, sentiment, sympathie, tendresse. **2** *Une affection cutanée* ▶ mal, maladie.

affectionner v. *Ces promenades solitaires qu'il affectionnait tant* ▶ aimer, apprécier, chérir, goûter (vx), priser (vx), raffoler de, tenir à.

affectivité n. f. ▶ émotivité, sensibilité.

affectueusement adv. ▶ amicalement, chaleureusement, cordialement, fraternellement, gentiment, tendrement.

affectueux, euse adj. ▶ aimant, amical, câlin, chaleureux, cordial, fraternel, tendre.

affermir v. **1** *Affermir une fortification* ▶ consolider, étayer, renforcer. **2** Fig. *Affermir son pouvoir* ▶ ancrer, asseoir, assurer, cimenter, confirmer, conforter, consolider, fortifier, raffermir, renforcer.

affermissement n. m. Fig. *L'affermissement d'un pouvoir* ▶ consolidation, renforcement, stabilisation.

afféterie n. f. Litt. *Un style d'une insupportable afféterie* ▶ affectation, mièvrerie, mignardise (litt.), minauderie, préciosité, recherche.

affiche n. f. *Apposer une affiche proclamant la mobilisation générale* ▶ avis, placard.

afficher v. **1** *Afficher un avis* ▶ apposer, placarder. **2** Fig. *Afficher le plus vif chagrin* ▶ arborer, déployer, étaler, exhiber, extérioriser, faire montre de (litt.), manifester, montrer, présenter. **3** **s'afficher** *S'afficher en compagnie de qqn* ▶ se montrer, parader, se pavaner.

affidé n. m. Litt. *Un potentat local entouré de ses affidés* ▶ agent, homme à tout faire, homme de main, sbire.

affilé, ée adj. Fig. et litt. *Avoir la langue affilée* ▶ acéré.

affilée (d') adv. ▶ d'une seule traite, en continu, sans arrêt, sans interruption.

affiler v. *Affiler un rasoir* ▶ affûter, aiguiser, repasser.

affiliation n. f. **1** *Obtenir son affiliation à une société* ▶ admission, incorporation, inscription, intégration. **2** *Il a été condamné en raison de son affiliation à une ligue dissoute* ▶ adhésion, appartenance.

affilié, ée n. ▶ adhérent, inscrit, membre.

affilier v. **1** *Affilier un club sportif à une fédération* ▶ associer, incorporer, intégrer, rattacher. **2** **s'affilier** *S'affilier à un parti* ▶ adhérer, s'inscrire.

affinage n. m. **1** *L'affinage des métaux* ▶ purification, raffinage. **2** *L'affinage du fromage* ▶ maturation.

affinement n. m. **1** *L'affinement d'une silhouette* ▶ amenuisement, amincissement. **2** Fig. *L'affinement du goût* ▶ éducation, perfectionnement.

affiner v. **1** *Affiner un métal* ▶ purifier, raffiner. **2** *Cette robe lui affine la taille* ▶ amincir. **3** Fig. *Affiner le goût* ▶ éduquer, perfectionner, polir, raffiner. **4** **s'affiner** Fig. *L'analyse de ce problème s'est progressivement affinée* ▶ se préciser. **5** Fig. et litt. *L'esprit s'affine par la conversation* ▶ se civiliser, se cultiver, s'éduquer, se perfectionner, se polir, se raffiner.

affinité n. f. **1** *Chacun se placera en fonction de ses affinités* ▶ attirance, attraction, goût, inclination, penchant, sympathie. **2** *Tenir compte des affinités entre les formes et les couleurs* ▶ accord, analogie, corrélation, correspondance, harmonie, liaison, rapport, relation, ressemblance.

affirmatif, ive adj. **1** *Une réponse affirmative* ▶ positif. **2** *Un ton affirmatif* ▶ catégorique, tranchant.

affirmation n. f. **1** *Une série d'affirmations sans preuve* ▶ allégation, assertion, déclaration. **2** *L'affirmation de ses possibilités* ▶ démonstration, manifestation, preuve, témoignage.

affirmer v. **1** *Il affirme que vous étiez là hier* ▶ assurer, attester, certifier, déclarer, garantir, jurer, prétendre, soutenir. **2** *Affirmer son non-conformisme en portant des vêtements excentriques* ▶ manifester. **3** **s'affirmer** *Sa personnalité s'affirme* ▶ se consolider, se dessiner, s'enhardir, se fortifier, se renforcer.

affleurer v. Fig. *Sa cupidité affleure par instants* ▶ apparaître, émerger, percer, poindre.

affliction n. f. Litt. *Un deuil qui plonge une famille dans l'affliction* ▶ abattement, accablement, chagrin, désespoir, désolation, détresse, douleur, peine, tourment, tristesse.

affligeant, ante adj. **1** *Une nouvelle affligeante* ▶ attristant, consternant, déplorable, désolant, douloureux, lamentable, navrant, pénible, triste. **2** *Un résultat affligeant* ▶ calamiteux, consternant, déplorable, dérisoire, désastreux, exécrable, lamentable, minable (fam.), misérable, miteux (fam.), navrant, nul, piètre, piteux, pitoyable.

affligé, ée adj. *Être affligé d'un caractère ombrageux* ▶ doté, pourvu.

affliger

affliger v. *Son échec l'a profondément affligé* ▶ abattre, accabler, affecter, atteindre, attrister, chagriner, consterner, désoler, navrer, peiner.

affluence n. f. *L'affluence des touristes a enlevé tout son charme à ce coin* ▶ abondance, afflux, déferlement, flot, foule, multitude.

affluer v. **1** *Le sang lui afflua au visage* ▶ monter. **2** *La foule affluait aux portes du palais* ▶ se bousculer, se masser, se presser.

afflux n. m. *Un afflux de visiteurs* ▶ déferlement, flot, foule, multitude.

affolement n. m. *L'affolement d'une population à l'annonce d'une catastrophe imminente* ▶ désarroi, effarement, effroi, égarement, épouvante, panique, peur, terreur.

affoler v. **1** *L'annonce d'un tremblement de terre a affolé la population* ▶ apeurer, effarer, effrayer, épouvanter, paniquer, terrifier, terroriser. **2** Fig. *Une coquette qui affole un jeune homme* ▶ affrioler (litt.), aguicher, allumer (fam.), enflammer, exciter, vamper (vx). **3 s'affoler** *S'affoler à la première alerte* ▶ s'alarmer, s'émouvoir, se frapper (fam.), paniquer, perdre la tête.

affranchi, ie adj. *Un ancien esclave, désormais affranchi* ▶ émancipé, indépendant, libre.

affranchir v. **1** *Affranchir un pays de la tyrannie qui l'opprime* ▶ débarrasser de, défaire de, dégager de, délivrer de, libérer de, soustraire à. **2** *Affranchir une lettre* ▶ timbrer. **3 s'affranchir** *S'affranchir de la tutelle paternelle* ▶ se débarrasser de, se défaire de, se dégager de, se libérer de, secouer le joug de, se soustraire à.

affranchissement n. m. **1** *L'affranchissement d'un peuple* ▶ délivrance, émancipation, libération. **2** *L'affranchissement d'une lettre* ▶ timbrage.

affres n. f. pl. Litt. *Connaître les affres de la jalousie* ▶ angoisses, tortures, tourments, transes.

affréter v. ▶ fréter, louer, noliser.

affreusement adv. *Être affreusement gêné* ▶ épouvantablement, extrêmement, horriblement, terriblement.

affreux, euse adj. **1** *Un visage affreux* ▶ abominable, hideux, horrible, monstrueux, repoussant. **2** *Un temps affreux* ▶ abominable, atroce, dégoûtant, détestable, effrayant, effroyable, épouvantable, exécrable, horrible, ignoble, infect, terrible.

affriolant, ante adj. *Des dessous affriolants* ▶ affolant, aguichant, alléchant, appétissant, émoustillant, excitant.

affront n. m. *Il a pris son échec comme un affront personnel* ▶ avanie, camouflet (litt.), gifle, humiliation, mortification, offense, outrage, vexation.

affrontement n. m. ▶ combat, compétition, face à face, lutte, rencontre.

affronter v. **1** *Affronter un ennemi supérieur en nombre* ▶ s'attaquer à, combattre, faire face à, se heurter à, lutter contre, se mesurer à. **2** *Affronter la mort sereinement* ▶ braver, s'exposer à, risquer. **3 s'affronter** *Deux puissances qui s'affrontent* ▶ se combattre, se heurter, se mesurer, s'opposer.

affubler v. Litt. *On l'avait affublé d'oripeaux ridicules* ▶ accoutrer, attifer, fagoter (fam.), harnacher (fam.).

affût (être à l') v. ▶ épier, être aux aguets, guetter.

affûtage n. m. ▶ affilage, aiguisage, repassage.

affûter v. ▶ acérer (litt.), affiler, aiguiser, repasser.

after-shave n. m. ▶ après-rasage.

agaçant, ante adj. ▶ casse-pieds (fam.), contrariant, crispant, désagréable, embêtant (fam.), énervant, enquiquinant (fam.), enrageant, exaspérant, excédant, horripilant, insupportable, irritant, rageant.

agacement n. m. *Écarter une objection avec un geste d'agacement* ▶ contrariété, énervement, exaspération, impatience, irritation.

agacer v. **1** *Vous allez agacer tout le monde si vous dites des choses pareilles* ▶ casser les pieds à (fam.), contrarier, crisper, embêter, énerver, ennuyer, enquiquiner (fam.), exaspérer, excéder, hérisser, horripiler, indisposer, irriter, mettre en boule (fam.), taper sur les nerfs de. **2** *Agacer un chien pour le faire aboyer* ▶ asticoter (fam.), exciter, provoquer, taquiner, titiller (fam.). **3** *Un fruit qui agace les gencives* ▶ irriter, piquer.

agaceries n. f. pl. Litt. ▶ coquetteries, minauderies.

agapes n. f. pl. Litt. ▶ banquet, festin.

âge n. m. **1** *L'âge de la pierre polie* ▶ époque, ère, période, temps. **2** *Déterminer l'âge d'un arbre* ▶ ancienneté, vieillesse. **3 âge tendre** ▶ adolescence, jeunesse.

âgé, ée adj. ▶ vieux.

agence n. f. 1 *Une agence immobilière* ▸ cabinet. 2 *Une banque qui ouvre une agence dans une ville nouvelle* ▸ succursale.

agencement n. m. 1 *L'agencement des pièces d'un appartement* ▸ configuration, disposition, distribution, économie, ordonnancement, organisation, répartition. 2 *Confier l'agencement d'un local commercial à un décorateur* ▸ aménagement, arrangement, installation, organisation. 3 *Étudier l'agencement d'un récit* ▸ composition, disposition, organisation, structure.

agencer v. ▸ aménager, arranger, combiner, composer, disposer, distribuer, installer, ordonner, organiser, structurer.

agenda n. m. *Inscrire ses rendez-vous sur un agenda* ▸ aide-mémoire, bloc-notes, mémento, mémorandum, pense-bête, vade-mecum.

agenouillement n. m. ▸ génuflexion.

agenouiller (s') v. 1 *S'agenouiller devant un roi* ▸ s'incliner, se prosterner. 2 Fig. et litt. *S'agenouiller devant le pouvoir* ▸ s'abaisser, s'humilier.

agent n. m. 1 *L'agent d'une compagnie d'assurance* ▸ commis, employé. 2 *Adressez-vous à notre agent à Rome* ▸ correspondant, délégué, émissaire, envoyé, représentant. 3 *Un journaliste soupçonné de faire des agents d'un chef mafieux* ▸ affidé (litt.), homme de main, sbire. 4 *Un agent infiltré dans un service de renseignements ennemis* ▸ barbouze (fam.), espion, taupe (fam.). 5 *Demander son chemin à un agent* ▸ flic (fam.), gardien de la paix, policier, poulet (fam.), sergent de ville (vx). 6 *Un artiste et son agent* ▸ imprésario. 7 *Tenir compte des agents atmosphériques* ▸ cause, facteur. 8 **agent de change** ▸ broker.

agglomérat n. m. ▸ agrégat, conglomérat.

agglomération n. f. 1 *Vous trouverez un poste à essence dans la prochaine agglomération* ▸ bourgade, localité, patelin (fam.), village, ville. 2 *Une agglomération de cinq millions d'habitants* ▸ métropole.

agglomérer v. 1 *Agglomérer des particules en une masse compacte* ▸ accumuler, agglutiner, agréger, amalgamer, amasser, conglomérer. 2 **s'agglomérer** *De la neige qui s'agglomère en congère* ▸ s'agglutiner, s'agréger. 3 Fig. *Une foule qui s'agglomère devant un bâtiment* ▸ s'accumuler, s'agglutiner, s'amasser, s'assembler, s'entasser, se rassembler.

agglutiner v. 1 *Agglutiner des éléments en un ensemble compact* ▸ accumuler, agglomérer, agréger, amalgamer, amasser, conglomérer. 2 **s'agglutiner** Fig. *Une foule qui s'agglutine devant l'entrée d'un stade* ▸ s'accumuler, s'agglomérer, s'amasser, s'assembler, s'entasser, se rassembler.

aggravation n. f. 1 *Une aggravation de peine en appel* ▸ augmentation. 2 *Craindre une aggravation continue du chômage* ▸ accroissement, augmentation, escalade, exacerbation, intensification, recrudescence.

aggraver v. 1 *Son intervention n'a fait qu'aggraver la situation* ▸ alourdir, compliquer, envenimer, exacerber, exaspérer. 2 *La pluie va aggraver les dégâts* ▸ accentuer, accroître, amplifier, augmenter, grossir, intensifier, redoubler. 3 **s'aggraver** *La situation s'aggrave de jour en jour* ▸ aller de mal en pis, se corser (fam.), dégénérer, se dégrader, empirer, s'envenimer.

agile adj. 1 *Il est encore tout à fait agile malgré son âge* ▸ alerte, ingambe, léger, leste, preste, souple, vif. 2 *Avoir les doigts agiles* ▸ habile, mobile, souple.

agilement adv. ▸ légèrement, lestement, prestement, souplement, vivement.

agilité n. f. ▸ aisance, grâce, habileté, légèreté, mobilité, prestesse, souplesse.

agir v. 1 *Laisser agir un produit* ▸ opérer. 2 *Dans cette affaire, il a agi avec élégance* ▸ se comporter, se conduire, procéder, s'y prendre. 3 *Agir auprès d'un ministre pour obtenir une dérogation* ▸ intervenir. 4 *Cette histoire va forcément agir sur son comportement* ▸ influer, peser, se répercuter. 5 **s'agir** *De qui s'agit-il?* ▸ être question. 6 *Il s'agit maintenant de faire vite* ▸ convenir de, être nécessaire de, falloir.

agissant, ante adj. *Un remède agissant* ▸ actif, efficace, efficient, énergique, puissant.

agissements n. m. pl. *Surveiller les agissements d'un suspect* ▸ intrigues, machinations, manège, manigances (fam.), manœuvres, menées.

agitateur, trice n. ▸ émeutier, factieux, meneur, perturbateur, séditieux.

agitation n. f. 1 *L'agitation des flots* ▸ mouvement, remous. 2 *L'agitation des préparatifs d'une fête* ▸ affairement, effervescence, tourbillon. 3 *Calmer l'agitation d'un anxieux* ▸ affolement, angoisse, anxiété, désarroi, émotion, énervement, excitation, fébrilité, fièvre, inquiétude, nervosité, trouble. 4 *Une décision qui risque de provoquer une certaine agitation* ▸ bouillonnement, désordre, effervescence, mouvement, remue-ménage, tohu-bohu, trouble, turbulence.

agité, ée adj. **1** *Une séance agitée* ▶ animé, houleux, mouvementé, orageux, tumultueux. **2** *Une existence agitée* ▶ trépidant, tumultueux. **3** *Un enfant agité* ▶ excité, nerveux, remuant, surexcité, turbulent.

agité, ée n. *Se retrouver aux prises avec une bande d'agités* ▶ énergumène, enragé, exalté, excité, fanatique, forcené.

agiter v. **1** *Agiter la tête* ▶ balancer, ballotter, remuer, secouer. **2** Fig. *Les passions qui nous agitent* ▶ animer. **3** Fig. *Agiter une question* ▶ aborder, débattre, discuter, étudier, traiter de. **4** *s'agiter* *Un enfant qui s'agite* ▶ bouger, gesticuler, gigoter, remuer, se tortiller, se trémousser. **5** *Il s'agite beaucoup, mais sans résultat* ▶ s'affairer, se démener.

agnosticisme n. m. ▶ incrédulité, incroyance, scepticisme.

agnostique adj. et n. ▶ incrédule, incroyant, libre penseur, sceptique.

agonie n. f. **1** *Être à l'agonie* ▶ extrémité. **2** Fig. *L'agonie de la royauté* ▶ décadence, déclin.

agonir v. **1** Litt. *Se faire agonir* ▶ injurier, insulter. **2** *Se faire agonir d'injures* ▶ abreuver, accabler, couvrir.

agonisant, ante adj. et n. *Chercher à réconforter un agonisant* ▶ moribond, mourant.

agoniser v. Fig. *Une révolte qui agonise* ▶ décliner, s'éteindre, expirer, péricliter.

agrafe n. f. ▶ barrette, broche.

agraire adj. *La question agraire* ▶ agricole, paysan, rural.

agrandir v. **1** *Agrandir une fortune* ▶ accroître, augmenter, développer, étendre, grossir. **2** *s'agrandir* *Un secteur économique qui s'agrandit* ▶ s'accroître, se développer, s'étendre, grandir.

agrandissement n. m. **1** *L'agrandissement d'un patrimoine* ▶ accroissement, augmentation, croissance, développement, extension. **2** *L'agrandissement d'un détail* ▶ grossissement.

agréable adj. **1** *Un homme agréable* ▶ affable, aimable, amène, avenant, gentil, sociable, sympathique. **2** *Tout cela est très agréable* ▶ charmant, chouette (fam.), plaisant, sympa (fam.).

agréer v. **1** *Un projet qui agrée à tout le monde* ▶ aller à, convenir à, faire l'affaire de, plaire à, satisfaire, seoir à (litt.). **2** *Agréer un projet* ▶ accepter, acquiescer à, approuver.

agrégat n. m. ▶ agglomérat, conglomérat.

agréger v. Fig. *Agréger qqn à un groupe* ▶ adjoindre à, admettre dans, associer à, incorporer dans, intégrer dans.

agrément n. m. **1** *Attendre l'agrément de qqn pour réaliser un projet* ▶ acceptation, accord, acquiescement, adhésion, approbation, assentiment, autorisation, consentement, permission. **2** *L'agrément de la vie à la campagne* ▶ attrait, charme, plaisir. **3** *Une physionomie pleine d'agrément* ▶ attrait, charme, grâce, séduction.

agrémenter v. ▶ décorer, égayer, émailler, embellir, enjoliver, enrichir, garnir, historier, ornementer, orner, parer, rehausser, relever.

agrès n. m. pl. *Les agrès d'un bateau* ▶ accastillage, gréement.

agresser v. **1** *Avoir peur de se faire agresser dans un quartier désert* ▶ attaquer. **2** *J'ai peut-être eu tort de répliquer, mais c'est lui qui m'avait agressé* ▶ attaquer, chercher (fam.), provoquer.

agresseur n. m. **1** *On ne sait plus dans ce conflit qui a été l'agresseur* ▶ assaillant, attaquant. **2** *Dans un duel, l'agresseur n'a pas le choix des armes* ▶ offenseur.

agressif, ive adj. **1** *Un enfant agressif et violent* ▶ bagarreur, batailleur, belliqueux, querelleur, teigneux (fam.). **2** *Une politique commerciale agressive* ▶ combatif, mordant, pugnace. **3** *Des paroles agressives* ▶ brutal, hargneux, incisif, méchant, menaçant, mordant, violent. **4** *Un maquillage, une couleur agressifs* ▶ criard, provocant.

agression n. f. *Déjouer une agression contre la personne du chef de l'État* ▶ attaque, attentat.

agressivement adv. ▶ brutalement, méchamment, violemment.

agressivité n. f. **1** *Demander plus d'agressivité à ses agents commerciaux* ▶ combativité, hargne, mordant, pugnacité. **2** *Modérer l'agressivité de ses paroles* ▶ brutalité, hargne, hostilité, violence.

agreste adj. Litt. *Un paysage agreste* ▶ bucolique, campagnard, champêtre, pastoral, rustique.

agricole adj. *Une politique agricole* ▶ agraire, paysan, rural.

agriculteur, trice n. ▶ cultivateur, exploitant agricole, fermier, paysan.

agripper v. 1 *Il m'a agrippé par le revers de ma veste* ▸ accrocher, attraper, cramponner, happer, saisir. 2 **s'agripper** *S'agripper à une branche* ▸ s'accrocher, se cramponner, se rattraper, se retenir.

aguerrir v. 1 Litt. *Aguerrir de nouvelles troupes* ▸ entraîner, exercer, préparer. 2 Fig. *Ces épreuves l'ont aguerri* ▸ affermir, cuirasser, endurcir, fortifier, tremper.

aguets (être aux) v. ▸ épier, être à l'affût, être en éveil, être sur le qui-vive, être sur ses gardes, guetter.

aguicher v. ▸ affrioler, agacer, allumer (fam.), émoustiller, exciter, provoquer.

aguicheur, euse adj. *Un coup d'œil aguicheur* ▸ provoquant.

aguicheuse n. f. *Prendre des manières d'aguicheuse pour attirer l'attention* ▸ allumeuse (fam.), coquette (litt.), séductrice, vamp (fam.).

ahaner v. Litt. *Ahaner bruyamment pendant un effort* ▸ souffler.

ahuri, ie n. *Quel ahuri!* ▸ abruti, idiot, imbécile, sot.

ahurir v. 1 *Ahurir un enfant de questions* ▸ abrutir, étourdir, saouler. 2 *Cette nouvelle l'a complètement ahuri* ▸ abasourdir, confondre, déconcerter, décontenancer, démonter, dérouter, ébahir, éberluer, effarer, hébéter, interdire, interloquer, stupéfier.

ahurissement n. m. ▸ ébahissement, effarement, saisissement, stupéfaction, stupeur.

aide n. f. 1 *Ils ne pourront rien sans l'aide de tous leurs amis* ▸ appui, assistance, collaboration, concours, contribution, coopération, coup de main, renfort, secours, soutien. 2 *Appeler à l'aide* ▸ rescousse, secours. 3 **à l'aide de** *Arracher un clou à l'aide de tenailles* ▸ au moyen de, avec, grâce à.

aide n. *Engager un aide pour terminer un travail délicat* ▸ adjoint, assistant, auxiliaire, second.

aide-cuisinier, ière n. ▸ gâte-sauce, marmiton, tournebroche (vx).

aide-mémoire n. m. 1 *Un aide-mémoire de chimie pratique* ▸ abrégé, compendium (litt.), épitomé (litt.), guide, manuel, mémento, résumé, synopsis, vade-mecum. 2 *Inscrire ses rendez-vous sur un aide-mémoire* ▸ agenda, bloc-notes, mémento, mémorandum, pense-bête, vade-mecum.

aider v. 1 *Aider qqn qui entreprend qqch de difficile* ▸ appuyer, assister, dépanner, donner un coup de main à (fam.), épauler (fam.), prêter main forte à, rendre service à, seconder, soutenir. 2 *Avec de telles maladresses, il aide objectivement son adversaire* ▸ faire le jeu de, favoriser, servir. 3 *Aider à la réalisation d'un projet* ▸ collaborer à, concourir à, contribuer à, faciliter, favoriser, participer à, prêter la main à. 4 **s'aider** *Il ne peut marcher qu'en s'aidant d'une canne* ▸ employer, se servir de, utiliser.

aïeul, aïeule n. 1 *Au masculin* ▸ grand-père. 2 *Au féminin* ▸ grand-mère. 3 Plur. *Nos aïeux ont fait les croisades* ▸ ancêtres, ascendants.

aigle n. m. Fig. *Ce n'est pas un aigle* ▸ as, champion, fort en thème (fam.), génie, grosse tête (fam.), phénix, phénomène, prodige, surdoué, virtuose.

aigre adj. 1 *Du vin aigre* ▸ acide, âcre, piqué, sur (litt.), tourné. 2 *Une sonorité aigre* ▸ aigu, criard. 3 Fig. *Répliquer d'un ton aigre* ▸ acariâtre, acerbe, acide, âcre, acrimonieux (litt.), amer, dépité, revêche.

aigrefin n. m. Litt. ▸ chevalier d'industrie (vx), coquin (vx), escroc, filou (vx), fripon (vx), malandrin (litt.), voleur.

aigrelet, ette adj. *Un goût aigrelet* ▸ acidulé, sur (litt.).

aigrement adv. Fig. *Répliquer aigrement* ▸ acidement, âcrement, acrimonieusement (litt.), amèrement.

aigrette n. f. *L'aigrette de certains oiseaux* ▸ houppe, huppe, panache.

aigreur n. f. 1 *L'aigreur d'un vin* ▸ acidité, âcreté, amertume. 2 Fig. *Répondre avec aigreur* ▸ âcreté, acrimonie (litt.), amertume, animosité, dépit, humeur (litt.), rancœur.

aigri, ie adj. Fig. *Un caractère aigri* ▸ amer.

aigrir v. *Du lait qui aigrit* ▸ tourner.

aigu, uë adj. 1 *Une pointe aiguë* ▸ acéré, affilé, affûté, aiguisé, piquant, pointu. 2 Fig. *Une voix aiguë* ▸ aigre (péj.), criard (péj.), élevé, glapissant (péj.), haut perché, pointu. 3 Fig. *Une douleur aiguë* ▸ intense, vif, violent. 4 Fig. *Une intelligence aiguë* ▸ aiguisé, incisif, pénétrant, perçant, sagace, subtil.

aiguillage n. m. Fig. *Un élève victime d'une erreur d'aiguillage* ▸ orientation.

aiguille n. f. Fig. *Une aiguille rocheuse* ▸ dent, éperon, pic, piton, sommet.

aiguiller v. *Aiguiller son fils vers une carrière d'avocat* ▸ diriger, orienter.

aiguillon n. m. 1 *L'aiguillon des insectes* ▸ dard. 2 Fig. *L'appât du gain sert d'aiguillon*

aiguillonner

au travail ▶ encouragement, incitation, stimulant.

aiguillonner v. Fig. *Aiguillonner le courage de qqn* ▶ aiguiser, animer, attiser, encourager, enflammer, éperonner, exalter, exciter, fouetter, piquer, stimuler.

aiguisage n. m. ▶ affilage, affûtage, repassage.

aiguisé, ée adj. Fig. *Un esprit aiguisé* ▶ aigu, incisif, pénétrant, perçant, sagace, subtil.

aiguiser v. **1** *Aiguiser une lame* ▶ acérer (litt.), affiler, affûter, émoudre (litt.), repasser. **2** Fig. *Aiguiser le désir de qqn* ▶ aiguillonner, attiser, éperonner, exciter, fouetter, piquer, stimuler.

aile n. f. **1** Fig. *L'aile d'une armée* ▶ flanc. **2** Fig. *Se mettre sous l'aile de qqn* ▶ égide, parrainage, protection, sauvegarde.

ailleurs adv. **1** ▶ autre part. **2 d'ailleurs** ▶ au demeurant, au reste, au surplus, du reste, en outre.

aimable adj. ▶ accort (litt.), affable, agréable, amène, avenant, bienveillant, charmant, courtois, gentil, gracieux, obligeant, plaisant, poli, prévenant, sociable, sympathique.

aimablement adv. ▶ affablement, agréablement, bienveillamment (litt.), complaisamment, courtoisement, gentiment, gracieusement, obligeamment.

aimant, ante adj. ▶ affectueux, amoureux, ardent, câlin, caressant, tendre.

aimanter v. ▶ magnétiser.

aimer v. **1** *Aimer une femme* ▶ avoir dans la peau (fam.), chérir, être amoureux de, être coiffé de (fam.), être épris de, être fou de. **2** *Aimer le sport* ▶ affectionner, avoir du goût pour, être friand de, être porté sur, faire cas de, goûter (litt.), s'intéresser à, se passionner pour, prendre plaisir à, raffoler de. **3** *Aimer plaisanter* ▶ se plaire à, prendre plaisir à. **4 aimer mieux** *Il aime mieux partir tout de suite* ▶ préférer.

aîné, ée n. **1** *L'aîné d'une famille nombreuse* ▶ premier-né. **2** *Le banquet des aînés* ▶ ancien, vieux.

ainsi adv. *Les choses se passent toujours ainsi* ▶ comme cela, de la sorte (litt.).

air n. m. **1** *Un air vicié* ▶ atmosphère. **2** *Je me souviens de l'air, mais pas des paroles* ▶ mélodie, musique. **3** Fig. *Avoir un drôle d'air* ▶ allure, apparence, aspect, dégaine (fam.), dehors, expression, extérieur, genre, gueule (fam.), mine, physionomie. **4 air conditionné** ▶ climatisation.

5 en l'air *Une menace en l'air* ▶ gratuit, infondé, injustifié.

aire n. f. **1** *Une aire de jeu* ▶ emplacement, espace, terrain, zone. **2** *Calculer l'aire d'un cercle* ▶ superficie, surface.

aisance n. f. **1** *Parler avec aisance* ▶ facilité, naturel. **2** *Vivre dans l'aisance* ▶ abondance, bien-être, confort.

aise n. f. **1** *Pousser un soupir d'aise* ▶ contentement, joie, satisfaction. **2** Plur. *Aimer ses aises* ▶ confort. **3 à l'aise** *On voit qu'ils sont à l'aise* ▶ aisé, fortuné, nanti, riche.

aise (bien) adj. Litt. *J'en suis bien aise* ▶ content, enchanté, heureux, ravi, satisfait.

aisé, ée adj. **1** *Un travail aisé* ▶ facile, simple. **2** *Des bourgeois aisés* ▶ fortuné, nanti, prospère, riche. **3** Fig. *Un écrivain au style aisé* ▶ coulant, naturel.

aisément adv. ▶ commodément, facilement.

ajournement n. m. **1** *L'ajournement des débats* ▶ remise, renvoi, report. **2** *Se décider après bien des ajournements* ▶ atermoiement, délai, retard, temporisation.

ajourner v. **1** *Ajourner une affaire* ▶ différer, remettre, renvoyer, reporter, repousser, retarder, surseoir à. **2** *Ajourner un candidat* ▶ coller (fam.), recaler (fam.), refuser.

ajout n. m. ▶ addenda, addition, adjonction, annexe, appendice, complément, rajout, rallonge, supplément.

ajouter v. **1** *Ajouter quelques fleurs à un bouquet* ▶ additionner, adjoindre, incorporer, joindre. **2 ajouter foi** *Ajouter foi à n'importe quel ragot* ▶ croire, écouter, se fier à. **3 s'ajouter** *Ce contretemps est venu s'ajouter à tout le reste* ▶ s'additionner, s'adjoindre, se greffer.

ajusté, ée adj. *Un vêtement trop ajusté* ▶ collant, étroit, juste, moulant, serré.

ajustement n. m. *Un ajustement des horaires* ▶ accommodation, accommodement, adaptation, arrangement.

ajuster v. **1** *Ajuster deux pièces d'un mécanisme* ▶ assembler, connecter, emboîter, joindre, raccorder. **2** *Ajuster une cible* ▶ mettre en joue, viser. **3** *Ajuster la théorie à la pratique* ▶ accommoder, accorder, adapter, approprier, conformer. **4** *Ajuster les plis d'un vêtement* ▶ agencer, arranger, combiner, disposer, ordonner. **5 s'ajuster** *Un couvercle qui s'ajuste mal* ▶ s'adapter, joindre.

alacrité n. f. Litt. ▶ allant, enjouement, entrain, gaieté.

alambiqué, ée adj. *Discours alambiqué* ▶ amphigourique, biscornu, compliqué, confus, contourné, tarabiscoté (fam.).

alangui, ie adj. *Un regard alangui* ▶ énamouré, langoureux, languide, languissant, mouillé, mourant, transi.

alarmant, ante adj. ▶ angoissant, inquiétant, préoccupant.

alarme n. f. **1** *Donner l'alarme* ▶ alerte, éveil. **2** *L'alarme qui s'empara de la population à l'annonce de la guerre* ▶ affolement, angoisse, anxiété, appréhension, crainte, effroi, émotion, frayeur, frousse (fam.), peur. **3** *Déclencher l'alarme d'une voiture* ▶ antivol, sirène.

alarmer v. *Cette poussée de fièvre a beaucoup alarmé ses parents* ▶ affoler, effrayer, émouvoir, faire peur à, inquiéter, préoccuper, tourmenter, tracasser, troubler.

album n. m. *Le troisième album des Beatles* ▶ disque, enregistrement.

alcool n. m. *Prendre un alcool après un repas* ▶ digestif, pousse-café (fam.), spiritueux.

alcoolique adj. et n. ▶ éthylique, ivrogne, poivrot (fam.).

alcoolisme n. m. ▶ éthylisme, ivrognerie.

aléa n. m. ▶ hasard, impondérable, imprévu, incertitude, risque, vicissitude.

aléatoire adj. ▶ douteux, hasardeux, hypothétique, incertain, périlleux, problématique, risqué.

alentour adv. Litt. *Rôder alentour* ▶ à proximité, aux environs, dans le coin (fam.), dans les parages.

alentours n. m. pl. **1** *Les alentours d'une ville* ▶ abords, environs, parages, périphérie, voisinage. **2 aux alentours** *Il n'y a plus personne aux alentours* ▶ à proximité, aux environs, dans le coin (fam.), dans les parages.

alerte n. f. **1** *Donner l'alerte* ▶ alarme, éveil. **2** *Se décourager à la première alerte* ▶ avertissement, danger, menace.

alerte adj. ▶ agile, fringant, ingambe (litt.), leste, prompt, rapide, sémillant (litt.), vif.

alerter v. **1** *Heureusement que vous m'avez alerté* ▶ avertir, aviser, mettre en garde, prévenir. **2** *Alerter l'opinion publique* ▶ ameuter.

alexandrin n. m. ▶ dodécasyllabe.

algarade n. f. *La réunion a donné lieu à une violente algarade entre deux collègues* ▶ accrochage, altercation, dispute, querelle, scène.

algèbre n. f. Fig. *Pour moi, c'est de l'algèbre* ▶ chinois, hébreu.

algue n. f. ▶ fucus, goémon, varech.

alias adv. ▶ dit.

alibi n. m. Fig. *Chercher un alibi pour ne pas assister à une réunion* ▶ excuse, justification, prétexte.

aliénation n. f. **1** *L'aliénation d'un usufruit* ▶ cession, donation, transmission. **2** *Donner des signes d'aliénation* ▶ démence, égarement, folie.

aliéné, ée adj. et n. ▶ cinglé (fam.), dément, déséquilibré, détraqué (fam.), dingue (fam.), fou, malade mental, maniaque, marteau (fam.), piqué (fam.), timbré (fam.).

aliéner v. Fig. *Aliéner sa liberté* ▶ abandonner, se priver de, renoncer à.

alignement n. m. **1** *Un alignement de chaises* ▶ rangée. **2** Fig. *L'alignement des modes de vie* ▶ nivellement, standardisation, uniformisation.

aligner (s') v. Fig. *S'aligner sur l'opinion de qqn* ▶ se ranger à.

aliment n. m. ▶ comestible, denrée, nourriture.

alimentation n. f. **1** *Surveiller son alimentation* ▶ nourriture, régime. **2** Fig. *L'alimentation en eau d'une ville* ▶ approvisionnement, fourniture, ravitaillement.

alimenter v. **1** *Alimenter un enfant* ▶ nourrir, sustenter (litt.). **2** Fig. *Alimenter une ville en eau* ▶ approvisionner, fournir, pourvoir, ravitailler. **3** Fig. et litt. *Alimenter une passion* ▶ entretenir, nourrir. **4 s'alimenter** *Il est déconseillé de s'alimenter avant un effort violent* ▶ manger, se nourrir, se restaurer, se sustenter (fam.).

alinéa n. m. *Modifier le 3ᵉ alinéa du contrat* ▶ paragraphe.

aliter (s') v. ▶ se coucher.

allaiter v. ▶ donner le sein, nourrir.

allant n. m. *Avoir de l'allant* ▶ alacrité (litt.), dynamisme, enthousiasme, entrain, fougue, vitalité, vivacité.

alléchant, ante adj. *Une proposition alléchante* ▶ appétissant, attirant, attractif (fam.), attrayant, engageant, séduisant, tentant.

allécher v. *Allécher qqn par des promesses* ▶ appâter, attirer, séduire, tenter.

allée et venue n. f. *Une allée et venue continuelle entre le centre et la périphérie* ▶ navette, va-et-vient.

allégation n. f. *On va vous demander de justifier vos allégations* ▶ affirmation, déclaration, dires.

allégeance n. f. Fig. *Faire preuve d'allégeance à l'égard d'une autorité* ▶ obéissance, soumission.

allègement n. m. 1 *L'allègement d'une charge fiscale* ▶ atténuation, baisse, dégrèvement, diminution, réduction. 2 Fig. *L'allègement d'une peine* ▶ adoucissement, atténuation.

alléger v. 1 *Alléger qqn d'un fardeau* ▶ décharger, délester. 2 Fig. *Alléger les impôts* ▶ amoindrir, atténuer, baisser, diminuer, réduire. 3 Fig. *Alléger une douleur* ▶ adoucir, atténuer, soulager.

allégorie n. f. *Formuler un enseignement sous la forme d'une allégorie* ▶ apologue, fable, mythe, parabole.

allégorique adj. *Une représentation allégorique de la Vertu repoussant la Volupté* ▶ emblématique, métaphorique, symbolique.

allègre adj. ▶ alerte, dispos, enjoué, gai, gaillard, guilleret, joyeux, léger, leste, vif.

allégresse n. f. ▶ euphorie, gaieté, joie, jubilation, liesse (vx), satisfaction.

alléguer v. *Alléguer de mauvaises raisons* ▶ s'appuyer sur, arguer de, avancer, invoquer, objecter, opposer, prétexter, se prévaloir de.

allemand, ande adj. ▶ germanique, teuton (fam.).

aller v. 1 *Aller droit devant soi* ▶ avancer, cheminer (vx), se diriger, marcher. 2 *Aller chez un ami* ▶ se rendre. 3 *L'autoroute qui va à Lyon* ▶ conduire, mener. 4 *Aller bien* ▶ se porter, se sentir. 5 *Cette solution ne me va pas du tout* ▶ agréer (litt.), botter (fam.), convenir, plaire, seoir (litt.). 6 **aller ensemble** *Deux couleurs qui ne vont pas ensemble* ▶ s'accorder, s'adapter, s'ajuster, s'assortir, s'harmoniser. 7 **s'en aller** *À huit heures, je m'en vais* ▶ se casser (fam.), déguerpir, s'éclipser, ficher le camp (fam.), partir, prendre le large (fam.), sortir.

allergie n. f. 1 *Avoir une allergie au pollen* ▶ intolérance. 2 Fig. *Le football a fini par provoquer chez elle une véritable allergie* ▶ dégoût, rejet, répugnance, répulsion.

alliage n. m. Fig. *Un curieux alliage de dynamisme et de mélancolie* ▶ amalgame, assemblage, combinaison, mélange.

alliance n. f. 1 *Une alliance de couleurs* ▶ accord, association, harmonie. 2 *Une alliance militaire* ▶ accord, coalition, entente, ligue, pacte, traité, union. 3 *Une alliance en or* ▶ anneau, bague, jonc.

allié, ée adj. 1 *Des peuples alliés* ▶ ami. 2 *Des familles alliées* ▶ apparenté, parent.

allié, ée n. *Un allié fidèle* ▶ associé, partenaire.

allier v. 1 *Allier la clémence à la justice* ▶ associer, combiner, concilier, joindre, marier, mêler, unir. 2 *Allier ses forces pour conquérir le pouvoir* ▶ associer, coaliser, conjuguer, joindre, liguer, unir. 3 **s'allier** *S'allier contre un ennemi commun* ▶ s'associer, se coaliser, s'entendre, se liguer, s'unir.

allocataire n. ▶ attributaire, ayant droit, bénéficiaire, prestataire.

allocation n. f. 1 *L'allocation d'une rente* ▶ assignation, attribution. 2 *Recevoir une allocation mensuelle* ▶ indemnité, pension, subside, subvention.

allocutaire n. ▶ interlocuteur, récepteur.

allocution n. f. ▶ discours, laïus (fam.), speech (fam.).

allogène adj. *Des populations allogènes* ▶ étranger, immigré.

allongé, ée adj. *Une forme allongée* ▶ effilé, en amande, fin, long, oblong.

allongement n. m. 1 *L'allongement du temps de loisir* ▶ accroissement, augmentation, développement, extension. 2 *Obtenir un allongement des délais* ▶ prolongation, prolongement, prorogation.

allonger v. 1 *Allonger le bras* ▶ étendre, tendre. 2 *Allonger la durée d'un spectacle* ▶ accroître, augmenter, développer, prolonger, rallonger. 3 *Allonger une sauce* ▶ diluer, éclaircir, étendre, fluidifier, mouiller. 4 **s'allonger** *S'allonger pour se reposer un peu* ▶ se coucher, s'étendre.

allouer v. ▶ accorder, attribuer, décerner, donner, impartir, octroyer.

allumer v. 1 *Allumer une allumette* ▶ enflammer, mettre le feu à. 2 Fig. *Allumer une révolte* ▶ déchaîner, déclencher, occasionner, provoquer, soulever, susciter. 3 Fig. et fam. *Allumer un jeune homme* ▶ aguicher, exciter, vamper (fam.).

allure n. f. 1 *Aller à toute allure* ▶ vitesse. 2 *Avoir une drôle d'allure* ▶ air, apparence, aspect, dégaine (fam.), forme, maintien, mine, physionomie, port (litt.), touche (fam.), tournure. 3 *Avoir beaucoup d'allure* ▶ chic, élégance, prestance.

allusif, ive adj. ▶ détourné, indirect, sous-entendu.

allusion n. f. ▶ évocation, sous-entendu.

alluvions n. f. pl. *Un terrain formé par accumulation d'alluvions fluviales* ► dépôts, sédiments.

aloi n. m. Fig. et litt. *Un modernisme de mauvais aloi* ► goût, qualité.

alors adv. ► dans ces conditions, en ce cas.

alourdir v. **1** *Alourdir une malle pour qu'elle coule à pic* ► lester. **2** *Ces frais vont encore alourdir ce poste budgétaire* ► grever. **3** Fig. *L'âge lui a alourdi la démarche* ► appesantir, embarrasser. **4** Fig. *Cette intervention risque d'alourdir encore la situation internationale* ► aggraver, compliquer, envenimer, exaspérer. **5 s'alourdir** *Il s'est alourdi avec l'âge* ► s'empâter, engraisser, épaissir, forcir, gonfler, grossir.

alourdissement n. m. *Éprouver une sensation d'alourdissement après le repas* ► appesantissement, assoupissement, engourdissement, lourdeur, somnolence.

alphabet n. m. *Offrir son premier alphabet à un enfant* ► a b c, abécédaire.

alpiniste n. ► ascensionniste (vx), escaladeur, grimpeur.

altérable adj. ► corruptible, fragile, périssable.

altération n. f. **1** *L'altération d'une substance* ► décomposition, dégradation, dénaturation, détérioration. **2** *L'altération des faits dans un récit* ► déformation, distorsion, modification, travestissement. **3** *L'altération d'un acte notarié* ► falsification.

altercation n. f. *Cette question a provoqué une violente altercation au conseil municipal* ► discussion, dispute, empoignade, prise de bec (fam.), querelle.

altéré, ée adj. Fig. et litt. *Etre altéré de pouvoir* ► affamé, assoiffé, avide.

alter ego n. m. ► bras droit, compère (vx).

altérer v. **1** *Altérer le goût d'une substance par un traitement chimique* ► changer, modifier, transformer. **2** Spécialement en mal ► avarier, corrompre, dégrader, dénaturer, détériorer, frelater, gâter, vicier. **3** *Altérer la vérité* ► défigurer, déformer, dénaturer, falsifier, modifier, pervertir, transformer, travestir, truquer.

alternance n. f. *Une alternance de pluie et d'éclaircies* ► enchaînement, succession, suite.

alternatif, ive adj. **1** *Des périodes alternatives de chaleur et de froid* ► alterné, successif. **2** *Proposer un tracé alternatif pour une autoroute* ► autre, différent.

alternative n. f. *Se trouver devant une alternative difficile* ► choix, option.

alternativement adv. ► à tour de rôle, l'un après l'autre, successivement, tour à tour.

alterné, ée adj. *Des rimes alternées* ► croisé.

alterner v. *Des équipes de médecins qui alternent dans un service d'urgence* ► se relayer.

altesse n. f. ► prince.

altier, ère adj. Litt. ► arrogant, dédaigneux, fier, hautain, méprisant.

altitude n. f. ► élévation, hauteur.

altruisme n. m. *Sacrifier son intérêt par pur altruisme* ► bonté, charité, générosité, humanité, philanthropie.

altruiste adj. ► bon, charitable, généreux.

alvéole n. f. ► case, cavité, cellule, compartiment, niche.

amabilité n. f. ► affabilité, aménité, bienveillance, civilité, courtoisie, délicatesse, gentillesse, obligeance, politesse, prévenance.

amadouer v. ► adoucir, apprivoiser, attendrir, fléchir.

amaigrir v. *La maladie lui a amaigri les traits* ► creuser, dessécher, émacier.

amaigrissement n. m. ► amincissement.

amalgame n. m. **1** *Un curieux amalgame de traits de caractère complètement différents* ► alliage, assemblage, combinaison, mélange. **2** *L'orateur s'est livré à des amalgames inadmissibles* ► assimilation, confusion, identification, rapprochement.

amalgamer v. **1** *Amalgamer des éléments hétérogènes pour en faire un tout* ► allier, associer, combiner, confondre, mélanger, mêler, réunir, unir. **2** *Amalgamer deux cas pourtant distincts* ► assimiler, confondre, identifier, rapprocher.

amant, ante n. **1** ► ami, petit ami. **2** Litt. Spécialement au féminin ► amie, maîtresse, petite amie.

amarante adj. ► bordeaux, cramoisi, grenat, pourpre.

amarrage n. m. ► ancrage, arrimage, fixation.

amarrer v. *Amarrer des colis* ► accrocher, arrimer, assujettir, attacher, fixer, immobiliser.

amas n. m. *Un amas de papiers* ► accumulation, amoncellement, entassement,

amasser

masse, monceau, montagne, pile, quantité, tas.

amasser v. **1** *Amasser des vieux papiers* ▸ accumuler, amonceler, empiler, entasser. **2** *Un avare qui amasse sans dépenser* ▸ économiser, épargner, thésauriser.

amateur n. m. **1** *Une vente d'affiches qui a attiré de nombreux amateurs* ▸ afficionado, collectionneur, connaisseur, curieux, fan (fam.), passionné. **2** *C'est du travail d'amateur* ▸ dilettante, fumiste (fam.).

amateurisme n. m. ▸ dilettantisme, fumisterie (fam. et péj.).

amazone n. f. ▸ cavalière, écuyère.

ambages (sans) adv. *Parler sans ambages* ▸ franchement, sans détours, sans faux-fuyants.

ambassade n. f. ▸ délégation, mission diplomatique.

ambassadeur, drice n. Fig. *On l'a accueilli comme une sorte d'ambassadeur du cinéma français* ▸ émissaire, envoyé, représentant.

ambiance n. f. **1** *Décrire l'ambiance intellectuelle du début du siècle* ▸ atmosphère, climat, environnement, milieu. **2** Fam. *Une soirée qui manque d'ambiance* ▸ entrain, gaieté.

ambiant, ante adj. ▸ environnant.

ambigu, uë adj. *Les réponses des oracles étaient souvent ambiguës* ▸ à double entente, à double sens, ambivalent, amphibologique, douteux, équivoque, incertain.

ambiguïté n. f. ▸ ambivalence, amphibologie, double sens, équivoque, incertitude.

ambitieux, euse adj. et n. *Un État gangréné par une poignée d'ambitieux* ▸ arriviste, carriériste, intrigant.

ambition n. f. *Réussir est une ambition légitime* ▸ aspiration, but, désir, dessein, idéal, projet, rêve, souhait, visée, vue.

ambitionner v. **1** Litt. *Ambitionner un fauteuil d'académicien* ▸ aspirer à, briguer, convoiter, prétendre à, rechercher, viser, vouloir. **2** *Ambitionner de monter en grade* ▸ aspirer à, brûler de, désirer, rêver de, souhaiter, viser à, vouloir.

ambivalence n. f. ▸ ambiguïté, amphibologie, double sens, équivoque.

ambré, ée adj. ▸ blond, doré, fauve.

ambulant, ante adj. *Un marchand ambulant* ▸ forain, itinérant.

âme n. f. **1** *Une âme droite* ▸ caractère, cœur, conscience, esprit, nature, pensée, personnalité. **2** *Une ville de cinq cent mille âmes* ▸ habitant, homme, individu, personne. **3** Fig. *C'est lui l'âme du complot* ▸ artisan, auteur, cerveau, cheville ouvrière, instigateur, promoteur.

améliorable adj. ▸ amendable, perfectible.

amélioration n. f. **1** *L'amélioration d'un sol* ▸ amendement, bonification, enrichissement. **2** *Une nette amélioration dans l'état d'un malade* ▸ mieux. **3** *Une amélioration dans les relations entre deux pays* ▸ réchauffement. **4** *Apporter des améliorations au fonctionnement d'une machine* ▸ perfectionnement. **5** *Un texte qui a besoin de quelques améliorations* ▸ correction, retouche, révision.

améliorer v. **1** *Améliorer un sol* ▸ amender, bonifier, enrichir, fertiliser, mettre en valeur. **2** *Améliorer le fonctionnement d'une machine* ▸ perfectionner. **3** *Améliorer un texte* ▸ corriger, parfaire, retoucher, réviser. **4 s'améliorer** *Le vin s'améliore avec le temps* ▸ s'abonnir (litt.), se bonifier, se faire. **5** *Les conditions de travail s'améliorent* ▸ s'arranger, se perfectionner, progresser. **6** *Leurs relations s'améliorent un peu* ▸ se réchauffer.

aménagement n. m. **1** *S'interroger sur l'aménagement idéal d'un local* ▸ agencement, arrangement, disposition, distribution, installation, ordonnancement, organisation. **2** *Planifier l'aménagement d'une région* ▸ développement, équipement.

aménager v. **1** *Aménager des communs pour en faire un appartement* ▸ arranger, équiper, installer. **2** *Aménager un projet de loi* ▸ amender, corriger, modifier, rectifier.

amende n. f. *Une amende pour stationnement interdit* ▸ contravention, procès-verbal, p.-v. (fam.).

amendement n. m. **1** *L'amendement d'une terre* ▸ amélioration, bonification, enrichissement, fertilisation, mise en valeur, valorisation. **2** *L'amendement d'une loi* ▸ aménagement, changement, correction, modification, réforme, révision.

amender v. **1** *Amender un sol* ▸ améliorer, bonifier, enrichir, fertiliser, mettre en valeur. **2** *Amender un projet de loi* ▸ aménager, corriger, modifier, rectifier, redresser, réformer, réviser. **3 s'amender** *S'amender après plusieurs années de débauche* ▸ s'assagir, se ranger.

amène adj. Litt. ▶ affable, agréable, aimable, avenant, charmant, courtois, doux, engageant, gentil, gracieux, poli, sympathique.

amener v. **1** *Amener une voile* ▶ affaler, descendre. **2** *Amener un enfant à l'hôpital* ▶ conduire, emmener, mener, transporter. **3** *Voilà qui pourrait bien nous amener à changer nos projets* ▶ conduire, déterminer, engager, incliner, porter, pousser. **4** *Cela risque de vous amener des ennuis* ▶ apporter, attirer, causer, déclencher, engendrer, entraîner, occasionner, produire, provoquer, susciter.

amenuisement n. m. *S'inquiéter de l'amenuisement des ressources énergétiques* ▶ affaiblissement, amoindrissement, diminution, raréfaction, réduction.

amenuiser (s') v. ▶ s'amoindrir, diminuer, se dissiper, s'estomper, s'évanouir, s'évaporer.

amer, ère adj. **1** Fig. *Cet échec l'a laissé très amer* ▶ mélancolique, morose, sombre, triste. **2** Fig. *D'amers reproches* ▶ âcre, aigre, âpre, dur, mordant. **3** Fig. *Un souvenir amer* ▶ cruel, cuisant, déplaisant, désagréable, douloureux, pénible, saumâtre (fam.).

amertume n. f. Fig. *Un discours plein d'amertume* ▶ acrimonie (litt.), aigreur, dépit, rancœur.

ameublement n. m. ▶ meubles, mobilier.

ameuter v. **1** Fig. *Ameuter l'opinion publique* ▶ alerter. **2 s'ameuter** *Une foule qui s'ameute* ▶ s'attrouper, se masser.

ami, ie adj. **1** *Un pays ami* ▶ allié. **2** Litt. *Un regard ami* ▶ amical, bienveillant.

ami, ie n. **1** *Bavarder avec quelques amis* ▶ camarade, compagnon, copain (fam.), familier, intime. **2** *Elle veut s'installer avec son ami* ▶ amant, amoureux, compagnon, copain (fam.), petit ami. **3** *Il nous a présenté sa nouvelle amie* ▶ amante (litt.), compagne, copine (fam.), maîtresse, petite amie.

amiable (à l') adv. *S'arranger à l'amiable* ▶ de gré à gré.

amical, ale adj. *Ils lui ont réservé l'accueil le plus amical* ▶ affectueux, aimable, bienveillant, chaleureux, cordial, fraternel, gentil, sympathique.

amicalement adv. ▶ aimablement, chaleureusement, cordialement, fraternellement.

amidonner v. *Amidonner du linge* ▶ empeser.

amincir v. *Cette robe l'amincit* ▶ affiner, amaigrir, mincir.

amincissement n. m. ▶ affinement, amaigrissement.

amitié n. f. **1** *Éprouver de l'amitié pour qqn* ▶ affection, attachement, inclination (litt.), sympathie, tendresse. **2** *Avoir des relations d'amitié avec qqn* ▶ camaraderie, familiarité, sympathie. **3** *L'amitié entre deux pays* ▶ accord, entente.

amnésie n. f. ▶ oubli, perte de mémoire.

amnistie n. f. *Une amnistie présidentielle* ▶ grâce.

amnistier v. ▶ gracier.

amoindrir v. **1** *L'âge amoindrit les forces* ▶ affaiblir, amenuiser, atténuer, diminuer, réduire, restreindre. **2 s'amoindrir** *Sa puissance s'est amoindrie* ▶ s'affaiblir, s'amenuiser, décliner, décroître, diminuer, se réduire, se restreindre.

amoindrissement n. m. ▶ abaissement, affaiblissement, amenuisement, diminution, réduction, restriction.

amollir v. **1** *Amollir de la cire* ▶ ramollir. **2** Fig. *Le manque de sport amollit* ▶ avachir (fam.), débiliter. **3** Fig. *Des pressions ont amolli sa résolution* ▶ affaiblir, émousser. **4 s'amollir** *Son ardeur et sa détermination s'amollissent* ▶ s'affaiblir, s'atténuer, diminuer, s'émousser, fléchir, se relâcher.

amollissement n. m. Fig. *Un amollissement fatal aux combattants* ▶ fléchissement, relâchement.

amonceler v. ▶ accumuler, amasser, empiler, entasser.

amoncellement n. m. ▶ accumulation, amas, entassement, monceau, montagne, pile, tas.

amoral, ale adj. ▶ débauché, dépravé, dévoyé, immoral, sans foi ni loi.

amoralité n. f. *Une atmosphère d'amoralité générale* ▶ corruption, dépravation, immoralité.

amorce n. f. **1** *Une amorce pour attirer les poissons* ▶ appât, esche, leurre. **2** *L'amorce d'une arme à feu* ▶ détonateur. **3** Fig. *L'amorce d'un projet* ▶ commencement, début, ébauche, embryon, esquisse, origine, source.

amorcer v. **1** *Amorcer une ligne* ▶ escher. **2** *Amorcer les poissons* ▶ appâter. **3** Fig. *Amorcer une nouvelle affaire* ▶ attaquer, commencer, ébaucher, entamer, entreprendre, esquisser, initier, lancer, mettre en train.

amorphe adj. ▶ apathique, atone, avachi, indolent, mou.

amortir v. 1 *Amortir un son* ▶ affaiblir, assourdir, atténuer, étouffer, feutrer. 2 Fig. *Le temps amortit les passions* ▶ adoucir, affaiblir, apaiser, atténuer, attiédir, calmer, émousser, estomper, modérer, tempérer.

amortissement n. m. *L'amortissement d'un choc* ▶ atténuation.

amortisseurs n. m. pl. *Les amortisseurs d'une voiture* ▶ suspension.

amour n. m. 1 *Avouer son amour à qqn* ▶ flamme (litt.). 2 *Des amours sans conséquence* ▶ amourette, aventure, passade. 3 **faire l'amour** ▶ s'accoupler, baiser (fam.), copuler, coucher (fam.), s'envoyer en l'air (fam.), forniquer (litt.).

amoureusement adv. ▶ câlinement, tendrement.

amoureux, euse adj. 1 *Être amoureux de sa voisine* ▶ entiché, épris (litt.). 2 *Un regard amoureux* ▶ aimant, ardent, brûlant.

amoureux, euse n. Fig. *Les vrais amoureux de la mer* ▶ accro (fam.), fan (fam.), fanatique, fou, mordu, passionné.

amour-propre n. m. *Il a trop d'amour-propre pour vous demander ce service* ▶ dignité, fierté, orgueil.

amphigourique adj. *Un style amphigourique* ▶ alambiqué, confus, embrouillé, entortillé, fumeux (fam.), nébuleux, obscur.

amphithéâtre n. m. *Un amphithéâtre romain* ▶ arènes.

amphitryon n. m. Litt. ▶ hôte, maître de maison.

ample adj. 1 *Une esplanade très ample* ▶ grand, large, spacieux, vaste. 2 *Faire une ample provision de souvenirs* ▶ abondant, copieux, important.

amplement adv. ▶ abondamment, beaucoup, copieusement, largement.

ampleur n. f. 1 *L'ampleur d'une coupole* ▶ dimension, gabarit, grandeur, largeur. 2 *L'ampleur des échanges internationaux* ▶ abondance, volume. 3 *L'ampleur d'un événement* ▶ dimension, envergure, étendue, gravité, importance, poids, portée, taille, valeur.

amplification n. f. *L'amplification d'une crise* ▶ aggravation, exacerbation, exaspération, extension, intensification.

amplifier v. 1 *Amplifier des échanges commerciaux* ▶ accroître, augmenter, développer, étendre, intensifier. 2 *Amplifier un incident pour le rendre plus intéressant* ▶ dramatiser, embellir, enfler, enjoliver, exagérer, grossir. 3 **s'amplifier** *Un vacarme qui s'amplifie* ▶ s'accroître, enfler, grandir, grossir, s'intensifier.

amplitude n. f. *L'amplitude d'un séisme* ▶ magnitude.

ampoule n. f. *Se faire une ampoule au pied* ▶ cloque, phlyctène.

ampoulé, ée adj. *Un style ampoulé* ▶ affecté, déclamatoire, emphatique, enflé, grandiloquent, pompeux, ronflant.

amputation n. f. 1 *L'amputation d'un membre* ▶ ablation, mutilation, sectionnement. 2 Fig. *Il y a eu des amputations dans ce texte* ▶ coupure, mutilation, suppression.

amputé, ée n. ▶ estropié, invalide, mutilé.

amputer v. 1 *Amputer une jambe* ▶ couper, enlever, sectionner. 2 Fig. *Amputer un texte* ▶ couper, mutiler, raccourcir, tronquer.

amulette n. f. ▶ fétiche, grigri, porte-bonheur, talisman.

amusant, ante adj. 1 *Un spectacle amusant* ▶ cocasse, comique, distrayant, divertissant, drôle, gai, humoristique, marrant (fam.), plaisant, récréatif, réjouissant, rigolo (fam.). 2 Fig. *Tiens! c'est amusant, j'étais justement en train de penser à vous* ▶ bizarre, curieux, drôle, marrant (fam.).

amusement n. m. *Ne reprochez pas à ces enfants un amusement aussi innocent* ▶ délassement, distraction, divertissement, jeu, passe-temps, plaisir, récréation.

amuser v. 1 *Cela va amuser les enfants* ▶ délasser, dérider, distraire, divertir, égayer, récréer (litt.), réjouir. 2 **s'amuser** *Laissez-les s'amuser un peu* ▶ batifoler, se distraire, se divertir, folâtrer, jouer, prendre du bon temps. 3 *S'amuser de qqn* ▶ brocarder (litt.), se ficher de (fam.), se gausser de (litt.), se moquer de, persifler, railler, rire de.

amusette n. f. ▶ babiole, bagatelle, bricole, futilité.

an n. m. 1 *On verra ça l'an prochain* ▶ année. 2 *Avoir quarante ans* ▶ balai (fam.), berge (fam.), pige (fam.), printemps (fam.).

anachorète n. m. *Mener une vie d'anachorète* ▶ ascète, ermite, solitaire.

anachronique adj. *Ses opinions paraissent aujourd'hui complètement anachroniques* ▶ démodé, dépassé, désuet, obsolète, périmé.

analgésique adj. et n. m. ▶ antalgique.

analogie n. f. *Vous ne nierez pas qu'il y a une analogie entre ces deux histoires ?* ▶ affinité, concordance, conformité, correspon-

dance, liaison, lien, parallélisme, parenté, proximité, rapport, relation, ressemblance, similarité, similitude.

analogue adj. ▶ approchant, assimilable, comparable, connexe, correspondant, équivalent, lié, parallèle, parent, proche, ressemblant, similaire, voisin.

analphabète adj. et n. ▶ ignare, ignorant, illettré, inculte.

analyse n. f. **1** *Se livrer à l'analyse détaillée d'une situation politique* ▶ critique, étude, examen, observation. **2** *Après 8 ans d'analyse, je pensais qu'elle irait mieux* ▶ psychanalyse.

analyser v. *Analyser le comportement de qqn dans les moindres détails* ▶ critiquer, décortiquer, disséquer, éplucher (fam.), étudier, examiner.

analyste n. ▶ psychanalyste.

analytique adj. *Une table analytique des matières* ▶ détaillé.

anarchie n. f. *Une entreprise en pleine anarchie* ▶ chaos, confusion, désordre, pagaille (fam.).

anarchique adj. Fig. *Une gestion anarchique* ▶ bordélique (fam.), chaotique, confus, désordonné, incohérent, pagailleux (fam.).

anarchiste adj. et n. ▶ libertaire.

anathème n. m. **1** Litt. *Un hérétique frappé d'anathème* ▶ excommunication. **2** Litt. *Proférer un anathème* ▶ imprécation, malédiction. **3** Fig. et litt. *L'orateur a surpris par la violence de son anathème* ▶ blâme, condamnation, réprobation.

anatife n. m. ▶ bernache.

anatomie n. f. Fam. *Une fille à l'anatomie parfaite* ▶ académie (fam.), corps, morphologie, plastique.

ancestral, ale adj. *En vertu d'un droit ancestral* ▶ antique, immémorial, séculaire.

ancêtre n. ▶ aïeul, ascendant.

ancien, enne adj. **1** *L'histoire ancienne* ▶ antique. **2** *Et cela se passait dans des temps très anciens* ▶ éloigné, lointain, reculé. **3** *La peinture des murs est ancienne et commence à s'écailler* ▶ vétuste, vieux. **4** *Rencontrer son ancien mari* ▶ ex, précédent.

ancien, enne n. **1** *Respectez vos anciens* ▶ aîné. **2** *Les anciens d'un village* ▶ doyen, vieillard. **3** *Les anciens de la guerre de 14* ▶ vétéran.

anciennement adv. ▶ autrefois, dans le temps (fam.), jadis.

ancienneté n. f. *L'ancienneté d'une coutume* ▶ antiquité.

ancrage n. m. **1** *Le point d'ancrage d'un câble* ▶ amarrage, arrimage. **2** Fig. *L'ancrage d'une idéologie dans la tradition d'un pays* ▶ enracinement.

ancrer v. **1** Vx *Ancrer un bateau* ▶ mouiller. **2** Fig. *Ancrer une idée dans l'esprit de qqn* ▶ enraciner, fixer, implanter. **3 s'ancrer** Fig. *Un usage qui s'ancre dans les plus anciennes traditions d'une région* ▶ s'enraciner.

androgyne adj. ▶ hermaphrodite.

androgynie n. f. ▶ hermaphrodisme.

âne n. m. **1** *Charger des sacs sur un âne* ▶ baudet, bourricot (fam.), grison (litt.). **2** Fig. *Tu n'es qu'un âne* ▶ bourrique (litt.), butor (litt.), cruche (fam.), idiot, ignorant, imbécile, sot.

anéantir v. **1** *Anéantir l'armée ennemie* ▶ abattre, annihiler, détruire, écraser, exterminer, liquider, pulvériser. **2** Fig. *Son échec l'a anéanti* ▶ accabler, annihiler, briser, démolir, écraser. **3 s'anéantir** *Tous ses espoirs se sont anéantis* ▶ se briser, s'écrouler, s'effondrer, sombrer.

anéantissement n. m. **1** *L'anéantissement d'un détachement ennemi* ▶ annihilation, destruction, écrasement, extermination, massacre. **2** *L'anéantissement d'un empire* ▶ décomposition, désagrégation, disparition, dissolution, effondrement, mort, ruine. **3** Fig. *La nouvelle l'a plongé dans un état de complet anéantissement* ▶ abattement, accablement, atterrement (litt.), consternation, découragement, démoralisation, dépression, effondrement, prostration.

anecdote n. f. *Raconter une anecdote surprenante* ▶ histoire.

anecdotique adj. Fig. *Il n'a eu qu'un rôle anecdotique dans cette affaire* ▶ accessoire, contingent, marginal, secondaire.

anémie n. f. Fig. *Une économie menacée d'anémie* ▶ faiblesse, langueur.

anémier v. ▶ abattre, affaiblir, débiliter.

anémique adj. **1** *Un enfant anémique* ▶ chétif, faible. **2** Fig. *Une économie anémique* ▶ affaibli, diminué.

ânerie n. f. ▶ balourdise, bêtise, bourde, idiotie, imbécillité, ineptie, niaiserie, sottise, stupidité.

anesthésie n. f. **1** *Opérer un blessé en état d'anesthésie* ▶ narcose. **2** *Une anesthésie locale* ▶ insensibilisation. **3** Fig. *Critiquer l'anesthésie du public* ▶ indifférence, insensibilité.

anesthésier v. **1** *Anesthésier un malade avant de l'opérer* ▶ endormir. **2** *Anesthésier*

anesthésique

la gencive avant d'extraire une dent de sagesse ▶ insensibiliser.

anesthésique n. m. et adj. ▶ narcotique.

anfractuosité n. f. ▶ cavité, creux, excavation, trou.

ange n. m. **1** *Avoir l'air d'un ange* ▶ chérubin, séraphin. **2 ange gardien** Fig. *Elle lui a dit qu'elle était assez grande pour se passer d'ange gardien* ▶ défenseur, protecteur. **3 aux anges** *Il était aux anges quand on lui a annoncé la nouvelle* ▶ comblé, enchanté, ravi.

angélique adj. Fig. *Une grâce angélique* ▶ céleste, séraphique.

angine n. f. ▶ amygdalite.

angle n. m. **1** *Des pièces toutes biscornues, avec des angles partout* ▶ coin, encoignure, recoin, renfoncement. **2** *Deux murs qui forment un angle en saillie* ▶ arête. **3** Fig. *Voir les événements sous un certain angle* ▶ aspect, côté, perspective, point de vue.

angoissant, ante adj. **1** *Les dernières nouvelles sont franchement angoissantes* ▶ alarmant, inquiétant. **2** *Une atmosphère lourde et angoissante* ▶ oppressant.

angoisse n. f. *L'angoisse d'une mère à l'idée que son enfant est en danger* ▶ affres, anxiété, appréhension, crainte, inquiétude, peur, stress (fam.), tourment (litt.).

angoisser v. **1** *L'idée même du danger l'angoisse* ▶ affoler, alarmer, effrayer, inquiéter, oppresser, paniquer (fam.), stresser (fam.), tourmenter. **2 s'angoisser** *S'angoisser pour un rien* ▶ s'affoler, s'alarmer, s'effrayer, flipper (fam.), s'inquiéter, paniquer, se stresser (fam.), se tourmenter.

anicroche n. f. *Tout s'est passé sans anicroche* ▶ accroc, complication, contretemps, difficulté, ennui, incident, obstacle, problème.

animal n. m. ▶ bête.

animal, ale adj. **1** *Une conception purement animale de l'amour* ▶ bestial, charnel, physique, sensuel. **2** *Être guidé par un désir animal de survie* ▶ instinctif.

animalité n. f. ▶ bestialité, brutalité, sauvagerie.

animateur, trice n. ▶ meneur de jeu, présentateur.

animation n. f. **1** *Discuter avec animation* ▶ ardeur, chaleur, entrain, feu, fougue, vivacité. **2** *L'animation de la rue* ▶ activité, affairement, mouvement, vie.

animé, ée adj. **1** *Un quartier animé* ▶ passant, vivant. **2** *Une intervention animée pendant un débat* ▶ enflammé. **3** *Une réunion animée du conseil municipal* ▶ agité, houleux, mouvementé, orageux, tumultueux.

animer v. **1** Fig. *Animer un débat télévisé* ▶ conduire, diriger, présenter. **2** Fig. *Heureusement qu'il était là pour animer la conversation* ▶ alimenter, égayer. **3** Fig. *Animer ses soldats en leur donnant l'exemple* ▶ aiguillonner, électriser, encourager, enflammer, stimuler. **4** Fig. *L'appât du gain est la seule chose qui l'anime* ▶ déterminer, inspirer, pousser. **5** Fig. *L'exercice anime le teint* ▶ aviver, colorer, enfiévrer. **6 s'animer** Fig. *Un quartier qui ne s'anime que le soir* ▶ s'éveiller. **7** Fig. *S'animer en discutant* ▶ s'échauffer.

animosité n. f. **1** *Méfiez-vous, il n'éprouve que de l'animosité vis-à-vis de vous* ▶ antipathie, hostilité, malveillance, ressentiment. **2** *Discuter avec animosité* ▶ agressivité, âpreté, véhémence, violence, virulence.

ankylose n. f. ▶ courbature, engourdissement.

ankyloser v. ▶ courbaturer, engourdir.

annales n. f. pl. *Son nom restera dans les annales du crime* ▶ archives, chroniques, histoire.

annaliste n. ▶ mémorialiste.

anneau n. m. **1** *Avoir un anneau au doigt* ▶ alliance, bague, jonc. **2** *L'anneau d'une ceinture* ▶ boucle. **3** *Les anneaux d'une chaîne* ▶ chaînon, maillon.

année n. f. **1** *N'avoir vécu que vingt années* ▶ an, printemps (fam.). **2** *C'est une bonne année pour ce vin* ▶ cuvée, millésime.

annexe adj. **1** *Les pièces annexes ajoutées à un dossier* ▶ accessoire, additionnel, auxiliaire, complémentaire, subsidiaire, supplémentaire. **2** *Ce sont des détails annexes que l'on examinera plus tard* ▶ accessoire, contingent, incident, marginal, mineur, secondaire, subsidiaire.

annexe n. f. **1** *Des documents ajoutés en annexe à la fin d'un dossier* ▶ appendice, complément, supplément. **2** *Les annexes d'un bâtiment* ▶ dépendance.

annexer v. *Annexer une procuration à un acte* ▶ joindre, rattacher.

annexion n. f. ▶ incorporation, rattachement.

annihilation n. f. ▶ anéantissement.

annihiler v. **1** *Annihiler d'un trait de plume les efforts de toute une vie* ▶ abolir, anéantir, annuler, briser, détruire, effacer, ruiner, supprimer. **2** *Cet échec l'a annihilé* ▶ accabler, anéantir, briser, démolir (fam.), écraser.

annonce n. f. **1** *Une annonce officielle* ▶ avis, communication, communiqué, déclaration, message, proclamation. **2** *L'annonce de sa mort n'a surpris personne* ▶ nouvelle, publication (litt.). **3** *Lire dans un journal une annonce de décès* ▶ avis, faire-part. **4** *Le retour des hirondelles est une annonce du printemps* ▶ indication, indice, marque, présage, promesse, signal, signe.

annoncer v. **1** *Annoncer la composition du nouveau gouvernement* ▶ communiquer, divulguer, notifier, proclamer, révéler. **2** *On m'a annoncé qu'il allait se marier* ▶ apprendre, avertir, aviser, communiquer, déclarer, dire, informer, signaler. **3** *Tout cela n'annonce rien de bon* ▶ augurer, présager, promettre. **4** *Un incident qui annonce un malaise plus profond* ▶ dénoter, indiquer, manifester, marquer, révéler, signaler. **5 s'annoncer** *L'affaire s'annonce mal* ▶ se présenter.

annonciateur, trice adj. ▶ avant-coureur, précurseur, prophétique.

annotation n. f. ▶ apostille (litt.), commentaire, glose, observation, remarque, scolie.

annoter v. *Annoter un texte* ▶ commenter, gloser.

annuaire n. m. ▶ bottin (nom déposé).

annulable adj. ▶ résiliable, résoluble.

annulation n. f. **1** *L'annulation d'un jugement* ▶ cassation, infirmation. **2** *L'annulation d'un contrat* ▶ invalidation, rescision, résiliation, révocation, rupture.

annuler v. **1** *Annuler un jugement* ▶ casser, infirmer. **2** *Annuler un contrat* ▶ invalider, rescinder, résilier, révoquer, rompre. **3 s'annuler** *Deux forces qui s'annulent* ▶ se neutraliser.

anodin, ine adj. **1** *Des propos anodins* ▶ bénin, innocent, inoffensif, irrépréhensible (litt.). **2** *Un être tout à fait anodin* ▶ banal, effacé, fade, falot, insignifiant, insipide, quelconque, terne.

anomalie n. f. **1** *Relever des anomalies dans un compte bancaire* ▶ bizarrerie, étrangeté, irrégularité, singularité. **2** *Une anomalie du crâne* ▶ anormalité, difformité, malformation. **3** *Une anomalie grammaticale* ▶ exception, irrégularité, particularité.

ânonnement n. m. ▶ balbutiement, bredouillement.

ânonner v. ▶ balbutier, bredouiller.

anonymat n. m. **1** *Une personnalité qui tient à garder l'anonymat* ▶ incognito. **2** *Végéter dans l'anonymat* ▶ obscurité.

anonyme adj. **1** *Un auteur anonyme* ▶ inconnu, indéterminé. **2** *Un décor anonyme* ▶ banal, insignifiant, insipide, ordinaire, quelconque.

anonymement adv. ▶ incognito.

anorexie n. f. ▶ inappétence.

anormal, ale adj. *Une situation tout à fait anormale* ▶ aberrant, atypique, bizarre, étrange, extraordinaire, inaccoutumé, inhabituel, insolite, paradoxal, singulier, surprenant.

anormalement adv. *Elle était anormalement pâle* ▶ bizarrement, curieusement, étrangement, inhabituellement.

anormalité n. f. *Une anormalité fonctionnelle* ▶ anomalie, déviation.

anse n. f. **1** *L'anse d'un panier* ▶ poignée. **2** *Un voilier abrité dans une anse* ▶ baie, calanque, crique.

antagonique adj. *Des forces antagoniques* ▶ adverse, concurrent, contraire, opposé.

antagonisme n. m. *Un antagonisme séculaire entre deux peuples* ▶ combat, conflit, désaccord, lutte, opposition, rivalité.

antagoniste adj. *Des factions antagonistes* ▶ concurrent, ennemi, opposé, rival.

antagoniste n. *Les deux antagonistes en sont venus aux mains* ▶ adversaire, combattant, ennemi, rival.

antalgique n. m. et adj. ▶ analgésique.

antan (d') adj. Litt. ▶ ancien, d'autrefois, passé.

antécédents n. m. pl. *Ses antécédents ne plaident pas en sa faveur* ▶ passé.

antédiluvien, enne adj. Fig. *Des préjugés antédiluviens* ▶ antique, archaïque, arriéré, démodé, dépassé, fossile, préhistorique, suranné.

antérieur, eure adj. *Se faire décrire la situation antérieure* ▶ précédent, préexistant.

antérieurement adv. ▶ auparavant, avant, précédemment.

antériorité n. f. ▶ préexistence.

anthologie n. f. ▶ chrestomathie (litt.), compilation, extraits, florilège, morceaux choisis, recueil, spicilège (litt.).

anthropophage adj. et n. ▶ cannibale.

anthropophagie n. f. ▶ cannibalisme.

antichambre n. f. **1** *Attendre dans l'antichambre* ▶ entrée, salle d'attente, vestibule. **2 faire antichambre** Litt. ▶ attendre, poireauter (fam.).

anticipation

anticipation n. f. **1** *Régler son loyer par anticipation* ▻ avance. **2** *L'anticipation devient un des aspects de la science économique* ▻ futurologie, prévision, prospective. **3** *Un roman d'anticipation* ▻ science-fiction.

anticiper v. *Anticiper une échéance* ▻ devancer, prévenir.

antidépresseur adj. m. et n. m. ▻ anxiolytique, neuroleptique, sédatif, tranquillisant.

antidote n. m. **1** *Un antidote contre le venin d'un serpent* ▻ contrepoison. **2** *La lecture est un antidote contre l'ennui* ▻ dérivatif, diversion, exutoire, remède.

antienne n. f. Litt. *C'est toujours la même antienne!* ▻ chanson, couplet, disque (fam.), leitmotiv, litanie, rabâchage, refrain, rengaine, scie (fam.).

antinomie n. f. ▻ contradiction, incompatibilité.

antinomique adj. ▻ contradictoire, incompatible.

antipathie n. f. *Son arrogance suscite immédiatement l'antipathie* ▻ animosité, aversion, éloignement, hostilité, inimitié, répugnance.

antipathique adj. ▻ déplaisant, désagréable, détestable, imbuvable (fam.), odieux.

antiphrase n. f. ▻ euphémisme.

antipode n. m. *Un point situé à l'antipode d'un autre* ▻ opposé.

antique adj. **1** *L'histoire antique* ▻ ancien. **2** *Une antique coutume* ▻ ancestral, immémorial, séculaire. **3** *Des préjugés antiques* ▻ antédiluvien, archaïque, arriéré, dépassé, fossile, préhistorique, suranné.

antiquité n. f. **1** *L'antiquité d'un bâtiment* ▻ ancienneté. **2** Fam. *Sa voiture est une véritable antiquité* ▻ vieillerie (fam.).

antirouille adj. et n. m. ▻ antioxydant.

antisepsie n. f. ▻ désinfection, purification, stérilisation.

antiseptique adj. et n. m. ▻ désinfectant, stérilisant.

antispasmodique adj. et n. m. ▻ calmant.

antithèse n. f. ▻ contraire, inverse, opposé.

antithétique adj. *Des arguments antithétiques* ▻ contraire, inverse, opposé.

antre n. m. Litt. *Se glisser dans l'antre des brigands* ▻ caverne, gîte, repaire, retraite, tanière.

anus n. m. ▻ fondement (fam.).

anxiété n. f. ▻ affres, angoisse, appréhension, crainte, inquiétude, souci, tourment, tracas, transe.

anxieusement adv. *Attendre anxieusement le retour d'une amie* ▻ fébrilement, fiévreusement, impatiemment.

anxieux, euse adj. **1** *Une mère anxieuse* ▻ angoissé, inquiet, préoccupé, soucieux, tourmenté, tracassé. **2** Litt. *Il est anxieux de me faire plaisir* ▻ avide, désireux, soucieux.

anxiolytique n. m. *Prescrire des anxiolytiques à qqn de dépressif* ▻ calmant, tranquillisant.

apaisement n. m. *L'apaisement d'une souffrance* ▻ adoucissement, soulagement.

apaiser v. **1** *Apaiser une personne en colère* ▻ adoucir, amadouer. **2** *Apaiser un enfant qui a peur* ▻ calmer, rasséréner, rassurer, tranquilliser. **3** *Apaiser une douleur* ▻ adoucir, assoupir, atténuer, calmer, endormir, lénifier, modérer, soulager, tempérer. **4** *Apaiser sa faim et sa soif* ▻ assouvir, contenter, étancher, rassasier. **5 s'apaiser** *Un enfant qui s'apaise après une crise de larmes* ▻ se calmer. **6** *L'orage s'apaise* ▻ se calmer, cesser.

apanage n. m. Fig. et litt. *La raison est l'apanage de l'homme* ▻ exclusivité, lot, privilège, propre.

apartheid n. m. ▻ discrimination, ségrégation.

apathie n. f. *Un adolescent que l'on ne peut tirer de son apathie* ▻ aboulie, atonie, indolence, inertie, langueur, léthargie, mollesse, nonchalance, torpeur.

apathique adj. ▻ aboulique, amorphe, indolent, inerte, lent, lymphatique, mollasson (fam.), mou, nonchalant.

apercevoir v. **1** *Apercevoir un ami dans la foule* ▻ aviser, découvrir, discerner, distinguer, entrevoir, remarquer, repérer. **2** Fig. *Apercevoir ce qu'il y a de juste dans une affirmation* ▻ appréhender, comprendre, déceler, deviner, discerner, percevoir, piger (fam.), remarquer, repérer, saisir, sentir, voir. **3 s'apercevoir** Fig. *Il s'est rapidement aperçu du piège qu'on lui tendait* ▻ constater, découvrir, remarquer, se rendre compte de, voir.

aperçu n. m. **1** *Présenter un aperçu d'ensemble d'une affaire* ▻ coup d'œil, vue. **2** *Donner un aperçu de ses talents* ▻ avant-goût, échantillon, exemple, idée.

à-peu-près n. m. *Une traduction pleine d'à-peu-près* ▻ approximation, imprécision, inexactitude.

apeurer v. ▶ affoler, effaroucher, effrayer.

aphorisme n. m. *Une théorie résumée en quelques aphorismes bien sentis* ▶ apophtegme (litt.), maxime, pensée, sentence.

aphrodisiaque adj. et n. m. ▶ excitant, stimulant.

à-pic n. m. ▶ abrupt, escarpement, falaise, paroi.

apitoiement n. m. ▶ attendrissement, commisération, compassion, pitié.

apitoyer v. 1 *Le récit de ses malheurs nous a tous apitoyés* ▶ attendrir, émouvoir, remuer, toucher, troubler. 2 **s'apitoyer** *S'apitoyer sur le sort de qqn* ▶ s'attendrir sur, compatir à, plaindre, pleurer sur.

aplanir v. 1 *Aplanir une surface* ▶ araser, égaliser, niveler, raboter. 2 Fig. *Aplanir une difficulté* ▶ lever, supprimer.

aplati, ie adj. *Un nez aplati* ▶ camard, camus, écrasé, épaté.

aplatir v. 1 *Aplatir un morceau de fer sur une enclume* ▶ écraser. 2 **s'aplatir** *S'aplatir contre un mur* ▶ s'écraser. 3 Fig. et fam. *S'aplatir devant son directeur* ▶ se coucher (fam.), s'humilier, ramper.

aplomb n. m. 1 *Reprendre son aplomb en s'appuyant sur qqch* ▶ assiette, équilibre. 2 Fig. *Elle a un certain aplomb!* ▶ assurance, audace, culot (fam.), effronterie, estomac (fam.), hardiesse, sang-froid, toupet (fam.). 3 **d'aplomb** *Une tour qui n'est pas d'aplomb* ▶ droit, en équilibre, stable, vertical.

apocalyptique adj. ▶ dantesque, effrayant, effroyable, épouvantable, horrible, terrifiant.

apocryphe adj. *Un document apocryphe* ▶ faux, frauduleux, inauthentique.

apogée n. m. 1 Fig. *Être à l'apogée de sa carrière* ▶ faîte, sommet, zénith. 2 Fig. *Atteindre l'apogée de la bêtise humaine* ▶ comble, faîte, sommet, summum, zénith.

apologie n. f. 1 *Se livrer à la vibrante apologie d'une idée* ▶ défense, justification, plaidoyer. 2 *Un discours académique comportant une apologie de la vertu* ▶ célébration, éloge, exaltation, glorification, panégyrique (litt.).

apologiste n. ▶ panégyriste.

apologue n. m. ▶ allégorie, fable, parabole.

apophtegme n. m. Litt. *Une théorie résumée en quelques apophtegmes bien sentis* ▶ aphorisme, maxime, pensée, sentence.

apoplexie n. f. ▶ attaque, coup de sang (vx).

apostat n. m. *Un moine apostat* ▶ défroqué.

apostille n. f. Litt. *Une série d'apostilles jointes à un article savant* ▶ addition, annotation, commentaire, glose, observation, remarque, scolie.

apostolat n. m. *Considérer l'exercice de la médecine comme un apostolat* ▶ mission.

apostrophe n. f. ▶ interpellation.

apostropher v. ▶ interpeller.

apothéose n. f. 1 Vx *L'apothéose des empereurs romains après leur mort* ▶ déification, divinisation. 2 Fig. *Cette distinction est l'apothéose de sa carrière* ▶ consécration, couronnement, triomphe.

apôtre n. m. Fig. *Se faire l'apôtre d'une cause* ▶ champion, défenseur, propagateur, prosélyte (litt.).

apparaître v. 1 *Voir la lune apparaître* ▶ se lever, se montrer, paraître, poindre, se présenter, surgir. 2 *Le dix-neuvième siècle vit apparaître l'industrie* ▶ éclore, naître. 3 *Des dissensions qui apparaissent dans un groupe* ▶ se déclarer, se dévoiler, émerger, se faire jour, se manifester, se montrer, se révéler, survenir. 4 *Son hypocrisie apparaît par instant* ▶ affleurer, se découvrir, se détacher, se dévoiler, émerger, se montrer, percer, poindre, se révéler, se trahir, transparaître. 5 *S'il apparaît que tout cela est vrai, nous devrons réagir* ▶ s'avérer, ressortir, se révéler. 6 *L'obscurité lui apparaissait terrifiante* ▶ paraître, sembler.

apparat n. m. ▶ éclat, faste, luxe, magnificence, pompe, somptuosité, splendeur.

appareil n. m. 1 *Un appareil électronique* ▶ dispositif, engin, instrument, machine. 2 *Mon appareil est en dérangement* ▶ téléphone. 3 *Un appareil dentaire* ▶ prothèse. 4 *L'appareil digestif* ▶ système.

appareiller v. 1 *Un bateau qui s'apprête à appareiller* ▶ lever l'ancre, partir. 2 *Appareiller un mâle et une femelle* ▶ accoupler, apparier. 3 *Appareiller des assiettes* ▶ assortir.

apparemment adv. 1 *Il n'est qu'apparemment sûr de lui* ▶ en apparence, en surface, extérieurement, superficiellement. 2 *Ce projet ne lui plaît apparemment pas* ▶ selon toute apparence.

apparence n. f. 1 *Avoir belle apparence* ▶ air, aspect, figure, mine, physionomie, tournure. 2 *Cacher une grande douceur sous une apparence de brutalité* ▶ dehors, écorce, extérieur, façade, semblant, surface, vernis. 3 **en apparence** *Il n'est re-*

apparent

douteable qu'en apparence ▶ **apparemment**, en surface, extérieurement.

apparent, ente adj. *Laisser voir ce qu'on pense de façon trop apparente* ▶ clair, criant, évident, flagrant, manifeste, ostensible, patent, sensible, visible.

apparenté, ée adj. **1** *Des familles apparentées* ▶ parent. **2** Fig. *Des styles apparentés* ▶ proche, ressemblant, semblable, voisin.

apparenter (s') v. Fig. *Le goût de la mangue s'apparente à celui de la pêche* ▶ approcher de, ressembler à, tenir de.

apparier v. **1** *Apparier un mâle et une femelle* ▶ accoupler, appareiller. **2** *Apparier deux couleurs* ▶ allier, associer, assortir, combiner, coupler, harmoniser, joindre, marier, réunir, unir.

appariteur, trice n. ▶ huissier.

apparition n. f. **1** *Sa brusque apparition a fait sensation* ▶ arrivée, entrée, intrusion, irruption. **2** *L'apparition de la vie sur terre* ▶ avènement, commencement, éclosion, émergence, manifestation, naissance. **3** *Ne pas croire aux apparitions* ▶ ectoplasme, esprit, fantôme, revenant, spectre.

appartenance n. f. *L'appartenance de qqn à un courant d'idées* ▶ adhésion, affiliation.

appartenir v. **1** *Cette affaire appartient à la justice* ▶ concerner, dépendre de, incomber à, relever de, ressortir à, revenir à. **2** *Ce bâtiment appartient à l'école d'à côté* ▶ être à, faire partie de.

appas n. m. pl. Litt. ▶ attraits (litt.), charmes.

appât n. m. **1** *Des appâts pour pêcher* ▶ amorce, esche, leurre. **2** Fig. *L'appât du gain* ▶ attrait.

appâter v. **1** *Appâter les poissons* ▶ amorcer, escher. **2** Fig. *Appâter qqn en lui promettant une récompense* ▶ allécher, attirer, tenter.

appauvrir v. Fig. *Appauvrir un terrain* ▶ épuiser.

appauvrissement n. m. Fig. *L'appauvrissement des facultés intellectuelles* ▶ affaiblissement, dégénérescence, dépérissement, détérioration, épuisement, étiolement.

appeau n. m. ▶ leurre.

appel n. m. **1** *Accourir au premier appel* ▶ cri, signal. **2** *Un appel du regard* ▶ signe. **3** *Un appel téléphonique* ▶ communication. **4** *L'appel des réservistes* ▶ convocation. **5** *Un appel à la révolte* ▶ exhortation, incitation, invitation, invite. **6** *L'appel de la forêt* ▶ attirance, attrait, fascination. **7** *Après ce jugement il n'y aura plus d'appel possible* ▶ pourvoi, recours. **8 faire appel à** *Faire appel à une agence spécialisée pour organiser un voyage* ▶ s'adresser à, recourir à.

appelé n. m. *Les appelés du contingent* ▶ bleu (fam.), conscrit, recrue, soldat.

appeler v. **1** *Appeler qqn dans la rue* ▶ héler, interpeller. **2** *Appeler qqn près de soi* ▶ convier, convoquer, inviter, mander (vx). **3** *Appelle-moi dès que tu en as le temps* ▶ téléphoner. **4** *Appeler à la grève* ▶ engager, inciter. **5** *Être appelé à côtoyer beaucoup de monde* ▶ amener, destiner, vouer. **6** *Ceux qu'on appelait les Justes* ▶ dénommer, nommer, qualifier de, surnommer. **7** *Ce crime appelle la plus grande sévérité* ▶ exiger, motiver, nécessiter, réclamer, requérir. **8** *La violence appelle la violence* ▶ causer, déterminer, entraîner, faire naître, occasionner, provoquer, susciter. **9 en appeler** *J'en appelle à votre générosité* ▶ implorer, invoquer, solliciter. **10 s'appeler** *Comment s'appelle-t-il?* ▶ se nommer.

appellation n. f. **1** *Une appellation injurieuse* ▶ dénomination, désignation, nom, qualificatif. **2** *Une appellation contrôlée* ▶ label, marque.

appendice n. m. **1** *Ce bâtiment a été ajouté comme une sorte d'appendice à l'aile du château* ▶ extension, prolongement. **2** *Un ouvrage savant avec des appendices à la fin* ▶ addenda, addition, complément, supplément.

appesantir v. **1** *L'âge appesantit la démarche* ▶ alourdir, embarrasser. **2 s'appesantir** Fig. *Ne pas trop s'appesantir sur un point embarrassant* ▶ s'arrêter, s'attarder, s'étendre, insister.

appétissant, ante adj. Fig. *Des formes appétissantes* ▶ alléchant, attirant, attrayant, engageant, excitant, ragoûtant (fam.), séduisant, tentant.

appétit n. m. Fig. *L'appétit du pouvoir* ▶ besoin, désir, envie, faim, goût, passion, soif.

applaudir v. **1** *Applaudir des acteurs* ▶ acclamer, ovationner. **2** Fig. *Applaudir qqn de sa décision* ▶ approuver, féliciter.

applaudissement n. m. ▶ acclamation, bravo, ovation, vivat.

application n. f. **1** *L'application d'un papier sur un mur* ▶ pose. **2** *L'application de ce principe va nous montrer s'il est performant* ▶ exécution, réalisation. **3** *Travailler avec application* ▶ attention, concentration, soin, zèle. **4** *Une application bijective* ▶ fonction.

5 en application *Le tarif en application* ▶ en cours, en usage, en vigueur.

appliqué, ée adj. *Un élève appliqué* ▶ attentif, consciencieux, sérieux, soigneux, travailleur, zélé.

appliquer v. **1** *Appliquer une compresse sur une plaie* ▶ appuyer, coller, mettre, placer, plaquer, poser. **2** *Appliquer des couleurs sur une toile* ▶ étaler, étendre. **3** *Appliquer une théorie* ▶ employer, user de, utiliser. **4 s'appliquer** *Cette règle s'applique aux verbes du troisième groupe* ▶ concerner, correspondre à, intéresser, se rapporter à, viser. **5** *S'appliquer à bien écrire* ▶ s'attacher à, s'efforcer de, s'employer à, s'escrimer à, s'évertuer à, s'ingénier à.

appoint n. m. **1** Fig. *Le salaire de son conjoint est un appoint indispensable* ▶ complément, supplément. **2** Fig. *Votre intervention a été un appoint considérable* ▶ aide, apport, appui, secours.

appointements n. m. pl. ▶ émoluments, paye, rémunération, rétribution, salaire, traitement.

appontement n. m. ▶ wharf.

apport n. m. **1** *Les pourcentages seront calculés en fonction de l'apport initial de chacun* ▶ contribution, cotisation, participation, quote-part. **2** Fig. *L'apport de la science à la technique* ▶ concours.

apporter v. **1** *Apporter un livre à qqn* ▶ amener (fam.), porter. **2** *Apporter son soutien à qqn* ▶ donner, fournir, procurer. **3** Fig. *L'électricité a apporté de grands changements* ▶ amener, causer, déterminer, engendrer, entraîner, faire naître, occasionner, produire, provoquer, susciter.

apposer v. *Apposer des scellés* ▶ appliquer, mettre, poser.

appréciable adj. **1** *Une quantité difficilement appréciable* ▶ chiffrable, estimable, évaluable, mesurable, quantifiable. **2** *Une augmentation appréciable* ▶ important, notable, sensible, substantiel.

appréciation n. f. **1** *Faire procéder à l'appréciation d'un immeuble* ▶ estimation, évaluation, expertise. **2** *Inscrire son appréciation dans la marge d'une copie* ▶ avis, commentaire, jugement, observations, opinion, sentiment.

apprécier v. **1** *Avoir du mal à apprécier une distance* ▶ calculer, déterminer, estimer, évaluer, jauger, juger, mesurer. **2** *Apprécier la vie au grand air* ▶ affectionner, aimer, goûter, priser (litt.). **3** *On n'apprécie vraiment que ce qu'on a du mal à obtenir* ▶ aimer, goûter, savourer.

appréhender v. **1** *Appréhender un malfaiteur* ▶ arrêter, capturer, cueillir (fam.), embarquer (fam.), prendre. **2** *Appréhender la solitude* ▶ avoir peur de, craindre, redouter.

appréhension n. f. *Son état suscite la plus vive appréhension* ▶ alarme (litt.), angoisse, anxiété, crainte, inquiétude, peur, souci.

apprendre v. **1** *Apprendre une nouvelle à qqn* ▶ annoncer, communiquer, faire connaître, faire savoir. **2** *Quand j'ai appris ce qui lui était arrivé...* ▶ découvrir, être averti de, être avisé de, être informé de, être instruit de, être mis au courant de, savoir. **3** *Apprendre la grammaire aux enfants* ▶ enseigner, expliquer, inculquer. **4** *Apprendre l'anglais* ▶ s'initier à. **5** *On ne m'a jamais appris comment ça marchait* ▶ expliquer, indiquer, montrer. **6** *Apprendre un cours la veille d'un examen* ▶ avaler (fam.), bûcher (fam.), étudier, ingurgiter (fam.), potasser (fam.), repasser.

apprenti, ie n. **1** *Un apprenti menuisier* ▶ élève, stagiaire. **2** Fig. *Son livre est l'œuvre d'un apprenti* ▶ débutant, néophyte (litt.), novice.

apprentissage n. m. **1** *Une année d'apprentissage* ▶ formation, initiation, instruction, préparation, stage. **2** Fig. *L'apprentissage de la vie* ▶ expérience, initiation à.

apprêt n. m. Fig. *Un style sans apprêt* ▶ affectation, afféterie (litt.), maniérisme, mièvrerie, préciosité, recherche.

apprêté, ée adj. *Un style apprêté* ▶ affecté, ampoulé, arrangé, artificiel, compassé, guindé, maniéré, mièvre, précieux, recherché.

apprêter v. **1** *Apprêter un mets* ▶ accommoder, préparer. **2 s'apprêter** Litt. *S'apprêter pour une réception* ▶ se bichonner, se parer, se pomponner. **3** *S'apprêter à partir* ▶ se disposer, se préparer.

apprivoiser v. **1** *Apprivoiser un animal* ▶ domestiquer, dompter, dresser. **2** Fig. *Il est très ours, mais elle réussira à l'apprivoiser* ▶ amadouer. **3 s'apprivoiser** Fig. *Le nouveau commence à s'apprivoiser un peu* ▶ s'adoucir, s'amadouer, se civiliser, s'humaniser.

approbateur, trice adj. ▶ consentant, favorable.

approbation n. f. *Cette mesure a obtenu l'approbation de l'Administration* ▶ acceptation, accord, acquiescement, adhésion, agrément, assentiment, autorisation, bénédiction (fam.), blanc-seing, consentement.

approchant, ante adj. ▸ analogue, apparenté, comparable, proche, ressemblant, voisin.

approche n. f. **1** *À notre approche il a pris la fuite* ▸ arrivée, venue. **2** *Les approches d'une ville* ▸ abords, alentours, environs, parages, proximité, voisinage. **3** *Il est d'une approche difficile* ▸ abord, accès, contact, fréquentation. **4** Fig. *Une approche spécifiquement politique d'un problème économique* ▸ conception.

approché, ée adj. ▸ approximatif.

approcher v. **1** *Ne m'approchez pas!* ▸ aller vers, s'avancer vers, venir à. **2** *Approcher sa chaise* ▸ avancer, rapprocher. **3** *Sa fonction lui permet d'approcher la société la plus brillante* ▸ côtoyer, fréquenter. **4** *L'hiver approche* ▸ arriver, venir. **5** Fig. et litt. *La véhémence de Boileau approche de celle de Juvénal* ▸ s'apparenter à, égaler, participer de, procéder de, rappeler, ressembler à, tenir de. **6 s'approcher** *Nous nous approchons enfin du but* ▸ aller vers, s'avancer vers, se diriger vers, progresser vers, toucher à.

approfondi, ie adj. Fig. *Une étude approfondie* ▸ détaillé, fouillé, méticuleux, minutieux, poussé (fam.), précis.

approfondir v. Fig. *Approfondir une question* ▸ creuser, explorer, fouiller, mûrir, scruter, sonder.

approfondissement n. m. Fig. *L'approfondissement d'un sentiment* ▸ développement, enrichissement.

appropriation n. f. *L'appropriation des biens des vaincus par les vainqueurs* ▸ occupation, prise, saisie, usurpation.

approprié, ée adj. ▸ adapté, adéquat, ad hoc, convenable, idoine, juste, pertinent, propre.

approprier v. **1** Litt. *Approprier les lois aux mœurs* ▸ accommoder, adapter, ajuster, conformer. **2 s'approprier** *S'approprier les biens d'autrui* ▸ accaparer, s'accorder, s'adjuger, s'arroger, s'attribuer, s'emparer de, s'octroyer, prendre, rafler (fam.), ravir, se saisir de, souffler (fam.), usurper, voler.

approuver v. **1** *Approuver un projet* ▸ accepter, acquiescer à, adhérer à, adopter, agréer, applaudir à, appuyer, autoriser, avaliser, cautionner, consentir à, entériner, se rallier à, ratifier, souscrire à. **2** *Il donna son avis et les autres approuvèrent* ▸ acquiescer, faire chorus, opiner (litt.).

approvisionnement n. m. **1** *L'approvisionnement d'une ville en eau* ▸ alimentation, fourniture, ravitaillement. **2** Plur. *Le niveau des approvisionnements permet de tenir tout l'hiver* ▸ provisions, réserves, stock.

approvisionner v. ▸ alimenter, fournir, garnir, pourvoir, ravitailler.

approximatif, ive adj. **1** *Un chiffre approximatif* ▸ approché. **2** *Un raisonnement approximatif* ▸ imprécis, vague.

approximation n. f. **1** *En première approximation* ▸ estimation, évaluation. **2** *Un raisonnement plein d'approximations* ▸ à-peu-près, imprécision.

approximativement adv. **1** *Chiffrer approximativement les dégâts* ▸ en gros, grossièrement. **2** *Il y a passé approximativement deux heures* ▸ à peu près, environ, quelque.

appui n. m. **1** *Mettre des appuis à un mur* ▸ étai, soutien, support. **2** Fig. *Il n'aurait rien pu faire sans l'appui de son frère* ▸ aide, assistance, concours, secours, soutien. **3** Fig. *Bénéficier de nombreux appuis en haut lieu* ▸ protection, recommandation, soutien.

appuyé, ée adj. *Une ironie appuyée* ▸ insistant, lourd.

appuyer v. **1** *Le poids du corps appuie sur les vertèbres* ▸ peser, porter, presser, reposer. **2** *Appuyer une échelle contre un mur* ▸ accoter, adosser, appliquer, poser. **3** *Appuyer une muraille par des piliers* ▸ étançonner, étayer, maintenir, soutenir. **4** Fig. *Appuyer un candidat* ▸ défendre, plaider pour, recommander, soutenir. **5** Fig. *Appuyer un raisonnement par des preuves incontestables* ▸ asseoir, défendre, corroborer, fortifier, renforcer. **6** Fig. *Appuyer sur le côté morbide d'une histoire* ▸ accentuer, faire ressortir, insister sur, souligner. **7 s'appuyer sur** Fig. *Appuyez-vous sur moi* ▸ compter sur, se reposer sur. **8** Fig. *S'appuyer sur des arguments sans répliques* ▸ alléguer, se fonder sur, invoquer, se référer à. **9** Fig. *Sa critique s'appuie sur des preuves* ▸ se fonder sur, reposer sur.

âpre adj. **1** *Un goût âpre* ▸ âcre, raboteux, râpeux, rêche, rugueux. **2** Fig. *Une critique très âpre des tares de l'époque* ▸ caustique, cinglant, dur, mordant, rude, sévère, vif, violent, virulent. **3** Fig. *La lutte a été âpre* ▸ acharné, chaud, farouche, féroce, implacable, opiniâtre, rude, sévère, violent.

âprement adv. *Défendre âprement ses droits* ▸ énergiquement, farouchement, opiniâtrement, résolument, violemment.

après adv. **1** *Il ne s'en est rendu compte qu'après* ▸ a posteriori, ensuite, plus tard, postérieurement, ultérieurement. **2** *Mar-*

chez *jusqu'au croisement, vous trouverez un chemin après* ▶ au-delà, plus loin.

après prép. **1** *Après 6 heures, il n'y a plus personne dans ce quartier* ▶ au-delà de, passé. **2 après tout** *Après tout, cela n'a pas d'importance* ▶ au fond (fam.), dans le fond, en définitive, finalement. **3 d'après** *D'après les plus anciennes traditions.* ▶ conformément à, selon, suivant.

après-rasage n. m. ▶ after-shave.

âpreté n. f. **1** *L'âpreté d'un goût* ▶ âcreté, amertume. **2** Fig. *L'âpreté d'une dispute* ▶ animosité, dureté, rudesse, véhémence, violence, virulence.

a priori adv. *A priori tout a l'air en ordre* ▶ à première vue, au premier abord.

a priori n. m. *Ne pas avoir d'a priori sur une question* ▶ idée préconçue, idée reçue, préjugé.

à-propos n. m. **1** *L'à-propos d'une remarque* ▶ bien-fondé, opportunité, pertinence. **2** *Avoir de l'à-propos* ▶ présence d'esprit.

apte adj. *Être apte à occuper un poste de responsabilité* ▶ à même de, capable de, propre à, qualifié pour, susceptible de.

aptitude n. f. ▶ bosse (fam.), capacité, disposition, facilité, faculté, prédisposition, propension, qualité, talent.

aquilin adj. m. *Un nez aquilin* ▶ arqué, bourbonien, busqué, crochu, recourbé.

arabesque n. f. ▶ sinuosité, volute.

arable adj. *Une terre arable* ▶ cultivable, labourable.

arachnéen, enne adj. Fig. et litt. *Une dentelle arachnéenne* ▶ aérien, vaporeux.

araignée de mer n. f. ▶ maïa.

araser v. ▶ aplanir, mettre à niveau, niveler.

arbitrage n. m. **1** *Soumettre un litige à l'arbitrage d'un tiers* ▶ médiation. **2** *Un arbitrage qui n'a satisfait personne* ▶ accommodement, compromis, conciliation.

arbitraire adj. **1** *Une valeur arbitraire* ▶ conventionnel. **2** *Une décision arbitraire* ▶ gratuit, immotivé, injustifié.

arbitre n. m. *L'arbitre d'un différend* ▶ conciliateur, juge, médiateur.

arbitrer v. ▶ juger.

arborer v. **1** *Arborer le pavillon noir* ▶ hisser. **2** *Arborer ses décorations* ▶ afficher, étaler, exhiber.

arcane n. m. Litt. *Les arcanes de la politique* ▶ mystère, secret.

arc-boutant n. m. ▶ contrefort.

archaïque adj. **1** *L'étude des sociétés archaïques* ▶ primitif. **2** *Avoir des préjugés archaïques* ▶ anachronique, arriéré, démodé, dépassé, périmé, rétrograde, suranné.

archétype n. m. *Mon voisin est l'archétype du Français moyen* ▶ exemple, modèle, parangon (litt.), type.

architecte n. m. Fig. et litt. *L'Architecte de l'univers* ▶ bâtisseur, constructeur, créateur, ordonnateur.

architecture n. f. Fig. *L'architecture d'un roman* ▶ charpente, construction, ossature, squelette, structure.

architecturer v. Fig. *Architecturer un discours* ▶ agencer, bâtir, construire, structurer.

archives n. f. pl. Fig. *Une affaire qui restera dans les archives du crime* ▶ annales, chroniques, histoire.

arctique adj. ▶ boréal, hyperboréen (litt.), polaire.

ardemment adv. ▶ activement, chaudement, furieusement, passionnément, vivement.

ardent, ente adj. **1** *Un soleil ardent* ▶ brûlant, éclatant, incandescent, torride. **2** Fig. *Une nature ardente* ▶ actif, bouillant, chaleureux, emporté, enflammé, enthousiaste, exalté, fervent, fougueux, impatient, impétueux, passionné, pétulant, vif, volcanique.

ardeur n. f. **1** Litt. *L'ardeur du soleil* ▶ chaleur, feu. **2** Fig. *Il a défendu sa cause avec toute l'ardeur qu'on lui connaît* ▶ acharnement, chaleur, cœur, élan, emportement, empressement, énergie, enthousiasme, entrain, ferveur, fougue, impétuosité, opiniâtreté, passion, véhémence, vigueur, vivacité, zèle.

ardu, ue adj. *Une entreprise ardue* ▶ difficile, malaisé, pénible, rude.

arènes n. f. pl. ▶ amphithéâtre.

aréopage n. m. Fig. et litt. *Un aréopage de littérateurs* ▶ académie, assemblée, cercle, compagnie, rassemblement, réunion, société.

arête n. f. *Deux murs qui forment une arête en saillie* ▶ angle.

argent n. m. **1** *Des gens qui ont de l'argent* ▶ bien, blé (fam.), fortune, fric (fam.), moyens, pognon (fam.), richesse, sous (fam.). **2** *Il ne dispose pas de l'argent nécessaire pour se lancer dans une telle entreprise* ▶ capital, finances, fonds, moyens, ressources, somme. **3** *Je n'ai*

argentin

pas d'argent sur moi ▶ espèces, liquide, monnaie.

argentin, ine adj. *Un son argentin* ▶ clair, cristallin.

argile n. f. ▶ glaise, terre glaise.

argot n. m. ▶ langue verte (litt.).

arguer v. *Arguer de sa situation de famille pour obtenir un passe-droit* ▶ alléguer, faire état de, invoquer, prétexter.

argument n. m. 1 *L'argument d'une pièce de théâtre* ▶ canevas, intrigue, sujet, thème. 2 *Avancer un argument à l'appui d'une thèse* ▶ preuve, raison.

argumentation n. f. ▶ démonstration, raisonnement.

argumenter v. *Il ne cesse d'argumenter et ne veut jamais reconnaître qu'il a tort* ▶ discutailler (fam.), ergoter, pinailler (fam.).

argutie n. f. Litt. *Se perdre dans d'inutiles arguties* ▶ chicane, chinoiserie (fam.), finasserie, finesse, subtilité.

aride adj. 1 *Un sol aride* ▶ désertique, desséché, improductif, incultivable, infertile, sec, stérile. 2 Fig. *Un sujet aride* ▶ austère, difficile, ingrat, rébarbatif, rebutant, sévère. 3 Fig. et litt. *Un cœur aride* ▶ froid, indifférent, insensible, sec.

aridité n. f. 1 *L'aridité d'une terre* ▶ improductivité, infertilité, sécheresse, stérilité. 2 Fig. *L'aridité d'un sujet* ▶ austérité, sévérité. 3 Fig. et litt. *L'aridité du cœur* ▶ froideur, indifférence, insensibilité, sécheresse.

aristocrate n. 1 *Une famille d'aristocrates* ▶ noble, patricien (litt.). 2 Spécialement au masculin ▶ gentilhomme (vx), homme de qualité (litt.), noble, seigneur.

aristocratie n. f. 1 *Les anciens privilèges de l'aristocratie* ▶ noblesse. 2 Fig. *L'aristocratie de l'édition* ▶ dessus du panier (fam.), élite, gratin, haut du pavé (fam.).

aristocratique adj. 1 *La classe aristocratique* ▶ noble, patricien (litt.). 2 *Des manières aristocratiques* ▶ distingué, élégant, raffiné.

arithmétique n. f. ▶ calcul, chiffres.

armada n. f. Fig. et fam. *Une armada de créanciers* ▶ armée, bataillon, escadron, essaim, flot, foule, légion, masse, multitude, nuée, quantité, régiment, troupe.

armature n. f. ▶ bâti, carcasse, charpente, ossature, squelette, structure.

arme n. f. 1 Plur. *Un cartouche portant les armes de la ville de Paris* ▶ armoiries, blason. 2 Fig. *Elle ne manque pas d'armes pour s'en sortir toute seule* ▶ argument, atout, moyen, ressource.

armée n. f. 1 *L'armée française* ▶ défense, forces, troupes. 2 Fig. *Une armée de laquais* ▶ armada, bataillon, escadron, essaim, flot, foule, légion, masse, multitude, nuée, quantité, régiment, troupe.

armement n. m. *L'armement d'un char* ▶ équipement, matériel.

armer v. 1 *Armer une place forte* ▶ fortifier, renforcer. 2 *Armer un navire* ▶ équiper, gréer. 3 *Armer du béton* ▶ consolider, renforcer. 4 Fig. *Ses études l'ont armé d'un solide bagage* ▶ doter, fournir à, munir, pourvoir. 5 Fig. *Être armé contre le froid* ▶ blinder (fam.), cuirasser, endurcir. 6 **s'armer** *S'armer contre un danger* ▶ se garantir, se prémunir, se protéger. 7 *S'armer de courage* ▶ se munir.

armoiries n. f. pl. ▶ armes, blason.

armoricain, aine adj. et n. ▶ breton.

armure n. f. Fig. et litt. *Le mépris est une armure* ▶ carapace, cuirasse, défense, protection.

aromate n. m. ▶ assaisonnement, condiment, épice.

aromatique adj. ▶ odorant, odoriférant, parfumé.

aromatiser v. ▶ assaisonner, épicer, parfumer, relever.

arôme n. m. ▶ bouquet, fragrance (litt.), fumet, odeur, parfum, senteur.

arpenter v. 1 *Arpenter un terrain* ▶ mesurer. 2 *Arpenter un couloir* ▶ parcourir.

arpenteur n. m. ▶ géomètre.

arqué, ée adj. *Un nez arqué* ▶ aquilin, bourbonien, busqué, crochu, recourbé.

arquer v. 1 *Arquer une tige de fer* ▶ bomber, cambrer, cintrer, courber. 2 **s'arquer** *Une poutre qui s'arque* ▶ se bomber, se cambrer, se cintrer, se courber, se gauchir, se plier.

arrachage n. m. ▶ déracinement, extirpation.

arrachement n. m. Fig. *Ce départ a été un arrachement* ▶ déchirement.

arracher v. 1 *Arracher une plante* ▶ déraciner, extirper. 2 *Arracher une dent* ▶ enlever, extraire. 3 Fig. *Arracher un renseignement à qqn* ▶ extorquer, soutirer. 4 Fig. *Arracher qqn à la drogue* ▶ détacher de, sauver de, soustraire à.

arrangeant, ante adj. ▶ accommodant, complaisant, conciliant, coulant (fam.), facile.

arrangement n. m. **1** *Un procès terminé par un arrangement* ▶ accommodement, accord, compromis, conciliation, entente. **2** *Confier l'arrangement d'un jardin à un spécialiste* ▶ agencement, aménagement, installation, organisation. **3** *L'arrangement des pièces dans cette maison permet d'y vivre à plusieurs sans se gêner* ▶ agencement, configuration, disposition, distribution, économie, ordonnancement, organisation, répartition. **4** *Un arrangement pour piano* ▶ adaptation.

arranger v. **1** *Il a tout arrangé sans nous demander notre avis* ▶ combiner, organiser, préparer, régler. **2** *Arranger un appartement de façon complètement nouvelle* ▶ agencer, aménager, décorer, disposer, ordonner, organiser. **3** *Arranger qqch d'abîmé* ▶ rafistoler (fam.), refaire, remettre à neuf, remettre en état, réparer, reprendre, restaurer, retaper. **4** *Arranger sa coiffure* ▶ rajuster, rectifier. **5** *Il viendra si cela t'arrange* ▶ agréer, aller, botter (fam.), chanter (fam.), convenir, plaire. **6** *Comme te voilà arrangé!* ▶ accoutrer, attifer, fagoter (fam.), ficeler (fam.). **7 s'arranger** *Cela s'arrange peu à peu* ▶ s'améliorer. **8** *Ils finissent toujours par s'arranger entre eux* ▶ s'accorder, s'entendre. **9** *Arrangez-vous pour venir* ▶ se débrouiller (fam.). **10** *Laissez, je m'en arrangerai* ▶ s'accommoder, se contenter, faire avec (fam.), se satisfaire.

arrestation n. f. ▶ capture, interpellation.

arrêt n. m. **1** *Ne pas descendre avant l'arrêt complet du train* ▶ immobilisation. **2** *Descendre au prochain arrêt* ▶ gare, halte, station. **3** *Un arrêt de porte* ▶ arrêtoir, butée. **4** *L'arrêt des hostilités* ▶ abandon, cessation, fin, gel, interruption, suspension. **5** *Un arrêt du Conseil d'État* ▶ décision, jugement, sentence. **6 à l'arrêt** *Un chien à l'arrêt* ▶ immobile, statique. **7 sans arrêt** *Travailler sans arrêt* ▶ continuellement, sans cesse, sans interruption, sans relâche, sans répit, sans repos, sans trêve.

arrêté n. m. *Un arrêté préfectoral* ▶ décision, décret.

arrêté, ée adj. *C'est désormais une décision arrêtée* ▶ définitif, ferme, inébranlable, irrévocable, résolu, sans appel.

arrêter v. **1** *Arrêter de téléphoner* ▶ cesser, finir. **2** *Arrêter le développement d'une crise* ▶ bloquer, contenir, empêcher, endiguer, enrayer, faire cesser, interrompre, juguler, mettre fin à, paralyser, stopper, suspendre. **3** *Le mauvais temps les a arrêtés en chemin* ▶ bloquer, clouer, immobiliser, retenir. **4** *Arrêter un malfaiteur* ▶ agrafer (fam.), alpaguer (fam.), appréhender, capturer, coffrer (fam.), cueillir (fam.), emballer (fam.), embarquer (fam.), emprisonner, épingler (fam.), incarcérer, interpeller, mettre à l'ombre, prendre, ramasser (fam.). **5** *Arrêter une date* ▶ s'accorder sur, convenir de, décider de, s'entendre sur, fixer. **6 s'arrêter** *L'hémorragie s'est arrêtée* ▶ s'achever, cesser, prendre fin, se terminer. **7** *Le véhicule s'est arrêté net* ▶ piler (fam.), stopper. **8** *Un train qui s'arrête à Guéret* ▶ desservir, passer par. **9** *S'arrêter quelques jours dans un hôtel* ▶ demeurer, faire halte, se fixer, rester, séjourner. **10** *S'arrêter sur un sujet* ▶ s'appesantir, s'attarder, s'étendre, insister. **11** *Ne pas s'arrêter aux apparences* ▶ se contenter de, s'en tenir à, se limiter à.

arrhes n. f. pl. ▶ acompte, à-valoir, avance, provision.

arrière adj. *Opposer le devant et la partie arrière* ▶ postérieur.

arrière n. m. **1** *L'arrière d'une feuille* ▶ derrière, dos, envers, revers, verso. **2** *L'arrière d'un bateau ou d'un avion* ▶ poupe, queue.

arrière (en) adv. **1** *Rester en arrière* ▶ derrière, en retrait. **2** *Repartir en arrière* ▶ à l'envers, à reculons. **3** *Une entreprise compétitive qui laisse toutes les autres en arrière* ▶ à la traîne, derrière.

arriéré, ée adj. **1** *Des idées arriérées* ▶ anachronique, archaïque, démodé, dépassé, désuet, obsolète, périmé, réactionnaire, rétrograde, suranné. **2** *Des mœurs arriérées* ▶ barbare, fruste, grossier, inculte, sauvage. **3** *Un enfant arriéré* ▶ attardé, débile, demeuré, idiot, retardé, simple d'esprit.

arriéré n. m. ▶ arrérages, dette, dû, impayé.

arrière-goût n. m. Fig. *Cette aventure lui a laissé un arrière-goût désagréable* ▶ impression, souvenir.

arrière-grands-parents n. m. pl. ▶ bisaïeuls.

arrière-pensée n. f. *Féliciter qqn sans arrière-pensée* ▶ réserve, réticence.

arrière-plan n. m. ▶ fond, lointain.

arrière-saison n. f. ▶ automne.

arrière-train n. m. ▶ derrière, fesses, postérieur.

arrimage n. m. ▶ amarrage, fixation.

arrimer v. *Arrimer solidement un chargement* ▶ accrocher, amarrer, assujettir, attacher, caler, fixer, immobiliser, maintenir.

arrivé, ée adj. Fig. *Un artiste arrivé* ▶ installé, reconnu.

arrivée n. f. **1** *Un majordome qui annonce l'arrivée de qqn* ▶ entrée, venue. **2** Fig. *L'arrivée du printemps* ▶ apparition, avènement (litt.), commencement, début, naissance, venue.

arriver v. **1** *C'est arrivé il y a très longtemps* ▶ s'accomplir, advenir (litt.), avoir lieu, se dérouler, se passer, se produire, se réaliser, survenir. **2** *Arriver chez qqn* ▶ s'amener (fam.), débarquer (fam.), débouler (fam.), se présenter, rappliquer (fam.), venir. **3** *Arriver au but* ▶ aborder à, accéder à, atteindre, parvenir à, toucher à. **4** Fig. *Un jeune homme qui veut arriver à tout prix* ▶ aller loin, faire du chemin, parvenir, réussir. **5 en arriver** *En arriver à un point crucial* ▶ aborder, en venir à. **6** Fig. *En arriver à s'injurier* ▶ aller jusqu'à, en venir à.

arriviste n. et adj. ▶ ambitieux, carriériste, intrigant (litt.).

arrogance n. f. ▶ dédain, hauteur, impudence, insolence, mépris, morgue, orgueil, outrecuidance (litt.), superbe (litt.).

arrogant, ante adj. et n. ▶ altier, dédaigneux, hautain, impudent, insolent, méprisant, orgueilleux, outrecuidant (litt.), présomptueux.

arroger (s') v. ▶ s'adjuger, s'approprier, s'attribuer, s'octroyer, usurper.

arrondi, ie adj. *Une forme arrondie* ▶ bombé, convexe, courbe, rebondi, renflé, rond.

arrondi n. m. ▶ bombement, convexité, courbe, courbure, galbe, renflement.

arrondir v. **1** Fig. *Arrondir sa fortune* ▶ accroître, agrandir, augmenter, compléter, étendre, gonfler, grossir. **2 s'arrondir** *Un ventre qui s'arrondit* ▶ bedonner, enfler, gonfler, grossir.

arrosage n. m. ▶ aspersion.

arrosé, ée adj. **1** *Un été très arrosé* ▶ pluvieux. **2** Fig. *Un repas arrosé* ▶ alcoolisé.

arroser v. **1** *Se faire arroser en passant sous une gouttière* ▶ asperger, doucher, éclabousser, inonder, mouiller, saucer (fam.), tremper. **2** *Une rivière qui arrose une prairie* ▶ baigner, irriguer. **3** Fig. et fam. *On va arroser ça* ▶ célébrer, fêter. **4** Fig. et fam. *Arroser un fonctionnaire* ▶ acheter, corrompre, soudoyer, stipendier (litt.).

arsenal n. m. *Un arsenal d'artillerie* ▶ dépôt, magasin.

arsenic n. m. ▶ mort-aux-rats.

art n. m. **1** *Faire qqch avec beaucoup d'art* ▶ adresse, habileté, maîtrise, métier, savoir-faire, talent, technique. **2** *Elle a l'art de toujours tout compliquer* ▶ génie, secret. **3** *Il y a dans sa grâce plus d'art que de naturel* ▶ affectation, apprêt, artifice, recherche.

artère n. f. Fig. *Les artères d'une grande ville* ▶ avenue, boulevard.

article n. m. **1** *Un article de première qualité* ▶ denrée, marchandise, objet, produit. **2** *Un journaliste en train de rédiger un article* ▶ papier (fam.). **3** *Lire un par un les articles d'un contrat* ▶ chapitre, clause, partie, point, rubrique, section. **4** Fig. et litt. *Il est très strict sur l'article de l'honneur* ▶ chapitre, point, question, sujet. **5 article de foi** ▶ dogme. **6 à l'article de la mort** ▶ agonisant, moribond, mourant. **7 faire l'article** ▶ vanter.

articulation n. f. **1** *L'articulation de deux os* ▶ attache, charnière, emboîtement, jointure. **2** *Enseigner à de jeunes comédiens à avoir une articulation nette* ▶ élocution, prononciation.

articuler v. **1** *Bien articuler pour se faire comprendre* ▶ prononcer. **2** *Il était si ému qu'il n'est pas parvenu à articuler trois mots* ▶ dire, énoncer, proférer, prononcer. **3** Fig. *Articuler les différents épisodes d'un récit* ▶ agencer, architecturer, combiner, coordonner, ordonner, organiser, structurer.

artifice n. m. **1** Litt. *Les artifices d'une coquette* ▶ astuce, feinte, ficelle (fam.), finasserie, rouerie, ruse, stratagème, subterfuge, tromperie, truc (fam.). **2** *Des artifices de style* ▶ procédé, technique.

artificiel, elle adj. **1** *Un colorant artificiel* ▶ fabriqué, synthétique. **2** *Des cheveux artificiels* ▶ factice, faux, postiche. **3** Fig. *Un sourire artificiel* ▶ affecté, contraint, emprunté, étudié, factice, faux, feint, forcé.

artificieux, euse adj. Litt. *Des paroles artificieuses* ▶ captieux (litt.), fourbe, hypocrite, retors, roublard (fam.), rusé.

artisan n. m. Fig. *L'artisan d'un complot* ▶ âme, auteur, cerveau, cheville ouvrière, instigateur, promoteur.

artiste n. **1** *Les artistes de la Comédie-Française* ▶ acteur, comédien, interprète. **2** *Les artistes de la place du Tertre* ▶ dessinateur, peintre. **3** *Un artiste de variétés* ▶ chanteur, interprète. **4** Fig. *Il est un peu artiste* ▶ bohème, original.

as n. m. Fig. *C'est un as!* ▶ aigle, champion, crack (fam.), maître, phénix (litt.), virtuose.

ascendance n. f. *Un Américain d'ascendance française* ▸ extraction, origine, souche.

ascendant n. m. **1** *Avoir des ascendants glorieux* ▸ aïeul, ancêtre. **2** Fig. *Avoir de l'ascendant sur ses disciples* ▸ autorité, charisme, empire (litt.), emprise, influence, magnétisme, pouvoir.

ascendant, ante adj. *Un mouvement ascendant* ▸ ascensionnel, montant.

ascension n. f. **1** *L'ascension de l'Everest* ▸ escalade. **2** Fig. *L'ascension d'un homme politique* ▸ montée, progression.

ascète n. ▸ anachorète, ermite.

ascétique adj. *Mener une vie ascétique* ▸ austère, érémitique, janséniste, monacal, rigoriste, sévère, spartiate.

ascétisme n. m. ▸ austérité, rigorisme.

aseptiser v. ▸ désinfecter, stériliser.

asile n. m. **1** *Offrir un asile à qqn* ▸ abri, havre (litt.), refuge, retraite. **2** *Envoyer un fou à l'asile* ▸ hôpital psychiatrique. **3** *Un asile de vieillards* ▸ hospice.

asocial, ale adj. et n. ▸ marginal.

aspect n. m. **1** Litt. *Trembler à l'aspect de son directeur* ▸ vue. **2** *Avoir un aspect sympathique* ▸ air, allure, apparence, dehors, extérieur, figure, physionomie. **3** *Voir une chose sous différents aspects* ▸ angle, côté, forme, perspective, point de vue.

asperger v. ▸ arroser, doucher, éclabousser, mouiller, tremper.

aspérité n. f. **1** *Les aspérités d'une surface* ▸ inégalité, irrégularité, rugosité. **2** *Prendre pied sur une aspérité du rocher* ▸ saillie.

aspersion n. f. ▸ arrosage.

asphalte n. m. *Mettre de l'asphalte sur une rue pavée* ▸ bitume, goudron, macadam.

asphalter v. ▸ bitumer, goudronner, macadamiser.

asphyxiant, ante adj. ▸ étouffant, irrespirable, oppressant, suffocant.

asphyxie n. f. **1** *Mourir par asphyxie* ▸ étouffement, suffocation. **2** Fig. *Un secteur économique menacé d'asphyxie* ▸ étouffement, étranglement, paralysie.

asphyxier v. **1** *Asphyxier qqn en l'empêchant de respirer* ▸ étouffer. **2 s'asphyxier** *Commencer à s'asphyxier à cause du manque d'air* ▸ étouffer, s'étouffer, suffoquer.

aspic n. m. Fig. *Méfiez-vous, elle a une langue d'aspic* ▸ vipère.

aspirant, ante n. Litt. *Un aspirant au doctorat* ▸ candidat, postulant.

aspiration n. f. **1** *Une aspiration suivie d'une expiration* ▸ inhalation, inspiration. **2** Fig. *Avoir des aspirations très élevées* ▸ ambition, désir, espérance, espoir, rêve, souhait.

aspirer v. **1** *Aspirer de la fumée* ▸ humer, inhaler, inspirer, respirer. **2** *Une machine qui aspire la poussière* ▸ absorber, avaler, pomper. **3** Fig. *Aspirer aux honneurs* ▸ ambitionner, courir après (fam.), désirer, prétendre à, souhaiter, vouloir.

assagir v. **1** *Le temps assagit la violence des passions* ▸ apaiser, atténuer, calmer, modérer, tempérer. **2 s'assagir** *Après tant de dissipation, elle a enfin jugé bon de s'assagir* ▸ s'amender, se ranger.

assaillant, ante n. ▸ agresseur, attaquant.

assaillir v. **1** *Assaillir l'ennemi* ▸ agresser, attaquer, fondre sur, se jeter sur, se précipiter sur, sauter sur. **2** *Assaillir qqn de questions* ▸ accabler, harceler.

assainir v. **1** *Assainir une salle d'hôpital* ▸ désinfecter, nettoyer. **2** *Assainir un terrain marécageux* ▸ assécher, drainer. **3** *La pluie a assaini l'atmosphère* ▸ purifier. **4** *Assainir les finances publiques* ▸ équilibrer, rétablir, stabiliser.

assainissement n. m. **1** *L'assainissement de l'eau* ▸ désinfection, épuration, purification. **2** *L'assainissement d'un terrain marécageux* ▸ assèchement, drainage.

assaisonnement n. m. *Utiliser des assaisonnements variés* ▸ aromate, condiment, épice.

assaisonner v. **1** *Assaisonner un plat* ▸ accommoder, épicer, relever. **2** Fig. et litt. *Assaisonner ses histoires de mots d'esprit* ▸ agrémenter, émailler, pimenter, rehausser, relever.

assassin, ine adj. Fig. *Un clin d'œil assassin* ▸ aguicheur, provoquant.

assassin n. m. ▸ criminel, homicide, meurtrier, tueur.

assassinat n. m. ▸ crime, homicide, meurtre.

assassiner v. ▸ abattre, descendre (fam.), éliminer, refroidir (fam.), supprimer, trucider (fam.), tuer, zigouiller (fam.).

assaut n. m. **1** *Donner le signal de l'assaut* ▸ attaque, charge, offensive. **2** *Cet escrimeur a remporté deux assauts* ▸ combat, engagement.

assèchement n. m. ▸ assainissement, drainage.

assécher

assécher v. 1 *Assécher un terrain* ▶ assainir, drainer. 2 *Assécher un puits* ▶ épuiser, tarir, vider.

assemblage n. m. 1 *Un curieux assemblage d'objets hétéroclites* ▶ agrégat, amalgame, association, assortiment, collection, conjonction, ensemble, groupement, mosaïque. 2 *L'assemblage des pièces d'un moteur* ▶ emboîtement, montage.

assemblée n. f. 1 *Prendre la parole en présence d'une nombreuse assemblée* ▶ assistance, audience, auditoire, public. 2 *Une assemblée de littérateurs* ▶ académie, aréopage, cercle, compagnie, rassemblement, réunion, société. 3 *Une assemblée de sages* ▶ conseil. 4 *Réunir les Assemblées pour modifier la Constitution* ▶ chambres, parlement.

assembler v. 1 *Assembler les pièces d'un mécanisme* ▶ ajuster, connecter, emboîter, joindre, monter, raccorder. 2 *Assembler les pièces d'un dossier* ▶ collecter, grouper, rassembler, recueillir, réunir. 3 *Assembler des couleurs de façon inattendue* ▶ allier, associer, assortir, combiner, coordonner, marier, rapprocher, unir. 4 **s'assembler** *Une foule qui s'assemble peu à peu* ▶ s'attrouper, se grouper, se rassembler, se réunir.

assener v. *Assener un coup de poing* ▶ administrer, allonger (fam.), appliquer, coller (fam.), donner, envoyer, ficher (fam.), filer (fam.), flanquer (fam.), lancer, porter.

assentiment n. m. ▶ acceptation, accord, acquiescement, adhésion, agrément, approbation, autorisation, consentement, permission, suffrage.

asseoir v. 1 *Asseoir un enfant sur une chaise* ▶ installer, mettre, placer, planter (fam.), poser. 2 Fig. *Asseoir son autorité* ▶ affermir, consolider. 3 Fig. *Asseoir un raisonnement sur des bases solides* ▶ appuyer, assurer, établir, fonder.

assertif, ive adj. *Une phrase assertive* ▶ déclaratif.

assertion n. f. *Multiplier les assertions mensongères* ▶ affirmation, allégation, déclaration, proposition.

asservir v. ▶ assujettir, conquérir, dompter, enchaîner, opprimer, soumettre, vassaliser.

asservissant, ante adj. ▶ aliénant, assujettissant, contraignant.

asservissement n. m. *Un peuple tenu dans l'asservissement* ▶ assujettissement, chaînes (litt.), dépendance, esclavage, joug (litt.), oppression, servitude, subordination, sujétion.

40

assez adv. 1 *Ils ne mangent pas assez* ▶ suffisamment. 2 *Un devoir assez bon* ▶ passablement, plutôt, relativement. 3 *J'en ai assez* ▶ marre (fam.), ras-le-bol (fam.). 4 *Assez!* ▶ basta (fam.), halte, stop.

assidu, ue adj. 1 Vx et litt. *Un employé assidu* ▶ appliqué, consciencieux, scrupuleux, sérieux, zélé. 2 *Un élève peu doué, mais assidu* ▶ ponctuel, régulier. 3 *Un travail assidu* ▶ constant, continu, régulier, soutenu, suivi.

assiduité n. f. *Assister avec assiduité aux réunions d'une association* ▶ constance, continuité, régularité.

assidûment adv. *Fréquenter assidûment les soirées d'un club* ▶ régulièrement.

assiéger v. 1 *Assiéger une place forte* ▶ bloquer, cerner, encercler, investir. 2 Fig. et litt. *Être assiégé par toutes sortes d'ennuis* ▶ accabler, assaillir, harceler, importuner, obséder, poursuivre, tourmenter.

assiette n. f. 1 *Manger une assiette de soupe* ▶ assiettée. 2 *L'assiette d'un édifice* ▶ base, fondation, fondement. 3 *L'assiette des impôts* ▶ base. 4 *Un cavalier qui manque d'assiette* ▶ assise, équilibre, stabilité.

assignation n. f. 1 *Une assignation à comparaître* ▶ citation, convocation. 2 *L'assignation d'une somme à un compte* ▶ affectation, attribution, imputation.

assigner v. 1 *Assigner à qqn la part la plus importante d'un testament* ▶ affecter, attribuer, donner. 2 *Assigner une tâche à chacun* ▶ affecter, attribuer, décerner, donner, impartir, indiquer, prescrire. 3 *Assigner une date de livraison* ▶ déterminer, fixer. 4 *Assigner qqn à comparaître* ▶ citer, convoquer, mander (vx).

assimilable adj. 1 *Des connaissances assimilables* ▶ accessible, compréhensible, intelligible. 2 *Un bruit assimilable à un coup de tonnerre* ▶ analogue, comparable, semblable.

assimilation n. f. 1 *L'assimilation d'un aliment* ▶ digestion. 2 *Étudier les processus d'assimilation chez l'enfant* ▶ compréhension. 3 *L'assimilation des immigrés* ▶ adaptation, incorporation, insertion, intégration. 4 *L'assimilation de l'artisan et de l'artiste* ▶ amalgame, confusion, identification, rapprochement.

assimilé, ée adj. *Les sucres et les produits assimilés* ▶ analogue, comparable, équivalent, ressemblant, semblable, voisin.

assimiler v. 1 *Assimiler un aliment* ▶ digérer. 2 Fig. *Assimiler une théorie philosophique* ▶ comprendre, piger (fam.), saisir. 3 Fig. *Assimiler les immigrants* ▶ incorporer, intégrer.

4 Fig. *Assimiler deux cas pourtant distincts* ▶ amalgamer, confondre, identifier, rapprocher. **5 s'assimiler** *Des étrangers qui ont du mal à s'assimiler* ▶ s'adapter, s'insérer, s'intégrer.

assis, ise adj. Fig. *Une situation assise* ▶ assuré, établi, ferme, solide, stable.

assise n. f. **1** *L'assise d'un édifice* ▶ base, fondation, fondement, infrastructure, soubassement. **2** Plur. *Les assises internationales des collectionneurs de bouchons de carafe* ▶ congrès, réunion, symposium.

assistance n. f. **1** *Intervenir devant une assistance attentive* ▶ assemblée, audience, auditoire, public, salle, spectateurs. **2** *Avoir besoin de l'assistance d'un ami* ▶ aide, appoint, appui, concours, secours, soutien.

assistant, ante n. **1** *Le patron était accompagné de son assistant* ▶ adjoint, aide, auxiliaire, bras droit, collaborateur, lieutenant, second. **2** Plur. *Tous les assistants se sont levés et ont applaudi* ▶ assistance, audience, auditoire, public, salle, spectateurs. **3 assistante maternelle** ▶ nourrice.

assister v. **1** *Ce qu'il entreprend est difficile, il a besoin qu'on l'assiste* ▶ aider, épauler, seconder, soutenir. **2** *Assister un ami pendant sa maladie* ▶ accompagner, aider, s'occuper de, prendre soin de, réconforter, secourir, veiller sur. **3** *Assister à une cérémonie* ▶ être présent à, suivre.

association n. f. **1** *Une association de couleurs* ▶ alliance, assemblage, combinaison, rapprochement, réunion. **2** *Une association philanthropique* ▶ organisation, société.

associé, ée n. **1** *Se décharger de son travail sur ses associés* ▶ collaborateur, collègue, partenaire. **2** *Les différents associés d'une société* ▶ actionnaire, commanditaire, sociétaire.

associer v. **1** *Associer involontairement un nom et un souvenir* ▶ allier, assembler, lier, marier, rapprocher, réunir. **2** *Associer qqn à un mouvement politique* ▶ agréger à, incorporer dans, intégrer dans, mêler à. **3** *Proposer à qqn de l'associer à une affaire* ▶ faire participer à, intéresser à. **4 s'associer** *S'associer pour lutter contre un fléau* ▶ s'allier, s'entendre, se fédérer, se grouper, se mettre d'accord, se réunir, se solidariser, s'unir. **5** *Des couleurs qui s'associent bien* ▶ s'accorder, s'assortir, se combiner, s'harmoniser, se marier, s'unir. **6** *S'associer à la joie de qqn* ▶ se joindre à, partager, participer à, prendre part à.

assoiffé, ée adj. Fig. et litt. *Être assoiffé de pouvoir* ▶ affamé, altéré (litt.), avide.

assoiffer v. ▶ altérer.

assombrir v. **1** *Des couleurs qui assombrissent un appartement* ▶ enténébrer (litt.), obscurcir. **2** Fig. *Cette nouvelle l'a assombri* ▶ affliger, attrister, chagriner, peiner. **3 s'assombrir** *Le ciel s'est assombri* ▶ se couvrir, s'obscurcir. **4** Fig. *Son visage s'assombrit* ▶ se rembrunir, se renfrogner.

assombrissement n. m. *L'assombrissement du ciel* ▶ noircissement, obscurcissement.

assommant, ante adj. Fig. *Un travail assommant* ▶ barbant (fam.), bassinant (fam.), casse-pieds (fam.), embêtant (fam.), empoisonnant (fam.), ennuyeux, enquiquinant (fam.), fastidieux, fatigant, lassant, rasant (fam.), soûlant (fam.), suant (fam.), tannant (fam.).

assommer v. **1** *Le boxeur a assommé son adversaire* ▶ estourbir (fam.), mettre k-o, sonner (fam.). **2** Fig. *Être assommé par la chaleur* ▶ abattre, briser, claquer (fam.), crever (fam.), épuiser, éreinter, exténuer, harasser, tuer, vanner, vider. **3** Fig. *Il m'assomme avec ses problèmes* ▶ barber (fam.), bassiner (fam.), casser les pieds (fam.), embêter, empoisonner (fam.), ennuyer, enquiquiner (fam.), faire suer (fam.), fatiguer, importuner, lasser, raser (fam.), soûler (fam.), tanner (fam.).

assorti, ie adj. *Une union assortie* ▶ harmonieux.

assortiment n. m. **1** *Le jaune et le noir forment un assortiment de couleurs souvent réussi* ▶ arrangement, assemblage, association, combinaison, harmonie, mariage. **2** *Un assortiment de marchandises* ▶ choix, éventail, jeu, lot, sélection.

assortir v. **1** Vx *Assortir un magasin* ▶ approvisionner, fournir, garnir. **2** *Vous n'arriverez jamais à assortir ces couleurs* ▶ allier, appareiller, associer, combiner, coordonner, harmoniser, marier, unir. **3 s'assortir** *Ces meubles s'assortissent bien l'un avec l'autre* ▶ s'accorder, s'adapter, s'harmoniser, se marier.

assoupir v. **1** Fig. et litt. *Assoupir la douleur* ▶ adoucir, apaiser, atténuer, calmer, endormir. **2 s'assoupir** *S'assoupir dans un fauteuil* ▶ s'endormir, somnoler. **3** Fig. *Une douleur qui s'assoupit* ▶ s'adoucir, s'affaiblir, s'apaiser, s'atténuer, se calmer, s'endormir, s'estomper.

assoupissement n. m. ▶ endormissement, somnolence.

assouplir v. Fig. *Assouplir la raideur d'un règlement* ▶ adoucir, atténuer, corriger, modérer, tempérer.

assouplissement n. m. Fig. *L'assouplissement d'un règlement* ▸ adoucissement, atténuation.

assouplisseur n. m. ▸ adoucissant.

assourdir v. 1 *Mettre de la moquette pour assourdir les sons* ▸ affaiblir, amortir, atténuer, étouffer, feutrer. 2 *Il nous assourdit avec sa chaîne hi-fi* ▸ assommer, casser les oreilles (fam.). 3 Fig. *Assourdir un rouge en y mêlant du vert* ▸ éteindre.

assourdissant, ante adj. *Un bruit assourdissant* ▸ fracassant.

assouvir v. ▸ apaiser, calmer, contenter, étancher, rassasier, satisfaire.

assouvissement n. m. ▸ apaisement, contentement, satiété, satisfaction.

assujettir v.1 Litt. *Assujettir un peuple* ▸ asservir, dompter, enchaîner, maîtriser, soumettre, vassaliser. 2 *Assujettir un chargement sur un camion* ▸ accrocher, amarrer, arrimer, attacher, caler, fixer, immobiliser, maintenir. 3 *Assujettir qqn à l'impôt* ▸ astreindre, soumettre. 4 **s'assujettir** *S'assujettir à une règle* ▸ s'astreindre à, obéir à, obtempérer à, se plier à, respecter, se soumettre à.

assujettissement n. m. 1 *Un conquérant qui réduit une population à un état de complet assujettissement* ▸ asservissement, dépendance, domestication, esclavage, servitude, soumission, subordination, sujétion. 2 Litt. *L'assujettissement aux usages* ▸ obéissance, soumission.

assumer v. ▸ accepter, se charger de, endosser, prendre en charge, prendre sur soi, supporter.

assurance n. f. 1 *Exiger des assurances avant de se décider* ▸ engagement, gage, garantie, promesse. 2 Fig. *Manquer d'assurance* ▸ aisance, aplomb, confiance, cran (fam.), culot (fam.), hardiesse, sang-froid, toupet (fam.).

assuré, ée adj. 1 *Un succès assuré* ▸ certain, garanti, immanquable, inévitable, infaillible, sûr. 2 *Être assuré de réussir* ▸ certain, convaincu, persuadé, sûr. 3 *Un air assuré* ▸ confiant, décidé, déterminé, énergique, ferme, hardi, résolu.

assurément adv. ▸ certainement, évidemment, immanquablement, incontestablement, indéniablement, indiscutablement, indubitablement, manifestement, nettement, sans conteste, sans contredit, sûrement.

assurer v. 1 *Assurer un chargement sur le toit d'un véhicule* ▸ accrocher, arrimer, assujettir, attacher, caler, fixer, immobiliser, maintenir. 2 *Assurer à qqn des vivres pendant un mois* ▸ donner, fournir, garantir, ménager, procurer. 3 *Assurer que l'on est innocent* ▸ affirmer, attester, certifier, garantir, jurer, soutenir. 4 *Assurer ses arrières* ▸ couvrir, défendre, garantir, préserver, protéger, sauvegarder. 5 **s'assurer** *S'assurer sur sa selle* ▸ se caler. 6 *Chercher les moyens de s'assurer contre les dégâts causés par les taupes* ▸ se défendre contre, se garantir de, se garder de, se prémunir contre, se préserver de, se protéger de. 7 *S'assurer que la porte est bien fermée* ▸ contrôler, vérifier. 8 *Les putschistes se sont assurés de la personne du chef de l'Etat* ▸ s'emparer, se saisir.

astérisque n. m. *Des renvois en bas de page signalés par des astérisques* ▸ étoile.

astéroïde n. f. ▸ étoile filante, météore.

asthénie n. f. ▸ affaiblissement, épuisement, faiblesse.

asticot n. m. ▸ larve, ver.

asticoter v. Fam. ▸ agacer, embêter, taquiner.

astiquage n. m. ▸ briquage.

astiquer v. ▸ briquer, fourbir, frotter.

astral, ale adj. *Croire aux influences astrales* ▸ céleste, cosmique, sidéral, stellaire.

astre n. m. ▸ étoile.

astreignant, ante adj. ▸ assujettissant, contraignant, exigeant, pénible, pesant.

astreindre v. 1 *Astreindre qqn à faire les travaux les plus pénibles* ▸ contraindre, forcer, obliger, réduire. 2 **s'astreindre** *S'astreindre au régime le plus strict* ▸ s'assujettir à, s'imposer, se plier à.

astreinte n. f. ▸ contrainte, obligation.

astronaute n. ▸ cosmonaute, spationaute.

astronef n. m. ▸ vaisseau spatial.

astronomique adj. Fig. *Une somme astronomique* ▸ colossal, démesuré, énorme, fantastique, faramineux, fou, gigantesque, incroyable, phénoménal.

astuce n. f. 1 *Faire preuve d'astuce dans une négociation* ▸ adresse, finesse, habileté, ingéniosité. 2 *Les petites astuces pour réussir une mayonnaise* ▸ ficelle, finesse, malice, ruse, truc (fam.). 3 *Des astuces à raconter à la fin d'un dîner* ▸ boutade, histoire, plaisanterie.

astucieusement adv. ▸ adroitement, finement, habilement, ingénieusement.

astucieux, euse adj. ▶ adroit, fin, futé (fam.), habile, ingénieux, malicieux, malin, matois (litt.), rusé.

asymétrie n. f. ▶ dissymétrie, irrégularité.

asymétrique adj. ▶ biscornu, dissymétrique, irrégulier.

ataraxie n. f. *L'ataraxie du sage* ▶ calme, détachement, impassibilité, imperturbabilité, indifférence, paix, quiétude, sérénité, tranquillité.

atavique adj. ▶ congénital, héréditaire.

atavisme n. m. *Expliquer le caractère de qqn par les lois de l'atavisme* ▶ génétique, hérédité.

atermoiements n. m. pl. *Une décision prise après bien des atermoiements* ▶ ajournement, hésitation, remise, retard, tergiversation, temporisation.

atermoyer v. Litt. ▶ attendre, hésiter, tarder, temporiser, tergiverser.

athée adj. et n. ▶ incroyant, irréligieux, libre penseur, mécréant (péj.).

athéisme n. m. ▶ incroyance, irréligiosité.

athlétique adj. *Elle aime les garçons plutôt athlétiques* ▶ costaud (fam.), musclé, robuste, solide, vigoureux.

atmosphère n. f. **1** *Une atmosphère viciée* ▶ air. **2** Fig. *L'atmosphère intellectuelle du début du siècle* ▶ ambiance, climat, environnement, milieu.

atlante n. m. ▶ télamon.

atome n. m. Fig. *Ne pas avoir un atome de bon sens* ▶ bribe, brin, goutte, grain, miette, once, parcelle, particule.

atomique adj. *Une guerre atomique* ▶ nucléaire.

atomisation n. f. **1** *L'atomisation d'un corps* ▶ désintégration. **2** Fig. *L'atomisation des forces politiques* ▶ dispersement, dispersion, dissémination, émiettement, éparpillement, fractionnement, morcellement, parcellisation.

atomiser v. **1** *Atomiser un corps* ▶ désintégrer. **2** *La vie moderne atomise les groupes traditionnels* ▶ fractionner, morceler.

atomiseur n. m. ▶ aérosol, nébuliseur, pulvérisateur, vaporisateur.

atone adj. **1** *Une physionomie atone* ▶ amorphe, apathique, éteint, inerte, inexpressif, morne, mou, passif. **2** *Une syllabe atone* ▶ inaccentué.

atonie n. f. ▶ abattement, apathie, asthénie, inertie, langueur, léthargie, torpeur.

atours n. m. pl. Litt. *Revêtir ses plus beaux atours* ▶ habits, tenue, toilette, vêtements.

atouts n. m. pl. Fig. *Il ne manque pas d'atouts pour se sortir de cette situation difficile* ▶ armes, avantages, ressources.

âtre n. m. ▶ cheminée, foyer.

atroce adj. **1** *Un crime atroce* ▶ abominable, affreux, barbare, cruel, effrayant, effroyable, épouvantable, hideux, horrible, ignoble, infâme, inhumain, monstrueux, odieux. **2** *Elle est d'une prétention atroce* ▶ abominable, épouvantable, insupportable, intolérable, odieux.

atrocement adv. **1** *Souffrir atrocement* ▶ abominablement, affreusement, cruellement, effroyablement, horriblement. **2** *Elle est atrocement laide* ▶ abominablement, affreusement, effroyablement, épouvantablement, horriblement, monstrueusement, odieusement.

atrocité n. f. **1** *L'atrocité d'un crime* ▶ barbarie, cruauté, horreur, inhumanité, monstruosité, sauvagerie. **2** *Commettre des atrocités* ▶ abomination, horreur, monstruosité.

atrophie n. f. **1** *L'atrophie des membres inférieurs* ▶ dépérissement. **2** Fig. *L'atrophie des capacités intellectuelles* ▶ affaiblissement, amoindrissement, dépérissement, diminution, étiolement, régression.

atrophier (s') v. **1** *Les organes inactifs tendent à s'atrophier* ▶ dépérir, se ratatiner (fam.). **2** Fig. *Ses capacités intellectuelles s'atrophient avec l'âge* ▶ s'affaiblir, s'amoindrir, se dégrader, dépérir, diminuer, s'étioler, se réduire.

attachant, ante adj. *Une personnalité attachante* ▶ attirant, intéressant, séduisant.

attache n. f. **1** *Avoir des attaches fines* ▶ articulation, jointure. **2** *Défaire une attache* ▶ fixation, lien. **3** Fig. *Avoir perdu toute attache dans le milieu diplomatique* ▶ accointance, contact, lien, rapport, relation.

attaché, ée adj. Fig. *Un domestique très attaché à ses maîtres* ▶ dévoué, fidèle.

attaché-case n. m. ▶ mallette.

attachement n. m. *Éprouver un vif attachement à l'égard de qqn* ▶ affection, amitié, goût, inclination, intérêt, sentiment, sympathie, tendresse.

attacher v. **1** *Attacher un prisonnier* ▶ ficeler, garotter, lier, ligoter. **2** *Attacher des fleurs* ▶ lier, nouer. **3** *Attacher un ruban à une*

attaquable

robe ▸ accrocher, agrafer, fixer, nouer. **4** *Fig. Attacher ses regards sur qqch* ▸ arrêter, fixer. **5** *Fig. Attacher de l'importance à qqch* ▸ accorder, attribuer, donner, porter, prêter. **6 s'attacher** *Du lierre qui s'attache à un mur* ▸ s'accrocher, adhérer, s'agripper, se coller, se cramponner. **7** *S'attacher à l'étude d'une science* ▸ s'adonner, s'appliquer, se consacrer, se livrer. **8** *S'attacher à comprendre les raisons d'un phénomène* ▸ s'appliquer à, chercher à, s'efforcer de, essayer de, s'évertuer à, travailler à.

attaquable adj. *Un argument attaquable* ▸ controversable, discutable, réfutable.

attaquant, ante n. ▸ agresseur, assaillant.

attaque n. f. **1** *Une attaque nocturne* ▸ assaut, charge, offensive, opération, raid. **2** *Fig. Une attaque de goutte* ▸ accès, atteinte, crise. **3** *Mourir d'une attaque foudroyante* ▸ apoplexie, coup de sang (vx). **4** *Fig. Répondre aux attaques d'un opposant* ▸ accusation, agression, critique. **5 attaque à main armée** ▸ braquage (fam.), casse (fam.), hold-up.

attaquer v. **1** *L'armée attaqua à l'aube* ▸ charger, donner l'assaut, passer à l'offensive. **2** *Attaquer un ennemi* ▸ assaillir, charger, fondre sur (litt.), se frotter à, se jeter sur, tomber sur. **3** *L'humidité attaque le fer* ▸ altérer, corroder, détériorer, entamer, piquer, ronger. **4** *Fig. Attaquer les membres du gouvernement* ▸ agresser, s'attaquer à, blâmer, critiquer, débiner (fam.), décrier, dénigrer, s'en prendre à, prendre à partie, traîner dans la boue (fam.), vilipender. **5** *Fig. Attaquer qqn en justice* ▸ actionner, poursuivre. **6** *Fig. Attaquer un travail* ▸ aborder, s'attaquer à, s'atteler à, commencer, débuter, démarrer, engager, entamer, entreprendre, se mettre à.

attardé, ée adj. **1** *Un enfant attardé* ▸ arriéré, débile, demeuré, idiot, retardé, simple d'esprit. **2** *Une voiture balai récupérera les attardés* ▸ retardataire. **3** *Des idées attardées* ▸ archaïque, arriéré, dépassé, désuet, périmé, rétrograde, ringard (fam.).

attarder (s') v. **1** *Profiter du dimanche matin pour s'attarder dans son lit* ▸ flâner, lambiner, rester, traîner. **2** *Fig. S'attarder sur un sujet* ▸ s'appesantir, s'arrêter, s'étendre, insister.

atteindre v. **1** *Chercher à atteindre le sommet d'une montagne par la face nord* ▸ accéder à, arriver à, gagner, parvenir à, rejoindre. **2** *Atteindre qqn par téléphone* ▸ contacter, joindre, toucher. **3** *Vos pa-*

roles l'ont profondément atteint ▸ affecter, blesser, heurter, offenser, piquer, vexer.

atteint, einte adj. *Une personne très atteinte* ▸ mal, malade, mal en point, souffrant.

atteinte n. f. **1** *Être hors d'atteinte* ▸ portée. **2** *Les premières atteintes d'une maladie* ▸ accès, attaque, crise, effet. **3** *Vos propos constituent une atteinte à l'honneur du pays* ▸ coup, outrage, préjudice, violation. **4 porter atteinte à** *Porter atteinte aux bonnes mœurs* ▸ attenter à. **5** *Porter atteinte à la réputation de qqn* ▸ blesser, nuire à.

atteler (s') v. *Fig. S'atteler à un nouveau travail* ▸ aborder, attaquer, commencer, débuter, démarrer, engager, entamer, entreprendre, se mettre à.

attenant, ante adj. ▸ accolé, adjacent, contigu, frontalier, joint, jouxtant, limitrophe, proche, voisin.

attendre v. **1** *En avoir assez d'attendre* ▸ battre la semelle (fam.), faire le pied de grue (fam.), moisir (fam.), se morfondre, patienter, poireauter (fam.). **2** *Commencer sans attendre* ▸ atermoyer, différer, hésiter, temporiser, tergiverser, traîner. **3** *Savoir se faire attendre* ▸ désirer. **4** *Une démarche dont on attend un bénéfice* ▸ escompter, espérer, prévoir, souhaiter. **5** *De graves ennuis vous attendent* ▸ guetter, menacer. **6 en attendant** *Vous pouvez vous installer chez nous en attendant* ▸ momentanément, provisoirement, temporairement, transitoirement. **7 en attendant que** ▸ jusqu'à ce que. **8 s'attendre** *S'attendre à un malheur* ▸ augurer, présager, pressentir, prévoir, pronostiquer.

attendrir v. **1** *Ce spectacle charmant a attendri l'assistance* ▸ émouvoir, remuer, toucher, troubler. **2** *Je me suis finalement laissé attendrir* ▸ apitoyer, fléchir. **2 s'attendrir** *S'attendrir sur le sort de qqn* ▸ s'apitoyer sur, compatir à, s'émouvoir de.

attendrissant, ante adj. *Cette jeune mère formait avec son enfant un spectacle attendrissant* ▸ émouvant, remuant, touchant.

attendrissement n. m. *Céder à un moment d'attendrissement* ▸ apitoiement, commisération, compassion, émotion, pitié.

attendu n. m. *Les attendus d'un jugement* ▸ considérant, motif, raison.

attendu que conj. ▸ comme, puisque, vu que.

attentat n. m. **1** *Déjouer un attentat contre la personne du chef de l'État* ▸ agression, attaque. **2** *Un attentat contre les libertés* ▸ atteinte, coup, préjudice. **3** *Un attentat à la pudeur* ▸ outrage.

attentatoire adj. *Une mesure attentatoire à la liberté de la presse* ▶ contraire, dommageable, opposé, préjudiciable.

attente n. f. **1** *Une politique d'attente* ▶ expectative. **2** *Décevoir les attentes de qqn* ▶ calcul, désir, espérance, espoir, prévision, souhait. **3 en attente** *Laisser une décision en attente* ▶ en panne, en plan (fam.), en rade (fam.), en souffrance, en suspens.

attenter v. ▶ outrager, porter atteinte à.

attentif, ive adj. **1** *Un élève attentif* ▶ appliqué, observateur, vigilant. **2** *Un amant attentif* ▶ attentionné, délicat, empressé, obligeant, prévenant. **3** *Se montrer très attentif à ne choquer personne* ▶ préoccupé de, soucieux de.

attention n. f. **1** *Étudier un problème avec toute l'attention nécessaire* ▶ application, concentration, soin, vigilance, zèle. **2** *Faire preuve d'attention vis-à-vis de qqn* ▶ amabilité, délicatesse, égard, empressement, obligeance, prévenance, serviabilité, sollicitude. **3 faire attention** *Faire attention à ce qui va se passer* ▶ faire gaffe (fam.), prendre garde, veiller.

attentionné, ée adj. *Être attentionné vis-à-vis de qqn* ▶ aimable, attentif, courtois, empressé, gentil, obligeant, prévenant, serviable.

attentisme n. m. ▶ immobilisme, temporisation.

attentivement adv. ▶ consciencieusement, soigneusement.

atténuation n. f. *L'atténuation d'une douleur* ▶ adoucissement, affaiblissement, allégement, assoupissement, rémission, soulagement.

atténuer v. **1** *Atténuer un bruit* ▶ affaiblir, amortir, assourdir, étouffer, feutrer. **2** *Atténuer une souffrance* ▶ adoucir, alléger, diminuer, émousser, modérer, réduire, soulager, tempérer. **3** *Atténuer le côté dramatique d'un récit* ▶ adoucir, affaiblir, diminuer, estomper, gazer (litt.), modérer.

atterrer v. ▶ abattre, accabler, anéantir, consterner, démoraliser, désoler, effondrer, stupéfier.

atterrir v. ▶ se poser.

attestation n. f. **1** *L'attestation d'un médecin* ▶ certificat. **2** *Trouver de nouvelles attestations d'une découverte de l'Amérique par les Vikings* ▶ marque, preuve, signe, témoignage.

attesté, ée adj. *Un fait attesté* ▶ avéré, confirmé, démontré, établi, prouvé.

attester v. **1** *Attester que cela s'est passé ainsi* ▶ affirmer, assurer, certifier, confirmer, déclarer, garantir, témoigner. **2** *Cette conduite atteste un bon naturel* ▶ annoncer, démontrer, indiquer, marquer, montrer, prouver, révéler, témoigner de.

attiédir v. Fig. et litt. *Le temps a attiédi leur passion* ▶ adoucir, affaiblir, modérer, refroidir, tempérer.

attiédissement n. m. Fig. et litt. *L'attiédissement d'un sentiment* ▶ adoucissement, affaiblissement, modération, refroidissement.

attirail n. m. *Il ne se déplace pas sans tout son attirail* ▶ barda (fam.), bazar (fam.), équipement, fourbi (fam.), fourniment, panoplie.

attirance n. f. **1** Litt. *L'attirance du plaisir* ▶ attraction, attrait, charme, fascination, séduction, tentation. **2** *Elle a une certaine attirance pour ce genre de gens* ▶ affinité, attrait, faible, goût, inclination, penchant, sympathie.

attirant, ante adj. **1** *Une physionomie attirante* ▶ attachant, attrayant, captivant, charmant, craquant (fam.), engageant, prenant, séduisant. **2** *Une proposition attirante* ▶ alléchant, appétissant, attractif (fam.), attrayant, engageant, intéressant, séduisant, tentant.

attirer v. **1** *Attirer qqn à l'écart* ▶ amener, conduire, entraîner. **2** *Attirer des ours avec du miel* ▶ affriander (litt.), allécher, appâter. **3** *Attirer des capitaux* ▶ drainer. **4** *Cette solution m'attire beaucoup* ▶ charmer, plaire à, séduire, tenter. **5** *Cela va vous attirer des ennuis* ▶ causer, entraîner, occasionner, procurer, provoquer, valoir.

attiser v. **1** *Attiser un feu* ▶ activer, aviver, stimuler. **2** Fig. *Attiser les passions* ▶ aviver, déchaîner, embraser, enflammer, exacerber, exaspérer, exciter, stimuler.

attitré, ée adj. ▶ patenté.

attitude n. f. **1** *Une attitude figée* ▶ contenance, maintien, pose, posture. **2** *Dénoncer l'attitude hostile d'un pays agresseur* ▶ actes, agissements, comportement, conduite, position.

attouchement n. m. ▶ caresse, effleurement, frôlement.

attractif, ive adj. Fam. *Un prêt à des conditions très attractives* ▶ alléchant, attrayant, engageant, intéressant, séduisant, tentant.

attraction n. f. **1** Litt. *Ressentir l'attraction de l'inconnu* ▶ attirance, attrait, charme, fascination, séduction, tentation. **2** *L'attrac-*

tion terrestre ▶ gravitation, gravité (vx), pesanteur. 3 *Les attractions d'un music-hall* ▶ exhibition, numéro, show, spectacle.

attrait n. m. 1 *L'attrait de la vie à la campagne* ▶ agrément, charme, plaisir. 2 *Céder à l'attrait de la nouveauté* ▶ attirance, attraction (litt.), fascination, séduction, tentation. 3 *Éprouver de l'attrait pour les femmes décidées* ▶ affinité, attirance, faible, goût, inclination, penchant, sympathie. 4 Litt. *Les attraits d'une femme* ▶ appas (litt.), charmes, sex-appeal.

attrape n. f. ▶ blague (fam.), canular (fam.), farce, niche (fam.), plaisanterie, tour.

attrape-nigaud n. m. ▶ leurre, miroir aux alouettes, piège, ruse.

attraper v. 1 *Attraper une corde* ▶ agripper, choper, cramponner, s'emparer de, empoigner, happer, prendre, saisir. 2 *Attraper un animal* ▶ capturer, piéger, prendre. 3 *Je l'ai attrapé à me voler* ▶ prendre, surprendre. 4 *Attraper le meilleur lot sans s'y attendre* ▶ décrocher, gagner, obtenir, remporter. 5 *Vous ne réussirez jamais à l'attraper avec une ruse aussi grossière* ▶ abuser, avoir (fam.), duper, leurrer, mystifier, tromper. 6 Fam. *Un enfant qui se fait attraper par ses parents* ▶ admonester, engueuler (fam.), gourmander (litt.), gronder, morigéner (litt.), passer un savon (fam.), réprimander, sermonner. 7 Fam. *Attraper la grippe* ▶ choper, contracter.

attrayant, ante adj. *Proposer un contrat à des conditions particulièrement attrayantes* ▶ alléchant, appétissant, attirant, attractif (fam.), engageant, intéressant, séduisant, tentant.

attribuer v. 1 *Attribuer des crédits à un organisme* ▶ accorder, adjuger, affecter, allouer, assigner, donner, impartir, octroyer. 2 *Attribuer une dignité à qqn* ▶ conférer, décerner. 3 *On lui attribue généralement le mérite de cette réforme* ▶ imputer, prêter, reconnaître. 4 **s'attribuer** *S'attribuer la plus grosse part* ▶ s'accorder, s'adjuger, s'approprier, s'arroger, s'octroyer.

attribut n. m. 1 *La capacité de voler est un attribut de l'oiseau* ▶ apanage (litt.), caractéristique, marque, particularité, prérogative, propriété, qualité. 2 *Le sceptre et la couronne sont les attributs de la royauté* ▶ emblème, signe, symbole. 3 *L'attribut est ce qu'on affirme ou ce qu'on nie du sujet dans une proposition* ▶ prédicat.

attribution n. f. 1 *L'attribution des crédits* ▶ affectation, allocation, assignation, distribution, imputation, octroi. 2 *L'attribution d'un prix de vertu* ▶ remise. 3 Plur. *Cette affaire ne relève pas des attributions de ce service* ▶ autorité, compétence, domaine, prérogative, ressort.

attristant, ante adj. ▶ affligeant, chagrinant, consternant, contristant (litt.), déplorable, désolant, navrant, pénible, triste.

attrister v. ▶ affecter, affliger, assombrir, chagriner, consterner, contrister (litt.), désoler, navrer, peiner.

attroupement n. m. *Disperser un attroupement* ▶ rassemblement.

attrouper v. 1 *Ses cris ont immédiatement attroupé plus de cent personnes* ▶ ameuter, rassembler. 2 **s'attrouper** *Une foule qui s'attroupe* ▶ s'ameuter, se masser.

atypique adj. *Un comportement atypique* ▶ exceptionnel, hors norme, inaccoutumé, inhabituel.

aubaine n. f. *Profitons de cette aubaine* ▶ chance, occasion, opportunité (fam.).

aube n. f. 1 *Les aubes de la roue d'un moulin* ▶ pale, palette. 2 *Le ciel pâlit à l'aube* ▶ point du jour. 3 Fig. *L'aube d'une nouvelle ère* ▶ aurore, commencement, début, matin.

aucunement adv. ▶ en rien, nullement, pas du tout, point.

audace n. f. 1 *Féliciter des soldats pour leur audace* ▶ hardiesse, intrépidité. 2 *Ce minus a eu l'audace de me menacer* ▶ aplomb, culot (fam.), effronterie, front, hardiesse, impertinence, impudence, insolence, outrecuidance (litt.), témérité, toupet (fam.). 3 *Des audaces de style* ▶ hardiesse, innovation, originalité.

audacieusement adv. ▶ hardiment, intrépidement.

audacieux, euse adj. 1 *Un jeune homme audacieux* ▶ culotté (fam.), entreprenant, gonflé (fam.), hardi, intrépide. 2 *Ce que vous nous proposez là est bien audacieux* ▶ aventureux, hardi, hasardeux, imprudent, osé, risqué, téméraire. 3 *Des conceptions audacieuses* ▶ hardi, nouveau, novateur, original.

au-delà adv. *Allez jusqu'au prochain feu et c'est juste un peu au-delà* ▶ après, plus loin.

au-delà de prép. *Au-delà de 6 heures, il n'y a plus personne dans ce quartier* ▶ après, passé.

audible adj. *Un murmure à peine audible* ▶ perceptible.

audience n. f. 1 *Bénéficier de l'audience des intellectuels* ▶ attention, écoute, intérêt. 2 *Demander une audience à un ministre* ▶ entretien, entrevue, rendez-vous. 3 *Maintenir l'audience en haleine* ▶ assemblée, assistance, assistants, auditoire, public, salle, spectateurs.

audition n. f. *Avoir des problèmes d'audition* ▶ oreille, ouïe.

auditoire n. m. *S'exprimer devant un auditoire attentif* ▶ assemblée, assistance, audience, public, salle.

auge n. f. ▶ mangeoire.

augmentation n. f. 1 *Craindre une nouvelle augmentation du chômage* ▶ accélération, accentuation, accroissement, aggravation, croissance, développement, extension, gonflement, hausse, intensification, montée, poussée, renforcement. 2 *L'augmentation de la durée du temps libre* ▶ allongement, développement, extension. 3 *L'augmentation du nombre des vols* ▶ amplification, boom, développement, inflation, multiplication. 4 *L'augmentation des prix* ▶ élévation, hausse, majoration, montée.

augmenter v. 1 *Augmenter le volume des échanges commerciaux* ▶ accroître, amplifier, développer, élargir, étendre, gonfler, intensifier, renforcer. 2 *Augmenter la durée des vacances* ▶ allonger, étendre. 3 *Augmenter le nombre des patrouilles nocturnes* ▶ accroître, multiplier, renforcer. 4 *Augmenter un prix* ▶ élever, hausser, majorer, monter. 5 *Cette promotion va encore augmenter leur rivalité* ▶ accentuer, accroître, ajouter à, développer, exciter, intensifier, renforcer, souligner. 6 *La tension ne cesse d'augmenter* ▶ s'amplifier, croître, se développer, grandir, grimper (fam.), s'intensifier, monter, se renforcer.

augure n. m. *Voilà de bien mauvais augures* ▶ auspice (litt.), présage, signe.

augurer v. *Tout cela n'augure rien de bon* ▶ annoncer, présager, promettre.

auguste adj. Litt. *Une auguste assemblée* ▶ digne, imposant, majestueux, noble, respectable, solennel, vénérable.

auguste n. m. ▶ bouffon, clown, gugusse (fam.).

aujourd'hui adv. 1 ▶ actuellement, à présent, de nos jours, en ce moment, maintenant, présentement (litt.). 2 **d'aujourd'hui** ▶ actuel, contemporain, moderne.

aumône n. f. 1 *Demander l'aumône* ▶ charité. 2 *Vivre d'aumônes* ▶ obole (litt.).

auparavant adv. ▶ au préalable, avant, d'abord, déjà, plus tôt, préalablement, précédemment.

auprès de prép. 1 *Restez auprès de moi* ▶ à côté de, près de. 2 Fig. *Passer pour un érudit auprès des ignorants* ▶ aux yeux de.

aura n. f. 1 Fig. *Une aura de mystère entourait ces deux personnages* ▶ brume, halo, voile. 2 Fig. *L'aura d'un intellectuel auprès du public cultivé* ▶ impact, influence, prestige, renom.

auréole n. f. 1 *La lune entourée d'une auréole* ▶ halo. 2 *Une tache qui laisse une auréole sur un vêtement* ▶ cerne. 3 *L'auréole qui entoure le visage d'un saint* ▶ nimbe. 4 *Parer qqn de l'auréole du martyre* ▶ éclat, gloire.

auréoler v. 1 *Une tête auréolée de lumière* ▶ baigner, entourer, envelopper, nimber. 2 Fig. *Un homme auréolé par la légende* ▶ exalter, glorifier, magnifier.

aurore n. f. 1 *La lumière de l'aurore* ▶ lever du jour. 2 Fig. *L'aurore de l'humanité* ▶ aube, commencement, début, matin, origine.

ausculter v. 1 *Ausculter un patient* ▶ examiner. 2 Fig. *Ausculter l'évolution de l'opinion* ▶ examiner, scruter, sonder.

auspices n. m. pl. Fig. *Une opération conduite sous les auspices de l'Onu* ▶ direction, égide, férule (litt.), houlette (litt.), patronage, tutelle.

aussi adv. 1 *Il faut dire aussi que personne n'a rien fait pour les aider* ▶ de plus, également, en outre, par-dessus le marché (fam.). 2 *Je suis heureux moi aussi* ▶ de même, également, idem (fam.), itou (fam.), pareillement.

aussi conj. *Il travaille, aussi réussit-il* ▶ ainsi, c'est pourquoi, donc, en conséquence, par conséquent, partant (litt.).

aussitôt adv. ▶ à l'instant, d'emblée, illico (fam.), immédiatement, incontinent (litt.), instantanément, séance tenante, sur-le-champ, tout de suite.

aussitôt que conj. *Aussitôt que vous arriverez, je pourrai partir* ▶ dès que.

austère adj. 1 *Une morale austère* ▶ ascétique, janséniste, puritain, rigide, rigoriste, rigoureux, sévère, spartiate. 2 *Un intérieur austère* ▶ dépouillé, froid, monastique, nu, sévère, sobre.

austérité n. f. 1 *L'austérité d'une morale* ▶ ascétisme, jansénisme, puritanisme, raideur, rigidité, rigorisme, rigueur, sévérité. 2 *L'austérité d'un décor* ▶ dépouillement, froideur, nudité, sévérité, simplicité, sobriété.

austral, ale adj. *L'hémisphère austral* ▶ sud.

autant adv. *Aimer autant la mer et la montagne* ▶ également, pareillement.

autarcie n. f. ▶ autoconsommation, autosubsistance, autosuffisance.

auteur n. m. 1 *Être l'auteur d'une nouvelle conception du travail à domicile* ▶ artisan, créateur, fondateur, initiateur, inventeur, promoteur, responsable. 2 *Un cénacle d'auteurs* ▶ écrivain, homme de lettres, littérateur.

authenticité n. f. 1 *L'authenticité d'un événement* ▶ historicité, réalité, véracité. 2 *L'authenticité d'un sentiment* ▶ justesse, naturel, sincérité, vérité.

authentifier v. *Le cachet de la mairie authentifie les actes d'état civil* ▶ certifier, garantir, légaliser, valider.

authentique adj. 1 *Ce qu'on vous a raconté là est absolument authentique* ▶ assuré, avéré, certain, effectif, établi, exact, incontestable, indéniable, indiscutable, indubitable, réel, sûr, véridique, véritable, vrai. 2 *Un ton authentique* ▶ juste, naturel, sincère, vrai.

autobiographie n. f. ▶ mémoires, souvenirs.

autochtone n. ▶ aborigène, indigène, natif, naturel (vx).

autocrate n. m. ▶ despote, dictateur, potentat, tyran.

autocratie n. f. ▶ absolutisme, autoritarisme, césarisme, despotisme, dictature, tyrannie.

autocratique adj. ▶ absolu, autoritaire, despotique, dictatorial, tyrannique.

autocuiseur n. m. ▶ cocotte-minute (nom déposé).

autodestructeur, trice adj. *Des pulsions autodestructrices* ▶ suicidaire.

autodrome n. m. ▶ circuit.

automate n. m. *Marcher comme un automate* ▶ robot, somnambule.

automatique adj. 1 Fig. *Un réflexe automatique* ▶ inconscient, instinctif, involontaire, machinal, mécanique, réflexe, spontané. 2 Fig. et fam. *Il était automatique qu'il pense à vous si on lui parlait de ça* ▶ forcé, immanquable, inévitable, mécanique.

automatiquement adv. 1 *Un geste qu'on fait automatiquement* ▶ instinctivement, machinalement, mécaniquement, spontanément. 2 *Ce genre de dossiers est automatiquement transmis à l'échelon supérieur* ▶ forcément, immanquablement, inévitablement, systématiquement.

automatisation n. f. ▶ robotisation.

automatiser v. ▶ robotiser.

automatisme n. m. ▶ réflexe.

automne n. m. ▶ arrière-saison.

automobile n. f. ▶ bagnole (fam.), véhicule, voiture.

automobiliste n. ▶ chauffeur, conducteur.

automotrice n. f. ▶ autorail, micheline.

autonome adj. *Un État autonome* ▶ indépendant, libre, souverain.

autonomie n. f. *Un peuple qui aspire à l'autonomie* ▶ indépendance, liberté, souveraineté.

autonomisme n. m. ▶ indépendantisme, séparatisme.

autonomiste n. ▶ indépendantiste, séparatiste.

autorail n. m. ▶ automotrice, micheline.

autorisation n. f. 1 *Sortir sans l'autorisation du responsable* ▶ accord, agrément (litt.), consentement, feu vert (fam.), permission. 2 *Demander une autorisation pour construire près d'un site protégé* ▶ dérogation, dispense. 3 *Vous avez une autorisation pour entrer dans ces locaux?* ▶ laissez-passer, permis, sauf-conduit.

autorisé, ée adj. *Selon des sources autorisées* ▶ accrédité, officiel.

autoriser v. 1 *Ses parents n'ont jamais rien autorisé de pareil* ▶ accepter, accorder, admettre, approuver, consentir à, permettre, souffrir (litt.), tolérer. 2 *La réussite de cette expérience autorise les plus grandes espérances* ▶ justifier, légitimer, permettre. 3 s'autoriser *Il s'autorise de votre exemple pour agir ainsi* ▶ s'appuyer sur, se fonder sur, invoquer.

autoritaire adj. 1 *Un pouvoir autoritaire* ▶ absolu, despotique, dictatorial, totalitaire, tyrannique. 2 *Une éducation autoritaire* ▶ directif, sévère. 3 *Un ton autoritaire* ▶ cassant, dur, impératif, impérieux, péremptoire, sec, sévère, tranchant.

autoritarisme n. m. ▶ absolutisme, césarisme, despotisme, dictature, totalitarisme, tyrannie.

autorité n. f. 1 *Manquer d'autorité* ▶ fermeté, force, poigne (fam.), vigueur. 2 *Des militants qui mettent en cause l'autorité des instances parisiennes* ▶ ascendant, domination, emprise, leadership, mainmise, pouvoir, tutelle. 3 *Travailler sous l'autorité d'un maître réputé* ▶ commandement, conduite, direction, férule (litt.), houlette (litt.). 4 *L'autorité de la loi* ▶ souveraineté, suprématie. 5 *Ce problème ne relève pas de l'autorité de mon service* ▶ attributions, compétence, prérogative, ressort. **6** *Une autorité du monde universitaire* ▶ dignitaire, figure, notabilité, personnage, personnalité, ponte (fam.).

autosatisfaction n. f. ▶ fatuité, infatuation, suffisance, vanité.

autour adv. ▶ à la ronde, alentour.

autre adj. **1** *Considérer qqch d'un autre point de vue* ▶ différent, dissemblable, distinct. **2** *C'est vraiment devenu qqn d'autre depuis qu'il est avec elle* ▶ changé, différent, méconnaissable, nouveau, transformé. **3** *autre part* ▶ ailleurs. **4** *d'autre part* ▶ de plus, en outre, par ailleurs.

autrefois adv. ▶ anciennement, dans le temps, jadis.

autrement adv. **1** *Voir les choses autrement* ▶ différemment. **2** *Fais cela, autrement tu seras puni* ▶ faute de quoi, sans quoi, sinon.

auxiliaire adj. *Avoir des revenus auxiliaires en plus de son salaire* ▶ accessoire, additionnel, annexe, complémentaire, subsidiaire, supplémentaire.

auxiliaire n. **1** *Un patron entouré de ses auxiliaires* ▶ adjoint, aide, assistant, bras droit, collaborateur, lieutenant, second. **2** *Recruter des auxiliaires* ▶ vacataire.

avachir v. **1** *La chaleur et l'humidité ont fini par avachir le cuir de ce canapé* ▶ déformer, ramollir. **2** *s'avachir* Fig. *S'avachir sur un lit* ▶ s'affaler, s'effondrer, s'étaler (fam.), se vautrer.

avachissement n. m. ▶ affaissement, ramollissement, relâchement.

aval n. m. **1** *Donner son aval pour une traite* ▶ caution, garantie. **2** Fig. *Donner son aval à un projet* ▶ appui, caution, soutien.

avalanche n. f. Fig. *Une avalanche d'injures* ▶ cascade, débauche, déluge, flopée (fam.), grêle, kyrielle, multitude, myriade, pluie, torrent.

avaler v. **1** *Avaler un bouillon* ▶ absorber, ingérer, ingurgiter, prendre. **2** Fig. *Comment as-tu pu avaler ces bêtises?* ▶ admettre, croire, gober (fam.).

avaliser v. **1** *Avaliser une dette* ▶ cautionner, couvrir, garantir, se porter garant de, répondre de. **2** Fig. *Avaliser une décision* ▶ appuyer, cautionner, soutenir.

à-valoir n. m. ▶ acompte, arrhes, avance, provision.

avance n. f. **1** *Freiner l'avance des troupes ennemies* ▶ avancée, marche, progression. **2** *Demander une avance* ▶ acompte, arrhes, à-valoir, provision. **3** Plur. *Faire des avances à qqn* ▶ propositions.

avancé, ée adj. **1** *Un enfant avancé* ▶ précoce. **2** *Des idées avancées* ▶ d'avant-garde, évolué, moderne, révolutionnaire. **3** *Un fruit ou une viande un peu avancés* ▶ blet, faisandé, gâté.

avancée n. f. *Une cabane en surplomb, sur une avancée du rocher* ▶ saillie.

avancement n. m. **1** *L'avancement des techniques* ▶ amélioration, développement, essor, évolution, perfectionnement, progrès, progression. **2** *Avoir mérité son avancement* ▶ élévation, promotion.

avancer v. **1** *L'armée ennemie avance de façon préoccupante* ▶ gagner du terrain, progresser. **2** *Une falaise qui avance en surplomb au-dessus d'un précipice* ▶ déborder, dépasser, saillir. **3** *La médecine a considérablement avancé depuis un siècle* ▶ s'améliorer, se développer, évoluer, se perfectionner, progresser. **4** *Avancer un fauteuil* ▶ approcher, présenter. **5** *La chaleur avance la maturation* ▶ accélérer, hâter, précipiter. **6** *Avancer de l'argent* ▶ prêter. **7** *Ne rien avancer sans en être certain* ▶ affirmer, alléguer, déclarer, prétendre, soutenir. **8** *s'avancer* *S'avancer jusqu'au bois* ▶ aller, approcher, marcher, progresser, venir. **9** Fig. *Ne pas vouloir trop s'avancer* ▶ s'aventurer, se compromettre, s'engager, se hasarder, se risquer.

avanie n. f. Litt. ▶ affront, brimade, camouflet (litt.), humiliation, offense, outrage, vexation.

avant adv. **1** *Il aurait fallu lire le mode d'emploi avant* ▶ auparavant, au préalable, d'abord, préalablement. **2** *Il est passé tout à l'heure, mais est-ce que vous l'aviez vu avant?* ▶ antérieurement, auparavant, précédemment. **3** Fam. *Avant, il y avait plus de solidarité* ▶ anciennement, autrefois, dans le temps, jadis. **4** *Voir avant, page 44* ▶ au-dessus, plus haut, supra. **5** *S'avancer plus avant dans la forêt* ▶ profondément. **6** *avant tout* *C'est avant tout un chercheur* ▶ essentiellement, principalement, surtout. **7** *Il faut faire cela avant tout* ▶ premièrement, tout d'abord.

avant n. m. **1** *L'avant d'un bateau* ▶ devant, nez, proue. **2** *Les soldats de l'avant* ▶ front, première ligne.

avantage n. m. **1** *Avoir l'avantage de l'âge* ▶ prérogative, privilège, supériorité. **2** *Quel avantage aurait-il à se comporter ainsi?* ▶ intérêt. **3** *Ne retirer aucun avantage d'un acte* ▶ bénéfice, fruit, gain, profit. **4** *Prendre l'avantage dans une compétition* ▶ dessus, meilleur. **5** *Il ne manque pas d'avan-*

avantager

tages pour se sortir de cette situation difficile ▶ arme, atout, ressource.

avantager v. 1 *Avantager l'un de ses enfants au détriment des autres* ▶ favoriser, privilégier. 2 *Cette robe l'avantage* ▶ embellir, flatter.

avantageusement adv. 1 Litt. *Être avantageusement connu* ▶ favorablement, honorablement. 2 *Disons qu'elle est avantageusement pourvue* ▶ abondamment, bien, copieusement, généreusement, largement.

avantageux, euse adj. 1 *Une affaire avantageuse* ▶ bon, fructueux, intéressant, lucratif, profitable. 2 *Une poitrine avantageuse* ▶ abondant, généreux, opulent, plantureux, volumineux. 3 *Un air avantageux* ▶ fat, poseur, présomptueux, prétentieux, suffisant, vaniteux. 4 Litt. *Avoir une opinion avantageuse de qqn* ▶ bon, favorable, flatteur.

avant-coureur adj. m. *Des signes avant-coureurs* ▶ annonciateur, précurseur, prémonitoire, prophétique.

avant-dernier, ère adj. ▶ pénultième.

avant-garde (d') adj. ▶ avancé, futuriste, révolutionnaire.

avant-goût n. m. *Donner un avant-goût de ses talents* ▶ aperçu, échantillon, exemple, idée.

avant-première n. f. ▶ générale.

avant-propos n. m. ▶ avertissement, préambule, préface, présentation, prologue.

avare adj. ▶ chiche, grippe-sou, ladre (litt.), mesquin, parcimonieux, pingre, radin (fam.), rapiat (vx et fam.), rat (fam.), regardant.

avare n. ▶ grigou, grippe-sou, harpagon (litt.), ladre (litt.), pingre, radin (fam.), rapiat (vx et fam.), rat (fam.).

avarice n. f. ▶ ladrerie (litt.), lésine (litt.), mesquinerie, pingrerie, radinerie (fam.).

avarie n. f. *Le choc a causé une sérieuse avarie à l'avant du bateau* ▶ casse (fam.), dégât, détérioration, dommage, endommagement.

avarié, ée adj. *Des aliments avariés* ▶ blet, corrompu, faisandé, gâté, pourri, putréfié, tourné.

avarier (s') v. *Des aliments qui s'avarient à cause de l'humidité* ▶ blettir, chancir, se corrompre, se faisander, se gâter, pourrir, se putréfier, tourner.

aven n. m. *Visiter un aven* ▶ abîme, gouffre.

avenant, ante adj. ▶ accueillant, affable, agréable, aimable, amène, engageant, gracieux, plaisant, sympathique.

avenant n. m. *Ajouter un avenant à la suite d'un contrat* ▶ modification, rectificatif.

avenant (à l') adv. *...et le reste est à l'avenant* ▶ de même, idem (fam.), pareillement.

avènement n. m. 1 *L'avènement d'un messie* ▶ arrivée, venue. 2 Fig. *L'avènement d'une ère nouvelle* ▶ apparition, arrivée, commencement, début, naissance.

avenir n. m. 1 *Quel avenir préparons-nous à nos enfants?* ▶ destin, destinée, futur, horizon, lendemain, sort. 2 *Se préoccuper de son avenir dans l'entreprise* ▶ carrière, situation. 3 *Travailler pour l'avenir* ▶ postérité. 4 **à l'avenir** ▶ dans la suite, désormais, dorénavant, par la suite.

aventure n. f. 1 *Une vie pleine d'aventures curieuses* ▶ épisode, incident, péripétie. 2 *C'était toute une aventure de traverser l'Atlantique* ▶ affaire (fam.), entreprise, épopée, histoire, odyssée. 3 *Multiplier les aventures sans lendemain* ▶ amourette, liaison, passade, rencontre, tocade. 4 **d'aventure** Litt. *Si d'aventure vous le rencontriez...* ▶ à l'occasion, par hasard.

aventurer v. 1 Litt. *Aventurer sa réputation dans une affaire douteuse* ▶ compromettre, exposer, hasarder, jouer, risquer. 2 **s'aventurer** *S'aventurer en pays inconnu* ▶ s'engager, se hasarder, se lancer, se risquer. 3 *S'aventurer à faire une promesse qu'on n'est pas sûr de pouvoir tenir* ▶ s'aviser de, s'embarquer à (fam.), se hasarder à, se risquer à.

aventureux, euse adj. 1 *Un esprit aventureux* ▶ audacieux, entreprenant, hardi, téméraire. 2 *Un placement aventureux* ▶ aléatoire, casse-cou (fam.), dangereux, hardi, hasardeux, imprudent, osé, risqué, téméraire.

aventurier, ère n. 1 *Un aventurier qui ne supporte pas le traintrain quotidien* ▶ baroudeur. 2 *Il est tombé sur une aventurière qui l'a complètement ruiné* ▶ intrigant.

avenue n. f. *De larges avenues plantées d'arbres* ▶ allée, artère, boulevard.

avéré, ée adj. *Ce qu'on vous a raconté là est absolument avéré* ▶ assuré, authentique, certain, établi, exact, incontestable, indéniable, indiscutable, indubitable, reconnu, réel, sûr, véridique, véritable, vrai.

avérer (s') v. 1 *Il s'avère que vous avez raison* ▶ apparaître, se révéler. 2 Litt. *Sa brutalité s'est avérée à cette occasion* ▶ apparaître, se montrer.

averse n. f. **1** *Se faire surprendre par une averse* ▸ giboulée, grain, ondée, saucée (fam.). **2** Fig. *Une averse d'injures* ▸ avalanche, cascade, déluge, flopée (fam.), flot, grêle, pluie, torrent.

aversion n. f. ▸ antipathie, dégoût, exécration (litt.), haine, horreur, hostilité, phobie, répugnance, répulsion.

averti, ie adj. *Un homme averti en matière de peinture* ▸ avisé, compétent, expérimenté, sagace.

avertir v. *On les a avertis de l'imminence du danger* ▸ alerter, aviser, informer, instruire, prévenir.

avertissement n. m. **1** *Ne pas écouter les avertissements de ses amis* ▸ avis, conseil, mise en garde, recommandation, suggestion. **2** *Le dernier avertissement avant un blâme* ▸ admonestation (litt.), observation, remontrance, semonce. **3** *Un roman précédé d'un avertissement de l'éditeur* ▸ avant-propos, préambule, prologue.

avertisseur n. m. ▸ klaxon (nom déposé), signal sonore, trompe (vx).

aveu n. m. **1** Litt. *Il ne fait rien sans mon aveu* ▸ accord, agrément, approbation, autorisation, consentement, permission. **2** *L'aveu d'une faute* ▸ confession, reconnaissance. **3** *Je vais vous faire un aveu : j'ai horreur de m'ennuyer* ▸ confidence, révélation. **4 faire l'aveu de** *Faire l'aveu de ses erreurs* ▸ avouer, confesser, reconnaître.

aveuglant, ante adj. **1** *Une lumière aveuglante* ▸ éblouissant. **2** Fig. *Une erreur aveuglante* ▸ évident, flagrant, incontestable, indéniable, indiscutable, manifeste, patent.

aveugle adj. **1** *Être aveugle de naissance* ▸ non-voyant. **2** Fig. *Une soumission aveugle* ▸ absolu, complet, entier, illimité, inconditionnel, intégral, total. **3** Fig. *Une passion aveugle* ▸ fanatique, forcené, frénétique, furieux.

aveuglement n. m. **1** Fig. *L'aveuglement de la classe politique a mené le pays à la catastrophe* ▸ cécité, entêtement. **2** Fig. *Il l'a tuée dans un moment d'aveuglement* ▸ aberration, délire, égarement, folie.

aveugler v. **1** *Le soleil a aveuglé le conducteur* ▸ éblouir. **2** *Aveugler une voie d'eau* ▸ boucher, calfater, calfeutrer, colmater, étancher, obstruer, obturer. **3** Fig. *La passion l'aveugle* ▸ égarer. **4 s'aveugler** *S'aveugler sur ses défauts* ▸ se duper, se tromper.

aveuglette (à l') adv. **1** *Avancer à l'aveuglette* ▸ à l'aveugle, à tâtons. **2** Fig. *Choisir à l'aveuglette* ▸ aléatoirement, au hasard, au petit bonheur (fam.), au pif (fam.).

aviation n. f. ▸ aéronautique.

avide adj. **1** *Des héritiers avides* ▸ âpre, cupide, intéressé, rapace, vorace. **2** *Un regard avide* ▸ concupiscent. **3** *Être avide de gloire* ▸ affamé, altéré, assoiffé. **4** *Être avide d'apprendre* ▸ anxieux, désireux, impatient, pressé.

avidement adv. **1** *Se précipiter avidement sur la nourriture* ▸ gloutonnement, voracement. **2** *Lire avidement les dernières nouvelles* ▸ fiévreusement, impatiemment.

avidité n. f. **1** *Des héritiers d'une choquante avidité* ▸ âpreté, cupidité, rapacité. **2** *Regarder des vitrines avec avidité* ▸ concupiscence, convoitise, envie. **3** *Se jeter sur la nourriture avec avidité* ▸ gloutonnerie, goinfrerie, voracité. **4** *Se ruer sur le journal avec avidité* ▸ fièvre, hâte, impatience, précipitation.

avilir v. **1** *La corruption avilit l'homme* ▸ abaisser, dégrader, déshonorer, rabaisser, ravaler, souiller. **2 s'avilir** *Se livrer à de pareilles bassesses serait s'avilir* ▸ s'abaisser, déchoir.

avilissant, ante adj. ▸ abaissant, dégradant, déshonorant, honteux, humiliant, infamant.

avilissement n. m. Litt. *Sauver l'homme de son avilissement* ▸ abjection, bassesse, flétrissure, souillure.

aviné, ée adj. ▸ beurré (fam.), bourré (fam.), éméché, imbibé (fam.), ivre, noir (fam.), parti (fam.), pété (fam.), pinté (fam.), plein (fam.), saoul.

avion n. m. ▸ coucou (fam.), zinc (fam.).

aviron n. m. ▸ rame.

avis n. m. **1** *Adresser un avis amical à qqn* ▸ avertissement, conseil, mise en garde, recommandation. **2** *Avoir des avis différents sur un film* ▸ appréciation, idée, jugement, opinion, point de vue, sentiment, vue. **3** *Afficher un avis officiel* ▸ annonce, communication, communiqué, information, message, notification, proclamation. **4** *Faire précéder un ouvrage d'un avis destiné au lecteur* ▸ avant-propos, avertissement, préambule, préface.

avisé, ée adj. *Un conseiller avisé* ▸ averti, circonspect, compétent, éclairé, fin, inspiré, prudent, réfléchi, sagace, sage.

aviser v. **1** Vx *Aviser un ami dans la foule* ▸ apercevoir, distinguer, remarquer, voir. **2** Litt. *Aviser qqn d'un danger* ▸ avertir, informer, prévenir. **3** *Il est temps d'aviser* ▸ se décider, se déterminer, prendre parti, se prononcer. **4 s'aviser de** *Si tu t'avises de*

aviver

désobéir... ▶ s'aventurer à, essayer de, se hasarder à, oser, se permettre de, se risquer à. **5** *S'aviser de l'arrivée de qqn* ▶ s'apercevoir de, découvrir, remarquer, se rendre compte de.

aviver v. **1** *Aviver l'éclat d'une teinte* ▶ faire ressortir, mettre en valeur, raviver, rehausser, relever, soutenir. **2** *Aviver un feu* ▶ activer, attiser, ranimer, réveiller. **3** Fig. *Aviver une querelle* ▶ attiser, augmenter, envenimer, exaspérer, exciter.

avocat, ate n. Fig. ▶ défenseur, intercesseur, représentant.

avoir v. **1** *Avoir des moyens considérables* ▶ bénéficier de, détenir, disposer de, jouir de, posséder. **2** *Il n'a pas à t'aider* ▶ être tenu de. **3** Fam. *Se faire avoir* ▶ berner, circonvenir, duper, embobiner (fam.), flouer (fam.), leurrer, mystifier, piéger, pigeonner (fam.), posséder (fam.), refaire (fam.), rouler (fam.), tromper.

avoir n. m. *Posséder un petit avoir* ▶ bien, fortune, magot (fam.).

avoisinant, ante adj. *La campagne avoisinante* ▶ environnant, proche, voisin.

avoisiner v. Fig. *Avoisiner la quarantaine* ▶ approcher de, friser (fam.).

avorté, ée adj. Fig. *Une tentative avortée* ▶ loupé (fam.), manqué, raté.

avortement n. m. **1** *Légaliser l'avortement* ▶ i.v.g. **2** Fig. *L'avortement d'un projet* ▶ échec, faillite, fiasco, insuccès.

avorter v. Fig. *Une révolution qui avorte* ▶ capoter, échouer, rater, tourner court.

avorton n. m. ▶ demi-portion (fam.), freluquet, gnome, gringalet, microbe, nabot (fam.).

avouable adj. *Des procédés peu avouables* ▶ honnête, honorable.

avouer v. **1** *Avouer que l'on a eu tort* ▶ accorder, admettre, concéder, confesser, convenir, reconnaître. **2** *Le prévenu a avoué* ▶ s'affaler (fam.), s'allonger (fam.), manger le morceau (fam.), se mettre à table (fam.), parler, vider son sac (fam.).

axe n. m. **1** *L'axe autour duquel tourne une pièce mobile* ▶ arbre, essieu, pivot. **2** Fig. *L'axe principal d'une politique* ▶ direction, ligne, orientation.

axiome n. m. *Un enseignement fondé sur des axiomes intangibles* ▶ postulat, principe, vérité.

ayant droit n. m. ▶ allocataire, attributaire, bénéficiaire.

azimuts n. m. pl. Fam. *Dans tous les azimuts* ▶ directions, sens.

azur n. m. Litt. ▶ ciel, firmament (litt.).

azuré, ée adj. Litt. ▶ bleu, céruléen (litt.).

b

baba adj. Fam. *Il en est resté baba* ▶ abasourdi, ahuri, bleu (fam.), confondu, ébahi, éberlué, épaté, époustouflé (fam.), estomaqué (fam.), médusé, sidéré, soufflé (fam.), stupéfait, suffoqué.

baba n. m. ▶ savarin.

b-a-ba n. m. *Le b-a-ba du métier* ▶ a b c, bases, rudiments.

babil n. m. **1** Litt. *Le babil de la pie* ▶ jacassement. **2** *Le babil des enfants* ▶ babillage, gazouillis.

babillard, arde adj. Litt. *Il est trop babillard pour garder un secret* ▶ bavard, cancanier, commère, concierge (fam.), jaseur, potinier.

babiller v. **1** *Des enfants qui babillent dans leur bain* ▶ gazouiller. **2** *Je les ai écoutés babiller toutes les deux toute une après-midi* ▶ bavarder, bavasser (fam.), converser, papoter (fam.).

babiole n. f. **1** *Offrir une babiole* ▶ bagatelle, bricole (fam.), brimborion (vx), colifichet. **2** *On ne va pas lui reprocher cette babiole* ▶ bagatelle, bêtise, bricole (fam.), broutille (fam.), rien, vétille.

babouche n. f. ▶ savate.

bacchanale n. f. **1** Fig. et litt. *Mener une perpétuelle bacchanale* ▶ débauche, orgie. **2** Fig. et litt. *Qu'est-ce que c'est que cette bacchanale ?* ▶ boucan (fam.), charivari, tapage, tohu-bohu.

bacchante n. f. **1** *Les bacchantes étaient des prêtresses de Bacchus* ▶ ménade, thyade. **2** Plur. et fam. *Avoir de belles bacchantes* ▶ moustaches.

bâche n. f. ▶ banne, prélart.

bacille n. m. ▶ bactérie.

bâclage n. m. Fam. ▶ bousillage, gâchage, sabotage.

bâcler v. Fam. *Bâcler un travail* ▶ bousiller (fam.), cochonner (fam.), expédier, gâcher, massacrer, saboter, sabrer, saloper (fam.), torcher (fam.).

bactérie n. f. ▶ bacille.

badaud, aude n. et adj. *Les petits incidents de la rue qui attirent les badauds* ▶ curieux, flâneur, promeneur.

baderne n. f. Fam. *Une vieille baderne* ▶ ganache.

badge n. m. ▶ insigne.

badigeon n. m. ▶ enduit.

badigeonner v. **1** *Badigeonner un mur* ▶ barbouiller, couvrir, enduire, recouvrir. **2** *Badigeonner une écorchure de mercurochrome* ▶ couvrir, enduire, recouvrir.

badin, ine adj. Litt. *Le ton badin d'une conversation* ▶ amusant, dégagé, enjoué, espiègle, folâtre, gai, guilleret, léger, mutin, plaisant, spirituel.

badinage n. m. **1** *Parler d'un sujet grave sur le ton du badinage* ▶ amusement, jeu, plaisanterie. **2** *Un innocent badinage entre deux amoureux* ▶ batifolage (fam.), marivaudage.

badine n. f. ▶ baguette, jonc, stick.

badiner v. *On ne badine pas avec ces choses-là* ▶ s'amuser, blaguer (fam.), jouer, plaisanter, rigoler (fam.), rire.

badinerie n. f. Litt. ▶ amusement, enfantillage, jeu, plaisanterie.

badminton n. m. ▶ volant.

baffle n. m. ▶ enceinte, haut-parleur.

bafouer v. **1** *Bafouer son mari* ▶ berner, déshonorer, humilier, outrager, ridiculiser, tromper. **2** *Bafouer les interdits* ▶ faire fi de (litt.), fouler aux pieds (litt.), se moquer de, ne faire aucun cas de, se rire de, transgresser.

bafouillage n. m. Fam. *Son discours s'est transformé en bafouillage incompréhensible* ▶ baragouinage, bredouillage, bredouillement, charabia (fam.), galimatias, jargon.

bafouiller v. *Bafouiller des excuses* ▶ balbutier, baragouiner (fam.), bégayer, bredouiller, marmonner.

bafouilleur, euse n. et adj. ▶ baragouineur (fam.), bredouilleur.

bâfrer v. ▶ bouffer (fam.), se bourrer, boustifailler (fam.), dévorer, s'empiffrer (fam.), engloutir, faire ripaille (litt.), se goinfrer (fam.), gueuletonner (fam.).

bagage n. m. **1** Litt. *Tout son bagage tenait dans une seule valise* ▶ affaires, attirail, barda (fam.), équipement, fourbi (fam.), fourniment (fam.), paquetage. **2** Fig. *Avoir un sérieux bagage scientifique* ▶ acquis, connaissances, culture, formation.

bagarre n. f. 1 *Une bagarre entre deux ivrognes* ► altercation, échauffourée, empoignade, rixe. 2 *Il y a eu de la bagarre* ► castagne (fam.), grabuge (fam.). 3 Fig. et fam. *La bagarre politique* ► bataille, combat, empoignade, lutte, mêlée.

bagarrer (se) v. 1 *Se bagarrer comme des chiffonniers* ► se battre, se castagner (fam.), se disputer, en découdre (litt.), en venir aux mains, se quereller. 2 Fig. et fam. *Se bagarrer pour obtenir une subvention* ► batailler, se battre, se démener, ferrailler (fam.), lutter.

bagarreur, euse adj. Fam. *Un tempérament bagarreur* ► agressif, batailleur, belliqueux, combatif, querelleur.

bagatelle n. f. 1 Vx *Offrir une bagatelle* ► babiole, bricole, brimborion (vx), colifichet. 2 Fig. *Se disputer pour une bagatelle* ► bêtise, bricole, fadaise (fam.), foutaise (fam.), futilité, misère, rien, vétille. 3 Fig. et litt. *Ne songer qu'à la bagatelle* ► amour, plaisir.

bagnard n. m. ► forçat.

bagne n. m. 1 Vx *Être condamné à 10 ans de bagne* ► pénitencier, travaux forcés. 2 Fig. *Son mariage était devenu un bagne* ► enfer, galère (fam.).

bagnole n. f. Fam. ► automobile, caisse (fam.), tire (fam.), voiture.

bagou n. m. Fam. *Avoir un bagou de camelot* ► éloquence, faconde, loquacité (litt.), tchatche (fam.), verve, volubilité.

bague n. f. 1 *Porter une bague au doigt* ► alliance, anneau, jonc. 2 *Une bague pour joindre deux tubes* ► collier, manchon.

baguenauder v. Fam. ► se balader (fam.), flâner, musarder (litt.), muser (litt.), se promener.

baguette n. f. ► badine, jonc, stick, verge (vx).

bahut n. m. 1 *Ranger du linge dans un bahut* ► buffet. 2 Fam. *Se faire vider de son bahut* ► collège, lycée.

baie n. f. 1 *Chercher une petite baie pour se baigner* ► anse, calanque, crique. 2 *La baie d'Hudson* ► golfe.

baignade n. f. ► bain.

baigner v. 1 *Des cornichons qui baignent dans du vinaigre* ► macérer, mariner, tremper. 2 *Baigner un enfant* ► laver. 3 Fig. *Des pleurs baignaient ses joues* ► inonder, mouiller. 4 Fig. *Un fleuve qui baigne toute une région* ► arroser, irriguer, traverser. 5 Fig. *L'éclat qui baigne un visage* ► auréoler, entourer, envelopper, nimber.

baigneur, euse n. 1 *Un bateau qui risque de blesser les baigneurs* ► nageur. 2 *Un baigneur en celluloïd* ► poupard (vx), poupon.

bail n. m. *Un propriétaire qui refuse de reconduire un bail* ► contrat, location.

bâillement n. m. Fig. *Jeter un coup d'œil dans le bâillement d'un corsage* ► échancrure, ouverture.

bâiller v. *Bâiller d'étonnement* ► béer (litt.).

bailleur, bailleresse n. 1 *Un contrat entre bailleur et preneur* ► propriétaire. 2 **bailleur de fonds** ► commanditaire, créancier, prêteur.

bâillonner v. Fig. *Bâillonner l'opposition* ► museler, réduire au silence.

bain n. m. 1 *Le bain de bébé* ► toilette. 2 *Le bain de minuit* ► baignade. 3 Plur. *Les bains d'Aix-les-Bains* ► eaux, station thermale. 4 **mettre dans le bain** Fam. *Il menace de mettre tout le monde dans le bain* ► compromettre, impliquer.

baiser v. 1 *Baiser la joue de qqn* ► biser (fam.), embrasser. 2 Fig. et fam. *Passer ses journées à baiser* ► s'accoupler, copuler, coucher (fam.), s'envoyer en l'air (fam.), faire l'amour, forniquer (litt.). 3 Fig. et fam. *Baiser ses associés* ► avoir (fam.), berner, doubler, duper, feinter, gruger, posséder, rouler (fam.), tromper.

baiser n. m. 1 *Échanger des baisers* ► bécot (fam. et vx), bise (fam.), bisou (fam.). 2 Spécialement sur la bouche ► patin (fam.), pelle (fam.). 3 **baiser de Judas** Litt. ► fourberie, perfidie, trahison, traîtrise.

baisse n. f. 1 *La baisse des eaux* ► décrue, afflux. 2 *Prévoir une baisse des prix* ► abaissement, chute, diminution. 3 *Une baisse de l'effort en fin de trimestre* ► affaiblissement, amoindrissement, diminution, fléchissement.

baisser v. 1 *Baisser la tête* ► courber, fléchir, incliner, pencher. 2 *Baisser les prix* ► abaisser, descendre, diminuer, rabattre, réduire. 3 *Baisser une lumière* ► adoucir, amortir, atténuer. 4 *Des prix qui baissent* ► s'abaisser, décroître, descendre, diminuer, se réduire. 5 *La mer commence à baisser* ► refluer, se retirer. 6 *Ses forces baissent* ► s'affaiblir, s'amenuiser, décliner, décroître, diminuer, faiblir, mollir. 7 **baisser les bras** *Baisser les bras devant un adversaire trop fort* ► abandonner, capituler, céder, s'incliner, se soumettre. 8 **se baisser** *Se baisser pour passer sous une voûte* ► se courber, s'incliner, se pencher.

bakchich n. m. Fam. ► commission, dessous-de-table, gratification, pot-de-vin.

bal n. m. ▶ bastringue (fam.), dancing.

balade n. f. Fam. ▶ excursion, promenade, randonnée, sortie, tour.

balader v. 1 Fam. *Balader sa famille* ▶ promener, sortir. 2 **se balader** Fam. *Se balader dans la campagne* ▶ baguenauder, flâner, musarder (litt.), muser (litt.), se promener.

baladeur n. m. ▶ walkman (nom déposé).

baladin n. m. Vx ▶ bateleur (vx), saltimbanque.

balafre n. f. 1 *Un coup de sabre qui laisse une profonde balafre au visage* ▶ coupure, entaille, estafilade, taillade. 2 *Revenir de guerre le visage couvert de balafres* ▶ cicatrice, couture.

balafré, ée adj. *Un visage balafré* ▶ couturé, tailladé.

balafrer v. *Balafrer d'un coup de sabre le visage de son adversaire* ▶ entailler, taillader.

balance n. f. 1 Fig. *Respecter la balance des pouvoirs* ▶ équilibre. 2 Fig. *La balance d'un compte* ▶ bilan, solde. 3 Fig. et fam. *Les révélations d'une balance* ▶ délateur, dénonciateur, donneur (fam.), indicateur, mouchard (fam.).

balancé, ée (bien) adj. Fam. *Un gaillard bien balancé* ▶ balèze (fam.), baraqué (fam.), bien bâti, bien charpenté, bien découplé, bien fait, bien foutu (fam.), bien proportionné, robuste.

balancement n. m. 1 *Le balancement d'un corps de part et d'autre d'un point d'équilibre* ▶ ballottement, bercement, brimbalement (fam.), dandinement, dodelinement, oscillation, va-et-vient. 2 *Le balancement d'un bateau* ▶ roulis, tangage. 3 Fig. *Le balancement d'une phrase* ▶ cadence, équilibre, harmonie, rythme.

balancer v. 1 *Balancer qqch de côté et d'autre* ▶ ballotter, bercer, brimbaler (fam.), bringuebaler. 2 Fam. *Ça balance fort!* ▶ swinguer. 3 Fig. *Ses gains balancent ses pertes* ▶ compenser, contrebalancer, équilibrer. 4 Fig. *Balancer entre deux possibilités* ▶ flotter, hésiter, peser le pour et le contre. 5 Fig. et fam. *Balancer tous ses vieux vêtements* ▶ bazarder (fam.), jeter. 6 Fig. et fam. *Balancer qqn dont on ne veut plus* ▶ chasser, congédier, envoyer paître (fam.), lourder (fam.), plaquer (fam.), renvoyer, rompre avec, virer (fam.). 7 Fig. et fam. *Balancer un complice* ▶ dénoncer, donner (fam.). 8 Fig. et fam. *Qu'est-ce qu'il lui a balancé!* ▶ envoyer. 9 **se balancer** *Se balancer au gré des flots* ▶ osciller, tanguer. 10 *Se balancer d'un pied sur l'autre* ▶ se dandiner. 11 Fig. *Ici le bien et le mal se balancent* ▶ se compenser, s'équilibrer, se neutraliser, se valoir. 12 Fam. *Il se balance bien de ce que vous lui dites!* ▶ se battre l'œil de (fam.), se contreficher de (fam.), se ficher de (fam.), se foutre de (fam.), se moquer de.

balancier n. m. 1 *Un mouvement de balancier* ▶ pendule. 2 *Le balancier d'un équilibriste* ▶ contrepoids.

balançoire n. f. ▶ escarpolette.

balayage n. m. Fig. *Un balayage par faisceau électronique* ▶ scannage, scanographie.

balayer v. 1 Fig. *Le souffle de la bombe a tout balayé* ▶ anéantir, annihiler, emporter, pulvériser. 2 *Balayer les objections d'un geste large* ▶ chasser, écarter, refouler, rejeter, repousser, supprimer.

balbutiant, ante adj. Fig. *Une science encore balbutiante* ▶ débutant, tâtonnant.

balbutiement n. m. 1 *Le balbutiement d'une personne émue* ▶ bafouillage, bégaiement, bredouillement. 2 Fig. et plur. *Les balbutiements de la construction européenne* ▶ aube, aurore, commencement, début, enfance, premiers pas.

balbutier v. *Balbutier sous le coup d'une grande émotion* ▶ bafouiller, bégayer, bredouiller.

baldaquin n. m. 1 *Un baldaquin surmontant un lit* ▶ ciel de lit, dais. 2 *Un baldaquin surmontant un autel* ▶ ciborium, dais.

baleine n. f. *Une baleine pour la garniture d'un corset* ▶ busc.

baleine à bosse n. f. ▶ jubarte, mégaptère.

baleinière n. f. ▶ chaloupe, flette (vx).

balèze adj. Fam. ▶ baraqué, bien bâti, costaud (fam.), fort, robuste.

balisage n. m. *Le balisage d'un terrain* ▶ signalétique, signalisation.

balise n. f. 1 *Placer des balises pour indiquer une route à suivre* ▶ jalon, marque, repère. 2 Spécialement en mer ▶ bouée.

baliser v. 1 *Baliser un itinéraire* ▶ flécher, jalonner, marquer, signaliser. 2 *Cent crimes ont balisé sa carrière* ▶ jalonner, ponctuer.

baliverne n. f. ▶ billevesée, calembredaine, carabistouille (fam.), chanson, conte (vx), coquecigrue (vx), fable, fadaise, faribole, foutaise (fam.), histoire, sornette, sottise.

ballant, ante adj. ▶ pendant, tombant.

balle n. f. 1 *Jouer à la balle* ▶ ballon. 2 *Être blessé par une balle* ▶ projectile, pruneau

ballerine

(fam.). **3** *Une balle de coton* ▶ paquet, sac. **4** *La balle qui enveloppe les grains de céréales* ▶ glume.

ballerine n. f. ▶ danseuse.

ballon n. m. **1** *Jouer avec un ballon* ▶ balle. **2** *Faire un voyage en ballon* ▶ aérostat, montgolfière. **3 ballon ovale** *Un amateur de ballon ovale* ▶ rugby. **4 ballon rond** *Les règles du ballon rond* ▶ football.

ballonnement n. m. ▶ gonflement.

ballonné, ée adj. *Un ventre ballonné* ▶ distendu, enflé, gonflé.

ballonner v. ▶ gonfler.

ballot n. m. **1** *Porter un ballot* ▶ baluchon, paquet, sac. **2** Fam. *Ce ballot n'a rien compris* ▶ gourde (fam.), idiot, imbécile, lourdaud, niais, sot.

ballotté, ée adj. Fig. *Un indécis, ballotté entre des sentiments contraires* ▶ hésitant, tiraillé.

ballottement n. m. ▶ balancement, brimbalement, cahotement.

ballotter v. **1** *Des secousses qui ballottent les voyageurs dans tous les sens* ▶ agiter, brimbaler (fam.), bringuebaler, cahoter, remuer, secouer. **2** *Une barque qui ballotte dans les vagues* ▶ balancer, osciller, tanguer.

ballottine n. f. ▶ galantine.

balnéothérapie n. f. ▶ hydrothérapie, thalassothérapie.

balourd, ourde adj. et n. ▶ ballot, bête, buse, butor, cruche (fam.), empoté (fam.), gauche, maladroit, niais, obtus, rustre, sot, stupide.

balourdise n. f. **1** *Une démarche d'une rare balourdise* ▶ gaucherie, maladresse. **2** *Multiplier les balourdises au cours d'une conversation* ▶ ânerie, bêtise, bévue, gaffe (fam.), maladresse, sottise.

balsamique adj. ▶ adoucissant, calmant, lénifiant.

baluchon n. m. Fam. *Partir avec son petit baluchon* ▶ ballot, paquet.

balustrade n. f. ▶ garde-corps, garde-fou, parapet, rambarde.

bambin n. m. ▶ bébé, enfant, gamin, gosse (fam.), marmot (fam.), petiot, petit.

bamboche n. f. Fam. ▶ bamboula (fam.), bombe (fam.), bringue (fam.), débauche, fête, java (fam.), noce (fam.), nouba (fam.).

bambocheur, euse n. Fam. ▶ fêtard (fam.), noceur, viveur.

banal, ale adj. **1** *Un événement banal* ▶ courant, fréquent, habituel, naturel, normal, ordinaire. **2** *Un style banal* ▶ commun, impersonnel, insignifiant, insipide, ordinaire, plat, quelconque, rebattu, usuel. **3** *Un sujet de dissertation tout à fait banal* ▶ bateau (fam.), classique, rebattu.

banalement adv. *S'exprimer banalement* ▶ platement, prosaïquement.

banaliser v. ▶ dépersonnaliser, uniformiser.

banalité n. f. **1** *Tenir des propos d'une grande banalité* ▶ insignifiance, insipidité, platitude. **2** *Leur conversation n'est qu'une suite de banalités* ▶ cliché, évidence, généralité, lapalissade, lieu commun, poncif, stéréotype, truisme.

banc n. m. *Un banc de tourneur* ▶ établi, table.

bancal, ale adj. **1** *Une vieille femme bancale* ▶ bancroche (fam. et vx), boiteux, claudicant. **2** Fig. *Un meuble bancal* ▶ boiteux, branlant, de guingois (fam.), instable. **3** Fig. *Une solution bancale* ▶ approximatif, bâtard, boiteux, fragile, imparfait, instable, précaire.

bandage n. m. ▶ écharpe, ligature.

bande n. f. **1** *S'entourer la tête d'une bande de tissu* ▶ bandeau, bandelette. **2** *Une bande de jeunes gens* ▶ bataillon, cohorte, colonie, équipe, escouade, horde, meute, troupe, troupeau. **3** *Considérer ses adversaires comme une bande de malfaiteurs* ▶ association, clan, clique, coterie, gang, groupe, ligue. **4** *Donner de la bande sur tribord* ▶ gîte.

bandeau n. m. **1** *Un bandeau de toile pour faire un pansement* ▶ bande, bandelette. **2** *Un bandeau retenant la chevelure* ▶ serre-tête.

bandelette n. f. ▶ bande, bandeau.

bander v. **1** *Bander une plaie* ▶ panser. **2** *Bander ses muscles* ▶ raidir, tendre.

banderole n. f. **1** *Un château fort surmonté de banderoles multicolores* ▶ bannière, drapeau, fanion, flamme, oriflamme, pavillon. **2** *Une banderole publicitaire* ▶ calicot.

bandit n. m. **1** *En trompant ainsi le public, ils se sont conduits en vrais bandits* ▶ brigand, canaille, crapule, criminel, forban, fripouille, gangster, gredin, mafioso (fam.), malandrin (vx), malfaiteur, malfrat (fam.), scélérat, truand, voleur, voyou. **2** *Ces petits bandits ont tout dérangé* ▶ brigand, chenapan, coquin, fripon, gredin, scélérat, vaurien.

banditisme n. m. ▶ brigandage, criminalité, gangstérisme.

banlieue n. f. ▶ ceinture, environs, faubourgs (vx), périphérie.

banne n. f. **1** *Une banne pour le transport du charbon* ▶ tombereau. **2** *Une banne en osier* ▶ malle, manne. **3** *Une banne pour recouvrir des marchandises* ▶ bâche, prélart.

bannette n. f. *Une bannette en osier* ▶ corbeille, panier.

bannière n. f. ▶ banderole, drapeau, étendard, flamme, oriflamme, pavillon.

bannir v. **1** *Bannir des opposants politiques* ▶ éloigner, exiler, expatrier, expulser, ostraciser (vx), proscrire, reléguer. **2** Fig. *Bannissez toute crainte* ▶ abandonner, chasser, écarter, éloigner, exclure, proscrire, refouler, rejeter, repousser.

bannissement n. m. **1** *La peine du bannissement* ▶ exil, relégation. **2** Fig. *Décréter le bannissement de tout terme vulgaire* ▶ exclusion, proscription (litt.), rejet.

banque n. f. *Une banque de données* ▶ bibliothèque, collection, ensemble, réserve.

banqueroute n. f. **1** *Un chef d'entreprise au bord de la banqueroute* ▶ déconfiture (fam.), faillite, liquidation, ruine. **2** Fig. *La banqueroute d'une idéologie* ▶ débâcle, échec, effondrement, faillite, krach, naufrage, ruine.

banquet n. m. ▶ agapes, festin.

banqueter v. ▶ faire des agapes, festoyer.

banquier, ère n. f. Fig. *Son père lui servait de banquier complaisant* ▶ argentier (fam.), financier, mécène, sponsor.

baptiser v. **1** Fig. *Baptiser qqn d'un sobriquet désobligeant* ▶ affubler, appeler, dénommer, nommer, surnommer. **2** Fig. et fam. *Baptiser son vin* ▶ couper, diluer, mouiller.

baquet n. m. ▶ baille.

bar n. m. **1** *Pêcher un bar* ▶ loup. **2** *Prendre un verre dans un bar* ▶ bistro (fam.), café, troquet (fam.). **3** *Commander un demi au bar* ▶ comptoir, zinc.

baragouin n. m. ▶ charabia, galimatias, jargon, sabir, volapük.

baraka n. f. Fam. ▶ bol (fam.), chance, pot (fam.), veine (fam.).

baraque n. f. **1** *Une baraque faite de quelques planches* ▶ bicoque, cabane, cahute, cambuse, masure (litt.). **2** Fam. *Il n'y a rien à manger dans cette baraque!* ▶ boîte (fam.), boutique (fam.), cambuse (fam.), crémerie (fam.), turne (fam.).

baraqué, ée adj. Fam. ▶ balèze (fam.), bien bâti, costaud (fam.), fort, robuste.

baratin n. m. **1** Fam. *Avec tout son baratin, il est capable de convaincre* ▶ bagou (fam.), éloquence, faconde, loquacité, tchatche (fam.), verve, volubilité. **2** Fam. *Tout ça, c'est du baratin* ▶ bavardage, blabla (fam.), blagues (fam.), bobards (fam.), boniment, calembredaines, carabistouilles (fam.), craques (fam.), galéjades (fam.), histoires, mots, phrases, salades (fam.).

baratiner v. Fam. ▶ embobiner (fam.), entortiller (fam.), entreprendre, faire du charme, séduire, tchatcher (fam.).

baratineur, euse adj. et n. Fam. ▶ beau parleur, bonimenteur, charmeur, discoureur, hâbleur, séducteur, tchatcheur (fam.).

barbant, ante adj. Fam. ▶ assommant, embêtant (fam.), empoisonnant (fam.), ennuyeux, fastidieux, rasant (fam.), rasoir (fam.).

barbare adj. **1** Vx *Une peuplade barbare* ▶ arriéré, inculte, primitif, sauvage. **2** *Avoir des manières barbares* ▶ fruste, grossier, rustre. **3** *Avoir un comportement barbare vis-à-vis des prisonniers* ▶ atroce, cruel, féroce, impitoyable, inhumain, sanguinaire.

barbare n. m. *Ils se sont conduits comme des barbares au milieu de ces merveilles* ▶ béotien, brute, ignare, rustre, sauvage.

barbarie n. f. **1** *En être au stade de la barbarie* ▶ primitivisme. **2** Litt. *Être d'une absolue barbarie en matière d'art* ▶ ignorance, inculture. **3** *Faire preuve de barbarie vis-à-vis des vaincus* ▶ atrocité, cruauté, férocité, inhumanité, sauvagerie.

barbe n. f. *Avoir de la barbe au menton* ▶ poil.

barber v. Fam. ▶ assommer (fam.), embêter (fam.), empoisonner (fam.), ennuyer, raser (fam.).

barbiche n. f. ▶ bouc.

barbon n. m. Vx ▶ géronte (vx), vieux beau.

barboter v. **1** *Des canards qui barbotent dans une mare* ▶ patauger, patouiller (fam.). **2** Fig. et vx *Barboter en essayant de rattraper une gaffe* ▶ s'embourber, s'empêtrer, s'enliser, patauger. **3** *On m'a barboté ma montre!* ▶ chaparder (fam.), chiper (fam.), dérober, faucher (fam.), piquer (fam.), subtiliser, voler.

barbouillage n. m. ▶ gribouillage, gribouillis, griffonnage.

barbouillé, ée adj. Fig. et fam. *Avoir l'estomac barbouillé* ▶ embarrassé.

barbouiller v. **1** *Un enfant qui barbouille ses cahiers de taches d'encre* ▶ maculer, salir, souiller, tacher. **2** *Barbouiller une toile* ▶ badigeonner, peinturer, peinturlurer. **3** *Barbouiller du papier* ▶ gâcher, gribouiller, griffonner, noircir.

barbouilleur, euse n.1 Fam. *Les toiles d'un barbouilleur* ▸ badigeonneur (fam.). 2 Fam. *Les romans d'un barbouilleur* ▸ écrivailleur (fam.), écrivassier (fam.), gribouilleur (fam.), griffonneur, plumitif.

barbouillis n. m. ▸ gribouillage, gribouillis, griffonnage.

barda n. m. Fam. *Il nous a laissé tout son barda* ▸ affaires, attirail, bagage (litt.), équipement, fourbi (fam.), paquetage.

bardé, ée adj. *Un soldat bardé de décorations* ▸ couvert.

barder v. Fam. *Ça va barder!* ▸ aller mal, chauffer (fam.), se gâter.

barème n. m. 1 *Établir un barème pour la correction d'un concours* ▸ échelle, graduation. 2 *Fixer le barème à 10 francs la page* ▸ prix, tarif, taux.

barge n. f. *Une barge de débarquement* ▸ péniche.

barguigner v. Litt. *Sans barguigner* ▸ hésiter, tergiverser.

baril n. m. ▸ tonnelet.

bariolage n.m.1 Litt. *Le bariolage du ciel au coucher du soleil* ▸ bigarrure (litt.), chamarrure (litt.), diaprure (litt.). 2 Fig. et litt. *Un insupportable bariolage de styles* ▸ disparité, diversité, mélange, panachage, variété.

bariolé, ée adj. *Des façades bariolées* ▸ bigarré, multicolore.

barman n. m. ▸ garçon, serveur.

baroque adj. Fig. *Une histoire baroque* ▸ abracadabrant, biscornu, bizarre, étrange, excentrique, fantaisiste, farfelu, insolite, saugrenu, singulier.

barouf n. m. Fam. ▸ boucan (fam.), bruit, chahut (fam.), chambard (fam.), raffut (fam.), tapage, vacarme.

barque n. f. ▸ canot, embarcation, esquif.

barrage n. m. 1 *D'énormes blocs de pierre formaient un barrage infranchissable* ▸ barricade, barrière, clôture, obstacle. 2 *Un barrage disposé en travers d'un cours d'eau* ▸ digue, retenue. 3 *Décider le barrage de tout le quartier* ▸ blocage, fermeture. 4 *Un barrage d'agents* ▸ cordon, rangée.

barre n. f. 1 *Une barre d'or fin* ▸ lingot. 2 *Tenir la barre* ▸ gouvernail, timon. 3 Fam. *Il n'a pas franchi la barre des 10* ▸ limite, niveau, seuil.

barreau n. m. *Les barreaux d'une échelle* ▸ échelon, traverse.

barrer v. 1 *Barrer le passage* ▸ barricader, bloquer, boucher, empêcher, fermer, interdire, obstruer. 2 *Barrer un mot* ▸ biffer, raturer, rayer. 3 *Barrer un bateau* ▸ diriger, gouverner, skipper. 4 **se barrer** Fam. *Barrons-nous!* ▸ décamper, détaler, s'en aller, s'enfuir, s'esquiver, ficher le camp (fam.), partir, se tirer (fam.).

barrette n. f. 1 *Une barrette de cardinal* ▸ calotte. 2 *Une barrette de diamants* ▸ agrafe, broche.

barreur, euse n. ▸ pilote, skipper.

barricade n. f. *Un amoncellement de blocs de pierre formant une barricade infranchissable* ▸ barrage, barrière, clôture, obstacle.

barricader v. 1 *Barricader un portail* ▸ bâcler (vx). 2 *Barricader une rue* ▸ bloquer, boucher, obstruer. 3 **se barricader** Fig. *Se barricader chez soi pour ne voir personne* ▸ se claustrer (litt.), se cloîtrer, se confiner, s'enfermer, s'isoler, se terrer.

barrière n. f. 1 *Dresser une barrière autour d'un terrain* ▸ clôture, palissade. 2 Fig. *Entourer sa vie privée d'une barrière infranchissable* ▸ barrage, cloison, clôture, fossé, limite, mur, muraille, obstacle.

barrique n. f. ▸ fût, futaille, tonneau.

bas, basse adj. 1 *Être bas sur pattes* ▸ court, petit. 2 *Le bas clergé* ▸ inférieur, subalterne. 3 *Les notes basses* ▸ grave. 4 *Pratiquer des prix bas* ▸ modéré, modique. 5 *Des expressions basses* ▸ grossier, relâché, trivial, vulgaire. 6 *Des sentiments bas* ▸ abject, avilissant, dégoûtant, dégradant, ignoble, indigne, infamant, infâme, méprisable, mesquin, vil. 7 **à bas prix** ▸ à bon marché. 8 **au bas mot** ▸ au minimum, au moins.

bas n. m. *Le bas d'un édifice* ▸ assise, base, dessous, fond, pied, soubassement.

bas de laine n. m. ▸ cagnotte, économies, magot (fam.).

basaner v. ▸ bistrer, bronzer, brunir, hâler, tanner.

bas-côté n. m. ▸ accotement, bord.

bascule n. f. ▸ balance.

basculement n. m. ▸ renversement, retournement, revirement, volte-face.

basculer v. 1 *Un camion qui bascule dans un virage* ▸ capoter, se renverser, verser. 2 Fig. *Basculer dans la délinquance* ▸ chuter, tomber.

base n. f. 1 *La base est solide, mais ce qu'il y a dessus l'est moins* ▸ assiette, assise, fond, fondations, point d'appui, socle, soubassement, support. 2 Fig. *Contester la base même de l'autorité* ▸ fondement, origine, pivot, principe, racine, source.

3 Plur. et fig. *Les bases d'une discipline* ▶ a b c, b-a-ba, éléments, notions, principes, rudiments.

baser v. 1 *Baser une démonstration sur des précédents* ▶ appuyer, asseoir, bâtir, échafauder, établir, fonder. 2 *Baser une escadrille en plein désert* ▶ établir. 3 **se baser** Fam. *Un raisonnement qui ne se base que sur des hypothèses* ▶ s'appuyer sur, se fonder sur, reposer sur.

bas-fond n. m. 1 *Les bas-fonds sont souvent marécageux* ▶ creux, dépression. 2 Plur. et fig. *Les bas-fonds d'une société* ▶ pègre, rebut.

basique adj. *L'anglais basique* ▶ élémentaire, essentiel, fondamental, rudimentaire.

bassement adv. 1 *Flatter bassement* ▶ servilement. 2 *Se venger bassement* ▶ abjectement, ignoblement, indignement, lâchement.

bassesse n. f. 1 Vx *Sauver l'homme de sa bassesse* ▶ abaissement, avilissement, déchéance, dégradation, misère. 2 *La bassesse d'un sentiment* ▶ abjection, ignominie, indignité, infamie, laideur, médiocrité, mesquinerie, petitesse, turpitude, vilenie. 3 *Des bassesses d'expression* ▶ grossièreté, trivialité, vulgarité.

bassin n. m. 1 *Un bassin en faïence* ▶ bassine, cuvette, tub (vx). 2 *Aménager des bassins en agrandissant un port* ▶ pièce d'eau, plan d'eau, réservoir, retenue. 3 *Un bassin entouré de montagnes* ▶ cuvette, dépression. 4 *Une jeune femme qui a un bassin très étroit* ▶ pelvis.

bassine n. f. ▶ cuvette.

bassiner v. Fam. *Il nous bassine à raconter toujours la même histoire* ▶ assommer, barber (fam.), casser les pieds à (fam.), embêter (fam.), empoisonner (fam.), ennuyer, faire suer (fam.), importuner, raser (fam.).

basta Interj. Fam. ▶ assez, ça suffit, halte, stop.

bastingage n. m. *S'appuyer sur le bastingage* ▶ garde-corps, garde-fou, rambarde.

bastion n. m. Fig. *Le plus solide bastion contre l'intolérance* ▶ bouclier, défense, protection, rempart, retranchement, soutien.

bastringue n. m. 1 Fam. *Emporter tout son bastringue* ▶ attirail, barda (fam.), bataclan (fam.), fourbi (fam.), fourniment (fam.). 2 Fam. *Faire un bastringue pas possible* ▶ boucan (fam.), bruit, chahut, chambard (fam.), désordre, tapage, tintamarre, tohu-bohu, vacarme.

bas-ventre n. m. ▶ hypogastre, pubis.

bataclan n. m. Fam. ▶ attirail, bastringue (fam.), bazar (fam.), fourbi (fam.).

bataille n. f. 1 *Les plus grandes batailles de l'Histoire* ▶ affrontement, choc, combat, engagement. 2 *Une bataille entre deux bandes rivales* ▶ affrontement, bagarre, échauffourée, lutte, mêlée, rixe.

batailler v. Fig. *Batailler ferme pour imposer son point de vue* ▶ se bagarrer, se bagarrer, se battre, se défoncer (fam.), se démener, s'escrimer, ferrailler (fam.), lutter.

batailleur, euse adj. et n. ▶ agressif, bagarreur, belliqueux, combatif, offensif, pugnace, querelleur.

bataillon n. m. Fig. *Un bataillon de touristes* ▶ armée, cohorte, escadron, essaim, flot, légion, nuée, régiment, troupe, troupeau.

bâtard, arde adj. 1 *Un enfant bâtard* ▶ adultérin, illégitime, naturel. 2 *Une race bâtarde* ▶ croisé, hybride, mâtiné, mélangé, métissé. 3 Fig. *Un compromis bâtard* ▶ bancal, boiteux, imparfait.

bâtard, arde n. *Préférer les bâtards aux chiens de race* ▶ corniaud.

batave adj. et n. Vx ▶ hollandais, néerlandais.

bateau n. m. 1 *Monter dans un bateau* ▶ bâtiment, embarcation, navire, nef (litt.), vaisseau. 2 Fig. *C'est un bateau, n'y croyez pas* ▶ blague, canular, craque (fam.), farce, plaisanterie, supercherie.

bateau adj. Fam. *Un sujet bateau* ▶ banal, classique, rebattu.

bateleur, euse n. Vx ▶ amuseur, baladin, banquiste (vx), saltimbanque.

batelier, ère n. 1 *Les bateliers conduisent les bateaux sur les cours d'eau* ▶ marinier. 2 Spécialement pour faire traverser un cours d'eau ▶ nocher (litt.), passeur.

batellerie n. f. ▶ marine fluviale.

bâti (bien) adj. ▶ balèze (fam.), baraqué (fam.), bien balancé (fam.), bien charpenté, bien découplé, bien fait (litt.), bien proportionné, robuste.

bâti (mal) adj. ▶ contrefait, rachitique.

bâti n. m. 1 *Le bâti d'une robe* ▶ faufil. 2 *Un bâti de bois* ▶ armature, carcasse, charpente.

batifolage n. m. Fam. ▶ badinage, ébats, marivaudage.

batifoler v. 1 *Batifoler dans l'herbe* ▶ s'amuser, s'ébattre, folâtrer, gambader, jouer. 2 *Batifoler avec la fille des voisins* ▶ badiner (litt.), flirter, marivauder (litt.).

bâtiment n. m. 1 *Un bâtiment dans le centre d'une ville* ▶ bâtisse, construction, édifice, immeuble. 2 *Le capitaine d'un bâtiment* ▶ bateau, navire, vaisseau.

bâtir v. 1 *Bâtir une maison* ▶ construire, édifier, élever, ériger, monter. 2 *Bâtir une robe* ▶ faufiler. 3 Fig. *Bâtir une théorie* ▶ concocter (fam.), construire, créer, échafauder, édifier, établir, fonder, forger, imaginer, inventer, monter.

bâtisse n. f. ▶ bâtiment, construction, édifice.

bâtisseur, euse n. 1 *Certains rois furent de grands bâtisseurs* ▶ constructeur. 2 Fig. *Des bâtisseurs d'empire* ▶ créateur, fondateur.

bâton n. m. 1 *Rouer qqn à coups de bâton* ▶ gourdin, massue, trique. 2 *Le bâton du berger* ▶ houlette. 3 Fam. *Cela m'a coûté 5 bâtons* ▶ brique (fam.), million.

bâtonnet n. m. *Un bâtonnet de rouge à lèvres* ▶ stick.

batracien n. m. Vx ▶ amphibien.

battage n. m. Fig. *Faire beaucoup de battage autour de qqch* ▶ bruit, publicité.

battant n. m. *Ouvrir les deux battants d'une porte* ▶ panneau, vantail.

battant, ante n. Fam. *Engager un battant à la direction commerciale* ▶ fonceur.

battement n. m. 1 *Le battement du fer sur une enclume* ▶ martèlement. 2 *Les battements du cœur* ▶ pulsation. 3 *Un battement des paupières* ▶ cillement, clignement. 4 *Laisser une heure de battement entre deux séances* ▶ entracte, interlude, pause.

batterie n. f. 1 *Une batterie de voiture* ▶ accus (fam.). 2 *Faire passer à qqn toute une batterie de tests* ▶ ensemble, série, train. 3 *Un solo de batterie* ▶ drums, percussions.

batteur n. m. 1 *Un batteur pour battre les œufs* ▶ mixeur. 2 *Un batteur de jazz* ▶ drummer, percussionniste.

battre v. 1 *Battre qqn sans raison* ▶ arranger (fam.), boxer (fam.), brutaliser, casser la figure (fam.), castagner (fam.), cogner (fam.), corriger, étriller (litt.), frapper, malmener, molester, passer à tabac (fam.), rosser, rouer de coups, tabasser (fam.), taper. 2 *Une équipe qui en bat une autre* ▶ avoir le dessus sur, défaire (litt.), dominer, gagner sur, l'emporter sur, prendre le meilleur sur, vaincre. 3 *Battre un métal sur une enclume* ▶ frapper, marteler. 4 *Battre des œufs* ▶ fouetter, mixer. 5 *Battre des cartes* ▶ brasser, mélanger, mêler. 6 *Des rubans qui battent au vent* ▶ brandiller (vx), flotter, voler, voleter. 7 *Le volet est venu battre contre la vitre* ▶ cogner, frapper, heurter, taper. 8 **battre en brèche** *Battre en brèche l'autorité de qqn* ▶ ébranler, entamer, miner, saper. 9 **battre la campagne** Fam. *Il bat la campagne avec ses histoires de trésor* ▶ délirer, dérailler (fam.), déraisonner, divaguer. 10 **battre sa coulpe** Vx ▶ regretter, se repentir. 11 **battre à plate couture** *Battre un adversaire à plate couture* ▶ anéantir, écraser, enfoncer, piler, tailler en pièces, terrasser, triompher de. 12 **battre en retraite** *Une armée qui bat en retraite* ▶ reculer, se replier. 13 *Une population qui bat en retraite devant la montée des eaux* ▶ décamper, s'en aller, s'enfuir, partir, se retirer, se tirer (fam.). 14 Fig. *Battre en retraite à la première objection* ▶ abandonner, s'avouer vaincu, céder, laisser tomber (fam.). 15 **battre la semelle** *Battre la semelle devant la porte de qqn* ▶ attendre, faire le pied de grue (fam.), poireauter (fam.). 16 **se battre** *Deux clans décidés à se battre* ▶ se bagarrer (fam.), se cogner (fam.), se colleter (fam.), combattre, s'empoigner, en découdre (fam.), en venir aux mains, s'étriper (fam.). 17 Fig. *Se battre pour obtenir un résultat* ▶ s'acharner, se bagarrer (fam.), combattre, se débattre, se démener, s'escrimer, ferrailler (fam.), lutter.

battu, ue adj. 1 *Un enfant battu* ▶ maltraité, martyr. 2 *De la terre battue* ▶ foulé, tassé. 3 Fig. *Avoir les yeux battus* ▶ cerné. 4 Fig. *Partir battu* ▶ perdant, vaincu.

battue n. f. ▶ rabattage.

baudet n. m. Fam. ▶ âne, bourricot (fam.).

baudroie n. f. ▶ lotte.

baudruche n. f. Fig. *Il s'est comporté comme une vraie baudruche* ▶ fantoche, pantin.

bauge n. f. 1 *Un sanglier vautré dans la bauge* ▶ boue, fange (litt.), souille. 2 Litt. *Habiter une misérable bauge* ▶ bouge, taudis.

baume n. m. 1 *Le baume qui coule de certains végétaux* ▶ gomme, résine. 2 *Un baume adoucissant à usage externe* ▶ crème, liniment, onguent, pommade. 3 Fig. *Cette nouvelle a été un baume pour son chagrin* ▶ adoucissement, apaisement, consolation, réconfort.

bavard, arde adj. et n. 1 *Il est tellement bavard que personne n'a pu placer un mot* ▶ causant (fam.), discoureur, disert, jacasseur (fam.), loquace, prolixe, volubile. 2 *Il est trop bavard pour garder cette histoire pour lui* ▶ babillard (litt.), cancanier, commère, concierge (fam.), indiscret, jaseur, potinier. 3 *Un exposé bavard* ▶ diffus, long, verbeux.

bavardage n. m. **1** *Fatiguer ses voisins par un bavardage ininterrompu* ▶ babillage, bla-bla (fam.), caquetage, jacassement, papotage (fam.), parlotes (fam.), verbiage. **2** *Mépriser les bavardages* ▶ cancan (fam.), commérage, indiscrétion, médisance, on-dit, potin, racontar, ragot, rumeur.

bavarder v. **1** *Il faudrait que nous bavardions tranquillement sur ce sujet* ▶ causer, converser, deviser (litt.), discourir, discuter, parler, s'entretenir, tailler une bavette (fam.). **2** *Quand il commence à bavarder on ne peut plus l'arrêter* ▶ babiller, bavasser (fam.), caqueter, discourir, jaboter (vx), jacasser, papoter (fam.). **3** *Il est certain qu'elles ont dû bavarder* ▶ cancaner, commérer, jaser, potiner.

bave n. f. **1** *De la bave qui s'échappe de la gueule d'un animal* ▶ écume, salive. **2** Fig. et litt. *Laissez couler la bave de leurs calomnies* ▶ fiel, venin.

baver v. **1** *Un stylo qui bave* ▶ couler, dégouliner. **2** Fig. *Baver sur qqn* ▶ calomnier, débiner (fam.), déblatérer contre (fam.), dénigrer, diffamer, médire de, salir, souiller.

baveux, euse adj. *Un fauve à la gueule baveuse* ▶ écumeux.

bavure n. f. **1** *Des bavures d'encre* ▶ trace, traînée. **2** Fig. *Une regrettable bavure* ▶ erreur, faute, incident, ratage.

bayer aux corneilles v. Litt. ▶ béer (litt.), être dans les nuages (fam.), rêvasser.

bazar n. m. **1** *Un bazar oriental* ▶ marché, souk. **2** Fam. *Vous vous y retrouvez dans tout ce bazar ?* ▶ bric-à-brac, capharnaüm, désordre, souk (fam.). **3** Fam. *Où va-t-il installer tout son bazar ?* ▶ attirail, barda (fam.), bastringue (fam.), bric-à-brac, fourbi (fam.).

bazarder v. **1** Fam. *Bazarder la totalité du stock* ▶ brader, liquider. **2** Fam. *Bazarder ses vieux vêtements* ▶ balancer (fam.), se débarrasser de, jeter.

béant, ante adj. *La bouche béante* ▶ ouvert.

béat, ate adj. **1** Litt. *Mener une vie béate* ▶ bienheureux, calme, heureux, paisible, quiet, serein, tranquille. **2** *Garder un sourire béat malgré les circonstances* ▶ content, niais, ravi, satisfait.

béatitude n. f. **1** Litt. *La béatitude comme sentiment d'une plénitude absolue* ▶ bonheur, euphorie, extase, félicité, ravissement. **2** *Sa digestion l'enveloppe d'une douce béatitude* ▶ bien-être, contentement, quiétude, satisfaction.

beatnik adj. et n. ▶ baba (fam.), hippie.

beau ou bel, belle adj. **1** *De belles formes* ▶ esthétique, harmonieux. **2** *Un beau jeune homme* ▶ bien fait, gracieux, joli, mignon, plaisant. **3** *Du beau temps* ▶ clair, ensoleillé. **4** *Du beau travail* ▶ réussi. **5** *Un beau stratagème* ▶ adroit, astucieux, fin, habile, ingénieux. **6** *De belles manières* ▶ chic, choisi, distingué, élégant, raffiné, sélect. **7** *De beaux sentiments* ▶ digne, élevé, estimable, généreux, grand, honorable, magnanime, noble. **8** *Un beau talent* ▶ brillant, fameux, grand. **9** *Une belle fortune* ▶ considérable, coquet (fam.), gros, imposant. **10** *Une belle affaire* ▶ avantageux, florissant, fructueux, lucratif, prospère, riche. **11** *Une belle histoire* ▶ intéressant, piquant, plaisant. **12** *Une belle fripouille* ▶ sacré. **13** *beau parleur* ▶ baratineur (fam.), séducteur, tchatcheur (fam.).

beau, belle n. **1** *L'amour du beau* ▶ beauté, esthétique. **2** *Aller retrouver sa belle* ▶ bien-aimée, bonne amie, chérie, dulcinée (litt.), fiancée, petite amie. **3** *Réunir toutes les belles du village* ▶ beauté, déesse, pin-up (fam.), vénus.

beaucoup adv. **1** *Il y en a beaucoup* ▶ à foison, à gogo (fam.), à profusion, à tire-larigot (fam.), à volonté, en abondance, en pagaille (fam.), en quantité, plein. **2** *Il s'est beaucoup servi, mais il en reste* ▶ abondamment, amplement, copieusement, largement. **3** *Cela ressemble beaucoup à une escroquerie* ▶ diablement, énormément, fortement, infiniment, joliment, nettement, rudement, sacrément (fam.), vachement (fam.). **4** *Il voyage beaucoup* ▶ fréquemment, souvent. **5** *Il nous a beaucoup attendu* ▶ longtemps, longuement. **6** *Lire beaucoup de livres* ▶ de nombreux, plein de (fam.). **7** *de beaucoup* *Il est de beaucoup le plus savant* ▶ de loin.

beau-fils n. m. ▶ gendre.

beauté n. f. **1** *La beauté d'un paysage* ▶ agrément, charme, esthétique, grâce, harmonie, joliesse. **2** *La beauté d'une cérémonie* ▶ éclat, faste, féerie, lustre, magnificence, somptuosité, splendeur. **3** *La beauté d'un geste* ▶ élévation, générosité, grandeur, noblesse. **4** *Épouser une beauté* ▶ belle, déesse, pin-up (fam.), vénus.

bébé n. m. ▶ nourrisson, nouveau-né, poupon.

bébête adj. Fam. ▶ bêta (fam.), cucul (fam.), gamin, infantile, naïf, niais, nigaud, nunuche (fam.), puéril.

bec n. m. **1** Fig. *Une bande de terre qui forme un bec* ▶ cap, pointe. **2** Fig. et fam. *Ouvrir le bec* ▶ bouche, clapet (fam.), gueule (fam.).

bécane

bécane n. f. **1** Fam. *Pédaler sur sa bécane* ▶ bicyclette, clou (fam.), vélo. **2** Fam. *Une bécane qui refuse de se mettre en marche* ▶ appareil, machine.

bêcheur, euse adj. et n. **1** Fam. *Tout le monde le trouve insupportable tellement il est bêcheur* ▶ arrogant, fier, frimeur (fam.), hautain, méprisant, prétentieux, snob, vaniteux. **2** Fam. En particulier pour une femme ▶ chochotte (fam.), mijaurée, pimbêche.

bécoter v. Fam. ▶ embrasser.

becqueter v. **1** *Les oiseaux ont becqueté ces fruits* ▶ picorer, picoter. **2** Fam. *Quand est-ce qu'on va becqueter ?* ▶ bouffer (fam.), boulotter (fam.), casser la croûte (fam.), manger.

bedaine n. f. Fam. ▶ bedon (fam.), bide (fam.), brioche (fam.), panse, ventre.

bedonnant, ante adj. Fam. ▶ pansu, ventripotent, ventru.

beffroi n. m. *Le beffroi d'une église* ▶ campanile, clocher.

bégaiement n. m. **1** *L'émotion entraîne parfois le bégaiement* ▶ balbutiement, bredouillement. **2** Fig. *Les bégaiements de la science moderne à l'époque classique* ▶ balbutiement, commencement, début, tâtonnement.

bégayer v. Fig. *Bégayer des excuses* ▶ bafouiller (fam.), balbutier, bredouiller.

bégueule adj. ▶ chochotte (fam.), prude, pudibond, puritain.

béguin n. m. **1** Fam. et vx *C'est juste un béguin* ▶ amourette, caprice, fantaisie, flirt, passade, tocade. **2** Fam. et vx *Elle va nous présenter son béguin* ▶ amoureux, chéri, flirt.

beige adj. ▶ bis, sable.

bel et bien adv. *Avoir bel et bien échoué* ▶ effectivement, incontestablement, réellement, vraiment.

bêlement n. m. Fig. *Les bêlements d'un chanteur* ▶ chevrotement.

bêler v. **1** *Une chèvre en train de bêler* ▶ bégueter, chevroter. **2** Fig. *Un chanteur de charme qui bêle dans un micro* ▶ brailler, braire, bramer. **3** Fig. *Passer son temps à bêler au lieu d'agir* ▶ geindre, gémir, se plaindre, pleurnicher (fam.).

belle-fille n. f. ▶ bru.

belle-mère n. f. **1** *Un gendre qui s'entend bien avec sa belle-mère* ▶ belle-maman (fam.). **2** *Cendrillon avait une belle-mère parce que son père s'était remarié* ▶ marâtre (vx).

belliciste n. et adj. ▶ belliqueux, guerrier, va-t-en-guerre (fam.).

belligérance n. f. *Un pays en état de belligérance* ▶ conflit, guerre.

belligérant, ante adj. et n. ▶ adversaire, combattant, ennemi.

belliqueux, euse adj. **1** *Une nation belliqueuse* ▶ belliciste, guerrier, va-t-en-guerre (fam.). **2** *Un tempérament belliqueux* ▶ agressif, bagarreur, batailleur, querelleur, violent.

belvédère n. m. **1** *Faire construire un belvédère sur une hauteur* ▶ kiosque, pavillon. **2** *Un belvédère naturel d'où la vue s'étend au loin* ▶ terrasse.

bémol n. m. Fig. et fam. *Ajouter un bémol à ce qui vient d'être dit* ▶ adoucissement, nuance.

bénédiction n. f. **1** *Le Ciel m'a comblé de ses bénédictions* ▶ faveur, grâce. **2** Fig. *Avoir la bénédiction de ses supérieurs* ▶ accord, approbation. **3** Fig. *Une femme pareille, c'est une bénédiction* ▶ aubaine, bonheur, chance, veine (fam.).

bénéfice n. m. **1** *Le bénéfice de l'âge* ▶ avantage, faveur, privilège. **2** *Partager les bénéfices* ▶ boni, excédent, gain, profit.

bénéficiaire adj. *Une opération bénéficiaire* ▶ fructueux, juteux (fam.), lucratif, payant, profitable, rémunérateur, rentable.

bénéficiaire n. *Le bénéficiaire d'une somme d'argent* ▶ allocataire, attributaire, ayant droit.

bénéficier v. **1** *Bénéficier d'une bonne santé* ▶ avoir, jouir de, posséder. **2** *Bénéficier de la situation de son père* ▶ profiter, tirer avantage, tirer parti.

bénéfique adj. *Une influence bénéfique* ▶ bienfaisant, bon, favorable, profitable, salutaire.

benêt adj. m. et n. m ▶ andouille (fam.), bébête (fam.), bêta (fam.), godiche, jocrisse (vx), naïf, niais, nigaud, sot.

bénévolat n. m. ▶ volontariat.

bénévole adj. **1** *Une aide bénévole* ▶ désintéressé, gracieux, gratuit. **2** *Une personne bénévole* ▶ volontaire.

bénévolement adv. *Agir bénévolement* ▶ gracieusement, gratuitement.

bénin, igne adj. **1** *Une faute bénigne* ▶ anodin, pardonnable, véniel. **2** *Une maladie bénigne* ▶ anodin, inoffensif. **3** Litt. *Un naturel bénin* ▶ bienveillant, bon, compréhensif, doux, indulgent.

bénir v. **1** *Bénir une chapelle* ▶ consacrer. **2** Fig. *Bénir la mémoire de l'inventeur des anti-*

bêtifier

biotiques ▶ encenser (litt.), exalter, glorifier, louanger, louer, remercier, rendre grâce à.

benjamin, ine n. ▶ cadet, dernier-né, petit dernier (fam.), puîné (vx).

benne n. f. **1** *Une benne de bauxite* ▶ berline, chariot, wagonnet. **2** *Une benne de téléphérique* ▶ cabine.

benoît, oîte adj. **1** Vx *Un caractère benoît* ▶ bénin (litt.), bienveillant, bon, doux, indulgent. **2** Litt. *Susurrer des horreurs d'un air benoît* ▶ doucereux, hypocrite, mielleux, patelin.

benoîtement adv. Litt. *Il s'est benoîtement présenté à l'accueil et on l'a laissé passer* ▶ mine de rien (fam.), simplement, tranquillement.

béotien, enne adj. et n. *Être parfaitement béotien dans le domaine artistique* ▶ fruste, grossier, ignare, ignorant, inculte, plouc (fam.), profane, rustre.

béquille n. f. Fig. *Un pouvoir qui a besoin de béquilles pour se maintenir* ▶ appui, étai, soutien.

bercail n. m. Litt. *Revenir au bercail* ▶ domicile, foyer, home, maison, patrie, pays, pénates (fam.).

berceau n. m. Fig. *Une voûte en berceau* ▶ plein cintre.

bercement n. m. ▶ balancement, va-et-vient.

bercer v. **1** *La mer berce les navires* ▶ balancer. **2** Fig. *Bercer qqn de vaines promesses* ▶ amuser, berner, endormir, enjôler, flatter, leurrer, tromper. **3** Fig. et litt. *Bercer une douleur* ▶ adoucir, apaiser, calmer, consoler, endormir. **4 se bercer d'illusions** ▶ s'abuser, se faire des illusions, se leurrer.

berceuse n. f. ▶ rocking-chair.

berge n. f. ▶ bord, rive.

berger n. m. **1** *Un berger et ses moutons* ▶ pasteur (litt.), pâtre (litt.). **2** Fig. et litt. *Une nation conduite par de mauvais bergers* ▶ chef, guide, leader, pasteur (litt.).

bergeronnette n. f. ▶ hochequeue, lavandière.

berline n. f. *Une berline assurant le transport des minerais* ▶ benne, chariot, wagonnet.

bernard-l'hermite n. m. ▶ pagure.

berner v. ▶ abuser, avoir, blouser (fam.), couillonner (fam.), duper, embobiner (fam.), faire marcher (fam.), flouer, jouer (litt.), leurrer, mener en bateau (fam.), mystifier, pigeonner (fam.), posséder (fam.), refaire (fam.), rouler (fam.), tromper.

besogne n. f. ▶ activité, boulot (fam.), business (fam.), job (fam.), labeur, mission, occupation, œuvre, ouvrage, tâche, travail, turbin (fam.).

besogner v. *En fait de belle situation, il besogne dans l'édition* ▶ marner (fam.), peiner, trimer (fam.).

besoin n. m. **1** *Dormir est un besoin organique* ▶ exigence. **2** *Éprouver le besoin de prendre des vacances* ▶ désir, envie. **3** *Il n'y a nul besoin de tant de détails* ▶ nécessité, utilité. **4** *Être réduit par le besoin à mendier sa nourriture* ▶ dèche (fam.), dénuement, gêne, impécuniosité (litt.), indigence, manque, misère, nécessité, pauvreté, privation. **5 au besoin** *Au besoin, n'hésitez pas à téléphoner* ▶ le cas échéant.

bestial, ale adj. *Céder à des pulsions bestiales* ▶ animal, brutal, féroce, sauvage.

bestialement adv. ▶ brutalement, férocement, sauvagement.

bestialité n. f. **1** *La bestialité d'un tortionnaire* ▶ barbarie, brutalité, cruauté, férocité, inhumanité, sauvagerie. **2** *La bestialité est une déviation sexuelle* ▶ zoomanie, zoophilie.

bestiaux n. m. pl. ▶ bétail, bêtes, cheptel.

best-seller n. m. *Les best-sellers de l'été* ▶ succès.

bêta n. et adj. Fam. ▶ ballot (fam.), bébête (fam.), benêt, cruche (fam.), niais, sot.

bétail n. m. ▶ bestiaux, bêtes, cheptel.

bête n. f. **1** *Les différences entre l'homme et la bête* ▶ animal. **2** Plur. *Rentrer les bêtes* ▶ bestiaux, bétail, cheptel. **3** Fig. *Vous n'êtes qu'une bête* ▶ brute, butor, rustre, sauvage.

bête adj. **1** *Il est tellement bête qu'il ne risque pas de comprendre ça* ▶ abruti, ballot (fam.), balourd, borné, bouché, cloche (fam.), couillon (fam.), crétin, cruche (fam.), demeuré, empoté (fam.), godiche, gourde (fam.), idiot, imbécile, inepte, inintelligent, lourd, lourdaud, niais, nigaud, nul, obtus, sot, stupide. **2 bête comme chou** Fam. ▶ élémentaire, enfantin, facile, simple.

bêtement adv. **1** *Se conduire bêtement* ▶ absurdement, idiotement, naïvement, niaisement, sottement, stupidement. **2 tout bêtement** *La clé était tout bêtement sur la table* ▶ tout bonnement, tout simplement.

bêtifier v. **1** *Bêtifier en parlant à des enfants* ▶ gâtifier. **2 se bêtifier** *Se bêtifier à force de ne rien faire* ▶ s'abêtir, s'abrutir.

bêtise n. f. 1 *La bêtise d'un raisonnement* ▶ absurdité, crétinerie, idiotie, imbécillité, ineptie, niaiserie, sottise, stupidité. 2 *Faire des bêtises* ▶ ânerie, bévue, boulette (fam.), bourde, erreur, faute, gaffe (fam.), idiotie, imbécillité, impair, ineptie, sottise. 3 *Dire des bêtises* ▶ absurdité, ânerie, balourdise, idiotie, imbécillité, ineptie, sottise. 4 *Se fâcher pour une bêtise* ▶ babiole, bagatelle, bricole, fadaise (fam.), foutaise, futilité, misère, rien, vétille.

bêtisier n. m. ▶ sottisier.

bette n. f. ▶ cardon.

beuglante n. f. Fam. *Pousser une beuglante contre qqn* ▶ gueulante (fam.).

beuglement n. m. 1 *Le beuglement des vaches* ▶ meuglement, mugissement. 2 Fig. *Les beuglements d'un démagogue* ▶ braillement, cri, hurlement, vocifération.

beugler v. 1 *Des vaches qui beuglent* ▶ meugler, mugir. 2 *Beugler des protestations* ▶ brailler, crier, gueuler (fam.), hurler, vociférer.

beuverie n. f. ▶ bacchanale (litt.), orgie, soûlerie (fam.).

bévue n. f. ▶ bêtise, boulette (fam.), bourde (fam.), erreur, étourderie, faute, gaffe (fam.), impair, maladresse, sottise.

biais n. m. 1 *Tailler un tissu dans le biais* ▶ diagonale. 2 Fig. *Envisager un problème sous son biais le plus favorable* ▶ angle, aspect, côté, point de vue. 3 Fig. *Chercher un biais pour engager la conversation* ▶ artifice, détour, moyen. 4 **de biais, en biais** ▶ de côté, de travers, en diagonale, obliquement.

biaisé, ée adj. *Une description biaisée de la situation* ▶ déformé, fallacieux, trompeur.

biaiser v. 1 Vx *La route biaise à l'entrée du village* ▶ obliquer, tourner. 2 Fig. *Chercher à biaiser au lieu de tout raconter* ▶ finasser, louvoyer, tergiverser, tortiller (fam.), zigzaguer.

bibelot n. m. ▶ babiole, bagatelle, bricole.

bible n. f. Fig. *Ce livre de cuisine est ma bible* ▶ bréviaire, évangile, livre de chevet, référence.

biceps n. m. Fig. et fam. *Le nouveau patron veut montrer ses biceps* ▶ autorité, force.

bichonner v. 1 *Bichonner un caniche* ▶ parer, pomponner. 2 Fig. *Se faire bichonner par sa femme* ▶ choyer, couver, dorloter, gâter, soigner. 3 **se bichonner** *Un vieux beau qui se bichonne* ▶ se mignoter (fam.), se parer, se pomponner.

bicoque n. f. Fam. *Retaper une vieille bicoque* ▶ baraque, cabane, masure.

bicyclette n. f. ▶ bécane (fam.), clou (fam.), cycle, petite reine (fam.), vélo (fam.).

bide n. m. 1 Fam. *Avoir un bide énorme* ▶ bedaine (fam.), brioche (fam.), panse (fam.), ventre. 2 Fam. *Ce spectacle a été un bide complet* ▶ échec, fiasco, four, gamelle (fam.), insuccès, veste (fam.).

bidet n. m. Fam. *Enfourcher un lamentable bidet* ▶ bourrin (fam.), canasson (fam.), carne (fam.), haridelle, rosse.

bidon adj. Fam. *Tout est bidon dans cette histoire* ▶ fabriqué, factice, faux, inventé, mensonger, simulé.

bidon n. m. 1 *Remplir un bidon d'essence* ▶ jerrycan, nourrice. 2 Fam. *C'est du bidon!* ▶ bluff.

bidule n. m. Fam. *Comment s'appelle ce genre de bidule ?* ▶ chose, machin, objet, truc (fam.), zinzin (fam.).

bien adv. 1 *Il s'est bien conduit dans cette affaire* ▶ comme il faut, convenablement, correctement, décemment, dignement, honnêtement, honorablement, proprement, raisonnablement, sagement. 2 *Une démonstration bien construite* ▶ adroitement, astucieusement, habilement, intelligemment, judicieusement, logiquement, rationnellement. 3 *Un compliment bien tourné* ▶ adroitement, agréablement, délicatement, gracieusement, habilement, joliment. 4 *J'en suis bien convaincu* ▶ absolument, bigrement (fam.), bougrement (fam.), drôlement (fam.), entièrement, fameusement (litt.), parfaitement, pleinement, sacrément (fam.), totalement, tout à fait, très. 5 *Il y a bien deux heures qu'il est parti* ▶ au moins, largement. 6 *Ces paroles ont pourtant bien été prononcées* ▶ effectivement, réellement, véritablement, vraiment. 7 *Je vous dirais bien de rester* ▶ volontiers. 8 *Il a manqué bien des occasions* ▶ beaucoup, de multiples, maint (litt.), nombre.

bien Interj. ▶ bon, d'accord, entendu, oui, parfait.

bien adj. 1 *Ce n'est pas bien de mentir* ▶ digne, estimable, honorable, moral, respectable. 2 *Avoir un employé très bien* ▶ bon, consciencieux, droit, honnête, sérieux, sûr. 3 Fam. *Une réception chez des gens très bien* ▶ chic, choisi, de bon ton, distingué, sélect (vx).

bien n. m. 1 *L'amour du bien et l'horreur du mal* ▶ honneur, vertu. 2 *Travailler pour le bien commun* ▶ avantage, bénéfice, intérêt, profit. 3 *Ne vous inquiétez pas pour lui, il* *a du bien* ▶ argent, fortune, fric (fam.), moyens, ressources, sous (fam.). **4** Plur. *Hériter des biens de son père* ▶ avoir, fonds, fortune, patrimoine, possessions, propriétés, richesses.

bien-aimé, ée n. **1** *Celui-là, c'est le bien-aimé de ses grands-parents* ▶ chouchou (fam.), favori, préféré. **2** *Aller retrouver son bien-aimé* ▶ amant, amoureux, bon ami, chéri, fiancé, petit ami. **3** *Attendre sa bien-aimée* ▶ amoureuse, belle, bonne amie, chérie, dulcinée (litt.), fiancée, maîtresse, petite amie.

bien-être n. m. **1** *Éprouver une sensation de bien-être* ▶ agrément, béatitude, bonheur, contentement, détente, euphorie, félicité, jouissance, plaisir, quiétude, relaxation, satisfaction, sérénité, volupté. **2** *Une société qui découvre le bien-être* ▶ aisance, confort, prospérité.

bienfaisance n. f. **1** Litt. *Sa bienfaisance est inépuisable* ▶ bénignité (litt.), bienveillance, bonté, générosité, humanité, philanthropie. **2** *Des activités de bienfaisance* ▶ assistance, charité, philanthropie.

bienfaisant, ante adj. **1** Litt. *Un homme très bienfaisant* ▶ bon, charitable, généreux, humain, philanthrope. **2** *Un climat bienfaisant* ▶ bénéfique, bon, favorable, profitable, salutaire.

bienfait n. m. **1** *Combler qqn de bienfaits* ▶ bonté (litt.), cadeau, don, faveur, générosité, grâce, largesse, libéralité, présent. **2** *La science a apporté d'incontestables bienfaits* ▶ avantage, bénéfice, profit.

bienfaiteur, trice n. **1** *Un généreux bienfaiteur* ▶ donateur, mécène, philanthrope. **2** *Se poser en bienfaiteur de la veuve et de l'opprimé* ▶ défenseur, protecteur. **3** *Vous êtes notre bienfaiteur* ▶ messie, providence, sauveur.

bien-fondé n. m. **1** *Le bien-fondé d'une requête* ▶ bon droit, légitimité, recevabilité, validité. **2** *Le bien-fondé d'une opinion* ▶ justesse, pertinence.

bienheureux, euse adj. **1** *Un sourire bienheureux* ▶ béat, comblé, content, enchanté, heureux, ravi, satisfait. **2** *Les âmes bienheureuses* ▶ élu, saint.

bien-pensant, ante adj. et n. ▶ conformiste, conservateur, traditionaliste.

bienséance n. f. *Respecter la bienséance* ▶ convenances, correction, décence, politesse, savoir-vivre, usages.

bienséant, ante adj. ▶ convenable, correct, de bon ton, décent, honnête, poli.

bien sûr adv. ▶ absolument, bien entendu, certainement, certes, évidemment, naturellement, oui, parfaitement.

bientôt adv. *Il sera bientôt dégoûté* ▶ avant peu, dans peu de temps, d'un moment à l'autre, incessamment, prochainement, rapidement, sans tarder, sous peu, vite.

bienveillance n. f. ▶ affabilité, amabilité, bénignité (litt.), bonté, compréhension, cordialité, débonnaireté (litt.), faveur, gentillesse, humanité, indulgence, mansuétude, obligeance, sympathie.

bienveillant, ante adj. ▶ affable, aimable, bon, compréhensif, cordial, débonnaire, favorable, gentil, humain, indulgent, obligeant, ouvert.

bienvenu, ue adj. *Une proposition tout à fait bienvenue* ▶ heureux, opportun.

bière n. f. **1** *Boire une bière* ▶ demi. **2** *Descendre la bière dans le caveau* ▶ cercueil.

biffer v. *Biffer un mot dans un contrat* ▶ annuler, barrer, effacer, enlever, rayer, sabrer, supprimer.

biffure n. f. ▶ correction, rature.

bifurcation n. f. ▶ embranchement, fourche, patte d'oie.

bifurquer v. **1** *Ici, le chemin bifurque* ▶ se dédoubler, se diviser. **2** Fig. *Sur ce sujet, nos opinions bifurquent complètement* ▶ diverger, s'écarter, s'éloigner. **3** Fig. *Bifurquer vers l'industrie* ▶ se réorienter.

bigarré, ée adj. **1** *Une étoffe bigarrée* ▶ bariolé, chamarré, diapré, jaspé, multicolore. **2** Fig. *Une assistance bigarrée* ▶ composite, disparate, diversifié, hétéroclite, hétérogène, hybride, mélangé, mêlé, varié.

bigarrure n. f. **1** *La bigarrure du ciel au coucher du soleil* ▶ bariolage, chamarrure, diaprure (litt.), jaspure (litt.). **2** Fig. *La bigarrure d'un style* ▶ disparité, diversité, hétérogénéité, variété.

bigler v. **1** Fam. ▶ loucher. **2** Fam. et vx *Bigle un peu les bijoux* ▶ regarder, reluquer (fam.), zyeuter (fam.).

bigleux, euse adj. et n. Fam. ▶ louche.

bigorneau n. m. ▶ littorine, vigneau.

bigorner v. **1** Fam. *Bigorner sa voiture dans un accident* ▶ abîmer, amocher, casser, démolir, endommager, esquinter (fam.). **2 se bigorner** Fam. *Se bigorner avec qqn* ▶ se battre, castagner (fam.), se cogner (fam.).

bigot, ote n. *Des racontars de vieilles bigotes* ▶ cagot (litt.), calotin (fam.), cul-bénit (fam.), dévot, grenouille de bénitier (fam.), punaise de sacristie (fam.).

bigoterie n. f. ▶ bondieuserie (fam.), cagoterie.

bigoudi n. m. ▶ rouleau.

bigrement adv. Fam. ▶ beaucoup, bien, bougrement (fam.), considérablement, diablement, diantrement, fameusement, grandement, joliment, prodigieusement, sacrément, très.

bijou n. m. 1 *Un bijou en or* ▶ joyau. 2 Fig. *Cette voiture est un vrai bijou* ▶ chef-d'œuvre, joyau, merveille, perfection, perle, trésor.

bijouterie n. f. ▶ joaillerie.

bijoutier, ère n. ▶ joaillier.

bikini n. m. ▶ deux-pièces.

bilan n. m. 1 *Le bilan d'un compte* ▶ balance, solde. 2 Fig. *Évaluer le bilan d'une guerre* ▶ conséquences, effets, résultats. 3 *bilan de santé* ▶ check-up.

bilatéral, ale adj. *Un engagement bilatéral* ▶ mutuel, réciproque, synallagmatique.

bile n. f. 1 *La bile sécrétée par la vésicule* ▶ fiel. 2 Fig. *Décharger sa bile sur qqn* ▶ acrimonie, fiel, venin. 3 *se faire de la bile* ▶ se biler (fam.), s'en faire (fam.), se faire du mauvais sang, se faire du mouron (fam.), se faire du souci, s'inquiéter, se tourmenter, se tracasser.

bileux, euse adj. Fam. ▶ anxieux, bilieux, soucieux, tourmenté.

bilieux, euse adj. 1 Fig. et litt. *Un vieillard bilieux, aigre et querelleur* ▶ acariâtre, atrabilaire (litt.), coléreux, hargneux, irascible. 2 Fig. et litt. *Une mère bilieuse, constamment préoccupée par le sort de ses enfants* ▶ anxieux, bileux, soucieux, tourmenté.

billard n. m. Fam. *Passer deux heures sur le billard* ▶ table d'opération.

bille n. f. 1 Fig. et fam. *Une bille de clown* ▶ binette (fam.), bobine (fam.), bouille (fam.), expression, face, figure, fiole (fam.), gueule (fam.), physionomie, tête, trombine (fam.), tronche (fam.), visage. 2 *bille en tête* Fam. *Y aller bille en tête* ▶ carrément, directement, franchement, sans ambages.

billet n. m. 1 *Acheter son billet au guichet* ▶ place, ticket, titre de transport. 2 Litt. *Envoyer un petit billet à qqn* ▶ bafouille (fam.), lettre, message, missive, mot, pli, poulet (vx). 3 *billet de banque* ▶ coupure, papier-monnaie. 4 *billet à ordre* Vx ▶ effet, valeur.

billetterie n. f. ▶ distributeur.

billevesées n. f. pl. Litt. *Il n'a raconté que des billevesées* ▶ balivernes, calembredaines, carabistouilles (fam.), fadaises, fariboles, histoires, sornettes, sottises.

binage n. m. ▶ sarclage.

biner v. ▶ sarcler.

binette n. f. 1 *Travailler la terre avec une binette* ▶ houe, sarcloir. 2 Fam. *Une drôle de binette* ▶ bobine (fam.), bouille (fam.), expression, figure, fiole (fam.), gueule (fam.), physionomie, tête, trombine (fam.), tronche (fam.), visage.

binocle n. m. 1 Vx *Avoir un binocle sur le nez* ▶ lorgnon, pince-nez. 2 Fam. *Il a perdu ses binocles* ▶ besicles (vx), lunettes.

binôme n. m. ▶ couple, paire.

biologique adj. *Une lessive biologique* ▶ écologique.

biotope n. m. ▶ élément, environnement, milieu.

biquet, ette n. ▶ bicot (fam.), cabri, chevreau, chevrette.

bis, bise adj. *Un teint bis* ▶ basané, bistre, bronzé, bruni, hâlé.

bis n. m. *Les bis adressés à une cantatrice* ▶ rappel.

bisaïeuls n. m. pl. ▶ arrière-grands-parents.

bisbille n. f. Fam. ▶ brouille, brouillerie, désaccord, différend, discorde, dispute, fâcherie, mésentente, querelle.

biscornu, ue adj. 1 *Une maison biscornue* ▶ asymétrique, irrégulier, tordu. 2 Fig. et fam. *Une idée biscornue* ▶ abracadabrant, baroque, bizarre, extravagant, farfelu (fam.), saugrenu, tordu (fam.).

bise n. f. Fam. *Faire une bise à qqn* ▶ baiser, bécot (fam. et vx), bisou (fam.).

bisquer v. Fam. ▶ enrager, fumer (fam.), maronner (fam.), pester (fam.), rager, râler (fam.).

bisser v. 1 *Bisser une cantatrice* ▶ rappeler. 2 *Bisser un morceau* ▶ recommencer, répéter.

bistouri n. m. ▶ scalpel.

bistre adj. *Un teint bistre* ▶ basané, bronzé, bruni, hâlé.

bistro n. m. Fam. ▶ bar, bistroquet (fam.), boui-boui (fam.), buvette, café, troquet (fam.), zinc (fam.).

bitume n. m. ▶ asphalte, goudron, macadam.

bitumer v. ▶ asphalter, goudronner, macadamiser.

bivouac n. m. ▸ camp, campement, cantonnement.

bivouaquer v. ▸ camper, faire halte.

bizarre adj. 1 *Il a quelquefois des idées vraiment bizarres* ▸ abracadabrant, baroque, biscornu, bizarroïde (fam.), curieux, déconcertant, drôle, étonnant, étrange, excentrique, extravagant, farfelu, imprévu, inaccoutumé, inattendu, inhabituel, insolite, loufoque, original, saugrenu, singulier, surprenant, tordu. 2 *C'est bizarre qu'il ne soit pas encore arrivé* ▸ anormal, curieux, étonnant, étrange, singulier, surprenant. 3 *Le voisin est un peu bizarre* ▸ braque (fam.), cinglé (fam.), dérangé, déséquilibré, fantasque, fêlé (fam.), fou, lunatique, original.

bizarrement adv. ▸ curieusement, drôlement, étrangement, singulièrement.

bizarrerie n. f. 1 *Un créateur qui ne craint pas la bizarrerie* ▸ excentricité, originalité, paradoxe. 2 *Les bizarreries de l'orthographe* ▸ anomalie, curiosité, étrangeté, fantaisie, singularité.

bizut n. m. Fam. ▸ apprenti, bleu (fam.), néophyte, nouveau, novice.

bizutage n. m. Fam. ▸ brimade.

blabla n. m. Fam. ▸ boniment, délayage, verbiage.

blackbouler v. 1 Fam. *Se faire blackbouler à une élection* ▸ battre, dominer, vaincre. 2 Fam. *Blackbouler la moitié des candidats à un examen* ▸ coller, recaler, refuser. 3 Fam. *Blackbouler un membre de la direction* ▸ balancer (fam.), écarter, éliminer, évincer, repousser, virer (fam.).

black-jack n. m. ▸ vingt-et-un.

blafard, arde adj. ▸ blême, cadavérique, cireux, exsangue, hâve, incolore, livide, pâle, plombé, terne, terreux.

blague n. f. 1 Fam. *Le vendeur m'a raconté des blagues* ▸ bobard, boniment, calembredaine, carabistouille (fam.), craque (fam.), galéjade (fam.), mensonge, salade (fam.), sornette. 2 Fam. *Prévenir qqn pour lui éviter de faire des blagues* ▸ balourdise, bêtise, bévue, boulette (fam.), bourde, erreur, gaffe (fam.), impair, maladresse, sottise. 3 Fam. *Raconter des blagues à la fin d'un repas* ▸ histoire, plaisanterie. 4 Fam. *Faire une bonne blague à qqn* ▸ canular, farce, niche, tour.

blaguer v. 1 Fam. *Blaguer tout le temps* ▸ badiner (litt.), galéjer (fam.), plaisanter, rigoler (fam.). 2 Fam. *Blaguer la religion* ▸ charrier (fam.), se moquer de, railler, tourner en dérision. 3 Fam. *Blaguer une fille* ▸ asticoter (fam.), chahuter, taquiner.

blagueur, euse adj. et n. ▸ facétieux, farceur, galéjeur (fam.), gouailleur, hâbleur, moqueur, plaisantin, railleur, taquin.

blâmable adj. ▸ condamnable, critiquable, damnable (litt.), incriminable (litt.), répréhensible, réprouvable (litt.).

blâme n. m. 1 *Encourir le blâme des honnêtes gens* ▸ anathème (litt.), animadversion (litt.), censure (litt.), condamnation, critique, désapprobation, désaveu, réprobation, reproches, vitupération (litt.). 2 *Recevoir un blâme de ses supérieurs* ▸ remontrance, réprimande.

blâmer v. 1 *Blâmer l'attitude de qqn* ▸ anathématiser (litt.), censurer, condamner, critiquer, désapprouver, désavouer, fustiger (litt.), stigmatiser, vitupérer. 2 *Blâmer qqn d'être parti* ▸ faire grief à, reprocher à. 3 *Sa hiérarchie l'a sévèrement blâmé* ▸ admonester, réprimander, sermonner.

blanc, blanche adj. 1 *Les reflets blancs de la lune sur la mer* ▸ argenté, crayeux, ivoirin, lactescent (litt.), laiteux, neigeux, opalescent (litt.), opalin. 2 *Être blanc de rage* ▸ blême, livide, pâle. 3 *Vous trouvez que cette chemise est vraiment blanche ?* ▸ immaculé, net, propre. 4 Fig. *Il n'y a pas plus blanc que moi dans cette affaire* ▸ clair (fam.), innocent, net.

blanc n. m. *Laisser un blanc entre deux paragraphes* ▸ espace, intervalle, solution de continuité, vide.

blanc-bec n. m. ▸ freluquet, godelureau (litt.), morveux (fam.).

blanchâtre adj. 1 *Un brouillard aux reflets blanchâtres* ▸ argenté, ivoirin (litt.), lactescent (litt.), laiteux, neigeux, opalescent (litt.), opalin (litt.). 2 *Un teint blanchâtre* ▸ blafard, blême, cireux, crayeux, livide.

blancheur n. f. 1 *La blancheur des reflets de la lune* ▸ lactescence (litt.). 2 *La blancheur d'un visage* ▸ lividité, pâleur. 3 *La blancheur du linge* ▸ netteté, propreté. 4 Fig. *La blancheur d'une âme sans tache* ▸ candeur, innocence, pureté, virginité.

blanchiment n. m. Fig. *Le blanchiment de l'argent de la drogue* ▸ recyclage.

blanchir v. 1 *Blanchir de colère* ▸ blêmir, pâlir. 2 *Ses cheveux commencent à blanchir* ▸ s'argenter (litt.). 3 *Blanchir un chou* ▸ ébouillanter, échauder, pocher. 4 *Blanchir du linge* ▸ laver, lessiver, nettoyer. 5 *Blanchir un mur* ▸ chauler. 6 Fig. *Blanchir qqn d'une accusation de vol* ▸ dédouaner, disculper, innocenter, laver. 7 Fig. *Blanchir l'argent de la drogue* ▸ recycler.

blanchissage n. m. ▸ lavage, nettoyage.

blanchisserie n. f. ▶ pressing, teinturerie.

blanchisseur, euse n. ▶ teinturier.

blanc-seing n. m. Fig. *Il ne peut se lancer dans cette entreprise sans le blanc-seing de sa hiérarchie* ▶ approbation, autorisation, aval.

blanquette n. f. *Boire une blanquette légèrement mousseuse* ▶ clairette.

blasé, ée adj. *Prendre des airs blasés* ▶ désabusé, lassé.

blaser v. *L'abus d'alcool blase le goût* ▶ émousser, fatiguer.

blason n. m. 1 *Le blason d'une famille* ▶ armes, armoiries. 2 *Un expert en blason* ▶ héraldique.

blasphématoire adj. ▶ impie, sacrilège.

blasphème n. m. *Proférer d'épouvantables blasphèmes* ▶ impiété, sacrilège.

blasphémer v. 1 *Blasphémer horriblement* ▶ jurer, sacrer. 2 *Blasphémer la justice* ▶ injurier, insulter, maudire, outrager.

blé n. m. 1 *De la farine de blé* ▶ froment. 2 Fam. *Avoir du blé* ▶ argent, fric (fam.), picaillons (fam.), pognon (fam.), radis (fam.), ronds (fam.), sous (fam.). 3 **blé noir** ▶ sarrasin.

bled n. m. Fam. ▶ patelin (fam.), trou (fam.), village.

blême adj. 1 *Un visage blême* ▶ blafard, blanchâtre, cadavérique, cireux, crayeux, exsangue, hâve, livide, pâle, terreux. 2 *Une lueur blême* ▶ blafard, blanchâtre, crayeux, fade, incolore, pâle, terne.

blêmir v. *Son visage a blêmi sous l'insulte* ▶ blanchir, se décomposer, pâlir, verdir.

blennorragie n. f. ▶ chaude-pisse (fam.), gonorrhée.

bléser v. ▶ zézayer, zozoter.

blessant, ante adj. *Des propos blessants* ▶ désobligeant, froissant, injurieux, mortifiant, offensant, vexant.

blessé, ée n. *Un blessé de guerre* ▶ invalide, mutilé.

blesser v. 1 *Vous risquez de vous blesser avec ce genre d'engins* ▶ abîmer, esquinter (fam.), estropier, faire mal. 2 Fig. *Blesser qqn en doutant de son honnêteté* ▶ affecter, choquer, froisser, heurter, humilier, mortifier, offenser, outrager, piquer, ulcérer, vexer. 3 Fig. et litt. *Blesser les convenances* ▶ attenter à, contrevenir à, enfreindre, heurter, manquer à, transgresser, violer. 4 **se blesser** Fig. *Se blesser pour un rien* ▶ se formaliser, s'offenser.

blessure n. f. 1 *Une blessure à la tête* ▶ plaie, traumatisme. 2 Fig. *Un souvenir qui ravive d'anciennes blessures* ▶ chagrin, douleur, meurtrissure.

blet, blette adj. *Une poire blette* ▶ avancé, passé.

blettir v. ▶ s'abîmer, s'avarier, pourrir.

bleu, bleue adj. 1 *Un ciel bleu* ▶ azuré, céruléen (litt.). 2 Fig. *Etre bleu de rage* ▶ blême, livide, vert. 3 Fig. et fam. *Il en était bleu* ▶ abasourdi, baba (fam.), confondu, ébahi, éberlué, époustouflé, estomaqué (fam.), interloqué, médusé (fam.), sidéré, soufflé, stupéfait, suffoqué.

bleu n. m. 1 *Un bleu de mécanicien* ▶ combinaison, cotte, salopette. 2 *Le choc lui a juste laissé un bleu* ▶ contusion, ecchymose, hématome, meurtrissure, tuméfaction. 3 Fam. *Les bleus et les anciens* ▶ bizut (fam.), conscrit, nouveau, novice.

bleuâtre adj. *Une lueur bleuâtre* ▶ bleuté.

bleuet n. m. ▶ centaurée.

bleusaille n. f. Fam. ▶ conscrits.

bleuté, ée adj. ▶ bleuâtre.

blindage n. m. *Un blindage contre les rayonnements* ▶ bouclier, cuirasse, écran, protection.

blindé n. m. *Conduire un blindé* ▶ char, char d'assaut, tank.

blinder v. 1 *Blinder un navire* ▶ cuirasser. 2 Fig. *Ces coups du sort l'ont blindé* ▶ cuirasser, endurcir, immuniser, mithridatiser (litt.).

bloc n. m. 1 *Un bloc de ciment* ▶ masse. 2 *Un bloc d'immeubles* ▶ îlot, pâté. 3 *Écrire sur un bloc* ▶ bloc-notes. 4 Fig. *Le bloc des pays producteurs de pétrole* ▶ cartel, coalition, front, union. 5 Fig. *Un système philosophique qui forme un bloc sans fissure* ▶ assemblage, ensemble, totalité, tout. 6 Fam. *Se retrouver au bloc* ▶ ballon (fam.), cabane (fam.), prison, trou (fam.). 7 **à bloc** *Un câble tendu à bloc* ▶ à craquer (fam.), au maximum. 8 **en bloc** *Des rebelles qui se soulèvent en bloc* ▶ en masse. 9 *Recevoir tous les candidats en bloc* ▶ à la fois, au même coup, en même temps, ensemble. 10 *Il a accepté nos propositions en bloc* ▶ en totalité, globalement.

blocage n. m. 1 *Le blocage des freins* ▶ serrage. 2 *Le blocage d'un moteur* ▶ arrêt, immobilisation. 3 *Considérer les situations acquises comme des blocages au développement d'une société* ▶ barrage, obstacle. 4 *Avoir un blocage devant certaines personnes* ▶ inhi-

bition, paralysie. **5** *Du blocage pour remplir les vides entre deux murs* ▶ blocaille, remplage.

blockhaus n. m. ▶ bunker, casemate, fortin.

bloc-notes n. m. *Inscrire ses rendez-vous sur un bloc-notes* ▶ agenda, aide-mémoire, mémento, mémorandum, pense-bête, vade-mecum.

blocus n. m. *Entreprendre le blocus d'une ville* ▶ investissement, siège.

blond, blonde adj. *Des reflets blonds* ▶ ambré, doré.

blondasse adj. *Des cheveux blondasses* ▶ filasse.

bloquer v. **1** *Bloquer une porte* ▶ caler, coincer, immobiliser. **2** *Bloquer un port* ▶ assiéger, cerner, encercler, investir. **3** *Bloquer le passage* ▶ barrer, boucher, empêcher, fermer, interdire, obstruer. **4** *Bloquer un processus* ▶ arrêter, enrayer, geler, interrompre, stopper, suspendre. **5** *Bloquer une armée dans une vallée* ▶ arrêter, coincer, immobiliser, maintenir. **6** *Bloquer ses jours de congé pour partir en vacances* ▶ grouper, rassembler, réunir. **7** *Leurs moqueries l'ont complètement bloqué* ▶ inhiber, paralyser.

blottir (se) v. **1** *Se blottir dans un coin de canapé* ▶ se lover, se pelotonner, se recroqueviller, se replier, se serrer, se tapir. **2** *Se blottir contre l'épaule de qqn* ▶ se presser, se réfugier, se serrer.

blouse n. f. **1** *Une blouse d'écolier* ▶ sarrau, tablier. **2** *Une blouse de soie froncée à la taille* ▶ chemisette, chemisier, corsage.

blouser v. **1** *Un corsage qui blouse* ▶ bouffer, gonfler. **2** Fam. *Blouser qqn* ▶ abuser, avoir (fam.), baiser (fam.), berner, circonvenir, couillonner (fam.), duper, embobiner (fam.), empaumer (fam.), flouer, leurrer, mener en bateau (fam.), mystifier, pigeonner (fam.), posséder (fam.), refaire (fam.), repasser (fam.), rouler (fam.), tromper.

blues n. m. Fig. et fam. *Le blues commun à tous les exilés* ▶ bourdon (fam.), cafard, mélancolie, spleen (litt.), vague à l'âme.

bluff n. m. Fam. *C'est du bluff, il n'osera jamais* ▶ bidon (fam.), chiqué (fam.), esbroufe (fam.), fanfaronnade, flan (fam.), frime (fam.), intimidation, intox (fam.).

bluffer v. **1** Fam. *Bluffer ses partenaires au poker* ▶ abuser, leurrer, tromper. **2** Fam. *Sa virtuosité m'a bluffé* ▶ ébahir (litt.), éberluer (fam.), épater (fam.), estomaquer (fam.), impressionner, méduser, sidérer. **3** Fam. *Ne vous laissez pas impressionner, il bluffe* ▶ frimer (fam.), la ramener (fam.), se vanter.

bluffeur, euse adj. et n. Fam. ▶ fanfaron, frimeur (fam.), hâbleur, imposteur, vantard.

bobard n. m. Fam. ▶ bateau (fam.), blague, boniment, bruit, calembredaine, canular, carabistouille (fam.), craque (fam.), galéjade (fam.), histoire, mensonge, potin (fam.), racontar (fam.), ragot.

bobine n. f. **1** *Une bobine pour enrouler du fil* ▶ fusette. **2** *Donner une bobine à développer* ▶ film, pellicule, rouleau. **3** Fam. *Avoir une drôle de bobine* ▶ bille (fam.), binette (fam.), bouille (fam.), figure, fiole (fam.), gueule (fam.), tête, trombine (fam.), tronche (fam.).

bobiner v. ▶ embobiner, enrouler, envider.

bocal n. m. *Un bocal à cornichons* ▶ pot.

bock n. m. *Boire un bock* ▶ chope, demi.

body n. m. ▶ justaucorps.

body-building n. m. ▶ culturisme, musculation.

bœuf adj. Fam. *Faire un effet bœuf* ▶ colossal, énorme, extraordinaire, monstre, phénoménal, prodigieux, terrible (fam.).

bohème n. et adj. Fig. *Elle trouve son gendre un peu trop bohème* ▶ artiste, fantaisiste, insouciant, original.

boire v. **1** *Boire un verre de bière* ▶ absorber, avaler, descendre (fam.), écluser (fam.), lamper (fam.), siffler (fam.), siroter (fam.). **2** *Un chien qui boit un bol d'eau* ▶ laper. **3** *La chaleur donne envie de boire* ▶ s'abreuver, se désaltérer, étancher sa soif, se rafraîchir. **4** *Ils ont passé la soirée à boire* ▶ biberonner (fam.), se cuiter (fam.), s'enivrer, lever le coude (fam.), picoler (fam.), se pinter (fam.), se saouler. **5** *La terre boit l'eau* ▶ absorber, s'imbiber de, s'imprégner de, se pénétrer de. **6** *boire un bouillon* Fig. *Un candidat qui a peur de boire un bouillon* ▶ échouer, se planter (fam.), prendre une veste (fam.).

bois n. m. **1** *Se promener dans un bois* ▶ forêt. **2** Plur. *Les bois d'un cerf* ▶ andouiller, cornes, cors, empaumure, ramure.

boisage n. m. *Le boisage d'une galerie de mine* ▶ consolidation, renforcement, soutènement.

boiser v. **1** *Boiser un terrain* ▶ peupler, planter. **2** *Boiser une galerie* ▶ consolider, étayer, garnir, renforcer, soutenir.

boiseries n. f. pl. ▶ lambris.

boisson n. f. **1** *Une boisson particulièrement réputée* ▶ breuvage. **2** *Prendre une boisson* ▶ consommation, rafraîchissement. **3** *Il*

boîte n. f. 1 *Chercher une boîte pour y ranger des jouets* ▶ caisse, carton, coffre, emballage. 2 *Une boîte pour des objets précieux* ▶ boîtier, cassette, coffret, écrin. 3 *Des haricots en boîte* ▶ conserve. 4 *Mettez mon courrier dans ma boîte* ▶ case, casier. 5 Fam. *Être engagé dans une grosse boîte* ▶ entreprise, firme, maison, société. 6 Fam. Spécialement, à propos d'un établissement scolaire ▶ bahut (fam.), collège, école, lycée, pension. 7 Fam. *Sortir en boîte* ▶ boîte de nuit (fam.), dancing, discothèque, night-club. 8 **boîte à ordures** ▶ poubelle, vide-ordures.

boitement n. m. ▶ boiterie, claudication.

boiter v. 1 *Un homme qui boite* ▶ claudiquer, clopiner. 2 Fig. *Une argumentation qui boite* ▶ clocher (fam.).

boiterie n. f. ▶ boitement, claudication.

boiteux, euse adj. 1 *Une personne boiteuse* ▶ bancal, bancroche (fam.), claudicant, éclopé. 2 *Un meuble boiteux* ▶ bancal, branlant, de guingois (fam.), instable. 3 Fig. *Une solution boiteuse* ▶ approximatif, bancal, bâtard, fragile, imparfait, instable, précaire.

boîtier n. m. ▶ boîte, écrin, étui.

boitillant, ante adj. Fig. *Un rythme boitillant* ▶ irrégulier, saccadé, sautillant, syncopé.

boitiller v. ▶ clopiner.

bol n. m. 1 *Verser du lait dans un bol* ▶ jatte. 2 Fam. *Avoir du bol* ▶ chance, pot (fam.), veine.

bolchevik adj. et n. ▶ léniniste.

bolide n. m. 1 *Aller admirer les bolides après la course* ▶ voiture de course. 2 Fig. *Arriver comme un bolide* ▶ fusée.

bombance n. f. Litt. *Faire bombance* ▶ bonne chère, ripaille (litt.).

bombardement n. m. ▶ canonnade, pilonnage.

bombarder v. 1 *Bombarder une position ennemie* ▶ canonner, pilonner. 2 Fig. et fam. *Bombarder qqn de boulettes de mie de pain* ▶ mitrailler. 3 Fig. et fam. *Bombarder qqn de coups de téléphone* ▶ accabler, assaillir, assiéger, harceler, matraquer (fam.), presser. 4 Fig. et fam. *Bombarder qqn ambassadeur* ▶ catapulter (fam.), propulser.

bombe n. f. 1 *Faire exploser une bombe au passage d'un cortège* ▶ machine infernale (vx). 2 *Du déodorant vendu en bombe* ▶ aérosol, atomiseur, spray. 3 Fam. *Une bombe de tous les diables* ▶ bamboula (fam.), bringue (fam.), fête, java (fam.), noce (fam.), nouba (fam.).

bombé, ée adj. *Une forme bombée* ▶ arqué, arrondi, busqué, cintré, convexe, courbe, courbé, curviligne, gonflé, renflé, ventru.

bombement n. m. ▶ arrondi, bosse, convexité, courbure, enflure, gonflement, renflement.

bomber v. 1 *Bomber une tôle* ▶ arquer, cambrer, cintrer, courber. 2 Fig. *Bomber le torse* ▶ enfler, gonfler, redresser, renfler. 3 Fig. et fam. *Bomber un slogan sur un mur* ▶ taguer (fam.). 4 Fig. et fam. *Il va falloir bomber si on veut arriver à l'heure* ▶ bourrer (fam.), se dépêcher, foncer (fam.).

bon, bonne adj. 1 *Un prince puissant et bon* ▶ bienfaisant, bienveillant, charitable, clément, généreux, humain, indulgent, magnanime, miséricordieux, secourable. 2 *Vous êtes bien bon de vous être occupé de tout* ▶ agréable, aimable, complaisant, gentil, obligeant, serviable. 3 *Un bon garçon* ▶ brave, correct, estimable, franc, honnête, sérieux. 4 *Un bon gestionnaire* ▶ adroit, avisé, capable, consciencieux, habile, prudent, raisonnable, sage, sérieux. 5 *Un bon convive* ▶ amusant, charmant, drôle, plaisant, spirituel. 6 *Un bon républicain* ▶ authentique, véritable, vrai. 7 *Être bon en dessin* ▶ adroit, capable, doué. 8 *Être bon pour le service* ▶ apte, mûr, prêt. 9 *Il est bon de faire du sport* ▶ profitable, salutaire, utile. 10 *Une bonne pensée* ▶ beau, digne, droit, élevé, exemplaire, louable, méritoire, noble, vertueux. 11 *Une bonne partie du gâteau* ▶ beau, grand, gros. 12 *Le bon moment* ▶ favorable, opportun, propice. 13 *La bonne réponse* ▶ adéquat, approprié, convenable, correct, exact, juste. 14 *Une bonne excuse* ▶ acceptable, admissible, recevable, satisfaisant. 15 *Une bonne politique* ▶ adroit, avisé, éclairé, judicieux, prudent, raisonnable, sage. 16 *Un bon placement* ▶ avantageux, fructueux, intéressant, lucratif, rémunérateur, rentable. 17 *Un bon plat* ▶ savoureux. 18 *Un médicament bon pour le foie* ▶ adapté, bénéfique, salutaire.

bon n. m. *Un bon de caisse* ▶ billet, coupon, ticket, titre.

bon à rien, bonne à rien n. *Se plaindre de n'avoir que des bons à rien comme collaborateurs* ▶ incapable, incompétent, médiocre, nul, nullité, pauvre type, zéro.

bonasse adj. *Il est assez bonasse pour les laisser faire sans rien dire* ► faible, mou, naïf, niais, simple.

bonbon n. m. ► confiserie, friandise, sucrerie.

bonbonne n. f. ► dame-jeanne.

bonbonnière n. f. ► drageoir (vx).

bond n. m. 1 *Les bonds d'un enfant dans l'herbe* ► bondissement, cabriole, entrechat, gambade, saut. 2 *Les bonds d'une voiture sur une route pierreuse* ► cahot, secousse. 3 *Le bond d'un cheval énervé* ► soubresaut, sursaut. 4 *Les bonds d'un caillou lancé sur l'eau* ► rebond, ricochet. 5 **faire faux bond** *Il avait promis de venir, mais il a fait faux bond au dernier moment* ► se dérober, renoncer.

bonde n. f. 1 *La bonde d'un étang* ► vanne. 2 *La bonde d'un tonneau* ► bondon, bouchon, tampon.

bondé, ée adj. ► archiplein, bourré (fam.), comble.

bondieuserie n. f. 1 Fam. *Sombrer dans la bondieuserie* ► bigoterie, piété. 2 Fam. *Une marchande de bondieuseries* ► amulette, fétiche, grigri, porte-bonheur, talisman.

bondir v. 1 *Bondir dans l'herbe* ► cabrioler, gambader, sauter. 2 *Bondir au secours de qqn* ► courir, s'élancer, jaillir, se précipiter.

bondissant, ante adj. ► capricant (litt.), sautillant.

bondissement n. m. Litt. ► bond, cabriole, saut.

bon enfant adj. 1 *Il est plutôt bon enfant malgré ses airs sévères* ► affable, bienveillant, bonhomme, brave, débonnaire, gentil. 2 *L'atmosphère est restée bon enfant malgré la présence du ministre* ► cordial, détendu, simple.

bonheur n. m. 1 *Son bonheur à l'idée de vous voir m'a frappé* ► contentement, enchantement, euphorie, joie, plaisir, ravissement, satisfaction. 2 *Le bonheur parfait que seul le sage peut atteindre* ► béatitude, bien-être, félicité, satisfaction. 3 *Cet héritage est un bonheur inespéré* ► bénédiction, bonne fortune, chance, veine (fam.).

bonhomie n. f. *Il lui a parlé avec beaucoup de bonhomie* ► affabilité, amabilité, bienveillance, familiarité, gentillesse, simplicité.

bonhomme adj. ► affable, aimable, bienveillant, bon enfant, brave, débonnaire, gentil, simple.

bonhomme n. m. ► homme, mec (fam.), type (fam.).

boni n. m. ► bénéfice, excédent, gain.

bonification n. f. 1 *La bonification d'une terre* ► amélioration, amendement, perfectionnement. 2 *Accorder une bonification à de gros clients* ► rabais, remise, ristourne.

bonifier v. 1 *Bonifier une terre* ► améliorer, amender, enrichir, perfectionner. 2 **se bonifier** *Un vin qui se bonifie* ► s'améliorer, se faire.

boniment n. m. 1 Fam. *Faire beaucoup de boniment à propos d'un produit* ► battage, propagande, publicité, réclame. 2 Fam. *Tout ça, ce ne sont que des boniments* ► baratin (fam.), bavardage, blabla (fam.), blague, bobard (fam.), calembredaine, carabistouille (fam.), craque (fam.), galéjade (fam.), histoire, mensonge, mot, phrase, salade (fam.).

bonimenteur, euse n. ► camelot, charlatan.

bonjour n. m. *Il m'a adressé un vague bonjour* ► salut, salutation.

bon marché adj. *À ce prix-là, c'est vraiment bon marché* ► avantageux, donné (fam.).

bonne n. f. 1 *Employer une bonne pour les travaux de ménage* ► employée de maison. 2 *La bonne qui s'occupe des enfants* ► gouvernante, nurse.

bonnement adv. *Il lui a tout bonnement dit la vérité* ► simplement.

bonnet de nuit n. m. Fig. et fam. *Si elle vient avec ce bonnet de nuit, ça va gâcher la soirée* ► éteignoir, pisse-froid (fam.), pisse-vinaigre (fam.), rabat-joie, trouble-fête.

bonneterie n. f. ► lingerie, sous-vêtements.

bonsoir n. m. ► adieu, au revoir, salut.

bonté n. f. 1 *La bonté d'un vin* ► qualité, valeur. 2 *Avoir un élan de bonté* ► altruisme, bienfaisance, charité, générosité, humanité, philanthropie. 3 *Ils ont eu la bonté de me répondre* ► amabilité, bienveillance, complaisance, gentillesse, indulgence, obligeance. 4 *Je vous remercie de toutes vos bontés* ► bienfait.

bonus n. m. ► gratification, prime, récompense.

bonze n. m. Fig. et fam. *Une réunion de tous les bonzes de la profession* ► gros bonnet (fam.), grosse légume (fam.), huile (fam.), mandarin, personnalité, ponte (fam.).

boom n. m. *La production a connu un boom sans précédent* ► accroissement, augmen-

boots

tation, croissance, expansion, explosion, flambée, hausse.

boots n. m. pl. ▶ bottillons.

boqueteau n. m. ▶ bosquet.

borborygme n. m. ▶ gargouillement, gargouillis.

bord n. m. **1** *Le bord d'un terrain* ▶ bas-côté, bordure, contour, entourage, extrémité, limite, lisière, périmètre, périphérie, pourtour, tour. **2** *Le bord d'une feuille de papier* ▶ marge. **3** *Le bord d'un puits* ▶ margelle, rebord. **4** *Naviguer sans s'éloigner du bord* ▶ berge, côte, grève, littoral, plage, rivage, rive.

bordeaux adj. ▶ amarante, cramoisi, grenat, pourpre.

bordée n. f. **1** *Une bordée de canons* ▶ salve, volée. **2** *Fig. Une bordée d'injures* ▶ avalanche, cascade, déluge, flot, tombereau. **3** *Fig. et fam. Être en bordée* ▶ vadrouille (fam.), virée (fam.).

bordel n. m. **1** Fam. *Évoquer la fermeture des bordels* ▶ claque (fam.), lupanar (litt.), maison close. **2** Fig. et fam. *Vous avez vu le bordel qu'il y a dans sa chambre ?* ▶ désordre, fouillis, foutoir (fam.), pagaille (fam.). **3** Fig. et fam. *C'est bientôt fini, tout ce bordel?* ▶ boucan (fam.), raffut, ramdam (fam.), tapage.

border v. **1** *Le quai qui borde la rivière* ▶ longer, suivre. **2** *Border une forteresse de petits ouvrages de défense* ▶ encadrer, enceindre (litt.), entourer, environner.

bordereau n. m. ▶ état, formulaire, liste, questionnaire, relevé.

bordure n. f. **1** *La bordure d'un champ* ▶ bas-côté, bord, contour, entourage, extrémité, limite, lisière, périmètre, périphérie, pourtour, tour. **2** *La bordure d'une feuille* ▶ liseré. **3** *Une bordure d'arbres* ▶ cordon, haie. **4** *La bordure d'un drap* ▶ feston, galon.

boréal, ale adj. **1** *L'hémisphère boréal* ▶ nord. **2** *Les régions boréales* ▶ arctique, hyperboréen (litt.), polaire.

borgne adj. Fig. *Un hôtel borgne* ▶ interlope, louche, malfamé.

bornage n. m. ▶ délimitation.

borne n. f. **1** Plur. *Un horizon sans bornes* ▶ fin, frontière, limite, terme. **2** Fam. *C'est à 20 bornes* ▶ kilomètre.

borné, ée adj. Fig. *Un esprit borné* ▶ bouché (fam.), buté, étroit, limité, obtus, rétréci, stupide.

borner v. **1** *Borner un champ* ▶ délimiter. **2** Fig. *Borner l'autorité de qqn* ▶ circonscrire, limiter, modérer, réduire, restreindre.

3 se borner *Se borner au nécessaire* ▶ se cantonner à, se contenter de, s'en tenir à, se limiter à, se satisfaire de.

bosquet n. m. ▶ boqueteau.

boss n. m. Fam. ▶ chef, patron.

bosse n. f. **1** *Une déviation de la colonne vertébrale qui provoque une bosse* ▶ cyphose, gibbosité. **2** *Une surface irrégulière et pleine de bosses* ▶ excroissance, grosseur, protubérance, renflement. **3** Fam. *Avoir la bosse des sciences* ▶ don, génie.

bosselé, ée adj. **1** *Un paysage bosselé* ▶ accidenté, irrégulier, montueux (litt.). **2** *Une carrosserie toute bosselée* ▶ bossué, cabossé.

bosser v. Fam. ▶ boulonner (fam.), bûcher (fam.), travailler, trimer, turbiner (fam.).

bosseur, euse adj. et n. Fam. ▶ bûcheur (fam.), travailleur.

bossuer v. *Bossuer un plat d'argent* ▶ bosseler, cabosser.

botte n. f. **1** *Une botte d'épis* ▶ bouquet, faisceau, gerbe. **2** *Parer une botte* ▶ attaque, estocade. **3** Fam. *Avoir qqn à sa botte* ▶ dévotion, ordres.

botter v. **1** *Botter pour dégager* ▶ shooter, tirer. **2** Fam. *Ça me botte* ▶ aller, convenir, plaire.

bottier n. m. ▶ chausseur.

bottillons n. m. pl. ▶ boots, bottines.

bottin n. m. N. dép. ▶ annuaire.

bouc n. m. Fig. *Porter un bouc* ▶ barbiche, barbichette.

boucan n. m. Fam. ▶ bruit, chahut, chambard (fam.), charivari, fracas, pétard ▶ raffut (fam.), ramdam (fam.), tapage, tintamarre, tumulte, vacarme.

boucaner v. **1** *Boucaner de la viande ou du poisson* ▶ fumer, sécher. **2** Fig. *Le soleil lui a boucané la peau* ▶ basaner, bronzer, brunir, hâler, tanner.

boucanier n. m. *Les boucaniers qui infestaient les Antilles* ▶ flibustier, frère de la côte.

bouchage n. m. ▶ colmatage, fermeture, obturation.

bouche n. f. **1** *Ferme ta bouche* ▶ bec (fam.), clapet (fam.), gueule (fam.). **2** *La bouche d'un tuyau* ▶ orifice, ouverture. **3** Fig. *Une bouche de métro* ▶ entrée. **4** Plur. et fig. *Les bouches d'un fleuve* ▶ embouchure.

bouché, ée adj. **1** *Un temps bouché* ▶ brumeux, couvert, gris. **2** Fig. et fam. *Être complètement bouché* ▶ bête, borné, étroit, obtus, sot, stupide.

bouchée n. f. ▶ lippée (vx).

boucher n. m. Fig. *Des soldats qui se conduisent comme des bouchers* ▶ assassin, bourreau, massacreur, tortionnaire, tueur.

boucher v. 1 *Boucher une fente* ▶ aveugler, calfater, calfeutrer, colmater, étancher, obstruer, obturer. 2 *Boucher une ouverture* ▶ aveugler, barricader, condamner, murer, obstruer. 3 *Boucher le passage* ▶ barrer, bloquer, emboutiller, encombrer, engorger, obstruer. 4 **se boucher** *Le ciel se bouche* ▶ se couvrir, s'obscurcir.

boucherie n. f. Fig. *Envoyer des soldats à la boucherie* ▶ abattoir, carnage, massacre, tuerie.

bouche-trou n. m. Fam. *Un acteur qui joue les bouche-trous* ▶ utilité.

bouchon n. m. 1 *Le bouchon d'un tonneau* ▶ bonde, bondon, tampon. 2 Fig. *Un bouchon sur l'autoroute* ▶ embouteillage, encombrement.

bouchonner v. 1 *Bouchonner du linge* ▶ chiffonner, friper, froisser, tordre. 2 *Bouchonner un cheval* ▶ brosser, étriller, frictionner, frotter, panser.

bouchot n. m. ▶ moulière, parc à moules.

bouclage n. m. 1 *Le bouclage d'une zone* ▶ encerclement, fermeture, investissement, verrouillage. 2 *Le bouclage du journal de vingt heures* ▶ mise au point.

boucle n. f. 1 *Une boucle de ceinturon* ▶ agrafe, anneau, fermoir. 2 *Une boucle d'oreille* ▶ pendant. 3 *Une boucle difficile à défaire* ▶ nœud. 4 *Les boucles d'un tricot* ▶ maille, point. 5 *Les boucles d'un cours d'eau* ▶ courbe, méandre.

boucler v. 1 *Avoir les cheveux qui bouclent naturellement* ▶ friser. 2 *Boucler sa ceinture* ▶ attacher, fermer. 3 *Boucler une région* ▶ cerner, encercler, investir, verrouiller. 4 *Boucler un tour du monde* ▶ accomplir, achever, clore, terminer. 5 Fam. *Boucler un cambrioleur* ▶ coffrer (fam.), écrouer, embastiller (litt.), emprisonner, incarcérer, interner, mettre à l'ombre (fam.). 6 **la boucler** Fam. ▶ la fermer (fam.), se taire.

bouclette n. f. ▶ frisette.

bouclier n. m. Fig. *Présenter la Constitution comme un bouclier contre les tentations autoritaires* ▶ carapace, cuirasse, défense, protection, rempart, sauvegarde.

bouder v. 1 *Un enfant qui boude* ▶ faire la gueule (fam.), faire la tête (fam.), rechigner. 2 *Bouder la viande aux hormones* ▶ dédaigner, refuser.

bouderie n. f. ▶ brouille, fâcherie.

boudeur, euse adj. ▶ grognon, maussade, morose, renfrogné.

boudin n. m. 1 *Les boudins qui entourent la base d'une colonne* ▶ tore. 2 Fam. *Sortir avec un boudin* ▶ cageot (fam.), laideron, mocheté (fam.).

boudiné, ée adj. 1 *Des doigts boudinés* ▶ dodu. 2 *Être boudiné dans des vêtements trop étroits* ▶ bridé, comprimé, saucissonné, serré.

boue n. f. 1 *Patauger dans la boue* ▶ bouillasse (fam.), crotte (vx), fange (litt.), gadoue, gadouille (fam.). 2 Plur. *Des boues remarquables par leur usage thérapeutique* ▶ limon, vase. 3 Fig. et litt. *Un caractère qui se révèle dans toute sa boue* ▶ abjection, abomination, bassesse, bourbe, infamie, vilenie.

bouée n. f. *Une bouée pour signaler une position* ▶ balise, flotteur.

boueux, euse adj. ▶ bourbeux, fangeux, gadouilleux (fam.), marécageux, vaseux.

bouffant, ante adj. ▶ blousant, gonflant.

bouffarde n. f. Fam. ▶ brûle-gueule, pipe.

bouffée n. f. 1 *Une bouffée d'ammoniaque* ▶ émanation, exhalaison. 2 Fig. *Une bouffée de colère* ▶ accès, crise, explosion, mouvement, poussée.

bouffer v. *Des cheveux qui bouffent* ▶ gonfler.

bouffi, ie adj. 1 Fig. *Être bouffi d'importance* ▶ gonflé, plein, rempli. 2 Fig. *Un style bouffi* ▶ ampoulé, emphatique, grandiloquent, pompeux, ronflant.

bouffir v. 1 *La cortisone l'a tout bouffi* ▶ boursoufler, enfler, gonfler, souffler. 2 *Ses traits bouffissent sous l'effet de l'alcool* ▶ se boursoufler, s'empâter, enfler, s'enfler, s'engraisser, gonfler, se gonfler, grossir.

bouffissure n. f. 1 *La bouffissure des chairs* ▶ boursouflure, empâtement, enflure, gonflement. 2 Fig. *La bouffissure du style* ▶ emphase, enflure, grandiloquence, pompe.

bouffon n. m. 1 *Le bouffon du roi* ▶ fou. 2 Fig. *C'est ce bouffon qui a été nommé à ma place!* ▶ clown, comique, farceur, pantin, pitre, plaisantin, polichinelle.

bouffon, onne adj. *Une prétention bouffonne* ▶ burlesque, cocasse, comique, drôle, fantaisiste, grotesque, ridicule, risible.

bouffonnerie n. f. ▸ blague, clownerie, cocasserie, comédie, facétie, farce, joyeuseté, pitrerie, plaisanterie.

bouge n. m. *Habiter un bouge* ▸ galetas, réduit, taudis.

bouger v. 1 *Bouger un meuble* ▸ déplacer, déranger, remuer. 2 *Un enfant qui bouge constamment sur sa chaise* ▸ s'agiter, gigoter, remuer. 3 *Un vieillard qui bouge avec difficulté* ▸ se déplacer, se mouvoir. 4 Fig. *L'opposition n'a pas bougé* ▸ broncher, ciller, protester, réagir. 5 Fig. *La France bouge* ▸ avancer, progresser. 6 **se bouger** Fam. *On leur a dit de se bouger un peu* ▸ s'activer, se remuer (fam.).

bougie n. f. *Travailler à la bougie* ▸ chandelle.

bougon, onne adj. Fam. ▸ bourru, grincheux, grogneur, grognon (fam.), revêche, ronchon (fam.), ronchonneur.

bougonnement n. m. ▸ grognement, grommellement, murmure, ronchonnement.

bougonner v. ▸ grogner, grommeler, marmonner, maronner (fam.), maugréer, murmurer, râler (fam.), ronchonner (fam.), rouspéter (fam.).

bougre n. m. Fam. ▸ bonhomme (fam.), gaillard, individu, mec (fam.), oiseau (fam.), quidam, type (fam.).

bougrement adv. Fam. ▸ drôlement, fichtrement (fam.), rudement, très, vachement (fam.).

bouillant, ante adj. 1 *Du café bouillant* ▸ brûlant. 2 Fig. *Un esprit bouillant* ▸ ardent, brûlant, emporté, enflammé, enthousiaste, exalté, fougueux, impétueux, passionné, pétulant, volcanique.

bouille n. f. 1 *Un vendangeur qui porte une bouille sur le dos* ▸ hotte. 2 Fam. *Avoir une bonne bouille* ▸ figure, gueule (fam.), tête.

bouilleur n. m. ▸ distillateur.

bouilli n. m. ▸ pot-au-feu.

bouillie n. f. Fig. et fam. *Mettre qqch en bouillie* ▸ capilotade, charpie, compote (fam.), marmelade, miettes, poussière, purée (fam.).

bouillir v. 1 *De la lave qui bout dans le cratère du volcan* ▸ bouillonner. 2 *Faire bouillir des légumes* ▸ mijoter, mitonner. 3 Fig. *Bouillir d'impatience* ▸ bouillonner, brûler, piaffer.

bouillon n. m. 1 *Préparer un bouillon pour le dîner* ▸ consommé. 2 *Éteindre au premier bouillon* ▸ bouillonnement, ébullition.

3 bouillon d'onze heures Fam. ▸ poison.

bouillonnant, ante adj. 1 *La surface bouillonnante d'un fleuve en crue* ▸ tumultueux. 2 Fig. *Un tempérament bouillonnant* ▸ ardent, bouillant, enflammé, enthousiaste, exalté, explosif, fébrile, fougueux, frénétique, impétueux, passionné, pétulant, volcanique.

bouillonnement n. m. 1 *Éteindre au premier bouillonnement* ▸ bouillon, ébullition. 2 Fig. *Le bouillonnement des passions* ▸ agitation, effervescence, exaltation, excitation, fébrilité, fièvre, fougue, frénésie, fureur, impétuosité, remous, surexcitation, tumulte, véhémence.

bouillonner v. 1 *De la lave qui bouillonne* ▸ bouillir. 2 Fig. *Bouillonner d'impatience* ▸ bouillir, brûler, piaffer.

boule n. f. 1 ▸ globe, sphère. 2 Fig. et fam. *Perdre la boule* ▸ esprit, raison, tête.

boulet n. m. Fig. *Traîner qqch comme un boulet* ▸ charge, fardeau, poids.

boulette n. f. 1 *Préparer de la viande sous forme de boulettes* ▸ croquette. 2 Fig. et fam. *Faire une boulette* ▸ balourdise (fam.), bêtise, bévue, blague (fam.), bourde (fam.), erreur, faux pas, gaffe (fam.), impair, maladresse.

boulevard n. m. *Ouvrir de larges boulevards* ▸ artère, avenue.

bouleversant, ante adj. *Des images bouleversantes* ▸ déchirant, dramatique, émouvant, pathétique, poignant, tragique.

bouleversement n. m. 1 *Le bouleversement de tout un paysage* ▸ ravage, saccage. 2 *Un bouleversement politique* ▸ cataclysme, chambardement (fam.), chamboulement (fam.), conflagration, convulsion, désorganisation, perturbation, renversement, révolution, secousse. 3 *Cette séparation a été pour lui un bouleversement terrible* ▸ choc, ébranlement, émotion, secousse.

bouleverser v. 1 *La tempête a tout bouleversé* ▸ abattre, détruire, ravager, renverser, ruiner, saccager. 2 *Cet événement a bouleversé tous ses plans* ▸ bousculer, chambouler (fam.), changer, déranger, désorganiser, modifier, perturber, renverser, révolutionner. 3 Fig. *Ce récit l'a bouleversé* ▸ ébranler, émouvoir, mettre sens dessus dessous, retourner, secouer, tournebouler (fam.).

boulimie n. f. 1 *Une boulimie pathologique* ▸ gloutonnerie, goinfrerie. 2 Fig. *Une boulimie d'achat* ▸ avidité, fièvre, frénésie, fringale (fam.).

boulot n. m. Fam. *Trouver un boulot intéressant* ▶ activité, emploi, fonction, job (fam.), métier, poste, profession, situation, travail, turbin (fam.).

boulot, otte adj. *Une femme petite et boulotte* ▶ gras, grassouillet, rond, rondelet, rondouillard (fam.).

boum n. m. **1** Fam. *Être en plein boum* ▶ activité, travail. **2** Fam. *Le boum japonais* ▶ expansion.

boum n. f. Fam. *Organiser une boum* ▶ fête, soirée, surprise-partie (vx).

bouquet n. m. **1** *Lier des glaïeuls en bouquet* ▶ botte, faisceau, gerbe. **2** *Le bouquet d'un vin* ▶ arôme, fumet, parfum. **3** *Le bouquet d'un feu d'artifice* ▶ apogée, apothéose, clou, couronnement.

bouquin n. m. Fam. *Avoir toujours le nez dans un bouquin* ▶ livre, ouvrage.

bouquiner v. Fam. ▶ lire.

bourbe n. f. Litt. ▶ boue, fange (litt.), limon, vase.

bourbeux, euse adj. *Un fleuve aux rives bourbeuses* ▶ boueux, fangeux, limoneux, marécageux, vaseux.

bourbier n. m. ▶ cloaque.

bourbonien, enne adj. *Un nez bourbonien* ▶ aquilin, arqué, busqué, recourbé.

bourde n. f. Fam. *Faire une bourde* ▶ balourdise (fam.), bêtise, bévue, blague, boulette (fam.), erreur, faute, faux pas, gaffe (fam.), impair, maladresse.

bourdon (avoir le) v. Fam. ▶ avoir le vague à l'âme, avoir le cafard (fam.), broyer du noir (fam.).

bourdonnement n. m. **1** *Le bourdonnement d'un moteur* ▶ ronflement, ronron (fam.), ronronnement. **2** Fig. *Le bourdonnement d'une conversation* ▶ bruissement, chuchotement, murmure, rumeur.

bourdonner v. **1** *Un moteur qui bourdonne* ▶ ronfler, ronronner, vrombir. **2** Fig. *Les applaudissements bourdonnaient encore à ses oreilles* ▶ résonner, retentir.

bourg n. m. ▶ agglomération, patelin (fam.), village.

bourgade n. f. ▶ hameau, patelin (fam.), trou (fam. et péj.).

bourgeois, oise adj. **1** *Un intérieur bourgeois* ▶ cossu. **2** *Un quartier bourgeois* ▶ résidentiel. **3** *De la cuisine bourgeoise* ▶ classique, familial, simple. **4** *Des goûts bourgeois* ▶ classique, conformiste, conservateur, conventionnel, formaliste, traditionaliste.

bourgeon n. m. ▶ bouton, caïeu, œil, pousse, rejet, rejeton, scion.

bourgeonnement n. m. *Le bourgeonnement de la vigne* ▶ boutonnement, débourrement, gemmation.

bourgeonner v. **1** *Une plante qui bourgeonne* ▶ boutonner, débourrer. **2** Fig. *Un visage qui bourgeonne* ▶ fleurir.

bourlinguer v. **1** *Un navire qui bourlingue par gros temps* ▶ rouler, tanguer. **2** *Bourlinguer sur toutes les mers du Sud* ▶ circuler, naviguer, rouler sa bosse (fam.), voyager.

bourlingueur, euse adj. et n. Fam. *Avoir l'esprit bourlingueur* ▶ aventureux, aventurier, routard (fam.), voyageur.

bourrage n. m. **1** *Le bourrage d'un matelas* ▶ garnissage, remplissage. **2** *Mettre du bourrage dans un coussin* ▶ bourre, rembourrage. **3 bourrage de crâne** Fig. *Faire du bourrage de crâne* ▶ intoxication, matraquage, propagande.

bourrasque n. f. **1** *Les dégâts causés par une bourrasque* ▶ rafale. **2** Fig. *Arriver et repartir comme une bourrasque* ▶ ouragan, tornade, trombe.

bourre n. f. **1** *La bourre d'un coussin* ▶ bourrage, rembourrage. **2 à la bourre** Fam. ▶ en retard, pressé.

bourré, ée adj. **1** *On ne peut plus entrer, c'est bourré* ▶ bondé, comble, complet, plein. **2** Fam. *Il est rentré bourré* ▶ ivre, saoul.

bourreau n. m. **1** *Le bourreau et sa guillotine* ▶ exécuteur des hautes œuvres. **2** *Des soldats qui se comportent comme des bourreaux* ▶ assassin, boucher, massacreur, sadique, tortionnaire, tueur. **3 bourreau des cœurs** ▶ don juan, séducteur, tombeur (fam.). **4 bourreau de travail** ▶ bosseur (fam.), bûcheur (fam.).

bourrelé, ée adj. *Être bourrelé de remords* ▶ accablé, torturé, tourmenté.

bourrelet n. m. *La graisse lui fait des bourrelets sur le ventre* ▶ pli, renflement.

bourrelier n. m. ▶ sellier.

bourrer v. **1** *Bourrer un siège* ▶ garnir, matelasser, rembourrer. **2** *Bourrer un poêle* ▶ charger, remplir. **3** *Bourrer un texte de fautes d'orthographe* ▶ emplir, farcir, garnir, remplir, truffer. **4** *Bourrer un malade de médicaments* ▶ accabler, gaver, gorger, saturer, surcharger. **5 se bourrer** Fam. *Se bourrer de gâteaux* ▶ se gaver, se goinfrer (fam.), se gorger. **6** Fam. *Se bourrer tous les samedis soirs* ▶ se cuiter (fam.), s'enivrer, se noircir (fam.), se pinter (fam.), se saouler.

bourricot n. m. ▶ ânon, bourriquet.

bourrique n. f. 1 *Avoir dans un enclos un âne et trois bourriques* ▶ ânesse. 2 Fam. *Quelle bourrique!* ▶ âne, butor (litt.), cruche (fam.), idiot, imbécile, sot.

bourriquet n. m. ▶ ânon, bourricot.

bourru, ue adj. Fig. *Il est bourru, mais pas méchant* ▶ abrupt, bougon, brusque, entier, maussade, rébarbatif, renfrogné, revêche, rogue, rude.

bourse n. f. 1 *Une bourse pour mettre de l'argent* ▶ escarcelle (vx), réticule. 2 *Une bourse pour faire ses études* ▶ aide, subside, subvention. 3 *Une valeur cotée en Bourse* ▶ corbeille (vx). 4 Plur. ▶ burnes (fam.), couilles (fam.), génitoires (litt.), testicules.

boursouflé, ée adj. Fig. *Un style boursouflé* ▶ ampoulé, déclamatoire, emphatique, grandiloquent, pompeux, ronflant.

boursoufler v. 1 *Le traitement lui a boursouflé le visage* ▶ bouffir, enfler, gonfler, souffler. 2 *La malnutrition boursoufle le ventre* ▶ ballonner, dilater, distendre, gonfler. 3 **se boursoufler** *De la peinture qui se boursoufle* ▶ se cloquer.

boursouflure n. f. 1 *Avoir une boursouflure à la suite d'une brûlure* ▶ cloque, gonflement. 2 *La boursouflure du visage d'un alcoolique* ▶ bouffissure, enflure, gonflement. 3 Fig. *La boursouflure du style* ▶ emphase, enflure, grandiloquence, pompe (vx).

bousculade n. f. 1 *La bousculade des grands magasins* ▶ agitation, corrida (fam.), mêlée, remue-ménage, tourbillon. 2 *Une bousculade entre manifestants et forces de l'ordre* ▶ accrochage, bagarre, échauffourée, heurt.

bousculer v. 1 *Tout bousculer dans une chambre* ▶ bouleverser, chahuter (fam.), chambarder (fam.), chambouler (fam.), déranger, mettre sens dessus dessous, révolutionner. 2 *Bousculer qqn en montant dans le métro* ▶ heurter, percuter, pousser. 3 *Bousculer un prévenu pendant un interrogatoire* ▶ brusquer, cogner (fam.), malmener, rudoyer, secouer. 4 *Bousculer l'ennemi en l'attaquant par surprise* ▶ culbuter, renverser. 5 *Bousculer qqn pour qu'il termine un travail* ▶ activer, presser, rappeler à l'ordre, secouer. 6 Fig. *Je suis vraiment un peu bousculé ces temps-ci* ▶ déborder, submerger. 7 **se bousculer** *La salle n'ouvre que dans une heure, mais on se bouscule déjà à l'entrée* ▶ se presser.

bousillage n. m. Fam. *Ce n'est pas du travail, c'est du bousillage* ▶ bâclage, gâchis, massacre, sabotage.

bousillé, ée adj. Fam. *La bagnole est complètement bousillée* ▶ fichu (fam.), foutu (fam.), hors service.

bousiller v. Fam. 1 *Bousiller un travail* ▶ bâcler, cochonner (fam.), gâcher, massacrer, saboter, saloper (fam.). 2 Fam. *Bousiller son vélo* ▶ abîmer, casser, détériorer, esquinter. 3 Fam. *Bousiller qqn* ▶ descendre (fam.), tuer, zigouiller (fam.).

bout n. m. 1 *Aller jusqu'au bout de l'île* ▶ extrémité, limite, pointe. 2 *Prendre le bout du rôti* ▶ entame. 3 *Voir arriver avec soulagement le bout des travaux* ▶ aboutissement, achèvement, fin, issue, terme. 4 *On n'en a retrouvé que des bouts* ▶ éclat, fragment, lambeau. 5 *J'en reprendrai bien un bout* ▶ bouchée, bribe, miette, morceau, part, portion. 6 *Avoir juste un bout de terre* ▶ lopin, parcelle. 7 *Prendre les choses par leur bon bout* ▶ côté. 8 **à bout** *Être à bout* ▶ démoralisé, déprimé, excédé. 9 **à bout de souffle** ▶ brisé, crevé (fam.), épuisé, éreinté, exténué, harassé, vidé (fam.). 10 **au bout du compte** ▶ en définitive, en fin de compte, finalement, tout bien considéré, tout compte fait.

boutade n. f. ▶ mot pour rire, plaisanterie, saillie (litt.), trait d'esprit.

boute-en-train n. m. ▶ amuseur, comique, farceur, gai luron (fam.).

boutique n. f. ▶ commerce, échoppe, magasin.

boutiquier, ère n. *Les boutiquiers du quartier* ▶ commerçant, détaillant, marchand.

bouton n. m. 1 *Un bouton qui éclot* ▶ bourgeon, œil. 2 *Un bouton de porte* ▶ poignée. 3 *Appuyer sur le bouton pour allumer* ▶ commutateur, interrupteur, poussoir, touche. 4 *Un visage couvert de boutons* ▶ acné, pustules, vésicules.

boutonner v. 1 *Une plante qui boutonne* ▶ bourgeonner, débourrer. 2 *Boutonner sa veste* ▶ attacher, fermer.

bouvier, ière n. ▶ vacher.

bovin, ine adj. Fig. *Un regard bovin* ▶ amorphe, apathique, atone, éteint, inerte, inexpressif, morne, stupide, vide.

bow-window n. m. ▶ oriel.

box n. m. *Aménager des box dans une grande salle* ▶ compartiment, loge, stalle.

boxer v. Fam. *Boxer qqn* ▶ battre, cogner (fam.), frapper, taper.

boxeur n. m. ▶ pugiliste (litt.).

boy n. m. ▶ domestique, serviteur.

boyau n. m. 1 *Un plat à base de boyau de porc* ▶ entrailles, intestins, tripes, viscères. **2** *Les boyaux d'une raquette de tennis* ▸ corde. **3** *Faire couler de l'eau dans un boyau de caoutchouc* ▸ conduite, tube, tuyau. **4** *Un boyau qui permet d'accéder à une grotte* ▸ conduit, galerie, passage, tranchée.

boycott n. m. *Se dire victime d'un boycott de la part de ses collègues* ▸ ostracisme (litt.), quarantaine.

boycotter v. *Boycotter un collègue* ▸ mettre en quarantaine, ostraciser (litt.).

bracelet-montre n. m. ▸ montre, montre-bracelet.

brader v. *Brader la marchandise* ▸ bazarder (fam.), liquider, sacrifier.

braderie n. f. **1** *Aller faire un tour dans une braderie annuelle* ▸ foire, kermesse. **2** *Des prix de braderie* ▸ liquidation.

braillard, arde adj. Fam. *Des enfants braillards* ▸ bruyant, criard, gueulard (fam.).

braillement n. m. *Les braillements des démagogues* ▸ beuglement, criaillerie, hurlement, vocifération.

brailler v. **1** Fam. *Des enfants qui braillent* ▸ crier, pleurer. **2** Fam. *Brailler un refrain* ▸ beugler, bramer, gueuler (fam.), hurler, vociférer.

braisière n. f. ▸ daubière.

bramer v. **1** *Un cerf qui brame* ▸ raire, réer. **2** Fig. *Ces pleureuses vont-elles passer la nuit à bramer ?* ▸ gémir, se lamenter.

brancard n. m. ▸ civière.

branchage n. m. *Le branchage d'un arbre* ▸ branches, ramée (litt.), ramure.

branche n. f. **1** Plur. *Les branches d'un arbre* ▸ branchage, ramée (litt.), ramure. **2** Fig. *Une branche collatérale d'une famille royale* ▸ lignée, rameau. **3** Fig. *Les différentes branches d'une science* ▸ discipline, domaine, partie, ramification, secteur, spécialité, subdivision.

branché, ée adj. Fig. et fam. *Un endroit branché* ▸ à la mode, à la page, dans le coup (fam.), dans le vent (fam.), en vogue, in (fam.).

branchement n. m. *Le branchement d'un circuit secondaire sur un circuit principal* ▸ connexion, jonction, raccordement.

brancher v. **1** *Brancher un circuit électrique sur un autre* ▸ connecter, raccorder, rattacher, relier. **2** Fig. *Brancher qqn sur une affaire* ▸ aiguiller, diriger, orienter. **3** Fig. et fam. *Cette histoire a l'air de vous brancher* ▸ captiver, intéresser, passionner, séduire.

branchette n. f. ▸ brindille, rameau, ramille (litt.).

brandir v. **1** *Brandir une hache* ▸ élever, lever. **2** *Brandir une pancarte* ▸ agiter, remuer.

branlant, ante adj. **1** *Un escalier branlant* ▸ chancelant, croulant, instable, vacillant. **2** *Une démarche branlante* ▸ chancelant, flageolant, titubant, trébuchant, vacillant.

branle n. m. **1** *Le branle d'une cloche* ▸ balancement, mouvement, oscillation. **2 mettre en branle** *Mettre en branle un processus administratif* ▸ déclencher, engager, initier, lancer, mettre en route, mettre en train.

branle-bas n. m. **1** *Sonner le branle-bas* ▸ alarme, alerte. **2** Fig. *Le branle-bas de la rentrée scolaire* ▸ affairement, agitation, effervescence, remue-ménage, tohu-bohu.

branler v. **1** *Branler la tête* ▸ agiter, hocher, remuer, secouer. **2** *L'escalier branle un peu* ▸ chanceler, osciller, vaciller.

braquer v. **1** *Braquer une lunette d'approche sur l'horizon* ▸ diriger, orienter, pointer. **2** *Braquer à gauche* ▸ obliquer, tourner, virer. **3** Fam. *Braquer une banque* ▸ attaquer. **4 se braquer** *Se braquer dans une opposition systématique* ▸ se buter, s'entêter, s'obstiner, s'opiniâtrer (litt.), se raidir.

bras n. m. **1** Plur. *La terre manque de bras* ▸ main-d'œuvre, travailleurs. **2** *La police est le bras armé de la justice* ▸ agent, exécutant, instrument. **3** *Le bras d'un fauteuil* ▸ accoudoir. **4 bras droit** *Le bras droit du ministre* ▸ adjoint, alter ego, lieutenant, second.

brasier n. m. *Tout est parti en fumée dans ce brasier* ▸ fournaise.

brassage n. m. Fig. *Le brassage des populations* ▸ amalgame, fusion, mélange.

brasser v. **1** *Brasser un mélange* ▸ amalgamer, remuer, touiller (fam.), tourner. **2** *Brasser des cartes* ▸ battre, mélanger, mêler. **3** Fig. *Brasser beaucoup d'affaires* ▸ manier, manipuler, remuer, traiter.

brasserie n. f. ▸ café-restaurant.

brassière n. f. ▸ camisole (vx), chemisette.

bravache n. m. ▸ fanfaron, fier-à-bras, matamore, rodomont (vx).

bravade n. f. ▸ défi, fanfaronnade, provocation, rodomontade.

brave adj. **1** *Se montrer brave face au danger* ▸ courageux, déterminé, hardi, intrépide, résolu, vaillant, valeureux. **2** *Ce sont de braves gens* ▸ bienveillant, gentil, honnête, obligeant, serviable.

brave n. m. *C'était un vrai brave* ▶ héros.

bravement adv. ▶ courageusement, hardiment, intrépidement, résolument, vaillamment, valeureusement.

braver v. **1** *Braver les autorités* ▶ défier, narguer, provoquer. **2** *Braver le danger* ▶ dédaigner, faire fi de (vx), mépriser, se moquer de, ne faire aucun cas de, se rire de.

bravos n. m. pl. *Les bravos de la foule* ▶ acclamations, applaudissements, ovations, vivats.

bravoure n. f. ▶ cœur (litt.), courage, cran (fam.), crânerie (litt.), hardiesse, intrépidité, vaillance.

break n. m. Fam. *Faire un break au milieu d'une séance de travail* ▶ intermède, interruption, pause.

brebis n. f. **1** Fig. *Un prêtre attentif à ses brebis* ▶ fidèle, ouaille. **2** *brebis galeuse C'est la brebis galeuse de la famille* ▶ mouton noir.

brèche n. f. ▶ ouverture, passage, percée, trou, trouée.

bredouillage, bredouillement n. m. ▶ bafouillage, balbutiement, bégaiement.

bredouiller v. *Bredouiller des excuses* ▶ bafouiller, balbutier, bégayer, s'embrouiller dans, marmonner.

bredouilleur, euse adj. *Un adolescent timide et bredouilleur* ▶ bafouilleur, balbutiant, bégayant.

bref, brève adj. **1** *La vie paraît parfois brève* ▶ court, fugace, fugitif, rapide. **2** *Un orateur qui ne parvient pas à être bref* ▶ concis, court, laconique, succinct. **3** *Répliquer d'un ton bref* ▶ brusque, brutal, coupant, sec, tranchant. **4** *en bref Expliquer qqch en bref* ▶ en gros (fam.), en résumé, grosso modo (fam.), schématiquement, sommairement, succinctement.

bref adv. *Bref, il ne viendra pas* ▶ en un mot.

breloque n. f. ▶ babiole, colifichet, fantaisie.

bretelle n. f. **1** *La bretelle d'un fusil* ▶ bandoulière. **2** Fig. *Prendre la bretelle qui conduit à l'autoroute* ▶ embranchement, raccordement.

breton, onne adj. et n. ▶ armoricain.

bretteur n. m. Vx ▶ ferrailleur, fine lame.

breuvage n. m. ▶ boisson.

brevet n. m. *Un brevet d'études professionnelles* ▶ certificat, diplôme, titre.

bréviaire n. m. Fig. *Il en a fait son bréviaire* ▶ bible, livre de chevet.

bribe n. f. **1** *Il ne reste que quelques bribes de gâteau* ▶ bout, fragment, miette, parcelle. **2** *Il n'a pas une bribe de bon sens* ▶ atome, brin, goutte, miette, once, parcelle, particule, sou.

bric-à-brac n. m. **1** *Il va venir avec tout son bric-à-brac* ▶ attirail, barda (fam.), bastringue (fam.), bataclan (fam.), bazar (fam.), fourbi (fam.). **2** *Vous vous y retrouvez, dans ce bric-à-brac ?* ▶ bazar (fam.), capharnaüm, désordre, souk (fam.).

bricole n. f. ▶ babiole (fam.), bagatelle, bêtise, brimborion, broutille, futilité, rien, vétille.

bricoler v. Fam. *Qu'est-ce qu'ils bricolent au fond du jardin ?* ▶ fabriquer (fam.), faire, ficher (fam.), fricoter (fam.), traficoter (fam.), trafiquer.

bride n. f. **1** ▶ rênes. **2** *à bride abattue* ▶ à fond de train (fam.), à toute vitesse, en toute hâte, ventre à terre.

brider v. **1** *Brider une volaille* ▶ ficeler, trousser. **2** *Ce veston le bride* ▶ boudiner, comprimer, serrer. **3** Fig. *Brider l'ardeur de qqn* ▶ contenir, entraver, freiner, refréner, réprimer.

briefer v. Fam. *Il faudrait les briefer avant la réunion* ▶ informer, mettre au courant, prévenir.

brièvement adv. *S'expliquer brièvement* ▶ laconiquement, rapidement, succinctement.

brigade n. f. *Une brigade de cantonniers* ▶ équipe, escouade, groupe, troupe.

brigand n. m. **1** *Une bande de brigands* ▶ apache (vx), bandit, détrousseur, fripouille, gangster, malandrin (vx), malfaiteur, malfrat (fam.), truand, voleur. **2** *Ce petit brigand a mangé toutes les confitures* ▶ bandit, chenapan, coquin, fripon, vaurien.

brigandage n. m. ▶ banditisme, gangstérisme, pillage, vol.

brigue n. f. Litt. *Obtenir un poste à force de brigue* ▶ intrigue, magouilles (fam.), manœuvres, tractations.

briguer v. Litt. *Briguer un poste* ▶ ambitionner, aspirer à, convoiter, prétendre à, rechercher, viser.

brillamment adv. *Un morceau brillamment interprété par une cantatrice* ▶ magnifiquement, superbement, talentueusement.

brillance n. f. Litt. *La brillance du ciel* ▶ brillant, éclat, luminosité.

brillant, ante adj. **1** *Un métal aux reflets brillants* ▶ chatoyant, éblouissant, éclatant, étincelant, flamboyant, luisant, lumineux, miroitant, rayonnant, resplendissant, rutilant, scintillant. **2** Fig. *Un brillant succès* ▶ beau, magnifique, remarquable, splendide, superbe. **3** Fig. *Un brillant mathématicien* ▶ célèbre, distingué, émérite, éminent, fameux, illustre, remarquable.

brillant n. m. **1** *Une bague ornée d'un brillant* ▶ diamant, solitaire. **2** *Le brillant d'une étoile* ▶ brillance (litt.), clarté, éclat, luminosité, rayonnement, scintillement. **3** Fig. *Le brillant d'une conversation* ▶ brio, séduction, virtuosité.

brillantine n. f. *Les cheveux luisants de brillantine* ▶ gomina (nom déposé).

briller v. **1** *Une mer qui brille sous le soleil* ▶ brasiller (litt.), chatoyer, étinceler, flamboyer, irradier, luire, miroiter, rayonner, reluire, resplendir, rutiler, scintiller. **2** Fig. *Il ne brille pas par son intelligence* ▶ se distinguer, fasciner, frapper, impressionner. **3** Fig. *Briller dans l'improvisation* ▶ exceller, réussir.

brimade n. f. **1** *Les brimades infligées aux nouveaux* ▶ bizutage, vexation. **2** *Les brimades d'une administration tatillonne* ▶ avanie, tracasserie, vexation.

brimbaler v. Litt. *Des secousses qui brimbalent les voyageurs dans tous les sens* ▶ agiter, balancer, ballotter, bringuebaler (fam.), cahoter, secouer.

brimborion n. m. Litt. ▶ babiole, bagatelle, bricole, frivolité.

brimer v. *Si vous leur refusez cela, ils vont dire que vous les brimez* ▶ maltraiter, persécuter, tourmenter.

brin n. m. **1** *Un brin de paille* ▶ fétu. **2** *Les brins d'une corde* ▶ fibre, fil, filament. **3** Fig. *J'en reprendrais bien un brin* ▶ bout, doigt, goutte, larme, lichette (fam.), morceau, soupçon. **4** Fig. *Ne pas avoir un brin de bon sens* ▶ atome, bribe, goutte, miette, once, parcelle, particule, sou.

brindille n. f. *Un feu de brindilles* ▶ branchette, rameau, ramille (litt.).

bringue n. f. Fam. *Faire une bringue à tout casser* ▶ bamboche (fam.), bamboula (fam.), bombe (fam.), fiesta (fam.), foire (fam.), java (fam.), noce (fam.), nouba (fam.).

bringuebaler v. **1** Fam. *Pourquoi aller se faire bringuebaler dans cette carriole ?* ▶ ballotter, brimbaler (litt.), cahoter, secouer. **2** Fam. *Un vieux tacot qui bringuebale sur des pavés* ▶ cahoter, tanguer.

brio n. m. *Un morceau de musique exécuté avec beaucoup de brio* ▶ aisance, alacrité (litt.), allant, brillant, entrain, fougue, maestria, virtuosité, vivacité.

brioche n. f. Fig. et fam. *Prendre de la brioche* ▶ bedaine (fam.), bide (fam.), ventre.

brique adj. *Un velours de couleur brique* ▶ rougeâtre.

brique n. f. Fig. et fam. *Acheter une maison trente briques* ▶ million.

briquer v. Fam. ▶ astiquer, frotter.

bris n. m. *Constater le bris de la clôture* ▶ casse, destruction, rupture.

brisant n. m. ▶ écueil, récif, rocher.

briscard n. m. Litt. *Les briscards de la Vieille Garde* ▶ grognard.

brise n. f. ▶ zéphyr (litt.).

brisées n. f. pl. **1** Fig. *Suivre les brisées de qqn* ▶ sillage, traces, voie. **2 marcher sur les brisées** Fig. *Marcher sur les brisées de qqn* ▶ concurrencer.

brise-lames n. m. ▶ digue, estacade, jetée, môle.

briser v. **1** *En s'effondrant, le bloc a tout brisé* ▶ broyer, casser, défoncer, démolir, détruire, écraser, fracasser, pulvériser. **2** Fig. *Ce voyage m'a brisé* ▶ crever (fam.), épuiser, éreinter, exténuer, harasser, rompre (litt.), tuer. **3** Fig. *Cet échec l'a brisé* ▶ accabler, anéantir, annihiler, casser. **4** Fig. *Cet accident a brisé nos espérances* ▶ détruire, ruiner, torpiller (fam.). **5 se briser** *Une bouteille qui se brise* ▶ se casser, éclater, se rompre. **6** *Des vagues qui se brisent sur des écueils* ▶ déferler. **7** Fig. et litt. *Nos tentatives se sont brisées devant sa détermination* ▶ échouer.

bristol n. m. *Il ne viendra que si vous lui envoyez un bristol* ▶ carton.

brisure n. f. **1** *Un beau plateau de marbre avec une petite brisure sur le côté* ▶ cassure, faille, fêlure. **2** *Des brisures de truffes* ▶ bout, fragment, miette, morceau, parcelle.

britannique adj. et n. ▶ anglais, british (fam.).

brocante n. f. ▶ chine.

brocanteur, euse n. ▶ chineur.

brocard n. m. Litt. *Multiplier les brocards à l'adresse de qqn* ▶ lazzi, moquerie, quolibet, raillerie, sarcasme.

brocarder v. Litt. *Brocarder une nouvelle invention* ▶ chansonner (vx), se moquer de, persifler, railler, ridiculiser.

broche n. f. *Porter une broche sur un corsage* ▶ agrafe, barrette.

brochette n. f. Fig. et fam. *Être accueilli par une brochette de ministres* ▶ rangée.

brochure n. f. *Une brochure retraçant l'histoire de la ville* ▶ bulletin, fascicule, livret, opuscule, plaquette.

brodequin n. m. **1** Litt. *Les brodequins des acteurs comiques* ▶ socque (litt.). **2** *Des brodequins de randonneur* ▶ godillot (fam.), pataugas (nom déposé), ranger.

broder v. Fig. *Il a brodé un peu, mais l'essentiel est vrai* ▶ amplifier, charger, enjoliver, exagérer, fabuler, inventer.

broker n. m. ▶ agent de change, courtier, opérateur.

broncher v. **1** Vx *Broncher sur un obstacle* ▶ achopper, buter, trébucher. **2** Fig. *Ils n'ont pas bronché malgré tous ces abus* ▶ s'agiter, bouger, murmurer, protester, réagir, remuer, sourciller.

bronzage n. m. *Revenir de vacances avec un beau bronzage* ▶ hâle.

bronze n. m. ▶ airain (litt.).

bronzer v. ▶ basaner, boucaner, brunir, cuivrer, hâler, tanner.

brosse n. f. *Une brosse pour peindre* ▶ blaireau, pinceau.

brosser v. **1** *Brosser un cheval* ▶ bouchonner, étriller, frotter, panser. **2** *Brosser un vêtement* ▶ dépoussiérer, épousseter. **3** Fig. *Brosser un caractère à grands traits* ▶ camper, croquer, décrire, esquisser, peindre, présenter. **4 se brosser** *Se brosser les dents* ▶ se laver. **5** Fam. *Ils peuvent toujours se brosser pour toucher cet argent* ▶ courir (fam.), se fouiller (fam.), repasser (fam.).

brouet n. m. Vx ▶ bouillon, potage, soupe.

brouhaha n. m. ▶ rumeur, tapage, tohu-bohu, tumulte.

brouillage n. m. *Il y a du brouillage sur la ligne* ▶ bruit, friture (fam.), parasites.

brouillamini n. m. Fam. *Vous vous retrouvez dans ce brouillamini ?* ▶ bazar (fam.), chaos, confusion, désordre, embrouillamini (fam.), embrouillement, enchevêtrement, imbroglio, méli-mélo, pagaille.

brouillard n. m. **1** *Un brouillard sur lequel on inscrit les opérations à mesure* ▶ main courante. **2** *Il y a du brouillard sur toute la région* ▶ brume, purée de pois (fam.). **3** Fig. *Les enquêteurs sont dans le brouillard* ▶ brume, cirage (fam.), obscurité, ombre, ténèbres. **4 brouillard givrant** ▶ frimas (litt.).

brouillasse n. f. ▶ bruine, crachin.

brouillasser v. ▶ bruiner, crachiner, pleuvasser.

brouille n. f. ▶ bisbille (fam.), brouillerie, désaccord, différend, discorde, dispute, fâcherie, froid, mésentente, mésintelligence, querelle, zizanie.

brouillé, ée adj. **1** *Avoir le teint brouillé* ▶ plombé, terreux. **2** *Être brouillé avec ses voisins* ▶ en froid, en mauvais termes, fâché.

brouiller v. **1** *Brouiller le bel ordre d'un fichier* ▶ bouleverser, déranger, dérégler, désorganiser, embrouiller, emmêler, perturber. **2** *Brouiller des dates* ▶ confondre, embrouiller, mélanger, mêler. **3 se brouiller** *Avoir la vue qui se brouille* ▶ se troubler. **4** *Le temps se brouille* ▶ se couvrir, se gâter, s'obscurcir. **5** Fig. *Se brouiller avec sa meilleure amie* ▶ se fâcher avec, quitter, rompre avec, se séparer de.

brouillerie n. f. ▶ bisbille (fam.), brouille, désaccord, différend, fâcherie, froid, mésentente, mésintelligence, querelle, zizanie.

brouillon, onne adj. *Un esprit brouillon* ▶ cafouilleux (fam.), confus, désordonné, embrouillé, fumeux (fam.), nébuleux, obscur.

brouillon n. m. *Ce n'est encore qu'un brouillon* ▶ ébauche, esquisse, premier jet, projet, schéma.

broussaille n. f. ▶ buisson, fourré.

broussailleux, euse adj. ▶ buissonneux, touffu.

brouter v. *Mener brouter ses bêtes* ▶ paître, pâturer.

broutille n. f. Fig. *Se fâcher pour une broutille* ▶ bagatelle, bricole (fam.), fadaise, niaiserie, rien, vétille.

broyer v. **1** *Le produit passe entre des mâchoires d'acier qui le broient* ▶ concasser, écrabouiller (fam.), écraser, égruger, moudre, piler, pulvériser, triturer. **2** Fig. *Un appareil policier prêt à broyer la moindre opposition* ▶ abattre, anéantir, annihiler, détruire, écraser.

bru n. f. ▶ belle-fille.

bruine n. f. ▶ brouillasse, crachin.

bruiner v. ▶ brouillasser, crachiner, pleuvasser.

bruire v. Litt. *Entendre bruire doucement le filet d'un ruisseau* ▶ chuchoter, murmurer.

bruissement n. m. *Le bruissement d'une conversation* ▶ bourdonnement, chuchotement, murmure, rumeur.

bruit n. m. **1** *Des machines qui font un bruit fou* ▶ barouf (fam.), boucan (fam.), chahut (fam.), fracas, potin (fam.), raffut (fam.), ramdam (fam.), tapage, tintamarre, tintouin (fam.), **vacarme**. 2 *Il y a un bruit dans l'amplificateur* ▶ **grésillement, parasites**. 3 Fig. *Ce ne sont que des bruits* ▶ **bavardage, cancan** (fam.), **commérage, on-dit, potin** (fam.), **racontar** (fam.), **ragot, rumeur**. 4 Fig. *Il est décidé à faire du bruit pour attirer l'attention* ▶ **barouf** (fam.), **foin** (fam.), **pétard** (fam.), **potin** (fam.), **raffut, ramdam, scandale, tintouin** (fam.).

brûlant, ante adj. 1 *Du café brûlant* ▶ **bouillant**. 2 *Un soleil brûlant* ▶ **torride**. 3 Fig. *Un sujet brûlant* ▶ **dangereux, délicat, épineux, périlleux, risqué, scabreux, sensible**. 4 Fig. *Un désir brûlant* ▶ **ardent, dévorant, enflammé, fervent, passionné**.

brûlé, ée adj. Fig. et fam. *Notre agent est brûlé* ▶ **découvert, démasqué, grillé** (fam.).

brûlé n. m. *Cela sent le brûlé* ▶ **roussi**.

brûle-parfum n. m. ▶ **cassolette**.

brûle-pourpoint (à) adv. ▶ **abruptement, de but en blanc, ex abrupto**.

brûler v. 1 *Du bois qui brûle bien* ▶ **se consumer, flamber**. 2 *Le feu a tout brûlé en quelques instants* ▶ **calciner, carboniser, consumer, cramer** (fam.), **incendier**. 3 *Brûler du café* ▶ **griller, torréfier**. 4 *Brûler un cadavre* ▶ **incinérer**. 5 Fig. *Un soleil violent qui brûle les dalles de la terrasse* ▶ **chauffer, cuire**. 6 Fig. *Brûler une chemise en la repassant* ▶ **cramer** (fam.), **roussir**. 7 Fig. *Un gaz qui brûle les yeux* ▶ **irriter, piquer**. 8 Fig. *Brûler un feu rouge* ▶ **griller** (fam.), **passer**. 9 Fig. *Il brûle de se rendre utile* ▶ **ambitionner de, aspirer à, convoiter de, rêver de, vouloir**.

brûlure n. f. 1 *Une brûlure provoquée par des orties* ▶ **irritation, urtication**. 2 *Des brûlures d'estomac* ▶ **acidité, aigreur**. 3 Fig. *Une brûlure d'amour-propre* ▶ **blessure, meurtrissure** (litt.).

brume n. f. 1 *Un bateau noyé dans la brume* ▶ **brouillard**. 2 Fig. *Il y a des zones de brume dans sa démonstration* ▶ **brouillard, obscurité, ombre, ténèbres**.

brumeux, euse adj. 1 *Le temps est brumeux* ▶ **brouillardeux, voilé**. 2 Fig. *Des idées brumeuses* ▶ **confus, fumeux, nébuleux, obscur, vague**.

brun, brune adj. 1 *Un velours brun* ▶ **chocolat, mordoré, tabac**. 2 *Des cheveux bruns* ▶ **châtain, marron**. 3 *Revenir tout brun d'un séjour au bord de la mer* ▶ **bronzé, bruni, hâlé**.

brunir v. 1 *Brunir un métal* ▶ **polir, poncer**. 2 *Le soleil l'a bruni* ▶ **basaner, boucaner, bronzer, hâler, noircir, tanner**. 3 *Un enfant dont les cheveux brunissent* ▶ **s'assombrir, foncer**.

brunissage n. m. *Le brunissage d'un métal* ▶ **polissage, ponçage**.

brusque adj. 1 *Un homme brusque* ▶ **bourru, brutal, coléreux, emporté, impulsif, irascible, vif, violent**. 2 *Un changement brusque* ▶ **brutal, imprévu, inattendu, inopiné, précipité, rapide, soudain, subit**.

brusquement adv. *Partir brusquement pour l'Italie* ▶ **brutalement, inopinément, soudain, soudainement, subitement, tout à coup**.

brusquer v. 1 *Brusquer qqn* ▶ **bousculer, malmener, rabrouer, rudoyer, secouer**. 2 *Brusquer les choses* ▶ **accélérer, activer, hâter, précipiter, presser**.

brusquerie n. f. 1 *Vous vous adressez à ces enfants avec trop de brusquerie* ▶ **brutalité, raideur, rudesse**. 2 *Tout cela est arrivé avec une telle brusquerie!* ▶ **rapidité, soudaineté**.

brut, brute adj. 1 *Un paysage encore à l'état brut* ▶ **naturel, originel, primitif, sauvage, vierge**. 2 *Une étoffe brute* ▶ **grossier, rude**.

brutal, ale adj. 1 *Être brutal avec ses enfants* ▶ **brusque, violent**. 2 *Une passion brutale* ▶ **animal, âpre, bestial, sauvage**. 3 *Une franchise brutale* ▶ **bourru, direct, rude**. 4 *Un changement brutal* ▶ **brusque, imprévu, inattendu, inopiné, précipité, rapide, soudain, subit**.

brutalement adv. 1 *Intervenir brutalement dans un débat* ▶ **agressivement, crûment, durement, rudement, violemment**. 2 *Mourir brutalement* ▶ **brusquement, inopinément, soudainement, subitement**.

brutaliser v. ▶ **battre, frapper, malmener, maltraiter, molester, rudoyer, secouer** (fam.).

brutalité n. f. 1 *La brutalité des troupes d'occupation* ▶ **brusquerie, dureté, rudesse, violence**. 2 *La brutalité d'une description* ▶ **crudité, précision, réalisme, rudesse, verdeur**. 3 Plur. *Des brutalités inadmissibles* ▶ **sévices, violences, voies de fait**.

brute n. f. *Se conduire comme une vraie brute* ▶ **butor, goujat, malotru, mufle, rustre, sauvage**.

bruyamment adv. *Se réjouir bruyamment d'avoir eu raison* ▶ **bien haut, lourdement, tapageusement**.

bruyant, ante adj. 1 *Une musique particulièrement bruyante* ▶ **assourdissant, fracassant, retentissant, tonitruant**. 2 *Des enfants bruyants* ▶ **braillard** (fam.), **tapageur, turbulent**.

buanderie n. f. *Ranger des draps dans la buanderie* ▶ **lingerie**.

buccal, ale adj. ▶ oral.

bûche n. f. Fig. et fam. *Quelle bûche!* ▶ âne, balourd, **cornichon** (fam.), **cruche** (fam.), **gourde** (fam.), idiot, lourdaud, sot.

bûcher v. Fam. *Bûcher ses examens* ▶ bosser (fam.), **piocher** (fam.), **potasser** (fam.), préparer, travailler.

bûcheur, euse adj. et n. Fam. ▶ **bosseur** (fam.), bourreau de travail, travailleur.

bucolique adj. *Une atmosphère bucolique* ▶ agreste, champêtre, **pastoral** (litt.), rustique.

bucolique n. f. *Écrire des bucoliques* ▶ bergerie, églogue, idylle.

budget n. m. **1** *Équilibrer son budget* ▶ comptabilité, comptes. **2** *Il faudrait prévoir un budget plus important pour ces travaux* ▶ dépense, enveloppe, poste.

budgétaire adj. *Avoir des problèmes budgétaires* ▶ financier, pécuniaire.

buée n. f. *De la buée sur une vitre* ▶ condensation.

buffet n. m. **1** *Ranger des serviettes dans un buffet* ▶ bahut. **2** *Le buffet de la gare* ▶ buvette, cafétéria.

building n. m. ▶ gratte-ciel, tour.

buisson n. m. **1** *Un animal qui se réfugie dans un buisson* ▶ fourré. **2** Plur. *Une bicoque entourée par 3 hectares de buissons* ▶ broussailles, fourrés, hallier, taillis.

buissonneux, euse adj. ▶ broussailleux, fourni, touffu.

bulbe n. m. ▶ oignon.

bulldozer n. m. ▶ bouteur, excavateur, excavatrice.

bulle n. f. **1** *Les bulles des bandes dessinées* ▶ phylactère. **2** *La peau s'est gonflée en bulle* ▶ ampoule, boursouflure, cloque, vésicule.

bulletin n. m. **1** *Un bulletin d'état civil* ▶ acte, certificat. **2** *Présenter son bulletin au guichet* ▶ billet, ticket. **3** *Le bulletin d'une société savante* ▶ journal, périodique, publication, revue.

bunker n. m. ▶ blockhaus, casemate.

bureau n. m. **1** Vx *Un bureau de tabac* ▶ débit. **2** *Une décision prise par les bureaux du ministère des finances* ▶ service. **3** *Ouvrir un bureau à l'étranger* ▶ agence, antenne.

bureaucrate n. ▶ gratte-papier, paperassier, rond-de-cuir, **scribouillard** (fam.).

burette n. f. ▶ fiole, flacon.

burlesque adj. *Une idée burlesque* ▶ bouffon, extravagant, farfelu, grotesque, loufoque, ridicule, saugrenu.

buse n. f. **1** *Une buse d'assainissement* ▶ canalisation, conduit, tuyau. **2** Fam. *Ce n'est qu'une buse* ▶ âne, **ballot** (fam.), **balourd** (fam.), **cornichon** (fam.), **cruche** (fam.), **gourde** (fam.), idiot, sot.

business n. m. Fam. ▶ affaires, commerce.

busqué, ée adj. *Un nez busqué* ▶ aquilin, arqué, bourbonien, crochu, recourbé.

buste n. m. ▶ **gorge** (vx), poitrine, torse, tronc.

but n. m. **1** *Un tireur qui touche le but à la première balle* ▶ cible, objectif, point de mire. **2** *Arriver au but d'un voyage* ▶ fin, terme. **3** *Expliquer le but d'une politique* ▶ ambition, dessein, fin, intention, visée. **4 de but en blanc** ▶ à brûle-pourpoint, abruptement, ex abrupto.

buté, ée adj. *Un esprit buté* ▶ **cabochard** (fam.), entêté, obstiné, têtu.

butée n. f. **1** *La butée d'un pont* ▶ culée. **2** *Une butée de sécurité* ▶ arrêt, arrêtoir.

buter v. **1** *Buter sur un obstacle* ▶ achopper, **broncher** (litt.), cogner, heurter, trébucher. **2 se buter** *Il se bute dès qu'on essaye de le raisonner* ▶ se braquer, s'entêter, s'obstiner, s'opiniâtrer.

butin n. m. **1** *Voilà un butin dont on retirera une fortune* ▶ capture, prise, proie. **2** Fig. et litt. *Le butin d'un chercheur* ▶ récolte.

butiner v. Fig. *Aller butiner des informations* ▶ glaner, grappiller, récolter.

butoir n. m. **1** *Un butoir à l'extrémité d'une voie ferrée* ▶ heurtoir. **2** *Un butoir pour racler le cuir* ▶ drayoire. **3** *Fixer une date butoir pour remettre un travail* ▶ limite.

butor n. m. Fig. et litt. ▶ âne, balourd, bête, **lourdaud** (fam.), malotru, rustre.

butte n. f. **1** ▶ colline, éminence, hauteur, mamelon, monticule, tertre. **2 être en butte à** *Être en butte à des moqueries* ▶ être exposé à, être victime de.

butter v. *Butter des arbres fruitiers* ▶ chausser, enchausser.

buvable adj. *C'est juste buvable* ▶ acceptable, **potable** (fam.), supportable, tolérable.

buvette n. f. ▶ buffet.

buveur, euse n. *C'est un grand buveur d'eau* ▶ amateur, consommateur.

byzantin, ine adj. Fig. *Des discussions byzantines* ▶ compliqué, emberlificoté, oiseux, tarabiscoté.

byzantinisme n. m. *Le byzantinisme de certains débats de spécialistes* ▶ complexité, raffinement, subtilité.

C

çà et là adv. ▶ au hasard, ici et là.

cabale n. f. Fig. et litt. *Une cabale montée contre un auteur* ▶ complot, conjuration, conspiration, intrigue.

cabalistique adj. *Une formule cabalistique* ▶ ésotérique, magique, mystérieux, secret, sibyllin.

caban n. m. ▶ vareuse.

cabane n. f. *Une cabane misérable* ▶ baraque, bicoque (fam.), cahute, hutte, masure (litt.).

cabaret n. m. ▶ café-concert, music-hall.

cabas n. m. ▶ panier, sac à provisions.

cabinet n. m. **1** *Un cabinet qui sert de débarras* ▶ cagibi, réduit. **2** *Un cabinet immobilier* ▶ agence, bureau, étude. **3** Vx *Le cabinet a été renversé* ▶ gouvernement, ministère (vx). **4** Plur. *Les cabinets sont au fond du couloir* ▶ chiottes (fam.), latrines (vx), lavabos, lieux (litt.), petit coin (fam.), toilettes, w-c.

câble n. m. **1** *Remorquer une barque avec un câble* ▶ filin. **2** Vx *Envoyer un câble* ▶ dépêche (vx), pneu (vx), télégramme.

câbler v. Vx *Câbler une nouvelle à New York* ▶ télégraphier.

cabochard, arde adj. Fam. ▶ entêté, têtu.

cabosser v. ▶ bosseler, bossuer, déformer.

cabotin, ine adj. *Un enfant cabotin* ▶ affecté, comédien, esbroufeur (fam.), frimeur (fam.), m'as-tu-vu.

cabotinage n. m. ▶ affectation, épate (fam.), esbroufe (fam.), frime (fam.).

cabrer v. **1** Fig. *Il est très susceptible, vous risquez de le cabrer* ▶ braquer, buter. **2** Fig. *Cabrer qqn contre ses parents* ▶ dresser, monter. **3 se cabrer** Fig. *Se cabrer au moindre mot* ▶ se braquer, se buter, s'emporter, se fâcher, s'irriter, se raidir. **4** Fig. *Se cabrer contre un ordre injuste* ▶ combattre, se dresser contre, se rebeller contre, se rebiffer contre, résister à, se révolter contre.

cabri n. m. ▶ biquet, chevreau.

cabriole n. f. ▶ bond, culbute, galipette, gambade, pirouette, saut.

cabrioler v. ▶ bondir, caracoler, gambader, sauter.

cabriolet n. m. ▶ décapotable.

cache n. f. *Trouver la cache des évadés* ▶ abri, asile (litt.), cachette, planque (fam.), refuge, retraite.

caché, ée adj. *Des activités cachées* ▶ clandestin, occulte, secret, souterrain.

cache-nez n. m. ▶ cache-col, écharpe.

cacher v. **1** *Cacher un objet volé* ▶ camoufler, dissimuler, planquer (fam.). **2** *Un coffre qui cache un trésor* ▶ abriter, enfermer, receler. **3** *Cacher une nouvelle* ▶ celer (litt.), dissimuler, étouffer, occulter, taire. **4** *Un nuage qui cache le soleil* ▶ couvrir, dissimuler, éclipser, escamoter, masquer, occulter, offusquer (litt.), recouvrir, voiler. **5** *Un immeuble qui cache la vue* ▶ boucher, obstruer. **6** *Cacher son dépit sous un sourire* ▶ déguiser, dissimuler, masquer. **7 se cacher** *Se cacher derrière une palissade* ▶ se camoufler, disparaître, se dissimuler, s'embusquer, se mettre à l'abri, se planquer (fam.), se tapir, se terrer.

cache-sexe n. m. ▶ string.

cachet n. m. **1** *Briser le cachet d'une lettre* ▶ sceau. **2** *Le cachet d'un fabricant* ▶ estampille, griffe, label, marque. **3** *Le cachet de la poste* ▶ tampon. **4** *Toucher un cachet* ▶ rétribution. **5** *Des cachets pour la toux* ▶ comprimé, pastille. **6** Fig. *On reconnaît là le cachet de cet écrivain* ▶ empreinte, griffe, marque, patte, sceau, style. **7** Fig. *Une maison qui a un incontestable cachet* ▶ caractère, charme, originalité, style.

cacheter v. **1** *Cacheter une enveloppe* ▶ clore (litt.), fermer. **2** Spécialement avec de la cire ▶ sceller (litt.).

cachette n. f. **1** *Des fuyards qui cherchent une cachette* ▶ abri, asile (litt.), cache, planque (fam.), refuge, retraite (litt.). **2 en cachette** ▶ à la dérobée, clandestinement, en catimini, en douce (fam.), en secret, en tapinois, furtivement, secrètement, subrepticement.

cachot n. m. **1** *Les cachots d'un château fort* ▶ geôle (litt.). **2** *Mettre qqn au cachot* ▶ mitard (fam.).

cachotterie n. f. ▶ aparté, messe basse, mystère, secret.

cachottier, ière adj. ▶ mystérieux, réservé, secret.

cacique n. m. 1 Fig. *Le cacique d'un concours* ▶ major, premier. 2 Fig. et fam. *Tous les caciques de la Bourse étaient là* ▶ bonze (fam.), caïd (fam.), hiérarque (litt.), manitou (fam.), ponte (fam.), v.i.p. (fam.).

cacochyme adj. Litt. ▶ débile, maladif, malingre, souffreteux, valétudinaire (litt.).

cacophonie n. f. ▶ dissonance.

cacophonique adj. ▶ discordant, dissonant.

cadavérique adj. *Un teint cadavérique* ▶ cadavéreux (litt.), livide, plombé, terreux, verdâtre.

cadavre n. m. 1 *Des cadavres qui jonchent le sol* ▶ corps, macchabée (fam.), mort. 2 *Le cadavre d'un soldat* ▶ corps, dépouille (litt.), restes. 3 *Le cadavre d'une bête* ▶ charogne.

caddie n. m. N. dép. ▶ chariot.

cadeau n. m. ▶ don, présent.

cadenasser v. ▶ verrouiller.

cadence n. f. 1 *Battre la cadence* ▶ mesure. 2 *Une cadence rapide* ▶ allure, mouvement, rythme, tempo.

cadencé, ée adj. 1 *Des mouvements cadencés* ▶ rythmé. 2 *Une phrase cadencée* ▶ nombreux, rythmé.

cadet, ette n. 1 *L'aîné et son cadet* ▶ puîné (litt.). 2 *Le cadet de la famille* ▶ benjamin, dernier, junior (fam.). 3 Fig. *Le cadet de ses soucis* ▶ dernier, moindre.

cadran solaire n. m. ▶ gnomon.

cadre n. m. 1 *Le cadre d'une porte* ▶ chambranle, châssis, encadrement, entourage, huisserie. 2 *Un cadre grandiose* ▶ décor, paysage. 3 *Changer de cadre* ▶ environnement, milieu. 4 *Sortir du cadre de ses compétences* ▶ domaine, limites, sphère. 5 Plur. *Les cadres d'une entreprise* ▶ encadrement, hiérarchie.

cadrer v. 1 *Cadrer une image sur un écran* ▶ centrer. 2 *Sa conduite ne cadre pas avec ses idées* ▶ s'accorder avec, aller avec, coïncider avec, coller avec (fam.), concorder avec, correspondre à.

cadreur n. m. ▶ cameraman, opérateur.

caduc, uque adj. 1 *Une théorie caduque* ▶ démodé, dépassé, désuet (litt.), inactuel (litt.), obsolète (litt.), périmé, poussiéreux, ringard (fam.), suranné (litt.). 2 *Un acte juridique caduc* ▶ nul.

cafard n. m. 1 Fig. et fam. *C'est ce cafard qui nous a donnés* ▶ balance (fam.), cafteur (fam.), délateur (litt.), dénonciateur, mouchard (fam.), rapporteur. 2 Fig. *Avoir une crise de cafard* ▶ blues (fam.), bourdon (fam.), découragement, déprime (fam.), mélancolie, spleen (litt.), tristesse, vague à l'âme.

cafard, arde adj. Litt. *Regarder par en-dessous d'un air cafard et veule* ▶ cagot (litt.), hypocrite, sournois, tartufe.

cafarder v. Fam. ▶ cafter (fam.), dénoncer, moucharder (fam.), rapporter.

cafardeux, euse adj. 1 *Un décor cafardeux* ▶ funèbre, glauque, grisâtre, lugubre, morne, sinistre, triste. 2 *Essayer de distraire une personne cafardeuse* ▶ abattu, découragé, démoralisé, déprimé, maussade, mélancolique, triste.

café n. m. 1 *Prendre un café au comptoir* ▶ jus (fam.), petit noir (fam.). 2 *Avoir rendez-vous dans un café* ▶ bar, bistrot (fam.), troquet (fam.).

café-concert n. m. ▶ cabaret, music-hall.

cafouillage n. m. Fam. ▶ confusion, désordre.

cafouilleux, euse adj. Fam. ▶ brouillon, désordonné.

cage n. f. 1 *Enfermer des oiseaux dans une cage* ▶ volière. 2 *La cage d'une pendule* ▶ boîte, caisse.

cageot n. m. ▶ cagette, caissette, clayette.

cagibi n. m. ▶ réduit, soupente.

cagnotte n. f. *Dépenser sa cagnotte* ▶ bas de laine, économies, fonds.

cagoule n. f. ▶ passe-montagne.

cahier n. m. *Un cahier de comptes* ▶ livre, registre.

cahot n. m. 1 *Au moindre cahot le chargement risque de verser* ▶ cahotement, heurt, secousse, soubresaut. 2 Fig. *Une affaire qui ne va pas sans cahots* ▶ accroc, anicroche, difficulté, heurt, problème, vicissitude (litt.).

cahotant, ante adj. 1 *Un véhicule cahotant* ▶ ballottant, bringuebalant. 2 *Un chemin cahotant* ▶ cahoteux.

cahotement n. m. ▶ ballottement, cahot, heurt, secousse, soubresaut.

cahoter v. 1 *Une carriole qui cahote sur un chemin en pierres* ▶ bringuebaler (fam.), tressauter. 2 *Les pierres du chemin cahotent la voiture* ▶ chahuter (fam.), secouer.

cahute n. f. ▶ cabane, hutte.

caillasse n. f. ▶ pierraille.

cailler v. 1 *Du lait qui caille* ▶ coaguler, durcir, se figer, prendre, se solidifier. 2 Fam. *Vous devriez faire du feu, on caille* ▶ geler.

caillou n. m. 1 *Lancer des cailloux* ▶ pierre. 2 *Ce ne sera pas facile à percer, c'est du caillou* ▶ pierre, roc, roche, rocher.

caillouter v. ▶ empierrer.

caillouteux, euse adj. *Un chemin caillouteux* ▶ pierreux, rocailleux.

caisse n. f. 1 *Une caisse pleine de vieux vêtements* ▶ coffre. 2 *Envoyer des caisses de médicaments* ▶ boîte, carton, colis. 3 *La caisse d'une horloge* ▶ boîte, cage.

cajoler v. *Cajoler un enfant* ▶ câliner, caresser, choyer, dorloter.

cajolerie n. f. ▶ câlinerie, caresse, chatterie, tendresse.

cajoleur, euse adj. ▶ câlin, caressant.

cal n. m. 1 *Des mains pleines de cals* ▶ callosité, durillon. 2 Spécialement pour les pieds ▶ cor, œil-de-perdrix.

calamistré, ée adj. Litt. *Des cheveux calamistrés* ▶ brillantiné, gominé, lustré, pommadé.

calamité n. f. ▶ cataclysme, catastrophe, coup du sort, désastre, drame, épreuve, fléau, malheur, tragédie.

calamiteux, euse adj. 1 *Une saison calamiteuse* ▶ catastrophique, désastreux, funeste. 2 *Des résultats vraiment calamiteux* ▶ affligeant, consternant, déplorable, dérisoire, désastreux, exécrable, lamentable, minable (fam.), misérable, miteux (fam.), navrant, nul, pitoyable.

calanque n. f. ▶ crique.

calcification n. f. *Le processus de calcification qui aboutit au squelette* ▶ ossification, ostéogenèse.

calcination n. f. ▶ combustion, ignition.

calciner v. *Le four était trop chaud, la viande a été calcinée* ▶ brûler, carboniser.

calcul n. m. 1 *Apprendre le calcul* ▶ arithmétique, chiffres. 2 *Le calcul d'une distance* ▶ détermination, évaluation, mesure. 3 Fig. *Agir par calcul* ▶ intérêt. 4 Fig. *Déjouer les calculs de son adversaire* ▶ combinaison, dessein (litt.), intention, plan, projet. 5 Fig. *Se livrer à toutes sortes de calculs sur les chances de réussite d'une opération* ▶ estimation, prévision, spéculation, supputation (litt.). 6 Fig. *Ce serait un calcul très hasardeux de vous en remettre entièrement à lui* ▶ stratégie.

calculable adj. *Une quantité calculable* ▶ chiffrable, dénombrable, estimable, évaluable.

calculatrice n. f. ▶ calculette.

calculer v. 1 *Savoir calculer* ▶ compter. 2 *Calculer une quantité, une distance* ▶ chiffrer, compter, évaluer, mesurer. 3 Fig. *Mal calculer son coup* ▶ arranger, combiner, évaluer, préméditer, prévoir. 4 Fig. *Calculer ses chances de succès* ▶ apprécier, estimer, évaluer, supputer (litt.).

cale n. f. *La cale d'un bateau* ▶ soute.

calé, ée adj. 1 Fam. *Un élève calé* ▶ doué, fort. 2 Fam. *Un problème calé* ▶ ardu, complexe, compliqué, difficile.

calembour n. m. ▶ à-peu-près, jeu de mots.

calembredaine n. f. ▶ baliverne, billevesée (litt.), carabistouille (fam.), fadaise, faribole, sornette, sottise.

calendrier n. m. 1 *Enlever les feuilles d'un calendrier* ▶ éphéméride. 2 *Cette entreprise n'a pas respecté son calendrier* ▶ échéancier, emploi du temps, planning, programme, timing.

calepin n. m. ▶ carnet.

caler v. 1 *Caler des tonneaux au fond d'une soute* ▶ assujettir, bloquer, fixer, immobiliser, stabiliser. 2 *Caler sa tête sur un oreiller* ▶ appuyer, enfoncer. 3 **se caler** *Se caler dans un fauteuil* ▶ se carrer.

calfeutrer v. 1 *Calfeutrer des ouvertures* ▶ boucher, obturer. 2 **se calfeutrer** *Se calfeutrer dans son appartement* ▶ se claquemurer, se cloîtrer, se confiner, s'enfermer.

calibre n. m. 1 *Le calibre d'un fruit* ▶ diamètre, dimension, grosseur, taille. 2 Fig. *Un chercheur de ce calibre n'a pas pu faire une erreur pareille* ▶ acabit, catégorie, classe, envergure, importance, qualité.

calibrer v. 1 *Calibrer une machine* ▶ jauger, mesurer. 2 *Calibrer des fruits* ▶ classer, trier.

calicot n. m. *Un calicot publicitaire* ▶ banderole.

califourchon (à) adv. ▶ à cheval.

câlin, ine adj. *Un ton câlin* ▶ affectueux, cajoleur, caressant, tendre.

câlin n. m. *Un enfant qui réclame des câlins* ▶ cajolerie, câlinerie, caresse, tendresse.

câliner v. ▶ bichonner, cajoler, caresser, choyer, dorloter.

calleux, euse adj. *Des mains calleuses* ▶ râpeux, rêche.

callosité n. f. ▶ cal, corne, durillon.

calmant, ante adj. Fig. *Des paroles calmantes* ▶ adoucissant, apaisant, lénifiant,

calmant

rassérénant, réconfortant, relaxant, reposant.

calmant n. m. *Prescrire des calmants à qqn de dépressif* ▶ sédatif, tranquillisant.

calme adj. 1 *Une mer parfaitement calme* ▶ étale, immobile. 2 *Un caractère calme* ▶ cool (fam.), décontracté, détendu, paisible, placide, pondéré, posé, quiet (litt.), rassis (litt.), relax (fam.), serein, tranquille. 3 *Rester calme malgré la violence d'une accusation* ▶ flegmatique, impassible, imperturbable, maître de soi, placide.

calme n. m. 1 *Une période de calme entre deux orages* ▶ accalmie, embellie. 2 *Ne pas laisser un moment de calme à qqn* ▶ détente, paix, repos, tranquillité. 3 *Vivre dans le calme* ▶ paix, quiétude (litt.), sérénité. 4 *Répondre avec calme à des accusations* ▶ assurance, détachement, flegme, impassibilité, placidité, pondération, sang-froid.

calmement adv. ▶ imperturbablement, paisiblement, patiemment, placidement, posément, sereinement, tranquillement.

calmer v. 1 *Calmer qqn qui a eu peur* ▶ apaiser, détendre, rasséréner, rassurer, tranquilliser. 2 *Calmer des soupçons* ▶ endormir. 3 *Calmer une douleur* ▶ adoucir, alléger, apaiser, atténuer, modérer, soulager, tempérer. 4 *Calmer sa faim, sa soif* ▶ assouvir, étancher, satisfaire. 5 *Calmer sa colère* ▶ apaiser, maîtriser, modérer. 6 **se calmer** *Calmez-vous, tout ira bien* ▶ s'apaiser, se détendre, se rasséréner, se rassurer, se tranquilliser. 7 *Sa colère finira par se calmer* ▶ s'apaiser, se dissiper, s'éteindre, tomber.

calomniateur, trice adj. et n. ▶ diffamateur.

calomnie n. f. *Répandre les pires calomnies sur un rival* ▶ diffamation, ragot.

calomnier v. ▶ diffamer.

calomnieux, euse adj. *Une accusation calomnieuse* ▶ diffamatoire, mensonger.

calorifique adj. *Une couverture à haut pouvoir calorifique* ▶ thermique, thermogène.

calorique adj. *L'apport calorique d'un aliment* ▶ énergétique.

calotte n. f. 1 *Une calotte d'ecclésiastique* ▶ barrette. 2 Fam. *Flanquer une paire de calottes à qqn* ▶ claque, gifle.

calque n. m. 1 *Faire le calque d'une carte de géographie* ▶ décalque. 2 Fig. *Cette émission n'est qu'un calque de celle de l'autre chaîne* ▶ copie, imitation, plagiat, reproduction.

calquer v. 1 *Calquer un croquis* ▶ décalquer. 2 Fig. *Calquer la chaîne concurrente* ▶ copier, imiter, plagier. 3 Fig. *Calquer son comportement sur celui de qqn* ▶ conformer à, modeler sur.

calvaire n. m. Fig. *Ce travail est un calvaire* ▶ chemin de croix (litt.), croix (litt.), épreuve, martyre, supplice.

camarade n. 1 *Avoir un bon camarade* ▶ ami, compagnon, compère (vx et fam.), copain (fam.). 2 *Des camarades de classe* ▶ condisciple, labadens (vx).

camaraderie n. f. 1 *Des relations de camaraderie* ▶ amitié. 2 *Un geste de camaraderie* ▶ entraide, solidarité.

camarilla n. f. Litt. ▶ chapelle, clan, clique, coterie, maffia.

cambodgien, ienne adj. ▶ khmer.

cambrer v. 1 *Cambrer une poutre* ▶ arquer, cintrer, courber, incurver. 2 *Cambrer les reins* ▶ creuser, incurver. 3 **se cambrer** *Se cambrer pour paraître plus grand* ▶ se redresser, se relever.

cambriolage n. m. ▶ casse (fam.), vol.

cambrioler v. ▶ dévaliser, voler.

cambrioleur, euse n. ▶ monte-en-l'air (fam.), voleur.

cambrure n. f. 1 *La cambrure d'un tuyau* ▶ cintrage, courbure, incurvation. 2 *La cambrure des reins* ▶ ensellure.

caméléon n. m. Fig. *Ce caméléon a encore changé d'opinion* ▶ girouette, protée (litt.).

camelot n. m. *Un bagout de camelot* ▶ bonimenteur, charlatan.

camelote n. f. ▶ pacotille, toc.

cameraman n. m. ▶ cadreur, opérateur.

camion n. m. ▶ poids lourd.

camionnage n. m. ▶ roulage (vx).

camionnette n. f. ▶ fourgonnette.

camionneur n. m. ▶ routier.

camouflage n. m. Fig. *Le camouflage de ses sentiments* ▶ dissimulation.

camoufler v. 1 *Camoufler des engins de guerre* ▶ maquiller, masquer. 2 *Un nuage qui camoufle le soleil* ▶ cacher, couvrir, dissimuler, éclipser, escamoter, masquer, occulter, offusquer (litt.), voiler. 3 Fig. *Camoufler ses intentions* ▶ cacher, celer (litt.), dissimuler, masquer.

camouflet n. m. Litt. *C'est un camouflet dont il aura du mal à se remettre* ▶ affront, claque, gifle, humiliation, offense, vexation.

camp n. m. 1 *Des soldats qui rejoignent leur camp* ▶ bivouac, campement, cantonnement, quartiers. 2 Fig. *Être sommé de choisir son camp* ▶ côté, parti.

campagnard, arde adj. *Un paysage campagnard* ▶ agreste (litt.), bucolique (litt.), champêtre, pastoral (litt.), rural, rustique.

campagnard, arde n. *Décrire la vie des campagnards au siècle dernier* ▶ paysan, rural.

campagne n. f. **1** *Les produits de la campagne* ▶ nature, terre, terroir. **2** Fig. *Un général qui prépare une campagne* ▶ expédition. **3** Fig. *Une campagne contre la misère* ▶ croisade.

campanile n. m. **1** *Un campanile accolé à une église* ▶ clocher. **2** *Un dôme surmonté d'un campanile* ▶ lanterne.

campement n. m. *Des troupes qui regagnent leur campement* ▶ bivouac, camp, cantonnement, quartiers.

camper v. **1** *Une armée qui campe aux portes d'une ville* ▶ bivouaquer, cantonner. **2** Fig. *Camper un décor* ▶ décrire, planter, poser, représenter. **3 se camper** *Se camper devant son interlocuteur* ▶ se dresser, se placer, se planter, se poser.

camping-car n. m. ▶ autocaravane, motor-home.

camus, use adj. *Un nez camus* ▶ aplati, camard (litt.), écrasé, épaté.

canaille n. f. **1** *Ce commerçant est une canaille* ▶ bandit, coquin (litt.), crapule, fripon (litt.), fripouille, gredin (litt.), polisson (litt.), scélérat, vaurien, voyou. **2** Litt. *Frayer avec la canaille* ▶ crapule (litt.), milieu, pègre, racaille (litt.).

canal n. m. **1** *Le canal qui conduit au moulin* ▶ chenal. **2** Fig. *Envoyer une demande par le canal d'un ami* ▶ entremise, filière, intermédiaire, moyen, truchement (litt.), voie.

canalisation n. f. ▶ conduit, conduite, tuyau.

canaliser v. **1** Fig. *Canaliser les énergies* ▶ contrôler, maîtriser. **2** Fig. *Canaliser des renseignements* ▶ centraliser, concentrer, grouper, rassembler, réunir.

canapé n. m. ▶ divan, sofa.

canari n. m. ▶ serin.

cancan n. m. Fam. ▶ commérage, médisance, potin (fam.), ragot (fam.).

cancanier, ière adj. ▶ bavard, médisant, potinier.

cancer n. m. ▶ néoplasme, tumeur maligne.

cancre n. m. Fam. ▶ âne, ignorant, nullité.

candeur n. f. **1** *La candeur d'un enfant* ▶ ingénuité (litt.), innocence, naïveté, pureté. **2** *Profiter de la candeur de qqn* ▶ crédulité, naïveté, simplicité (litt.).

candidat, ate n. ▶ aspirant, impétrant (litt.), postulant, prétendant.

candide adj. ▶ crédule, ingénu (litt.), innocent, naïf, pur, simple.

candidement adv. ▶ ingénument (litt.), innocemment, naïvement.

canevas n. m. *Le canevas d'un roman* ▶ carcasse, maquette, ossature, plan, scénario, squelette, synopsis, trame.

caniculaire adj. ▶ brûlant, étouffant, torride.

canicule n. f. ▶ chaleur, étuve, fournaise.

canif n. m. ▶ couteau de poche.

cannabis n. m. ▶ chanvre indien, haschisch.

cannage n. m. *Le cannage d'une chaise* ▶ empaillage, rempaillage.

canne n. f. **1** *Se faire rosser à coups de canne* ▶ bâton. **2 canne à pêche** ▶ gaule.

cannelé, ée adj. *Une colonne cannelée* ▶ rainuré, strié.

cannelure n. f. ▶ gorge, rainure, sillon, strie.

canner v. ▶ empailler, rempailler.

canneur, euse n. ▶ empailleur, rempailleur.

cannibale adj. **1** *Des populations cannibales* ▶ anthropophage. **2** Fig. et litt. *Une loi cannibale* ▶ barbare, cruel, sauvage.

cannibalisme n. m. ▶ anthropophagie.

canoë n. m. ▶ canot, kayak, pirogue.

canon n. m. **1** *Les canons d'un navire* ▶ bouche à feu (litt.), pièce d'artillerie. **2** Plur. *Faire donner les canons* ▶ artillerie, batterie. **3** *Se conformer à un canon* ▶ archétype, idéal, modèle, norme, principe, règle. **4** Fam. *Prendre un canon au comptoir* ▶ verre.

canonique adj. **1** *Le droit canonique* ▶ canon. **2** *Un âge canonique* ▶ avancé, respectable. **3 forme canonique** ▶ modèle, paradigme, type.

canonner v. ▶ arroser, bombarder, pilonner.

canot n. m. **1** *Descendre une rivière dans un canot* ▶ canoë, kayak, pirogue. **2** *Des naufragés entassés dans un canot* ▶ barque, chaloupe, embarcation, esquif, youyou.

cantatrice n. f. ▶ chanteuse d'opéra.

cantilène n. f. **1** Litt. *Une cantilène de berger* ▶ chanson, chant, mélodie, romance.

cantine

2 Litt. *La cantilène de Sainte Eulalie* ▶ complainte.

cantine n. f. 1 *Ranger des vêtements dans une cantine* ▶ malle. 2 *La cantine d'une entreprise* ▶ réfectoire, restaurant.

cantique n. m. *Un cantique à la gloire de Dieu* ▶ hymne, psaume.

cantonnement n. m. ▶ bivouac, camp, campement, quartiers.

cantonner v. 1 *Cantonner des bêtes contagieuses* ▶ isoler. 2 *Une armée qui cantonne près d'une ville* ▶ bivouaquer, camper. 3 *Cantonner qqn dans des emplois subalternes* ▶ maintenir. **4 se cantonner** *Se cantonner chez soi en attendant la fin des hostilités* ▶ se calfeutrer, se claquemurer, se cloîtrer, se confiner, s'enfermer, s'isoler. 5 *Les membres du jury se sont cantonnés à des remarques de pure forme* ▶ se borner à, se contenter de, s'en tenir à, se limiter à.

canular n. m. Fam. ▶ blague, farce, mystification.

canyon n. m. ▶ défilé, gorge.

caoutchouc n. m. *Entourer un paquet avec un caoutchouc* ▶ élastique.

cap n. m. 1 *Doubler un cap* ▶ bec, pointe. 2 *Maintenir son cap* ▶ direction, route. 3 Fig. *La cinquantaine est un cap difficile* ▶ étape, palier.

capable adj. 1 Litt. *Dans ce domaine, c'est lui le plus capable* ▶ adroit, compétent, doué, expérimenté, fort, habile, qualifié. 2 *Est-il capable de vous remplacer?* ▶ à même de, apte à, de force à, de taille à, en état de, en mesure de, susceptible de.

capacité n. f. 1 *La capacité d'un récipient* ▶ contenance, volume. 2 *La capacité intérieure d'un navire* ▶ contenance, jauge, tonnage. 3 *La capacité légale de jouir d'un droit* ▶ aptitude à, habilitation à. 4 *N'avoir aucune capacité particulière pour les travaux intellectuels* ▶ aptitude, compétence, disposition, génie (litt.), qualité, talent (litt.). 5 *Une fée lui attribua la capacité de se transformer à volonté* ▶ faculté, possibilité, pouvoir.

caparaçonner v. ▶ harnacher.

capharnaüm n. m. Fam. ▶ bazar (fam.), bric-à-brac, désordre, fourbi (fam.), pagaille.

capilotade n. f. *Réduire qqn en capilotade* ▶ bouillie, charpie, compote (fam.), marmelade (fam.), miettes, poussière, purée (fam.).

capitaine n. m. 1 *Le capitaine d'un bateau* ▶ commandant. 2 Spécialement pour un yacht ▶ skipper. 3 Litt. *Évoquer les exploits de quelques grands capitaines* ▶ général.

capital, ale adj. 1 *Une information d'une importance capitale* ▶ décisif, essentiel, fondamental, majeur, primordial, vital. 2 *Le point capital d'une affaire* ▶ cardinal (litt.), central, essentiel, nodal (litt.), principal.

capital n. m. 1 *Le capital d'une société* ▶ argent, fonds propres. 2 *Posséder un petit capital* ▶ avoir, bien, fortune. 3 *Le capital et les intérêts* ▶ principal. 4 *Le capital et le prolétariat* ▶ bourgeoisie, patronat. 5 *Le capital historique de la France* ▶ patrimoine, richesse.

capitale n. f. 1 *Une capitale financière* ▶ centre, métropole. 2 *Écrire un titre en capitales* ▶ majuscule.

capitaliser v. ▶ accumuler, amasser, entasser, thésauriser.

capiteux, euse adj. ▶ enivrant, entêtant, étourdissant, grisant.

capiton n. m. ▶ matelassage, rembourrage.

capitonnage n. m. ▶ rembourrage.

capitonner v. ▶ matelasser, rembourrer.

capitulation n. f. 1 *La capitulation d'une ville assiégée* ▶ reddition. 2 Fig. *Accuser le gouvernement de mener une politique de capitulation* ▶ abandon, abdication, démission, renonciation.

capituler v. 1 *Une armée qui capitule* ▶ déposer les armes, se rendre. 2 Fig. *Capituler devant l'insistance de qqn* ▶ abandonner, baisser les bras, céder, s'incliner, renoncer, se soumettre.

caporalisme n. m. ▶ autoritarisme.

capote n. f. Fam. ▶ condom (vx), préservatif.

capoter v. 1 *Un véhicule qui capote* ▶ se renverser, se retourner. 2 *Un navire qui capote* ▶ chavirer. 3 Fig. *Un projet qui capote* ▶ avorter, échouer, tourner court.

caprice n. m. 1 *Agir par caprice* ▶ coup de tête, foucade (litt.). 2 *Satisfaire tous les caprices de qqn* ▶ envie, exigence, fantaisie, lubie. 3 *Elle ne l'aime pas vraiment, ce n'est qu'un caprice* ▶ amourette, flirt, passade, tocade. 4 Plur. *Les caprices de la mode* ▶ inconstance, instabilité, variations, versatilité.

capricieux, euse adj. *Une humeur capricieuse* ▶ changeant, fantaisiste, fantasque, inconstant, instable, irrégulier, lunatique, variable, versatile.

capsule n. f. *Un médicament en capsules* ▶ gélule.

capter v. 1 *Capter les eaux d'une source* ▶ canaliser, recueillir. 2 *Capter une émis-*

sion de radio ▶ **intercepter, recevoir. 3** *Capter des informations secrètes* ▶ **intercepter, surprendre. 4** *Capter l'attention d'un auditoire* ▶ **conquérir, gagner.**

captieux, euse adj. Litt. ▶ **artificieux** (litt.), **fallacieux** (litt.), **mensonger, spécieux** (litt.), **trompeur.**

captif, ive adj. **1** Litt. *Un oiseau captif* ▶ **emprisonné, enfermé, prisonnier. 2** Litt. *Un peuple captif* ▶ **asservi, assujetti, enchaîné, soumis. 3** *Un ballon captif* ▶ **attaché. 4** Fig. et litt. *Être captif de ses passions* ▶ **asservi à, assujetti à, dominé par, enchaîné à, esclave de, prisonnier de, soumis à.**

captif, ive n. Litt. ▶ **prisonnier.**

captivant, ante adj. *Une histoire captivante* ▶ **attachant, fascinant, palpitant, passionnant, prenant.**

captiver v. *Captiver un auditoire* ▶ **charmer, enchanter, envoûter, fasciner, passionner.**

captivité n. f. ▶ **détention, emprisonnement, incarcération.**

capture n. f. **1** *La capture d'un malfaiteur* ▶ **arrestation. 2** *Belle capture!* ▶ **prise.**

capturer v. *Capturer un malfaiteur* ▶ **appréhender, arrêter, attraper, cueillir** (fam.), **s'emparer de, prendre.**

capuchon n. m. *Le capuchon d'un stylo* ▶ **bouchon.**

caquet n. m. Fig. et litt. *Le caquet d'une commère* ▶ **bavardage, jactance** (litt.).

caquetage n. m. Fig. *Ne vous laissez pas impressionner par tous ces caquetages* ▶ **bavardage, commérage, piaillerie.**

caqueter v. **1** *Une poule qui caquète* ▶ **glousser. 2** Fig. *Des commères qui caquètent* ▶ **bavarder, cancaner, jaboter** (litt.), **jacasser** (litt.), **jaser** (litt.), **papoter.**

car conj. ▶ **de fait, du fait que, en effet, parce que, vu que.**

carabiné, ée adj. Fam. *Une fièvre carabinée* ▶ **fort, violent.**

caractère n. m. **1** *Déchiffrer les caractères d'une écriture* ▶ **lettre, signe. 2** *Un caractère distinctif* ▶ **attribut, caractéristique, marque, particularité, propriété, qualité, signe, trait. 3** *Une maladie qui n'a aucun caractère de gravité* ▶ **air, allure, apparence, aspect. 4** *Le caractère d'une nation* ▶ **âme** (litt.), **esprit, génie** (litt.). **5** *Avoir un heureux caractère* ▶ **nature, naturel, tempérament. 6** *Il a trop de caractère pour capituler sans combattre* ▶ **détermination, fermeté, personnalité, résolution, tempérament, ténacité, volonté. 7** *Un appartement qui manque de caractère* ▶ **cachet, gueule** (fam.), **originalité, personnalité, pittoresque, relief, style.**

caractériel, elle adj. ▶ **asocial, désaxé, déséquilibré, fou, inadapté, malade.**

caractérisation n. f. ▶ **particularisation, spécification.**

caractérisé, ée adj. *Une infraction caractérisée* ▶ **net, typique.**

caractériser v. **1** *Comment caractériser la mode actuelle?* ▶ **décrire, définir, qualifier. 2** *Les traits distinctifs qui caractérisent le style baroque* ▶ **définir, déterminer, individualiser, marquer, particulariser.**

caractéristique adj. **1** *Un trait caractéristique* ▶ **distinctif, particulier, personnel, propre, spécifique, typique. 2** *Un exemple caractéristique* ▶ **représentatif, significatif. 3** *Une attitude caractéristique de tout un état d'esprit* ▶ **emblématique, représentatif, révélateur, symptomatique, typique.**

caractéristique n. f. **1** *Les caractéristiques d'un métal* ▶ **particularité, propriété, qualité, spécificité. 2** *Les caractéristiques d'un individu* ▶ **caractère, particularité, trait. 3** *Le s est une caractéristique du pluriel* ▶ **indice, marque, signe.**

carambolage n. m. *Un carambolage entre un camion et plusieurs voitures* ▶ **accrochage, collision, télescopage.**

caramboler (se) v. *Les voitures se sont carambolées à cause du brouillard* ▶ **s'accrocher, se heurter, se télescoper.**

carapace n. f. Fig. *Une carapace d'indifférence* ▶ **armure, blindage, bouclier, cuirasse.**

caravane n. f. **1** *Vivre dans une caravane* ▶ **roulotte. 2** *Une caravane de nomades dans le désert* ▶ **convoi. 3** Fig. *Une caravane de touristes* ▶ **groupe.**

carboniser v. *Carboniser un rôti* ▶ **brûler, calciner, cramer** (fam.).

carburant n. m. ▶ **combustible.**

carcan n. m. **1** *Le supplice du carcan* ▶ **pilori. 2** Fig. *Considérer la discipline comme un carcan insupportable* ▶ **assujettissement, contrainte, entrave, joug, servitude.**

carcasse n. f. **1** *La carcasse d'un cheval* ▶ **ossature, squelette. 2** *La carcasse d'un navire, d'une voiture* ▶ **armature, bâti, charpente, châssis, coque.**

carcéral, ale adj. ▶ **pénitentiaire.**

cardinal, ale adj. Litt. *Exposer l'idée cardinale d'une doctrine* ▶ **capital, central, essentiel,**

cardinal

fondamental, majeur, primordial, principal.

cardinal n. m. ▸ éminence.

carême n. m. ▸ jeûne.

carénage n. m. *Le carénage d'un bateau* ▸ radoub.

carence n. f. ▸ absence, défaut, déficience, insuffisance, manque, pénurie, privation.

caréner v. *Caréner un bateau* ▸ radouber.

caressant, ante adj. ▸ affectueux, cajoleur, câlin, enjôleur, tendre.

caresse n. f. **1** *Combler qqn de caresses* ▸ cajolerie, câlin, câlinerie, chatterie. **2** Fig. *La caresse du vent* ▸ effleurement, frôlement.

caresser v. **1** *Caresser un enfant* ▸ cajoler, câliner. **2** *Caresser les cordes d'une harpe* ▸ effleurer, frôler. **3** Fig. *Caresser un projet* ▸ entretenir, nourrir. **4** Fig. *Caresser l'amour-propre de qqn* ▸ chatouiller, flatter.

car-ferry n. m. ▸ ferry-boat, transbordeur.

cargaison n. f. **1** *La cargaison d'un bateau, d'un avion* ▸ charge, chargement, fret. **2** Fig. *Il a toute une cargaison de jouets* ▸ collection, provision, quantité.

caricatural, ale adj. **1** *Un nez caricatural* ▸ bouffon, clownesque, comique, grotesque, ridicule. **2** *Une interprétation caricaturale* ▸ burlesque, outré, parodique. **3** *Un anticonformisme caricatural* ▸ primaire, simpliste, sommaire.

caricature n. f. **1** *La caricature d'un milieu social* ▸ portrait charge, satire. **2** *Ce procès est une caricature!* ▸ parodie, simulacre.

caricaturer v. ▸ contrefaire, parodier, pasticher, singer.

carillon n. m. **1** *Le carillon d'une église* ▸ cloches. **2** *Le carillon électrique d'une porte d'entrée* ▸ sonnerie, sonnette. **3** *Des cloches qui font entendre leur joyeux carillon* ▸ tintement, tintinnabulement (litt.).

carillonner v. **1** *Une horloge qui carillonne* ▸ sonner, tinter. **2** *Carillonner à la porte* ▸ sonner. **3** Fig. *Aller carillonner sa victoire* ▸ claironner, proclamer, publier.

carillonneur n. m. ▸ sonneur.

carnage n. m. **1** *Une bataille qui se termine en carnage* ▸ boucherie, extermination, hécatombe, massacre, tuerie. **2** Fig. *Les carnages faits par un enfant* ▸ destruction, dévastation, ravage.

carnassier, ière adj. *Un animal carnassier* ▸ carnivore.

carnassière n. f. ▸ gibecière.

carnation n. f. Litt. ▸ teint.

carnaval n. m. Fig. *Qu'est-ce que c'est que ce carnaval?* ▸ mascarade.

carne n. f. Fig. et fam. *Une vieille carne qui ne cherche qu'à nuire* ▸ chameau (fam.), rosse, teigne (fam.), vache (fam.).

carnet n. m. **1** *Griffonner un dessin sur un carnet* ▸ calepin. **2** *Un carnet de commande* ▸ livret. **3** *carnet de chèques* ▸ chéquier.

carnivore adj. ▸ carnassier.

carpette n. f. ▸ descente de lit.

carré, ée adj. **1** Fig. *Des épaules carrées* ▸ large. **2** Fig. *Un caractère carré* ▸ direct, droit, franc, loyal. **3** Fig. *Une opinion carrée* ▸ ferme, net, tranché.

carré n. m. **1** *Les carrés d'un damier* ▸ case. **2** *Un carré de fleurs ou de légumes* ▸ massif, parterre, plate-bande. **3** *Un carré de ciel* ▸ bout, coin. **4** *Le carré des officiers* ▸ salon.

carreau n. m. **1** *Les carreaux d'un sol* ▸ dalle, pavé. **2** *Briser un carreau pour ouvrir une voiture* ▸ glace, vitre. **3** *Le nez collé contre le carreau* ▸ fenêtre, vitre. **4** Plur. *Du papier à carreaux* ▸ quadrillage.

carrefour n. m. **1** *Tournez au prochain carrefour* ▸ croisement. **2** Fig. *Organiser un carrefour sur le thème de l'Europe* ▸ colloque, forum, rencontre, réunion, symposium, table ronde.

carrelage n. m. ▸ dallage, pavement.

carreler v. **1** *Carreler un sol* ▸ daller, paver. **2** *Carreler un dessin* ▸ quadriller.

carrelet n. m. *Pêcher un carrelet* ▸ plie.

carrément adv. **1** *Je lui ai dit carrément ce que j'en pensais* ▸ clairement, franchement, sans ambages, sans détours, tout uniment. **2** *La première fois il était réservé, mais la deuxième il s'y est carrément opposé* ▸ absolument, catégoriquement, fermement, franchement, nettement.

carrer (se) v. **1** *Se carrer dans un fauteuil* ▸ se caler, s'étaler, s'installer. **2** *Se carrer devant qqn* ▸ se camper, se planter.

carrière n. f. **1** *Une carrière à ciel ouvert* ▸ exploitation. **2** *Une carrière entière dans le management* ▸ cursus, parcours. **3** Fig. *Choisir une carrière* ▸ métier, profession, situation. **4** *faire carrière* ▸ arriver, réussir.

carriériste n. ► ambitieux, arriviste, intrigant (litt.).

carriole n. f. ► charrette.

carrossable adj. ► praticable.

carrosserie n. f. ► bâti, caisse.

carrousel n. m. Litt. *Des cavaliers qui participent à un carrousel* ► fantasia, parade.

carrure n. f. 1 *La carrure des épaules* ► largeur. 2 Fig. *La carrure d'un homme politique* ► classe, envergure, stature, valeur.

cartable n. m. ► porte-documents, sacoche, serviette.

carte n. f. 1 *La carte d'une ville* ► plan. 2 *La carte d'un restaurant* ► menu. 3 *Une carte de métro* ► abonnement. 4 Plur. *Tirer les cartes à qqn* ► tarots. 5 **cartes sur table** ► franchement, honnêtement, loyalement, sportivement.

cartel n. m. 1 *Un cartel ancien* ► horloge, pendule. 2 *Un cartel de production* ► consortium, trust. 3 *Le cartel des gauches* ► alliance, association, coalition, union.

cartésien, enne adj. *Un esprit cartésien* ► logique, méthodique, rationnel.

carthaginois, oise adj. ► punique.

cartographique adj. *Un relevé cartographique* ► topographique.

cartomancien, enne n. ► diseur de bonne aventure, tireur de cartes.

carton n. m. 1 *Une tapisserie faite d'après un carton de Raphaël* ► croquis, modèle, plan, projet. 2 *Un carton à chapeau* ► boîte.

cartoon n. m. ► dessin animé, film d'animation.

cartouche n. f. 1 *Des soldats qui n'ont plus de cartouches* ► munition. 2 *Une cartouche d'encre* ► recharge.

cartouchière n. f. ► giberne (vx).

cas n. m. 1 *Si ce genre de cas se présente, il faudra aviser* ► circonstance, événement, situation. 2 *Dans le cas où il ne viendrait pas...* ► éventualité, hypothèse. 3 *C'est le cas de le dire* ► moment, occasion. 4 *Un cas difficile à juger* ► affaire, procès. 5 *Un cas de guerre* ► cause, motif. 6 *Untel, c'est un cas* ► anomalie, exception. 7 **en aucun cas** ► en aucune façon, en aucune manière, jamais. 8 **en ce cas** ► alors, dans ces conditions. 9 **en tous cas** ► de toutes façons, en toute hypothèse, quoi qu'il arrive, quoi qu'il en soit. 10 **le cas échéant** ► à l'occasion.

casanier, ière adj. ► pantouflard (fam.), sédentaire.

casanova n. m. Litt. ► bourreau des cœurs (litt.), don juan, homme à femmes, lovelace (litt.), séducteur, tombeur (fam.).

cascade n. f. 1 *Les cascades d'un fleuve* ► cataracte, chute. 2 Fig. *Une cascade d'ennuis* ► avalanche, chapelet, déluge, kyrielle, ribambelle, série, succession, suite, torrent.

case n. f. 1 *Vivre dans une case* ► cabane, hutte, paillote. 2 *Les cases d'une ruche* ► alvéole, cellule, compartiment, loge. 3 *Les cases d'un damier* ► carré.

casemate n. f. ► blockhaus, bunker, fortin.

caser v. 1 *Caser des objets dans un placard* ► fourrer (fam.), loger, mettre, placer, ranger. 2 *Caser ses enfants dans l'Administration* ► établir, fixer, placer. 3 *Caser un ami dans un studio* ► installer, loger.

caserne n. f. ► base, casernement, quartiers.

cash adv. *Payer cash* ► comptant.

casier n. m. 1 *Un casier de pêche* ► nasse, verveux. 2 *Un meuble à casiers* ► compartiment.

casque n. m. *Le casque d'une armure* ► heaume (litt.).

cassable adj. ► fragile.

cassant, ante adj. 1 *Un métal rendu cassant par le froid* ► fragile. 2 Fig. *Un ton cassant* ► acerbe, acrimonieux, aigre, autoritaire, cinglant, coupant, désagréable, dur, impérieux, incisif, mordant, péremptoire, sec, tranchant. 3 Fig. et fam. *Un boulot pas trop cassant* ► crevant (fam.), éreintant, fatigant, foulant (fam.), pénible, tuant (fam.).

cassation n. f. 1 *La cassation d'une décision de justice* ► annulation, infirmation. 2 *La cassation d'un officier* ► dégradation.

casse n. f. *Il y a eu de la casse* ► dégât, dégradation, déprédation, destruction, dommage.

cassé, ée adj. 1 *Un vieillard tout cassé* ► courbé, décrépit, voûté. 2 *Il a dit son chagrin d'une voix cassée* ► tremblant, voilé.

casse-cou adj. Fam. *Il est assez casse-cou pour se lancer là-dedans* ► audacieux, hardi, risque-tout, téméraire.

casser v. 1 *Si vous appuyez trop fort, ça va casser* ► céder, péter (fam.), rompre. 2 *Casser un verre ou un os* ► briser, fracasser, fracturer, péter (fam.), rompre (litt.). 3 *Casser un jouet* ► abîmer, bousiller (fam.), déglinguer (fam.), démantibuler, démolir, détériorer, détraquer, détruire, disloquer, es-

casse-tête quinter (fam.). **4** *Casser un jugement* ▶ annuler, infirmer. **5** *Casser un officier général* ▶ dégrader, démettre, déposer, destituer, révoquer. **6 se casser** *Si vous marchez là-dessus, ça va se casser* ▶ céder, péter (fam.), se rompre.

casse-tête n. m. **1** *Assommer qqn avec un casse-tête* ▶ matraque, trique. **2** Fig. *Cette situation est un vrai casse-tête* ▶ problème.

cassette n. f. **1** *Ranger des bijoux dans une cassette* ▶ coffret, écrin. **2** *Une cassette audio* ▶ minicassette. **3** *Puiser dans sa cassette personnelle pour payer qqch* ▶ cagnotte, réserve, tirelire.

cassolette n. f. ▶ brûle-parfum.

cassure n. f. **1** *La cassure d'un os* ▶ brisure, fracture. **2** *Une cassure dans la roche* ▶ brèche, crevasse, faille, fente, fissure, fracture. **3** *La cassure d'une étoffe* ▶ pliure. **4** Fig. *Cet événement a été une cassure dans sa vie* ▶ coupure, fêlure, rupture.

caste n. f. *La caste des énarques* ▶ clan, classe, microcosme.

castel n. m. Litt. ▶ château, gentilhommière, manoir.

casting n. m. ▶ distribution.

castrat n. m. ▶ eunuque.

castration n. f. ▶ émasculation.

castrer v. ▶ châtrer, couper, émasculer.

casuel, elle adj. ▶ accidentel, contingent, éventuel, fortuit, occasionnel.

casuistique n. f. *La casuistique galante au XVIIe siècle* ▶ arguties, sophistique, subtilités.

cataclysme n. m. **1** *Un cataclysme naturel* ▶ calamité, catastrophe, désastre, fléau. **2** Fig. *Un cataclysme financier* ▶ bouleversement, catastrophe, crise, désastre.

catalogue n. m. **1** *Le catalogue des livres d'une bibliothèque* ▶ état, fichier, index, inventaire, nomenclature, répertoire, table. **2** *Le catalogue des erreurs commises lors d'un exercice* ▶ dénombrement, énumération, inventaire, liste.

cataloguer v. **1** *Cataloguer les gens au premier coup d'œil* ▶ classer, étiqueter, évaluer, juger. **2** *Cataloguer les tableaux d'une exposition* ▶ dénombrer, inventorier, recenser, répertorier.

cataphote n. m. ▶ catadioptre.

catapulte n. f. ▶ baliste, onagre.

catapulter v. Fig. *Catapulter qqn à un poste de direction* ▶ bombarder (fam.), propulser.

cataracte n. f. **1** *Les cataractes du Niagara* ▶ cascade, chute. **2** *Des cataractes de pluie* ▶ déluge, torrent, trombe.

catastrophe n. f. **1** *Une catastrophe naturelle* ▶ calamité, cataclysme, désastre, fléau. **2** *La perte de son emploi a été pour lui une catastrophe terrible* ▶ accident, bouleversement, coup, désastre, drame, malheur, tragédie. **3** *Sa dernière pièce a été une catastrophe* ▶ bide (fam.), échec, four (fam.), ratage. **4 en catastrophe** *Partir en catastrophe* ▶ à la hâte, d'urgence.

catastropher v. ▶ accabler, atterrer, consterner, effondrer.

catastrophique adj. **1** *Un événement catastrophique* ▶ affreux, dramatique, effroyable, épouvantable, terrible. **2** Fig. *Des résultats catastrophiques* ▶ calamiteux, déplorable, désastreux, lamentable.

catéchiser v. **1** *Catéchiser une population récemment convertie* ▶ évangéliser, prêcher. **2** Spécialement dans un sens péjoratif ▶ bourrer le crâne à (fam.), bourrer le mou à (fam.), endoctriner.

catéchisme n. m. **1** *Enseigner le catéchisme* ▶ catéchèse. **2** Fig. *Un catéchisme politique* ▶ credo, dogme, foi, principes.

catégorie n. f. **1** *Distinguer différentes catégories de mots* ▶ classe, ensemble, espèce, famille, genre, groupe, nature, ordre, série, sorte, type. **2** *Ranger des gens selon leur catégorie sociale* ▶ classe, condition, rang.

catégorique adj. **1** *Une réponse catégorique* ▶ clair, explicite, formel, net, précis. **2** *Un ton catégorique* ▶ autoritaire, cassant, coupant, dogmatique, péremptoire, tranchant. **3** *Un refus catégorique* ▶ absolu, formel.

catégoriquement adv. *S'opposer catégoriquement à une mesure* ▶ absolument, carrément, énergiquement, fermement, formellement, franchement, nettement.

catharsis n. f. Litt. ▶ libération, purgation (litt.), purification.

cathartique adj. **1** *Un médicament cathartique* ▶ dépuratif, laxatif, purgatif. **2** Litt. *Un spectacle cathartique* ▶ libératoire, purificateur.

cathodique adj. *Un succès cathodique* ▶ télévisuel.

catimini (en) adv. ▶ en cachette, en douce (fam.), en secret, en tapinois (litt.), secrètement.

cauchemar n. m. **1** *Des nuits peuplées de cauchemars* ▶ mauvais rêve. **2** Fig. *La pers-*

pective de son retour était devenue pour lui un cauchemar ▶ hantise, obsession, tourment (litt.).

cauchemardesque adj. *Des visions cauchemardesques* ▶ atroce, épouvantable, hallucinant, horrible, infernal, terrifiant.

causant, ante adj. *Il n'est pas très causant* ▶ bavard, communicatif, disert (litt.), loquace (litt.), ouvert, prolixe, volubile.

cause n. f. **1** *La cause d'un conflit* ▶ fondement, mobile, motif, objet, origine, pourquoi, prétexte, raison, source, sujet. **2** *Être la cause de la ruine d'un ami* ▶ agent, artisan, auteur, instigateur, moteur, responsable. **3** *Une cause judiciaire* ▶ affaire, cas, procès. **4 en cause** *C'est lui qui est en cause dans cette histoire, pas moi* ▶ concerné, impliqué. **5 mettre en cause** *Mettre en cause la sécurité dans les aéroports à la suite d'un attentat* ▶ critiquer, faire le procès de, incriminer, mettre en doute, suspecter.

causer v. **1** *Causer de grands changements* ▶ amener, apporter, déterminer, donner lieu à, engendrer, entraîner, occasionner, produire, provoquer. **2** *Causer la colère d'une population* ▶ allumer, déclencher, motiver, provoquer, soulever, susciter. **3** *Causer au coin du feu avec quelques amis* ▶ bavarder, converser, deviser (litt.), dialoguer, discuter, s'entretenir, parler.

causerie n. f. **1** *L'interview prendra la forme d'une causerie au coin du feu* ▶ conversation, dialogue, entretien. **2** *Un club qui organise des causeries* ▶ conférence, exposé.

causeur, euse n. Litt. *Un causeur invétéré* ▶ bavard, discoureur.

causticité n. f. ▶ acidité, mordant.

caustique adj. **1** *Un produit caustique* ▶ corrodant, corrosif. **2** Fig. *Des propos caustiques* ▶ corrosif, incisif, moqueur, mordant, narquois, satirique.

cauteleux, euse adj. ▶ hypocrite, mielleux, patelin (litt.), rusé, sournois.

cautériser v. *Cautériser une plaie pour la stériliser* ▶ brûler.

caution n. f. **1** *Se porter caution pour qqn* ▶ garant, répondant. **2** *Laisser un bijou comme caution* ▶ cautionnement, couverture, dépôt, gage, garantie. **3** Fig. *Réaliser un projet avec la caution du ministère de la Culture* ▶ appui, aval, parrainage, patronnage, soutien.

cautionner v. *Cautionner un projet* ▶ approuver, appuyer, avaliser, couvrir, épauler, parrainer, patronner, soutenir.

cavalcade n. f. **1** Litt. *Passer ses après-midi en longues cavalcades dans les bois* ▶ chevauchée, course. **2** Fam. *Tous les matins c'est la même cavalcade dans le métro* ▶ bousculade, course.

cavalier, ière adj. *Un ton un peu cavalier* ▶ arrogant, désinvolte, hardi, hautain, impertinent, inconsidéré, inconvenant, insolent, léger.

cavalier, ère n. **1** *Un cavalier de cirque* ▶ écuyer. **2** Spécialement au féminin ▶ amazone, écuyère. **3** *Ouvrir le bal avec son cavalier* ▶ danseur, partenaire.

cavalièrement adv. *Répondre cavalièrement* ▶ impertinemment, insolemment.

cave adj. *Des yeux ou des joues caves* ▶ creusé, creux, enfoncé, rentré.

cave n. f. **1** *Visiter les caves du Médoc* ▶ cellier, chai. **2** *Descendre à la cave* ▶ sous-sol. **3** *La cave d'un joueur* ▶ enjeu, mise.

caveau n. m. **1** *Les caveaux de Saint-Germain-des-Prés* ▶ boîte, cabaret, cave. **2** *Un caveau creusé sous le chœur d'une église* ▶ crypte.

caverne n. f. **1** *Une caverne creusée dans une falaise* ▶ cavité, grotte. **2** *Une caverne de brigands* ▶ antre, gîte, refuge, repaire, retraite, tanière.

caverneux, euse adj. *Une voix caverneuse* ▶ grave, profond, sépulcral.

caviarder v. *Caviarder un nom sur une liste* ▶ barrer, biffer, effacer, rayer.

cavité n. f. *Des oiseaux qui nichent dans les cavités d'une paroi rocheuse* ▶ alvéole, anfractuosité, creux, enfonçure (vx), excavation, niche, trou, vide.

cécité n. f. Fig. et litt. *Faire preuve de cécité devant la montée des périls* ▶ aveuglement.

céder v. **1** *Céder sa place, son tour* ▶ abandonner, donner, laisser, passer. **2** *Céder un fonds de commerce* ▶ se dessaisir de, vendre. **3** *Céder un bien en héritage* ▶ donner, laisser, transmettre. **4** *Être contraint de céder* ▶ abdiquer, battre en retraite, capituler, se coucher (fam.), s'écraser (fam.), s'incliner, lâcher pied, lâcher prise, obtempérer, renoncer, se soumettre. **5** *Un plafond qui cède* ▶ casser, s'écrouler, s'effondrer, lâcher, rompre, se rompre. **6** *Une colère qui cède pour faire place à la mélancolie* ▶ cesser, disparaître. **7** *Céder à tous les caprices d'un enfant* ▶ accepter, acquiescer à, consentir à, s'incliner devant, se plier à, se prêter à, se soumettre à, souscrire à. **8** *Céder à de mauvais penchants* ▶ s'abandonner à, écouter, se laisser aller à, succomber à. **9** *Céder à un* *homme* ▸ s'abandonner à. **10** *céder du terrain Une armée qui cède du terrain* ▸ faiblir, flancher (fam.), fléchir, mollir, reculer.

ceindre v.1 Litt. *Ceindre une ville de murailles* ▸ ceinturer, cerner, clôturer, enceindre, encercler, enclore, entourer. **2** *Ceindre son écharpe de maire* ▸ mettre, revêtir.

ceinture n. f. **1** *Se mouiller jusqu'à la ceinture* ▸ taille. **2** *Une ceinture de soldat* ▸ ceinturon.

ceinturer v. *Ceinturer un parc d'un haut mur* ▸ ceindre (litt.), encercler, enclore, entourer.

célébration n. f. **1** *La célébration de Noël* ▸ cérémonie, commémoration, fête. **2** *La célébration des mérites de qqn* ▸ apologie, exaltation, glorification.

célèbre adj. **1** *Un célèbre savant* ▸ distingué, éminent, illustre, réputé. **2** *Un acteur célèbre* ▸ connu, populaire, renommé. **3** *Un nom célèbre* ▸ connu, fameux, glorieux, illustre, légendaire. **4** *Un événement célèbre* ▸ connu, notoire.

célébrer v. **1** *Célébrer les mérites de qqn* ▸ chanter, exalter, glorifier, louer, magnifier, vanter. **2** *Célébrer l'armistice* ▸ commémorer, fêter. **3** *Célébrer un mariage* ▸ procéder à. **4** *Célébrer la messe* ▸ dire. **5** *Un prêtre qui a déjà célébré* ▸ officier.

célébrité n. f. **1** *Inviter une célébrité du monde médical* ▸ personnalité, sommité, star (fam.), vedette. **2** *La célébrité d'un artiste* ▸ gloire, notoriété, popularité, renom, renommée, réputation, succès.

celer v. Litt. *Je ne peux plus vous celer la vérité* ▸ cacher, dissimuler, masquer, taire.

célérité n. f. Litt. *Traiter une affaire avec célérité* ▸ diligence (litt.), empressement, promptitude, rapidité, vélocité (litt.), zèle.

céleste adj. Fig. et litt. *Une beauté céleste* ▸ aérien, angélique, divin, merveilleux, séraphique (litt.), surnaturel.

célibataire n. **1** À propos d'un homme ▸ garçon, vieux garçon. **2** À propos d'une femme ▸ demoiselle, fille, vieille fille (péj.).

cellier n. m. *Le cellier d'une exploitation viticole* ▸ cave, chai.

cellule n. f. **1** *Laisser qqn pourrir au fond d'une cellule* ▸ cachot, cul-de-basse-fosse (litt.), geôle, prison. **2** *Les cellules d'un gâteau de cire* ▸ alvéole, case, compartiment, loge. **3** Fig. *Les cellules d'un parti* ▸ section. **4** *La cellule d'un appareil photo* ▸ photomètre, posemètre.

cellulite n. f. ▸ graisse.

cénacle n. m. Litt. *Un cénacle de jeunes écrivains* ▸ cercle, chapelle, clan, club, coterie (litt.), groupe, pléiade (litt.).

cendre n. f. **1** Fig. *Réduire en cendres* ▸ poussière. **2** Plur. et litt. *Des cendres volcaniques* ▸ scories. **3** Plur. et litt. *Les cendres d'un mort* ▸ restes. **4** Plur. et fig. *Les cendres d'un empire* ▸ débris, ruines.

censé, ée adj. *Nul n'est censé ignorer la loi* ▸ présumé, réputé, supposé.

censeur n. m. Litt. *Soumettre un ouvrage aux censeurs* ▸ critique, juge.

censure n. f. **1** Litt. *S'exposer à la censure du public* ▸ blâme, condamnation, critique, désapprobation, désaveu (litt.), opprobre (litt.), réprobation. **2** *La commission a décidé la censure de cet ouvrage* ▸ mise à l'index. **3** *Exercer une censure sur ses propres pulsions* ▸ interdit, tabou.

censurer v. **1** Litt. *Censurer une attitude* ▸ blâmer, condamner, critiquer, désapprouver, réprouver. **2** *Censurer un journal* ▸ interdire, suspendre.

cent pour cent (à) adv. *Être à cent pour cent d'accord* ▸ absolument, entièrement, intégralement, totalement.

centenaire adj. Fig. *Un arbre centenaire* ▸ antique, séculaire.

centime n. m. **1** *Je n'ai pas un centime sur moi* ▸ liard (vx et litt.), radis (fam.), rond (fam.), sou. **2** Fig. *Ne pas avoir un centime de bon sens* ▸ atome, bribe, brin, goutte, miette, once, parcelle, particule, sou.

central, ale adj. *Le point central d'un problème* ▸ capital, crucial, essentiel, fondamental, nodal (litt.).

central n. m. *Un central téléphonique* ▸ standard.

centrale n. f. *Une centrale dont on ne s'évade pas* ▸ pénitencier, prison.

centralisation n. f. *La centralisation des informations s'effectuera au quartier général* ▸ concentration, rassemblement, regroupement, réunion.

centraliser v. ▸ concentrer, rassembler, regrouper, réunir.

centre n. m. **1** *Au centre d'un buisson* ▸ cœur, milieu, sein (litt.). **2** Fig. *Le centre d'une structure* ▸ âme, axe, clé de voûte, cœur, noyau, pivot. **3** Fig. *Localiser le centre du mal* ▸ cœur, foyer, siège. **4** Fig. *Bologne est un centre culturel et administratif* ▸ agglomération, capitale, cité, métropole, pôle.

centrer v. **1** *Centrer une prise de vue* ▸ cadrer. **2** Fig. *Centrer l'attention sur qqn* ▸ attirer, axer, focaliser.

centupler v. Fig. *Centupler ses chances de réussite* ▶ augmenter, décupler, multiplier.

cep n. m. *Un cep de vigne* ▶ pied.

cependant adv. ▶ néanmoins, pourtant, toutefois.

céphalée n. f. ▶ céphalalgie, migraine.

cerbère n. m. **1** *Se faire attaquer par un énorme cerbère* ▶ chien de garde, molosse. **2** *Tenter d'émouvoir le cerbère qui garde une entrée* ▶ gardien, portier.

cercle n. m. **1** *Calculer le périmètre d'un cercle* ▶ circonférence, disque, rond. **2** *Les cercles d'un oiseau dans le ciel* ▶ circonvolution, rotation, tour. **3** Fig. *Un cercle littéraire* ▶ cénacle, chapelle, club, coterie.

cercler v. *Cercler un disque de verre avec un filet de métal* ▶ entourer.

cercueil n. m. ▶ bière.

cérébral, ale adj. ▶ intellectuel, mental, psychique.

cérémonial n. m. **1** *Le cérémonial d'une visite officielle* ▶ décorum, étiquette, protocole, rituel. **2** Litt. *Le cérémonial de la galanterie* ▶ code, règles, rites, usages.

cérémonie n. f. **1** *La cérémonie de Noël* ▶ célébration, commémoration, fête, rite. **2** *La passation des pouvoirs s'est effectuée sans la moindre cérémonie* ▶ apparat, cérémonial, décorum, pompe, solennité. **3** Plur. *Faire trop de cérémonies* ▶ chichis (fam.), façons, manières.

cérémonieusement adv. ▶ solennellement (litt.).

cérémonieux, euse adj. **1** *Un accueil cérémonieux* ▶ formaliste, protocolaire, solennel. **2** *Un ton cérémonieux* ▶ affecté, apprêté, guindé, maniéré.

cerne n. m. **1** *Avoir des cernes sous les yeux* ▶ poche, valise (fam.). **2** *Une tache qui fait un cerne sur un tissu* ▶ auréole.

cerné, ée adj. *Des yeux cernés* ▶ battu.

cerner v. **1** *Cerner une position ennemie* ▶ assiéger, bloquer, boucler, encercler, enserrer, envelopper, investir. **2** Fig. *Avoir du mal à cerner un problème* ▶ appréhender, circonscrire, délimiter, saisir.

certain, aine adj. **1** *Être certain de réussir* ▶ assuré, convaincu, persuadé, sûr. **2** *L'échec de cette entreprise est absolument certain* ▶ assuré, fatal, forcé, garanti, inéluctable, inévitable. **3** *La nouvelle de son arrivée est maintenant certaine* ▶ assuré, authentique, avéré, confirmé, effectif, établi, sûr. **4** *Une preuve ou un argument certain* ▶ décisif, évident, exact, flagrant, formel, inattaquable, incontestable, indéniable, indiscutable, indubitable, infaillible.

certainement adv. **1** *Cela se produira certainement* ▶ à coup sûr, fatalement, immanquablement, inévitablement, infailliblement, nécessairement, sans aucun doute. **2** *C'est certainement lui le meilleur* ▶ à coup sûr, assurément, évidemment, incontestablement, indéniablement, indiscutablement, inévitablement, manifestement, nettement, sans aucun doute, vraiment. **3** *Vous reviendrez? – Mais certainement!* ▶ absolument, bien sûr, certes (litt.), évidemment, naturellement, oui.

certains, aines pron. plur. *Certains ont protesté* ▶ d'aucuns (litt.), plusieurs, quelques-uns.

certificat n. m. **1** *Le certificat d'un médecin* ▶ attestation. **2** *Décerner un certificat* ▶ brevet, diplôme.

certifier v. **1** *Le cachet de la mairie certifie les actes d'état civil* ▶ authentifier, garantir, légaliser, valider. **2** *Certifier qu'un renseignement est exact* ▶ affirmer, assurer, attester, confirmer, garantir, soutenir.

certitude n. f. **1** Litt. *La certitude des lois mathématiques* ▶ évidence. **2** *Avoir la certitude que qqch se produira* ▶ assurance, conviction.

cerveau n. m. **1** *Faire marcher son cerveau* ▶ cervelle (fam.), entendement (litt.), esprit, intellect (litt.), intelligence, matière grise (fam.), méninges (fam.), tête. **2** *Ce savant est un cerveau* ▶ génie, grand esprit, intelligence. **3** *C'est lui le cerveau de l'affaire* ▶ instigateur, organisateur, tête.

césarisme n. m. ▶ absolutisme, autocratie, despotisme, dictature, tyrannie.

cessation n. f. *La cessation des hostilités* ▶ abandon, arrêt, fin, interruption.

cesse (sans) adv. *Travailler sans cesse* ▶ continuellement, sans arrêt, sans discontinuer, sans interruption, sans relâche, sans répit, sans repos, sans trêve, toujours.

cesser v. **1** *Cesser les paiements* ▶ arrêter, interrompre, mettre fin à, mettre un terme à, stopper, suspendre. **2** *Une douleur qui ne cesse pas* ▶ s'achever, s'apaiser, s'arrêter, se calmer, disparaître, se dissiper, s'effacer, s'évanouir (litt.), finir, s'interrompre, se terminer. **3** *Cesser de fumer* ▶ arrêter de, renoncer à.

cessez-le-feu n. m. ▶ suspension d'armes, trêve.

cessible adj. *Un bien cessible* ▶ négociable, transférable, vendable.

cession n. f. *La perte d'un droit par cession volontaire* ▸ abandon, délaissement, transfert, transmission.

césure n. f. *La césure d'un vers* ▸ coupe.

chafouin, ine adj. *Un air chafouin* ▸ cauteleux, dissimulé, fourbe, hypocrite, rusé, sournois.

chagrin, ine adj. **1** Litt. *Avoir l'air chagrin* ▸ affligé, maussade, mélancolique, morne, morose, sombre. **2** Litt. *Un caractère chagrin* ▸ atrabilaire (litt.), bilieux (litt.), bougon, bourru, coléreux, colérique, grincheux, grognon (fam.), revêche.

chagrin n. m. **1** *Le chagrin causé par une séparation* ▸ accablement, affliction, désolation, douleur, souffrance, tourment. **2** Litt. *Je vois avec chagrin que vous n'avez pas suivi mes conseils* ▸ amertume, déplaisir (litt.), peine, tristesse.

chagriner v. *Une séparation qui chagrine qqn* ▸ affecter, affliger, attrister, contrarier, contrister (litt.), désoler, ennuyer, navrer (litt.), peiner.

chahut n. m. **1** *Une classe où il y a du chahut* ▸ agitation, désordre. **2** *À cause de cette fête il y a eu du chahut jusqu'à deux heures du matin* ▸ barouf (fam.), boucan (fam.), brouhaha, bruit, charivari, raffut (fam.), tapage, tintamarre (litt.), vacarme.

chahuter v. **1** *Chahuter l'orateur* ▸ conspuer, huer, siffler. **2** *Chahuter tout dans une pièce* ▸ bouleverser, bousculer, désorganiser, renverser.

chai n. m. ▸ cave, cellier.

chaîne n. f. **1** *Porter une chaîne au poignet* ▸ bracelet, chaînette, gourmette. **2** *Porter une chaîne au cou* ▸ collier, sautoir. **3** Fig. et plur. *Maintenir un peuple entier dans les chaînes* ▸ asservissement, assujettissement, captivité, dépendance, esclavage, joug, servitude, sujétion. **4** Fig. et plur. *Les chaînes de l'amitié* ▸ liens.

chaînon n. m. **1** *Les chaînons d'une chaîne* ▸ anneau, maillon. **2** Fig. *Un raisonnement auquel il manque un chaînon* ▸ élément.

chair n. f. **1** *Un cannibale friand de chair humaine* ▸ viande. **2** *La chair douce d'un enfant* ▸ peau. **3** *La chair d'un fruit* ▸ pulpe. **4** Fig. et litt. *Le péché de chair* ▸ luxure. **5 bien en chair** *Les modèles bien en chair de Rubens* ▸ charnu, gras, rebondi. **6 chair de poule** *Le froid provoque la chair de poule* ▸ hérissement, horripilation (litt.).

chaire n. f. *Monter sur une chaire* ▸ estrade, tribune.

chaland, ande n. Litt. *Un camelot qui essaye d'attirer le chaland* ▸ acheteur, client, pratique (litt.).

châle n. m. ▸ fichu, pointe.

chaleur n. f. **1** *Une sensation de chaleur* ▸ chaud. **2** *Travailler en pleine chaleur* ▸ canicule, étuve, fournaise, touffeur (litt.). **3** Fig. *Défendre une idée avec chaleur* ▸ animation, ardeur, cœur, empressement, énergie, enthousiasme, exaltation, ferveur, feu, fièvre, flamme, fougue, passion, véhémence, vigueur, vivacité. **4 en chaleur** *Une femelle en chaleur* ▸ en chasse, en rut, excité.

chaleureusement adv. *Recommander chaleureusement qqn* ▸ chaudement, vivement.

chaleureux, euse adj. **1** *Un accueil chaleureux* ▸ affectueux, amical, cordial, fraternel, sympathique. **2** *Un chaleureux défenseur* ▸ ardent, bouillant, chaud, enflammé, enthousiaste, fervent, zélé.

challenge n. m. **1** *Un challenge d'escrime* ▸ championnat, compétition, concours, coupe, rencontre. **2** *Réussir en huit jours, c'était un challenge* ▸ défi, gageure.

challenger n. m. ▸ adversaire, compétiteur, concurrent.

chaloupe n. f. ▸ barque, canot, embarcation.

chaloupé, ée adj. *Une démarche chaloupée* ▸ balancé.

chalumeau n. m. **1** Litt. *Un chalumeau de paille* ▸ fétu, tige, tuyau. **2** Vx *Boire avec un chalumeau* ▸ paille. **3** Litt. *Jouer du chalumeau* ▸ flageolet, flûte, flûteau, galoubet, pipeau.

chamailler (se) v. ▸ se battre, se chicaner, se disputer, se quereller.

chamaillerie n. f. Fam. ▸ bisbille (fam.), dispute, mésentente, querelle.

chamarré, ée adj. *Un oiseau au plumage chamarré* ▸ bariolé, coloré, diapré (litt.).

chambranle n. m. ▸ encadrement.

chambre n. f. **1** *Prêter sa chambre à un copain* ▸ piaule (fam.), turne (fam.). **2** *Les enfants aimeraient bien avoir une chambre à eux* ▸ pièce. **3** *Une chambre à louer* ▸ studette, studio. **4** *Une chambre noire* ▸ cabinet. **5** *Présenter son gouvernement devant les Chambres* ▸ assemblées, parlement. **6** *Les chambres d'un tribunal* ▸ section.

chambrée n. f. ▸ dortoir.

chambrer v. Fam. *Chambrer qqn* ▸ brocarder (litt.), charrier (fam.), dauber (litt.), se ficher de (fam.), se gausser de (litt.), mettre en

boîte (fam.), se moquer de, se payer la tête de (fam.), railler (litt.), rire de, taquiner.

champ n. m. 1 *Cultiver un champ* ▶ terrain, terre. 2 Plur. *Vivre en pleins champs* ▶ campagne, nature. 3 *Un champ d'aviation* ▶ camp, terrain. 4 Fig. *Un champ linguistique* ▶ aire, domaine, zone. 5 Fig. *Élargir le champ de ses connaissances* ▶ cercle, domaine, étendue, sphère. 6 **champ de courses** ▶ hippodrome, turf.

champêtre adj. ▶ agreste (litt.), bucolique (litt.), campagnard, pastoral (litt.), rural, rustique.

champignon n. m. Fam. *Appuyer sur le champignon* ▶ accélérateur.

champion, onne n. 1 *Un champion du monde d'aviron* ▶ recordman. 2 Spécialement au féminin ▶ recordwoman. 3 *Quel champion!* ▶ as, crack (fam.). 4 *Se poser en champion des droits de l'homme* ▶ apôtre (litt.), combattant, défenseur.

championnat n. m. ▶ challenge, compétition, concours, coupe, rencontre.

chance n. f. 1 *Avoir de la chance* ▶ baraka (fam.), bol (fam.), pot (fam.), veine (fam.). 2 *Une chance dont il faut profiter* ▶ aubaine, bonne fortune (litt.), occasion, opportunité (fam.). 3 *J'ai eu la chance de bien le connaître* ▶ avantage, bonheur. 4 *Il n'y a aucune chance que cela se produise* ▶ éventualité, possibilité, probabilité. 5 Litt. *Avoir la chance contre soi* ▶ destin, fortune, hasard, sort.

chancelant, ante adj. 1 *Une passerelle chancelante* ▶ branlant, croulant, instable. 2 *Une démarche chancelante* ▶ flageolant, hésitant, oscillant, titubant, vacillant. 3 Fig. *Une santé chancelante* ▶ défaillant, fragile, incertain, précaire.

chanceler v. 1 *Chanceler comme un homme ivre* ▶ flageoler, tituber, trébucher, vaciller. 2 Fig. *Une autorité qui chancelle* ▶ faiblir, fléchir, mollir, vaciller.

chanceux, euse adj. ▶ fortuné (litt.), veinard (fam.), verni (fam.).

chancre n. m. 1 *Un chancre syphilitique* ▶ ulcération. 2 Fig. et litt. *La corruption est un chancre qui ronge la société* ▶ cancer, fléau, lèpre, peste, plaie, vice.

chandail n. m. ▶ pull-over, tricot.

chandelle n. f. ▶ bougie, cierge.

change n. m. 1 *Prévoir des changes pour un bébé* ▶ couche, couche-culotte. 2 **donner le change** ▶ abuser, berner, faire illusion, tromper.

changé, ée adj. *Depuis son mariage il est vraiment changé* ▶ différent, méconnaissable, transformé.

changeant, ante adj. 1 *Un temps changeant* ▶ incertain, inégal, instable, variable. 2 *Un paysage changeant* ▶ divers, multiforme, multiple, varié. 3 *Une étoffe aux reflets changeants* ▶ chatoyant, miroitant, moiré. 4 *Un caractère changeant* ▶ capricieux, cyclothymique, fantasque, inconstant, instable, lunatique, mobile, ondoyant, protéiforme (litt.), versatile.

changement n. m. 1 *Le changement du plomb en or* ▶ conversion, métamorphose, mutation, transformation. 2 *De constants changements de température* ▶ évolution, fluctuation, variation. 3 *Un appartement où l'on a fait des changements* ▶ modification, transformation. 4 *Le changement d'un programme scolaire* ▶ refonte, réforme, remaniement, renouvellement, réorganisation, révision. 5 *Être avide de changement* ▶ innovation, nouveauté, variété. 6 *Le trajet est un peu long parce qu'il y a deux changements* ▶ correspondance.

changer v. 1 *Un sentiment qui change* ▶ évoluer, se métamorphoser, se modifier, se transformer, varier. 2 *Changer la décoration d'une pièce* ▶ remplacer, renouveler, toucher à, transformer. 3 *Changer l'organisation d'un service* ▶ modifier, refondre, réformer, remanier, remodeler. 4 *Une interprétation qui change le sens d'un texte* ▶ altérer (péj.), déformer (péj.), dénaturer (péj.), fausser (péj.), modifier, transformer. 5 *Changer du plomb en or* ▶ commuer, convertir, métamorphoser, modifier, muer, transformer, transmuer. 6 *Changer des dollars contre des francs* ▶ échanger. 7 *Changer les rôles* ▶ échanger, intervertir, inverser, permuter, transposer. 8 **changer d'avis** ▶ se dédire, se déjuger (péj.), se raviser, retourner sa veste (péj.), se rétracter, tourner casaque (péj.). 9 **changer de place** *Il n'a pas changé de place depuis des heures* ▶ bouger. 10 *Changer la commode de place* ▶ bouger, déplacer.

chanson n. f. 1 *Une chanson entraînante* ▶ air, chant, mélodie, refrain, rengaine. 2 *La chanson d'un oiseau* ▶ babil, chant, gazouillis, ramage (litt.). 3 Fig. et litt. *Qu'est-ce que c'est que ces chansons?* ▶ baliverne, billevesée (litt.), carabistouille (fam.), fadaise, fariboule, sornette. 4 Fig. *C'est toujours la même chanson!* ▶ antienne (litt.), comédie, couplet, disque, histoire, leitmotiv, litanie, refrain, rengaine, ritournelle, scie.

chant n. m. **1** *Entonner un chant d'adieu* ▸ air, chanson, hymne, mélodie. **2** *Le chant d'un oiseau* ▸ babil, chanson, gazouillis, ramage (litt.). **3** Fig. *Le chant du vent dans les arbres* ▸ bruissement, murmure.

chantant, ante adj. *Des intonations chantantes* ▸ harmonieux, mélodieux, musical, suave.

chanter v. **1** *Des oiseaux qui chantent* ▸ gazouiller, pépier, roucouler, siffler. **2** Fig. et litt. *Chanter les exploits d'un héros* ▸ célébrer, exalter, glorifier, louer, vanter. **3** Fig. et fam. *Mais qu'est-ce qu'il chante ?* ▸ conter (litt.), dire, raconter. **4** Fig. et fam. *Elle ne fait que ce qui lui chante* ▸ convenir, plaire. **5 chanter les louanges** *Chanter les louanges de qqn* ▸ couvrir de fleurs, encenser, glorifier, louanger, louer, magnifier (litt.), porter au pinacle (litt.), porter aux nues (litt.), vanter.

chanteuse d'opéra n. f. ▸ cantatrice.

chantier n. m. Fig. et fam. *Qu'est-ce que c'est que ce chantier ?* ▸ bazar (fam.), désordre, fouillis, gâchis, pagaille.

chantonner v. ▸ fredonner.

chantre n. m. *Se faire le chantre du libéralisme* ▸ défenseur, héraut (litt.).

chanvre n. m. **1** *Filer du chanvre* ▸ étoupe, filasse. **2 chanvre indien** *Fumer du chanvre indien* ▸ cannabis, haschisch, kif, marie-jeanne (fam.), marijuana, shit (fam.).

chaos n. m. *Le chaos créé par une révolution* ▸ anarchie, bouleversement, confusion, désordre, gâchis, pagaille, perturbation, trouble.

chaotique adj. *Un discours chaotique* ▸ confus, décousu, désordonné, incohérent.

chaparder v. Fam. *Chaparder un fruit sur un étalage* ▸ barboter (fam.), chiper (fam.), dérober, piquer (fam.), voler.

chapeau n. m. ▸ coiffure, couvre-chef.

chapeauter v. Fig. *Chapeauter un service* ▸ coiffer, contrôler.

chapelet n. m. **1** *Un moine qui dévide son chapelet* ▸ rosaire. **2** Fig. *Un moine qui récite son chapelet* ▸ prières. **3** Fig. *Un éminent savant précédé par tout un chapelet de disciples* ▸ brochette, kyrielle, ribambelle. **4** Fig. *Un chapelet de jurons* ▸ cascade, kyrielle, série, succession, suite.

chapelière n. f. ▸ modiste.

chapelle n. f. **1** *La chapelle d'un château* ▸ oratoire. **2** Fig. *Des hommes de lettres répartis en multiples chapelles* ▸ cénacle, clan, clique, coterie.

chapelure n. f. ▸ panure.

chaperon n. m. Fig. *Servir de chaperon à une jeune fille* ▸ duègne (litt.).

chaperonner v. Fig. *Chaperonner une jeune fille* ▸ accompagner, garder, protéger, veiller sur.

chapiteau n. m. *Le chapiteau d'un cirque* ▸ tente.

chapitre n. m. **1** *Assister à la réunion du chapitre d'un couvent* ▸ conseil. **2** *Un chapitre de roman* ▸ partie, section. **3** Fig. *En voilà assez sur ce chapitre* ▸ article, matière, point, question, sujet, thème.

chapitrer v. Litt. *Chapitrer un élève paresseux* ▸ attraper (fam.), blâmer, gronder, morigéner (litt.), réprimander, sermonner (litt.), tancer (litt.).

chaque adj. *Chaque âge a ses plaisirs* ▸ tout.

char d'assaut n. m. ▸ blindé, tank.

charabia n. m. ▸ amphigouri (litt.), baragouin, galimatias, jargon.

charbon n. m. **1** *Extraire du charbon* ▸ houille. **2** *Cuire de la viande sur des charbons* ▸ braise. **3** *Un dessin au charbon* ▸ fusain.

charbonnage n. m. ▸ houillère.

charbonner v. **1** *Un rôti qui charbonne* ▸ se calciner, carboniser. **2** *Charbonner au fusain le pourtour d'un dessin* ▸ noircir.

charcuter v. Fig. et fam. *Charcuter un texte* ▸ défigurer, tripatouiller (fam.).

charcuterie n. f. *Une entrée de charcuterie* ▸ cochonnaille (fam.).

charentaise n. f. ▸ pantoufle.

charge n. f. **1** *Porter une lourde charge sur ses épaules* ▸ faix (litt.), fardeau. **2** *La charge supportée par un pilier* ▸ poussée, pression. **3** *La charge d'un bateau ou d'un avion* ▸ cargaison, chargement, fret. **4** *Être une charge pour qqn* ▸ boulet, contrainte, croix, embarras, fardeau, gêne, poids, servitude. **5** *Avoir de lourdes charges* ▸ obligation, responsabilité. **6** *Des charges de fonctionnement très lourdes* ▸ dépense, frais. **7** *Des charges foncières* ▸ impôt, taxe. **8** *S'acquitter correctement de sa charge* ▸ fonction, mandat, ministère (litt.), mission, office (litt.), rôle. **9** *Accumuler des charges contre un inculpé* ▸ indice, présomption. **10** *Ce portrait est une charge* ▸ caricature, parodie, satire. **11** *Une charge de cavalerie* ▸ assaut, attaque.

chargé, ée adj. **1** *Un ciel chargé* ▸ bas, couvert, lourd. **2** *Avoir l'estomac chargé*

▶ embarrassé, lourd. **3** *Une décoration chargée* ▶ lourd, rococo, tarabiscoté.

chargement n. m. *Un chargement trop lourd* ▶ cargaison, charge, fret.

charger v. **1** *Charger une valise dans un véhicule* ▶ embarquer, mettre, placer, poser. **2** *Charger un mur de tableaux* ▶ couvrir, encombrer, garnir, recouvrir, surcharger. **3** *Charger le peuple d'impôts* ▶ accabler, écraser, grever, surcharger. **4** *Charger certains aspects d'une histoire pour la rendre plus drôle* ▶ amplifier, exagérer, forcer, grossir, outrer. **5** *Charger qqn de la surveillance d'un bâtiment* ▶ commettre à (litt.), déléguer à, préposer à. **6** *Charger qqn de tous les péchés imaginables* ▶ accuser, imputer à. **7** *Charger l'ennemi* ▶ attaquer, s'élancer sur, foncer sur, fondre sur (litt.), se jeter sur, se ruer sur. **8 se charger** *Se charger d'une faute* ▶ assumer, endosser, prendre sur soi, supporter. **9** *Se charger d'avertir qqn* ▶ s'occuper de.

chariot n. m. *Prendre un chariot en entrant dans un supermarché* ▶ caddie (nom déposé).

charisme n. m. ▶ ascendant, magnétisme.

charitable adj. **1** *Une âme charitable* ▶ bon, compatissant, généreux, indulgent, miséricordieux, secourable. **2** *Un conseil charitable* ▶ aimable, bienveillant, gentil.

charité n. f. **1** *Un acte qui manque de charité* ▶ altruisme, bienveillance, bonté, générosité, humanité, mansuétude (litt.). **2** *Demander la charité* ▶ aumône.

charivari n. m. ▶ barouf (fam.), boucan (fam.), brouhaha, bruit, chahut, raffut (fam.), tapage, tintamarre (litt.), tumulte (litt.), vacarme.

charlatan n. m. **1** *Se laisser abuser par les promesses d'un charlatan* ▶ beau parleur, bluffeur, escroc, hâbleur (litt.), imposteur, menteur. **2** Spécialement dans le domaine médical ▶ guérisseur, rebouteux.

charmant, ante adj. **1** *C'est un homme tout à fait charmant* ▶ adorable, aimable, attachant, délicieux, exquis. **2** *Un sourire charmant* ▶ adorable, attirant, avenant, charmeur, délicieux, exquis, piquant, séduisant. **3** *Un séjour charmant* ▶ agréable, attrayant, enchanteur, plaisant.

charme n. m. **1** *Rompre un charme* ▶ enchantement, ensorcellement, envoûtement, sort, sortilège. **2** *Une femme qui a du charme* ▶ chien (fam.), grâce, piquant, séduction, sex-appeal. **3** *Cette région ne manque pas de charme* ▶ attrait, cachet, caractère, intérêt. **4** Plur. et fig. *Les charmes d'une femme* ▶ appas (litt.), attraits (litt.), avantages, formes. **5 faire du charme à** ▶ baratiner (fam.), courtiser, draguer (fam.), faire la cour à, séduire.

charmé, ée adj. *Charmé de vous rencontrer* ▶ content, enchanté, heureux, ravi.

charmer v. *Un artiste qui charme le public* ▶ captiver, conquérir, enchanter, plaire à, ravir, séduire.

charmeur, euse adj. *Un regard charmeur* ▶ attractif, charmant, enjôleur, séduisant, troublant.

charmeur, euse n. *Cet homme est un charmeur* ▶ enjôleur, séducteur.

charnel, elle adj. *Des relations charnelles* ▶ intime, physique, sexuel.

charnellement adv. ▶ intimement, physiquement, sexuellement.

charnière n. f. **1** *Les charnières d'une porte* ▶ gond, paumelle. **2** Fig. *À la charnière de deux époques* ▶ jonction.

charnu, ue adj. **1** *Des cuisses charnues* ▶ bien en chair, dodu, grassouillet, plantureux, potelé, rebondi, replet, rond, rondelet, rondouillard (fam.). **2** *Des lèvres charnues* ▶ épais, pulpeux.

charpente n. f. **1** *La charpente d'une construction* ▶ armature, bâti, carcasse, châssis, ossature. **2** Fig. *La charpente du corps* ▶ ossature, squelette. **3** Fig. *La charpente d'un roman* ▶ architecture, armature, canevas, carcasse, organisation, ossature, plan, scénario, structure, trame.

charpenté, ée adj. **1** *Un homme bien charpenté* ▶ bâti, constitué, taillé. **2** *Un roman solidement charpenté* ▶ construit, structuré.

charpenter v. **1** *Charpenter des poutres* ▶ équarrir, tailler. **2** Fig. *Charpenter l'intrigue d'un roman* ▶ agencer, articuler, bâtir, construire, ordonnancer, organiser, structurer.

charpie n. f. Fig. *Réduire qqn en charpie* ▶ bouillie, capilotade, compote (fam.), marmelade (fam.), miettes, morceaux, poussière, purée (fam.).

charrette n. f. ▶ carriole.

charrier v. **1** *Charrier des marchandises* ▶ charroyer, transporter. **2** *Une rivière qui charrie des glaçons* ▶ emporter, entraîner. **3** Fam. *Charrier qqn* ▶ brocarder (litt.), se ficher de (fam.), se gausser de (litt.), mettre en boîte (fam.), se moquer de, se payer la tête de (fam.), plaisanter, railler (litt.), rire de. **4** Fam. *Tu charries!* ▶ attiger (fam.), exagérer, pousser (fam.).

charte

charte n. f. ▶ convention, protocole.

chasse n. f. 1 *S'initier à la chasse* ▶ cynégétique. 2 *Une journée de chasse* ▶ affût, traque. 3 *Un avion de chasse* ▶ combat. 4 Fig. *La chasse aux diplômés* ▶ pêche à (fam.), quête de, recherche de. 5 **en chasse** *Une chatte en chasse* ▶ en chaleur, en rut. 6 **chasse à courre** ▶ vénerie.

châsse n. f. *Conserver des ossements dans une châsse* ▶ reliquaire.

chassé-croisé n. m. Fig. *Au terme de ce chassé-croisé chacun s'est retrouvé à la place de l'autre* ▶ échange, permutation.

chasser v. 1 *Chasser un renard de son repaire* ▶ débusquer, déloger, dénicher. 2 *Chasser devant soi un troupeau de moutons* ▶ pousser. 3 *Chasser un malfaiteur* ▶ courir après, être aux trousses de, pourchasser, poursuivre, traquer. 4 *Chasser l'ennemi hors du pays* ▶ bouter (litt.), refouler, rejeter, repousser. 5 Fig. *Chasser qqn d'un groupe* ▶ bannir, écarter, éliminer, éloigner, exclure, ostraciser (vx), proscrire. 6 Fig. *Chasser un domestique* ▶ balancer (fam.), congédier, se débarrasser de, donner ses huit jours à, donner son congé à, flanquer à la porte (fam.), flanquer dehors (fam.), licencier, lourder (fam.), mettre à la porte, mettre à pied, mettre dehors, remercier (litt.), renvoyer, se séparer de, vider (fam.), virer (fam.). 7 Fig. *Chasser de sombres pensées* ▶ balayer, dissiper, écarter, rejeter, repousser. 8 Fig. *Des roues qui chassent sur un sol glacé* ▶ déraper, glisser, riper.

chasseur n. m. 1 *Le chasseur d'un hôtel* ▶ groom. 2 *Une escadrille de chasseurs* ▶ avion de combat.

châssis n. m. 1 *Le châssis d'une fenêtre* ▶ bâti, cadre, charpente, encadrement. 2 *Le châssis d'une automobile* ▶ carcasse, charpente.

chaste adj. 1 *Une jeune fille chaste* ▶ honnête (litt.), innocent, modeste, pudique, pur, sage, vertueux. 2 *Des relations chastes* ▶ platonique.

chasteté n. f. 1 *Un vœu de chasteté* ▶ abstinence, continence. 2 *La chasteté d'une jeune fille* ▶ pureté, vertu.

chat n. m. ▶ matou (fam.), minou (fam.), mistigri (fam.).

châtain adj. *Des cheveux châtains* ▶ brun, havane, marron, tabac.

château n. m. 1 *Posséder un petit château en Auvergne* ▶ castel (litt.), manoir. 2 *Le château de Versailles* ▶ palais. 3 *Du vin mis en bouteille au château* ▶ propriété. 4 **château en Espagne** ▶ chimère, fantasme, illusion, mirage, rêve, utopie. 5 **château fort** ▶ citadelle, fort, forteresse.

chat-huant n. m. ▶ hulotte.

châtié, ée adj. *Un langage châtié* ▶ épuré, recherché, soigné.

châtier v. 1 Litt. *Châtier un enfant fautif* ▶ corriger, punir, sanctionner, sévir contre. 2 Fig. et litt. *Châtier son style* ▶ affiner, épurer, soigner.

châtiment n. m. Litt. ▶ expiation, peine, pénitence, punition, sanction.

chatoiement n. m. ▶ miroitement, reflet, scintillement.

chaton n. m. 1 *Une portée de chatons* ▶ minet (fam.). 2 Fam. *Des chatons sous les meubles* ▶ mouton.

chatouille n. f. ▶ papouille (fam.).

chatouillement n. m. *Sentir un chatouillement dans la gorge* ▶ démangeaison, fourmillement, irritation, picotement.

chatouiller v. 1 *J'ai l'impression que ça me chatouille à l'intérieur, docteur* ▶ démanger, gratter, picoter. 2 Fig. *Chatouiller la curiosité de qqn* ▶ exciter, titiller.

chatouilleux, euse adj. Fig. *Respectez les préséances, il est très chatouilleux sur ce point* ▶ sensible, sourcilleux, susceptible.

chatoyant, ante adj. 1 *Une étoffe aux reflets chatoyants* ▶ brillant, étincelant, miroitant, moiré, scintillant. 2 Fig. *Un style chatoyant* ▶ coloré, imagé.

chatoyer v. ▶ briller, étinceler, luire, miroiter, rutiler, scintiller.

châtré n. m. *Une voix de châtré* ▶ castrat.

châtrer v. 1 *Châtrer un mâle* ▶ castrer, couper, émasculer. 2 Fig. *Châtrer un ouvrage littéraire* ▶ amputer, mutiler, tronquer.

chatte adj. *Des manières chattes* ▶ câlin, caressant.

chatte n. f. ▶ minette (fam.).

chatterie n. f. 1 *Faire des chatteries à qqn* ▶ cajolerie, câlinerie, caresse, tendresse. 2 *Offrir des chatteries à un enfant* ▶ douceur, friandise, gâterie, gourmandise, sucrerie.

chaud, chaude adj. 1 *Des cendres encore chaudes* ▶ brûlant, incandescent. 2 *Un été vraiment chaud* ▶ caniculaire, torride. 3 *Cet enfant est bien chaud* ▶ fébrile, fiévreux. 4 Fig. *Un tempérament chaud* ▶ amoureux, ardent, fougueux, passionné, sensuel. 5 Fig. *Une voix chaude* ▶ animé, chaleureux, entraînant. 6 Fig. *De chauds admirateurs* ▶ ardent, empressé, enthousiaste, fervent, passionné, zélé. 7 Fig. *Il ne refuse pas*

chaud n. m. *Craindre le chaud* ▸ chaleur.

vraiment, mais il n'est pas très chaud ▸ emballé (fam.), favorable, partant (fam.). **8** *Fig. La lutte a été chaude* ▸ acharné, animé, âpre, rude, sévère, vif. **9** *Fig. Des points chauds* ▸ dangereux, névralgique, risqué. **10** *Fig. Une nouvelle toute chaude* ▸ frais, récent.

chaud n. m. *Craindre le chaud* ▸ chaleur.

chaudement adv. *Fig. Féliciter chaudement qqn* ▸ chaleureusement, vivement.

chauffard n. m. ▸ écraseur (fam.).

chauffe-plats n. m. ▸ chaufferette, réchaud.

chauffer v. **1** *Un moteur qui chauffe* ▸ s'échauffer. **2** *L'alcool chauffe les joues* ▸ échauffer. **3** *Faire chauffer les restes du repas de midi* ▸ réchauffer. **4** *Fig. et fam. Ça va chauffer* ▸ aller mal, barder (fam.), se gâter. **5** *Fig. et fam. Un orateur qui chauffe son public* ▸ enfiévrer, enflammer, exalter, exciter.

chauffeur n. m. **1** *La voiture a renversé un piéton et le chauffeur a pris la fuite* ▸ automobiliste, conducteur. **2** Spécialement pour un camion ▸ camionneur, routier. **3** Spécialement pour un bus ▸ machiniste.

chauler v. **1** *Chauler une terre* ▸ amender. **2** *Chauler un mur* ▸ blanchir.

chaume n. m. **1** *Brûler le chaume après la moisson* ▸ éteule. **2** *Un toit couvert de chaume* ▸ paille.

chaussée n. f. **1** *On fait des travaux pour refaire la chaussée* ▸ route, rue, voie. **2** *La chaussée est glissante* ▸ macadam. **3** *Une chaussée le long d'un cours d'eau* ▸ digue, levée, remblai.

chausser v. **1** *Chausser un arbre* ▸ butter, enchausser. **2** *Chausser des bottes* ▸ enfiler, mettre. **3** *Ce modèle vous chausse bien* ▸ aller. **4** *Fig. Chausser ses lunettes* ▸ ajuster, mettre.

chausse-trappe n. f. *Fig. La vie politique est pleine de chausse-trappes* ▸ écueil, embûche, guet-apens, piège, traquenard.

chausson n. m. *Il passe ses journées au coin du feu avec ses chaussons* ▸ charentaise, pantoufle.

chaussure n. f. ▸ godasse (fam.), pompe (fam.), soulier.

chauve adj. *Un crâne chauve* ▸ dégarni, déplumé (fam.), lisse, pelé.

chauvin, ine adj. ▸ cocardier, nationaliste, patriotard.

chauvinisme n. m. ▸ nationalisme.

chavirer v. **1** *Un bateau qui chavire* ▸ basculer, dessaler, se renverser, se retourner. **2** *Chavirer des meubles avec violence* ▸ bousculer, renverser. **3** *Fig. Cette nouvelle l'a chaviré* ▸ bouleverser, mettre sens dessus dessous, retourner, secouer (fam.), tournebouler (fam.). **4** *Fig. Faire chavirer un projet* ▸ capoter (fam.), échouer, tomber à l'eau.

check-up n. m. ▸ bilan de santé.

chef n. m. **1** *Le chef d'un groupe* ▸ animateur, caïd (fam.), entraîneur, leader, meneur, responsable, tête. **2** *Le chef d'une entreprise* ▸ boss (fam.), directeur, dirigeant, manager, patron. **3** *Apprécier les plats d'un chef français* ▸ cuisinier, maître queux (litt.). **4** *Fig. Cet enfant, aux échecs, c'est un chef* ▸ as, champion, crack (fam.).

chef-d'œuvre n. m. ▸ bijou, merveille, perfection, prodige.

chemin n. m. **1** *Un chemin forestier* ▸ allée, piste, sentier, voie. **2** *Vous connaissez le chemin pour y aller?* ▸ direction, itinéraire, route. **3** *D'ici à Quimper, ça va vous faire un sacré chemin!* ▸ course, distance, parcours, périple (litt.), route, trajet, trotte (fam.). **4** *Fig. Parvenir à ses fins par un chemin détourné* ▸ méthode, moyen, voie. **5 faire du chemin** *Fig. Ce petit-là, vous verrez, il fera du chemin* ▸ aller loin, arriver, réussir.

chemin de croix n. m. *Fig. Ce travail est un vrai chemin de croix* ▸ calice (litt.), calvaire, croix, épreuve, martyre, punition, supplice.

chemin de fer n. m. ▸ train.

cheminée n. f. **1** *Se réchauffer devant la cheminée* ▸ âtre, feu, foyer. **2** *Une cheminée d'aération* ▸ conduit, puits.

cheminement n. m. **1** *Le cheminement d'une armée* ▸ avance, marche, progression. **2** *Fig. Le cheminement d'une idée* ▸ évolution, progrès, progression.

cheminer v. **1** *Litt. Cheminer à travers bois* ▸ s'acheminer, aller, avancer, marcher. **2** *Fig. Une idée qui chemine* ▸ avancer, évoluer, progresser.

chemise n. f. *Ranger des papiers dans une chemise* ▸ classeur, dossier.

chemisier n. m. *Mettre un chemisier et une jupe* ▸ blouse, corsage.

chenal n. m. *Entretenir le chenal entre le port et l'estuaire* ▸ canal, goulet, passe.

chenapan n. m. *Petit chenapan!* ▸ bandit, coquin, galopin, garnement, gredin, vaurien, voyou.

chéneau n. m. ▸ gouttière.

cheptel n. m. ▸ bestiaux, bétail, bêtes, troupeau.

chéquier n. m. ▸ carnet de chèques.

cher, chère adj. 1 *Son cher mari* ▶ adoré, affectionné, aimé, bien-aimé, chéri. 2 *Un souvenir qui est cher à qqn* ▶ précieux. 3 *C'était tellement cher qu'il n'a pas pu l'acheter* ▶ coûteux, dispendieux (litt.), hors de prix, inabordable, onéreux, ruineux.

cher adv. *Il a payé cher ce plaisir fugitif* ▶ chèrement.

chercher v. 1 *Voilà une heure que je vous vois chercher dans ce tiroir!* ▶ fouiller, fouiner, fourrager, fureter. 2 *Qu'allez-vous chercher là?* ▶ imaginer, inventer, supposer. 3 *Chercher un cadeau pour qqn* ▶ penser à, réfléchir à. 4 *Venir chercher qqn devant chez lui* ▶ prendre, quérir (vx). 5 *Chercher à obtenir des renseignements* ▶ s'efforcer de, essayer de, s'évertuer à, tâcher de, tenter de. 6 Fam. *Il me cherche, celui-là, avec ses allusions!* ▶ chercher noise (litt.), chercher querelle (litt.), provoquer.

chercheur d'or n. m. ▶ orpailleur.

chère n. f. *Comme toujours quand on dîne chez lui, la chère était exquise* ▶ cuisine, nourriture, table (litt.).

chèrement adv. 1 *Conserver chèrement le souvenir de qqn* ▶ amoureusement, pieusement, tendrement. 2 *Il a payé chèrement ce moment de gloire* ▶ cher.

chéri, ie adj. *Son fiancé chéri* ▶ adoré, affectionné, aimé, bien-aimé, cher.

chéri, ie n. 1 *Mon chéri, ma chérie* ▶ adoré (litt.), bien-aimé (litt.). 2 Fam. *Cet élève est le chéri du maître* ▶ chouchou (fam.), favori.

chérir v. Litt. ▶ adorer, affectionner, aimer, être attaché à, porter dans son cœur.

chérubin n. m. Fig. *Cet enfant est un chérubin* ▶ ange.

chétif, ive adj. 1 *Un petit corps chétif* ▶ débile, déficient, faible, fluet, fragile, frêle, maigre, malingre, rabougri, rachitique, souffreteux. 2 Fig. *De bien chétifs résultats* ▶ chiche, dérisoire, maigre, médiocre, mesquin, misérable, pauvre, piètre, piteux.

cheval n. m. 1 *Monter sur son cheval* ▶ bidet (fam. et péj.), bourrin (fam. et péj.), canasson (fam. et péj.), coursier (litt.), destrier (litt.), monture (litt.). 2 *Faire du cheval* ▶ équitation. 3 **chevaux de bois** *Faire un tour sur les chevaux de bois* ▶ manège. 4 **à cheval** *Être à cheval sur le faîte du toit* ▶ à califourchon. 5 Fig. *Être à cheval sur les principes* ▶ attaché à, exigeant sur, pointilleux sur, strict sur.

chevaler v. ▶ étançonner, étayer, étrésillonner.

chevaleresque adj. ▶ généreux, magnanime (litt.), noble.

chevalet n. m. 1 *Mettre une partition sur un chevalet* ▶ lutrin, pupitre. 2 *Un chevalet de scieur* ▶ baudet, tréteau.

chevalier n. m. 1 ▶ paladin (litt.), preux (litt.). 2 **chevalier d'industrie** Litt. ▶ aigrefin (litt.), arnaqueur (fam.), aventurier, escroc, filou.

chevauchée n. f. *Faire de longues chevauchées dans les bois* ▶ cavalcade, course, promenade.

chevaucher v. 1 *Des lettres qui chevauchent une ligne* ▶ dépasser sur, empiéter sur, mordre sur. 2 **se chevaucher** *Des caractères d'imprimerie qui se chevauchent* ▶ se croiser, se recouvrir, se superposer.

chevelure n. f. *Une chevelure blonde* ▶ cheveux, crinière (litt.), tignasse (fam.), toison.

chevet n. m. ▶ tête de lit.

cheveu n. m. 1 *Ne plus avoir un cheveu sur le crâne* ▶ poil (fam.), tif (fam.). 2 Plur. *Avoir de magnifiques cheveux roux* ▶ chevelure, crinière, tignasse (fam.), toison.

cheville ouvrière n. f. Fig. *Être la cheville ouvrière d'une opération* ▶ âme, animateur, centre, pivot.

chèvre n. f. *Un troupeau de chèvres* ▶ bique (fam.).

chevreau n. m. ▶ biquet, cabri.

chevronné, ée adj. *Ils cherchent un pilote particulièrement chevronné* ▶ compétent, expérimenté, expert, qualifié.

chevrotant, ante adj. *Une voix chevrotante* ▶ tremblotant.

chevrotement n. m. 1 *Le chevrotement d'un biquet* ▶ bêlement. 2 *Le chevrotement de la voix* ▶ tremblotement.

chevroter v. 1 *Un biquet qui chevrote* ▶ béguéter, bêler. 2 *Une voix qui chevrote* ▶ trembloter.

chez-soi n. m. *Retrouver son chez-soi après un voyage* ▶ foyer, home (fam.), intérieur, logis (litt.), maison, nid, toit.

chic adj. 1 *Il a été très chic avec moi quand j'étais en difficulté* ▶ aimable, bon, brave, chouette (fam.), généreux, gentil, obligeant, secourable, serviable, sympa (fam.). 2 *Fréquenter un milieu chic* ▶ b.c.b.g. (fam.), distingué, élégant, huppé, sélect (fam.).

chic n. m. 1 *Une femme qui a du chic* ▶ allure, chien (fam.), distinction, élégance, race. 2 *Vous avez le chic de dire ce qu'il ne faut pas* ▶ art.

chicane n. f. *Multiplier les chicanes pour empêcher qqn d'obtenir ce à quoi il a droit* ▶ ar-

gutie (litt.), chicanerie, chinoiserie, chipotage, complication, contestation, ergoterie (litt.), tracasserie.

chicaner v. 1 *Chicaner sur tout* ▶ argumenter, chipoter (fam.), contester, discuter, ergoter. 2 *Chicaner qqn sur des points de détail* ▶ chercher noise à (litt.), chercher querelle à (litt.), ennuyer, tarabuster. 3 Fam. *Cette histoire me chicane* ▶ chagriner, chiffonner, ennuyer, préoccuper, tarabuster, tourmenter, tracasser, turlupiner (fam.). 4 **se chicaner** *Se chicaner pour des riens* ▶ se chamailler, se disputer, se quereller.

chicaneur, euse adj. 1 Litt. *Un juge chicaneur* ▶ procédurier, processif (litt.). 2 *Un examinateur particulièrement chicaneur* ▶ pinailleur (fam.), pointilleux, tracassier, vétilleux (litt.).

chicanier, ère n. *Son collègue est un chicanier qui lui rend la vie impossible* ▶ chipoteur (fam.), coupeur de cheveux en quatre (fam.), disputailleur (fam.), ergoteur (litt.), procédurier.

chiche adj. 1 Litt. *Un vieillard chiche* ▶ avare, ladre (litt.), parcimonieux, pingre, radin (fam.), regardant. 2 Litt. *Un repas un peu chiche* ▶ juste, maigre, mesquin, mince, pauvre.

chichement adv. *Vivre chichement* ▶ modestement, parcimonieusement, pauvrement, petitement.

chichis n. m. pl. Fam. *Faire des chichis* ▶ façons, manières, simagrées.

chien n. m. 1 *Nourrir son chien* ▶ cabot (fam.), clébard (fam.), clebs (fam.), toutou (fam.). 2 *Traiter qqn comme un chien* ▶ esclave, laquais, larbin, valet. 3 Fig. *Une femme qui a du chien* ▶ allure, distinction, élégance, piquant, race. 4 **chien de garde** ▶ cerbère, molosse.

chiffe n. f. Fig. *Ne comptez pas sur lui, ce n'est qu'une chiffe* ▶ lâche, lavette (fam.), loque, pleutre (litt.).

chiffonner v. 1 *Chiffonner des vêtements* ▶ bouchonner, friper, froisser. 2 Fig. *Cette histoire me chiffonne* ▶ chagriner, chicaner, contrarier, défriser (fam.), embêter (fam.), ennuyer, préoccuper, tarabuster, tourmenter, tracasser, turlupiner (fam.).

chiffrable adj. ▶ appréciable, calculable, dénombrable, évaluable, quantifiable.

chiffre n. m. 1 *Doubler le chiffre de ses bénéfices* ▶ montant, somme, total. 2 Plur. *Apprendre les chiffres* ▶ arithmétique, calcul, mathématiques. 3 *Broder son chiffre sur des draps* ▶ monogramme. 4 *Dans toute ambassade il y a un responsable du chiffre* ▶ code secret, cryptage.

chiffrer v. 1 *Chiffrer des pertes* ▶ calculer, compter, évaluer, mesurer, quantifier. 2 *Chiffrer une dépêche destinée au ministre* ▶ coder, crypter, encoder. 3 **se chiffrer** *Les pertes se chiffrent à des millions* ▶ s'élever à, se monter à.

chimère n. f. *Se nourrir de perpétuelles chimères* ▶ fantasme, illusion, mirage, rêve, rêverie, songe, utopie.

chimérique adj. 1 *Un projet chimérique* ▶ fantasmatique, fou, illusoire, irréalisable, irréaliste, utopique, vain. 2 *Un esprit chimérique* ▶ rêveur, romanesque.

chineur, euse n. ▶ brocanteur.

chinois n. m. Fig. *Pour moi, c'est du chinois* ▶ algèbre, hébreu.

chinoiserie n. f. *Les chinoiseries de l'Administration* ▶ chicane, chicanerie, chipotage, complication, tracasserie.

chipie n. f. Fam. ▶ peste (fam.), pimbêche.

chipotage n. m. *Des chipotages à propos de points de détail* ▶ chicane, chicanerie, contestation, contradiction, ergoterie (litt.), pinaillage (fam.), querelle.

chipoter v. 1 *Chipoter dans son assiette* ▶ grignoter, mangeotter (fam.), picorer. 2 *Chipoter sur chaque article d'un contrat* ▶ chicaner, discuter, ergoter.

chiqué n. m. Fam. *C'est du chiqué!* ▶ bluff, esbroufe (fam.).

chiquenaude n. f. ▶ pichenette.

chiquer v. *Du tabac à chiquer* ▶ mâcher.

chirurgie dentaire n. f. ▶ odontologie, stomatologie.

chloroformer v. Vx ▶ anesthésier, endormir.

choc n. m. 1 *Un choc entre deux véhicules* ▶ accrochage, collision, heurt, tamponnement, télescopage. 2 *Le choc a été si violent qu'il s'est évanoui* ▶ commotion, coup, secousse, traumatisme. 3 Fig. *Le choc de deux opinions* ▶ antagonisme, conflit, confrontation, opposition. 4 **choc en retour** ▶ contrecoup, retour de bâton, retour de manivelle (fam.).

chœur n. m. 1 *Des chants interprétés par un chœur d'enfants* ▶ chorale. 2 **en chœur** *Tous les assistants ont protesté en chœur* ▶ conjointement, de concert, de conserve, ensemble, unanimement.

choisi, ie adj. 1 *Un public choisi* ▶ distingué, élégant. 2 *Une langue choisie* ▶ châtié, élégant, précieux, raffiné. 3 **bien choisi** *Un moment particulièrement bien choisi* ▶ opportun. 4 **mal choisi** ▶ inopportun.

choisir v. 1 *Choisir un maire* ► désigner, élire, nommer. 2 *Choisir les meilleurs produits* ► adopter, distinguer, jeter son dévolu sur, sélectionner, trier. 3 *Choisir la solitude* ► opter pour, préférer. 4 *Être incapable de choisir entre plusieurs possibilités* ► se décider, se déterminer, s'engager, opter, prendre parti, se prononcer, trancher.

choix n. m. 1 *Procéder au choix des candidats* ► sélection. 2 *Se trouver en présence d'un choix particulièrement difficile* ► alternative, dilemme, option. 3 *Je vous informerai de mon choix dès demain* ► décision, résolution, volonté. 4 *Un choix de marchandises* ► assortiment, éventail, gamme, palette, sélection. 5 *Un choix de poèmes* ► anthologie, florilège, recueil, sélection. 6 **de choix** *Un morceau de choix* ► de prix, de qualité, excellent.

chômé, ée adj. *Un jour chômé* ► férié.

chômeur, euse n. ► demandeur d'emploi, sans-emploi.

chope n. f. *Une chope de bière* ► bock, demi, verre.

choquant, ante adj. 1 *Des propos choquants* ► déplacé, incongru, inconvenant, malséant (litt.). 2 *Un refus choquant* ► blessant, déplaisant, désagréable, offensant, rebutant.

choquer v. 1 Fig. *Ses propos nous ont tous choqués* ► blesser, déplaire à, froisser, heurter, indigner, indisposer, offusquer, outrer, scandaliser, ulcérer. 2 Fig. *La mort de son père l'a profondément choqué* ► bouleverser, commotionner, ébranler, mettre sens dessus dessous, perturber, remuer, retourner (fam.), secouer (fam.), tournebouler (fam.), traumatiser.

chorale n. f. ► chœur, ensemble vocal.

chose n. f. 1 *Il est arrivé une chose incroyable* ► événement, phénomène, truc (fam.). 2 *Ranger un tas de choses dans un tiroir* ► affaire, bidule (fam.), machin (fam.), objet, truc (fam.). 3 *Considérer qu'un enfant est sa chose* ► bien, possession, propriété. 4 Plur. *Voir les choses en face* ► événements, faits, réalité, situation.

chou adj. *Son copain est vraiment chou* ► à croquer, mignon.

choyer v. 1 *Choyer un enfant* ► cajoler, câliner, chouchouter (fam.), couver, dorloter, gâter, materner. 2 Fig. et litt. *Choyer une idée fixe* ► caresser, cultiver, entretenir, nourrir.

christ n. m. *Un christ en plâtre* ► crucifix.

christianisation n. f. ► évangélisation.

christianiser v. ► évangéliser.

chronique adj. 1 *Un mal chronique* ► constant, continuel, durable, endémique, permanent, persistant. 2 *Un menteur chronique* ► invétéré.

chroniques n. f. pl. *Des renseignements trouvés dans d'anciennes chroniques* ► annales, histoires, mémoires.

chroniqueur, euse n. 1 *Les grands chroniqueurs du Moyen Âge* ► annaliste, historien, mémorialiste. 2 *Les chroniqueurs de la presse régionale* ► commentateur, éditorialiste.

chronologie n. f. *Établir la chronologie des faits marquants d'une période* ► histoire, succession.

chuchotement n. m. ► bruissement, murmure, susurrement.

chuchoter v. 1 *Chuchoter des prières* ► marmonner, marmotter, murmurer. 2 Litt. *Un ruisseau qui chuchote* ► bourdonner, bruire (litt.), chuinter, gazouiller, susurrer (litt.).

chuinter v. Fig. *Parler en chuintant* ► bléser, zézayer, zozoter.

chute n. f. 1 *Faire une chute* ► culbute, dégringolade, plongeon (fam.). 2 *Une chute de terrain* ► affaissement, éboulement, écroulement, effondrement, glissement. 3 *Une chute d'eau* ► cascade, cataracte. 4 *Une chute de température* ► baisse. 5 *Une chute d'organes* ► descente, prolapsus, ptose. 6 *Une chute de papier* ► déchet, résidu, rognure. 7 Fig. *La chute d'une place forte* ► capitulation, reddition. 8 Fig. *La chute d'un empire* ► déconfiture (fam.), écroulement, effondrement, faillite, renversement, ruine. 9 Fig. *La chute d'Adam* ► déchéance, faute, péché. 10 Fig. *La chute d'une valeur boursière* ► dégringolade (fam.), dépréciation, effondrement. 11 Fig. *La chute d'une phrase* ► clausule, extrémité, fin, terminaison. 12 Fig. *La chute du jour* ► fin, tombée.

chuter v. 1 *Chuter dans des escaliers* ► s'affaler, choir (vx), dégringoler, tomber. 2 *Des prix qui chutent par paliers* ► baisser, descendre, diminuer, s'écrouler, s'effondrer, tomber. 3 Fig. et fam. *Le candidat a chuté dans l'épreuve pratique* ► échouer.

cible n. f. *Atteindre sa cible* ► but, objectif.

cibler v. *Il faudrait cibler plus précisément le public visé* ► circonscrire, délimiter, déterminer.

ciboule n. f. ► cive.

cicatrice n. f. 1 *Avoir une cicatrice sur la joue* ► balafre, couture. 2 Fig. *Garder les ci-*

catrices d'une enfance malheureuse ► empreinte, marque, stigmate (litt.), trace.

cicatrisation n. f. **1** *La cicatrisation d'une blessure* ► fermeture, guérison. **2** *Fig. et litt. La cicatrisation d'une déception* ► adoucissement, apaisement, consolation, guérison, soulagement.

cicatriser v. **1** *Une blessure qui cicatrise* ► se fermer, guérir, se refermer. **2** *Fig. et litt. Des joies qui cicatrisent un chagrin* ► adoucir, apaiser, consoler, guérir, soulager.

cicérone n. m. Litt. *Servir de cicérone à un touriste* ► accompagnateur, cornac (fam.), guide, pilote.

ciel n. m. **1** *Regarder le ciel* ► azur (litt.), cieux (litt.), empyrée (litt.), éther (litt.), firmament (litt.). **2** *Fig. Prier le ciel* ► dieu, dieux, providence. **3** *Fig. Certaines religions promettent le ciel* ► au-delà, paradis. **4** *ciel de lit* ► baldaquin, dais.

cigarette n. f. ► clope (fam.), sèche (fam.).

cillement n. m. *Un cillement d'œil* ► battement, clignement.

ciller v. **1** *Ciller des yeux* ► cligner, clignoter, papilloter. **2** *Il a écouté la nouvelle sans ciller* ► broncher, s'émouvoir, réagir.

cime n. f. **1** *La cime d'une montagne* ► crête, faîte, pic, pointe, sommet. **2** *Fig. et litt. La cime des honneurs* ► apogée, faîte, summum, zénith.

cimenter v. *Fig. Cimenter une alliance* ► affermir, confirmer, consolider, raffermir, sceller.

cinéaste n. ► metteur en scène, réalisateur.

cinéma n. m. **1** *La prédominance du cinéma sur la télévision* ► grand écran, septième art. **2** *Fig. et fam. Il fait son cinéma* ► cirque, comédie.

cinglant, ante adj. *Fig. Une réplique cinglante* ► acerbe, dur, incisif, mordant, sec, vif.

cinglé, ée adj. Fam. ► allumé (fam.), braque (fam.), dingue (fam.), fêlé (fam.), fou, frappé (fam.), givré (fam.), jeté (fam.), marteau (fam.), piqué (fam.), ravagé (fam.), timbré (fam.), toqué (fam.).

cingler v. **1** *Cingler avec un fouet* ► cravacher, flageller (litt.), fouailler (litt.), fouetter, fustiger (litt.). **2** Litt. *Cingler vers l'Afrique* ► faire route, naviguer, voguer.

cinquantenaire n. m. **1** *Épouser un cinquantenaire* ► quinquagénaire. **2** *Le cinquantenaire d'un couronnement* ► jubilé.

cintre n. m. *Le cintre d'une arcade* ► cambrure, courbure.

cintrer v. *Cintrer une plaque de métal* ► arquer, bomber, cambrer, courber.

circonférence n. f. **1** *Mesurer une circonférence* ► cercle, rond. **2** *La circonférence d'une surface curviligne* ► contour, périmètre, périphérie, tour.

circonlocution n. f. ► ambages (litt.), détour, périphrase.

circonscription n. f. ► division, région, secteur, subdivision, territoire, zone.

circonscrire v. **1** *Circonscrire une difficulté* ► cerner, délimiter, localiser. **2** *Circonscrire le sujet d'un ouvrage* ► borner, limiter, restreindre. **3** *Circonscrire un brasier* ► arrêter, bloquer, enrayer, stopper.

circonspect, ecte adj. ► diplomate, précautionneux, prudent, réfléchi, réservé.

circonspection n. f. ► diplomatie, précaution, prudence, réserve, retenue.

circonstance n. f. **1** *Une circonstance imprévue* ► cas, événement, occurrence (litt.). **2** *Profiter de la circonstance* ► conjoncture, heure, moment, occasion, situation. **3** *Les circonstances d'un acte* ► condition, modalité.

circonstancié, ée adj. *Un récit circonstancié* ► détaillé, précis.

circonvenir v. Litt. *Se laisser circonvenir* ► abuser, embobiner (fam.), enjôler, séduire, tromper.

circonvolution n. f. *Des lianes qui forment d'extraordinaires circonvolutions* ► enroulement, repli, sinuosité, volute.

circuit n. m. **1** *Il faut faire un long circuit pour atteindre la maison* ► course, détour, itinéraire, trajet. **2** *Faire un circuit dans le sud de la France* ► périple, promenade, randonnée, tour, voyage. **3** *Le circuit du Mans* ► autodrome, piste. **4** *Les circuits commerciaux de l'édition* ► canal, réseau.

circulaire adj. **1** *Une surface circulaire* ► rond. **2** *Un mouvement circulaire* ► giratoire, rotatif, rotatoire, tournant. **3** *Un boulevard circulaire* ► périphérique.

circulairement adv. ► en cercle, en rond.

circulation n. f. **1** *Un axe à grande circulation* ► passage, roulage, trafic. **2** *La circulation des idées* ► diffusion, mouvement, propagation, transmission.

circuler v. **1** *Circuler sur les trottoirs* ► se déplacer, se mouvoir. **2** *Des nouvelles qui circulent* ► courir, se diffuser, se propager, se répandre, se transmettre. **3** *En France,* on circule à droite ▶ rouler. 4 *Les agents ont dit aux badauds de circuler* ▶ se disperser.

cire n. f. *Frotter un parquet avec de la cire* ▶ encaustique.

ciré n. m. ▶ imperméable.

cirer v. *Cirer un sol* ▶ encaustiquer.

cireux, euse adj. *Le teint cireux d'un malade* ▶ blafard, blanchâtre, blême, jaunâtre, livide, pâle, plombé, terreux, verdâtre.

cirque n. m. 1 *Les jeux du cirque* ▶ amphithéâtre, arène. 2 Fam. *Il va encore nous faire son cirque* ▶ cinéma (fam.), comédie. 3 Fam. *Qu'est-ce que c'est que ce cirque?* ▶ bordel (fam.), chahut, désordre, pagaille.

cisailler v. ▶ couper, taillader.

ciseau n. m. *Le ciseau d'un sculpteur* ▶ burin.

ciseler v. 1 *Ciseler un bijou* ▶ sculpter, tailler. 2 Fig. *Ciseler un texte* ▶ fignoler, lécher (fam.), parfaire, polir, soigner.

ciseleur n. m. ▶ orfèvre.

citadelle n. f. 1 *Assiéger une citadelle* ▶ château fort, fort, forteresse. 2 Fig. *Genève, citadelle du calvinisme* ▶ bastion, centre, forteresse.

citadin, ine adj. ▶ urbain.

citation n. f. 1 *Une citation à comparaître* ▶ assignation, convocation, sommation. 2 *La citation d'un militaire à l'ordre de la nation* ▶ mention. 3 *Émailler un discours de citations des meilleurs auteurs* ▶ extrait, fragment, morceau, passage.

cité n. f. 1 Litt. *L'organisation politique de la cité* ▶ état, nation. 2 *Les grandes cités* ▶ agglomération, ville. 3 *La cité de Londres* ▶ centre, vieille ville.

citer v. 1 *Citer un exemple à l'appui d'une démonstration* ▶ alléguer, apporter, avancer, donner, évoquer, produire. 2 *Citer la référence d'un texte* ▶ indiquer, mentionner, rappeler, signaler. 3 *Citer un témoin* ▶ assigner, convoquer, mander.

citerne n. f. ▶ cuve, réservoir.

citoyen, enne n. 1 *Un citoyen suisse en France* ▶ résident, ressortissant. 2 Spécialement à propos des citoyens britanniques ▶ sujet. 3 Fam. *Un drôle de citoyen* ▶ bonhomme (fam.), individu, oiseau (fam.), quidam, type (fam.), zèbre (fam.).

cive n. f. ▶ ciboule.

civière n. f. ▶ brancard.

civil, ile adj. 1 *Les droits civils* ▶ civique. 2 *Un mariage civil* ▶ laïque. 3 *Une région ravagée par des guerres civiles* ▶ intestin (litt.). 4 Litt. *Un homme fort civil* ▶ affable, aimable, bien élevé, correct, courtois, galant (vx), honnête (vx), poli, sociable, urbain (litt.).

civil n. m. ▶ pékin (fam.).

civilement adv. ▶ courtoisement, gracieusement, honnêtement, poliment.

civilisation n. f. 1 *Les bienfaits de la civilisation* ▶ progrès. 2 *La civilisation grecque* ▶ culture.

civilisé, ée adj. *Une société civilisée* ▶ évolué, policé (vx).

civiliser v. 1 *Civiliser le goût de qqn* ▶ affiner, éduquer, policer (vx). 2 *Civiliser un goujat* ▶ dégrossir, humaniser.

civilité n. f. 1 Litt. *Les règles de la civilité* ▶ bonnes manières, correction, courtoisie, éducation, honnêteté (vx), politesse, savoir-vivre, urbanité (litt.), usages. 2 Plur. et litt. *Présenter ses civilités à qqn* ▶ amitiés, compliments, devoirs, hommages, respects, salutations.

civique adj. *Les droits civiques* ▶ civil.

claie n. f. 1 *Une claie d'osier* ▶ clayette, clayon, clisse. 2 *Passer du sable sur une claie* ▶ crible, tamis. 3 *Une claie métallique* ▶ claire-voie, grillage, treillage, treillis.

clair, claire adj. 1 *Une pièce claire* ▶ éclairé, lumineux. 2 *Un teint clair* ▶ diaphane, frais, lumineux, pur. 3 *Une eau claire* ▶ cristallin, diaphane, limpide, pur, translucide, transparent. 4 *Une soupe claire* ▶ fluide, liquide. 5 *Un ciel clair* ▶ dégagé, limpide, pur. 6 *Un son clair* ▶ aigu, argentin, cristallin. 7 *Une voix claire* ▶ distinct, net. 8 Fig. *Un esprit clair* ▶ clairvoyant, délié, lucide, pénétrant, perspicace, sagace, sûr, vif. 9 Fig. *Une explication claire* ▶ compréhensible, explicite, intelligible, limpide, lumineux, net, précis, simple. 10 Fig. *Une réponse claire* ▶ droit, franc, net. 11 Fig. *Un ordre clair* ▶ catégorique, exprès, formel. 12 Fig. *Ce qui est clair, c'est qu'il était chez lui à 15 heures* ▶ certain, évident, manifeste, sûr.

clair n. m. Litt. *Le clair de la lune* ▶ clarté, lueur, lumière.

clair adv. 1 *Parler clair* ▶ clairement, crûment, franchement, librement, nûment (litt.), sans ambages, sans détour, tout uniment. 2 *y voir clair* ▶ comprendre.

clairement adv. 1 *Voir clairement des montagnes à l'horizon* ▶ distinctement, nettement, précisément. 2 *Puisque vous y tenez, je vais vous parler clairement* ▶ clair, crûment, franchement, librement, nûment (litt.), sans ambages, sans détour, tout uniment. 3 *C'était clairement entendu entre nous* ▶ explicitement, expressé-

claire-voie n. f. *Une claire-voie métallique* ▶ claie, grillage, treillage, treillis.

clairière n. f. *Une clairière dans la forêt* ▶ échappée, trouée.

clair-obscur n. m. 1 *Le clair-obscur qui règne dans une pièce* ▶ demi-jour, pénombre. 2 Fig. *Les zones de clair-obscur qui demeurent dans une affaire* ▶ ambiguïté, doute, incertitude, vague.

clairon n. m. *Un clairon de cavalerie* ▶ trompette.

claironner v. Fig. *Claironner une nouvelle* ▶ clamer, corner (fam.), crier sur les toits (fam.), proclamer, publier (litt.).

clairsemé, ée adj. 1 *Des arbres clairsemés* ▶ espacé, rare. 2 Fig. *Une population clairsemée* ▶ dispersé, disséminé, éparpillé, épars.

clairvoyance n. f. 1 *La clairvoyance de qqn* ▶ acuité, discernement, flair (fam.), lucidité, nez (fam.), pénétration, perspicacité, sagacité. 2 *La clairvoyance d'un jugement* ▶ finesse, perspicacité, sagacité, subtilité, sûreté.

clairvoyant, ante adj. 1 *Un esprit clairvoyant* ▶ clair, délié, fin, intelligent, lucide, pénétrant, perspicace, sagace, vif. 2 *Un jugement clairvoyant* ▶ avisé, fin, pénétrant, perspicace, sagace, subtil, sûr.

clamer v. 1 *Clamer sa victoire* ▶ claironner, corner (fam.), crier sur les toits (fam.), proclamer, publier (litt.). 2 *Clamer contre l'injustice* ▶ crier, fulminer (litt.), hurler, tempêter, tonitruer, tonner, vociférer.

clameur n. f. 1 *Fuir sous les sifflets et les clameurs de la foule* ▶ cri, huée, hurlement, protestation, tollé, vocifération. 2 *Saluer sous les applaudissements et les clameurs du public* ▶ acclamation, bravo, hourra, vivat.

clan n. m. 1 *Un patriarche qui règne sur son clan* ▶ descendance, dynastie, famille, postérité. 2 *Des clans qui se forment à l'intérieur d'une entreprise* ▶ caste, chapelle, clique, coterie, faction, groupe, mafia (péj.), phratrie (litt.).

clandestin, ine adj. 1 *Une manœuvre clandestine* ▶ caché, furtif, occulte, secret, sournois, souterrain, subreptice. 2 *Un marché clandestin* ▶ illégal, noir, parallèle.

clandestinement adv. 1 *Employer qqn clandestinement* ▶ au noir (fam.), illégalement. 2 *Un écrit passé clandestinement à l'étranger* ▶ en sous-main, secrètement, sous le manteau.

clapet n. m. ▶ obturateur, soupape, valve.

claquage n. m. *Un sportif immobilisé à la suite d'un claquage* ▶ déchirure musculaire, élongation.

claque n. f. 1 *Donner une claque à qqn* ▶ baffe (fam.), beigne (fam.), calotte (fam.), gifle, soufflet (litt.), taloche (fam.), tarte (fam.). 2 *Saluer qqn d'une grande claque sur l'épaule* ▶ tape.

claquemurer v. 1 Litt. *Un jaloux qui claquemure sa femme* ▶ claustrer (litt.), cloîtrer, emprisonner, enfermer. 2 **se claquemurer** *Se claquemurer dans sa chambre* ▶ se barricader, se calfeutrer, se cantonner, se cloîtrer, se confiner, s'enfermer, s'isoler, se murer, se terrer.

claquer v. 1 *Un drapeau qui claque au vent* ▶ s'agiter, battre. 2 *Un élastique qui claque* ▶ péter (fam.), se rompre. 3 Fam. *Claquer un héritage* ▶ croquer (fam.), dépenser, dilapider, flamber (fam.), gaspiller, manger. 4 Fam. *Cette course m'a claqué* ▶ crever (fam.), épuiser, éreinter, fatiguer, harasser (litt.), rompre (litt.), tuer (fam.), vanner (fam.), vider (fam.). 5 Fam. *Claquer à soixante ans* ▶ crever (fam.), décéder (litt.), mourir.

clarification n. f. 1 *La clarification d'une substance* ▶ épuration, purification. 2 Fig. *La clarification d'un mystère* ▶ éclaircissement, élucidation.

clarifier v. 1 *Clarifier une substance* ▶ épurer, purifier. 2 Fig. *Clarifier une affaire* ▶ débrouiller, démêler, éclaircir, élucider.

clarté n. f. 1 *La clarté de la lune* ▶ clair (litt.), lueur, lumière. 2 *La clarté d'un style* ▶ intelligibilité, limpidité, netteté, précision, transparence. 3 Plur. et litt. *Avoir des clartés sur les sujets les plus divers* ▶ connaissances, idées, lueurs, lumières, notions.

clash n. m. Fam. *Cet incident a provoqué un clash au milieu des négociations* ▶ rupture.

classe n. f. 1 *Ranger des objets par classe* ▶ catégorie, espèce, genre, groupe, sorte, type. 2 *Juger les gens en fonction de leur classe sociale* ▶ condition (vx), groupe, milieu. 3 *Un sportif de classe internationale* ▶ catégorie, niveau, rang. 4 *Aller en classe* ▶ école. 5 *Suivre une classe d'histoire* ▶ cours, leçon. 6 Fig. *Avoir de la classe* ▶ allure, chic, chien (fam.), distinction, élégance, race. 7 Fig. *Un immeuble de grande classe* ▶ standing. 8 **classe d'âge** *Deux personnes de la même classe d'âge* ▶ génération.

classement n. m. **1** *Des espèces vivantes présentées selon un classement rigoureux* ▶ classification, hiérarchie, ordre, rangement, systématique, taxinomie, typologie. **2** *Avoir un bon classement à un concours d'entrée* ▶ place, rang.

classer v. **1** *Classer des documents en fonction de leur sujet* ▶ classifier, distribuer, grouper, ordonner, ranger, répertorier, trier. **2** *Classer les espèces vivantes* ▶ catégoriser, différencier, discriminer, diviser, hiérarchiser, organiser, répartir. **3** Fam. *Je l'ai tout de suite classé* ▶ cataloguer, juger.

classeur n. m. **1** *Ranger des feuilles dans un classeur* ▶ carton, dossier. **2** *Les classeurs d'une bibliothèque* ▶ casier, fichier.

classification n. f. *Établir une classification des espèces vivantes* ▶ classement, hiérarchie, ordre, rangement, systématique, taxinomie, typologie.

classifier v. *Classifier les espèces existantes* ▶ catégoriser, classer, différencier, discriminer, hiérarchiser, organiser, répartir, trier.

classique adj. **1** *Un procédé classique* ▶ banal, courant, habituel, ordinaire, rituel, usuel. **2** *Une structure romanesque classique* ▶ conventionnel, traditionnel.

classiquement adv. *On emploie classiquement ce procédé* ▶ couramment, habituellement, ordinairement, traditionnellement, usuellement.

claudication n. f. ▶ boitement, boiterie.

claudiquer v. ▶ boiter, boitiller, clocher (litt.), clopiner.

clause n. f. *Les clauses d'un contrat* ▶ condition, convention, disposition.

claustration n. f. *Se condamner pour finir sa thèse à une claustration volontaire* ▶ enfermement, isolement, séquestration.

claustré, ée adj. *Rester claustré chez soi* ▶ claquemuré, cloîtré, enfermé, muré.

claustrer (se) v. *Se claustrer dans sa chambre* ▶ se barricader, se cloîtrer, se confiner, s'enfermer, s'isoler, se murer, se terrer.

clavier n. m. **1** *Le clavier d'un ordinateur* ▶ pupitre. **2** *Le clavier d'une voix* ▶ étendue, registre. **3** Fig. *Un romancier au clavier un peu restreint* ▶ palette, registre.

clé n. f. **1** Fig. *Trouver la clé d'une énigme* ▶ explication, solution. **2** Fig. *Occuper une position clé dans un dispositif* ▶ central, essentiel.

clémence n. f. **1** *Bénéficier de la clémence du jury* ▶ bienveillance, indulgence. **2** *Faire appel à la clémence du vainqueur* ▶ humanité, magnanimité (litt.), mansuétude (litt.), miséricorde (litt.). **3** Fig. *La clémence d'un climat* ▶ douceur.

clément, ente adj. **1** *Un juge clément* ▶ bienveillant, humain, indulgent, magnanime (litt.), miséricordieux (litt.). **2** Fig. *Un temps clément* ▶ doux.

clerc n. m. **1** Vx *Un habile homme et grand clerc* ▶ lettré, savant. **2** *La trahison des clercs* ▶ intellectuel.

clergé n. m. ▶ église.

cliché n. m. **1** *Tirer un cliché* ▶ négatif. **2** *Les clichés ramenés d'un voyage* ▶ photographie. **3** Fig. *Un discours rempli de clichés* ▶ banalité, lieu commun, poncif, stéréotype.

client, cliente n. **1** *Les clients éventuels se présenteront à l'appartement témoin* ▶ acheteur, acquéreur. **2** *Un commerçant qui sert un client* ▶ chaland (litt.), pratique (litt.). **3** Plur. *Une excellente maison, qui sait garder ses clients* ▶ clientèle, fidèles, habitués.

clignement n. m. **1** *Un clignement malicieux* ▶ clin d'œil, œillade. **2** *Indiquer son accord d'un simple clignement des paupières* ▶ battement, clignotement.

cligner v. *Des yeux qui clignent à cause du soleil* ▶ ciller, clignoter, papillonner, papilloter.

clignotant, ante adj. *Une lumière clignotante* ▶ intermittent, vacillant.

clignotement n. m. **1** *Un clignotement des paupières* ▶ battement, clignement. **2** Fig. *Le clignotement d'une lumière* ▶ scintillement, tremblotement, vacillement.

clignoter v. **1** *Clignoter des yeux* ▶ ciller, cligner. **2** *Des yeux qui clignotent* ▶ cligner, papillonner, papilloter. **3** Fig. *Une lumière qui clignote* ▶ scintiller, trembloter, vaciller.

climat n. m. Fig. *Un climat morose* ▶ ambiance, atmosphère, environnement, milieu.

climatisation n. f. ▶ air conditionné.

clin d'œil n. m. ▶ clignement, coup d'œil, œillade.

clinquant, ante adj. *Une décoration clinquante* ▶ criard, tapageur, tape-à-l'œil, voyant.

clinquant n. m. **1** *Cette bague, c'est du clinquant* ▶ camelote, pacotille, simili, toc, verroterie. **2** Fig. *Dissimuler son ignorance sous le clinquant d'une formule* ▶ fard, vernis.

clique n. f. *Une clique de politiciens* ▶ bande, cabale (litt.), camarilla (litt.), coterie, mafia.

clitoridectomie n. f. ▸ excision.

clivage n. m. Fig. *Un clivage au sein d'un parti politique* ▸ division, séparation.

cliver v. *Cliver un diamant* ▸ fendre, tailler.

cloaque n. m. *Cette rue est un cloaque* ▸ bourbier, égout, sentine (litt.).

clochard, arde n. ▸ clodo (fam.), mendiant, sans-abri, s.d.f. (fam.), vagabond (vx).

clochette n. f. 1 *Une clochette accrochée au cou d'une vache* ▸ clarine, grelot. 2 *La clochette du président de séance* ▸ sonnette.

cloison n. f. Fig. *Il y a trop de cloisons entre les services de cette entreprise* ▸ barrière, séparation.

cloisonnement n. m. 1 *Le cloisonnement d'un espace* ▸ compartimentage, compartimentation. 2 Fig. *Le cloisonnement des disciplines dans le système universitaire* ▸ isolement, séparation.

cloisonner v. Fig. *Cloisonner les différents secteurs d'un service pour éviter les contacts* ▸ compartimenter, séparer.

cloître n. m. *Passer sa vie dans un cloître* ▸ couvent, monastère.

cloîtré, ée adj. *Des religieuses cloîtrées* ▸ reclus.

cloîtrer v. 1 Fig. *Cloîtrer son entourage par peur du monde extérieur* ▸ claquemurer, claustrer, enfermer. 2 **se cloîtrer** Fig. *Se cloîtrer chez soi* ▸ se claquemurer, se confiner, s'enfermer, s'isoler, se murer, se retirer.

clone n. m. Fig. *C'est un clone du PDG* ▸ copie conforme, réplique, reproduction.

clopin-clopant adv. Fam. ▸ cahin-caha (fam.).

clopiner v. ▸ boiter, boitiller, claudiquer.

cloque n. f. 1 *Avoir une cloque au talon* ▸ ampoule, phlyctène. 2 *De la peinture qui fait des cloques* ▸ boursouflure.

cloquer v. 1 *Cloquer un tissu* ▸ gaufrer. 2 *Une peinture qui cloque* ▸ se boursoufler.

clore v. 1 Litt. *Clore des volets* ▸ fermer. 2 Fig. *Clore une discussion* ▸ achever, arrêter, clôturer, finir, terminer. 3 *Clore une séance* ▸ clôturer, lever.

clos n. m. 1 *Un clos planté d'arbres* ▸ enclos. 2 *Un vin d'un clos particulièrement réputé* ▸ vignoble.

clôture n. f. 1 *Procéder à la clôture des portes* ▸ fermeture, verrouillage. 2 Fig. *La clôture des négociations* ▸ achèvement, cessation, conclusion, fin. 3 Fig. *La clôture d'une séance* ▸ levée.

clôturer v. 1 *Clôturer un terrain* ▸ enclore, fermer. 2 *Clôturer une discussion* ▸ achever, arrêter, clore, finir, terminer. 3 *Clôturer une séance* ▸ clore, lever.

clou n. m. Fig. *Le clou d'un spectacle* ▸ apogée, apothéose.

clouer v. 1 Fig. *Sa grippe l'a cloué au lit* ▸ immobiliser, retenir. 2 Fig. *La surprise l'a cloué sur place* ▸ figer, méduser, pétrifier, statufier, tétaniser.

clovisse n. f. ▸ palourde.

clown n. m. 1 *Le clown d'un cirque* ▸ auguste, paillasse. 2 Fig. *Faire le clown* ▸ charlot (fam.), guignol (fam.), mariole, pitre, singe, zouave (fam.).

clownerie n. f. ▸ bouffonnerie, pantalonnade (litt.), pitrerie, singerie (fam.).

clownesque adj. ▸ burlesque, caricatural, grotesque, ridicule.

club n. m. 1 *Un club sportif* ▸ association, cercle. 2 Fig. *Les gens qui ont un QI de plus de 140 forment un club très fermé* ▸ cénacle, cercle, groupe, société.

coach n. m. ▸ entraîneur, manager.

coaguler v. *Un liquide qui coagule vite* ▸ cailler, figer, prendre, se solidifier.

coalisé, ée n. ▸ allié, cobelligérant.

coaliser v. 1 *Coaliser tout le monde contre soi* ▸ grouper, liguer, rassembler, réunir, unir. 2 **se coaliser** *Des forces qui se coalisent contre un ennemi* ▸ s'allier, s'assembler, se grouper, se joindre, se liguer, se réunir, s'unir.

coalition n. f. ▸ alliance, association, bloc, entente, front, ligue, union.

coauteur n. m. ▸ cosignataire.

cobaye n. m. *Élever un cobaye* ▸ cochon d'Inde.

cocardier, ière adj. ▸ chauvin, patriotard.

cocasse adj. ▸ amusant, bouffon, burlesque, comique, drôle, marrant (fam.), risible.

cocasserie n. f. ▸ bouffonnerie, comique, drôlerie.

cocher n. m. *Un cocher de fiacre* ▸ conducteur, postillon (litt.), voiturier (litt.).

cocher v. *Cocher une page* ▸ marquer.

cochon, onne adj. 1 *Être cochon en mangeant* ▸ dégoûtant, malpropre, sale. 2 Fig. et fam. *Une histoire cochonne* ▸ égrillard, grivois, inconvenant, obscène, paillard, polisson, salé (fam.).

cochon n. m. **1** *Élever des cochons* ▶ porc. **2** *Fig. et fam. Méfie-toi, ma fille, cet homme est un horrible cochon!* ▶ débauché, dégoûtant (fam.), dépravé (litt.), porc, pourceau (litt.), verrat (litt.), vicieux. **3 cochon d'Inde** ▶ cobaye.

cochonner v. **1** *Fam. Cochonner un livre avec un feutre* ▶ barbouiller (fam.), salir, tacher. **2** *Cochonner un travail* ▶ bâcler.

cochonnerie n. f. **1** *Vivre dans la plus immonde cochonnerie* ▶ saleté. **2** *Raconter des cochonneries* ▶ horreur, obscénité. **3** *Fam. Faire une cochonnerie à qqn* ▶ crasse (fam.), entourloupe (fam.), entourloupette (fam.), mauvais tour, rosserie (fam.), tour de cochon (fam.), vacherie (fam.).

cochonnet n. m. ▶ goret, porcelet, pourceau (vx).

cockpit n. m. *Le cockpit d'un avion* ▶ habitacle.

cocktail n. m. **1** *Être invité à un cocktail* ▶ lunch, réception. **2** *Un cocktail de fruits* ▶ macédoine, mélange.

cocotte-minute n. f. N. dép. ▶ autocuiseur.

codage n. m. *Procéder au codage d'un message* ▶ chiffrement, codification, cryptage, encodage.

code n. m. **1** *Connaître le code* ▶ législation, loi. **2** *Le code de la politique* ▶ règlement. **3** *Le code d'un coffre* ▶ combinaison. **4** *Se mettre en codes* ▶ feux de croisement. **5 code secret** ▶ chiffre.

coder v. ▶ chiffrer, crypter, encoder.

codicille n. m. *Ajouter un codicille à un testament* ▶ avenant, modification.

codification n. f. **1** *La codification d'un message* ▶ chiffrement, codage, cryptage, encodage. **2** *La codification de la législation du travail* ▶ réglementation. **3** *La codification de l'orthographe* ▶ normalisation, rationalisation, systématisation.

codifier v. **1** *Codifier la législation fiscale* ▶ réglementer. **2** *Codifier l'orthographe* ▶ normaliser, rationaliser, réglementer, systématiser.

coefficient n. m. *Un certain coefficient d'erreur* ▶ marge, pourcentage.

coéquipier, ère n. ▶ équipier, partenaire.

coercitif, ive adj. *Un pouvoir coercitif* ▶ contraignant, despotique, dominateur, oppresseur, oppressif, opprimant, tyrannique.

coercition n. f. ▶ contrainte, oppression, tyrannie.

cœur n. m. **1** *Avoir le cœur qui bat trop vite* ▶ palpitant (fam.). **2** *Serrer son cœur contre son cœur* ▶ poitrine, sein (litt.). **3** *Fig. Une histoire de cœur* ▶ amour. **4** *Fig. Défendre sa cause avec cœur* ▶ ardeur, chaleur, énergie, enthousiasme, ferveur, feu, flamme, fougue, passion, véhémence, vigueur. **5** *Fig. Il n'est pas très malin, mais il a du cœur* ▶ bonté, dévouement, générosité, sensibilité. **6** *Fig. Habiter au cœur d'une ville* ▶ centre, milieu. **7 à cœur ouvert** *Parler à cœur ouvert* ▶ franchement, librement, ouvertement. **8 un coup de cœur** ▶ emballement. **9 de bon cœur** ▶ avec joie, avec plaisir, volontiers. **10 par cœur** ▶ de mémoire.

coexistence n. f. **1** *La coexistence de plusieurs sentiments* ▶ concomitance, simultanéité. **2** *Une coexistence pacifique* ▶ cohabitation, voisinage.

coexister v. *Des gens qui parviennent à coexister* ▶ cohabiter, voisiner (vx).

coffre n. m. **1** *Ranger des vêtements dans un coffre* ▶ caisse, malle. **2** *Enfermer des bijoux dans un coffre* ▶ coffre-fort. **3** *Fig. et fam. Un chanteur qui a du coffre* ▶ souffle. **4** *Fig. et fam. Il a assez de coffre pour ne pas se laisser faire* ▶ aplomb, assurance, courage.

coffret n. m. ▶ boîte, cassette, écrin.

cognée n. f. ▶ hache, merlin.

cogner v. **1** *La voiture est venue cogner cet arbre de plein fouet* ▶ buter contre, heurter. **2** *Cogner à une porte* ▶ frapper, tamponner, taper.

cohabiter v. ▶ coexister, voisiner (vx).

cohérence n. f. **1** *La cohérence d'un raisonnement* ▶ logique. **2** *Un ensemble qui manque de cohérence* ▶ cohésion, harmonie, homogénéité, unité.

cohérent, ente adj. **1** *Un ensemble cohérent* ▶ harmonieux, homogène. **2** *Un raisonnement cohérent* ▶ logique, ordonné, rationnel.

cohésion n. f. *La cohésion d'un groupe* ▶ cohérence, harmonie, homogénéité, unité.

cohorte n. f. *Fam. Une cohorte d'enfants* ▶ bande, cortège, groupe, meute, troupe.

cohue n. f. **1** *La cohue des vacanciers* ▶ flot, foule, multitude. **2** *La cohue était telle que je vous ai perdu de vue* ▶ affluence, bousculade, confusion, désordre, mêlée.

coi, coite adj. **1** *Litt. En rester coi* ▶ abasourdi, baba (fam.), muet, pantois, sans voix, sidéré, stupéfait. **2** *Litt. Se tenir coi* ▶ silencieux, tranquille.

coiffer v. **1** *Coiffer un enfant* ▶ peigner. **2** Fig. *Le chapiteau qui coiffe une colonne* ▶ recouvrir, surmonter. **3** Fig. *Coiffer un service* ▶ chapeauter, diriger. **4 se coiffer** *Se coiffer d'un chapeau de pluie* ▶ se couvrir.

coiffure n. f. *Porter une coiffure extravagante* ▶ chapeau, couvre-chef.

coin n. m. **1** *Les coins d'une pièce* ▶ angle. **2** *Se cacher dans un coin de couloir* ▶ encoignure, recoin, renfoncement. **3** *Mettre un enfant au coin* ▶ piquet. **4** *Le coin des lèvres* ▶ bout, commissure, extrémité. **5** *Frapper une pièce avec un coin* ▶ poinçon. **6** Fig. *Il paraît qu'Untel habite dans le coin* ▶ alentours, environs, parages, pays, région, secteur, voisinage. **7** Fig. *Vous connaissez ce coin?* ▶ bled (fam. et péj.), contrée (litt.), endroit, lieu, patelin (fam. et péj.), pays, région, secteur. **8 coin cuisine** ▶ cuisinette, kitchenette.

coincer v. **1** *Coincer une porte* ▶ bloquer, caler, fixer, immobiliser. **2** *Coincer qqn contre un mur* ▶ acculer, immobiliser. **3** Fig. et fam. *Ils ont essayé de me coincer sur cette question* ▶ avoir (fam.), coller (fam.), piéger (fam.). **4** Fig. et fam. *Coincer un cambrioleur* ▶ appréhender, attraper, choper (fam.), cueillir (fam.), pincer (fam.), prendre. **5 se coincer** *Un mécanisme qui se coince* ▶ se bloquer, s'enrayer.

coïncidence n. f. **1** *La coïncidence de deux surfaces* ▶ superposition. **2** *La coïncidence de deux opinions* ▶ accord, convergence, correspondance. **3** *La coïncidence de deux événements* ▶ concomitance, simultanéité, synchronisme. **4** *Quelle heureuse coïncidence!* ▶ concours de circonstances, hasard.

coïncider v. **1** *Des surfaces qui coïncident* ▶ se recouvrir, se superposer. **2** *Des témoignages qui coïncident* ▶ s'accorder, concorder, correspondre, se correspondre, se recouper.

coït n. m. **1** *Une gravure représentant un couple en plein coït* ▶ accouplement, copulation, étreinte (litt.), fornication. **2** Spécialement à propos d'animaux ▶ monte, saillie.

col n. m. *Le col d'une bouteille* ▶ cou, goulot.

colère n. f. **1** *Provoquer la colère de qqn* ▶ courroux (litt.), emportement, exaspération, foudres (litt.), fureur, ire (litt.), irritation, rage, rogne (fam.). **2 être en colère** ▶ fulminer, rager. **3 se mettre en colère** ▶ éclater, s'emporter, se fâcher, se mettre en boule (fam.), se mettre en rogne (fam.), sortir de ses gonds.

coléreux, euse adj. ▶ atrabilaire (litt.), bilieux (litt.), colérique, emporté, hargneux, irascible, irritable, rageur, soupe au lait (fam.).

colibri n. m. ▶ oiseau-mouche.

colifichet n. m. Litt. ▶ babiole, bagatelle, bibelot, brimborion (litt.).

colimaçon n. m. **1** Vx ▶ escargot, gastéropode. **2 en colimaçon** *Un escalier en colimaçon* ▶ à vis, en hélice, en spirale, en vrille, hélicoïdal.

colin n. m. ▶ lieu, merlu.

colique n. f. ▶ diarrhée.

colis n. m. ▶ paquet.

collaborateur, trice n. **1** À propos d'un égal ▶ collègue. **2** À propos d'un subordonné ▶ adjoint, aide, assistant, bras droit, second.

collaboration n. f. **1** *Apporter sa collaboration à un ouvrage collectif* ▶ aide, appui, concours, coopération, participation. **2** *Une œuvre due à la collaboration de plusieurs artistes* ▶ association.

collaborer v. ▶ aider, contribuer, coopérer, participer, prendre part.

collage n. m. *Le collage des deux surfaces était si parfait qu'on ne voyait plus où elles se séparaient* ▶ adhérence.

collant, ante adj. **1** *Un rouleau de papier collant* ▶ adhésif. **2** *Un dessus de table collant de saleté* ▶ gluant, poisseux, visqueux. **3** *Un vêtement collant* ▶ ajusté, étroit, moulant, serré. **4** Fam. *Ce type est vraiment collant* ▶ crampon (fam.), importun.

collation n. f. **1** Litt. *La collation de deux textes* ▶ comparaison, confrontation. **2** Litt. *Emporter une collation pour se restaurer en chemin* ▶ casse-croûte (fam.), en-cas, goûter.

collationner v. Litt. *Collationner deux textes* ▶ comparer, confronter.

colle n. f. **1** Fam. *Une colle de chimie* ▶ interrogation. **2** Fam. *Donner deux heures de colle à un élève* ▶ consigne, retenue.

collecte n. f. **1** *La collecte des ordures ménagères* ▶ ramassage. **2** *Faire une collecte au profit des bonnes œuvres* ▶ quête.

collecter v. *Collecter des informations* ▶ ramasser, rassembler, recueillir, réunir.

collectif, ive adj. **1** *L'intérêt collectif* ▶ commun, général, public. **2** *Une direction collective* ▶ collégial. **3** *Des équipements collectifs* ▶ social.

collection n. f. **1** *Une extraordinaire collection de pierres précieuses* ▶ accumulation, ensemble. **2** *Une belle collection d'imbéciles* ▶ assortiment, ensemble, ramassis, rassemblement, réunion, tas.

collectionner v. ▶ accumuler, amasser, assembler, compiler, entasser, grouper, recueillir, réunir.

collectivement adv. *Les héritiers seront collectivement propriétaires de ce bien* ▶ en commun, ensemble, en indivision.

collectiviser v. ▶ étatiser, nationaliser, socialiser.

collectivisme n. m. ▶ communisme.

collectivité n. f. ▶ communauté, groupe, société.

collège n. m. **1** *Le collège électoral* ▶ corps. **2** *Sortir avec des copains du même collège* ▶ bahut (fam.), boîte (fam.), établissement.

collégial, ale adj. *Une direction collégiale* ▶ collectif.

collégien, enne n. **1** *Les collégiens d'un établissement* ▶ élève. **2** Fam. *Se laisser mener comme un collégien* ▶ bleu (fam.), enfant, enfant de chœur (fam.).

collègue n. **1** *Voyez-vous, mon cher collègue...* ▶ confrère, consœur. **2** *Pour ce problème, voyez mon collègue* ▶ collaborateur.

coller v. **1** *De la boue qui colle aux souliers* ▶ adhérer, attacher, tenir. **2** *Un dessus de table qui colle* ▶ poisser. **3** *Coller son front à la vitre* ▶ appuyer, plaquer. **4** *Un vêtement qui colle au corps* ▶ s'ajuster à, mouler, serrer. **5** *Coller une affiche sur un mur* ▶ placarder. **6** Fig. *Un récit qui colle à la réalité* ▶ s'adapter, s'appliquer, correspondre. **7** Fig. *Coller un candidat* ▶ ajourner, blackbouler (fam.), recaler, refuser. **8** Fig. et fam. *Être collé pendant deux heures* ▶ consigner, punir.

collet n. m. **1** *Prendre un lapin dans un collet* ▶ lacet, piège. **2 collet monté** ▶ affecté, apprêté, guindé, maniéré.

colleter (se) v. ▶ s'affronter, se bagarrer (fam.), se battre, s'empoigner, lutter.

collier n. m. *Un collier d'assemblage* ▶ bague, manchon.

colline n. f. ▶ butte, coteau, hauteur, tertre.

collision n. f. **1** *Une collision entre deux véhicules* ▶ choc, heurt, tamponnement, télescopage. **2** Fig. *Une collision d'intérêts* ▶ antagonisme, conflit, désaccord, heurt, opposition.

colloque n. m. *Participer à un colloque international sur le développement industriel* ▶ carrefour, conférence, congrès, forum, rencontre, séminaire, symposium, table ronde.

collusion n. f. *Être accusé de collusion avec l'ennemi* ▶ accord, collaboration, complicité, connivence, entente, intelligence (litt.).

colmatage n. m. ▶ bouchage, obturation.

colmater v. ▶ boucher, combler, fermer, obturer.

colombier n. m. ▶ pigeonnier.

colon n. *Les colons qui se sont lancés à la conquête de l'Ouest américain* ▶ pionnier.

colonialisme n. m. ▶ expansionnisme, impérialisme.

colonie n. f. *Une colonie d'abeilles* ▶ bande, essaim.

colonnade n. f. ▶ péristyle.

colonne n. f. **1** *Les colonnes d'alimentation d'un immeuble* ▶ canalisation, conduit, conduite, tuyau. **2** *Une colonne de voitures* ▶ caravane, cortège, file. **3 colonne vertébrale** ▶ échine, épine dorsale, rachis.

colorant n. m. *Un colorant végétal* ▶ couleur, teinture.

coloration n. f. **1** *La coloration de la peau* ▶ carnation, pigmentation. **2** *Se faire faire une coloration* ▶ couleur, teinture. **3** Fig. *Un texte qui a une coloration politique* ▶ teinte, ton, tonalité.

coloré, ée adj. **1** *Le visage coloré des ivrognes* ▶ enluminé, vermeil. **2** Fig. *Un récit coloré* ▶ animé, expressif, haut en couleurs, imagé, vivant.

colorer v. **1** *La bonne chère lui a coloré le teint* ▶ enluminer. **2** *Colorer une surface avec une substance organique ou synthétique* ▶ colorier, pigmenter, teindre, teinter. **3 se colorer** Fig. et litt. *Une sollicitude qui se colore d'indiscrétion* ▶ se charger, s'empreindre (litt.), se teindre, se teinter.

coloris n. m. **1** *Admirer le coloris du ciel dans un tableau hollandais* ▶ couleur, teinte, ton. **2** *Le coloris de ses pommettes* ▶ carnation, teint.

colossal, ale adj. **1** *Un bâtiment colossal* ▶ démesuré, énorme, gigantesque, immense, monumental. **2** Fig. *Une entreprise colossale* ▶ démesuré, énorme, extraordinaire, fabuleux, fantastique, gigantesque, herculéen, phénoménal, prodigieux, titanesque.

colosse n. m. ▶ géant, hercule.

colporter v. Fig. *Colporter une nouvelle croustillante* ▶ diffuser, divulguer, ébruiter, propager, répandre.

colporteur, euse n. 1 Vx *Acheter des marchandises à un colporteur* ▶ marchand ambulant. 2 Fig. *Un colporteur de ragots* ▶ propagateur.

coltiner v. ▶ porter, transbahuter (fam.), transporter.

combat n. m. 1 *Se préparer au combat* ▶ assaut, attaque. 2 *Un combat entre bandes ennemies* ▶ bagarre, bataille, échauffourée, engagement, escarmouche, mêlée, pugilat, rixe. 3 *Un combat de boxe* ▶ match, rencontre. 4 Fig. *Le perpétuel combat du bien et du mal* ▶ antagonisme, conflit, lutte, opposition, rivalité. 5 **hors de combat** *Être hors de combat à la sixième reprise* ▶ éliminé, k-o, out (fam.).

combatif, ive adj. *Un tempérament combatif* ▶ agressif, bagarreur, batailleur, belliqueux, guerrier, offensif, pugnace (litt.), querelleur, teigneux (fam.).

combativité n. f. ▶ agressivité, mordant, pugnacité (litt.).

combattant, ante n. ▶ guerrier, soldat.

combattre v. 1 *Des soldats qui combattent pour la patrie* ▶ se battre, lutter. 2 Fig. *Combattre un fléau* ▶ attaquer, batailler contre, se battre contre, se dresser contre, s'élever contre, lutter contre.

combientième n. Fam. *Vous êtes né le combientième du mois?* ▶ quantième (litt.).

combinaison n. f. 1 *La combinaison de plusieurs corps chimiques* ▶ alliage, amalgame, composé, mélange. 2 *Un tableau qui présente une combinaison de couleurs particulièrement réussie* ▶ accord, agencement, alliance, arrangement, association, composition, conjonction, groupement, harmonie, mariage, organisation, réunion. 3 *La combinaison d'un coffre* ▶ chiffre, code. 4 *Enfiler une combinaison de travail* ▶ bleu. 5 Fig. *Déjouer des combinaisons malhonnêtes* ▶ calcul, combine (fam.), cuisine (fam.), machination, magouille (fam.), manigance, manœuvre, tripotage (fam.).

combiner v. 1 *Combiner plusieurs couleurs* ▶ agencer, allier, arranger, assembler, associer, assortir, conjuguer, coordonner, harmoniser, joindre, marier, mêler, réunir, unir. 2 Fig. *Combiner un plan d'évasion* ▶ calculer, concerter, élaborer, machiner (fam.), manigancer, organiser, ourdir (litt.), préméditer, préparer, tramer.

comble adj. *On ne peut plus entrer, c'est comble* ▶ bondé, bourré, complet, plein.

comble n. m. 1 *Atteindre le comble du ridicule* ▶ limite, maximum, sommet, summum, zénith. 2 Plur. *Le feu a pris dans les combles* ▶ grenier.

comblé, ée adj. *Une femme comblée* ▶ heureux, satisfait.

combler v. 1 *Combler une cavité* ▶ boucher, bourrer, colmater, emplir, obturer, remblayer, remplir. 2 Fig. *Essayer de combler l'absence de qqn* ▶ compenser, pallier à, remédier à. 3 Fig. *Son seul but est de combler sa femme* ▶ contenter, satisfaire. 4 Fig. *Combler qqn de cadeaux* ▶ accabler, charger, couvrir, gorger. 5 Fig. *Combler son retard* ▶ rattraper. 6 **combler la mesure** ▶ dépasser les bornes, exagérer, forcer la dose (fam.), y aller trop fort (fam.).

combustible adj. ▶ inflammable.

combustible n. m. ▶ carburant.

combustion n. f. ▶ calcination, ignition.

comédie n. f. 1 *Cette pièce de théâtre dégénère rapidement en comédie grossière* ▶ bouffonnerie, farce, pantalonnade (litt.). 2 Fig. *Il a fait toute une comédie pour que j'achète ce jouet* ▶ cinéma (fam.), cirque (fam.). 3 *Il y a une part de comédie dans sa douleur* ▶ affectation, artifice, cinéma (fam.), exagération.

comédien, enne n. 1 *Un metteur en scène et ses comédiens* ▶ acteur, interprète. 2 Fig. *Quel comédien, ce gamin!* ▶ cabotin, pitre.

comestible adj. ▶ consommable, mangeable.

comestibles n. m. pl. *Le rayon des comestibles* ▶ aliments, victuailles.

comique adj. ▶ amusant, bidonnant (fam.), bouffon, burlesque, cocasse, désopilant, drôle, facétieux, farce (litt.), hilarant, impayable, inénarrable, marrant (fam.), plaisant, rigolo (fam.), risible, tordant (fam.).

comique n. 1 *L'oncle Jean-Pierre, c'est un vrai comique!* ▶ boute-en-train, clown, farceur, pitre. 2 *Aller assister au spectacle d'un comique* ▶ amuseur.

comité n. m. ▶ bureau, commission.

commandant n. m. *Le commandant tient la barre* ▶ capitaine, skipper.

commande n. f. 1 Plur. et fig. *Tenir les commandes d'une entreprise* ▶ gouvernail, rênes. 2 **de commande** *Exécuter les figures de commande avant de passer au sujet libre* ▶ imposé, obligatoire. 3 *Un enthousiasme de commande* ▶ affecté, artificiel, factice, feint, simulé.

commandement n. m. 1 *Obéir à un commandement* ▶ injonction, intimation, ordre, sommation. 2 *Les commandements du Décalogue* ▶ précepte, prescription. 3 *Prendre le commandement d'une opération*

commander

▶ conduite, direction. **4** *Avoir l'habitude du commandement* ▶ pouvoir.

commander v. **1** *Commander à qqn de se taire* ▶ dire à, enjoindre à, imposer à, **ordonner à**, prescrire à, sommer. **2** *Commander la manœuvre* ▶ conduire, diriger, **gouverner**, guider, mener, régir. **3** *Ici, c'est lui qui commande tout* ▶ diriger, gouverner, **régenter**. **4** *Commander une bière* ▶ **demander**. **5** *Un bouton qui commande l'ouverture des portes* ▶ actionner, déclencher. **6** Fig. *Un acte qui commande le respect* ▶ **appeler**, exiger, imposer, inspirer, réclamer, requérir. **7 se commander** *Un sentiment qui ne se commande pas* ▶ se gouverner, se **maîtriser**. **8** *Des chambres qui se commandent* ▶ communiquer, correspondre.

commanditaire n. ▶ financeur, sponsor.

commanditer v. ▶ financer, parrainer, sponsoriser.

comme adv. et conj. **1** *C'est un intuitif, comme son père* ▶ ainsi que, à l'égal de, à l'instar **de** (litt.), autant que, de même que. **2** *Comme il approchait, il comprit ce qui s'était passé* ▶ alors que, tandis que. **3** *Comme il l'aime, il lui pardonnera* ▶ dans la mesure **où**, du fait que, parce que, puisque, vu que. **4 comme ci comme ça** *Les affaires marchent?* — *Comme ci comme ça* ▶ **couci-couça** (fam.), tant bien que mal. **5 comme il faut** *Il s'est comporté comme il faut* ▶ bien, convenablement, correctement. **6** *Un jeune homme très comme il faut* ▶ bien, bien **élevé**, convenable, distingué, poli.

commémoration n. f. **1** *La commémoration des morts* ▶ célébration, fête. **2** *Prononcer un discours en commémoration de l'Armistice* ▶ mémoire, souvenir.

commémorer v. ▶ célébrer, fêter, rappeler.

commencement n. m. **1** *Le commencement d'une ère nouvelle* ▶ arrivée, aube (litt.), **aurore** (litt.), avènement (litt.), début, matin (litt.), **orée** (litt.), seuil. **2** *Le commencement des opérations* ▶ début, déclenchement, mise **en route**, mise en train. **3** *Le commencement des négociations* ▶ ouverture. **4** *Il n'a pas eu le commencement d'une idée* ▶ amorce, début, embryon. **5 au commencement** ▶ à l'origine, au départ.

commencer v. **1** *Un convive qui commence une discussion* ▶ amorcer, attaquer, **débuter**, déclencher, démarrer (fam.), ébaucher, engager, entamer, entreprendre, inaugurer, lancer, mettre en route, **mettre en train**, ouvrir. **2** *Un conflit qui commence* ▶ s'amorcer, débuter, se déclencher, démarrer, s'ébaucher, s'engager, se mettre en train, naître, partir. **3** *Commencer à raconter une histoire* ▶ entreprendre de, se mettre à.

commentaire n. m. **1** *Le commentaire d'un texte sacré* ▶ exégèse, explication, glose, interprétation. **2** *Truffer un livre de commentaires* ▶ annotation, note, observation, remarque, scolie. **3** *La conduite des voisins suscite de nombreux commentaires* ▶ bavardage, cancan (fam.), commérage, potin (fam.), ragot (fam.).

commentateur, trice n. **1** *Un commentateur de la Bible* ▶ exégète, glossateur, scoliaste. **2** *Les commentateurs s'interrogent sur l'intervention du ministre* ▶ chroniqueur, éditorialiste.

commenter v. **1** *Commenter un texte* ▶ expliquer. **2** *Commenter un événement* ▶ épiloguer sur, gloser sur, parler de.

commérage n. m. Fam. ▶ bavardage, cancan (fam.), médisance, potin (fam.), racontar (fam.), ragot (fam.).

commerçant, ante n. *Les commerçants du quartier* ▶ boutiquier, détaillant, marchand.

commerce n. m. **1** *Se lancer dans le commerce* ▶ affaires, business (fam.), négoce. **2** *Gérer un petit commerce de jouets* ▶ boutique, établissement, fonds, magasin, maison. **3** Litt. *Être d'un commerce agréable* ▶ fréquentation, rapport, relation.

commercial, ale adj. *Un film commercial* ▶ grand public.

commercialisable adj. ▶ négociable, vendable.

commercialiser v. **1** *Commercialiser un médicament* ▶ distribuer, vendre. **2** *Commercialiser un brevet* ▶ exploiter.

commère n. f. *Des racontars de commères* ▶ pipelette (fam.).

commettre v. **1** *Commettre un acte criminel* ▶ accomplir, consommer (litt.), perpétrer (litt.), réaliser. **2** Litt. *Commettre qqn à une mission délicate* ▶ charger de, employer à, préposer à. **3 se commettre** Litt. *Se commettre avec des personnes louches* ▶ s'afficher, se compromettre.

comminatoire adj. *Un ton comminatoire* ▶ menaçant.

commis n. m. **1** ▶ agent, employé. **2 commis voyageur** ▶ représentant de commerce, voyageur de commerce, v.r.p.

commisération n. f. ▶ apitoiement, attendrissement, compassion, miséricorde, pitié.

commissaire n. m. 1 *Les commissaires d'une exposition* ▶ organisateur. 2 **commissaire de la République** ▶ préfet.

commission n. f. 1 *Charger qqn d'une commission* ▶ mandat, mission. 2 *Être payé à la commission* ▶ courtage, pourcentage. 3 *Un maire accusé d'avoir touché une commission en échange de l'attribution d'un marché* ▶ bakchich (fam.), dessous-de-table, enveloppe, pot-de-vin. 4 *Faire partie d'une commission* ▶ comité. 5 *Faire ses commissions* ▶ achat, course, emplette.

commissionnaire n. 1 *Se décharger de la gestion des opérations commerciales sur un commissionnaire* ▶ intermédiaire, mandataire. 2 *Un commissionnaire qui porte les commandes à domicile* ▶ coursier, livreur.

commode adj. 1 *Son chef n'est guère commode* ▶ accommodant. 2 *Un outil commode* ▶ adapté, ergonomique, fonctionnel, maniable, pratique. 3 *Ce serait trop commode!* ▶ aisé, facile, pratique, simple. 4 **pas commode** Fam. *Un gaillard vraiment pas commode* ▶ difficile, irascible, ombrageux, revêche.

commodément adv. ▶ à son aise, bien, confortablement.

commodité n. f. 1 *On nous a vanté la commodité de cet appartement* ▶ avantages, confort, fonctionnalité. 2 Plur. *Bénéficier de commodités de paiement* ▶ facilités.

commotion n. f. ▶ bouleversement, choc, coup, ébranlement, saisissement, secousse, traumatisme.

commotionner v. ▶ bouleverser, choquer, ébranler, saisir, secouer, traumatiser.

commuer v. *Commuer une peine* ▶ changer, transformer.

commun, une adj. 1 *L'intérêt commun* ▶ collectif, général, public. 2 *Ces deux animaux ont des caractéristiques communes* ▶ analogue, identique, semblable, similaire. 3 *La façon la plus commune de parler* ▶ banal, courant, fréquent, général, habituel, ordinaire, répandu, standard, usuel. 4 *Ce poisson est très commun dans les lacs* ▶ abondant, fréquent, répandu. 5 Litt. *Que tout cela est commun!* ▶ médiocre, quelconque, trivial, vulgaire. 6 **en commun** *Les héritiers seront propriétaires de ce bien en commun* ▶ collectivement, ensemble, en indivision.

communs n. m. pl. ▶ dépendances.

communal, ale adj. ▶ municipal.

communautaire adj. 1 *Une œuvre communautaire* ▶ collectif. 2 *L'économie communautaire* ▶ européen.

communauté n. f. 1 *Être au service de la communauté* ▶ collectivité, groupe, société. 2 *Une communauté religieuse* ▶ confrérie, congrégation, ordre. 3 *Deux personnes liées par la communauté de leurs goûts* ▶ analogie, conformité, identité, similarité.

commune n. f. *Une salle prêtée par la commune* ▶ municipalité.

communément adv. ▶ couramment, généralement, habituellement, ordinairement.

communicable adj. ▶ transmissible.

communicatif, ive adj. 1 *Un caractère communicatif* ▶ causant, démonstratif, expansif, extraverti, ouvert. 2 *Un rire communicatif* ▶ contagieux.

communication n. f. 1 *La communication rapide des informations* ▶ circulation, diffusion, échange. 2 *Développer les moyens de communication* ▶ circulation, transport. 3 *Cette porte établit une communication entre les deux pièces* ▶ jonction, passage. 4 *Lancer une campagne de communication* ▶ promotion, publicité. 5 *Prendre une communication* ▶ appel, coup de téléphone. 6 *Faire une communication dans un congrès* ▶ exposé. 7 *Une communication du chef de l'État lue devant l'Assemblée* ▶ annonce, déclaration, message. 8 *Rester en communication avec d'anciens collègues* ▶ contact, correspondance, liaison, rapport, relation.

communion n. f. *Il y a une réelle communion entre les membres du groupe* ▶ accord, affinité, entente, harmonie, sympathie, union.

communiqué n. m. *Informer le public par un bref communiqué* ▶ annonce, avis, déclaration, message.

communiquer v. 1 *Communiquer par gestes* ▶ s'exprimer, parler. 2 *Communiquer son opinion* ▶ dire, expliquer, faire connaître, faire part de, faire savoir, livrer. 3 *Communiquer un virus* ▶ donner, passer, refiler (fam.), transmettre. 4 *Communiquer par lettres* ▶ correspondre. 5 *Des chambres qui communiquent* ▶ se commander, correspondre. 6 **se communiquer** *Se communiquer des renseignements* ▶ échanger.

communisme n. m. ▶ collectivisme, marxisme.

communiste adj. ▶ collectiviste, marxiste.

commutable adj. ▶ interchangeable, permutable, substituable.

commutateur n. m. ▶ bouton, interrupteur.

commutation n. f. *La commutation des facteurs d'une addition* ▶ échange, permutation.

commuter v. *Faire commuter deux éléments dans un ensemble* ▶ permuter.

compact, acte adj. ▶ dense, épais, lourd, massif, serré, tassé.

compagne n. f. *Les uns sont venus avec leur femme, les autres avec leur compagne* ▶ amie, concubine, copine (fam.).

compagnie n. f. **1** *Sa compagnie est très appréciée* ▶ présence, société (litt.). **2** *Être applaudi par une nombreuse compagnie* ▶ assemblée, assistance. **3** *Travailler dans une grande compagnie* ▶ boîte (fam.), entreprise, firme, maison, société. **4** *Une compagnie théâtrale* ▶ troupe.

compagnon n. m. **1** *Des compagnons de jeu* ▶ ami, camarade. **2** *Elle est venue avec son compagnon* ▶ ami, concubin, copain (fam.).

comparable adj. *Vous n'avez rien de comparable?* ▶ analogue, approchant, équivalent, ressemblant, similaire, voisin.

comparaison n. f. **1** *Aucune comparaison n'est possible entre ces deux textes* ▶ parallèle, rapprochement. **2** *Un style riche en comparaisons* ▶ image. **3 en comparaison de** *Ce travail n'est pas bien difficile en comparaison des précédents* ▶ auprès de, comparativement à, par rapport à, relativement à.

comparer v. ▶ confronter, mettre en parallèle, rapprocher.

comparse n. ▶ acolyte, compère, complice.

compartiment n. m. *Les compartiments d'une ruche* ▶ alvéole, case, cellule, loge.

compartimentage n. m. ▶ cloisonnement.

compartimenter v. ▶ cloisonner.

compassé, ée adj. *Un air compassé* ▶ affecté, apprêté, coincé (fam.), constipé (fam.), contraint (litt.), gourmé (litt.), guindé, raide.

compassion n. f. *Éprouver de la compassion pour qqn* ▶ apitoiement, commisération, miséricorde, pitié.

compatibilité n. f. ▶ accord, concordance, harmonie.

compatible adj. ▶ conciliable.

compatir v. ▶ s'apitoyer, s'attendrir, s'émouvoir.

compatriote n. ▶ concitoyen, pays (fam. et vx).

compendium n. m. Litt. *Un compendium d'histoire ancienne* ▶ abrégé, aide-mémoire, épitomé (litt.), guide, mémento, résumé, synopsis, vade-mecum.

compensation n. f. **1** *Établir une compensation entre les pertes et les profits* ▶ correction, pondération. **2** *Obtenir qqch à titre de compensation* ▶ consolation, dédommagement, indemnité, réparation. **3 en compensation** *C'est difficile, mais en compensation c'est intéressant* ▶ en contrepartie, en échange, en revanche.

compenser v. **1** *Compenser un inconvénient par un avantage* ▶ contrebalancer, corriger, pondérer, racheter, rattraper, réparer. **2 se compenser** *Des gains et des pertes qui se compensent* ▶ se contrebalancer, s'équilibrer, se neutraliser.

compère n. m. ▶ acolyte, comparse, complice.

compétence n. f. **1** *La célébration des mariages relève de la compétence du maire* ▶ attributions, autorité, ressort. **2** *Ne pas avoir la compétence nécessaire pour répondre à une question* ▶ aptitude, capacité, connaissances, culture, qualification, science.

compétent, ente adj. *Un technicien tout à fait compétent dans sa partie* ▶ capable, expérimenté, expert, pro (fam.), qualifié, savant.

compétiteur, trice n. *Mes compétiteurs n'ont aucune chance* ▶ adversaire, challenger, concurrent, rival.

compétitif, ive adj. *Des prix compétitifs* ▶ concurrentiel.

compétition n. f. **1** *La compétition entre plusieurs candidats à un poste* ▶ bataille, combat, concurrence, lutte, rivalité. **2** *Une compétition sportive* ▶ challenge, championnat, épreuve, match, partie, rencontre.

compilation n. f. **1** *Une compilation d'articles sur un même thème* ▶ collection, recueil. **2** *Une compilation des plus grands succès d'un chanteur* ▶ album, anthologie, choix, florilège, recueil, sélection.

compiler v. ▶ assembler, collecter, réunir.

complaire v. **1** *Si je le fais, c'est pour lui complaire* ▶ contenter, plaire à, satisfaire. **2 se complaire dans** *Se complaire dans ses erreurs* ▶ aimer, se délecter de.

complaisamment adv. ▶ aimablement, gentiment, obligeamment.

complaisance n. f. 1 *Il a eu la complaisance de me prévenir* ▶ amabilité, obligeance, politesse, prévenance, serviabilité. 2 *Elle lui a pardonné ses erreurs avec trop de complaisance* ▶ indulgence. 3 *Vanter ses exploits avec complaisance* ▶ fatuité (litt.).

complaisant, ante adj. 1 *Un collègue complaisant* ▶ aimable, attentionné, gentil, obligeant, prévenant, serviable. 2 *Un juge trop complaisant* ▶ accommodant, arrangeant, coulant (fam.), indulgent, souple.

complément n. m. 1 *Le complément d'une dette* ▶ reliquat, reste, solde. 2 *Le salaire de son conjoint est un complément indispensable* ▶ appoint, supplément. 3 *Il a un fixe, et il se débrouille pour trouver quelques compléments* ▶ à-côté, excédent, extra (fam.), supplément, surplus. 4 *Ajouter un complément à un recueil d'articles* ▶ addenda, additif, annexe, appendice.

complémentaire adj. ▶ additionnel, auxiliaire, supplémentaire, supplétif.

complet, ète adj. 1 *L'œuvre complète d'un auteur* ▶ entier, exhaustif, intégral. 2 *Un autobus complet* ▶ bondé, bourré (fam.), comble, plein, rempli. 3 *Un abruti complet* ▶ absolu, accompli (litt.), achevé, consommé, fini, intégral, parfait, pur, total.

complet n. m. ▶ costume.

complètement adv. 1 *La maison a été complètement détruite* ▶ de fond en comble, entièrement, intégralement, totalement. 2 *Vous avez complètement raison* ▶ absolument, entièrement, intégralement, parfaitement, pleinement, totalement, tout à fait.

compléter v. *Cette statuette vient compléter sa collection* ▶ parachever, parfaire.

complexe adj. 1 *Une mélodie complexe* ▶ composé, composite, hétérogène, varié. 2 *Il a sans doute raison, mais son argumentation est trop complexe* ▶ alambiqué, compliqué, confus, contourné, emberlificoté (fam.), embrouillé, entortillé ▶ obscur. 3 *Le problème était trop complexe pour leur niveau* ▶ abscons (litt.), compliqué, difficile.

complexe n. m. *Un complexe industriel* ▶ ensemble.

complexé, ée adj. ▶ bloqué, coincé (fam.), inhibé, refoulé.

complexer v. *Son bégaiement le complexe* ▶ bloquer, inhiber, paralyser.

complexion n. f. Litt. ▶ constitution, nature, naturel, tempérament.

complexité n. f. ▶ complication, difficulté.

complication n. f. 1 *Un problème d'une grande complication* ▶ complexité, difficulté. 2 *Ce projet est retardé par une complication inattendue* ▶ accroc, anicroche, contretemps, difficulté, empêchement, ennui, problème. 3 Plur. *Être aux prises avec les complications de l'Administration* ▶ chinoiseries.

complice adj. *Un air complice* ▶ entendu.

complice n. ▶ acolyte, comparse, compère (litt.).

complicité n. f. ▶ collusion, connivence, entente, intelligence (litt.).

compliment n. m. 1 *Glisser un petit compliment à une dame* ▶ galanterie (litt.), madrigal (litt.). 2 Plur. *Couvrir qqn de compliments* ▶ éloges, félicitations, louanges. 3 Plur. *Présenter ses compliments à qqn* ▶ civilités, devoirs, hommages, respects.

complimenter v. ▶ congratuler, féliciter, louer.

complimenteur, euse adj. ▶ flatteur, louangeur.

compliqué, ée adj. 1 *Un travail compliqué* ▶ ardu, coton (fam.), délicat, difficile, dur, laborieux (litt.), malaisé. 2 *L'idée est bonne, mais vos explications sont trop compliquées* ▶ alambiqué, complexe, confus, contourné, emberlificoté (fam.), embrouillé, obscur. 3 *À son âge, il risque de trouver ce texte un peu compliqué* ▶ abscons (litt.), complexe, difficile.

compliquer v. 1 *Compliquer un problème à plaisir* ▶ emberlificoter (fam.), embrouiller, emmêler, obscurcir. 2 **se compliquer** *La situation se complique* ▶ se corser (fam.).

complot n. m. ▶ cabale, conjuration, conspiration, coup monté, intrigue, machination, manigances, menées.

comploter v. 1 *Comploter l'assassinat de qqn* ▶ combiner, manigancer, ourdir (litt.), projeter, tramer. 2 *Être toujours en train de comploter* ▶ conspirer, intriguer.

comploteur, euse n. ▶ conjuré, conspirateur, factieux.

componction n. f. Litt. ▶ gravité, solennité.

comportement n. m. 1 *Il faudrait qu'il change de comportement* ▶ attitude, conduite, façons, manières, procédés. 2 *Les spécialistes notent le bon comportement du dollar à la Bourse* ▶ tenue.

comporter v. 1 *Un livre qui comporte plusieurs chapitres* ► comprendre, contenir, inclure, renfermer. 2 *Ce règlement ne comporte pas de dérogations* ► admettre, permettre, souffrir, supporter. 3 **se comporter** *Se comporter dignement face à une situation difficile* ► agir, se conduire, réagir. 4 *Ce bateau se comporte bien* ► fonctionner, marcher.

composante n. f. *Les composantes d'un problème* ► composant, élément, partie.

composé, ée adj. 1 *Une salade composée* ► varié. 2 Litt. *Un sourire composé* ► affecté, apprêté, artificiel, étudié.

composé n. m. ► amalgame, combinaison, mélange.

composer v. 1 *Composer un bouquet* ► agencer, arranger, assembler. 2 *Composer une œuvre* ► bâtir, confectionner, construire, créer, élaborer, fabriquer, façonner, former, organiser, produire. 3 *Composer un numéro de téléphone* ► faire, former. 4 *Composer avec l'ennemi* ► s'entendre, traiter, transiger. 5 **se composer** *Un livre qui se compose de plusieurs chapitres* ► comporter, comprendre, compter, consister en.

composite adj. ► complexe, disparate, divers, hétéroclite, hétérogène, mélangé, mêlé.

compositeur, trice n. *Une coquille due à une erreur du compositeur* ► typographe.

composition n. f. 1 *Une composition de plusieurs substances* ► agencement, alliage, amalgame, association, combinaison, mixture. 2 *Lire la composition d'un remède* ► constitution, teneur. 3 *La composition d'un livre est souvent précédée d'une longue période de maturation* ► confection, écriture, élaboration, réalisation. 4 *Analyser la composition d'un roman* ► construction, organisation, structure. 5 *Une composition française* ► devoir, dissertation, rédaction. 6 **de bonne composition** *Votre patron acceptera certainement, il est de bonne composition* ► accommodant, arrangeant, conciliant, tolérant.

compost n. m. ► engrais, fertilisant, fumier.

compote n. f. Fig. et fam. *Réduire qqn en compote* ► bouillie, capilotade, charpie, marmelade (fam.), miettes, morceaux, poussière, purée (fam.).

compréhensible adj. 1 *Un texte compréhensible* ► accessible, clair, facile, intelligible, saisissable, simple. 2 *Une attitude compréhensible* ► concevable, défendable, explicable, naturel, normal, pardonnable.

compréhensif, ive adj. ► bienveillant, bon, compatissant, indulgent, large d'esprit, libéral, tolérant.

compréhension n. f. 1 *Des notes qui sont utiles à la compréhension d'un texte* ► clarté, intelligence (litt.), intelligibilité. 2 *Faire preuve de compréhension* ► bienveillance, indulgence, largeur d'esprit, mansuétude, tolérance.

comprendre v. 1 *Comprendre un message* ► assimiler, enregistrer, entendre (litt.), piger (fam.), recevoir (fam.), saisir. 2 *Vous me comprenez?* ► suivre. 3 *Comprendre l'ampleur d'une catastrophe* ► s'apercevoir de, piger (fam.), se rendre compte de, saisir. 4 *Comprendre la souffrance comme une punition* ► concevoir, considérer, interpréter, voir. 5 *Ce sont des erreurs qu'on peut à la rigueur comprendre* ► admettre, pardonner, tolérer. 6 *Un enseignement qui comprend plusieurs disciplines* ► comporter, compter, consister en, contenir, embrasser, englober, envelopper, inclure, intégrer, recouvrir, renfermer. 7 **se comprendre** *Deux collègues qui ne parviennent pas à se comprendre* ► s'accorder, s'entendre, sympathiser.

compresser v. *Un vêtement qui compresse la poitrine* ► comprimer, écraser, resserrer, serrer.

compressible adj. 1 *Un gaz compressible* ► comprimable. 2 Fig. *Un budget compressible* ► réductible.

compression n. f. Fig. *Une compression de personnel* ► réduction, restriction.

comprimé n. m. ► cachet, pastille, pilule.

comprimer v. 1 *Un vêtement qui comprime la poitrine* ► compresser, écraser, resserrer, serrer. 2 *Comprimer doucement les paupières d'un malade* ► appuyer sur, presser. 3 Fig. *Comprimer son budget* ► réduire, restreindre. 4 Fig. *Comprimer sa colère* ► contraindre, refouler, réprimer, retenir.

compris, ise adj. 1 *Cent francs, T.V.A. comprise* ► inclus. 2 *Un âge compris entre huit et dix ans* ► situé.

compromettre v. 1 *Compromettre sa santé* ► aventurer, hasarder, jouer avec, nuire à, porter atteinte à, risquer. 2 *Une telle attitude risque de le compromettre inutilement* ► déconsidérer, desservir, discréditer, faire du tort à, nuire à, porter préjudice à, porter tort à. 3 *Chercher à compromettre qqn dans un scandale* ► impliquer, mouiller (fam.), salir.

compromis n. m. **1** *Deux parties qui parviennent à un compromis* ▶ accommodement, accord, arrangement, conciliation, entente, règlement, transaction. **2** *Trouver un compromis entre le laxisme et la sévérité* ▶ demi-mesure, intermédiaire, moyen terme.

comptable n. ▶ économe, gestionnaire.

comptant adv. *Payer comptant* ▶ cash (fam.), rubis sur l'ongle (fam.).

compte n. m. **1** *Faire le compte des objets d'une collection* ▶ calcul, décompte, dénombrement, détail, énumération, recensement, relevé. **2** *Établir un compte de ses dépenses* ▶ mémoire, relevé. **3** *Exiger son compte* ▶ dû, salaire. **4** *Trouver son compte à une opération* ▶ avantage, bénéfice, intérêt, profit. **5** Plur. *Examiner les comptes d'une entreprise* ▶ comptabilité. **6** Plur. *Demander des comptes à qqn* ▶ éclaircissements, explications, justifications. **7 rendre compte** *Faut-il que je rende compte de tous mes faits et gestes?* ▶ exposer, raconter, relater. **8 se rendre compte** *Se rendre compte de son erreur* ▶ s'apercevoir de, comprendre, découvrir, remarquer, voir.

compte-gouttes n. m. **1** ▶ pipette. **2 au compte-gouttes** ▶ chichement, parcimonieusement.

compter v. **1** *Compter des têtes de bétail* ▶ dénombrer, recenser. **2** *Compter sa fortune* ▶ calculer, chiffrer, évaluer, inventorier, mesurer, recenser. **3** *Il m'a compté l'argent qu'il me devait* ▶ payer, verser. **4** *Un commerçant qui oublie de compter un article* ▶ facturer. **5** *Il compte au nombre de mes amis* ▶ être, figurer. **6** *Une ville qui compte de nombreux monuments* ▶ comporter, comprendre, détenir, englober, inclure, posséder. **7** *Il ne compte pas partir en vacances* ▶ envisager de, penser, projeter de, songer à. **8** *Compter sur un bénéfice important* ▶ attendre, escompter, espérer, tabler sur. **9** *Il faut compter huit jours pour faire ce travail* ▶ prévoir. **10** *Cet aspect du problème compte vraiment pour vous?* ▶ entrer en ligne de compte, importer. **11** *Ne pas pouvoir compter sur qqn* ▶ s'appuyer sur, s'en remettre à, faire confiance à, se reposer sur **12 à compter de** *À compter du premier octobre dernier* ▶ à dater de, à partir de, depuis.

compte rendu n. m. **1** *Faire le compte rendu des dernières réunions* ▶ analyse, bilan, rapport. **2** *Faire le compte rendu de son après-midi* ▶ exposé, rapport, récit.

comptoir n. m. **1** *Prendre un café au comptoir* ▶ bar, zinc. **2** *Les comptoirs de la Banque de France en province* ▶ agence, bureau, succursale.

compulser v. *Il a compulsé toute la documentation sur ce sujet* ▶ consulter, examiner, feuilleter.

concasser v. ▶ briser, broyer, casser, écraser, égruger, piler.

concave adj. ▶ creux, incurvé.

concéder v. **1** *Concéder trois jours de délai supplémentaire à qqn* ▶ accorder, allouer, attribuer, donner, octroyer. **2** *Concéder que l'on a tort* ▶ accorder, admettre, convenir, reconnaître. **3** *Concéder un avantage décisif à l'adversaire* ▶ abandonner, laisser.

concentration n. f. **1** *La concentration des moyens de production* ▶ accumulation, centralisation, convergence, rassemblement, regroupement, réunion. **2** *La concentration en acide d'une solution* ▶ degré, teneur, titrage, titre. **3** Fig. *Faire un effort de concentration* ▶ application, attention.

concentré, ée adj. **1** *Du lait concentré* ▶ condensé. **2** *Un air concentré* ▶ absorbé, attentif, réfléchi.

concentré n. m. Fig. *Ce discours est un concentré de sottise* ▶ extrait, quintessence.

concentrer v. **1** *Concentrer des capitaux* ▶ accumuler, amasser, centraliser, drainer, grouper, masser, rassembler, regrouper, réunir. **2** *Concentrer une solution chimique* ▶ condenser, réduire. **3** *Concentrer son attention sur un problème particulier* ▶ focaliser. **4 se concentrer** *Les troupes se sont concentrées sur le front* ▶ converger, se grouper, se masser, se rassembler, se regrouper. **5** *Cet élève ne parvient pas à se concentrer* ▶ s'appliquer, faire attention.

concept n. m. *S'interroger sur la formation des concepts dans l'esprit humain* ▶ abstraction, idée, notion.

conception n. f. **1** *La conception d'un enfant* ▶ fécondation. **2** *Avoir des conceptions originales en matière d'architecture* ▶ idée, jugement, opinion, théorie, vue.

conceptuel, elle adj. *Une tournure de pensée purement conceptuelle* ▶ abstrait, intellectuel, spéculatif, théorique.

concerner v. **1** *Une loi qui concerne l'avortement* ▶ s'appliquer à, avoir trait à, porter sur, se rapporter à, toucher à. **2** *En quoi cette question concerne-t-elle notre débat?* ▶ avoir trait à, correspondre à, dépendre de, être du ressort de, intéresser, se rapporter à, se rattacher à, se référer à, regarder, relever de, toucher à. **3 en ce**

concert

qui concerne *En ce qui concerne notre accord.* ▶ pour ce qui est de, quant à, relativement à.

concert n. m. **1** Fig. *Un concert de louanges* ▶ chœur. **2** Fig. *Le concert des nations* ▶ union. **3 de concert** *Des collègues qui agissent de concert* ▶ conjointement, de conserve, en chœur, ensemble.

concerter v. **1** *L'enquête a montré qu'ils avaient longuement concerté leur coup* ▶ arranger, calculer, combiner, étudier, monter, organiser, préméditer, préparer. **2 se concerter** *Ils se sont concertés avant de prendre leur décision* ▶ s'accorder, s'entendre.

concession n. f. *La concession d'un privilège* ▶ don, octroi (litt.).

concessionnaire n. *Le concessionnaire d'une marque automobile* ▶ dépositaire.

concevable adj. *Il n'est pas concevable de lui refuser cela* ▶ admissible, envisageable, imaginable.

concevoir v. **1** *Concevoir un projet* ▶ créer, échafauder, élaborer, former, imaginer, inventer. **2** *Ne pas concevoir que qqn puisse trahir* ▶ admettre, croire, envisager, imaginer, penser. **3** *Concevoir un sentiment très fort pour qqn* ▶ avoir, éprouver, nourrir (litt.), ressentir.

concierge n. **1** *La concierge est dans l'escalier* ▶ gardienne. **2** *Le concierge d'un grand hôtel* ▶ cerbère (fam.), gardien, portier. **3** Fig. et fam. *Ne lui dites rien, elle est très concierge* ▶ bavard, cancanier, commère (litt.), pipelet (fam.).

conciliable adj. ▶ compatible.

conciliant, ante adj. **1** *Heureusement, ses collègues sont plus conciliants que lui* ▶ accommodant, arrangeant, complaisant, coulant (fam.), de bonne composition, facile, souple, tolérant. **2** *Un discours conciliant* ▶ apaisant, modéré.

conciliateur, trice n. ▶ arbitre, médiateur.

conciliation n. f. **1** *Faire appel à la conciliation d'un juge* ▶ arbitrage, entremise, médiation. **2** *Parvenir à une conciliation* ▶ accommodement, accord, arrangement, entente.

concilier v. **1** *Tenter de concilier des points de vue contraires* ▶ accorder, harmoniser. **2 se concilier** *Se concilier les voix des commerçants* ▶ acquérir, conquérir, gagner, rallier, remporter.

concis, ise adj. ▶ bref, condensé, court, dense, dépouillé, laconique, lapidaire, ramassé, sobre, succinct.

concision n. f. ▶ brièveté, laconisme, sobriété.

concitoyen, enne n. ▶ compatriote, pays (vx et fam.).

concluant, ante adj. *Une expérience concluante* ▶ convaincant, décisif, démonstratif, probant.

conclure v. **1** *Conclure une guerre par une victoire écrasante* ▶ achever, clore, finir, mettre un terme à, terminer. **2** *Conclure un arrangement commercial* ▶ s'accorder sur, convenir de, s'entendre sur, signer. **3** *Que conclure de tout cela?* ▶ déduire, inférer.

conclusion n. f. **1** *S'acheminer vers la conclusion d'un conflit* ▶ aboutissement, achèvement, dénouement, épilogue, fin, issue, solution, terme. **2** *Tirer la conclusion d'un événement* ▶ enseignement, leçon, morale. **3 en conclusion** ▶ au total, en somme, finalement, somme toute, tout bien considéré.

concocter v. ▶ échafauder, élaborer, préparer.

concomitance n. f. ▶ coïncidence, simultanéité, synchronisme.

concomitant, ante adj. ▶ coïncident, simultané, synchrone.

concordance n. f. **1** *Il y a entre ces deux récits des concordances manifestes* ▶ affinité, analogie, coïncidence, convergence, correspondance, rapport, ressemblance, similitude. **2** *Leurs points de vue respectifs sont en parfaite concordance* ▶ accord, affinité, conformité, harmonie.

concordant, ante adj. *Des témoignages concordants* ▶ analogue, convergent, similaire.

concordat n. m. *Deux adversaires décidés à chercher les bases d'un concordat* ▶ accord, convention, traité.

concorde n. f. *Un âge d'or où la concorde régnerait partout* ▶ accord, entente, fraternité, harmonie, paix, union.

concorder v. **1** *Des témoignages qui concordent* ▶ s'accorder, coïncider, converger, se correspondre, se recouper. **2** *Ce qu'il fait ne concorde guère avec ce qu'il dit* ▶ s'accorder, cadrer, coïncider, coller (fam.), s'harmoniser.

concourir v. *Chacun est décidé à concourir de toutes ses forces au succès de cette expérience* ▶ aider, collaborer, contribuer, coopérer, participer.

concours n. m. **1** *Apporter son concours à la réalisation d'un projet* ▶ aide, appui, collaboration, contribution, coopération.

2 *Un concours sportif* ▶ challenge, championnat, compétition, épreuve, match, partie, rencontre. **3 concours de circonstances** ▶ coïncidence, hasard.

concret, ète adj. **1** *La réalité concrète* ▶ effectif, matériel, objectif, palpable, tangible, visible. **2** *Une intelligence concrète* ▶ pragmatique, pratique, réaliste, terre à terre.

concrètement adv. *Mais concrètement, c'est réalisable?* ▶ dans les faits, en réalité, objectivement, pratiquement.

concrétiser v. **1** *Concrétiser un vieux rêve* ▶ matérialiser, réaliser. **2 se concrétiser** *Ses espoirs commencent à se concrétiser* ▶ se matérialiser, prendre corps, se réaliser.

conçu, ue adj. *Un appartement mal conçu* ▶ agencé, distribué.

concubin, ine n. ▶ compagne, compagnon.

concubinage n. m. ▶ collage (fam.), union libre.

concupiscence n. f. Litt. *Une tenue propre à éveiller la concupiscence* ▶ convoitise, désir, sensualité.

concupiscent, ente adj. Litt. *Jeter sur un corsage un regard concupiscent* ▶ avide.

concurremment adv. ▶ conjointement, de concert, de conserve, ensemble, simultanément.

concurrence n. f. ▶ compétition, lutte, rivalité.

concurrent, ente n. **1** *Ce champion va écraser tous ses concurrents* ▶ adversaire, challenger, compétiteur, émule, rival. **2** *Les concurrents sont appelés sur la ligne de départ* ▶ compétiteur, participant.

concurrentiel, elle adj. **1** *Des prix concurrentiels* ▶ compétitif. **2** *Les principes de l'économie concurrentielle* ▶ libéral.

concussion n. f. ▶ exaction, forfaiture, malversation, prévarication.

condamnable adj. ▶ blâmable, coupable, criminel, critiquable, délictueux, fautif, répréhensible.

condamnation n. f. **1** *Un criminel qui reçoit une lourde condamnation* ▶ peine, punition, sanction. **2** *Subir la condamnation de ses proches* ▶ blâme, censure (litt.), critique, réprobation.

condamné, ée adj. *Un malade condamné* ▶ cuit (fam.), fichu (fam.), incurable, inguérissable, irrécupérable, perdu.

condamner v. **1** *Condamner une fenêtre* ▶ barrer, boucher, fermer, murer, obstruer. **2** *La loi condamne le trafic de drogue* ▶ défendre, interdire, prohiber, proscrire, punir, réprimer. **3** *Condamner le racisme* ▶ anathématiser (litt.), blâmer, critiquer, désapprouver, désavouer, réprouver (litt.), stigmatiser. **4** *La faillite de l'entreprise nous condamne à partir* ▶ astreindre, contraindre, forcer, obliger.

condensateur n. m. ▶ accumulateur.

condensé, ée adj. **1** *Du lait condensé* ▶ concentré. **2** Fig. *Une version condensée du Comte de Monte Cristo* ▶ abrégé, résumé. **3** Fig. *Faire un récit condensé des faits* ▶ schématique, succinct. **4** Fig. *Un style condensé* ▶ compact, concis, dense, ramassé.

condensé n. m. *Ne connaître une œuvre qu'au travers d'un condensé* ▶ digest, résumé.

condenser v. Fig. *Condenser un texte* ▶ abréger, réduire, resserrer, résumer.

condescendance n. f. *Regardez qqn avec condescendance* ▶ arrogance, dédain, hauteur, mépris, morgue, supériorité.

condescendant, ante adj. ▶ arrogant, dédaigneux, hautain, méprisant, supérieur.

condescendre v. *Condescendre à écouter qqn* ▶ s'abaisser à, consentir à, daigner, se prêter à, vouloir bien.

condiment n. m. ▶ aromate, assaisonnement, épice.

condisciple n. ▶ camarade.

condition n. f. **1** Litt. *Traiter chacun selon sa condition* ▶ classe sociale, position, rang (vx), situation. **2** *La condition des vieillards dans les hospices* ▶ situation, sort. **3** *Un sportif en bonne condition physique* ▶ état, forme. **4** *L'expression de la condition en latin* ▶ hypothèse. **5** Plur. *Les conditions d'un traité* ▶ clauses, conventions, dispositions, modalités, stipulations. **6** Plur. *Ses conditions sont inacceptables* ▶ exigences, prétentions. **7** Plur. *Travailler dans des conditions très difficiles* ▶ circonstances, climat, conjoncture, contexte. **8 dans ces conditions** ▶ alors, en ce cas.

conditionnel, elle adj. *L'emploi des modes dans le système conditionnel* ▶ hypothétique.

conditionnement n. m. *Le conditionnement d'un médicament* ▶ emballage, packaging (fam.), présentation.

conditionner v. **1** *Conditionner un produit* ▶ emballer. **2** *Votre habileté conditionnera votre réussite* ▶ commander, déterminer. **3** *Les médias conditionnent l'opinion publique* ▶ influencer, influer sur.

conditionneur n. m. ▸ climatiseur.

condom n. m. Vx ▸ capote (fam.), préservatif.

conducteur, trice n. *Il ne faut pas distraire le conducteur* ▸ chauffeur, pilote.

conduire v. 1 *Conduire des troupes vers le front* ▸ accompagner, acheminer, amener, convoyer, emmener, escorter, guider, transporter. 2 *Conduire un véhicule* ▸ manœuvrer, piloter. 3 *Une rue qui conduit à une impasse* ▸ aboutir à, déboucher sur, mener à. 4 Fig. *Conduire une entreprise* ▸ administrer, commander, diriger, gérer, gouverner, guider, manager, régir. 5 Fig. *Conduire qqn au suicide* ▸ acculer, amener, entraîner, inciter, pousser, réduire. 6 **se conduire** *Se conduire comme un imbécile* ▸ agir, se comporter.

conduite n. f. 1 *Une conduite d'eau* ▸ canalisation, colonne, conduit, tuyau. 2 *Confier à qqn la conduite d'une entreprise* ▸ administration, commandement, direction, gestion, leadership. 3 *Sa conduite a été inqualifiable* ▸ attitude, comportement, façons, manières, procédés, tenue.

confection n. f. 1 *La confection d'un repas* ▸ exécution, fabrication, préparation, réalisation. 2 *L'industrie de la confection* ▸ prêt-à-porter.

confectionner v. ▸ élaborer, exécuter, fabriquer, faire, préparer, réaliser.

conférence n. f. 1 *Faire une conférence sur la civilisation médiévale* ▸ causerie, exposé. 2 *Participer à une conférence internationale* ▸ assises, carrefour, colloque, congrès, forum, réunion, séminaire, symposium, table ronde.

conférencier, ère n. ▸ orateur.

conférer v. 1 *Conférer des pouvoirs exceptionnels à qqn* ▸ accorder, attribuer, concéder, donner, octroyer. 2 *Conférer d'un projet avec ses collaborateurs* ▸ causer, converser, discuter, s'entretenir, parler.

confesser v. 1 *Confesser une faute* ▸ avouer, convenir de, reconnaître. 2 *Il nous a confessé qu'il espérait bien avoir ce poste* ▸ avouer, confier.

confession n. f. 1 *La confession d'une faute* ▸ aveu, reconnaissance. 2 *Des fidèles de la même confession* ▸ croyance, culte, église, foi, religion.

confessionnel, elle adj. *L'enseignement confessionnel* ▸ religieux.

confiance n. f. 1 *Mettre toute sa confiance en qqn* ▸ espérance, foi. 2 *Parler à qqn avec confiance* ▸ abandon. 3 *Manquer de confiance* ▸ aplomb, assurance, hardiesse, sûreté. 4 **de confiance** *Une personne de confiance* ▸ fiable, sérieux, sûr. 5 **en confiance** *Vous pouvez y aller en confiance* ▸ en toute sécurité, les yeux fermés, tranquillement.

confiant, ante adj. ▸ communicatif, expansif, naïf (péj.), ouvert.

confidence n. f. *Je vais vous faire une confidence : j'ai horreur de m'ennuyer* ▸ aveu, révélation.

confidentiel, elle adj. 1 *Un avis confidentiel* ▸ secret. 2 *Une diffusion confidentielle* ▸ limité, restreint.

confier v. 1 *Confier une responsabilité à qqn* ▸ attribuer à, charger de, déléguer à, laisser à. 2 *Confier une faute à un ami* ▸ avouer à, confesser à. 3 **se confier** *Se confier aux soins de qqn* ▸ s'en rapporter à, s'en remettre à, se fier à, se reposer sur. 4 *Avoir besoin de se confier* ▸ s'épancher, se livrer, s'ouvrir, parler, vider son sac (fam.).

configuration n. f. 1 *La configuration des lieux* ▸ agencement, arrangement, conformation, disposition, distribution, économie, ordonnancement, organisation, répartition, structure. 2 Fig. *La configuration tout à fait spécifique de la crise actuelle* ▸ allure, aspect, conformation, forme, tour, tournure.

confiner v. 1 *La maladie le confine dans sa chambre* ▸ cantonner, cloîtrer, enfermer, reléguer. 2 *La prairie qui confine à la forêt* ▸ côtoyer, longer, toucher. 3 *Une naïveté qui confine à la bêtise* ▸ approcher de, côtoyer, friser (fam.), frôler. 4 **se confiner** *Se confiner chez soi* ▸ se calfeutrer, se cantonner, se cloîtrer, s'isoler, se murer. 5 Fig. *Se confiner dans des rôles subalternes* ▸ se borner à, se cantonner à, se limiter à.

confins n. m. pl. ▸ bornes, frontières, limites.

confirmation n. f. 1 *La confirmation d'une décision* ▸ entérinement, homologation, ratification, sanction, validation. 2 *Cette expérience a apporté la confirmation de ce que l'on soupçonnait* ▸ garantie, preuve, vérification.

confirmé, ée adj. *Un technicien confirmé* ▸ chevronné, éprouvé, exercé, expérimenté, qualifié.

confirmer v. 1 *Confirmer une décision* ▸ entériner, homologuer, ratifier, sanctionner, valider. 2 *Je confirme tout ce que j'ai dit* ▸ maintenir, réaffirmer, réitérer, répéter. 3 *Les résultats de cette expérience viennent confirmer ma théorie* ▸ appuyer, cer-

tifier, corroborer, démontrer, garantir, prouver, soutenir, vérifier. **4** *Confirmer qqn dans une opinion* ▶ conforter, fortifier, raffermir, renforcer. **5 se confirmer** *Il se confirme décidément que tout va mal* ▶ s'avérer, se vérifier.

confiscation n. f. ▶ mainmise, saisie.

confiserie n. f. *Un assortiment de confiseries* ▶ bonbon, douceur, friandise, sucrerie.

confisquer v. **1** *Confisquer des biens* ▶ saisir. **2** Fig. *On leur a confisqué leur révolution* ▶ voler.

confiture n. f. *De la confiture d'orange* ▶ marmelade.

conflagration n. f. Fig. *Une conflagration mondiale* ▶ embrasement, explosion.

conflictuel, elle adj. *Une situation conflictuelle* ▶ antagonique, tendu.

conflit n. m. **1** *Il existe un conflit larvé entre ces deux administrations* ▶ antagonisme, combat, contentieux, désaccord, différend, discorde, litige, lutte, opposition. **2** *S'interroger sur l'emploi de l'arme nucléaire dans les prochains conflits* ▶ guerre, hostilités.

confluer v. Fig. et litt. *La foule conflue sur la place* ▶ affluer, converger, se masser, se rassembler, se réunir.

confondant, ante adj. ▶ ahurissant, déconcertant, renversant, stupéfiant, suffocant.

confondre v. **1** Litt. *Sa duplicité me confond* ▶ accabler, consterner, déconcerter, dépasser, désarçonner, renverser, stupéfier. **2** Litt. *Réussir à confondre un menteur* ▶ découvrir, démasquer. **3** *Confondre des dates* ▶ intervertir, mélanger. **4 se confondre** Litt. *Se confondre en excuses* ▶ se répandre. **5** *Les voix des choristes se confondent* ▶ se fondre, se mêler.

conformation n. f. **1** *Étudier la conformation d'un ensemble complexe* ▶ configuration, organisation, structure. **2** Fig. *La conformation de cette crise appelle des solutions nouvelles* ▶ allure, aspect, configuration, forme, tour, tournure.

conforme adj. **1** *Une copie conforme* ▶ identique. **2** *Mener une vie conforme à sa profession* ▶ adapté à, approprié à, en accord avec.

conformément Prép. *Conformément à la loi* ▶ d'après, en vertu de, selon, suivant.

conformer v. **1** *Conformer ses sentiments à ceux des autres* ▶ accorder à, adapter à, ajuster à, assortir à, harmoniser avec. **2 se conformer** *Se conformer aux coutumes d'un pays* ▶ obéir à, observer, se plier à, se régler sur, respecter, sacrifier à (litt.), se soumettre à, suivre.

conformisme n. m. ▶ académisme, conservatisme, orthodoxie, traditionalisme.

conformiste adj. ▶ académique, bienpensant, bourgeois, conservateur, orthodoxe, traditionaliste.

conformité n. f. ▶ accord, analogie, concordance, correspondance, harmonie, rapport, ressemblance, similitude.

confort n. m. **1** *Aimer son confort* ▶ aises, bien-être. **2** *Un appartement avec tout le confort* ▶ commodités, standing.

confortable adj. **1** Fig. *Un salaire confortable* ▶ coquet (fam.), honnête, honorable, rondelet. **2** Fig. *Sa situation n'est guère confortable* ▶ commode.

confortablement adv. ▶ bien, commodément, douillettement.

conforter v. **1** *Un succès militaire qui conforte un régime politique* ▶ fortifier, raffermir, renforcer. **2** *Ça l'a conforté dans l'idée qu'il avait raison* ▶ confirmer, raffermir. **3** *Conforter un penchant* ▶ encourager.

confrère n. m. ▶ collègue.

confrérie n. f. ▶ communauté, congrégation, ordre.

confrontation n. f. *La confrontation de deux textes* ▶ collation (litt.), comparaison.

confronter v. **1** *Confronter deux textes* ▶ collationner (litt.), comparer, mettre en parallèle. **2 se confronter** *Se confronter à un adversaire redoutable* ▶ affronter.

confus, use adj. **1** *Il était très confus d'avoir fait une telle gaffe* ▶ contrit, déconfit, désolé, embarrassé, ennuyé, gêné, honteux, navré, penaud, piteux. **2** *Une situation confuse* ▶ anarchique, chaotique, compliqué, décousu, désordonné, embrouillé, incertain, indécis, trouble, tumultueux. **3** *Ses idées sont confuses et son style encore plus* ▶ alambiqué, brouillon, brumeux, cafouilleux (fam.), compliqué, embrouillé, entortillé, fumeux (fam.), incertain, indistinct, nébuleux, obscur, vague, vaseux (fam.).

confusément adv. ▶ indistinctement, obscurément, vaguement.

confusion n. f. **1** *Des reproches qui remplissent qqn de confusion* ▶ embarras, gêne, honte, trouble. **2** *Un pays qui sombre dans la confusion* ▶ anarchie, cafouillage (fam.), chaos, désordre, désorganisation, pagaille (fam.). **3** *Une argumentation d'une grande confusion* ▶ obscurité. **4** *Il y a eu une confusion dans les dates* ▶ cafouillage (fam.), er-

congé

reur, maldonne, malentendu, méprise, quiproquo.

congé n. m. 1 *S'accorder un petit congé* ▶ permission, repos, vacances. 2 *Signifier son congé à un domestique* ▶ congédiement, licenciement, renvoi.

congédiement n. m. ▶ congé, licenciement, renvoi.

congédier v. 1 *Congédier un employé* ▶ balancer (fam.), chasser, donner son compte à, donner son congé à, flanquer à la porte (fam.), licencier, lourder (fam.), mettre à la porte, mettre à pied, remercier, renvoyer, vider (fam.), virer (fam.). 2 *Congédier un importun* ▶ se débarrasser de, éconduire (litt.), envoyer paître, envoyer promener (fam.).

congelé, ée adj. Fig. *Avoir les mains congelées* ▶ frigorifié, gelé, glacé.

congénère n. ▶ pareil, semblable.

congénital, ale adj. ▶ héréditaire, inné, naturel.

congestionné, ée adj. *Un visage congestionné* ▶ rouge, rougeaud, sanguin, vultueux (litt.).

congestionner v. Fig. *Les départs en vacances congestionnent les autoroutes* ▶ embouteiller, encombrer.

conglomérat n. m. Fig. *Un conglomérat d'oppositions diverses* ▶ aggloméré, agrégat.

congratulations n. f. pl. ▶ compliments, félicitations.

congratuler v. ▶ complimenter, féliciter.

congrégation n. f. ▶ communauté, confrérie, ordre.

congrès n. m. *Le congrès annuel des médecins anesthésistes* ▶ assises, colloque, forum, réunion, séminaire, symposium.

conjectural, ale adj. *Une argumentation entièrement conjecturale* ▶ hypothétique.

conjecture n. f. ▶ hypothèse, présomption, supposition.

conjecturer v. ▶ croire, imaginer, penser, présumer, supposer.

conjoint, ointe n. 1 *Elle est venue avec son conjoint* ▶ époux, mari. 2 *Il est venu avec sa conjointe* ▶ épouse, femme, moitié (fam.).

conjointement adv. ▶ concurremment, de concert, de conserve, ensemble, simultanément.

conjonction n. f. *La conjonction de deux phénomènes* ▶ rencontre, réunion.

conjoncture n. f. *Profiter d'une conjoncture favorable* ▶ circonstances, conditions, contexte, situation.

conjugaison n. f. 1 *La conjugaison de deux forces* ▶ alliance, association, combinaison, réunion, union. 2 *La conjugaison des verbes du 1er groupe* ▶ flexion.

conjugal, ale adj. ▶ matrimonial.

conjugalement adv. ▶ maritalement.

conjuguer v. 1 *Ils conjuguent leurs efforts* ▶ allier, associer, combiner, joindre, réunir, unir. 2 **se conjuguer** *Une forme verbale qui se conjugue* ▶ se fléchir.

conjuration n. f. ▶ cabale, complot, conspiration.

conjuré, ée n. ▶ comploteur, conspirateur.

conjurer v. 1 Litt. *Je vous conjure de me pardonner* ▶ adjurer (litt.), implorer, supplier. 2 *Conjurer un esprit malfaisant* ▶ exorciser. 3 *Chercher à conjurer les risques d'une épidémie* ▶ écarter, éviter, prévenir. 4 **se conjurer** *Des généraux qui se sont conjurés* ▶ se coaliser, se liguer.

connaissance n. f. 1 *Perdre connaissance* ▶ conscience. 2 *Avoir une connaissance purement intellectuelle des réalités de la vie* ▶ perception, représentation. 3 *Avoir une bonne connaissance de son métier* ▶ expérience, pratique, usage. 4 *C'est une vieille connaissance* ▶ fréquentation, relation. 5 Plur. *Avoir de solides connaissances en matière scientifique* ▶ acquis, bagage, culture, éducation, formation, lumières, savoir. 6 **en connaissance de cause** ▶ sciemment.

connaisseur, euse n. *Je vois que Monsieur est connaisseur* ▶ amateur, expert.

connaître v. 1 *Connaître les raisons d'une brouille* ▶ être au courant de, être au fait de, être informé de, être renseigné sur, savoir. 2 *Connaître son métier* ▶ entendre (litt.), maîtriser, posséder, savoir. 3 *Connaître la douleur de perdre un être cher* ▶ éprouver, expérimenter, ressentir. 4 *J'ai mis longtemps à bien le connaître* ▶ apprécier, comprendre. 5 **faire connaître** *Faire connaître une nouvelle* ▶ annoncer, apprendre, avertir de, communiquer, faire savoir, informer de, notifier. 6 **s'y connaître** *Dans ce domaine, il s'y connaît* ▶ être compétent, s'y entendre (litt.).

connecter v. ▶ joindre, relier.

connexe adj. *L'histoire et les disciplines connexes* ▶ afférent (litt.), joint, proche, rattaché, voisin.

connexion n. f. ▸ affinité, liaison, rapport, relation.

connivence n. f. ▸ complicité, entente, intelligence (litt.).

connu, ue adj. 1 *Un acteur connu* ▸ célèbre, fameux, renommé, réputé. 2 *Un homme d'une méchanceté connue* ▸ notoire, proverbial.

conquérant, ante adj. *Arriver dans un endroit en adoptant un air conquérant* ▸ important, prétentieux, suffisant, vainqueur.

conquérir v. 1 *Conquérir un pays* ▸ s'approprier, assujettir, dominer, s'emparer de, soumettre. 2 *Conquérir un titre de champion de France* ▸ gagner, remporter. 3 Fig. *Conquérir tous les cœurs* ▸ s'attacher, captiver, charmer, gagner, séduire, subjuguer.

conquête n. f. 1 *La conquête d'un pays* ▸ appropriation, assujettissement, domination, prise, soumission. 2 *Les conquêtes de la science* ▸ avancée, progrès.

consacré, ée adj. 1 *Employer les termes consacrés* ▸ conventionnel, habituel, officiel, rituel, traditionnel, usuel. 2 *C'est aujourd'hui un peintre consacré* ▸ reconnu.

consacrer v. 1 *Consacrer un temple à un dieu* ▸ dédier, vouer. 2 *Consacrer un prêtre* ▸ oindre, ordonner. 3 *Consacrer le pain et le vin durant la messe* ▸ bénir. 4 *L'usage a consacré cette pratique* ▸ asseoir, confirmer, entériner, pérenniser (litt.), ratifier, sanctionner. 5 *Consacrer l'essentiel de son temps à la musique* ▸ dédier, destiner, réserver, vouer. 6 **se consacrer** *Se consacrer à un travail* ▸ s'adonner, se donner, se livrer, se vouer. 7 *Se consacrer à soulager les misères d'autrui* ▸ s'employer.

consanguinité n. f. ▸ parenté.

consciemment adv. ▸ délibérément, en connaissance de cause, lucidement, sciemment, volontairement.

conscience n. f. 1 *Perdre conscience* ▸ connaissance. 2 *Agir selon sa conscience* ▸ âme, cœur, sens moral. 3 *Travailler avec beaucoup de conscience* ▸ application, minutie, scrupule, sérieux, soin. 4 **en conscience** *Parler en conscience* ▸ en toute franchise, honnêtement.

consciencieusement adv. *S'acquitter consciencieusement de sa tâche* ▸ minutieusement, religieusement, scrupuleusement, sérieusement, soigneusement.

consciencieux, euse adj. 1 *Un employé consciencieux* ▸ exact, honnête, scrupuleux, sérieux, travailleur. 2 *Un travail consciencieux* ▸ méticuleux, minutieux, soigné.

conscient, ente adj. 1 *Le malade est resté conscient jusqu'à la fin* ▸ lucide. 2 *Ce n'était pas de la méchanceté consciente* ▸ délibéré, volontaire, voulu.

conscription n. f. ▸ enrôlement, recrutement.

conscrit n. m. ▸ appelé, bleu (fam.), recrue.

consécration n. f. 1 *La consécration d'un autel* ▸ bénédiction. 2 *La consécration du talent par le succès* ▸ confirmation, entérinement, ratification, sanction, validation. 3 *La consécration d'une carrière* ▸ aboutissement, accomplissement, apothéose, couronnement, sacre, triomphe.

consécutif, ive adj. *Un accident consécutif à une imprudence* ▸ résultant de.

conseil n. m. 1 *Réunir un conseil* ▸ aréopage (litt.), assemblée, commission. 2 *Il s'est refusé à suivre nos conseils* ▸ avertissement, avis, mise en garde, recommandation, suggestion.

conseillé, ée adj. *Le gifler n'était pas l'attitude la plus conseillée* ▸ approprié, convenable, indiqué, judicieux, opportun, recommandé.

conseiller v. 1 *Conseiller qqn dans ses choix* ▸ conduire, diriger, guider. 2 *Conseiller un médicament à qqn* ▸ indiquer, préconiser, recommander, suggérer. 3 *Il m'a vivement conseillé de partir* ▸ engager à, inciter à, pousser à, presser de, recommander de, suggérer de.

conseiller, ère n. ▸ guide, inspirateur, mentor (litt.).

consentant, ante adj. *L'avocat prétend que la victime était consentante* ▸ d'accord.

consentement n. m. *Pour ce projet, il a obtenu le consentement de sa hiérarchie* ▸ acceptation, accord, acquiescement, adhésion, agrément, approbation, assentiment, autorisation, permission.

consentir v. 1 *Consentir un prêt* ▸ accorder, octroyer (litt.). 2 *Consentir à un mariage* ▸ accepter, admettre, approuver, autoriser, être d'accord pour, permettre, souscrire à, vouloir bien. 3 *Consentir à aider qqn* ▸ accepter de, condescendre à, daigner, être d'accord pour, vouloir bien.

conséquence n. f. 1 *Un événement qui a des conséquences graves* ▸ contrecoup, corollaire, effet, implication, répercussion, résultat, retombée, séquelle, suite. 2 *Les conséquences d'un principe* ▸ conclusion, corollaire, implication. 3 **en consé-**

conséquent

quence ▸ ainsi, de ce fait, dès lors, donc, par conséquent, par suite, partant.

conséquent, ente adj. 1 *Être conséquent avec soi-même* ▸ cohérent, logique. 2 Fam. *Une somme conséquente* ▸ appréciable, coquet (fam.), important, respectable, rondelet, substantiel. 3 **par conséquent** ▸ ainsi, de ce fait, dès lors, donc, en conséquence, par suite, partant.

conservateur, trice adj. ▸ bien-pensant, bourgeois, conformiste, traditionaliste.

conservation n. f. *La conservation des monuments historiques, des coutumes d'autrefois* ▸ entretien, maintien, préservation, protection, sauvegarde.

conservatisme n. m. ▸ conformisme, traditionalisme.

conserve (de) adv. ▸ à l'unisson, collectivement, conjointement, de concert, en bloc, en chœur, en même temps, ensemble, simultanément.

conserver v. 1 *Conserver le souvenir de qqn* ▸ entretenir, garder, maintenir, perpétuer, préserver, sauvegarder. 2 *C'est lui qui conserve les clés du coffre* ▸ détenir, garder. 3 **se conserver** *Son souvenir se conservera dans nos mémoires* ▸ durer, rester, subsister.

considérable adj. 1 *Une somme considérable* ▸ énorme, imposant. 2 *Un argument considérable* ▸ de poids. 3 *Un homme considérable* ▸ hors du commun, insigne, marquant, remarquable.

considérablement adv. ▸ énormément.

considération n. f. 1 *Jouir de la considération de ses concitoyens* ▸ déférence, estime, faveur. 2 Plur. *Des considérations sur l'esprit humain* ▸ observations, pensées, réflexions, remarques. 3 Plur. *Des considérations mesquines l'ont retenu* ▸ causes, motifs, raisons. 4 **en considération de** *En considération de son âge* ▸ à cause de, du fait de, eu égard à (litt.). 5 **prendre en considération** ▸ considérer, faire cas de, prendre garde à, tenir compte de.

considéré, ée adj. *Un professeur très considéré* ▸ apprécié, coté, estimé, réputé.

considérer v. 1 *Il considérait le spectacle avec amusement* ▸ contempler, examiner, observer, regarder. 2 *Considérer les avantages d'une situation avant de se décider* ▸ apprécier, estimer, étudier, examiner, jauger, juger, observer, peser, prendre en considération, tenir compte de. 3 *Il veut qu'on le considère* ▸ estimer, faire cas de,

126

respecter, tenir compte de. 4 *Considérer qqn comme un grand peintre* ▸ regarder comme, tenir pour. 5 *Tout le monde considère qu'il est le meilleur* ▸ estimer, juger, penser, trouver.

consignation n. f. ▸ cautionnement, dépôt, garantie.

consigne n. f. 1 *Suivre une consigne* ▸ directive, instruction, ordre. 2 *Donner deux heures de consigne à un élève* ▸ colle (fam.), retenue.

consigner v. 1 *Consigner des faits sur un carnet* ▸ enregistrer, inscrire, mentionner, noter, rapporter, relater. 2 *Consigner un élève* ▸ coller (fam.), punir. 3 *Consigner sa porte à qqn* ▸ fermer, interdire.

consistance n. f. 1 Fig. *Des rumeurs sans consistance* ▸ fondement. 2 Fig. *Un esprit sans consistance* ▸ fermeté, force, solidité.

consistant, ante adj. 1 *Une chair consistante* ▸ dense, ferme. 2 Fig. *Un argument consistant* ▸ fondé, sérieux, solide, valable. 3 Fig. et fam. *Prendre un petit-déjeuner consistant* ▸ copieux, nourrissant, substantiel.

consister v. 1 *Sa tâche consiste à informer le public* ▸ revenir à. 2 *Sa fortune consiste en actions et en obligations* ▸ se composer de.

consœur n. f. *Voyez-vous, ma chère consœur...* ▸ collègue.

consolant, ante adj. ▸ apaisant, calmant, consolateur, lénitif (litt.), réconfortant.

consolation n. f. 1 *Des paroles de consolation* ▸ apaisement, réconfort, soulagement. 2 *Recevoir une médaille à titre de consolation* ▸ compensation, dédommagement.

consoler v. ▸ apaiser, calmer, rasséréner, réconforter, remonter (fam.).

consolidation n. f. ▸ affermissement, raffermissement, stabilisation.

consolider v. ▸ affermir, asseoir, assurer, cimenter, confirmer, enraciner, étayer, fortifier, raffermir, renforcer, soutenir, stabiliser.

consommable adj. ▸ comestible, mangeable.

consommateur, trice n. ▸ acheteur, client.

consommation n. f. 1 Litt. *La consommation d'un sacrifice* ▸ accomplissement, perpétration (litt.), réalisation. 2 *La consommation d'une tonne de charbon* ▸ emploi, usage, utilisation. 3 *Prendre une consommation au*

comptoir ▸ boisson, godet (fam.), pot (fam.), rafraîchissement, verre (fam.).

consommé, ée adj. *Un musicien consommé* ▸ accompli, achevé, parfait.

consommé n. m. *Du consommé au vermicelle* ▸ bouillon.

consommer v. **1** Litt. *Consommer un crime* ▸ accomplir, commettre, perpétrer (litt.). **2** *Consommer de l'électricité* ▸ employer, user de, utiliser. **3** *Consommer trop de graisses* ▸ absorber, ingérer, manger. **4** *Payer ce qu'on a consommé* ▸ boire, prendre. **5** *La publicité pousse à consommer* ▸ acheter, dépenser.

consomption n. f. Litt. ▸ épuisement, langueur.

consortium n. m. ▸ cartel, groupe, holding, trust.

conspirateur, trice n. ▸ comploteur, conjuré.

conspiration n. f. ▸ cabale, complot, conjuration, intrigue, machination.

conspirer v. **1** *Conspirer contre le roi* ▸ cabaler (litt.), comploter, intriguer. **2** Litt. *Tout conspire à sa perte* ▸ concourir, contribuer, tendre.

conspuer v. ▸ huer, siffler.

constamment adv. ▸ continuellement, continûment, en permanence, sans arrêt, sans cesse, sans relâche, toujours.

constance n. f. **1** *Un caractère qui manque de constance* ▸ fermeté, obstination, opiniâtreté, persévérance, résolution, volonté. **2** *La constance d'un phénomène* ▸ continuité, durabilité, permanence, persistance, régularité, stabilité.

constant, ante adj. **1** *Être constant en amour* ▸ fidèle, persévérant, stable. **2** *Une fièvre constante* ▸ continu, continuel, durable, incessant, ininterrompu, permanent, perpétuel, persistant.

constante n. f. *Une constante dans l'histoire de ce pays* ▸ invariant.

constat n. m. **1** *L'huissier fera un constat* ▸ procès-verbal, rapport. **2** Fig. *Cette étude amène à certains constats* ▸ conclusion, constatation, observation, remarque.

constatable adj. ▸ vérifiable.

constatation n. f. **1** *La constatation d'un fait par les témoins* ▸ constat, observation. **2** *D'après les constatations des voyageurs de l'époque* ▸ observation, remarque.

constater v. **1** *Constater la mort de qqn* ▸ enregistrer, établir. **2** *Chacun peut constater que mon adversaire est de mauvaise foi* ▸ s'apercevoir, découvrir, noter, observer, reconnaître, remarquer, se rendre compte, vérifier, voir.

constellation n. f. Fig. et litt. *Une constellation de jeunes talents* ▸ ensemble, groupe, pléiade (litt.).

consteller v. Fig. *Consteller un tablier de taches* ▸ couvrir, parsemer, remplir.

consternant, ante adj. **1** *Une nouvelle consternante* ▸ affligeant, désolant, douloureux, navrant, pénible. **2** *Des résultats consternants* ▸ affligeant, calamiteux, déplorable, dérisoire, désastreux, exécrable, lamentable, minable (fam.), misérable, miteux (fam.), navrant, nul, piètre, piteux, pitoyable.

consternation n. f. *Cette défaite a semé la consternation dans le camp adverse* ▸ abattement, accablement, affliction, désolation, douleur.

consterner v. ▸ accabler, affliger, anéantir, atterrer, briser, catastropher, désoler, effondrer, navrer, terrasser.

constituant n. m. *Les constituants d'un mélange* ▸ composant, élément, ingrédient.

constituer v. **1** *Avoir l'ambition de constituer un empire industriel* ▸ bâtir, construire, créer, édifier, élaborer, établir, fonder, former, instaurer, instituer, mettre en place, mettre sur pied, monter, organiser. **2** *Ce loyer constitue le tiers de son salaire* ▸ représenter.

constitutif, ive adj. ▸ essentiel, fondamental.

constitution n. f. **1** *Être de constitution délicate* ▸ complexion (litt.), conformation, nature. **2** *Présider à la constitution d'un empire* ▸ construction, création, édification, élaboration, établissement, fondation, formation, instauration, institution, mise en place, organisation. **3** *Quelle est la constitution de ce produit?* ▸ composition, structure.

constitutionnel, elle adj. **1** *Une faiblesse constitutionnelle* ▸ inné, naturel, organique. **2** *Une monarchie constitutionnelle* ▸ parlementaire.

constriction n. f. ▸ contraction, resserrement.

constructeur, trice n. **1** *Un constructeur de machines-outils* ▸ entrepreneur, fabricant. **2** Fig. *Cavour, constructeur de l'Italie moderne* ▸ architecte, bâtisseur, créateur, fondateur, inventeur, père, promoteur.

constructible adj. ▸ bâtissable.

constructif, ive adj. *Un esprit constructif* ▸ positif.

construction

construction n. f. 1 *La construction d'un gratte-ciel* ▶ édification, érection. 2 *La construction d'un avion* ▶ assemblage, fabrication. 3 *Un ensemble de constructions nouvelles* ▶ bâtiment, bâtisse, édifice, immeuble. 4 *Travailler dans la construction automobile* ▶ industrie. 5 Fig. *La construction de son discours lui a pris une heure* ▶ arrangement, composition, élaboration, organisation. 6 Fig. *Étudier la construction d'une phrase* ▶ composition, organisation, structure, syntaxe.

construire v. 1 *Construire un monument* ▶ bâtir, édifier, élever, ériger, réaliser. 2 *Un oiseau qui construit son nid* ▶ fabriquer, faire. 3 Fig. *Construire l'intrigue d'un roman* ▶ aménager, arranger, composer, échafauder, élaborer, forger, organiser, préparer, structurer.

consultant, ante n. 1 *Un consultant en droit commercial* ▶ conseil. 2 *Les consultants d'un médecin* ▶ client.

consultation n. f. 1 *La consultation d'un ouvrage* ▶ examen, lecture. 2 *Une consultation médicale* ▶ examen, visite. 3 *Une consultation populaire* ▶ scrutin, vote.

consulter v. 1 *Consulter un spécialiste* ▶ demander à, s'informer auprès de, interroger, questionner. 2 *Consulter un livre* ▶ compulser, examiner, feuilleter, lire.

consumer v. 1 *Le feu a consumé tout l'édifice* ▶ brûler. 2 Fig. et litt. *Le chagrin la consume* ▶ dévorer, miner, ronger. 3 **se consumer** *Une bûche qui se consume* ▶ brûler, flamber. 4 Fig. et litt. *Se consumer de chagrin* ▶ dépérir, se dessécher.

contact n. m. *Rester en contact avec d'anciens collègues* ▶ communication, correspondance, liaison, rapport, relation.

contacter v. *Contacter un responsable par téléphone* ▶ atteindre, joindre, toucher.

contagieux, euse adj. 1 *Une maladie contagieuse* ▶ transmissible. 2 *Un rire contagieux* ▶ communicatif.

contagion n. f. ▶ propagation, transmission.

contamination n. f. ▶ infection.

contaminer v. 1 *Contaminer de l'eau* ▶ infecter. 2 Fig. *Des accusations de corruption qui contaminent l'atmosphère d'une administration* ▶ empoisonner, gâter, infecter, polluer, pourrir, souiller.

conte n. m. 1 *Des contes du temps passé* ▶ histoire. 2 *Ce qu'il vous raconte là, ce ne sont que des contes* ▶ fable, histoire.

contemplatif, ive adj. ▶ méditatif, pensif, rêveur, songeur.

contemplation n. f. 1 *Rester en contemplation devant un tableau* ▶ admiration, émerveillement, extase. 2 *S'exercer à la contemplation* ▶ méditation, recueillement.

contempler v. 1 *Contempler le vol des insectes avec attention* ▶ considérer, examiner, observer, regarder. 2 *Considérer la beauté d'une statue* ▶ admirer. 3 **se contempler** *Se contempler dans un miroir* ▶ s'admirer, se mirer (litt.).

contemporain, aine adj. *L'époque contemporaine* ▶ actuel, moderne, présent.

contenance n. f. 1 *Une contenance de plusieurs milliers de mètres cubes* ▶ capacité, cubage, tonnage, volume. 2 Fig. *Ne pas savoir quelle contenance adopter* ▶ attitude, comportement, figure, maintien, mine. 3 **perdre contenance** ▶ se décontenancer, se démonter, être déconcerté, se troubler.

contenant n. m. ▶ emballage, récipient.

contenir v. 1 *Contenir un certain volume* ▶ cuber, jauger, tenir. 2 *Une salle qui peut contenir 2000 spectateurs* ▶ accueillir, recevoir. 3 *Un texte qui contient des erreurs* ▶ comporter, comprendre, compter, inclure, receler, renfermer. 4 *Contenir une foule* ▶ endiguer, maintenir, retenir. 5 Fig. *Contenir sa colère* ▶ contrôler, dominer, dompter, maîtriser, refouler, refréner, rentrer, réprimer. 6 **se contenir** *Avoir du mal à se contenir* ▶ se calmer, se contrôler, se dominer, se maîtriser, se refréner, se retenir.

content, ente adj. 1 *Il avait l'air content* ▶ gai, joyeux, réjoui, satisfait. 2 *J'ai été content de vous rencontrer* ▶ charmé, enchanté, heureux, ravi.

contentement n. m. 1 *Un air de contentement illuminait sa grosse figure* ▶ béatitude (litt.), bonheur, félicité (litt.), satisfaction. 2 Litt. *Le contentement de ses désirs* ▶ assouvissement, satisfaction.

contenter v. 1 *Contenter ses désirs* ▶ apaiser, assouvir, combler, rassasier, satisfaire. 2 **se contenter** *Se contenter de peu* ▶ s'accommoder, s'arranger. 3 *L'expert s'est contenté d'un examen superficiel* ▶ se borner à, se cantonner à, en rester à, s'en tenir à, se limiter à.

contentieux, euse adj. *Une affaire contentieuse* ▶ litigieux.

contentieux n. m. *Avoir un contentieux avec qqn* ▶ conflit, démêlé, différend, dispute, litige.

contenu n. m. 1 *Le contenu d'un camion* ▶ charge, chargement. 2 Fig. *Le contenu*

conter v. 1 *Contez-nous donc ce qui s'est passé* ▶ dire, exposer, raconter, rapporter, relater, retracer. 2 *Conter une histoire à des enfants* ▶ narrer (litt.), raconter.

contestable adj. 1 *Sa bonne foi n'est pas contestable* ▶ discutable, douteux, niable, sujet à caution. 2 *Le ton qu'il a employé est très contestable* ▶ critiquable, discutable.

contestataire adj. *Un esprit contestataire* ▶ frondeur, non-conformiste, rebelle, révolté.

contestataire n. *La séance a été interrompue par des contestataires* ▶ perturbateur, protestataire.

contestation n. f. *Offrir matière à contestation* ▶ conflit, contradiction, controverse, débat, différend, discussion, dispute, litige, objection, querelle.

conteste (sans) adv. ▶ à coup sûr, assurément, certainement, évidemment, incontestablement, indubitablement, manifestement, sans contredit.

contester v. 1 *Contester une version des faits* ▶ discuter, mettre en doute, s'opposer à, récuser. 2 *Contester à qqn le droit d'intervenir* ▶ dénier, refuser. 3 *Il conteste sans arrêt* ▶ chicaner, discuter, ergoter.

conteur, euse n. ▶ narrateur.

contexte n. m. Fig. *Le contexte d'un fait divers* ▶ cadre, circonstances, environnement.

contexture n. f. *La contexture d'un tissu* ▶ structure, texture.

contigu, uë adj. 1 *Deux régions contiguës* ▶ accolé, adjacent, attenant, frontalier, mitoyen, voisin. 2 Fig. *Des notions contiguës* ▶ analogue, avoisinant, connexe, proche, similaire, voisin.

contiguïté n. f. 1 *La contiguïté de deux maisons* ▶ contact, mitoyenneté, proximité, voisinage. 2 Fig. *La contiguïté de deux notions* ▶ analogie, connexion, liaison, proximité, rapport, similitude, voisinage.

continence n. f. ▶ abstinence, chasteté.

continent, ente adj. ▶ abstinent, chaste.

contingent, ente adj. 1 *Concentrez-vous sur l'essentiel et laissez de côté les événements contingents* ▶ accessoire, annexe, incident, marginal, mineur, secondaire, subsidiaire. 2 *L'avenir est évidemment contingent* ▶ aléatoire, éventuel, hypothétique, incertain.

contingent n. m. 1 *Un contingent de marchandises avariées* ▶ ensemble, lot. 2 *Un contingent d'importation* ▶ quota.

contingentement n. m. *Le contingentement des importations* ▶ limitation, rationnement, régulation.

contingenter v. *Contingenter les importations* ▶ limiter, rationner, réguler.

continu, ue adj. 1 *Un effort continu* ▶ constant, durable, incessant, ininterrompu, permanent, persistant, soutenu, suivi. 2 **en continu** ▶ d'affilée, d'une seule traite, sans arrêt, sans interruption.

continuateur, trice n. ▶ disciple, épigone (litt.).

continuation n. f. ▶ poursuite, prolongation, prolongement, suite.

continuel, elle adj. *Des protestations continuelles* ▶ constant, incessant, infini, ininterrompu, permanent, perpétuel, sempiternel.

continuellement adv. *Un pays où il pleut continuellement* ▶ constamment, continûment, perpétuellement, sans arrêt, sans cesse, sans relâche, sans répit, toujours, tout le temps.

continuer v. 1 *Le jardin continue jusqu'à la rivière* ▶ s'étendre, se poursuivre, se prolonger. 2 *On va continuer cette route jusqu'à la mer* ▶ prolonger. 3 *C'est encourageant, vous devriez continuer* ▶ persévérer, persister. 4 *Si tu continues, cela va mal finir* ▶ s'acharner, s'entêter, s'obstiner, s'opiniâtrer (litt.). 5 *Vous pensez que ça va continuer comme cela longtemps?* ▶ durer, s'éterniser, se poursuivre, se prolonger. 6 *Continuer ses études* ▶ poursuivre.

continuité n. f. ▶ constance, maintien, pérennité (litt.), permanence, perpétuation (litt.), persistance, stabilité.

continûment adv. *Une usine où les machines tournent continûment* ▶ constamment, continuellement, en permanence, perpétuellement, sans arrêt, sans cesse, sans relâche, sans répit, toujours, tout le temps.

contorsion n. f. 1 *Des contorsions de douleur* ▶ convulsion. 2 *Les contorsions d'un clown* ▶ grimace, singerie.

contour n. m. 1 *Le contour d'une figure plane* ▶ bord, bordure, périmètre, pourtour, tour. 2 Plur. *Les contours d'une route, d'un fleuve* ▶ coude, lacet, méandre, sinuosité.

contourné, ée adj. Fig. *Un style contourné* ▶ affecté, alambiqué, compliqué, maniéré, précieux, recherché, rococo, tarabiscoté.

contourner v. 1 *La route contourne la ville* ▶ éviter. 2 *Fig. Contourner une difficulté* ▶ éluder, esquiver, éviter, tourner.

contraceptif, ive adj. ▶ anticonceptionnel, antifécondant.

contracté, ée adj. *Fig. Être contracté avant un examen* ▶ angoissé, crispé, inquiet, noué, préoccupé, stressé, tendu, tourmenté.

contracter v. 1 *Le froid contracte les corps* ▶ resserrer. 2 *Contracter un muscle* ▶ bander, raidir, serrer, tendre. 3 *Contracter une maladie* ▶ attraper, choper (fam.). 4 *Contracter une mauvaise habitude* ▶ acquérir, prendre.

contraction n. f. 1 *Une contraction de douleur* ▶ convulsion, crispation, spasme. 2 *Une contraction musculaire* ▶ contracture, crampe. 3 *S'inquiéter d'une contraction du commerce extérieur* ▶ décroissance, diminution, réduction.

contradicteur n. m. ▶ adversaire, opposant.

contradiction n. f. 1 *Relever une contradiction entre deux déclarations* ▶ antinomie, incompatibilité. 2 *Il y aurait quelque contradiction à refuser maintenant ce que vous avez toujours réclamé* ▶ absurdité, incohérence, inconséquence, paradoxe. 3 *Ne pas supporter la contradiction* ▶ contestation, démenti, objection, réfutation.

contradictoire adj. 1 *Il est contradictoire de dire que tout le monde est juste et qu'il existe une personne qui n'est pas juste* ▶ antinomique, incompatible. 2 *Une attitude contradictoire* ▶ absurde, illogique, incohérent, inconséquent, irrationnel, paradoxal.

contraignant, ante adj. ▶ assujettissant, astreignant, pénible.

contraindre v. 1 *Contraindre ses penchants* ▶ contenir, entraver, freiner, maîtriser, refréner, réprimer, retenir. 2 *Contraindre qqn à déménager* ▶ acculer, astreindre, forcer, obliger, pousser, réduire. 3 **se contraindre** *Se contraindre à faire du sport* ▶ s'astreindre à, se forcer à, s'imposer de, s'obliger à.

contraint, ainte adj. *Un sourire contraint* ▶ embarrassé, forcé, gêné.

contrainte n. f. 1 *Obtenir qqch par la contrainte* ▶ coercition (litt.), force, pression, violence. 2 *Les contraintes de la vie quotidienne* ▶ exigence, obligation, servitude. 3 *Rire sans contrainte* ▶ gêne, retenue.

contraire adj. 1 *Le juste et l'injuste sont des notions contraires* ▶ antithétique, inverse, opposé. 2 *Faire un acte contraire à ses intérêts* ▶ défavorable, dommageable, néfaste, nuisible, préjudiciable. 3 **au contraire** ▶ a contrario, à l'inverse, à l'opposé, en revanche, inversement, par contre (fam.).

contraire n. m. 1 *Il est le contraire de son frère* ▶ antithèse, inverse, opposé. 2 *Laid est le contraire de beau* ▶ antonyme.

contrariant, ante adj. ▶ agaçant, déplaisant, dérangeant, embêtant (fam.), ennuyeux, fâcheux.

contrarier v. 1 *Contrarier les projets de qqn* ▶ combattre, contrecarrer, déjouer, entraver, faire obstacle à, freiner, nuire à, s'opposer à. 2 *Ce contretemps m'a beaucoup contrarié* ▶ agacer, casser les pieds à (fam.), chagriner, chiffonner (fam.), embêter (fam.), ennuyer, irriter, tracasser.

contrariété n. f. ▶ agacement, déplaisir, ennui, gêne, irritation, mécontentement.

contraste n. m. *Un fort contraste entre les niveaux de vie des plus riches et des plus pauvres* ▶ différence, discordance, disparité, disproportion.

contraster v. 1 *Sur un fond noir, le jaune contraste sans jurer* ▶ se détacher, ressortir, trancher. 2 *Deux couleurs qui contrastent l'une avec l'autre* ▶ s'opposer à, trancher avec.

contrat n. m. 1 *Examiner les termes d'un contrat* ▶ accord, convention. 2 Spécialement à propos de contrats d'assurance ▶ police.

contravention n. f. 1 *Une contravention à un règlement* ▶ entorse, infraction, violation. 2 *Une contravention sur un pare-brise* ▶ amende, contredanse (fam.), papillon (fam.), procès-verbal.

contre prép. 1 *Être contre le gouvernement* ▶ opposé à. 2 *Contre toute apparence* ▶ en dépit de, malgré, nonobstant (litt.). 3 *Se battre contre qqn* ▶ avec. 4 *Un sirop contre la toux* ▶ pour. 5 *Il m'a donné cinq billes contre deux timbres* ▶ en échange de, moyennant, pour. 6 **par contre** Fam. ▶ à l'inverse, au contraire, en revanche.

contre-attaque n. f. ▶ contre-offensive, riposte.

contrebalancer v. ▶ compenser, équilibrer, neutraliser.

contrecarrer v. ▶ combattre, contrarier, déjouer, entraver, faire obstacle à, freiner, nuire à, s'opposer à.

contrecœur (à) adv. ► à regret, à son corps défendant, malgré soi.

contrecoup n. m. **1** Fig. *Les contrecoups d'une crise politique* ► conséquence, effet, incidence, répercussion, suite. **2 par contrecoup** *Ce scandale risque de vous atteindre par contrecoup* ► indirectement, par ricochet.

contredire v. **1** *Contredire les affirmations d'un témoin* ► contester, démentir, nier. **2 se contredire** *Le témoin s'est contredit* ► se couper.

contredit (sans) adv. ► à coup sûr, assurément, certainement, évidemment, incontestablement, indubitablement, manifestement, sans conteste.

contrée n. f. Litt. ► pays, province, région, terre.

contre-épreuve n. f. ► vérification.

contrefaçon n. f. ► falsification, faux, plagiat.

contrefacteur n. m. ► falsificateur, faussaire, plagiaire.

contrefaire v. **1** *Contrefaire la démarche de qqn* ► caricaturer, imiter, mimer, parodier, pasticher, singer. **2** *Contrefaire la douleur la plus profonde* ► affecter, feindre, jouer, mimer, simuler, singer. **3** *Contrefaire sa voix* ► altérer, déformer, déguiser, dénaturer, travestir. **4** *Contrefaire des billets de banque* ► falsifier.

contrefait, aite adj. *Un corps contrefait* ► déjeté, difforme, mal fichu (fam.), mal foutu (fam.).

contrefort n. m. ► arc-boutant, épaulement.

contre-indiqué, ée adj. ► déconseillé, inopportun.

contremaître n. m. ► agent de maîtrise, chef d'équipe.

contrepartie n. f. **1** *Une contrepartie financière* ► compensation. **2** *Soutenir la contrepartie de ce qui vient d'être dit* ► antithèse, contraire, contre-pied, inverse, opposé. **3 en contrepartie** ► en échange, en revanche.

contre-pied n. m. ► antithèse, contraire, contrepartie, inverse, opposé.

contrepoison n. m. ► antidote.

contrer v. Fam. *Contrer qqn dans un débat* ► se dresser contre, s'opposer à.

contresens n. m. **1** Fig. *Cette politique salariale est un contresens économique* ► aberration, absurdité, ineptie, non-sens. **2 à contresens** *Comprendre à contresens* ► à l'envers, de travers (fam.).

contretemps n. m. **1** ► accroc, anicroche, complication, difficulté, empêchement, ennui, problème. **2 à contretemps** ► hors de saison, inopportunément, mal à propos.

contrevenir v. *Contrevenir aux usages* ► déroger à (litt.), désobéir à, enfreindre, transgresser, violer.

contrevent n. m. ► volet.

contrevérité n. f. *Débiter des contrevérités* ► blague (fam.), bobard (fam.), boniment (fam.), conte, histoire (fam.), invention, mensonge, salade (fam.).

contribuer v. **1** *Contribuer personnellement à la réussite d'un projet* ► aider à, collaborer à, concourir à, coopérer à, favoriser, participer à, prendre part à. **2** *Tout contribue au succès de cette entreprise* ► concourir à, conspirer à (litt.).

contribution n. f. **1** *La contribution foncière* ► imposition, impôt, taxe. **2** *Donner sa contribution pour acheter un cadeau commun* ► cotisation, écot, quote-part. **3** *Demander à qqn sa contribution à un ouvrage collectif* ► aide, apport, collaboration, concours, participation, tribut (litt.).

contrit, ite adj. ► confus, honteux, marri (vx), penaud, repentant.

contrôle n. m. **1** *Procéder à un contrôle minutieux* ► examen, expertise, inspection, vérification. **2** Fig. *Garder le contrôle de soi-même* ► maîtrise. **3 contrôle des naissances** ► orthogénie, planning familial.

contrôler v. **1** *Contrôler les voies d'accès d'un bâtiment* ► examiner, inspecter, surveiller, vérifier. **2** Fig. *Contrôler une situation* ► dominer, maîtriser. **3 se contrôler** *Il n'est pas parvenu à se contrôler* ► se contenir, se dominer, se maîtriser, prendre sur soi.

contrôleur, euse n. ► inspecteur, vérificateur.

controuvé, ée adj. Litt. *Une assertion controuvée* ► fabriqué, faux, forgé, frauduleux, inventé, mensonger.

controverse n. f. ► débat, discussion, polémique.

controversé, ée adj. *Un point très controversé* ► contesté, débattu, discuté.

contumace n. f. *Être condamné par contumace* ► défaut.

contusion n. f. ► bleu, ecchymose, meurtrissure.

contusionner v. ► meurtrir.

convaincant, ante adj. 1 *Un argument convaincant* ▸ démonstratif, probant. 2 *Un orateur convaincant* ▸ éloquent, persuasif.

convaincre v. ▸ persuader.

convaincu, ue adj. 1 *Être convaincu de son bon droit* ▸ assuré, certain, persuadé, sûr. 2 *Un ton convaincu* ▸ assuré, décidé, déterminé, pénétré, résolu.

convalescence n. f. ▸ rétablissement.

convenable adj. 1 *Le moment convenable* ▸ adapté, adéquat, ad hoc, approprié, favorable, idoine (litt.), opportun, propice. 2 *Une personne très convenable* ▸ comme il faut, correct, de bon aloi, décent, digne, honorable, respectable, sérieux. 3 *Un travail convenable, mais sans plus* ▸ acceptable, correct, honnête, moyen, passable, potable.

convenablement adv. ▸ bien, comme il faut, correctement, décemment, honnêtement, proprement.

convenance n. f. 1 *Chercher un local à sa convenance* ▸ goût. 2 Plur. *Respecter les convenances* ▸ bienséance, bon ton, correction, savoir-vivre, usages.

convenir v. 1 *Quel est le moment qui lui convient?* ▸ agréer à, aller à, arranger, plaire à. 2 *Trouver les mots qui conviennent à la situation* ▸ s'accorder à, s'adapter à, cadrer avec, coller avec (fam.), concorder avec, correspondre à. 3 *Convenir d'un rendez-vous* ▸ s'accorder sur, arranger, arrêter, décider de, s'entendre sur, fixer. 4 *Convenir que l'on s'est trompé* ▸ accorder, admettre, avouer, concéder, reconnaître. 5 *Il convient de Il convient de partir le plus vite possible* ▸ il est à propos de, il faut.

convention n. f. 1 *La signature d'une convention* ▸ accord, arrangement, contrat, engagement, entente, marché, pacte, protocole, règlement, traité. 2 Plur. *S'enquérir des conventions à respecter en arrivant dans une société* ▸ codes, coutumes, habitudes, lois, mœurs, principes, règles, rites, traditions, us (litt.), usages.

conventionnel, elle adj. 1 *Une valeur conventionnelle* ▸ arbitraire. 2 *Quelqu'un de très conventionnel* ▸ conformiste, formaliste, traditionnel, vieux jeu. 3 *Un style un peu conventionnel* ▸ banal, classique, convenu, figé, stéréotypé.

conventionnellement adv. ▸ habituellement, traditionnellement.

convenu, ue adj. *Un style convenu* ▸ banal, classique, conventionnel, figé, stéréotypé.

convergence n. f. Fig. *Ce débat a fait apparaître une grande convergence de points de vue* ▸ affinité, analogie, concordance, conformité, similitude.

convergent, ente adj. Fig. *Des points de vue convergents* ▸ analogue, concordant, similaire.

converger v. 1 *Le carrefour où convergent ces différentes routes* ▸ aboutir, se rejoindre, se rencontrer. 2 *Depuis trois jours, les troupes convergent à la frontière* ▸ se concentrer. 3 Fig. *Tous les témoignages convergent* ▸ s'accorder, coïncider, concorder, se correspondre, se recouper.

conversation n. f. ▸ causerie (litt.), dialogue, discussion, entretien.

converser v. ▸ bavarder, causer, deviser (litt.), dialoguer, discuter, s'entretenir, parler.

conversion n. f. *La conversion d'un métal en or* ▸ changement, métamorphose, mutation, transformation, transmutation.

convertible adj. ▸ modifiable, transformable.

convertir v. 1 *Convertir un sceptique* ▸ gagner, rallier. 2 *Convertir un métal en or* ▸ changer, métamorphoser, transformer, transmuter.

convexe adj. ▸ arrondi, bombé, cintré, courbe, renflé.

convexité n. f. ▸ arrondi, bombement, cambrure, courbure, gonflement, renflement.

conviction n. f. 1 *Avoir la conviction d'être dans son bon droit* ▸ certitude. 2 Plur. *Heurter qqn dans ses convictions religieuses* ▸ croyance, foi.

convier v. 1 *Convier qqn à s'asseoir* ▸ engager à, inviter à, prier de. 2 *Les circonstances nous convient à adopter une attitude plus ferme* ▸ engager, inciter, inviter, porter, pousser.

convive n. ▸ hôte, invité.

convocation n. f. ▸ appel, assignation, citation.

convoi n. m. 1 *Un convoi de nomades dans le désert* ▸ caravane. 2 *Installer une motrice à la tête d'un convoi* ▸ train. 3 *Mener le convoi d'un parent* ▸ enterrement, funérailles, obsèques.

convoiter v. ▸ ambitionner, aspirer à, briguer, désirer, guigner (fam.), lorgner (fam.), loucher sur (fam.).

convoitise n. f. ▸ appétit, avidité, concupiscence, cupidité, envie.

convoler v. ▶ se marier.

convoquer v. ▶ appeler, assigner, citer, mander (vx).

convoyer v. ▶ accompagner, escorter.

convoyeur, euse n. ▶ escorteur.

convulsé, ée adj. *Des traits convulsés* ▶ contracté, crispé, grimaçant.

convulser (se) v. *Se convulser de douleur* ▶ se tordre.

convulsif, ive adj. ▶ nerveux, spasmodique.

convulsion n. f. **1** *Être agité de convulsions* ▶ contraction, spasme. **2** Fig. *Les convulsions provoquées par une révolution* ▶ bouleversement, secousse.

convulsivement adv. ▶ nerveusement, spasmodiquement.

coopération n. f. *Compter sur la coopération de qqn pour réaliser un projet* ▶ aide, appui, collaboration, concours, participation.

coopérer v. *Coopérer au succès d'un projet* ▶ aider, collaborer, concourir, contribuer, participer.

coordination n. f. *Un organisme central chargé de la coordination des projets régionaux* ▶ harmonisation, synchronisation.

coordonnées n. f. pl. *Les coordonnées géographiques d'un site* ▶ emplacement, position, situation.

coordonner v. **1** *Ils ont coordonné leurs efforts* ▶ associer, combiner, conjuguer. **2** *Coordonner les interventions d'une équipe pédagogique* ▶ harmoniser, synchroniser.

copain, copine n. **1** *C'est juste un bon copain* ▶ ami, camarade. **2** *Elle est venue avec son copain* ▶ ami, amoureux, compagnon, petit ami. **3** *Il est venu avec sa copine* ▶ amie, compagne, petite amie.

copeau n. m. ▶ rognure.

copiage n. m. ▶ plagiat.

copie n. f. **1** *Faire faire une copie d'un document administratif* ▶ double, duplicata, fac-similé, photocopie, reproduction. **2** *Se faire vendre une copie en pensant acheter un original* ▶ contrefaçon, imitation, reproduction. **3** *Ce roman est une copie du mien!* ▶ calque, plagiat, réplique. **4** *Un professeur qui corrige des copies* ▶ devoir. **5** *Un journaliste en train de rédiger sa copie* ▶ article, papier, texte. **6 copie conforme** Fig. *C'est la copie conforme de son père* ▶ clone, réplique, reproduction, sosie.

copier v. **1** *Copier un texte* ▶ transcrire. **2** *Copier le style de qqn* ▶ calquer, imiter, mimer, pasticher, plagier, reproduire.

copieur, euse n. *Un artiste qui ne sera jamais qu'un copieur* ▶ épigone (litt.), imitateur, suiveur.

copieusement adv. ▶ abondamment, amplement, beaucoup, considérablement, largement.

copieux, euse adj. ▶ abondant, ample, généreux, large, riche.

copinage n. m. *Obtenir son poste par copinage* ▶ favoritisme, piston (fam.).

copiste n. m. ▶ scribe.

copulation n. f. **1** ▶ accouplement, coït, étreinte, fornication (litt.), union. **2** Spécialement pour les animaux ▶ montée, saillie.

copuler v. ▶ s'accoupler, baiser (fam.), coïter (litt.), s'envoyer en l'air (fam.), faire l'amour, forniquer (litt.).

coque n. f. **1** *La coque d'un œuf* ▶ coquille. **2** *La coque d'un bateau* ▶ carcasse, corps.

coquelicot adj. *Une robe de couleur coquelicot* ▶ ponceau.

coquet, ette adj. **1** *C'est coquet, chez vous* ▶ chic, cosy (fam.), élégant, gentil, mignon, pimpant, soigné. **2** *Une coquette somme* ▶ conséquent, gentil, important, joli, rondelet, substantiel.

coquetterie n. f. **1** *Un appartement décoré avec coquetterie* ▶ bon goût, chic, élégance, raffinement, soin. **2** *Faire des coquetteries* ▶ minauderie.

coquillage n. m. *Manger des coquillages* ▶ fruit de mer.

coquille n. f. **1** *La coquille d'un œuf* ▶ coque. **2** *Corriger une coquille dans un texte* ▶ erreur, faute.

coquin, ine adj. **1** *Cet enfant est bien coquin* ▶ espiègle, malicieux, polisson, taquin. **2** *Une chanson un peu coquine* ▶ croustillant, égrillard, fripon, gaillard, grivois, leste, libertin, licencieux, osé, paillard, polisson, salé, scabreux.

cor n. m. **1** *Sonner du cor* ▶ cor de chasse, olifant (vx), trompe. **2** *Un cor au pied* ▶ œil-de-perdrix.

coranique adj. ▶ islamique, musulman.

corbeille n. f. *Avoir une place à la corbeille* ▶ mezzanine.

corbillard n. m. ▶ fourgon mortuaire.

corde n. f. ▶ cordage, filin, lien.

corder v. 1 *Corder du chanvre* ► cordeler, cordonner, tortiller. 2 *Corder une malle* ► attacher, lier.

cordial, ale adj. *Un accueil cordial* ► affable, aimable, amical, bienveillant, chaleureux, gentil, sympathique.

cordial n. m. *Boire un cordial* ► fortifiant, réconfortant, reconstituant, remontant, stimulant, tonique.

cordialement adv. 1 *Recevoir qqn cordialement* ► aimablement, amicalement, chaleureusement, gentiment. 2 *Ils se détestent cordialement* ► de tout cœur, franchement.

cordialité n. f. ► amabilité, bienveillance, chaleur, gentillesse, sympathie.

cordillère n. f. *La cordillère des Andes* ► chaîne.

cordon n. m. 1 *Attacher qqch avec un cordon* ► cordelette, lacet, lien. 2 *Un cordon de policiers* ► file, ligne, rang, rangée. 3 *Le cordon d'une pièce de monnaie* ► bordure, listel.

cordonnier, ère n. ► ressemeleur (vx), savetier (vx).

coriace adj. 1 *Une viande coriace* ► dur, ferme. 2 Fig. *Un adversaire plutôt coriace* ► acharné, obstiné, opiniâtre, tenace.

cornac n. m. Fig. *Servir de cornac à un touriste* ► accompagnateur, cicérone (litt.), guide, pilote.

corne n. f. 1 *Avoir de la corne sous les pieds* ► cal, callosité. 2 *La corne d'un berger* ► cornet, trompe. 3 Plur. *Les cornes d'un cerf* ► andouiller, bois, empaumure, ramure.

corner v. 1 Vx *Corner en abordant un carrefour* ► klaxonner. 2 Fig. et fam. *Corner une nouvelle* ► claironner, clamer, proclamer.

corner n. m. *Un corner repris de la tête* ► tir d'angle.

corniaud n. m. *Ce n'est pas un chien de race, juste un corniaud* ► bâtard.

corollaire n. f. 1 *Le corollaire d'un théorème* ► conséquence, implication. 2 *Cette décision aura d'innombrables corollaires* ► conséquence, contrecoup, effet, implication, répercussion, retombée, séquelle, suite.

corporation n. f. ► collège, confrérie, corps, guilde (vx), ordre.

corporel, elle adj. 1 *Les propriétés corporelles d'un individu* ► physique. 2 *Un besoin corporel* ► naturel, physiologique.

corps n. m. 1 *Étudier le corps humain* ► anatomie, morphologie. 2 *Enterrer le corps du défunt* ► cadavre, dépouille, restes. 3 *Un corps gazeux* ► matière, substance. 4 *Les corps célestes* ► objet. 5 Fig. *Un vin qui a du corps* ► consistance, volume. 6 Fig. *Un corps de médecins* ► assemblée, collège, confrérie, congrégation, corporation, société. 7 Fig. *Un corps militaire* ► formation, unité. 8 **prendre corps** *Notre projet commence à prendre corps* ► se concrétiser, se dessiner, se préciser.

corpulence n. f. ► embonpoint, grosseur.

corpulent, ente adj. ► fort, gros, imposant, massif.

corpus n. m. *Un corpus d'inscriptions latines* ► anthologie, catalogue, collection, compilation, recueil.

corpuscule n. m. ► élément, particule.

correct, ecte adj. 1 *Une orthographe correcte* ► bon, exact, juste. 2 *Se montrer toujours très correct avec ses partenaires* ► convenable, honnête, loyal, régulier, scrupuleux. *Tenue correcte de rigueur* ► convenable, décent. 4 *Un repas correct, sans plus* ► acceptable, convenable, honnête, moyen, passable, potable (fam.).

correctement adv. ► bien, comme il faut, convenablement, décemment, honnêtement, proprement.

correcteur, trice n. ► réviseur.

correctif n. m. *Apporter un correctif à un communiqué* ► rectification.

correction n. f. 1 *Une orthographe d'une parfaite correction* ► exactitude, justesse, pureté. 2 *Apporter des corrections à un texte* ► modification, rectification, remaniement, retouche, révision. 3 *Respecter la plus élémentaire correction* ► courtoisie, décence, politesse, savoir-vivre, urbanité (litt.). 4 *Recevoir une correction* ► raclée (fam.), rossée (fam.), tripotée (fam.), volée (fam.).

corrélatif, ive adj. *Action et réaction sont des phénomènes corrélatifs* ► interdépendant, lié, solidaire.

corrélation n. f. *Il doit y avoir une corrélation entre ces différents phénomènes* ► interdépendance, liaison, solidarité.

correspondance n. f. 1 *Chercher des correspondances entre des domaines artistiques différents* ► accord, affinité, analogie, concordance, harmonie, rapport, relation. 2 *Il y a deux correspondances pour aller à cette station* ► changement. 3 *Publier la correspondance d'un écrivain* ► courrier, lettres.

correspondant, ante adj. 1 *Trouver un outil correspondant à ses besoins* ► adapté à,

correspondant, ante n. *Une dépêche de notre correspondant à Madrid* ▶ envoyé, représentant.

correspondre v. 1 *Tâchez de trouver une formule qui corresponde à la situation* ▶ s'accorder à, s'adapter à, cadrer avec, concorder avec, convenir à, s'harmoniser avec. 2 *Des chambres qui correspondent* ▶ se commander, communiquer. 3 *Correspondre avec un ami* ▶ communiquer, être en rapport, être en relation. 4 **se correspondre** *Leurs témoignages se correspondent parfaitement* ▶ s'accorder, coïncider, se recouper.

corridor n. m. ▶ couloir, galerie.

corriger v. 1 *Il faudrait corriger certains aspects de ce texte* ▶ amender, rectifier, remanier, reprendre, retoucher, revoir. 2 *Corriger l'acidité du citron en rajoutant du sucre* ▶ adoucir, atténuer, compenser, modérer, neutraliser, pallier, rectifier, tempérer. 3 *Corriger qqn* ▶ battre, frapper, rosser. 4 **se corriger** *Se corriger d'un défaut* ▶ se défaire, se guérir.

corroborer v. *Ce témoignage corrobore la thèse de la défense* ▶ appuyer, confirmer, étayer, fortifier, raffermir, renforcer, soutenir.

corrodant, ante adj. ▶ caustique, corrosif.

corroder v. ▶ attaquer, entamer, éroder, ronger.

corrompre v. 1 Litt. *Des odeurs qui corrompent l'atmosphère* ▶ empoisonner, gâter, infecter, polluer, pourrir, souiller, vicier. 2 *Corrompre la jeunesse* ▶ avilir, dépraver, gangréner, perdre (litt.), pervertir, pourrir. 3 *Corrompre un fonctionnaire* ▶ acheter, circonvenir, graisser la patte à (fam.), payer, soudoyer, stipendier (litt.). 4 *Corrompre le sens d'un texte* ▶ altérer, déformer, dénaturer, falsifier, pervertir. 5 **se corrompre** Litt. *Si on ne la met pas au frais, la viande risque de se corrompre* ▶ s'abîmer, s'avarier, se décomposer, se dégrader, se faisander, se gâter, pourrir.

corrompu, ue adj. 1 *Des mœurs corrompues* ▶ débauché, dépravé, dissolu. 2 *Un fonctionnaire corrompu* ▶ acheté, marron (fam.), vendu, véreux.

corrosif, ive adj. 1 *Un acide corrosif* ▶ caustique, corrodant. 2 Fig. *Un ton corrosif* ▶ acerbe, caustique, incisif, mordant, virulent. 3 Fig. *Un humour corrosif* ▶ dévastateur, ravageur.

corrosion n. f. ▶ abrasion, érosion.

corruptible adj. 1 *Une substance corruptible* ▶ altérable, dégradable, putrescible. 2 *Un fonctionnaire corruptible* ▶ achetable, vénal.

corruption n. f. 1 Litt. *La corruption de la viande* ▶ altération, décomposition, putréfaction. 2 Litt. *La corruption du goût* ▶ altération, déformation, dénaturation, perversion. 3 *Vivre dans la plus infâme corruption* ▶ avilissement, débauche, dépravation, dérèglement, perversion, vice.

corsage n. m. ▶ blouse, chemisier.

corsé, ée adj. 1 *Un plat corsé* ▶ épicé, fort, pimenté, relevé. 2 Fig. *Une histoire corsée* ▶ coquin, épicé, gaillard, gaulois, grivois, leste, licencieux, osé, salé, scabreux.

corser v. 1 *Corser un plat* ▶ épicer, pimenter, relever. 2 Fig. *Corser un effet* ▶ augmenter, étoffer, renforcer. 3 **se corser** Fam. *Ça se corse* ▶ s'aggraver, aller de mal en pis, se compliquer, dégénérer, se dégrader, empirer, s'envenimer, se gâter.

corset n. m. *Un corset orthopédique* ▶ ceinture, gaine.

corseter v. *Une ceinture qui corsète la taille* ▶ enserrer, prendre, serrer.

cortège n. m. 1 *Un roi suivi de son cortège* ▶ équipage (litt.), escorte, suite. 2 *Un cortège de manifestants* ▶ défilé, procession, troupe.

corvée n. f. *Se répartir les petites corvées auxquelles on ne peut échapper* ▶ besogne, obligation, travail.

cosmique adj. *Le vide cosmique* ▶ intersidéral, interstellaire.

cosmonaute n. ▶ astronaute, spationaute.

cosmopolite adj. ▶ international.

cosmos n. m. 1 *Une représentation ordonnée du cosmos* ▶ monde, univers. 2 *Une fusée en perdition dans le vide du cosmos* ▶ espace.

cosse n. f. ▶ bogue, enveloppe, gousse.

cossu, ue adj. ▶ fortuné, nanti, opulent, riche.

costume n. m. 1 *Une étude sur le costume à travers les âges* ▶ habillement, mise (vx), tenue, vêtement. 2 *Faire nettoyer un costume* ▶ complet. 3 *Mettre un costume de pirate* ▶ déguisement, habit, travestissement.

costumer v. *Ses parents l'avaient costumé en légionnaire romain* ▶ déguiser, habiller, travestir, vêtir.

cote n. f. 1 *La cote d'une voiture à l'argus* ▶ cours, tarif, valeur. 2 *La cote d'un homme politique* ▶ popularité. 3 *La cote mobilière* ▶ contribution, impôt, taxe. 4 *Des dossiers classés qui portent chacun une cote* ▶ marque. 5 *Les eaux atteignent la cote d'alerte* ▶ niveau.

côte n. f. 1 *Peiner dans une côte* ▶ montée, rampe. 2 *Une côte hérissée d'écueils* ▶ grève (litt.), littoral, rivage.

coté, ée adj. *Un restaurant très coté* ▶ apprécié, estimé, prisé.

côté n. m. 1 *Le côté d'une montagne* ▶ flanc, pan, versant. 2 *Se diriger de l'autre côté* ▶ direction, sens. 3 *Cet homme n'est pas de notre côté* ▶ bord, camp, parti. 4 *Voir les choses d'un certain côté* ▶ angle, aspect, perspective, point de vue, sens. 5 **à côté** *C'est juste à côté d'ici* ▶ à deux pas, à proximité, près. 6 **de côté** *Regarder de côté* ▶ de biais, latéralement, obliquement. 7 **mettre de côté** *Mettre de côté en prévision de sa retraite* ▶ économiser, épargner, thésauriser.

coteau n. m. ▶ colline, élévation, éminence, hauteur, monticule.

coter v. 1 *Coter un livre* ▶ folioter, paginer. 2 *Un journaliste qui cote les films de la semaine* ▶ juger, noter.

coterie n. f. ▶ cabale, camarilla, chapelle, clan, clique, mafia.

côtier, ère adj. *La façade côtière de la Belgique* ▶ maritime.

cotisation n. f. ▶ apport, contribution, écot, participation, quote-part.

cotonneux, euse adj. 1 *Un fruit cotonneux* ▶ duveté, duveteux. 2 Fig. *Une atmosphère cotonneuse* ▶ feutré, ouaté.

côtoyer v. 1 *Une route qui côtoie la rivière* ▶ border, longer. 2 *Côtoyer des personnalités* ▶ approcher, coudoyer, fréquenter, rencontrer. 3 *Une attitude qui côtoie le ridicule* ▶ approcher de, confiner à, friser (fam.), frôler.

cou n. m. 1 *Le cou d'un cheval* ▶ encolure. 2 *Le cou d'une bouteille* ▶ col, goulot.

couac n. m. 1 *Faire un couac à la trompette* ▶ fausse note. 2 Fig. et fam. *Un couac au cours d'une cérémonie* ▶ incident.

couard, arde adj. Litt. ▶ craintif, froussard (fam.), lâche, peureux, pleutre (litt.), poltron, pusillanime (litt.), timoré, trouillard (fam.).

couardise n. f. Litt. ▶ lâcheté, pleutrerie (litt.), poltronnerie, pusillanimité (litt.).

couchant n. m. 1 *Se diriger vers le couchant* ▶ occident, ouest, ponant (litt.). 2 *Partir au couchant* ▶ brune (litt.), crépuscule, tombée de la nuit, tombée du jour.

couche n. f. 1 *Mettre une couche à un bébé* ▶ change, couche-culotte. 2 *Un saumon présenté sur une couche d'algues* ▶ lit. 3 *Une couche de crasse* ▶ épaisseur. 4 *Les couches les plus défavorisées de la société* ▶ catégorie, secteur, sphère, strate. 5 Plur. *Des couches difficiles* ▶ accouchement, enfantement (vx).

coucher v. 1 *Coucher un blessé sur un lit* ▶ allonger, étendre. 2 *Le vent couche les épis* ▶ courber, incliner, pencher, renverser. 3 *Coucher une couleur sur une surface* ▶ étaler, étendre. 4 *Coucher des réflexions sur le papier* ▶ consigner, inscrire, noter, transcrire. 5 *Pendant mon séjour là-bas, je coucherai chez des amis* ▶ demeurer, dormir, habiter, loger. 6 Fam. *Il paraît qu'elle couche avec tout le monde* ▶ baiser (fam.), faire l'amour, sortir (fam.). 7 **se coucher** *Un bateau qui se couche sous les rafales* ▶ s'incliner, pencher, se pencher. 8 *Il est grippé, il a été obligé de se coucher* ▶ s'aliter. 9 *Il est temps d'aller se coucher* ▶ dormir, se pieuter (fam.).

coude n. m. 1 Fig. *Les coudes d'un chemin* ▶ tournant, virage. 2 Fig. *Les coudes d'une rivière* ▶ courbe, méandre, sinuosité.

couder v. Fig. *Couder une barre de métal* ▶ arquer, arrondir, cambrer, courber, incurver, plier.

coudoyer v. *Son métier lui permet de coudoyer des célébrités* ▶ approcher, côtoyer, fréquenter, rencontrer.

coudre v. *Coudre une robe à la machine* ▶ piquer.

coudrier n. m. ▶ noisetier.

couffin n. m. ▶ moïse.

couiner v. Fam. ▶ piailler (fam.).

coulant, ante adj. 1 Fig. *Un style coulant* ▶ aisé, facile, fluide, naturel. 2 Fig. et fam. *Un patron très coulant* ▶ accommodant, arrangeant, complaisant, conciliant, indulgent, tolérant.

couler v. 1 *Couler un buste de bronze* ▶ fondre, mouler. 2 *Couler un coup d'œil* ▶ glisser. 3 *La canalisation s'est rompue et l'eau coule à travers la fente* ▶ dégouliner, dégoutter, se déverser, s'échapper, s'écouler, filtrer, fuir, goutter, passer, se répandre, ruisseler, sourdre (litt.). 4 *Un navire qui coule* ▶ s'abîmer (litt.), s'enfoncer,

couler (suite) s'engloutir, faire naufrage, sombrer. 5 Fig. *Le temps qui coule* ▶ s'écouler, s'enfuir, passer. 6 Fig. *Cette entreprise est en train de couler à cause de la crise* ▶ péricliter. **7 se couler** *Se couler discrètement derrière un paravent* ▶ se faufiler, se glisser, s'insinuer, s'introduire.

couleur n. f. 1 *Choisir une couleur claire pour une chambre d'enfant* ▶ coloris, nuance, teinte, ton. 2 *La couleur de la peau* ▶ carnation, coloration, teint. 3 *Se faire faire une couleur* ▶ coloration, teinture. 4 Fig. *Un style sans couleur* ▶ brillant, éclat, vivacité. 5 Fig. *Cette affaire a toutes les couleurs d'une embrouille* ▶ allure, apparence, aspect, caractère. 6 Plur. et fig. *Hisser les couleurs* ▶ drapeau, pavillon. 7 Plur. et fig. *Courir sous les couleurs d'une marque de bière* ▶ parrainage, patronage.

coulisses n. f. pl. Plur. et fig. *Les coulisses du monde médiatique* ▶ arrière-cour, dessous, secrets.

couloir n. m. 1 *Un château plein de couloirs* ▶ corridor, galerie. 2 Fig. *Un couloir humanitaire* ▶ corridor, passage.

coup n. m. 1 *Des coups ébranlèrent la porte* ▶ choc, heurt, secousse. 2 *Recevoir un coup dans la figure* ▶ châtaigne (fam.), gnon (fam.), marron (fam.). 3 Plur. *Recevoir des coups* ▶ correction, raclée (fam.), volée (fam.). 4 *Un coup de tonnerre* ▶ bruit, éclat. 5 *Fomenter un mauvais coup* ▶ action. 6 *Gagner à tous les coups* ▶ fois. 7 Fig. *Sa trahison a été un coup terrible pour elle* ▶ blessure, choc, commotion, saisissement. 8 **coup d'éclat** ▶ coup de maître. 9 **coup d'État** ▶ pronunciamiento, putsch. 10 **coup dur** Fam. ▶ accident, malheur, pépin (fam.), tuile (fam.). 11 **coup de filet** ▶ descente (fam.), rafle. 12 **coup de foudre** ▶ coup de cœur. 13 **coup de main** ▶ aide, secours. 14 **coup monté** ▶ complot, machination, manigance. 15 **coup d'œil** ▶ œillade, regard. 16 **coup de pouce** Fam. ▶ aide, appui, piston (fam.). 17 **coup de fil**, **coup de téléphone** ▶ appel, communication. 18 **à coup sûr** ▶ assurément, certainement, évidemment, sûrement. 19 **mauvais coup** ▶ méfait (litt.), saloperie (fam.).

coupable adj. 1 *Être reconnu coupable* ▶ fautif, responsable. 2 *Des plaisirs coupables* ▶ défendu, illicite, interdit (litt.), prohibé. 3 *Une pensée coupable* ▶ blâmable, condamnable, damnable (litt.), honteux, inavouable, indigne, infâme, mauvais, répréhensible.

coupage n. m. ▶ mouillage.

coupant, ante adj. 1 *Une lame particulièrement coupante* ▶ acéré, affilé, affûté, aiguisé, tranchant. 2 Fig. *Un ton coupant* ▶ autoritaire, cassant, péremptoire, sec, tranchant.

coupe n. f. 1 *La coupe des arbres* ▶ abattage. 2 *Une coupe de tissu* ▶ coupon, morceau, pièce. 3 *La coupe d'un vers* ▶ césure. 4 *Disposer des fruits dans une coupe en terre cuite* ▶ compotier, jatte. 5 Fig. *Tenir un peuple sous sa coupe* ▶ domination, empire, griffe (litt.), pouvoir.

coupe-circuit n. m. ▶ fusible, plomb.

coupe-faim adj. et n. m. *Un produit coupe-faim* ▶ anorexigène.

coupe-feu n. m. *Une porte coupe-feu* ▶ pare-feu.

coupe-file n. m. ▶ laissez-passer, sauf-conduit.

couper v. 1 *La lame a coupé la veine d'un seul coup* ▶ sectionner, trancher. 2 *La scie lui a coupé le doigt profondément* ▶ cisailler, entailler, taillader. 3 *Couper du bois* ▶ débiter, découper, fendre, scier. 4 *Couper un arbre* ▶ abattre. 5 *Couper les blés* ▶ moissonner. 6 *Couper l'herbe* ▶ faucher. 7 *Couper un chat* ▶ castrer, châtrer, émasculer. 8 *Couper l'arrivée d'eau* ▶ arrêter, bloquer, fermer, interrompre, stopper, suspendre. 9 *Couper un texte* ▶ abréger, expurger, tronquer. 10 *Couper une robe* ▶ tailler. 11 *Des droites qui coupent un plan* ▶ diviser, fractionner, morceler, partager, scinder, segmenter, traverser. 12 Fig. *Couper qqn de tout* ▶ isoler, séparer. 13 Fig. *Couper du vin avec de l'eau* ▶ baptiser (fam.), mélanger, mouiller. 14 Fig. et fam. *Couper à une corvée* ▶ se dispenser de, échapper à, esquiver, éviter. 15 **couper court** *Couper court à une discussion* ▶ arrêter, faire cesser, interrompre, mettre fin à, mettre un terme à, suspendre. 16 **se couper** *Se couper le pied avec un tesson* ▶ s'entailler. 17 *Des routes qui se coupent à angle droit* ▶ se croiser, s'entrecroiser, se rencontrer. 18 Fig. *À force de mentir, il a fini par se couper* ▶ se contredire.

couperose n. f. *Des traces de couperose sur la peau* ▶ rosacée.

couplage n. m. ▶ accouplement (vx), jumelage.

couple n. m. 1 *Se déplacer en couple* ▶ duo, paire, tandem. 2 *La vie d'un couple* ▶ ménage.

coupler v. *Coupler des bœufs* ▶ accoupler, jumeler.

couplet n. m. 1 *Entonner le premier couplet d'une chanson* ▶ strophe. 2 Plur. *Des couplets*

coupole n. f. *La coupole de Saint-Pierre de Rome* ▶ dôme.

coupon n. m. *Un coupon de tissu* ▶ coupe, morceau, pièce.

coupure n. f. **1** *Une coupure à la joue* ▶ balafre, entaille, estafilade, incision. **2** *Une coupure de courant* ▶ arrêt, interruption. **3** *Le texte a finalement paru avec quelques coupures* ▶ retranchement, suppression. **4** *Se faire payer en coupures de 200 francs* ▶ billet. **5** Fig. *Une période qui constitue une coupure dans l'histoire d'un pays* ▶ cassure, fracture, hiatus, rupture, solution de continuité.

cour n. f. **1** *Une cour d'appel* ▶ juridiction, tribunal. **2** *Un roi entouré de sa cour* ▶ courtisans. **3 faire la cour à** Litt. *Faire la cour à une jeune fille* ▶ baratiner (fam.), courtiser, draguer (fam.), faire du charme à, faire du gringue à (fam.), faire du plat à (fam.).

courage n. m. **1** *Le courage des combattants* ▶ bravoure, cœur (vx), hardiesse, intrépidité, vaillance, valeur (vx). **2** *Au moment de passer à l'acte, le courage lui a manqué* ▶ cran, énergie, estomac (fam.), résolution, volonté.

courageusement adv. **1** *Combattre courageusement* ▶ bravement, hardiment, intrépidement, vaillamment, valeureusement. **2** *Faire face courageusement à l'adversité* ▶ bravement, crânement (litt.), énergiquement, résolument, vaillamment.

courageux, euse adj. **1** *De courageux combattants* ▶ brave, hardi, intrépide, vaillant, valeureux. **2** *Une attitude courageuse* ▶ énergique, résolu, volontaire.

couramment adv. **1** *Parler une langue couramment* ▶ aisément, facilement, parfaitement. **2** *Un terme qui s'emploie couramment* ▶ communément, fréquemment, habituellement, ordinairement, souvent, usuellement.

courant adj. ▶ banal, classique, commun, fréquent, habituel, normal, ordinaire, quelconque, répandu, usité, usuel.

courant n. m. **1** *Suivre le courant d'une rivière* ▶ cours, fil. **2** *Aller contre le courant de l'Histoire* ▶ cours, évolution, mouvement. **3** *Une panne de courant* ▶ électricité. **4** *Des courants de population* ▶ déplacement, mouvement. **5** *Les courants d'un parti* ▶ tendance. **6 au courant** *Il est au courant de toute l'affaire* ▶ au fait (litt.), au parfum (fam.), averti, informé.

courbaturé, ée adj. ▶ ankylosé, courbatu, endolori, moulu.

courbe adj. **1** *Des motifs décoratifs où dominent les lignes courbes* ▶ arqué, arrondi, concave, convexe, curviligne, galbé, incurvé, infléchi, renflé. **2** Spécialement à propos de parties du corps ▶ bombé, busqué, cambré, voûté.

courbe n. f. **1** *Admirer les courbes d'une décoration* ▶ arabesque, arc, arrondi, cambrure, courbure, galbe, incurvation, ondulation, sinuosité. **2** *Les courbes d'un chemin ou d'une rivière* ▶ boucle, méandre, sinuosité, tournant, virage. **3** *Une courbe de température* ▶ diagramme.

courber v. **1** *Courber une tige de métal, une branche* ▶ arquer, arrondir, cambrer, cintrer, incurver, plier, recourber. **2** *Courber la tête pour passer sous une poterne* ▶ incliner, pencher. **3** *Courber sous le poids* ▶ fléchir, plier, ployer (litt.). **4 se courber** *Se courber pour ramasser qqch* ▶ se baisser, se pencher. **5** *Se courber légèrement pour saluer qqn* ▶ s'incliner. **6** *Cette tôle se courbe à la chaleur* ▶ s'arrondir, se bomber, s'incurver. **7** Fig. *Refuser de se courber devant les exigences d'un despote* ▶ céder à, se prosterner, se soumettre à.

courbette n. f. Fig. *Multiplier les courbettes devant un supérieur hiérarchique* ▶ obséquiosité, platitude, révérence.

courbure n. f. ▶ arrondi, cambrure, courbe, galbe, incurvation, voussure.

courir v. **1** *Courir plus vite que le vent* ▶ cavaler (fam.), filer, foncer (fam.), galoper (fam.). **2** *Courir toute la journée* ▶ se dépêcher, se hâter, se presser. **3** *Courir le monde* ▶ parcourir, sillonner. **4** *Courir les bals* ▶ fréquenter, hanter (litt.). **5** Fig. *Un spectacle auquel court tout Paris* ▶ accourir, affluer, se précipiter. **6** Fig. *Une rumeur qui court de bouche en bouche* ▶ circuler, se communiquer, se propager, se répandre. **7** Fig. et fam. *Il peut toujours courir, il n'aura rien* ▶ se brosser (fam.), se fouiller (fam.). **8** Fig. *Courir un risque* ▶ s'exposer à. **9** Fig. *Courir sa chance* ▶ essayer, tenter. **10 courir après** *La police lui court après* ▶ courser (fam.), être aux trousses de, pourchasser, poursuivre, rechercher. **11** Fig. *Elle se plaint que cet homme n'arrête pas de lui courir après* ▶ harceler, importuner. **12** Fig. *Courir après les honneurs* ▶ chercher, rechercher.

couronne n. f. **1** *La couronne est l'insigne de la royauté* ▶ diadème. **2** Fig. *L'héritier de la couronne* ▶ monarchie, royaume, royauté.

couronnement n. m. 1 *Le couronnement d'un roi* ▶ intronisation, sacre. 2 Fig. *Le couronnement d'une carrière* ▶ aboutissement, accomplissement, apothéose, consécration, triomphe.

couronner v. 1 *Couronner qqn empereur* ▶ introniser, sacrer. 2 *Couronner un poète* ▶ honorer, récompenser. 3 *Un entablement couronne l'édifice* ▶ coiffer, surmonter, surplomber. 4 Fig. *Cette dernière victoire vient couronner une série de succès* ▶ conclure, parachever, parfaire.

courrier n. m. 1 *Le courrier aérien* ▶ poste. 2 *Rédiger son courrier* ▶ correspondance, lettres.

courroie n. f. ▶ sangle.

courroucé, ée adj. Litt. *Avoir l'air courroucé* ▶ colère (vx), fâché, furibond, furieux, irrité.

cours n. m. 1 *Suivre le cours d'une rivière* ▶ courant, fil. 2 *On a du mal à suivre le cours des événements* ▶ déroulement, développement, évolution, fil, marche, progression. 3 *Le cours d'une valeur boursière* ▶ cotation, cote, prix, taux. 4 *Le cours d'histoire dure une heure* ▶ classe, leçon. 5 *Lire un cours de philosophie* ▶ manuel, traité. 6 **au cours de** *Au cours de l'année dernière* ▶ dans le courant de, durant, pendant. 7 **en cours** *Le tarif en cours* ▶ actuel, en application, en vigueur.

course n. f. 1 *Une longue course dans la campagne* ▶ marche, promenade, randonnée, tournée, virée (fam.). 2 Fam. *Quelle course pour finir à temps!* ▶ bousculade, cavalcade. 3 *Le prix d'une course en taxi* ▶ parcours, trajet. 4 Plur. *Aller faire des courses* ▶ achats, commissions, emplettes, shopping (fam.).

courser v. Fam. *Courser un voleur* ▶ courir après, pourchasser, poursuivre.

coursier n. m. 1 Litt. *Un fougueux coursier* ▶ cheval, destrier (litt.), monture. 2 *Envoyer un paquet par coursier* ▶ commissionnaire.

court, courte adj. 1 *Avoir la jambe un peu courte* ▶ petit. 2 *Un court moment* ▶ bref, éphémère, fugace, fugitif, passager, petit, rapide. 3 *Sa réponse aurait gagné à être plus courte* ▶ bref, concis, condensé, laconique, lapidaire, succinct. 4 Fig. *Les raisons qu'il avance sont un peu courtes* ▶ insuffisant, juste, limité, restreint, sommaire.

courtage n. m. *Payer des frais de courtage* ▶ commission.

courtaud, aude adj. ▶ râblé, ramassé, trapu.

courtier, ère n. ▶ agent, intermédiaire.

courtisane n. f. Litt. ▶ demi-mondaine (litt.), hétaïre (litt.), prostituée, putain (fam.).

courtiser v. 1 *Courtiser sa voisine* ▶ baratiner (fam.), conter fleurette à (litt.), draguer (fam.), faire du plat à (fam.), faire la cour à. 2 *Courtiser son chef* ▶ flagorner (litt.), flatter, lécher les bottes à (fam.).

courtois, oise adj. ▶ affable, aimable, bien élevé, civil (litt.), correct, poli.

courtoisement adv. ▶ aimablement, civilement (litt.), poliment.

courtoisie n. f. ▶ affabilité, amabilité, civilité (litt.), correction, politesse.

couru, ue adj. 1 *Un endroit très couru* ▶ à la mode, branché (fam.), fréquenté, in (fam.), recherché. 2 Fam. *Il a échoué, c'était couru* ▶ certain, sûr.

coût n. m. ▶ montant, prix, valeur.

couteau n. m. *Se battre à coups de couteau* ▶ poignard.

coûter v. 1 *Ce voyage coûte trois mille francs* ▶ s'élever à, se monter à, revenir à, valoir. 2 Fig. *Cet incident nous a coûté bien des désagréments* ▶ amener, causer, créer, occasionner, procurer, provoquer, susciter, valoir. 3 Fig. *Il va le faire, mais on sent que ça lui coûte* ▶ ennuyer, peser. 4 **coûte que coûte** ▶ absolument, à tout prix, impérativement, obligatoirement.

coûteux, euse adj. ▶ cher, dispendieux (litt.), onéreux.

coutume n. f. 1 *Respecter les coutumes d'un pays* ▶ habitude, mœurs, pratique, règle, rite, tradition, us (litt.), usage. 2 **de coutume** *Tout s'est passé comme de coutume* ▶ à l'accoutumée, d'habitude, d'ordinaire.

coutumier, ière adj. 1 *Il le fera avec son aisance coutumière* ▶ habituel, ordinaire, usuel. 2 *Il est coutumier de ce genre de procédés* ▶ familier.

couture n. f. 1 *Une couture à la machine* ▶ piqûre. 2 *Travailler dans la couture* ▶ confection, mode. 3 Fig. *Avoir une couture sur la joue* ▶ balafre, cicatrice.

couturier n. m. 1 *Un costume qui sort de chez un excellent couturier* ▶ faiseur (vx), tailleur. 2 *Assister au défilé d'un couturier* ▶ créateur.

couvée n. f. ▶ nichée.

couvent n. m. *Être décidé à passer sa vie dans un couvent* ▶ cloître, monastère.

couver v. 1 Fig. *Une révolte qui couve* ▶ se préparer. 2 Fig. *Couver une maladie* ▶ incuber. 3 Fig. *Couver son petit mari* ▶ bichonner, cajoler, câliner, chouchouter, choyer,

couvert, erte adj. 1 *Un ciel couvert* ▶ bas, bouché, chargé, nuageux. 2 *Un enfant chaudement couvert* ▶ habillé, vêtu.

couvert n. m. 1 Litt. *S'assurer les vivres et le couvert* ▶ gîte (litt.). 2 *Se réfugier sous le couvert d'un bois* ▶ feuillage, ombrage. 3 *Mettre le couvert* ▶ table. 4 *Retenir deux couverts au restaurant* ▶ place. 5 **à couvert** *Se mettre à couvert* ▶ à l'abri, en sécurité, en sûreté. 6 **sous couvert de** *Sous couvert de s'intéresser à moi, il m'espionne* ▶ sous prétexte de.

couverture n. f. 1 Fig. *Ce commerce n'est qu'une couverture pour dissimuler un trafic illicite* ▶ paravent. 2 Fig. *Servir de couverture à qqn* ▶ caution, garantie. 3 Fig. *La couverture aérienne d'une zone* ▶ défense, protection.

couvrir v. 1 *Des feuilles mortes couvrent les allées* ▶ envahir, garnir, joncher, parsemer, recouvrir, remplir. 2 *Couvrir un mur de petites taches rouges* ▶ consteller, garnir, inonder, parsemer, recouvrir, remplir. 3 *Des nuages qui couvrent le soleil* ▶ cacher, camoufler, dissimuler, éclipser, escamoter, masquer, occulter, offusquer (litt.), voiler. 4 *Couvrir qqn d'un châle* ▶ draper, envelopper, habiller, recouvrir, vêtir. 5 *Couvrir la fuite de qqn* ▶ abriter, garantir, préserver, protéger. 6 *Couvrir qqn de compliments* ▶ abreuver, accabler, combler, submerger. 7 *Le bruit couvrira ses cris* ▶ dominer, étouffer, noyer. 8 *Couvrir une longue distance* ▶ franchir, parcourir. 9 *Couvrir une jument* ▶ s'accoupler avec, monter, saillir. 10 Fig. *Son récit couvre une dizaine d'années* ▶ embrasser, s'étendre sur. 11 Fig. *Les gains ne couvrent pas les frais* ▶ balancer, compenser, effacer, gommer. 12 Fig. *Couvrir un prêt* ▶ avaliser, cautionner, garantir, se porter garant, répondre de. 13 Fig. *Couvrir les agissements de ses subordonnés* ▶ assumer, répondre de. 14 **se couvrir** *Le temps se couvre* ▶ s'assombrir, se boucher, se charger, s'obscurcir. 15 *Se couvrir chaudement quand il fait froid* ▶ s'habiller, se vêtir.

cover girl n. f. ▶ mannequin, modèle.

crachat n. m. ▶ expectoration, glaire.

cracher v. 1 *Cracher du sang* ▶ expectorer. 2 Fig. et fam. *Il ne cracherait pas sur une petite augmentation* ▶ dédaigner, mépriser, refuser, rejeter.

crachin n. m. ▶ bruine.

crack n. m. Fam. ▶ aigle, as (fam.), champion, phénix, virtuose.

craindre v. ▶ s'alarmer de (litt.), appréhender, avoir peur de, s'effrayer de, s'inquiéter de, redouter, trembler devant.

crainte n. f. ▶ alarme (litt.), angoisse, anxiété, appréhension, effroi, frayeur, frousse (fam.), inquiétude, pétoche (fam.), peur, trouille (fam.).

craintif, ive adj. 1 *Depuis la maladie de son enfant, elle est devenue très craintive* ▶ angoissé, anxieux, inquiet, peureux. 2 *Il est trop craintif pour résister à sa hiérarchie* ▶ couard (litt.), froussard (fam.), peureux, poltron, pusillanime (litt.), timoré, trouillard (fam.). 3 *Une voix craintive* ▶ effarouché, effrayé, tremblant (litt.).

cramoisi, ie adj. 1 *Une étoffe cramoisie* ▶ amarante, bordeaux, grenat, pourpre. 2 *Devenir cramoisi de colère* ▶ écarlate, rouge.

crampe n. f. ▶ contraction, crispation.

crampon n. m. 1 *S'assurer qu'un crampon tient bien avant de grimper* ▶ croc, crochet, grappin. 2 Fam. *Méfiez-vous, il est crampon* ▶ collant (fam.), importun.

cramponner (se) v. 1 *Se cramponner à une corde* ▶ s'accrocher, s'agripper, se raccrocher, se retenir, se tenir. 2 Fig. *Se cramponner à un poste* ▶ s'accrocher, s'incruster.

cran n. m. 1 *Faire un cran sur la crosse de son revolver* ▶ encoche, entaille. 2 *Avoir des crans dans les cheveux* ▶ ondulation. 3 Fig. *Monter d'un cran dans l'estime de qqn* ▶ degré, échelon. 4 Fig. et fam. *Avoir du cran* ▶ audace, courage, culot (fam.), estomac (fam.), intrépidité. 5 **à cran** Fam. ▶ à bout de nerfs, exaspéré.

crâne n. m. 1 *Avoir mal au crâne* ▶ tête. 2 Fam. *N'avoir rien dans le crâne* ▶ cervelle (fam.), tête.

crapule n. f. ▶ bandit, brigand, canaille, escroc, fripouille, gangster, gibier de potence (litt.), gredin, scélérat, vaurien, vermine, voyou.

crapulerie n. f. ▶ canaillerie, fripouillerie, gredinerie (litt.), malhonnêteté, scélératesse (litt.).

craquant, ante adj. 1 *Des biscuits craquants* ▶ croquant, croustillant. 2 Fam. *Un minois craquant* ▶ adorable, attendrissant, irrésistible, mignon.

craqueler v. ▶ crevasser, fêler, fendiller, fissurer.

craquelure n. f. ▶ fêlure, fendillement, fissure.

craquer v. 1 *Le bois craque dans la cheminée* ▸ craqueter, grésiller, pétiller. 2 *Ce sac est trop chargé, il va craquer* ▸ se casser, crever, se déchirer, péter (fam.), se rompre. 3 Fig. *Il était surmené, il a craqué* ▸ s'écrouler, s'effondrer. 4 Fig. et fam. *Elle lui a souri si gentiment qu'il a craqué tout de suite* ▸ s'attendrir, céder, fondre.

crasse adj. Fig. et fam. *Être d'une ignorance crasse* ▸ épais, grossier.

crasse n. f. 1 *Vivre dans la crasse* ▸ malpropreté, ordure (litt.), saleté. 2 Fig. et fam. *Naviguer dans une crasse épouvantable* ▸ brouillard, purée de pois (fam.). 3 Fig. et fam. *Faire une crasse à qqn* ▸ entourloupette (fam.), méchanceté, tour de cochon (fam.), vacherie.

crasseux, euse adj. ▸ dégoûtant, dégueulasse (fam.), immonde, malpropre, sale.

cravache n. f. *Un major de l'armée des Indes, la cravache sous le bras* ▸ badine, jonc, stick.

cravacher v. ▸ cingler, fustiger.

crayeux, euse adj. Fig. *Un teint crayeux* ▸ blafard, blanchâtre, blême, cireux, livide.

crayon n. m. 1 *Les crayons d'Ingres* ▸ dessin, esquisse. 2 **crayon à bille** ▸ bic (nom déposé), stylo-bille. 3 **crayon-feutre** ▸ feutre, marqueur.

crayonner v. 1 *Crayonner rapidement un portrait* ▸ croquer, ébaucher, esquisser. 2 *Crayonner quelques idées dans un carnet* ▸ griffonner, jeter.

créance n. f. ▸ dette.

créancier, ère n. ▸ prêteur.

créateur, trice adj. *Une activité créatrice d'emplois* ▸ générateur.

créateur, trice n. 1 *Lavoisier, créateur de la chimie moderne* ▸ bâtisseur, constructeur, fondateur, initiateur, inventeur, père, pionnier, précurseur, promoteur. 2 *Opposer les vrais créateurs aux simples opportunistes* ▸ initiateur, innovateur, inventeur, novateur, pionnier. 3 *Les audaces des créateurs contemporains* ▸ designer, styliste. 4 *Adorer le Créateur* ▸ dieu, éternel, être suprême, grand architecte, seigneur, tout-puissant, très-haut.

créatif, ive adj. *Un esprit créatif* ▸ fécond, imaginatif, innovateur, inventif.

création n. f. 1 *Les merveilles de la création* ▸ monde, nature, univers. 2 *L'Univers à sa création avait la taille d'un pamplemousse* ▸ apparition, commencement, naissance, origine. 3 *Participer à la création d'un nouveau service hospitalier* ▸ édification, élaboration, fondation, formation, genèse, réalisation. 4 *Présenter ses dernières créations* ▸ modèle, œuvre, production, réalisation.

créativité n. f. ▸ imagination, inventivité, originalité.

créature n. f. 1 *Un monde peuplé de créatures étranges* ▸ être. 2 Fig. *Il a placé des créatures à lui aux postes-clés* ▸ poulain, protégé.

crèche n. f. ▸ garderie, pouponnière.

crédence n. f. ▸ desserte, dressoir, vaisselier.

crédibilité n. f. 1 *Une histoire qui n'a pas grande crédibilité* ▸ plausibilité, vraisemblance. 2 *Un homme politique qui perd toute crédibilité* ▸ crédit (litt.).

crédible adj. 1 *Il est peu crédible que les événements prennent cette tournure* ▸ plausible, probable, vraisemblable. 2 *Ce témoin n'est pas crédible* ▸ digne de foi, fiable.

crédit n. m. 1 *Consentir un crédit à qqn* ▸ avance, prêt. 2 *Attribuer des crédits à un organisme* ▸ fonds. 3 Litt. *Le crédit d'un homme politique* ▸ crédibilité, prestige, renom, réputation, surface. 4 Litt. *User de tout son crédit pour recommander qqn* ▸ influence. 5 Fig. *Cette attitude est à mettre à son crédit* ▸ actif. 6 **à crédit** *Acheter qqch à crédit* ▸ à tempérament, à terme. 7 **crédit municipal** Vx ▸ clou (fam.), mont-de-piété. 8 **faire crédit** *Faire crédit de cent francs à qqn* ▸ avancer, prêter. 9 *Sur ce point, je lui fais entièrement crédit* ▸ avoir confiance en, se fier à.

créditer v. *On peut le créditer de ces bons résultats* ▸ attribuer à, porter à l'actif de, reconnaître à.

credo n. m. Fig. *Le libéralisme est son seul credo* ▸ conviction, dogme, évangile, principe, règle.

crédule adj. ▸ candide, confiant, ingénu, naïf.

crédulité n. f. ▸ candeur, ingénuité, naïveté.

créer v. 1 *Créer des institutions durables* ▸ bâtir, édifier, établir, fabriquer, faire, fonder, former, instituer, monter, réaliser. 2 *Créer des ennuis à qqn* ▸ amener, causer, engendrer, entraîner, faire naître, générer, occasionner, procurer, provoquer, susciter.

crémation n. f. ▸ incinération.

crème n. f. 1 *Une crème contre les brûlures* ▸ baume, liniment, onguent (litt.), pommade. 2 Fig. et fam. *La crème du milieu artistique*

crémerie

▶ dessus du panier (fam.), élite, fine fleur, gratin (fam.).

crémerie n. f. ▶ laiterie.

crémeux, euse adj. *Une pâte à l'aspect crémeux* ▶ onctueux.

crémier, ère n. ▶ fromager.

créneau n. m. Fig. *Trouver un créneau dans un emploi du temps chargé* ▶ fenêtre, trou.

créneler v. ▶ denteler.

crêpelé, ée adj. Litt. ▶ bouclé, crêpelu (litt.), frisé.

crépitement n. m. ▶ craquement, grésillement, pétillement.

crépiter v. ▶ craquer, craqueter, grésiller, pétiller.

crépusculaire adj. Litt. ▶ vespéral (litt.).

crépuscule n. m. 1 *Un animal qui ne sort qu'au crépuscule* ▶ brune (litt.), couchant, tombée de la nuit, tombée du jour. 2 Fig. et litt. *Le crépuscule d'une civilisation* ▶ décadence, déclin, fin.

crescendo n. m. *Le crescendo de la violence* ▶ amplification, augmentation, montée, renforcement.

crête n. f. ▶ cime, faîte, sommet.

crétin, ine adj. et n. Fam. ▶ abruti, andouille (fam.), bête, débile (fam.), idiot, imbécile, inepte, nul (fam.), sot, stupide.

crétinisme n. m. ▶ bêtise, débilité, idiotie, imbécillité, niaiserie, nullité (fam.), sottise, stupidité.

creuser v. 1 *Creuser un tunnel* ▶ ouvrir, percer. 2 *Un fleuve qui creuse ses berges* ▶ affouiller, attaquer, éroder, miner, ronger, saper. 3 *Creuser les joues* ▶ rentrer. 4 *Creuser la taille* ▶ cambrer. 5 *Creuser un décolleté* ▶ échancrer. 6 Fig. *Creuser un écart* ▶ accentuer, agrandir, augmenter. 7 Fig. *Creuser un sujet* ▶ approfondir, fouiller. 8 **se creuser** Fig. et fam. *Pour trouver cela, il ne s'est pas beaucoup creusé* ▶ chercher, se donner du mal, réfléchir.

creux, euse adj. 1 *Une tige creuse* ▶ évidé. 2 *Des joues creuses* ▶ amaigri, cave, émacié, maigre, rentré. 3 *Un chemin creux* ▶ encaissé. 4 Fig. *Des heures creuses* ▶ inoccupé. 5 Fig. *Des paroles creuses* ▶ futile, inconsistant, inintéressant, vide.

creux n. m. 1 *Nicher dans un creux de la roche* ▶ alvéole, anfractuosité, cavité, enfoncure (vx), niche, renfoncement, trou, vide. 2 Fig. *Un creux dans l'activité économique* ▶ ralentissement.

crevant, ante adj. 1 Fam. *Un travail crevant* ▶ épuisant, éreintant, exténuant, fatigant, tuant (fam.). 2 Fam. *Une histoire crevante* ▶ amusant, cocasse, comique, désopilant, drôle, impayable, marrant (fam.), rigolo (fam.), tordant (fam.).

crevasse n. f. 1 *Tomber dans une crevasse* ▶ anfractuosité, faille. 2 *Les crevasses d'un mur* ▶ fissure, lézarde. 3 *Des crevasses aux mains* ▶ engelure, gerçure.

crevasser v. 1 *Les pluies et le gel ont crevassé cette paroi* ▶ craqueler, fêler, fendiller, fissurer, lézarder. 2 Spécialement pour la peau ▶ gercer.

crever v. 1 *Un ballon qui crève* ▶ claquer, éclater, péter (fam.). 2 *Crever un pneu avec un canif* ▶ percer, perforer, transpercer. 3 Fam. *Cette marche nous a crevés* ▶ claquer (fam.), épuiser, éreinter, exténuer, tuer (fam.). 4 Fam. *Crever de faim* ▶ mourir.

cri n. m. 1 *Les cris d'une personne qui se noie* ▶ appel, hurlement. 2 *L'orateur a été interrompu par des cris sur tous les bancs* ▶ braillement (péj.), clameur, éclat de voix, exclamation, hurlement, tollé, vocifération (péj.).

criailler v. *Criailler sans cesse et pour un rien* ▶ brailler, se plaindre, protester, râler (fam.), récriminer, rouspéter (fam.).

criaillerie n. f. ▶ plainte, protestation, récrimination.

criant, ante adj. 1 Fig. *Une injustice criante* ▶ choquant, honteux, révoltant, scandaleux. 2 Fig. *Une ressemblance criante* ▶ éclatant, évident, flagrant, incontestable, manifeste, patent.

criard, arde adj. 1 *Un enfant criard* ▶ braillard (fam.). 2 *Une voix criarde* ▶ aigu, perçant. 3 *Un décor criard* ▶ clinquant, tapageur, tape-à-l'œil, voyant.

crible n. m. ▶ sas, tamis.

cribler v. 1 *Cribler du grain* ▶ sasser, tamiser, trier. 2 *Cribler qqn de balles* ▶ percer, transpercer. 3 Fig. *Être criblé de dettes* ▶ accabler, couvrir.

cric n. m. ▶ vérin.

criée n. f. *Vendre à la criée des meubles saisis* ▶ enchères.

crier v. 1 *Il avait beau crier, personne ne l'entendait* ▶ s'égosiller, s'époumoner, gueuler (fam.), hurler. 2 *On ne peut rien lui dire sans qu'il se mette à crier* ▶ beugler (fam.), brailler (fam.), bramer (fam.), couiner (fam.), gueuler (fam.), hurler, pester, râler (fam.), se récrier, rouspéter (fam.), rugir, tempêter, tonner, vociférer (péj.). 3 *Crier des ordres* ▶ aboyer (péj.), beugler (fam. et péj.), gueuler (fam. et péj.), hurler, rugir, vociférer (péj.). 4 *Crier son innocence* ▶ clamer, hurler, proclamer. 5 *Il a crié qu'il* avait compris le premier ▶ s'écrier, s'exclamer. **6 crier sur** *Crier sur des enfants* ▶ engueuler (fam.), invectiver.

crime n. m. **1** *S'accuser de tous les crimes* ▶ faute, forfait (litt.), infamie (litt.), mal, péché. **2** *Chercher le mobile du crime* ▶ assassinat, homicide, meurtre.

criminalité n. f. ▶ délinquance.

criminel, elle adj. *Une passion criminelle* ▶ condamnable, coupable, infâme, odieux, répréhensible, scélérat (litt.).

criminel, elle n. **1** *Ce criminel a tué trois personnes* ▶ assassin, homicide, meurtrier. **2** *Une brigade qui traque les criminels* ▶ bandit, délinquant, gangster, malfaiteur.

crin n. m. **1** ▶ poil. **2 à tous crins** Fig. et fam. *Un partisan à tous crins des méthodes les plus musclées* ▶ ardent, convaincu, résolu.

crique n. f. ▶ anse, calanque.

crise n. f. **1** *Une crise de fièvre* ▶ accès, attaque, atteinte, bouffée, montée, poussée. **2** *Une crise économique ou financière* ▶ dépression, effondrement, krach, récession. **3** *Une atmosphère de crise larvée* ▶ conflit, malaise, tension.

crispant, ante adj. ▶ agaçant, énervant, exaspérant, impatientant, irritant.

crispation n. f. *Sentir une crispation dans un muscle* ▶ contracture, crampe, spasme.

crisper v. **1** *Une douleur qui crispe le visage* ▶ contracter, convulser. **2** Fig. *Son arrogance me crispe* ▶ agacer, énerver, exaspérer, impatienter, irriter. **3 se crisper** *Se crisper avant un examen* ▶ s'angoisser, se contracter, se nouer, stresser (fam.), se tendre.

crissement n. m. ▶ grincement.

crisser v. *Crisser des dents* ▶ grincer.

cristal de roche n. m. ▶ quartz.

cristallin, ine adj. **1** *Une eau cristalline* ▶ clair, limpide, pur, transparent. **2** *Une voix cristalline* ▶ argentin, clair, limpide, pur.

cristallisation n. f. Fig. et litt. *La cristallisation d'un sentiment* ▶ fixation.

critère n. m. **1** *En fonction de quels critères allez-vous décider?* ▶ donnée, élément, facteur. **2** *Ce n'est pas un critère suffisant pour le juger* ▶ élément, indice, preuve.

critérium n. m. ▶ compétition, épreuve.

critiquable adj. **1** *Une action critiquable* ▶ blâmable, condamnable, répréhensible. **2** *Un jugement critiquable* ▶ attaquable, contestable, discutable.

critique adj. **1** *Juger qqn en des termes très critiques* ▶ négatif, sévère. **2** *C'est à cet instant critique que tout va se décider* ▶ crucial, décisif, déterminant. **3** *Se trouver dans une situation critique* ▶ dangereux, difficile, grave, périlleux.

critique n. f. **1** *Soumettre sa conduite à une critique vigilante* ▶ analyse, examen. **2** *Bénéficier d'une critique favorable dans la presse* ▶ appréciation, jugement. **3** *Formuler une violente critique contre qqn* ▶ accusation, blâme, condamnation, diatribe (litt.), réquisitoire. **4** *Accabler qqn de critiques* ▶ observation, réprimande, reproche.

critique n. *Les critiques de la presse spécialisée* ▶ commentateur.

critiquer v. **1** *Critiquer une doctrine avec impartialité* ▶ analyser, éplucher (fam.), étudier, examiner, passer au crible. **2** *Critiquer tout ce qui se fait* ▶ blâmer, censurer, condamner, contester, débiner (fam.), démolir (fam.), dénigrer, désapprouver, discuter, éreinter (fam.), esquinter (fam.), faire le procès de, fustiger (litt.), mettre en cause, stigmatiser (litt.), taper sur (fam.), vitupérer contre (litt.).

croc n. m. *Les crocs d'un chien* ▶ canine.

croc-en-jambe n. m. ▶ croche-pied.

crochet n. m. **1** *Suspendre un gant de toilette à un crochet* ▶ patte. **2** Fig. *Faire un crochet pour éviter les embouteillages* ▶ détour. **3 aux crochets de** *Vivre aux crochets de qqn* ▶ à la charge de, aux frais de.

crochu, ue adj. *Un nez crochu* ▶ aquilin, arqué, busqué, recourbé.

croire v. **1** *Croire tout ce qu'on raconte* ▶ accepter, admettre, ajouter foi à, avaler (fam.), gober (fam.). **2** *Je le crois car il ne ment jamais* ▶ avoir confiance en, écouter, se fier à. **3** *On croit ici que des négociations sont inévitables* ▶ considérer, estimer, être d'avis, juger, penser, présumer, supposer. **4** *Vous croyez que je vais me laisser faire?* ▶ se figurer, s'imaginer. **5 en croire** *Si on en croit les journalistes, la situation est grave* ▶ s'en rapporter à, s'en remettre à, se fier à. **6 se croire** *Se croire belle* ▶ se considérer comme, s'estimer, se trouver.

croisade n. f. **1** *Une croisade contre les infidèles* ▶ guerre sainte. **2** Fig. *Une croisade contre le sida* ▶ campagne.

croisé, ée adj. *Une race croisée* ▶ bâtard, hybride, mâtiné, mélangé, métissé.

croisée n. f. **1** *Se retrouver à la croisée de deux chemins* ▶ croisement, intersection. **2** *Fermer la croisée* ▶ fenêtre.

croisement n. m. 1 *Au croisement de deux routes* ▸ croisée, intersection. 2 *Tournez au prochain croisement* ▸ carrefour. 3 *Le croisement de deux races* ▸ hybridation, mélange, métissage.

croiser v. 1 *Un chemin qui croise une route* ▸ couper, traverser. 2 *Croiser qqn dans la rue* ▸ rencontrer, tomber sur. 3 *Croiser deux espèces* ▸ hybrider, mélanger, mêler, métisser. 4 **se croiser** *Deux routes qui se croisent* ▸ se couper, se rencontrer. 5 *Deux pans de veste qui se croisent* ▸ chevaucher, se recouvrir.

croissance n. f. 1 *La croissance de la production* ▸ accroissement, augmentation, développement, essor, expansion, intensification, progression. 2 *La croissance du secteur industriel* ▸ accroissement, agrandissement, développement, élargissement, essor, expansion, extension, progression. 3 *Être dans une période de croissance* ▸ expansion.

croissant, ante adj. 1 *Une augmentation croissante* ▸ graduel, progressif. 2 *Le nombre croissant des accidents de la route* ▸ grandissant.

croissant n. m. *La lune à son premier croissant* ▸ quartier.

croître v. 1 *Les petits des animaux croissent rapidement* ▸ se développer, grandir, pousser. 2 *L'abstentionnisme croît à chaque scrutin* ▸ s'accroître, augmenter, se développer, s'élargir, s'étendre, gagner, s'intensifier, monter, progresser. 3 *Un secteur économique destiné à croître dans les prochaines années* ▸ s'accroître, s'agrandir, se développer, s'élargir, s'étendre, progresser, prospérer. 4 *Le bruit croît à mesure qu'on s'approche* ▸ s'accroître, augmenter, s'enfler, s'intensifier.

croix n. f. 1 *Une croix accrochée au-dessus d'un lit* ▸ crucifix. 2 Fig. *Cette erreur de jeunesse, c'est une croix dont il ne se débarrassera jamais* ▸ boulet, calvaire, fardeau, poids.

croquant, ante adj. *Des biscuits tout croquants* ▸ craquant, croustillant.

croque-mitaine n. m. ▸ ogre, père fouettard.

croquer v. 1 *L'ogre croqua la pauvre petite en un instant* ▸ avaler, dévorer, engloutir, manger. 2 Fig. *Croquer une fortune* ▸ claquer (fam.), dépenser, dilapider, dissiper, engloutir, gaspiller. 3 Fig. *Croquer un portrait* ▸ brosser, camper, crayonner, dessiner, ébaucher, esquisser.

croquette n. f. ▸ boulette.

croquis n. m. ▸ crayon, dessin, ébauche, esquisse, schéma.

crosse n. f. *Une crosse d'évêque* ▸ houlette.

crotale n. m. ▸ serpent à sonnette.

crotte n. f. 1 *Patauger dans la crotte* ▸ boue (vx), fange (litt.), gadoue, saleté. 2 *Des crottes de souris* ▸ déjection, excrément, fiente.

crotté, ée adj. *Il est arrivé tout crotté* ▸ crasseux, dégoûtant, malpropre, sale.

crotter v. ▸ maculer, salir, souiller, tacher.

croulant, ante adj. *Une passerelle croulante* ▸ branlant, chancelant, décrépit, délabré, vacillant, vétuste.

crouler v. ▸ s'abîmer (litt.), s'affaisser, craquer, s'ébouler, s'écrouler, s'effondrer, tomber.

croupe n. f. ▸ arrière-train.

croupir v. 1 *De l'eau stagnante qui commence à croupir* ▸ se corrompre, moisir, pourrir. 2 Fig. *Croupir dans une situation subalterne* ▸ s'encroûter, moisir, stagner.

croustillant, ante adj. 1 *Un biscuit croustillant* ▸ craquant, croquant. 2 Fig. *Une histoire croustillante* ▸ coquin, égrillard, fripon, gaulois, grivois, leste, libertin, licencieux, osé, polisson, salé, scabreux.

croûte n. f. 1 *La croûte terrestre* ▸ écorce. 2 *Une croûte de tartre* ▸ couche, dépôt.

croyable adj. *Vous l'avez laissé faire? Mais ça n'est pas croyable!* ▸ imaginable, possible, vrai (fam.).

croyance n. f. 1 *La croyance dans les bienfaits du progrès* ▸ confiance, foi. 2 *Respecter les croyances d'autrui* ▸ certitude, conviction, dogme, idée, opinion, position, principe, sentiment.

croyant, ante adj. *Sur la fin de sa vie elle est devenue très croyante* ▸ pieux.

croyant, ante n. ▸ fidèle.

cru, crue adj. 1 *Du cuir cru* ▸ brut, naturel. 2 *Une couleur crue* ▸ criard, vif, violent. 3 *Une réponse crue* ▸ abrupt, brutal, dur, rude, sec. 4 *Une plaisanterie très crue* ▸ choquant, corsé, graveleux, grivois, leste, libre, licencieux, osé, raide, salé.

cru n. m. 1 *C'est une spécialité du cru* ▸ coin (fam.), endroit, pays, région, terroir. 2 *Boire un grand cru* ▸ vin. 3 Fig. *C'est une décoration de son cru* ▸ invention.

cruauté n. f. 1 *Un acte d'une rare cruauté* ▸ barbarie, bestialité, brutalité, férocité, inhumanité, sadisme, sauvagerie. 2 *Commettre des cruautés* ▸ atrocité.

cruche n. f. **1** *Une cruche d'eau* ▶ pichet, pot. **2** Fam. *Quelle cruche, ce type!* ▶ abruti, andouille (fam.), crétin (fam.), débile (fam.), gourde (fam.), idiot, imbécile, niais, nul (fam.), sot.

crucial, ale adj. **1** *Un moment crucial* ▶ critique, décisif, déterminant. **2** *Il est crucial que nous réussissions cette fois-ci* ▶ capital, essentiel, nodal (litt.), vital.

crucifier v. Fig. et litt. *Les remords le crucifient en permanence* ▶ martyriser, supplicier, torturer, tourmenter.

crucifix n. m. *Un crucifix de buis* ▶ christ, croix.

crudité n. f. **1** Fig. *La crudité d'une réponse* ▶ brutalité, dureté, rudesse. **2** Fig. *La crudité d'une description* ▶ brutalité, réalisme, verdeur.

cruel, elle adj. **1** *Un tyran cruel* ▶ barbare, féroce, impitoyable, inhumain, insensible, sadique, sanguinaire, sauvage. **2** *Une cruelle souffrance* ▶ affreux, âpre, atroce, cuisant, douloureux, épouvantable, insupportable, pénible.

cruellement adv. **1** *Traiter qqn cruellement* ▶ férocement, impitoyablement, sadiquement. **2** *Être cruellement éprouvé* ▶ douloureusement, durement.

crûment adv. *Répondre crûment* ▶ brutalement, durement, nûment (litt.), rudement, sans ambages (litt.), sans détour, sèchement, tout net, vertement.

cryptage n. m. ▶ chiffrement, codage.

crypter v. ▶ chiffrer, coder.

cubage n. m. ▶ capacité, contenance, volume.

cuber v. **1** *Cuber du bois* ▶ stérer. **2** *Cette citerne cube trois cents litres* ▶ contenir, jauger.

cueillette n. f. *La cueillette des olives* ▶ récolte.

cueillir v. **1** *Cueillir des brins d'herbe* ▶ ramasser, récolter. **2** Fig. et fam. *Cueillir un escroc à l'aéroport* ▶ alpaguer (fam.), appréhender, arrêter, attraper, capturer, harponner (fam.), mettre la main au collet de, pincer (fam.), prendre, ramasser (fam.).

cuir n. m. **1** *Une reliure en plein cuir* ▶ peau. **2** Fig. *Lire un texte en faisant des cuirs* ▶ pataquès.

cuirasse n. f. Fig. *Son indifférence est en fait une cuirasse contre autrui* ▶ carapace, défense, protection, rempart.

cuirasser v. **1** *Cuirasser un navire* ▶ blinder. **2** Fig. *Son expérience l'a cuirassé contre les médisances* ▶ aguerrir, armer, blinder (fam.), endurcir, fortifier.

cuire v. **1** Fig. *Cuire au soleil* ▶ griller (fam.), rôtir (fam.). **2** Fig. *Cette écorchure me cuit* ▶ brûler, piquer.

cuisant, ante adj. **1** *Un froid cuisant* ▶ aigu, âpre, mordant. **2** Fig. *Un échec cuisant* ▶ amer, cinglant, cruel, douloureux.

cuisine n. f. **1** *Faire la cuisine* ▶ bouffe (fam.), repas, tambouille (fam.). **2** *La renommée de la cuisine française* ▶ art culinaire, gastronomie. **3** Fig. et fam. *La cuisine électorale* ▶ fricotage (fam.), grenouillage (fam.), intrigues, magouille (fam.), manigances, manœuvres.

cuisiner v. **1** *Cuisiner un repas* ▶ accommoder, apprêter, fricoter (fam.), mijoter, mitonner, préparer. **2** Fig. et fam. *Cuisiner un suspect* ▶ interroger, questionner.

cuisinier n. m. ▶ chef, cuistot (fam.), maître queux (litt.).

cuisinière n. f. ▶ fourneau.

cuistre n. m. Litt. ▶ pédant, poseur.

cuistrerie n. f. ▶ pédanterie, pédantisme.

cuivré, ée adj. ▶ basané, bronzé, bruni, doré, hâlé.

cul n. m. *Le cul d'une bouteille* ▶ base, culot, fond.

culbute n. f. **1** *S'exercer à faire des culbutes* ▶ cabriole, galipette, pirouette, roulé-boulé. **2** *Faire une culbute dans un fossé* ▶ chute, dégringolade.

culbuter v. **1** *Culbuter tout sur son passage* ▶ abattre, bouleverser, renverser. **2** *Culbuter les premières lignes ennemies* ▶ bousculer, enfoncer, percer, rompre. **3** *La voiture a culbuté dans le fossé* ▶ basculer, capoter, dégringoler, se renverser, tomber, verser.

cul-de-basse-fosse n. m. ▶ oubliette.

cul-de-sac n. m. ▶ impasse, voie sans issue.

culinaire adj. ▶ gastronomique.

culminer v. Fig. *Les exportations culminent en dessous des prévisions* ▶ plafonner.

culot n. m. **1** *Le culot d'une bouteille* ▶ base, cul, fond. **2** Fig. et fam. *Ne pas manquer de culot* ▶ air (fam.), aplomb, audace, effronterie, estomac (fam.), toupet (fam.).

culotte (petite) n. f. ▶ slip.

culpabilité n. f. ▶ faute, responsabilité.

culte n. m. **1** *La célébration du culte* ▶ messe, office, service divin. **2** *La liberté des cultes* ▶ confession, église, religion.

3 Fig. *Éprouver un sentiment de culte pour un professeur* ▶ adoration, vénération. **4** Fig. et fam. *Un objet culte* ▶ fétiche.

cultivable adj. ▶ arable, labourable.

cultivateur, trice n. ▶ agriculteur, exploitant agricole, fermier, paysan.

cultivé, ée adj. *Un esprit cultivé* ▶ instruit, lettré (litt.).

cultiver v. **1** *Cultiver la terre* ▶ travailler. **2** *Cultiver une terre* ▶ exploiter. **3** Fig. *Cultiver sa mémoire* ▶ éduquer, exercer, former, perfectionner. **4** Fig. *Cultiver les arts* ▶ s'adonner à, pratiquer, travailler. **5** Fig. *Cultiver des amitiés utiles* ▶ entretenir, ménager, soigner. **6** *se cultiver* *Passer sa vie à se cultiver* ▶ s'instruire.

culture n. f. **1** *La culture de la terre* ▶ travail. **2** *La culture d'une terre* ▶ exploitation. **3** Fig. *Avoir une bonne culture philosophique* ▶ bagage, connaissances, formation, instruction. **4** Fig. *La culture occidentale* ▶ civilisation. **5 culture physique** ▶ éducation physique, gymnastique.

culturisme n. m. ▶ body-building, gonflette (fam. et péj.).

cumul n. m. *Lutter contre le cumul des mandats* ▶ accumulation, concentration.

cupide adj. Litt. ▶ âpre, avide, intéressé, mercantile (litt.), rapace.

cupidité n. f. ▶ âpreté, avidité, mercantilisme (litt.), rapacité.

curable adj. ▶ guérissable, soignable.

curatif, ive adj. *Les propriétés curatives d'un produit* ▶ médical, thérapeutique.

cure n. f. ▶ soins, thérapie, traitement.

curé n. m. ▶ ecclésiastique, prêtre.

curer v. *Curer un étang* ▶ débourber, désenvaser, nettoyer.

curieusement adv. *Il était curieusement habillé* ▶ bizarrement, drôlement, étrangement, singulièrement.

curieux, euse adj. **1** *Un esprit curieux* ▶ fouineur, fureteur, indiscret, inquisiteur. **2** *Un spectacle curieux* ▶ bizarre, drôle, étonnant, étrange, original, piquant, pittoresque, singulier, surprenant.

curieux n. m. *L'accident a attiré des curieux* ▶ badaud, flâneur.

curiosité n. f. **1** *Être puni de sa curiosité* ▶ indiscrétion. **2** *Des lectures qui éveillent la curiosité* ▶ attention, intérêt. **3** *Il y a quelques curiosités dans sa collection* ▶ rareté.

cursus n. m. *Un cursus universitaire compliqué* ▶ études, parcours, scolarité.

curviligne adj. ▶ arrondi, courbe, incurvé.

cutané, ée adj. ▶ épidermique.

cuvage n. m. ▶ vinification.

cuve n. f. ▶ citerne, réservoir.

cuvette n. f. **1** *Verser de l'eau dans une cuvette* ▶ baquet, bassine. **2** *Paris est situé dans une cuvette* ▶ bassin, creux, dépression.

cycle n. m. **1** *Le cycle d'une planète* ▶ période. **2** *Un grand cycle romanesque* ▶ saga.

cyclique adj. *Des phénomènes cycliques* ▶ périodique, récurrent.

cyclomoteur n. m. ▶ mobylette (nom déposé), vélomoteur.

cyclone n. m. ▶ ouragan, tornade, typhon.

cyclopéen, enne adj. ▶ colossal, gigantesque, monumental, titanesque.

cylindre n. m. *Un objet en forme de cylindre* ▶ rouleau, tube.

cylindrique adj. ▶ tubulaire.

cynique adj. *Un comportement totalement cynique* ▶ immoral.

cynisme n. m. *Une politique d'un cynisme révoltant* ▶ immoralité.

d

dactylographier v. ▶ saisir, taper.

dada n. m. Fam. ▶ hobby, manie, marotte, passe-temps, violon d'ingres.

dadais n. m. ▶ niais, nigaud, sot.

dague n. f. ▶ couteau, poignard.

daigner v. ▶ accepter de, admettre, condescendre à, consentir à, vouloir bien.

dais n. m. **1** *Un lit surmonté d'un dais* ▶ baldaquin, ciel de lit. **2** *Un autel surmonté d'un dais* ▶ baldaquin, ciborium.

dallage n. m. ▶ carrelage, pavement.

dalle n. f. **1** *Les dalles d'une cour intérieure* ▶ carreau, pavé. **2** *Lire le nom des défunts sur les dalles d'un cimetière* ▶ pierre tombale, stèle.

daller v. ▶ carreler, paver.

dame n. f. **1** *Un homme est venu en compagnie d'une dame* ▶ femme. **2** Fam. *Dites des choses à votre dame* ▶ bourgeoise (fam.), épouse, femme, légitime (fam.), moitié (fam.), régulière (fam.). **3** *Tasser le sol avec une dame* ▶ demoiselle, hie.

dame-jeanne n. f. ▶ bonbonne.

damer v. **1** *Damer une piste de ski* ▶ tasser. **2 damer le pion à** *Damer le pion à tous ses adversaires* ▶ dominer, l'emporter sur, surpasser.

damnable adj. Litt. *Des habitudes damnables* ▶ blâmable, condamnable, coupable.

damné, ée adj. Fam. *Où donc ai-je mis ce damné bouquin?* ▶ fichu (fam.), foutu (fam.), maudit, sacré (fam.), satané (fam.).

damné, ée n. *On traite ces malheureux comme des damnés* ▶ paria, pestiféré, réprouvé.

dancing n. m. ▶ bal, boîte (fam.), boîte de nuit, discothèque, night-club.

dandinement n. m. ▶ balancement, déhanchement.

dandiner (se) v. ▶ se balancer, se déhancher.

dandy n. m. ▶ élégant, gandin (vx).

danger n. m. **1** *Être inconscient des dangers que l'on va rencontrer* ▶ écueil, embûche, menace, péril, piège, risque. **2 mettre en danger** *Mettre inutilement en danger la vie de ses compagnons* ▶ exposer.

dangereusement adv. *Être dangereusement blessé* ▶ gravement, grièvement, sérieusement.

dangereux, euse adj. **1** *Un animal dangereux* ▶ redoutable. **2** *Un malade dans une phase dangereuse* ▶ critique, délicat, difficile, grave, redoutable, sérieux. **3** *Une politique dangereuse* ▶ aventureux, casse-gueule (fam.), hasardeux, imprudent, périlleux, risqué, téméraire. **4** *Aborder un sujet dangereux* ▶ brûlant, délicat, épineux, périlleux, redoutable, risqué, scabreux, sensible. **5** *Des idées dangereuses* ▶ nocif, nuisible, pernicieux. **6** *Un produit dangereux* ▶ nocif, polluant, toxique.

dansant, ante adj. *Une musique dansante* ▶ entraînant.

danse n. f. *Une salle de spectacle consacrée aux arts de la danse* ▶ ballet, chorégraphie.

danser v. **1** *Une fête où l'on a dansé toute la nuit* ▶ gambiller (fam. et vx), guincher (fam.). **2** Fig. *Des enfants qui ne cessent de danser sur leur chaise* ▶ s'agiter, gigoter (fam.), sautiller, se trémousser. **3** Fig. *L'alcool commençait à faire tout danser autour de lui* ▶ bouger, osciller, tanguer.

danseur, euse n. **1** *Elle cherche un bon danseur pour la prochaine valse* ▶ cavalier, partenaire. **2** *Faire une carrière de danseuse* ▶ ballerine.

dantesque adj. *Une vision dantesque* ▶ apocalyptique, effrayant, effroyable, épouvantable, horrible, terrible, terrifiant.

dard n. m. **1** *Le dard était utilisé comme arme de jet* ▶ javeline, javelot, lance, sagaie. **2** *Le dard de la guêpe* ▶ aiguillon.

darder v. Fig. *Darder sur qqn des regards jaloux* ▶ jeter, lancer.

dare-dare adv. Fam. ▶ en moins de deux (fam.), en toute hâte, hâtivement, précipitamment, prestement, promptement, rapidement, rondement, vite.

darne n. f. *Une darne de saumon* ▶ tranche.

date n. f. **1** *Depuis cette date, il n'est plus le même* ▶ époque, jour, moment, période, temps. **2** *Rembourser un emprunt avant la date prévue* ▶ échéance, terme.

dater v. **1** *Un immeuble qui date du siècle dernier* ▶ remonter à. **2** *Une invention qui*

daubière n. f. ▶ braisière.

dauphin n. m. *Se présenter comme le dauphin d'un artiste* ▶ continuateur, héritier, successeur.

davantage adv. ▶ encore, plus.

déambulation n. f. ▶ flânerie, marche, promenade, vagabondage.

déambuler v. *Des touristes qui déambulent dans les ruelles d'une ville* ▶ se balader (fam.), flâner, marcher, se promener, vadrouiller (fam.), vagabonder.

débâcle n. f. **1** *La débâcle d'une rivière* ▶ dégel. **2** *La débâcle d'une armée* ▶ débandade, déconfiture, déroute, effondrement, naufrage. **3** *La débâcle d'une entreprise* ▶ banqueroute, déconfiture (fam.), effondrement, faillite, krach, naufrage, ruine.

déballage n. m. **1** *Le déballage d'un paquet* ▶ désemballage, ouverture. **2** *Fig. et fam. Se livrer au déballage de sa vie privée* ▶ étalage, exhibition.

déballer v. **1** *Déballer un colis* ▶ dépaqueter, désemballer. **2** *Déballer des tissus sur le marché* ▶ étaler, exposer, montrer. **3** *Fig. et fam. Pressé de questions, il a tout déballé* ▶ avouer, dévoiler, lâcher (fam.), sortir (fam.).

débandade n. f. *La débandade d'une armée* ▶ débâcle, déroute, dispersion, fuite, sauve-qui-peut.

débander (se) v. ▶ se disperser, s'égailler, s'éparpiller.

débarcadère n. m. ▶ quai.

débardeur n. m. **1** *Les débardeurs qui vont et viennent sur les quais* ▶ déchargeur (vx), docker. **2** *Il n'était habillé que d'un débardeur et d'un pantalon de toile* ▶ maillot de corps.

débarquement n. m. *Le débarquement des marchandises* ▶ débardage, déchargement.

débarquer v. **1** *Débarquer les marchandises d'un navire* ▶ débarder, décharger. **2** *Fig. et fam. Débarquer qqn* ▶ balancer (fam.), chasser, congédier, se débarrasser de, se défaire de, dégommer (fam.), destituer, licencier, limoger, mettre à la porte, remercier, renvoyer, vider (fam.), virer (fam.). **3** *Fig. et fam. Débarquer à l'improviste* ▶ arriver, se pointer (fam.), se présenter, venir.

débarras n. m. ▶ remise.

débarrassé, ée adj. *Être débarrassé d'une obligation* ▶ dégagé, libéré, quitte.

débarrasser v. **1** *Débarrasser une cave* ▶ déblayer, dégager, désencombrer, évacuer, nettoyer (fam.), vider. **2** *Débarrasser qqn d'un souci* ▶ décharger, libérer, soulager. **3** *se débarrasser de Se débarrasser d'un fardeau* ▶ se décharger de, se délivrer de, se libérer de, se soulager de. **4** *Se débarrasser de son manteau en arrivant chez soi* ▶ se dépouiller de (litt.), enlever, ôter, quitter, retirer. **5** *Se débarrasser de vieux livres de classe* ▶ balancer (fam.), bazarder (fam.), se défaire de, jeter, liquider (fam.). **6** *Se débarrasser d'une dette* ▶ s'acquitter de. **7** *Se débarrasser d'une mauvaise habitude* ▶ se corriger de, se défaire de, se délivrer de, en finir avec, se guérir de, se purger de. **8** *Se débarrasser d'un collaborateur* ▶ balancer (fam.), chasser, congédier, débarquer (fam.), se défaire de, dégommer (fam.), destituer, jeter dehors, licencier, limoger, mettre à la porte, remercier, renvoyer, se séparer de, vider (fam.), virer (fam.).

débat n. m. **1** *Une question qui provoque un vif débat* ▶ controverse, discussion. **2** *Organiser un débat sur une question d'actualité* ▶ carrefour, conférence, discussion, forum, rencontre, table ronde. **3** *Plur. Le président a ouvert les débats* ▶ discussion, séance.

débattre v. **1** *Ils vont débattre pendant des heures* ▶ délibérer, discuter, parlementer. **2** *Débattre un prix* ▶ discuter, marchander, négocier. **3** *Débattre une question* ▶ agiter, délibérer de, discuter, examiner, traiter. **4** *se débattre Se débattre comme un beau diable* ▶ s'agiter, se démener, lutter. **5** *Fig. Se débattre contre une administration sans âme* ▶ batailler contre, se battre contre, combattre, se démener contre, lutter contre.

débattu, ue adj. *Une interprétation très débattue* ▶ contesté, controversé, discuté.

débauchage n. m. *Procéder à des débauchages massifs* ▶ licenciement, renvoi.

débauche n. f. **1** *Se complaire dans la débauche* ▶ corruption, dépravation, dévergondage, dissipation, inconduite, libertinage, licence, luxure, stupre (litt.), vice. **2** *Participer à d'épouvantables débauches* ▶ bacchanale, beuverie, débordements, excès, orgie. **3** *Fig. Raconter une histoire avec une débauche de détails* ▶ abondance, accumulation, avalanche, débordement, déluge, flopée (fam.), flot, foule, infinité, kyrielle, luxe, masse (fam.), monceau, multiplicité, multitude, myriade, nuée, orgie,

débauchée, ée adj. *Des mœurs débauchées* ▶ corrompu, dépravé, déréglé, dévergondé, dissipé (litt.), dissolu, léger, libertin, relâché.

débauché n. m. *Livrer sa fille à un épouvantable débauché* ▶ jouisseur, libertin, noceur, satyre, viveur.

débaucher v. 1 *Débaucher des employés faute de travail* ▶ congédier, licencier, remercier, renvoyer. 2 *Débaucher des jeunes gens* ▶ corrompre, dépraver, dévergonder, pervertir. 3 Fig. *Débaucher un ami en plein travail* ▶ distraire.

débile adj. 1 *Un corps débile* ▶ chétif, faible, fragile, frêle, malingre, rachitique, souffreteux. 2 Fig. *Une institution spécialisée pour enfants débiles* ▶ attardé, demeuré, handicapé mental, retardé. 3 Fig. et fam. *Un roman débile* ▶ bête, crétin (fam.), idiot, inepte, nul, stupide.

débilitant, ante adj. Fig. *Vivre dans une atmosphère débilitante* ▶ décourageant, démoralisant, déprimant, désespérant.

débilité n. f. 1 *Une apparence physique qui dénote une débilité congénitale* ▶ chétivité, déficience, faiblesse, fragilité, insuffisance. 2 *Un comportement qui laisse soupçonner une débilité légère* ▶ arriération. 3 Fam. *C'est de la débilité pure d'avoir acheté ça!* ▶ crétinisme, idiotie, imbécillité.

débiliter v. 1 *Un climat qui débilite* ▶ affaiblir, anémier, épuiser. 2 Fig. *Cet échec l'a complètement débilité* ▶ décourager, démoraliser, déprimer.

débiner v. 1 Fam. *Débiner un collègue derrière son dos* ▶ baver sur (fam.), critiquer, déblatérer contre (fam.), décrier, démolir, dénigrer, discréditer, éreinter, médire de, noircir, rabaisser, vilipender (litt.). 2 **se débiner** Fam. *Il s'est débiné au moment où on avait besoin de lui* ▶ s'enfuir, filer (fam.), prendre la tangente (fam.), se sauver, se tirer (fam.).

débit n. m. 1 *Le débit en rondins d'un arbre entier* ▶ débitage, découpage. 2 *Le débit d'un produit* ▶ écoulement, vente. 3 *Le débit horaire d'une autoroute* ▶ cadence, capacité, régime, rythme. 4 Fig. *Un orateur au débit rapide* ▶ diction, élocution. 5 **débit de tabac** ▶ bureau de tabac. 6 **débit de boissons** ▶ bar, bistrot (fam.), café, troquet (fam.).

débitage n. m. ▶ débit, découpage.

débiter v. 1 *Débiter des quartiers de viande* ▶ couper, découper. 2 *Une machine qui débite tant de pièces à l'heure* ▶ fabriquer, produire, sortir. 3 Fig. *Débiter des âneries* ▶ articuler, dire, énoncer, raconter, sortir (fam.).

débiteur, trice n. Fig. *Après un tel service, je serai toujours votre débiteur* ▶ obligé.

déblaiement n. m. *Le déblaiement d'un local encombré* ▶ déblayage, dégagement.

déblais n. m. pl. ▶ débris, décombres, gravats, gravois, plâtras, restes.

déblatérer v. Fam. *Déblatérer contre qqn* ▶ baver sur (fam.), critiquer, débiner (fam.), décrier, démolir (fam.), dénigrer, éreinter, médire de, vitupérer contre (litt.).

déblayage n. m. *Le déblayage des décombres* ▶ déblaiement, dégagement, enlèvement.

déblayer v. 1 *Déblayer une rue* ▶ débarrasser, dégager, désencombrer, évacuer, nettoyer, vider. 2 Fig. *Déblayer un travail* ▶ débroussailler, préparer.

débloquer v. 1 *Débloquer le balancier d'une horloge* ▶ décoincer, dégager. 2 *Débloquer les salaires* ▶ libérer. 3 Fig. et fam. *Débloquer une assistance intimidée* ▶ décoincer (fam.), dégeler, dérider, détendre. 4 Fig. et fam. *Le pauvre, il débloque complètement* ▶ battre la campagne, délirer, déraisonner (litt.), divaguer.

débobiner v. ▶ dérouler, dévider.

déboires n. m. pl. 1 *Ses enfants lui ont causé de multiples déboires* ▶ chagrins, déceptions, déconvenues, désappointements, désillusions, mécomptes. 2 *Il nous a raconté ses déboires avec l'administration locale* ▶ démêlés, difficultés, ennuis, problèmes.

déboisement n. m. ▶ déforestation.

déboîtement n. m. ▶ désarticulation, dislocation, luxation.

déboîter v. 1 *Déboîter une porte* ▶ dégonder, démonter. 2 **se déboîter** *Se déboîter l'épaule* ▶ se démettre, se désarticuler, se disloquer, se luxer.

débonder v. 1 *Débonder un réservoir* ▶ ouvrir. 2 **se débonder** *Se débonder en racontant tout* ▶ se confier, s'épancher, se libérer, se soulager, vider son sac (fam.).

débonnaire adj. ▶ accommodant, bienveillant, bonasse, bonhomme, brave, complaisant, coulant, indulgent, tolérant.

débordant, ante adj. 1 *Un palais débordant de trésors* ▶ plein, regorgeant, rempli. 2 Fig. *Une joie débordante* ▶ exubérant.

débordé

débordé, ée adj. Fig. *Un service d'ordre complètement débordé* ▶ dépassé, noyé, submergé.

débordement n. m. **1** *Le débordement d'un cours d'eau* ▶ crue. **2** Fig. *Un débordement d'enthousiasme* ▶ déchaînement, explosion. **3** Fig. *Un débordement d'images* ▶ débauche, déferlement, déluge, flot, flux, pluie, profusion, surabondance, torrent. **4** Fig. et plur. *Se livrer à des débordements* ▶ bacchanales, débauches, dérèglements, excès, orgies.

déborder v. **1** *Du lait qui déborde* ▶ couler, s'échapper, se répandre. **2** *Des rochers qui débordent au-dessus d'une falaise* ▶ dépasser, ressortir, saillir, surplomber. **3** *Une population qui déborde ses frontières originelles* ▶ dépasser, franchir. **4** *Une dune qui déborde chaque année un peu plus sur un terrain voisin* ▶ empiéter sur, envahir, grignoter sur, mordre sur, recouvrir. **5** Fig. *Je ne voudrais pas déborder de mon rôle* ▶ s'écarter de, s'éloigner de, sortir de. **6** Fig. *Une région qui déborde de touristes* ▶ fourmiller de, grouiller de, regorger de. **7** Fig. *Sa colère a brusquement débordé* ▶ se déchaîner, éclater, exploser. **8** Fig. *Un syndicat qui craint de se faire déborder par sa base* ▶ dépasser. **9** Fig. *Être débordé de travail* ▶ submerger, surcharger.

débotté (au) adv. ▶ à l'improviste, au dépourvu, de but en blanc, par surprise, tout à trac.

débouchage n. m. *Le débouchage d'une bouteille* ▶ ouverture.

débouché n. m. **1** *Le débouché d'une gorge* ▶ bout, issue, sortie. **2** Fig. *Des études dépourvues de tout débouché* ▶ horizon, perspective. **3** Fig. *Trouver à l'étranger de nouveaux débouchés* ▶ clients, marchés.

débouchement n. m. ▶ désengorgement, désobstruction.

déboucher v. **1** *Déboucher un évier* ▶ désengorger, désobstruer. **2** *Déboucher une bouteille* ▶ ouvrir. **3** *Un animal qui débouche brusquement de la forêt* ▶ débouler (fam.), sortir, surgir. **4** Fig. *Un couloir secret qui débouche dans une fumerie d'opium* ▶ aboutir à, arriver dans, conduire à, donner dans, mener à, ouvrir sur, tomber dans.

débouler v. **1** Fam. *Débouler les escaliers* ▶ dégringoler, dévaler. **2** Fam. *Il va débouler dès votre arrivée* ▶ débarquer, jaillir, surgir.

déboulonner v. Fig. et fam. *Déboulonner le leader d'un parti* ▶ dégommer (fam.), renverser, virer (fam.).

débourrage n. m. *Le débourrage des peaux* ▶ dépilage, ébourrage.

débourrement n. m. ▶ bourgeonnement, boutonnement, gemmation.

débourrer v. **1** *Débourrer une peau avant de la tanner* ▶ dépiler, ébourrer. **2** *Une vigne qui commence à débourrer* ▶ bourgeonner, boutonner.

débours n. m. ▶ dépense, frais.

débourser v. *Sans débourser un centime* ▶ casquer (fam.), cracher (fam.), décaisser (fam.), dépenser, lâcher (fam.), payer, verser.

déboussoler v. Fig. et fam. *Vos propos l'ont complètement déboussolé* ▶ déconcerter, décontenancer, démonter, désarçonner, désemparer, désorienter, déstabiliser.

debout adv. **1** *La statue d'un ancien dirigeant, encore debout au milieu de la place* ▶ dressé, érigé. **2** *Être debout dès l'aube* ▶ levé. **3** *Ne restez pas là, debout à ne rien faire* ▶ immobile, planté.

déboutonner v. **1** *Déboutonner un corsage* ▶ défaire, dégrafer, ouvrir. **2 se déboutonner** Fig. et fam. *Il est bien trop coincé pour se déboutonner* ▶ s'abandonner, se confier, s'épancher.

débraillé, ée adj. *Une tenue débraillée* ▶ négligé.

débraillé n. m. Litt. *Le débraillé du style* ▶ laisser-aller.

débrancher v. ▶ déconnecter.

débrayage n. m. ▶ grève.

débridé, ée adj. ▶ déchaîné, effréné, frénétique.

débridement n. m. Fig. *Le débridement des passions* ▶ débordement, déchaînement, explosion, libération.

débris n. m. **1** *Les débris d'une potiche* ▶ fragment, morceau, reste, tesson. **2** *Les débris d'un repas* ▶ déchet, détritus, relief, résidu, reste. **3** *Les débris d'une civilisation* ▶ décombres, lambeaux, restes, ruines, vestiges.

débrouillard, arde adj. et n. *Il est assez débrouillard pour prendre le train tout seul* ▶ dégourdi, démerdard (fam.), futé, habile, malin.

débrouillardise n. f. ▶ astuce, débrouille (fam.), ingéniosité, système d (fam.).

débrouiller v. **1** *Débrouiller les fils d'un écheveau* ▶ démêler, dénouer. **2** Fig. *Débrouiller une affaire confuse* ▶ clarifier, démêler, dénouer, éclaircir, élucider, expliquer, tirer au clair. **3 se débrouiller** *Il réussira toujours à se débrouiller* ▶ s'arranger, se démerder (fam.), se dépatouiller (fam.), s'en sortir, s'en tirer, y arriver.

débroussaillement n. m. ▶ défrichage, essartage.

débroussailler v. 1 *Débroussailler pour éviter des incendies* ▶ défricher, essarter. 2 Fig. *Débroussailler un problème pour y voir plus clair* ▶ déblayer, débrouiller, défricher, dégrossir.

débucher v. *Débucher un sanglier* ▶ débusquer, déloger.

débusquer v. *Débusquer le gibier* ▶ débucher, déloger.

début n. m. 1 *Le début d'une technique nouvelle* ▶ amorce, aube (litt.), aurore (litt.), balbutiement, bégaiement, commencement. 2 **au début** ▶ à l'origine, au commencement, au départ. 3 Plur. *Les débuts d'un comédien* ▶ apprentissage, premiers pas.

débutant, ante n. ▶ apprenti, bizut (fam.), bleu (fam.), commençant, néophyte, nouveau, novice.

débuter v. 1 *La séance débute à trois heures* ▶ commencer, démarrer (fam.). 2 *Débuter sa carrière à vingt ans* ▶ commencer, entamer, entreprendre, mettre en route.

décacheter v. ▶ ouvrir.

décadence n. f. *Une civilisation en pleine décadence* ▶ affaissement, déchéance, déclin, décomposition, décrépitude, dégénérescence, délabrement, déliquescence, dépérissement, effondrement.

décadent, ente adj. *Une prose décadente* ▶ déliquescent.

décaisser v. *Décaisser un million* ▶ payer, régler, sortir.

décalage n. m. *Il y a des décalages importants entre leurs témoignages* ▶ contraste, désaccord, différence, discordance, disparité, dissemblance, dissonance, écart, variation.

décaler v. 1 *Décaler la date d'un rendez-vous* ▶ changer, déplacer, modifier. 2 Spécialement après la date prévue ▶ remettre, reporter, repousser. 3 **se décaler** *Leurs centres d'intérêt se sont progressivement décalés* ▶ changer, dévier, évoluer.

décalque n. m. Fig. *Son attitude est le décalque exact de celle de son frère* ▶ calque, copie, imitation, reproduction.

décalquer v. ▶ calquer, copier, reproduire.

décamper v. Fam. ▶ se barrer (fam.), se carapater (fam.), se débiner (fam.), décaniller (fam.), déguerpir, détaler, s'enfuir, s'esquiver, ficher le camp (fam.), filer (fam.), fuir, partir, se sauver, se tailler (fam.), se tirer (fam.).

décantation n. f. *La décantation d'eaux boueuses* ▶ clarification, épuration, purification.

décanter v. 1 *Décanter un vin* ▶ clarifier, épurer. 2 **se décanter** *Il faudrait attendre un peu que les choses se décantent* ▶ se clarifier, s'éclaircir.

décapant, ante adj. ▶ abrasif.

décaper v. *Décaper un parquet* ▶ poncer.

décapitation n. f. ▶ décollation (vx).

décapiter v. 1 *Décapiter un condamné* ▶ décoller (vx), guillotiner. 2 *Décapiter un arbre* ▶ découronner, écimer, étêter.

décapotable n. f. ▶ cabriolet.

décapsuleur n. m. ▶ ouvre-bouteille.

décarcasser (se) v. Fam. ▶ se casser (fam.), se démancher (fam.), se démener, se dépenser, se donner de la peine, se donner du mal, se mettre en quatre.

décati, ie adj. Fam. *Un visage décati* ▶ fané, flétri, usé, vieilli.

décavé, ée adj. *Un aristocrate décavé* ▶ ruiné.

décédé, ée adj. et n. *Les ayants droit du décédé* ▶ défunt, disparu, mort, trépassé (litt.).

décéder v. ▶ casser sa pipe (fam.), disparaître, s'éteindre, expirer (litt.), mourir, passer de vie à trépas (litt.), passer l'arme à gauche (fam.), rendre l'âme, rendre le dernier soupir, trépasser (litt.).

décelable adj. ▶ détectable, repérable.

déceler v. 1 *Impossible de déceler le moindre indice* ▶ découvrir, détecter, percevoir, remarquer, repérer, trouver. 2 *Une rougeur qui décèle une vive émotion* ▶ attester, dénoncer, dénoter, dévoiler, indiquer, manifester, montrer, prouver, révéler, signaler, trahir. 3 **se déceler** *Sa stratégie commence à se déceler* ▶ apparaître, percer, poindre.

décélérer v. *Décélérer avant un virage* ▶ lever le pied (fam.), ralentir.

décemment adv. 1 *Se comporter décemment* ▶ convenablement, correctement, dignement, honnêtement, proprement. 2 Fig. *Il ne peut décemment pas refuser une proposition aussi intéressante* ▶ raisonnablement.

décence n. f. 1 *Ses propos manquaient de la plus élémentaire décence* ▶ bienséance, convenance, correction, éducation, politesse, savoir-vivre, tact. 2 *La victime a ra-*

décent

conté ses souffrances avec beaucoup de décence ▶ dignité, discrétion, pudeur, réserve, retenue, tenue.

décent, ente adj. 1 *Il ne serait pas décent qu'il se présente maintenant* ▶ bienséant, comme il faut, convenable, de bon aloi, de bon ton, séant (litt.). 2 *Une tenue décente* ▶ correct, digne, discret, modeste, réservé. 3 *Un salaire décent* ▶ acceptable, convenable, correct, honnête, honorable, raisonnable, suffisant.

décentraliser v. *Décentraliser des services administratifs* ▶ délocaliser, régionaliser.

déception n. f. *Renoncer a été pour lui une déception terrible* ▶ crève-cœur, déconvenue, désappointement, désenchantement, désillusion, douche (fam.), mécompte.

décerner v. ▶ accorder, adjuger, attribuer, conférer, donner, octroyer, remettre.

décès n. m. *Le décès d'un de ses proches l'a beaucoup affecté* ▶ disparition, mort, perte, trépas (litt.).

décevant, ante adj. *Un résultat décevant* ▶ frustrant, insatisfaisant.

décevoir v. *Un échec risquerait de le décevoir beaucoup* ▶ désappointer, désenchanter, désillusionner.

déchaîné, ée adj. 1 *Des flots déchaînés* ▶ démonté, furieux, impétueux, violent. 2 *Une foule déchaînée* ▶ exalté, frénétique, surchauffé, surexcité. 3 Fig. *Un snobisme déchaîné* ▶ enragé, outré.

déchaînement n. m. *Le déchaînement des passions* ▶ débordement, débridement, explosion.

déchaîner v. 1 *Son intervention a déchaîné l'hilarité* ▶ déclencher, entraîner, exciter, provoquer, soulever, susciter. 2 *Autrefois, elle a déchaîné des passions* ▶ déclencher, enflammer, exciter, provoquer. 3 **se déchaîner** *Un orateur se qui se déchaîne contre le gouvernement* ▶ s'emporter, exploser, vitupérer.

déchanter v. ▶ tomber de haut.

décharge n. f. 1 *Déposer des ordures sur une décharge* ▶ dépotoir. 2 *Faire signer une décharge à qqn* ▶ acquit, quittance, récépissé, reçu. 3 *Entendre des décharges d'arme à feu* ▶ rafale, salve.

déchargement n. m. ▶ débardage, débarquement.

décharger v. 1 *Décharger les marchandises d'un camion* ▶ débarder, débarquer. 2 Fig. *Décharger son cœur* ▶ alléger, délivrer, libérer, soulager, vider. 3 Fig. *Décharger qqn*

152

d'une obligation ▶ affranchir, débarrasser, dégager, dispenser, exempter, exonérer, libérer, soulager. 4 Fig. *Décharger qqn d'une accusation* ▶ blanchir, disculper, innocenter, laver. 5 **se décharger** *Le trop-plein se décharge dans un bassin* ▶ s'écouler. 6 *Se décharger d'un fardeau* ▶ se débarrasser, se délivrer, se libérer, se soulager. 7 *Se décharger sur ses collaborateurs pour tout ce qui concerne la comptabilité* ▶ compter sur, s'en remettre à, faire confiance à, se fier à, se reposer sur.

décharné, ée adj. *Des enfants décharnés* ▶ efflanqué, émacié, étique, maigre, squelettique.

déchéance n. f. 1 *La déchéance d'une grande famille* ▶ abaissement, avilissement, chute, décadence, déclassement, décrépitude. 2 *Sombrer dans la déchéance* ▶ bassesse, déshonneur, ignominie, indignité, infamie. 3 *Prononcer la déchéance du roi* ▶ déposition, destitution.

déchet n. m. 1 *Une fabrique où il y a beaucoup de déchet* ▶ déperdition, gaspillage, perte. 2 *Les déchets qui tombent lorsqu'on coupe une matière* ▶ chute, débris, épluchure, raclure, reliquat, résidu, rognure. 3 *Une benne pleine de déchets* ▶ débris, détritus, ordure, rebut.

déchiffonner v. ▶ défriper, défroisser.

déchiffrable adj. *Un manuscrit à peine déchiffrable* ▶ lisible.

déchiffrement n. m. ▶ décodage, décryptage.

déchiffrer v. 1 *Déchiffrer un message secret* ▶ décoder, décrypter. 2 *Déchiffrer de la musique* ▶ lire. 3 *Déchiffrer les intentions cachées d'un adversaire* ▶ comprendre, découvrir, démêler, deviner, pénétrer, percer, saisir.

déchiqueter v. ▶ déchirer, lacérer, mettre en charpie, mettre en lambeaux, mettre en pièces.

déchirant, ante adj. *Un spectacle déchirant* ▶ bouleversant, douloureux, dramatique, pathétique, poignant, tragique.

déchirement n. m. 1 *Diagnostiquer le déchirement d'un muscle* ▶ claquage, déchirure, lacération. 2 Fig. *Cette séparation a été un déchirement* ▶ arrachement. 3 Fig. *Les déchirements d'un pays en proie à la guerre civile* ▶ désunion, discorde, dissension, division.

déchirer v. 1 *Une bête fauve qui déchire sa proie* ▶ déchiqueter, lacérer, mettre en charpie, mettre en lambeaux, mettre en pièces. 2 *Elle lui a déchiré le dos avec ses ongles* ▶ labourer, lacérer, taillader. 3 Fig.

La critique l'a déchiré sans lui reconnaître le moindre mérite ▸ démolir, descendre (fam.), éreinter, esquinter (fam.). **4** Fig. et litt. *Ses pleurs me déchirent* ▸ bouleverser, broyer, fendre le cœur, meurtrir, navrer.

déchirure n. f. **1** *Faire une déchirure à un vêtement* ▸ accroc, trou. **2** *Se faire une belle déchirure à l'épaule* ▸ écorchure, éraflure. **3** Fig. *Un événement qui provoque une déchirure dans une famille* ▸ cassure, rupture. **4** Fig. et litt. *Une déchirure dans les nuages* ▸ brèche, ouverture, percée, trouée.

déchoir v. **1** *Ce serait déchoir que d'accepter une pareille mésalliance* ▸ s'abaisser, s'avilir, se compromettre, déroger. **2** *Être déchu de la nationalité française* ▸ déposséder, priver.

déchu, ue adj. *Un roi déchu* ▸ déposé, destitué.

décidé, ée adj. **1** *S'entourer de quelques personnes décidées* ▸ convaincu, déterminé, entreprenant, hardi, résolu, volontaire. **2** *C'est une affaire décidée* ▸ arrêté, conclu, convenu, entendu, réglé, résolu, tranché.

décider v. **1** *C'est lui qui décide* ▸ statuer, trancher. **2** *Ils l'ont décidé à venir* ▸ convaincre de, persuader de. **3** *Le législateur a décidé que ...* ▸ décréter, disposer, prescrire, stipuler. **4** *Décider de ne plus fumer* ▸ se jurer de, se promettre de. **5** *Décider de la date d'une prochaine rencontre* ▸ arrêter, convenir de, déterminer, s'entendre sur, fixer. **6** *C'est lui qui décidera de la régularité de la partie* ▸ juger. **7** *Cet événement a décidé du reste de sa carrière* ▸ déterminer. **8** **se décider** *Il est temps de se décider* ▸ aviser, choisir, se déterminer, opter, prendre parti, se prononcer. **9** *Il s'est enfin décidé à revenir* ▸ se déterminer à, se résoudre à.

décideur, euse n. ▸ décisionnaire, dirigeant, responsable.

décimer v. *Un fléau qui décime les populations des campagnes* ▸ anéantir, détruire, exterminer, massacrer, tuer.

décisif, ive adj. **1** *Une preuve décisive* ▸ concluant. **2** *Un moment décisif* ▸ capital, critique, crucial, déterminant. **3** *Un ton décisif* ▸ décidé, péremptoire, tranchant.

décision n. f. **1** *Une décision énergique* ▸ choix, parti, résolution. **2** *La décision du tribunal* ▸ arrêt, jugement, sentence, verdict. **3** *Faire preuve de décision* ▸ caractère, détermination, fermeté, initiative, volonté.

déclamateur, trice n. **1** *Les déclamateurs qui enseignaient l'éloquence dans l'Antiquité* ▸ orateur, rhéteur. **2** *Un déclamateur à l'éloquence ampoulée* ▸ phraseur.

déclamatoire adj. *Un style déclamatoire* ▸ ampoulé, boursouflé, emphatique, grandiloquent, pompeux, ronflant.

déclaratif, ive adj. *Une phrase déclarative* ▸ assertif.

déclaration n. f. **1** *Une déclaration officielle* ▸ annonce, avis, communication, communiqué, message, proclamation. **2** *Les déclarations de l'accusé n'ont convaincu personne* ▸ dire, parole, propos.

déclaré, ée adj. *Un ennemi déclaré* ▸ irréconciliable, irréductible, juré.

déclarer v. **1** *Déclarer ses intentions* ▸ affirmer, annoncer, dévoiler, dire, divulguer, exposer, exprimer, faire connaître, faire savoir, indiquer, manifester, proclamer, révéler, signaler, signifier. **2** *Déclarer la naissance d'un enfant* ▸ notifier, signaler. **3** **déclarer forfait** ▸ abandonner, abdiquer, s'avouer vaincu, baisser les bras, caler (fam.), capituler, céder, jeter l'éponge (fam.), lâcher prise, laisser tomber (fam.), renoncer. **4** **se déclarer** *Se déclarer contre la peine de mort* ▸ prendre parti, se prononcer. **5** *L'incendie s'est déclaré à midi* ▸ se déclencher, éclater.

déclassement n. m. ▸ abaissement, avilissement, décadence, déchéance.

déclasser v. **1** *Déclasser des dossiers* ▸ déplacer, déranger. **2** *Déclasser un sportif* ▸ rétrograder. **3** **se déclasser** ▸ s'abaisser, s'avilir, déchoir.

déclenchement n. m. ▸ commencement, démarrage, départ.

déclencher v. **1** *Déclencher un processus administratif* ▸ engager, initier, lancer, mettre en branle, mettre en route, mettre en train. **2** *Son attitude a déclenché une réaction de rejet* ▸ déterminer, entraîner, provoquer, soulever, susciter. **3** **se déclencher** *La catastrophe s'est déclenchée en pleine nuit* ▸ se déclarer, éclater.

déclin n. m. *Toute puissance a la hantise de son déclin* ▸ affaiblissement, affaissement, chute, décadence, déchéance, dégénérescence, étiolement.

déclinaison n. f. ▸ flexion.

déclinant, ante adj. *Une santé déclinante* ▸ chancelant, défaillant.

décliner v. **1** *La lumière commence à décliner* ▸ s'affaiblir, s'amoindrir, baisser, décroître, diminuer, s'éteindre, tomber. **2** *Un empire qui décline* ▸ s'affaiblir, dégénérer, dépérir, s'étioler, faiblir, péricliter. **3** *Décliner une offre* ▸ écarter, refuser, re-

déclivité

jeter, repousser. **4** Fig. *Décliner ses nom, prénoms et qualités* ▶ énoncer, énumérer. **5 se décliner** *Un mot qui se décline* ▶ se fléchir.

déclivité n. f. *La déclivité d'un terrain* ▶ inclinaison, pente.

décocher v. Fig. *Décocher des sarcasmes à qqn* ▶ balancer (fam.), jeter, lancer.

décoction n. f. ▶ infusion, tisane.

décodage n. m. ▶ déchiffrement, décryptage.

décoder v. **1** *Décoder un message secret* ▶ déchiffrer, décrypter. **2** Fig. *Décoder des remarques apparemment anodines* ▶ comprendre, interpréter.

décoiffer v. **1** *Décoiffer un enfant en lui passant la main dans les cheveux* ▶ dépeigner, ébouriffer. **2 se décoiffer** *Se décoiffer en entrant dans une église* ▶ se découvrir.

décoincer v. **1** *Décoincer un blessé pris sous un éboulement* ▶ débloquer, dégager, délivrer, extraire, retirer. **2** Fig. et fam. *Décoincer un auditoire* ▶ débloquer, décrisper, dégeler, dérider, détendre.

décolérer v. *Il n'a pas décoléré de la soirée* ▶ dérager (litt.).

décollage n. m. ▶ départ, envol.

décoller v. **1** *L'avion décolle dans une heure* ▶ s'envoler, partir. **2** Fig. *Une économie qui ne parvient pas à décoller* ▶ démarrer.

décolleté, ée adj. **1** *Une poitrine très décolletée* ▶ découvert, dégagé. **2** *Une robe décolletée* ▶ échancré.

décolleté n. m. ▶ échancrure.

décolorer v. **1** *Une tapisserie dont le soleil a décoloré les teintes les plus vives* ▶ affadir, défraîchir, éteindre, faner, flétrir. **2 se décolorer** *Des tons qui se décolorent progressivement* ▶ s'affadir, se défraîchir, déteindre, s'éteindre, se faner, se flétrir, passer.

décombres n. m. pl. **1** *Chercher des survivants sous les décombres* ▶ déblais, débris, gravats, ruines. **2** Fig. *Les décombres d'un empire* ▶ débris, restes, ruines, vestiges.

décommander v. ▶ annuler.

décomposé, ée adj. *Il avait la mine décomposée quand il a pris la parole* ▶ bouleversé.

décomposer v. **1** *Le prisme décompose la lumière* ▶ dissocier, diviser, scinder. **2** *La chaleur décompose les matières animales* ▶ altérer, corrompre, gâter, pourrir, putréfier. **3** Fig. *Décomposer un problème* ▶ analyser, disséquer. **4 se décomposer** *De la chair qui se décompose* ▶ se corrompre, se faisander, pourrir, se putréfier. **5** Fig. *Une société qui se décompose* ▶ se défaire, se déliter, se désagréger, se disloquer, se dissocier, se dissoudre.

décomposition n. f. **1** *La décomposition d'un ensemble en éléments* ▶ analyse, division, résolution. **2** *La décomposition d'une substance sous l'effet de la chaleur* ▶ altération, corruption, dégradation, désagrégation, pourrissement, putréfaction. **3** Fig. *La décomposition de l'empire romain* ▶ démantèlement, démembrement, désagrégation, dislocation, dissolution, écroulement, effondrement, ruine.

décompresser v. **1** *Décompresser un gaz* ▶ décomprimer, détendre. **2** Fig. et fam. *Décompresser après une très forte tension* ▶ se décontracter, se détendre, se relâcher, se relaxer, se reposer.

décompression n. f. **1** *La décompression d'un gaz* ▶ détente, dilatation, expansion. **2** Fig. *Une phase de décompression après une période éprouvante* ▶ décontraction, détente, relâchement, relaxation.

décomprimer v. ▶ décompresser.

décompte n. m. **1** *Préparer une note, avec le décompte des sommes déjà versées* ▶ déduction, défalcation, retranchement, soustraction. **2** *Faire le décompte des sommes dues* ▶ compte, détail, relevé.

décompter v. **1** *Décompter les frais généraux d'un bénéfice* ▶ déduire, défalquer, retenir, retrancher, soustraire. **2** *Décompter des soldats* ▶ compter, dénombrer, énumérer.

déconcertant, ante adj. **1** *Tout cela est bien déconcertant* ▶ bizarre, confondant, curieux, déroutant, étonnant, étrange, imprévu, inattendu, surprenant, troublant. **2** *Démonter un candidat en lui posant des questions déconcertantes* ▶ déroutant, désarçonnant, déstabilisant.

déconcerter v. *Sa réaction m'a déconcerté* ▶ confondre (litt.), déboussoler (fam.), décontenancer, démonter, dérouter, désarçonner, désemparer, désorienter, déstabiliser, embarrasser, interdire (litt.), interloquer, surprendre, troubler.

déconfit, ite adj. *Rester tout déconfit* ▶ confus, contrit, déconcerté, décontenancé, démonté, dépité, désarçonné, désemparé, embarrassé, gêné, honteux, penaud.

déconfiture n. f. Fam. *Plus qu'un échec, c'est une déconfiture* ▶ banqueroute, débâcle, déroute, écroulement, effondrement, faillite, fiasco, krach, naufrage, ruine.

décongestionner v. Fig. *Décongestionner le quartier des affaires* ▸ dégager, désencombrer, désengorger.

déconnecter v. ▸ débrancher.

déconseiller v. *Déconseiller à qqn de s'engager dans une voie* ▸ dissuader.

déconsidérer v. *Cette affaire risque de le déconsidérer complètement* ▸ couler (fam.), discréditer, griller (fam.), perdre (litt.).

décontaminer v. ▸ assainir, dépolluer, purifier.

décontenancer v. *Cette question l'a décontenancé* ▸ confondre (litt.), déconcerter, démonter, dérouter, désarçonner, désemparer, désorienter, déstabiliser, embarrasser, interdire (litt.), interloquer, surprendre, troubler.

décontracté, ée adj. Fig. et fam. *Avoir une allure très décontractée* ▸ cool (fam.), détendu, relax (fam.).

décontracter v. **1** *Décontracter un muscle* ▸ détendre, relâcher. **2 se décontracter** *Se décontracter en respirant fortement* ▸ se décrisper, se détendre, se relaxer.

décontraction n. f. **1** *La décontraction d'un muscle* ▸ relâchement, relaxation. **2** *Une atmosphère de vacances et de décontraction* ▸ détente, relaxation, repos. **3** *Accueillir une mauvaise nouvelle avec décontraction* ▸ désinvolture, détachement, indifférence, insouciance.

décontracturant, ante adj. et n. m. ▸ myorelaxant.

déconvenue n. f. ▸ déception, dépit, désappointement, désenchantement, désillusion, mécompte.

décor n. m. **1** *Le décor Empire d'un hôtel particulier* ▸ décoration, ornementation. **2** *Vivre dans un décor enchanteur* ▸ cadre, environnement, milieu, paysage.

décorateur, trice n. ▸ architecte d'intérieur.

décoratif, ive adj. **1** *Des objets décoratifs* ▸ ornemental. **2** *Avoir une fonction purement décorative* ▸ accessoire.

décoration n. f. **1** *Procéder soi-même à la décoration de son appartement* ▸ embellissement, ornementation. **2** *La décoration d'une villa patricienne* ▸ ameublement, mobilier. **3** *Recevoir une décoration* ▸ insigne, médaille, ruban.

décorer v. **1** *Décorer une façade* ▸ agrémenter, embellir, enjoliver, orner, parer. **2** *Décorer un ancien combattant* ▸ médailler.

décortiquer v. **1** *Décortiquer des cacahuètes* ▸ éplucher. **2** Fig. *Décortiquer un texte de loi pour y trouver une faille* ▸ analyser, disséquer, éplucher (fam.), étudier, passer au crible.

décorum n. m. **1** *Respecter le décorum* ▸ bienséance, convenances, rites, usages. **2** *Le décorum d'une Cour* ▸ apparat, cérémonial, étiquette, protocole.

découdre v. **1** *Découdre un ourlet* ▸ défaire. **2 en découdre** *Des adversaires pressés d'en découdre* ▸ se bagarrer, se battre, combattre, lutter.

découler v. *Tout cela découle de cette décision malencontreuse* ▸ dériver, émaner, procéder, provenir, résulter, sortir, venir.

découpage n. m. **1** *Le découpage d'un bœuf* ▸ débitage, dépeçage, équarrissage. **2** *Procéder à un découpage équitable au moment d'un héritage* ▸ division, fractionnement, partage.

découpé, ée adj. *Une côte très découpée* ▸ dentelé, échancré.

découper v. **1** *Découper un animal* ▸ débiter, dépecer, détailler, équarrir. **2** *Découper un terrain à l'occasion d'un héritage* ▸ diviser, fractionner, morceler, partager. **3** *Une scie à découper* ▸ chantourner. **4** *L'érosion qui découpe une falaise* ▸ creuser, échancrer, entailler. **5 se découper** *Un clocher qui se découpe sur le ciel* ▸ se détacher, se profiler, ressortir.

découplé, ée (bien) adj. ▸ athlétique, bien bâti, bien charpenté, robuste.

découpler v. *Découpler deux circuits* ▸ disjoindre, séparer.

découpure n. f. **1** *Une découpure précise et nette* ▸ coupe, taille. **2** *Les découpures d'une pierre sculptée* ▸ crénelure, dentelure.

décourageant, ante adj. **1** *Un échec décourageant* ▸ démobilisateur, démoralisant, démotivant, dissuasif. **2** *Un candidat décourageant de bêtise* ▸ accablant, affligeant, démoralisant, désespérant, lassant.

découragement n. m. ▸ abattement, accablement, cafard (fam.), démoralisation, déprime (fam.), désenchantement, lassitude.

décourager v. **1** *Cet échec l'a profondément découragé* ▸ abattre, accabler, démoraliser, déprimer, écœurer. **2** *Il voulait partir, mais ses amis l'en ont découragé* ▸ détourner, dissuader. **3** *Cet enfant décourage la patience de ses maîtres* ▸ lasser, rebuter.

décousu, ue adj. Fig. *Des propos décousus* ▸ confus, désordonné, haché, heurté, incohérent, sans queue ni tête.

découvert (à) adv. ▸ au grand jour, clairement, ostensiblement, ouvertement, publiquement.

découverte n. f. 1 *Partir à la découverte de mondes nouveaux* ▸ recherche. 2 *Exploiter une découverte* ▸ invention, trouvaille.

découvreur, euse n. ▸ inventeur.

découvrir v. 1 *Une robe qui découvre les épaules* ▸ dégager, dénuder, dévoiler, montrer. 2 *D'ici on découvre toute la Beauce* ▸ contempler, distinguer, voir. 3 *Découvrir la cause d'une maladie* ▸ comprendre, déceler, dépister, détecter, deviner, discerner, mettre à jour, pénétrer, percer, percer à jour, repérer, saisir, voir. 4 *Découvrir un procédé nouveau* ▸ concevoir, forger, imaginer, inventer. 5 *Découvrir un excellent plombier* ▸ dégoter (fam.), dénicher, repérer, trouver. 6 Litt. *Découvrir ses projets à un parent* ▸ annoncer, apprendre, avouer, dévoiler, divulguer, expliquer, exposer, faire connaître, faire savoir, indiquer, présenter, révéler, signaler, signifier. **7 se découvrir** *Ne vous découvrez pas trop, il fait encore frais* ▸ se déshabiller, se dévêtir. 8 *Se découvrir en entrant dans une église* ▸ se décoiffer. 9 *Le ciel se découvre* ▸ se dégager, s'éclaircir.

décrasser v. 1 *Décrasser ses bottes* ▸ décrotter, nettoyer. 2 Fig. et fam. *Décrasser qqn* ▸ décrotter (fam.), dégourdir, dégrossir, déniaiser.

décrépit, ite adj. *Un vieillard tout décrépit* ▸ délabré, usé.

décrépitude n. f. 1 *Une complète décrépitude physique* ▸ déchéance. 2 Fig. *Une civilisation en pleine décrépitude* ▸ décadence, déclin, décomposition, dégénérescence, délabrement, déliquescence, ruine.

décret n. m. Fig. *Les décrets de la critique* ▸ arrêt, commandement, consigne, décision, diktat, directive, injonction, ordre, prescription, sommation, ukase.

décréter v. 1 *Décréter la mobilisation* ▸ ordonner. 2 *Il a décrété qu'il ne voulait plus me voir* ▸ décider.

décrier v. *Sa politique est décriée par ses propres électeurs* ▸ attaquer, blâmer, condamner, critiquer, débiner (fam.), dénigrer, désapprouver, vilipender (litt.).

décrire v. *Décrire la situation en quelques mots* ▸ brosser, camper, dépeindre, dessiner, évoquer, exposer, peindre, raconter, représenter, retracer.

décrochage n. m. *Le décrochage des troupes devant l'ennemi* ▸ recul, repli.

décrocher v. 1 *Décrocher un vêtement* ▸ dépendre. 2 *Décrocher le combiné* ▸ soulever. 3 Fig. *Une armée qui décroche devant l'ennemi* ▸ lâcher pied, reculer, se replier. 4 Fig. et fam. *Décrocher un emploi intéressant* ▸ dégoter (fam.), dénicher (fam.), obtenir, trouver. 5 Fig. et fam. *C'était trop dur, il a décroché* ▸ abandonner, s'arrêter, dételer.

décroissance n. f. *La décroissance de la fièvre* ▸ affaiblissement, baisse, chute, déclin, décrue, diminution, tombée.

décroître v. *Une lumière qui décroît* ▸ s'affaiblir, s'amoindrir, baisser, décliner, diminuer, s'estomper, s'éteindre, tomber.

décrotter v. 1 *Décrotter des souliers* ▸ décrasser, nettoyer. 2 Fig. *Décrotter un jeune homme un peu naïf* ▸ décrasser, dégourdir, dégrossir, déniaiser.

décrottoir n. m. ▸ gratte-pieds, grattoir.

décrue n. f. Fig. *Enregistrer une décrue de la natalité* ▸ affaiblissement, baisse, chute, déclin, décroissance, diminution, tombée.

décryptage n. m. ▸ déchiffrement, décodage.

décrypter v. ▸ déchiffrer, décoder.

déçu, ue adj. ▸ dépité, désappointé, désenchanté, frustré, insatisfait.

décupler v. Fig. *Le désir de vaincre décuple ses forces* ▸ accroître, augmenter, multiplier.

dédaignable adj. ▸ méprisable, négligeable.

dédaigner v. 1 *Dédaigner les richesses* ▸ faire fi de, mépriser, se moquer de, n'avoir que faire de, négliger, se passer de, se rire de, snober (fam.). 2 *Dédaigner une proposition avantageuse* ▸ décliner, refuser, rejeter, repousser.

dédaigneux, euse adj. ▸ altier (litt.), arrogant, condescendant, distant, fier, hautain, méprisant, protecteur, supérieur.

dédain n. m. ▸ arrogance, condescendance, hauteur, mépris, morgue, superbe (litt.).

dédale n. m. 1 *Un dédale de ruelles* ▸ enchevêtrement, entrelacement, labyrinthe, lacis, réseau. 2 *Le dédale de la jurisprudence administrative* ▸ détours, écheveau, embrouillamini (fam.), enchevêtrement, forêt, labyrinthe, lacis, maquis, méandres.

dedans adv. ▸ à l'intérieur.

dedans n. m. *Le dedans d'une maison* ▸ intérieur.

dédicace n. f. *Il m'a offert son livre en y mettant une dédicace amicale* ▶ envoi, hommage.

dédier v. 1 *Dédier un livre à son fils* ▶ faire hommage de. 2 *Dédier sa vie à une grande cause* ▶ consacrer, offrir, vouer.

dédire (se) v. ▶ se désavouer, se raviser, se rétracter.

dédit n. m. *Payer un dédit en cas de non-respect d'un contrat* ▶ compensation, dédommagement, indemnité, réparation.

dédommagement n. m. 1 *Verser une somme à titre de dédommagement* ▶ compensation, dédit, dommages et intérêts, indemnité, réparation. 2 Fig. *Trouver un dédommagement à ses malheurs* ▶ compensation, consolation.

dédommager v. 1 *La compagnie d'assurance les a dédommagés* ▶ indemniser. 2 **se dédommager de** *Se dédommager de ses pertes en tapant dans la caisse* ▶ compenser, se rattraper de.

dédouaner v. Fig. *Chercher à dédouaner qqn d'une accusation* ▶ blanchir, disculper, innocenter, laver.

dédoubler (se) v. *Une route qui se dédouble* ▶ bifurquer, se diviser.

dédramatiser v. 1 *Dédramatiser un débat* ▶ apaiser, calmer, dépassionner. 2 *Vous y attachez trop d'importance, il faut dédramatiser* ▶ relativiser.

déductif, ive adj. *Un raisonnement déductif* ▶ discursif, logique.

déduction n. f. 1 *Voici la note totale avec la déduction de ce qui a déjà été versé* ▶ décompte, défalcation, retranchement, soustraction. 2 *Raisonner par déduction* ▶ inférence, syllogisme. 3 *Ses déductions ne reposent sur rien* ▶ conclusion.

déduire v. 1 *Déduire d'une facture les arrhes déjà versées* ▶ décompter, défalquer, enlever, ôter, retenir, retirer, retrancher, soustraire. 2 *On peut en déduire que...* ▶ conclure, inférer.

déesse n. f. Fig. *Vous verrez, c'est une vraie déesse* ▶ beauté, vénus.

défaillance n. f. 1 Vx *La défaillance des jurés a empêché l'ouverture du procès* ▶ absence, défaut. 2 *Allonger qqn qui a une défaillance* ▶ éblouissement, étourdissement, évanouissement, faiblesse, malaise, pâmoison (vx), syncope.

défaillant, ante adj. 1 Vx *L'accusé est déclaré défaillant* ▶ absent, contumace. 2 *Une santé défaillante* ▶ chancelant, déclinant, déficient, vacillant.

défaillir v. 1 *La peur l'a fait défaillir* ▶ s'évanouir, se pâmer (vx), tomber dans les pommes (fam.), se trouver mal. 2 *Ses forces défaillent* ▶ s'affaiblir, s'amoindrir, baisser, décliner, décroître, diminuer, faiblir.

défaire v. 1 *Ce que l'un fait, l'autre le défait* ▶ changer, modifier. 2 *Défaire un assemblage pièce par pièce* ▶ démonter. 3 *Défaire un corset* ▶ déboutonner, dégrafer, délacer, dénouer, détacher. 4 *Défaire un paquet* ▶ ouvrir. 5 *Défaire un ourlet* ▶ découdre. 6 Litt. *Alexandre a défait Darius à Issos* ▶ battre, écraser, vaincre. 7 **se défaire** *Tout ce qu'il avait construit s'est défait sous ses yeux* ▶ se décomposer, se déliter, se désagréger, se disloquer, disparaître, s'écrouler, s'effondrer. 8 *Se défaire d'un objet* ▶ abandonner, se débarrasser de, se dessaisir de, jeter, laisser tomber (fam.), liquider, renoncer à. 9 *À quel prix accepteriez-vous de vous en défaire?* ▶ se dessaisir de, renoncer à, se séparer de, vendre. 10 *Se défaire d'un préjugé* ▶ se corriger de, se débarrasser de, se délivrer de, démordre de, perdre, renoncer à. 11 *Chercher à se défaire d'un importun* ▶ se débarrasser de, se dégager de, se délivrer de, se dépêtrer de (fam.). 12 *Se défaire d'un employé* ▶ balancer (fam.), chasser, congédier, débarquer (fam.), se débarrasser de, jeter dehors, licencier, limoger, mettre à la porte, remercier, renvoyer, se séparer de, vider (fam.), virer (fam.).

défait, aite adj. *Une physionomie défaite* ▶ abattu, épuisé.

défaite n. f. 1 *Une défaite qui n'engage pas l'avenir* ▶ échec, fiasco, insuccès, revers. 2 *La défaite de 1940* ▶ débâcle, débandade, déconfiture, déculottée (fam.), déroute, raclée (fam.).

défaitisme n. m. *Ce n'est pas le moment de sombrer dans le défaitisme* ▶ pessimisme.

défaitiste adj. *Tenir des propos défaitistes sur l'issue d'une crise* ▶ pessimiste.

défalcation n. f. ▶ décompte, déduction, retranchement, soustraction.

défalquer v. ▶ décompter, déduire, ôter, rabattre, retrancher, soustraire.

défatiguer v. ▶ décontracter, délasser, détendre, reposer.

défaufiler v. ▶ débâtir.

défausser (se) v. *Se défausser d'une responsabilité* ▶ se débarrasser de, se décharger de, échapper à, éviter.

défaut n. m. 1 *Une machine qui présente un défaut* ▶ défectuosité, imperfection, malfaçon. 2 *Les défauts d'un système politique* ▶ désavantage, faiblesse, inconvénient,

défaveur

lacune, travers. **3** *Ne pas pouvoir se corriger de ses défauts* ▶ tare, travers, vice. **4** *Une économie qui souffre d'un défaut de main-d'œuvre* ▶ carence, déficience, insuffisance, manque, pénurie, rareté. **5** *Constater le défaut de l'accusé* ▶ absence, contumace, défaillance. **6 à défaut de** *À défaut d'autre chose, il faudra bien s'en contenter* ▶ en l'absence de, faute de. **7 faire défaut** *Le talent lui fait cruellement défaut* ▶ manquer.

défaveur n. f. *Craindre une brusque défaveur de la part de l'opinion publique* ▶ déconsidération (litt.), décri (litt.), défiance, discrédit, disgrâce.

défavorable adj. **1** *Un climat humide et défavorable* ▶ funeste, malsain, mauvais, néfaste, nuisible, pernicieux. **2** *Occuper une position défavorable* ▶ désavantageux, mauvais. **3** *Une appréciation défavorable* ▶ dépréciatif, négatif. **4** *Il paraît que vous êtes défavorable à ma candidature* ▶ contre, hostile à, opposé à.

défavorisé, ée adj. et n. *Réclamer plus de solidarité pour les défavorisés* ▶ démunis, déshérité, indigent, laissé pour compte, misérable, pauvre.

défavoriser v. *Un type d'épreuves qui défavorise certains candidats* ▶ désavantager, desservir, handicaper, nuire à.

défection n. f. ▶ abandon, capitulation, dérobade, désertion, reculade.

défectueux, euse adj. *Une argumentation défectueuse* ▶ bancal, boiteux, déficient, faible, imparfait, incorrect, insuffisant, mauvais, vicieux.

défectuosité n. f. *Une machine qui présente une défectuosité* ▶ défaut, imperfection, malfaçon.

défendable adj. ▶ excusable, justifiable, soutenable.

défendre v. **1** *Défendre un accusé* ▶ plaider pour. **2** *Défendre un enfant qui risque d'être puni* ▶ intercéder pour, intervenir pour. **3** *Se battre pour défendre sa patrie* ▶ préserver, protéger, sauvegarder. **4** *Défendre un projet original* ▶ aider, appuyer, encourager, favoriser, militer pour, plaider pour, pousser, soutenir. **5** *Des doubles vitres qui défendent du bruit* ▶ abriter, garantir, garder, préserver, protéger. **6** *Défendre toute consommation d'alcool* ▶ empêcher, interdire, prohiber, proscrire. **7 se défendre** *Des assiégés décidés à se défendre* ▶ se battre, lutter, résister. **8** *Se défendre contre une accusation* ▶ réagir contre, réfuter, rejeter, répondre à, riposter à. **9** *Se défendre d'avoir emporté un livre* ▶ nier. **10** *Se défendre du froid* ▶ s'abriter, se garantir, se garder, se prémunir, se préserver, se protéger. **11** *Ne pas pouvoir se défendre de marquer son mépris à un interlocuteur* ▶ s'abstenir de, s'empêcher de, se garder de, s'interdire de, se retenir de.

défendu, ue adj. *Faire qqch de défendu* ▶ illégal, illicite, interdit, prohibé.

défense n. f. **1** *Venez à sa défense* ▶ aide, rescousse, secours. **2** *Les institutions démocratiques sont une défense contre le totalitarisme* ▶ bouclier, garantie, protection, sauvegarde. **3** *Le ministère de la Défense* ▶ armées (vx), guerre (vx). **4** *La parole est à la défense* ▶ avocat, défenseur. **5** *Une défense étayée par des arguments puissants* ▶ plaidoirie, plaidoyer. **6** *Il a dit en guise de défense qu'il était incapable d'une chose pareille* ▶ excuse, justification. **7** *Défense de fumer* ▶ interdiction.

défenseur n. m. **1** *Un accusé qui a un bon défenseur* ▶ avocat. **2** *Les défenseurs d'une doctrine* ▶ apôtre (litt.), champion, gardien, partisan, protecteur, soutien, tenant.

déféquer v. **1** *Déféquer un liquide dans le cadre d'une manipulation de chimie* ▶ clarifier, épurer, purifier. **2** *S'accroupir pour déféquer* ▶ faire (fam.).

déférence n. f. *Témoigner de la déférence à un vieux maître* ▶ considération, égards, respect.

déférent, ente adj. *Une attitude déférente* ▶ respectueux.

déférer v. **1** *Déférer un titre de noblesse à qqn* ▶ attribuer, conférer, décerner. **2** *Déférer qqn dans le cadre d'une affaire criminelle* ▶ citer en justice, poursuivre, traduire en justice.

déferlement n. m. **1** *Le déferlement des touristes* ▶ afflux, invasion, ruée, vague. **2** Fig. *Un déferlement de protestations* ▶ débordement, déluge, tempête, vague.

déferler v. **1** *Déferler une voile* ▶ déployer, larguer. **2** *Des vagues qui déferlent sur des rochers* ▶ se briser. **3** Fig. *L'ennemi menace de déferler sur le pays* ▶ s'élancer, foncer, fondre, se précipiter, se ruer.

défi n. m. **1** *Une attitude de défi* ▶ bravade, crânerie, fanfaronnade, provocation. **2** *Un défi industriel* ▶ challenge, gageure.

défiance n. f. *Une politique qui suscite la défiance des milieux d'affaires* ▶ incrédulité, méfiance, réserve, scepticisme, suspicion.

défiant, ante adj. ▶ méfiant, soupçonneux.

déficience n. f. Fig. *Les déficiences d'un système politique* ▸ carence, défaut, faiblesse, insuffisance, lacune, limite.

déficient, ente adj. **1** *Une santé déficiente* ▸ chancelant, débile, défaillant, faible. **2** *Un vocabulaire déficient* ▸ faible, insuffisant, lacunaire, médiocre, pauvre.

déficit n. m. **1** *Partir en laissant un déficit de plusieurs millions* ▸ ardoise (fam.), découvert, dette, trou (fam.). **2** Fig. *Un déficit de démocratie* ▸ insuffisance, manque.

défier v. **1** *Défier qqn en combat singulier* ▸ provoquer. **2** Fig. *Défier les autorités* ▸ braver, narguer. **3** Fig. *Une institution qui défie le temps* ▸ résister à. **4 se défier** *Se défier des racontars* ▸ craindre, se garder de, se méfier de, redouter.

défigurer v. **1** Fig. *Défigurer une façade en murant des fenêtres* ▸ abîmer, enlaidir, estropier, gâter, massacrer (fam.). **2** Fig. *Défigurer la pensée d'un auteur* ▸ altérer, caricaturer, déformer, dénaturer, fausser, trahir, travestir (litt.).

défilé n. m. **1** *Un défilé entre deux montagnes* ▸ canyon, cluse, couloir, gorge, goulet, passage. **2** *Le défilé du 14 Juillet* ▸ parade, revue. **3** *Le défilé vient de quitter la Bastille et se dirige vers la Nation* ▸ colonne, cortège, manifestation. **4** Fig. *Un défilé de mauvaises nouvelles* ▸ chapelet, série, succession, suite.

défiler v. **1** *Défiler un tissu* ▸ effiler, effilocher. **2** *Les jours défilaient, monotones* ▸ se dérouler, passer, se succéder. **3 se défiler** Fam. *Il se défile dès qu'on lui demande de payer* ▸ se débiner (fam.), se dérober, s'esquiver, se récuser.

défini, ie adj. *Il n'a pas d'intentions bien définies* ▸ clair, déterminé, particulier, précis.

définir v. **1** *Définir la valeur d'un mot* ▸ caractériser, délimiter, déterminer, expliquer, préciser. **2** *Définir des règles* ▸ délimiter, déterminer, fixer, spécifier.

définitif, ive adj. **1** *La version définitive d'une œuvre* ▸ dernier, final, ultime. **2** *Une décision définitive* ▸ arrêté, catégorique, irrémédiable, irrévocable, sans appel.

définition n. f. **1** *Quelle définition donnez-vous à ce mot?* ▸ sens, signification. **2 par définition** *Soutenir que les empires sont par définition expansionnistes* ▸ par essence, par nature, par principe.

définitive (en) adv. ▸ au bout du compte, décidément, en fin de compte, finalement, somme toute, tout bien considéré, tout compte fait.

définitivement adv. ▸ à jamais, irrémédiablement, irrévocablement, pour toujours.

déflagration n. f. ▸ détonation, éclatement, explosion.

déflorer v. ▸ dépuceler (fam.).

défoncer v. **1** *Ses freins ont lâché et il a défoncé la vitrine du magasin* ▸ briser, casser, enfoncer, éventrer. **2 se défoncer** Fam. *Se défoncer à l'héroïne* ▸ se camer (fam.), se droguer, se piquer. **3** Fam. *Elle s'est défoncée pour que tout se passe bien* ▸ se décarcasser (fam.), se mettre en quatre.

déforestation n. f. ▸ déboisement.

déformation n. f. **1** *Un enfant victime d'une déformation* ▸ difformité. **2** *La déformation d'une pièce métallique* ▸ gauchissement. **3** Fig. *Une déformation systématique des faits* ▸ altération, distorsion, falsification, transformation, travestissement.

déformé, ée adj. **1** *Un corps tout déformé* ▸ contrefait, difforme, tordu. **2** Fig. *Un vêtement déformé* ▸ avachi.

déformer v. **1** *Déformer une pièce de métal* ▸ fausser, gauchir, tordre, voiler. **2** Fig. *Un appareil qui déforme la voix* ▸ altérer, changer, déguiser, dénaturer, modifier, transformer. **3** Fig. *Déformer la pensée de qqn* ▸ altérer, caricaturer, défigurer, dénaturer, falsifier, fausser, trahir, travestir. **4 se déformer** *Un objet qui se déforme sous l'action de la chaleur* ▸ gauchir, gondoler, jouer, travailler.

défouler (se) v. Fam. ▸ décompenser (fam.), décompresser (fam.).

défraîchi, ie adj. *Un tee-shirt défraîchi* ▸ décoloré, fatigué, usé, vieilli.

défraîchir (se) v. *Des tentures dont les tons les plus vifs se défraîchissent* ▸ se décolorer, s'effacer, s'éteindre, se faner, se flétrir, passer, se ternir.

défrayer v. *Défrayer qqn du coût de ses déplacements* ▸ rembourser.

défrichage, défrichement n. m. ▸ débroussaillement, essartage.

défricher v. **1** *Défricher avant d'ensemencer* ▸ débroussailler, essarter. **2** Fig. *Défricher le terrain avant une réunion* ▸ déblayer, débroussailler, dégager, éclaircir, préparer.

défriper v. ▸ déchiffonner, défroisser.

défriser v. Fam. *Ça te défrise?* ▸ chagriner, contrarier, déplaire, embêter, ennuyer.

défroisser v. ▸ déchiffonner, défriper.

défroque n. f. ▸ frusques (fam.), guenille, haillon, hardes, oripeaux.

défunt, unte adj. et n. ▶ décédé, disparu, feu, mort.

dégagé, ée adj. Fig. *Répondre d'un air dégagé* ▶ badin, désinvolte, léger.

dégagement n. m. **1** *Le dégagement de la chaussée après un accident* ▶ déblaiement, déblayage. **2** *Un dégagement de gaz* ▶ échappement, émanation. **3** *Un appartement où l'on a multiplié les dégagements* ▶ corridor, couloir, passage.

dégager v. **1** *Dégager un passage* ▶ débarrasser, déblayer, débloquer, désencombrer, désobstruer. **2** *Dégager une pièce de monnaie prise sous un meuble* ▶ décoincer, enlever, extraire, ôter, retirer. **3** *Dégager une place forte encerclée* ▶ débloquer, délivrer. **4** Fig. *Dégager qqn d'une obligation* ▶ affranchir, débarrasser, décharger, délivrer, dispenser, exempter, exonérer, libérer. **5** Fig. *Un tas d'ordures qui dégage une odeur infecte* ▶ émettre, exhaler, produire, répandre. **6 se dégager** *Des fumées qui se dégagent* ▶ s'échapper, se répandre, sortir. **7** *Le ciel se dégage* ▶ se découvrir, s'éclaircir. **8** *Parvenir à se dégager d'un boyau étroit* ▶ s'extirper, se sortir, se tirer. **9** Fig. *Se dégager d'une situation embarrassante* ▶ se délivrer, se dépêtrer, se sortir, se tirer. **10** Fig. *Se dégager à temps pour un rendez-vous* ▶ se délivrer, se libérer. **11** Fig. *La poésie qui se dégage d'un texte* ▶ émaner, ressortir, sourdre (litt.).

dégaine n. f. Fam. *Avoir une dégaine plutôt mauvais genre* ▶ allure, port (litt.), touche (fam.).

dégarnir v. **1** *Dégarnir une chambre de ses meubles* ▶ débarrasser, dépouiller, vider. **2** *Dégarnir les ailes d'une armée* ▶ découvrir. **3 se dégarnir** *Une salle qui se dégarnit après un spectacle* ▶ se désemplir, se vider. **4** *Il avait de beaux cheveux, mais il a commencé très tôt à se dégarnir* ▶ se déplumer (fam.).

dégâts n. m. pl. *Évaluer les dégâts causés par des vandales* ▶ casse (fam.), dégradations, déprédations, destructions, détériorations, dommages.

dégauchir v. ▶ aplanir, raboter, redresser.

dégel n. m. **1** *Le dégel d'une rivière* ▶ débâcle. **2** Fig. *Un dégel dans les relations entre deux pays* ▶ déblocage, décrispation, détente.

dégelée n. f. Fam. *Il a pris une de ces dégelées!* ▶ dérouillée (fam.), pile (fam.), raclée (fam.), rossée (fam.), trempe (fam.), volée (fam.).

dégeler v. **1** *Des congères qui commencent à dégeler* ▶ fondre, se liquéfier. **2** Fig. *Dégeler des crédits* ▶ débloquer. **3** Fig. *Dégeler un auditoire* ▶ débloquer, décoincer (fam.), décrisper, dérider, détendre. **4 se dégeler** Fig. *L'atmosphère s'est rapidement dégelée* ▶ se décrisper, se détendre, se réchauffer.

dégénéré, ée adj. et n. Fam. *Traiter ses adversaires de dégénérés* ▶ arriéré, débile, demeuré, idiot, taré (fam.).

dégénérer v. **1** *Une race qui dégénère* ▶ s'abâtardir. **2** Fig. *Une situation qui dégénère de jour en jour* ▶ s'aggraver, se dégrader, se détériorer, empirer, s'envenimer. **3** Fig. *Une discussion qui dégénère en querelle* ▶ tourner.

dégénérescence n. f. **1** *La dégénérescence d'une espèce* ▶ abâtardissement. **2** Fig. *La dégénérescence d'une institution* ▶ abaissement, chute, décadence, déchéance, déclin, décomposition, dégradation, déliquescence, désagrégation, étiolement.

déglinguer v. Fam. ▶ abîmer, bousiller (fam.), casser, démantibuler (fam.), démolir, détériorer, détraquer, disloquer.

déglutir v. ▶ avaler.

dégonflé, ée adj. *Un pneu dégonflé* ▶ à plat.

dégonflé, ée n. Fam. *Une bande de dégonflés* ▶ couard (litt.), froussard (fam.), lâche, pleutre (litt.), poltron, trouillard (fam.).

dégonfler (se) v. **1** *L'abcès commence à se dégonfler* ▶ désenfler. **2** Fam. *Ils se sont tout de suite dégonflés* ▶ caler (fam.), se déballonner (fam.), se dérober (litt.), flancher, mollir, reculer.

dégorgement n. m. ▶ écoulement, épanchement, évacuation.

dégorger v. **1** *Dégorger un tuyau* ▶ purger, vidanger. **2** *Un oléoduc qui dégorge du pétrole* ▶ déverser, évacuer, rejeter, répandre. **3** *Des ravines qui dégorgent dans un étang* ▶ se déverser.

dégoter v. Fam. ▶ découvrir, décrocher (fam.), dénicher, repérer, trouver.

dégoulinant, ante adj. ▶ dégouttant, ruisselant, trempé.

dégouliner v. ▶ baver, couler, dégoutter, goutter, ruisseler.

dégoulinement n. m. ▶ ruissellement.

dégourdi, ie adj. et n. ▶ astucieux, débrouillard, déluré, démerdard (fam.), éveillé, futé, malin, rusé.

dégourdir v.**1** Fig. *Ce voyage va le dégourdir un peu* ▶ dégrossir, délurer, déniaiser, dessaler (fam.). **2 se dégourdir** *Se dégour-*

dir les doigts avant de se mettre au piano ▶ se dérouiller. **3** Partir à la campagne pour se dégourdir après un examen ▶ s'aérer, se détendre.

dégoût n. m. **1** Le dégoût provoqué par certains aliments ▶ aversion, écœurement, haut-le-cœur, nausée, phobie, répugnance, répulsion. **2** Fig. Éprouver du dégoût pour toutes les formes de corruption ▶ aversion, écœurement, horreur, mépris, répugnance, répulsion.

dégoûtant, ante adj. **1** Un vêtement dégoûtant ▶ crasseux, dégueulasse (fam.), malpropre, repoussant, répugnant, sale. **2** Fam. Ils se sont conduits d'une façon vraiment dégoûtante avec lui ▶ abject, dégueulasse (fam.), écœurant, honteux, ignoble, immonde, infect, innommable, odieux, répugnant, révoltant, sordide.

dégoûté, ée adj. Être dégoûté de tout ▶ blasé, désenchanté, écœuré, fatigué, lassé, revenu.

dégoûter v. Tout cela me dégoûte ▶ débecter (fam.), écœurer, faire horreur, rebuter, répugner.

dégouttant, ante adj. Un front dégouttant de sueur ▶ mouillé, ruisselant, trempé.

dégoutter v. L'eau qui dégoutte du toit ▶ couler, dégouliner, goutter, ruisseler.

dégradant, ante adj. Une tâche dégradante ▶ avilissant, déshonorant, honteux, ignominieux, infamant, infâme.

dégradation n. f. **1** Plur. Les dégradations causées par les vandales ▶ casse (fam.), dégâts, déprédations, destructions, détériorations, dommages. **2** Fig. La dégradation de la situation économique ▶ délabrement, détérioration, pourrissement.

dégrader v. **1** Dégrader un officier ▶ casser, destituer. **2** Dégrader un bâtiment ▶ abîmer, détériorer, endommager, esquinter (fam.), mutiler. **3** La corruption dégrade les individus ▶ avilir, déshonorer. **4 se dégrader** De la viande, des fruits qui risquent de se dégrader ▶ s'abîmer, s'altérer, s'avarier, se corrompre, se détériorer, se gâter. **5** Une façade qui se dégrade ▶ s'abîmer, se délabrer. **6** La situation se dégrade de jour en jour ▶ s'aggraver, se détériorer, empirer, s'envenimer.

dégrafer v. Dégrafer un corsage ▶ déboutonner, défaire.

dégraissage n. m. Fam. Se retrouver au chômage à la suite d'un dégraissage ▶ licenciement collectif.

dégraisser v. **1** Dégraisser de la laine ▶ déshuiler, dessuinter. **2** Faire dégraisser un vêtement ▶ détacher, nettoyer. **3** Fig. et fam. Dégraisser des effectifs ▶ alléger, diminuer.

degré n. m. **1** Litt. S'asseoir sur les degrés d'un escalier ▶ marche. **2** Les degrés successifs d'une progression ▶ échelon, étape, gradation, niveau, palier, période, phase, stade. **3** Les degrés d'une hiérarchie ▶ échelon, grade, niveau, rang. **4** Il y a des degrés dans la gentillesse comme dans la méchanceté ▶ différence, gradation, nuance. **5** Le degré d'alcool ▶ titrage, titre. **6 par degrés** ▶ graduellement, insensiblement, par étapes, par paliers, petit à petit, peu à peu, progressivement, successivement.

dégrèvement n. m. ▶ abattement, diminution, réduction, remise.

dégringolade n. f. **1** Fam. Entendre un bruit de dégringolade ▶ chute, culbute. **2** Fig. et fam. La dégringolade des prix de certains produits ▶ chute, effondrement.

dégringoler v. **1** Dégringoler des escaliers ▶ débouler, dévaler. **2** Dégringoler en descendant des escaliers ▶ se casser la figure (fam.), choir (vx), chuter, culbuter, s'écrouler, s'effondrer, s'étaler (fam.), tomber. **3** Fig. Les prix dégringolent ▶ chuter, s'effondrer.

dégriser v. **1** L'air frais achèvera de le dégriser ▶ désenivrer, dessaouler (fam.). **2** Fig. Le contact avec la réalité les a dégrisés ▶ désillusionner.

dégrossir v. **1** Fig. Dégrossir un problème ▶ débroussailler, défricher. **2** Fam. Ce genre d'expérience va le dégrossir ▶ décrasser (fam.), dégourdir, déniaiser.

déguenillé, ée adj. ▶ dépenaillé (fam.), haillonneux (litt.), loqueteux.

déguerpir v. ▶ se barrer (fam.), se carapater (fam.), se débiner, décamper, décaniller (fam.), détaler, s'enfuir, ficher le camp (fam.), filer, fuir, partir, se sauver, se tailler (fam.), se tirer (fam.).

déguisement n. m. **1** Un déguisement de carnaval ▶ costume, travesti, travestissement. **2** Qu'est-ce que c'est que ce déguisement grotesque ? ▶ accoutrement. **3** Fig. et litt. Parler sans déguisement ▶ artifice, dissimulation, fard, feinte (vx).

déguiser v. **1** Déguiser un enfant pour une fête ▶ costumer, travestir. **2** Fig. Déguiser sa voix ▶ contrefaire, modifier, transformer, travestir. **3** Fig. Déguiser la vérité ▶ arranger, dénaturer, farder, maquiller, masquer, travestir, voiler. **4** Fig. Déguiser sa méchanceté sous les dehors de la générosité ▶ camoufler, dissimuler, masquer, voiler.

dégustateur n. m. ▶ goûteur.

déguster v. 1 *Déguster qqch de bon* ▶ apprécier, se délecter de, se régaler de, savourer. 2 Fam. *Qu'est-ce qu'il a dégusté!* ▶ dérouiller (fam.), encaisser (fam.), prendre (fam.), recevoir.

déhanchement n. m. *Un déhanchement suggestif* ▶ dandinement, tortillement.

déhancher (se) v. ▶ se dandiner, se tortiller.

dehors adv. *Allez donc jouer dehors* ▶ à l'extérieur.

dehors de (en) prép. *Il n'a rien trouvé à dire en dehors de cela* ▶ abstraction faite de, à la réserve de (vx), à l'exception de, à l'exclusion de, à part, excepté, hormis, hors (vx), non compris, sauf.

dehors n. m. *Être très gentil malgré un dehors bourru* ▶ air, apparence, aspect, extérieur.

déification n. f. ▶ apothéose (vx), divinisation.

déifier v. 1 *Déifier un empereur après sa mort* ▶ diviniser. 2 *Les anciens Égyptiens déifiaient le chat* ▶ adorer, vénérer.

déité n. f. Litt. ▶ dieu, divinité.

déjà adv. *Je vous l'avais déjà dit* ▶ auparavant, avant.

déjections n. f. pl. ▶ crottes, étrons, excréments, excrétions, fèces, matières, selles.

déjeter (se) v. ▶ se déformer, dévier, gauchir, se tordre.

déjouer v. ▶ contrarier, contrecarrer.

déjuger (se) v. ▶ se désavouer.

délabré, ée adj. *Une maison délabrée* ▶ branlant, chancelant, croulant, décrépit, vétuste.

délabrement n. m. 1 *Un édifice dans un tel état de délabrement qu'on ne peut plus le restaurer* ▶ dégradation, ruine, vétusté. 2 *Le délabrement moral d'une société* ▶ décomposition, décrépitude, déliquescence, dépérissement.

délabrer v. 1 *Ses excès lui ont délabré la santé* ▶ dégrader, détériorer, endommager, esquinter (fam.), gâter, ravager, ruiner. 2 **se délabrer** *Un pays dont l'économie se délabre* ▶ se dégrader, se détériorer, tomber en ruine.

délacer v. ▶ dénouer, détacher.

délai n. m. 1 *Demander un délai de cinq jours* ▶ marge, moratoire, prolongation, répit, sursis. 2 *Dépasser le délai* ▶ échéance, terme. 3 **sans délai** ▶ aussitôt, immédiatement, séance tenante, sur le champ, tout de suite.

délaissement n. m. *Vivre dans un état de complet délaissement* ▶ abandon, déréliction (litt.), isolement.

délaisser v. 1 *Délaisser une activité* ▶ abandonner, déserter, se désintéresser de, négliger. 2 *Délaisser des poursuites* ▶ abandonner, renoncer à. 3 *Délaisser qqn* ▶ se désintéresser de, se détourner de (fam.).

délassant, ante adj. ▶ amusant, distrayant, récréatif, reposant.

délassement n. m. 1 *S'accorder un moment de délassement* ▶ détente, loisir, pause, récréation, répit, repos. 2 *La pêche est son délassement favori* ▶ amusement, distraction, divertissement, hobby (fam.), passe-temps.

délasser v. 1 *La marche le délasse* ▶ défatiguer, détendre, reposer. 2 **se délasser** *Se délasser de son travail en jouant du violon* ▶ se changer, se détendre, se distraire, se divertir, se relaxer, se reposer.

délateur, trice n. ▶ balance (fam.), cafard (fam.), dénonciateur, donneur (fam.), indicateur, mouchard, sycophante (litt.).

délation n. f. ▶ dénonciation, mouchardage (fam.).

délaver v. *Délaver une teinte* ▶ affadir (péj.), décolorer, éclaircir, faner (péj.).

délayage n. m. Fig. et fam. *Il y a beaucoup de délayage dans ce rapport* ▶ remplissage, verbiage.

délayé, ée adj. Fig. *Un discours incroyablement délayé* ▶ bavard, diffus, prolixe, redondant, verbeux.

délayer v. *Délayer du plâtre* ▶ détremper, diluer, dissoudre, gâcher.

délectable adj. Litt. ▶ délicat, délicieux, exquis, savoureux, succulent.

délectation n. f. Litt. ▶ délice, jouissance, plaisir, ravissement, volupté.

délecter (se) v. 1 *Le repas était excellent et chacun se délectait* ▶ se régaler, savourer. 2 *Se délecter d'un spectacle* ▶ déguster, jouir de, se repaître de. 3 *Se délecter à dire des méchancetés* ▶ aimer à, se complaire à, se plaire à.

délégation n. f. 1 *Agir en vertu d'une délégation* ▶ mandat, procuration, représentation. 2 *Notre délégation auprès du Saint-Siège* ▶ ambassade.

délégué, ée n. ▶ émissaire, envoyé, mandataire, porte-parole, représentant.

déléguer v. 1 *Déléguer qqn auprès d'une assemblée* ▶ commettre (litt.), députer, en-

voyer, mandater. 2 *Savoir déléguer ses responsabilités* ▸ confier, transmettre.

délestage n. m. *Un itinéraire de délestage* ▸ déviation.

délester v. *Délester qqn d'un fardeau* ▸ débarrasser, décharger, soulager.

délétère adj. **1** *Des vapeurs délétères* ▸ asphyxiant, irrespirable, méphitique, nocif, toxique. **2** Fig. et litt. *Des principes délétères* ▸ corrupteur, dangereux, malsain, néfaste, nocif, nuisible, pernicieux, préjudiciable.

délibération n. f. **1** *Mettre une question en délibération* ▸ débat, délibéré, discussion, examen. **2** *Agir après délibération* ▸ examen, réflexion.

délibéré, ée adj. **1** *Des agissements malveillants et parfaitement délibérés* ▸ conscient, intentionnel, pesé, réfléchi, volontaire, voulu. **2** *Marcher d'un pas délibéré* ▸ assuré, décidé, déterminé, ferme, résolu.

délibéré n. m. *Mettre une affaire en délibéré* ▸ débat, délibération, discussion, examen.

délibérément adv. *Je suis sûr qu'il savait que cela nous ferait du tort et qu'il a agi délibérément* ▸ consciemment, en toute connaissance de cause, exprès (fam.), intentionnellement, volontairement.

délibérer v. **1** *Délibérer à plusieurs pour parvenir à une décision* ▸ se concerter, débattre, discuter. **2** Litt. *Avant de se décider, il a longuement délibéré* ▸ cogiter (fam.), méditer, penser, réfléchir.

délicat, ate adj. **1** *Être délicat avec tout le monde* ▸ affable, amène, attentif, attentionné, courtois, gentil, poli, prévenant. **2** *Un procédé peu délicat* ▸ correct, honnête, scrupuleux. **3** *Il ne faut pas être si délicat* ▸ chatouilleux, difficile, douillet, exigeant, sensible, susceptible. **4** *Une peau délicate* ▸ doux, fin, fragile, tendre. **5** *Des articulations délicates* ▸ fin, fluet, gracile, grêle, menu, ténu. **6** *Un enfant délicat* ▸ chétif, faible, fragile, frêle, malingre. **7** *Un humour délicat* ▸ discret, fin, léger, raffiné, recherché, sophistiqué, subtil. **8** *Se trouver dans une situation délicate* ▸ complexe, compliqué, difficile, embarrassant, gênant, malaisé, périlleux. **9** *Hésiter à aborder un sujet délicat* ▸ brûlant, difficile, embarrassant, épineux, gênant, périlleux, problématique (fam.), risqué, scabreux, sensible.

délicatement adv. **1** *Une coupe délicatement ciselée* ▸ délicieusement, finement. **2** *Saisir un objet délicatement* ▸ doucement, précautionneusement, soigneusement.

délicatesse n. f. **1** *Traiter qqn avec beaucoup de délicatesse* ▸ amabilité, attention, courtoisie, douceur, gentillesse, prévenance. **2** *Un procédé qui manque de délicatesse* ▸ correction, discrétion, élégance, tact. **3** *Manier un objet avec délicatesse* ▸ douceur, précaution, soin. **4** *La délicatesse d'une teinte* ▸ finesse, subtilité. **5** *Une œuvre d'art d'une grande délicatesse d'exécution* ▸ finesse, raffinement, recherche. **6** *Parler avec délicatesse d'un texte littéraire* ▸ finesse, sensibilité, subtilité. **7** *Étant donné la délicatesse de cette affaire...* ▸ complexité, difficulté.

délice n. m. **1** *Cette poire est un véritable délice* ▸ bonheur, enchantement, régal. **2** *Constater avec délice qu'on a eu raison une fois de plus* ▸ délectation, joie, plaisir, ravissement, volupté. **3** *Les délices enivrantes de l'amour* ▸ félicités (litt.), jouissances, voluptés.

délicieusement adv. ▸ adorablement, merveilleusement.

délicieux, euse adj. **1** *Une odeur délicieuse* ▸ délectable (litt.), exquis, savoureux, succulent. **2** *Une femme délicieuse* ▸ adorable, charmant, merveilleux.

délictueux, euse adj. ▸ condamnable, illicite, répréhensible.

délié, ée adj. **1** *Une taille déliée* ▸ élancé, fin, fuselé, menu, mince, svelte. **2** Fig. *Un esprit délié* ▸ agile, fin, pénétrant, rapide, subtil, vif. **3** Fig. *Les doigts déliés d'une harpiste* ▸ agile, souple.

délier v. **1** *Délier un lacet* ▸ défaire, dénouer, détacher. **2** Fig. *Délier qqn d'un engagement* ▸ affranchir, dégager, délivrer, libérer, relever.

délimitation n. f. *La délimitation d'un terrain* ▸ bornage, démarcation.

délimiter v. **1** *Délimiter un territoire* ▸ borner, marquer. **2** Fig. *Délimiter une question à traiter* ▸ circonscrire, définir, déterminer, fixer, préciser.

délinquance n. f. *Étudier les effets de l'urbanisation sur la délinquance* ▸ criminalité.

délinquant, ante n. ▸ malfaiteur, voyou.

déliquescence n. f. Fig. *Tomber en déliquescence* ▸ décadence, décomposition, décrépitude, dégénérescence, délabrement, ruine.

déliquescent, ente adj. **1** Fig. *Une prose déliquescente* ▸ décadent. **2** Fig. et fam. *Un* *vieillard déliquescent* ▸ gâteux, ramolli (fam.), sénile.

délirant, ante adj. **1** Fig. *Un enthousiasme délirant* ▸ débridé, déchaîné, démentiel, dingue (fam.), effréné, extravagant, fou, frénétique, incroyable. **2** *300 francs? C'est délirant!* ▸ absurde, déraisonnable, dingue (fam.), extravagant, fou, insensé.

délire n. m. **1** *Un accès de délire* ▸ démence, divagation, égarement, folie. **2** Fig. *C'est devenu du délire quand le troisième but a été marqué* ▸ frénésie.

délirer v. ▸ battre la campagne (fam.), déménager, dérailler (fam.), déraisonner (litt.), divaguer, extravaguer (vx).

délit n. m. ▸ faute, infraction.

déliter (se) v. *Une substance qui se délite au contact de l'eau* ▸ se décomposer, se désagréger, se dissoudre, se fragmenter.

délivrance n. f. **1** *Des prisonniers à qui l'on fait espérer une prochaine délivrance* ▸ libération. **2** *Ça a été une telle délivrance quand on nous a rassurés* ▸ soulagement. **3** *Une femme qui attend sa délivrance* ▸ accouchement. **4** *La délivrance d'une marchandise* ▸ fourniture, livraison, remise.

délivrer v. **1** *Délivrer un prisonnier* ▸ libérer, relâcher. **2** *Délivrer qqn d'une responsabilité* ▸ débarrasser, décharger, dégager, libérer, soulager. **3** *Délivrer une marchandise* ▸ livrer, remettre. **4 se délivrer** *Se délivrer à temps pour un rendez-vous* ▸ se dégager, se libérer. **5** *Se délivrer de toutes sortes de contraintes* ▸ s'affranchir de, se débarrasser de, se dégager de, s'émanciper de, se libérer de, se soustraire à. **6** *Se délivrer d'une mauvaise habitude* ▸ se corriger de, se débarrasser de, se défaire de, en finir avec, se guérir de, se libérer de, se purger de.

déloger v. **1** Litt. *Être dans l'obligation de déloger immédiatement* ▸ décamper (fam.), déguerpir, déménager, s'en aller, filer, partir, plier bagage, vider les lieux. **2** *Déloger un locataire* ▸ chasser, expulser, vider (fam.), virer (fam.). **3** *Déloger un renard de son repaire* ▸ chasser, débucher, débusquer.

déloyal, ale adj. **1** *Se montrer déloyal* ▸ faux, fourbe, perfide. **2** *Un procédé déloyal* ▸ indélicat, malhonnête.

déloyalement adv. ▸ malhonnêtement, perfidement, traîtreusement.

déloyauté n. f. **1** *La déloyauté d'un concurrent* ▸ duplicité, fausseté, fourberie, malhonnêteté, mauvaise foi, perfidie. **2** *Se rendre coupable d'une déloyauté* ▸ félonie (vx), forfaiture, fourberie, perfidie, traîtrise.

déluge n. m. Fig. *Un déluge de reproches* ▸ avalanche, débauche, débordement, déferlement, flot, flux, pluie, torrent.

déluré, ée adj. **1** *Il est assez déluré pour s'en sortir tout seul* ▸ débrouillard, dégourdi, éveillé, futé, malin, vif. **2** *Une jeune fille au regard bien déluré* ▸ coquin, dégourdi, dessalé, effronté, fripon.

demailler (se) v. *Un bas qui se démaille* ▸ filer.

demain n. m. Fig. *Se demander de quoi demain sera fait* ▸ avenir, futur, lendemains.

demande n. f. **1** Litt. *Une demande indiscrète* ▸ interrogation, question. **2** *La demande de la clientèle* ▸ désir, souhait, vœu. **3** *Une demande humblement présentée* ▸ appel, prière, requête, sollicitation, supplique. **4** *Une demande impérative* ▸ exigence, réclamation, revendication.

demander v. **1** *Demander de l'aide* ▸ rechercher, réclamer, solliciter. **2** *Le directeur demande que vous veniez immédiatement* ▸ commander, enjoindre, exiger, ordonner, sommer. **3** *Monsieur l'Ambassadeur vous demande de bien vouloir assister...* ▸ prier. **4** *Il en demande 2000 francs* ▸ désirer, souhaiter, vouloir. **5** *Demander au service compétent* ▸ s'adresser à, avoir recours à, faire appel à, interroger, questionner, se renseigner auprès de. **6** Fig. *Sa santé demande des ménagements* ▸ appeler, exiger, imposer, nécessiter, réclamer, requérir. **7 demander pardon** ▸ s'excuser, faire amende honorable.

demandeur, euse n. **1** ▸ plaignant, requérant. **2 demandeur d'emploi** ▸ chômeur, sans-emploi.

démangeaison n. f. **1** *Se plaindre de démangeaisons* ▸ irritation, picotement, prurit. **2** Fig. *La démangeaison d'écrire* ▸ désir, envie.

démanger v. ▸ gratter, grattouiller, irriter, picoter, piquer.

démantèlement n. m. Fig. *Le démantèlement de l'empire romain* ▸ décomposition, démembrement, désagrégation, dislocation, dissolution, effondrement, ruine.

démanteler v. **1** *Démanteler une fortification* ▸ abattre, démolir, détruire, raser. **2** Fig. *Démanteler un réseau de trafiquants* ▸ abattre, anéantir, détruire, liquider, supprimer.

démantibuler v. Fam. *Démantibuler une horloge* ▸ briser, casser, déglinguer (fam.), détraquer (fam.), disloquer.

démarcation n. f. **1** *Réviser la démarcation d'une frontière* ▶ délimitation. **2 ligne de démarcation** Fig. *Une ligne de démarcation difficile à préciser* ▶ différenciation, frontière, limite, partage, séparation.

démarchage n. m. ▶ porte-à-porte, vente à domicile.

démarche n. f. **1** *Reconnaître qqn à sa démarche* ▶ allure, pas. **2** Fig. *Reconstituer la démarche intellectuelle d'un créateur* ▶ stratégie, tactique. **3** Fig. *Multiplier les démarches pour obtenir un poste* ▶ demande, requête, sollicitation, tentative, tractation. **4** Fig. *Se charger de démarches administratives* ▶ formalité.

démarcheur, euse n. ▶ placier, représentant, voyageur de commerce, v.r.p..

démarquer v. **1** *Démarquer des pulls pour les solder* ▶ dégriffer. **2** Fig. *Démarquer un auteur ancien* ▶ copier, plagier, reproduire. **3 se démarquer** *Chercher à se démarquer d'un parti dont on est soi-même membre* ▶ se différencier, se distinguer.

démarrage n. m. Fig. *Le démarrage d'une campagne publicitaire* ▶ commencement, début, décollage, départ, lancement, mise en route.

démarrer v. **1** *Un train qui démarre* ▶ se mettre en route, partir. **2** Fig. et fam. *Démarrer une nouvelle affaire* ▶ amorcer, commencer, débuter, engager, entamer, entreprendre, initier, lancer, mettre en route, mettre en train.

démasquer v. Fig. *Démasquer un hypocrite* ▶ confondre, découvrir, percer à jour.

démêlé n. m. *Avoir un démêlé avec qqn* ▶ altercation, contestation, débat, différend, discussion, dispute, litige, querelle.

démêler v. **1** *Démêler une pelote de fil* ▶ débrouiller, dénouer. **2** Fig. *Démêler une intrigue* ▶ clarifier, débrouiller, dénouer, éclaircir, élucider, tirer au clair. **3** Fig. et litt. *Démêler le vrai du faux* ▶ différencier, discerner, distinguer, reconnaître.

démembrement n. m. *Le démembrement d'une propriété* ▶ division, fractionnement, morcellement, partage.

démembrer v. Fig. *Démembrer un pays* ▶ découper, dépecer, diviser, fractionner, morceler, partager.

déménager v. **1** *Déménager un appartement* ▶ vider. **2** Fig. et fam. *La malheureuse déménage complètement* ▶ battre la campagne (fam.), délirer, dérailler (fam.), déraisonner, divaguer, extravaguer (vx).

démence n. f. **1** *Simuler la démence* ▶ aliénation, folie. **2** *Vous ne pouvez pas faire ça, c'est de la démence!* ▶ délire, folie.

démener (se) v. **1** *Se démener comme un beau diable* ▶ s'agiter, se débattre. **2** *Se démener pour obtenir un poste* ▶ se battre, se bouger (fam.), se décarcasser (fam.), se défoncer (fam.), se démancher (fam.), lutter, se remuer.

dément, ente adj. **1** *Le malheureux a été reconnu dément et a été interné* ▶ aliéné, cinglé (fam.), dingue (fam.), fou, givré (fam.), maboul (fam.), timbré (fam.). **2** Fig. *Des prix déments* ▶ absurde, délirant, déraisonnable, extravagant, insensé. **3** Fig. et fam. *Un film dément* ▶ extraordinaire, formidable, génial, sensationnel, super (fam.), terrible (fam.).

démenti n. m. *Ses démentis n'ont convaincu personne* ▶ dénégation, déni (vx), protestation.

démentiel, elle adj. Fig. et fam. *Un projet démentiel* ▶ colossal, dantesque, délirant, dingue (fam.), extraordinaire, fantastique, fou, incroyable, insensé, monstre (fam.), phénoménal, prodigieux, sensationnel, stupéfiant.

démentir v. **1** *Les autres témoignages démentent ses assertions* ▶ contredire, infirmer, réfuter. **2** *Démentir toute participation à une opération* ▶ nier. **3 se démentir** *Sa patience ne s'est jamais démentie* ▶ cesser, faiblir, se relâcher.

démesure n. f. ▶ exagération, excès, outrance.

démesuré, ée adj. **1** *Une taille démesurée* ▶ colossal, énorme, géant, gigantesque, immense, monstrueux, monumental, titanesque, vertigineux. **2** *Des prétentions démesurées* ▶ déraisonnable, disproportionné, exagéré, excessif, exorbitant, immodéré.

démesurément adv. ▶ énormément, exagérément, excessivement, immensément, immodérément, vertigineusement.

démettre v. **1** *Le choc lui a démis le bras* ▶ déboîter, désarticuler, disloquer, luxer. **2** *Démettre qqn de ses fonctions* ▶ casser, déposer, destituer, révoquer. **3 se démettre** *Se démettre une articulation* ▶ se déboîter, se désarticuler, se disloquer, se luxer. **4** *Se démettre de ses fonctions* ▶ abandonner, démissionner de, quitter, renoncer à, se retirer de.

demeurant (au) adv. ▶ au reste, d'ailleurs.

demeure

demeure n. f. **1** *Posséder une magnifique demeure à la campagne* ▶ maison, propriété, résidence. **2 mettre en demeure** *Mettre qqn en demeure de tenir ses engagements* ▶ enjoindre à, exiger de, ordonner à, signifier à, sommer. **3 mise en demeure** ▶ exigence, sommation, ultimatum.

demeuré, ée adj. *Un enfant demeuré* ▶ arriéré, attardé, débile, idiot, retardé, simple d'esprit.

demeurer v. **1** *Demeurer à la campagne* ▶ crécher (fam.), gîter (vx), habiter, loger, nicher (fam.), percher (fam.), résider, séjourner, vivre. **2** *Demeurer dans les mêmes dispositions d'esprit malgré toutes les pressions* ▶ se maintenir, persister, rester. **3** *Qu'est-ce qui demeurera de ce que nous aurons fait ?* ▶ durer, rester, subsister, tenir.

demi n. m. ▶ bière.

demi (à) adv. *Un travail à demi terminé* ▶ à moitié, imparfaitement, partiellement, presque.

demi-cercle n. m. ▶ demi-lune, hémicycle.

demi-jour n. m. ▶ clair-obscur, pénombre.

démilitarisation n. f. ▶ désarmement.

démilitariser v. ▶ désarmer.

demi-sommeil n. m. ▶ somnolence.

démission n. f. Fig. *Mettre en cause la démission des parents* ▶ abdication.

démissionner v. **1** *Démissionner de ses fonctions* ▶ abandonner, se démettre de, quitter, se retirer de. **2** Fam. *Démissionner qqn* ▶ débarquer, dégommer (fam.), démettre, destituer, limoger, renvoyer, vider (fam.), virer (fam.). **3** Fig. et fam. *C'est vraiment trop dur, je démissionne* ▶ abandonner, abdiquer, s'avouer vaincu, baisser les bras, caler (fam.), capituler, déclarer forfait, jeter l'éponge (fam.), lâcher prise, laisser tomber (fam.), renoncer.

demi-teinte n. f. *Une description toute en demi-teinte* ▶ nuance.

demi-tour n. m. **1** ▶ volte-face. **2 faire demi-tour** ▶ rebrousser chemin, revenir sur ses pas.

démobiliser v. **1** *Démobiliser des soldats* ▶ libérer. **2** *Cet échec a démobilisé les militants* ▶ décourager, démotiver.

démocratiser v. *Démocratiser la pratique du tennis* ▶ généraliser, populariser.

démodé, ée adj. *Une théorie démodée* ▶ anachronique, dépassé, désuet, kitsch, obsolète, passé de mode, périmé, rétro (fam.), ringard (fam.), suranné, vieillot.

demoiselle n. f. **1** *Sa tante est restée demoiselle* ▶ célibataire, vieille fille (péj.). **2** *La demoiselle d'un paveur* ▶ dame, hie.

démoli, ie adj. *Un mur à moitié démoli* ▶ éboulé, écroulé, effondré, en ruine, tombé.

démolir v. **1** *Démolir une machine* ▶ abîmer, bigorner (fam.), bousiller (fam.), briser, déglinguer (fam.), démantibuler (fam.), détériorer, détraquer (fam.), esquinter (fam.). **2** *Démolir des fortifications* ▶ abattre, démanteler, détruire, raser, renverser. **3** Fig. *Démolir tout ce que ses prédécesseurs ont fait* ▶ abattre, abolir, faire table rase de, saccager, supprimer. **4** Fig. *Démolir la réputation de qqn* ▶ abattre, détruire, ruiner, saper. **5** Fig. *Démolir une pièce de théâtre* ▶ descendre (fam.), éreinter, esquinter (fam.). **6** Fig. *Cette marche forcée nous a démolis* ▶ abattre, anéantir, crever, épuiser, éreinter, exténuer, tuer (fam.).

démolissage n. m. Fig. *Sa critique est un démolissage en règle* ▶ descente en flammes (fam.), éreintage, éreintement.

démolisseur, euse n. *Présenter ses adversaires comme des démolisseurs de la démocratie* ▶ casseur, destructeur.

démolition n. f. ▶ destruction.

démon n. m. **1** Litt. *Les démons qui président à notre destinée* ▶ esprit, génie, puissance. **2** *Vendre son âme au démon* ▶ diable, lucifer, malin, satan. **3** Fig. *Méfiez-vous d'elle, c'est un démon* ▶ diable, furie, harpie, teigne (fam.).

démoniaque adj. **1** *Une ruse démoniaque* ▶ diabolique, infernal, machiavélique, méphistophélique (litt.), satanique. **2** *Un rire démoniaque* ▶ sardonique.

démonstrateur, trice n. ▶ présentateur.

démonstratif, ive adj. **1** *Un argument démonstratif* ▶ concluant, probant. **2** *Un homme peu démonstratif* ▶ communicatif, expansif, extraverti, exubérant, ouvert.

démonstration n. f. **1** *Une démonstration peu convaincante* ▶ argumentation, raisonnement. **2** *La démonstration de l'inutilité d'un principe* ▶ preuve. **3** Fig. *Multiplier les démonstrations d'amitié* ▶ manifestation, marque, protestation, signe, témoignage. **4** Fig. *Une démonstration de force* ▶ déploiement, étalage.

démonté, ée adj. *Une mer démontée* ▶ déchaîné.

démonter v. 1 *Démonter un plancher* ▸ défaire, désassembler, disjoindre. 2 *Un cheval qui démonte son cavalier* ▸ désarçonner, éjecter (fam.), renverser, vider (fam.). 3 Fig. *Cette objection l'a démonté* ▸ déboussoler (fam.), déconcerter, décontenancer, dérouter, désarçonner, désemparer, désorienter, déstabiliser, interloquer, troubler. 4 **se démonter** Fig. *Se démonter devant un contradicteur* ▸ se déconcerter, se décontenancer, se troubler.

démontrer v. 1 *Démontrer la véracité d'une proposition* ▸ établir, prouver, vérifier. 2 *Ces incidents démontrent la difficulté de ce que vous tentez* ▸ attester, confirmer, faire ressortir, indiquer, montrer, prouver, révéler, témoigner de, trahir.

démoralisant, ante adj. *Une série d'échecs complètement démoralisante* ▸ décourageant, démotivant (fam.), déprimant, désespérant, flippant (fam.).

démoralisation n. f. *Une armée gagnée par la démoralisation* ▸ abattement, accablement, découragement, démotivation (fam.), déprime (fam.).

démoraliser v. *Cet échec l'a profondément démoralisé* ▸ abattre, accabler, décourager, démobiliser, démotiver (fam.), déprimer.

démordre v. *Il n'a pas voulu démordre de cette conviction absurde* ▸ abandonner, se défaire de, laisser tomber (fam.), rejeter, renoncer à.

démuni, ie adj. 1 *Être démuni de tout* ▸ dénué, dépourvu, privé. 2 *Je n'ai jamais été aussi démuni* ▸ à court d'argent, désargenté, fauché (fam.), sans un sou (fam.). 3 Fig. *Se sentir démuni devant un drame* ▸ désarmé, impuissant.

démunir v. 1 *Démunir qqn de ses instruments de travail* ▸ déposséder, dépouiller, priver. 2 **se démunir** *Ne jamais se démunir de son trousseau de clés* ▸ se dessaisir, quitter, se séparer.

démystifier v. *Démystifier les victimes d'un charlatan* ▸ détromper, éclairer, édifier.

dénationaliser v. ▸ désétatiser, privatiser.

dénaturé, ée adj. *Des parents dénaturés* ▸ indigne.

dénaturer v. 1 *Dénaturer une substance* ▸ altérer, corrompre, dégrader, falsifier, frelater, gâter. 2 *Dénaturer le goût de qqn* ▸ dépraver, pervertir, vicier. 3 Fig. *Dénaturer la pensée d'un auteur* ▸ altérer, caricaturer, défigurer, déformer, fausser, travestir.

dénégation n. f. *Tout le monde est convaincu de sa responsabilité malgré ses dénégations* ▸ démenti, déni (vx), protestation.

déniaiser v. *Ces voyages l'ont un peu déniaisé* ▸ dégourdir, dégrossir, dessaler (fam.).

dénicher v. 1 Fig. et litt. *Dénicher à la première alerte* ▸ s'enfuir, s'envoler, partir, se sauver. 2 Fig. *Dénicher les ennemis de leur position* ▸ chasser, débusquer. 3 Fig. et fam. *Dénicher un objet rare chez un brocanteur* ▸ découvrir, décrocher (fam.), dégoter (fam.), repérer, trouver.

deniers n. m. pl. *Être économe des deniers publics* ▸ argent, finances, fonds.

dénier v. 1 *Dénier à qqn le droit de faire qqch* ▸ contester, refuser. 2 *Dénier toute responsabilité dans une affaire* ▸ nier, récuser, refuser.

dénigrement n. m. ▸ éreintement, médisance.

dénigrer v. *Dénigrer un rival en décrivant ses faiblesses* ▸ débiner (fam.), déblatérer contre (fam.), décrier, démolir, déprécier, discréditer, éreinter, médire de, noircir, rabaisser, vilipender (litt.).

dénombrable adj. ▸ calculable, chiffrable, quantifiable.

dénombrement n. m. ▸ compte, énumération, inventaire, recensement.

dénombrer v. ▸ compter, énumérer, inventorier, recenser.

dénomination n. f. ▸ appellation, désignation, nom.

dénommer v. ▸ appeler, baptiser, désigner, nommer.

dénoncer v. 1 *Dénoncer un contrat* ▸ abroger, annuler, casser, invalider, résilier, révoquer, rompre. 2 *Dénoncer qqn* ▸ balancer (fam.), donner (fam.), moucharder (fam.), trahir, vendre. 3 Fig. *Tout en lui dénonce la plus noire fausseté* ▸ annoncer, attester, dénoter, dévoiler, indiquer, marquer, montrer, révéler, signaler, témoigner de, trahir.

dénonciateur, trice n. ▸ accusateur, balance (fam.), cafard (fam.), délateur, donneur (fam.), indicateur, mouchard (fam.), sycophante (litt.).

dénonciation n. f. 1 *Être victime d'une dénonciation* ▸ cafardage (fam.), délation, mouchardage (fam.), trahison. 2 *La dénonciation d'un traité ou d'un contrat* ▸ abrogation, annulation, invalidation, résiliation, révocation, rupture.

dénoter v. *Son attitude dénote une profonde dépravation* ▶ annoncer, attester, dénoncer, dévoiler, indiquer, marquer, montrer, révéler, signaler, témoigner de, trahir.

dénouement n. m. *Le dénouement d'une crise* ▶ achèvement, conclusion, épilogue, fin, issue, résolution, solution, terme.

dénouer v. 1 *Dénouer sa cravate* ▶ défaire, détacher. 2 Fig. *Dénouer une intrigue* ▶ débrouiller, démêler, éclaircir, élucider, résoudre, tirer au clair. 3 **se dénouer** *Une gerbe qui se dénoue* ▶ se défaire, se délier, se détacher. 4 Fig. *Une crise qui tarde à se dénouer* ▶ s'achever, se conclure, se résoudre, se terminer.

denrée n. f. 1 *Il y a sur ce marché des denrées de toutes sortes* ▶ aliment, comestibles, victuailles. 2 Fig. *La générosité est devenue une denrée rare* ▶ article, marchandise, produit.

dense adj. 1 *Des broussailles denses* ▶ compact, dru, épais, serré, touffu. 2 *Une foule dense* ▶ nombreux. 3 *Un corps dense* ▶ lourd. 4 *Un style dense* ▶ concis, condensé, étoffé, nourri, ramassé, riche.

densité n. f. 1 *La densité du brouillard* ▶ compacité, épaisseur. 2 *La densité d'un style* ▶ concision, richesse.

dent n. f. 1 *Dire à un enfant de se laver les dents* ▶ quenotte (fam.). 2 Plur. *Avoir des dents saines* ▶ denture. 3 *Les dents d'un engrenage* ▶ cran, encoche, entaille. 4 *Les dents d'une chaîne de montagne* ▶ aiguille, pic, sommet.

dentelé, ée adj. *Une bordure dentelée* ▶ crénelé, découpé, denté.

dentelure n. f. ▶ crénelure, découpure, indentation (litt.).

dentier n. m. ▶ râtelier (fam.).

dénudé, ée adj. *Un paysage dénudé* ▶ aride, désolé, nu, pelé.

dénuder v. 1 *Dénuder un fil électrique* ▶ dégarnir. 2 *Sa robe lui dénude les épaules* ▶ découvrir. 3 **se dénuder** *Se dénuder devant qqn* ▶ se déshabiller, se dévêtir.

dénué, ée adj. 1 *Être dénué de tout* ▶ démuni, dépourvu, privé. 2 *Être dénué de tout scrupule* ▶ dépourvu, exempt.

dénuement n. m. ▶ besoin, débine (fam.), dèche (fam.), détresse, gêne, indigence, misère, mouise (fam.), pauvreté, pénurie.

déodorant, ante adj. et n. m. ▶ désodorisant.

déontologie n. f. *Respecter une certaine déontologie* ▶ éthique, morale.

dépanner v. Fig. et fam. *Vous ne pourriez pas me dépanner un peu ?* ▶ aider.

dépaqueter v. *Dépaqueter des marchandises* ▶ déballer, désemballer.

dépareiller v. ▶ désapparier, désassortir.

déparer v. ▶ enlaidir, gâter.

départ n. m. 1 Spécialement pour un bateau ▶ appareillage, embarquement. 2 Spécialement pour un avion ▶ décollage, embarquement, envol. 3 *Au départ de toute cette affaire, il y avait une idée intéressante* ▶ amorce, commencement, début, origine, source.

départir (se) v. *Ne jamais se départir du plus grand calme* ▶ abandonner, se défaire de, démordre de, se déprendre de (litt.), perdre, renoncer à.

dépassé, ée adj. 1 *Des idées dépassées* ▶ anachronique, archaïque, caduc, démodé, désuet, inactuel, obsolète, périmé, rétro (fam.), rétrograde, ringard (fam.), suranné, vieilli, vieillot. 2 *Un service d'ordre complètement dépassé* ▶ débordé, noyé, submergé.

dépassement n. m. Fig. *Le dépassement de soi-même* ▶ surpassement.

dépasser v. 1 *Dépasser ses concurrents de plusieurs longueurs* ▶ devancer, distancer, l'emporter sur, semer (fam.), surpasser. 2 *Dépasser un camion dans une ligne droite* ▶ doubler, gratter (fam.). 3 *Des frais qui dépassent les prévisions* ▶ excéder. 4 *Dépasser la mesure* ▶ franchir, passer. 5 Fig. *Son attitude me dépasse* ▶ confondre (litt.), déconcerter, dérouter, étonner. 6 **dépasser les bornes** ▶ abuser, exagérer.

dépassionner v. *Je crois qu'il faut dépassionner ce débat* ▶ apaiser, calmer, dédramatiser.

dépatouiller (se) v. 1 Fam. *Voilà une situation dont il aura du mal à se dépatouiller* ▶ se débrouiller, se dégager, se dépêtrer, se sortir, se tirer. 2 Fam. *Il saura bien se dépatouiller tout seul* ▶ s'arranger, se débrouiller, se démerder (fam.), s'en sortir, s'en tirer, y arriver.

dépayser v. *L'atmosphère ne risque pas de vous dépayser, c'est exactement comme ici* ▶ déconcerter, décontenancer, dérouter, désorienter.

dépeçage n. m. *Le dépeçage d'un animal* ▶ débitage, découpage, équarrissage.

dépecer v. 1 *Dépecer un bœuf* ▶ débiter, découper, équarrir. 2 Fig. *Dépecer un pays* ▶ découper, démembrer, diviser, fractionner, morceler, partager.

dépêche n. f. ▶ courrier, lettre, message, missive.

dépêcher v. 1 *Le gouvernement a dépêché un chargé de mission* ▶ déléguer, envoyer. **2 se dépêcher** *Dépêchez-vous, le train va partir* ▶ faire diligence (litt.), se grouiller (fam.), se hâter, se magner (fam.), se précipiter, se presser.

dépeigner v. ▶ décoiffer, ébouriffer.

dépeindre v. *Dépeindre une scène en quelques mots* ▶ brosser, camper, décrire, exposer, peindre, présenter, raconter, représenter, retracer.

dépenaillé, ée adj. Fam. ▶ déguenillé, haillonneux (litt.), loqueteux.

dépendance n. f. 1 *Il y a une dépendance entre ces différents phénomènes* ▶ corrélation, interdépendance, liaison, rapport, relation, solidarité. 2 *La dépendance d'un peuple* ▶ asservissement, assujettissement, esclavage, servitude, soumission, subordination, sujétion. 3 *Le château et ses dépendances* ▶ annexe, communs. 4 *Un état de dépendance à la cocaïne* ▶ accoutumance, addiction, assuétude.

dépendant, ante adj. 1 *Être dépendant du bon vouloir de qqn* ▶ soumis à, subordonné à, tributaire de. 2 *Une proposition dépendante* ▶ subordonné.

dépendre v. 1 *Dépendre un tableau* ▶ décrocher, descendre, détacher. 2 *La vitesse d'accélération dépend de la puissance du moteur* ▶ découler de, être conditionné par, procéder de, provenir de, reposer sur, résulter de, tenir à, venir de. 3 *L'avenir de cet homme dépend entièrement de votre décision* ▶ être à la merci de. 4 *Cet établissement dépend de l'académie de Versailles* ▶ appartenir à, être du ressort de, relever de.

dépens de (aux) prép. ▶ au détriment de.

dépense n. f. 1 Plur. *Faire le calcul de ses dépenses* ▶ débours (vx), frais. 2 Fig. *Une dépense de temps et d'énergie* ▶ consommation, perte.

dépenser v. 1 *Sans dépenser un centime* ▶ casquer (fam.), cracher (fam.), débourser, décaisser (fam.), lâcher (fam.), payer, verser. 2 *Dépenser sa fortune* ▶ claquer (fam.), croquer (fam.), dilapider, dissiper, engloutir, flamber (fam.), gaspiller, user. 3 *Une voiture qui dépense peu d'essence* ▶ consommer. 4 Fig. *Dépenser son énergie pour des choses qui n'en valent pas la peine* ▶ déployer, prodiguer, user. **5 se dépenser** *Se dépenser sans compter pour ses amis* ▶ se décarcasser (fam.), se démener, se dévouer, se donner, se fatiguer.

dépensier, ère adj. ▶ panier percé (fam.), prodigue (litt.).

déperdition n. f. *Une déperdition d'énergie* ▶ diminution, perte.

dépérir v. 1 *Un malade qui dépérit à vue d'œil* ▶ s'affaiblir, décliner, s'étioler. 2 *Un secteur d'activité qui dépérit* ▶ s'affaiblir, décliner, se dégrader, se délabrer, se détériorer, péricliter.

dépérissement n. m. 1 *Le dépérissement de la végétation* ▶ dessèchement, étiolement. 2 Fig. *Le dépérissement d'une civilisation* ▶ affaissement, décadence, déchéance, déclin, dégénérescence, ruine.

dépêtrer v. 1 *Dépêtrer qqn d'une difficulté* ▶ délivrer, sortir, tirer. 2 **se dépêtrer** *Ne pouvoir se dépêtrer d'une situation délicate* ▶ se dégager, se délivrer, se dépatouiller (fam.), se sortir, se tirer. 3 Fam. *Ne pouvoir se dépêtrer de qqn* ▶ se débarrasser, se délivrer.

dépeuplement n. m. ▶ dépopulation.

dépeuplé, ée adj. *Un village dépeuplé* ▶ abandonné, déserté.

dépeupler (se) v. *Des régions qui se dépeuplent* ▶ se vider.

déphasé, ée adj. Fig. *Après une absence aussi longue, il est complètement déphasé* ▶ décalé (fam.), désorienté, largué (fam.), perdu.

dépiauter v. 1 Fam. *Dépiauter un lapin* ▶ dépouiller, écorcher. 2 Fam. *Dépiauter une orange* ▶ éplucher, peler. 3 Fig. et fam. *Dépiauter un texte* ▶ décortiquer, disséquer, éplucher.

dépiler v. *Dépiler une peau avant de la tanner* ▶ débourrer, ébourrer.

dépiquer v. *Dépiquer un col* ▶ découdre, défaire.

dépister v. 1 *Dépister une fraude* ▶ déceler, découvrir, détecter, repérer. 2 *Dépister des enquêteurs* ▶ dérouter, égarer.

dépit n. m. 1 *Il a éprouvé un vif dépit de savoir que vous aviez réussi là où il avait échoué* ▶ aigreur, amertume, contrariété, déception, désappointement, rancœur, ressentiment. **2 en dépit de** ▶ malgré, nonobstant (litt.).

dépité, ée adj. *Une mine dépitée* ▶ contrarié, déçu, désappointé.

déplacé, ée adj. *Des propos déplacés* ▶ choquant, incongru, inconvenant, incorrect, inopportun, intempestif, malvenu.

déplacement n. m. 1 *Marquer sa surprise par un simple déplacement des sourcils* ▶ mouvement, remuement (litt.). 2 *Cela vaut le déplacement* ▶ détour, voyage. 3 *Demander son déplacement en province* ▶ changement, mutation, transfert. 4 *Des déplacements de populations* ▶ migration.

déplacer v. 1 *Déplacer un meuble* ▶ bouger, déménager, déranger. 2 *Déplacer la date d'une cérémonie* ▶ changer, décaler, modifier. 3 *Déplacer un fonctionnaire* ▶ muter, transférer. 4 *se déplacer Un vieillard qui se déplace difficilement* ▶ avancer, bouger, marcher, se mouvoir. 5 *Un homme d'affaires qui passe son temps à se déplacer* ▶ circuler, voyager. 6 *Un spécialiste qui ne se déplace pas pour si peu* ▶ se déranger.

déplaire v. 1 *Ce genre de plat lui déplaît* ▶ dégoûter, répugner à. 2 *Il a tout fait pour lui déplaire* ▶ blesser, choquer, contrarier, froisser, indisposer, irriter, offenser, offusquer, rebuter, répugner à, vexer.

déplaisant, ante adj. 1 *Un visage déplaisant* ▶ antipathique, désagréable. 2 *Une situation déplaisante* ▶ contrariant, désagréable, ennuyeux, fâcheux, gênant, pénible. 3 *Une allusion déplaisante* ▶ blessant, désagréable, désobligeant. 4 *Une odeur déplaisante* ▶ désagréable, incommodant.

déplaisir n. m. *Ils ont eu le vif déplaisir de constater que vous n'aviez pas suivi leurs instructions* ▶ amertume, chagrin, contrariété, désagrément, irritation, mécontentement, regret.

dépliant n. m. *Un dépliant publicitaire* ▶ brochure, prospectus.

déplier v. 1 *Déplier une carte routière* ▶ déployer, ouvrir. 2 *Déplier de la marchandise* ▶ déballer, étaler, étendre, exposer.

déploiement n. m. 1 *Le déploiement d'un parachute* ▶ ouverture. 2 Fig. *Un déploiement de forces* ▶ démonstration, étalage.

déplorable adj. 1 *Un incident déplorable* ▶ affligeant, attristant, fâcheux, lamentable, malheureux, navrant, pitoyable, regrettable, triste. 2 *Des résultats déplorables* ▶ calamiteux, désastreux, détestable, exécrable, lamentable, mauvais, minable, navrant, nul, piètre (litt.), piteux, pitoyable.

déplorer v. ▶ pleurer, regretter.

déployer v. 1 *Déployer une voile de bateau* ▶ déferler, larguer. 2 *Déployer une carte* ▶ déplier, étendre, ouvrir. 3 Fig. *Déployer tous ses talents* ▶ étaler, exhiber, montrer. 4 Fig. *Déployer des trésors d'énergie* ▶ dépenser, employer, prodiguer. 5 *se déployer Le parachute se déploie* ▶ s'ouvrir.

déplumer (se) v. Fig. et fam. *Se déplumer sur le sommet du crâne* ▶ se dégarnir.

dépoli, ie adj. 1 *Un métal dépoli* ▶ mat, terne. 2 *Du verre dépoli* ▶ translucide.

dépolluer v. ▶ assainir, décontaminer, épurer.

dépopulation n. f. ▶ dépeuplement.

déportation n. f. ▶ relégation.

déportement n. m. ▶ écart, embardée.

déporter v. *Déporter un condamné dans une île* ▶ reléguer.

déposer v. 1 *Déposer une serrure* ▶ enlever, ôter. 2 *Déposer un roi* ▶ chasser, destituer, détrôner. 3 *Déposer son manteau sur une chaise* ▶ mettre, placer, poser. 4 *Déposer de l'argent à la banque* ▶ confier, entreposer, laisser, mettre, remettre. 5 *Déposer en justice* ▶ témoigner. 6 **déposer les armes** ▶ capituler, s'incliner, se rendre, se soumettre.

dépositaire n. 1 *Être le dépositaire d'un secret* ▶ détenteur, gardien, possesseur. 2 *Le dépositaire exclusif d'une marque* ▶ concessionnaire.

déposition n. f. 1 *La déposition d'un roi à la suite d'une révolution* ▶ déchéance, destitution. 2 *La déposition d'un expert devant un tribunal* ▶ déclaration, témoignage.

déposséder v. *Déposséder qqn de ses biens* ▶ dépouiller, dessaisir, frustrer, priver, spolier.

dépôt n. m. 1 *Du dépôt au fond d'une bouteille* ▶ lie. 2 *Des dépôts fluviaux* ▶ alluvion, sédiment. 3 *Laisser un bien en dépôt pour obtenir un prêt* ▶ caution, couverture, gage, garantie, provision. 4 *Un dépôt où l'on conserve des marchandises* ▶ entrepôt, local, magasin, remise, réserve, resserre. 5 *Conduire au dépôt des personnes que l'on vient d'arrêter* ▶ bloc (fam.), violon (fam.). 6 **dépôt de bilan** ▶ faillite, liquidation.

dépotoir n. m. ▶ décharge.

dépouille n. f. 1 *La dépouille d'un serpent* ▶ exuvie, mue. 2 Fig. *La dépouille d'un défunt* ▶ cadavre, corps, restes.

dépouillé, ée adj. Fig. *Un style dépouillé* ▶ austère, sévère, simple, sobre.

dépouillement n. m. 1 *Le dépouillement d'une correspondance* ▶ analyse, examen. 2 *Un style d'un grand dépouillement* ▶ austérité, sévérité, simplicité, sobriété.

dépouiller v. 1 *Dépouiller un lapin* ▶ dépiauter (fam.), écorcher. 2 *Dépouiller des archives* ▶ analyser, étudier, examiner.

3 *Dépouiller qqn de ses biens* ▶ démunir, déposséder, frustrer, priver, spolier. **4** *Se faire dépouiller pendant un voyage* ▶ détrousser, dévaliser, voler. **5 se dépouiller** *Se dépouiller de ses vêtements* ▶ se débarrasser de, enlever, ôter, quitter. **6** *Se dépouiller de ses biens* ▶ abandonner, se débarrasser de, se démunir de, se dessaisir de, se priver de. **7** Fig. et litt. *Se dépouiller de tout sentiment de revanche* ▶ abandonner, se débarrasser de, se défaire de, perdre, renoncer à.

dépourvu, ue adj. **1** *Une région dépourvue de tout* ▶ démuni, dénué, privé. **2** *Je suis vraiment dépourvu pour pouvoir vous aider* ▶ désargenté. **3 au dépourvu** ▶ à l'improviste, au débotté (litt.), par surprise.

dépoussiérer v. **1** *Dépoussiérer un meuble* ▶ épousseter. **2** Fig. *Dépoussiérer le système éducatif* ▶ rajeunir, renouveler, rénover.

dépravation n. f. ▶ corruption, débauche, dégradation, perversion, vice.

dépraver v. **1** *Dépraver le goût* ▶ altérer, corrompre, dénaturer, fausser, gâter, pervertir, vicier. **2** *Dépraver la jeunesse* ▶ corrompre, débaucher, pervertir.

dépréciateur, trice n. ▶ contempteur (litt.), dénigreur, détracteur.

dépréciatif, ive adj. **1** *Un jugement dépréciatif* ▶ défavorable, hostile, négatif. **2** *La valeur dépréciative d'un terme* ▶ péjoratif.

dépréciation n. f. *La dépréciation d'une monnaie* ▶ baisse, chute, dévalorisation.

déprécier v. **1** *Déprécier les efforts d'un confrère* ▶ abaisser, décrier, dénigrer, dévaloriser, diminuer, discréditer, minimiser, rabaisser, ravaler. **2 se déprécier** *Une monnaie qui se déprécie* ▶ baisser, se dévaloriser, se dévaluer.

déprédation n. f. **1** Plur. *Des déprédations commises par des casseurs* ▶ dégâts, dégradations, destructions, détériorations, dévastations, dommages, vandalisme. **2** *Un fonctionnaire accusé de déprédation* ▶ concussion, détournement, exaction, malversation, prévarication.

déprendre de (se) v. Litt. *Ne jamais se déprendre du plus parfait sang-froid* ▶ abandonner, se défaire de, se départir de, perdre, renoncer à.

dépressif, ive adj. ▶ hypocondriaque (vx), neurasthénique.

dépression n. f. **1** *Une dépression océanique* ▶ bassin, cuvette, fosse. **2** Fig. *Traverser une période de dépression après un échec* ▶ abattement, accablement, blues (fam.), cafard (fam.), découragement, démoralisation, déprime (fam.), mélancolie, prostration. **3** Fig. *Une économie en pleine dépression* ▶ crise, récession.

déprimant, ante adj. *Des nouvelles déprimantes* ▶ débilitant, décourageant, démoralisant, flippant (fam.).

déprime n. f. Fam. *Avoir des moments de déprime* ▶ abattement, accablement, blues (fam.), cafard (fam.), découragement, démoralisation, dépression, mélancolie, prostration.

déprimer v. **1** *Cet échec les a déprimés* ▶ abattre, accabler, débiliter, décourager, démoraliser. **2** *Il déprime depuis huit jours* ▶ flipper (fam.).

dépuceler v. Fam. *Dépuceler une jeune fille* ▶ déflorer.

depuis prép. **1** *Un fleuve navigable depuis sa source* ▶ à partir de, dès. **2 depuis peu** *Un préfet nommé depuis peu* ▶ dernièrement, fraîchement, nouvellement, récemment.

dépuratif, ive adj. ▶ cathartique (litt.), laxatif, purgatif.

députation n. f. *Recevoir une députation* ▶ délégation.

député n. m. **1** *Les députés du tiers état* ▶ délégué, représentant. **2** *Aller voir le député de sa circonscription* ▶ élu, parlementaire.

déracinement n. m. **1** *Le déracinement d'une plante* ▶ arrachage. **2** Fig. *Le déracinement d'un préjugé* ▶ extirpation. **3** Fig. *Le déracinement des migrants* ▶ exil, expatriation.

déraciner v. **1** *Déraciner une dent* ▶ arracher, extraire. **2** Fig. *Déraciner un préjugé* ▶ extirper. **3** Fig. *Déraciner une population* ▶ exiler, expatrier.

dérager v. Litt. *Il n'a pas déragé de la soirée* ▶ décolérer.

dérailler v. Fam. *Le pauvre vieux commence à dérailler un peu* ▶ battre la campagne (fam.), débloquer (fam.), déjanter (fam.), délirer, déménager (fam.), déraisonner (litt.), divaguer, radoter.

déraisonnable adj. **1** *Une conduite déraisonnable* ▶ absurde, illogique, inconséquent, irrationnel, irréfléchi, irresponsable. **2** *Se lancer dans des travaux déraisonnables* ▶ démentiel, démesuré, disproportionné, fou, insensé.

déraisonner v. Litt. ▶ battre la campagne (fam.), débloquer (fam.), déjanter (fam.), délirer, déménager (fam.), dérailler (fam.), divaguer, radoter.

dérangé

dérangé, ée adj. *Il paraît qu'il est un peu dérangé* ▶ cinglé (fam.), désaxé, déséquilibré, détraqué, fou, timbré (fam.).

dérangement n. m. 1 *Un dérangement indescriptible* ▶ désordre, pagaille (fam.). 2 *Je ne voudrais pas provoquer de dérangement* ▶ gêne, perturbation, trouble. 3 *Un dérangement intestinal* ▶ indisposition, trouble.

déranger v. 1 *Cela vous dérangerait qu'on les autorise à fumer ?* ▶ contrarier, ennuyer, gêner, importuner, incommoder. 2 *Déranger des livres* ▶ bouger, déclasser, déplacer. 3 *Déranger les habitudes de qqn* ▶ bouleverser, bousculer, chambouler (fam.), désorganiser, perturber. 4 *Une œuvre d'art qui dérange* ▶ désorienter, embarrasser, gêner, perturber, troubler. 5 *Des excès qui dérangent l'estomac* ▶ déglinguer (fam.), dérégler, détraquer. 6 *se déranger Ne vous dérangez pas, je vous l'apporte* ▶ bouger, se déplacer. 7 *Cet appareil ne se dérange jamais ?* ▶ se déglinguer (fam.), se dérégler, se détraquer.

dérapage n. m. 1 *Un dérapage sur de la glace* ▶ glissade. 2 Fig. *S'inquiéter des risques de dérapage des prix* ▶ dérive.

déraper v. *Une voiture qui dérape sur de la neige* ▶ chasser, glisser, patiner, riper.

derechef adv. Litt. ▶ de nouveau, encore.

dérèglement n. m. 1 *Le dérèglement des saisons* ▶ bouleversement, détraquement, perturbation. 2 Litt. *Vivre dans le pire dérèglement* ▶ débauche, désordre, dévergondage, dissolution (litt.), égarement, libertinage, licence.

dérégler v. 1 *La boisson lui a déréglé l'estomac* ▶ déglinguer (fam.), déranger, détraquer. 2 *Dérégler un fragile équilibre entre les forces politiques* ▶ bouleverser, brouiller, désorganiser, perturber, troubler. 3 *se dérégler Une horloge qui se règle* ▶ se déglinguer (fam.), se détraquer.

déréliction n. f. Litt. ▶ abandon, délaissement, isolement, solitude.

déresponsabiliser v. ▶ infantiliser.

dérider v. 1 *Il a finalement réussi à dérider l'auditoire* ▶ amuser, dégeler, distraire, égayer, faire sourire. 2 *se dérider Il a fini par se dérider* ▶ se dégeler, rire, sourire.

dérision n. f. ▶ ironie, moquerie, persiflage, raillerie, sarcasme.

dérisoire adj. *Obtenir des résultats dérisoires* ▶ infime, insignifiant, minime, négligeable, piètre, ridicule.

dérisoirement adv. Litt. ▶ ridiculement.

dérivatif n. m. *Chercher un dérivatif à son ennui* ▶ antidote, distraction (litt.), diversion, exutoire.

dérivation n. f. 1 *La dérivation d'un cours d'eau* ▶ détournement. 2 *La dérivation d'un avion sous l'effet du vent* ▶ dérive.

dérive n. f. 1 *La dérive des continents* ▶ déplacement. 2 *La dérive d'un avion* ▶ dérivation. 3 Fig. *Une inquiétante dérive des prix* ▶ dérapage.

dériver v. 1 *Dériver un ruisseau* ▶ détourner, dévier. 2 *Une conception du monde qui dérive de la philosophie grecque* ▶ découler de, émaner de, procéder de, provenir de, venir de.

dernier, ère adj. 1 *La dernière phase d'une maladie* ▶ définitif, final, terminal, ultime. 2 *Le dernier degré de la perfection* ▶ extrême, suprême. 3 *L'année dernière* ▶ passé, précédent. 4 *La dernière mode* ▶ nouveau, récent. 5 **à la dernière minute** ▶ in extremis. 6 **en dernier ressort** ▶ en dernier lieu, enfin, finalement.

dernièrement adv. ▶ depuis peu, fraîchement, nouvellement, récemment.

dernier-né, dernière-née n. ▶ benjamin, cadet.

dérobade n. f. ▶ échappatoire, faux-fuyant, pirouette (fam.), reculade.

dérobé, ée adj. *Un escalier dérobé* ▶ caché, dissimulé, secret.

dérobée (à la) adv. ▶ en cachette, en catimini, en douce (fam.), en tapinois (litt.), furtivement, secrètement, subrepticement.

dérober v. 1 *Dérober une montre* ▶ barboter (fam.), chaparder (fam.), chiper (fam.), faucher (fam.), piquer (fam.), prendre, subtiliser, voler. 2 Litt. *Dérober un coupable à la justice* ▶ soustraire. 3 Litt. *Ce mur dérobe le paysage* ▶ cacher, camoufler, dissimuler, masquer, voiler. 4 *se dérober Sentir ses forces se dérober* ▶ faiblir, flancher, mollir. 5 *Se dérober devant qqn pour le laisser passer* ▶ s'écarter, s'effacer, se reculer. 6 *Dès qu'on a besoin de lui, il se dérobe* ▶ se débiner (fam.), se défiler (fam.). 7 *Essayer de se dérober à toutes les questions* ▶ échapper à, éluder, esquiver, éviter, fuir. 8 *Se dérober à tous ses devoirs* ▶ faillir à, manquer à.

dérocher v. *Une cordée qui déroche* ▶ dévisser.

dérogation n. f. 1 *Ne tolérer aucune dérogation au règlement* ▶ entorse, infraction, manquement, violation. 2 *Obtenir une dérogation pour épouser une cousine* ▶ autorisation, dispense.

déroger v.1 Litt. *Il ne croyait pas déroger en faisant du commerce* ▶ s'abaisser, s'avilir, déchoir, se dégrader, se déshonorer. **2** *Déroger à la loi* ▶ contrevenir à, enfreindre, transgresser, violer.

dérouillée n. f. Fam. ▶ correction, rossée (fam.), volée.

dérouiller v.1 Fam. *Qu'est-ce qu'il a dérouillé!* ▶ déguster (fam.), écoper (fam.), encaisser (fam.), prendre (fam.), ramasser (fam.), recevoir. **2 se dérouiller** *Se dérouiller les jambes* ▶ se dégourdir.

déroulement n. m. Fig. *Saisir les faits dans leur déroulement* ▶ avancement, cours, développement, enchaînement, évolution, marche, progression, succession.

dérouler v. **1** *Dérouler une pièce d'étoffe* ▶ déployer, développer, étaler, étendre. **2** *Dérouler du fil* ▶ débobiner, dévider. **3 se dérouler** Fig. *Le panorama qui se déroule devant les voyageurs* ▶ se déployer, se développer, s'étaler, s'étendre. **4** Fig. *Des événements qui se déroulent comme prévu* ▶ avoir lieu, s'enchaîner, se passer, se produire, se succéder.

déroutant, ante adj. *Une réaction déroutante* ▶ déconcertant, désarçonnant, désarmant.

déroute n. f. *Une armée en pleine déroute* ▶ bérézina (fam.), débâcle, débandade, déconfiture, fuite, naufrage, sauve-qui-peut.

dérouter v. Fig. *Dérouter un adversaire en changeant brusquement de tactique* ▶ déboussoler (fam.), déconcerter, décontenancer, démonter, désarçonner, désemparer, désorienter, déstabiliser, interloquer, troubler.

derrière adv. **1** *Soulever une gravure et regarder derrière* ▶ au dos, au revers, au verso. **2** *Laisser passer qqn et rester derrière* ▶ en arrière, en retrait. **3** *Des blessés qui suivent loin derrière* ▶ à la traîne, en arrière.

derrière n. m. **1** *Le derrière d'un tableau* ▶ arrière, dos, envers, revers. **2** *Avoir un joli derrière* ▶ arrière-train (fam.), croupe, cul (fam.), fesses, postérieur (fam.).

dès prép. *Un fleuve navigable dès sa source* ▶ à partir de, depuis.

dès que conj. *Dès que vous arriverez, je pourrai partir* ▶ aussitôt que.

désabusé, ée adj. *Prendre un air désabusé* ▶ blasé, désenchanté, désillusionné.

désaccord n. m. **1** *Un désaccord entre deux personnes* ▶ antagonisme, conflit, différend, discorde, dispute, dissension, dissentiment, mésentente, mésintelligence, opposition. **2** *Il y a un certain désaccord entre ce qu'il dit et ce qu'il fait* ▶ contradiction, contraste, décalage, différence, discordance, dissemblance, dissonance, divergence, écart.

désaccoutumer v. ▶ déshabituer, désintoxiquer.

désaffecté, ée adj. *Un local désaffecté* ▶ abandonné, inutilisé.

désaffection n. f. *Souffrir de la désaffection du public* ▶ désamour (litt.), désintérêt.

désagréable adj. **1** *Une personne désagréable* ▶ acariâtre, agressif, antipathique, atrabilaire (litt.), déplaisant, méchant, pénible (fam.), revêche. **2** *Une nouvelle désagréable* ▶ contrariant, déplaisant, ennuyeux, fâcheux, gênant, importun (litt.), malencontreux, pénible, regrettable, saumâtre (fam.). **3** *Des paroles désagréables* ▶ acerbe, blessant, désobligeant, offensant, vexant. **4** *Des odeurs désagréables* ▶ déplaisant, incommodant, mauvais.

désagréablement adv. **1** *Répondre désagréablement à qqn* ▶ agressivement, discourtoisement, durement, impoliment. **2** *Être désagréablement surpris* ▶ fâcheusement, péniblement.

désagrégation n. f. **1** *La désagrégation d'un bloc de béton* ▶ dislocation, morcellement. **2** Fig. *La désagrégation de l'empire romain* ▶ décomposition, dégénérescence, démantèlement, dislocation, dissolution, écroulement, effondrement, ruine.

désagréger v. **1** *L'humidité désagrège le plâtre* ▶ décomposer, dissoudre, pulvériser. **2 se désagréger** *Un empire qui se désagrège* ▶ se décomposer, se déliter, se disloquer, se dissoudre, s'écrouler, s'effondrer.

désagrément n. m. **1** *Causer du désagrément à qqn* ▶ chagrin, contrariété, déplaisir (litt.), mécontentement, peine. **2** *Cette expédition ne lui a causé que des désagréments* ▶ déboire, difficulté, embêtement (fam.), ennui, souci, tracas.

désaltérer v. **1** *Désaltérer des bestiaux* ▶ abreuver, faire boire. **2 se désaltérer** *Se désaltérer à une source* ▶ boire, étancher sa soif, se rafraîchir.

désamorcer v. *Désamorcer une crise* ▶ enrayer.

désapparier v. **1** *Désapparier des pigeons* ▶ dépareiller. **2** *Désapparier des gants* ▶ dépareiller, désassortir.

désappointement n. m. ▶ déception, déconvenue, dépit, désenchantement, désillusion.

désappointer v. ▶ décevoir, dépiter.

désapprendre v. ▶ oublier.

désapprobateur, trice adj. ▶ critique, réprobateur.

désapprobation n. f. ▶ blâme, condamnation, critique, désaveu, réprobation.

désapprouver v. ▶ blâmer, condamner, critiquer, désavouer, réprouver.

désarçonner v. 1 *Un cheval qui désarçonne son cavalier* ▶ démonter, éjecter (fam.), renverser, vider (fam.). 2 *Fig. Désarçonner son interlocuteur par une question inattendue* ▶ déboussoler (fam.), déconcerter, décontenancer, démonter, dérouter, désorienter, déstabiliser, interloquer, troubler.

désargenté, ée adj. *Fam. Je suis un peu désargenté ces temps-ci* ▶ à court (fam.), démuni, dépourvu, fauché (fam.), gêné.

désarmant, ante adj. *Fig. Elle est d'une naïveté désarmante* ▶ attendrissant, émouvant, touchant.

désarmé, ée adj. *Fig. Se sentir désarmé devant l'inconscience de qqn* ▶ démuni, impuissant.

désarmement n. m. ▶ démilitarisation.

désarmer v. 1 *Désarmer une mine* ▶ désamorcer. 2 *Désarmer un pays* ▶ démilitariser. 3 *Fig. Désarmer qqn par une gentillesse* ▶ adoucir, apaiser, attendrir, émouvoir, fléchir, toucher. 4 *Fig. Tant de bêtise désarme* ▶ confondre (litt.), déconcerter, désarçonner. 5 *Fig. Son hostilité ne désarme pas* ▶ s'apaiser, se calmer, cesser.

désarroi n. m. ▶ angoisse, détresse, égarement, inquiétude, trouble.

désarticuler v. 1 *Désarticuler un mécanisme* ▶ désosser (fam.), démonter, disloquer. 2 *se désarticuler Se désarticuler le coude* ▶ se déboîter, se démettre, se luxer.

désassembler v. ▶ démonter, désunir, disjoindre.

désassortir v. ▶ dépareiller, désapparier.

désastre n. m. 1 *Cette inondation a été un désastre pour la région* ▶ calamité, catastrophe, fléau, malheur. 2 *Spécialement en matière financière* ▶ banqueroute, déconfiture, faillite, krach, ruine. 3 *Ce spectacle est un désastre* ▶ bide (fam.), fiasco, four (fam.).

désastreux, euse adj. 1 *Un événement désastreux pour l'économie du pays* ▶ calamiteux, catastrophique, épouvantable, fatal, funeste. 2 *Votre attitude est désastreuse* ▶ déplorable, désolant, lamentable, navrant.

désavantage n. m. ▶ handicap, inconvénient, infériorité.

désavantager v. ▶ défavoriser, desservir, gêner, handicaper, léser, nuire à, pénaliser.

désavantageux, euse adj. ▶ défavorable, gênant, handicapant.

désaveu n. m. 1 *Le désaveu public de la doctrine que l'on professait* ▶ abjuration (litt.), apostasie (litt.), reniement, rétractation. 2 *Sa politique lui a valu le désaveu des paysans* ▶ condamnation, désapprobation, hostilité.

désavouer v. 1 *Désavouer un ouvrage de jeunesse* ▶ renier. 2 *Désavouer des propos qu'on a tenus* ▶ retirer, rétracter, revenir sur. 3 *Désavouer les propos d'un ami* ▶ blâmer, condamner, désapprouver, réprouver. 4 **se désavouer** *Vous n'allez quand même pas vous désavouer après tout ce que vous leur avez dit!* ▶ se dédire, se raviser, se rétracter.

désaxé, ée adj. ▶ cinglé (fam.), déséquilibré, détraqué, fou, malade, piqué (fam.), timbré (fam.), toqué (fam.).

descendance n. f. *Une nombreuse descendance* ▶ lignée, postérité, progéniture.

descendant, ante n. *C'est le seul descendant de ce prince* ▶ enfant, héritier, rejeton.

descendre v. 1 *Descendre une voile ou un pavillon* ▶ affaler, amener, baisser. 2 *Le niveau de l'eau descend* ▶ baisser, décroître, diminuer. 3 *Descendre dans le meilleur hôtel de la ville* ▶ aller, s'arrêter. 4 *Fig. Descendre d'une famille de magistrats* ▶ être issu de, venir de. 5 *Fig. Descendre jusqu'aux attaques personnelles les plus basses* ▶ s'abaisser, s'avilir. 6 *Fam. Descendre un verre* ▶ avaler, boire. 7 *Fam. Descendre qqn* ▶ abattre, assassiner, liquider (fam.), occire (litt.), rectifier (fam.), refroidir (fam.), supprimer, trucider (fam.), tuer, zigouiller (fam.). 8 *Fam. La critique a descendu son dernier film* ▶ déchirer, démolir (fam.), éreinter, esquinter (fam.).

descente n. f. 1 *Essayer d'enrayer la descente des prix des matières premières* ▶ baisse, chute, déclin, dépréciation. 2 *Une descente de pirates sur une côte* ▶ coup de main (fam.), incursion, raid, razzia. 3 *Une descente de police dans un quartier chaud* ▶ coup de filet, rafle.

descriptif n. m. *Demander un descriptif détaillé des travaux effectués* ▶ bilan, état, tableau.

description n. f. **1** *Faire la description d'un événement* ▶ exposé, rapport, récit. **2** *Diffuser la description d'une personne* ▶ portrait-robot, signalement. **3** *Le procès-verbal de saisie contient la description des meubles* ▶ inventaire.

désemparé, ée adj. *Un homme abandonné à lui-même et complètement désemparé* ▶ déboussolé (fam.), déconcerté, décontenancé, démonté, dérouté, désarçonné, désorienté, déstabilisé, perdu.

désemparer (sans) adv. *Travailler sans désemparer* ▶ continuellement, sans s'arrêter.

désemplir (se) v. *Une salle qui se désemplit peu à peu* ▶ se vider.

désenchanté, ée adj. ▶ déçu, désabusé, désappointé, désillusionné.

désenchantement n. m. ▶ déception, déconvenue, désabusement (litt.), désappointement, désillusion.

désencombrement n. m. *Le désencombrement d'un réseau* ▶ décongestion, décongestionnement.

désencombrer v. ▶ déblayer, décongestionner, dégager, désembouteiller, désengorger.

désenfler v. ▶ dégonfler.

désengager (se) v. *Se désengager d'une obligation* ▶ s'affranchir, se dégager, se délivrer, se libérer.

désengorger v. ▶ déboucher, désobstruer.

désensorceler v. ▶ désenvoûter, exorciser.

désenvaser v. *Désenvaser un bassin* ▶ curer, débourber.

désenvoûter v. ▶ désensorceler, exorciser.

déséquilibre n. m. **1** *Le déséquilibre d'un échafaudage* ▶ instabilité. **2** *Un déséquilibre entre les forces opposées* ▶ disparité, disproportion, distorsion, inégalité. **3** *Donner des signes de déséquilibre* ▶ dérangement, folie.

déséquilibré, ée adj. et n. ▶ cinglé (fam.), désaxé, détraqué, fou, instable, névropathe (vx), névrosé, piqué (fam.), psychopathe, timbré (fam.), toqué (fam.).

déséquilibrer v. *La mort de son fils l'a profondément déséquilibré* ▶ déstabiliser, secouer.

désert, erte adj. *Depuis cette catastrophe, la région est déserte* ▶ abandonné, dépeuplé, désolé, inhabité, vide.

désert n. m. Fig. *N'y allez pas, c'est un vrai désert* ▶ bled (fam.), trou (fam.).

déserter v. **1** *Déserter un village* ▶ abandonner, quitter. **2** *Blâmer ceux qui ont déserté la cause* ▶ abandonner, renier, trahir.

déserteur n. m. Fig. et litt. *Toute cause a ses fanatiques et ses déserteurs* ▶ apostat (litt.), parjure, renégat, traître.

désertion n. f. Fig. *Le groupe ne s'est pas remis de la désertion de ses chefs* ▶ défection.

désertique adj. ▶ aride, inculte, sec, stérile.

désespérance n. f. Litt. ▶ abattement, accablement, découragement, désenchantement, détresse, lassitude, tristesse.

désespérant, ante adj. ▶ affligeant, décourageant, déprimant, désolant, navrant.

désespéré, ée adj. **1** *Ce deuil l'a laissé désespéré* ▶ inconsolable. **2** *Prendre un parti désespéré* ▶ extrême.

désespéré, ée n. *Repêcher le corps d'un désespéré* ▶ suicidé.

désespérément adv. Fig. *Ce pauvre garçon est désespérément nul* ▶ définitivement, incurablement, irrémédiablement, irréparablement.

désespérer v. ▶ abattre, accabler, consterner, décourager, désoler.

désespoir n. m. ▶ abattement, accablement, consternation, découragement, désespérance (litt.), désolation, détresse.

désétatiser v. ▶ dénationaliser, privatiser.

déshabillé n. m. *Un déshabillé vaporeux* ▶ négligé, saut-de-lit.

déshabiller v. **1** *Déshabiller qqn* ▶ dénuder, dévêtir, mettre à poil (fam.). **2** Fig. et litt. *Déshabiller le caractère de qqn* ▶ découvrir, démasquer, dévoiler, percer à jour. **3 se déshabiller** *Se déshabiller pour prendre un bain* ▶ se dénuder, se dévêtir, se mettre à poil (fam.). **4** *Se déshabiller en arrivant* ▶ se découvrir, se défaire.

déshabituer v. ▶ désaccoutumer, désintoxiquer.

désherbant, ante adj. et n. m. ▶ herbicide.

désherber v. ▶ sarcler.

déshérité

déshérité, ée adj. et n. Fig. *Secourir les déshérités* ▶ défavorisé, démuni, indigent, laissé-pour-compte, misérable, pauvre.

déshériter v. **1** *Déshériter son fils au profit d'un neveu* ▶ déposséder, dépouiller. **2** Fig. *Un pauvre garçon que la nature a bien déshérité* ▶ défavoriser, désavantager, handicaper.

déshonnête adj. Litt. *Des propos déshonnêtes* ▶ inconvenant, incorrect, indécent, licencieux, osé.

déshonneur n. m. ▶ flétrissure (litt.), honte, ignominie, indignité, infamie, opprobre (litt.).

déshonorant, ante adj. ▶ avilissant, dégradant, flétrissant, honteux, ignoble, ignominieux, infamant, infâme.

déshonorer v. **1** *Déshonorer la mémoire de qqn en le calomniant* ▶ avilir, discréditer, flétrir, salir, souiller (litt.). **2** Vx *Déshonorer une femme* ▶ abuser de, violenter, violer. **3** Vx *Déshonorer son mari* ▶ bafouer, berner, ridiculiser, tromper.

déshuiler v. *Déshuiler de la laine* ▶ dégraisser, dessuinter.

déshydratant, ante adj. ▶ desséchant, dessiccatif.

déshydrater v. ▶ dessécher, lyophiliser.

desiderata n. m. pl. ▶ désirs, prétentions, revendications, souhaits, vœux.

design n. m. ▶ esthétique industrielle.

désignation n. f. **1** *Une désignation rare et technique* ▶ appellation, dénomination, nom. **2** *La désignation d'un successeur* ▶ choix, élection, nomination.

designer n. m. ▶ créateur, styliste.

désigner v. **1** *Désigner qqn du doigt* ▶ indiquer, montrer, signaler. **2** *Désigner qqn par son nom* ▶ appeler. **3** *Désigner qqn à l'attention générale* ▶ signaler. **4** *Une assemblée qui s'apprête à désigner son président* ▶ choisir, élire, nommer. **5** *Désigner des abstractions au moyen de signes graphiques* ▶ représenter, symboliser.

désillusion n. f. ▶ déboire, déception, déconvenue, désappointement, désenchantement, mécompte.

désillusionner v. ▶ décevoir, dépiter, désabuser, désappointer, désenchanter, refroidir (fam.).

désincarné, ée adj. ▶ éthéré, immatériel.

désinence n. f. ▶ terminaison.

désinfectant, ante adj. et n. m. ▶ antiseptique, stérilisant.

désinfecter v. **1** *Désinfecter des instruments de chirurgie* ▶ aseptiser, stériliser. **2** *Désinfecter l'atmosphère d'une salle d'hôpital* ▶ assainir, purifier.

désinfection n. f. **1** *Présenter les différentes méthodes de désinfection* ▶ antisepsie, aseptisation, stérilisation. **2** *La désinfection de l'air ambiant dans une salle d'attente* ▶ assainissement, purification.

désinformation n. f. ▶ bourrage de crâne (fam.), intoxication, manipulation.

désintégration n. f. ▶ anéantissement, dématérialisation, désagrégation.

désintégrer v. ▶ anéantir, annihiler, dématérialiser, pulvériser, réduire à néant, réduire en cendres.

désintéressé, ée adj. **1** *Un ami désintéressé* ▶ altruiste, bon, généreux. **2** *Un avis désintéressé* ▶ impartial. **3** *Une action désintéressée* ▶ bénévole, gratuit.

désintéressement n. m. **1** *Agir avec désintéressement* ▶ altruisme, générosité. **2** *Le désintéressement d'un créancier* ▶ dédommagement, indemnisation.

désintéresser v. **1** *Désintéresser un créancier* ▶ dédommager, indemniser, payer. **2** *se désintéresser de* *Se désintéresser d'une affaire* ▶ dédaigner, délaisser, se détacher de, mépriser, négliger.

désintérêt n. m. ▶ désaffection, détachement, indifférence.

désintoxiquer v. ▶ désaccoutumer, déshabituer.

désinvolte adj. **1** *Avoir l'air désinvolte* ▶ dégagé, détaché, flegmatique, insouciant, léger. **2** *Un ton vraiment trop désinvolte* ▶ cavalier, effronté, familier, impertinent, léger, sans-gêne.

désinvolture n. f. ▶ effronterie, familiarité, impertinence, laisser-aller, légèreté, sans-gêne, toupet (fam.).

désir n. m. **1** *Le désir de bien faire* ▶ ambition, but, dessein, intention, volonté. **2** *Se montrer attentif aux désirs de ses interlocuteurs* ▶ aspiration, attente, besoin, desideratum, espoir, exigence, prétention, revendication, souhait, vœu. **3** *Être l'esclave de ses désirs* ▶ appétit, attirance, concupiscence, convoitise, envie, libido, passion, penchant, sens.

désirable adj. **1** *Un sort désirable* ▶ enviable, recherché, rêvé, souhaitable, tentant. **2** *Une femme aux formes désirables* ▶ appétissant, attrayant, engageant, excitant, intéressant, séduisant, sexy (fam.).

désirer v. **1** *Il désire vous voir* ▶ ambitionner de, aspirer à, avoir envie de, brûler de, chercher à, espérer, rêver de, souhaiter, vouloir. **2** *Il désire un nouveau jouet* ▶ avoir envie de, convoiter, espérer, guigner (fam.), souhaiter, vouloir. **3** *Savoir se faire désirer* ▶ attendre.

désireux, euse adj. *Il paraît tout à fait désireux de vous satisfaire* ▶ anxieux, avide, soucieux.

désistement n. m. ▶ abandon, renoncement, retrait.

désister (se) v. ▶ abandonner, renoncer, se retirer.

désobéir v. **1** *Un adolescent qui désobéit* ▶ se rebeller, résister, se révolter. **2** *Désobéir aux ordres* ▶ contrevenir à, enfreindre, transgresser, violer.

désobéissance n. f. *Réprimer toute manifestation de désobéissance* ▶ indiscipline, indocilité, insoumission, insubordination, rébellion, révolte.

désobéissant, ante adj. ▶ difficile, entêté, indiscipliné, indocile, intraitable, rebelle, récalcitrant, réfractaire.

désobligeant, ante adj. ▶ blessant, déplaisant, désagréable, discourtois, malveillant, vexant.

désobliger v. *Vous le désobligeriez en refusant* ▶ blesser, fâcher, froisser, indisposer, offenser, vexer.

désobstruer v. *Désobstruer un tuyau* ▶ déboucher, dégager, désencombrer, désengorger.

désocialisation n. f. *La menace de désocialisation qui pèse sur les chômeurs* ▶ exclusion, marginalisation.

désodorisant, ante adj. et n. m. ▶ déodorant.

désœuvré, ée adj. ▶ inactif, inoccupé, oisif.

désœuvrement n. m. ▶ inaction, inoccupation, oisiveté.

désolant, ante adj. *Une nouvelle désolante* ▶ affligeant, consternant, contrariant, déplorable, embêtant (fam.), ennuyeux, fâcheux, lamentable, navrant.

désolation n. f. **1** Litt. *La guerre n'apporte que la désolation* ▶ destruction, dévastation, ravage, ruine, saccage. **2** *Cette mort les a plongés dans la désolation* ▶ affliction, chagrin, consternation, détresse, douleur, peine, tristesse.

désolé, ée adj. **1** *Une lande désolée* ▶ désert, sauvage. **2** *Il était désolé d'arriver en retard* ▶ confus, contrarié, embêté (fam.), ennuyé, fâché (litt.), navré.

désoler v. **1** Litt. *La guerre et les épidémies désolaient le pays* ▶ détruire, dévaster, ravager, ruiner, saccager. **2** *Son inconduite désole sa pauvre mère* ▶ affliger, attrister, chagriner, consterner, navrer, peiner.

désolidariser v. **1** *Désolidariser les pièces d'un mécanisme* ▶ désassembler, disjoindre, disloquer, dissocier, séparer. **2 se désolidariser de** *Se désolidariser d'un groupe* ▶ abandonner, lâcher (fam.), quitter, se séparer de.

désopilant, ante adj. ▶ comique, drôle, hilarant, impayable (fam.), inénarrable, marrant (fam.), rigolo (fam.).

désordonné, ée adj. **1** *Une résistance désordonnée* ▶ anarchique, brouillon. **2** *Un récit désordonné* ▶ cafouilleux (fam.), chaotique, confus, décousu, embrouillé, incohérent. **3** *Il est extrêmement désordonné, il n'y a qu'à voir sa chambre* ▶ bordélique (fam.), pagailleux (fam.).

désordre n. m. **1** *Quel désordre!* ▶ bazar (fam.), bordel (fam.), capharnaüm (fam.), chantier (fam.), chienlit (litt.), confusion, fatras, fouillis, fourbi (fam.), foutoir (fam.), pagaille (fam.), souk (fam.). **2** *Un désordre dans le fonctionnement d'un service* ▶ désorganisation, incohérence, perturbation. **3** *L'intervention du ministre a provoqué le plus grand désordre dans l'hémicycle* ▶ agitation, boucan (fam.), bruit, chahut, chambard (fam.), remous, remue-ménage, tapage, tohu-bohu, tumulte, vacarme. **4** *Se soigner pour un désordre gastrique* ▶ perturbation, trouble. **5 en désordre** *Ne faites pas attention, tout est en désordre* ▶ dérangé, en pagaille (fam.), pêle-mêle, sens dessus dessous.

désorganisation n. f. **1** *Provoquer une désorganisation dans le fonctionnement d'un service* ▶ bouleversement, désordre, perturbation, trouble. **2** *Un empire en pleine désorganisation* ▶ anarchie, chaos, confusion, désordre, pagaille (fam.).

désorganiser v. *Désorganiser les plans de qqn* ▶ bouleverser, déranger, perturber, troubler.

désorienter v. **1** *La brume a achevé de nous désorienter* ▶ dérouter, égarer, perdre. **2** Fig. *Cette question inattendue l'a désorienté* ▶ déboussoler (fam.), déconcerter, décontenancer, démonter, dérouter, désarçonner, désemparer, déstabiliser, embarrasser, interloquer, troubler.

désormais adv. ▶ à dater d'aujourd'hui, à l'avenir, à partir d'aujourd'hui, dès maintenant, dorénavant.

désosser

désosser v. 1 Fam. *Désosser un appareil* ▸ démonter, désassembler. 2 Fig. *Désosser une démonstration* ▸ analyser, décortiquer, disséquer.

despote n. m. ▸ autocrate, dictateur, potentat, tyran.

despotique adj. *Un pouvoir despotique* ▸ absolu, autocratique, autoritaire, dictatorial, totalitaire, tyrannique.

despotisme n. m. ▸ absolutisme, autocratie, autoritarisme, césarisme, dictature, totalitarisme, tyrannie.

dessaisir v. 1 *Dessaisir un tribunal d'une affaire* ▸ déposséder, enlever à, priver. 2 **se dessaisir** *Se dessaisir d'un bien* ▸ abandonner, se débarrasser de, se défaire de, se démunir de, se déposséder de, se dépouiller de, se priver de, renoncer à, se séparer de.

dessalé, ée adj. Fig. et fam. *Un petit air dessalé* ▸ coquin, dégourdi, déluré, effronté, fripon.

dessaler v. Fig. et fam. *Ce genre d'expérience va le dessaler rapidement* ▸ dégourdir, déniaiser.

dessèchement n. m. 1 *Le dessèchement d'une plante* ▸ dépérissement, étiolement. 2 *Le dessèchement d'un corps* ▸ déshydratation, dessiccation, momification. 3 Fig. *Le dessèchement de la sensibilité* ▸ endurcissement, racornissement, sclérose.

desséché, ée adj. 1 *Une terre desséchée* ▸ aride, désertique, sec, stérile. 2 *Un vieillard au cou desséché* ▸ décharné, étique (litt.), maigre. 3 Fig. *Un cœur desséché* ▸ endurci, froid, indifférent, insensible, racorni, sclérosé, sec.

dessécher v. 1 *La canicule a desséché la végétation* ▸ brûler, griller. 2 *Dessécher un produit alimentaire pour en assurer la conservation* ▸ déshydrater, lyophiliser. 3 *La vieillesse et la maladie l'ont desséché* ▸ amaigrir, décharner. 4 *Un revêtement de cuir que le temps et la chaleur ont desséché* ▸ durcir, racornir. 5 **se dessécher** *Un corps qui se dessèche en vieillissant* ▸ maigrir, se ratatiner (fam.), sécher. 6 Fig. *Se dessécher à attendre qqn* ▸ languir.

dessein n. m. 1 Litt. *Son dessein est de vous supplanter* ▸ but, désir, idée, intention, pensée, plan, programme, projet, propos, visées, volonté. 2 **à dessein** ▸ délibérément, exprès, intentionnellement, volontairement.

desserrer v. *Desserrer son étreinte* ▸ détendre, relâcher.

desservir v. 1 *Desservir les ambitions de qqn* ▸ contrarier, contrecarrer, entraver, gêner. 2 *Son manque de ponctualité le dessert dans son travail* ▸ défavoriser, désavantager, gêner, handicaper, nuire à. 3 *Desservir la table après un repas* ▸ débarrasser. 4 *Un train qui dessert une localité* ▸ s'arrêter à, passer par.

dessiccatif, ive adj. ▸ déshydratant, desséchant.

dessiccation n. f. ▸ déshydratation, dessèchement, lyophilisation.

dessiller les yeux à v. Litt. *Cette histoire lui a enfin dessillé les yeux sur la soi-disant honnêteté de son associé* ▸ détromper, ouvrir les yeux à.

dessin n. m. 1 *Un dessin de Raphaël* ▸ crayon, croquis, ébauche, épure, esquisse, étude, pochade. 2 *Un traité d'urbanisme accompagné de dessins explicatifs* ▸ figure, illustration, image, plan, relevé, schéma. 3 *Le dessin d'une silhouette* ▸ contour, forme, galbe, ligne. 4 *Le dessin d'un papier mural* ▸ motif, ornement. 5 Fig. *Le dessin d'ensemble d'un projet* ▸ canevas, conception, plan, structure.

dessinateur, trice n. ▸ illustrateur.

dessiner v. 1 *En se limitant à quelques traits essentiels* ▸ crayonner, croquer, ébaucher, esquisser. 2 *Une robe qui dessine bien la silhouette* ▸ faire ressortir, montrer, souligner. 3 Fig. *Une réplique qui dessine tout un caractère* ▸ camper, dépeindre, peindre, représenter, reproduire, tracer. 4 **se dessiner** *Un projet qui se dessine peu à peu* ▸ s'ébaucher, s'esquisser, se préciser, se profiler.

dessoûler v. 1 Fam. *Il dessoûle doucement* ▸ cuver (fam.). 2 *L'air glacé le dessoûla brusquement* ▸ dégriser.

dessous adv. 1 ▸ au-dessous, par-dessous. 2 **en dessous** *Agir en dessous* ▸ hypocritement, sournoisement.

dessous n. m. pl. 1 *Des dessous en soie* ▸ linge, lingerie, sous-vêtements. 2 Fig. *Les dessous de la politique* ▸ coulisses, cuisine (fam.).

dessous-de-table n. m. ▸ bakchich (fam.), enveloppe, gratification, pot-de-vin.

dessus adv. ▸ au-dessus, par-dessus.

dessus n. m. 1 *Prendre le dessus* ▸ avantage, meilleur. 2 **dessus du panier** Fig. *Fréquenter le dessus du panier* ▸ crème (fam.), élite, fine fleur, gratin (fam.).

dessus-de-lit n. m. ▸ couvre-lit.

déstabiliser v. **1** *Cette question inattendue l'a profondément déstabilisé* ▶ débousoler (fam.), déconcerter, décontenancer, démonter, dérouter, désarçonner, désemparer, désorienter, embarrasser, interloquer, troubler. **2** *Une crise politique qui déstabilise un gouvernement* ▶ déséquilibrer, ébranler, fragiliser.

destin n. m. **1** *Les arrêts du destin* ▶ destinée, fatalité, fatum (litt.). **2** *Tout attendre du destin* ▶ chance, hasard, providence. **3** *Tel est votre destin* ▶ destinée, lot, sort. **4** *Unir son destin à qqn* ▶ destinée, existence, vie.

destination n. f. **1** *Quelle est la destination de cet engin ?* ▶ emploi, usage, utilisation. **2** *Arriver à destination* ▶ but. **3** Litt. *La destination de l'artiste dans la société contemporaine* ▶ fin, finalité, fonction, mission, raison d'être, rôle, vocation.

destinée n. f. **1** *Se révolter contre la destinée* ▶ destin, fatalité, fatum (litt.), sort. **2** *Ma destinée était de vous rencontrer* ▶ destin, lot, sort. **3** *Unir sa destinée à qqn* ▶ destin, existence, vie.

destiner v. **1** *Ses antécédents le destinaient à cette carrière* ▶ prédestiner, vouer. **2** *Ces bureaux sont destinés au service informatique* ▶ affecter, assigner, attribuer, réserver. **3 se destiner** *Il se destine au professorat* ▶ se diriger vers, se préparer à, viser.

destituer v. **1** *Destituer un employé, un fonctionnaire* ▶ casser, dégommer (fam.), démettre, licencier, limoger, relever de ses fonctions, renvoyer, révoquer, virer (fam.). **2** *Destituer un officier* ▶ casser, dégrader. **3** *Destituer un souverain* ▶ chasser, déposer, détrôner.

destitution n. f. **1** *La destitution d'un employé, d'un fonctionnaire* ▶ licenciement, limogeage (fam.), renvoi, révocation. **2** *La destitution d'un militaire* ▶ cassation, dégradation. **3** *La destitution d'un chef d'État, d'un roi* ▶ déchéance, déposition, détrônement.

destructeur, trice adj. **1** *La violence destructrice d'un ouragan* ▶ destructif, dévastateur, meurtrier, ravageur. **2** *Des théories destructrices* ▶ nihiliste, subversif.

destruction n. f. **1** *La destruction d'une armée* ▶ anéantissement, écrasement, extermination, liquidation. **2** *Une guerre qui provoque d'immenses destructions* ▶ dégât, dégradation, dévastation, dommage, ravage. **3** *La destruction d'un logement vétuste* ▶ démolition. **4** *La destruction de tous les principes d'une société* ▶ abolition, désagrégation, disparition, écroulement, effondrement, extinction, fin.

désuet, ète adj. *Des principes désuets* ▶ anachronique, archaïque, arriéré, caduc, démodé, dépassé, obsolète, passé de mode, périmé, retardataire, suranné, vieillot.

désuétude n. f. ▶ obsolescence (litt.).

désunion n. f. *Introduire la désunion dans une famille* ▶ désaccord, discorde, dissension, dissentiment, division, mésentente, mésintelligence, zizanie.

désunir v. **1** *Désunir les éléments d'un ensemble* ▶ désassembler, désolidariser, détacher, disjoindre, disloquer, dissocier, diviser, séparer. **2** Fig. *Désunir un couple* ▶ brouiller, séparer.

détachable adj. ▶ isolable, séparable.

détachage n. m. ▶ dégraissage, nettoyage.

détaché, ée adj. *Répondre d'un air détaché* ▶ dégagé, désinvolte, flegmatique, indifférent, insouciant, léger.

détachement n. m. **1** *Réagir à une mauvaise nouvelle avec le plus parfait détachement* ▶ ataraxie (litt.), calme, désinvolture, impassibilité, indifférence, insensibilité, insouciance. **2** *Un détachement chargé d'une opération en territoire ennemi* ▶ commando, escouade, formation, patrouille.

détacher v. **1** *Détacher une feuille d'un carnet* ▶ enlever, ôter. **2** *Détacher un corsage* ▶ déboutonner, défaire, dégrafer. **3** *Détacher des liens* ▶ défaire, délier, dénouer. **4** *Détacher un prisonnier* ▶ délivrer, libérer. **5** *Détacher un fonctionnaire auprès d'une administration régionale* ▶ affecter, dépêcher, envoyer. **6** Fig. *Ses nouvelles occupations l'ont détaché de nous* ▶ écarter, éloigner, séparer. **7** *Faire détacher une veste sale* ▶ dégraisser, nettoyer. **8 se détacher** *Se détacher progressivement de la religion* ▶ abandonner, délaisser, se déprendre de (litt.), se désintéresser de, s'éloigner de, renoncer à, se séparer de. **9** *Une nuit qui se détache à l'horizon* ▶ apparaître, se profiler. **10** *Des lettres noires qui se détachent sur un fond blanc* ▶ se découper, ressortir, trancher. **11** *Des veines qui se détachent nettement à chaque effort* ▶ saillir, sortir, ressortir.

détail n. m. **1** *Le détail des dépenses du mois* ▶ décompte, liste, relevé. **2** *L'ensemble d'un tableau et chacun de ses détails* ▶ élément, fragment, partie. **3** *Demander des détails supplémentaires sur le fonctionnement d'un instrument* ▶ explication, information,

détaillant

précision. **4** *Ce n'est qu'un détail* ▶ bagatelle, bêtise, bricole (fam.), broutille, vétille.

détaillant, ante n. *Un détaillant de fruits et légumes* ▶ boutiquier, commerçant, débitant (vx), marchand, vendeur.

détaillé, ée adj. *Un exposé détaillé* ▶ analytique, approfondi, circonstancié, minutieux, précis.

détailler v. **1** *Détailler un bœuf* ▶ débiter, découper. **2** *Détailler de la farine* ▶ débiter, vendre. **3** *Il me détaillait avec insistance* ▶ examiner.

détaler v. Fam. ▶ se barrer (fam.), décamper (fam.), déguerpir (fam.), s'enfuir, filer (fam.), fuir, se sauver, se tirer (fam.).

détecter v. *Détecter l'origine d'un ragot* ▶ déceler, découvrir, dépister, localiser, repérer.

détection n. f. ▶ localisation, repérage.

détective n. m. **1** *Scotland Yard mit sur cette affaire ses meilleurs détectives* ▶ enquêteur, limier. **2 détective privé** ▶ agent de recherches.

déteindre v. **1** *Une couleur qui déteint* ▶ s'affadir, se décolorer, se défraîchir, s'éteindre, se faner, se flétrir, passer. **2** Fig. *Ses idées ont déteint sur votre comportement* ▶ agir sur, influencer, influer sur, jouer sur, peser sur, se répercuter sur.

dételer v. Fig. et fam. *Un vieux beau qui commence à dételer* ▶ s'assagir, se ranger.

détendre v. **1** *Détendre un muscle* ▶ décontracter, lâcher, relâcher. **2** Fig. *Allez passer une semaine à la campagne, cela vous détendra* ▶ apaiser, calmer, désénerver, relaxer, reposer. **3 se détendre** *Une peau qui se détend* ▶ se distendre, se ramollir. **4** Fig. *Sortir faire un tour pour se détendre un peu* ▶ s'apaiser, se calmer, décompresser (fam.), se décontracter, se dégourdir, se délasser, se dénouer, se relaxer.

détendu, ue adj. Fig. *Avoir l'air détendu* ▶ calme, cool (fam.), décontracté, reposé, serein.

détenir v. **1** *Détenir un secret* ▶ posséder. **2** *Détenir qqn* ▶ retenir, séquestrer.

détente n. f. **1** *La détente d'un muscle* ▶ décontraction, relâchement. **2** Fig. *Une politique de détente* ▶ apaisement, décrispation. **3** Fig. *Un moment de détente* ▶ apaisement, décontraction, délassement, récréation, relaxation, répit, repos.

détenteur, trice n. ▶ possesseur, propriétaire, titulaire.

détention n. f. **1** *Protester contre une détention arbitraire* ▶ emprisonnement, enfermement, incarcération. **2** *Être poursuivi pour détention illégale d'armes* ▶ possession.

détenu, ue adj. et n. ▶ captif (litt.), interné (litt.), prisonnier.

détergent n. m. ▶ détersif, lessive, poudre à laver.

déterger v. ▶ laver, nettoyer.

détérioration n. f. **1** *Un court-circuit qui entraîne des détériorations irrémédiables* ▶ dégât, dommage. **2** *La détérioration du niveau moral d'une société* ▶ abaissement, chute, décadence, déclin, dégradation, délabrement, pourrissement.

détériorer v. **1** *Une fuite qui détériore le mécanisme d'une chaudière* ▶ abîmer, bousiller (fam.), déglinguer (fam.), dégrader, démolir, détraquer, endommager, esquinter (fam.), saboter (fam.). **2** Fig. *Détériorer sa santé* ▶ altérer, gâter, ruiner, user. **3 se détériorer** *Du matériel qui se détériore* ▶ se dégrader, se délabrer, tomber en ruine. **4** *Une situation qui se détériore* ▶ s'aggraver, dégénérer, se dégrader, empirer, s'envenimer, se gâter. **5** *Des affaires qui se détériorent chaque jour davantage* ▶ se dégrader, dépérir, péricliter.

déterminant, ante adj. *Jouer un rôle déterminant dans une affaire* ▶ capital, crucial, décisif, essentiel, prépondérant, primordial.

détermination n. f. **1** *La détermination de l'âge d'une roche* ▶ calcul, évaluation, fixation, mesure. **2** *Faire preuve de détermination* ▶ caractère, décision, énergie, fermeté, opiniâtreté, résolution, ténacité, volonté.

déterminé, ée adj. **1** *Une poignée d'hommes déterminés* ▶ décidé, énergique, hardi, résolu. **2** *Une maladie repérable grâce à des symptômes bien déterminés* ▶ particulier, précis, spécifique.

déterminer v. **1** *Déterminer la distance de la Terre à la Lune* ▶ apprécier, calculer, estimer, évaluer, mesurer. **2** *Chercher à déterminer les causes d'un accident* ▶ diagnostiquer, identifier. **3** *Le chef de l'État détermine la politique de la nation* ▶ arrêter, décider de, définir, établir, fixer. **4** *Une innovation qui détermine de profondes transformations sociales* ▶ amener, causer, déclencher, engendrer, entraîner, occasionner, produire, provoquer, susciter. **5** *Seul l'intérêt général détermine sa conduite* ▶ commander, conditionner, décider de, dicter, inspirer. **6** *Déterminer qqn à réagir* ▶ amener à, conduire à, décider à, engager à,

inciter à, persuader de, pousser à. 7 se déterminer *Ils se sont déterminés en toute connaissance de cause* ▸ se décider, se prononcer. **8** *Il s'est enfin déterminé à cesser de fumer* ▸ se décider à, se résoudre à.

déterminisme n. m. ▸ fatalisme.

déterrement n. m. ▸ exhumation.

déterrer v. **1** *Déterrer une vieille souche* ▸ arracher, déraciner. **2** *Déterrer un cadavre* ▸ exhumer. **3** Fig. *Déterrer un livre rare* ▸ découvrir, dégoter (fam.), dénicher (fam.), trouver. **4** Fig. *Déterrer de vieilles histoires* ▸ exhumer, ressortir, ressusciter.

détersif n. m. ▸ détergent, lessive, poudre à laver.

détestable adj. **1** *Un caractère détestable* ▸ abominable, affreux, atroce, épouvantable, exécrable, haïssable, horrible, imbuvable (fam.), impossible, infernal, insupportable, intolérable, invivable, odieux. **2** *Des résultats détestables* ▸ calamiteux, déplorable, désastreux, exécrable, lamentable, minable, navrant, nul, pitoyable.

détester v. ▸ abhorrer (litt.), abominer (litt.), avoir en horreur, exécrer (litt.), haïr, vomir.

détonant, ante adj. *Un mélange détonant* ▸ explosif, fulminant.

détonateur n. m. **1** ▸ amorce, étoupille. **2** Fig. *Cet incident a servi de détonateur dans la genèse de cette crise* ▸ déclencheur.

détonation n. f. ▸ déflagration, éclatement, explosion.

détoner v. ▸ exploser.

détonner v. Fig. *Des couleurs qui détonnent* ▸ dissoner (litt.), hurler, jurer.

détour n. m. **1** *Faire un détour pour éviter les embouteillages* ▸ crochet. **2** *Les détours d'un chemin, d'une rivière* ▸ coudes, courbes, lacets, méandres, sinuosités, tournants, virages, zigzags. **3** Plur. et fig. *Se perdre dans les détours des textes administratifs* ▸ dédale, écheveau, embrouillamini (fam.), enchevêtrement, forêt, labyrinthe, lacis, maquis, méandres. **4** Plur. et fig. *Parler sans détours* ▸ ambages (litt.), artifices, circonlocutions, faux-fuyants, louvoiements, périphrases, subterfuges.

détourné, ée adj. **1** Fig. *Des moyens détournés* ▸ indirect, oblique. **2** Fig. *Un compliment détourné* ▸ allusif, indirect, voilé.

détournement n. m. **1** *Le détournement d'un cours d'eau* ▸ dérivation. **2** Fig. *Un fonctionnaire convaincu de détournement* ▸ concussion, exaction, malversation.

détourner v. **1** *Détourner un cours d'eau* ▸ dériver, dévier. **2** *Détourner une grosse somme* ▸ distraire, soustraire. **3** Fig. *Détourner une question embarrassante* ▸ éluder, esquiver, éviter, parer. **4** Fig. *Rien ne le détourne de ses objectifs* ▸ dévier, distraire, écarter, éloigner.

détracteur, trice n. *Les détracteurs de la cause féministe* ▸ adversaire, contempteur (litt.), dénigreur (litt.), dépréciateur, ennemi.

détraqué, ée adj. et n. *Avoir l'air complètement détraqué* ▸ aliéné, caractériel, cinglé (fam.), dément, dérangé, désaxé, déséquilibré, dingue (fam.), fou, malade, piqué (fam.).

détraquement n. m. ▸ dérangement, dérèglement, désordre, désorganisation, perturbation.

détraquer v. *Un médicament qui détraque le foie* ▸ abîmer, déglinguer (fam.), démolir, déranger, dérégler, détériorer, esquinter (fam.).

détremper v. **1** *Détremper des couleurs* ▸ délayer, diluer, étendre. **2** *La pluie a tout détrempé* ▸ imbiber, tremper.

détresse n. f. **1** *La détresse de qqn qui vient de perdre un être cher* ▸ affliction, chagrin, désarroi, désespoir, désolation, douleur, malheur, peine. **2** *Vivre dans la plus extrême détresse* ▸ dénuement, indigence, misère, nécessité. **3** Fig. *Un navire en détresse* ▸ perdition, péril.

détriment de (au) prép. *Il a accompli cet exploit au détriment de sa santé* ▸ au préjudice de.

détritus n. m. ▸ débris, déchet, immondice, ordure, rebut, résidu, reste.

détromper v. *Il est bien trop entêté pour que vous parveniez à le détromper* ▸ dessiller les yeux à (litt.), ouvrir les yeux à.

détrôner v. **1** *Détrôner un souverain* ▸ chasser, déposer, destituer. **2** Fig. *Une star qui en détrône une autre* ▸ éclipser, évincer, supplanter.

détrousser v. Litt. *Des touristes qui se sont fait détrousser* ▸ dépouiller, dévaliser, voler.

détruire v. **1** *Détruire un objet* ▸ briser, casser, fracasser, pulvériser, rompre. **2** *Détruire un immeuble* ▸ abattre, démolir, raser, renverser. **3** *Détruire un pays* ▸ abattre, anéantir, annihiler, démanteler, démolir, dévaster, raser, ravager, réduire à néant, réduire en cendres, ruiner, saccager. **4** *Un poison qui détruit les rongeurs* ▸ anéantir, décimer, éliminer, exterminer, massacrer, supprimer, tuer. **5 se dé-**

truire *Il se détruit la santé* ▸ s'abîmer, se ruiner.

dette n. f. **1** *Examiner le détail d'une dette* ▸ arriéré, débet, découvert, dû, passif. **2** Fig. *Une dette morale* ▸ devoir, engagement, obligation.

deuil n. m. **1** *C'est un jour de deuil* ▸ affliction, chagrin, désolation, douleur, malheur, souffrance, tristesse. **2 faire son deuil de** Fam. *Il a dû faire son deuil de ses prérogatives* ▸ abandonner, se dessaisir de, renoncer à.

deuxième adj. ▸ second.

deuxièmement adv. ▸ deuzio (fam.), secondement, secundo (fam.).

deux pas (à) adv. ▸ tout à côté, à proximité, tout près.

deux-pièces n. m. ▸ bikini.

dévaler v. **1** *Des bouquetins qui dévalent au bas d'une montagne* ▸ se précipiter. **2** *Dévaler des escaliers* ▸ débouler (fam.), dégringoler.

dévaliser v. **1** *Dévaliser un passant* ▸ dépouiller, détrousser (litt.), voler. **2** *Dévaliser une villa* ▸ cambrioler, piller.

dévalorisation n. f. ▸ dépréciation, dévaluation.

dévaloriser v. **1** Fig. *Dévaloriser qqn auprès de son entourage* ▸ couler (fam.), déconsidérer, décrier, dénigrer, déprécier, discréditer, médire de, perdre, rabaisser. **2** *Chercher à dévaloriser les mérites de qqn* ▸ amoindrir, déprécier, diminuer, minimiser, rabaisser. **3 se dévaloriser** *Une monnaie qui se dévalorise* ▸ se déprécier.

dévaluation n. f. Fig. et litt. *Assister à la dévaluation des principes auxquels on a cru* ▸ dépréciation, dévalorisation.

dévaluer (se) v. Fig. *Une théorie qui se dévalue* ▸ se déprécier, se dévaloriser.

devancer v. **1** *Un coureur qui devance ses concurrents* ▸ dépasser, distancer, semer (fam.), surclasser, surpasser. **2** *La génération qui a devancé la nôtre* ▸ précéder. **3** *L'intérêt chez lui devance toute autre considération* ▸ dépasser, l'emporter sur, passer devant, primer sur. **4** *Un débiteur qui devance la date d'un paiement* ▸ anticiper.

devancier, ère n. ▸ précurseur, prédécesseur.

devant prép. **1** *La voiture est garée devant la maison* ▸ en face de, vis-à-vis de. **2** *Il l'a dit devant témoins* ▸ en présence de.

devant n. m. **1** *Le devant d'un bateau* ▸ avant, nez, proue. **2** *Le devant d'un édifice* ▸ façade, face, front.

devanture n. f. *La devanture d'une boutique* ▸ étalage, vitrine.

dévastateur, trice adj. et n. **1** *Les Huns furent de grands dévastateurs* ▸ déprédateur (litt.), destructeur, vandale. **2** Fig. *Un humour dévastateur* ▸ corrosif, ravageur.

dévastation n. f. ▸ déprédation, désolation, destruction, ravage, ruine, saccage.

dévaster v. ▸ désoler (litt.), détruire, ravager, ruiner, saccager.

déveine n. f. ▸ guigne (fam.), malchance, poisse (fam.).

développé, ée adj. **1** *Un torse développé* ▸ ample, large, vaste. **2** *Un odorat très développé* ▸ puissant. **3** *Une société développée* ▸ évolué.

développement n. m. **1** *Une entreprise en plein développement* ▸ accroissement, ascension, croissance, épanouissement, essor, expansion, extension, progrès. **2** *Le développement d'une maladie* ▸ avancement, cours, déroulement, évolution, marche. **3** *Une affaire qui n'a pas eu de développements* ▸ prolongement, suite. **4** *Se lancer dans un long développement pour expliquer son point de vue* ▸ discours, exposé, laïus (fam.), tirade.

développer v. **1** *Développer une pièce de tissu* ▸ déplier, déployer, dérouler, étaler, étendre. **2** *Développer son emprise sur un secteur* ▸ accroître, amplifier, augmenter, élargir, étendre. **3** *Développer sa mémoire* ▸ accroître, cultiver, enrichir. **4** *Développer une idée* ▸ broder sur (péj.), détailler, expliquer, exposer, traiter. **5** *Développer une hépatite* ▸ être atteint de, faire (fam.). **6 se développer** Litt. *Une armée qui se développe dans une plaine* ▸ se déployer. **7** *Des événements qui se développent normalement* ▸ se dérouler, évoluer. **8** *Une plante qui se développe* ▸ s'épanouir, grandir, pousser. **9** *Un commerce qui se développe* ▸ s'accroître, s'étendre, fleurir (litt.), fructifier, progresser, prospérer. **10** *Une rumeur qui se développe* ▸ s'amplifier, augmenter, s'étendre, grossir, se propager, se répandre.

devenir v. **1** *Devenir vieux* ▸ se faire. **2** *Devenir fou* ▸ tomber. **3** *Qu'est-ce que tout cela va devenir ?* ▸ donner.

devenir n. m. *La permanence et le devenir* ▸ changement, évolution, transformation.

dévergondage n. m. ▸ débauche, dépravation, dérèglement, égarement (litt.), immoralité, inconduite (litt.), licence (litt.), vice.

dévergondé, ée adj. et n. ▶ débauché, dépravé, dissipé, dissolu, libertin, licencieux, perverti.

dévergonder (se) v. ▶ se débaucher, se dissiper, se pervertir.

déverrouiller v. *Déverrouiller une porte* ▶ décadenasser, ouvrir.

déverser v. **1** Fig. *Déverser des flots de touristes* ▶ débarquer, décharger. **2** Fig. *Déverser sa bile* ▶ épancher, répandre, vomir. **3 se déverser** *L'eau du bassin s'est déversée dans la rivière* ▶ s'écouler, s'évacuer, se jeter, se répandre, se vider.

dévêtir v. **1** ▶ dénuder, déshabiller. **2 se dévêtir** *Se dévêtir pour prendre un bain* ▶ se dénuder, se déshabiller, se mettre à poil (fam.). **3** *Se dévêtir en arrivant chez soi* ▶ se découvrir, se défaire, se mettre à l'aise.

dévêtu, ue adj. *Une jeune fille entièrement dévêtue* ▶ à poil (fam.), dénudé, déshabillé, nu.

déviation n. f. **1** *Une déviation de la colonne vertébrale* ▶ déformation, gauchissement. **2** *Une déviation destinée à éviter un bouchon* ▶ délestage. **3** Fig. *Une déviation idéologique* ▶ dérive, déviationnisme, dissidence, hérésie, hétérodoxie. **4** Fig. *Une déviation sexuelle* ▶ dérèglement, perversion. **5** Fig. et litt. *Suivre ses principes sans déviation* ▶ écart.

déviationnisme n. m. ▶ déviation, dissidence, hérésie, hétérodoxie.

déviationniste adj. ▶ dissident, hérétique, hétérodoxe.

dévider v. *Dévider une bobine* ▶ débobiner, dérouler.

dévier v. **1** *Dévier de son cap* ▶ se détourner, s'écarter, s'éloigner. **2** *Dévier un cours d'eau* ▶ dériver, détourner.

devin, devineresse n. **1** *Elle l'écoute comme si c'était un devin* ▶ augure, oracle, prophète, visionnaire. **2** Spécialement à propos d'une femme ▶ cassandre, pythie, pythonisse (litt.), sibylle (litt.).

devinable adj. ▶ conjecturable, présumable, prévisible.

deviner v. *Elle devina tout de suite qu'il mentait* ▶ comprendre, conjecturer, déceler, détecter, se douter, entrapercevoir, flairer, pressentir, sentir, soupçonner, subodorer.

devinette n. f. ▶ énigme.

déviriliser v. ▶ efféminer, féminiser.

devis n. m. ▶ estimation, évaluation.

dévisager v. ▶ détailler, examiner, fixer, observer.

devise n. f. **1** *Vivre libre ou mourir, telle est la devise des braves* ▶ maxime, mot d'ordre, principe. **2** *Une devise forte* ▶ monnaie.

deviser v. Litt. *Deviser gaiement entre amis* ▶ bavarder, causer, converser, discuter, s'entretenir, parler.

dévisser v. ▶ Spécialement en alpinisme ▶ décrocher.

dévoilement n. m. Fig. *Le dévoilement d'une énigme* ▶ divulgation, révélation.

dévoiler v. **1** *Dévoiler une statue* ▶ découvrir. **2** *Dévoiler une partie du corps* ▶ dénuder, laisser voir, montrer. **3** Fig. *Dévoiler un scandale* ▶ démasquer (litt.), divulguer, révéler. **4 se dévoiler** *Ses intentions se dévoilent progressivement* ▶ apparaître, paraître, percer, poindre.

devoir v. ▶ avoir à, être dans l'obligation de, être tenu de.

devoir n. m. **1** Plur. et vx *Présenter ses devoirs à qqn* ▶ civilités, hommages, respects. **2** *La morale et la loi imposent certains devoirs* ▶ charge, obligation, tâche. **3** *C'est le devoir des intellectuels de mettre leur communauté en garde* ▶ charge, fonction, office (vx), responsabilité, rôle, tâche, travail. **4** *Rendre un devoir de mathématiques* ▶ composition, copie. **5 devoir sur table** ▶ composition, contrôle.

dévolu, ue adj. *Les tâches qui nous sont dévolues* ▶ destiné, imparti, réservé.

dévorant, ante adj. Fig. *Un sentiment dévorant* ▶ ardent, brûlant, déchaîné, effréné, enragé, frénétique, insatiable.

dévorer v. **1** *Un enfant qui dévore* ▶ bâfrer (fam.), s'empiffrer (fam.), engloutir, engouffrer (fam.), se gaver, se goinfrer. **2** *De l'acide qui dévore une barre de fer* ▶ corroder, ronger. **3** Fig. *Dévorer un héritage* ▶ claquer (fam.), croquer (fam.), dilapider, dissiper, engloutir, flamber (fam.), gaspiller, manger. **4** Fig. *Ce travail me dévore tout mon temps* ▶ absorber, accaparer, prendre. **5** Fig. *Les flammes ont dévoré en un instant toute une vie de travail* ▶ anéantir, annihiler, détruire. **6** Fig. *Une passion qui dévore un vieillard* ▶ brûler, consumer. **7** Fig. *Elle est dévorée par ce remords* ▶ hanter, miner, obséder, poursuivre, ronger, tourmenter.

dévot, ote adj. **1** *Un roi très dévot* ▶ croyant, pieux, pratiquant, religieux. **2** Spécialement en mauvaise part ▶ bigot, calotin, tartufe.

dévotement adv. ▶ pieusement, religieusement.

dévotion n. f. 1 *Manifester la plus vive dévotion dans l'exercice de ses devoirs religieux* ▶ ferveur, piété. 2 *Spécialement en mauvaise part* ▶ bigoterie, cagoterie, tartuferie. 3 Fig. *Avoir pour la musique une véritable dévotion* ▶ adoration, culte, ferveur, passion, vénération.

dévoué, ée adj. 1 *Un serviteur dévoué* ▶ empressé, fidèle, loyal, sûr, zélé. 2 *Être dévoué à une cause* ▶ acquis.

dévouement n. m. 1 *Le dévouement d'un sauveteur* ▶ abnégation, don de soi, sacrifice. 2 *Une preuve de dévouement* ▶ attachement, empressement, fidélité, loyalisme, zèle.

dévouer v. 1 *Dévouer sa vie à la science* ▶ consacrer, dédier, donner, offrir, sacrifier, vouer. 2 **se dévouer** *Être toujours prêt à se dévouer* ▶ se sacrifier. 3 *Se dévouer à une noble cause* ▶ se consacrer à, vivre pour.

dévoyé, ée adj. *Des mœurs dévoyées* ▶ corrompu, débauché, dépravé, déréglé, dévergondé, dissipé, dissolu, léger, libertin, perverti, relâché.

dévoyé, ée n. *Un jeune dévoyé* ▶ délinquant, voyou.

dévoyer v. Litt. *Dévoyer une innocente jeune fille* ▶ débaucher, dépraver, détourner, dévergonder, perdre, pervertir.

dextérité n. f. ▶ adresse, agilité, art, brio, doigté, habileté, ingéniosité, maestria, savoir-faire, talent, virtuosité.

diable adj. *Ces chers petits n'ont pas été trop diables ?* ▶ coquin, espiègle, indiscipliné, infernal, insupportable, turbulent.

diable n. m. 1 *Faire un pacte avec le diable* ▶ lucifer, satan, démon, malin. 2 Fig. *Méfiez-vous, cette femme est un vrai diable* ▶ démon, furie, harpie, mégère, teigne (fam.). 3 **à la diable** *Un travail fait à la diable* ▶ à la hâte, hâtivement, sans méthode, sans soin. 4 **au diable** Fam. *Habiter au diable* ▶ au bout du monde.

diablement adv. Fam. *Elle est diablement séduisante* ▶ bigrement (fam.), bougrement (fam.), diantrement (vx), drôlement (fam.), en diable (litt.), extrêmement, rudement (fam.), sacrément (fam.), terriblement.

diablerie n. f. 1 *Des mages occupés à leurs diableries* ▶ maléfice, sorcellerie, sortilège. 2 Litt. *Soupçonner ses adversaires d'obscures diableries* ▶ machination, manigances, menées. 3 Fig. *C'est encore une diablerie des enfants* ▶ espièglerie, gaminerie, malice, niche.

diabolique adj. *Faire preuve d'une ruse diabolique* ▶ démoniaque, infernal, machiavélique, maléfique, méphistophélique (litt.), satanique.

diaboliquement adv. ▶ machiavéliquement, sataniquement.

diachronique adj. *Analyser un phénomène linguistique dans une perspective diachronique* ▶ évolutif, historique.

diadème n. m. ▶ couronne.

diagnostic n. m. Fig. *Un diagnostic sévère de l'évolution politique* ▶ évaluation, jugement.

diagonale n. f. 1 *La diagonale d'un tissu* ▶ biais. 2 **en diagonale** *Traverser un carrefour en diagonale* ▶ en biais, obliquement. 3 *Lire un document en diagonale* ▶ en travers, rapidement, superficiellement.

diagramme n. m. 1 *Un diagramme de température* ▶ courbe, graphique. 2 *Indiquer par un diagramme la disposition des parties d'un ensemble* ▶ croquis, plan, schéma.

dialecte n. m. ▶ parler.

dialecticien, enne n. ▶ argumentateur, logicien.

dialectique n. f. *Une dialectique subtile* ▶ argumentation, logique, raisonnement.

dialogue n. m. 1 *Un dialogue fructueux entre deux interlocuteurs* ▶ conversation, débat, discussion, échange, entretien, tête-à-tête. 2 *Refuser le dialogue* ▶ concertation, négociation.

dialoguer v. *Dialoguer avec les partenaires sociaux* ▶ se concerter, conférer, discuter, s'entretenir, négocier, parler.

diamant n. m. ▶ brillant, solitaire.

diamétralement adv. Fig. *Des points de vue diamétralement opposés* ▶ absolument, complètement, entièrement, foncièrement, fondamentalement, intégralement, radicalement, totalement.

diaphane adj. 1 *Une eau diaphane* ▶ clair, limpide, translucide. 2 Fig. et litt. *Une peau diaphane* ▶ pâle, transparent.

diapré, ée adj. Litt. ▶ bariolé, bigarré (litt.), chamarré (litt.), chatoyant, nuancé.

diarrhée n. f. ▶ colique.

diatribe n. f. Litt. *Prononcer une violente diatribe contre une institution* ▶ philippique (litt.), réquisitoire.

dictateur n. m. ▶ autocrate, despote, potentat, tyran.

dictatorial, ale adj. 1 *Un pouvoir dictatorial* ▶ absolu, autocratique, autoritaire, despotique, totalitaire, tyrannique. 2 Fig. *Un*

dictatorial ► autoritaire, cassant, impératif, impérieux.

dictature n. f. **1** *Lutter contre la dictature* ► absolutisme, autocratie, autoritarisme, césarisme, despotisme, totalitarisme, tyrannie. **2** Fig. *La dictature de l'audimat* ► domination, impérialisme, tyrannie.

dicter v. **1** *Dicter son attitude à qqn* ► commander, imposer, ordonner, prescrire. **2** *Seul l'intérêt général dictera notre réaction* ► commander, conditionner, décider de, déterminer, inspirer.

diction n. f. ► débit, élocution, prononciation.

dictionnaire n. m. **1** *Un dictionnaire de termes techniques* ► glossaire, index, lexique, vocabulaire. **2** *En particulier si ce dictionnaire aspire à l'exhaustivité* ► thésaurus, trésor.

dicton n. m. ► adage, maxime, proverbe.

didactique adj. **1** *Un traité didactique* ► pédagogique. **2** *Un terme didactique* ► savant, scientifique, technique.

didactique n. f. *La didactique des langues* ► pédagogie.

diète n. f. **1** *Prescrire une diète sévère* ► jeûne, régime. **2** *La diète de Pologne* ► assemblée, parlement.

diététique adj. *Un régime à base de produits diététiques* ► allégé, hypocalorique.

dieu n. m. **1** *Les dieux des forêts et des ruisseaux* ► déité, divinité, esprit, génie. **2** *S'interroger sur les desseins de Dieu* ► créateur, éternel, être suprême, grand architecte, notre-seigneur, père, seigneur, tout-puissant, très-haut.

diffamant, ante adj. *Des accusations diffamantes* ► calomnieux, diffamatoire, mensonger.

diffamateur, trice n. ► calomniateur.

diffamation n. f. ► calomnie.

diffamatoire adj. *Des accusations diffamatoires* ► calomnieux, diffamant, mensonger.

diffamer v. ► calomnier, salir.

différemment adv. **1** *Elle seule était habillée différemment* ► autrement. **2** *Elles étaient toutes habillées différemment* ► diversement.

différence n. f. **1** *Savoir faire la différence entre un original et une copie* ► départ (litt.), distinction. **2** *Il y a une certaine différence entre ce qu'il dit et ce qu'il fait* ► distance, écart, fossé, intervalle, marge. **3** *Relever des différences entre deux témoignages* ► antinomie, contradiction, désaccord, discordance, disparité, dissemblance, divergence. **4** *Un pays où il y a des différences sociales énormes* ► contraste, disparité, dissimilitude, diversité, écart, inégalité. **5** *Comme vous n'avez droit qu'à vingt kilos de bagages, vous allez devoir payer la différence* ► complément, excédent, restant, reste, supplément.

différenciation n. f. *Procéder par différenciation* ► distinction, division, séparation.

différencier v. **1** *Deux nuances presque impossibles à différencier* ► discriminer (litt.), distinguer, reconnaître, séparer. **2 se différencier** *Ces deux fleurs se différencient par leur parfum* ► différer, se distinguer.

différend n. m. ► conflit, contentieux, contestation, controverse, démêlé, désaccord, discussion, dispute, litige, querelle.

différent, ente adj. **1** *Il est tout différent depuis cet événement* ► autre, changé, transformé. **2** *Adopter successivement des théories différentes* ► dissemblable, distinct, divergent. **3** *Son point de vue est bien différent du vôtre* ► éloigné. **4** Plur. *Différentes personnes m'ont confirmé cette histoire* ► divers, plusieurs.

différer v. **1** *Mon point de vue diffère un peu du vôtre* ► se différencier, se distinguer, s'écarter, s'éloigner. **2** *Nos points de vue diffèrent complètement* ► diverger, s'opposer. **3** *Différer un départ* ► ajourner, reculer, renvoyer, reporter, repousser, retarder, surseoir à, suspendre.

difficile adj. **1** *Un enfant difficile* ► désobéissant, dissipé, indiscipliné, indocile, insupportable. **2** *Un caractère difficile* ► acariâtre, irascible, mauvais, ombrageux, pas commode (fam.), revêche. **3** *Être difficile sur le choix de ses vins* ► délicat, exigeant, maniaque, sourcilleux, tatillon, vétilleux. **4** *Être confronté à un problème vraiment difficile* ► ardu, complexe, compliqué, coton (fam.), délicat, dur, embarrassant, épineux, malaisé. **5** *Mener une existence difficile* ► douloureux, dur, pénible, rude. **6** *Essayer d'expliquer une phrase difficile* ► compliqué, embrouillé, énigmatique, obscur. **7** *Éviter un sujet de conversation difficile* ► brûlant, délicat, embarrassant, épineux, gênant, périlleux, problématique, risqué, scabreux, sensible.

difficilement adv. **1** *Un résultat acquis difficilement* ► à l'arraché, laborieusement, malaisément, péniblement. **2** *C'est difficilement croyable* ► à peine, tout juste.

difficulté n. f. 1 *Un problème d'une grande difficulté* ▶ complexité. 2 *Il n'y est pas parvenu sans difficulté* ▶ mal, peine. 3 *Éprouver de la difficulté à aborder certains sujets* ▶ embarras, gêne. 4 *Au dernier moment il y a eu une difficulté* ▶ accroc (fam.), anicroche, complication, contretemps, écueil (litt.), empêchement, ennui, hic (fam.), incident, obstacle, os (fam.), pépin (fam.), problème. 5 *Il n'y a pas de difficulté du côté de la direction* ▶ contestation, objection, obstacle, problème, résistance.

difforme adj. ▶ biscornu, contrefait, déformé, déjeté, malbâti, mal fichu (fam.), tordu, tors (litt.).

difformité n. f. *Souffrir d'une difformité* ▶ dysmorphie, malformation.

diffus, use adj. 1 *Une lumière diffuse* ▶ tamisé, voilé. 2 *Un orateur au style diffus* ▶ brumeux, délayé, filandreux, imprécis, verbeux.

diffuser v. 1 *Diffuser de la chaleur* ▶ dispenser, émettre, propager, répandre. 2 *Diffuser une publication* ▶ distribuer. 3 *Diffuser une doctrine* ▶ propager, répandre, vulgariser. 4 *Le discours sera diffusé en direct* ▶ retransmettre, transmettre. 5 **se diffuser** *De la lumière qui se diffuse* ▶ irradier, se propager, rayonner. 6 *Une mode qui se diffuse largement* ▶ se développer, s'étendre, gagner, se propager, se répandre.

diffusion n. f. 1 *La diffusion d'une onde* ▶ émission, transmission. 2 *La diffusion d'un concert* ▶ retransmission. 3 *La diffusion d'un journal* ▶ distribution. 4 *La diffusion d'une doctrine* ▶ dissémination, expansion, propagation, vulgarisation.

digérer v. 1 *Ne pas digérer les œufs* ▶ assimiler. 2 Fig. *Prendre le temps de digérer ses lectures* ▶ assimiler, méditer, mûrir. 3 Fig. et fam. *Une critique dure à digérer* ▶ accepter, avaler (fam.), encaisser (fam.), endurer, subir, supporter.

digest n. m. *Ne connaître une œuvre qu'au travers d'un digest* ▶ condensé, résumé.

digeste adj. ▶ léger.

digestif n. m. ▶ pousse-café.

digestion n. f. ▶ assimilation.

digital, ale adj. *Un code digital* ▶ numérique.

digitaliser v. ▶ numériser.

digne adj. 1 *Une famille digne* ▶ convenable, estimable, honorable, méritant, respectable. 2 *Un digne vieillard* ▶ grave, noble, respectable, solennel. 3 *Chercher une solution qui soit digne de l'enjeu* ▶ approprié à, conforme à. 4 **être digne de** *Être digne des plus hautes récompenses* ▶ mériter.

dignement adv. 1 *Se tirer dignement d'une situation embarrassante* ▶ honnêtement, honorablement. 2 *Assumer dignement sa misère* ▶ fièrement, noblement.

dignitaire n. m. ▶ autorité, figure, grosse légume (fam.), hiérarque (litt.), huile (fam.), notabilité, personnage, personnalité, ponte (fam.).

dignité n. f. 1 *Un sentiment qui ne manque pas de dignité* ▶ élévation, grandeur, honorabilité, noblesse, respectabilité. 2 *Il fallait refuser, c'était une question de dignité* ▶ amour-propre, fierté, honneur. 3 *Des manières empreintes de dignité* ▶ gravité, réserve, retenue, sérieux, solennité.

digression n. f. ▶ à-côté, détour, écart, parenthèse.

digue n. f. 1 *Se promener sur la digue* ▶ jetée, môle. 2 Fig. *Une passion qui rompt les digues de la morale et du devoir* ▶ barrage, barrière, entrave, obstacle, rempart.

diktat n. m. ▶ injonction, mise en demeure, sommation, ukase, ultimatum.

dilapidation n. f. ▶ dissipation, gaspillage.

dilapider v. 1 *Dilapider une fortune* ▶ claquer (fam.), croquer (fam.), dépenser, dévorer, dissiper, flamber (fam.), gaspiller, manger. 2 Fig. *Dilapider ses heures de loisir* ▶ gâcher, gaspiller, perdre.

dilatable adj. ▶ expansible.

dilatation n. f. 1 *La dilatation d'un gaz* ▶ expansion. 2 *La dilatation d'une poche de plastique dans laquelle on souffle* ▶ distension, gonflement, grossissement. 3 *La dilatation d'un tuyau* ▶ élargissement.

dilater v. ▶ distendre, élargir, enfler, gonfler, grossir.

dilettante n. *C'est un dilettante, on ne peut pas lui confier un travail sérieux* ▶ amateur, fumiste (fam.).

dilettantisme n. m. *Il y a du dilettantisme dans votre travail* ▶ amateurisme, désinvolture, légèreté.

diligemment adv. ▶ prestement, promptement, rapidement, vivement.

diligence n. f. 1 Litt. *Faire preuve de diligence dans le règlement d'une affaire* ▶ célérité, empressement, promptitude, rapidité, vitesse, zèle. 2 **faire diligence** Litt. ▶ s'activer, se dépêcher, s'empresser, se hâter.

diligent, ente adj. Litt. ▶ actif, empressé, prompt, rapide, zélé.

diluer v. **1** *Diluer une substance solide* ▸ délayer, détremper, dissoudre, gâcher. **2** *Diluer une substance liquide* ▸ allonger, couper, étendre, mouiller, noyer. **3** Fig. *Chercher à diluer ses responsabilités* ▸ affaiblir, atténuer.

diluvien, enne adj. *Des pluies diluviennes* ▸ torrentiel.

dimanche n. m. ▸ jour du seigneur.

dimension n. f. **1** *Tout dépend de la dimension de ce que vous avez à mesurer* ▸ calibre, étendue, format, gabarit, grandeur, mesure, taille. **2** Fig. *Donner à un événement sa juste dimension* ▸ envergure, importance, poids, portée, proportion, valeur.

diminué, ée adj. Fig. *Il est très diminué depuis sa maladie* ▸ affaibli, amoindri.

diminuendo adv. ▸ decrescendo.

diminuer v. **1** *Diminuer une quantité, une dimension, une durée* ▸ abréger, alléger, amenuiser, amoindrir, amputer, atténuer, baisser, écourter, raccourcir, rapetisser, réduire, restreindre, rétrécir, rogner, tronquer. **2** *Diminuer une intensité, une puissance, une pression* ▸ abaisser, adoucir, affaiblir, atténuer, baisser, émousser, estomper, modérer, réduire, relâcher. **3** *Diminuer ses prétentions* ▸ abaisser, amoindrir, baisser, limiter, modérer, rabattre, réduire, resserrer, restreindre, tempérer. **4** *Diminuer les mérites de qqn* ▸ abaisser, amoindrir, déprécier, minimiser, rabaisser, rapetisser, ravaler. **5** *Les jours diminuent* ▸ décroître, raccourcir. **6** *Les provisions diminuent* ▸ s'amenuiser, baisser, se raréfier, se réduire. **7** *Son ardeur commence à diminuer* ▸ baisser, décliner, décroître, faiblir, fléchir, mollir, tomber. **8 se diminuer** *Se diminuer en acceptant une activité indigne* ▸ s'abaisser, s'avilir, déchoir, s'humilier.

diminution n. f. **1** *La diminution du nombre des accidents de la route* ▸ abaissement, affaiblissement, amenuisement, amoindrissement, baisse, déclin, décroissance, modération, ralentissement, réduction. **2** *Consentir une diminution importante sur un article abîmé* ▸ discount, rabais, réduction, remise, ristourne. **3** *Obtenir une diminution sur une somme due aux impôts* ▸ abattement, allègement, dégrèvement.

dingue adj. **1** Fam. *Il a l'air sain d'esprit, mais en fait il est complètement dingue* ▸ aliéné, cinglé (fam.), dément, fou, malade, timbré (fam.), toqué (fam.). **2** Fam. *120 francs le kilo ? C'est dingue!* ▸ absurde, délirant, déraisonnable, extravagant, fou, incroyable, insensé, stupéfiant.

diocèse n. m. ▸ évêché.

dionysiaque adj. Litt. ▸ bachique.

diplomate adj. *Il faudrait qqn de plus diplomate pour représenter vos intérêts* ▸ adroit, astucieux, avisé, habile, politique (litt.), subtil.

diplomate n. ▸ négociateur.

diplomatie n. f. *Il va vous falloir beaucoup de diplomatie pour faire accepter cela* ▸ adresse, doigté, entregent, habileté, savoir-faire, subtilité, tact.

diplomatique adj. *On aurait pu trouver une manière plus diplomatique de présenter les choses* ▸ adroit, habile, ingénieux, politique, subtil.

diplomatiquement adv. ▸ adroitement, avec tact, habilement.

diplôme n. m. **1** *Les différents diplômes de l'enseignement supérieur* ▸ grade, titre. **2** *Essayer de se débrouiller sans diplôme* ▸ certificat, parchemin (fam.), peau d'âne (fam.), titre.

dire v. **1** *Il n'a pas été capable de dire un mot* ▸ articuler, émettre, énoncer, exprimer, formuler, proférer, prononcer. **2** *Il n'a pas encore dit ses intentions* ▸ annoncer, apprendre, avertir de, communiquer, confier, déclarer, expliquer, exposer, faire part de, faire savoir, formuler, indiquer, instruire de, livrer, manifester, révéler, signaler. **3** *Qu'est-ce que vous me dites là ?* ▸ chanter (fam.), conter, raconter. **4** *Je vous l'ai dit cent fois* ▸ répéter. **5** *Dire une méchanceté* ▸ balancer (fam.), envoyer (fam.). **6** *Dire un secret* ▸ colporter, dévoiler, divulguer, ébruiter, propager, publier (litt.), raconter, répandre. **7** *Face à cette accusation, qu'avez-vous à dire ?* ▸ alléguer, objecter, répliquer, répondre, rétorquer. **8** *Personne ne vous a dit de partir* ▸ commander de, demander de, enjoindre de, inviter à, ordonner de, sommer de. **9** *Je n'ai pas d'opinion, mais il dit que c'est comme cela qu'il faut faire* ▸ affirmer, assurer, attester, certifier, prétendre. **10** *Dites-moi un jour, et je m'arrangerai* ▸ fixer, indiquer. **11** Fig. *Sa mine dit bien qu'il a qqch à cacher* ▸ dénoter, dévoiler, indiquer, manifester, marquer, montrer, révéler, signifier, trahir. **12** Fig. *Cela vous dit ?* ▸ chanter (fam.), convenir, plaire, tenter.

dire de (au) prép. ▸ d'après, selon.

direct, ecte adj. **1** *Une ligne directe* ▸ droit, rectiligne. **2** *Une conséquence directe* ▸ immédiat. **3** Fig. *Être direct avec ses interlocuteurs* ▸ carré, franc, loyal, net.

directement adv. **1** *Aller directement chez qqn* ▸ droit, immédiatement, tout droit.

2 *Des conceptions directement opposées* ▶ diamétralement, exactement, totalement. **3** *Parler très directement à qqn* ▶ carrément, franchement, nettement, ouvertement. **4** *Cela vous concerne directement* ▶ personnellement.

directeur, trice n. **1** *Le directeur d'une entreprise* ▶ administrateur, chef, dirigeant, gérant, patron, responsable. **2** *Le directeur d'un collège* ▶ principal. **3 directeur de conscience** Vx ▶ confesseur.

directif, ive adj. **1** *Une méthode directive* ▶ autoritaire. **2** *Un micro directif* ▶ directionnel.

direction n. f. **1** *Tout cela a été accompli sous la direction de mon prédécesseur* ▶ administration, auspices (litt.), commandement, conduite, férule (litt.), gestion, houlette (litt.), responsabilité. **2** *La direction de l'entreprise a réagi d'un seul bloc* ▶ responsables, tête. **3** *Les organes de direction d'un véhicule* ▶ commande, pilotage. **4** *Demander la direction de la ville* ▶ chemin, route. **5** Plur. *La discussion est partie dans toutes les directions* ▶ azimuts (fam.), sens. **6** Fig. *La direction suivie par le gouvernement* ▶ axe, ligne, orientation, trajectoire, voie.

directionnel, elle adj. *Un micro directionnel* ▶ directif.

directive n. f. *Donner des directives générales à ses collaborateurs* ▶ indication, instruction, ligne de conduite, recommandation.

dirigé, ée adj. *Une maison dirigée vers l'ouest* ▶ exposé, orienté, tourné.

dirigeable n. m. ▶ zeppelin.

dirigeant, ante n. **1** *Les dirigeants d'un État* ▶ gouvernant. **2** *À propos d'une entreprise ou d'un service* ▶ administrateur, chef, directeur, gérant, patron, responsable. **3** *À propos d'un groupe quelconque* ▶ hiérarque (litt.), leader, meneur.

diriger v. **1** *Diriger une entreprise* ▶ administrer, gérer, manager, présider. **2** *Vouloir tout diriger* ▶ commander, gouverner, régenter. **3** *Diriger un véhicule* ▶ conduire, gouverner, guider, manœuvrer, piloter. **4** *Diriger un convoi vers la capitale* ▶ acheminer, conduire, mener. **5** *Diriger un élève dans ses études* ▶ aiguiller, conseiller, orienter. **6** *Seul son intérêt le dirige* ▶ conduire, entraîner, guider, inspirer, mener, pousser. **7 se diriger** *Être incapable de se diriger sans plan* ▶ s'orienter, se repérer, se retrouver. **8** *Se diriger vers la ville la plus proche* ▶ aller, faire route, marcher.

dirigisme n. m. ▶ étatisme, interventionnisme.

discernement n. m. **1** Vx *Le discernement du vrai et du faux* ▶ différenciation, discrimination (litt.), distinction, reconnaissance. **2** *Faire preuve de discernement* ▶ bon sens, clairvoyance, intelligence, jugement, jugeote (fam.), perspicacité, raison, réflexion.

discerner v. **1** *Discerner des formes dans la nuit* ▶ apercevoir, distinguer, percevoir, remarquer, repérer. **2** *Discerner les diverses nuances du vert* ▶ différencier, discriminer (litt.), distinguer, identifier, reconnaître. **3** *Discerner le vrai du faux* ▶ démêler (litt.), différencier, discriminer (litt.), distinguer, reconnaître. **4** *Discerner une réticence dans la réponse de qqn* ▶ déceler, détecter, deviner, entrapercevoir, flairer, percevoir, saisir, sentir, subodorer.

disciple n. m. **1** *Un maître accompagné de ses disciples* ▶ élève. **2** *Une doctrine vigoureusement défendue par ses disciples* ▶ adepte, apôtre (litt.), fidèle, partisan, tenant.

discipline n. f. **1** *Un étudiant qui se demande quelle discipline choisir* ▶ domaine, enseignement, matière, spécialité. **2** *Exalter le respect de la discipline* ▶ loi, ordre, règlement. **3** *N'avoir aucune discipline dans son travail* ▶ constance, ordre, régularité, tenue. **4** *Une jeune élève d'une parfaite discipline* ▶ docilité, obéissance, soumission.

discipliné, ée adj. *Des écoliers disciplinés* ▶ docile, obéissant, sage.

discipliner v. **1** *Discipliner de jeunes enfants* ▶ dresser (péj.), éduquer, élever, former. **2** *Discipliner ses passions* ▶ assujettir (litt.), dompter, maîtriser, soumettre. **3** Fig. *Discipliner le cours d'une rivière* ▶ régulariser.

discontinu, ue adj. **1** *Un mouvement discontinu* ▶ intermittent, irrégulier. **2** *Une quantité discontinue* ▶ discret.

discontinuer v. *La pluie n'a pas discontinué* ▶ s'arrêter, cesser, s'interrompre.

discontinuité n. f. *La discontinuité d'un phénomène* ▶ intermittence, irrégularité.

disconvenir (n'en pas) v. *Vous avez raison sur ce point, je n'en disconviens pas* ▶ admettre, avouer, en être d'accord, reconnaître.

discordance n. f. **1** *Une discordance de couleurs* ▶ cacophonie, disharmonie (litt.), dissonance. **2** *Il y a une certaine discordance entre leurs caractères* ▶ décalage, désaccord, différence, disparité, dissemblance, divergence.

discordant, ante adj. 1 *Des sons discordants* ▸ cacophonique, dissonant. 2 Fig. *Des opinions discordantes* ▸ contraire, divergent, opposé.

discorde n. f. 1 Litt. *Semer la discorde* ▸ désaccord, dissension, division, mésintelligence, zizanie. 2 Litt. *Rester flegmatique au milieu des plus violentes discordes* ▸ conflit, démêlé, désaccord, différend, dissension, querelle.

discothèque n. f. ▸ boîte (fam.), boîte de nuit, dancing (vx), night-club.

discount n. m. ▸ rabais, réduction, remise, ristourne.

discoureur, euse adj. et n. ▸ bavard, beau parleur, disert (litt.), jacasseur, péroreur, phraseur.

discourir v. 1 Litt. *Passer la soirée à discourir entre amis sur tous les sujets* ▸ bavarder, causer, converser, deviser (litt.), s'entretenir, parler. 2 *Pendant qu'ils discourent, nous agissons* ▸ bavarder, disserter, palabrer (fam.), pérorer, pontifier.

discours n. m. 1 *Faire un discours devant un auditoire* ▸ allocution, conférence, exposé, laïus (fam.), speech (fam.), topo (fam.). 2 Spécialement quand il s'agit d'entraîner un auditoire ▸ exhortation, harangue. 3 *L'analyse linguistique du discours* ▸ parole.

discourtois, oise adj. *Un accueil discourtois* ▸ désobligeant, disgracieux, grossier, impoli, rustre.

discourtoisie n. f. Litt. ▸ grossièreté, impolitesse, incivilité (vx), malhonnêteté (vx).

discrédit n. m. ▸ déconsidération (litt.), décri (vx), défaveur.

discréditer v. *Calomnier un rival pour le discréditer dans l'esprit de ceux qui le soutenaient* ▸ déconsidérer, déprécier, dévaloriser, dévaluer, disqualifier, griller (fam.).

discret, ète adj. 1 *Il est trop discret pour se mettre ainsi en avant* ▸ effacé (péj.), modeste, pudique, réservé, retenu. 2 *Faire une critique discrète à qqn* ▸ feutré, léger, mesuré, modéré, voilé. 3 *Un endroit discret* ▸ isolé, retiré, tranquille. 4 *Une quantité discrète* ▸ discontinu.

discrètement adv. 1 *Quitter discrètement une réunion* ▸ à la dérobée, en catimini, en douce (fam.), furtivement. 2 *S'habiller discrètement* ▸ modestement, sagement, sobrement.

discrétion n. f. 1 *Agir avec discrétion* ▸ délicatesse, mesure, modération, modestie, réserve, retenue, sobriété, tact. 2 *Ce qui compte le plus dans ce genre d'affaires, c'est la discrétion* ▸ confidentialité. 3 **à discrétion** ▸ à gogo (fam.), à volonté.

discrétionnaire adj. ▸ absolu, illimité.

discrimination n. f. 1 *Accepter tous les candidats sans discrimination* ▸ distinction. 2 Spécialement en fonction de critères raciaux ▸ apartheid, racisme, ségrégation.

discriminer v. Litt. ▸ différencier, discerner, distinguer, séparer.

disculper v. 1 ▸ blanchir, innocenter, laver, mettre hors de cause. 2 **se disculper** ▸ se justifier.

discursif, ive adj. *Un raisonnement discursif* ▸ déductif, logique.

discussion n. f. 1 *Ce projet est l'objet de multiples discussions* ▸ concertation, conversation, débat, délibération, palabre. 2 *Avoir une violente discussion avec qqn* ▸ altercation, controverse, différend, dispute, empoignade, explication, polémique, querelle.

discutable adj. ▸ attaquable, contestable, critiquable, douteux, niable.

discutailler v. Fam. ▸ batailler, chicaner, discourir, ergoter, palabrer, pérorer, pinailler (fam.), ratiociner (litt.).

discuté, ée adj. *Un palmarès très discuté* ▸ contesté, controversé, critiqué.

discuter v. 1 *Discuter avec quelques amis autour d'un verre* ▸ bavarder, causer, converser, deviser (litt.), s'entretenir, parler. 2 *Discuter à propos d'un projet avec ses collaborateurs* ▸ conférer, débattre, délibérer, dialoguer, parler. 3 *Discuter pendant des heures pour obtenir une réduction* ▸ argumenter, batailler, marchander, négocier, palabrer, parlementer. 4 *Discuter le bien-fondé d'une décision* ▸ contester, critiquer, mettre en doute.

disert, erte adj. Litt. ▸ bavard, causant, discoureur, éloquent, loquace, prolixe.

disette n. f. 1 *Une population frappée par la disette* ▸ famine. 2 Fig. et litt. *Déplorer la disette d'idées originales* ▸ absence, carence, défaut, déficience, déficit, dénuement, indigence, manque, pauvreté, pénurie, rareté.

disgrâce n. f. 1 *Encourir la disgrâce du prince* ▸ défaveur. 2 Litt. *La laideur est une disgrâce dont les effets s'atténuent avec l'âge* ▸ infortune, malheur, misère.

disgracié, ée adj. Litt. *Un physique disgracié* ▸ disgracieux, ingrat, laid, vilain.

disgracieux, euse adj. 1 *Un visage franchement disgracieux* ▸ disgracié (litt.), ingrat, laid, vilain. 2 *Un accueil disgracieux* ▸ dé-

disjoindre

plaisant, désagréable, discourtois, malgracieux (litt.).

disjoindre v. 1 *Disjoindre les pièces d'un mécanisme* ▶ déboîter, démonter, désassembler, désolidariser, désosser (fam.), désunir, disloquer, dissocier, diviser, écarter, isoler, séparer. 2 *Un mur que le gel commence à disjoindre* ▶ fendre, fissurer, lézarder.

disjoint, ointe adj. *Deux problèmes nettement disjoints* ▶ différent, distinct, séparé.

disjonction n. f. ▶ dissociation, distinction, séparation.

dislocation n. f. 1 *La dislocation d'une articulation* ▶ déboîtement, désarticulation, luxation. 2 *La dislocation d'un empire* ▶ décomposition, démantèlement, démembrement, désagrégation, dissolution, écroulement, effondrement, ruine.

disloquer v. 1 *Le choc lui a disloqué le bras* ▶ déboîter, démancher, démantibuler (fam.), démettre, désarticuler. 2 *Le choc a disloqué les lattes du plancher* ▶ déboîter, désassembler, désolidariser, désunir, disjoindre, dissocier. 3 **se disloquer** *Un groupe qui se disloque* ▶ se désagréger, se dissoudre, se séparer.

disparaître v. 1 *Toutes ses économies ont disparu en un instant* ▶ s'envoler, s'évanouir, s'évaporer (fam.), se perdre, se volatiliser. 2 *Une tache qui ne disparaîtra pas facilement* ▶ s'effacer, s'enlever, partir. 3 *Ils ont disparu dès qu'on a eu besoin d'eux* ▶ s'absenter, décamper (fam.), s'éclipser, s'enfuir, s'esquiver, filer, fuir, partir, se retirer, se sauver, se tirer (fam.). 4 *Ce romancier a disparu avant d'avoir terminé son œuvre* ▶ décéder, expirer (litt.), mourir, périr (litt.), trépasser (litt.). 5 *Un sentiment qui ne disparaîtra jamais* ▶ se dissiper, s'effacer, s'estomper, s'éteindre, finir, mourir, passer. 6 **faire disparaître** *Réussir à faire disparaître des documents compromettants avant l'arrivée de la police* ▶ cacher, dissimuler, escamoter. 7 *Ces nouvelles constructions ont achevé de faire disparaître toute trace de ce village* ▶ détruire, effacer, supprimer.

disparate adj. *Des meubles d'époques variées formant un ensemble disparate* ▶ bigarré, composite, divers, diversifié, hétéroclite, hétérogène, hybride, mélangé, mêlé, multiple, panaché, pluriel.

disparate n. f. Litt. *Il y a une surprenante disparate entre ses principes et ses actes* ▶ contraste, décalage, désaccord, différence, discordance, disparité, dissemblance, dissonance, divergence.

190

disparité n. f. ▶ bigarrure, contraste, déséquilibre, différence, disparate (litt.), disproportion, dissemblance, dissonance, divergence, diversité, hétérogénéité, inégalité, variété.

disparition n. f. 1 *Constater la disparition d'un objet dans une vitrine* ▶ absence, volatilisation. 2 *Être très affecté par la disparition d'un ami* ▶ décès, fin, mort, trépas (litt.). 3 *La disparition du brouillard matinal* ▶ dissipation, levée. 4 *La disparition d'un sentiment* ▶ effacement, évanouissement, évaporation (litt.). 5 *La disparition d'un empire* ▶ anéantissement, destruction, effondrement, fin, mort.

disparu, ue n. ▶ défunt, mort.

dispatcher v. *Dispatcher des documents* ▶ distribuer, répartir.

dispendieux, euse adj. ▶ cher, coûteux, onéreux, ruineux.

dispensateur, trice n. ▶ distributeur, répartiteur (litt.).

dispense n. f. 1 *La dispense de certaines charges* ▶ exemption, exonération, franchise. 2 *Demander une dispense pour épouser une cousine* ▶ autorisation, dérogation.

dispenser v. 1 *Dispenser des blâmes et des récompenses* ▶ distribuer, répandre, répartir. 2 *Dispenser qqn d'une obligation* ▶ décharger, dégager, délivrer, exempter, exonérer, libérer. 3 *Dispensez-moi de ces détails* ▶ épargner, éviter, faire grâce de, passer. 4 **se dispenser** *Se dispenser d'une obligation* ▶ s'épargner, s'éviter. 5 *Ne pas pouvoir se dispenser d'assister à une cérémonie* ▶ s'abstenir de, éviter de, se passer de.

disperser v. 1 *Le vent disperse les nuages* ▶ dissiper. 2 *Disperser des jetons sur une table de jeu* ▶ disséminer, éparpiller, parsemer, répandre, répartir, semer. 3 *Disperser une collection* ▶ diviser, fragmenter, morceler. 4 *Disperser l'ennemi* ▶ mettre en fuite. 5 **se disperser** *Une famille qui se disperse sur l'ensemble d'un continent* ▶ se disséminer, s'égailler, s'éparpiller, essaimer, se répandre. 6 *Des manifestants qui se dispersent dans le calme* ▶ se séparer.

dispersion n. f. 1 *La dispersion du brouillard matinal* ▶ dissipation, levée. 2 *La dispersion d'une armée ennemie* ▶ débandade, déroute. 3 *La dispersion des forces politiques* ▶ atomisation, dispersement, dissémination, émiettement, éparpillement, fractionnement, morcellement.

disponibilité n. f. 1 *La disponibilité d'un poste* ▶ vacance. 2 Plur. *Chacun peut investir* selon ses disponibilités ► économies, réserves.

disponible adj. **1** *Y a-t-il des places disponibles ?* ► libre, vacant. **2** *Le patron n'est pas très disponible en ce moment* ► accessible.

dispos, ose adj. ► alerte, délassé, en forme, frais, gaillard, ingambe, reposé, vif.

disposé, ée adj. *Être disposé à faire qqch* ► prêt.

disposer v. **1** *Disposer par contrat* ► décider, prescrire, stipuler. **2** *Disposer des chaises autour d'une table* ► installer, mettre, placer, ranger. **3** *Disposer savamment les différentes parties d'un ensemble* ► agencer, ajuster, arranger, combiner, composer, ordonner, organiser, répartir. **4** *Cette perspective nous a disposés à prendre nos précautions* ► décider, déterminer, engager, inciter, pousser. **5** *Disposer de moyens considérables* ► avoir, bénéficier de, jouir de. **6** *Vous pouvez disposer de tout pendant mon absence* ► se servir de, user de, utiliser. **7 se disposer** *Je me disposais à vous téléphoner quand j'ai reçu votre message* ► aller, s'apprêter à, être sur le point de, se préparer à, songer à.

dispositif n. m. ► appareil, machine, mécanique, mécanisme, système.

disposition n. f. **1** *La disposition des lieux* ► agencement, arrangement, configuration, distribution, économie, ordonnancement, organisation, répartition, structure. **2** *Fig. Être doté d'une profonde disposition à ne rien faire* ► aptitude, capacité, don, facilité, faculté, goût, inclination, penchant, prédisposition, propension, tendance, vocation. **3** *Fig. et plur. Prendre les dispositions nécessaires pour un départ précipité* ► mesures.

disproportion n. f. *La disproportion des forces de deux adversaires* ► déséquilibre, différence, disparité, inégalité.

disproportionné, ée adj. *Une récompense disproportionnée* ► démesuré, excessif, surdimensionné (fam.).

dispute n. f. *Cette affaire est pour eux un perpétuel sujet de dispute* ► altercation, bisbille (fam.), chamaillerie (fam.), conflit, désaccord, différend, discorde, discussion, dissension, empoignade, engueulade (fam.), fâcherie, prise de bec (fam.), querelle, scène.

disputer v. **1** *Litt. Disputer sur un sujet brûlant* ► batailler, débattre, discuter, disputailler (fam. et péj.), ergoter (péj.), ferrailler (litt.). **2** *Fam. Disputer un enfant* ► admonester (litt.), attraper (fam.), engueuler (fam.), gronder, morigéner (litt.), quereller (litt.), réprimander, sermoner. **3 le disputer à** *Litt. Son art le dispute en rigueur à celui des classiques* ► se comparer à, égaler, rivaliser avec. **4 se disputer** *Les voisins sont encore en train de se disputer* ► se chamailler (fam.), s'engueuler (fam.), se quereller.

disqualification n. f. ► élimination, exclusion.

disqualifier v. **1** *Disqualifier l'un des concurrents dans une compétition* ► éliminer, exclure. **2** *Fig. Ce mensonge l'a disqualifié aux yeux de tous* ► déconsidérer, discréditer, griller (fam.), perdre.

disque n. m. **1** *Un objet en forme de disque* ► cercle, circonférence, rond. **2** *Fam. Il nous sort toujours le même disque* ► antienne (litt.), chanson, couplet, histoire, leitmotiv, litanie, rabâchage, refrain (fam.), rengaine (fam.), ritournelle, scie (fam.).

dissection n. f. *Faire la dissection d'une crise politique* ► analyse.

dissemblable adj. ► différent, distinct, divers.

dissemblance n. f. ► contraste, différence, disparité, dissimilitude, diversité, hétérogénéité, variété.

dissémination n. f. **1** *La dissémination des pollens* ► dispersement, dispersion, éparpillement. **2** *La dissémination des idées* ► diffusion, propagation, vulgarisation.

disséminer v. **1** *Disséminer des graines* ► disperser, éparpiller, parsemer, semer. **2** *Disséminer des idées* ► diffuser, propager, répandre, vulgariser. **3 se disséminer** *Une population qui se dissémine dans différents pays* ► se disperser, s'égailler, s'éparpiller, essaimer, se propager, se répandre.

dissension n. f. *Chercher à apaiser les dissensions qui déchirent une société* ► conflit, désaccord, désunion, différend, discorde, dissentiment, mésentente, mésintelligence (litt.), querelle.

dissentiment n. m. *Exprimer son dissentiment sur un point en discussion* ► désaccord, opposition.

disséquer v. *Fig. Disséquer une œuvre littéraire* ► analyser, décomposer, désosser (fam.), éplucher.

dissertation n. f. *Une dissertation savante* ► essai, étude, traité.

disserter v. *Disserter pendant des heures sur les sujets les plus ennuyeux* ► discourir, palabrer (fam.), pérorer, pontifier.

dissidence n. f. *Un pouvoir autoritaire qui ne supporte aucune forme de dissidence* ▶ déviation, déviationnisme, hétérodoxie, non-conformisme.

dissident, ente adj. et n. ▶ déviationniste, hétérodoxe, non-conformiste.

dissimilitude n. f. ▶ différence, dissemblance, opposition.

dissimulateur, trice adj. et n. ▶ fourbe, hypocrite, sournois, tartufe.

dissimulation n. f. **1** *La dissimulation de la vérité* ▶ camouflage, déguisement. **2** *De petites dissimulations d'enfant* ▶ cachotterie. **3** *Parler sans dissimulation* ▶ arrière-pensée, artifice, détour, feinte. **4** *Une personne d'une grande dissimulation* ▶ duplicité, fausseté, fourberie, hypocrisie, jésuitisme, sournoiserie, tartuferie.

dissimulé, ée adj. *Un caractère dissimulé* ▶ cachottier (fam.), chafouin (litt.), faux, fourbe, hypocrite, secret, sournois.

dissimuler v. **1** *La brume dissimule pour le moment les tours de la cathédrale* ▶ cacher, camoufler, éclipser, escamoter, masquer, occulter, offusquer (litt.), recouvrir, voiler. **2** *Dissimuler ses vrais sentiments* ▶ cacher, camoufler, déguiser, farder, masquer, renfermer, travestir, voiler. **3** *On lui a dissimulé l'incident* ▶ cacher, celer (litt.), taire. **4** *Inutile de dissimuler, nous savons tout* ▶ faire semblant, feindre. **5 se dissimuler** *Se dissimuler derrière une tenture* ▶ se cacher, disparaître, se tapir.

dissipateur, trice adj. et n. ▶ dépensier, dilapidateur, flambeur (fam.), gaspilleur, prodigue.

dissipation n. f. **1** *La dissipation des brouillards matinaux* ▶ dispersion, levée. **2** *Des élèves d'une insupportable dissipation* ▶ agitation, indiscipline, turbulence. **3** *La dissipation d'un patrimoine* ▶ dilapidation, gaspillage. **4** Litt. *Vivre dans la dissipation* ▶ débauche, libertinage, licence.

dissipé, ée adj. **1** *Un élève dissipé* ▶ agité, désobéissant, indiscipliné, indocile, turbulent. **2** Litt. *Des mœurs dissipées* ▶ débauché, dévergondé, dissolu, léger, libertin.

dissiper v. **1** *Le vent dissipe les nuages* ▶ chasser, disperser, éparpiller. **2** *Dissiper un héritage* ▶ claquer (fam.), croquer (fam.), dépenser, dévorer, dilapider, engloutir, flamber (fam.), gaspiller. **3** *Une mise au point qui dissipe les derniers soupçons* ▶ chasser, éliminer, supprimer. **4** *Dissiper sa voisine* ▶ distraire. **5 se dissiper** *Une odeur qui se dissipe* ▶ disparaître, se dissoudre, s'estomper, s'évaporer, passer. **6** Litt. *Une jeune fille qui se dissipe* ▶ se dévergonder.

dissociable adj. ▶ isolable, séparable.

dissociation n. f. *La dissociation des budgets de fonctionnement et de recherche* ▶ distinction, séparation.

dissocier v. *Dissocier deux questions* ▶ désolidariser, disjoindre, distinguer, séparer.

dissolu, ue adj. *Des mœurs dissolues* ▶ corrompu, débauché, dépravé, déréglé, dévergondé, devoyé, dissipé, léger, libertin, perverti, relâché.

dissolution n. f. **1** Fig. *Un empire menacé de dissolution* ▶ décomposition, démantèlement, démembrement, désagrégation, dislocation, écroulement, effondrement, ruine. **2** Litt. *Condamner en chaire la dissolution des mœurs* ▶ débauche, dépravation, dérèglement, dissipation, immoralité, libertinage, perversion.

dissolvant, ante adj. et n. m. ▶ solvant.

dissonance n. f. **1** *Une dissonance entre des sons qui ne s'accordent pas* ▶ cacophonie. **2** Fig. *Une dissonance entre les principes et la réalité* ▶ contraste, décalage, désaccord, discordance, disparate (litt.), disparité, dissemblance, divergence.

dissonant, ante adj. **1** *Des sons dissonants* ▶ cacophonique, criard, discordant. **2** Fig. *Faire entendre une opinion dissonante* ▶ discordant, divergent.

dissoner v. *Des couleurs qui dissonent* ▶ détonner, hurler, jurer.

dissoudre v. **1** *Dissoudre une poudre dans de l'eau* ▶ délayer, diluer, faire fondre. **2** *L'eau dissout progressivement la roche* ▶ désagréger, éroder, ronger. **3** Fig. *Dissoudre un mariage* ▶ annuler, rompre. **4 se dissoudre** *Le sucre se dissout dans le café* ▶ fondre. **5** Fig. *Un empire qui se dissout* ▶ se décomposer, se déliter, se désagréger, se disloquer, s'écrouler, s'effondrer. **6** Fig. *Des énergies qui se dissolvent* ▶ s'amenuiser, se dissiper.

dissuader v. *Dissuader qqn de faire qqch* ▶ déconseiller à, décourager, détourner.

dissuasif, ive adj. *Une expérience dissuasive* ▶ décourageant.

dissymétrie n. f. ▶ asymétrie, irrégularité.

dissymétrique adj. ▶ asymétrique, biscornu, irrégulier.

distance n. f. **1** *Calculer la distance qui sépare deux objets* ▶ écart, espace, espacement, étendue, intervalle, longueur. **2** *La distance franchie en une journée par les concurrents* ▶ parcours, trajet. **3** Fig. *Avec la distance, il est plus facile de se faire une opi-*

nion ▶ éloignement, recul, temps. **4 à distance** *Observer un phénomène à distance* ▶ de loin.

distancer v. *Avec 12 points d'avance, il a définitivement distancé tous ses concurrents* ▶ décrocher (fam.), dépasser, devancer, lâcher, l'emporter sur, semer (fam.), surclasser, surpasser.

distant, ante adj. **1** *Le bourg est distant de trois kilomètres* ▶ éloigné. **2** *Prendre un air distant* ▶ altier (litt.), dédaigneux, fier, froid, hautain, lointain, réservé.

distendre v. **1** *Distendre un ressort* ▶ allonger, étirer. **2** *Une maladie qui distend l'abdomen* ▶ ballonner, boursoufler, dilater, gonfler. **3 se distendre** *La peau se distend avec l'âge* ▶ se détendre, se relâcher.

distension n. f. **1** *La distension d'une poche de plastique que l'on gonfle* ▶ dilatation. **2** *La distension d'une courroie* ▶ relâchement.

distillateur, trice n. ▶ bouilleur de cru.

distiller v. **1** *Un arbre qui distille de la résine* ▶ exsuder, sécréter. **2** Fig. et litt. *Une aube qui distille un jour blafard* ▶ répandre.

distinct, incte adj. **1** *Je traiterai l'une après l'autre trois questions nettement distinctes* ▶ différent, disjoint, dissemblable, indépendant, séparé. **2** *Les détails du paysage sont de plus en plus distincts à mesure qu'on s'approche* ▶ apparent, clair, net, perceptible, précis, visible.

distinctement adv. ▶ clairement, nettement.

distinctif, ive adj. ▶ caractéristique, particulier, spécifique, typique.

distinction n. f. **1** *Établir une distinction entre deux choses* ▶ démarcation, différenciation, discrimination, distinguo, séparation. **2** *Décerner à qqn une distinction en raison de ses mérites* ▶ décoration, insigne, médaille. **3** *Des manières d'une grande distinction* ▶ classe, élégance, finesse, raffinement.

distingué, ée adj. **1** *Un économiste distingué* ▶ brillant, éminent, hors pair, incomparable, insigne, remarquable, supérieur. **2** *Une assistance distinguée* ▶ b.c.b.g. (fam.), chic, choisi, de bon ton, sélect. **3** *Des manières distinguées* ▶ aristocratique, classe (fam.), élégant, raffiné.

distinguer v. **1** *Distinguer le vrai du faux* ▶ démêler, différencier, discerner, discriminer (litt.), dissocier, reconnaître, séparer. **2** *Distinguer une forme dans les ténèbres* ▶ apercevoir, discerner, percevoir. **3** *Son professeur l'a immédiatement distingué* ▶ remarquer. **4 se distinguer** *Ces deux problèmes ne se distinguent guère l'un de l'autre* ▶ se différencier, différer. **5** *Se distinguer par une audace peu commune* ▶ se faire remarquer, s'illustrer, se particulariser, se signaler, se singulariser.

distinguo n. m. **1** *Établir un distinguo entre deux points* ▶ différenciation, distinction. **2** Fam. *Se perdre dans d'inutiles distinguos* ▶ raffinement, subtilité.

distorsion n. f. **1** *Dénoncer une inqualifiable distorsion des faits* ▶ altération, déformation, transformation, travestissement. **2** Fig. *Une distorsion entre l'offre et la demande* ▶ décalage, déséquilibre, disparité.

distraction n. f. **1** *Révéler qqch par distraction* ▶ étourderie, inadvertance, inattention, mégarde. **2** *Se livrer à sa distraction préférée* ▶ amusement, délassement, divertissement, hobby (fam.), loisir, passe-temps, récréation.

distraire v. **1** Litt. *Un ensemble dont on distrait une partie* ▶ détacher, détourner, prélever, retrancher, séparer, soustraire. **2** *Distraire sa voisine* ▶ dissiper. **3** *Distraire l'assistance en imitant les bruits de la jungle* ▶ amuser, délasser, divertir, égayer, récréer (litt.). **4 se distraire** *Aller au cinéma pour se distraire* ▶ s'amuser, se changer les idées, se délasser, se détendre, se divertir, se récréer (litt.).

distrait, aite adj. **1** *Un élève distrait* ▶ dans la lune, écervelé, étourdi, inappliqué, inattentif, rêveur. **2** *Écouter qqn d'un air distrait* ▶ absent, absorbé, lointain, préoccupé.

distrayant, ante adj. ▶ amusant, délassant, divertissant, drôle, marrant (fam.), plaisant, récréatif, réjouissant.

distribuer v. **1** *Distribuer des tâches à chacun* ▶ allouer, assigner, attribuer, décerner, octroyer. **2** *Distribuer un travail entre plusieurs personnes* ▶ diviser, partager, répartir. **3** *Distribuer des compliments* ▶ dispenser, prodiguer, répandre. **4** *Distribuer les êtres vivants en espèces* ▶ catégoriser, classer, ordonner, organiser, répartir.

distributeur, trice adj. *Un organisme distributeur de subventions* ▶ dispensateur, répartiteur (litt.).

distributeur n. m. **1** *Le distributeur exclusif d'une marque japonaise* ▶ concessionnaire, diffuseur. **2** *Prendre de l'argent dans un distributeur automatique* ▶ billetterie.

distribution n. f. **1** *La distribution d'un quotidien* ▶ diffusion. **2** *La distribution des rôles* ▶ attribution, partage, répartition. **3** *La distribution des êtres vivants en espèces* ▶ classement, classification, répartition.

4 *La distribution d'un appartement* ▶ agencement, disposition, économie, ordonnance, organisation, structure.

dit, dite adj. **1** *Jean-Baptiste Poquelin, dit Molière* ▶ alias. **2** *Arriver à l'heure dite* ▶ convenu, décidé, fixé.

dithyrambe n. m. Litt. ▶ panégyrique (litt.).

dithyrambique adj. *Des louanges dithyrambiques* ▶ hyperbolique.

diva n. f. ▶ prima donna.

divagation n. f. Fig. *Se perdre en divagations fumeuses* ▶ élucubration, extravagance.

divaguer v. **1** *Laisser divaguer des bestiaux* ▶ s'égarer, errer, vagabonder, vaguer. **2** Fig. *Un vieillard qui commence à divaguer* ▶ battre la campagne (fam.), débloquer (fam.), délirer, déménager (fam.), dérailler (fam.), déraisonner, perdre la tête, radoter.

divan n. m. ▶ canapé, sofa.

divergence n. f. *Un tour de table qui révèle une grande divergence d'opinions dans l'assistance* ▶ discordance, disparité.

divergent, ente adj. *Confronter des interprétations divergentes* ▶ différent, discordant, dissemblable.

diverger v. *Plus le temps passe, plus leurs conceptions divergent* ▶ se contredire, se différencier, différer, s'écarter, s'éloigner, s'opposer.

divers, erse adj. **1** Litt. *Ce quartier a une population essentiellement diverse* ▶ composite, disparate, hétérogène, mélangé, varié. **2** *Avoir des goûts divers* ▶ diversifié, éclectique, varié. **3** Plur. *Ce mot a des sens très divers* ▶ différents, dissemblables, distincts, diversifiés, variés. **4** Plur. *Divers sujets ont été abordés pendant la conversation* ▶ beaucoup de, de multiples, de nombreux, différents, maints (litt.), plusieurs.

diversement adv. *Son attitude a été diversement appréciée* ▶ inégalement.

diversifié, ée adj. *Avoir des intérêts très diversifiés* ▶ divers, éclectique, varié.

diversifier v. *Diversifier le choix de ses expressions* ▶ varier.

diversion n. f. Litt. *Chercher un divertissement qui serve de diversion à sa contrariété* ▶ antidote, dérivatif, distraction (litt.), exutoire.

diversité n. f. **1** *S'inquiéter de l'excessive diversité des sujets abordés lors d'un colloque* ▶ hétérogénéité, multiplicité, variété. **2** *Faire preuve de diversité dans le choix de ses relations* ▶ éclectisme, variété.

divertir v. **1** *Un spectacle qui divertit les enfants* ▶ amuser, dérider, distraire, égayer, récréer (litt.), réjouir. **2 se divertir** *Aller au cinéma pour se divertir* ▶ s'amuser, se distraire, se récréer (litt.), rire.

divertissant, ante adj. ▶ amusant, délassant, distrayant, drôle, plaisant, récréatif, réjouissant.

divertissement n. m. **1** *Se livrer à son divertissement préféré* ▶ amusement, délassement, distraction, hobby (fam.), jeu, passe-temps, plaisir, récréation (litt.). **2** *Un divertissement de Mozart* ▶ divertimento.

divin, ine adj. **1** *Les puissances divines* ▶ céleste, surnaturel. **2** *Ce dîner est tout simplement divin* ▶ admirable, excellent, exquis, magnifique, merveilleux, parfait, sublime.

divination n. f. *Disposer d'un réel pouvoir de divination* ▶ prédiction, prescience, prophétie.

divinement adv. ▶ admirablement, excellemment, génialement, magnifiquement, merveilleusement, parfaitement, souverainement, splendidement, superbement, suprêmement.

divinisation n. f. *La divinisation des empereurs romains* ▶ apothéose (vx), déification.

diviniser v. **1** *On a divinisé des empereurs romains* ▶ déifier. **2** Fig. *Diviniser la force* ▶ exalter, glorifier, idolâtrer, magnifier, sacraliser.

divinité n. f. ▶ déité, dieu.

diviser v. **1** *Diviser un domaine* ▶ découper, démembrer, fractionner, fragmenter, lotir, morceler, parcelliser, partager, scinder, segmenter, subdiviser, tronçonner. **2** *Diviser un local* ▶ cloisonner, compartimenter. **3** *Diviser un travail entre plusieurs personnes* ▶ distribuer, partager, répartir. **4** *Un projet qui divise les membres d'une famille* ▶ désunir, opposer, partager. **5 se diviser** *Une branche qui se divise* ▶ se dédoubler, se ramifier, se scinder. **6** *Désormais nos routes se divisent* ▶ bifurquer, se séparer. **7** *Des forces armées qui se divisent en arrivant sur un objectif* ▶ se disperser, s'éparpiller.

division n. f. **1** *La division d'un domaine en parcelles* ▶ découpage, démembrement, fractionnement, lotissement, morcellement, partage, partition, segmentation. **2** *Examiner à une les divisions du règne animal* ▶ catégorie, classe, compartiment, partie, section, segment, subdivision. **3** Fig. *Les partis de la majorité cherchent à éviter tout motif de division* ▶ clivage, désaccord, désunion, discorde, dissension, divergence, mésentente, zizanie.

divorce n. m. **1** Fig. *Craindre un divorce entre la classe politique et les citoyens* ▶ clivage,

rupture, séparation. **2** Fig. *Un divorce entre la théorie et la pratique* ▶ conflit, désaccord, discordance, dissension, divergence, opposition.

divulgation n. f. *La divulgation d'un accord secret* ▶ dévoilement, révélation.

divulguer v. *Être décidé à divulguer la vérité* ▶ dévoiler, proclamer, révéler.

docile adj. **1** *Des élèves dociles* ▶ discipliné, obéissant, sage, soumis. **2** *Un caractère docile* ▶ facile, flexible, malléable, souple.

docilité n. f. ▶ discipline, obéissance, soumission.

docker n. m. ▶ débardeur.

docte adj. **1** Litt. *Je laisse à de plus doctes que moi...* ▶ érudit, instruit, savant. **2** Litt. *Il est intervenu pour aligner quelques évidences d'un ton docte* ▶ doctoral, pontifiant, sentencieux, solennel.

doctement adv. Litt. ▶ sentencieusement.

docteur n. m. **1** Litt. *Les controverses des docteurs* ▶ érudit, savant. **2** *Appeler un docteur au milieu de la nuit* ▶ médecin, praticien, toubib (fam.).

doctoral, ale adj. *Son intervention a pris un tour doctoral complètement insupportable* ▶ pédant, pompeux, pontifiant, professoral, sentencieux, solennel, suffisant.

doctorat n. m. ▶ thèse.

doctrinaire adj. *Manifester un attachement doctrinaire à une cause* ▶ dogmatique, sectaire.

doctrinaire n. *Un affrontement politique entre des doctrinaires et des pragmatiques* ▶ idéologue, théoricien.

doctrinal, ale adj. *Un ouvrage d'un grand intérêt doctrinal* ▶ théorique.

doctrine n. f. **1** *La doctrine de Platon* ▶ enseignement, philosophie, système, théorie. **2** *Avoir sur tel ou tel point une doctrine très arrêtée* ▶ opinion, position, préceptes, principes, religion, théorie, thèse.

document n. m. ▶ écrit, papier, pièce, texte.

documentaire adj. *Un récit de voyage sans grande valeur documentaire* ▶ informatif.

documentation n. f. *Un appareil vendu avec une documentation* ▶ mode d'emploi, notice.

documenter (se) v. ▶ enquêter, s'informer, se renseigner.

dodelinement n. m. ▶ balancement, oscillation.

dodeliner v. ▶ balancer, osciller.

dodo n. m. **1** Fam. *Aller au dodo* ▶ lit. **2** Fam. *Faire un petit dodo* ▶ somme.

dodu, ue adj. ▶ charnu, grassouillet, potelé, rebondi, replet, rond, rondelet, rondouillard (fam.).

dogmatique adj. **1** *Un esprit dogmatique* ▶ doctrinaire, sectaire. **2** *Il nous a asséné tout cela du ton le plus dogmatique* ▶ affirmatif, autoritaire, catégorique, impérieux, péremptoire.

dogme n. m. *Ériger une doctrine économique en dogme intangible* ▶ principe, règle.

doigt n. m. **1** Fig. *Mettre un doigt de lait dans son thé* ▶ goutte, larme, soupçon. **2** *doigt de pied* ▶ orteil. **3** *petit doigt* ▶ auriculaire.

doigté n. m. **1** *Un pianiste qui a du doigté* ▶ adresse, dextérité, habileté, virtuosité. **2** Fig. *Il a réglé ce problème avec son doigté habituel* ▶ adresse, délicatesse, dextérité, diplomatie, entregent, habileté, savoir-faire, souplesse, tact.

doléances n. f. pl. **1** *Lasser tout le monde en multipliant les doléances* ▶ griefs, jérémiades, lamentations, plaintes, récriminations. **2** *Établir un cahier de doléances* ▶ réclamations, revendications.

dolent, ente adj. *Répondre d'une voix dolente* ▶ geignard, gémissant, plaintif, pleurnicheur.

domaine n. m. **1** *Un domaine de 50 hectares* ▶ propriété, terre. **2** Fig. *Avoir des connaissances dans tous les domaines* ▶ discipline, matière. **3** Fig. *Un chercheur qui empiète sur le domaine d'un confrère* ▶ fief, secteur, spécialité, terrain. **4** Fig. *La politique est un domaine à part* ▶ monde, sphère, univers. **5** Fig. *Ceci n'est pas de mon domaine* ▶ compétence, partie, rayon (fam.), ressort.

dôme n. m. ▶ coupole.

domestication n. f. ▶ apprivoisement.

domesticité n. f. ▶ domestiques, gens de maison, personnel, valetaille (péj.).

domestique adj. **1** *La vie et les travaux domestiques* ▶ familial, ménager. **2** *Un animal domestique* ▶ apprivoisé, familier.

domestique n. **1** *Avoir besoin d'un domestique* ▶ employé de maison. **2** Spécialement à propos d'une femme ▶ femme de ménage. **3** Plur. *Manger avec les domestiques* ▶ domesticité, personnel.

domestiquer v. **1** *Domestiquer un animal sauvage* ▶ apprivoiser, dompter, dresser. **2** Fig. *Domestiquer une population* ▶ asservir, assujettir, soumettre. **3** Fig. *Domestiquer ses* *passions* ▸ contenir, contrôler, dominer, dompter, maîtriser.

domicile n. m. *Il n'a pas de domicile fixe* ▸ adresse, logement, résidence.

dominant, ante adj. *La qualité dominante d'un ouvrage* ▸ essentiel, fondamental, premier, prépondérant, primordial, principal.

dominateur, trice adj. *Une voix aux accents dominateurs* ▸ autoritaire, impérieux, péremptoire, tranchant.

domination n. f. 1 *Vivre sous la domination d'un peuple voisin* ▸ dictature, joug (litt.), oppression, tyrannie. 2 *La domination d'une idéologie* ▸ prépondérance, règne, suprématie. 3 *Subir la domination morale de qqn* ▸ ascendant, autorité, empire, emprise, influence.

dominer v. 1 *Chercher à dominer les peuples voisins* ▸ asservir, assujettir, dompter, mater, soumettre. 2 *Dominer le monde* ▸ commander, diriger, gouverner, régenter, régner sur. 3 *Dominer ses concurrents* ▸ avoir le dessus sur, dépasser, l'emporter sur, prendre le meilleur sur, surpasser. 4 *Dominer sa colère* ▸ contenir, contrôler, domestiquer, dompter, maîtriser, retenir, surmonter, vaincre. 5 *Le sentiment qui domine après cet accident, c'est la colère* ▸ l'emporter, prédominer, prévaloir, primer. 6 *Une citadelle qui domine la ville* ▸ surmonter, surplomber. 7 **se dominer** *Savoir se dominer en toutes circonstances* ▸ se contenir, prendre sur soi.

dommage n. m. 1 *Subir un dommage* ▸ sinistre. 2 *Causer des dommages irréparables* ▸ atteinte, dégât, dégradation, dépréciation, détérioration, ravage. 3 *Une décision prise au grand dommage de toute une catégorie sociale* ▸ dam (litt.), détriment (litt.), préjudice, tort. 4 *C'est bien dommage* ▸ fâcheux, regrettable, triste. 5 **dommages et intérêts** Plur. *Toucher les dommages et intérêts* ▸ dédommagements, indemnités, réparations.

dommageable adj. *La grêle est dommageable pour les récoltes* ▸ dangereux, nuisible à, préjudiciable à.

domptage n. m. ▸ dressage.

dompter v. 1 *Dompter un animal sauvage* ▸ apprivoiser, domestiquer, dresser. 2 *Dompter des rebelles* ▸ asservir, assujettir, briser, dominer, écraser, mater, soumettre. 3 Fig. *Dompter ses passions* ▸ contenir, contrôler, dominer, juguler, maîtriser, museler, surmonter, vaincre.

dompteur, euse n. ▸ dresseur.

don n. m. 1 *Faire un don très important à une institution charitable* ▸ cadeau, donation, largesse, libéralité (litt.), offrande (litt.), présent. 2 *La nature l'a comblé de ses dons* ▸ bénédiction, bienfait, faveur, grâce. 3 Fig. *Avoir un don inné pour les relations humaines* ▸ aptitude, capacité, disposition, facilité, talent. 4 **don de soi** ▸ dévouement, sacrifice.

donataire n. ▸ bénéficiaire.

donateur, trice n. *Nous remercions le généreux donateur* ▸ bienfaiteur.

donation n. f. ▸ don.

donc conj. ▸ de ce fait, dès lors, en conséquence, par conséquent, par suite, partant (litt.).

don Juan n. m. ▸ casanova, lovelace (litt.), séducteur, tombeur (fam.).

donné, ée adj. *À un moment donné, ils en ont eu assez* ▸ certain.

donnée n. f. *Certaines données nous manquent pour juger ce projet* ▸ critère, élément, facteur, information, précision, renseignement.

donner v. 1 *Donner à qqn de quoi vivre* ▸ accorder à, allouer à, apporter à, attribuer à, dispenser à, fournir à, munir, octroyer à, offrir à, payer à, pourvoir, procurer à, verser à. 2 *Donner de vieux vêtements à une organisation charitable* ▸ abandonner, céder, confier, fourguer (fam.), laisser, passer (fam.), refiler (fam.), remettre. 3 *Donner des coups* ▸ administrer, allonger (fam.), assener, coller (fam.), distribuer, envoyer, ficher (fam.), flanquer (fam.), infliger. 4 *Donner un titre à qqn* ▸ assigner, attribuer, conférer, décerner, gratifier de, octroyer (vx). 5 *Donner son avis en deux mots* ▸ communiquer, dire, exposer, exprimer, formuler, présenter. 6 *Donner une date pour un rendez-vous* ▸ déterminer, établir, fixer, préciser. 7 *Donner à qqn un tout petit délai pour terminer un travail* ▸ accorder, concéder, consentir, laisser. 8 *Un terrain qui donne beaucoup* ▸ fructifier, produire, rapporter, rendre. 9 *Qu'est-ce qu'on donne ce soir au théâtre ?* ▸ jouer, représenter. 10 Fam. *Donner ses complices* ▸ balancer (fam.), dénoncer, livrer. 11 **donner dans** *Ce chemin donne dans le champ du voisin* ▸ aboutir à, déboucher dans, tomber dans. 12 *Les freins ont lâché et le véhicule est allé donner dans le réverbère* ▸ buter contre, heurter, percuter, tamponner, télescoper. 13 **donner sur** *Une fenêtre qui donne sur la mer* ▸ avoir vue sur, voir. 14 **donner à entendre** *Il a donné à entendre qu'il connaissait le coupable* ▸ insinuer, sous-entendre, suggérer. 15 **donner le**

change à *N'essayez pas de lui donner le change, il ouvre l'œil* ▶ abuser, duper, mystifier, tromper. **16 donner lieu** *Sa naissance a donné lieu à de grandes manifestations de réjouissance* ▶ causer, entraîner, occasionner, produire, provoquer, susciter. **17 donner l'occasion** *Cela nous donnera l'occasion de nous rencontrer* ▶ permettre. **18 donner sa parole** *Il m'a donné sa parole qu'elle ne lui avait rien dit* ▶ jurer, promettre. **19 se donner** *Une femme qui se donne* ▶ s'abandonner, céder, s'offrir, succomber (litt.). **20 Se donner tout entier à une cause** ▶ se consacrer à, se dévouer à, se sacrifier pour, vivre pour. **21 se donner du mal** ▶ se casser (fam.), se décarcasser (fam.), se démancher (fam.), se démener, se dépenser, se donner de la peine, se mettre en quatre. **22 se donner la mort** ▶ se suicider, se supprimer, se tuer.

don Quichotte n. m. ▶ justicier, redresseur de torts.

dopant n. m. ▶ excitant, remontant, stimulant.

doper v. *Fig. Vos encouragements l'ont dopé* ▶ stimuler.

doré, ée adj. *Une belle couleur dorée* ▶ ambré, blond, cuivré, mordoré.

dorénavant adv. ▶ à l'avenir, désormais, par la suite.

dorloter v. ▶ cajoler, câliner, chouchouter (fam.), choyer, couver (fam.), gâter, mignoter (vx).

dormant, ante adj. **1** *Une eau dormante* ▶ immobile, stagnant. **2** *Un châssis dormant* ▶ fixe.

dormeur n. m. ▶ tourteau.

dormir v. **1** *Ne faites pas de bruit, il dort* ▶ en écraser (fam.), pioncer (fam.), roupiller (fam.), sommeiller. **2** *Fig. Ce n'est pas le moment de dormir* ▶ lambiner (fam.), lanterner, traîner.

dormitif, ive adj. *Vx Une potion dormitive* ▶ narcotique, somnifère, soporifique.

dos n. m. **1** *Fig. Avoir qqn sur le dos* ▶ râble (fam.). **2** *Fig. Le dos d'une gravure* ▶ arrière, derrière, envers, revers, verso.

dosage n. m. **1** *Le dosage d'un médicament* ▶ posologie. **2** *Fig. Trouver le bon dosage entre souplesse et rigueur* ▶ mesure, proportion.

dose n. f. **1** *Ne pas dépasser la dose prescrite* ▶ quantité. **2** *Mettre une dose d'anisette pour cinq doses d'eau* ▶ mesure. **3** *Chacun a eu sa dose ?* ▶ part, ration.

doser v. *Doser savamment la bienveillance et l'ironie* ▶ combiner, mêler, proportionner.

dossier n. m. **1** *Ranger des documents dans un dossier* ▶ chemise, classeur. **2** *C'est un dossier qu'il connaît à fond* ▶ affaire, cas.

doter v. **1** *Doter une école d'un équipement informatique* ▶ équiper, munir, pourvoir. **2** *Fig. La nature l'a doté d'une infatigable curiosité* ▶ affliger (péj.), attribuer à, donner à, douer, gratifier, nantir, octroyer à, pourvoir.

douanier n. m. ▶ gabelou (péj.).

doublage n. m. *Le doublage d'un film* ▶ post-synchronisation.

double adj. **1** *Une consonne double* ▶ géminé. **2 à double sens** *Une formule à double sens* ▶ ambigu, amphibologique, équivoque.

double n. m. **1** *Si ce n'était pas lui, c'était son double* ▶ jumeau, réplique, sosie. **2** *Le double d'un objet* ▶ copie, réplique, reproduction. **3** Spécialement pour un document ▶ copie, duplicata, fac-similé, photocopie.

doublé, ée adj. *Une colonne doublée* ▶ géminé, jumelé, redoublé, répété.

doubler v. **1** *Doubler une consonne* ▶ géminer, redoubler, répéter. **2** *Doubler une étoffe* ▶ fourrer, molletonner, ouater. **3** *Fig. Une attente qui double l'anxiété de qqn* ▶ augmenter, intensifier, redoubler. **4** *Fig. Doubler le pas* ▶ accélérer. **5** *Fig. Doubler une voiture* ▶ dépasser.

douceâtre adj. *Une saveur douceâtre* ▶ doucereux, fade.

doucement adv. **1** *Il a frappé si doucement à la porte que je n'ai rien entendu* ▶ délicatement, faiblement, légèrement. **2** *Allez-y doucement, tout risque de s'effondrer* ▶ en douceur, précautionneusement. **3** *Parler doucement* ▶ à voix basse, mezzo voce. **4** *S'enfoncer doucement dans la vase* ▶ graduellement, insensiblement, lentement, petit à petit, peu à peu, progressivement. **5** *Une affaire qui marche doucement* ▶ cahin-caha (fam.), comme ci comme ça, couci-couça (fam.), doucettement (fam.), lentement, médiocrement, mollement.

doucereusement adv. ▶ mielleusement, onctueusement.

doucereux, euse adj. **1** *Une saveur doucereuse* ▶ douceâtre, fade. **2** *Fig. Répondre d'un ton doucereux* ▶ benoît (litt.), mielleux, onctueux, papelard, patelin (litt.).

doucette n. f. ▶ mâche.

douceur n. f. **1** *La douceur du miel* ▶ onctuosité, suavité. **2** *La douceur d'une étoffe*

▶ moelleux, velouté. **3** *La douceur de l'air* ▶ légèreté, tiédeur. **4** *Manier un instrument avec douceur* ▶ délicatesse, précaution, soin. **5** *La douceur de vivre* ▶ bonheur. **6** *Un caractère plein de douceur* ▶ affabilité, amabilité, aménité, bienveillance, bonté, débonnaireté (vx), gentillesse, humanité, indulgence, mansuétude. **7** Fig. *Offrir des douceurs à un malade* ▶ confiserie, friandise, gâterie, gourmandise, sucrerie. **8 en douceur** *Allez-y en douceur* ▶ doucement, précautionneusement.

douche n. f. Fig. et fam. *Cette nouvelle a été une vraie douche pour lui* ▶ déception, désappointement, désillusion.

doucher v. **1** *Se faire doucher par l'orage* ▶ arroser, saucer (fam.), tremper. **2** Fig. et fam. *Doucher l'enthousiasme de qqn* ▶ refroidir.

doué, ée adj. *Un élève très doué* ▶ bon, brillant, fort.

douer v. *La nature l'a doué d'un caractère fantasque* ▶ affliger (péj.), attribuer à, donner à, doter, gratifier, nantir, octroyer à, pourvoir.

douillet, ette adj. *Un lit douillet* ▶ confortable, moelleux.

douleur n. f. **1** *Une douleur persistante dans la tête* ▶ névralgie. **2** *La douleur de perdre un être cher* ▶ affliction, chagrin, peine, souffrance, tristesse.

douloureusement adv. ▶ cruellement, péniblement.

douloureux, euse adj. **1** *Mettre une crème sur la zone douloureuse* ▶ endolori, sensible. **2** *Un souvenir douloureux* ▶ amer, cruel, cuisant, pénible. **3** *Un spectacle douloureux* ▶ affligeant, attristant, déchirant, désolant, navrant, pitoyable, triste.

doute n. m. **1** *Être dans le plus grand doute quant à la conduite à tenir* ▶ flottement, hésitation, incertitude, indécision, indétermination, irrésolution, perplexité. **2** *Une religieuse brusquement saisie par le doute* ▶ incrédulité, scepticisme. **3** Plur. *Une affaire qui inspire des doutes sur la loyauté de qqn* ▶ défiance, méfiance, soupçons, suspicion. **4 mettre en doute** *Mettre en doute la fiabilité d'une installation* ▶ contester, critiquer, faire le procès de, mettre en cause. **5 sans doute** ▶ apparemment, peut-être, probablement, vraisemblablement.

douter (se) v. *Se douter de la vérité* ▶ conjecturer, deviner, entrapercevoir, flairer, pressentir, soupçonner, subodorer.

douteux, euse adj. **1** *On peut essayer, mais le succès est bien douteux* ▶ aléatoire, hasardeux, hypothétique, improbable, incertain, problématique. **2** *Les réponses des oracles étaient souvent douteuses* ▶ à double sens, ambigu, amphibologique, équivoque, incertain, obscur. **3** *Une clarté douteuse* ▶ imprécis, incertain, trouble, vague. **4** *Des procédés douteux* ▶ contestable, discutable, équivoque, louche, suspect.

doux, douce adj. **1** *Un mari très doux* ▶ câlin, caressant, tendre. **2** *Un homme aux manières très douces* ▶ affable, amène (litt.), débonnaire (litt.). **3** *Au goût, c'est un peu trop doux* ▶ liquoreux, sirupeux, suave, sucré. **4** *Une matière douce au toucher* ▶ agréable, moelleux, satiné, soyeux, velouté. **5** *Une lumière douce* ▶ atténué, pâle, tamisé. **6** *Un climat très doux* ▶ agréable, tempéré. **7** *La vie est douce ici* ▶ calme, cool (fam.), paisible, tranquille. **8** *Des prix doux* ▶ abordable, bas, faible, modéré, modique, raisonnable. **9** *Une punition bien douce au regard de la faute commise* ▶ anodin, bénin, léger. **10 en douce** Fam. ▶ à la dérobée, discrètement, en cachette, en catimini, en secret, en tapinois, furtivement, sous cape, subrepticement.

doyen, enne n. *Une profession qui décide d'honorer ses doyens* ▶ ancien, vétéran.

draconien, enne adj. *Nous avons pris des mesures particulièrement draconiennes* ▶ contraignant, drastique, dur, radical, rigoureux, sévère, strict.

dragon n. m. Fig. *Le pauvre, il a épousé un vrai dragon* ▶ démon, harpie, mégère, poison, virago.

draguer v. **1** *Draguer un plan d'eau* ▶ curer, débourber, désenvaser. **2** Fam. *Draguer une fille* ▶ baratiner (fam.), courtiser, faire du charme à, faire du gringue à (fam.), faire du plat à (fam.), faire la cour à (vx).

dragueur, euse n. Fam. ▶ cavaleur (fam.), coureur.

drainage n. m. **1** *Le drainage d'une zone marécageuse* ▶ assèchement. **2** Fig. *Le drainage des capitaux* ▶ collecte.

drainer v. **1** *Drainer un terrain* ▶ assécher. **2** Fig. *Drainer des capitaux* ▶ collecter, concentrer, rassembler.

dramatique adj. **1** *Une œuvre dramatique* ▶ théâtral. **2** *Un récit dramatique* ▶ déchirant, émouvant, pathétique, poignant. **3** *La situation de ce pays est dramatique* ▶ critique, grave, terrible, tragique.

dramatiquement adv. *Tout cela est dramatiquement vrai* ▶ tragiquement.

dramatiser v. *Il est inutile de dramatiser cet incident* ▶ amplifier, exagérer.

dramaturge n. ▶ auteur dramatique.

drame n. m. **1** Fig. *Cette inondation est un véritable drame pour cette région* ▶ catastrophe, tragédie. **2** Fig. *Elle a fait tout un drame à cause de cette plaisanterie* ▶ affaire, histoire, plat (fam.), scène.

drap n. m. Vx *Un coupon de drap* ▶ étoffe, tissu.

drapeau n. m. ▶ bannière (vx), couleurs, étendard (vx), pavillon.

draper (se) v. *Se draper dans un manteau* ▶ s'envelopper.

draperie n. f. ▶ tenture.

drastique adj. *Utiliser des moyens vraiment drastiques* ▶ contraignant, draconien, dur, radical, rigoureux, sévère, strict.

dressage n. m. **1** *Le dressage d'une tente* ▶ installation, montage. **2** *Le dressage d'un fauve* ▶ domptage.

dresser v. **1** *Dresser une colonne* ▶ élever, ériger. **2** *Dresser la tête* ▶ lever, redresser. **3** *Dresser l'oreille* ▶ tendre. **4** *Dresser la table* ▶ installer, mettre, préparer. **5** *Dresser un contrat* ▶ élaborer, établir. **6** *Dresser un animal* ▶ apprivoiser, domestiquer, dompter. **7** Fig. *Un adjudant décidé à dresser ses hommes* ▶ dompter, mater. **8** Fig. *Dresser une personne contre une autre* ▶ braquer, exciter, monter. **9 se dresser** *Se dresser sur la pointe des pieds* ▶ s'élever, se hausser, se hisser, se lever, monter, se soulever. **10** *Des cheveux qui se dressent* ▶ se hérisser. **11** Fig. *Se dresser contre une injustice* ▶ se cabrer contre, combattre, s'élever contre, s'insurger contre, s'opposer à, résister à, se révolter contre, se soulever contre.

dresseur, euse n. ▶ dompteur.

dressoir n. m. ▶ crédence, vaisselier.

drille n. m. *Un joyeux drille* ▶ gaillard, luron.

drogue n. f. **1** *Se bourrer de drogues diverses* ▶ médicament, mixture, potion, remède. **2** *Un trafiquant de drogue* ▶ stupéfiant.

drogué, ée adj. et n. ▶ camé (fam.), toxicomane.

droguer (se) v. ▶ se camer (fam.), se défoncer, se piquer.

droit, droite adj. **1** *Une ligne droite* ▶ direct, rectiligne. **2** *Un mur qui n'est pas droit* ▶ d'aplomb, vertical. **3** *Un homme parfaitement droit* ▶ correct (fam.), équitable, franc, honnête, impartial, intègre, irréprochable, juste, loyal, probe (litt.).

droit n. m. **1** *Opposer le droit à la force* ▶ justice, légalité. **2** *Chaque citoyen a le droit de voter* ▶ faculté, possibilité, pouvoir. **3** *Est-ce qu'on a le droit de fumer ?* ▶ autorisation, permission. **4** *Payer un droit très élevé* ▶ redevance, taxe. **5 à bon droit** *Ils protestent à bon droit* ▶ à juste titre, légitimement.

droit adv. **1** *Aller droit au but* ▶ directement, tout droit. **2** *Tomber droit* ▶ verticalement.

droiture n. f. **1** *Un caractère d'une parfaite droiture* ▶ franchise, honnêteté, loyauté, rectitude. **2** *Une grande droiture de jugement* ▶ équité, impartialité, rectitude, rigueur.

drolatique adj. Litt. ▶ burlesque, cocasse, drôle, plaisant.

drôle adj. **1** *Je vais vous raconter une histoire vraiment drôle* ▶ amusant, bidonnant (fam.), cocasse, comique, crevant (fam.), désopilant, farce (litt.), impayable, marrant (fam.), poilant (fam.), rigolo (fam.), tordant (fam.). **2** *C'est drôle qu'il ne soit pas encore là* ▶ bizarre, curieux, étonnant, étrange, insolite, singulier, surprenant. **3 drôle de** Fam. *C'est un drôle de veinard* ▶ damné, foutu (fam.), maudit, rude, sacré (fam.), sale, satané.

drôle n. m. Vx *Où est passé ce petit drôle ?* ▶ coquin (vx), maraud (vx), pendard (litt.), vaurien.

drôlement adv. **1** *Il est toujours drôlement habillé* ▶ bizarrement, curieusement, étrangement. **2** Fam. *C'est drôlement bon* ▶ bigrement, bougrement (fam.), diablement (fam.), fichtrement (litt.), joliment (fam.), rudement (fam.), sacrément (fam.), très, vachement (fam.).

drôlerie n. f. *Un livre d'une extrême drôlerie* ▶ cocasserie, comique.

dru, drue adj. ▶ dense, épais, fourni, serré, touffu.

dû n. m. *Payer son dû* ▶ dette.

dubitatif, ive adj. ▶ incrédule, sceptique.

ductile adj. ▶ élastique, extensible.

duel n. m. **1** *Servir de témoin pour un duel entre deux rivaux* ▶ affaire, rencontre. **2** Fig. *Un duel oratoire* ▶ joute. **3** Fig. *Un duel d'artillerie* ▶ bataille, combat. **4** Fig. *Le duel séculaire de deux cultures* ▶ antagonisme, combat, compétition, conflit, lutte, opposition, rivalité.

dulcinée n. f. Litt. ▶ bien-aimée, chérie.

dûment adv. *Il s'est fait dûment réprimander* ▶ à juste titre, justement, légitimement.

duo n. m. Fig. et fam. *À eux deux, ils forment un duo un peu surprenant* ▶ couple, paire.

dupe n. f. *C'est lui la dupe de cette mystification* ▶ pigeon (fam.).

duper v. 1 *Duper un concurrent* ▶ abuser, avoir (fam.), berner, couillonner (fam.), embobiner (fam.), feinter (fam.), flouer, jouer (litt.), leurrer, mystifier, pigeonner (fam.), posséder (fam.), refaire (fam.), rouler (fam.), tromper. 2 **se duper** *Se duper sur ses propres capacités* ▶ s'abuser, s'aveugler, se leurrer, se tromper.

duperie n. f. *Le marché qu'on vous propose est une duperie* ▶ embrouille (fam.), leurre, piège, supercherie, tromperie.

duplicata n. m. ▶ copie, double.

duplication n. f. ▶ réplication, reproduction.

duplicité n. f. ▶ dissimulation, fausseté, fourberie, hypocrisie, tartuferie.

dur, dure adj. 1 *Un matériau trop dur pour céder sous l'effort* ▶ consistant, coriace, costaud (fam.), ferme, résistant, rigide, robuste, solide. 2 *Être dur avec qqn* ▶ brutal, rude, sans cœur, sévère, vache (fam.). 3 *Être dur à la fatigue* ▶ endurant, endurci, résistant. 4 *Les enfants ont été durs tout l'après-midi* ▶ désobéissant, dissipé, impossible, indiscipliné, indocile, infernal, insupportable, pénible, turbulent. 5 *Un problème assez dur* ▶ ardu, calé (fam.), coriace (fam.), coton (fam.), difficile, épineux, malaisé. 6 *Traverser une période très dure* ▶ cruel, difficile, douloureux, pénible, rude. 7 *Une réponse vraiment dure* ▶ acerbe, âpre, brutal, cassant, cinglant, désagréable, désobligeant, incisif, méchant, mordant, raide, rude, sec. 8 *Une morale très dure* ▶ âpre, austère, autoritaire, draconien, intransigeant, raide, rigide, rigoriste, rigoureux, rude, sévère, strict. 9 *De durs combats* ▶ acharné, âpre, farouche. 10 **dur à cuire** Fam. ▶ aguerri, coriace, endurant, endurci, increvable (fam.), infatigable, résistant, robuste, solide.

dur adv. *Taper dur* ▶ énergiquement, fermement, fortement.

durable adj. 1 *Un effort durable* ▶ constant, continu, persistant, soutenu, suivi, tenace. 2 *Un sentiment durable* ▶ persistant, solide, stable, vivace.

durant prép. ▶ au cours de, pendant.

durcir v. 1 *Une crème censée durcir les tissus* ▶ fortifier, raffermir, tonifier. 2 *Durcir ses muscles* ▶ contracter, raidir. 3 *Une pâte qui durcit* ▶ prendre, se solidifier. 4 *Du pain qui durcit* ▶ rassir, sécher. 5 Fig. *Durcir son attitude* ▶ radicaliser, raidir. 6 Fig. *Une expérience qui durcit le caractère* ▶ affermir, endurcir, fortifier, tremper.

durcissement n. m. Fig. *Le durcissement des combats* ▶ intensification, raffermissement, renforcement.

durée n. f. 1 *La durée des vacances* ▶ période, temps. 2 *La durée de cette procédure devient insupportable* ▶ lenteur, longueur. 3 *Veiller à la durée des institutions* ▶ continuité, pérennité, permanence, persistance.

durement adv. 1 *Traiter qqn durement* ▶ brutalement, rudement, sévèrement. 2 *Répondre durement à qqn* ▶ brutalement, désagréablement, désobligeamment, méchamment, rudement, sèchement, vertement. 3 *Être durement éprouvé par une deuil* ▶ cruellement, douloureusement, péniblement.

durer v. 1 *Le mauvais temps risque de durer encore* ▶ continuer, se maintenir, se perpétuer, persévérer, persister, se poursuivre, se prolonger, rester. 2 *Cette œuvre durera éternellement* ▶ se conserver, demeurer, résister, rester, subsister, tenir, vivre. 3 *Un discours qui commence sérieusement à durer* ▶ s'éterniser, n'en plus finir, tirer en longueur, traîner. 4 **faire durer** *Faire durer une réunion au-delà de l'heure prévue* ▶ faire traîner, prolonger.

dureté n. f. 1 *La dureté d'un matériau* ▶ consistance, fermeté, résistance, rigidité, solidité. 2 *La dureté d'une réponse* ▶ brusquerie, brutalité, méchanceté, rigueur, rudesse, sécheresse, sévérité.

durillon n. m. ▶ cal, callosité.

duvet n. m. ▶ sac de couchage.

duveteux, euse adj. ▶ duveté, velouté.

dynamique adj. ▶ actif, énergique, entreprenant.

dynamisme n. m. 1 *Le dynamisme d'un chef d'entreprise* ▶ activité, allant, énergie, mordant, punch (fam.), vitalité. 2 *Le dynamisme d'une idéologie* ▶ force.

dynastie n. f. ▶ famille, lignée, maison.

e

eau n. f. 1 *Plonger dans l'eau* ▶ flotte (fam.), onde (litt.). 2 Plur. *Les eaux de La Bourboule* ▶ bains, station thermale, thermes. 3 *être en eau* ▶ avoir chaud, être en nage, être en sueur, suer, transpirer.

eau-de-vie n. f. ▶ alcool, gnôle (fam.), tord-boyaux (fam.).

ébahir v. *Cette métamorphose si soudaine les a tous ébahis* ▶ abasourdir, ahurir, ébaubir (vx), éberluer, épater (fam.), époustoufler (fam.), estomaquer (fam.), interdire (litt.), interloquer, méduser, scier (fam.), sidérer, souffler (fam.), stupéfier.

ébahissement n. m. ▶ stupéfaction, stupeur.

ébarber v. ▶ limer, rogner.

ébats n. m. pl. ▶ batifolage (fam.), divertissements, jeux.

ébattre (s') v. ▶ s'amuser, batifoler, se divertir, folâtrer, gambader, jouer.

ébauche n. f. 1 *Dessiner une ébauche* ▶ croquis, esquisse. 2 *L'ébauche d'un roman* ▶ canevas, plan, schéma. 3 Fig. *L'ébauche d'un sourire* ▶ amorce, commencement, début, embryon, esquisse, germe, naissance.

ébaucher v. 1 *Ébaucher un portrait* ▶ crayonner, croquer, esquisser. 2 Fig. *Ébaucher une idylle* ▶ amorcer, commencer, engager, entamer, entreprendre, esquisser. 3 *s'ébaucher* v. *Le projet qu'on voit s'ébaucher* ▶ apparaître, se dessiner, s'esquisser, naître, percer, poindre.

éberluer v. ▶ abasourdir, ahurir, ébahir, ébaubir (vx), épater, époustoufler (fam.), estomaquer (fam.), interdire (litt.), interloquer, méduser, scier (fam.), sidérer, souffler (fam.), stupéfier.

éblouir v. 1 *Des phares qui éblouissent* ▶ aveugler. 2 Fig. *Éblouir qqn par sa virtuosité* ▶ émerveiller, épater, époustoufler (fam.), étourdir, fasciner, impressionner, subjuguer.

éblouissant, ante adj. 1 *Une neige d'une blancheur éblouissante* ▶ aveuglant, éclatant, étincelant. 2 Fig. *Un paysage éblouissant* ▶ enchanteur, fabuleux, fantastique, merveilleux, somptueux, splendide. 3 Fig. *Une intervention éblouissante* ▶ brillant, époustouflant (fam.), étincelant, étourdissant, impressionnant.

éblouissement n. m. 1 *Un éblouissement causé par la fatigue* ▶ malaise, syncope, trouble, vertige. 2 Fig. *Ce spectacle fut un éblouissement* ▶ émerveillement, enchantement, ravissement.

éboueur n. m. ▶ boueur, boueux.

ébouillanter v. 1 *Ébouillanter des légumes* ▶ blanchir, échauder. 2 *s'ébouillanter* *S'ébouillanter en renversant une casserole* ▶ se brûler.

éboulement n. m. 1 *L'éboulement d'un talus* ▶ affaissement, chute, écroulement, effondrement, glissement. 2 *Grimper sur un éboulement* ▶ éboulis.

ébouler (s') v. *Un mur qui menace de s'ébouler* ▶ s'affaisser, dégringoler (fam.), s'écrouler, s'effondrer, tomber.

ébouriffant, ante adj. Fam. *Un succès ébouriffant* ▶ décoiffant (fam.), époustouflant (fam.), extraordinaire, incroyable, inimaginable, inouï, invraisemblable, renversant, stupéfiant.

ébouriffé, ée adj. *Des cheveux ébouriffés* ▶ décoiffé, dépeigné.

ébouriffer v. 1 *Ébouriffer un enfant* ▶ décoiffer, dépeigner. 2 Fig. et fam. *Ce spectacle d'avant-garde les a complètement ébouriffés* ▶ abasourdir, ahurir, décoiffer (fam.), ébahir, époustoufler (fam.), estomaquer (fam.), étonner, méduser, scier (fam.), sidérer, souffler, stupéfier, surprendre.

ébranchage n. m. ▶ élagage, émondage, taille.

ébrancher v. ▶ élaguer, émonder, tailler.

ébranlement n. m. 1 *Un ébranlement qui provoque une fissure dans un mur* ▶ secousse, tremblement, vibration. 2 *Un ébranlement nerveux* ▶ bouleversement, choc, commotion, traumatisme, trouble.

ébranler v. 1 *Ébranler une maison* ▶ secouer. 2 Fig. *Vos arguments l'ont ébranlé* ▶ atteindre, toucher, troubler. 3 Fig. *Ce deuil l'a beaucoup ébranlé* ▶ éprouver, secouer. 4 Fig. *Ébranler la stabilité de l'État* ▶ affaiblir, compromettre, entamer, miner, saper. 5 *s'ébranler* *Un convoi qui s'ébranle* ▶ démarrer, se mettre en route, partir.

ébrécher v. 1 *Ébrécher une lame* ▶ entamer. 2 Fig. et fam. *Ébrécher ses économies* ▶ écorner, entamer.

ébriété n. f. ▶ enivrement (vx), ivresse.

ébruiter v. 1 *Ébruiter une nouvelle* ▶ colporter, divulguer, éventer, propager, répandre. 2 *s'ébruiter Une affaire qui s'ébruite* ▶ percer, se répandre, transpirer.

ébullition n. f. 1 *Éteindre à la première ébullition* ▶ bouillon, bouillonnement. 2 *en ébullition* Fig. *Une foule en ébullition* ▶ en effervescence, surexcité.

écailler v. *Écailler des huîtres* ▶ ouvrir.

écailleux, euse adj. ▶ squameux (litt.).

écarlate adj. *Devenir écarlate de fureur* ▶ cramoisi, rouge.

écarquiller v. *Écarquiller les yeux sous l'effet de la stupeur* ▶ ouvrir grand.

écart n. m. 1 *L'écart entre deux rails* ▶ éloignement, intervalle. 2 *Il y a un certain écart entre ce qu'il dit et ce qu'il fait* ▶ différence, distance, intervalle, marge. 3 *Un écart de température* ▶ décalage, différence, variation. 4 *écart de conduite* ▶ bêtise, erreur, faute, faux pas, folie, frasque, fredaine, incartade. 5 *écart de langage* ▶ grossièreté, impertinence, incorrection. 6 *à l'écart* *Habiter un coin à l'écart* ▶ écarté, éloigné, isolé, paumé (fam.), perdu, retiré, solitaire. 7 *à l'écart de* *Rester à l'écart des discussions* ▶ en dehors de. 8 *mettre à l'écart Mettre un problème à l'écart pour le régler plus tard* ▶ réserver.

écarté, ée adj. *Habiter un endroit écarté* ▶ à l'écart, éloigné, isolé, paumé (fam.), perdu, retiré, solitaire.

écarteler v. Fig. *Être écartelé entre des sentiments contraires* ▶ déchirer, partager, tirailler.

écarter v. 1 *Écarter les lattes d'un plancher* ▶ désunir, disjoindre, séparer. 2 *Écarter les colonnes d'un décor* ▶ espacer. 3 *Écarter une chaise de la table* ▶ éloigner. 4 Fig. *Écarter un candidat trop médiocre* ▶ éliminer, exclure, repousser. 5 Fig. *Écarter un concurrent* ▶ évincer. 6 Fig. *Écarter un joueur trop agressif* ▶ mettre sur la touche. 7 Fig. *Écarter une offre* ▶ décliner, refuser, rejeter, repousser. 8 Fig. *Écartons momentanément cette hypothèse* ▶ faire abstraction de, laisser de côté. 9 Fig. *Écarter qqn de ses devoirs* ▶ détourner, distraire, éloigner. 10 *s'écarter Des chemins qui s'écartent* ▶ bifurquer, dévier, diverger. 11 *S'écarter devant qqn* ▶ se dérober, s'effacer. 12 Fig. *S'écarter de son sujet* ▶ se détourner de, dévier de, s'éloigner de, sortir de.

ecchymose n. f. ▶ bleu (fam.), contusion, coup, hématome, meurtrissure.

ecclésiastique adj. *L'habit ecclésiastique* ▶ religieux.

ecclésiastique n. m. *Un vieil ecclésiastique* ▶ prêtre.

écervelé, ée adj. ▶ distrait, étourdi, évaporé, foufou (fam.), hurluberlu, inattentif, irréfléchi, léger.

échafaud n. m. ▶ bois de justice (vx), guillotine.

échafaudage n. m. Fig. *Un échafaudage de caisses* ▶ amoncellement, monceau, pyramide, tas.

échafauder v. Fig. *Échafauder une théorie* ▶ bâtir, construire, édifier, élaborer, monter.

échalas n. m. Fig. *Un grand échalas* ▶ asperge (fam.), dadais (fam.), escogriffe, flandrin (fam.), perche.

échancré, ée adj. 1 *Un littoral échancré* ▶ creusé, découpé, entaillé. 2 *Une robe échancrée* ▶ décolleté.

échancrure n. f. 1 *Une échancrure dans un morceau de métal* ▶ découpure, encoche, entaille. 2 *L'échancrure d'un corsage* ▶ décolleté.

échange n. m. 1 *Un échange d'enfants dans une maternité* ▶ permutation, substitution. 2 *Une économie d'échange* ▶ troc. 3 *en échange Que propose-t-il en échange ?* ▶ en compensation, en contrepartie, en retour. 4 *en échange de* ▶ à la place de, en compensation de, en contrepartie de, en remplacement de, pour prix de.

échanger v. 1 *Échanger des peaux contre du blé* ▶ troquer. 2 *Échanger des dollars contre des francs* ▶ changer. 3 *Échanger des lettres* ▶ s'adresser, s'envoyer.

échantillon n. m. 1 *Faire un sondage sur un échantillon de mille personnes* ▶ panel. 2 *Un échantillon de la nouvelle collection* ▶ exemplaire, modèle, prototype, spécimen. 3 Fig. *Un échantillon typique de son humour* ▶ aperçu, avant-goût, idée.

échappatoire n. f. *Chercher une échappatoire pour couper à une obligation* ▶ dérobade, esquive, excuse, faux-fuyant, issue, porte de sortie, prétexte, subterfuge.

échappement n. m. *Un échappement de gaz* ▶ dégagement, émanation.

échapper v. 1 *Chercher un moyen d'échapper à une obligation* ▶ couper à, se dérober à, esquiver, éviter, passer au travers de, se soustraire à. 2 *s'échapper Un pri-*

sonnier *qui s'échappe* ▶ s'enfuir, s'évader, se faire la malle (fam.), filer (fam.), se sauver. **3** *S'échapper d'une réception ennuyeuse* ▶ s'éclipser, s'enfuir, fuir, se tirer (fam.). **4** *Une substance qui s'échappe* ▶ se dégager, se répandre.

écharde n. f. ▶ épine.

écharpe n. f. *Mettre une écharpe pour sortir* ▶ cache-nez.

écharper v. **1** *La foule l'a écharpé* ▶ déchiqueter, lyncher, massacrer, mettre en pièces. **2** Fig. *La critique a écharpé son dernier film* ▶ démolir, descendre (fam.), éreinter (fam.), esquinter (fam.), traîner dans la boue, vilipender.

échauder v. *Échauder un chou* ▶ blanchir, ébouillanter.

échauffer v. **1** *Un frottement qui échauffe un essieu* ▶ chauffer. **2** Fig. *Échauffer les esprits* ▶ agiter, animer, énerver, enfiévrer, enflammer, exalter, exciter. **3 s'échauffer** Fig. *Une conversation qui commence à s'échauffer* ▶ s'animer, s'envenimer.

échauffourée n. f. ▶ accrochage, bagarre (fam.), empoignade, engagement, escarmouche, rixe.

èche n. f. ▶ amorce, appât.

échéance n. f. **1** *L'échéance d'une traite* ▶ expiration, terme. **2** *Fixer l'échéance des prochaines élections* ▶ date. **3** *À brève échéance* ▶ délai.

échéancier n. m. *Demander un échéancier pour des travaux de peinture* ▶ calendrier, planning.

échec n. m. **1** *Cette pièce a été un échec* ▶ bide (fam.), fiasco, flop (fam.), four, insuccès. **2** *Il n'a connu que des échecs dans sa vie* ▶ déboire, déconvenue, fiasco, revers, veste (fam.). **3** *L'échec d'un système économique* ▶ faillite, fiasco, ratage.

échelle n. f. **1** Fig. *L'échelle des couleurs* ▶ gamme, hiérarchie, série, succession, suite. **2** Fig. *L'échelle sismologique* ▶ graduation. **3** Fig. *Un urbanisme à l'échelle de l'homme* ▶ dimension, mesure, proportion, taille.

échelon n. m. **1** *Compter les échelons d'une échelle* ▶ barreau. **2** Fig. *Les échelons d'une hiérarchie* ▶ degré, étape, grade, niveau, palier, phase, rang, stade.

échelonnement n. m. ▶ étalement, répartition.

échelonner v. *Échelonner des paiements* ▶ espacer, étager, étaler, répartir.

écheveau n. m. Fig. *Un écheveau d'intrigues* ▶ dédale, embrouillamini (fam.), imbroglio, labyrinthe.

échevelé, ée adj. **1** *Un enfant échevelé* ▶ hirsute. **2** Fig. *Une passion échevelée* ▶ déchaîné, effréné, enragé, fébrile, frénétique.

échine n. f. ▶ colonne vertébrale, épine dorsale, rachis.

échiner (s') v. Fig. *S'échiner à faire comprendre qqch à qqn* ▶ s'épuiser, s'escrimer, s'évertuer, se fatiguer, se tuer.

échiquier n. m. Fig. *L'échiquier économique* ▶ lice (litt.), paysage, scène.

écho n. m. **1** Fig. *L'écho d'un événement auprès d'une population* ▶ impact, résonance, retentissement. **2** Fig. *Des échos circulent à ce sujet* ▶ bruit, on-dit, potin (fam.), rumeur. **3 se faire l'écho de** *Se faire l'écho d'une information* ▶ propager, répandre, répercuter (fam.), répéter.

échoir v. **1** Litt. *Qu'est-ce qui lui échoit dans ce partage?* ▶ être dévolu à, revenir à. **2** Litt. *C'est à vous qu'il échoit d'intervenir* ▶ appartenir à, incomber à, revenir à.

échoppe n. f. ▶ boutique, magasin.

échouer v. **1** *Un candidat qui échoue* ▶ boire un bouillon (fam.), chuter, être recalé, se faire étendre (fam.), se planter (fam.), prendre une veste (fam.), se ramasser (fam.). **2** *Une tentative qui échoue* ▶ avorter, capoter (fam.), faire chou blanc, faire long feu, foirer (fam.), rater.

écimage n. m. *L'écimage des hêtres* ▶ découronnement, étêtage.

écimer v. ▶ décapiter, découronner, étêter.

éclabousser v. **1** *Éclabousser un passant* ▶ arroser, asperger. **2** Fig. *Ce scandale risque d'éclabousser sa réputation* ▶ compromettre, rejaillir sur, salir, souiller (litt.), tacher, ternir.

éclaboussure n. f. *Nettoyer des éclaboussures* ▶ salissure, souillure (litt.), tache.

éclair n. m. **1** *L'éclair sombre d'un regard* ▶ éclat, flamboiement, flamme, fulgurance (litt.), lueur. **2** Fig. *Comprendre en un éclair* ▶ instant, minute, seconde.

éclairage n. m. **1** *Une pièce qui manque d'éclairage* ▶ clarté, lumière. **2** Fig. *Voir la situation sous un éclairage nouveau* ▶ angle, aspect, côté, jour, perspective, point de vue.

éclairant, ante adj. *Un exemple éclairant* ▶ parlant, significatif.

éclaircie

éclaircie n. f. 1 *Un temps pluvieux malgré quelques éclaircies* ► embellie, trouée. 2 Fig. *Une éclaircie dans une situation tendue* ► accalmie, amélioration, détente, embellie, répit.

éclaircir v. 1 *Éclaircir un jean avec de l'eau de Javel* ► délaver. 2 *Éclaircir une sauce* ► allonger, étendre, fluidifier. 3 *Éclaircir une futaie* ► élaguer, tailler. 4 Fig. *Éclaircir le sens d'un texte* ► clarifier, débroussailler, déchiffrer, démêler, éclairer, élucider, expliciter, expliquer. 5 **s'éclaircir** *Le ciel s'éclaircit* ► se découvrir, se dégager. 6 Fig. *Le nombre des anciens combattants s'éclaircit* ► se raréfier.

éclaircissement n. m. 1 *L'éclaircissement d'un mystère* ► élucidation, explication. 2 Plur. *Demander des éclaircissements* ► explications, justifications, précisions.

éclairé, ée adj. 1 *Une pièce très éclairée* ► clair, lumineux. 2 Fig. *Un amateur éclairé* ► averti, avisé, expérimenté. 3 Fig. *Un avis éclairé* ► judicieux, sage, sensé.

éclairer v. 1 *Un ciel qu'éclaire l'éclat du couchant* ► embraser, illuminer. 2 Fig. *Son discours nous éclaire sur ses intentions* ► édifier, informer, instruire, renseigner. 3 Fig. *Éclairer des points obscurs* ► clarifier, éclaircir, élucider, expliquer.

éclat n. m. 1 *Un éclat de verre* ► brisure, débris, fragment, morceau. 2 *L'éclat d'une pierre précieuse* ► brillance, brillant, chatoiement, coruscation (litt.), éclair, feux, flamboiement, flamme, miroitement, scintillement. 3 Fig. *L'éclat d'une fête* ► apparat, brillant, faste, lustre (litt.), luxe, magnificence, pompe (litt.), richesse, somptuosité, splendeur. 4 Fig. *Une femme dans tout l'éclat de sa maternité* ► épanouissement, rayonnement. 5 Fig. *L'éclat du tonnerre* ► bruit, fracas, tumulte (litt.), vacarme. 6 Fig. *Faire un éclat* ► esclandre, scandale, tapage. 7 **éclat de voix** ► braillement, cri, hurlement, vocifération. 8 **aux éclats** *Rire aux éclats* ► à gorge déployée.

éclatant, ante adj. 1 *Un soleil éclatant* ► ardent, brillant, éblouissant, étincelant, flamboyant, radieux, rayonnant, resplendissant. 2 *Une voix éclatante* ► retentissant, sonore, tonitruant, tonnant. 3 *Un succès éclatant* ► fracassant, retentissant. 4 *Une intelligence éclatante* ► brillant, éblouissant, étincelant, lumineux, remarquable, supérieur, transcendant. 5 *Un sourire éclatant* ► épanoui, radieux, ravi, rayonnant, resplendissant. 6 *Une preuve éclatante* ► évident, flagrant, frappant, incontestable, indéniable, indiscutable, irrécusable, manifeste. 7 Fam. *Une histoire éclatante* ► désopilant (litt.), hilarant, impayable (fam.), inénarrable (litt.), jubilant, tordant (fam.).

éclatement n. m. 1 *L'éclatement d'une bombe* ► déflagration, détonation, explosion. 2 *L'éclatement d'un groupe d'amis* ► dispersion, scission.

éclater v. 1 *Une bombe qui éclate* ► exploser, péter (fam.), sauter. 2 *Une canalisation qui éclate sous l'effet du gel* ► se briser, se casser, crever, péter (fam.), se rompre. 3 *Des applaudissements qui éclatent* ► crépiter, retentir. 4 Fig. *Éclater après s'être longtemps contenu* ► s'emporter, exploser, fulminer. 5 *Le syndicat a éclaté lors de son congrès* ► se diviser, se scinder. 6 Fig. *Une guerre qui éclate* ► commencer, se déclarer, se déclencher. 7 Fig. *Son amour éclate dans chacune de ses paroles* ► se manifester, se montrer, se révéler.

éclectique adj. *Avoir des goûts éclectiques* ► divers, diversifié, varié.

éclectisme n. m. *Faire preuve d'éclectisme dans le choix de ses amis* ► diversité, variété.

éclipse n. f. Fig. *Il a connu une éclipse dans sa carrière politique* ► interruption.

éclipser v. 1 *Des nuages qui éclipsent le soleil* ► cacher, camoufler, dissimuler, escamoter, intercepter, masquer, obscurcir, occulter, offusquer (litt.), voiler. 2 Fig. *Éclipser ses partenaires* ► dominer, l'emporter sur, supplanter, surclasser, surpasser. 3 **s'éclipser** *S'éclipser avant la fin d'une réunion* ► disparaître, s'en aller, s'esquiver, s'évaporer, filer (fam.), partir, se retirer, se sauver, se tirer (fam.).

éclopé, ée adj. *Un vieillard éclopé* ► boiteux, claudicant.

éclore v. 1 *Des bourgeons en train d'éclore* ► s'épanouir, fleurir, s'ouvrir. 2 Fig. *Les grands génies que ce siècle vit éclore* ► apparaître, naître, paraître, surgir.

éclosion n. f. 1 *L'éclosion des fleurs* ► épanouissement, floraison. 2 Fig. *L'éclosion d'un talent* ► apparition, avènement, début, éveil, naissance.

écœurant, ante adj. 1 *Une odeur écœurante* ► dégoûtant, infâme, infect, nauséabond, nauséeux, rebutant, repoussant, répugnant. 2 Fig. et fam. *Il a une chance écœurante!* ► décourageant, démoralisant, désespérant, révoltant.

écœurement n. m. 1 *Les écœurements ressentis au début de la grossesse* ► haut-le-cœur, nausée. 2 Fig. *Regarder ses contemporains avec écœurement* ► dégoût, mépris, répugnance, répulsion. **3** Fig. *La dépression se manifeste par un écœurement général* ▶ abattement, découragement, démoralisation, lassitude, ras-le-bol (fam.).

écœurer v. **1** *La saleté de cette cuisine l'écœure* ▶ dégoûter, faire horreur à, rebuter, répugner, soulever le cœur à. **2** Fig. *Ses échecs l'ont écœuré* ▶ abattre, décourager, démoraliser, lasser. **3** Fig. *Des scandales qui écœurent les électeurs* ▶ choquer, indigner, révolter, scandaliser.

école n. f. **1** *Fréquenter une école* ▶ bahut (fam.), boîte (fam.), cours, établissement. **2** *Spécialement pour la pratique d'un art* ▶ académie, conservatoire, institut. **3** *Spécialement pour la pratique d'un sport* ▶ centre, cercle, club. **4** *C'est la maîtresse qui fait l'école* ▶ classe, cours, leçon. **5** Fig. *L'école impressionniste* ▶ groupe, mouvement, tendance.

écolier, ère n. **1** *Surveiller un groupe d'écoliers* ▶ élève, potache (fam.). **2** Fig. *Ce n'est encore qu'un écolier* ▶ apprenti, bleu (fam.), débutant, néophyte (litt.).

écologique adj. *Des produits écologiques* ▶ biologique.

écologiste adj. et n. ▶ environnementaliste, vert.

éconduire v. *Éconduire un soupirant* ▶ envoyer promener (fam.), repousser.

économat n. m. ▶ intendance.

économe adj. *Un vieillard économe* ▶ chiche, parcimonieux, regardant.

économe n. *L'économe d'un établissement* ▶ administrateur, comptable, gestionnaire, intendant, régisseur.

économie n. f. **1** *Vivre avec la plus stricte économie* ▶ épargne, parcimonie. **2** Plur. *Il a dilapidé ses économies* ▶ bas de laine, disponibilités, matelas (fam.), pécule, réserves, tirelire (fam.). **3** *L'économie d'un édifice* ▶ agencement, aménagement, arrangement, disposition, distribution, ordonnance, organisation, structure.

économique adj. *Un logement économique* ▶ avantageux, bon marché, intéressant.

économiquement adv. **1** *Se distraire économiquement* ▶ à bon marché, à peu de frais. **2** *Une politique économiquement dangereuse* ▶ financièrement.

économiser v. **1** *Économiser une grosse somme pour s'acheter une maison* ▶ amasser, emmagasiner, épargner, mettre de côté, thésauriser. **2** *Économiser sur des bouts de chandelle* ▶ gratter (fam.), lésiner, mégoter (fam.), regarder à la dépense. **3** Fig. *Économiser ses forces* ▶ épargner, garder, ménager.

écoper v. Fam. *Qu'est-ce qu'il a écopé!* ▶ déguster (fam.), dérouiller (fam.), prendre, ramasser (fam.), recevoir, subir, trinquer (fam.).

écorce n. f. **1** *L'écorce d'un fruit* ▶ peau. **2** *L'écorce terrestre* ▶ croûte. **3** Fig. *L'écorce est rude, mais il a bon cœur* ▶ apparence, aspect, dehors, enveloppe, extérieur, façade.

écorcer v. ▶ décortiquer, peler.

écorcher v. **1** *Écorcher un lapin* ▶ dépiauter, dépouiller. **2** *Un soulier qui écorche le talon* ▶ égratigner, érafler, griffer. **3** Fig. *Écorcher un nom* ▶ déformer, estropier. **4** Fig. et fam. *Écorcher un client* ▶ égorger (fam.), plumer (fam.), saigner (fam.), tondre (fam.).

écorchure n. f. ▶ égratignure, éraflure, éraillement, griffure.

écorner v. Fig. *Écorner son patrimoine* ▶ ébrécher, entamer.

écosser v. ▶ égrener, éplucher.

écot n. m. ▶ contribution, part, quote-part.

écoulement n. m. **1** *L'écoulement d'un liquide* ▶ dégorgement, déversement, épanchement, ruissellement. **2** Fig. *Faciliter l'écoulement de la foule à la sortie d'un stade* ▶ évacuation. **3** Fig. *L'écoulement des marchandises* ▶ débit, vente.

écouler v. **1** *Écouler tout le stock* ▶ débiter, placer, vendre. **2** *s'écouler* *Le contenu d'une citerne qui s'écoule par une fente* ▶ couler, se déverser, se répandre, se vider. **3** Fig. *Une foule qui s'écoule peu à peu d'un cinéma* ▶ se retirer, sortir. **4** Fig. *Un produit qui s'écoule facilement* ▶ s'enlever (fam.), se vendre. **5** Fig. *Le temps qui s'écoule* ▶ se consumer, s'en aller, s'enfuir, s'envoler, s'évanouir, filer (fam.), fuir, passer.

écourter v. *Écourter une démonstration* ▶ abréger, alléger, raccourcir, résumer.

écoute n. f. **1** *Mesurer l'écoute d'une émission de radio* ▶ audience. **2** *Faire preuve d'une grande capacité d'écoute vis-à-vis de ses interlocuteurs* ▶ attention. **3** *à l'écoute* ▶ à l'affût, aux aguets.

écouter v. **1** *Écouter attentivement* ▶ prêter l'oreille. **2** *Écouter les conseils de ses professeurs* ▶ obéir à, suivre, tenir compte de. **3** Litt. *Les dieux ont écouté sa prière* ▶ exaucer, satisfaire.

écrabouiller v. Fam. ▶ anéantir, aplatir, broyer, démolir, écraser, mettre en bouillie, pulvériser.

écran n. m. 1 *Un écran de fumée* ▶ rideau, voile. 2 *Les vedettes de l'écran* ▶ cinéma. 3 *faire écran* ▶ cacher, dissimuler, protéger. 4 *petit écran* ▶ télévision.

écrasant, ante adj. *Une chaleur écrasante* ▶ accablant, étouffant, lourd, oppressant, pesant, suffocant.

écrasement n. m. Fig. *L'écrasement des armées ennemies* ▶ anéantissement, destruction, élimination.

écrasé, ée adj. *Avoir le nez écrasé* ▶ camard (litt.), camus, épaté.

écraser v. 1 *Écraser des graines* ▶ briser, broyer, concasser, égruger, moudre, piler. 2 *Écraser les coutures d'une robe* ▶ aplatir. 3 *Écraser d'obus les lignes ennemies* ▶ marteler, pilonner. 4 Fig. *Écraser l'armée ennemie* ▶ anéantir, battre à plate couture, briser, défaire (litt.), détruire, écrabouiller (fam.), tailler en pièces. 5 Fig. *Écraser ses concurrents* ▶ battre à plate couture, dominer, surclasser, surpasser, triompher de. 6 Fig. *Écraser les faibles* ▶ étouffer, opprimer, soumettre. 7 Fig. *Écraser le peuple d'impôts* ▶ accabler, pressurer, surcharger. 8 Fig. *Cet échec l'a écrasé* ▶ accabler, anéantir, atterrer, briser, consterner, démolir, désespérer, effondrer, terrasser. 9 *en écraser* Fam. ▶ dormir, pioncer (fam.), roupiller (fam.). 10 **s'écraser** *S'écraser contre un mur au passage d'une voiture* ▶ s'aplatir. 11 *L'avion s'est écrasé dans la montagne* ▶ s'abattre, se crasher (fam.), tomber. 12 Fam. *On s'écrasait dans le métro* ▶ s'entasser, se serrer.

écraseur, euse n. Fam. ▶ chauffard (fam.).

écrémer v. Fig. *Écrémer les meilleurs éléments* ▶ choisir, sélectionner, trier.

écrêter v. ▶ aplanir, araser, égaliser, niveler.

écrier (s') v. ▶ crier, s'exclamer.

écrin n. m. ▶ cassette, coffret.

écrire v. 1 *Écrire quelques mots sur un carnet* ▶ consigner, gribouiller (fam.), griffonner (fam.), inscrire, marquer, noter. 2 *Écrire un article* ▶ composer, pondre (fam. et péj.), produire, rédiger. 3 *Écrire à la machine* ▶ dactylographier, taper. 4 **s'écrire** *Ils s'écrivent régulièrement* ▶ correspondre.

écrit, ite adj. 1 *C'est écrit dans la notice* ▶ indiqué, marqué, mentionné, noté. 2 *C'était écrit* ▶ fatal, inéluctable, inévitable.

écrit n. m. *Les écrits d'un Académicien* ▶ livre, œuvre, ouvrage, production, publication, texte.

écriteau n. m. ▶ pancarte, panneau.

écriture n. f. 1 *L'écriture gothique* ▶ graphie. 2 Fig. *L'écriture de Marguerite Duras* ▶ griffe, patte, plume, style.

écrivain n. m. ▶ auteur, homme de lettres, littérateur, plume.

écrouer v. ▶ coffrer (fam.), emprisonner, incarcérer.

écroulement n. m. 1 *L'écroulement d'un mur* ▶ affaissement, chute, éboulement, effondrement. 2 Fig. *L'écroulement de toutes nos espérances* ▶ anéantissement, désagrégation, destruction, naufrage, ruine.

écrouler (s') v. 1 *Un mur qui s'écroule* ▶ s'abattre, s'affaisser, céder, craquer, crouler, dégringoler (fam.), s'ébouler, s'effondrer, tomber. 2 *S'écrouler sur son lit* ▶ s'affaler, s'effondrer, tomber. 3 *Un empire qui s'écroule* ▶ s'anéantir, s'effondrer, sombrer, tomber.

écru, ue adj. *Une toile écrue* ▶ brut, naturel.

ectoplasme n. m. 1 *Des visions psychédéliques peuplées d'ectoplasmes* ▶ apparition, fantôme. 2 Fig. *Son collègue est un véritable ectoplasme* ▶ fantoche, zombie.

écueil n. m. 1 *Le bateau se fracassa contre les écueils* ▶ brisant, récif, rocher. 2 Fig. *Il a su éviter les écueils liés à une telle entreprise* ▶ achoppement (vx), chausse-trappe, danger, obstacle, péril, piège.

éculé, ée adj. 1 *Des chaussures éculées* ▶ déformé, usé. 2 Fig. *Une plaisanterie éculée* ▶ rebattu, ressassé, usé.

écumant, ante adj. ▶ écumeux, mousseux, spumescent (litt.), spumeux (litt.).

écume n. f. *Un animal à la gueule pleine d'écume* ▶ bave, salive.

écumer v. 1 Fig. *Elle l'a tellement exaspéré qu'il écume* ▶ bouillir, bouillonner, enrager, rager. 2 Fig. et litt. *Écumer les mers* ▶ piller.

écumeur des mers n. m. ▶ corsaire, flibustier, pirate.

écumeux, euse adj. ▶ écumant, mousseux, spumescent (litt.), spumeux (litt.).

écurie n. f. 1 *L'écurie Ligier* ▶ équipe. 2 Fig. *Sa chambre est une véritable écurie* ▶ bauge, bouge, étable, galetas, porcherie, taudis.

écusson n. m. ▶ blason, emblème.

écuyer n. m. ▶ cavalier.

écuyère n. f. ▶ amazone, cavalière.

éden n. m. Fig. *Cette île est un éden* ▶ eldorado, paradis, pays de cocagne.

édicter v. ▶ décréter, fixer, promulguer.

édifiant, ante adj. ▸ exemplaire, moral, moralisateur, vertueux.

édification n. f. **1** *L'édification des cathédrales* ▸ construction, érection. **2** *L'édification d'une fortune* ▸ constitution, création, élaboration, établissement. **3** *L'édification des masses* ▸ éducation, information, instruction.

édifice n. m. **1** *Un bel édifice en rotonde* ▸ bâtiment, bâtisse, construction. **2** Fig. *L'édifice de toute une vie* ▸ entreprise, œuvre.

édifier v. **1** *Édifier un bâtiment* ▸ bâtir, construire, élever, ériger (litt.). **2** *Édifier une doctrine* ▸ constituer, créer, échafauder, établir, fonder. **3** *Édifier une femme sur le comportement de son mari* ▸ éclairer, instruire, renseigner.

édile n. m. Litt. ▸ conseiller municipal.

édit n. m. Vx *Les édits promulgués sous l'Ancien Régime* ▸ loi, règlement.

éditer v. ▸ faire paraître, lancer, publier, sortir.

édition n. f. **1** *La date d'édition d'un ouvrage* ▸ parution, publication, sortie. **2** *Préparer une nouvelle édition d'un ouvrage épuisé* ▸ tirage.

éducatif, ive adj. *Des livres à visée éducative* ▸ didactique, formateur, pédagogique.

éducation n. f. **1** *Les problèmes d'éducation sont devenus primordiaux* ▸ enseignement, formation, instruction, pédagogie. **2** *L'éducation du goût* ▸ affinement, amélioration, affaiblir, atténuer, mitiger (vx), modérer, nuancer, tempérer. **3** *Une personne sans éducation* ▸ politesse, savoir-vivre, usage (litt.). **4 éducation physique** ▸ gymnastique.

édulcorer v. **1** *Édulcorer un médicament* ▸ adoucir, dulcifier (litt.), sucrer. **2** Fig. *Transmettre des reproches en les édulcorant* ▸ adoucir, affaiblir, atténuer, mitiger (vx), modérer, nuancer, tempérer.

éduquer v. **1** *Éduquer un enfant* ▸ élever. **2** *Éduquer ses sens* ▸ cultiver, développer, discipliner, dresser, entraîner, exercer, façonner, former.

effaçable adj. ▸ délébile.

effacé, ée adj. Fig. *Un garçon effacé* ▸ falot, insignifiant, quelconque, terne, timide.

effacement n. m. **1** *L'effacement d'un trait de crayon* ▸ gommage. **2** Fig. *Un caractère porté à l'effacement* ▸ discrétion, humilité, modestie, réserve, timidité.

effacer v. **1** *Effacer un trait de crayon* ▸ gommer. **2** *Effacer le tableau* ▸ essuyer. **3** *Effacer un fichier informatique* ▸ détruire. **4** Fig. *L'ombre du soir efface les contours de la montagne* ▸ estomper, oblitérer (litt.). **5** Fig. *On efface tout et on recommence* ▸ abolir, détruire, éliminer, enlever, faire table rase de, supprimer. **6** Fig. *Effacer de vieilles rancunes* ▸ enterrer, oublier. **7** Fig. Spécialement pour une faute ▸ absoudre, laver, pardonner, passer l'éponge sur (fam.). **8 s'effacer** *Une tache qui s'efface difficilement* ▸ disparaître, s'enlever, partir. **9** *Des couleurs qui s'effacent peu à peu* ▸ se décolorer, disparaître, s'éteindre, pâlir, passer. **10** Fig. *Des souvenirs qui s'effacent insensiblement* ▸ disparaître, mourir (litt.), s'oublier, passer. **11** *S'effacer pour laisser passer une dame* ▸ se dérober, s'écarter.

effarant, ante adj. *Une ignorance effarante* ▸ effrayant, épouvantable, extraordinaire, incroyable, inimaginable, inouï, stupéfiant, terrifiant.

effaré, ée adj. *Des témoins effarés* ▸ ahuri, ébahi, hagard, stupéfait.

effarement n. m. ▸ ahurissement, ébahissement, saisissement, stupéfaction, stupeur.

effarer v. ▸ abasourdir, ahurir, ébahir, estomaquer (fam.), sidérer, stupéfier.

effaroucher v. **1** *Effaroucher du gibier* ▸ affoler, alarmer, apeurer, effrayer, faire peur à, paniquer (fam.). **2** Fig. *Effaroucher une jeune fille* ▸ choquer, intimider, offusquer.

effectif, ive adj. *La valeur effective d'une monnaie* ▸ authentique, réel, tangible, vrai.

effectif n. m. *L'effectif d'un service* ▸ contingent, personnel.

effectivement adv. **1** *Avoir le pouvoir nominalement, mais pas effectivement* ▸ en fait, en réalité. **2** *Il est effectivement rentré chez lui ce soir-là* ▸ bien, en effet, réellement, véritablement, vraiment.

effectuer v. *Effectuer une opération délicate* ▸ accomplir, faire, pratiquer, procéder à, réaliser.

efféminé, ée adj. *Un style efféminé* ▸ mièvre.

efféminer v. ▸ déviriliser, féminiser.

effervescence n. f. Fig. *Une ville en effervescence* ▸ ébullition.

effervescent, ente adj. Fig. *Une foule effervescente* ▸ agité, bouillonnant, embrasé, fébrile, frénétique, surexcité, trépidant.

effet n. m. **1** *L'effet désastreux de sa démission* ▸ conséquence, contrecoup, incidence, portée, produit, répercussion, résultat, retentissement, suite. **2** *Cette visite lui a fait un effet pénible* ▸ impression. **3** *Dire qqch sous l'effet de la colère* ▸ action, empire, influence. **4** Plur. et litt. *Ses effets sont dans la malle* ▸ affaires, fringues (fam.), frusques (fam.), habits, vêtements. **5 effets spéciaux** ▸ trucages. **6 faire de l'effet** ▸ en mettre plein la vue (fam.), impressionner.

effet (en) adv. **1** *Il est en effet venu, mais il n'est pas resté longtemps* ▸ bien, effectivement. **2** *Je vous avais prédit un échec, et en effet vous n'avez pas réussi* ▸ de fait, effectivement.

effeuillage n. m. Fig. *L'effeuillage d'une chanteuse de cabaret* ▸ strip-tease.

effeuiller v. *Effeuiller un arbuste* ▸ défeuiller, dépouiller.

efficace adj. **1** *Un remède efficace* ▸ actif, agissant, énergique, opérant, puissant, radical, souverain. **2** *Un collaborateur efficace* ▸ capable, compétent, valable (fam.).

efficacité n. f. **1** *L'efficacité d'un traitement* ▸ action, effet, force, puissance. **2** *L'efficacité d'une entreprise* ▸ dynamisme, efficience, productivité, rendement.

efficience n. f. *L'efficience d'un groupe industriel* ▸ dynamisme, efficacité, productivité, rendement.

efficient, ente adj. ▸ actif, agissant, dynamique, efficace.

effigie n. f. ▸ figure, image, portrait, représentation.

effilé, ée adj. *De longs doigts effilés* ▸ délié (litt.), fuselé, mince.

effiler v. **1** *Effiler un tissu* ▸ défiler, effilocher. **2 s'effiler** *Un cap qui s'effile à son extrémité* ▸ s'amincir, se rétrécir.

effilocher v. ▸ défiler, effiler.

efflanqué, ée adj. ▸ décharné, étique (litt.), maigre, osseux, sec, squelettique.

effleurement n. m. ▸ attouchement, caresse, frôlement.

effleurer v. **1** *La balle l'a effleuré* ▸ égratigner, érafler. **2** *Des hirondelles qui effleurent le sol* ▸ friser, frôler, raser.

efflorescence n. f. Fig. et litt. *L'efflorescence de jeunes talents* ▸ éclosion, épanouissement, floraison.

effluves n. m. pl. **1** *Les effluves capiteux de fleurs exotiques* ▸ arômes, émanations, exhalaisons, parfums, senteurs. **2** *Les effluves fétides de corps en décomposition* ▸ émanations, exhalaisons, miasmes.

effondré, ée adj. Fig. *Depuis sa disparition, sa famille est complètement effondrée* ▸ abattu, accablé, anéanti, atterré, brisé, catastrophé, consterné, découragé, prostré, terrassé.

effondrement n. m. **1** *L'effondrement d'un mur* ▸ affaissement, éboulement, écroulement. **2** Fig. *L'effondrement d'un empire* ▸ anéantissement, chute, débâcle, décadence, disparition, écroulement, fin, ruine. **3** Fig. *Être dans un état de total effondrement* ▸ abattement, accablement, anéantissement, consternation, découragement, dépression, prostration.

effondrer (s') v. **1** *Un mur qui s'effondre* ▸ s'affaisser, céder, crouler, s'ébouler, s'écrouler. **2** *Un homme qui s'effondre, victime d'un malaise* ▸ s'abattre, s'affaisser, s'affaler, s'étaler (fam.), tomber. **3** Fig. *Un empire qui s'effondre* ▸ s'affaisser, s'anéantir, disparaître, s'écrouler, sombrer. **4** Fig. *Des prix qui s'effondrent* ▸ chuter, s'écrouler, tomber. **5** Fig. *Un candidat qui s'effondre* ▸ craquer (fam.).

efforcer (s') v. *S'efforcer de comprendre qqn* ▸ s'appliquer à, s'attacher à, se donner du mal pour, s'escrimer à, essayer de, s'évertuer à, faire tout pour, s'ingénier à, tâcher de, tenter de.

effort n. m. **1** *Consacrer tout son effort à la résolution d'un problème* ▸ application, attention, force, peine, travail, volonté. **2** *Comme je ne leur donnais pas assez, ils m'ont demandé de faire un petit effort supplémentaire* ▸ sacrifice. **3** *L'effort de l'eau a rompu la digue* ▸ poussée, pression.

effrayant, ante adj. **1** *Un spectacle effrayant nous attendait derrière la porte* ▸ abominable, affreux, apocalyptique, atroce, dantesque (litt.), effarant, effroyable, épouvantable, horrible, monstrueux, paniquant (fam.), terrible, terrifiant, terrorisant. **2** *Il fait vraiment une chaleur effrayante* ▸ effarant, excessif, extraordinaire, inouï, insupportable, stupéfiant.

effrayer v. **1** *Le moindre bruit effraye les lièvres* ▸ affoler, alarmer, apeurer, effarer, effaroucher, faire peur à, paniquer (fam.). **2** *Ces images l'ont tellement effrayé qu'il n'en dort plus* ▸ épouvanter, horrifier, terrifier, terroriser. **3** *L'idée de se retrouver seule à l'étranger l'effraye un peu* ▸ angoisser, faire peur à.

effréné, ée adj. *Sombrer dans la luxure la plus effrénée* ▸ débridé, déchaîné, délirant, échevelé, frénétique, insensé, outré, vertigineux.

effriter (s') v. 1 *Une roche qui s'effrite* ▶ se désagréger, s'émietter, se pulvériser. 2 Fig. *Sa fortune commence à s'effriter* ▶ s'amenuiser.

effroi n. m. 1 *Avoir un mouvement d'effroi* ▶ affolement, frayeur, panique, peur. 2 *Éprouver un certain effroi à l'idée de rencontrer qqn* ▶ angoisse, anxiété, crainte.

effronté, ée adj. 1 *Vous êtes bien effronté, jeune homme!* ▶ audacieux, culotté (fam.), hardi, impertinent, impudent, insolent, outrecuidant (litt.). 2 *Un effronté menteur* ▶ éhonté, impudent, insolent.

effrontément adv. ▶ audacieusement, hardiment, impertinemment, impudemment (litt.), insolemment.

effronterie n. f. *Il a eu l'effronterie de protester!* ▶ aplomb, audace, culot (fam.), front, hardiesse, impertinence, impudence, insolence, outrecuidance (litt.), sans-gêne, toupet (fam.).

effroyable adj. *Un spectacle effroyable* ▶ abominable, affreux, apocalyptique, atroce, dantesque (litt.), effarant, effrayant, épouvantable, horrible, monstrueux, paniquant (fam.), terrible, terrifiant, terrorisant.

effroyablement adv. *Des impôts effroyablement élevés* ▶ abominablement, affreusement, atrocement, épouvantablement, extrêmement, horriblement, incroyablement, invraisemblablement, terriblement.

effusion n. f. *Accueillir qqn avec effusion* ▶ enthousiasme, exaltation, ferveur, transport.

égailler (s') v. ▶ se disperser, s'éparpiller, essaimer.

égal, ale adj. 1 *Deux personnes de force égale* ▶ équivalent, identique, même, pareil, semblable. 2 *Un mouvement toujours égal* ▶ constant, monotone, régulier, uniforme. 3 *Une surface égale* ▶ lisse, plan, plat, uni. 4 *Un caractère égal* ▶ paisible, pondéré, tranquille. 5 *Cela m'est égal* ▶ indifférent.

égal, ale n. *Traiter qqn comme un égal* ▶ pair.

également adv. 1 *Aimer également la mer et la montagne* ▶ autant, pareillement. 2 *J'ajouterai également ...* ▶ aussi, de plus, de surcroît, en outre, en plus.

égaler v. 1 *Trois plus trois égale six* ▶ faire. 2 *Égaler qqn en puissance* ▶ atteindre, le disputer à (litt.), rivaliser avec, valoir.

égaliser v. 1 *Égaliser un terrain* ▶ aplanir, araser, niveler. 2 *Égaliser les chances* ▶ équilibrer.

égalité n. f. 1 *Un rapport d'égalité* ▶ équivalence, identité, parité. 2 *L'égalité du pouls* ▶ régularité, uniformité. 3 *Un caractère d'une parfaite égalité* ▶ constance, pondération, sérénité, tranquillité.

égard n. m. 1 *Ne prêter aucun égard à ce que dit qqn* ▶ attention, considération. 2 Plur. *Avoir beaucoup d'égards pour une dame âgée* ▶ attentions, déférence, gentillesse, ménagements, prévenance, respect. 3 **à l'égard de** ▶ au regard de, en ce qui concerne, envers, par rapport à, quant à, relativement à, vis-à-vis de. 4 **eu égard à** ▶ à cause de, attendu que, en considération de, en raison de, vu que.

égaré, ée adj. Fig. *Un regard égaré* ▶ éperdu, hagard, halluciné.

égarement n. m. 1 *Avoir un moment d'égarement* ▶ aberration, aveuglement, délire, folie. 2 Plur. *Les égarements du cœur* ▶ dérèglements, désarrois, désordres, errements, troubles.

égarer v. 1 *Un panneau mal rédigé qui égare les touristes* ▶ dérouter, désorienter, fourvoyer (litt.). 2 *Égarer un livre* ▶ paumer (fam.), perdre. 3 Fig. *Se laisser égarer par des théories fallacieuses* ▶ abuser, détourner, dévoyer (litt.), pervertir, tromper. 4 Fig. *La passion l'égare* ▶ aveugler. 5 **s'égarer** *S'égarer dans un bois* ▶ se fourvoyer (litt.), paumer (fam.), se perdre. 6 Fig. *S'égarer dans des considérations inutiles* ▶ se fourvoyer, se noyer, se perdre.

égayer v. 1 *Égayer l'assemblée en faisant des plaisanteries* ▶ amuser, dérider, distraire, divertir, ébaudir (vx), réjouir. 2 *Égayer une pièce en y mettant des plantes* ▶ agrémenter, animer, colorer, décorer, embellir, enjoliver, orner. 3 **s'égayer** ▶ s'amuser, se distraire, se divertir, se réjouir, rire.

égérie n. f. ▶ conseillère, inspiratrice, muse.

égide n. f. Fig. et litt. *L'égide des lois* ▶ appui, patronage, protection, soutien, tutelle.

église n. f. 1 *L'Église orthodoxe* ▶ confession, culte, foi, religion. 2 *Appartenir à l'Église* ▶ clergé. 3 *Visiter une église* ▶ sanctuaire.

églogue n. f. ▶ bucolique, pastorale.

ego n. m. ▶ individualité, moi, personnalité.

égocentrique adj. ▶ égotiste (litt.), individualiste, narcissique.

égocentrisme n. m. ▶ égotisme (litt.), individualisme, narcissisme.

égoïsme n. m. ▶ individualisme.

égoïste adj. ▶ individualiste.

égorger v. 1 *Égorger un mouton* ▶ saigner. 2 Fig. et fam. *Égorger un client* ▶ écorcher (fam.), plumer (fam.), saigner (fam.), tondre (fam.).

égosiller (s') v. ▶ beugler, brailler, crier, s'époumoner, gueuler (fam.), hurler, tonitruer.

égotisme n. m. Litt. ▶ égocentrisme, individualisme, narcissisme.

égout n. m. Fig. *Cette ruelle est un véritable égout* ▶ bourbier, cloaque, sentine (litt.).

égoutter (s') v. ▶ dégoutter, goutter, suinter.

égouttoir n. m. 1 Spécialement pour les bouteilles ▶ hérisson, porte-bouteilles. 2 Spécialement pour les fromages ▶ clayon, clisse, faisselle.

égratigner v. 1 *La balle lui a égratigné le bras* ▶ effleurer, érafler. 2 *Sa petite sœur lui a égratigné la joue* ▶ écorcher, griffer. 3 Fig. *Égratigner ses contemporains* ▶ critiquer, dénigrer, épingler (fam.), médire de, piquer.

égratignure n. f. ▶ bobo (fam.), écorchure, éraflure, griffure.

égrener v. *Égrener des petits pois* ▶ écosser, éplucher.

égrillard, arde adj. ▶ cochon (fam.), coquin, croustillant, cru, épicé, gaillard, gaulois, grivois, hardi, indécent, leste, libertin, libre, osé, polisson, salé, vert.

égrotant, ante adj. Litt. *Un vieillard égrotant* ▶ cacochyme (vx.), maladif, souffreteux, valétudinaire (vx).

éhonté, ée adj. 1 *Un menteur éhonté* ▶ cynique, effronté, impudent, insolent. 2 *Une débauche éhontée* ▶ honteux, scandaleux.

éjecter v. 1 *Le choc a été si violent qu'elle a été éjectée à 10 mètres de son véhicule* ▶ projeter. 2 Fig. et fam. *Le conseil d'administration l'a éjecté pour le remplacer par son adjoint* ▶ balancer (fam.), chasser, se débarrasser de, évincer, flanquer à la porte (fam.), jeter dehors, renvoyer, vider (fam.), virer (fam.).

éjection n. f. *Un mécanisme qui permet l'éjection automatique des cartouches vides* ▶ expulsion, rejet.

élaboration n. f. *L'élaboration de ce modèle a pris plusieurs années* ▶ conception, confection, constitution, construction, création, édification, fabrication, formation, genèse, gestation, mise au point, préparation, production, réalisation.

élaboré, ée adj. *Une technique très élaborée* ▶ perfectionné, recherché, sophistiqué.

élaborer v. ▶ concocter (fam.), confectionner, construire, créer, échafauder, édifier, effectuer, établir, fabriquer, façonner, faire, former, mettre au point, préparer, produire, réaliser.

élagage n. m. ▶ ébranchage, émondage, taille.

élaguer v. 1 *Élaguer un arbre* ▶ ébrancher, émonder, tailler. 2 Fig. *Un texte où il y a beaucoup à élaguer* ▶ couper, enlever, ôter, retrancher, soustraire, supprimer.

élagueur n. m. ▶ émondeur.

élan n. m. 1 *Continuer sur son élan* ▶ impulsion, lancée. 2 Fig. *Parler avec élan* ▶ ardeur, chaleur, fougue, vivacité. 3 *Un élan lyrique* ▶ envolée, mouvement.

élancé, ée adj. *Une jeune fille à la silhouette élancée* ▶ fin, fuselé, longiligne, mince, svelte.

élancer (s') v. ▶ bondir, foncer (fam.), fondre, jaillir, se jeter, se lancer, se précipiter, se ruer.

élargir v. 1 *Élargir un conduit* ▶ agrandir, dilater, évaser. 2 Fig. *Élargir les perspectives d'une entreprise* ▶ accroître, amplifier, développer, enrichir, étendre. 3 *Élargir un prisonnier* ▶ libérer, relâcher, relaxer.

élargissement n. m. 1 *L'élargissement d'un conduit* ▶ agrandissement, dilatation, évasement. 2 Fig. *L'élargissement des connaissances humaines* ▶ accroissement, augmentation, développement, extension. 3 *L'élargissement d'un prisonnier* ▶ libération, relaxe.

élasticité n. f. 1 *L'élasticité du caoutchouc* ▶ compressibilité, ductilité, extensibilité. 2 Fig. *L'élasticité d'un horaire* ▶ adaptabilité, flexibilité, souplesse.

élastique adj. 1 *Un matériau élastique* ▶ compressible, ductile, extensible. 2 Fig. *Un horaire élastique* ▶ à la carte, flexible, souple, variable. 3 Fig. *Une conscience élastique* ▶ accommodant, complaisant, flexible, souple.

élastique n. m. *Mettre un élastique autour d'un paquet* ▶ caoutchouc.

eldorado n. m. Fig. *L'eldorado des amateurs de fromages* ▶ pérou, éden, paradis, pays de cocagne.

élection n. f. 1 *L'élection d'un domicile* ▶ choix. 2 *Le second tour d'une élection* ▶ scrutin, vote.

électoraliste adj. *Des manœuvres électoralistes* ▶ démagogique, politicien.

électriser v. Fig. *Électriser un auditoire* ▸ enflammer, enthousiasmer, exalter, galvaniser, surexciter, survolter, transporter.

électrochoc n. m. Fig. *Une crise qui provoque un électrochoc dans la population* ▸ commotion, coup, secousse, traumatisme.

électrophone n. m. ▸ phonographe (vx), pick-up (vx), platine, tourne-disque.

élégamment adv. *Un compliment très élégamment tourné* ▸ délicatement, gracieusement, heureusement, joliment.

élégance n. f. **1** *Avoir une élégance naturelle* ▸ allure, chic, classe, distinction. **2** *Écrire avec élégance* ▸ délicatesse, finesse, grâce, pureté. **3** *Se sortir avec élégance d'une situation difficile* ▸ adresse, doigté, habileté.

élégant, ante adj. **1** *Un jeune homme élégant* ▸ bien mis (vx), chic, soigné, tiré à quatre épingles (vx et fam.). **2** *Un public élégant* ▸ b.c.b.g. (fam.), chic, choisi, distingué, raffiné, recherché, sélect (fam.), smart (fam.). **3** *Une solution élégante* ▸ adroit, habile.

élégiaque adj. *Des accents élégiaques* ▸ mélancolique.

élément n. m. **1** *Les éléments d'un ensemble* ▸ composant, composante, constituant, morceau, partie, pièce, unité. **2** *Les éléments d'un mélange* ▸ composant, constituant, ingrédient. **3** *Disposer de tous les éléments d'une décision* ▸ critère, donnée, facteur, paramètre. **4** Plur. *Connaître les premiers éléments de la grammaire latine* ▸ bases, fondements, notions, principes, rudiments. **5** *Vivre dans son élément* ▸ biotope, environnement, milieu.

élémentaire adj. **1** *Les notions élémentaires de la grammaire* ▸ basique (fam.), essentiel, fondamental. **2** *Un mode de vie très élémentaire* ▸ fruste, grossier, primitif, rudimentaire, simpliste, sommaire. **3** *Un problème élémentaire* ▸ enfantin, facile, simple.

éléphant n. m. ▸ pachyderme.

éléphantesque adj. *Des proportions éléphantesques* ▸ colossal, énorme, gigantesque, immense, monstrueux.

élévation n. f. **1** Vx *Une montagne de 4500 m d'élévation* ▸ altitude, haut, hauteur. **2** Vx *L'élévation d'un ballon dans les airs* ▸ ascension, montée. **3** *L'élévation d'un édifice* ▸ construction, édification, érection (litt.). **4** *L'élévation du coût de la vie* ▸ accroissement, augmentation, hausse. **5** Fig. *L'élévation à une dignité* ▸ accession, avancement, promotion. **6** Fig. *Des sentiments d'une grande élévation* ▸ dignité, grandeur, hauteur, noblesse.

élevé, ée adj. **1** *Une montagne élevée* ▸ haut. **2** *Des impôts élevés* ▸ considérable, important, lourd. **3** Fig. *Des sentiments élevés* ▸ beau, généreux, grand, magnanime, noble, supérieur. **4 bien élevé** *Un homme charmant, très bien élevé* ▸ affable, civil (litt.), courtois, poli. **5 mal élevé** *Il était particulièrement mal élevé d'intervenir à ce moment-là* ▸ grossier, impoli, inconvenant. **6** *Voulez-vous vous taire, petit mal élevé!* ▸ impoli, malotru (litt.), rustre.

élève n. **1** *L'élève d'un établissement scolaire* ▸ collégien, écolier, étudiant, lycéen, potache (fam.). **2** *Un élève menuisier* ▸ apprenti. **3** *L'élève d'un grand peintre* ▸ disciple.

élever v. **1** *Élever la main* ▸ lever. **2** *Élever un fardeau* ▸ hisser, monter, soulever. **3** *Élever un édifice* ▸ bâtir, construire, dresser, édifier, ériger. **4** *Élever une maison d'un étage* ▸ exhausser, hausser, surélever. **5** *Élever les impôts* ▸ accroître, augmenter, hausser, majorer, relever. **6** *Élever un enfant* ▸ éduquer. **7** *Élever du bétail* ▸ nourrir. **8** *Élever un chien à tendre la patte* ▸ dresser, former. **9** Fig. *Élever qqn au grade supérieur* ▸ promouvoir. **10** *Une lecture qui élève l'âme* ▸ anoblir, ennoblir, exalter. **11 s'élever** *S'élever le long d'un mur* ▸ grimper, se hisser, monter. **12** *Une statue qui s'élève au milieu de la place* ▸ se dresser. **13** Fig. *S'élever dans la hiérarchie d'une entreprise* ▸ monter, progresser. **14** Fig. *Une facture qui s'élève à mille francs* ▸ atteindre, se chiffrer à, se monter à. **15** Fig. *Des doutes se sont élevés sur sa probité* ▸ apparaître, naître, surgir. **16** Fig. *Un esprit qui s'élève à la lecture d'actes héroïques* ▸ s'ennoblir, se grandir, se hausser. **17** Fig. *S'élever contre des mesures injustes* ▸ se dresser, s'insurger, protester, se rebeller, se révolter.

elfe n. m. ▸ sylphe.

élimé, ée adj. *Un vêtement élimé* ▸ défraîchi, râpé, usagé, usé.

élimination n. f. **1** *L'élimination d'un concurrent* ▸ disqualification, éviction, expulsion. **2** *L'élimination d'un ennemi* ▸ balayage, écrasement, liquidation (fam.). **3** *L'élimination des déchets* ▸ évacuation, excrétion, expulsion, rejet.

éliminatoire n. f. *Les éliminatoires d'un championnat* ▸ présélection, qualification.

éliminer v. **1** *Éliminer une équipe de football* ▸ disqualifier, exclure. **2** *Éliminer un collaborateur incompétent* ▸ balancer (fam.), chasser, se débarrasser de, écarter, évincer, expulser, flanquer à la porte, jeter de-

élire hors, renvoyer, se séparer de, vider (fam.), virer (fam.). **3** *Éliminer un témoin gênant* ▶ abattre, assassiner, se débarrasser de, descendre (fam.), liquider (fam.), supprimer, tuer. **4** *Éliminer qqch de sa mémoire* ▶ chasser, dissiper, effacer. **5** *Éliminer un calcul rénal* ▶ évacuer, expulser, rejeter.

élire v. **1** *Le peuple que Dieu a élu* ▶ choisir, désigner. **2** *élire domicile* ▶ s'établir, se fixer, s'installer.

élite n. f. **1** ▶ aristocratie, crème (fam.), dessus du panier (fam.), fine fleur (fam.), fleur, gratin (fam.). **2** *d'élite Des sujets d'élite* ▶ éminent, qualifié, supérieur.

élitiste adj. ▶ sélectif.

ellipse n. f. **1** *Dessiner une ellipse* ▶ ovale. **2** *Parler par ellipses* ▶ allusion, insinuation, sous-entendu.

elliptique adj. **1** *Une orbite elliptique* ▶ ovale, ovoïde. **2** *Un style elliptique* ▶ allusif, laconique, lapidaire, ramassé, succinct, télégraphique.

élocution n. f. ▶ articulation, débit, diction, parler, prononciation.

éloge n. m. **1** *Un éloge funèbre* ▶ oraison. **2** *Prononcer l'éloge de son prédécesseur* ▶ apologie, louange, panégyrique (litt.). **3** *Tout son discours était un éloge de ses propres mérites* ▶ apologie, célébration, exaltation, glorification.

élogieux, euse adj. *Il a employé à propos de vous des expressions tout à fait élogieuses* ▶ flatteur, laudatif, louangeur.

éloigné, ée adj. **1** *Une époque éloignée* ▶ ancien, antique, lointain, reculé. **2** *Un récit bien éloigné de la réalité* ▶ différent.

éloignement n. m. **1** *L'éloignement entre la théorie et la pratique* ▶ distance, écart, intervalle, séparation. **2** *Avec l'éloignement, les événements passés apparaissent moins importants* ▶ distance, recul.

éloigner v. **1** *Éloigner sa chaise du feu* ▶ écarter, repousser. **2** *Éloigner un voyageur de son chemin* ▶ dérouter (vx), détourner, dévier. **3** *Éloigner un adversaire* ▶ bannir, chasser, écarter, évincer. **4** *Éloigner les piquets d'une barrière* ▶ écarter, espacer. **5** *Ces incidents éloignent l'heure de la réalisation du projet* ▶ différer, reculer, repousser, retarder. **6** *s'éloigner S'éloigner à grands pas* ▶ s'en aller, partir, se retirer. **7** *Dire à des enfants de ne pas s'éloigner de la maison* ▶ s'écarter. **8** *Nos opinions s'éloignent sur ce point* ▶ différer, diverger. **9** *S'éloigner de son propos* ▶ déborder, dévier, s'écarter, sortir. **10** *Le bruit du train s'éloigne* ▶ s'affaiblir, s'atténuer, décroître, s'estomper. **11** Fig. *S'éloigner de sa* femme ▶ délaisser, se désintéresser de, se détacher de, se détourner de.

élongation n. f. ▶ claquage.

éloquence n. f. ▶ bagout (fam.), faconde, tchatche (fam.), verve.

éloquent, ente adj. **1** *Une plaidoirie éloquente* ▶ convaincant, persuasif. **2** *Une mimique éloquente* ▶ expressif, parlant, révélateur.

élu, ue n. ▶ député, parlementaire, représentant.

élucidation n. f. ▶ clarification, éclaircissement, explication.

élucider v. ▶ clarifier, débrouiller, démêler, dénouer, désembrouiller, éclaircir, éclairer, expliquer.

élucubration n. f. ▶ divagation, extravagance.

éluder v. *Éluder une question délicate* ▶ détourner, escamoter, esquiver, éviter, fuir, glisser sur, passer sur.

émacié, ée adj. *Un visage émacié* ▶ amaigri, décharné, étique (litt.), hâve (litt.), maigre, squelettique.

émailler v. Fig. *Émailler un discours de citations* ▶ agrémenter, consteller, enjoliver, orner, parsemer.

émanation n. f. **1** *Des émanations pestilentielles* ▶ bouffée, effluve, exhalaison, miasme, vapeur. **2** *Des émanations radioactives* ▶ dégagement. **3** Fig. *Ce vote est une émanation de la volonté populaire* ▶ expression, manifestation.

émancipation n. f. *L'émancipation d'un peuple* ▶ affranchissement, délivrance, libération.

émanciper v. ▶ affranchir, délivrer, libérer.

émaner v. **1** *Les odeurs qui émanent d'un marais* ▶ se dégager, monter, sortir, sourdre. **2** Fig. *Le pouvoir qui émane de la volonté populaire* ▶ découler, descendre, procéder, provenir, tenir.

émarger v. **1** *Émarger une liste de reçus* ▶ parapher, signer, viser. **2** *Émarger une estampe* ▶ massicoter, rogner.

émasculation n. f. ▶ castration.

émasculer v. **1** *Émasculer un chat* ▶ castrer, châtrer, couper. **2** Fig. *Émasculer un texte* ▶ affaiblir, mutiler.

emballage n. m. *Chercher un nouveau type d'emballage* ▶ conditionnement, empaquetage, packaging.

emballement n. m. *Montrer un grand emballement pour qqch* ▶ ardeur, enthousiasme, exaltation, passion, transport.

emballer v. 1 *Emballer une marchandise* ▶ conditionner, empaqueter, envelopper. 2 Fig. et fam. *Un film qui a emballé les spectateurs* ▶ enchanter, enthousiasmer, exalter, griser, passionner, ravir, transporter. 3 Fam. *Se faire emballer par la police* ▶ appréhender, arrêter, cueillir (fam.), embarquer (fam.), interpeller, pincer (fam.), ramasser. 4 **s'emballer** Fig. et fam. *Il ne peut aborder ce sujet sans s'emballer* ▶ se passionner, prendre le mors aux dents.

embarcadère n. m. ▶ quai.

embarcation n. f. ▶ barque, bateau, canot, esquif, rafiot (fam.).

embardée n. f. ▶ déportement.

embargo n. m. ▶ blocus.

embarquomont n. m. ▶ chargement, départ.

embarquer v. 1 *Embarquer les bagages dans la soute* ▶ charger, mettre. 2 Fam. *Embarquer la marchandise avec soi* ▶ emporter, enlever, prendre. 3 Fam. *Embarquer qqn dans une sale histoire* ▶ embringuer (fam.), engager, entraîner. 4 Fam. *Se faire embarquer par la police* ▶ appréhender, arrêter, capturer, emballer (fam.), emmener, interpeller, prendre, ramasser (fam.). 5 **s'embarquer** Fam. *S'embarquer dans une drôle d'histoire* ▶ s'aventurer, s'engager, se jeter, se lancer.

embarras n. m. 1 Vx *Un embarras de voitures* ▶ bouchon (fam.), embouteillage, encombrement. 2 *Affronter les embarras et les complications* ▶ contrainte, difficulté, ennui, obligation, problème, servitude, souci, tracas. 3 *Être un embarras pour qqn* ▶ charge, gêne, poids, souci, tracas. 4 *Être dans l'embarras* ▶ besoin, gêne, pétrin (fam.). 5 *Éprouver un vif embarras devant un problème difficile* ▶ doute, hésitation, incertitude, indécision, indétermination, irrésolution, perplexité. 6 *Provoquer l'embarras de qqn en lui posant une question indiscrète* ▶ confusion, gêne, malaise, trouble. 7 Plur. *Faire des embarras à tout propos* ▶ chichis (fam.), façons, histoires, manières, simagrées.

embarrassant, ante adj. 1 *Un colis embarrassant* ▶ encombrant, volumineux. 2 *Une question embarrassante* ▶ délicat, difficile, ennuyeux, épineux, gênant.

embarrassé, ée adj. 1 *Une affaire embarrassée* ▶ complexe, compliqué, embrouillé. 2 *Répondre d'un air embarrassé* ▶ confus, contrit, déconfit, gêné, penaud, troublé. 3 *Être très embarrassé au moment de choisir* ▶ hésitant, incertain, indécis, irrésolu, perplexe. 4 *Un style embarrassé* ▶ gauche, laborieux, lourd, maladroit, pesant.

embarrasser v. 1 *Ce colis va vous embarrasser* ▶ encombrer, gêner. 2 *Ces complications m'embarrassent bien* ▶ contrarier, déranger, embêter (fam.), emmerder (fam.), empoisonner, ennuyer, gêner, importuner. 3 *Cette question va l'embarrasser* ▶ déconcerter, décontenancer, dérouter, désarçonner, désorienter, gêner, troubler. 4 **s'embarrasser** *S'embarrasser dans ses discours* ▶ cafouiller (fam.), s'emberlificoter (fam.), s'embourber, s'embrouiller, s'empêtrer, s'enferrer, s'enliser, patauger, se perdre. 5 *Ne pas s'embarrasser de l'opinion d'autrui* ▶ se préoccuper, se tourmenter, se tracasser.

embauche n. f. ▶ embauchage, engagement, recrutement.

emboucher v. ▶ engager, enrôler, recruter.

embaumer v. *Ce bouquet embaume toute la pièce* ▶ parfumer.

embellie n. f. 1 *Attendre une embellie pour faire une promenade en bateau* ▶ accalmie, éclaircie. 2 Fig. *Une embellie du contexte économique* ▶ amélioration, apaisement, éclaircie.

embellir v. 1 *Une jeune fille qui embellit de jour en jour* ▶ s'arranger. 2 *Embellir un appartement* ▶ agrémenter, arranger, décorer, égayer, enjoliver, orner, parer. 3 Fig. *Embellir un récit aux dépens de l'exactitude* ▶ agrémenter, arranger, broder sur, enjoliver, enrichir, rehausser. 4 *Embellir qqn dans ses souvenirs* ▶ idéaliser, magnifier, poétiser.

embellissement n. m. Fig. *Les embellissements apportés à un récit* ▶ arrangement, enjolivement, enrichissement, fioriture (péj.), ornementation.

emberlificoté, ée adj. 1 Fam. *Un style emberlificoté* ▶ affecté, contourné, entortillé, maniéré, précieux. 2 Fam. *Une histoire emberlificotée* ▶ compliqué, embrouillé, obscur, tortueux.

emberlificoter v. 1 Fam. *Emberlificoter qqn avec de belles promesses* ▶ circonvenir, embobiner (fam.), enjôler, entortiller. 2 **s'emberlificoter** Fam. *S'emberlificoter dans ses explications* ▶ cafouiller (fam.), s'embarrasser, s'embourber, s'empêtrer, s'enferrer, s'enliser, patauger, se perdre.

embêtant, ante adj. Fam. *Tout cela est bien embêtant* ▶ affligeant, agaçant, assom-

embêtement

mant (fam.), barbant (fam.), casse-pieds (fam.), contrariant, déplaisant, désagréable, désolant, emmerdant (fam.), empoisonnant, ennuyeux, enquiquinant (fam.), fâcheux, gênant, navrant, rasoir (fam.).

embêtement n. m. Fam. ▶ contrariété, désagrément, emmerdement (fam.), empoisonnement, ennui, souci, tourment (litt.), tracas.

embêter v. 1 Fam. ▶ agacer, assommer (fam.), asticoter (fam.), barber (fam.), bassiner (fam.), casser les pieds à (fam.), chiffonner (fam.), contrarier, déranger, emmerder (fam.), empoisonner (fam.), ennuyer, enquiquiner (fam.), faire suer (fam.), fatiguer, importuner, raser (fam.), tanner (fam.). 2 **s'embêter** Fam. ▶ se barber (fam.), s'emmerder (fam.), s'ennuyer, se morfondre.

emblée (d') adv. ▶ aussitôt, d'entrée de jeu, du premier coup, illico, incontinent (litt.), sur-le-champ.

emblématique adj. 1 *Les représentations emblématiques de la paix* ▶ allégorique, symbolique. 2 *Une attitude emblématique de tout un état d'esprit* ▶ caractéristique, représentatif, révélateur, symptomatique, typique.

emblème n. m. 1 *Le marteau et la faucille, emblèmes des partis communistes* ▶ attribut, image, signe, symbole. 2 *L'emblème d'un club* ▶ blason, écusson, insigne.

embobiner v. 1 *Embobiner du fil* ▶ bobiner, enrouler. 2 Fam. *Embobiner un client* ▶ circonvenir, emberlificoter (fam.), enjôler, entortiller.

emboîtement n. m. ▶ aboutage, ajustage, assemblage, emboîture, encastrement, enchâssement, imbrication.

emboîter v. 1 ▶ abouter, ajuster, assembler, encastrer, enchâsser, imbriquer, insérer. 2 **emboîter le pas** ▶ imiter, suivre.

embonpoint n. m. ▶ adiposité, corpulence, grosseur, rotondité (fam.), surcharge pondérale.

embouchure n. f. *L'embouchure du fleuve* ▶ bouches.

embourber v. 1 *Embourber un camion* ▶ enliser, envaser. 2 **s'embourber** Fig. *S'embourber dans des explications maladroites* ▶ s'embarrasser, s'emberlificoter (fam.), s'empêtrer, s'enferrer, s'enfoncer, s'enliser, patauger, se perdre.

embouteillage n. m. ▶ bouchon, encombrement, engorgement.

embouteiller v. ▶ bloquer, congestionner, engorger, obstruer.

emboutir v. *Les deux voitures se sont embouties au carrefour* ▶ emplafonner (fam.), heurter, percuter, tamponner (fam.), télescoper.

embranchement n. m. 1 *L'embranchement des vertébrés* ▶ branche, ramification, subdivision. 2 *Se trouver à un embranchement et ne savoir quelle voie prendre* ▶ bifurcation, fourche, patte d'oie. 3 Spécialement pour une voie qui conduit à une autoroute ▶ bretelle, raccordement.

embrancher (s') v. ▶ se brancher, se raccorder.

embrasement n. m. 1 Fig. *Un conflit qui provoque un embrasement général* ▶ conflagration. 2 Fig. et litt. *L'embrasement d'une passion* ▶ effervescence, exaltation.

embraser v. 1 Fig. et litt. *Le soleil embrasait le couchant* ▶ éclairer, illuminer, incendier. 2 Fig. et litt. *Un soleil de plomb embrasait l'air* ▶ brûler, chauffer. 3 Fig. et litt. *Embraser des combattants* ▶ électriser, enfiévrer, enflammer, exalter, galvaniser. 4 **s'embraser** *Tout s'est embrasé en un instant* ▶ s'enflammer.

embrassade n. f. *Leurs retrouvailles donnèrent lieu à des embrassades chaleureuses* ▶ étreinte.

embrasser v. 1 *Embrasser qqn en arrivant chez lui* ▶ faire la bise à (fam.). 2 *Embrasser qqn jusqu'à l'étouffer* ▶ enlacer, étreindre. 3 Fig. et litt. *Embrasser la cause des déshérités* ▶ adopter, épouser, suivre. 4 Fig. *Une science qui embrasse plusieurs matières* ▶ comprendre, contenir, englober. 5 **s'embrasser** *Deux amoureux qui s'embrassent* ▶ se bécoter (fam.). 6 *La joie était indescriptible, tout le monde s'embrassait* ▶ s'étreindre.

embrasure n. f. 1 *Des canons pointés dans les embrasures des fortifications* ▶ créneau, meurtrière. 2 *Apercevoir qqn dans l'embrasure d'une porte* ▶ ouverture.

embrayer v. Fig. et fam. *Embrayer sur un nouveau travail* ▶ amorcer, commencer, enclencher, s'engager dans, entamer, entreprendre.

embrigader v. Fig. *Refuser de se laisser embrigader* ▶ enrégimenter.

embringuer v. 1 Fam. *Se laisser embringuer dans une affaire douteuse* ▶ embarquer (fam.), engager, entraîner. 2 **s'embringuer** Fam. *S'embringuer dans une histoire louche* ▶ s'aventurer, s'embarquer (fam.), s'engager, se fourrer (fam.), se jeter, se lancer.

embrocation n. f. ▶ liniment (litt.), onguent, pommade.

embrocher v. Fam. *Embrocher qqn avec une épée* ▶ percer, transpercer.

embrouillamini n. m. Fam. ▶ brouillamini (fam.), chaos, confusion, dédale, écheveau, embrouillement, emmêlement, enchevêtrement, fouillis (fam.), imbroglio, labyrinthe, maquis (litt.), mélange, micmac (fam.).

embrouillé, ée adj. *Des explications embrouillées* ▶ compliqué, confus, emberlificoté (fam.), emmêlé, entortillé, fumeux, obscur, trouble.

embrouiller v. **1** *Embrouiller des bouts de ficelle* ▶ emmêler, enchevêtrer, entortiller, mélanger, mêler. **2** *Embrouiller des dates* ▶ brouiller, confondre, mélanger, mêler. **3** Fig. *Embrouiller une affaire* ▶ compliquer, entortiller, obscurcir. **4 s'embrouiller** *S'embrouiller dans ses explications* ▶ s'embarrasser, s'emberlificoter (fam.), s'embourber, s'emmêler (fam.), s'empêtrer, s'enferrer, s'enliser, patauger, se perdre.

embrumé, ée adj. *Un ciel embrumé* ▶ brumeux, couvert, nébuleux, nuageux, voilé.

embryon n. m. **1** *L'embryon d'un animal* ▶ fœtus, germe. **2** Fig. *L'embryon d'un développement* ▶ amorce, commencement, début, ébauche, germe.

embryonnaire adj. Fig. *La phase embryonnaire d'un développement* ▶ initial, larvaire, primitif.

embûches n. f. pl. *Un parcours plein d'embûches* ▶ difficultés, écueils, obstacles, os (fam.), pièges, problèmes, traquenards.

embuer (s') v. *Ses yeux s'embuèrent de larmes* ▶ s'humecter, se mouiller.

embuscade n. f. ▶ guet-apens, piège, traquenard.

embusqué n. m. *Les embusqués restés à l'arrière* ▶ planqué (fam.).

embusquer v. **1** *Embusquer quelques hommes derrière des taillis* ▶ camoufler, planquer (fam.). **2 s'embusquer** *S'embusquer dans un recoin* ▶ se cacher, se planquer (fam.), se tapir.

éméché, ée adj. ▶ gai, gris (fam.), pompette (fam.).

émergence n. f. Fig. *L'émergence de nouvelles forces politiques* ▶ apparition, arrivée, irruption, naissance.

émerger v. Fig. *Un espoir de solution commence à émerger* ▶ affleurer, apparaître, se dégager, se faire jour, se montrer, naître, paraître, percer, poindre.

émérite adj. *Un spécialiste émérite des langues amérindiennes* ▶ brillant, distingué, éminent, insigne (litt.), remarquable.

émerveillement n. m. **1** *Ce spectacle a été un émerveillement* ▶ éblouissement, enchantement, ravissement. **2** *Susciter l'émerveillement d'un auditoire* ▶ admiration, emballement (fam.), engouement, enthousiasme.

émerveiller v. **1** *Sa prestation les a tous émerveillés* ▶ charmer, éblouir, emballer (fam.), enchanter, enthousiasmer, fasciner, ravir, subjuguer, transporter. **2 s'émerveiller** *S'émerveiller de l'audace de qqn* ▶ s'extasier devant, se pâmer devant.

émetteur, trice n. **1** *L'émetteur d'un chèque sans provision* ▶ signataire. **2** *L'émetteur dans le processus de la communication* ▶ énonciateur, locuteur, sujet parlant.

émettre v. **1** *Émettre une odeur* ▶ dégager, diffuser, exhaler, propager, répandre. **2** *Il n'a pas émis le moindre son* ▶ articuler, prononcer, proférer. **3** *Émettre un cri* ▶ jeter, lancer, pousser. **4** *Émettre à partir de Paris* ▶ diffuser, transmettre. **5** Fig. *Émettre une opinion favorable* ▶ énoncer, exprimer, formuler, manifester, prononcer.

émeute n. f. ▶ insurrection, rébellion, révolte, sédition, soulèvement, troubles.

émeutier, ère n. ▶ agitateur, factieux, insurgé, séditieux.

émiettement n. m. **1** *L'émiettement d'un morceau de pain* ▶ désagrégation, pulvérisation. **2** Fig. *L'émiettement des forces politiques* ▶ atomisation, dispersement, dispersion, dissémination, éparpillement, fractionnement, morcellement, parcellisation.

émigration n. f. **1** *L'émigration des nobles pendant la Révolution* ▶ exode, expatriation. **2** *L'émigration des cigognes* ▶ migration.

émigrer v. ▶ s'exiler, s'expatrier.

éminemment adv. ▶ excellemment, exceptionnellement, particulièrement.

éminence n. f. **1** *Une éminence d'où l'on embrasse tout le paysage* ▶ butte, colline, élévation, hauteur, mamelon, monticule, tertre. **2** *Une éminence osseuse* ▶ excroissance, proéminence, protubérance, saillie, tubercule.

éminent, ente adj. **1** *Occuper une position éminente* ▶ brillant, considérable, élevé, haut, important. **2** *Un éminent professeur* ▶ célèbre, fameux, grand, renommé, réputé.

émissaire n. m. ▶ agent, délégué, envoyé, messager.

émission n. f. **1** *L'émission d'une monnaie* ▶ diffusion, mise en circulation. **2** *Une émission de télévision* ▶ programme.

emmagasinage n. m. ▶ entreposage, stockage.

emmagasiner v. **1** *Emmagasiner des céréales* ▶ amasser, engranger, entasser, entreposer, stocker. **2** Fig. *Emmagasiner des connaissances* ▶ accumuler, engranger.

emmailloter v. **1** Vx *Emmailloter un bébé* ▶ langer. **2** *Emmailloter un doigt blessé* ▶ envelopper.

emmancher (s') v. Fig. et fam. *L'affaire s'emmanche mal* ▶ s'amorcer, commencer, débuter, démarrer, s'engager, se présenter.

emmêler v. **1** *Emmêler des fils* ▶ embrouiller, enchevêtrer, entremêler, mêler. **2** Fig. *Emmêler une affaire* ▶ brouiller, compliquer, embrouiller, obscurcir. **3 s'emmêler** Fig. *S'emmêler dans ses explications* ▶ cafouiller (fam.), s'embarrasser, s'emberlificoter (fam.), s'embourber, s'embrouiller, s'empêtrer, s'enferrer, s'enliser, patauger, se perdre.

emménagement n. m. ▶ installation.

emménager v. *Emménager dans un nouvel appartement* ▶ s'installer.

emmener v. *Emmener un enfant à son cours de violon* ▶ accompagner, amener, conduire, mener.

emmerdant, ante adj. Fam. *Tout cela est bien emmerdant* ▶ affligeant, agaçant, assommant (fam.), barbant (fam.), casse-pieds (fam.), contrariant, déplaisant, désagréable, désolant, embêtant (fam.), empoisonnant, ennuyeux, enquiquinant (fam.), fâcheux, gênant, navrant, rasoir (fam.).

emmerder v. Fam. *Qu'est-ce qu'il nous emmerde!* ▶ barber (fam.), casser les pieds (fam.), embêter (fam.), empoisonner (fam.), ennuyer, enquiquiner, raser (fam.).

emmitoufler v. ▶ couvrir, envelopper.

emmurer (s') v. Fig. *Il s'est emmuré dans son chagrin* ▶ se cloîtrer, s'enfermer, se murer.

émoi n. m. **1** *Une foule en émoi* ▶ effervescence. **2** *L'émoi d'une jeune fille* ▶ agitation, désarroi, émotion, trouble.

émoluments n. m. pl. ▶ appointements, cachet, gains, honoraires, paye, rémunération, rétribution, salaire, traitement.

émondage n. m. ▶ ébranchage, élagage, taille.

émonder v. **1** *Émonder un arbre* ▶ ébrancher, élaguer, tailler. **2** *Émonder des noix* ▶ décortiquer, monder. **3** Fig. et litt. *Émonder un texte* ▶ abréger, couper, raccourcir, tronquer.

émotif, ive adj. **1** *Une mère émotive* ▶ impressionnable, nerveux, sensible. **2** *Un choc émotif* ▶ affectif, émotionnel, nerveux.

émotion n. f. **1** *Cet accident lui a causé une vive émotion* ▶ bouleversement, choc, commotion, coup, ébranlement, saisissement, secousse. **2** *L'émotion de la foule était à son comble* ▶ effervescence, exaltation, fièvre. **3** *Les premières émotions de l'adolescence* ▶ désarroi, émoi, trouble. **4** *Réciter un poème avec émotion* ▶ sensibilité, sentiment.

émotionnel, elle adj. ▶ affectif, émotif, nerveux.

émotivité n. f. ▶ impressionnabilité, sensibilité.

émousser v. **1** *Émousser un rasoir* ▶ user. **2** Fig. *L'habitude émousse la douleur* ▶ affaiblir, amollir, atténuer, diminuer.

émoustiller v. **1** *Le vin les a émoustillés* ▶ étourdir, griser, monter la tête à (fam.). **2** *Un spectacle qui émoustille* ▶ affrioler (litt.), aguicher, exciter.

émouvant, ante adj. **1** *Elle forme avec son enfant un tableau émouvant* ▶ attendrissant, touchant. **2** *Un émouvant plaidoyer* ▶ bouleversant, déchirant, pathétique, poignant, prenant.

émouvoir v. **1** *Sa détresse nous a beaucoup émus* ▶ aller droit au cœur (fam.), apitoyer, attendrir, bouleverser, ébranler, émotionner (fam.), frapper, impressionner, remuer, retourner, saisir, secouer, toucher, troubler. **2 s'émouvoir** *Les pouvoirs publics commencent à s'émouvoir de cette situation* ▶ s'alarmer, s'inquiéter, se préoccuper, se soucier.

empaillage n. m. **1** *L'empaillage d'un fauteuil* ▶ cannage. **2** *L'empaillage d'un animal* ▶ naturalisation, taxidermie.

empaillé, ée adj. et n. Fam. *Regardez-moi cet empaillé!* ▶ emplâtré (fam.), empoté (fam.), maladroit.

empailler v. **1** *Empailler un siège* ▶ canner. **2** *Empailler un renard* ▶ naturaliser.

empailleur, euse n. **1** *Un empailleur de chaises* ▶ canneur, rempailleur. **2** *Un empailleur d'animaux* ▶ naturaliste, taxidermiste.

empaler v. *Empaler une volaille* ▶ embrocher, transpercer.

empaquetage n. m. ▶ conditionnement, emballage.

empaqueter v. ▶ conditionner, emballer, envelopper.

emparer (s') v. 1 *S'emparer d'un bien par la violence* ▶ accaparer, s'approprier, s'assurer de, conquérir, emporter, enlever, prendre, rafler (fam.), se saisir de, usurper. 2 *Dès qu'il a appris la nouvelle, il s'est emparé du téléphone* ▶ mettre la main sur, prendre, saisir. 3 *Une profonde torpeur s'empara de lui* ▶ envahir, gagner.

empâté, ée adj. *Avoir les traits empâtés* ▶ adipeux, alourdi, bouffi, épaissi, gonflé.

empâtement n. m. ▶ bouffissure, embonpoint, gonflement.

empâter (s') v. *S'empâter avec l'âge* ▶ s'alourdir, engraisser, épaissir, s'épaissir, gonfler, grossir.

empêchement n. m. 1 *Je ne vois pas d'empêchement à ce projet* ▶ entrave, frein, obstacle. 2 *Un empêchement de dernière minute* ▶ accroc, complication, contretemps, difficulté.

empêcher v. 1 *Chercher à empêcher le développement d'un fléau* ▶ arrêter, contenir, endiguer, entraver, éviter, faire obstacle à, juguler, s'opposer à. 2 *Il a voulu m'empêcher de parler* ▶ défendre, interdire, retenir.

empesé, ée adj. 1 *Une chemise empesée* ▶ amidonnée. 2 Fig. *Un air empesé* ▶ apprêté, compassé, gourmé (litt.), guindé, pincé.

empester v. 1 *Des fumées d'usine qui empestent le voisinage* ▶ empoisonner, empuantir, infecter. 2 *Une haleine qui empeste l'alcool* ▶ puer (fam.). 3 Fig. *Des affaires qui empestent le climat politique* ▶ empoisonner, empuantir, gangrener, infecter, polluer, pourrir, vicier.

empêtrer (s') v. Fig. *S'empêtrer dans ses contradictions* ▶ barboter, cafouiller (fam.), s'embarrasser, s'emberlificoter (fam.), s'embourber, s'embrouiller, s'enferrer, s'enfoncer, s'enliser, patauger, se perdre.

emphase n. f. ▶ boursouflure, enflure, grandiloquence, pathos, pompe.

emphatique adj. ▶ ampoulé, boursouflé, déclamatoire, grandiloquent, pompeux, ronflant, solennel, théâtral.

empiéter v. 1 *Une dune qui empiète chaque année un peu plus sur un terrain voisin* ▶ chevaucher, déborder sur, envahir, grignoter sur, mordre sur, recouvrir. 2 Fig. *Empiéter sur les attributions d'autrui* ▶ usurper.

empiffrer (s') v. ▶ bâfrer (fam.), bouffer (fam.), dévorer, se goinfrer.

empilement n. m. ▶ amas, amoncellement, entassement, pile, superposition, tas.

empiler v. 1 *Empiler des caisses* ▶ accumuler, amasser, entasser. 2 **s'empiler** *S'empiler dans une voiture* ▶ s'entasser, se serrer, se tasser.

empire n. m. 1 Litt. *Conquérir l'empire des mers* ▶ commandement, contrôle, domination, maîtrise. 2 Fig. *Son empire sur ses disciples est tel qu'ils ne font rien sans son accord* ▶ ascendant, autorité, emprise, influence, mainmise, pouvoir.

empirer v. ▶ s'aggraver, aller de mal en pis, se corser (fam.), dégénérer, se dégrader, se détériorer, s'envenimer.

empirique adj. ▶ expérimental, pragmatique.

empirisme n. m. ▶ pragmatisme, réalisme.

emplacement n. m. ▶ aire, coin, endroit, espace, lieu, place, position, secteur, situation, terrain, zone.

emplâtre n. m. Fig. et fam. *Cet emplâtre est incapable du moindre effort* ▶ empaillé (fam.), empoté (fam.), mollasson.

emplette n. f. ▶ achat, acquisition, commission, course.

emplir v. ▶ bonder, bourrer, combler, farcir, garnir, remplir, truffer.

emploi n. m. 1 *Avoir un emploi intéressant* ▶ boulot (fam.), fonction, gagne-pain (fam.), job (fam.), métier, place, position, poste, profession, travail. 2 *S'interroger sur l'emploi d'un outil* ▶ destination, fonction, rôle, usage, utilisation. 3 **emploi du temps** ▶ calendrier, horaire, planning, programme.

employé, ée adj. *Une expression très employée* ▶ courant, fréquent, usité, usuel, utilisé.

employé, ée n. 1 *Un employé de bureau* ▶ agent, commis, préposé. 2 **employé de maison** *Chercher un employé de maison* ▶ domestique. 3 Spécialement au féminin ▶ femme de ménage.

employer v. 1 *Une entreprise qui emploie 2000 personnes* ▶ faire travailler, occuper. 2 *Employer qqn au classement d'un fichier* ▶ charger de, commettre à (litt.), préposer à. 3 *Employer un outillage ultramoderne* ▶ recourir à, se servir de, user de, utiliser.

employeur

4 *Employer tout son temps à prouver son innocence* ▶ appliquer, consacrer, mettre à profit, passer, profiter de, se servir de. **5 s'employer** *S'employer à soulager les misères d'autrui* ▶ s'appliquer à, s'attacher à, se dépenser à, s'occuper à (vx), se préoccuper de.

employeur, euse n. ▶ patron.

empocher v. Fam. ▶ encaisser, gagner, percevoir, ramasser, recevoir, toucher.

empoignade n. f. ▶ altercation, bagarre (fam.), dispute, querelle.

empoigner v. **1** *Empoigner une hache* ▶ agripper, attraper, prendre, saisir. **2** Fig. *Ce drame nous a tous empoignés* ▶ bouleverser, émouvoir, remuer, retourner, secouer. **3 s'empoigner** *S'empoigner à propos de politique* ▶ se colleter (litt.), se disputer, se quereller.

empoisonnant, ante adj. Fig. et fam. *Une histoire qui devient vraiment empoisonnante* ▶ assommant (fam.), barbant (fam.), casse-pieds (fam.), embêtant (fam.), emmerdant (fam.), ennuyeux, enquiquinant (fam.), rasoir (fam.).

empoisonnement n. m. **1** *Un empoisonnement dû à des champignons* ▶ intoxication. **2** Fig. et fam. *N'avoir que des empoisonnements* ▶ embêtement, emmerdement (fam.), ennui, problème, souci, tracas.

empoisonner v. **1** *Les microbes empoisonnent le sang* ▶ contaminer, gangrener, infecter. **2** *Des champignons l'ont empoisonné* ▶ intoxiquer. **3** *Une puanteur qui empoisonne l'atmosphère* ▶ empester, empuantir. **4** Fig. *Une influence qui empoisonne la jeunesse* ▶ corrompre, pervertir. **5** Fig. *Ce souvenir lui empoisonne sa vieillesse* ▶ gâcher, gâter. **6** Fig. et fam. *Ce gamin m'empoisonne* ▶ assommer, barber (fam.), déranger, embêter, emmerder (fam.), ennuyer, importuner, raser (fam.), tanner (fam.).

empoisonneur, euse n. Fig. et fam. *Mettre un empoisonneur à la porte* ▶ casse-pieds (fam.), emmerdeur (fam.), enquiquineur (fam.), fâcheux (vx), importun, raseur (fam.).

empoissonner v. *Empoissonner un étang* ▶ peupler.

emporté, ée adj. *Un caractère emporté* ▶ coléreux, irascible, irritable, soupe au lait (fam.), violent.

emportement n. m. ▶ colère, fureur, irritation.

emporter v. **1** *Les voleurs ont tout emporté* ▶ embarquer (fam.), enlever, prendre, rafler (fam.). **2** *La vague a tout emporté* ▶ arracher, balayer, enlever, entraîner. **3** *Emporter un agréable souvenir de son séjour* ▶ conserver, garder. **4** Fig. *Emporter un marché* ▶ enlever, obtenir, remporter. **5 l'emporter** *Son équipe l'a emporté facilement* ▶ dominer, gagner, triompher, vaincre. **6** *Chez lui, c'est toujours l'ambition qui l'emporte* ▶ prédominer, prévaloir, primer. **7 s'emporter** *S'emporter contre qqn* ▶ fulminer, pester, tempêter, tonner. **8** *Ils l'ont tellement agacé qu'il a fini par s'emporter* ▶ éclater, prendre le mors aux dents, sortir de ses gonds.

empoté, ée adj. et n. Fam. ▶ ballot, balourd, cloche (fam.), cruche (fam.), empaillé (fam.), emplâtre (fam.), gauche, godiche (fam.), lourd, maladroit, niais, nouille (fam.), obtus, sot.

empourprer (s') v. ▶ rougir.

empreindre (s') v. **1** *Les traces de l'animal se sont profondément empreintes dans la boue* ▶ se graver, s'imprimer, se marquer. **2** Fig. et litt. *Son visage s'est empreint de gravité* ▶ se charger, se marquer, se pénétrer.

empreinte n. f. **1** *Une empreinte de pas* ▶ marque, trace. **2** Fig. *Garder l'empreinte d'une expérience douloureuse* ▶ cicatrice, marque, stigmate (litt.), trace.

empressé, ée adj. *Un soupirant empressé* ▶ attentif, attentionné, dévoué, galant, prévenant, zélé.

empressement n. m. **1** *Faire preuve d'empressement à l'égard de qqn* ▶ attention, prévenance. **2** *S'acquitter d'une mission avec empressement* ▶ ardeur, célérité, diligence, promptitude, rapidité, vivacité, zèle.

empresser (s') v. **1** *S'empresser de partir* ▶ se dépêcher de, se hâter de, se précipiter de. **2** *S'empresser auprès de ses invités* ▶ s'affairer, se démener, se mettre en quatre.

emprise n. f. ▶ ascendant, autorité, empire, influence, mainmise, pouvoir.

emprisonnement n. m. ▶ captivité, détention, enfermement, incarcération, internement.

emprisonner v. **1** *Emprisonner un criminel* ▶ boucler (fam.), coffrer (fam.), écrouer, embastiller (litt.), incarcérer, interner, mettre à l'ombre. **2** *Il emprisonne ce pauvre enfant pour lui faire faire des devoirs de vacances!* ▶ claquemurer, claustrer, cloîtrer, enfermer, reclure (litt.), séquestrer. **3** *Les femmes emprisonnaient leur taille dans d'étroits corsets* ▶ comprimer, enserrer.

emprunt n. m. **1** *Un emprunt bancaire* ▶ crédit, prêt. **2** *Un emprunt littéraire* ▶ calque, copie, imitation, plagiat. **3** d'em-

emprunt *Une identité d'emprunt* ► artificiel, composé, factice, faux.

emprunté, ée adj. *Prendre un air emprunté* ► affecté, artificiel, contraint, embarrassé.

emprunter v. **1** *Emprunter de l'argent* ► taper (fam.). **2** *Emprunter un nouvel itinéraire* ► passer par, prendre, suivre. **3** *Emprunter le style de qqn* ► copier, imiter, plagier, reproduire.

empuantir v. ► empester, empoisonner.

empyrée n. m. Litt. ► azur (litt.), ciel, éther (litt.), firmament (litt.).

ému, ue adj. *Un souvenir ému* ► attendri.

émulation n. f. ► compétition, concurrence, lutte, rivalité.

émule n. Litt. ► compétiteur, concurrent, rival.

encadrement n. m. **1** *Un encadrement en bois doré* ► bordure, cadre, châssis, entourage. **2** *L'encadrement d'une entreprise* ► cadres, hiérarchie, staff (fam.).

encadrer v. **1** *Un liseré qui encadre une pièce d'étoffe* ► border, entourer. **2** *Encadrer une équipe* ► diriger, driver (fam.), mener. **3** Fam. *Ne pas pouvoir encadrer qqn* ► blairer (fam.), encaisser (fam.), pifer (fam.), sentir (fam.), supporter.

encaisse n. f. ► fonds.

encaissé, ée adj. ► étroit, profond, resserré.

encaissement n. m. ► perception.

encaisser v. **1** *Encaisser le montant d'une facture* ► empocher (fam.), percevoir, ramasser (fam.), toucher. **2** Fig. *Encaisser un coup* ► écoper de (fam.), essuyer, recevoir, récolter (fam.). **3** Fig. et fam. *Ne pas pouvoir encaisser qqn* ► blairer (fam.), encadrer (fam.), pifer (fam.), sentir (fam.), supporter. **4 s'encaisser** *La vallée s'encaisse entre deux parois rocheuses* ► se resserrer.

en-cas n. m. ► casse-croûte (fam.), collation.

encastrer v. *Encastrer une machine à laver dans un meuble de cuisine* ► insérer, loger.

encaustique n. f. ► cire.

encaustiquer v. ► cirer, lustrer.

enceinte adj. *Une femme enceinte* ► grosse.

enceinte n. f. **1** *Édifier une enceinte autour d'une ville* ► mur, muraille, rempart. **2** *Pénétrer dans l'enceinte du tribunal* ► salle. **3 enceinte acoustique** ► baffle, haut-parleur.

encensement n. m. Fig. *Au lieu d'une analyse critique, on a eu droit à un encensement* ► apologie, dithyrambe (litt.), glorification, panégyrique.

encenser v. Fig. *Encenser qqn pour s'en faire bien voir* ► flagorner (péj.), flatter (péj.), glorifier, louanger, louer, magnifier.

encensoir n. m. Fig. *Manier l'encensoir avec une subtilité de courtisan* ► éloge, flagornerie (péj.), flatterie (péj.), hommage, louange.

encerclement n. m. ► investissement, siège.

encercler v. **1** *Encercler un mot au crayon* ► encadrer, entourer. **2** *Une muraille encercle la ville* ► enclore, enfermer, enserrer, entourer. **3** *L'ennemi encercle le château* ► assiéger, cerner, entourer, investir.

enchaînement n. m. *Un enchaînement de circonstances* ► chaîne, consécution (litt.), série, succession, suite.

enchaîner v. **1** Fig. et litt. *Enchaîner un peuple* ► asservir, assujettir, bâillonner, museler, soumettre, subjuguer (litt.). **2 s'enchaîner** *Une démonstration dont les éléments s'enchaînent impeccablement* ► se succéder.

enchanté, ée adj. **1** *Une forêt enchantée* ► magique, surnaturel. **2** Fig. *Enchanté de vous rencontrer* ► charmé, content, heureux, ravi.

enchantement n. m. **1** *Rompre un enchantement maléfique* ► charme, ensorcellement, envoûtement, sortilège. **2** Fig. *L'enchantement de l'amour* ► émerveillement, griserie, ivresse, joies, ravissement.

enchanter v. Fig. *Sa voix a enchanté le public* ► captiver, charmer, conquérir, émerveiller, ensorceler, envoûter, fasciner, ravir, séduire, subjuguer.

enchanteur, teresse adj. *Un paysage enchanteur* ► féerique, merveilleux, paradisiaque, ravissant.

enchanteur, teresse n. **1** *L'enchanteur Merlin* ► mage, magicien, sorcier. **2** Fig. *Ce poète est un enchanteur* ► charmeur, ensorceleur.

enchâssement n. m. ► emboîtement.

enchâsser v. **1** *Enchâsser une pierre précieuse* ► enchatonner, monter, sertir. **2** Fig. *Enchâsser une citation dans un discours* ► insérer.

enchères n. f. pl. **1** *Un commissaire-priseur qui essaye de susciter des enchères plus élevées* ► offres, propositions. **2 aux enchères** *Quand il a fait faillite, ses biens personnels ont été bradés aux enchères* ► à la criée, à l'encan.

enchérir v. Fig. et litt. *Une théorie qui enchérit sur les hypothèses les plus folles* ▶ aller au-delà de, dépasser.

enchevêtrement n. m. 1 *L'enchevêtrement des problèmes économiques et sociaux* ▶ imbrication, interpénétration, intrication. 2 *L'enchevêtrement d'un raisonnement sans rigueur* ▶ confusion, embrouillamini (fam.), embrouillement, emmêlement, fouillis (fam.), imbroglio, labyrinthe.

enchevêtrer v. ▶ embrouiller, emmêler, entremêler, mélanger, mêler.

enclaver v. *Les zones désertiques qui enclavent une région* ▶ enclore, enfermer, isoler.

enclencher v. Fig. *Enclencher une procédure* ▶ amorcer, commencer, déclencher, engager, entamer, entreprendre, initier, lancer, mettre en train.

enclin, ine adj. ▶ porté, prédisposé.

enclore v. 1 *Une palissade qui enclot un terrain* ▶ clôturer. 2 *Une épaisse forêt qui enclot un jardin* ▶ encercler, enclaver, enfermer, enserrer, entourer.

enclos n. m. ▶ clôture, mur.

encoche n. f. ▶ cran, entaille.

encoder v. ▶ chiffrer, coder, crypter.

encoignure n. f. ▶ angle, coin, recoin, renfoncement.

encolure n. f. 1 *L'encolure d'un cheval* ▶ cou. 2 *L'encolure d'une chemise* ▶ col.

encombrant, ante adj. 1 *Un colis encombrant* ▶ embarrassant, gênant, volumineux. 2 *Un personnage encombrant* ▶ gênant, importun, pesant.

encombré, ée adj. *Des classes encombrées* ▶ saturé, surchargé.

encombrement n. m. 1 *Un extraordinaire encombrement de bibelots* ▶ accumulation, amas. 2 *Une ville réputée pour ses encombrements* ▶ bouchon, embouteillage. 3 *L'encombrement d'un meuble* ▶ dimensions, volume.

encombrer v. 1 *Ce colis va vous encombrer* ▶ embarrasser, gêner. 2 *Un camion qui encombre le passage* ▶ boucher, gêner, obstruer.

encontre de (à l') prép. *À l'encontre des idées reçues* ▶ à l'opposé de, contre.

encorbellement n. m. *Un balcon en encorbellement* ▶ surplomb.

encore adv. 1 *Il a encore gagné* ▶ de nouveau, derechef (litt.). 2 *J'en veux encore!* ▶ davantage, plus. 3 *Si encore il faisait beau!* ▶ au moins, seulement. 4 *Il est encore vivant?* ▶ toujours.

encore que conj. ▶ bien que, quoique.

encourageant, ante adj. 1 *Des résultats encourageants* ▶ prometteur, stimulant. 2 *Des paroles encourageantes* ▶ réconfortant.

encouragement n. m. 1 *Les encouragements du public* ▶ applaudissement, exhortation. 2 *Les encouragements de l'État* ▶ aide, appui, incitation, soutien. 3 *Des paroles d'encouragement* ▶ réconfort.

encourager v. 1 *Ce premier succès l'a encouragé* ▶ aiguillonner, enhardir, stimuler. 2 *Encourager un débutant à persévérer* ▶ engager à, exhorter à, inciter à, inviter à, pousser à. 3 *Encourager une politique* ▶ aider, appuyer, favoriser, soutenir.

encourir v. ▶ être passible de, s'exposer à, mériter, risquer.

encrasser (s') v. *Un tuyau qui s'encrasse* ▶ s'obstruer.

encroûter (s') v. Fam. *S'encroûter dans un travail routinier* ▶ croupir, se scléroser, végéter.

endémique adj. Fig. *Un chômage endémique* ▶ chronique, constant, permanent.

endeuiller v. Fig. et litt. *Un paysage qu'endeuillent les cheminées d'usines* ▶ assombrir, attrister, désoler.

endiablé, ée adj. *Un rythme endiablé* ▶ débridé, déchaîné, effréné, fougueux, frénétique, impétueux, infernal.

endiguer v. Fig. *Endiguer l'inflation* ▶ brider, canaliser, contenir, enrayer, entraver, freiner, juguler, retenir.

endoctrinement n. m. ▶ bourrage de crâne (fam.), catéchisation (litt.), intoxe (fam.), matraquage (fam.).

endoctriner v. ▶ bourrer le crâne (fam.), bourrer le mou (fam.), catéchiser, matraquer (fam.).

endolori, ie adj. ▶ douloureux, meurtri.

endommagement n. m. ▶ avarie, dégât, détérioration, dommage.

endommager v. ▶ abîmer, déglinguer, dégrader, détériorer, esquinter (fam.).

endormi, ie adj. *Il a l'air vraiment endormi* ▶ amorphe, apathique, indolent, mou, somnolent.

endormir v. 1 *Endormir un malade avant de l'opérer* ▶ anesthésier. 2 Fig. *Endormir son auditoire* ▶ assommer, barber (fam.), ennuyer, enquiquiner (fam.), fatiguer, lasser, raser (fam.). 3 Fig. *Endormir qqn par de belles*

paroles ▶ amuser (fam.), bercer, embobiner (fam.), enjôler, entortiller (fam.), leurrer, tromper. **4 s'endormir** *S'endormir en lisant son journal* ▶ s'assoupir. **5** Fig. *La douleur s'est un peu endormie* ▶ s'adoucir, s'apaiser, s'atténuer, se calmer, s'engourdir, tomber.

endormissement n. m. ▶ assoupissement.

endosser v. **1** *Endosser son pardessus* ▶ enfiler, mettre, revêtir. **2** Fig. *Endosser la responsabilité d'une décision* ▶ accepter, assumer, prendre sur soi.

endroit n. m. **1** *Un endroit isolé* ▶ coin, emplacement, lieu, position, situation. **2** *Applaudir aux bons endroits* ▶ moment, passage. **3** *L'endroit d'un papier* ▶ recto.

enduire v. **1** *Enduire un mur* ▶ badigeonner, couvrir, recouvrir. **2** *Enduire un visage de crème* ▶ couvrir, imprégner, oindre (vx), recouvrir.

enduit n. m. ▶ apprêt, badigeon.

endurance n. f. ▶ résistance, trempe (vx).

endurant, ante adj. ▶ dur (fam.), increvable (fam.), infatigable, résistant.

endurci, ie adj. **1** *Un cœur endurci* ▶ dur, implacable, inflexible, insensible, sec. **2** *Un célibataire endurci* ▶ impénitent, invétéré, irrécupérable.

endurcir v. *Des épreuves qui endurcissent le caractère* ▶ aguerrir, blinder (fam.), cuirasser, fortifier, tremper.

endurcissement n. m. *L'endurcissement du cœur* ▶ dessèchement.

endurer v. *Endurer les pires avanies* ▶ essuyer, souffrir, subir, supporter.

énergie n. f. **1** *Une action menée avec énergie* ▶ détermination, dynamisme, force, poigne, résolution, vigueur. **2** *Son échec lui a fait perdre toute énergie* ▶ ardeur, dynamisme, punch (fam.), ressort, vigueur, vitalité.

énergique adj. **1** *Un homme politique énergique* ▶ actif, décidé, déterminé, dynamique, entreprenant, résolu, volontaire. **2** *Une décision énergique* ▶ courageux, hardi. **3** *Un traitement énergique* ▶ musclé (fam.), puissant, vigoureux.

énergiquement adv. *Taper énergiquement* ▶ dur, fermement, fort, fortement, résolument, vigoureusement, violemment.

énergisant, ante adj. ▶ stimulant, tonique.

énergumène n. m. ▶ exalté, excité, fanatique, forcené.

énervant, ante adj. ▶ agaçant, crispant, exaspérant, horripilant.

énervement n. m. **1** *Provoquer l'énervement de qqn* ▶ agacement, exaspération, irritation. **2** *Une salle au comble de l'énervement* ▶ agitation, effervescence, excitation, impatience, nervosité, surexcitation.

énerver v. **1** *Quoi qu'elle fasse, elle l'énerve* ▶ agacer, crisper, exaspérer, excéder, horripiler, porter sur les nerfs à, taper sur les nerfs à (fam.). **2 s'énerver** *Si vous lui parlez de cela, il va encore s'énerver* ▶ s'échauffer, s'emporter, s'enflammer, s'exciter, se monter (fam.).

enfance n. f. Fig. et litt. *L'enfance du monde* ▶ aube (litt.), aurore (litt.), commencement, matin (litt.), origine.

enfant n. **1** *Des enfants qui jouent* ▶ bambin (fam.), drôle (vx), gamin (fam.), lardon (fam.), loupiot (fam.), marmot, minot (fam.), mioche (fam.), môme (fam.), morveux (fam. et péj.), moutard (fam.). **2** *Un couple resté sans enfant* ▶ descendant, héritier, progéniture, rejeton. **3** Fig. et litt. *Les romans sont les enfants de leur auteur* ▶ fruit, produit.

enfantement n. m. **1** Litt. *Les douleurs de l'enfantement* ▶ accouchement, couches, parturition. **2** Fig. et litt. *L'enfantement d'une œuvre d'art* ▶ création, élaboration, production.

enfanter v. **1** Litt. *Enfanter dans la douleur* ▶ accoucher, mettre au monde. **2** *Abraham enfanta Isaac* ▶ engendrer, procréer. **3** Fig. et litt. *Enfanter un ouvrage* ▶ accoucher de, créer, donner le jour à, donner naissance à, élaborer, produire.

enfantillage n. m. ▶ bagatelle, baliverne, bêtise, futilité, gaminerie, niaiserie, puérilité, sottise.

enfantin, ine adj. **1** *Un problème enfantin* ▶ bête comme chou (fam.), élémentaire. **2** Péj. *Une attitude enfantine* ▶ immature, infantile, puéril.

enfer n. m. **1** *Promettre l'enfer aux réprouvés* ▶ damnation, géhenne (litt.). **2** Fig. *Sa vie est un enfer* ▶ bagne, galère (fam.). **3 d'enfer** *Un bruit d'enfer* ▶ fou, horrible, infernal, insupportable, intolérable. **4** Fam. *Un plan d'enfer* ▶ dément (fam.), du tonnerre (fam.), extraordinaire, génial (fam.), sensationnel.

enfermement n. m. *Un otage qui souffre de son enfermement* ▶ captivité, claustration, détention, emprisonnement, réclusion, séquestration.

enfermer v. **1** *Enfermer qqn dans une cave* ▶ boucler (fam.), claquemurer, claustrer, cloîtrer, confiner, emprisonner, parquer (fam.), reclure, séquestrer, verrouiller. **2** Spécialement dans les formes légales

enferrer (s')

▶ boucler (fam.), coffrer (fam.), écrouer, emprisonner, incarcérer, interner. **3** *Enfermer des habits dans un coffre* ▶ mettre sous clef, serrer (vx). **4** *La muraille qui enferme la ville* ▶ ceindre (litt.), encercler, enclore, enserrer, entourer. **5** Vx *Un ouvrage qui enferme bien des erreurs* ▶ comporter, comprendre, contenir, renfermer. **6 s'enfermer** *S'enfermer chez soi* ▶ se barricader, se calfeutrer, se cantonner, se cloîtrer, se confiner, s'isoler. **7** Fig. *S'enfermer dans son chagrin* ▶ se cloîtrer, s'emmurer, se murer.

enferrer (s') v. Fig. *S'enferrer dans ses mensonges* ▶ s'embarrasser, s'emberlificoter (fam.), s'embourber, s'empêtrer, s'enfoncer, s'enliser, patauger, se perdre.

enfiévré, ée adj. *Une atmosphère enfiévrée* ▶ enflammé, exalté, fébrile, fiévreux, passionné.

enfiévrer v. *Enfiévrer l'imagination* ▶ enflammer, exalter, exciter, surexciter.

enfilade n. f. **1** *Une enfilade de colonnes* ▶ alignement, file, rangée, série, succession, suite. **2 en enfilade** *Marcher en enfilade* ▶ à la file, à la queue leu leu, en file indienne.

enfiler v. **1** *Enfiler une robe* ▶ mettre, passer, revêtir. **2** *Enfiler une rue* ▶ s'engager dans, prendre. **3 s'enfiler** Fam. *S'enfiler un steak* ▶ avaler, engloutir, engouffrer, s'envoyer (fam.), ingurgiter, se taper (fam.).

enfin adv. *Camille, Sophie, Pierre, enfin tous* ▶ bref, en résumé, en un mot.

enflammé, ée adj. **1** *Avoir la muqueuse très enflammée* ▶ irrité. **2** Fig. *Une lettre enflammée* ▶ ardent, brûlant, enthousiaste, passionné.

enflammer v. **1** *Enflammer une allumette* ▶ allumer, brûler, mettre le feu à. **2** Fig. *Enflammer les passions* ▶ attiser, déchaîner, exciter. **3** Fig. *Enflammer un auditoire* ▶ électriser, enfiévrer, enthousiasmer, exalter, galvaniser, passionner, soulever, survolter. **4 s'enflammer** *Une forêt qui s'enflamme* ▶ s'embraser, prendre feu. **5** Fig. *S'enflammer à tout propos* ▶ s'emporter, s'énerver, se monter (fam.). **6** Fig. *S'enflammer pour une cause* ▶ s'engouer, s'enthousiasmer, s'exalter, se passionner.

enflé, ée adj. **1** *Un visage enflé* ▶ bouffi, boursouflé, gonflé, tuméfié. **2** Fig. *Un style enflé* ▶ ampoulé, boursouflé, emphatique, grandiloquent, redondant, ronflant.

enfler v. **1** *Un œil qui enfle* ▶ se dilater, gonfler, grossir. **2** Fig. *Un déficit qui enfle* ▶ s'accroître, augmenter, se développer, s'élargir, gonfler, grossir. **3** Fig. et litt. *Enfler un incident* ▶ amplifier, exagérer, gonfler, grossir.

enflure n. f. **1** *Une enflure à la cheville* ▶ gonflement, intumescence, œdème. **2** (Spécialement à la suite d'un choc) ▶ bosse, tuméfaction. **3** Fig. *L'enflure d'un style* ▶ bouffissure, boursouflure, emphase, grandiloquence, outrance.

enfoncement n. m. **1** *L'enfoncement d'une porte* ▶ défoncement. **2** *Un enfoncement de terrain* ▶ cavité, creux. **3** *Un enfoncement ménagé dans un gros mur* ▶ niche, renfoncement.

enfoncer v. **1** *Enfoncer un clou dans un mur* ▶ ficher, planter. **2** *Enfoncer ses mains dans ses poches* ▶ fourrer (fam.), mettre. **3** *Enfoncer une porte* ▶ défoncer, forcer. **4** Fig. et fam. *Enfoncer son adversaire aux échecs* ▶ battre, écraser, piler (fam.), surpasser, vaincre. **5 s'enfoncer** *Si la voiture s'enfonce làdedans, on ne pourra plus s'en sortir* ▶ s'embourber, s'enliser. **6** *Un bateau qui commence à s'enfoncer* ▶ s'abîmer, couler, sombrer. **7** *Ils s'enfoncèrent l'un après l'autre dans le tunnel* ▶ s'avancer, se couler, disparaître, s'engager, s'engouffrer, entrer, pénétrer, rentrer (fam.). **8** Fig. *S'enfoncer dans le désespoir* ▶ s'abîmer, glisser, se noyer, se perdre, se plonger, sombrer. **9** Fig. *Plus elle ment, plus elle s'enfonce* ▶ s'emberlificoter (fam.), s'embourber, s'empêtrer, s'enferrer, s'enliser, patauger.

enfouir v. **1** *Enfouir un trésor* ▶ enterrer. **2** Fig. *Enfouir un secret dans sa mémoire* ▶ ensevelir. **3 s'enfouir** *S'enfouir sous une couette* ▶ se blottir, se cacher, se réfugier.

enfourner v. **1** Fam. *Enfourner des vêtements dans la valise* ▶ fourrer (fam.), jeter. **2** Fam. *Enfourner d'un seul coup le gâteau tout entier* ▶ engloutir, engouffrer (fam.), ingurgiter.

enfreindre v. *Enfreindre à la loi* ▶ contrevenir à, désobéir à, manquer à, transgresser, violer.

enfuir (s') v. **1** *S'enfuir à l'arrivée de l'ennemi* ▶ se barrer (fam.), battre en retraite, décamper, déguerpir (fam.), dénicher (vx), détaler (fam.), s'esbigner (fam. et vx), se faire la malle (fam.), filer, fuir, mettre les bouts (fam.), prendre la fuite (fam.), se sauver, se tailler (fam.), se tirer (fam.). **2** *S'enfuir de prison* ▶ s'échapper, s'évader, se sauver. **3** Fig. et litt. *Les années qui se sont enfuies* ▶ disparaître, se dissiper, passer.

engageant, ante adj. **1** *Des manières engageantes* ▶ affable, agréable, aimable, amène (litt.), attrayant, avenant, charmant, plaisant, sympathique. **2** *Un sourire engageant* ▶ aguichant, attirant, séduc-

engagement n. m. 1 *Respecter un engagement* ▶ contrat, pacte, parole, promesse, serment. 2 *Sans engagement de votre part* ▶ obligation. 3 *Une prime d'engagement* ▶ embauche, recrutement. 4 *Un engagement bref et violent entre deux patrouilles* ▶ assaut, choc, combat, échauffourée, escarmouche, rencontre.

engager v. 1 *Cela ne vous engage à rien* ▶ astreindre, contraindre, obliger. 2 *Sa promesse ne vous engage pas* ▶ lier. 3 *Engager des bijoux* ▶ hypothéquer. 4 *Engager du personnel* ▶ embaucher, enrôler, recruter. 5 *Engager une balle dans le canon d'une arme* ▶ enfoncer, glisser, introduire, mettre. 6 *Engager des capitaux dans une affaire* ▶ investir, mettre, placer. 7 *Engager un débat* ▶ amorcer, attaquer, commencer, entamer, entreprendre, initier, lancer, mettre en train, ouvrir. 8 *Engager qqn à faire qqch* ▶ conseiller à, convier, exhorter, inciter, inviter, porter, pousser. 9 *s'engager S'engager à ne rien dire* ▶ jurer, promettre. 10 *Un philosophe qui s'engage* ▶ choisir, prendre parti. 11 *S'engager dans un tunnel* ▶ s'avancer, entrer, pénétrer. 12 Fig. *S'engager dans une mauvaise affaire* ▶ s'aventurer, s'embarquer, s'embringuer (fam.), se fourrer (fam.), se jeter, se lancer.

engeance n. f. Litt. *Sotte engeance que celle des rats!* ▶ race.

engelure n. f. ▶ crevasse, gelure.

engendrer v. 1 *Abraham engendra Isaac* ▶ enfanter, procréer. 2 Fig. *L'insalubrité engendre des maladies* ▶ amener, causer, créer, déterminer, entraîner, faire naître, générer, occasionner, produire, provoquer, susciter.

engin n. m. 1 *Un engin de levage* ▶ appareil, dispositif, instrument, machine. 2 *Un lanceur d'engins* ▶ missile. 3 Fam. *Qu'est-ce que c'est que cet engin?* ▶ bidule (fam.), chose, instrument, machin (fam.), truc (fam.). 4 **engin spatial** ▶ astronef (vx), vaisseau spatial, véhicule spatial.

englober v. ▶ comporter, comprendre, compter, contenir, embrasser, inclure, rassembler, réunir.

engloutir v. 1 *Engloutir un poulet entier* ▶ absorber, avaler, dévorer, enfourner (fam.), engouffrer (fam.), ingurgiter. 2 *Une coulée de lave qui engloutit une cité* ▶ ensevelir, submerger. 3 Fig. *Engloutir un héritage* ▶ claquer (fam.), croquer (fam.), dépenser, dévorer, dilapider, dissiper, gaspiller, manger (fam.). 4 *s'engloutir Le bateau s'est englouti dans les flots* ▶ s'abîmer (litt.), couler, disparaître, sombrer.

engoncé, ée adj. *Sa nouvelle tenue lui donne l'air un peu engoncé* ▶ coincé (fam.), guindé.

engorgement n. m. 1 *Une accumulation de boues qui provoque l'engorgement d'un tuyau* ▶ encombrement, obstruction. 2 *Il y a un engorgement sur l'autoroute du Sud* ▶ bouchon (fam.), embouteillage, encombrement.

engorger v. *Des saletés qui engorgent un tuyau* ▶ boucher, encombrer, obstruer.

engouement n. m. *Elle est coutumière de ces engouements* ▶ emballement (fam.), enthousiasme, passion, tocade (fam.).

engouer de (s') v. *S'engouer subitement d'artisanat japonais* ▶ s'emballer pour (fam.), s'enthousiasmer pour, s'enticher de, se passionner pour, se toquer de.

engouffrer v. 1 Fam. *Engouffrer tout un plateau de petits fours* ▶ absorber, avaler, dévorer, enfourner (fam.), engloutir, ingurgiter. 2 *s'engouffrer S'engouffrer dans un couloir* ▶ s'élancer, se jeter, se précipiter.

engourdi, ie adj. 1 *Avoir les doigts engourdis* ▶ ankylosé, gourd, perclus (litt.), raide. 2 Fig. *Un esprit engourdi* ▶ endormi, lent.

engourdir v. *Le froid lui engourdit les mains* ▶ ankyloser, paralyser.

engourdissement n. m. 1 *L'engourdissement d'une jambe* ▶ ankylose, courbature. 2 *L'inactivité intellectuelle conduit à une sorte d'engourdissement de l'esprit* ▶ ankylose, appesantissement, assoupissement, atonie, hébétude, léthargie, somnolence, torpeur.

engrais n. m. ▶ compost, fertilisant, fumier.

engraisser v. 1 *Engraisser une terre* ▶ améliorer, amender, bonifier, enrichir, fertiliser, fumer. 2 *Engraisser un animal* ▶ gaver, gorger. 3 *Un homme qui engraisse* ▶ s'alourdir, s'empâter, épaissir, s'épaissir, faire du lard (fam.), forcir, grossir, prendre du poids. 4 *s'engraisser* Fig. *S'engraisser grâce au travail des autres* ▶ s'enrichir, prospérer.

engranger v. ▶ amasser, emmagasiner, entasser, entreposer, stocker.

engrenage n. m. Fig. *L'engrenage de la violence* ▶ escalade, mécanisme, processus, spirale.

engueulade n. f. 1 Fam. *Avoir droit à une engueulade de son patron* ▶ admonestation (litt.), algarade (litt.), remontrance, réprimande, savon (fam.). 2 Fam. *Une engueulade*

engueuler

entre deux conjoints ▶ accrochage, algarade (litt.), altercation, dispute, scène.

engueuler v. 1 Fam. *Engueuler un enfant* ▶ admonester (litt.), attraper (fam.), enguirlander (fam.), gourmander (litt.), gronder, houspiller, incendier (fam.), réprimander, savonner (fam.), tancer (litt.). 2 Fam. *Engueuler un subordonné* ▶ admonester (litt.), incendier (fam.), réprimander, savonner (fam.). 3 **s'engueuler** Fam. ▶ se disputer, s'injurier, s'insulter, s'invectiver, se quereller.

enguirlander v. Fam. *Enguirlander qqn* ▶ attraper (fam.), engueuler (fam.), gourmander (litt.), gronder, houspiller, incendier (fam.), réprimander, savonner (fam.), tancer (litt.).

enhardir v. ▶ aiguillonner, encourager, stimuler.

énigmatique adj. 1 *Un texte énigmatique* ▶ abscons (litt.), abstrus (litt.), ésotérique, hermétique, inintelligible, nébuleux, obscur, sibyllin (litt.). 2 *Un comportement énigmatique* ▶ incompréhensible, inexplicable, insaisissable, mystérieux. 3 *Un regard énigmatique* ▶ impénétrable, indéchiffrable, indéfinissable, insondable, mystérieux. 4 *Une affaire énigmatique* ▶ mystérieux, ténébreux.

énigme n. f. 1 *Se heurter à une véritable énigme* ▶ mystère, problème, secret. 2 *Jouer aux énigmes* ▶ devinette.

enivrant, ante adj. 1 Fig. *Un parfum enivrant* ▶ capiteux, entêtant, étourdissant, grisant. 2 Fig. *Une aventure enivrante* ▶ exaltant, excitant, grisant, passionnant.

enivrement n. m. 1 Vx *L'enivrement provoqué par l'alcool* ▶ ébriété, ivresse. 2 Fig. *L'enivrement provoqué par un succès* ▶ exaltation, excitation, griserie, ivresse, transport (litt.), vertige.

enivrer v. 1 *Le vin enivre* ▶ soûler. 2 Fig. *Un parfum qui enivre* ▶ entêter, étourdir, griser. 3 Fig. *Enivrer qqn de louanges* ▶ étourdir, exalter. 4 **s'enivrer** *S'enivrer pour oublier* ▶ boire, se bourrer (fam.), se noircir (fam.), se soûler.

enjambée n. f. ▶ foulée, pas.

enjambement n. m. ▶ rejet.

enjamber v. 1 *Enjamber un ruisseau* ▶ franchir, passer. 2 Fig. *Enjamber sur le domaine de son voisin* ▶ empiéter.

enjeu n. m. ▶ cave, mise, poule.

enjoindre v. ▶ commander, demander, dire, imposer, inviter, mettre en demeure, ordonner, prescrire, sommer.

enjôler v. ▶ duper, embobiner (fam.), endormir, entortiller (fam.), leurrer, séduire, tromper.

enjôleur, euse adj. ▶ aguicheur, charmeur, ensorceleur, racoleur, séducteur.

enjolivement n. m. *Un récit très sobre, sans aucun enjolivement* ▶ embellissement, fioriture, ornement.

enjoliver v. 1 *Enjoliver une façade* ▶ agrémenter, décorer, embellir, enrichir, orner, parer, rehausser. 2 Fig. *Enjoliver un peu la réalité en racontant une histoire* ▶ agrémenter, broder sur, embellir.

enjoué, ée adj. ▶ allègre, badin, folâtre, gai, guilleret, jovial, joyeux, léger.

enjouement n. m. ▶ alacrité (litt.), allégresse, bonne humeur, entrain, gaieté, joie, jovialité.

enlacement n. m. 1 *Un enlacement passionné* ▶ embrassement (litt.), étreinte. 2 *Un enlacement de motifs floraux* ▶ entrecroisement, entrelacement, entremêlement.

enlacer v. 1 *Enlacer sa maîtresse* ▶ embrasser, étreindre. 2 *Enlacer des rubans les uns dans les autres* ▶ entrecroiser, entrelacer, entremêler.

enlaidir v. ▶ abîmer, défigurer, dénaturer, déparer.

enlevé, ée adj. *Un rythme très enlevé* ▶ alerte, rapide.

enlèvement n. m. 1 *L'enlèvement des ordures* ▶ déblayage, dégagement. 2 *L'enlèvement d'un enfant* ▶ kidnapping, rapt, vol.

enlever v. 1 *Enlever dix de trente deux* ▶ déduire, défalquer, ôter, prélever, prendre, retirer, retrancher, soustraire. 2 *Enlever sa veste* ▶ se débarrasser de, se défaire de, ôter, quitter, retirer. 3 *Enlever qqch qui s'était coincé* ▶ arracher, dégager, extirper, extraire, ôter. 4 *Enlever un mot pour abréger un paragraphe* ▶ effacer, éliminer, ôter, retirer, retrancher, supprimer. 5 *Enlever un jouet à un enfant* ▶ confisquer, prendre. 6 *Enlever un enfant* ▶ kidnapper, ravir (litt.). 7 *Enlever des marchandises* ▶ embarquer (fam.), emporter. 8 Litt. *Enlever un bloc de béton avec une grue* ▶ élever, hisser, lever, monter, soulever. 9 Fig. *Enlever un marché* ▶ conquérir, s'emparer de, emporter, prendre, rafler (fam.), remporter. 10 Fig. et litt. *Enlever son auditoire* ▶ électriser, emballer (fam.), enflammer, enthousiasmer, exalter, galvaniser, passionner, ravir, soulever, transporter. 11 **s'enlever** *Une tache qui s'enlève facilement* ▶ disparaître, s'effacer, partir. 12 *Des marchandises*

enliser v. 1 *Enliser sa voiture* ▸ embourber, ensabler, envaser. 2 *s'enliser* Fig. *S'enliser dans la routine* ▸ s'enfoncer, glisser, se perdre, sombrer. 3 Fig. *S'enliser dans une explication* ▸ barboter (fam.), s'embarrasser, s'emberlificoter (fam.), s'embourber, s'empêtrer, s'enferrer, patauger, se perdre.

enluminé, ée adj. *Une trogne enluminée* ▸ congestionné, cramoisi, écarlate, empourpré, rougeaud, rubescent (litt.), rubicond, sanguin, vermeil.

enneigé, ée adj. *Des sommets enneigés* ▸ neigeux.

ennemi, ie adj. *Le camp ennemi* ▸ adverse, opposé.

ennemi, ie n. 1 *Deux ennemis qui finissent par s'entretuer* ▸ adversaire, antagoniste, rival. 2 *Les ennemis d'un pouvoir* ▸ adversaire, détracteur, opposant.

ennoblir v. *La vertu ennoblit l'homme* ▸ anoblir, élever, grandir, rehausser.

ennui n. m. 1 Litt. *Traîner son ennui sans savoir quoi faire* ▸ abattement, cafard (fam.), dégoût, hypocondrie (litt.), lassitude, mélancolie, morosité, spleen (litt.). 2 *Cela va vous causer des ennuis à n'en plus finir* ▸ complication, contrariété, déboire, désagrément, difficulté, embarras, embêtement (fam.), emmerdement (fam.), empoisonnement (fam.), enquiquinement (fam.), préoccupation, problème, souci, tracas. 3 *L'ennui, avec cette cheminée, c'est qu'elle fume* ▸ embêtant (fam.), hic (fam.), inconvénient, os (fam.), pépin (fam.), poisse (fam.), problème.

ennuyer v. 1 *Il ennuie tout le monde avec ses exigences* ▸ agacer, assommer, barber (fam.), bassiner (fam.), casser les pieds à (fam.), embêter (fam.), emmerder (fam.), empoisonner (fam.), énerver, enquiquiner (fam.), excéder, faire suer (fam.), fatiguer, importuner, lasser, raser (fam.), soûler, tanner (fam.). 2 *Cet échec l'a vraiment ennuyé* ▸ chagriner, contrarier, désoler, gêner, mécontenter, navrer. 3 *Son état de santé m'ennuie beaucoup* ▸ inquiéter, préoccuper, tourmenter, tracasser. 4 *s'ennuyer* *S'ennuyer toute la journée* ▸ s'embêter (fam.), s'emmerder (fam.), se languir (litt.), se morfondre, se raser (fam.).

ennuyeux, euse adj. 1 *Une conférence ennuyeuse* ▸ assommant, barbant (fam.), bassinant (fam.), casse-pieds (fam.), embêtant (fam.), emmerdant (fam.), empoisonnant (fam.), endormant, enquiquinant (fam.), fastidieux, fatigant, insipide, interminable, lassant, monotone, mortel (fam.), rasant (fam.), rasoir (fam.), soporifique, soûlant (fam.), suant (fam.). 2 *Un incident ennuyeux* ▸ contrariant, déplaisant, désolant, embêtant (fam.), emmerdant (fam.), empoisonnant (fam.), enquiquinant (fam.), fâcheux, gênant.

énoncer v. *Énoncer une vérité première* ▸ articuler, dire, émettre, exposer, exprimer, formuler, proférer, prononcer.

énonciateur, trice n. ▸ émetteur, locuteur, sujet parlant.

énonciation n. f. ▸ formulation.

enorgueillir de (s') v. ▸ se flatter de, se glorifier de, s'honorer de, se prévaloir de, se targuer de.

énorme adj. 1 *Un homme énorme* ▸ éléphantesque (fam.), monstrueux, obèse. 2 *Une quantité énorme* ▸ astronomique, colossal, démesuré, exceptionnel, extraordinaire, fantastique, formidable, fou, géant (fam.), gigantesque, immense, incommensurable, incroyable, monstre (fam.), monumental, phénoménal.

énormément adv. ▸ colossalement, considérablement, excessivement, extrêmement, follement, formidablement, gigantesquement, immensément, infiniment, prodigieusement, suprêmement, terriblement.

énormité n. f. 1 *L'énormité d'un bâtiment* ▸ gigantisme, immensité. 2 Fam. *Dire une énormité* ▸ bêtise, bourde, incongruité, sottise.

enquérir de (s') v. *S'enquérir des délais nécessaires pour la réalisation d'un travail* ▸ demander, s'informer de, s'inquiéter de, se renseigner sur.

enquête n. f. 1 *L'enquête menée par l'autorité judiciaire* ▸ instruction, investigation. 2 *Une enquête approfondie sur les causes d'une maladie* ▸ étude, recherche. 3 *Une enquête auprès des consommateurs* ▸ étude, sondage.

enquêter v. ▸ s'informer, se renseigner.

enquêteur, trice n. ▸ détective, limier.

enquiquiner v. Fam. ▸ agacer, barber (fam.), casser les pieds à (fam.), embêter (fam.), emmerder (fam.), empoisonner (fam.), ennuyer, importuner, raser (fam.).

enquiquineur, euse n. Fam. ▸ casse-pieds (fam.), emmerdeur (fam.), empoisonneur (fam.), fâcheux (litt.), gêneur, importun, indiscret, raseur (fam.).

enraciné, ée adj. Fig. *Un préjugé profondément enraciné* ▸ ancré, tenace, vivace.

enraciner (s') v. **1** Fig. *S'enraciner dans un pays* ▸ se fixer, s'implanter. **2** Fig. *Un préjugé qui s'est progressivement enraciné* ▸ s'ancrer, prendre racine.

enragé, ée adj. **1** *C'est à devenir enragé* ▸ fou. **2** *Un joueur enragé* ▸ acharné, effréné, fanatique, forcené, passionné.

enragé, ée n. **1** *Un enragé de la plongée sous-marine* ▸ fan (fam.), fanatique, fou, mordu (fam.), passionné. **2** *Avoir affaire à une bande d'enragés* ▸ énergumène, exalté, excité, fanatique, forcené.

enrageant, ante adj. ▸ énervant, rageant.

enrager v. *Voilà qui va le faire enrager* ▸ bisquer (fam.), fulminer, rager, râler (fam.), tourner en bourrique (fam.).

enrayer v. **1** Fig. *Enrayer le développement de l'inflation* ▸ brider, contenir, empêcher, endiguer, étouffer, juguler, paralyser. **2 s'enrayer** *Une arme qui s'enraye* ▸ se bloquer.

enrégimenter v. *Être enrégimenté par une secte* ▸ embrigader.

enregistrement n. m. *L'enregistrement des candidats* ▸ contrôle, immatriculation, inscription, pointage.

enregistrer v. **1** *Enregistrer des dépenses sur un cahier* ▸ consigner, inscrire, mentionner, noter, transcrire. **2** *Enregistrer une voiture* ▸ immatriculer. **3** *Enregistrer une amélioration du temps* ▸ constater, prendre acte de. **4** *Enregistrer une scène jusqu'aux moindres détails* ▸ assimiler, mémoriser, retenir, saisir. **5** *Enregistrer un disque* ▸ graver. **6** *Enregistrer un disque sur une cassette* ▸ repiquer. **7** *Enregistrer une émission de télévision* ▸ magnétoscoper.

enrhumé, ée adj. *Avoir la voix enrhumée* ▸ enchifrené (vx).

enrhumer (s') v. *Il est sorti en chemise et s'est enrhumé* ▸ prendre froid.

enrichir v. **1** *Enrichir un terrain avec du fumier* ▸ améliorer, amender, bonifier, engraisser, fertiliser. **2** *Enrichir ses connaissances* ▸ accroître, agrandir, augmenter, développer, élargir, étendre, étoffer. **3 s'enrichir** *S'enrichir grâce au travail d'autrui* ▸ s'engraisser (fam.), prospérer.

enrichissant, ante adj. Fig. *Une expérience enrichissante* ▸ formateur, instructif, profitable.

enrichissement n. m. Fig. *L'enrichissement d'une réflexion* ▸ approfondissement, développement, progrès.

enrobé, ée adj. Fig. et fam. *Une taille un peu enrobée* ▸ enveloppé (fam.), grassouillet, rondelet.

enrober v. **1** *Enrober d'une couche protectrice* ▸ entourer, envelopper. **2** Fig. *Enrober un reproche d'une phrase aimable* ▸ envelopper.

enrôlement n. m. ▸ conscription, engagement, incorporation, recrutement.

enrôler v. ▸ engager, incorporer, recruter.

enroué, ée adj. *Avoir la voix enrouée* ▸ éraillé, rauque, voilé.

enrouement n. m. ▸ graillement.

enroulement n. m. ▸ spire, volute.

enrouler v. **1** *Enrouler un fil* ▸ bobiner, embobiner, envider, pelotonner. **2 s'enrouler** *S'enrouler dans une couverture* ▸ s'envelopper, se lover, se pelotonner.

ensabler (s') v. ▸ s'enliser.

ensanglanté, ée adj. ▸ sanglant, sanguinolent.

enseignant, ante n. ▸ professeur.

enseigne n. f. **1** *L'enseigne d'une boutique* ▸ panneau, panonceau. **2** Litt. *Des soldats qui saluent leur enseigne* ▸ drapeau. **3** Spécialement pour les enseignes romaines ▸ aigle.

enseignement n. m. **1** *L'enseignement est une priorité nationale* ▸ éducation, formation, instruction. **2** *Un enseignement vers lequel tous les étudiants se dirigent* ▸ discipline, matière. **3** *Une unité de valeur constituée de 200 heures d'enseignement* ▸ cours. **4** *L'enseignement de Platon* ▸ doctrine, préceptes, principes, système. **5** *Ses malheurs doivent nous servir d'enseignement* ▸ exemple, leçon.

enseigner v. **1** *Enseigner à qqn les secrets de la chimie* ▸ apprendre, dévoiler, expliquer, inculquer, indiquer, montrer, révéler, transmettre. **2** *Enseigner à l'Université* ▸ professer.

ensemble adv. ▸ à l'unisson, collectivement, conjointement, de concert, de conserve, en bloc, en chœur, en commun, en même temps, simultanément.

ensemble n. m. **1** *Envisager l'ensemble d'un problème* ▸ globalité, intégralité, totalité. **2** *Un ensemble d'éléments* ▸ assemblage, assortiment, collection, jeu, lot, réunion. **3** *Un ensemble architectural* ▸ bloc, complexe, groupe. **4** *Un ensemble de musiciens* ▸ formation, orchestre. **5 d'ensemble** *Une vue d'ensemble* ▸ général, global. **6 dans l'ensemble** *Dans l'ensemble, c'est* une réussite ▶ au total, en gros (fam.), globalement. **7 dans son ensemble** *Traiter une question dans son ensemble* ▶ complètement, dans son entier, entièrement, intégralement, totalement.

ensemblier, ère n. ▶ décorateur.

ensemencement n. m. ▶ semailles, semis.

ensemencer v. 1 *Ensemencer un champ* ▶ emblaver. 2 *Ensemencer un étang* ▶ aleviner.

enserrer v. 1 *Des murs qui enserrent une ville* ▶ ceinturer, cerner, encercler, enclore, enfermer, entourer. 2 *Une ceinture qui enserre la taille* ▶ ceindre, corseter, immobiliser, prendre, serrer.

ensevelir v. 1 *Ensevelir un mort* ▶ enterrer, inhumer. 2 *Une coulée de lave qui ensevelit un village* ▶ engloutir, submerger. 3 Fig. *Ensevelir un secret dans sa mémoire* ▶ enfouir. 4 **s'ensevelir** Litt. *S'ensevelir dans la douleur* ▶ s'abîmer dans (litt.), s'absorber dans.

ensevelissement n. m. Litt. ▶ enterrement, funérailles, inhumation.

ensoleillé, ée adj. *Une matinée ensoleillée* ▶ radieux.

ensommeillé, ée adj. ▶ assoupi, endormi, somnolent.

ensorcelant, ante adj. Fig. *Un sourire ensorcelant* ▶ envoûtant, fascinant, troublant.

ensorceler v. Fig. *Ensorceler son auditoire* ▶ envoûter, fasciner, subjuguer.

ensorcellement n. m. *Se prétendre victime d'un ensorcellement* ▶ charme (vx), enchantement, envoûtement, maléfice, sortilège.

ensuite adv. ▶ a posteriori, après, par la suite, puis, ultérieurement.

ensuivre (s') v. ▶ découler, résulter.

entacher v. Litt. *Entacher l'honneur de qqn* ▶ salir, souiller, ternir.

entaille n. f. 1 *Une entaille dans une planche* ▶ cran, échancrure, encoche, rainure. 2 *Se faire accidentellement une profonde entaille dans la joue* ▶ balafre, coupure, estafilade, taillade (litt.). 3 *Se faire faire des entailles dans la peau pour obtenir le dessin d'un motif rituel* ▶ incision, scarification.

entailler v. 1 *Entailler superficiellement la peau pour une vaccination* ▶ inciser. 2 *Le coup de sabre lui avait profondément entaillé le front* ▶ balafrer, couper, entamer. 3 **s'entailler** *Il s'est profondément entaillé le pied* ▶ s'entamer, s'ouvrir.

entame n. f. ▶ bout, extrémité.

entamer v. 1 *Le coup lui a entamé la chair* ▶ entailler. 2 *Entamer un capital* ▶ ébrécher, écorner, toucher à. 3 *De la rouille qui entame du métal* ▶ attaquer, corroder, ronger. 4 *Entamer la résistance de l'ennemi* ▶ battre en brèche, ébranler. 5 *Entamer un débat* ▶ amorcer, commencer, engager, initier, lancer, mettre en train, ouvrir.

entassement n. m. 1 *Un entassement de livres* ▶ accumulation, amas, amoncellement, empilage, empilement, pile, superposition, tas. 2 *Ne plus supporter l'entassement du métro* ▶ cohue, foule, presse.

entasser v. 1 *Entasser des vieilleries dans une cave* ▶ accumuler, amonceler, emmagasiner, empiler, stocker, superposer. 2 *Entasser des passagers dans une voiture* ▶ encaquer (fam. et vx), masser, tasser. 3 Fig. *Sou à sou il a fini par entasser une fortune* ▶ accumuler, amasser, capitaliser, économiser, épargner, thésauriser. 4 **s'entasser** *Des passagers qui s'entassent dans un compartiment de train* ▶ s'écraser (fam.), se presser, se serrer.

ente n. f. ▶ greffe, greffon.

entendement n. m. 1 *Opposer l'entendement et la volonté* ▶ compréhension, intellection. 2 *Cela dépasse mon entendement* ▶ intelligence, jugement (litt.), raison.

entendre v. 1 *Entendre un bruit* ▶ discerner, distinguer, ouïr (vx), percevoir. 2 Fig. *J'entends bien ce que vous voulez suggérer* ▶ comprendre, concevoir, saisir. 3 Fig. *Il entend qu'on le respecte* ▶ exiger, vouloir. 4 **s'entendre** *Je me suis toujours bien entendu avec lui* ▶ se comprendre, sympathiser. 5 *S'entendre avec qqn pour faire échouer un projet* ▶ s'accorder, s'arranger, s'associer, se coaliser, pactiser. 6 *S'entendre sur la date de la prochaine réunion* ▶ s'accorder sur, convenir de, décider de. 7 **s'y entendre** ▶ s'y connaître.

entendu, ue adj. 1 *C'est entendu* ▶ d'accord. 2 *Voilà une affaire entendue* ▶ convenu, décidé, réglé, résolu. 3 *Un sourire entendu* ▶ complice. 4 **bien entendu** ▶ bien sûr, cela s'entend, cela va de soi, évidemment, naturellement.

enténébrer v. Litt. ▶ assombrir, obscurcir.

entente n. f. 1 *Une entente militaire entre plusieurs pays* ▶ accord, alliance, association, coalition, pacte, union. 2 *Des négociateurs qui parviennent à une entente* ▶ accommodement, accord, arrangement, compromis, conciliation, transaction. 3 *Une famille où règne une parfaite entente*

enter

▶ accord, concorde, harmonie, paix. **4** *Être coupable d'entente avec l'ennemi* ▶ collusion, complicité, connivence, intelligence. **5** *Une phrase à double entente* ▶ sens.

enter v. **1** *Enter un prunier* ▶ greffer. **2** *Enter deux pièces de bois* ▶ abouter, joindre.

entérinement n. m. ▶ approbation, confirmation, homologation, ratification, sanction, validation.

entériner v. *Entériner la décision d'un conseil* ▶ approuver, confirmer, consacrer, homologuer, ratifier, sanctionner, valider.

enterrement n. m. **1** *Assister à l'enterrement d'un proche* ▶ ensevelissement (litt.), funérailles, inhumation, obsèques. **2** Fig. *L'enterrement d'une espérance* ▶ abandon, effondrement, fin, mort, ruine.

enterrer v. **1** *Enterrer un mort* ▶ ensevelir, inhumer. **2** *Enterrer une canalisation* ▶ enfouir. **3** Fig. *Enterrer un projet* ▶ abandonner, mettre au rancart (fam.), renoncer à. **4 s'enterrer** Fig. *S'enterrer dans un trou perdu* ▶ s'isoler, se retirer.

entêtant, ante adj. ▶ enivrant, obsédant.

entêté, ée adj. **1** *Un enfant entêté* ▶ buté, cabochard (fam.), obstiné, opiniâtre, tête de mule (fam.), têtu. **2** *Si le sens n'est pas péjoratif* ▶ acharné, obstiné, opiniâtre, persévérant, tenace, volontaire.

entêtement n. m. **1** *À force d'entêtement il a fini par convaincre ses collègues* ▶ acharnement, obstination, opiniâtreté, persévérance, ténacité. **2** *Si le sens est péjoratif* ▶ aveuglement, obstination.

entêter v. **1** *Un parfum qui entête* ▶ étourdir, griser, monter à la tête. **2 s'entêter** *S'entêter malgré tous les obstacles* ▶ s'acharner, s'obstiner, s'opiniâtrer (litt.), persévérer. **3** *Si le sens est péjoratif* ▶ se buter.

enthousiasmant, ante adj. ▶ emballant (fam.), exaltant, grisant.

enthousiasme n. m. **1** *Approuver sans enthousiasme* ▶ allégresse, ardeur, chaleur, emballement (fam.), entrain, excitation, flamme, passion. **2** *Susciter l'enthousiasme du public* ▶ admiration, emballement (fam.), engouement, exaltation, ferveur. **3** *Parler avec enthousiasme de son dernier voyage* ▶ lyrisme.

enthousiasmer v. **1** *Un spectacle qui enthousiasme le public* ▶ captiver, électriser, emballer (fam.), enflammer, exalter, galvaniser, griser, passionner, ravir (litt.), soulever, transporter. **2 s'enthousiasmer** *S'enthousiasmer pour l'anatomie* ▶ s'emballer (fam.), s'engouer, se passionner, se toquer de (fam.).

enthousiaste adj. *Un partisan enthousiaste des nouvelles méthodes d'enseignement* ▶ ardent, chaud, enflammé, fervent, passionné.

entiché, ée adj. *Un jeune homme entiché de sport de combat* ▶ féru, fou, passionné, toqué (fam.).

enticher (s') v. **1** *S'enticher d'un inconnu* ▶ s'amouracher de, s'enflammer pour, s'éprendre de, tomber amoureux de, se toquer de (fam.). **2** *S'enticher d'astrologie* ▶ s'emballer pour, s'enflammer pour, s'enthousiasmer pour, se passionner pour, se toquer de (fam.).

entier, ère adj. **1** *Une entière liberté* ▶ absolu, complet, intégral, parfait, plein, sans réserve, total. **2** *Huit jours entiers* ▶ complet, franc, plein. **3** *Sortir entier d'un accident* ▶ indemne, intact, sain et sauf.

entier n. m. **1** *Aborder un problème dans son entier* ▶ ensemble, globalité, intégralité, totalité. **2 en entier** *Traiter un problème en entier* ▶ complètement, entièrement, intégralement, totalement.

entièrement adv. **1** *Une maison entièrement détruite* ▶ à cent pour cent, complètement, de fond en comble, en entier, en totalité, intégralement, totalement. **2** *Être entièrement satisfait* ▶ absolument, parfaitement, pleinement, sans réserve, totalement, tout à fait.

entité n. f. *Raisonner sur des entités abstraites* ▶ élément, objet, unité.

entorse n. f. **1** *Une entorse à la cheville* ▶ foulure. **2** Fig. *Une entorse au règlement* ▶ accroc, atteinte, infraction, manquement.

entortillé, ée adj. **1** Fig. *Un style entortillé* ▶ affecté, alambiqué, amphigourique, contourné, emberlificoté, maniéré, tarabiscoté (fam.). **2** Fig. *Une affaire entortillée* ▶ compliqué, confus, emberlificoté, embrouillé, obscur.

entortiller v. **1** *Entortiller un bonbon dans du papier* ▶ enrober, envelopper. **2** Fig. *Entortiller un client* ▶ circonvenir, emberlificoter (fam.), embobiner, enjôler.

entourage n. m. **1** *L'entourage d'un massif de fleurs* ▶ bord, bordure, cadre, encadrement. **2** *Les entourages d'érudits qui se sont formés autour des princes de la Renaissance* ▶ cercle, compagnie, milieu.

entouré, ée adj. 1 *Un homme politique très entouré* ▸ admiré, recherché. 2 *Une vieille dame très entourée* ▸ aidé, soutenu.

entourer v. 1 *Un mur de verdure qui entoure un jardin* ▸ border, ceinturer, cerner, clôturer, encadrer, encercler, enclore, enserrer, environner (vx). 2 *Entourer une volaille de tranches de lard* ▸ barder, enrober, envelopper. 3 *Un halo de lumière qui entoure un visage* ▸ auréoler, baigner, nimber. 4 *Il faut se méfier des gens qui l'entourent* ▸ approcher, fréquenter.

entourloupette n. f. Fam. ▸ crasse (fam.), tour de cochon (fam.), vacherie (fam.).

entournure n. f. ▸ emmanchure.

entracte n. m. ▸ interlude, intermède, interruption, pause.

entraide n. f. ▸ solidarité.

entrailles n. f. pl. 1 *Lire l'avenir dans les entrailles des animaux* ▸ boyaux, tripes, viscères. 2 Litt. *Renier le fruit de ses entrailles* ▸ flancs (litt.), sein (litt.). 3 Fig. et litt. *Remuer les entrailles de son auditoire* ▸ âme, cœur, sensibilité, tripes (fam.).

entrain n. m. ▸ allant, animation, ardeur, cœur, enthousiasme, feu, fougue, gaieté, joie, pétulance, vie, vitalité, vivacité.

entraînant, ante adj. *Une musique entraînante* ▸ dansant.

entraînement n. m. 1 *Agir selon ses entraînements* ▸ élan, emballement, impulsion. 2 *S'essouffler par manque d'entraînement* ▸ exercice, préparation.

entraîner v. 1 *Une avalanche qui entraîne tout sur son passage* ▸ arracher, balayer, emporter, enlever. 2 *Entraîner qqn vers la sortie* ▸ attirer, conduire, emmener, guider, mener, tirer, traîner. 3 *Un orateur qui entraîne les foules* ▸ captiver, électriser, enflammer, enthousiasmer, exalter, galvaniser, passionner, soulever, transporter. 4 *Cette affaire va entraîner le gouvernement à réagir* ▸ amener à, conduire à, convaincre de, décider à, déterminer à, engager à, inciter à, persuader de, porter à. 5 *Une guerre qui entraîne d'épouvantables malheurs* ▸ amener, apporter, causer, déclencher, engendrer, impliquer, occasionner, provoquer. 6 *Entraîner des soldats au combat de nuit* ▸ aguerrir, exercer, former, habituer, préparer. 7 **s'entraîner** *S'entraîner au tir avec une vieille carabine* ▸ s'exercer, se faire la main (fam.).

entraîneur n. m. 1 *Un sportif et son entraîneur* ▸ coach, manager. 2 **entraîneur d'hommes** ▸ animateur, chef, meneur.

entraîneuse n. f. ▸ taxi-girl.

entrapercevoir v. 1 *Entrapercevoir sa voisine de palier* ▸ entrevoir. 2 Fig. *Entrapercevoir la vérité* ▸ deviner, se douter de, entrevoir, flairer (fam.), pressentir, subodorer (fam.).

entrave n. f. 1 Fig. *S'affranchir des entraves de la dictature* ▸ chaînes (litt.), joug. 2 Fig. *Ses manœuvres sont une entrave à notre action* ▸ empêchement, frein, gêne, obstacle.

entraver v. Fig. *Entraver le cours de la justice* ▸ contrarier, empêcher, freiner, gêner, s'opposer à.

entrebâiller v. ▸ entrouvrir.

entrechat n. m. ▸ cabriole, gambade, saut.

entrechoquer (s') v. ▸ se heurter.

entrecouper v. 1 *Entrecouper un récit de réflexions personnelles* ▸ entrelarder, entremêler, larder. 2 *Entrecouper un récit de sanglots* ▸ couper, hacher.

entrecroisement n. m. ▸ entrelacement, entremêlement.

entrecroiser (s') v. *Un motif formé de guirlandes qui s'entrecroisent* ▸ s'entrelacer, s'entremêler.

entre-deux n. m. *Ce sera sa solution ou la mienne, mais il n'y a pas d'entre-deux* ▸ intermédiaire, milieu, moyen terme.

entrée n. f. 1 *L'entrée d'un conduit* ▸ accès, orifice, ouverture. 2 *Attendre dans l'entrée* ▸ antichambre, hall, vestibule. 3 *Sa brusque entrée a fait sensation* ▸ apparition, arrivée, irruption. 4 *L'entrée d'un candidat dans une école* ▸ admission, intégration. 5 *Réglementer l'entrée des marchandises étrangères sur le territoire national* ▸ importation, introduction. 6 *Avoir deux entrées pour l'opéra* ▸ billet, place. 7 *Un repas sans entrée* ▸ hors-d'œuvre. 8 *Une entrée de dictionnaire* ▸ article, mot-vedette. 9 **entrée en matière** ▸ amorce, commencement, début, introduction, préambule, préliminaires. 10 **d'entrée de jeu** ▸ aussitôt, d'emblée, immédiatement.

entrefaites (sur ces) adv. ▸ à ce moment, alors.

entregent n. m. ▸ adresse, diplomatie, doigté, habileté, savoir-faire.

entrelacement n. m. 1 *Un entrelacement de motifs* ▸ écheveau, entrecroisement, entrelacs, lacis, réseau. 2 Fig. *Un inextricable entrelacement d'intrigues* ▸ dédale, écheveau, enchevêtrement, entrecroisement, entremêlement, labyrinthe, réseau.

entrelacer v. 1 *Entrelacer des brins de paille* ▶ entrecroiser, entremêler, natter, tresser. 2 **s'entrelacer** *Des branches qui s'entrelacent* ▶ s'entrecroiser, s'entremêler. 3 Fig. *Des intrigues qui s'entrelacent* ▶ s'enchevêtrer, s'entrecroiser, s'entremêler, se mêler.

entrelarder v. 1 *Entrelarder une pièce de viande* ▶ larder. 2 Fig. *Entrelarder un cours de littérature de lectures de poèmes* ▶ entrecouper, entremêler, larder, parsemer.

entremêler v. 1 *Entremêler des fils de laine et de coton* ▶ entrecroiser, entrelacer. 2 *Entremêler un cours de littérature de considérations personnelles* ▶ entrecouper, entrelarder, parsemer. 3 **s'entremêler** Fig. *Des intrigues qui s'entremêlent inextricablement* ▶ s'enchevêtrer, s'entrecroiser, s'entrelacer, se mêler.

entremetteur n. m. Litt. *Demander à qqn de servir d'entremetteur dans une négociation délicate* ▶ intermédiaire, médiateur, truchement (litt.).

entremetteuse n. f. ▶ maquerelle (fam.).

entremettre (s') v. ▶ intercéder, s'interposer, intervenir.

entremise n. f. 1 *Obtenir un passe-droit par l'entremise d'un ami* ▶ intercession (litt.), intermédiaire, intervention, médiation, truchement (litt.). 2 *S'exprimer par l'entremise de la musique* ▶ canal, voie.

entreposer v. 1 *Entreposer des balles de coton* ▶ emmagasiner, stocker. 2 *Entreposer du vin dans la cave d'un ami* ▶ déposer, laisser.

entrepôt n. m. ▶ dépôt, halle, hangar, magasin, réserve, resserre.

entreprenant, ante adj. 1 *Un industriel entreprenant* ▶ actif, audacieux, dynamique. 2 *Un garçon bien entreprenant* ▶ galant, hardi.

entreprendre v. 1 *Entreprendre la construction d'une nouvelle ville* ▶ amorcer, attaquer, commencer, démarrer, engager, entamer, initier. 2 *Entreprendre de persuader qqn* ▶ essayer de, se proposer de, tenter de. 3 *Entreprendre qqn à propos d'un projet* ▶ parler à. 4 *Entreprendre sa voisine de palier* ▶ baratiner (fam.), draguer (fam.). 5 *Il suffit d'espérer pour entreprendre* ▶ agir, oser.

entrepreneur, euse n. 1 *Une malfaçon dont la responsabilité incombe à l'entrepreneur* ▶ constructeur. 2 *Un programme politique soutenu par un groupe d'entrepreneurs* ▶ patron.

entreprise n. f. 1 *Une entreprise de longue haleine* ▶ action, œuvre, opération, ouvrage, travail. 2 *Une entreprise privée* ▶ affaire, établissement, firme.

entrer v. 1 *Comment voulez-vous qu'il réussisse à entrer là-dedans ?* ▶ se couler, s'enfoncer, s'engager, se faufiler, se glisser, s'insinuer, s'introduire, pénétrer. 2 *Entrer du tabac en contrebande* ▶ importer, introduire, passer. 3 **entrer en ligne de compte** ▶ compter, importer. 4 **entrer en possession de** ▶ acheter, acquérir, se procurer.

entretenir v. 1 *Des attentions qui entretiennent l'amitié* ▶ alimenter, conserver, maintenir. 2 *Entretenir l'espoir de réussir* ▶ caresser, nourrir. 3 *Entretenir une famille* ▶ se charger de, faire vivre, nourrir. 4 **s'entretenir** *S'entretenir d'une question importante avec un ami* ▶ bavarder, causer, conférer, converser, deviser (litt.), dialoguer, discuter, parler.

entretenu, ue adj. *Un intérieur parfaitement entretenu* ▶ bien tenu, impeccable, net, propre, soigné.

entretien n. m. 1 *L'entretien d'un bâtiment* ▶ conservation, maintenance. 2 *Solliciter un entretien* ▶ audience, entrevue, rendez-vous. 3 *L'interview prendra la forme d'un entretien au coin du feu* ▶ causerie, conversation, dialogue, discussion.

entrevoir v. 1 *Entrevoir une image* ▶ apercevoir, entrapercevoir. 2 Fig. *Entrevoir un problème* ▶ apercevoir, deviner, entrapercevoir, percevoir, pressentir, soupçonner, subodorer.

entrevue n. f. ▶ conversation, discussion, entretien, rencontre, rendez-vous, tête-à-tête.

entrisme n. m. ▶ infiltration, noyautage.

entrouvrir v. ▶ entrebâiller.

énucléation n. f. *L'énucléation d'une tumeur* ▶ ablation, extirpation, extraction.

énumération n. f. 1 *L'énumération des éléments d'un ensemble* ▶ compte, décompte, dénombrement, détail, recensement. 2 *Spécialement sous forme écrite* ▶ catalogue, inventaire, liste.

énumérer v. ▶ compter, décompter, dénombrer, détailler, inventorier, recenser.

envahi, ie adj. 1 *L'été, ce coin est tellement envahi qu'on ne trouve plus une chambre* ▶ bondé, bourré. 2 *Une cave envahie de rats* ▶ infesté.

envahir v. 1 *Envahir un pays* ▶ conquérir, occuper, prendre. 2 *Des eaux qui envahissent un champ* ▶ inonder, submerger.

envahissant, ante adj. **1** *Des voisins envahissants* ▶ importun, indiscret. **2** *Une activité envahissante* ▶ accaparant, dévorant.

envahissement n. m. **1** *L'envahissement de l'Angleterre par les Normands* ▶ conquête, invasion, occupation. **2** *Résister à l'envahissement des Normands* ▶ assaut, incursion, invasion, poussée.

envahisseur, euse n. ▶ occupant, oppresseur.

envaser v. ▶ embourber, enliser.

enveloppe n. f. **1** Spécialement pour un organe ▶ membrane. **2** Fig. *Un cœur tendre sous une enveloppe de rudesse* ▶ apparence, dehors, écorce, extérieur, façade, semblant. **3** Fig. *Recevoir une enveloppe* ▶ bakchich (fam.), commission, dessous-de-table, gratification, pot-de-vin.

envelopper v. **1** *Envelopper un objet* ▶ couvrir, emballer, empaqueter, enrober, recouvrir. **2** *Envelopper un bébé dans des langes, dans une couverture* ▶ emmailloter, emmitoufler, entourer. **3** Fig. *Envelopper plusieurs personnes dans une même accusation* ▶ comprendre, englober, impliquer, inclure. **4** Fig. et litt. *Envelopper sa pensée* ▶ cacher, déguiser, dissimuler, farder, voiler. **5** Fig. et litt. *Envelopper l'armée ennemie* ▶ cerner, encercler, investir.

envenimer v. **1** *Envenimer une démangeaison* ▶ enflammer, irriter. **2** Fig. *Envenimer un conflit* ▶ aggraver, attiser, augmenter, aviver, exaspérer. **3** **s'envenimer** *Une situation qui s'envenime* ▶ s'aggraver, aller de mal en pis, dégénérer, se dégrader, se détériorer, empirer.

envergure n. f. **1** *L'envergure d'une voilure* ▶ dimension, étendue, largeur. **2** Fig. *Un projet de grande envergure* ▶ ampleur, classe, dimension, importance, portée, qualité. **3** Fig. *Ce candidat n'a pas l'envergure nécessaire pour des responsabilités de ce genre* ▶ calibre (fam.), carrure (fam.), étoffe, poids (fam.).

envers prép. *Il a été bon envers moi* ▶ à l'égard de, à l'endroit de (litt.), avec, pour.

envers n. m. **1** *L'envers d'une feuille de papier* ▶ derrière, dos, revers, verso. **2** *L'envers de ce qu'on a dit* ▶ contraire, inverse, opposé. **3** **à l'envers** *Marcher à l'envers* ▶ à reculons, en arrière. **4** *Repasser un film à l'envers* ▶ à contresens, à rebours.

envi (à l') adv. Litt. ▶ à qui mieux mieux, tant et plus.

enviable adj. ▶ convoitable (litt.), désirable, souhaitable, tentant.

envie n. f. **1** *L'envie de manger* ▶ appétence (litt.), besoin, désir. **2** *Agir selon son envie* ▶ caprice, fantaisie, goût, gré, humeur, inclination (litt.). **3** *Une vitrine de bijoux qui provoque l'envie* ▶ convoitise, tentation. **4** *Elle a suscité l'envie de ses amies avec sa robe* ▶ jalousie. **5** *Une envie sur la joue* ▶ nævus, tache de vin. **6** **avoir envie de** *Il a envie de tout ce qu'il y a dans cette vitrine* ▶ convoiter, désirer, guigner (fam.), lorgner (fam.), loucher sur (fam.).

envier v. *Envier le train de vie de ses voisins* ▶ jalouser.

envieux, euse adj. et n. ▶ jaloux.

environ adv. *Il y a environ 30 ans que ça dure* ▶ à peu près, approximativement, à vue de nez (fam.), en gros (fam.), presque, quelque (litt.).

environnant, ante adj. **1** *L'air environnant* ▶ ambiant. **2** *La campagne environnante* ▶ avoisinant, proche, voisin.

environnement n. m. **1** *Vivre dans un environnement agréable* ▶ ambiance, atmosphère, cadre. **2** *La protection de l'environnement* ▶ milieu, nature.

environner v. ▶ cerner, encadrer, entourer.

environs n. m. pl. ▶ abords, alentours, approches (litt.), proximité, voisinage.

envisageable adj. ▶ concevable, imaginable, pensable, possible, raisonnable, réalisable.

envisager v. **1** *Envisager toutes les hypothèses* ▶ considérer, examiner, imaginer, passer en revue, penser à, peser. **2** *Envisager de se marier* ▶ se disposer à, penser à, projeter de, songer à.

envoi n. m. **1** *Procéder à l'envoi d'un colis* ▶ expédition. **2** *Offrir un livre en y mettant un envoi amical* ▶ dédicace, hommage.

envol n. m. **1** *Un oiseau qui prend son envol* ▶ essor, vol, volée. **2** *Une piste d'envol* ▶ décollage, vol.

envolée n. f. Fig. *Une envolée lyrique* ▶ élan, mouvement.

envoler (s') v. **1** *Un avion qui s'envole* ▶ décoller. **2** Fig. *Des souvenirs qui s'envolent* ▶ disparaître, se dissiper, s'effacer, s'estomper, s'évanouir, s'évaporer, passer, se perdre. **3** Fig. et fam. *Les prisonniers se sont envolés* ▶ s'enfuir, s'évader.

envoûtant, ante adj. *Un charme envoûtant* ▶ ensorcelant, fascinant, magnétique.

envoûtement n. m. **1** *Une pauvre princesse victime des envoûtements d'un magicien* ▶ charme, enchantement, ensorcelle-

envoûter ment, maléfice, sortilège. **2** *Les phénomènes d'envoûtement mis au point par les fakirs* ▶ hypnotisme, magnétisme. **3** Fig. *L'envoûtement qu'exerce une musique* ▶ ensorcellement, fascination, magnétisme.

envoûter v. **1** *Se plaindre d'avoir été envoûté* ▶ ensorceler. **2** *Être envoûté par le démon* ▶ posséder. **3** Fig. *Envoûter un auditoire* ▶ ensorceler, fasciner, hypnotiser, subjuguer.

envoûteur, euse n. ▶ mage, magicien, sorcier.

envoyé, ée n. ▶ agent, délégué, émissaire, mandataire, messager, représentant.

envoyer v. **1** *Envoyer un coursier* ▶ dépêcher (litt.). **2** *Envoyer un colis* ▶ adresser, expédier, poster. **3** *Envoyer des pierres au fond d'un ravin* ▶ balancer (fam.), jeter, lancer. **4** *Envoyer un bon coup à qqn* ▶ allonger (fam.), balancer (fam.), coller (fam.), décocher, donner, ficher (fam.), flanquer (fam.). **5 envoyer au diable, envoyer balader, envoyer promener** ▶ éconduire, rabrouer, rembarrer (fam.), renvoyer, repousser. **6 envoyer par le fond** ▶ couler.

envoyeur, euse n. ▶ expéditeur.

épais, aisse adj. **1** *Physiquement, il est plutôt épais* ▶ carré, corpulent, empâté, fort, gras, gros, lourd, massif. **2** *Un liquide épais* ▶ consistant, pâteux. **3** *Une chevelure épaisse* ▶ dense, dru, fourni, serré, touffu. **4** *Une obscurité épaisse* ▶ profond. **5** *Une brume épaisse* ▶ compact, dense, opaque. **6** Fig. *Un esprit épais* ▶ grossier, lent, lourd, obtus, pesant.

épaisseur n. f. **1** *L'épaisseur d'une taille* ▶ corpulence, empâtement, lourdeur. **2** *L'épaisseur des ténèbres* ▶ profondeur. **3** *L'épaisseur de la brume* ▶ compacité, consistance, densité.

épaissir v. *Épaissir avec l'âge* ▶ s'alourdir, s'empâter, engraisser, forcir, grossir.

épaississement n. m. ▶ alourdissement, empâtement.

épanchement n. m. **1** *Un épanchement de pus* ▶ écoulement. **2** Fig. *De tendres épanchements* ▶ aveu, confidence, effusion.

épancher v. **1** *Épancher son cœur* ▶ confier, débonder, décharger, déverser, exhaler, libérer, livrer, ouvrir, répandre, soulager. **2 s'épancher** *S'épancher auprès d'un ami* ▶ se confier, se débonder (fam.), se livrer, ouvrir son cœur, vider son sac (fam.).

épandre v. ▶ éparpiller, étaler, jeter, répandre.

épanoui, ie adj. **1** *Une mine épanouie* ▶ radieux, réjoui. **2** *Un enfant épanoui* ▶ équilibré, sain.

épanouir (s') v. **1** *Des fleurs qui s'épanouissent* ▶ se déployer, éclore, s'ouvrir. **2** Fig. *Les arts s'épanouirent sous le règne de Louis XIV* ▶ fleurir. **3** Fig. *S'épanouir dans sa situation professionnelle* ▶ se réaliser.

épanouissement n. m. **1** *L'épanouissement des fleurs* ▶ éclosion, efflorescence, floraison. **2** Fig. *Atteindre son épanouissement à quarante ans* ▶ éclat, plénitude, rayonnement.

épargne n. f. *Encourager l'épargne* ▶ capitalisation, thésaurisation.

épargner v. **1** *Épargner de l'argent* ▶ économiser, entasser, thésauriser. **2** *Épargner la sensibilité de qqn* ▶ ménager, respecter. **3** *Épargner une tâche à qqn* ▶ décharger de, dégager de, éviter, exempter de, exonérer de, libérer de. **4** *Épargnez-moi ces détails* ▶ dispenser de, faire grâce de. **5** *Ne rien épargner pour réussir* ▶ négliger. **6 s'épargner** *S'épargner l'ennui d'une conversation* ▶ se dispenser de, s'éviter.

éparpillement n. m. **1** *L'éparpillement des pollens* ▶ dispersement, dispersion, dissémination. **2** *Un grand éparpillement de livres* ▶ désordre, fatras, fouillis. **3** Fig. *L'éparpillement de l'attention* ▶ dispersion, dissipation, émiettement.

éparpiller v. **1** *Éparpiller des cendres* ▶ disperser, disséminer, épandre, étaler, répandre. **2** *Éparpiller son argent* ▶ dissiper, gaspiller.

épars, arse adj. ▶ clairsemé, dispersé, disséminé, éparpillé.

épatant, ante adj. Fam. ▶ chouette (fam.), extra (fam.), formidable, génial (fam.), merveilleux, remarquable, sensationnel, super (fam.), terrible (fam.).

épate n. f. Fam. ▶ bluff (fam.), chiqué (fam.), esbroufe (fam.), frime (fam.), ostentation.

épaté, ée adj. *Un nez épaté* ▶ aplati, camard (fam.), camus, écrasé.

épater v. Fam. ▶ ébahir, en imposer à, en mettre plein la vue à, impressionner, méduser, renverser, scier (fam.), sidérer, souffler (fam.), stupéfier.

épaulard n. m. ▶ orque.

épauler v. Fig. *Épauler un ami* ▶ aider, appuyer, assister, seconder, soutenir.

épave n. f. Fig. *L'alcool a fait de lui une épave* ▶ déchet, loque, ruine.

épée n. f. *Croiser l'épée* ▶ fer.

éperdu, ue adj. 1 *Sa mort les a laissés éperdus* ▶ bouleversé, retourné. 2 *Être éperdu de joie* ▶ enivré, fou, ivre, transporté. 3 *Un désir éperdu de liberté* ▶ enragé, extrême, fou, frénétique, furieux, intense, passionné, violent.

éperdument adv. 1 *Il s'en moque éperdument* ▶ complètement, entièrement, totalement. 2 *Elle l'aime éperdument* ▶ follement, frénétiquement, passionnément.

éperon n. m. 1 *L'éperon d'un bateau* ▶ rostre (vx). 2 *Un éperon rocheux* ▶ aiguille, dent, pointe.

éperonner v. Fig. *Le désir de vengeance l'éperonne* ▶ aiguillonner, animer, électriser, exciter, fouetter, stimuler.

éphèbe n. m. ▶ adonis, apollon.

éphémère adj. *Un bonheur éphémère* ▶ bref, court, fugace, fugitif, momentané, passager, provisoire, temporaire.

épi (en) adv. ▶ obliquement.

épice n. f. ▶ aromate, condiment.

épicé, ée adj. 1 *Un plat épicé* ▶ assaisonné, fort, pimenté, relevé. 2 Fig. *Une histoire épicée* ▶ cochon (fam.), coquin, corsé, gaillard, gaulois, grivois, leste, licencieux, osé, poivré, salé.

épicurien, enne adj. et n. ▶ bon vivant, hédoniste, jouisseur, sybarite (litt.).

épicurisme n. m. ▶ hédonisme.

épiderme n. m. ▶ peau.

épidermique adj. 1 *Le tissu épidermique* ▶ cutané. 2 Fig. *Une réaction épidermique* ▶ instinctif, irréfléchi, spontané.

épier v. 1 *Épier un voisin* ▶ espionner, surveiller. 2 *Épier une occasion* ▶ être à l'affût de, être aux aguets de, guetter, guigner (fam.).

épieu n. m. ▶ dard, javelot, lance, pique, sagaie.

épigone n. m. Litt. *Les fondateurs du structuralisme et leurs épigones* ▶ suiveur.

épigramme n. f. Fig. et litt. *Multiplier les épigrammes contre le pouvoir en place* ▶ brocard (litt.), flèche, lazzi (litt.), moquerie, pointe, quolibet, raillerie, sarcasme, satire, trait.

épigraphe n. f. 1 *Une épigraphe sur un monument* ▶ inscription. 2 *Une épigraphe en tête d'un texte* ▶ exergue.

épilogue n. m. *L'épilogue d'une longue aventure* ▶ conclusion, dénouement, fin.

épiloguer v. *Épiloguer à perte de vue sur un sujet* ▶ discourir, disserter, ergoter, gloser, palabrer.

épine n. f. 1 *L'épine de certaines plantes* ▶ aiguillon, piquant. 2 *L'épine nasale* ▶ crête. 3 **épine dorsale** ▶ colonne vertébrale, échine, rachis.

épineux, euse adj. Fig. *Une affaire épineuse* ▶ ardu, délicat, difficile, embarrassant.

épingler v. 1 *Épingler un bout de papier sur un tissu* ▶ accrocher, agrafer. 2 Fig. et fam. *Épingler un cambrioleur* ▶ appréhender, arrêter, cravater (fam.), cueillir (fam.), pincer (fam.), piquer (fam.), prendre. 3 Fig. et fam. *Épingler les abus d'une époque* ▶ montrer du doigt, signaler, stigmatiser.

épique adj. 1 *La poésie épique* ▶ héroïque. 2 Fig. *Il lui arrive toujours des aventures épiques* ▶ homérique.

épisode n. m. 1 *Un film en plusieurs épisodes* ▶ partie. 2 *Un épisode marquant de l'histoire de France* ▶ événement, fait, page. 3 *Voilà un épisode qui n'était pas prévu* ▶ aventure, événement, incident, péripétie.

épisodique adj. 1 *Des ruptures de courant épisodiques* ▶ intermittent, sporadique. 2 *Il ne joue qu'un rôle épisodique dans cette histoire* ▶ accessoire, anecdotique, contingent, marginal, secondaire.

épisodiquement adv. ▶ de temps à autre, sporadiquement.

épithète n. f. Fig. *Une épithète injurieuse* ▶ qualificatif.

éploré, ée adj. 1 *Un air éploré* ▶ affligé, larmoyant. 2 *Une femme éplorée* ▶ en larmes, en pleurs.

éplucher v. 1 *Éplucher un fruit ou un légume* ▶ décortiquer, dépiauter (fam.), écaler, écosser, peler. 2 Fig. *Éplucher des comptes* ▶ contrôler, décortiquer, détailler, disséquer, examiner, inspecter, passer au crible, scruter.

épluchure n. f. ▶ pelure.

éponger v. Fig. *Éponger les dettes de qqn* ▶ s'acquitter de, payer.

épopée n. f. 1 *Les poètes qui ont composé des épopées* ▶ poème épique, poème héroïque. 2 *L'épopée napoléonienne* ▶ aventure, histoire, odyssée.

époque n. f. 1 *Vivre dans une époque de prospérité* ▶ âge, ère, période, siècle, temps. 2 *L'époque des vendanges* ▶ moment, période, saison, temps.

époumoner (s') v. ▶ crier, s'égosiller, gueuler (fam.), hurler, tonitruer (litt.).

épousailles n. f. pl. Litt. ▶ mariage, noces.

épouse n. f. ▶ conjointe, femme, légitime (fam.), moitié (fam.).

épouser

épouser v. 1 *Épouser qqn* ▶ se marier avec, s'unir à. 2 Fig. *Épouser les intérêts de qqn* ▶ s'attacher à, embrasser, partager, soutenir. 3 Fig. *Une robe qui épouse les lignes du corps* ▶ s'adapter à, gainer, se modeler sur, mouler.

épousseter v. *Épousseter une bibliothèque* ▶ dépoussiérer.

époustouflant, ante adj. Fam. ▶ épatant (fam.), étourdissant, extraordinaire, fantastique, formidable, inouï, prodigieux, sidérant (fam.), soufflant (fam.).

époustoufler v. Fam. ▶ abasourdir, épater (fam.), estomaquer (fam.), étonner, méduser, scier (fam.), sidérer, souffler (fam.), stupéfier.

épouvantable adj. 1 *Un cri épouvantable* ▶ abominable, affreux, atroce, effrayant, effroyable, horrible, horrifiant, monstrueux, terrible, terrifiant. 2 *Une architecture épouvantable* ▶ abominable, affreux, atroce, effroyable, exécrable, horrible, ignoble. 3 *Il est d'une épouvantable prétention* ▶ insupportable, intolérable, odieux, révoltant, scandaleux. 4 *Il est d'une bêtise épouvantable* ▶ énorme, extrême, formidable, phénoménal.

épouvantablement adv. ▶ abominablement, affreusement, atrocement, effroyablement, extrêmement, horriblement, terriblement.

épouvantail n. m. Fig. *Brandir l'épouvantail de la crise* ▶ menace, spectre.

épouvante n. f. *Des attentats qui sèment l'épouvante* ▶ affolement, effroi, horreur, panique, peur, terreur.

épouvanter v. 1 *Un orage qui épouvante un enfant* ▶ affoler, apeurer, effrayer, horrifier, terrifier, terroriser. 2 *Cette nouvelle nous a épouvantés* ▶ abasourdir, ahurir, atterrer, catastropher, consterner, effarer, estomaquer (fam.), méduser, sidérer, stupéfier.

époux n. m. 1 *Madame, il vous faut l'accord de votre époux* ▶ conjoint, mari. 2 Plur. *Les époux Untel* ▶ couple, ménage.

éprendre de (s') v. ▶ s'amouracher de, s'énamourer de (litt.), s'enticher de, tomber amoureux de, se toquer de (fam.).

épreuve n. f. 1 *Ce décès a été une terrible épreuve* ▶ coup du sort, malheur. 2 *Partager les joies et les épreuves de qqn* ▶ affliction, chagrin, détresse, douleur, malheur, peine, souffrance, tourment, tristesse. 3 *Faire l'épreuve d'une arme* ▶ essai, expérience, expérimentation. 4 *Une épreuve d'anglais* ▶ examen. 5 *Une épreuve sportive* ▶ challenge, compétition, critérium, match, rencontre. 6 *Une épreuve en noir et blanc* ▶ cliché, photo, tirage. 7 **à toute épreuve** *Une fidélité à toute épreuve* ▶ inaltérable, inébranlable. 8 **mettre à l'épreuve** *Mettre à l'épreuve la fidélité d'un ami* ▶ éprouver, tester, vérifier.

épris, ise adj. ▶ amoureux, entiché (fam.), toqué (fam.).

éprouvant, ante adj. *Cette chaleur est vraiment éprouvante* ▶ accablant, crevant (fam.), épuisant, éreintant, exténuant, fatigant, harassant, pénible, tuant (fam.), usant.

éprouvé, ée adj. *Un ami éprouvé* ▶ fidèle, sûr.

éprouver v. 1 *Éprouver une sensation de froid* ▶ percevoir, ressentir, sentir. 2 *Éprouver un médicament* ▶ essayer, expérimenter, mettre à l'épreuve, tester, vérifier. 3 *Ce deuil l'a beaucoup éprouvé* ▶ ébranler, secouer. 4 Litt. *Il a vite éprouvé qu'on essayait de le tromper* ▶ constater, découvrir, observer, réaliser, reconnaître.

éprouvette n. f. ▶ tube, tube à essai.

épuisant, ante adj. *Un travail épuisant* ▶ claquant (fam.), crevant (fam.), éreintant, exténuant, harassant, tuant (fam.).

épuisé, ée adj. *Il est revenu complètement épuisé* ▶ anéanti (fam.), claqué (fam.), crevé (fam.), éreinté, exténué, fourbu, harassé, rompu, vanné (fam.), vidé (fam.).

épuisement n. m. 1 *Être dans un état de complet épuisement* ▶ éreintement, exténuation, harassement. 2 *L'épuisement d'une ressource* ▶ appauvrissement, raréfaction, tarissement.

épuiser v. 1 *Épuiser un puits* ▶ assécher, mettre à sec, tarir, vider. 2 *Épuiser ses réserves* ▶ absorber, consommer, dépenser, terminer, user. 3 *Épuiser un stock* ▶ écouler, liquider, vendre. 4 *Cette marche l'a épuisé* ▶ anéantir, briser, claquer (fam.), crever (fam.), éreinter, exténuer, harasser, pomper (fam.), rompre, tuer (fam.), vanner (fam.), vider (fam.). 5 **s'épuiser** *S'épuiser au travail* ▶ s'échiner, s'éreinter, se tuer (fam.), s'user.

épuration n. f. 1 *L'épuration des eaux usées* ▶ assainissement, clarification, purification. 2 *Une épuration consécutive à un changement de régime* ▶ coup de balai, nettoyage, purge.

épure n. f. Fig. *Ce que je vais vous présenter n'est encore qu'une épure* ▶ ébauche, esquisse.

épurer v. 1 *Épurer un liquide* ▶ assainir, clarifier, purifier. 2 *Épurer son langage* ▶ af-

finer, améliorer, châtier, perfectionner, polir.

équanimité n. f. Litt. *Rester en toutes circonstances d'une équanimité parfaite* ▸ calme, flegme, sang-froid, sérénité, tranquillité.

équarrir v. *Équarrir un animal mort* ▸ débiter, découper, dépecer.

équarrissage n. m. ▸ débitage, découpage, dépeçage, dépècement.

équestre adj. *Les sports équestres* ▸ hippique.

équilibre n. m. **1** *Respecter l'équilibre des pouvoirs* ▸ balance. **2** *L'équilibre d'un cavalier* ▸ aplomb, assiette, stabilité. **3** *L'équilibre d'une composition artistique* ▸ harmonie, proportion, symétrie. **4** *Un malheur qui met à l'épreuve l'équilibre de qqn* ▸ raison, santé mentale.

équilibré, ée adj. **1** *Être équilibré sur ses jambes* ▸ assuré, ferme, solide, stable. **2** *Un enfant équilibré* ▸ épanoui, sain.

équilibrer v. **1** *Équilibrer un poids par un contrepoids* ▸ compenser, contrebalancer, corriger, neutraliser, pondérer. **2** *Équilibrer une table* ▸ stabiliser. **3** Fig. *Équilibrer les couleurs d'un tableau* ▸ assortir, coordonner, harmoniser.

équilibriste n. ▸ danseur de corde, funambule.

équipage n. m. **1** Vx *L'équipage d'un roi* ▸ cortège, escorte, suite. **2** Vx *L'équipage d'une armée en campagne* ▸ attirail, bagage, équipement. **3** *L'équipage d'un avion* ▸ personnel navigant.

équipe n. f. *Aimer le travail d'équipe* ▸ groupe.

équipée n. f. **1** *S'autoriser une petite équipée en ville au lieu d'écouter une conférence* ▸ escapade, promenade, sortie. **2** *Se remémorer des équipées de jeunesse* ▸ frasque, fredaine.

équipement n. m. **1** *L'équipement d'un soldat* ▸ armement, attirail, bagage, barda (fam.), équipage (vx), équipée (fam.), fourniment (fam.), matériel. **2** *L'équipement d'un garagiste* ▸ matériel, outillage. **3** *Le ministère de l'Équipement* ▸ aménagement, développement. **4** Plur. *Des équipements collectifs* ▸ infrastructure, installations.

équiper v. **1** *Équiper une école en ordinateurs* ▸ doter, munir, nantir, pourvoir. **2** *Équiper un atelier* ▸ aménager, installer, monter, outiller. **3** *Équiper une flotte* ▸ appareiller, armer, gréer. **4** *Équiper une région* ▸ aménager, développer, industrialiser. **5 s'équiper** *S'équiper de gourdins et de torches* ▸ s'armer de, se munir de, se pourvoir de.

équipier, ère n. ▸ coéquipier, partenaire.

équitable adj. ▸ impartial, juste.

équitablement adv. ▸ impartialement, justement.

équité n. f. ▸ impartialité, justice.

équivalence n. f. ▸ égalité, identité.

équivalent, ente adj. **1** *Vous ne trouverez jamais rien d'équivalent* ▸ analogue, comparable, pareil, semblable, similaire. **2** *Deux mots équivalents* ▸ synonyme.

équivalent n. m. *L'équivalent d'un mot* ▸ substitut, synonyme.

équivaloir v. **1** *Un mille marin équivaut à 1852 m* ▸ correspondre à, égaler, représenter. **2** *Une réponse qui équivaut à un refus* ▸ correspondre à, représenter, revenir à, signifier.

équivoque adj. **1** *Une expression équivoque* ▸ à double sens, ambigu, amphibologique, douteux, incertain. **2** *Une réputation équivoque* ▸ douteux, louche, suspect.

équivoque n. f. *Éviter toute équivoque* ▸ ambiguïté, amphibologie, malentendu, quiproquo.

éradication n. f. **1** *L'éradication d'un organe* ▸ ablation, extirpation. **2** Fig. *L'éradication du paludisme* ▸ disparition, résorption, suppression.

érafler v. **1** *Érafler la joue de qqn* ▸ écorcher, égratigner, griffer. **2** *Érafler la carrosserie d'une voiture* ▸ rayer.

éraflure n. f. ▸ écorchure, égratignure, griffure.

éraillé, ée adj. *Une voix éraillée* ▸ cassé, enroué, rauque, voilé.

érailler v. *Érailler le cuir d'un fauteuil* ▸ égratigner, érafler, griffer, rayer.

ère n. f. *Voici venue l'ère de l'électronique* ▸ âge, époque, période, siècle, temps.

érection n. f. **1** *L'érection d'un monument* ▸ construction, édification, élévation. **2** *L'érection d'un organe* ▸ turgescence.

éreintant, ante adj. *Un travail éreintant* ▸ claquant (fam.), crevant (fam.), épuisant, exténuant, harassant, tuant (fam.).

éreintement n. m. **1** *Être dans un état de complet éreintement* ▸ épuisement, exténuation, harassement. **2** *L'éreintement d'un roman par la critique* ▸ démolissage (fam.), descente en flammes (fam.).

éreinter v. **1** *Ce voyage l'a éreinté* ▸ anéantir, briser, claquer (fam.), crever

érémitique

(fam.), épuiser, exténuer, harasser, pomper (fam.), rompre, tuer (fam.), vanner (fam.), vider (fam.). **2** *Éreinter un film* ▶ déchirer, démolir (fam.), descendre (fam.), esquinter (fam.).

érémitique adj. Litt. ▶ ascétique.

ergoter v. ▶ chicaner, chinoiser (fam.), chipoter, couper les cheveux en quatre (fam.), discuter, pinailler (fam.), ratiociner (litt.), tergiverser, vétiller (vx).

ergoteur, euse adj. et n. ▶ chicanier, discutailleur (fam.), pinailleur (fam.), pointilleux, vétilleux.

ériger v. **1** *Ériger un monument* ▶ bâtir, construire, dresser, édifier, élever. **2** Fig. *Ériger un tribunal* ▶ créer, établir, fonder, instituer. **3 s'ériger** *S'ériger en défenseur des bonnes causes* ▶ se poser, se présenter.

ermite n. m. *Un ermite retiré dans un désert* ▶ anachorète, ascète, solitaire.

éroder v. **1** *Éroder du métal ou de la pierre* ▶ corroder, ronger, user. **2** Fig. *Éroder le moral de qqn* ▶ émousser, miner, saper, user.

érosion n. f. **1** *L'eau provoque une lente érosion des roches* ▶ corrosion, usure. **2** Fig. *L'érosion du pouvoir d'achat* ▶ baisse, dégradation, dépréciation, détérioration.

érotique adj. **1** *Une poésie érotique* ▶ amoureux. **2** *Une posture érotique* ▶ excitant, lascif, sensuel, sexy, voluptueux. **3** *Un film érotique* ▶ cochon (fam.), pornographique, X.

érotisme n. m. ▶ lascivité, sensualité.

errance n. f. Litt. *Découvrir une ville au fil de longues errances nocturnes* ▶ flânerie, vagabondage.

errant, ante adj. **1** *Une existence errante* ▶ itinérant, nomade, vagabond (litt.). **2** *Un chien errant* ▶ égaré, perdu.

erratique adj. *Une fièvre erratique* ▶ intermittent, irrégulier.

errements n. m. pl. **1** *Retomber dans ses anciens errements* ▶ aberrations, égarements, erreurs, folies. **2** *Se décider après bien des errements* ▶ flottements, hésitations, indécisions, irrésolutions.

errer v. **1** *Errer dans une ville sans but précis* ▶ battre le pavé, déambuler, flâner, traîner, vadrouiller (fam.), vagabonder, zoner (fam.). **2** Fig. *Laisser errer ses pensées* ▶ divaguer, flotter, vagabonder.

erreur n. f. **1** *Une erreur des sens* ▶ aberration, fourvoiement, illusion. **2** *Une erreur à propos de dates* ▶ confusion, malentendu, méprise, quiproquo. **3** *Voilà une erreur qu'ils regretteront* ▶ bavure (fam.), bêtise, bévue, boulette, bourde (fam.), faute, faux pas, gaffe (fam.), impair, maladresse. **4** *Une traduction pleine d'erreurs* ▶ contresens, faute, inexactitude. **5** *Essayer de racheter les erreurs de sa jeunesse* ▶ aberration, bêtise, bévue, écart, égarement, errement, faute, faux pas, folie. **6 faire erreur** ▶ faire fausse route, se tromper.

erroné, ée adj. ▶ fautif, faux, incorrect, inexact.

ersatz n. m. ▶ substitut, succédané.

érubescence n. f. Litt. ▶ rougeur.

éructation n. f. Litt. ▶ renvoi, rot (fam.).

éructer v. Fig. et litt. *Éructer des injures* ▶ hurler, vomir.

érudit, ite adj. et n. ▶ docte, lettré, savant.

éruption n. f. **1** *Une éruption de boutons* ▶ accès, poussée. **2** Fig. *Une éruption de colère* ▶ accès, bouillonnement, débordement, explosion, jaillissement.

esbroufe n. f. Fam. ▶ bluff (fam.), chiqué (fam.), frime (fam.), poudre aux yeux (fam.).

escabeau n. m. **1** *S'asseoir sur un escabeau à trois pieds pour jouer du piano* ▶ tabouret. **2** *Monter sur la deuxième marche d'un escabeau pour attraper un pot de confiture* ▶ marchepied.

escadre n. f. ▶ armada, flotte.

escadrille n. f. ▶ flottille.

escadron n. m. Fig. *Des escadrons de sauterelles* ▶ armée, bataillon, régiment, troupe.

escalade n. f. **1** *Faire de l'escalade dans les Alpes* ▶ ascension, grimpette (fam.), varappe. **2** Fig. *L'escalade de la violence* ▶ intensification, montée, surenchère.

escalader v. **1** *Escalader une paroi rocheuse* ▶ gravir. **2** *Escalader une barrière* ▶ enjamber, franchir, passer.

escale n. f. **1** *Une escale dans un port* ▶ arrêt, étape, halte. **2** *Singapour est une escale importante* ▶ port, rade.

escamotable adj. *Un siège escamotable* ▶ rabattable, rentrant, repliable.

escamoter v. **1** *Un prestidigitateur qui escamote des cartes* ▶ cacher, dissimuler, faire disparaître. **2** *Escamoter un portefeuille* ▶ dérober, subtiliser. **3** *La brume a brusquement escamoté les tours de la cathédrale* ▶ cacher, camoufler, dissimuler, éclipser, masquer, occulter, offusquer (litt.), recouvrir, voiler. **4** Fig. *Escamoter une question gênante* ▶ contourner, couper à (fam.), éluder, esquiver, éviter, sauter, se soustraire à, tourner.

escamoteur, euse n. **1** *Un numéro d'escamoteur* ▶ illusionniste, prestidigitateur. **2** *Un pickpocket est un escamoteur de portefeuille* ▶ voleur.

escapade n. f. *Faire le mur pour s'offrir une petite escapade en ville* ▶ bordée, échappée (vx), équipée, sortie, virée.

escarcelle n. f. Vx *Une escarcelle bien remplie* ▶ bourse, porte-monnaie.

escargot n. m. ▶ colimaçon, gastéropode, limaçon.

escarmouche n. f. **1** *Une brève escarmouche entre deux détachements* ▶ accrochage, échauffourée, engagement. **2** Fig. *Une escarmouche entre deux orateurs* ▶ altercation, dispute, duel, joute, prise de bec (fam.).

escarpé, ée adj. ▶ abrupt, à pic, raide.

escarpement n. m. ▶ à-pic, falaise, paroi, pente.

escarpolette n. f. ▶ balançoire.

escient (à bon) adv. ▶ à propos, judicieusement.

esclaffer (s') v. ▶ éclater de rire, pouffer (fam.), se tordre.

esclandre n. m. ▶ éclat, scandale, scène.

esclavage n. m. **1** *Maintenir un peuple dans l'esclavage* ▶ asservissement, assujettissement, dépendance, ilotisme (litt.), servage, servitude, soumission. **2** Fig. *Ce travail est un véritable esclavage* ▶ contrainte, servitude, sujétion. **3** Fig. *Subir l'esclavage d'une passion* ▶ chaînes (litt.), domination, fers (litt.), joug (litt.), oppression, tyrannie.

esclave adj. *Être esclave de son devoir* ▶ asservi à, assujetti à, captif, dépendant de, prisonnier de, tributaire de.

esclave n. **1** Fig. *Être l'esclave d'une femme* ▶ chose, jouet, marionnette, pantin. **2** Fig. *Être l'esclave de la drogue* ▶ captif, prisonnier.

escogriffe n. m. Fam. ▶ échalas, grande perche (fam.).

escompter v. Fig. *Escompter la réussite d'une entreprise* ▶ s'attendre à, compter sur, espérer, tabler sur.

escorte n. f. **1** *Faire partie de l'escorte rapprochée d'un chef d'État* ▶ garde. **2** *Être porté en triomphe, avec toute la population comme escorte* ▶ cortège, équipage (litt.), suite.

escorter v. **1** *Une jeune fille escortée de ses deux frères* ▶ accompagner, chaperonner, flanquer, suivre. **2** *Escorter une cargaison* ▶ conduire, convoyer.

escorteur n. m. ▶ convoyeur.

escouade n. f. Fig. *Il n'y avait finalement qu'une petite escouade de manifestants* ▶ groupe, peloton.

escrimer (s') v. *S'escrimer à faire qqch* ▶ s'appliquer à, s'échiner à, s'efforcer de, s'évertuer à, s'ingénier à.

escroc n. m. ▶ aigrefin (litt.), arnaqueur (fam.), chevalier d'industrie (litt.), filou.

escroquer v. **1** *Escroquer de l'argent à un client* ▶ carotter (fam.), extorquer, soutirer. **2** *Escroquer un voisin* ▶ arnaquer (fam.), avoir (fam.), blouser (fam.), carotter (fam.), écornifler (fam.), estamper (fam.), filouter (fam.), flouer (fam.), gruger, rouler (fam.).

escroquerie n. f. ▶ abus de confiance, arnaque (fam.), carambouillage (fam.), entourloupe (fam.), filouterie.

ésotérique adj. **1** *Des doctrines ésotériques* ▶ cabalistique, hermétique, occulte. **2** *Des propos ésotériques* ▶ abscons (litt.), abstrus (litt.), énigmatique, hermétique, incompréhensible, indéchiffrable, inintelligible, mystérieux, nébuleux, obscur, sibyllin (litt.).

ésotérisme n. m. ▶ hermétisme, occultisme, science occulte.

espace n. m. **1** *Un espace d'un hectare* ▶ aire, étendue, superficie, surface. **2** *L'espace qui sépare deux lignes* ▶ blanc, distance, écart, espacement, intervalle, marge, vide. **3** *Occuper de l'espace* ▶ place, volume. **4** *Parcourir un espace de 10 km* ▶ distance, route, trajet. **5** *La conquête de l'espace* ▶ cosmos, univers.

espacement n. m. *Réduire l'espacement qui sépare des poteaux* ▶ distance, écart, espace, intervalle.

espacé, ée adj. *Des villas espacées les unes des autres* ▶ distant, éloigné, séparé.

espacer v. **1** *Espacer des plantations dans un parc* ▶ disséminer, éparpiller. **2** *Espacer des paiements* ▶ échelonner, étaler, répartir.

espagnol, ole adj. ▶ hispanique.

espèce n. f. **1** *En avoir assez des spectacles de cette espèce* ▶ acabit, catégorie, étoffe, farine (litt.), genre, nature, sorte, type. **2** *C'était une espèce de gangster* ▶ genre, manière, sorte. **3** *Il existe plusieurs espèces d'escargots* ▶ sous-classe, sous-ordre, type, variété. **4** Plur. *Payer en espèces* ▶ argent liquide, liquide, numéraire. **5 espèce humaine** ▶ genre humain, homme, hommes, humanité.

espérance n. f. ▶ aspiration, attente, désir, espoir.

espérer

espérer v. 1 *Il espère être le meilleur* ▶ aspirer à, désirer, souhaiter. 2 *Il espérait plus d'enthousiasme de notre part* ▶ attendre, compter sur, escompter, tabler sur.

espiègle adj. ▶ coquin, diable, facétieux, fripon, malicieux, mutin, taquin, turbulent.

espièglerie n. f. ▶ diablerie, facétie, gaminerie, malice, niche, plaisanterie, taquinerie.

espion, onne n. 1 *Les espions payés par des puissances étrangères* ▶ agent, agent secret, taupe (fam.). 2 *Un espion de la police* ▶ barbouze (fam.), indicateur, mouchard (fam.).

espionnage n. m. ▶ renseignement.

espionner v. ▶ épier, guetter, surveiller.

espoir n. m. ▶ aspiration, attente, désir, espérance.

esprit n. m. 1 *S'émerveiller des capacités de l'esprit humain* ▶ cerveau, entendement, intellect, intelligence, pensée, raison, réflexion. 2 *Opposer la matière et l'esprit* ▶ âme. 3 *Cela m'est sorti de l'esprit* ▶ tête. 4 *Avoir l'esprit changeant* ▶ caractère, goûts, humeur. 5 *Un vieil homme plein d'esprit* ▶ finesse, humour. 6 *Opposer la lettre et l'esprit d'un texte* ▶ fond, sens. 7 *L'esprit d'une nation* ▶ âme (litt.), caractère, génie (litt.). 8 *Commettre un forfait dans un simple esprit de vengeance* ▶ but, dessein, intention, volonté. 9 *Les esprits qui hantent un lieu* ▶ fantôme, mânes (litt.), revenant, spectre. 10 **esprit de corps** ▶ entraide, solidarité. 11 **esprit fort** Vx ▶ athée, incroyant, mécréant. 12 **esprit sportif** ▶ fair-play, franc-jeu, sportivité.

esquif n. m. Litt. ▶ barque, canot, embarcation.

esquinter v. 1 Fam. *Esquinter un objet* ▶ abîmer, bousiller (fam.), casser, déglinguer (fam.), démolir, détériorer, endommager. 2 Fig. et fam. *Esquinter un roman* ▶ démolir, descendre (fam.), éreinter. 3 Fig. *Ce travail vous esquinte* ▶ briser, claquer (fam.), crever (fam.), épuiser, éreinter, exténuer, fatiguer, harasser, tuer (fam.).

esquisse n. f. 1 *Les esquisses d'un peintre* ▶ crayon, croquis, ébauche, essai, étude, pochade. 2 Fig. *L'esquisse d'un roman* ▶ canevas, carcasse, ébauche, maquette, ossature, plan, schéma, synopsis, trame.

esquisser v. 1 *Esquisser un portrait* ▶ crayonner, croquer, pocher. 2 Fig. *Esquisser un geste* ▶ amorcer, commencer, ébaucher. 3 **s'esquisser** *Une reprise économique qui s'esquisse* ▶ s'amorcer, commencer, se dessiner, s'ébaucher.

esquiver v. 1 *Esquiver une invitation* ▶ couper à (fam.), se dérober à, échapper à, éluder, éviter, se soustraire à. 2 **s'esquiver** *S'esquiver discrètement de la réception* ▶ se barrer (fam.), décamper, disparaître, s'échapper, s'éclipser, s'évader, filer, partir, se retirer, se sauver, sortir, se tirer (fam.).

essai n. m. 1 *Faire des essais en laboratoire* ▶ expérience, expérimentation, test, vérification. 2 *Un essai de conciliation* ▶ démarche, effort, tentative. 3 *Ce n'est encore qu'un essai* ▶ commencement, début, ébauche, esquisse, premier pas, tâtonnement. 4 *Un essai sur Balzac* ▶ étude, monographie, traité.

essaim n. m. Fig. et litt. *Un magasin pris d'assaut par un essaim de clients* ▶ armée, multitude, nuée, quantité, volée.

essaimer v. 1 *Une famille qui a essaimé dans plusieurs pays* ▶ se disperser, se disséminer, s'égailler, s'éparpiller, se répandre. 2 *Essaimer ses partisans dans toute une région* ▶ disséminer, éparpiller, répandre.

essayer v. 1 *Essayer les freins d'une voiture* ▶ contrôler, éprouver, expérimenter, tester, vérifier. 2 *Essayer une robe* ▶ enfiler, passer. 3 *Essayer un peu tous les métiers* ▶ aborder, s'embarquer dans (fam.), entreprendre, goûter de, se lancer dans, tâter, tenter. 4 *Essayer d'allumer un feu en frottant des silex* ▶ s'attacher à, chercher à, s'efforcer de, s'escrimer à, s'évertuer à, s'ingénier à, tâcher de, tenter de.

essence n. f. 1 *L'essence d'une œuvre* ▶ esprit, fond, principe, quintessence, substance. 2 *Une plante dont on tire une essence recherchée* ▶ concentré, extrait, huile essentielle, oléolat. 3 *Une forêt aux essences variées* ▶ espèce. 4 *Tomber en panne d'essence* ▶ carburant.

essentiel, elle adj. 1 *La raison est une qualité essentielle de l'homme* ▶ constitutif, foncier, fondamental, intrinsèque. 2 *Les thèmes essentiels d'une campagne électorale* ▶ basique (fam.), fondamental, majeur, primordial, principal. 3 *Il est essentiel que vous veniez* ▶ capital, indispensable, vital.

essentiel n. m. 1 *L'essentiel d'un problème* ▶ cœur, fond, noyau. 2 *L'essentiel est que nous nous entendions* ▶ principal.

essentiellement adv. *Une culture essentiellement livresque* ▶ avant tout, fondamentalement, majoritairement, principalement, surtout.

esseulé, ée adj. ▶ abandonné, délaissé, isolé, seul, solitaire.

essieu n. m. ▶ arbre, axe, pivot.

essor n. m. **1** *Un oiseau qui prend son essor* ▶ envol, vol, volée. **2** Fig. *Une entreprise en plein essor* ▶ croissance, développement, épanouissement, expansion, extension, progression.

essoufflé, ée adj. *Il est arrivé tout essoufflé* ▶ haletant, hors d'haleine, pantelant.

essoufflement n. m. Fig. *L'essoufflement de l'économie* ▶ marasme, ralentissement, stagnation.

essouffler (s') v. **1** *S'essouffler en montant les escaliers* ▶ haleter, souffler. **2** Fig. *Une économie qui s'essouffle* ▶ ralentir, stagner.

essuie-mains n. m. ▶ serviette.

essuyer v. Fig. *Essuyer un échec* ▶ encaisser (fam.), endurer, éprouver, souffrir (litt.), subir.

est n. m. ▶ levant, orient.

estacade n. f. ▶ brise-lames, jetée.

estafette n. f. *Une dépêche apportée à la caserne par une estafette motocycliste* ▶ courrier, messager.

estafilade n. f. ▶ balafre, coupure, entaille, taillade (litt.).

estampe n. f. **1** *Une collection d'estampes* ▶ gravure. **2** *Les estampes qui ornent un livre* ▶ dessin, image, vignette.

estamper v. Fig. et fam. *Un commerçant qui estampe ses clients* ▶ arnaquer (fam.), avoir (fam.), escroquer, filouter (fam.), tromper, voler.

estampille n. f. **1** *L'estampille d'un grand couturier* ▶ cachet, griffe, label, marque, signature. **2** *L'estampille du ministère de la Justice* ▶ cachet, sceau.

estampiller v. ▶ poinçonner, timbrer.

esthétique adj. **1** *Le sentiment esthétique* ▶ artistique. **2** *Des formes très esthétiques* ▶ beau, harmonieux, joli, plastique, sculptural. **3** *La chirurgie esthétique* ▶ plastique.

esthétique n. f. **1** *L'esthétique d'un pas de danse* ▶ beauté, harmonie, plastique. **2** *Une esthétique dépouillée* ▶ design, style.

esthétiquement adv. ▶ artistiquement, harmonieusement, plastiquement.

estimable adj. **1** *Une action, un homme estimable* ▶ beau, bien, digne, honorable, recommandable, respectable. **2** *Des efforts estimables, mais insuffisants* ▶ appréciable, louable, méritoire.

estimatif, ive adj. *Un devis estimatif* ▶ approximatif, pifométrique (fam.).

estimation n. f. **1** *Faire faire une estimation des travaux* ▶ appréciation, devis, évaluation. **2** *Ce n'est qu'une estimation* ▶ à-peu-près, approximation, évaluation.

estime n. f. **1** *Avoir de l'estime pour qqn* ▶ considération, respect. **2** **à l'estime** ▶ au jugé, au pifomètre (fam.).

estimer v. **1** *Estimer un objet de valeur* ▶ apprécier, coter, évaluer, expertiser, jauger. **2** *Et pourtant c'était une forteresse qu'on estimait imprenable* ▶ considérer comme, croire, juger, penser, regarder comme, tenir pour, trouver. **3** *Estimer vivement les œuvres d'un peintre* ▶ admirer, aimer, apprécier, faire cas de, goûter, priser, respecter. **4 s'estimer** *S'estimer le meilleur* ▶ se considérer, se croire, se juger, se trouver.

estivant, ante n. ▶ touriste, vacancier.

estomac n. m. **1** *Se remplir l'estomac* ▶ panse, ventre. **2** Fig. et fam. *Avoir de l'estomac* ▶ aplomb, cran (fam.), culot (fam.).

estomaquer v. Fam. *Leur culot m'a estomaqué* ▶ abasourdir, ahurir, ébahir, épater (fam.), époustoufler (fam.), étonner, méduser, pétrifier, sidérer, souffler (fam.), suffoquer.

estomper v. **1** *Estomper l'éclat du soleil* ▶ éteindre, tamiser, voiler. **2** Fig. *Estomper le côté dramatique d'un récit* ▶ adoucir, affaiblir, atténuer, diminuer, gazer (litt.), modérer. **3 s'estomper** *Des passions qui s'estompent* ▶ décroître, expirer (litt.), faiblir, mourir, pâlir, passer.

estourbir v. Fam. ▶ assommer, sonner (fam.).

estrade n. f. ▶ chaire, podium, tribune.

estropié, ée n. et adj. ▶ impotent, infirme, invalide.

estropier v. **1** *Estropier qqn* ▶ mutiler. **2** Fig. *Estropier un mot* ▶ abîmer, altérer, défigurer, déformer.

établi, ie adj. **1** *Un fait établi* ▶ acquis, admis, avéré, certain, connu, démontré, incontestable, indiscutable, prouvé, sûr. **2** *Une réputation établie* ▶ solide, stable. **3** *L'ordre établi* ▶ en place, en usage, en vigueur.

établir v. **1** *Établir les fondements d'un édifice* ▶ bâtir, construire, édifier. **2** *Les chefs miliciens établirent leurs hommes à tous les coins de rue* ▶ caser, disposer, installer, loger, placer, poster. **3** *Établir un plan d'attaque* ▶ dresser, échafauder, élaborer. **4** *Établir une nouvelle réglementation* ▶ asseoir, créer, fixer, fonder, instituer, organiser. **5** *Établir des relations diplomatiques* ▸ nouer. **6** *Établir un texte* ▸ éditer. **7** *Établir la culpabilité d'un prévenu* ▸ confirmer, démontrer, montrer, prouver. **8 s'établir** *S'établir en province* ▸ élire domicile, se fixer, s'installer. **9** *S'établir à son compte* ▸ se mettre, travailler.

établissement n. m. **1** *L'établissement du suffrage universel* ▸ création, fondation, instauration, institution, mise en place. **2** *L'établissement de la culpabilité d'un prévenu* ▸ confirmation, démonstration, preuve. **3** *L'établissement d'un texte* ▸ édition. **4** *Un établissement de produits chimiques* ▸ affaire, boîte (fam.), entreprise, exploitation, fabrique, firme, maison, société, usine. **5** *Enseigner dans un établissement privé* ▸ bahut (fam.), boîte (fam.), école.

étage n. m. Fig. *Les étages d'une hiérarchie* ▸ degré, échelon, niveau, rang, stade.

étager v. ▸ classer, échelonner, graduer, hiérarchiser, ordonnancer, ordonner, structurer.

étagère n. f. ▸ rayon, rayonnage, tablette.

étai n. m. **1** *Un étai pour soutenir un mur* ▸ béquille, cale, étançon, soutien. **2** Fig. *Les étais d'un régime politique* ▸ aide, appui, soutien.

étal n. m. *L'étal d'un fromager* ▸ éventaire.

étalage n. m. **1** *L'étalage des marchandises* ▸ éventaire. **2** *Les étalages des grands magasins* ▸ devanture, vitrine. **3** Fig. *Un étalage de sentiments* ▸ déballage, démonstration, déploiement, exhibition. **4 faire étalage de** ▸ afficher, arborer, étaler, exhiber, faire montre de (vx), faire parade de.

étale adj. *Une mer étale* ▸ calme, immobile.

étalement n. m. *L'étalement des traites à payer* ▸ échelonnement, répartition.

étaler v. **1** *Étaler un produit sur une surface* ▸ badigeonner, barbouiller (fam.), enduire, épandre, répartir, tartiner (fam.). **2** *Étaler un tapis* ▸ déballer, dérouler. **3** *Étaler une carte sur une table* ▸ déployer, développer, étendre, ouvrir. **4** Fig. *Étaler ses décorations* ▸ afficher, arborer, exhiber, faire étalage de, faire montre de (vx), faire parade de. **5** Fig. *Étaler sa vie intime* ▸ déballer (fam.), dévoiler, révéler. **6** Fig. *Étaler les vacances* ▸ échelonner, espacer, répartir. **7 s'étaler** *Un village qui s'étale au pied de la colline* ▸ se déployer, se dérouler, se développer, s'étendre. **8** Fam. *S'étaler sur un canapé* ▸ s'abattre, s'affaler, se carrer, tomber, se vautrer.

étalon n. m. Fig. *L'étalon de la beauté féminine* ▸ archétype, modèle, référence, standard, type.

étanche adj. ▸ hermétique, imperméable, waterproof.

étancher v. **1** *Étancher une voie d'eau* ▸ aveugler, boucher, calfater, calfeutrer. **2** *Étancher ses larmes* ▸ sécher. **3** *Étancher sa soif* ▸ apaiser, assouvir.

étançon n. m. ▸ béquille, cale, chevalement, étai, soutien.

étançonner v. *Étançonner un mur* ▸ appuyer, étayer, soutenir.

étang n. m. ▸ pièce d'eau.

étape n. f. **1** *Une étape où s'arrête un voyageur* ▸ escale, halte, relais. **2** *L'étape de demain sera longue* ▸ parcours, route, trajet. **3** *Procéder par étapes successives* ▸ degré, échelon, palier, période, phase, stade, temps.

état n. m. **1** *Se satisfaire de son état* ▸ condition, destin, existence, position, situation, sort, vie. **2** *Publier les différents états d'un texte* ▸ mouture, version. **3** *Un État démocratique* ▸ gouvernement, nation, pays, régime. **4 en état de** *Vous vous sentez en état de repartir ?* ▸ à même de, apte à, capable de, de force à, de taille à, en mesure de, prêt à. **5 état d'esprit** *L'état d'esprit des enseignants a beaucoup changé depuis 30 ans* ▸ mentalité. **6** *Tout dépendra de son état d'esprit à ce moment-là* ▸ humeur. **7 état de choses** *Un état de choses absolument insupportable* ▸ conjoncture, situation. **8 faire état de** *Faire état de nouvelles difficultés pour justifier le retard des travaux* ▸ alléguer, arguer de, avancer, invoquer, prétexter.

étatiser v. ▸ collectiviser, nationaliser, socialiser.

étatisme n. m. ▸ dirigisme, interventionnisme.

état-major n. m. Fig. *L'état-major d'un syndicat* ▸ direction, tête.

étayer v. **1** *Étayer un mur* ▸ béquiller, buter, caler, chevaler, étançonner, étrésillonner, soutenir. **2** Fig. *Étayer un argument* ▸ appuyer, soutenir.

éteignoir n. m. Fig. et fam. *Elle ne doit pas s'amuser avec cet éteignoir!* ▸ bonnet de nuit, pisse-froid (fam.), rabat-joie.

éteindre v. **1** *Éteindre une flamme* ▸ étouffer. **2** *Éteindre une couleur trop vive* ▸ assourdir. **3 s'éteindre** Fig. *Une passion qui s'éteint* ▸ s'achever, s'affaiblir, s'assoupir, se calmer, décliner, décroître, s'effacer, s'endormir, s'estomper, passer, retomber. **4** Fig. *S'éteindre parmi les siens* ▶ agoniser, disparaître, expirer, mourir, partir, périr, succomber, trépasser (litt.).

éteint, einte adj. **1** *Une physionomie éteinte* ▶ amorphe, apathique, atone, inerte, inexpressif, morne. **2** *Une voix éteinte* ▶ étouffé, sourd. **3** *Une couleur éteinte* ▶ décoloré, défraîchi, délavé, effacé, estompé, fané, pâli, passé, terne. **4** *Un ciel éteint* ▶ blême, fade, morne, pâle, terne.

étendard n. m. ▶ bannière, drapeau.

étendre v. **1** *Étendre la main* ▶ allonger. **2** *Étendre une nappe* ▶ déployer, étaler. **3** *Étendre un blessé sur le sol* ▶ allonger, coucher. **4** *Étendre une sauce* ▶ allonger, couper, diluer, éclaircir, fluidifier. **5** *Étendre de la peinture sur un mur* ▶ appliquer. **6** *Étendre sa domination sur un pays* ▶ accentuer, accroître, amplifier, développer, élargir, renforcer. **7** Fam. *Étendre un adversaire* ▶ abattre, renverser, terrasser. **8 s'étendre** *S'étendre sur l'herbe* ▶ s'allonger, se coucher. **9** Fig. *Une rumeur qui s'étend* ▶ croître, se déployer, se développer, gagner, gagner du terrain, se généraliser, grandir, grossir, se propager, rayonner, se renforcer, se répandre. **10** Fig. *Une période qui s'étend jusqu'à aujourd'hui* ▶ aller, continuer, se dérouler, durer, se prolonger.

étendu, ue adj. **1** *Une ville étendue* ▶ ample, grand, large, spacieux, vaste. **2** *Avoir des pouvoirs étendus* ▶ considérable, important.

étendue n. f. **1** *L'étendue d'un terrain* ▶ aire, grandeur, superficie, surface. **2** *L'étendue d'un projet* ▶ ampleur, envergure, extension, importance, portée. **3** *L'étendue d'une vie* ▶ durée, temps. **4** *L'étendue d'une voix* ▶ ampleur, registre, tessiture. **5** *Une étendue d'eau* ▶ nappe.

éternel, elle adj. **1** *Une œuvre éternelle* ▶ immortel, immuable, impérissable, inaltérable, indestructible. **2** *Une reconnaissance éternelle* ▶ indéfectible, infini. **3** *Son éternel bavardage* ▶ constant, continuel, incessant, interminable, permanent, perpétuel, sempiternel (litt.).

Éternel n. m. *S'interroger sur les desseins de l'Éternel* ▶ bon dieu, créateur, dieu, être suprême, grand architecte, notre-seigneur, père, seigneur, tout-puissant, très-haut.

éternellement adv. ▶ ad vitam æternam, continuellement, indéfiniment, perpétuellement, sempiternellement, toujours.

éterniser v. **1** *Éterniser une discussion oiseuse* ▶ faire durer, prolonger. **2** Litt. *Éterniser le nom d'un poète* ▶ immortaliser, pérenniser (litt.), perpétuer. **3 s'éterniser** *Une polémique qui s'éternise* ▶ durer, se prolonger, traîner. **4** *Je ne veux pas m'éterniser ici* ▶ s'attarder, rester, traîner.

éternité n. f. *Croire à l'éternité d'une institution* ▶ immortalité, pérennité.

étêtage n. m. ▶ découronnement, écimage.

étêter v. **1** *Étêter un arbre* ▶ décapiter, découronner, écimer. **2** *Étêter un poisson* ▶ décapiter.

éthéré, ée adj. ▶ aérien, délicat, léger, vaporeux.

éthique n. f. ▶ déontologie, morale.

ethnie n. f. ▶ race.

ethnique adj. ▶ racial.

éthylique adj. et n. ▶ alcoolique, ivrogne.

éthylisme n. m. ▶ alcoolisme, ivrognerie.

étincelant, ante adj. **1** *Un soleil étincelant* ▶ éblouissant, éclatant, radieux, resplendissant. **2** *Une étoffe étincelante* ▶ brillant, chatoyant, scintillant. **3** *Un regard étincelant* ▶ brillant, flamboyant, luisant, rayonnant. **4** *La surface étincelante d'un carrelage* ▶ miroitant, resplendissant, rutilant.

étinceler v. **1** *Un regard qui étincelle* ▶ briller, flamboyer, luire, pétiller, rayonner. **2** *Une surface qui étincelle* ▶ resplendir, rutiler.

étincelle n. f. Fig. *Une étincelle de lucidité* ▶ éclair, lueur.

étincellement n. m. ▶ flamboiement, pétillement, scintillement.

étiolement n. m. Fig. *L'étiolement progressif de ses capacités intellectuelles* ▶ affaiblissement, appauvrissement, atrophie, déclin, dépérissement.

étioler (s') v. **1** *Une plante qui s'étiole* ▶ s'anémier, s'atrophier, se débiliter, se faner, se rabougrir. **2** Fig. *Un esprit qui s'étiole* ▶ s'affaiblir, s'appauvrir, s'atrophier, décliner, dépérir.

étique adj. Litt. ▶ amaigri, décharné, desséché, efflanqué, émacié, famélique, hâve, maigre, squelettique.

étiqueter v. Fig. *Étiqueter qqn comme fantaisiste* ▶ cataloguer comme, classer comme, considérer comme.

étiquette n. f. **1** Fig. *Se présenter sous l'étiquette de rénovateur* ▶ label. **2** Fig. *L'étiquette*

étirement n. m. ▸ allongement, extension.

étirer v. *Étirer les jambes, les bras* ▸ allonger, étendre.

étoffe n. f. **1** *De l'étoffe pour faire des vêtements* ▸ textile, tissu. **2** Fig. *Avoir l'étoffe d'un grand pianiste* ▸ aptitudes, capacités, envergure, valeur. **3** Fig. *Il a tenu toute la soirée des propos de la même étoffe* ▸ acabit, catégorie, espèce, farine (litt.), genre, nature, sorte, type.

étoffé, ée adj. Fig. *Une voix étoffée* ▸ dense, plein, puissant, riche.

étoffer v. Fig. *Étoffer une description* ▸ enrichir, nourrir.

étoile n. f. **1** *Le mouvement des étoiles dans le ciel* ▸ astre. **2** *Une étoile où convergent plusieurs allées forestières* ▸ rond-point. **3** *Une étoile indiquant un renvoi en bas de page* ▸ astérisque. **4** Fig. *Croire à son étoile* ▸ chance, destin, fortune (litt.). **5** Fig. *Une étoile du cinéma* ▸ célébrité, star, vedette.

étoiler v. ▸ consteller, émailler (litt.), parsemer.

étonnamment adv. **1** *Un élève étonnamment brillant* ▸ remarquablement. **2** *Rester étonnamment silencieux* ▸ bizarrement, curieusement, drôlement, étrangement, singulièrement.

étonnant, ante adj. **1** *Apprendre une nouvelle étonnante* ▸ déconcertant, surprenant. **2** *C'est étonnant qu'il ne soit pas encore là* ▸ bizarre, curieux, drôle, étrange, inattendu, insolite, singulier, surprenant, troublant. **3** *Je vous le recommande, c'est un homme étonnant* ▸ exceptionnel, extraordinaire, impressionnant, rare, remarquable.

étonné, ée adj. *Il n'a rien dit, mais il avait l'air étonné de vous voir là* ▸ déconcerté, surpris.

étonnement n. m. *Regarder qqn avec étonnement* ▸ surprise.

étonner v. **1** *Son silence prolongé m'étonne vraiment* ▸ déconcerter, surprendre. **2** *Son culot m'étonne à chaque fois* ▸ confondre, épater (fam.), époustoufler (fam.), estomaquer (fam.), scier (fam.), sidérer, souffler, stupéfier.

étouffant, ante adj. **1** *Une chaleur étouffante* ▸ accablant, caniculaire, lourd, suffocant. **2** *Les tensions sont telles que l'atmosphère de ces réunions devient étouffante* ▸ asphyxiant, irrespirable, oppressant.

étouffement n. m. **1** *Éprouver une sensation d'étouffement* ▸ asphyxie, oppression, suffocation. **2** Fig. *L'étouffement d'un scandale* ▸ dissimulation, escamotage. **3** Fig. *L'étouffement d'une révolte* ▸ écrasement, neutralisation, répression.

étouffer v. **1** *Ses crises d'asthme l'étouffent* ▸ asphyxier, oppresser, suffoquer. **2** *Étouffer un feu* ▸ éteindre. **3** Fig. *Une atmosphère familiale qui étouffe des jeunes gens* ▸ écraser, oppresser, opprimer, peser sur. **4** Fig. *Étouffer des sanglots* ▸ refouler, réprimer, retenir. **5** Fig. *Étouffer le bruit de ses pas* ▸ amortir, assourdir, atténuer. **6** Fig. *Étouffer toute tentative de protestation sous un flot de paroles* ▸ couvrir, noyer. **7** Fig. *Étouffer un scandale* ▸ cacher, dissimuler, escamoter, passer sous silence. **8** Fig. *Étouffer une révolte* ▸ écraser, juguler, mater, museler, neutraliser, réprimer, stopper. **9 s'étouffer** *S'étouffer à force de tousser* ▸ s'asphyxier, s'étrangler. **10** Fig. *Une foule où on s'étouffe* ▸ s'écraser (fam.).

étoupe n. f. ▸ chanvre, filasse.

étourderie n. f. **1** *Commettre une maladresse par étourderie* ▸ distraction, imprévoyance, inadvertance, inattention, irréflexion. **2** *Un travail rempli d'étourderies* ▸ bévue, erreur, faute, maladresse.

étourdi, ie adj. **1** *Une jeune fille étourdie* ▸ distrait, écervelé, évaporé, inattentif. **2** *Une réponse étourdie* ▸ inconsidéré, irréfléchi.

étourdi, ie n. fig. *Cet étourdi nous a encore oubliés* ▸ écervelé, étourneau, hurluberlu, tête de linotte (fam.).

étourdiment adv. ▸ à la légère, inconsidérément.

étourdir v. **1** *Un choc qui étourdit* ▸ assommer, sonner (fam.). **2** *Un alcool qui étourdit* ▸ chavirer, griser, monter à la tête. **3** *Un bavardage qui étourdit* ▸ abrutir, assommer, fatiguer, soûler. **4 s'étourdir** *Chercher à s'étourdir pour oublier un chagrin* ▸ se distraire.

étourdissant, ante adj. **1** *Un vacarme étourdissant* ▸ abrutissant, assommant, assourdissant. **2** *Un talent étourdissant* ▸ éblouissant, époustouflant (fam.).

étourdissement n. m. **1** *Être victime d'un étourdissement* ▸ défaillance, éblouissement, évanouissement, faiblesse, syncope, vertige. **2** Fig. *L'étourdissement que procure une gloire subite* ▸ enivrement, fièvre, griserie, ivresse, vertige.

étourneau n. m. **1** *Le plumage sombre de l'étourneau* ▸ sansonnet. **2** Fig. *Cet étourneau*

étrange adj. **1** *Un comportement étrange* ▶ anormal, bizarre, curieux, drôle, étonnant, extraordinaire, inhabituel, insolite, paradoxal, saugrenu, singulier, surprenant. **2** *Une émotion étrange s'empara de lui* ▶ indéfinissable, inexplicable.

étrangement adv. ▶ anormalement, bizarrement, curieusement, drôlement, étonnamment, paradoxalement, singulièrement.

étranger, ère adj. **1** *Des populations étrangères* ▶ allogène. **2** *Des coutumes étrangères* ▶ exotique. **3** *Même au sein de sa propre famille il se sentait étranger* ▶ différent, extérieur, isolé, perdu. **4** *Cette voix ne m'est pas étrangère* ▶ inconnu. **5** *Des pratiques étrangères à toutes les traditions* ▶ contraire. **6** *Être étranger aux préoccupations d'autrui* ▶ détaché de, fermé à, ignorant de, imperméable à, indifférent à, insensible à.

étranger, ère n. *Aborder des problèmes personnels devant des étrangers* ▶ inconnu, tiers.

étrangeté n. f. **1** *Relever des étrangetés dans un témoignage* ▶ anomalie, bizarrerie, singularité. **2** *L'étrangeté d'une situation* ▶ bizarrerie, originalité, singularité.

étranglement n. m. **1** *Tuer qqn par étranglement* ▶ strangulation. **2** *Un étranglement dû à une arête de poisson* ▶ étouffement, suffocation. **3** Fig. *L'étranglement de la vallée* ▶ resserrement, rétrécissement. **4** Fig. *Un secteur économique menacé d'étranglement* ▶ asphyxie, étouffement, paralysie.

étrangler v. **1** *Un col de chemise qui étrangle* ▶ étouffer, oppresser. **2** Fig. *Un vêtement qui étrangle la taille* ▶ resserrer, rétrécir. **3** Fig. *Étrangler des velléités de révolte* ▶ étouffer, juguler, mater, museler, réprimer.

être v. **1** *Ressentir le mal d'être* ▶ exister, vivre. **2** *Être à Brest* ▶ résider, se trouver. **3** *Vous êtes bien ?* ▶ aller, se sentir.

être n. m. **1** *Disserter sur l'être des choses* ▶ matérialité, réalité. **2** *Atteindre qqn dans son être* ▶ âme, esprit, individualité, moi, nature, personnalité. **3** *Un être abject* ▶ individu, personne. **4** *Un monde peuplé des êtres les plus étranges* ▶ créature. **5 être humain** ▶ humain, mortel (litt.). **6 Être suprême** ▶ bon dieu, créateur, dieu, éternel, grand architecte, notre-seigneur, père, seigneur, tout-puissant, très-haut.

étreindre v. **1** *Étreindre tendrement qqn* ▶ embrasser, enlacer, serrer. **2** Fig. *Une émotion qui étreint* ▶ angoisser, oppresser, tenailler.

étreinte n. f. **1** *L'étreinte de deux amoureux* ▶ embrassement, enlacement. **2** Spécialement à propos de rapports sexuels ▶ accouplement, coït.

étrille n. f. ▶ portune.

étriller v. **1** *Étriller un cheval* ▶ bouchonner, brosser, frotter, panser. **2** Fig. *Se faire étriller par la critique* ▶ malmener, maltraiter, rudoyer.

étriper v. **1** *Étriper un animal* ▶ éviscérer, vider. **2 s'étriper** Fig. et fam. *Des adversaires qui s'étripent* ▶ s'entretuer.

étriqué, ée adj. **1** *Un domaine étriqué* ▶ étroit, exigu, juste, limité, maigre, petit, restreint, riquiqui (fam.). **2** Fig. *Un esprit étriqué* ▶ borné, étroit, incompréhensif, intolérant, limité, médiocre, mesquin, petit, sectaire.

étroit, oite adj. **1** *Un vêtement étroit* ▶ collant, étriqué, juste, moulant, petit, serré. **2** *Cet espace est trop étroit pour qu'on s'y glisse* ▶ exigu, juste, limité, petit, réduit, resserré, restreint. **3** Fig. *Un esprit étroit* ▶ borné, étriqué, incompréhensif, intolérant, limité, médiocre, mesquin, petit, sectaire. **4** Fig. *Une marge étroite* ▶ court, faible, maigre, mince, petit, restreint, serré. **5 à l'étroit** *Se sentir à l'étroit dans un costume* ▶ engoncé, gêné, serré.

étroitement adv. **1** *Ces questions sont étroitement liées* ▶ intimement. **2** *Surveiller qqn étroitement* ▶ de près. **3** *Une consigne étroitement suivie* ▶ rigoureusement, strictement.

étroitesse n. f. **1** *L'étroitesse d'un espace* ▶ exiguïté, petitesse. **2** Fig. *Un esprit d'une désolante étroitesse* ▶ médiocrité, mesquinerie, petitesse.

étron n. m. ▶ crotte, excrément.

étude n. f. **1** *L'étude d'une nouvelle technique* ▶ analyse, approfondissement, examen, expérimentation, exploration, observation. **2** Plur. *Poursuivre ses études* ▶ cursus, scolarité. **3** *Une étude de droit public* ▶ dissertation (vx), mémoire, traité.

étudié, ée adj. **1** *Une réponse étudiée* ▶ médité, mûri, pensé, réfléchi. **2** *Un style très étudié* ▶ pensé, recherché, soigné, travaillé. **3** *Des poses ridiculement étudiées* ▶ affecté, apprêté, artificiel, calculé, emprunté.

étudier v. **1** *Étudier les mathématiques* ▶ apprendre, bûcher (fam.), piocher (fam.),

étui

potasser (fam.), travailler. **2** *Étudier un projet* ▶ analyser, considérer, examiner, s'intéresser à, se pencher sur. **3** *Étudier ses poses* ▶ mettre au point, préméditer, préparer.

étui n. m. **1** *Un étui à lunettes* ▶ boîtier. **2** *Un étui à violon* ▶ boîte. **3** *L'étui d'un fusil* ▶ gaine. **4** *L'étui d'une épée* ▶ fourreau.

étuve n. f. **1** *L'étuve d'un établissement de bains* ▶ caldarium (vx). **2** Fig. *Cette pièce est une véritable étuve* ▶ four, fournaise. **3** *Une étuve pour stériliser les objets* ▶ autoclave, stérilisateur.

étuvée n. f. **1** *Une étuvée de légumes* ▶ estouffade. **2 à l'étuvée** *Cuire à l'étuvée* ▶ à l'étouffée.

étymologie n. f. *L'étymologie d'un mot* ▶ origine.

eunuque n. m. ▶ castrat.

euphémisme n. m. **1** ▶ adoucissement, antiphrase, atténuation. **2 par euphémisme** ▶ à demi-mot.

euphorie n. f. *Une foule en pleine euphorie* ▶ allégresse, enthousiasme, jubilation, liesse.

euphorisant, ante adj. et n. m. ▶ antidépresseur, anxiolytique, tranquillisant.

européen, enne adj. *Les finances européennes* ▶ communautaire.

eurythmique adj. Litt. ▶ cadencé, harmonieux.

évacuation n. f. **1** *L'évacuation des eaux usées* ▶ dégorgement, déversement, écoulement. **2** *L'évacuation des déchets* ▶ élimination, excrétion, expulsion. **3** *L'évacuation d'un bateau qui sombre* ▶ abandon.

évacuer v. **1** *Évacuer des substances usées* ▶ éliminer, expulser, rejeter. **2** *Un tuyau qui évacue le contenu d'une citerne* ▶ dégorger, vidanger, vider. **3** *Évacuer un navire* ▶ abandonner, déguerpir de, quitter.

évadé, ée n. ▶ fugitif.

évader (s') v. **1** *Le prévenu s'est évadé* ▶ s'échapper, s'enfuir, s'envoler, fuir, jouer la fille de l'air (fam.), se sauver. **2** Fig. *S'évader d'une réunion de famille* ▶ s'éclipser, s'esquiver, fuir.

évaluable adj. ▶ appréciable, calculable, chiffrable, mesurable, quantifiable.

évaluation n. f. **1** *L'évaluation des biens d'une personne décédée* ▶ appréciation, calcul, chiffrage, dénombrement, détermination, estimation, expertise, mesure. **2** *Ce n'est qu'une évaluation* ▶ à-peu-près, approximation, estimation.

évaluer v. **1** *Évaluer la valeur d'un objet* ▶ apprécier, calculer, chiffrer, coter, estimer, expertiser, jauger. **2** *Évaluer ses chances de réussite* ▶ apprécier, calculer, estimer, jauger, juger, mesurer, peser, supputer.

évanescent, ente adj. Litt. ▶ fugace, fugitif, insaisissable.

évangélisateur, trice n. ▶ missionnaire.

évangélisation n. f. ▶ christianisation.

évangéliser v. ▶ catéchiser, christianiser, prêcher.

évangile n. m. Fig. *Considérer la parole de qqn comme un évangile* ▶ catéchisme, dogme, loi, règle.

évanouir (s') v. **1** *S'évanouir de peur* ▶ défaillir, se pâmer (litt.), tomber dans les pommes (fam.), tourner de l'œil (fam.), se trouver mal. **2** Litt. *Un souvenir qui s'évanouit* ▶ disparaître, se dissiper, s'effacer, s'enfuir, s'envoler, s'évaporer, mourir, passer, se perdre.

évanouissement n. m. **1** *Revenir de son évanouissement* ▶ défaillance, faiblesse, pâmoison (vx), syncope. **2** Fig. *L'évanouissement de ses plus chères espérances* ▶ anéantissement, disparition, perte.

évaporé, ée adj. Fig. *Une jeune fille évaporée* ▶ écervelé, frivole, inattentif, insouciant, léger, tête en l'air (fam.).

évaporer (s') v. **1** *Un liquide qui s'évapore* ▶ se dissiper, se vaporiser, se volatiliser. **2** Fig. *Il s'est évaporé au début de la soirée* ▶ disparaître, s'éclipser, s'envoler, se volatiliser.

évasement n. m. ▶ élargissement.

évaser v. ▶ agrandir, élargir.

évasif, ive adj. **1** *Il est resté très évasif* ▶ allusif, imprécis, vague. **2** *Une réponse évasive* ▶ ambigu, équivoque, fuyant.

évasion n. f. **1** *Une tentative d'évasion* ▶ fuite. **2** Fig. *Ressentir un grand besoin d'évasion* ▶ changement, délassement, détente, distraction, divertissement.

évasivement adv. ▶ allusivement, vaguement.

évêché n. m. ▶ diocèse.

éveil n. m. **1** *Avoir tous les sens en éveil* ▶ alarme, alerte. **2** *L'éveil d'une passion* ▶ apparition, commencement, début, naissance. **3 donner l'éveil** ▶ attirer l'attention, mettre en garde. **4 en éveil** *Rester en éveil* ▶ à l'affût, attentif, aux aguets, sur ses gardes. **5 mettre en**

éveil *Son comportement suspect les a mis en éveil* ► alerter.

éveillé, ée adj. Fig. *Un enfant éveillé* ► astucieux, dégourdi, déluré, futé (fam.), intelligent, malin, vif.

éveiller v. **1** *Un bruit l'a éveillé* ► réveiller. **2** Fig. *Éveiller la jalousie de qqn* ► déclencher, exciter, piquer, provoquer, susciter.

événement n. m. **1** *Un événement dramatique* ► affaire, épisode, fait, péripétie. **2** *Si ce genre d'événement se présente, nous aviserons* ► cas, circonstance, situation. **3** *Ça, c'est un événement!* ► nouvelle.

éventail n. m. **1** Fig. *Un large éventail d'articles* ► assortiment, choix, gamme, sélection. **2** Fig. *L'éventail des salaires* ► échelle, fourchette.

éventaire n. m. ► devanture, étal, étalage.

éventer v. **1** Fig. *Éventer un secret* ► divulguer, raconter, répandre. **2 s'éventer** *S'éventer avec un journal* ► s'aérer. **3** *Le vin s'est éventé* ► tourner.

éventrer v. **1** *Éventrer un animal* ► étriper. **2** *Éventrer un matelas* ► crever. **3** *Éventrer un mur* ► défoncer.

éventualité n. f. **1** *Envisager l'éventualité d'une rupture* ► hypothèse, possibilité. **2** *Parer à toute éventualité* ► circonstance, événement. **3 dans l'éventualité de** ► dans l'hypothèse de, en cas de.

éventuel, elle adj. **1** *Envisager un accident, toujours éventuel* ► possible. **2** *Sa venue reste éventuelle* ► aléatoire, contingent, hypothétique, imprévisible, incertain.

éventuellement adv. ► le cas échéant, peut-être, possiblement.

évertuer à (s') v. ► s'appliquer à, s'attacher à, s'efforcer de, s'épuiser à, s'escrimer à, se fatiguer à, s'ingénier à, peiner pour, se tuer à (fam.).

éviction n. f. **1** *L'éviction d'un responsable* ► élimination, exclusion, expulsion, renvoi. **2** *L'éviction d'un héritier* ► dépossession, supplantation.

évidemment adv. **1** *C'est évidemment un problème* ► à coup sûr, à l'évidence, assurément, bien sûr, incontestablement, indubitablement, naturellement, sans aucun doute, sans conteste, sans contredit. **2** *Viendrez-vous? - Évidemment!* ► absolument, à coup sûr, d'évidence, assurément, bien entendu, bien sûr, cela s'entend, cela va de soi, certainement, immanquablement, naturellement, sans aucun doute.

évidence n. f. **1** *La force de l'évidence* ► vérité. **2** *Débiter des évidences* ► lapalissade, truisme. **3 en évidence** *Laisser un objet en évidence* ► au premier plan, en vue. **4 mettre en évidence** *Mettre en évidence les carences d'une enquête* ► dégager, faire ressortir, montrer, souligner.

évident, ente adj. **1** *Il est évident qu'il s'est trompé* ► assuré, aveuglant, clair, criant, flagrant, incontestable, indéniable, indiscutable, indubitable, irréfutable, manifeste, notoire, patent, sûr, visible. **2** *Une solution évidente* ► trivial.

évider v. **1** *Évider une pièce de bois* ► creuser. **2** *Évider un fruit* ► vider.

évincer v. **1** *Évincer qqn d'une association* ► blackbouler (fam.), chasser, écarter, éliminer, exclure, expulser, virer (fam.). **2** *Évincer un concurrent* ► l'emporter sur. **3** *Évincer le chef de service pour occuper sa place* ► détrôner, supplanter.

éviscérer v. ► étriper, vider.

éviter v. **1** *Éviter un coup* ► esquiver, se garer de, parer, se préserver de. **2** *Éviter un obstacle* ► contourner. **3** *Éviter une obligation ennuyeuse* ► couper à (fam.), se dérober à, écarter, échapper à, éluder, esquiver, fuir, se soustraire à. **4** *Éviter un travail à qqn* ► décharger de, dispenser de, épargner, faire grâce de. **5** *Éviter de boire de l'alcool* ► s'abstenir de, se dispenser de, se garder de, se passer de. **6 s'éviter** *S'éviter une corvée* ► se dispenser de, s'épargner.

évocateur, trice adj. ► parlant, suggestif.

évocation n. f. **1** *Une évocation destinée à produire un sortilège* ► incantation. **2** *La simple évocation d'un problème* ► allusion, mention, rappel.

évolué, ée adj. *Une population évoluée* ► civilisé, développé.

évoluer v. **1** *Évoluer en terrain découvert* ► manœuvrer, se mouvoir. **2** *La médecine a beaucoup évolué* ► bouger, changer, se modifier, se transformer, varier. **3** Spécialement dans le bon sens ► innover, progresser.

évolutif, ive adj. **1** *Un mouvement évolutif* ► progressif. **2** *Analyser un phénomène linguistique dans une perspective évolutive* ► diachronique, historique.

évolution n. f. **1** *L'évolution d'une maladie* ► cours, déroulement, développement, marche, mouvement, progrès, progression. **2** *Les évolutions successives du sens d'un mot* ► glissement, modification, transformation. **3** *L'évolution des mœurs*

évolutionnisme

▶ changement, métamorphose, transformation.

évolutionnisme n. m. ▶ transformisme.

évoquer v. 1 *Évoquer un souvenir* ▶ rappeler, remémorer, réveiller. 2 *Évoquer les problèmes actuels* ▶ aborder, citer, effleurer, faire allusion à, mentionner. 3 *Un oiseau qui évoque la paix* ▶ incarner, représenter, symboliser.

ex abrupto adv. ▶ à brûle-pourpoint, abruptement, à l'improviste, brusquement, de but en blanc, inopinément.

exacerbation n. f. ▶ aggravation, exaspération, intensification, recrudescence, redoublement.

exacerber v. ▶ aggraver, attiser, aviver, enflammer, exaspérer, exciter, intensifier, irriter.

exact, acte adj. 1 *Ce qu'il raconte est tout à fait exact* ▶ authentique, réel, véridique, vrai. 2 *Une citation exacte* ▶ conforme, fidèle, littéral, textuel. 3 *Un raisonnement exact* ▶ bon, correct, juste. 4 *L'observation exacte du règlement* ▶ consciencieux, minutieux, rigoureux, scrupuleux, strict. 5 *Être exact à un rendez-vous* ▶ à l'heure, ponctuel, précis.

exactement adv. 1 *Rendre compte exactement d'un événement* ▶ fidèlement, objectivement, précisément. 2 *S'acquitter exactement de ses dettes* ▶ religieusement, rigoureusement, scrupuleusement. 3 *C'est exactement ce qu'il ne fallait pas faire* ▶ juste, justement, précisément. 4 *C'est lui? - Exactement* ▶ absolument, certes, oui, parfaitement, tout à fait.

exaction n. f. 1 *Les exactions d'un fonctionnaire corrompu* ▶ abus de confiance, concussion, extorsion, malversation, prévarication. 2 *Les exactions d'une armée en temps de guerre* ▶ sévice, violence.

exactitude n. f. 1 *Être d'une exactitude militaire* ▶ ponctualité. 2 *L'exactitude d'une description* ▶ fidélité, justesse, rectitude, rigueur, véracité, vérité.

exagération n. f. 1 *L'exagération de la poésie baroque* ▶ démesure, emphase, excès, outrance. 2 *Raconter qqch en multipliant les exagérations* ▶ hyperbole.

exagéré, ée adj. 1 *Un sentiment exagéré* ▶ débridé, démesuré, effréné, fou, immodéré, insensé, outré. 2 *Sa réputation est très exagérée* ▶ surfait. 3 *Un prix exagéré* ▶ abusif, excessif, exorbitant.

exagérément adv. ▶ à l'excès, démesurément, excessivement, trop, vertigineusement.

exagérer v. 1 *Exagérer les proportions dans un dessin* ▶ accentuer, accuser. 2 *Exagérer les mérites de qqn* ▶ gonfler, grossir, outrer, surestimer. 3 *Raconter qqch en exagérant un peu* ▶ amplifier, broder, charger, fabuler. 4 *Il exagère!* ▶ abuser (fam.), attiger (fam.), charrier (fam.), dépasser les bornes, en rajouter (fam.), faire fort (fam.), forcer la dose (fam.), ne pas y aller de main morte (fam.), pousser (fam.), y aller fort (fam.).

exaltant, ante adj. *Une atmosphère exaltante* ▶ enivrant, enthousiasmant, excitant, galvanisant, grisant, passionnant, stimulant.

exaltation n. f. 1 *L'exaltation des mérites de qqn* ▶ apologie, célébration, glorification. 2 *Parler avec exaltation* ▶ ardeur, chaleur, enthousiasme, feu, fièvre, fougue, passion. 3 *L'exaltation que l'on ressent devant la beauté* ▶ emballement (fam.), enivrement, extase, griserie, ivresse, transport (litt.).

exalté, ée adj. *Un tempérament exalté* ▶ ardent, enthousiaste, fougueux, passionné.

exalté, ée n. *Une poignée d'exaltés* ▶ énergumène, enragé, excité, fanatique, frénétique.

exalter v. 1 *Exalter les mérites d'un ouvrage* ▶ célébrer, chanter, louer, magnifier, porter aux nues, vanter. 2 *Exalter un auditoire* ▶ électriser, emballer (fam.), enfiévrer, enflammer, enthousiasmer, exciter, galvaniser, passionner, soulever, survolter, transporter. 3 *Une épice qui exalte le goût d'une viande* ▶ augmenter, aviver, intensifier, renforcer. 4 **s'exalter** *S'exalter pour une grande cause* ▶ s'emballer (fam.), s'enflammer, s'engouer, s'enthousiasmer, se monter (fam.), se passionner.

examen n. m. 1 *Une affaire qui mérite un examen approfondi* ▶ analyse, contrôle, enquête, étude, exploration, investigation, observation, recherche, vérification. 2 *Un examen de latin* ▶ épreuve. 3 *Un examen médical* ▶ consultation, visite. 4 **examen de conscience** ▶ introspection.

examinateur, trice n. ▶ interrogateur.

examiner v. 1 *Examiner un problème* ▶ analyser, considérer, désosser (fam.), disséquer (fam.), éplucher (fam.), étudier, explorer, observer, scruter, sonder. 2 *Examiner longuement qqn* ▶ considérer, contempler, dévisager, inspecter, regarder. 3 *Examiner un malade* ▶ ausculter. 4 *Examiner un ouvrage* ▶ compulser, consulter, feuilleter.

exaspérant, ante adj. ▶ agaçant, crispant, énervant, excédant, horripilant, irritant, rageant (fam.).

exaspération n. f. **1** *Mettre au comble l'exaspération de qqn* ▶ agacement, colère, énervement, horripilation, irritation, nervosité, rage. **2** Litt. *L'exaspération d'un chagrin* ▶ aggravation, exacerbation, intensification, recrudescence, redoublement.

exaspéré, ée adj. *Des chômeurs exaspérés* ▶ enragé, furibond, furieux.

exaspérer v. **1** *Exaspérer qqn* ▶ agacer, assommer, crisper, énerver, excéder, gonfler (fam.), irriter, porter sur les nerfs de (fam.), taper sur les nerfs de (fam.). **2** Litt. *Exaspérer la haine de qqn* ▶ accroître, aggraver, aiguiser, aviver, exacerber, intensifier.

exaucer v. **1** *Il a été exaucé* ▶ combler, satisfaire. **2** *Sa prière a été exaucée* ▶ accomplir, réaliser.

excavateur, trice n. ▶ bulldozer, pelle mécanique, pelleteuse.

excavation n. f. **1** *Un oiseau qui niche dans les excavations d'une paroi rocheuse* ▶ anfractuosité, cavité, creux, faille, vide. **2** *Creuser une excavation pour s'y abriter* ▶ fosse, tranchée, trou.

excédent n. m. **1** *Un excédent de bagages* ▶ supplément, surcharge, surcroît, surplus, trop-plein. **2** *Un excédent dans un balance de compte* ▶ bénéfice, gain, plus-value, reste, solde. **3 en excédent** ▶ en surnombre, en trop.

excéder v. **1** *Ce travail excède mes forces* ▶ dépasser, outrepasser, passer. **2** *Les frais excèdent les bénéfices* ▶ dépasser, l'emporter sur, surpasser. **3** *Ce bavardage m'excède* ▶ agacer, énerver, énerver, exaspérer, horripiler, insupporter, irriter.

excellemment adv. ▶ admirablement, divinement, merveilleusement, parfaitement, remarquablement, supérieurement.

excellence n. f. Litt. *L'excellence d'une armée* ▶ prééminence (vx), qualité, supériorité, suprématie.

excellent, ente adj. **1** *Un repas excellent* ▶ délicieux, exquis, fameux, succulent. **2** *Un excellent orateur* ▶ accompli, admirable, incomparable, magistral, merveilleux, remarquable, supérieur. **3** *Une excellente soirée* ▶ délicieux, d'enfer (fam.), exquis, merveilleux, parfait.

exceller v. ▶ briller, se distinguer, s'illustrer.

excentricité n. f. **1** *Se distinguer par son excentricité* ▶ bizarrerie, extravagance, fantaisie, originalité, singularité. **2** *Faire des excentricités* ▶ extravagance, folie.

excentrique adj. **1** *Une tenue excentrique* ▶ baroque, bizarre, étrange, extravagant, farfelu, insolite, original, saugrenu, singulier. **2** *Un quartier excentrique* ▶ excentré, périphérique.

excepté prép. ▶ abstraction faite de, à la réserve de (vx), à l'exception de, à l'exclusion de, à part, en dehors de, hormis, hors (vx), non compris, sauf.

excepter v. *Si l'on excepte ces petits cailloux carrés, tout ce qu'il y a ici est rond* ▶ écarter, enlever, exclure, ôter, retirer, retrancher.

exception n. f. **1** *Une exception grammaticale* ▶ anomalie, irrégularité, particularité. **2** *Un règlement qui n'admet aucune exception* ▶ dérogation, restriction. **3 à l'exception de** ▶ abstraction faite de, à la réserve de, à l'exclusion de, à part, en dehors de, excepté, hormis, hors (vx), non compris, sauf. **4 d'exception** *Un homme d'exception* ▶ exceptionnel, extraordinaire, hors pair, supérieur, unique.

exceptionnel, elle adj. **1** *Une mesure exceptionnelle* ▶ occasionnel, rare. **2** *Un homme exceptionnel* ▶ extraordinaire, hors du commun, hors ligne, hors pair, rare, supérieur, unique.

exceptionnellement adv. **1** *Aller exceptionnellement au théâtre* ▶ ne... guère (litt.), peu, rarement. **2** *Un homme exceptionnellement intelligent* ▶ extraordinairement, extrêmement, particulièrement, supérieurement.

excès n. m. **1** *Un excès de nourriture* ▶ pléthore, profusion, surabondance. **2** *Condamner toute forme d'excès* ▶ abus, démesure, exagération, immodération (litt.), outrance. **3** Plur. *Les excès de la jeunesse* ▶ débordements, dévergondage, écarts, inconduite, intempérance, libertinage, licence. **4 à l'excès** *Être économe à l'excès* ▶ démesurément, excessivement, immodérément, trop.

excessif, ive adj. **1** *Se garder de tout ce qui est excessif* ▶ abusif, démesuré, exagéré, exorbitant, immodéré, outrancier. **2** *Une personne d'une excessive gentillesse* ▶ exceptionnel, extrême.

excessivement adv. **1** *Boire excessivement* ▶ à l'excès, exagérément, surabondamment, trop. **2** *Une jeune fille excessivement jolie* ▶ démesurément, extrêmement, fabuleusement, infiniment, prodigieusement, suprêmement, terriblement, vertigineusement.

excision n. f. 1 *L'excision d'une verrue* ▶ ablation, enlèvement. 2 *Rappeler que l'excision est un crime* ▶ clitoridectomie.

excitable adj. 1 *L'approche de l'orage a rendu ces enfants excitables* ▶ irritable, nerveux. 2 *Un organe excitable* ▶ réceptif, sensible.

excitant, ante adj. 1 *Une atmosphère excitante* ▶ enivrant, enthousiasmant, exaltant, galvanisant, grisant, passionnant, stimulant. 2 *Une substance aux effets violemment excitants* ▶ aphrodisiaque, stimulant. 3 *Des sous-vêtements excitants* ▶ affriolant, aguichant, alléchant, appétissant, émoustillant, érotique, provocant, sexy (fam.), troublant.

excitation n. f. 1 *L'excitation à la débauche* ▶ appel, encouragement, exhortation, incitation, invitation, provocation. 2 *L'excitation d'une foule* ▶ agitation, animation, emballement, énervement, enthousiasme, exaltation, fébrilité, fougue, nervosité, surexcitation, transport.

excité, ée n. *Qu'est-ce que c'est que cet excité ?* ▶ énergumène, enragé, exalté.

exciter v. 1 *Exciter l'imagination* ▶ activer, aiguillonner, aiguiser, attiser, aviver, échauffer, émouvoir, enfiévrer, enflammer, enthousiasmer, éperonner, éveiller, exalter, fouetter, piquer, remuer, stimuler. 2 *Des sous-vêtements qui excitent* ▶ affrioler, aguicher, allumer (fam.), émoustiller, troubler. 3 *Exciter un animal* ▶ agacer, exaspérer. 4 *Exciter qqn au combat* ▶ encourager, exhorter, inciter, pousser, provoquer. 5 **s'exciter** *Ne t'excite donc pas comme ça!* ▶ s'agiter, s'emporter, s'énerver, s'enflammer, se monter (fam.).

exclamation n. f. ▶ clameur, cri.

exclamer (s') v. ▶ s'écrier, se récrier.

exclu, ue n. ▶ marginal, paria, réprouvé (litt.).

exclure v. 1 *Exclure qqn d'une association* ▶ bannir, chasser, écarter, éliminer, évincer, expulser, proscrire, radier, refouler, rejeter, renvoyer, repousser, vider (fam.), virer (fam.). 2 *La pauvreté n'exclut pas la fierté* ▶ empêcher, interdire.

exclusif, ive adj. 1 *Le distributeur exclusif d'un produit* ▶ spécial, spécifique, unique. 2 *Un tempérament exclusif* ▶ égoïste, jaloux, possessif. 3 *Un pouvoir exclusif* ▶ personnel.

exclusion n. f. 1 *Son exclusion a été décidée à l'unanimité* ▶ élimination, expulsion, radiation, renvoi. 2 *S'interroger sur le phénomène de l'exclusion dans la société contemporaine* ▶ désocialisation, marginalisation. 3 **à l'exclusion de** ▶ abstraction faite de, à la réserve de (vx), à l'exception de, à part, en dehors de, excepté, hormis, hors (vx), non compris, sauf.

exclusivement adv. *Il lit exclusivement des bandes dessinées* ▶ seulement, uniquement.

exclusivité n. f. 1 *Croire que l'on a l'exclusivité de l'humour* ▶ apanage, monopole. 2 *Un journal qui diffuse une exclusivité* ▶ scoop.

excommunication n. f. ▶ anathème.

excommunier v. 1 *Excommunier un évêque dissident* ▶ anathématiser. 2 Fig. *Excommunier qqn d'une société* ▶ bannir, chasser, exclure, expulser, ostraciser (litt.), radier, rejeter.

excrémentiel, elle adj. ▶ fécal.

excréments n. m. pl. 1 ▶ crotte, déjections, excrétions (litt.), fèces, matières, selles. 2 Spécialement pour les cerfs et les fauves ▶ fumées.

excrétion n. f. ▶ élimination, évacuation, expulsion.

excroissance n. f. ▶ bosse, éminence, proéminence, protubérance, saillie.

excursion n. f. ▶ balade, promenade, randonnée, sortie, tournée, virée (fam.), voyage.

excusable adj. ▶ pardonnable, rémissible (litt.).

excuse n. f. 1 *Avoir une excuse* ▶ explication, justification, motif, prétexte (péj.), raison. 2 Plur. *Présenter ses excuses* ▶ regrets.

excuser v. 1 *Excuser qqn à condition qu'il ne recommence pas* ▶ absoudre, pardonner. 2 *Il est impossible d'excuser une pareille conduite* ▶ accepter, admettre, pardonner, passer l'éponge sur (fam.), supporter, tolérer. 3 *Des malheurs qui excusent la nervosité de qqn* ▶ expliquer, justifier, légitimer, motiver. 4 **s'excuser** *S'excuser pour ses fautes passées* ▶ demander pardon, faire amende honorable.

exécrable adj. 1 *Je ne sais pas comment ils font pour avaler ça, c'est exécrable* ▶ dégoûtant, imbuvable, immangeable, immonde, infect, répugnant. 2 *Des résultats exécrables* ▶ affligeant, calamiteux, consternant, déplorable, dérisoire, désastreux, lamentable, minable (fam.), misérable, navrant, nul, pitoyable. 3 *Un caractère exécrable* ▶ abominable, affreux, détestable, épouvantable, horrible, insupportable, odieux.

exécration n. f. Litt. ▶ abomination, aversion, dégoût, détestation (litt.), haine, horreur, répugnance, répulsion.

exécrer v. Litt. ▶ abhorrer, abominer, avoir en horreur, avoir horreur de, détester, haïr, maudire.

exécutable adj. ▶ possible, réalisable.

exécutant, ante n. 1 *Un orchestre de cinquante exécutants* ▶ instrumentiste. 2 *Confier un travail à des exécutants* ▶ agent, technicien.

exécuter v. 1 *Exécuter un mouvement tournant* ▶ accomplir, effectuer, faire, mener à bien, opérer, réaliser. 2 *Exécuter ses obligations professionnelles* ▶ observer, remplir. 3 *Exécuter un vêtement* ▶ confectionner, fabriquer, faire, réaliser. 4 *Exécuter un morceau de musique* ▶ interpréter, jouer. 5 *Exécuter un otage* ▶ abattre, assassiner, descendre (fam.), mettre à mort, supprimer (fam.), tuer. 6 **s'exécuter** *S'exécuter sur le champ* ▶ obéir, obtempérer.

exécutif n. m. ▶ gouvernement, pouvoir.

exécution n. f. 1 *L'exécution d'un travail dans les délais* ▶ accomplissement, réalisation. 2 *L'exécution d'un morceau de musique* ▶ interprétation. 3 *L'exécution d'un condamné à mort* ▶ mise à mort, supplice.

exégèse n. f. ▶ commentaire, critique, explication, interprétation.

exégète n. m. ▶ commentateur, critique, interprète, scoliaste.

exemplaire adj. 1 *Un récit exemplaire* ▶ édifiant 1 *Mener une vie exemplaire* ▶ honnête, moral, vertueux.

exemplaire n. m. *Voilà un bel exemplaire de baleine bleue* ▶ échantillon, spécimen.

exemple n. m. 1 *Un exemple pour la jeunesse* ▶ idéal, modèle, parangon (vx). 2 *Cela fera un exemple* ▶ antécédent, précédent. 3 *Voilà un parfait exemple de la dégradation des mœurs politiques* ▶ illustration. 4 *Donner un exemple de ses talents* ▶ aperçu, échantillon, esquisse, idée, notion, spécimen. 5 *Un exemple de verbe du premier groupe* ▶ modèle, paradigme, type.

exempt, exempte adj. 1 *Être exempt d'une obligation légale* ▶ affranchi, déchargé, dégagé, dispensé, exempté, exonéré, libre. 2 *Être exempt de toute intelligence* ▶ démuni, dénué, dépourvu, privé.

exempter v. 1 *Exempter qqn d'une contribution* ▶ affranchir de, décharger de, dégager de, dégrever de, dispenser de, exonérer de, libérer de. 2 *Des principes de vie qui exemptent de toute passion* ▶ garantir de, immuniser contre, mettre à l'abri de, préserver de.

exemption n. f. ▶ décharge, dégrèvement, dispense, exonération.

exercé, ée adj. *Un artisan très exercé* ▶ adroit, expérimenté, expert, habile.

exercer v. 1 *Où exerce-t-il?* ▶ travailler. 2 *Exercer une activité, une fonction* ▶ s'acquitter de, se consacrer à, se livrer à, pratiquer, remplir. 3 *Exercer son intelligence* ▶ aguerrir, cultiver, dresser, éduquer, entraîner, façonner, former, habituer, rompre. 4 **s'exercer** *S'exercer sans relâche* ▶ s'entraîner, s'entretenir, se faire la main (fam.), travailler.

exercice n. m. 1 *L'exercice du pouvoir* ▶ pratique, usage. 2 *Faire beaucoup d'exercice* ▶ culture physique, gymnastique, sport. 3 *Faire faire l'exercice aux jeunes recrues* ▶ entraînement, manœuvre.

exergue n. m. 1 *Un exergue sur une médaille* ▶ inscription. 2 Fig. *Mettre une citation en exergue* ▶ épigraphe.

exhalaison n. f. 1 *Des exhalaisons exquises* ▶ arôme, fumet, parfum, senteur. 2 *Des exhalaisons pestilentielles* ▶ émanation, miasme. 3 *Sans caractérisation particulière* ▶ effluve, souffle, vapeur.

exhaler v. 1 *Exhaler une odeur* ▶ dégager, émettre, répandre. 2 Fig. et litt. *Exhaler la fausseté* ▶ respirer, suer. 3 Fig. et litt. *Exhaler sa colère* ▶ déverser, épancher, exprimer, extérioriser, manifester.

exhaussement n. m. ▶ élévation, surélévation.

exhausser v. 1 *Exhausser un mur* ▶ élever, hausser, surélever, surhausser. 2 Litt. *Des épreuves qui exhaussent l'âme* ▶ élever, ennoblir.

exhaustif, ive adj. ▶ complet, intégral, total.

exhaustivement adv. ▶ entièrement, in extenso, intégralement, totalement.

exhiber v. 1 *Exhiber ses titres de propriété* ▶ faire voir, montrer, présenter, produire. 2 *Exhiber ses connaissances* ▶ afficher, arborer, déployer, étaler, faire montre de, faire parade de. 3 **s'exhiber** *S'exhiber en public* ▶ se montrer, s'offrir en spectacle, se prodiguer (vx), se produire.

exhibition n. f. 1 *Une exhibition de fauves* ▶ numéro, présentation, représentation, show, spectacle. 2 *L'exhibition de ses richesses* ▶ déploiement, étalage, parade.

exhortation n. f. 1 *Une exhortation à pratiquer la vertu* ▶ appel, encouragement, incitation, invitation, invite. 2 *Écouter tête*

exhorter

basse les exhortations de son grand-père ▶ harangue, sermon.

exhorter v. 1 *Exhorter les troupes avant la bataille* ▶ haranguer. 2 *Exhorter les jurés à se montrer cléments* ▶ appeler à, convier à, encourager à, engager à, inciter à, inviter à, pousser à, presser de.

exhumation n. f. ▶ déterrement.

exhumer v. 1 *Exhumer un cadavre* ▶ déterrer. 2 Fig. *Exhumer de vieilles histoires* ▶ déterrer, ressortir, ressusciter, réveiller.

exigeant, ante adj. 1 *Un client exigeant* ▶ délicat, difficile, maniaque, tatillon. 2 *Un lexicographe exigeant* ▶ minutieux, perfectionniste, pointilleux. 3 *Un métier exigeant* ▶ absorbant, accaparant, assujettissant, astreignant, prenant.

exigence n. f. 1 *Une exigence de pureté* ▶ appétit, besoin, demande, désir, revendication. 2 *Les exigences de l'emploi du temps* ▶ contrainte, impératif, nécessité, obligation. 3 Plur. *Présenter ses exigences* ▶ conditions, prétentions.

exiger v. 1 *Exiger son dû* ▶ réclamer, revendiquer. 2 *Exiger que tout soit prêt pour le lendemain* ▶ commander, enjoindre, ordonner. 3 *Une maladie qui exige les plus grands soins* ▶ appeler, demander, imposer, nécessiter, réclamer, requérir, vouloir.

exigu, uë adj. ▶ étriqué, étroit, petit, réduit, restreint.

exiguïté n. f. ▶ étroitesse, petitesse.

exil n. m. 1 *Être condamné à l'exil* ▶ bannissement, expatriation, expulsion. 2 Litt. *Vivre loin de vous est un dur exil* ▶ éloignement, isolement, séparation.

exilé, ée n. *Un exilé politique* ▶ réfugié.

exiler v. 1 *Exiler un opposant* ▶ bannir, expatrier, expulser, proscrire. 2 Fig. *Exiler un fonctionnaire en province* ▶ éloigner, reléguer. 3 *s'exiler* *S'exiler dans un pays lointain* ▶ émigrer, se réfugier.

existant, ante adj. 1 *Les choses rêvées et les choses existantes* ▶ authentique, concret, effectif, palpable, réel. 2 *Se conformer aux règles existantes* ▶ actuel, en vigueur, présent.

existence n. f. 1 *L'existence d'un phénomène* ▶ matérialité, présence, réalité. 2 *Être satisfait de son existence* ▶ destin, destinée, état, sort. 3 *Mener une existence paisible* ▶ jours, vie.

exister v. 1 *Le bonheur d'exister* ▶ être, vivre. 2 *Il n'existe pas de solution à ce problème* ▶ y avoir. 3 *Je ne crois pas que cette tournure existe en français* ▶ se rencontrer, se trouver. 4 *Cette coutume existe depuis longtemps* ▶ durer, persister, subsister. 5 *Seul l'art existe pour lui* ▶ compter, importer, valoir.

exode n. m. 1 *L'exode des Irlandais au XIXe s.* ▶ émigration, expatriation. 2 *L'exode de 1940* ▶ fuite, sauve-qui-peut.

exonération n. f. *Solliciter une exonération auprès de l'inspecteur du Trésor* ▶ abattement, allégement, dégrèvement.

exonérer v. 1 *Exonérer un contribuable* ▶ dégrever. 2 Litt. *Exonérer qqn d'une obligation* ▶ affranchir, décharger, dégager, dispenser, exempter, libérer.

exorbitant, ante adj. *Un prix exorbitant* ▶ démesuré, dingue (fam.), exagéré, excessif, extravagant, fou (fam.), immodéré, inabordable, monstrueux (fam.).

exorciser v. 1 *Exorciser des esprits malfaisants* ▶ conjurer. 2 *Exorciser une jeune possédée* ▶ désensorceler, désenvoûter.

exorcisme n. m. ▶ conjuration, désensorcellement, désenvoûtement.

exorde n. m. 1 *L'exorde d'un discours* ▶ introduction, préambule, prologue. 2 Fig. et litt. *L'exorde d'une négociation* ▶ commencement, début, préliminaires, prélude.

exotique adj. 1 *Des contrées exotiques* ▶ lointain. 2 *Un fruit exotique* ▶ tropical. 3 Fig. *Un homme d'aspect exotique* ▶ étrange, inhabituel.

expansible adj. ▶ dilatable.

expansif, ive adj. Fig. *Un tempérament expansif* ▶ communicatif, confiant, démonstratif, exubérant, ouvert.

expansion n. f. 1 *L'expansion d'un gaz* ▶ décompression, détente, dilatation. 2 *Un secteur économique en pleine expansion* ▶ boom, croissance, développement, épanouissement, essor. 3 *L'expansion d'une doctrine* ▶ diffusion, extension, propagation. 4 Litt. *De sincères expansions* ▶ effusion, épanchement.

expansionnisme n. m. ▶ colonialisme, impérialisme.

expatriation n. f. ▶ émigration, exil.

expatrier (s') v. ▶ émigrer, s'exiler.

expectative n. f. ▶ attente.

expectoration n. f. ▶ crachat, glaire.

expectorer v. ▶ cracher.

expédient adj. m. Litt. *Faites ce qui vous paraît le plus expédient* ▶ adéquat, convenable, indiqué, opportun.

expédient n. m. 1 *Cette mesure hâtive n'est qu'un expédient* ▶ palliatif. 2 *Il faut à tout prix* *trouver un expédient pour nous sortir de là* ► astuce, combine (fam.), échappatoire, moyen, solution, truc (fam.).

expédier v. **1** *Expédier les affaires courantes* ► régler. **2** *Expédier un colis* ► adresser, envoyer, poster, transmettre. **3** *Expédier un travail* ► bâcler, liquider, torcher (fam.), trousser (litt.). **4** *Expédier un importun* ► congédier, se débarrasser de, éconduire, envoyer paître (fam.), renvoyer.

expéditeur, trice n. ► envoyeur.

expéditif, ive adj. **1** *Être expéditif en affaires* ► actif, prompt, rapide, vif. **2** *Une procédure expéditive* ► hâtif, précipité, rapide, sommaire.

expédition n. f. **1** *L'expédition d'une malle par le train* ► envoi. **2** *L'expédition de Bonaparte en Égypte* ► campagne. **3** *Une visite qui se transforme en véritable expédition* ► périple, voyage. **4** *L'expédition d'un acte notarié* ► copie, double.

expéditivement adv. ► hâtivement, précipitamment, prestement, promptement, rapidement, vivement.

expérience n. f. **1** *L'expérience des affaires* ► connaissance, habitude, pratique, usage. **2** *Avoir l'expérience requise* ► métier, qualification, savoir-faire. **3** *Se livrer à des expériences* ► essai, expérimentation, test. **4** *Faire l'expérience d'une arme* ► épreuve, essai, expérimentation.

expérimental, ale adj. **1** *Des procédés expérimentaux* ► empirique, pragmatique. **2** *Enseigner dans une école expérimentale* ► d'avant-garde, modèle, pilote.

expérimentation n. f. **1** *L'expérimentation d'une arme nouvelle* ► épreuve, essai, expérience. **2** *Le danger des expérimentations nucléaires* ► essai, expérience, test.

expérimenté, ée adj. *N'ayez aucune crainte, c'est un spécialiste tout à fait expérimenté* ► adroit, averti, capable, chevronné, compétent, confirmé, entraîné, éprouvé, exercé, expert, fort, habile, qualifié.

expérimenter v. *Expérimenter qqch de nouveau* ► éprouver, essayer, goûter de, tâter de, tester.

expert, erte adj. *Dans ce domaine, il est tout à fait expert* ► adroit, bon, capable, compétent, exercé, expérimenté, habile.

expert n. m. **1** *Un expert en peinture* ► connaisseur, spécialiste. **2** *Ce pilote est un expert* ► as (fam.), crack (fam.), maître, professionnel, spécialiste, virtuose.

expertise n. f. *L'expertise d'un bijou* ► estimation, évaluation.

expertiser v. ► estimer, évaluer.

expiation n. f. *Se retirer dans un désert pour l'expiation de ses crimes* ► rachat.

expier v. ► payer, racheter.

expiration n. f. Fig. *L'expiration d'un contrat* ► échéance, fin, terme.

expirer v. **1** *Expirer de l'air* ► exhaler, souffler. **2** Litt. *Un vieillard qui expire* ► agoniser, décéder, s'éteindre, mourir, passer (litt.), périr (litt.), rendre l'âme, succomber, trépasser. **3** Litt. *Une lueur qui expire* ► s'affaiblir, baisser, décliner, décroître, diminuer, s'éteindre, s'évanouir. **4** *Le bail expire demain* ► cesser, finir, prendre fin, se terminer.

explicable adj. ► compréhensible, justifiable.

explicatif, ive adj. *Un exemple peu explicatif* ► éclairant, illustratif, parlant.

explication n. f. **1** *Une traduction avec des explications* ► annotation, commentaire, éclaircissement, glose, indication, note, précision, renseignement. **2** *Trouver l'explication d'une énigme* ► clé, élucidation, solution. **3** *On ne trouve pas d'explication à son comportement* ► cause, justification, motif, raison, raison d'être. **4** *Avoir une explication avec qqn* ► débat, discussion, mise au point.

explicite adj. **1** *Donner des renseignements explicites* ► clair, détaillé, limpide, net, précis. **2** *Il a été tout à fait explicite* ► catégorique, clair, formel, net.

explicitement adv. ► clairement, expressément, nettement.

expliciter v. ► formuler, préciser.

expliquer v. **1** *Expliquer un phénomène qui paraissait mystérieux* ► débrouiller, démêler, démystifier, éclaircir, éclairer, élucider. **2** *Expliquer ses angoisses* ► communiquer, décrire, dire, exposer, exprimer. **3** *Pouvez-vous expliquer votre idée?* ► développer, préciser. **4** *Expliquer un texte* ► commenter. **5** *Expliquer la grammaire aux enfants* ► apprendre, enseigner, montrer (litt.). **6** *Comment expliquerez-vous votre retard?* ► excuser, justifier, légitimer, motiver. **7** *s'expliquer* *Il lui a fallu s'expliquer* ► se défendre, se disculper, se justifier.

exploit n. m. *L'exploit d'un navigateur solitaire* ► haut fait (vx), performance, prouesse, tour de force.

exploitable adj. ► employable, utilisable.

exploitant, ante agricole n. ► agriculteur, cultivateur, fermier.

exploitation

exploitation n. f. 1 *L'exploitation du sol* ▶ culture, mise en valeur. 2 *Avoir une petite exploitation* ▶ ferme.

exploiter v. 1 *Exploiter un domaine* ▶ faire valoir. 2 *Exploiter un succès* ▶ bénéficier de, tirer parti de, tirer profit de, utiliser. 3 *Exploiter ses employés* ▶ pressurer, sous-payer, spolier (litt.). 4 *Exploiter la crédulité de qqn* ▶ abuser de.

exploiteur, euse n. ▶ affameur, profiteur, sangsue (fam.), spoliateur (litt.).

exploration n. f. 1 *Une exploration polaire* ▶ expédition, mission, voyage. 2 *L'exploration d'un terrain par des géologues* ▶ prospection, sondage. 3 Fig. *L'exploration d'un thème* ▶ analyse, approfondissement, étude, examen.

exploratoire adj. *Une réunion exploratoire* ▶ préalable, préliminaire, préparatoire.

explorer v. 1 *Explorer une région inconnue* ▶ découvrir, fouiller, inspecter, parcourir, prospecter, reconnaître, visiter. 2 Fig. *Explorer une idée* ▶ approfondir, étudier, examiner, fouiller, sonder.

exploser v. 1 *Une bombe qui explose* ▶ détoner, éclater, péter (fam.), sauter. 2 Fig. *Sa colère a fini par exploser* ▶ déborder, se déchaîner, éclater. 3 Fig. *Exploser contre les abus* ▶ se déchaîner, fulminer, tonner.

explosif, ive adj. 1 Fig. *Un tempérament explosif* ▶ bouillant, de feu, fougueux, impétueux, volcanique. 2 Fig. *Une démographie explosive* ▶ galopant. 3 Fig. *Une situation explosive* ▶ critique, dangereux, sensible, tendu.

explosion n. f. 1 *Un bruit d'explosion* ▶ déflagration, détonation, éclatement. 2 Fig. *Une explosion de colère* ▶ accès, bouffée, débordement, déchaînement, éruption, jaillissement, tempête. 3 *Une explosion démographique* ▶ boom, flambée.

exporter v. *Un pays qui exporte du cacao* ▶ commercialiser, vendre.

exposé n. m. 1 *Faire un exposé devant un auditoire* ▶ communication, conférence, laïus (fam.), speech (fam.), topo (fam.). 2 *Faire l'exposé d'un événement* ▶ compte rendu, description, exposition, narration, présentation, rapport, récit, relation (vx).

exposer v. 1 *Exposer un tableau* ▶ montrer, présenter. 2 *Exposer une façade du côté des montagnes* ▶ diriger, orienter, tourner. 3 *Exposer son corps à des rayons lumineux* ▶ présenter, soumettre. 4 *Exposer ses intentions* ▶ communiquer, déclarer, décrire, détailler, dire, énoncer, expliquer, indiquer, manifester, présenter. 5 Fig. *Exposer sa vie* ▶ compromettre, hasarder, jouer (litt.), mettre en danger, mettre en péril, risquer. 6 **s'exposer** *S'exposer à des reproches* ▶ encourir, prêter le flanc à, risquer. 7 Fig. *S'exposer dans une affaire louche* ▶ se commettre, se compromettre, se mouiller (fam.).

exposition n. f. 1 *Une exposition de marchandises* ▶ foire, présentation, salon. 2 *Une exposition Van Gogh* ▶ rétrospective. 3 *L'exposition au sud d'une maison* ▶ orientation, situation. 4 Fig. *Passer à l'exposition des faits* ▶ compte-rendu, description, explication, exposé, narration, présentation, rapport, récit, relation (vx). 5 Fig. *L'exposition d'une pièce de théâtre* ▶ argument, protase (vx). 6 Fig. *L'exposition d'un morceau de musique* ▶ introduction, prélude.

exprès, esse adj. *Une défense expresse* ▶ absolu, catégorique, explicite, formel, impératif.

exprès adv. 1 *Je ne l'ai pas fait exprès* ▶ à dessein (litt.), délibérément, intentionnellement, sciemment, volontairement. 2 *Un livre acheté exprès pour lui* ▶ expressément, juste, précisément, spécialement.

expressément adv. 1 *Exprimer expressément ses volontés* ▶ explicitement, formellement, nettement. 2 *Un poème conçu expressément pour elle* ▶ exprès, juste, précisément, spécialement.

expressif, ive adj. 1 *Un récit expressif* ▶ animé, coloré, pittoresque, suggestif, vivant. 2 *Une grimace expressive* ▶ démonstratif, éloquent, parlant, significatif, suggestif.

expression n. f. 1 *Une expression de dégoût* ▶ mimique. 2 *Le beau est-il l'expression du bien?* ▶ émanation, incarnation, manifestation. 3 *Une expression régionale* ▶ forme, formule, locution, mot, terme, tour, tournure. 4 *Le fond et l'expression correspondante* ▶ forme, style.

exprimable adj. ▶ dicible, formulable.

exprimer v. 1 *Exprimer le fond de sa pensée* ▶ communiquer, dire, énoncer, expliquer, extérioriser, manifester, présenter, révéler, signifier. 2 *Exprimez-lui toute ma sympathie* ▶ communiquer, présenter, témoigner, transmettre. 3 Fig. *Une musique qui exprime la mélancolie* ▶ peindre, rendre, représenter, respirer, traduire. 4 **s'exprimer** *S'exprimer avec difficulté* ▶ parler.

expulser v. 1 *Expulser un indésirable* ▶ bannir, exiler, proscrire. 2 Spécialement à propos d'un étranger ▶ chasser, reconduire à la frontière, refouler, renvoyer, repousser. 3 *Expulser qqn d'un parti* ▶ évincer, exclure, vider (fam.), virer (fam.). **4** *Expulser un locataire* ▸ déloger, vider (fam.). **5** *Expulser un calcul rénal* ▸ éliminer, évacuer, rejeter.

expulsion n. f. **1** *L'expulsion d'un indésirable* ▸ bannissement, exil, proscription. **2** Spécialement à propos d'un étranger ▸ refoulement, renvoi. **3** *L'expulsion des éléments les plus radicaux* ▸ éviction, exclusion, renvoi. **4** *L'expulsion des selles* ▸ élimination, évacuation, excrétion.

expurger v. ▸ censurer, couper.

exquis, ise adj. **1** *Une cuisine exquise* ▸ délectable, délicat, délicieux, excellent, fin, savoureux, succulent. **2** *Une exquise courtoisie* ▸ raffiné, recherché. **3** *Une exquise naïveté* ▸ adorable, charmant, délicieux.

exsangue adj. **1** Litt. *Un teint exsangue* ▸ blafard, blême, hâve, livide. **2** Fig. *Un secteur économique exsangue* ▸ asthénique.

exsuder v. ▸ suinter.

extase n. f. **1** *L'extase mystique* ▸ béatitude, exaltation, ivresse, ravissement, transport. **2** *L'extase d'un amateur devant un tableau* ▸ contemplation, émerveillement, ravissement, transport.

extasier (s') v. ▸ s'émerveiller, se pâmer.

extensible adj. ▸ ductile, élastique.

extension n. f. **1** *L'extension d'un muscle* ▸ allongement, déploiement, étirement. **2** *L'extension d'une surface ou d'un volume* ▸ agrandissement, augmentation, élargissement, grossissement. **3** *L'extension des activités d'une entreprise* ▸ accroissement, augmentation, développement, élargissement, essor, expansion, intensification, multiplication. **4** *L'extension d'une épidémie* ▸ développement, propagation.

exténuer v. ▸ briser, claquer (fam.), crever (fam.), épuiser, éreinter, esquinter (fam.), harasser, lessiver (fam.), rompre, tuer (fam.), vanner (fam.), vider (fam.).

extérieur, eure adj. **1** *La politique extérieure* ▸ étranger. **2** *Le côté extérieur* ▸ externe, périphérique. **3** *Une raison extérieure à notre propos* ▸ étranger, extrinsèque. **4** *Des signes extérieurs de richesse* ▸ apparent, visible.

extérieur n. m. **1** *Un extérieur bourru qui cache de la tendresse* ▸ abord, air, allure, apparence, aspect, dehors, écorce, façade, façons, genre, manières. **2 à l'extérieur** ▸ dehors.

extérieurement adv. *Extérieurement, il avait l'air honnête* ▸ apparemment, en apparence.

extérioriser v. ▸ exprimer, manifester, montrer.

extermination n. f. ▸ anéantissement, liquidation (fam.), massacre.

exterminer v. ▸ anéantir, liquider (fam.), massacrer.

externe adj. ▸ extérieur, périphérique.

extinction n. f. **1** *L'extinction d'une espèce* ▸ disparition, fin, mort. **2** *L'extinction d'un privilège* ▸ abolition, abrogation, annulation, suppression.

extirpation n. f. **1** *L'extirpation d'une tumeur ou d'une plante* ▸ ablation, arrachement, déracinement, éradication, extraction. **2** Fig. et litt. *L'extirpation des vices* ▸ anéantissement, destruction, éradication (litt.).

extirper v. **1** *Extirper une tumeur ou une plante* ▸ arracher, déraciner, enlever, extraire, ôter. **2** Fig. *Extirper les abus* ▸ anéantir, détruire, éradiquer (litt.). **3** Fam. *Extirper qqn de son sommeil* ▸ arracher à, tirer de.

extorquer v. ▸ soutirer.

extra adj. Fam. *C'est extra!* ▸ dément (fam.), épatant (fam.), géant (fam.), génial (fam.), hyper (fam.), sensationnel, super (fam.).

extra n. m. Fam. *Toucher un extra* ▸ à-côté, appoint, complément, supplément.

extraction n. f. **1** *L'extraction d'un organe, d'une plante* ▸ ablation, arrachement, déracinement, énucléation, évulsion (vx), exérèse, extirpation. **2** Litt. *Être de noble extraction* ▸ ascendance, lignage, lignée, naissance, origine, souche (litt.).

extraire v. **1** *Un objet que l'on n'arrive pas à extraire de ce qui le coince* ▸ dégager, enlever, extirper, ôter, retirer, sortir, tirer. **2** *Extraire une citation de son contexte* ▸ isoler.

extrait n. m. **1** *De l'extrait de café* ▸ concentré, essence, quintessence. **2** *Un extrait d'une œuvre célèbre* ▸ citation, fragment, morceau, page, partie, passage.

extralucide n. *Avoir des dons d'extralucide* ▸ médium, voyant.

extraordinaire adj. **1** *Il ne s'est rien passé d'extraordinaire* ▸ anormal, bizarre, curieux, drôle, étonnant, étrange, inhabituel, insolite, original, particulier, singulier, spécial. **2** *Un spectacle extraordinaire* ▸ admirable, ahurissant, colossal, ébouriffant (fam.), époustouflant, étonnant, exceptionnel, extravagant, fabuleux, fantastique, faramineux (fam.), formidable,

extrapoler

hors du commun, inconcevable, incroyable, ineffable, inimaginable, inouï, invraisemblable, merveilleux, mirifique, mirobolant, phénoménal, prodigieux, rare, stupéfiant, terrible (fam.), unique.

extrapoler v. ▶ généraliser.

extravagance n. f. 1 *L'extravagance d'une conduite* ▶ excentricité, loufoquerie. 2 *Subir les extravagances de qqn* ▶ frasque, incartade, lubie. 3 *N'écoutez pas ses extravagances* ▶ divagation, élucubration.

extravagant, ante adj. 1 *Tenir des propos extravagants* ▶ absurde, biscornu (fam.), grotesque, incohérent, loufoque (fam.), tordu (fam.). 2 *Une tenue extravagante* ▶ excentrique, farfelu (fam.), loufoque (fam.).

extravaguer v. ▶ délirer, déraisonner, divaguer.

extraverti, ie adj. ▶ communicatif, démonstratif, expansif, ouvert.

extrême adj. 1 *La phase extrême d'un processus* ▶ dernier, final, terminal, ultime. 2 *Un sentiment extrême* ▶ démesuré, exacerbé, exaspéré, excessif, intense, outré. 3 *Une solution extrême* ▶ radical.

extrêmement adv. ▶ exceptionnellement, excessivement, extraordinairement, fabuleusement, formidablement, horriblement, immensément, infiniment, prodigieusement, terriblement, très.

extrémisme n. m. ▶ jusqu'au-boutisme.

extrémiste adj. et n. ▶ enragé, jusqu'au-boutiste, ultra.

extrémité n. f. 1 *L'extrémité d'une terre* ▶ bord, bout, fin, limite, lisière, pointe. 2 Fig. *Se porter à des extrémités regrettables* ▶ excès, violence. 3 Fig. *Être à l'extrémité* ▶ agonie.

extrinsèque adj. 1 *Un ensemble homogène enrichi d'éléments extrinsèques* ▶ étranger, extérieur. 2 *La valeur extrinsèque d'une monnaie* ▶ conventionnel, fictif, nominal, théorique.

exubérance n. f. 1 *L'exubérance de la végétation* ▶ abondance, débordement, luxuriance, profusion, surabondance. 2 *L'exubérance des enfants* ▶ expansivité, pétulance, vitalité.

exubérant, ante adj. 1 *Une végétation exubérante* ▶ abondant, débordant, luxuriant, surabondant. 2 *Un caractère exubérant* ▶ démonstratif, expansif. 3 *Une joie exubérante* ▶ débordant.

exultation n. f. Litt. ▶ allégresse, joie, jubilation, liesse, transport.

exulter v. ▶ être fou de joie, jubiler.

exutoire n. m. ▶ antidote, dérivatif, diversion, soupape.

f

fable n. f. **1** Litt. *Les fables qui racontent l'origine des civilisations* ▶ histoire, légende, mythe. **2** *Il n'y a que dans les fables que les ogres mangent les petits garçons* ▶ conte, fiction. **3** Fig. et litt. *C'est une fable que l'on fait courir* ▶ affabulation, blague, bruit, calembredaine, carabistouille (fam.), craque (fam.), fantaisie, galéjade (fam.), histoire, invention, potin (fam.), racontar (fam.), ragot, roman, salade (fam.).

fabricant, ante n. ▶ confectionneur (vx), constructeur, fabricateur (péj.), façonnier, facteur, faiseur, manufacturier (vx), producteur.

fabrication n. f. ▶ confection, création, façon, façonnage, façonnement, production.

fabrique n. f. *Une fabrique de porcelaines* ▶ manufacture.

fabriqué, ée adj. **1** Fig. *Des sentiments fabriqués* ▶ factice, faux. **2** Fig. *Un style très fabriqué* ▶ sophistiqué, travaillé.

fabriquer v. **1** *Fabriquer un prototype* ▶ confectionner, élaborer, faire, monter, produire, réaliser, usiner. **2** *Fabriquer une histoire de toutes pièces* ▶ bâtir, concocter (fam.), créer, échafauder, forger, inventer, monter. **3** Fig. et fam. *Qu'est-ce que tu fabriques?* ▶ bricoler (fam.), faire, ficher (fam.), manigancer, mijoter, trafiquer (fam.), tramer.

fabulateur, trice n. ▶ mythomane.

fabulation n. f. ▶ affabulation, fable.

fabuler v. ▶ affabuler, broder, exagérer, inventer.

fabuleusement adv. ▶ colossalement, extraordinairement, extrêmement, gigantesquement, phénoménalement, prodigieusement.

fabuleux, euse adj. **1** Vx *L'utilisation des thèmes fabuleux dans la littérature du XVIIe s* ▶ merveilleux. **2** *Des récits fabuleux* ▶ fictif, imaginaire, irréel. **3** *Les chevaliers des temps fabuleux* ▶ légendaire, mythique. **4** *Un spectacle fabuleux* ▶ admirable, exceptionnel, extraordinaire, fantastique, formidable, hors du commun, merveilleux, prodigieux, unique. **5** *Il a payé cela un prix fabuleux* ▶ astronomique, colossal.

façade n. f. **1** *La façade d'un bâtiment* ▶ devant, devanture, front, frontispice (vx). **2** Fig. *Une façade d'honnêteté* ▶ air, apparence, dehors, écorce, extérieur, vernis.

face n. f. **1** *Une face réjouie* ▶ faciès (péj.), figure, frimousse (fam.), front (litt.), gueule (fam.), minois, physionomie, tête, visage. **2** *La face nord d'une montagne* ▶ côté, versant. **3** *La face d'une monnaie* ▶ avers. **4** *Les faces d'un diamant* ▶ facette. **5** *La face d'un bâtiment* ▶ devant, façade, front, frontispice (vx). **6** Fig. *Ne voir que la face positive des choses* ▶ angle, apparence, aspect, côté. **7** **faire face** *Essayer de faire face malgré les difficultés* ▶ faire front, résister, tenir. **8** *Faire face au feu roulant des canons ennemis* ▶ affronter, endurer, se heurter à, soutenir, supporter. **9** *S'approvisionner pour faire face à une pénurie* ▶ obvier à (litt.), parer à. **10 en face** *Un texte avec la traduction en face* ▶ en regard, vis-à-vis. **11 face à face** *Deux adversaires face à face* ▶ nez à nez, tête à tête, vis-à-vis. **12** *Deux bâtiments face à face* ▶ de front.

face-à-face n. m. *Organiser un face-à-face entre deux candidats* ▶ affrontement, confrontation, débat, duel, joute, rencontre, tête-à-tête.

facétie n. f. ▶ blague (fam.), bouffonnerie, canular (fam.), espièglerie, farce, galéjade, niche (fam.), plaisanterie, tour.

facétieux, euse adj. **1** *Un gamin facétieux* ▶ blagueur, farceur, plaisantin, taquin. **2** *Des histoires facétieuses* ▶ comique, plaisant, spirituel.

facette n. f. Fig. *Examiner un problème sous ses multiples facettes* ▶ angle, aspect, côté, face.

fâché, ée adj. *Avoir l'air fâché* ▶ contrarié, courroucé (litt.), en colère, irrité, mécontent.

fâcher v. **1** *Une remarque déplacée qui fâche un invité* ▶ contrarier, courroucer (litt.), irriter, mécontenter, mettre en colère. **2** Litt. *Sa maladie nous a tous bien fâchés* ▶ affliger, attrister, chagriner, chiffonner (fam.), contrarier, désoler, embêter (fam.), ennuyer, navrer (litt.), peiner. **3 se fâcher** *Se fâcher à cause d'une mauvaise plaisanterie* ▶ s'emporter, se formaliser, se froisser, se gendarmer, s'irriter, se mettre en co-

fâcherie

lère, s'offenser, se piquer, prendre la mouche, sortir de ses gonds (fam.). **4** *Des amis qui se fâchent* ▶ se brouiller, divorcer, rompre.

fâcherie n. f. ▶ bisbille (fam.), brouille, dispute, froid.

fâcheusement adv. ▶ déplorablement, désastreusement.

fâcheux, euse adj. *Un contretemps très fâcheux* ▶ affligeant, contrariant, déplaisant, déplorable, désagréable, dommageable, embarrassant, embêtant (fam.), emmerdant (fam.), empoisonnant (fam.), ennuyeux, gênant, malencontreux, malheureux, préoccupant, regrettable.

fâcheux, euse n. Litt. *Éviter un fâcheux* ▶ casse-pieds (fam.), gêneur, importun.

faciès n. m. Péj. ▶ face, figure, physionomie, visage.

facile adj. **1** *Une machine d'utilisation facile* ▶ aisé, commode, simple. **2** *Un texte facile* ▶ abordable, accessible, clair, compréhensible, intelligible, limpide. **3** *Un style facile* ▶ aisé, coulant, limpide, naturel. **4** *Un caractère facile* ▶ accommodant, arrangeant, complaisant, conciliant, sociable. **5** Litt. *Une fille facile* ▶ léger.

facilement adv. **1** *S'installer à l'écart pour bavarder plus facilement* ▶ aisément, commodément. **2** *Parler facilement une langue étrangère* ▶ couramment, naturellement.

facilité n. f. **1** *La facilité d'un exercice* ▶ accessibilité, clarté, intelligibilité, simplicité. **2** *Pratiquer un sport avec facilité* ▶ adresse, agilité, aisance, brio, habileté, naturel. **3** Plur. *Un élève qui a des facilités* ▶ aptitudes, capacités, dispositions, dons, moyens. **4** *Avoir de la facilité à croire ce qu'on raconte* ▶ inclination, penchant, propension, tendance. **5** *Un livre truffé de facilités* ▶ banalité, platitude.

faciliter v. **1** *Faciliter la tâche de qqn* ▶ simplifier. **2** *Faciliter l'entrée de qqn dans une entreprise* ▶ aider à, arranger, favoriser.

façon n. f. **1** *La façon de ce vêtement a été particulièrement soignée* ▶ confection, exécution, fabrication, facture, travail. **2** *Laisser faire qqn à sa façon* ▶ fantaisie, goût, gré, guise, manière, mode, volonté. **3** *Une curieuse façon de parler* ▶ manière. **4** Plur. *Ce sont des façons inacceptables* ▶ agissements, comportements, manières, pratiques, procédés. **5** Plur. *Faire bien des façons* ▶ cérémonies, chichis (fam.), embarras, histoires, manières, simagrées (fam.). **6** *façon de penser* *Avoir sur un problème une façon de penser très nouvelle* ▶ conception, optique, perspective, vi-

256

sion, vue. **7 sans façon** *S'exprimer sans façon* ▶ naturellement, simplement. **8** *Ne vous en faites pas, elle est tout à fait sans façon* ▶ nature (fam.), simple.

faconde n. f. **1** Litt. *La faconde d'un orateur* ▶ bagout (fam.), éloquence, tchatche (fam.), verve. **2** Litt. *Un bavard à l'ennuyeuse faconde* ▶ loquacité, prolixité, volubilité.

façonnage, façonnement n. m. ▶ fabrication, modelage.

façonner v. **1** *Façonner un matériau* ▶ modeler, ouvrer, travailler. **2** *Façonner un objet* ▶ composer, confectionner, élaborer, fabriquer, faire. **3** Spécialement avec une machine-outil ▶ usiner. **4** Litt. *Façonner le goût* ▶ affiner, éduquer, former, modeler, polir. **5** Litt. *Façonner qqn à la discipline militaire* ▶ dresser, former, plier, rompre. **6** *Être façonné par l'expérience* ▶ dégourdir, dégrossir.

fac-similé n. m. *Le fac-similé d'une carte d'identité* ▶ copie, double, duplicata, photocopie, reproduction.

facteur n. m. **1** *Une lettre apportée par le facteur* ▶ préposé. **2** *Un facteur d'instruments de musique* ▶ fabricant. **3** *Un facteur de réussite* ▶ agent, cause, élément, principe.

factice adj. **1** *Une moustache factice* ▶ artificiel, bidon (fam.), faux, postiche. **2** *Un enthousiasme factice* ▶ affecté, artificiel, contraint, conventionnel, de commande, d'emprunt, fabriqué, faux, feint, forcé.

factieux, euse adj. Litt. *Des menées factieuses* ▶ révolutionnaire, séditieux (litt.), subversif.

factieux, euse n. *Un coup d'État organisé par une poignée de factieux* ▶ agitateur, comploteur, conjuré, conspirateur, émeutier, insurgé, mutin, rebelle, révolté, trublion (fam.).

faction n. f. **1** *Un État déchiré par les factions* ▶ clan, ligue. **2** *Être de faction* ▶ garde, guet, quart, veille.

factionnaire n. m. ▶ guetteur, planton, sentinelle, veilleur.

factotum n. m. ▶ homme à tout faire.

factuel, elle adj. *S'en tenir uniquement à des données factuelles* ▶ observable, réel, tangible.

facture n. f. **1** *Demander la facture* ▶ addition, compte, douloureuse (fam.), note. **2** *Une œuvre d'une facture originale* ▶ exécution, façon, manière, patte (fam.), style, technique, ton, travail.

facturer v. *Facturer le déplacement en plus des heures de travail* ▸ compter.

facultatif, ive adj. ▸ optionnel.

faculté n. f. **1** *Avoir la faculté de choisir* ▸ capacité, droit, liberté, moyen, possibilité, pouvoir. **2** *Avoir une grande faculté d'adaptation* ▸ aptitude, capacité, disposition, don, facilité, moyen. **3** Plur. *Garder toutes ses facultés* ▸ intelligence, lucidité, raison, tête. **4** *Un professeur de faculté* ▸ université.

fadaise n. f. **1** *Attacher de l'importance à des fadaises* ▸ amusette, bagatelle, bricole, broutille, futilité, niaiserie. **2** *Débiter des fadaises* ▸ baliverne, billevesée (litt.), calembredaine, carabistouille (fam.), faribole, ineptie, sornette, sottise.

fade adj. **1** *Une boisson fade* ▸ douceâtre, fadasse (fam.), insipide. **2** *Une couleur fade* ▸ blafard, blême, décoloré, délavé, éteint, pâle, passé, terne. **3** Fig. *Un style fade* ▸ anodin, banal, conventionnel, ennuyeux, inexpressif, inintéressant, insignifiant, insipide, plat, quelconque, terne.

fadeur n. f. **1** *La fadeur d'un mets* ▸ insipidité. **2** Fig. *La fadeur d'une conversation* ▸ banalité, insignifiance, pâleur, platitude.

fagoté, ée adj. Fam. *Être bizarrement fagoté* ▸ accoutré, arrangé (fam.), attifé (fam.), ficelé (fam.).

faiblard, arde adj. **1** Fam. *Un enfant faiblard* ▸ chétif, frêle. **2** Fam. *Un devoir faiblard* ▸ faible, insuffisant, médiocre.

faible adj. **1** *Un enfant bien faible* ▸ anémique, chétif, délicat, faiblard (fam.), fragile, frêle, malingre, souffreteux. **2** *Avoir le cœur faible* ▸ défaillant, déficient, fragile. **3** *Être faible devant l'adversité* ▸ fragile, impuissant, sans défense, vulnérable. **4** *Être faible avec les enfants* ▸ accommodant, bonasse, coulant (fam.), indulgent. **5** *Il a le caractère trop faible pour s'opposer à son patron* ▸ inconsistant, mou, veule. **6** *Un faible bruit* ▸ étouffé, imperceptible, insaisissable, léger. **7** *Des prix faibles* ▸ bas, modéré, modeste, modique, petit. **8** *Un esprit faible* ▸ influençable, manipulable. **9** *Un devoir bien faible* ▸ faiblard (fam.), insuffisant, médiocre. **10** *Trouver le point faible d'une argumentation* ▸ fragile, vulnérable.

faible n. m. **1** *C'est un de ses faibles* ▸ faiblesse, péché mignon, travers. **2** *Avoir un faible pour qqn ou qqch* ▸ attirance, faiblesse, goût, inclination, penchant, prédilection, propension, tendance. **3** *C'est un faible* ▸ indécis, mou, velléitaire. **4** *faible d'esprit* ▸ arriéré, demeuré, idiot, imbécile.

faiblement adv. **1** *Sangloter faiblement* ▸ doucement, silencieusement. **2** *Protester faiblement* ▸ en sourdine, mollement, timidement, vaguement. **3** *Éclairer faiblement* ▸ à peine, guère (litt.), légèrement, médiocrement, peu.

faiblesse n. f. **1** *Défaillir de faiblesse* ▸ anémie, asthénie, épuisement, fatigue, inanition. **2** *Être pris d'une faiblesse* ▸ défaillance, éblouissement, étourdissement, évanouissement, malaise, pâmoison (vx), syncope. **3** *La faiblesse du caractère* ▸ fragilité, vulnérabilité. **4** *Avoir une faiblesse pour qqn ou qqch* ▸ attirance, goût, inclination, penchant, prédilection, préférence. **5** *Les faiblesses d'un système* ▸ carence, défaut, déficience, désavantage, faille, inconvénient, insuffisance, lacune, manque, travers. **6** *Une argumentation d'une grande faiblesse* ▸ indigence, inintérêt, insignifiance, médiocrité, minceur, platitude. **7** *La faiblesse d'une rétribution* ▸ insignifiance, insuffisance, médiocrité, minceur, modicité, petitesse.

faiblir v. **1** *Une lumière qui faiblit* ▸ s'affaiblir, s'atténuer, baisser, décliner, décroître, diminuer, s'effacer, s'estomper, pâlir. **2** *Une poutre qui faiblit* ▸ fléchir, ployer. **3** *Sa détermination n'a jamais faibli* ▸ chanceler, défaillir, se démentir, flancher (fam.), fléchir, mollir, plier, se relâcher, s'user, vaciller.

faille n. f. **1** *Une faille dans une paroi* ▸ brèche, cassure, crevasse, fêlure, fente, fissure, trouée. **2** Fig. *Une faille dans une union* ▸ cassure, fêlure. **3** Fig. *Une faille dans un raisonnement* ▸ carence, défaut, faiblesse, hiatus, insuffisance, lacune.

faillir v. **1** *Faillir à ses engagements* ▸ se dérober à, manquer à. **2** *Il a failli se tuer* ▸ manquer.

faillite n. f. **1** *La faillite d'une entreprise* ▸ banqueroute, déconfiture (fam.), dépôt de bilan, krach, liquidation, ruine. **2** Fig. *La faillite d'une politique* ▸ avortement, chute, échec, fiasco, insuccès, ratage.

faim n. f. **1** *Se sentir une petite faim* ▸ creux (fam.), dent (fam.), fringale (fam.). **2** *Le problème de la faim dans le monde* ▸ disette, famine. **3** Fig. *Une faim d'aventures* ▸ appétit, avidité, besoin, désir, envie, fringale (fam.), soif. **4 donner faim** *Une promenade comme ça, ça donne faim* ▸ creuser (fam.), ouvrir l'appétit.

fainéant, ante adj. ▸ cossard (fam.), feignant (fam.), flemmard (fam.), indolent, oisif, paresseux, tire-au-flanc (fam.).

fainéanter v. *Prendre l'habitude de fainéanter* ▶ flâner, flemmarder (fam.), musarder (fam.), paresser, traîner (fam.).

fainéantise n. f. ▶ flemme (fam.), indolence, oisiveté, paresse.

faire v. 1 *Faire un travail* ▶ accomplir, accoucher de (fam.), effectuer, élaborer, exécuter, produire, réaliser. 2 *Qu'est-ce qu'il fait ?* ▶ bricoler (fam.), fabriquer (fam.), ficher (fam.), goupiller (fam.), traficoter (fam.), trafiquer (fam.). 3 *Faire un objet* ▶ confectionner, exécuter, fabriquer, façonner, forger, manufacturer, monter, produire, réaliser, usiner. 4 *Faire une maison* ▶ bâtir, construire, édifier, élever. 5 *Faire un roman* ▶ composer, créer, écrire. 6 *Faire une loi* ▶ instaurer, instituer. 7 *Faire un enfant* ▶ avoir, engendrer, procréer. 8 *Faire la chambre* ▶ nettoyer, ranger. 9 *Faire un sport* ▶ exercer, pratiquer. 10 *Cela va faire des dégâts* ▶ causer, entraîner, occasionner, provoquer. 11 *Faire à manger* ▶ apprêter, préparer. 12 *Ce magasin fait les vêtements jusqu'au seize ans* ▶ débiter, vendre. 13 *Cela va lui faire le caractère* ▶ forger, former, modeler. 14 *Cela fait cent francs* ▶ coûter, valoir. 15 **faire quelque chose** *La vue des larmes, ça me fait toujours quelque chose* ▶ émouvoir, impressionner, troubler. 16 *On ne peut pas l'abandonner comme ça, il faut faire quelque chose* ▶ agir, intervenir. 17 **se faire** *Cela ne se fera pas tout seul* ▶ arriver, se produire, survenir. 18 *Se faire vieux* ▶ devenir. 19 *Un vin qui se fait avec le temps* ▶ s'améliorer, se bonifier, mûrir. 20 *Se faire à son nouveau mode de vie* ▶ s'acclimater, s'accommoder, s'accoutumer, s'adapter, se familiariser, s'habituer. 21 *Fam. Se faire vingt mille francs par mois* ▶ gagner, palper, percevoir, toucher. 22 *Fam. Se faire huit heures de train dans la journée* ▶ s'appuyer (fam.), s'envoyer (fam.), se farcir (fam.), se taper (fam.). 23 **s'en faire** *Fam. Tu n'as pas à t'en faire* ▶ se biler (fam.), se faire du souci, se frapper (fam.), se tourmenter, se tracasser.

faire-part n. m. ▶ annonce, avis.

fair-play adj. *Se montrer très fair-play* ▶ loyal, régulier, sport (fam.).

fair-play n. m. *Le fair-play veut qu'il s'incline* ▶ esprit sportif, franc-jeu, sportivité.

faisable adj. ▶ exécutable, possible, réalisable.

faisandé, ée adj. 1 *Une viande faisandée* ▶ avancé, décomposé, pourri. 2 *Fig. et litt. Un milieu faisandé* ▶ corrompu, déliquescent, malsain, pourri.

faisceau n. m. 1 *Un faisceau de roseaux* ▶ botte, bouquet, gerbe. 2 *Un faisceau lumineux* ▶ pinceau, rai, rayon. 3 *Un faisceau de preuves* ▶ accumulation, assemblage, ensemble.

faiseur n. m. 1 *Litt. Un costume du bon faiseur* ▶ couturier, tailleur. 2 *Fig. et litt. Ce n'est qu'un faiseur* ▶ hâbleur, intrigant.

fait, faite adj. 1 *Un fromage fait* ▶ à point. 2 *Un homme fait* ▶ mûr. 3 *Un garçon fait en Hercule* ▶ taillé. 4 *Un homme fait pour réussir* ▶ taillé. 5 **bien fait** *Une fille bien faite* ▶ bien balancé (fam.), bien bâti, bien foutu (fam.), bien roulé (fam.).

fait n. m. 1 *Le fait de dormir* ▶ acte, action. 2 *C'est un fait unique* ▶ cas, chose, événement, phénomène. 3 *C'est un fait* ▶ réalité, vérité. 4 **au fait** *Au fait, vous savez la nouvelle?* ▶ à propos. 5 **être au fait** *Être au fait des dernières innovations* ▶ être au courant de, être informé de, être renseigné sur. 6 **de fait** *D'autres ont été élus, mais celui qui gouverne de fait, c'est lui* ▶ de facto, effectivement, réellement, véritablement. 7 **en fait** *D'autres ont été élus, mais en fait c'est lui qui gouverne* ▶ en réalité.

faîte n. m. 1 *Le faîte d'une montagne* ▶ cime, crête, haut, sommet. 2 *Fig. Le faîte des honneurs* ▶ apogée, cime, comble, pinacle, point culminant, summum.

faitout n. m. ▶ marmite (vx).

falaise n. f. ▶ à-pic, escarpement, mur, paroi.

falbalas n. m. pl. *Litt.* ▶ fanfreluches.

fallacieux, euse adj. 1 *Un argument fallacieux* ▶ captieux (litt.), spécieux, trompeur. 2 *Des promesses fallacieuses* ▶ illusoire, mensonger, vain.

falloir v. 1 *Il faut partir* ▶ convenir de, être nécessaire de, y avoir lieu de (litt.). 2 **comme il faut** *Un garçon très comme il faut* ▶ b.c.b.g., convenable, correct.

falot, ote adj. *Un garçon particulièrement falot* ▶ anodin, effacé, humble, inconsistant, insignifiant, médiocre, terne.

falot n. m. *S'éclairer d'un falot* ▶ fanal, lanterne.

falsificateur, trice n. ▶ contrefacteur, faussaire.

falsification n. f. 1 *Être abusé par une falsification* ▶ fraude, tromperie, trucage. 2 *La falsification d'un document* ▶ adultération (vx), contrefaçon, maquillage, trucage.

falsifier v. 1 *Falsifier des billets de banque* ▶ contrefaire. 2 *Falsifier un bilan* ▶ tripatouiller (fam.), truquer (fam.). 3 *Falsifier la vérité* ▶ altérer, défigurer, déformer, dénaturer,

fausser, gauchir, maquiller (fam.), travestir. **4** *Falsifier un vin* ▸ frelater.

famélique adj. **1** *Une population famélique* ▸ affamé, misérable, miséreux. **2** *Un cheval famélique* ▸ décharné, efflanqué, étique (litt.), maigre, squelettique. **3** *Un visage famélique* ▸ décharné, émacié, hâve (litt.), maigre, squelettique.

fameusement adv. Fam. ▸ bigrement (fam.), bougrement (fam.), drôlement (fam.), extrêmement, joliment, rudement, sacrément (fam.), très.

fameux, euse adj. **1** *Un écrivain, un événement fameux* ▸ célèbre, connu, grand, illustre, mémorable, renommé, réputé. **2** *Ce plat était fameux* ▸ délectable, délicieux, excellent, exquis, succulent. **3** *Un fameux menteur* ▸ achevé, consommé, fieffé (litt.), fier (litt.), sacré (fam.).

familial, ale adj. *Un problème familial* ▸ domestique, ménager.

familiariser v. *Familiariser qqn avec une nouvelle activité* ▸ accoutumer à, entraîner à, faire à, habituer à, rompre à (litt.).

familiarité n. f. **1** *Des liens de familiarité* ▸ cordialité. **2** Plur. *Se permettre des familiarités* ▸ libertés, privautés.

familier, ère adj. **1** *Se livrer à ses occupations familières* ▸ accoutumé, coutumier, habituel, ordinaire. **2** *Cette mélodie m'est familière* ▸ connu. **3** *Un animal familier* ▸ apprivoisé, domestique. **4** *Des manières bien familières* ▸ cavalier, désinvolte, libre. **5** *Cela peut se dire, mais c'est un peu familier* ▸ relâché.

familier n. m. **1** *Un familier du président* ▸ ami, intime, proche. **2** *Un familier de la maison* ▸ client, habitué, pilier (fam.).

famille n. f. **1** *La famille des Bourbons* ▸ branche, dynastie, lignage, lignée, maison, race, sang, souche. **2** *Venir avec toute sa famille* ▸ maisonnée, smala (fam.), tribu (fam.). **3** *Envoyer une feuille d'impôt par famille* ▸ foyer, ménage. **4** *Il appartient à cette famille d'esprits qu'on appelle les dilettantes* ▸ catégorie, classe, espèce, genre, race, type.

famine n. f. **1** *Une population menacée par la famine* ▸ disette, faim. **2** *Un salaire de famine* ▸ misère.

fan n. Fam. ▸ admirateur, groupie (fam.), inconditionnel.

fanal n. m. ▸ falot, lanterne.

fanatique adj. **1** *Être fanatique des sports d'hiver* ▸ amoureux, enragé (fam.), fana (fam.), fou, mordu (fam.), passionné. **2** *Avoir de fanatiques partisans* ▸ ardent, chaud, emballé (fam.), enflammé, enthousiaste, exalté, fervent, passionné. **3** *Une passion fanatique* ▸ aveugle, forcené, frénétique, furieux.

fanatique n. **1** *Un fanatique de la photo* ▸ accro (fam.), enragé (fam.), fan (fam.), fana (fam.), fou, mordu (fam.), passionné. **2** *Avoir affaire à des fanatiques* ▸ enragé, exalté, excité, forcené, fou furieux, illuminé.

fanatiser v. ▸ enflammer, exalter, exciter.

fanatisme n. m. **1** *Éprouver un véritable fanatisme pour son maître* ▸ engouement, enthousiasme, ferveur, folie, passion. **2** *Les victimes du fanatisme* ▸ intolérance, sectarisme.

faner v. **1** *La chaleur a fané la végétation* ▸ flétrir, friper, sécher. **2** *Le temps a fané ces couleurs* ▸ affadir, altérer, décolorer, défraîchir, éclaircir, effacer, éteindre, flétrir, ternir. **3** se faner *Une plante qui se fane* ▸ s'étioler, se flétrir, sécher. **4** *Un tissu qui se fane* ▸ se décolorer, jaunir, pâlir, passer.

fanfare n. f. **1** *La fanfare municipale* ▸ harmonie, musique, orphéon. **2** *La fanfare d'un régiment* ▸ clique, musique.

fanfaron, onne adj. et n. ▸ bluffeur (fam.), bravache, crâneur (fam.), faraud (fam.), fier-à-bras (fam.), frimeur (fam.), gascon, hâbleur (litt.), m'as-tu-vu (fam.), matamore (litt.), vantard.

fanfaronnade n. f. ▸ bluff (fam.), bravade, crânerie, défi, exagération, forfanterie (litt.), gasconnade (litt.), hâblerie (litt.), rodomontade (litt.), tarasconnade (litt.), vantardise.

fanfaronner v. ▸ crâner (fam.), frimer (fam.), la ramener (fam.), parader, plastronner, se vanter.

fanfreluche n. f. *Une petite fille qui aime se couvrir de fanfreluches* ▸ colifichet, falbalas (litt.).

fange n. f. **1** Litt. *La fange des marais* ▸ boue, bourbe (litt.), limon, vase. **2** Fig. et litt. *Se vautrer dans la fange* ▸ abjection, ignominie.

fangeux, euse adj. **1** *Une eau fangeuse* ▸ boueux, bourbeux, trouble, vaseux. **2** Fig. et litt. *Des paroles fangeuses* ▸ abject, bas, vil.

fantaisie n. f. **1** *Avoir de la fantaisie* ▸ créativité, imagination, invention, inventivité. **2** *Agir selon sa fantaisie* ▸ caprice, désir, envie, gré, humeur. **3** *Passer à qqn une petite fantaisie* ▸ caprice, foucade (litt.), lubie, passade, tocade. **4** *Une vie qui man-*

fantaisiste

que de fantaisie ▶ excentricité, imprévu, originalité, pittoresque.

fantaisiste adj. **1** *Une humeur fantaisiste* ▶ capricieux, changeant, fantasque, versatile. **2** *Une interprétation fantaisiste* ▶ baroque, excentrique, farfelu, funambulesque, loufoque (fam.), original, pittoresque, tordu (fam.).

fantaisiste n. **1** *Avec un pareil fantaisiste, on ne risque pas de s'ennuyer* ▶ amuseur, bouffon, humoriste, rigolo (fam.). **2** *Vous avez besoin de qqn de sérieux, pas d'un fantaisiste comme lui* ▶ bohème, original.

fantasmagorie n. f. ▶ féerie, magie, merveilleux.

fantasmagorique adj. ▶ fantastique, féerique, irréel, magique, merveilleux.

fantasme n. m. *Se complaire dans un monde de fantasmes au lieu d'affronter la réalité* ▶ château en espagne, chimère (litt.), illusion, rêve, utopie.

fantasque adj. **1** *Avoir l'humeur fantasque* ▶ capricieux, changeant, fantaisiste, foufou (fam.), lunatique, mobile, versatile, volage. **2** *Une idée fantasque* ▶ abracadabrant, baroque, biscornu (fam.), bizarre, étrange, extravagant, farfelu (fam.), original, saugrenu.

fantassin n. m. ▶ bidasse (fam.), biffin (fam.), troupier.

fantastique adj. **1** *Une vision fantastique* ▶ chimérique, féerique, imaginaire, irréel, prodigieux, surnaturel. **2** *Il est reçu? C'est une nouvelle fantastique!* ▶ dingue, inconcevable, incroyable, inimaginable, inouï, invraisemblable, stupéfiant. **3** *Un voyage fantastique* ▶ épique, héroïque, homérique. **4** *Un succès fantastique* ▶ délirant, démentiel, dingue (fam.), extraordinaire, fabuleux, formidable, fou, merveilleux, phénoménal, prodigieux, sensationnel. **5** *Exiger des sommes fantastiques* ▶ délirant, démentiel, déraisonnable, dingue (fam.), extravagant, fou, insensé.

fantastiquement adv. ▶ extraordinairement, fabuleusement, formidablement, phénoménalement.

fantoche n. m. Fig. *Ils ont cru que c'était un fantoche qu'ils mèneraient à leur guise* ▶ marionnette, pantin.

fantomatique adj. ▶ spectral.

fantôme n. m. **1** *Un château plein de fantômes* ▶ apparition, ectoplasme (litt.), esprit, ombre, revenant, spectre. **2** Fig. et litt. *Jouir d'un fantôme de liberté* ▶ apparence, ombre, semblant, simulacre.

faon n. m. ▶ chevrillard, chevrotin.

faramineux, euse adj. ▶ astronomique, colossal, démesuré, effarant, extraordinaire, fabuleux, fantastique, fou, gigantesque, phénoménal, prodigieux, stupéfiant.

farandole n. f. Fig. ▶ cavalcade (fam.).

faraud, aude adj. et n. Vx *Faire le faraud* ▶ fanfaron, fier, hâbleur (litt.), m'as-tu-vu (fam.), matamore (litt.), prétentieux, vantard.

farce n. f. **1** *Faire une farce à qqn* ▶ attrape (fam.), blague, canular (fam.), malice, mystification, niche, plaisanterie, tour. **2** *Une comédie qui bascule dans la farce* ▶ bouffonnerie, pantalonnade, pitrerie. **3** *Recoudre la bête après y avoir introduit la farce* ▶ hachis.

farceur, euse adj. *Un tempérament farceur* ▶ espiègle, facétieux, gamin, gouailleur, malicieux.

farceur, euse n. **1** *Un joyeux farceur* ▶ blagueur, boute-en-train, comique, loustic (vx), pitre, plaisantin, polichinelle, turlupin (vx). **2** *Un sinistre farceur* ▶ charlatan, fumiste, imposteur.

farcir v. ▶ bourrer, emplir, garnir, remplir.

fard n. m. **1** *Se mettre du fard* ▶ cosmétique, maquillage. **2** Fig. et litt. *Parler sans fard* ▶ artifice, déguisement (litt.), faux-semblant, feinte (litt.).

fardeau n. m. **1** *Soulever un fardeau* ▶ charge, faix (litt.). **2** Fig. *Être un fardeau pour qqn* ▶ boulet, charge, croix (litt.), poids.

farder v. **1** *Farder un visage* ▶ grimer, maquiller. **2** Fig. et litt. *Farder la vérité* ▶ déguiser, dissimuler, masquer, travestir, voiler.

farfadet n. m. ▶ lutin.

farfelu, ue adj. **1** Fam. *Une idée farfelue* ▶ baroque, biscornu (fam.), bizarre, excentrique, extravagant, fantaisiste, funambulesque, loufoque (fam.), saugrenu. **2** Fam. *Un garçon farfelu* ▶ fantaisiste, hurluberlu.

farfouiller v. Fam. *Farfouiller dans un tiroir* ▶ chercher, fouiller, fouiner, fourgonner, fourrager (fam.), fureter, trifouiller (fam.).

faribole n. f. **1** Fam. *Ne raconter que des fariboles* ▶ baliverne, billevesée (litt.), calembredaine, carabistouille (fam.), conte (vx), fable, fadaise, foutaise (fam.), histoire, sornette, sottise. **2** Fam. *Attacher de l'importance à des fariboles* ▶ babiole, bagatelle (fam.), bêtise, bricole (fam.), fadaise, foutaise (fam.), futilité, misère, rien, vétille.

farineux n. m. ▶ féculent.

farniente n. m. ▶ inaction, loisir, oisiveté.

farouche adj. 1 *Un animal farouche* ▶ craintif, méfiant, ombrageux, sauvage. 2 *Une haine farouche* ▶ acharné, âpre, féroce, implacable, violent.

farouchement adv. ▶ âprement, fermement, opiniâtrement.

fascicule n. m. ▶ brochure, livret, opuscule.

fascinant, ante adj. *Une beauté fascinante* ▶ enchanteur, ensorcelant, envoûtant, magique, magnétique.

fascinateur, trice adj. Litt. *Un regard fascinateur* ▶ ensorcelant, envoûtant, fascinant, hypnotisant, magnétisant.

fascination n. f. 1 *La fascination exercée par une musique* ▶ charme, enchantement, ensorcellement, envoûtement, hypnotisme, magie, séduction. 2 *La fascination de la gloire* ▶ aimant, appel, ascendant, attirance, attraction, attrait, magnétisme, séduction.

fasciner v. 1 *Un serpent qui fascine sa proie* ▶ hypnotiser. 2 Fig. *Ce genre de spectacle fascine les enfants* ▶ attirer, captiver, charmer (litt.), éblouir, émerveiller, enchanter, envoûter, séduire, subjuguer.

fasciste adj. *Dénoncer la dérive fasciste d'un gouvernement* ▶ totalitaire.

faste adj. 1 *Une journée faste* ▶ bénéfique, heureux. 2 *La période n'est pas très faste pour ce genre d'investissements* ▶ avantageux, bon, favorable, opportun, propice.

faste n. m. *Le faste d'une décoration* ▶ apparat, beauté, brillant, éclat, luxe, magnificence, opulence, pompe, richesse, somptuosité, splendeur.

fastidieux, euse adj. ▶ assommant, barbant (fam.), bassinant (fam.), casse-pieds (fam.), embêtant (fam.), emmerdant (fam.), empoisonnant (fam.), endormant, ennuyeux, enquiquinant (fam.), fatigant, insipide, interminable, lassant, long, monotone, mortel (fam.), rasant (fam.), soûlant (fam.), suant (fam.), tannant (fam.).

fastueusement adv. ▶ grandement, luxueusement, richement, royalement.

fastueux, euse adj. 1 *Un prince fastueux* ▶ dépensier, large, prodigue. 2 *Un train de vie fastueux* ▶ luxueux, opulent, somptueux.

fat, fate adj. et n. m. ▶ avantageux, important, poseur, prétentieux, suffisant, vaniteux.

fatal, ale adj. 1 *Porter le coup fatal* ▶ mortel. 2 *L'instant fatal* ▶ fatidique. 3 *Fatale erreur!* ▶ désastreux, funeste, néfaste. 4 *C'était fatal* ▶ forcé, immanquable, imparable, inéluctable, inévitable, obligatoire, sûr.

fatalement adv. ▶ forcément, inéluctablement, inévitablement, nécessairement, obligatoirement.

fatalisme n. m. *Accepter son sort avec fatalisme* ▶ passivité, résignation.

fataliste adj. ▶ passif, résigné.

fatalité n. f. 1 *Être soumis à la fatalité* ▶ destin, destinée, fatum (litt.), nécessité, sort. 2 *Une fatalité pèse sur cette famille* ▶ malédiction. 3 *Un accident dû à la fatalité* ▶ adversité, déveine (fam.), hasard, malchance, malheur.

fatidique adj. 1 *Le moment fatidique* ▶ fatal. 2 *Une issue fatidique* ▶ fatal, forcé, immanquable, imparable, inéluctable, inévitable, inexorable, obligé.

fatigant, ante adj. 1 *Un voyage fatigant* ▶ crevant (fam.), épuisant, éreintant (fam.), exténuant, harassant, pénible, tuant (fam.). 2 *Des récriminations fatigantes* ▶ assommant, barbant (fam.), embêtant (fam.), emmerdant (fam.), ennuyeux, fastidieux, lassant, rasant (fam.), rasoir (fam.).

fatigue n. f. 1 *Avoir un moment de fatigue* ▶ faiblesse. 2 *Au début il était enthousiaste, maintenant la fatigue domine* ▶ abattement, accablement, lassitude. 3 *La fatigue et les mauvais traitements ont fini par le tuer* ▶ épuisement, éreintement, exténuation, harassement, surmenage.

fatigué, ée adj. 1 *Il était vraiment fatigué en arrivant* ▶ claqué (fam.), crevé (fam.), épuisé, éreinté, exténué, flagada (fam.), flapi (fam.), fourbu, harassé, h.s. (fam.), mort (fam.), moulu, pompé (fam.), rompu, sur les rotules (fam.), vanné (fam.), vidé (fam.). 2 *Un vêtement fatigué* ▶ abîmé, avachi (fam.), déformé, défraîchi, fané, usagé, usé. 3 *Être fatigué d'un certain mode de vie* ▶ blasé, dégoûté, excédé, lassé, revenu, saturé.

fatiguer v. 1 *Ce voyage l'a tellement fatigué qu'il en est tombé malade* ▶ claquer (fam.), crever (fam.), épuiser, éreinter, exténuer, harasser, vanner (fam.), vider. 2 *Fatiguer qqn de récriminations continuelles* ▶ assommer, barber (fam.), bassiner (fam.), embêter (fam.), ennuyer, enquiquiner (fam.), harceler, importuner, lasser, raser (fam.), tanner (fam.). 3 Fig. et fam. *Fatiguer la salade* ▶ mélanger, remuer, retourner, touiller. 4 Fam. *Un moteur qui fatigue* ▶ peiner. 5 *se fatiguer Ne vous fatiguez pas trop* ▶ se casser (fam.), se crever (fam.), s'échiner, s'épuiser, s'éreinter, s'exténuer, se fouler (fam.), se tuer (fam.). 6 *Se fatiguer d'un certain mode de vie* ▶ se blaser, se lasser.

fatras n. m. 1 *Un fatras de vieux papiers* ▶ amas, amoncellement, fouillis, masse, ramassis, tas. 2 *Le fatras de ses idées* ▶ confusion, désordre, fouillis, mélange.

fatuité n. f. ▶ autosatisfaction, infatuation (litt.), outrecuidance (litt.), présomption, prétention, suffisance, vanité.

faubourgs n. m. pl. *Les faubourgs d'une ville de province* ▶ banlieue, ceinture, périphérie.

faubourien, enne adj. Vx *Un accent faubourien* ▶ populaire.

fauché, ée adj. Fam. *Être complètement fauché* ▶ à sec (fam.), désargenté, raide (fam.), sans le sou.

faucher v. 1 *Faucher des céréales* ▶ couper, sectionner, trancher. 2 *Un tir de mitrailleuse qui fauche des assaillants* ▶ abattre, renverser, terrasser. 3 Fig. *Une famine qui fauche une population entière* ▶ anéantir, décimer, détruire. 4 Fam. *Faucher un vélo* ▶ barboter (fam.), chiper (fam.), dérober, piquer (fam.), subtiliser, voler.

faufiler v. 1 *Faufiler une manche* ▶ bâtir. 2 **se faufiler** *Se faufiler parmi les invités* ▶ se couler, se glisser, s'immiscer, s'insinuer, s'introduire.

faune n. m. ▶ chèvre-pied (litt.), satyre, sylvain (litt.).

faussaire n. 1 *Un faussaire qui fabrique de la fausse monnaie* ▶ faux-monnayeur. 2 *Un faussaire qui fabrique de faux documents* ▶ contrefacteur, falsificateur. 3 Vx *Un faussaire qui altère la vérité* ▶ menteur, mystificateur, trompeur.

faussement adv. 1 *Être accusé faussement* ▶ à tort, erronément (litt.). 2 *Un ton faussement enjoué* ▶ fallacieusement, trompeusement.

fausser v. 1 *Fausser le sens d'un texte* ▶ altérer, changer, défigurer, déformer, dénaturer, falsifier, gauchir, maquiller (fam.), transformer, travestir, truquer. 2 *Fausser le goût de quelqu'un* ▶ altérer, corrompre, dénaturer, dépraver, gâter, pervertir, vicier. 3 *Le choc a faussé la roue* ▶ déformer, gauchir, tordre, voiler. 4 **fausser compagnie à** Fam. ▶ abandonner, laisser en plan (fam.), quitter. 5 **se fausser** *le panneau s'est faussé sous l'effet de l'humidité* ▶ se déformer, gauchir, jouer, se tordre, travailler, se voiler.

fausseté n. f. 1 *La fausseté d'un raisonnement* ▶ inexactitude. 2 *Soupçonner qqn de fausseté* ▶ déloyauté, dissimulation, duplicité, fourberie, hypocrisie, pharisaïsme (litt.), tartuferie.

faute n. f. 1 *Une traduction pleine de fautes* ▶ contresens, erreur. 2 *Il reste encore quelques petites fautes, mais dans l'ensemble c'est bon* ▶ erreur, impropriété, incorrection, inexactitude. 3 *Relever une faute dans un texte* ▶ coquille, erreur. 4 *Accumuler les fautes au cours d'une conversation* ▶ ânerie, bêtise, bévue, boulette (fam.), bourde (fam.), connerie (fam.), couillonnade (fam.), erreur, faux pas, gaffe (fam.), imbécillité, impair, incongruité, maladresse. 5 *Commettre une faute punie par la loi* ▶ délit, infraction. 6 *Demander à un prêtre l'absolution de ses fautes* ▶ péché. 7 *Avoir conscience de sa faute* ▶ culpabilité, responsabilité.

fauter v. ▶ pécher.

fauteur de troubles n. m. ▶ agitateur, excitateur, factieux, meneur, provocateur.

fautif, ive adj. 1 *Se sentir fautif* ▶ coupable, responsable. 2 *Une référence fautive* ▶ erroné, fantaisiste, faux, incorrect, inexact.

fauve adj. 1 *Une couleur fauve* ▶ ambré, roussâtre. 2 *Une bête fauve* ▶ féroce, sauvage.

faux, fausse adj. 1 *Un résultat faux* ▶ erroné, fautif, incorrect, inexact. 2 *Un faux document* ▶ apocryphe, bidon (fam.), falsifié, truqué. 3 *Un faux bijou* ▶ en toc, factice, imité. 4 *De faux cheveux* ▶ postiche. 5 *Un faux témoignage* ▶ captieux (litt.), controuvé (litt.), falsifié, frauduleux, mensonger. 6 *De faux espoirs* ▶ factice, fallacieux, fictif, illusoire, imaginaire, injustifié, inventé, trompeur, vain. 7 *Une fausse naïveté* ▶ affecté, artificiel, emprunté, étudié, feint, forcé, simulé. 8 *Un faux prophète* ▶ prétendu, pseudo, soi-disant, supposé. 9 *Avoir l'air faux* ▶ chafouin (litt.), déloyal, dissimulé, fourbe, hypocrite, papelard, patelin (litt.), perfide, sournois. 10 **à faux** *Accuser qqn à faux* ▶ à tort, erronément (litt.), faussement.

faux n. m. *Une statue archaïque pour si peu cher ? Ce doit être un faux* ▶ contrefaçon, copie, imitation.

faux-fuyant n. m. *User de faux-fuyants pour échapper à une obligation* ▶ dérobade, détour, échappatoire, pirouette (fam.), prétexte, subterfuge.

faux-monnayeur n. m. ▶ faussaire.

faux-semblant n. m. *Un faux-semblant d'humilité* ▶ air, apparence, simulacre.

faveur n. f. 1 *Bénéficier de la faveur d'un ministre* ▶ aide, appui, piston (fam.), protection, recommandation. 2 *Obtenir une faveur* ▶ aide, bienfait, grâce, service.

3 *Combler qqn de faveurs* ▶ bienfait, cadeau, don, gratification, largesse, présent. **4** *Acquérir la faveur du public* ▶ bienveillance, considération, préférence, sympathie. **5** *Être en faveur* ▶ honneur. **6** *Un paquet noué d'une faveur bleue* ▶ ruban.

favorable adj. **1** *La période n'est pas très favorable pour ce genre d'affaires* ▶ avantageux, bénéfique, bon, faste, heureux, opportun, propice. **2** *Accueillir un projet d'un air favorable* ▶ approbateur, positif. **3** *L'opinion lui est favorable* ▶ bienveillant, clément, indulgent.

favorablement adv. *Être favorablement disposé à l'égard de qqn* ▶ bien.

favori, ite adj. *Ce chat est son compagnon favori* ▶ bien-aimé, de prédilection, fétiche, préféré.

favori, ite n. **1** *Le favori du public* ▶ chouchou (fam.), coqueluche (fam.), préféré. **2** *Le favori d'un prince* ▶ créature, protégé. **3** *La favorite d'un roi* ▶ concubine, maîtresse.

favoris n. m. pl. *Porter des favoris* ▶ côtelettes (fam.), pattes de lapin, rouflaquettes (fam.).

favoriser v. **1** *Favoriser un ami* ▶ aider, appuyer, avantager, épauler, pistonner (fam.), pousser, protéger, soutenir. **2** *Les circonstances l'ont enfin favorisé* ▶ avantager, gâter, privilégier. **3** *L'obscurité a favorisé leur entreprise* ▶ faciliter, seconder, servir.

favoritisme n. m. *Être nommé à un poste par pur favoritisme* ▶ copinage (fam.), népotisme, piston (fam.).

fébrifuge adj. et n. m. ▶ antipyrétique, antithermique.

fébrile adj. **1** *Donner de l'aspirine à un enfant fébrile* ▶ chaud, fiévreux. **2** Fig. *Une personne fébrile* ▶ agité, énervé, impatient, nerveux. **3** Fig. *Une passion fébrile* ▶ ardent, bouillonnant, frénétique, violent.

fébrilement adv. ▶ fiévreusement, impatiemment, nerveusement.

fébrilité n. f. ▶ agitation, exaltation, excitation, fièvre, frénésie, nervosité, surexcitation.

fécal, ale adj. ▶ excrémentiel.

fécond, onde adj. **1** Litt. *Une terre féconde* ▶ fertile, généreux, gras, productif, riche. **2** *Une femme féconde* ▶ fertile, prolifique. **3** Fig. *Un esprit fécond* ▶ créatif, fertile, imaginatif, inventif. **4** Fig. *Une idée féconde* ▶ fructueux, productif.

féconder v. **1** *Un cours d'eau qui féconde une terre* ▶ fertiliser. **2** Fig. et litt. *Des lectures qui fécondent l'esprit* ▶ enrichir.

fécondité n. f. **1** *La fécondité d'une terre* ▶ fertilité, générosité, productivité. **2** Fig. *La fécondité d'une idée* ▶ fertilité, richesse. **3** Fig. *La fécondité d'un artiste* ▶ créativité, fertilité, inventivité.

féculent n. m. ▶ farineux.

fédération n. f. ▶ association, coalition, groupement, ligue, union.

fédérer v. ▶ associer, coaliser, liguer, rassembler, regrouper, unir.

feed-back n. m. ▶ retour, rétroaction.

féerie n. f. **1** *Une atmosphère de féerie* ▶ fantasmagorie, fantastique, merveilleux, surnaturel. **2** *La féerie d'un feu d'artifice* ▶ éclat, magnificence, somptuosité, splendeur.

féerique adj. ▶ enchanteur, fabuleux, fantastique, irréel, magique, magnifique, prodigieux, surnaturel.

feindre v. **1** *Savoir feindre* ▶ dissimuler, faire semblant. **2** *Feindre la joie* ▶ affecter, contrefaire (litt.), jouer, simuler.

feint, feinte adj. *Une joie feinte* ▶ affecté, artificiel, factice, simulé.

feinte n. f. **1** Litt. *S'exprimer sans feinte* ▶ artifice, déguisement (litt.), dissimulation, fard (litt.), faux-semblant. **2** *Se laisser prendre à une feinte de l'adversaire* ▶ leurre, piège, ruse, stratagème, subterfuge, tromperie.

fêler v. ▶ fendiller, fendre, fissurer.

félicitations n. f. pl. **1** *Adresser ses félicitations à qqn à l'occasion d'un événement heureux* ▶ compliments, congratulations. **2** *Recevoir les félicitations de l'assistance* ▶ applaudissements, éloges, louanges.

félicité n. f. **1** Litt. *Nager dans la félicité* ▶ béatitude, bonheur, contentement. **2** Plur. et fig. *Les félicités de ce monde sont éphémères* ▶ joies, plaisirs, satisfactions.

féliciter v. **1** *Féliciter qqn de son mariage* ▶ complimenter, congratuler. **2** *Féliciter qqn pour son travail* ▶ complimenter, louanger, louer. **3** *se féliciter* *Se féliciter d'un choix* ▶ se louer de, se réjouir de.

félin, ine adj. Fig. *Des mouvements félins* ▶ agile, souple.

félon, onne adj. Litt. *Des généraux félons* ▶ déloyal, traître.

félon n. m. Litt. ▶ renégat, traître.

félonie n. f. Litt. ▶ déloyauté, forfaiture, trahison, traîtrise.

fêlure n. f. **1** *Une fêlure dans une paroi* ▶ cassure, faille, fente, fissure, lézarde.

féminiser

2 Fig. *Il y a une fêlure dans leur union* ▶ cassure, faille, fissure.

féminiser v. ▶ déviriliser, efféminer.

femme n. f. **1** *Il est venu avec une femme* ▶ bonne femme (fam.), dame, fille, gonzesse (fam.), meuf (fam.), nana (fam.), souris (fam.). **2** *Il est venu avec sa femme* ▶ épouse, moitié (fam.). **3 femme de ménage** ▶ femme de service. **4 femme fatale** ▶ vamp (fam.).

fendillement n. m. ▶ craquelure, fêlure, fissuration, lézarde.

fendiller v. **1** ▶ craqueler, crevasser, fêler, fissurer, lézarder. **2** Spécialement pour les lèvres ▶ gercer.

fendre v. **1** *Fendre un bloc avec une hache* ▶ cliver, couper, diviser, tailler, trancher. **2** *Le gel a fendu ce mur en plusieurs endroits* ▶ craqueler, crevasser, fêler, fendiller, fissurer, lézarder. **3 fendre le cœur** ▶ déchirer, désoler, navrer.

fenêtre n. f. **1** *Apercevoir qqch à travers la fenêtre* ▶ carreau, vitre. **2** *Une fenêtre donnant sur la campagne* ▶ baie, croisée.

fente n. f. **1** *Les fentes de l'écorce terrestre* ▶ cassure, faille. **2** *Des fentes dans un mur* ▶ interstice, jour, lézarde. **3** *Pratiquer une fente pour faire une boutonnière* ▶ incision.

fer n. m. **1** Plur. et vx *Un accouchement avec les fers* ▶ forceps. **2** *Être dans les fers* ▶ captivité, esclavage. **3 de fer** *Une volonté de fer* ▶ implacable, inébranlable, inflexible. **4** *Une discipline de fer* ▶ draconien, rigide, rigoriste, sévère, strict.

férié, ée adj. ▶ chômé.

ferme adj. **1** *Une chair ferme* ▶ consistant, dur, résistant, solide. **2** *Une voix ferme* ▶ assuré, décidé. **3** *Des règles fermes* ▶ fixe, stable, strict. **4** *Un contrat ferme* ▶ arrêté, décidé, définitif, formel, sûr. **5** *Être ferme dans la conduite de ses affaires* ▶ carré, coriace, déterminé, énergique, opiniâtre, résolu, tenace.

ferme adv. *Travailler ferme* ▶ beaucoup, dur, intensément.

ferme n. f. ▶ exploitation.

fermé, ée adj. **1** Fig. *Un esprit fermé* ▶ borné, buté. **2** Fig. *Être fermé à toute pitié* ▶ étranger, inaccessible, insensible, réfractaire, sourd.

fermement adv. *Tenir fermement à une idée* ▶ dur comme fer (fam.), énergiquement, opiniâtrement, résolument.

ferment n. m. Fig. et litt. *Un ferment de décomposition* ▶ agent, germe (litt.), levain (litt.), principe.

fermentation n. f. Fig. *Une société en pleine fermentation* ▶ agitation, bouillonnement, ébullition, effervescence, excitation, fièvre, nervosité, remous, surexcitation, trouble.

fermenter v. **1** *Une pâte qui fermente* ▶ lever, travailler. **2** Fig. *Les esprits fermentent* ▶ s'agiter, bouillonner, s'échauffer, s'exalter.

fermer v. **1** *Fermer le portail au nez des assaillants* ▶ barricader, bloquer, cadenasser, verrouiller. **2** *Fermer un chemin pour empêcher le passage* ▶ barrer, clore, verrouiller. **3** *Fermer une voie d'eau* ▶ boucher, obstruer, obturer. **4** *Fermer un couvercle* ▶ rabattre, refermer. **5** *Fermer une enveloppe* ▶ cacheter, clore. **6** *Fermer le poing* ▶ refermer, resserrer. **7** *Fermer un compte* ▶ arrêter, clore, clôturer, solder. **8** *Fermer l'électricité* ▶ couper, éteindre, interrompre. **9 se fermer** *Une plaie qui se ferme* ▶ cicatriser, guérir, se refermer. **10** Fig. *Un visage qui se ferme* ▶ s'assombrir, se renfermer, se renfrogner.

fermeté n. f. **1** *La fermeté d'une chair* ▶ consistance, dureté, résistance, solidité. **2** *Une politique conduite avec fermeté* ▶ autorité, caractère, constance, courage, détermination, énergie, force, opiniâtreté, poigne (fam.), résolution, sang-froid, sûreté, vigueur. **3** *Faire preuve de fermeté face à l'adversité* ▶ caractère, courage, stoïcisme. **4** *La fermeté des cours de la Bourse* ▶ stabilité.

fermeture n. f. **1** *La fermeture d'un conduit* ▶ obstruction, obturation, occlusion. **2** *La fermeture de l'électricité* ▶ arrêt, coupure, interruption. **3** *Une unité de chasseurs alpins qui assure la fermeture d'un passage* ▶ barrage, clôture, verrouillage. **4** *Une porte qui n'a pas de fermeture* ▶ serrure, verrou. **5** *Aujourd'hui, c'est jour de fermeture* ▶ relâche.

fermier, ère n. ▶ agriculteur, cultivateur, exploitant agricole, paysan.

féroce adj. **1** *Une bête féroce* ▶ fauve, sauvage. **2** *Un ennemi féroce* ▶ barbare, cruel, dur, impitoyable, implacable, sanguinaire. **3** *Un combat féroce* ▶ atroce, effroyable, épouvantable, farouche, horrible, terrifiant.

férocement adv. ▶ atrocement, brutalement, cruellement, sadiquement, sauvagement.

férocité n. f. **1** *La férocité d'un bourreau* ▶ barbarie, brutalité, cruauté, inhumanité, sadisme, sauvagerie. **2** *La férocité d'un combat* ▶ acharnement, atrocité, frénésie, fureur, rage, violence.

ferrailler v. Fig. et litt. *Ferrailler à propos de politique* ▶ se bagarrer (fam.), batailler, se disputer, se quereller.

ferré, ée adj. Fig. *Être ferré sur tous les sujets* ▶ calé (fam.), compétent, fort, instruit, savant.

ferrure n. f. *Une vieille porte ornée de ferrures* ▶ ferrement, penture.

ferry-boat n. m. ▶ car-ferry.

fertile adj. 1 *Une terre fertile* ▶ fécond, généreux, gras, productif, riche. 2 *Une femme fertile* ▶ fécond, prolifique. 3 Fig. *Un esprit fertile* ▶ créatif, fécond, ingénieux, inventif.

fertilisant n. m. ▶ compost, engrais, fumier.

fertilisation n. f. ▶ amélioration, amendement, bonification.

fertiliser v. ▶ améliorer, amender, bonifier, engraisser, enrichir, fumer.

fertilité n. f. 1 *La fertilité d'une terre* ▶ fécondité, générosité, richesse. 2 *La fertilité d'une femme* ▶ fécondité, prolificité (litt.). 3 Fig. *La fertilité d'un esprit* ▶ créativité, fécondité, inventivité.

féru, ue adj. *Être féru de musique ancienne* ▶ accro (fam.), amoureux, enragé, entiché, épris, fanatique, fervent, fou (fam.), mordu (fam.), passionné, toqué (fam.).

férule n. f. Fig. et litt. *Travailler sous la férule d'un maître sévère* ▶ autorité, commandement, direction, houlette (litt.).

fervent, ente adj. 1 *Une piété fervente* ▶ ardent, brûlant, enthousiaste, exalté, fanatique, passionné. 2 *Un fervent défenseur de la nature* ▶ ardent, chaleureux, enthousiaste, passionné, zélé.

fervent, ente n. *Des fervents de Mozart* ▶ admirateur, adorateur, adulateur, fanatique, mordu (fam.).

ferveur n. f. 1 *Embrasser la prêtrise avec la ferveur la plus vive* ▶ dévotion, zèle. 2 *Que de ferveur dans le jeu de cette actrice!* ▶ ardeur, effusion, enthousiasme, exaltation, feu, flamme, passion.

fesses n. f. pl. ▶ arrière-train (fam.), croupe (fam.), cul (fam.), derrière, fessier, popotin (fam.), postérieur, séant (vx), siège (vx).

fessée n. f. ▶ déculottée (fam.).

fessu, ue adj. Fam. ▶ callipyge (litt.), rembourré (fam.).

festin n. m. ▶ agapes (litt.), banquet, ripaille (fam.).

festivités n. f. pl. ▶ cérémonies, fête, réjouissances.

feston n. m. ▶ guirlande.

festoyer v. ▶ banqueter, gueuletonner (fam.), ripailler.

fêtard, arde n. Fam. ▶ bambocheur (fam.), noceur (fam.), viveur.

fête n. f. 1 *La fête de Noël* ▶ célébration, cérémonie, commémoration. 2 *Depuis son succès il n'arrrête pas de faire la fête* ▶ bamboula (fam.), bombe (fam.), bringue (fam.), foire (fam.), java (fam.), noce (fam.), nouba (fam.). 3 *Donner une fête pour ses 40 ans* ▶ raout (vx), réception, sauterie (fam.), soirée. 4 Fig. *Ce gâteau est une fête pour les yeux* ▶ bonheur, enchantement, joie, plaisir, régal. 5 **fête foraine** ▶ ducasse, foire, kermesse.

fêté, ée adj. *Un garçon très fêté* ▶ choyé, entouré.

fêter v. 1 *Fêter Pâques* ▶ célébrer, commémorer. 2 *On va fêter ça!* ▶ arroser (fam.).

fétiche n. m. ▶ amulette, grigri, mascotte, porte-bonheur, porte-chance, talisman.

fétichisme n. m. 1 *Les rites ancestraux du fétichisme* ▶ totémisme. 2 *Aimer qqch jusqu'au fétichisme* ▶ idolâtrie, vénération.

fétide adj. 1 *Une haleine fétide* ▶ empesté, infect, malodorant, méphitique, nauséabond, puant, putride. 2 Fig. *Une action fétide* ▶ abominable, dégoûtant, écœurant, ignoble, immonde, infect, innommable, repoussant, répugnant.

fétidité n. f. ▶ infection, puanteur.

fétu n. m. *Un fétu de paille* ▶ brin, brindille.

feu, feue adj. Litt. ▶ décédé, défunt, mort.

feu n. m. 1 *Faire un feu* ▶ flambée. 2 *Se réunir auprès du feu* ▶ âtre, cheminée, foyer. 3 *Le feu a entièrement détruit la forêt* ▶ flammes, incendie, sinistre. 4 *Le feu du ciel* ▶ éclair, foudre, tonnerre. 5 *Le feu des canons* ▶ pilonnage, tir. 6 Fig. *Le feu des projecteurs* ▶ éclairage, lumière. 7 Fig. *Le feu du rasoir* ▶ démangeaison, inflammation, irritation. 8 Fig. *Parler avec feu* ▶ animation, ardeur, chaleur, élan, enthousiasme, exaltation, excitation, ferveur, flamme, fougue, impétuosité, passion, véhémence, vivacité. 9 **coup de feu** ▶ détonation. 10 **feu sacré** *Faire partager à ses collaborateurs le feu sacré dont on est animé* ▶ allant, ardeur, chaleur, enthousiasme, ferveur, passion, zèle. 11 **feu vert** Fig. *Donner son feu vert à un projet* ▶ acceptation, accord, agrément, approbation, consentement. 12 **feux de croisement** *Se mettre en feux de croisement* ▶ codes. 13 **feux de position** *Allumer ses* *feux de position* ▸ lanternes, veilleuses. **14 feux de route** *Être ébloui par des feux de route* ▸ phares. **15 mettre le feu** *Mettre le feu à un tas de bois* ▸ brûler, enflammer, incendier.

feuillage n. m. ▸ feuillée (litt.), feuilles, frondaison (litt.).

feuillaison n. f. ▸ foliation, frondaison (litt.).

feuille n. f. **1** *La feuille d'un livre* ▸ feuillet. **2** *Une feuille de province* ▸ canard (fam.), feuille de chou (fam.), gazette (litt.), journal. **3** *Une feuille de tôle* ▸ lame, lamelle, plaque. **4** *Une feuille de présence* ▸ bulletin. **5** Plur. *Les feuilles des arbres* ▸ feuillage, feuillée (litt.), frondaison (litt.).

feuillet n. m. ▸ feuille.

feuilleter v. *Feuilleter un dossier* ▸ compulser, lire en diagonale, parcourir, survoler.

feuilleton n. m. *Le feuilleton littéraire d'un journal* ▸ chronique.

feuillu, ue adj. ▸ feuillé (litt.), touffu.

feuillure n. f. ▸ rainure.

feuler v. ▸ rauquer, rugir.

feutre n. m. *Écrire avec un feutre* ▸ crayon-feutre, marqueur.

feutré, ée adj. *Une atmosphère feutrée* ▸ discret, ouaté, silencieux.

feutrer v. Fig. *Un tapis qui feutre un bruit de pas* ▸ amortir, assourdir, atténuer, étouffer.

fi de (faire) v. Litt. *Il a fait fi de toutes les propositions qu'on lui a faites* ▸ dédaigner, mépriser, négliger, refuser, rejeter, repousser.

fiabilité n. f. ▸ sécurité, sûreté.

fiable adj. **1** *Un collaborateur fiable* ▸ consciencieux, sérieux, sûr. **2** *Une méthode fiable* ▸ sûr.

fiançailles n. f. pl. ▸ accordailles (vx).

fiancé, ée n. *Présenter son fiancé* ▸ accordé (vx), futur (fam.), prétendu, promis (litt.).

fiancer (se) v. ▸ s'engager.

fiasco n. m. **1** *Cette pièce a été un fiasco* ▸ bide (fam.), échec, flop (fam.), four, insuccès. **2** *Il n'a connu que des fiascos dans sa vie* ▸ déboire, déconvenue, échec, revers, veste (fam.).

fibre n. f. **1** *Une fibre de laine* ▸ brin, filament. **2** Fig. *Faire jouer la fibre maternelle* ▸ corde, sensibilité, sentiment.

fibreux, euse adj. ▸ filamenteux, filandreux.

fibule n. f. *Une fibule celtique* ▸ agrafe, barrette, broche.

ficeler v. **1** *Ficeler une volaille* ▸ attacher, brider, saucissonner (fam.). **2** Fam. *Ficeler un enfant n'importe comment* ▸ accoutrer, arranger (fam.), fagoter (fam.), habiller, harnacher, vêtir.

ficelle n. f. **1** *Attacher qqch avec une ficelle* ▸ cordelette. **2** Fig. *Les ficelles du métier* ▸ artifice, astuce, procédé, ruse, stratagème, truc (fam.).

ficher v. **1** *Ficher des suspects* ▸ répertorier. **2** *Ficher un clou dans un mur* ▸ enfoncer, fixer, introduire, planter.

ficher.v.**1** Fam. *Qu'est-ce qu'il fiche?* ▸ fabriquer (fam.), faire, foutre (fam.). **2** Fam. *Il lui a fichu une bonne gifle* ▸ administrer, coller (fam.), donner, flanquer (fam.), foutre (fam.), mettre (fam.). **3 se ficher de** Fam. *Ne vous fichez pas de lui* ▸ se foutre de (fam.), se gausser de (vx), se moquer de, rire de. **4** Fam. *Se ficher des convenances* ▸ se balancer de (fam.), se battre l'œil de (fam.), se contreficher de (fam.), dédaigner, se foutre de (fam.), négliger.

fichier n. m. *Les fichiers d'une bibliothèque* ▸ classeur.

fichtrement adv. Fam. ▸ bigrement (fam.), bougrement (fam.), diablement (fam.), drôlement (fam.), extrêmement, formidablement, joliment (fam.), rudement (fam.), sacrément (fam.), terriblement, vachement (fam.).

fichu, ue adj. **1** Fam. *La pauvre, elle est fichue* ▸ condamné, cuit, foutu (fam.), incurable, inguérissable, perdu. **2** Fam. *La voiture est fichue* ▸ bousillé (fam.), foutu (fam.), hors service, irrécupérable. **3** Fam. *Ce fichu gamin* ▸ foutu (fam.), maudit, sacré (fam.), satané. **4** Fam. *Il est fichu de réussir* ▸ capable. **5 mal fichu** Fam. ▸ malade, souffrant.

fichu n. m. ▸ pointe.

fictif, ive adj. **1** *Un personnage fictif* ▸ fabriqué, fabuleux, faux, imaginaire, inexistant, inventé, irréel. **2** *Une valeur fictive* ▸ conventionnel, extrinsèque, nominal, théorique.

fiction n. f. **1** *Une politique fondée sur des fictions* ▸ chimère, illusion, invention, mirage. **2** *Un auteur de fictions* ▸ conte, fable.

fidèle adj. **1** *Être fidèle à ses principes* ▸ attaché. **2** *Un client fidèle* ▸ assidu, régulier. **3** *Un ami fidèle* ▸ constant, dévoué, loyal, sûr. **4** *Une amitié fidèle* ▸ sincère, solide, sûr, véritable. **5** *Un récit fidèle* ▸ conforme, correct, exact, juste, véridique.

fidèle n. **1** *Les fidèles d'un restaurant* ▶ client, habitué. **2** *Les fidèles de Marx* ▶ adepte, partisan, sectateur. **3** *Un curé qui s'adresse à ses fidèles* ▶ brebis (litt.), ouaille, paroissien.

fidèlement adv. **1** *Servir fidèlement son maître* ▶ honnêtement, loyalement. **2** *Reproduire aussi fidèlement que possible la réalité* ▶ correctement, exactement, minutieusement, précisément, scrupuleusement.

fidélité n. f. **1** *La fidélité d'un serviteur* ▶ attachement, dévouement, honnêteté, loyauté. **2** *La fidélité d'un portrait* ▶ exactitude, véracité, véridicité (litt.), vérité. **3** *Venir avec fidélité aux réunions d'une association* ▶ assiduité, constance, continuité, persévérance, régularité.

fief n. m. **1** *Le fief d'un seigneur* ▶ domaine, propriété. **2** Fig. *Le fief d'un homme politique* ▶ circonscription, secteur, territoire. **3** Fig. *Tout ce qui relève de la vésicule est le fief de ce professeur de médecine* ▶ domaine, partie, rayon (fam.), secteur, spécialité, terrain.

fieffé, ée adj. Litt. ▶ accompli, achevé, complet, consommé, fini (fam.), parfait, sacré (fam.).

fiel n. m. **1** *Le fiel sécrété par la vésicule* ▶ bile. **2** Fig. *Le fiel des critiques* ▶ acrimonie, bave, bile, hostilité, malveillance, venin.

fielleux, euse adj. ▶ haineux, malveillant, mauvais, méchant, venimeux.

fier, fière adj. **1** *Être fier de son œuvre* ▶ content, heureux, satisfait. **2** *Une âme fière* ▶ altier (litt.), noble, orgueilleux, superbe (litt.). **3** *Un homme d'un abord facile, pas fier* ▶ arrogant, crâneur (fam.), dédaigneux, distant, faraud (litt.), hautain, méprisant, outrecuidant (litt.), prétentieux, suffisant. **4** *C'est un fier imbécile* ▶ fameux, fieffé (litt.), sacré (fam.).

fier (se) v. **1** *Se fier à un ami* ▶ compter sur, se confier à, s'en remettre à, faire confiance à, tabler sur. **2** *Se fier à des racontars* ▶ ajouter foi à, croire, écouter, prendre en compte, se rapporter à, tabler sur.

fier-à-bras n. m. ▶ bravache, matamore, rodomont (vx).

fièrement adv. ▶ crânement (litt.), dignement, noblement.

fierté n. f. **1** *Montrer de la fierté vis à vis de ses voisins* ▶ arrogance, dédain, distance, hauteur, infatuation (litt.), morgue, suffisance, superbe (litt.). **2** *Flatter la fierté de qqn* ▶ amour-propre, orgueil, vanité. **3** *Avoir sa fierté* ▶ dignité. **4** *Tirer une grande fierté de son œuvre* ▶ contentement, joie, satisfaction.

fièvre n. f. **1** *Avoir de la fièvre* ▶ température. **2** Fig. *Écrire avec fièvre* ▶ exaltation, excitation, fébrilité, feu, fougue, frénésie, passion, rage, surexcitation.

fiévreusement adv. ▶ fébrilement, fougueusement, furieusement.

fiévreux, euse adj. **1** *Un enfant fiévreux* ▶ brûlant, chaud, fébrile. **2** Fig. *Un esprit fiévreux* ▶ agité, exalté, excité, nerveux, surexcité. **3** Fig. *Une activité fiévreuse* ▶ bouillonnant, fébrile, frénétique, intense.

figé, ée adj. **1** *Une attitude figée* ▶ hiératique. **2** *Rester figé* ▶ immobile, paralysé, pétrifié, raide, raidi, statufié. **3** Fig. *Une société figée* ▶ sclérosé. **4** Fig. *Une formule figée* ▶ conventionnel, stéréotypé.

figer v. **1** *Du froid qui fige de l'eau* ▶ congeler, geler. **2** *La peur l'a figé sur place* ▶ clouer, glacer, immobiliser, paralyser, pétrifier. **3 se figer** *Un liquide qui se fige* ▶ cailler, coaguler, s'épaissir, geler, prendre, se solidifier.

fignoler v. Fam. ▶ arranger, ciseler, finir, lécher (fam.), limer (vx), parachever, parfaire, peaufiner, perler (vx), soigner, travailler.

figurant, ante n. Fig. *Être réduit au rôle de figurant* ▶ bouche-trou (fam.), comparse, potiche (fam.), utilité.

figure n. f. **1** *Regarder la figure de qqn* ▶ bouille (fam.), face, faciès (fam.), frimousse (fam.), gueule (fam.), minois (fam.), tête, visage. **2** *Un démon qui apparaît sous une figure humaine* ▶ apparence, aspect, configuration, conformation, dehors, extérieur, forme, physionomie. **3** *Un livre avec des figures* ▶ dessin, graphique, planche, schéma, tableau. **4** Fig. *Les grandes figures de l'Histoire* ▶ nom, personnage, personnalité. **5 faire figure de** *Faire figure de fils indigne* ▶ avoir l'air de, paraître, passer pour, sembler.

figuré, ée adj. *User d'un langage figuré* ▶ imagé, métaphorique.

figurer v. **1** *Figurer des fenêtres factices sur un mur* ▶ dessiner, peindre, représenter. **2** *Une balance qui figure la justice* ▶ incarner, représenter, symboliser. **3** *Un nom qui figure dans une liste* ▶ apparaître, se trouver. **4 se figurer** *Essayer de se figurer les souffrances de qqn* ▶ se faire une idée de, imaginer, se représenter. **5** *Se figurer que tout le monde est à ses pieds* ▶ croire, imaginer, penser.

figurine n. f. ▶ poupée, statuette.

fil n. m. **1** *Les fils d'une corde* ▶ brin, fibre. **2** *Ces haricots sont pleins de fils* ▶ filament. **3** *Recevoir un coup de fil* ▶ téléphone. **4** *Fig. Le fil du rasoir* ▶ coupant, tranchant. **5** *Fig. Le fil d'une rivière* ▶ courant. **6** *Fig. Le fil des événements* ▶ cours, déroulement, suite, trame.

filament n. m. ▶ brin, fibre, fil.

filamenteux, euse adj. ▶ fibreux, filandreux.

filandreux, euse adj. **1** *Une viande filandreuse* ▶ fibreux, filamenteux. **2** *Fig. Un style filandreux* ▶ embarrassé, emberlificoté (fam.), embrouillé, enchevêtré, entortillé, fumeux, indigeste, tarabiscoté (fam.).

filasse adj. *Fig. Des cheveux filasse* ▶ blondasse.

filature n. f. *Un détective spécialisé dans la filature* ▶ pistage.

file n. f. **1** *Une file ininterrompue de manifestants* ▶ colonne, cortège, défilé, procession. **2** *Remonter toute la file jusqu'à la caisse* ▶ queue. **3** *Passer entre deux files de gendarmes* ▶ cordon, rang, rangée. **4** *Une file de colonnes* ▶ alignement, enfilade, rangée, série, succession, suite. **5** *Rouler sur la file de droite* ▶ couloir, voie. **6** **à la file** ▶ à la queue leu leu (fam.), en chapelet, en enfilade, en file indienne, en rang d'oignons (fam.).

filer v. **1** *Un bas qui file* ▶ se démailler. **2** *Fam. Une voiture qui file sur la route* ▶ foncer. **3** *Fam. Filer avec la caisse* ▶ se débiner (fam.), décamper, déguerpir (fam.), disparaître, s'échapper, s'enfuir, fuir, partir. **4** *Filer qqn* ▶ pister, suivre. **5** *Fig. Filer des jours heureux* ▶ passer, vivre. **6** *Filer un cordage* ▶ dévider, laisser aller. **7** *Filer une métaphore* ▶ développer, poursuivre. **8** *Fam. Filer une gifle à qqn* ▶ allonger (fam.), asséner, donner, flanquer (fam.).

filet n. m. **1** *Un filet à cheveux* ▶ résille, réticule. **2** *Fig. Tendre ses filets* ▶ lacs (litt.), piège, rets (litt.).

fileter v. *Fileter du fer* ▶ étirer, laminer, tréfiler.

filiation n. f. **1** *Un lien de filiation* ▶ descendance, parenté. **2** *Fig. La filiation des événements* ▶ enchaînement, liaison, lien, succession, suite.

filière n. f. *Fig. Passer par la filière administrative* ▶ canal, hiérarchie, voie.

filiforme adj. *Une adolescente filiforme* ▶ fluet, frêle, gracile, grêle, longiligne, menu.

filin n. m. ▶ câble, cordage, corde.

fille n. f. **1** *À propos d'une petite fille* ▶ enfant, fillette, gamine. **2** *À propos d'une jeune fille* ▶ adolescente, demoiselle, donzelle (fam.), jouvencelle (litt.), mignonne, minette (fam.), nana (fam.), nénette (fam.), nymphette, petite, poulette (fam.), tendron (fam.). **3** *Litt. Elle est restée fille* ▶ célibataire, demoiselle, vieille fille (péj.). **4** *Fig. et litt. La superstition, fille de l'ignorance* ▶ conséquence, effet, fruit (litt.), résultat.

film n. m. **1** *Donner un film à développer* ▶ bobine, pellicule, rouleau. **2** *Un film à grand spectacle* ▶ œuvre, production. **3** *Fig. Reconstituer le film des événements* ▶ déroulement, enchaînement, succession.

filmage n. m. ▶ prise de vues, tournage.

filmer v. ▶ cinématographier (vx), tourner.

filon n. m. **1** *Un filon de quartz* ▶ mine, veine. **2** *Fig. et fam. C'est un bon filon* ▶ combine (fam.), moyen, plan, système, truc (fam.).

filou n. m. ▶ aigrefin, bandit, coquin, crapule, escroc, fripon (litt.), fripouille, voleur.

filouterie n. f. ▶ escroquerie, friponnerie, indélicatesse, tricherie.

fils n. m. ▶ fiston (fam.), garçon, gars (fam.), héritier (fam.), rejeton (fam.).

filtrage n. m. **1** *Le filtrage des eaux* ▶ clarification, décantation, épuration, filtration. **2** *Fig. Le filtrage de l'information* ▶ contrôle.

filtrer v. **1** *Filtrer un liquide* ▶ clarifier, déféquer, épurer, passer, purifier. **2** *Filtrer la lumière* ▶ tamiser, voiler. **3** *De l'eau qui filtre à travers un mur* ▶ couler, sourdre (litt.), suinter. **4** *Fig. Un secret qui commence à filtrer* ▶ s'éventer, percer, se répandre, se savoir, transpirer.

fin n. f. **1** *La fin d'une période* ▶ aboutissement, achèvement, clôture, conclusion, dénouement, épilogue, expiration, limite, terme. **2** *En verrons-nous jamais la fin ?* ▶ bout. **3** *Ses désirs n'ont pas de fin* ▶ borne, limite. **4** *La fin des hostilités* ▶ abandon, arrêt, cessation. **5** *Pressentir sa fin* ▶ décès, disparition, mort, trépas (litt.). **6** *La fin d'un empire* ▶ chute, disparition, écroulement, ruine. **7** *Avec pour seule fin de...* ▶ but, finalité, intention, objectif, objet, visée. **8** **à la fin** ▶ enfin, finalement. **9** **en fin de compte** ▶ en définitive, finalement. **10** **fin de siècle** *Un style très fin de siècle* ▶ décadent. **11** **mettre fin à** *Mettre fin à un entretien* ▶ couper court à, faire cesser, mettre un terme à. **12** *Mettre fin à un colloque* ▶ clore, clôturer, terminer. **13** **prendre fin** *Les hostilités ont pris fin hier* ▶ cesser.

fin, fine adj. **1** *Une taille fine* ▶ délié, effilé, élancé, fuselé, menu, mince, svelte. **2** *Une pointe fine* ▶ acéré, aigu, effilé, pointu. **3** *Avoir l'oreille fine* ▶ sensible. **4** *Des mets fins* ▶ délectable, délicat, délicieux, exquis, extra (fam.), savoureux, supérieur. **5** *Du matériel électronique très fin* ▶ délicat, précieux, raffiné, sophistiqué. **6** *Un pilotage fin* ▶ précis. **7** *Ce pauvre garçon n'est pas très fin* ▶ adroit, astucieux, averti, avisé, clairvoyant, délié, finaud, futé (fam.), habile, ingénieux, intelligent, malin, perspicace, rusé, sagace (litt.), subtil. **8** *Une fine plaisanterie* ▶ intelligent, piquant, spirituel, subtil. **9** *fin du fin* *Le fin du fin du matériel informatique* ▶ nec plus ultra, summum. **10** *fine fleur* *La fine fleur des arts et des lettres* ▶ crème (fam.), élite, gratin (fam.).

fin adv. *Être fin prêt* ▶ complètement, parfaitement, tout à fait.

final, ale adj. **1** *La phase finale d'un processus* ▶ dernier, terminal, ultime. **2** *L'état final d'un ouvrage* ▶ définitif.

finale n. f. *La finale d'un mot* ▶ désinence, terminaison.

finale n. m. *Le finale d'une sonate* ▶ coda.

finalement adv. **1** *Nous nous sommes finalement décidés* ▶ à la fin, en dernier lieu, en dernier ressort, enfin. **2** *Finalement, il avait raison* ▶ après tout, au total, en conclusion, en définitive, en dernière analyse, en fin de compte, en somme, somme toute, tout bien considéré, tout compte fait.

finalité n. f. ▶ but, destination, fin, intention, objectif, visée.

finance n. f. **1** *Le monde de la finance* ▶ affaires, banque, business (fam.). **2** Plur. *Les finances d'une entreprise* ▶ argent, avoir, budget, ressources, trésorerie.

financement n. m. **1** *Le financement d'un club de football* ▶ parrainage, sponsorisation. **2** *Des financements échelonnés* ▶ paiement, versement.

financer v. ▶ commanditer, parrainer, payer, sponsoriser.

financier, ère adj. ▶ bancaire, budgétaire, monétaire, pécuniaire.

financièrement adv. *Être financièrement indépendant* ▶ économiquement, pécuniairement.

finasser v. *N'essayez pas de finasser, il faut payer* ▶ atermoyer (litt.), biaiser (fam.), louvoyer, ruser, tergiverser, tortiller (fam.).

finasserie n. f. ▶ artifice, astuce, détour, faux-fuyant, finesse, ruse, subterfuge, tergiversation.

finaud, aude adj. ▶ fin, futé (fam.), habile, madré (litt.), malicieux, malin, matois (fam.), retors, roublard (fam.), roué (litt.), rusé.

finement adv. ▶ adroitement, astucieusement, avec tact, diplomatiquement, habilement, subtilement.

finesse n. f. **1** *La finesse d'un corps* ▶ délicatesse, gracilité, légèreté, minceur, sveltesse, ténuité (litt.). **2** *Exécuter qqch avec finesse* ▶ adresse, délicatesse, légèreté, souplesse. **3** *La finesse d'un geste* ▶ distinction, élégance, grâce, raffinement. **4** *La finesse d'un mets* ▶ délicatesse. **5** *La finesse d'une remarque* ▶ clairvoyance, intelligence, justesse, pénétration, perspicacité, sagacité, sensibilité, subtilité, tact. **6** *Les finesses administratives* ▶ ficelle (fam.), finasserie, subtilité.

fini, ie adj. **1** *Un espace fini* ▶ borné, limité. **2** *Une époque finie* ▶ disparu, évanoui, perdu, révolu, terminé. **3** *Un homme fini* ▶ fichu (fam.), perdu, usé. **4** *Une canaille finie* ▶ accompli, achevé, consommé, fieffé (litt.). **5** *Un ouvrage soigneusement fini* ▶ ciselé, fignolé, léché, parachevé, poli.

finir v. **1** *Finir un ouvrage* ▶ achever, terminer. **2** *Finir une querelle* ▶ arrêter, cesser, clore, clôturer, conclure, couper court à, mettre fin à, mettre un terme à, régler, terminer, vider. **3** *Tout cela ne finira donc jamais ?* ▶ s'achever, s'arrêter, cesser, s'interrompre, prendre fin, se terminer. **4** *Une rue qui finit à une place* ▶ aboutir à, s'arrêter à, donner dans, s'interrompre à, prendre fin sur, se terminer à, tomber sur. **5** *Une révolte qui finit en massacre* ▶ dégénérer, tourner. **6** *en finir avec* *Il faut en finir avec cette histoire* ▶ arrêter, couper court à, se débarrasser de, mettre fin à, mettre un terme à, régler, terminer. **7** *n'en plus finir* *Une histoire qui n'en finit plus* ▶ durer, traîner.

fiole n. f. ▶ flacon.

fioriture n. f. ▶ agrément, enjolivement, ornement.

fioul n. m. ▶ mazout.

firmament n. m. Litt. ▶ ciel, cieux, empyrée (litt.).

firme n. f. ▶ boîte (fam.), entreprise, établissement, maison, société.

fisc n. m. ▶ trésor public.

fissuration n. f. ▶ craquelure, fendillement.

fissure n. f. 1 *Une fissure dans une paroi* ▶ cassure, crevasse, faille, fêlure, fente, interstice, jour, lézarde. 2 Fig. *Les fissures d'un raisonnement* ▶ faiblesse, faille, lacune.

fissurer v. ▶ craqueler, crevasser, fêler, fendiller, fendre, lézarder.

fixation n. f. 1 *La fixation d'un colis sur un véhicule* ▶ amarrage, arrimage. 2 *La fixation d'une population nomade* ▶ ancrage, établissement, implantation, sédentarisation. 3 *La fixation d'un prix* ▶ calcul, détermination, établissement, évaluation.

fixe adj. 1 *Un regard fixe* ▶ figé, immobile. 2 *Un emploi fixe* ▶ permanent, régulier, stable. 3 *Une couleur fixe* ▶ inaltérable, persistant, stable. 4 *Un prix fixe* ▶ arrêté, défini, définitif, déterminé, ferme, irrévocable. 5 *L'état du malade reste fixe* ▶ inchangé, invariable, stable, stationnaire.

fixe n. m. *Avoir un fixe et des primes* ▶ salaire.

fixé, ée adj. 1 *Je ne suis pas encore fixé* ▶ décidé. 2 *Partir au jour fixé* ▶ convenu, dit. 3 *Des idées fixées par des siècles d'obscurantisme* ▶ ancré, enraciné.

fixement adv. *Regarder fixement* ▶ intensément.

fixer v. 1 *Fixer qqch pour l'empêcher de bouger* ▶ accrocher, arrimer, assujettir, caler, coincer, immobiliser. 2 Spécialement avec des liens ▶ amarrer, attacher. 3 *Fixer des populations nomades* ▶ implanter, sédentariser, stabiliser. 4 *Fixer des règles* ▶ arrêter, assigner, décider, définir, délimiter, déterminer, formuler, poser, préciser, prescrire, spécifier. 5 *Fixer qqn avec insistance* ▶ dévisager, examiner, observer, regarder, scruter. 6 *Fixer son attention sur qqch* ▶ concentrer. 7 *Vous allez être fixé sur son compte* ▶ éclairer, édifier, informer, instruire. 8 **se fixer** *Après avoir longtemps voyagé, il a décidé de se fixer en province* ▶ s'établir, habiter, s'implanter, s'installer, résider.

fixité n. f. 1 *La fixité d'un regard* ▶ immobilité. 2 *La thèse de la fixité des espèces* ▶ constance, continuité, immuabilité, immutabilité, permanence, stabilité.

flacon n. m. ▶ fiole.

flagellation n. f. ▶ fustigation (vx).

flageller v. ▶ cingler, cravacher, fouailler (litt.), fouetter, fustiger (vx).

flageoler v. ▶ chanceler, tituber, vaciller.

flagorner v. Litt. ▶ encenser, flatter, lécher les bottes à (fam.), passer la pommade à (fam.).

flagornerie n. f. Litt. ▶ encensement, flatterie, lèche (fam.).

flagorneur, euse adj. et n. Litt. ▶ adulateur, caudataire (litt.), flatteur, lèche-bottes (fam.), lécheur (fam.).

flagrant, ante adj. ▶ aveuglant, certain, criant, éclatant, évident, hurlant, incontestable, indéniable, indiscutable, indubitable, manifeste, notoire, ostensible, patent, visible.

flair n. m. 1 *Le flair d'un chien* ▶ odorat. 2 Fig. *Le flair d'un enquêteur* ▶ clairvoyance, discernement, intuition, nez (fam.), perspicacité.

flairer v. 1 *Flairer une odeur* ▶ humer, renifler, sentir. 2 Fig. *Flairer des complications* ▶ deviner, présager, pressentir, prévoir, sentir, soupçonner, subodorer.

flambeau n. m. 1 *La lumière des flambeaux* ▶ torche. 2 Fig. et litt. *La liberté, flambeau de la Révolution* ▶ guide, lumière, phare.

flambée n. f. 1 *Faire une flambée* ▶ feu. 2 Fig. *Une flambée de colère* ▶ bouffée, crise, poussée.

flamber v. 1 *Du bois qui flambe doucement dans une cheminée* ▶ brûler, se consumer. 2 Fig. et litt. *Des yeux qui flambent* ▶ briller, étinceler, flamboyer, luire, scintiller. 3 Fig. et fam. *Flamber sa fortune au jeu* ▶ claquer (fam.), croquer (fam.), dépenser, dévorer, dilapider, dissiper, engloutir, gaspiller, manger.

flamboiement n. m. Fig. et litt. *Le flamboiement d'un regard* ▶ éclat, embrasement, feu.

flamboyant, ante adj. ▶ brillant, éclatant, étincelant, resplendissant, rutilant.

flamboyer v. *La mer qui flamboie sous le soleil* ▶ briller, étinceler, luire, rayonner, resplendir, scintiller.

flamme n. f. 1 Fig. *La flamme sombre d'un regard* ▶ clarté, éclair, éclat, lueur. 2 Fig. *Parler avec flamme* ▶ animation, ardeur, chaleur, élan, exaltation, excitation, ferveur, feu, fièvre, fougue. 3 Fig. et litt. *Déclarer sa flamme à qqn* ▶ amour, passion. 4 Plur. *Tout a disparu dans les flammes* ▶ feu, incendie, sinistre. 5 *Hisser une flamme* ▶ banderole, bannière, fanion, oriflamme.

flanc n. m. 1 *Un cheval qui se couche sur le flanc* ▶ côté. 2 *Le flanc d'une armée* ▶ aile, côté. 3 *Le flanc sud d'une montagne* ▶ bord, côté, pan, versant.

flancher v. Fam. *Vous n'allez pas flancher alors que nous avons presque gagné!* ▶ aban-

flâner v. **1** *Flâner dans les rues* ▶ badauder (vx), baguenauder (fam.), se balader (fam.), déambuler, musarder (litt.), se promener, vadrouiller (fam.). **2** *Travaillez au lieu de flâner* ▶ flemmarder (fam.), lambiner, lanterner (litt.), paresser, traîner.

flânerie n. f. ▶ balade (fam.), errance (litt.), promenade, vagabondage.

flâneur, euse n. *Croiser des flâneurs* ▶ badaud, curieux, passant, promeneur.

flanquer v. **1** *Flanquer son aile droite d'un rideau de cavalerie* ▶ couvrir, garantir, protéger. **2** *Flanquer un bâtiment de deux tours* ▶ border, encadrer. **3** *Être flanqué de deux gardes du corps* ▶ accompagner, escorter. **4** *Fam. Flanquer une gifle à qqn* ▶ administrer, allonger (fam.), balancer (fam.), coller (fam.), envoyer, mettre. **5 flanquer à la porte** Fam. ▶ congédier, se défaire de, éjecter (fam.), jeter dehors, mettre à la porte, renvoyer, vider (fam.), virer (fam.).

flaque n. f. *Le malheureux baignait dans une flaque de sang* ▶ mare.

flash n. m. *Le flash d'un appareil photographique* ▶ éclair.

flash-back n. m. ▶ retour en arrière.

flasque adj. **1** *Une chair flasque* ▶ avachi (fam.), mollasse, mou, ramolli. **2** *Un caractère flasque* ▶ amorphe, atone, avachi, inconsistant, inerte, lâche, mou.

flatter v. **1** *Flatter un supérieur* ▶ encenser, flagorner (litt.), lécher les bottes de (fam.), passer la pommade à (fam.). **2** *Flatter les manies de qqn* ▶ encourager, entretenir, favoriser. **3** *Ce portrait le flatte* ▶ avantager, embellir. **4** *Un parfum qui flatte l'odorat* ▶ charmer, plaire à. **5** *Flatter un chat* ▶ cajoler, câliner, caresser. **6 se flatter de** *Elle se flatte de réussir* ▶ compter, se faire fort de, se glorifier de, se piquer de, prétendre, se targuer de, se vanter de.

flatterie n. f. ▶ courtisanerie, flagornerie (litt.), lèche (fam.).

flatteur, euse adj. **1** *Il a fait de vous un portrait tout à fait flatteur* ▶ avantageux, élogieux, laudatif, louangeur. **2** *Se méfier des propos flatteurs* ▶ complimenteur (litt.), courtisan, encenseur (vx), flagorneur (litt.). **3** *Un vêtement flatteur* ▶ seyant.

flatteur, euse n. *Éviter les flatteurs* ▶ courtisan, flagorneur (litt.), lèche-bottes (fam.).

flatulence n. f. ▶ météorisme.

flatuosité n. f. ▶ gaz, pet (fam.), vent.

fléau n. m. Fig. *La guerre, perpétuel fléau* ▶ calamité, cataclysme, catastrophe, désastre, malheur, plaie.

flèche n. f. **1** *Lancer une flèche avec une arbalète ou un arc* ▶ carreau, sagette (vx), trait. **2** Fig. et litt. *Décocher des flèches contre le pouvoir* ▶ brocard (litt.), épigramme, lazzi (litt.), pointe, quolibet, raillerie, sarcasme, trait.

flécher v. ▶ baliser, jalonner, marquer, signaliser.

fléchir v. **1** *Fléchir le dos* ▶ courber, incliner, plier, ployer. **2** *Une poutre qui fléchit* ▶ se courber, gauchir, s'incurver, s'infléchir, plier, ployer. **3** Fig. *Fléchir qqn à force de prières* ▶ apitoyer, attendrir, désarmer, ébranler, émouvoir, faire céder, toucher. **4** Fig. *L'ennemi fléchit* ▶ chanceler, faiblir, flancher (fam.), lâcher pied, mollir, plier. **5** Fig. *Une voix qui fléchit* ▶ baisser, décliner, faiblir. **6 se fléchir** *Les mots latins se fléchissent* ▶ se conjuguer, se décliner.

fléchissement n. m. **1** *Un fléchissement des genoux* ▶ flexion. **2** *Un fléchissement de la tête* ▶ inclination, infléchissement, inflexion. **3** Fig. *Le fléchissement des prix* ▶ baisse, diminution.

flegmatique adj. *Il est resté flegmatique malgré l'annonce de toutes ces catastrophes* ▶ calme, décontracté, détaché, froid, impassible, imperturbable, maître de soi, placide, posé, serein, tranquille.

flegmatiquement adv. ▶ impassiblement, imperturbablement, placidement.

flegme n. m. ▶ calme, décontraction, détachement, froideur, impassibilité, imperturbabilité, maîtrise de soi, placidité, sérénité, tranquillité.

flétrir v. **1** *La sécheresse a flétri les fleurs* ▶ dessécher, faner, sécher. **2** *Le soleil a flétri ce tissu* ▶ altérer, décolorer, défraîchir, faner, ternir. **3** Fig. et litt. *Flétrir la mémoire de qqn* ▶ avilir, déshonorer, entacher, salir, souiller, ternir. **4 se flétrir** *Une peau qui se flétrit* ▶ se chiffonner, se friper, se parcheminer, se ratatiner, se rider. **5** *Le rouge se flétrit vite sur les tapisseries* ▶ s'altérer, se décolorer, se faner, passer, ternir.

flétrissure n. f. Fig. et litt. *Il a ressenti sa faillite comme une flétrissure irrémédiable* ▶ déshonneur, honte, infamie, opprobre (litt.), souillure, stigmate (litt.), tache.

fleur n. f. **1** Fig. *La fleur de l'aristocratie* ▶ crème (fam.), élite, fine fleur, gratin (fam.). **2 fleur bleue** *Rester très fleur bleue* ▶ romanesque, romantique, sentimental.

fleuri, ie adj. 1 Fig. *Un style fleuri* ▸ orné. 2 Fig. *Un teint fleuri* ▸ coloré, florissant, frais, vermeil.

fleurir v. 1 *Les rosiers commencent à fleurir* ▸ éclore, s'épanouir. 2 Fig. *Une époque où fleurissaient les arts* ▸ briller, croître, se développer, grandir, prospérer. 3 Fig. *Avoir le nez qui fleurit* ▸ bourgeonner.

fleuron n. m. Fig. *Ce tableau est le fleuron de sa collection* ▸ gloire, honneur, orgueil, ornement.

fleuve adj. *Un discours fleuve* ▸ interminable, sans fin.

fleuve n. m. Fig. *Un fleuve de larmes* ▸ déluge, flot, torrent.

flexibilité n. f. ▸ élasticité, souplesse.

flexible adj. 1 *Une matière flexible* ▸ élastique, maniable, souple. 2 Fig. *Un caractère flexible* ▸ accommodant, docile, influençable, malléable, souple.

flexion n. f. 1 *Une flexion du genou* ▸ fléchissement. 2 *La flexion d'un verbe, d'un nom* ▸ conjugaison, déclinaison.

flibuste n. f. ▸ piraterie.

flibustier n. m. 1 *Les flibustiers de l'île de la Tortue* ▸ boucanier, corsaire, écumeur de mer, pirate. 2 Fig. et litt. *Avoir affaire à un véritable flibustier* ▸ bandit, escroc, filou.

flirt n. m. 1 *C'était juste un flirt* ▸ amourette, béguin (fam.), caprice, idylle, passade, tocade. 2 *Amener son flirt à une soirée* ▸ amoureux, amoureuse, béguin (fam.), chéri (fam.), chérie (fam.), copain (fam.), copine (fam.), petit(e) ami(e).

flirter v. 1 Fig. *Un député qui flirte avec l'extrême-droite* ▸ se commettre (litt.), coqueter (litt.). 2 Fig. et fam. *Flirter avec la quarantaine* ▸ friser.

floraison n. f. 1 *L'époque de la floraison* ▸ anthèse, effloraison, efflorescence (vx), fleurissement (litt.). 2 Fig. *Une floraison de talents* ▸ éclosion, épanouissement.

flore n. f. ▸ végétation.

florilège n. m. ▸ anthologie, chrestomathie (litt.), extraits, morceaux choisis, recueil, spicilège (litt.).

florissant, ante adj. 1 *Un visage florissant* ▸ coloré, épanoui, fleuri, rayonnant, rebondi, resplendissant. 2 *Un commerce florissant* ▸ actif, prospère.

flot n. m. 1 Plur. et litt. *Un bateau qui tangue sur les flots* ▸ mer, océan, onde (litt.), vagues. 2 Fig. *Un flot de paroles et de larmes* ▸ débauche, débordement, déluge, fleuve, flux, torrent. 3 Fig. *Un flot de touristes* ▸ afflux, essaim, flopée (fam.), foule, marée, multitude, nuée, vague.

flottant, ante adj. 1 *Des cheveux flottants* ▸ dénoué. 2 *Porter un tee-shirt flottant* ▸ ample, flou, lâche, large, vague. 3 *Une robe flottante* ▸ ondoyant (litt.), ondulant. 4 *Une passerelle flottante* ▸ mobile. 5 *Une monnaie au cours flottant* ▸ fluctuant, instable, variable. 6 *Un caractère flottant* ▸ fluctuant, hésitant, incertain, inconstant, indécis, indéterminé, instable, irrésolu, mouvant, velléitaire.

flotte n. f. ▸ armada (litt.), escadre.

flottement n. m. Fig. *Répondre après un moment de flottement* ▸ doute, hésitation, incertitude, indécision, tâtonnement.

flotter v. 1 *Des épaves flottaient encore à la surface* ▸ surnager. 2 *Un drapeau qui flotte au vent* ▸ battre, ondoyer, onduler, voler, voleter. 3 Fig. *Flotter entre deux solutions* ▸ balancer, hésiter, osciller.

flotteur n. m. ▸ bouée.

flottille n. f. *S'équiper d'une flottille d'avions de reconnaissance* ▸ escadrille.

flou, floue adj. 1 *Des contours flous* ▸ brouillé, fondu, imprécis, incertain, indécis, indéterminé, indistinct, trouble, vague, vaporeux. 2 *Un vêtement flou* ▸ ample, flottant, lâche, large, vague. 3 Fig. *Une pensée floue* ▸ brumeux, fumeux, imprécis, nébuleux, vague.

flou artistique n. m. ▸ imprécision, vague.

flouer v. ▸ berner, duper, leurrer (litt.), posséder (fam.), rouler (fam.), tromper.

fluctuant, ante adj. 1 *Un cours des changes fluctuant* ▸ flottant, instable, mobile, mouvant, variable. 2 *Un esprit fluctuant* ▸ changeant, flottant, hésitant, incertain, inconstant, indécis, irrésolu, mouvant.

fluctuations n. f. pl. *Des prix soumis à des fluctuations fréquentes* ▸ changement, oscillation, turbulence, variation.

fluctuer v. *Fluctuer au gré des circonstances* ▸ changer, évoluer, se modifier, se transformer, varier.

fluet, ette adj. ▸ délicat, filiforme, frêle, gracile, grêle, menu, ténu.

fluide adj. 1 *Une huile fluide* ▸ liquide. 2 Fig. *Un style fluide* ▸ aisé, clair, coulant, limpide.

fluide n. m. *Le fluide d'un médium* ▸ magnétisme.

fluidifier v. *Fluidifier une sauce* ▸ allonger, éclaircir, étendre.

fluorescence n. f. ▶ luminescence.

fluorescent, ente adj. ▶ luminescent.

flux n. m. **1** *Un flux de sang* ▶ écoulement. **2** Fig. *Un flux de paroles* ▶ débauche, débordement, déferlement, déluge, flot, profusion, surabondance, torrent.

focaliser v. Fig. *Une réforme qui focalise tous les mécontentements* ▶ concentrer.

fœtus n. m. ▶ embryon.

foi n. f. **1** *Un témoin digne de foi* ▶ confiance, crédit. **2** *Liberté, égalité et fraternité sont les principes de la foi républicaine* ▶ conviction, credo, croyance, dogme, évangile. **3** *Se réclamer de la foi catholique* ▶ confession, culte, église, religion. **4 avoir foi en** *Avoir foi en qqn* ▶ avoir confiance en, compter sur, croire en, se fier à. **5 bonne foi** *Sa bonne foi ne peut être mise en doute* ▶ droiture, honnêteté, loyauté, sincérité. **6 mauvaise foi** *Se défendre avec la plus parfaite mauvaise foi* ▶ déloyauté, fausseté, malhonnêteté.

foire n. f. **1** *Les manèges de chevaux de bois d'une foire* ▶ ducasse, fête foraine, kermesse. **2** *Acheter une lampe à la foire annuelle des fonds de greniers* ▶ braderie. **3** Fig. et fam. *Faire la foire* ▶ bamboula (fam.), bombe (fam.), bringue (fam.), fête, fiesta (fam.), java (fam.), noce (fam.), nouba (fam.).

fois n. f. **1** *Cette fois-ci* ▶ coup (fam.). **2 à la fois** ▶ conjointement, ensemble, simultanément.

foison n. f. **1** *Il en est venu des foisons* ▶ flopée (fam.), foule, kyrielle, masse, multitude, nuée, quantité. **2 à foison** *Vous en trouverez à foison* ▶ abondamment, à profusion, beaucoup, considérablement, copieusement, en abondance.

foisonnant, ante adj. **1** *Une végétation foisonnante* ▶ généreux, riche, surabondant. **2** *L'activité foisonnante d'une ruche* ▶ fourmillant, grouillant.

foisonnement n. m. ▶ fourmillement, grouillement, pullulement, surabondance.

foisonner v. **1** *Un champ où les lapins foisonnent* ▶ abonder, fourmiller, grouiller, proliférer, pulluler. **2** *Un quartier qui foisonne de touristes* ▶ déborder, grouiller, regorger.

folâtre adj. ▶ allègre, badin, enjoué, gai, guilleret.

folâtrer v. ▶ s'amuser, badiner, batifoler (fam.), s'ébattre, gambader, papillonner.

foliation n. f. ▶ feuillaison.

folichon, onne adj. Fam. *Tout cela n'est pas très folichon* ▶ amusant, drôle, gai, plaisant, réjouissant.

folie n. f. **1** *Simuler la folie* ▶ aliénation, démence, dérangement, déséquilibre. **2** *Avoir un moment de folie* ▶ aberration, aveuglement, délire, déraison, égarement, inconscience. **3** *Ce serait une folie* ▶ aberration, absurdité, bêtise, énormité, erreur, idiotie, imbécillité, nonsens, sottise, stupidité. **4** *C'est sa dernière folie* ▶ caprice, coup de tête, manie, marotte. **5 à la folie** *Aimer qqn à la folie* ▶ éperdument, extrêmement, fanatiquement, fiévreusement, frénétiquement, passionnément.

folio n. m. ▶ page.

folioter v. ▶ numéroter, paginer.

folklorique adj. **1** *Une danse folklorique* ▶ traditionnel. **2** *Un vieux bonhomme un peu folklorique* ▶ original, pittoresque.

follement adv. **1** *Elle est follement amoureuse de lui* ▶ éperdument, passionnément. **2** *Se jeter follement dans l'aventure* ▶ inconsidérément. **3** *C'était follement drôle* ▶ excessivement, extrêmement, prodigieusement, terriblement, très, vachement (fam.).

fomenter v. Litt. *Fomenter une sédition* ▶ allumer, causer, faire naître, provoquer, susciter.

foncé, ée adj. **1** *Un bleu extrêmement foncé* ▶ profond, sombre. **2** *Avoir le teint foncé* ▶ basané, bistre.

foncer v. **1** *Le soleil lui a foncé le teint* ▶ assombrir, bronzer, brunir. **2** *Foncer sur l'ennemi* ▶ assaillir, bondir sur, s'élancer sur, fondre sur (litt.), se jeter sur, se précipiter sur, se ruer sur, sauter sur. **3** Fam. *Un taureau qui fonce* ▶ charger, courir, galoper. **4** Fam. *Une voiture qui fonce sur la route* ▶ filer (fam.). **5** Fam. *Foncez, c'est urgent* ▶ faire vite, se dépêcher, se presser.

foncier, ère adj. **1** *Un propriétaire foncier* ▶ terrien. **2** Fig. *Une qualité foncière* ▶ constitutif, essentiel, fondamental.

foncièrement adv. *Un homme foncièrement généreux* ▶ fondamentalement, pleinement, profondément.

fonction n. f. **1** *La fonction des intellectuels* ▶ charge, devoir, mission, office, rôle, tâche. **2** *Être dans l'exercice de sa fonction* ▶ activité, charge, emploi, mandat, métier, profession, travail. **3** *Aspirer à une haute fonction* ▶ charge, place, poste, situation. **4** *Une fonction bijective* ▶ application. **5 en fonction de** *J'agirai en fonction des circonstances* ▶ selon. **6 faire fonc-

fonctionnaire

tion de *Ce hangar fait fonction d'entrepôt* ▶ servir de, tenir lieu de.

fonctionnaire n. ▶ agent de l'état.

fonctionnel, elle adj. *Une installation avant tout fonctionnelle* ▶ commode, pratique, utilitaire.

fonctionnement n. m. **1** *Une machine en fonctionnement* ▶ action, activité, marche, service. **2** *Le fonctionnement de la pensée* ▶ mécanisme, processus.

fonctionner v. ▶ aller, carburer (fam.), marcher, tourner rond (fam.).

fond n. m. **1** *Le fond d'un abîme* ▶ profondeurs, tréfonds. **2** *Le fond d'une bouteille* ▶ bas, base, cul, fondement (vx). **3** *Le fond d'un couloir* ▶ bout, extrémité, fin. **4** *Le fond d'un tableau* ▶ arrière-plan, lointain. **5** *Le fond et la forme* ▶ contenu, matière, substance, sujet, thème. **6** *Le fond germanique de la langue française* ▶ substrat. **7** *Le fond historique d'un conte merveilleux* ▶ base, fondement. **8** *Le fond d'un problème* ▶ cœur, nœud. **9 à fond** *Connaître une question à fond* ▶ complètement, entièrement, tout à fait. **10 à fond de train** Fam. ▶ à bride abattue, à toute vitesse, en toute hâte, précipitamment, promptement. **11 au fond** *Au fond il a peut-être raison* ▶ après tout, au demeurant, au reste, d'ailleurs, du reste, en définitive, en fait, en réalité. **12 de fond en comble** *Fouiller une maison de fond en comble* ▶ complètement, entièrement, intégralement, totalement.

fondamental, ale adj. **1** *Une question fondamentale* ▶ capital, essentiel, primordial, vital. **2** *Les aspects fondamentaux d'une doctrine* ▶ constitutif, dominant, essentiel, principal. **3** *L'anglais fondamental* ▶ basique (fam.), élémentaire, essentiel, rudimentaire. **4** *Une insatisfaction fondamentale* ▶ constitutif, foncier, inné, naturel.

fondamentalement adv. ▶ essentiellement, foncièrement, radicalement, totalement.

fondamentaliste adj. et n. ▶ intégriste.

fondant, ante adj. ▶ moelleux, tendre.

fondateur, trice n. ▶ auteur, bâtisseur, créateur, père.

fondation n. f. **1** Fig. *La fondation d'un État* ▶ constitution, création, édification, établissement, formation, instauration, institution. **2** Plur. *Les fondations d'un édifice* ▶ assiette, assise, base, fondement (vx), infrastructure, soubassement, sous-œuvre.

fondé, ée adj. *Un argument fondé* ▶ juste, justifié, légitime, motivé, recevable, sérieux, solide, valable.

fondement n. m. **1** Vx *Le fondement d'une construction* ▶ assiette, assise, base, fondations, infrastructure, soubassement, sous-œuvre. **2** *Une rumeur dénuée de tout fondement* ▶ cause, consistance, justification, motif, objet, raison. **3** *Le fondement de la vie en société* ▶ origine, principe, source. **4** Fam. *Éprouver des douleurs au fondement* ▶ anus.

fonder v. **1** *Fonder qqch de nouveau* ▶ bâtir, constituer, construire, créer, édifier, élever, ériger, établir, instaurer, instituer. **2** *Fonder son autorité sur la force* ▶ appuyer, asseoir, établir, faire reposer. **3 se fonder** *Se fonder sur des faits* ▶ s'appuyer, se baser (fam.).

fondre v. **1** *Fondre un métal* ▶ liquéfier. **2** *Fondre une cloche* ▶ couler, mouler. **3** *De la glace qui fond* ▶ se liquéfier. **4** *Du sucre qui fond* ▶ se désagréger, se dissoudre. **5** Fig. *Fondre deux livres en un seul* ▶ amalgamer, fusionner, incorporer, mélanger, mêler, réunir, unir. **6** Fig. *Sa fortune a fondu* ▶ s'anéantir, disparaître, se dissiper, s'évanouir, se volatiliser. **7** Fig. *Fondre devant des larmes* ▶ s'attendrir, craquer (fam.), s'émouvoir. **8** *Fondre sur sa proie* ▶ assaillir, s'élancer sur, se jeter sur, se lancer sur, piquer sur, se précipiter sur, se ruer sur, sauter sur. **9** Fig. *Le malheur qui a fondu sur nous* ▶ s'abattre sur, tomber sur. **10 se fondre** *Des couleurs qui se fondent* ▶ se confondre, se mêler. **11** Fig. *Des souvenirs qui se fondent dans un passé lointain* ▶ disparaître, s'estomper.

fondrière n. f. ▶ nid-de-poule.

fonds n. m. **1** *Être propriétaire d'un fonds* ▶ établissement, exploitation. **2** Plur. *Disposer des fonds nécessaires* ▶ argent, bien, capital, finances, moyens, ressources, somme.

fondu, ue adj. *Des teintes fondues* ▶ flou, imprécis, incertain, vaporeux.

fonte n. f. *La fonte de la glace* ▶ liquéfaction.

football n. m. ▶ ballon rond.

footing n. m. ▶ jogging.

forain, aine adj. **1** ▶ ambulant, itinérant. **2 artiste forain** ▶ saltimbanque. **3 fête foraine** ▶ ducasse, foire, kermesse. **4 marchand forain** ▶ camelot, colporteur.

forban n. m. **1** *Les forbans qui couraient les océans* ▶ écumeur de mer, flibustier, pi-

rate. 2 *Ce commerçant est un véritable forban* ▶ bandit, brigand, voleur.

forçat n. m. ▶ bagnard, galérien.

force n. f. **1** *La force d'un homme* ▶ résistance, robustesse, solidité, vigueur. **2** *La force d'une digue* ▶ résistance, solidité. **3** *La force de travail* ▶ capacité, faculté, possibilité, puissance. **4** *Manquer de force* ▶ dynamisme, nerf, ressort, souffle, vitalité. **5** *Céder à la force* ▶ contrainte, pression, violence. **6** *Affirmer avec force* ▶ ardeur, détermination, énergie, fermeté, feu (litt.), véhémence, vigueur. **7** *La force d'un argument* ▶ importance, portée, puissance, valeur. **8** *La force des passions* ▶ intensité, violence, vivacité. **9** Plur. *Les forces armées* ▶ armées, troupes. **10 force d'âme** ▶ constance, courage, cran (fam.), détermination, énergie, fermeté, vigueur. **11 force publique** ▶ police. **12 de force à** *Il est de force à les battre tous* ▶ capable de, de taille à, susceptible de.

forcé, ée adj. **1** *Un emprunt forcé* ▶ obligatoire. **2** *Leur rupture, c'était forcé!* ▶ automatique, évident, fatal, immanquable, inéluctable, inévitable, logique. **3** *Un sourire forcé* ▶ affecté, artificiel, contraint, embarrassé, étudié, factice, faux. **4** *Le jeu de cet acteur est vraiment forcé* ▶ exagéré, excessif, outré.

forcément adv. *En s'y prenant comme cela, le résultat sera forcément catastrophique* ▶ automatiquement, évidemment, fatalement, immanquablement, inéluctablement, inévitablement, logiquement, naturellement, nécessairement, obligatoirement.

forcené, ée adj. *Une lutte forcenée* ▶ acharné, enragé, frénétique, furieux, passionné.

forcené, ée n. *Crier comme un forcené* ▶ enragé, fou furieux, possédé.

forceps n. m. pl. ▶ fers (vx).

forcer v. **1** *Forcer qqn à démissionner* ▶ acculer, astreindre, contraindre, obliger, pousser, réduire. **2** *Forcer une femme* ▶ violenter, violer. **3** *Forcer un animal* ▶ poursuivre, traquer. **4** *Forcer une porte* ▶ crocheter, enfoncer, fracturer. **5** *Forcer le sens d'un mot* ▶ altérer, déformer, dénaturer, détourner. **6** *Forcer la dose* ▶ dépasser, outrepasser. **7** *Forcer les défauts de qqn* ▶ accentuer, charger, exagérer, grossir, outrer. **8** *Forcer l'allure* ▶ accélérer, hâter, précipiter, presser. **9** *Forcer une enchère* ▶ augmenter, hausser, monter, pousser.

forcir v. **1** *Un enfant qui forcit* ▶ se développer, se fortifier, grandir, pousser (fam.). **2** *Une femme qui a beaucoup forci* ▶ s'alourdir, s'arrondir, s'élargir, engraisser, épaissir, grossir.

forer v. ▶ creuser, percer.

forestier, ère adj. ▶ sylvestre, sylvicole.

forêt n. f. **1** *Se promener dans une forêt* ▶ bois. **2** Fig. *Une forêt de mâts* ▶ flopée (fam.), foule, kyrielle, multitude, nuée, quantité. **3** Fig. *Se perdre dans la forêt des tendances et des courants* ▶ dédale, écheveau, enchevêtrement, labyrinthe, lacis, maquis, méandres.

forfait n. m. Litt. ▶ crime, faute.

forfaiture n. f. ▶ félonie (litt.), trahison, traîtrise.

forfanterie n. f. Litt. ▶ bluff (fam.), crânerie (fam.), fanfaronnade, hâblerie (litt.), jactance (litt.), rodomontade, vantardise.

forger v. **1** *Forger le fer* ▶ battre. **2** Fig. *Forger un parti moderne* ▶ construire, fabriquer, façonner, faire, former, monter, produire, réaliser. **3** Fig. *Forger une histoire* ▶ composer, fabriquer, imaginer, inventer, monter.

formalisation n. f. ▶ axiomatisation, mathématisation, modélisation.

formaliser v. **1** *Formaliser un système d'énoncés* ▶ axiomatiser, mathématiser, modéliser. **2 se formaliser** *Se formaliser d'un rien* ▶ se blesser, se choquer, se hérisser, s'offenser, s'offusquer, se piquer, se scandaliser, se vexer.

formalisme n. m. *Un juge d'un formalisme pointilleux* ▶ juridisme, légalisme.

formaliste adj. **1** *Des manières très formalistes* ▶ cérémonieux, conventionnel, formel, protocolaire, traditionaliste. **2** *Un correcteur extrêmement formaliste* ▶ maniaque, minutieux, pointilleux, tatillon, vétilleux (litt.).

formalité n. f. **1** *Des formalités administratives* ▶ démarche. **2** Plur. *Se plier aux formalités habituelles* ▶ cérémonial, usages.

format n. m. **1** *Dépasser le format autorisé* ▶ calibre, dimensions, gabarit, taille. **2** Fam. *Il n'a pas le format pour un poste de cette importance* ▶ carrure, envergure, gabarit.

formateur, trice adj. *Une expérience formatrice* ▶ enrichissant, instructif.

formation n. f. **1** *La formation d'un gouvernement ou d'une nation* ▶ composition, constitution, création, élaboration, fondation, genèse, organisation. **2** *Un centre*

forme

de formation ▶ apprentissage, éducation, instruction. **3** *Avoir une formation scientifique* ▶ bagage, connaissances, culture, éducation. **4** *Une jeune fille en pleine formation* ▶ croissance, puberté. **5** *Les formations politiques de l'opposition* ▶ groupe, parti. **6** *Une formation de jazz* ▶ ensemble, groupe, orchestre. **7** *Se heurter à une formation ennemie* ▶ détachement, troupe, unité.

forme n. f. **1** *La Terre a une forme sphérique* ▶ aspect, configuration, conformation. **2** *La forme d'un corps* ▶ dessin, galbe, ligne, modelé, tracé. **3** *Apercevoir des formes dans l'obscurité* ▶ ombre, silhouette. **4** *La forme et le fond* ▶ expression, style. **5** *Respecter les formes* ▶ cérémonial, règles, usages. **6** *Faire du sport pour maintenir sa forme* ▶ équilibre, santé. **7** *Dénoncer toutes les formes de racisme* ▶ espèce, genre, mode, sorte, type, variété. **8** *Servant à former certains objets : chapeau, vêtement, fromage...* ▶ gabarit, modèle, moule, patron. **9 en forme** ▶ dispos, en train, reposé.

formé, ée adj. *Une jeune fille formée* ▶ nubile, pubère.

formel, elle adj. **1** *Un démenti formel* ▶ catégorique, clair, explicite, exprès, net, précis. **2** *Une preuve formelle* ▶ certain, évident, flagrant, incontestable, indéniable, indiscutable, indubitable, irréfutable, manifeste, sûr. **3** *Des manières très formelles* ▶ cérémonieux, conventionnel, formaliste, protocolaire, traditionnaliste. **4** *Une protestation purement formelle* ▶ platonique, théorique.

formellement adv. *C'est formellement défendu* ▶ absolument, catégoriquement, expressément, rigoureusement.

former v. **1** *Former un être à son image* ▶ créer, fabriquer, façonner, faire, forger, modeler. **2** *Former un nouveau gouvernement* ▶ composer, constituer, établir, organiser, réunir. **3** *Former des lettres* ▶ composer, dessiner, écrire, façonner, tracer. **4** *Former l'idée de...* ▶ concevoir, élaborer, imaginer. **5** *Former de futurs soldats* ▶ discipliner, éduquer, élever, entraîner, instruire. **6 se former** *Une idée qui se forme* ▶ apparaître, se constituer, se créer, se développer, germer, naître. **7** *Fig. Se former à l'école de la vie* ▶ s'améliorer, s'instruire, se perfectionner.

formidable adj. **1** *Un formidable déploiement de moyens* ▶ considérable, énorme, gigantesque, imposant. **2** *Fam. Une soirée formidable* ▶ dément (fam.), du tonnerre (fam.), épatant (fam.), extraordinaire, fabuleux

276

(fam.), fantastique, géant (fam.), génial (fam.), merveilleux, prodigieux, sensationnel, super (fam.), terrible (fam.).

formidablement adv. ▶ colossalement, énormément, excessivement, extraordinairement, extrêmement, fabuleusement, gigantesquement, phénoménalement, prodigieusement, redoutablement, terriblement.

formulable adj. ▶ dicible, énonçable, exprimable.

formulaire n. m. ▶ bordereau, imprimé, questionnaire.

formulation n. f. ▶ énonciation, expression.

formule n. f. **1** *Une formule rituelle* ▶ expression, locution, phrase, sentence (vx), tournure. **2** *La formule d'une mise en demeure* ▶ libellé. **3** *Fig. Curieuse formule pour réussir* ▶ méthode, mode, moyen, procédé, système, technique.

formuler v. *Formuler un vœu* ▶ émettre, énoncer, exprimer, présenter, prononcer.

fornication n. f. Litt. ▶ accouplement, coït, copulation, rapport sexuel.

forniquer v. Litt. ▶ s'accoupler, baiser (fam.), copuler, coucher (fam.), s'envoyer en l'air (fam.), faire l'amour.

fort, forte adj. **1** *Un homme fort* ▶ athlétique, balèze, baraqué (fam.), costaud (fam.), musclé, robuste, solide, vigoureux. **2** *Une femme forte* ▶ corpulent, épais, gros, massif, volumineux. **3** *Une âme forte* ▶ courageux, énergique, résolu, trempé. **4** *Être fort dans sa partie* ▶ bon, calé (fam.), capable, doué, expérimenté, ferré, habile. **5** *Un sentiment fort* ▶ aigu, intense, profond, puissant, vif, violent. **6** *Un gouvernement fort* ▶ autoritaire. **7** *Un plat fort* ▶ corsé, épicé, relevé. **8** *Une odeur forte* ▶ intense, soutenu, tenace. **9** *Un fort accent* ▶ accusé, marqué, prononcé. **10** *Une forte somme* ▶ élevé, gros, important. **11** *De fortes chances de réussir* ▶ grand, important. **12** *Un carton fort* ▶ dur, épais, résistant, solide. **13** *Un remède fort* ▶ agissant, efficace, énergique, puissant. **14** *Une plaisanterie un peu forte* ▶ exagéré, poussé, raide (fam.). **15** *Le plus fort, c'est que...* ▶ étonnant, extraordinaire, formidable, incroyable, inouï, invraisemblable, stupéfiant. **16 forte tête** ▶ contestataire, frondeur, insoumis, rebelle. **17 se faire fort de** *Se faire fort de résorber rapidement le chômage* ▶ se flatter de, se piquer de, se targuer de, se vanter de.

fort adv. 1 *Frotter fort* ▸ dur, énergiquement, fortement, vigoureusement. 2 Litt. *Vous êtes fort aimable* ▸ bien, extrêmement, très. 3 Litt. *Si ce n'est pas une malversation, cela y ressemble fort* ▸ beaucoup, considérablement, fortement, grandement, nettement, puissamment, vivement.

fort n. m. 1 *Les mathématiques ne sont pas son fort* ▸ domaine, partie, spécialité. 2 *Lancer un assaut contre un fort* ▸ forteresse, place forte. 3 *fort des halles* ▸ débardeur, déchargeur (vx), porteur.

fortement adv. 1 *Frapper fortement* ▸ énergiquement, fort, vigoureusement. 2 *Serrer fortement* ▸ fermement, solidement. 3 Fig. *Désirer fortement* ▸ ardemment, intensément, passionnément, profondément, puissamment, vivement. 4 Fig. *Cela ressemble fortement à une escroquerie* ▸ beaucoup, considérablement, fort (litt.), grandement, nettement, puissamment.

forteresse n. f. 1 *Enlever une forteresse après trois mois de siège* ▸ fort, place forte. 2 Fig. *Une forteresse du conservatisme* ▸ citadelle.

fortifiant, ante adj. 1 *Une boisson fortifiante* ▸ cordial (vx), réconfortant, reconstituant, remontant (fam.), revigorant, tonifiant, tonique, vivifiant. 2 *Un aliment fortifiant* ▸ nutritif, roboratif (vx).

fortification n. f. 1 *Défendre une fortification isolée* ▸ fortin. 2 Plur. *Les fortifications d'une ville* ▸ murailles, murs, remparts.

fortifier v. 1 *Fortifier un convalescent* ▸ ragaillardir, réconforter, remonter, retaper (fam.), revigorer, soutenir, tonifier, vivifier. 2 *Fortifier le caractère de qqn* ▸ affermir, durcir, tremper. 3 *Fortifier qqn dans sa détermination* ▸ conforter, encourager. 4 *Cela n'a fait que fortifier sa conviction* ▸ affermir, augmenter, corroborer, renforcer. 5 *Fortifier une construction* ▸ appuyer, consolider, étayer, renforcer, soutenir. 6 *Fortifier une place* ▸ armer, défendre, protéger. 7 **se fortifier** *Un enfant qui se fortifie* ▸ se développer. 8 *Se fortifier dans un village* ▸ se barricader, se cantonner, s'enfermer, se retrancher.

fortiori (a) adv. ▸ à plus forte raison.

fortuit, uite adj. *Un événement fortuit* ▸ accidentel, imprévu, inattendu, inopiné.

fortuitement adv. ▸ accidentellement, inopinément, par hasard.

fortune n. f. 1 *Disposer d'une fortune assez considérable* ▸ avoir, bien, capital, patrimoine, ressources, richesses. 2 *Ils vivent bien, mais ce n'est pas la fortune* ▸ luxe, opulence, prospérité, richesse. 3 Litt. *Les aléas de la fortune* ▸ destin, destinée, hasard, sort. 4 Litt. *Être l'artisan de sa fortune* ▸ réussite, succès.

fortuné, ée adj. ▸ aisé, argenté (litt.), cossu (litt.), nanti, opulent, plein aux as (fam.), riche.

forum n. m. Fig. *Organiser un forum sur la condition féminine* ▸ colloque, débat, rencontre, symposium, table ronde.

fosse n. f. 1 *Creuser une fosse au pied d'une muraille* ▸ boyau, douve, excavation, fossé, tranchée. 2 *Descendre un cercueil au fond d'une fosse* ▸ tombe. 3 **fosse d'aisances** ▸ feuillées, latrines, lieux d'aisances.

fossé n. m. 1 *Un fossé rempli d'eau* ▸ boyau, douve, excavation, fosse, tranchée. 2 Fig. *Il y a un fossé entre ces deux interprétations* ▸ abîme, gouffre.

fossile adj. Fig. et fam. *Des préjugés fossiles* ▸ antédiluvien, antique, archaïque, arriéré, démodé, dépassé, préhistorique, rétrograde, suranné.

fossiliser (se) v. Fig. *Une société qui se fossilise* ▸ se figer, se momifier, se scléroser.

fossoyeur n. m. Fig. et litt. *Les fossoyeurs de la République* ▸ démolisseur, naufrageur.

fou, folle adj. 1 *Être complètement fou* ▸ aliéné, allumé (fam.), caractériel, cinglé (fam.), dément, dérangé, désaxé, déséquilibré, détraqué, dingue (fam.), fêlé (fam.), frappé (fam.), givré (fam.), jeté (fam.), maboul (fam.), malade (fam.), marteau (fam.), piqué (fam.), ravagé (fam.), timbré (fam.), toqué (fam.). 2 *Ce serait fou de continuer* ▸ aberrant, absurde, déraisonnable, insensé, irrationnel. 3 *Être fou de peinture* ▸ accro (fam.), amoureux, engoué, enragé, enticé, fanatique, mordu, passionné. 4 *Une idée folle* ▸ bizarre, excentrique, extravagant, fantasque, farfelu (fam.), loufoque (fam.), saugrenu, singulier, tordu (fam.). 5 *Une folle gaieté* ▸ débridé, déchaîné, effréné. 6 *Un somme folle* ▸ astronomique, énorme, excessif, exorbitant, extraordinaire, fabuleux, fantastique, faramineux (fam.), gigantesque, immense, prodigieux, vertigineux. 7 *Une envie folle* ▸ incoercible, irrépressible, irrésistible, violent. 8 **être fou de joie** ▸ exulter, jubiler, se réjouir, triompher.

fou n. m. 1 *Le fou du roi* ▸ bouffon. 2 **fou furieux** *Avoir affaire à une bande de fous furieux* ▸ enragé, exalté, excité, fanatique, forcené, illuminé.

foucade n. f. Litt. ▸ caprice, coup de tête, fantaisie, lubie, tocade.

foudres n. f. pl. Fig. et litt. *Encourir les foudres de qqn* ▶ colère, fureur.

foudroyant, ante adj. **1** *Une attaque foudroyante* ▶ brusque, brutal, fulgurant, soudain, subit, violent. **2** *Une nouvelle foudroyante* ▶ renversant, terrassant.

foudroyer v. **1** *Un infarctus l'a foudroyé* ▶ faucher, terrasser. **2** Fig. *Son échec l'a foudroyé* ▶ accabler, anéantir, annihiler, briser, écraser, terrasser. **3** Fig. *La violence de son intervention les a foudroyés* ▶ méduser, paralyser, pétrifier, saisir, sidérer, stupéfier, terrasser, tétaniser.

fouet n. m. *Donner le fouet à qqn* ▶ étrivières (vx).

fouetter v. **1** *Fouetter un esclave* ▶ flageller, fouailler (litt.), fustiger (vx). **2** *Fouetter les flancs d'un cheval* ▶ cingler, cravacher. **3** *Fouetter des blancs d'œuf* ▶ battre. **4** *De la pluie qui fouette le visage* ▶ cingler, gifler. **5** Fig. *Fouetter l'ambition de qqn* ▶ aiguillonner, aiguiser, attiser, éperonner, exciter, stimuler.

fougue n. f. *La fougue de la jeunesse* ▶ allant, ardeur, élan, emballement (fam.), enthousiasme, entrain, exaltation, exubérance, feu, flamme, impétuosité, pétulance, véhémence, vivacité.

fougueusement adv. *Prendre quelqu'un fougueusement dans ses bras* ▶ ardemment, impétueusement.

fougueux, euse adj. **1** *Un tempérament fougueux* ▶ ardent, bouillant, enflammé, enthousiaste, explosif, impétueux, pétulant, vif. **2** *Un rythme fougueux* ▶ endiablé.

fouille n. f. **1** *Une fouille archéologique* ▶ chantier, recherche. **2** *Faire une fouille dans un local* ▶ perquisition, visite.

fouillé, ée adj. Fig. *Une étude très fouillée* ▶ approfondi, détaillé, minutieux, poussé.

fouiller v. **1** *Fouiller le sol* ▶ creuser, fouir (litt.), remuer, retourner. **2** *Fouiller un appartement* ▶ perquisitionner, visiter. **3** *Fouiller partout* ▶ chercher, fouiner, fourgonner (fam.), fourrager, fureter, trifouiller (fam.). **4** *Fouiller le tréfonds de sa conscience* ▶ analyser, disséquer (fam.), éplucher (fam.), étudier, examiner, explorer, observer, scruter, sonder. **5** Fig. *Fouiller une question* ▶ creuser, éplucher (fam.), étudier, explorer.

fouillis n. m. ▶ bazar (fam.), capharnaüm (fam.), désordre, embrouillamini (fam.), fatras, méli-mélo, pagaille (fam.), souk (fam.).

fouiner v. Fam. ▶ farfouiller (fam.), fouiller, fourgonner (fam.), fourrager (fam.), fureter, trifouiller (fam.).

fouineur, euse adj. et n. ▶ curieux, fouinard (fam.), fureteur, indiscret.

foulard n. m. ▶ carré, fichu, pointe.

foule n. f. **1** *Il y avait une foule énorme* ▶ affluence, cohue, monde, multitude, peuple. **2** Fig. *Rêver d'avoir une foule de domestiques* ▶ armada, armée, essaim, flopée (fam.), foultitude (fam.), kyrielle, masse, multitude, nuée, quantité, ribambelle (fam.), tas (fam.), tripotée (fam.).

foulée n. f. ▶ enjambée, pas.

fouler v. **1** *Fouler du raisin* ▶ écraser, presser. **2** Litt. *Fouler le sol natal* ▶ marcher sur. **3** **fouler aux pieds** Fig. *Fouler aux pieds la Constitution* ▶ bafouer, mépriser, piétiner. **4** **se fouler** *Se fouler la cheville* ▶ se luxer, se tordre. **5** Fam. *Vous ne vous êtes pas foulé* ▶ se casser (fam.), se donner du mal, se fatiguer.

foulure n. f. ▶ entorse.

four n. m. Fig. *Ce spectacle est un four complet* ▶ bide (fam.), désastre, échec, fiasco, flop (fam.), insuccès.

fourbe adj. et n. Litt. *Il a été assez fourbe pour me le promettre alors qu'il savait bien qu'il ne le ferait pas* ▶ artificieux (vx), déloyal, dissimulé, faux, faux jeton (fam.), hypocrite, jésuite, perfide (litt.), sournois, tartufe, tortueux, traître, trompeur.

fourberie n. f. **1** Litt. *Un caractère de la plus noire fourberie* ▶ déloyauté, dissimulation, duplicité, fausseté, hypocrisie, jésuitisme, matoiserie (litt.), perfidie (litt.), sournoiserie. **2** Litt. *Il nous prépare encore une de ses fourberies* ▶ duperie, entourloupette (fam.), matoiserie (litt.), perfidie (litt.), piperie (vx et litt.), roublardise, ruse, sournoiserie, traîtrise, tromperie.

fourbi n. m. **1** Fam. *Quel fourbi!* ▶ capharnaüm (fam.), désordre, fouillis. **2** Fam. *Il est arrivé avec tout son fourbi* ▶ attirail, bagage, barda (fam.), bastringue (fam.), bazar, équipement, fourniment (fam.), saint-frusquin (fam.).

fourbir v. ▶ astiquer, briquer, frotter, nettoyer, polir.

fourbu, ue adj. ▶ brisé, claqué (fam.), crevé (fam.), épuisé, éreinté, exténué, fatigué, flapi (fam.), moulu, rompu, vanné (fam.), vidé (fam.).

fourche n. f. Fig. *Tourner à gauche à la fourche* ▶ bifurcation, embranchement, patte-d'oie.

fourchette n. f.**1** Fig. *La fourchette entre les plus hauts revenus et les plus bas* ▶ écart, intervalle. **2** Fig. *Dans une heure les statisticiens auront précisé leur fourchette* ▶ évaluation.

fourgon n. m. **1** *Le fourgon de queue* ▶ voiture, wagon. **2 fourgon à bestiaux** ▶ bétaillère. **3 fourgon cellulaire** ▶ panier à salade (fam.). **4 fourgon mortuaire** ▶ corbillard.

fourgonner v. Fam. *Fourgonner dans un tiroir* ▶ fouiller, fouiner, fourrager (fam.), fureter, trifouiller (fam.).

fourgonnette n. f. ▶ camionnette, pick-up.

fourmilière n. f. Fig. *Ce quartier est une véritable fourmilière* ▶ ruche.

fourmillant, ante adj. ▶ foisonnant, grouillant.

fourmillement n. m. **1** *Un fourmillement dans les jambes* ▶ démangeaison, formication (vx), fourmis, picotement. **2** Fig. *Un fourmillement de vers* ▶ foisonnement, grouillement, pullulement.

fourmiller v. **1** *Les coquilles fourmillent dans votre texte* ▶ abonder, foisonner, grouiller, proliférer, pulluler. **2** *Votre texte fourmille de coquilles* ▶ déborder, grouiller, regorger.

fourmis n. f. Fig. *Avoir des fourmis dans les jambes* ▶ démangeaison, formication (vx), fourmillement, picotement.

fournaise n. f. **1** *Tout s'est carbonisé dans cette fournaise* ▶ brasier. **2** Fig. *La fournaise du mois d'août* ▶ canicule.

fourneau n. m. *Une kitchenette avec un petit fourneau* ▶ cuisinière, gazinière, réchaud.

fournée n. f. Fig. et fam. *La fournée 1992 de l'ENA* ▶ promotion.

fourni, ie adj. **1** *Une barbe fournie* ▶ dru, épais, touffu. **2** *Un magasin bien fourni* ▶ achalandé (fam.), approvisionné, garni, pourvu.

fourniment n. m. Fam. *Arriver avec tout son fourniment* ▶ attirail, bagage, barda (fam.), bastringue (fam.), bazar, équipement, fourbi (fam.), saint-frusquin (fam.).

fournir v. **1** *Fournir des renseignements* ▶ apporter, donner, livrer, procurer. **2** *Fournir l'armée* ▶ approvisionner, armer, équiper, munir, outiller, pourvoir. **3 se fournir** *Se fournir chez l'épicier d'en bas* ▶ s'approvisionner, se ravitailler.

fournisseur, euse n. ▶ approvisionneur (litt.), commerçant, marchand, pourvoyeur (litt.), ravitailleur.

fourniture n. f. **1** *La fourniture du matériel est comprise dans le prix* ▶ délivrance, livraison, remise. **2** *La fourniture de toute une ville en eau* ▶ alimentation, approvisionnement, ravitaillement. **3** Plur. *Des fournitures scolaires* ▶ matériel.

fourrager v. Fam. *Fourrager dans une armoire* ▶ farfouiller (fam.), fouiller, fouiner, fourgonner (fam.), fureter, trifouiller (fam.).

fourré n. m. **1** *Leur balle a roulé dans un fourré* ▶ buisson. **2** Plur. *Une forêt entourée de fourrés* ▶ buissons, hallier, taillis.

fourreau n. m. ▶ étui, gaine.

fourrer v. **1** *Fourrer un manteau* ▶ doubler, molletonner, ouater. **2** Fam. *Fourrer ses mains dans ses poches* ▶ coller (fam.), enfoncer, plonger. **3 se fourrer** Fam. *Se fourrer sous une couette* ▶ s'enfoncer. **4** Fam. *Il se fourre toujours là où il faut* ▶ se glisser, s'immiscer, s'insinuer, s'introduire, se loger, se placer. **5** Fam. *Se fourrer dans un drôle de guêpier* ▶ s'aventurer, s'embarquer (fam.), s'engager, se jeter, se lancer, se mettre.

fourreur n. m. ▶ pelletier.

fourrure n. f. *La fourrure du chat* ▶ pelage, poil, robe, toison.

fourvoyer v. **1** *Avec ses indications trop compliquées, il nous a complètement fourvoyés* ▶ égarer, perdre. **2** Fig. et litt. *Ces charlatans ne cherchent qu'à fourvoyer quelques naïfs* ▶ abuser, induire en erreur, tromper. **3 se fourvoyer** *Se fourvoyer dans des ruelles* ▶ s'égarer, se perdre. **4** Fig. et litt. *Vous vous fourvoyez complètement* ▶ s'égarer, faire erreur, faire fausse route, se tromper.

foutu, ue adj.**1** Fam. *La bagnole est foutue* ▶ bousillé (fam.), fichu (fam.), hors service. **2** Fam. *Les vacances sont foutues* ▶ gâché. **3** Fam. *Le pauvre, il est foutu* ▶ condamné, cuit, fichu (fam.), incurable, inguérissable, irrécupérable, perdu. **4** Fam. *Un foutu râleur* ▶ drôle de, fichu (fam.), maudit, sacré, satané. **5 bien foutu** *Une fille bien foutue* ▶ bien balancé (fam.), bien bâti, bien fait. **6 mal foutu** Fam. *Une fille persuadée d'être mal foutue* ▶ laid, moche (fam.). **7** *Il est mal foutu ces temps-ci* ▶ fatigué, patraque (fam.), souffrant.

foyer n. m. **1** *S'asseoir près du foyer* ▶ âtre, cheminée, feu. **2** Fig. *Le foyer de l'agitation* ▶ centre, cœur, noyau. **3** Fig. *Fonder un foyer* ▶ famille, ménage. **4** Fig. *Le foyer paternel* ▶ bercail, demeure, domicile, home, intérieur, logis, maison, nid (litt.), pénates (litt.), toit. **5** Plur. et fig. *Rentrer dans ses foyers* ▶ maison, pays, pénates (litt.).

frac n. m. ▸ habit, jaquette, queue-de-pie.

fracas n. m. *Il y avait un fracas épouvantable dans la salle des machines* ▸ boucan (fam.), bruit, chahut, raffut (fam.), tumulte, vacarme.

fracassant, ante adj. 1 *Un bruit fracassant* ▸ assourdissant. 2 Fig. *Une déclaration fracassante* ▸ retentissant, tapageur, tonitruant.

fracasser v. ▸ briser, casser, rompre.

fraction n. f. *Une fraction importante de l'électorat a préféré s'abstenir* ▸ part, partie, portion, segment.

fractionnement n. m. 1 *Le brutal fractionnement d'un empire* ▸ atomisation, désagrégation, morcellement. 2 *Le fractionnement d'un pays en régions* ▸ découpage, division, fragmentation, partage. 3 *Le fractionnement d'une famille* ▸ dispersion, éparpillement.

fractionner v. ▸ démembrer, diviser, fragmenter, morceler, parcelliser, partager, scinder, segmenter.

fractionniste adj. et n. ▸ dissident, scissionniste.

fracture n. f. ▸ brisure, cassure, rupture.

fracturer v. 1 *Fracturer un os* ▸ briser, casser, rompre. 2 *Fracturer une porte* ▸ défoncer, enfoncer, forcer.

fragile adj. 1 *Des denrées fragiles* ▸ altérable, périssable. 2 *Un matériau fragile comme du verre* ▸ cassable, cassant. 3 *Un enfant fragile* ▸ chétif, délicat, faible, frêle, malingre, souffreteux. 4 *Un caractère fragile* ▸ faible, sans défense, vulnérable. 5 *Un bonheur fragile* ▸ éphémère, fugace, fugitif, instable, précaire.

fragiliser v. *L'âge a fragilisé la résistance de son organisme* ▸ affaiblir, amoindrir, diminuer.

fragilité n. f. 1 *Elle a toujours été d'une grande fragilité* ▸ débilité, faiblesse, vulnérabilité. 2 *La fragilité des choses humaines* ▸ caducité (litt.), incertitude, inconsistance, inconstance, instabilité, précarité, vanité (litt.).

fragment n. m. 1 *Des fragments d'aliments et d'objets* ▸ bout, bribe, brisure, débris, éclat, lambeau, miette, morceau, parcelle, partie, tronçon. 2 *Un fragment de l'œuvre de Dante* ▸ extrait, morceau, passage.

fragmentaire adj. *Des informations fragmentaires* ▸ incomplet, morcelé, partiel.

fragmentation n. f. 1 *La fragmentation d'un pays en régions* ▸ découpage, division, fractionnement, partage. 2 *La fragmentation d'une roche sous l'effet d'une explosion* ▸ morcellement.

fragmenter v. ▸ diviser, fractionner, morceler, partager, scinder, segmenter.

fraîchement adv. 1 *Un préfet fraîchement nommé* ▸ depuis peu, nouvellement, récemment. 2 Fig. *Être reçu fraîchement* ▸ froidement.

fraîcheur n. f. 1 *La fraîcheur du teint* ▸ beauté, éclat, rayonnement. 2 *La fraîcheur d'un sentiment* ▸ authenticité, candeur, ingénuité, innocence, naïveté, naturel, pureté, spontanéité. 3 *Une œuvre pleine de fraîcheur* ▸ allant, jeunesse, nouveauté, vivacité. 4 Fig. *Accueillir qqn avec fraîcheur* ▸ froideur, réserve.

frais, fraîche adj. 1 *Couvrez-vous, il fait un peu frais* ▸ frisquet (fam.). 2 *Des traces fraîches* ▸ neuf, nouveau, récent. 3 *Une robe pas très fraîche* ▸ net, propre. 4 Fig. *Un accueil vraiment frais* ▸ froid, réservé. 5 **frais et dispos** Fig. ▸ en forme, reposé.

frais n. m. pl. *Évaluer les frais d'un voyage* ▸ coût, débours, dépenses.

fraise n. f. *Une fraise de dentiste* ▸ roulette.

franc, franche adj. 1 *Avoir affaire à qqn de franc* ▸ carré (fam.), clair, direct, droit, honnête, loyal, net. 2 *Une couleur franche* ▸ naturel, pur, tranché. 3 *Une zone franche* ▸ libre. 4 *Huit jours francs* ▸ complet, entier, plein. 5 Litt. *Un franc coquin* ▸ achevé, complet, fieffé (litt.), foutu (fam.), parfait, sacré (fam.), véritable, vrai.

français, aise adj. ▸ hexagonal (fam.).

franchement adv. 1 *Dire franchement ce qu'on a sur le cœur* ▸ clairement, directement, honnêtement, librement, nettement, ouvertement, sans ambages, sans détours, sincèrement, tout bonnement, tout uniment. 2 *Il est franchement désagréable* ▸ extrêmement, sacrément (fam.), très, vraiment. 3 *Y aller franchement* ▸ carrément (fam.), franco (fam.), résolument, rondement.

franchir v. 1 *Franchir un obstacle* ▸ enjamber, escalader, passer, sauter, traverser. 2 *Franchir trente kilomètres* ▸ couvrir, parcourir, traverser. 3 Fig. *Franchir une difficulté* ▸ surmonter, triompher de, vaincre. 4 Fig. *Franchir les échelons d'une hiérarchie* ▸ gravir, monter. 5 Fig. *Franchir les limites de la décence* ▸ dépasser, outrepasser, passer.

franchise n. f. 1 *Bénéficier d'une franchise* ▸ dérogation, dispense, exemption, exonération. 2 *S'exprimer avec franchise*

frénésie

▶ droiture, franc-parler, loyauté, simplicité, sincérité, spontanéité.

franc-jeu n. m. ▶ esprit sportif, fair-play, sportivité.

franco adv. **1** *Le colis vous parviendra franco* ▶ franc de port, gratuitement. **2** Fam. *Allez-y franco* ▶ carrément, franchement, résolument, rondement.

franc-tireur n. m. ▶ guérillero, maquisard, partisan.

frange n. f. **1** Fig. *Vivre à la frange de la délinquance* ▶ bord, limite. **2** Fig. *Une frange de mécontents* ▶ marge, minorité.

frappant, ante adj. **1** Fig. *Un argument frappant* ▶ impressionnant, percutant, saisissant. **2** Fig. *Regardez bien l'original et la copie, vous verrez que la différence est frappante* ▶ évident, indéniable, indubitable, manifeste.

frappé, ée adj. Fig. *Du café frappé* ▶ froid, glacé.

frapper v. **1** *Frapper une enclume* ▶ battre, cogner, heurter, marteler, percuter, taper. **2** *Il paraît qu'il la frappe* ▶ battre, brutaliser, cogner (fam.), corriger, rosser (fam.), taper. **3** *Frapper une médaille à l'occasion d'une commémoration* ▶ estampiller, poinçonner. **4** Fig. *Cet événement l'a tellement frappé qu'il a décidé de tout quitter* ▶ affecter, affliger, atteindre, bouleverser, choquer, commotionner, émouvoir, éprouver, impressionner, remuer, saisir, secouer, toucher. **5** **se frapper** Fam. *Ne vous frappez pas comme ça* ▶ se biler (fam.), s'en faire (fam.), s'inquiéter, se soucier (litt.), se tourmenter, se tracasser.

frasques n. f. pl. *Des frasques de jeune homme* ▶ écarts, équipées, folies, fredaines, incartades.

fraternel, elle adj. *Un accueil fraternel* ▶ affectueux, amical, confraternel, cordial.

fraternellement adv. ▶ affectueusement, amicalement, confraternellement, cordialement.

fraternisation n. f. ▶ amitié, entente.

fraterniser v. *Ils ont tout de suite fraternisé* ▶ s'entendre, se lier, sympathiser.

fraternité n. f. *La fraternité qui règne entre les anciens élèves d'une école* ▶ amitié, camaraderie, entente, solidarité, union.

fraude n. f. **1** *Réprimer une fraude* ▶ resquillage (fam.), tricherie, tromperie, trucage. **2** *Passer des marchandises en fraude* ▶ contrebande.

frauder v. **1** *Frauder le fisc* ▶ resquiller (fam.), tromper, truander (fam.), voler. **2** *Frauder sur une marchandise* ▶ tricher.

fraudeur, euse n. ▶ resquilleur (fam.), tricheur.

frauduleusement adv. ▶ illégalement, illicitement, irrégulièrement.

frauduleux, euse adj. ▶ illégal, illicite, irrégulier.

frayer v. **1** Litt. *Frayer avec des voyous* ▶ fréquenter. **2** **se frayer** *Se frayer un chemin dans une forêt* ▶ s'ouvrir.

frayeur n. f. **1** *Avoir une réaction de frayeur* ▶ affolement, effroi, panique, peur. **2** *Maintenant tout va bien, mais il nous a donné bien des frayeurs* ▶ alarme, crainte, inquiétude, peur.

fredaine n. f. Litt. ▶ écart, faux pas, folie, frasques, incartade.

fredonner v. ▶ chantonner.

frein n. m. **1** Fig. *Un pouvoir sans frein* ▶ entrave, obstacle. **2** **mettre un frein à** *Mettre un frein à des excès* ▶ contenir, endiguer, enrayer, juguler.

freiner v. Fig. *Freiner l'ardeur de qqn* ▶ brider, contrarier, endiguer, limiter, modérer, ralentir, refréner, refroidir.

frelaté, ée adj. Fig. *Une société frelatée* ▶ artificiel, corrompu, dépravé, factice.

frelater v. **1** *Frelater du vin* ▶ altérer, falsifier, trafiquer. **2** *Frelater le goût de qqn* ▶ corrompre, dégrader, dénaturer, dépraver, fausser, gâter, pervertir, vicier.

frêle adj. **1** *Des fleurs aux tiges frêles* ▶ délicat, fin, menu, mince, ténu. **2** *Un enfant frêle* ▶ chétif, délicat, fluet, fragile, malingre, menu.

freluquet n. m. **1** *Ce freluquet ne fait pas le poids* ▶ gringalet. **2** *Elle ne va quand même pas se laisser séduire par ce freluquet!* ▶ blanc-bec, galantin (litt.), godelureau (litt.).

frémir v. **1** *Du feuillage qui frémit au vent* ▶ frissonner, trembler, tressaillir. **2** Fig. *Frémir d'indignation* ▶ palpiter, trembler, vibrer.

frémissement n. m. **1** *Le frémissement du vent dans les feuilles* ▶ bruissement, murmure. **2** Fig. *Un frémissement d'horreur* ▶ frisson, frissonnement.

frénésie n. f. **1** *Travailler avec frénésie* ▶ acharnement, ardeur, emportement, enthousiasme, exaltation, fièvre, fureur, passion, rage. **2** *Être pris d'une frénésie de lecture* ▶ boulimie (fam.), fringale (fam.).

frénétique adj. 1 *Un rythme frénétique* ▶ déchaîné, effréné, endiablé. 2 *Une star accueillie par une foule frénétique* ▶ déchaîné, délirant, exalté, hystérique, surexcité. 3 *Se lancer dans une activité frénétique* ▶ acharné, enragé, éperdu, fiévreux. 4 *Un besoin frénétique de reconnaissance* ▶ effréné, éperdu, forcené, furieux, passionné, violent.

frénétiquement adv. 1 *Se lancer frénétiquement dans le travail* ▶ éperdument, fiévreusement. 2 *Désirer frénétiquement se faire remarquer* ▶ furieusement, passionnément.

fréquemment adv. ▶ maintes fois (litt.), souvent.

fréquence n. f. *La fréquence des orages décourage les touristes* ▶ nombre, répétition.

fréquent, ente adj. 1 *C'est une façon de faire tout à fait fréquente chez les grands singes* ▶ banal, commun, courant, général, habituel, ordinaire, répandu, standard, usuel. 2 *Des erreurs trop fréquentes* ▶ réitéré, répété.

fréquentation n. f. 1 *Chercher la fréquentation d'un certain type de personnes* ▶ commerce (litt.), compagnie, contact, société (litt.). 2 *Avoir d'étranges fréquentations* ▶ accointance (litt.), connaissance, relation. 3 Litt. *La fréquentation régulière d'une langue* ▶ familiarité, pratique, usage.

fréquenté, ée adj. *Un coin très fréquenté* ▶ animé, couru, passant, populeux.

fréquenter v. 1 *Fréquenter des gens louches* ▶ côtoyer, coudoyer, frayer avec (litt.), se frotter à, voir. 2 *Les gens qui fréquentent ce genre d'endroit* ▶ courir, hanter, peupler.

frère n. m. 1 Fig. *Des frères d'armes* ▶ compagnon. 2 Fig. et litt. *Dénoncer en chaire le crime et ses frères, le vice et le jeu* ▶ congénère, égal, pareil, semblable. 3 *faux frère* ▶ faux cul (fam.), fourbe (litt.), hypocrite, traître.

fresque n. f. Fig. *Une fresque de la société contemporaine* ▶ panorama, peinture, tableau.

fret n. m. 1 *Payer le fret* ▶ acheminement, expédition, transport. 2 *Décharger le fret* ▶ cargaison, chargement.

fréter v. ▶ affréter, louer, noliser.

frétillant, ante adj. ▶ fringant, guilleret, pétulant, remuant, sémillant, vif.

frétiller v. ▶ s'agiter, remuer, se trémousser.

friand, ande adj. Fig. *Être friand de sensations fortes* ▶ amateur de, avide de, gourmand de, porté sur.

friandise n. f. ▶ bonbon, chatterie, confiserie, douceur, gourmandise, sucrerie.

friche n. f. 1 ▶ garenne, jachère, lande. 2 **en friche** ▶ abandonné, à l'abandon, inculte, incultivé (vx).

fricoter v. 1 Fam. *Fricoter un ragoût* ▶ accommoder, cuisiner, mitonner, préparer. 2 Fig. et fam. *Qu'est-ce qu'il fricote?* ▶ bricoler (fam.), fabriquer, manigancer, mijoter, trafiquer (fam.), tramer.

friction n. f. 1 *Une friction avec un gant de crin* ▶ massage. 2 *Une friction dans un mécanisme* ▶ frottement, grippage. 3 Fig. *Une friction entre deux voisins* ▶ accrochage, conflit, désaccord, dispute, heurt.

frictionner v. *Frictionner un cheval* ▶ bouchonner, frotter.

frigidaire n. m. N. dép. ▶ réfrigérateur.

frigorifié, ée adj. *Il n'était pas couvert, il est revenu frigorifié* ▶ congelé, gelé, glacé, transi.

frigorifier v. *Frigorifier des denrées alimentaires* ▶ réfrigérer.

frigorifique adj. ▶ réfrigérant.

frileusement adv. Fig. *Réagir frileusement à un grand défi* ▶ craintivement, timidement.

frileux, euse adj. Fig. *Une attitude frileuse* ▶ craintif, hésitant, pusillanime (litt.), timide, timoré.

frimas n. m. Litt. ▶ brouillard givrant, gelée blanche, givre.

frime n. f. 1 Fam. *Il n'est pas vraiment en colère, c'est de la frime* ▶ bluff (fam.), comédie, simulation. 2 Fam. *Il ne lit ce genre de livre que pour faire de la frime* ▶ bluff (fam.), épate, esbroufe, fanfaronnade.

frimer v. Fam. ▶ se faire valoir, fanfaronner, la ramener (fam.), parader, se pavaner, plastronner, se vanter.

frimousse n. f. Fam. *Une charmante petite frimousse* ▶ bouille (fam.), minois.

fringale n. f. 1 Fam. *Avoir une fringale en milieu de matinée* ▶ creux (fam.). 2 Fig. et fam. *Une fringale de voyage* ▶ appétit, boulimie, faim, frénésie.

fringant, ante adj. ▶ alerte, allègre, frétillant, guilleret, ingambe (litt.), leste, pétillant, pétulant, pimpant, sémillant, vif, vigoureux.

friper v. 1 *Friper un vêtement* ▶ bouchonner (vx), chiffonner, froisser, plisser. 2 Litt. *L'âge lui a fripé le visage* ▶ faner, flétrir, marquer, rider.

fripon, onne adj. *Un air fripon* ▶ coquin, déluré, espiègle, malicieux, polisson.

fripon, onne n. *Ces fripons ont encore fait des bêtises* ▶ chenapan, coquin, galapiat (fam.), galopin (fam.), garnement (fam.), gredin, polisson, sacripant, vaurien.

fripouille n. f. Fam. ▶ bandit, brigand, canaille, crapule, escroc, gangster, gibier de potence, gredin, scélérat, vaurien, vermine, voyou.

frisé, ée adj. ▶ bouclé.

friser v. **1** *Avoir les cheveux qui frisent naturellement* ▶ boucler. **2** *Une hirondelle qui frise le sol* ▶ effleurer, frôler, raser. **3** Fig. *Des procédés qui frisent l'indélicatesse* ▶ confiner à, frôler. **4** Fig. et fam. *Une somme qui frise le million* ▶ approcher, avoisiner, flirter avec (fam.), frôler.

frisette n. f. **1** *Des frisettes qui tombent sur la nuque* ▶ bouclette, frison, frisottis (litt.), frisure. **2** *Poser de la frisette sur un panneau* ▶ lambris.

frisson n. m. ▶ frémissement, frissonnement, grelottement, tremblement, tressaillement.

frissonner v. **1** *Frissonner de fièvre* ▶ grelotter, trembler. **2** *Frissonner d'horreur* ▶ frémir, trembler, tressaillir.

friture n. f. Fig. et fam. *Il y a de la friture sur la ligne* ▶ grésillement, parasites.

frivole adj. *Des sujets de conversation particulièrement frivoles* ▶ creux, futile, inconsistant, insignifiant, léger, oiseux, superficiel, vain, vide.

frivolité n. f. **1** Plur. et vx *Une marchande de frivolités* ▶ breloques, brimborions, colifichets, fanfreluches. **2** Plur. et fig. *Ne s'occuper que de frivolités* ▶ bagatelles, bêtises, broutilles, enfantillages, fadaises, futilités, niaiseries, riens, vétilles. **3** Fig. *Même sa frivolité est séduisante* ▶ futilité, inconstance, insouciance, légèreté.

froid, froide adj. **1** Fig. *Garder un visage parfaitement froid* ▶ calme, de marbre, flegmatique, impassible, imperturbable, indifférent, insensible, marmoréen (litt.). **2** Fig. *Être froid avec tout le monde* ▶ dédaigneux, distant, fier, hautain, réfrigérant, renfermé, réservé, sec. **3** Fig. *Un style froid* ▶ austère, glacé, inexpressif, monotone, nu, plat, sec, sévère, simple, terne.

froid n. m. **1** *Le froid revient* ▶ hiver. **2** Fig. *Sa remarque a mis un certain froid dans l'assistance* ▶ embarras, gêne, malaise, trouble. **3** Fig. *Il y a un certain froid entre eux* ▶ brouille, fâcherie, mésentente, mésintelligence. **4 avoir froid** ▶ cailler (fam.), geler. **5 en froid** *Être en froid avec qqn* ▶ brouillé, en mauvais termes, fâché.

froidement adv. **1** Fig. *Répliquer froidement à qqn* ▶ fraîchement, sèchement. **2** Fig. *Envisager froidement une situation* ▶ calmement, flegmatiquement, posément.

froideur n. f. **1** Fig. *Considérer une catastrophe avec froideur* ▶ détachement, flegme, impassibilité, imperturbabilité, sang-froid. **2** Fig. *La froideur du cœur* ▶ aridité, dureté, indifférence, insensibilité, sécheresse.

froissement n. m. **1** *Un froissement d'étoffe* ▶ bruissement, frou-frou. **2** Fig. *De petits froissements d'amour-propre* ▶ blessure, meurtrissure.

froisser v. **1** *Froisser un tissu* ▶ bouchonner, chiffonner, friper, plisser. **2** *Froisser un muscle* ▶ contusionner, meurtrir. **3** Fig. *Froisser qqn par une plaisanterie maladroite* ▶ blesser, choquer, désobliger, fâcher, heurter, indisposer, mortifier, offenser, piquer, ulcérer, vexer. **4 se froisser** *Se froisser pour un rien* ▶ se choquer, se fâcher, se formaliser, se hérisser, s'offenser, se piquer, se vexer.

frôlement n. m. ▶ attouchement, caresse, effleurement.

frôler v. **1** *La balle lui a frôlé l'oreille* ▶ effleurer. **2** *Frôler les murs* ▶ raser. **3** Fig. *Frôler l'accident* ▶ friser, risquer. **4** Fig. *Une naïveté qui frôle la bêtise* ▶ approcher de, confiner à, côtoyer, friser (fam.).

fromager, ère n. ▶ crémier.

fromagerie n. f. ▶ crémerie.

froment n. m. ▶ blé.

froncement n. m. *Un froncement de sourcils* ▶ plissement.

froncer v. ▶ plisser.

frondaison n. f. **1** Litt. *L'époque de la frondaison* ▶ feuillaison. **2** Litt. *Se promener sous les frondaisons* ▶ feuillage, feuillée (litt.), feuilles.

fronde n. f. **1** *Être armé d'une fronde* ▶ lance-pierre. **2** Fig. *Un vent de fronde* ▶ insoumission, rébellion, révolte, sédition (litt.).

fronder v. Fig. et litt. *Fronder le gouvernement* ▶ brocarder, critiquer, railler.

frondeur, euse adj. et n. Litt. *Une opinion publique volontiers frondeuse* ▶ contestataire, critique, impertinent, insoumis, irrespectueux, moqueur, railleur, rebelle, récalcitrant.

front n. m. **1** Litt. *Lever le front* ▶ tête, visage. **2** *Le front d'un édifice* ▶ devant, façade. **3** *Le front d'une armée* ▶ avant, première ligne. **4** *Un front démocratique* ▶ bloc, car-

frontalier

tel, coalition, groupement, ligue, union. **5** Fig. *Avoir le front de soutenir un mensonge* ▶ audace, effronterie, hardiesse, impudence. **6 de front** Fig. *Mener de front plusieurs affaires* ▶ à la fois, concurremment, conjointement, en même temps, simultanément. **7** Fig. *Heurter qqn de front* ▶ directement, ouvertement, résolument. **8 faire front** Fig. *Faire front malgré les difficultés* ▶ faire face, résister, tenir.

frontalier, ère adj. *L'Alsace est une région frontalière* ▶ limitrophe.

frontalier, ère n. ▶ zonier.

frontière n. f. **1** *La frontière qui sépare deux États* ▶ délimitation, démarcation, ligne, limite. **2** Fig. *Se trouver à la frontière du bien et du mal* ▶ bordure, confins, limite, lisière. **3** Fig. *Faire reculer les frontières du savoir* ▶ borne, limite.

frontispice n. m. ▶ en-tête, titre.

frottement n. m. ▶ friction.

frotter v. **1** *Frotter un sol, des chaussures, du métal, pour les faire briller* ▶ astiquer, briquer, brosser, fourbir, lustrer. **2** *Frotter un cheval* ▶ bouchonner, frictionner. **3 se frotter à** *Se frotter aux milieux les plus divers* ▶ frayer avec, fréquenter.

frottoir n. m. ▶ grattoir.

froufrou n. m. ▶ bruissement, froissement.

froufrouter v. ▶ bruire, bruisser.

froussard, arde adj. Fam. ▶ couard (litt.), craintif, dégonflé (fam.), lâche, péteux (fam.), pétochard (fam.), peureux, pleutre (litt.), poltron (litt.), pusillanime (litt.), trouillard (fam.).

frousse n. f. Fam. *Vous lui avez fait une belle frousse* ▶ frayeur, peur.

fructifier v. ▶ s'accroître, se développer, produire, rapporter, rendre.

fructueusement adv. ▶ avantageusement, bénéfiquement, profitablement.

fructueux, euse adj. **1** *Des recherches fructueuses* ▶ fécond, productif, utile. **2** *Un placement fructueux* ▶ avantageux, bénéficiaire, bon, intéressant, juteux (fam.), lucratif, payant, profitable, rémunérateur, rentable.

frugal, ale adj. **1** *Un homme aux habitudes frugales* ▶ austère, simple, sobre. **2** *Un repas frugal* ▶ chiche, léger, maigre, pauvre.

frugalité n. f. *La frugalité d'un mode de vie* ▶ modération, simplicité, sobriété, tempérance.

fruit n. m. **1** Fig. et litt. *Le fruit d'un mariage* ▶ enfant, produit. **2** Fig. *Quel sera le fruit de tant de travail et d'efforts ?* ▶ avantage, bénéfice, conséquence, effet, produit, profit, récompense, résultat.

fruste adj. **1** *Une pierre fruste* ▶ brut. **2** *Une technique fruste* ▶ grossier, primitif, rudimentaire, rustique, simple. **3** *Un homme fruste* ▶ grossier, inculte, lourdaud, primitif, rude, rustre, sauvage.

frustration n. f. ▶ déception, inassouvissement, privation.

frustré, ée adj. *Une femme frustrée* ▶ insatisfait.

frustrer v. **1** *Frustrer qqn dans ses espoirs* ▶ décevoir, trahir, tromper. **2** *Frustrer qqn de ce qui lui est dû* ▶ déposséder, dépouiller, léser, priver, spolier.

fucus n. m. ▶ goémon, varech.

fugace adj. **1** *Des souvenirs traversés d'images fugaces* ▶ éphémère, évanescent (litt.), fugitif, furtif, fuyant, insaisissable, passager. **2** *Un bonheur fugace* ▶ bref, court, éphémère, fragile, momentané, passager, périssable, précaire, provisoire.

fugitif, ive adj. *Une sensation fugitive* ▶ bref, court, éphémère, fragile, fugace, furtif, fuyant, insaisissable, momentané, mouvant, passager, périssable, précaire, provisoire, temporaire.

fugitif, ive n. *Poursuivre un fugitif* ▶ évadé, fuyard.

fugitivement adv. ▶ fugacement, furtivement, passagèrement.

fugue n. f. ▶ escapade.

fuir v. **1** *Fuir sa patrie* ▶ abandonner, quitter. **2** *Fuir une discussion* ▶ se dérober à, échapper à, éluder, esquiver, éviter, se soustraire à. **3** *Fuir devant un danger* ▶ décamper (fam.), se défiler (fam.), déguerpir, détaler (fam.), disparaître, s'échapper, s'éclipser, s'enfuir, s'esquiver, filer (fam.), prendre le large (fam.), se sauver, se tailler (fam.). **4** *De l'eau qui fuit* ▶ couler, s'échapper. **5** *Le temps qui fuit* ▶ s'écouler, passer.

fuite n. f. **1** *La fuite d'un prisonnier* ▶ cavale (fam.), évasion. **2** *Une fuite générale devant un ennemi vainqueur* ▶ débâcle, débandade, déroute, exode, sauve-qui-peut. **3** *Une fuite d'eau* ▶ déperdition, écoulement, perte. **4** *Une fuite de capitaux* ▶ exode, exportation, hémorragie. **5** Fig. *La fuite de qqn devant ses obligations* ▶ dérobade, esquive. **6** Fig. *Être informé grâce à une fuite* ▶ indiscrétion, révélation.

fulgurant, ante adj. **1** *Une clarté fulgurante* ▶ aveuglant, éblouissant, éclatant, étincelant. **2** *Un succès fulgurant* ▶ brusque, foudroyant, rapide, soudain.

fulgurer v. ▶ briller, étinceler, scintiller.

fuligineux, euse adj. 1 *Une couleur fuligineuse* ▶ noirâtre. 2 *Fig. et litt. Une pensée fuligineuse* ▶ brumeux, confus, fumeux, nébuleux, obscur.

fulminant, ante adj. 1 *Un mélange fulminant* ▶ détonant, explosif. 2 *Un regard fulminant* ▶ furibond, furieux, menaçant.

fulminer v. 1 *Un mélange qui fulmine* ▶ détoner, exploser. 2 *Fulminer contre les mœurs du siècle* ▶ crier, éclater, s'emporter, enrager, exploser, gueuler (fam.), pester, tempêter, tonner.

fumage n. m. ▶ fumaison.

fumé, ée adj. *Du verre fumé* ▶ teinté.

fumer v. 1 *Fumer de la viande ou du poisson* ▶ boucaner, saurer. 2 *Fumer une terre* ▶ engraisser, fertiliser.

fumet n. m. *Le fumet d'un vin* ▶ arôme, bouquet.

fumeux, euse adj. *Fig. Des explications fumeuses* ▶ amphigourique, brumeux, cafouilleux (fam.), confus, embrouillé, filandreux, flou, fuligineux (litt.), nébuleux, nuageux, obscur, ténébreux, vague.

fumier n. m. ▶ compost, engrais, fertilisant.

fumigation n. f. ▶ inhalation.

fumiste adj. et n. 1 Fam. *Méfiez-vous, ce n'est qu'un fumiste* ▶ charlatan, farceur, imposteur. 2 Fam. *Il a de la facilité, mais c'est surtout un fumiste* ▶ amateur, dilettante.

fumisterie n. f. Fam. ▶ blague (fam.), canular (fam.), mystification, supercherie.

fumure n. f. ▶ amendement, fertilisation.

funambule n. ▶ acrobate, équilibriste, fildefériste.

funambulesque adj. Fig. et litt. *Un projet funambulesque* ▶ abracadabrant, burlesque, excentrique, extravagant, fantaisiste, farfelu, rocambolesque.

funèbre adj. 1 *Le service funèbre* ▶ funéraire, mortuaire. 2 *Fig. Des images funèbres* ▶ lugubre, macabre, noir, sépulcral, sinistre, sombre, ténébreux.

funérailles n. f. pl. ▶ obsèques.

funéraire adj. ▶ funèbre, mortuaire.

funeste adj. 1 Litt. *Une maladie funeste* ▶ fatal, mortel. 2 *Un conseil funeste* ▶ calamiteux, catastrophique, dangereux, déplorable, désastreux, dommageable, malheureux, néfaste, nocif, pernicieux, préjudiciable, tragique.

fureter v. ▶ chercher, farfouiller (fam.), fouiller, fouiner (fam.), fourgonner (fam.), fourrager (fam.), trifouiller (fam.).

fureteur, euse adj. ▶ curieux, fouineur, indiscret, inquisiteur, investigateur.

fureur n. f. 1 *Un mouvement de fureur* ▶ colère, emportement, furie, rage. 2 *La fureur d'un combat* ▶ acharnement, exaltation, fièvre, fougue, frénésie, impétuosité, passion, rage, véhémence, violence.

furibond, onde adj. Litt. *Rouler des yeux furibonds* ▶ furieux.

furie n. f. 1 *Se mettre en furie* ▶ fureur, rage. 2 *Défendre un projet avec furie* ▶ acharnement, emportement, exaltation, fièvre, fougue, frénésie, impétuosité, passion, rage, véhémence, violence. 3 *C'est une vraie furie!* ▶ dragon, harpie, mégère.

furieusement adv. 1 *Aimer furieusement* ▶ ardemment, éperdument, fiévreusement, frénétiquement, passionnément. 2 *Attaquer furieusement* ▶ fougueusement, impétueusement, violemment.

furieux, euse adj. 1 *Sortir furieux d'une discussion* ▶ furibard (fam.), furibond (litt.), hors de soi. 2 *Une haine furieuse* ▶ acharné, déchaîné, délirant, enragé, exacerbé, forcené, frénétique, violent.

furoncle n. m. ▶ clou (fam.).

furtif, ive adj. 1 *Un regard furtif* ▶ subreptice (litt.). 2 *Un sourire furtif* ▶ fugace, fugitif, rapide.

furtivement adv. ▶ à la dérobée, discrètement, en cachette, en catimini, en douce (fam.), en secret, en sourdine, en tapinois, secrètement, subrepticement.

fusain n. m. *Un dessin au fusain* ▶ charbon.

fusée n. f. 1 *Des fusées antichar* ▶ missile. 2 *Partir comme une fusée* ▶ bolide.

fuselé, ée adj. *Une taille fuselée* ▶ délié, effilé, élancé, fin, mince, svelte.

fuser v. 1 *De la cire qui fuse* ▶ couler, fondre, se répandre. 2 *Des étincelles qui fusent d'une cheminée* ▶ gicler, jaillir, partir, sortir.

fusible n. m. ▶ coupe-circuit, plomb.

fusiller v. 1 *Fusiller un condamné* ▶ passer par les armes. 2 *Fam. et fam. Fusiller sa voiture* ▶ bousiller (fam.), casser.

fusion n. f. 1 *La fusion d'un métal* ▶ fonte, liquéfaction. 2 *Fig. La fusion de divers composants dans un ensemble* ▶ amalgame, assimilation, association, brassage, combinaison, concentration, groupement, intégration, jonction, mélange, regroupement, réunion, unification, union.

fusionnement n. m. *Le fusionnement de deux entreprises* ▶ association, concentration, groupement, intégration, regroupement, réunion, unification, union.

fusionner v. *Fusionner deux collectivités* ▶ amalgamer, associer, combiner, fondre, grouper, intégrer, joindre, mélanger, mêler, regrouper, réunir, unifier, unir.

fustiger v. Fig. et litt. *Fustiger des abus* ▶ blâmer, condamner, critiquer, dénoncer, réprouver, stigmatiser (litt.), vitupérer (litt.).

fût n. m. ▶ barrique, futaille, tonneau.

futaille n. f. ▶ barrique, fût, tonneau.

futé, ée adj. Fam. ▶ astucieux, débrouillard, dégourdi, déluré, fin, finaud (fam.), habile, madré (litt.), malicieux, malin, matois (litt.), roué (litt.), rusé.

futile adj. **1** *Une personne futile* ▶ frivole, léger, mondain, superficiel. **2** *Des propos futiles* ▶ creux, frivole, inconsistant, insignifiant, inutile, léger, oiseux, superficiel, vain, vide.

futilité n. f. **1** *Offrir une futilité* ▶ babiole, bagatelle, bibelot, breloque, bricole, colifichet, rien. **2** *La futilité d'une occupation* ▶ frivolité, inanité, insignifiance. **3** *Passer sa journée à des futilités* ▶ bagatelle, bêtise, bricole, broutille, enfantillage, fadaise, niaiserie, rien, sottise, vétille.

futur adj. *Les générations futures* ▶ postérieur, prochain, suivant, ultérieur.

futur n. m. *Penser au futur* ▶ avenir, lendemain.

futuriste adj. *Une esthétique futuriste* ▶ d'avant-garde, hardi, novateur, révolutionnaire.

futurologie n. f. ▶ anticipation, prévision, prospective.

fuyant, ante adj. **1** *Une ombre fuyante* ▶ éphémère, évanescent, fugace, fugitif, insaisissable. **2** *Un caractère fuyant* ▶ dissimulé, insaisissable, secret. **3** *Une réponse fuyante* ▶ évasif.

fuyard, arde n. ▶ évadé, fugitif.

g

gabarit n. m. **1** *Utiliser un gabarit pour reproduire des pièces aux mêmes dimensions* ▶ forme, modèle, patron. **2** *Un objet qui dépasse le gabarit réglementaire* ▶ calibre, dimensions, format, taille. **3** *Votre ami n'a pas le gabarit nécessaire pour occuper ce poste* ▶ carrure, dimension, envergure, format, stature. **4** Fig. *Un individu de ce gabarit ne se laissera pas surprendre* ▶ acabit, calibre (fam.), catégorie, classe, espèce, farine (fam.), genre, nature, sorte, type.

gabegie n. f. *Promettre à ses électeurs de mettre un terme à cette gabegie* ▶ désordre, gâchis, gaspillage, pagaille.

gâchage n. m. Fig. *Déplorer le gâchage de tant de jeunes talents* ▶ gâchis, galvaudage, gaspillage, perte.

gâcher v. **1** *Gâcher du plâtre* ▶ délayer, diluer, dissoudre. **2** Fig. *Gâcher un travail* ▶ bâcler, bousiller (fam.), cochonner (fam.), massacrer, saboter, saloper (fam.). **3** Fig. *Gâcher son talent* ▶ galvauder, gaspiller, perdre. **4** Fig. *Cet incident a gâché la soirée* ▶ assombrir, attrister, empoisonner, gâter.

gâcheur, euse n. Fig. *Ce gâcheur va tout vous abîmer* ▶ bâcleur (fam.), bousilleur (fam.), saboteur.

gâchis n. m. **1** *Le gâchis employé en maçonnerie* ▶ mortier. **2** Fig. *Il y a un énorme gâchis au moment de l'emballage* ▶ gabegie, gaspillage. **3** Fig. *Le gâchis politique est à son comble* ▶ anarchie, chaos, confusion, désordre, embrouillamini (fam.), méli-mélo (fam.), pagaille.

gadoue n. f. *Des souliers couverts de gadoue* ▶ boue, crotte (litt.), fange (litt.), gadouille (fam.).

gaffe n. f. **1** Fam. *Faire une gaffe* ▶ balourdise, bêtise, bévue, boulette (fam.), bourde, impair, maladresse, pas de clerc, sottise. **2 faire gaffe** Fam. ▶ faire attention, se méfier, prendre garde.

gaffeur, euse adj. Fam. ▶ lourdaud, maladroit.

gage n. m. **1** *Mettre un bien en gage pour obtenir un prêt* ▶ caution, dépôt, garantie, hypothèque. **2** Fig. *Il ne pouvait vous donner un meilleur gage de son amitié* ▶ assurance, garantie, preuve, témoignage. **3** Plur. *Les gages d'un domestique* ▶ appointements, émoluments, rémunération, rétribution, salaire.

gager v. **1** Litt. *Je gage que vous lui avez dit oui* ▶ parier. **2** *Gager un emprunt* ▶ garantir.

gageure n. f. *C'est une gageure de faire un travail pareil en si peu de temps* ▶ challenge, défi.

gagnant, ante n. ▶ lauréat, vainqueur.

gagne-pain n. m. ▶ emploi, job (fam.), travail.

gagne-petit n. m. ▶ besogneux, minable.

gagner v. **1** *Applaudir l'équipe qui a gagné* ▶ avoir le dessus, dominer, l'emporter, triompher, vaincre. **2** *Gagner le gros lot* ▶ empocher (fam.), encaisser (fam.), percevoir, rafler (fam.), ramasser, toucher. **3** *Il a bien gagné ses vacances* ▶ mériter. **4** *Chaque candidat cherche à gagner le plus grand nombre de suffrages* ▶ acquérir, capter, se concilier, conquérir, emporter, enlever, rallier, remporter. **5** *Se laisser gagner par les promesses de qqn* ▶ circonvenir (péj.), convaincre, persuader. **6** *Chercher à gagner le sommet d'une montagne par la face nord* ▶ accéder à, arriver à, atteindre, parvenir à, rejoindre. **7** *L'épidémie gagne le nord de la province* ▶ atteindre, toucher. **8** *La fatigue me gagne* ▶ envahir. **9** *Un incendie qui commence à gagner alentour* ▶ se communiquer, s'étendre, progresser, se propager, se répandre. **10** *Cette région gagne à être connue* ▶ mériter de, valoir la peine de. **11 gagner de vitesse** ▶ dépasser, devancer, doubler. **12 gagner du terrain** ▶ avancer, s'étendre, progresser, se propager. **13 gagner le large** Fam. ▶ s'échapper, s'enfuir, partir.

gai, gaie adj. **1** *Ils sont très gais depuis le début des vacances* ▶ allègre, badin, enjoué, folâtre, guilleret, jovial, joyeux, mutin, réjoui, rieur, souriant. **2** *Cela n'a rien de gai* ▶ amusant, divertissant, folichon (fam.), plaisant, réjouissant. **3** *Il n'est pas ivre, juste un peu gai* ▶ éméché, gris, parti (fam.), pompette (fam.). **4** *Des couleurs gaies* ▶ éclatant, vif.

gaiement adv. ▶ allègrement, jovialement, joyeusement, plaisamment.

gaieté n. f. **1** *Une fête populaire célébrée dans la gaieté générale* ▶ allégresse, liesse.

gaillard — 288

2 *Évoquer avec gaieté ses prochaines vacances* ▸ alacrité (litt.), allégresse, bonne humeur, enjouement, entrain, joie, jovialité, jubilation. 3 *Attendre que la gaieté de l'assistance se soit arrêtée* ▸ hilarité, rires. 4 **de gaieté de cœur** *Croyez bien que si je l'ai fait, ce n'était pas de gaieté de cœur* ▸ de bon gré, de bonne grâce, volontairement.

gaillard, arde adj. 1 *Un vieillard encore gaillard* ▸ alerte, allègre, dispos, frais, fringant, guilleret, ingambe (litt.), solide, vaillant, vert, vif, vigoureux. 2 *Une plaisanterie gaillarde* ▸ coquin, cru, égrillard, épicé, gaulois, grivois, léger, leste, libre, licencieux, osé, poivré, polisson, rabelaisien, salé.

gaillard n. m. *Qu'est-ce que ces gaillards-là sont en train de fabriquer?* ▸ bonhomme (fam.), bougre (fam.), gars (fam.), individu, lascar (fam.), loustic (fam.), luron, type (fam.), zèbre (fam.).

gaillardement adv. *Affronter gaillardement une situation difficile* ▸ allègrement, courageusement, gaiement, hardiment, intrépidement, joyeusement, vaillamment.

gaillardise n. f. Vx *Raconter quelques gaillardises à la fin d'un repas* ▸ gaudriole, gauloiserie, grivoiserie, joyeuseté (fam.), paillardise, polissonnerie.

gain n. m. 1 *Le gain que l'on retire d'un placement* ▸ bénéfice, dividende, produit, profit, rapport, rémunération, revenu. 2 *Le gain que l'on retire d'une lecture* ▸ avantage, fruit, intérêt, profit. 3 *Un gain de production* ▸ accroissement, amélioration.

gaine n. f. 1 *Mettre un objet dans sa gaine* ▸ enveloppe, étui, fourreau, housse. 2 *S'enserrer la taille dans une gaine* ▸ corset.

gainer v. ▸ épouser, mouler, sangler, serrer.

gala n. m. ▸ cérémonie, réception.

galant, ante adj. 1 *Un jeune homme très galant* ▸ attentif, courtois, délicat, empressé, prévenant. 2 Litt. *Un rendez-vous galant* ▸ amoureux. 3 Litt. *Tenir des propos galants* ▸ hardi, libertin, osé.

galant n. m. 1 Vx *Son galant lui fait une cour empressée* ▸ amoureux, chevalier servant, soupirant. 2 **galant homme** Litt. ▸ gentilhomme (litt.), gentleman.

galanterie n. f. 1 *Le mythe de la galanterie française* ▸ amabilité, aménité, bonnes manières, civilité, courtoisie, délicatesse, politesse, prévenance. 2 *Le jeu de la galanterie* ▸ marivaudage, séduction.

galaxie n. f. Fig. *La galaxie des courants et des tendances d'un mouvement politique* ▸ nébuleuse, univers.

galbe n. m. 1 *Le galbe d'un vase* ▸ arrondi, courbure. 2 *Le galbe harmonieux d'un visage* ▸ contour, forme, ligne, profil.

galbé, ée adj. ▸ arrondi, cambré, courbe, incurvé, pansu, renflé.

gale n. f. Fig. *Méfiez-vous, c'est une gale* ▸ chameau (fam.), peste, poison, teigne, vipère.

galéjade n. f. *Ses exploits? Ce ne sont que des galéjades* ▸ blague (fam.), calembredaine, carabistouille (fam.), craque (fam.), fable (litt.), fantaisie, histoire, invention, plaisanterie, salade (fam.).

galéjer v. Fam. ▸ blaguer (fam.), charrier (fam.), plaisanter.

galère n. f. 1 Fig. et fam. *Ce travail est une véritable galère* ▸ bagne, enfer. 2 Fig. et fam. *Qu'allez-vous faire dans cette galère?* ▸ guêpier, piège, traquenard.

galerie n. f. 1 *Une galerie creusée dans le sol* ▸ souterrain, tunnel. 2 *Une galerie couverte entourant un jardin* ▸ péristyle. 3 *La galerie d'un théâtre* ▸ paradis, poulailler (fam.). 4 *Une galerie fixée sur le toit d'une automobile* ▸ porte-bagages. 5 Fig. *Il l'a dit pour amuser la galerie* ▸ assistance, auditoire, public, spectateurs.

galérien n. m. ▸ forçat.

galetas n. m. 1 Vx *Loger dans un galetas, juste sous les toits* ▸ combles, grenier, mansarde. 2 *Laisser ses vieux parents dans un misérable galetas* ▸ gourbi, réduit, taudis.

galeux, euse adj. et n. 1 Fig. *Un mur galeux* ▸ décrépit, lépreux. 2 Fig. *Ils ont traité ce malheureux comme un galeux* ▸ lépreux, paria, pestiféré, réprouvé.

galimatias n. m. ▸ amphigouri (litt.), baragouin, charabia, fatras, jargon, sabir.

galipette n. f. Fam. ▸ cabriole, culbute.

galon n. m. 1 *La couturière a cru bon d'ajouter du galon* ▸ ganse, passement, ruban. 2 *Des galons de commandant* ▸ ficelle (fam.), sardine (fam.). 3 Fig. et fam. *Prendre du galon* ▸ avancement.

galonner v. ▸ liserer, soutacher.

galopade n. f. 1 *Partir pour de longues galopades sur la lande* ▸ chevauchée. 2 Fig. *Des galopades nocturnes dans les rues* ▸ course.

galoper v. Fig. *Des gamins galopant dans les rues* ▸ cavaler (fam.), courir.

galopin n. m. ▸ chenapan, garnement, polisson, vaurien.

galvanisation n. f. ▶ métallisation.

galvaniser v. 1 *Galvaniser une chaîne à chaud* ▶ métalliser. 2 Fig. *Son discours a galvanisé la foule* ▶ électriser, enflammer, enthousiasmer, entraîner, exalter, stimuler.

galvauder v. 1 *Galvauder son talent* ▶ gâcher, gaspiller, perdre. 2 *Galvauder un nom illustre* ▶ abaisser, avilir, compromettre, dégrader, déshonorer, flétrir (litt.), salir, souiller (litt.), ternir.

gambade n. f. ▶ bond, entrechat, saut.

gambader v. *Gambader dans l'herbe* ▶ batifoler, bondir, s'ébattre, folâtrer, sauter.

gambas n. m. pl. ▶ scampi.

gamin, ine adj. 1 *Un air gamin* ▶ espiègle, farceur, malicieux, mutin. 2 *Ses plaisanteries sont un peu gamines* ▶ bébête, enfantin, puéril.

gamin, ine n. 1 *Il est venu avec ses gamins* ▶ enfant, gosse (fam.), mioche (vx et fam.), môme (fam.), morveux (fam. et péj.), mouflet (fam.), moutard (fam.). 2 *Des gamins des rues* ▶ chenapan, galopin, garnement, gavroche, polisson, poulbot, titi (fam.). 3 *La gamine est mignonne* ▶ fille, fillette, gosse, minette (fam.), petite, tendron (litt.).

gaminerie n. f. 1 *Une gaminerie sans méchanceté* ▶ espièglerie, facétie. 2 *Comment peut-on se livrer à des gamineries pareilles?* ▶ enfantillage, puérilité.

gamme n. f. 1 Fig. *Passer par toute la gamme des couleurs vives pour arriver à l'écarlate* ▶ nuances, série, succession. 2 Fig. *Élargir la gamme de ses produits* ▶ collection, éventail, palette, panoplie, série. 3 **haut de gamme** ▶ luxueux. 4 **bas de gamme** ▶ bon marché, cheap (fam.).

gang n. m. ▶ bande, groupe.

ganglion n. m. *Cet enfant a un ganglion dans le cou depuis hier* ▶ grosseur, renflement.

gangrène n. f. 1 *Amputer un membre pour arrêter la gangrène* ▶ mortification, nécrose. 2 Fig. *La gangrène qui gagne le corps social* ▶ cancer, corruption, décomposition, pourriture.

gangrener v. Fig. *L'argent gangrène le sport* ▶ corrompre, dénaturer, empoisonner, infecter, pervertir, pourrir, ronger, vicier.

gangster n. m. 1 *Les gangsters ont pris la fuite* ▶ bandit, malfaiteur, truand. 2 Fig. *Ce gangster me réclame une somme indue* ▶ brigand, canaille, crapule, filou, forban, fripouille, gredin, pirate.

gangstérisme n. m. ▶ banditisme.

garage n. m. *Un appartement avec un garage au sous-sol* ▶ box, parking.

garant n. m. 1 *Avoir besoin d'un garant pour obtenir un prêt* ▶ assurance, caution, gage, garantie. 2 *Sa conduite passée est le garant de son honnêteté* ▶ assurance, gage, preuve, témoignage. 3 *Se présenter aux électeurs comme le meilleur garant de la paix civile* ▶ défenseur, gardien, protecteur. 4 **se porter garant** *Se porter garant d'une dette* ▶ avaliser, cautionner, couvrir, garantir, répondre de. 5 Fig. *Se porter garant de l'honnêteté de qqn* ▶ garantir, répondre de.

garantie n. f. 1 *Exiger une garantie pour assurer le recouvrement d'une dette* ▶ caution, cautionnement, consignation, couverture, dépôt. 2 *Pour ce projet, il a la garantie de son patron* ▶ aval, caution. 3 *Prendre des garanties avant de se décider* ▶ assurance, précaution, sûreté (litt.).

garantir v. 1 *La ligne Maginot garantissait le pays de toute incursion étrangère* ▶ abriter, défendre, prémunir, préserver, protéger, sauvegarder. 2 *Une mutuelle qui garantit ses adhérents contre les risques classiques* ▶ assurer, couvrir. 3 *Garantir une dette* ▶ avaliser, cautionner, couvrir, se porter garant de, répondre de. 4 *Le cachet de la mairie garantit les actes d'état civil* ▶ authentifier, certifier, légaliser, valider. 5 *Il a garanti que tout s'était passé comme il l'avait dit* ▶ affirmer, assurer, attester, certifier, confirmer, jurer, promettre, soutenir. 6 **se garantir** *Se garantir des intempéries* ▶ se garder de, se garer de (fam.), parer à, se précautionner contre (litt.), se prémunir contre.

garce n. f. Fam. ▶ chameau (fam.), gale, peste, teigne, poison, vipère.

garçon n. m. 1 *Elle est venue avec ses garçons* ▶ fils. 2 *Ce n'est pas un mauvais garçon, mais il n'est pas commode* ▶ gars (fam.), homme, type. 3 *Avoir la sagesse de rester garçon* ▶ célibataire, vieux garçon. 4 *Travailler comme garçon dans l'hôtellerie* ▶ barman, chasseur, groom, serveur. 5 **garçon de courses** ▶ coursier, saute-ruisseau (vx). 6 **garçon d'écurie** ▶ lad, palefrenier.

garçonnier, ère adj. *Une femme à l'allure garçonnière* ▶ hommasse, mâle, viril.

garçonnière n. f. *Se trouver une garçonnière pour ses passages à Paris* ▶ pied-à-terre, studio.

garde n. f. 1 *Prendre son tour de garde* ▶ faction, guet, surveillance, veille. 2 *C'est mon collègue qui est de garde ce soir* ▶ permanence, service. 3 *Assurer la garde de qqch de précieux* ▶ conservation, défense, préservation, protection. 4 *Faire*

garde

partie de la garde rapprochée d'un chef d'État ▶ escorte. **5 être, se tenir sur ses gardes** ▶ faire attention, faire gaffe (fam.), se méfier. **6 mettre en garde** ▶ avertir, prévenir. **7 prendre garde** *Prenez garde à la peinture* ▶ faire attention à. **8** Litt. *Prenez garde de tomber* ▶ faire attention à ne pas, se garder de (litt.). **9** Litt. *Prenez garde que la porte soit bien fermée* ▶ s'assurer que, veiller à ce que.

garde n. m. **1** *Le garde qui surveille un bâtiment* ▶ gardien, sentinelle, surveillant, veilleur, vigile. **2 garde du corps** ▶ gorille (fam.). **3 garde d'enfant** ▶ baby-sitter (fam.).

garde-chiourme n. m. ▶ gardien, geôlier, maton (fam.), surveillant.

garde-corps n. m. ▶ balustrade, garde-fou, parapet, rambarde.

garde-feu n. m. ▶ pare-étincelles, pare-feu.

garde-fou n. m. **1** *Un garde-fou pour éviter de tomber dans le vide* ▶ balustrade, garde-corps, parapet, rambarde. **2** Fig. *Un garde-fou contre le totalitarisme* ▶ protection, rempart.

garder v. **1** *Garder un site archéologique* ▶ surveiller, veiller sur. **2** *Garder qqch contre toute agression* ▶ défendre, garantir, préserver, protéger, sauvegarder. **3** *Garder qqn à titre d'otage* ▶ détenir, retenir. **4** *Garder intacte la fortune de son père* ▶ conserver, maintenir, préserver. **5** *Garder de l'argent pour les vacances* ▶ économiser, épargner, mettre de côté, réserver. **6** *Garder le jeûne* ▶ observer, pratiquer, respecter. **7** *Garder les yeux baissés* ▶ tenir. **8 se garder** *Se garder des indiscrets* ▶ se défendre de, se défier de, éviter, se garantir de, se méfier de, se précautionner contre (litt.), se prémunir contre, prendre garde à, se préserver de. **9** *Se garder de parler* ▶ s'abstenir de, éviter de.

garderie n. f. ▶ crèche, pouponnière.

garde-robe n. f. **1** *Ranger des vêtements dans une garde-robe* ▶ penderie. **2** *Renouveler sa garde-robe* ▶ vêtements.

gardien, enne n. **1** *Poster des gardiens à toutes les issues* ▶ garde, sentinelle, veilleur, vigile. **2** Spécialement pour un immeuble ▶ cerbère, concierge, pipelet (fam. et vx), portier. **3** Spécialement pour une prison ▶ garde-chiourme (vx), geôlier, maton (fam.), surveillant. **4** Fig. *Les gardiens de la tradition* ▶ conservateur, défenseur, dépositaire, détenteur, garant, protecteur, tuteur. **5 gardien de but** ▶ goal. **6 gar-**

290

dien de la paix ▶ agent de police, flic (fam.).

gare n. f. ▶ arrêt, station.

garer v. **1** *Garer un véhicule* ▶ parquer, ranger. **2 se garer** *Il est interdit de se garer ici* ▶ stationner. **3** *Se garer des coups* ▶ s'abriter de, se défendre de, esquiver, éviter, se garantir de, se prémunir contre, se protéger de.

gargantuesque adj. *Un festin gargantuesque* ▶ pantagruélique.

gargariser (se) v. Fig. et fam. *Se gargariser de phrases ronflantes* ▶ se complaire, se délecter, se régaler.

gargote n. f. ▶ bouiboui (fam.), bouillon (vx), taverne.

gargouillement n. m. ▶ borborygme, gargouillis, glouglou (fam.).

garnement n. m. ▶ chenapan, coquin, diable, fripon, galopin, gredin, polisson, vaurien, voyou.

garni n. m. *Loger en garni* ▶ meublé.

garnir v. **1** *Garnir un fauteuil* ▶ rembourrer. **2** *Garnir un compte en banque* ▶ approvisionner, fournir. **3** *Garnir une bibliothèque municipale des livres les plus indispensables* ▶ équiper, munir, nantir, pourvoir. **4** *Garnir une dinde* ▶ bourrer, emplir, farcir, remplir. **5** *Louer des figurants pour garnir les places vides* ▶ combler, occuper, remplir. **6** *Les tapisseries qui garnissent les murs du château* ▶ agrémenter, décorer, embellir, enjoliver, étoffer, ornementer, orner, parer.

garniture n. f. **1** *Une garniture de légumes* ▶ accompagnement. **2** *Chercher une garniture quelconque pour compléter un décor* ▶ accessoire, ornement.

garrotter v. **1** *Garrotter un prisonnier* ▶ attacher, lier, ligoter. **2** Fig. *Garrotter l'opposition* ▶ bâillonner, enchaîner, museler.

gars n. m. Fam. ▶ bonhomme (fam.), bougre (fam.), gaillard (fam.), garçon, homme, individu, lascar (fam.), loustic (fam.), luron (fam.), type (fam.), zèbre (fam.).

gasconnade n. f. ▶ fanfaronnade, hâblerie (litt.), vantardise.

gaspillage n. m. **1** *Un manque d'organisation qui entraîne du gaspillage* ▶ coulage, gabegie. **2** *Un gaspillage de temps et d'énergie* ▶ perte.

gaspiller v. **1** *Gaspiller sa fortune* ▶ claquer (fam.), consumer (litt.), croquer (fam.), dépenser, dévorer, dilapider, dissiper, engloutir, manger, prodiguer. **2** *Gaspiller son talent* ▶ gâcher, galvauder, perdre.

gaspilleur, euse adj. et n. ▶ dépenser, dilapidateur, dissipateur, flambeur (fam.), prodigue.

gastrique adj. ▶ stomacal (vx).

gastronome n. m. ▶ gourmet.

gastronomie n. f. *Le renom de la gastronomie française* ▶ cuisine, table.

gastronomique adj. ▶ culinaire, gourmand.

gâté, ée adj. *Avoir des dents toutes gâtées* ▶ abîmé, pourri.

gâteau n. m. ▶ pâtisserie.

gâter v. 1 *Des pluies qui gâtent une récolte* ▶ abîmer, altérer, avarier, détériorer, pourrir. 2 *Des querelles qui gâtent l'atmosphère* ▶ empoisonner, gangrener, infecter, vicier. 3 *Une construction moderne qui gâte l'aspect d'un village ancien* ▶ défigurer, déparer, enlaidir. 4 *Des habitudes alimentaires qui gâtent le goût* ▶ corrompre, dégrader, dénaturer, dépraver, fausser, frelater, pervertir, vicier. 5 *Une femme qui gâte son mari* ▶ cajoler, câliner, chouchouter (fam.), choyer, couver (fam.), dorloter. 6 **se gâter** *Des fruits qui se gâtent* ▶ s'abîmer, s'avarier, blettir, se décomposer, moisir, pourrir, se putréfier. 7 Spécialement pour des produits laitiers ▶ tourner. 8 Spécialement pour du vin ▶ s'aigrir, s'éventer, se piquer. 9 *Le temps se gâte* ▶ s'aggraver, s'assombrir, se dégrader. 10 *Écartez-vous, ça va se gâter* ▶ barder (fam.), chauffer (fam.), mal tourner.

gâterie n. f. 1 *Faire une gâterie à qqn* ▶ cajolerie, caresse. 2 *Apporter des gâteries à qqn* ▶ douceur, gourmandise, sucrerie.

gâte-sauce n. m. Litt. ▶ aide-cuisinier, marmiton.

gâteux, euse adj. ▶ gaga (fam.), ramolli (fam.), sénile.

gâtifier v. ▶ bêtifier.

gâtisme n. m. ▶ ramollissement, sénilité.

gauche adj. 1 *Une poutre gauche* ▶ dévié, gauchi, tordu. 2 *Un garçon timide et gauche* ▶ balourd, empaillé (fam.), empoté (fam.), emprunté, gêné, godiche (fam.), lourdaud, maladroit, malhabile, niguad, pataud. 3 *Un style gauche* ▶ embarrassé, laborieux, lourd, maladroit, pesant.

gauchement adv. *Il s'y est pris très gauchement* ▶ mal, maladroitement, malhabilement.

gaucherie n. f. 1 *Une jeune personne d'une gaucherie touchante* ▶ inhabileté (litt.), maladresse. 2 *Dire une gaucherie* ▶ balourdise, bourde, gaffe (fam.), impair, maladresse.

gauchir v. 1 *Le choc a gauchi la roue* ▶ déformer, fausser, tordre, voiler. 2 *Les planches de la bibliothèque commencent à gauchir* ▶ se déformer, se fausser, gondoler, jouer, se tordre, travailler, se voiler. 3 *Gauchir le sens d'un texte* ▶ altérer, déformer, dénaturer, fausser, pervertir.

gauchissement n. m. Fig. *Un gauchissement tendancieux de l'information* ▶ altération, déformation.

gaudriole n. f. 1 Fam. *Dire des gaudrioles* ▶ gaillardise, gauloiserie, grivoiserie, paillardise, polissonnerie. 2 Fam. *Ne penser qu'à la gaudriole* ▶ bagatelle (fam.).

gaule n. f. 1 *Faire tomber des noix avec une gaule* ▶ perche. 2 Spécialement pour pêcher à la ligne ▶ canne à pêche.

gaulois, oise adj. 1 *Retrouver des vestiges gaulois* ▶ celte. 2 *Une plaisanterie gauloise* ▶ coquin, cru, égrillard, épicé, gaillard, grivois, leste, licencieux, obscène, osé, poivré, polisson, rabelaisien.

gauloiserie n. f. ▶ gaillardise, gaudriole, grivoiserie, paillardise, polissonnerie.

gausser (se) v. Litt. *Se gausser de qqn de pédant* ▶ s'amuser de, charrier (fam.), se moquer de, plaisanter, railler, ridiculiser, se rire de (litt.).

gaver v. 1 *Gaver une oie* ▶ bourrer, engraisser, gorger. 2 *Gaver un enfant* ▶ bourrer (fam.), suralimenter, surnourrir. 3 Fig. *Gaver qqn de conseils* ▶ bourrer (fam.), rassasier, saturer. 4 **se gaver** *Se gaver de lectures* ▶ se bourrer, se gorger, se rassasier, se repaître (litt.).

gavroche n. m. ▶ gamin, poulbot (fam.), titi (fam.).

gay adj. et n. ▶ homosexuel.

gaz n. m. 1 *Des gaz qui s'échappent d'un cratère* ▶ émanations, exhalaisons, fumées, fumerolles, vapeurs. 2 Plur. ▶ flatuosités (litt.), pets (fam.), vents.

gaze n. f. 1 *Les épaules couvertes d'une gaze légère* ▶ mousseline, voile. 2 *Prendre de la gaze pour panser une plaie* ▶ compresse.

gazette n. f. Litt. ▶ canard (fam.), journal, revue.

gazon n. m. ▶ herbe, pelouse.

gazouillement n. m. 1 *Le gazouillement d'un oiseau* ▶ chant, gazouillis, pépiement, ramage (litt.). 2 Fig. *Le gazouillement d'une rivière* ▶ bruissement, chuchotement, chuchotis, gazouillis, murmure. 3 Fig. *Le gazouillement d'un enfant* ▶ babil, babillage, gazouillis.

gazouiller

gazouiller v. 1 *Des oiseaux qui gazouillent* ▶ chanter, pépier. 2 Fig. *Une source qui gazouille* ▶ bruire, chuchoter, murmurer, susurrer. 3 Fig. *Un enfant qui gazouille* ▶ babiller.

géant, ante adj. *Une ville géante* ▶ colossal, cyclopéen (litt.), énorme, gigantesque, immense.

géant n. m. *Un combat de géants* ▶ colosse, titan.

géhenne n. f. 1 Litt. *La géhenne, lieu de supplice des damnés* ▶ enfer. 2 Fig. et litt. *Une souffrance intense, une véritable géhenne* ▶ calvaire, martyre, supplice, torture.

geignard, arde adj. Fam. ▶ dolent, gémissant, larmoyant, plaintif, pleurnichard (fam.).

geignement n. m. 1 *Les geignements d'un malade* ▶ gémissement, plainte. 2 *Être exaspéré par les geignements d'un enfant qui s'ennuie* ▶ jérémiade, lamentation, récrimination.

geindre v. 1 *Un malade qui geint doucement* ▶ gémir. 2 Fam. *Il est constamment à geindre pour tout et n'importe quoi* ▶ gémir, se lamenter, se plaindre, pleurnicher (fam.), récriminer.

gel n. m. 1 *Une pellicule de gel* ▶ givre, glace, verglas. 2 Fig. *Le gel des négociations* ▶ arrêt, blocage, interruption, suspension. 3 Fig. *Le gel des capitaux* ▶ blocage, immobilisation.

gelée n. f. *Des gelées de printemps* ▶ frimas.

geler v. 1 *L'eau du bassin est en train de geler* ▶ prendre, se figer. 2 *On gèle, ici!* ▶ avoir froid, cailler (fam.), grelotter. 3 *Le vent froid m'a gelé* ▶ congeler, frigorifier, transir. 4 Fig. *La brutalité de son intervention a gelé l'auditoire* ▶ glacer, paralyser, pétrifier, réfrigérer, tétaniser. 5 Fig. *Geler des négociations en attendant le dénouement d'une crise* ▶ arrêter, bloquer, interrompre, suspendre. 6 Fig. *Geler des capitaux* ▶ bloquer, immobiliser.

gélule n. f. ▶ capsule.

gelure n. f. ▶ crevasse, engelure.

gémination n. f. ▶ doublement, redoublement, répétition.

géminé, ée adj. ▶ double, doublé, jumelé, redoublé, répété.

gémir v. 1 *Un blessé qui gémit* ▶ geindre, se lamenter, se plaindre. 2 Fig. *Gémir devant sa feuille d'impôts* ▶ se lamenter, larmoyer, se plaindre, pleurnicher (fam.), récriminer. 3 Fig. *Une porte qui gémit* ▶ crisser, grincer.

gémissant, ante adj. *Un ton gémissant* ▶ geignard, lamentable, larmoyant, plaintif, pleurnichard (fam.).

gémissement n. m. 1 *Un gémissement de douleur* ▶ geignement, lamentation, plainte, sanglot. 2 Fig. *Il lasse tout le monde avec ses perpétuels gémissements* ▶ doléance (litt.), jérémiade, lamentation, plainte, récrimination. 3 Fig. et litt. *Le gémissement du vent* ▶ lamentation, murmure, plainte.

gemmation n. f. ▶ bourgeonnement.

gemme n. f. ▶ joyau, pierre.

gênant, ante adj. 1 *Une position gênante* ▶ incommode, inconfortable, malcommode. 2 *Une présence gênante* ▶ déplaisant, désagréable, embarrassant, encombrant, ennuyeux, envahissant, fâcheux, importun (litt.), incommodant, indiscret, pénible, pesant.

gendarme n. m. 1 *Un gendarme soupçonneux* ▶ pandore (fam.). 2 Plur. *Voilà les gendarmes* ▶ maréchaussée (fam.).

gendarmer (se) v. ▶ s'emporter, se fâcher, s'irriter, monter sur ses grands chevaux.

gendarmerie n. f. ▶ maréchaussée (fam.).

gendre n. m. ▶ beau-fils.

gêne n. f. 1 *Sa présence va être pour vous une gêne continuelle* ▶ charge, contrainte, dérangement, embarras, ennui, entrave, incommodité, sujétion. 2 *Son âge risque d'être une gêne pour une éventuelle promotion* ▶ désavantage, difficulté, frein, handicap, inconvénient, obstacle. 3 *Une allusion indiscrète qui cause un moment de gêne* ▶ confusion, embarras, froid, malaise, trouble. 4 *Être dans la gêne* ▶ besoin, dèche (fam.).

gêné, ée adj. 1 *Un sourire gêné* ▶ embarrassé, intimidé, mal à l'aise. 2 *Ne lui demandez rien, il est plutôt gêné ces temps-ci* ▶ à court (fam.), désargenté, fauché (fam.), impécunieux (litt.).

généalogie n. f. 1 *Faire établir sa généalogie* ▶ ascendance, filiation, lignée. 2 *La généalogie d'un chien de race* ▶ pedigree. 3 *Un biologiste qui travaille sur la généalogie des espèces vivantes* ▶ phylogenèse.

gêner v. 1 *Chercher à gêner l'action des pouvoirs publics* ▶ contrarier, entraver, faire obstacle à. 2 *Sa présence va vous gêner* ▶ déranger, embarrasser, embêter (fam.), emmerder (fam.), empoisonner (fam.), encombrer, ennuyer, importuner. 3 *Un vêtement qui gêne* ▶ brider, empêtrer (fam.), engoncer, serrer. 4 *Ses antécédents vont le*

géner ► désavantager, handicaper. **5** Gêner qqn en lui posant une question indiscrète ► embarrasser, mettre mal à l'aise, troubler. **6 se gêner** *Il n'a jamais aimé se gêner pour quoi que ce soit* ► se contraindre, s'en faire (fam.).

général, ale adj. **1** *Une vue générale du problème* ► d'ensemble, global. **2** *Une protestation générale* ► collectif, unanime, universel. **3** *Se faire le porte-parole d'un sentiment général* ► dominant. **4** *Un phénomène général dans les sociétés modernes* ► commun, constant, courant, habituel, ordinaire. **5** *Une remarque trop générale* ► flou, imprécis, large, vague. **6 en général** *C'est ce qui se passe en général quand on ne contraire* ► à l'accoutumée, classiquement, communément, couramment, d'habitude, d'ordinaire, généralement, habituellement, le plus souvent, normalement, ordinairement, traditionnellement, usuellement.

général n. m. *Les plus grands généraux de l'Antiquité* ► capitaine, chef.

générale n. f. *La générale d'une pièce de théâtre* ► avant-première, répétition générale.

généralement adv. *Un verbe qui s'emploie généralement avec un complément* ► à l'accoutumée, classiquement, communément, couramment, d'habitude, d'ordinaire, en général, habituellement, le plus souvent, normalement, ordinairement, traditionnellement, usuellement.

généralisation n. f. **1** *La généralisation d'une idée* ► banalisation, vulgarisation. **2** *La généralisation d'un conflit* ► extension, propagation. **3** *Une généralisation hâtive* ► extrapolation.

généraliser v. **1** *Généraliser l'instruction* ► démocratiser, diffuser, étendre, populariser, propager, répandre, systématiser, universaliser, vulgariser. **2** *Se laisser aller à généraliser* ► extrapoler. **3 se généraliser** *Une opinion qui se généralise* ► se diffuser, s'étendre, se populariser, se propager, se répandre, se vulgariser.

généraliste n. ► omnipraticien.

généralité n. f. **1** *Dans la généralité des cas* ► ensemble, la plupart, majorité. **2** *Ne dire que des généralités* ► banalité, cliché, lieu commun, platitude, poncif.

générateur, trice adj. *Une industrie génératrice d'emplois* ► créateur, producteur.

génération n. f. **1** *La génération d'une série de formes à partir d'une racine commune* ► création, engendrement, formation, production. **2** *Les hommes de ma génération* ► âge.

générer v. ► créer, engendrer, former, produire.

généreusement adv. **1** Litt. *Pardonner généreusement* ► chevaleresquement, magnanimement (litt.), noblement. **2** *Récompenser généreusement* ► abondamment, amplement, grassement, largement, libéralement.

généreux, euse adj. **1** *Faire preuve de sentiments généreux* ► altruiste, beau, chevaleresque, désintéressé, élevé, grand, humain, magnanime, noble. **2** *Nous lui avons demandé une aide financière et il a été tout à fait généreux* ► large, libéral (litt.), prodigue. **3** *Une terre généreuse* ► fécond, fertile, productif, riche. **4** *Une femme aux formes généreuses* ► abondant, copieux, plantureux, profus (litt.).

générique adj. *Un terme générique* ► commun, général.

générosité n. f. **1** *Agir avec générosité* ► altruisme, cœur, désintéressement, grandeur d'âme, humanité, magnanimité (litt.), noblesse. **2** *Abuser de la générosité d'un vieil oncle* ► largesse, libéralité, prodigalité. **3** *La générosité d'une terre* ► fécondité, fertilité, richesse. **4** Plur. *Il vit de mes générosités* ► bienfaits, cadeaux, dons, libéralités.

genèse n. f. Fig. *Étudier la genèse d'une œuvre d'art* ► création, élaboration, formation, gestation, naissance, origine.

génétique adj. ► atavique, héréditaire.

gêneur, euse n. ► casse-pieds (fam.), enquiquineur (fam.), fâcheux (litt.), importun, raseur (fam.).

génial, ale adj. **1** *Un artiste génial* ► extraordinaire, prodigieux. **2** Fam. *Elle vient avec ses deux sœurs? C'est génial!* ► chouette (fam.), dément (fam.), du tonnerre (fam.), extra (fam.), fabuleux, fantastique (fam.), formidable, géant (fam.), hyper (fam.), sensationnel, super (fam.).

génialement adv. ► divinement, magistralement.

génie n. m. **1** *Les génies des eaux et des forêts* ► dieu, divinité. **2** *Le génie d'une langue* ► esprit, spécificité. **3** *Avoir le génie de la négociation* ► art, bosse (fam.), don, instinct, talent. **4** *Dans son domaine, c'est un vrai génie* ► aigle, as (fam.), crack (fam.), lumière (fam.), phénix (fam.), prodige. **5** *Une spécialité du génie chimique* ► ingénierie.

génital, ale adj. *Les organes génitaux* ► sexuel.

géniteur n. m. ▶ reproducteur.

génocide n. m. 1 *Protester contre le génocide d'une population* ▶ extermination, massacre. 2 Spécialement à propos du génocide des juifs perpétré par les nazis ▶ holocauste.

genre n. m. 1 *Ranger par genres les éléments d'un ensemble* ▶ catégorie, classe, espèce, famille, sorte, type, variété. 2 *Des escrocs de ce genre* ▶ acabit, catégorie, farine (fam.), nature, sorte, style, type. 3 *Avoir un drôle de genre* ▶ air, allure, apparence, aspect, dégaine (fam.), extérieur, look (fam.), style, tenue, touche (fam.), tournure. 4 **genre humain** ▶ espèce humaine, homme, hommes, humanité.

gens n. m. pl. 1 *Vous avez vu les gens qu'il y a!* ▶ foule, monde. 2 *Ce genre de spectacles intéresse beaucoup les gens* ▶ public. 3 *Les gens du sud de la France* ▶ habitants, population. 4 **gens de maison** Vx ▶ domesticité, domestiques, personnel de service.

gent n. f. Litt. *La gent animale* ▶ espèce, race.

gentil, ille adj. 1 *Il est gentil avec tout le monde* ▶ affable, agréable, aimable, chic (fam.), gracieux, plaisant, sympathique. 2 *Un mari très gentil* ▶ attentionné, délicat, empressé, obligeant, prévenant. 3 *Les enfants ont été gentils tout l'après-midi* ▶ sage, tranquille. 4 *Un gentil petit studio* ▶ agréable, beau, charmant, gracieux, joli, mignon, plaisant. 5 *C'est une gentille somme, dites donc!* ▶ coquet (fam.), drôle de (fam.), important, joli (fam.), rondelet (fam.). 6 *Ce peintre a un gentil coup de pinceau, sans plus* ▶ acceptable, passable.

gentil n. m. Vx ▶ païen.

gentilhomme n. m. 1 *Un vieux gentilhomme retiré à la campagne* ▶ aristocrate, hobereau, noble. 2 Litt. *Se comporter en gentilhomme* ▶ galant homme (litt.), gentleman, homme d'honneur.

gentilhommière n. f. ▶ castel (litt.), manoir.

gentillesse n. f. 1 *Il rend service avec beaucoup de gentillesse* ▶ affabilité, amabilité, aménité (litt.), attention, bienveillance, complaisance, délicatesse, empressement, obligeance, prévenance, serviabilité. 2 *Multiplier les gentillesses à l'égard de qqn* ▶ attention, gracieuseté (litt.), prévenance.

gentillet, ette adj. ▶ mignonnet.

gentiment adv. 1 *Il m'a reçu très gentiment* ▶ affablement, agréablement, aimablement, bienveillamment, complaisamment, gracieusement, obligeamment. 2 *Les enfants jouent gentiment dans la cour* ▶ sagement, tranquillement.

gentleman n. m. ▶ galant homme (litt.), gentilhomme (litt.), homme d'honneur.

gentry n. f. Fig. *Fréquenter la gentry* ▶ beau monde (fam.), gotha, grand monde, haute société.

génuflexion n. f. 1 *Un mouvement de génuflexion devant l'autel* ▶ agenouillement. 2 Fig. et litt. *Un esprit en constante génuflexion devant toute forme d'autorité* ▶ adoration, adulation, prosternation.

geôle n. f. Litt. ▶ cachot.

geôlier, ère n. Litt. ▶ garde-chiourme (fam.), gardien, maton (fam.), surveillant.

géomètre n. *Un géomètre en train d'exécuter un lever de plan* ▶ arpenteur.

géométrique adj. Litt. *Un esprit géométrique* ▶ exact, mathématique, précis, rigoureux.

gérance n. f. ▶ administration, gestion.

gérant, ante n. 1 *Le gérant d'une société* ▶ administrateur, dirigeant, gestionnaire, responsable. 2 Spécialement pour un bar, un hôtel ▶ patron (fam.), taulier (fam.), tenancier. 3 Spécialement pour un immeuble ▶ syndic.

gerbe n. f. ▶ botte, bouquet, faisceau.

gercer v. *Le froid gerce la peau* ▶ craqueler, crevasser, fendiller.

gerçure n. f. 1 *Une gerçure de la peau* ▶ crevasse. 2 *Une gerçure dans le bois d'un arbre* ▶ craquelure, crevasse, entaille, fissure, gélivure.

gérer v. 1 *Gérer un domaine* ▶ administrer, conduire, diriger, gouverner, manager (fam.), régir. 2 *Mal gérer son temps* ▶ organiser, utiliser.

germanique adj. ▶ allemand, teuton (fam.).

germe n. m. 1 *Le germe d'un œuf* ▶ embryon. 2 Fig. *Les germes d'une révolution* ▶ cause, ferment, fondement, origine, point de départ, racine, source. 3 **en germe** ▶ en embryon.

germer v. Fig. *Un projet qui commence à germer dans les esprits* ▶ se développer, éclore, se former, naître.

gésir v. 1 *Il gisait inanimé au pied de son lit* ▶ être étendu. 2 Fig. et litt. *C'est là que gît la difficulté* ▶ se nicher, résider, se trouver.

gestation n. f. 1 *La durée de gestation de la femme* ▶ grossesse. 2 Fig. *La période de gestation d'une œuvre d'art* ▶ conception, éla-

boration, formation, mise au point, préparation.

geste n. m. 1 *Faire de grands gestes de la main* ▶ mouvement, signe. 2 Fig. *Un beau geste* ▶ action.

geste n. f. Vx *La geste de Charlemagne* ▶ épopée.

gesticuler v. *Un enfant qui n'arrête pas de gesticuler pendant qu'on l'ausculte* ▶ s'agiter, bouger, gigoter (fam.), remuer, se trémousser.

gestion n. f. 1 *La gestion d'une entreprise publique* ▶ administration, conduite, direction, management, organisation. 2 *Ce sont des problèmes de gestion qu'on réglera plus tard* ▶ intendance.

gestionnaire n. ▶ administrateur, gérant, intendant, manager.

geyser n. m. Fig. *Un geyser d'étincelles* ▶ gerbe, jaillissement.

gibbosité n. f. ▶ bosse, cyphose.

gibecière n. f. ▶ carnassière, carnier.

giberne n. f. Vx ▶ cartouchière.

gibet n. m. 1 *Le gibet de Montfaucon* ▶ potence. 2 *Etre condamné au gibet* ▶ pendaison.

gibier n. m. 1 *Manger du gibier* ▶ venaison. 2 *gibier de potence* Fig. et litt. ▶ criminel, voyou.

giboulée n. f. ▶ averse, grain, ondée.

giclée n. f. *Une giclée de sang* ▶ jet.

gicler v. *De l'eau qui gicle d'une canalisation crevée* ▶ fuser, jaillir.

gifle n. f. 1 *Donner une gifle à qqn* ▶ baffe (fam.), beigne (fam.), calotte (fam.), claque, soufflet (litt.), taloche (fam.). 2 Fig. *Ce refus a été pour lui une gifle* ▶ affront, avanie (litt.), camouflet, humiliation, vexation.

gifler v. 1 *J'ai vraiment envie de vous gifler* ▶ calotter (fam.), claquer (fam.), souffleter (litt.), talocher (fam.). 2 Fig. *La pluie et le vent giflaient les voiles* ▶ cingler, fouetter.

gigantesque adj. 1 *Les ruines de remparts gigantesques* ▶ colossal, cyclopéen, démesuré, énorme, géant, immense, monumental, pharaonique, titanesque. 2 *Cela va nécessiter un travail gigantesque* ▶ fabuleux, fantastique, faramineux, phénoménal, prodigieux.

gigantisme n. m. *Le gigantisme des mégalopoles américaines* ▶ démesure, énormité, immensité.

gigoter v. Fam. ▶ s'agiter, remuer, se trémousser.

gilet n. m. *Une jeune femme avec un gilet jaune* ▶ cardigan.

giration n. f. ▶ révolution, rotation, tour.

giratoire adj. ▶ circulaire, rotatif, rotatoire, tournant.

girolle n. f. ▶ chanterelle.

giron n. m. Fig. et litt. *Se réfugier dans le giron maternel* ▶ sein.

girond, onde adj. 1 Fam. *Une petite femme bien gironde* ▶ gracieux, joli, mignon. 2 Fam. *Elle est mignonne, mais un peu trop gironde* ▶ boulot, dodu, grassouillet, replet, rondelet, rondouillard (fam.).

gisement n. m. *Un gisement de phosphate* ▶ filon, mine.

gîte n. m. 1 Litt. *Revenir dans son gîte après une longue absence* ▶ maison, refuge, toit. 2 Spécialement pour le gibier ▶ repaire, tanière, terrier.

gîte n. f. *Un navire qui donne de la gîte* ▶ bande.

gîter v. Litt. *Une araignée qui gîte dans une poutre creuse* ▶ demeurer, habiter, loger, résider.

giton n. m. Litt. ▶ ganymède (litt.), mignon.

givre n. m. ▶ frimas, gelée blanche.

glabre adj. *Un visage glabre* ▶ imberbe, lisse, nu.

glaçage n. m. *Le glaçage d'une étoffe* ▶ lissage, lustrage, satinage.

glaçant, ante adj. *Un accueil glaçant* ▶ glacé, glacial, réfrigérant.

glace n. f. 1 *Une boisson à prendre avec de la glace* ▶ glaçons. 2 *Laver les glaces d'une voiture* ▶ carreau, verre, vitre. 3 *Se regarder dans une glace* ▶ miroir. 4 *de glace Rester de glace* ▶ de marbre, impassible, imperturbable, indifférent.

glacé, ée adj. Fig. *Un sourire glacé* ▶ figé, froid, glaçant, glacial, hautain, impassible, insensible, réfrigérant.

glacer v. 1 *Une bise qui glace jusqu'aux os* ▶ geler, réfrigérer, transir. 2 *Glacer une boisson* ▶ frapper, réfrigérer. 3 *Une apparition qui glace d'horreur* ▶ clouer, figer, méduser, paralyser, pétrifier, tétaniser.

glacial, ale adj. 1 *Un froid glacial* ▶ hivernal, polaire, sibérien. 2 Fig. *Une impassibilité glaciale* ▶ de marbre, glaçant, glacé, hautain, imperturbable, marmoréen.

glacis n. m. Fig. *Les pays satellites formaient un glacis autour de l'URSS* ▶ rempart.

glaire n. f. 1 *Des glaires intestinales* ▶ mucosité. 2 *Sous forme de crachat* ▶ expectoration.

glaise n. f. ▶ argile.

glaive n. m. Litt. ▶ épée, lame.

glaner v. Fig. *Glaner des renseignements* ▶ butiner (litt.), grappiller, puiser, ramasser, récolter, recueillir.

glapir v. 1 *De jeunes chiens qui glapissent* ▶ japper. 2 Fig. *Une horrible vieille qui glapit contre des enfants* ▶ aboyer, brailler, crier, gueuler (fam.), hurler.

glapissement n. m. 1 *Le glapissement d'un jeune chien* ▶ jappement. 2 Fig. *Les glapissements d'une vieille folle* ▶ braillement, cri, hurlement.

glaréole n. f. ▶ hirondelle des marais, perdrix de mer.

glauque adj. 1 *Des yeux glauques* ▶ bleuâtre, verdâtre. 2 *Une lueur glauque* ▶ blafard, livide. 3 Fig. *Une banlieue glauque* ▶ lugubre, sinistre, sordide, triste.

glèbe n. f. Litt. ▶ terre.

glissade n. f. ▶ dérapage.

glissant, ante adj. Fig. *Une situation glissante* ▶ fuyant, hasardeux, incertain, insaisissable, instable, précaire, risqué.

glissement n. m. 1 *Un glissement de terrain* ▶ affaissement, chute, éboulement. 2 Fig. *Un glissement de sens* ▶ changement, évolution, modification, transformation.

glisser v. 1 *Glisser sur de la glace* ▶ chasser, déraper, patiner, riper. 2 Fig. *Il nous a glissé entre les doigts* ▶ filer. 3 Fig. *Glisser vers l'extrémisme* ▶ évoluer. 4 Fig. *Glisser dans la dépression* ▶ s'abandonner à, s'enfoncer dans, sombrer dans. 5 Fig. *Glisser sur un sujet délicat* ▶ éluder, passer sur. 6 *Glisser une pièce dans la fente d'un appareil* ▶ engager, fourrer (fam.), introduire. 7 Fig. *Glisser une remarque à l'oreille de qqn* ▶ souffler. 8 **se glisser** *Des voleurs s'étaient glissés parmi les invités* ▶ se couler, se faufiler, s'infiltrer, s'insinuer, s'introduire.

glissière n. f. ▶ coulisse.

global, ale adj. ▶ complet, d'ensemble, entier, intégral, total.

globalement adv. ▶ dans l'ensemble, en bloc, en gros (fam.), synthétiquement.

globalité n. f. ▶ ensemble, intégralité, totalité.

globe n. m. 1 *Le globe que forme l'œil* ▶ boule, rond, sphère. 2 *Faire le tour du globe* ▶ terre, monde, planète.

globe-trotter n. ▶ bourlingueur (fam.).

globule blanc n. m. ▶ leucocyte.

globule rouge n. m. ▶ hématie.

gloire n. f. 1 *Être avide de gloire* ▶ célébrité, honneurs, notoriété, popularité, renom, renommée, réputation. 2 *Un pays nostalgique de sa gloire passée* ▶ éclat, grandeur, lauriers, lustre (litt.), prestige, rayonnement, splendeur. 3 *Être une des gloires de son pays* ▶ célébrité, personnalité, star, vedette. 4 *Cet objet était la gloire de sa collection* ▶ fleuron, honneur, orgueil, ornement.

gloriette n. f. ▶ tonnelle.

glorieux, euse adj. 1 *Rappeler les plus glorieuses victoires de notre histoire* ▶ brillant, célèbre, éclatant, fameux, grand, illustre, mémorable, prestigieux, renommé, réputé. 2 Litt. *Prendre un air glorieux* ▶ avantageux, fat, fier, important, orgueilleux, présomptueux, suffisant, vaniteux. 3 Vx *Les glorieux mystères de la religion* ▶ saint.

glorification n. f. *Tout son discours était une glorification de ses propres mérites* ▶ apologie, célébration, éloge, exaltation, panégyrique (litt.).

glorifier v. 1 *Glorifier les belles actions* ▶ célébrer, chanter, exalter, honorer, louanger, louer, magnifier, vanter. 2 *Glorifier une divinité* ▶ adorer, bénir. 3 **se glorifier** *Se glorifier de ses richesses* ▶ s'enorgueillir, se flatter, se piquer, se prévaloir, se targuer, se vanter.

gloriole n. f. ▶ ostentation, prétention, suffisance, vanité.

glose n. f. *Une glose destinée à éclaircir le sens d'un passage* ▶ annotation, commentaire, explication, note.

gloser v. 1 *Gloser un texte* ▶ annoter, commenter, éclaircir, expliquer. 2 Fig. et vx *Gloser sur qqn* ▶ cancaner (fam.), clabauder (fam.), jaser, potiner (fam.).

glossaire n. m. 1 *Un glossaire de termes techniques* ▶ dictionnaire, index, lexique, vocabulaire. 2 *Spécialement si ce glossaire aspire à l'exhaustivité* ▶ thésaurus, trésor.

glossateur n. m. ▶ annotateur, commentateur, scoliaste.

glousser v. 1 *Des poules qui gloussent* ▶ caqueter. 2 Fig. *Des adolescentes qui gloussent* ▶ pouffer, ricaner.

glouton, onne adj. et n. *Un enfant glouton* ▶ bâfreur (fam.), goinfre, goulu, insatiable, vorace.

glouton n. m. *Le glouton des régions arctiques* ▶ carcajou.

gloutonnement adv. ▶ avidement, goulûment, voracement.

gloutonnerie n. f. *Manger avec une gloutonnerie choquante* ▶ avidité, goinfrerie, voracité.

gluant, ante adj. ▶ collant, poisseux, visqueux.

gnôle n. f. Fam. ▶ alcool, eau-de-vie, tord-boyaux (fam.).

gnome n. m. 1 *Les gnomes des contes et des légendes* ▶ farfadet, lutin. 2 Fig. et fam. *Ces gnomes prétendaient m'imposer leur loi* ▶ avorton (fam.), homuncule (vx), nabot (fam.), nain.

gnomique adj. *Une formule gnomique* ▶ proverbial, sentencieux (vx).

gnomon n. m. ▶ cadran solaire.

goal n. m. ▶ gardien de but.

gobelet n. m. ▶ godet, timbale.

gober v. Fig. et fam. *Un naïf qui gobe tout ce qu'on lui raconte* ▶ avaler (fam.), croire.

godailler v. Fam. *Un vêtement qui godaille* ▶ goder, grigner, grimacer, pocher.

godelureau n. m. ▶ blanc-bec, freluquet, gandin (vx).

goder v. *Un vêtement qui gode* ▶ godailler (fam.), grigner, grimacer, pocher.

godet n. m. 1 *Boire dans un godet* ▶ gobelet, timbale. 2 Fam. *Prendre un godet* ▶ pot (fam.), verre.

godiche adj. 1 Fam. *Avoir l'air godiche* ▶ empoté, emprunté, gauche, maladroit. 2 Fam. *Il est de bonne volonté, mais un peu godiche* ▶ benêt, bête, niais, sot.

goémon n. m. ▶ fucus, varech.

gogo n. m. 1 Fam. ▶ jobard (fam.), naïf, niais, pigeon (fam.), poire (fam.). 2 **à gogo** Fam. ▶ abondamment, à discrétion, à foison, à profusion, à satiété, à volonté, beaucoup, en quantité.

goguenard, arde adj. *Vous êtes satisfait de vous? lui demanda-t-il d'un air goguenard* ▶ gouailleur, ironique, moqueur, narquois, railleur, sarcastique.

goguenardise n. f. ▶ gouaille, ironie, moquerie, raillerie.

goinfre adj. et n. Fam. ▶ bâfreur (fam.), glouton, goulu, gourmand, vorace.

goinfrer (se) v. Fam. ▶ bâfrer (fam.), se bourrer (fam.), dévorer, s'empiffrer (fam.), engloutir, se gaver, se repaître (litt.).

goinfrerie n. f. ▶ gloutonnerie, voracité.

golfe n. m. *Une côte formant un golfe* ▶ baie.

gominé, ée adj. *Des cheveux gominés* ▶ brillantiné, pommadé.

gommage n. m. ▶ effacement.

gomme n. f. 1 *La gomme qui s'écoule de certains arbres* ▶ baume, résine. 2 **à la gomme** Fam. ▶ à la manque (fam.), à la noix (fam.), minable, nul.

gommer v. 1 *Gommer un trait de crayon* ▶ effacer. 2 Fig. *Gommer les détails trop crus d'un récit* ▶ atténuer, estomper, gazer (litt.), ôter, supprimer.

gondolage n. m. ▶ déformation, gauchissement.

gondoler v. *Un panneau de bois qui gondole* ▶ se bomber, se courber, se déformer, se déjeter, gauchir, jouer, se tordre, travailler.

gonflant, ante adj. *Une coiffure gonflante* ▶ bouffant.

gonflé, ée adj. 1 *Une éponge gonflée d'eau* ▶ plein, saturé. 2 Fam. *Un type vraiment gonflé* ▶ audacieux, culotté (fam.), hardi.

gonflement n. m. 1 *Le gonflement d'un corps* ▶ dilatation, distension. 2 Spécialement à propos de certaines parties du corps ▶ ballonnement, bouffissure, boursouflure, cloque, enflure, hypertrophie, intumescence, œdème, renflement, tuméfaction, tumescence, turgescence. 3 Fig. *Le gonflement des effectifs* ▶ accroissement, augmentation, développement, grossissement, inflation.

gonfler v. 1 *Un volume qui gonfle* ▶ s'accroître, s'arrondir, augmenter, croître, enfler, grossir. 2 *Les traits de son visage ont gonflé* ▶ se bouffir, se boursoufler, s'empâter, enfler, grossir. 3 *Gonfler sa poitrine ou ses muscles* ▶ bomber, dilater, enfler. 4 *Un médicament qui gonfle l'estomac* ▶ ballonner, enfler. 5 *Gonfler ses cheveux* ▶ bouffer. 6 Fig. *Gonfler le rôle de qqn* ▶ amplifier, exagérer, surestimer, surfaire. 7 Fam. *Il nous gonfle, avec ses protestations* ▶ agacer, casser les pieds à (fam.), emmerder (fam.), exaspérer.

gongorisme n. m. ▶ maniérisme, préciosité.

gonorrhée n. f. Vx ▶ blennorragie, chaude-pisse (fam.).

goret n. m. ▶ cochonnet, porcelet, pourceau (vx).

gorge n. f. 1 *Une gorge épanouie* ▶ buste, poitrine, seins. 2 *Avoir la gorge sèche* ▶ gosier. 3 *Un torrent qui coule au fond d'une gorge* ▶ canyon, défilé.

gorgée n. f. ▶ coup (fam.), goulée (fam.), lampée (fam.), trait.

gorger v. 1 *Gorger des volailles* ▶ bourrer, gaver. 2 Fig. *Être gorgé de richesses* ▶ abreuver, combler, couvrir, gaver, rassasier,

gosier

repaître, saturer. **3 se gorger** *Se gorger de friandises* ▶ se bourrer (fam.), s'empiffrer (fam.), se gaver, se goinfrer (fam.), se repaître.

gosier n. m. **1** Fam. *Avoir le gosier sec* ▶ gorge. **2** Fig. et fam. *À plein gosier* ▶ voix.

gospel n. m. ▶ negro-spiritual.

gosse n. Fam. ▶ enfant, gamin, môme (fam.).

gotha n. m. Fam. *Il y avait là le gotha de l'industrie française* ▶ crème (fam.), élite, fine fleur, fleur, gratin (fam.).

gouaille n. f. *La gouaille des faubourgs* ▶ goguenardise, verve.

gouailleur, euse adj. ▶ facétieux, farceur, goguenard, moqueur, narquois, persifleur, railleur.

gouape n. f. Fam. ▶ chenapan, frappe (fam.), voyou.

goudron n. m. *Une chaussée recouverte de goudron* ▶ asphalte, bitume, macadam.

goudronner v. ▶ asphalter, bitumer, macadamiser.

gouffre n. m. **1** *Visiter un gouffre* ▶ abîme, aven. **2** Fig. *Le pays est au bord du gouffre* ▶ abîme, catastrophe, désastre, précipice. **3** Fig. *C'est un gouffre, d'entretenir cette propriété* ▶ ruine.

goujat, ate adj. et n. ▶ brute, grossier, impoli, malappris, malotru, mufle, rustre.

goujaterie n. f. *Il s'est conduit avec une goujaterie incroyable* ▶ grossièreté, impolitesse, incorrection, indélicatesse, muflerie.

goulag n. m. *Un dissident brisé par dix ans de goulag* ▶ camp.

goule n. f. ▶ strige.

goulée n. f. Fam. ▶ coup, gorgée, lampée (fam.), trait.

goulet n. m. *Un bateau qui franchit un goulet* ▶ chenal, passe.

goulot n. m. *Le goulot d'une bouteille* ▶ col.

goulu, ue adj. ▶ avide, bâfreur (fam.), glouton (fam.), goinfre (fam.), gourmand, vorace.

goulûment adv. ▶ avidement, gloutonnement, voracement.

goupiller v. Fam. *C'est lui qui a goupillé tout ça* ▶ arranger, combiner, machiner, manigancer, monter, organiser, ourdir (litt.), préparer.

goupillon n. m. ▶ aspersoir.

gourbi n. m. *Ils s'entassent à six dans ce gourbi?* ▶ galetas (fam.), réduit, taudis.

gourd, gourde adj. *Avoir les doigts gourds* ▶ ankylosé, engourdi.

gourde n. f. **1** *Une gourde d'eau* ▶ bidon. **2** Fig. et fam. *Quelle gourde!* ▶ bête, buse (fam.), corniaud (fam.), cornichon (fam.), crétin, cruche, ganache (vx), godiche (fam.), idiot, imbécile, niais, sot.

gourdin n. m. ▶ massue.

gourmand, ande adj. et n. **1** *Un enfant gourmand* ▶ glouton (fam.), goinfre (fam.), goulu, vorace. **2** *Un voyage gourmand* ▶ gastronomique. **3** Fig. *Être gourmand d'honneurs* ▶ amateur, assoiffé, avide, friand. **4** Fig. *Un maître chanteur trop gourmand* ▶ avide, exigeant.

gourmander v. ▶ admonester (litt.), chapitrer (litt.), engueuler (fam.), gronder, houspiller (fam.), morigéner (litt.), réprimander, sermonner (litt.), tancer (litt.).

gourmandise n. f. **1** *Ces enfants sont d'une gourmandise incroyable* ▶ gloutonnerie (fam.), goinfrerie (fam.), voracité. **2** *Offrir quelques petites gourmandises* ▶ chatterie (fam.), douceur, friandise, gâterie.

gourmé, ée adj. Litt. ▶ affecté, apprêté, cérémonieux, compassé, empesé, guindé, pincé.

gourmet n. m. ▶ fine gueule (fam.), gastronome.

gourou n. m. Fig. et fam. *Il s'est trouvé un gourou et ne jure plus que par lui* ▶ maître à penser.

goût n. m. **1** *Un plat qui manque de goût* ▶ sapidité, saveur. **2** *N'avoir de goût pour rien* ▶ appétit, désir, envie. **3** Fig. *Un collectionneur au goût très sûr* ▶ coup d'œil, discernement, jugement. **4** Fig. *Chacun agira selon son goût* ▶ bon plaisir, choix, convenance, façon, gré, guise, volonté. **5** Fig. *Un intérieur aménagé avec beaucoup de goût* ▶ chic, délicatesse, élégance, raffinement, recherche. **6** Fig. *Avoir du goût pour les grandes femmes* ▶ attirance, attrait, faible, inclination, penchant, prédilection.

goûter v. **1** *Goûter un vin* ▶ essayer. **2** Fig. *Goûter les charmes de la campagne* ▶ jouir de, profiter de, savourer. **3** Fig. *C'est un genre de plaisanterie qu'il ne goûte pas beaucoup* ▶ aimer, apprécier, priser (litt.). **4** Fig. et litt. *Il a goûté d'un peu tous les métiers* ▶ essayer, expérimenter, tâter de.

goûter n. m. ▶ collation, quatre-heures (fam.).

goûteur, euse n. ▶ dégustateur.

goûteux, euse adj. ▶ savoureux.

goutte n. f. **1** *Prendre une goutte de liqueur* ▶ doigt, filet, larme, lichette (fam.), soupçon. **2** *Ne pas avoir une seule goutte de bon sens* ▶ atome, brin, grain, gramme, li-

chette (fam.), miette, once, pointe, soupçon.

goutte-à-goutte n. m. ▸ perfusion.

goutter v. *De l'eau qui goutte d'un robinet mal fermé* ▸ dégoutter, s'égoutter.

goutteux, euse adj. ▸ podagre (vx), rhumatisant.

gouttière n. f. ▸ chéneau.

gouvernail n. m. **1** *Tenir le gouvernail d'un bateau* ▸ barre, timon (vx). **2** *Le gouvernail d'un avion* ▸ gouverne, manche à balai. **3** Fig. *Abandonner le gouvernail de l'État* ▸ conduite, direction, leviers.

gouvernant, ante adj. et n. ▸ dirigeant, responsable.

gouvernante n. f. *La gouvernante d'un curé* ▸ bonne.

gouvernement n. m. **1** *Assurer le gouvernement d'une province* ▸ administration, conduite, direction, gestion, management. **2** *La formation d'un nouveau gouvernement* ▸ ministère. **3** *Comparer le gouvernement monarchique et le gouvernement démocratique* ▸ état, pouvoir, régime, système.

gouvernemental, ale adj. *La presse gouvernementale* ▸ ministériel.

gouverner v. **1** *Gouverner un pays, une entreprise* ▸ administrer, conduire, diriger, gérer, manager. **2** Fig. *Les forces qui gouvernent le monde* ▸ commander, conduire, dominer, guider, mener, régenter, régir, régner sur, tenir.

grabat n. m. ▸ paillasse.

grabuge n. m. Fam. *Il va y avoir du grabuge* ▸ bagarre, casse (fam.), charivari (fam.), dégât, vilain.

grâce n. f. **1** *Un tel crime ne mérite aucune grâce* ▸ indulgence, miséricorde, pardon. **2** *Des prisonniers qui espèrent une grâce présidentielle* ▸ amnistie. **3** *Solliciter une grâce auprès de la mairie* ▸ aide, assistance, faveur, secours. **4** *Faites-nous la grâce de nous rejouer ce morceau* ▸ faveur, plaisir. **5** *Un artiste en état de grâce* ▸ illumination, inspiration. **6** *La grâce d'un style* ▸ agrément, aisance, beauté, charme, délicatesse, élégance, finesse, harmonie, joliesse, légèreté, naturel. **7** *Recevoir qqn avec beaucoup de grâce* ▸ affabilité, amabilité, aménité, bonté. **8 faire grâce** *Faire grâce à un condamné* ▸ absoudre, amnistier, gracier. **9** *Faire grâce à qqn d'une corvée* ▸ dispenser de, épargner à, éviter à, exempter de. **10 rendre grâce** Litt. *Rendre grâce à qqn de ses services* ▸ remercier. **11 de bonne grâce** ▸ de bon gré, de gaieté de cœur, de plein gré, librement, volontairement, volontiers. **12 de mauvaise grâce** ▸ à contre cœur.

gracier v. *Gracier un condamné* ▸ absoudre, amnistier, faire grâce à.

gracieusement adv. **1** *Remercier gracieusement qqn* ▸ civilement, courtoisement, poliment. **2** *Danser, peindre gracieusement* ▸ agréablement, délicatement, délicieusement, élégamment, joliment. **3** *Un travail effectué gracieusement* ▸ bénévolement, gratuitement.

gracieuseté n. f. Litt. *Avoir mille gracieusetés pour qqn* ▸ amabilité, attention, civilité, gentillesse, politesse.

gracieux, euse adj. **1** *Avoir des manières gracieuses avec tout le monde* ▸ accort (litt.), affable, agréable, aimable, amène, avenant, bienveillant, charmant, civil, cordial, courtois, empressé, engageant, gentil, poli, sympathique. **2** *Un visage gracieux* ▸ charmant, harmonieux, joli, mignon, plaisant. **3** *Une offre gracieuse* ▸ bénévole, gratuit.

gracile adj. ▸ délicat, élancé, filiforme, fin, fluet, frêle, grêle, menu, mince.

gracilité n. f. Litt. ▸ finesse, minceur.

gradation n. f. **1** *La gradation insensible de la température* ▸ accroissement, augmentation, progression. **2** *Procéder par gradations* ▸ cran, degré, étape, palier, phase, stade.

grade n. m. **1** *Les grades successifs d'une hiérarchie* ▸ catégorie, échelon, niveau, rang. **2** *Un grade universitaire* ▸ diplôme, titre.

gradin n. m. **1** *Les gradins d'un amphithéâtre* ▸ degré, marche. **2** *Des cultures en gradins* ▸ étage, terrasse.

graduation n. f. *Les graduations d'un thermomètre* ▸ degré, division, repère.

graduel, elle adj. *Une augmentation graduelle* ▸ croissant, progressif.

graduellement adv. ▸ de proche en proche, doucement, pas à pas, petit à petit, peu à peu, progressivement.

graduer v. *Graduer des exercices par ordre de difficulté croissante* ▸ échelonner, étager.

graffiti n. m. ▸ inscription, tag (fam.).

graillon n. m. Fam. *Une odeur de graillon* ▸ friture, graisse.

grain n. **1** *Le grain qu'on sème* ▸ graine, semence. **2** *Des grains de poussière* ▸ corpuscule, fragment, particule. **3** *La surface n'est pas lisse, on sent comme des grains* ▸ granulation, granule. **4** Fig. *Un grain de*

graine

bon sens ▶ atome, brin, goutte, gramme, lichette (fam.), miette, once, poil (fam.), pointe, soupçon. **5** *Il y a eu un grain pendant notre promenade* ▶ giboulée. **6 grain de beauté** ▶ lentigo, lentille, nævus. **7 grain d'orge** ▶ compère-loriot, orgelet.

graine n. f. ▶ grain, semence.

graissage n. m. ▶ lubrification.

graisse n. f. **1** *Mettre de la graisse dans un moteur* ▶ lubrifiant. **2** *Le dosage des graisses dans l'alimentation* ▶ lipide. **3** *Un excès de graisse sur le haut des cuisses* ▶ adiposité, cellulite. **4** *Une cuisine avec des odeurs de graisse* ▶ friture, graillon (fam.).

graisser v. **1** *Graisser une pièce pour qu'elle glisse mieux* ▶ huiler, lubrifier. **2** *Une poêle qui graisse les mains* ▶ encrasser, salir. **3 graisser la patte à** Fam. *Graisser la patte à un gardien pour entrer dans un bâtiment* ▶ acheter, corrompre, soudoyer.

graisseux, euse adj. **1** *Des cellules graisseuses* ▶ adipeux. **2** *Des papiers graisseux* ▶ gras, huileux.

grammaire n. f. ▶ linguistique.

grammatical, ale adj. *Cette phrase n'est pas grammaticale* ▶ construit, syntaxique.

grammaticalement adv. *Une phrase grammaticalement correcte* ▶ linguistiquement, syntaxiquement.

gramme n. m. Fig. *Ne pas avoir un gramme d'imagination* ▶ atome, brin, goutte, miette, once, poil (fam.), pointe, soupçon.

grand, grande adj. **1** *Un grand arbre* ▶ élevé, haut. **2** *Les grandes personnes* ▶ adulte, majeur. **3** *Un grand domaine* ▶ ample, étendu, large, spacieux, vaste. **4** *Un grand écrivain* ▶ considérable, éminent, fameux, illustre, important, majeur, prestigieux, remarquable, réputé, talentueux. **5** *Une grande nation* ▶ influent, puissant. **6** *Un grand sentiment* ▶ beau, généreux, magnifique, noble. **7** *Une grande passion* ▶ immense, violent. **8** *Un grand coquin* ▶ fieffé (litt.), invétéré, sacré (fam.). **9** *Une grande cruauté* ▶ atroce, effrayant, effroyable, épouvantable, horrible, monstrueux, terrible.

grandement adv. **1** *Être grandement logé* ▶ spacieusement. **2** *Recevoir grandement* ▶ fastueusement, princièrement, richement, royalement. **3** *Voilà qui ressemble grandement à une escroquerie* ▶ amplement, beaucoup, énormément, fort, fortement, puissamment, tout à fait.

grandeur n. f. **1** *Déterminer la grandeur d'un corps* ▶ dimension, format, gabarit, mesure, taille. **2** *La grandeur d'un phénomène physique* ▶ ampleur, amplitude, importance, magnitude. **3** *La grandeur d'un événement* ▶ dimension, importance, poids, portée, taille, valeur. **4** *La grandeur d'une civilisation* ▶ force, gloire, influence, prestige, puissance, rayonnement, splendeur. **5** *Une attitude qui ne manque pas de grandeur* ▶ beauté, dignité, générosité, hauteur, majesté, noblesse. **6 grandeur d'âme** ▶ générosité, magnanimité, noblesse.

grandiloquence n. f. ▶ boursouflure, emphase, enflure, pompe.

grandiloquent, ente adj. ▶ ampoulé, boursouflé, déclamatoire, emphatique, phraseur, pompeux, ronflant, solennel.

grandiose adj. *Tous ces éléments réunis forment un ensemble grandiose* ▶ imposant, impressionnant, majestueux, monumental.

grandir v. **1** *Des branches qui grandissent vite* ▶ croître, se développer, monter, pousser. **2** *Une rumeur qui grandit* ▶ s'accroître, s'agrandir, s'amplifier, augmenter, enfler, gonfler, s'étendre, grossir, s'intensifier. **3** *Son imagination lui a fait grandir le risque qu'il courait* ▶ dramatiser, exagérer, grossir, outrer. **4** Fig. *Les épreuves l'ont grandi* ▶ élever, ennoblir. **5 se grandir** *Se grandir en se mettant sur la pointe des pieds* ▶ s'élever, se hausser.

grandissant, ante adj. ▶ croissant.

grand-mère n. f. **1** *Une grand-mère avec ses petits-enfants* ▶ aïeule (vx), grand-maman (fam.), mamie (fam.), mémé (fam.). **2** Fam. *Mais c'est une grand-mère, qu'il épouse!* ▶ aïeule (vx), ancêtre, fossile, mamie (fam.), mémé (fam.), vieille.

grand-peine (à) adv. ▶ difficilement, malaisément, péniblement.

grand-père n. m. **1** *Un grand-père avec ses petits-enfants* ▶ aïeul (vx), grand-papa (fam.), papi (fam.), pépé (fam.). **2** Fam. *C'est à croire qu'elles n'aiment que les grands-pères!* ▶ aïeul (vx), ancêtre, barbon (vx), croulant (fam.), fossile (fam.), géronte (litt.), papi (fam.), pépé (fam.), vieillard, vieux.

grands-parents n. m. pl. ▶ aïeuls.

granité, ée adj. *Une surface granitée* ▶ granulé, granuleux, grené, grenelé, grenu.

granuleux, euse adj. **1** *Une roche granuleuse* ▶ granulaire. **2** *Une peau granuleuse* ▶ granité, granulé, granuleux, grené, grenelé, grenu.

graphie n. f. *Un texte en graphie phonétique* ▶ écriture, transcription.

graphique n. m. ▶ courbe, diagramme, tracé.

grappillage n. m. Fig. *Un sordide grappillage* ▶ gratte (fam.).

grappiller v. **1** Fig. *Grappiller quelques informations* ▶ glaner, ramasser. **2** Fig. *Grappiller quelques francs* ▶ gratter (fam.), grignoter (fam.), rabioter (fam.), rogner.

grappin n. m. ▶ crampon, croc, crochet.

gras, grasse adj. **1** *Les belles filles grasses des toiles de Rubens* ▶ bien en chair, charnu, dodu, grassouillet, plantureux, potelé, replet, rond, rondouillard (fam.). **2** *Un horrible satyre, gras comme un moine* ▶ adipeux, corpulent, empâté, gros, pansu. **3** *Une surface grasse* ▶ glissant, graisseux, huileux, poisseux. **4** Fig. *Une plaisanterie grasse* ▶ cru, égrillard, épicé, gaillard, gaulois, graveleux, grivois, licencieux, obscène, poivré, polisson, rabelaisien, salé.

gras n. m. ▶ graisse.

grassement adv. *Être grassement indemnisé* ▶ abondamment, amplement, copieusement, généreusement, grandement, largement.

grassouillet, ette adj. ▶ dodu, potelé, replet, rond, rondelet, rondouillard (fam.).

gratifiant, ante adj. *Un travail peu gratifiant* ▶ intéressant, satisfaisant, valorisant.

gratification n. f. **1** *Recevoir une gratification en plus de son salaire* ▶ bonus, guelte, indemnité, prime. **2** *Obtenir un passe-droit moyennant une petite gratification* ▶ bakchich (fam.), commission, dessous-de-table, enveloppe, faveur, pot-de-vin, pourboire, récompense.

gratifier v. **1** *Gratifier qqn d'une pension* ▶ accorder à, allouer à, donner à, octroyer à. **2** *Gratifier qqn d'une bonne gifle* ▶ administrer à, donner à, flanquer à (fam.), foutre à (fam.). **3** *Une personne que la nature a gratifiée d'un travers très gênant* ▶ affliger, doter, douer, honorer, nantir.

gratin n. m. Fam. ▶ crème (fam.), dessus du panier, élite, fine fleur, fleur, gotha.

gratis adv. Fam. ▶ à l'œil (fam.), gratuitement, pour rien.

gratitude n. f. ▶ gré, obligation, reconnaissance.

gratte n. f. Fam. *Amasser un petit pécule à force de gratte* ▶ grappillage (fam.).

gratte-ciel n. m. ▶ building, tour.

gratte-papier n. m. ▶ bureaucrate, plumitif, scribouillard (fam.).

gratter v. **1** *Gratter la semelle de ses souliers* ▶ racler. **2** *Gratter une inscription* ▶ effacer, enlever. **3** *Gratter la terre en pensant y trouver des racines* ▶ fouiller, fouir (litt.), remuer. **4** *Une cicatrice qui gratte* ▶ démanger, grattouiller (fam.), picoter. **5** Fam. *Gratter jour après jour de quoi partir en vacances* ▶ économiser, épargner, grappiller, rabioter (fam.). **6** Fam. *Gratter ses concurrents les uns après les autres* ▶ dépasser, devancer, distancer, doubler, griller (fam.), lâcher (fam.), semer.

grattoir n. m. **1** *Un grattoir à allumettes* ▶ frottoir. **2** *Ôter la boue collée de ses semelles sur un grattoir* ▶ décrottoir, gratte-pieds. **3** *Enlever une tache de peinture sur un parquet avec un grattoir* ▶ racloir.

gratture n. f. ▶ chute, copeau, rognure.

gratuit, uite adj. **1** *Vous pouvez entrer, c'est gratuit* ▶ gratis (fam.). **2** *Faire un travail à titre gratuit* ▶ bénévole, désintéressé, gracieux. **3** Fig. *Une supposition gratuite* ▶ arbitraire, en l'air, hasardeux, immotivé, infondé, injustifié.

gratuitement adv. **1** *Entrer gratuitement* ▶ à l'œil (fam.), gratis (fam.). **2** *Travailler gratuitement* ▶ bénévolement, gracieusement.

gravats n. m. pl. ▶ déblais, débris, décombres, plâtras.

grave adj. **1** *Une voix grave* ▶ profond. **2** *De graves magistrats* ▶ austère, compassé, digne, imposant, majestueux, raide, rigide, sévère, solennel. **3** *Un enfant à la mine grave* ▶ posé, réfléchi, sérieux. **4** *La situation est grave* ▶ alarmant, angoissant, critique, dangereux, dramatique, inquiétant, redoutable, sérieux. **5** *Une grave erreur* ▶ gros, important, lourd, profond, sérieux.

graveleux, euse adj. **1** *Une terre graveleuse* ▶ caillouteux, pierreux, rocailleux. **2** Fig. *Un plaisanterie graveleuse* ▶ cru, égrillard, épicé, gaillard, gaulois, gras, grivois, libre, licencieux, obscène, poivré, polisson, rabelaisien, salé.

gravement adv. *Être gravement touché* ▶ dangereusement, grièvement, sérieusement, sévèrement.

graver v. Fig. *Graver un événement dans sa mémoire* ▶ enregistrer, fixer, imprimer, incruster.

gravide adj. *Une femelle gravide* ▶ pleine.

gravir v. **1** *Gravir une montagne* ▶ escalader, grimper sur, monter sur. **2** Fig. *Gravir les degrés d'une hiérarchie* ▶ franchir.

gravitation n. f. ▶ attraction, gravité (vx), pesanteur.

gravité

gravité n. f. 1 *La gravité d'un événement* ▶ importance, poids, portée. 2 *La gravité d'un magistrat* ▶ austérité, dignité, rigidité, sérieux, sévérité, solennité. 3 Vx *Les lois de la gravité* ▶ attraction, gravitation, pesanteur.

graviter v. *Les planètes qui gravitent autour du soleil* ▶ tourner.

gravure n. f. ▶ estampe.

gré n. m. 1 *Au gré de qqn* ▶ bon plaisir, convenance, fantaisie, goût, guise, volonté. 2 **de bon gré** ▶ de bonne grâce, de gaieté de cœur, de plein gré, librement, volontairement, volontiers. 3 **de gré à gré** ▶ à l'amiable. 4 **savoir gré** *Savoir gré à qqn de qqch* ▶ avoir de la gratitude pour, avoir de l'obligation (vx), être reconnaissant.

grec, grecque adj. et n. ▶ hellène, hellénique.

gredin n. m. ▶ bandit, canaille, coquin, fripon (litt.), fripouille (fam.), scélérat, vaurien, voyou.

gredinerie n. f. Vx ▶ friponnerie (litt.), malhonnêteté.

gréement n. m. ▶ agrès.

gréer v. ▶ armer, équiper.

greffe n. f. 1 *Une greffe qui prend bien* ▶ ente, greffon. 2 *La greffe d'un organe* ▶ transplantation.

greffer v. 1 *Greffer un amandier sur un prunier* ▶ enter. 2 *Greffer un rein* ▶ transplanter. 3 **se greffer sur** *De nouvelles lois qui se greffent sur les anciennes* ▶ s'adjoindre à, s'ajouter à.

greffon n. m. 1 *Insérer un greffon sur un arbre* ▶ ente, greffe. 2 *L'utilisation chirurgicale des greffons* ▶ transplant.

grégaire adj. ▶ moutonnier.

grêle adj. *Des jambes grêles* ▶ délicat, filiforme, fin, fluet, gracile, menu, ténu.

grêle n. f. Fig. *Une grêle de coups et d'injures* ▶ avalanche, bordée, cascade, chapelet, déluge, kyrielle, pluie, volée.

grêlé, ée adj. ▶ marqué, picoté.

grelot n. m. ▶ clochette.

grelottement n. m. 1 *Un malade traversé de grelottements de fièvre* ▶ frisson, frissonnement, tremblement. 2 Litt. *Le grelottement d'une sonnette* ▶ tintement, tintinnabulement (litt.).

grelotter v. 1 *Grelotter de froid* ▶ frissonner, trembler. 2 Litt. *Une sonnette qui grelotte* ▶ tinter, tintinnabuler (litt.).

grenat adj. ▶ bordeaux, pourpre.

grené, ée adj. ▶ granité, granulé, granuleux, grenelé, grenu.

grenier n. m. ▶ combles, mansarde.

grenouillage n. m. Fam. ▶ combines (fam.), cuisine (fam.), intrigues, magouille (fam.), tripotage (fam.).

grenouiller v. Fam. ▶ intriguer, magouiller (fam.).

grenu, ue adj. ▶ granité, granulé, granuleux, grené, grenelé.

grésillement n. m. *Il y a du grésillement sur la ligne* ▶ crépitement, friture, parasites.

grésiller v. *Un feu de brindilles qui grésille* ▶ craquer, craqueter, crépiter, pétiller.

grève n. f. 1 *Se promener sur la grève* ▶ plage, rivage, rive. 2 *Voter le principe d'une grève* ▶ débrayage.

grever v. 1 *Des remboursements d'emprunts qui grèvent l'économie d'un pays* ▶ accabler, alourdir, charger, obérer, surcharger. 2 Fig. *Des mesures qui grèvent l'avenir* ▶ hypothéquer.

gribouillage n. m. ▶ barbouillage, griffonnage.

gribouiller v. ▶ barbouiller, griffonner.

gribouilleur, euse n. ▶ barbouilleur, écrivailleur, écrivassier, griffonneur, plumitif.

grief n. m. 1 Plur. *Exposer ses griefs* ▶ doléances, plaintes, récriminations, reproches. 2 **faire grief de** Litt. *On lui fait grief de ses succès* ▶ blâmer de, reprocher.

grièvement adv. *Être grièvement blessé* ▶ gravement, sérieusement, sévèrement.

griffe n. f. 1 *Les griffes des oiseaux de proie* ▶ serre. 2 *Une griffe pour monter sur un arbre* ▶ crampon, crochet. 3 Fig. *La griffe d'un grand couturier* ▶ cachet, empreinte, estampille, étiquette, marque, sceau, signature. 4 Fig. *Son discours comportait quelques coups de griffe* ▶ patte. 5 Fig. *Tomber sous la griffe de qqn* ▶ coupe, domination, empire, férule.

griffer v. ▶ écorcher, égratigner, érafler.

griffonnage n. m. *Une signature, ce griffonnage ?* ▶ barbouillage, gribouillage.

griffonner v. *Griffonner un schéma sur une nappe de restaurant* ▶ barbouiller, crayonner, gribouiller.

griffure n. f. ▶ écorchure, égratignure, éraflure.

grigner v. ▶ godailler (fam.), goder, grimacer, pocher.

grignoter v. 1 *Des souris qui grignotent un fromage* ▶ ronger. 2 *Elle ne mange pas vraiment, elle grignote* ▶ chipoter, mangeotter, picorer.

grigou n. m. Fam. ▶ avare, grippe-sou (fam.), harpagon (litt.), ladre (vx), pingre (vx).

grigri n. m. *Porter un grigri* ▶ amulette, fétiche, porte-bonheur, talisman.

grille n. f. 1 *Parler à qqn à travers une grille* ▶ barreaux. 2 Fig. *La nouvelle grille sera plus ouverte aux émissions culturelles* ▶ programmation.

griller v. 1 *Griller du café* ▶ torréfier. 2 Fam. *Griller ses concurrents les uns après les autres* ▶ dépasser, devancer, distancer, doubler, gratter (fam.), lâcher, semer. 3 Fam. *Cette affaire risque de griller tous les élus de la région* ▶ brûler (fam.), déconsidérer, discréditer. 4 *Tout a grillé en quelques minutes* ▶ brûler, cramer (fam.), flamber. 5 Fig. *Il grille de tout vous raconter* ▶ brûler. 6 Fig. et fam. *Ne restez pas si près du feu, vous allez griller* ▶ cuire, rôtir. 7 Fig. et fam. *Se faire griller au soleil* ▶ bronzer, dorer, rôtir (fam.).

grimace n. f. 1 *Refuser avec une grimace de dégoût* ▶ mimique, moue, rictus. 2 *Leurs belles manières ne sont que des grimaces* ▶ simagrées.

grimacer v. *Un corsage qui grimace* ▶ godailler, goder, grigner, pocher.

grimage n. m. ▶ maquillage.

grimer v. ▶ farder, maquiller.

grimpée n. f. ▶ ascension, escalade, montée.

grimper v. 1 *Grimper sur une chaise* ▶ se jucher, monter. 2 *Grimper sur une montagne* ▶ escalader, gravir, monter sur. 3 *Des rues qui grimpent* ▶ s'élever, monter.

grimpette n. f. Fam. ▶ côte, montée.

grimpeur, euse n. *Une cordée de grimpeurs* ▶ alpiniste, ascensionniste.

grinçant, ante adj. Fig. *Un ton grinçant* ▶ acerbe, aigre, amer, mordant.

grincement n. m. ▶ crissement.

grincer v. ▶ crisser.

grincheux, euse adj. et n. ▶ acariâtre, bougon, grognon (fam.), hargneux, râleur (fam.), revêche, rogue (litt.), ronchon (fam.), ronchonneur, rouspéteur.

gringalet n. m. ▶ avorton (fam.), demi-portion (fam.), freluquet, mauviette (fam.), minus (fam.).

gringue (faire du) v. Fam. *Faire du gringue à qqn* ▶ baratiner, courtiser, draguer (fam.), faire du charme à, faire la cour à.

grippe n. f. ▶ influenza.

gripper v. Fig. *Un mécanisme qui grippe* ▶ se bloquer, se coincer.

gris, grise adj. 1 *Des cheveux gris* ▶ argenté, poivre et sel (fam.). 2 *Un temps gris* ▶ couvert, nuageux. 3 Fig. *Une atmosphère grise et ennuyeuse* ▶ grisâtre, maussade, monotone, morne, morose, terne. 4 Fam. *Il n'était pas vraiment ivre, juste un peu gris* ▶ éméché, gai, parti (fam.), pompette (fam.).

grisaille n. f. Fig. *La grisaille d'une vie provinciale du siècle dernier* ▶ mélancolie, monotonie, morosité, tristesse.

grisant, ante adj. 1 *Un parfum grisant* ▶ capiteux, entêtant. 2 *Un succès grisant* ▶ enivrant, excitant.

grisâtre adj. Fig. *Une vie grisâtre* ▶ gris, maussade, monotone, morne, morose, terne, triste.

griser v. 1 *Faites attention, ce vin grise facilement* ▶ étourdir, monter à la tête. 2 Fig. *Ce succès trop rapide l'a grisé* ▶ enivrer, étourdir, monter à la tête. 3 *se griser Se griser de projets illusoires* ▶ s'enflammer pour, s'exalter pour, s'exciter pour.

griserie n. f. 1 *La griserie provoquée par le grand air* ▶ étourdissement, ivresse. 2 Fig. *La griserie du succès* ▶ exaltation, excitation, ivresse, vertige.

grisonnant, ante adj. ▶ argenté, poivre et sel (fam.).

grivois, oise adj. ▶ cochon (fam.), coquin, croustillant (fam.), cru, égrillard, épicé, gaillard, gaulois (fam.), leste, libertin, libre, licencieux, osé, poivré, rabelaisien, salé.

grivoiserie n. f. 1 *Susurrer des grivoiseries à sa voisine de table* ▶ cochonnerie (fam.), égrillardise (litt.), gaudriole, gauloiserie, joyeuseté (fam.). 2 *Des propos d'une excessive grivoiserie* ▶ gaillardise (litt.), licence (litt.).

groggy adj. 1 *Un boxeur groggy* ▶ sonné (fam.). 2 Fig. et fam. *Après une semaine à ce rythme il était groggy* ▶ assommé, claqué, crevé (fam.), épuisé, éreinté, exténué, k-o (fam.), lessivé (fam.), pompé (fam.), rompu, sonné (fam.), tué (fam.), vanné (fam.), vidé (fam.).

grognard n. m. ▶ briscard (litt.).

grogne n. f. Fam. *La grogne des usagers* ▶ grognements, mécontentement, murmures, protestations, récriminations, rouspétances (fam.).

grognement n. m. 1 *Des grognements de colère* ▶ bougonnement, grommellement, ronchonnement (fam.). 2 Plur. et fig. *Cette politique va provoquer des grognements* ▶ grogne, mécontentement, murmures,

grogner

grogner v. *Ils vont grogner, mais finalement ils obéiront* ▶ bougonner (fam.), grommeler, gronder, marmonner, maugréer, murmurer, pester, protester, râler (fam.), ronchonner (fam.), rouspéter (fam.).

grognon, onne adj. et n. 1 *Un vieillard grognon* ▶ acariâtre, bougon, grincheux, râleur (fam.), ronchon (fam.), rouspéteur (fam.). 2 *Il avait l'air grognon ce matin* ▶ boudeur, maussade, mécontent, morose, renfrogné.

grommeler v. *Il est parti en grommelant, furieux* ▶ bougonner (fam.), grogner, marmonner (fam.), maugréer, ronchonner (fam.).

grommellement n. m. ▶ bougonnement, grognement, ronchonnement (fam.).

grondement n. m. *Un grondement de tonnerre* ▶ roulement.

gronder v. 1 *Un chien qui gronde* ▶ grogner. 2 *Une population qui gronde* ▶ grogner, murmurer, protester, râler (fam.), ronchonner (fam.), rouspéter (fam.). 3 *Une révolte qui gronde* ▶ menacer. 4 *Des canons qui grondent au loin* ▶ tonner. 5 *Gronder un enfant* ▶ admonester (litt.), attraper (fam.), disputer, engueuler (fam.), enguirlander (fam.), gourmander (litt.), houspiller, morigéner (litt.), réprimander, savonner (fam.), sonner les cloches à (fam.), tancer (litt.).

gronderie n. f. Vx ▶ engueulade (fam.), remontrance, réprimande.

grondeur, euse adj. *Être d'humeur grondeuse* ▶ bougon, grincheux, grogneur, grognon (fam.), râleur, ronchon (fam.), rouspéteur (fam.).

groom n. m. ▶ chasseur.

gros, grosse adj. 1 Vx *À peine mariée elle s'est retrouvée grosse* ▶ enceinte. 2 *Devenir gros avec l'âge* ▶ corpulent, empâté, enveloppé, épais, fort, gras, imposant, massif, pansu, ventripotent, ventru. 3 *Un visage devenu très gros à la suite d'un traitement médical* ▶ bouffi, boursouflé, empâté, enflé, gonflé, soufflé. 4 *Les belles grosses fesses des modèles de Rubens* ▶ arrondi, charnu, opulent, rebondi, replet, rond. 5 *Un meuble trop gros par rapport à la pièce où on l'a mis* ▶ considérable, important, massif, volumineux. 6 Fig. *Un gros commerçant* ▶ important, opulent (litt.), riche. 7 Fig. *Une grosse situation* ▶ élevé, éminent, haut, important. 8 Fig. *Une grosse erreur* ▶ grave, important, lourd, profond, sérieux. 9 Fig. *Du gros bon sens* ▶ commun, ordinaire, simple, solide, vulgaire.

gros n. m. *Le gros du travail est déjà fini* ▶ essentiel, principal.

gros adv. 1 *Je donnerais gros pour avoir fini* ▶ beaucoup, cher. 2 **en gros** Fam. *Raconter une histoire en gros* ▶ en bref, en résumé, en substance, grosso modo (fam.), schématiquement, sommairement. 3 Fam. *Calculer en gros* ▶ approximativement, grossièrement, grosso modo (fam.).

grossesse n. f. 1 *La période de la grossesse* ▶ gestation, gravidité. 2 *Être déformée par des grossesses successives* ▶ maternité.

grosseur n. f. 1 *La grosseur de qqn* ▶ corpulence, embonpoint. 2 *Des grêlons de la grosseur d'un œuf de pigeon* ▶ calibre, dimension, format, gabarit, taille, volume. 3 *Avoir une grosseur à la base du cou* ▶ bosse, boule, enflure, excroissance, gonflement.

grossier, ère adj. 1 *Une analyse grossière de la situation* ▶ approximatif, brut, élémentaire, imparfait, imprécis, rudimentaire, sommaire, vague. 2 *Une figure aux traits grossiers* ▶ épais, lourd, massif. 3 *Des villageois aux manières grossières* ▶ fruste, inculte, inéduqué (litt.), mal dégrossi, primitif, rustique, sauvage. 4 *Ce personnage s'est montré particulièrement grossier* ▶ goujat, malotru, mufle, pignouf (fam.), rustre. 5 *Des propos grossiers* ▶ choquant, cru, impoli, inconvenant, incorrect, malhonnête, obscène, ordurier, trivial, vulgaire.

grossièrement adv. 1 *Une pierre grossièrement taillée* ▶ imparfaitement, sommairement. 2 *Évaluer grossièrement un budget* ▶ approximativement, en gros (fam.), grosso modo (fam.), schématiquement. 3 *Se tromper grossièrement* ▶ lourdement. 4 *S'exprimer grossièrement* ▶ trivialement, vulgairement.

grossièreté n. f. 1 *La grossièreté d'un comportement* ▶ goujaterie, impolitesse, incorrection, insolence, muflerie, trivialité, vulgarité. 2 *Débiter des grossièretés* ▶ cochonnerie, incongruité, inconvenance, obscénité, saleté. 3 *Interdire à un enfant de dire des grossièretés* ▶ gros mot.

grossir v. 1 *Son mari a beaucoup grossi* ▶ s'alourdir, s'empâter, engraisser, épaissir, s'épaissir, forcir. 2 *Un bouton qui grossit* ▶ s'arrondir, se dilater, s'élargir, enfler, épaissir, s'épaissir, gonfler. 3 *Ce vêtement vous grossit* ▶ élargir, épaissir. 4 Fig. *Un rumeur qui grossit* ▶ s'amplifier, augmenter, se développer, enfler, s'étendre, grandir. 5 Fig. *Venir grossir le nombre des mécontents* ▶ accroître, augmenter, enfler, enrichir, renforcer. 6 Fig. *La* presse a grossi démesurément cette histoire ► amplifier, dramatiser, exagérer, forcer, grandir, outrer.

grossissement n. m. **1** *Le grossissement continuel d'une agglomération* ► accroissement, agrandissement, augmentation, développement, extension. **2** Fig. *Le grossissement des faits permet d'obtenir des effets comiques* ► amplification, exagération.

grosso modo adv. **1** Fam. *Racontez-nous grosso modo comment ça s'est passé* ► en bref, en gros (fam.), en résumé, en substance, schématiquement, sommairement. **2** Fam. *Calculer une dépense grosso modo* ► à peu près, approximativement, grossièrement.

grotesque adj. *Une idée grotesque* ► bouffon, burlesque, extravagant, farfelu (fam.), loufoque (fam.), ridicule, risible, saugrenu.

grotte n. f. ► antre, caverne.

grouillant, ante adj. *Des rues grouillantes* ► populeux.

grouillement n. m. ► foisonnement, fourmillement, pullulement.

grouiller v. **1** *Une ruche où grouillent des abeilles* ► abonder, foisonner, fourmiller, pulluler. **2** *Une plage qui grouille de baigneurs* ► regorger. **3 se grouiller** Fam. *Grouillez-vous, ça vient de commencer!* ► accélérer, s'activer, se dégrouiller (fam.), se dépêcher, se hâter, se magner (fam.), se précipiter, se presser.

groupe n. m. **1** *Il y en avait tout un groupe à la cérémonie* ► bande, bataillon, brochette, chapelet, clique, constellation, escadron, escouade, essaim, grappe, peloton, pléiade, régiment, tribu. **2** *Des hommes politiques ou des artistes qui décident de former un groupe* ► association, cénacle, cercle, chapelle (péj.), clan (péj.), collectif, collectivité, coterie (péj.), faction (péj.). **3** *Analyser le comportement d'un groupe humain* ► collectivité, communauté, société. **4** *Un groupe sportif* ► équipe, formation. **5** *Classer des éléments par groupes* ► catégorie, classe, ensemble, espèce, famille, ordre, sorte. **6** *Construire un groupe hospitalier* ► complexe, ensemble. **7** *S'attaquer à un groupe financier* ► consortium, holding, trust. **8** *groupe de pression* ► lobby.

groupement n. m. **1** *Se constituer en groupement pour défendre des intérêts communs* ► association, bloc, coalition, confédération, fédération, front, organisation, rassemblement, syndicat, union. **2** *Le groupement de toutes ces forces inquiète les autorités* ► accumulation, concentration, rassemblement, regroupement, réunion.

grouper v. **1** *Grouper des objets pour en faire un ensemble homogène* ► accumuler, assembler, collectionner, rassembler, réunir. **2** *Grouper des éléments divers par catégories* ► classer, organiser, ranger. **3** *Grouper ses jours de congé* ► bloquer, joindre, regrouper, réunir. **4** *Grouper des soldats devant un bâtiment* ► concentrer, masser, rassembler, réunir. **5 se grouper** *Se grouper en association* ► s'assembler, se coaliser, se fédérer, se regrouper, se réunir, s'unir.

groupie n. f. ► admiratrice, fan, inconditionnelle.

gruger v. Fig. et litt. *Se faire gruger par un commerçant indélicat* ► avoir (fam.), duper, flouer, posséder (fam.), refaire (fam.), rouler (fam.), voler.

guède n. f. ► isatis, pastel.

guelte n. f. ► bonus, gratification, prime.

guenilles n. f. pl. ► défroques (litt.), haillons, hardes, loques, nippes (fam.), oripeaux.

guêpier n. m. Fig. *Se fourrer dans un drôle de guêpier* ► piège, souricière, traquenard.

guère adv. **1** *Il n'y a guère que toi à le savoir* ► pratiquement, presque. **2** *Il n'a guère mangé* ► à peine, médiocrement, pas beaucoup, peu, presque pas. **3** *Il ne vient guère nous voir* ► presque pas, presque jamais, rarement.

guérillero n. m. ► franc-tireur, maquisard, partisan.

guéri, ie adj. *Il sera vite guéri* ► remis, rétabli, sur pied (fam.).

guérir v. **1** *Un malade que les médecins ont réussi à guérir* ► sauver. **2** *Guérir d'un mal* ► réchapper, se remettre, revenir, se sortir, se tirer. **3** *Il guérira vite* ► récupérer, se remettre, se rétablir, se retaper. **4** *Une blessure qui guérit* ► cicatriser, se fermer. **5** Fig. *Un chagrin que rien ne guérit* ► adoucir, apaiser, calmer, consoler, soulager. **6 se guérir** *Se guérir d'une mauvaise habitude* ► se corriger de, se débarrasser de, se délivrer de, en finir avec.

guérison n. f. *Il doit rester au lit jusqu'à sa complète guérison* ► rétablissement.

guérissable adj. ► curable.

guérisseur, euse n. ► charlatan, rebouteux, sorcier.

guerre n. f. **1** *Des pays en état de guerre* ► belligérance. **2** *Pendant la guerre*

guerrier

▸ conflit, hostilités. **3 guerre sainte** ▸ croisade.

guerrier, ère adj. Fig. *Une humeur guerrière* ▸ belliciste, belliqueux, combatif, martial.

guerrier, ère n. *De rudes guerriers* ▸ combattant.

guerroyer v. Litt. ▸ batailler, se battre, combattre, lutter.

guet n. m. *Être de guet* ▸ faction, garde, surveillance.

guet-apens n. m. ▸ embuscade, piège, traquenard.

guetter v. **1** *Guetter les moindres mouvements de qqn* ▸ épier, surveiller. **2** *Guetter une occasion favorable* ▸ attendre, épier, être à l'affût de, guigner.

guetteur, euse n. ▸ factionnaire, sentinelle, veilleur, vigie (vx).

gueule n. f. **1** Fam. *Une jolie gueule* ▸ figure, tête, tronche (fam.), visage. **2 faire la gueule** Fam. ▸ bouder, faire la tête.

gueule-de-loup n. f. ▸ muflier.

gueuler v. Fam. ▸ beugler (fam.), brailler (fam.), bramer (fam.), crier, s'égosiller, fulminer, hurler, râler, rouspéter (fam.), tempêter, tonitruer, tonner, vociférer.

gueux, gueuse adj. et n. *Ah! les gueux, ils m'ont encore mangé mes cerises!* ▸ brigand, coquin, fripon (litt.), misérable, vaurien.

guichet n. m. *Regarder par le guichet pratiqué dans une porte* ▸ judas.

guidage n. m. ▸ pilotage, radioguidage, téléguidage.

guide n. m. **1** *Votre guide vous fera visiter la ville* ▸ accompagnateur, cicérone (litt.), cornac (fam.). **2** *Un vieux sage qui sert de guide à un jeune prince* ▸ conseiller, mentor. **3** *Un guide de chimie pratique* ▸ abrégé, aide-mémoire, compendium (litt.), épitomé (litt.), manuel, mémento, résumé, synopsis, vade-mecum. **4** *Un guide des chemins de fer* ▸ indicateur. **5** *L'appareil est accompagné d'un guide qui contient toutes les explications nécessaires* ▸ mode d'emploi, notice.

guider v. **1** *Un chien qui guide un aveugle* ▸ conduire, piloter. **2** *Des traces qui guident un chasseur* ▸ aiguiller, mettre sur la voie, orienter. **3** *Guider un véhicule à distance* ▸ radioguider, télécommander, téléguider. **4** Fig. *Guider des jeunes gens dans leurs lectures* ▸ conseiller, cornaquer (fam.), éclairer, inspirer, orienter, piloter. **5** Fig. *C'est son ambition qui le guide* ▸ diriger, gouverner, mener. **6 se guider** *Se guider sur l'étoile polaire* ▸ se diriger d'après, se repérer sur.

guides n. f. pl. *Tenir les guides d'un attelage* ▸ rênes.

guigne n. f. Fam. ▸ déveine, malchance, poisse (fam.).

guigner v. **1** Fig. *Guigner un beau parti* ▸ avoir des vues sur, convoiter, viser. **2** Fig. *Guigner une circonstance favorable* ▸ attendre, épier, être à l'affût de, guetter. **3** Fam. et vx *Guigner le corsage d'une jolie femme* ▸ lorgner, loucher sur, reluquer.

guignol n. m. Fig. *Vous n'allez quand même pas voter pour ce guignol!* ▸ bouffon, charlot (fam.), clown, fantoche, marionnette, pantin, polichinelle.

guilde n. f. ▸ association, confrérie, corporation.

guilleret, ette adj. ▸ allègre, badin, frétillant, fringant, gai, gaillard, jovial, joyeux, léger, réjoui, sémillant, vif.

guillotiner v. ▸ décapiter, décoller (vx et litt.), raccourcir (fam.).

guimbarde n. f. Fam. *Une vieille guimbarde* ▸ tacot (fam.).

guindé, ée adj. **1** *Son vêtement de cérémonie lui donnait l'air guindé* ▸ apprêté, coincé (fam.), compassé, constipé (fam.), empesé, engoncé, pincé, raide, solennel. **2** *Un discours d'un style extrêmement guindé* ▸ académique, affecté, ampoulé, apprêté, empesé, pompeux, solennel.

guingois (de) adv. Fam. *Une vieille maison toute de guingois* ▸ de travers.

guirlande n. f. **1** *Des murs ornés de guirlandes* ▸ feston. **2** Fig. et litt. *Des guirlandes d'enfants* ▸ brochette, chapelet, ribambelle.

guise (à sa) adv. *Agir à sa guise* ▸ à sa façon, à sa fantaisie, à sa manière, à sa volonté, à son goût, à son gré.

guttural, ale adj. **1** *Une voix aux accents gutturaux* ▸ rauque. **2** Vx *Une consonne gutturale* ▸ vélaire.

gymnastique n. f. **1** *Faire beaucoup de gymnastique pour se maintenir en forme* ▸ culture physique. **2** *Suivre un cours de gymnastique* ▸ éducation physique.

gynécée n. m. Vx *Déguisé en eunuque, il se glissa dans le gynécée* ▸ harem, sérail.

gynécologue n. ▸ obstétricien.

h

habile adj. 1 *Être habile dans sa spécialité* ▶ adroit, averti, bon, calé (fam.), capable, chevronné, compétent, doué, entraîné, exercé, expérimenté, expert. 2 *Être bien trop habile pour tomber dans le piège* ▶ astucieux, débrouillard, dégourdi, démerdard (fam.), fin, finaud, futé, ingénieux, intelligent, malin, matois, retors, roublard (fam.), roué (litt.), rusé, subtil.

habilement adv. *Manœuvrer habilement* ▶ adroitement, astucieusement, finement, ingénieusement, intelligemment, savamment, subtilement.

habileté n. f. 1 *L'habileté d'un artisan* ▶ adresse, art, capacité, dextérité, ingéniosité, maestria, maîtrise, savoir-faire, talent, technique, tour de main, virtuosité. 2 *Se sortir d'une difficulté avec habileté* ▶ adresse, astuce, diplomatie, doigté, finesse, ingéniosité, roublardise (litt.), rouerie (litt.), souplesse, subtilité, tact. 3 *Les petites habiletés du métier* ▶ astuce, ficelle, finesse, truc.

habilitation n. f. ▶ autorisation, droit, permis, permission.

habiliter v. *Habiliter quelqu'un à consulter des documents secrets* ▶ autoriser, permettre.

habillement n. m. 1 *L'habillement à travers les âges* ▶ costume. 2 *Renouveler son habillement* ▶ effets (litt.), fringues, frusques (fam.), habits, mise (vx), nippes (fam.), tenue, toilette (litt.), vêtements. 3 *Travailler dans l'habillement* ▶ confection, couture.

habiller v. 1 *Habiller qqn* ▶ vêtir. 2 Spécialement de façon inhabituelle ou ridicule ▶ accoutrer, affubler, costumer, déguiser, endimancher, fagoter (fam.), harnacher, nipper (fam.), travestir. 3 *Cette robe l'habille à ravir* ▶ aller à, avantager, convenir à, seoir à (litt.). 4 *Habiller un meuble d'une housse* ▶ couvrir, entourer, envelopper, recouvrir. 5 *Habiller une façade* ▶ arranger, décorer, enrichir, orner, parer. 6 Fig. *Habiller une opération financière en œuvre de bienfaisance* ▶ camoufler, déguiser, dissimuler, masquer, travestir. 7 **s'habiller** *Il s'habille n'importe comment* ▶ se fringuer (fam.), se nipper (fam.), se saper (fam.), se vêtir.

habit n. m. 1 *Se mettre en habit pour présider une cérémonie* ▶ frac, jaquette, queue-de-pie. 2 Plur. *Ranger ses habits dans un placard* ▶ affaires, effets (litt.), fringues (fam.), frusques (fam.), nippes (fam.), vêtements. 3 Fig. *Présenter une idée ancienne sous un habit neuf* ▶ apparence, dehors, extérieur.

habitable adj. *Une région qui n'est pas habitable* ▶ vivable.

habitacle n. m. ▶ cockpit.

habitant, ante n. 1 *Des explorateurs prenant contact avec un habitant du pays qu'ils découvrent* ▶ aborigène, autochtone, indigène, natif (vx), naturel (vx). 2 Plur. *On aurait pu interroger les habitants de ce quartier avant de lancer ce projet pharaonique* ▶ gens, population, résidents. 3 Litt. *Les habitants des forêts* ▶ biotope, environnement, milieu. 2 *Les gens préfèrent de plus en plus l'habitat individuel* ▶ logement.

habitat n. m. 1 *Une étude scientifique sur l'habitat des vautours* ▶ biotope, environnement, milieu. 2 *Les gens préfèrent de plus en plus l'habitat individuel* ▶ logement.

habitation n. f. *Il se retrouve sans habitation* ▶ domicile, foyer, gîte (litt.), logement, logis (litt.), maison, résidence, séjour (litt.), toit.

habiter v. 1 *Habiter au bord du lac* ▶ crécher (fam.), demeurer, gîter (litt.), loger, nicher (fam.), percher (fam.), résider, séjourner, vivre. 2 *Habiter un petit appartement* ▶ occuper, vivre dans. 3 Fig. *Voilà l'ambition qui l'habite!* ▶ hanter, obséder, poursuivre, tourmenter, travailler.

habitude n. f. 1 *L'habitude émousse la sensibilité* ▶ accoutumance. 2 *Il manquait trop d'habitude pour faire face à ce genre de situations* ▶ entraînement, expérience, pratique. 3 Plur. *Se conformer aux habitudes locales* ▶ conventions, coutumes, mœurs, pratiques, règles, rites (litt.), traditions, us (litt.), usages. 4 *Essayer de se débarrasser d'une mauvaise habitude* ▶ manie, marotte, pli, tic. 5 *La force de l'habitude* ▶ routine, train-train. 6 **d'habitude** *Ce verbe ne s'emploie d'habitude qu'avec un complément* ▶ à l'accoutumée, classiquement, communément, couramment, d'ordinaire, généralement, habituellement, normalement, ordinairement, traditionnellement, usuellement.

habitué, ée n. *Un habitué du café du coin* ▶ client, familier, pilier (fam.).

habituel

habituel, elle adj. **1** *Se livrer à ses occupations habituelles* ▸ accoutumé, coutumier, familier, ordinaire. **2** *Cela peut arriver, mais ce n'est pas habituel* ▸ courant, d'usage, fréquent, ordinaire, régulier. **3** *L'usage habituel d'un mot* ▸ classique, commun, consacré, courant, normal, ordinaire, traditionnel, usuel.

habituellement adv. ▸ à l'accoutumée, classiquement, communément, couramment, d'habitude, d'ordinaire, généralement, normalement, ordinairement, traditionnellement, usuellement.

habituer v. **1** *Habituer qqn à des conditions de vie particulièrement difficiles* ▸ acclimater, accoutumer, adapter, entraîner, exercer, façonner, faire, familiariser, former, rompre (litt.). **2** *s'habituer* *S'habituer à un nouvel appartement* ▸ s'acclimater, s'accoutumer, s'adapter, se faire, se familiariser.

hâblerie n. f. Vx ▸ bluff (fam.), boniment, bravade, exagération, fanfaronnade, forfanterie, galéjade, gasconnade, rodomontade, vantardise.

hâbleur, euse adj. et n. Litt. ▸ beau parleur, bluffeur (fam.), bonimenteur, bravache, crâneur (fam.), faiseur (litt.), fanfaron, fier-à-bras, frimeur (fam.), galéjeur (fam.), gascon (litt.), m'as-tu-vu (fam.), matamore (litt.), vantard.

hache n. f. ▸ cognée, merlin.

haché, ée adj. Fig. *Un style haché* ▸ heurté, saccadé.

hacher v. **1** *Un hachoir qui hache gros* ▸ couper, découper, tailler, trancher. **2** Fig. *Hacher une narration de digressions infinies* ▸ couper, entrecouper, interrompre. **3** Fig. *Hacher une estampe* ▸ hachurer.

hachis n. m. *Recoudre une volaille après y avoir introduit le hachis* ▸ farce.

hachoir n. m. ▸ hache-viande.

hachurer v. *Hachurer une estampe* ▸ hacher.

hagard, arde adj. ▸ effaré, égaré, halluciné, hébété.

haie n. f. **1** *Une haie d'arbustes* ▸ bordure. **2** *Une haie de soldats* ▸ cordon, file, rang, rangée.

haillons n. m. pl. ▸ défroques (litt.), guenilles, hardes (litt.), loques, nippes (fam.), oripeaux.

haine n. f. **1** *Éprouver de la haine pour qqn* ▸ animadversion (litt.), animosité, antipathie, aversion, détestation (litt.), exécration (litt.), horreur, hostilité, inimitié, répulsion, ressentiment. **2** *Un héritage qui déchaîne les haines dans une famille* ▸ antagonisme, dissension, rivalité. **3** *Des doctrines religieuses qui engendrent la haine* ▸ fanatisme, intolérance.

haineusement adv. ▸ agressivement, hargneusement, hostilement.

haineux, euse adj. **1** *Un ton haineux* ▸ agressif, hargneux, hostile. **2** *Se répandre en propos haineux* ▸ fielleux, malveillant, méchant, venimeux, vindicatif.

haïr v. ▸ abhorrer (litt.), abominer (litt.), avoir en horreur, détester, exécrer (litt.), honnir (litt.).

haïssable adj. *Un caractère haïssable* ▸ abominable, antipathique, détestable, épouvantable, exécrable, ignoble, imbuvable, insupportable, intolérable, invivable, odieux.

hâle n. m. ▸ bronzage.

haleine n. f. **1** *Avoir l'haleine courte* ▸ respiration, souffle. **2** Fig. et litt. *L'haleine des fleurs* ▸ effluve, exhalaison, parfum, senteur. **3** *hors d'haleine* ▸ essoufflé, haletant, pantelant.

haler v. **1** *Haler un cordage* ▸ tirer sur. **2** *Haler une péniche* ▸ remorquer.

hâler v. *Le soleil hâle la peau* ▸ basaner, boucaner, bronzer, brunir, cuivrer, dorer, noircir, tanner.

haletant, ante adj. **1** *Il était haletant à l'arrivée* ▸ essoufflé, hors d'haleine, pantelant. **2** *Une respiration haletante* ▸ précipité, saccadé.

hall n. m. **1** *Le hall d'une maison* ▸ antichambre, entrée, vestibule. **2** *Le hall d'assemblage d'une usine* ▸ salle.

halle n. f. *Une halle aux vins* ▸ marché.

hallebarde n. f. Fig. *Il tombe des hallebardes* ▸ corde.

hallier n. m. ▸ buisson, fourré, taillis.

hallucinant, ante adj. *Une ressemblance hallucinante* ▸ extraordinaire, frappant, impressionnant, saisissant, stupéfiant.

hallucination n. f. *En fait, c'était une hallucination* ▸ illusion, mirage, vision.

halluciné, ée adj. *Un regard halluciné* ▸ dément, égaré, hagard.

halo n. m. **1** *La lune entourée d'un halo* ▸ auréole. **2** Litt. *Un halo de cheveux blonds* ▸ nimbe. **3** Fig. *Un halo de mystère* ▸ aura, brume, voile.

halte n. f. **1** *Une halte au cours d'un voyage* ▸ arrêt, escale, étape. **2** *Arriver en retard à la halte* ▸ relais, station. **3** *Une halte dans l'évolution d'une maladie* ▸ accalmie, arrêt, détente, interruption, pause, relâche, ré-

mission, répit, trêve. 4 *Halte!* ▶ assez, basta (fam.), stop. **5 faire halte** ▶ s'arrêter.

hameau n. m. ▶ bourgade, lieu-dit.

hameçon n. m. Fig. *Elle va nous servir d'hameçon pour attraper notre homme* ▶ amorce, appât, leurre, piège.

hammam n. m. ▶ bain turc.

hampe n. f. *La hampe d'une lance* ▶ bois, manche.

handicap n. m. **1** *Ne pas pouvoir travailler en raison d'un handicap très grave* ▶ impotence, incapacité, infirmité, invalidité. **2** Fig. *Votre âge risque d'être un sérieux handicap* ▶ désavantage, frein, inconvénient, infériorité, obstacle.

handicapé, ée adj. et n. ▶ impotent, infirme, invalide.

handicaper v. Fig. *Sa timidité l'a handicapé* ▶ défavoriser, désavantager, desservir, pénaliser.

hangar n. m. ▶ entrepôt.

hanter v. **1** *Les fantômes qui hantent ce château* ▶ fréquenter, habiter, peupler. **2** Fig. *Ce remords le hante* ▶ habiter, harceler, miner, obséder, poursuivre, ronger, tenailler, tourmenter, travailler (fam.).

hantise n. f. Fig. *Son sentiment de culpabilité est devenu une véritable hantise* ▶ idée fixe, obsession, psychose.

happer v. **1** *Un caméléon qui happe une mouche en plein vol* ▶ attraper, saisir. **2** Fig. *Je vais essayer de le happer à la sortie de sa réunion* ▶ agripper, mettre la main sur, mettre le grappin dessus (fam.).

hara-kiri (se faire) v. Fig. et fam. *Le conseil d'administration a décidé de se faire hara-kiri pour éviter le scandale* ▶ se sacrifier.

harangue n. f. **1** *Prononcer une harangue avant un combat* ▶ exhortation. **2** *Se lancer dans une violente harangue contre qqch* ▶ diatribe (litt.), philippique (litt.), réquisitoire, tirade. **3** *Voilà qui va nous valoir une harangue de notre cher directeur* ▶ homélie, prêche, sermon.

haranguer v. *Haranguer les troupes avant la bataille* ▶ exhorter.

harassant, ante adj. *Un travail harassant* ▶ claquant (fam.), crevant (fam.), épuisant, éreintant, esquintant (fam.), exténuant, tuant (fam.).

harasser v. *Cette longue route m'a harassé* ▶ anéantir, briser, claquer (fam.), crever (fam.), épuiser, éreinter, esquinter (fam.), exténuer, lessiver (fam.), tuer (fam.), vanner (fam.), vider (fam.).

harceler v. **1** *Ses créanciers le harcèlent* ▶ persécuter, pourchasser, talonner, traquer. **2** *Harceler qqn de questions* ▶ accabler, assaillir, assiéger, fatiguer, importuner, presser, tarabuster. **3** *Ce remords le harcèle* ▶ hanter, miner, obséder, poursuivre, ronger, tenailler, tourmenter, travailler (fam.).

hardes n. f. pl. Litt. *Une malle pleine de vieilles hardes* ▶ défroques (litt.), fringues (fam.), frusques (fam.), guenilles, haillons, nippes (fam.), oripeaux (litt.).

hardi, ie adj. **1** *Être trop hardi pour craindre le danger* ▶ audacieux, brave, casse-cou, courageux, décidé, déterminé, énergique, intrépide, résolu, risque-tout, vaillant. **2** *C'est une décision bien hardie que vous prenez là* ▶ audacieux, aventureux, hasardeux, imprudent, risqué, téméraire. **3** *Une jeune personne aux manières hardies* ▶ arrogant, audacieux, culotté (fam.), déluré, effronté, entreprenant, insolent, libre, osé, provocant. **4** *Ce n'est pas très hardi, comme peinture* ▶ audacieux, novateur, original. **5** *Une plaisanterie un peu hardie* ▶ cru, épicé, gaillard, leste, libre, osé, pimenté, poivré, risqué, salé, scabreux.

hardiesse n. f. **1** *Faire preuve de hardiesse devant le danger* ▶ audace, bravoure, cœur (litt.), courage, cran (fam.), crânerie (litt.), estomac (fam.), intrépidité, résolution, vaillance. **2** *Il a eu la hardiesse de me répondre* ▶ aplomb, arrogance, assurance, audace, culot (fam.), effronterie, front, impertinence, impudence (litt.), outrecuidance (litt.), témérité, toupet (fam.). **3** *Un tableau d'une grande hardiesse de coloris* ▶ audace, franchise, originalité, vigueur.

hardiment adv. **1** *Marcher hardiment au combat* ▶ audacieusement, bravement, courageusement, crânement, intrépidement, vaillamment. **2** *Nier hardiment* ▶ audacieusement, effrontément, impudemment.

harem n. m. *Le soir venu, le sultan emprunta les couloirs qui conduisait au harem* ▶ gynécée (vx), sérail.

harengère n. f. Fam. ▶ mégère, poissarde.

hargne n. f. ▶ agressivité, colère, dureté, hostilité, méchanceté.

hargneusement adv. ▶ agressivement, durement, haineusement, hostilement, méchamment.

hargneux, euse adj. **1** *Il est hargneux avec tout le monde* ▶ acariâtre, agressif, coléreux, grincheux, revêche, rogue.

haridelle

2 *Des propos hargneux* ▸ agressif, dur, haineux, hostile, méchant.

haridelle n. f. Litt. ▸ carne (fam.), rosse, rossinante (litt.).

harmonie n. f. **1** *L'harmonie des formes et des couleurs dans un tableau* ▸ accord, affinité, cohérence, concordance, correspondance, équilibre, homogénéité, proportion, unité. **2** *L'harmonie d'un ensemble* ▸ élégance, esthétique, grâce, plastique. **3** *L'harmonie d'un vers* ▸ eurythmie. **4** *Vivre en parfaite harmonie avec ses proches* ▸ accord, communion, concorde, entente, paix, sympathie, union, unité. **5** *Vivre en parfaite harmonie avec ses principes* ▸ concordance, conformité. **6** *Diriger l'harmonie municipale* ▸ fanfare, musique, orphéon.

harmonieusement adv. *Un ensemble harmonieusement composé* ▸ artistiquement, esthétiquement, plastiquement.

harmonieux, euse adj. **1** *L'agencement harmonieux des parties d'un ensemble* ▸ cohérent, équilibré, homogène, proportionné, régulier. **2** *Une suite de sons harmonieuse* ▸ mélodieux, musical, régulier, suave. **3** *Des mouvements harmonieux* ▸ élégant, esthétique, gracieux, plastique.

harmonisation n. f. **1** *L'harmonisation des parties instrumentales* ▸ orchestration. **2** Fig. *L'harmonisation des différents services d'une entreprise* ▸ coordination, synchronisation.

harmoniser v. **1** *Harmoniser des parties vocales sur une mélodie* ▸ orchestrer, organiser. **2** *Harmoniser les législations européennes* ▸ accorder, assortir, concilier, coordonner, équilibrer, marier, synchroniser. **3 s'harmoniser** *Des couleurs qui s'harmonisent bien* ▸ s'accorder, s'adapter, s'assortir, se combiner, se convenir, se correspondre, se marier, s'unir. **4** *Sa vie ne s'harmonise guère avec ses principes* ▸ s'accorder à, concorder avec, se conformer à, correspondre à.

harnachement n. m. Fig. *Se débattre avec un harnachement de plongée sous-marine* ▸ attirail, équipement.

harnacher v. Fig. *Comment l'avez-vous harnaché! Ce n'est pas une chasse au fauve!* ▸ accoutrer, affubler (fam.).

harpagon n. m. Litt. *Un vieil harpagon* ▸ avare, grigou (fam.), grippe-sou, ladre (litt.), radin (fam.), rapiat (fam.).

harpie n. f. Fig. *Sa femme est une vraie harpie* ▸ démon, diable, furie, mégère, poison, vipère, virago.

harponner v. Fig. et fam. *Il s'est fait harponner à la sortie* ▸ accrocher, agrafer (fam.), attraper, épingler (fam.), pincer (fam.), piquer (fam.), prendre.

hasard n. m. **1** *Vous ici! Quel heureux hasard!* ▸ coïncidence. **2** *C'est le hasard qui l'a voulu* ▸ destin, fatalité, sort. **3** *Les hasards de la guerre* ▸ aléa, danger, impondérable, imprévu, incertitude, péril, risque. **4 au hasard** *Frapper au hasard* ▸ à l'aveuglette, au petit bonheur (fam.), au pif (fam.). **5 par hasard** *Rencontrer qqn par hasard* ▸ accidentellement, fortuitement.

hasardé, ée adj. *Une hypothèse hasardée* ▸ aventureux, incertain, osé, risqué, téméraire.

hasarder v. **1** Litt. *Hasarder sa fortune* ▸ aventurer, compromettre, exposer, jouer, risquer. **2** *Hasarder une hypothèse* ▸ avancer, risquer. **3 se hasarder** *Se hasarder dans une salle de jeux* ▸ s'aventurer, se risquer. **4** *Se hasarder à prendre la parole* ▸ s'aventurer à, s'aviser de, oser, se risquer à.

hasardeux, euse adj. *Une entreprise hasardeuse* ▸ aléatoire, aventuré, aventureux, dangereux, osé, périlleux, problématique, risqué, téméraire.

haschisch n. m. ▸ cannabis, chanvre, hasch (fam.), herbe (fam.), kif, marie-jeanne (fam.), marijuana, shit (fam.).

hâte n. f. **1** *Mettre peu de hâte à faire qqch* ▸ célérité (litt.), diligence (litt.), empressement (litt.), précipitation, promptitude, rapidité, vitesse. **2** *La hâte d'en avoir fini* ▸ impatience. **3 à la hâte** *Accourir à la hâte* ▸ à bride abattue, à toute allure, à toute vitesse, précipitamment, promptement (litt.), rapidement. **4** *Faire un travail à la hâte* ▸ à la diable, à la sauvette, à la va-vite, hâtivement, précipitamment.

hâter v. **1** *Hâter le mouvement* ▸ accélérer, activer, presser. **2** *Hâter son départ* ▸ avancer, brusquer, précipiter. **3 se hâter** *Hâtez-vous, le spectacle va commencer* ▸ accélérer, s'activer, courir, se dépêcher, faire diligence (litt.), se grouiller (fam.), se magner (fam.), se précipiter, se presser, presser le pas.

hâtif, ive adj. **1** *Une floraison hâtive* ▸ précoce, prématuré. **2** *Une décision hâtive* ▸ précipité, prématuré.

hâtivement adv. *Une réparation hâtivement réalisée* ▸ à la diable, à la hâte, à la sauvette, à la va-vite, précipitamment.

hausse n. f. **1** *S'émouvoir de la hausse des prix* ▸ accroissement, augmentation, croissance, élévation, montée, poussée, progression, renchérissement. **2** *Accorder une hausse des salaires* ▶ augmentation, majoration, relèvement, revalorisation.

hausser v. **1** *Hausser un mur* ▶ exhausser, surélever. **2** *Hausser la tête* ▶ dresser, lever. **3** *Hausser un enfant sur une chaise* ▶ dresser, élever, hisser, monter, soulever. **4** *Hausser la voix, le son* ▶ amplifier, élever, enfler, forcer. **5** *Hausser la production* ▶ accroître, augmenter, intensifier. **6** *Hausser les prix, les salaires* ▶ augmenter, élever, majorer, monter. **7** *Hausser ses exigences* ▶ accroître, augmenter, élever, gonfler, grossir. **8 se hausser** *Se hausser sur la pointe des pieds* ▶ se dresser, s'élever, se hisser, se lever, monter, se soulever. **9** Fig. *Se hausser jusqu'aux plus hautes dignités* ▶ s'élever, se hisser.

haut, haute adj. **1** *Une haute montagne* ▶ grand. **2** *Le point le plus haut d'un parcours* ▶ élevé. **3** *Des notes hautes* ▶ aigu. **4** Fig. *La limite haute d'une fourchette de prix* ▶ supérieur. **5** Fig. *Un ouvrage de haute qualité* ▶ éminent, excellent, grand. **6** Fig. *La plus haute antiquité* ▶ ancien, éloigné, lointain, reculé, vieux. **7 haut en couleur** *Un récit haut en couleur* ▶ pittoresque, truculent. **8 haut fait** ▶ exploit, fait d'armes (vx et litt.), prouesse. **9 haute société** ▶ beau monde (fam.), gentry (litt.), gotha (litt.), gratin (fam.), haut du pavé (fam.), monde.

haut n. m. **1** *Le haut d'un arbre* ▶ cime, faîte, sommet. **2** *Le haut du panier* ▶ dessus. **3** *Monter à 4000 mètres de haut* ▶ altitude, élévation (vx), hauteur.

hautain, aine adj. Litt. *Une attitude hautaine* ▶ altier (litt.), arrogant, condescendant, dédaigneux, fier, méprisant.

hautement adv. **1** *Une hypothèse hautement improbable* ▶ extrêmement, fort, fortement, infiniment, très. **2** *Proclamer hautement ses opinions* ▶ franchement, nettement, ouvertement.

hauteur n. f. **1** *Une montagne de 3000 mètres de hauteur* ▶ altitude, élévation (vx), haut. **2** *Se dresser de toute sa hauteur* ▶ stature, taille. **3** *Établir l'artillerie sur une hauteur* ▶ butte, colline, coteau, élévation, éminence, monticule, tertre. **4** *Accrocher deux tableaux à la même hauteur* ▶ niveau. **5** Fig. *La hauteur de ses vues a frappé l'auditoire* ▶ élévation, noblesse, profondeur. **6** Fig. *Répondre avec hauteur* ▶ arrogance, condescendance, dédain, mépris, morgue, orgueil, superbe (litt.). **7 à la hauteur** Fam. *Ce type n'est pas à la hauteur* ▶ capable, compétent, qualifié.

haut-fond n. m. ▶ écueil.

haut-le-cœur n. m. **1** *Éprouver un haut-le-cœur dès les premiers tangages* ▶ mal au cœur, nausée. **2** Fig. *Des propos qui provoquent un haut-le-cœur* ▶ dégoût, écœurement, nausée, répugnance, répulsion, révolte.

haut-le-corps n. m. *Avoir un haut-le-corps sous le coup de l'indignation* ▶ sursaut.

haut-parleur n. m. ▶ baffle, enceinte.

hâve adj. **1** *Un visage défait, au teint hâve* ▶ blafard, blême, cireux, exsangue, livide, pâle, terreux. **2** *Des gens hâves et affamés* ▶ décharné, émacié, maigre.

havre n. m. Fig. et litt. *Voilà enfin le havre où je trouverai la paix* ▶ abri, asile, oasis, refuge, retraite.

havresac n. m. ▶ sac à dos.

hébergement n. m. *Assurer l'hébergement et le couvert* ▶ logement.

héberger v. **1** *Héberger un ami pour quelques jours* ▶ loger. **2** *Un pays qui héberge des réfugiés* ▶ abriter, accueillir, recevoir.

hébété, ée adj. *Il nous a accueillis d'un air complètement hébété* ▶ abruti, ahuri, hagard, idiot, stupide.

hébétement n. m. *Dix ans de cachot l'ont laissé dans un état de total hébétement* ▶ abrutissement.

hébétude n. f. *L'état d'hébétude engendré par la drogue* ▶ abêtissement.

hébreu, hébraïque adj. ▶ israélite, judaïque, juif.

hébreu n. m. Fig. *C'est de l'hébreu* ▶ algèbre, chinois.

hécatombe n. f. ▶ boucherie, carnage, massacre, tuerie.

hégémonie n. f. *Refuser qu'un peuple exerce une hégémonie sans contrôle sur tous les autres* ▶ domination, empire, leadership, prépondérance, suprématie, toute-puissance.

hélas interj. ▶ malheureusement.

héler v. ▶ appeler, interpeller.

hélice n. f. *Un escalier en hélice* ▶ colimaçon, spirale, vis, vrille.

hellène n. et adj. ▶ grec.

helvétique adj. ▶ suisse.

hématome n. m. ▶ bleu, contusion, ecchymose.

hémicycle n. m. *Une salle en forme d'hémicycle* ▶ demi-cercle.

hémistiche n. m. *Une rime intérieure à l'hémistiche* ▶ césure, coupe.

hémorragie

hémorragie n. f. 1 *Avoir une hémorragie* ▶ saignement. 2 Fig. *Une crise qui entraîne une énorme hémorragie de capitaux* ▶ déperdition, exode, fuite, perte.

héraut n. m. Fig. et litt. *Se présenter comme le héraut des temps nouveaux* ▶ annonciateur, chantre (litt.), messager.

herbage n. m. ▶ embouche, pacage, pâturage, pâture.

herbe n. f. 1 *Une jolie maison avec de l'herbe autour* ▶ gazon, pelouse. 2 Fam. *Fumer de l'herbe* ▶ cannabis, chanvre, hasch (fam.), haschisch, kif, marie-jeanne (fam.), marijuana, shit (fam.).

herbicide adj. *Un produit herbicide* ▶ désherbant.

hercule n. m. *Ne le contrariez pas trop, c'est un hercule* ▶ armoire à glace (fam.), colosse.

herculéen, enne adj. *Un homme d'une force herculéenne* ▶ phénoménal, prodigieux.

hère n. m. *Un pauvre hère* ▶ diable, misérable.

héréditaire adj. 1 *Un titre héréditaire* ▶ transmissible. 2 *Une maladie héréditaire* ▶ génétique. 3 *Une haine héréditaire de l'autorité* ▶ ancestral, atavique, congénital, inné.

héréditairement adv. *Des caractères physiques qui se transmettent héréditairement* ▶ congénitalement, génétiquement.

hérédité n. f. 1 *Les lois de l'hérédité* ▶ atavisme, génétique. 2 *Des tares qui constituent une hérédité difficile à assumer* ▶ antécédent, atavisme, héritage, patrimoine, succession.

hérésie n. f. 1 *La répression des hérésies* ▶ déviation, déviationnisme, hétérodoxie. 2 Fig. *Mélanger ces vins serait une hérésie* ▶ sacrilège.

hérétique adj. 1 *Une secte hérétique* ▶ déviationniste, hétérodoxe. 2 Fig. *Soutenir une opinion tout à fait hérétique par rapport aux idées communément admises* ▶ déviationniste, dissident, hétérodoxe, non-conformiste, sacrilège.

hérétique n. Fig. *Tous les systèmes dogmatiques ont leurs hérétiques* ▶ déviationniste, dissident, non-conformiste.

hérissé, ée adj. *Avoir le cheveu tout hérissé* ▶ ébouriffé, hirsute.

hérissement n. m. *La sensation de froid provoque le hérissement* ▶ chair de poule, horripilation.

hérisser v. 1 Fig. *Des propos qui hérissent* ▶ agacer, crisper, exaspérer, excéder, horripiler, indisposer, irriter. 2 **se hérisser** *Des poils qui se hérissent* ▶ se dresser. 3 Fig. *Il se hérisse quand on lui parle de cela* ▶ se cabrer, se choquer, se crisper, s'emporter, s'exaspérer, se fâcher, se froisser, fulminer, s'indigner, s'irriter, s'offusquer, se piquer, se raidir, se scandaliser.

hérisson n. m. ▶ égouttoir, porte-bouteilles.

héritage n. m. 1 *Un héritage qui se monte à plusieurs millions de francs* ▶ legs, succession. 2 Fig. *Un lourd héritage de superstitions* ▶ antécédents, atavisme, hérédité, patrimoine.

hériter v. Fig. *Le goût artistique qu'ils ont hérité de leur père* ▶ recevoir, recueillir.

héritier, ère n. 1 *Le notaire a réuni les héritiers* ▶ légataire. 2 Fig. *Les héritiers d'une longue tradition* ▶ continuateur, dépositaire, successeur.

hermaphrodisme n. m. ▶ androgynie.

hermaphrodite adj. et n. m. ▶ androgyne.

herméneutique n. f. ▶ interprétation.

hermétique adj. 1 *Un récipient parfaitement hermétique* ▶ clos, étanche, fermé. 2 Fig. *Un texte hermétique* ▶ abscons (litt.), abstrus (litt.), énigmatique, ésotérique, impénétrable, incompréhensible, inintelligible, mystérieux, opaque, sibyllin (litt.).

hermétisme n. m. Litt. *L'hermétisme d'une certaine littérature* ▶ ésotérisme, inintelligibilité, obscurité, opacité.

héroïque adj. 1 *Un soldat héroïque* ▶ audacieux, brave, courageux, intrépide, vaillant, valeureux. 2 *Une époque héroïque* ▶ glorieux, mythique, prestigieux. 3 *Une poésie héroïque* ▶ épique.

héroïquement adv. 1 *Combattre héroïquement* ▶ bravement, courageusement, intrépidement, vaillamment, valeureusement. 2 *Attendre la mort héroïquement* ▶ stoïquement.

héroïsme n. m. 1 *L'héroïsme devant le danger* ▶ bravoure, courage, intrépidité, vaillance. 2 *L'héroïsme devant l'adversité* ▶ stoïcisme.

héros n. m. 1 *Les dieux et les héros de l'Antiquité* ▶ demi-dieu. 2 *Mourir en héros* ▶ brave. 3 *Les héros d'un roman* ▶ personnage, protagoniste.

herse n. f. *La herse d'un château fort* ▶ sarrasine.

hésitant, ante adj. 1 *Se montrer hésitant face à un choix* ▶ embarrassé, flottant, incertain, indécis, indéterminé, irrésolu,

perplexe. 2 *Le pas hésitant d'un convalescent* ▸ chancelant, craintif, incertain, timide.

hésitation n. f. **1** *Être dans la plus complète hésitation* ▸ embarras, flottement, incertitude, indécision, indétermination, irrésolution, perplexité. **2** *Se décider après bien des hésitations* ▸ atermoiement, balancement, doute, errement, flottement, incertitude, perplexité, tâtonnement, tergiversation. **3** *Accepter sans la moindre hésitation* ▸ réserve, réticence, scrupule.

hésiter v. *Le choix étant difficile, il hésite* ▸ balancer, flotter, s'interroger, osciller, se tâter (fam.), tergiverser.

hétaïre n. f. Litt. ▸ courtisane (litt.), demi-mondaine (litt.), prostituée.

hétéroclite adj. *Une œuvre héréroclite, faite de bouts et de morceaux* ▸ bigarré, composite, disparate, divers, diversifié, hétérogène, hybride, mélangé, mixte, multiple, panaché, pluriel.

hétérodoxe adj. **1** *Des opinions religieuses hétérodoxes* ▸ déviationniste, hérétique. **2** *Un théoricien aux idées hétérodoxes* ▸ hérétique, non-conformiste, original.

hétérodoxie n. f. **1** *Se faire taxer d'hétérodoxie par les gardiens d'une doctrine* ▸ déviation, déviationnisme, dissidence, hérésie. **2** *Une opinion d'une rafraîchissante hétérodoxie* ▸ non-conformisme, originalité.

hétérogène adj. **1** *Un ensemble hétérogène* ▸ bigarré, composite, disparate, divers, diversifié, hétéroclite, hybride, mélangé, mêlé, multiple, panaché, pluriel. **2** *Des éléments hétérogènes* ▸ différent, dissemblable, distinct, divers, varié.

hétérogénéité n. f. *L'hétérogénéité des éléments qui constituent un ensemble* ▸ disparité, diversité, variété.

hêtre n. m. ▸ fayard.

heur n. m. Vx et litt. *Je n'ai pas eu l'heur de lui être présenté* ▸ bonheur, chance, plaisir.

heure n. f. **1** *Attendre l'heure la plus propice pour se décider* ▸ circonstance, époque, instant, moment, occasion, période, temps. **2 de bonne heure** *Partir de bonne heure pour une randonnée* ▸ de bon matin, tôt.

heureusement adv. **1** *Une affaire qui se termine heureusement* ▸ avantageusement, bien, favorablement. **2** *Une pièce de théâtre heureusement construite* ▸ élégamment, harmonieusement.

heureux, euse adj. **1** *Regardez comme ils ont l'air heureux* ▸ comblé, radieux, rayonnant. **2** *Heureux les pauvres d'esprit* ▸ bienheureux. **3** *Il est heureux d'avoir enfin obtenu ce qu'il voulait* ▸ content, satisfait. **4** *Heureux de vous rencontrer* ▸ charmé, enchanté, ravi. **5** *Être heureux au jeu* ▸ chanceux, veinard (fam.). **6** *Une heureuse décision* ▸ avantageux, bon, faste, favorable, opportun, propice. **7** *Une heureuse combinaison de couleurs* ▸ approprié, harmonieux, ingénieux, juste, réussi.

heurt n. m. **1** *Il faut transporter cet objet sans le moindre heurt* ▸ à-coup, choc, coup, secousse. **2** *La trace laissée par un heurt* ▸ choc, collision, coup, impact. **3** *Un heurt entre deux véhicules* ▸ accrochage, carambolage, choc, collision, tamponnement, télescopage. **4** Fig. *Un couple où les heurts se multiplient* ▸ accrochage, antagonisme, conflit, friction, froissement, querelle, scène, tiraillement.

heurté, ée adj. **1** Fig. *Un paysage heurté* ▸ accidenté, irrégulier, rude. **2** Fig. *Des phrases au rythme heurté* ▸ abrupt, décousu, désordonné, haché, saccadé.

heurter v. **1** Vx *Heurter contre un écueil* ▸ buter contre, donner dans, percuter, rencontrer. **2** *Heurter à la porte pour se faire ouvrir* ▸ cogner, frapper, marteler, tambouriner, taper. **3** *Un camion qui vient heurter une voiture* ▸ caramboler, cogner, emboutir, percuter, tamponner, télescoper. **4** Fig. *Heurter qqn par un propos déplacé* ▸ blesser, choquer, contrarier, froisser, offusquer, vexer. **5 se heurter** Fig. *Se heurter de front à l'autorité* ▸ affronter, faire face à. **6** Fig. *Leurs caractères se heurtent en permanence* ▸ s'affronter, s'opposer.

heurtoir n. m. *Une locomotive qui vient donner dans le heurtoir* ▸ butoir.

hexagonal, ale adj. Fig. et fam. *Des préoccupations étroitement hexagonales* ▸ français, franco-français (fam.).

hiatus n. m. Fig. *Un hiatus dans une séquence* ▸ coupure, interruption, rupture, solution de continuité.

hibernation n. f. Fig. *Les relations entre ces deux pays sont en état d'hibernation* ▸ engourdissement, sommeil.

hic n. m. *Tout se présentait bien, mais il y a un hic* ▸ complication, difficulté, écueil, ennui, obstacle, os (fam.), pépin (fam.), problème.

hideur n. f. **1** *La hideur d'un visage* ▸ horreur, monstruosité. **2** *La hideur d'une action* ▸ abjection, bassesse, horreur, ignominie, infamie, laideur, monstruosité.

hideux, euse adj. **1** *Un corps hideux* ▸ affreux, contrefait, difforme, horrible,

hie

monstrueux, repoussant, répugnant. **2** *Des vices hideux* ▸ abject, atroce, écœurant, horrible, ignoble, infâme, infect, monstrueux, repoussant, répugnant, sordide.

hie n. f. *Enfoncer des pavés avec une hie* ▸ dame, demoiselle.

hiérarchie n. f. **1** *Respecter la hiérarchie des valeurs* ▸ échelle, gradation, ordre, système. **2** *En référer à la hiérarchie militaire* ▸ autorité, commandement, encadrement.

hiérarchiser v. **1** *Savoir hiérarchiser les problèmes* ▸ classer, échelonner, étager, graduer, ordonner. **2** *Hiérarchiser une société* ▸ organiser, structurer.

hiératique adj. *Une figure hiératique* ▸ figé, impassible.

high-tech adj. ▸ de pointe, moderne, performant.

hilarant, ante adj. *Il a de ces mimiques! C'est hilarant* ▸ désopilant (litt.), éclatant (fam.), impayable (fam.), inénarrable (litt.), tordant (fam.).

hilare adj. ▸ épanoui, réjoui, rieur, rigolard (fam.).

hilarité n. f. *Cette méprise finale mit le comble à l'hilarité de l'assistance* ▸ allégresse, gaieté, jubilation.

hippie adj. ▸ baba (fam.), beatnik.

hippique adj. ▸ équestre.

hippisme n. m. ▸ courses, turf.

hippodrome n. m. ▸ champ de courses.

hippophagique adj. *Une boucherie hippophagique* ▸ chevalin.

hirondelle de mer n. f. ▸ sterne.

hirsute adj. *Une tignasse hirsute* ▸ ébouriffé, échevelé, en bataille, hérissé.

hispanique adj. ▸ espagnol.

hisser v. **1** *Hisser une charge* ▸ élever, hausser, lever, soulever. **2** *Hisser un pavillon* ▸ arborer. **3** *se hisser* *Se hisser sur la pointe des pieds* ▸ se dresser, s'élever, se hausser, se lever, monter, se soulever. **4** *Se hisser sur un mur* ▸ s'élever, grimper, se hausser, monter. **5** *Fig. Se hisser jusqu'au faîte du pouvoir* ▸ s'élever, se hausser, monter, se porter.

histoire n. f. **1** *Écrire l'histoire des événements passés* ▸ annales, chroniques. **2** *Raconter son histoire* ▸ biographie, mémoires, passé, vie. **3** *Raconter aux enfants les belles histoires d'autrefois* ▸ conte, légende. **4** *Ce que vous me dites là me rappelle une histoire qui pourrait vous intéresser* ▸ anecdote, épisode. **5** *L'histoire est intéressante, mais les dialogues sont ridicules* ▸ intrigue, scénario, sujet, thème. **6** *Il faut oublier cette histoire lamentable* ▸ affaire, aventure, événement, incident. **7** *Ce vendeur m'a raconté des histoires* ▸ baliverne, billevesée (litt.), blague (fam.), calembredaine (fam.), carabistouille (fam.), conte, craque (fam.), fable (litt.), galéjade, invention, mensonge, roman, salade (fam.), sornette. **8** *Tout s'est passé sans histoire* ▸ anicroche, complication, difficulté, ennui, incident, pépin (fam.), problème. **9** *Elle fait des histoires pour peu de choses* ▸ chichis (fam.), embarras, façons, manières, simagrées. **10** *Il va en faire toute une histoire* ▸ fromage (fam.), plat (fam.).

historicité n. f. *Douter de l'historicité d'un événement raconté dans des chroniques* ▸ authenticité, matérialité, réalité, véracité.

historien, enne n. *Racine, historien de son temps* ▸ chroniqueur, historiographe, mémorialiste.

historier v. *Historier un manuscrit* ▸ décorer, enjoliver, ornementer, orner.

historiette n. f. ▸ anecdote.

historiographe n. m. *L'historiographe d'un roi* ▸ chroniqueur, historien, mémorialiste.

historique adj. **1** *Des faits historiques* ▸ authentique, réel, vrai. **2** *Une date historique* ▸ célèbre, connu, fameux, illustre, important, marquant, mémorable. **3** *Analyser un phénomène linguistique dans une perspective historique* ▸ diachronique, évolutif.

historique n. m. *Faire l'historique d'une négociation* ▸ chronologie.

histrion n. m. Litt. ▸ bateleur, bouffon, cabotin.

hitlérien, enne adj. ▸ national-socialiste, nazi.

hitlérisme n. m. ▸ national-socialisme, nazisme.

hit-parade n. m. ▸ palmarès.

hivernal, ale adj. *Une température hivernale* ▸ glacial.

hobby n. m. ▸ dada (fam.), marotte, passe-temps, violon d'ingres.

hobereau n. m. *Vivre en hobereau retiré sur ses terres* ▸ gentleman farmer.

hochequeue n. m. ▸ bergeronnette, lavandière.

hocher v. *Hocher la tête* ▸ dodeliner, remuer, secouer.

hochet n. m. Fig. *Il n'a eu qu'un hochet comme lot de consolation* ▶ amusette, babiole, bagatelle, bricole.

hold-up n. m. ▶ braquage (fam.).

hollandais, aise adj. et n. ▶ batave (vx), néerlandais.

holocauste n. m. **1** *L'holocauste des juifs* ▶ extermination, génocide, massacre. **2** Fig. et litt. *Offrir son cœur en holocauste* ▶ sacrifice.

holothurie n. f. ▶ concombre de mer.

home n. m. Fam. ▶ chez-soi, domicile, foyer, intérieur, maison, pénates (fam.).

homélie n. f. **1** *Une homélie de l'archevêque* ▶ exhortation, prêche, prédication, prône, sermon. **2** Litt. *Une homélie sur la noblesse du travail* ▶ laïus (fam.), prêche, remontrance, sermon, tartine (fam.).

homérique adj. Fig. *Un éclat de rire homérique* ▶ énorme, épique, gigantesque, prodigieux.

homicide adj. Litt. *Une haine homicide* ▶ assassin, meurtrier.

homicide n. m. *Commettre un homicide* ▶ assassinat, crime, meurtre.

hommage n. m. **1** *Une marque d'hommage* ▶ considération, déférence, estime, honneur. **2** *Un hommage de profond respect* ▶ expression, témoignage. **3** Plur. *Présenter ses hommages à une dame* ▶ civilités, compliments, devoirs, respects. **4 rendre hommage à** *Rendre hommage à la mémoire d'un grand personnage* ▶ célébrer, glorifier, honorer, saluer.

hommasse adj. *Une femme aux manières hommasses* ▶ garçonnier, masculin, viril.

homme n. m. **1** *Les dieux et les hommes* ▶ humain, mortel (litt.). **2** *Le destin de l'homme* ▶ espèce humaine, genre humain, hommes, humanité. **3** *Un homme est venu vous voir* ▶ bonhomme (fam.), gars (fam.), individu (péj.), mec (fam.), monsieur, personne, quidam (fam.), type (fam.). **4** *Vous dites cela parce que vous êtes un homme* ▶ bonhomme (fam.), garçon, mâle, mec (fam.). **5** *Une armée de 3000 hommes* ▶ soldat. **6** Fam. *Elle tient à son homme* ▶ bonhomme (fam.), compagnon, jules (fam.), mec (fam.). **7 homme à** *Il est homme à s'en sortir tout seul* ▶ à même de, capable de, de force à, de taille à. **8 homme à femmes** Fam. ▶ casanova, don juan, lovelace (litt.), séducteur, tombeur (fam.). **9 homme d'affaires** ▶ businessman. **10 homme d'appareil** ▶ apparatchik. **11 homme de lettres** ▶ auteur, écrivain, littérateur, plume. **12 homme de loi** ▶ jurisconsulte, juriste, légiste. **13 homme de main** ▶ affidé (litt.), mercenaire, nervi (litt.), sbire, spadassin (litt.). **14 homme de paille** ▶ paravent, prête-nom. **15 homme de troupe** ▶ soldat, troupier. **16 homme d'honneur** ▶ gentilhomme, gentleman. **17 homme providentiel** ▶ sauveur.

homme-grenouille n. m. ▶ plongeur.

homogène adj. **1** *Un ensemble formé d'éléments homogènes* ▶ analogue, comparable, équivalent, similaire. **2** *Un mélange homogène* ▶ cohérent, harmonieux, régulier, uniforme.

homogénéiser v. *Homogénéiser les législations européennes* ▶ normaliser, standardiser, unifier, uniformiser.

homogénéité n. f. ▶ cohérence, cohésion, régularité, uniformité, unité.

homologation n. f. *L'homologation d'un record* ▶ authentification, confirmation, entérinement, officialisation, ratification, validation.

homologie n. f. ▶ équivalence.

homologue adj. et n. *Comparer les salaires d'un professeur anglais et de son homologue français* ▶ correspondant, équivalent.

homologuer v. **1** *Homologuer un accord international* ▶ confirmer, entériner, ratifier, sanctionner, valider. **2** *Homologuer une performance* ▶ officialiser.

homosexualité n. f. **1** *Une étude sur l'homosexualité dans la Grèce antique* ▶ inversion. **2** Spécialement entre personnes de sexe masculin ▶ uranisme (vx). **3** Spécialement entre personnes de sexe féminin ▶ lesbianisme, saphisme, tribadisme (litt.).

homosexuel, elle adj. **1** *Des amours homosexuelles* ▶ gay. **2** Spécialement entre personnes de sexe féminin ▶ lesbien, saphique.

homosexuel n. **1** *S'interroger sur la spécificité des homosexuels* ▶ gay, inverti. **2** Spécialement à propos de femmes ▶ gouine (fam.), lesbienne, tribade (litt.).

homuncule n. m. Vx ▶ avorton, gnome, nabot.

hongre adj. *Un poulain hongre* ▶ castré, châtré, coupé.

hongrois, oise adj. et n. ▶ magyar.

honnête adj. **1** *Un homme parfaitement honnête* ▶ correct, désintéressé, droit, incorruptible, intègre, probe (litt.), propre, régulier, scrupuleux. **2** Litt. *Une femme honnête* ▶ chaste, convenable, fidèle, irréprochable, sage, vertueux. **3** *Des*

honnêtement

mœurs peu honnêtes ► avouable, convenable, correct, décent, honorable, moral, sage. **4** *Un prix honnête* ► convenable, décent, équitable, juste, normal, raisonnable. **5** *Obtenir des résultats honnêtes à un examen* ► acceptable, convenable, correct, décent, honorable, moyen, passable, satisfaisant, suffisant.

honnêtement adv. **1** *Vivre honnêtement* ► irréprochablement, proprement, vertueusement. **2** *Il a honnêtement reconnu qu'il avait eu tort* ► loyalement, sportivement. **3** *Un travail honnêtement payé* ► convenablement, correctement, décemment, honorablement, raisonnablement, suffisamment.

honnêteté n. f. **1** *Son honnêteté est indiscutable* ► droiture, incorruptibilité, intégrité, probité. **2** Vx *Des propos qui blessent l'honnêteté* ► bienséance, civilité, correction, décence, délicatesse, pudeur.

honneur n. m. **1** *Chercher avant tout à sauver son honneur* ► dignité. **2** *L'honneur d'une femme* ► chasteté, pureté, réputation, vertu. **3** *Une marque d'honneur* ► considération, déférence, estime, hommage. **4** *Cet objet était l'honneur de sa collection* ► fleuron, gloire, orgueil, ornement. **5** Plur. *Rechercher les honneurs* ► dignités, distinctions, titres. **6** Plur. *Être traité avec les honneurs dus à son rang* ► égards.

honnir v. Litt. ► abhorrer (litt.), abominer (litt.), avoir en horreur, détester, exécrer (litt.), haïr, vomir.

honorabilité n. f. ► respectabilité.

honorable adj. **1** *Une famille honorable* ► bien, digne, estimable, méritant, respectable. **2** *Un résultat honorable* ► acceptable, convenable, correct, honnête, moyen, passable, satisfaisant, suffisant.

honorablement adv. **1** *Se comporter honorablement* ► dignement, moralement. **2** *Un travail honorablement rétribué* ► bien, convenablement, correctement, décemment, honnêtement, raisonnablement.

honoraires n. m. pl. ► émoluments, rémunération, rétribution.

honoré, ée adj. Litt. *Mon honoré confrère...* ► estimé, respecté.

honorer v. **1** *Honorer ses dieux* ► adorer, révérer, vénérer. **2** *Honorer la mémoire d'un ami* ► célébrer, glorifier, rendre hommage à, saluer. **3** *Honorer qqn de sa confiance* ► gratifier. **4** *Honorer ses engagements* ► remplir. **5** *Honorer une dette* ► acquitter, payer, régler. **6 s'honorer** *Je m'honore de son amitié* ► s'enorgueillir, se flatter, se glorifier, se prévaloir, se targuer.

honorifique adj. *Ce serait très honorifique pour lui d'être nommé à ce poste* ► flatteur.

honte n. f. **1** *Être éclaboussé par la honte d'un scandale* ► déshonneur, flétrissure, humiliation, ignominie, indignité, infamie, opprobre (litt.). **2** *Il a tout raconté sans la moindre honte* ► confusion, embarras, gêne, malaise, pudeur, scrupule, vergogne (litt.). **3** *Une honte absurde l'empêche d'intervenir en public* ► humilité, réserve, retenue, timidité. **4** *Toute forme de racisme est une honte* ► abomination, abjection, horreur, ignominie, infamie, scandale, vilenie. **5 avoir honte** *Ils ont honte de ce qu'ils ont dit* ► regretter, se repentir de, se reprocher, rougir de.

honteusement adv. *Ils l'ont chassé honteusement* ► ignominieusement (litt.), indignement.

honteux, euse adj. **1** *Être honteux de s'être fait surprendre* ► confus, contrit, déconfit, embarrassé, gêné, penaud, repentant. **2** *Tout le monde a condamné un comportement aussi honteux* ► abject, avilissant, bas, choquant, dégoûtant, dégradant, déshonorant, écœurant, ignoble, ignominieux (litt.), inavouable, infamant, infâme, méprisable, scandaleux, vil. **3** *Une maladie honteuse* ► vénérien.

horaire n. m. **1** *Consulter un horaire des chemins de fer* ► guide, indicateur. **2** *L'horaire de ce colloque est vraiment très chargé* ► emploi du temps, planning, programme.

horde n. f. **1** *Les hordes mongoles* ► peuplade, tribu. **2** *Des hordes de voyous* ► bande, colonie, meute, troupe.

horizon n. m. **1** Fig. *L'horizon est sombre* ► avenir, futur. **2** Fig. *Voilà qui m'ouvre des horizons nouveaux* ► perspective. **3 à l'horizon** ► au loin.

horloge n. f. *Examiner le balancier d'une horloge* ► carillon, comtoise, pendule.

hormis prép. Litt. ► abstraction faite de, à la réserve de, à l'exception de, à l'exclusion de, à part, en dehors de, excepté, hors (vx), non compris, sauf.

horoscope n. m. *Un horoscope favorable* ► prédiction.

horreur n. f. **1** *L'horreur que suscitent parfois les araignées* ► aversion, dégoût, détestation (litt.), exécration (litt.), phobie, répugnance, répulsion. **2** *Un hurlement d'horreur* ► effroi, épouvante, peur, terreur. **3** *Décrire la guerre dans toute son horreur* ► abjection, abomination (litt.), atrocité, hideur, ignominie, infamie, laideur, monstruosité, noirceur. **4** *C'est une* horreur de lui avoir fait cela! ▸ **abomination** (litt.), honte, ignominie, infamie, monstruosité, scandale. **5** Plur. *Susurrer des horreurs à sa voisine de table* ▸ **cochonneries, obscénités. 6** Fam. *Il a épousé une vraie horreur* ▸ **laideron, mocheté** (fam.)**, monstre. 7 faire horreur** *Ces pratiques me font horreur* ▸ **dégoûter, écœurer, répugner.**

horrible adj. **1** *Un acte horrible* ▸ **abject, atroce, dégoûtant, exécrable, hideux, ignoble, inacceptable, inadmissible, infâme, infect, inqualifiable, intolérable, monstrueux, odieux, révoltant. 2** *Des cris horribles* ▸ **abominable, affreux, atroce, effrayant, effroyable, épouvantable, horrifiant, terrible, terrifiant.**

horriblement adv. **1** *Être horriblement défiguré* ▸ **abominablement, affreusement, atrocement, effroyablement, épouvantablement, odieusement. 2** Fig. *Être horriblement en retard* ▸ **excessivement, extrêmement, formidablement, incroyablement, terriblement.**

horrifiant, ante adj. ▸ **abominable, affreux, atroce, effrayant, effroyable, épouvantable, horrible, horrifique** (litt.)**, terrible, terrifiant.**

horrifier v. ▸ **épouvanter, scandaliser.**

horripilant, ante adj. ▸ **agaçant, crispant, énervant, exaspérant, excédant, irritant.**

horripilation n. f. **1** *L'horripilation est un effet du froid* ▸ **chair de poule, hérissement. 2** Fig. *Provoquer l'horripilation de ses interlocuteurs* ▸ **agacement, énervement, exaspération, irritation.**

horripiler v. ▸ **agacer, crisper, énerver, exaspérer, excéder, irriter.**

hors-d'œuvre n. m. **1** *Servir une salade en hors-d'œuvre* ▸ **entrée. 2** Fig. *Nous étions déjà très impressionnés, mais ce n'était qu'un hors-d'œuvre* ▸ **préambule, préliminaires, prélude.**

hors-la-loi n. m. ▸ **desperado, outlaw.**

horticulteur, trice n. ▸ **jardinier.**

horticulture n. f. ▸ **jardinage.**

hospice n. m. Vx ▸ **asile.**

hospitalier, ère adj. *Une région hospitalière* ▸ **accueillant.**

hospitalité n. f. **1** *Remercier qqn de son hospitalité* ▸ **accueil. 2 offrir l'hospitalité à** ▸ **abriter, accueillir, héberger, loger, recevoir.**

hostile adj. **1** *Être hostile à toute solution extrême* ▸ **défavorable à, ennemi de, opposé à. 2** *Un ton hostile* ▸ **agressif, désa**gréable, haineux, hargneux, inamical, malveillant. **3** *Un accueil hostile* ▸ **glacial. 4** *Un explorateur perdu dans une nature hostile* ▸ **inhospitalier.**

hostilité n. f. **1** *L'hostilité des fanatiques vis-à-vis de tout esprit de réforme* ▸ **agressivité, animosité, antipathie, aversion, haine, hargne, malveillance, opposition, ressentiment. 2** Plur. *La cessation des hostilités* ▸ **combats, conflit, opérations.**

hôte n. m. **1** *Un hôte accueillant* ▸ **amphitryon** (litt.)**, maître de maison. 2** *Bien traiter ses hôtes* ▸ **convive, invité. 3** Litt. *Les hôtes de ces lieux* ▸ **habitant, occupant.**

hôtel de ville n. m. ▸ **mairie.**

hôtesse n. f. **1** *L'hôtesse avait préparé un cassoulet* ▸ **maîtresse de maison. 2** *Adressez-vous à l'hôtesse dans le hall* ▸ **réceptionniste.**

hotte n. f. *Un vendangeur qui porte une hotte sur le dos* ▸ **bouille.**

houe n. f. ▸ **binette.**

houille n. f. ▸ **charbon.**

houillères n. f. pl. *Les houillères du Nord* ▸ **charbonnages.**

houle n. f. **1** *Un navire balancé par la houle* ▸ **roulis, tangage. 2** Fig. *Une foule qui vient battre sur un obstacle en énormes houles* ▸ **vague.**

houlette n. f. **1** *La houlette d'un berger* ▸ **bâton. 2** *La houlette d'un évêque* ▸ **crosse. 3** Fig. et litt. *Travailler sous la houlette de qqn* ▸ **autorité, commandement, direction, férule** (litt.)**.**

houleux, euse adj. ▸ **agité, mouvementé, orageux, tempétueux** (litt.)**, tourmenté, troublé, tumultueux.**

houligan n. m. ▸ **casseur, vandale.**

houppe n. f. **1** *Une houppe pour orner un bonnet* ▸ **pompon. 2** *Une houppe de cheveux* ▸ **mèche, touffe, toupet. 3** *La houppe de certains oiseaux* ▸ **aigrette, huppe, panache.**

hourra n. m. ▸ **acclamation, bravo, ovation.**

hourvari n. m. Litt. ▸ **chahut, chambard** (fam.)**, charivari** (fam.)**, raffut** (fam.)**, ramdam** (fam.)**, tintamarre, tohu-bohu, tumulte.**

houseaux n. m. pl. ▸ **jambières, leggings.**

houspiller v. ▸ **admonester, attraper** (fam.)**, disputer, engueuler** (fam.)**, enguirlander** (fam.)**, gourmander** (litt.)**, gronder, morigéner, passer un savon à** (fam.)**, quereller** (litt.)**, réprimander, secouer, sermonner, sonner les cloches à** (fam.)**, tancer** (litt.)**.**

housse n. f. ▶ enveloppe, gaine.

hovercraft n. m. ▶ aéroglisseur, naviplane (nom déposé).

huées n. f. pl. *Une intervention qui provoque des huées dans l'assistance* ▶ chahut, sifflets, tollé.

huer v. *Huer un orateur* ▶ chahuter, conspuer, siffler.

huguenot, ote n. ▶ protestant, réformé.

huilage n. m. ▶ graissage, lubrification.

huile n. f. **1** *Les huiles extraites des plantes* ▶ essence, oléolat (vx). **2** *Fam. Recevoir des huiles* ▶ hiérarque (litt.), légume (fam.), notabilité, personnalité.

huiler v. ▶ graisser, lubrifier.

huileux, euse adj. ▶ glissant, graisseux, gras, visqueux.

huisserie n. f. *L'huisserie d'une porte* ▶ bâti, cadre, chambranle.

huissier n. m. *Un huissier de faculté* ▶ appariteur.

hulotte n. f. ▶ chat-huant.

humain, aine adj. *Se montrer humain* ▶ bienveillant, bon, charitable, clément, compatissant, généreux, indulgent, pitoyable (vx), secourable, sensible, tolérant.

humain n. m. ▶ homme, mortel (litt.).

humainement adv. *Se comporter humainement* ▶ charitablement, généreusement.

humaniser v. **1** *Humaniser un régime pénitentiaire* ▶ adoucir. **2** *s'humaniser Son caractère s'humanise* ▶ s'adoucir, s'amadouer, s'apprivoiser, se civiliser, se policer (litt.).

humanitaire adj. **1** *Des préoccupations humanitaires* ▶ altruiste. **2** *Une organisation humanitaire* ▶ caritatif, philanthropique (vx).

humanitarisme n. m. ▶ altruisme, humanité, philanthropie.

humanité n. f. **1** *S'interroger sur l'avenir de l'humanité* ▶ espèce humaine, genre humain, homme, hommes. **2** *Traiter des prisonniers avec humanité* ▶ bienveillance, bonté, charité, clémence, compassion, générosité, indulgence, tolérance.

humble adj. **1** *Un comportement humble* ▶ discret, modeste, réservé. **2** *Je suis votre humble serviteur* ▶ soumis. **3** *Une humble chaumière* ▶ modeste, obscur, pauvre, petit, simple.

humblement adv. **1** *Éviter humblement de se mettre en avant* ▶ modestement. **2** *Vivre humblement* ▶ modestement, pauvrement, petitement, simplement.

humecter v. **1** *Humecter un linge* ▶ humidifier. **2** *s'humecter Ses yeux s'humectent de larmes* ▶ s'embuer, se mouiller.

humer v. **1** *Humer l'air du matin* ▶ aspirer, inhaler, respirer. **2** *L'ogre huma un délicieux parfum de chair humaine* ▶ flairer, renifler, sentir.

humeur n. f. **1** *Être d'une humeur très égale* ▶ caractère, nature, naturel, tempérament. **2** *Agir selon son humeur* ▶ désir, envie, fantaisie, gré, idée, volonté. **3** *Subir les humeurs d'un tyran* ▶ caprice, extravagance, fantaisie, impulsion, lubie. **4** *Répondre avec humeur* ▶ acidité, acrimonie, aigreur, amertume, animosité, dépit, irritation, rancœur. **5 d'humeur à** *Il paraît d'humeur à accepter vos propositions* ▶ disposé à, enclin à, prêt à. **6 bonne humeur** *Une bonne humeur communicative* ▶ enjouement, entrain, gaieté, jovialité. **7 mauvaise humeur** *Manifester sa mauvaise humeur sans trop de précautions* ▶ irritation, mécontentement, rogne (fam.). **8 de bonne humeur** ▶ bien luné (fam.), content, de bon poil (fam.), enjoué, gai, jovial, joyeux, réjoui. **9 de mauvaise humeur** ▶ de mauvais poil (fam.), grognon (fam.), irrité, mal luné (fam.), mécontent.

humide adj. **1** *Un linge humide* ▶ mouillé. **2** *Avoir les yeux humides* ▶ embué, humecté, mouillé. **3** *Un temps humide* ▶ pluvieux. **4** *Une chaleur humide* ▶ moite.

humidificateur n. m. ▶ saturateur.

humidifier v. ▶ humecter.

humidité n. f. **1** *Des traces d'humidité* ▶ infiltration, mouillure, suintement. **2** *L'humidité de l'air* ▶ moiteur.

humiliant, ante adj. *Une situation humiliante* ▶ mortifiant.

humiliation n. f. **1** *Éprouver un vif sentiment d'humiliation* ▶ avilissement, déshonneur, honte, mortification. **2** *Infliger une humiliation à qqn* ▶ affront, avanie (litt.), camouflet (litt.), gifle, mortification, vexation.

humilier v. **1** *Humilier la fierté de qqn* ▶ abaisser, avilir, bafouer, rabaisser, rabattre. **2** *Fig. Votre refus l'a profondément humilié* ▶ blesser, mortifier, ulcérer, vexer. **3 s'humilier** *S'humilier devant un supérieur hiérarchique* ▶ s'abaisser, s'aplatir (fam.), ramper.

humilité n. f. *Parler de soi avec humilité* ▶ discrétion, effacement, modestie, réserve.

humoriste n. ▶ amuseur, comique, fantaisiste.

humoristique adj. ▶ amusant, comique, drôle, marrant (fam.), spirituel.

humour n. m. *Il a raconté sa mésaventure avec beaucoup d'humour* ▶ drôlerie, esprit.

humus n. m. ▶ terreau.

huppe n. f. ▶ aigrette, houppe, panache.

huppé, ée adj. Fig. et fam. *Un milieu huppé* ▶ b.c.b.g. (fam.), chic, distingué, élégant, fortuné.

hure n. f. 1 *Une hure de sanglier* ▶ tête. 2 *Servir de la hure en entrée* ▶ fromage de tête.

hurlant, ante adj. 1 *Une meute hurlante* ▶ braillard (fam.), bruyant, glapissant, gueulard (fam.). 2 *Une mauvaise foi hurlante* ▶ criant, éclatant, évident, flagrant, incontestable, manifeste, patent.

hurlement n. m. 1 *Des hurlements de rage* ▶ braillement (fam.), clameur, cri, glapissement, vocifération. 2 Fig. *Les hurlements du vent* ▶ mugissements, rugissement.

hurler v. 1 *Hurler des injures* ▶ clamer, crier, gueuler (fam.), vociférer. 2 *Une foule qui se met à hurler* ▶ beugler (fam.), brailler (fam.), crier, s'égosiller, s'époumoner, gueuler (fam.), vociférer. 3 Fig. *Des couleurs qui hurlent ensemble* ▶ détonner, dissoner (litt.), jurer. 4 Fig. *Le vent qui hurle* ▶ mugir, rugir.

hurluberlu n. m. et adj. ▶ écervelé, étourdi, farfelu (fam.), foufou (fam.), loufoque (fam.).

hutte n. f. ▶ cabane, cahute, case, paillote.

hybridation n. f. ▶ croisement, métissage.

hybride adj. 1 *Une race hybride* ▶ bâtard, croisé, mâtiné, mélangé, métis. 2 *Une œuvre hybride* ▶ composite, disparate, hétéroclite, hétérogène, mélangé, mixte, panaché.

hybrider v. ▶ croiser, mélanger, mêler, métisser.

hydrominéral, ale adj. *Des sources hydrominérales* ▶ thermal.

hydrothérapie n. f. ▶ balnéothérapie.

hygiène n. f. 1 ▶ propreté. 2 *Spécialement à propos de l'hygiène publique* ▶ salubrité.

hygiénique adj. 1 *Une activité hygiénique* ▶ sain, salubre. 2 *Une serviette hygiénique* ▶ périodique.

hygiéniquement adv. ▶ sainement.

hymen n. m. 1 *L'hymen d'une vierge* ▶ pucelage (fam.), virginité. 2 Vx et litt. *Les nœuds de l'hymen* ▶ mariage.

hymne n. m. *Un hymne à la paix* ▶ ode.

hyperbole n. f. ▶ emphase, exagération.

hyperbolique adj. *Un style hyperbolique* ▶ emphatique, outré.

hyperboréen, enne adj. Litt. *Les régions hyperboréennes* ▶ arctique, boréal, polaire.

hypermétrope adj. ▶ presbyte.

hypersensibilité n. f. ▶ hyperémotivité.

hypersensible adj. ▶ écorché vif, hyperémotif.

hypertrophie n. f. 1 *L'hypertrophie d'un organe* ▶ dilatation, gonflement, surdéveloppement. 2 Fig. *Une hypertrophie de la confiance en soi* ▶ démesure, exagération, excès, outrance.

hypertrophié, ée adj. Fig. *Un moi hypertrophié* ▶ démesuré, surdéveloppé, surdimensionné.

hypertrophier v. *L'alcoolisme hypertrophie souvent le foie* ▶ dilater, distendre, enfler, gonfler.

hypnose n. f. ▶ envoûtement, transe.

hypnotiser v. 1 *Un prestidigitateur qui entreprend d'hypnotiser un spectateur* ▶ envoûter, magnétiser. 2 *Ce spectacle les a littéralement hypnotisés* ▶ captiver, ensorceler, envoûter, fasciner. 3 Fig. *L'idée qu'elle est en danger les hypnotise complètement* ▶ obnubiler, obséder.

hypnotisme n. m. *Les phénomènes d'hypnotisme mis au point par les fakirs* ▶ envoûtement, magnétisme.

hypocalorique adj. *Des produits hypocaloriques* ▶ allégé, diététique.

hypocondriaque adj. et n. ▶ atrabilaire (vx), bilieux, dépressif, mélancolique, neurasthénique.

hypocrisie n. f. 1 *Soupçonner qqn d'hypocrisie* ▶ dissimulation, duplicité, fausseté, fourberie, jésuitisme, pharisaïsme (litt.), tartuferie. 2 *J'en ai assez de vos hypocrisies* ▶ comédie, feinte, mascarade, simagrée, simulation.

hypocrite adj. 1 *Une douceur hypocrite* ▶ artificieux, fallacieux, feint, jésuitique, simulé, tartufe, trompeur. 2 *Un personnage hypocrite* ▶ cauteleux, dissimulé, faux, fourbe, jésuite, sournois, tartufe.

hypocrite n. ▶ faux-cul (fam.), faux-jeton (fam.), fourbe, jésuite, tartufe.

hypocritement adv. ▶ faussement, sournoisement.

hypodermique adj. ▶ sous-cutané.

hypogastre n. m. ▶ bas-ventre.

hypogée n. m. ▶ caveau, crypte.

hypothèque n. f. ▶ gage, garantie.

hypothéquer v. **1** *Hypothéquer un bien* ▶ engager. **2** Fig. *Des mesures qui hypothèquent l'avenir* ▶ grever.

hypothèse n. f. **1** *Émettre une hypothèse pour rendre compte d'un phénomène encore inexpliqué* ▶ conjecture, supposition. **2** *Raisonner sur une hypothèse* ▶ éventualité, possibilité, probabilité. **3** *L'expression de l'hypothèse en latin* ▶ condition.

hypothétique adj. **1** *Compter sur un paiement hypothétique* ▶ aléatoire, douteux, improbable, incertain, problématique. **2** *L'existence de certains personnages est seulement hypothétique* ▶ conjectural, présumé, supposé. **3** *L'emploi des modes dans le système hypothétique* ▶ conditionnel.

hypothétiquement adv. ▶ aléatoirement, improbablement.

hystérie n. f. Fig. *L'hystérie de la foule devant un chanteur* ▶ délire, frénésie.

hystérique adj. *Une foule hystérique* ▶ déchaîné, frénétique, surexcité.

i

ici adv. **1** ► céans (vx). **2** ici-bas ► en ce monde, sur terre.

iconoclaste adj. et n. **1** *Se comporter comme d'épouvantables iconoclastes* ► barbare, destructeur, dévastateur, vandale. **2** *Professer des idées iconoclastes* ► anticonformiste, non-conformiste.

ictère n. m. ► jaunisse.

idéal, ale adj. **1** *Une représentation idéale* ► abstrait, conceptuel, théorique. **2** *Décrire une société idéale* ► imaginaire, utopique. **3** *Il a une conception un peu idéale du métier d'enquêteur* ► chimérique, idéalisé, mythique. **4** *La beauté idéale* ► absolu, accompli, achevé, complet, consommé, parfait, pur. **5** *La solution idéale* ► optimal, parfait, rêvé.

idéal n. m. **1** *Ce n'est qu'un idéal inaccessible* ► chimère, fantasme, rêve, utopie. **2** *L'idéal de l'homme d'action* ► modèle, parangon (litt.), type. **3** *L'idéal de la vertu* ► absolu, perfection. **4** *L'idéal serait de ne rien faire* ► bonheur, félicité.

idéalisation n. f. *Rejeter le réalisme au profit d'une certaine idéalisation de la réalité* ► embellissement, poétisation.

idéaliser v. **1** *Un artiste qui idéalise la réalité* ► embellir, poétiser. **2** *Idéaliser un homme après sa mort* ► magnifier.

idéaliste adj. *Des vues idéalistes sur la politique étrangère* ► chimérique, irréaliste, utopiste.

idéaliste n. *Un idéaliste perdu dans ses chimères* ► poète, rêveur, utopiste.

idée n. f. **1** *L'idée de nation* ► concept, notion. **2** *L'idée directrice qui sous-tend un argument* ► hypothèse, pensée, réflexion. **3** *Faire part de son idée sur une question* ► avis, conception, opinion, position, sentiment, théorie, vues. **4** *Son idée est de succéder à son patron* ► désir, dessein, intention, plan, projet, volonté. **5** *Donner une idée de ses intentions* ► aperçu, avant-goût, échantillon, exemple. **6** *Il n'a aucune idée de ce que peut être ma vie* ► notion. **7** *Trouver dans un roman l'idée d'un nouveau film* ► sujet, thème. **8** *Voilà le genre d'idées qui nous conduira à la ruine* ► chimère, fantasme, invention, rêve. **9** *C'est une idée, ça !* ► trouvaille. **10** idée fixe ► dada (fam.), hantise, manie, marotte (fam.), monomanie, obsession. **11** idée reçue ► a priori, cliché, idée préconçue, idée toute faite, lieu commun, parti pris, poncif, préjugé. **12** idées noires ► blues (fam.), cafard, mélancolie, spleen (litt.), tristesse.

idem adv. Fam. *Il est idiot, et son fils idem* ► aussi, de la même manière, de même, également, itou (fam.), pareillement, semblablement.

identifiable adj. ► reconnaissable.

identification n. f. **1** *L'identification d'une chose à une autre* ► assimilation. **2** *Les processus psychiques d'identification* ► projection, transfert.

identifier v. **1** *Identifier deux choses différentes* ► assimiler, confondre. **2** *Identifier un bruit* ► reconnaître.

identique adj. **1** *L'original et la copie sont absolument identiques* ► indiscernable, pareil, semblable. **2** *Ils sont animés l'un et l'autre d'un identique amour pour leur patrie* ► égal, équivalent, même, semblable. **3** *Sa bonne humeur est toujours identique* ► constant, égal, immuable, inaltérable, inchangé.

identiquement adv. ► de la même manière, de même, également, pareillement, semblablement.

identité n. f. *Constater une parfaite identité entre deux ensembles* ► égalité, équivalence, homologie, similitude.

idéologie n. f. **1** *L'idéologie marxiste* ► doctrine, système, théorie. **2** *C'est de l'idéologie !* ► rêve, utopie.

idéologue n. ► doctrinaire, théoricien.

idiome n. m. *Ces gens-là s'expriment dans un idiome qui m'est inconnu* ► langue, parler.

idiot, idiote adj. et n. **1** *Etre né idiot* ► arriéré, débile, demeuré, simple d'esprit. **2** *Prendre l'air idiot* ► abruti, ahuri, bête, borné, cloche (fam.), crétin, cruche (fam.), imbécile, inintelligent, niais, sot, stupide. **3** *Une solution idiote* ► débile (fam.), imbécile, inepte, insensé, stupide. **4** *C'est un peu idiot de se donner tant de mal pour si peu de choses* ► aberrant, absurde, déraisonnable, extravagant, fou, illogique, irrationnel, ridicule.

idiotement adv. *Ils se sont idiotement convaincus que les vaccins leur feraient du mal*

▶ absurdement, bêtement, sottement, stupidement.

idiotie n. f. 1 *Une idiotie congénitale* ▶ arriération, crétinisme, débilité, imbécillité. 2 *L'idiotie d'une attitude* ▶ bêtise, crétinerie, débilité, imbécillité, inintelligence, stupidité. 3 *Je crois en fait que cet achat a été une idiotie* ▶ absurdité, bêtise. 4 *Dire une idiotie* ▶ bêtise, ineptie, niaiserie, sottise.

idoine adj. Litt. ▶ adapté, adéquat, ad hoc, approprié, convenable.

idolâtre n. 1 *Persécuter les idolâtres* ▶ gentil, païen. 2 Fig. *Un gourou entouré d'une troupe d'idolâtres* ▶ adorateur, dévot, exalté, fanatique, groupie (fam.), passionné, sectateur.

idolâtrer v. Fig. et litt. *Idolâtrer l'argent* ▶ adorer, diviniser, révérer, vénérer.

idolâtrie n. f. Fig. *Un amour qui confine à l'idolâtrie* ▶ adoration, culte, dévotion, vénération.

idole n. f. 1 *Adorer des idoles* ▶ effigie. 2 Fig. *L'argent est son idole* ▶ dieu.

idylle n. f. 1 *Écrire une idylle* ▶ bucolique, églogue, pastorale. 2 Fig. *Une idylle entre deux jeunes gens* ▶ amourette, béguin (vx et fam.).

idyllique adj. 1 Litt. *Une scène idyllique* ▶ agreste (litt.), bucolique, pastoral. 2 Fig. *Des vacances idylliques* ▶ idéal, merveilleux, paradisiaque, parfait, rêvé, sublime.

ignare adj. 1 *Un enfant ignare* ▶ analphabète, ignorant, illettré, inculte. 2 *Un employé ignare* ▶ incapable, incompétent, nul.

ignifugé, ée adj. ▶ incombustible, ininflammable.

ignition n. f. ▶ combustion.

ignoble adj. 1 *Se comporter de façon ignoble* ▶ abject, bas, dégoûtant, dégradant, dégueulasse (fam.), hideux, horrible, ignominieux, immonde, infâme, infect, innommable, méprisable, odieux, répugnant, vil. 2 *Une odeur ignoble* ▶ affreux, dégoûtant, dégueulasse (fam.), horrible, immonde, infâme, infect, innommable, repoussant, répugnant.

ignoblement adv. *Ils ont été ignoblement traités* ▶ abjectement, bassement, hideusement, horriblement, ignominieusement, indignement, odieusement.

ignominie n. f. 1 *Cette calomnie prouve que nos adversaires sont parvenus au dernier degré de l'ignominie* ▶ abjection, bassesse, infamie, turpitude, vilenie. 2 *Proférer des ignominies* ▶ horreur, monstruosité.

ignominieusement adv. Litt. ▶ honteusement, ignoblement, indignement.

ignominieux, euse adj. Litt. *Une conduite ignominieuse* ▶ abject, avilissant, dégradant, déshonorant, honteux, ignoble, infamant, infâme, méprisable, répugnant, vil.

ignorance n. f. 1 *Être d'une extrême ignorance* ▶ inculture. 2 *J'ai été surpris par son ignorance de la situation réelle* ▶ méconnaissance. 3 *Reconnaître son ignorance en la matière* ▶ incapacité, incompétence, insuffisance. 4 *S'amuser de l'ignorance d'une jeune fille* ▶ candeur, inexpérience, ingénuité, innocence, naïveté.

ignorant, ante adj. 1 *Un enfant ignorant* ▶ analphabète, ignare, illettré, inculte. 2 *S'avouer ignorant en matière d'art* ▶ béotien, inexpérimenté, novice, profane.

ignoré, ée adj. *Des richesses ignorées* ▶ caché, inconnu, inexploré, méconnu.

ignorer v. 1 *Ignorer un nouveau venu* ▶ dédaigner. 2 *Ignorer tout sentiment humain* ▶ faire fi de, méconnaître, se moquer de, négliger.

illégal, ale adj. 1 *Tout cela est parfaitement illégal* ▶ défendu, frauduleux, illicite, interdit, irrégulier, prohibé. 2 *L'exercice illégal de la médecine* ▶ clandestin, parallèle.

illégalement adv. *Introduire illégalement de l'alcool aux USA pendant la prohibition* ▶ clandestinement, frauduleusement, illicitement, irrégulièrement.

illégalité n. f. *L'illégalité d'une procédure* ▶ irrégularité.

illégitime adj. 1 *Un acte illégitime* ▶ inique. 2 *Une requête illégitime* ▶ abusif, indu, infondé, injustifié. 3 *Un enfant illégitime* ▶ adultérin, bâtard, naturel.

illégitimement adv. *Réclamer illégitimement une somme à qqn* ▶ abusivement, indûment.

illégitimité n. f. ▶ iniquité.

illettré, ée adj. ▶ analphabète, ignare, ignorant, inculte.

illicite adj. 1 *Une transaction illicite* ▶ frauduleux, illégal, irrégulier. 2 *Des plaisirs illicites* ▶ coupable, défendu, interdit, prohibé.

illicitement adv. *Jouir illicitement du bien d'autrui* ▶ frauduleusement, illégalement, indûment, irrégulièrement.

illico adv. Fam. ▶ aussitôt, immédiatement, séance tenante, sur-le-champ, tout de suite.

illimité, ée adj. **1** *Des ressources illimitées* ▶ démesuré, gigantesque, immense, incalculable, incommensurable, infini. **2** *Un pouvoir illimité* ▶ absolu, discrétionnaire. **3** *Une durée illimitée* ▶ indéfini.

illisible adj. **1** *Une écriture illisible* ▶ indéchiffrable. **2** Fig. *Un roman illisible* ▶ exécrable, infect, nul (fam.).

illogique adj. *Étant donné ce qu'il vient d'obtenir, il serait illogique qu'il démissionne* ▶ aberrant, absurde, contradictoire, déraisonnable, incohérent, inconséquent, invraisemblable, irrationnel, paradoxal.

illogisme n. m. **1** *L'illogisme d'un raisonnement* ▶ absurdité, incohérence. **2** *L'illogisme d'un comportement* ▶ absurdité, incohérence, inconséquence, irrationalité.

illumination n. f. **1** *L'illumination d'un monument* ▶ éclairement. **2** Fig. *Avoir une soudaine illumination* ▶ éclair, inspiration, trait de génie.

illuminé, ée adj. *Un poète illuminé* ▶ inspiré, mystique.

illuminé, ée n. *Un pays tombé aux mains d'une bande d'illuminés* ▶ enragé, exalté, fanatique, forcené.

illuminer v. **1** *Illuminer un bâtiment* ▶ éclairer. **2** *Un éclair qui illumine le ciel* ▶ embraser.

illusion n. f. **1** *Être victime d'une illusion* ▶ hallucination, leurre, mirage, vision. **2** *Vivre dans l'illusion* ▶ chimère, fantasme, fiction, irréalité, rêve, utopie.

illusionner (s') v. *S'illusionner sur ses propres capacités* ▶ s'abuser, se faire des illusions, se leurrer (litt.), se méprendre, se tromper.

illusionnisme n. m. ▶ magie, prestidigitation.

illusionniste n. ▶ escamoteur, magicien, prestidigitateur.

illusoire adj. *Ils lui ont fait miroiter d'illusoires espérances* ▶ chimérique, fallacieux, faux, fictif, imaginaire, irréel, mythique, spécieux, trompeur, utopique.

illustrateur, trice n. ▶ dessinateur.

illustration n. f. **1** *Une illustration ornant un texte* ▶ image. **2** Fig. *Une illustration des inconvénients de la vie urbaine* ▶ exemple.

illustre adj. **1** *Un artiste illustre* ▶ célèbre, fameux, renommé, réputé. **2** *Une action illustre* ▶ brillant, glorieux, mémorable, prestigieux.

illustrer v. **1** *Illustrer un document avec des images* ▶ décorer. **2** Fig. *Illustrer son propos par de multiples exemples* ▶ éclairer. **3** Fig. *Un obstacle qui illustre la difficulté d'un problème* ▶ démontrer, prouver. **4** **s'illustrer** Litt. *S'illustrer par son courage* ▶ briller, se distinguer.

îlot n. m. **1** Fig. *Un îlot de fraîcheur* ▶ havre, oasis. **2** *Raser un îlot insalubre* ▶ bloc, pâté.

ilote n. m. Litt. *Traiter qqn comme un ilote* ▶ esclave, paria, sous-homme.

image n. f. **1** *Un livre avec des images* ▶ dessin, illustration, planche. **2** *Les images des saints* ▶ effigie, portrait, représentation, tableau. **3** *Les manèges de chevaux de bois sont une image de la condition humaine* ▶ illustration, reflet, représentation. **4** *Il décrit ces scènes de façon si forte qu'on en garde l'image à l'esprit* ▶ peinture, tableau. **5** *Votre voisine une panthère? J'espère que ce n'est qu'une image!* ▶ métaphore. **6** *Soigner son image* ▶ réputation.

imagé, ée adj. **1** *Un récit imagé* ▶ animé, coloré, expressif, haut en couleurs, vivant. **2** *Un style imagé* ▶ métaphorique.

imaginable adj. **1** *Il n'est pas imaginable de le renvoyer sans rien* ▶ admissible, concevable, envisageable, pensable, tolérable. **2** *Tu as fait ça? Ce n'est pas imaginable!* ▶ croyable, vrai (fam.).

imaginaire adj. **1** *Un enfant qui se fabrique un univers imaginaire* ▶ chimérique, fantasmagorique, irréel, onirique. **2** *Le monde imaginaire des contes de Perrault* ▶ fabuleux, fantastique, légendaire, mythique. **3** *Ses prétendus succès sont entièrement imaginaires* ▶ fabriqué, fantaisiste, faux, fictif, inventé. **4** *Se bercer d'espoirs imaginaires* ▶ chimérique, fallacieux, illusoire, spécieux, trompeur.

imaginatif, ive adj. ▶ créatif, inventif.

imagination n. f. **1** *Avoir une imagination débordante* ▶ créativité, fantaisie, inspiration, invention, inventivité. **2** *Ce sont de pures imaginations!* ▶ chimère, divagation, extravagance, fantaisie, fantasme, invention, rêve.

imaginer v. **1** *Imaginer qqch de nouveau* ▶ concevoir, découvrir, inventer, trouver. **2** *Imaginer la joie de qqn* ▶ concevoir, se faire une idée de, se figurer, se représenter. **3** *On ne sait pas ce qu'il est devenu, mais on imagine qu'il a fini par mourir* ▶ admettre, conjecturer, croire, penser, supposer. **4** **s'imaginer** *Il s'imagine déjà dans sa nouvelle maison* ▶ se représenter, se voir. **5** *Il s'imagine que tout le monde l'aime* ▶ croire, se figurer, penser.

imbattable adj. **1** *Un champion imbattable* ▶ invincible. **2** Fig. *Une qualité imbattable* ▶ indépassable.

imbécile adj. *Prendre un air imbécile* ▶ bête, borné, crétin, débile, idiot, inepte, inintelligent, niais, sot, stupide.

imbécile n. *Cet imbécile ne s'est aperçu de rien* ▶ abruti, andouille (fam.), âne, crétin, cruche (fam.), débile, gourde (fam.), idiot, niais, sot.

imbécillité n. f. **1** *L'imbécillité d'une question* ▶ absurdité, crétinerie, débilité, idiotie, ineptie, inintelligence, stupidité. **2** *Faire et dire des imbécillités* ▶ absurdité, ânerie, balourdise, bêtise, bévue, boulette (fam.), bourde, gaffe, idiotie, impair, ineptie, sottise.

imberbe adj. *Un visage imberbe* ▶ glabre, lisse, nu.

imbibé, ée adj. Fam. *Ce malheureux est complètement imbibé* ▶ aviné, soûl.

imbiber v. **1** *Imbiber une poudre pour obtenir une pâte* ▶ hydrater, imprégner, mouiller. **2** *s'imbiber Un linge qui s'imbibe d'eau* ▶ absorber, boire, s'imprégner de, pomper (fam.).

imbrication n. f. *Un roman fondé sur l'imbrication de plusieurs histoires* ▶ combinaison, emboîtement, enchâssement, enchevêtrement, entrecroisement, entrelacement, interpénétration, intrication.

imbriquer v. **1** *Imbriquer les pièces d'un mécanisme* ▶ assembler, emboîter, enchâsser. **2** *s'imbriquer* Fig. *Tout s'imbrique dans cette histoire* ▶ se combiner, s'emboîter, s'enchâsser, s'enchevêtrer, s'entrecroiser, s'entrelacer, s'interpénétrer.

imbroglio n. m. *Cette affaire est devenue un tel imbroglio qu'aucun enquêteur ne s'y retrouve plus* ▶ confusion, embrouillamini (fam.), emmêlement, enchevêtrement, méli-mélo, sac de nœuds (fam.).

imbu, ue adj. *Être imbu de l'importance de sa fonction* ▶ envahi, pénétré, plein, rempli.

imbuvable adj. **1** *Du café imbuvable* ▶ dégoûtant, écœurant, exécrable, infect. **2** Fig. et fam. *Une personne imbuvable* ▶ antipathique, déplaisant, détestable, impossible, infernal, insupportable, intolérable, invivable, odieux.

imitateur, trice n. **1** *Amuser des convives par ses dons d'imitateur* ▶ pasticheur. **2** *Condamner un imitateur* ▶ contrefacteur, faussaire. **3** Spécialement dans le domaine littéraire ▶ plagiaire. **4** *Un tempérament d'imitateur* ▶ copieur, épigone (litt.), suiveur.

imitation n. f. **1** *Vendre une imitation au prix d'un original* ▶ contrefaçon, copie, faux, reproduction. **2** *Ce n'est que de l'imitation* ▶ copiage, démarquage, plagiat. **3** *Une imitation amusante de ses collègues* ▶ caricature, parodie, pastiche. **4** *Une pâle imitation de justice* ▶ apparence, semblant, simulacre. **5** *Un sac en imitation cuir* ▶ simili.

imiter v. **1** *Imiter le style d'un écrivain* ▶ calquer, copier, démarquer, piller, pirater (fam.), plagier, reproduire. **2** *Imiter les tics de son patron* ▶ caricaturer, contrefaire, mimer, parodier, pasticher, simuler, singer (fam.). **3** *Imiter les plus mauvais exemples* ▶ s'aligner sur, copier, suivre. **4** *Une matière qui imite le cuir* ▶ contrefaire, rappeler, ressembler à.

immaculé, ée adj. **1** *Une neige encore immaculée* ▶ blanc, intact, net, propre. **2** *Une enfant encore immaculée* ▶ pur, vierge.

immanent, ente adj. ▶ inhérent, intrinsèque.

immangeable adj. ▶ dégoûtant, écœurant, exécrable, inconsommable, infect.

immanquable adj. *Il va échouer, c'est immanquable* ▶ certain, fatal, forcé, inéluctable, inévitable, infaillible (vx), obligatoire (fam.), obligé (fam.), sûr.

immanquablement adv. *Il va immanquablement vous poser cette question* ▶ à coup sûr, à tous les coups, évidemment, inévitablement, infailliblement, sûrement.

immatériel, elle adj. **1** *Une réalité immatérielle* ▶ impalpable, incorporel, spirituel. **2** *Un voile immatériel* ▶ aérien, arachnéen (litt.), impalpable, vaporeux. **3** *Une créature immatérielle* ▶ éthéré (litt.). **4** *Un plaisir immatériel* ▶ platonique, pur.

immatriculation n. f. **1** *L'immatriculation de qqn à la Sécurité sociale* ▶ enregistrement, inscription. **2** *Un numéro d'immatriculation* ▶ identification.

immatriculer v. ▶ enregistrer, inscrire.

immédiat, ate adj. **1** *Une riposte immédiate* ▶ instantané. **2** *Pronostiquer le déclenchement immédiat d'un conflit* ▶ imminent, prochain.

immédiatement adv. **1** *Qu'il vienne immédiatement* ▶ à l'instant, aussitôt, illico (fam.), incessamment, incontinent (litt.), instantanément, séance tenante, sur-le-champ, sur l'heure, tout de suite. **2** *Passer immédiatement du producteur au consommateur* ▶ directement.

immémorial, ale adj. *Une tradition immémoriale* ▶ ancestral, antique, millénaire, séculaire.

immense adj. 1 *Des galaxies perdues dans un vide immense* ▶ illimité, incommensurable. 2 *Un palais immense* ▶ colossal, démesuré, énorme, géant, gigantesque, monumental. 3 *Des perspectives immenses* ▶ formidable, grandiose, prodigieux.

immensément adv. *Être immensément riche* ▶ colossalement, énormément, extrêmement, incommensurablement, infiniment, prodigieusement.

immensité n. f. 1 *Contempler l'immensité du ciel* ▶ infini, infinité, infinitude (litt.), vastitude (litt.). 2 *L'immensité de sa bêtise stupéfie* ▶ énormité.

immerger v. 1 *Immerger un câble au fond de la mer* ▶ plonger. 2 *s'immerger* Fig. *S'immerger dans un milieu pour l'étudier de l'intérieur* ▶ se plonger.

immérité, ée adj. ▶ injuste, injustifié.

immersion n. f. ▶ plongée.

immettable adj. ▶ importable.

immeuble adj. *Un bien immeuble* ▶ immobilier.

immeuble n. m. *Un immeuble caractéristique de l'époque d'Haussmann* ▶ bâtiment, bâtisse, construction, édifice.

imminence n. f. *Devant l'imminence du danger...* ▶ approche, proximité.

imminent, ente adj. ▶ immédiat, prochain, proche.

immiscer (s') v. *S'immiscer dans les affaires d'autrui* ▶ s'ingérer dans, s'insinuer dans, intervenir dans, se mêler de, mettre son nez dans (fam.).

immixtion n. f. ▶ ingérence, intervention.

immobile adj. 1 *Un corps immobile* ▶ à l'arrêt, fixe, immobilisé, inerte, statique. 2 *Une eau immobile* ▶ dormant, stagnant. 3 *Rester immobile à ne rien faire* ▶ debout, planté.

immobilier, ère adj. *Un bien immobilier* ▶ immeuble.

immobilisation n. f. *L'immobilisation d'un moteur* ▶ arrêt, blocage.

immobiliser v. 1 *Immobiliser les jambes d'un épileptique pendant une crise* ▶ bloquer, coincer, maintenir, retenir, tenir. 2 *La peur l'immobilisa* ▶ clouer, figer, paralyser, pétrifier, statufier, tétaniser. 3 *Immobiliser un moteur* ▶ arrêter, bloquer, stopper. 4 *Immobiliser des capitaux* ▶ geler. 5 *s'immobiliser Des traits qui s'immobilisent* ▶ se figer, se raidir.

immobilisme n. m. ▶ attentisme, conservatisme, inertie, stagnation.

immobiliste adj. ▶ attentiste, conservateur.

immobilité n. f. 1 *Un malade contraint à l'immobilité* ▶ inactivité. 2 *L'immobilité d'un membre* ▶ ankylose, engourdissement, paralysie. 3 *L'immobilité des traits* ▶ fixité, impassibilité. 4 *L'immobilité d'une société* ▶ inertie, paralysie, sclérose, stagnation.

immodéré, ée adj. *Une consommation immodérée de boissons fortes* ▶ abusif, démesuré, effréné, exagéré, excessif, fou, intempérant, outrancier, outré.

immodérément adv. ▶ abusivement, à l'excès, démesurément, excessivement, follement, outrageusement.

immodestie n. f. Litt. ▶ prétention, suffisance.

immolation n. f. Litt. ▶ holocauste, sacrifice.

immoler v. 1 *Immoler une victime à une divinité* ▶ sacrifier. 2 Litt. *Immoler tous les habitants d'un village* ▶ assassiner, exterminer, massacrer. 3 *s'immoler S'immoler pour sauver l'honneur* ▶ se faire hara-kiri, se suicider. 4 Fig. et litt. *S'immoler à la raison d'État* ▶ se sacrifier pour.

immonde adj. 1 *Une arrière-cour immonde* ▶ dégoûtant, ignoble, infect, repoussant, répugnant, sordide. 2 Fig. *Des propos immondes* ▶ abject, avilissant, dégradant, honteux, ignoble, infâme, infect, odieux, révoltant, sordide, vil.

immondices n. f. pl. ▶ déchets, détritus, ordures.

immoral, ale adj. 1 *Un homme politique immoral* ▶ amoral, corrompu, cynique, dépravé. 2 *Mener une vie immorale* ▶ débauché, dépravé, dévergondé, dissolu, pervers.

immoralité n. f. 1 *Dénoncer l'immoralité de certains sportifs* ▶ amoralité, corruption, cynisme, dépravation. 2 *Une jeune fille innocente qu'on taxe d'immoralité* ▶ débauche, dépravation, dévergondage, perversion.

immortaliser v. *Immortaliser le souvenir de qqn* ▶ éterniser, pérenniser (litt.), perpétuer.

immortalité n. f. 1 *Croire à l'immortalité d'une institution* ▶ éternité, pérennité (litt.). 2 *Entrer dans l'immortalité comme le sauveur de l'humanité* ▶ postérité.

immortel, elle adj. 1 *Un amour immortel* ▶ éternel, immuable, impérissable, inaltérable, indéfectible, indestructible, perpétuel. 2 *L'immortel auteur de la Comédie humaine* ▶ glorieux, illustre.

immortel, elle n. ▶ académicien.

immotivé, ée adj. *Une décision immotivée* ▶ arbitraire, gratuit, injustifié.

immuabilité n. f. *L'immuabilité d'une loi physique* ▶ constance, fixité, immobilité, immutabiliser (litt.), invariabilité, pérennité (litt.), permanence.

immuable adj. 1 *Les lois immuables de la physique* ▶ éternel, impérissable, inaltérable, inébranlable. 2 *Des principes immuables* ▶ constant, durable, figé, fixe, indestructible, invariable.

immuablement adv. ▶ constamment, continuellement, invariablement, perpétuellement, sempiternellement, toujours.

immuniser v. 1 *Immuniser qqn contre une maladie infectieuse* ▶ mithridatiser, vacciner. 2 Fig. *Immuniser qqn contre d'inutiles tentations* ▶ garantir, préserver, protéger.

immunité n. f. 1 *L'immunité soustrait son bénéficiaire au droit commun* ▶ dispense, exemption, exonération, franchise. 2 Spécialement à propos de l'immunité parlementaire ▶ inviolabilité. 3 *L'immunité contre les agents pathogènes* ▶ immunisation, protection.

impact n. m. 1 *La trace laissée par l'impact* ▶ choc, collision, coup, heurt. 2 Fig. *L'impact d'une nouvelle* ▶ effet, retentissement. 3 Fig. et fam. *L'impact de la télévision sur la jeunesse* ▶ action, effet, incidence, influence.

impair n. m. ▶ balourdise, bêtise, bourde (fam.), gaffe (fam.), maladresse.

impalpable adj. 1 *Une substance impalpable* ▶ intangible. 2 Fig. *Se heurter à des obstacles impalpables* ▶ insaisissable. 3 Fig. *Un voile d'une impalpable transparence* ▶ aérien, arachnéen (litt.), immatériel, vaporeux.

imparable adj. 1 *Un coup imparable* ▶ inévitable. 2 *Une logique imparable* ▶ implacable, incontournable, inéluctable, inexorable.

impardonnable adj. *Une faute impardonnable* ▶ inexcusable, irrémissible (litt.).

imparfait, aite adj. 1 *Une culture imparfaite* ▶ approximatif, ébauché, élémentaire, fragmentaire, inachevé, incomplet, insuffisant, lacunaire, rudimentaire, sommaire. 2 *Un raisonnement imparfait* ▶ attaquable, boiteux, critiquable, défectueux, discutable, grossier, médiocre.

imparfaitement adv. ▶ approximativement, incomplètement, insuffisamment, sommairement.

imparti, ie adj. *Les tâches imparties à chacun* ▶ affecté, attribué, dévolu, réservé.

impartial, ale adj. ▶ droit, équitable, intègre, juste, neutre, objectif.

impartialement adv. ▶ équitablement, justement, objectivement.

impartialité n. f. ▶ droiture, équité, justice, neutralité, objectivité.

impartir v. *Respectez les dons que la nature vous a impartis* ▶ accorder, attribuer, octroyer, réserver.

impasse n. f. ▶ cul-de-sac, voie sans issue.

impassibilité n. f. 1 *L'impassibilité devant le danger* ▶ flegme, imperturbabilité, placidité, sang-froid. 2 *L'impassibilité du sage* ▶ ataraxie (litt.), stoïcisme. 3 *L'impassibilité d'un regard* ▶ immobilité.

impassible adj. 1 *Rester impassible devant le danger* ▶ flegmatique, impavide (litt.), imperturbable, placide. 2 *Rester impassible devant la mort* ▶ stoïque. 3 *Un visage impassible* ▶ immobile, impénétrable.

impassiblement adv. ▶ flegmatiquement, imperturbablement, placidement, stoïquement.

impatiemment adv. *Attendre impatiemment un résultat* ▶ anxieusement, avidement, fébrilement, fiévreusement, nerveusement.

impatience n. f. 1 *Se précipiter sur qqch avec impatience* ▶ avidité, empressement, fièvre, fougue, hâte, impétuosité, précipitation. 2 *Attendre le résultat avec impatience* ▶ anxiété, nervosité. 3 *Avoir un geste d'impatience* ▶ agacement, énervement, exaspération, irritation.

impatient, ente adj. 1 *Un jeune homme impatient* ▶ ardent, avide, bouillant, fébrile, fougueux, impétueux. 2 *Il est impatient de vous rencontrer* ▶ pressé.

impatienter v. 1 *Sa balourdise impatiente tout le monde* ▶ agacer, crisper, énerver, exaspérer, excéder, horripiler. 2 **s'impatienter** *Vous devriez vous dépêcher, il s'impatiente* ▶ bouillir, piaffer, ronger son frein (fam.).

impavide adj. Litt. ▶ flegmatique, impassible, imperturbable, placide.

impayé n. m. ▶ arriéré, dette.

impeccable adj. 1 *Un travail vraiment impeccable* ▶ excellent, irréprochable, parfait. 2 *Avec ça, ma nappe est impeccable* ▶ net, propre.

impeccablement adv. *Restituer impeccablement l'atmosphère des années 50* ▶ admirablement, irréprochablement, merveilleusement, parfaitement.

impedimenta n. m. pl. Fig. et litt. *Des impedimenta de dernière minute* ▶ contretemps, difficultés, écueils, empêchements, ennuis, entraves, freins, gênes, obstacles, os (fam.), traverses (litt.).

impénétrable adj. 1 *Une végétation impénétrable* ▶ dense, serré, touffu. 2 Fig. *Des desseins impénétrables* ▶ énigmatique, hermétique, incompréhensible, indéchiffrable, inexplicable, inintelligible, insondable, mystérieux, obscur, secret, sibyllin (litt.), ténébreux. 3 Fig. *Un personnage impénétrable* ▶ énigmatique, insaisissable, mystérieux, secret.

impénitent, ente adj. *Un menteur impénitent* ▶ endurci, incorrigible, invétéré, irrécupérable.

impensable adj. ▶ inconcevable, incroyable, inimaginable, invraisemblable.

impératif, ive adj. 1 *Une obligation impérative* ▶ impérieux, pressant, urgent. 2 *Des consignes impératives* ▶ exprès, formel. 3 *Un ton impératif* ▶ autoritaire, dominateur, impérieux, péremptoire, tranchant. 4 *Le mode impératif* ▶ injonctif.

impératif n. m. *Un impératif de santé* ▶ exigence, nécessité.

impérativement adv. *Il doit impérativement partir aujourd'hui* ▶ absolument, à tout prix, coûte que coûte, nécessairement, obligatoirement.

imperceptible adj. 1 *Une trace imperceptible à l'œil nu* ▶ indiscernable, invisible. 2 *Un bruit imperceptible* ▶ inaudible, insaisissable, insensible. 3 *Une quantité imperceptible* ▶ infime, insignifiant, minime, négligeable. 4 *Des progrès imperceptibles* ▶ insensible, microscopique, minuscule.

imperceptiblement adv. ▶ à peine, insensiblement, légèrement.

imperfectif n. m. *L'imperfectif est une catégorie aspectuelle* ▶ inaccompli.

imperfection n. f. 1 *L'imperfection de l'intelligence humaine* ▶ faiblesse, médiocrité. 2 *Aimer qqn malgré ses imperfections* ▶ défaut, faiblesse, travers. 3 *Les imperfections d'une machine* ▶ défaut, défectuosité, malfaçon, tare, vice.

impérialisme n. m. 1 *L'impérialisme de l'Angleterre victorienne* ▶ colonialisme, expansionnisme. 2 *L'impérialisme d'un pouvoir* ▶ absolutisme, autoritarisme, despotisme.

impérieusement adv. ▶ absolument, irrépressiblement, irrésistiblement.

impérieux, euse adj. 1 *Un besoin impérieux* ▶ impératif, incoercible (litt.), irrépressible, irrésistible, pressant, urgent, violent. 2 *Un ton impérieux* ▶ autoritaire, cassant, catégorique, dictatorial, dominateur, impératif, péremptoire, tranchant.

impérissable adj. ▶ éternel, immortel, immuable, inaltérable, indéfectible, indestructible, perpétuel.

impéritie n. f. Litt. ▶ inaptitude, incapacité, incompétence.

imperméabilité n. f. Fig. et litt. *L'imperméabilité devant la souffrance d'autrui* ▶ incompréhension, indifférence, insensibilité.

imperméable adj. 1 *Un joint imperméable* ▶ étanche, hermétique, waterproof. 2 Fig. *Être imperméable aux critiques* ▶ fermé, impénétrable, inaccessible, indifférent, insensible, réfractaire, sourd.

impersonnel, elle adj. *Un intérieur impersonnel* ▶ banal, insignifiant, neutre, quelconque.

impertinemment adv. ▶ effrontément, impudemment, insolemment, irrespectueusement, irrévérencieusement.

impertinence n. f. 1 *Répondre avec impertinence* ▶ audace, culot (fam.), désinvolture, effronterie, hardiesse, impudence (litt.), insolence, irrespect, irrévérence (litt.), outrecuidance (litt.), toupet (fam.). 2 *Commettre une impertinence* ▶ incorrection, insolence.

impertinent, ente adj. *Un élève impertinent* ▶ audacieux, cavalier, culotté (fam.), désinvolte, effronté, hardi, impudent, insolent, irrespectueux, irrévérencieux, outrecuidant (litt.).

imperturbabilité n. f. *Accueillir la nouvelle d'une catastrophe avec la plus parfaite imperturbabilité* ▶ calme, détachement, flegme, impassibilité, placidité, sang-froid.

imperturbable adj. *Rester imperturbable au milieu des pires difficultés* ▶ calme, détaché, flegmatique, impassible, impavide, inébranlable, olympien, placide.

imperturbablement adv. ▶ flegmatiquement, impassiblement, placidement.

impétrant, ante n. ▶ bénéficiaire, lauréat.

impétueusement adv. ▶ fougueusement, furieusement, passionnément, vivement.

impétueux, euse adj. 1 *Un orateur impétueux* ▶ ardent, bouillant, exalté, fougueux, véhément. 2 *Un tempérament impétueux* ▶ ardent, explosif, pétulant, volcanique. 3 *Un rythme impétueux* ▶ déchaîné, effréné, endiablé, enragé, frénétique, furieux, violent.

impétuosité n. f. 1 *Réagir avec l'impétuosité de la jeunesse* ▶ ardeur, emballement, emportement, exaltation, fièvre, flamme, fougue, frénésie, furia, impatience, pétulance, précipitation, véhémence, vivacité. 2 *L'impétuosité des éléments* ▶ ardeur, emballement, fureur, furie, rage, violence.

impie adj. Litt. *Des paroles impies* ▶ blasphématoire, sacrilège.

impie n. Litt. *Persécuter les impies* ▶ athée, incrédule, incroyant.

impiété n. f. 1 Litt. *Favoriser les progrès de l'impiété* ▶ agnosticisme, athéisme, incrédulité, incroyance, irréligion. 2 Litt. *Commettre une impiété* ▶ blasphème, profanation, sacrilège.

impitoyable adj. 1 *Un adversaire impitoyable* ▶ implacable, inexorable, inflexible, intraitable, intransigeant, irréductible. 2 *Une haine impitoyable* ▶ acharné, farouche, féroce, forcené, implacable, inexpiable, mortel. 3 *Un règlement impitoyable* ▶ draconien.

impitoyablement adv. *Traiter qqn impitoyablement* ▶ cruellement, férocement, sauvagement.

implacable adj. 1 *Un ennemi implacable* ▶ impitoyable, inexorable, inflexible, intraitable, intransigeant, irréductible. 2 *Une haine implacable* ▶ acharné, farouche, féroce, forcené, impitoyable, inexpiable, mortel. 3 *L'accomplissement implacable du destin* ▶ immanquable, imparable, inéluctable, inévitable, inexorable.

implacablement adv. *Le destin s'accomplit implacablement* ▶ forcément, immanquablement, inéluctablement, inévitablement, inexorablement, infailliblement, nécessairement.

implantation n. f. *L'implantation d'une industrie nouvelle dans une région* ▶ ancrage, établissement, fixation, installation.

implanter v. 1 *Implanter un nouvel usage* ▶ ancrer, enraciner, établir, fixer. 2 **s'implanter** *Une population qui s'implante dans de nouveaux territoires* ▶ s'établir, se fixer, s'installer. 3 Fig. *Une doctrine qui s'est implantée récemment* ▶ s'ancrer, s'enraciner.

implication n. f. ▶ conséquence, incidence, prolongement, retombée, suite.

implicite adj. ▶ informulé, sous-entendu, tacite.

implicitement adv. ▶ tacitement.

impliquer v. 1 *Impliquer un ami dans un complot* ▶ compromettre, engager, mêler, mettre en cause, mouiller (fam.). 2 *La politesse implique l'exactitude* ▶ comporter, comprendre, contenir, inclure, renfermer. 3 *Se mettre en colère implique un certain nombre de désagréments* ▶ amener, causer, engendrer, entraîner, occasionner. 4 *Ce que vous dites implique que vous prenez l'affaire au sérieux* ▶ montrer, signifier, supposer, vouloir dire. 5 **s'impliquer** *S'impliquer dans un projet* ▶ s'investir, s'engager (fam.).

implorant, ante adj. ▶ pressant, suppliant.

imploration n. f. ▶ adjuration, prière, supplication.

implorer v. 1 *Implorer qqn* ▶ adjurer, conjurer, en appeler à, prier, supplier. 2 *Implorer une faveur* ▶ mendier, quémander, quêter, réclamer, solliciter.

impoli, ie adj. 1 *Des manières impolies* ▶ cavalier, déplacé, impertinent, impudent, inconvenant, indélicat, malséant (litt.). 2 *Être impoli à l'égard de qqn* ▶ discourtois, grossier, incorrect, irrespectueux, irrévérencieux, mal élevé, mal poli (fam.), sans-gêne.

impoli, ie n. *Cet impoli a indisposé tout le monde* ▶ goujat, impertinent, malappris, mal élevé, mal poli (fam.), mufle.

impoliment adv. ▶ effrontément, grossièrement, impertinemment, insolemment.

impolitesse n. f. 1 *Une conduite d'une rare impolitesse* ▶ goujaterie, grossièreté, impertinence, inconvenance, incorrection, insolence, irrespect, muflerie, rusticité, sans-gêne. 2 *Commettre une impolitesse* ▶ goujaterie, impertinence, inconvenance, incorrection, insolence, muflerie.

impondérable n. m. *Toute entreprise comporte une part d'impondérable* ▶ hasard, imprévu, incertitude, risque.

impopulaire adj. ▶ mal vu.

importable adj. *Un corsage importable* ▶ immettable.

importance n. f. 1 *L'importance d'un événement* ▶ ampleur, dimension, étendue, grandeur, gravité, intérêt, poids, portée, taille, valeur. **2** *L'importance d'un homme politique* ▸ autorité, crédit, influence, poids, prestige, puissance. **3** *Être gonflé d'importance* ▸ arrogance, fatuité, orgueil, outrecuidance (litt.), suffisance, vanité.

important, ante adj. **1** *Un auteur littéraire important* ▸ célèbre, connu, éminent, illustre, renommé. **2** *Un homme politique important* ▸ influent, puissant. **3** *Prendre des airs importants* ▸ arrogant, avantageux, fat, infatué, outrecuidant (litt.), prétentieux, ramenard (fam.), suffisant. **4** *Un événement important* ▸ marquant. **5** *Une augmentation importante* ▸ appréciable, conséquent, coquet, fort, notable, sensible, substantiel. **6** *Le plus important est fait* ▸ pressé, urgent. **7** *C'est important à savoir* ▸ bon, intéressant, précieux, utile.

importation n. f. *L'importation de nouveaux modes de vie* ▸ introduction.

importer v. **1** *Cela importe vraiment peu* ▸ compter, entrer en ligne de compte, jouer, peser. **2** *Il importe de savoir très vite combien nous serons* ▸ convenir de, falloir. **3** *Cette affaire vous importe vraiment ?* ▸ intéresser.

importun, une adj. **1** *Un visiteur importun* ▸ agaçant, assommant, barbant (fam.), embêtant (fam.), ennuyeux, envahissant, rasoir (fam.). **2** *Une présence importune* ▸ déplaisant, désagréable, ennuyeux, fâcheux, gênant, inopportun, intempestif, pesant.

importun n. m. *Se débarrasser d'un importun* ▸ casse-pieds (fam.), enquiquineur (fam.), fâcheux (litt.), gêneur, intrus.

importuner v. **1** *Importuner qqn par de continuelles demandes* ▸ agacer, assommer (fam.), asticoter (fam.), casser les pieds à (fam.), déranger, embarrasser, embêter (fam.), ennuyer, fatiguer, gêner, harceler, indisposer, tarabuster (fam.), tourmenter, tracasser. **2** *La fumée ne vous importune pas?* ▸ déranger, incommoder.

imposable adj. ▸ taxable.

imposant, ante adj. **1** *Une architecture aux proportions imposantes* ▸ considérable, grandiose, impressionnant, majestueux, monumental. **2** *Une imposante matrone* ▸ corpulent, massif.

imposer v. **1** *Imposer une catégorie de revenus* ▸ taxer. **2** *Imposer une punition à un enfant* ▸ faire subir, infliger. **3** *Imposer ses conditions* ▸ dicter, édicter, fixer. **4** *La situation impose la plus grande vigilance* ▸ commander, demander, exiger, nécessiter, prescrire. **5 en imposer** *En imposer par sa stature* ▸ éblouir, en jeter (fam.), épater, impressionner. **6 s'imposer** *S'imposer dans une course* ▸ avoir le dessus, dominer, triompher. **7** *S'imposer des sacrifices* ▸ s'astreindre à, se contraindre à, se forcer à, s'obliger à.

imposition n. f. **1** *Le recouvrement des impositions* ▸ contribution, impôt, taxe. **2** *Réclamer l'imposition des grosses fortunes* ▸ taxation.

impossibilité n. f. *Nous sommes pour l'instant dans l'impossibilité de vous répondre* ▸ incapacité.

impossible adj. **1** *Une tâche impossible* ▸ impraticable, inaccessible, inexécutable, infaisable, irréalisable. **2** *Un problème impossible* ▸ inextricable, insoluble. **3** *Bâtir des rêves impossibles au lieu de travailler* ▸ absurde, chimérique, illusoire, irréalisable, utopique, vain. **4** *Des résultats logiquement impossibles* ▸ contradictoire, incompatible, inconciliable. **5** *Un caractère impossible* ▸ difficile, horrible (fam.), infernal (fam.), insupportable, intraitable, invivable. **6** *Il lui est arrivé une histoire impossible* ▸ extravagant, impensable, inconcevable, incroyable, inimaginable, inouï, invraisemblable.

imposteur n. m. **1** *Un trône occupé par un imposteur* ▸ usurpateur. **2** *Même les meilleurs médecins se sont laissés abuser par cet imposteur* ▸ simulateur. **3** *Ce prétendu novateur n'est qu'un imposteur* ▸ bluffeur (fam.), charlatan, mystificateur.

imposture n. f. *Considérer toute forme d'art moderne comme une imposture* ▸ blague (fam.), canular (fam.), charlatanisme, mystification, tromperie.

impôt n. m. *Se plaindre d'être écrasé d'impôts* ▸ charge, contribution, imposition, redevance, taxe.

impotence n. f. ▸ infirmité, invalidité.

impotent, ente adj. et n. ▸ estropié, infirme, invalide.

impraticable adj. **1** *Une mesure impraticable* ▸ inapplicable, inexécutable, irréalisable. **2** *Un chemin impraticable pour les voitures* ▸ inaccessible.

imprécation n. f. Litt. ▸ anathème, exécration (vx), malédiction.

imprécis, ise adj. **1** *Une évaluation imprécise* ▸ approximatif, incertain, vague. **2** *Des teintes et des contours imprécis* ▸ flou, fondu, incertain, indécis, indéfini, indéfinissable, indéterminé, indiscernable, indistinct, vague.

imprécision n. f. **1** *L'imprécision d'un texte de loi* ▸ flou, indétermination, vague.

imprégnation

2 *Un bon exposé, malgré quelques imprécisions* ▶ à-peu-près, approximation.

imprégnation n. f. **1** *L'imprégnation d'un panneau de bois* ▶ imbibition. **2** *L'imprégnation des valeurs culturelles chez les populations immigrées* ▶ appropriation, assimilation, intégration.

imprégné, ée adj. Fig. *Être tout imprégné de son importance* ▶ envahi, imbu, pénétré, plein, rempli.

imprégner v. *Imprégner un linge de vinaigre* ▶ gorger, imbiber, tremper.

imprenable adj. *Une citadelle imprenable* ▶ inexpugnable, invincible.

imprésario n. m. ▶ agent.

imprescriptible adj. ▶ éternel, immortel, immuable.

impression n. f. **1** *Faire part de son impression* ▶ appréciation, jugement, opinion, pensée, sentiment, vues. **2** *Avoir l'impression d'un changement* ▶ intuition, sensation, sentiment. **3** *Faire beaucoup d'impression à qqn* ▶ effet. **4** *Ne pas laisser une impression durable* ▶ empreinte, souvenir, trace. **5** *Une impression soignée* ▶ édition, tirage, typographie.

impressionnable adj. ▶ émotif, sensible.

impressionnant, ante adj. **1** *Éviter les spectacles trop impressionnants* ▶ bouleversant, émouvant, frappant, pathétique, poignant, saisissant. **2** *Une architecture aux proportions impressionnantes* ▶ grandiose, imposant, majestueux, monumental.

impressionner v. **1** *Cet accident l'a vivement impressionné* ▶ affecter, bouleverser, ébranler, émouvoir, frapper, remuer, retourner (fam.), secouer (fam.), toucher, traumatiser, troubler. **2** *Chercher à impressionner qqn* ▶ bluffer (fam.), éblouir, en imposer à, en mettre plein la vue à (fam.), épater (fam.), esbroufer (fam.), intimider, jeter de la poudre aux yeux à.

imprévoyance n. f. *Dénoncer l'imprévoyance de la jeunesse* ▶ imprudence, insouciance, irréflexion, légèreté, négligence.

imprévoyant, ante adj. ▶ écervelé (fam.), imprudent, insouciant, irréfléchi, léger, négligent, tête de linotte (fam.), tête en l'air (fam.).

imprévu, ue adj. ▶ accidentel, brusque, fortuit, inattendu, inopiné, soudain, subit.

imprévu n. m. **1** *Les imprévus de la vie* ▶ aléa, hasard. **2** *Une vie qui manque d'imprévu* ▶ fantaisie, originalité, pittoresque.

imprimé n. m. *Remplir un imprimé avant d'entrer* ▶ bordereau, formulaire.

imprimer v. **1** *Imprimer un document* ▶ éditer, tirer. **2** **s'imprimer** Fig. *Un souvenir qui s'imprime dans les mémoires* ▶ se fixer, se graver, se marquer.

improbabilité n. f. ▶ invraisemblance.

improbable adj. *On a tout envisagé, même les solutions les plus improbables* ▶ douteux, hypothétique, incertain, invraisemblable, problématique.

improductif, ive adj. **1** *Une terre improductive* ▶ aride, infécond (litt.), infertile (litt.), ingrat, stérile. **2** *Des efforts improductifs* ▶ inefficace, infructueux, inutile, stérile, vain.

impromptu adv. Litt. *Arriver impromptu* ▶ à l'improviste, inopinément, sans crier gare (fam.).

impromptu, ue adj. *Un concert impromptu* ▶ improvisé.

impropre adj. **1** *Il serait tout à fait impropre de parler de crise avec les bénéfices que nous dégageons* ▶ abusif, inadapté, inadéquat, inapproprié, incorrect, inexact. **2** *Être impropre à certains travaux* ▶ inapte à, incompétent pour.

improprement adv. ▶ abusivement, incorrectement.

impropriété n. f. ▶ incorrection.

improuvable adj. ▶ indémontrable, invérifiable.

improvisé, ée adj. *Une fête improvisée* ▶ impromptu.

improviste (à l') adv. ▶ abruptement, au débotté (fam.), au dépourvu, ex abrupto, impromptu (litt.), inopinément, par surprise, sans crier gare (fam.), soudainement, subitement, tout à coup, tout à trac.

imprudemment adv. ▶ à la légère, étourdiment, inconsidérément.

imprudence n. f. *L'imprudence d'une politique* ▶ imprévoyance, inconscience, inconséquence, irréflexion, légèreté, témérité.

imprudent, ente adj. et n. **1** *Un jeune homme imprudent* ▶ casse-cou, écervelé, léger, risque-tout, téméraire. **2** *Des propos imprudents* ▶ audacieux, aventureux, dangereux, hasardé, hasardeux, inconséquent, inconsidéré, osé, périlleux, risqué.

impudemment adv. ▶ cyniquement, effrontément, insolemment.

impudence n. f. *Il a eu l'impudence de nous demander de l'aide après nous en avoir lui-même refusé* ▶ aplomb, arrogance, audace, culot (fam.), cynisme, effronterie, front, hardiesse, impertinence, indécence, insolence, outrecuidance, témérité, toupet (fam.).

impudent, ente adj. ▶ arrogant, audacieux, culotté (fam.), cynique, effronté, éhonté, hardi, indécent, insolent, outrecuidant (litt.).

impudeur n. f. **1** *L'impudeur d'un spectacle* ▶ impudicité (litt.), inconvenance, indécence, lasciveté, licence, obscénité. **2** *Il a même eu l'impudeur de protester* ▶ aplomb, culot (fam.), cynisme, front, impudence, inconvenance, outrecuidance (litt.), toupet (fam.).

impudicité n. f. Litt. ▶ impudeur, indécence, lasciveté, licence, obscénité.

impudique adj. **1** *Un propos impudique* ▶ inconvenant, indécent, lascif, libidineux, licencieux, lubrique, luxurieux (litt.), obscène, paillard, salé, sale. **2** *Une personne impudique* ▶ débauché, dépravé, dévergondé, dissolu, immoral.

impudiquement adv. ▶ indécemment.

impuissance n. f. *Être envahi par un immense sentiment d'impuissance* ▶ faiblesse, incapacité, insuffisance.

impuissant, ante adj. **1** *Des efforts louables, mais impuissants* ▶ improductif, inefficace, infructueux, inopérant, inutile, sans résultat, stérile, vain. **2** *Se sentir impuissant devant la montée d'un péril* ▶ démuni, désarmé, faible, sans défense, vulnérable. **3** Litt. *Une âme impuissante au mensonge* ▶ incapable de.

impulsif, ive adj. ▶ bouillant, emporté, fougueux, spontané.

impulsion n. f. **1** *Un effet d'impulsion* ▶ élan, entraînement, lancée, poussée. **2** Fig. *Agir sous l'impulsion d'un sentiment de vengeance* ▶ action, effet, influence, pression.

impulsivement adv. *Se lancer impulsivement à la poursuite des fuyards* ▶ d'instinct, instinctivement, spontanément.

impur, ure adj. **1** *Une atmosphère impure* ▶ pollué, vicié. **2** Fig. et litt. *Des pensées impures* ▶ corrompu, dépravé, dévoyé, immoral, impudique, indécent, lascif, libidineux, lubrique, malhonnête, obscène, sale, vicieux.

impureté n. f. **1** *L'impureté de l'air* ▶ corruption (litt.), pollution. **2** *Une eau pleine d'impuretés* ▶ cochonnerie (fam.), saleté. **3** Fig. et litt. *Dénoncer l'impureté des mœurs* ▶ corruption, dépravation, immoralité, impudicité (litt.), indécence, lasciveté.

imputable adj. *Une erreur imputable à l'inexpérience* ▶ attribuable, dû.

imputation n. f. **1** *Des imputations mensongères* ▶ accusation, incrimination. **2** *L'imputation d'une somme à un compte* ▶ affectation, assignation, attribution.

imputer v. **1** *Imputer à qqn la responsabilité de qqch* ▶ attribuer à, prêter à, rejeter sur. **2** *Imputer une somme à un poste comptable* ▶ affecter, assigner, attribuer.

imputrescible adj. ▶ inaltérable, inattaquable, incorruptible.

inabordable adj. **1** *Une personne inabordable* ▶ inaccessible, inapprochable, intouchable. **2** *Un restaurant inabordable* ▶ exorbitant, hors de portée, hors de prix, inaccessible.

inacceptable adj. *Des propos inacceptables* ▶ inadmissible, insupportable, intolérable, irrecevable.

inaccessible adj. **1** *Un chemin inaccessible pour les voitures* ▶ impraticable. **2** *Être inaccessible à la douleur d'autrui* ▶ étranger, fermé, imperméable, indifférent, insensible, réfractaire, sourd. **3** *Jouer à la grande dame inaccessible* ▶ arrogant, distant, fier, froid, hautain, méprisant. **4** *Un objectif inaccessible* ▶ hors d'atteinte, impossible, inabordable, inapprochable, intouchable. **5** *Un restaurant inaccessible* ▶ exorbitant, hors de portée, hors de prix, inabordable.

inaccompli n. m. *La catégorie aspectuelle de l'inaccompli* ▶ imperfectif.

inaccoutumé, ée adj. ▶ anormal, exceptionnel, inhabituel, insolite, inusité, rare.

inachevé, ée adj. **1** *Laisser une phrase inachevée* ▶ en suspens. **2** *Il demande un délai, son travail est encore inachevé* ▶ imparfait, incomplet.

inactif, ive adj. et n. **1** *Rester inactif par désir de se reposer* ▶ désœuvré, inoccupé, oisif. **2** *Être inactif par tempérament* ▶ fainéant, paresseux. **3** *Rester inactif malgré l'urgence* ▶ apathique, immobile, passif. **4** *Un remède inactif* ▶ anodin, inefficace, inopérant.

inaction n. f. ▶ désœuvrement, immobilité, inactivité, inertie, léthargie, oisiveté, torpeur.

inactuel

inactuel, elle adj. ▶ caduc, dépassé, out (fam.), périmé, suranné.

inadapté, ée adj. **1** *Un individu inadapté* ▶ asocial, caractériel, marginal. **2** *Une solution inadaptée* ▶ inadéquat, inapproprié.

inadéquat, ate adj. ▶ inadapté, inapproprié.

inadmissible adj. *Des propos inadmissibles* ▶ inacceptable, inexcusable, insoutenable, insupportable, intolérable, irrecevable.

inadvertance (par) adv. *Faire une erreur par inadvertance* ▶ par distraction, par étourderie, par inattention, par mégarde, par négligence.

inaliénable adj. *Un privilège inaliénable* ▶ incessible, incommunicable, intransmissible.

inaltérable adj. **1** *Une matière inaltérable* ▶ imputrescible, inattaquable, incorruptible, inusable. **2** Fig. *Une sérénité inaltérable* ▶ constant, éternel, immuable, impérissable, indéfectible, indestructible, invariable, permanent, perpétuel.

inaltéré, ée adj. ▶ immaculé, intact, pur.

inamical, ale adj. ▶ déplaisant, hostile, malveillant.

inanimé, ée adj. **1** *Tomber inanimé* ▶ évanoui, sans connaissance. **2** *Un corps inanimé* ▶ immobile, inerte.

inanité n. f. Litt. *L'inanité d'une remarque* ▶ futilité, inconsistance, inutilité, vanité.

inappétence n. f. **1** *Ne rien manger par inappétence* ▶ anorexie. **2 inappétence sexuelle** Pour un homme ▶ impuissance. **3** Pour une femme ▶ frigidité.

inapplicable adj. ▶ impraticable, inexécutable, irréalisable.

inapplication n. f. *Un élève d'une inapplication préoccupante* ▶ distraction, étourderie, inattention, insouciance, laisser-aller, négligence.

inappréciable adj. **1** *Une différence inappréciable* ▶ indéterminable. **2** *Un avantage inappréciable* ▶ considérable, immense, incalculable, inestimable, sans prix.

inapprochable adj. ▶ inabordable, inaccessible, intouchable.

inapproprié, ée adj. *Il serait parfaitement inapproprié de dire qu'il a échoué* ▶ impropre, inadapté, inadéquat, inexact.

inapte adj. ▶ impropre, incapable, incompétent.

inaptitude n. f. ▶ impéritie (litt.), incapacité, incompétence.

inarticulé, ée adj. *Entendre des plaintes inarticulées* ▶ indistinct.

inassimilable adj. ▶ indigeste, lourd.

inassouvi, ie adj. ▶ frustré, inapaisé, insatisfait.

inassouvissement n. m. ▶ frustration, insatisfaction.

inattaquable adj. **1** *Une puissance inattaquable* ▶ hors d'atteinte, imbattable, imprenable, invincible, invulnérable. **2** Fig. *Une conduite inattaquable* ▶ irrépréhensible, irréprochable. **3** Fig. *Une démonstration inattaquable* ▶ impeccable, incontestable, indiscutable, irréfutable, irréprochable, parfait.

inattendu, ue adj. **1** *Un événement inattendu* ▶ accidentel, brusque, fortuit, imprévu, inopiné, soudain, subit. **2** *Une nouvelle inattendue* ▶ déconcertant, déroutant, surprenant.

inattentif, ive adj. *Un élève inattentif* ▶ absent, dissipé, distrait, écervelé, étourdi, évaporé, inappliqué, négligent.

inattention n. f. *Un moment d'inattention a suffi* ▶ distraction, étourderie, inadvertance, négligence.

inaudible adj. ▶ imperceptible.

inauguration n. f. *L'inauguration d'un nouveau centre commercial* ▶ lancement, ouverture.

inaugurer v. **1** Vx *Inaugurer un temple* ▶ consacrer. **2** Fig. *Nous inaugurons demain la dernière phase de ce travail* ▶ commencer, entamer, entreprendre.

inauthentique adj. ▶ apocryphe, controuvé (litt.), faux.

inavouable adj. *Recourir à des procédés inavouables* ▶ déshonorant, honteux, infâme.

incalculable adj. **1** *La quantité incalculable des grains de sable* ▶ illimité, indénombrable, indéterminable, infini, innombrable. **2** *Des conséquences incalculables* ▶ considérable, démesuré, énorme, immense, incommensurable, inimaginable.

incandescence n. f. Fig. et litt. *L'incandescence des passions* ▶ ardeur, feu.

incandescent, ente adj. **1** *Des cendres incandescentes* ▶ ardent, brûlant. **2** Fig. *Une imagination incandescente* ▶ ardent, brûlant, embrasé, enflammé.

incantation n. f. ▶ mélopée, prière.

incapable adj. 1 *Un employé incapable* ▶ ignare, ignorant, inapte, incompétent, inefficace. 2 *Être incapable de mentir* ▶ impuissant à (litt.).

incapable n. *Renvoyez tous ces incapables* ▶ bon à rien, médiocre, minable (fam.), nul, nullité, propre-à-rien, zéro.

incapacité n. f. 1 *L'incapacité à comprendre qqch* ▶ impuissance, inaptitude. 2 *Être d'une parfaite incapacité* ▶ ignorance, impéritie (litt.), incompétence. 3 *Une incapacité majeure* ▶ handicap, infirmité, invalidité.

incarcération n. f. *Profiter de son incarcération pour écrire ses mémoires* ▶ captivité, détention, emprisonnement, enfermement, internement.

incarcérer v. ▶ boucler (fam.), coffrer (fam.), écrouer, emprisonner, enfermer, interner.

incarnation n. f. *C'est l'incarnation de la générosité* ▶ image, personnification.

incarner v. *La personne du roi incarnait la loi* ▶ figurer, personnifier, représenter, symboliser.

incartade n. f. ▶ caprice, écart, extravagance, faux-pas, folie, frasque, fredaine.

incendiaire adj. Fig. *Des propos incendiaires* ▶ séditieux, subversif.

incendiaire n. ▶ pyromane.

incendie n. m. 1 *L'incendie a entièrement détruit la forêt* ▶ feu, flammes, sinistre. 2 Fig. *Craindre des incendies à l'Est* ▶ bouleversement, conflagration, embrasement, révolution.

incendier v. 1 *Incendier une voiture* ▶ brûler. 2 Fig. et litt. *Incendier les esprits* ▶ enflammer, surexciter.

incertain, aine adj. 1 *Être incertain quant à la conduite à tenir* ▶ embarrassé, flottant, hésitant, indécis, indéterminé (litt.), irrésolu, perplexe. 2 *Un événement incertain* ▶ aléatoire, contingent, douteux, éventuel, hypothétique, problématique. 3 *Se lancer dans une entreprise incertaine* ▶ aventuré, aventureux, hasardeux, osé, risqué. 4 *Le temps du week-end est incertain* ▶ changeant, fluctuant, indécis, instable, précaire, vacillant, variable. 5 *Une image incertaine* ▶ brouillé, confus, flou, fondu, imprécis, indistinct, trouble, vague. 6 *Le sens de ce texte est incertain* ▶ ambigu, douteux, équivoque, indéterminé.

incertitude n. f. 1 *Être en pleine incertitude* ▶ doute, embarras, flottement, hésitation, indécision, irrésolution, perplexité. 2 *L'incertitude des choses humaines* ▶ fragilité, imprévisibilité, inconstance, précarité. 3 *Les incertitudes de la guerre* ▶ aléa, danger, hasard, impondérable, imprévu, péril, risque. 4 *L'incertitude du temps* ▶ instabilité, variabilité.

incessamment adv. 1 Vx *Demander incessamment de nouveaux jouets* ▶ constamment, continuellement, toujours. 2 *Il doit revenir incessamment* ▶ bientôt, sous peu, tout de suite.

incessant, ante adj. 1 *Des plaintes incessantes* ▶ continuel, perpétuel, sempiternel. 2 *Ce genre de malades réclame une attention incessante* ▶ constant, continu, continuel, ininterrompu, permanent, suivi.

incessible adj. *Des droits incessibles* ▶ inaliénable, incommunicable, intransmissible.

inchangé, ée adj. ▶ identique, intact, tel quel.

incidemment adv. ▶ accessoirement, accidentellement, en passant, occasionnellement.

incidence n. f. ▶ conséquence, contrecoup, effet, implication, influence, prolongement, répercussion, retombée, suite.

incident n. m. *Une cérémonie émaillée de multiples petits incidents* ▶ accroc, anicroche (fam.), difficulté, ennui, pépin (fam.), péripétie.

incident, ente adj. *Une remarque incidente* ▶ accessoire, secondaire.

incinération n. f. ▶ crémation.

inciser v. ▶ couper, entailler, entamer, ouvrir, scarifier.

incisif, ive adj. *Une critique incisive* ▶ acerbe, acéré, acide, aigu, caustique, mordant.

incision n. f. 1 *Pratiquer une incision pour faire passer une sonde* ▶ boutonnière (fam.), coupure, entaille, fente. 2 *Des cicatrices rituelles obtenues par incision* ▶ scarification.

incitation n. f. *Une incitation à la débauche* ▶ appel, encouragement, excitation, invitation, provocation.

inciter v. *Ce genre de spectacle ne peut qu'inciter la jeunesse à se révolter* ▶ convier, disposer, encourager, engager, entraîner, inviter, porter, pousser.

incivil, ile adj. Litt. ▶ déshonnête (vx), discourtois, impoli, incorrect.

inclément, ente adj. Fig. et litt. *Un hiver particulièrement inclément* ▶ rigoureux, rude.

inclinaison n. f. ▶ déclivité, obliquité, pente.

inclination n. f. **1** *Une inclination de la tête* ▸ mouvement. **2** Fig. et litt. *Avoir une certaine inclination pour les femmes de caractère* ▸ affection, attachement, attirance, faible, goût, penchant, pente (litt.), propension, sympathie.

incliner v. **1** *Incliner la tête* ▸ abaisser, baisser, courber, fléchir, pencher, plier. **2** Fig. *Tout l'incline à espérer* ▸ amener, conduire, déterminer, engager, inciter, porter, pousser, prédisposer. **3 s'incliner** *S'incliner pour ramasser qqch* ▸ se baisser, se courber, se pencher. **4** *S'incliner respectueusement* ▸ saluer. **5** Fig. *Il a dû s'incliner devant l'emploi de la force* ▸ abandonner, baisser les bras, caler (fam.), capituler, céder, jeter l'éponge, lâcher prise, obtempérer, se soumettre.

inclure v. **1** *Inclure un document dans un envoi* ▸ adjoindre, ajouter, glisser, insérer, introduire, joindre. **2** *Une liste qui inclut tous les noms des personnes inscrites* ▸ comporter, comprendre, contenir, intégrer, renfermer.

incoercible adj. Litt. *Une envie incoercible* ▸ impérieux, incontrôlable, invincible, irrépressible, irrésistible.

incognito adv. *Venir incognito* ▸ anonymement, secrètement.

incognito n. m. *Respecter l'incognito de qqn* ▸ anonymat.

incohérence n. f. **1** *L'incohérence d'un comportement* ▸ absurdité, illogisme, irrationalité. **2** *Un texte plein d'incohérences* ▸ absurdité, contradiction, illogisme, inconséquence.

incohérent, ente adj. **1** *Un discours incohérent* ▸ chaotique, confus, décousu, désordonné, sans queue ni tête. **2** *Un comportement incohérent* ▸ absurde, contradictoire, illogique, inconséquent, insensé, irrationnel.

incolore adj. **1** *Un ciel incolore* ▸ blafard, blême, livide, pâle, terne. **2** Fig. *Un style incolore* ▸ fade, inexpressif, insipide, plat, terne.

incomber v. *Cette responsabilité leur incombe* ▸ appartenir à, échoir à, retomber sur, revenir à.

incombustible adj. ▸ apyre, ignifugé, ininflammable.

incommensurable adj. *Sa bêtise est incommensurable* ▸ abyssal (fam.), démesuré, énorme, gigantesque, illimité, immense, infini.

incommodant, ante adj. *Une odeur incommodante* ▸ déplaisant, désagréable, gênant, pénible.

incommode adj. *Une position incommode* ▸ gênant, inconfortable, malcommode.

incommoder v. ▸ déranger, gêner, importuner, indisposer.

incommodité n. f. **1** *L'incommodité d'une installation* ▸ inconfort. **2** Litt. *Les incommodités de la vie publique* ▸ désagrément, difficulté, ennui, inconvénient.

incommunicable adj. **1** *Un privilège incommunicable* ▸ inaliénable, incessible, intransmissible. **2** *Une angoisse incommunicable* ▸ indicible, inexprimable.

incomparable adj. *Un talent incomparable* ▸ hors pair, inégalable, sans pareil, unique.

incomparablement adv. *Celui-ci est incomparablement meilleur* ▸ autrement, incontestablement, infiniment.

incompatibilité n. f. *Il existe une incompatibilité radicale entre leurs caractères* ▸ antagonisme, antinomie, contradiction, désaccord, inconciliabilité (litt.), opposition.

incompatible adj. ▸ antagonique, antinomique, contradictoire, inconciliable.

incompétence n. f. **1** *Avouer son incompétence en matière d'art moderne* ▸ ignorance, inexpérience, méconnaissance. **2** *Un employé d'une totale incompétence* ▸ impéritie (litt.), inaptitude, incapacité, nullité.

incompétent, ente adj. **1** *Être incompétent en musique* ▸ ignare, ignorant. **2** *Un général incompétent* ▸ inapte, incapable, nul.

incomplet, ète adj. **1** *Une série incomplète* ▸ fragmentaire, inachevé, partiel. **2** *Un raisonnement incomplet* ▸ boiteux, défectueux, imparfait, insuffisant, superficiel.

incomplètement adv. **1** *Un bâtiment qu'on n'aperçoit qu'incomplètement* ▸ en partie, partiellement. **2** *Être incomplètement guéri* ▸ imparfaitement, insuffisamment.

incompréhensible adj. **1** *Un texte incompréhensible* ▸ abscons (litt.), abstrus (litt.), hermétique, illisible, indéchiffrable, inexplicable, inintelligible, opaque. **2** *Considérer la vie comme une énigme complètement incompréhensible* ▸ impénétrable, inconcevable, indéchiffrable, inexplicable, inintelligible, insondable.

incompréhensif, ive adj. ▸ étroit, fermé, intolérant, sectaire.

incompréhension n. f. *Faire preuve d'incompréhension à l'égard de simples erreurs de jeunesse* ▸ étroitesse d'esprit, fermeture d'esprit, intolérance.

inconcevable adj. 1 *Un mystère inconcevable* ▸ impénétrable, incompréhensible, inexplicable, inintelligible, insondable. 2 *Un acte inconcevable* ▸ extraordinaire, extravagant, impensable, incroyable, inexplicable, inimaginable, inouï, invraisemblable, stupéfiant.

inconciliable adj. ▸ antagonique, antinomique, contradictoire, incompatible.

inconditionnel, elle adj. *Une obéissance inconditionnelle* ▸ absolu, aveugle, complet, entier, illimité, intégral, total.

inconduite n. f. *Une inconduite notoire* ▸ débauche, dévergondage, immoralité, licence.

inconfort n. m. ▸ incommodité.

inconfortable adj. 1 *Un siège inconfortable* ▸ incommode, malcommode. 2 Fig. *Une situation inconfortable* ▸ délicat, déplaisant, désagréable, embarrassant, épineux, gênant, scabreux.

inconfortablement adv. ▸ incommodément.

incongru, ue adj. ▸ déplacé, inconvenant, incorrect, inopportun, intempestif, malséant (litt.).

incongruité n. f. 1 *Être choqué par l'incongruité d'une plaisanterie* ▸ inconvenance, incorrection, indécence. 2 *Susurrer des incongruités à sa voisine* ▸ cochonnerie (fam.), grivoiserie.

inconnu, ue adj. 1 *Découvrir une terre inconnue* ▸ ignoré, inexploré. 2 *Le Roman de Renart est l'œuvre d'un auteur inconnu* ▸ anonyme, indéterminé. 3 *Un artiste resté inconnu toute sa vie* ▸ ignoré, méconnu, obscur. 4 *Goûter à un plaisir inconnu* ▸ neuf, nouveau. 5 *Un univers régi par une volonté inconnue* ▸ énigmatique, impénétrable, inexplicable, mystérieux, obscur, occulte, secret.

inconnu, ue n. *Aborder un inconnu* ▸ étranger.

inconnu n. m. *L'attrait de l'inconnu* ▸ mystère, nouveauté.

inconsciemment adv. ▸ involontairement, machinalement, mécaniquement.

inconscience n. f. 1 *L'inconscience de la jeunesse* ▸ insouciance, irréflexion, irresponsabilité, légèreté. 2 *Dénoncer l'inconscience d'une politique* ▸ aveuglement, égarement, folie.

inconscient, ente adj. 1 *Un acte inconscient* ▸ automatique, instinctif, involontaire, irraisonné, irréfléchi, machinal, spontané. 2 *Un comportement inconscient* ▸ insouciant, irréfléchi, irresponsable, léger.

inconscient n. m. *Le rêve est une manifestation de l'inconscient* ▸ subconscient (vx).

inconséquence n. f. 1 *Dénoncer l'inconséquence d'un comportement* ▸ irréflexion, légèreté. 2 *Cette argumentation est un tissu d'inconséquences* ▸ absurdité, contradiction, illogisme, incohérence.

inconséquent, ente adj. 1 *Un raisonnement inconséquent* ▸ absurde, déraisonnable, fou, illogique, incohérent, insensé, irrationnel, irréfléchi. 2 *Des propos inconséquents* ▸ déraisonnable, imprudent, inconsidéré, irréfléchi, irresponsable, léger, maladroit, malavisé (litt.).

inconsidéré, ée adj. *Des propos inconsidérés* ▸ déraisonnable, imprudent, inconséquent, irréfléchi, irresponsable, léger, maladroit, malavisé (litt.).

inconsidérément adv. ▸ à la légère, à tort et à travers, étourdiment, follement, imprudemment, légèrement.

inconsistance n. f. Fig. *L'inconsistance d'une accusation* ▸ fragilité, inanité (litt.), précarité, vanité.

inconsistant, ante adj. 1 *Un caractère inconsistant* ▸ faible, mou, veule. 2 *Un style inconsistant* ▸ creux, insignifiant, insipide, sans intérêt, vide.

inconsolable adj. 1 *Ce deuil l'a laissé inconsolable* ▸ désespéré. 2 *Un chagrin inconsolable* ▸ inapaisable, inguérissable.

inconsommable adj. ▸ dégoûtant, écœurant, exécrable, immangeable, infect.

inconstance n. f. 1 *L'inconstance des sentiments* ▸ frivolité, incertitude, instabilité, légèreté, mobilité, variabilité, versatilité, vicissitudes. 2 *L'inconstance d'un amant* ▸ infidélité, trahison.

inconstant, ante adj. 1 *Un caractère inconstant* ▸ capricieux, changeant, flottant, fuyant, instable, léger, mobile, versatile. 2 *Un amant inconstant* ▸ frivole, infidèle, léger, versatile, volage. 3 Litt. *Un temps inconstant* ▸ changeant, fluctuant, instable, précaire, variable.

incontestable adj. 1 *Une preuve incontestable* ▸ formel, inattaquable, indéniable, indiscutable, irrécusable, irréfutable. 2 *La supériorité de son adversaire est incontestable* ▸ aveuglant, évident, flagrant, hors

incontestablement

de doute, indéniable, indiscutable, irrécusable, irréfutable, manifeste.

incontestablement adv. ▶ assurément, évidemment, indéniablement, indiscutablement, indubitablement, irréfutablement, manifestement, sans aucun doute, sans conteste.

incontesté, ée adj. ▶ indiscuté, reconnu.

incontinence n. f. Litt. *Une vie d'incontinence et de plaisir* ▶ débauche, luxure.

incontournable adj. 1 *La mort du héros est l'issue incontournable de la tragédie* ▶ fatal, fatidique, immanquable, imparable, implacable, inéluctable, inévitable, inexorable, obligé. 2 *Devant l'évolution de la maladie, l'opération chirurgicale est devenue incontournable* ▶ indispensable, inéluctable, inévitable, obligatoire.

incontrôlable adj. 1 *Une affirmation incontrôlable* ▶ improuvable, indémontrable, injustifiable, invérifiable. 2 *Une envie incontrôlable* ▶ impérieux, incoercible (litt.), invincible, irrépressible, irrésistible.

incontrôlé, ée adj. *Une peur incontrôlée* ▶ irraisonné.

inconvenance n. f. 1 *L'inconvenance d'une réponse* ▶ audace, désinvolture, effronterie, goujaterie, impertinence, incorrection, indécence, insolence, muflerie, sans-gêne. 2 *Dire une inconvenance* ▶ grossièreté, impolitesse, incongruité.

inconvenant, ante adj. 1 *Un comportement inconvenant* ▶ cavalier, déplacé, désinvolte, effronté, impertinent, impoli, impudent, incongru, incorrect, insolent, irrespectueux, irrévérencieux, malséant (litt.), outrecuidant (litt.). 2 *Une plaisanterie inconvenante* ▶ choquant, grossier, indécent.

inconvénient n. m. 1 *Les inconvénients de la vie de star* ▶ désagrément, désavantage, difficulté, ennui, incommodité. 2 *Le seul inconvénient de ce moteur, c'est qu'il est bruyant* ▶ défaut. 3 *Son âge risque d'être un inconvénient pour ce genre de poste* ▶ désavantage, difficulté, écueil, frein, gêne, handicap, obstacle. 4 *Il n'y a pas d'inconvénient à prendre ce parti* ▶ danger, péril, risque. 5 *Si vous n'y voyez pas d'inconvénient...* ▶ empêchement, objection, obstacle.

incorporation n. f. 1 *L'incorporation d'une substance dans une autre* ▶ amalgame, mélange, mixtion. 2 *L'incorporation d'une population étrangère* ▶ annexion, assimilation, intégration, rattachement. 3 *L'incorporation des jeunes recrues* ▶ engagement, enrôlement, recrutement.

incorporel, elle adj. ▶ abstrait, immatériel, spirituel.

incorporer v. 1 *Incorporer une substance à une autre* ▶ amalgamer, associer, combiner, mélanger, réunir. 2 *Incorporer un article dans un ouvrage* ▶ annexer, insérer, intégrer, introduire. 3 *Incorporer de nouveaux membres dans un parti* ▶ affilier, associer, intégrer, introduire, rattacher. 4 *Incorporer des conscrits* ▶ engager, enrégimenter, enrôler, recruter.

incorrect, ecte adj. 1 *Un raisonnement incorrect* ▶ défectueux, erroné, fautif, faux, inexact, mauvais. 2 *L'emploi incorrect d'un mot* ▶ abusif, impropre. 3 *Tenir des propos incorrects* ▶ choquant, déplacé, discourtois, impertinent, impoli, incongru, inconvenant, irrévérencieux (litt.), mal élevé, mal poli, malséant (litt.). 4 *Se conduire de façon incorrecte avec ses associés* ▶ déloyal, indélicat, irrégulier, malhonnête.

incorrectement adv. 1 *S'exprimer incorrectement* ▶ improprement. 2 *Un montage incorrectement réalisé* ▶ défectueusement, mal.

incorrection n. f. 1 *L'incorrection d'un procédé* ▶ désinvolture, grossièreté, impertinence, impolitesse, incongruité, inconvenance, indélicatesse, irrévérence. 2 *Un texte plein d'incorrections* ▶ faute, impropriété.

incorrigible adj. ▶ endurci, impénitent, incurable, indécrottable (fam.), invétéré.

incorruptibilité n. f. ▶ droiture, honnêteté, intégrité, probité.

incorruptible adj. 1 *Une matière incorruptible* ▶ imputrescible, inaltérable, inattaquable. 2 *Un homme politique incorruptible* ▶ honnête, intègre, probe (litt.).

incrédule adj. *Un sourire incrédule* ▶ dubitatif, sceptique.

incrédule n. *Une conversation entre un prêtre et un incrédule* ▶ agnostique, sceptique.

incrédulité n. f. 1 *Un sourire d'incrédulité* ▶ défiance, doute, scepticisme. 2 *Les progrès de l'incrédulité* ▶ agnosticisme, scepticisme.

increvable adj. Fam. *Un marcheur increvable* ▶ infatigable, résistant.

incrimination n. f. ▶ accusation, imputation.

incriminer v. ▶ accuser, attaquer, mettre en cause.

incroyable adj. 1 *Un récit incroyable* ▸ absurde, à dormir debout, grotesque, invraisemblable, rocambolesque. 2 *Une prétention incroyable* ▸ extraordinaire, fabuleux, fantastique, fou, inouï, invraisemblable, phénoménal, prodigieux, renversant, stupéfiant. 3 *Il est incroyable qu'on laisse dire des choses pareilles* ▸ effarant, extravagant, impensable, inadmissible, inconcevable, inimaginable, insoutenable, insupportable, intolérable, invraisemblable, révoltant, scandaleux.

incroyablement adv. ▸ effroyablement, énormément, excessivement, extrêmement, fabuleusement, formidablement, terriblement.

incroyance n. f. ▸ athéisme, impiété (litt.), irréligion.

incroyant, ante adj. et n. ▸ athée, esprit fort, irréligieux, libre penseur, mécréant.

incruster v. 1 *Incruster des pierres dans un cadre* ▸ insérer. 2 **s'incruster** Fig. *Des paroles qui se sont incrustées dans toutes les mémoires* ▸ se graver, s'imprimer. 3 Fam. *S'incruster chez qqn* ▸ s'accrocher, se cramponner (fam.), s'imposer.

inculpation n. f. Vx *Être sous le coup d'une inculpation de vol* ▸ accusation de, mise en examen pour.

inculpé, ée n. Vx *Faire entrer l'inculpé* ▸ accusé, prévenu.

inculper v. Vx *Le juge l'a convoqué pour l'inculper* ▸ mettre en examen.

inculquer v. ▸ apprendre, enseigner.

inculte adj. 1 *Des terres incultes* ▸ en friche. 2 *Des peuplades incultes* ▸ analphabète, barbare, fruste, ignare, ignorant, illettré, primitif, rustique.

inculture n. f. *Être d'une totale inculture en matière politique* ▸ barbarie, ignorance, incompétence, nullité.

incurable adj. 1 *Un malade incurable* ▸ condamné, fichu (fam.), fini, inguérissable, perdu. 2 Fig. *Une curiosité incurable* ▸ incorrigible, invétéré, irrémédiable.

incurie n. f. ▸ laisser-aller, négligence, relâchement.

incursion n. f. 1 *Une incursion sur le territoire ennemi* ▸ coup de main, descente, irruption, raid, razzia. 2 Fig. *Une incursion dans la vie privée de qqn* ▸ immixtion, ingérence, intervention, intrusion.

incurvation n. f. ▸ courbe, courbure.

incurver v. *Incurver un barreau de métal* ▸ arquer, cintrer, courber. 2 **s'incurver** *Une poutre qui s'incurve* ▸ s'arquer, se courber, fléchir, gauchir, s'infléchir, plier, ployer.

indécelable adj. *Des particules indécelables à l'œil nu* ▸ imperceptible, indétectable, invisible.

indécemment adv. ▸ impudiquement.

indécence n. f. 1 *Il a eu l'indécence de venir quand même* ▸ impertinence, impudence, inconvenance, incorrection. 2 *L'indécence de ses propos a choqué* ▸ incongruité, inconvenance, incorrection.

indécent, ente adj. 1 *Un comportement indécent* ▸ choquant, impudent, inconvenant, incorrect. 2 *Des propos indécents* ▸ choquant, déplacé, incongru, inconvenant, malséant (litt.). 3 *Une chance indécente* ▸ honteux, incroyable, insolent.

indéchiffrable adj. 1 *Une écriture indéchiffrable* ▸ illisible. 2 *Des propos indéchiffrables* ▸ embrouillé, énigmatique, impénétrable, incompréhensible, inexplicable, inintelligible, mystérieux, obscur, sibyllin.

indécis, ise adj. 1 *Être indécis devant un choix à faire* ▸ embarrassé, flottant, hésitant, incertain, irrésolu, perplexe. 2 *Des contours indécis* ▸ confus, douteux, flou, imprécis, incertain, indéfini, indéterminé, trouble, vague, vaporeux.

indécision n. f. ▸ doute, embarras, flottement, hésitation, incertitude, indétermination, irrésolution, perplexité.

indécomposable adj. ▸ indivisible, insécable, inséparable, simple.

indécrottable adj. Fam. *Un indécrottable paresseux* ▸ endurci, impénitent, incorrigible, incurable, invétéré.

indéfectible adj. Litt. *L'amitié indéfectible qui unit nos deux peuples* ▸ éternel, immuable, impérissable, indestructible, indissoluble.

indéfendable adj. 1 *Une négligence indéfendable* ▸ impardonnable, inexcusable, injustifiable. 2 *Une thèse indéfendable* ▸ insoutenable.

indéfini, ie adj. 1 *Une durée indéfinie* ▸ illimité, indéterminé. 2 *Une crainte indéfinie* ▸ confus, imprécis, incertain, indécis, indéfinissable, indéterminé, trouble, vague.

indéfiniment adv. ▸ continuellement, éternellement, perpétuellement, sans fin.

indéfinissable adj. 1 *Un goût indéfinissable* ▸ incertain, indéterminable, vague. 2 *Un sentiment indéfinissable* ▸ confus, indéterminable, indicible, ineffable, inexprimable, vague.

indélébile adj. 1 *Une encre indélébile* ▶ inaltérable, ineffaçable. 2 *Un souvenir indélébile* ▶ éternel, immortel, immuable, impérissable, indestructible, ineffaçable, perpétuel.

indélicat, ate adj. 1 *Une demande indélicate* ▶ cavalier, déplacé, impoli, inconvenant, inélégant, malséant (litt.). 2 *Un associé indélicat* ▶ déloyal, irrégulier, malhonnête, marron (fam.), véreux.

indélicatesse n. f. 1 *Être d'une indélicatesse choquante* ▶ goujaterie, grossièreté, impertinence, impolitesse, inélégance, muflerie. 2 *Être victime d'une indélicatesse* ▶ filouterie, friponnerie.

indemne adj. ▶ entier, sain et sauf, sauf.

indemniser v. ▶ dédommager.

indemnité n. f. 1 *Demander une indemnité à la suite d'un préjudice* ▶ compensation, dédommagement, dommages et intérêts, réparation. 2 *Une indemnité de résidence* ▶ allocation.

indémontrable adj. ▶ improuvable, invérifiable.

indéniable adj. 1 *Une preuve indéniable* ▶ formel, inattaquable, incontestable, indiscutable, irrécusable, irréfutable. 2 *Sa supériorité est indéniable* ▶ aveuglant, évident, flagrant, hors de doute, incontestable, indiscutable, irrécusable, irréfutable, manifeste.

indéniablement adv. ▶ assurément, évidemment, incontestablement, indiscutablement, indubitablement, irréfutablement, manifestement, sans aucun doute, sans conteste.

indénombrable adj. ▶ incalculable, indéterminable.

indentation n. f. *Les indentations d'une côte rocheuse* ▶ crénelure, dentelure, échancrure.

indépassable adj. *Une qualité indépassable* ▶ imbattable.

indépendamment de prép. ▶ en dehors de, en plus de, outre.

indépendance n. f. 1 *Un peuple qui accède à son indépendance* ▶ autonomie, émancipation, liberté. 2 *Faire preuve d'indépendance* ▶ individualisme, non-conformisme. 3 *Une manifestation d'indépendance* ▶ désobéissance, indiscipline, indocilité, insoumission.

indépendant, ante adj. 1 *Un peuple indépendant* ▶ autonome, libre, souverain. 2 *Des enfants très indépendants* ▶ indocile, insoumis, rétif. 3 *Un point indépendant du reste de la question* ▶ dissocié, distinct, isolé, séparé.

indépendantisme n. m. ▶ autonomisme, sécessionnisme, séparatisme.

indépendantiste adj. et n. ▶ autonomiste, sécessionniste, séparatiste.

indéracinable adj. Fig. *Un préjugé indéracinable* ▶ ancré, indestructible, inextirpable (litt.), tenace.

indescriptible adj. 1 *Un indescriptible sentiment de bonheur* ▶ indicible, ineffable, inénarrable, inexprimable. 2 *Une foule indescriptible* ▶ démesuré, extraordinaire, incroyable, inimaginable, inouï.

indésirable adj. *Se sentir indésirable* ▶ de trop.

indésirable n. *On les traite comme des indésirables* ▶ gêneur, importun, intrus.

indestructible adj. 1 *Un matériau indestructible* ▶ inaltérable, incassable, inusable. 2 Fig. *Les liens indestructibles de l'amitié* ▶ éternel, immuable, impérissable, indéfectible (litt.), indissoluble, infrangible (litt.).

indéterminable adj. 1 *Le nombre des êtres humains qui ont vécu est indéterminable* ▶ incalculable, indénombrable. 2 *Une couleur indéterminable* ▶ imprécis, incertain, indécis, indéfini, indéfinissable, indéterminé.

indétermination n. f. 1 *Être dans l'indétermination* ▶ doute, embarras, hésitation, incertitude, indécision, irrésolution, perplexité. 2 *L'indétermination d'un texte de loi* ▶ flou, imprécision, vague.

indéterminé, ée adj. 1 *Un sentiment indéterminé* ▶ confus, flou, imprécis, indéfini, indéfinissable, vague. 2 *Un tableau d'origine indéterminée* ▶ anonyme, inconnu. 3 *Rester indéterminé devant un choix* ▶ embarrassé, flottant, hésitant, incertain, indécis, irrésolu, perplexe.

index n. m. 1 *Un index des sujets traités* ▶ catalogue, inventaire, liste, répertoire, table. 2 *Un index du vocabulaire gastronomique* ▶ glossaire, lexique. 3 **mettre à l'index** *Mettre un ouvrage à l'index* ▶ interdire.

indicateur n. m. 1 *Un indicateur des chemins de fer* ▶ guide, horaire. 2 *Les indicateurs socio-économiques* ▶ indice. 3 *Les indicateurs de la police* ▶ balance (fam.), dénonciateur, espion, informateur, mouchard (fam.).

indication n. f. 1 *De précieuses indications* ▶ information, renseignement, tuyau (fam.). **2** *J'y suis allé sur l'indication d'un ami* ▶ avis, recommandation, suggestion. **3** *Suivre à la lettre les indications de son médecin* ▶ instruction, prescription. **4** *Des troubles sociaux qui sont l'indication d'un malaise profond* ▶ annonce, indice, marque, signe, symptôme.

indice n. m. **1** *Sa pâleur était l'indice d'une vive émotion* ▶ indication, marque, preuve, signe, symptôme, trace. **2** *Reconnaître l'indice d'une prochaine crise* ▶ annonce, présage, signe. **3** *Trouver des indices intéressants au fil d'une enquête* ▶ renseignement. **4** *Des indices concordants ont permis de le mettre en examen* ▶ charge, présomption. **5** *L'indice d'octane d'un carburant* ▶ coefficient.

indicible adj. ▶ extraordinaire, indescriptible, ineffable, inexprimable, inouï, intraduisible.

indifféremment adv. ▶ indistinctement.

indifférence n. f. **1** *L'indifférence devant le danger* ▶ détachement, équanimité (litt.), flegme, impassibilité. **2** *Faire preuve d'indifférence vis-à-vis de qqn* ▶ désintérêt, froideur, insensibilité. **3** *Spécialement dans le domaine politique* ▶ abstention, je-m'enfoutisme (fam.), neutralité. **4** *Spécialement dans le domaine religieux* ▶ incrédulité, irréligion, scepticisme.

indifférent, ente adj. **1** *Rester indifférent devant la montée des périls* ▶ apathique, flegmatique, indolent, nonchalant. **2** *Devenir indifférent pour avoir goûté à trop de choses* ▶ blasé, désabusé. **3** *Les malheurs d'autrui le laissent indifférent* ▶ de glace, froid, imperméable, imperturbable, insensible. **4** *Accueillir une nouvelle d'un air indifférent* ▶ détaché, impassible, imperturbable, insouciant, je-m'en-fichiste (fam.), je-m'en-foutiste (fam.). **5** *Être indifférent en matière de religion* ▶ incrédule, sceptique. **6** *Une femme indifférente* ▶ cruel, inhumain, insensible, sans-cœur. **7** *Un personnage indifférent* ▶ anodin, banal, inintéressant, insignifiant, quelconque.

indigence n. f. **1** *Vivre dans l'indigence* ▶ dénuement, pauvreté. **2** *L'indigence d'idées neuves* ▶ absence, carence, défaut, déficience, dénuement, disette, manque, pauvreté, pénurie, rareté.

indigène n. ▶ aborigène, autochtone, natif, naturel (vx).

indigent, ente adj. **1** *Secourir des personnes indigentes* ▶ démuni, misérable, miséreux, nécessiteux. **2** *Fig. Une argumentation indigente* ▶ fruste, pauvre, rudimentaire, schématique, simpliste, sommaire.

indigeste adj. **1** *Une cuisine indigeste* ▶ inassimilable, lourd, pesant. **2** *Fig. Un discours indigeste* ▶ confus, embrouillé, ennuyeux.

indignation n. f. ▶ colère, révolte.

indigne adj. **1** *Une attitude indigne* ▶ abject, bas, condamnable, déshonorant, honteux, ignoble, infamant, méprisable, odieux, révoltant, scandaleux. **2** *Des parents indignes* ▶ dénaturé.

indignement adv. ▶ abjectement, bassement, honteusement, ignoblement, scandaleusement.

indigner v. *Indigner l'assistance par des propos provocants* ▶ choquer, outrer, révolter, scandaliser.

indignité n. f. *L'indignité d'un comportement* ▶ abjection, bassesse, ignominie, infamie, noirceur.

indiqué, ée adj. *Il ne serait pas très indiqué de faire cela maintenant* ▶ adéquat, approprié, conseillé, convenable, expédient (litt.), opportun, propice, recommandé.

indiquer v. **1** *Indiquer qqch du doigt* ▶ désigner, montrer, pointer (fam.), signaler. **2** *Indiquer ses sources d'information* ▶ citer, mentionner, nommer, préciser. **3** *La solution ? Je vais vous l'indiquer* ▶ apprendre, faire connaître, faire savoir. **4** *Indiquer sur une notice le nom du fabriquant* ▶ écrire, marquer, mentionner, noter, spécifier. **5** *Son trouble indique qu'il sait qqch* ▶ annoncer, attester, démontrer, dénoter, dévoiler, indiquer, marquer, montrer, prouver, révéler, signifier, témoigner, trahir.

indirect, ecte adj. **1** *Une critique indirecte* ▶ allusif, détourné, oblique, voilé. **2** *Descendre de qqn en ligne indirecte* ▶ collatéral.

indirectement adv. *Ce scandale risque de vous atteindre indirectement* ▶ par contrecoup, par ricochet.

indiscernable adj. **1** *Des traces indiscernables à l'œil nu* ▶ imperceptible, insaisissable, invisible. **2** *L'original et la copie sont absolument indiscernables* ▶ équivalent, identique, pareil, semblable.

indiscipline n. f. **1** *Se plaindre de l'indiscipline des élèves* ▶ désobéissance, dissipation, indocilité. **2** *Des soldats condamnés pour des actes d'indiscipline* ▶ insoumission, insubordination.

indiscipliné, ée adj. **1** *Des enfants indisciplinés* ▶ désobéissant, dissipé, indocile, rebelle, rétif. **2** *Des soldats indisciplinés* ▶ insubordonné.

indiscret, ète adj. **1** *Il est trop indiscret pour qu'on lui confie un secret* ▶ bavard, can-

indiscret

canier. **2** *Elle est tellement indiscrète qu'on ne peut rien lui cacher* ▶ curieux, fouineur, fureteur, inquisiteur.

indiscret, ète n. *Se dissimuler à l'abri des indiscrets* ▶ casse-pieds (fam.), enquiquineur (fam.), fâcheux (litt.), gêneur, importun, intrus.

indiscrétion n. f. **1** *Les indiscrétions des voisins* ▶ bavardage, cancan (fam.), commérage, racontar. **2** *Être d'une indiscrétion insupportable* ▶ curiosité. **3** *Être à la merci d'une indiscrétion* ▶ fuite, révélation.

indiscutable adj. **1** *Une preuve indiscutable* ▶ formel, inattaquable, incontestable, irrécusable, irréfutable. **2** *La supériorité de son adversaire est indiscutable* ▶ aveuglant, évident, flagrant, hors de doute, incontestable, indéniable, indubitable, irrécusable, irréfutable, manifeste.

indiscutablement adv. *C'est indiscutablement lui le meilleur de la classe* ▶ évidemment, incontestablement, indéniablement, indubitablement, irréfutablement, manifestement, sans aucun doute, sans conteste.

indiscuté, ée adj. *Une supériorité indiscutée* ▶ incontesté, reconnu.

indispensable adj. **1** *Il est indispensable de manger pour vivre* ▶ essentiel, nécessaire, vital. **2** *Les médecins disent que l'opération est devenue indispensable* ▶ incontournable, inéluctable, inévitable, nécessaire, obligatoire.

indisposé, ée adj. *Il a prétexté qu'il était indisposé* ▶ fatigué, incommodé, malade, mal fichu (fam.), patraque (fam.), souffrant.

indisposer v. **1** *La fumée l'indispose* ▶ déranger, gêner, importuner, incommoder. **2** *Son attitude a indisposé les convives* ▶ agacer, choquer, contrarier, déplaire à, énerver, mécontenter.

indisposition n. f. ▶ dérangement, malaise.

indissociable adj. **1** *Les aspects indissociables d'un même problème* ▶ indivisible, inséparable. **2** *Les contraintes indissociables de la vie en commun* ▶ inhérent à, inséparable de, propre à.

indissoluble adj. *Des liens indissolubles* ▶ éternel, immuable, impérissable, indéfectible (litt.), indestructible, infrangible (litt.).

indistinct, incte adj. **1** *Percevoir dans la brume des formes indistinctes* ▶ confus, imprécis, indéfini, indéterminable, trouble, vague. **2** Fig. *Les sensations encore indistinctes de l'adolescence* ▶ confus, flou, imprécis, incertain, indéfini, indéfinissable, obscur, trouble, vague.

indistinctement adv. **1** *Percevoir indistinctement qqch* ▶ confusément, vaguement. **2** *Tirer indistinctement sur tout ce qui bouge* ▶ indifféremment.

individu n. m. **1** *Les droits de chaque individu* ▶ être humain, homme, personne. **2** *Qu'est-ce que c'est que cet individu ?* ▶ bonhomme (fam.), énergumène, gaillard (fam.), particulier (fam.), quidam (fam.), type (fam.).

individualiser v. ▶ caractériser, particulariser, personnaliser.

individualisme n. m. **1** *Se refuser à suivre la mode par individualisme* ▶ indépendance, non-conformisme. **2** *Se complaire dans l'individualisme* ▶ égocentrisme, égoïsme, égotisme (litt.), narcissisme.

individualiste adj. *Un art individualiste* ▶ non-conformiste, personnel.

individualiste n. *Un individualiste forcené* ▶ égoïste.

individualité n. f. **1** *L'individualité de chaque être humain* ▶ ego, moi, personnalité, personne. **2** *Une poésie d'une grande individualité* ▶ originalité. **3** *Une forte individualité* ▶ personnalité.

individuel, elle adj. **1** *Des caractéristiques individuelles* ▶ particulier, personnel, propre, spécifique. **2** *C'est un cas individuel que nous traiterons à part* ▶ distinct, isolé, particulier, spécial, spécifique.

individuellement adv. *Considérés individuellement, ils sont plutôt gentils* ▶ isolément, séparément.

indivisibilité n. f. *L'indivisibilité de la République* ▶ unité.

indivisible adj. **1** *Une cellule indivisible* ▶ indécomposable, insécable, simple. **2** *Les éléments indivisibles d'un même problème* ▶ indissociable, inséparable.

indocile adj. **1** *Un enfant indocile* ▶ désobéissant, difficile, dissipé, entêté, indiscipliné, rebelle, récalcitrant, regimbeur (fam.), rétif, têtu. **2** *Un peuple indocile* ▶ indomptable, insoumis, insubordonné, réfractaire.

indocilité n. f. **1** *L'indocilité d'un soldat* ▶ désobéissance, indiscipline, insoumission, insubordination. **2** *L'indocilité d'un disciple* ▶ indépendance, individualisme.

indolence n. f. **1** *Un adolescent d'une indolence quasiment pathologique* ▶ apathie, atonie, inertie, mollesse, nonchalance, torpeur. **2** *Prendre des poses d'une délicieuse*

indolence ► alanguissement, langueur, nonchalance.

indolent, ente adj. 1 *Un adolescent indolent* ► amorphe, apathique, atone, avachi, endormi, mollasson (fam.), mou, nonchalant, paresseux. 2 *Une pose indolente* ► alangui, langoureux, languide (litt.), languissant, nonchalant.

indomptable adj. 1 *Un animal indomptable* ► inapprivoisable. 2 Fig. *Un peuple indomptable* ► fier, indocile. 3 Fig. *Une volonté indomptable* ► inflexible, invincible, irréductible.

indompté, ée adj. *Un étalon indompté* ► farouche, sauvage.

indu, ue adj. *Une requête indue* ► abusif, illégitime, infondé, injustifié.

indubitable adj. *L'infériorité de nos adversaires est indubitable* ► aveuglant, évident, flagrant, hors de doute, incontestable, indéniable, indiscutable, irrécusable, irréfutable, manifeste.

indubitablement adv. *C'est indubitablement lui le meilleur de l'équipe* ► assurément, évidemment, incontestablement, indéniablement, indiscutablement, manifestement, sans aucun doute, sans conteste.

induire v. 1 *Induire le général du particulier* ► inférer. 2 Litt. *Induire qqn à commettre un délit* ► amener, encourager, engager, inciter, inviter, porter, pousser. 3 Fam. *Une fuite radioactive qui peut induire une contamination* ► causer, entraîner, occasionner, provoquer. 4 **induire en erreur** ► tromper.

indulgence n. f. 1 *Faire appel à l'indulgence du jury* ► bienveillance, clémence, compréhension, magnanimité, mansuétude (litt.). 2 *Jeter sur ses contemporains un regard sans indulgence* ► bienveillance, complaisance, générosité.

indulgent, ente adj. 1 *Vous êtes trop indulgent avec elle* ► accommodant, bienveillant, bon, commode, complaisant, compréhensif, conciliant, coulant (fam.), tolérant. 2 *Une décision indulgente* ► clément, miséricordieux.

indûment adv. *Réclamer indûment une somme à qqn* ► abusivement, illégitimement.

industrie n. f. 1 Litt. *Exercer une coupable industrie* ► activité, métier, profession. 2 *Développer l'industrie* ► production.

industriel, elle adj. *Une ville industrielle* ► manufacturier.

industriel, elle n. *Une mairie dirigée par un industriel de la région* ► manufacturier (vx).

industrieux, euse adj. Litt. *L'abeille industrieuse* ► adroit, habile.

inébranlable adj. 1 *Rester inébranlable au milieu des pires difficultés* ► flegmatique, impassible, impavide, imperturbable. 2 *Elle l'a supplié, mais il est resté inébranlable* ► ferme, inflexible. 3 *Une résolution inébranlable* ► immuable, indéfectible (litt.), indestructible, tenace.

inédit, ite adj. ► neuf, nouveau, original, sans précédent.

ineffable adj. 1 *Éprouver un ineffable sentiment de bonheur* ► indescriptible, indicible, inexprimable, intraduisible. 2 Fam. *L'ineffable tante Marceline* ► impayable (fam.), inénarrable, inracontable.

ineffaçable adj. Fig. *Une impression ineffaçable* ► impérissable, inaltérable, indélébile, indestructible, vivace.

inefficace adj. 1 *Un chef inefficace* ► incapable. 2 *Un remède inefficace* ► impuissant, inopérant. 3 *Des efforts inefficaces* ► improductif, infructueux, inutile, stérile, vain.

inefficacité n. f. 1 *L'inefficacité d'un responsable* ► incapacité. 2 *L'inefficacité d'une décision* ► inutilité, stérilité, vanité (litt.).

inégal, ale adj. 1 *Un partage inégal* ► déséquilibré, disproportionné, injuste. 2 *Une surface inégale* ► accidenté, bosselé, irrégulier. 3 *Un élève aux résultats inégaux* ► irrégulier. 4 *Une humeur inégale* ► capricieux, changeant, fantasque, instable, variable, versatile.

inégalable adj. ► hors pair, incomparable, inimitable, sans pareil, unique.

inégalement adv. 1 *Contester un héritage inégalement partagé* ► inéquitablement. 2 *Une route inégalement revêtue* ► irrégulièrement. 3 *Son attitude a été inégalement appréciée* ► diversement.

inégalité n. f. 1 *L'inégalité des forces en présence* ► déséquilibre, différence, disparité, disproportion. 2 *Des inégalités d'humeur* ► changement, fluctuation, oscillation, saute, variation. 3 *Les inégalités d'une surface* ► accident, aspérité, irrégularité.

inélégant, ante adj. 1 *Une démarche inélégante* ► disgracieux. 2 *Des manières inélégantes* ► balourd, commun, lourdaud, vulgaire. 3 *Un procédé inélégant* ► discourtois, inconvenant, incorrect, indélicat.

inéluctable adj. 1 *Considérer que le destin s'accomplit selon un cours inéluctable* ▸ fatal, fatidique, immanquable, imparable, implacable, incontournable, inévitable, inexorable, obligé. 2 *Les médecins disent que l'amputation est devenue inéluctable* ▸ incontournable, indispensable, inévitable, obligatoire.

inéluctablement adv. *Penser que le destin s'accomplit inéluctablement* ▸ fatalement, forcément, immanquablement, implacablement, inévitablement, inexorablement, infailliblement, irrésistiblement, nécessairement.

inemployé, ée adj. ▸ inutilisé.

inénarrable adj. *L'inénarrable cousin Marcel* ▸ impayable (fam.), ineffable (fam.), inracontable.

inepte adj. 1 *Un raisonnement inepte* ▸ absurde, incohérent, insane (litt.), insensé, stupide. 2 *Une personne inepte* ▸ bête, crétin, idiot, inintelligent, niais, sot.

ineptie n. f. 1 *Des propos d'une ineptie totale* ▸ bêtise, idiotie, imbécillité, inintelligence, insanité, niaiserie, sottise, stupidité. 2 *Dire des inepties* ▸ ânerie, bêtise, idiotie, imbécillité, insanité, niaiserie, sottise, stupidité.

inépuisable adj. 1 *Une source inépuisable* ▸ intarissable. 2 *Un dévouement inépuisable* ▸ infatigable, infini, inlassable. 3 *Être inépuisable sur un sujet* ▸ inlassable, intarissable.

inéquitable adj. Litt. ▸ inique, injuste, partial.

inerte adj. 1 *Un corps inerte* ▸ immobile, inanimé. 2 *Une physionomie inerte* ▸ atone, éteint, inexpressif. 3 *Rester inerte devant un désastre* ▸ apathique, inactif, passif.

inertie n. f. 1 *Ne pouvoir sortir qqn de son inertie* ▸ apathie, atonie, immobilisme, inaction, indolence, léthargie, mollesse, nonchalance, paresse, passivité. 2 *Opposer l'inertie à la violence armée* ▸ résistance passive.

inesthétique adj. ▸ disgracieux, ingrat, laid, moche (fam.), vilain.

inestimable adj. Fig. *Un avantage inestimable* ▸ considérable, immense, inappréciable, incalculable, sans prix.

inévitable adj. 1 *Une issue inévitable* ▸ fatal, fatidique, forcé, immanquable, imparable, incontournable, inéluctable, inexorable, infaillible (vx), logique, obligé. 2 *Il est devenu inévitable de l'opérer* ▸ incontournable, indispensable, inéluctable, obligatoire.

inévitablement adv. ▸ fatalement, forcément, immanquablement, inéluctablement, infailliblement, nécessairement, obligatoirement.

inexact, acte adj. *Un compte rendu des événements tout à fait inexact* ▸ déformé, erroné, faux, incorrect, infidèle.

inexactitude n. f. 1 *L'inexactitude d'un calcul* ▸ fausseté. 2 *Une traduction pleine d'inexactitudes* ▸ à-peu-près, approximation, imprécision. 3 *Un discours politique plein d'inexactitudes* ▸ contrevérité, erreur.

inexcusable adj. *Une négligence inexcusable* ▸ impardonnable, indéfendable, injustifiable, irrémissible (litt.).

inexécutable adj. ▸ impossible, infaisable, irréalisable.

inexistant, ante adj. 1 *Un univers inexistant* ▸ fabriqué, faux, fictif, imaginaire, inventé. 2 *Un argument inexistant* ▸ insignifiant, négligeable, nul, nul et non avenu.

inexistence n. f. 1 *L'inexistence de toute ressource* ▸ absence, carence, défaut, manque. 2 *L'inexistence d'une équipe* ▸ déficience, nullité.

inexorable adj. 1 *Un juge inexorable* ▸ cruel, impitoyable, implacable, inflexible, intraitable, sans pitié. 2 *L'accomplissement inexorable du destin* ▸ fatal, immanquable, imparable, implacable, inéluctable, inévitable.

inexorablement adv. ▸ fatalement, forcément, immanquablement, implacablement, inéluctablement, inévitablement, infailliblement, nécessairement, obligatoirement.

inexpérience n. f. 1 *L'inexpérience de la jeunesse* ▸ gaucherie, ingénuité, maladresse, naïveté. 2 *Avoir une totale inexpérience de ce genre de situation* ▸ ignorance, méconnaissance.

inexpérimenté, ée adj. *Il est très gentil, mais un peu inexpérimenté* ▸ ignorant, ingénu, maladroit, novice, profane.

inexpert, erte adj. *Je suis tout à fait inexpert dans ce domaine* ▸ inexercé, inexpérimenté, novice, profane.

inexplicable adj. *Un comportement inexplicable* ▸ déconcertant, énigmatique, étrange, impénétrable, incompréhensible, indéchiffrable, mystérieux, obscur, singulier.

inexplicablement adv. *Disparaître inexplicablement* ▸ mystérieusement.

inexploré, ée adj. ▸ ignoré, inconnu, nouveau, vierge.

inexpressif, ive adj. 1 *Une physionomie inexpressive* ▶ atone, éteint, figé, inerte. 2 *Un style inexpressif* ▶ fade, froid, incolore, insipide, plat, terne.

inexprimable adj. *Une joie inexprimable* ▶ extraordinaire, indescriptible, indicible, ineffable, intraduisible.

inexprimé, ée adj. ▶ implicite, informulé, latent, sous-entendu, tacite.

inexpugnable adj. ▶ imprenable, invincible.

in extenso adv. ▶ complètement, d'un bout à l'autre, en entier, entièrement, intégralement, totalement.

inextinguible adj. 1 *Une soif inextinguible* ▶ ardent, inapaisable, inassouvissable, insatiable. 2 Litt. *Un ressentiment inextinguible* ▶ éternel, impérissable, indestructible, invincible.

in extremis adv. ▶ à la dernière minute, de justesse.

inextricable adj. 1 *Un écheveau inextricable* ▶ embrouillé, emmêlé, enchevêtré. 2 *Des broussailles inextricables* ▶ impénétrable. 3 *Les détours inextricables d'un labyrinthe* ▶ dédaléen (litt.). 4 *Une affaire inextricable* ▶ énigmatique, incompréhensible, inintelligible, mystérieux, obscur, ténébreux.

infaillible adj. 1 Vx *Un résultat infaillible* ▶ assuré, certain, immanquable, inévitable, sûr. 2 *Un remède infaillible* ▶ radical, souverain.

infailliblement adv. ▶ à coup sûr, à tous les coups, fatalement, forcément, immanquablement, inéluctablement, inévitablement, nécessairement, obligatoirement, sûrement.

infaisable adj. ▶ impossible, impraticable, inexécutable, irréalisable.

infamant, ante adj. *Une accusation infamante* ▶ avilissant, dégradant, déshonorant, ignominieux (litt.).

infâme adj. 1 *Une conduite infâme* ▶ abject, bas, dégradant, déshonorant, honteux, ignoble, ignominieux (litt.), immonde, indigne, odieux, répugnant, sordide, vil. 2 *Une nourriture infâme* ▶ dégoûtant, ignoble, immonde, infect, innommable, répugnant.

infamie n. f. 1 Litt. *Être capable de toutes les infamies* ▶ abjection, abomination, bassesse, horreur, ignominie, turpitude, vilenie. 2 *Répandre des infamies sur qqn* ▶ abomination, calomnie, horreur, ignominie. 3 *Noter qqn d'infamie* ▶ honte, opprobre.

infanterie n. f. *Vanter le courage de l'infanterie* ▶ fantassins, piétaille (vx), troupe.

infantile adj. *Un comportement infantile* ▶ bébête (fam.), gamin, puéril.

infantiliser v. ▶ déresponsabiliser.

infantilisme n. m. 1 *Diagnostiquer de l'infantilisme affectif* ▶ immaturité, puérilisme. 2 *L'infantilisme d'un comportement* ▶ gaminerie, puérilité.

infatigable adj. 1 *Un garçon infatigable* ▶ endurant, entiché, increvable (fam.), résistant. 2 *Un dévouement infatigable* ▶ incessant, inépuisable, inlassable.

infatigablement adv. ▶ inépuisablement, inlassablement.

infatuation n. f. Litt. ▶ autosatisfaction, fatuité, outrecuidance (litt.), prétention, suffisance, vanité.

infatué, ée adj. 1 *Être tout infatué de sa petite personne* ▶ engoué, entiché, imbu. 2 *Un air infatué* ▶ fat, fier, hautain, orgueilleux, outrecuidant (litt.), prétentieux, puant (fam.), suffisant, vain (litt.), vaniteux.

infécond, onde adj. 1 Litt. *Une terre inféconde* ▶ aride, désertique, improductif, infertile (litt.), stérile. 2 Fig. et litt. *Un effort infécond* ▶ improductif, inutile, stérile, vain.

infécondité n. f. Fig. et litt. *L'infécondité d'une théorie* ▶ pauvreté, stérilité.

infect, ecte adj. 1 *Un aliment infect* ▶ dégoûtant, ignoble, immonde, innommable, répugnant. 2 *Une odeur infecte* ▶ fétide, mauvais, nauséabond, pestilentiel, puant, repoussant. 3 Fig. *Un personnage infect* ▶ abject, dégoûtant, dégueulasse (fam.), ignoble, infâme, odieux, répugnant, révoltant.

infecter v. 1 *Un malade qui infecte son entourage* ▶ contaminer. 2 *Une usine qui infecte l'atmosphère du village* ▶ empester, empoisonner, empuantir, polluer. 3 Fig. et litt. *Infecter l'opinion par des principes néfastes* ▶ corrompre, gâter, polluer, souiller.

infection n. f. 1 *Un foyer d'infection* ▶ contagion, contamination. 2 *Un soupirail d'où se dégage une véritable infection* ▶ pestilence (litt.), puanteur.

inféodation n. f. ▶ asservissement, soumission, sujétion.

inféoder v. 1 Litt. *Inféoder un peuple* ▶ asservir, assujettir, enchaîner, soumettre, vassaliser. 2 **s'inféoder** *S'inféoder à un chef* ▶ s'attacher, se lier, se soumettre, se subordonner.

inférer v. *Que peut-on inférer de l'absence du président à cette cérémonie ?* ▸ conclure, déduire, induire.

inférieur, eure adj. **1** *La partie inférieure d'un bâtiment* ▸ bas. **2** *Une position inférieure* ▸ mineur, moindre, secondaire, subalterne, subordonné.

inférieur, eure n. *Traiter qqn comme un inférieur* ▸ sous-fifre (fam.), sous-ordre, subalterne, subordonné, vassal.

inférioriser v. *Elle fait tout pour l'inférioriser* ▸ déprécier, minimiser, rabaisser.

infériorité n. f. **1** *Maintenir qqn en état d'infériorité* ▸ servitude, subordination. **2** *Pour ce genre de travail, votre âge est une infériorité* ▸ défaut, désavantage, faiblesse, handicap, inconvénient.

infernal, ale adj. **1** *Une ruse infernale* ▸ démoniaque, diabolique, méphistophélique (litt.), satanique. **2** *Un vacarme infernal* ▸ insupportable, intolérable. **3** *Un rythme infernal* ▸ démentiel, endiablé. **4** Fam. *Un enfant infernal* ▸ impossible, insupportable, intenable, terrible (fam.).

infertile adj. **1** Litt. *Une terre infertile* ▸ aride, désertique, improductif, infécond (litt.), stérile. **2** Fig. et litt. *Un effort infertile* ▸ infécond (litt.), stérile, vain.

infertilité n. f. ▸ aridité, infécondité (litt.), stérilité.

infester v. **1** *Les pirates qui infestaient les côtes* ▸ désoler, dévaster, écumer, piller, ravager, saccager. **2** *Des rats qui infestent une cave* ▸ envahir.

infidèle adj. **1** *Être infidèle à ses engagements* ▸ parjure, traître. **2** *Un mari infidèle* ▸ adultère, inconstant, perfide (litt.), volage. **3** *Un récit infidèle* ▸ déformé, erroné, incorrect, inexact. **4** *Une mémoire infidèle* ▸ défaillant, fantaisiste, incertain.

infidélité n. f. **1** *L'infidélité d'un allié* ▸ déloyauté, félonie (litt.), perfidie (litt.), scélératesse (litt.), trahison, traîtrise. **2** *L'infidélité d'un conjoint* ▸ adultère, inconstance, trahison, tromperie. **3** *Des infidélités à une règle* ▸ dérogation, écart, entorse, inobservation, manquement, transgression, violation. **4** *Les infidélités d'une traduction* ▸ erreur, fantaisie, inexactitude.

infiltration n. f. **1** *Des traces d'infiltration sur un mur* ▸ suintement. **2** *Une infiltration de cortisone* ▸ injection, piqûre. **3** *L'infiltration des partis adverses* ▸ entrisme, noyautage, pénétration.

infiltrer v. **1** *Infiltrer un liquide dans un corps* ▸ injecter, introduire. **2 s'infiltrer** Fig. *S'infiltrer dans les lignes ennemies* ▸ se faufiler, se glisser, s'insinuer, s'introduire, pénétrer.

infime adj. **1** *Des détails infimes* ▸ imperceptible, infinitésimal, microscopique, minime, minuscule. **2** *Une somme infime* ▸ dérisoire, insignifiant, minime, négligeable, ridicule.

infini, ie adj. **1** *Une durée infinie* ▸ démesuré, éternel, illimité, immense, incalculable, incommensurable, interminable, sans fin. **2** *Une quantité infinie d'objets* ▸ colossal, illimité, immense, incalculable, incommensurable, inépuisable, innombrable. **3** *Une voix d'une infinie douceur* ▸ absolu, extrême, immense, inépuisable.

infini n. m. **1** *L'infini du ciel* ▸ énormité, immensité, infinité, infinitude (litt.), vastitude (litt.). **2** *Aspirer à l'infini* ▸ absolu, idéal, perfection.

infiniment adv. ▸ énormément, excessivement, extrêmement, follement, immensément, incomparablement, terriblement.

infinité n. f. **1** *L'infinité du ciel* ▸ énormité, immensité, infini, infinitude (litt.), vastitude (litt.). **2** *Une narration encombrée d'une infinité de détails inutiles* ▸ accumulation, avalanche, débauche, déluge, flopée (fam.), flot, foule, foultitude (fam.), kyrielle, masse, monceau, multiplicité, multitude, myriade (litt.), nuée, pluie, profusion, surabondance.

infinitésimal, ale adj. ▸ imperceptible, infime, microscopique, minime, minuscule.

infirmation n. f. *L'infirmation d'une décision de justice* ▸ annulation, cassation.

infirme adj. et n. ▸ estropié, handicapé, impotent, invalide, mutilé.

infirmer v. **1** *Infirmer un argument* ▸ démentir, réfuter, ruiner. **2** *Infirmer un jugement* ▸ annuler, casser.

infirmité n. f. ▸ handicap, impotence, incapacité, invalidité.

inflammable adj. ▸ combustible.

inflammation n. f. **1** *L'inflammation d'un mélange gazeux* ▸ combustion, ignition. **2** *Une inflammation à l'œil* ▸ irritation, rougeur.

inflation n. f. Fig. *S'inquiéter de l'inflation des vols de voitures* ▸ augmentation, extension, hausse, intensification, montée, progression.

infléchir v. **1** Fig. *Infléchir sa ligne de conduite* ▸ dévier, modifier. **2 s'infléchir** *Une pou-*

infléchissement n. m. *Un infléchissement de la politique économique* ► changement, modification.

inflexibilité n. f. 1 *L'inflexibilité d'un magistrat* ► implacabilité, inexorabilité, intransigeance. 2 *L'inflexibilité d'un règlement* ► implacabilité, rigidité, rigueur, sévérité.

inflexible adj. 1 Fig. *Un maître inflexible* ► impitoyable, implacable, inexorable, intraitable, intransigeant, irréductible. 2 Fig. *Une règle inflexible* ► draconien, impitoyable, implacable, rigide, rigoureux, sévère, strict.

inflexion n. f. 1 Litt. *Les inflexions d'un cours d'eau* ► courbe, courbure, sinuosité. 2 *Une inflexion de la tête* ► fléchissement, inclination. 3 *Une voix aux douces inflexions* ► accent, intonation, modulation, tonalité.

infliger v. 1 *Infliger une bonne correction à qqn* ► administrer, donner, flanquer (fam.). 2 *Infliger sa présence à qqn* ► imposer.

influençable adj. *Un esprit influençable* ► malléable, manipulable.

influence n. f. 1 *L'influence de la télévision* ► action, effet, impact (fam.). 2 *Une réforme lancée sous l'influence du personnel* ► impulsion, pression. 3 *Disposer d'une réelle influence au sein d'une communauté* ► ascendant, autorité, charisme, crédit, empire (litt.), emprise, magnétisme, poids, pouvoir, prestige.

influencer v. 1 *Ces incidents risquent d'influencer l'opinion* ► agir sur, conditionner, déteindre sur, influer sur, peser sur. 2 *Ce pauvre garçon s'est laissé influencer* ► entraîner.

influent, ente adj. *L'un des personnages les plus influents du département* ► considérable, important, puissant.

influer v. *Son attitude va forcément influer sur notre décision* ► agir sur, déteindre sur, influencer, jouer sur, peser sur, se répercuter sur.

infondé, ée adj. 1 *Une requête infondée* ► abusif, illégitime, indu, injustifié. 2 *Une supposition infondée* ► arbitraire, en l'air, gratuit, hasardeux, immotivé, injustifié.

informateur, trice n. *Un informateur de la police* ► balance (fam.), dénonciateur, espion, indicateur, mouchard (fam.).

information n. f. 1 *Demander des informations* ► indication, précision, renseignement, tuyau (fam.). 2 Plur. *Écouter les informations* ► actualités, journal, nouvelles. 3 *Passer une information dans la presse* ► annonce, communiqué. 4 *Demander un supplément d'information* ► enquête, instruction.

informe adj. 1 *Une masse informe* ► confus, indistinct. 2 *Ce n'est qu'une ébauche encore informe* ► grossier, inachevé, incomplet.

informer v. 1 *Informer le public* ► avertir, aviser, instruire, mettre au courant, mettre au fait, prévenir, renseigner. 2 *Il nous a informé de ses difficultés* ► annoncer, aviser de, communiquer, faire part de, faire savoir, instruire de, signaler. 3 **s'informer** *Il est parti s'informer* ► aller aux nouvelles, se renseigner. 4 *S'informer sur les antécédents de qqn* ► se documenter, enquêter, se renseigner.

informulé, ée adj. ► implicite, inexprimé, latent, sous-entendu, tacite.

infortune n. f. 1 Litt. *Gémir sur l'infortune dont on est victime* ► adversité, disgrâce (litt.), malchance. 2 Litt. *Il nous a raconté les infortunes qui lui sont arrivées* ► calamité, catastrophe, malheur, misère.

infortuné, ée adj. Litt. *Infortuné garçon!* ► malheureux, pauvre.

infraction n. f. *Ne tolérer aucune infraction au règlement* ► atteinte à, contravention à, dérogation à, désobéissance à, entorse à, inobservation de, manquement à, transgression de, violation de.

infranchissable adj. *Un obstacle infranchissable* ► insurmontable, invincible.

infrastructure n. f. 1 *L'infrastructure d'un bâtiment* ► fondation, fondement, sous-œuvre. 2 *Un pays sans infrastructure hôtelière* ► équipement.

infructueux, euse adj. *Ses efforts sont restés infructueux* ► improductif, impuissant, inefficace, inopérant, inutile, sans résultat, stérile, vain.

infuser v. Fig. et litt. *Infuser à qqn son goût de vaincre* ► communiquer, inoculer, insuffler, transmettre.

infusion n. f. ► décoction, tisane.

ingambe adj. Litt. ► agile, alerte, dispos, gaillard, valide, vert, vif.

ingénier (s') v. *S'ingénier à relancer la conversation* ► s'efforcer de, s'escrimer à, s'évertuer à.

ingénieusement adv. ► astucieusement, finement, habilement, subtilement.

ingénieux

ingénieux, euse adj. 1 *Un bricoleur ingénieux* ▶ astucieux, capable, habile, industrieux (litt.), inventif, sagace. 2 *Une solution ingénieuse* ▶ adroit, astucieux, habile, intelligent.

ingéniosité n. f. ▶ astuce, habileté, intelligence.

ingénu, ue adj. Litt. ▶ candide, inexpérimenté, innocent, naïf, simple.

ingénuité n. f. 1 Litt. *Garder une ingénuité d'enfant* ▶ franchise, naturel, sincérité. 2 Litt. *Une ingénuité qui confine à la niaiserie* ▶ candeur, inexpérience, innocence, naïveté, simplicité.

ingénument adv. ▶ candidement, innocemment, naïvement.

ingérence n. f. ▶ immixtion, intervention, intrusion.

ingérer v. 1 *Ingérer des aliments* ▶ absorber, avaler, prendre. 2 *s'ingérer* *S'ingérer dans les affaires de ses voisins* ▶ fourrer son nez dans (fam.), s'immiscer dans, s'insinuer dans, intervenir dans, s'introduire dans, se mêler de.

ingestion n. f. ▶ absorption, prise.

ingrat, ate adj. 1 *Se montrer ingrat envers ses bienfaiteurs* ▶ égoïste, oublieux. 2 *Un physique ingrat* ▶ déplaisant, désagréable, disgracieux, inesthétique, laid, moche (fam.). 3 *Une terre ingrate* ▶ aride, improductif, infécond (litt.), infertile (litt.), pauvre, sec, stérile. 4 *Un travail ingrat* ▶ difficile, pénible.

ingratitude n. f. *Reprocher à qqn son ingratitude* ▶ indifférence, oubli.

ingrédient n. m. Fig. *Tous les ingrédients d'une crise sont là* ▶ composant, constituant, élément.

inguérissable adj. 1 *Un malade inguérissable* ▶ condamné, incurable, perdu. 2 Fig. *Un chagrin inguérissable* ▶ inapaisable (litt.), inconsolable.

ingurgiter v. *Il a ingurgité à lui tout seul la moitié du gâteau!* ▶ enfourner (fam.), engloutir, engouffrer (fam.).

inhabile adj. Litt. ▶ gauche, maladroit, malhabile.

inhabité, ée adj. 1 *Une contrée encore inhabitée* ▶ désert, désertique, sauvage, vide. 2 *Une ville désormais inhabitée* ▶ abandonné, délaissé, dépeuplé, inoccupé, vide.

inhabituel, elle adj. 1 *Un bruit inhabituel* ▶ anormal, étrange, inaccoutumé, insolite, nouveau, singulier. 2 *Une démarche inhabituelle* ▶ exceptionnel, inaccoutumé, inusuel (litt.), rare.

inhalation n. f. 1 *L'inhalation d'une vapeur toxique* ▶ aspiration, inspiration. 2 *Prescrire des inhalations* ▶ fumigation.

inhaler v. ▶ aspirer, humer, inspirer, respirer.

inhérent, ente adj. *Un caractère inhérent à la nature humaine* ▶ immanent, inséparable de, intrinsèque de, propre à.

inhibé, ée adj. *Une personne complètement inhibée* ▶ bloqué, coincé (fam.), complexé, refoulé (fam.).

inhiber v. 1 *Une substance qui inhibe l'activité chimique* ▶ empêcher, interdire. 2 *Une éducation rigide qui inhibe tout élan* ▶ bloquer, enrayer, juguler, paralyser, refouler.

inhibition n. f. ▶ blocage, refoulement.

inhospitalier, ère adj. 1 *Une région inhospitalière* ▶ sauvage. 2 *Un accueil inhospitalier* ▶ glacial, revêche.

inhumain, aine adj. 1 *Se montrer inhumain avec des prisonniers* ▶ barbare, cruel, féroce, impitoyable, implacable, inexorable, odieux, sadique. 2 *Un cri inhumain* ▶ abominable, affreux, atroce, épouvantable, infernal, insupportable, monstrueux, terrible.

inhumanité n. f. Litt. ▶ barbarie, bestialité, cruauté, férocité, sadisme, sauvagerie.

inhumation n. f. ▶ ensevelissement, enterrement.

inhumer v. ▶ ensevelir, enterrer, mettre en terre, porter en terre.

inimaginable adj. ▶ extraordinaire, fabuleux, impensable, inconcevable, incroyable, inenvisageable, inouï, invraisemblable, phénoménal, sidérant, stupéfiant.

inimitable adj. ▶ incomparable, inégalable, parfait, sans pareil, unique.

inimitié n. f. Litt. ▶ animosité, antipathie, hostilité.

ininflammable adj. ▶ ignifugé, incombustible.

inintelligemment adv. ▶ bêtement, stupidement.

inintelligence n. f. ▶ bêtise, crétinerie, idiotie, imbécillité, ineptie, sottise, stupidité.

inintelligent, ente adj. ▶ abruti, bête, borné, bouché (fam.), crétin, idiot, imbécile, inepte, sot, stupide.

inintelligibilité n. f. ▶ hermétisme, incompréhensibilité (litt.), obscurité, opacité.

inintelligible adj. 1 *Un texte inintelligible* ▶ abscons (litt.), abstrus (litt.), ésotérique, hermétique, illisible, incompréhensible, nébuleux, opaque, sibyllin. 2 *Prétendre que la vie est un mystère profondément inintelligible* ▶ impénétrable, incompréhensible, inconcevable, indéchiffrable, inexplicable, insondable, opaque.

inintéressant, ante adj. ▶ banal, commun, insignifiant, quelconque.

ininterrompu, ue adj. ▶ continu, continuel, incessant.

inique adj. 1 *Une décision administrative inique* ▶ abusif, injuste, injustifié, scandaleux. 2 *Un partage inique* ▶ inéquitable (litt.), injuste, léonin (litt.), scandaleux.

iniquité n. f. *L'iniquité d'un jugement* ▶ injustice.

initial, ale adj. *L'état initial d'un projet* ▶ original, originel, premier, primitif.

initialement adv. ▶ à l'origine, originairement, originellement, primitivement.

initiateur, trice n. 1 *Les authentiques génies sont des initiateurs* ▶ innovateur, novateur, pionnier. 2 *Être l'initiateur d'un projet* ▶ auteur, créateur, promoteur. 3 *Être l'initiateur de qqn* ▶ éducateur, maître.

initiation n. f. 1 *Une initiation à la peinture* ▶ apprentissage, éducation, formation, instruction. 2 *L'initiation d'un fidèle* ▶ mystagogie (litt.).

initiative n. f. 1 *Une initiative courageuse* ▶ action, intervention. 2 *Faire preuve d'initiative* ▶ décision, volonté.

initier v. 1 *Initier qqn à la philosophie* ▶ former. 2 *Initier un jeune homme au monde de la finance* ▶ faire entrer dans, introduire dans. 3 *Initier un mouvement* ▶ amorcer, commencer, déclencher, engager, entamer, impulser, lancer, mettre en branle, mettre en route, mettre en train. 4 **s'initier** *S'initier aux arts martiaux* ▶ apprendre, étudier, se former à.

injecter v. 1 *Injecter un sérum dans l'organisme* ▶ infiltrer, introduire. 2 *Fig. Injecter des idées nouvelles* ▶ infuser (litt.), inoculer, insuffler, introduire, transmettre.

injection n. f. ▶ infiltration, piqûre.

injonctif, ive adj. ▶ impératif.

injonction n. f. ▶ commandement, diktat, mise en demeure, ordre, sommation, ukase, ultimatum.

injure n. f. 1 *Lancer une bordée d'injures* ▶ insulte, invective. 2 *Fig. et litt. L'injure du temps* ▶ blessure, offense, outrage.

injurier v. 1 *Injurier un automobiliste* ▶ agonir (litt.), engueuler (fam.), insulter, invectiver. 2 *Fig. et litt. Injurier la mémoire d'un mort* ▶ insulter, offenser, outrager.

injurieux, euse adj. 1 *Des propos injurieux* ▶ insultant. 2 *Un soupçon injurieux* ▶ blessant, offensant, outrageant.

injuste adj. 1 *Un partage injuste* ▶ inéquitable, inique, léonin (litt.). 2 *Une décision injuste* ▶ abusif, inique. 3 *Des reproches injustes* ▶ immérité, injustifié. 4 *Il a été injuste avec moi* ▶ partial.

injustement adv. ▶ abusivement, à tort.

injustice n. f. ▶ iniquité.

injustifiable adj. ▶ indéfendable, inexcusable.

injustifié, ée adj. 1 *Une requête injustifiée* ▶ abusif, illégitime, indu, infondé. 2 *Une punition injustifiée* ▶ arbitraire, immérité, immotivé, inique, injuste.

inlassable adj. *Une inlassable bonne volonté* ▶ inépuisable, infatigable.

inlassablement adv. ▶ inépuisablement, infatigablement.

inné, ée adj. ▶ atavique, congénital, héréditaire, instinctif, naturel.

innocemment adv. ▶ candidement, ingénument, naïvement.

innocence n. f. *L'innocence de l'enfance* ▶ candeur, fraîcheur, ingénuité (litt.), naïveté, pureté, simplicité.

innocent, ente adj. 1 *Une innocente jeune fille* ▶ candide, ingénu (litt.), pur. 2 *Des jeux innocents* ▶ anodin, bénin, inoffensif, irrépréhensible (litt.). 3 *Il est assez innocent pour croire une chose pareille!* ▶ benêt, bête, crédule, demeuré, idiot, naïf, niais, nigaud, simple, simplet.

innocenter v. 1 *Innocenter un accusé* ▶ absoudre, acquitter, blanchir, disculper. 2 *Ce témoignage innocente mon client* ▶ blanchir, disculper, laver.

innombrable adj. ▶ illimité, incalculable, infini.

innommable adj. 1 *Un breuvage innommable* ▶ dégoûtant, dégueulasse (fam.), ignoble, immonde, infâme, infect. 2 *Des procédés innommables* ▶ abominable, dégoûtant, dégueulasse (fam.), honteux, ignoble, immonde, indigne, infâme, infect, inqualifiable, odieux, scandaleux, sordide, vil.

innovateur

innovateur, trice n. ▶ créateur, initiateur, novateur, pionnier.

innovation n. f. **1** *Se refuser à toute innovation* ▶ changement, nouveauté, transformation. **2** *Aborder un problème dans un esprit d'innovation* ▶ audace, originalité.

innover v. Vx *Innover une technique* ▶ créer, inventer, trouver.

inobservation n. f. Litt. ▶ manquement, transgression, violation.

inoccupé, ée adj. **1** *Des adolescents inoccupés* ▶ désœuvré, inactif, oisif. **2** *Un appartement inoccupé* ▶ libre, vacant, vide.

inoculer v. **1** *Inoculer un germe pathogène* ▶ injecter. **2** Fig. *Inoculer des idées pernicieuses* ▶ infuser (litt.), inspirer, instiller (litt.), insuffler, propager, transmettre.

inoffensif, ive adj. **1** *Un chien inoffensif* ▶ calme, doux, pacifique, paisible, tranquille. **2** *Un adversaire désormais inoffensif* ▶ désarmé, impuissant, neutralisé. **3** *Une plaisanterie inoffensive* ▶ anodin, bénin, innocent.

inondation n. f. Fig. *L'afflux des touristes prend ici la forme d'une véritable inondation* ▶ déferlement, invasion.

inonder v. **1** *Un fleuve qui inonde une plaine* ▶ noyer, submerger. **2** *L'eau a giclé si fort que nous en avons été inondés* ▶ arroser, asperger. **3** Fig. *Des larmes inondaient son visage* ▶ baigner, mouiller, tremper. **4** Fig. *La joie inonde son cœur* ▶ envahir, illuminer, noyer, submerger.

inopérant, ante adj. *Des mesures courageuses, mais restées inopérantes* ▶ improductif, impuissant, inefficace, infructueux, inutile, sans résultat, stérile, vain.

inopiné, ée adj. ▶ fortuit, imprévu, inattendu, soudain, subit.

inopinément adv. ▶ abruptement, à l'improviste, brusquement, brutalement, ex abrupto, soudain, soudainement, subitement, tout à coup, tout d'un coup.

inopportun, une adj. *Sa revendication était particulièrement inopportune dans ce genre de circonstance* ▶ déplacé, hors de propos, importun, incongru, incorrect, intempestif, malséant (litt.).

inopportunément adv. Litt. ▶ à contretemps, mal à propos.

inoubliable adj. *Une victoire inoubliable* ▶ fameux, glorieux, historique, marquant, mémorable, saillant.

inouï, ïe adj. ▶ extraordinaire, formidable, incroyable, prodigieux, sensationnel.

in petto adv. ▶ à part soi, intérieurement.

inqualifiable adj. *Un procédé inqualifiable* ▶ abominable, dégoûtant, dégueulasse (fam.), honteux, ignoble, immonde, inconcevable, indigne, infâme, infect, inimaginable, innommable, odieux, scandaleux, sordide, vil.

inquiet, ète adj. **1** *Une mère constamment inquiète* ▶ alarmé, angoissé, anxieux, préoccupé, soucieux, tourmenté, tracassé. **2** *Un animal inquiet* ▶ apeuré, effaré, effarouché, effrayé. **3** *Une assistance inquiète* ▶ crispé, tendu.

inquiétant, ante adj. **1** *Une évolution inquiétante* ▶ alarmant, angoissant, préoccupant, troublant. **2** *Une physionomie inquiétante* ▶ louche, menaçant, patibulaire, sinistre, trouble.

inquiéter v. **1** *Le médecin ne lui a rien dit pour ne pas l'inquiéter* ▶ alarmer, alerter, angoisser, apeurer, effrayer. **2** *Ces sombres perspectives l'inquiètent* ▶ angoisser, miner, préoccuper, ronger, tourmenter, tracasser, travailler (fam.). **3 s'inquiéter** *Ne vous inquiétez pas trop* ▶ s'alarmer, se biler (fam.), s'en faire (fam.), se faire de la bile (fam.), se faire du souci, se frapper, se préoccuper, se tourmenter, se tracasser.

inquiétude n. f. **1** *Cette nouvelle suscite la plus vive inquiétude* ▶ alarme, angoisse, anxiété, appréhension, crainte, préoccupation. **2** *Donner des signes d'inquiétude* ▶ agitation, préoccupation. **3** *Sa fille lui donne bien de l'inquiétude* ▶ souci, tourment. **4** *Ce vote manifeste l'inquiétude de l'électorat* ▶ malaise, trouble.

inquisiteur, trice adj. *Un regard inquisiteur* ▶ curieux, fouineur, fureteur, indiscret, scrutateur.

inquisitorial, ale adj. *Un pouvoir inquisitorial* ▶ arbitraire, discrétionnaire.

inracontable adj. *L'inracontable oncle Jules* ▶ impayable (fam.), ineffable, inénarrable.

insaisissable adj. **1** Fig. *Une image insaisissable* ▶ évanescent, fugace, fuyant, impalpable. **2** Fig. *Une doctrine insaisissable* ▶ ésotérique, fumeux, impénétrable, incompréhensible. **3** Fig. *Des imperfections insaisissables* ▶ imperceptible, indécelable, indiscernable, insensible, invisible, minuscule.

insalubre adj. *Une atmosphère insalubre* ▶ impur, malsain, pollué.

insanité n. f. ▶ ânerie (fam.), bêtise, idiotie, imbécillité, ineptie, sottise.

insatiable adj. **1** *Un enfant insatiable* ▶ boulimique, glouton, goinfre, goulu

insignifiant

(fam.), vorace. **2** *Une soif insatiable* ▶ inapaisable (litt.), inassouvissable (litt.), inextinguible (litt.). **3** *Une passion insatiable* ▶ dévorant.

insatisfaction n. f. ▶ déception, frustration, inassouvissement, mécontentement.

insatisfaisant, ante adj. *Des résultats tout à fait insatisfaisants* ▶ décevant, frustrant, insuffisant, médiocre.

insatisfait, aite adj. **1** *Être insatisfait d'un résultat* ▶ déçu, mécontent. **2** *Un désir insatisfait* ▶ frustré, inapaisé (litt.), inassouvi.

inscription n. f. **1** *L'inscription de qqn sur une liste* ▶ enregistrement, immatriculation. **2** *L'inscription de qqn à un parti* ▶ adhésion, affiliation. **3** *L'inscription d'une question à l'ordre du jour* ▶ citation, mention. **4** *Des inscriptions injurieuses* ▶ barbouillage, graffiti. **5** *Une inscription placée sur un monument* ▶ épigraphe. **6** Spécialement sur un monument funéraire ▶ épitaphe.

inscrire v. **1** *Inscrire un nom sur une liste* ▶ consigner, écrire, enregistrer, indiquer, marquer, mentionner, noter, porter. **2 s'inscrire** *S'inscrire à un mouvement* ▶ adhérer à, s'affilier à. **3 s'inscrire en faux** *Il s'inscrit en faux contre toutes vos affirmations* ▶ contester, contredire, démentir, s'élever contre, s'indigner de, s'insurger contre, nier.

insécable adj. ▶ indécomposable, indivisible, inséparable, simple.

insectivore adj. ▶ entomophage.

insécurité n. f. **1** *Une région déconseillée aux touristes à cause de son insécurité* ▶ dangerosité, risques. **2** *L'insécurité actuelle du marché du travail* ▶ précarité.

insensé, ée adj. **1** *Un argument insensé* ▶ aberrant, absurde, démentiel, déraisonnable, extravagant, fou, grotesque, inepte, insane (litt.), irrationnel, irréfléchi, saugrenu. **2** *Une cadence insensée* ▶ démentiel (fam.), effréné, enragé, extravagant, forcené, fou, frénétique. **3** *Une audace insensée* ▶ démentiel, dingue (fam.), fou, incroyable.

insensibilisation n. f. ▶ analgésie, anesthésie.

insensibiliser v. *Insensibiliser la gencive avant d'extraire une dent de sagesse* ▶ anesthésier.

insensibilité n. f. **1** *L'insensibilité du sage* ▶ ataraxie, impassibilité, indifférence. **2** *Accueillir une nouvelle avec une apparente insensibilité* ▶ détachement, froideur, impassibilité. **3** *L'insensibilité du public vis-à-vis d'un problème* ▶ inintérêt, imperméabilité, incompréhension, indifférence.

insensible adj. **1** *Un air insensible* ▶ détaché, froid, glacial, impassible, imperturbable, indifférent. **2** *Un geôlier particulièrement insensible* ▶ cruel, dur, endurci, impitoyable, implacable, inhumain, sans cœur. **3** *Rester insensible à la poésie* ▶ étranger, fermé, imperméable, rebelle, réfractaire, sourd. **4** *Des différences insensibles* ▶ imperceptible, indécelable, indiscernable, insaisissable, minime, minuscule.

insensiblement adv. **1** *Se transformer insensiblement* ▶ doucement, graduellement, lentement, par degré, petit à petit, peu à peu, progressivement. **2** *Une couleur insensiblement plus claire* ▶ à peine, imperceptiblement, légèrement.

inséparable adj. **1** *Des éléments inséparables* ▶ indivisible, insécable. **2** *Des caractéristiques inséparables de la nature humaine* ▶ indissociable de, inhérent à, propre à.

insérer v. **1** *Insérer une pièce dans une monture* ▶ emboîter, encastrer, enchâsser, enclaver. **2** *Insérer un feuillet dans un livre* ▶ glisser, incorporer, intercaler, introduire. **3** *Insérer un article dans un journal* ▶ ajouter, inclure, incorporer, introduire. **4 s'insérer** *Cette mesure s'insère dans la nouvelle politique* ▶ s'inscrire, s'intégrer. **5** *Il s'est bien inséré dans ce milieu* ▶ s'assimiler, s'intégrer.

insertion n. f. **1** *L'insertion d'une clause dans un contrat* ▶ incorporation, intercalation, introduction. **2** *L'insertion des immigrés* ▶ assimilation, intégration.

insidieusement adv. ▶ sournoisement.

insidieux, euse adj. **1** *Un mal insidieux* ▶ sournois, traître. **2** *Une question insidieuse* ▶ captieux (litt.), piégé. **3** *Une promesse insidieuse* ▶ fallacieux, illusoire, trompeur.

insigne adj. *Il m'a rendu un service insigne* ▶ éclatant, fameux, remarquable, signalé (litt.).

insigne n. m. **1** *Les insignes de la royauté* ▶ emblème, symbole. **2** *Porter ses insignes à l'occasion d'une cérémonie commémorative* ▶ décoration, médaille. **3** *Porter un insigne pour soutenir une cause* ▶ badge.

insignifiance n. f. *Une personnalité d'une rare insignifiance* ▶ banalité, fadeur, inintérêt, médiocrité, petitesse.

insignifiant, ante adj. **1** *Un incident insignifiant* ▶ anodin, de rien du tout, dérisoire, infime, mineur, minime, négli-

insinuant

geable, petit. **2** *Une remarque insignifiante* ▶ anodin, banal, futile, médiocre, quelconque. **3** *Un visage insignifiant* ▶ anodin, banal, effacé, fade, falot, inconsistant, insipide, ordinaire, quelconque, terne.

insinuant, ante adj. ▶ captieux (litt.), hypocrite, insidieux, patelin (litt.), sournois.

insinuation n. f. ▶ allusion, sous-entendu.

insinuer v. **1** *Elle insinue que vous avez une responsabilité dans cette affaire* ▶ donner à entendre, sous-entendre, suggérer. **2 s'insinuer** *Des cafards qui s'insinuent sous une plinthe* ▶ se couler, se faufiler, se glisser, s'introduire, pénétrer. **3** Fig. *S'insinuer dans les affaires d'autrui* ▶ s'immiscer dans, s'ingérer dans, se mêler de.

insipide adj. **1** *Un breuvage insipide* ▶ douceâtre, fade. **2** Fig. *Un style insipide* ▶ ennuyeux, fade, fastidieux, incolore, inexpressif, inintéressant, plat. **3** Fig. *Une personnalité insipide* ▶ anodin, banal, effacé, fade, falot, inconsistant, insignifiant, ordinaire, quelconque, terne.

insipidité n. f. **1** *L'insipidité d'un aliment* ▶ fadeur. **2** Fig. et litt. *Une conversation d'une totale insipidité* ▶ banalité, fadeur, inconsistance, inintérêt, platitude.

insistance n. f. *Elle a fait preuve de tellement d'insistance qu'il a fini par céder* ▶ acharnement, constance, entêtement, obstination, opiniâtreté, persévérance, ténacité.

insistant, ante adj. *Une demande insistante* ▶ appuyé, instant (litt.), pressant.

insister v. **1** *Insister sur certaines syllabes* ▶ accentuer, appuyer sur. **2** *Insister sur les résultats obtenus* ▶ s'appesantir sur, souligner. **3** *Inutile d'insister* ▶ s'acharner, continuer, s'entêter, s'obstiner, persévérer, persister.

insociable adj. Litt. ▶ misanthrope, sauvage, solitaire.

insolemment adv. ▶ effrontément, impertinemment, impudemment, irrespectueusement, irrévérencieusement.

insolence n. f. **1** *L'insolence d'une réponse* ▶ effronterie, impertinence, irrespect, outrecuidance (litt.). **2** *Proférer des insolences à l'adresse de qqn* ▶ impertinence. **3** *L'insolence des parvenus* ▶ arrogance, dédain, hauteur, mépris, morgue, outrecuidance (litt.), suffisance, superbe (litt.).

insolent, ente adj. **1** *Une remarque insolente* ▶ cavalier, effronté, impertinent, impudent, irrespectueux, irrévérencieux. **2** *Un ton insolent* ▶ arrogant, hautain, impudent, outrecuidant (litt.), prétentieux, provocant. **3** *Une chance insolente* ▶ honteux, incroyable, indécent.

insolite adj. ▶ anormal, bizarre, déroutant, étrange, exceptionnel, extraordinaire, extravagant, inaccoutumé, inhabituel, nouveau, rare, singulier.

insoluble adj. Fig. *Un problème insoluble* ▶ impossible, inextricable.

insondable adj. **1** *Un mystère insondable* ▶ impénétrable, incompréhensible, inexplicable, inextricable, inintelligible, insaisissable. **2** *Un désespoir insondable* ▶ abyssal, immense, incommensurable, infini.

insonore adj. ▶ silencieux.

insonoriser v. *Insonoriser un studio d'enregistrement* ▶ isoler.

insouciance n. f. *L'insouciance de la jeunesse* ▶ décontraction, désinvolture, détachement, étourderie, imprévoyance, indifférence, irréflexion, je-m'en-foutisme (fam.), légèreté.

insouciant, ante adj. **1** *Des jeunes gens insouciants* ▶ décontracté, désinvolte, étourdi, évaporé, imprévoyant, indifférent, insoucieux (litt.), irréfléchi, je-m'enfoutiste (fam.), léger. **2** *Être insouciant du lendemain* ▶ imprévoyant de, indifférent à, insoucieux de (litt.), négligent de, oublieux de.

insoumis, ise adj. et n. **1** *Un tempérament insoumis* ▶ frondeur, indiscipliné, indocile, rebelle, récalcitrant, réfractaire, rétif, révolté. **2** *Un soldat insoumis* ▶ réfractaire.

insoumission n. f. **1** *Un acte d'insoumission* ▶ désobéissance, indépendance, indiscipline, insubordination. **2** *Un équipage en état d'insoumission* ▶ mutinerie, rébellion, révolte, sédition.

insoupçonné, ée adj. **1** *Un domaine de recherche insoupçonné* ▶ ignoré, inconnu, nouveau. **2** *Un filon d'une richesse insoupçonnée* ▶ inattendu, stupéfiant.

insoutenable adj. **1** *Un spectacle insoutenable* ▶ épouvantable, insupportable, intolérable. **2** *Une opinion insoutenable* ▶ inadmissible, indéfendable, injustifiable.

inspecter v. **1** *Inspecter un travail* ▶ contrôler, superviser, surveiller. **2** *Inspecter les livres de compte d'une entreprise* ▶ contrôler, vérifier. **3** *Inspecter le contenu d'une caisse* ▶ étudier, examiner, explorer, fouiller, inventorier, visiter. **4** *Inspecter le*

inspecteur, trice n. ▶ contrôleur, vérificateur.

inspection n. f. 1 *L'inspection des livres de compte d'une entreprise* ▶ contrôle, vérification. 2 *L'inspection des bagages à la douane* ▶ contrôle, examen, fouille. 3 *L'inspection des troupes* ▶ revue.

inspirateur, trice n. *L'inspirateur d'une politique nouvelle* ▶ initiateur, instigateur, promoteur.

inspiratrice n. f. *L'inspiratrice d'un poète* ▶ égérie, muse.

inspiration n. f. 1 *L'alternance de l'inspiration et de l'expiration* ▶ aspiration, inhalation. 2 Fig. *L'inspiration prophétique* ▶ exaltation, grâce, illumination, souffle. 3 Fig. *Une heureuse inspiration* ▶ idée, intuition. 4 Fig. *Il a agi sur votre inspiration* ▶ avis, conseil, impulsion, influence, instigation, suggestion.

inspiré, ée adj. 1 *Il a été bien inspiré de venir* ▶ avisé, sage. 2 *Un prédicateur à l'expression inspirée* ▶ illuminé, mystique.

inspirer v. 1 *Inspirer profondément en sortant à l'air libre* ▶ aspirer, respirer. 2 Fig. *Inspirer de la haine à qqn* ▶ communiquer, inoculer, instiller (litt.), insuffler. 3 *Ce genre de procédé ne peut qu'inspirer le dégoût* ▶ faire naître, provoquer, susciter. 4 Fig. *C'est la jalousie qui l'inspire* ▶ animer, déterminer, pousser. 5 **s'inspirer** *S'inspirer des Anciens* ▶ imiter.

instabilité n. f. 1 *L'instabilité d'un échafaudage* ▶ déséquilibre. 2 *L'instabilité de l'opinion publique* ▶ fluctuation, inconstance, mobilité, variabilité, versatilité. 3 *L'instabilité des choses humaines* ▶ fragilité, incertitude, inconstance, mobilité, précarité, versatilité.

instable adj. 1 *Un meuble instable* ▶ bancal, boiteux, branlant, chancelant, vacillant. 2 *Une population instable* ▶ errant, nomade, remuant, vagabond. 3 *Une situation instable* ▶ fluctuant, fragile, labile (litt.), précaire. 4 *Une humeur instable* ▶ capricieux, changeant, fluctuant, inconstant, mobile, mouvant, variable, versatile. 5 *Un homme instable* ▶ déséquilibré.

installation n. f. 1 *L'installation de l'électricité* ▶ mise en place. 2 *L'installation d'un magistrat* ▶ établissement, intronisation, investiture. 3 *Préparer son installation dans un nouvel appartement* ▶ emménagement. 4 *Confier l'installation d'un local commercial à un décorateur* ▶ agencement, aménagement, arrangement, organisation. 5 *Des installations sanitaires* ▶ équipement.

installé, ée adj. *Une bourgeoisie installée* ▶ arrivé, nanti, prospère.

installer v. 1 *Installer des bibelots sur un meuble* ▶ caser (fam.), loger, mettre, placer, poser. 2 *Installer une tente* ▶ dresser, monter. 3 *Installer un appartement* ▶ aménager, arranger, équiper. 4 **s'installer** *Des populations qui s'installent dans une zone désertique* ▶ s'établir, se fixer, s'implanter. 5 *S'installer dans un nouvel appartement* ▶ emménager. 6 *S'installer dans un fauteuil* ▶ se carrer.

instance n. f. 1 Plur. *Sur les instances de ses parents* ▶ demandes, prières, requêtes, sollicitations. 2 Litt. *Demander avec instance* ▶ insistance. 3 *Introduire une instance de divorce* ▶ procédure, procès. 4 **en instance de** *Une affaire en instance d'être réglée* ▶ en passe de, près de, sur le point de.

instant, ante adj. Litt. *Une demande instante* ▶ appuyé, insistant, pressant.

instant n. m. 1 *Faire qqch en un instant* ▶ éclair, minute, seconde. 2 *Les premiers instants d'une rencontre* ▶ heure, moment, temps. 3 **dans un instant** *Il arrive dans un instant* ▶ à l'instant, avant peu, bientôt, dans peu de temps, dans un moment, d'un moment à l'autre, immédiatement, incessamment, prochainement, sans tarder, sous peu, tout de suite, vite. 4 **pour l'instant** *Pour l'instant c'est tout ce que nous savons* ▶ actuellement, pour le moment, pour l'heure (litt.).

instantané, ée adj. 1 *Un éclair instantané* ▶ bref, fugitif. 2 *Une mort instantanée* ▶ brutal, rapide, soudain, subit.

instantanément adv. ▶ à l'instant, aussitôt, immédiatement, tout de suite.

instaurateur, trice n. Litt. ▶ auteur, créateur, fondateur, père, promoteur.

instauration n. f. ▶ constitution, création, établissement, fondation, mise en place.

instaurer v. *Instaurer un nouveau système de démocratie directe* ▶ constituer, créer, ériger, établir, fonder, implanter, instituer, mettre en place, promouvoir.

instigateur, trice n. *L'instigateur d'une révolte* ▶ inspirateur, promoteur.

instigation n. f. ▶ conseil, impulsion, inspiration, suggestion.

instiller v. Fig. et litt. *Instiller des idées dangereuses dans l'esprit de qqn* ▶ inoculer, insinuer, inspirer, insuffler.

instinct n. m. **1** *Réussir dans les affaires réclame un instinct particulier* ▶ aptitude, disposition, don, sens, talent. **2** *Se fier à son instinct* ▶ feeling (fam.), flair, intuition. **3** *Un instinct suicidaire* ▶ pulsion. **4 d'instinct** *Se jeter d'instinct au secours de qqn* ▶ impulsivement, instinctivement, spontanément.

instinctif, ive adj. **1** *Respirer est un mécanisme purement instinctif* ▶ automatique, inconscient, involontaire, irraisonné, irréfléchi, machinal, mécanique, réflexe, spontané. **2** *Une haine instinctive* ▶ irraisonné, tripal (fam.), viscéral. **3** *Un goût instinctif pour les belles choses* ▶ inné, naturel.

instinctivement adv. **1** *Appuyer instinctivement sur l'interrupteur en entrant dans une pièce* ▶ machinalement, mécaniquement. **2** *Ce n'était pas calculé, elle a fait cela instinctivement* ▶ d'instinct, impulsivement, spontanément.

instituer v. *Instituer de nouvelles règles dans les relations entre le pouvoir et la presse* ▶ constituer, créer, ériger, établir, fonder, implanter, instaurer, mettre en place, promouvoir.

institut n. m. **1** *Un institut d'art plastique* ▶ académie, école. **2 institut médico-légal** ▶ morgue.

instituteur, trice n. ▶ maître, professeur des écoles.

institution n. f. **1** *L'institution du suffrage universel* ▶ création, établissement, fondation, instauration, organisation. **2** *Une institution de jeunes filles* ▶ pension, pensionnat. **3** Plur. *La défense des institutions démocratiques* ▶ état, pouvoir, régime, système.

instructif, ive adj. *Une expérience instructive* ▶ enrichissant, formateur.

instruction n. f. **1** *L'instruction de la jeunesse* ▶ éducation, enseignement, formation. **2** *Manquer d'une instruction minimum* ▶ bagage, connaissances, culture, savoir. **3** *Suivre les instructions* ▶ consigne, directive, indication, ordre, prescription. **4** *Un juge qui mène son instruction comme il l'entend* ▶ enquête.

instruire v. **1** *Instruire est un métier* ▶ éduquer, enseigner. **2** *Instruire des nouveaux* ▶ former, initier. **3** *Il ne nous a pas encore instruit de son intentions* ▶ annoncer, avertir de, aviser de, faire part de, informer de, notifier. **4** *Instruire une affaire* ▶ examiner.

5 s'instruire *Chercher à s'instruire* ▶ apprendre, se cultiver, étudier, se former.

instruit, ite adj. *Un homme instruit* ▶ cultivé, lettré (litt.), savant.

instrument n. m. **1** *Un instrument de travail* ▶ engin, outil, ustensile. **2** Fig. *Être l'instrument de la justice* ▶ agent, bras, exécutant.

instrumentation n. f. ▶ orchestration.

instrumentiste n. ▶ musicien.

insubordination n. f. **1** *Un acte d'insubordination* ▶ désobéissance, indiscipline, insoumission. **2** *Déplorer le développement dans la jeunesse d'un état d'esprit d'insubordination* ▶ contestation (vx), rébellion, révolte.

insubordonné, ée adj. **1** *Des élèves insubordonnés* ▶ désobéissant, indiscipliné, indocile, récalcitrant, rétif. **2** *Des soldats insubordonnés* ▶ insoumis, rebelle.

insuccès n. m. **1** *L'insuccès d'une tentative* ▶ échec, faillite. **2** *Sa vie a été une suite d'insuccès* ▶ échec, fiasco, revers, veste (fam.). **3** *Ce spectacle a été un insuccès total* ▶ bide (fam.), échec, fiasco, flop (fam.), four (fam.).

insuffisamment adv. ▶ imparfaitement, incomplètement, pas assez.

insuffisance n. f. **1** *L'insuffisance des ressources* ▶ carence, défaut, déficience, faiblesse, manque, pénurie. **2** *Les insuffisances d'un projet* ▶ défaut, faiblesse, lacune. **3** *Un travail d'une grande insuffisance* ▶ faiblesse, inintérêt, insignifiance, médiocrité, platitude. **4** *Un pouvoir qui fait la preuve de son insuffisance* ▶ carence, impéritie (litt.), impuissance, incapacité, incompétence, nullité.

insuffisant, ante adj. **1** *Des portions vraiment insuffisantes* ▶ insignifiant, juste (fam.), maigre, médiocre, mesquin, pauvre. **2** *Un employé insuffisant* ▶ ignare, incapable, incompétent, nul.

insuffler v. Fig. *Insuffler des idées nouvelles à qqn* ▶ communiquer, inoculer, inspirer, instiller (litt.).

insultant, ante adj. ▶ blessant, injurieux, offensant, outrageant.

insulte n. f. **1** *Se lancer des insultes* ▶ injure, invective. **2** *Ressentir qqch comme une insulte* ▶ affront, injure, offense, outrage. **3** *Une insulte au bon sens* ▶ affront, atteinte, défi, offense, outrage.

insulter v. **1** *Insulter grossièrement qqn* ▶ agonir, injurier, invectiver. **2** *Insulter la mémoire de qqn* ▶ offenser, outrager.

insupportable adj. 1 *Une douleur insupportable* ▸ atroce, épouvantable, insoutenable, intenable, intolérable, terrible. 2 *Un voisin insupportable* ▸ abominable, antipathique, détestable, exécrable, haïssable, imbuvable (fam.), invivable, odieux. 3 *Un enfant insupportable* ▸ impossible, infernal, intenable.

insupportablement adv. *Être insupportablement infatué de soi-même* ▸ intolérablement, odieusement.

insupporter v. Fam. *Tous ces pédants l'insupportent* ▸ agacer, exaspérer, excéder, horripiler, indisposer, irriter.

insurgé, ée adj. et n. ▸ émeutier, mutin, rebelle, révolté.

insurger (s') v. 1 *S'insurger contre le pouvoir* ▸ se mutiner, se rebeller, se révolter, se soulever. 2 *S'insurger contre les a priori d'une argumentation* ▸ se dresser, s'indigner, s'inscrire en faux, protester, regimber (litt.).

insurmontable adj. 1 *Une difficulté insurmontable* ▸ infranchissable, invincible. 2 *Une terreur insurmontable* ▸ incontrôlable.

insurrection n. f. *Des mesures impopulaires qui déclenchent une insurrection* ▸ émeute, jacquerie, mutinerie, rébellion, révolte, sédition, soulèvement.

insurrectionnel, elle adj. *Un gouvernement insurrectionnel* ▸ révolutionnaire.

intact, acte adj. 1 *Sortir intact d'un accident de voiture* ▸ entier, indemne, sain et sauf. 2 *Un visage resté intact* ▸ inaltéré, inchangé, tel quel. 3 *Une réputation intacte* ▸ immaculé, net, pur, sauf, vierge.

intangible adj. 1 Vx *Des ondes intangibles* ▸ immatériel, impalpable. 2 Fig. *Un principe intangible* ▸ inviolable, sacré, tabou.

intarissable adj. 1 *Un bavardage intarissable* ▸ inépuisable, inlassable. 2 *Une imagination intarissable* ▸ débordant, fécond, généreux, inépuisable.

intégral, ale adj. ▸ absolu, complet, entier, exhaustif, total.

intégralement adv. ▸ complètement, entièrement, en totalité, exhaustivement, in extenso, parfaitement, totalement.

intégralité n. f. ▸ complétude (litt.), ensemble, totalité.

intégration n. f. 1 *L'intégration des travailleurs immigrés* ▸ acculturation, adaptation, assimilation, incorporation. 2 *L'intégration des économies européennes* ▸ fusion, imbrication, unification, union. 3 *L'intégration de nouvelles valeurs culturelles* ▸ appropriation, assimilation, imprégnation, incorporation.

intègre adj. ▸ honnête, incorruptible, probe (litt.), pur, vertueux.

intégrer v. 1 *Une doctrine qui intègre les éléments les plus divers* ▸ associer, comprendre, fondre, inclure, incorporer, réunir, unir. 2 *Une société qui intègre de nouvelles populations* ▸ assimiler, incorporer.

intégriste adj. et n. ▸ fondamentaliste.

intégrité n. f. 1 *Conserver l'intégrité du territoire* ▸ totalité. 2 *Un ministre d'une irréprochable intégrité* ▸ honnêteté, incorruptibilité, probité, vertu.

intellect n. m. ▸ entendement, esprit, intelligence.

intellectuel, elle adj. *La vie intellectuelle* ▸ cérébral, mental, psychique, spirituel.

intellectuels n. m. pl. *Les réactions des intellectuels* ▸ intelligentsia.

intelligemment adv. *Il s'est très intelligemment tiré d'affaire* ▸ adroitement, astucieusement, finement, habilement, ingénieusement, subtilement.

intelligence n. f. 1 *Les possibilités de l'intelligence humaine* ▸ entendement, esprit, intellect, pensée. 2 *Un homme d'une intelligence remarquable* ▸ clairvoyance, discernement, finesse, jugement, lucidité, pénétration, perspicacité, sagacité, subtilité. 3 *L'intelligence des phénomènes contemporains* ▸ compréhension, perception. 4 *Vivre en bonne intelligence avec ses voisins* ▸ accord, concorde, entente, harmonie. 5 *Être condamné pour intelligence avec l'ennemi* ▸ accointance, collusion, complicité, connivence, entente.

intelligent, ente adj. 1 *L'homme est un être intelligent* ▸ pensant, raisonnable. 2 *Un élève intelligent* ▸ astucieux, brillant, clairvoyant, doué, éveillé, fin, futé (fam.), malin, pénétrant, perspicace, sagace, subtil, vif. 3 *Une solution intelligente* ▸ adroit, astucieux, habile, ingénieux, pertinent.

intelligentsia n. f. ▸ intellectuels.

intelligibilité n. f. ▸ accessibilité, clarté, compréhensibilité (litt.), lisibilité.

intelligible adj. ▸ accessible, clair, compréhensible, facile, limpide, lumineux, net, simple.

intempérance n. f. ▸ abus, débauche, débordement, excès, outrance.

intempérant, ante adj. *Un usage intempérant de boissons fortes* ▸ effréné, exagéré, excessif, immodéré, outré.

intempestif

intempestif, ive adj. ▶ déplacé, incongru, inopportun, malvenu.

intenable adj. 1 *Une situation intenable* ▶ épouvantable, impossible, infernal, insupportable, intolérable, invivable. 2 Fam. *Un enfant intenable* ▶ impossible, infernal (fam.), insupportable, terrible (fam.).

intendance n. f. *Ne l'ennuyez pas avec ces problèmes d'intendance* ▶ administration, gestion.

intendant, ante n. 1 *L'intendant d'une propriété* ▶ administrateur, factotum (vx), régisseur. 2 *L'intendant d'un lycée* ▶ économe, gestionnaire.

intense adj. 1 *Une douleur intense* ▶ extrême, violent. 2 *Une couleur intense* ▶ soutenu.

intensément adv. 1 *Regarder intensément qqn* ▶ fixement. 2 *Désirer intensément qqch* ▶ extrêmement, passionnément, violemment.

intensification n. f. *L'intensification du chômage* ▶ accroissement, aggravation, amplification, augmentation, extension, renforcement.

intensifier v. 1 *Intensifier les échanges avec l'étranger* ▶ accroître, amplifier, augmenter, développer, renforcer. 2 **s'intensifier** *Une pression qui s'intensifie* ▶ s'accroître, s'amplifier, augmenter, croître, se développer, grandir, monter, redoubler, se renforcer.

intensité n. f. *L'intensité d'une passion* ▶ force, puissance, violence.

intention n. f. 1 *Exposer ses intentions* ▶ but, dessein, objectif, plan, projet, propos, visées, vues. 2 *Avoir l'intention de faire qqch* ▶ désir, détermination, volonté. 3 **à l'intention de** *Faire une remarque désobligeante à l'intention de qqn* ▶ à l'adresse de, à l'endroit de.

intentionnel, elle adj. ▶ conscient, délibéré, prémédité, préparé, volontaire, voulu.

intentionnellement adv. ▶ à dessein, délibérément, de propos délibéré, exprès, sciemment, volontairement.

interaction n. f. *Il y interaction entre le politique et le social* ▶ interférence.

intercalation n. f. ▶ insertion.

intercaler v. *Intercaler des citations dans un texte* ▶ glisser, incorporer, insérer, interpoler, introduire.

intercéder v. *Intercéder pour son fils* ▶ défendre, s'entremettre pour, intervenir pour, parler pour.

intercepter v. 1 *Intercepter un message* ▶ capter, s'emparer de, saisir. 2 *Un rideau qui intercepte la lumière* ▶ cacher, masquer, occulter, voiler.

intercesseur n. m. Litt. ▶ avocat, défenseur.

intercession n. f. ▶ entremise, intervention, médiation.

interchangeable adj. *Deux synonymes sont en principe interchangeables* ▶ commutable, permutable, substituable.

interdépendance n. f. *Il doit y avoir une interdépendance entre ces différents phénomènes* ▶ corrélation, solidarité.

interdiction n. f. 1 *Interdiction d'entrer* ▶ défense. 2 *L'interdiction de l'inceste* ▶ prohibition.

interdire v. 1 *Interdire l'usage de la drogue* ▶ défendre, prohiber, proscrire. 2 *Interdire un ouvrage* ▶ censurer, condamner. 3 *Voilà qui interdit tout espoir d'une solution rapide* ▶ empêcher, exclure, s'opposer à. 4 *Interdire un fonctionnaire* ▶ suspendre. 5 **s'interdire** *Il s'interdit d'y penser* ▶ s'abstenir de, se défendre de, s'empêcher de, se garder de, se refuser à, se retenir de.

interdit, ite adj. 1 *Des pratiques interdites* ▶ défendu, illégal, illicite, prohibé, proscrit, tabou. 2 *Demeurer interdit en apprenant une nouvelle* ▶ ahuri, confondu, déconcerté, décontenancé, désemparé, ébahi, ébaubi (litt.), interloqué, médusé, pantois, paralysé, pétrifié, saisi, sans voix, sidéré, stupéfait.

interdit n. m. *Les interdits touchant l'inceste* ▶ censure, tabou.

intéressant, ante adj. 1 *Un spectacle intéressant* ▶ attachant, prenant, séduisant. 2 *Un détail intéressant* ▶ curieux, remarquable. 3 *Une situation sociale intéressante* ▶ brillant, éminent, remarquable. 4 *Une affaire intéressante* ▶ avantageux, bon, fructueux, juteux (fam.), lucratif, payant, rémunérateur, rentable. 5 *Une proposition intéressante* ▶ alléchant, attirant, attrayant, avantageux.

intéressé, ée adj. *Il est beaucoup trop intéressé pour avoir agi spontanément* ▶ calculateur.

intéresser v. 1 *Un spectacle qui intéresse tout le monde* ▶ brancher (fam.), plaire à. 2 *En quoi cela vous intéresse-t-il qu'on prenne cette décision ?* ▶ importer à, préoccuper. 3 *Une question qui n'intéresse pas le débat en cours* ▶ s'appliquer à, concerner, se rapporter à, regarder, relever de, toucher. 4 **s'intéresser** *S'intéresser aux études de*

intérêt n. m. **1** *L'intérêt qu'on peut tirer d'une activité* ► avantage, profit, utilité. **2** *Éprouver de l'intérêt pour qqn ou pour qqch* ► attirance, désir, goût, inclination, penchant. **3** *Attendre un résultat avec intérêt* ► attention, curiosité. **4** *Un témoignage d'intérêt* ► bienveillance, gentillesse, sollicitude, sympathie. **5** *Les intérêts d'un placement* ► dividende, rapport, rente, revenu.

interférence n. f. *Il y interférence entre le politique et le social* ► interaction.

interférer v. *Des phénomènes qui interfèrent entre eux* ► interagir.

intérieur, eure adj. **1** *Les affaires intérieures d'un pays* ► interne, intestin (litt.). **2** Fig. *Une vie intérieure d'une grande intensité* ► intime, psychique, spirituel. **3** Fig. *Une conscience prise dans un débat intérieur* ► intime, privé, secret.

intérieur n. m. **1** *L'intérieur d'un corps* ► dedans. **2** Fig. *Un intérieur accueillant* ► chez-soi, foyer, home, logis, maison, nid. **3** **à l'intérieur** *Aller voir à l'intérieur* ► dedans.

intérieurement adv. *Songer intérieurement aux risques d'une entreprise* ► à part soi, in petto.

intérim n. m. *Assurer l'intérim du responsable en titre* ► remplacement, suppléance.

intérimaire adj. *Une activité intérimaire* ► momentané, passager, provisoire, temporaire, transitoire.

intérimaire n. **1** *Un travail d'intérimaire* ► remplaçant, suppléant. **2** *Embaucher un intérimaire* ► vacataire.

interlocuteur, trice n. ► allocutaire, récepteur.

interlope adj. *Une officine interlope* ► borgne, louche, malfamé.

interloquer v. *Cette réplique l'a interloqué* ► confondre (litt.), déconcerter, décontenancer, démonter, désarçonner, déstabiliser.

interlude n. m. ► entracte, intermède, interruption.

intermède n. m. **1** *Un intermède dansé* ► divertissement, interlude, intermezzo. **2** *Ménager un intermède entre deux discours* ► entracte, interruption, intervalle.

intermédiaire adj. *Une phase intermédiaire* ► médian, moyen, transitoire.

intermédiaire n. m. **1** *Fixer un intermédiaire entre deux extrêmes* ► entre-deux, milieu, moyen terme. **2** *Servir d'intermédiaire dans une transaction* ► arbitre, conciliateur, médiateur, négociateur. **3** *Passer sans intermédiaire d'un sujet à un autre* ► lien, transition. **4** *S'adresser à la population par l'intermédiaire de la presse* ► canal, entremise, moyen, truchement, voie.

intermezzo n. m. ► divertissement, intermède.

interminable adj. **1** *Un cortège interminable* ► démesuré, énorme, gigantesque, immense. **2** *Un discours interminable* ► fastidieux, infini, sans fin.

interminablement adv. ► indéfiniment, sans fin.

intermittence (par) adv. ► irrégulièrement, par accès, par intervalles.

intermittent, ente adj. ► discontinu, erratique, irrégulier.

internat n. m. ► pension, pensionnat.

international, ale adj. **1** *Une renommée internationale* ► mondial, planétaire, universel. **2** *Une atmosphère internationale* ► cosmopolite.

internationalement adv. ► mondialement, universellement.

interne adj. **1** *Des luttes internes* ► intérieur, intestin (litt.). **2** *Les causes internes d'un phénomène* ► endogène, intrinsèque, profond.

interne n. *Être interne dans un lycée* ► pensionnaire.

interné, ée n. *Des internés politiques* ► détenu, prisonnier.

internement n. m. ► captivité, détention, emprisonnement, incarcération.

interner v. ► coffrer (fam.), écrouer, emprisonner, enfermer, incarcérer.

interpellation n. f. **1** *Interrompre un orateur par une brusque interpellation* ► apostrophe. **2** *Procéder à l'interpellation d'un suspect* ► arrestation, capture. **3** *Une interpellation adressée par un juge* ► injonction, mise en demeure, sommation.

interpeller v. **1** *Interpeller un batelier depuis le rivage* ► héler. **2** *Interpeller une fille en pleine rue* ► apostropher, siffler (fam.). **3** *Interpeller un suspect* ► agrafer (fam.), appréhender, arrêter, capturer, cueillir (fam.), ramasser (fam.).

interpénétration n. f. ► enchevêtrement, imbrication, intrication.

interphone n. m. ► parlophone, téléphone intérieur.

interplanétaire adj. *Un vaisseau interplanétaire* ▶ intersidéral, interstellaire, spatial.

interpoler v. *Interpoler de nouveaux chapitres dans la deuxième édition d'un ouvrage* ▶ ajouter, insérer, intercaler, introduire.

interposer (s') v. ▶ s'entremettre, intervenir.

interposition n. f. *Une situation si conflictuelle qu'elle nécessite l'interposition d'un tiers* ▶ entremise, intervention, médiation, truchement.

interprétation n. f. **1** *L'interprétation d'un texte* ▶ commentaire, explication, lecture. **2** *Donner son interprétation d'un événement* ▶ explication, lecture, version. **3** *L'interprétation d'un morceau de musique* ▶ exécution, jeu.

interprète n. **1** *Les interprètes d'une pièce* ▶ acteur, comédien. **2** *Se faire l'interprète d'un sentiment général* ▶ porte-parole.

interpréter v. **1** *Interpréter un texte sacré* ▶ commenter, expliquer. **2** *Interpréter les intentions de qqn* ▶ comprendre, déchiffrer, deviner, pénétrer, saisir. **3** *Interpréter Néron dans Britannicus* ▶ incarner, jouer. **4** *Interpréter une pièce de théâtre* ▶ jouer, représenter. **5** *Interpréter un morceau de musique* ▶ exécuter, jouer.

interrogateur, trice n. ▶ examinateur.

interrogation n. f. **1** *Répondre à une interrogation* ▶ demande, question. **2** *Une interrogation écrite* ▶ contrôle, examen.

interroger v. **1** *On ne sait pas où il est parti. — Vous avez interrogé les voisins?* ▶ demander à. **2** *Se faire interroger par un journaliste* ▶ interviewer, questionner. **3** *Interroger un suspect* ▶ cuisiner (fam.), questionner. **4** *Interroger l'opinion publique* ▶ sonder. **5** *Interroger sa conscience* ▶ consulter. **6** *Interroger le ciel pour savoir s'il fera beau* ▶ examiner, scruter. **7** *s'interroger* *Le choix étant difficile, il s'interroge* ▶ hésiter, se tâter (fam.).

interrompre v. **1** *Interrompre qqn au milieu de ses réflexions* ▶ déranger. **2** *Interrompre une réunion en intervenant constamment* ▶ perturber, troubler. **3** *Interrompre des négociations* ▶ arrêter, couper court à, stopper, suspendre. **4** *s'interrompre* *Un bruit qui ne s'interrompt jamais* ▶ arrêter, s'arrêter, cesser, finir.

interrupteur n. m. ▶ bouton, commutateur.

interruption n. f. **1** *Conduire trois heures sans interruption* ▶ arrêt, coupure, halte. **2** *Ménager des moments d'interruption dans un débat* ▶ battement, break (fam.), entracte, intermède, pause, relâche, répit, suspension. **3** *Une interruption dans l'exercice du pouvoir* ▶ solution de continuité, vacance, vide. **4** *L'interruption des hostilités* ▶ cessation, suspension. **5** *Une interruption de l'alimentation électrique* ▶ coupure, panne, rupture. **6** *Une maladie évolutive avec des périodes d'interruption* ▶ rémission, répit.

intersection n. f. *L'intersection de deux routes* ▶ croisée, croisement.

intersidéral, ale adj. *Un vaisseau intersidéral* ▶ interplanétaire, interstellaire, spatial.

interstice n. m. **1** *De la lumière qui passe entre les interstices d'une palissade* ▶ fente. **2** *Laisser un interstice entre les lattes d'un plancher* ▶ écart, espace, intervalle.

intervalle n. m. **1** *Un intervalle entre deux poteaux* ▶ distance, écart, espace. **2** *Un intervalle entre deux lattes de plancher* ▶ écart, espace, interstice. **3** *Un intervalle entre deux séances* ▶ battement, break (fam.), entracte, intermède, interruption, pause, répit, suspension. **4** *Il y a un intervalle entre ce qu'il dit et ce qu'il fait* ▶ différence, distance, écart, fossé, marge. **5** *par intervalles* *Heureusement, ces crises ne la prennent que par intervalles* ▶ irrégulièrement, par accès, par intermittence, par moments.

intervenant n. m. *Les intervenants d'un colloque* ▶ orateur.

intervenir v. **1** *Intervenir dans une discussion* ▶ prendre part à. **2** *Intervenir pour éviter un conflit* ▶ s'entremettre, s'interposer. **3** *Intervenir en faveur de qqn* ▶ intercéder pour, parler pour. **4** *Intervenir dans les affaires d'autrui* ▶ fourrer son nez dans (fam.), s'immiscer dans, s'ingérer dans, se mêler de. **5** *Un phénomène où plusieurs éléments interviennent* ▶ agir, opérer.

intervention n. f. **1** *Réclamer l'intervention d'une armée alliée dans un conflit intérieur* ▶ action, aide, appui, concours, soutien. **2** *Réclamer l'intervention de négociateurs impartiaux* ▶ bons offices, entremise, intercession, interposition, médiation. **3** *S'opposer à toute intervention dans sa vie privée* ▶ immixtion, incursion, ingérence, intrusion. **4** *Bénéficier de l'intervention d'un personnage influent* ▶ piston (fam.), recommandation. **5** *Une intervention chirurgicale* ▶ opération.

interventionnisme n. m. ▶ dirigisme, étatisme.

interversion n. f. **1** *L'interversion de deux éléments dans une série* ▶ inversion, permutation, transposition. **2** Spécialement à

intervertir v. ▻ inverser, permuter, transposer.

interviewer v. ▻ interroger, questionner.

intestin, ine adj. Litt. *Des querelles intestines* ▻ intérieur, interne.

intestins n. m. pl. ▻ boyaux (fam.), entrailles (litt.), tripes (fam.), viscères.

intimation n. f. ▻ assignation, injonction, mise en demeure, signification, sommation.

intime adj. 1 *Une intime conviction* ▻ profond. 2 *Une amitié intime* ▻ étroit. 3 *La vie intime* ▻ personnel, privé, secret. 4 *Des rapports intimes* ▻ charnel, physique, sexuel.

intime n. *Une réunion avec quelques intimes* ▻ ami, familier, proche.

intimement adv. 1 *Être intimement persuadé de qqch* ▻ foncièrement, profondément. 2 *Des personnes intimement liées* ▻ étroitement.

intimer v. ▻ commander, enjoindre, notifier, signifier.

intimidation n. f. ▻ menace, pression.

intimider v. 1 *Un professeur qui intimide ses élèves* ▻ en imposer à, impressionner. 2 *Intimider une jeune fille par des propos trop crus* ▻ effaroucher, embarrasser, gêner, mettre mal à l'aise, troubler.

intitulé n. m. *L'intitulé d'un chapitre* ▻ nom, titre.

intituler v. ▻ appeler, dénommer, nommer.

intolérable adj. 1 *Une douleur intolérable* ▻ atroce, épouvantable, insoutenable, insupportable, intenable. 2 *Un acte intolérable* ▻ atroce, inacceptable, inadmissible, odieux, révoltant.

intolérablement adv. ▻ insupportablement, odieusement.

intolérance n. f. 1 *Des parents d'une grande intolérance* ▻ intransigeance, rigidité, rigueur, sévérité. 2 *Les victimes de l'intolérance religieuse* ▻ fanatisme, sectarisme. 3 *Avoir une intolérance au pollen* ▻ allergie.

intolérant, ante adj. 1 *Un esprit intolérant* ▻ étroit, sectaire. 2 *Il s'est humanisé, mais il est resté intolérant sur certains points de morale* ▻ intraitable, intransigeant, irréductible.

intonation n. f. ▻ accent, inflexion, modulation, tonalité.

intouchable adj. 1 Fig. *Un principe intouchable* ▻ intangible, sacré, sacro-saint, tabou. 2 *Un directeur intouchable* ▻ inamovible, indéboulonnable (fam.).

intouchable n. *Les intouchables d'un village bengali* ▻ hors-caste, paria.

intoxication n. f. 1 *Une intoxication alimentaire* ▻ empoisonnement. 2 Fig. *Une campagne d'intoxication* ▻ bourrage de crâne (fam.), désinformation, endoctrinement, matraquage (fam.).

intoxiqué, ée n. ▻ accro (fam.), drogué, toxicomane.

intoxiquer v. 1 *Être intoxiqué par une drogue* ▻ empoisonner. 2 Fig. *Intoxiquer de jeunes esprits* ▻ bourrer le crâne à (fam.), endoctriner.

intraduisible adj. *On ressent à cette vue une émotion intraduisible* ▻ indicible, ineffable, inexprimable.

intraitable adj. 1 *Se comporter en adversaire intraitable de la corruption* ▻ impitoyable, implacable, inexorable, inflexible, intransigeant, irréconciliable, irréductible, juré. 2 *Un vieillard à l'humeur intraitable* ▻ acariâtre, impossible, insupportable, invivable.

intransigeance n. f. *Faire preuve d'une intransigeance absolue à l'égard de ses enfants* ▻ inflexibilité, intolérance, sévérité.

intransigeant, ante adj. 1 *Un juge intransigeant* ▻ inflexible, intraitable. 2 *Imposer à ses enfants une morale particulièrement intransigeante* ▻ draconien, dur, intolérant, raide, rigide, rigoriste, rigoureux, sévère, strict.

intransmissible adj. *Des biens intransmissibles* ▻ inaliénable, incessible, incommunicable.

intrépide adj. ▻ audacieux, brave, hardi, héroïque, vaillant, valeureux.

intrépidité n. f. ▻ audace, bravoure, hardiesse, héroïsme, vaillance.

intrication n. f. ▻ enchevêtrement, imbrication, interpénétration.

intrigant, ante adj. *Un détail intrigant* ▻ bizarre, curieux, étonnant, surprenant.

intrigant, ante n. 1 *Dénoncer les manœuvres d'une poignée d'intrigants* ▻ arriviste, combinard (fam.), faiseur, magouilleur (fam.). 2 *Son malheureux fils est tombé aux mains d'une intrigante* ▻ aventurière.

intrigue n. f. 1 *Avoir une intrigue avec qqn* ▻ amourette, aventure, flirt, idylle. 2 *La politique et ses intrigues* ▻ cabale (litt.), combine (fam.), cuisine (fam.), embrouille (fam.),

intriguer

grenouillage (fam.), machination, magouille (fam.), manigance, manœuvre, menées, micmac (fam.), trafic (fam.), tripotage (fam.). **3** *Une pièce de théâtre avec une intrigue incompréhensible* ▸ argument, histoire, scénario.

intriguer v. **1** *Une déclaration qui intrigue les journalistes* ▸ étonner, surprendre. **2** *Intriguer pour obtenir un poste* ▸ comploter, magouiller (fam.), manœuvrer.

intrinsèque adj. *Les caractères intrinsèques d'une chose* ▸ constitutif, immanent, inhérent, interne, propre.

intrinsèquement adv. ▸ en soi.

introductif, ive adj. ▸ préliminaire, préparatoire.

introduction n. f. **1** *L'introduction de qqn dans une société* ▸ admission, entrée. **2** *L'introduction d'une marchandise dans un pays* ▸ importation. **3** *L'introduction d'un organe dans un autre* ▸ intromission, pénétration. **4** *Une exposition qui sert d'introduction à l'étude d'un siècle* ▸ initiation, préparation. **5** *Un texte précédé d'une introduction* ▸ avant-propos, avertissement, préambule, préface, prolégomènes, prologue. **6** *Un texte qui commence par une longue introduction* ▸ entrée en matière, exorde, exposition, préambule, préliminaires, prolégomènes, prologue. **7** *L'introduction d'un morceau de musique* ▸ prélude.

introduire v. **1** *Introduire qqn dans le monde des affaires* ▸ faire entrer, lancer, parrainer, patronner, pousser, présenter. **2** *Introduire un objet dans un tube* ▸ enfoncer, enfourner, engager, entrer, ficher, fourrer (fam.), insérer, plonger. **3** *Introduire de nouveaux développements dans un texte* ▸ inclure, incorporer, insérer, intercaler. **4** *Introduire un liquide dans un organisme* ▸ infiltrer, injecter. **5** *Introduire un nouveau produit sur le marché* ▸ acclimater, implanter, lancer. **6** *s'introduire* *S'introduire dans un boyau* ▸ se couler, se faufiler, se glisser, s'insinuer. **7** *Parvenir à s'introduire dans une société fermée* ▸ entrer, s'immiscer, s'infiltrer, s'insinuer, pénétrer.

intronisation n. f. **1** *L'intronisation d'un roi* ▸ couronnement, sacre. **2** *L'intronisation d'un magistrat* ▸ établissement, installation.

introniser v. **1** *Introniser un souverain* ▸ couronner, investir, sacrer. **2** Fig. *Introniser un nouvel usage* ▸ implanter, inaugurer, instaurer, instituer.

introspection n. f. ▸ examen de conscience.

introuvable adj. **1** *Un évadé qui demeure introuvable* ▸ insaisissable. **2** *Une pièce de collection introuvable* ▸ exceptionnel, rarissime.

intrus, use n. *Vous le traitez comme un intrus alors que c'est vous qui l'avez fait venir* ▸ gêneur, importun, indésirable.

intrusion n. f. ▸ immixtion, ingérence, intervention.

intuition n. f. **1** *Avoir l'intuition de ce qui va arriver* ▸ prémonition, prescience, pressentiment. **2** *Un collectionneur qui se fie à son intuition* ▸ feeling (fam.), flair, instinct, nez (fam.).

inusité, ée adj. **1** *Une forme verbale inusitée* ▸ inemployé, inutilisé. **2** *Un astre d'un éclat inusité* ▸ anormal, bizarre, étrange, exceptionnel, extraordinaire, inaccoutumé, inhabituel, insolite, rare, singulier, surprenant.

inutile adj. **1** *S'encombrer d'objets inutiles* ▸ superflu. **2** *Se perdre en discussions inutiles* ▸ oiseux, stérile, vain.

inutilement adv. ▸ en vain, pour des prunes (fam.), pour rien, stérilement (litt.), vainement.

inutilisable adj. *Obtenir des résultats inutilisables* ▸ inemployable, inexploitable.

inutilisé, ée adj. **1** *Un mot inutilisé* ▸ inemployé, inusité. **2** *Que de forces inutilisées!* ▸ inemployé, inexploité.

inutilité n. f. *L'inutilité d'un effort* ▸ inanité (litt.), inefficacité, stérilité, vanité (litt.).

invalidation n. f. *L'invalidation d'un contrat* ▸ annulation, rescision, résiliation, révocation, rupture.

invalide adj. et n. ▸ handicapé, impotent, infirme.

invalider v. *Invalider une disposition contractuelle* ▸ annuler, rescinder, résilier, révoquer, rompre.

invalidité n. f. ▸ handicap, impotence, incapacité, infirmité.

invariabilité n. f. ▸ immuabilité, pérennité, permanence.

invariable adj. *L'ordre invariable des saisons* ▸ constant, éternel, fixe, immuable, inaltérable, stable.

invariablement adv. **1** *Lorsque nous jouons ensemble, il gagne invariablement* ▸ à tous les coups (fam.), constamment, immanquablement, toujours. **2** *La Terre tourne invariablement autour du Soleil* ▸ constamment, immuablement, perpétuellement.

invasion n. f. ▶ déferlement, envahissement.

invective n. f. ▶ injure, insulte.

invectiver v. ▶ engueuler (fam.), injurier, insulter.

inventaire n. m. 1 *Procéder à l'inventaire des ressources d'une région* ▶ dénombrement, énumération, recensement. 2 *Consulter l'inventaire des ressources d'une région* ▶ bilan, catalogue, état, liste, nomenclature, relevé, répertoire.

inventer v. 1 *Inventer un nouveau type de moteur* ▶ concevoir, découvrir, imaginer, trouver. 2 *Inventer une histoire invraisemblable* ▶ fabriquer, forger, imaginer.

inventeur, trice n. 1 *Être l'inventeur d'une nouvelle théorie* ▶ auteur, créateur, fondateur, père. 2 *Les grands inventeurs du XIXe siècle* ▶ découvreur.

inventif, ive adj. ▶ créatif, fécond, fertile, imaginatif.

invention n. f. 1 *Ce procédé est une invention récente* ▶ découverte, idée, trouvaille. 2 *Faire un cours sur l'invention romanesque* ▶ créativité, imagination, inventivité. 3 *C'est encore une de ses inventions!* ▶ affabulation (litt.), blague (fam.), calembredaine, carabistouille (fam.), conte, craque (fam.), divagation, fable (litt.), fantaisie, fiction, galéjade (fam.), histoire, légende, roman.

inventivité n. f. 1 *Une imagination d'une grande inventivité* ▶ fertilité. 2 *Écrire ce genre de roman réclame beaucoup d'inventivité* ▶ créativité, imagination, invention.

inventorier v. 1 *Inventorier sa fortune* ▶ calculer, chiffrer, compter, évaluer, mesurer. 2 *Inventorier les marchandises de la réserve* ▶ cataloguer, ficher, lister (fam.), recenser, répertorier.

invérifiable adj. ▶ improuvable, incontrôlable, indémontrable.

inverse adj. ▶ antithétique, contraire, opposé.

inverse n. m. 1 ▶ antithèse, contraire, contre-pied, opposé. 2 **à l'inverse** ▶ a contrario, à l'opposé, au contraire, en revanche, inversement, par contre (fam.).

inversement adv. 1 *Mettre l'armoire à la place du lit, et inversement* ▶ réciproquement, vice versa. 2 *Si inversement vous n'en êtes pas satisfait, renvoyez-le nous* ▶ à l'inverse, au contraire, en revanche, par contre (fam.).

inverser v. 1 *Inverser deux éléments dans une série* ▶ intervertir, permuter, transposer. 2 **s'inverser** *La tendance s'est brusquement inversée* ▶ se renverser, se retourner.

inversion n. f. 1 *L'inversion de deux éléments dans une série* ▶ interversion, permutation, transposition. 2 *Une inversion de tendance* ▶ renversement, retournement. 3 **inversion sexuelle** Litt. ▶ homosexualité.

inverti, ie adj. et n. Litt. ▶ homosexuel.

investigateur, trice adj. ▶ curieux, fureteur, inquisiteur, scrutateur.

investigation n. f. *Une affaire qui mérite une investigation approfondie* ▶ analyse, enquête, étude, examen, observation, recherche.

investir v. 1 *Investir un négociateur de pouvoirs extraordinaires* ▶ conférer à, doter, pourvoir. 2 *Investir une place forte* ▶ assiéger, bloquer, cerner, encercler. 3 *Investir des capitaux* ▶ engager, placer. 4 **s'investir** Fam. *S'investir dans un projet* ▶ s'impliquer.

investissement n. m. 1 *L'investissement d'une ville* ▶ blocus, encerclement, siège. 2 *Un investissement rentable* ▶ placement.

invétéré, ée adj. 1 *Une habitude invétérée* ▶ ancien, ancré, enraciné, vieux. 2 *Un tricheur invétéré* ▶ endurci, impénitent, incorrigible, incurable.

invincible adj. 1 *Un héros invincible* ▶ imbattable, indomptable, invulnérable. 2 *Une résistance invincible* ▶ indomptable, irréductible. 3 *Un obstacle invincible* ▶ infranchissable, insurmontable. 4 *Un argument invincible* ▶ inattaquable, incontestable, indiscutable, irrécusable, irréfutable, irrésistible. 5 *Une amitié invincible* ▶ impérissable, inaltérable, indestructible. 6 *Une attirance invincible* ▶ incoercible (litt.), irrépressible, irrésistible.

inviolabilité n. f. *L'inviolabilité parlementaire* ▶ immunité.

inviolable adj. 1 *Un principe inviolable* ▶ sacré, sacro-saint, tabou. 2 *Une place forte inviolable* ▶ imprenable, inexpugnable, invulnérable.

invisible adj. 1 *Être invisible à l'œil nu* ▶ imperceptible, indécelable, indiscernable. 2 *Rester invisible malgré les recherches* ▶ insaisissable, introuvable. 3 *Craindre des forces invisibles* ▶ mystérieux, occulte, secret.

invitation n. f. 1 *Ce tract est une invitation à la révolte* ▶ appel, encouragement, exhortation, incitation, invite. 2 *Je suis venu à l'invitation du maître de maison* ▶ demande, prière, requête.

invité

invité, ée n. ▶ convive, hôte.

inviter v. **1** *Inviter qqn à une soirée* ▶ convier, prier. **2** *Inviter qqn à se décider* ▶ appeler à, encourager à, engager à, exhorter à, inciter à, pousser à, presser de. **3** *Je vous invite à vous taire* ▶ enjoindre de, ordonner de, sommer de.

invivable adj. ▶ impossible (fam.), infernal (fam.), insupportable, intenable, intolérable.

invocation n. f. ▶ adjuration, appel, prière.

involontaire adj. **1** *Un stimulus qui provoque une réaction involontaire* ▶ automatique, inconscient, instinctif, machinal, mécanique, réflexe, spontané. **2** *Céder à une pulsion involontaire* ▶ incontrôlé, instinctif, irraisonné, irréfléchi.

involontairement adv. *Si je vous ai offensé, c'est bien involontairement* ▶ inconsciemment.

involution n. f. ▶ régression.

invoquer v. **1** *Invoquer une divinité* ▶ adjurer, en appeler à, implorer, prier. **2** *Invoquer de bonnes raisons* ▶ alléguer, s'appuyer sur, arguer de, avancer, prétexter, se prévaloir de.

invraisemblable adj. **1** *Il est invraisemblable qu'il ait fait cela tout seul* ▶ douteux, improbable. **2** *Il était habillé de façon invraisemblable* ▶ extraordinaire, extravagant, impensable, impossible, inconcevable, incroyable, inimaginable, inouï, renversant (fam.), rocambolesque.

invraisemblablement adv. *Une jeune personne invraisemblablement timide* ▶ effroyablement, extraordinairement, incroyablement, inimaginablement.

invraisemblance n. f. *L'invraisemblance d'un événement* ▶ improbabilité.

invulnérable adj. **1** *Un guerrier invulnérable* ▶ imbattable, indomptable, invincible. **2** *Une place forte invulnérable* ▶ imprenable, inexpugnable, inviolable. **3** Fig. et litt. *Être invulnérable aux médisances* ▶ inaccessible.

irascibilité n. f. Litt. ▶ emportement, irritabilité.

irascible adj. *Un vieillard irascible* ▶ atrabilaire (litt.), coléreux, emporté, irritable, soupe au lait (fam.).

irisé, ée adj. ▶ moiré, nacré.

ironie n. f. *L'orateur a pris un ton d'ironie qui a profondément choqué le public* ▶ dérision, goguenardise, moquerie, persiflage, raillerie.

ironique adj. *Un ton ironique* ▶ goguenard, moqueur, narquois, persifleur, railleur.

ironiquement adv. ▶ narquoisement, railleusement.

ironiser v. *Au lieu d'ironiser, vous feriez mieux de m'aider* ▶ se gausser (litt.), se moquer, railler.

irradier v. **1** *L'éclat d'une lumière qui irradie dans tout le ciel* ▶ se diffuser, se propager, rayonner. **2** Fig. *Une impression de brûlure qui irradie dans tout le corps* ▶ se développer, se diffuser, gagner, se propager, se répandre.

irraisonné, ée adj. **1** *Une peur irraisonnée* ▶ incontrôlé, irréfléchi, irrépressible. **2** *Une haine irraisonnée* ▶ instinctif, tripal (fam.), viscéral.

irrationalité n. f. *L'irrationalité d'un comportement* ▶ absurdité, extravagance, illogisme, incohérence.

irrationnel, elle adj. *Un comportement irrationnel* ▶ absurde, extravagant, illogique, incohérent.

irréalisable adj. **1** *Une tâche irréalisable* ▶ impossible, inexécutable, infaisable. **2** *Un projet irréalisable* ▶ chimérique, impraticable, inapplicable, utopique.

irréaliste adj. *Des propositions irréalistes* ▶ chimérique, utopique.

irréalité n. f. *Vivre dans l'irréalité* ▶ illusion, rêve.

irrecevable adj. *Un argument irrecevable* ▶ inacceptable, inadmissible.

irréconciliable adj. *Un adversaire irréconciliable* ▶ déclaré, intraitable, irréductible, juré.

irrécupérable adj. **1** *Une vieille machine irrécupérable* ▶ fichu (fam.), foutu (fam.), irréparable, mort (fam.). **2** Fig. *Une gaffe irrécupérable* ▶ irrattrapable.

irrécusable adj. *Un témoignage irrécusable* ▶ inattaquable, incontestable, indiscutable, irréfutable.

irréductible adj. **1** *Une volonté irréductible* ▶ indomptable, inébranlable, inflexible, invincible. **2** *Un adversaire irréductible* ▶ déclaré, intraitable, irréconciliable, juré.

irréel, elle adj. *Un univers irréel* ▶ chimérique, fantasmagorique, fantasmatique, fantastique, imaginaire, mythique.

irréfléchi, ie adj. **1** *Un geste irréfléchi* ▶ inconscient, instinctif, involontaire, irraisonné, machinal, mécanique, spontané. **2** *Un comportement irréfléchi* ▶ inconsidéré, irresponsable, léger.

irréflexion n. f. ▶ étourderie, inadvertance (litt.), inattention, inconséquence, légèreté.

irréfutable adj. *Un argument irréfutable* ▶ inattaquable, incontestable, indiscutable, irrécusable.

irréfutablement adv. ▶ évidemment, incontestablement, indéniablement, indiscutablement, indubitablement, manifestement.

irrégularité n. f. **1** *L'irrégularité d'une surface* ▶ inégalité. **2** *L'irrégularité d'une construction* ▶ asymétrie, dissymétrie. **3** *L'irrégularité d'une décision* ▶ illégalité. **4** *Des irrégularités de gestion* ▶ erreur, faute. **5** *La langue est pleine d'irrégularités* ▶ anomalie, exception, particularité.

irrégulier, ère adj. **1** *Une fièvre irrégulière* ▶ discontinu, erratique, intermittent. **2** *Un terrain à la surface irrégulière* ▶ accidenté, bosselé, inégal. **3** *Une façade irrégulière* ▶ asymétrique, biscornu (fam.), dissymétrique. **4** *Un mouvement irrégulier* ▶ désordonné, discontinu, intermittent. **5** *Un élève irrégulier* ▶ inégal. **6** *Une vente irrégulière* ▶ frauduleux, illégal, illicite. **7** *Un adversaire irrégulier* ▶ déloyal, incorrect, malhonnête.

irrégulièrement adv. **1** *Se manifester irrégulièrement* ▶ par accès, par intermittence, par intervalles. **2** *Détenir qqn irrégulièrement* ▶ illégalement, illicitement, indûment.

irréligieux, euse adj. ▶ athée, incroyant, libre penseur.

irréligion n. f. ▶ athéisme, incroyance, libre pensée.

irrémédiable adj. ▶ définitif, irréparable.

irrémédiablement adv. ▶ définitivement, irréparablement, sans appel.

irrémissible adj. Litt. *Une faute irrémissible* ▶ impardonnable, inexcusable.

irremplaçable adj. *Nous perdons, avec votre départ, un auxiliaire irremplaçable* ▶ d'exception, exceptionnel, extraordinaire, hors du commun, incomparable, inégalable, unique.

irréparable adj. **1** *Ce mixeur est irréparable* ▶ fichu (fam.), foutu (fam.), irrécupérable, mort (fam.). **2** *Une perte irréparable* ▶ définitif, irrémédiable.

irrépréhensible adj. Litt. *Des pratiques irrépréhensibles* ▶ anodin, bénin, innocent, inoffensif.

irrépressible adj. *Une envie irrépressible* ▶ impérieux, incoercible (litt.), incontrôlable, invincible, irrésistible.

irréprochable adj. **1** *Une moralité irréprochable* ▶ inattaquable, indiscutable. **2** *Un travail irréprochable* ▶ impeccable, parfait, sans défaut. **3** *Une maîtresse de maison irréprochable* ▶ accompli, parfait.

irrésistible adj. **1** *Un besoin irrésistible* ▶ impérieux, incoercible (litt.), incontrôlable, invincible, irrépressible. **2** *Un argument irrésistible* ▶ décisif, invincible. **3** *Un minois irrésistible* ▶ adorable, craquant (fam.).

irrésistiblement adv. ▶ impérieusement, invinciblement, irrépressiblement.

irrésolu, ue adj. ▶ en suspens, flottant, hésitant, incertain, indécis, indéterminé, perplexe.

irrésolution n. f. ▶ embarras, hésitation, incertitude, indécision, indétermination, perplexité.

irrespect n. m. ▶ impertinence, insolence, irrévérence (litt.).

irrespectueux, euse adj. ▶ impertinent, insolent, irrévérencieux (litt.).

irrespirable adj. **1** *Des vapeurs irrespirables* ▶ asphyxiant, délétère, méphitique, nocif, toxique. **2** Fig. *Les tensions ont vite rendu l'ambiance irrespirable* ▶ étouffant, insoutenable, insupportable, invivable, oppressant.

irresponsable adj. **1** *Un comportement complètement irresponsable* ▶ inconsidéré, irréfléchi. **2** *Mais vous êtes complètement irresponsable!* ▶ inconscient.

irrévérence n. f. Litt. ▶ impertinence, insolence, irrespect.

irrévérencieusement adv. Litt. ▶ impertinemment, insolemment, irrespectueusement.

irrévérencieux, euse adj. Litt. ▶ impertinent, insolent, irrespectueux.

irrévocable adj. *Une décision irrévocable* ▶ arrêté, définitif, inébranlable, sans appel.

irrévocablement adv. ▶ à jamais, définitivement, sans retour.

irriguer v. *Le Pô irrigue la plaine padane* ▶ arroser, baigner.

irritabilité n. f. *Un malade d'une grande irritabilité* ▶ impatience, irascibilité.

irritable adj. **1** *Un vieillard irritable* ▶ atrabilaire (litt.), coléreux, emporté, irascible, soupe au lait (fam.). **2** *Il est très irritable sur le point de l'honneur* ▶ chatouilleux, ombra-

irritant

geux, sensible, susceptible. **3** *La chaleur rend les gens irritables* ▶ nerveux.

irritant, ante adj. *C'est irritant de ne pas parvenir à le joindre* ▶ agaçant, crispant, énervant, enrageant, exaspérant, horripilant, impatientant.

irritation n. f. **1** *Une irritation des gencives* ▶ démangeaison, inflammation, prurit. **2** *Donner des signes d'irritation grandissante* ▶ agacement, colère, énervement, exaspération, impatience, nervosité.

irriter v. **1** *N'employez pas cette pommade, elle risque de vous irriter* ▶ brûler, démanger, piquer. **2** *Sa conduite a irrité tout le monde* ▶ agacer, courroucer (litt.), crisper, énerver, exaspérer, excéder, fâcher, hérisser, horripiler, indisposer, insupporter (fam.), porter sur les nerfs de. **3 s'irriter** *Il s'irrite facilement* ▶ se courroucer (litt.), s'emporter, se fâcher, se hérisser, se mettre en boule (fam.), se mettre en colère.

irruption n. f. *Un pays ravagé par de constantes irruptions de pirates* ▶ incursion, raid, razzia.

isatis n. m. ▶ guède, pastel.

islam n. m. ▶ mahométisme (vx).

islamique adj. ▶ coranique, mahométan (vx), musulman.

isolable adj. ▶ dissociable, séparable.

isolation n. f. *Des riverains de l'autoroute qui réclament l'isolation de leur H.L.M.* ▶ insonorisation.

isolé, ée adj. **1** *Se sentir isolé* ▶ abandonné, délaissé, esseulé, seul, solitaire. **2** *Vivre dans un coin isolé* ▶ écarté, paumé (fam.), perdu, reculé, retiré. **3** *Un phénomène isolé* ▶ exceptionnel, particulier, unique.

isolement n. m. **1** *Éprouver un sentiment d'isolement* ▶ abandon, délaissement, déréliction (litt.), solitude. **2** *Condamner qqn à l'isolement* ▶ claustration.

isolément adv. ▶ individuellement, séparément, un par un.

isoler v. **1** *Isoler une phrase de son contexte* ▶ abstraire, détacher, disjoindre, dissocier, séparer. **2** *Isoler une personne* ▶ cloîtrer, reclure, séquestrer. **3** *Isoler des bêtes contagieuses* ▶ cantonner. **4** *Isoler une pièce* ▶ insonoriser. **5 s'isoler** *S'isoler dans un coin à la campagne pour ne plus être harcelé par ses créanciers* ▶ se barricader, se claustrer, se confiner, s'enfermer, se réfugier, se retirer, se terrer. **6** *S'isoler dans ses pensées* ▶ s'abstraire.

israélite adj. ▶ hébraïque, hébreu, judaïque, juif.

issu, ue adj. **1** *Une famille issue du sud de la France* ▶ natif, originaire. **2** *Des problèmes issus directement des circonstances historiques* ▶ dérivé, né, résultant.

issue n. f. **1** *Chercher une issue pour s'échapper* ▶ ouverture, passage, sortie. **2** *Une issue tragique* ▶ aboutissement, conclusion, dénouement, fin. **3** *Une situation sans issue* ▶ solution.

italien, enne adj. ▶ transalpin.

itératif, ive adj. **1** *Un traitement itératif* ▶ réitéré, renouvelé, répété. **2** *Un suffixe itératif* ▶ fréquentatif.

itinéraire n. m. **1** *Un itinéraire soigneusement préparé* ▶ chemin, circuit, parcours, route, trajet, voyage. **2** Fig. *L'itinéraire d'un intellectuel* ▶ cheminement, parcours, trajectoire, trajet.

itinérant, ante adj. ▶ ambulant, nomade.

ivre adj. **1** *Être un peu ivre en sortant de table* ▶ éméché, gris (fam.), parti (fam.), pompette (fam.), soûl. **2** *Il est tellement ivre qu'il ne peut plus marcher* ▶ mûr (fam.), noir (fam.), rond (fam.), soûl. **3** Fig. *Être ivre de joie* ▶ grisé, transporté.

ivresse n. f. **1** *Un automobiliste en état d'ivresse* ▶ ébriété. **2** Fig. *L'ivresse de la victoire* ▶ excitation, griserie, joie. **3** Fig. *Il la regarda avec ivresse* ▶ exaltation, extase, ravissement, transport.

ivrogne n. ▶ alcoolique, buveur, éthylique, poivrot (fam.).

ivrognerie n. f. ▶ alcoolisme, dipsomanie, éthylisme, soûlographie (fam.).

j

jacassement n. m. *J'ai dû subir leur jacassement toute la journée* ▶ bavardage, caquetage, jacasserie (litt.).

jacasser v. *On a jacassé comme ça pendant des heures* ▶ bavarder, bavasser (fam.), caqueter, jaboter (vx), jaser, palabrer, papoter.

jacasseur, euse adj. et n. *Des poules jacasseuses* ▶ bavard, jaseur.

jachère (en) adj. Fig. *Quel dommage de laisser ce beau talent en jachère* ▶ à l'abandon, en déshérence (litt.), en friche.

jacquerie n. f. *Des troubles dans les campagnes qui risquent de tourner à la jacquerie* ▶ émeute, insurrection, rébellion, révolte, soulèvement.

jadis adv. ▶ anciennement, autrefois.

jaillir v. 1 *Le sang jaillit* ▶ couler, gicler, se répandre. 2 *Le fauve jaillit* ▶ bondir, s'élancer, surgir. 3 *Un cri d'horreur jaillit* ▶ s'élever, fuser.

jaillissement n. m. 1 *Le jaillissement des eaux* ▶ surgissement. 2 *Un jaillissement de vapeur* ▶ jet. 3 Fig. *Un jaillissement d'idées nouvelles* ▶ éruption, explosion.

jalon n. m. ▶ balise, marque, repère.

jalonnement n. m. ▶ balisage, piquetage.

jalonner v. 1 *Jalonner un emplacement* ▶ baliser, marquer, piqueter, signaliser. 2 Fig. *Les étapes qui jalonnent sa carrière* ▶ baliser, marquer, ponctuer.

jalouser v. *Faites attention, ils jalousent le poste que vous occupez* ▶ convoiter, envier, guigner (fam.).

jalousie n. f. 1 *Regarder à travers une jalousie* ▶ persienne. 2 *Susciter la jalousie* ▶ convoitise, dépit, envie.

jaloux, ouse adj. 1 *Des voisins jaloux* ▶ envieux. 2 *Une passion jalouse* ▶ exclusif, ombrageux (litt.), possessif, soupçonneux.

jamais adv. 1 *Si jamais vous le voyez* ▶ à l'occasion, d'aventure (litt.), par hasard, un jour. 2 *Trahir? Jamais!* ▶ en aucun cas. 3 *à jamais* *Un passé perdu à jamais* ▶ définitivement, irrémédiablement, irrévocablement, pour toujours, sans retour.

jambage n. m. *Les jambages qui soutiennent un linteau* ▶ pied-droit.

jambe n. f. 1 ▶ canne (fam.), flûte (fam.), gambette (fam.), patte (fam.), quille (fam.). 2 *jambe de bois* ▶ pilon.

jambières n. f. pl. ▶ houseaux, leggings.

janséniste adj. Fig. et litt. *Des principes jansénistes* ▶ austère, intransigeant, puritain, rigide, rigoriste.

japonais, aise adj. ▶ nippon.

jappement n. m. *Les jappements d'un jeune chien* ▶ glapissement.

japper v. *Des chiots qui jappent* ▶ glapir.

jaquette n. f. 1 *La jaquette d'un président de l'Assemblée* ▶ frac, habit, queue-de-pie. 2 *La jaquette d'un dictionnaire* ▶ couverture.

jardin public n. m. *Emmener les enfants au jardin public* ▶ parc.

jardinage n. m. *Rédiger un manuel de jardinage* ▶ horticulture.

jardinier, ère n. ▶ horticulteur.

jargon n. m. 1 Péj. *Qu'est-ce que c'est que ce jargon?* ▶ baragouin, charabia, galimatias, sabir. 2 Péj. *Ce terme ne fait pas partie du jargon médical* ▶ lexique, nomenclature, terminologie, vocabulaire. 3 *Le jargon des bouchers* ▶ argot.

jargonner v. ▶ baragouiner.

jaser v. *Vous n'y pensez pas, cela ferait jaser* ▶ bavarder, cancaner, causer (fam.), clabauder (litt.), déblatérer, gloser (vx), jacasser, médire, potiner (litt.), ragoter (vx).

jasper v. ▶ bigarrer, marbrer, marqueter, tacheter.

jaspure n. f. ▶ bigarrure, marbrure.

jatte n. f. ▶ bol, coupe.

jauge n. f. *La jauge d'un navire* ▶ capacité, contenance, tonnage.

jauger v. 1 *Un cargo qui jauge 10 000 tonneaux* ▶ contenir, cuber, tenir. 2 Fig. *Jauger la valeur d'un homme au premier coup d'œil* ▶ apprécier, estimer, évaluer, juger, mesurer.

jaune adj. 1 *Une belle lumière aux reflets jaunes* ▶ ambré, blond, cuivré, doré, mordoré. 2 *Avoir le teint jaune* ▶ cireux.

jaunir

jaunir v. *L'éclat de ces tentures a jauni avec le temps* ▶ se décolorer, se faner, pâlir, passer.

jaunisse n. f. ▶ ictère.

javelot n. m. ▶ dard, javeline, lance.

je-m'en-fichisme n. m. Fam. ▶ indifférence, insouciance, irréflexion, je-m'en-foutisme (fam.), légèreté.

je-m'en-fichiste adj. Fam. ▶ indifférent, insouciant, irréfléchi, je-m'en-foutiste (fam.), léger.

je-ne-sais-quoi n. m. *Tout son charme tient à ce petit je-ne-sais-quoi qu'on appelle la distinction* ▶ presque rien, quelque chose.

jérémiade n. f. Fam. ▶ bêlement (fam.), doléances, gémissement, glapissement, lamentation, plainte, pleurnicherie.

jerrycan n. m. ▶ bidon, nourrice.

jésuitique adj. Fig. *Un raisonnement jésuitique* ▶ fourbe, hypocrite, sournois, spécieux.

jésuitisme n. m. *Se faire taxer de jésuitisme* ▶ dissimulation, duplicité, fausseté, fourberie, hypocrisie, sournoiserie.

jet n. m. 1 *Un jet de pierres* ▶ lancer, projection. 2 *Un jet de vapeur* ▶ giclée, jaillissement. 3 **premier jet** *Ce n'était qu'un premier jet, il a amélioré tout cela depuis* ▶ ébauche, esquisse.

jetée n. f. ▶ brise-lames, digue, môle.

jeter v. 1 *Jeter un pavé dans une vitrine* ▶ balancer (fam.), envoyer, flanquer (fam.), lancer, mettre, projeter. 2 *Jeter des cendres dans la mer* ▶ déverser, disperser, épandre, éparpiller, parsemer, répandre, semer, verser. 3 *Jeter des vieux papiers* ▶ balancer (fam.), bazarder (fam.), se débarrasser de, se défaire de, liquider (fam.). 4 *Jeter un froid* ▶ causer, provoquer. 5 **jeter bas, à bas, à terre** ▶ abattre, anéantir, détruire, renverser, terrasser. 6 **jeter dehors** ▶ congédier, se défaire de, éjecter (fam.), licencier, mettre à la porte, renvoyer, vider (fam.), virer (fam.). 7 **jeter de la poudre aux yeux à** ▶ éblouir, épater (fam.), impressionner. 8 **jeter la pierre à** *Ne lui jetez pas la pierre avant même de l'avoir entendu* ▶ accuser, blâmer, incriminer. 9 **se jeter** *Se jeter sur qqn* ▶ assaillir, s'élancer sur, fondre sur, se lancer sur, se précipiter sur, se ruer sur, sauter sur, tomber sur. 10 *Se jeter dans le vide* ▶ sauter. 11 Fig. *Se jeter dans une entreprise risquée* ▶ s'aventurer, s'embarquer (fam.), s'engager, se lancer. 12 *Des conduites qui se jettent dans un égout* ▶ se déverser.

jeu n. m. 1 *Le jeu est indispensable à l'équilibre des enfants* ▶ amusement, distraction, divertissement, récréation. 2 *Le jeu d'un pianiste* ▶ exécution, interprétation. 3 *Une réforme qui risque de fausser le jeu normal des institutions* ▶ fonctionnement. 4 *Rentrer dans le jeu de qqn* ▶ manigances (fam.), stratégie. 5 *Un jeu de clés* ▶ assortiment, ensemble, lot. 6 **jeu de mots** ▶ à-peu-près, calembour.

jeune adj. 1 *Savoir rester jeune* ▶ juvénile, vert. 2 *Une jeune pousse* ▶ neuf, nouveau, récent. 3 *Le pauvre, il est bien jeune!* ▶ candide, inexpérimenté, ingénu, jeunet (fam.), jeunot (fam.), naïf, novice. 4 Fam. *Une bouteille pour six, c'est un peu jeune!* ▶ juste, maigre, misérable, parcimonieux, pauvre, ric-rac (fam.).

jeunes n. m. pl. Fam. *Un produit destiné aux jeunes* ▶ jeunesse.

jeûne n. m. 1 *Des prisonniers épuisés par le jeûne* ▶ privations. 2 *Prescrire le jeûne à un malade* ▶ diète.

jeunesse n. f. 1 *Une revue destinée à la jeunesse* ▶ jeunes (fam.). 2 *Les plaisirs de la jeunesse* ▶ adolescence, âge tendre, fleur de l'âge. 3 Fig. *L'œuvre pleine de jeunesse* ▶ fraîcheur, verdeur, vigueur. 4 Fam. *Se marier avec une jeunesse* ▶ gamine, minette (fam.), petite, tendron (litt.).

jingle n. m. ▶ sonal.

joaillerie n. f. ▶ bijouterie.

joaillier, ère n. ▶ bijoutier.

job n. m. Fam. ▶ boulot (fam.), emploi, poste, travail.

jobard, arde adj. Fam. ▶ crédule, naïf, niais, nigaud, simplet.

jogging n. m. 1 *Faire un peu de jogging* ▶ footing. 2 *Se mettre en jogging* ▶ survêtement.

joie n. f. 1 *La joie des convives* ▶ allégresse, enjouement, entrain, euphorie, gaieté, liesse, réjouissance. 2 Plur. *Les joies de la vie à la campagne* ▶ agréments, délices, félicités, plaisirs, satisfactions. 3 *Être au comble de la joie* ▶ béatitude, bonheur. 4 *La joie d'être aimée* ▶ enchantement, griserie, ivresse, jubilation, ravissement.

joignable adj. ▶ accessible, touchable.

joindre v. 1 *Joignons nos efforts* ▶ allier, associer, combiner, conjuguer, grouper, rassembler, réunir. 2 *Joindre l'utile à l'agréable* ▶ allier, associer, lier, marier, unir. 3 *Joindre deux tôles* ▶ abouter, accoler, ajuster, assembler. 4 *Joindre deux appareils électriques* ▶ accoupler, brancher, connecter, raccorder, relier. 5 *Joindre une* *pièce justificative* ▶ adjoindre, ajouter, annexer, inclure, insérer, intercaler. **6** *Joindre son port d'attache* ▶ aborder à, accoster à, arriver à, parvenir à, rejoindre. **7** *Joindre son correspondant* ▶ atteindre, contacter, toucher. **8 se joindre** *Se joindre au mouvement général* ▶ s'associer, se mêler, participer, prendre part, s'unir.

joint n. m. **1** *Remplir un joint avec du plâtre* ▶ raccord. **2** Fam. *Fumer un joint* ▶ pétard (fam.).

jointure n. f. **1** *Faire craquer ses jointures* ▶ articulation. **2** *La brisure s'est faite juste à la jointure des deux plaques* ▶ jonction, suture.

joint venture n. f. ▶ coentreprise.

joli, ie adj. **1** *Une jolie fille* ▶ accort (litt.), agréable, avenant (litt.), girond (fam.), gracieux, mignon. **2** *Un joli paysage* ▶ agréable, attrayant, charmant. **3** Fam. *Un joli mot d'esprit* ▶ amusant, piquant (fam.), plaisant. **4** Fam. *Une jolie somme* ▶ beau, coquet (fam.), gentil, important, rondelet (fam.). **5** Fam. *Une jolie situation* ▶ intéressant (fam.).

joliesse n. f. Litt. *Elle était à cet âge d'une exquise joliesse* ▶ charme, délicatesse, finesse, grâce.

joliment adv. **1** *Un appartement joliment décoré* ▶ agréablement, délicieusement, gentiment. **2** Fam. *Il est joliment embêté* ▶ bien, bigrement (fam.), drôlement (fam.), fameusement (fam.), rudement (fam.), sacrément (fam.), terriblement, très.

joncher v. ▶ couvrir, parsemer, recouvrir, tapisser.

jonction n. f. **1** *Opérer la jonction de deux autoroutes* ▶ raccordement. **2** *La jonction des pièces d'un mécanisme* ▶ assemblage, couplage, réunion. **3** *La jonction de deux circuits électriques* ▶ branchement, connexion, raccordement. **4** *La brisure s'est faite juste à la jonction des deux plaques* ▶ jointure, suture.

jonglerie n. f. Fig. *Il n'est pas dupe de vos jongleries* ▶ manœuvre, simagrée, tour de passe-passe, tromperie.

jongleur, euse n. Fig. et litt. *Méfiez-vous des tours de ce jongleur* ▶ charlatan, truqueur.

jouable adj. *Le coup est difficile, mais c'est jouable* ▶ faisable, réalisable.

joue n. f. **1** *De la joue de porc* ▶ bajoue. **2 mettre en joue** *Mettre en joue une cible* ▶ ajuster, viser.

jouer v. **1** *Des enfants qui jouent* ▶ s'amuser, se divertir, s'ébattre (litt.), faire joujou (fam.). **2** *C'était juste pour jouer* ▶ s'amuser, badiner, blaguer (fam.), plaisanter, rire. **3** *Jouer dans un film* ▶ tourner. **4** *Jouer Néron dans Britannicus* ▶ incarner, interpréter. **5** *Jouer une pièce de théâtre* ▶ interpréter, représenter. **6** *Jouer un morceau de musique* ▶ exécuter, interpréter. **7** *Jouer le désespoir* ▶ affecter, contrefaire, feindre, mimer, simuler, singer. **8** *Jouer une fortune sur un cheval* ▶ miser, parier, risquer. **9** *Jouer sa réputation* ▶ aventurer, compromettre, exposer, hasarder, risquer. **10** *Les panneaux de la porte ont joué* ▶ se déformer, se fausser, gauchir, se gondoler, travailler, se voiler. **11** *Ces considérations n'ont pas joué* ▶ compter, entrer en ligne de compte, importer, influer, intervenir, peser. **12** *Ses responsabilités ont fini par jouer sur son caractère* ▶ agir sur, déteindre sur, influencer, influer sur, peser sur, se répercuter sur. **13 faire jouer** *Faire jouer tout son charme* ▶ avoir recours à, déployer, employer, exercer, faire usage de, mettre en œuvre, recourir à, se servir de, user de, utiliser. **14 se jouer** *Se jouer des difficultés* ▶ mépriser, se moquer de, se rire de. **15** *Se jouer de qqn* ▶ abuser, berner, rouler (fam.), tromper.

jouet n. m. Fig. *Être le jouet du destin* ▶ proie, victime.

joufflu, ue adj. *Un visage joufflu* ▶ mafflu (litt.), poupin, rebondi.

joug n. m. Fig. et litt. *Se délivrer d'un joug ancestral* ▶ assujettissement, carcan, chaîne, contrainte, dépendance, domination, emprise, esclavage, oppression, servitude.

jouir v. **1** *Jouir de l'existence* ▶ apprécier, déguster, goûter, profiter de, savourer. **2** *Jouir de l'embarras d'un adversaire* ▶ se délecter, se régaler, se repaître (litt.). **3** *Jouir d'une grosse fortune* ▶ avoir, bénéficier de, disposer de, posséder.

jouissance n. f. **1** *La jouissance que procure une œuvre d'art* ▶ délectation, plaisir, régal, satisfaction, volupté. **2** *Parvenir à la jouissance* ▶ orgasme. **3** *Avoir la jouissance d'un bien sans en avoir la propriété* ▶ usufruit.

jouisseur, euse n. ▶ bon vivant, épicurien, hédoniste (litt.), noceur, sybarite (litt.), viveur.

jouissif, ive adj. Fam. ▶ jubilatoire, réjouissant.

jour n. m. **1** *Un jour entier* ▶ journée. **2** *Quel jour vous convient ?* ▶ date. **3** *Un volet qui laisse passer un peu de jour* ▶ clarté, lueur, lumière. **4** *Un rai de lumière qui filtre à travers un jour* ▶ fente, fissure, ouverture. **5** Fig. *Envisager un problème sous un jour particulier* ▶ angle, aspect. **6** Plur. *Passer des jours heureux* ▶ existence, vie. **7** Plur. *En ces jours*

journal ... troublés ▸ époque, période, temps. **8 au grand jour** ▸ à découvert, ouvertement, publiquement. **9 chaque jour** ▸ journellement, quotidiennement. **10 de jour en jour** *Son état devrait s'améliorer de jour en jour* ▸ graduellement, peu à peu, progressivement. **11 de nos jours** ▸ actuellement, aujourd'hui, de notre temps. **12 d'un jour à l'autre** ▸ bientôt, incessamment. **13 donner le jour** *Donner le jour à un futur roi* ▸ accoucher de, enfanter, mettre au monde. **14 mettre à jour** *Mettre une documentation à jour* ▸ actualiser. **15 percer à jour** *Percer à jour les buts cachés d'une démarche* ▸ déceler, découvrir, deviner. **16 se faire jour** *La vérité commence à se faire jour* ▸ apparaître, se dégager, émerger, transparaître.

journal n. m. **1** *Lire un journal* ▸ canard (fam.), feuille de chou (fam. et péj.), gazette (litt.), quotidien. **2** *Écouter le journal* ▸ actualités, informations, nouvelles. **3** *Un journal de mode* ▸ magazine, revue. **4** Plur. *Acheter les journaux* ▸ presse.

journalier, ère adj. ▸ quotidien.

journalistes n. m. pl. *Avoir un entretien avec les journalistes* ▸ presse.

journée n. f. *Une journée entière* ▸ jour.

journellement adv. ▸ chaque jour, quotidiennement.

joute n. f. **1** Vx *Une joute réunissant plusieurs chevaliers* ▸ tournoi. **2** Fig. *Une joute oratoire* ▸ combat, compétition, duel, lutte.

jouxter v. Litt. *Le jardin qui jouxte l'évêché* ▸ être attenant à, être contigu à, être voisin de, toucher.

jovial, ale adj. **1** *Être d'humeur joviale* ▸ allègre, enjoué, gai, gaillard, joyeux, réjoui. **2** *Un gros homme sympathique au visage jovial* ▸ enjoué, épanoui, rieur.

jovialement adv. ▸ allègrement, gaiement, gaillardement, joyeusement.

jovialité n. f. ▸ allégresse, bonne humeur, enjouement, gaieté.

joyau n. m. **1** *Les joyaux de la couronne* ▸ bijou, gemme, pierrerie. **2** Fig. *Cette voiture est un véritable joyau* ▸ bijou, merveille. **3** Fig. *Le joyau d'une collection* ▸ clou, perle.

joyeusement adv. ▸ allègrement, gaiement, gaillardement, jovialement.

joyeuseté n. f. Litt. *Se livrer à quelques joyeusetés à la fin d'un banquet* ▸ bouffonnerie, farce, pitrerie, plaisanterie.

joyeux, euse adj. ▸ allègre, enjoué, gai, gaillard, guilleret, jovial, réjoui.

jubarte n. f. ▸ baleine à bosse, mégaptère.

jubilation n. f. ▸ allégresse, euphorie, gaieté, joie, liesse, réjouissance.

jubilatoire adj. ▸ jouissif (fam.), réjouissant.

jubiler v. *C'est lui qui avait raison, et maintenant il jubile* ▸ exulter, triompher.

jucher (se) v. ▸ se percher.

juchoir n. m. ▸ perchoir.

judaïque adj. ▸ hébraïque, hébreu, israélite, juif.

judas n. m. **1** *Ce judas nous a dénoncés* ▸ fourbe, traître. **2** *Regarder à travers le judas* ▸ guichet, œil, ouverture.

judéo-allemand n. m. ▸ yiddish.

judéo-espagnol n. m. ▸ ladino.

judicieusement adv. ▸ à bon escient, à propos, intelligemment.

judicieux, euse adj. **1** *Une remarque judicieuse* ▸ astucieux, bon, intelligent, pertinent. **2** *Il aurait été plus judicieux de refuser* ▸ astucieux, intelligent, opportun, raisonnable, sage, sensé.

juge n. m. **1** *La corporation des juges* ▸ magistrat. **2** *Ils vous font juge de leur différend* ▸ arbitre.

jugé (au) adv. ▸ à l'estime, à première vue, à vue de nez (fam.), en première approximation.

jugement n. m. **1** *Rendre un jugement* ▸ arrêt, décision, sentence, verdict. **2** *Manquer de jugement* ▸ bon sens, discernement, intelligence, jugeote (fam.), perspicacité, raison. **3** *Le jugement du public* ▸ appréciation, avis, critique, opinion, point de vue, position, sentiment.

jugeote n. f. Fam. ▸ bon sens, discernement, jugement, perspicacité, raison.

juger v. **1** *C'est à vous de juger* ▸ arbitrer, décider, se prononcer, statuer, trancher. **2** *Juger la valeur de qqch* ▸ apprécier, coter (litt.), évaluer, expertiser, jauger, noter, peser. **3** *Juger qqn au premier coup d'œil* ▸ cataloguer, classer (fam.), étiqueter, évaluer, jauger. **4** *Juger qu'il est imprudent de partir* ▸ considérer, croire, estimer, penser, trouver. **5** *Jugez de ma surprise* ▸ se figurer, imaginer, se représenter. **6 se juger** *Se juger perdu* ▸ se considérer, se voir.

jugulaire n. f. ▸ mentonnière.

juguler v. **1** *Juguler l'inflation* ▸ arrêter, enrayer, maîtriser, stopper. **2** *Juguler une révolte* ▸ étouffer, maîtriser, mater, neutraliser.

juif, ive adj. ▶ hébraïque, hébreu, israélite, judaïque.

jumbo-jet n. m. ▶ gros-porteur.

jumeau, elle adj. *Une église surmontée de deux tours jumelles* ▶ identique, semblable.

jumeau n. m. *Si ce n'était pas lui, c'était son jumeau* ▶ double, sosie.

jumelage n. m. ▶ accouplement (vx), couplage.

jumelé, ée adj. *Des colonnes jumelées* ▶ accouplé, double, doublé, géminé.

jumeler v. *Jumeler des bœufs* ▶ accoupler, coupler.

jumelles n. f. pl. *Des jumelles de théâtre* ▶ lorgnette.

jument n. f. ▶ cavale (litt.), pouliche.

juré, ée adj. *Un ennemi juré* ▶ déclaré, irréconciliable, irréductible.

jurés n. m. pl. ▶ jury.

jurer v. 1 *Jurer que cela ne se reproduira pas* ▶ donner sa parole, s'engager à, faire le serment, promettre. 2 *Jurer qu'on n'a rien fait* ▶ affirmer, assurer, donner sa parole, prétendre, soutenir. 3 *Jurer comme un charretier* ▶ blasphémer, sacrer. 4 Fig. *Des couleurs qui jurent* ▶ détonner, dissoner (litt.), hurler. 5 **se jurer** *Se jurer de ne plus recommencer* ▶ décider, se promettre.

juridiction n. f. 1 *Cette affaire n'est pas de sa juridiction* ▶ compétence, ressort. 2 *Porter une affaire devant la juridiction compétente* ▶ tribunal.

juridique adj. *Respecter les formes juridiques* ▶ légal.

juridisme n. m. ▶ formalisme, légalisme.

juriste n. ▶ homme de loi, jurisconsulte, légiste.

juron n. m. ▶ blasphème, jurement (vx).

jury n. m. ▶ jurés.

jus n. m. *Le jus de la viande* ▶ sauce, suc.

jusant n. m. ▶ reflux.

jusqu'au-boutisme n. m. ▶ extrémisme, maximalisme.

jusqu'au-boutiste adj. et n. ▶ extrémiste, maximaliste, ultra.

justaucorps n. m. ▶ body.

juste adj. 1 *Un homme juste* ▶ équitable, impartial. 2 *Une juste récompense* ▶ justifié, mérité. 3 *Une juste revendication* ▶ fondé, justifié, légitime, motivé. 4 *Un raisonnement juste* ▶ correct, logique, pertinent, raisonnable, rationnel, rigoureux, sensé. 5 *Trouver le mot juste* ▶ adéquat, approprié, bon, convenable, exact, précis, propre. 6 *Estimer qqch à sa juste valeur* ▶ réel, véritable, vrai. 7 *Si vous le vexez, il ne reviendra plus.* — *Oui, c'est juste* ▶ exact, sûr, vrai. 8 *Un vêtement trop juste* ▶ ajusté, collant, étriqué, étroit, serré. 9 *Huit jours seulement, c'est un peu juste* ▶ court, insuffisant, jeune (fam.), maigre.

juste adv. 1 *Raisonner juste* ▶ correctement, rigoureusement. 2 *C'est juste ce qu'il nous faut* ▶ exactement, justement, précisément. 3 *Ils n'ont pas manqué leur train, mais c'était juste* ▶ de justesse, de peu. 4 *Il y avait juste quelques habitués* ▶ seulement. 5 **au juste** *Combien étiez-vous au juste ?* ▶ exactement, précisément.

justement adv. 1 *Un héritage très justement réparti* ▶ équitablement, impartialement. 2 *Il en a déduit très justement...* ▶ convenablement, correctement, logiquement, pertinemment. 3 *Être justement convaincu de ses mérites* ▶ à bon droit, à juste titre, dûment, légitimement. 4 *C'est justement ce qu'il fallait éviter* ▶ exactement, précisément.

justesse n. f. 1 *La justesse d'une expression* ▶ correction, exactitude, précision, propriété. 2 *La justesse d'une évocation* ▶ authenticité, exactitude, objectivité, précision, véracité, vérité. 3 *Expliquer un texte avec beaucoup de justesse* ▶ finesse, lucidité, netteté, perspicacité, précision, sensibilité, tact. 4 **de justesse** *Éviter une catastrophe de justesse* ▶ de peu.

justice n. f. 1 *Faire preuve de justice* ▶ équité, impartialité. 2 *La justice d'une cause* ▶ bien-fondé, légitimité. 3 *Faire respecter la justice* ▶ droit, légalité, loi.

justicier, ère n. ▶ redresseur de torts, vengeur.

justifiable adj. *Un comportement somme toute justifiable* ▶ compréhensible, défendable, excusable, explicable, soutenable.

justification n. f. 1 *Vos craintes n'ont aucune justification* ▶ fondement, motif, raison, raison d'être. 2 *Le ministre a présenté une vibrante justification de sa politique* ▶ apologie, défense, plaidoyer. 3 *Que pouvez-vous dire pour votre justification ?* ▶ décharge, défense, excuse. 4 *Demander des justifications* ▶ compte, explication.

justifié, ée adj. *Une sanction justifiée* ▶ juste, légitime, mérité, motivé.

justifier v. 1 *Justifier qqn d'une accusation* ▶ blanchir, disculper, innocenter, laver, mettre hors de cause. 2 *Justifier ce qu'on affirme* ▶ démontrer, expliquer, motiver,

juteux

prouver. **3** *La colère ne justifie pas une telle grossièreté* ► autoriser, légitimer, permettre. **4** *Justifier les agissements de ses subordonnés* ► couvrir. **5** *Cet événement a justifié ses craintes* ► confirmer, vérifier. **6** *Des certificats qui justifient de l'authenticité d'un tableau* ► démontrer, prouver, témoigner de.

juteux, euse adj. **1** *Une poire juteuse* ► fondant. **2** Fam. *Une affaire juteuse* ► avantageux, fructueux, intéressant, lucratif, payant, rémunérateur, rentable.

juvénile adj. ► jeune, vert, vigoureux.

juxtaposer v. ► accoler.

k

kaki n. m. ▶ plaquemine.

kamikaze n. m. *Une mission kamikaze* ▶ suicide.

karité n. m. ▶ arbre à beurre.

kermesse n. f. ▶ ducasse, fête foraine, foire.

khmer, khmère adj. ▶ cambodgien.

kidnapper v. ▶ enlever, ravir (litt.).

kidnappeur, euse n. ▶ ravisseur.

kidnapping n. m. ▶ enlèvement, rapt.

kif n. m. ▶ cannabis, chanvre, hasch (fam.), haschisch, herbe (fam.), marijuana, shit (fam.).

kilomètre n. m. *Il nous reste 300 kilomètres à faire* ▶ borne (fam.).

kinésithérapeute n. ▶ masseur.

kiosque n. m. *Un kiosque dans un parc* ▶ pavillon.

kitchenette n. f. ▶ coin cuisine, cuisinette.

kiwi n. m. ▶ aptéryx.

klaxon n. m. ▶ avertisseur, signal sonore, trompe (vx).

klaxonner v. ▶ corner.

knock-out, k.-o. adj. Fam. ▶ assommé, groggy (fam.), hors de combat, sonné (fam.).

kopeck n. m. Fam. *Cela ne vaut pas un kopeck* ▶ centime, liard, sou.

korrigan n. m. ▶ génie, lutin.

krach n. m. ▶ banqueroute, débâcle, effondrement, faillite.

kyrielle n. f. *Une kyrielle d'embêtements* ▶ avalanche, cascade, chapelet, déluge, flopée (fam.), flot, foule, infinité, multiplicité, multitude, myriade, nuée, pluie, quantité, ribambelle, série, suite.

label n. m. Fig. *Se présenter sous le label de rénovateur* ▶ étiquette.

labeur n. m. 1 Litt. *Un labeur ingrat* ▶ activité, besogne, occupation, tâche, travail. 2 Litt. *Se mettre au labeur* ▶ besogne, ouvrage, tâche, travail.

laborantin, ine n. ▶ préparateur.

laborieusement adv. ▶ difficilement, malaisément, péniblement.

laborieux, euse adj. 1 *Un élève laborieux* ▶ appliqué, bûcheur (fam.), studieux, travailleur. 2 *Se lancer dans une entreprise laborieuse* ▶ ardu, difficile, dur, malaisé, pénible. 3 *Un style laborieux* ▶ embarrassé, gauche, lourd, maladroit, pesant.

labourable adj. ▶ arable, cultivable.

labourer v. 1 *Labourer la terre avec une charrue* ▶ retourner. 2 Fig. *L'éclat d'obus lui avait labouré le dos* ▶ déchirer, lacérer, taillader.

labyrinthe n. m. 1 *Un labyrinthe de ruelles et d'escaliers* ▶ dédale, écheveau, enchevêtrement, entrelacement, lacis, réseau. 2 Fig. *Le labyrinthe des procédures administratives* ▶ dédale, détours, écheveau, embrouillamini, enchevêtrement, forêt, lacis, maquis, méandres.

labyrinthique adj. ▶ dédaléen (litt.), enchevêtré, inextricable.

lacédémonien, ienne adj. ▶ spartiate.

lacération n. f. ▶ déchiquetage.

lacérer v. 1 *Une bête fauve qui lacère sa proie* ▶ déchiqueter, déchirer, mettre en charpie, mettre en lambeaux, mettre en pièces. 2 *Elle lui a lacéré le dos avec ses ongles* ▶ déchirer, labourer, taillader.

lacet n. m. 1 *Tendre un lacet pour piéger un lièvre* ▶ collet, lacs. 2 *Les lacets d'une route* ▶ méandre, tournant, virage, zigzag.

lâche adj. 1 *Un nœud lâche* ▶ desserré. 2 *Un vêtement lâche* ▶ flottant, flou, large, vague. 3 *Un style lâche* ▶ flasque, flou, mou, vague. 4 *Être lâche devant le danger* ▶ couard (litt.), craintif, dégonflé (fam.), faible, froussard (fam.), peureux, pleutre (litt.), poltron, pusillanime (litt.), trouillard (fam.), veule. 5 *Un lâche attentat* ▶ abject, honteux, ignoble, méprisable, vil.

lâchement adv. ▶ bassement, honteusement, vilement (litt.).

lâcher v. 1 *Une corde qui lâche* ▶ casser, céder, se rompre. 2 *Lâcher sa ceinture* ▶ desserrer, détendre, relâcher. 3 *Lâcher les amarres* ▶ détacher, larguer. 4 *Lâcher des bombes* ▶ balancer (fam.), déverser, envoyer, jeter, lancer, larguer. 5 *Lâcher un cri d'épouvante* ▶ lancer, pousser. 6 *Lâcher ses concurrents* ▶ dépasser, distancer, semer. 7 *Lâcher qqn avec qui on vivait* ▶ abandonner, délaisser, laisser tomber, larguer (fam.), plaquer (fam.), quitter. 8 **lâcher prise** Fig. *Un adversaire qui commence à lâcher prise* ▶ céder, fléchir, lâcher pied, laisser tomber (fam.), mollir, reculer.

lâcheté n. f. 1 *La lâcheté devant le danger* ▶ couardise (litt.), faiblesse, peur, pleutrerie (litt.), poltronnerie, pusillanimité (litt.), veulerie. 2 *Une agression d'une lâcheté révoltante* ▶ abjection, bassesse, ignominie, indignité, vilenie (litt.).

lacis n. m. 1 *Un inextricable lacis de ruelles* ▶ dédale, écheveau, enchevêtrement, entrelacement, labyrinthe, réseau. 2 *S'égarer dans le lacis des procédures administratives* ▶ dédale, détours, écheveau, embrouillamini, enchevêtrement, forêt, labyrinthe, maquis, méandres.

laconique adj. ▶ bref, concis, court, lapidaire, succinct.

laconiquement adv. ▶ brièvement, succinctement.

laconisme n. m. ▶ brièveté, concision.

lacs n. m. 1 *Tendre des lacs pour attraper des lièvres* ▶ collet, lacet. 2 Fig. et litt. *Tomber dans le lacs tendu par ses ennemis* ▶ filet, piège, rets (litt.).

lactescent, ente adj. Fig. et litt. *Les reflets lactescents de l'écume* ▶ blanchâtre, laiteux, opalin.

lacunaire adj. ▶ incomplet, insuffisant.

lacune n. f. 1 *Un récit qui présente des lacunes* ▶ manque, omission, trou, vide. 2 *Les lacunes d'un raisonnement* ▶ défaut, défectuosité, déficience, faiblesse, insuffisance.

lad n. m. ▶ garçon d'écurie, palefrenier.

ladre adj. Litt. ▶ avare, pingre (fam.), radin (fam.), regardant.

ladrerie n. f. Litt. ▶ avarice, lésine (vx), pingrerie (fam.), radinerie (fam.).

laid, laide adj. **1** *Un physique particulièrement laid* ▶ disgracié, disgracieux, inesthétique, ingrat, moche (fam.), vilain. **2** *Une action très laide* ▶ abject, bas, déplaisant, désagréable, honteux, indigne, infâme, méprisable, répugnant, vil.

laideron n. m. ▶ mocheté (fam.).

laideur n. f. **1** *La laideur d'un visage* ▶ disgrâce (litt.), mocheté (fam.). **2** *La laideur d'une action* ▶ abjection, bassesse, ignominie, indignité, infamie, turpitude.

lainage n. m. *Mettre un lainage* ▶ chandail, laine (fam.), pull-over, tricot.

laïque adj. **1** *Un religieux tenté par la vie laïque* ▶ profane (litt.). **2** *Opposer les autorités laïques à celles de l'Église* ▶ civil, séculier.

laisser v. **1** *Partir en laissant tout* ▶ abandonner, lâcher, laisser tomber, larguer (fam.), plaquer (fam.), quitter, renoncer à. **2** *Laisser sa fortune à qqn* ▶ abandonner, céder, confier, donner, léguer, remettre, transmettre. **3** *Laissez-lui de quoi manger, il arrive dans quelques minutes* ▶ garder. **4** *Laisser qqn en ville* ▶ déposer. **5 laisser de côté** *Pour le moment, laissons de côté ces objections, nous y reviendrons plus tard* ▶ faire abstraction de, laisser tomber (fam.), négliger, omettre, oublier. **6 laisser entendre** *L'accusé laisse entendre que vous étiez au courant* ▶ insinuer, sous-entendre, suggérer. **7 laisser passer** *Laisser passer une occasion* ▶ négliger. **8** *Laisser passer une faute par indulgence* ▶ excuser, tolérer. **9 laisser voir** *Pour le moment il ne veut rien laisser voir de ses intentions* ▶ dévoiler, laisser paraître, manifester, montrer, révéler. **10 se laisser aller** *Alors, on se laisse aller?* ▶ se détendre, se prélasser, se reposer. **11** *Ce pauvre homme se laisse aller* ▶ s'abandonner, se négliger, se relâcher (péj.). **12** *Se laisser aller à sa gourmandise* ▶ s'abandonner, se livrer, succomber.

laisser-aller n. m. **1** *Le laisser-aller des vacances* ▶ insouciance, liberté. **2** *Le laisser-aller d'une tenue* ▶ débraillé, négligé. **3** *Il y a du laisser-aller dans ce travail* ▶ légèreté, négligence, relâchement.

laissez-passer n. m. ▶ passeport, permis, sauf-conduit.

laiteux, euse adj. *Des reflets laiteux* ▶ blanchâtre, lactescent (litt.), opalin.

laïus n. m. **1** Fam. *Un laïus très informé sur l'économie péruvienne* ▶ exposé, intervention, topo. **2** Fam. *Il nous a fait un petit laïus sur les dangers de la drogue* ▶ discours, speech (fam.).

laize n. f. ▶ lé.

lallation n. f. **1** *La lallation précède l'articulation des premiers mots* ▶ babillage, gazouillis. **2** *Un adolescent souffrant de lallation* ▶ lambdacisme.

lambda adj. Fam. *Les problèmes concrets du citoyen lambda* ▶ moyen, normal, ordinaire, quelconque.

lambdacisme n. m. *Un adolescent souffrant de lambdacisme* ▶ lallation.

lambeau n. m. **1** *Des vêtements en lambeaux* ▶ loque, morceau. **2** Fig. *Des lambeaux de texte* ▶ bout, bribe, débris, fragment, morceau, partie.

lambin, ine adj. Fam. ▶ indolent, lent, mou, traînard.

lambiner v. Fam. ▶ s'attarder, traîner.

lambris n. m. ▶ frisette.

lame n. f. **1** *Une lame de métal* ▶ feuille, plaque. **2** Litt. *Une fine lame* ▶ épée. **3** *Un marin emporté par une lame* ▶ vague.

lamelle n. f. *Une lamelle d'or fin* ▶ plaquette.

lamentable adj. *Avoir des notes lamentables à un examen* ▶ affligeant, déplorable, désastreux, désolant, minable (fam.), misérable, navrant, piètre, piteux, pitoyable.

lamentablement adv. **1** *Il s'est conduit lamentablement* ▶ déplorablement, minablement (fam.). **2** *Il s'en est tiré lamentablement* ▶ désastreusement, misérablement, piteusement, pitoyablement.

lamentation n. f. **1** *Des lamentations de douleur* ▶ cri, geignement, gémissement, plainte, pleur. **2** Plur. *Se répandre en lamentations* ▶ doléances, geignements, gémissements, jérémiades, plaintes, pleurnicheries.

lamenter (se) v. ▶ déplorer, se désoler de, geindre sur, gémir sur, se plaindre de, pleurer sur, regretter.

laminer v. Fig. *L'inflation a laminé les revenus* ▶ diminuer, écraser, réduire.

lampadaire n. m. ▶ bec de gaz (vx), réverbère.

lampée n. f. Fam. ▶ coup (fam.), gorgée, goulée (fam.), trait.

lance n. f. ▶ dard, javeline, javelot, pique.

lancée n. f. ▶ élan, impulsion.

lancement n. m. **1** *Le lancement du disque* ▶ jet, lancer. **2** Fig. *Le lancement d'un produit* ▶ mise en circulation.

lance-pierre n. m. ▶ fronde.

lancer v. **1** *Lancer un projectile avec une arme de jet* ▶ décocher, envoyer, projeter, propulser. **2** *Lancer des bombes au-dessus*

lancer

d'un objectif ▶ balancer (fam.), déverser, envoyer, jeter, lâcher, larguer. **3** *Lancer une gifle* ▶ allonger (fam.), coller (fam.), donner, envoyer, flanquer (fam.). **4** *Lancer un cri* ▶ émettre, lâcher, pousser. **5** *Lancer un processus administratif* ▶ déclencher, engager, initier, mettre en branle, mettre en route, mettre en train. **6** *Lancer une mode* ▶ introduire, parrainer, promouvoir. **7 se lancer** *Se lancer dans le vide* ▶ se jeter, plonger, se précipiter. **8** Fig. *Se lancer dans une entreprise risquée* ▶ s'aventurer, s'embarquer (fam.), s'engager, se jeter.

lancer n. m. ▶ jet, lancement, projection.

lancinant, ante adj. *Des souvenirs lancinants* ▶ obsédant, torturant.

lanciner v. *Ce remords le lancine depuis l'enfance* ▶ hanter, obséder, poursuivre, tenailler, torturer, tourmenter, travailler (fam.).

lande n. f. ▶ brande, bruyère, friche.

langage n. m. **1** *Il emploie un langage trop technique pour ce genre de public* ▶ jargon (péj.), langue, lexique, terminologie, vocabulaire. **2** *Tenir un langage subversif* ▶ discours, propos.

langes n. m. pl. Vx ▶ change, couche.

langer v. ▶ emmailloter.

langoureusement adv. ▶ amoureusement, languissamment (litt.).

langoureux, euse adj. *Il l'a regardée d'un air langoureux* ▶ alangui, énamouré, languide (litt.), languissant, mourant, transi.

langue n. f. *Une description des différentes langues parlées dans le Tyrol* ▶ idiome, parler.

langueur n. f. **1** *Une langueur voluptueuse* ▶ alanguissement, indolence, mollesse, nonchalance. **2** *Un malade que l'on ne peut tirer de sa langueur* ▶ apathie, léthargie, somnolence, torpeur. **3** Fig. *Une économie qui donne des signes de langueur* ▶ affaiblissement, marasme, ralentissement, relâchement, stagnation.

languide adj. Litt. *Un regard languide* ▶ alangui, énamouré, langoureux, languissant, mourant, transi.

languir v. **1** Vx *Une plante qui languit* ▶ décliner, dépérir, s'étioler. **2** *Languir dans l'incertitude* ▶ attendre, se morfondre. **3** *Une conversation qui languit* ▶ traîner.

languissant, ante adj. **1** Litt. *Un regard languissant* ▶ alangui, énamouré, langoureux, languide (litt.), mourant, transi. **2** *Une conversation languissante* ▶ morne, terne, traînant. **3** *Une économie languissante* ▶ déprimé, somnolent, stagnant.

lanterne n. f. **1** *S'éclairer avec une lanterne* ▶ falot, fanal. **2** Plur. *Des lanternes d'automobile* ▶ feux de position, veilleuses. **3** *Un dôme surmonté d'une lanterne* ▶ campanile. **4 lanterne rouge** Fig. et fam. *La lanterne rouge du peloton* ▶ dernier. **5 lanterne vénitienne** ▶ lampion.

lanterner v. **1** *Lanterner au lieu de prendre une décision* ▶ atermoyer, différer, tarder, traîner. **2** *Faire lanterner qqn* ▶ attendre, poireauter.

lapalissade n. f. ▶ évidence, tautologie, truisme.

lapidaire adj. *Un style lapidaire* ▶ bref, concis, court, laconique, ramassé, succinct.

lapis-lazuli n. m. ▶ lazurite.

laps de temps n. m. *Réapparaître après un court laps de temps* ▶ instant, moment.

laquais n. m. *Il me prend pour son laquais* ▶ domestique, larbin (fam.), serviteur, valet.

larbin n. m. Fam. *Vous n'avez pas à lui servir de larbin* ▶ domestique, laquais, serviteur, valet.

larcin n. m. ▶ barbotage (fam.), chapardage (fam.), maraudage, vol.

larder v. **1** *Larder de la viande* ▶ entrelarder. **2** *Larder qqn de coups de couteau* ▶ cribler, percer, transpercer. **3** Fig. *Larder un cours de littérature de considérations personnelles* ▶ entrecouper, entrelarder, entremêler, parsemer.

lares n. m. pl. Litt. *Les lares paternels* ▶ foyer, logis, maison, pénates.

largage n. m. *Du largage de matériel de secours au-dessus d'une région sinistrée* ▶ parachutage.

large adj. **1** *Un large espace* ▶ ample, étendu, grand, spacieux, vaste. **2** *Des portions très larges* ▶ abondant, copieux. **3** *Un vêtement large* ▶ ample, flou, lâche, vague. **4** *Dans une large mesure* ▶ important. **5** Fig. *Avoir l'esprit large* ▶ compréhensif, coulant (fam.), indulgent, libéral, ouvert, tolérant. **6** Fig. *Un prince très large* ▶ fastueux, généreux, munificent (litt.), prodigue.

large n. m. **1** *Une table de 90 cm de large* ▶ largeur. **2** *Respirer l'air du large* ▶ haute mer. **3 prendre le large** ▶ s'en aller, partir.

largement adv. **1** *Ils ont été largement dédommagés* ▶ abondamment, amplement, copieusement, généreusement, grassement. **2** *Cette valise pèse largement dix kilos* ▶ au moins, bien.

largesse n. f. **1** *Distribuer qqch avec largesse* ► générosité, libéralité, munificence (litt.), prodigalité. **2** *Remercier qqn de ses largesses* ► bienfait, cadeau, don, libéralité, présent.

largeur n. f. **1** *Un meuble de 2 m de largeur* ► large. **2 largeur d'esprit** Fig. ► compréhension, libéralisme, ouverture d'esprit, tolérance.

larguer v. **1** *Larguer une voile* ► déferler, déployer. **2** *Larguer une amarre* ► détacher, lâcher. **3** *Larguer des bombes* ► balancer (fam.), déverser, envoyer, jeter, lâcher, lancer. **4** *Larguer du matériel de secours au-dessus d'une région sinistrée* ► parachuter. **5** Fig. et fam. *Elle a largué son petit ami* ► abandonner, lâcher (fam.), laisser tomber (fam.), plaquer (fam.), quitter.

larme n. f. **1** Plur. *Une jeune fille en larmes* ► pleurs, sanglots. **2** Plur. et litt. *Vivre dans les larmes* ► affliction (litt.), chagrin, douleur, peine, souffrance. **3** Fig. *Une larme de vin* ► doigt, goutte, lichette (fam.), soupçon.

larmoyant, ante adj. **1** *Un visage larmoyant* ► en pleurs, éploré, sanglotant. **2** *Un ton larmoyant* ► geignard, gémissant, pleurard, pleurnichard (fam.).

larmoyer v. **1** *Des yeux qui larmoient* ► pleurer. **2** *Larmoyer sur son sort* ► geindre, gémir, se plaindre, pleurnicher (fam.).

larvaire adj. Fig. *Un projet à l'état larvaire* ► embryonnaire.

larvé, ée adj. *Une atmosphère de guerre civile larvée* ► insidieux, latent, rampant, sous-jacent.

las, lasse adj. **1** *Ils étaient vraiment las après tout ce trajet* ► abattu, épuisé, éreinté, exténué, fatigué, fourbu, harassé, recru (litt.). **2** *Être las des promesses non tenues* ► dégoûté, écœuré, excédé, lassé.

lascif, ive adj. **1** *Une pose lascive* ► érotique, sensuel, voluptueux. **2** *Un regard lascif* ► impudique, libidineux, lubrique, salace, vicieux.

lascivement adv. ► impudiquement, voluptueusement.

lascivité n. f. **1** *La lascivité d'un spectacle* ► impudicité, licence, obscénité. **2** *La lascivité d'une pose* ► érotisme, sensualité.

lassant, ante adj. *Il devient lassant, à répéter toujours la même chose* ► assommant (fam.), barbant (fam.), embêtant (fam.), ennuyeux, fatigant, rasoir (fam.).

lasser v. **1** *C'est parce qu'il en mangeait tous les soirs que les brocolis ont fini par le lasser* ► dégoûter, écœurer. **2** *Ses perpétuelles récriminations ont fini par lasser tout le monde* ► assommer (fam.), barber (fam.), embêter (fam.), ennuyer, excéder, fatiguer, raser (fam.), rebuter.

lassitude n. f. **1** *Ressentir une grande lassitude à la fin d'une marche* ► abattement, épuisement, fatigue. **2** *Éprouver de la lassitude devant l'inutilité de ses efforts* ► abattement, découragement, dégoût, démoralisation.

latent, ente adj. **1** *Une atmosphère de guerre civile latente* ► insidieux, larvé, rampant, sous-jacent. **2** *Percevoir dans un éloge une critique latente* ► caché, implicite, inexprimé, masqué, sous-entendu, sous-jacent.

latin, ine adj. *Étudier la civilisation latine* ► romain.

latitude n. f. **1** *S'adapter à toutes les latitudes* ► climat, région. **2** *Avoir toute latitude de décider* ► facilité, faculté, liberté.

laudateur, trice n. Litt. *Caton, laudateur de la vertu* ► apologiste, thuriféraire (litt.).

laudatif, ive adj. *Il a employé à propos de vous des expressions tout à fait laudatives* ► élogieux, flatteur, louangeur.

lauréat, ate n. *Recevoir les lauréats à l'issue d'un concours* ► gagnant, impétrant, vainqueur.

lavable adj. *Une peinture lavable* ► lessivable.

lavabos n. m. pl. *Où sont les lavabos ?* ► toilettes.

lavage n. m. *Le lavage de la voiture* ► lessivage, nettoyage.

lavandière n. f. **1** Vx *Des lavandières qui battent du linge* ► laveuse (litt.). **2** *Observer le vol des lavandières* ► bergeronnette, hochequeue.

lave-linge n. m. ► machine à laver.

lavement n. m. ► clystère (vx), purgation (vx), purge.

laver v. **1** *Laver un enfant* ► baigner, nettoyer. **2** *Laver du linge ou un sol* ► blanchir, décrasser, décrotter, lessiver, nettoyer. **3** Fig. et litt. *Laver une offense* ► effacer, venger. **4** Fig. *Laver qqn d'une accusation* ► blanchir, décharger, disculper. **5 se laver** *Se laver la figure* ► se débarbouiller, se nettoyer.

laxatif, ive adj. ► cathartique (litt.), dépuratif, purgatif.

laxiste adj. ► latitudinaire (litt.), permissif.

lazurite n. f. ► lapis-lazuli.

lazzis n. m. pl. Litt. ► brocards (litt.), moqueries, quolibets, railleries, sarcasmes.

lé n. m. ▶ laize.

leader n. m. **1** *Avoir une mentalité de leader* ▶ chef, chef de file, meneur, porte-drapeau. **2** *Le leader de la course* ▶ premier.

leadership n. m. *Exercer un leadership incontesté à l'intérieur d'un groupe* ▶ autorité, commandement, direction, domination, prédominance, prééminence, prépondérance, suprématie.

leasing n. m. *Acheter une voiture en leasing* ▶ crédit-bail.

léché, ée adj. *Ce qu'il nous a fait là, c'est très léché* ▶ fignolé (fam.), fini, poli, soigné, travaillé.

lèche-bottes n. Fam. ▶ flagorneur, flatteur.

lécher les babines (se) v. Fig. et fam. *Se lécher les babines à l'idée de la soirée qu'on va passer* ▶ se délecter.

leçon n. f. **1** *La leçon de français* ▶ classe, cours, heure. **2** *Suivre les leçons de qqn* ▶ avis, enseignement, précepte. **3** *Tirer la leçon d'un échec* ▶ conclusion, enseignement, morale, moralité. **4** *Mériter une sévère leçon* ▶ châtiment, punition. **5** *Les diverses leçons d'un manuscrit* ▶ variante. **6 faire la leçon à** *Faire la leçon à une élève turbulente* ▶ admonester, chapitrer, morigéner, réprimander, sermonner.

lecteur, trice n. *Un grand lecteur* ▶ liseur.

lecture n. f. **1** *La lecture d'un message en morse* ▶ déchiffrage, déchiffrement, décodage, décryptage. **2** *La salle de lecture d'une bibliothèque* ▶ consultation. **3** *Une nouvelle lecture de Kant* ▶ explication, interprétation.

légal, ale adj. **1** *Dans les formes légales* ▶ juridique, réglementaire. **2** *Ce n'est peut-être pas légitime, mais c'est légal* ▶ licite, permis, régulier.

légalement adv. ▶ réglementairement, régulièrement.

légalisation n. f. *Réclamer la légalisation d'une pratique admise* ▶ officialisation.

légaliser v. **1** *Légaliser une pratique admise* ▶ officialiser. **2** *Le cachet de la mairie légalise les actes d'état civil* ▶ authentifier, certifier, garantir, valider.

légalisme n. m. ▶ juridisme.

légalité n. f. ▶ droit, justice, règlement.

légat n. m. *Le légat du pape* ▶ ambassadeur, nonce, représentant.

légataire n. ▶ héritier.

légation n. f. ▶ ambassade, délégation, députation, mission.

légendaire adj. **1** *Un héros légendaire* ▶ fabuleux, imaginaire, mythique. **2** *Sa distraction est légendaire* ▶ célèbre, connu, fameux, mémorable, proverbial.

légende n. f. **1** *Raconter aux enfants les légendes d'autrefois* ▶ conte, fable, histoire. **2** *La légende napoléonienne* ▶ mythe.

léger, ère adj. **1** *Un pas léger* ▶ agile, alerte, fringant, leste, sémillant, souple, vif. **2** *Un ton léger* ▶ allègre, badin, dégagé, enjoué, guilleret. **3** *Une touche légère* ▶ délicat, discret. **4** *Un léger murmure* ▶ faible, imperceptible, indécelable, indiscernable, insensible. **5** *Une faute légère* ▶ anodin, bénin, petit. **6** *Une alimentation légère* ▶ digeste, frugal, sobre. **7** *Un voile léger* ▶ aérien, arachnéen (litt.), diaphane, éthéré, immatériel, transparent, vaporeux. **8** *Des formes légères* ▶ délicat, délié, fin, frêle, gracieux, gracile, grêle, menu, mince, ténu. **9** *Se montrer léger* ▶ déraisonnable, imprévoyant, imprudent, inconscient, inconséquent, inconsidéré, irréfléchi, irresponsable, négligent. **10** *Un caractère léger* ▶ capricieux, changeant, évaporé, frivole, futile, inconstant, insouciant, instable, versatile. **11** *Une argumentation bien légère* ▶ creux, inconsistant, insuffisant, superficiel. **12** *Un mari léger* ▶ coureur, inconstant, infidèle, volage. **13** *Les mœurs légères* ▶ dissipé (litt.), dissolu, libertin (litt.). **14** *Une histoire un peu légère* ▶ égrillard, leste, libre, licencieux, osé.

légère (à la) adv. *S'engager à la légère dans une affaire grave* ▶ imprudemment, inconsidérément, légèrement.

légèrement adv. **1** *Appuyer légèrement* ▶ délicatement, doucement, en douceur, faiblement, imperceptiblement. **2** *Manger légèrement* ▶ frugalement, sobrement. **3** *Être légèrement fatigué* ▶ un peu, vaguement. **4** *Être légèrement blessé* ▶ superficiellement. **5** *Parler légèrement de choses sérieuses* ▶ frivolement, futilement. **6** *Se conduire légèrement* ▶ à la légère, imprudemment, inconsidérément.

légèreté n. f. **1** *La légèreté d'un mouvement* ▶ agilité, grâce, souplesse. **2** *La légèreté d'un style* ▶ aisance, facilité, naturel, vivacité. **3** *La légèreté d'une architecture* ▶ délicatesse, finesse, grâce. **4** *La légèreté de touche d'un peintre* ▶ délicatesse, douceur, finesse. **5** *Agir avec légèreté* ▶ imprévoyance, imprudence, inconscience, inconséquence, irréflexion, irresponsabilité, négligence.

leggings n. f. pl. ▶ houseaux, jambières.

légiférer v. ▶ codifier, réglementer.

légion n. f. Fig. *Une légion de quémandeurs* ▶ armada, armée, bataillon, cohorte, flot, meute, multitude, nuée, quantité, régiment, ribambelle (fam.).

législation n. f. ▶ code, loi, textes de loi.

légiste n. ▶ homme de loi, jurisconsulte, juriste.

légitime adj. *Des revendications légitimes* ▶ admissible, compréhensible, fondé, juste, justifié, motivé, normal, raisonnable.

légitimement adv. *Être légitimement considéré comme un novateur* ▶ à bon droit, à juste titre.

légitimer v. **1** *Légitimer un enfant naturel* ▶ reconnaître. **2** *Une conduite que rien ne peut légitimer* ▶ excuser, justifier.

légitimité n. f. *Reconnaître la légitimité d'une revendication* ▶ bien-fondé, bon droit.

legs n. m. ▶ héritage.

léguer v. ▶ donner, laisser, transmettre.

leitmotiv n. m. Fig. *Il ennuie tout le monde en répétant toujours le même leitmotiv* ▶ antienne (litt.), chanson (fam.), couplet, disque (fam.), histoire, litanie, rabâchage, refrain, rengaine, ritournelle, scie.

lendemain n. m. **1** *Penser au lendemain* ▶ avenir, futur. **2** Fig. *Une affaire sans lendemain* ▶ conséquence, prolongement, répercussion, suite.

lénifiant, ante adj. **1** *Un médicament lénifiant* ▶ adoucissant, calmant, lénitif. **2** Fig. *Des paroles lénifiantes* ▶ apaisant, calmant, consolant, lénitif (litt.), rassérénant.

lénifier v. *Lénifier une douleur* ▶ adoucir, apaiser, assoupir, atténuer, calmer, endormir, modérer, soulager, tempérer.

lent, lente adj. *Avoir l'esprit lent* ▶ apathique, endormi, épais, indolent, lambin (litt.), mou, nonchalant, paresseux.

lentement adv. **1** *Conduire lentement* ▶ au ralenti, doucement. **2** *Sa maladie évolue lentement* ▶ graduellement, insensiblement, pas à pas, peu à peu.

lenteur n. f. **1** *Se plaindre des lenteurs d'une politique* ▶ atermoiement, délai, retard, tergiversation. **2** *La lenteur d'esprit* ▶ épaisseur, lourdeur, paresse, pesanteur. **3** *Réagir avec lenteur* ▶ apathie, apathie, mollesse, nonchalance. **4** Plur. *Un spectacle où il y a des lenteurs* ▶ longueurs, temps morts.

lentille n. f. **1** Vx *Examiner une lentille suspecte* ▶ grain de beauté, lentigo, nævus. **2** Plur. *Remplacer ses lunettes par des lentilles* ▶ verres de contact.

léonin, ine adj. Fig. *Dénoncer une clause léonine* ▶ abusif, excessif, inique.

léopard n. m. ▶ panthère.

lépreux, euse adj. Fig. *Un quartier lépreux* ▶ galeux, misérable, pouilleux.

lépreux, euse n. Fig. *Traiter qqn en lépreux* ▶ maudit, pestiféré.

léproserie n. f. ▶ ladrerie (vx), maladrerie (vx).

lesbianisme n. m. ▶ saphisme, tribadisme (litt.).

lesbienne n. f. ▶ gouine (fam.), homosexuelle, tribade (litt.).

léser v. **1** *Le projectile a lésé le foie* ▶ atteindre, blesser, endommager, toucher. **2** *Léser qqn dans ses intérêts* ▶ défavoriser, désavantager, frustrer, nuire à, porter préjudice à.

lésiner v. *Ce vieux grigou lésine sur tout* ▶ économiser, mégoter (fam.), regarder à la dépense, rogner.

lésion n. f. ▶ blessure, plaie, trauma.

lessivable adj. ▶ lavable.

lessivage n. m. ▶ blanchissage, lavage, nettoyage.

lessive n. f. **1** *Le jour de la lessive* ▶ blanchissage, lavage, nettoyage. **2** *Étendre la lessive* ▶ linge. **3** *Un paquet de lessive* ▶ détergent, détersif, poudre à laver.

lessiver v. **1** *Lessiver un sol* ▶ laver, nettoyer. **2** Fig. et fam. *Ce voyage l'a lessivé* ▶ claquer (fam.), crever (fam.), épuiser, éreinter, exténuer, harasser, tuer (fam.). **3** Fig. et fam. *Se faire lessiver au jeu* ▶ dépouiller, plumer (fam.), rincer (fam.).

leste adj. **1** *Un vieillard encore leste* ▶ alerte, allant (litt.), allègre, dispos, fringant, gaillard, guilleret, vert, vif. **2** *Un geste leste* ▶ agile, léger, preste, prompt, rapide, vif. **3** *Adopter un ton trop leste* ▶ cavalier, désinvolte, irrespectueux, irrévérencieux. **4** *Tenir des propos assez lestes* ▶ coquin, cru, égrillard, épicé, gaillard, gaulois, grivois, hardi, libertin, libre, licencieux, osé, polisson, salé.

lestement adv. **1** *Monter lestement un escalier* ▶ agilement, alertement, prestement, vivement. **2** Fig. *Régler lestement une affaire* ▶ prestement, rapidement, rondement, vite.

lester v. ▶ alourdir, charger, plomber.

létal, ale adj. ▶ mortel, mortifère (litt.).

léthargie n. f.**1** Fig. *Tirer qqn de sa léthargie* ▶ apathie, atonie, engourdissement, inertie, langueur, prostration, somno-

léthargique

lence, torpeur. **2** Fig. *Une économie en pleine léthargie* ▶ marasme, paralysie, stagnation.

léthargique adj. *S'il n'était pas si léthargique, on aurait déjà fini* ▶ apathique, endormi, engourdi, languissant, prostré.

lettre n. f. **1** *Une lettre de l'alphabet* ▶ caractère, signe. **2** *Étudier les lettres* ▶ belles-lettres, humanités (litt.), littérature. **3** Plur. *Avoir des lettres* ▶ bagage, culture, savoir. **4** *Recevoir une lettre* ▶ billet, dépêche, épître (vx), missive (litt.), mot, pli. **5** Plur. *Un échange de lettres* ▶ correspondance, courrier. **6 à la lettre** *Interpréter un ordre à la lettre* ▶ au pied de la lettre, littéralement, mot à mot, mot pour mot, textuellement. **7** *Appliquer un ordre à la lettre* ▶ exactement, ponctuellement, rigoureusement, strictement.

lettré, ée adj. ▶ cultivé, docte (litt.), érudit, savant.

leucocyte n. m. ▶ globule blanc.

leurre n. m. **1** *Les leurres utilisés à la pêche* ▶ amorce, appât, appeau. **2** Fig. *Cette promesse n'est qu'un leurre* ▶ appât, artifice, attrape-nigaud (fam.), duperie, feinte, illusion, imposture, mirage, piège, tromperie.

leurrer v. **1** Fig. *Leurrer qqn par des promesses alléchantes* ▶ abuser, bercer, berner, bluffer (fam.), duper, embobiner (fam.), endormir, enjôler, mystifier, tromper. **2 se leurrer** Litt. *Se leurrer sur ses propres capacités* ▶ s'abuser, se faire des illusions, s'illusionner, se méprendre, se mettre le doigt dans l'œil (fam.), se raconter des histoires (fam.), se tromper.

levain n. m. **1** *Un pain sans levain* ▶ ferment, levure. **2** Fig. et litt. *Un levain de discorde* ▶ ferment, germe.

levant n. m. ▶ est, orient.

levé, ée adj. *Vous êtes déjà levé?* ▶ debout.

levée n. f. **1** *Une levée le long d'un cours d'eau* ▶ chaussée, digue, remblai. **2** *La levée d'une taxe* ▶ collecte, perception. **3** *Une levée de troupes* ▶ enrôlement, mobilisation, recrutement. **4** *La levée du corps* ▶ enlèvement. **5** *La levée du matin* ▶ courrier, distribution. **6** *Une levée au bridge* ▶ pli. **7** *La levée des brumes matinales* ▶ disparition, dissipation. **8** *La levée des hostilités* ▶ arrêt, cessation, clôture, fin, interruption, suppression, suspension. **9 levée de boucliers** Fig. ▶ protestations, révolte.

lever v. **1** *Lever une charge* ▶ élever, hisser, monter, soulever. **2** *Lever la tête* ▶ dresser, redresser, relever. **3** *Lever le ton* ▶ élever, hausser. **4** *Lever des impôts* ▶ percevoir, prélever, recueillir. **5** *Lever des troupes* ▶ enrôler, mobiliser, recruter. **6** *Lever des scellés* ▶ enlever, ôter, retirer. **7** *Lever un siège* ▶ arrêter, faire cesser, interrompre, suspendre. **8** *Lever une séance* ▶ clore, clôturer, mettre fin à. **9** *Lever une interdiction* ▶ abolir, annuler, effacer, ôter, retirer, supprimer. **10 lever l'ancre** ▶ appareiller, partir. **11 se lever** *Se lever sur sa chaise* ▶ se dresser. **12** *Le soleil va bientôt se lever* ▶ apparaître, naître, poindre, surgir. **13** *Le brouillard se lève* ▶ disparaître, se dissiper. **14** *Le temps se lève* ▶ se dégager, s'éclaircir.

lever du jour n. m. ▶ aube, aurore, point du jour.

lève-tôt adj. Fam. ▶ matinal.

levier n. m. ▶ manette.

lèvre n. f. *Les lèvres d'une plaie* ▶ bord.

lexical, ale adj. ▶ terminologique.

lexique n. m. **1** *Ce terme ne fait pas partie du lexique médical* ▶ jargon (péj.), nomenclature, terminologie, vocabulaire. **2** *Publier un lexique des termes de cuisine* ▶ dictionnaire, glossaire, index, vocabulaire.

lézarde n. f. ▶ crevasse, fente, fissure.

lézarder v. ▶ crevasser, fendre, fissurer.

liaison n. f. **1** *Il y a une liaison entre ces deux phénomènes* ▶ connexion, corrélation, correspondance, interdépendance, jonction, lien, rapport, relation. **2** *Veiller à la liaison des idées* ▶ continuité, enchaînement, succession, suite, transition. **3** *Être en liaison avec qqn* ▶ communication, contact, relation. **4** *Une liaison difficile à rompre* ▶ engagement, lien, relation.

liant, ante adj. ▶ affable, aimable, amène, avenant, engageant, sociable.

liant n. m. ▶ agglomérant, agglutinant.

libations n. f. pl. Fam. *Participer à de copieuses libations* ▶ beuverie.

libelle n. m. Litt. ▶ factum (litt.), pamphlet, satire.

libellé n. m. ▶ formulation, rédaction.

libeller v. **1** *Libeller un contrat* ▶ écrire, rédiger. **2** *Libeller un chèque* ▶ remplir.

libelliste n. m. Litt. ▶ pamphlétaire, polémiste.

libéral, ale adj. **1** *Des parents libéraux* ▶ compréhensif, large d'esprit, ouvert, tolérant. **2** Litt. *Se montrer libéral avec ses amis* ▶ généreux, large, munificent (litt.), prodigue.

libéralisme n. m. 1 *Les partisans du libéralisme en matière économique* ▸ capitalisme. 2 *Faire preuve de libéralisme* ▸ largeur d'esprit, tolérance.

libéralité n. f. 1 Litt. *Faire preuve d'une libéralité princière* ▸ générosité, largesse, magnificence (litt.), munificence (litt.), prodigalité. 2 Litt. *Répandre sa fortune en libéralités* ▸ bienfait, cadeau, don, largesse.

libérateur, trice adj. *Une doctrine libératrice* ▸ émancipateur.

libération n. f. 1 *La libération d'un peuple asservi* ▸ affranchissement, délivrance, émancipation. 2 *La libération d'un détenu* ▸ élargissement, relâchement. 3 *La libération du contingent* ▸ démobilisation.

libéré, ée adj. 1 *Être libéré d'une dette* ▸ quitte. 2 *Une femme tout à fait libérée* ▸ émancipé.

libérer v. 1 *Libérer une personne ligotée* ▸ délier, délivrer, détacher. 2 *Libérer un détenu* ▸ élargir, relâcher, relaxer. 3 *Libérer le contingent* ▸ démobiliser. 4 *Libérer qqn d'une obligation* ▸ débarrasser, décharger, dégager, délier, délivrer, dispenser, exempter, exonérer, relever, soulager. 5 *Libérer un passage* ▸ débarrasser, déblayer, dégager, évacuer. 6 *Libérer le balancier d'une horloge* ▸ débloquer, décoincer, dégager. 7 **se libérer** *Ressentir le besoin de se libérer* ▸ se confier, se débonder (fam.), s'épancher, vider son sac (fam.). 8 *Se libérer d'une dette* ▸ s'acquitter de, se dégager de, se délivrer de, payer. 9 *Se libérer d'un préjugé* ▸ s'affranchir, se débarrasser, se dégager, se délivrer, s'émanciper.

libertaire adj. ▸ anarchiste.

liberté n. f. 1 *La liberté des peuples* ▸ autonomie, indépendance. 2 *Avoir toute liberté de choisir* ▸ facilité, faculté, latitude, licence (litt.), loisir, possibilité, pouvoir. 3 *S'exprimer en toute liberté* ▸ franchise, indépendance. 4 *Un travail qui laisse peu de liberté* ▸ disponibilité, loisir, temps. 5 Plur. *Les libertés qu'autorise l'intimité* ▸ familiarités, privautés.

libertin, ine adj. 1 *Un conte libertin* ▸ coquin, galant, leste, libre, licencieux. 2 *Des mœurs libertines* ▸ débauché, dépravé, dévergondé, dévoyé, dissolu, voluptueux.

libertin n. m. Vx *Les libertins du siècle des Lumières* ▸ libre penseur.

libertinage n. m. 1 Vx *Le libertinage à l'âge classique* ▸ athéisme, impiété, incrédulité, irréligion, libre pensée. 2 *Le libertinage des mœurs* ▸ débauche, dérèglement, dévergondage, dissolution (litt.), immoralité, licence (litt.).

libidineux, euse adj. *Un regard libidineux* ▸ cochon (fam.), impudique, lascif, lubrique, salace, vicieux.

libido n. f. ▸ appétit sexuel, désir.

libre adj. 1 *Un peuple libre* ▸ autonome, indépendant, souverain. 2 *Être libre de toute obligation* ▸ affranchi, déchargé, dégagé, dispensé, exempt, exempté, exonéré, libéré. 3 *Être libre à cinq heures* ▸ disponible, inoccupé. 4 *Se montrer très libre avec qqn* ▸ familier. 5 *Raconter une histoire un peu libre* ▸ coquin, croustillant, cru, égrillard, épicé, gaillard, gaulois, grivois, hardi, leste, libertin, osé, pimenté, polisson, salé. 6 *Au vert le passage est libre* ▸ autorisé, permis. 7 *La voie est libre* ▸ accessible, dégagé. 8 *L'entrée est libre* ▸ gratuit. 9 *Un appartement libre* ▸ inoccupé, vacant, vide.

libre arbitre n. m. *Respecter le libre arbitre de chacun* ▸ indépendance, liberté.

librement adv. *S'exprimer librement* ▸ à cœur ouvert, carrément, franchement, ouvertement.

libre penseur n. m. ▸ agnostique, athée, incrédule, irréligieux, libertin (vx), mécréant, non-croyant.

licence n. f. 1 Vx *Donner à qqn l'entière licence de partir* ▸ autorisation, droit, latitude, liberté, permission. 2 *Une licence de pêche* ▸ droit, permis. 3 Litt. *Vivre dans la licence* ▸ débauche, dérèglement, désordre, dévergondage, immoralité, inconduite, libertinage, luxure.

licenciement n. m. 1 *Depuis son licenciement il est très déprimé* ▸ congédiement, mise à pied, renvoi. 2 **licenciement collectif** *Se retrouver au chômage à la suite d'un licenciement collectif* ▸ dégraissage (fam.).

licencier v. ▸ chasser, congédier, mettre à la porte, mettre à pied, remercier, renvoyer, vider (fam.), virer (fam.).

licencieux, euse adj. 1 *Des mœurs licencieuses* ▸ dépravé, dévergondé, immoral, impudique, libertin, libidineux, luxurieux (litt.). 2 *Une histoire licencieuse* ▸ croustillant, cru, égrillard, épicé, gaillard, gaulois, gras, graveleux, grivois, inconvenant, indécent, leste, pimenté, poivré, polisson, raide, salé, scabreux.

licite adj. ▸ admis, autorisé, légal, permis, toléré.

lie n. f. **1** *De la lie au fond d'une bouteille* ▸ dépôt, résidu. **2** Fig. et litt. *La lie du peuple* ▸ bas-fond, racaille, rebut.

lié, ée adj. **1** Fig. *Tous ces phénomènes sont liés* ▸ connexe, coordonné, interdépendant, joint, relié, solidaire. **2** Fig. *Depuis cette histoire, ils sont restés très liés* ▸ familier, intime, proche.

lied n. m. ▸ ballade, romance.

lien n. m. **1** Plur. et fig. *Les liens du mariage* ▸ nœuds. **2** Fig. *Conserver des liens avec son milieu d'origine* ▸ accointance, attache, liaison, rapport, relation. **3** Fig. *Servir de lien entre deux personnes* ▸ intermédiaire, passerelle, trait d'union. **4** Fig. *Établir un lien entre deux événements* ▸ connexion, corrélation, correspondance, liaison, rapport, rapprochement, relation.

lier v. **1** *Lier qqn avec une corde* ▸ attacher, ficeler, garrotter, ligoter. **2** Fig. *Lier des idées de façon cohérente* ▸ associer, coordonner, enchaîner, joindre, relier, unir. **3** Fig. *Un accord qui lie les contractants* ▸ engager. **4 se lier** Fig. *Se lier avec qqn* ▸ s'aboucher (litt.), s'accointer (litt. et péj.), s'acoquiner (péj.), s'entendre, fraterniser, sympathiser.

liesse n. f. Litt. ▸ allégresse, gaieté, joie.

lieu n. m. *Ce n'est pas de la sole, c'est du lieu* ▸ colin, merlu.

lieu n. m. **1** *Voilà le lieu idéal pour la scène que vous voulez tourner* ▸ coin (fam.), emplacement, endroit, site. **2** *Déterminer le lieu exact où l'avion s'est écrasé* ▸ emplacement, endroit, place, point, position. **3** Plur. et litt. *Où sont les lieux ?* ▸ cabinets, lavabos, petit coin (fam.), toilettes, waters, w.-c.. **4 au lieu de** *Eh bien, au lieu de l'avion, nous prendrons l'avion* ▸ à défaut de, à la place de, faute de. **5** *Au lieu de travailler, il dort* ▸ plutôt que de. **6 avoir lieu** *L'événement a eu lieu récemment* ▸ arriver, se dérouler, se passer, se produire. **7 donner lieu** *Sa naissance a donné lieu à de grandes réjouissances* ▸ causer, entraîner, occasionner, produire, provoquer, susciter. **8 lieu commun** *On attendait qqch d'original, mais il n'a énoncé qu'une suite de lieux communs* ▸ banalité, cliché, généralité, idée reçue, poncif, stéréotype. **9 tenir lieu de** *C'est la fille aînée qui tient lieu de mère* ▸ faire fonction de, remplacer, servir de, suppléer à.

lieutenant n. m. Fig. *Le fidèle lieutenant d'un chef d'entreprise* ▸ adjoint, alter ego, bras droit, second.

lifting n. m. **1** *Un sexagénaire qui se fait faire un lifting* ▸ lissage, remodelage. **2** Fig. *Faire faire un petit lifting à d'anciennes théories* ▸ toilettage (fam.).

lignage n. m. Vx *Être d'un antique lignage* ▸ extraction, famille, filiation, lignée, naissance, noblesse, nom, race, sang, souche.

ligne n. f. **1** *Tracer une ligne sur une feuille* ▸ raie, trait. **2** *La ligne délicate d'un corps* ▸ contour, dessin, forme, galbe, modelé, profil, silhouette. **3** *Être sur la même ligne* ▸ rang. **4** *Une ligne infranchissable* ▸ démarcation, frontière, limite, séparation. **5** *Une ligne de conduite* ▸ principe, règle. **6** *Ils suivent toujours la même ligne politique* ▸ axe, direction, orientation, voie. **7** *Descendre de qqn en ligne directe* ▸ filiation. **8** *Se situer dans la ligne du réalisme poétique* ▸ descendance, filiation, lignée. **9 hors ligne** *Un pilote hors ligne* ▸ émérite, exceptionnel, extraordinaire, hors pair, remarquable.

lignée n. f. **1** *Être issu d'une illustre lignée* ▸ dynastie, extraction, famille, filiation, lignage (vx), maison, naissance, race, sang, souche. **2** Fig. *Se situer dans la lignée des classiques* ▸ descendance, filiation, ligne.

ligoter v. ▸ attacher, ficeler, garrotter, lier, saucissonner (fam.).

ligue n. f. **1** *Un pays livré à des ligues armées* ▸ bande, faction, parti. **2** *Une ligue de pays neutres* ▸ alliance, association, coalition, front, groupement, organisation, union.

liguer v. **1** *Liguer les mécontents* ▸ coaliser, fédérer, grouper, organiser, unir. **2 se liguer** *Se liguer contre un ennemi commun* ▸ s'allier, s'associer, se coaliser, se fédérer, se grouper, s'organiser, s'unir.

lilliputien, enne adj. ▸ dérisoire, microscopique, minuscule, ridicule.

lime n. f. *Une lime à bois* ▸ râpe.

limer v. **1** *Limer une pièce de métal* ▸ ébarber. **2** *Le frottement lime les étoffes* ▸ élimer, râper, user. **3** Fig. *Limer un texte* ▸ ciseler, fignoler (fam.), lécher (fam.), parfaire, peaufiner, peigner (fam.), polir.

limier n. m. Fig. *Mettre les plus fins limiers sur une affaire de meurtre* ▸ détective, enquêteur, inspecteur.

liminaire adj. *Ses remarques liminaires ont occupé la moitié de son exposé* ▸ initial, premier.

limitatif, ive adj. *Une clause limitative* ▸ restrictif.

limitation n. f. *La limitation des naissances* ▸ contingentement, contrôle, régulation, restriction.

limite adj. Fam. *C'était limite* ▶ juste.

limite n. f. 1 *Arriver à la limite d'un territoire* ▶ bout, confins, extrémité, fin. 2 *Marquer par des bornes la limite d'un domaine* ▶ bord, bordure, contour, frontière, lisière, orée. 3 *La limite entre deux pays* ▶ démarcation, frontière, séparation. 4 Fig. *Un pouvoir sans limite* ▶ borne, entrave, frein, mesure, restriction. 5 Fig. *Dépasser la limite financière prévue* ▶ maximum, plafond, seuil.

limité, ée adj. 1 *Une vision limitée* ▶ étroit, partiel, réduit, restreint, sommaire, superficiel. 2 Fam. *C'est un brave garçon, mais un peu limité* ▶ borné.

limiter v. 1 *Les montagnes qui limitent un territoire* ▶ borner, circonscrire, délimiter. 2 *Limiter le flux des importations* ▶ contingenter, diminuer, freiner, modérer, rationner, réduire, restreindre. 3 **se limiter** *Se limiter à l'essentiel* ▶ se borner à, se cantonner à, se contenter de, s'en tenir à, se restreindre à.

limitrophe adj. 1 *L'Alsace est une région limitrophe* ▶ frontalier. 2 *Regrouper administrativement deux régions limitrophes* ▶ adjacent, attenant, contigu, voisin.

limogeage n. m. ▶ destitution, renvoi, révocation.

limoger v. *Limoger un employé, un fonctionnaire* ▶ balancer (fam.), casser, chasser, débarquer (fam.), se débarrasser de, dégommer (fam.), démettre, destituer, relever de ses fonctions, renvoyer, révoquer, se séparer de, vider (fam.), virer (fam.).

limon n. m. *Du limon qui s'accumule sur les berges du fleuve* ▶ boue, bourbe (litt.), fange (litt.), vase.

limonadier, ère n. Vx ▶ bistrotier (fam.), cafetier.

limpide adj. 1 *Une eau limpide* ▶ clair, cristallin, diaphane, translucide, transparent. 2 Fig. *Un raisonnement limpide* ▶ clair, compréhensible, facile, intelligible, lumineux, simple.

limpidité n. f. 1 *La limpidité du ciel après un orage* ▶ clarté, netteté, pureté, transparence. 2 Fig. *Des explications d'une parfaite limpidité* ▶ clarté, intelligibilité.

lin n. m. *Des draps de pur lin* ▶ fil (vx).

linceul n. m. ▶ suaire (litt.).

linéaire n. m. *Les linéaires d'un supermarché* ▶ gondole, présentoir.

linge n. m. *Changer de linge tous les jours* ▶ sous-vêtements.

lingerie n. f. 1 *Ranger des draps dans la lingerie* ▶ buanderie. 2 *De la lingerie féminine* ▶ dessous, sous-vêtements.

lingot n. m. *Un lingot d'or fin* ▶ barre.

linguiste n. ▶ grammairien.

linguistique n. f. ▶ grammaire.

liniment n. m. ▶ baume, embrocation, onguent, pommade.

liquéfier (se) v. *De la neige qui commence à se liquéfier* ▶ dégeler, fondre.

liqueur n. f. ▶ alcool, digestif, spiritueux.

liquidation n. f. 1 *Une liquidation avant travaux* ▶ braderie. 2 *La liquidation d'une succession* ▶ partage, règlement. 3 Fig. et fam. *La liquidation d'un traître* ▶ élimination. 4 **liquidation judiciaire** ▶ dépôt de bilan, faillite.

liquide adj. *Une substance liquide* ▶ fluide.

liquide n. m. Fig. *Payer en liquide* ▶ espèces, numéraire.

liquider v. 1 *Liquider ses actions pour s'acheter une maison* ▶ réaliser, vendre. 2 *Liquider le stock d'une entreprise en faillite* ▶ bazarder (fam.), brader (fam.). 3 *Liquider une succession* ▶ partager, régler. 4 Fig. *Liquider une vieille histoire* ▶ se débarrasser de, en finir avec, expédier, régler, terminer. 5 Fig. et fam. *Liquider un témoin gênant* ▶ abattre, se débarrasser de, se défaire de, éliminer, supprimer, tuer.

liquidités n. f. pl. *Les liquidités d'une entreprise* ▶ numéraire, trésorerie.

liquoreux, euse adj. ▶ doucereux, doux, sirupeux.

lire v. 1 *Passer ses journées à lire* ▶ bouquiner (fam.). 2 *Lire des notes* ▶ compulser, consulter, feuilleter, parcourir. 3 *Une écriture qu'on a du mal à lire* ▶ déchiffrer, décrypter. 4 **lire en diagonale** ▶ parcourir, survoler.

liseré n. m. ▶ passepoil.

liseur, euse n. ▶ lecteur.

lisibilité n. f. Fig. *La lisibilité d'un style* ▶ clarté, compréhensibilité (litt.), intelligibilité.

lisible adj. 1 *Une écriture lisible* ▶ déchiffrable. 2 Fig. *Définir une ligne politique lisible* ▶ clair, compréhensible, intelligible.

lisier n. m. ▶ purin.

lisière n. f. *La lisière d'un bois* ▶ bord, bordure, extrémité, limite, orée.

lisse adj. 1 *Une surface lisse* ▶ égal, plat, poli, uni. 2 *Un visage lisse* ▶ glabre, imberbe.

lisser v. ▸ lustrer, polir.

liste n. f. 1 *Faire la liste de toutes les sottises qu'on aurait pu faire* ▸ dénombrement, énumération, inventaire. 2 *Consulter la liste des actes remboursés par la Sécurité sociale* ▸ catalogue, état, inventaire, nomenclature, relevé, répertoire. 3 *L'ouvrage se termine par une liste analytique des sujets traités* ▸ index, répertoire, table.

lister v. ▸ cataloguer, dénombrer, énumérer, inventorier, relever, répertorier.

lit n. m. 1 *Partager le lit de qqn* ▸ couche (litt.), pieu (fam.), plumard (fam.). 2 Fig. *Un enfant d'un premier lit* ▸ mariage, union. 3 *Un lit de gravier* ▸ couche, dépôt, strate. 4 Fig. *Le lit d'une rivière* ▸ cours.

litanie n. f. Fig. *C'est toujours la même litanie!* ▸ antienne (litt.), chanson, couplet, disque (fam.), histoire, leitmotiv, rabâchage, refrain, rengaine, scie (fam.).

liteau n. m. ▸ tasseau.

lithographie n. f. ▸ estampe, gravure.

litige n. m. 1 *Un litige soumis à un tribunal* ▸ affaire, cause, procès. 2 *Un litige entre spécialistes* ▸ conflit, contestation, controverse, démêlé, différend, dispute.

litigieux, euse adj. 1 *Une affaire litigieuse* ▸ contentieux. 2 *Un point litigieux dans une démonstration* ▸ contestable, douteux.

littéral, ale adj. 1 *Une transcription littérale* ▸ exact, mot à mot, textuel. 2 *Le sens littéral d'un mot* ▸ exact, propre, strict.

littéralement adv. 1 *Traduire littéralement* ▸ à la lettre, mot à mot, textuellement. 2 *Il était littéralement épuisé* ▸ véritablement.

littérateur n. m. ▸ auteur, écrivain, homme de lettres.

littérature n. f. ▸ lettres.

littoral n. m. ▸ bord de mer, côte, rivage.

liturgie n. f. Fig. *Chez eux, prendre le thé obéit à une véritable liturgie* ▸ cérémonial, rite, rituel.

liturgique adj. *Un chant liturgique* ▸ religieux, rituel, sacré.

livide adj. *Un teint livide* ▸ blafard, blanc, blême, cadavéreux, cadavérique, cireux, exsangue, hâve (litt.), pâle, plombé, terreux, verdâtre, vitreux.

lividité n. f. ▸ pâleur.

living n. m. ▸ salle de séjour.

livraison n. f. *Payer au moment de la livraison du matériel* ▸ délivrance, fourniture, remise.

livre n. m. 1 *Une table couverte de livres* ▸ bouquin (fam.), écrit, ouvrage, volume. 2 *Un ouvrage en plusieurs livres* ▸ partie. 3 *Un livre de comptes* ▸ registre. 4 **livre de chevet** ▸ bible, bréviaire. 5 **livre de classe** ▸ manuel. 6 **livre de messe** ▸ missel, paroissien.

livrer v. 1 *Livrer de la marchandise* ▸ délivrer, remettre. 2 *Livrer un accusé à la justice* ▸ confier, déférer, remettre. 3 *Livrer ses complices* ▸ dénoncer, donner (fam.), trahir, vendre. 4 *Livrer une ville au pillage* ▸ abandonner. 5 *Livrer ses pensées* ▸ communiquer, confier, dévoiler, révéler. 6 **se livrer** *Un criminel qui se livre* ▸ se rendre. 7 *Un taciturne qui ne se livre pas* ▸ s'abandonner, se confier, se déboutonner (fam.), s'épancher, s'ouvrir, ouvrir son cœur. 8 *Se livrer à son activité favorite* ▸ s'adonner à, se consacrer à, exercer, pratiquer, vaquer à. 9 *Se livrer à des violences* ▸ se laisser aller à.

livresque adj. *Un savoir livresque* ▸ abstrait, théorique.

livret n. m. *Le livret d'un opéra* ▸ libretto.

livreur, euse n. ▸ commissionnaire, coursier, porteur.

lobby n. m. ▸ groupe de pression.

local, ale adj. 1 *Une coutume locale* ▸ régional. 2 *Une intervention locale* ▸ circonscrit, limité, ponctuel.

local n. m. *Se rendre dans les locaux de la police* ▸ bureaux, permanence.

localisation n. f. 1 *La localisation d'une fuite de gaz* ▸ détection, repérage. 2 *Une maison pas très belle, mais qui bénéficie d'une localisation privilégiée* ▸ emplacement, position, situation.

localiser v. 1 *Localiser un bruit* ▸ détecter, repérer, situer. 2 *Localiser les causes d'un désordre* ▸ déterminer. 3 *Localiser une épidémie pour l'empêcher de s'étendre* ▸ circonscrire, limiter.

localité n. f. ▸ agglomération, bourg, bourgade, village.

location n. f. 1 *Un propriétaire qui refuse de reconduire une location* ▸ bail. 2 *Une voiture de location* ▸ louage.

loche n. f. ▸ limace.

locomotion n. f. 1 *Les organes qui permettent la locomotion* ▸ déplacement, marche. 2 *Les moyens de locomotion* ▸ transport.

locomotive n. f. ▸ motrice.

locuteur, trice n. *La place du locuteur dans la communication linguistique* ▸ émetteur, énonciateur, sujet parlant.

locution n. f. ▸ expression, formule, tour, tournure.

loge n. f. 1 *Les loges d'une ménagerie* ▸ box, stalle. 2 *Les loges que s'aménagent les abeilles* ▸ alvéole, cellule, compartiment.

logement n. m. 1 *Chercher un logement* ▸ domicile, habitation, logis (litt.), toit. 2 *Une étude sur le logement contemporain* ▸ habitat. 3 *Veiller au logement des sans-abri* ▸ hébergement.

loger v. 1 *Loger en ville* ▸ demeurer, habiter, résider, séjourner, vivre. 2 *Loger des affaires dans un placard* ▸ caser (fam.), fourrer (fam.), installer, mettre, placer. 3 *Un hôtel qui peut loger cent personnes* ▸ abriter, accueillir, contenir, héberger, recevoir. 4 *se loger La balle s'est logée près du cœur* ▸ s'enfoncer, se fourrer (fam.), s'introduire, pénétrer.

logette n. f. Litt. ▸ niche.

loggia n. f. *La loggia d'un atelier d'artiste* ▸ mezzanine.

logiciel n. m. ▸ programme.

logicien, enne n. *Un redoutable logicien* ▸ argumentateur, dialecticien.

logique adj. 1 *Un esprit logique* ▸ cartésien, méthodique, rationnel, rigoureux. 2 *Être logique avec soi-même* ▸ cohérent, conséquent. 3 *Une conséquence logique* ▸ forcé, inévitable, naturel, nécessaire, normal.

logique n. f. 1 *Méfiez-vous, c'est un débatteur à la logique extrêmement serrée* ▸ argumentation, dialectique, raisonnement. 2 *Manquer de logique* ▸ méthode, raison, rigueur. 3 *La logique interne de qqch* ▸ cohérence. 4 *La logique implacable et absurde qui conduit à la guerre* ▸ enchaînement, fatalité.

logiquement adv. 1 *Raisonner logiquement* ▸ méthodiquement, rationnellement, rigoureusement. 2 *Logiquement, il devrait arriver bientôt* ▸ en principe, normalement.

logis n. m. Litt. *Consacrer tous ses soins à son logis* ▸ chez-soi, domicile, foyer, habitation, home (fam.), logement, pénates (litt.).

logo n. m. *Le H flanqué d'une grille, logo de Hachette* ▸ emblème, symbole.

logorrhée n. f. ▸ logomachie (litt.), verbalisme, verbiage.

loi n. f. 1 *Une décision conforme à la loi* ▸ code, droit, législation, textes. 2 *Les lois de l'Ancien Régime* ▸ édit, ordonnance. 3 *Les lois de l'esthétique* ▸ canon, dogme, norme, précepte, principe, règle. 4 *Les lois morales* ▸ contrainte, devoir, impératif, norme, obligation, précepte, prescription, principe, règle. 5 Fig. *Tomber sous la loi d'un ennemi* ▸ autorité, coupe, domination, empire, griffe, pouvoir.

loin adv. 1 *Ce temps est déjà loin* ▸ éloigné, lointain. 2 **au loin** *Apercevoir une voile au loin* ▸ à l'horizon. 3 **de loin** *Suivre qqn de loin* ▸ à distance. 4 Fig. *Être de loin le plus âgé* ▸ de beaucoup. 5 **de loin en loin** ▸ de temps à autre, quelquefois.

lointain, aine adj. 1 *Une contrée lointaine* ▸ écarté, éloigné, reculé. 2 *Une époque lointaine* ▸ éloigné, reculé. 3 *Un air lointain* ▸ absorbé, distant, distrait. 4 Fig. *Une influence lointaine* ▸ indirect, vague.

lointain n. m. ▸ arrière-plan, fond, horizon.

loisible adj. ▸ permis, possible.

loisir n. m. 1 *S'accorder un peu de loisir* ▸ congé, délassement, désœuvrement, détente, farniente, inaction, oisiveté, repos, vacances. 2 *Je n'ai pas eu le loisir d'y réfléchir* ▸ occasion, temps. 3 Litt. *Donner à qqn le loisir de faire qqch* ▸ latitude, liberté, licence (litt.), permission, possibilité. 4 Plur. *Des loisirs simples* ▸ distractions, occupations, passe-temps. 5 **à loisir** ▸ ad libitum, à satiété, à volonté.

lombes n. f. pl. ▸ râble (fam.), reins.

lombric n. m. ▸ ver de terre.

long, longue adj. 1 *Une forme longue* ▸ allongé, élancé, étendu, oblong. 2 *Être long à se décider* ▸ lent. 3 *Une longue amitié* ▸ ancien, vieux. 4 *Un exposé particulièrement long* ▸ bavard, diffus, fastidieux, interminable, verbeux. 5 **à la longue** ▸ avec le temps, finalement, le temps aidant, tôt ou tard.

longanimité n. f. Litt. *Subir avec longanimité les revers du destin* ▸ constance, patience.

longer v. *Le sentier qui longe la rivière* ▸ border, côtoyer, suivre.

longiligne adj. *Une adolescente à la silhouette longiligne* ▸ élancé, filiforme, fin, fuselé, mince, svelte.

longtemps adv. *Vous risquez d'attendre longtemps* ▸ beaucoup, longuement.

longuement adv. *Prendre une décision après avoir longuement réfléchi* ▸ abondamment, amplement, beaucoup, longtemps, mûrement.

longueur n. f. 1 *La longueur parcourue* ▸ distance, espace, trajet. 2 *La longueur d'un poème* ▸ étendue, taille. 3 *La longueur d'une procédure* ▸ durée, lenteur.

longue-vue n. f. ▸ lunette d'approche.

look n. m. Fam. ▶ allure, aspect, genre, style, touche (fam.).

lopin n. m. *Un lopin de terre* ▶ morceau, parcelle.

loquace adj. ▶ bavard, causant (fam.), causeur, prolixe, volubile.

loquacité n. f. Litt. ▶ bagou (fam.), faconde, prolixité, volubilité.

loque n. f. **1** Plur. *Être vêtu de loques* ▶ chiffons, guenilles, haillons, lambeaux, oripeaux (litt.). **2** Fig. *Une loque humaine* ▶ chiffe, épave, ruine.

loqueteux, euse adj. ▶ déguenillé, dépenaillé, haillonneux (litt.), pouilleux.

loqueteux, euse n. ▶ miséreux.

lorgner v. **1** *Lorgner le décolleté d'un corsage* ▶ loucher sur (fam.), reluquer (fam.). **2** Fig. *Lorgner un héritage* ▶ convoiter, guigner, loucher sur (fam.), reluquer (fam.), viser.

lorgnette n. f. *Une lorgnette de théâtre* ▶ jumelles.

lorsque conj. ▶ au moment où, quand.

loser n. m. Fam. ▶ perdant, raté.

lot n. m. **1** *Les lots d'une succession* ▶ part. **2** *Un lot d'articles* ▶ assortiment, ensemble, jeu. **3** Fig. et litt. *Tel est notre lot* ▶ destin, destinée, sort.

lotir v. ▶ morceler, partager.

loti (bien) adj. ▶ avantagé, favorisé, gâté, privilégié.

loti (mal) adj. ▶ défavorisé, désavantagé, déshérité.

lotissement n. m. **1** *Le lotissement d'une propriété* ▶ morcellement. **2** *Acheter un lotissement pour se faire construire une maison* ▶ parcelle.

lotte n. f. ▶ baudroie.

louable adj. *Des intentions louables* ▶ bon, estimable, honorable, méritoire.

louage n. m. *Une voiture de louage* ▶ location.

louange n. f. **1** *Prononcer la louange des mérites de qqn* ▶ apologie, éloge, panégyrique (litt.). **2** *Être sensible à la louange* ▶ applaudissements, compliments, encouragements, félicitations. **3** Litt. *La louange lui en revient* ▶ gloire, mérite.

louanger v. ▶ célébrer, encenser, exalter, glorifier, louer, magnifier (litt.).

louangeur, euse adj. *Il a employé à propos de vous des expressions tout à fait louangeuses* ▶ élogieux, flatteur, laudatif.

louangeur n. m. Vx *Se méfier des louangeurs* ▶ flagorneur (péj.), flatteur (péj.), thuriféraire (litt.).

louche adj. **1** Fig. *Un regard louche* ▶ de travers, oblique, torve. **2** Fig. *Un personnage louche* ▶ ambigu, douteux, équivoque, suspect. **3** Fig. *Un endroit louche* ▶ borgne, interlope, malfamé.

loucher v. **1** *Loucher depuis sa naissance* ▶ bigler (fam.). **2** Fam. *Loucher sur la part de son voisin* ▶ convoiter, désirer, guigner, lorgner (fam.), reluquer, viser.

loucherie n. f. ▶ strabisme.

loucheur, euse n. ▶ bigleux (fam.).

louer v. **1** *Louer qqn en termes dithyrambiques* ▶ célébrer, chanter les louanges de, couvrir de fleurs, encenser, exalter, glorifier, louanger, magnifier, porter au pinacle, porter aux nues. **2** *Louer qqn du soin avec lequel il a rempli une mission* ▶ complimenter, féliciter. **3** *Louer un bateau* ▶ affréter, fréter, noliser. **4** *Louer des places de théâtre* ▶ réserver, retenir. **5 se louer** *Nous ne pouvons que nous louer de ses services* ▶ se féliciter.

loufoque adj. ▶ extravagant, farfelu (fam.), hurluberlu (fam.), saugrenu.

loufoquerie n. f. ▶ absurdité, extravagance.

loup n. m. **1** *Du loup au fenouil* ▶ bar. **2** *Contrôler une chaîne de fabrication pour éviter les loups* ▶ défectuosité, loupage (fam.), loupé (fam.), malfaçon, ratage, raté.

loup-cervier n. m. ▶ lynx.

loupe n. f. **1** *L'emploi des loupes en ébénisterie* ▶ nodosité. **2** *Avoir une loupe à la nuque* ▶ tanne.

louper v. Fam. ▶ manquer, rater (fam.).

lourd, lourde adj. **1** *Une lourde charge* ▶ pesant. **2** *Un corps aux formes lourdes* ▶ corpulent, épais, fort, gros, imposant, massif, mastoc (fam.), opulent. **3** *Des aliments lourds* ▶ indigeste, pesant. **4** *Avoir l'estomac lourd* ▶ chargé, embarrassé. **5** *Un terrain lourd* ▶ collant, détrempé. **6** *Un ciel lourd* ▶ bas, chargé, couvert. **7** *Un personnage un peu lourd* ▶ empoté, épais, fruste, gauche, lourdaud, maladroit, malhabile, obtus, pataud, pesant, rustaud, rustre. **8** *Un sommeil lourd* ▶ épais, profond. **9** *Une atmosphère lourde* ▶ menaçant, oppressant, orageux, pénible, pesant. **10** *Une lourde erreur* ▶ grave, grossier, sévère. **11** *Un style lourd* ▶ laborieux, pesant, tarabiscoté. **12** *Une lourde ironie* ▶ appuyé, insistant.

13 *Un avenir lourd de menaces* ▶ chargé, gros, plein, rempli.

lourdaud, aude adj. ▶ balourd, fruste, gauche, lourd, maladroit, obtus, pataud, rustaud.

lourdement adv. **1** *S'appuyer lourdement sur une canne* ▶ pesamment. **2** Fig. *Être lourdement condamné* ▶ durement, rudement, sévèrement. **3** Fig. *Insister lourdement pour se faire inviter* ▶ grossièrement, impoliment.

lourdeur n. f. **1** *La lourdeur d'une charge* ▶ masse, pesanteur, poids. **2** Fig. *Éprouver avec l'âge un sentiment de lourdeur* ▶ alourdissement, appesantissement, engourdissement. **3** Fig. *La lourdeur d'esprit* ▶ épaisseur, lenteur, paresse, pesanteur, rusticité.

loustic n. m. **1** Vx *Faire le loustic* ▶ blagueur, boute-en-train, farceur, plaisantin. **2** Fam. *Qu'est-ce que c'est que ce loustic ?* ▶ gaillard (fam.), lascar (fam.), numéro, zèbre (fam.), zigoto (fam.).

louvoiement n. m. *Multiplier les louvoiements pour éviter de prendre une décision* ▶ atermoiement, détour, faux-fuyant, manœuvre, tergiversation.

louvoyer v. Fig. *Louvoyer pour éviter une décision difficile* ▶ atermoyer, biaiser, finasser (fam.), tergiverser, zigzaguer.

lover (se) v. **1** *Un serpent qui se love sur une pierre* ▶ s'enrouler. **2** *Se lover dans un canapé* ▶ se blottir, se pelotonner, se recroqueviller.

loyal, ale adj. **1** *Un ami loyal* ▶ dévoué, fidèle, sûr. **2** *Un adversaire loyal* ▶ correct, droit, fair-play, franc, honnête, régulier (fam.).

loyalement adv. **1** *Servir loyalement qqn* ▶ fidèlement. **2** *Reconnaître loyalement sa défaite* ▶ honnêtement, sportivement.

loyalisme n. m. ▶ dévouement, fidélité.

loyauté n. f. **1** *Servir qqn avec une constante loyauté* ▶ dévouement, fidélité. **2** *Reconnaître ses erreurs avec loyauté* ▶ bonne foi, droiture, fair-play, franchise, honnêteté, probité (litt.).

lubie n. f. **1** *Subir les lubies de qqn* ▶ divagation, élucubration, extravagance. **2** *C'est sa dernière lubie* ▶ caprice, fantaisie, folie, foucade (litt.), passade, tocade.

lubricité n. f. **1** *La lubricité d'un propos* ▶ impudicité, licence, obscénité, paillardise, salacité. **2** *Une tendance regrettable à la lubricité* ▶ débauche, dépravation, luxure, stupre (litt.), vice.

lubrification n. f. ▶ graissage, huilage.

lubrifier v. ▶ graisser, huiler.

lubrique adj. *Un regard lubrique* ▶ concupiscent, lascif, libidineux, salace, vicieux.

lucarne n. f. *Un grenier où le jour arrive par une lucarne* ▶ tabatière.

lucide adj. ▶ clairvoyant, conscient, intelligent, pénétrant, perspicace, sagace, sensé.

lucidement adv. *Elle voit les choses lucidement* ▶ en face.

lucidité n. f. **1** *La lucidité d'un raisonnement* ▶ acuité, clairvoyance, intelligence, netteté, pénétration, perspicacité, sagacité. **2** *Un malade qui garde toute sa lucidité* ▶ bon sens, conscience, facultés, raison, tête.

luciférien, enne adj. ▶ démoniaque, diabolique, méphistophélique, satanique.

lucratif, ive adj. ▶ avantageux, fructueux, intéressant, juteux (fam.), payant (fam.), rémunérateur, rentable.

luette n. f. ▶ uvule.

lueur n. f. **1** *Lire à la lueur d'une bougie* ▶ clarté, flamme, lumière. **2** *Un regard aux lueurs inquiétantes* ▶ éclair, éclat, flamme. **3** Fig. *Une lueur d'intelligence dans le regard* ▶ éclair, étincelle.

lugubre adj. *Une mine lugubre* ▶ glauque (fam.), sinistre, sombre.

lugubrement adv. ▶ sinistrement.

luire v. **1** *Le soleil luit* ▶ briller, rayonner, resplendir. **2** *La surface d'un lac qui luit sous le soleil* ▶ briller, chatoyer, étinceler, flamboyer, miroiter, scintiller. **3** *Ses yeux se mirent à luire de colère* ▶ briller, étinceler, flamboyer.

luisant, ante adj. *Une étoffe luisante* ▶ brillant, chatoyant, étincelant, moiré, rutilant.

lumbago n. m. ▶ tour de reins (fam.).

lumière n. f. **1** *Apercevoir de la lumière* ▶ clarté, jour, lueur. **2** *Éteindre la lumière* ▶ éclairage, électricité. **3** Plur. et fig. *J'ai besoin de vos lumières* ▶ connaissances, éclaircissements, explications, indications, informations, précisions, renseignements, science. **4** Fam. *Ce n'est pas une lumière* ▶ aigle, as (fam.), crack (fam.), génie, phénix (fam.).

luminescence n. f. ▶ brillance.

luminescent, ente adj. ▶ lumineux.

lumineux, euse adj. 1 *Un ciel lumineux* ▶ clair, éblouissant, éclatant, ensoleillé, étincelant, radieux. 2 *Un point lumineux* ▶ luminescent. 3 Fig. *Une explication lumineuse* ▶ éclairant, frappant, limpide. 4 Fig. *Une intelligence lumineuse* ▶ pénétrant.

luminosité n. f. ▶ brillance, brillant, éclat.

lunaire adj. Fig. *Un caractère un peu lunaire* ▶ rêveur.

lunaison n. f. *Compter le temps en lunaisons* ▶ lune.

lunatique adj. ▶ capricieux, fantasque, instable, versatile.

lunch n. m. ▶ cocktail.

lune n. f. *Compter le temps en lunes* ▶ lunaison.

lunette n. f. 1 Plur. *Porter des lunettes* ▶ bésicles (litt.), verres. 2 *lunette d'approche* ▶ longue-vue. 3 *lunette astronomique* ▶ télescope.

luron, onne n. Fam. *Voilà un luron avec lequel on ne s'ennuie pas* ▶ blagueur, bon vivant, boute-en-train, farceur, joyeux drille, numéro, plaisantin.

lustrage n. m. ▶ lissage, satinage.

lustre n. m. 1 *Une pièce éclairée par un lustre* ▶ plafonnier, suspension. 2 *Le lustre du métal travaillé* ▶ brillant, éclat, luisant, miroitement, poli, vernis. 3 Fig. et litt. *Le lustre des fêtes d'autrefois* ▶ éclat, faste, magnificence, relief, somptuosité, splendeur.

lustré, ée adj. 1 *Un pelage lustré* ▶ brillant, luisant, satiné. 2 *Un vêtement lustré aux coudes* ▶ élimé, râpé, usé.

lustrer v. *Lustrer du papier* ▶ lisser, satiner.

luter v. *Pour éviter que le jus ne s'évapore, luter soigneusement* ▶ boucher, colmater.

lutin n. m. ▶ farfadet.

lutiner v. Litt. *Lutiner une femme* ▶ asticoter, taquiner.

lutte n. f. 1 *Une lutte séculaire entre deux familles* ▶ affrontement, conflit, hostilité, querelle. 2 *Des luttes entre bandes rivales* ▶ affrontement, bagarre (fam.), combat, échauffourée, pugilat. 3 *La lutte pour le pouvoir* ▶ affrontement, bagarre (fam.), combat, compétition, concurrence, rivalité. 4 *La lutte du droit et du devoir* ▶ affrontement, antagonisme, combat, conflit, duel, opposition, rivalité.

lutter v. 1 *Être décidé à lutter* ▶ se bagarrer (fam.), batailler, se battre, combattre, en découdre, guerroyer (litt.). 2 *Lutter contre la misère* ▶ affronter, se bagarrer contre (fam.), batailler contre, se battre contre, combattre, se débattre contre, se défendre contre, se démener contre, résister à. 3 *Lutter contre de mauvais penchants* ▶ contenir, étouffer, refréner, réprimer. 4 *Lutter d'adresse* ▶ rivaliser.

luxation n. f. ▶ déboîtement, désarticulation, dislocation.

luxe n. m. 1 *Le luxe d'une décoration* ▶ éclat, faste, magnificence, opulence, richesse, somptuosité, splendeur. 2 *Décrire qqch avec un luxe de détails* ▶ abondance, débauche, foisonnement, profusion, pullulement.

luxer v. ▶ déboîter, démettre, désarticuler, disloquer.

luxueusement adv. *Un hôtel particulier luxueusement aménagé* ▶ fastueusement, magnifiquement, princièrement, richement, royalement, somptueusement, splendidement.

luxueux, euse adj. ▶ fastueux, magnifique, opulent, princier, riche, royal, somptueux, splendide.

luxure n. f. *Se vautrer dans la luxure* ▶ débauche, dépravation, lubricité, stupre (litt.), vice.

luxuriance n. f. ▶ exubérance, foisonnement, surabondance.

luxuriant, ante adj. *Une végétation luxuriante* ▶ exubérant, foisonnant, surabondant.

lycée n. m. ▶ bahut (fam.), boîte (fam.).

lycoperdon n. m. ▶ vesse-de-loup.

lymphatique adj. ▶ apathique, indolent, mou, nonchalant.

lyncher v. ▶ écharper, massacrer, mettre en pièces.

lynx n. m. ▶ loup-cervier.

lyrique adj. 1 *Un style lyrique* ▶ poétique. 2 Fig. *Une envolée lyrique* ▶ exalté, passionné.

lyrisme n. m. *Défendre un projet avec lyrisme* ▶ ardeur, chaleur, enthousiasme, exaltation, passion.

m

macabre adj. *Les accents macabres d'un glas* ▶ funèbre, lugubre, sépulcral.

macadam n. m. 1 *Une chaussée recouverte de macadam* ▶ asphalte, bitume, goudron. 2 *Rouler sur le macadam* ▶ chaussée.

macédoine n. f. 1 *Une macédoine de légumes* ▶ jardinière. 2 *Une macédoine de fruits* ▶ salade.

macération n. f. *Les macérations d'un pénitent* ▶ mortification.

macérer v. 1 *Faire macérer des cornichons* ▶ mariner, tremper. 2 Litt. *Macérer sa chair* ▶ mortifier.

mâcher v. 1 *Mâcher de la viande* ▶ mastiquer. 2 Fig. *On lui a mâché le travail* ▶ préparer.

machette n. f. ▶ coupe-coupe.

machiavélique adj. *Une manœuvre machiavélique* ▶ diabolique, florentin (litt.), pervers, retors.

machin n. m. Fam. ▶ bidule (fam.), chose, truc (fam.).

machinal, ale adj. *Un geste machinal* ▶ automatique, inconscient, instinctif, irréfléchi, mécanique, réflexe.

machinalement adv. *Des gestes qu'on finit par faire machinalement* ▶ automatiquement, inconsciemment, instinctivement, mécaniquement.

machination n. f. *Il prétend que c'est une machination pour l'abattre* ▶ complot, conspiration, intrigue, manigance, manœuvre, menées.

machine n. f. 1 ▶ appareil, engin. 2 **machine à laver** ▶ lave-linge.

machiner v. 1 Vx *C'est le grand vizir qui a tout machiné* ▶ combiner, manigancer, organiser. 2 Vx *Machiner une trahison* ▶ ourdir (litt.), tramer.

machiniste n. Vx ▶ chauffeur, conducteur.

machisme n. m. ▶ phallocratie.

machiste adj. ▶ phallocrate.

mâchoire n. f. ▶ mandibule (fam.), maxillaire.

mâchonner v. *Mâchonner un brin d'herbe* ▶ mâchouiller (fam.), mordiller.

maçonnerie n. f. ▶ gros œuvre.

macrocosme n. m. Litt. *Prendre l'homme comme mesure du macrocosme* ▶ univers.

maculer v. Litt. ▶ souiller, tacher.

Madone n. f. ▶ vierge.

madré, ée adj. Litt. ▶ ficelle (fam.), finaud, futé, malin, matois (litt.), retors, roué (litt.), rusé.

madrier n. m. *Les madriers qui soutiennent la charpente* ▶ poutre.

madrigal n. m. Fig. et litt. *Adresser un petit madrigal à une dame* ▶ compliment, galanterie (litt.).

maelström n. m. Fig. et litt. *Le maelström d'une révolution* ▶ cyclone, ouragan, tempête, tornade, tourbillon, tourmente.

maestria n. f. *Exécuter un morceau de musique avec une extraordinaire maestria* ▶ brio, maîtrise, virtuosité.

maestro n. m. ▶ virtuose.

mafia n. f. *Toute une mafia de trafiquants et de spéculateurs* ▶ bande, clan, clique, coterie, gang.

mafflu, ue adj. Litt. ▶ joufflu, rebondi.

magasin n. m. 1 *Un magasin de jouets* ▶ boutique, commerce. 2 *Les magasins d'un port* ▶ dépôt, docks, entrepôt, halle, réserve. 3 *Le magasin d'un appareil photo* ▶ boîtier.

magazine n. m. ▶ périodique, revue.

mage n. m. *Elle s'est adressée à un mage pour connaître son avenir* ▶ astrologue, devin, marabout, voyant.

maghrébin, ine adj. et n. *La cuisine maghrébine* ▶ nord-africain.

magicien, enne n. *Un numéro de magicien sur une scène de music-hall* ▶ escamoteur, illusionniste, prestigitateur.

magie n. f. 1 *Comment faites-vous cela ? C'est de la magie!* ▶ sorcellerie. 2 *Un spectacle de magie* ▶ illusionnisme, prestigitation. 3 *Un tour de magie* ▶ passe-passe, prestigitation. 4 Fig. *Ressentir profondément la magie d'une œuvre d'art* ▶ charme, enchantement, ensorcellement, envoûtement.

magique adj. 1 *Des pratiques magiques* ▶ cabalistique, ésotérique, occulte. 2 *Un pouvoir magique* ▶ surnaturel. 3 Fig. *Un spectacle magique* ▶ enchanteur, ensorcelant,

magistral

envoûtant, fantastique, fascinant, féerique, merveilleux.

magistral, ale adj. **1** Litt. *Un ton magistral* ▸ doctoral, pontifiant (péj.), professoral. **2** Fig. *Une interprétation magistrale* ▸ excellent, extraordinaire, formidable (fam.), incomparable, magnifique, merveilleux, souverain, splendide, superbe, supérieur.

magma n. m. Fig. *Un magma informe de notions mal assimilées* ▸ bouillie (fam.), masse, mélange.

magnanerie n. f. ▸ sériciculture.

magnanime adj. Litt. *Un comportement magnanime* ▸ chevaleresque, clément, généreux, noble.

magnanimement adv. Litt. ▸ chevaleresquement, généreusement, noblement.

magnanimité n. f. Litt. ▸ clémence, générosité, grandeur d'âme, mansuétude, noblesse.

magnat n. m. *Un magnat de la finance* ▸ baron, ponte (fam.), roi (fam.).

magnétique adj. Fig. *Un regard magnétique* ▸ ensorcelant, envoûtant, fascinant, hypnotisant, subjugant.

magnétiser v. **1** *Magnétiser une substance* ▸ aimanter. **2** *Magnétiser qqn* ▸ hypnotiser. **3** Fig. *Un orateur qui magnétise la foule* ▸ envoûter, fasciner, hypnotiser, subjuguer.

magnétisme n. m. **1** *Les phénomènes de magnétisme mis au point par les fakirs* ▸ envoûtement, hypnotisme. **2** Fig. *Le magnétisme de certains hommes politiques* ▸ ascendant, charisme.

magnéto n. f. ▸ dynamo, génératrice.

magnétoscoper v. *Magnétoscoper une émission de télévision* ▸ enregistrer.

magnificence n. f. **1** *La magnificence d'une réception* ▸ apparat, brillant, éclat, faste, luxe, pompe, richesse, somptuosité, splendeur. **2** Litt. *La magnificence d'un mécène* ▸ générosité, largesse, libéralité, munificence (litt.), prodigalité.

magnifier v. **1** Litt. *Magnifier une action héroïque* ▸ célébrer, exalter, glorifier. **2** *Magnifier qqn après sa mort* ▸ idéaliser.

magnifique adj. **1** *Une réception magnifique* ▸ brillant, fastueux, féerique, grandiose, luxueux, somptueux, splendide. **2** *Un courage magnifique* ▸ admirable, extraordinaire, formidable (fam.), merveilleux, remarquable, splendide, superbe.

magnifiquement adv. **1** *Jouer magnifiquement du cor de chasse* ▸ admirablement, divinement, formidablement (fam.), merveilleusement, prodigieusement, superbement. **2** *Recevoir magnifiquement* ▸ princièrement, royalement, splendidement.

magnitude n. f. *La magnitude d'un séisme* ▸ amplitude.

magot n. m. Fam. ▸ bas de laine, économies, pécule.

magouille n. f. Fam. ▸ combine, cuisine (fam.), grenouillage (fam.), intrigue, manigance, manœuvre, menées, traficotage (fam.), tripotage (fam.).

magouiller v. Fam. *Qu'est-ce qu'ils magouillent derrière mon dos?* ▸ combiner (fam.), grenouiller (fam.), manigancer, manœuvrer, traficoter (fam.), trafiquer (fam.).

magouilleur, euse adj. et n. Fam. ▸ combinard (fam.), intrigant, traficoteur (fam.).

magyar, are adj. et n. ▸ hongrois.

mahométan, ane adj. et n. Vx ▸ musulman.

maïa n. m. ▸ araignée de mer.

maigre adj. **1** *Il est si maigre qu'on lui voit les os* ▸ décharné, desséché, efflanqué, étique, famélique, maigrichon (fam.), sec, squelettique. **2** Spécialement à propos du visage ▸ creusé, émacié, hâve. **3** Fig. *Une adolescente un peu maigre* ▸ fluet, grêle, menu. **4** Fig. *Des résultats bien maigres* ▸ faible, insuffisant, juste, limité, médiocre, misérable, modeste, modique, pauvre, petit, piètre. **5** Fig. *Une maigre végétation* ▸ clairsemé, pauvre, rare.

maigrement adv. *Un travail maigrement rémunéré* ▸ chichement, médiocrement, modestement, modiquement, petitement, peu.

maigreur n. f. Fig. *La maigreur d'un salaire* ▸ insuffisance, médiocrité, modicité, pauvreté.

maigrir v. **1** *Son régime l'a fait maigrir d'un seul coup* ▸ fondre (fam.), mincir. **2** *Un visage qui maigrit* ▸ s'émacier (litt.).

maille n. f. *Une maille à l'endroit* ▸ point.

maillon n. m. *Les maillons d'une chaîne* ▸ anneau, chaînon.

maillot de corps n. m. ▸ débardeur, tricot de corps (vx).

main n. f. **1** *Serrer la main de qqn* ▸ cuiller (fam.), louche (fam.), menotte (fam.), paluche (fam.), patte (fam.), pince (fam.), pogne (fam.). **2** Fig. *Reconnaître dans une œuvre la main d'un artiste célèbre* ▸ facture, patte, style, touche. **3** Fig. et litt. *La main du destin* ▸ action, doigt, œuvre. **4 main courante** ▸ rampe. **5 mettre la dernière main à**

Mettre la dernière main à un travail ► achever, finir, terminer. **6 mettre la main sur** *La police a mis la main sur le malfaiteur* ► appréhender, s'emparer de, empoigner. **7** *Mettre la main sur un ouvrage rare* ► dégoter (fam.), dénicher (fam.), trouver. **8 ne pas y aller de main morte** Fam. ► faire fort (fam.), pousser (fam.), y aller fort (fam.). **9 se faire la main** Fam. ► s'entraîner, s'exercer.

main-d'œuvre n. f. **1** *En plus du matériel il faut compter les frais de main-d'œuvre* ► façon. **2** *Chercher de la main-d'œuvre* ► personnel.

main-forte à (prêter) v. **1** *Prêter main-forte à un automobiliste en panne* ► aider, dépanner, donner un coup de main à, secourir. **2** *Prêter main-forte à un collaborateur pendant une réunion difficile* ► appuyer, assister, donner un coup de main à, épauler, seconder, soutenir.

mainmise n. f. ► ascendant, empire, emprise, pouvoir.

maint, mainte adj. Litt. ► beaucoup de, moult (litt.), nombre de, plusieurs.

maintenance n. f. *Assurer la maintenance d'un produit* ► entretien, suivi.

maintenant adv. ► actuellement, à présent, aujourd'hui, de nos jours, en ce moment, présentement (litt.).

maintenir v. **1** *Maintenir un forcené qui se débat* ► bloquer, contenir, immobiliser, tenir. **2** *Cette barre maintient la charpente* ► retenir, soutenir, supporter, tenir. **3** *Maintenir des relations amicales* ► conserver, entretenir, garder. **4** *Je maintiens tout ce que j'ai dit* ► confirmer, réitérer, répéter. **5 se maintenir** *Une institution qui se maintient* ► demeurer, durer, persister, rester, subsister, tenir.

maintien n. m. **1** Litt. *Un noble maintien* ► allure, attitude, port, prestance, tenue. **2** *Le maintien d'un privilège* ► conservation, préservation, sauvegarde.

mairie n. f. ► hôtel de ville, maison communale, municipalité.

mais conj. **1** *Cela ne m'intéresse pas, mais je suis obligé de le faire* ► cependant, néanmoins, pourtant, toutefois. **2** *Venez quand vous voudrez, mais prévenez-moi* ► seulement.

maison n. f. **1** *Rentrer à la maison* ► bercail, chez-soi, domicile, foyer, home (fam.), logis (litt.), nid, pénates (litt.). **2** *Une grande et belle maison à la campagne* ► demeure. **3** *Habiter une petite maison dans une banlieue tranquille* ► pavillon, villa. **4** *Il n'a trouvé à louer qu'une vieille maison défraîchie* ► baraque, bicoque, masure. **5** *S'occuper de sa maison* ► intérieur, ménage. **6** *Ameuter toute la maison* ► famille, maisonnée. **7** *Travailler toujours dans la même maison* ► boîte (fam.), entreprise, établissement, firme, société. **8** Fig. *La maison de Bourbon* ► dynastie, famille. **9 maison close** ► bordel (fam.), lupanar (litt.), maison de tolérance. **10 maison de jeu** ► casino, tripot.

maître, maîtresse adj. *C'est une pièce maîtresse dans ce dispositif* ► capital, essentiel, fondamental, primordial, principal.

maître, maîtresse n. **1** *Un chien et son maître* ► possesseur, propriétaire. **2** *Un écolier et son maître* ► instituteur, maître d'école (vx), pédagogue (vx), professeur. **3** *Le maître d'une région* ► chef, patron (fam.), seigneur. **4** *Être maître dans un art* ► expert, virtuose. **5 maître à penser** ► gourou (fam.). **6 maître de maison** ► amphitryon (litt.), hôte. **7 maître queux** ► chef, cuisinier.

maîtresse n. f. **1** *Il nous a présenté sa nouvelle maîtresse* ► amante (litt.), amie, compagne, copine (fam.), petite amie. **2** Spécialement à propos d'un roi ► favorite (vx).

maîtrise n. f. **1** *Avoir la complète maîtrise du terrain* ► contrôle, domination, emprise sur, pouvoir sur, prépondérance sur, suprématie sur. **2** *Admirer la maîtrise d'un artiste* ► habileté, maestria, métier, patte, savoir-faire, technique, tour de main, virtuosité. **3** *Diriger la maîtrise d'une paroisse* ► manécanterie. **4 maîtrise de soi** ► calme, flegme, impassibilité, imperturbabilité, sang-froid, self-contrôle (fam.).

maîtriser v. **1** *Maîtriser son adversaire* ► terrasser, vaincre. **2** *Maîtriser un incendie* ► arrêter, enrayer, juguler, stopper. **3** *Maîtriser son véhicule* ► contrôler. **4** *Maîtriser les forces de la nature* ► asservir, assujettir, discipliner, enchaîner, soumettre. **5** *Maîtriser ses passions* ► contenir, contrôler, discipliner, domestiquer, dominer, dompter. **6** *Maîtriser un mouvement de fureur* ► contenir, contrôler, dominer, refouler, réprimer, retenir, surmonter, vaincre. **7** *Maîtriser un sujet à fond* ► dominer, posséder. **8 se maîtriser** *Maîtrisez-vous, ne vous emportez pas!* ► se contenir, se contrôler, se dominer, prendre sur soi.

majesté n. f. **1** *Malgré son âge, il avait gardé toute sa majesté* ► dignité, grandeur. **2** *La majesté d'une cérémonie* ► gravité, solennité.

majestueux, euse adj. **1** *Un vieillard à la physionomie majestueuse* ► auguste, digne,

majeur

grave, hiératique, noble, olympien, solennel. **2** *Un palais aux proportions majestueuses* ▶ grandiose, imposant, impressionnant, monumental.

majeur, eure adj. **1** *Ses deux fils sont majeurs* ▶ adulte, grand. **2** *La majeure partie du territoire* ▶ plus grand, plus important. **3** *Une région qui présente un intérêt majeur* ▶ capital, considérable, essentiel, fondamental, primordial.

majeur n. m. ▶ médius.

major n. m. *Le major d'une promotion* ▶ cacique (fam.), premier.

majoration n. f. **1** *La majoration des prix et des salaires* ▶ augmentation, élévation, hausse, montée, relèvement, revalorisation. **2** *Un devis qui comporte des majorations manifestes* ▶ surestimation, surévaluation.

majorer v. **1** *Majorer un prix ou un salaire* ▶ augmenter, élever, hausser, rehausser, relever, revaloriser. **2** Fig. *Il a toujours tendance à majorer ses ennuis pour se faire plaindre* ▶ amplifier, enfler, exagérer, gonfler, grossir, surestimer, surfaire (litt.).

majoritairement adv. ▶ généralement.

majorité n. f. *Dans la majorité des cas* ▶ plupart.

majuscule n. f. ▶ capitale.

mal n. m. **1** *Un mal difficile à soigner* ▶ affection, maladie. **2** *Les maux provoqués par la guerre* ▶ calamité, désolation, dommage, épreuve, malheur, plaie, préjudice, souffrance, tort. **3** *Avoir du mal à travailler* ▶ difficulté, peine. **4** *La discipline est un mal nécessaire* ▶ inconvénient. **5** *Être enclin au mal* ▶ péché, vice. **6 mal au cœur** ▶ haut-le-cœur, nausée. **7 mal du pays** ▶ nostalgie. **8 se donner du mal** ▶ se casser (fam.), se décarcasser (fam.), se démancher (fam.), se démener, se dépenser, se donner de la peine, se mettre en quatre.

mal adv. **1** *Des affaires qui marchent mal* ▶ difficilement, péniblement. **2** *Se sentir mal dans une salle surchauffée* ▶ incommodé, indisposé, mal en point, souffrant. **3** *Parler mal de qqn* ▶ défavorablement, désagréablement. **4** *Cette histoire tombe mal* ▶ inopportunément, malencontreusement. **5** *Être mal remis d'une émotion* ▶ imparfaitement, incomplètement. **6** *S'y prendre mal* ▶ gauchement, incorrectement, maladroitement. **7 mal à l'aise** *Se trouver très mal à l'aise devant qqn* ▶ embarrassé, gêné, intimidé. **8 mal à propos** *Intervenir mal à propos* ▶ à contretemps, hors de propos, hors de saison, inopportunément.

malade adj. **1** *Se sentir malade* ▶ atteint (fam.), incommodé, indisposé, mal en point, mal fichu (fam.), patraque (fam.), souffrant. **2** *J'en suis encore malade* ▶ bouleversé, retourné, secoué. **3** *Une économie malade* ▶ déprimé, mal en point.

malade n. **1** *Les malades d'un médecin* ▶ client, patient. **2 malade mental** ▶ aliéné, fou, psychotique.

maladie n. f. **1** *Une maladie incurable* ▶ affection, mal. **2** *Avoir la maladie du rangement* ▶ manie, obsession, rage, vice, virus (fam.).

maladif, ive adj. **1** *Un être maladif* ▶ cacochyme (vx), chétif, dolent, égrotant (litt.), fragile, malingre, rachitique, souffreteux, valétudinaire (vx). **2** *Une pâleur maladive* ▶ malsain, morbide. **3** *Une crainte maladive* ▶ irrépressible, morbide, pathologique.

maladivement adv. *Avoir maladivement peur des araignées* ▶ pathologiquement.

maladresse n. f. **1** *Être d'une grande maladresse* ▶ gaucherie, inhabileté. **2** *Accumuler les maladresses* ▶ balourdise, bêtise, bévue, boulette (fam.), bourde (fam.), erreur, étourderie, faute, faux pas, gaffe (fam.), impair, sottise.

maladroit, oite adj. **1** *Un négociateur maladroit* ▶ balourd, empoté (fam.), gauche, lourd, lourdaud, malavisé (litt.), malhabile. **2** *Une parole maladroite* ▶ inconséquent, inconsidéré, malhabile. **3** *Un style maladroit* ▶ embarrassé, gauche, laborieux, lourd, pesant.

maladroitement adv. *Il s'y est pris très maladroitement* ▶ gauchement, lourdement, mal, malhabilement.

malaise n. m. **1** *Avoir un malaise à cause de la chaleur* ▶ éblouissement, étourdissement, faiblesse, indisposition, vertige. **2** Fig. *Cet incident a provoqué un malaise dans l'assistance* ▶ embarras, froid, gêne, tension, trouble. **3** Fig. *Le malaise paysan* ▶ crise, inquiétude, marasme, mécontentement.

malaisé, ée adj. *Une entreprise malaisée* ▶ ardu, compliqué, difficile, dur, laborieux.

malaisément adv. ▶ à grand-peine, difficilement, laborieusement, péniblement.

malaria n. f. ▶ paludisme.

malavisé, ée adj. Litt. *Vous avez été bien malavisé d'accepter une pareille proposition* ▶ imprudent, inconséquent (litt.), inconsidéré (litt.), maladroit.

malaxer v. 1 *Malaxer une pâte* ▶ manier, pétrir, travailler, triturer. 2 *Malaxer du beurre et de la farine* ▶ mélanger.

malchance n. f. 1 *La malchance le poursuit* ▶ déveine (fam.), guigne (fam.), mauvais œil, mauvais sort, poisse (fam.). 2 *La malchance a voulu qu'il se trouve là* ▶ fatalité, malheur. 3 *Une série de malchances* ▶ coup du sort, infortune (litt.), malheur, mésaventure, tuile (fam.).

malchanceux, euse adj. *Être malchanceux au jeu* ▶ malheureux.

malcommode adj. *Une installation malcommode* ▶ incommode.

maldonne n. f. Fig. et fam. *Il y a maldonne* ▶ erreur.

mâle adj. 1 *Un héritier mâle* ▶ masculin. 2 *Une mâle énergie* ▶ vigoureux, viril.

mâle n. m. 1 *Chercher un mâle pour une jument* ▶ étalon, géniteur, reproducteur. 2 Fam. *Un beau mâle* ▶ garçon, homme, mec (fam.).

malédiction n. f. 1 *Proférer des malédictions* ▶ anathème, exécration (vx), imprécation. 2 *On dirait qu'une malédiction poursuit ce pauvre garçon* ▶ fatalité, mauvais sort.

maléfice n. m. *Un maléfice l'a transformé en crapaud* ▶ charme, enchantement, ensorcellement, envoûtement, sort, sortilège.

maléfique adj. *Disposer de pouvoirs maléfiques* ▶ démoniaque, diabolique, infernal, malfaisant, satanique.

malencontreusement adv. ▶ malheureusement.

malencontreux, euse adj. ▶ contrariant, déplorable, désagréable, dommageable, ennuyeux, fâcheux, gênant, inopportun, malheureux, regrettable.

mal en point adj. ▶ malade, mal fichu (fam.), souffrant, vaseux (fam.).

malentendu n. m. *Mettons les choses au point pour éviter tout malentendu* ▶ ambiguïté, confusion, équivoque, erreur, méprise, quiproquo.

malfaçon n. f. ▶ défaut, défectuosité, imperfection, tare, vice.

malfaisant, ante adj. 1 *Les korrigans sont des esprits malfaisants* ▶ maléfique, mauvais, méchant. 2 *Une influence malfaisante* ▶ corrupteur, malsain, mauvais, néfaste, nocif, pernicieux, pervers, préjudiciable. 3 *Un animal malfaisant* ▶ nuisible.

malfaiteur n. m. *Arrêter un malfaiteur* ▶ bandit, brigand (vx), criminel, gangster, malfrat (fam.), truand (fam.).

malfamé, ée adj. *Un quartier malfamé* ▶ borgne, interlope, louche.

malformation n. f. ▶ difformité, infirmité.

malgré prép. 1 ▶ en dépit de, nonobstant (vx). 2 **malgré soi** ▶ à contrecœur, à son corps défendant, contre son gré. 3 **malgré tout** ▶ pourtant, quand même, tout de même.

malhabile adj. 1 *Un apprenti encore un peu malhabile* ▶ balourd, empoté (fam.), gauche, lourd, lourdaud, maladroit. 2 *Une parole malhabile* ▶ inconséquent, inconsidéré, maladroit, malavisé.

malhabilement adv. ▶ gauchement, lourdement, maladroitement.

malheur n. m. 1 *Il est arrivé un malheur* ▶ accident, catastrophe, désastre, drame, tragédie. 2 *Soutenir un ami dans le malheur* ▶ adversité, affliction, chagrin, détresse, douleur, épreuve, peine. 3 *Le malheur a voulu qu'il se trouve là* ▶ fatalité, malchance. 4 Plur. *Elle a eu bien des malheurs* ▶ chagrins, misères, revers. 5 Fam. *Ce nouveau spectacle devrait faire un malheur* ▶ tabac (fam.).

malheureusement adv. ▶ malencontreusement.

malheureux, euse adj. 1 *Un accident malheureux* ▶ affligeant, attristant, déplorable, désolant, fâcheux, pénible, regrettable. 2 *Avoir l'air malheureux* ▶ affligé, désolé, navré, peiné, triste. 3 *De malheureuses victimes* ▶ infortuné (litt.), misérable, pauvre, pitoyable. 4 *Être malheureux au jeu* ▶ malchanceux. 5 *Un geste malheureux* ▶ fâcheux, funeste, maladroit, malencontreux, préjudiciable, regrettable. 6 *Se voir refuser un malheureux franc* ▶ misérable, pauvre, petit.

malheureux, euse n. *Secourir un malheureux* ▶ indigent, miséreux, nécessiteux, pauvre.

malhonnête adj. 1 *Un avocat malhonnête* ▶ indélicat, marron, véreux. 2 *Un procédé malhonnête* ▶ déloyal, incorrect, indélicat. 3 *Des propositions malhonnêtes* ▶ déshonnête (litt.), inconvenant, indécent.

malhonnêteté n. f. 1 *La malhonnêteté d'un employé* ▶ canaillerie, crapulerie, friponnerie, fripouillerie (fam.), gredinerie (vx), improbité (litt.). 2 *La malhonnêteté d'un procédé* ▶ déloyauté, incorrection, indélicatesse.

malice n. f. **1** Litt. *Un homme sans malice* ▶ malignité (litt.), malveillance, méchanceté. **2** *Une réponse pleine de malice* ▶ ironie, moquerie, raillerie.

malicieusement adv. *Le miroir répondit malicieusement que c'était Blanche Neige qui était la plus belle* ▶ espièglement, ironiquement, mutinement.

malicieux, euse adj. **1** *Un enfant malicieux* ▶ coquin, espiègle, farceur, fripon, lutin (litt.), mutin, taquin. **2** *Un regard malicieux* ▶ astucieux, futé, malin, rusé. **3** *Un ton malicieux* ▶ ironique, moqueur, narquois, railleur.

malignité n. f. **1** Litt. *La malignité du cœur humain* ▶ malice (litt.), malveillance, méchanceté, perfidie, perversité. **2** Litt. *La malignité d'une fièvre* ▶ gravité.

malin, maligne adj. **1** Litt. *La maligne influence des astres* ▶ maléfique, mauvais, néfaste, négatif, nocif, pernicieux. **2** *Il est assez malin pour s'en sortir tout seul* ▶ adroit, astucieux, débrouillard, dégourdi (fam.), déluré, futé, habile. **3** *Méfiez-vous, il est assez malin pour vous rouler tous* ▶ combinard (fam.), finaud, madré (litt.), matois (litt.), retors, roué, rusé. **4** *Une fièvre maligne* ▶ grave, pernicieux. **5** *Une tumeur maligne* ▶ cancéreux. **6** *Ah! c'est malin!* ▶ fin, intelligent.

malin, maligne n. **1** *C'est un malin qui ne se laissera pas faire* ▶ fine mouche (fam.), futé, renard, vieux routier (fam.). **2** *Faire le malin* ▶ fanfaron, faraud, mariole (fam.).

malingre adj. ▶ chétif, débile, fragile, frêle, maladif, rachitique, souffreteux.

malintentionné, ée adj. *Une personne malintentionnée* ▶ haineux, hostile, malveillant, méchant.

malle n. f. ▶ cantine, coffre.

malléabilité n. f. **1** *La malléabilité de la terre glaise* ▶ plasticité, souplesse. **2** Fig. *La malléabilité des jeunes esprits* ▶ docilité, souplesse.

malléable adj. **1** *De la terre glaise encore malléable* ▶ élastique, maniable, mou, souple. **2** *Une tige d'osier humide et malléable* ▶ flexible, pliable, souple. **3** Fig. *Un esprit peu malléable* ▶ docile, influençable, maniable, souple.

mallette n. f. ▶ attaché-case.

malmener v. *Ils l'ont salement malmené* ▶ arranger (fam.), brusquer, brutaliser, étriller (litt.), maltraiter, mettre à mal, rudoyer, secouer (fam.).

malodorant, ante adj. *Des vapeurs malodorantes* ▶ fétide, méphitique, nauséabond, puant.

malotru n. m. ▶ butor, gougnafier (fam.), goujat, grossier personnage, malappris (vx), mal élevé, malpoli, mufle, rustre.

malpropre adj. **1** *Une cuisine malpropre* ▶ crasseux, dégoûtant, sale. **2** Fig. *Des manigances particulièrement malpropres* ▶ abject, ignoble, immonde, infâme, répugnant, sordide.

malproprement adv. ▶ salement.

malpropreté n. f. ▶ cochonnerie (fam.), crasse, saleté.

malsain, aine adj. **1** *Un enfant malsain* ▶ égrotant (litt.), maladif, souffreteux. **2** *Un climat malsain* ▶ insalubre. **3** *De l'eau malsaine* ▶ impur. **4** *Des exhalaisons malsaines* ▶ dangereux, délétère, nocif, nuisible. **5** *Une influence malsaine* ▶ mauvais, pernicieux. **6** *Une curiosité malsaine* ▶ morbide.

malséant, ante adj. Litt. ▶ choquant, déplacé, hors de propos, impoli, incongru, inconvenant, incorrect, inopportun, intempestif, mal venu.

maltraiter v. **1** *Maltraiter un enfant* ▶ battre, brusquer, brutaliser, étriller (litt.), frapper, malmener, mettre à mal, rudoyer, secouer (fam.). **2** *Être maltraité par la critique* ▶ éreinter, étriller (litt.), malmener, vilipender (litt.).

malveillance n. f. **1** *Être en butte à la malveillance de ses voisins* ▶ agressivité, animosité, antipathie, hostilité, inimitié, malignité, méchanceté, ressentiment. **2** *La police privilégie la thèse de la malveillance* ▶ sabotage.

malveillant, ante adj. **1** *Des gens malveillants* ▶ agressif, hostile, malintentionné, méchant. **2** *Des propos malveillants* ▶ blessant, désobligeant, malintentionné, méchant, médisant, venimeux.

malvenu, ue adj. **1** Litt. *Un enfant malvenu* ▶ contrefait. **2** *Un reproche malvenu* ▶ déplacé, hors de propos, incongru, inconvenant, inopportun, intempestif, malséant (litt.).

malversation n. f. *Les malversations d'un fonctionnaire dans l'exercice de ses fonctions* ▶ concussion, exaction, extorsion, péculat, prévarication, trafic d'influence.

mamelle n. f. **1** *La mamelle d'une vache* ▶ pis, tétine. **2** *Un enfant à la mamelle* ▶ sein.

mamelon n. m. **1** *Le mamelon d'un sein* ▶ téton. **2** *Un bâtiment construit sur un ma-*

melon ► butte, colline, éminence, hauteur, monticule.

management n. m. *Le management d'une entreprise* ► administration, conduite, direction, gestion.

manager n. m. **1** *Le manager d'un sportif* ► coach, entraîneur. **2** *Confier la responsabilité d'une filiale à un manager* ► administrateur, gestionnaire.

manager v. *Manager une filiale* ► administrer, conduire, diriger, gérer.

manant n. m. **1** Litt. *Des manants s'agenouillant devant leur seigneur* ► vilain. **2** Fig. et litt. *Ce n'est qu'un manant mal dégrossi* ► rustre.

manche n. m. **1** *Le manche d'une lance* ► bois, hampe. **2** *Le manche d'une casserole* ► queue.

manche n. f. **1** *Gagner la première manche d'une partie de tennis* ► set. **2 faire la manche** Fam. ► mendier.

manchette n. f. **1** *La manchette d'un journal* ► gros titre. **2** *La manchette d'une chemise* ► poignet.

manchon n. m. *Un manchon d'assemblage* ► bague, collier.

mandant n. m. ► commettant.

mandarin n. m. Fig. *Les mandarins de l'Université* ► bonze (fam.), sommité.

mandat n. m. **1** *Donner un mandat à qqn pour faire qqch* ► délégation, pouvoir, procuration. **2** *S'acquitter de son mandat* ► charge, mission. **3** *Un mandat de paiement* ► effet, ordre.

mandataire n. m. **1** *Les députés du Tiers État se disaient les mandataires du peuple* ► délégué, envoyé, représentant. **2** Spécialement en matière commerciale ► commissionnaire.

mandater v. ► déléguer, dépêcher, envoyer.

mandibule n. f. ► mâchoire, maxillaire.

manécanterie n. f. *Diriger la manécanterie d'une paroisse* ► maîtrise.

manège n. m. Fig. *Je ne suis pas dupe de son manège* ► agissements, intrigues, jeu, machinations, manigances, manœuvres, menées.

manette n. f. ► levier, poignée.

mangeable adj. ► comestible, consommable.

mangeoire n. f. *La mangeoire d'un animal* ► auge.

manger v. **1** *Avoir besoin de manger* ► s'alimenter, bouffer (fam.), se nourrir, se restaurer, se sustenter. **2** *Manger des criquets vivants* ► absorber, avaler, bouffer (fam.), consommer, ingérer, ingurgiter. **3** *Vous mangez à quelle heure ?* ► se mettre à table, passer à table. **4** Fig. *Manger un héritage* ► claquer (fam.), croquer (fam.), dépenser, dévorer, dilapider, dissiper, engloutir, flamber (fam.), gaspiller. **5** Fig. *L'acide a mangé le métal* ► attaquer, corroder, ronger.

manglier n. m. ► palétuvier.

maniabilité n. f. *La maniabilité d'un véhicule* ► manœuvrabilité.

maniable adj. **1** *Un véhicule maniable* ► manœuvrable. **2** *Un outil maniable* ► commode, pratique. **3** *De la terre glaise humide et maniable* ► élastique, malléable, mou, souple. **4** Fig. *Des esprits maniables* ► docile, influençable, malléable, souple.

maniaque adj. *Un correcteur extrêmement maniaque* ► chicaneur, exigeant, méticuleux, pinailleur (fam.), pointilleux, tatillon, vétilleux.

maniaque n. *Un maniaque de l'ordre* ► obsédé.

manie n. f. **1** *Il ne parle plus que de ça, ça tourne à la manie* ► idée fixe, monomanie, obsession. **2** *Avoir la manie du rangement* ► maladie, obsession, rage, vice, virus (fam.). **3** *Une vieille dame qui a ses manies* ► habitude, marotte, tic, travers.

maniement n. m. **1** *S'exercer au maniement des armes* ► manipulation. **2** *Le maniement d'une pompe à incendie* ► manipulation, manœuvre. **3** Fig. *Le maniement de l'ironie* ► emploi, manipulation, usage, utilisation.

manier v. **1** *Manier un objet fragile* ► manipuler. **2** *Savoir manier une arme* ► se servir de, user de, utiliser. **3** *Un véhicule difficile à manier* ► diriger, gouverner, manœuvrer. **4** *Manier une pâte* ► malaxer, pétrir, travailler, triturer. **5** Fig. *Manier de grosses affaires* ► brasser, gérer, manipuler, remuer, traiter. **6** Fig. *Savoir manier l'ironie* ► employer, manipuler, user de, utiliser.

manière n. f. **1** *Chacun agit à sa manière* ► façon, guise. **2** *La manière d'un artiste* ► écriture, facture, genre, style, technique. **3** Plur. *En voilà des manières!* ► agissements, attitude, comportement, conduite, façons, pratiques, procédés. **4** Plur. *Faire des manières* ► cérémonies, chichis (fam.), embarras, façons, histoires, simagrées. **5 bonnes manières** Plur. ► politesse, savoir-vivre, usages. **6 de telle manière que** ► de telle façon que, de telle sorte que. **7 en manière de** ▸ en forme de, en guise de, sur le mode de.

maniéré, ée adj. *Un style maniéré* ▸ affecté, apprêté, contourné, entortillé, guindé, minaudier, précieux.

maniérisme n. m. *S'exprimer avec un insupportable maniérisme* ▸ affectation, gongorisme (litt.), préciosité, sophistication.

manifestation n. f. **1** *Ces applaudissements étaient à l'évidence une manifestation de leur satisfaction* ▸ démonstration, expression, marque, signe, témoignage. **2** *Les manifestations cliniques d'une maladie* ▸ symptôme. **3** *Participer à une manifestation* ▸ défilé, marche, meeting, rassemblement.

manifeste adj. **1** *Son incompétence dans ce domaine est manifeste* ▸ aveuglant, criant, éclatant, évident, flagrant, hors de doute, incontestable, indéniable, indiscutable, indubitable, notoire, patent. **2** *Malgré ses efforts pour le cacher, il était d'une inquiétude manifeste* ▸ palpable, tangible.

manifeste n. m. *Signer un manifeste* ▸ proclamation, profession de foi.

manifestement adv. *Être manifestement coupable* ▸ assurément, évidemment, indiscutablement, indubitablement, nettement, notoirement, sans conteste, sans contredit, visiblement.

manifester v. **1** *Manifester clairement son mécontentement* ▸ dire, exprimer, extérioriser, marquer, montrer, proclamer, témoigner de. **2 se manifester** *Le gagnant ne s'est jamais manifesté* ▸ se faire connaître, se présenter. **3** *Des dissensions qui se manifestent dans un groupe* ▸ apparaître, se déclarer, se dévoiler, émerger, se faire jour, se montrer, se révéler, survenir.

manigance n. f. ▸ agissements, combinaison, combine (fam.), cuisine (fam.), machination, magouille (fam.), manège, manœuvre, micmac (fam.), tripotage.

manigancer v. **1** *C'est lui qui a tout manigancé* ▸ combiner, machiner, tramer. **2** *Qu'est-ce qu'il est en train de manigancer ?* ▸ comploter, magouiller (fam.), ourdir (litt.), trafiquer, tramer.

manipulateur, trice n. *Un manipulateur de laboratoire* ▸ opérateur.

manipulation n. f. **1** *La manipulation d'une arme* ▸ maniement. **2** *Une manipulation chimique* ▸ opération. **3** *Une manipulation obstétricale* ▸ manœuvre. **4** Fig. *La manipulation de l'ironie* ▸ emploi, maniement, usage, utilisation. **5** Fig. *Des manipulations électo-*

rales ▸ combine (fam.), cuisine (fam.), grenouillage (fam.), magouille (fam.), manœuvre, tripatouillage (fam.), tripotage. **6** Fig. *La manipulation du grand public* ▸ bourrage de crâne, désinformation, intoxication.

manipuler v. **1** *Arrêtez de manipuler ces fruits!* ▸ palper, tâter, tripoter, triturer. **2** Fig. *Manipuler de grosses affaires* ▸ brasser, gérer, manier, remuer, traiter. **3** Fig. *Savoir manipuler l'ironie* ▸ employer, manier, user de, utiliser. **4** Fig. *Manipuler qqn* ▸ influencer, manœuvrer, suggestionner.

mannequin n. m. **1** *Toute petite déjà elle rêvait d'être mannequin* ▸ cover girl, modèle. **2** Fig. *N'être qu'un mannequin aux mains de qqn* ▸ fantoche, marionnette, pantin.

manœuvrable adj. ▸ maniable.

manœuvre n. f. **1** *La manœuvre d'une pompe à incendie* ▸ maniement, manipulation. **2** *Faire faire des manœuvres à de nouvelles recrues* ▸ exercice. **3** *Les manœuvres d'une troupe sur un théâtre d'opérations* ▸ évolution, mouvement. **4** Fig. *Dénoncer des manœuvres politiciennes* ▸ agissement, combinaison, combine (fam.), intrigue, machination, magouille (fam.), manigance, manipulation, menée.

manœuvrer v. **1** *Manœuvrer un engin de chantier* ▸ conduire, diriger, gouverner, manier. **2** Fig. *Manœuvrer qqn* ▸ influencer, manipuler, suggestionner. **3** Fig. *Manœuvrer pour parvenir à ses fins* ▸ intriguer, magouiller (fam.), ruser.

manoir n. m. ▸ castel (litt.), château, gentilhommière.

manquant, ante adj. ▸ absent.

manque n. m. **1** *Le manque de main-d'œuvre* ▸ absence, carence, défaut, déficit, pénurie, rareté. **2** *Un drogué en état de manque* ▸ privation. **3** *Avoir conscience de ses manques* ▸ carence, déficience, insuffisance, lacune.

manquement n. m. *Un manquement au règlement* ▸ dérogation, écart, entorse, infidélité, infraction, inobservation, transgression, violation.

manquer v. **1** *L'eau commence à manquer* ▸ faire défaut. **2** *La tentative a encore manqué* ▸ échouer, louper (fam.), rater. **3** *Manquer une occasion* ▸ gâcher, louper (fam.), perdre, rater. **4** *Manquer un cours* ▸ sécher (fam.). **5** *Il a manqué se tuer* ▸ faillir. **6** *Je ne manquerai pas de passer vous voir* ▸ négliger, omettre, oublier. **7** *Manquer à tous ses principes* ▸ déroger à (litt.), enfreindre, transgresser, violer. **8** Litt. *Manquer à qqn* ▸ offenser.

mansarde n. f. *Vivre dans une mansarde* ▶ chambre de bonne, galetas (vx).

mansuétude n. f. Litt. ▶ bénignité (litt.), bienveillance, bonté, clémence, compréhension, débonnaireté (litt.), douceur, indulgence, tolérance.

manteau n. m. **1** *Enlever son manteau en arrivant* ▶ pelure (fam.). **2 sous le manteau** *Diffuser un journal sous le manteau* ▶ clandestinement, en sous-main, secrètement.

manuel n. m. **1** *Un manuel de physique* ▶ précis. **2** *Le manuel du parfait bricoleur* ▶ aide-mémoire, guide, mémento, vademecum.

manufacture n. f. *Une manufacture de porcelaines* ▶ fabrique.

manu militari adv. ▶ brutalement.

mappemonde n. f. *Étaler une mappemonde sur une table* ▶ planisphère.

maquereau n. m. Fam. ▶ protecteur, proxénète, souteneur.

maquette n. f. **1** *Une maquette de bateau* ▶ modèle réduit. **2** *La maquette d'un roman* ▶ canevas, ébauche, esquisse, ossature, plan, projet, schéma, synopsis, trame.

maquignon n. m. Fig. *On attendait un négociateur, on a eu un maquignon* ▶ margoulin (fam.), mercanti, trafiquant.

maquignonnage n. m. Fig. *Du maquignonnage électoral* ▶ combine, cuisine (fam.), fricotage (fam.), grenouillage, manipulation, tripotage.

maquillage n. m. **1** *Mettre du maquillage* ▶ cosmétique, fard. **2** *Assister au maquillage d'un acteur* ▶ grimage. **3** Fig. *Fausser la régularité d'une opération par toutes sortes de maquillages* ▶ camouflage, falsification, trucage.

maquiller v. **1** *Maquiller une actrice* ▶ farder, grimer. **2** Fig. *Maquiller la vérité* ▶ camoufler, déformer, déguiser, dénaturer, falsifier, travestir, truquer.

maquis n. m. Fig. *Le maquis de la procédure* ▶ dédale, écheveau, labyrinthe, méandres.

maquisard n. m. ▶ franc-tireur, partisan.

marais n. m. **1** ▶ marécage. **2 marais salant** ▶ salin, saline.

marasme n. m. *Des affaires en plein marasme* ▶ crise, malaise, stagnation.

maraudeur, euse n. ▶ chapardeur (fam.), voleur.

marbre (de) adj. *Sa physionomie resta de marbre* ▶ de glace, de pierre, glacial, impassible, marmoréen (litt.).

marbrer v. ▶ jasper, veiner.

marbrure n. f. *Des marbrures sur la tranche d'un livre* ▶ bigarrure, jaspure, moirure.

marchand, ande n. **1** *Un armateur en train de conclure une affaire avec des marchands* ▶ négociant. **2** *Les marchands du quartier* ▶ boutiquier, commerçant, détaillant. **3 marchand ambulant** ▶ camelot, colporteur, vendeur ambulant. **4 marchand d'esclaves** ▶ négrier. **5 marchand en gros** ▶ grossiste.

marchandage n. m. Fig. et péj. *De sordides marchandages électoraux* ▶ négociation, tractation.

marchander v. ▶ débattre, discuter, palabrer.

marchandise n. f. ▶ article, denrée, fourniture, produit.

marche n. f. **1** *Monter des marches* ▶ degré (litt.), échelon, gradin. **2** *Régler sa marche sur celle de ses voisins* ▶ allure, erre (vx), pas, train. **3** *La marche d'une armée* ▶ avance, avancée, cheminement, évolution, mouvement, progression. **4** *Faire de longues marches dans la campagne* ▶ course, excursion, promenade, randonnée, tour, trajet. **5** *Organiser une marche entre la Bastille et la République* ▶ défilé, manifestation. **6** Fig. *La marche d'une entreprise* ▶ activité, fonctionnement. **7** Fig. *La marche de la science* ▶ avancement, cours, déroulement, développement, évolution, progrès. **8 marche à suivre** Fig. *Indiquer à qqn la marche à suivre pour obtenir un passe-droit* ▶ méthode, mode d'emploi, moyen, procédure, tactique.

marché n. m. **1** *Faire le marché* ▶ courses. **2** *Le marché aux poissons* ▶ halle. **3** *Le marché de Marrakech* ▶ bazar, souk. **4** *Quel marché y a-t-il pour ce genre de produits ?* ▶ clientèle, débouché. **5** *Un marché avantageux* ▶ accord, contrat, convention, échange, négociation, pacte, transaction. **6 bon marché** *Un produit bon marché* ▶ abordable, avantageux.

marchepied n. m. **1** *Monter sur un marchepied pour attraper qqch* ▶ escabeau. **2** Fig. *Ce poste lui a servi de marchepied* ▶ tremplin.

marcher v. **1** *Marcher à petits pas* ▶ avancer, cheminer (litt.), déambuler, se déplacer, se mouvoir. **2** *Marcher sur une pelouse* ▶ fouler, piétiner. **3** Fig. *Une machine qui marche* ▶ fonctionner. **4** Fig. *Une ruse qui marche* ▶ prendre, réussir. **5** Fig. *Une affaire qui marche* ▶ progresser, prospérer, tourner.

mardi gras

6 Fig. et fam. *Alors, ça marche ?* ▶ aller, avancer, fonctionner, gazer (fam.), rouler (fam.), tourner. **7** Fig. et fam. *J'ai insisté, mais il n'a pas marché* ▶ accepter, consentir, vouloir. **8 faire marcher** Fam. *Faire marcher qqn* ▶ abuser (litt.), berner, mener en bateau (fam.), tromper.

mardi gras n. m. *Vous êtes drôlement habillé, c'est déjà mardi gras?* ▶ carnaval.

mare n. f. **1** *Une mare où nagent des canards* ▶ pièce d'eau. **2** *Une mare de sang* ▶ flaque.

marécage n. m. ▶ marais.

marécageux, euse adj. ▶ bourbeux, fangeux.

maréchaussée n. f. Fam. ▶ gendarmerie, gendarmes.

marée n. f. Fig. *La marée des vacanciers* ▶ déluge, flot, flux, ruée, vague.

marge n. f. **1** *La marge d'une feuille de papier* ▶ bord, bordure. **2** Fig. *Une marge de manœuvre* ▶ espace, possibilité. **3** Fig. *Une marge de sécurité* ▶ volant. **4** Fig. *Une marge de réflexion* ▶ délai, sursis, temps. **5 en marge de** *Rester en marge de ce genre de préoccupations* ▶ à l'écart de, en dehors de.

marginal, ale adj. *Un problème marginal* ▶ accessoire, anecdotique, annexe, contingent, incident, secondaire, subsidiaire.

marginal, ale n. *Un local squatté par des marginaux* ▶ asocial, paumé (fam.).

marginalisation n. f. *La menace de marginalisation qui pèse sur les chômeurs* ▶ désocialisation, exclusion.

margotin n. m. *Allumer un feu avec un margotin* ▶ bourrée.

mari n. m. ▶ conjoint, époux.

mariage n. m. **1** *Assister à un mariage* ▶ épousailles (litt.), noce. **2** *Un mariage heureux* ▶ hymen (vx), union. **3** *Un enfant d'un premier mariage* ▶ lit. **4** Fig. *Un heureux mariage de couleurs* ▶ alliance, assemblage, association, assortiment, combinaison, harmonisation, réunion, union.

marier v. **1** *C'est le maire qui les a mariés* ▶ unir. **2** *Marier deux couleurs* ▶ allier, appareiller, assembler, associer, assortir, combiner, harmoniser, joindre, réunir, unir. **3 se marier** *Refuser de se marier* ▶ convoler, s'établir (vx), s'unir. **4** *Se marier avec une lointaine cousine* ▶ épouser, s'unir à (litt.). **5** Fig. *Une épice qui se marie bien avec une viande* ▶ s'accorder avec, s'adjoindre à, s'ajouter à, s'assortir avec, se combiner avec, s'harmoniser avec, s'unir à.

marijuana n. f. ▶ cannabis, chanvre indien, haschisch, herbe (fam.), marie-jeanne (fam.), shit (fam.).

marin, ine adj. *Une carte marine* ▶ nautique.

marin n. m. **1** *De vieux marins au visage buriné* ▶ loup de mer (fam.), matelot. **2** *Un peuple de hardis marins* ▶ navigateur.

marine n. f. **1** *Des instruments de marine* ▶ navigation. **2** *Servir dans la marine* ▶ royale (fam.).

mariner v. ▶ macérer.

marinier n. m. ▶ batelier, nautonier (vx).

marionnette n. f. **1** Plur. *Emmener des enfants voir les marionnettes* ▶ guignols. **2** Fig. *Ce n'est qu'une marionnette qui se fait manipuler* ▶ fantoche, mannequin, pantin.

maritalement adv. ▶ conjugalement.

maritime adj. **1** *La façade maritime de la Belgique* ▶ côtier. **2** *Une grande puissance maritime* ▶ naval.

marivaudage n. m. ▶ badinage, batifolage (fam.), galanterie (litt.).

marivauder v. ▶ badiner, batifoler (fam.).

marjolaine n. f. ▶ origan.

marketing n. m. ▶ mercatique.

marmelade n. f. Fig. et fam. *Réduire qqn en marmelade* ▶ bouillie, capilotade, charpie, compote (fam.), miettes, morceaux, poussière, purée (fam.).

marmite n. f. Vx ▶ faitout.

marmiton n. m. ▶ aide-cuisinier, gâte-sauce.

marmonnement n. m. *Un office à peine troublé par le marmonnement des vieilles dévotes* ▶ chuchotement, chuchotis, marmottement, murmure.

marmonner v. *Il est resté tout le temps à marmonner dans son coin* ▶ grogner, grommeler, maugréer, murmurer.

marmoréen, enne adj. Fig. et litt. *Un personnage impénétrable au visage marmoréen* ▶ de glace, de marbre, de pierre, glacial, hiératique, impassible.

marmotter v. *Marmotter des Ave Maria* ▶ chuchoter, murmurer.

marocain, aine adj. *Le royaume marocain* ▶ chérifien.

maronner v. Fam. ▶ bisquer (fam.), bougonner, grommeler, maugréer, rager, râler (fam.), ronchonner.

maroquin n. m. Fig. et fam. *Obtenir un maroquin dans le nouveau gouvernement* ▶ ministère.

marotte n. f. **1** Fig. *Chacun a ses petites marottes* ▸ manie, tic, travers. **2** Fig. *Les timbres, c'est sa marotte* ▸ dada (fam.), hobby, violon d'ingres.

marquant, ante adj. *Un événement marquant* ▸ considérable, mémorable, notable, remarquable, saillant.

marque n. f. **1** *Remplir un récipient jusqu'à la marque* ▸ coche, repère, signe, trait. **2** *Des dossiers classés qui portent chacun une marque* ▸ cote. **3** *La marque des roues d'une voiture* ▸ empreinte, trace. **4** *Ne laisser aucune marque de son passage* ▸ attestation, indice, preuve, signe, trace. **5** *Une marque déposée* ▸ appellation, label, nom. **6** *La marque d'un constructeur* ▸ griffe, logo, signature. **7** *Une marque attestant l'authenticité d'un produit* ▸ estampille. **8** Spécialement à propos d'une pièce d'orfèvrerie ▸ contrôle, poinçon. **9** Fig. *La marque d'un écrivain* ▸ cachet, griffe, style. **10** Fig. *Garder la marque d'un traumatisme* ▸ cicatrice, empreinte, stigmate. **11** Fig. *Une marque de sympathie* ▸ démonstration, manifestation, témoignage. **12** Fig. *Une marque de deux à un* ▸ résultat, score.

marqué, ée adj. **1** *Un visage marqué de petite vérole* ▸ grêlé, picoté. **2** *Une préférence marquée* ▸ accentué, accusé, évident, net, prononcé.

marquer v. **1** *Une horloge qui marque midi* ▸ indiquer. **2** *Marquer l'endroit de son choix* ▸ cocher, signaler. **3** *Marquer un rendez-vous dans son agenda* ▸ consigner, écrire, inscrire, mentionner, noter. **4** *Marquer les points d'une partie de cartes* ▸ écrire, inscrire, noter, relever. **5** *Marquer la limite d'un champ* ▸ baliser, délimiter, jalonner, matérialiser, tracer. **6** *Un vêtement qui marque la taille* ▸ accentuer, souligner. **7** *Marquer par une mimique les bons passages d'un discours* ▸ ponctuer, scander. **8** Fig. *Marquer un but* ▸ réussir. **9** Fig. *Marquer sa désapprobation en refusant de prendre la parole* ▸ manifester, montrer, témoigner. **10** Fig. *Une attitude qui marque un mauvais caractère* ▸ attester, dénoncer, dénoter, manifester, prouver, révéler, signaler, témoigner de. **11** Fig. *Cet événement l'a beaucoup marqué* ▸ affecter, impressionner, influencer, toucher. **12** Fig. *Voilà un discours qui marquera* ▸ faire date.

marqueter v. ▸ jasper, moucheter, tacheter, taveler.

marqueterie n. f. Fig. *Un texte fabriqué comme une marqueterie* ▸ mosaïque, patchwork.

marqueur n. m. *Écrire au marqueur* ▸ feutre.

marrant, ante adj. Fam. ▸ amusant, comique, drôle, rigolo (fam.), tordant (fam.).

marre adv. Fam. *En avoir marre* ▸ assez, par-dessus la tête (fam.), ras-le-bol (fam.).

marrer (se) v. Fam. ▸ rigoler (fam.), rire.

marri, ie adj. Vx ▸ contrit, repentant.

marron adj. **1** *Du cuir marron* ▸ brun, havane, tabac. **2** Fam. *Un avocat marron* ▸ corrompu, indélicat, malhonnête, véreux.

marseillais, aise adj. ▸ phocéen (litt.).

martèlement n. m. *Le martèlement du fer sur une enclume* ▸ battement.

marteler v. **1** *Marteler un métal* ▸ battre, frapper. **2** *De la pluie qui martèle les vitres* ▸ tambouriner sur. **3** *Marteler d'obus la ligne ennemie* ▸ écraser, pilonner. **4** Fig. *Marteler ses mots* ▸ accentuer, détacher.

martial, ale adj. *Une allure martiale* ▸ belliqueux, combatif, guerrier, militaire.

martyr n. m. *Chercher à passer pour un martyr* ▸ bouc émissaire, souffre-douleur, tête de turc, victime.

martyre n. m. **1** *Le martyre de sainte Blandine* ▸ supplice. **2** Fig. *Cette situation est un vrai martyre* ▸ calvaire, croix, souffrance, supplice, torture, tourment.

martyriser v. ▸ persécuter, torturer, tourmenter.

marxisme n. m. *Les effets du marxisme sur les économies de l'Est* ▸ communisme.

marxiste adj. et n. *Un régime marxiste* ▸ communiste.

mascarade n. f. **1** *Se déguiser pour une mascarade* ▸ carnaval. **2** Fig. *Cette élection n'est qu'une mascarade* ▸ cirque, comédie, momerie (fam.), pantalonnade.

mascotte n. f. *La mascotte d'une équipe de football* ▸ fétiche, porte-bonheur.

masculin, ine adj. **1** *Le sexe masculin* ▸ mâle, viril. **2** *Une fille qui a des allures masculines* ▸ garçonnier, hommasse.

masculiniser v. ▸ viriliser.

masculinité n. f. ▸ virilité.

masque n. m. **1** *Un masque de velours noir* ▸ loup. **2** *Un masque impénétrable* ▸ air, expression, physionomie, visage. **3** Fig. *Sous un masque de vertu elle dissimule la plus noire perversité* ▸ apparence, couvert, dehors, extérieur, façade, semblant, vernis.

masquer v. **1** *Un nuage qui masque le soleil* ▸ cacher, camoufler, couvrir, dissimuler, éclipser, escamoter, occulter, offusquer (litt.), voiler. **2** Fig. *Masquer la vérité* ▸ arran-

massacre

ger, déguiser, dénaturer, farder (litt.), travestir.

massacre n. m. **1** *La guerre et son cortège de massacres* ▶ boucherie, carnage, extermination, hécatombe, tuerie. **2** Fig. *Cette coupe de cheveux est un massacre* ▶ désastre, gâchis, sabotage, saccage.

massacrer v. **1** *Massacrer une population* ▶ anéantir, décimer, exterminer. **2** *Un boxeur qui massacre son adversaire* ▶ amocher (fam.), démolir (fam.), esquinter (fam.). **3** *Un chef d'orchestre qui massacre une partition* ▶ bousiller (fam.), défigurer, démolir (fam.), esquinter (fam.), gâcher, saboter, saccager.

massacreur, euse n. **1** *Les massacreurs de la Saint-Barthélemy* ▶ assassin, boucher, bourreau, tortionnaire, tueur. **2** Fig. *Ils ont confié la mise en scène à un massacreur* ▶ bousilleur (fam.), saboteur.

massage n. m. *Un massage du cuir chevelu* ▶ friction.

masse n. f. **1** *Une masse informe* ▶ agglomérat, agrégat, amas, amoncellement, bloc, magma, monceau, tas. **2** *Peser de toute sa masse* ▶ poids. **3** *Chercher à réunir la masse des connaissances humaines* ▶ ensemble, somme, totalité. **4** *Une masse de touristes* ▶ armada, armée, bataillon, cohorte, flopée (fam.), foule, kyrielle, légion, meute, multitude, myriade, nuée, quantité, régiment, ribambelle. **5** *Plaire à la masse* ▶ foule, grand public, majorité, peuple. **6 en masse** ▶ en bloc, en foule, en nombre.

masser v. **1** *Masser le cuir chevelu* ▶ frictionner. **2** *Masser des troupes à la frontière* ▶ concentrer. **3 se masser** *Une foule qui se masse dans un stade* ▶ se presser.

masseur, euse n. ▶ kinésithérapeute, soigneur.

massicoter v. *Massicoter les pages d'un livre* ▶ ébarber, rogner.

massif, ive adj. **1** *Des portes en bois massif* ▶ plein. **2** *Une personne aux formes massives* ▶ compact, corpulent, épais, imposant, lourd, mastoc (fam.), opulent, pesant. **3** Litt. et péj. *Un homme à l'esprit massif* ▶ épais, grossier, lourd, pesant. **4** *Une dose massive* ▶ considérable, important.

massif n. m. *Un massif de roses* ▶ parterre, plate-bande.

massivement adv. ▶ en foule, en masse, en nombre.

massue n. f. **1** *Assommer qqn d'un coup de massue* ▶ gourdin. **2** Fig. *Un argument massue* ▶ décisif, indiscutable, irréfutable.

mastiquer v. *Mastiquer du chewing-gum* ▶ mâcher, mâchonner.

masturbation n. f. ▶ onanisme.

masure n. f. ▶ baraque, bicoque, cabane, gourbi, taudis.

mat, mate adj. **1** *Un métal mat* ▶ dépoli, terne. **2** *Un bruit mat* ▶ étouffé, sourd.

matador n. m. ▶ torero.

matamore n. m. ▶ bravache, fanfaron, fier-à-bras, hâbleur (litt.), rodomont (vx), vantard.

match n. m. ▶ combat, partie, rencontre, tournoi.

matelas n. m. *Un matelas d'air entre deux parois* ▶ couche, coussin.

matelasser v. ▶ bourrer, capitonner, rembourrer.

matelot n. m. ▶ homme d'équipage, loup de mer, marin.

mater v. **1** *Mater les fortes têtes* ▶ dompter, dresser, museler, soumettre. **2** *Mater une révolte* ▶ étouffer, juguler, réduire, réprimer, surmonter, terrasser, vaincre.

matérialiser v. **1** *Une statue qui matérialise la vertu* ▶ incarner, représenter, symboliser. **2** *Des repères qui matérialisent un parcours* ▶ baliser, délimiter, jalonner, marquer, tracer. **3 se matérialiser** *Ses projets ne se sont pas matérialisés* ▶ aboutir, se concrétiser, se réaliser.

matérialiste adj. *Des préoccupations bassement matérialistes* ▶ matériel, pratique, prosaïque, réaliste, terre à terre.

matérialité n. f. *La matérialité d'un fait* ▶ existence, réalité.

matériau n. m. **1** *Un matériau facile à travailler* ▶ matière. **2** Plur. et fig. *Réunir des matériaux pour un livre* ▶ documents, données, éléments, informations.

matériel, elle adj. **1** *Préférer des avantages matériels à des promesses chimériques* ▶ concret, effectif, palpable, réel, tangible, vrai. **2** Vx *Les plaisirs matériels* ▶ charnel, physique, sensuel, temporel, terrestre. **3** *Des problèmes matériels* ▶ financier, pécuniaire. **4** *Un esprit bassement matériel* ▶ matérialiste, pratique, prosaïque, réaliste, terre à terre.

matériel n. m. *Du matériel agricole* ▶ équipement, instruments, outillage.

matériellement adv. **1** *Une situation matériellement avantageuse* ▶ financièrement, pécuniairement. **2** *C'est matériellement impossible* ▶ objectivement.

materner v. ▶ choyer, dorloter, protéger.

maternité n. f. *Être déformée par des maternités successives* ▶ grossesse.

mathématique adj. **1** Fig. *Un esprit mathématique* ▶ cartésien, géométrique, logique, rigoureux. **2** Fig. et fam. *Il ne peut que réussir, c'est mathématique* ▶ automatique, certain, forcé, immanquable, inévitable, sûr.

mathématiquement adv. **1** *C'est mathématiquement exact* ▶ rigoureusement. **2** Fig. *Un événement qui doit mathématiquement arriver* ▶ automatiquement, immanquablement, inévitablement, infailliblement, nécessairement.

matière n. f. **1** Vx *L'âme et la matière* ▶ corps. **2** *Une matière fragile* ▶ matériau, substance. **3** *Une robe faite dans une jolie matière* ▶ étoffe, tissu. **4** Fig. *La matière d'un livre* ▶ contenu, objet, propos, substance, sujet, teneur, thème. **5** Fig. *Les matières scolaires* ▶ discipline, enseignement. **6** Fig. *C'est une matière où je suis tout à fait incompétent* ▶ chapitre, domaine, partie, point, question, secteur, terrain. **7 avoir matière à** *Avoir matière à se plaindre* ▶ avoir lieu de. **8 matière grise** Fam. *Faire travailler sa matière grise* ▶ cerveau, cervelle (fam.), intelligence, méninges (fam.). **9 matières grasses** *Consommer trop de matières grasses* ▶ graisse, lipides.

matin n. m. **1** *Un matin d'hiver* ▶ matinée. **2** Fig. et litt. *Le matin de la vie* ▶ aube (litt.), aurore (litt.), commencement, début. **3 de bon matin** ▶ de bonne heure, tôt.

matinal, ale adj. **1** *Des ablutions matinales* ▶ matutinal (litt.). **2** *Vous êtes toujours aussi matinal?* ▶ lève-tôt, matineux (vx).

mâtiné, ée adj. **1** *Un chien mâtiné* ▶ bâtard, métissé. **2** Fig. *Le français mâtiné de patois* ▶ mélangé, mêlé, panaché.

matinée n. f. **1** *Une matinée d'été* ▶ matin. **2** *Une matinée théâtrale* ▶ après-midi.

matois, oise adj. Litt. ▶ ficelle (fam.), finaud (fam.), madré (litt.), malin, retors, roué (litt.), rusé.

matraquage n. m. Fig. *Une campagne publicitaire qui tourne au matraquage* ▶ bourrage de crâne, intoxication.

matraque n. f. ▶ casse-tête, trique.

matraquer v. Fig. *Matraquer les auditeurs de messages publicitaires* ▶ bombarder.

matrice n. f. **1** Vx *Une leçon d'anatomie consacrée à la matrice* ▶ utérus. **2** *La matrice d'un disque* ▶ forme, moule.

matricule n. f. *Être inscrit sur une matricule* ▶ liste, registre.

matricule n. m. *Le matricule d'un soldat* ▶ numéro.

matrimonial, ale adj. ▶ conjugal.

maturation n. f. ▶ mûrissement.

maturité n. f. **1** *La maturité d'un talent* ▶ épanouissement, plénitude, vigueur. **2** *Un comportement d'une grande maturité* ▶ mesure, modération, pondération, sagesse.

maudire v. **1** *Dieu a maudit Caïn* ▶ condamner. **2** Fig. *Maudire sa pauvreté* ▶ abominer (litt.), détester, exécrer, haïr, vomir (fam.).

maudit, ite adj. **1** *Soyez maudit!* ▶ damné. **2** *Une maudite manie* ▶ damné (fam.), détestable, exécrable, fichu (fam.), sacré (fam.), sale (fam.), satané (fam.).

maudit, ite n. *Prendre la défense de ceux qu'on rejette comme des maudits* ▶ damné, réprouvé.

maugréer v. ▶ bougonner, grogner, grommeler, marmonner, pester, râler (fam.), ronchonner (fam.), rouspéter (fam.).

maure adj. et n. *Des pirates maures* ▶ barbaresque, sarrasin.

maussade adj. **1** *Une soirée maussade* ▶ ennuyeux, insipide, morne, terne. **2** *Une humeur maussade* ▶ acariâtre, acrimonieux, boudeur, bourru, chagrin, désagréable, grincheux, grognon, hargneux, mélancolique, morose, rébarbatif, renfrogné, revêche, triste.

mauvais, aise adj. **1** *Un mauvais caractère* ▶ foutu (fam.), rébarbatif, revêche, sale (fam.). **2** *Un esprit profondément mauvais* ▶ corrompu, malfaisant, malveillant, méchant, pervers, vicieux. **3** *Méfiez-vous, elle est mauvaise* ▶ fielleux, haineux, méchant, venimeux. **4** *Une mauvaise action* ▶ immoral, mal, méchant. **5** *Un mauvais fonctionnement* ▶ défectueux, imparfait. **6** *Un mauvais rendement* ▶ faible, insuffisant, pauvre. **7** *De mauvais résultats* ▶ médiocre, pauvre, piètre (fam.), piteux, triste. **8** *Un mauvais raisonnement* ▶ erroné, faux, incorrect, inexact. **9** *De mauvais arguments* ▶ impropre, inadéquat, inapproprié. **10** *Un mauvais moment* ▶ difficile, pénible, sale (fam.). **11** *C'est mauvais pour le cœur* ▶ dangereux, dommageable, malsain, néfaste, nocif, nuisible, pernicieux, préjudiciable. **12** *Une mauvaise blessure* ▶ grave, sérieux, sévère. **13** *Une mauvaise odeur* ▶ dégoûtant, délétère, désagréable, fétide, infect, nauséabond, pestilentiel, puant.

mauviette n. f. Fam. ▸ couard (litt.), froussard (fam.), lâche, poltron.

maxillaire n. m. ▸ mâchoire, mandibule.

maximal, ale adj. ▸ maximum.

maximaliste adj. et n. *Dénoncer les dérives maximalistes d'un parti* ▸ jusqu'au-boutiste, radical, ultra.

maxime n. f. **1** *Suivre de sages maximes* ▸ précepte, principe, règle. **2** *Citer quelques maximes des moralistes de l'époque classique* ▸ aphorisme, apophtegme (litt.), pensée, sentence. **3** *Les maximes de la sagesse populaire* ▸ adage, dicton, proverbe.

maximum adj. *Le rendement maximum* ▸ maximal.

maximum n. m. **1** *Le maximum de découvert autorisé* ▸ limite, plafond. **2 au maximum** *Il a mille francs sur lui, au maximum* ▸ à tout casser (fam.), au plus, tout au plus.

mazout n. m. ▸ fioul.

méandre n. m. **1** *Les méandres d'un chemin* ▸ coude, courbe, lacet, sinuosité, zigzag. **2** Plur. et fig. *Les méandres de l'Administration* ▸ dédale, détours, labyrinthe, maquis.

méat n. m. ▸ orifice, ouverture.

mécanique adj. *Un geste mécanique* ▸ automatique, inconscient, instinctif, involontaire, irréfléchi, machinal, réflexe.

mécanique n. f. **1** *La mécanique d'une horloge* ▸ mécanisme. **2** *Une belle mécanique* ▸ appareil, machine.

mécaniquement adv. ▸ automatiquement, instinctivement, involontairement, machinalement.

mécanisme n. m. **1** *Un mécanisme de précision* ▸ machine, mécanique. **2** Fig. *Le mécanisme de la pensée* ▸ fonctionnement, processus.

mécénat n. m. ▸ sponsorisation.

mécène n. m. ▸ bienfaiteur (litt.), protecteur.

méchamment adv. **1** *Il m'a regardé méchamment* ▸ agressivement, désagréablement, durement, hargneusement. **2** Fam. *Il était méchamment ivre* ▸ drôlement (fam.), joliment (fam.), sacrément (fam.), vachement (fam.).

méchanceté n. f. **1** *Des actes d'une rare méchanceté* ▸ malignité, malveillance, noirceur (litt.), perversité. **2** *Faire une méchanceté à qqn* ▸ crasse (fam.), mauvais tour, misère, rosserie, saloperie (fam.), scélératesse (litt.), vacherie (fam.).

méchant, ante adj. **1** *Une personne foncièrement méchante* ▸ malfaisant, malintentionné, malveillant, pervers, rosse, vache (fam.). **2** *Des paroles méchantes* ▸ agressif, blessant, corrosif, désagréable, dur, fielleux, haineux, hargneux, malveillant, mordant, rosse, vache (fam.), venimeux. **3** *Être de méchante humeur* ▸ affreux, détestable, mauvais. **4** *Être cloué au lit par une méchante grippe* ▸ sale, vilain. **5** *Se donner tout ce mal pour un méchant salaire* ▸ de rien du tout, infime, insignifiant, insuffisant, maigre, malheureux, médiocre, minable (fam.), misérable, miteux, négligeable, pauvre, petit, piètre. **6** *Tout cela n'est pas bien méchant* ▸ grave, important, sérieux.

mèche n. f. **1** *Une mèche de cheveux* ▸ houppe, touffe, toupet. **2 de mèche** Fam. *Être de mèche avec qqn* ▸ de connivence.

mécompte n. m. ▸ déception, déconvenue, désappointement, désenchantement, désillusion.

méconnaissable adj. ▸ changé, métamorphosé, transformé.

méconnaissance n. f. *Une méconnaissance dramatique des mœurs des animaux sauvages* ▸ ignorance.

méconnaître v. **1** *Méconnaître le talent d'un artiste* ▸ méjuger de (litt.), mésestimer (litt.), sous-estimer, se tromper sur. **2** *Méconnaître les règles élémentaires de la politesse* ▸ faire fi de (litt.), ignorer, se moquer de, négliger.

méconnu, ue adj. **1** *Il est resté longtemps méconnu* ▸ ignoré, inconnu, obscur. **2** *Un génie méconnu* ▸ incompris.

mécontent, ente adj. **1** *Être mécontent de l'attitude de qqn* ▸ contrarié, courroucé (litt.), ennuyé, fâché, irrité. **2** *Être mécontent du résultat de ses démarches* ▸ déçu, dépité, désappointé. **3** *Un air mécontent* ▸ grincheux, grognon, maussade.

mécontent, ente n. *Les éternels mécontents* ▸ protestataire, ronchonneur (fam.), rouspéteur (fam.).

mécontentement n. m. *D'innombrables sujets de mécontentement* ▸ colère, contrariété, déplaisir (litt.), désagrément, grogne, irritation, rogne (fam.).

mécontenter v. *Elle fait tout pour le mécontenter* ▸ agacer, contrarier, déplaire à, fâcher, irriter.

mécréant, ante adj. et n. ▸ athée, incroyant, libre penseur.

médaille n. f. *Une médaille militaire* ▶ décoration, insigne.

médailler v. *Médailler un ancien combattant* ▶ décorer.

médailliste n. 1 *Les publications d'un médailliste* ▶ numismate. 2 *L'atelier d'un médailliste* ▶ médailleur.

médecin n. m. ▶ docteur, praticien, thérapeute, toubib (fam.).

médiateur, trice n. *Servir de médiateur entre deux parties* ▶ arbitre, conciliateur, intermédiaire, négociateur.

médiation n. f. *La paix ne pourra pas se faire sans la médiation des puissances voisines* ▶ arbitrage, conciliation, entremise, interposition.

médical, ale adj. *Les propriétés médicales d'une plante* ▶ curatif, thérapeutique.

médicament n. m. ▶ remède.

médication n. f. Litt. *Prescrire une médication à un malade* ▶ cure, soins, thérapeutique, traitement.

médicinal, ale adj. *Une substance médicinale* ▶ médicamenteux.

médiéval, ale adj. ▶ moyenâgeux (vx).

médiocre adj. 1 *Un esprit médiocre* ▶ borné, étriqué, étroit, limité, mesquin, petit. 2 *Une note médiocre* ▶ insatisfaisant, insuffisant. 3 *Un salaire médiocre* ▶ faible, maigre, méchant, mince, modeste, modique, pauvre, petit, piètre.

médiocrement adv. *Ils sont médiocrement contents de votre initiative* ▶ faiblement, modérément, moyennement, ne...guère, peu.

médiocrité n. f. 1 *La médiocrité d'un revenu* ▶ insuffisance, maigreur, pauvreté, petitesse. 2 *La médiocrité d'un roman* ▶ faiblesse, indigence, inintérêt, minceur, pauvreté, platitude. 3 *La médiocrité d'un sentiment* ▶ bassesse, mesquinerie, petitesse.

médire v. 1 *Des petites vieilles qui passent leur temps à médire* ▶ cancaner, commérer (litt.), déblatérer (fam.), jaser, potiner (fam.), ragoter (litt.). 2 *Médire de ses voisins* ▶ clabauder sur (litt.), débiner (fam.), déblatérer sur (fam.), décrier, dénigrer, gloser sur, vilipender (litt.).

médisance n. f. 1 *Être victime de la médisance* ▶ dénigrement. 2 *Ne pas écouter les médisances* ▶ bavardage, cancan (fam.), clabauderie (litt.), commérage, on-dit, potin (fam.), racontar, ragot.

médisant, ante adj. ▶ cancanier, fielleux, malveillant, mauvaise langue (fam.), venimeux.

méditatif, ive adj. 1 *Écouter une plaidoirie d'un air méditatif* ▶ absorbé, pensif, recueilli, rêveur, songeur. 2 *Un esprit méditatif* ▶ contemplatif, rêveur.

méditation n. f. 1 *Passer de longues heures de méditation devant la mer* ▶ contemplation, recueillement. 2 *Se livrer à de sombres méditations* ▶ cogitation (fam.), pensée, réflexion.

méditer v. 1 *Méditer devant la tombe d'un grand homme* ▶ se recueillir, rêver, songer. 2 *Méditer sur l'avenir de l'humanité* ▶ philosopher, raisonner, réfléchir, spéculer. 3 *Méditer un plan* ▶ échafauder, imaginer, inventer, manigancer, mijoter (fam.), mûrir, ourdir (litt.), préparer, projeter, tramer.

médium n. *Avoir des dons de médium* ▶ extralucide, voyant.

médius n. m. ▶ majeur.

méduser v. ▶ confondre (litt.), ébahir, interloquer, pétrifier, sidérer, stupéfier.

meeting n. m. ▶ manifestation, rassemblement, réunion.

méfait n. m. 1 *Commettre un méfait* ▶ crime, faute, forfait, mauvais coup. 2 *Les méfaits du tabac* ▶ dégât, dommage, nuisance, ravage.

méfiance n. f. *Éprouver la plus grande méfiance à l'égard du mariage* ▶ défiance, doute, réserve, scepticisme, soupçons, suspicion.

méfiant, ante adj. ▶ circonspect, défiant, réservé, sceptique, soupçonneux, suspicieux.

méfier (se) v. 1 *Méfiez-vous, il est rusé* ▶ être sur ses gardes, faire attention, faire gaffe (fam.). 2 *Se méfier des flatteurs* ▶ se défier, se garder.

mégalomanie n. f. *Dénoncer la mégalomanie d'un chef d'État* ▶ folie des grandeurs, paranoïa.

mégaphone n. m. ▶ porte-voix.

mégaptère n. m. ▶ baleine à bosse, jubarte.

mégarde (par) adv. *Faire une erreur par mégarde* ▶ involontairement, par distraction, par étourderie, par inadvertance, par inattention, par négligence.

mégère n. f. ▶ dragon, furie, harpie, poison (fam.), sorcière, virago.

mégisserie n. f. ▶ peausserie, tannerie.

mégoter v. Fam. *Allez, ne mégotons pas!* ▶ lésiner.

meilleur, eure adj. *Voilà qui serait bien meilleur* ▶ mieux, préférable, supérieur.

meilleur, eure n. **1** *Le meilleur de la classe* ▶ premier. **2** *Donner le meilleur de son talent* ▶ quintessence. **3** *Prendre le meilleur sur ses concurrents* ▶ avantage, dessus.

méjuger v. Litt. ▶ méconnaître, mésestimer, sous-estimer.

mélancolie n. f. **1** *Une tendance pathologique à la mélancolie* ▶ dépression, hypocondrie (vx), neurasthénie. **2** *Un accès de mélancolie* ▶ abattement, cafard, morosité, nostalgie, spleen (litt.), tristesse, vague à l'âme. **3** *La mélancolie d'un paysage* ▶ tristesse.

mélancolique adj. **1** *Un tempérament mélancolique* ▶ bilieux, cafardeux, chagrin, dépressif, maussade, morose, neurasthénique, pessimiste, sombre, ténébreux (litt.), triste. **2** *Un poème aux accents mélancoliques* ▶ élégiaque, nostalgique.

mélancoliquement adv. ▶ pensivement, rêveusement, songeusement.

mélange n. m. **1** *Un produit qui procède du mélange de plusieurs éléments* ▶ amalgame, combinaison, fusion, mariage, mixtion, panachage, réunion, union. **2** *Un pays qui offre le spectacle d'un extraordinaire mélange de populations* ▶ brassage, fusion, métissage. **3** *Un mélange de douceur et de gravité* ▶ combinaison, composé. **4** *Présenter un mélange de spécialités orientales* ▶ assortiment, cocktail, mosaïque, patchwork, pot-pourri. **5** *Toutes ces histoires ont fini par faire un drôle de mélange* ▶ embrouillamini, enchevêtrement, fatras, fouillis, imbroglio, magma, méli-mélo (fam.), salade (fam.), salmigondis (fam.).

mélangé, ée adj. **1** *Une race mélangée* ▶ bâtard, croisé, hybride, mêlé, métissé. **2** *Une assistance mélangée* ▶ bigarré, composite, disparate, hétéroclite, varié. **3** *Un français mélangé de patois* ▶ mâtiné, mêlé.

mélanger v. **1** *Mélanger des fils de nylon* ▶ brouiller, emmêler, enchevêtrer, entrelacer, entremêler. **2** *Mélanger des noms* ▶ confondre, embrouiller. **3** *Mélanger des saveurs* ▶ allier, assembler, associer, combiner, fondre, joindre, marier, mêler, réunir, unir. **4** *Mélanger du beurre et de la farine* ▶ amalgamer, incorporer. **5** *Mélanger du whisky avec du soda* ▶ couper, mêler, panacher. **6** *Mélanger des cartes* ▶ battre, brasser, mêler.

mêlé, ée adj. **1** *Une race mêlée* ▶ bâtard, croisé, hybride, mélangé, métissé. **2** *Une société mêlée* ▶ bigarré, composite, disparate, hétéroclite, varié. **3** *Un français mêlé de patois* ▶ mâtiné, mélangé.

mêlée n. f. **1** *Leur affrontement s'est transformé en mêlée confuse* ▶ bagarre, bataille, combat, échauffourée, lutte, rixe. **2** *Perdre qqch dans la mêlée* ▶ cohue.

mêler v. **1** *Mêler des couleurs* ▶ allier, amalgamer, assembler, associer, combiner, fondre, joindre, marier, mélanger, réunir, unir. **2** *Mêler une substance à une autre* ▶ amalgamer, couper, incorporer, mélanger, panacher. **3** *Mêler la gentillesse à l'autorité* ▶ allier, joindre. **4** *Mêler qqn à une querelle* ▶ associer à, impliquer dans. **5 se mêler** *Se mêler à des réjouissances* ▶ s'associer, se joindre, participer, prendre part. **6** *Se mêler des affaires d'autrui* ▶ s'immiscer dans, s'ingérer dans, intervenir dans, s'occuper de. **7** *Se mêler de faire la cuisine* ▶ s'aviser.

méli-mélo n. m. Fam. *C'est devenu un tel méli-mélo que plus personne n'y comprend rien* ▶ embrouillamini (fam.), imbroglio, mélange, micmac (fam.), salade (fam.).

mélodie n. f. **1** *La mélodie d'une chanson* ▶ air. **2** *Chanter une mélodie* ▶ chanson, chant. **3** Fig. *La mélodie d'un vers* ▶ cadence, harmonie.

mélodieux, euse adj. ▶ chantant, harmonieux, musical, suave.

mélodramatique adj. *Elle lui a dit d'un ton mélodramatique qu'elle avait sacrifié pour lui les plus belles années de sa jeunesse* ▶ emphatique, grandiloquent, pompeux, ronflant, solennel.

melon d'eau n. m. ▶ pastèque.

membrane n. f. ▶ pellicule.

membre n. m. **1** *Les membres d'une organisation* ▶ adhérent, affilié, inscrit, sociétaire. **2 membre viril** ▶ pénis, verge.

même adj. **1** *Reviendra-t-il avec une même vigueur?* ▶ égal, équivalent, identique, pareil, semblable, similaire. **2 à même de** *Il est tout à fait à même de s'en sortir tout seul* ▶ apte à, capable de, en état de, en mesure de, susceptible de. **3 en même temps** ▶ à la fois, à l'unisson, conjointement, de concert, de conserve, de front, en accord, en bloc, en chœur, ensemble, simultanément.

même (de) adv. **1** *Vous devriez agir de même* ▶ de la même manière. **2** *Il est idiot et son fils de même* ▶ aussi, également, idem (fam.), itou (fam.), pareillement, semblablement. **3 tout de même** *C'est tout de même lui le meilleur* ▶ cependant, néanmoins, pourtant.

mémento n. m. 1 *Un mémento de chimie pratique* ▸ abrégé, aide-mémoire, compendium (litt.), épitomé (litt.), guide, manuel, synopsis, vade-mecum. 2 *Inscrire ses rendez-vous sur un mémento* ▸ agenda, aide-mémoire, bloc-notes, mémorandum, pense-bête, vade-mecum.

mémoire n. m. 1 *Recevoir le mémoire d'un entrepreneur* ▸ compte, facture, note. 2 *Rédiger un mémoire sur un point d'histoire* ▸ étude, monographie, traité. 3 Plur. *Écrire ses mémoires* ▸ autobiographie, souvenirs.

mémoire n. f. 1 *Garder la mémoire de qqch* ▸ souvenir, trace. 2 *de mémoire Dire un poème de mémoire* ▸ par cœur.

mémorable adj. ▸ fameux, glorieux, historique, inoubliable, marquant, remarquable.

mémorandum n. m. 1 *Rédiger un mémorandum* ▸ note. 2 *Inscrire ses rendez-vous sur un mémorandum* ▸ agenda, aide-mémoire, bloc-notes, mémento, pense-bête, vade-mecum.

mémorial n. m. ▸ chronique, histoire.

mémorialiste n. *Un article sur Balzac, mémorialiste de son temps* ▸ chroniqueur, historien.

mémoriser v. ▸ apprendre par cœur, enregistrer, retenir.

menaçant, ante adj. 1 *Des propos menaçants* ▸ comminatoire. 2 *Un avenir menaçant* ▸ inquiétant.

menace n. f. 1 *Obtenir qqch par la menace* ▸ intimidation. 2 *Une menace de guerre* ▸ danger, péril (litt.), risque.

menacé, ée adj. *Une espèce menacée* ▸ en danger, en péril.

menacer v. *Un toit qui menace de s'écrouler* ▸ risquer.

ménade n. f. Litt. ▸ bacchante, thyade (litt.).

ménage n. m. 1 *Un ménage heureux* ▸ couple. 2 *Faire remplir un formulaire par ménage* ▸ famille, feu (vx), foyer, maisonnée. 3 *Les soins du ménage* ▸ entretien, maison.

ménagement n. m. 1 *Traiter qqn avec ménagement* ▸ attention, délicatesse, égard, prévenance, soin. 2 *Annoncer un décès sans le moindre ménagement* ▸ délicatesse, précaution, tact.

ménager, ère adj. *L'économie ménagère* ▸ domestique, familial.

ménager v. 1 *Ménager ses forces* ▸ économiser, épargner. 2 *Ménager ses expressions* ▸ mesurer. 3 *Ménager ses effets* ▸ calculer, préparer. 4 *Ménager une entrevue entre deux personnes* ▸ arranger, organiser. 5 *Ménager à qqn la possibilité de s'éclipser discrètement* ▸ assurer, donner, fournir, garantir, procurer. 6 *Ménager un escalier dans un recoin* ▸ aménager, installer, pratiquer. 7 **se ménager** *Se ménager des moments de tranquillité* ▸ garder, se réserver.

ménagerie n. f. ▸ zoo.

mendiant, ante n. ▸ chemineau (vx), clochard, gueux (vx).

mendicité n. f. 1 *Vivre de mendicité* ▸ quémandage. 2 *Réduire qqn à la mendicité* ▸ misère.

mendier v. 1 *Mendier à la porte des églises* ▸ faire la manche (fam.). 2 Fig. *Mendier une faveur* ▸ implorer, quémander, quêter, solliciter.

menées n. f. pl. ▸ agissements, intrigues, machinations, manigances, manœuvres.

mener v. 1 *Mener des enfants à l'école* ▸ accompagner, amener, conduire, emmener. 2 *Mener les bêtes aux champs* ▸ conduire, guider. 3 *Un chemin qui ne mène nulle part* ▸ aboutir, conduire, déboucher. 4 *Une conversation qui mène qqn plus loin que prévu* ▸ embarquer, entraîner. 5 Fig. *Mener un pays avec énergie* ▸ administrer, commander, diriger, gérer, gouverner. 6 Fig. *Il lui mène la vie dure* ▸ rendre. 7 *Mener la danse* ▸ animer, entraîner. 8 **mener à bien** ▸ accomplir, achever, réaliser, réussir.

ménétrier n. m. Vx ▸ violoneux.

meneur d'hommes n. m. ▸ chef, dirigeant, leader.

méninges n. f. pl. Fam. *Faire travailler ses méninges* ▸ cerveau, cervelle.

ménopause n. f. ▸ retour d'âge.

mensonge n. m. 1 *Il ne raconte que des mensonges* ▸ blague (fam.), bobard (fam.), calembredaine, carabistouille (fam.), conte (litt.), contre-vérité, craque (fam.), fable (litt.), galéjade (fam.), histoire, invention, salade (fam.). 2 *Vivre dans le mensonge* ▸ artifice (litt.), duplicité, fausseté, fourberie, hypocrisie, imposture, mystification, tromperie. 3 Litt. *Le mensonge de la gloire* ▸ comédie, fiction, inanité, mirage, vanité.

mensonger, ère adj. 1 *Un récit mensonger* ▸ controuvé (litt.), erroné, faux, inexact. 2 *Des promesses mensongères* ▸ captieux (litt.), fallacieux, trompeur.

menstrues n. f. pl. ▸ règles.

mensualité n. f. 1 *Une somme payable par mensualités* ▸ mois. 2 *Faire le calcul des*

mental / 402

mensualités à verser aux employés ▶ appointements, salaire, traitement.

mental, ale adj. *L'activité mentale* ▶ cérébral, intellectuel, psychique.

mental n. m. *L'importance du mental dans les compétitions sportives* ▶ moral, psychisme.

mentalement adv. **1** *Ce chagrin l'a beaucoup éprouvé mentalement* ▶ moralement, psychiquement. **2** *Revenir mentalement sur un épisode important* ▶ intérieurement.

mentalité n. f. ▶ esprit, état d'esprit, psychologie.

menteur, euse adj. **1** *Un amant menteur* ▶ fourbe, hypocrite, perfide (litt.). **2** *Un enfant menteur* ▶ fabulateur, mythomane. **3** *Des propos menteurs* ▶ fallacieux, mensonger, trompeur.

menteur, euse n. *Démasquer un menteur* ▶ mystificateur.

mention n. f. **1** *Une mention en marge* ▶ indication, note. **2** *La mention discrète d'une scène pénible* ▶ évocation, rappel.

mentionner v. **1** *Mentionner un incident dans un rapport* ▶ citer, consigner, enregistrer, évoquer, indiquer, inscrire, noter, rapporter, signaler. **2** *Vous n'êtes pas mentionné dans ma liste* ▶ citer, marquer, nommer.

mentir v. **1** *Il ment sans arrêt* ▶ broder, fabuler, inventer. **2** *Il a essayé de nous mentir sur l'état de sa santé* ▶ abuser, berner, donner le change, duper, leurrer, mener en bateau (fam.), mystifier, tromper.

mentonnière n. f. ▶ jugulaire.

mentor n. m. Litt. ▶ directeur de conscience, guide.

menu, ue adj. **1** *Une enfant menue* ▶ délicat, filiforme, fin, fluet, gracile, grêle, mince. **2** *De menues dépenses* ▶ insignifiant, négligeable, petit. **3** *par le menu Raconter qqch par le menu* ▶ en détail, minutieusement.

menu n. m. *Apporter le menu à un client* ▶ carte.

méphistophélique adj. Litt. *Une secte méphistophélique* ▶ démoniaque, diabolique, infernal, lucifférien, satanique.

méphitique adj. *Des vapeurs méphitiques* ▶ asphyxiant, délétère, fétide, irrespirable, malsain, nocif, puant, toxique.

méprendre (se) v. Litt. *Se méprendre sur les intentions de qqn* ▶ s'abuser, faire erreur, faire fausse route, se fourvoyer, s'illusionner, se leurrer, se tromper.

mépris n. m. **1** *Un comportement qui ne mérite que le mépris* ▶ dédain, dégoût. **2** *Trai-* *ter les problèmes d'argent avec le plus parfait mépris* ▶ dédain, détachement, indifférence. **3** Litt. *Les nobles pleins de mépris* ▶ arrogance, hauteur, insolence, morgue, superbe (litt.).

méprisable adj. ▶ abject, bas, détestable, honteux, ignoble, ignominieux, indigne, infâme, misérable, vil.

méprisant, ante adj. ▶ arrogant, dédaigneux, fier, hautain.

méprise n. f. ▶ confusion, erreur, maldonne, malentendu, quiproquo.

mépriser v. **1** *Mépriser qqn* ▶ dédaigner, snober. **2** *Mépriser les honneurs* ▶ dédaigner, se désintéresser de, faire fi de (litt.), ne faire aucun cas de. **3** *Mépriser le danger* ▶ dédaigner, faire fi de (litt.), ignorer, se jouer de, se moquer de, se rire de.

mer n. f. **1** *Voguer sur la mer* ▶ flots, onde (litt.). **2** *La mer monte* ▶ marée. **3** Fig. *Une mer de difficultés* ▶ masse, océan, quantité, surabondance.

mercanti n. m. ▶ maquignon, margoulin (fam.), profiteur, trafiquant.

mercantile adj. ▶ avide, cupide, intéressé, rapace.

mercantilisme n. m. ▶ avidité, cupidité, rapacité.

mercatique n. f. ▶ marketing.

mercenaire adj. Litt. *Un écrivain mercenaire* ▶ stipendié, vénal.

merci n. f. **1** Vx *Demander merci* ▶ grâce, miséricorde (litt.). **2** *être à la merci de Être à la merci de qqn* ▶ dépendre de. **3 sans merci** *Une lutte sans merci* ▶ acharné, impitoyable, sans pitié.

mercure n. m. ▶ vif-argent (vx).

mercuriale n. f. Litt. ▶ admonestation, remontrance, réprimande, reproches.

mère n. f. **1** *Un petit garçon avec sa mère* ▶ maman (fam.). **2** Fig. *La mère de tous les vices* ▶ cause, origine, source.

méridional, ale adj. *La partie méridionale de la France* ▶ sud.

méritant, ante adj. *Un employé méritant* ▶ estimable, honorable, respectable.

mérite n. m. **1** *Devoir sa situation à son seul mérite* ▶ qualités, valeur. **2** *Son discours a eu au moins le mérite d'être bref* ▶ avantage.

mérité, ée adj. *Une sanction méritée* ▶ juste, justifié, légitime.

mériter v. **1** *Tout travail mérite salaire* ▶ donner droit à. **2** *Mériter l'estime de ses concitoyens* ▶ être digne de. **3** *Mériter un châtiment* ▶ encourir, être passible de, ris-

quer. 4 *Un spectacle qui mérite qu'on s'y attarde* ▶ valoir, valoir la peine de.

méritoire adj. *Faire un effort méritoire* ▶ louable.

merlin n. m. **1** *Fendre du bois avec un merlin* ▶ cognée, hache. **2** *Abattre un bœuf avec un merlin* ▶ masse.

merlu n. m. ▶ colin, lieu.

merveille n. f. **1** *Vous allez voir, c'est une merveille* ▶ bijou, chef-d'œuvre, joyau, miracle, prodige. **2 à merveille** *Voilà qui vous convient à merveille* ▶ admirablement, à ravir, divinement, impeccablement, parfaitement, remarquablement, superbement.

merveilleusement adv. *Un plat merveilleusement préparé* ▶ admirablement, délicieusement, divinement, impeccablement, parfaitement, remarquablement, splendidement, superbement.

merveilleux, euse adj. **1** Vx *Une lampe merveilleuse* ▶ magique. **2** *Un monde merveilleux* ▶ fabuleux, fantasmagorique, fantastique, féerique, surnaturel. **3** *Une intelligence merveilleuse* ▶ admirable, éblouissant, étincelant, étonnant, étourdissant, extraordinaire, fabuleux, fantastique, formidable, magnifique, miraculeux, prodigieux, sensationnel (fam.), splendide, superbe.

merveilleux n. m. *Étudier le merveilleux dans la littérature romantique* ▶ fantastique, surnaturel.

mésaventure n. f. *Il a fini par arriver après toutes sortes de mésaventures* ▶ déboire, incident, tribulation, vicissitude (litt.).

mésentente n. f. ▶ brouille, désaccord, désunion, discorde, dispute, dissension, divergence, division, froid, mésintelligence, tirage (fam.), zizanie.

mésestimer v. Litt. *J'ai longtemps mésestimé son talent* ▶ méconnaître, méjuger de (litt.), sous-estimer, se tromper sur.

mésintelligence n. f. ▶ brouille, désaccord, désunion, discorde, dispute, dissension, divergence, division, froid, mésentente, zizanie.

mesquin, ine adj. **1** *Vous allez avoir l'air mesquin si vous donnez si peu* ▶ avare, avaricieux (litt.), chiche, ladre (litt.), parcimonieux, radin (fam.). **2** *Un esprit mesquin* ▶ bas, borné, étriqué, étroit, limité, médiocre, petit. **3** *Un procédé mesquin* ▶ bas, médiocre, minable, sordide.

mesquinement adv. ▶ chichement, parcimonieusement, petitement.

mesquinerie n. f. **1** *Gérer son intérieur avec mesquinerie* ▶ avarice, ladrerie (litt.), lésine (litt.), parcimonie, radinerie (fam.). **2** *Un acte qui dénote la mesquinerie* ▶ bassesse, étroitesse d'esprit, médiocrité, petitesse.

mess n. m. ▶ popote (fam.).

message n. m. **1** *S'acquitter d'un message* ▶ commission. **2** *Un message adressé à la population* ▶ annonce, avis, communication, communiqué, déclaration.

messager, ère n. ▶ courrier, émissaire, envoyé.

messe n. f. **1** *Assister à la messe de six heures* ▶ office, service. **2 messes basses** Fig. *Faire des messes basses* ▶ aparté.

messie n. m. ▶ sauveur.

mesurable adj. ▶ appréciable, calculable, évaluable, quantifiable.

mesurage n. m. *Le mesurage d'une surface* ▶ arpentage, mesure.

mesure n. f. **1** *Procéder à la mesure d'une distance* ▶ détermination, évaluation, mesurage. **2** *Vérifier une mesure* ▶ dimension, grandeur. **3** Plur. *Les mesures de qqn* ▶ mensurations. **4** *Le mètre est une mesure de longueur* ▶ étalon, unité. **5** *Une mesure de farine* ▶ dose, ration. **6** *Danser en mesure* ▶ cadence, rythme. **7** Fig. *Prendre les mesures qui s'imposent pour éviter tout incident* ▶ disposition, précaution. **8** Fig. *S'exprimer avec mesure* ▶ modération, pondération, retenue. **9** Fig. *Consommer avec mesure* ▶ modération, sobriété, tempérance. **10** Fig. *Dépasser la mesure* ▶ bornes, limites. **11 dans la mesure de** *Dans la mesure de ses capacités* ▶ à proportion de, selon. **12 être en mesure de** *Être en mesure d'aider qqn* ▶ être à même de, être capable de, être en état de, pouvoir.

mesuré, ée adj. **1** *Avancer à pas mesurés* ▶ lent. **2** *Tenir des propos mesurés* ▶ modéré, pondéré.

mesurer v. **1** *Mesurer un champ* ▶ arpenter, métrer. **2** *Mesurer le volume d'une citerne* ▶ cuber, jauger. **3** *Mesurer les risques d'une expédition* ▶ apprécier, calculer, déterminer, estimer, étudier, évaluer, prévoir, quantifier, supputer. **4** *Mesurer le châtiment à la faute* ▶ proportionner, régler sur. **5** *Mesurer ses expressions* ▶ ménager. **6** *Le temps nous est mesuré* ▶ compter, limiter. **7 se mesurer** *Des adversaires qui se mesurent* ▶ s'affronter, se battre, lutter, s'opposer, rivaliser. **8** *Se mesurer au danger* ▶ affronter, braver.

métamorphosable adj. ▶ changeable, modifiable, transformable.

métamorphose n. f. **1** *Les métamorphoses de la chenille* ▶ mutation, transformation. **2** Fig. *La métamorphose d'un caractère à la suite d'un événement marquant* ▶ transfiguration.

métamorphosé, ée adj. *Un paysage entièrement métamorphosé* ▶ méconnaissable, nouveau.

métamorphoser v. **1** *Les alchimistes voulaient métamorphoser le plomb en or* ▶ changer, convertir, transformer, transmuer (litt.). **2** Fig. *Son succès l'a métamorphosé* ▶ transfigurer, transformer. **3 se métamorphoser** *Le ver à soie se métamorphose en bombyx* ▶ se changer en, se transformer en. **4** Fig. *Un caractère qui se métamorphose peu à peu* ▶ changer, évoluer, se modifier, se transformer.

métaphorique adj. *S'exprimer dans un style très métaphorique* ▶ figuré, imagé.

métathèse n. f. *Une évolution phonétique par métathèse des voyelles* ▶ interversion, permutation, transposition.

métempsycose n. f. *Croire à la métempsycose* ▶ réincarnation.

météore n. m. ▶ bolide, étoile filante.

météorisme n. m. ▶ flatulence.

météorite n. m. ou f. ▶ aérolithe.

méthode n. f. **1** *Un raisonnement affecté par de graves fautes de méthode* ▶ méthodologie. **2** *Le triomphe de la méthode à l'âge classique* ▶ logique. **3** *Les différentes méthodes de fabrication de l'acier* ▶ formule, manière, mode, procédé, procédure, système, technique. **4** Fam. *Il n'y a pas 36 méthodes pour y arriver* ▶ moyen, procédé, recette, tactique, voie.

méthodique adj. **1** *Un travail méthodique* ▶ régulier, systématique. **2** *Un esprit méthodique* ▶ cartésien, logique, ordonné, rationnel, rigoureux, systématique.

méthodiquement adv. ▶ rationnellement, régulièrement, systématiquement.

méticuleusement adv. ▶ attentivement, minutieusement, soigneusement.

méticuleux, euse adj. **1** *Un ouvrier méticuleux* ▶ attentif, consciencieux, minutieux, scrupuleux, soigneux. **2** *Un travail méticuleux* ▶ minutieux, précis, soigné.

méticulosité n. f. Litt. ▶ minutie, scrupule, soin.

métier n. m. **1** *Avoir un métier intéressant* ▶ boulot (fam.), fonction, gagne-pain (fam.), job (fam.), profession, travail. **2** *Le métier de menuisier* ▶ condition (vx), état (vx). **3** *Le métier des critiques n'est pas de chercher à plaire* ▶ fonction, rôle. **4** *Un artiste qui a du métier* ▶ expérience, habileté, maîtrise, pratique, savoir-faire, technique.

métis adj. et n. ▶ sang-mêlé (vx).

métissage n. m. ▶ croisement, hybridation.

métissé, ée adj. **1** *Une race métissée* ▶ bâtard, croisé, hybride, mélangé, mêlé. **2** Spécialement pour un chien ▶ bâtard, mâtiné.

métisser v. *Métisser des plantes* ▶ croiser, hybrider.

métrer v. *Métrer un terrain* ▶ arpenter, mesurer.

métrique n. f. *Un traité de métrique latine* ▶ versification.

métropole n. f. **1** *Un colonial submergé par la nostalgie de la métropole* ▶ mère patrie. **2** *Une métropole régionale* ▶ capitale, centre.

mets n. m. ▶ aliment, plat.

mettable adj. *Un vêtement mettable* ▶ portable.

metteur en scène n. m. ▶ cinéaste, réalisateur.

mettre v. **1** *Mettre des objets sur une table* ▶ déposer, placer, poser. **2** *Mettre ses chemises dans un placard* ▶ fourrer (fam.), ranger. **3** *Mettre des fleurs dans un vase* ▶ arranger, disposer. **4** *Mettre une lettre dans une enveloppe* ▶ glisser, insérer, introduire. **5** *Mettre un ami dans la chambre du fond* ▶ caser (fam.), installer, loger. **6** *Mettre des sentinelles au coin d'une rue* ▶ camper, disposer, établir, poster. **7** *Mettre de la peinture ou une affiche sur un mur* ▶ appliquer, apposer, étendre. **8** *Mettre ses coudes sur la table* ▶ appuyer, poser. **9** *Mettre des bottes ou un manteau* ▶ chausser, endosser, enfiler, passer, revêtir. **10** *Mettre son nom sur une liste* ▶ consigner, coucher, écrire, inscrire, marquer, mentionner, noter, porter. **11** *Mettre de l'argent dans une entreprise* ▶ engager, investir, placer. **12** *Mettre de l'argent sur un cheval* ▶ miser. **13** *Mettre la radio* ▶ allumer. **14** *Mettre la table* ▶ dresser. **15 se mettre** *Se mettre dans un fauteuil* ▶ se carrer, s'installer, se placer. **16** *Se mettre à un travail* ▶ s'atteler à, commencer.

meuble adj. **1** *Des biens meubles* ▶ mobilier. **2** *Une terre meuble* ▶ souple.

meuble n. m. Plur. *Des meubles de style* ▶ ameublement, mobilier.

meublé n. m. ▶ garni (vx).

meubler v. 1 *Meubler une cuisine* ▸ aménager, équiper, garnir. 2 Fig. *Meubler sa mémoire* ▸ enrichir, étoffer, nourrir. 3 Fig. *Meubler son temps* ▸ occuper, remplir.

meuglement n. m. ▸ beuglement, mugissement.

meugler v. ▸ beugler, mugir.

meunerie n. f. ▸ minoterie.

meurtre n. m. ▸ assassinat, crime, homicide.

meurtrier, ère adj. *Un accident, un combat meurtrier* ▸ mortel, sanglant.

meurtrier, ère n. ▸ assassin, criminel, homicide, tueur.

meurtrir v. 1 *Le coup lui a meurtri l'épaule* ▸ contusionner, endolorir. 2 *Meurtrir un fruit* ▸ cotir (vx), taler. 3 Fig. et litt. *Meurtrir un cœur* ▸ blesser, navrer (litt.).

meurtrissure n. f. 1 *Être tout couvert de meurtrissures* ▸ bleu (fam.), contusion. 2 *Une meurtrissure sur un fruit* ▸ cotissure (vx). 3 Fig. et litt. *Les meurtrissures du cœur* ▸ blessure, peine, plaie.

meute n. f. 1 *Une meute de loups* ▸ bande, horde, troupe. 2 Fig. *Une meute de créanciers* ▸ armada, armée, bataillon, cohorte, essaim, flopée (fam.), flot, foule, horde, kyrielle, légion, masse, multitude, myriade, nuée, quantité, régiment, ribambelle, tas, troupe.

mezzanine n. f. 1 *La mezzanine d'un théâtre* ▸ corbeille. 2 *La mezzanine d'un atelier d'artiste* ▸ loggia.

mezza-voce adv. ▸ à mi-voix, à voix basse, doucement.

miasme n. m. *Les miasmes fétides qui se dégagent d'un marais* ▸ effluve, émanation, exhalaison.

micheline n. f. ▸ automotrice, autorail.

mi-chemin (à) adv. ▸ à mi-distance.

micmac n. m. 1 Fam. *Comment vous vous y retrouvez dans tout ce micmac ?* ▸ écheveau, embrouillamini (fam.), enchevêtrement, imbroglio, maquis, méli-mélo (fam.). 2 Fam. *Une élection gangrenée par des micmacs politiciens* ▸ combine (fam.), embrouille (fam.), intrigue, machination, manigances, manœuvre.

microscopique adj. Fig. *Distinguer les détails les plus microscopiques* ▸ imperceptible, infime, infinitésimal, minime, minuscule.

Midi n. m. *Partir dans le Midi* ▸ Sud.

miel n. m. Fig. et litt. *Des paroles pleines de miel* ▸ amabilité, douceur, onctuosité (litt.).

mielleusement adv. ▸ doucereusement, onctueusement.

mielleux, euse adj. Fig. *Un ton mielleux* ▸ doucereux, mièvre, onctueux, patelin (litt.), sucré.

miette n. f. 1 *Des miettes de gâteau* ▸ bribe, brisure, débris. 2 *Mettre un verre en miettes* ▸ morceau, pièce. 3 Fig. *Ne pas perdre une miette de son assurance* ▸ atome, brin, once.

mieux adj. *Il est mieux de se taire* ▸ meilleur, préférable.

mieux n. m. *Un mieux dans l'état d'un malade* ▸ amélioration, progrès.

mieux mieux (à qui) adv. Fam. *S'injurier à qui mieux mieux* ▸ à l'envi (litt.), tant et plus.

mièvre adj. *Une grâce un peu mièvre* ▸ affecté, maniéré, mignard (litt.), sucré.

mièvrerie n. f. ▸ affectation, afféterie (litt.), maniérisme, mignardise (litt.), préciosité.

mignard, arde adj. Litt. *Prendre des poses mignardes* ▸ affecté, maniéré, mièvre.

mignardise n. f. 1 Litt. *La mignardise d'un style* ▸ afféterie (litt.), joliesse (litt.), maniérisme, mièvrerie, préciosité. 2 Plur. et litt. *Une coquette qui fait des mignardises* ▸ chichis (fam.), façons, grâces, manières, minauderies, mines, simagrées, singeries.

mignon, onne adj. 1 Litt. *Avoir le pied mignon* ▸ délicat, gracieux, joli. 2 *Qu'ils sont mignons, ces enfants!* ▸ adorable, charmant, craquant (fam.), gentil. 3 *Il paraît que le nouveau chef de service est vraiment mignon* ▸ à croquer (fam.), chou (fam.), craquant (fam.).

mignon n. m. Vx *Les mignons d'Henri III* ▸ giton (litt.).

migraine n. f. ▸ céphalalgie, céphalée, mal de tête.

migrateur, trice adj. ▸ nomade, voyageur.

migration n. f. 1 *Les migrations des Barbares* ▸ invasion. 2 *Les migrations saisonnières* ▸ déplacement.

mijaurée n. f. ▸ bêcheuse (fam.), chichiteuse (fam.), pimbêche, prétentieuse.

mijoter v. 1 *Un pot-au-feu qui mijote doucement* ▸ cuire, mitonner. 2 *Mijoter un plat* ▸ cuisiner, mitonner, préparer. 3 Fig. *Je me demande ce qu'il mijote* ▸ combiner, fricoter (fam.), manigancer, ourdir (litt.), préparer, tramer.

milieu n. m. 1 *Le milieu d'une cible* ▸ centre. 2 *Des extrémistes pour lesquels il n'y a pas de milieu* ▸ entre-deux, intermédiaire, moyen terme. 3 *Le milieu marin* ▸ biotope, élément, environnement. 4 *S'adapter à un* *nouveau milieu* ▶ ambiance, atmosphère, cadre, décor, environnement. **5** *Des gens de milieux très différents* ▶ classe sociale, condition, monde, sphère, univers. **6** *Le milieu marseillais* ▶ pègre. **7 juste milieu** ▶ compromis, moyen terme. **8 au milieu de** *S'arrêter au milieu du parcours* ▶ à la moitié de. **9** *Vivre au milieu des arbres* ▶ entre, parmi. **10** *Vivre au milieu des plaisirs* ▶ au sein de, dans. **11** *Être pris de malaise au milieu d'un oral* ▶ au cours de, durant, pendant.

militaire n. m. ▶ soldat.

militant, ante adj. *Une politique militante* ▶ activiste.

militer v. **1** *Militer contre les massacres d'animaux* ▶ combattre, s'engager, lutter. **2** Fig. *Cet argument milite en sa faveur* ▶ parler, plaider.

millénaire adj. *Une tradition millénaire* ▶ immémorial, séculaire.

mille-pattes n. m. ▶ scolopendre.

millésime n. m. *Un vin d'un excellent millésime* ▶ année, cuvée.

milliardaire n. m. ▶ nabab.

million n. m. ▶ bâton (fam.), brique (fam.).

mimer v. **1** *Toute sa vie il aura cherché à mimer les attitudes de son père* ▶ copier, imiter, reproduire. **2** *Méfiez-vous, c'est un hypocrite qui ne fait que mimer la passion* ▶ affecter, contrefaire, feindre, jouer, simuler, singer.

mimique n. f. *Une mimique de dégoût* ▶ expression, grimace, moue, rictus.

mimodrame n. m. ▶ pantomime.

minable adj. **1** *Un aspect minable* ▶ lamentable, misérable, pitoyable. **2** Fam. *Un salaire minable* ▶ de rien du tout, dérisoire, infime, insignifiant, maigre, méchant, misérable, miteux (fam.), pauvre. **3** Fam. *Un résultat minable* ▶ affligeant, calamiteux, consternant, déplorable, dérisoire, désastreux, exécrable, lamentable, misérable, miteux (fam.), navrant, nul, piètre, piteux, pitoyable. **4** Fam. *Un procédé minable* ▶ bas, médiocre, méprisable, mesquin, sordide.

minable n. *Ils veulent me remplacer par ce minable!* ▶ incapable, minus (fam.), moins que rien (fam.), nul (fam.), pauvre type (fam.).

minauderies n. f. pl. ▶ chichis (fam.), coquetteries, façons, grâces, manières, mignardises (litt.), mines, simagrées, singeries.

minaudier, ère adj. ▶ affecté, chichiteux, maniéré, poseur.

mince adj. **1** *Avoir la taille mince* ▶ délié, élancé, fin, fuselé, menu, svelte. **2** *Un mince filet d'eau* ▶ ténu. **3** Fig. *De minces revenus* ▶ faible, limité, maigre, malheureux, médiocre, modeste, modique, pauvre, petit. **4** Fig. *Ce n'est pas une mince affaire* ▶ insignifiant, négligeable, petit.

minceur n. f. *La minceur de sa taille* ▶ finesse, gracilité, sveltesse.

mincir v. **1** *Un régime pour mincir* ▶ maigrir. **2** *Le noir mincit* ▶ amincir. **3** *Elle a beaucoup minci* ▶ s'amincir.

mine n. f. **1** *Exploiter une mine de diamants* ▶ gisement. **2** Fig. *Ces carnets sont une mine inépuisable pour les historiens* ▶ filon, fonds, gisement, source, trésor. **3** *Avoir une mine réjouie* ▶ expression, figure, physionomie, visage. **4** *Juger les gens sur la mine* ▶ air, apparence, aspect, dehors (litt.), extérieur. **5** Litt. *Une personne de belle mine* ▶ allure, maintien, prestance, tenue. **6** Plur. *Faire des mines* ▶ chichis (fam.), coquetteries, façons, grâces, manières, mignardises (litt.), minauderies, simagrées, singeries.

miner v. **1** *Un fleuve qui mine ses berges* ▶ affouiller, attaquer, creuser, éroder, ronger, saper. **2** Fig. *Une population minée par l'alcoolisme* ▶ affaiblir, consumer, dévorer, ravager, ronger, ruiner, user.

mineur, eure adj. **1** *Un problème mineur* ▶ accessoire, annexe, marginal, secondaire, subsidiaire. **2** *Une fonction mineure* ▶ subalterne.

miniature n. f. **1** *Les miniatures des anciens manuscrits* ▶ enluminure. **2** *Toute une ville en miniature* ▶ modèle réduit, réduction.

minime adj. **1** *Tout était reproduit, jusqu'aux détails les plus minimes* ▶ imperceptible, infime, infinitésimal, microscopique, minuscule. **2** *Une somme minime* ▶ dérisoire, infime, insignifiant, négligeable.

minimiser v. *Minimiser la valeur d'un bien pour frauder le fisc* ▶ minorer, sous-estimer, sous-évaluer.

minimum adj. *Le tarif minimum* ▶ minimal, plancher.

minimum n. m. **1** *En faire le minimum* ▶ moins possible. **2 au minimum** *Cela vaut au minimum le double* ▶ au bas mot, au moins, pour le moins.

ministère n. m. **1** Vx *S'acquitter des obligations de son ministère* ▶ charge, emploi, fonction. **2** Spécialement à propos d'un prêtre ▶ sacerdoce. **3** Vx *Proposer son ministère pour faciliter une négociation* ▶ bons offices, concours, entremise, intervention. **4** *Obtenir un ministère dans le nouveau gouver-*

misérable

nement ▶ département, maroquin (fam.), portefeuille. **5** *Provoquer la chute du ministère* ▶ cabinet (vx), gouvernement. **6 ministère public** ▶ parquet.

ministériel, elle adj. ▶ gouvernemental.

ministre du culte n. m. ▶ ecclésiastique, pasteur, prêtre.

minois n. m. *Un joli minois* ▶ figure, frimousse (fam.), visage.

minorer v. *Minorer la valeur d'un bien pour frauder le fisc* ▶ minimiser, sous-estimer, sous-évaluer.

minorité n. f. **1** *Une minorité de la population* ▶ frange. **2** *Les députés de la minorité* ▶ opposition.

minuscule adj. **1** *Des êtres minuscules* ▶ lilliputien, microscopique. **2** *Ils n'ont obtenu de l'État qu'une aide minuscule* ▶ dérisoire, infime, insignifiant, minime, négligeable.

minute n. f. **1** *Je reviens dans une minute* ▶ instant, moment, seconde. **2** *La minute d'un jugement* ▶ acte, original.

minutie n. f. *Faire un travail avec la plus grande minutie* ▶ application, attention, conscience, méticulosité (litt.), précision, rigueur, scrupule, soin.

minutieusement adv. *Il les a minutieusement examinés les uns après les autres* ▶ consciencieusement, méticuleusement, scrupuleusement, soigneusement.

minutieux, euse adj. ▶ appliqué, attentif, consciencieux, exigeant, méticuleux, pointilleux, rigoureux, scrupuleux, soigneux.

miracle n. m. *C'est un miracle qu'il s'en soit sorti* ▶ merveille, prodige.

miraculeux, euse adj. **1** *Une apparition miraculeuse* ▶ surnaturel. **2** *Ce spectacle a eu un succès miraculeux* ▶ extraordinaire, fabuleux, inespéré, merveilleux, prodigieux, sensationnel, stupéfiant.

mirage n. m. Fig. *Poursuivre les mirages de la gloire* ▶ chimère, fantasme, fantôme, illusion, leurre, rêve.

mirer (se) v. Litt. *Se mirer dans l'eau d'une fontaine* ▶ se contempler, s'examiner, s'observer, se regarder.

mirifique adj. *Une proposition mirifique* ▶ colossal, ébouriffant, époustouflant, extraordinaire, fabuleux, faramineux (fam.), mirobolant (fam.), phénoménal.

mirobolant, ante adj. Fam. *Une offre mirobolante* ▶ colossal, ébouriffant, époustouflant, extraordinaire, fabuleux, faramineux (fam.), mirifique, phénoménal.

miroir n. m. **1** *Se coiffer devant un miroir* ▶ glace. **2** Fig. *Ce roman est le miroir même de la réalité* ▶ image, peinture, reflet, représentation, reproduction, tableau. **3 miroir aux alouettes** Fig. *Ces promesses mirifiques ne sont qu'un miroir aux alouettes* ▶ attrape-nigaud, leurre.

miroitement n. m. *Admirer le miroitement de la lumière sur les eaux* ▶ chatoiement, éclat, flamboiement, scintillement.

miroiter v. **1** *Un lac qui miroite au soleil* ▶ briller, chatoyer, étinceler, flamboyer, luire, scintiller. **2** Fig. *Ils lui ont fait miroiter la possibilité d'une promotion* ▶ espérer.

misanthrope adj. ▶ asocial, sauvage, solitaire.

misanthrope n. ▶ ermite, ours.

mise n. f. **1** *Gagner toute la mise* ▶ cave, enjeu, poule. **2** *Une mise soignée* ▶ habillement, tenue, toilette. **3 mise à jour** *Procéder à la mise à jour du matériel* ▶ actualisation, modernisation. **4 mise au point** *La mise au point d'un moteur* ▶ réglage. **5** Fig. *La mise au point de ce plan a demandé plusieurs années* ▶ conception, élaboration, gestation, préparation. **6** Fig. *Une situation qui nécessite une mise au point* ▶ débat, discussion, explication. **7 mise de fonds** *Un projet qui demande une importante mise de fonds* ▶ investissement, participation, placement. **8 mise en circulation** *La mise en circulation d'une nouvelle monnaie* ▶ diffusion, émission, lancement. **9 mise en demeure** *Une mise en demeure inacceptable* ▶ diktat, injonction, sommation, ukase, ultimatum. **10 mise en garde** *Recevoir une amicale mise en garde* ▶ avertissement. **11 mise en place** *La mise en place d'un parquet* ▶ installation, placement, pose. **12** *La mise en place d'un nouveau régime* ▶ constitution, établissement, instauration. **13 mise en route** *La mise en route d'un nouveau chantier* ▶ démarrage, lancement. **14 mise en scène** *La mise en scène d'un film* ▶ réalisation. **15 mise en valeur** *La mise en valeur de terres en friche* ▶ amendement, bonification, valorisation.

miser v. **1** *Inviter les joueurs à miser* ▶ caver. **2** *Miser 1000 francs sur un cheval* ▶ jouer, parier, risquer. **3** *Miser sur la loyauté de qqn* ▶ compter, faire fond.

misérable adj. **1** *Des gens misérables qui ne mangent pas à leur faim* ▶ impécunieux (litt.), indigent, miséreux, nécessiteux.

misérable

2 *Un quartier misérable* ▸ minable (fam.), miséreux, miteux, pouilleux, sordide. **3** *Un salaire misérable* ▸ dérisoire, insignifiant, malheureux, méchant, minable (fam.), miteux, pauvre, piètre. **4** *Un sort misérable* ▸ déplorable, infortuné (litt.), lamentable, malheureux, pitoyable.

misérable n. *Ce misérable ne mérite aucune pitié* ▸ coquin (vx et litt.), fripon (vx et litt.), scélérat.

misérablement adv. **1** *Vivre misérablement* ▸ miteusement. **2** *Traîner misérablement dans la rue* ▸ lamentablement, pitoyablement, tristement.

misère n. f. **1** *Vivre dans la misère* ▸ dénuement, indigence. **2** *Il lui est arrivé toutes sortes de misères* ▸ ennui, infortune (litt.), malheur, pépin (fam.), problème. **3** *Sombrer dans un état de profonde misère psychologique* ▸ détresse. **4** *Se quereller pour une misère* ▸ bagatelle, bricole (fam.), broutille, rien, vétille.

miséreux, euse adj. **1** *Une famille miséreuse* ▸ impécunieux (litt.), indigent, misérable, nécessiteux. **2** *Un quartier miséreux* ▸ minable (fam.), misérable, miteux, pouilleux, sordide.

miséreux, euse n. *Une bande de miséreux* ▸ crève-la-faim (fam.), gueux (vx), loqueteux, mendiant, meurt-de-faim (vx), pouilleux.

miséricorde n. f. **1** *Éprouver un vif sentiment de miséricorde pour les malheurs d'autrui* ▸ commisération, compassion, pitié. **2** Litt. *Ce scélérat n'obtiendra aucune miséricorde* ▸ clémence, grâce, indulgence, merci (vx), pardon.

miséricordieux, euse adj. ▸ bon, charitable, clément, humain.

missel n. m. ▸ livre de messe, paroissien.

missile n. m. *Un sous-marin lanceur de missiles* ▸ engin.

mission n. f. **1** *S'acquitter d'une mission* ▸ charge, commission, mandat, office. **2** *Faire partie d'une mission officielle* ▸ délégation. **3** *La mission de l'art et des artistes* ▸ but, destination, fonction, objectif, raison d'être, rôle, tâche, travail, vocation. **4** *mission diplomatique* ▸ ambassade, légation.

missionnaire n. m. ▸ évangélisateur, prédicateur.

missive n. f. Litt. *Envoyer une missive* ▸ billet, épître (vx), lettre, mot.

mi-temps n. f. **1** *Profiter de la mi-temps pour se reposer un peu* ▸ pause. **2** *Marquer à la deuxième mi-temps* ▸ période.

miteux, euse adj. *L'aspect extérieur est assez miteux, mais l'intérieur est très propre* ▸ lamentable, minable (fam.), misérable, pitoyable, pouilleux, sordide.

mithridatiser v. ▸ accoutumer, immuniser, insensibiliser.

mitigé, ée adj. *Éprouver des sentiments mitigés* ▸ mélangé, mêlé, nuancé, partagé.

mitonner v. **1** *Un pot-au-feu qui mitonne doucement* ▸ cuire, mijoter. **2** *Mitonner un bon petit plat* ▸ cuisiner, mijoter, préparer. **3** Fig. *Mitonner sa vengeance* ▸ mûrir, préparer. **4** Fig. *Mitonner son petit mari* ▸ cajoler, dorloter, soigner.

mitoyen, enne adj. *Deux propriétés mitoyennes* ▸ adjacent, attenant, contigu, voisin.

mitoyenneté n. f. ▸ contiguïté, voisinage.

mitrailler v. Fig. *Mitrailler qqn de questions* ▸ assaillir, bombarder.

mitraillette n. f. ▸ pistolet-mitrailleur.

mi-voix (à) adv. ▸ à voix basse, doucement, mezza voce.

mixeur n. m. ▸ batteur.

mixte adj. ▸ combiné, composé, hybride, mélangé, mêlé, panaché.

mixture n. f. *Une mixture pharmaceutique* ▸ composition, mélange.

mobile adj. **1** *Un pont mobile* ▸ volant. **2** *Un classeur à feuilles mobiles* ▸ amovible. **3** *Une population mobile* ▸ itinérant, nomade. **4** *Des reflets mobiles* ▸ changeant, chatoyant, fluctuant, variable. **5** *Un horaire mobile* ▸ adaptable, flexible, modulable, souple. **6** *Un caractère mobile* ▸ capricieux, changeant, fantasque, fluctuant, inconstant, instable, ondoyant, versatile.

mobile n. m. *Le mobile d'un crime* ▸ cause, motif, motivation, raison.

mobilier, ère adj. *Des biens mobiliers* ▸ meuble.

mobilier n. m. *Un mobilier Empire* ▸ ameublement, meubles.

mobilisateur, trice adj. *Un mot d'ordre mobilisateur* ▸ motivant.

mobiliser v. **1** *Mobiliser les forces de réserve* ▸ rappeler. **2** Fig. *Mobiliser tous ses amis pour organiser une fête* ▸ enrôler, recruter, réquisitionner. **3** Fig. *Il a réussi à mobiliser toute l'attention sur son projet* ▸ concentrer, focaliser.

mobilité n. f. **1** *La mobilité d'un horaire* ▸ souplesse. **2** *La mobilité de l'opinion pu-*

blique ► fluctuation, inconstance (péj.), instabilité (péj.), variabilité, versatilité (péj.).

mobylette n. f. N. dép. ► cyclomoteur, vélomoteur.

moche adj. Fam. ► laid, vilain.

modalité n. f. *Envisager différentes modalités de paiement* ► condition, formule, mode, type.

mode n. f. **1** Vx *Vivre à sa mode* ► convenance, fantaisie, guise, manière. **2** Vx *Reconstituer les modes d'une époque* ► coutume, habitude, mœurs, pratique, tradition, usage. **3** *Travailler dans la mode* ► confection, couture. **4** *La mode des jupes courtes* ► vogue. **5 à la mode** ► à la page (fam.), branché (fam.), dernier cri, en vogue, in (fam.), mode, tendance (fam.).

mode n. m. **1** *Un mode de paiement* ► condition, formule, modalité, type. **2** *Un mode de vie un peu original* ► forme, genre, style. **3 mode d'emploi** ► guide, notice.

modelé n. m. *Le peintre a bien rendu le modelé des joues de cet enfant* ► forme, relief.

modèle adj. **1** *Une maîtresse de maison modèle* ► accompli, achevé, consommé, idéal, incomparable, irréprochable, parfait. **2** *Une conduite modèle* ► édifiant, exemplaire. **3** *Un établissement modèle* ► pilote.

modèle n. m. **1** *Une copie qui ressemble à son modèle* ► original. **2** *Un modèle pour fabriquer diverses choses* ► canevas, gabarit, maquette, moule, patron. **3** *C'est le modèle même du Français moyen* ► archétype, étalon, exemple, parangon (litt.), spécimen, standard, type. **4** *Toute une génération a considéré Byron comme un modèle* ► idéal. **5** *Vouloir être modèle chez un grand couturier* ► mannequin. **6 modèle réduit** *Un modèle réduit d'avion* ► maquette. **7** *Toute une ville en modèle réduit* ► miniature, réduction.

modeler v. **1** *Modeler un objet dans de la glaise* ► façonner, sculpter. **2** Fig. *Modeler sa conduite d'après celle de qqn* ► conformer à, régler sur.

modérateur, trice adj. *L'élément modérateur d'une assemblée* ► conciliateur, médiateur, régulateur.

modération n. f. **1** *Faire preuve de modération dans ses répliques* ► mesure, pondération, retenue. **2** *Obtenir la modération d'une peine* ► adoucissement, diminution, réduction.

modéré, ée adj. **1** *Une chaleur modérée* ► doux, tempéré. **2** *Des prix modérés* ► abordable, doux, modique, raisonnable, sage. **3** *Des prétentions modérées* ► mesuré, modeste, sage. **4** *Des propos modérés* ► mesuré, pondéré. **5** *Être modéré dans ses plaisirs* ► mesuré, sobre, tempérant.

modérément adv. ► raisonnablement, sagement, sobrement.

modérer v. **1** *Modérer la progression de la consommation* ► freiner, limiter, ralentir. **2** *Modérer sa vitesse* ► réduire, restreindre. **3** *Modérer la vivacité d'une réponse* ► adoucir, atténuer, estomper, nuancer, pondérer, tempérer. **4** *Ne pas parvenir à modérer ses passions* ► apaiser, brider, calmer, contenir, refréner, réprimer, tempérer.

moderne adj. **1** *Une installation où l'on trouve tout ce qu'il y a de plus moderne* ► high tech, neuf, nouveau, récent. **2** *L'art moderne* ► actuel, contemporain. **3** *Chercher à avoir l'air moderne* ► à la mode, à la page (fam.), branché (fam.), in (fam.).

modernisation n. f. ► actualisation, aggiornamento, mise à jour, rénovation.

moderniser v. **1** *Moderniser une installation* ► rajeunir, rénover. **2** *Moderniser des méthodes de travail* ► actualiser, mettre à jour.

modernité n. f. ► nouveauté.

modeste adj. **1** *Une jeune fille à l'attitude modeste* ► chaste, convenable, correct, décent, discret, pudique, réservé, simple. **2** *Des ambitions modestes* ► limité, modéré, raisonnable, sage. **3** *Un salaire modeste* ► faible, maigre, médiocre, modique, petit. **4** *Un milieu modeste* ► humble, pauvre, simple.

modestement adv. *Vivre très modestement* ► chichement, humblement, petitement, simplement.

modestie n. f. **1** *Parler de ses succès avec la plus grande modestie* ► discrétion, humilité, pudeur, réserve, retenue, simplicité. **2** *La modestie d'un train de vie* ► médiocrité, modicité, petitesse.

modicité n. f. *La modicité d'une somme* ► insignifiance, médiocrité, petitesse.

modifiable adj. **1** *Une installation modifiable* ► convertible, transformable. **2** *Un texte modifiable* ► améliorable, perfectible, rectifiable.

modification n. f. **1** *Son éditeur lui a imposé la modification du premier chapitre* ► refonte, remaniement. **2** *Les modifications apportées à ce texte l'ont complètement défiguré* ► changement, correction, rectification, retouche, révision, transformation. **3** Spécialement pour un projet de

modifier

loi ou pour un contrat ▸ **amendement, avenant, rectificatif. 4** *Observer des modifications dans l'état de santé de qqn* ▸ **changement, évolution, transformation, variation. 5** *Spécialement en mauvaise part* ▸ **altération.**

modifier v. **1** *Modifier une installation* ▸ **changer, renouveler, transformer. 2** *Modifier un ouvrage* ▸ **changer, refondre, remanier, retoucher, réviser, revoir. 3** *Modifier le sens d'un texte* ▸ **changer, transformer. 4** *Spécialement en mauvaise part* ▸ **altérer, déformer, dénaturer, fausser. 5** *Modifier le cours d'un événement* ▸ **dévier, infléchir. 6** *À l'avenir, il faudra modifier ce genre d'habitudes* ▸ **améliorer, amender, changer, corriger, rectifier, réformer, transformer. 7 se modifier** *Son aspect s'est profondément modifié* ▸ **changer, évoluer, se transformer.**

modique adj. *Un salaire modique* ▸ **faible, maigre, médiocre, modeste, petit.**

modiquement adv. *Un travail très modiquement rétribué* ▸ **chichement, maigrement, médiocrement, modestement, petitement.**

modiste n. f. ▸ **chapelière.**

modulable adj. *Des horaires modulables* ▸ **adaptable, flexible, mobile, souple.**

modulation n. f. *Une voix aux modulations pathétiques* ▸ **accent, inflexion, intonation, tonalité.**

moduler v. *Moduler sa réplique en fonction de la personnalité de l'interlocuteur* ▸ **adapter, pondérer.**

moelleux, euse adj. **1** *Un aliment moelleux* ▸ **fondant, onctueux, tendre, velouté. 2** *Une étoffe moelleuse* ▸ **doux, souple. 3** *Un lit moelleux* ▸ **confortable, douillet.**

mœurs n. f. pl. **1** *Les mœurs des aborigènes* ▸ **coutumes, genre de vie, habitudes, pratiques, us** (litt.)**, usages. 2** *Méfiez-vous, mademoiselle, c'est un homme sans mœurs* ▸ **moralité, principes.**

moi n. m. *Avoir un moi envahissant* ▸ **ego, personnalité.**

moindre adj. **1** *Un objet de moindre valeur* ▸ **inférieur. 2** *C'est le moindre de mes soucis* ▸ **cadet, dernier.**

moine n. m. **1** *Une communauté de moines* ▸ **cénobite. 2** *Fig. Mettre un moine entre ses draps avant de se coucher* ▸ **chauffe-lit.**

moins (au) adv. **1** *Au moins ne perd-il pas son temps* ▸ **à tout le moins** (litt.)**, du moins, en tout cas, tout au moins. 2** *Il est au moins quatre heures* ▸ **au bas mot, au minimum, bien, facilement** (fam.)**.**

moins que rien n. m. ▸ **incapable, minable** (fam.)**, nullité.**

moiré, ée adj. ▸ **chatoyant, irisé, luisant.**

moirure n. f. **1** *Les moirures de l'eau au clair de lune* ▸ **chatoiement, reflet. 2** *Des moirures sur la tranche d'un livre* ▸ **bigarrure, marbrure.**

mois n. m. *Être payé par mois* ▸ **mensualité.**

moïse n. m. ▸ **couffin.**

moisir v. **1** *Laisser moisir une substance alimentaire* ▸ **chancir, se gâter, se piquer, pourrir. 2** *Fam. J'espère qu'on ne va pas moisir ici trop longtemps* ▸ **croupir, s'éterniser.**

moisson n. f. *Fig. Une ample moisson de renseignements* ▸ **collecte, récolte.**

moissonner v. **1** *Fig. Moissonner les titres* ▸ **accumuler, amasser, multiplier, récolter. 2** *Fig. et litt. Une guerre qui moissonne la jeunesse d'un pays* ▸ **décimer, faucher.**

moite adj. *Une chaleur moite* ▸ **humide.**

moitié n. f. **1** *À la moitié du parcours* ▸ **milieu. 2** *Fig. et fam. Sa chère moitié* ▸ **bourgeoise** (vx et fam.)**, épouse, femme, légitime** (fam.)**. 3 à moitié** *Un verre à moitié rempli* ▸ **à demi. 4 moitié-moitié** *Fam. Pour les gains, faisons moitié-moitié* ▸ **cinquante-cinquante** (fam.)**, fifty-fifty** (fam.)**. 5** *Fam. Vous avez apprécié? — Moitié-moitié* ▸ **couci-couça** (fam.)**, moyennement.**

môle n. m. ▸ **brise-lames, digue, jetée.**

molester v. ▸ **battre, brutaliser, étriller, frapper, malmener, maltraiter, mettre à mal, rudoyer, secouer** (fam.)**.**

mollasse adj. **1** *Des chairs mollasses* ▸ **flasque, inconsistant, mou. 2** *Fig. Un caractère mollasse* ▸ **apathique, faible, inconsistant, indolent, mou, nonchalant, somnolent.**

mollement adv. **1** *Reposer mollement sur un sofa* ▸ **indolemment** (litt.)**, languissamment, nonchalamment, paresseusement. 2** *Protester mollement* ▸ **faiblement, timidement.**

mollesse n. f. **1** *La mollesse d'un coussin* ▸ **moelleux, souplesse. 2** *Fig. Un caractère d'une rare mollesse* ▸ **apathie, atonie, faiblesse, indolence, langueur, nonchalance, somnolence.**

molletonner v. ▸ **doubler, fourrer, ouater.**

mollir v. **1** *Ces poires mollissent* ▸ **blettir, se ramollir. 2** *Fig. Le vent mollit* ▸ **baisser, décliner, diminuer, faiblir. 3** *Fig. Les troupes mollissent* ▸ **faiblir, flancher, fléchir, lâcher pied, lâcher prise, plier.**

molosse n. m. Litt. ▸ **dogue.**

moment n. m. **1** *Je n'ai pas un moment à moi* ▸ instant, minute, seconde. **2** *Pendant un certain moment on n'a rien entendu* ▸ laps de temps. **3** *Traverser des moments pénibles* ▸ époque, heure, jour, passage, période. **4** *Profiter du moment* ▸ circonstance, conjoncture, occasion. **5 à tout moment** ▸ à chaque instant, continuellement, sans cesse. **6 dans un moment** ▸ avant peu, bientôt, dans peu de temps, dans un instant, d'un moment à l'autre, incessamment, prochainement, sans tarder, sous peu, vite. **7 en ce moment** ▸ actuellement, à l'heure actuelle, aujourd'hui, de nos jours, maintenant. **8 pour le moment** ▸ actuellement, pour l'heure (litt.), pour l'instant.

momentané, ée adj. **1** *Une installation momentanée* ▸ provisoire, temporaire. **2** *Un plaisir momentané* ▸ bref, court, éphémère, fugace, passager.

momentanément adv. ▸ passagèrement, provisoirement, temporairement.

momifier v. **1** Fig. *L'âge a fini par lui momifier les chairs* ▸ dessécher, racornir. **2 se momifier** Fig. *Se momifier dans l'inaction* ▸ se fossiliser, se scléroser.

monacal, ale adj. **1** *La vie monacale* ▸ monastique. **2** Fig. *Un mode de vie monacal* ▸ ascétique, austère, rigoureux, spartiate. **3** Fig. *Un décor monacal* ▸ austère, dépouillé, nu.

monarchie n. f. *La monarchie espagnole* ▸ couronne, royauté.

monarchique adj. *Un président qui dispose de prérogatives monarchiques* ▸ régalien, royal.

monarchisme n. m. ▸ royalisme.

monarchiste adj. et n. ▸ royaliste.

monarque n. m. ▸ prince, roi, souverain.

monastère n. m. ▸ cloître, communauté, couvent.

monastique adj. ▸ monacal.

monceau n. m. *Une table qui disparaît sous un monceau de papiers* ▸ accumulation, amas, amoncellement, empilement, masse, tas.

monde n. m. **1** *La création du monde* ▸ cosmos, univers. **2** *Parcourir le monde* ▸ terre, globe, planète. **3** *Ne pas être du même monde* ▸ classe sociale, condition, milieu. **4** *Fréquenter le monde* ▸ beau monde (fam.), gentry, gotha, grand monde, gratin (fam.), haut du pavé (fam.), haute société. **5** *Fuir le monde* ▸ foule, public. **6** Fig. *Il y a un monde entre ces deux époques* ▸ abîme, gouffre, océan.

monder v. *Monder de l'orge* ▸ décortiquer, émonder.

mondial, ale adj. ▸ international, planétaire, universel.

mondialement adv. ▸ internationalement, universellement.

mondialisation n. f. ▸ internationalisation, planétarisation, universalisation.

moniale n. f. ▸ bonne sœur (fam.), nonne, religieuse, sœur.

monnaie n. f. **1** *Une monnaie forte* ▸ devise. **2** *Collectionner les monnaies anciennes* ▸ pièce. **3** *Ne pas avoir la monnaie* ▸ appoint.

monnayable adj. ▸ négociable, vendable.

monnayer v. **1** *Monnayer de l'or* ▸ monétiser. **2** *Monnayer ses actions* ▸ convertir, réaliser, vendre. **3** Fig. *Monnayer ses services* ▸ faire payer.

monocorde adj. *Une voix monocorde* ▸ monotone, uniforme.

monogramme n. m. ▸ chiffre.

monographie n. f. ▸ étude, mémoire, traité.

monolithe n. m. ▸ bloc.

monologue n. m. ▸ soliloque.

monologuer v. ▸ soliloquer.

monomanie n. f. ▸ idée fixe, obsession.

monopole n. m. Fig. *Prétendre que l'art est le monopole d'une élite* ▸ apanage (litt.), exclusivité, privilège.

monopolisation n. f. *Dénoncer la monopolisation des moyens de production par une poignée de spéculateurs* ▸ accaparement.

monopoliser v. ▸ accaparer, truster (fam.).

monotone adj. **1** *Un chant monotone* ▸ monocorde, uniforme. **2** Fig. *Un style monotone* ▸ ennuyeux, grisâtre, plat, terne, uniforme.

monotonie n. f. ▸ grisaille, uniformité.

monozygote adj. ▸ univitellin.

monsieur n. m. **1** *Le monsieur qui est venu tout à l'heure* ▸ bonhomme (fam.), gars, homme, individu, quidam, type (fam.). **2** *C'est devenu un monsieur* ▸ figure, notable, personnage, personnalité.

monstre adj. Fam. *Une fête monstre* ▸ colossal, énorme.

monstre n. m. **1** *Un monstre de foire* ▸ phénomène, prodige. **2** Fig. *Il paraît que ce monstre bat sa femme* ▸ barbare, sauvage. **3 monstre sacré** ▸ étoile, idole, star.

monstrueusement adv. *Être monstrueusement méchant* ▶ abominablement, affreusement, atrocement, effroyablement, épouvantablement, extrêmement, horriblement, inimaginablement, invraisemblablement, odieusement, prodigieusement.

monstrueux, euse adj. 1 *Un visage monstrueux* ▶ affreux, difforme, hideux, horrible, repoussant. 2 *Un animal d'une taille monstrueuse* ▶ colossal, démesuré, énorme, gigantesque, insensé, phénoménal, prodigieux. 3 *Un acte monstrueux* ▶ abominable, affreux, atroce, effrayant, effroyable, épouvantable, horrible, ignoble, inhumain, terrible.

monstruosité n. f. 1 *La tératologie est l'étude des monstruosités chez les êtres vivants* ▶ anomalie, difformité, malformation. 2 *Fig. Cette accusation est une monstruosité* ▶ abomination, atrocité, horreur, ignominie.

mont n. m. ▶ butte, colline, élévation, hauteur.

montage n. m. *Une chaîne de montage* ▶ assemblage.

montagne n. f. *Fig. Une montagne de paperasseries* ▶ accumulation, amas, amoncellement, empilement, monceau, tas.

montagneux, euse adj. *Un relief montagneux* ▶ accidenté, montueux (vx).

montant, ante adj. *Une gamme montante* ▶ ascendant.

montant n. m. 1 *Le montant des dépenses* ▶ somme, total. 2 *Le montant d'une fenêtre* ▶ jambage, portant.

mont-de-piété n. m. ▶ clou (fam.), crédit municipal.

monte n. f. ▶ accouplement, saillie.

montée n. f. 1 *Une montée de lait* ▶ poussée. 2 *La montée des eaux* ▶ élévation. 3 *La montée des prix* ▶ augmentation, hausse. 4 *La montée de la violence* ▶ accroissement, amplification, augmentation, crescendo, développement, intensification, progression. 5 *Être essoufflé après une montée* ▶ ascension, escalade, grimpée, grimpette (fam.). 6 *Habiter en haut d'une montée* ▶ côte, pente, rampe.

monter v. 1 *Monter sur un arbre* ▶ grimper, se hisser. 2 *Un ballon qui monte dans le ciel* ▶ s'élever. 3 *La tension monte* ▶ s'accentuer, s'amplifier, augmenter, croître, grandir, s'intensifier. 4 *Un acteur qui monte* ▶ percer. 5 *Monter une côte* ▶ escalader, gravir, grimper. 6 *Monter la selle d'un vélo* ▶ élever, exhausser, hausser, lever, relever, remonter, surélever. 7 *Monter une femelle* ▶ couvrir, saillir. 8 *Monter une entreprise* ▶ créer. 9 *Monter un moteur, les manches d'un chemisier, une tente* ▶ assembler, bâtir, dresser, installer. 10 *Monter un bijou* ▶ enchâsser, sertir. 11 *Monter un coup, une intrigue* ▶ arranger, combiner, échafauder, manigancer, organiser, ourdir (litt.), préparer, tisser, tramer. 12 **monter à la tête** Fig. *Ce succès lui est monté à la tête* ▶ enivrer, étourdir, griser. 13 **se monter** *Se monter en livres* ▶ s'équiper, se pourvoir. 14 *Se monter contre qqn* ▶ s'énerver, s'enflammer, s'exciter. 15 *Au total, ça va se monter à combien ?* ▶ atteindre, se chiffrer à, coûter, s'élever à, revenir à.

montgolfière n. f. ▶ ballon.

monticule n. m. ▶ butte, éminence, hauteur, mamelon, tertre.

montrable adj. Fam. *Ses copines ne sont pas montrables* ▶ présentable, sortable.

montre de (faire) v. ▶ afficher, étaler, exhiber, faire étalage de, faire parade de.

montrer v. 1 *Montrer qqch du doigt* ▶ désigner, indiquer, montrer [?], signaler. 2 *Montrer ses papiers à un agent* ▶ présenter. 3 *Montrer ses décorations avec fierté* ▶ arborer, étaler, exhiber, exposer. 4 *Montrer ses sentiments avec franchise* ▶ afficher, exprimer, extérioriser, manifester. 5 *Montrer de l'affection à qqn* ▶ marquer, témoigner. 6 *Il m'a montré comment faire* ▶ apprendre, dire, enseigner, expliquer. 7 *Ce dessin montre parfaitement comment on était habillé à l'époque* ▶ représenter, reproduire. 8 *Ce texte montre bien l'évolution des mœurs* ▶ décrire, dépeindre, peindre, raconter, rendre compte de, retracer. 9 *Ce document montre à l'évidence l'innocence de mon client* ▶ démontrer, établir, prouver. 10 *L'attitude de cet enfant montre un vrai caractère* ▶ annoncer, dénoter, indiquer, manifester, marquer, prouver, révéler, signaler, témoigner de. 11 *Une robe qui montre la forme du corps* ▶ dessiner, souligner. 12 *Un décolleté qui montre tout* ▶ découvrir, dénuder, dévoiler. 13 **se montrer** *Refuser de se montrer* ▶ paraître, se présenter. 14 *Se montrer en bonne compagnie* ▶ s'afficher, s'exhiber, parader. 15 *Une fleur qui commence à se montrer* ▶ apparaître, percer, poindre, sortir, surgir. 16 *Un plan qui se montre irréalisable* ▶ s'avérer, se révéler.

monture n. f. ▶ cheval, coursier (litt.), destrier (litt.).

monument n. m. **1** *Répertorier les principaux monuments d'une ville* ▶ bâtiment, construction, édifice. **2 monument funéraire** ▶ tombeau.

monumental, ale adj. **1** *Une construction aux proportions monumentales* ▶ grandiose, imposant, majestueux. **2** Fig. *Ce sujet nécessite une documentation monumentale* ▶ colossal, énorme, gigantesque, immense, prodigieux.

moquer (se) v. **1** *Se moquer des tics de qqn* ▶ s'amuser de, brocarder (litt.), se gausser de (litt.), railler, ridiculiser, rire de. **2** *Ce vendeur s'est moqué de vous* ▶ berner, duper, se ficher de (fam.), se payer la tête de (fam.), rouler (fam.), tromper. **3** *Se moquer de l'autorité* ▶ bafouer, braver, défier, narguer. **4** *Se moquer du danger* ▶ dédaigner, ignorer, se jouer de (litt.), méconnaître, mépriser. **5** *Vous pouvez faire ce que vous voulez, je m'en moque* ▶ se désintéresser de, se ficher de (fam.), se foutre de (fam.). **6** Litt. *Vous vous moquez, je pense?* ▶ s'amuser, blaguer (fam.), se divertir, plaisanter, rigoler (fam.), rire.

moquerie n. f. **1** *Être enclin à la moquerie* ▶ dérision, ironie, persiflage, raillerie. **2** *Accabler qqn de moqueries* ▶ brocard (vx), lazzi, plaisanterie, pointe, quolibet, sarcasme, trait.

moqueur, euse adj. *Il agace tout le monde avec son air moqueur* ▶ caustique, goguenard, gouailleur, ironique, narquois, persifleur, railleur, ricaneur.

moqueur, euse n. *Un moqueur impénitent* ▶ blagueur, facétieux, farceur, plaisantin.

moral, ale adj. **1** *La santé morale* ▶ mental, psychique, psychologique. **2** *L'élévation morale* ▶ intellectuel, spirituel. **3** *Une histoire morale* ▶ édifiant, exemplaire. **4** *Une conduite morale* ▶ honnête, probe, vertueux.

moral n. m. *L'importance du moral dans les compétitions sportives* ▶ mental, psychisme.

morale n. f. **1** *La morale d'une histoire* ▶ conclusion, enseignement, leçon, moralité. **2** *Respecter une certaine morale* ▶ déontologie, éthique, valeurs.

moralement adv. **1** *Agir moralement* ▶ honnêtement, vertueusement. **2** *Il est très atteint moralement* ▶ psychiquement, psychologiquement.

moralisateur, trice n. *Un insupportable moralisateur* ▶ prêcheur, sermonneur.

moraliser v. **1** Vx *Moraliser un enfant qui s'est mal conduit* ▶ admonester, chapitrer, morigéner, sermonner. **2** *Moraliser à tout propos* ▶ catéchiser, prêcher.

moralité n. f. **1** *La moralité d'une histoire* ▶ conclusion, enseignement, leçon, morale. **2** *Un homme sans moralité* ▶ conscience, mœurs, principes. **3** *Un recueil de moralités* ▶ apologue, maxime, sentence.

moratoire n. m. **1** *Décider le moratoire d'une créance* ▶ interruption, suspension. **2** *Accorder un moratoire à un débiteur* ▶ délai, répit, sursis.

morbide adj. **1** *Un état morbide* ▶ pathologique. **2** *Une jalousie morbide* ▶ maladif, pathologique. **3** *Une histoire morbide* ▶ malsain.

morceau n. m. **1** *C'est très bon, j'en reprendrai bien un morceau* ▶ part, portion, quartier. **2** *Un morceau de tissu* ▶ pièce. **3** *Posséder un morceau de terre du côté de Beaune* ▶ bout, coin, lopin, parcelle. **4** *Il nous a lu quelques morceaux de son prochain essai* ▶ extrait, fragment, page, passage. **5** *La table est couverte de morceaux de pain, de chocolat, de marrons glacés* ▶ bout, bribe, brisure, miette, parcelle. **6** *Après un choc pareil, il ne reste que des morceaux* ▶ débris, éclat, fragment, lambeau. **7 morceaux choisis** *Des morceaux choisis de la poésie française* ▶ anthologie, florilège.

morcelé, ée adj. *Ils n'ont pu obtenir que des informations morcelées* ▶ fragmentaire, incomplet, parcellaire.

morceler v. **1** *Morceler un domaine pour le vendre* ▶ découper, démembrer, dépecer, diviser, fractionner, fragmenter, lotir. **2** *Morceler un héritage entre trois personnes* ▶ diviser, partager, répartir.

morcellement n. m. **1** *Le morcellement d'un terrain* ▶ découpage, démembrement, division, fractionnement. **2** Spécialement pour le vendre ▶ lotissement. **3** *Le morcellement des forces politiques* ▶ atomisation, dispersion, éparpillement, fractionnement, fragmentation.

mordant, ante adj. **1** *Un froid mordant* ▶ âpre, cuisant, piquant, vif. **2** Fig. *Un pamphlet particulièrement mordant* ▶ acerbe, acide, caustique, corrosif, grinçant, incisif, satirique.

mordant n. m. **1** *Le mordant d'une réplique* ▶ causticité, piquant. **2** *Un caractère plein de mordant* ▶ combativité, dynamisme, fougue, pugnacité (litt.), punch (fam.), vivacité.

mordicus adv. Fam. ▶ obstinément, opiniâtrement.

mordiller v. ▶ mâchonner, ronger.

mordre

mordre v. 1 *Un serpent l'a mordu* ▶ piquer. 2 Fig. *Un froid qui mord* ▶ pincer, piquer. 3 Fig. *Une lime qui mord le métal* ▶ entamer, pénétrer dans. 4 Fig. *De l'acide qui mord le métal* ▶ attaquer, corroder, ronger. 5 Fig. *Mordre sur la ligne de départ* ▶ chevaucher, déborder sur, empiéter sur.

mordu, ue n. Fig. *C'est un mordu de jeux électroniques* ▶ enragé, fanatique, fervent, fou, passionné, toqué (fam.).

morfondre (se) v. *Rester des heures à se morfondre dans l'attente d'un coup de téléphone* ▶ languir.

morgue n. f. 1 Litt. *Un regard plein de morgue* ▶ arrogance, condescendance, dédain, hauteur, insolence, mépris. 2 *Déposer un corps à la morgue* ▶ institut médico-légal.

moribond, onde adj. 1 *Le malade est moribond* ▶ agonisant, à l'article de la mort, expirant, mourant, subclaquant (fam.). 2 Fig. *Un empire moribond* ▶ agonisant.

morigéner v. *Morigéner un enfant* ▶ admonester, chapitrer, gourmander, gronder, moraliser (litt.), réprimander, semoncer (litt.), sermonner, tancer (litt.).

morne adj. 1 *Répondre d'un air morne* ▶ abattu, cafardeux, éteint, maussade, mélancolique, morose, sombre, taciturne. 2 *Mener une vie morne* ▶ atone, ennuyeux, gris, monotone, morose, plat, terne, uniforme.

morose adj. *Être d'humeur morose* ▶ cafardeux, chagrin (litt.), maussade, mélancolique, sombre, taciturne, triste.

morosité n. f. ▶ abattement, accablement, chagrin, mélancolie, neurasthénie, tristesse.

morphologie n. f. *Une fille à la morphologie parfaite* ▶ anatomie, corps, plastique.

mors n. m. *Le mors d'un cheval* ▶ frein (vx).

mort n. f. 1 *Déplorer la mort d'un ami* ▶ décès, disparition, perte, trépas (litt.). 2 *Le malheureux sentit que sa mort était proche* ▶ fin. 3 Fig. *La mort d'un empire* ▶ anéantissement, disparition, écroulement, effondrement, fin, ruine.

mort, morte adj. 1 *Un rat mort* ▶ crevé. 2 Fig. *Une eau morte* ▶ dormant, stagnant. 3 Fig. *Un astre mort* ▶ éteint. 4 Fig. *Une ville morte* ▶ désert, vide. 5 Fig. *Le moteur est mort* ▶ fichu (fam.), foutu (fam.), hors d'usage. 6 Fig. *Après tout ce travail je serai complètement mort* ▶ claqué (fam.), crevé (fam.), épuisé, éreinté, esquinté (fam.), fourbu (litt.), lessivé (fam.), rompu, vanné (fam.), vidé (fam.).

mort, morte n. 1 *Enterrer un mort* ▶ cadavre, corps, dépouille (litt.), macchabée (fam.). 2 *Honorer les morts* ▶ défunt, disparu. 3 *L'accident a fait trois morts* ▶ victime.

mortel, elle adj. 1 *Une dose mortelle de produit toxique* ▶ létal, mortifère (litt.). 2 *Un accident mortel* ▶ meurtrier. 3 *Porter le coup mortel* ▶ fatal. 4 *Un ennemi mortel* ▶ implacable. 5 Fig. *Un silence mortel* ▶ lugubre, sinistre. 6 Fig. *C'était d'un ennui mortel* ▶ absolu, complet, extrême, total.

mortel, elle n. *Les dieux et les mortels* ▶ homme, humain.

mortellement adv. *Un discours mortellement ennuyeux* ▶ extrêmement, prodigieusement.

mortier n. m. ▶ gâchis.

mortifère adj. Litt. ▶ létal, mortel.

mortifiant, ante adj. ▶ blessant, humiliant, vexant.

mortification n. f. 1 *Amputer un membre pour enrayer un processus de mortification* ▶ gangrène, nécrose. 2 *S'imposer des mortifications pour s'écarter de toute tentation* ▶ macération (litt.). 3 *Avoir la mortification de voir un ennemi réussir* ▶ humiliation.

mortifier v. 1 *Recommander à un pécheur de mortifier sa chair* ▶ macérer. 2 Fig. *Votre refus l'a profondément mortifié* ▶ blesser, humilier, offenser, outrager, ulcérer, vexer. 3 **se mortifier** *Laisser du gibier se mortifier* ▶ se faisander.

mortuaire adj. ▶ funèbre, funéraire.

mosaïque n. f. 1 Fig. *Un texte fait de multiples emprunts et fabriqué comme une mosaïque* ▶ marqueterie, patchwork. 2 Fig. *Une mosaïque de fleurs différentes* ▶ mélange, pot-pourri.

mot n. m. 1 *Un recueil de mots rares* ▶ terme, vocable. 2 *Échanger quelques mots avec son voisin* ▶ parole, propos. 3 *Envoyer un mot à un ami* ▶ billet (vx), lettre, missive (litt.). 4 *Un dialogue plein de mots amusants* ▶ bon mot, mot d'esprit, pointe, saillie (litt.), trait. 5 Fig. *Le mot d'une énigme* ▶ clé, solution. 6 Plur. et fam. *Avoir des mots avec qqn* ▶ dispute, querelle. 7 *gros mot* ▶ grossièreté. 8 **mot à mot** *Traduire mot à mot* ▶ à la lettre, littéralement. 9 **mot pour mot** *Répéter mot pour mot* ▶ à la lettre, textuellement.

moteur n. m. 1 *Faire tourner le moteur* ▶ moulin (fam.). 2 Fig. *C'est lui le moteur de cette politique* ▶ agent, animateur, artisan, auteur, instigateur, promoteur. 3 Fig. *Son action n'a pas d'autre moteur que l'argent* ▶ cause, mobile, motif, motivation, ressort.

motif n. m. 1 *A-t-on compris le motif de son geste ?* ▶ cause, explication, mobile, rai-

son. 2 *Aucun motif ne sera accepté* ▶ excuse, explication, justification, prétexte. **3** *Le motif de notre réunion est de mettre ce texte au point* ▶ objet, raison d'être, sujet. **4** *Les motifs d'un jugement* ▶ attendu, considérant. **5** *Une frise avec des motifs géométriques* ▶ dessin.

motion n. f. *Une motion rejetée par l'assemblée générale* ▶ proposition.

motivant, ante adj. ▶ mobilisateur, stimulant.

motivation n. f. *Chercher à trouver une motivation à un acte* ▶ cause, explication, mobile, raison.

motiver v. **1** *Motiver une requête* ▶ expliquer, justifier, légitimer. **2** *Ne rien faire qui motive une attitude hostile* ▶ appeler, causer, déclencher, déterminer, donner lieu à, engendrer, entraîner, faire naître, occasionner, provoquer, susciter. **3** *Seul l'appât du gain peut le motiver* ▶ mobiliser, stimuler.

motrice n. f. ▶ locomotive.

mou, molle adj. **1** *Des chairs blanchâtres et molles* ▶ avachi, flasque, inconsistant, ramolli, relâché. **2** *Une terre glaise encore douce et molle* ▶ élastique, malléable, souple. **3** *Il est trop mou pour prendre une pareille décision* ▶ aboulique, amorphe, apathique, atone, endormi, hésitant, inconsistant, indolent, inerte, languissant, lymphatique, mollasse (fam.), nonchalant. **4** *Une protestation bien molle* ▶ faible, hésitant, timide.

mouchard n. m. **1** Fam. *Se faire traiter de mouchard dans une cour de récréation* ▶ cafard (fam.), rapporteur. **2** Fam. *Les mouchards de la police* ▶ balance (fam.), délateur, dénonciateur, indicateur.

mouchardage n. m. Fam. ▶ délation, dénonciation.

moucharder v. **1** *Moucharder à la maîtresse* ▶ cafarder (fam.), rapporter. **2** *Moucharder qqn à la police* ▶ balancer (fam.), dénoncer, donner.

moucher v. Fig. et fam. *Il a voulu intervenir, mais il s'est fait moucher par le président de séance* ▶ rembarrer (fam.), remettre à sa place.

moucheté, ée adj. **1** *Un pelage moucheté* ▶ marqueté, piqueté, tacheté, tavelé. **2** *Une blouse mouchetée d'encre* ▶ constellé, criblé, éclaboussé, maculé, parsemé, piqueté, tacheté.

moudre v. ▶ broyer, écraser, piler, pulvériser, triturer.

moue n. f. **1** *Une moue de dégoût* ▶ grimace. **2** *faire la moue* ▶ faire la grimace, faire la lippe.

moufter v. Fam. *Obéir sans moufter* ▶ broncher, murmurer, protester, réagir.

mouillage n. m. **1** *Le mouillage du vin* ▶ coupage. **2** *Le mouillage d'un bateau* ▶ ancrage (vx). **3** *Chercher un mouillage sûr* ▶ abri.

mouillé, ée adj. **1** *Des vêtements mouillés* ▶ détrempé, ruisselant, trempé. **2** *Des yeux mouillés* ▶ humide. **3** Fig. *Une consonne mouillée* ▶ palatalisée.

mouiller v. **1** *Écartez-vous, vous allez vous faire mouiller* ▶ arroser, asperger, éclabousser. **2** *Mouiller du vin avec de l'eau* ▶ baptiser (fam.), couper, diluer, étendre. **3** *Mouiller un bateau* ▶ ancrer (vx). **4** Fig. et fam. *Mouiller qqn dans un scandale* ▶ compromettre, impliquer. **5 se mouiller** *Ses yeux se mouillent de larmes* ▶ s'embuer, s'humecter.

mouillure n. f. *La mouillure d'une consonne* ▶ palatalisation.

moulage n. m. *Un objet dont on a pris un moulage* ▶ empreinte.

moulant, ante adj. *Une robe moulante* ▶ ajusté, collant, près du corps.

moule n. m. ▶ forme, matrice, modèle.

mouler v. **1** *Mouler un bronze* ▶ couler, fondre. **2** *Mouler ses lettres* ▶ calligraphier. **3** *Une robe qui moule la taille* ▶ épouser, gainer, serrer.

moulière n. f. ▶ bouchot, parc à moules.

moulinet n. m. **1** *Le moulinet d'un treuil* ▶ tourniquet. **2** *Le moulinet d'une canne à pêche* ▶ dévidoir.

moulu, ue adj. Fig. et fam. *Il était complètement moulu en arrivant* ▶ brisé, claqué (fam.), crevé (fam.), épuisé, éreinté, esquinté (fam.), fourbu, lessivé (fam.), recru (litt.), rompu, vanné (fam.), vidé (fam.).

moumoute n. f. Fam. ▶ perruque, postiche.

mourant, ante adj. **1** *Le malade est mourant* ▶ agonisant, à l'article de la mort, expirant, moribond, subclaquant (fam.). **2** Fig. *Un regard mourant* ▶ langoureux, languide, languissant. **3** Fig. *Une lumière mourante* ▶ déclinant, expirant.

mourir v. **1** *Il a tout révélé avant de mourir* ▶ claquer (fam.), crever (fam.), décéder, disparaître, s'éteindre, expirer (litt.), passer de vie à trépas (litt.), passer l'arme à gauche (fam.), rendre l'âme (litt.), rendre le dernier soupir (litt.), trépasser (litt.). **2** Spéciale-

mouroir

ment en insistant sur la durée ▶ agoniser. **3** *Mourir dans un naufrage* ▶ disparaître, périr (litt.), succomber, se tuer. **4** *Mourir au champ d'honneur* ▶ périr (litt.), tomber. **5** *Une civilisation qui meurt* ▶ s'anéantir, disparaître, péricliter. **6** *Un sentiment qui meurt* ▶ disparaître, s'effacer, s'estomper, s'éteindre, s'évanouir, passer.

mouroir n. m. Péj. ▶ hospice.

mousseline n. f. *Un tissu léger comme de la mousseline* ▶ gaze, voile.

mousser v. Fig. et fam. *Se faire mousser* ▶ valoir.

mousseux, euse adj. *Des vagues mousseuses* ▶ écumeux, spumeux (litt.).

mouton n. m. **1** *Un troupeau de moutons* ▶ ovin. **2** Fig. *Des moutons de poussière* ▶ chaton.

moutonner v. **1** *De petits cheveux qui moutonnent* ▶ boucler, friser, frisotter. **2** *Un ciel qui moutonne* ▶ se pommeler. **3** *Des vagues qui moutonnent* ▶ écumer.

moutonnier, ère adj. *Un public moutonnier* ▶ grégaire, suiviste.

mouture n. f. Fig. *Je lui ai présenté une nouvelle mouture de mon texte* ▶ état, version.

mouvance n. f. Fig. *Être dans la mouvance d'une grande puissance* ▶ orbite, sphère.

mouvant, ante adj. **1** *La vague mouvante des blés sous le vent* ▶ moutonnant, ondoyant, ondulant. **2** *Une opinion mouvante* ▶ changeant, flottant, fluctuant, instable, ondoyant, versatile.

mouvement n. m. **1** *Un mouvement de la main* ▶ geste, signe. **2** *Marquer sa surprise d'un simple mouvement des sourcils* ▶ déplacement, remuement. **3** *Le mouvement des astres* ▶ course, évolution, marche. **4** *Une armée en mouvement* ▶ marche. **5** *Les mouvements d'une troupe sur un théâtre d'opérations* ▶ évolution, manœuvre. **6** *Il y a toujours beaucoup de mouvement sur ce boulevard* ▶ activité, animation, circulation, passage, trafic, vie. **7** *Craindre un mouvement populaire* ▶ agitation, émeute, insurrection, sédition, soulèvement, troubles. **8** *Une narration qui manque de mouvement* ▶ allant, dynamisme, rapidité, rythme, vivacité. **9** *Agir de son propre mouvement* ▶ initiative. **10** *Dans un grand mouvement, il a déclaré qu'il renonçait à tous ses droits* ▶ élan, impulsion. **11** *Un mouvement préfectoral* ▶ changement, mutation. **12** *Le premier mouvement d'une symphonie* ▶ morceau, partie. **13** *Le mouvement des idées* ▶ évolution, progrès, progression. **14** *Le mouvement surréaliste* ▶ école, tendance.

mouvementé, ée adj. **1** *Un terrain très mouvementé* ▶ accidenté, tourmenté. **2** Fig. *Une séance mouvementée* ▶ agité, animé, houleux, orageux, tumultueux.

mouvoir v. **1** *Mouvoir un automate* ▶ actionner, manœuvrer. **2** Fig. *Être mû par l'ambition* ▶ animer, pousser. **3** **se mouvoir** *Se mouvoir difficilement* ▶ avancer, bouger, circuler, se déplacer, marcher. **4** *Se mouvoir dans une sphère mondaine* ▶ évoluer dans, fréquenter.

moyen, enne adj. **1** *Les classes moyennes* ▶ intermédiaire. **2** *Une note moyenne* ▶ acceptable, convenable, correct, honnête, honorable, passable. **3** *Une intelligence moyenne* ▶ banal, commun, courant, normal, ordinaire, quelconque, standard. **4 moyen terme** ▶ compromis, juste milieu.

moyen n. m. **1** *N'avoir aucun moyen de s'enfuir* ▶ possibilité. **2** *Trouver un moyen pour réussir* ▶ biais, expédient, formule, méthode, plan (fam.), procédé, recette, stratégie, système, tactique, truc (fam.), voie. **3** Plur. *Ne pas avoir les moyens pour s'offrir qqch* ▶ argent, fonds, ressources. **4** Plur. *Un écolier qui a peu de moyens* ▶ aptitudes, capacités, dispositions, dons, facilités.

moyenâgeux, euse adj. **1** Vx *La période moyenâgeuse* ▶ médiéval. **2** Fig. *Une mentalité moyenâgeuse* ▶ archaïque, arriéré.

moyennant prép. **1** *Obtenir un renseignement important moyennant quelques faveurs* ▶ au prix de, contre, en échange de, grâce à. **2** *Moyennant qu'elle vienne* ▶ à condition que.

moyenne n. f. *Être dans la moyenne* ▶ norme.

moyennement adv. **1** *On était logé moyennement, mais sans plus* ▶ convenablement, correctement, honnêtement, honorablement. **2** *Vous avez apprécié? – Moyennement* ▶ couci-couça (fam.), moitié-moitié (fam.).

mucosité n. f. *Des mucosités intestinales* ▶ glaire.

mue n. f. **1** *La mue d'un serpent* ▶ dépouille. **2** *Un adolescent à l'époque de la mue* ▶ puberté.

muer (se) v. Litt. *Il s'est mué en cuisinier pour la circonstance* ▶ se faire, se transformer en.

muet, ette adj. **1** *Une douleur muette* ▶ silencieux. **2** *Être muet de surprise* ▶ coi (litt.), interdit, interloqué.

mufle n. m. **1** *Le mufle d'un sanglier* ▶ museau. **2** Fig. *Elle a giflé ce mufle* ▶ butor, goujat, malotru, rustre.

muflerie n. f. ▸ goujaterie, grossièreté, impolitesse, indélicatesse.

muflier n. m. ▸ gueule-de-loup.

mugir v. 1 *Une vache qui mugit* ▸ beugler, meugler. 2 Fig. *Des sirènes de bateau qui mugissent* ▸ hurler, rugir.

mugissement n. m. 1 *Le mugissement des vaches* ▸ beuglement, meuglement. 2 Fig. *Le mugissement du vent* ▸ hurlement, rugissement.

multicolore adj. ▸ bariolé, bigarré, chamarré, polychrome.

multiforme adj. *Une réalité multiforme* ▸ divers, multiple, protéiforme, varié.

multilingue adj. ▸ plurilingue, polyglotte.

multiple adj. 1 *La nature est essentiellement multiple* ▸ divers, multiforme, pluriel, varié. 2 Plur. *Le cas est illustré par de multiples exemples* ▸ abondants, maint (litt.), nombreux.

multiplication n. f. 1 *Le gouvernement s'inquiète de la multiplication des incidents* ▸ accroissement, augmentation, développement, extension, intensification, propagation, répétition. 2 *Certaines conditions climatiques favorisent la multiplication des espèces* ▸ accroissement, prolifération, propagation, pullulement.

multiplicité n. f. 1 *La multiplicité de la nature humaine* ▸ diversité, variété. 2 *S'inquiéter de la multiplicité des manuels scolaires* ▸ abondance, foisonnement, multitude, nombre, quantité.

multiplier v. 1 *Voilà qui va multiplier les difficultés* ▸ accroître, augmenter, décupler. 2 *Il a multiplié les maladresses* ▸ accumuler, collectionner. 3 **se multiplier** *Une espèce qui se multiplie* ▸ proliférer, se propager. 4 Fig. *Se multiplier pour rendre service* ▸ se démener, se mettre en quatre (fam.).

multitude n. f. 1 *Une multitude de visiteurs* ▸ afflux, armée, cohorte, essaim, flopée (fam.), flot, foule, horde, kyrielle, légion, masse, mer, meute, myriade, nuée, quantité, régiment, ribambelle, tas (fam.), torrent, tripotée (fam.), troupe, troupeau. 2 *Une multitude d'idées* ▸ foisonnement, fourmillement, multiplicité, quantité. 3 *Flatter la multitude* ▸ foule, masse, peuple.

municipal, ale adj. ▸ communal.

municipalité n. f. 1 *Une salle prêtée par la municipalité* ▸ commune, mairie. 2 *La réception aura lieu à la municipalité* ▸ hôtel de ville, mairie.

munificence n. f. Litt. *La munificence d'un prince* ▸ générosité, largesse, libéralité, magnificence (litt.), prodigalité.

munificent, ente adj. Litt. ▸ généreux, large, libéral, magnifique (litt.), prodigue.

munir v. 1 *Munir un laboratoire du matériel le plus moderne* ▸ doter, équiper, fournir à, nantir, outiller, pourvoir de, procurer à. 2 **se munir** *Se munir d'un parapluie* ▸ se pourvoir de, prendre. 3 Fig. *Se munir de patience* ▸ s'armer.

mur n. m. 1 *Faire abattre un mur entre deux pièces* ▸ cloison, paroi. 2 *Un mur d'enceinte* ▸ muraille, rempart. 3 Fig. *Entourer sa vie privée d'un mur infranchissable* ▸ barrage, barrière, cloison, clôture, fossé, limite, muraille, obstacle.

mûr, mûre adj. 1 *Ces jeunes gens ont eu une attitude très mûre* ▸ adulte, pondéré, posé, raisonnable, réfléchi, sérieux. 2 *Un homme mûr* ▸ fait. 3 *La situation n'est pas mûre* ▸ prêt.

muraille n. f. *La muraille qui enclôt une ville médiévale* ▸ enceinte, fortification, mur, rempart.

mûrement adv. *Il s'est décidé après avoir mûrement réfléchi* ▸ beaucoup, longtemps, longuement.

murer v. 1 *Murer une fenêtre* ▸ aveugler, boucher, condamner. 2 Fig. *Murer sa vie privée* ▸ camoufler, dissimuler. 3 **se murer** Fig. *Se murer chez soi pour finir tranquillement un travail* ▸ se calfeutrer, se cloîtrer, se confiner, s'enfermer, s'isoler. 4 Fig. *Se murer dans son chagrin* ▸ se confiner, se renfermer.

mûrir v. 1 Fig. *Un esprit qui mûrit* ▸ s'étoffer, se faire, se former. 2 Fig. *Une affaire qui mûrit lentement* ▸ se préciser. 3 Fig. *Prenez le temps de mûrir ce projet* ▸ approfondir, méditer, mettre au point, mijoter, préparer.

mûrissement n. m. *Le mûrissement des fruits* ▸ maturation.

murmure n. m. 1 *Entendre des murmures dans la pièce voisine* ▸ chuchotement, marmonnement, susurrement. 2 *Le murmure d'une fontaine* ▸ bourdonnement, bruissement, chuchotis, gazouillis. 3 Plur. *Cette décision risque de provoquer des murmures* ▸ grognements, plaintes, protestations. 4 Plur. *Faire taire les murmures* ▸ on-dit, rumeurs.

murmurer v. 1 *Je l'ai entendu murmurer des paroles indistinctes* ▸ chuchoter, marmotter, susurrer. 2 *Murmurer contre un abus* ▸ grogner, gronder, marmonner, maugréer, se plaindre, protester, râler (fam.), ronchonner (fam.), rouspéter (fam.). 3 *Obéir*

musarder

sans murmurer ▶ broncher, moufter (fam.), protester, réagir. **4** *Un ruisseau qui murmure* ▶ bourdonner, bruire, chuinter, gazouiller, susurrer.

musarder v. ▶ badauder (litt.), baguenauder, se balader (fam.), déambuler, flâner, se promener, traîner (péj.), vadrouiller (fam.).

muscle n. m. **1** Plur. *Développer ses muscles* ▶ musculature. **2** Fig. *Tout cela manque de muscle* ▶ force, puissance, vigueur.

musclé, ée adj. **1** *Un homme musclé* ▶ athlétique, costaud (fam.), fort, musculeux, puissant, robuste, solide, vigoureux. **2** Fig. *Un patron musclé* ▶ autoritaire, énergique.

muscler v. Fig. *Un gouvernement décidé à muscler la recherche industrielle* ▶ dynamiser, promouvoir, renforcer.

muse n. f. ▶ égérie, inspiratrice.

museler v. **1** Fig. *Museler la presse* ▶ bâillonner, enchaîner, garrotter. **2** *Museler les passions* ▶ brider, contenir, dompter, juguler, refréner, réprimer.

musette n. f. ▶ sacoche.

musical, ale adj. *Une voix musicale* ▶ chantant, harmonieux, mélodieux.

music-hall n. m. *Un spectacle de music-hall* ▶ variétés.

musicien, enne n. *Un orchestre de 60 musiciens* ▶ exécutant, instrumentiste.

musique n. f. **1** *La musique municipale* ▶ fanfare, harmonie, orchestre, orphéon. **2** Fig. *La musique d'une source* ▶ chant, mélodie, murmure.

musulman, ane adj. ▶ coranique, islamique, mahométan (vx).

mutation n. f. ▶ changement, évolution, modification, transformation.

muter v. *Muter un fonctionnaire* ▶ déplacer.

mutilation n. f. **1** *La mutilation d'un doigt* ▶ ablation, amputation. **2** Fig. *Cette œuvre a été victime de diverses mutilations* ▶ amputation, coupe, coupure.

mutilé, ée adj. *Un ancien combattant mutilé d'une jambe* ▶ amputé.

mutilé, ée n. ▶ estropié, invalide.

mutiler v. **1** *Mutiler un texte* ▶ amputer, couper, raccourcir, tronquer. **2** *Mutiler une sculpture* ▶ abîmer, dégrader, détériorer, endommager. **3** Fig. *Mutiler la vérité* ▶ altérer, déformer, dénaturer.

mutin, ine adj. *Un air mutin* ▶ espiègle, malicieux, malin.

mutin n. m. *Subir le sort réservé aux mutins* ▶ factieux, insurgé, rebelle, révolté, séditieux.

mutiner (se) v. *Des soldats qui se mutinent* ▶ s'insurger, se rebeller, se révolter, se soulever.

mutinerie n. f. *Mater une mutinerie* ▶ insurrection, rébellion, révolte, sédition, soulèvement.

mutisme n. m. Fig. *L'étrange mutisme des autorités* ▶ silence.

mutuel, elle adj. *Un amour mutuel* ▶ partagé, réciproque.

mutuellement adv. ▶ réciproquement.

myorelaxant, ante adj. et n. m. ▶ décontractant.

myriade n. f. *Une myriade d'étoiles* ▶ foule, infinité, kyrielle, multitude, nuée, profusion, quantité, ribambelle (fam.).

mystère n. m. **1** Plur. *Les mystères du cœur humain* ▶ arcanes (litt.), énigmes, profondeurs, secrets. **2** *S'entourer de mystère* ▶ obscurité, ombre, secret, silence. **3** *Faire des mystères* ▶ cachotterie.

mystérieusement adv. Litt. *S'exprimer mystérieusement* ▶ énigmatiquement, ésotériquement.

mystérieux, euse adj. **1** *Une affaire mystérieuse* ▶ énigmatique, incompréhensible, inexplicable, ténébreux. **2** *Un texte mystérieux* ▶ abscons (litt.), abstrus (litt.), énigmatique, ésotérique, hermétique, incompréhensible, indéchiffrable, obscur, sibyllin (litt.). **3** *Un homme mystérieux* ▶ impénétrable, insaisissable, secret. **4** *Des rites mystérieux* ▶ cabalistique, ésotérique, occulte, secret.

mystificateur, trice adj. et n. ▶ imposteur, trompeur.

mystification n. f. *Être victime d'une mystification* ▶ canular (fam.), duperie, farce, imposture, supercherie, tromperie.

mystifier v. ▶ abuser, berner, duper, faire marcher (fam.), leurrer, posséder (fam.), tromper.

mystique n. *Les mystiques de l'ordre moral* ▶ enragé, exalté, fanatique, illuminé.

mythe n. m. **1** *Le mythe napoléonien* ▶ légende. **2** *Le mythe de la caverne* ▶ allégorie. **3** *Il a l'air d'y croire, mais ce n'est qu'un mythe* ▶ chimère, fable, fantasme, illusion, mirage, rêve, utopie.

mythique adj. **1** *Des héros mythiques* ▶ fabuleux, légendaire. **2** Fig. *Un projet mythique* ▶ chimérique, illusoire, irréaliste, irréel, utopique.

mythomane adj. et n. *Un enfant mythomane* ▶ fabulateur, menteur.

n

nabab n. m. ▶ crésus (fam.), milliardaire, multimillionnaire.

nabot n. m. *Vous n'êtes pas si petit que ça, il était inutile de vous traiter de nabot!* ▶ avorton, gnome, homuncule (vx), microbe (fam.), nain.

nacré, ée adj. ▶ irisé, moiré.

nævus n. m. ▶ grain de beauté, lentigo, lentille.

nage n. f. 1 *La nage est un excellent exercice pour développer le souffle* ▶ natation. 2 **être en nage** ▶ avoir chaud, être en eau, être en sueur, suer, transpirer.

nager v. 1 *Des morceaux de viande nageant dans une sauce* ▶ flotter, surnager. 2 Fig. *Nager en pleine absurdité* ▶ baigner, patauger (fam.).

nageur, euse n. *Les bancs de nageurs d'une galère* ▶ rameur.

naguère adv. Litt. ▶ il y a peu, récemment.

naïade n. f. ▶ nymphe.

naïf, ïve adj. 1 *Une âme naïve et sans artifice* ▶ candide, confiant, inexpérimenté, ingénu, innocent, pur, simple, spontané. 2 *Il est moins naïf qu'il n'en a l'air* ▶ benêt, bête, crédule, dupe, jobard (fam.), niais, nigaud, simplet. 3 *Une approche naïve de la littérature* ▶ intuitif, naturel, spontané.

nain, naine adj. *Une plante naine* ▶ miniature, minuscule.

nain, naine n. 1 *Les nains des légendes* ▶ farfadet, gnome, lutin. 2 Péj. *Traiter de nain un homme de petite taille* ▶ avorton, gnome, homuncule (vx), microbe (fam.), nabot (fam.).

naissance n. f. 1 *Être de naissance noble* ▶ ascendance, extraction, filiation. 2 *Une naissance difficile* ▶ accouchement 3 *Sa naissance a donné lieu à de multiples réjouissances* ▶ venue au monde. 4 *Dès la naissance* ▶ berceau. 5 Fig. *La naissance d'un courant artistique* ▶ apparition, aube (litt.), aurore (litt.), commencement, début, départ, éclosion.

naître v. 1 *Un enfant qui vient de naître* ▶ venir au monde, voir le jour. 2 Fig. *Un sentiment qui est en train de naître* ▶ apparaître, commencer, éclore, se former, germer, se lever, paraître, percer, poindre, sourdre, surgir. 3 *Naître à la vie artistique* ▶ s'éveiller, s'ouvrir. 4 **faire naître** *Une telle décision ferait naître d'inévitables rancœurs* ▶ amener, causer, créer, donner lieu à, engendrer, entraîner, éveiller, inspirer, occasionner, produire, provoquer, susciter.

naïvement adv. ▶ candidement, ingénument, innocemment.

naïveté n. f. 1 *La naïveté de l'enfance* ▶ candeur, fraîcheur, ingénuité, innocence, naturel, simplicité, spontanéité. 2 *Il est d'une naïveté qui confine au ridicule* ▶ crédulité, jobardise (fam.), niaiserie, nigauderie.

naja n. m. ▶ cobra.

nanti, ie adj. et n. ▶ aisé, cossu, fortuné, friqué (fam.), opulent, privilégié, riche.

nantir v. 1 *L'Assemblée la nantit de pouvoirs exceptionnels* ▶ doter, munir, pourvoir. 2 Fig. *La nature l'a nanti d'un caractère épouvantable* ▶ affliger, doter, douer, gratifier.

narcissique adj. ▶ égocentrique, égotiste (litt.).

narcissisme n. m. ▶ égocentrisme, égotisme (litt.).

narcose n. f. ▶ anesthésie.

narcotique adj. *Les propriétés narcotiques de la morphine* ▶ anesthésique.

narcotique n. m. 1 *Administrer un narcotique à un patient* ▶ somnifère, soporifique. 2 *L'opium et ses dérivés sont des narcotiques* ▶ drogue, stupéfiant.

narguer v. ▶ braver, défier, se moquer de, provoquer.

narquois, oise adj. ▶ goguenard, ironique, moqueur, persifleur, railleur, ricaneur, sarcastique.

narquoisement adv. ▶ ironiquement, moqueusement, railleusement.

narrateur, trice n. ▶ conteur.

narration n. f. 1 *Donner un sujet de narration à des élèves* ▶ rédaction. 2 *Il nous a fait la narration circonstanciée de cet événement* ▶ compte rendu, exposé, rapport, récit, relation.

narrer v. Litt. *Narrer ses mésaventures* ▶ conter, dire, exposer, raconter, rapporter, relater, retracer.

narval n. m. ▶ licorne de mer.

natal, ale adj. *Le milieu natal d'un animal sauvage* ▶ originel.

natation n. f. *Recommander la natation à un convalescent* ▶ nage.

natif, ive adj. **1** *Être natif de Paris* ▶ né à, originaire de. **2** *Une qualité native* ▶ inné, naturel, originel. **3** *Un métal natif* ▶ brut, naturel.

natif, ive n. ▶ aborigène, autochtone, indigène, naturel (vx).

nation n. f. **1** *La nation kurde* ▶ communauté, peuple. **2** *L'organisation politique d'une nation* ▶ état, pays. **3** *Servir la nation* ▶ patrie.

nationalisation n. f. ▶ collectivisation, étatisation, socialisation.

nationalisé, ée adj. *Le secteur nationalisé* ▶ public.

nationaliser v. *Nationaliser les moyens de production* ▶ collectiviser, étatiser, socialiser.

nationalisme n. m. ▶ chauvinisme (péj.), patriotisme.

nationaliste adj. et n. ▶ chauvin (péj.), cocardier, patriote.

national-socialisme n. m. ▶ hitlérisme, nazisme.

national-socialiste adj. et n. ▶ hitlérien, nazi.

nativité n. f. ▶ noël.

natte n. f. ▶ tresse.

natter v. ▶ tresser.

naturalisation n. f. **1** *La naturalisation d'une espèce végétale* ▶ acclimatation. **2** *La naturalisation d'un animal mort* ▶ empaillage, taxidermie.

naturaliser v. *Naturaliser un renard* ▶ empailler.

naturaliste n. ▶ empailleur, taxidermiste.

nature adj. Fam. *Il est très nature* ▶ sans-façon, simple, spontané.

nature n. f. **1** *Déterminer la nature d'un phénomène* ▶ essence, substance, type. **2** *S'interroger sur la véritable nature de qqn* ▶ caractère, personnalité. **3** *La nature humaine* ▶ condition. **4** *La place de l'homme dans la nature* ▶ cosmos, monde, univers. **5** *Se promener en pleine nature* ▶ campagne.

naturel, elle adj. **1** *Des matériaux naturels* ▶ brut, cru, pur, vierge. **2** *Des fonctions naturelles* ▶ physiologique. **3** *Un enfant naturel* ▶ bâtard, illégitime. **4** *Les caractères naturels d'une chose* ▶ constitutif, inhérent, intrinsèque, propre. **5** *Avoir des manières naturelles* ▶ aisé, facile, franc, simple. **6** *L'hospitalité naturelle d'une population* ▶ inné, naturel, originel, spontané. **7** *Il a trouvé cela naturel* ▶ compréhensible, légitime, logique, normal.

naturel n. m. **1** *Être d'un naturel peu aimable* ▶ caractère, tempérament. **2** *Manquer de naturel* ▶ authenticité, ingénuité, simplicité, sincérité, spontanéité. **3** *Il a fait cela sans effort, avec beaucoup de naturel* ▶ aisance, facilité.

naturel, elle n. Vx *Une rencontre entre des explorateurs et les naturels du pays qu'ils découvrent* ▶ aborigène, autochtone, indigène, natif.

naturellement adv. **1** *S'exprimer très naturellement* ▶ aisément, facilement. **2** *– Elle a refusé ? – Naturellement* ▶ bien entendu, bien sûr, évidemment, forcément. **3 tout naturellement** *Être tout naturellement amené à ...* ▶ immanquablement, inévitablement, infailliblement, logiquement, nécessairement.

naturisme n. m. ▶ nudisme.

naturiste n. ▶ nudiste.

naufrage n. m. **1** Fig. *Le naufrage d'une belle ambition* ▶ banqueroute, débâcle, déconfiture (fam.), déroute, échec, écroulement, effondrement, faillite, ruine. **2 faire naufrage** ▶ s'abîmer (litt.), couler, sombrer.

naufrageur, euse n. Fig. *Les naufrageurs de l'équilibre monétaire* ▶ démolisseur, fossoyeur.

nauséabond, onde adj. **1** *Une odeur nauséabonde* ▶ dégoûtant, empesté, empuanti, fétide, malodorant, méphitique, pestilentiel, puant. **2** Fig. *Une publication nauséabonde* ▶ abject, écœurant, ignoble, immonde, infect, repoussant, répugnant, sordide.

nausée n. f. **1** *Être pris de nausées* ▶ haut-le-cœur, mal au cœur. **2** Fig. *Une vulgarité qui provoque la nausée* ▶ aversion, dégoût, écœurement, répugnance, répulsion.

nauséeux, euse adj. **1** *Une substance nauséeuse* ▶ émétique, vomitif. **2** Litt. *Des propos nauséeux* ▶ abject, dégoûtant, écœurant, ignoble, immonde, infect, nauséabond, répugnant, sordide.

nautique adj. *Une carte nautique* ▶ marin.

naval, ale adj. *Une grande puissance navale* ▶ maritime.

navette n. f. *Être contraint à de constantes navettes entre Paris et la province* ▶ allée et venue, aller et retour, va-et-vient.

navigant, ante adj. *Le personnel navigant d'une compagnie aérienne* ▸ volant.

navigateur, trice n. *Un peuple de navigateurs* ▸ marin.

navigation n. f. **1** *Apprendre des rudiments de navigation* ▸ pilotage. **2 navigation de plaisance** ▸ yachting.

naviguer v. **1** *Naviguer vers l'Amérique* ▸ cingler, faire route, nager (vx), voguer. **2** *Passer sa vie à naviguer* ▸ bourlinguer, voyager.

naviplane n. m. N. dép. ▸ aéroglisseur, hovercraft.

navire n. m. **1** ▸ bateau, bâtiment, nef (litt.), vaisseau. **2 navire-citerne** ▸ pétrolier, tanker.

navrant, ante adj. **1** *Un contretemps navrant* ▸ ennuyeux, fâcheux, regrettable. **2** *Un spectacle navrant* ▸ affligeant, attristant, consternant, décourageant, déplorable, désespérant, désolant, lamentable, pénible, pitoyable, triste.

navrer v. **1** *Son départ nous a profondément navrés* ▸ affecter, affliger, attrister, chagriner, fendre le cœur à, meurtrir, peiner. **2** *Il était navré d'avoir échoué* ▸ décevoir, dépiter, désappointer, désenchanter. **3** *Cela me navre, mais c'est impossible* ▸ contrarier, désoler, ennuyer, fâcher.

nazi, ie adj. et n. ▸ hitlérien, national-socialiste.

nazisme n. m. ▸ hitlérisme, national-socialisme.

néanmoins adv. ▸ cela étant, cependant, en tout cas, malgré cela, nonobstant (litt.), pourtant, toujours est-il que, toutefois.

néant n. m. **1** *Une fortune réduite à néant* ▸ rien, zéro. **2** *Se désespérer du néant de son existence* ▸ inanité, vacuité (litt.), vide. **3** *Être fasciné par le néant* ▸ mort. **4** *L'être et le néant* ▸ non-être.

nébuleuse n. f. Fig. *Avoir du mal à se retrouver dans la nébuleuse des sous-courants d'un parti* ▸ galaxie.

nébuleux, euse adj. **1** *Un ciel nébuleux* ▸ brumeux, couvert, embrumé, nuageux, voilé. **2** Fig. *Un raisonnement nébuleux* ▸ abscons (litt.), abstrus (litt.), alambiqué, amphigourique (litt.), brumeux, confus, énigmatique, flou, fumeux (fam.), hermétique, impénétrable, incompréhensible, inintelligible, insaisissable, obscur, vague, vaseux (fam.).

nébuliseur n. m. ▸ aérosol, atomiseur, pulvérisateur, vaporisateur.

nébulosité n. f. *Une nébulosité qui s'élève d'un marais* ▸ brouillard, brume, vapeur.

nécessaire adj. **1** *Ne garder que ce qui est absolument nécessaire* ▸ essentiel, fondamental, impératif, indispensable, primordial. **2** *L'enchaînement nécessaire des effets et des causes* ▸ fatal, forcé, immanquable, inéluctable, inévitable, logique, mathématique, obligatoire, obligé.

nécessaire n. m. *Un nécessaire de toilette* ▸ trousse.

nécessairement adv. **1** *Il faut nécessairement trouver une solution à ce problème* ▸ absolument, impérativement, obligatoirement. **2** *Cela se produira nécessairement* ▸ fatalement, forcément, immanquablement, inévitablement, mathématiquement, obligatoirement, sûrement.

nécessité n. f. **1** *Respecter la loi est une nécessité* ▸ devoir, exigence, impératif, obligation. **2** *Ne pas ressentir la nécessité de qqch* ▸ besoin, utilité. **3** *Les doctrines de la nécessité* ▸ destin, fatalité. **4** Litt. *Être dans la plus grande nécessité* ▸ besoin, dénuement, détresse, gêne, indigence, pauvreté.

nécessiter v. *Ce travail nécessite une préparation minutieuse* ▸ appeler, commander, demander, exiger, réclamer, requérir.

nécessiteux, euse adj. et n. Litt. ▸ famélique, impécunieux (litt.), indigent, malheureux, misérable, miséreux, pauvre, sans-le-sou.

nec plus ultra n. m. ▸ fin du fin, summum, top (fam.).

nécromancie n. f. ▸ spiritisme.

nécrose n. f. ▸ gangrène, mortification.

néerlandais, aise adj. et n. ▸ batave (vx), hollandais.

nef n. f. Litt. ▸ bâtiment, bateau, navire, vaisseau.

néfaste adj. **1** *Néfaste journée!* ▸ défavorable, désastreux, fatal, funeste. **2** *Des idées néfastes* ▸ corrupteur, dangereux, dommageable, malsain, mauvais, nocif, nuisible, pernicieux, préjudiciable.

négatif n. m. ▸ cliché.

négation n. f. **1** *S'obstiner dans une attitude de négation* ▸ refus. **2** *Cette œuvre est la négation même de l'art* ▸ antithèse, contraire, contre-pied.

négligé, ée adj. *Une tenue négligée* ▸ débraillé, relâché.

négligé n. m. **1** *Du négligé dans le travail* ▶ laisser-aller, relâchement. **2** Vx *Porter un négligé de soie* ▶ déshabillé.

négligeable adj. ▶ dérisoire, infime, insignifiant, minime.

négligemment adv. **1** *Être négligemment allongé* ▶ mollement, nonchalamment, paresseusement. **2** *Travailler négligemment* ▶ à la diable, sans méthode, sans soin.

négligence n. f. **1** *Être victime de sa propre négligence* ▶ distraction, étourderie, inapplication, inattention, insouciance, irréflexion. **2** *Voyez l'incroyable négligence où sombre cette administration* ▶ incurie, laisser-aller, relâchement.

négligent, ente adj. ▶ distrait, étourdi, inattentif, insouciant, irréfléchi.

négliger v. **1** *Négliger ses amis* ▶ délaisser, se désintéresser de, laisser tomber (fam.). **2** *Négliger une occasion* ▶ laisser passer. **3** *Négliger un travail* ▶ bâcler, saboter. **4** *Négliger ses propres intérêts* ▶ dédaigner, se désintéresser de, faire fi de (litt.), se ficher de (fam.), méconnaître (litt.), mépriser. **5** *Ne rien négliger pour parvenir à ses fins* ▶ épargner, omettre, oublier. **6** *Ne négligez pas de venir me voir* ▶ manquer, omettre, oublier. **7 se négliger** *Un vieillard qui se néglige* ▶ se laisser aller, se relâcher.

négoce n. m. Litt. ▶ commerce, trafic.

négociable adj. *Un titre négociable* ▶ cessible, transférable.

négociant, ante n. ▶ marchand.

négociateur, trice n. **1** *Servir de négociateur entre deux parties* ▶ arbitre, conciliateur, intermédiaire, médiateur. **2** *Une rencontre entre les négociateurs des deux parties* ▶ délégué, diplomate, émissaire, envoyé, légat, plénipotentiaire.

négociation n. f. **1** *La mise au point du traité a donné lieu à des négociations longues et difficiles* ▶ discussion, marchandage (péj.), pourparlers, tractation, transaction. **2** *Refuser la négociation* ▶ concertation, dialogue.

négocier v. *Dans la situation où il est, il est prêt à négocier* ▶ débattre, dialoguer, discuter, marchander (péj.), traiter.

négrier n. m. ▶ marchand d'esclaves.

negro-spiritual n. m. ▶ gospel.

neigeux, euse adj. *Les pentes neigeuses* ▶ enneigé.

néophyte adj. et n. **1** *Être complètement néophyte dans un domaine* ▶ débutant, inexpérimenté, neuf, nouveau, novice.
2 *L'ardeur du néophyte* ▶ converti, prosélyte (litt.).

néoplasme n. m. ▶ cancer, tumeur.

népotisme n. m. Litt. ▶ favoritisme.

néréide n. f. ▶ nymphe.

nerf n. m. Fig. *Une description qui manque de nerf* ▶ concision, dynamisme, énergie, force, muscle, ressort, vigueur.

nerveusement adv. **1** *Attendre nerveusement* ▶ fébrilement, impatiemment. **2** *Pleurer nerveusement* ▶ convulsivement, spasmodiquement.

nerveux, euse adj. **1** *Une viande nerveuse* ▶ tendineux. **2** *Des sanglots nerveux* ▶ convulsif, spasmodique. **3** *Une attente qui rend nerveux* ▶ agité, énervé, fébrile, fiévreux, impatient, irritable. **4** *Un style nerveux* ▶ concis, dynamique, énergique, musclé, vigoureux.

nervi n. m. Litt. ▶ homme de main, sbire (litt.), tueur.

nervosité n. f. **1** *Repousser une proposition avec un geste de nervosité* ▶ agacement, énervement, exaspération, impatience, irritation. **2** *Une foule dans un état de grande nervosité* ▶ agitation, énervement, excitation, fébrilité, surexcitation.

nervure n. f. ▶ veine, veinure.

net, nette adj. **1** *Des contours nets* ▶ clair, distinct, précis, tranché, visible. **2** *Un refus net* ▶ catégorique, explicite, exprès, formel. **3** *Une nette amélioration* ▶ marqué, sensible. **4** *Un logement net* ▶ astiqué, bien tenu, briqué (fam.), entretenu, impeccable, nickel (fam.), propre, soigné. **5** *Du linge net* ▶ frais, immaculé, propre. **6** *Un vieil homme toujours très net* ▶ impeccable, propret, soigné. **7** *Être net avec tout le monde* ▶ clair, droit, franc, honnête, loyal, probe (litt.). **8** *Avoir l'esprit net* ▶ juste, précis. **9** *Un prix net* ▶ hors taxe.

net adv. **1** *Parler net* ▶ carrément, clairement, franchement, nettement, ouvertement. **2** *La branche s'est cassée net* ▶ d'un coup.

nettement adv. **1** *Des contours qui se dessinent nettement* ▶ clairement, distinctement, précisément, visiblement. **2** *Répondre nettement par la négative* ▶ carrément, catégoriquement, franchement. **3** *Être nettement plus fort que son adversaire* ▶ incontestablement, indéniablement, indiscutablement, indubitablement, manifestement, sans conteste, sans contredit.

netteté n. f. **1** *La netteté d'un contour* ▶ clarté, précision. **2** *Une eau d'une parfaite* netteté ▶ limpidité, pureté, transparence. **3** *La netteté du linge* ▶ propreté. **4** *La netteté d'une démonstration* ▶ clarté, justesse, précision, rigueur.

nettoyage n. m. **1** *Le nettoyage d'un sol* ▶ décrassage, lavage, lessivage. **2** Fig. *Procéder à un sérieux nettoyage dans une équipe dirigeante* ▶ coup de balai (fam.), purge.

nettoyer v. **1** *Tout nettoyer dans une maison* ▶ décrasser, laver, lessiver. **2** *La pluie a nettoyé l'atmosphère* ▶ assainir, purifier. **3 se nettoyer** *Se nettoyer les oreilles* ▶ se laver.

neuf, neuve adj. **1** *Un quartier neuf* ▶ moderne, nouveau, récent. **2** *Traiter un sujet neuf* ▶ inconnu, inédit, nouveau, original. **3** Fig. *Être neuf dans le métier* ▶ débutant, inexpérimenté, néophyte (litt.), nouveau, novice.

neurasthénie n. f. *Traverser des périodes de neurasthénie* ▶ abattement, cafard, dépression, déprime (fam.), mélancolie, spleen (litt.).

neurasthénique adj. et n. ▶ cafardeux, dépressif, déprimé, hypocondriaque (vx), mélancolique.

neutraliser v. **1** *Des passants ont réussi à neutraliser le forcené et à le désarmer* ▶ maîtriser. **2** *Neutraliser l'influence d'une doctrine* ▶ enrayer, étouffer, juguler. **3** *Neutraliser l'aviation ennemie* ▶ anéantir, annihiler. **4 se neutraliser** *Des influences contraires qui se neutralisent* ▶ s'annuler, se compenser, se contrebalancer.

neutralité n. f. *La neutralité d'un président de séance* ▶ impartialité.

neutre adj. **1** *Rester neutre dans une discussion* ▶ impartial. **2** *Des sujets de conversation neutres* ▶ anodin, banal, insignifiant, quelconque. **3** *Des tons neutres* ▶ discret, fade, incolore, insipide, morne, terne.

névralgique adj. Fig. *Le point névralgique* ▶ sensible.

névrosé, ée adj. ▶ déséquilibré, instable, névropathe (vx).

nez n. m. **1** Fig. *Un chien qui a du nez* ▶ flair, odorat. **2** Fig. *Un expert qui a du nez* ▶ flair, intuition, perspicacité, sagacité. **3** Fig. *Le nez d'un bateau* ▶ avant, proue. **4 nez à nez** *Ils se sont retrouvés nez à nez* ▶ face à face.

niable adj. *Ce n'est pas niable* ▶ contestable, discutable, douteux, réfutable.

niais, aise adj. et n. **1** *Une histoire niaise* ▶ inepte, nunuche (fam.). **2** *Il est assez niais pour croire une chose pareille* ▶ ballot (fam.), balourd (fam.), benêt, bêta (fam.), bête, godiche (fam.), gourde (fam.), idiot, imbécile, innocent, naïf, nigaud, simple, simplet, sot, stupide.

niaisement adv. ▶ bêtement, stupidement.

niaiserie n. f. **1** *Un jeune homme d'une grande niaiserie* ▶ bêtise, idiotie, imbécillité, naïveté, nigauderie, sottise, stupidité. **2** *Raconter des niaiseries* ▶ ineptie, sottise. **3** *Passer son temps à des niaiseries* ▶ bagatelle, bricole, broutille, fadaise, futilité, misère, rien.

niche n. f. **1** *Une niche pratiquée dans l'épaisseur d'un mur* ▶ cavité, creux, enfoncement, renfoncement. **2** *Faire des niches à qqn* ▶ blague, canular (fam.), espièglerie, facétie, farce, malice, plaisanterie, tour.

nichée n. f. ▶ couvée.

nicher v. **1** *Les fauvettes nichent dans les buissons* ▶ nidifier. **2 se nicher** Fig. et fam. *Où est-il donc allé se nicher ?* ▶ s'abriter, se cacher, se tapir.

nid n. m. **1** Fig. *Des jeunes gens qui ont du mal à quitter le nid maternel* ▶ demeure, foyer, gîte (litt.), home, logement, maison, toit. **2** Fig. *Un nid de brigands* ▶ repaire.

nid-de-poule n. m. ▶ fondrière.

nidifier v. ▶ nicher.

nier v. **1** *Il nie toute responsabilité dans cette affaire* ▶ dénier, récuser, refuser. **2** *Il nie avoir emporté ce livre* ▶ se défendre de.

nigaud, aude adj. et n. ▶ ballot (fam.), benêt, bêta (fam.), bête, dadais, gauche, godiche (fam.), gourde (fam.), niais, simplet, sot.

night-club n. m. ▶ boîte de nuit, dancing, discothèque.

nimbe n. m. **1** *Le nimbe qui entoure la tête des saints* ▶ auréole. **2** Litt. *Un nimbe de cheveux blonds* ▶ couronne, halo.

nimber v. *Le halo de lumière qui nimbe le visage de la sainte* ▶ auréoler, baigner, entourer, envelopper.

n'importe qui Pron. ▶ le premier venu.

nipper v. Fam. ▶ accoutrer, fagoter, saper (fam.).

nippes n. f. pl. Fam. ▶ défroques, guenilles, haillons, hardes, oripeaux (litt.).

nippon, onne adj. ▶ japonais.

nirvana n. m. *Atteindre au nirvana* ▶ béatitude, félicité, paradis, sérénité.

niveau n. m. **1** Fig. *Des difficultés de différents niveaux* ▶ degré, sorte, type. **2** Fig. *À tous*

niveler

les niveaux de l'État ▶ degré, échelon. **3** Fig. *Il n'est pas au niveau* ▶ hauteur. **4 de niveau** ▶ de plain-pied.

niveler v. ▶ aplanir, araser, égaliser.

nivellement n. m. **1** *Le nivellement d'un terrain* ▶ aplanissement, arasement. **2** Fig. *Le nivellement des modes de vie* ▶ alignement, égalisation, standardisation, uniformisation.

noble adj. **1** *Une famille noble* ▶ aristocratique. **2** Fig. *Un caractère noble* ▶ chevaleresque, courageux, fier, généreux, magnanime. **3** Fig. *La véritable amitié est un sentiment noble* ▶ élevé. **4** Fig. *Un noble vieillard* ▶ digne, majestueux, respectable, vénérable. **5** Fig. *Une discipline noble* ▶ distingué, éminent. **6** Fig. *Un style noble* ▶ élevé, grand, soutenu.

noble n. *Une société de nobles* ▶ aristocrate, gentilhomme, seigneur.

noblement adv. **1** *Secourir noblement un ennemi en difficulté* ▶ chevaleresquement, généreusement, magnanimement (litt.). **2** *La jeune fille répondit noblement qu'il se trompait sur son compte* ▶ dignement, fièrement.

noblesse n. f. **1** *Se targuer sans cesse de sa noblesse* ▶ aristocratie, sang bleu (litt.). **2** *La noblesse des sentiments* ▶ distinction, élégance, élévation, générosité. **3** *La jeune fille répliqua avec noblesse qu'elle n'avait peur de personne* ▶ dignité, fierté, hauteur.

noces n. f. pl. ▶ épousailles (vx), hymen (litt.), mariage.

noceur, euse n. Fam. ▶ fêtard (fam.), noctambule, viveur.

nocif, ive adj. **1** *Des vapeurs nocives* ▶ asphyxiant, dangereux, délétère, méphitique, toxique. **2** *Des théories nocives* ▶ corrupteur, dangereux, funeste, malfaisant, mauvais, néfaste, nuisible, pernicieux, préjudiciable.

nocivité n. f. ▶ toxicité.

noctambule n. ▶ fêtard (fam.), noceur (fam.), viveur.

noël n. f. ▶ nativité.

nœud n. m. **1** *Un nœud simple* ▶ boucle. **2** *Un nœud servant d'ornement* ▶ bouffette, rosette. **3** Fig. et litt. *Les nœuds de l'amitié* ▶ lien. **4** Fig. *Le nœud de l'affaire* ▶ centre, cœur, fond.

noir, noire adj. **1** *De noirs souterrains* ▶ obscur, sombre, ténébreux (litt.). **2** *Revenir de vacances avec la peau toute noire* ▶ basané, bronzé, foncé, hâlé. **3** *Un ciel noir* ▶ couvert, menaçant, orageux, sombre. **4** Fig. *De noirs desseins* ▶ diabolique, effroyable, épouvantable, sombre, terrible. **5** Fig. *Des idées noires* ▶ funèbre, funeste, lugubre, sinistre, sombre, triste. **6** Fam. *Être complètement noir* ▶ aviné, bourré (fam.), ivre, soûl.

noir n. m. **1** *Les Noirs d'Amérique du Nord* ▶ black (fam.), nègre (péj.). **2** *Avoir peur du noir* ▶ obscurité, ténèbres (litt.). **3** Fig. *Être dans le noir le plus complet* ▶ confusion, incertitude, indécision. **4 au noir** Fam. *Travailler au noir* ▶ clandestinement.

noirâtre adj. *Une teinte noirâtre* ▶ fuligineux (litt.).

noirceur n. f. Fig. et litt. *Un forfait d'une épouvantable noirceur* ▶ bassesse, indignité, infamie, perfidie, scélératesse.

noircir v. **1** *Le soleil lui a noirci la peau* ▶ bronzer, brunir, hâler. **2** *Le temps a noirci les couleurs du tableau* ▶ assombrir, obscurcir, ternir. **3** Fig. et litt. *Noircir qqn* ▶ calomnier, décrier, dénigrer, diffamer, discréditer. **4 se noircir** Fig. et litt. *Il se noircit pour qu'elle paraisse innocente* ▶ s'accuser, se charger. **5** Fig. et fam. *Se noircir au gros rouge* ▶ s'enivrer, se soûler.

noircissement n. m. ▶ assombrissement, obscurcissement.

noisetier n. m. ▶ coudrier.

noliser v. *Noliser un bateau* ▶ affréter, fréter, louer.

nom n. m. **1** *Distinguer le nom et l'adjectif* ▶ substantif. **2** *Ne pas retrouver le nom exact* ▶ mot, terme, vocable. **3** *Le nom d'une personne* ▶ patronyme. **4** *C'est un nom qu'il a pris pendant la guerre* ▶ pseudonyme, sobriquet, surnom. **5** *Le nom d'un produit* ▶ appellation, label, marque. **6** *Mériter le nom d'ami* ▶ dénomination, désignation, qualificatif, titre. **7** *Respecter son nom* ▶ famille, lignage, lignée, race, sang. **8** *Se faire un nom en défendant les opprimés* ▶ réputation. **9** *La gloire n'est qu'un vain nom* ▶ apparence, illusion. **10 nom de baptême** ▶ petit nom (fam.), prénom.

nomade adj. **1** *Une population nomade* ▶ itinérant, mobile. **2** *Une vie nomade* ▶ changeant, errant, instable (péj.), mobile, vagabond.

nombre n. m. **1** *Écrire un nombre en lettres* ▶ numéro. **2** *Le nombre croissant des chômeurs* ▶ contingent, quantité. **3** *Le nombre d'une période oratoire* ▶ cadence, rythme. **4 en nombre** ▶ en masse, massivement.

nombreux, euse adj. **1** Plur. *Ce cas est illustré par de nombreux exemples* ▶ abondants, maint (litt.), multiples. **2** *Une phrase nombreuse* ▶ cadencée, rythmée.

nombril n. m. ▶ ombilic.

nomenclature n. f. **1** *Ce terme ne fait pas partie de la nomenclature médicale* ▶ jargon (péj.), lexique, terminologie, vocabulaire. **2** *La nomenclature des actes remboursés par la Sécurité sociale* ▶ catalogue, état, inventaire, liste, relevé, répertoire.

nominal, ale adj. **1** *Une liste nominale* ▶ nominatif. **2** *La valeur nominale d'une monnaie* ▶ conventionnel, extrinsèque, fictif, théorique.

nominalement adv. ▶ nominativement, nommément.

nominatif, ive adj. *Une liste nominative* ▶ nominal.

nomination n. f. **1** *Sa nomination à Paris est officielle* ▶ affectation, désignation. **2** *Un film qui obtient plusieurs nominations pour les césars* ▶ mention.

nommément adv. ▶ nominalement, nominativement.

nommer v. **1** *On l'a nommé Médor* ▶ appeler, baptiser, dénommer, prénommer. **2** *Nommer un nouveau président* ▶ choisir, désigner, élire. **3** *Nommer ses complices* ▶ dénoncer, désigner, donner (fam.). **4** *Dans son discours, il n'a même pas nommé ses prédécesseurs* ▶ citer, mentionner. **5** *Comment nommer une pareille attitude ?* ▶ qualifier.

non n. m. *Un non très sec* ▶ niet (fam.), refus.

non-acceptation n. f. ▶ refus, rejet.

non-aligné, ée adj. et n. ▶ non-engagé.

non-alignement n. m. ▶ non-engagement.

nonce n. m. ▶ ambassadeur, légat.

nonchalamment adv. ▶ langoureusement, mollement, négligemment, paresseusement.

nonchalance n. f. **1** *Ne pouvoir tirer un adolescent d'une nonchalance quasiment pathologique* ▶ apathie, atonie, indolence, inertie, langueur, léthargie, mollesse, torpeur. **2** *Il prend vraiment les choses avec trop de nonchalance* ▶ décontraction, désinvolture, détachement, indifférence, insouciance, je-m'en-foutisme (fam.), légèreté. **3** *Prendre des poses d'une délicieuse nonchalance* ▶ alanguissement, indolence, langueur.

nonchalant, ante adj. **1** *Un adolescent nonchalant* ▶ apathique, endormi, indolent, mou. **2** *Ne soyez pas si nonchalant, de graves ennuis nous menacent* ▶ décontracté, désinvolte, insouciant, léger.

3 *Une pose nonchalante* ▶ alangui, indolent, langoureux, languide.

non-conformisme n. m. *Se refuser à suivre la mode par non-conformisme* ▶ anticonformisme, indépendance, individualisme, originalité.

non-conformiste adj. et n. *Un intellectuel à la pensée profondément non-conformiste* ▶ anticonformiste, indépendant, individualiste, original.

non-croyant, ante adj. et n. ▶ agnostique, incrédule, sceptique.

non-dissémination n. f. ▶ non-prolifération.

non-dit n. m. ▶ implicite, sous-entendu.

non-engagé, ée adj. et n. ▶ non-aligné.

non-engagement n. m. ▶ non-alignement.

non-figuratif, ive adj. ▶ abstrait.

non-prolifération n. f. ▶ non-dissémination.

non-sens n. m. **1** *Cette politique est un non-sens* ▶ absurdité. **2** *Une traduction pleine de non-sens* ▶ incohérence.

non-voyant, ante n. ▶ aveugle.

nord adj. *L'hémisphère nord* ▶ boréal.

nord-africain, aine adj. et n. ▶ maghrébin.

nordique adj. **1** *L'Europe nordique* ▶ septentrional. **2** *Une jeune fille de type nordique* ▶ scandinave.

noria n. f. *Une interminable noria d'ambulances* ▶ défilé, va-et-vient.

normal, ale adj. **1** *Un phénomène normal* ▶ classique, courant, habituel, ordinaire, régulier. **2** *Une conséquence normale* ▶ attendu, logique, naturel. **3** *Une réaction normale étant donné la situation* ▶ compréhensible, légitime, naturel.

normale n. f. *Une intelligence supérieure à la normale* ▶ moyenne, norme, ordinaire.

normalement adv. *Ce verbe s'emploie normalement avec un complément* ▶ communément, couramment, d'habitude, d'ordinaire, généralement, habituellement, ordinairement, régulièrement, traditionnellement, usuellement.

normalisation n. f. **1** *La normalisation de l'orthographe* ▶ codification, rationalisation, systématisation. **2** *La normalisation des législations européennes* ▶ homogénéisation, standardisation, unification, uniformisation.

normaliser v. **1** *Normaliser l'orthographe* ▶ codifier, rationaliser, réglementer, sys-

norme

tématiser. **2** *Normaliser les législations européennes* ▸ homogénéiser, standardiser, unifier, uniformiser.

norme n. f. **1** *Les normes du comportement social* ▸ canon (litt.), code, convention, loi, principe, règle, règlement. **2** *S'écarter de la norme* ▸ moyenne, normale, standard. **3** *Des adolescents dépourvus de toute norme* ▸ repère.

nostalgie n. f. **1** *La nostalgie des exilés* ▸ mal du pays. **2** *La nostalgie provoquée par l'évocation du passé* ▸ blues (fam.), cafard, mélancolie, regret, spleen (litt.), vague à l'âme.

nostalgique adj. *Un chant aux accents nostalgiques* ▸ mélancolique, triste.

notabilité n. f. *Dans sa spécialité c'est une notabilité* ▸ figure, huile (fam.), légume (fam.), notable, personnage, personnalité, quelqu'un.

notable adj. **1** *Un fait notable* ▸ important, marquant, remarquable, saillant. **2** *Il m'a rendu un service notable* ▸ appréciable, fameux (fam.), insigne (litt.), signalé (litt.).

notable n. m. *Les notables de la ville* ▸ figure, huile (fam.), légume (fam.), notabilité, personnalité.

notablement adv. *Il s'est notablement amélioré* ▸ remarquablement, sensiblement.

notamment adv. *Il a appris toutes sortes de langues, et notamment le norvégien* ▸ particulièrement, principalement, spécialement, surtout.

notation n. f. *Multiplier les notations précises pour décrire une scène* ▸ annotation, indication, observation, remarque.

note n. f. **1** *Donner son avis sur un texte par des notes marginales* ▸ annotation, commentaire, indication, observation, réflexion, remarque. **2** *Rédiger une note à l'attention du personnel* ▸ avis, communiqué, mémorandum. **3** *Demander la note* ▸ addition, douloureuse (fam.), facture. **4** Fig. *Être dans la note* ▸ ton, tonalité. **5** Fig. *Une note de gaieté dans un costume* ▸ détail, touche.

noter v. **1** *Noter sur un carnet tout ce qui se passe* ▸ consigner, écrire, enregistrer, indiquer, inscrire, marquer, mentionner, prendre note de. **2** *Noter une amélioration dans l'état d'un malade* ▸ apercevoir, constater, observer, remarquer. **3** *Noter de la musique* ▸ copier, relever, transcrire. **4** *Une copie très difficile à noter* ▸ évaluer.

notice n. f. **1** *Un ouvrage qui s'ouvre par une notice de l'éditeur* ▸ avant-propos, avertissement, avis, préambule. **2** *Vous verrez, tout est expliqué dans la notice* ▸ guide, mode d'emploi.

notification n. f. ▸ annonce, avis.

notifier v. *La direction lui a notifié sa décision par lettre recommandée* ▸ annoncer, communiquer, faire connaître, faire part de, faire savoir, instruire de, signaler, signifier.

notion n. f. **1** *Distinguer les mots et les notions qu'ils représentent* ▸ abstraction, concept, idée. **2** *N'avoir aucune notion du danger* ▸ conscience, idée, sens, sentiment. **3** Plur. *Avoir des notions de grammaire* ▸ bases, éléments, principes, rudiments.

notionnel, elle adj. ▸ conceptuel.

notoire adj. **1** *Un fait notoire* ▸ avéré, certain, clair, éclatant, évident, flagrant, incontestable, indéniable, manifeste, patent, public, reconnu. **2** *Un tricheur notoire* ▸ avéré, patenté, reconnu.

notoirement adv. *Un responsable notoirement incompétent* ▸ incontestablement, indéniablement, manifestement.

notoriété n. f. *Devoir sa notoriété à ses talents de chroniqueur* ▸ célébrité, gloire, nom, renom, renommée, réputation.

noué, ée adj. Fig. *Un candidat complètement noué* ▸ contracté, crispé, tendu.

nouer v. **1** *Nouer un fil autour d'un bouquet* ▸ attacher, lier. **2** Fig. *Nouer une intrigue* ▸ combiner, machiner, manigancer, monter, organiser, ourdir (litt.), tisser, tramer. **3** Fig. *Nouer de nouvelles relations* ▸ établir, former, tisser.

noueux, euse adj. Fig. *Des membres noueux* ▸ tordu, tors (vx).

nourri, ie adj. Fig. *Un devoir nourri* ▸ dense, étoffé, riche.

nourrice n. f. **1** *Confier un enfant à une nourrice* ▸ assistante maternelle. **2** *Une nourrice de trente litres* ▸ bidon, jerricane.

nourrir v. **1** *Il y a de quoi nourrir tout le monde* ▸ alimenter, sustenter (litt.). **2** *Une mère qui nourrit son bébé* ▸ allaiter, donner le sein à. **3** Fig. *Des bruits qui nourrissent une rumeur* ▸ alimenter, amplifier, enfler, entretenir, grossir, soutenir. **4** *Des détails qui nourrissent une description* ▸ enrichir, étoffer. **5** Fig. *Nourrir l'espoir de réussir* ▸ caresser, entretenir. **6 se nourrir** *Acheter de quoi se nourrir* ▸ s'alimenter, manger, se restaurer, se sustenter (litt.). **7** *Se nourrir de biscuits* ▸ vivre. **8** Fig. et litt. *Se nourrir de poésie* ▸ s'abreuver, se repaître, vivre.

nourrissant, ante adj. ▸ consistant, nutritif, riche, roboratif, substantiel.

nourrisson n. m. ▶ bébé, nouveau-né, poupon.

nourriture n. f. **1** *Un établissement où la nourriture est bonne* ▶ alimentation, bouffe (fam.), cuisine, ordinaire, pitance (péj.), soupe (fam.). **2** *Des naufragés qui cherchent de la nourriture* ▶ aliments, subsistances, victuailles, vivres. **3** Spécialement pour les animaux ▶ pâtée, pâture.

nouveau ou **nouvel, nouvelle** adj. **1** *C'est ce qui se fait de plus nouveau* ▶ à la page (fam. et vx), dans le vent (fam.), dernier cri (vx), in (fam.), mode (fam.), moderne, récent, tendance (fam.). **2** *Chercher des expériences nouvelles* ▶ inaccoutumé, inattendu, inconnu, inédit, inhabituel, insolite, inusité, neuf, original. **3** *Être nouveau dans un secteur* ▶ débutant, jeune, néophyte, neuf, novice. **4** *C'est un nouveau César* ▶ autre, second. **5 nouveau riche** ▶ parvenu.

nouveau, nouvelle n. ▶ bizut (fam.), bleu (fam.), débutant, néophyte, novice.

nouveau (à ou **de)** adv. ▶ derechef (litt.), encore.

nouveau-né n. m. ▶ bébé, nourrisson, poupon.

nouveauté n. f. **1** *Une œuvre d'art qui garde toute sa nouveauté* ▶ actualité, fraîcheur, jeunesse, modernisme, originalité. **2** *S'opposer à toute nouveauté* ▶ changement, innovation.

nouvelle n. f. **1** *La nouvelle n'est pas confirmée* ▶ annonce, information. **2** Plur. *Écouter les nouvelles* ▶ actualités, informations, journal.

nouvellement adv. ▶ depuis peu, fraîchement, récemment.

novateur, trice adj. *Des conceptions novatrices* ▶ audacieux, d'avant-garde, futuriste, innovant, révolutionnaire.

novateur, trice n. *Opposer les vrais novateurs aux simples opportunistes* ▶ créateur, initiateur, innovateur, inventeur, pionnier.

novice adj. *Dans ce domaine nous sommes encore tout à fait novices* ▶ débutant, ignorant, inexpérimenté, jeune, néophyte, neuf, nouveau.

novice n. *Communiquer son expérience à des novices* ▶ débutant, néophyte, nouveau.

noyau n. m. Fig. *Le noyau d'une société* ▶ centre, cœur.

noyautage n. m. ▶ entrisme, infiltration.

noyer v. **1** *Les crues ont noyé les champs* ▶ engloutir, inonder, submerger. **2** *Noyer sa pensée dans des phrases interminables* ▶ délayer, diluer, égarer, étouffer, perdre. **3 se noyer** Fig. *Se noyer dans les détails* ▶ s'égarer, se perdre.

nu, nue adj. **1** *Être nu* ▶ à poil (fam.), dénudé, déshabillé, dévêtu. **2** *Avoir la tête nue* ▶ découvert. **3** *Avoir le crâne nu* ▶ chauve, dégarni, déplumé (fam.). **4** *Les paysages nus du Sahara* ▶ aride, dénudé, désert, pelé. **5** Fig. *Un style nu* ▶ austère, dépouillé, monacal.

nu n. m. *Les nus de Rubens* ▶ académie.

nuage n. m. **1** *Des nuages noirs annonçant un orage* ▶ nuée (litt.). **2** Fig. *Un nuage de lait* ▶ doigt, goutte, larme, soupçon. **3** Fig. *Un bonheur sans nuages* ▶ trouble. **4 être dans les nuages** Fig. et fam. ▶ être inattentif, rêvasser (fam.), rêver, songer.

nuageux, euse adj. **1** *Un ciel nuageux* ▶ couvert, gris, nébuleux, orageux. **2** Fig. *Un projet nuageux* ▶ brumeux, confus, fumeux, nébuleux, obscur, vague.

nuance n. f. **1** *Représenter toutes les nuances d'une couleur* ▶ degré, gradation, teinte, ton, tonalité. **2** *Établir une nuance un peu trop subtile entre deux expressions* ▶ distinguo (fam.). **3** *Il n'a pas saisi toutes les nuances de ce texte* ▶ finesse, subtilité. **4** *Une nuance d'amertume dans la voix* ▶ brin, grain, once, pointe, soupçon.

nuancer v. **1** *Nuancer une palette de couleurs* ▶ diversifier, varier. **2** *Nuancer un jugement* ▶ adoucir, atténuer, mesurer, modérer, pondérer, tempérer.

nubile adj. **1** *L'âge où les filles deviennent nubiles* ▶ adolescent, formé, pubère, réglé. **2** Spécialement du point de vue juridique ▶ mariable.

nubilité n. f. ▶ adolescence, formation, puberté.

nucléaire adj. *Une guerre nucléaire* ▶ atomique.

nudisme n. m. ▶ naturisme.

nudiste n. ▶ naturiste.

nudité n. f. Fig. *La nudité d'un style* ▶ austérité, dépouillement.

nuée n. f. **1** Litt. *Des nuées noires annonçant un orage* ▶ nuage. **2** Fig. *Une nuée de journalistes* ▶ armada, armée, bataillon, cohorte, essaim, flopée (fam.), foule, kyrielle, légion, masse, meute, multitude, myriade (litt.), quantité, régiment, tas (fam.).

nuire v. **1** *Nuire à qqn auprès de son entourage* ▶ compromettre, déconsidérer, desservir, faire du tort à, faire tort à (vx), porter atteinte à, porter préjudice à, porter tort à. **2** *Nuire aux projets de qqn* ▶ contrarier, contrecarrer, entraver, faire

nuisance

obstacle à. **3** *Un règlement qui nuit aux plus méritants* ▸ défavoriser, désavantager, gêner, léser. **4** *Nuire à sa santé* ▸ détruire, perdre, ruiner.

nuisance n. f. *Les nuisances provoquées par la pollution* ▸ dégât, dommage, gêne.

nuisible adj. **1** *Un climat aux effets tout à fait nuisibles* ▸ défavorable, dommageable, funeste (litt.), malsain, néfaste, nocif, préjudiciable. **2** *Des théories nuisibles* ▸ corrupteur, dangereux, funeste (litt.), malfaisant, néfaste, nocif, pernicieux.

nuit n. f. *S'enfuir à la faveur de la nuit* ▸ obscurité, ténèbres (litt.).

nul, nulle adj. **1** Litt. *Nul homme n'est infaillible* ▸ aucun. **2** *Le risque est nul* ▸ inexistant. **3** *Un acte juridique nul* ▸ caduc. **4** Fam. *Il est complètement nul* ▸ ignare, incapable, incompétent, inefficace, lamentable, mauvais, minable.

nul, nulle Pron. Litt. *Nul n'est censé ignorer la loi* ▸ personne.

nullement adv. ▸ aucunement, en rien, pas du tout, point (litt.).

nullité n. f. **1** *La nullité d'un argument* ▸ inexistence. **2** *Déplorer la nullité de ses collègues* ▸ bêtise, ignorance, imbécillité, incompétence, inintelligence. **3** *Elle a épousé une nullité* ▸ ignare, ignorant, incapable, incompétent, minable, moins que rien, nul, nullard (fam.), pauvre type, zéro. **4** *La nullité d'un acte* ▸ caducité.

numéraire n. m. ▸ espèces, liquide, liquidités.

numérique adj. *Un affichage numérique* ▸ digital.

numériser v. ▸ digitaliser.

numéro n. m. **1** *Inscrire un numéro en toutes lettres* ▸ nombre. **2** *Un numéro de cirque* ▸ attraction, exhibition, show, spectacle. **3** Fam. *Il va vous faire son numéro* ▸ cinéma (fam.), comédie. **4** Fam. *Un drôle de numéro* ▸ farceur, gaillard, lascar (fam.), loustic, luron (fam.), phénomène, plaisantin, spécimen (fam.).

numéroter v. *Numéroter les feuillets d'un dossier* ▸ folioter, paginer.

numismate n. ▸ médailliste.

nurse n. f. ▸ bonne d'enfants.

nutritif, ive adj. ▸ consistant, nourrissant, riche, roboratif, substantiel.

nymphette n. f. ▸ mignonne, minette (fam.), petite (fam.), tendron (litt.).

O

oasis n. f. Fig. *Une oasis dans un environnement hostile* ▶ abri, asile, havre (litt.), refuge, retraite.

obéir v. 1 *Refuser d'obéir* ▶ s'exécuter, obtempérer. 2 *Obéir à ses parents* ▶ écouter. 3 *Obéir aux impératifs de la mode* ▶ s'adapter à, s'assujettir à, se conformer à, observer, se plier à, sacrifier à, se soumettre à, suivre. 4 *Obéir aux conditions requises* ▶ correspondre à, remplir, répondre à, satisfaire à.

obéissance n. f. 1 *Un pouvoir qui réclame une obéissance absolue* ▶ docilité, soumission, subordination, sujétion. 2 *L'obéissance aux lois* ▶ observance (litt.), observation, respect.

obéissant, ante adj. ▶ discipliné, docile, sage, soumis.

obérer v. *Des dépenses qui obèrent un budget* ▶ alourdir, grever, surcharger.

objecter v. 1 *Objecter une impossibilité matérielle pour ne pas faire qqch* ▶ alléguer, invoquer. 2 *À cet argument, il a objecté qu'il était trop tard* ▶ répliquer, répondre, rétorquer, riposter.

objectif, ive adj. 1 *La réalité objective* ▶ concret, effectif, tangible, vrai. 2 *Un critique objectif* ▶ équitable, impartial, juste.

objectif n. m. 1 *Tirer sur un objectif* ▶ but, cible, point de mire. 2 Fig. *Avoir des objectifs inavouables* ▶ but, dessein, fin, intention, visées, vues.

objection n. f. 1 *Prévenir d'éventuelles objections* ▶ contestation, contradiction, critique, opposition, protestation, réfutation. 2 *Il n'y voit aucune objection* ▶ difficulté, empêchement, inconvénient, obstacle.

objectivement adv. 1 *Raconter objectivement ce qui s'est passé* ▶ exactement, fidèlement, scrupuleusement. 2 *Mais objectivement, c'est faisable ?* ▶ concrètement, dans les faits, en réalité, pratiquement.

objectivité n. f. 1 *Examiner un argument avec objectivité* ▶ impartialité. 2 *L'objectivité d'un récit* ▶ exactitude, fidélité.

objet n. m. 1 *Et cet objet, quelle forme avait-il ?* ▶ bidule (fam.), chose, machin (fam.), truc (fam.). 2 Fig. *L'objet de la discussion* ▶ matière, propos, substance, sujet, thème. 3 Fig. *Son objet est de nous convaincre* ▶ but, dessein, fin, intention. 4 **sans objet** *Une réclamation sans objet* ▶ infondé, injustifié.

objurgations n. f. pl. Litt. *Céder aux objurgations de qqn* ▶ implorations, requêtes, supplications.

obligation n. f. 1 *Ce serait mieux, mais ne le considérez pas comme une obligation* ▶ astreinte (litt.), commandement, contrainte, devoir, exigence, impératif, nécessité, servitude. 2 *C'est sans obligation de votre part* ▶ engagement. 3 Litt. *Avoir de l'obligation à qqn* ▶ gratitude, reconnaissance. 4 **être dans l'obligation de** *Vous allez être dans l'obligation de déménager* ▶ avoir à, devoir, être tenu de.

obligatoire adj. 1 *N'oubliez pas de vous faire faire les vaccins obligatoires* ▶ de rigueur, exigé, imposé, indispensable, nécessaire. 2 Fam. *C'est lui qui a été choisi, c'était obligatoire !* ▶ certain, fatal, forcé, immanquable, inéluctable, inévitable, obligé, sûr.

obligatoirement adv. *Ils reviendront obligatoirement* ▶ fatalement, forcément, immanquablement, inéluctablement, inévitablement, infailliblement, nécessairement, sûrement.

obligé, ée adj. 1 *Il faut y aller, c'est obligé* ▶ indispensable, nécessaire, obligatoire. 2 Fam. *Il n'est pas venu, c'était obligé* ▶ fatal, forcé, immanquable, inéluctable, inévitable, nécessaire, obligatoire. 3 Litt. *Je vous suis obligé de tout ce que vous avez fait là* ▶ reconnaissant, redevable.

obligeamment adv. ▶ aimablement, complaisamment, gentiment.

obligeance n. f. ▶ affabilité, amabilité, bienveillance, bonté, complaisance, gentillesse, prévenance, serviabilité.

obligeant, ante adj. ▶ affable, aimable, bienveillant, bon, chic (fam.), complaisant, gentil, prévenant, serviable.

obliger v. 1 Litt. *Vous m'obligeriez beaucoup en venant* ▶ rendre service à. 2 Vx *La loi oblige tous les citoyens* ▶ engager, lier. 3 *Obliger qqn à démissionner* ▶ acculer, astreindre, contraindre, forcer, pousser, réduire.

oblique adj. 1 Fig. *Un regard oblique* ▶ louche, torve. 2 Fig. *Une manœuvre oblique* ▶ détourné, indirect, tortueux.

obliquement

obliquement adv. *Vous voyez bien que ça tombe obliquement au lieu de tomber droit* ▶ de travers, en biais, en diagonale.

obliquer v. *Obliquer à gauche* ▶ braquer, tourner, virer.

obliquité n. f. *Évaluer l'obliquité des rayons du soleil à une heure donnée* ▶ inclinaison, pente.

oblitérer v. **1** *Oblitérer un timbre* ▶ tamponner. **2** *Un chirurgien qui oblitère un conduit* ▶ boucher, obstruer. **3** Litt. *Le temps a oblitéré ces inscriptions* ▶ effacer, estomper.

oblong, ongue adj. ▶ allongé, long.

obnubiler v. *Cette histoire l'obnubile* ▶ hanter, obséder, poursuivre.

obole n. f. **1** Litt. *Vivre d'oboles* ▶ aumône. **2** Litt. *Chacun a apporté son obole* ▶ écot, quote-part.

obscène adj. *Tenir des propos obscènes* ▶ cochon (fam.), cru, dégoûtant, gras, graveleux, grivois, immonde, impudique, inconvenant, indécent, licencieux, lubrique, malpropre, ordurier, salace, sale, scabreux, scandaleux, vicieux.

obscénité n. f. **1** *L'obscénité d'un spectacle* ▶ impudicité (litt.), inconvenance, indécence, licence (litt.). **2** *Dire des obscénités* ▶ cochonnerie (fam.), grivoiserie, ordure, polissonnerie, saleté.

obscur, ure adj. **1** *Une forêt obscure* ▶ enténébré (litt.), ombreux (litt.), sombre, ténébreux. **2** *Des sapins d'un vert obscur* ▶ foncé. **3** Fig. *Un discours obscur* ▶ abscons (litt.), abstrus (litt.), amphigourique, brumeux, difficile, emberlificoté (fam.), embrouillé, entortillé, ésotérique, flou, fumeux, nébuleux, sybillin (litt.), vaseux. **4** Fig. *Les raisons qui paraissent obscures* ▶ énigmatique, impénétrable, incompréhensible, insondable, mystérieux, opaque. **5** Fig. *Être tourmenté par d'obscurs désirs* ▶ confus, flou, incertain, indéfini, indistinct, trouble, vague. **6** Fig. *Un poète obscur* ▶ ignoré, méconnu, oublié.

obscurantiste adj. ▶ réactionnaire, rétrograde.

obscurcir v. **1** *Des rideaux qui obscurcissent une pièce* ▶ assombrir, enténébrer (litt.). **2** Fig. *Des détails qui obscurcissent un raisonnement* ▶ brouiller, embrouiller, opacifier, troubler. **3 s'obscurcir** *Le ciel s'obscurcit* ▶ s'assombrir, se couvrir, se noircir. **4** Fig. *Des images qui s'obscurcissent dans la mémoire* ▶ s'effacer, s'estomper.

obscurcissement n. m. *L'obscurcissement du ciel à l'approche de l'orage* ▶ assombrissement, noircissement.

obscurément adv. *Percevoir obscurément qu'on a fait une gaffe* ▶ confusément, vaguement.

obscurité n. f. **1** *Une pièce plongée dans l'obscurité* ▶ noir, ombre, ténèbres. **2** Fig. *L'obscurité de ses explications a convaincu la police de sa culpabilité* ▶ flou, vague. **3** Fig. *Végéter dans l'obscurité* ▶ anonymat.

obsédant, ante adj. ▶ harcelant, lancinant.

obsédé, ée n. *Un obsédé du rangement* ▶ maniaque.

obséder v. *Cette vision l'obsède* ▶ hanter, obnubiler, poursuivre.

obsèques n. f. pl. ▶ enterrement, funérailles.

obséquieusement adv. ▶ platement, servilement.

obséquieux, euse adj. ▶ plat, rampant, servile.

obséquiosité n. f. ▶ servilité.

observable adj. ▶ visible.

observance n. f. **1** Vx *La stricte observance de Cîteaux* ▶ loi, règle. **2** Litt. *L'observance pointilleuse d'une règle* ▶ obéissance à, observation, respect.

observateur, trice adj. *Un esprit observateur* ▶ attentif, vigilant.

observateur, trice n. *Les observateurs de la vie politique* ▶ spectateur, témoin.

observation n. f. **1** *La stricte observation d'une règle* ▶ obéissance à, observance (litt.), respect. **2** *L'observation d'un fait par quelques témoins* ▶ constat, constatation. **3** *Un poste d'observation* ▶ inspection, surveillance, veille. **4** *L'observation du cœur humain* ▶ analyse, étude, examen, introspection. **5** *Une étude pleine d'observations justes sur un auteur* ▶ commentaire, considération, notation, pensée, réflexion, remarque. **6** *Faire une observation à qqn à propos de ses retards* ▶ critique, remarque.

observer v. **1** *Observer des rites de la façon la plus scrupuleuse* ▶ s'assujettir à, se conformer à, obéir à, se plier à, respecter, sacrifier à, se soumettre à. **2** *Observer un nouveau venu avec curiosité* ▶ considérer, contempler, dévisager, étudier, examiner, fixer, regarder, scruter. **3** *Observer les allées et venues de ses voisins* ▶ épier, surveiller. **4** *Chacun peut observer que la crise est durable* ▶ apercevoir, constater, découvrir, noter, remarquer, voir.

obsession n. f. **1** *L'idée qu'il puisse échouer tourne à l'obsession* ▶ cauchemar, hantise, idée fixe, psychose. **2** *Avoir l'obsession de la propreté* ▸ manie.

obsolète adj. ▸ démodé, dépassé, désuet, périmé, suranné, vieilli, vieux.

obstacle n. m. **1** Fig. *Son projet ne rencontrera guère d'obstacles* ▸ blocage, difficulté, écueil, empêchement, entrave, frein, gêne, pierre d'achoppement, résistance, traverse (litt.). **2 faire obstacle à** *Faire obstacle à la montée de l'extrémisme* ▸ barrer la route à, contrarier, se dresser contre, faire barrage à, gêner, nuire à, s'opposer à, résister à.

obstétricien, enne n. ▸ accoucheur.

obstination n. f. **1** ▸ acharnement, constance, insistance, opiniâtreté, persévérance, persistance, résolution, ténacité. **2** Spécialement en mauvaise part ▸ entêtement.

obstiné, ée adj. **1** ▸ acharné, insistant, opiniâtre, persévérant, résolu, tenace. **2** Spécialement en mauvaise part ▸ buté, entêté, têtu.

obstinément adv. *S'opposer obstinément à un projet* ▸ farouchement, mordicus (fam.), opiniâtrement, résolument.

obstiner (s') v. **1** *S'obstiner malgré tous les obstacles* ▸ s'acharner, continuer, insister, persévérer, persister. **2** Spécialement en mauvaise part ▸ se buter, s'entêter.

obstruction n. f. **1** *Constater l'obstruction d'un conduit* ▸ engorgement, oblitération, obturation, occlusion. **2** *Faire de l'obstruction systématique* ▸ blocage, contestation, opposition, résistance.

obstruer v. **1** *Obstruer une voie d'eau* ▸ aveugler, boucher, calfeutrer, colmater, obturer. **2** *Des voitures qui obstruent le passage* ▸ barrer, bloquer, boucher, embarrasser, embouteiller, encombrer, engorger, entraver, fermer, gêner.

obtempérer v. ▸ s'exécuter, s'incliner, obéir, se soumettre.

obtenir v. **1** *Il a fini par obtenir la place qu'il demandait* ▸ avoir, décrocher (fam.). **2** *Quel bénéfice espérez-vous obtenir de ce genre de démarches ?* ▸ recevoir, recueillir, tirer. **3** *Obtenir le soutien des électeurs* ▸ acquérir, se concilier, conquérir, gagner, se procurer, rallier, remporter.

obturation n. f. **1** *Procéder à l'obturation d'un conduit d'aération* ▸ bouchage, colmatage, fermeture. **2** *L'obturation d'une dent cariée* ▸ plombage.

obturer v. **1** *Obturer une cavité* ▸ boucher, calfeutrer, colmater, combler, fermer, obstruer. **2** *Obturer une fenêtre* ▸ condamner.

obtus, use adj. Fig. *Un esprit obtus* ▸ balourd, bête, borné, bouché (fam.), épais, inintelligent, lourd, lourdaud, pesant.

obusier n. m. ▸ mortier.

obvier v. Litt. *Obvier à un inconvénient* ▸ pallier, parer à, remédier à.

occasion n. f. **1** *Si l'occasion se présente* ▸ cas, circonstance, conjoncture, éventualité, hasard, occurrence (litt.), opportunité (fam.), possibilité. **2** *C'est l'occasion de vous montrer* ▸ moment. **3** *Une occasion à ne pas manquer* ▸ affaire, aubaine, chance, opportunité (fam.). **4 à l'occasion** *Si à l'occasion vous passez par ici, venez me voir* ▸ d'aventure (litt.). **5 donner l'occasion** *Cela nous donnera l'occasion de nous rencontrer* ▸ permettre.

occasionnel, elle adj. *Je les aide, mais seulement de façon occasionnelle* ▸ accidentel, contingent, épisodique, exceptionnel, sporadique.

occasionnellement adv. ▸ accidentellement, épisodiquement, incidemment, sporadiquement.

occasionner v. *Cela risque d'occasionner des troubles* ▸ amener, appeler, apporter, attirer, causer, créer, déchaîner, déclencher, déterminer, donner lieu à, engendrer, entraîner, produire, provoquer, soulever, susciter.

occident n. m. ▸ couchant, ouest, ponant (litt.).

occlusion n. f. *L'occlusion du chenal expiratoire* ▸ fermeture, obturation.

occulte adj. **1** *Des manœuvres occultes* ▸ caché, clandestin, cryptique (litt.), secret, souterrain. **2** *Des sciences occultes* ▸ cabalistique, ésotérique, hermétique.

occulter v. **1** *Un astre qui en occulte en autre* ▸ cacher, dissimuler, éclipser, masquer, offusquer (litt.), recouvrir, voiler. **2** *Occulter un fait gênant* ▸ cacher, camoufler, dissimuler, escamoter, étouffer, taire.

occultisme n. m. ▸ ésotérisme, hermétisme.

occupant, ante n. **1** *Lutter contre l'occupant* ▸ envahisseur, oppresseur. **2** *Les traces des premiers occupants d'une région* ▸ habitant, hôte (litt.).

occupation n. f. **1** *Avoir de multiples occupations* ▸ activité, affaire, besogne (litt.), ouvrage, tâche. **2** Spécialement à propos

occuper

d'une activité ludique ▶ amusement, distraction, hobby, loisir, passe-temps.

occuper v. 1 *Un lit qui occupe presque toute une chambre* ▶ emplir, garnir, meubler, remplir. 2 *Occuper le rez-de-chaussée d'une villa* ▶ habiter. 3 *Occuper une fonction importante* ▶ exercer, remplir. 4 *Son travail l'occupe tout le temps* ▶ absorber, accaparer, prendre. 5 *Cela va occuper les enfants* ▶ amuser, distraire. 6 **s'occuper** *Ne savoir quoi faire pour s'occuper* ▶ passer le temps. 7 *S'occuper à des travaux de jardinage* ▶ s'adonner, s'appliquer, s'attacher, se consacrer, s'employer, vaquer. 8 *S'occuper d'un malade* ▶ aider, assister, se charger de, prendre soin de, soigner, veiller sur. 9 *S'occuper de ses affaires* ▶ se consacrer à, se mêler de, se consacrer à. 10 *Son directeur ne s'est jamais occupé de ce qu'elle faisait* ▶ s'intéresser à, se mêler de, se préoccuper de, se soucier de.

occurrence n. f. Litt. 1 *Si l'occurrence se présente* ▶ cas, circonstance, conjoncture, occasion. 2 **en l'occurrence** ▶ cette fois-ci, dans ce cas précis, en la circonstance, pour le coup (fam.).

océan n. m. 1 Plur. *Partir sur les océans* ▶ flots, mers. 2 Fig. *L'océan des occasions perdues* ▶ immensité. 3 *Il y a un océan entre ces deux conceptions* ▶ abîme, gouffre.

octroi n. m. Vx *L'octroi d'un privilège* ▶ attribution, concession.

octroyer v. 1 *Octroyer quelques jours de congé supplémentaires* ▶ accorder, allouer, attribuer, concéder, consentir, donner. 2 **s'octroyer** *S'octroyer un peu de repos* ▶ s'accorder, s'offrir, se permettre. 3 *S'octroyer un privilège exorbitant* ▶ s'adjuger, s'arroger. 4 *S'octroyer la plus grosse part* ▶ s'approprier, s'emparer.

oculus n. m. ▶ œil-de-bœuf.

ode n. f. *Une ode à la paix* ▶ hymne.

odeur n. f. 1 *Une odeur délicieuse* ▶ arôme, bouquet, effluve, exhalaison, fragrance (litt.), fumet, parfum, senteur. 2 *Une odeur épouvantable* ▶ effluve, puanteur, relent, remugle (litt.).

odieusement adv. ▶ abominablement, affreusement, atrocement, horriblement, insupportablement, intolérablement, monstrueusement.

odieux, euse adj. 1 *Se conduire de façon odieuse avec qqn* ▶ abject, abominable, détestable, exécrable, haïssable, ignoble, immonde, infâme, méchant, rebutant, révoltant. 2 *Des enfants odieux* ▶ désagréable, impossible, infernal, insupportable, intolérable, invivable, pénible, terrible.

odontologie n. f. ▶ dentisterie.

odorant, ante adj. ▶ aromatique, odoriférant, parfumé.

odorat n. m. ▶ flair, nez, olfaction.

odyssée n. f. ▶ aventure, expédition, périple.

œcuménique adj. ▶ universel.

œil n. m. 1 Fig. *Jeter un œil sur qqch* ▶ coup d'œil, regard. 2 Fig. *Aussi loin que l'œil se porte* ▶ regard, vision, vue. 3 Fig. *Rien n'échappe à son œil* ▶ attention, regard, vigilance. 4 Fig. *Les yeux d'un arbuste* ▶ bourgeon, bouton, pousse. 5 Fig. *Une porte munie d'un œil* ▶ espion, judas. 6 **à l'œil** Fam. ▶ gratis (fam.), gratuitement. 7 **aux yeux de** Fig. *Aux yeux de sa femme, c'est un génie* ▶ d'après, pour, selon.

œil-de-bœuf n. m. ▶ oculus.

œil-de-perdrix n. m. ▶ cor.

œillade n. f. ▶ clin d'œil, coup d'œil, regard.

œillet n. m. *L'œillet d'un vêtement* ▶ boutonnière.

œuvre n. f. 1 *Se mettre à l'œuvre* ▶ action, besogne, labeur (litt.), tâche, travail. 2 *Une œuvre originale* ▶ création, entreprise, ouvrage, production, réalisation. 3 **mettre en œuvre** *Mettre un projet en œuvre* ▶ commencer, entreprendre. 4 *Mettre en œuvre tous les moyens possibles pour retrouver un enfant disparu* ▶ avoir recours à, recourir à, user de.

œuvrer v. Litt. *Œuvrer pour une cause* ▶ s'activer, agir, travailler.

off adj. *Une voix off* ▶ hors-champ.

offensant, ante adj. *Des propos offensants* ▶ injurieux, insultant, outrageant.

offense n. f. *Se venger d'une offense* ▶ affront, avanie (litt.), injure, insulte, outrage.

offenser v. 1 *Si on parle de ça, il va considérer qu'on cherche à l'offenser* ▶ insulter, outrager. 2 **s'offenser** *S'offenser d'une remarque anodine* ▶ se blesser, se fâcher, se formaliser, se froisser, se hérisser, s'indigner, s'offusquer, prendre ombrage, se vexer.

offenseur n. m. *Dans un duel, l'offenseur n'a pas le choix des armes* ▶ agresseur.

offensif, ive adj. Fig. *Une opposition particulièrement offensive* ▶ agressif, bagarreur (fam.), batailleur, belliqueux, combatif, pugnace.

offensive n. f. *Passer à l'offensive* ▸ assaut, attaque.

office n. m. **1** Vx *La vénalité des offices* ▸ charge, emploi, fonction, ministère, place, poste. **2** *Assister à l'office de 10 heures* ▸ messe, service. **3** *L'office du tourisme* ▸ agence, bureau, organisme. **4 bons offices** *Proposer ses bons offices* ▸ aide, appui, concours, services. **5** Spécialement dans le domaine diplomatique ▸ conciliation, médiation.

officialisation n. f. *Réclamer l'officialisation d'une pratique admise* ▸ légalisation.

officialiser v. *Officialiser une pratique admise* ▸ légaliser.

officiant, ante n. ▸ célébrant, prêtre.

officiel, elle adj. **1** *Un document officiel* ▸ administratif, réglementaire. **2** *Une cérémonie officielle* ▸ public. **3** *L'interprétation officielle d'un événement* ▸ accrédité, autorisé.

officiellement adv. ▸ en public, publiquement.

officier v. *Un prêtre en train d'officier* ▸ célébrer.

officier n. m. ▸ gradé (fam.).

officine n. f. ▸ pharmacie.

offre n. f. ▸ proposition.

offrir v. **1** *Offrir des gâteaux* ▸ donner, payer. **2** *Offrir son aide* ▸ présenter, proposer. **3** *Offrir sa vie à la cause que l'on défend* ▸ dédier, sacrifier, vouer. **4** *Cette scène nous offre un bel exemple de courage* ▸ fournir, montrer, présenter, procurer. **5 s'offrir** *S'offrir une semaine de vacances* ▸ s'accorder, se donner, s'octroyer, se payer (fam.). **6** *Une occasion qui s'offre* ▸ apparaître, se montrer, se présenter, se rencontrer. **7** *Il s'est offert à vous reconduire* ▸ se proposer.

offusquer v. **1** *Ses propos ont offusqué tous les convives* ▸ blesser, choquer, déplaire à, froisser, heurter, offenser, piquer, scandaliser, vexer. **2 s'offusquer** *S'offusquer d'une remarque désobligeante* ▸ blesser, se choquer, se fâcher, se formaliser, se froisser, se hérisser, s'indigner, s'offenser, se piquer, prendre ombrage, se scandaliser, se vexer.

ogre n. m. **1** *Une histoire d'ogre* ▸ croque-mitaine. **2** Fig. *Manger comme un ogre* ▸ glouton, goinfre.

oie blanche n. f. Fig. et péj. *Épouser une oie blanche, candide et niaise* ▸ enfant de marie (vx), oiselle (fam.), rosière (vx).

oignon n. m. *Un oignon de tulipe* ▸ bulbe.

oiseau n. m. **1** ▸ volatile. **2 oiseau de proie** ▸ rapace.

oiseau-mouche n. m. ▸ colibri.

oiseux, euse adj. ▸ futile, inutile, stérile, superflu, vain.

oisif, ive adj. ▸ désœuvré, inactif, inoccupé.

oisiveté n. f. ▸ désœuvrement, farniente, inaction, loisir.

oléoduc n. m. ▸ pipeline.

olibrius n. m. Fam. et péj. ▸ excentrique, fantaisiste, original, phénomène.

olifant n. m. ▸ corne, trompe.

olivâtre adj. ▸ bistre, cireux, plombé, terreux, verdâtre, vert.

oliveraie n. f. ▸ olivaie, olivette.

olympien, enne adj. Fig. et litt. *Un vieillard à l'aspect olympien* ▸ auguste, hiératique, imposant, majestueux, solennel.

ombilic n. m. ▸ nombril.

ombrage n. m. **1** *Se réfugier sous l'ombrage d'une charmille* ▸ couvert (litt.), feuillage, ombre. **2 prendre ombrage de** *Prendre ombrage de la moindre critique* ▸ se formaliser de, se froisser de, s'irriter de, s'offenser de, se piquer de, se vexer de.

ombrager v. *Le feuillage qui ombrage une allée* ▸ couvrir, ombrer (litt.).

ombrageux, euse adj. **1** *Un cheval ombrageux* ▸ craintif, peureux. **2** Fig. *Un caractère ombrageux* ▸ défiant, méfiant, soupçonneux, susceptible.

ombre n. f. **1** *L'ombre d'un arbre* ▸ couvert (litt.), ombrage. **2** *Une pièce plongée dans l'ombre* ▸ noir, obscurité, ténèbres (litt.). **3** *Une ombre projetée sur un mur* ▸ silhouette. **4** Fig. *Des décisions entourées d'ombre* ▸ mystère, obscurité, secret, silence. **5** Fig. *Vivre dans l'ombre* ▸ effacement, obscurité. **6** Fig. *Le royaume des ombres* ▸ mort. **7** Fig. *Courir après une ombre* ▸ apparence, chimère, illusion, mirage. **8** Fig. *Une ombre a traversé son regard* ▸ inquiétude, malaise, préoccupation. **9** Fig. *Tout serait parfait s'il n'y avait quelques ombres* ▸ difficulté, ennui, problème. **10** Fig. *Il n'y a pas l'ombre d'un doute* ▸ soupçon, trace.

ombreux, euse adj. Litt. *Une forêt profonde et ombreuse* ▸ sombre, ténébreux.

omettre v. **1** *Omettre certains noms en lisant une liste* ▸ laisser de côté, laisser tomber, négliger, oublier, passer sous silence, sauter, taire. **2** *N'omettez pas de le saluer de ma part* ▸ manquer, négliger, oublier.

omission n. f. ▶ lacune, manque, oubli, trou, vide.

omnipotence n. f. Litt. *L'omnipotence de l'argent* ▶ domination, hégémonie, souveraineté, suprématie, toute-puissance.

omnipotent, ente adj. *Un pouvoir omnipotent* ▶ absolu, dominateur, hégémonique, souverain, totalitaire, tout-puissant, tyrannique.

omnipraticien, enne n. ▶ généraliste.

on Pron. *On est venu pour vous* ▶ quelqu'un.

onanisme n. m. ▶ masturbation.

once n. f. Fig. *Ne pas avoir une once de bon sens* ▶ atome, brin, centime, doigt, goutte, grain, gramme, miette, sou, soupçon.

onction n. f. Litt. *Des manières d'une onction toute ecclésiastique* ▶ affabilité, aménité, urbanité.

onctueux, euse adj. **1** *Une pâte onctueuse* ▶ moelleux, velouté. **2** Fig. *Une éloquence onctueuse* ▶ doucereux, mielleux, patelin (litt.), sucré.

onde n. f. Litt. *Voguer sur l'onde* ▶ eau, flots, houle, vagues.

ondée n. f. *Un temps serein traversé de soudaines ondées* ▶ averse, giboulée, grain, pluie.

on-dit n. m. ▶ bruit, cancan (fam.), commérage, potin (fam.), qu'en-dira-t-on, racontar (fam.), ragot (fam.), rumeur.

ondoiement n. m. Litt. *L'ondoiement des blés sous le vent* ▶ balancement, flottement, frémissement, frisson, ondulation.

ondoyant, ante adj. **1** *La vague ondoyante des blés sous le vent* ▶ frémissant, frissonnant, moutonnant, mouvant, ondulant. **2** *Des arabesques aux formes ondoyantes* ▶ onduleux, serpentin, sinueux. **3** Fig. et litt. *Un caractère ondoyant* ▶ capricieux, changeant, inconstant, instable, mobile, variable, versatile.

ondoyer v. Litt. *Une écharpe qui ondoie au vent* ▶ flotter, onduler, voleter.

ondulant, ante adj. *Une démarche ondulante* ▶ ondoyant, onduleux, serpentin, sinueux.

ondulation n. f. **1** *Les ondulations d'une courbe* ▶ sinuosité. **2** *Se poster derrière une ondulation du terrain* ▶ repli. **3** *L'ondulation des blés sous le vent* ▶ balancement, flottement, frémissement, frisson, ondoiement. **4** *Avoir des ondulations dans les cheveux* ▶ cran.

onduler v. **1** *Une écharpe qui ondule dans le vent* ▶ flotter, ondoyer (litt.), voleter. **2** *Une rivière qui ondule dans la campagne* ▶ serpenter, zigzaguer.

onduleux, euse adj. Litt. *Une démarche onduleuse* ▶ ondoyant, ondulant, serpentin, sinueux.

onéreux, euse adj. ▶ cher, coûteux, dispendieux.

onguent n. m. ▶ baume, crème, embrocation, liniment, pommade.

opacifier v. *Une brume qui opacifie l'atmosphère* ▶ obscurcir, voiler.

opacité n. f. Fig. *Un texte philosophique d'une opacité absolue pour le commun des mortels* ▶ incompréhensibilité (litt.), inintelligibilité, obscurité.

opalin, ine adj. ▶ blanchâtre, laiteux, opalescent.

opaque adj. **1** *Un liquide opaque* ▶ trouble. **2** *Une nuit opaque* ▶ épais, impénétrable, obscur, sombre, ténébreux. **3** Fig. *Des propos opaques* ▶ abscons (litt.), abstrus (litt.), impénétrable, incompréhensible, indéchiffrable, inintelligible, insaisissable, mystérieux, sibyllin (litt.).

opérateur, trice n. **1** *L'opérateur chargé de la commande d'une machine* ▶ manipulateur. **2** *L'opérateur chargé de la prise de vues* ▶ cadreur, cameraman. **3** *L'opérateur habilité à faire des opérations financières* ▶ donneur d'ordre.

opération n. f. **1** *Un sauvetage en mer est une opération délicate* ▶ acte, action, besogne, entreprise, expédition, tâche, travail. **2** *Une opération financière* ▶ affaire, transaction. **3** *Une opération chirurgicale* ▶ intervention. **4** Plur. *Engager les opérations* ▶ combat, hostilités.

opérer v. **1** *Des troupes qui opèrent leur jonction* ▶ accomplir, effectuer, exécuter, faire, pratiquer, procéder à, réaliser. **2** *Des sauveteurs qui opèrent à temps* ▶ agir, intervenir. **3 s'opérer** *Les changements qui s'opèrent actuellement* ▶ s'accomplir, avoir lieu, se faire, se produire, se réaliser.

opiner v. **1** Litt. *Opiner sur la proposition formulée* ▶ s'exprimer. **2** Litt. *Opiner à la proposition formulée* ▶ accepter, acquiescer à, adhérer à, adopter, approuver, consentir à, être d'accord avec, souscrire à.

opiniâtre adj. **1** *Un caractère opiniâtre* ▶ acharné, déterminé, inébranlable, obstiné, persévérant, résolu, tenace, volontaire. **2** Spécialement en mauvaise part ▶ buté, entêté, têtu. **3** *Une fièvre opiniâtre* ▶ chronique, persistant, tenace.

opiniâtrement adv. ▶ âprement, farouchement, fermement, mordicus (fam.), obstinément, résolument.

opiniâtrer (s') v. 1 Litt. ▶ persévérer. 2 Litt. Spécialement en mauvaise part ▶ se buter, s'entêter.

opiniâtreté n. f. 1 ▶ acharnement, constance (litt.), détermination, obstination, persévérance, résolution, ténacité. 2 Spécialement en mauvaise part ▶ entêtement.

opinion n. f. 1 *Exprimer une opinion sur un événement* ▶ appréciation, avis, idée, impression, jugement, pensée, point de vue, position, sentiment, thèse. 2 *Des opinions politiques ou religieuses* ▶ conviction, croyance, doctrine, foi, idéologie, théorie.

opossum n. m. ▶ sarigue.

opportun, une adj. 1 *Le moment opportun* ▶ approprié, favorable, indiqué, propice. 2 *Il serait opportun d'arrêter cette querelle* ▶ à propos, bienvenu, bon, convenable, expédient (litt.), judicieux, recommandé, souhaitable, utile.

opportunément adv. ▶ à pic (fam.), à point, à point nommé, à propos, providentiellement.

opportunité n. f. 1 *L'opportunité d'une intervention* ▶ à-propos. 2 Fam. *Ne pas laisser passer une opportunité* ▶ chance, occasion, possibilité.

opposant, ante n. ▶ adversaire, antagoniste, contradicteur, ennemi.

opposé, ée adj. 1 *Des directions opposées* ▶ contraire, inverse, symétrique. 2 *Des opinions opposées* ▶ adverse, antagonique, antagoniste, antinomique, antithétique, contradictoire, discordant, divergent, incompatible, inconciliable. 3 *Être opposé à toute solution extrême* ▶ défavorable à, ennemi de, hostile à.

opposé n. m. 1 *La droite est l'opposé de la gauche* ▶ pendant, symétrique. 2 *Soutenir l'opposé d'une opinion* ▶ antithèse, contraire, contrepartie, contre-pied. 3 **à l'opposé** *Elle est toujours contente, et lui, à l'opposé, ne l'est jamais* ▶ a contrario, à l'inverse, à rebours, au contraire. 4 **à l'opposé de** *Un point situé à l'opposé d'un autre* ▶ à l'antipode de.

opposer v. 1 *Une rivalité qui oppose les membres d'une famille* ▶ désunir, diviser, séparer. 2 *Opposer Aristote à Platon* ▶ comparer, confronter, mettre en parallèle. 3 *Quel argument opposer ?* ▶ alléguer, objecter, prétexter, répondre. 4 **s'opposer** *Deux partis qui s'opposent* ▶ s'affronter, se mesurer, rivaliser. 5 *Deux couleurs qui s'opposent* ▶ contraster, trancher. 6 *S'opposer par principe à toute innovation* ▶ combattre, contrecarrer, se dresser contre, entraver, lutter contre, refuser, rejeter, résister à. 7 *S'opposer au pouvoir en place* ▶ braver, se dresser contre, faire face à, résister à.

opposition n. f. 1 *Une opposition ancestrale entre deux familles* ▶ combat, conflit, dissension, dissentiment (litt.), duel, guerre, heurt, hostilité, lutte, rivalité. 2 *L'opposition de deux points de vue* ▶ antagonisme, antithèse, contraste, désaccord, dissonance (litt.), divergence. 3 *Cette hypothèse est en opposition complète avec la précédente* ▶ contradiction, désaccord. 4 *Sa seule réaction a été une opposition catégorique* ▶ refus, rejet, veto. 5 *Être dans l'opposition* ▶ minorité. 6 *Faire de l'opposition systématique* ▶ contestation, obstruction.

oppressant, ante adj. 1 *Une chaleur oppressante* ▶ accablant, étouffant, lourd, suffocant. 2 *Une ambiance lourde et oppressante* ▶ angoissant.

oppressé, ée adj. *Être si oppressé qu'on n'arrive plus à retrouver sa respiration* ▶ essoufflé, haletant, hors d'haleine.

oppresser v. 1 *L'asthme oppresse* ▶ étouffer. 2 Fig. *On sent que tous ces tourments l'oppressent en permanence* ▶ accabler, angoisser, écraser, étreindre.

oppressif, ive adj. *Un pouvoir oppressif* ▶ coercitif, despotique, totalitaire, tyrannique.

oppression n. f. 1 *Avoir une sensation d'oppression* ▶ asphyxie, halètement, suffocation. 2 *Lutter pour se libérer de l'oppression* ▶ asservissement, assujettissement, chaînes, domination, esclavage, joug (litt.), servitude, sujétion, tyrannie.

opprimer v. *Opprimer les faibles* ▶ accabler (litt.), asservir, écraser, enchaîner, étouffer, martyriser, persécuter, soumettre, tyranniser.

opprobre n. m. 1 Litt. *Être l'opprobre de sa famille* ▶ déshonneur, flétrissure (litt.), honte, humiliation. 2 Litt. *Vivre dans l'opprobre* ▶ abjection, avilissement, ignominie, infamie, turpitude.

opter v. Litt. *Opter pour une politique de rigueur* ▶ adopter, choisir, se décider pour, préférer.

optimal, ale adj. *Le rendement optimal d'un moteur* ▶ idéal.

optimisme n. m. *Ce succès passager a suscité un optimisme très artificiel dans notre équipe* ▶ enthousiasme, euphorie.

option n. f. *Se trouver devant une option difficile* ▸ alternative, choix.

optionnel, elle adj. ▸ facultatif.

optique adj. *L'angle optique* ▸ visuel.

optique adj. 1 *Percevoir un objet selon une optique particulière* ▸ angle, perspective. 2 Fig. *Il n'a pas la même optique que vous sur ce sujet* ▸ conception, façon de penser, idée, perspective, point de vue, sentiment, vision.

opulence n. f. 1 *Vivre dans l'opulence* ▸ abondance, fortune, richesse. 2 Fig. *L'opulence des nus de Rubens* ▸ ampleur, plénitude, rondeur.

opulent, ente adj. 1 *Un commerçant opulent* ▸ cossu, fortuné, nanti, prospère, riche. 2 *Un train de vie opulent* ▸ fastueux, luxueux, somptueux. 3 Fig. *Des formes opulentes* ▸ avantageux, fort, généreux, plantureux, rebondi.

opuscule n. m. ▸ brochure, livret.

or (en) adj. *Une affaire en or* ▸ extraordinaire.

oracle n. m. 1 *Les oracles de la pythie* ▸ divination, prédiction, prophétie. 2 *Passer pour un oracle* ▸ augure, devin, prophète.

orage n. m. Fig. *Traverser toutes sortes d'orages avant de trouver la sérénité* ▸ bourrasque, crise, ouragan, tempête, tourmente.

orageux, euse adj. 1 *Un temps orageux* ▸ lourd. 2 Fig. *Une entrevue orageuse* ▸ agité, houleux, mouvementé, troublé, tumultueux.

oraison n. f. 1 ▸ orémus (litt.), prière. 2 **oraison funèbre** ▸ éloge funèbre.

oral, ale adj. 1 *La cavité orale* ▸ buccal. 2 *Une promesse orale* ▸ verbal. 3 *L'expression orale* ▸ parlé.

oralement adv. *Il me l'avait promis oralement* ▸ verbalement.

orateur, trice n. *Je ne peux qu'approuver le précédent orateur* ▸ intervenant.

oratoire n. m. ▸ chapelle.

orbite n. f. Fig. *Graviter dans l'orbite d'un homme influent* ▸ mouvance, sphère.

orchestrateur, trice n. ▸ arrangeur.

orchestration n. f. 1 *Un traité d'orchestration* ▸ instrumentation. 2 *Une orchestration moderne d'un morceau de musique ancienne* ▸ harmonisation.

orchestre n. m. *Diriger un orchestre symphonique* ▸ ensemble, formation.

orchestrer v. 1 *Orchestrer un morceau de musique* ▸ harmoniser. 2 Fig. *Orchestrer une campagne de presse* ▸ arranger, organiser, régler.

ordinaire adj. 1 *Le sens ordinaire d'un mot* ▸ accoutumé, classique, commun, consacré, courant, coutumier, familier, fréquent, général, habituel, normal, traditionnel, usuel. 2 *Un objet de la qualité la plus ordinaire* ▸ banal, commun, moyen, quelconque, simple, trivial, vulgaire.

ordinaire n. m. 1 *Cela ne change pas de l'ordinaire* ▸ habitude, normale. 2 *Se plaindre que l'ordinaire ne soit pas bon* ▸ alimentation, bouffe (fam.), cuisine, nourriture, pitance (péj.), soupe (fam.).

ordinairement adv. ▸ à l'accoutumée, classiquement, communément, couramment, de coutume, d'habitude, d'ordinaire, en général, généralement, habituellement, normalement, traditionnellement, usuellement.

ordinateur n. m. ▸ computeur.

ordonnance n. f. 1 *L'ordonnance des différentes parties d'un ensemble* ▸ agencement, aménagement, arrangement, combinaison, disposition, distribution, économie (litt.), ordre, organisation, répartition. 2 *L'ordonnance d'un médecin* ▸ prescription.

ordonné, ée adj. *Un esprit ordonné* ▸ méthodique, organisé, systématique.

ordonner v. 1 *Ordonner les diverses parties d'un ensemble* ▸ agencer, arranger, combiner, coordonner, disposer, distribuer, harmoniser, hiérarchiser, organiser, ranger, structurer. 2 *Ordonner à qqn de partir* ▸ commander à, enjoindre à, imposer à, mander à (vx), prescrire à, sommer. 3 *Ordonner un prêtre* ▸ consacrer.

ordre n. m. 1 *L'ordre des éléments d'un ensemble* ▸ agencement, aménagement, arrangement, combinaison, disposition, distribution, économie (litt.), ordonnance, organisation. 2 *L'ordre établi* ▸ norme, règle. 3 *Troubler l'ordre d'une famille* ▸ équilibre, harmonie, paix, tranquillité. 4 *Ne changez pas l'ordre de ces fiches* ▸ classement. 5 *Une maniaque de l'ordre* ▸ rangement. 6 *Le respect de l'ordre* ▸ discipline. 7 *Un ordre religieux ou professionnel* ▸ communauté, confrérie, corporation, corps. 8 *Des objets d'ordres différents* ▸ catégorie, genre, nature, sorte, type. 9 *Donner un ordre* ▸ commandement, consigne, directive, injonction, instruction, prescription, sommation. 10 **de premier ordre** *Un artiste de premier ordre* ▸ de premier plan, important, majeur. 11 **de second ordre** *Une personnalité de second ordre* ▸ de second plan, mineur,

secondaire. 12 *ordre du jour* ▶ programme.

ordure n. f. **1** Plur. *Ramasser les ordures* ▶ débris, déchets, détritus. **2** Plur. et fig. *Ce pamphlet est un tissu d'ordures* ▶ immondices, infamies, obscénités, saletés. **3** Fig. et litt. *Se complaire dans l'ordure* ▶ boue, fange, ignominie (litt.), infamie. **4** Fam. *Ce type une belle ordure* ▶ charogne (fam.), fumier (fam.), pourriture, salaud (fam.).

ordurier, ère adj. *Des plaisanteries ordurières* ▶ gras, graveleux, grossier, ignoble, immonde, infâme, obscène, sale, trivial.

orée n. f. ▶ bord, bordure, lisière.

oreille n. f. **1** *Avoir des problèmes d'oreille* ▶ audition, ouïe. **2** Fig. *Avoir l'oreille de qqn* ▶ confiance, faveur.

oreille-de-mer n. f. ▶ haliotide, ormeau.

oreille-de-souris n. f. ▶ myosotis, ne-m'oubliez-pas.

orfèvre n. m. ▶ ciseleur.

orfraie n. f. ▶ aigle de mer, pygargue.

organe n. m. **1** *Avoir un bel organe* ▶ voix. **2** *L'organe viril* ▶ membre. **3** *L'organe d'un parti* ▶ journal. **4** *Les organes d'un mécanisme* ▶ accessoire, élément, instrument. **5** *Les organes de régulation du marché* ▶ organisme.

organique adj. **1** *Un trouble organique* ▶ physiologique, physique, somatique. **2** *Une loi organique* ▶ constitutionnel.

organisation n. f. **1** *Une organisation d'aide sociale* ▶ organisme. **2** *Une organisation politique* ▶ groupement, parti, rassemblement. **3** *L'organisation des éléments d'un ensemble* ▶ agencement, aménagement, arrangement, combinaison, disposition, économie (litt.), ordonnance, ordre, répartition. **4** *L'organisation d'un appartement* ▶ composition, configuration, conformation, économie (litt.), structure. **5** *Participer à l'organisation d'un nouveau système politique* ▶ constitution, création, élaboration, établissement, formation, institution, préparation.

organisé, ée adj. *Un esprit organisé* ▶ méthodique, ordonné, systématique.

organiser v. **1** *Organiser les parties d'un ensemble* ▶ agencer, architecturer, arranger, combiner, coordonner, disposer, distribuer, harmoniser, hiérarchiser, ordonnancer (litt.), ordonner, ranger, structurer. **2** *Organiser une opération militaire* ▶ apprêter, coordonner, élaborer, monter, orchestrer, planifier, préparer, régler. **3** *Organiser un régime démocratique* ▶ aménager, constituer, construire, créer, édifier, établir, fonder, former, instaurer, instituer.

organisme n. m. *Les différents organismes qui relèvent de l'Unesco* ▶ office, organe, organisation.

orgasme n. m. ▶ jouissance.

orgelet n. m. ▶ compère-loriot.

orgie n. f. **1** *Une soirée qui se termine en orgie* ▶ bacchanale (litt.). **2** Fig. *Une orgie de couleurs* ▶ débauche, excès, overdose (fam.), prodigalité, profusion.

orgueil n. m. **1** *Faire qqch par orgueil* ▶ amour-propre, fierté. **2** *L'orgueil d'une vieille famille patricienne* ▶ arrogance, hauteur (litt.), morgue, superbe (litt.). **3** *Être d'un orgueil ridicule* ▶ fatuité, gloriole, infatuation (litt.), outrecuidance (litt.), présomption, prétention, suffisance, vanité. **4** *Un objet qui est l'orgueil d'une collection* ▶ fleuron, gloire, honneur, ornement.

orgueilleux, euse adj. **1** *Un caractère orgueilleux* ▶ altier (litt.), fier. **2** *Un ton orgueilleux* ▶ arrogant, dédaigneux, glorieux (litt.), hautain. **3** *Être orgueilleux comme un paon* ▶ avantageux, faraud (litt.), fat (litt.), fier, infatué (litt.), outrecuidant (litt.), poseur (fam.), présomptueux, prétentieux, puant (fam.), suffisant, vain (litt.), vaniteux. **4** Fig. *L'orgueilleuse façade d'un palais* ▶ grandiose, imposant, majestueux.

oriel n. m. ▶ bow-window.

orient n. m. ▶ est, levant (litt.).

orientation n. f. **1** *L'orientation d'un édifice* ▶ exposition, position, situation. **2** *Changer d'orientation politique* ▶ direction, engagement, ligne, tendance, trajectoire, voie. **3** *Un élève victime d'une erreur d'orientation* ▶ aiguillage.

orienté, ée adj. Fig. *Un commentaire orienté* ▶ engagé, partial, partisan.

orienter v. **1** *Orienter une façade à l'ouest* ▶ diriger, disposer, exposer, tourner. **2** *Orienter son fils vers une carrière d'avocat* ▶ aiguiller, diriger. **3** *s'orienter* *Avoir du mal à s'orienter dans une ville* ▶ se diriger, se reconnaître, se repérer, se retrouver. **4** *S'orienter vers le sud* ▶ aller, se diriger. **5** *L'enquête s'oriente vers la mafia* ▶ se diriger, se tourner.

orifice n. m. **1** *L'orifice d'un conduit* ▶ bouche, entrée, ouverture. **2** *Boucher un orifice* ▶ trou.

oriflamme n. f. ▶ bannière, gonfanon (vx).

origan n. m. ▶ marjolaine.

originaire adj. 1 *Une famille originaire de Normandie* ▶ issu, natif, sorti. 2 *La fonction originaire d'une institution* ▶ initial, originel, premier, primitif.

originairement adv. ▶ initialement, originellement, primitivement.

original, ale adj. 1 Vx *Le sens original d'un mot* ▶ initial, originel, premier, primitif. 2 *L'édition originale d'une œuvre* ▶ premier, princeps. 3 *Une œuvre originale* ▶ inédit, neuf, nouveau, sans précédent. 4 *Avoir des vues originales* ▶ audacieux, hardi, neuf, non-conformiste, personnel. 5 *Des manières originales* ▶ bizarre, cocasse, curieux, drolatique, drôle, étonnant, étrange, excentrique, extravagant, fantasque, farfelu, insolite, particulier, pittoresque, rare, saugrenu, singulier, spécial.

original n. m. 1 *Les copies romaines d'un original grec* ▶ modèle, prototype. 2 *L'original d'un traité* ▶ minute. 3 *Elle a épousé un original* ▶ excentrique, fantaisiste, non-conformiste, numéro (fam.), phénomène (fam.).

originalité n. f. 1 *Faire preuve d'originalité* ▶ audace, fraîcheur, hardiesse, indépendance, innovation, invention, non-conformisme, nouveauté, personnalité. 2 *Dégager l'originalité d'une œuvre* ▶ particularité, singularité, spécificité. 3 *Un comportement d'une rare originalité* ▶ bizarrerie, étrangeté, excentricité, extravagance, fantaisie, pittoresque, singularité.

origine n. f. 1 *L'origine de la vie* ▶ aube (litt.), aurore (litt.), berceau, commencement, création, début, départ, embryon, enfance, naissance. 2 *L'origine d'un conflit* ▶ base, cause, fondement, germe, motif, principe, racine, raison, source. 3 *Avoir une noble origine* ▶ ascendance, extraction, famille, filiation, parenté, race, souche. 4 *L'origine d'un animal* ▶ pedigree. 5 *L'origine d'un mot* ▶ étymologie. 6 **à l'origine** ▶ initialement, originairement, originellement, primitivement.

originel, elle adj. 1 *Une disposition originelle* ▶ congénital, inné, naturel. 2 *Le sens originel d'un mot* ▶ initial, originaire, original (vx), premier, primitif.

originellement adv. ▶ à l'origine, initialement, originairement, primitivement.

oripeaux n. m. pl. ▶ défroques, frusques (fam.), guenilles, haillons, hardes (litt.), loques, nippes (fam.).

ormeau n. m. ▶ haliotide, oreille-de-mer.

ornement n. m. 1 *Ajouter quelques ornements à une décoration* ▶ embellissement, enjolivement. 2 *Une toilette pleine d'ornements amusants* ▶ accessoire, colifichet, falbalas (litt.), fanfreluche, fioriture, parure. 3 *Cet objet est l'ornement de ma collection* ▶ clou, fleuron, gloire, honneur, orgueil.

ornemental, ale adj. ▶ décoratif.

ornementation n. f. ▶ décor, décoration, parure.

ornementer v. ▶ agrémenter, décorer, embellir, orner, parer.

orner v. *Des guirlandes ornaient la façade des maisons* ▶ agrémenter, animer, colorer, décorer, égayer, embellir, enjoliver, parer, rehausser.

ornière n. f. Fig. *Suivre l'ornière* ▶ routine, train-train (fam.).

orphéon n. m. *L'orphéon municipal* ▶ fanfare, harmonie, musique.

orque n. m. ▶ épaulard.

orteil n. m. ▶ doigt de pied.

orthodoxe adj. Fig. *Une morale très orthodoxe* ▶ conformiste, formaliste, traditionaliste.

orthodoxie n. f. 1 *Ne pas s'écarter de l'orthodoxie* ▶ doctrine, dogme, ligne, règle. 2 Fig. *Une pensée d'une constante orthodoxie* ▶ conformisme.

orthogénie n. f. ▶ contrôle des naissances, planning familial.

orthogonal, ale adj. ▶ perpendiculaire.

os n. m. 1 Plur. *On ne retrouvera que ses os* ▶ carcasse (fam.), ossements, restes, squelette. 2 Fig. et fam. *Il y a un os* ▶ accroc, cactus (fam.), difficulté, ennui, hic (fam.), lézard (fam.), obstacle, pépin (fam.), problème.

oscillation n. f. 1 *L'oscillation d'une chaloupe* ▶ balancement, bercement, roulis, tangage. 2 Fig. *Les oscillations des cours de la Bourse* ▶ fluctuation, variation.

osciller v. 1 *Un homme qui oscille dangereusement sur le toit d'une voiture* ▶ se balancer, ballotter, brimbaler, bringuebaler, chanceler, tanguer, vaciller. 2 Fig. *Osciller entre deux partis* ▶ balancer, ballotter, flotter, hésiter, tâtonner, tergiverser.

osé, ée adj. 1 *Une entreprise osée* ▶ audacieux, aventureux, hardi, hasardé, risqué, téméraire. 2 *Une plaisanterie osée* ▶ cru, épicé, hardi, leste, libre, licencieux, pimenté, poivré, salé, scabreux.

oser v. 1 *Il est homme à tout oser* ▶ entreprendre, essayer, tenter. 2 *Il a osé vous dire cela !* ▶ s'aventurer à, s'aviser de, se hasarder à, se permettre de, se risquer à.

ossature n. f. 1 *Une ossature puissante* ▶ charpente, squelette. 2 Fig. *L'ossature d'une argumentation* ▶ armature, canevas, charpente, structure.

ossements n. m. pl. ▶ carcasse, os, restes, squelette.

osseux, euse adj. Fig. *Une main osseuse* ▶ décharné, maigre, squelettique.

ossification n. f. ▶ calcification, ostéogenèse.

ostensible adj. *Répondre à qqn avec les marques les plus ostensibles du mépris* ▶ apparent, éclatant, évident, manifeste, ostentatoire, patent, sensible, visible, voyant.

ostensiblement adv. *Manifester ostensiblement son désaccord* ▶ au grand jour, ouvertement, publiquement.

ostentation n. f. ▶ affectation, bravade, gloriole.

ostraciser v. Litt. *Ostraciser une personnalité trop originale* ▶ boycotter, mettre en quarantaine.

ostracisme n. m. Litt. *Subir l'ostracisme de ses collègues* ▶ boycott, quarantaine.

otage n. m. 1 *Se proposer comme otage au cours d'une négociation* ▶ caution, gage, garant, répondant. 2 Fig. et litt. *Être l'otage de ses passions* ▶ esclave, prisonnier.

ôter v. 1 *Ôter un vêtement en arrivant chez soi* ▶ se débarrasser de, enlever, quitter, retirer. 2 *Ôter un couteau à un enfant* ▶ confisquer, enlever, prendre, retirer. 3 *Ôter les mauvaises herbes* ▶ arracher, extirper. 4 *Ôter un nom d'une liste* ▶ barrer, biffer, effacer, radier, rayer, retrancher, supprimer. 5 *Ôter deux de quatre* ▶ déduire, défalquer, retrancher, soustraire.

ouailles n. f. pl. ▶ fidèles.

ouaté, ée adj. Fig. *Un son ouaté* ▶ amorti, assourdi, étouffé, feutré.

ouater v. *Ouater une étoffe* ▶ doubler, fourrer, molletonner.

oubli n. m. 1 *Avoir un oubli* ▶ absence, amnésie, perte de mémoire, trou. 2 *Un oubli fâcheux* ▶ distraction, étourderie, inadvertance, inattention, négligence. 3 *Une étude qui pèche par plusieurs oublis* ▶ lacune, manque, omission. 4 *L'oubli des injures* ▶ absolution, pardon. 5 *Craindre l'oubli de la postérité* ▶ indifférence, ingratitude.

oublié, ée adj. *Mourir oublié* ▶ abandonné, délaissé, ignoré, inconnu, négligé, obscur.

oublier v. 1 *Oublier sa langue maternelle* ▶ désapprendre. 2 *Oublier des détails importants en racontant une histoire* ▶ laisser, négliger, omettre, passer sous silence, sauter. 3 *Oublier ses amis* ▶ abandonner, délaisser, se désintéresser de, se détacher de, lâcher, laisser tomber (fam.), négliger. 4 *Oublier une offense* ▶ effacer, enterrer, passer l'éponge sur (fam.). 5 *N'oubliez pas de me prévenir* ▶ manquer de, négliger de, omettre de. 6 **s'oublier** *Des souvenirs qui s'oublient* ▶ s'effacer, s'estomper.

oubliette n. f. ▶ cul-de-basse-fosse (vx).

oublieux, euse adj. Litt. *Une jeunesse oublieuse* ▶ étourdi, insouciant, léger.

ouest n. m. ▶ couchant, occident, ponant (litt.).

oui adv. ▶ absolument, assurément, bien entendu, bien sûr, certainement, certes, d'accord, o.k. (fam.), tout à fait.

ouïe n. f. 1 *Avoir des problèmes d'ouïe* ▶ audition, oreille. 2 *Les ouïes d'un poisson* ▶ branchies.

ouragan n. m. 1 *Une toiture arrachée par un ouragan* ▶ cyclone, tornade, typhon. 2 Fig. *Il est passé comme un ouragan* ▶ bourrasque, tornade, trombe. 3 Fig. *Être pris dans l'ouragan d'une révolution* ▶ cyclone, maelström (litt.), tempête, tornade, tourbillon, tourmente.

ourdir v. Fig. et litt. *Ourdir un complot* ▶ arranger, combiner, machiner, manigancer, monter, organiser, préparer, tramer.

ourlet n. m. ▶ rempli.

ours n. m. Fig. *Un vieil ours retiré dans sa campagne* ▶ misanthrope, sauvage, solitaire.

outil n. m. *Vous avez les outils qu'il faut ?* ▶ instrument.

outillage n. m. ▶ équipement, instruments, matériel.

outiller v. ▶ équiper.

outrage n. m. 1 *Accabler qqn d'outrages* ▶ affront, avanie (litt.), injure, insulte, offense. 2 Fig. *Un outrage à la morale* ▶ atteinte, attentat, offense, violation.

outrageant, ante adj. ▶ injurieux, insultant, offensant.

outrager v. 1 *Outrager qqn* ▶ bafouer, cracher sur, injurier, insulter, offenser. 2 *Outrager les bonnes mœurs* ▶ attenter à, contrevenir à, offenser, violer.

outrageusement adv. ▶ abusivement, démesurément, exagérément, excessivement, immodérément.

outrance n. f. *L'outrance des poésies baroques* ▶ démesure, enflure, exagération, excès, exubérance.

outrancier, ère adj. *Des éloges outranciers* ▶ démesuré, exagéré, excessif, forcé, hyperbolique, immodéré, outré.

outre prép. 1 *Outre ce prêt, vous disposez de combien ?* ▶ en dehors de, en plus de, en sus de (litt.), indépendamment de. 2 **outre mesure** *Ne le critiquez pas outre mesure* ▶ exagérément, excessivement, trop. 3 **en outre** *Non seulement c'est trop tard, mais, en outre, le dossier est incomplet* ▶ au surplus, de plus, de surcroît, en plus, par-dessus le marché (fam.), par surcroît.

outré, ée adj. Litt. *Des compliments outrés* ▶ démesuré, exagéré, excessif, forcé, hyperbolique, immodéré, outrancier.

outrecuidance n. f. Litt. 1 *Être d'une insupportable outrecuidance* ▶ arrogance, fatuité, infatuation, morgue, orgueil, présomption, prétention, suffisance, vanité. 2 Litt. *Répliquer avec outrecuidance* ▶ effronterie, impertinence, insolence.

outrecuidant, ante adj. 1 Litt. *Un personnage outrecuidant* ▶ arrogant, fat, infatué, orgueilleux, présomptueux, prétentieux, suffisant, vaniteux. 2 Litt. *Une réponse outrecuidante* ▶ effronté, impertinent, insolent.

outrepasser v. *Outrepasser les limites de la décence* ▶ dépasser, excéder, franchir, passer.

outrer v. 1 *Un acteur qui outre son jeu* ▶ charger, dramatiser, exagérer, forcer, grossir. 2 *Votre remarque l'a outré* ▶ choquer, indigner, offenser, révolter, scandaliser, suffoquer.

ouvert, erte adj. 1 *Avoir la bouche ouverte* ▶ béant. 2 *Un esprit très ouvert* ▶ large, libéral, tolérant. 3 Fig. *Être ouvert à toutes les suggestions* ▶ accessible, accueillant. 4 Fig. *Un caractère ouvert* ▶ communicatif, démonstratif, expansif, extraverti. 5 Fig. *Une hostilité ouverte* ▶ déclaré, franc.

ouvertement adv. 1 *Parler ouvertement* ▶ franchement, librement. 2 *Agir ouvertement* ▶ au grand jour, ostensiblement, publiquement.

ouverture n. f. 1 *Une ouverture permettant de pénétrer dans un bâtiment* ▶ accès, entrée, passage. 2 *Une ouverture permettant de quitter un bâtiment* ▶ débouché, dégagement, issue, passage, sortie. 3 *Apercevoir de la lumière par une ouverture* ▶ brèche, jour, trouée. 4 *Un récipient à large ouverture* ▶ goulot, gueule. 5 *Procéder à l'ouverture d'un paquet* ▶ déballage. 6 *L'ouverture d'une bouteille* ▶ débouchage. 7 *L'ouverture d'une exposition* ▶ inauguration. 8 Spécialement pour une exposition de peinture ▶ vernissage. 9 *Attendre l'ouverture de la chasse* ▶ commencement, début. 10 *L'ouverture d'un morceau de musique* ▶ introduction, prélude, prologue. 11 Plur. *Faire des ouvertures de paix* ▶ avances, offres, propositions. 12 **ouverture d'esprit** ▶ largeur d'esprit, libéralisme, tolérance.

ouvrage n. m. 1 *Se mettre à l'ouvrage* ▶ besogne (litt.), boulot (fam.), labeur (litt.), œuvre, tâche, travail. 2 *Ce succès est l'ouvrage du hasard* ▶ effet, fait, œuvre, résultat. 3 *Lire un gros ouvrage* ▶ livre, volume. 4 *La réalisation de l'ouvrage a été confiée à des spécialistes des travaux publics* ▶ construction. 5 *Un commando qui s'empare d'un ouvrage avancé* ▶ fortification.

ouvragé, ée adj. *Une reliure délicatement ouvragée* ▶ façonné, ouvré (litt.), travaillé.

ouvre-bouteille n. m. ▶ décapsuleur.

ouvreuse n. f. ▶ placeuse.

ouvrir v. 1 *Une fenêtre qui ouvre sur un jardin* ▶ donner. 2 *Ouvrir pour évacuer une odeur de renfermé* ▶ aérer, ventiler. 3 *Ouvrir une serrure* ▶ déverrouiller. 4 *Ouvrir une porte à coups d'épaule* ▶ défoncer, enfoncer, forcer, fracturer. 5 *Ouvrir une brèche* ▶ pratiquer. 6 *Ouvrir un chemin* ▶ frayer. 7 *Ouvrir une lettre* ▶ décacheter. 8 *Ouvrir un colis* ▶ déballer, défaire, dépaqueter. 9 *Ouvrir une bouteille* ▶ déboucher, décapsuler. 10 *Ouvrir une barrique* ▶ débonder. 11 *Ouvrir un abcès* ▶ percer. 12 *Ouvrir de grands yeux* ▶ écarquiller. 13 *Ouvrir son corsage* ▶ déboutonner, défaire, dégrafer. 14 *Ouvrir ses ailes* ▶ déplier, déployer, étendre. 15 *Ouvrir une école* ▶ créer, fonder. 16 Fig. *Ouvrir la radio* ▶ allumer, brancher, mettre. 17 Fig. *Ouvrir une discussion* ▶ amorcer, attaquer, commencer, engager, entamer. 18 Fig. *Ouvrir son cœur* ▶ confier, débonder, découvrir, dévoiler, épancher, livrer. 19 **ouvrir les yeux à** Fig. *Vous m'avez ouvert les yeux sur son compte* ▶ dessiller les yeux à (litt.), détromper. 20 **s'ouvrir** *Des fleurs qui s'ouvrent* ▶ éclore, s'épanouir. 21 *La canalisation s'est brusquement ouverte* ▶ crever, éclater. 22 *Le paysage qui s'ouvre devant nous* ▶ se déployer, se dérouler, s'étaler, s'étendre. 23 Fig. *Un esprit qui s'ouvre* ▶ s'éveiller. 24 Fig. *S'ouvrir à qqn* ▶ se confier à, s'épancher auprès de, se livrer à.

ovale adj. ▶ elliptique.

ovale n. m. *Un amphithéâtre en forme d'ovale* ▶ ellipse.

ovation n. f. ▶ acclamations, applaudissements, hourras, vivats.

ovationner v. ▶ acclamer, applaudir.

overdose n. f. ▶ surdose.

ovin n. m. *Un troupeau d'ovins* ▶ mouton.

oxyder v. *L'eau oxyde le fer* ▶ rouiller.

p

pacage n. m. ▶ herbage, pâturage, pâture.

pacemaker n. m. ▶ stimulateur cardiaque.

pachyderme n. m. ▶ éléphant.

pacifier v. Fig. *Se montrer conciliant pour pacifier les esprits* ▶ apaiser, calmer, tranquilliser.

pacifique adj. *Un esprit pacifique* ▶ calme, débonnaire, doux, paisible, placide, serein, tranquille.

pacifiste n. ▶ colombe.

packaging n. m. ▶ conditionnement, emballage.

pacotille n. f. *Rien n'est vrai, ce n'est que de la pacotille* ▶ camelote, cochonnerie (fam.), toc, verroterie.

pacte n. m. ▶ accord, alliance, arrangement, contrat, convention, entente, marché, traité.

pactiser v. 1 *Pactiser avec l'ennemi* ▶ s'accorder, s'entendre. 2 Fig. *Pactiser avec sa conscience* ▶ composer, transiger.

pactole n. m. *Le tourisme est un véritable pactole pour cette région* ▶ fortune, trésor.

pagaille n. f. 1 Fam. *Quelle pagaille!* ▶ bazar (fam.), chienlit (litt.), désordre, foutoir (fam.), souk (fam.). 2 **en pagaille** Fam. *Tout est en pagaille sur ce bureau* ▶ dérangé, en désordre. 3 Fam. *Trouver du gibier en pagaille* ▶ à foison, à gogo (fam.), à la pelle (fam.), à profusion.

paganisme n. m. ▶ polythéisme.

page n. f. 1 Fig. *Les plus belles pages d'un auteur* ▶ extrait, morceau, passage. 2 Fig. *Les plus belles pages de l'histoire de France* ▶ épisode, événement. 3 **à la page** *C'est très à la page de collectionner les papillons* ▶ à la mode, branché (fam.), in (fam.), mode (fam.), moderne, nouveau, tendance (fam.).

paginer v. ▶ folioter, numéroter.

pagure n. m. ▶ bernard-l'ermite.

paiement n. m. 1 *Le paiement d'une facture* ▶ acquittement, règlement. 2 *Des paiements échelonnés* ▶ versement. 3 *Il a travaillé et mérite un paiement* ▶ émoluments, rémunération, rétribution, salaire. 4 Fig. *Cette promotion est le paiement de son zèle* ▶ récompense, salaire.

païen, enne adj. et n. Fig. et litt. *Jurer comme un païen* ▶ impie, mécréant.

paillard, arde adj. et n. 1 *Des propos paillards* ▶ cochon (fam.), coquin, égrillard, gaulois, grivois, licencieux, polisson, salace. 2 *Un vieux paillard* ▶ cochon (fam.), débauché, libertin.

paillardise n. f. 1 Litt. *Dire des paillardises à la fin d'un repas* ▶ gaillardise (litt.), gaudriole (fam.), gauloiserie, grivoiserie, joyeuseté (fam.). 2 Litt. *La paillardise légendaire des moines médiévaux* ▶ débauche, dépravation, lascivité, licence (litt.), lubricité, luxure, salacité (litt.).

paillasse n. f. *Dormir sur une simple paillasse* ▶ grabat.

paillasson n. m. 1 *S'essuyer les pieds sur un paillasson* ▶ tapis-brosse. 2 *Protéger des espaliers avec un paillasson* ▶ abrivent, brise-vent. 3 Fig. *Se conduire comme un paillasson devant son patron* ▶ carpette.

paille n. f. 1 *Boire avec une paille* ▶ chalumeau (vx). 2 *Une paille dans un diamant* ▶ crapaud, défaut, imperfection.

paillote n. f. ▶ cabane, case, hutte.

pain n. m. 1 Fig. *Le pain quotidien* ▶ nourriture, pitance, subsistances. 2 Fig. *Gagner son pain* ▶ vie.

pair n. m. 1 Litt. *Faire un discours devant ses pairs* ▶ collègue, égal. 2 **hors pair** Litt. *Un administrateur hors pair* ▶ exceptionnel, extraordinaire, hors du commun, hors ligne, incomparable, inégalable.

paire n. f. *Une paire d'amis* ▶ couple, tandem.

paisible adj. ▶ calme, cool (fam.), débonnaire, doux, modéré, pacifique, placide, serein, tranquille.

paisiblement adv. *Il lisait paisiblement quand il a été agressé* ▶ calmement, pacifiquement, placidement, posément, sereinement, tranquillement.

paître v. 1 *Mener paître des moutons* ▶ brouter, pacager, pâturer. 2 **envoyer paître** Fig. et fam. *Envoyer paître un importun* ▶ envoyer promener.

paix n. f. 1 *Se résoudre à une paix désavantageuse* ▶ traité. 2 *Rétablir la paix dans une famille* ▶ concorde, entente, harmonie, ordre. 3 *Chercher la paix dans la solitude*

palabres

▶ apaisement, calme, quiétude (litt.), repos, sérénité, silence, tranquillité.

palabres n. f. pl. *Se perdre dans d'interminables palabres* ▶ conciliabules, conversations, discussions, marchandages.

palabrer v. *Palabrer à la fin d'un dîner* ▶ discourir, discutailler (fam.), discuter, laïusser (fam.), pérorer.

palais de justice n. m. ▶ tribunal.

palatalisation n. f. ▶ mouillure.

palatalisé, ée adj. *Une consonne palatalisée* ▶ mouillé.

pale n. f. *Les pales de la roue d'un moulin* ▶ aube, palette.

pâle adj. 1 *Il avait le visage tellement pâle que j'ai cru qu'il allait s'évanouir* ▶ blafard, blanc, blême, cireux, hâve, livide, plombé, terreux. 2 *Une tenture aux teintes un peu pâles* ▶ éteint, fade, incolore, insipide, terne. 3 *Une pâle copie des grands classiques* ▶ fade, faible, médiocre, pauvre, piètre, terne.

palefrenier n. m. ▶ garçon d'écurie, lad.

paletot n. m. Vx *Tricoter un paletot à un enfant* ▶ gilet, sweater.

palette n. f. 1 *Les palettes d'une roue* ▶ aube, pale. 2 *Une palette pour battre le linge* ▶ battoir. 3 *De la palette de porc* ▶ paleron. 4 Fig. *Présenter toute une palette d'exemples* ▶ choix, collection, ensemble, éventail, gamme, panoplie.

palétuvier n. m. ▶ manglier.

pâleur n. f. 1 *La pâleur du teint* ▶ blancheur, lividité. 2 Fig. *La pâleur d'un style* ▶ fadeur, pauvreté, platitude.

palier n. m. 1 *Des voisins de palier* ▶ étage. 2 Fig. *Progresser par paliers* ▶ degré, échelon, étape, gradation, phase, stade.

palinodie n. f. Litt. *Les palinodies d'un homme politique* ▶ pirouette, retournement, revirement, volte-face.

pâlir v. 1 *Pâlir sous l'effet de la peur* ▶ blêmir, verdir. 2 *Une couleur qui pâlit* ▶ se décolorer, s'effacer, s'estomper, se faner, jaunir, passer, ternir. 3 *Une lumière qui pâlit* ▶ s'affaiblir, s'atténuer, s'estomper.

palissade n. f. ▶ barrière, clôture, palis (vx).

palliatif n. m. *Cette mesure hâtive n'est qu'un palliatif* ▶ expédient, exutoire.

pallier v. 1 Litt. *Pallier les fautes d'un subordonné* ▶ cacher, couvrir, dissimuler, masquer. 2 *Chercher à pallier une difficulté* ▶ obvier à (litt.), parer à, pourvoir à, remédier à.

palmarès n. m. *Le palmarès des chansons* ▶ hit-parade.

palombe n. f. ▶ ramier.

palourde n. f. ▶ clovisse.

palpable adj. 1 *Une réalité palpable* ▶ concret, matériel, tangible. 2 Fig. *Une preuve palpable* ▶ clair, évident, manifeste, patent, tangible.

palper v. 1 *Palper le ventre d'un malade* ▶ tâter. 2 Fam. *On l'accuse d'avoir palpé beaucoup dans cette affaire* ▶ empocher (fam.), encaisser (fam.), gagner, percevoir, ramasser (fam.), toucher (fam.).

palpitant, ante adj. 1 *Un cadavre encore palpitant* ▶ pantelant. 2 *Une histoire palpitante* ▶ captivant, excitant, fascinant, passionnant, prenant.

palpiter v. *Palpiter d'espoir* ▶ frémir, trembler, tressaillir, vibrer.

paludisme n. m. ▶ malaria.

pâmer (se) v. 1 Litt. *Madame se pâme!* ▶ défaillir, s'évanouir, perdre connaissance, tomber dans les pommes (fam.). 2 Fig. et Litt. *Se pâmer devant la beauté d'un tableau* ▶ s'émerveiller, s'extasier.

pâmoison n. f. Litt. ▶ défaillance, évanouissement, faiblesse, malaise, syncope.

pamphlet n. m. ▶ factum (litt.), libelle, satire.

pamphlétaire n. ▶ libelliste (vx), polémiste.

pan n. m. 1 *D'ici, les arbres nous cachent tout un pan du bâtiment* ▶ côté, face. 2 Fig. *Des pans entiers du passé qui remontent à la mémoire* ▶ morceau, partie.

panacée n. f. Fig. *Pensez-vous trouver une panacée pour ce genre de problème?* ▶ remède, solution.

panachage n. m. *Un panachage de couleurs* ▶ mélange.

panache n. m. 1 *Le panache de certains oiseaux* ▶ aigrette, houppe, huppe. 2 *Le panache d'un casque* ▶ aigrette, plumet. 3 Fig. *Venir à bout d'une allocution difficile avec panache* ▶ aisance, brio, maestria, talent, virtuosité.

panaché, ée adj. 1 *Une tulipe panachée* ▶ bariolé, bigarré. 2 *Une salade panachée* ▶ mélangé, varié.

panacher v. *Panacher des fleurs pour faire un bouquet* ▶ mélanger, mêler.

pancarte n. f. *Une pancarte annonçant des soldes* ▶ écriteau, panneau.

panégyrique n. m. Litt. ▶ apologie, éloge, louange.

panégyriste n. *Bossuet, panégyriste de sainte Thérèse* ▶ apologiste, laudateur (litt.).

panel n. m. *Un panel de consommateurs* ▶ assortiment, échantillon.

panier percé n. m. Fam. *C'est un panier percé qui va vous ruiner* ▶ dépensier, dilapidateur, gaspilleur, gouffre.

panique n. f. *La panique d'une population à l'annonce d'une catastrophe imminente* ▶ affolement, épouvante, terreur.

paniquer v. 1 *Paniquer devant l'ampleur d'un travail* ▶ s'affoler, s'angoisser, perdre la tête, perdre le nord (fam.). 2 Fam. *Des rumeurs d'épidémie qui paniquent une population* ▶ affoler, épouvanter, terrifier.

panne n. f. 1 *Une panne de courant* ▶ coupure, interruption. 2 **en panne** *L'ascenseur est en panne* ▶ hors service. 3 *Un projet resté en panne* ▶ en attente, en carafe (fam.), en plan (fam.), en rade (fam.), en souffrance, en suspens.

panneau n. m. 1 *Toutes les indications sont marquées sur le panneau prévu à cet effet* ▶ écriteau, pancarte, tableau. 2 *Tomber dans le panneau* ▶ piège.

panoplie n. f. Fig. *Partir sous les tropiques avec toute une panoplie d'antibiotiques* ▶ arsenal, assortiment, cargaison, collection, gamme, série.

panorama n. m. 1 *Monter sur une hauteur pour jouir du panorama* ▶ paysage, perspective, vue. 2 Fig. *Un panorama des études littéraires contemporaines* ▶ tour d'horizon, vue d'ensemble.

panse n. f. 1 *La panse des ruminants* ▶ rumen. 2 Fam. *Se tapoter la panse après un bon repas* ▶ bedaine (fam.), bide (fam.), estomac, ventre.

panser v. 1 *Panser un blessé* ▶ bander. 2 Fig. *Panser les plaies d'un échec* ▶ adoucir, apaiser, calmer.

pansu, ue adj. 1 *Un quinquagénaire pansu* ▶ bedonnant (fam.), ventripotent, ventru. 2 *Un vase pansu* ▶ galbé, renflé.

pantagruélique adj. *Un festin pantagruélique* ▶ gargantuesque.

pantalonnade n. f. *Les syndicats ont dit qu'ils ne participeraient pas à cette pantalonnade* ▶ bouffonnerie, comédie, farce, pitrerie.

pantelant, ante adj. 1 *Arriver pantelant après une longue course* ▶ essoufflé, haletant, hors d'haleine, suffocant. 2 *Un cadavre encore pantelant* ▶ palpitant. 3 Fig. et litt. *Être pantelant d'émotion* ▶ tremblant.

pantin n. m. Fig. *Vous n'allez quand même pas voter pour ce pantin!* ▶ bouffon, charlot (fam.), clown, fantoche, guignol, marionnette, polichinelle.

pantois adj. *Votre culot l'a laissé pantois* ▶ abasourdi, ahuri, déconcerté, ébahi, estomaqué (fam.), interdit, interloqué, médusé, pétrifié, sidéré, soufflé (fam.), stupéfait, suffoqué.

pantomime n. f. ▶ mimodrame.

pantouflard, arde adj. Fam. ▶ casanier, popote (fam.), sédentaire.

pantoufle n. f. *Mettre des pantoufles pour être plus à l'aise* ▶ chausson.

papal, ale adj. ▶ pontifical.

papauté n. f. *Aspirer à la papauté* ▶ pontificat.

pape n. m. 1 *Les voyages du pape* ▶ saint-père, souverain pontife. 2 Fig. *Le pape d'une secte ésotérique* ▶ chef, gourou.

papelard, arde adj. Litt. *Un air papelard* ▶ doucereux, faux, hypocrite, mielleux, tartufe (litt.).

papier n. m. 1 *Apporter à une administration des papiers justificatifs* ▶ document, pièce. 2 Plur. *Être inondé de papiers administratifs* ▶ paperasse (péj.). 3 *Des papiers de commerce* ▶ effet, titre. 4 *Un journaliste qui rend son papier à temps* ▶ article, copie. 5 **sur le papier** Fig. *Ce n'est réalisable que sur le papier* ▶ en théorie.

papillon n. m. 1 *Collectionner les papillons exotiques* ▶ lépidoptère. 2 Fig. et fam. *Trouver un papillon sous son essuie-glace* ▶ contravention, procès-verbal, p.-v.

papillonner v. 1 *Des yeux qui papillonnent* ▶ clignoter, papilloter. 2 *Continuer à papillonner après son mariage* ▶ s'amuser, batifoler, folâtrer, virevolter.

papillote n. f. Fig. *Tu peux en faire des papillottes* ▶ confetti.

papillotement n. m. *Le papillotement du soleil sur la mer* ▶ miroitement, scintillement.

papilloter v. 1 *Des lumières qui papillotent sur l'eau* ▶ miroiter, scintiller. 2 *Des yeux qui papillotent à cause du soleil* ▶ cligner, clignoter, papillonner.

papotage n. m. 1 *Les papotages des convives à la fin d'un repas* ▶ bavardage, parlote (fam.). 2 *Craindre les papotages de ses voisins* ▶ cancan, commérage, potin (fam.), ragot.

papoter v. 1 *Papoter au téléphone* ▶ babiller, bavarder, caqueter (fam. et péj.), ja-

papouille

casser (péj.). **2** *Papoter à propos de qqn* ► cancaner, commérer (vx), potiner.

papouille n. f. Fam. ► caresse, pelotage (fam.).

paquet n. m. **1** *Il a pris son petit paquet et il est parti* ► bagage, baluchon, barda (fam.). **2** *Envoyer un paquet par la poste* ► colis. **3** *Un paquet de linge* ► ballot. **4** *Un paquet de bonbons* ► sachet. **5** Fig. *Je ne sais pas combien ils étaient exactement, mais il y en avait un paquet* ► foule, masse, quantité, tas (fam.).

paquetage n. m. *Le paquetage d'un soldat* ► bagage, barda (fam.), fourniment (litt.).

parabole n. f. *Les paraboles de la Bible* ► apologue, fable.

parachèvement n. m. ► couronnement.

parachever v. **1** *Parachever sa carrière par un coup d'éclat* ► achever, compléter, conclure, couronner, finir, terminer. **2** *Profiter des vacances pour parachever un roman* ► ciseler, fignoler (fam.), lécher (fam.), parfaire, peaufiner, polir.

parachutage n. m. *Un parachutage de médicaments au-dessus d'une zone sinistrée* ► largage.

parachuter v. **1** *Parachuter des vivres* ► lâcher, larguer. **2** Fig. et fam. *Ils veulent le parachuter ici sans nous demander notre avis* ► affecter, bombarder (fam.), nommer.

parade n. f. **1** *Des soldats qui se préparent pour une parade* ► défilé, revue. **2** *Chercher la meilleure parade pour contrer une attaque* ► défense. **3 faire parade** *Faire parade de ses décorations* ► afficher, arborer, déployer, étaler, exhiber, faire étalage de, faire montre de.

parader v. *Parader au milieu d'un groupe de jolies filles* ► s'afficher, faire le beau, frimer (fam.), se pavaner, plastronner (litt.), poser.

paradigme n. m. **1** *Le verbe finir est le paradigme du troisième groupe* ► exemple, modèle. **2** *Le lis et la rose appartiennent au même paradigme: celui des noms de fleurs* ► classe, ensemble, série.

paradis n. m. **1** *Monter au paradis* ► ciel. **2** Fig. *Cette région est un paradis pour les chasseurs de papillons* ► éden, eldorado. **3** Fig. *Le paradis d'un théâtre* ► galerie, poulailler.

paradisiaque adj. *Un séjour paradisiaque à Capri* ► divin, enchanteur, féerique, idyllique, merveilleux, sublime.

paradoxal, ale adj. *Se retrouver dans la situation paradoxale d'avoir à remercier celui à qui on rend service* ► absurde, contradictoire, illogique.

paradoxalement adv. *Paradoxalement, sa laideur était attirante* ► bizarrement, curieusement, étrangement.

paradoxe n. m. **1** *Il y aurait quelque paradoxe à refuser maintenant ce que vous avez toujours réclamé* ► absurdité, bizarrerie, contradiction, illogisme, incohérence, inconséquence, singularité. **2** *Soutenir des paradoxes* ► sophisme.

parages n. m. pl. ► alentours, coin (fam.), environs, secteur, voisinage.

paragraphe n. m. *Les différents paragraphes d'un traité* ► alinéa.

paraître v. **1** *Un fruit qui paraît bon* ► avoir l'air, sembler. **2** *On voit paraître une tendance tout à fait inquiétante* ► apparaître, se dessiner, éclore, émerger, se manifester, se montrer, naître, percer, poindre (litt.), pointer, se présenter, surgir, transparaître. **3** *Aimer paraître* ► plastronner (litt.), poser.

parallèle adj. **1** Fig. *Vous et moi, nous nous retrouvons finalement dans des situations parallèles* ► analogue, comparable, équivalent, ressemblant, semblable, similaire. **2** Fig. *Un marché parallèle* ► clandestin, gris, illégal, souterrain.

parallèle n. m. **1** *Établir un parallèle entre deux événements* ► analogie, comparaison, parallélisme, rapprochement. **2 mettre en parallèle** ► comparer, rapprocher.

parallèlement adv. Fig. *Il réclame du travail supplémentaire, mais parallèlement il est incapable de faire ce qu'on lui demande* ► à la fois, en même temps, simultanément.

paralysé, ée adj. **1** *Un enfant paralysé* ► paralytique. **2** Fig. *Être paralysé de timidité* ► glacé, perclus (litt.), pétrifié, tétanisé.

paralyser v. **1** Fig. *Paralyser une évolution* ► arrêter, bloquer, empêcher, entraver, gêner, immobiliser, neutraliser, stopper. **2** Fig. *Sa timidité la complètement paralysé* ► clouer, figer, inhiber, pétrifier, tétaniser.

paralysie n. f. Fig. *Une économie menacée de paralysie* ► asphyxie, blocage, étouffement, étranglement.

paralytique adj. et n. ► paralysé.

paramètre n. m. Fig. *Analyser tous les paramètres d'un problème* ► donnée, élément.

parangon n. m. Litt. *Se présenter comme un parangon de vertu* ► exemple, modèle.

paranoïa n. f. ► folie des grandeurs, mégalomanie.

parapet n. m. ► balustrade, garde-corps, garde-fou.

paraphe n. m. *Une lettre qui porte le paraphe d'un ministre* ▸ griffe, seing (vx), signature.

parapher v. *Parapher un contrat* ▸ émarger, signer, viser.

parapluie n. m. ▸ pépin (fam.).

parasite adj. Fig. *Un élément parasite* ▸ inutile, superflu.

parasite n. m. 1 *Un parasite vit aux dépens d'autrui* ▸ écornifleur (vx), pique-assiette. 2 Plur. *Il y a des parasites sur la ligne* ▸ brouillage, bruit, friture (fam.), grésillement.

paravent n. m. Fig. *Une raison sociale qui sert de paravent à des activités illicites* ▸ couverture.

parc n. m. *Des enfants qui vont jouer au parc* ▸ jardin public.

parc de stationnement n. m. ▸ parking.

parcellaire adj. 1 *Du travail parcellaire* ▸ fractionné, morcelé. 2 Fig. *Une vision parcellaire de la question* ▸ fragmentaire, partiel.

parcelle n. f. 1 *Donner une parcelle de sa fortune* ▸ fraction, fragment, morceau, partie. 2 *Ne pas avoir une parcelle de bon sens* ▸ atome, bribe, brin, grain, miette, ombre, once, soupçon. 3 *Acheter une parcelle pour construire une maison* ▸ lotissement.

parcelliser v. ▸ fragmenter, morceler.

parce que conj. *Il le fera parce qu'on l'y oblige* ▸ attendu que, car, dans la mesure où, du fait que, étant donné que, vu que.

parchemin n. m. Fam. *Il a accumulé les parchemins, mais il ne sait rien de la vie* ▸ diplôme, peau d'âne (fam.), titre.

parcheminé, ée adj. *Une peau toute parcheminée* ▸ plissé, ridé.

parcimonie n. f. *Faire preuve de la plus grande parcimonie dans la distribution des primes* ▸ économie, mesure.

parcimonieusement adv. *Vivre parcimonieusement* ▸ chichement, modestement.

parcimonieux, euse adj. 1 *Se montrer parcimonieux dans ses gratifications* ▸ chiche, économe, mesuré, modeste. 2 *Une gratification un peu parcimonieuse* ▸ court, insuffisant, jeune (fam.), juste, maigre, mesquin.

parcourir v. 1 *Parcourir une distance* ▸ couvrir, franchir. 2 *Parcourir une ville en tous sens* ▸ arpenter. 3 *Parcourir les mers* ▸ sillonner, traverser. 4 *Parcourir une région à la recherche d'une maison à acheter* ▸ explorer, inspecter, prospecter. 5 Fig. *Parcourir un rapport* ▸ feuilleter, lire en diagonale, regarder, survoler.

parcours n. m. 1 *Reconnaître un parcours* ▸ chemin, circuit, itinéraire, route, trajet. 2 *Le parcours d'un homme politique* ▸ carrière, itinéraire, trajectoire.

pardon n. m. *Le pardon accordé à un accusé* ▸ absolution, grâce.

pardonnable adj. *Une faute bien pardonnable* ▸ excusable.

pardonner v. *Pardonner un péché* ▸ absoudre, excuser, oublier, passer l'éponge sur.

paré, ée adj. 1 *Être paré pour la manœuvre* ▸ prêt. 2 Litt. *Une jeune fille parée de toutes les meilleures qualités* ▸ doté, nanti, pourvu.

pare-feu n. m. *Une porte pare-feu* ▸ coupe-feu.

pareil, eille adj. *Vous ne pourriez pas m'en trouver une pareille?* ▸ analogue, équivalent, identique, semblable, similaire.

pareil, eille n. 1 *Il s'est acoquiné avec un de ses pareils* ▸ congénère, semblable. 2 *Ne pas avoir son pareil pour les sauces* ▸ égal, équivalent. 3 **sans pareil, eille** *Une intelligence sans pareille* ▸ exceptionnel, extraordinaire, hors du commun, hors ligne, hors pair, incomparable, inégalable.

pareillement adv. *Vous le pensez, et moi pareillement* ▸ de même, également, idem (fam.), identiquement, semblablement.

parement n. m. *Le parement d'une veste* ▸ rabat, revers.

parent, ente adj. Fig. *Ses conceptions sont parentes des miennes* ▸ analogue à, apparenté à, proche de, semblable à, voisin de.

parent, ente n. 1 *C'est un parent de mon mari* ▸ proche. 2 Plur. *Aller voir ses parents tous les dimanches* ▸ géniteurs (litt.), procréateurs (litt.). 3 Plur. et litt. *Nos lointains parents de l'âge de pierre* ▸ aïeux, ancêtres, ascendants.

parenté n. f. 1 *Avoir des liens de parenté avec qqn* ▸ consanguinité, parentèle (vx). 2 *Réunir toute sa parenté* ▸ famille, parentèle (vx). 3 Fig. *La parenté entre deux langues* ▸ affinité, analogie, rapport.

parenthèse n. f. Fig. *Un orateur qui multiplie les parenthèses sous prétexte de préciser sa pensée* ▸ digression, incise.

parer v. 1 *Parer une salle pour un banquet* ▸ décorer, orner. 2 *Parer un discours de citations* ▸ agrémenter, enjoliver, garnir, ornementer, orner. 3 *Parer qqn de toutes les*

paresse

vertus ▸ auréoler. **4** *Parer un coup* ▸ détourner, esquiver, éviter. **5** *Parer à d'éventuels ennuis* ▸ se garantir contre, obvier à (litt.), pallier, pourvoir à, se prémunir contre, prévenir, remédier à. **6 se parer** *Se parer pour une fête* ▸ s'apprêter, se bichonner, se pomponner.

paresse n. f. **1** *Laisser libre cours à sa paresse naturelle* ▸ apathie, fainéantise, flemme (fam.), inertie, mollesse, nonchalance. **2** *C'est juste un peu de paresse intestinale* ▸ lenteur.

paresser v. *Rester à paresser chez soi* ▸ buller (fam.), fainéanter, flemmarder (fam.), glander (fam.), se prélasser (fam.), traînasser (fam.), traîner.

paresseusement adv. ▸ languissamment (litt.), mollement, nonchalamment.

paresseux, euse adj. **1** *Un élève paresseux* ▸ apathique, cossard (fam.), fainéant, feignant (fam.), flemmard (fam.), glandeur (fam.), indolent, languissant, mou, nonchalant, tire-au-flanc (fam.). **2** *Une mémoire paresseuse* ▸ inactif, lent.

paresseux n. m. ▸ aï.

parfaire v. *Parfaire une œuvre* ▸ ciseler, fignoler, finir, lécher (fam.), limer (fam.), parachever, peaufiner (fam.), perfectionner, polir.

parfait, aite adj. **1** *Ce travail est absolument parfait* ▸ excellent, impeccable, irréprochable. **2** *Le cadre est parfait, mais la cuisine n'est pas très bonne* ▸ admirable, divin, extraordinaire, idéal, idyllique, incomparable, sublime. **3** *Sa mère a été parfaite pendant toute cette crise* ▸ exemplaire, incomparable, irréprochable. **4** *Nous sommes en parfait accord sur ce point* ▸ absolu, complet, total. **5** *Un parfait coquin* ▸ accompli, achevé, complet, consommé, fameux, fieffé, fini, franc, pur, sacré.

parfaitement adv. **1** *Un travail parfaitement exécuté* ▸ admirablement, excellemment, impeccablement, magnifiquement, merveilleusement, superbement, supérieurement. **2** *Être parfaitement d'accord avec qqn* ▸ absolument, complètement, entièrement, pleinement, totalement, tout à fait. **3** *Vous y allez ? – Parfaitement !* ▸ absolument, bien sûr, certainement, certes (litt.), exactement, oui, tout à fait.

parfois adv. *Être parfois triste* ▸ de temps à autre, de temps en temps, quelquefois.

parfum n. m. **1** *L'air était plein d'un parfum d'aromates* ▸ arôme, effluve, exhalaison, fragrance (litt.), fumet, senteur. **2** Spécialement à propos d'un vin ▸ bouquet.

parfumé, ée adj. ▸ odorant, odoriférant (litt.).

parfumer v. **1** *Parfumer un plat* ▸ aromatiser. **2** *Des fleurs qui parfument toute une pièce* ▸ embaumer.

paria n. m. **1** *La classe des parias dans la société indienne* ▸ hors-caste, intouchable. **2** Fig. *Les parias des sociétés modernes* ▸ exclu, marginal, maudit, réprouvé (litt.).

parier v. **1** *Je parie qu'il réussira* ▸ gager (litt.). **2** *Parier de l'argent sur un cheval* ▸ jouer, miser.

pariétal, ale adj. *Des peintures pariétales* ▸ rupestre.

parité n. f. ▸ égalité, identité, similitude.

parjure adj. Litt. *Être parjure à son roi* ▸ déloyal, félon (litt.), traître.

parjure n. m. *Commettre un parjure* ▸ faux serment.

parking n. m. **1** *Un quartier où l'on a constamment des problèmes de parking* ▸ stationnement. **2** *Louer un parking* ▸ box, garage.

parlant, ante adj. *Un exemple parlant* ▸ démonstratif, éloquent, probant, significatif.

parlé, ée adj. *La langue parlée* ▸ oral.

parlement n. m. *Réunir le Parlement* ▸ assemblées, chambres.

parlementaire adj. *Un régime parlementaire* ▸ représentatif.

parlementaire n. **1** *Une loi votée par les parlementaires* ▸ député, élu, représentant. **2** *Recevoir un parlementaire envoyé par l'ennemi* ▸ délégué, émissaire, envoyé.

parlementer v. **1** *Parlementer avec l'ennemi* ▸ débattre, discuter, négocier. **2** *Parlementer avec un gardien pour entrer dans une propriété* ▸ discuter, palabrer.

parler v. **1** *Il était tellement fatigué qu'il ne parvenait plus à parler* ▸ articuler, s'exprimer. **2** *Parler un peu l'anglais* ▸ baragouiner (fam.). **3** *Être capable de parler sur n'importe quel sujet* ▸ bavarder, deviser, discourir, s'exprimer. **4** *Le suspect a fini par parler* ▸ accoucher (fam.), avouer, manger le morceau (fam.), se mettre à table (fam.), vider son sac (fam.). **5** *Parler avec un ami* ▸ bavarder, causer, conférer, converser, deviser, dialoguer, s'entretenir. **6** *Il faudrait que nous parlions de ce problème* ▸ débattre, discuter. **7** *Un livre qui parle de la dernière guerre* ▸ porter sur, traiter de. **8** *On parle déjà de tout recommencer* ▸ envisager de, penser à, projeter de, se proposer de, songer à. **9** *Parler pour un accusé* ▸ intercéder, intervenir, plaider.

parler n. m. **1** *Litt. Un parler clair, soigné* ▶ articulation, diction, élocution, prononciation. **2** *Un parler régional* ▶ dialecte, idiome, langue.

parleur (beau) n. m. ▶ baratineur (fam.), séducteur.

parlophone n. m. ▶ interphone.

parmi prép. *Je serai bientôt parmi vous* ▶ avec, près de.

parodie n. f. **1** *Étudier la parodie chez Rabelais* ▶ caricature, pastiche. **2** *Fig. Une parodie de concertation* ▶ caricature, simulacre.

parodier v. *Parodier un acteur célèbre* ▶ caricaturer, contrefaire, imiter, pasticher, singer (fam.).

parodique adj. *Une description parodique de la société moderne* ▶ satirique.

paroi n. f. **1** *Une simple paroi sépare ces deux pièces* ▶ cloison. **2** *La paroi d'une falaise* ▶ à-pic, mur.

paroissien, enne n. **1** *Sermonner ses paroissiens* ▶ brebis, ouaille. **2** *Suivre une prière sur son paroissien* ▶ livre de messe, missel. **3** *Fam. Un drôle de paroissien* ▶ bonhomme, gars (fam.), individu, mec (fam.), particulier (fam.), personnage, type, zigoto (fam.).

parole n. f. **1** *Recouvrer l'usage de la parole* ▶ phonation, voix. **2** *Un orateur à la parole abondante et ornée* ▶ élocution, langage, langue, verbe (litt.). **3** *Cette parole restera dans toutes les mémoires* ▶ expression, formule, mot, propos. **4** *Plur. Les paroles d'une chanson* ▶ texte. **5** *Se fier à la parole donnée par qqn* ▶ assurance, engagement, promesse, serment. **6 donner sa parole** ▶ garantir, jurer, promettre.

paroxysme n. m. ▶ comble, maximum, point culminant, sommet, summum.

parquer v. **1** *Parquer des prisonniers dans une cave sans air* ▶ confiner, enfermer, entasser. **2** *Parquer sa voiture* ▶ garer. **3 se parquer** *Il n'y a plus un endroit pour se parquer* ▶ se garer, stationner.

parquet n. m. *Les magistrats du parquet* ▶ ministère public.

parrainage n. m. **1** *Une œuvre de bienfaisance qui bénéficie du parrainage d'une grande entreprise* ▶ appui, caution, patronage, soutien. **2** *Spécialement dans le cas d'une assistance financière* ▶ financement, sponsorisation.

parrainer v. **1** *Parrainer un projet* ▶ appuyer, cautionner, patronner, soutenir. **2** *Spécialement par une assistance financière* ▶ commanditer, financer, sponsoriser. **3** *Parrainer qqn qui veut entrer dans un club* ▶ introduire, patronner, présenter.

parsemer v. **1** *Parsemer des confettis dans les rues* ▶ disperser, disséminer, répandre, semer. **2** *Parsemer une toile de petites taches rouges* ▶ consteller, couvrir, émailler, recouvrir, saupoudrer.

part n. f. **1** *Un ensemble divisé en parts* ▶ fraction, lot, morceau, parcelle, partie, portion. **2** *Spécialement à propos d'aliments* ▶ ration, tranche. **3** *La part de chacun dans une dépense collective* ▶ apport, contribution, écot (litt.), participation, quote-part. **4 à part** *Occuper une place à part* ▶ particulier, spécial. **5** *Rester à part sans se mêler à la conversation* ▶ à l'écart. **6** *À part moi, tout le monde est parti* ▶ en dehors de, excepté, hormis, sauf. **7 autre part** ▶ ailleurs. **8 faire part de** *Faire part de ses soupçons à son chef* ▶ annoncer, communiquer, informer de, instruire de, signaler.

partage n. m. **1** *Le partage d'un ensemble* ▶ découpage, division, fractionnement, fragmentation, morcellement, partition. **2** *Le partage d'un butin entre des voleurs* ▶ distribution, répartition. **3** *Le partage d'une succession* ▶ liquidation. **4 sans partage** *Un amour sans partage* ▶ absolu, exclusif, total.

partagé, ée adj. **1** *Des torts partagés* ▶ commun, mutuel, réciproque. **2** *Il y a plusieurs solutions et il reste très partagé* ▶ embarrassé, hésitant, perplexe.

partager v. **1** *Partager un domaine* ▶ découper, démembrer, dépecer (péj.), diviser, fractionner, fragmenter, morceler, scinder, sectionner, subdiviser. **2** *Spécialement pour le vendre* ▶ lotir. **3** *Il a partagé le travail entre ses trois collaborateurs* ▶ dispatcher (fam.), distribuer, répartir. **4** *Fig. Partager le chagrin de qqn* ▶ s'associer à, éprouver, participer à (litt.).

partant, ante adj. *Fam. Il ne refuse pas vraiment, mais il n'est pas très partant* ▶ chaud, emballé (fam.), favorable.

partant n. m. *La liste des partants* ▶ concurrent, participant.

partenaire n. **1** *Les partenaires d'une grande entreprise* ▶ allié, associé, interlocuteur. **2** *Passer le ballon à un partenaire* ▶ coéquipier. **3** *Changer de partenaire à chaque danse* ▶ cavalier, danseur.

parterre n. m. **1** *Un parterre de géraniums* ▶ massif, plate-bande. **2** *Fig. Les applaudissements du parterre* ▶ auditoire, public, salle, spectateurs.

parti, ie adj. 1 *Cette affaire est mal partie* ▶ barré (fam.), commencé, engagé. 2 Fam. *Être un peu parti à la fin d'un repas* ▶ éméché, gai, gris, ivre.

parti, n. m. 1 *Être du même parti que qqn* ▶ bord, camp. 2 *Chercher à organiser un grand parti moderne* ▶ formation, mouvement, rassemblement. 3 *Prendre un parti* ▶ décision, résolution. 4 *Tirer parti de qqch* ▶ avantage, bénéfice, profit. 5 **parti pris** *Examiner une question hors de tout parti pris* ▶ partialité, préjugé, prévention. 6 **de parti pris** *Écarter un jugement de parti pris* ▶ orienté, partial, partisan, subjectif, tendancieux. 7 **prendre parti** *Prendre parti en faveur des plus défavorisés* ▶ s'engager, prendre position, se ranger. 8 *Refuser de prendre parti avant que la situation soit clarifiée* ▶ choisir, se décider, s'engager, opter, prendre position. 9 **en prendre son parti** *Il faudra bien qu'il finisse par en prendre son parti* ▶ s'accommoder, se faire une raison, se résigner.

partial, ale adj. 1 *Un jugement partial* ▶ de parti pris, orienté, partisan, subjectif, tendancieux. 2 *Un juge partial* ▶ de parti pris, partisan, prévenu, tendancieux.

partialité n. f. *Examiner une question sans partialité* ▶ parti pris, préjugé, prévention.

participant, ante n. 1 *Une association qui compte de nombreux participants* ▶ adhérent, membre. 2 *Les participants à un concours* ▶ compétiteur, concurrent.

participation n. f. 1 *Un film fait avec la participation d'acteurs bénévoles* ▶ aide, collaboration, concours, contribution, coopération. 2 *La participation de chacun sera calculée en fonction de ses revenus* ▶ apport, contribution, mise de fonds, quote-part. 3 *La participation des salariés* ▶ intéressement.

participer v. 1 *Participer à une opération collective* ▶ aider à, s'associer à, collaborer à, concourir à, contribuer à, coopérer à, se joindre à, prendre part à, tremper dans (fam. et péj.). 2 Fig. et litt. *Participer à la douleur de qqn* ▶ s'associer à, éprouver, partager. 3 Litt. *Les plantes carnivores semblent participer à la fois du règne végétal et du règne animal* ▶ appartenir à, dépendre de, procéder de, relever de, ressortir de (litt.), tenir de.

particulariser (se) v. ▶ se différencier, se distinguer, se faire remarquer, se signaler, se singulariser.

particularité n. f. 1 *La particularité du style d'un écrivain* ▶ originalité, singularité. 2 *Se distinguer par certaines particularités* ▶ caractéristique, propriété, qualité, spécificité. 3 *Le verbe être constitue une particularité dans la conjugaison* ▶ anomalie, exception, irrégularité.

particule n. f. *De fines particules de métal* ▶ atome, corpuscule, molécule (vx).

particulier, ère adj. 1 *Le secrétaire particulier du ministre* ▶ personnel, privé. 2 *Les traits particuliers qui caractérisent un individu* ▶ caractéristique, distinctif, original, propre, spécial, spécifique, sui generis, typique. 3 *C'est un cas particulier que nous traiterons à part* ▶ distinct, individuel, isolé, spécial, spécifique. 4 *Avouez que cette situation est un peu particulière* ▶ bizarre, extraordinaire, original, singulier, spécial.

particulier n. m. 1 Fam. *Un drôle de particulier* ▶ bonhomme, gars (fam.), individu, mec (fam.), paroissien (fam.), personnage, type, zèbre (fam.), zigoto (fam.). 2 **en particulier** *Réviser la grammaire et en particulier la conjugaison* ▶ notamment, particulièrement, spécialement, surtout.

particulièrement adv. 1 *Aimer un roman et particulièrement la scène de la fin* ▶ en particulier, notamment, principalement, spécialement, spécifiquement, surtout. 2 *Une femme particulièrement belle* ▶ éminemment, exceptionnellement, remarquablement.

partie n. f. 1 *Rassembler toutes les parties d'un objet cassé* ▶ élément, fragment, morceau, parcelle, tronçon. 2 *J'en reprendrai bien une partie* ▶ morceau, part, portion, tranche. 3 *Une partie importante de l'électorat* ▶ fraction, part, portion, segment. 4 *Les différentes parties d'une science* ▶ branche, embranchement, rameau, ramification, sous-ensemble. 5 *Les différentes parties d'un texte* ▶ division, morceau, mouvement, passage, section, segment, subdivision. 6 *Être compétent dans sa partie* ▶ branche (fam.), créneau (fam.), domaine, rayon (fam.), spécialité. 7 *Une partie de tennis* ▶ match, rencontre. 8 **en partie** *Un travail qui n'est fait qu'en partie* ▶ incomplètement, partiellement. 9 **faire partie** *Un service qui fait partie de l'administration centrale* ▶ appartenir à, dépendre de, relever de. 10 **prendre à partie** ▶ agresser, attaquer, s'en prendre à.

partiel, elle adj. *Une vision partielle de la réalité* ▶ fragmentaire, incomplet, limité, parcellaire.

partiellement adv. 1 *C'est partiellement vrai* ▶ en partie. 2 *Ce n'est que partiellement achevé* ▶ en partie, incomplètement.

partir v. 1 *Quand vont-ils se décider à partir?* ▶ se barrer (fam.), se casser (fam.), décamper, dégager (fam.), déguerpir, détaler, disparaître, s'éclipser, s'en aller, s'esquiver, ficher le camp (fam.), filer, mettre les voiles (fam.), prendre congé, prendre le large (fam.), se retirer, se sauver, se tailler (fam.), se tirer (fam.). **2** *Une voiture qui part* ▶ démarrer, se mettre en route. **3** *Un bateau qui part* ▶ appareiller, lever l'ancre. **4** *Un avion qui part* ▶ décoller. **5** *Partir du domicile conjugal* ▶ déguerpir de, s'échapper de, s'en aller de, s'enfuir de, évacuer (fam.), quitter, sortir de. **6** *Cela partait d'un bon sentiment* ▶ émaner, provenir, sortir, venir. **7** *Sa réponse est partie d'un coup* ▶ fuser, jaillir. **8** *Une tache qui ne part pas* ▶ disparaître, s'effacer, s'enlever. **9** *L'année part mal* ▶ commencer, débuter. **10 à partir de** ▶ à compter de, à dater de.

partisan, ane adj. **1** *Être partisan du changement* ▶ favorable à. **2** *Une opinion partisane* ▶ de parti pris, orienté, partial, sectaire, tendancieux.

partisan n. m. **1** *Un partisan de la manière forte* ▶ adepte, défenseur, zélateur (litt.). **2** *Rassembler ses partisans* ▶ adepte, affilié, disciple, fidèle, supporter (fam.). **3** *Une guerre de partisans* ▶ franc-tireur, guérillero.

parure n. f. ▶ ornement.

parution n. f. *La parution d'un livre* ▶ édition, publication, sortie.

parvenir v. **1** *Cette lettre n'est jamais parvenue à son destinataire* ▶ arriver à, atteindre, joindre. **2** *Parvenir aux plus hautes fonctions* ▶ accéder à, arriver à, atteindre. **3** *Parvenir à se décider* ▶ arriver, réussir.

parvenu, ue n. *Avoir des goûts de parvenu* ▶ nouveau riche.

pas n. m. **1** *Aller d'un bon pas* ▶ allure, train (litt.), vitesse. **2** *Aller d'un pas léger* ▶ démarche. **3** *Marcher à grands pas* ▶ enjambée. **4** *Voir des pas sur le sable* ▶ empreinte, trace. **5** *Franchir un pas dans la hiérarchie* ▶ degré, étape, palier. **6 faux pas** ▶ écart, erreur, faute. **7 pas à pas** *S'avancer pas à pas dans une hiérarchie* ▶ doucement, graduellement, progressivement.

pas adv. *Cela ne me gêne pas* ▶ aucunement, en rien, nullement, pas du tout, point (litt.).

passable adj. ▶ acceptable, admissible, honnête, moyen, potable (fam.), suffisant.

passablement adv. *Il fait quand même passablement chaud* ▶ assez, plutôt, relativement.

passade n. f. *Une passade sans lendemain* ▶ amourette, aventure, béguin (fam.), caprice, coup de tête, fantaisie, tocade.

passage n. m. **1** *Le passage de la Manche* ▶ franchissement, traversée. **2** *Une rue où il y a beaucoup de passage* ▶ allée et venue, circulation, trafic, va-et-vient. **3** *Se glisser dans un passage étroit* ▶ boyau, corridor, couloir, goulet. **4** *Chercher un passage pour pénétrer dans un endroit* ▶ accès, entrée, ouverture. **5** *Chercher un passage pour quitter un endroit* ▶ débouché, dégagement, issue, sortie. **6** *Un passage difficile dans la vie de qqn* ▶ circonstance, moment, passe, période. **7** *Citer quelques passages d'une œuvre célèbre* ▶ endroit, extrait, fragment, moment, morceau, page. **8 passage souterrain** ▶ galerie, souterrain, tunnel.

passager, ère adj. *Un bonheur passager* ▶ bref, court, éphémère, fugace, fugitif, momentané, précaire, provisoire, temporaire, transitoire.

passager, ère n. *Les matelots et les passagers* ▶ voyageur.

passagèrement adv. ▶ fugitivement, momentanément, provisoirement, temporairement.

passant, ante adj. *Une rue passante* ▶ animé, fréquenté, populeux.

passant, ante n. ▶ badaud, flâneur, piéton, promeneur.

passation n. f. *Organiser une cérémonie pour la passation des pouvoirs* ▶ transmission.

passe n. f. **1** *Une passe pour entrer dans un port* ▶ chenal, détroit, goulet. **2** *Une passe difficile dans la vie de qqn* ▶ circonstance, moment, passage, période. **3 être en passe de** ▶ être sur le point de.

passé, ée adj. **1** *Le temps passé* ▶ écoulé. **2** *L'année passée* ▶ dernier, précédent. **3** *Avoir un an passé* ▶ accompli, révolu. **4** *Un tissu aux tons passés* ▶ décoloré, défraîchi, délavé, éteint, fané, flétri, jauni, pâli, terni. **5** *Des fruits passés* ▶ avancé, blet. **6 passé de mode** *Un vêtement passé de mode* ▶ démodé, désuet, ringard (fam.), vieillot.

passé n. m. *Raconter son passé à ses enfants* ▶ antécédents, histoire, vie.

passé prép. *Passé 8 heures, il n'y a plus personne dans ce quartier* ▶ après, au-delà de.

passe-droit n. m. *Bénéficier de passe-droits exorbitants* ▶ avantage, faveur, prérogative, privilège.

passéiste adj. ▶ rétrograde.

passe-montagne n. m. *Porter un passe-montagne pour faire du ski* ▶ cagoule.

passe-passe n. m. *Un tour de passe-passe* ▶ magie, prestidigitation.

passepoil n. m. *Un passepoil qui borde un col de chemisier* ▶ liseré.

passeport n. m. Fig. *Ce premier succès lui a servi de passeport pour entrer dans la vie politique* ▶ laissez-passer.

passer v. 1 *Le temps passe* ▶ s'écouler, s'enfuir (litt.), s'envoler (litt.). 2 *Une petite douleur qui va vite passer* ▶ cesser, disparaître, se dissiper, se résorber. 3 *Une couleur qui passe* ▶ se décolorer, s'effacer, s'estomper, se faner, pâlir, ternir. 4 *Regarder les gens qui passent* ▶ aller et venir, circuler. 5 *Passer chez un ami* ▶ faire un saut, rendre visite à. 6 *Passer par un pays* ▶ transiter par, traverser. 7 *Il vaudrait mieux passer sur ce point délicat* ▶ éluder, éviter, glisser sur. 8 *Passer pour un imbécile* ▶ avoir l'air de, faire figure de. 9 *Passer une rivière* ▶ franchir, traverser. 10 *Passer le poids réglementaire* ▶ dépasser, excéder, outrepasser. 11 *Passer une ligne en lisant un texte* ▶ omettre, sauter. 12 *Passer une substance pour en enlever les impuretés* ▶ clarifier, filtrer, tamiser. 13 *Passer tous ses caprices à un enfant* ▶ pardonner, permettre. 14 *Passer un paquet à son voisin* ▶ donner, refiler (fam.), remettre. 15 *Passer de la peinture sur un mur* ▶ appliquer, étaler, étendre. 16 *Passer une robe* ▶ endosser, enfiler, essayer, mettre, revêtir. 17 *Passer un film* ▶ projeter. 18 **en passant** Fam. *Évoquer qqch en passant* ▶ incidemment. 19 **laisser passer** *On ne peut pas laisser passer ça* ▶ accepter, admettre, tolérer. 20 **passer au crible** Fig. *Passer un livre de comptes au crible* ▶ éplucher. 21 **passer au travers** Fig. *Passer au travers d'une punition* ▶ couper à, échapper à, éviter. 22 **passer outre** Litt. *Passer outre une consigne* ▶ braver, contrevenir à, déroger à, désobéir à, enfreindre, transgresser, violer. 23 **se passer** *Je vais vous raconter comment ça s'est passé* ▶ arriver, avoir lieu, se dérouler, se produire. 24 **se passer de boire** ▶ s'abstenir de, se dispenser de, éviter de, se priver de, renoncer à.

passe-temps n. m. 1 *C'est un passe-temps plutôt qu'un travail* ▶ amusement, délassement, distraction, divertissement. 2 *Son passe-temps favori* ▶ dada (fam.), hobby (fam.), violon d'ingres.

passible (être) v. *Être passible d'une lourde amende* ▶ encourir, s'exposer à, mériter, risquer.

passif, ive adj. *Rester passif alors que la situation exigerait une réaction immédiate* ▶ amorphe, apathique, atone, éteint, inerte.

passif n. m. *Un bilan qui fait apparaître un passif important* ▶ arriéré, débet (vx), débit, découvert, dette, dû.

passion n. f. 1 *Défendre une cause avec passion* ▶ ardeur, chaleur, enthousiasme, exaltation, feu, fièvre, flamme, fougue, véhémence. 2 *Un gourou qui suscite la passion de ses disciples* ▶ adoration, adulation, culte, fanatisme, idolâtrie, vénération. 3 Fig. *Les voyages, c'est une passion que mes parents m'ont transmise* ▶ virus (fam.).

passionnant, ante adj. *Une histoire passionnante* ▶ captivant, exaltant, excitant, fascinant, palpitant.

passionné, ée adj. 1 *Un discours passionné* ▶ ardent, enflammé, enthousiaste, exalté, fervent. 2 *Être passionné de musique* ▶ enragé, entiché (fam.), fanatique, féru, fou, mordu (fam.), toqué (fam.).

passionné, ée n. *Un passionné de moto* ▶ enragé, fanatique, fou, mordu (fam.), toqué (fam.).

passionnément adv. 1 *Aimer passionnément qqn* ▶ à la folie, éperdument, follement. 2 *Désirer passionnément qqch* ▶ extrêmement, intensément, violemment. 3 *Défendre passionnément une cause* ▶ ardemment, fougueusement, impétueusement.

passionner v. 1 *Passionner un auditoire* ▶ captiver, enfiévrer, enflammer, enthousiasmer, exalter, fasciner, galvaniser. 2 **se passionner** *Se passionner pour son nouveau métier* ▶ s'emballer pour, s'enflammer pour, s'engouer de (litt.), s'enthousiasmer pour, s'enticher de, se toquer de (fam.).

passivité n. f. ▶ apathie, indolence, inertie, mollesse.

pastel n. m. *Un champ de pastel* ▶ guède, isatis.

pastèque n. f. ▶ melon d'eau.

pasteur n. m. 1 Litt. *Un pasteur qui garde ses moutons* ▶ berger, pâtre (litt.). 2 *Le sermon d'un pasteur* ▶ ministre du culte.

pastiche n. m. ▶ à la manière de, imitation, parodie.

pasticher v. ▶ caricaturer, contrefaire, imiter, parodier.

pastille n. f. 1 *Des pastilles pour la gorge* ▶ cachet, comprimé, dragée, pilule. 2 *Des pastilles à la menthe* ▶ bonbon, dragée. 3 *Un foulard à pastilles blanches* ▶ pois.

pastis n. m. Fig. et fam. *Cette affaire est un drôle de pastis* ▶ embrouillamini, imbroglio.

pastoral, ale adj. Litt. ▶ agreste (litt.), bucolique, champêtre, paysan, rural, rustique.

pastorale n. f. ▶ bergerie, églogue.

pataud, aude adj. ▶ balourd, empoté, gauche, lourdaud, maladroit.

patauger v. 1 *Patauger dans la boue* ▶ barboter, patouiller (fam.). 2 Fig. *Patauger sans parvenir à répondre* ▶ barboter (litt.), s'emberlificoter (fam.), s'embourber, s'embrouiller, s'empêtrer, s'enferrer, s'enliser, nager.

patchwork n. m. Fig. *Un patchwork de citations* ▶ cocktail, compilation, mélange, mosaïque, pot-pourri.

pâté n. m. 1 *Un pâté de lièvre* ▶ terrine. 2 *Un pâté de maisons* ▶ bloc, groupe. 3 Fig. *Faire un pâté en écrivant avec une plume* ▶ bavure, tache.

pâtée n. f. *Donner sa pâtée à un chien* ▶ nourriture, pitance.

patelin, ine adj. Litt. *Acquiescer d'un air patelin tout en pensant aux moyens de refuser* ▶ benoît (litt.), doucereux, mielleux, onctueux, sucré.

patelin n. m. Fam. ▶ bled (fam.), bourgade, trou (fam.), village.

patent, ente adj. ▶ criant, évident, flagrant, incontestable, indéniable, indubitable, manifeste, notoire.

patenté, ée adj. 1 *Un fournisseur patenté* ▶ attitré. 2 Fig. et fam. *Un ivrogne patenté* ▶ avéré, notoire, reconnu.

patère n. f. ▶ portemanteau.

pâteux, euse adj. *Une consistance pâteuse* ▶ épais, farineux.

pathétique adj. *Un récit pathétique* ▶ bouleversant, déchirant, dramatique, poignant.

pathologique adj. *Avoir une crainte pathologique des souterrains* ▶ maladif, morbide.

pathos n. m. Litt. *Faire du pathos à tout propos* ▶ mélodrame.

patibulaire adj. ▶ inquiétant, menaçant, sinistre.

patiemment adv. *Attendre patiemment* ▶ calmement, tranquillement.

patience n. f. 1 *Un travail qui nécessite de la patience* ▶ persévérance, ténacité. 2 *Faire preuve de patience avec les enfants* ▶ indulgence, tolérance. 3 *Supporter des malheurs avec patience* ▶ constance (litt.), résignation. 4 *Un jeu de cartes pour faire des patiences* ▶ réussite.

patient, ente adj. 1 *Un chercheur patient* ▶ inlassable, persévérant, tenace. 2 *Être patient avec les enfants* ▶ indulgent, tolérant. 3 *Être patient dans les malheurs* ▶ résigné.

patient, ente n. *Les patients d'un médecin* ▶ client, malade, pratique (vx).

patienter v. ▶ attendre, poireauter (fam.).

patiner v. *Une voiture qui patine sur de la glace* ▶ déraper, glisser.

patinette n. f. ▶ trottinette.

pâtir v. *Pâtir d'un environnement économique défavorable* ▶ souffrir.

pâtisserie n. f. *Un assortiment de pâtisseries* ▶ gâteau.

patraque adj. Fam. ▶ incommodé, indisposé, malade, mal fichu (fam.), souffrant.

pâtre n. m. Litt. ▶ berger, pasteur (litt.).

patricien, enne n. ▶ aristocrate, noble.

patrie n. f. ▶ nation, pays.

patrimoine n. m. 1 *Dilapider son patrimoine* ▶ bien, capital, fortune. 2 Fig. *Un patrimoine touristique irremplaçable* ▶ capital, richesse, trésor.

patriotisme n. m. *Des idées inspirées par le patriotisme le plus étroit* ▶ chauvinisme, nationalisme.

patristique n. f. ▶ patrologie.

patron, onne n. 1 *Demander une augmentation à son patron* ▶ boss (fam.), chef, directeur, employeur, singe (fam.). 2 *Le patron d'une entreprise* ▶ p.-d.g., chef, directeur, dirigeant, manager. 3 *Le patron d'un hôtel* ▶ directeur, gérant, taulier (fam.), tenancier. 4 *Un saint patron* ▶ protecteur.

patron n. m. *Exécuter un objet d'après un patron* ▶ modèle.

patronage n. m. 1 *Une exposition organisée sous le patronage de la municipalité* ▶ auspices (litt.), égide (litt.). 2 *Bénéficier du patronage du président de la République* ▶ appui, concours, parrainage, soutien.

patronner v. ▶ aider, appuyer, cautionner, épauler, parrainer, promouvoir, protéger, recommander, soutenir.

patronyme n. m. ▶ nom.

patrouille n. f. ▶ commando, détachement.

patte n. f.1 Fam. *Enlevez de là vos grosses pattes, Monsieur!* ▶ main. 2 Fig. *Un peintre qui a de la patte* ▶ adresse, habileté, technique, virtuosité. 3 Fig. *Un texte où l'on re-*

patte-d'oie

connaît la patte d'un grand écrivain ▸ style, ton. **4 pattes de lapin** Fam. *Se laisser pousser des pattes de lapin* ▸ côtelettes (fam.), favoris, rouflaquettes (fam.). **5 retomber sur ses pattes** Fam. *C'est un malin, il retombera sur ses pattes* ▸ s'en sortir, s'en tirer, retomber sur ses jambes, retomber sur ses pieds.

patte-d'oie n. f. *Suivre une route jusqu'à une patte-d'oie* ▸ bifurcation, embranchement, fourche.

pâturage n. m. ▸ herbage, pacage, pâture.

pâture n. f. **1** *Donner leur pâture aux animaux* ▸ nourriture, pitance. **2** *Un paysan qui possède de belles pâtures* ▸ herbage, pacage, pâturage.

paumé, ée adj. Fam. ▸ égaré, perdu.

pause n. f. **1** *S'accorder quelques minutes de pause avant de recommencer* ▸ battement, interruption, récréation, relâche, répit, repos, trêve. **2** *Bavarder avec son voisin pendant la pause* ▸ break (fam.), entracte, interruption, mi-temps, récréation, suspension. **3** Spécialement au cours d'une marche ▸ arrêt, halte.

pauvre adj. **1** *Des gens pauvres* ▸ défavorisé, fauché (fam.), impécunieux (litt.), indigent, nécessiteux (litt.). **2** *De pauvres ressources* ▸ insuffisant, maigre, méchant, médiocre, mince. **3** *Une pauvre demeure* ▸ humble, modeste, petit. **4** *Être pauvre d'esprit* ▸ simple. **5** *Une terre pauvre* ▸ aride, infertile, sec, stérile. **6** *Être dans un pauvre état* ▸ déplorable, lamentable, misérable, piteux, pitoyable, triste. **7** *C'était avant la mort de ce pauvre Jules* ▸ infortuné (litt.), malheureux. **8 pauvre type** ▸ incapable, minable, moins que rien, nullité.

pauvre n. *Les riches et les pauvres* ▸ défavorisé, indigent (litt.), nécessiteux (litt.).

pauvrement adv. *Vivre pauvrement* ▸ chichement.

pauvreté n. f. **1** *Vivre dans la pauvreté* ▸ besoin, débine (fam.), dèche (fam.), dénuement, disette (litt.), gêne, impécuniosité (litt.), indigence, mouise (fam.), panade (fam.), pénurie, privation. **2** *La pauvreté d'une terre* ▸ aridité, infertilité (litt.), stérilité. **3** *La pauvreté d'un raisonnement* ▸ déficience, insuffisance. **4** Litt. *Débiter des pauvretés* ▸ banalité, platitude.

pavaner (se) v. *Aimer se pavaner* ▸ crâner (fam.), faire la roue, faire le beau, frimer (fam.), parader, paraître, plastronner, poser, se rengorger.

pavé n. m. **1** *Le pavé d'une cour* ▸ carrelage, dallage, pavage, pavement. **2 sur le pavé** ▸ à la rue.

pavement n. m. ▸ carrelage, dallage, pavage, pavé.

paver v. ▸ carreler, daller.

pavillon n. m. **1** *Habiter un pavillon dans la banlieue* ▸ maison. **2** *Un club de vacances avec de petits pavillons* ▸ bungalow, cottage, villa. **3** *Un pavillon dans un parc, avec juste deux chaises* ▸ kiosque. **4** *Un bateau qui arbore le pavillon britannique* ▸ bannière, couleurs, drapeau, étendard.

payant, ante adj. Fig. *Une opération payante* ▸ avantageux, efficace, fructueux, intéressant, juteux (fam.), lucratif, profitable, rémunérateur, rentable, valable (fam.).

paye n. f. ▸ appointements, émoluments, gages, gains, salaire.

payer v. **1** *Ils s'amusent bien, mais c'est moi qui paye!* ▸ casquer (fam.), débourser, décaisser, raquer (fam.). **2** *Payer une addition* ▸ régler. **3** *Payer un employé* ▸ appointer, rémunérer, rétribuer, salarier. **4** *Un espion payé par une puissance étrangère* ▸ acheter, arroser (fam.), corrompre, soudoyer, stipendier. **5** *Payer une grosse somme* ▸ acquitter, dépenser, régler, verser. **6** *Payer les frais professionnels de qqn* ▸ indemniser, rembourser. **7** *Payer un service* ▸ récompenser. **8** *Payer un appartement à qqn* ▸ donner, offrir. **9** *Payer une faute* ▸ expier, racheter. **10 se payer** Fam. *Se payer du bon temps* ▸ s'accorder, se donner, s'octroyer, s'offrir. **11 se payer la tête de** Fam. ▸ se ficher de (fam.), se moquer de, railler (litt.).

pays n. m. **1** *Aimer son pays* ▸ patrie. **2** *Un pays européen* ▸ état, nation. **3** *Visiter des pays reculés* ▸ coin, contrée (litt.), province, région, rivage (litt.), territoire. **4** *Le maire de ce pays perdu* ▸ bled (fam.), bourg, bourgade, coin, patelin (fam.), trou (fam.). **5** *Le pays des rêves* ▸ domaine, royaume, sphère, univers. **6 pays de cocagne** ▸ éden, eldorado.

paysage n. m. **1** *D'ici le paysage est magnifique* ▸ panorama, perspective, point de vue, site, vue. **2** Fig. *Le paysage audiovisuel* ▸ situation.

paysan, anne adj. *La vie paysanne* ▸ agricole, rural, terrien.

paysan, anne n. **1** *Les revendications des paysans* ▸ agriculteur, cultivateur, exploitant agricole, fermier. **2** *Traiter qqn de paysan* ▸ bouseux (fam.), cul-terreux (fam.), péquenaud (fam.), plouc (fam.), rural.

peau n. f. 1 *Avoir la peau sensible* ▶ cuir (fam.), épiderme. 2 *Jeter une peau d'orange* ▶ pelure.

peaufiner v. 1 *Peaufiner un meuble* ▶ astiquer. 2 Fig. *Peaufiner un travail* ▶ ciseler, fignoler, lécher (fam.), parachever, parfaire, perfectionner, polir, soigner.

peccadille n. f. ▶ bêtise, bricole, misère, rien, vétille.

pêche n. f. 1 *L'art de la pêche* ▶ halieutique. 2 *La pêche aux occasions rares* ▶ chasse. 3 Fam. *Avoir la pêche* ▶ forme, frite (fam.), moral.

péché n. m. 1 *Confesser un péché* ▶ faute. 2 *Vivre dans le péché* ▶ débauche, luxure, mal, stupre (litt.), vice. 3 *péché mignon* ▶ faible, faiblesse, travers.

pêcher v. 1 *Il a réussi à pêcher une truite* ▶ prendre. 2 Fig. et Fam. *Où as-tu péché ce chapeau ?* ▶ découvrir, dégoter (fam.), dénicher (fam.), se procurer, trouver.

pécher v. *Se repentir d'avoir péché* ▶ fauter.

pécule n. m. *Se constituer un pécule pour ses vieux jours* ▶ bas de laine, économies, épargne, réserves, tirelire (fam.).

pécuniaire adj. *Avoir des problèmes pécuniaires* ▶ budgétaire, financier.

pécuniairement adv. ▶ financièrement.

pédagogie n. f. *Faire suivre des cours de pédagogie à de futurs enseignants* ▶ didactique.

pédagogique adj. *Un exposé lourdement pédagogique* ▶ didactique.

pédagogue n. 1 *Les théories des pédagogues modernes* ▶ didacticien. 2 *Avoir de réelles qualités de pédagogue* ▶ éducateur, enseignant, professeur.

pédant, ante adj. ▶ cuistre (litt.), doctoral, pédantesque (litt.), pontifiant.

pédant, ante n. 1 *À propos d'un homme* ▶ cuistre (litt.). 2 *À propos d'une femme* ▶ bas-bleu.

pédantisme n. m. ▶ cuistrerie, pédanterie (litt.).

pédéraste n. m. ▶ pédophile.

pédérastie n. f. ▶ pédophilie.

pédicule n. m. *Le pédicule d'un champignon* ▶ pied, queue, tige.

pedigree n. m. *Le pedigree d'un chien de race* ▶ généalogie, origine.

pédoncule n. m. *Le pédoncule d'une fleur* ▶ queue, tige.

pègre n. f. ▶ milieu.

peigner v. 1 *Peigner de la laine* ▶ carder, démêler, dénouer. 2 *Peigner un enfant* ▶ coiffer.

peignoir n. m. ▶ sortie de bain.

peindre v. 1 *Peindre un portrait* ▶ brosser, camper, croquer. 2 Fig. *Ne savoir comment peindre son désarroi* ▶ conter, décrire, dépeindre, exprimer, figurer, raconter, représenter, traduire. 3 *se peindre* Fig. *La plus vive stupeur se peignit sur son visage* ▶ apparaître, se manifester, se refléter.

peine n. f. 1 *Subir une peine* ▶ châtiment, punition, sanction. 2 *Partager les joies et les peines de qqn* ▶ affliction, chagrin, détresse, douleur, épreuve, malheur, souffrance, tourment (litt.), tristesse. 3 *Avoir de la peine à terminer un travail* ▶ difficulté, mal. 4 *Un résultat qui a exigé beaucoup de peine* ▶ effort, travail. 5 *à peine Une lampe qui éclaire à peine* ▶ faiblement, ne...guère, imperceptiblement, vaguement. 6 *Un enfant qui parle à peine* ▶ difficilement, péniblement, tout juste.

peiner v. 1 *Le moteur peine dans les montées* ▶ fatiguer. 2 *Peiner pour finir un rapport* ▶ avoir du mal à, galérer (fam.), ramer (fam.). 3 *Vos paroles l'ont beaucoup peiné* ▶ affecter, affliger, attrister, chagriner, meurtrir, navrer (fam.).

peinture n. f. 1 *Accrocher des peintures aux murs* ▶ tableau, toile. 2 Fig. *Une peinture exacte de la situation* ▶ description, image, représentation, tableau.

péjoratif, ive adj. ▶ défavorable, dépréciatif.

pelage n. m. *Le pelage d'un loup* ▶ fourrure, livrée, poil, robe, toison.

pelé, ée adj. 1 *Une montagne pelée* ▶ aride, dénudé, nu. 2 *Un crâne pelé* ▶ chauve, dégarni, déplumé (fam.).

pêle-mêle adv. *Des objets entassés pêle-mêle* ▶ en désordre, en vrac, sens dessus dessous.

peler v. 1 *Peler une pomme* ▶ éplucher. 2 *Peler à la suite d'une dermatose* ▶ desquamer.

pelletée n. f. Fig. et fam. *Des pelletées d'injures* ▶ avalanche, bordée, flot.

pelleteuse n. f. ▶ excavatrice, pelle mécanique.

pellicule n. f. 1 *Une fine pellicule de poussière* ▶ couche, épaisseur. 2 *La pellicule qui recouvre les grains de raisin* ▶ membrane, peau. 3 *Donner une pellicule à développer* ▶ bobine, film, rouleau.

peloter v. Fam. *Peloter sa voisine de table* ▶ caresser, tripoter (fam.).

peloton n. m. *Le peloton de tête* ▶ groupe.

pelotonner (se) v. ▶ se blottir, se lover, se ramasser, se recroqueviller.

pelouse n. f. ▶ gazon.

pelure n. f. **1** *Des pelures de fruit* ▶ épluchure, peau. **2** Fam. *Enlever sa pelure en arrivant* ▶ manteau.

pénaliser v. *Ce règlement pénalise les candidats les plus jeunes* ▶ désavantager, handicaper.

pénalité n. f. *Une pénalité imposée par l'arbitre* ▶ pénalisation, sanction.

pénates n. m. pl. Fig. et fam. *Regagner ses pénates* ▶ domicile, foyer, habitation, logis (litt.), maison, toit.

penaud, aude adj. ▶ confus, contrit (litt.), déconfit, embarrassé, gêné, honteux, repentant.

penchant n. m. **1** *Avoir un penchant pour les femmes de caractère* ▶ attirance, attrait, faible, goût, inclination, sympathie, tendresse. **2** *Avoir un penchant à croire n'importe quoi* ▶ aptitude, disposition, facilité, prédisposition, propension, tendance, vocation.

penché, ée adj. *Une écriture penchée* ▶ incliné.

pencher v. **1** *Un mur qui penche* ▶ s'incliner. **2** *Pencher la tête* ▶ baisser, courber, fléchir, incliner. **3** *se pencher* *Se pencher jusqu'à toucher le sol* ▶ se baisser, se courber, s'incliner. **4** Fig. *Se pencher sur un problème* ▶ analyser, considérer, étudier, examiner, s'intéresser à, observer.

pendant, ante adj. **1** *Marcher les bras pendants* ▶ ballant. **2** *Des moustaches pendantes* ▶ tombant.

pendant n. m. **1** *Un pendant porté en boucle d'oreille* ▶ pendeloque, pendentif. **2** *Ce tableau est le pendant de l'autre* ▶ correspondant, symétrique.

pendant prép. *Pendant l'hiver* ▶ au cours de, durant.

pendeloque n. f. ▶ pendant, pendentif.

pendentif n. m. *Un pendentif porté en boucle d'oreille* ▶ girandole, pendant, pendeloque.

penderie n. f. *Ranger des vêtements dans une penderie* ▶ garde-robe.

pendre v. **1** *Pendre du linge sur un fil* ▶ accrocher, suspendre. **2** *Du linge qui pend à une fenêtre* ▶ pendiller, pendouiller (fam.). **3** *Des tentures qui pendent jusqu'au sol* ▶ retomber, tomber.

pendule n. m. *Un mouvement de pendule* ▶ balancier.

pendule n. f. ▶ horloge.

pendulette n. f. ▶ réveil, réveille-matin.

pénétrable adj. **1** *Une substance pénétrable* ▶ perméable. **2** Fig. et litt. *Ces mystères ne sont guère pénétrables* ▶ accessible, compréhensible, intelligible, saisissable.

pénétrant, ante adj. **1** *Un froid pénétrant* ▶ incisif, mordant, perçant, piquant. **2** *Un regard pénétrant* ▶ aigu, profond. **3** Fig. *Une intelligence pénétrante* ▶ aigu, clairvoyant, lucide, perspicace, sagace, subtil, vif.

pénétrante n. f. *Une pénétrante qui conduit au cœur d'une grande agglomération* ▶ radiale.

pénétration n. f. **1** *La pénétration des troupes ennemies sur le territoire* ▶ incursion, intrusion, invasion. **2** *La pénétration d'un organe dans un autre* ▶ introduction, intromission. **3** Fig. *Un esprit d'une pénétration remarquable* ▶ acuité, clairvoyance, flair, intelligence, lucidité, perspicacité, profondeur, sagacité, subtilité.

pénétré, ée adj. **1** Litt. *Un air pénétré de parfums d'automne* ▶ gorgé, imbibé, imprégné. **2** Fig. *Une architecture encore pénétrée de style roman* ▶ chargé, coloré, marqué. **3** Fig. *Une personne pénétrée de son importance* ▶ convaincu, imbu, infatué, plein, rempli.

pénétrer v. **1** *Pénétrer dans un tunnel* ▶ s'avancer, s'enfoncer, s'engager, entrer, se fourrer (fam.), s'introduire. **2** *De l'eau qui pénètre dans le sol* ▶ s'infiltrer, s'insinuer. **3** Fig. *Pénétrer les lignes ennemies* ▶ briser, crever, enfoncer, forcer, percer, rompre, transpercer, trouer. **4** Fig. *Pénétrer le cœur de qqn* ▶ atteindre, gagner, toucher. **5** Fig. *Pénétrer les intentions cachées de qqn* ▶ comprendre, démêler, deviner, percer, saisir. **6** *se pénétrer* Fig. *Se pénétrer du sentiment de ses devoirs* ▶ s'imprégner.

pénible adj. **1** *Un travail pénible* ▶ ardu, difficile, dur, laborieux, malaisé. **2** *Encore deux semaines pénibles, et après je m'arrête* ▶ éprouvant, épuisant, éreintant, exténuant, fatigant, harassant, tuant (fam.). **3** *Un choix pénible* ▶ cruel, difficile, douloureux, dur. **4** *Une discussion pénible* ▶ âpre, difficile, rude. **5** *Un événement pénible* ▶ affligeant, attristant, consternant, cruel (litt.), déplorable, désolant, douloureux, éprouvant, malheureux, navrant, triste. **6** *Se trouver dans une situation pénible* ▶ déplaisant, désagréable, embarras-

péniblement adv. 1 *Marcher péniblement après une blessure à la jambe* ▶ difficilement, laborieusement, malaisément. 2 *Être péniblement éprouvé par la mort d'un proche* ▶ amèrement, cruellement, douloureusement. 3 *Parvenir péniblement à articuler trois mots d'anglais* ▶ à peine, difficilement, tout juste.

pénis n. m. ▶ membre, phallus, sexe masculin, verge, zizi (fam.).

pénitence n. f. 1 Vx *Infliger une pénitence* ▶ châtiment, punition. 2 Vx *La pénitence des âmes dévoyées* ▶ contrition, regret, repentir, résipiscence (vx et litt.).

pénitentiaire adj. ▶ carcéral.

pénombre n. f. ▶ clair-obscur, demi-jour.

pensable adj. *Ce n'est guère pensable* ▶ concevable, croyable, envisageable, imaginable, possible.

pensé, ée adj. *Une décision longuement pensée* ▶ calculé, étudié, mûri, réfléchi.

pense-bête n. m. ▶ aide-mémoire, mémento.

pensée n. f. 1 *S'interroger sur l'origine de la pensée humaine* ▶ entendement, intelligence, raison. 2 *Être perdu dans ses pensées* ▶ méditation, réflexion, rêverie. 3 *Avoir la pensée de nuire à qqn* ▶ dessein, idée, intention, projet. 4 *Dites-moi votre pensée sur ce point* ▶ avis, conception, idée, opinion, point de vue, position, sentiment, vues. 5 *Une théorie imprégnée de la pensée de Marx* ▶ doctrine, idéologie, philosophie. 6 *Jeter quelques pensées sur un carnet* ▶ considération, observation, réflexion, remarque. 7 *Écrire un recueil de pensées à la manière de Marc Aurèle* ▶ aphorisme (litt.), apophtegme (litt.), maxime, sentence.

penser v. 1 *Rester seul pour penser* ▶ cogiter, méditer, raisonner, réfléchir, ruminer (fam.). 2 *Penser à son enfance* ▶ évoquer, se rappeler, revoir, se souvenir de. 3 *Une proposition qui mérite qu'on y pense* ▶ envisager, étudier, examiner, réfléchir à, songer à. 4 *Penser aux autres plus qu'à soi-même* ▶ faire attention à, prendre garde à, se préoccuper de. 5 *On pense que leur bateau a coulé* ▶ conjecturer, considérer, croire, estimer, imaginer, juger, présumer, soupçonner, supposer. 6 *Nous pensons prendre nos vacances au mois de septembre* ▶ avoir en vue de, avoir l'intention de, compter, envisager de, projeter de, se proposer de, songer à.

penseur n. m. *Les penseurs français du siècle des Lumières* ▶ philosophe.

pensif, ive adj. *Un air pensif* ▶ absent, absorbé, contemplatif, méditatif, préoccupé, rêveur, songeur, soucieux.

pension n. f. 1 *Une pension pour jeunes filles* ▶ boîte (fam.), institution, internat, pensionnat. 2 *Aller toucher sa pension* ▶ allocation, retraite.

pensionnaire n. 1 *Prendre un pensionnaire* ▶ hôte. 2 *Être pensionnaire dans un collège* ▶ interne.

pensionnat n. m. ▶ institution, internat, pension.

pensivement adv. ▶ contemplativement (litt.), rêveusement, songeusement (litt.).

pensum n. m. *Ce travail est un épouvantable pensum* ▶ corvée, punition.

pente n. f. 1 *La pente d'un toit* ▶ déclivité, inclinaison, obliquité. 2 *Les pentes d'une colline* ▶ pan, versant. 3 *Gravir une pente* ▶ côte, escarpement, montée, rampe. 4 Fig. et litt. *Avoir une pente naturelle à la paresse* ▶ inclination, penchant, propension, tendance. 5 **en pente** ▶ incliné, oblique, pentu.

pénultième adj. et n. f. ▶ avant-dernier.

pénurie n. f. 1 *Une période de pénurie* ▶ disette. 2 *Une pénurie de devises* ▶ carence, défaut, insuffisance, manque. 3 *Vivre dans la pénurie* ▶ besoin, gêne, indigence, misère, pauvreté.

pépiement n. m. ▶ gazouillement, gazouillis, ramage (litt.).

pépier v. *De petits oiseaux qui pépient* ▶ chanter, gazouiller.

pépin n. m. 1 Fig. *Tout se présentait bien, mais il y a un pépin* ▶ complication, difficulté, écueil, ennui, hic (fam.), obstacle, os (fam.), problème. 2 Fam. *Prendre son pépin parce qu'il pleut* ▶ parapluie.

pépinière n. f. Fig. *Cette école est une pépinière de hauts fonctionnaires* ▶ gisement, réservoir.

perçant, ante adj. 1 *Un froid perçant* ▶ incisif, mordant, pénétrant, piquant. 2 Fig. *Une voix perçante* ▶ criard, strident, suraigu. 3 Fig. *Un esprit perçant* ▶ clairvoyant, lucide, pénétrant, perspicace, sagace, subtil, vif.

percée n. f. 1 *Une percée dans un épais brouillard* ▶ brèche, déchirure, ouverture,

percepteur

troué. **2** *Une percée commerciale spectaculaire* ▶ réussite, succès.

percepteur, trice n. ▶ collecteur (vx).

perceptible adj. **1** *Un son perceptible* ▶ audible, discernable. **2** *Des différences de couleur peu perceptibles* ▶ discernable, sensible, visible. **3** *Une subtilité peu perceptible* ▶ clair, compréhensible, discernable, évident, intelligible. **4** *Des progrès tout à fait perceptibles* ▶ apparent, appréciable, manifeste, net, palpable, sensible.

perception n. f. **1** *La perception des impôts* ▶ collecte (vx), encaissement, levée, recouvrement. **2** Litt. *Avoir la perception distincte d'une présence* ▶ impression, sensation.

percer v. **1** *Percer une paroi* ▶ perforer, trouer. **2** *Percer un trou dans une paroi* ▶ creuser, forer. **3** *Percer qqn de coups de couteau* ▶ cribler, larder, transpercer. **4** *Percer les lignes ennemies* ▶ crever, pénétrer, transpercer, trouer. **5** Fig. *Percer un mystère, une machination* ▶ comprendre, déchiffrer, découvrir, mettre à jour, pénétrer, saisir. **6** Fig. *Une conversation dont rien n'a percé* ▶ s'ébruiter, s'éventer, filtrer, se répandre, transpirer. **7** Fig. *La vérité sur cette affaire commence à percer* ▶ affleurer, apparaître, se déceler, s'ébaucher, émerger, se faire jour, se montrer, naître, paraître, poindre, pointer, sortir, surgir, transparaître. **8** *Un chanteur qui perce* ▶ s'élever, monter, réussir.

percevable adj. *Un impôt percevable le tant du mois* ▶ recouvrable.

percevoir v. **1** *Percevoir un bruit* ▶ discerner, distinguer, entendre, saisir. **2** *Percevoir une lueur* ▶ apercevoir, discerner, distinguer, entrevoir, voir. **3** *Percevoir une différence de comportement chez qqn* ▶ apercevoir, discerner, distinguer, remarquer, se rendre compte de, saisir, sentir. **4** *Percevoir de l'argent* ▶ empocher (fam.), encaisser, ramasser (fam.), recevoir, retirer, toucher. **5** *Percevoir des taxes* ▶ lever, recouvrer.

perche n. f. **1** *Faire tomber des noix avec une perche* ▶ gaule. **2** *Une perche pour enregistrer les sons* ▶ girafe (fam.). **3** Fig. *Une grande perche* ▶ échalas, escogriffe.

percher v. **1** *Percher un enfant sur un tabouret* ▶ jucher. **2** Fam. *Percher au sixième étage* ▶ demeurer, habiter, loger, nicher (fam.). **3 se percher** *L'oiseau qui se perche sur un arbre* ▶ se poser. **4** *Un enfant qui se perche sur un tabouret* ▶ grimper, se jucher, monter.

perchoir n. m. ▶ juchoir.

perclus, use adj. **1** *Un vieillard perclus* ▶ impotent. **2** Fig. *Être perclus de timidité* ▶ paralysé.

percutant, ante adj. Fig. *Un argument percutant* ▶ frappant, saisissant.

percuter v. *Sa voiture a percuté la mienne au carrefour* ▶ emboutir, heurter, rentrer dans, tamponner, télescoper.

perdant, ante n. *Une mentalité de perdant* ▶ loser (fam.), raté (fam.), vaincu.

perdition n. f. *Un navire en perdition* ▶ détresse.

perdre v. **1** *Perdre ses clés* ▶ égarer, paumer (fam.). **2** *Des arbres qui perdent leurs feuilles* ▶ se dépouiller de. **3** *Perdre son talent en s'adonnant à des besognes alimentaires* ▶ dissiper, gâcher, galvauder (litt.), gaspiller. **4** *La brume a achevé de nous perdre* ▶ dérouter, désorienter, égarer. **5** *Celui qui perdra sera éliminé* ▶ avoir le dessous, échouer. **6** Litt. *Chercher à perdre qqn auprès d'un de ses amis* ▶ déconsidérer, démolir (fam.), discréditer. **7 perdre contenance** ▶ se démonter, se troubler. **8 perdre la tête** Fam. *Un vieillard qui commence à perdre la tête* ▶ battre la campagne (fam.), dérailler (fam.), perdre les pédales (fam.). **9** Fam. *Perdre la tête devant le danger* ▶ s'affoler, paniquer, perdre les pédales (fam.). **10 se perdre** *Se perdre dans la campagne* ▶ s'égarer, se fourvoyer (litt.), se paumer (fam.). **11** *Des usages qui se perdent* ▶ disparaître. **12** *Cela va se perdre si vous ne le mangez pas tout de suite* ▶ s'abîmer, se gâter. **13** Fig. *Se perdre dans des considérations oiseuses* ▶ barboter (fam.), s'égarer, s'embarrasser, s'embourber, s'embrouiller, se fourvoyer (litt.), se noyer, patauger. **14** Fig. et litt. *Se perdre dans la contemplation d'un paysage* ▶ s'abîmer (litt.), s'absorber, se plonger.

perdrix de mer n. f. ▶ glaréole.

perdu, ue adj. **1** *Un coin perdu* ▶ écarté, éloigné, isolé, paumé (fam.), reculé, retiré. **2** *Une époque d'un raffinement aujourd'hui perdu* ▶ disparu, envolé, évanoui, révolu. **3** *Se sentir un peu perdu dans un milieu qu'on ne connaît pas* ▶ déboussolé, déphasé, dérouté, désorienté, largué (fam.). **4** *Être perdu dans ses pensées* ▶ abîmé (litt.), absorbé, plongé. **5** *Si la corde casse, nous sommes perdus* ▶ cuit (fam.), fichu (fam.), flambé (fam.), foutu (fam.). **6** Litt. *Une fille perdue* ▶ corrompu (litt.), débauché, dépravé (litt.), dévoyé (litt.).

perdu, ue n. *Crier comme un perdu* ▶ enragé, forcené, fou furieux, possédé.

père n. m. 1 *Respecter son père* ▶ géniteur (litt.), papa (fam.), paternel (fam.), vieux (fam.). 2 *La maison du Père* ▶ dieu, seigneur, tout-puissant, très-haut. 3 Fig. *Le père du mouvement surréaliste* ▶ créateur, fondateur, initiateur, instaurateur, instigateur, inventeur.

pérégrination n. f. Litt. *La pérégrination d'Ulysse* ▶ aventure, odyssée, voyage.

péremptoire adj. 1 *Un argument péremptoire* ▶ concluant, décisif, indiscutable, irréfutable. 2 *Un ton péremptoire* ▶ autoritaire, cassant, catégorique, coupant, tranchant.

pérenniser v. Litt. *Pérenniser un usage* ▶ perpétuer.

pérennité n. f. Litt. *Assurer la pérennité des institutions* ▶ continuité.

péréquation n. f. *La péréquation des ressources d'un pays entre ses différentes régions* ▶ partage, répartition.

perfectible adj. ▶ améliorable.

perfection n. f. 1 *La recherche de la perfection* ▶ absolu, idéal. 2 *Cette secrétaire est une perfection* ▶ bijou, joyau, merveille, perle. 3 **à la perfection** *Travailler à la perfection* ▶ admirablement, parfaitement, remarquablement.

perfectionnement n. m. *Il y a encore des perfectionnements sur le nouveau modèle* ▶ amélioration, mieux, plus, progrès.

perfectionner v. 1 *Perfectionner une terre* ▶ améliorer, amender, bonifier. 2 *Perfectionner sa connaissance de l'anglais* ▶ améliorer, compléter, parfaire. 3 **se perfectionner** *Les techniques médicales se perfectionnent sans cesse* ▶ s'améliorer, évoluer, progresser, se sophistiquer.

perfide adj. 1 Litt. *Un courtisan perfide* ▶ cauteleux, déloyal, fourbe, hypocrite, sournois, trompeur. 2 Litt. *Un amant perfide* ▶ inconstant, infidèle, volage. 3 *Une remarque perfide* ▶ empoisonné, fielleux, insidieux, méchant, venimeux.

perfidement adv. Litt. ▶ déloyalement, fourbement, malhonnêtement, traîtreusement.

perfidie n. f. 1 Litt. *Découvrir la perfidie d'un prétendu ami* ▶ déloyauté, fausseté, fourberie, mauvaise foi, scélératesse, traîtrise. 2 Litt. *Commettre une perfidie* ▶ infidélité, trahison.

perforer v. 1 *La balle a perforé le blindage* ▶ percer, transpercer, traverser, trouer. 2 *Perforer une carte* ▶ poinçonner.

performance n. f. ▶ exploit, prouesse, record, succès.

performant, ante adj. *Du matériel performant* ▶ de pointe, sophistiqué.

perfusion n. f. ▶ goutte-à-goutte.

péricliter v. Litt. *Ce secteur d'activité est en train de péricliter* ▶ baisser, couler, décliner, dépérir.

péril n. m. 1 ▶ danger, risque. 2 **en péril** ▶ en danger, menacé. 3 **mettre en péril** ▶ compromettre, exposer, mettre en danger, risquer.

périlleux, euse adj. 1 *Une entreprise périlleuse* ▶ casse-gueule (fam.), dangereux, hasardeux, risqué. 2 *Un sujet de conversation périlleux* ▶ brûlant, casse-gueule (fam.), dangereux, délicat, difficile, scabreux.

périmé, ée adj. Fig. *Des théories périmées* ▶ arriéré, attardé, caduc, démodé, dépassé, désuet, inactuel, obsolète, rétrograde, suranné.

périmètre n. m. 1 *Le périmètre d'un cercle* ▶ circonférence, contour, périphérie, pourtour, tour. 2 *Un périmètre interdit au public* ▶ zone.

période n. f. 1 *S'absenter pour une période indéterminée* ▶ durée, laps de temps, moment. 2 *La période qui sépare les deux guerres mondiales* ▶ époque, intervalle, temps. 3 *La période glaciaire* ▶ âge, ère. 4 *La période des amours* ▶ saison. 5 *La période de déclin d'une maladie* ▶ phase, stade. 6 *La période d'une planète* ▶ cycle.

périodique adj. 1 *Des examens médicaux périodiques* ▶ fréquent, régulier. 2 *Des phases périodiques de disette et d'abondance* ▶ alternatif, cyclique, successif. 3 *Une serviette périodique* ▶ hygiénique.

périodique n. m. ▶ magazine, revue.

périodiquement adv. ▶ régulièrement.

péripatéticien, enne adj. et n. ▶ aristotélicien.

péripatéticienne n. f. Litt. ▶ grue (fam.), prostituée, tapineuse (fam.).

péripétie n. f. 1 *Une aventure pleine de péripéties* ▶ aléa, épisode, imprévu, incident, rebondissement. 2 *La péripétie d'une tragédie classique* ▶ catastrophe, coup de théâtre.

périphérie n. f. 1 *La périphérie d'un cercle* ▶ circonférence, contour, périmètre, pourtour, tour. 2 *La ville et sa périphérie* ▶ banlieue, faubourgs.

périphérique adj. 1 *Un quartier périphérique* ▶ excentrique, péri-urbain, suburbain. 2 *Ces phénomènes sont tout à fait péri-*

périphrase n. f. ▶ circonlocution, détour.

périple n. m. ▶ circuit, expédition, tour, voyage.

périr v. 1 Litt. *Périr sans un mot de regret* ▶ disparaître, s'éteindre (litt.), expirer (litt.), mourir, trépasser (litt.). 2 *Sa gloire ne périra jamais* ▶ disparaître, finir.

périssable adj. Fig. *Un sentiment périssable* ▶ caduc, éphémère, fragile, fugace, précaire.

péristyle n. m. ▶ colonnade, portique.

perle n. f. 1 Fig. *Une perle de rosée* ▶ goutte, gouttelette. 2 Fig. *Cette employée est une perle* ▶ bijou, joyau, merveille, perfection. 3 Fig. *Une copie pleine de perles* ▶ bourde, (fam.) sottise.

permanence n. f. 1 *Se rendre à la permanence d'un parti politique* ▶ bureau, local. 2 Fig. *La permanence d'un sentiment* ▶ constance, immuabilité (litt.), invariabilité (litt.), persistance, stabilité. 3 **de permanence** *Être de permanence après minuit* ▶ de service. 4 **en permanence** *Une assemblée qui siège en permanence* ▶ constamment, continûment, sans cesse, sans relâche, toujours.

permanent, ente adj. 1 *Une douleur permanente* ▶ constant, continu, endémique, persistant. 2 *Un état permanent* ▶ constant, durable, stable.

permanente n. f. ▶ indéfrisable (vx).

perméabilité n. f. ▶ porosité.

perméable adj. 1 *Une matière perméable* ▶ pénétrable, poreux. 2 Fig. *Un esprit perméable aux idées nouvelles* ▶ accessible, ouvert, sensible.

permettre v. 1 *Permettrez-vous que cette situation se prolonge?* ▶ accepter, admettre, approuver, consentir, souffrir (litt.), supporter, tolérer. 2 *Nous embarquerons dès que le temps nous permettra de partir* ▶ autoriser à, laisser. 3 *Cet événement lui a permis de montrer son courage* ▶ donner l'occasion de. 4 **se permettre** *Se permettre un petit écart* ▶ s'accorder, s'autoriser, s'octroyer (litt.), se passer (fam.). 5 *Il s'est permis de me dicter ma conduite!* ▶ s'aventurer à, se hasarder à, oser, se risquer à.

permis, ise adj. 1 *Un plaisir permis* ▶ admis, autorisé, licite, toléré. 2 *Il vous est permis de refuser* ▶ loisible.

permis n. m. 1 *Un permis de pêche* ▶ droit, licence. 2 *Entrer sans permis dans une enceinte protégée* ▶ autorisation, laissez-passer, sauf-conduit.

permission n. f. 1 *Faire qqch sans la permission de ses parents* ▶ acceptation, accord, acquiescement (litt.), agrément (litt.), approbation, autorisation, consentement. 2 *Avoir la permission de sortir le soir* ▶ autorisation, droit, liberté. 3 *Une permission pour se marier avant l'âge légal* ▶ dispense, habilitation. 4 *Un soldat en permission* ▶ congé.

permutation n. f. ▶ commutation, échange, interversion, substitution, transposition.

permuter v. ▶ changer, commuter, échanger, intervertir, substituer, transposer.

pernicieux, euse adj. Litt. *Un exemple pernicieux* ▶ dangereux, malsain, mauvais, nocif, nuisible.

péronnelle n. f. Litt. ▶ bêcheuse (fam.), chichiteuse (fam.), mijaurée (litt.), pimbêche, prétentieuse.

péroraison n. f. *Un discours célèbre par sa péroraison* ▶ conclusion.

pérorer v. ▶ discourir, palabrer, pontifier.

Pérou n. m. Fig. *Ce n'est pas le Pérou* ▶ eldorado, paradis.

perpendiculaire adj. ▶ orthogonal.

perpétrer v. Litt. *Perpétrer un crime* ▶ accomplir, commettre, exécuter.

perpétuel, elle adj. 1 *Se jurer une perpétuelle fidélité* ▶ éternel, immuable (litt.), impérissable. 2 *Des remontrances perpétuelles* ▶ constant, continu, continuel, incessant, ininterrompu, permanent, réitéré (litt.), renouvelé, répété, sempiternel.

perpétuellement adv. ▶ éternellement, immuablement (litt.), sans arrêt, sans cesse, sans trêve, toujours.

perpétuer v. 1 *Perpétuer le souvenir de qqn* ▶ conserver, entretenir, éterniser (litt.), garder, immortaliser, pérenniser (litt.). 2 **se perpétuer** *Un usage qui se perpétue* ▶ se conserver, demeurer, durer, se maintenir, perdurer (litt.), rester.

perpétuité (à) adv. ▶ pour toujours.

perplexe adj. ▶ embarrassé, hésitant, incertain, indécis, inquiet, irrésolu, soucieux.

perplexité n. f. ▶ doute, embarras, hésitation, incertitude, indécision, indétermination, irrésolution.

perquisition n. f. ▶ fouille, visite domiciliaire.

perquisitionner v. ▶ fouiller.

perruque n. f. ▶ moumoute (fam.), postiche.

persécuter v. 1 *Persécuter les infidèles* ▶ martyriser, opprimer. 2 *Ses créanciers le persécutent* ▶ s'acharner contre, harceler, poursuivre, tourmenter.

persécuteur, trice n. ▶ bourreau, tourmenteur (litt.).

persécution n. f. 1 *Les persécutions subies par les premiers chrétiens* ▶ martyre, supplice, torture. 2 *Subir la persécution de son directeur* ▶ harcèlement.

persévérance n. f. *À force de persévérance il finira bien par y arriver* ▶ acharnement, constance, endurance, entêtement (péj.), obstination, opiniâtreté, patience, ténacité.

persévérant, ante adj. ▶ acharné, entêté (péj.), obstiné, opiniâtre, patient, tenace, têtu (péj.).

persévérer v. ▶ s'acharner, continuer, s'entêter (péj.), s'obstiner, s'opiniâtrer (litt.), persister, poursuivre.

persienne n. f. ▶ jalousie.

persiflage n. m. ▶ dérision, ironie, moquerie, raillerie, sarcasme.

persifler v. ▶ mettre en boîte (fam.), se moquer de, railler.

persifleur, euse adj. ▶ ironique, moqueur, narquois, railleur.

persistance n. f. 1 *La persistance de qqn à nier qqch* ▶ constance, entêtement (péj.), obstination, opiniâtreté, persévérance). 2 *La persistance d'un sentiment* ▶ constance, permanence, stabilité.

persistant, ante adj. 1 *Un effort persistant* ▶ constant, continu, durable, incessant, ininterrompu, permanent. 2 *Une couleur persistante* ▶ fixe, stable. 3 *Une image persistante* ▶ rémanent.

persister v. 1 *Une douleur qui persiste* ▶ continuer, subsister. 2 *Persister dans un effort* ▶ s'obstiner dans, s'opiniâtrer dans (litt.), persévérer dans, poursuivre. 3 *Une coutume qui persiste* ▶ se conserver, demeurer, durer, se maintenir, rester, subsister, tenir.

personnage n. m. 1 *Dans le monde de la médecine, c'est un personnage* ▶ autorité, bonze (fam.), célébrité, figure, gloire, gros bonnet (fam.), grosse légume (fam.), huile (fam.), mandarin (fam.), manitou (fam.), notabilité, notable, ponte (fam.), sommité, vedette (fam.). 2 *Les personnages d'un roman* ▶ héros, protagoniste. 3 *Jouer un personnage* ▶ rôle. 4 *Un drôle de personnage* ▶ citoyen, coco (fam.), homme, individu, paroissien (fam.), type (fam.), zèbre (fam.), zigoto (fam.).

personnaliser v. ▶ individualiser, particulariser.

personnalité n. f. 1 *La personnalité particulière de chacun* ▶ caractère, constitution (litt.), ego, être, individualité, moi, nature, personne, tempérament. 2 *Une forte personnalité* ▶ caractère, nature, tempérament. 3 *Une personnalité du monde littéraire* ▶ célébrité, figure, gloire, sommité, star (fam.), vedette.

personne n. f. 1 *Le respect de la personne* ▶ être humain, homme, individu. 2 *Un groupe de trois personnes* ▶ individu, particulier (fam.), quidam (fam.), type (fam.). 3 *Une personne chère* ▶ être. 4 *Donner une part par personne* ▶ tête. 5 **en personne** *C'était lui en personne* ▶ en chair et en os (fam.), personnellement.

personne pron. 1 *Personne n'est censé ignorer la loi* ▶ nul. 2 *Vous le faites mieux que personne* ▶ quiconque.

personnel, elle adj. 1 *Le destin personnel de chacun* ▶ individuel, particulier, propre. 2 *Une correspondance strictement personnelle* ▶ intime, privé. 3 *Un style personnel* ▶ original, particulier, spécial, typique. 4 *Un pouvoir personnel* ▶ exclusif.

personnel n. m. 1 *Le personnel d'une entreprise* ▶ effectif, employés, main-d'œuvre, ressources humaines. 2 *Une maîtresse de maison qui se plaint d'avoir du mal à trouver du personnel* ▶ domesticité, domestiques.

personnification n. f. *Il est la personnification même du courage* ▶ incarnation, symbole, type.

personnifier v. ▶ incarner, symboliser.

perspective n. f. 1 *Une belle perspective sur la campagne* ▶ panorama, vue. 2 *Considérer un problème sous de perspectives différentes* ▶ angle, aspect, côté, éclairage, optique, point de vue. 3 Fig. *Il s'est beaucoup réjoui à cette perspective* ▶ éventualité, idée.

perspicace adj. ▶ clairvoyant, fin, futé (fam.), intelligent, judicieux, lucide, malin (fam.), pénétrant, perçant, sagace (litt.), sensé, subtil.

perspicacité n. f. ▶ acuité, clairvoyance, finesse, flair (fam.), intelligence, jugement, lucidité, nez (fam.), pénétration, sagacité, subtilité.

persuader v. 1 *L'art de persuader les foules* ▶ convaincre, entraîner 1 *Persuader qqn*

persuasif

de vendre sa maison ► convaincre de, décider à.

persuasif, ive adj. ► convaincant, éloquent.

persuasion n. f. Litt. *Avoir la persuasion de son infaillibilité* ► assurance, certitude, conviction.

perte n. f. 1 *Être condamné à la perte de ses droits civiques* ► déchéance, privation. 2 *Une perte de chaleur imputable à une mauvaise isolation* ► déperdition. 3 *Une fabrique où il y a beaucoup de perte* ► coulage (fam.), déchet, gaspillage. 4 *Son départ serait pour nous une perte considérable* ► appauvrissement, dommage, préjudice. 5 Litt. *Courir à sa perte* ► ruine.

pertinemment adv. 1 *Il a parlé très pertinemment de cette question* ► convenablement, correctement, judicieusement, justement. 2 *Vous saviez pertinemment qu'il vous attendrait* ► parfaitement.

pertinence n. f. 1 *Répondre avec pertinence* ► à-propos. 2 *La pertinence de ses propos* ► bien-fondé.

pertinent, ente adj. 1 *Une réponse pertinente* ► approprié, congru (litt.), convenable, judicieux, juste. 2 *Un critère pertinent* ► distinctif.

perturbateur, trice n. ► agitateur, contestataire, trublion.

perturbation n. f. 1 *Une perturbation des communications téléphoniques* ► dérangement. 2 *Une perturbation métabolique* ► bouleversement, dérèglement, déséquilibre, désordre, dysfonctionnement, trouble.

perturber v. 1 *Perturber une séance du conseil municipal en poussant des hurlements* ► déranger, troubler. 2 *Des images de violence qui perturbent les enfants* ► bouleverser, choquer, déstabiliser.

pervers, erse adj. 1 *Une âme perverse* ► corrompu, débauché, dénaturé, dépravé, déréglé, dévoyé, tordu (fam.), vicieux. 2 *Une machination perverse* ► diabolique, malfaisant, sournois, tordu (fam.), vicieux.

pervers, erse n. *Vous n'allez pas confier votre fille à ce pervers!* ► cochon (fam.), débauché, vicieux.

perversion n. f. 1 *La perversion des mœurs* ► corruption, dépravation, dérèglement. 2 *Une perversion sexuelle* ► déviance, déviation.

perversité n. f. *Une machination d'une rare perversité* ► perfidie (litt.), scélératesse (litt.).

perverti, ie adj. 1 *Avoir le goût perverti* ► dénaturé, gâté. 2 *Des mœurs perverties* ► corrompu, débauché, dépravé, déréglé, dévoyé, tordu (fam.), vicieux.

pervertir v. 1 *Pervertir une jeune fille* ► corrompre, débaucher, dépraver, dévoyer. 2 *L'argent pervertit certains milieux sportifs* ► empoisonner, gâter, infecter, pourrir, vicier. 3 *Pervertir le sens d'un texte* ► altérer, déformer, dénaturer, fausser.

pesage n. m. ► pesée.

pesamment adv. 1 *Marcher pesamment* ► lourdement. 2 Fig. *Écrire pesamment* ► gauchement, lourdement, maladroitement.

pesant, ante adj. 1 *Un fardeau pesant* ► lourd. 2 *Une nourriture pesante* ► indigeste, lourd. 3 *Une allure pesante* ► lourd, massif. 4 Fig. *Une charge bien pesante pour une personne seule* ► asservissant, assujettissant, astreignant, contraignant, lourd, pénible. 5 Fig. *Une atmosphère pesante* ► accablant, écrasant, lourd, oppressant. 6 Fig. *La tante Adèle est un peu pesante* ► assommant (fam.), embêtant (fam.), encombrant, ennuyeux, gênant, importun, rasoir (fam.). 7 Fig. *Une plaisanterie pesante* ► épais, gras, lourd.

pesanteur n. f. 1 *Les lois de la pesanteur* ► attraction, gravitation. 2 *Une pesanteur d'estomac* ► lourdeur. 3 Plur. *Pester contre les pesanteurs d'une administration* ► inertie.

pesée n. f. ► pesage.

peser v. 1 *Peser le pour et le contre* ► apprécier, calculer, comparer, considérer, déterminer, estimer, évaluer, examiner, juger. 2 *Peser sur un levier* ► appuyer, presser. 3 Fig. *Une tyrannie qui pèse sur tout un peuple* ► accabler, écraser, étouffer, oppresser, opprimer. 4 Fig. *Un élément qui pèse sur une décision* ► compter dans, entrer en ligne de compte dans, influencer, influer sur, jouer dans, se répercuter sur. 5 Fig. *Une décision qui pèse à qqn* ► coûter à, ennuyer, peiner. 6 Fig. *Sa présence nous pèse* ► embêter (fam.), ennuyer, fatiguer, gêner, importuner. 7 **tout bien pesé** *Tout bien pesé, nous resterons une semaine de plus* ► tout bien réfléchi, tout compte fait.

pessimisme n. m. ► défaitisme.

pessimiste adj. 1 *Se montrer pessimiste sur l'issue d'une guerre* ► défaitiste. 2 *Un tempérament pessimiste* ► négatif.

peste n. f. Fig. *Méfiez-vous d'elle, c'est une peste* ► chameau (fam.), démon, gale (fam.), mégère, poison, teigne (fam.), virago.

pester v. ► s'emporter, fulminer, fumer (fam.), maugréer, protester, râler (fam.), rouspéter (fam.).

pestiféré, ée adj. et n. Fig. *On traite ces malheureux comme des pestiférés* ▶ damné, galeux, maudit, paria, réprouvé.

pestilentiel, elle adj. *Une odeur pestilentielle* ▶ délétère, écœurant, fétide, infect, irrespirable, méphitique (litt.), nauséabond, puant.

pet n. m. Fam. ▶ flatuosité, gaz, vent.

pétainiste adj. et n. ▶ maréchaliste, vichyste.

pétanque n. f. *Jouer à la pétanque* ▶ boules.

pétant, ante adj. Fam. *À midi pétant* ▶ juste, pile (fam.), précis, sonnant, tapant.

pétillant, ante adj. **1** *Une eau pétillante* ▶ gazeux. **2** *Du vin pétillant* ▶ mousseux. **3** *Un jeune homme pétillant* ▶ fringant, sémillant. **4** *Une conversation pétillante* ▶ brillant, flamboyant, scintillant. **5** *Un regard pétillant* ▶ brillant, éveillé, intelligent.

pétillement n. m. **1** *Le pétillement d'une flamme* ▶ crépitement, grésillement (litt.). **2** Litt. *Un pétillement de lumière* ▶ étincellement, flamboiement, scintillement.

pétiller v. **1** *Du bois vert qui pétille dans le feu* ▶ craquer, craqueter (litt.), crépiter, grésiller (litt.). **2** Fig. *Des yeux qui pétillent de joie* ▶ briller, étinceler, rayonner, scintiller.

petit, ite adj. **1** *De petites jambes* ▶ court. **2** *Un petit espace* ▶ étriqué, étroit, exigu, réduit. **3** *Un petit moment* ▶ bref, court. **4** *Une petite couche de neige* ▶ fin, menu (litt.), mince. **5** *Une petite lumière* ▶ faible, ténu. **6** *Un petit texte* ▶ bref, concis, court, laconique, succinct. **7** *Faire juste une petite toilette* ▶ élémentaire, rapide, rudimentaire, sommaire, succinct, superficiel. **8** *Un vêtement un peu petit* ▶ étriqué, juste. **9** *De petites ressources* ▶ faible, humble, limité, maigre, médiocre, mince, modeste, modique, pauvre. **10** *De petites préoccupations* ▶ bas, étriqué, mesquin, vil. **11** *Un petit poète* ▶ mineur, piètre, secondaire. **12** **petit ami, petite amie** ▶ ami, amoureux, béguin (vx), chéri (fam.), copain, fiancé. **13** **petit coin** Fam. ▶ cabinets, lavabos, toilettes, waters, w.-c. **14** **petit doigt** ▶ auriculaire. **15** **petite vérole** Vx ▶ variole.

petit, ite n. **1** *Faites en premier manger les petits* ▶ enfant, gamin (fam.), gosse (fam.), môme (fam.). **2** Plur. *Un oiseau qui donne à manger à ses petits* ▶ portée, progéniture.

petit à petit adv. ▶ graduellement, peu à peu, progressivement.

petitement adv. **1** *Être petitement logé* ▶ à l'étroit. **2** *Un travail petitement rémunéré* ▶ chichement, maigrement, médiocrement, mesquinement, modestement, modiquement.

petitesse n. f. **1** *La petitesse d'un appartement* ▶ étroitesse, exiguïté. **2** Fig. *La petitesse d'une somme* ▶ insignifiance, modicité. **3** Fig. *La petitesse d'un procédé* ▶ bassesse, médiocrité, mesquinerie.

pétrifié, ée adj. Fig. *Rester pétrifié sur le pas de la porte* ▶ cloué, ébahi, foudroyé, immobile, interdit, médusé, paralysé, saisi, sidéré, statufié (litt.), stupéfait, suffoqué, tétanisé.

pétrifier v. **1** *Le calcaire pétrifie le bois* ▶ fossiliser, lapidifier. **2** Fig. *Cette vision l'a pétrifié* ▶ clouer, figer, foudroyer, glacer, méduser, paralyser, saisir, sidérer, statufier (litt.), suffoquer, tétaniser.

pétrin n. m. Fig. et fam. *Être dans le pétrin* ▶ embarras.

pétri, ie adj. Fig. *Être pétri du sentiment de sa valeur* ▶ imbu, infatué, pénétré, plein, rempli.

pétrir v. **1** *Pétrir une pâte* ▶ malaxer, manier, travailler. **2** *Angoissée, elle pétrissait son mouchoir* ▶ triturer.

pétrole n. m. ▶ or noir.

pétrolier n. m. ▶ tanker.

pétulance n. f. *S'exprimer avec toute la pétulance d'un jeune Méridional* ▶ ardeur, chaleur, entrain, exubérance, feu, flamme, fougue, impétuosité, vivacité.

pétulant, ante adj. **1** *Un jeune homme pétulant* ▶ bouillant, exubérant, fougueux, fringant, impétueux, vif. **2** *Une verve pétulante* ▶ débordant, débridé, effréné, endiablé.

peu adv. **1** *Une lampe qui éclaire peu* ▶ à peine, faiblement, ne...guère, mal, médiocrement. **2** *On vous voit peu ces derniers temps* ▶ ne...guère, rarement. **3 à peu près** *Ils sont à peu près du même âge* ▶ approximativement, environ, grosso modo (fam.), presque, quasiment. **4 de peu** ▶ de justesse, juste. **5 peu à peu** ▶ doucement, doucettement (fam.), graduellement, insensiblement, lentement, pas à pas, petit à petit, progressivement. **6 un peu** *Il y en a un peu trop à mon goût* ▶ un brin, un chouïa (fam.), un poil (fam.).

peuple n. m. **1** Vx *Le peuple de Paris* ▶ population. **2** Vx *Chercher à plaire au peuple* ▶ foule, grand public, masse, multitude. **3** *Les relations entre les peuples* ▶ nation, pays. **4** Fam. *Ca va faire du peuple!* ▶ monde.

peuplé, ée adj. *Un quartier très peuplé* ▶ animé, fréquenté, populeux.

peupler v. 1 *Diverses ethnies peuplent cette région* ▶ habiter, occuper. 2 *Peupler un étang* ▶ empoissonner.

peur n. f. 1 *Avoir honte de sa peur devant le danger* ▶ couardise (litt.), lâcheté, pleutrerie (litt.), poltronnerie (litt.). 2 *La peur que l'on ressent avant un examen* ▶ affres (litt.), angoisse, anxiété, appréhension (litt.), crainte, inquiétude, trac. 3 *La peur des araignées* ▶ aversion, phobie, répulsion. 4 *La peur de la mort* ▶ hantise. 5 **avoir peur** ▶ avoir la frousse (fam.), avoir la pétoche (fam.), avoir la trouille (fam.), avoir les jetons (fam.), être effrayé. 6 **faire peur** ▶ affoler, alarmer, effrayer, inquiéter.

peureusement adv. ▶ craintivement.

peureux, euse adj. et n. ▶ couard (litt.), craintif, dégonflé (fam.), froussard (fam.), lâche, péteux (fam.), pétochard (fam.), pleutre (litt.), poltron (litt.), pusillanime (litt.), trouillard (fam.).

peut-être adv. ▶ éventuellement, possiblement, probablement, sans doute.

phagocyter v. Fig. *Une grosse société qui en phagocyte une plus petite* ▶ absorber.

phallocrate n. m. et adj. ▶ machiste.

phallocratie n. f. ▶ machisme.

phallus n. m. ▶ membre, pénis, sexe masculin, verge, zizi (fam.).

phare n. m. 1 Plur. *Allumer ses phares* ▶ feux de route. 2 Fig. et litt. *La liberté sera toujours notre phare* ▶ flambeau, guide, lumière.

pharisien, enne n. et adj. Litt. ▶ hypocrite, tartufe.

pharmacie n. f. ▶ officine.

pharmacien, enne n. ▶ apothicaire (vx), potard (fam.).

phase n. f. *Une évolution qui s'accomplit par phases successives* ▶ degré, échelon, épisode, étape, palier, période, stade.

phénix n. m. Fig. et litt. *Un excellent élève, un phénix selon certains professeurs* ▶ aigle, as, crack (fam.), génie, lumière (fam.), prodige, surdoué.

phénoménal, ale adj. ▶ énorme, extraordinaire, fabuleux, fantastique, faramineux, formidable, inimaginable, inouï, monstrueux, monumental, prodigieux, sensationnel.

phénomène n. m. 1 *La compréhension des phénomènes économiques* ▶ événement, fait, réalité. 2 *Un phénomène de foire* ▶ merveille, prodige. 3 Fam. *Ah! celui-là, quel phénomène!* ▶ excentrique, farfelu, original.

philanthrope n. Vx *Un service hospitalier fondé par un généreux philanthrope* ▶ bienfaiteur, donateur, mécène.

philanthropie n. f. Vx *Une démarche guidée par un pur esprit de philanthropie* ▶ altruisme, bienfaisance, générosité.

philanthropique adj. Vx *Une œuvre philanthropique* ▶ altruiste, charitable, généreux, humanitaire.

philosophe n. 1 *Les philosophes allemands du siècle des Lumières* ▶ métaphysicien, penseur. 2 *Vivre en philosophe* ▶ sage.

philosopher v. 1 *Philosopher à propos de l'existence de Dieu* ▶ argumenter, raisonner. 2 Péj. *Philosopher à tout propos* ▶ couper les cheveux en quatre (fam.), ergoter (litt.), pinailler (fam.), ratiociner (litt.).

philosophie n. f. 1 *La philosophie de Marx* ▶ doctrine, idées, idéologie, pensée, principes, système, théorie, thèses. 2 *Supporter un inconvénient avec philosophie* ▶ équanimité, sagesse, sérénité.

phobie n. f. ▶ aversion, dégoût, horreur, terreur.

phosphorescence n. f. ▶ luminescence.

phosphorescent, ente adj. ▶ luminescent.

photocopie n. f. ▶ reprographie.

photographie n. f. 1 *Collectionner des photographies d'avant-guerre* ▶ cliché, instantané, tirage. 2 Fig. *Son rapport était une photographie très complète de la situation* ▶ description, image, peinture, représentation.

phrase n. f. 1 *Une phrase formée d'un sujet et d'un prédicat* ▶ énoncé. 2 *Echanger quelques phrases avec sa voisine* ▶ propos. 3 *Vous n'aviez pas besoin de tant de phrases pour le dire* ▶ circonlocution, détour, périphrase. 4 *Citer une phrase célèbre de Danton* ▶ expression, formule, mot, parole.

phraséologie n. f. *La phraséologie administrative* ▶ jargon (péj.), langage, style.

phraseur, euse n. et adj. ▶ baratineur (fam.), bavard, beau parleur, bonimenteur, discoureur, palabreur.

phratrie n. f. Litt. *Des amis réunis en phratrie* ▶ cénacle, cercle, clan, coterie, groupe.

phylactère n. m. *Les phylactères des bandes dessinées* ▶ bulle.

physiologie n. f. *La physiologie de la respiration* ▶ fonctionnement, mécanisme.

physiologique adj. 1 *Un besoin physiologique* ▶ corporel, naturel. 2 *Un trouble physiologique* ▶ organique, physique, somatique.

physionomie n. f. 1 *Une physionomie sympathique et ouverte* ▶ air, expression, figure, mine, traits, visage. 2 *La physionomie d'un quartier* ▶ allure, apparence, aspect, caractère.

physique adj. 1 *Les propriétés physiques d'un individu* ▶ corporel. 2 *Un trouble physique* ▶ organique, physiologique, somatique. 3 *Avoir des relations physiques avec qqn* ▶ charnel (litt.), intime, sexuel.

physique n. m. *Une danseuse au physique impeccable* ▶ corps, formes, plastique.

physiquement adv. *S'entendre bien physiquement avec qqn* ▶ charnellement (litt.), sexuellement.

piaffer v. 1 Fig. *Piaffer d'impatience* ▶ bouillir, trépigner. 2 Fig. *Piaffer en attendant d'avoir la parole* ▶ s'impatienter, ronger son frein (fam.).

piaillement n. m. 1 *Les piaillements de petits volatiles* ▶ piaulement. 2 *Les piaillements d'une mégère* ▶ criaillerie, piaillerie.

piailler v. 1 *On entend piailler dans la basse-cour* ▶ couiner (fam.), criailler, piauler. 2 Fam. *Laissez donc piailler tout ce petit monde* ▶ brailler, couiner (fam.), criailler, protester, râler.

piano adv. Fam. *Vas-y piano* ▶ doucement, lentement, mollo (fam.), mou (fam.).

pianoter v. *Pianoter sur un coin de table* ▶ tambouriner.

piaulement n. m. ▶ piaillement.

pic n. m. ▶ aiguille, cime, dent, piton.

pic (à) adv. et adj. 1 Fam. *Tomber à pic* ▶ à point nommé, à propos, bien, opportunément, pile. 2 *Une falaise à pic* ▶ abrupt, escarpé.

pichenette n. f. ▶ chiquenaude.

pichet n. m. ▶ cruche, pot.

pickles n. m. pl. ▶ achards.

picorer v. 1 *Un oiseau qui picore des fruits* ▶ becqueter, picoter. 2 Fig. *Se contenter de picorer au petit déjeuner* ▶ grignoter, mangeotter (fam.).

picoté, ée adj. *Un visage picoté de petite vérole* ▶ grêlé, marqué.

picotement n. m. ▶ chatouillement, démangeaison, fourmillement, fourmis, picotis, prurit.

picoter v. 1 *Un oiseau qui picote des fruits* ▶ becqueter, picorer. 2 *Il se plaint que ça le picote à l'intérieur* ▶ chatouiller, démanger, piquer.

pièce n. f. 1 *Une enfilade de pièces* ▶ salle. 2 *Donner une pièce à un livreur* ▶ pourboire. 3 *Une pièce justificative* ▶ acte, document, titre. 4 *Une pièce de tissu* ▶ coupon. 5 *J'ai réussi à réunir toutes les pièces du puzzle* ▶ élément, fragment, morceau, partie. 6 *Les pièces d'un jeu de dames* ▶ pion. 7 **pièce d'artillerie** ▶ canon. 8 **pièce d'eau** ▶ bassin, plan d'eau. 9 **mettre en pièces** ▶ déchiqueter, déchirer, lacérer, laminer, mettre en charpie, mettre en lambeaux.

pied n. m. 1 *Avoir mal à ses petits pieds* ▶ petons (fam.). 2 Fig. *Un pied de vigne* ▶ cep. 3 Fig. *Le pied d'une colonne* ▶ assise, base. 4 Fig. *Le pied d'une montagne* ▶ bas, base. 5 **au pied de la lettre** ▶ à la lettre, littéralement, mot pour mot, textuellement. 6 **mettre à pied** ▶ congédier, démettre, licencier, limoger, renvoyer, suspendre, virer (fam.). 7 **mettre sur pied** ▶ mettre en place, organiser.

pied-à-terre n. m. ▶ garçonnière, studio.

piédestal n. m. ▶ base, socle, support.

piedroit n. m. ▶ jambage.

piège n. m. 1 Fig. *Attention, c'est peut-être un piège pour vous amener à dire ce que vous savez* ▶ astuce, attrape-nigaud (fam.), feinte, leurre, miroir aux alouettes, ruse, stratagème, subterfuge. 2 Fig. *Une version latine pleine de pièges* ▶ chausse-trappe, écueil, embûche (litt.), traquenard. 3 Fig. *Cette soirée de bienfaisance est un véritable piège* ▶ embuscade, guêpier, guet-apens, souricière, traquenard.

piéger v. Fig. *Méfiez-vous, on cherche à vous piéger* ▶ avoir (fam.), coincer (fam.).

pierraille n. f. ▶ caillasse (fam.), rocaille.

pierre n. f. 1 *Dur comme de la pierre* ▶ caillou, roc, roche, rocher. 2 *Monter une pierre sur une bague* ▶ brillant, gemme, joyau, pierre précieuse. 3 **pierre tombale** ▶ dalle, stèle. 4 **pierre d'achoppement** ▶ écueil, obstacle.

pierreries n. f. pl. ▶ gemmes, joyaux.

pierreux, euse adj. 1 *Un terrain pierreux* ▶ caillouteux, rocailleux. 2 *Une poire pierreuse* ▶ graveleux.

piété n. f. ▶ dévotion, ferveur.

piétinement n. m. Fig. *Une période de piétinement* ▶ immobilisme, stagnation.

piétiner v. 1 *Piétiner un chapeau* ▶ écraser, fouler aux pieds, marcher sur. 2 *Piétiner d'impatience ou de colère* ▶ piaffer, tré-

piéton

pigner. 3 Fig. *Une négociation qui piétine* ▶ patiner, stagner, végéter.

piéton, onne adj. *Une rue piétonne* ▶ piétonnier.

piètre adj. *C'est piètre, comme résultat* ▶ chétif (litt.), dérisoire, insignifiant, médiocre, mesquin, minable (fam.), misérable, miteux, piteux, ridicule, triste.

pieu n. m. ▶ piquet, poteau.

pieusement adv. 1 *Vivre pieusement* ▶ dévotement, religieusement. 2 *Conserver pieusement la mémoire de qqn* ▶ respectueusement.

pieuvre n. f. ▶ poulpe.

pieux, euse adj. *Une femme très pieuse* ▶ croyant, dévot, pratiquant, religieux.

pigeon n. m. Fig. et fam. *Être le pigeon dans une affaire* ▶ dupe.

pigeonnier n. m. ▶ colombier.

pigmentation n. f. ▶ coloration.

pigmenté, ée adj. *Une peau très pigmentée* ▶ foncé.

pigne n. f. ▶ pomme de pin.

pile n. f. 1 *Une pile atomique* ▶ réacteur. 2 *Une pile solaire* ▶ générateur. 3 *Les piles d'un pont* ▶ pilier.

pile adv. 1 *Arriver à midi pile* ▶ juste, pétant (fam.), précis, sonnant, tapant (fam.). 2 *S'arrêter pile* ▶ net. 3 *Cette rentrée d'argent tombe pile* ▶ à pic, à point nommé, à propos, bien, opportunément.

piler v. 1 *Piler du mil* ▶ broyer, concasser, écraser, égruger, pulvériser, réduire en miettes. 2 Fam. *Piler un adversaire* ▶ battre, défaire (litt.), écraser, enfoncer, vaincre. 3 Fam. *La voiture a pilé net* ▶ s'arrêter, stopper.

pilier n. m. 1 *Les piliers d'un pont* ▶ pile. 2 Fig. *Les piliers d'un régime politique* ▶ défenseur, partisan, soutien, support. 3 Fig. *Un pilier de brasserie* ▶ familier, habitué.

pillage n. m. 1 *Les pillages commis par une armée d'invasion* ▶ déprédation (litt.), mise à sac, saccage. 2 *Vivre de pillage* ▶ brigandage, maraudage (litt.), rapines (litt.), vol.

pillard n. m. *Des hordes de pillards* ▶ brigand, pilleur, pirate, voleur.

piller v. 1 *Piller une région* ▶ dévaster, écumer, mettre à sac, ravager, saccager. 2 *Piller une boutique* ▶ dévaliser. 3 *Piller des chapitres entiers dans une œuvre* ▶ copier, démarquer, imiter, plagier.

pilon n. m. 1 *Tasser le sol avec un pilon* ▶ dame, demoiselle, hie. 2 *Le pilon d'un unijambiste* ▶ jambe de bois.

464

pilonnage n. m. ▶ bombardement.

pilonner v. 1 *Pilonner de l'ail* ▶ broyer, écraser. 2 *Pilonner d'obus la ligne ennemie* ▶ écraser, marteler.

pilotage n. m. ▶ direction, guidage.

pilote n. m. 1 *Le pilote d'un bateau* ▶ barreur, skipper, timonier (litt.). 2 *Le pilote d'une voiture* ▶ chauffeur, conducteur. 3 *Servir de pilote à des touristes* ▶ cicérone (litt.), cornac (fam.), guide. 4 *Un lycée pilote* ▶ expérimental.

piloter v. 1 *Piloter un bateau* ▶ conduire, diriger, gouverner. 2 Fig. *Piloter un étranger dans Paris* ▶ conduire, cornaquer (fam.), guider. 3 Fig. *Piloter une opération délicate* ▶ conduire, diriger, manager (fam.), mener.

pilule n. f. *Prendre des pilules contre la toux* ▶ pastille.

pimbêche n. f. ▶ bêcheuse (fam.), chichiteuse (fam.), mijaurée, péronnelle, prétentieuse.

piment n. m. 1 *Le piment à usage culinaire* ▶ poivre de cayenne. 2 Fig. *Mettre un peu de piment dans un récit* ▶ assaisonnement, piquant, saveur, sel.

pimenté, ée adj. 1 *Un plat pimenté* ▶ épicé, fort, piquant, relevé. 2 Fig. *Des propos pimentés* ▶ épicé, licencieux, osé, poivré, salé.

pimenter v. Fig. *Pimenter un récit par quelques détails croustillants* ▶ agrémenter, assaisonner, corser, épicer, relever.

pimpant, ante adj. ▶ allègre, fringant, gracieux, joyeux, pétillant, sémillant, vif.

pinailler v. Fam. ▶ chercher la petite bête (fam.), chicaner, chipoter (fam.), couper les cheveux en quatre (fam.), discutailler (fam.), ergoter (litt.), ratiociner (litt.).

pinailleur, euse adj. et n. Fam. ▶ chicaneur, chipoteur (fam.), discutailleur (fam.), ergoteur (litt.), vétilleux (litt.).

pince n. f. *Faire une pince à un vêtement* ▶ fronce, pli.

pincé, ée adj. *Un air pincé* ▶ coincé (fam.), guindé.

pinceau n. m. 1 *Un peintre en train de ranger ses pinceaux* ▶ brosse. 2 *Un pinceau lumineux* ▶ faisceau.

pincement n. m. Fig. *Un pincement au cœur* ▶ serrement.

pince-nez n. m. ▶ binocle, lorgnon.

pincer v. 1 *Pincer les lèvres* ▶ serrer. 2 *Pincer une corde entre ses doigts* ▶ saisir. 3 *Du froid qui pince le visage* ▶ piquer. 4 Fam. *Pincer qqn la main dans le sac* ▶ attraper (fam.),

coincer (fam.), **piquer** (fam.), **prendre**, **saisir**, **surprendre**.

ping-pong n. m. ▶ tennis de table.

pingre adj. Litt. ▶ avare, chiche, grippe-sou (fam.), ladre (litt.), radin (fam.), rapiat (fam.).

pingrerie n. f. Litt. ▶ avarice, ladrerie (litt.), lésine (litt.), radinerie (fam.).

pin's n. m. Fam. ▶ épinglette.

piocher v. 1 Fig. *Piocher dans un tas de vieilleries* ▶ puiser. 2 Fig. et fam. *Il avait bien pioché cette question* ▶ bûcher (fam.), étudier, préparer, travailler.

pion n. m. 1 *Les pions d'un jeu de dames* ▶ pièce. 2 Fam. *Être pion dans un collège* ▶ surveillant.

pionnier, ère n. 1 *Des terres conquises par des pionniers* ▶ colon. 2 Fig. *Les pionniers de la science moderne* ▶ bâtisseur, créateur, fondateur, initiateur, innovateur, père, précurseur, promoteur.

pipe n. f. ▶ bouffarde (fam.).

pipeline n. m. ▶ oléoduc.

piper v. Fig. *Piper des cartes* ▶ trafiquer (fam.), truquer.

pipette n. f. ▶ compte-gouttes.

piquant, ante adj. 1 *Des épines piquantes* ▶ acéré, aigu, pointu. 2 Fig. *Un froid piquant* ▶ mordant, vif. 3 Fig. *Une critique piquante* ▶ acerbe, acide, aigre, caustique, incisif, mordant, satirique, vif. 4 Fig. *Une conversation piquante* ▶ amusant, charmant, plaisant, spirituel.

piquant n. m. 1 *Les piquants d'une châtaigne* ▶ aiguillon, épine. 2 Fig. *Le piquant de l'histoire* ▶ piment, sel. 3 Fig. *Un style qui a du piquant* ▶ mordant, relief. 4 Fig. *Une fille qui a du piquant* ▶ charme, chien (fam.).

pique n. f. 1 *Des soldats armés de piques* ▶ lance. 2 Fig. *Lancer des piques pour agacer qqn* ▶ brocard (litt.), moquerie, pointe, quolibet, raillerie, rosserie, vanne (fam.).

piqué, ée adj. 1 *Une pelouse piquée de marguerites* ▶ moucheté, parsemé, piqueté, tacheté. 2 *Du bois piqué* ▶ vermoulu. 3 *Du vin piqué* ▶ aigre, sur, tourné. 4 *Une note piquée* ▶ détaché. 5 Fam. *Être complètement piqué* ▶ allumé (fam.), braque (fam.), cinglé (fam.), dingue (fam.), fêlé (fam.), fou, frappé (fam.), givré (fam.), jeté (fam.), marteau (fam.), ravagé (fam.), timbré (fam.), toqué (fam.).

pique-assiette n. Fam. ▶ écornifleur (vx), parasite.

pique-feu n. m. ▶ fourgon, râble, ringard, tisonnier.

pique-nique n. m. ▶ déjeuner sur l'herbe.

piquer v. 1 *Piquer sur sa proie* ▶ s'abattre, s'élancer, foncer, fondre, plonger. 2 *Un lainage qui pique* ▶ démanger, gratter. 3 *Piquer une épingle dans une pelote* ▶ enfoncer, ficher, planter. 4 *Piquer une robe à la machine* ▶ coudre. 5 *Piquer un gigot* ▶ larder. 6 *Des vers qui ont piqué un meuble* ▶ attaquer, ronger. 7 Fig. *De la fumée qui pique les yeux* ▶ brûler, picoter. 8 Fig. *Du froid qui pique le visage* ▶ pincer. 9 Fig. *Piquer la curiosité de qqn* ▶ aiguillonner, attiser, éveiller, exciter, stimuler. 10 Fam. *Piquer le stylo de son voisin* ▶ barboter (fam.), carotter (fam.), chaparder (fam.), chiper (fam.), dérober (fam.), faucher (fam.), prendre, subtiliser (litt.), voler. 11 Fam. *Se faire piquer à la frontière* ▶ appréhender, arrêter, attraper, coincer (fam.), cueillir (fam.), épingler, pincer (fam.), prendre. 12 **piquer au vif** *Votre critique l'a piqué au vif* ▶ atteindre, blesser, froisser. 13 **se piquer** *Se piquer à l'héroïne* ▶ se fixer (fam.), se shooter (fam.). 14 *Un vin qui se pique* ▶ s'aigrir, se gâter, surir, tourner. 15 Fig. et litt. *Se piquer pour un rien* ▶ se fâcher, se formaliser, se froisser, s'offenser, s'offusquer, prendre la mouche, se vexer. 16 Fig. et litt. *Se piquer de bien écrire* ▶ s'enorgueillir de, se flatter de, se glorifier de, prétendre, se prévaloir de, se targuer de, se vanter de.

piquet n. m. Fig. *Mettre un élève au piquet* ▶ coin.

piqueté, ée adj. *Un visage piqueté de taches de rousseur* ▶ constellé, criblé, moucheté, parsemé, piqué, pointillé, tacheté, tavelé.

piqueter v. *Piqueter une voie* ▶ baliser, jalonner, marquer.

piqûre n. f. 1 *Une piqûre à la machine* ▶ couture. 2 *Une piqûre intraveineuse* ▶ injection. 3 *Une piqûre dans le bois* ▶ vermoulure. 4 Fig. *Une piqûre d'amour-propre* ▶ blessure.

pirate n. m. 1 *Un navire attaqué par des pirates* ▶ écumeur de mer, flibustier, frère de la côte. 2 Fig. *Ce commerçant est un vrai pirate* ▶ aigrefin, bandit, escroc, filou, forban, fripouille, requin, voleur.

pirater v. *Pirater un auteur étranger* ▶ démarquer, plagier.

piraterie n. f. *L'époque de la piraterie* ▶ flibuste.

pirouette n. f. 1 *Les pirouettes d'une danseuse* ▶ virevolte. 2 Fig. *S'en tirer par une pirouette* ▶ dérobade, échappatoire, plaisanterie. 3 Fig. *Les pirouettes d'un homme*

pirouetter

politique ▸ palinodie (litt.), retournement, revirement, volte-face.

pirouetter v. ▸ tourbillonner, tournoyer, virevolter.

pis n. m. *Le pis d'une vache* ▸ mamelle, tétine.

pisé n. m. ▸ bauge, bousillage, torchis.

pissenlit n. m. ▸ dent-de-lion.

pistage n. m. ▸ filature.

piste n. f. 1 *Suivre la piste d'un animal* ▸ trace. 2 *Une piste en forêt* ▸ chemin, sentier. 3 *La piste de Monza* ▸ autodrome (vx), circuit.

pister v. ▸ filer, suivre.

pistolet n. m. ▸ feu (fam.), flingue (fam.), revolver.

pistolet-mitrailleur n. m. ▸ mitraillette.

piston n. m. Fig. et fam. *Il lui a fallu un sacré piston pour arriver là* ▸ appui, coup de pouce, intervention, protection, recommandation, soutien.

pistonner v. Fam. ▸ appuyer, pousser, recommander.

pitance n. f. Litt. *Une maigre pitance* ▸ nourriture, ordinaire (litt.).

piteusement adv. ▸ lamentablement, pitoyablement.

piteux, euse adj. 1 *Un air piteux* ▸ confus, contrit, honteux. 2 *De piteux résultats* ▸ affligeant, déplorable, lamentable, médiocre, minable (fam.), misérable, miteux, navrant, pauvre, piètre (litt.), pitoyable, triste.

pitié n. f. 1 *Être sans pitié* ▸ bonté, charité, cœur, humanité, sensibilité. 2 *Exciter la pitié* ▸ apitoiement (litt.), attendrissement, commisération (litt.), compassion (litt.), mansuétude (litt.), miséricorde (litt.), sympathie. 3 *Regarder qqn avec un air de pitié* ▸ condescendance, dédain, mépris.

piton n. m. ▸ aiguille, pic.

pitoyable adj. 1 *Être dans un état pitoyable* ▸ affligeant, déplorable, lamentable, misérable, navrant, pauvre, piteux, triste. 2 *Obtenir des résultats pitoyables* ▸ affligeant, calamiteux, consternant, déplorable, dérisoire, désastreux, exécrable, lamentable, minable (fam.), misérable, navrant, piteux.

pitoyablement adv. ▸ lamentablement, misérablement, piteusement.

pitre n. m. ▸ bouffon, clown, guignol, singe (fam.), zouave (fam.).

pitrerie n. f. ▸ clownerie, facétie, farce, singerie (fam.).

pittoresque adj. 1 *Un personnage pittoresque* ▸ haut en couleur, original, savoureux, truculent. 2 *Une scène pittoresque* ▸ amusant, cocasse. 3 *Un détail pittoresque* ▸ curieux, insolite, piquant.

pittoresque n. m. *Des ruelles pleines de pittoresque* ▸ caractère, originalité.

pivot n. m. 1 *Le pivot d'une aiguille de boussole* ▸ axe. 2 Fig. *L'esprit d'entreprise est le pivot de l'économie* ▸ base, clé de voûte, fondement.

pivotant, ante adj. ▸ tournant.

pivoter v. ▸ tourner.

placard n. m. *Des placards qui couvrent les murs d'une ville* ▸ affiche.

placarder v. ▸ afficher.

place n. f. 1 *La place exacte où l'avion s'est écrasé* ▸ emplacement, endroit, lieu, position. 2 *La place des mots dans une phrase* ▸ agencement, arrangement, disposition, ordre. 3 *Un meuble qui occupe beaucoup de place* ▸ espace, volume. 4 *Une place d'orchestre* ▸ fauteuil, siège. 5 *Prendre des places pour l'opéra* ▸ billet, entrée. 6 *Avoir une place importante dans une société* ▸ fonction, position, rang, rôle. 7 *Trouver une bonne place* ▸ emploi, job (fam.), métier, poste, situation, travail. 8 **à la place de** ▸ au lieu de, en échange de, en remplacement de. 9 **mettre en place** ▸ constituer, instaurer, instituer, mettre sur pied, organiser. 10 **place forte** ▸ château fort, citadelle, fort, forteresse.

placement n. m. *Un placement sûr* ▸ investissement, mise de fonds.

placer v. 1 *Placer qqn à la droite du maître de maison* ▸ asseoir, installer, mettre. 2 *Placer des objets sur une table* ▸ arranger, disposer, mettre, poser. 3 *Placer des torchons dans une armoire* ▸ caser (fam.), fourrer (fam.), loger, mettre, ranger, serrer (litt.). 4 *Placer des sentinelles à l'entrée d'un village* ▸ aposter (litt.), disposer, établir, installer, poster. 5 *Placer qqn dans une entreprise* ▸ caser (fam.), mettre. 6 *Placer des billets de tombola* ▸ vendre. 7 *Placer de l'argent* ▸ investir. 8 *À quel moment placez-vous cet épisode?* ▸ localiser, situer. 9 **se placer** *Placez-vous où vous voulez* ▸ s'asseoir, s'installer, se mettre.

placide adj. ▸ calme, cool (fam.), flegmatique, impassible, imperturbable, paisible, serein, tranquille.

placidement adv. ▸ calmement, flegmatiquement, impassiblement, imperturbablement, paisiblement, sereinement, tranquillement.

placidité n. f. ▶ calme, flegme, impassibilité, imperturbabilité, sérénité, tranquillité.

placier n. m. ▶ démarcheur, représentant, v.r.p.

plafond n. m. Fig. *Se fixer un plafond à ne pas dépasser* ▶ limite, maximum, seuil.

plafonner v. 1 *Une carrière qui plafonne à l'indice 840* ▶ culminer. 2 Fig. *Les exportations plafonnent* ▶ stagner.

plagiaire n. ▶ copieur, imitateur, pillard, pilleur, pirate.

plagiat n. m. 1 *Accuser qqn de plagiat* ▶ copiage, démarquage, pillage. 2 *Ce texte est un plagiat pur et simple* ▶ calque, copie, démarquage.

plagier v. ▶ calquer, copier, démarquer, piller, pirater.

plaider v. 1 *Plaider sa cause* ▶ défendre, soutenir. 2 Fig. *Cet argument plaide en sa faveur* ▶ militer.

plaidoirie n. f. *Une plaidoirie étayée par des arguments puissants* ▶ défense, plaidoyer.

plaidoyer n. m. 1 *Le plaidoyer des avocats* ▶ défense, plaidoirie. 2 *Le discours du ministre a tourné au plaidoyer maladroit* ▶ apologie, défense, justification.

plaie n. f. 1 *Une plaie profonde* ▶ blessure. 2 Fig. *Les plaies du cœur* ▶ blessure, meurtrissure, peine. 3 Fig. et litt. *Les sept plaies d'Égypte* ▶ fléau. 4 Fig. et fam. *Quelle plaie, ce type!* ▶ casse-pieds (fam.), raseur (fam.).

plaignant, ante n. ▶ demandeur.

plaindre v. 1 *Plaindre un malheureux* ▶ s'apitoyer sur, s'attendrir sur. 2 **se plaindre** *Se plaindre sans cesse* ▶ geindre, gémir, se lamenter, pleurer, pleurnicher (fam.). 3 *Se plaindre auprès d'un responsable* ▶ protester, râler (fam.), réclamer, récriminer, rouspéter (fam.).

plain-pied (de) adv. ▶ de niveau.

plainte n. f. 1 *Entendre des plaintes dans la pièce d'à côté* ▶ geignement (litt.), gémissement, lamentation, soupir (litt.). 2 *Le partage de l'héritage a suscité des plaintes nombreuses* ▶ doléances (litt.), grief, protestation, réclamation. 3 *Supporter les plaintes continuelles de qqn* ▶ criaillerie, geignement, gémissement, jérémiade, lamentation, pleurs, récrimination.

plaintif, ive adj. *Un ton plaintif* ▶ dolent (litt.), geignard, gémissant, larmoyant, pleurard (fam.), pleurnichard (fam.).

plaire v. 1 *Tout cela ne plaît guère à ses parents* ▶ agréer à, aller à, botter à (fam.), chanter à, contenter, convenir à, dire à, enchanter, ravir, réjouir, satisfaire, sourire à. 2 *Ce qui lui plaît, ce sont les hommes mûrs* ▶ attirer, charmer, séduire. 3 **se plaire** Litt. *Ils se plaisent à la faire souffrir* ▶ aimer, se complaire à (litt.), se délecter à, prendre plaisir à.

plaisamment adv. *Un appartement plaisamment arrangé* ▶ agréablement, délicieusement, joliment.

plaisancier, ère n. ▶ yachtman.

plaisant, ante adj. 1 *Une histoire assez plaisante* ▶ amusant, comique, divertissant, drolatique (vx), drôle, piquant, réjouissant, rigolo (fam.), spirituel. 2 *Une région très plaisante* ▶ agréable, attrayant, charmant, gentil, gracieux, joli, séduisant, sympathique.

plaisanter v. 1 *Il aime bien plaisanter* ▶ s'amuser, badiner (litt.), blaguer, galéjer (fam.), rigoler (fam.), rire. 2 *Plaisanter qqn sur son désordre* ▶ blaguer, charrier (fam.), se moquer de, railler (litt.), taquiner.

plaisanterie n. f. 1 *Une plaisanterie qui tourne au drame* ▶ blague, canular (fam.), espièglerie, facétie (litt.), farce, gag (fam.), galéjade (fam.), mystification. 2 *Être en butte aux plaisanteries de ses collègues* ▶ boutade, moquerie, raillerie, taquinerie. 3 *Ce ne sera qu'une plaisanterie pour lui de venir à bout de ce travail* ▶ bagatelle, jeu.

plaisantin n. m. 1 *Un plaisantin qui fait rire toute la classe* ▶ blagueur, farceur, pitre. 2 *À côté de pareils spécialistes, il va faire figure de plaisantin* ▶ amateur, dilettante, fumiste (fam.).

plaisir n. m. 1 *Le plaisir et la douleur* ▶ bien-être, jouissance, volupté. 2 *Avoir le plaisir d'annoncer une bonne nouvelle* ▶ bonheur, joie, satisfaction. 3 *C'est un vrai plaisir de voyager avec lui* ▶ bonheur, délice, régal. 4 *Il peint simplement par plaisir* ▶ agrément, amusement, distraction, divertissement (litt.), passe-temps, récréation.

plan, plane adj. ▶ égal, plat, uni.

plan n. m. 1 *Un plan incliné* ▶ surface. 2 *Indiquer sur un plan la disposition des parties d'un ensemble* ▶ croquis, diagramme, schéma. 3 *Un plan du nord de la France* ▶ carte. 4 *Le plan d'un projet* ▶ descriptif, ébauche, esquisse. 5 *Le plan d'un roman* ▶ canevas, carcasse, charpente, ossature, scénario, squelette, synopsis, trame. 6 *Tout s'est réalisé conformément à son plan* ▶ calculs, dessein (litt.), idée, intention, projet, stratégie, tactique, visées (litt.), vues. 7 *Avoir un plan de travail précis* ▶ planning, programme. 8 *La notion de plan dans l'économie contemporaine* ▶ planification.

planche

9 plan d'eau ▶ bassin, réservoir. **10 en plan** Fam. *Des dossiers qu'on a laissés en plan* ▶ en attente, en carafe (fam.), en panne, en rade (fam.), en souffrance, en suspens.

planche n. f. **1** *Un livre qui comporte de nombreuses planches hors-texte* ▶ image, reproduction. **2** Plur. *Monter sur les planches* ▶ scène. **3 planche à roulettes** ▶ skate-board. **4 planche de salut** Fig. ▶ aide, appui, recours, ressource, secours, soutien, support.

plancher n. m. **1** *Cirer le plancher* ▶ parquet. **2** *Le plancher d'un ascenseur* ▶ sol. **3** Fig. *Le plancher des cotisations* ▶ minimum.

planer v. **1** Fig. *Planer au-dessus des réalités matérielles* ▶ être indifférent à. **2** Fig. et fam. *Cet enfant n'écoute rien, il plane* ▶ être dans les nuages (fam.), rêvasser (fam.), rêver.

planétaire adj. ▶ international, mondial, universel.

planète n. f. *L'avenir de notre planète* ▶ terre, globe, monde.

planification n. f. **1** *Une planification rigoureuse du travail* ▶ organisation. **2** *La notion de planification dans l'économie contemporaine* ▶ plan.

planifier v. ▶ calculer, organiser, prévoir.

planisphère n. m. ▶ mappemonde.

planning n. m. **1** ▶ calendrier, emploi du temps, programme. **2 planning familial** ▶ contrôle des naissances, orthogénie, régulation des naissances.

planque n. f. Fam. ▶ cache, cachette.

planqué n. m. Fam. *Les planqués de la guerre de 14* ▶ embusqué.

planquer v. **1** Fam. *Planquer un magot* ▶ cacher, camoufler (fam.), dissimuler. **2 se planquer** Fam. *Se planquer dans une cave* ▶ s'abriter, se cacher, se dissimuler, se mettre à l'abri, se tapir (litt.), se terrer.

plantation n. f. *Une plantation de tabac* ▶ exploitation.

plante n. f. ▶ végétal.

planté, ée adj. *Ne restez pas planté là à ne rien faire* ▶ campé, debout, immobile.

planter v. **1** *Planter des graines* ▶ semer. **2** *Planter une pique dans le sol* ▶ enfoncer, ficher. **3** *Planter une tente au milieu d'un terrain* ▶ dresser, élever, placer. **4** *Planter un personnage au début d'un roman* ▶ camper. **5** Fam. *Je l'ai planté là* ▶ abandonner, laisser en plan, plaquer (fam.), quitter. **6 se planter** Fam. *Se planter dans ses estimations* ▶ faire erreur, faire fausse route, se ficher dedans (fam.), se fourvoyer, se gourer (fam.), se tromper.

planton n. m. **1** *S'adresser au planton de service* ▶ factionnaire, garde, sentinelle. **2** Fig. et fam. *Faire le planton* ▶ poireau.

plantureux, euse adj. **1** *Un repas plantureux* ▶ abondant, copieux. **2** *Une personne plantureuse* ▶ corpulent, dodu, gras, rond. **3** *Des formes plantureuses* ▶ avantageux, épanoui, généreux, opulent, plein, rebondi.

plaque n. f. *Une plaque de plomb* ▶ feuille, lame.

plaquer v. **1** *Plaquer sa main sur la bouche de qqn* ▶ appliquer, coller. **2** Fam. *Plaquer qqn* ▶ abandonner, fausser compagnie à, lâcher (fam.), laisser tomber (fam.), larguer (fam.), planter là (fam.), quitter, se séparer de.

plaquette n. f. **1** *Une plaquette d'or fin* ▶ lamelle. **2** *Publier une plaquette* ▶ brochure, livret, opuscule.

plasticité n. f. ▶ malléabilité, souplesse.

plastique adj. *De l'argile plastique* ▶ malléable, souple.

plastique n. f. *Une danseuse à la plastique parfaite* ▶ corps, formes, physique.

plastronner v. ▶ crâner (fam.), parader, poser.

plat, plate adj. **1** *Une surface plate* ▶ égal, lisse, plan, uni. **2** Fig. *Se montrer plat devant ses supérieurs* ▶ humble, obséquieux, rampant, servile. **3** *Un style plat* ▶ banal, fadasse (fam.), fade, falot, incolore, inconsistant, insignifiant, insipide, médiocre, monotone, morne, pâle, pauvre, quelconque, terne, uniforme. **4 à plat** *Ranger des livres à plat* ▶ horizontalement. **5** *Un pneu à plat* ▶ crevé, dégonflé. **6** Fig. *Revenir de voyage complètement à plat* ▶ crevé (fam.), épuisé, exténué, flagada (fam.), flapi (fam.), raplapla (fam.), tué (fam.), vidé (fam.).

plat n. m. **1** Fam. *Faire tout un plat de qqch* ▶ comédie (fam.), fromage (fam.), histoire. **2 faire du plat** Fam. *Faire du plat à une fille* ▶ baratiner (fam.), courtiser, draguer (fam.).

plateau n. m. **1** *Un plateau continental* ▶ plate-forme. **2** *Le plateau d'un théâtre* ▶ planches, scène. **3** *Un plateau de fromages* ▶ assortiment.

plate-bande n. f. ▶ massif, parterre.

platée n. f. *Une platée de haricots* ▶ assiettée.

plate-forme n. f. **1** *Une maison avec un toit en plate-forme* ▶ terrasse. **2** *Une plate-forme*

platement adv. **1** *Écrire platement* ▶ banalement. **2** *S'excuser platement* ▶ humblement.

platitude n. f. **1** *La platitude d'un style* ▶ banalité, fadeur, inconsistance, insignifiance, insipidité, médiocrité, monotonie, pâleur, pauvreté. **2** *Ne dire que des platitudes* ▶ banalité, cliché, évidence, généralité, lapalissade, lieu commun, poncif, stéréotype, truisme.

platonique adj. **1** *Un amour platonique* ▶ chaste, éthéré (litt.), pur. **2** *Un vœu purement platonique* ▶ formel, théorique.

plâtras n. m. ▶ déblais, gravats.

plausible adj. *Chercher une excuse plausible* ▶ acceptable, admissible, concevable, crédible, croyable, possible, probable, vraisemblable.

plébéien, enne adj. *Des goûts plébéiens* ▶ commun, populaire, roturier.

pléiade n. f. Litt. *Prendre la parole devant toute une pléiade de jeunes talents* ▶ aréopage (litt.), groupe.

plein, pleine adj. **1** *La salle est pleine* ▶ bondé, bourré (fam.), comble, complet. **2** *Un texte plein d'erreurs* ▶ bourré (fam.), farci (fam.), rempli, saturé. **3** *Être plein du sentiment de son importance* ▶ imbu, imprégné, infatué (litt.), pénétré, pétri. **4** *Bénéficier d'une pleine liberté* ▶ absolu, complet, entier, total. **5** *Des formes pleines* ▶ avantageux, charnu, dodu, épanoui, généreux, gras, opulent, planturaux, potelé, rebondi, replet, rond. **6** *Une jument pleine* ▶ gravide, grosse.

plein adv. Fam. *Il y avait plein de gens* ▶ beaucoup, énormément.

pleinement adv. *Il est pleinement d'accord avec vous* ▶ absolument, entièrement, parfaitement, totalement, tout à fait.

plénipotentiaire n. m. ▶ ambassadeur, envoyé.

plénitude n. f. **1** *Conserver la plénitude de ses moyens* ▶ intégralité, totalité. **2** Litt. *La plénitude des formes* ▶ ampleur, épanouissement. **3** Litt. *Être dans toute sa plénitude* ▶ force, maturité.

pléonasme n. m. ▶ redondance.

pléthore n. f. ▶ débordement, excès, profusion, surabondance.

pléthorique adj. ▶ surabondant.

pleur n. m. **1** Litt. *Versons un pleur sur notre ami disparu* ▶ larme. **2** Plur. et litt. *Étouffer ses pleurs* ▶ sanglots. **3** *Il en a assez d'entendre vos pleurs perpétuels* ▶ geignements, gémissements, jérémiades, lamentations, plaintes, pleurnichements, pleurnicheries. **4 en pleurs** ▶ éploré, larmoyant.

pleurer v. **1** *Un enfant qui pleure* ▶ chialer (fam.), sangloter. **2** *Des yeux qui pleurent* ▶ larmoyer. **3** *Pleurer des larmes de sang* ▶ répandre, verser. **4** *Pleurer la mort d'un proche* ▶ déplorer, regretter. **5** Fig. *Pleurer sur son sort* ▶ s'apitoyer sur, gémir sur, se lamenter sur, se plaindre de. **6** Fig. *Venir pleurer au bureau des réclamations* ▶ geindre, gémir, se lamenter, se plaindre, pleurnicher.

pleurnichard, arde adj. *Un ton pleurnichard* ▶ dolent (litt.), geignard, larmoyant, plaintif, pleurard (fam.), pleurnicheur.

pleurnichement n. m. ▶ geignement, gémissement, jérémiade, lamentation, plainte, pleurnicherie.

pleurnicher v. ▶ geindre, gémir, se lamenter, se plaindre, pleurer.

pleutre adj. et n. Litt. ▶ couard (litt.), dégonflé (fam.), froussard (fam.), lâche, peureux, poltron (litt.), pusillanime (litt.), trouillard (fam.), veule (litt.).

pleutrerie n. f. Litt. ▶ couardise (litt.), lâcheté, poltronnerie (litt.), pusillanimité (litt.), veulerie (litt.).

pleuvoir v. **1** *Il pleut depuis le début des vacances* ▶ flotter (fam.). **2** Fig. *Des catastrophes qui pleuvent sur une ville* ▶ s'abattre, fondre (litt.), tomber.

pli n. m. **1** *Faire un pli sur un papier* ▶ pliure. **2** *Un collant qui fait des plis aux genoux* ▶ poche. **3** *Un visage plein de plis* ▶ ride. **4** *Des plis de graisse* ▶ boudin (fam.), bourrelet, repli. **5** Litt. *Envoyer un pli* ▶ billet, lettre, missive (litt.), mot. **6** Fig. *Prendre un mauvais pli* ▶ habitude, manie.

plie n. f. ▶ carrelet.

plier v. **1** *Plier une branche* ▶ arquer, courber, incurver, ployer (litt.), recourber. **2** *Plier la nuque* ▶ courber, fléchir, incliner. **3** *Être plié par l'âge* ▶ casser, courber. **4** Fig. *Plier qqn à une discipline* ▶ accoutumer, assujettir, astreindre, exercer, façonner, habituer, soumettre. **5** *Une branche qui plie sous un poids* ▶ s'arquer, se courber, fléchir, s'incliner, s'incurver, pencher, ployer (litt.), se recourber. **6** Fig. et litt. *Rien ne les fera plier* ▶ faiblir, flancher, fléchir, mollir, reculer. **7 plier bagage** ▶ déguerpir, s'en aller, ficher le camp (fam.), filer, foutre le camp (fam.), partir, se tirer (fam.), vider les lieux. **8 se plier** Fig. *Se plier aux exigences des coutumes locales* ▶ s'adapter, céder, se

plissé

conformer, s'habituer, obéir, se prêter, se soumettre.

plissé, ée adj. *Un visage tout plissé* ▶ chiffonné, fripé, parcheminé, ridé.

plissement n. m. *Un plissement de sourcils* ▶ froncement.

plisser v. *Plisser les sourcils* ▶ froncer.

pliure n. f. ▶ pli.

plomb n. m. *Les plombs ont sauté* ▶ fusible.

plombé, ée adj. *Un teint plombé* ▶ blafard, blême, cireux, livide, pâle, terreux.

plomber v. 1 *Plomber un filet pour éviter qu'il ne flotte entre deux eaux* ▶ lester. 2 *Plomber un colis sous douane* ▶ sceller.

plongeant, ante adj. *Un décolleté plongeant* ▶ profond.

plongée n. f. 1 *Un sous-marin en plongée* ▶ immersion. 2 Fig. *La lecture de ce document est une longue plongée dans l'horreur* ▶ immersion, voyage.

plongeoir n. m. *Sauter du plongeoir* ▶ tremplin.

plongeon n. m. 1 *Un plongeon de 30 mètres* ▶ chute, saut. 2 Fig. *Un plongeon dans l'inconscient* ▶ descente.

plonger v. 1 *Plonger un objet dans l'eau* ▶ baigner, immerger, tremper. 2 Fig. *Plonger ses mains dans ses poches* ▶ enfoncer, enfouir, fourrer, introduire. 3 Fig. *Cette nouvelle l'a plongé dans le désespoir* ▶ jeter, précipiter. 4 *Un rapace qui plonge sur sa proie* ▶ s'abattre, fondre (litt.), piquer, se précipiter. 5 **se plonger** Fig. *Se plonger dans la contemplation d'un tableau* ▶ s'abîmer (litt.), s'absorber, se perdre.

plongeur, euse n. *Un plongeur professionnel* ▶ homme-grenouille.

ployer v. 1 Litt. *Ployer une branche* ▶ courber, fléchir, plier. 2 Litt. *Une poutre qui ploie* ▶ s'arquer, se courber, fléchir, s'incliner, s'incurver, s'infléchir, se plier. 3 Fig. et litt. *Ployer sous le poids de la nécessité* ▶ faiblir, flancher, fléchir.

pluie n. f. 1 *Une pluie soudaine et violente* ▶ averse, giboulée, grain, ondée, rincée (fam.), saucée (fam.). 2 Fig. *Une pluie de cadeaux* ▶ avalanche, débordement, déluge, flopée (fam.), flot, marée, nuée.

plumage n. m. *Admirer le plumage d'un oiseau* ▶ livrée, pennage.

plume n. f. Fig. et litt. *Un auteur qui a une belle plume* ▶ écriture, style.

plumer v. Fig. et fam. *Se laisser plumer* ▶ déposséder, dépouiller, escroquer, filouter (fam.), voler.

plumet n. m. ▶ aigrette, panache.

plumitif n. m. 1 *C'est encore une invention d'un plumitif de ministère* ▶ bureaucrate, gratte-papier, rond-de-cuir, scribouillard (fam.). 2 *Un cénacle de plumitifs* ▶ écrivaillon (fam.), écrivassier (fam.), scribouillard (fam.).

plupart (la) n. f. 1 *La plupart des spectateurs sont partis avant la fin* ▶ majorité. 2 **la plupart du temps** ▶ d'ordinaire, généralement, habituellement, ordinairement, souvent.

pluralité n. f. ▶ diversité, multiplicité.

pluricellulaire adj. ▶ multicellulaire.

pluridisciplinaire adj. ▶ interdisciplinaire, multidisciplinaire.

plurilingue adj. ▶ multilingue, polyglotte.

plus adv. 1 *Il veut toujours plus* ▶ davantage. 2 **en plus** *En plus, il est menteur* ▶ au surplus, d'autre part, de plus, de surcroît (litt.), en outre, en prime, par-dessus le marché (fam.), par surcroît (litt.). 3 **plus ou moins** ▶ peu ou prou (litt.). 4 **plus que tout** ▶ par-dessus tout, surtout.

plus n. m. 1 *Un changement qui représente un plus par rapport à la situation précédente* ▶ amélioration, bonification, gain, mieux. 2 *C'est le plus que je puisse faire* ▶ maximum.

plusieurs adj. *Il est venu à plusieurs reprises* ▶ différents, divers, maint (litt.), moult (litt.).

plus-value n. f. ▶ bénéfice, boni, excédent, gain, profit.

plutôt adv. 1 *Il fait un temps plutôt chaud* ▶ assez, passablement, relativement. 2 *Adressez-vous plutôt à un autre guichet* ▶ de préférence.

pluvieux, euse adj. *Une saison pluvieuse* ▶ humide.

pochade n. f. ▶ ébauche, esquisse.

poche n. f. 1 *Une poche en plastique* ▶ sac, sachet. 2 *Avoir des poches sous les yeux* ▶ cerne, valise (fam.).

pocher v. 1 *Pocher un chou* ▶ blanchir, ébouillanter, échauder. 2 *Pocher un paysage* ▶ croquer, ébaucher, esquisser. 3 *Un vêtement qui poche aux genoux* ▶ godailler, goder, grigner.

poêle n. m. ▶ calorifère (vx).

poème n. m. 1 *Réciter un poème* ▶ poésie. 2 **poème épique** ▶ épopée, geste (vx).

poésie n. f. 1 *Apprendre une poésie* ▶ poème. 2 *La poésie qui se dégage d'un récit* ▶ émotion. 3 *Une idylle pleine de poésie* ▶ charme, romantisme.

poète n. m. 1 *Le poète de l'Énéide* ▸ chantre (litt.). 2 Fig. *C'est un poète, il ignore les contingences matérielles* ▸ idéaliste, rêveur, utopiste.

poétique adj. *Une atmosphère poétique* ▸ romantique.

poétiser v. *Poétiser une situation* ▸ embellir, idéaliser.

poids n. m. 1 *Le poids d'une charge* ▸ lourdeur, masse, pesanteur. 2 *Soulever un poids énorme* ▸ charge, fardeau. 3 Fig. *Être soulagé d'un poids* ▸ souci. 4 Fig. *Une personne dont la présence est un poids* ▸ boulet, embarras, gêne. 5 Fig. *Le poids d'un parti politique dans une région* ▸ autorité, force, importance, influence. 6 Fig. *Le poids d'un argument* ▸ force, portée, valeur. 7 Fig. *Sentir le poids des années* ▸ accablement, fatigue. 8 **de poids** *Un argument de poids* ▸ conséquent, important, substantiel. 9 **poids lourd** *Une voie réservée aux poids lourds* ▸ camion, gros cul (fam.), semi-remorque.

poignant, ante adj. ▸ bouleversant, déchirant, dramatique, impressionnant, pathétique.

poignard n. m. ▸ couteau, dague.

poigne n. f. Fig. *Avoir de la poigne* ▸ autorité, énergie, fermeté.

poignée n. f. *Baisser une poignée pour mettre une machine en marche* ▸ levier, manette.

poignet n. m. *Repasser les poignets d'une chemise* ▸ manchette.

poil n. m. 1 *Le poil du renard est généralement roux* ▸ fourrure, pelage, robe. 2 Fam. *Avoir du poil au menton* ▸ barbe.

poilu, ue adj. ▸ velu.

poinçon n. m. 1 *Frapper une pièce avec un poinçon* ▸ coin. 2 *Apposer un poinçon sur un lingot d'or* ▸ estampille, marque.

poinçonner v. 1 *Poinçonner une médaille* ▸ frapper. 2 *Poinçonner un bijou* ▸ estampiller. 3 *Poinçonner un ticket* ▸ percer, perforer, trouer.

poinçonneuse n. f. ▸ perforatrice.

poindre v. Litt. *Le jour va bientôt poindre derrière ces montagnes* ▸ apparaître, émerger, se lever, naître, paraître, percer, pointer, surgir.

point n. m. 1 *Fixer qqch avec un point de colle* ▸ goutte. 2 *Aller d'un point à un autre* ▸ emplacement, endroit, lieu, place, position. 3 *C'est un point sur lequel je suis très ignorant* ▸ chapitre, matière, problème, question, rubrique, sujet, thème. 4 **à point nommé** ▸ à pic (fam.), à point, à propos, à temps, opportunément. 5 **point culminant** *Le point culminant d'une montagne* ▸ cime, sommet. 6 Fig. *Le point culminant d'une évolution* ▸ apogée, faîte, paroxysme, sommet, summum, zénith. 7 **point de départ** *Le point de départ d'une analyse* ▸ base, origine, principe. 8 **point de mire** Fig. *Être le point de mire de l'agressivité générale* ▸ but, cible, objectif. 9 **point de vue** *Admirer le point de vue du haut d'une colline* ▸ panorama, paysage, site, vue. 10 Fig. *Exposer son point de vue* ▸ avis, jugement, opinion, sentiment. 11 Fig. *Voir une question sous un certain point de vue* ▸ angle, aspect, côté, éclairage, jour, optique, perspective. 12 **point du jour** ▸ aube, aurore.

point adv. Litt. *Nous n'avons point besoin de tout cela* ▸ aucunement, en rien, nullement, pas, pas du tout.

pointage n. m. *Le pointage des présents* ▸ contrôle, enregistrement, vérification.

pointe n. f. 1 *La pointe d'un couteau* ▸ bout, extrémité. 2 *La pointe d'une montagne* ▸ cime, faîte, haut, pic, sommet. 3 *Une bande de terre qui forme une pointe* ▸ bec, cap. 4 *Une pointe en soie* ▸ foulard. 5 Fig. *Être à la pointe du progrès* ▸ avant-garde. 6 Fig. *Lancer des pointes à qqn* ▸ brocard (litt.), épigramme (litt.), lazzi (litt.), moquerie, pique, quolibet, raillerie, sarcasme, vanne (fam.). 7 Fig. *Une pointe de vinaigre* ▸ filet, larme, soupçon, trait.

pointer v. 1 *Pointer les entrées et les sorties* ▸ cocher, contrôler, enregistrer, marquer, noter, relever. 2 *Pointer une arme vers une cible* ▸ braquer, diriger, orienter. 3 *On va bientôt pointer des premiers bourgeons* ▸ apparaître, émerger, jaillir, naître, percer, poindre, surgir.

pointilleux, euse adj. 1 *Être pointilleux sur l'exactitude* ▸ chicaneur, exigeant, maniaque, pinailleur (fam.), tatillon, vétilleux (litt.). 2 *Un correcteur extrêmement pointilleux* ▸ appliqué, attentif, consciencieux, méticuleux, minutieux, rigoureux, scrupuleux, soigneux.

pointu, ue adj. 1 *Des épines pointues* ▸ acéré, aigu, piquant. 2 Fig. *Une voix pointue* ▸ aigu, élevé. 3 Fig. *Une discipline pointue* ▸ spécialisé.

pointure n. f. ▸ taille.

pois n. m. *Un foulard à pois blancs* ▸ pastille.

poison n. m. 1 *Une étude pharmacologique sur les poisons naturels* ▸ toxique, venin. 2 *Tuer qqn en lui donnant du poison* ▸ bouillon d'onze heures (fam.). 3 Fig. *Cette femme est un vrai poison* ▸ chameau (fam.),

poissard

démon, mégère, peste, teigne (fam.), virago.

poissard, arde adj. ▶ grossier, populacier, vulgaire.

poisser v. *N'y touchez pas, ça poisse* ▶ coller.

poisseux, euse adj. 1 *Une substance poisseuse* ▶ gluant, visqueux. 2 *Avoir les mains poisseuses* ▶ collant.

poisson n. m. *Ça sent le poisson* ▶ marée.

poitrail n. m. *Le poitrail d'un cheval* ▶ poitrine.

poitrinaire adj. Vx ▶ phtisique (vx), tuberculeux.

poitrine n. f. 1 *La poitrine d'un homme* ▶ thorax, torse. 2 *La poitrine d'une femme* ▶ buste, gorge, seins. 3 *La poitrine d'un cheval* ▶ poitrail.

poivre de Cayenne n. m. ▶ piment.

poivré, ée adj. 1 *Un mets poivré* ▶ assaisonné, épicé, relevé. 2 Fig. *Une plaisanterie poivrée* ▶ cochon (fam.), coquin, croustillant (fam.), cru, égrillard, gaillard, gaulois, grivois, leste, libertin, libre, licencieux, osé, salace, salé.

poivre et sel adj. Fam. ▶ argenté, gris, grisonnant.

polaire adj. 1 *Les régions polaires* ▶ arctique, boréal, hyperboréen (litt.). 2 *Un froid polaire* ▶ glacial, sibérien.

pôle n. m. Fig. *Cette ville est le pôle économique de la région* ▶ centre, cœur, noyau.

polémique adj. *Le débat a pris un tour polémique* ▶ agressif.

polémique n. f. *Cette question a suscité une vive polémique entre spécialistes* ▶ controverse, dispute, querelle.

polémiste n. ▶ libelliste (vx), pamphlétaire.

poli, ie adj. 1 *Un galet poli* ▶ lisse. 2 *Une casserole polie* ▶ brillant, éclatant, étincelant, luisant. 3 *Un enfant poli* ▶ bien éduqué, bien élevé. 4 *Une attitude polie* ▶ affable, aimable, amène (litt.), bienséant (litt.), civil (litt.), convenable, correct, courtois (litt.), décent, déférent, honnête (vx), respectueux, urbain (litt.).

poli n. m. *Le poli du métal travaillé* ▶ brillant, luisant, lustre, vernis.

police n. f. 1 *Une intervention de la police* ▶ flics (fam.), force publique, forces de l'ordre. 2 *Téléphoner à la police* ▶ commissariat. 3 *Une police d'assurance* ▶ contrat.

policé, ée adj. Litt. *Un milieu très policé* ▶ cultivé, raffiné.

policer v. Fig. *Policer le goût de qqn* ▶ affiner, civiliser, cultiver, éduquer, épurer, former, polir.

polichinelle n. m. Fig. *Vous n'allez pas voter pour ce polichinelle?* ▶ bouffon, clown, fantoche, guignol, pantin, pitre, rigolo.

policier, ère n. ▶ agent de police, flic (fam.), gardien de la paix, poulet (fam.).

poliment adv. ▶ civilement, courtoisement, respectueusement.

polir v. 1 *Polir un parquet* ▶ poncer. 2 *Polir de l'argenterie* ▶ astiquer, briquer, fourbir, frotter, lustrer. 3 Fig. *Polir un discours avant de le prononcer* ▶ ciseler, fignoler (fam.), lécher (fam.), limer, parachever, parfaire, peaufiner (fam.), soigner. 4 Fig. et litt. *Polir le goût de qqn* ▶ affiner, civiliser, cultiver, éduquer, épurer, former, policer.

polissage n. m. ▶ Spécialement pour l'or ▶ brunissage.

polisson, onne adj. *Des propos polissons* ▶ canaille (litt.), coquin, croustillant, égrillard, gaulois, graveleux, grivois, libertin, libre, licencieux, paillard.

polisson, onne n. *Ces petits polissons s'amusent à tirer les sonnettes* ▶ bandit, coquin, fripon, galapiat (fam.), galopin, garnement, vaurien.

politesse n. f. 1 *Un homme d'une politesse remarquable* ▶ affabilité, amabilité, aménité (litt.), civilité (litt.), correction, courtoisie, savoir-vivre, urbanité (litt.). 2 *Apprendre la politesse aux enfants* ▶ bienséance, bonnes manières, usages (litt.). 3 Plur. *Entre nous pas de politesses* ▶ manières.

politique adj. Litt. *Il n'est guère politique d'afficher ainsi ses préférences* ▶ adroit, diplomate, diplomatique, habile.

politique n. f. *Adopter une politique et s'y tenir* ▶ stratégie, tactique.

pollué, ée adj. *Une atmosphère polluée* ▶ corrompu, infecté, insalubre, vicié.

polluer v. *Des gaz qui polluent l'atmosphère* ▶ contaminer, corrompre, infecter, vicier.

polochon n. m. ▶ traversin.

poltron, onne adj. et n. ▶ couard (litt.), craintif, froussard (fam.), lâche, peureux, pleutre (litt.), poule mouillée (fam.), pusillanime (litt.), trouillard (fam.).

poltronnerie n. f. ▶ couardise (litt.), lâcheté, pleutrerie (litt.), pusillanimité (litt.), veulerie (litt.).

polychrome adj. ▶ multicolore.

polyglotte adj. *Un dictionnaire polyglotte* ▶ multilingue, plurilingue.

polytechnicien, enne n. ▶ X.

polythéisme n. m. ▶ paganisme.

polyvalent, ente adj. ▶ plurivalent.

pommade n. f. ▶ baume, crème, liniment, onguent.

pomme de pin n. f. ▶ pigne.

pomme de terre n. f. ▶ patate (fam.).

pommelé, ée adj. *Un ciel pommelé* ▶ moutonné.

pompe n. f. **1** Litt. *La pompe des triomphes romains* ▶ apparat, cérémonial, éclat, faste, magnificence, majesté, solennité, somptuosité, splendeur. **2** Litt. *S'exprimer avec une pompe ridicule* ▶ emphase, grandiloquence, solennité. **3** *S'arrêter à une pompe pour faire le plein* ▶ station-service.

pomper v. **1** *Une abeille qui pompe du nectar* ▶ aspirer, boire, sucer. **2** *Une éponge qui pompe l'eau* ▶ absorber. **3** Fam. *Il nous pompe, avec ses récriminations* ▶ assommer, barber (fam.), ennuyer, fatiguer, gonfler (fam.), raser (fam.).

pompeux, euse adj. **1** Litt. *Un cortège pompeux* ▶ fastueux, magnifique, majestueux, solennel, splendide. **2** *Un style pompeux* ▶ ampoulé, déclamatoire, emphatique, enflé, grandiloquent, pontifiant, ronflant, solennel.

pompier, ière adj. *Un style pompier* ▶ académique, conventionnel.

pompon n. m. ▶ houppe, houppette.

pomponné, ée adj. ▶ endimanché, soigné.

pomponner v. **1** *Pomponner un caniche* ▶ bichonner, parer, toiletter. **2** **se pomponner** *Se pomponner devant sa glace* ▶ se bichonner, se mignoter (vx), se parer.

ponçage n. m. **1** *Le ponçage d'un métal* ▶ brunissage, polissage. **2** *Le ponçage d'un parquet* ▶ décapage.

ponceau adj. ▶ coquelicot.

poncer v. *Poncer un parquet* ▶ décaper.

poncif n. m. ▶ banalité, cliché, idée reçue, lieu commun, stéréotype.

ponction n. f. ▶ prélèvement.

ponctualité n. f. *La ponctualité de qqn à ses rendez-vous* ▶ exactitude.

ponctuel, elle adj. **1** *Être ponctuel à ses rendez-vous* ▶ exact. **2** *Une intervention ponctuelle* ▶ limité, local.

ponctuellement adv. **1** *Assister ponctuellement aux réunions d'une association* ▶ assidûment, régulièrement. **2** *Un paysage de vignobles, avec, ponctuellement, les taches rouges des toits* ▶ çà et là, localement.

ponctuer v. *Cent crimes ont ponctué sa carrière* ▶ baliser, jalonner.

pondération n. f. *Agir avec pondération* ▶ mesure, modération, retenue.

pondéré, ée adj. **1** *Un homme pondéré* ▶ posé, raisonnable, rassis, réfléchi, sage. **2** *Des propos pondérés* ▶ équilibré, mesuré, modéré, nuancé, tempéré.

pondérer v. **1** *Pondérer une critique en y mêlant des éloges* ▶ modérer, nuancer, tempérer. **2** *Pondérer un pouvoir en lui adjoignant un contre-pouvoir* ▶ équilibrer.

pont n. m. Fig. *Ménager des ponts entre le rêve et la réalité* ▶ intermédiaire, passage, passerelle, transition.

ponter v. ▶ caver, miser.

pontifiant, ante adj. *Un ton pontifiant* ▶ doctoral, emphatique, pédant, prétentieux, professoral, solennel.

pontifical, ale adj. ▶ papal.

pontificat n. m. ▶ papauté.

pontifier v. ▶ disserter, pérorer.

pool n. m. **1** *Un pool de dactylos* ▶ équipe, staff. **2** *Un pool financier* ▶ groupe, syndicat.

populace n. f. ▶ racaille.

populacier, ère adj. ▶ canaille, grossier, peuple, poissard, vulgaire.

populaire adj. **1** *Les classes populaires* ▶ plébéien (litt.), roturier (litt.). **2** *Étudier les caractéristiques de la langue populaire* ▶ commun, vulgaire. **3** *Un écrivain très populaire* ▶ célèbre, connu, fameux, illustre, renommé, réputé.

populariser v. *Populariser une théorie philosophique* ▶ démocratiser, propager, répandre, vulgariser.

popularité n. f. ▶ audience, célébrité, cote, gloire, notoriété, renom, renommée.

population n. f. **1** *La population d'un pays* ▶ gens, habitants. **2** *S'adresser à la population* ▶ collectivité, peuple, public.

populeux, euse adj. ▶ animé, fréquenté, grouillant, passant, peuplé, surpeuplé.

porc n. m. **1** *Abattre un porc* ▶ cochon. **2** Fig. *Confier ma fille à ce porc!* ▶ cochon, débauché, dépravé, pourceau (litt.), verrat (litt.), vicieux.

porcelet n. m. ▶ cochon de lait, goret.

porcherie

porcherie n. f. 1 *Une vieille porcherie délabrée* ▶ soue. 2 Fig. *Sa chambre n'est qu'une porcherie!* ▶ bauge (litt.), écurie.

poreux, euse adj. ▶ perméable.

pornographie n. f. *Des gravures d'une scandaleuse pornographie* ▶ obscénité.

pornographique adj. *Un film pornographique* ▶ x, cochon (fam.), hard (fam.).

porosité n. f. ▶ perméabilité.

port n. m. 1 *Payer le port d'un colis* ▶ affranchissement. 2 Fig. *Un vieillard au port majestueux* ▶ air, allure, aspect, démarche, maintien, prestance.

portable adj. 1 *Un ordinateur portable* ▶ portatif. 2 *Ce vêtement n'est pas portable dans une cérémonie de ce genre* ▶ convenable, mettable.

portatif, ive adj. ▶ portable.

porte n. f. 1 *Une porte de voiture* ▶ portière. 2 *Une pièce dont les portes sont condamnées* ▶ accès, entrée, issue, sortie. 3 **porte de sortie** Fig. *Sa banque ne lui laisse aucune porte de sortie* ▶ issue, solution.

porté, ée adj. 1 *Être porté à l'indulgence* ▶ disposé, enclin, prédisposé. 2 **être porté sur** *Être porté sur les jolies femmes* ▶ affectionner, aimer, avoir du goût pour, avoir un penchant pour, s'intéresser à, se passionner pour, raffoler de.

porte-à-faux n. m. ▶ déséquilibre.

porte-à-porte n. m. ▶ démarchage, vente à domicile.

porte-bonheur n. m. ▶ amulette, fétiche, grigri, mascotte, porte-chance, talisman.

porte-bouteilles n. m. ▶ égouttoir, hérisson.

porte-documents n. m. ▶ attaché-case, mallette, serviette.

porte-drapeau n. m. 1 *Le porte-drapeau d'un régiment d'infanterie* ▶ enseigne, porte-étendard. 2 Fig. *Le porte-drapeau d'un mouvement* ▶ chef, leader, tête.

portée n. f. 1 *La portée d'une chatte* ▶ petits, progéniture. 2 Fig. *La portée d'une décision* ▶ conséquences, effets, impact (fam.), importance, poids. 3 Fig. *Une intelligence d'une grande portée* ▶ envergure, étendue. 4 **hors de portée** ▶ exorbitant, hors de prix, inabordable, inaccessible.

portefeuille n. m. Fig. *Rêver d'obtenir un portefeuille dans le prochain gouvernement* ▶ maroquin (fam.), ministère.

portemanteau n. m. ▶ patère.

porte-monnaie n. m. ▶ bourse (vx).

porte-parole n. *Se poser en porte-parole des déshérités* ▶ héraut (litt.), interprète, représentant.

porter v. 1 *Porter des sacs de terre* ▶ coltiner, trimbaler (fam.). 2 *Porter des caisses à la cave* ▶ transbahuter (fam.), transporter. 3 *Porter ses chaussures chez le cordonnier* ▶ apporter. 4 *Un socle qui porte une statue* ▶ soutenir, supporter. 5 *Elle portait une robe noire* ▶ avoir. 6 *Porter fièrement une décoration* ▶ arborer. 7 *Un coffret qui porte des incrustations de nacre* ▶ présenter. 8 *Porter son malheur sur son visage* ▶ exprimer, manifester, montrer. 9 *Porter un nom sur un registre* ▶ inscrire. 10 *Porter un coup à qqn* ▶ appliquer, coller (fam.), envoyer, ficher (fam.), flanquer (fam.). 11 *Cette politique finira par porter ses fruits* ▶ produire. 12 *Porter le plus grand intérêt à une expérience* ▶ accorder, attacher, prêter, vouer (litt.). 13 *Ces premiers résultats me portent à continuer l'expérience* ▶ amener, conduire, déterminer, encourager, engager, inciter, inviter, prédisposer. 14 *Un balcon qui porte sur des piliers* ▶ s'appuyer, reposer. 15 *Un exposé qui porte sur l'art byzantin* ▶ concerner, toucher à, traiter de. 16 **porter aux nues** Litt. ▶ encenser, exalter, louer, porter au pinacle (litt.), vanter. 17 **porter dans son cœur** ▶ adorer, affectionner, aimer, chérir, être attaché à. 18 **porter en terre** Litt. ▶ ensevelir, inhumer, mettre en terre. 19 **porter sur les nerfs** ▶ agacer, énerver, exaspérer, irriter, taper sur les nerfs. 20 **se porter bien** ▶ aller. 21 *Un groupe qui se porte vers le lieu du rendez-vous* ▶ s'acheminer, aller, marcher, se rendre. 22 *Se porter au secours de qqn* ▶ courir, s'élancer, se lancer, se précipiter. 23 *On lui reproche de s'être porté à des excès* ▶ s'abandonner, se laisser aller, se livrer.

porteur n. m. *Faire livrer un colis par porteur* ▶ courrier, coursier, estafette (vx), livreur.

porte-voix n. m. ▶ mégaphone.

portier, ère n. *Un portier d'hôtel* ▶ concierge, gardien.

portière n. f. *Une portière de voiture* ▶ porte.

portion n. f. 1 *Une portion du territoire* ▶ division, fraction, morceau, partie. 2 *Une portion de terrain* ▶ lopin, morceau, parcelle. 3 *Une discussion entre héritiers à propos de la répartition des portions* ▶ lot, part, quotité. 4 *La portion enneigée de l'autoroute* ▶ section, segment, tronçon. 5 *Servir des portions copieuses* ▶ dose, part, ration.

portique n. m. ▶ colonnade, péristyle.

portrait n. m. **1** *Un sceau où figure le portrait d'un roi* ▶ effigie, image, représentation. **2** *Faire un portrait très flatteur de qqn* ▶ description, peinture, tableau. **3** Fam. *Se faire esquinter le portrait* ▶ figure, visage. **4 portrait-robot** ▶ description, signalement.

portugais, aise adj. ▶ lusitanien.

portune n. m. ▶ étrille.

pose n. f. **1** *La pose d'un lavabo* ▶ installation, mise en place. **2** *La pose d'un pansement* ▶ application. **3** Fig. *Une pose gracieuse* ▶ attitude, position, posture. **4** Fig. et litt. *Il y a de la pose dans sa manière de s'exprimer* ▶ affectation.

posé, ée adj. *Une personne très posée* ▶ calme, mesuré, pondéré, rassis (litt.), réfléchi, sage, sérieux.

posément adv. ▶ calmement, paisiblement, tranquillement.

poser v. **1** *Poser un enfant sur une chaise* ▶ asseoir, déposer, mettre, placer. **2** *Poser sa tête sur l'oreiller* ▶ appuyer, mettre. **3** *Poser une affiche sur un mur* ▶ appliquer, apposer, installer, mettre. **4** *Poser des sentinelles le long d'une route* ▶ aposter, disposer, établir, installer, mettre, placer, poster. **5** *Posons que tout soit déjà réglé* ▶ admettre, mettre (fam.), postuler, supposer. **6** *Poser pour se faire remarquer* ▶ crâner (fam.), faire le paon, fanfaronner, frimer (fam.), la ramener (fam.), parader, se pavaner, plastronner, se rengorger. **7** *Poser au génie méconnu* ▶ jouer. **8 se poser** *Un avion qui se pose* ▶ atterrir. **9** *Un oiseau qui se pose sur un fil télégraphique* ▶ se jucher, se percher. **10** *Se poser en arbitre des élégances* ▶ s'ériger.

poseur, euse adj. Fig. *Il est très poseur, votre ami* ▶ affecté, apprêté, bêcheur, compassé, fat, maniéré, m'as-tu-vu, pédant, prétentieux, snob.

positif, ive adj. **1** *C'est un fait positif, constaté par plusieurs témoins* ▶ assuré, authentique, certain, manifeste, réel, sûr. **2** *Un esprit positif* ▶ concret, pragmatique. **3** *Un échange de vues tout à fait positif* ▶ constructif, intéressant. **4** *Une réponse positive* ▶ affirmatif, favorable.

positif n. m. *Ce n'est pas un rêveur, il attend du positif* ▶ concret, sérieux, solide, tangible.

position n. f. **1** *Déterminer la position d'un objet* ▶ coordonnées, emplacement, localisation, place, situation. **2** *La position de la façade d'un bâtiment* ▶ exposition, orientation. **3** *Une position gracieuse* ▶ attitude, pose, posture. **4** *La position sociale de qqn* ▶ condition, niveau, rang, situation, standing. **5** *Occuper une position très en vue* ▶ charge, emploi, fonction, poste, situation. **6** *Expliquer sa position sur une question* ▶ idée, opinion, point du vue.

positionner (se) v. Fam. *Se positionner sur l'échiquier politique* ▶ se définir, se placer, se situer.

positivement adv. *Son insistance devenait positivement choquante* ▶ réellement, véritablement, vraiment.

posologie n. f. ▶ dosage.

possédant, ante n. ▶ nanti.

possédé, ée adj. ▶ ensorcelé, envoûté.

posséder v. **1** *Posséder un capital* ▶ avoir, détenir, disposer de, jouir de. **2** *Posséder une mémoire exceptionnelle* ▶ avoir, bénéficier de, disposer de, jouir de. **3** *Un pays qui possède des richesses minières* ▶ avoir, comporter, contenir, renfermer. **4** *Bien posséder un sujet* ▶ connaître, dominer, maîtriser, savoir. **5** *Être possédé par l'image d'une femme* ▶ envoûter, habiter, hanter. **6** Litt. *Posséder une femme* ▶ baiser (fam.), prendre. **7** Fam. *Se faire posséder par un escroc* ▶ avoir, baiser (fam.), duper, feinter (fam.), pigeonner (fam.), rouler, tromper. **8 se posséder** Litt. *La fureur l'égarait, il ne se possédait plus* ▶ se contenir, se contrôler, se dominer, se maîtriser.

possesseur n. m. ▶ dépositaire, détenteur, maître, propriétaire.

possessif, ive adj. *Une passion possessive* ▶ abusif, exclusif, jaloux.

possession n. f. **1** *La possession d'un bien* ▶ détention, propriété. **2** *Hériter d'une possession familiale* ▶ domaine, propriété. **3** *Vendre toutes ses possessions* ▶ avoir, bien. **4** *Les anciennes possessions de l'Angleterre en Asie* ▶ colonie, dépendance. **5** *Conserver la possession de ses moyens* ▶ contrôle, maîtrise.

possibilité n. f. **1** *Envisager différentes possibilités* ▶ cas, éventualité, hypothèse. **2** *Avoir la possibilité de faire qqch* ▶ faculté, loisir (litt.), occasion, opportunité (fam.), pouvoir. **3** Plur. *Participer à une opération collective à hauteur de ses possibilités* ▶ forces, moyens, potentiel.

possible adj. **1** *Un événement possible* ▶ concevable, envisageable, éventuel, imaginable, probable, vraisemblable. **2** *C'est difficile, mais cela reste possible* ▶ accessible, faisable, jouable, réalisable. **3** *Une attitude possible, quoique déconseillée* ▶ acceptable, admissible, permis, toléré. **4** *En société, il n'est vraiment pas possible* ▶ buvable (fam.), sortable (fam.), supportable, tolérable, vivable.

possible (au) adv. *Elle est agaçante au possible* ▶ extrêmement, très.

possiblement adv. ▶ éventuellement, peut-être.

poste n. m. **1** *Allumer le poste* ▶ radio, télévision. **2** *Occuper un poste important* ▶ charge, emploi, fonction, place, situation. **3** *Un poste fortifié* ▶ emplacement, place. **4 poste de télévision** ▶ téléviseur.

poster v. **1** *Poster des troupes dans un village* ▶ aposter (litt.), établir, installer, placer. **2** *Poster un colis à qqn* ▶ adresser, envoyer, expédier.

poster n. m. ▶ affiche.

postérieur, eure adj. **1** *La partie postérieure de la tête* ▶ arrière. **2** *Remettre qqch à une date postérieure* ▶ ultérieur.

postérieur n. m. ▶ arrière-train (fam.), croupe (fam.), cul (fam.), derrière, fesses, fessier, séant (vx), siège (vx).

postérieurement adv. ▶ après, ensuite, ultérieurement.

postérité n. f. **1** Litt. *La postérité d'Adam et Ève* ▶ descendance, descendants, lignée. **2** *Travailler pour la postérité* ▶ avenir, futur. **3** *Entrer dans la postérité* ▶ immortalité. **4** Fig. *La postérité de Balzac dans la littérature française* ▶ continuateurs, épigones (litt.), héritiers, successeurs.

postiche adj. *Une barbe postiche* ▶ artificiel, factice, faux.

postiche n. m. ▶ moumoute (fam.), perruque.

postulant, ante n. ▶ candidat, prétendant (litt.).

postulat n. m. ▶ axiome, convention, principe.

postuler v. **1** *Postuler un fauteuil d'académicien* ▶ briguer, rechercher, solliciter. **2** *Ce que vous postulez à la base de votre raisonnement est tout à fait discutable* ▶ admettre, présupposer.

posture n. f. **1** *Les postures du yoga* ▶ pose, position. **2** *Le désaveu de son chef le met dans une posture délicate* ▶ situation.

pot n. m. **1** *Un pot d'eau* ▶ cruche, pichet. **2** *Une pièce décorée de grands pots* ▶ potiche, vase. **3** Fam. *Boire un pot* ▶ coup (fam.), godet (fam.), verre. **4** Fam. *Manquer de pot* ▶ bol (fam.), chance, veine (fam.). **5 pot de chambre** ▶ bourdalou (vx), vase de nuit.

potable adj. **1** *De l'eau potable* ▶ buvable, consommable. **2** Fig. et fam. *Un spectacle potable, mais sans plus* ▶ acceptable, buvable (fam.), convenable, passable.

potage n. m. ▶ soupe.

pot-au-feu n. m. ▶ bouilli.

pot-de-vin n. m. ▶ bakchich (fam.), commission, dessous-de-table, enveloppe, gratification.

pote n. m. Fam. ▶ ami, camarade, copain (fam.).

poteau n. m. ▶ pieu.

potelé, ée adj. **1** *Un visage potelé* ▶ joufflu, poupin. **2** *Des cuisses potelées* ▶ charnu, dodu, grassouillet, rond, rondelet. **3** *Une femme potelée* ▶ dodu, grassouillet, replet, rond, rondelet.

potence n. f. ▶ gibet.

potentat n. m. ▶ autocrate, despote, dictateur, tyran.

potentialité n. f. *On n'a pas encore exploité toutes les potentialités de ce système* ▶ possibilité, virtualité.

potentiel, elle adj. **1** *L'énergie potentielle d'un ressort bandé* ▶ en puissance, virtuel. **2** *Le mode potentiel* ▶ conditionnel, hypothétique.

potentiel n. m. **1** *Le potentiel industriel d'une nation* ▶ capacité, force, possibilités, puissance. **2** *Le potentiel électrique* ▶ charge, tension, voltage.

potentiellement adv. ▶ virtuellement.

poterie n. f. *Des poteries romaines* ▶ céramique, terre cuite.

potiche n. f. ▶ pot, vase.

potin n. m. **1** Fam. *Refusez d'écouter tous ces potins* ▶ cancan (fam.), commérage, médisance, on-dit, racontar, ragot. **2** Fam. *Les voisins ont fait du potin toute la nuit* ▶ boucan (fam.), bruit, raffut (fam.), ramdam (fam.), tapage (litt.), tintamarre.

potiner v. Fam. ▶ cancaner (fam.), commérer, jaser, médire.

potion n. f. Vx *Une potion au goût amer* ▶ drogue (vx), médicament, remède.

pot-pourri n. m. ▶ cocktail, compilation, mélange, mosaïque, patchwork.

poubelle n. f. **1** *Mettre qqch à la poubelle* ▶ boîte à ordures. **2** Fig. *La Méditerranée devient une poubelle* ▶ dépotoir.

poudre n. f. **1** *Réduire qqch en poudre* ▶ poussière. **2 poudre à laver** ▶ détergent, détersif, lessive. **3 poudre aux yeux** Fig. ▶ bluff (fam.), chiqué (fam.), épate (fam.), esbroufe (fam.), frime (fam.).

poudreux, euse adj. *Une substance poudreuse* ▶ pulvérulent.

pouffer v. Fam. ▶ glousser, ricaner.

pouilleux, euse adj. 1 *Un clochard pouilleux* ▸ déguenillé, dépenaillé, loqueteux. 2 *Un quartier pouilleux* ▸ minable, misérable, miteux (fam.), sordide.

pouilleux, euse n. *Une bande de pouilleux* ▸ clochard, gueux (litt.), loqueteux, misérable, miséreux, va-nu-pieds.

poulailler n. m. Fig. *Le poulailler d'un théâtre* ▸ galerie, paradis.

poulain n. m. Fig. *Le poulain d'un directeur sportif* ▸ chouchou (fam.), favori, protégé.

poulbot n. m. ▸ gamin, gavroche, titi (fam.).

poule n. f. 1 *Gagner la poule* ▸ cave, enjeu, mise. 2 Fam. *S'afficher avec une poule* ▸ cocotte (fam.). 3 *poule mouillée* ▸ froussard (fam.), lâche, pleutre (litt.), poltron.

poulet n. m. Vx *Écrire un poulet à une jeune amie* ▸ billet doux.

poulpe n. m. ▸ pieuvre.

poupe n. f. *La poupe d'un navire* ▸ arrière.

poupée n. f. 1 *Acheter une poupée a à un enfant* ▸ baigneur, poupon. 2 Fam. *Mettre une poupée sur un doigt blessé* ▸ pansement, sparadrap.

poupin, ine adj. ▸ joufflu, potelé.

poupon n. m. 1 *Quel âge a ce joli poupon?* ▸ bambin, bébé, nourrisson. 2 *Acheter un poupon à un enfant* ▸ baigneur, poupée.

pouponner v. ▸ cajoler, dorloter, materner, mignoter (vx).

pouponnière n. f. ▸ crèche.

pour prép. 1 *Partir pour Rome* ▸ à destination de. 2 *Créer une fondation pour les exclus* ▸ dans l'intérêt de, en faveur de. 3 *Éprouver de l'aversion pour qqn* ▸ à l'égard de, envers. 4 *Signer pour le directeur* ▸ à la place de. 5 *Pour mille francs, j'ai droit à quoi?* ▸ contre, en échange de. 6 *Pour l'argent, on s'arrangera plus tard* ▸ en ce qui concerne, quant à. 7 *Il est grand pour son âge* ▸ eu égard à, par rapport à, relativement à. 8 *Être puni pour ses crimes* ▸ à cause de.

pourboire n. m. *Laissez-lui un petit pourboire* ▸ pièce (fam.).

pourceau n. m. 1 Vx *Les grognements des pourceaux* ▸ cochon, porc. 2 Litt. *Une civilisation de pourceaux avides de plaisirs* ▸ épicurien, hédoniste, jouisseur.

pourcentage n. m. ▸ proportion, rapport, tantième.

pourchasser v. *Pourchasser des fuyards* ▸ courir après (fam.), courser (fam.), être aux trousses de, poursuivre, talonner, traquer.

pourparlers n. m. pl. ▸ conversation, négociation, tractation.

pourpre adj. ▸ amarante, bordeaux, cramoisi, grenat.

pourpré, ée adj. ▸ purpurin (litt.).

pourquoi adv. 1 *Découvrir le pourquoi d'une querelle* ▸ cause, mobile, motif, raison, sujet. 2 *Je vais répondre à tous vos pourquoi* ▸ interrogation, question.

pourri, ie adj. 1 *Un aliment pourri* ▸ abîmé, avarié, corrompu, décomposé, gâté, moisi, piqué, tourné. 2 Fig. *Un temps pourri* ▸ humide, pluvieux. 3 Fig. *Un milieu pourri* ▸ corrompu, faisandé, gangrené, perverti, putride. 4 Fig. *Un policier pourri* ▸ corrompu, ripou (fam.), vendu. 5 Fig. *Un jeune homme pourri de talents* ▸ bourré, plein.

pourrir v. 1 *Des aliments qui pourrissent* ▸ s'avarier, chancir, se décomposer, se gâter, moisir, se putréfier, tourner. 2 *Les pluies ont pourri la récolte* ▸ gâter. 3 Fig. *Pourrir en prison* ▸ croupir, moisir. 4 Fig. *Laisser pourrir une situation* ▸ dégénérer, se dégrader, se détériorer, se gangrener. 5 Fig. *Ses mauvaises fréquentations l'ont pourri* ▸ corrompre, dépraver, perdre, pervertir. 6 Fig. *Ses parents le pourrissent* ▸ gâter.

pourrissement n. m. Fig. *Le pourrissement d'une situation* ▸ dégénérescence, dégradation, détérioration.

pourriture n. f. 1 *Tomber en pourriture* ▸ décomposition, putréfaction. 2 Fig. *Une société qui sombre dans la pourriture* ▸ corruption, dépravation, perversion. 3 Fam. *Traiter qqn de pourriture* ▸ charogne, fumier (fam.), ordure.

poursuite n. f. 1 *La poursuite d'un gibier* ▸ chasse, traque. 2 *La poursuite d'un idéal* ▸ quête (litt.), recherche. 3 *Engager une poursuite contre qqn* ▸ action, procès. 4 *La poursuite des négociations* ▸ continuation, prolongation, prolongement.

poursuivre v. 1 *Poursuivre du gibier* ▸ chasser, courre (vx), forcer (litt.), traquer. 2 *Poursuivre des fuyards* ▸ courir après (fam.), courser (fam.), être aux trousses de, pourchasser, talonner, traquer. 3 *Poursuivre les honneurs* ▸ aspirer à, briguer, prétendre à, rechercher, solliciter. 4 *Ses créanciers le poursuivent sans relâche* ▸ assiéger, harceler, importuner, persécuter, presser, relancer. 5 *Ce remords me poursuit* ▸ hanter, harceler, obséder, tourmenter. 6 *Poursuivre son effort avec ténacité* ▸ persévérer dans, soutenir. 7 *Poursuivre ses études au-delà du bac* ▸ continuer, pousser, prolonger. 8 *Poursuivre qqn devant les tribunaux* ▸ actionner, attaquer, citer, tra-

pourtant

duire. **9 se poursuivre** *Une enquête qui se poursuit* ▸ continuer, suivre son cours. **10** *Des négociations qui se sont poursuivies pendant des mois* ▸ durer, se prolonger.

pourtant adv. ▸ cependant, mais, néanmoins, pour autant, toutefois.

pourtour n. m. ▸ bord, circonférence, contour, périmètre, périphérie, tour.

pourvoi n. m. **1** *Un pourvoi auprès d'une juridiction supérieure* ▸ appel. **2** *Un pourvoi en grâce* ▸ recours.

pourvoir v. **1** *Pourvoir qqn d'une recommandation* ▸ munir, nantir. **2** *La nature a pourvu cette enfant de toutes les grâces* ▸ doter, douer, gratifier, nantir. **3** *Pourvoir une armée en munitions* ▸ alimenter, approvisionner, fournir. **4** *Pourvoir un studio de toutes les commodités* ▸ équiper, garnir. **5** *Pourvoir à la subsistance de qqn* ▸ assurer, parer à, subvenir à. **6 se pourvoir** *Se pourvoir du nécessaire* ▸ s'armer de, se munir de, prendre.

pourvoyeur, euse n. ▸ fournisseur.

pourvu que conj. **1** *Pourvu que vous partiez tôt, vous arriverez à temps* ▸ à condition que, si. **2** *Pourvu que ça dure* ▸ espérons que, fasse le ciel que (litt.).

pousse n. f. *Protéger de jeunes pousses* ▸ scion.

poussé, ée adj. **1** *Une étude poussée* ▸ approfondi, détaillé, fouillé. **2** *Une plaisanterie un peu poussée* ▸ exagéré, fort (fam.), osé.

pousse-café n. m. ▸ digestif.

poussée n. f. **1** *La poussée du vent était si forte que tout a été arraché* ▸ force, pression. **2** *Des piliers destinés à supporter la poussée de la voûte* ▸ charge, poids. **3** *Une poussée d'acné* ▸ accès, crise, éruption, montée. **4** *Une poussée des prix* ▸ augmentation, hausse, montée.

pousser v. **1** *Une plante qui pousse* ▸ croître, se développer, forcir, grandir. **2** *Pousser jusqu'au village voisin* ▸ aller, avancer, se porter, progresser. **3** *On l'a poussé au moment où il descendait du train* ▸ bousculer. **4** *Pousser qqn dehors* ▸ bouter (vx), chasser, refouler, rejeter, repousser. **5** *Poussez un peu vos affaires, elles me gênent* ▸ écarter. **6** *Pousser qqn à donner sa démission* ▸ acculer, astreindre, conduire, contraindre, forcer, obliger, réduire. **7** *Qu'est-ce qui vous poussait à commencer cette carrière?* ▸ disposer, encourager, engager, entraîner, inciter, incliner, porter, prédisposer. **8** *Pousser sa monture* ▸ aiguillonner, éperonner, exciter, piquer, presser, stimuler. **9** *Pousser le feu* ▸ activer, animer, attiser, aviver. **10** *Pousser sa voix* ▸ forcer. **11** *Pousser des cris* ▸ émettre, jeter, lancer. **12** *Pousser ses études jusqu'à la maîtrise* ▸ continuer, poursuivre, prolonger. **13** *Pousser ses conquêtes jusqu'à la mer* ▸ étendre. **14** *Pousser un raisonnement jusqu'à ses ultimes conclusions* ▸ approfondir, développer. **15** Fig. *Il a réussi, mais sa famille l'a beaucoup poussé* ▸ aider, encourager, épauler. **16** Fam. *Il pousse un peu, votre ami* ▸ abuser, attiger (fam.), charrier (fam.), dépasser les bornes, exagérer, faire fort (fam.), forcer la dose (fam.), ne pas y aller de main morte (fam.), passer la mesure, y aller fort (fam.). **17 se pousser** *Se pousser pour permettre à qqn de s'asseoir* ▸ s'écarter.

poussière n. f. **1** *Retomber en poussière* ▸ cendres. **2** *Des poussières volcaniques* ▸ cendre, scorie. **3** *De la poussière d'or* ▸ poudre. **4** *Trois millions et des poussières* ▸ broutilles, misères, riens. **5** Fig. et fam. *Réduire qqn en poussière* ▸ bouillie, capilotade, charpie, compote (fam.), marmelade (fam.), miettes, purée.

poussiéreux, euse adj. **1** *Une route poussiéreuse* ▸ poudreux (litt.). **2** *Un teint poussiéreux* ▸ gris, grisâtre. **3** Fig. *Un monde poussiéreux* ▸ ancien, archaïque, démodé, dépassé, rétrograde, suranné, vétuste, vieilli, vieux.

poussif, ive adj. *Dès le deuxième étage on le sent poussif* ▸ essoufflé, haletant.

poussoir n. m. ▸ bouton.

pouvoir v. *Vous pourrez faire cela tout seul?* ▸ être à même de, être capable de, être en état de, être en mesure de, savoir.

pouvoir n. m. **1** *Il le fera s'il en a le pouvoir* ▸ latitude, liberté, possibilité. **2** *Seuls les oiseaux ont le pouvoir de voler* ▸ faculté, possibilité. **3** *Le pouvoir absorbant d'un buvard* ▸ capacité, propriété. **4** *Un mineur n'a pas le pouvoir de voter* ▸ autorisation, droit, permission. **5** *Donner un pouvoir à qqn pour signer une transaction* ▸ délégation, mandat, procuration. **6** *Exercer un pouvoir psychologique sur qqn* ▸ ascendant, autorité, domination, empire, emprise, influence. **7** *Le pouvoir de l'État sur les entreprises nationalisées* ▸ autorité, mainmise, maîtrise, souveraineté, tutelle. **8** *Un pouvoir totalitaire* ▸ état, gouvernement, régime.

pragmatique adj. **1** *Une méthode pragmatique* ▸ empirique. **2** *Un esprit pragmatique* ▸ concret, positif, pratique, réaliste.

pragmatisme n. m. ▸ empirisme, réalisme.

prairie n. f. ▸ pré.

praticable adj. **1** *Une opération praticable* ▶ exécutable, faisable, possible, réalisable. **2** *Un chemin praticable* ▶ carrossable.

praticien, enne n. **1** *Il vaudrait mieux faire appel à un praticien pour réparer cet instrument* ▶ homme de l'art, professionnel, spécialiste, technicien. **2** Spécialement dans le domaine médical ▶ docteur, médecin, toubib (fam.).

pratiquant, ante adj. ▶ dévot, pieux.

pratique adj. **1** *Un outil très pratique* ▶ commode, fonctionnel, maniable. **2** *Un esprit pratique* ▶ concret, matériel, positif, pragmatique, réaliste, terre à terre.

pratique n. f. **1** *Passons à la pratique* ▶ actes, action, exécution, réalisation. **2** *C'est un domaine où je manque de pratique* ▶ exercice, expérience, habitude, savoir-faire. **3** *La pratique d'un ordinateur demande beaucoup d'attention* ▶ emploi, usage, utilisation. **4** *Une pratique ancestrale* ▶ coutume, habitude, tradition, usage. **5** *Avoir des pratiques malhonnêtes* ▶ agissement, façon, manière, méthode, procédé.

pratiqué, ée adj. *Une méthode encore pratiquée* ▶ en usage.

pratiquement adv. **1** *Pratiquement, ce projet est irréalisable* ▶ concrètement, dans les faits, en réalité, objectivement. **2** Fam. *Il est pratiquement ruiné* ▶ à peu de choses près, pour ainsi dire, presque, quasiment.

pratiquer v. **1** *Pratiquer la vertu* ▶ cultiver. **2** *Pratiquer un sport* ▶ s'adonner à, faire, se livrer à. **3** *Pratiquer un métier* ▶ exercer, faire. **4** *Pratiquer une méthode plutôt qu'une autre* ▶ adopter, appliquer, employer, éprouver, expérimenter, suivre. **5** *Avoir coutume de pratiquer l'ironie* ▶ employer, manier, recourir à, user de. **6** *Pratiquer une intervention chirurgicale* ▶ accomplir, exécuter, faire, opérer, réaliser. **7** *Pratiquer une boîte de nuit* ▶ fréquenter, hanter.

pré n. m. ▶ prairie.

préalable adj. ▶ préliminaire.

préalable n. m. **1** *Mettre un préalable à l'ouverture des négociations* ▶ condition. **2 au préalable** ▶ auparavant, avant, d'abord, en premier, préalablement, premièrement.

préalablement adv. ▶ auparavant, au préalable, avant, d'abord, en premier, premièrement.

préambule n. m. **1** *Un texte précédé d'un préambule* ▶ avant-propos, introduction, préface, présentation, prolégomènes (litt.). **2** *Dire qqch en guise de préambule* ▶ avertissement, commencement, entrée en matière, exorde. **3** *Ces événements ont été le préambule d'une crise grave* ▶ prélude, préliminaires, prémices.

précaire adj. **1** *Une situation précaire* ▶ aléatoire, fragile, incertain, instable, passager. **2** *La passion est un sentiment précaire* ▶ éphémère, fragile, fugace, fugitif.

précambrien, enne adj. ▶ antécambrien.

précarité n. f. ▶ fragilité, incertitude, instabilité.

précaution n. f. **1** *Prendre des précautions dans l'hypothèse d'un accident* ▶ disposition, garantie, mesure. **2** *C'est à manipuler avec précaution* ▶ attention, circonspection, délicatesse, diplomatie, ménagement, prudence, soin.

précautionneusement adv. **1** *Rester précautionneusement en arrière* ▶ frileusement, prudemment. **2** *Manipuler un objet précautionneusement* ▶ délicatement, prudemment, soigneusement.

précautionneux, euse adj. **1** *Des paroles précautionneuses* ▶ circonspect, prudent. **2** *Un employé précautionneux* ▶ minutieux, scrupuleux, soigneux.

précédemment adv. ▶ antérieurement, auparavant, avant.

précédent, ente adj. **1** *L'année précédente* ▶ dernier, passé. **2** *C'est raconté dans un ouvrage précédent* ▶ antécédent (litt.), antérieur.

précédent n. m. **1** *Cela va constituer un précédent dangereux* ▶ exemple, référence. **2 sans précédent** *Une catastrophe sans précédent* ▶ inouï, unique.

précéder v. **1** *Précéder qqn dans un classement* ▶ devancer. **2** *Un symptôme qui précède une crise* ▶ annoncer, préluder à, préparer.

précepte n. m. **1** *Énoncer gravement de sages préceptes* ▶ aphorisme, apophtegme (litt.), formule, maxime, sentence. **2** *Suivre des préceptes précis* ▶ dogme, loi, principe, règle.

prêche n. m. ▶ exhortation, harangue, homélie (litt.), prédication (litt.), prône (litt.), sermon.

prêcher v. **1** *Prêcher les infidèles* ▶ catéchiser, évangéliser. **2** *Prêcher la patience* ▶ conseiller, exhorter à (litt.), préconiser, prôner, recommander.

prêcheur, euse adj. *Employer un ton prêcheur avec ses enfants* ▶ moralisateur, sermonneur.

prêchi-prêcha n. m. Fam. *On a eu droit à son sempiternel prêchi-prêcha* ▶ sermon.

précieusement adv. ▶ soigneusement.

précieux, euse adj. **1** *Un ami est une chose précieuse* ▶ rare. **2** *Votre aide m'a été très précieuse* ▶ utile. **3** *Un meuble d'une facture précieuse* ▶ délicat, fin, raffiné. **4** *Un style insupportablement précieux* ▶ affecté, chichiteux (fam.), contourné, emprunté, maniéré, recherché, tarabiscoté.

préciosité n. f. ▶ affectation, afféterie (litt.), gongorisme (litt.), maniérisme, mièvrerie, mignardise (litt.), recherche.

précipice n. m. **1** *Tomber dans un précipice* ▶ abîme (litt.), gouffre. **2** Fig. *Cette entreprise est au bord du précipice* ▶ abîme, désastre, gouffre, ruine.

précipitamment adv. ▶ à la diable (fam.), à la galopade (fam.), à la hâte, à la sauvette, à la va-comme-je-te-pousse (fam.), à la va-vite, à toute allure, brusquement, dare-dare (fam.), en catastrophe, hâtivement.

précipitation n. f. *Agir sans trop de précipitation* ▶ empressement, fougue, hâte, impatience, impétuosité, promptitude, rapidité, vitesse.

précipité, ée adj. *Un jugement précipité* ▶ bâclé, hâtif, rapide.

précipité n. m. ▶ dépôt.

précipiter v. **1** *Précipiter qqn dans le vide* ▶ envoyer, jeter. **2** *Précipiter son départ* ▶ accélérer, activer, avancer, brusquer, hâter, presser. **3** *se précipiter* *Les événements se précipitent* ▶ s'accélérer, se bousculer. **4** *Il ne faut pas trop se précipiter* ▶ se dépêcher, se hâter, se presser. **5** *Se précipiter du haut d'une falaise* ▶ se jeter, sauter. **6** *Se précipiter au-devant de qqn* ▶ accourir, courir, s'élancer, se lancer, se ruer. **7** *Se précipiter sur sa proie* ▶ s'abattre, bondir, foncer, fondre, plonger, se ruer, sauter, tomber.

précis, ise adj. **1** *Un dessin précis* ▶ détaillé, exact, méticuleux. **2** *Il n'a pas d'idée précise sur cette question* ▶ clair, défini, déterminé, distinct, net, particulier. **3** *Venir à neuf heures précises* ▶ juste, pétant (fam.), pile, sonnant, tapant.

précis n. m. *Un précis d'histoire ancienne* ▶ abrégé, aide-mémoire, compendium (litt.), épitomé (litt.), mémento, résumé, vade-mecum (litt.).

précisément adv. **1** *Exposer précisément une théorie* ▶ clairement, distinctement, exactement, nettement. **2** *Respecter précisément des règles* ▶ consciencieusement, exactement, fidèlement, méticuleusement, religieusement, scrupuleusement. **3** *Que fait-il précisément?* ▶ au juste, exactement. **4** *Voilà précisément ce qu'il ne faut pas faire* ▶ exactement, juste, justement. **5** *Ce n'est pas précisément gai* ▶ vraiment.

préciser v. **1** *Préciser sa pensée* ▶ clarifier, détailler, développer, expliciter. **2** *Préciser une date* ▶ définir, déterminer, établir, fixer. **3** *Inutile de préciser qu'il faudra arriver à l'heure* ▶ souligner, spécifier, stipuler. **4** *se préciser* *Une menace qui se précise* ▶ se confirmer, se rapprocher.

précision n. f. **1** *La précision d'une démonstration* ▶ clarté, justesse, netteté, rigueur. **2** *Accomplir les gestes avec précision* ▶ dextérité, doigté, exactitude, rigueur, sûreté. **3** *Demander des précisions à qqn* ▶ détail, explication, information.

précoce adj. **1** *Des fruits précoces* ▶ hâtif. **2** *L'arrivée précoce de l'automne* ▶ anticipé, prématuré. **3** *Un enfant précoce* ▶ avancé.

précocement adv. ▶ avant l'heure, prématurément.

préconçu, ue adj. **1** *Un plan préconçu* ▶ préétabli. **2** *Des idées préconçues* ▶ a priori, tout fait.

préconiser v. ▶ conseiller, indiquer, prôner, recommander, vanter.

précurseur adj. m. *Les signes précurseurs de l'orage* ▶ annonciateur, avant-coureur.

précurseur n. m. **1** *Les précurseurs d'une révolution artistique* ▶ devancier. **2** *De son temps il était considéré comme un précurseur* ▶ novateur, pionnier.

prédécesseur n. m. *Respecter les intentions de ses prédécesseurs* ▶ devancier.

prédestiner v. ▶ appeler, vouer.

prédicateur n. m. ▶ prêcheur (vx).

prédication n. f. Litt. *Une prédication d'une rare éloquence* ▶ homélie (litt.), prêche, prône (litt.), sermon.

prédiction n. f. **1** *Les prédictions des devins anciens* ▶ augure, oracle, prophétie, vaticination (litt.). **2** *Refuser de faire des prédictions sur l'avenir d'une entreprise* ▶ conjecture, prévision, pronostic.

prédilection n. f. **1** Litt. *Avoir une prédilection marquée pour qqch* ▶ faible, goût, inclination, penchant, préférence. **2** *de prédilection* *Le rouge est sa couleur de prédilection* ▶ favori, fétiche, préféré.

prédire v. ▸ annoncer, augurer, conjecturer, présager, prévoir, pronostiquer, prophétiser.

prédisposé, ée adj. ▸ enclin, porté.

prédisposer v. *Tout le prédispose à embrasser cette carrière* ▸ incliner, porter, pousser, préparer.

prédisposition n. f. **1** *Avoir des prédispositions pour la peinture* ▸ aptitude, disposition, don. **2** *Avoir des prédispositions pour la boisson* ▸ penchant, propension, tendance.

prédominance n. f. *Contester la prédominance d'un courant à l'intérieur d'un parti* ▸ domination, hégémonie, leadership, prééminence (litt.), prépondérance, primauté, supériorité, suprématie.

prédominant, ante adj. *Sa préoccupation prédominante est de terminer ce travail* ▸ majeur, premier, prépondérant, primordial, principal.

prédominer v. ▸ l'emporter, prévaloir, primer.

prééminence n. f. Litt. ▸ leadership, prédominance, prépondérance, supériorité, suprématie.

prééminent, ente adj. ▸ majeur, prédominant, premier, prépondérant, primordial, supérieur.

préétabli, ie adj. ▸ préconçu.

préexistant, ante adj. ▸ antérieur, préalable.

préexistence n. f. ▸ antériorité.

préface n. f. ▸ avant-propos, préambule, présentation, prolégomènes (litt.).

préfecture n. f. *Dordogne, préfecture Périgueux* ▸ chef-lieu.

préférable adj. ▸ meilleur, mieux.

préférablement adv. *Porter une robe préférablement à une autre* ▸ de préférence à, plutôt que.

préféré, ée adj. *La corrida est son spectacle préféré* ▸ de prédilection, favori, fétiche.

préféré, ée n. *Elle met toujours de meilleures notes à son préféré* ▸ chouchou (fam.), favori, protégé.

préférence n. f. **1** *Avoir une préférence pour la couleur rouge* ▸ attirance, faible, faiblesse, goût, prédilection (litt.). **2 de préférence** *Partir le dimanche de préférence au lundi* ▸ plutôt que, préférablement à.

préférer v. **1** *Comment préférer l'un de ces deux maux?* ▸ choisir, incliner vers, opter pour (litt.), pencher pour. **2** *Il préférerait mourir* ▸ aimer mieux.

préfiguration n. f. ▸ annonce, signe avant-coureur.

préfigurer v. ▸ annoncer.

préhistorique adj. Fig. *Des préjugés préhistoriques* ▸ anachronique, antédiluvien, suranné.

préjudice n. m. **1** *Se faire dédommager en raison du préjudice subi* ▸ détriment (litt.), dommage, tort. **2 porter préjudice** *Ces calomnies portent gravement préjudice à l'honneur de mon client* ▸ compromettre, déconsidérer, desservir, discréditer, faire du tort à, nuire à, porter atteinte à, porter tort à.

préjudiciable adj. ▸ attentatoire (litt.), dommageable, funeste (litt.), mauvais, néfaste, nocif, nuisible.

préjugé n. m. ▸ a priori, idée préconçue, idée reçue, idée toute faite, parti pris, prévention.

prélasser (se) v. ▸ se détendre, se laisser aller, se relaxer, se reposer.

prélèvement n. m. **1** *Un prélèvement de sang* ▸ ponction. **2** *Les prélèvements opérés sur un salaire brut* ▸ ponction, précompte, retenue.

prélever v. **1** *Prélever un échantillon de minerai pour l'analyser* ▸ enlever, extraire, prendre. **2** *Prélever sa commission sur le total d'une transaction* ▸ retenir, retrancher.

préliminaire adj. *Faire quelques observations préliminaires avant d'entrer dans le vif du sujet* ▸ introductif, préalable, préparatoire.

préliminaires n. m. pl. *Se perdre dans d'interminables préliminaires* ▸ avant-propos, commencement, entrée en matière, introduction, préambule, prélude, prologue.

prélude n. m. **1** Fig. *Ce petit concert servira de prélude au spectacle* ▸ commencement, introduction, ouverture, préambule, préliminaires. **2** Fig. *Ces manifestations étaient en fait le prélude d'une crise profonde* ▸ annonce, signe avant-coureur.

préluder v. **1** *Un athlète qui prélude à une course par un échauffement* ▸ se préparer. **2** *Les incidents qui préludent à une crise plus grave* ▸ annoncer.

prématuré, ée adj. *L'arrivée prématurée du printemps* ▸ anticipé, précoce.

prématurément adv. ▸ avant l'heure, précocement.

préméditer v. *C'est lui seul qui a tout prémédité* ▸ combiner, machiner, manigancer, mijoter (fam.), ourdir (litt.), **préparer**, projeter, tramer.

prémices n. f. pl. Litt. *Les prémices du printemps* ▸ amorce, commencement, début.

premier, ère adj. **1** *Ne plus être dans sa première jeunesse* ▸ prime (litt.). **2** *La première page d'un livre* ▸ liminaire (litt.). **3** *Le sens premier d'un mot* ▸ initial, originel, primitif. **4** *La première édition d'un ouvrage* ▸ original, princeps. **5** *À la première occasion* ▸ prochain. **6** *La qualité première d'un homme d'État* ▸ capital, dominant, essentiel, prépondérant, primordial, principal. **7** *De la viande de première qualité* ▸ supérieur. **8** *Une vérité première* ▸ évident, manifeste.

premier, ère n. *Le premier de sa promotion* ▸ cacique, major.

premièrement adv. ▸ avant tout, avant toute chose, d'abord, en premier, en premier lieu, primo (fam.), tout d'abord.

premier-né, première-née n. ▸ aîné.

prémisses n. f. pl. *Les prémisses de la Révolution française se situent bien avant 1789* ▸ amorce, embryon, germe, origine, racine, source.

prémonition n. f. ▸ intuition, prescience, pressentiment.

prémonitoire adj. *Un rêve prémonitoire* ▸ prophétique.

prémunir v. **1** Litt. *Prémunir une jeune conscience contre la tentation* ▸ armer, fortifier, renforcer. **2 se prémunir** *Se prémunir contre la sécheresse* ▸ s'armer contre, se garantir de, se garder de, se précautionner contre (litt.).

prenant, ante adj. **1** Fig. *Une intrigue prenante* ▸ captivant, intéressant, palpitant, passionnant. **2** Fig. *Un travail prenant* ▸ absorbant. **3** Fig. *Elle a une voix très prenante* ▸ attirant, séduisant.

prendre v. **1** *Il a eu juste le temps de prendre son sac au passage* ▸ agripper, attraper, empoigner, happer, ramasser, saisir, se saisir de. **2** *On m'a pris mon portefeuille!* ▸ barboter (fam.), carotter (fam.), chiper (fam.), dérober, faucher (fam.), piquer (fam.), ravir (litt.), souffler (fam.), soustraire (litt.), subtiliser, voler. **3** *Prendre la meilleure place* ▸ accaparer, s'approprier, s'attribuer, s'emparer de, occuper, se saisir de. **4** *Prendre une forteresse* ▸ conquérir, enlever. **5** *Prendre 1000 francs sur les 2000 qui restent* ▸ décompter, déduire, défalquer, enlever, ôter, prélever, retenir, retirer, retrancher, soustraire. **6** *Si ses parents ne peuvent pas s'en occuper, nous les prendrons chez nous* ▸ accueillir, recevoir. **7** *Prendre qqn à son service* ▸ embaucher, engager. **8** *Se faire prendre en flagrant délit* ▸ appréhender, arrêter, attraper, choper (fam.), coincer (fam.), cravater (fam.), cueillir (fam.), épingler (fam.), harponner (fam.), mettre la main au collet, pincer (fam.), piquer (fam.), ramasser (fam.). **9** *Son travail le prend complètement* ▸ absorber, occuper. **10** *Prendre une femme malgré elle* ▸ baiser (fam.), posséder. **11** *Il n'a rien pris depuis hier soir* ▸ absorber, avaler, consommer, ingérer (litt.), manger, toucher à. **12** *Prendre un apéritif avec un ami* ▸ boire, consommer. **13** *Prendre son billet au guichet* ▸ acheter, se procurer, retirer. **14** *Prendre un bateau* ▸ embarquer dans, monter dans. **15** *Prendre une route* ▸ emprunter, suivre. **16** *Prendre un exemple* ▸ considérer, envisager, étudier. **17** *Prendre un bon coup sur la figure* ▸ recevoir. **18** *C'est un travail qui prend du temps* ▸ demander, exiger, nécessiter, réclamer. **19** *Prendre qqn pour un imbécile* ▸ considérer comme, regarder comme, tenir pour. **20** *Se laisser prendre par l'air naïf de qqn* ▸ abuser (litt.), berner (litt.), duper (fam.), leurrer (litt.), tromper. **21** *Une mayonnaise qui prend* ▸ durcir, épaissir, figer. **22** *Un canular qui prend* ▸ marcher, réussir. **23 prendre acte** ▸ constater, enregistrer. **24 prendre congé** ▸ se barrer (fam.), se casser (fam.), débarrasser le plancher (fam.), décamper, dégager (fam.), s'éclipser, s'en aller, ficher le camp (fam.), filer, mettre les voiles (fam.), partir, se retirer, se tirer (fam.). **25 prendre corps** ▸ se concrétiser, se matérialiser. **26 prendre du bon temps** ▸ s'amuser, faire la fête (fam.). **27 prendre feu** ▸ brûler, s'embraser, s'enflammer, flamber. **28 prendre fin** ▸ s'achever, expirer, finir, se terminer. **29 prendre garde à** *Prendre garde à ce que la porte reste grande ouverte* ▸ faire attention, faire gaffe (fam.), veiller. **30** *Prendre garde aux hypocrites* ▸ se défier de (litt.), se garder de, se méfier de, se préserver de. **31 prendre les devants** ▸ anticiper, devancer. **32 prendre note** ▸ enregistrer, inscrire, noter. **33 prendre soin de** *Prendre soin de fermer la porte en entrant* ▸ faire attention à, faire gaffe à (fam.), veiller à. **34** *Prendre soin d'un vieillard* ▸ aider, assister, se charger de, s'occuper de, soigner, veiller sur. **35 prendre sur soi** *Réussir à prendre sur soi pour ne pas fondre en larmes* ▸ se dominer, se maîtriser. **36** *Prendre sur soi la responsabilité d'un échec* ▸ assumer, se charger de, endosser. **37 se prendre** Litt. *Se prendre à penser à des choses tristes* ▸ commencer, se mettre. **38 s'en prendre** *Il s'en prend à moi quand il est énervé* ▸ agresser, s'attaquer à. **39 s'y pren-**

dre *Il ne sait pas comment s'y prendre* ▸ procéder.

preneur, euse n. *Ne pas trouver preneur pour son appartement* ▸ acheteur, acquéreur.

prénom n. m. ▸ petit nom (fam.).

préoccupant, ante adj. ▸ alarmant, critique, grave, inquiétant.

préoccupation n. f. **1** *Avoir son vêtement comme unique préoccupation* ▸ soin (litt.), souci (litt.). **2** *Les préoccupations liées à une profession* ▸ angoisse, souci, tourment (litt.), tracas.

préoccupé, ée adj. **1** *Avoir l'air préoccupé* ▸ absorbé, anxieux, inquiet, soucieux, tendu, tracassé. **2** *Se montrer très préoccupé de ne choquer personne* ▸ attentif à, soucieux de.

préoccuper v. **1** *Cette affaire le préoccupe beaucoup* ▸ chiffonner (fam.), ennuyer, inquiéter, tourmenter, tracasser, travailler (fam.). **2 se préoccuper** *Il faudrait vous préoccuper davantage de votre santé* ▸ s'inquiéter de, s'intéresser à, s'occuper de, penser à, se soucier de.

préparateur, trice n. ▸ laborantin.

préparatifs n. m. pl. *Les préparatifs du banquet* ▸ confection, élaboration, mise au point, organisation, préparation.

préparation n. f. **1** *La préparation d'un repas* ▸ confection, élaboration, mise au point, organisation, préparatifs. **2** *La phase de préparation et la phase de réalisation* ▸ conception, gestation. **3** *Un métier qui nécessite une longue préparation* ▸ apprentissage, éducation, entraînement, exercice, formation, instruction. **4** *Un sport qui suppose un temps de préparation* ▸ échauffement. **5** *Une préparation vendue en pharmacie* ▸ mélange.

préparatoire adj. *Une phase préparatoire* ▸ exploratoire, préliminaire.

préparé, ée adj. *Un repas tout préparé* ▸ fait, prêt.

préparer v. **1** *Préparer un mauvais coup* ▸ arranger, combiner (fam.), échafauder, goupiller (fam.), méditer, mijoter (fam.), monter, mûrir, organiser, ourdir (litt.), préméditer, projeter, tramer. **2** *Préparer un repas* ▸ accommoder, apprêter, cuire, cuisiner, mitonner. **3** *Préparer un bouquet* ▸ composer, disposer, élaborer. **4** *Préparer une chambre pour qqn* ▸ aménager, arranger. **5** *Préparer un examen* ▸ bosser (fam.), potasser (fam.), travailler. **6 se préparer** *On sent qu'une catastrophe se prépare* ▸ couver, menacer. **7** *Préparez-vous à partir* ▸ s'apprêter, se disposer. **8** *Un athlète qui se prépare à une course par un échauffement* ▸ préluder.

prépondérance n. f. ▸ domination, hégémonie, leadership, prédominance, prééminence, primauté, supériorité, suprématie.

prépondérant, ante adj. **1** *Le président de séance dispose d'un rôle prépondérant* ▸ dominant, prédominant, prééminent. **2** *S'interroger sur la qualité prépondérante d'un homme d'État* ▸ dominant, essentiel, premier, primordial, principal.

préposé, ée n. **1** *Les préposés des douanes* ▸ agent, employé. **2** *En particulier pour la distribution du courrier* ▸ facteur, factrice.

préposer v. *Préposer qqn à une fonction* ▸ affecter à, charger de, commettre à (litt.), employer à.

prérogative n. f. **1** *Défendre jalousement ses prérogatives* ▸ avantage, privilège. **2** *Ce que vous me demandez là dépasse mes prérogatives* ▸ attribution, compétence, pouvoir.

près adv. **1** *Ce n'est pas vraiment près, mais ce n'est pas très loin* ▸ à côté, à deux pas, à proximité. **2 de près** *Étudier une question de près* ▸ attentivement, soigneusement.

près de prép. **1** *Ils étaient près d'un millier* ▸ à peu de chose près, à peu près, approximativement, environ, pas loin de, presque, quasiment. **2** *Ils étaient près de partir* ▸ sur le point de.

présage n. m. *Tout interpréter comme les présages d'une catastrophe prochaine* ▸ annonce, augure (litt.), auspice (litt.), avertissement, signe, signe avant-coureur, symptôme.

présager v. **1** *Tout cela ne présage rien de bon* ▸ annoncer, augurer, promettre. **2** *Un économiste qui présage la fin de la crise* ▸ prévoir, pronostiquer.

presbytère n. m. ▸ cure.

prescience n. f. *Avoir la prescience d'une catastrophe* ▸ intuition, prémonition, pressentiment.

prescription n. f. **1** *Les prescriptions de la morale* ▸ commandement, injonction, précepte. **2** *Suivre à la lettre les prescriptions de son supérieur* ▸ indication, instruction, ordre. **3** *Les prescriptions d'un médecin* ▸ ordonnance, recommandation.

prescrire v. **1** *Prescrire à qqn de faire son devoir* ▸ commander à, demander à, enjoindre à, ordonner à, sommer. **2** *Se conformer à ce que la loi prescrit* ▸ dicter, édicter, fixer, imposer. **3** *La situation pres-*

crit la plus grande vigilance ▶ commander, demander, exiger, imposer.

prescrit, ite adj. *Ne pas dépasser la dose prescrite* ▶ fixé, recommandé, requis, voulu.

présence n. f. **1** *Douter de la présence d'eau sur la planète Mars* ▶ existence. **2** *Une politique destinée à renforcer la présence de la France* ▶ autorité, influence, rayonnement, rôle. **3** *Un acteur qui a de la présence* ▶ personnalité, tempérament. **4 présence d'esprit** ▶ à-propos, vivacité. **5 en présence de** *Cela s'est passé en présence de plusieurs témoins* ▶ devant.

présent, ente adj. *L'époque présente* ▶ actuel, contemporain, moderne.

présent n. m. **1** *Vivre dans le présent* ▶ instant. **2** Litt. *Faire un présent* ▶ cadeau. **3** Litt. *Cette enfant est un présent du ciel* ▶ bienfait, don. **4 à présent** ▶ actuellement, aujourd'hui, de nos jours, en ce moment, maintenant, présentement (litt.).

présentable adj. *Une tenue présentable* ▶ acceptable, convenable, correct, montrable, passable, potable (fam.), sortable.

présentateur, trice n. **1** *Un présentateur d'appareils ménagers* ▶ démonstrateur. **2** *Le présentateur d'une émission sportive* ▶ animateur, commentateur.

présentation n. f. **1** *La présentation d'une collection* ▶ exposition. **2** *Un texte précédé d'une présentation* ▶ avant-propos, préambule, préface, prolégomènes (litt.). **3** *La présentation d'une idée* ▶ développement, exposé. **4** *Attacher de l'importance à la présentation* ▶ allure, apparence, forme, tenue.

présentement adv. Litt. ▶ actuellement, à présent, aujourd'hui, de nos jours, en ce moment, maintenant.

présenter v. **1** *Présenter qqn auprès d'une société savante* ▶ introduire. **2** *Présenter un verre à qqn* ▶ offrir, proposer, servir, tendre. **3** *Présenter une idée* ▶ développer, exposer, exprimer, formuler. **4** *Présenter une collection* ▶ exposer, montrer, produire. **5 se présenter** *Se présenter à l'heure convenue* ▶ se faire connaître, se montrer, paraître. **6** *Se présenter devant un tribunal* ▶ comparaître. **7** *Si des difficultés se présentent* ▶ advenir (litt.), arriver, se produire, surgir, survenir. **8** *Se présenter à un examen* ▶ passer.

présentoir n. m. ▶ support.

préservatif n. m. ▶ capote (fam.), capote anglaise, condom.

préservation n. f. ▶ conservation, défense, garantie, maintien, protection, sauvegarde.

préserver v. **1** *Ils ont tenté de préserver ce qu'ils avaient de précieux* ▶ abriter, défendre, garantir, garer (fam.), mettre à l'abri, protéger, sauvegarder, sauver. **2 se préserver** Litt. *Se préserver de toute mauvaise influence* ▶ éviter, se garder de.

président, ente n. *Une allocution du Président* ▶ chef de l'état.

présomption n. f. **1** *Se moquer de la présomption d'un jeune homme* ▶ arrogance, fatuité, infatuation (litt.), outrecuidance (litt.), prétention, suffisance, vanité. **2** *On n'en est encore qu'au stade des présomptions* ▶ conjecture, hypothèse, supposition. **3** *Les présomptions qui existent contre un prévenu* ▶ charge, indice, soupçon.

présomptueux, euse adj. ▶ arrogant, avantageux, fat, infatué (litt.), outrecuidant (litt.), prétentieux, suffisant, vain (litt.), vaniteux.

presque adv. ▶ à peu de chose près, à peu près, approximativement, environ, pas loin de, pour ainsi dire, quasi, quasiment.

presque rien n. m. *Tout son charme tient à ce petit presque rien qu'on appelle la distinction* ▶ je-ne-sais-quoi, quelque chose.

pressant, ante adj. **1** *Une demande pressante* ▶ appuyé, impératif, insistant, instant (litt.). **2** *Un désir pressant* ▶ ardent. **3** *Un besoin pressant* ▶ impérieux, pressé, urgent.

presse n. f. **1** *Lire les nouvelles dans la presse* ▶ journaux. **2** *Être harcelé par la presse* ▶ journalistes. **3** Fig. *Avoir bonne presse* ▶ réputation. **4** Litt. *Ne pas aimer faire les choses dans la presse* ▶ hâte, précipitation. **5** Litt. *Fendre la presse* ▶ foule.

pressé, ée adj. **1** *Un travail pressé* ▶ pressant, urgent. **2** *Avoir l'air pressé* ▶ impatient.

pressentiment n. m. ▶ intuition, prémonition (litt.), prescience.

pressentir v. **1** *Pressentir qu'un événement va arriver* ▶ s'attendre à, augurer, conjecturer, deviner, se douter, présager, présumer, prévoir, subodorer. **2** *Pressentir le chagrin de qqn* ▶ déceler, détecter, deviner, se douter de, entrapercevoir, entrevoir, percevoir, sentir, soupçonner, subodorer. **3** *Pressentir qqn pour un poste* ▶ sonder.

presser v. **1** *Presser la main sur le front de qqn* ▶ appliquer, appuyer. **2** *Presser une*

veine pour arrêter une hémorragie ▶ comprimer, serrer. **3** *Presser du raisin* ▶ broyer, écraser, fouler, pressurer. **4** *Presser qqn dans ses bras* ▶ étreindre, serrer. **5** *Presser des objets dans une boîte* ▶ entasser, serrer, tasser. **6** *Presser les événements* ▶ accélérer, activer, brusquer, hâter, précipiter. **7** *Presser qqn de faire qqch* ▶ engager à, inciter à, inviter à, pousser à. **8** *Presser qqn de questions* ▶ assaillir, assiéger, harceler, persécuter, poursuivre, talonner, tourmenter. **9** *Dépêchez-vous, ça commence à presser* ▶ urger (fam.). **10 se presser** *La foule qui se presse sur les quais du métro* ▶ affluer, se bousculer, s'entasser, se masser. **11** *Se presser parce qu'on est en retard* ▶ accélérer, courir, se dépêcher, foncer (fam.), se grouiller (fam.), se hâter, se magner (fam.), se précipiter. **12** *Un enfant qui se presse contre sa mère* ▶ se blottir, se pelotonner, se serrer.

pressing n. m. ▶ blanchisserie, teinturerie.

pression n. f. **1** *La pression subie par un gaz* ▶ compression. **2** *La porte a cédé sous la pression du vent* ▶ poussée. **3** Fig. *Résister à toutes les pressions* ▶ influence, sollicitation.

pressurer v. **1** *Pressurer des fruits* ▶ écraser, presser. **2** Fig. *Pressurer les contribuables* ▶ accabler, écraser, saigner.

prestance n. f. ▶ allure, distinction, maintien, port (litt.).

prestation n. f. **1** *Les prestations de la Sécurité sociale* ▶ aide, allocation, indemnité. **2** Fam. *Un sportif qui réussit une brillante prestation* ▶ performance.

preste adj. *Faire disparaître qqch d'un geste preste* ▶ leste, prompt, rapide, vif.

prestement adv. *Il s'en empara prestement* ▶ promptement, rapidement, vivement.

prestesse n. f. Litt. *Le singe s'échappa avec prestesse au moment où on allait l'attraper* ▶ agilité, célérité, promptitude, rapidité, vivacité.

prestidigitateur, trice n. ▶ escamoteur, illusionniste, magicien, manipulateur.

prestidigitation n. f. **1** *Un spectacle de prestidigitation* ▶ illusionnisme, magie. **2** *Un tour de prestidigitation* ▶ magie, passe-passe.

prestige n. m. **1** *Le prestige d'un homme célèbre* ▶ aura (litt.), gloire, rayonnement, renom. **2** *Être sensible au prestige de l'uniforme* ▶ attrait, charme, séduction.

prestigieux, euse adj. **1** *Un artiste prestigieux* ▶ célèbre, fameux, illustre, renommé, réputé. **2** *Les monuments qui nous rappellent un passé prestigieux* ▶ glorieux, grandiose, héroïque.

présumé, ée adj. **1** *Des discussions qui sont présumées être utiles* ▶ censé, réputé, supposé. **2** *Le père présumé de cet enfant* ▶ putatif, supposé.

présumer v. *On peut présumer qu'ils n'autoriseront rien de dangereux* ▶ augurer (litt.), conjecturer, croire, penser, supposer.

présupposer v. *Ce que vous présupposez à la base de votre raisonnement est tout à fait discutable* ▶ admettre, postuler.

prêt, prête adj. **1** *Être prêt à entendre qqn* ▶ disposé. **2** *Être prêt à partir* ▶ paré pour, préparé à.

prêt n. m. ▶ avance, crédit.

prêt-à-porter n. m. ▶ confection.

prétendant, ante n. **1** Litt. *Les prétendants à un poste* ▶ candidat, postulant. **2** *Ma nièce est venue nous présenter son prétendant* ▶ amoureux, fiancé, futur, promis (litt.), soupirant.

prétendre v. **1** *Prétendre que qqn a menti* ▶ affirmer, alléguer, déclarer, soutenir. **2** *Il prétend commander ici* ▶ entendre, exiger de, réclamer de, revendiquer de, vouloir. **3** *Prétendre à un honneur* ▶ ambitionner, aspirer à, briguer, désirer, être sur les rangs pour, postuler, poursuivre, revendiquer, souhaiter, viser.

prétendu, ue adj. ▶ faux, soi-disant, supposé.

prétendument adv. ▶ soi-disant.

prête-nom n. m. ▶ homme de paille.

prétentieux, euse adj. **1** *Avoir l'air prétentieux* ▶ arrogant, crâneur (fam.), fat, immodeste (litt.), infatué, outrecuidant (litt.), poseur, présomptueux (litt.), suffisant, vain (litt.), vaniteux. **2** *Un style prétentieux* ▶ affecté, ampoulé, cuistre, emphatique, maniéré, pédant, ronflant.

prétention n. f. **1** *Rabattre de ses prétentions* ▶ ambition, desideratum (litt.), dessein, exigence, intention, revendication, visées, vues. **2** *Être d'une prétention insupportable* ▶ arrogance, fatuité (litt.), infatuation (litt.), outrecuidance (litt.), présomption (litt.), suffisance, vanité.

prêter v. **1** *Prêter de l'argent* ▶ avancer. **2** *Prêter à qqn une grande capacité de nuisance* ▶ attribuer, imputer, reconnaître. **3** *Prêter de l'attention à qqn* ▶ accorder, porter. **4** *Prêter de l'importance à qqch* ▶ accorder, attacher, attribuer. **5 prêter le**

flanc *Prêter le flanc à la critique* ▶ donner prise, s'exposer, s'offrir. **6 prêter l'oreille** ▶ écouter, ouïr (vx). **7 prêter main-forte** ▶ aider, assister, donner un coup de main (fam.), donner un coup de pouce (fam.). **8 se prêter** *Vous avez eu tort de vous prêter à ce chantage* ▶ accepter, céder à, consentir à, se plier à, souscrire à, supporter.

prêteur, euse n. ▶ bailleur, commanditaire, créancier.

prétexte n. m. **1** ▶ échappatoire, excuse, faux-fuyant. **2 sous prétexte de** ▶ sous couleur de (litt.).

prétexter v. ▶ alléguer, avancer, invoquer.

prétoire n. m. ▶ salle d'audience, tribunal.

prêtre n. m. ▶ curé, ecclésiastique, ministre du culte, père.

preuve n. f. **1** *La colère est une preuve de fatigue* ▶ indice, manifestation, marque, signe, symptôme. **2** *Ce n'est pas une preuve!* ▶ argument, critère. **3** *Voilà bien la preuve que j'avais raison!* ▶ confirmation. **4** *Les pierres taillées sont une preuve de l'activité humaine à l'époque préhistorique* ▶ attestation, gage, indice, marque, signe, témoignage, trace.

preux n. m. Vx ▶ brave, héros.

prévaloir v. **1** *Le sentiment qui prévaut aujourd'hui dans l'opinion* ▶ dominer, l'emporter, prédominer, primer. **2 se prévaloir** *Se prévaloir de ses relations* ▶ s'enorgueillir, se glorifier, se recommander (litt.), se targuer, se vanter.

prévarication n. f. ▶ concussion, exaction, ingérence, malversation.

prévenance n. f. **1** Litt. *Manquer de prévenance* ▶ amabilité, délicatesse, gentillesse, obligeance. **2** Litt. *Entourer qqn de prévenances* ▶ attention, délicatesse, égard, soin.

prévenant, ante adj. ▶ affable, aimable, attentionné, courtois, déférent (litt.), empressé, gentil, obligeant, poli, serviable.

prévenir v. **1** *Prévenir un danger* ▶ anticiper, devancer, éviter, parer. **2** *Il vaut mieux prévenir que guérir* ▶ prendre les devants. **3** *Prévenir qqn en cas d'accident* ▶ alerter, avertir. **4** *Prévenir qqn qu'on arrivera en retard à un rendez-vous* ▶ annoncer à, avertir, aviser, faire savoir à, informer, mettre au courant, signaler à.

préventif, ive adj. *Des soins préventifs* ▶ prophylactique.

prévention n. f. **1** *Avoir des préventions contre qqn* ▶ a priori, parti pris, préjugé. **2** *La prévention des maladies sexuellement transmissibles* ▶ prophylaxie.

prévenu, ue n. ▶ accusé, inculpé (vx).

prévisible adj. ▶ conjecturable, présumable.

prévision n. f. **1** *Les prévisions des économistes* ▶ anticipation, conjecture, hypothèse, pronostic, supposition. **2** *La prévision devient un secteur important de l'analyse économique* ▶ anticipation, futurologie, prospective. **3** *Les prévisions d'un mage* ▶ prédiction, prophétie, vaticination (litt.).

prévoir v. **1** *Qui pouvait prévoir ce qui se passerait après les élections?* ▶ anticiper, s'attendre à, augurer, conjecturer, deviner, entrevoir, flairer (fam.), prédire, présager, pressentir, présumer, pronostiquer, prophétiser. **2** *Il prévoit de rentrer le 15 août* ▶ envisager de, penser à, songer à. **3** *Les organisateurs ont essayé de tout prévoir* ▶ planifier, préparer, programmer.

prévoyance n. f. ▶ circonspection, précaution, prudence, vigilance.

prévoyant, ante adj. ▶ avisé, circonspect, prudent, sage, vigilant.

prier v. **1** *Prier un dieu* ▶ adorer, invoquer. **2** *Prier qqn d'intervenir en sa faveur* ▶ adjurer (litt.), conjurer (litt.), implorer, supplier. **3** *Prier qqn à dîner* ▶ convier, inviter, solliciter. **4** *Prier un élève de se tenir tranquille* ▶ enjoindre à (litt.), ordonner à.

prière n. f. **1** *Les prières des fidèles* ▶ dévotion, invocation, oraison (litt.). **2** *Rester sourd aux prières de qqn* ▶ adjuration (litt.), appel, demande, imploration (litt.), instance (litt.), requête, sollicitation, supplication, supplique (litt.).

prieur n. m. *Le prieur d'un monastère* ▶ supérieur.

prima donna n. f. ▶ diva.

primaire adj. *Un anticonformisme primaire* ▶ caricatural, simpliste, sommaire.

primauté n. f. *Reconnaître l'incontestable primauté des questions humanitaires* ▶ prédominance, prééminence, prépondérance, primat, priorité.

prime adj. Litt. *La prime jeunesse* ▶ premier.

prime n. f. **1** *Accorder une prime à un employé* ▶ gratification, récompense. **2 en prime** ▶ au surplus, de plus, de surcroît (litt.), en outre, en plus, par-dessus le marché (fam.), par surcroît (litt.).

primer v. 1 *Le jury a primé les meilleurs* ▸ couronner, récompenser. 2 *Chez lui, c'est l'affectivité qui prime* ▸ dominer, l'emporter, prédominer, prévaloir.

primerose n. f. ▸ passerose, rose trémière.

primesautier, ère adj. 1 Litt. *Un esprit primesautier* ▸ spontané. 2 Litt. *Une humeur primesautière* ▸ guilleret.

primeur adj. *Un vin primeur* ▸ nouveau.

primitif, ive adj. 1 *Un tissu qui a perdu sa couleur primitive* ▸ initial, originel, premier. 2 *Une technique primitive* ▸ archaïque, fruste, rudimentaire. 3 *Un esprit un peu primitif* ▸ fruste, grossier, inculte, rustre, simplet. 4 *Les trois couleurs primitives* ▸ élémentaire, fondamental, simple.

primitivement adv. ▸ à l'origine, au départ, initialement, originairement, originellement.

primordial, ale adj. *La lumière joue un rôle primordial dans la croissance des plantes* ▸ capital, décisif, essentiel, fondamental, indispensable, majeur, nécessaire, prédominant, premier, principal, vital.

prince n. m. 1 *Les princes de la Russie tsariste* ▸ altesse. 2 *Le prince et sa cour* ▸ monarque, roi, seigneur, souverain. 3 Fig. *Un prince du milieu artistique* ▸ célébrité, éminence, gloire, sommité.

princeps adj. *Une édition princeps* ▸ original, premier.

princier, ère adj. Fig. *Un train de vie princier* ▸ fastueux, luxueux, magnifique, royal, somptueux, splendide.

principal, ale adj. *La qualité principale d'un homme d'État* ▸ capital, cardinal (litt.), central, décisif, dominant, essentiel, fondamental, maître (litt.), majeur, prédominant, primordial.

principal, ale n. *Le principal d'un collège* ▸ directeur, directrice.

principal n. m. *Le principal est que vous veniez* ▸ essentiel.

principalement adv. *Aimer les villes du Sud, et principalement Naples* ▸ avant tout, essentiellement, notamment, particulièrement, spécialement, surtout.

principe n. m. 1 Litt. *Les Lumières ont été le premier principe de la Révolution* ▸ cause, ferment, germe, origine, point de départ, raison, source. 2 *La liberté de conscience est le principe même d'une société démocratique* ▸ base, essence, fondement. 3 *Un principe que l'on ne cherche pas à démontrer* ▸ axiome, hypothèse, postulat, prémisse. 4 *Ériger une habitude en principe* ▸ convention, doctrine, dogme, loi, maxime, norme, philosophie, précepte. 5 *Il ne connaît même pas les principes de la matière qu'il prétend maîtriser* ▸ base, élément, notion, rudiment. 6 *Avoir des principes* ▸ conviction, règle. 7 **en principe** *En principe il devrait arriver à 4 heures* ▸ logiquement, normalement, théoriquement. 8 **par principe** *Refuser par principe toute forme de compromission* ▸ a priori, automatiquement, systématiquement.

priorité n. f. 1 *Donner la priorité aux questions diplomatiques* ▸ primauté. 2 **en priorité** ▸ d'abord, en premier lieu, premièrement, prioritairement.

pris, prise adj. *Un homme très pris* ▸ affairé, débordé, occupé.

prise n. f. 1 *Une belle prise* ▸ butin, capture. 2 *La prise d'une place forte* ▸ capture, conquête. 3 *La prise d'un médicament* ▸ absorption, ingestion. 4 *Une poignée qui facilite la prise d'un objet* ▸ préhension. 5 *Un ciment à prise rapide* ▸ solidification. 6 *N'avoir aucune prise sur qqn* ▸ ascendant, empire, emprise, influence, pouvoir. 7 **prise de bec** ▸ altercation, dispute, querelle. 8 **prise de vues** ▸ filmage, tournage. 9 **donner prise** *Donner prise à la critique* ▸ s'exposer, s'offrir, prêter le flanc.

priser v. Litt. *Priser particulièrement les œuvres d'un artiste* ▸ apprécier, estimer, faire cas de.

prison n. f. 1 *Après sa condamnation il a été ramené à la prison* ▸ trou (fam.). 2 *Être condamné à trois mois de prison* ▸ détention, emprisonnement.

prisonnier, ère adj. et n. ▸ captif (litt.), détenu, interné.

privatif, ive adj. *Un jardin privatif* ▸ particulier, personnel, privé, réservé.

privation n. f. 1 *Le plus dur, c'est la privation de tout exercice* ▸ absence, défaut, manque. 2 *Être condamné à la privation des droits civiques* ▸ perte, suppression. 3 *Des religieux qui mènent une vie de privation* ▸ abstinence, ascétisme, renoncement. 4 Plur. *S'imposer des privations pour faire faire de bonnes études à ses enfants* ▸ restrictions, sacrifices. 5 Plur. *Épuisés par les privations, les prisonniers ont fini par mourir* ▸ jeûne. 6 Litt. *Vivre dans la privation* ▸ besoin, gêne, indigence, misère, pauvreté.

privauté n. f. Litt. ▸ familiarité, liberté.

privé, ée adj. 1 *La vie privée* ▸ intime, personnel. 2 *Une plage privée* ▸ particulier, personnel, privatif, réservé. 3 *Une critique*

priver

privée de tout intérêt ▶ dénué, dépourvu, exempt.

priver v. 1 *Priver qqn des bénéfices dont il jouissait* ▶ démunir, déposséder, dépouiller, frustrer, sevrer (litt.), spolier (litt.). 2 **se priver** *Se priver pour élever ses enfants* ▶ se restreindre, se serrer la ceinture (fam.). 3 *Se priver de tout plaisir par esprit de pénitence* ▶ s'abstenir de, se refuser, renoncer à. 4 *Ne pas se priver de critiquer son patron* ▶ s'abstenir, éviter, se refuser.

privilège n. m. 1 *Bénéficier de privilèges exorbitants* ▶ avantage, passe-droit, prérogative. 2 *Le privilège de l'âge* ▶ avantage, bénéfice, faveur.

privilégié, ée adj. *Un moment privilégié* ▶ exceptionnel, idéal, parfait, unique.

privilégier v. *Un système de recrutement qui privilégie les hommes* ▶ avantager, favoriser.

prix n. m. 1 *Le prix d'un objet* ▶ coût, montant, valeur. 2 *Le prix d'un travail* ▶ récompense, salaire, tarif. 3 *Le prix d'une valeur en Bourse* ▶ cote, cours, taux. 4 Fig. *Attacher beaucoup de prix à sa santé* ▶ importance. 5 Fig. *L'absence d'une vie privée normale est le prix de la célébrité* ▶ conséquence, contrepartie, effet, rançon. 6 **hors de prix** ▶ exorbitant, hors de portée, inabordable, inaccessible.

probabilité n. f. *Il n'y a aucune probabilité que cela arrive* ▶ chance, plausibilité (litt.), possibilité, vraisemblance.

probable adj. ▶ admissible, envisageable, plausible, possible, vraisemblable.

probablement adv. ▶ sans doute, vraisemblablement.

probant, ante adj. *Une preuve, une argumentation probante* ▶ concluant, convaincant, décisif, démonstratif, éloquent, péremptoire.

probe adj. Litt. *Un juge probe* ▶ droit, équitable, honnête, impartial, incorruptible, intègre (litt.), irréprochable, juste, loyal, scrupuleux.

probité n. f. Litt. ▶ droiture, honnêteté, incorruptibilité, intégrité (litt.), loyauté.

problématique adj. ▶ aléatoire, douteux, hasardeux, hypothétique, incertain.

problème n. m. 1 *Il ne voit dans la géométrie que des problèmes insolubles* ▶ casse-tête, énigme. 2 *Il y a eu un problème avec la machine* ▶ difficulté, ennui, os (fam.), pépin (fam.). 3 *C'est un problème délicat qu'il vaut mieux ne pas aborder devant eux* ▶ question,

sujet, thème. 4 Fam. *C'est votre problème* ▶ affaire.

procédé n. m. 1 *Un procédé de fabrication* ▶ dispositif, ficelle (fam.), formule, méthode, moyen, procédure, recette, système, technique, truc (fam.). 2 Plur. *Utiliser des procédés indélicats* ▶ agissements, comportement, façons, manières, pratiques.

procéder v. 1 *Procéder avec méthode* ▶ agir, opérer. 2 *Procéder au montage de la fusée* ▶ accomplir, effectuer, exécuter, pratiquer, réaliser. 3 *Tous vos ennuis procèdent d'une cause initiale* ▶ découler de, dépendre de, dériver de, émaner de, provenir de, remonter à, résulter de.

procédure n. f. 1 *Et pour arriver à ce résultat, quelle est la procédure?* ▶ marche à suivre, mécanisme, méthode, processus, stratégie, tactique, technique. 2 *Engager une procédure judiciaire* ▶ action, poursuite.

procédurier, ère adj. ▶ chicaneur, chicanier, processif (litt.).

procès n. m. 1 *Un procès criminel* ▶ affaire, cas, cause, procédure. 2 *Engager un procès* ▶ action, poursuite. 3 *Avoir un procès avec son voisin* ▶ litige. 4 **faire le procès de** *Faire le procès de la pédagogie traditionnelle* ▶ accuser, critiquer, incriminer, mettre en cause.

processif, ive adj. Litt. ▶ chicaneur, chicanier, procédurier.

procession n. f. ▶ cortège, défilé.

processus n. m. 1 *Le processus d'une maladie* ▶ cours, déroulement, développement, évolution, marche. 2 *Un processus administratif* ▶ mécanisme, procédure, technique.

procès-verbal n. m. 1 *Un procès-verbal d'inventaire* ▶ compte rendu, constat, rapport, relation. 2 *Un procès-verbal pour stationnement interdit* ▶ amende, contravention, papillon (fam.), p.-v. (fam.).

prochain, aine adj. 1 *Dans un avenir prochain* ▶ proche. 2 *Le mois prochain* ▶ suivant, ultérieur.

prochain n. m. ▶ frère, semblable.

prochainement adv. ▶ bientôt, incessamment, sous peu.

proche adj. 1 *Sa maison est proche* ▶ voisin. 2 *Dans un avenir proche* ▶ prochain. 3 *Deux mots qui ont des sens proches* ▶ analogue, approchant, comparable, similaire, voisin. 4 **de proche en proche** ▶ graduellement, progressivement.

proches n. m. pl. *Être très soutenu par ses proches* ▸ familiers, intimes, parents.

proclamation n. f. *Afficher une proclamation* ▸ annonce, avis, communiqué, déclaration.

proclamer v. ▸ annoncer, claironner, clamer, crier sur les toits (fam.), déclarer, divulguer, publier.

procréer v. Litt. ▸ enfanter (litt.), engendrer.

procuration n. f. ▸ délégation, mandat, pouvoir.

procurer v. 1 *Procurer des vivres à qqn* ▸ approvisionner en, donner, fournir en, gratifier de, munir de, nantir de, pourvoir de. 2 *Procurer des ennuis à qqn* ▸ apporter, attirer, causer, engendrer, occasionner, provoquer, valoir. 3 **se procurer** *Se procurer des fournitures* ▸ acheter, acquérir. 4 *Se procurer un emploi* ▸ décrocher (fam.), se dégoter (fam.), dénicher, obtenir, trouver.

prodigalité n. f. 1 *Une prodigalité de prince russe* ▸ largesse, libéralité, munificence. 2 Fig. et litt. *Une prodigalité de stucs, de marbres, d'œuvres d'art* ▸ abondance, accumulation, avalanche, débauche, débordement, déluge, flot, foule, infinité, kyrielle, luxe, masse, monceau, multiplicité, multitude, myriade, nuée, orgie, pluie, profusion, quantité, surabondance.

prodige n. m. 1 *En mathématiques, c'est un prodige* ▸ aigle, as (fam.), crack (fam.), génie, lumière (fam.), phénix (fam.), phénomène, surdoué. 2 Plur. *Les prodiges de la médecine* ▸ merveilles, miracles. 3 *Cette cathédrale est un prodige de l'art gothique* ▸ chef-d'œuvre.

prodigieusement adv. *Celui-là m'agace prodigieusement* ▸ colossalement, considérablement, énormément, excessivement, extrêmement, gigantesquement, incommensurablement, infiniment, puissamment.

prodigieux, euse adj. 1 *On racontait à Rome que la mort des empereurs était précédée d'événements prodigieux* ▸ fantastique, merveilleux, miraculeux, surnaturel. 2 *Un succès prodigieux* ▸ colossal, époustouflant (fam.), extraordinaire, fabuleux, faramineux (fam.), formidable, fou, gigantesque, incroyable, imaginable, inouï, monstre (fam.), phénoménal, renversant, sensationnel.

prodigue adj. 1 *Être prodigue avec des amis en difficulté* ▸ généreux, large. 2 *Ce garçon est beaucoup trop prodigue* ▸ dépensier, dissipateur (litt.), gaspilleur, panier percé (fam.).

prodiguer v. 1 *Prodiguer son argent* ▸ dépenser, dilapider, dissiper, gaspiller. 2 *Prodiguer de bonnes paroles* ▸ distribuer, répandre. 3 **se prodiguer** Litt. *Se prodiguer inlassablement sur toutes les chaînes de télévision* ▸ s'exhiber (péj.), se montrer, parader (péj.), se produire.

producteur, trice n. *Du producteur au consommateur* ▸ fabricant.

productif, ive adj. 1 *Une terre productive* ▸ bon, fécond, fertile. 2 *Un esprit productif* ▸ fécond, fertile, imaginatif, prolifique. 3 *Un investissement productif* ▸ bon, fructueux, juteux (fam.), lucratif, profitable, rentable.

production n. f. 1 *La production de gaz carbonique* ▸ dégagement, émission, formation. 2 *La production d'un modèle d'avion* ▸ création, fabrication. 3 *La production d'un sol* ▸ rendement. 4 *La production d'un écrivain* ▸ écrits, œuvres, ouvrages.

productivité n. f. ▸ efficacité, efficience, rendement.

produire v. 1 *Produire un objet* ▸ confectionner, créer, élaborer, fabriquer, façonner, faire. 2 *Produire un changement* ▸ amener, apporter, causer, déclencher, engendrer, entraîner, faire naître, occasionner, provoquer, susciter. 3 *Un arbre qui produit des fruits* ▸ donner, fournir, porter. 4 *Un capital qui produit de gros intérêts* ▸ procurer, rapporter. 5 *Produire un roman par an* ▸ composer, écrire, pondre (fam.). 6 *Produire une pièce d'identité* ▸ donner, fournir, montrer, présenter. 7 *Un placement qui produit* ▸ fructifier, rapporter, rendre, travailler. 8 **se produire** *Se produire en public* ▸ s'exhiber, se montrer. 9 *Des événements qui se produisent rarement* ▸ advenir, arriver, avoir lieu, se dérouler, se passer, se présenter, survenir. 10 *Une prophétie qui se produit* ▸ s'accomplir, se réaliser.

produit n. m. 1 *Des produits de luxe* ▸ article, denrée, marchandise. 2 *Un produit dangereux* ▸ substance. 3 *Les produits du sol* ▸ fruit, récolte. 4 *Le produit d'un placement* ▸ bénéfice, gain, intérêt, profit, rapport, recette, rendement, rente, revenu. 5 *Le produit d'un mauvais enseignement* ▸ conséquence, effet, fruit, rançon, résultat. 6 Litt. *Le produit d'une union* ▸ enfant, fruit.

proéminence n. f. ▸ bosse, éminence, protubérance, saillie.

proéminent, ente adj. *Un ventre proéminent* ▸ bombé, protubérant, renflé, saillant.

profanateur, trice n. *Un profanateur de sépultures* ▶ violateur.

profanation n. f. ▶ dégradation, violation.

profane adj. **1** Litt. *Une juridiction profane* ▶ civil, laïque, séculier. **2** *Être profane dans une matière* ▶ béotien (litt.), ignorant, inexpérimenté, novice.

profaner v. *Profaner un lieu de culte* ▶ dégrader, salir, souiller, violer.

proférer v. *Proférer de terribles imprécations* ▶ articuler, dire, émettre, énoncer, prononcer, sortir (fam.).

professer v. **1** *Professer une opinion* ▶ déclarer, manifester, proclamer. **2** Litt. *Professer à l'Université* ▶ enseigner.

professeur n. m. **1** *Un syndicat de professeurs* ▶ enseignant. **2** *Un professeur de musique* ▶ maître.

profession n. f. **1** *Avoir une profession intéressante* ▶ boulot (fam.), emploi, gagne-pain, job (fam.), métier, travail. **2** *Choisir la profession de notaire* ▶ carrière, état (litt.). **3** *Exceller dans sa profession* ▶ partie (litt.), spécialité. **4 profession de foi** Fig. *Lire la profession de foi d'un candidat* ▶ programme, projet.

professionnel, elle adj. *Une école professionnelle* ▶ technique.

professionnel, elle n. *Du travail de professionnel* ▶ spécialiste.

professoral, ale adj. **1** *Le corps professoral* ▶ enseignant. **2** *Un ton professoral* ▶ doctoral, pédant, pontifiant.

professorat n. m. *Le professorat est-il un sacerdoce?* ▶ enseignement.

profil n. m. **1** *Le profil d'un monument* ▶ contour, silhouette. **2** Fig. *Avoir un profil de gestionnaire* ▶ aptitudes, caractéristiques.

profiler (se) v. **1** *Des navires qui se profilent à contre-jour sur un ciel de crépuscule* ▶ se découper, se dessiner, se détacher. **2** Fig. *Une véritable crise se profilait à l'horizon* ▶ se dessiner, s'esquisser.

profit n. m. **1** *Un profit qui compense une perte* ▶ bénéfice, gain, plus-value. **2** *Le profit que l'on tire d'un conseil* ▶ avantage, bénéfice, fruit, gain, intérêt, parti, utilité.

profitable adj. **1** *Un investissement profitable* ▶ avantageux, bon, fructueux, intéressant, juteux (fam.), lucratif, payant, rémunérateur, rentable. **2** *Un avis profitable* ▶ bénéfique, salutaire, utile.

profiter v. **1** *Profiter de l'existence* ▶ apprécier, déguster, goûter, jouir de, savourer. **2** *Profiter de l'occasion pour se mettre en règle* ▶ exploiter, mettre à profit, saisir, se servir de, tirer avantage de, tirer parti de, tirer profit de, utiliser.

profiteur, euse n. ▶ accapareur (litt.), exploiteur.

profond, onde adj. **1** *Les couches profondes d'un terrain* ▶ bas, inférieur. **2** *Une vallée profonde* ▶ encaissé. **3** *Une perspective profonde* ▶ plongeant. **4** Fig. *Une voix profonde* ▶ caverneux, grave. **5** Fig. *Une nuit profonde* ▶ épais, noir, obscur. **6** Fig. *Un sommeil profond* ▶ épais, lourd. **7** Fig. *Une profonde erreur* ▶ grave, gros, lourd, sérieux. **8** Fig. *Une profonde joie* ▶ extrême, fort, intense, puissant, vif, violent. **9** Fig. *Un esprit profond* ▶ intelligent, pénétrant, perspicace, sagace. **10** Fig. *Les causes immédiates et les causes profondes d'une guerre* ▶ éloigné, lointain, reculé.

profond adv. *Creuser profond* ▶ loin, profondément.

profondément adv. **1** *Enfoncer un clou très profondément* ▶ loin, profond. **2** Fig. *Être profondément heureux* ▶ extrêmement, foncièrement, intensément, parfaitement, pleinement, totalement.

profondeur n. f. **1** *La profondeur d'une armoire* ▶ épaisseur. **2** *La profondeur d'un fossé* ▶ hauteur. **3** *Un lac qui a dix mètres de profondeur* ▶ fond. **4** Fig. *La profondeur d'un sentiment* ▶ force, intensité, puissance. **5** Fig. *Un caractère qui manque de profondeur* ▶ consistance, densité, substance.

profusion n. f. **1** *Une profusion d'éléments décoratifs* ▶ accumulation, avalanche, débauche, débordement, déluge, excès, exubérance, flopée (fam.), flot, foule, infinité, kyrielle, luxe, masse, monceau, multiplicité, multitude, myriade, nuée, orgie, pléthore, pluie, ribambelle, surabondance. **2 à profusion** ▶ abondamment, à discrétion, à foison, à gogo (fam.), à satiété, à volonté, beaucoup, énormément.

progéniture n. f. **1** Litt. *La progéniture d'un animal* ▶ petits, portée. **2** Litt. *La progéniture d'un homme* ▶ descendance, enfants, rejetons (fam.).

programmation n. f. *La nouvelle programmation sera plus ouverte aux émissions culturelles* ▶ grille.

programme n. m. **1** *Le programme d'une réunion* ▶ ordre du jour. **2** *Le programme d'un candidat à une élection* ▶ intentions, objectifs, plan, plate-forme, profession de foi, projet. **3** *Son programme est si chargé qu'il ne pourra peut-être pas vous re-*

cevoir ► emploi du temps, horaire, planning. **4** *Un informaticien aux prises avec un nouveau programme* ► logiciel.

programmé, ée adj. *Un interrupteur à déclenchement programmé* ► automatique.

programmer v. *L'enquête a montré que tout avait été programmé dans les moindres détails* ► orchestrer, organiser, planifier, préparer, prévoir, régler.

progrès n. m. **1** *Arrêter le progrès d'une armée* ► avance, avancée, cheminement (litt.), évolution, marche, mouvement, progression. **2** *Le progrès d'un incendie* ► avancée, propagation. **3** *Le progrès du secteur industriel* ► accroissement, agrandissement, croissance, développement, élargissement, essor, expansion, extension, progression. **4** *Le progrès des conditions sanitaires* ► amélioration, perfectionnement. **5** *Les bienfaits du progrès* ► civilisation.

progresser v. **1** *Un cheval qui progresse à petits pas* ► aller, avancer, s'avancer, cheminer, évoluer, marcher. **2** *Une maladie qui progresse dangereusement* ► s'aggraver, s'amplifier, empirer, s'étendre, évoluer. **3** *Un élève qui a beaucoup progressé* ► s'améliorer, se perfectionner.

progressif, ive adj. ► croissant, graduel, grandissant.

progression n. f. **1** *La progression d'une armée en marche* ► avance, avancée, cheminement (litt.), évolution, marche, mouvement, progrès. **2** *La progression de la criminalité* ► accroissement, augmentation, croissance, développement, essor, extension, progrès.

progressivement adv. ► doucement, graduellement, lentement, par degrés, petit à petit, peu à peu.

prohiber v. ► défendre, empêcher, exclure, interdire, proscrire.

prohibitif, ive adj. *Un prix prohibitif* ► excessif, exorbitant, inabordable, ruineux.

prohibition n. f. *La prohibition de l'inceste* ► défense, interdiction, proscription.

proie n. f. **1** *Un rapace qui dévore sa proie* ► capture, prise. **2** *Fig. Être la proie d'un escroc* ► victime.

projecteur n. m. ► spot.

projectile n. m. ► balle.

projection n. f. **1** *Être asphyxié par une brutale projection de gaz* ► giclée, jet, pulvérisation, vaporisation. **2** *Assister à une projection* ► représentation, séance. **3** *Faire une projection sur qqn* ► identification, transfert.

projet n. m. **1** *S'en tenir à son projet initial* ► dessein (litt.), idée, intention, plan, programme. **2** *Présenter un projet de centre commercial* ► esquisse, maquette, plan.

projeter v. **1** *L'explosion l'a projeté en l'air* ► éjecter, propulser. **2** *Un volcan qui projette un nuage de particules incandescentes* ► expulser, lancer, vomir. **3** *Projeter la ruine de qqn* ► combiner (fam.), comploter, manigancer, préméditer, préparer. **4** *Projeter de visiter l'Italie* ► avoir en vue de, compter, envisager de, se proposer de, songer à. **5** *Projeter son angoisse sur qqn* ► attribuer à.

prolégomènes n. m. pl. Litt. ► avant-propos, avertissement, introduction, préambule, préface, présentation.

prolétaire adj. *Les masses prolétaires* ► ouvrier, prolétarien, travailleur.

prolifération n. f. *S'inquiéter de la prolifération des algues sur les côtes* ► foisonnement, multiplication, pléthore, profusion, pullulation.

proliférer v. ► abonder, foisonner, fourmiller, grouiller, se multiplier, pulluler.

prolifique adj. *Une imagination prolifique* ► fécond, fertile, productif.

prolixe adj. **1** *Un orateur très prolixe sur ce genre de sujets* ► abondant, bavard, copieux, disert, loquace, volubile. **2** *Un caractère peu prolixe* ► expansif, exubérant.

prolixité n. f. Litt. ► abondance, bagou, faconde (litt.), loquacité (litt.), volubilité.

prologue n. m. **1** *Le prologue d'un livre* ► avant-propos, avertissement, introduction, préambule, préface, présentation. **2** *Ces débats sont le prologue de la campagne électorale* ► préliminaires, prélude.

prolongateur n. m. ► rallonge.

prolongation n. f. **1** *La prolongation d'un bail* ► allongement, continuation, poursuite, prolongement, prorogation. **2** *Demander une prolongation supplémentaire* ► délai, sursis.

prolongement n. m. **1** *Le prolongement d'une voie ferrée* ► allongement, continuation, extension. **2** *Les prolongements d'une crise* ► conséquence, développement, effet, répercussion, suite.

prolonger v. **1** *Prolonger une route* ► allonger, continuer. **2** *Prolonger une discussion* ► entretenir, faire durer. **3** *Prolonger un bail* ► proroger. **4** *se prolonger Le débat s'est prolongé tard dans la nuit* ► se continuer, se poursuivre. **5** *Un pré qui se prolonge jusqu'à la mer* ► continuer, s'éten-

promenade

dre. 6 *Un conflit qui se prolonge* ▶ durer, s'éterniser, se perpétuer, traîner.

promenade n. f. 1 *Une promenade en montagne* ▶ balade (fam.), course, excursion, marche, randonnée. 2 *Une promenade dans le Bordelais* ▶ balade (fam.), périple (litt.), tour, virée (fam.). 3 *Une grande promenade plantée d'arbres* ▶ allée, cours, mail.

promener v. 1 *J'ai promené toute la journée cette valise avec moi* ▶ balader (fam.), traîner, transporter. 2 *Promener sa main sur un objet* ▶ passer. 3 **se promener** *Se promener sans but particulier* ▶ baguenauder (fam.), se balader (fam.), déambuler (litt.), flâner, marcher, vadrouiller (fam.).

promeneur, euse n. ▶ badaud, flâneur, passant.

promesse n. f. 1 *Être fidèle à une promesse donnée* ▶ assurance, engagement, parole, serment. 2 Fig. et litt. *Cette belle nuit est une promesse de beau temps* ▶ annonce, présage, signe.

prometteur, euse adj. ▶ encourageant, engageant.

promettre v. 1 *Le plombier a promis qu'il viendrait demain* ▶ affirmer, assurer, certifier, donner sa parole, s'engager à, garantir, jurer. 2 *Promettre monts et merveilles* ▶ faire miroiter. 3 *Ce ciel nous promet du beau temps* ▶ annoncer, augurer, prédire, présager, prévoir. 4 **se promettre** *La joyeuse soirée qu'il s'était promise prenait des allures de cauchemar* ▶ attendre, escompter, espérer. 5 *Se promettre de venger un ami* ▶ décider de, se jurer de.

promis, ise adj. *Cette entreprise est promise à l'échec* ▶ condamné, destiné, voué.

promoteur, trice n. *Le promoteur d'un mouvement artistique* ▶ âme, animateur, auteur, créateur, initiateur, inspirateur, instigateur, père.

promotion n. f. 1 *Une promotion au grade supérieur* ▶ avancement, nomination. 2 *La promotion 78* ▶ année, classe, cuvée (fam.). 3 **en promotion** *Des articles en promotion* ▶ en réclame.

promouvoir v. 1 *On l'a promu à ce poste par pur favoritisme* ▶ bombarder (fam.), catapulter (fam.), nommer, propulser. 2 *Promouvoir la lutte contre l'alcoolisme* ▶ encourager, favoriser, soutenir.

prompt, prompte adj. 1 *Un prompt rétablissement* ▶ rapide. 2 *Un geste prompt* ▶ leste, preste (litt.), rapide, vif.

promptement adv. ▶ à fond de train (fam.), prestement, rapidement, rondement, vite.

promptitude n. f. 1 Litt. *Traiter une affaire avec promptitude* ▶ célérité (litt.), diligence (litt.), empressement, rapidité. 2 Litt. *La promptitude d'esprit* ▶ rapidité, vivacité.

promulgation n. f. ▶ publication.

promulguer v. ▶ édicter, publier.

prône n. m. Litt. ▶ exhortation, harangue, homélie (litt.), prêche, prédication (litt.), sermon.

prôner v. 1 Litt. *Prôner les qualités de qqn* ▶ célébrer, glorifier, louer, vanter. 2 *Prôner un médicament* ▶ préconiser, recommander, vanter.

prononcé, ée adj. *Un zézaiement prononcé* ▶ accentué, accusé, fort, marqué.

prononcer v. 1 *Prononcer des paroles* ▶ articuler, dire, émettre, énoncer, exprimer, formuler, proférer. 2 *Prononcer un verdict* ▶ rendre. 3 **se prononcer** *Se prononcer entre deux personnes* ▶ choisir, trancher. 4 *Se prononcer sur un sujet* ▶ se décider, se déterminer, statuer.

prononciation n. f. 1 *Il se fait comprendre, mais sa prononciation n'est pas extraordinaire* ▶ accent. 2 *L'émotion lui donnait une prononciation embarrassée* ▶ articulation, élocution.

pronostic n. m. ▶ conjecture, prédiction, prévision.

pronostiquer v. 1 *Pronostiquer la victoire de qqn* ▶ annoncer, conjecturer, prédire, prévoir, prophétiser. 2 *Un ton menaçant qui pronostique le pire* ▶ annoncer, augurer, laisser attendre, présager, promettre.

pronunciamiento n. m. ▶ coup d'état, putsch.

propagande n. f. ▶ bourrage de crâne (fam.), endoctrinement.

propagateur, trice n. 1 *Un propagateur de ragots* ▶ colporteur, divulgateur. 2 *Le propagateur d'une théorie nouvelle* ▶ diffuseur, vulgarisateur.

propagation n. f. 1 *La propagation d'une espèce* ▶ multiplication, reproduction. 2 *La propagation d'une croyance* ▶ circulation, colportage, diffusion, dissémination, expansion, extension, progression, rayonnement. 3 *La propagation d'une maladie* ▶ contagion, contamination, transmission.

propager v. 1 *Propager une nouvelle ou une théorie* ▶ colporter, diffuser, disséminer, divulguer, populariser, répandre, semer. 2 **se propager** *Une lumière qui se propage* ▶ se diffuser, irradier, rayonner. 3 *Un incendie qui se propage* ▶ s'étendre, gagner,

s'intensifier. 4 *Une théorie qui se propage* ▶ se développer, se diffuser, se répandre.

propension n. f. ▶ disposition, goût, inclination (litt.), penchant, tendance.

prophète, prophétesse n. *Elle l'écoute comme si c'était un prophète* ▶ augure, devin, visionnaire.

prophétie n. f. ▶ divination, oracle, prédiction, prévision, vaticination (litt.).

prophétique adj. *Un signe prophétique* ▶ annonciateur, avant-coureur, prémonitoire.

prophétiser v. ▶ annoncer, conjecturer, prédire, prévoir, pronostiquer.

prophylactique adj. ▶ préventif.

prophylaxie n. f. ▶ précaution, prévention, protection.

propice adj. ▶ bon, convenable, favorable, opportun.

proportion n. f. **1** *La proportion entre les parties du corps* ▶ équilibre, harmonie, rapport. **2** *Une forte proportion de décès* ▶ pourcentage, taux. **3** *Respecter les proportions d'une recette* ▶ dosage, mesure. **4** Plur. *Ramener un événement à ses justes proportions* ▶ dimensions.

proportionné, ée adj. **1** *Un édifice proportionné* ▶ équilibré, harmonieux, régulier. **2** *Un homme bien proportionné* ▶ bâti, fait, fichu (fam.), foutu (fam.), taillé. **3** *Une femme bien proportionnée* ▶ fait, fichu (fam.), foutu (fam.), roulé (fam.), tourné.

proportionnellement adv. **1** *Proportionnellement, ce qu'il a fait est beaucoup moins grave* ▶ comparativement, relativement. **2 proportionnellement à** *Le partage s'est fait proportionnellement aux mises* ▶ au prorata de, en fonction de, selon, suivant.

proportionner v. *Proportionner les paiements en fonction des possibilités de chacun* ▶ calculer, doser, mesurer.

propos n. m. **1** Litt. *Son propos est clairement de vous succéder* ▶ but, désir, dessein (litt.), intention, objectif, pensée, plan, visée. **2** *Le propos d'un livre* ▶ matière, objet, sujet, thème. **3** *Tenir des propos désabusés* ▶ discours, parole. **4 à propos** *Arriver à propos* ▶ à bon escient, à pic (fam.), à point nommé, opportunément. **5** *Il n'a pas jugé à propos d'intervenir* ▶ bon, convenable, opportun. **6 à propos de** *Recevoir une lettre à propos de la prochaine réunion* ▶ au sujet de, concernant, relativement à. **7 de propos délibéré** ▶ intentionnellement, volontairement. **8 hors de propos** *Intervenir hors de propos* ▶ à contretemps, hors de saison, mal à propos. **9** *Son intervention était tout à fait hors de propos* ▶ déplacé, inopportun, malséant (litt.).

proposer v. **1** *Proposer une idée à qqn* ▶ offrir, présenter, souffler, soumettre, suggérer. **2 se proposer** *Il se proposait d'aller à Rome dès le mois prochain* ▶ avoir en vue de, compter, envisager de, projeter de, songer à.

proposition n. f. **1** *Voilà une proposition intéressante* ▶ marché, offre, suggestion. **2** *Faire une proposition à une jeune femme* ▶ avance. **3** *Voter la proposition de la commission* ▶ motion, résolution. **4** *Commenter les propositions d'un philosophe* ▶ affirmation, allégation, aphorisme, assertion, maxime, précepte. **5** *Une proposition mathématique* ▶ axiome, postulat, principe.

propre adj. **1** *Employer le terme propre* ▶ adéquat, ad hoc, approprié, congru (litt.), convenable, exact, idoine (litt.), juste, précis. **2** *Posséder sa propre plage* ▶ personnel, privé. **3** *Chaque ville a son charme propre* ▶ individuel, particulier, spécifique. **4** *Ce défaut n'est pas propre à cet instrument* ▶ intrinsèque, particulier, spécifique. **5** Litt. *Votre attitude n'était guère propre à le faire changer d'avis* ▶ à même de, apte à, capable de, fait pour, susceptible de. **6** *Du linge propre* ▶ frais, net. **7** *Une maison propre* ▶ bien entretenu, bien tenu. **8** *Il dit que vous êtes tous pourris, et que lui est un homme propre* ▶ bien, honnête, intègre, probe (litt.).

propre n. m. *La parole est le propre de l'homme* ▶ apanage (litt.), attribut, caractéristique, particularité, spécificité.

propre-à-rien n. ▶ incapable, jean-foutre (fam.), minable.

proprement adv. **1** *Se conduire proprement* ▶ bien, comme il faut, convenablement, correctement, décemment, honnêtement. **2** *Prétendre que l'agressivité est une conduite proprement masculine* ▶ exclusivement, spécifiquement, typiquement. **3** *Ce ne sont pas proprement des erreurs, disons plutôt des inexactitudes* ▶ exactement, précisément, véritablement, vraiment. **4 proprement dit** ▶ stricto sensu.

propret, ette adj. ▶ bien tenu, coquet, pimpant, soigné.

propreté n. f. **1** *La propreté du linge* ▶ fraîcheur, netteté. **2** *La propreté d'un immeuble* ▶ hygiène, salubrité.

propriétaire n. *Le propriétaire d'un domaine* ▶ maître, possesseur.

propriété

propriété n. f. **1** *La propriété d'un bien* ▶ possession. **2** *Une propriété mobilière* ▶ avoir, bien, capital, patrimoine. **3** *Une propriété familiale* ▶ domaine, terre. **4** *Les propriétés physiques d'un corps* ▶ attribut, caractère, caractéristique, qualité, vertu (litt.). **5** *Attacher la plus grande importance à la propriété des termes* ▶ exactitude.

propulser v. **1** *Propulser un missile* ▶ envoyer, lancer, projeter. **2** Fig. et fam. *Propulser qqn à un poste* ▶ bombarder (fam.), catapulter (fam.), nommer, promouvoir.

propulsion n. f. ▶ élan, force, poussée.

prorata n. m. **1** Vx *Distribuer les prorata* ▶ quote-part. **2 au prorata de** *Partager les bénéfices au prorata des mises* ▶ en fonction de, proportionnellement à, selon, suivant.

prorogation n. f. *La prorogation d'un bail* ▶ prolongation, reconduction, renouvellement.

proroger v. *Proroger un délai* ▶ prolonger, reconduire, renouveler.

prosaïque adj. **1** *Des occupations prosaïques* ▶ commun, ordinaire, quelconque. **2** *Une vision bassement prosaïque de l'amour* ▶ matérialiste, matériel, physique, terre à terre, trivial, vulgaire.

prosaïquement adv. ▶ banalement, platement.

proscription n. f. **1** *Être victime d'une mesure de proscription* ▶ bannissement, exil, expulsion. **2** Fig. *La proscription des termes impropres* ▶ condamnation, élimination, éviction.

proscrire v. **1** *Proscrire des indésirables* ▶ bannir, chasser, exiler, expulser, refouler, rejeter, reléguer. **2** *Proscrire certaines méthodes* ▶ défendre, exclure, interdire, prohiber.

proscrit, ite n. ▶ banni, exilé.

prosélyte n. ▶ converti, néophyte.

prospecter v. **1** *Prospecter un terrain* ▶ sonder. **2** Fig. *Prospecter de nouveaux clients* ▶ rechercher.

prospecteur, trice n. ▶ chercheur, explorateur.

prospection n. f. **1** *La prospection d'un terrain* ▶ sondage. **2** *La prospection de nouveaux talents* ▶ recherche.

prospective n. f. ▶ anticipation, futurologie, prévision.

prospère adj. **1** *Une période prospère* ▶ faste, favorable, heureux. **2** *Une bourgeoisie prospère* ▶ florissant, fortuné, riche.

prospérer v. **1** *Un climat où les plantes grasses prospèrent* ▶ se développer, s'épanouir, foisonner, se multiplier. **2** *Des affaires qui prospèrent* ▶ se développer, s'étendre, marcher (fam.), progresser. **3** *Un banquier qui prospère* ▶ engraisser (fam.), s'enrichir, réussir.

prospérité n. f. **1** *La prospérité d'une entreprise* ▶ réussite, succès. **2** *Une période de prospérité* ▶ abondance, aisance, bien-être, bonheur, développement, essor, expansion, félicité (litt.), opulence, richesse.

prosterner (se) v. Fig. *Se prosterner devant la puissance des médias* ▶ s'agenouiller, s'aplatir (fam.), ramper.

prostituée n. f. ▶ catin (litt.), courtisane (litt.), demi-mondaine (litt.), fille, fille de joie (litt.), fille publique, grue (fam.), hétaïre (litt.), michetonneuse (fam.), morue (fam.), péripatéticienne (litt.), putain (fam.), pute (fam.), tapineuse (fam.), traînée (fam.).

prostituer v. **1** Litt. *Prostituer son talent* ▶ avilir, dégrader, déshonorer. **2 se prostituer** *Une femme qui se prostitue* ▶ faire le trottoir (fam.), tapiner (fam.). **3** Fig. *Être à ce point fasciné par les médias, pour un écrivain, c'est se prostituer* ▶ se vendre.

prostitution n. f. ▶ tapin (fam.), trottoir (fam.).

prostration n. f. ▶ abattement, accablement, anéantissement, apathie, écrasement, torpeur.

prostré, ée adj. ▶ abattu, accablé, anéanti, apathique, écrasé, effondré.

protagoniste n. m. *Les protagonistes d'une intrigue* ▶ acteur, héros, personnage.

protecteur, trice adj. **1** *Une divinité protectrice* ▶ tutélaire. **2** *Prendre un air protecteur* ▶ condescendant, dédaigneux, hautain.

protecteur, trice n. **1** *Le protecteur des libertés* ▶ défenseur, gardien, soutien. **2** *De jeunes talents en quête d'un protecteur* ▶ bienfaiteur, mécène. **3** *Le protecteur d'une prostituée* ▶ maquereau (fam.), proxénète, souteneur.

protection n. f. **1** *Avoir besoin de protection* ▶ aide, appui, assistance, secours, soutien. **2** *L'opération s'est déroulée sous la protection du ministère de la Justice* ▶ auspices, égide, parrainage, patronage, tutelle. **3** *Assurer la protection du territoire* ▶ défense, sécurité, sûreté, surveillance. **4** *La protection de l'environnement* ▶ conservation, préservation, sauvegarde. **5** *Prendre des mesures de protection contre une épidémie* ▶ préservation, prophylaxie.

6 *Un appareil muni d'une protection contre les rayonnements* ▶ cache, écran, filtre. **7** *Son air d'indifférence lui sert de protection* ▶ bouclier, carapace, cuirasse, rempart.

protée n. m. Litt. ▶ caméléon, girouette.

protégé, ée adj. *Un passage protégé* ▶ abrité, couvert.

protégé, ée n. *Être le protégé du maître* ▶ chouchou (fam.), favori.

protéger v. **1** *Le ciel me protège!* ▶ aider, assister, soutenir. **2** *Protéger une ville* ▶ défendre, fortifier. **3** *Protéger un homme d'État* ▶ garder, surveiller, veiller sur. **4** *Protéger les artistes* ▶ appuyer, encourager, épauler, favoriser, parrainer, patronner, pousser (fam.), soutenir. **5** *Protéger les libertés fondamentales* ▶ garantir, préserver, sauvegarder. **6** *Protéger qqch du soleil* ▶ abriter, garantir, préserver. **7** *Protéger qqn contre les maladies* ▶ garantir, immuniser, prémunir, vacciner. **8 se protéger** *En cas d'orage, où pourront-ils se protéger?* ▶ se mettre à couvert, se mettre à l'abri.

protéiforme adj. Litt. ▶ changeant, divers, multiforme, multiple, varié.

protestant, ante adj. *Le culte protestant* ▶ réformé.

protestant, ante n. *Des protestants chassés par la révocation de l'édit de Nantes* ▶ huguenot (vx), parpaillot (vx et péj.).

protestataire n. ▶ contestataire, opposant, rebelle, réfractaire.

protestation n. f. ▶ plainte, réclamation, récrimination.

protester v. **1** Litt. *Protester de son innocence* ▶ affirmer, clamer. **2** *Protester contre une injustice* ▶ crier, se dresser, s'élever, gueuler (fam.), s'insurger, pester, râler (fam.), se rebeller, se rebiffer (fam.), se récrier, récriminer, regimber, se révolter, ronchonner, rouspéter (fam.), tempêter, tonner.

prothèse n. f. ▶ appareil.

protocolaire adj. *Des manières protocolaires* ▶ cérémonieux, conventionnel, formaliste, formel, guindé.

protocole n. m. **1** *Signer un protocole* ▶ accord, convention, traité. **2** *Respecter le protocole* ▶ bienséance, cérémonial, convenances, décorum, étiquette, formes, règles.

prototype n. m. *Le prototype d'une statue grecque connue par des copies romaines* ▶ original.

protubérance n. f. ▶ bosse, éminence, excroissance, mamelon, monticule, proéminence, saillie.

protubérant, ante adj. ▶ proéminent, saillant.

proue n. f. ▶ avant, nez.

prouesse n. f. ▶ exploit, haut fait, performance.

prouvé, ée adj. *On ne sait pas tout, c'est prouvé* ▶ attesté, avéré, certain, confirmé, constaté, établi, sûr.

prouver v. **1** *Prouver ce qu'on avance* ▶ démontrer, établir. **2** *Son attitude prouve sa profonde lâcheté* ▶ attester de, dénoncer, illustrer, indiquer, manifester, marquer, montrer, révéler, témoigner de, trahir.

provenance n. f. ▶ origine, point de départ, source.

provenir v. *La guerre et tous les maux qui en proviennent* ▶ découler, dériver, émaner, procéder, résulter, venir.

proverbe n. m. *Énoncer gravement l'un de ces proverbes qui constituent le fond de la sagesse populaire* ▶ adage, dicton, maxime.

proverbial, ale adj. **1** *Une locution proverbiale* ▶ gnomique (litt.). **2** *La ruse proverbiale du renard* ▶ célèbre, connu, fameux, légendaire, réputé.

providence n. f. **1** *Remercier la providence* ▶ ciel, dieu, dieux. **2** *S'en remettre à la providence* ▶ chance, destin, hasard. **3** Fig. *La providence des sans-logis* ▶ bienfaiteur, protecteur, sauveur, secours.

providentiellement adv. ▶ à pic (fam.), à point, à point nommé, à propos, opportunément.

province n. f. *À Paris et en province* ▶ régions.

proviseur n. m. ▶ directeur.

provision n. f. **1** *Donner une somme à titre de provision* ▶ acompte, avance. **2** *Une grosse provision de bois pour l'hiver* ▶ réserve, stock. **3** Plur. *Une cave pleine de provisions* ▶ ravitaillement, victuailles, vivres. **4** Plur. *Faire des provisions* ▶ commissions, courses.

provisionner v. *Provisionner un compte* ▶ alimenter, approvisionner, créditer.

provisoire adj. **1** *Une solution provisoire* ▶ temporaire, transitoire. **2** *Un bonheur provisoire* ▶ bref, court, éphémère, fugace, fugitif, momentané, passager, précaire, temporaire, transitoire.

provisoirement adv. ▶ en attendant, momentanément, passagèrement, temporairement, transitoirement.

provocant, ante adj. 1 *Des propos provocants* ▶ agressif, batailleur, belliqueux. 2 *Une pose provocante* ▶ affriolant, aguichant, émoustillant, excitant, racoleur. 3 *Un regard provocant* ▶ arrogant, effronté, hardi, insolent.

provocateur, trice n. *Les dégâts commis par des provocateurs* ▶ agitateur.

provocation n. f. 1 *Être condamné pour provocation à la violence* ▶ appel, excitation, incitation. 2 *Avoir le goût de la provocation* ▶ bravade, défi.

provoquer v. 1 Litt. *Provoquer qqn à agir* ▶ aiguillonner, appeler, convier, encourager, engager, entraîner, exciter, exhorter, inciter, inviter, pousser. 2 *Tout cela risque de provoquer des catastrophes* ▶ amener, apporter, attirer, causer, créer, déchaîner, déclencher, donner lieu à, entraîner, faire naître, occasionner, produire, soulever, susciter. 3 *Provoquer une autorité* ▶ braver, défier, narguer. 4 *Une femme qui provoque son voisin de table* ▶ aguicher, allumer (fam.).

proxénète n. m. ▶ maquereau (fam.), protecteur, souteneur.

proximité n. f. 1 *La proximité de deux terrains* ▶ contiguïté, mitoyenneté. 2 *La proximité d'une ville* ▶ voisinage. 3 *La proximité d'un événement* ▶ approche, imminence. 4 *La proximité de deux idées* ▶ analogie, parenté, similitude. 5 **à proximité** *Il n'y a aucun café à proximité* ▶ aux alentours, aux environs, dans les parages. 6 **à proximité de** *Être à proximité d'une ville* ▶ à côté de, à deux pas de, près de.

prude adj. Litt. ▶ bégueule (fam.), collet monté (litt.), pudibond (litt.), puritain (litt.).

prudemment adv. ▶ précautionneusement, raisonnablement, sagement.

prudence n. f. *Mener une négociation délicate demande un minimum de prudence* ▶ circonspection, discernement, doigté, ménagement, précaution, prévoyance, réflexion, sagesse, tact.

prudent, ente adj. 1 *Un alpiniste prudent* ▶ attentif, précautionneux, prévoyant, vigilant. 2 *Rester prudent dans une discussion* ▶ circonspect, réservé. 3 *Un homme prudent interviendrait avant que la situation ne dégénère* ▶ averti, avisé, raisonnable, sage.

pruderie n. f. Litt. ▶ pudibonderie (litt.), puritanisme.

prunelle n. f. ▶ pupille.

prurit n. m. ▶ démangeaison, irritation, picotement.

pseudo adj. Fam. ▶ faux, prétendu, soi-disant, supposé.

pseudonyme n. m. ▶ sobriquet, surnom.

psychanalyse n. f. ▶ analyse.

psychanalyste n. ▶ analyste.

psyché n. f. Litt. *Étudier la psyché de qqn* ▶ ego, psychisme, psychologie.

psychique adj. ▶ mental, psychologique.

psychisme n. m. ▶ mental, moral, psyché (litt.), psychologie.

psychologie n. f. 1 *Manquer de psychologie* ▶ clairvoyance, finesse, intuition, perspicacité, sagacité. 2 *La psychologie d'un personnage* ▶ caractère, mentalité, psychisme.

psychologique adj. ▶ mental, psychique.

psychopathe n. ▶ déséquilibré, fou, malade (fam.), pervers.

psychose n. f. 1 *Être victime d'une psychose grave* ▶ aliénation, démence, folie. 2 Fig. *Une population gagnée par une psychose de la guerre* ▶ angoisse, obsession.

puant, ante adj. 1 *Un égout puant* ▶ fétide, infect, malodorant, nauséabond, pestilentiel. 2 Fig. *Des gens puants* ▶ fat (litt.), impudent, poseur, prétentieux, snob, suffisant.

puanteur n. f. ▶ fétidité (litt.), infection, pestilence (litt.), remugle (litt.).

pubère adj. 1 ▶ adolescent, formé, nubile (litt.). 2 Spécialement pour une fille ▶ réglé.

puberté n. f. ▶ adolescence, âge ingrat, âge tendre, formation, nubilité (litt.).

pubescent, ente adj. Litt. ▶ duveté, duveteux, poilu.

pubis n. m. ▶ Spécialement à propos d'une femme ▶ mont-de-vénus, pénil.

public, ique adj. 1 *Des bains publics* ▶ collectif, communautaire. 2 *Une annonce publique* ▶ officiel, solennel. 3 *L'intérêt public* ▶ commun, général, national. 4 *Les défenseurs de l'école publique* ▶ laïque.

public n. m. 1 *Un démagogue qui plaît au public* ▶ masse, multitude, peuple. 2 *Saluer le public* ▶ assemblée, assistance, audience, auditoire, foule, galerie, parterre, salle, spectateurs. 3 **en public** ▶ officiellement, publiquement.

publication n. f. 1 *La publication des résultats d'un concours* ▶ annonce, divulgation, proclamation, promulgation. 2 *La publication d'un livre* ▶ édition, mise en vente, parution, sortie. **3** *Lire les dernières publications* ▶ écrit, livre, ouvrage, volume. **4** *Une publication mensuelle* ▶ bulletin, périodique, revue.

publicité n. f. **1** *Lire les publicités dans un journal* ▶ réclame (vx). **2** Fig. *On fait beaucoup trop de publicité autour de cette affaire* ▶ battage, bruit.

publier v. **1** Litt. *Publier un secret* ▶ annoncer, communiquer, dévoiler, divulguer, ébruiter, étaler, proclamer. **2** *Publier les résultats d'une élection* ▶ annoncer, divulguer, proclamer, promulguer. **3** *Publier un livre* ▶ éditer, sortir.

publiquement adv. **1** *Annoncer publiquement la rupture des négociations* ▶ en public, officiellement. **2** *Manifester publiquement son désaccord* ▶ au grand jour, ostensiblement, ouvertement.

puceau, pucelle adj. Fam. ▶ vierge.

pucelage n. m. Fam. ▶ virginité.

pudeur n. f. **1** Litt. *La pudeur des femmes* ▶ vertu. **2** *Choquer la pudeur* ▶ bienséance (litt.), décence, honnêteté (litt.). **3** *S'afficher sans pudeur* ▶ honte, scrupule, vergogne. **4** *Une pudeur qui pousse à dissimuler un sentiment* ▶ modestie, réserve, retenue. **5** *Avoir la pudeur de ne pas évoquer qqch* ▶ décence, délicatesse, discrétion.

pudibond, onde adj. ▶ prude, puritain (litt.).

pudibonderie n. f. ▶ pruderie, puritanisme.

pudique adj. **1** *Une jeune fille pudique* ▶ chaste, honnête (litt.), modeste (litt.), sage. **2** *Être trop pudique pour parler de soi* ▶ modeste, réservé, retenu. **3** *Une attitude pudique* ▶ décent, discret.

puer v. ▶ empester, empuantir, sentir.

puéril, ile adj. **1** *Une attitude puérile* ▶ bébête (fam.), gamin, immature, infantile. **2** *Une discussion puérile* ▶ dérisoire, frivole, futile, vain (litt.).

puérilisme n. m. ▶ infantilisme.

puérilité n. f. ▶ badinerie, enfantillage, futilité.

pugilat n. m. ▶ bagarre (fam.), échauffourée, lutte, rixe.

pugiliste n. m. Litt. ▶ boxeur.

pugnace adj. Litt. ▶ accrocheur, agressif, bagarreur, batailleur, combatif.

pugnacité n. f. Litt. ▶ agressivité, combativité.

puîné, ée n. Litt. *L'aîné et son puîné* ▶ cadet.

puis adv. ▶ alors, après, ensuite.

puiser v. **1** *Puiser de l'eau* ▶ tirer. **2** Fig. *Aller puiser dans un tas de vieilleries* ▶ piocher. **3** Fig. *Puiser des renseignements à droite et à gauche* ▶ glaner, récolter.

puisque conj. ▶ attendu que, dans la mesure où, du fait que, du moment que, étant donné que, vu que.

puissamment adv. **1** *Une région puissamment défendue* ▶ énergiquement, fortement, solidement, vigoureusement. **2** *Énerver puissamment qqn* ▶ considérablement, énormément, extrêmement, fortement, prodigieusement.

puissance n. f. **1** *Donner une impression de puissance* ▶ force, vigueur. **2** *La puissance parentale* ▶ autorité. **3** *La puissance de la parole* ▶ efficacité, force, influence, pouvoir. **4** *La puissance d'une explosion* ▶ énergie, force, intensité. **5** *La puissance de travail de qqn* ▶ capacité, faculté, possibilité. **6** *Opposer la puissance à l'acte* ▶ potentialité, virtualité. **7** *Une grande puissance* ▶ état, nation, pays. **8 en puissance** *Méfiez-vous, c'est un criminel en puissance* ▶ potentiel, virtuel.

puissant, ante adj. **1** *Un remède puissant* ▶ agissant, efficace, énergique. **2** *Un corps puissant* ▶ musclé, vigoureux. **3** *Une voix puissante* ▶ fort, profond, soutenu. **4** *Une lumière puissante* ▶ intense, vif. **5** *Une famille puissante* ▶ influent. **6** *Un argument puissant* ▶ fort.

puissants n. m. pl. *Les puissants de ce monde* ▶ grands.

pull-over n. m. ▶ chandail, pull, tricot.

pullulement n. m. **1** *Un épouvantable pullulement de cafards* ▶ fourmillement, grouillement. **2** *Le pullulement des publications savantes* ▶ foisonnement, prolifération, surabondance.

pulluler v. ▶ foisonner, fourmiller, grouiller, proliférer, surabonder.

pulpe n. f. *La pulpe d'un fruit* ▶ chair.

pulsation n. f. *Les pulsations du cœur* ▶ battement.

pulsion n. f. *Avoir des pulsions suicidaires* ▶ instinct, tendance.

pulvérisateur n. m. ▶ aérosol, atomiseur, brumisateur (nom déposé), nébuliseur, vaporisateur.

pulvérisation n. f. *La pulvérisation d'un insecticide* ▶ vaporisation.

pulvériser v. **1** *Pulvériser du grain* ▶ broyer, concasser, égruger, moudre, piler. **2** *Pulvériser un insecticide* ▶ vaporiser.

pulvérulent

3 *Fig. Pulvériser un adversaire* ▶ anéantir, briser, désintégrer, détruire, écrabouiller (fam.), écraser, enfoncer, tailler en pièces. **4 se pulvériser** *Un enduit ancien qui commence à se pulvériser* ▶ se désagréger, s'effriter.

pulvérulent, ente adj. Litt. ▶ poudreux.

puma n. m. ▶ couguar.

punch n. m. Fig. et fam. *Avoir du punch* ▶ allant, dynamisme, énergie, mordant, pep (fam.), tonus, vigueur, vitalité.

punique adj. ▶ carthaginois.

punir v. **1** *Punir les coupables* ▶ châtier (litt.), sanctionner, sévir contre. **2** *Punir un abus* ▶ châtier (litt.), réprimer, sanctionner, sévir contre.

punition n. f. **1** *Mériter une punition* ▶ châtiment, leçon. **2** *Infliger une punition* ▶ peine, sanction. **3** Fam. *C'est une vraie punition, ce travail* ▶ corvée, pensum, purge (fam.).

pupille n. f. ▶ prunelle.

pupitre n. m. **1** *Le pupitre d'un élève* ▶ bureau, table. **2** *Le pupitre d'un ordinateur* ▶ clavier, console.

pur, pure adj. **1** *Un ciel pur* ▶ clair, cristallin (litt.), limpide, serein, transparent. **2** *Un blanc pur* ▶ immaculé, net, propre. **3** *Du whisky pur* ▶ nature. **4** *Un langage pur* ▶ châtié (litt.), correct, épuré, soigné. **5** *Un sentiment pur* ▶ authentique, désintéressé, sincère, véritable, vrai. **6** *Un amour pur* ▶ chaste, platonique, pudique, sage. **7** *Une jeune fille pure* ▶ chaste, intact, vertueux, vierge. **8** *Une vie pure* ▶ droit, honnête, intègre, probe (litt.). **9** *Une âme pure* ▶ angélique, candide, ingénu, innocent, virginal. **10** *Une conscience pure* ▶ net. **11** *Une ligne pure* ▶ impeccable, parfait. **12** *Un plaisir pur* ▶ absolu, complet, parfait. **13** *Un esprit pur* ▶ éthéré, immatériel. **14** *De la recherche pure* ▶ fondamental, théorique. **15** *Une règle de pure convention* ▶ simple.

purée n. f. Fig. et fam. *Réduire qqn en purée* ▶ bouillie, capilotade, charpie, compote (fam.), marmelade (fam.), miettes, poussière.

purement adv. **1** *Notre action a des fins purement humanitaires* ▶ exclusivement, seulement, simplement, strictement, uniquement. **2** *Ce qu'il a dit là est purement ridicule* ▶ absolument, intégralement, totalement.

pureté n. f. **1** *La pureté de l'eau* ▶ limpidité, netteté, propreté, transparence. **2** *La pureté d'une jeune fille* ▶ honneur, innocence, vertu, virginité. **3** *La pureté d'un sentiment* ▶ authenticité, désintéressement, sincérité. **4** *La pureté d'une âme* ▶ blancheur (litt.), candeur (litt.), droiture, fraîcheur, honnêteté, ingénuité (litt.), innocence, intégrité. **5** *La pureté d'un style* ▶ correction, élégance.

purgatif n. m. ▶ dépuratif, laxatif, purgation (vx), purge (vx).

purgation n. f. **1** Vx *Prendre une purgation* ▶ dépuratif, laxatif, purgatif, purge (vx). **2** Litt. *La purgation des passions* ▶ catharsis (litt.).

purge n. f. **1** Vx *Prendre une purge* ▶ dépuratif, laxatif, purgatif, purgation (vx). **2** *Le robinet de purge* ▶ vidange. **3** Fig. *Une purge politique* ▶ épuration. **4** Fig. et fam. *Quelle purge, ce travail!* ▶ corvée, pensum, punition.

purger v. **1** *Purger un métal* ▶ épurer, nettoyer, purifier. **2** *Purger un radiateur* ▶ vidanger. **3** *Purger un organe* ▶ désobstruer, vider. **4** Fig. *Purger une ville des gangsters qui la rackettaient* ▶ débarrasser, libérer, vider. **5** Fig. *Purger une peine* ▶ s'acquitter de, subir.

purificateur, trice adj. *Un rite purificateur* ▶ lustral (litt.), purificatoire.

purification n. f. **1** *Une purification rituelle* ▶ ablution, lustration (litt.). **2** *La purification d'un métal* ▶ affinage, raffinage. **3** Fig. *La purification des mœurs* ▶ assainissement.

purifier v. **1** *Purifier un métal* ▶ affiner, raffiner. **2** *Purifier l'atmosphère* ▶ assainir, désinfecter. **3 se purifier** Fig. et litt. *Se purifier le cœur de ses mauvaises pensées* ▶ se débarrasser, se laver, se libérer, se nettoyer.

purin n. m. *Utiliser du purin en engrais* ▶ lisier.

puritain, aine adj. **1** *Une personne puritaine* ▶ prude, pudibond. **2** *Une morale puritaine* ▶ austère, intransigeant, rigide, rigoriste.

puritanisme n. m. ▶ austérité, pruderie (litt.), pudibonderie (litt.), rigidité, rigorisme.

purpurin, ine adj. Litt. ▶ pourpre, pourpré.

pus n. m. ▶ sanie (vx).

pusillanime adj. Litt. *Ils sont trop pusillanimes pour se lancer dans ce genre d'entreprise* ▶ couard (litt.), craintif, frileux, froussard (fam.), lâche, peureux, pleutre (litt.), poltron, timide, timoré, trouillard (fam.), veule (litt.).

pusillanimité n. f. Litt. *Refuser de choisir son camp par pure pusillanimité* ▶ couardise (litt.), frilosité, lâcheté, pleutrerie (litt.), poltronnerie (litt.), timidité (litt.), veulerie (litt.).

pustule n. f. ▸ bouton, vésicule.

putatif, ive adj. *Le père putatif* ▸ présumé, prétendu, supposé.

putréfaction n. f. ▸ corruption, décomposition, pourriture.

putréfier v. **1** *La chaleur putréfie les chairs mortes* ▸ décomposer. **2 se putréfier** *Un cadavre qui se putréfie* ▸ se décomposer, pourrir.

putrescible adj. ▸ corruptible, pourrissable, putréfiable.

putride adj. **1** *Un cadavre putride* ▸ décomposé, pourri, putrescent (litt.). **2** Fig. et litt. *L'Index était le catalogue des écrits jugés putrides* ▸ corrupteur, immoral, malsain, pernicieux, pervers.

putsch n. m. ▸ coup d'état, pronunciamiento.

pygargue n. m. ▸ aigle de mer, orfraie.

pyromane n. ▸ incendiaire.

pyrrhonisme n. m. Litt. ▸ incrédulité, scepticisme.

pythie n. f. Litt. ▸ cassandre, devineresse, pythonisse (litt.).

q

quadrillage n. m. *Du papier à quadrillage* ▶ carreaux.

quadriller v. *Quadriller une feuille* ▶ carreler.

quai n. m. ▶ débarcadère, embarcadère.

qualificatif n. m. *Un qualificatif injurieux* ▶ appellation, dénomination, désignation, épithète.

qualification n. f. **1** *Mériter la qualification d'artiste* ▶ appellation, dénomination, désignation, épithète, nom, titre. **2** *A-t-il les qualifications requises pour occuper cet emploi ?* ▶ aptitude, capacité, compétence.

qualifié, ée adj. *Personne n'est plus qualifié que lui pour rédiger ce texte* ▶ apte, autorisé, capable, compétent.

qualifier v. **1** *Une attitude qu'on ne saurait qualifier* ▶ caractériser, dénommer, désigner, nommer. **2** *Qualifier qqn d'escroc* ▶ appeler, taxer de, traiter de.

qualité n. f. **1** *Ce sera facile pour un homme de cette qualité* ▶ calibre (fam.), carrure, classe, envergure, étoffe, mérite, stature, trempe (fam.), valeur. **2** *Un garçon plein de qualités* ▶ capacité, compétence, disposition, don, mérite, talent. **3** *Les qualités constitutives d'un objet* ▶ attribut, caractère, caractéristique, propriété.

quand conj. ▶ au moment où, lorsque.

quand même adv. *Vous auriez quand même pu vous déplacer* ▶ malgré tout, tout de même.

quant à prép. *Quant à cette histoire, je ne veux plus en entendre parler* ▶ en ce qui concerne, pour ce qui est de.

quant-à-soi n. m. ▶ discrétion, réserve, retenue.

quantifiable adj. ▶ appréciable, calculable, chiffrable, déterminable, évaluable, mesurable.

quantifier v. ▶ calculer, chiffrer, déterminer, évaluer, mesurer.

quantité n. f. **1** *Ne pas dépasser la quantité prescrite* ▶ dose. **2** *Calculer la quantité exacte des produits consommés* ▶ masse, nombre, somme, volume. **3** *Il y en avait une telle quantité qu'on ne pouvait plus les compter* ▶ abondance, accumulation, débauche, flopée (fam.), flot, foule, kyrielle, masse, monceau, multiplicité, multitude, myriade, nuée, profusion, ribambelle. **4 en quantité** ▶ abondamment, à foison, à gogo (fam.), à profusion, beaucoup, en abondance, en pagaille (fam.), plein.

quarantaine n. f. **1** *Une quarantaine de huit jours* ▶ isolement. **2** Fig. *Subir une quarantaine de la part de ses collègues* ▶ boycott, ostracisme (litt.). **3 mettre en quarantaine** *Mettre un animal en quarantaine* ▶ isoler. **4** Fig. *Ses collègues le mettent en quarantaine* ▶ boycotter, ostraciser (litt.).

quart n. m. *Être de quart* ▶ garde, permanence, service, veille.

quartier n. m. **1** *J'en reprendrais bien un quartier* ▶ morceau, part, portion. **2** *Les quartiers de la Lune* ▶ croissant, phase. **3** *Les différents quartiers d'une ville* ▶ secteur. **4** Plur. *Les quartiers d'hiver d'une troupe* ▶ cantonnement, casernement. **5 quartier général** Fig. *Le quartier général d'une entreprise* ▶ direction, siège.

quartz n. m. ▶ cristal de roche.

quasiment adv. Fam. *Ils sont quasiment à égalité* ▶ à peu de chose près, pour ainsi dire, pratiquement, presque, quasi (litt.).

quelconque adj. *Un décor tout à fait quelconque* ▶ banal, commun, courant, impersonnel, insignifiant, ordinaire.

quelque adv. *Il est revenu quelque dix ans plus tard* ▶ à peu près, approximativement, environ.

quelque chose n. m. *Tout son charme tient à ce petit quelque chose qu'on appelle la distinction* ▶ je-ne-sais-quoi, presque rien.

quelquefois adv. *Je le vois encore quelquefois* ▶ de loin en loin, de temps à autre, de temps en temps, parfois.

quelqu'un pron. **1** *Quelqu'un est venu pour vous* ▶ on. **2** *Dans son domaine, c'est quelqu'un* ▶ notabilité, personnage, sommité.

quémander v. *Quémander une aide* ▶ implorer, mendier, quêter, solliciter.

qu'en-dira-t-on n. m. *Se moquer du qu'en-dira-t-on* ▶ cancans (fam.), commérages, on-dit, potins (fam.), ragots (fam.), rumeurs.

querelle n. f. **1** *Une famille secouée par d'incessantes querelles* ▶ accrochage, altercation, bagarre, brouille, chamaillerie (fam.), conflit, démêlé, désac-

cord, différend, discorde (litt.), **discussion, dispute, empoignade, engueulade** (fam.), **heurt, prise de bec, scène. 2** *Des querelles théologiques* ▶ **controverse, débat, polémique. 3 chercher querelle à** ▶ **chercher** (fam.), **chercher noise à** (litt.), **provoquer.**

quereller v. **1** *Quereller un enfant* ▶ **admonester, disputer, gronder, houspiller. 2 se quereller** *Deux frères qui se querellent tout le temps* ▶ **s'accrocher, se battre, se chamailler** (fam.), **se disputer, s'empoigner, s'engueuler** (fam.).

querelleur, euse adj. et n. ▶ **acariâtre, agressif, chicanier, hargneux, mauvais coucheur** (fam.), **tracassier.**

quérir v. Litt. *Aller quérir qqn* ▶ **chercher.**

question n. f. **1** *Répondre à une question sur la santé de ses vieux parents* ▶ **demande, interrogation. 2** *Il me pose toujours des questions auxquelles je ne sais répondre* ▶ **colle** (fam.). **3** *Une question longuement débattue* ▶ **affaire, point, problème, sujet, thème. 4** Vx *Soumettre qqn à la question* ▶ **torture.**

questionnaire n. m. **1** *Répondre à un questionnaire* ▶ **enquête, sondage. 2** *Remplir un questionnaire* ▶ **bordereau, formulaire, imprimé.**

questionner v. **1** *Questionner un candidat* ▶ **cuisiner** (fam.), **interroger. 2** *Questionner les habitants d'un quartier sur un projet d'urbanisme* ▶ **consulter, enquêter auprès de, interroger, interviewer, sonder.**

quête n. f. **1** *La quête du bonheur* ▶ **recherche. 2** *Une quête dans une église* ▶ **collecte.**

quêter v. Fig. *Quêter des louanges* ▶ **implorer, mendier, quémander, solliciter.**

queue n. f. **1** *La queue d'une plante* ▶ **pédicule, pédoncule, tige. 2** *La queue d'une casserole* ▶ **manche. 3** *La queue d'un cortège* ▶ **arrière, bout, extrémité, fin. 4** *Une queue devant un guichet* ▶ **file, file d'attente. 5 à la queue leu leu** Fam. ▶ **à la file, en chapelet, en file indienne.**

queue-de-pie n. f. ▶ **frac, habit, jaquette.**

quiconque Pron. *Il sait mieux que quiconque ce qu'il faut faire* ▶ **n'importe qui, personne.**

quidam n. m. Vx et fam. ▶ **homme, individu, particulier, personne, type** (fam.).

quiet, quiète adj. Litt. *Une atmosphère quiète* ▶ **calme, paisible, serein, tranquille.**

quiétude n. f. *La quiétude d'un lieu* ▶ **calme, paix, sérénité, tranquillité.**

quintessence n. f. Fig. *Tirer la quintessence d'un sujet* ▶ **essentiel, principal, substantifique moelle, suc.**

quinteux, euse adj. Vx *Un vieillard quinteux* ▶ **capricieux, fantasque, lunatique.**

quiproquo n. m. *À la suite d'un quiproquo, chacun de nous deux a été pris pour l'autre* ▶ **confusion, malentendu, méprise.**

quittance n. f. ▶ **acquit, récépissé, reçu.**

quitte adj. *Être quitte d'une dette* ▶ **débarrassé, dégagé, libéré.**

quitter v. **1** *Quitter qqn* ▶ **abandonner, lâcher, laisser, laisser tomber** (fam.), **planter là** (fam.), **plaquer** (fam.), **rompre avec, se séparer de. 2** *Quitter un lieu* ▶ **abandonner, s'en aller de, évacuer, laisser, partir de, sortir de. 3** *Quitter son manteau* ▶ **se débarrasser de, se défaire de, se dépouiller de** (litt.), **enlever, ôter, retirer. 4 se quitter** *Se quitter après sept ans de vie commune* ▶ **divorcer, rompre, se séparer.**

quoi qu'il en soit adv. ▶ **de toute façon, en tout cas, en toute hypothèse, en tout état de cause, toujours est-il que.**

quolibet n. m. ▶ **brocard** (litt.), **épigramme, lazzi** (litt.), **moquerie, pique** (fam.), **pointe, raillerie, sarcasme, trait** (litt.), **vanne** (fam.).

quota n. m. *Le quota des marchandises importées* ▶ **contingent.**

quote-part n. f. ▶ **apport, contribution, cotisation, écot, part.**

quotidien, enne adj. **1** *Des disputes quotidiennes* ▶ **journalier. 2** *Décrire la réalité la plus quotidienne* ▶ **banal, commun, habituel, normal, ordinaire.**

quotidien n. m. ▶ **journal.**

quotidiennement adv. ▶ **journellement.**

quotient n. m. *Calculer le quotient de deux nombres* ▶ **rapport.**

quotité n. f. *Il a laissé à sa concubine la quotité disponible de ses biens* ▶ **fraction, part, portion.**

r

rabâchage n. m. **1** *Se répéter à ce point-là, c'est du rabâchage* ▸ radotage, ressassement. **2** *Des rabâchages de vieille personne* ▸ litanie, radotage, refrain, rengaine.

rabâcher v. **1** *Il nous rabâche toujours les mêmes histoires* ▸ rebattre les oreilles avec (fam.), redire, répéter, ressasser. **2** *Il passe son temps à rabâcher* ▸ radoter.

rabâcheur, euse n. ▸ radoteur, ressasseur (litt.).

rabais n. m. **1** ▸ baisse, diminution, discount, escompte, réduction, remise, ristourne. **2 au rabais** ▸ à bon compte, à bon marché, en solde.

rabaisser v. **1** *Rabaisser ses exigences à cause de la concurrence* ▸ abaisser, baisser, diminuer, limiter, modérer, rabattre, réduire, restreindre. **2** *Chercher à rabaisser les mérites de qqn* ▸ amoindrir, dénigrer, déprécier, ravaler. **3** *Cette mesquinerie le rabaisse* ▸ rapetisser. **4 se rabaisser** *Se rabaisser par goût de la dérision* ▸ s'avilir, s'humilier.

rabat-joie n. m. ▸ bonnet de nuit, empêcheur de tourner en rond, éteignoir, pisse-froid (fam.), pisse-vinaigre (fam.), trouble-fête.

rabattage n. m. *Du gibier affolé par le rabattage* ▸ battue.

rabattre v. **1** *Rabattre un couvercle* ▸ abaisser, baisser. **2** *Rabattre des volets* ▸ refermer, replier. **3** Fig. *Si vous m'en prenez deux, je vous rabats 20 du total* ▸ déduire, défalquer, retrancher. **4** Fig. *Rabattre ses exigences à la suite d'un échec* ▸ abaisser, baisser, diminuer, limiter, modérer, rabaisser, réduire, restreindre. **5 se rabattre** Fig. *Faute de viande, ils se sont rabattus sur le poisson* ▸ se contenter de, se satisfaire de.

rabelaisien, enne adj. *Une verve rabelaisienne* ▸ gaillard, truculent.

rabibocher (se) v. Fam. ▸ se raccommoder, se réconcilier, renouer.

rabiot n. m. Fam. ▸ excédent, supplément, surplus.

râble n. m. **1** *Le râble du lapin* ▸ dos, reins. **2** *Remuer les braises d'un four avec un râble* ▸ fourgon.

râblé, ée adj. ▸ courtaud, ramassé, trapu.

raboteux, euse adj. **1** *Une surface raboteuse* ▸ inégal, rêche, rugueux. **2** Fig. *Un style raboteux* ▸ cahotique, heurté, râpeux, rêche, rocailleux, rude, rugueux.

rabougri, ie adj. *Un petit homme tout rabougri* ▸ chétif, frêle, malingre, rachitique, racorni, ratatiné.

rabougrir (se) v. *Des feuilles qui se rabougrissent* ▸ s'atrophier, s'étioler, se racornir, se ratatiner (fam.), se recroqueviller, se tasser.

rabouter v. *Rabouter deux tuyaux* ▸ aboucher, raccorder.

rabrouer v. ▸ envoyer promener (fam.), rebuter (vx), rembarrer (fam.), repousser.

racaille n. f. ▸ lie, plèbe, populace, rebut, vermine.

raccommodage n. m. ▸ rapiéçage, ravaudage, reprisage, reprise, stoppage.

raccommodement n. m. Fam. ▸ rabibochage (fam.), réconciliation.

raccommoder v. **1** Vx *Raccommoder un meuble* ▸ rafistoler (fam.), réparer, retaper. **2** *Raccommoder un vêtement* ▸ rapiécer, ravauder, recoudre, repriser, stopper. **3** Fig. et fam. *Raccommoder deux personnes* ▸ rabibocher (fam.), réconcilier. **4 se raccommoder** Fam. *Se raccommoder avec son ex* ▸ se rabibocher (fam.), se réconcilier, se remettre (fam.).

raccompagner v. ▸ ramener, reconduire, remmener.

raccord n. m. *Améliorer les raccords d'une narration ou d'une argumentation* ▸ enchaînement, liaison, transition.

raccordement n. m. **1** *Le raccordement d'un montage électrique* ▸ branchement. **2** *Prendre le raccordement qui conduit à l'autoroute* ▸ bretelle, embranchement.

raccorder v. *Raccorder les uns aux autres les différents éléments d'un montage* ▸ assembler, embrancher, joindre, rabouter, rattacher, relier, réunir.

raccourci n. m. **1** *Prendre un raccourci à travers champs* ▸ traverse. **2 en raccourci** *Toute une vie en raccourci* ▸ en abrégé, en résumé.

raccourcir v. 1 *Un vêtement qui raccourcit au lavage* ▸ rapetisser, réduire, rétrécir. 2 *Les jours raccourcissent* ▸ diminuer, rapetisser. 3 *Raccourcir un texte* ▸ abréger, diminuer, écourter, élaguer, réduire.

raccourcissement n. m. ▸ contraction, diminution, réduction.

raccrocher (se) v. 1 *Se raccrocher à une branche* ▸ s'agripper, se cramponner, se rattraper, se retenir. 2 *Une idée qui se raccroche à une autre* ▸ se rapporter, se rattacher, se relier.

race n. f. 1 Litt. *La race des Bourbons* ▸ branche, lignage, ligne, lignée, maison. 2 *Être de race noble* ▸ ascendance, extraction, famille, filiation, naissance, origine, sang. 3 *Répartir des êtres humains en races* ▸ ethnie, peuple. 4 Fig. et fam. *Des donneurs de leçons d'une race particulièrement nocive* ▸ espèce, genre, sorte, type. 5 Fig. et fam. *Sale race que celle des rats!* ▸ engeance (litt.).

rachat n. m. 1 *Vendre avec faculté de rachat* ▸ réméré. 2 Fig. *Le rachat de ses fautes* ▸ expiation, rédemption.

racheter v. 1 Fig. *Son courage d'aujourd'hui rachète ses lâchetés passées* ▸ compenser, faire oublier, rattraper, réparer. 2 *se racheter* Fig. *Se racheter aux yeux de qqn* ▸ se rattraper, se réhabiliter.

rachis n. m. ▸ colonne vertébrale, échine, épine dorsale.

rachitique adj. ▸ chétif, débile, malingre, rabougri.

racial, ale adj. ▸ ethnique.

racine n. f. 1 *La racine d'un organe* ▸ base. 2 Fig. *La racine d'un phénomène socio-culturel* ▸ commencement, naissance, origine, principe, source.

racisme n. m. Fig. *Le racisme anti-jeunes* ▸ apartheid, discrimination, ségrégation.

racket n. m. ▸ chantage, extorsion, rançonnement.

raclée n. f. ▸ correction, déculottée (fam.), dégelée (fam.), dérouillée (fam.), pile (fam.), rossée, rouste (fam.), trempe (fam.), volée.

racler v. 1 *Racler le fond d'une casserole* ▸ gratter. 2 *Un alcool qui racle le fond de la gorge* ▸ râper.

raclure n. f. ▸ déchet, rognure.

racolage n. m. 1 Vx *Le racolage des soldats* ▸ enrôlement, recrutement. 2 *Le racolage sur la voie publique* ▸ retape (fam.), tapin (fam.).

racoler v. 1 *Racoler des partisans par tous les moyens* ▸ engager, enrôler, recruter. 2 *Racoler des passants* ▸ accoster.

racoleur, euse adj. 1 *Un sourire racoleur* ▸ aguicheur, provocant. 2 *Des propos racoleurs* ▸ démagogique.

racontar n. m. *Tout ça, c'est des racontars* ▸ bavardage, cancan, commérage, histoire, invention, médisance, on-dit, potin, ragot.

raconter v. 1 *Il nous a raconté ce qui s'était passé* ▸ conter (litt.), décrire, dire, expliquer, exposer, narrer (litt.), relater, rendre compte de, retracer. 2 *Des monuments qui racontent la gloire de l'Empire* ▸ décrire, dépeindre, illustrer, narrer (litt.), peindre, rapporter, relater, rendre compte de, retracer. 3 *Qu'est-ce qu'il raconte là ?* ▸ chanter (fam.), débiter.

racornir v. 1 Fig. *L'âge a achevé de le racornir* ▸ scléroser. 2 *se racornir De la viande qui se racornit à la cuisson* ▸ se dessécher, se durcir, se rabougrir, se ratatiner (fam.), se recroqueviller, sécher.

rade (en) loc. Fam. *Rester en rade* ▸ en attente, en carafe (fam.), en panne, en plan (fam.), en souffrance, en suspens.

radiation n. f. 1 *La radiation d'une onde* ▸ émanation, propagation, rayonnement. 2 *La radiation d'un titulaire* ▸ renvoi, révocation.

radical, ale adj. 1 *Un remède radical* ▸ infaillible, souverain. 2 *Prendre des mesures radicales pour lutter contre l'inflation* ▸ draconien, drastique. 3 *Une hostilité radicale* ▸ absolu, catégorique, complet, foncier, fondamental, total.

radicalement adv. 1 *Être rdicalement hostile à une mesure* ▸ absolument, catégoriquement, foncièrement, fondamentalement, totalement. 2 *Afficher une opinion radicalement différente de celle de son voisin* ▸ complètement, diamétralement, entièrement, totalement.

radicaliser v. *Un négociateur qui radicalise ses positions* ▸ durcir, raidir.

radier v. 1 *Radier un nom sur une liste* ▸ barrer, biffer, effacer, rayer. 2 *Radier un avocat du barreau* ▸ exclure.

radieux, euse adj. 1 *Un temps radieux* ▸ éblouissant, éclatant, ensoleillé, lumineux, resplendissant, splendide. 2 *Une mine radieuse* ▸ épanoui, heureux, joyeux, ravi, rayonnant, réjoui, resplendissant.

radin, ine adj. et n. Fam. ▸ avare, chiche, ladre (litt.), pingre, rat, regardant.

radinerie n. f. Fam. ▸ avarice, ladrerie (litt.), lésine (litt.), pingrerie.

radiodiffuser v. ▸ émettre.

radotage n. m. **1** *Se répéter à ce point-là, c'est du radotage* ▸ rabâchage, ressassement. **2** *Des radotages de vieillard* ▸ litanie, rabâchage, refrain, rengaine.

radoter v. **1** *Un vieillard qui radote* ▸ dérailler (fam.), déraisonner (litt.), divaguer, extravaguer (litt.). **2** *Qu'est-ce qu'il radote encore ?* ▸ rabâcher, ressasser.

radoub n. m. ▸ carénage.

radouber v. ▸ caréner.

radoucir v. **1** *Il a réussi à la radoucir* ▸ apaiser, calmer. **2** *se radoucir La température s'est radoucie* ▸ s'adoucir, s'attiédir, se réchauffer.

radoucissement n. m. **1** *Le radoucissement de la température* ▸ adoucissement, attiédissement, réchauffement. **2** *Le radoucissement de son humeur* ▸ adoucissement, apaisement.

rafale n. f. **1** *La météo annonce de violentes rafales* ▸ bourrasque, coup de vent. **2** *Une rafale de mitraillette* ▸ décharge, salve, tir.

raffermir v. **1** *Raffermir sa musculature* ▸ durcir, tonifier. **2** *Cette crise n'a fait que raffermir l'autoritarisme de la direction* ▸ affermir, consolider, fortifier. **3** *Raffermir le moral des troupes* ▸ ragaillardir, ranimer, ravigoter (fam.), raviver, réchauffer, réconforter, relever, remonter, requinquer (fam.), retaper (fam.), retremper, revigorer, revivifier.

raffermissement n. m. ▸ consolidation, durcissement, renforcement.

raffinage n. m. *Le raffinage d'un métal* ▸ affinage, purification.

raffinement n. m. *S'exprimer avec raffinement* ▸ apprêt (litt.), art, délicatesse, élégance, finesse, préciosité, recherche, sophistication.

raffiné, ée adj. **1** Fig. *Un langage extrêmement raffiné* ▸ ciselé, délicat, distingué, élégant, épuré, fin, précieux, recherché, soigné, sophistiqué. **2** Fig. *Une idée particulièrement raffinée* ▸ recherché, subtil.

raffiner v. **1** *Raffiner un métal* ▸ affiner, purifier. **2** Fig. *Ne raffinez pas tant* ▸ fignoler.

raffoler v. *Il raffole de ce genre de gadget* ▸ adorer, aimer, être fou de.

raffut n. m. Fam. ▸ boucan (fam.), bruit, ramdam (fam.), tapage, vacarme.

rafistoler v. Fam. ▸ arranger, réparer, retaper (fam.).

rafle n. f. *Une rafle dans les milieux de la drogue* ▸ coup de filet, descente de police.

rafler v. Fam. *Il a raflé tout ce qu'il y avait d'intéressant* ▸ accaparer, s'approprier, s'emparer de, emporter, enlever, faire une razzia sur, mettre la main sur, prendre.

rafraîchir v. **1** *Mettre un produit à rafraîchir* ▸ refroidir. **2** *Rafraîchir une couleur* ▸ raviver. **3** *Rafraîchir un appartement* ▸ refaire, rénover, retaper (fam.). **4** Fig. *Rafraîchir la mémoire de qqn* ▸ ranimer, raviver. **5** *se rafraîchir Le temps s'est rafraîchi* ▸ fraîchir, se refroidir. **6** *S'arrêter en route pour se rafraîchir* ▸ boire, se désaltérer, étancher sa soif (litt.).

ragaillardir v. ▸ ravigoter (fam.), réchauffer, réconforter, régénérer, regonfler, remonter, requinquer (fam.), retaper (fam.), retremper, revigorer, revivifier.

rage n. f. **1** *Avoir un geste de rage* ▸ colère, emportement, fureur. **2** Fig. *La rage d'écrire* ▸ frénésie, fureur, furie, manie, passion. **3 en rage** *Être en rage contre qqn* ▸ furieux.

rageant, ante adj. *C'est rageant, on s'est manqué de cinq minutes* ▸ exaspérant, irritant, râlant (fam.).

rager v. ▸ bisquer (fam.), écumer (fam.), enrager, fumer (fam.), pester, râler, ronchonner (fam.), rouspéter (fam.).

rageur, euse adj. **1** *Un enfant rageur* ▸ coléreux, emporté, hargneux. **2** *Jeter un coup d'œil rageur* ▸ furibond.

rageusement adv. **1** *Répliquer rageusement* ▸ hargneusement. **2** *Travailler rageusement* ▸ éperdument, frénétiquement, furieusement.

ragot n. m. Fam. *Comment peut-on croire de pareils ragots ?* ▸ cancan (fam.), commérage, médisance, potin (fam.), racontar (fam.).

ragoûtant, ante adj. *Un aspect peu ragoûtant* ▸ affriolant, alléchant, appétissant, attrayant, engageant, séduisant, tentant.

raid n. m. **1** *Un raid en terrain ennemi* ▸ coup de main, descente, incursion, razzia. **2** *Un raid automobile* ▸ rallye.

raide adj. **1** *Une corde raide* ▸ tendu. **2** *Des jambes raides* ▸ ankylosé, engourdi. **3** Fig. *Un caractère raide* ▸ cassant, inflexible, intraitable, intransigeant, rigide, sévère, strict. **4** Fig. *Un style raide* ▸ compassé, empesé, engoncé, guindé. **5** *Une pente raide* ▸ abrupt, à pic, ardu, droit, escarpé. **6** Fam. *C'est un peu raide !* ▸ abusif, exagéré, excessif. **7** Fam. *Une plaisanterie très raide* ▸ cru, gaillard, grivois, hardi, libre, licencieux, osé, poivré, salé. **8** Fam. *Être complètement raide* ▸ à sec (fam.), désargenté, fauché (fam.).

raideur n. f. 1 *La raideur d'un muscle* ▶ rigidité. 2 Fig. *Une attitude d'une raideur extrême* ▶ intransigeance, rigueur, rigueur, sévérité.

raidir v. 1 *Raidir ses muscles* ▶ bander, contracter, durcir, tendre. 2 Fig. *Un négociateur qui raidit ses positions* ▶ durcir, radicaliser. 3 **se raidir** *Se raidir sous l'effet du froid* ▶ se contracter, durcir, se figer. 4 Fig. *Si vous l'agressez, il va se raidir* ▶ se cabrer, se crisper, se hérisser. 5 Fig. *Sa position s'est raidie au cours des négociations* ▶ se durcir, se radicaliser. 6 Fig. *Leurs relations se sont brusquement raidies* ▶ se tendre.

raie n. f. *Des raies blanches sur un fond noir* ▶ ligne, rayure, trait.

rail n. m. 1 *Un rail de sécurité* ▶ glissière. 2 *Préférer le rail à la route* ▶ chemin de fer, train. 3 Plur. et fig. *Mettre qqn sur les rails* ▶ voie.

railler v. 1 *Railler qqn* ▶ s'amuser de, blaguer (fam.), brocarder (litt.), charrier (fam.), dauber (litt.), faire des gorges chaudes de, se ficher de (fam.), se foutre de (fam.), se gausser de (litt.), mettre en boîte (fam.), se moquer de, se payer la tête de (fam.), persifler, plaisanter, ridiculiser, rire de. 2 Litt. *Vous raillez, je pense* ▶ se moquer, plaisanter.

raillerie n. f. 1 *Prendre qqch sur le ton de la raillerie* ▶ dérision, goguenardise, gouaille, ironie, moquerie, persiflage, sarcasme. 2 *Multiplier les railleries contre qqn* ▶ brocard (litt.), épigramme, flèche (litt.), lazzi (litt.), moquerie, pique, pointe, quolibet, sarcasme, trait (litt.), vanne (fam.).

railleur, euse adj. ▶ caustique, goguenard, gouailleur, ironique, moqueur, mordant, narquois, persifleur, sarcastique, satirique.

rainure n. f. *Un panneau de bois creusé de fines rainures* ▶ cannelure, encoche, entaille, rayure, sillon, strie.

raire v. ▶ bramer.

raison n. f. 1 *Le fonctionnement de la raison humaine* ▶ entendement, esprit, intellect (litt.), intelligence, pensée. 2 *Un comportement dépourvu de toute raison* ▶ bon sens, discernement, jugement, jugeote (fam.), raisonnement, sagesse, sens commun. 3 *Ne plus avoir toute sa raison* ▶ facultés, lucidité, tête. 4 *La raison d'un phénomène* ▶ cause, explication, fondement, justification, motif, origine, pourquoi, principe. 5 *Chercher une raison pour intervenir* ▶ argument, justification, mobile, motif, prétexte, sujet. 6 **raison d'être** *Une inquiétude dépourvue de toute raison d'être* ▶ fondement, justification, motif. 7 *Ses promesses ont pour seule raison d'être de vous forcer la main* ▶ but, mobile, objectif. 8 **à raison de** *Payer à raison du travail effectué* ▶ à proportion de, selon, suivant. 9 **en raison de** *En raison des circonstances* ▶ à cause de, en considération de, étant donné. 10 **à plus forte raison** ▶ a fortiori.

raisonnable adj. 1 *L'homme est un être raisonnable* ▶ intelligent, pensant, rationnel. 2 *Être trop raisonnable pour prendre un tel risque* ▶ équilibré, modéré, mûr, pondéré, posé, prudent, réfléchi, sage, sensé. 3 *Un prix raisonnable* ▶ acceptable, correct, modéré. 4 *Sa réaction m'a paru tout à fait raisonnable* ▶ convenable, fondé, juste, légitime, logique, naturel, normal.

raisonnablement adv. 1 *Se conduire raisonnablement* ▶ sagement. 2 *Boire raisonnablement* ▶ modérément. 3 *On peut raisonnablement en conclure que...* ▶ logiquement, rationnellement.

raisonnement n. m. 1 *Un raisonnement inattaquable* ▶ démonstration. 2 *Impressionner son auditoire par sa puissance de raisonnement* ▶ argumentation, dialectique, logique.

raisonné, ée adj. 1 *Une démarche raisonnée* ▶ calculé, réfléchi. 2 *Une méthode raisonnée* ▶ logique, rationnel.

raisonner v. 1 *Raisonner sur une question fondamentale* ▶ cogiter (fam.), méditer, philosopher, réfléchir. 2 *Cessez de raisonner et reconnaissez honnêtement votre erreur* ▶ argumenter, discutailler (fam.), discuter, ergoter, ratiociner (litt.).

raisonneur, euse adj. *Un enfant raisonneur* ▶ discutailleur (fam.), ergoteur, ratiocineur (litt.).

rajeunir v. Fig. *Rajeunir une institution* ▶ actualiser, dépoussiérer (fam.), moderniser, rafraîchir, ranimer, raviver, renouveler, rénover, revigorer.

rajout n. m. ▶ addition, adjonction, ajout, rallonge, supplément.

rajouter v. 1 *Rajouter un peu de sel* ▶ remettre. 2 **en rajouter** Fam. *Je crois qu'il en rajoute un peu* ▶ dramatiser, en remettre, exagérer.

rajuster v. *Rajuster sa coiffure* ▶ arranger, rectifier.

ralentir v. 1 *Ralentir la progression de l'ennemi* ▶ embarrasser, entraver, gêner, retarder. 2 *Ralentir l'inflation* ▶ atténuer, diminuer, freiner, modérer, réduire. 3 *Ralentir avant un virage* ▶ décélérer, lever le pied (fam.).

ralentissement

ralentissement n. m. 1 *Le ralentissement de l'activité industrielle* ▶ affaiblissement, baisse, décélération, diminution, essoufflement, fléchissement, recul, relâchement. 2 *Une période de ralentissement économique* ▶ dépression, récession. 3 *Le ralentissement d'un véhicule* ▶ décélération.

râler v. Fam. ▶ grogner (fam.), maronner (fam.), maugréer, pester, protester, ronchonner, rouspéter (fam.).

ralliement n. m. 1 *Le ralliement des troupes* ▶ rassemblement, regroupement. 2 Fig. *Vis-à-vis de la République, les monarchistes se sont résignés à une attitude de ralliement* ▶ adhésion, approbation.

rallier v. 1 *Rallier des personnes dispersées* ▶ rassembler, regrouper, réunir. 2 *Une décision qui rallie tous les suffrages* ▶ acquérir, gagner, remporter. 3 *Rallier le port de toute urgence* ▶ regagner, réintégrer, rejoindre, rentrer à, retourner à, revenir à. 4 **se rallier** *Se rallier à une politique de rigueur* ▶ adhérer à, adopter, se ranger à, rejoindre, souscrire à.

rallonge n. f. 1 *Une rallonge électrique* ▶ prolongateur. 2 Fam. *Obtenir une petite rallonge de crédit* ▶ augmentation, supplément.

rallonger v. *Rallonger un délai* ▶ allonger, augmenter.

rallumer v. Fig. *Rallumer de vieilles querelles* ▶ ranimer, raviver, réchauffer, ressusciter, réveiller.

ramassage n. m. *Le ramassage du bois mort* ▶ collecte, glanage.

ramassé, ée adj. 1 *Une stature ramassée* ▶ courtaud, épais, massif, râblé, trapu. 2 *Un style ramassé* ▶ concis, dense, elliptique, laconique, lapidaire.

ramasser v. 1 *Ramasser des épis* ▶ cueillir, glaner, moissonner, récolter. 2 *Ramasser des dons* ▶ amasser, assembler, collecter, rassembler, recueillir, regrouper, réunir. 3 *Ramasser des copies* ▶ relever. 4 Fig. *Ramasser son propos en quelques formules frappantes* ▶ condenser, réduire, resserrer, résumer. 5 Fam. *Ramasser toute la mise* ▶ empocher, encaisser, gagner, rafler (fam.), récolter. 6 Fam. *Ramasser une gifle* ▶ attraper, prendre, recevoir. 7 Fam. *Se faire ramasser par une ronde de police* ▶ arrêter, attraper, cueillir (fam.), épingler (fam.), pincer (fam.), piquer (fam.), prendre. 8 **se ramasser** *Se ramasser avant de sauter* ▶ se recroqueviller, se replier.

ramassis n. m. 1 *Un ramassis de vieux bibelots* ▶ amas, fatras, tas. 2 Fam. *Un ramassis d'escrocs* ▶ bande.

rambarde n. f. ▶ balustrade, garde-corps, garde-fou.

rameau n. m. 1 *Couper un rameau* ▶ branchette, ramille. 2 Plur. *Les rameaux d'un arbuste* ▶ branchage, ramée (litt.), ramure. 3 Fig. *Les rameaux d'un arbre généalogique* ▶ branche, division, embranchement, partie, ramification, subdivision.

ramener v. 1 *Ramener qqn chez lui* ▶ raccompagner, reconduire. 2 Fig. *Des mesures destinées à ramener l'ordre* ▶ remettre, restaurer, rétablir.

ramer v. 1 *Ordonner à des galériens de ramer plus énergiquement* ▶ nager, souquer. 2 *Passer son dimanche à ramer sur le lac* ▶ canoter.

rameur, euse n. *Le banc des rameurs* ▶ nageur.

ramier n. m. ▶ palombe.

ramification n. f. Fig. *Les ramifications de la zoologie* ▶ branche, division, embranchement, partie, rameau, subdivision.

ramifier (se) v. ▶ se diviser, se partager, se scinder, se séparer, se subdiviser.

ramolli, ie adj. Fam. *Un vieillard ramolli* ▶ avachi, décrépit, déliquescent, gâteux, sénile.

ramollir v. 1 *Ramollir de la cire* ▶ amollir. 2 Fig. *L'oisiveté ramollit la volonté* ▶ affaiblir, alanguir, atténuer, avachir. 3 **se ramollir** *Des fruits qui se ramollissent* ▶ blettir, mollir. 4 *Une peau qui se ramollit* ▶ s'avachir, se détendre, se distendre, se relâcher.

rampant, ante adj. Fig. *Un autocrate entouré de courtisans rampants* ▶ flatteur, obséquieux, plat, servile, soumis.

rampe n. f. 1 *Des poids lourds qui peinent dans une rampe* ▶ côte, déclivité, montée, pente. 2 *Monter un escalier en tenant la rampe* ▶ main courante.

ramper v. 1 *Ramper comme un animal blessé* ▶ se traîner. 2 Fig. *Ramper devant les puissants* ▶ s'abaisser, s'agenouiller, s'aplatir, s'humilier.

ramure n. f. 1 *La ramure d'un arbuste* ▶ branchage, branches, rameaux, ramée (litt.). 2 *La ramure d'un cerf* ▶ andouiller, bois, cornes.

rance adj. *Du lard rance* ▶ gâté.

rance n. m. *Une odeur de rance* ▶ moisi, pourri.

rancœur n. f. ▶ aigreur, amertume, dépit, rancune, ressentiment.

rançon n. f. Fig. *La rançon de la gloire* ▶ conséquence, contrepartie, effet, prix.

rançonner v. Fig. *Rançonner les contribuables* ▸ dépouiller, racketter, saigner, voler.

rancune n. f. ▸ animosité, dent (fam.), rancœur, ressentiment.

rancunier, ère adj. ▸ vindicatif.

randonnée n. f. ▸ balade (fam.), circuit, excursion, marche, promenade, tour.

rang n. m. **1** *Un rang de personnes* ▸ file, haie, ligne, queue, rangée. **2** *Être reçu à un concours dans un bon rang* ▸ place, position. **3** *Être classé par rang d'ancienneté* ▸ degré, échelon, grade, ordre. **4** *Être traité selon son rang* ▸ condition (litt.), position. **5** Plur. *Venir grossir les rangs des chômeurs* ▸ bataillons (fam.), ensemble, groupe, masse, nombre. **6 être sur les rangs** *Être sur les rangs pour le poste de directeur* ▸ ambitionner, briguer, postuler (à), se présenter, prétendre, revendiquer.

rangé, ée adj. *Une jeune fille rangée* ▸ convenable, sage, sérieux, vertueux.

rangée n. f. ▸ alignement, cordon, file, haie, ligne, rang.

rangement n. m. *Le rangement des unités dans un ensemble* ▸ agencement, arrangement, classement, disposition, organisation.

ranger v. **1** *Ranger des jetons dans des boîtes* ▸ arranger, caser, classer, disposer, distribuer, grouper, ordonner. **2** *Ranger un camion le long d'un trottoir* ▸ garer, parquer. **3 se ranger** *Se ranger en vieillissant* ▸ s'amender, s'assagir. **4** *Se ranger à l'avis de la majorité* ▸ adopter, s'aligner sur, se plier à, se rallier à.

ranimer v. **1** *Ranimer un feu* ▸ attiser, rallumer, relancer. **2** *Ranimer le moral des troupes* ▸ raffermir, ragaillardir, ravigoter, raviver, réchauffer, réconforter, relever, remonter, requinquer (fam.), retaper (fam.), retremper, revigorer, revivifier. **3** Fig. *Ranimer le passé* ▸ faire renaître, ressusciter. **4 se ranimer** *La conversation s'est ranimée à son arrivée* ▸ se raviver, recommencer, se relancer, reprendre, se réveiller.

rapace adj. Fig. *Un usurier particulièrement rapace* ▸ âpre, avide, cupide (litt.), vorace.

rapace n. m. ▸ oiseau de proie.

rapacité n. f. Fig. *La rapacité d'un vieil avare* ▸ âpreté, avidité, cupidité (litt.), voracité (vx).

râpe n. f. *Une râpe à bois* ▸ lime.

râpé, ée adj. **1** *Un vêtement tout râpé* ▸ élimé, usagé, usé. **2** Fam. *C'est râpé* ▸ cuit (fam.), fichu (fam.), fini, foutu (fam.), terminé.

râper v. Fig. *Un alcool qui râpe le gosier* ▸ racler.

rapetasser v. Fam. ▸ raccommoder, rapiécer, ravauder, repriser.

rapetissement n. m. ▸ diminution, réduction, rétrécissement.

rapetisser v. **1** *L'éloignement rapetisse les objets* ▸ réduire, rétrécir. **2** *Les jours rapetissent dès le mois d'août* ▸ s'amenuiser, diminuer, raccourcir, réduire. **3** Fig. *Cette mesquinerie le rapetisse* ▸ rabaisser.

râpeux, euse adj. **1** *Des mains râpeuses* ▸ calleux, rêche, rude, rugueux. **2** *Une voix râpeuse* ▸ âpre, guttural, rocailleux.

rapiat, ate adj. Fam. ▸ avare, cupide (litt.), mesquin, pingre, radin (fam.), rat (fam.).

rapide adj. **1** *Une descente rapide* ▸ abrupt, raide. **2** *Un esprit rapide* ▸ agile, alerte, délié, preste (litt.), prompt, véloce (litt.), vif. **3** *Un style rapide* ▸ alerte, enlevé, vif. **4** *Un changement rapide* ▸ brusque, soudain, subit. **5** *Un bonheur trop rapide* ▸ bref, court, éphémère, fugace, fugitif, momentané, passager. **6** *Un travail trop rapide* ▸ bâclé, expéditif, hâtif, précipité, sommaire.

rapidement adv. **1** *Il a fallu qu'il conduise vraiment rapidement pour arriver si tôt* ▸ à fond de train, à toute allure, à toute vitesse, vite. **2** *Se décider rapidement* ▸ en moins de deux (fam.), en un instant, en un rien de temps, en un tour de main, en un tournemain, hâtivement (litt.), prestement (litt.), promptement (litt.), rapido presto (fam.), rondement (litt.), vite, vivement (litt.). **3** *Il sera rapidement dégoûté* ▸ bientôt, vite.

rapidité n. f. **1** *Réagir avec la rapidité de l'éclair* ▸ vitesse. **2** *Un esprit d'une grande rapidité* ▸ agilité, prestesse (litt.), promptitude, vélocité (litt.), vivacité. **3** *Demander à ses collaborateurs un peu plus de rapidité dans le travail* ▸ célérité, diligence (litt.), vélocité. **4** *Ces événements sont arrivés avec une telle rapidité!* ▸ brusquerie, soudaineté. **5** *Un travail qui sent la rapidité* ▸ hâte, précipitation.

rapiéçage n. m. ▸ raccommodage, rapetassage (fam.), ravaudage.

rapiécer v. ▸ raccommoder, rapetasser (fam.), ravauder, stopper.

rapine n. f. Litt. *Vivre de rapines* ▸ brigandage, maraude (litt.), pillage, vol.

rappel n. m. **1** *Le rappel des réservistes* ▸ appel, mobilisation. **2** *Les rappels de spectateurs enthousiastes* ▸ acclamation,

rappeler

bis. **3** *Le rappel d'une scène pénible* ▶ évocation, mention. **4** *Toucher un rappel* ▶ arriéré.

rappeler v. **1** *Rappeler des réservistes* ▶ mobiliser. **2** *Rappeler des acteurs à la fin d'un spectacle* ▶ acclamer, bisser. **3** *Je vous rappellerai ce soir* ▶ retéléphoner. **4** *Rappeler les principales étapes d'une carrière* ▶ évoquer, mentionner, remémorer, retracer. **5** *Son style rappelle beaucoup celui de son père* ▶ s'apparenter à, s'approcher de, ressembler à, tenir de. **6 se rappeler** *Essayer de se rappeler les détails d'une scène* ▶ reconstituer, se remémorer, retrouver, revoir, se souvenir de.

rappliquer v. Fam. ▶ arriver, se ramener (fam.), venir.

rapport n. m. **1** *Évaluer le rapport d'un placement* ▶ bénéfice, fruit, gain, intérêt, produit, rendement, revenu. **2** *Faire un rapport circonstancié des événements* ▶ compte rendu, exposé, narration, procès-verbal, récit, relation, témoignage. **3** *Il y a des rapports entre leurs témoignages* ▶ affinité, analogie, concordance, connexion, corrélation, correspondance, liaison, lien, parenté, relation, ressemblance. **4** *Ils n'ont pas fait le rapport entre votre arrivée et son départ* ▶ lien, rapprochement. **5** *L'architecture classique repose sur un juste rapport entre les différentes parties d'un bâtiment* ▶ équilibre, harmonie, proportion. **6** *Avoir des rapports difficiles avec qqn* ▶ communication, contact, échange, relation. **7 rapport sexuel** ▶ accouplement, copulation, fornication (litt.). **8 par rapport à** ▶ à l'égard de, en fonction de, eu égard à, relativement à.

rapporter v. **1** *Rapporter un objet à son propriétaire* ▶ remettre, rendre, reporter, restituer. **2** *Rapporter un fait* ▶ exposer, narrer, raconter, relater, retracer. **3** *Rapporter des propos* ▶ citer. **4** *Un petit sournois qui rapporte tout* ▶ cafarder (fam.), cafter (fam.), moucharder (fam.), répéter. **5** *Il rapporte tous ses déboires à la mort de sa femme* ▶ attribuer, imputer, prêter, ramener. **6** *Si l'on rapporte l'effort fourni au résultat obtenu...* ▶ comparer, confronter, mettre en parallèle, rapprocher. **7** *Un commerce qui rapporte beaucoup* ▶ donner, fructifier, produire, rendre. **8** *Rapporter un arrêté* ▶ abolir, abroger, annuler. **9 se rapporter** *Cette question se rapporte au débat* ▶ avoir trait à, concerner, correspondre à, être du ressort de, intéresser, se rattacher à, se référer à, regarder, relever de, toucher. **10 s'en rapporter** *S'en rapporter au jugement de qqn* ▶ s'abandonner à, s'en remettre à, se fier à, se reposer sur.

rapporteur, euse adj. et n. ▶ cafard (fam.), cafteur (fam.), délateur, dénonciateur, mouchard (fam.).

rapproché, ée adj. *Deux maisons rapprochées* ▶ attenant, contigu, proche, voisin.

rapprochement n. m. **1** *Le rapprochement de deux pièces disjointes* ▶ assemblage, jonction, réunion, union. **2** *Établir un rapprochement entre deux événements* ▶ comparaison, connexion, corrélation, liaison, lien, parallèle, rapport, recoupement. **3** *Favoriser un rapprochement entre deux adversaires* ▶ accommodement, accord, conciliation, raccommodement, réconciliation, replâtrage (fam.).

rapprocher v. **1** *Rapprocher sa chaise* ▶ approcher, avancer. **2** *Rapprocher les bords d'une plaie* ▶ joindre, lier, réunir, unir. **3** *Rapprocher les convives pour faire une place à qqn* ▶ serrer, tasser. **4** *Rapprocher deux textes pour souligner leur similitude* ▶ comparer, confronter, mettre en parallèle. **5** *Rapprocher deux personnes brouillées* ▶ rabibocher (fam.), raccommoder, réconcilier.

rapt n. m. ▶ enlèvement, kidnapping.

rare adj. **1** *Un événement rare* ▶ exceptionnel, inaccoutumé, inhabituel, insolite, inusité, remarquable. **2** *Avoir le cheveu rare* ▶ clairsemé.

raréfaction n. f. ▶ épuisement, tarissement.

raréfier v. *Ses amis ont progressivement raréfié leurs visites* ▶ limiter, réduire, restreindre.

rarement adv. ▶ exceptionnellement, guère, peu.

rareté n. f. **1** *La rareté de ce produit a fait monter son prix* ▶ défaut, insuffisance, manque, pénurie. **2** *Les raretés d'une collection* ▶ curiosité.

ras, rase adj. **1** *Un chien à poil ras* ▶ court. **2 en avoir ras le bol** ▶ en avoir assez, en avoir marre (fam.), en avoir sa claque (fam.), être excédé.

rasant, ante adj. Fam. ▶ assommant, barbant (fam.), bassinant (fam.), embêtant (fam.), empoisonnant (fam.), ennuyeux, enquiquinant (fam.), fatigant.

raser v. **1** *Raser la laine des moutons* ▶ tondre. **2** *Raser des fortifications* ▶ démanteler, démolir, détruire. **3** *Une hirondelle qui rase le sol* ▶ effleurer, friser, frôler. **4** Fam. *Raser ses auditeurs* ▶ assommer (fam.), barber (fam.), bassiner (fam.), embêter (fam.), empoisonner (fam.), ennuyer, enquiquiner (fam.), tanner (fam.).

raseur, euse n. Fam. ▶ casse-pieds (fam.), fâcheux (litt.), gêneur, importun.

ras-le-bol n. m. Fam. *Une atmosphère de ras-le-bol général* ▶ dégoût, lassitude, saturation.

rassasier v. **1** Fig. *Voilà de quoi rassasier votre curiosité* ▶ apaiser, assouvir, combler, satisfaire. **2 se rassasier** *Ils se sont rassasiés de gâteaux, et maintenant ils jouent gentiment* ▶ se gaver, se gorger, se repaître.

rassemblement n. m. **1** *Procéder au rassemblement des informations* ▶ groupement, regroupement, réunion. **2** *Disperser un rassemblement* ▶ attroupement.

rassembler v. **1** *Rassembler ses partisans* ▶ rallier, regrouper, réunir. **2** *Rassembler des documents* ▶ accumuler, amasser, centraliser, collecter, concentrer, grouper, recueillir, regrouper, réunir. **3 se rassembler** *Les premiers manifestants sont en train de se rassembler sur la place* ▶ s'attrouper, se concentrer, se grouper, se masser, se regrouper, se réunir.

rasséréner v. ▶ apaiser, calmer, rassurer, sécuriser, tranquilliser.

rassis, ise adj. Fig. *Un esprit rassis* ▶ pondéré, posé, réfléchi.

rassurant, ante adj. ▶ sécurisant, tranquillisant.

rassurer v. ▶ apaiser, calmer, rasséréner, sécuriser, tranquilliser.

rat adj. Fig. et fam. *Être rat avec ses employés* ▶ avare, chiche (fam.), chien (fam.), ladre (vx), pingre, radin (fam.), rapiat, regardant.

ratage n. m. ▶ échec, faillite, fiasco (fam.), insuccès, loupage (fam.).

ratatiner v. *Le phylloxéra a complètement ratatiné les feuilles de la vigne* ▶ friper, rabougrir, racornir, recroqueviller.

raté, ée n. *Une mentalité de raté* ▶ loser (fam.), perdant.

rater v. **1** *L'affaire a raté* ▶ avorter, échouer, foirer (fam.), louper (fam.). **2** *Il m'a raté de quelques minutes* ▶ louper (fam.), manquer.

ratiboiser v. Fam. *Se faire ratiboiser au jeu* ▶ lessiver (fam.), plumer (fam.), ratisser (fam.), ruiner.

ratification n. f. *Attendre la ratification de la commission ad hoc* ▶ approbation, confirmation, entérinement, homologation, validation.

ratifier v. ▶ approuver, confirmer, entériner, homologuer, valider.

ratio n. m. ▶ quotient, rapport.

ratiociner v. Litt. *On ne va pas ratiociner éternellement sur ce sujet* ▶ argumenter, couper les cheveux en quatre (fam.), discuter, épiloguer, ergoter (litt.), philosopher, pinailler (fam.), raisonner.

ration n. f. *Il en a eu sa ration* ▶ dose, part.

rationalisation n. f. *La rationalisation de l'orthographe* ▶ codification, normalisation, règlementation, systématisation.

rationaliser v. *Rationaliser l'orthographe* ▶ codifier, normaliser, réglementer, systématiser.

rationnel, elle adj. **1** *Un esprit rationnel* ▶ cartésien, logique, méthodique, raisonnable, sensé. **2** *Un choix rationnel* ▶ cohérent, judicieux, raisonnable, sensé.

rationnellement adv. ▶ logiquement, raisonnablement.

rationnement n. m. *Le rationnement de l'essence en période de pénurie* ▶ contingentement, restriction.

rationner v. **1** *Rationner le sucre* ▶ contingenter. **2 se rationner** *Se rationner en attendant des jours meilleurs* ▶ se limiter, se restreindre.

ratissé, ée adj. Fam. *Être complètement ratissé* ▶ à court d'argent, désargenté, fauché (fam.), raide (fam.).

ratisser v. Fam. *Se faire ratisser au jeu* ▶ lessiver (fam.), plumer (fam.), ratiboiser (fam.), ruiner.

rattachement n. m. *Le rattachement du comté de Nice à la France* ▶ annexion, incorporation, réunion.

rattacher v. **1** Fig. *Rattacher une question secondaire à un problème général* ▶ raccrocher, rapporter, relier. **2** Fig. *Rattacher une principauté à un État* ▶ annexer, incorporer, réunir. **3 se rattacher** Fig. *Ce problème ne se rattache pas directement au sujet abordé* ▶ concerner, correspondre à, intéresser, se rapporter à, se référer à, regarder, toucher.

rattrapable adj. ▶ récupérable, remédiable.

rattraper v. **1** *Rattraper un prisonnier* ▶ récupérer, reprendre, ressaisir, retrouver. **2** *Partez devant, je vous rattraperai* ▶ rejoindre. **3** Fig. *Rattraper le temps perdu* ▶ récupérer, regagner. **4** Fig. et fam. *Rattraper une gaffe* ▶ compenser, réparer. **5 se rattraper** *Se rattraper à une branche* ▶ s'accrocher, s'agripper, se cramponner, se raccrocher, se retenir. **6** Fig. *Se rattraper de ses pertes en tapant dans la caisse* ▶ se dédommager. **7** Fig. *Quelques semaines avant sa*

rature

faillite il pensait encore qu'il arriverait à se rattraper ► se refaire (fam.). **8** Fig. *Elle n'avait jamais beaucoup voyagé, mais elle se rattrape* ► compenser. **9** Fig. *Essayer de se rattraper aux yeux de qqn* ► se racheter, se réhabiliter.

rature n. f. ► biffure, correction, trait de plume.

raturer v. ► barrer, biffer, corriger, rayer.

rauque adj. *Une voix aux accents rauques* ► âpre, enroué, éraillé, guttural, rocailleux.

ravage n. m. ► bouleversement, casse, dégât, dégradation, déprédation, destruction, dévastation, dommage, pillage, saccage.

ravagé, ée adj. **1** Fig. *Un visage ravagé par l'alcool* ► délabré, flétri, marqué. **2** Fig. et fam. *Il est complètement ravagé!* ► cinglé (fam.), dérangé (fam.), désaxé (fam.), détraqué (fam.), fou, piqué (fam.), timbré (fam.).

ravager v. **1** *Des armées armées qui ravagent une région* ► désoler, dévaster, piller, ruiner, saccager. **2** Fig. *Cette histoire le ravage complètement* ► abattre, anéantir, annihiler, bouleverser, briser, consumer, démolir (fam.), détruire, miner, ronger.

ravageur, euse adj. **1** *Des insectes ravageurs* ► destructeur, dévastateur, saccageur. **2** Fig. *Une passion ravageuse* ► destructeur, dévastateur, sauvage.

ravaler v. **1** Fig. *Ravaler les mérites de qqn* ► abaisser, avilir, déprécier, rabaisser, salir. **2** Fig. *Ravaler son indignation* ► contenir, étouffer, refréner, rentrer, réprimer, retenir, taire. **3 se ravaler** Fig. *Se ravaler au rang de la bête* ► descendre, se rabaisser, tomber.

ravaudage n. m. ► raccommodage, rapetassage (fam.), rapiéçage, reprisage, reprise.

ravauder v. ► raccommoder, rapetasser (fam.), rapiécer, repriser.

ravi, ie adj. ► aux anges, bien aise (litt.), charmé, comblé, enchanté, heureux, joyeux, réjoui.

ravigoter v. Fam. ► ragaillardir, ranimer, réconforter, remettre, remonter, requinquer (fam.), retaper (fam.), revigorer.

raviné, ée adj. Fig. *Une figure ravinée* ► buriné, creusé, marqué, plissé.

raviner v. *Des pluies qui ravinent un terrain* ► affouiller, creuser, éroder.

ravir v. **1** Litt. *Ravir une femme* ► enlever, kidnapper. **2** Litt. *Ravir le bien d'autrui* ► dérober, s'emparer de, emporter, prendre, subtiliser, usurper, voler. **3** Fig. *Ce spectacle les a ravis* ► charmer, combler, emballer (fam.), émerveiller, enchanter, enthousiasmer, plaire à, transporter. **4 à ravir** ► admirablement, à merveille, magnifiquement, merveilleusement, superbement.

raviser (se) v. ► changer d'avis, faire marche arrière (fam.).

ravissant, ante adj. *Tout ce coin de campagne est absolument ravissant* ► admirable, charmant, enchanteur, magnifique, merveilleux, superbe.

ravissement n. m. *Allez voir cela, c'est un véritable ravissement* ► bonheur, délectation, enchantement.

ravisseur, euse n. ► kidnappeur.

ravitaillement n. m. **1** *Le ravitaillement d'une ville assiégée* ► approvisionnement. **2** *Aller chercher du ravitaillement* ► provisions, subsistances, victuailles, vivres.

ravitailler v. ► approvisionner, fournir, pourvoir.

raviver v. **1** *Raviver une couleur* ► rafraîchir. **2** Fig. *Raviver de vieux souvenirs* ► ranimer, ressusciter, réveiller. **3 se raviver** *Un ancien conflit toujours prêt à se raviver* ► se ranimer, recommencer, renaître, repartir, reprendre, se réveiller.

ravoir v. **1** *Ravoir son bien* ► recouvrer, récupérer, retrouver. **2** Fam. *Ravoir une casserole où du riz a brûlé* ► rattraper, récupérer.

rayé, ée adj. *Une peau rayée* ► tigré, zébré.

rayer v. **1** *Rayer une feuille de papier* ► hachurer, strier. **2** *Rayer une carrosserie* ► érafler. **3** *Rayer un nom sur une liste* ► barrer, biffer, effacer, enlever, ôter, radier, raturer, retirer, retrancher, supprimer. **4** Fig. *Il a été rayé de la liste des bénéficiaires* ► exclure, rejeter.

rayon n. m. **1** *Un rayon de lumière* ► faisceau, jet, rai, trait. **2** *Les rayons d'une bibliothèque* ► étagère, rayonnage, tablette. **3** *Le rayon de l'outillage* ► stand. **4** Fig. et fam. *C'est son rayon* ► branche (fam.), domaine, partie.

rayonnage n. m. ► étagère, rayon, tablette.

rayonnant, ante adj. Fig. *Un visage rayonnant* ► éclatant, épanoui, heureux, joyeux, radieux, ravi, réjoui.

rayonnement n. m. **1** *Le rayonnement d'une onde* ► émanation, propagation, radiation. **2** Fig. *Favoriser le rayonnement de la culture française à l'étranger* ► diffusion, éclat, influence, propagation.

rayonner v. **1** *Un astre qui rayonne* ▶ briller, luire. **2** *Une chaleur qui rayonne* ▶ se diffuser, irradier, se propager, se répandre. **3** *Fig. Une civilisation qui rayonne* ▶ s'étendre, se propager, se répandre. **4** *Fig. Rayonner de joie* ▶ éclater, irradier.

rayure n. f. **1** *Une rayure sur du métal* ▶ éraflure, griffure. **2** *Un coquillage orné de fines rayures* ▶ rainure, sillon, strie. **3** *Des rayures de couleur dans un dessin* ▶ hachure, raie, trait, zébrure.

raz-de-marée n. m. **1** *Des installations côtières emportées par un raz-de-marée* ▶ tsunami. **2** *Fig. Une victoire électorale qui se transforme en raz-de-marée* ▶ déferlement, lame de fond. **3** *Fig. Les raz-de-marée qui emportent les civilisations* ▶ cataclysme, séisme.

razzia n. f. *Faire une razzia en territoire ennemi* ▶ incursion, raid.

razzier v. **1** *Razzier un village* ▶ piller, saccager. **2** *Razzier toute la marchandise* ▶ accaparer, s'approprier, s'emparer de, emporter, enlever, mettre la main sur, prendre, rafler (fam.).

réaccoutumer (se) v. ▶ se réadapter, se réhabituer.

réaction n. f. **1** *Des propos qui appellent une réaction* ▶ réplique, réponse, riposte. **2** *Un nouvel impôt qui suscite de violentes réactions* ▶ opposition, protestation, remous, résistance.

réactionnaire adj. et n. ▶ obscurantiste, rétrograde.

réactiver v. *Réactiver un secteur économique* ▶ ranimer, régénérer, réveiller, revitaliser, revivifier (litt.).

réadaptation n. f. ▶ réinsertion.

réadapter v. **1** *Réadapter un cosmonaute à la vie sur terre* ▶ réaccoutumer (litt.), réhabituer. **2** *Réadapter d'anciens prisonniers* ▶ réinsérer.

réagir v. **1** *Ne vous laissez pas aller, réagissez!* ▶ se reprendre, se ressaisir, se secouer (fam.). **2** *Bien réagir dans une situation difficile* ▶ se comporter, se conduire. **3** *Réagir à une agression* ▶ répliquer, répondre, riposter. **4** *Réagir contre une influence* ▶ combattre, se défendre contre, lutter contre, s'opposer à, résister à.

réalisable adj. ▶ accessible, exécutable, faisable, possible, praticable.

réalisateur, trice n. *Ce premier film laisse beaucoup attendre de ce réalisateur* ▶ cinéaste, metteur en scène.

réalisation n. f. **1** *La réalisation d'un rêve* ▶ accomplissement, concrétisation. **2** *La réalisation d'un film* ▶ mise en scène. **3** *Après une phase de concertation, passer à la réalisation* ▶ action, application, exécution, mise en œuvre, pratique. **4** *Les grandes réalisations du régime* ▶ création, œuvre, production. **5** *La réalisation d'un bien* ▶ vente.

réaliser v. **1** *Réaliser ce qu'on avait en tête* ▶ accomplir, concrétiser, créer, effectuer, exécuter, faire, mener à bien, mettre en œuvre. **2** *Réaliser un bien foncier* ▶ liquider, vendre. **3** *Fam. Réaliser ce qui se passe* ▶ comprendre, saisir, voir. **4 se réaliser** *Un événement qui ne risque pas de se réaliser* ▶ s'accomplir, advenir (litt.), arriver, se produire. **5** *Se réaliser pleinement dans son métier* ▶ s'épanouir.

réalisme n. m. **1** *Le réalisme de cette description pourrait choquer des esprits sensibles* ▶ brutalité, crudité, rudesse, verdeur. **2** *Faire preuve de réalisme* ▶ pragmatisme.

réaliste adj. **1** *Un détail réaliste* ▶ cru. **2** *Une politique réaliste* ▶ pragmatique.

réalité n. f. **1** *La réalité du monde physique* ▶ existence, matérialité. **2** *Douter de la réalité même d'un événement* ▶ authenticité, historicité, véracité. **3** *Une réalité dont il faut tenir compte* ▶ fait. **4 en réalité** *Elle a un petit air innocent, mais en réalité elle est très retorse* ▶ au fond, en fait.

réaménager v. *Réaménager un service administratif* ▶ remodeler, réorganiser, restructurer.

réapparaître v. *Une maladie qui réapparaît* ▶ récidiver, recommencer, renaître, reparaître, reprendre, ressurgir, se réveiller, revenir.

réapparition n. f. **1** *La réapparition d'une mode* ▶ regain, renaissance, résurgence, retour, réveil. **2** *La réapparition d'une tumeur* ▶ récidive, recommencement, reprise.

réapprovisionnement n. m. *Le réapprovisionnement du stock* ▶ réassortiment.

réapprovisionner v. ▶ réassortir.

réarmement n. m. ▶ remilitarisation.

réarmer v. ▶ remilitariser.

réassortiment n. m. ▶ réapprovisionnement.

réassortir v. *Réassortir son stock* ▶ réapprovisionner.

rébarbatif, ive adj. **1** *Une personne rébarbative* ▶ acariâtre, hargneux, rebutant, revêche. **2** *Un texte rébarbatif* ▶ aride, fastidieux, ingrat, rebutant.

rebâtir v. ▶ reconstruire, réédifier (litt.), relever.

rebattre les oreilles v. Fam. *Il nous rebat perpétuellement les oreilles avec cette histoire* ▶ rabâcher, répéter, ressasser.

rebattu, ue adj. ▶ banal, commun, connu, éculé, ressassé, trivial, usé.

rebelle adj. 1 *Un enfant, un adolescent rebelle* ▶ contestataire, désobéissant, indiscipliné, indocile, récalcitrant, regimbeur (fam.), rétif. 2 *Des troupes rebelles* ▶ dissident, factieux, insoumis, insubordonné, insurgé, révolté, séditieux. 3 *Un esprit rebelle à toute logique* ▶ fermé, imperméable, insensible, opposé, réfractaire.

rebelle n. *Tomber aux mains des rebelles* ▶ factieux, insurgé, mutin, révolté, séditieux.

rebeller (se) v. 1 *Une armée qui se rebelle* ▶ s'insurger, se mutiner, se révolter, se soulever. 2 *Se rebeller contre l'autorité paternelle* ▶ braver, se dresser contre, protester contre, se rebiffer contre (fam.), regimber contre, résister à, tenir tête à.

rébellion n. f. 1 *Envoyer la troupe pour réprimer une rébellion* ▶ insurrection, mutinerie, révolte, sédition, soulèvement. 2 *Constater l'esprit de rébellion qui mine une société* ▶ désobéissance, dissidence, insoumission, insubordination, résistance.

rebiffer (se) v. Fam. *Se rebiffer contre un ordre* ▶ se cabrer contre, s'insurger contre, protester contre, se rebeller contre, regimber contre, résister à, se révolter contre.

reboisement n. m. ▶ repeuplement.

reboiser v. ▶ repeupler, replanter.

rebondi, ie adj. ▶ bien en chair (fam.), charnu, dodu, grassouillet, potelé, replet, rond, rondelet, rondouillard (fam.).

rebondir v. 1 *Un palet qui rebondit sur l'eau* ▶ ricocher. 2 *La conversation a rebondi à son arrivée* ▶ recommencer, repartir, reprendre.

rebondissement n. m. Fig. *Une affaire riche en rebondissements* ▶ coup de théâtre, imprévu, péripétie.

rebord n. m. ▶ bord, bordure.

rebours (à) adv. 1 *Caresser un chat à rebours* ▶ à contre-poil, à rebrousse-poil. 2 *Comprendre à rebours* ▶ à contresens, à l'envers.

rebouteux n. m. ▶ guérisseur.

rebrousse-poil (à) adv. ▶ à contre-poil, à rebours.

rebrousser chemin v. ▶ faire demi-tour, revenir sur ses pas.

rebuffade n. f. ▶ refus, vexation.

rébus n. m. Fig. *Une affaire qui se présente comme un rébus* ▶ devinette, énigme.

rebut n. m. 1 *Un coin où on entasse des rebuts* ▶ débris, déchet, détritus, résidu (vx), reste. 2 Fig. *Le rebut d'une société* ▶ bas-fond, lie.

rebutant, ante adj. ▶ décourageant, déplaisant, désagréable, ingrat, rébarbatif, repoussant.

rebuter v. 1 Vx *Rebuter un solliciteur* ▶ envoyer au diable, jeter (fam.), rabrouer, rembarrer (fam.), repousser. 2 *Tout effort le rebute* ▶ décourager, dégoûter, déplaire à, écœurer, fatiguer, lasser.

récalcitrant, ante adj. ▶ désobéissant, frondeur, indiscipliné, indocile, insoumis, insubordonné, rebelle, réfractaire, regimbeur (litt.), rétif, révolté.

recaler v. Fam. ▶ ajourner, blackbouler (fam.), coller (fam.), refuser.

récapitulation n. f. *Faire une brève récapitulation de ce qui a été dit au cours d'une réunion* ▶ abrégé, inventaire, résumé, sommaire.

récapituler v. *Récapituler les événements principaux d'une année* ▶ rappeler, reprendre, résumer.

receler v. *Un musée qui recèle des trésors* ▶ contenir, détenir, renfermer.

récemment adv. 1 *Un préfet récemment nommé* ▶ depuis peu, fraîchement, nouvellement. 2 *Ce livre a été édité récemment* ▶ dernièrement, naguère.

recensement n. m. *Le recensement des ressources disponibles* ▶ comptage, dénombrement, énumération, inventaire.

recenser v. ▶ compter, dénombrer, énumérer, inventorier.

recension n. f. *Faire la recension d'un ouvrage savant* ▶ compte rendu.

récent, ente adj. 1 *Des publications récentes* ▶ neuf, nouveau. 2 *Des nouvelles récentes* ▶ frais. 3 *Un passé récent* ▶ proche.

récépissé n. m. 1 ▶ accusé de réception, reçu. 2 Spécialement pour de l'argent ▶ acquit, quittance.

récepteur, trice n. *Le récepteur du message linguistique* ▶ allocutaire, destinataire, interlocuteur.

réception n. f. 1 *Adressez-vous à la réception* ▶ accueil. 2 *Organiser une réception* ▶ cocktail, fête, sauterie (fam.). 3 Spécialement le soir ▶ soirée.

réceptionner v. *Réceptionner un colis* ▸ recevoir.

réceptif, ive adj. *Être peu réceptif au charme d'un paysage* ▸ sensible.

réceptivité n. f. ▸ sensibilité.

récession n. f. *Une période de récession économique* ▸ crise, dépression, ralentissement.

recette n. f. 1 *La recette d'une vente* ▸ bénéfice, fruit, gain, produit, profit, rendement, revenu. 2 *Compter sur des recettes régulières* ▸ rentrée. 3 Fig. *Une recette pour faire fortune* ▸ formule, méthode, moyen, procédé, secret, système, truc.

recevable adj. ▸ acceptable, admissible, valable.

recevoir v. 1 *Recevoir ce qu'on a demandé* ▸ obtenir. 2 *Recevoir un salaire* ▸ empocher, encaisser, percevoir, toucher. 3 *Recevoir une livraison* ▸ réceptionner. 4 *Recevoir des coups* ▸ déguster (fam.), écoper (fam.), encaisser, essuyer, prendre, récolter (fam.), subir. 5 *Recevoir des étrangers chez soi* ▸ accueillir, héberger. 6 *Recevoir qqn fastueusement* ▸ traiter (litt.). 7 *Recevoir qqn dans une société fermée* ▸ accepter, accueillir, admettre, agréer.

rechange n. m. Fig. *Une solution de rechange* ▸ remplacement, secours.

recharge n. f. *Une recharge de stylo* ▸ cartouche.

réchauffement n. m. Fig. *Un réchauffement dans les relations entre deux pays* ▸ amélioration.

réchauffer v. 1 Fig. *Réchauffer le moral des troupes* ▸ raffermir, ragaillardir, ranimer, ravigoter (fam.), raviver, réconforter, relever, remonter, requinquer (fam.), retaper (fam.), retremper, revigorer, revivifier. 2 Fig. *Réchauffer des haines séculaires* ▸ rallumer, ranimer, raviver, ressusciter, réveiller. 3 Fig. *Des paroles qui réchauffent le cœur* ▸ réconforter. 4 **se réchauffer** Fig. *Leurs relations se réchauffent un peu* ▸ s'améliorer.

rêche adj. 1 *Une peau rêche* ▸ calleux, râpeux, rugueux. 2 Fig. *Une personne rêche* ▸ revêche, rogue.

recherche n. f. 1 *La recherche minière* ▸ exploration, prospection. 2 *Se lancer dans une recherche sans fin de nouvelles sensations* ▸ chasse, poursuite, quête. 3 *Un universitaire qui présente le résultat de ses recherches* ▸ étude, expérience, expérimentation, investigation, observation, spéculation. 4 *Un langage d'une extrême recherche* ▸ délicatesse, raffinement, soin, sophistication. 5 Spécialement en mauvaise part ▸ affectation, afféterie, apprêt, maniérisme, mièvrerie, préciosité.

recherché, ée adj. 1 *Un produit très recherché* ▸ demandé, prisé. 2 *Un style recherché* ▸ délicat, étudié, raffiné, soigné, sophistiqué, travaillé. 3 *Avec une connotation péjorative* ▸ affecté, apprêté, compassé, maniéré, précieux, snob.

rechercher v. 1 *Rechercher dans le passé de qqn* ▸ fouiller, fouiner, fureter. 2 *Rechercher un suspect* ▸ courir après, être aux trousses de, pourchasser, poursuivre. 3 *Rechercher les honneurs* ▸ ambitionner, briguer, convoiter, désirer, viser.

rechigné, ée adj. *Un air rechigné* ▸ boudeur, hargneux, maussade, renfrogné.

rechigner v. *Rechigner au travail* ▸ renâcler, répugner.

rechute n. f. *On pensait qu'il cesserait définitivement de boire, et puis il est allé de rechute en rechute* ▸ récidive.

rechuter v. ▸ récidiver, recommencer.

récidive n. f. 1 *Sa faute est vénielle, mais en cas de récidive il aura des ennuis* ▸ rechute. 2 *La récidive d'une tumeur cancéreuse* ▸ réapparition, recommencement, reprise.

récidiver v. 1 *On pensait que c'était fini, et puis il a récidivé* ▸ rechuter, recommencer. 2 *Malgré des soins intensifs, son cancer a récidivé* ▸ réapparaître, recommencer, reprendre.

récif n. m. ▸ brisant, écueil.

réciproque adj. 1 *Un sentiment réciproque* ▸ mutuel, partagé. 2 *Une convention réciproque* ▸ bilatéral, mutuel, symétrique, synallagmatique.

réciproquement adv. 1 *Se respecter réciproquement* ▸ mutuellement. 2 *Mettre le lit à la place de l'armoire, et réciproquement* ▸ inversement, vice versa.

récit n. m. 1 *Faire un récit détaillé des événements de la veille* ▸ compte rendu, exposé, historique, narration, rapport, relation. 2 *Les récits merveilleux de la tante Margot* ▸ conte, histoire, légende.

récital n. m. ▸ concert.

réciter v. *Réciter des vers* ▸ déclamer, dire.

réclamation n. f. *Être chargé d'écouter les réclamations de la clientèle* ▸ doléance, plainte, protestation, récrimination, revendication.

réclame (en) adv. *Des articles en réclame* ▸ en promotion.

réclamer

réclamer v. 1 *Réclamer de l'aide* ► implorer, quémander, solliciter. 2 *Réclamer un honneur auquel on estime avoir droit* ► prétendre à, revendiquer. 3 *Une plante qui réclame beaucoup d'eau* ► avoir besoin de, demander, exiger, vouloir. 4 *Une situation qui réclame la plus grande vigilance* ► appeler, commander, demander, exiger, mériter, nécessiter, requérir, supposer. 5 *Passer son temps à réclamer* ► se plaindre, protester, râler, récriminer, rouspéter (fam.). 6 **se réclamer** *Se réclamer d'une tradition séculaire* ► invoquer, se prévaloir de, se recommander de.

reclus, use adj. ► claquemuré, cloîtré, enfermé, isolé, retiré, solitaire.

réclusion n. f. Litt. *Un otage qui désespère de voir le bout de sa réclusion* ► captivité, claustration, détention, emprisonnement, enfermement, séquestration.

recoin n. m. 1 *Des pièces pleines de recoins* ► angle, coin, encoignure, renfoncement. 2 Fig. et litt. *Les recoins du cœur* ► repli.

récolte n. f. 1 *La saison de la récolte* ► cueillette, moisson. 2 Fig. *Une large récolte de renseignements* ► collecte, moisson.

récolter v. 1 *Des produits que l'on récolte à la fin de l'été* ► cueillir, glaner, moissonner, ramasser. 2 Fig. *Récolter de mauvaises notes* ► écoper (fam.), ramasser, recevoir.

recommandable adj. ► estimable, honorable, respectable.

recommandation n. f. 1 *Faire une bêtise malgré de multiples recommandations* ► avertissement, avis, conseil, mise en garde. 2 *Bénéficier de puissantes recommandations* ► appui, faveur, piston (fam.), protection, référence.

recommandé, ée adj. *Ce genre de démarche n'est pas très recommandé* ► conseillé, indiqué, judicieux, opportun.

recommander v. 1 *Recommander qqn pour un poste* ► appuyer, patronner, pistonner (fam. et péj.), pousser, protéger. 2 *Recommander la prudence à un voyageur* ► conseiller, prêcher, préconiser, prescrire, prôner. 3 **se recommander** *Se recommander de l'appui de qqn* ► invoquer, se prévaloir de, se réclamer de.

recommencement n. m. 1 *Ce serait le recommencement de tous mes cauchemars* ► réapparition, récidive, reprise, retour. 2 *La vie est un perpétuel recommencement* ► répétition, retour.

recommencer v. 1 *Recommencer un exercice* ► refaire, réitérer, renouveler, répéter, reprendre. 2 *Recommencer sa cinquième* ► redoubler. 3 *Recommencer à travailler* ► se remettre à. 4 *Une douleur qui recommence* ► se ranimer, se raviver, réapparaître, récidiver, renaître, se renouveler, repartir, reprendre, se reproduire, se réveiller. 5 *Il a recommencé dès sa sortie de prison* ► rechuter, récidiver.

récompense n. f. 1 *Distribuer des récompenses* ► gratification, prime. 2 Fig. *Recevoir la récompense de ses méfaits* ► bénéfice, prix, salaire. 3 **en récompense** ► pour la peine.

récompenser v. 1 *Récompenser le plus méritant* ► couronner, primer. 2 *Il se sentirait récompensé par cette réussite* ► gratifier, payer de retour.

recomposer v. *Recomposer le squelette d'un dinosaure* ► reconstituer.

recomposition n. f. 1 *La recomposition d'une mosaïque antique* ► reconstitution. 2 *La recomposition du paysage politique* ► réaménagement, réorganisation, restructuration.

réconciliation n. f. ► rabibochage (fam.), raccommodement, rapprochement.

réconcilier v. 1 ► rabibocher (fam.), raccommoder, rapprocher. 2 **se réconcilier** ► se rabibocher (fam.), se raccommoder (fam.), renouer.

reconductible adj. ► renouvelable.

reconduction n. f. ► confirmation, prorogation, renouvellement.

reconduire v. 1 *Reconduire un ami chez lui* ► raccompagner, ramener, remmener. 2 *Reconduire un contrat* ► prolonger, proroger, renouveler. 3 **reconduire à la frontière** *Reconduire un clandestin à la frontière* ► chasser, expulser, refouler, repousser.

réconfort n. m. 1 *Avoir besoin du réconfort de ses proches* ► aide, appui, secours, soutien. 2 *Trouver du réconfort à constater que les autres sont plus malheureux que soi* ► consolation, soulagement.

réconfortant, ante adj. 1 *Des paroles réconfortantes* ► apaisant, consolateur. 2 *Des perspectives réconfortantes* ► encourageant, revigorant, stimulant.

réconforter v. ► consoler, fortifier, ragaillardir, ranimer, ravigoter (fam.), regonfler (fam.), remettre, remonter, requinquer (fam.), retaper (fam.), revigorer, soutenir, stimuler.

reconnaissable adj. ► identifiable.

reconnaissance n. f. 1 *La reconnaissance de ses erreurs* ► aveu, confession. 2 *Procé-*

der à la reconnaissance d'un terrain ▶ examen, exploration, inspection. **3** *Exprimer sa reconnaissance pour un bienfait* ▶ gratitude, remerciements.

reconnaissant, ante adj. *Je vous suis très reconnaissant d'avoir bien voulu me rendre ce service* ▶ obligé.

reconnaître v. **1** *Reconnaître un visage* ▶ se rappeler, remettre, se souvenir de. **2** *Reconnaître un agresseur* ▶ identifier. **3** *Deux objets si ressemblants qu'on ne peut les reconnaître* ▶ différencier, discerner, discriminer (litt.), distinguer. **4** *Reconnaître que la situation pourrait être pire* ▶ accorder, admettre, avouer, concéder, convenir. **5** *Reconnaître certains mérites à qqn* ▶ accorder, attribuer, concéder, prêter. **6** *Reconnaître ses fautes* ▶ avouer, confesser. **7** *Reconnaître un terrain avant une attaque* ▶ examiner, explorer, inspecter. **8** *Reconnaître un terrain où l'on pense trouver du pétrole* ▶ prospecter, sonder. **9** *Reconnaître un enfant* ▶ légitimer. **10 se reconnaître** *Il ne se reconnaît pas dans le portrait que vous avez fait de lui* ▶ s'identifier à, se retrouver dans. **11** *Ne pas arriver à se reconnaître dans un nouveau quartier* ▶ se diriger, s'orienter, se repérer, se retrouver. **12** *Se reconnaître coupable* ▶ s'avouer.

reconnu, ue adj. **1** *Un fait reconnu* ▶ avéré, évident, flagrant, incontestable, indéniable, indiscuté, manifeste, notoire, patent. **2** *Un spécialiste reconnu* ▶ célèbre, notoire, renommé, réputé.

reconquérir v. ▶ recouvrer, regagner, reprendre, retrouver.

reconsidérer v. ▶ réétudier, réexaminer, remettre en cause, revoir.

reconstituant, ante adj. ▶ fortifiant, réconfortant, remontant, revigorant, roboratif (litt.), stimulant, tonifiant, tonique, vivifiant.

reconstituer v. *Reconstituer l'atmosphère d'un cabaret d'avant-guerre* ▶ recomposer, recréer, reformer.

reconstruction n. f. *La reconstruction d'un pays après une guerre* ▶ redressement, réédification (litt.), relèvement, rétablissement.

reconstruire v. **1** *Reconstruire un bâtiment après un bombardement* ▶ rebâtir, réédifier, refaire. **2** *Reconstruire un pays après une guerre* ▶ redresser, relever, rétablir.

reconversion n. f. **1** *La reconversion d'une entreprise* ▶ conversion, mutation, transformation. **2** *La reconversion du personnel* ▶ recyclage.

recopier v. ▶ retranscrire.

record n. m. **1** *On s'attend à de nouveaux records durant la deuxième semaine des Jeux* ▶ exploit, performance, prouesse. **2** *Le fleuve atteignit son niveau record au troisième jour de l'inondation* ▶ maximum.

recordman n. m. ▶ champion.

recordwoman n. f. ▶ championne.

recoudre v. **1** *Recoudre une étoffe décousue* ▶ raccommoder, rapiécer, ravauder, repriser. **2** *Recoudre les lèvres d'une plaie* ▶ suturer.

recoupement n. m. Fig. *Établir des recoupements entre diverses informations* ▶ lien, parallèle, rapport, rapprochement, relation.

recouper v. **1** Fig. *Recouper des témoignages* ▶ vérifier. **2 se recouper** Fig. *Tous ces indices se recoupent* ▶ coïncider, concorder, correspondre.

recourbé, ée adj. *Un nez recourbé* ▶ aquilin, arqué, bourbonien, busqué, crochu.

recourber v. *Recourber une tige de fer* ▶ arquer, plier.

recourir v. **1** *Recourir à des moyens inqualifiables* ▶ employer, faire appel à, mettre en œuvre, user de, utiliser. **2** *Recourir à un expert* ▶ s'adresser à, faire appel à, passer par.

recours n. m. **1** *Le recours à la force* ▶ emploi, usage, utilisation. **2** *La religion comme dernier recours* ▶ refuge, ressource, secours, soutien. **3** *Épuiser toutes les voies de recours* ▶ appel, pourvoi.

recouvrement n. m. *Le recouvrement des impôts* ▶ encaissement, perception.

recouvrer v. **1** Litt. *Recouvrer son bien* ▶ reconquérir, récupérer, regagner, reprendre, ressaisir, retrouver. **2** *Recouvrer des créances* ▶ encaisser, percevoir, recevoir, toucher.

recouvrir v. **1** *Recouvrir une surface d'une substance protectrice* ▶ enduire. **2** *Recouvrir de papier, de tissu* ▶ enrober, envelopper, revêtir, tapisser. **3** *Recouvrir un sol de pétales de rose* ▶ couvrir, joncher, parsemer. **4** *Un même terme qui recouvre des phénomènes différents* ▶ s'appliquer à, coïncider avec, comprendre, embrasser, inclure. **5** Fig. *Une politesse de façade qui recouvre une profonde méchanceté* ▶ cacher, camoufler, déguiser, dissimuler, masquer, voiler. **6 se recouvrir** *Des tuiles qui se recouvrent partiellement* ▶ chevaucher, se superposer.

recracher v. Fig. et fam. *Recracher tout ce qu'on vient d'apprendre* ▶ régurgiter, ressortir.

récréatif, ive adj. ▸ amusant, délassant, distrayant, divertissant, plaisant.

récréation n. f. **1** *S'accorder un moment de récréation* ▸ pause, relâche, repos. **2** *Le bricolage est sa récréation préférée* ▸ amusement, délassement, détente, distraction, divertissement, hobby (fam.), passe-temps.

récrier (se) v. *Se récrier contre une affirmation manifestement mensongère* ▸ s'élever contre, s'indigner de, s'insurger contre, protester contre, regimber contre.

récrimination n. f. ▸ doléance, grief, jérémiade, plainte, protestation, réclamation.

récriminer v. *Passer son temps à récriminer* ▸ se plaindre, protester, râler (fam.), réclamer, ronchonner (fam.), rouspéter (fam.).

récrire v. ▸ refaire, refondre.

recroqueviller (se) v. **1** *Des feuilles qui se recroquevillent au soleil* ▸ se rabougrir, se racornir, se ratatiner, se replier. **2** *Se recroqueviller sous ses couvertures* ▸ se lover, se pelotonner, se ramasser.

recru, ue adj. **1** Litt. *Être recru d'épreuves* ▸ gorgé, saturé, soûlé. **2** Litt. *Être recru de fatigue* ▸ assommé, brisé. **3** Litt. *Un cerf recru rattrapé par une meute* ▸ exténué, harassé.

recrudescence n. f. **1** *La recrudescence du froid après une période d'accalmie* ▸ redoublement, regain, reprise. **2** *Dénoncer la recrudescence continue du banditisme* ▸ accroissement, aggravation, augmentation, extension, intensification, progrès, progression, renforcement.

recrue n. f. *Un sous-officier en train d'inspecter les recrues* ▸ bleu (fam.), conscrit, enrôlé.

recrutement n. m. ▸ conscription, engagement, enrôlement, incorporation.

recruter v. **1** *Recruter des troupes* ▸ engager, enrégimenter, enrôler, incorporer, lever, mobiliser. **2** *Recruter des figurants* ▸ embaucher, engager, enrôler.

rectificatif n. m. ▸ mise au point.

rectification n. f. ▸ correction, modification.

rectifier v. **1** *Rectifier une erreur* ▸ corriger, redresser. **2** *Rectifier sa toilette* ▸ arranger, rajuster.

rectiligne adj. ▸ direct, droit.

rectitude n. f. ▸ droiture, exactitude, justesse, rigueur.

recto n. m. ▸ endroit.

reçu n. m. **1** ▸ accusé de réception, acquit, récépissé. **2** Spécialement pour de l'argent ▸ acquit, quittance.

recueil n. m. *Un recueil des plus beaux contes de sorcières* ▸ album, anthologie, choix, collection, corpus, florilège.

recueillement n. m. ▸ contemplation, méditation.

recueilli, ie adj. *Un air recueilli* ▸ absorbé, contemplatif, méditatif, pensif, songeur.

recueillir v. **1** *Recueillir des fonds pour une œuvre* ▸ amasser, assembler, collecter, glaner, lever, percevoir, ramasser, rassembler, récolter, réunir. **2** *Des godets destinés à recueillir la résine des pins* ▸ recevoir. **3** *Une proposition qui recueille de nombreux suffrages* ▸ obtenir, rassembler, réunir. **4 se recueillir** *Se recueillir devant la tombe d'un ami* ▸ méditer.

recul n. m. **1** *Le recul des troupes ennemies* ▸ décrochage, reflux, repli, retrait, retraite. **2** *Le recul nécessaire pour juger un événement* ▸ distance, éloignement. **3** Fig. *Le recul d'une épidémie* ▸ affaiblissement, déclin, ralentissement, régression.

reculade n. f. ▸ abandon, dérobade.

reculé, ée adj. **1** *Un quartier reculé* ▸ écarté, éloigné, isolé, lointain, perdu, retiré. **2** *Une époque reculée* ▸ ancien, antique, éloigné, lointain.

reculer v. **1** *Reculer devant l'ennemi* ▸ battre en retraite, décrocher, perdre du terrain, refluer, se replier, se retirer. **2** *Reculer un départ* ▸ ajourner, décaler, déplacer, différer, éloigner, remettre, renvoyer, reporter, repousser, retarder, surseoir à. **3** Fig. *Il en a trop dit pour pouvoir reculer* ▸ abandonner, caler (fam.), caner (fam.), céder, se dégonfler (fam.), se dérober, faire machine arrière, flancher (fam.), fléchir, lâcher pied, renoncer. **4** Fig. *Une maladie qui commence à reculer* ▸ s'affaiblir, décliner, régresser, rétrograder.

reculons (à) adv. ▸ à l'envers, en arrière.

récupérable adj. **1** *Des déchets récupérables* ▸ recyclable, réutilisable. **2** *Une pareille gaffe n'est guère récupérable* ▸ rattrapable.

récupérer v. **1** *Récupérer des marchandises volées* ▸ recouvrer, reprendre, retrouver. **2** *Récupérer des délinquants* ▸ réinsérer. **3** *Récupérer des déchets* ▸ recycler, réutiliser. **4** *Récupérer des heures d'absence* ▸ compenser, remplacer. **5** Fam. *Avoir du mal à récupérer après une maladie* ▸ se remettre, se rétablir.

récurrence n. f. ▸ renouvellement, répétition, retour.

récurrent, ente adj. *S'interroger sur le caractère récurrent des crises économiques* ▸ récursif, répétitif.

récuser v. **1** *Récuser à qqn toute compétence en la matière* ▸ contester, dénier, refuser. **2** *Il récuse toute responsabilité dans cette affaire* ▸ dénier, nier, refuser. **3** *Récuser un témoignage contestable* ▸ écarter, rejeter, repousser. **4 se récuser** *Après nous avoir donné son accord, il a essayé de se récuser* ▸ se défiler (fam.).

recyclable adj. ▸ récupérable, réutilisable.

recyclage n. m. **1** *Le recyclage de la chaleur* ▸ récupération, réutilisation. **2** *Le recyclage de l'argent de la drogue* ▸ blanchiment.

recycler v. **1** *Recycler des déchets* ▸ récupérer, réutiliser. **2** *Recycler l'argent de la drogue* ▸ blanchir.

rédaction n. f. **1** *La rédaction d'un contrat* ▸ écriture, établissement. **2** *Donner un sujet de rédaction* ▸ narration.

reddition n. f. ▸ capitulation.

redémarrage n. m. ▸ redressement, reprise.

redémarrer v. *Les affaires redémarrent* ▸ repartir, reprendre.

rédempteur, trice n. ▸ sauveur.

rédemption n. f. ▸ rachat, salut.

redescendre v. *La fièvre redescend* ▸ retomber.

redevable adj. ▸ débiteur, obligé.

redevance n. f. ▸ droit, impôt, taxe.

rédiger v. **1** *Rédiger un article* ▸ écrire. **2** *Rédiger un contrat* ▸ libeller.

redire v. **1** *Redire toujours la même chose* ▸ rabâcher, répéter, ressasser. **2** *Trouver toujours matière à redire* ▸ blâmer, censurer (litt.), critiquer.

redite n. f. ▸ répétition.

redondance n. f. ▸ pléonasme, redite, répétition.

redondant, ante adj. **1** *Une expression redondante* ▸ pléonastique. **2** *Un style redondant* ▸ ampoulé, délayé, emphatique, enflé, surabondant, verbeux.

redonner v. **1** *Redonner qqch qu'on avait pris* ▸ rendre, restituer. **2** *Redonner dans un travers* ▸ retomber.

redoublement n. m. **1** *Le redoublement d'une syllabe* ▸ répétition. **2** *Des mesures trop brutales n'entraîneraient qu'un redoublement des souffrances* ▸ accroissement, aggravation, amplification, augmentation, exacerbation, intensification, recrudescence.

redoubler v. **1** *Redoubler un son* ▸ doubler, répéter. **2** *Redoubler une classe* ▸ recommencer. **3** *Ces propos ne font que redoubler mes craintes* ▸ accroître, aggraver, amplifier, augmenter, aviver, exacerber, intensifier, renforcer.

redoutable adj. **1** *Une infection redoutable* ▸ dangereux, grave, inquiétant, sérieux, terrible. **2** *Un animal redoutable* ▸ dangereux, effrayant, terrible, terrifiant.

redoutablement adv. *Un individu redoutablement stupide* ▸ dangereusement, excessivement, formidablement, terriblement.

redouter v. ▸ appréhender, avoir peur de, craindre.

redressement n. m. **1** *Le redressement de l'économie* ▸ redémarrage, relèvement, reprise. **2** *Un redressement fiscal* ▸ majoration, rehaussement.

redresser v. **1** *Redresser une statue* ▸ relever. **2** *Redresser une tôle* ▸ dégauchir. **3** Fig. *Redresser la situation* ▸ rattraper, rétablir. **4 se redresser** *Se redresser tout seul après une chute* ▸ se relever.

redresseur de torts n. m. ▸ don quichotte, justicier.

réducteur, trice adj. *Une présentation réductrice de la réalité* ▸ schématique, simplificateur.

réduction n. f. **1** *La réduction du volume des dépenses* ▸ amoindrissement, compression, diminution, resserrement, restriction, rétrécissement. **2** *Obtenir une réduction à force de marchandage* ▸ rabais, remise, ristourne. **3** *Toute une ville en réduction* ▸ miniature, modèle réduit.

réduire v. **1** *Réduire un texte* ▸ abréger, condenser, écourter, raccourcir, resserrer. **2** *Réduire ses ambitions* ▸ abaisser, baisser, borner, diminuer, limiter, modérer, rabaisser, rabattre, restreindre. **3** *Réduire l'opposition* ▸ dompter, maîtriser, mater, soumettre, terrasser, vaincre. **4** *Réduire qqn à mendier* ▸ acculer, astreindre, contraindre, obliger, pousser. **5 réduire à néant** *Réduire à néant les efforts de plusieurs années* ▸ anéantir, annihiler, détruire. **6 réduire au silence** *Réduire une opposition au silence* ▸ bâillonner, museler. **7 réduire en cendres** *Réduire une maison en cendres* ▸ brûler, carboniser. **8** Fig. *Réduire en cendres les espérances de qqn* anéantir, annihiler, détruire. **9 réduire en miettes** ▶ briser, broyer, concasser, piler, pulvériser. **10 se réduire** *Sa fortune se réduit à quelques propriétés* ▶ se limiter, se ramener.

réduit, ite adj. **1** *Avancer à vitesse réduite* ▶ limité, modéré, petit. **2** *Un vocabulaire très réduit* ▶ limité, mince, pauvre, restreint.

réduit n. m. **1** *Un réduit qui sert de débarras* ▶ cabinet, cagibi. **2** *Vivre dans un réduit insalubre* ▶ galetas, gourbi, soupente.

réécriture n. f. ▶ rewriting.

rééditer v. Fig. et fam. *Le champion n'a pu rééditer son exploit* ▶ recommencer, réitérer, renouveler, répéter.

réel, elle adj. **1** *Une anecdote réelle* ▶ authentique, certain, exact, historique, indubitable, véridique, véritable, vrai. **2** *Des preuves réelles* ▶ certain, concret, effectif, établi, évident, existant, factuel, indubitable, manifeste, palpable, patent, tangible. **3** *Des améliorations réelles* ▶ certain, évident, indubitable, manifeste, notable, palpable, sensible, sérieux, substantiel, tangible, véritable, visible.

réel n. m. *La référence au réel dans les émissions de télévision* ▶ réalité, vécu.

réellement adv. ▶ bel et bien, effectivement, en réalité, vraiment.

réévaluer v. *Réévaluer le taux d'une monnaie* ▶ rehausser, relever, revaloriser.

réexaminer v. *Réexaminer sa décision* ▶ reconsidérer, remettre en cause, revoir.

réexpédier v. ▶ renvoyer, retourner.

refaire v. **1** *Refaire constamment les mêmes démarches* ▶ recommencer, rééditer (fam.), réitérer, renouveler, répéter. **2** *Refaire son appartement* ▶ arranger, rafraîchir, rénover, restaurer. **3** *Refaire entièrement le début d'un texte* ▶ récrire, refondre, reprendre. **4** *Refaire sa vie* ▶ rebâtir, reconstruire, rééedifier. **5** Fam. *Ils m'ont refait sur la qualité de la marchandise* ▶ berner, duper, flouer (fam.), mystifier, rouler (fam.), tromper. **6 se refaire** Fam. *Aller se refaire à la montagne après une opération* ▶ se ragaillardir, se ravigoter (fam.), se reconstituer, reprendre du poil de la bête (fam.), se requinquer (fam.), se rétablir, se retaper (fam.), se revigorer. **7** Fam. *Espérer se refaire après une perte au jeu* ▶ se renflouer.

réfection n. f. *La réfection d'un toit* ▶ rénovation, réparation, restauration.

réfectoire n. m. ▶ cantine.

référence n. f. **1** *Un ouvrage qui fait référence* ▶ autorité. **2** *Des références en bas de page* ▶ note, renvoi. **3** *Citer ses références* ▶ source. **4** Plur. *Sérieuses références exigées* ▶ attestations, certificats, recommandations.

référer v. **1** *Un signe linguistique qui réfère à un concept* ▶ renvoyer. **2 en référer** *En référer à un supérieur* ▶ informer. **3 se référer** *Je me réfère à vos propres arguments* ▶ s'appuyer sur, se fonder sur, se reporter à. **4** *Un article se réfère à une polémique récente* ▶ concerner, se rapporter à.

refermer v. **1** *Refermer un volet* ▶ fermer, rabattre. **2 se refermer** *Une plaie qui se referme* ▶ cicatriser, se fermer.

refiler v. Fam. *En fait de dons, il nous a refilé quelques vieilleries* ▶ donner, fourguer (fam.), passer, remettre.

réfléchi, ie adj. **1** *Un homme réfléchi* ▶ avisé, circonspect, pondéré, posé, prudent, rassis, sage. **2** *Une proposition réfléchie* ▶ calculé, délibéré, étudié, mesuré, mûri, pensé, pesé, raisonné.

réfléchir v. **1** *Réfléchir une image* ▶ refléter, renvoyer, réverbérer. **2** *Réfléchir avant d'agir* ▶ cogiter (fam.), se concentrer, délibérer (litt.), méditer, raisonner. **3** *Réfléchissez à ce problème et nous vous rappellerons* ▶ considérer, étudier, examiner, penser à, peser, songer à, voir.

reflet n. m. **1** *Le reflet de la lune sur l'eau* ▶ miroitement. **2** Fig. *L'écriture est-elle réellement le reflet du caractère?* ▶ expression, image, représentation, traduction.

refléter v. **1** *Une vitre qui reflète une image* ▶ réfléchir, renvoyer, réverbérer. **2** Fig. *Ses lectures reflètent ses préoccupations actuelles* ▶ exprimer, représenter, reproduire, traduire.

réflexe adj. *Un geste réflexe* ▶ automatique, instinctif, machinal.

réflexe n. m. ▶ automatisme.

réflexion n. f. **1** *Un phénomène de réflexion de la lumière* ▶ réverbération. **2** *Un problème qui demande de la réflexion* ▶ attention, concentration, méditation. **3** *Des réflexions d'une grande profondeur* ▶ considération, idée, notation, observation, pensée, remarque. **4** *Faire à qqn des réflexions désobligeantes* ▶ critique, observation, remarque. **5 à la réflexion** ▶ tout bien pesé, tout bien réfléchi.

refluer v. **1** *Des eaux qui refluent* ▶ baisser, se retirer. **2** *Une foule qui reflue* ▶ reculer.

reflux n. m. 1 *Le reflux des eaux* ▶ baisse, retrait. 2 *Attendre le reflux* ▶ jusant. 3 Fig. *Le reflux d'un mouvement politique* ▶ recul, repli.

refondre v. Fig. *Refondre un ouvrage en vue d'une deuxième édition* ▶ refaire, remanier, reprendre.

refonte n. f. Fig. *La refonte d'un ouvrage* ▶ réfection, remaniement.

réformateur, trice adj. et n. ▶ rénovateur.

réforme n. f. *Une réforme de l'orthographe* ▶ amendement (vx), changement, modification, rectification, révision, transformation.

réformé, ée adj. Vx *La religion réformée* ▶ protestant.

reformer v. *Reformer les rangs* ▶ recomposer, reconstituer.

réformer v. *Réformer la Constitution* ▶ amender, changer, corriger, modifier, rectifier, réviser, transformer.

refoulé, ée adj. Fam. *Être complètement refoulé* ▶ bloqué (fam.), coincé (fam.), complexé (fam.), inhibé.

refoulement n. m. *Le refoulement des pulsions sexuelles* ▶ blocage, censure, inhibition.

refouler v. 1 *Refouler des clandestins* ▶ rejeter, renvoyer, repousser. 2 Fig. *Refouler ses larmes* ▶ contenir, étouffer, maîtriser, ravaler, refréner, rentrer, réprimer, retenir.

réfractaire adj. 1 *Un tempérament réfractaire* ▶ frondeur, indocile, insoumis, rebelle, récalcitrant, rétif, révolté, séditieux. 2 *Être réfractaire à tout sentiment esthétique* ▶ imperméable, inaccessible, insensible, rebelle.

réfractaire n. m. ▶ insoumis.

refrain n. m. Fig. *Il va vous égrener son éternel refrain* ▶ antienne (litt.), chanson, couplet, disque (fam.), histoire, leitmotiv, litanie, rabâchage, rengaine, ritournelle, scie (fam.).

refréner v. ▶ brider, contenir, endiguer, freiner, maîtriser, modérer, refouler, rentrer, réprimer, retenir.

réfrigérant, ante adj. Fig. et fam. *Un accueil réfrigérant* ▶ glacial, polaire.

réfrigérateur n. m. ▶ frigidaire (nom déposé), glacière (vx).

réfrigérer v. 1 *Réfrigérer une substance* ▶ frigorifier. 2 Fig. *Sa réaction les a réfrigérés* ▶ glacer, refroidir.

refroidir v. 1 *Laisser sa soupe refroidir* ▶ s'attiédir, tiédir. 2 *Faire refroidir une bouteille de vin sur un lit de glaçons* ▶ rafraîchir. 3 Fig. *Refroidir l'enthousiasme de qqn* ▶ doucher (fam.), freiner, modérer, refréner, tempérer. 4 Fam. *Refroidir qqn* ▶ assassiner, descendre (fam.), flinguer (fam.), tuer.

refroidissement n. m. Fig. *Le refroidissement d'une passion* ▶ affaiblissement, attiédissement.

refuge n. m. 1 *Chercher un refuge à la campagne pendant les troubles* ▶ abri, asile, gîte, havre (litt.), retraite (litt.). 2 *Le refuge d'un animal sauvage* ▶ antre, gîte, repaire, tanière. 3 *Le travail est son seul refuge* ▶ recours, ressource, sauvegarde (litt.), secours, soutien.

réfugié, ée n. *Un réfugié politique* ▶ exilé.

réfugier (se) v. 1 *Un enfant qui se réfugie dans les bras de sa mère* ▶ s'abriter, se blottir. 2 *Se réfugier à l'étranger* ▶ émigrer, s'enfuir, s'exiler, s'expatrier.

refus n. m. 1 *Exprimer un refus catégorique* ▶ fin de non-recevoir, non, rejet, veto. 2 *Essuyer un refus* ▶ rebuffade.

refuser v. 1 *Refuser une proposition* ▶ bouder, décliner, dédaigner, rejeter, repousser. 2 *Refuser toute innovation* ▶ s'opposer à, rejeter. 3 *Refuser l'entrée à qqn* ▶ défendre, interdire. 4 *Refuser à qqn toute compétence en la matière* ▶ contester, dénier, récuser. 5 *Refuser un candidat* ▶ ajourner, blackbouler (fam.), coller, écarter, recaler (fam.). 6 **se refuser** *Se refuser à tout procédé de ce genre* ▶ s'abstenir de, s'interdire. 7 *Se refuser à qqn* ▶ repousser, résister à.

réfutable adj. ▶ attaquable, niable.

réfutation n. f. 1 *Ne supporter aucune forme de réfutation* ▶ contradiction, critique, objection. 2 Fig. *Sa conduite est la réfutation sans appel des calomnies portées contre lui* ▶ démenti.

réfuter v. *Réfuter une argumentation* ▶ anéantir, contredire, démentir, démolir, infirmer, ruiner.

regagner v. 1 *Regagner des territoires sur l'ennemi* ▶ reconquérir, recouvrer, récupérer, reprendre, retrouver. 2 *Regagner son port d'attache* ▶ rallier, réintégrer, rejoindre, rentrer à, retourner à, revenir à.

regain n. m. Fig. *Un regain d'activité* ▶ recrudescence, reprise, retour.

régal n. m. Fig. *C'est un vrai régal de les voir* ▶ délectation, délice, joie, jouissance, plaisir, volupté.

régaler (se) v. ▶ déguster, se délecter, savourer.

régalien, enne adj. ▶ monarchique, royal.

regard

regard n. m. **1** *Jeter un regard à qqn* ▶ coup d'œil, œil, œillade. **2** *Avoir un regard critique sur son époque* ▶ œil, point de vue, vision, vue. **3 au regard de** ▶ en comparaison de. **4 en regard** ▶ en face, vis-à-vis.

regardant, ante adj. ▶ avare, chiche, économe, mesquin, pingre, près de ses sous (fam.).

regarder v. **1** *Regarder un spectacle avec le plus vif intérêt* ▶ considérer, contempler, examiner, observer. **2** *Regarder un ouvrage pour y trouver un renseignement* ▶ consulter, jeter un coup d'œil à, parcourir. **3** *Regarder qqn avec insistance* ▶ dévisager, fixer, reluquer (fam.), scruter. **4** *C'est vous que ça regarde* ▶ concerner, intéresser, toucher. **5 regarder comme** *Au risque d'être regardé comme un mauvais joueur* ▶ considérer comme, estimer, juger, prendre pour, tenir pour, trouver. **6 se regarder** *Se regarder dans un miroir* ▶ se contempler, se mirer (litt.).

régénération n. f. **1** *La régénération d'un tissu* ▶ reconstitution. **2** Fig. et litt. *La régénération des mœurs* ▶ purification, renaissance, renouveau, renouvellement, rénovation, restauration.

régénérer v. **1** *Régénérer un catalyseur* ▶ réactiver. **2** *Régénérer les mœurs* ▶ purifier, rénover. **3** *Une atmosphère qui régénère* ▶ ragaillardir, ravigoter (fam.), reconstituer, requinquer (fam.), retaper (fam.), revigorer, revivifier (litt.).

régenter v. *Elle veut tout régenter dans la maison* ▶ commander, conduire, diriger, gouverner, régir.

regimber v. Fig. *Regimber contre un ordre* ▶ se cabrer, protester, se rebeller, se rebiffer, résister à, se révolter, ruer dans les brancards (fam.).

régime n. m. **1** *Un régime démocratique* ▶ état, institutions, pouvoir, système. **2** *Le régime d'un verbe* ▶ complément, objet. **3** *Un régime sans sel* ▶ alimentation, nourriture. **4** *Faire un régime* ▶ cure, diète.

régiment n. m. Fig. *Un régiment de créanciers* ▶ bataillon (fam.), cohorte (fam.), flopée (fam.), flot, foule, kyrielle, légion (fam.), masse, multitude, nuée, ribambelle (fam.), troupe.

région n. f. **1** *Une région agréable* ▶ coin, contrée, pays. **2** *Partir vers des régions inconnues* ▶ contrée, pays, province, rivage, terre, territoire. **3** *Une région administrative* ▶ circonscription, secteur, territoire, zone. **4** *À Paris et en régions* ▶ province. **5** *Une douleur dans la région lombaire* ▶ zone.

régional, ale adj. *Respecter les coutumes régionales* ▶ local.

régir v. **1** Vx *Régir une propriété* ▶ administrer, diriger, gérer. **2** *Les lois qui régissent les relations entre individus* ▶ déterminer, gouverner, régler.

régisseur, euse n. ▶ intendant.

registre n. m. **1** *Un registre de comptes* ▶ cahier, livre. **2** *Son dernier film est d'un tout autre registre que les précédents* ▶ genre, ton, tonalité. **3** *Un écrivain au registre un peu étroit* ▶ clavier.

réglage n. m. ▶ mise au point.

règle n. f. **1** *Les règles de la morale* ▶ code, convention, dogme, loi, norme, précepte, prescription, principe. **2** *Les règles d'un sport* ▶ convention, règlement, réglementation. **3** Plur. *Ses règles ont commencé quand elle avait 14 ans* ▶ cycle menstruel, menstruations, menstrues. **4 en règle** *Des papiers en règle* ▶ réglementaire, régulier, valable. **5 en règle générale** ▶ communément, couramment, en général, généralement, habituellement, normalement.

réglé, ée adj. *Une fillette déjà réglée* ▶ formé, nubile, pubère.

règlement n. m. **1** *Le règlement intérieur d'une entreprise* ▶ code, convention, règle, réglementation. **2** *Le règlement d'un litige* ▶ conclusion, solution. **3** *Le règlement d'une dette* ▶ acquittement, paiement, remboursement.

réglementaire adj. **1** *Ce document n'est pas réglementaire* ▶ en règle, valable, valide. **2** *Suivre la procédure réglementaire* ▶ normal, régulier.

réglementation n. f. **1** *Faites comme vous voulez, il n'y a pas de réglementation particulière* ▶ norme, règle, règlement. **2** *La réglementation de l'orthographe* ▶ normalisation, rationalisation, systématisation.

réglementer v. *Réglementer l'orthographe* ▶ codifier, normaliser, rationaliser, systématiser.

régler v. **1** *Régler une querelle qui n'en finissait pas* ▶ arranger, clore, conclure, en finir avec, liquider, résoudre, solutionner (fam.), terminer, vider. **2** *Régler le programme de la journée* ▶ aménager, arrêter, décider, de, déterminer, établir, fixer, organiser. **3** *Régler une addition* ▶ acquitter, payer. **4** *Régler sa conduite sur celle de ses amis* ▶ accorder à, ajuster sur, aligner sur, conformer à, harmoniser avec. **5** *Régler les affaires courantes* ▶ expédier. **6 se régler** *Se régler sur qqn* ▶ se modeler sur, suivre.

règne n. m. Fig. *Le règne de l'argent* ▶ domination, empire, prédominance, suprématie.

régnant, ante adj. 1 Litt. *L'opinion régnante* ▶ dominant, prédominant, prépondérant. 2 *Un prince régnant* ▶ souverain.

régner v. 1 *Diviser pour régner* ▶ dominer, gouverner. 2 Fig. *Les préjugés qui règnent actuellement* ▶ dominer, prédominer, prévaloir, primer, triompher.

regonfler v. Fig. et fam. *Cette bonne nouvelle l'a regonflé* ▶ ragaillardir, ravigoter (fam.), régénérer, remonter, requinquer (fam.), revigorer.

regorger v. *Cette région regorge de trésors* ▶ abonder en, déborder de, foisonner en, fourmiller de.

régresser v. *La grande criminalité régresse* ▶ baisser, décliner, décroître, diminuer, reculer.

régression n. f. ▶ baisse, déclin, diminution, recul.

regret n. m. 1 *Songer avec regret à son pays natal* ▶ nostalgie, spleen. 2 *On lui a surtout reproché de n'avoir manifesté aucun regret* ▶ contrition (litt.), remords, repentir. 3 *J'ai le regret de vous faire part de mon prochain départ* ▶ chagrin, déplaisir.

regrettable adj. *C'est regrettable, mais qu'y puis-je ?* ▶ déplorable, dommage, fâcheux, malencontreux, malheureux.

regretter v. 1 *Regretter d'avoir mal agi* ▶ battre sa coulpe (litt.), s'en vouloir, se repentir, se reprocher. 2 *Regretter la mort d'un ami* ▶ déplorer, pleurer. 3 *Je regrette, mais je ne viendrai pas* ▶ être désolé, s'excuser.

regroupement n. m. *Un parti né du regroupement de plusieurs clubs* ▶ ralliement, rassemblement, réunion.

regrouper v. ▶ rallier, rassembler, réunir.

régularité n. f. 1 *La régularité d'un visage* ▶ harmonie, symétrie, unité. 2 *Faire preuve de régularité dans son travail* ▶ assiduité, constance, discipline.

régulation n. f. *La régulation des importations* ▶ contingentement, contrôle, limitation.

régulier, ère adj. 1 *Une façade régulière* ▶ cohérent, équilibré, harmonieux, homogène, proportionné, symétrique. 2 *Une respiration régulière* ▶ égal, uniforme. 3 *Un effort régulier* ▶ assidu, constant, continu, incessant, soutenu, suivi. 4 *Des examens médicaux réguliers* ▶ périodique. 5 *Toute cette procédure n'a pas l'air très régulière* ▶ catholique (fam.), correct, légal, normal, réglementaire. 6 Fam. *Être régulier avec qqn* ▶ correct, fair-play, franc-jeu, loyal.

régulièrement adv. 1 *Un bien régulièrement acquis* ▶ légalement, réglementairement. 2 *Un enduit étalé régulièrement* ▶ uniformément, uniment (vx). 3 *Travailler régulièrement* ▶ assidûment, méthodiquement, systématiquement. 4 *Passer régulièrement voir qqn* ▶ périodiquement.

réhabilitation n. f. *La réhabilitation d'un vieil immeuble* ▶ réfection, remise en état, rénovation, réparation, restauration.

réhabiliter v. 1 *Réhabiliter un homme injustement condamné* ▶ blanchir, innocenter, laver. 2 *Réhabiliter un édifice* ▶ rénover, restaurer. 3 *Réhabiliter le travail manuel* ▶ revaloriser. 4 **se réhabiliter** *Se réhabiliter aux yeux de qqn* ▶ se racheter, se rattraper.

réhabituer v. ▶ réaccoutumer, réadapter.

rehaussement n. m. *Un rehaussement fiscal* ▶ majoration, redressement.

rehausser v. 1 *Rehausser un mur* ▶ surélever, surhausser. 2 *Rehausser le taux de l'escompte* ▶ augmenter, élever, majorer, relever. 3 Fig. *Rehausser l'éclat d'une couleur* ▶ aviver, faire ressortir, faire valoir, mettre en valeur, raviver, relever, soutenir, valoriser. 4 Fig. *Rehausser une description de quelques détails piquants* ▶ agrémenter, assaisonner, embellir, enjoliver, relever.

réincarnation n. f. ▶ métempsycose, transmigration.

reine n. f. ▶ souveraine.

réinsertion n. f. ▶ réadaptation.

réintégrer v. 1 *Réintégrer son domicile* ▶ regagner, rejoindre, rentrer à, retourner à, revenir à. 2 *Réintégrer qqn dans sa fonction* ▶ replacer, rétablir.

réitération n. f. ▶ récurrence, redoublement, répétition, retour.

réitéré, ée adj. *Des efforts réitérés* ▶ redoublé, renouvelé, répété.

réitérer v. *Réitérer une démarche* ▶ recommencer, rééditer (fam.), refaire, renouveler, répéter.

reître n. m. Litt. *Des soldats qui se conduisent comme de vulgaires reîtres* ▶ soudard.

rejaillir v. 1 *De l'eau qui rejaillit sur qqn* ▶ éclabousser, gicler sur. 2 Fig. *Le scandale a rejailli sur ses proches* ▶ éclabousser, retomber sur.

rejet n. m. 1 *Le rejet des eaux usées* ▶ éjection, évacuation. 2 *Le rejet d'une proposition* ▶ refus.

rejeter v. 1 *Rejeter une balle* ▶ relancer, renvoyer. 2 *Rejeter un paragraphe à la fin d'un chapitre* ▶ reporter, repousser. 3 *Rejeter tout ce qu'on a mangé* ▶ régurgiter, rendre, vomir. 4 *Des malheureux que tout le monde rejette* ▶ bannir, chasser, écarter, exclure, proscrire, refouler. 5 *Rejeter une offre* ▶ décliner, dédaigner, écarter, éliminer, refuser, repousser. 6 *Rejeter une faute sur son associé* ▶ attribuer à, imputer à.

rejeton n. m. 1 *Les rejetons d'une plante* ▶ pousse, rejet. 2 *Venir avec ses rejetons* ▶ enfants, postérité (litt.), progéniture.

rejoindre v. 1 *Aller rejoindre des amis à la campagne* ▶ retrouver. 2 *Rejoindre le port de toute urgence* ▶ rallier, regagner, réintégrer, rentrer à, retourner à, revenir à. 3 *Rejoindre un concurrent* ▶ rattraper. 4 *Rejoindre sa cause* ▶ adhérer à, adopter, rallier, se rallier à, se ranger à. **5 se rejoindre** *Deux cours d'eau qui se rejoignent* ▶ confluer, converger, se réunir.

réjoui, ie adj. *Un air réjoui* ▶ content, épanoui, gai, guilleret, heureux, hilare, jovial, joyeux, radieux, riant, rieur.

réjouir v. 1 *Réjouir l'assistance en multipliant les bons mots* ▶ amuser, dérider, distraire, divertir, égayer. **2 se réjouir** *Ils se réjouissent d'avoir réussi si facilement* ▶ se délecter, exulter, se féliciter, se frotter les mains (fam.), jubiler.

réjouissance n. f. 1 *Illuminer les rues en signe de réjouissance* ▶ allégresse, gaieté, joie, liesse. 2 Plur. *Le programme des réjouissances* ▶ distractions, divertissements, festivités, fête.

réjouissant, ante adj. ▶ amusant, divertissant, folichon (fam.), gai, jouissif (fam.), jubilatoire.

relâche n. f. 1 *Ne pas s'accorder un instant de relâche* ▶ détente, interruption, pause, répit, repos, trêve (litt.). **2 sans relâche** *Travailler sans relâche* ▶ continuellement, sans arrêt, sans cesse, sans interruption, sans répit, sans trêve.

relâché, ée adj. 1 *Une langue un peu relâchée* ▶ familier, négligé. 2 *Une morale relâchée* ▶ laxiste.

relâchement n. m. 1 *Le relâchement d'un muscle* ▶ décontraction, relaxation. 2 *Le relâchement d'un détenu* ▶ élargissement, libération, relaxe. 3 Fig. *Du relâchement dans le travail* ▶ décontraction, laisser-aller, négligence, ralentissement.

relâcher v. 1 *Relâcher ses muscles* ▶ décontracter, détendre. 2 *Relâcher des cordes* ▶ desserrer, détendre. 3 *Relâcher la pression* ▶ baisser, diminuer. 4 *Relâcher la discipline* ▶ adoucir, assouplir. 5 *Relâcher un détenu* ▶ élargir, libérer, relaxer. 6 *Relâcher dans un port* ▶ faire escale. **7 se relâcher** *Un zèle qui se relâche* ▶ baisser, chanceler, décroître, diminuer, faiblir, fléchir, mollir (fam.). 8 *Alors, on se relâche ?* ▶ se laisser aller, se négliger.

relais n. m. 1 *Un relais sur un parcours* ▶ étape, halte. 2 *Servir de relais dans une négociation* ▶ intermédiaire, truchement (litt.).

relancer v. 1 *Relancer un ballon* ▶ rejeter, renvoyer. 2 *Relancer un débiteur* ▶ assiéger, harceler, importuner, poursuivre. 3 *Relancer une conversation* ▶ ranimer.

relater v. *Il nous a promis de nous relater tout ce qui s'était passé* ▶ conter, dire, exposer, narrer (litt.), raconter, rapporter, rendre compte de, retracer.

relatif, ive adj. 1 *Les lois relatives au divorce* ▶ concernant, se rapportant à. 2 *Jouir d'une tranquillité très relative* ▶ imparfait, incomplet, insuffisant, limité, moyen, partiel, sommaire.

relation n. f. 1 *La relation fidèle d'un événement* ▶ compte rendu, exposé, narration, procès-verbal, rapport, récit, témoignage, version. 2 *Il existe une relation évidente entre ces différents témoignages* ▶ connexion, corrélation, correspondance, interdépendance, liaison, lien, rapport. 3 *Établir une relation entre deux événements* ▶ analogie, correspondance, rapport. 4 *Avoir des relations dans les milieux financiers* ▶ accointance, contact, intelligence, sympathie. 5 *Une relation de travail* ▶ connaissance, fréquentation. **6 être en relation** *Être en relation avec des collègues étrangers* ▶ communiquer, correspondre, être en rapport.

relativement adv. 1 *Un phénomène relativement rare* ▶ assez, passablement, plutôt. 2 *Relativement à ce qui vient d'être dit, je n'ajouterai qu'une remarque* ▶ à l'égard de, au sujet de, concernant, par rapport à, quant à. 3 *Considérer les prix actuels relativement à ce qu'ils étaient il y a dix ans* ▶ par comparaison avec, par rapport à, proportionnellement à.

relax, axe adj. Fam. ▶ cool (fam.), décontracté, détendu.

relaxant, ante adj. ▶ calmant, délassant, reposant.

relaxation n. f. **1** *La relaxation d'un muscle* ▶ décontraction, relâchement. **2** *Une méthode de relaxation* ▶ décontraction, délassement, détente.

relaxer v. **1** *Relaxer un prévenu* ▶ élargir, libérer, relâcher. **2** *se relaxer Se relaxer après un effort* ▶ se décontracter, se délasser, se détendre, se reposer.

relayer v. **1** *Relayer l'équipe de nuit* ▶ relever, remplacer. **2** *se relayer Se relayer pour monter la garde* ▶ alterner, tourner.

relégation n. f. ▶ bannissement, déportation, exil.

reléguer v. **1** *Reléguer un condamné dans une île* ▶ bannir, déporter, exiler. **2** *Reléguer qqn dans un emploi secondaire* ▶ confiner.

relent n. m. **1** *Une couette empuantie par les relents de friture* ▶ effluve, émanation, odeur, remugle (litt.). **2** Fig. *Il y a dans son attitude des relents de xénophobie* ▶ soupçon, teinte, trace.

relevé, ée adj. **1** *Une sauce relevée* ▶ assaisonné, épicé, fort, pimenté, piquant. **2** Fig. *Tout cela n'est pas très relevé* ▶ distingué, élégant, noble.

relevé n. m. **1** *Le relevé des sommes dues* ▶ décompte, facture. **2** *Le relevé d'une construction* ▶ dessin, plan.

relève n. f. ▶ remplacement, succession.

relèvement n. m. **1** *Le relèvement des loyers* ▶ augmentation, hausse, majoration. **2** *Le relèvement d'un pays* ▶ reconstruction, redressement, réédification (litt.), rétablissement.

relever v. **1** *Relever la tête* ▶ redresser. **2** *Relever le pan d'un vêtement* ▶ lever, remonter, retrousser, soulever, trousser. **3** *Relever un mur en ruine* ▶ rebâtir, reconstruire, redresser, réparer, restaurer. **4** Fig. *Relever le moral des troupes* ▶ raffermir, ragaillardir, ranimer, ravigoter (fam.), raviver, réchauffer, réconforter, regonfler (fam.), remonter, requinquer (fam.), retaper (fam.), retremper, revigorer, revivifier. **5** Fig. *Relever les salaires* ▶ augmenter, élever, hausser, majorer, monter, rehausser, remonter, revaloriser. **6** *Relever des copies d'examen* ▶ ramasser. **7** *Relever les noms des absents* ▶ consigner, copier, inscrire. **8** *Relever une erreur dans les propos de ses adversaires* ▶ constater, découvrir, noter, observer, remarquer, trouver. **9** *Des ornements qui relèvent un décor* ▶ agrémenter, ennoblir, rehausser, souligner. **10** *Relever une sauce* ▶ assaisonner, épicer, pimenter. **11** *Relever une sentinelle* ▶ relayer, remplacer. **12** *Relever qqn d'une obligation* ▶ dégager, délier, libérer. **13** *Relever qqn de ses fonctions* ▶ démettre, destituer, révoquer. **14** *Relever de maladie* ▶ guérir, se remettre, se rétablir. **15** *Une discipline qui relève des sciences humaines* ▶ appartenir à, concerner, dépendre de, faire partie de, tenir à, toucher à. **16** *se relever Aider qqn à se relever* ▶ se redresser, se remettre debout. **17** *Un chapeau dont les bords se relèvent* ▶ remonter. **18** Fig. *Un pays qui se relève rapidement* ▶ se remettre, renaître, repartir, ressusciter, se rétablir.

relief n. m. **1** *Le relief d'une région* ▶ configuration, modelé, topographie. **2** *Les reliefs d'une paroi rocheuse* ▶ bosse, proéminence, saillie. **3** Fig. *Donner plus de relief à un récit* ▶ caractère, éclat, épaisseur, mordant, piment, piquant, profondeur, sel. **4** Plur. et vx *Les reliefs d'un repas* ▶ restes, rogatons (fam.).

relier v. **1** *Un passage qui relie deux galeries* ▶ joindre, raccorder, rattacher, réunir. **2** *Relier des faits apparemment sans rapport* ▶ associer, joindre, lier, rapprocher, rassembler, réunir, unir.

religieuse n. f. ▶ bonne sœur, nonne, sœur.

religieusement adv. **1** *Vivre religieusement* ▶ dévotement, pieusement. **2** Fig. *Appliquer religieusement les consignes* ▶ consciencieusement, minutieusement, scrupuleusement, soigneusement.

religieux, euse adj. **1** *La vie religieuse à l'époque des cathédrales* ▶ ecclésiastique. **2** *La musique religieuse* ▶ sacré. **3** *Un esprit religieux* ▶ croyant, dévot, mystique, pieux, pratiquant. **4** Fig. *Un silence religieux* ▶ recueilli, respectueux.

religion n. f. **1** *La religion chrétienne* ▶ confession, credo, doctrine, dogme, église, foi. **2** *Un esprit d'une grande religion* ▶ ferveur, mysticisme, piété, religiosité, spiritualité. **3** Fig. *Avoir la religion du progrès* ▶ adoration, culte, idolâtrie, vénération. **4** Fig. *Je n'ai pas de religion sur cette question* ▶ avis, doctrine, opinion.

religiosité n. f. *Une jeunesse attirée par une religiosité diffuse* ▶ mysticisme, spiritualité.

reliquaire n. m. ▶ châsse.

reliquat n. m. *Vous toucherez le reliquat à la fin des travaux* ▶ complément, résidu (vx), restant, reste, solde.

reluire v. ▶ briller, chatoyer, étinceler, flamboyer, luire, rutiler, scintiller.

reluquer v. **1** Fam. *Reluquer une femme* ▶ lorgner (fam.), loucher sur (fam.). **2** Fam. *Reluquer un héritage* ▶ convoiter, guigner (fam.), loucher sur (fam.).

remâcher v. Fig. et fam. *Remâcher sans cesse son dépit* ▶ repenser à, ressasser, ruminer.

rémanent, ente adj. *Une image rémanente* ▶ durable, persistant, subsistant.

remaniement n. m. **1** *Ce texte nécessite un profond remaniement pour pouvoir être publié* ▶ refonte, remodelage, réorganisation, restructuration, révision. **2** *Apporter quelques remaniements à un texte* ▶ changement, modification, rectification, retouche, transformation.

remanier v. *Quelques retouches ne suffiront pas, il faut tout remanier* ▶ changer, modifier, refondre, relooker (fam.), remodeler, reprendre, restructurer, revoir, transformer.

remarquable adj. **1** *Une intelligence remarquable* ▶ brillant, distingué, éclatant, éminent, insigne, rare, supérieur. **2** *Les événements les plus remarquables de l'année écoulée* ▶ considérable, fameux, marquant, mémorable, notable, saillant.

remarquablement adv. **1** *Il a remarquablement réussi à ce poste* ▶ admirablement, brillamment, formidablement. **2** *Un homme remarquablement bête* ▶ considérablement, étonnamment, notablement.

remarque n. f. **1** *Un ouvrage plein de remarques judicieuses* ▶ aperçu, commentaire, considérations, notation, observation, pensée, réflexion, vue. **2** *Faire une remarque acerbe à qqn* ▶ critique, observation, remontrance, réprimande, reproche.

remarquer v. **1** *Remarquer la plus petite transformation au premier coup d'œil* ▶ apercevoir, s'apercevoir, s'aviser de, constater, découvrir, discerner, distinguer, noter, observer, relever, se rendre compte de, repérer, voir. **2 se faire remarquer** *Se faire remarquer par sa façon de s'habiller* ▶ se signaler, se singulariser.

rembarrer v. Fam. ▶ contrer, envoyer promener (fam.), moucher, rabrouer, remettre à sa place.

remblai n. m. **1** *Un remblai de voie ferrée* ▶ talus. **2** *Un remblai le long d'un cours d'eau* ▶ chaussée, digue, levée.

remblayer v. *Remblayer un fossé* ▶ combler.

rembourrage n. m. ▶ capitonnage.

rembourré, ée adj. Fig. et fam. *Un physique rembourré* ▶ grassouillet, replet.

rembourrer v. *Rembourrer un matelas* ▶ bourrer, capitonner.

remboursement n. m. *Le remboursement d'une dette* ▶ acquittement, paiement.

rembourser v. **1** *Rembourser une dette* ▶ s'acquitter de, payer. **2** *Rembourser une somme indûment perçue* ▶ redonner, remettre, rendre, restituer.

rembruni, ie adj. *Une mine rembrunie* ▶ chagrin, sombre, triste, tristounet (fam.).

rembrunir (se) v. ▶ s'assombrir, se refermer, se renfrogner.

remède n. m. **1** *Prescrire un remède préventif* ▶ médicament. **2** Fig. *Un remède à l'ennui* ▶ antidote, dérivatif, diversion, exutoire, palliatif.

remédier v. **1** *Vous croyez que cette mixture remédiera à son mal ?* ▶ guérir. **2** Fig. *Remédier à une défaillance du système électrique* ▶ obvier à, pallier, parer à, pourvoir à.

remémorer (se) v. *Se remémorer les bons moments de l'année passée* ▶ se rappeler, revivre, revoir, se souvenir de.

remerciements n. m. pl. *Exprimer ses remerciements* ▶ gratitude, reconnaissance.

remercier v. **1** *Remercier qqn de son hospitalité* ▶ rendre grâce à, savoir gré à. **2** *Remercier un de ses employés* ▶ balancer (fam.), chasser, congédier, donner ses huit jours à, donner son compte à, licencier, limoger, mettre à la porte, renvoyer, se séparer de, vider (fam.), virer (fam.).

remettre v. **1** *Remettre un objet sur une étagère* ▶ rapporter, replacer. **2** *Remettre de l'eau dans un vase* ▶ rajouter. **3** *Remettre un colis à qqn* ▶ confier, délivrer, déposer, donner, livrer, passer. **4** *Cette cure l'a remis* ▶ ravigoter (fam.), réconforter, remonter, requinquer (fam.), rétablir, retaper, revigorer. **5** Fig. *Vous me remettez ?* ▶ se rappeler de, reconnaître, se souvenir de. **6** *Remettre une tâche qu'on n'a pas envie de faire sur le moment* ▶ ajourner, différer, reculer, renvoyer, reporter, repousser, retarder, surseoir à. **7 remettre à flot** ▶ renflouer. **8 remettre à jour** ▶ réactualiser. **9 remettre à neuf** ▶ rafraîchir, réhabiliter, rénover, réparer, restaurer, retaper (fam.). **10 remettre à sa place** Fam. ▶ moucher (fam.), rembarrer (fam.). **11 remettre en cause** ▶ reconsidérer, réexaminer, revoir. **12 remettre en état** ▶ réparer. **13 en remettre** ▶ en rajouter, renchérir. **14 se remettre** *Se remettre doucement après un accident* ▶ récupérer, se rétablir. **15** *Se remettre d'une maladie qu'on croyait incurable* ▶ guérir, revenir, se sortir, se tirer. **16** *Se remettre à la drogue* ▶ recommencer, retourner à, retrouver, revenir à. **17 s'en remettre** *S'en remettre* à l'avis des spécialistes ▶ en croire (litt.), s'en rapporter à, se fier à, se reposer sur.

remeubler v. ▶ regarnir.

remilitariser v. ▶ réarmer.

réminiscence n. f. ▶ résurgence, souvenir.

remise n. f. **1** *La remise d'un mandat, d'un colis* ▶ délivrance, livraison. **2** *Obtenir la remise de ses péchés* ▶ absolution, pardon, rémission. **3** *Une remise de peine* ▶ réduction. **4** *Multiplier les remises pour attirer les clients* ▶ diminution, discount, escompte, rabais, réduction, ristourne. **5** *Ranger des outils dans une remise* ▶ débarras, resserre. **6 remise à neuf** ▶ réfection, réhabilitation, rénovation, réparation, restauration, retapage (fam.). **7 remise en état** ▶ réparation.

remiser v. ▶ garer, placer, ranger, serrer (litt.).

rémission n. f. **1** *La rémission des péchés* ▶ absolution, pardon, remise. **2** *Une rémission dans la progression d'une maladie* ▶ accalmie, apaisement, interruption, pause, relâche, répit, trêve.

remmailler v. ▶ raccommoder, stopper.

remmener v. ▶ ramener, reconduire.

remodeler v. *Remodeler un service administratif* ▶ réaménager, remanier, réorganiser, restructurer.

remontant, ante adj. et n. m. ▶ analeptique, cordial, fortifiant, réconfortant, reconstituant, revigorant, roboratif (litt.), stimulant, tonique.

remonte-pente n. m. ▶ téléski, tire-fesses (fam.).

remonter v. **1** *Remonter vers le nord* ▶ repartir, retourner. **2** *Remonter une étagère de trois crans* ▶ élever, exhausser, hausser, monter, relever. **3** Fig. *Remonter une entreprise en difficulté* ▶ ranimer, redresser, rétablir, retaper (fam.). **4** Fig. *Remonter le moral de qqn* ▶ raffermir, ragaillardir, ranimer, ravigoter (fam.), raviver, réchauffer, réconforter, regonfler (fam.), relever, requinquer (fam.), retaper (fam.), retremper, revigorer, revivifier. **5** *Une institution qui remonte à l'Antiquité* ▶ dater de, venir de.

remontrance n. f. ▶ admonestation (litt.), algarade, blâme, critique, engueulade (fam.), observation, réprimande, reproche, semonce (litt.), sermon.

remords n. m. *Après ce méfait, il ne montre même pas le moindre remords* ▶ contrition (litt.), regret, repentir.

remorquer v. ▶ haler, tirer, tracter, traîner.

rémouleur n. m. ▶ affileur, affûteur, aiguiseur, repasseur.

remous n. m. **1** *Les remous de l'eau au bas d'une cascade* ▶ bouillonnement, turbulence. **2** Fig. *Une intervention qui provoque un certain remous dans l'assistance* ▶ agitation, brouhaha, mouvement, remue-ménage, trouble.

rempart n. m. **1** *Un rempart autour d'une ville* ▶ enceinte, fortification, mur, muraille. **2** Fig. *Un rempart contre la corruption* ▶ barrière, bouclier, cuirasse, protection, sauvegarde.

remplaçant, ante n. **1** *Un travail de remplaçant* ▶ intérimaire, suppléant. **2** *Se chercher un remplaçant avant de partir à la retraite* ▶ successeur.

remplacement n. m. **1** *Assurer le remplacement du responsable en titre pendant son absence* ▶ intérim, suppléance. **2** *De nouvelles générations assureront le remplacement des responsables actuels* ▶ relève, succession. **3** *Souhaiter le remplacement du personnel politique* ▶ changement, renouvellement. **4 en remplacement** ▶ à la place, en échange.

remplacer v. **1** *Remplacer le mobilier d'une pièce* ▶ changer, renouveler. **2** *Remplacer qqn à un poste de travail* ▶ relayer, relever, succéder à. **3** *Remplacer qqn à la tête d'un pays* ▶ détrôner, évincer, se substituer à, supplanter. **4** *Remplacer un responsable en son absence* ▶ faire fonction de, représenter, servir de, suppléer, tenir lieu de.

rempli, ie adj. **1** *Une salle absolument remplie* ▶ bondé, bourré (fam.), comble, complet, plein, saturé. **2** *Un jardin rempli d'oiseaux* ▶ peuplé, plein. **3** Fig. *Être rempli du sentiment de son importance* ▶ débordant, enflé, gonflé, imbu, pénétré, pétri.

rempli n. m. ▶ ourlet.

remplir v. **1** *Remplir un sac* ▶ bourrer, charger, emplir. **2** *Remplir un discours de citations d'auteurs* ▶ bourrer, farcir, garnir, truffer. **3** *Remplir un questionnaire* ▶ compléter. **4** *Remplir un chèque* ▶ libeller. **5** Fig. *Remplir qqn de joie* ▶ emplir, gonfler. **6** Fig. *Bien remplir ses journées* ▶ meubler, occuper. **7** *Remplir son devoir* ▶ accomplir, s'acquitter de, faire, mener à bien. **8** Fig. *Remplir un emploi* ▶ exercer, occuper, tenir. **9** Fig. *Remplir une condition* ▶ répondre à, satisfaire à.

remplissage n. m. Fig. *Du remplissage pour allonger un texte* ▶ délayage, verbiage.

remplumer (se) v. Fam. ▶ se ragaillardir, se ravigoter (fam.), se refaire (fam.), se remonter, reprendre du poil de la bête (fam.), se requinquer (fam.), se rétablir, se retaper (fam.), se revigorer.

remporter v. *Remporter le gros lot* ▶ emporter, enlever, gagner, obtenir.

remuant, ante adj. *Des enfants très remuants* ▶ agité, animé, déchaîné, excité, fougueux, frétillant, pétulant, turbulent, vif.

remue-ménage n. m. ▶ affairement (litt.), agitation, animation, branle-bas, chambardement, confusion, dérangement, désordre, effervescence, tohu-bohu.

remuer v. 1 *Remuer la tête* ▶ agiter, balancer, ballotter, branler, dodeliner de, hocher, secouer. 2 *Remuer un mélange* ▶ battre, brasser, malaxer, manier, pétrir, touiller (fam.), travailler. 3 *Remuer la terre* ▶ fouiller, fouir (litt.), retourner. 4 Fig. *Une histoire qui remue vivement l'auditoire* ▶ atteindre, attendrir, ébranler, émouvoir, frapper, perturber, retourner, secouer, toucher, troubler. 5 *Des enfants qui ne cessent de remuer sur leur chaise* ▶ s'agiter, bouger, gesticuler, gigoter (fam.), se trémousser. 6 Fig. *Des populations colonisées qui commencent à remuer* ▶ s'insurger, se mutiner, se rebeller, se révolter, se soulever. 7 **se remuer** Fam. *Remuez-vous, nous allons arriver en retard* ▶ se démener, se dépêcher, se grouiller (fam.).

rémunérateur, trice adj. ▶ avantageux, fructueux, intéressant, juteux (fam.), lucratif, payant, rentable.

rémunération n. f. *La rémunération d'un travail* ▶ paiement, rétribution, salaire.

rémunérer v. ▶ appointer, payer, rétribuer.

renâcler v. ▶ protester, râler (fam.), rechigner, renauder (fam.), rouspéter (fam.).

renaissance n. f. 1 *La renaissance de la nature au printemps* ▶ régénération, renouveau, résurrection (litt.), réveil. 2 *La renaissance d'un mouvement artistique* ▶ réapparition, résurgence, retour.

renaître v. 1 *Se sentir renaître* ▶ ressusciter, revivre. 2 *Un espoir qui renaît* ▶ reparaître, resurgir.

renard n. m. Fig. *Méfiez-vous, c'est un renard qui en a trompé plus d'un* ▶ malin, manœuvrier, roué (litt.), vieux routier (fam.).

renchérir v. 1 *Des denrées qui renchérissent constamment* ▶ augmenter. 2 *Renchérir sur ce qui vient d'être dit* ▶ en rajouter, en remettre.

renchérissement n. m. ▶ augmentation, hausse, surenchérissement.

rencontre n. f. 1 *Organiser une rencontre entre deux personnes* ▶ contact, entrevue, rendez-vous. 2 *Une rencontre sportive* ▶ championnat, compétition, épreuve, match, partie. 3 *L'issue de la rencontre est longtemps restée incertaine* ▶ bataille, combat, échauffourée, engagement. 4 *Les rencontres annuelles d'une académie de province* ▶ colloque, conférence, réunion. 5 *La rencontre de deux routes* ▶ jonction. 6 *La rencontre des deux trains n'a provoqué que des dégâts matériels* ▶ choc, collision, tamponnement, télescopage.

rencontrer v. 1 *Rencontrer un ami par hasard* ▶ croiser, tomber sur, voir. 2 *Chercher à rencontrer un responsable* ▶ approcher, voir. 3 *Un navire qui rencontre un écueil* ▶ buter sur, se cogner à, heurter, percuter, toucher. 4 *Rencontrer une vive hostilité* ▶ affronter, avoir affaire à, se mesurer à, trouver. 5 **se rencontrer** *Le point où deux fleuves se rencontrent* ▶ confluer. 6 *Des cas qui se rencontrent rarement* ▶ apparaître, exister, se présenter, se trouver.

rendement n. m. 1 *Le rendement d'un placement* ▶ bénéfice, gain, produit, profit, rapport, rentabilité, revenu. 2 *Le rendement du blé à l'hectare* ▶ production. 3 *Le rendement d'une équipe de nuit* ▶ efficacité, efficience, productivité.

rendez-vous n. m. ▶ entrevue, rencontre.

rendre v. 1 *Rendre ce qu'on a emprunté* ▶ rapporter, redonner, rembourser, restituer, retourner, rétrocéder. 2 *Une terre qui rend bien* ▶ produire, rapporter. 3 *Rendre tout ce qu'on a mangé* ▶ régurgiter, rejeter, vomir. 4 *Rendre un arrêt* ▶ prononcer. 5 *Un instrument qui rend un son harmonieux* ▶ donner, produire. 6 *Rendre les mots qui puissent rendre le mieux une impression* ▶ exprimer, reproduire, restituer, traduire. 7 **rendre compte** ▶ exposer, raconter, rapporter, relater. 8 **rendre grâce** ▶ bénir, louer, remercier. 9 **rendre hommage** ▶ honorer, saluer. 10 **rendre l'âme** Litt. ▶ décéder, expirer (litt.), mourir, succomber, trépasser (litt.). 11 **rendre service à** ▶ aider, dépanner, donner un coup de main à (fam.), prêter main-forte à, seconder. 12 **rendre visite à** ▶ aller voir, faire un saut chez, passer chez, passer voir, visiter. 13 **se rendre** *Se rendre à son travail* ▶ aller. 14 *Se rendre à l'évidence* ▶ céder, se soumettre. 15 *Elle a tellement insisté qu'il a fini par se rendre* ▶ s'avouer vaincu, baisser les bras, capituler, céder, s'incliner.

16 se rendre compte *Se rendre brusquement compte de l'étendue du désastre* ▸ s'apercevoir de, comprendre, constater, percevoir, réaliser, remarquer, sentir, voir.

rendu, ue adj. *Vous voilà rendus chez vous* ▸ arrivé, parvenu.

rênes n. f. pl. **1** *Laisser flotter les rênes* ▸ bride. **2** Spécialement pour un cheval attelé ▸ guides.

renégat n. m. **1** *Un renégat condamné par l'Inquisition* ▸ apostat. **2** Fig. *Dénoncer comme renégats ceux qui quittent un parti* ▸ déserteur, félon (litt.), parjure (litt.), traître.

renfermé, ée adj. *Un enfant renfermé* ▸ réservé, secret.

renfermer v. **1** Fig. *Un texte qui renferme des idées intéressantes* ▸ comporter, comprendre, contenir, inclure, receler. **2 se renfermer** *Se renfermer dès qu'on évoque la question personnelle* ▸ se fermer, se renfrogner.

renflé, ée adj. *Une forme renflée* ▸ arrondi, bombé, galbé, gonflé, pansu, ventru.

renflement n. m. ▸ bombement, proéminence, rondeur.

renflouer v. Fig. *Renflouer une entreprise* ▸ remettre à flot.

renfoncement n. m. ▸ encoignure, niche, recoin.

renfoncer v. Fig. *Renfoncer son chagrin* ▸ cacher, dissimuler, étouffer, refouler, rentrer.

renforcement n. m. **1** *Le renforcement d'une crise* ▸ accentuation, aggravation, durcissement, intensification, recrudescence. **2** *Le renforcement des liens entre deux pays* ▸ affermissement, consolidation, resserrement.

renforcer v. **1** *Renforcer une construction* ▸ consolider, étayer, fortifier. **2** *Renforcer du béton* ▸ armer. **3** *Renforcer une équipe de secours* ▸ accroître, augmenter, grossir. **4** *Renforcer un éclairage* ▸ accentuer, augmenter, intensifier. **5** Fig. *Renforcer des soupçons* ▸ affermir, aggraver, aviver, corroborer, fortifier, raffermir.

renfort n. m. **1** *Avoir besoin d'un renfort* ▸ aide, appui, assistance, coup de main (fam.), soutien. **2 en renfort** *Appeler qqn en renfort* ▸ à l'aide, à la rescousse, au secours.

renfrogné, ée adj. ▸ boudeur, bourru, grincheux, maussade, morose.

renfrogner (se) v. ▸ s'assombrir, se rembrunir, se renfermer.

rengaine n. f. Fig. *Répéter toujours la même rengaine* ▸ antienne (litt.), chanson, couplet, disque (fam.), leitmotiv, litanie, rabâchage, refrain, ritournelle, scie (fam.).

rengorger (se) v. ▸ faire la roue, faire le beau, frimer (fam.), se pavaner, poser.

reniement n. m. *Le reniement de ses idées de jeunesse* ▸ abjuration, apostasie (litt.), désaveu, répudiation, rétractation.

renier v. **1** *Renier ses engagements* ▸ désavouer. **2** *Renier une croyance* ▸ abandonner, abjurer, apostasier (litt.), renoncer à, répudier.

renifler v. Fig. *Renifler un mauvais coup* ▸ flairer, pressentir, sentir, subodorer.

renom n. m. *Jouir d'un renom exceptionnel dans le monde des arts* ▸ aura (litt.), célébrité, considération, cote, crédit (litt.), gloire, notoriété, popularité, prestige, renommée, réputation.

renommé, ée adj. ▸ célèbre, connu, coté, fameux, illustre, populaire, prestigieux, réputé.

renommée n. f. *Un écrivain qui bénéficie d'une renommée très exagérée* ▸ aura (litt.), célébrité, considération, cote, crédit (litt.), gloire, notoriété, popularité, prestige, renom, réputation.

renoncement n. m. **1** *Le renoncement aux plaisirs* ▸ abandon de, renonciation à. **2** *Une vie de renoncement* ▸ abnégation, privation, sacrifice.

renoncer v. **1** *Il ne veut pas renoncer à ces idées absurdes* ▸ abandonner, démordre de. **2** *Renoncer à tout plaisir superflu* ▸ s'abstenir de, se passer de, se priver de, se refuser. **3** *Renoncer à tout pour mener une existence d'ermite* ▸ abandonner, se défaire de, se démunir de, se dépouiller de, se dessaisir de, laisser, laisser tomber (fam.), quitter. **4** *L'affaire se présentait trop mal, il a préféré renoncer* ▸ abandonner, abdiquer, s'avouer vaincu, baisser les bras, battre en retraite, caler (fam.), caner (fam.), capituler, céder, déclarer forfait, se désister, faire défection, s'incliner, jeter l'éponge (fam.), lâcher prise, laisser tomber (fam.), reculer, se retirer.

renonciation n. f. *Dénoncer l'esprit de renonciation de certains parents* ▸ abandon, abdication, démission, renoncement.

renouer v. **1** *Renouer des liens avec qqn* ▸ reprendre, rétablir. **2** *Renouer avec qqn* ▸ se rabibocher (fam.), se raccommoder (fam.), se réconcilier.

renouveau n. m. **1** *Le renouveau du romantisme* ▸ recommencement, regain, re-

renouvelable

naissance, reprise, retour. **2** *Entrer dans une période de renouveau* ▶ aggiornamento, modernisation, régénération, renaissance, renouvellement, rénovation, transformation.

renouvelable adj. *Un bail renouvelable* ▶ reconductible.

renouveler v. **1** *Renouveler l'armement d'un pays* ▶ changer, moderniser, remplacer, rénover, transformer. **2** *Un écrivain décidé à renouveler son style* ▶ corriger, dépoussiérer, modifier, rajeunir, rectifier, refondre, réformer, remanier, remodeler. **3** *Renouveler une proposition* ▶ recommencer, refaire, réitérer, répéter. **4** *Renouveler un bail* ▶ prolonger, proroger, reconduire. **5** Litt. *Renouveler l'ardeur des combattants* ▶ ranimer, raviver, redoubler, retremper, réveiller, revigorer, revivifier. **6 se renouveler** *Un auteur dont le style se renouvelle souvent* ▶ changer, varier. **7** *Un événement qui se renouvelle à plusieurs reprises* ▶ recommencer, se répéter, se reproduire.

renouvellement n. m. **1** *Le renouvellement d'une technique* ▶ modernisation, rénovation, transformation. **2** *Le renouvellement d'un stock* ▶ réapprovisionnement, remplacement. **3** *Le renouvellement d'un contrat* ▶ confirmation, prorogation, reconduction.

rénovateur, trice adj. et n. ▶ réformateur.

rénovation n. f. **1** *La rénovation des méthodes pédagogiques* ▶ modernisation, renouvellement, transformation. **2** *La rénovation d'un ancien quartier* ▶ réfection, réhabilitation, remise à neuf, remise en état, restauration.

rénover v. **1** *Rénover un service administratif* ▶ dépoussiérer, moderniser, rajeunir, réformer, remodeler, restructurer, transformer. **2** *Rénover un immeuble* ▶ rafraîchir, réhabiliter, remettre à neuf, restaurer, retaper (fam.), revaloriser.

renseignement n. m. **1** *Fournir des renseignements exacts* ▶ donnée, éclaircissement, indication, indice, information, précision, révélation, tuyau (fam.). **2** *Faire du renseignement* ▶ espionnage.

renseigner v. **1** *Renseigner un collaborateur sur une affaire* ▶ avertir, éclairer (litt.), édifier (litt.), informer, instruire, tuyauter (fam.). **2 se renseigner** *Il va se renseigner et il nous préviendra* ▶ aller aux nouvelles, se documenter, s'enquérir (litt.), enquêter, s'informer.

rentable adj. ▶ avantageux, fructueux, intéressant, juteux (fam.), lucratif, payant (fam.), rémunérateur.

rentré, ée adj. **1** *Des joues rentrées* ▶ cave, creusé, creux. **2** Fig. *Une colère rentrée* ▶ contenu, refoulé, réprimé.

rentrée n. f. **1** *La rentrée d'un acteur après une longue éclipse* ▶ come-back (fam.), réapparition, retour. **2** *Un service chargé d'assurer la rentrée des impayés* ▶ encaissement, perception, recouvrement. **3** *Compter sur des rentrées régulières* ▶ recette.

rentrer v. **1** *Être obligé de rentrer à cause de la tempête* ▶ faire demi-tour, rebrousser chemin, retourner, revenir. **2** *Rentrer à son port d'attache de toute urgence* ▶ rallier, regagner, réintégrer, rejoindre, retourner à, revenir à. **3** *Une voiture qui rentre dans un camion* ▶ emboutir, heurter, percuter, tamponner, télescoper. **4** *Rentrer ses poings dans ses poches* ▶ enfoncer, fourrer (fam.), plonger. **5** *Cela rentre dans vos attributions* ▶ appartenir à, concerner, dépendre de, entrer dans, faire partie de, relever de. **6** Fig. *Rentrer sa rage* ▶ étouffer, ravaler, refouler, refréner, réprimer, retenir. **7** Fam. *Rentrer dans un tunnel* ▶ s'enfoncer, s'engager, entrer, s'introduire, pénétrer.

renversant, ante adj. ▶ ahurissant, extraordinaire, fantastique, formidable, foudroyant, incroyable, inouï, sidérant, stupéfiant, surprenant, terrassant.

renversement n. m. **1** *Le renversement des termes d'une proposition* ▶ interversion, transposition. **2** *Le renversement d'un régime abhorré* ▶ anéantissement, destruction. **3** *Un renversement complet des opinions* ▶ basculement, bouleversement, chamboulement (fam.), retournement, révolution.

renverser v. **1** *Renverser les termes d'un rapport* ▶ basculer, intervertir, inverser, invertir, retourner, transposer. **2** *Renverser de l'eau sur la table* ▶ répandre, verser. **3** *Renverser un adversaire* ▶ bousculer, culbuter, étendre, terrasser. **4** *Renverser son cavalier* ▶ désarçonner. **5** Fig. *Cette nouvelle l'a complètement renversé* ▶ abasourdir, ébahir, sidérer, souffler (fam.), stupéfier. **6** Fig. *Renverser les structures politiques traditionnelles* ▶ abattre, anéantir, bouleverser, chambarder (fam.), chambouler (fam.), démolir, détruire, jeter bas, mettre sens dessus dessous, révolutionner. **7 se renverser** *Un voilier qui se renverse* ▶ chavirer, dessaler, se retourner. **8** *La tendance s'est renversée* ▶ s'intervertir, se retourner.

renvoi n. m. 1 *Signifier son renvoi à qqn* ▸ congé, congédiement, destitution, exclusion, licenciement, limogeage, mise à pied, révocation. 2 *Le renvoi d'un colis* ▸ réexpédition, retour. 3 *Un renvoi à huitaine* ▸ ajournement, remise, report. 4 *Des notes en bas de page signalées par un renvoi* ▸ astérisque, étoile. 5 *Les renvois d'un nourrisson* ▸ éructation, rot (fam.).

renvoyer v. 1 *Renvoyer un employé* ▸ chasser, congédier, donner ses huit jours à (vx), donner son congé à, licencier, limoger, mettre à la porte, mettre dehors, remercier, vider (fam.), virer (fam.). 2 *Renvoyer un colis* ▸ réexpédier, retourner. 3 *Renvoyer un son ou une image* ▸ faire écho à, réfléchir, refléter, répercuter, répéter, réverbérer. 4 *Renvoyer l'examen d'une affaire* ▸ ajourner, différer, reculer, remettre, reporter, repousser, retarder, surseoir à, suspendre.

réorganiser v. ▸ réaménager, refondre, réformer, remanier, remodeler, restructurer.

repaire n. m. 1 *Le repaire d'un animal sauvage* ▸ antre, gîte, tanière. 2 Fig. *Un repaire de brigands* ▸ abri, asile, cachette, nid, refuge, retraite, tanière.

repaître (se) v. 1 *Se repaître de la chair d'une proie* ▸ dévorer, se rassasier. 2 Fig. et litt. *Se repaître de commérages* ▸ se délecter.

répandre v. 1 *Répandre le contenu d'une citerne* ▸ épandre, renverser, verser. 2 *Répandre des grains* ▸ disperser, disséminer, éparpiller, jeter, parsemer, semer. 3 *Répandre une odeur* ▸ dégager, diffuser, émettre, exhaler. 4 *Répandre des bienfaits* ▸ dispenser, distribuer, épancher (vx), prodiguer. 5 *Répandre une nouvelle* ▸ colporter, diffuser, divulguer, ébruiter, propager. 6 *Répandre une innovation technique* ▸ diffuser, populariser, propager, vulgariser. 7 *Répandre la discorde* ▸ distiller, jeter, semer. 8 **se répandre** *Une substance qui se répand* ▸ couler, déborder, se dégager, se disséminer, s'échapper, s'écouler, s'étendre, se propager, ruisseler, sourdre, suinter. 9 *Une algue qui se répand sur tout le littoral* ▸ abonder sur, envahir, s'étendre sur, gagner, proliférer sur, se propager sur, pulluler sur. 10 *Des informations qui se répandent* ▸ circuler, courir, se disséminer, s'étendre, faire tache d'huile, filtrer, gagner, percer, se propager, transpirer. 11 *Se répandre en invectives* ▸ éclater.

répandu, ue adj. *Un préjugé très répandu* ▸ commun, courant, fréquent.

reparaître v. ▸ réapparaître, récidiver, renaître, reprendre, ressurgir, se réveiller, revenir.

réparation n. f. 1 *Prévoir quelques petites réparations* ▸ rafistolage (fam.), réfection, remise en état, replâtrage, restauration, retapage (fam.). 2 *Obtenir des réparations à l'issue d'un procès* ▸ compensation, dédommagement, dommages et intérêts, indemnité. 3 Fig. *La réparation de ses forces* ▸ reconstitution, régénération, rétablissement. 4 Fig. *Demander réparation pour un affront* ▸ raison.

réparer v. 1 *Réparer un accroc* ▸ raccommoder, ravauder, recoudre, repriser, stopper. 2 *Réparer une toiture* ▸ arranger, rafistoler (fam.), refaire, remettre à neuf, reprendre, restaurer, retaper. 3 Fig. *Réparer une maladresse* ▸ compenser, effacer, pallier, racheter, rattraper, remédier à.

repartie n. f. ▸ réplique, réponse, riposte.

repartir v. *Une épidémie qui repart* ▸ recommencer, redémarrer, reprendre.

répartir v. 1 *Répartir des biens* ▸ dispatcher (fam.), distribuer, diviser, partager, ventiler. 2 *Répartir un plan sur deux ans* ▸ échelonner, étaler, ventiler. 3 *Répartir des objets dans une vitrine* ▸ disposer, disséminer, éparpiller, étaler. 4 *Répartir les races dans une espèce* ▸ classer, classifier, disposer, ordonner, ranger.

répartition n. f. 1 *La répartition des ressources dans une communauté* ▸ attribution, contingentement, distribution, partage, péréquation, ventilation. 2 *La répartition des éléments dans un ensemble* ▸ agencement, classement, classification, disposition, distribution, échelonnement, ordonnance, ordre.

repas n. m. 1 *Faire un repas* ▸ bouffe (fam.), gueuleton (fam.). 2 *Apporter son repas* ▸ manger (fam.), nourriture.

repasser v. 1 *Nous repasserons dans une heure* ▸ revenir. 2 *Repasser des couteaux* ▸ acérer, affiler, affûter, aiguiser, émoudre (vx). 3 *Repasser des événements dans sa mémoire* ▸ évoquer, se remémorer, retracer, revivre. 4 *Repasser ses leçons* ▸ répéter, réviser, revoir. 5 Fam. *Repasser un problème à ses collègues* ▸ fourguer (fam.), passer, refiler (fam.).

repasseur n. m. ▸ affileur, affûteur, aiguiseur, rémouleur.

repêcher v. Fig. *Repêcher un candidat à un examen* ▸ rattraper.

repenser v. 1 *Repenser constamment à un affront* ▸ remâcher, ressasser, ruminer.

2 *Il faut repenser toute cette question* ▶ reconsidérer, réexaminer, revenir sur, réviser, revoir.

repentant, ante adj. ▶ confus, contrit, gêné, honteux, marri (vx), penaud.

repentir n. m. *Il n'a pas manifesté le moindre repentir* ▶ contrition, regret, remords.

repentir (se) v. ▶ avoir honte, battre sa coulpe (litt.), s'en vouloir, regretter.

repérable adj. ▶ décelable, détectable.

repérage n. m. ▶ détection, localisation.

répercussion n. f. **1** *La répercussion d'un son* ▶ écho, réflexion, renvoi, réverbération. **2** Fig. *Les répercussions d'un échec* ▶ conséquence, contrecoup, incidence, prolongement, retentissement, retombée, suite.

répercuter v. **1** *Répercuter une lumière, un son* ▶ refléter, renvoyer, réverbérer. **2** Fig. *Répercuter l'augmentation des salaires sur les prix* ▶ reporter, transférer. **3 se répercuter** *Un cri qui se répercute dans des salles vides* ▶ résonner, retentir. **4** Fig. *Une crise morale qui se répercute sur la vie politique* ▶ agir sur, déteindre sur, influencer, influer sur, jouer sur, peser sur, retentir sur.

repère n. m. **1** *Placer des repères pour indiquer une route à suivre* ▶ balise, jalon, marque. **2** Fig. *Des adolescents dépourvus de tout repère* ▶ norme, référence.

repérer v. **1** *Repérer une erreur dans une opération* ▶ apercevoir, déceler, découvrir, détecter, discerner, localiser, remarquer, situer. **2 se repérer** *Un quartier où on a du mal à se repérer* ▶ se diriger, s'orienter, se reconnaître, se retrouver.

répertoire n. m. *Un répertoire alphabétique des rues de Paris* ▶ catalogue, index, inventaire, liste, nomenclature, relevé, table, tableau.

répertorier v. ▶ cataloguer, classifier, ficher, inventorier, lister (fam.).

répéter v. **1** *Répéter inlassablement la même chose* ▶ rabâcher, redire, ressasser, seriner. **2** *Répéter un secret* ▶ ébruiter. **3** *Un petit sournois qui répète tout* ▶ cafarder (fam.), moucharder, rapporter. **4** *Répéter ses leçons* ▶ repasser, réviser, revoir. **5** *Répéter une expérience* ▶ recommencer, refaire, réitérer, renouveler, reproduire. **6 se répéter** *Un phénomène qui se répète tous les ans* ▶ recommencer, se renouveler, se reproduire, revenir.

répétition n. f. **1** *La répétition du même phénomène à plusieurs années de distance* ▶ recommencement, récurrence, réitération, reproduction, retour. **2** *Un texte plein de répétitions* ▶ redite, redondance. **3 répétition générale** ▶ avant-première.

repeuplement n. m. *Le repeuplement d'une forêt* ▶ reboisement.

repeupler v. **1** *Repeupler une forêt* ▶ reboiser, replanter. **2** *Repeupler une rivière* ▶ réensemencer.

repiquer v. **1** *Repiquer des salades* ▶ replanter, transplanter. **2** *Repiquer une cassette* ▶ enregistrer, faire un double de.

répit n. m. **1** *Accorder un répit à un débiteur* ▶ délai, moratoire, sursis. **2** *S'accorder un moment de répit* ▶ détente, interruption, pause, repos, trêve.

replacer v. *Replacer une histoire dans son contexte* ▶ remettre, rétablir.

replanter v. **1** *Replanter une forêt* ▶ reboiser, repeupler. **2** *Replanter des salades* ▶ repiquer, transplanter.

replâtrage n. m. **1** Fig. *Un replâtrage de fortune* ▶ rafistolage (fam.), réparation, retapage (fam.). **2** Fig. *Un replâtrage sans lendemain entre personnes brouillées* ▶ rabibochage (fam.), raccommodement (fam.), rapprochement, réconciliation.

replet, ète adj. ▶ charnu, dodu, empâté, gras, grassouillet, plantureux, potelé, rebondi, rond, rondelet, rondouillard (fam.).

repli n. m. **1** *Les cuisses d'un bébé qui ont des replis* ▶ bourrelet. **2** *Se poster derrière un repli du terrain* ▶ ondulation. **3** *Explorer les replis du cœur humain* ▶ dédale, détour, labyrinthe, méandre, recoin, sinuosité. **4** *Un repli stratégique* ▶ décrochage, recul, reculade, reflux, retraite.

repliable adj. *Un siège à dossier repliable* ▶ abaissable, rabattable.

réplication n. f. ▶ duplication, reproduction.

replier v. **1** *Replier ses ailes* ▶ rabattre, refermer. **2 se replier** *Un animal qui se replie sur lui-même* ▶ se blottir, se pelotonner, se ramasser, se recroqueviller. **3** Fig. *Se replier sur soi-même* ▶ se recueillir, se renfermer. **4** *Une armée qui se replie* ▶ battre en retraite, décrocher, reculer, se retirer.

réplique n. f. **1** *Avoir la réplique facile* ▶ repartie, réponse, riposte. **2** *Contre un argument pareil il n'y avait pas de réplique possible* ▶ discussion, objection. **3** *Une réplique en résine d'une statue en bronze* ▶ copie, double, duplicata, fac-similé, imitation, reproduction. **4** Fig. *C'est la réplique de sa mère* ▶ clone, copie conforme, reproduction.

répliquer v. *Il a répliqué qu'il ne pouvait pas tout faire* ▶ objecter, repartir (litt.), répondre, rétorquer, riposter.

replonger (se) v. Fig. *Se replonger dans une ambiance de travail* ▶ se remettre, se retremper.

répondant n. m. ▶ caution, garant, garantie.

répondre v. **1** *Il répondit qu'il le savait bien* ▶ objecter, repartir (litt.), répliquer, rétorquer, riposter. **2** *Répondre vivement à une attaque* ▶ se défendre contre, réagir à, riposter à. **3** *Répondre aux conditions requises* ▶ concorder avec, correspondre à, obéir à, remplir, satisfaire à. **4** *Répondre de l'honnêteté de qqn* ▶ cautionner, garantir, se porter garant de.

réponse n. f. **1** *Une réponse insolente* ▶ repartie, réplique, riposte. **2** *La réponse à un problème* ▶ explication, solution.

report n. m. **1** *Le report d'une réunion à huitaine* ▶ ajournement, remise, renvoi. **2** *Le report des voix au second tour* ▶ transfert.

reporter v. **1** *Reporter qqch à sa place* ▶ rapporter, remettre, replacer. **2** *Voilà qui nous reporte loin en arrière* ▶ transporter. **3** *Reporter une décision* ▶ ajourner, différer, reculer, remettre, renvoyer, repousser, retarder, surseoir à.

reporter n. m. ▶ correspondant, envoyé spécial.

repos n. m. **1** *Une période de repos* ▶ congé, délassement, détente, inactivité, loisir, récréation, relâchement, vacances. **2** *Une âme qui ne parvient pas à trouver le repos* ▶ calme, paix, quiétude, sérénité, tranquillité. **3** *Sans trêve ni repos* ▶ accalmie, arrêt, cesse, halte, interruption, pause, relâche, rémission, répit. **4** *Laisser la terre en repos* ▶ friche, jachère.

reposant, ante adj. ▶ apaisant, calmant, délassant, relaxant.

reposé, ée adj. *Revenir de vacances bien reposé* ▶ délassé, détendu, dispos, en forme, frais.

reposer v. **1** *Une activité qui repose l'esprit* ▶ délasser, détendre. **2** *Un édifice qui repose sur le roc* ▶ s'appuyer, porter. **3** Fig. *Un raisonnement qui ne repose sur rien* ▶ s'appuyer, se fonder. **4 se reposer** *Se reposer après un travail fatigant* ▶ se délasser, se détendre. **5** *Se reposer entièrement sur ses collaborateurs* ▶ compter sur, se décharger sur, s'en remettre à, faire confiance à, se fier à.

repoussant, ante adj. **1** *Une odeur repoussante* ▶ dégoûtant, écœurant, fétide, infect, nauséabond, rebutant, répugnant, répulsif. **2** *Un visage d'une laideur repoussante* ▶ abject, hideux, horrible, monstrueux, répulsif.

repousser v. **1** *Repousser un envahisseur* ▶ bouter (vx), chasser, culbuter, refouler, rejeter. **2** *Repousser un solliciteur* ▶ écarter, envoyer au diable, envoyer promener (fam.). **3** Fig. *Repousser une offre* ▶ décliner, dédaigner, écarter, refuser, rejeter. **4** Fig. *Repousser un délai* ▶ ajourner, différer, reculer, remettre, reporter, retarder. **5** Litt. *Tout en lui la repousse* ▶ dégoûter, déplaire à, écœurer, rebuter, répugner à.

répréhensible adj. **1** *Un acte moralement répréhensible* ▶ blâmable, condamnable, critiquable. **2** *Spécialement si cet acte tombe sous le coup de la loi* ▶ délictueux.

reprendre v. **1** *L'hiver a repris de plus belle* ▶ recommencer, redémarrer, repartir. **2** *Reprendre un bien qui avait été confisqué* ▶ recouvrer, récupérer, regagner, retrouver. **3** *Reprendre sa parole* ▶ retirer, revenir sur. **4** *Reprendre contact avec qqn* ▶ renouer, rétablir. **5** *Reprendre la politique de son prédécesseur* ▶ continuer, poursuivre. **6** *Reprendre un slogan en chœur* ▶ redire, répéter. **7** *Reprendre d'un mot les conclusions d'un raisonnement* ▶ récapituler, résumer. **8** *Reprendre qqn qui s'est trompé* ▶ corriger. **9** *Reprendre les détails d'un texte* ▶ changer, corriger, modifier, retoucher, revoir. **10 reprendre du poil de la bête** Fam. ▶ se ragaillardir, se ravigoter (fam.), se refaire (fam.), se remonter, se remplumer (fam.), se requinquer (fam.), se rétablir, se retaper (fam.), se revigorer. **11 se reprendre** *Se reprendre après un moment de surprise* ▶ réagir, se ressaisir.

représailles n. f. pl. **1** *Détruire un village par mesure de représailles* ▶ rétorsion. **2** *Lancer une offensive sans craindre les représailles* ▶ riposte.

représentant, ante n. **1** *Le représentant d'une organisation* ▶ agent, correspondant, délégué, envoyé, mandataire, porte-parole. **2** *Le peuple et ses représentants* ▶ député, élu, parlementaire. **3** *Le représentant d'un pays* ▶ ambassadeur, chargé d'affaires, diplomate, émissaire, envoyé, messager, plénipotentiaire. **4** *Le représentant du Saint-Siège* ▶ légat, nonce. **5** *C'est un bon représentant du chic parisien* ▶ aperçu, échantillon, exemple, modèle, spécimen, type. **6 représentant de commerce** ▶ commis voyageur, démarcheur, placier, voyageur de commerce, v.r.p.

représentatif, ive adj. **1** *Un régime représentatif* ▶ parlementaire. **2** *Être représentatif de son époque* ▶ caractéristique, spécifique, typique.

représentation n. f. **1** *Assister à une représentation de gala* ▶ séance, spectacle. **2** *Des représentations d'animaux sur la paroi d'une caverne* ▶ dessin, image. **3** *De quoi ces signes peuvent-ils être la représentation ?* ▶ emblème, symbole. **4** Vx *Adresser à qqn des représentations sur sa conduite* ▶ admonestation, blâme, critique, observation, remontrance, reproche, semonce.

représenter v. **1** *Représenter une abstraction par un signe* ▶ désigner, évoquer, exprimer, figurer, signifier, symboliser. **2** *Représenter une scène avec exactitude* ▶ brosser, camper, décrire, dépeindre, dessiner, peindre, rendre, reproduire. **3** *Ce dessin représente bien comment on était habillé à cette époque* ▶ indiquer, montrer. **4** *Représenter parfaitement l'esprit de son époque* ▶ incarner, personnifier, refléter. **5** *Représenter une pièce de Racine* ▶ donner, interpréter, jouer. **6** *Représenter le ministre lors d'une cérémonie* ▶ remplacer, tenir lieu de. **7** *Cela représente deux ans de travail* ▶ correspondre à, équivaloir à. **8** *Ce que vous me demandez là représente un gros effort* ▶ constituer. **9** **se représenter** *Avoir du mal à se représenter l'étendue du désastre* ▶ comprendre, concevoir, se faire une idée de, se figurer, imaginer, saisir.

réprimande n. f. ▶ admonestation, algarade, blâme, critique, engueulade (fam.), leçon, remontrance, reproche, semonce.

réprimander v. *Réprimander qqn pour une simple vétille* ▶ admonester, attraper (fam.), blâmer, chapitrer (litt.), disputer (fam.), engueuler (fam.), enguirlander (fam.), fustiger (litt.), gourmander (litt.), gronder, houspiller, morigéner, passer un savon à (fam.), remettre à sa place, secouer, semoncer, sermonner, sonner les cloches à (fam.), tancer (litt.).

réprimer v. **1** *Réprimer des abus* ▶ châtier (litt.), punir, sanctionner, sévir contre. **2** *Réprimer une sédition* ▶ briser, écraser, étouffer. **3** *Réprimer sa rage* ▶ brider, contenir, contraindre, étouffer, ravaler, refouler, refréner, rentrer, retenir.

reprisage n. m. ▶ raccommodage, ravaudage, stoppage.

reprise n. f. **1** *Une reprise à un drap* ▶ raccommodage, ravaudage, stoppage. **2** *La reprise de l'activité économique* ▶ recommencement, redémarrage, regain, retour. **3** *Être battu à la cinquième reprise* ▶ round.

repriser v. ▶ raccommoder, ravauder, stopper.

réprobateur, trice adj. *Un air réprobateur* ▶ critique, désapprobateur, sévère.

réprobation n. f. *Encourir la réprobation de qqn* ▶ anathème (litt.), animadversion (litt.), blâme, condamnation, critique, désapprobation.

reproche n. m. **1** *Il m'a fait des reproches amers* ▶ observation, remarque, remontrance. **2** *Ses propos contenaient un reproche voilé* ▶ blâme, critique, désapprobation, réprobation.

reprocher v. **1** *Il m'a reproché mes propos* ▶ blâmer de, critiquer, faire grief de. **2** **se reprocher** *Se reprocher d'avoir mal agi* ▶ s'en vouloir, regretter, se repentir.

reproduction n. f. **1** *La reproduction in vitro* ▶ fécondation, génération. **2** *Un texte original et sa reproduction* ▶ copie, double, duplicata, duplication, fac-similé. **3** *Être une véritable reproduction de son père* ▶ clone, copie conforme, réplique. **4** *La reproduction des mêmes phénomènes* ▶ recommencement, renouvellement, répétition, retour.

reproduire v. **1** *Reproduire la réalité* ▶ calquer, copier, imiter. **2** *Une maquette qui reproduit une ville en petit* ▶ figurer, représenter. **3** *Chercher les mots qui puissent reproduire le mieux une impression* ▶ exprimer, rendre, restituer, traduire. **4** *Reproduire les tics de qqn* ▶ répéter, reprendre. **5** *Reproduire un document* ▶ photocopier, reprographier. **6** **se reproduire** *Les espèces se reproduisent* ▶ se perpétuer. **7** *Les mêmes événements se sont reproduits* ▶ recommencer, se renouveler, se répéter.

reprographie n. f. ▶ duplication, photocopie.

réprouvé, ée adj. et n. *On traite ces malheureux comme des réprouvés* ▶ damné, maudit, paria.

réprouver v. *Réprouver une décision injuste* ▶ blâmer, condamner, désapprouver, désavouer.

repu, ue adj. ▶ gavé, rassasié, saturé.

répudier v. *Être contraint de répudier une croyance* ▶ abandonner, laisser tomber (fam.), renier, renoncer à.

répugnance n. f. *Son comportement ne peut susciter que la répugnance* ▶ aversion, dégoût, écœurement, haut-le-cœur, horreur, nausée, répulsion.

répugnant, ante adj. 1 *Une odeur répugnante* ▶ affreux, dégoûtant, dégueulasse (fam.), écœurant, épouvantable, fétide, horrible, immonde, infâme, infect, innommable, repoussant. 2 *Une conduite répugnante* ▶ abject, dégoûtant, dégueulasse (fam.), écœurant, épouvantable, ignoble, ignominieux, immonde, infâme, odieux, révoltant.

répugner v. 1 *Son odeur répugne tous les gens qui l'approchent* ▶ dégoûter, déplaire à, écœurer, faire horreur à, rebuter. 2 *Répugner à employer la violence* ▶ rechigner, renâcler.

répulsif, ive adj. ▶ abject, dégoûtant, écœurant, ignoble, immonde, nauséabond, rebutant, repoussant, répugnant.

répulsion n. f. *Éprouver un sentiment de répulsion en apercevant une araignée* ▶ aversion, dégoût, écœurement, horreur, phobie, répugnance.

réputation n. f. 1 *La réputation dont il jouit ne paraît guère méritée* ▶ aura (litt.), célébrité, considération, cote (fam.), crédit, gloire, notoriété, popularité, prestige, renom, renommée. 2 Litt. *La réputation d'une femme* ▶ honneur, renom (vx), vertu.

réputé, ée adj. *Un médecin réputé* ▶ célèbre, connu, considéré, estimé, fameux, illustre, prestigieux, renommé.

réputer v. *Elle est réputée fort compétente* ▶ considérer comme, regarder comme, tenir pour.

requérant, ante n. ▶ demandeur.

requérir v. 1 *Requérir la force armée* ▶ appeler, demander, réclamer, solliciter. 2 *Cela requiert toute votre attention* ▶ appeler, demander, exiger, nécessiter, réclamer.

requête n. f. *Céder aux pressantes requêtes de ses proches* ▶ demande, instance, prière, sollicitation.

requin n. m. 1 *Une mer infestée de requins* ▶ squale. 2 Fig. *S'associer à un requin* ▶ bandit, forban, pirate, rapace, vautour.

requinquer v. 1 Fam. *L'air de la montagne va le requinquer* ▶ ragaillardir, ravigoter (fam.), réconforter, reconstituer, regonfler (fam.), remonter, retaper (fam.), revigorer. 2 **se requinquer** Fam. *Prendre du repos pour se requinquer* ▶ récupérer, se remettre, se remonter, se retaper (fam.).

requis, ise adj. *Posséder les diplômes requis* ▶ demandé, exigé, imposé, nécessaire, prescrit, réclamé.

réquisitionner v. Fig. *Il a réquisitionné tous ses amis pour l'aider à déménager* ▶ enrôler, mobiliser, recruter.

réquisitoire n. m. Fig. *Se lancer dans un violent réquisitoire contre la politique de la direction* ▶ diatribe, philippique.

rescapé, ée n. ▶ réchappé (litt.), survivant.

rescousse (à la) adv. ▶ à l'aide, au secours, en renfort.

réseau n. m. 1 *Un réseau de lignes* ▶ entrecroisement, entrelacement, filet, lacis. 2 Fig. *Un réseau d'intrigues* ▶ dédale, écheveau, enchevêtrement, entrecroisement, entrelacement, labyrinthe. 3 Fig. *Un réseau commercial* ▶ circuit, organisation, structure.

réserve n. f. 1 *Avoir d'importantes réserves de nourriture* ▶ provision, stock. 2 Plur. *Dépenser toutes ses réserves* ▶ disponibilités, économies. 3 *Placer des accessoires dans une réserve* ▶ dépôt, entrepôt, magasin, remise, resserre. 4 *Garder une grande réserve dans ses propos* ▶ circonspection, discrétion, modération, prudence, retenue. 5 *Une adhésion sans réserve* ▶ restriction, réticence.

réservé, ée adj. *Un tempérament réservé* ▶ circonspect, discret, distant, mesuré, modeste, prudent, renfermé, retenu (litt.), secret.

réserver v. 1 *Réserver sa place* ▶ louer, retenir. 2 *Réserver son jugement* ▶ suspendre. 3 *Réserver un argument pour la fin* ▶ conserver, garder, ménager. 4 *Réserver de l'argent pour les vacances* ▶ économiser, épargner, mettre de côté.

réservoir n. m. 1 *Un réservoir d'eau de pluie* ▶ citerne, cuve. 2 *Le réservoir d'un barrage* ▶ bassin, plan d'eau, retenue. 3 Fig. *L'ENA est un réservoir de hauts fonctionnaires* ▶ gisement, pépinière.

résidence n. f. 1 *Avoir sa résidence à Paris* ▶ adresse, domicile, habitation, logement. 2 *Une splendide résidence* ▶ demeure, maison, propriété.

résident, ente n. 1 *Un résident étranger en France* ▶ citoyen, ressortissant. 2 Spécialement à propos des résidents originaires d'un royaume ▶ sujet. 3 *Les résidents d'un groupe d'HLM* ▶ habitant, occupant.

résider v. 1 *Résider en province* ▶ demeurer, habiter. 2 Fig. *Là réside tout le mal* ▶ demeurer, être, gésir (litt.), siéger, se situer, se trouver.

résidu n. m. *Un amas de résidus* ▸ débris, déchet, détritus, ordure, rebut, reste, scorie.

résignation n. f. *Supporter ses souffrances avec résignation* ▸ fatalisme.

résigner (se) v. *Se résigner à l'inévitable* ▸ accepter, s'accommoder de, consentir à, s'incliner devant, se plier à, prendre son parti de, se résoudre à, se soumettre à.

résiliation n. f. *La résiliation d'un contrat* ▸ annulation, invalidation, rescision, révocation, rupture.

résilier v. *Résilier un contrat* ▸ annuler, invalider, rescinder, révoquer, rompre.

résille n. f. *Envelopper ses cheveux d'une résille* ▸ filet, réticule (vx).

résistance n. f. **1** *La résistance d'un matériau* ▸ dureté, fermeté, solidité. **2** *La résistance à la fatigue* ▸ endurance. **3** *Un caractère qui manque de résistance* ▸ fermeté, solidité, ténacité. **4** *La résistance à un ordre* ▸ désobéissance, opposition, rébellion, regimbement (littér.). **5** *Une politique d'innovation qui se heurte à des résistances de toutes sortes* ▸ blocage, frein, obstacle, obstruction, opposition. **6 résistance passive** ▸ force d'inertie, inertie.

résistant, ante adj. **1** *Un matériau résistant* ▸ robuste, solide, tenace. **2** *Des montagnards particulièrement résistants* ▸ coriace, dur à cuire (fam.), endurant, increvable (fam.), infatigable, robuste, solide.

résister v. **1** *Ne pas se laisser faire sans résister* ▸ se cabrer, se défendre, s'insurger, lutter, protester, réagir, se rebeller, se rebiffer, regimber, se révolter. **2** *Malgré leurs pertes, ils sont décidés à résister* ▸ s'accrocher, tenir, tenir bon. **3** *Un amour qui résiste malgré toutes les pressions* ▸ durer, tenir. **4** *Résister à un envahisseur* ▸ se dresser contre, faire obstacle à, s'opposer à. **5** *Résister à un séducteur* ▸ se refuser à, repousser. **6** *Résister à la torture* ▸ affronter, endurer, faire face à, soutenir, supporter.

résolu, ue adj. **1** *Un homme résolu* ▸ décidé, déterminé. **2** *Un partisan résolu de l'enseignement laïc* ▸ convaincu, farouche. **3** *Un problème résolu* ▸ débrouillé, démêlé, réglé.

résolument adv. **1** *Défendre résolument son point de vue* ▸ âprement, énergiquement, farouchement, mordicus (fam.), obstinément, opiniâtrement. **2** *S'opposer résolument à qqn* ▸ franchement.

résolution n. f. **1** *La résolution d'un ensemble en éléments* ▸ analyse, décomposition. **2** *La résolution d'un conflit* ▸ achèvement, conclusion, dénouement, épilogue, fin, terme. **3** *La résolution d'une tumeur* ▸ disparition, résorption. **4** *Prendre de bonnes résolutions* ▸ décision, parti. **5** *Manquer de résolution* ▸ caractère, détermination, énergie, fermeté, obstination, opiniâtreté, ténacité, volonté.

résonance n. f. Fig. *La résonance particulière d'un événement* ▸ écho, retentissement.

résonner v. *Le choc fit résonner la cloche* ▸ retentir, sonner, tinter, vibrer.

résorber v. **1** *La tumeur s'est résorbée d'elle-même* ▸ disparaître. **2** *Résorber le déficit commercial* ▸ effacer, éliminer, éponger (fam.), supprimer. **3 se résorber** *Sa colère a fini par se résorber* ▸ s'apaiser, se calmer, cesser, s'éteindre, retomber, tomber, tourner court.

résorption n. f. **1** *Lutter contre une maladie jusqu'à sa résorption complète* ▸ disparition, éradication, suppression. **2** Spécialement à propos d'un abcès ou d'une tumeur ▸ disparition, résolution.

résoudre v. **1** *Résoudre un problème* ▸ débrouiller, démêler, dénouer, régler, solutionner (fam.). **2 se résoudre** *Se résoudre à partir* ▸ se décider à, décider de, se déterminer à.

respect n. m. **1** *Le respect des règles* ▸ obéissance à, observance (littér.), observation. **2** *Faire preuve vis-à-vis de qqn du plus grand respect* ▸ considération, déférence, égards, estime, révérence (littér.). **3** Plur. *Présenter ses respects à qqn* ▸ civilités, devoirs, hommages, salutations.

respectabilité n. f. ▸ honorabilité.

respectable adj. **1** *Une personne respectable* ▸ convenable, digne, estimable, honnête, honorable, rangé, sérieux. **2** *Une somme respectable* ▸ conséquent (fam.), coquet, gentil (fam.), important, joli (fam.), rondelet.

respecter v. **1** *Respecter ses vieux maîtres* ▸ estimer, honorer, révérer (littér.), vénérer. **2** *Respecter le règlement* ▸ se conformer à, obéir à, observer, suivre.

respectueusement adv. ▸ poliment, révérencieusement (litt.).

respectueux, euse adj. **1** *Un étudiant respectueux* ▸ déférent, poli. **2** *Être respectueux des desiderata de chacun* ▸ attentif à.

respiration n. f. ▸ haleine, souffle.

respirer v. **1** *Respirer à pleins poumons* ▸ aspirer, inspirer. **2** *Respirer un parfum* ▸ humer, inhaler, sentir. **3** Fig. *Chaque trait de son visage respire la fausseté* ▸ exprimer, manifester, transpirer.

resplendir v. ▶ briller, étinceler, flamboyer, luire, rayonner, rutiler, scintiller.

resplendissant, ante adj. *Une beauté resplendissante* ▶ éclatant, étincelant, flamboyant, radieux, rayonnant.

responsabilité n. f. **1** *Chercher à minimiser sa responsabilité* ▶ culpabilité, faute. **2** *Avoir de grosses responsabilités* ▶ charge.

responsable adj. **1** *Un accident dont on se sent responsable* ▶ coupable, fautif. **2** *Être responsable de la vie de qqn* ▶ comptable, garant. **3** *Une attitude responsable* ▶ adulte, raisonnable, réfléchi, sérieux.

responsable n. **1** *Le responsable d'un accident* ▶ auteur, coupable. **2** *Les responsables d'une entreprise* ▶ chef, décideur, dirigeant, leader.

resquille n. f. Fam. ▶ fraude.

resquiller v. Fam. ▶ frauder, truander (fam.).

resquilleur, euse n. Fam. ▶ écornifleur (vx), fraudeur.

ressaisir v. **1** *Se faire ressaisir par la passion du jeu* ▶ rattraper, reprendre. **2 se ressaisir** *Monsieur, je vous en prie, ressaisissez-vous!* ▶ se contrôler, se maîtriser, se reprendre. **3** *Se ressaisir après un moment d'égarement* ▶ réagir, se reprendre, reprendre le dessus.

ressassé, ée adj. Fig. *Une histoire bâtie sur un thème ressassé* ▶ éculé, rebattu, usé.

ressasser v. **1** *Ressasser toujours les mêmes histoires* ▶ rabâcher, redire, répéter. **2** *Ressasser de vieilles rancunes* ▶ remâcher, ruminer.

ressemblance n. f. *Malgré leur différence d'âge, il y a une certaine ressemblance entre leurs goûts* ▶ affinité, analogie, conformité, correspondance, cousinage (vx), lien, parenté, proximité, rapport, relation, similarité, similitude, voisinage.

ressemblant, ante adj. *Vous n'avez rien de ressemblant ?* ▶ analogue, approchant, comparable, équivalent, proche, semblable, similaire, voisin.

ressembler v. **1** *Un paysage qui ressemble à la lande bretonne* ▶ s'apparenter à, approcher de, évoquer, rappeler, se rapprocher de. **2** *Il ressemble à son père* ▶ tenir de.

ressentiment n. m. *Son échec lui a laissé le plus vif ressentiment vis-à-vis du système* ▶ aigreur, amertume, animosité, aversion, haine, hostilité, rancœur, rancune.

ressentir v. ▶ connaître, éprouver, sentir.

resserre n. f. ▶ dépôt, entrepôt, magasin, remise, réserve.

resserré, ée adj. **1** *S'engager dans un passage resserré* ▶ encaissé, étroit. **2** Fig. *Une équipe resserrée* ▶ limité, réduit, restreint.

resserrement n. m. **1** *Le resserrement des mâchoires* ▶ contraction, crispation. **2** Fig. *Le resserrement des dépenses* ▶ compression, réduction, restriction. **3** Fig. *Le resserrement des relations entre deux peuples* ▶ consolidation, intensification, renforcement.

resserrer v. **1** *Le froid resserre les pores* ▶ contracter, rétrécir. **2** Fig. *Resserrer l'intrigue d'un récit* ▶ condenser, ramasser. **3** Fig. *Resserrer des liens amicaux* ▶ cimenter, consolider, raffermir. **4 se resserrer** *Des parois qui se resserrent* ▶ se rapprocher. **5** *Une vallée qui se resserre* ▶ s'encaisser.

ressort n. m. **1** *Cela ne relève pas de mon ressort* ▶ attributions, autorité, compétence, domaine. **2** Fig. *L'intérêt est le seul ressort de ses actes* ▶ cause, moteur. **3** Fig. *Manquer de ressort* ▶ allant, ardeur, dynamisme, énergie, force, punch (fam.), tonus, vitalité. **4 être du ressort de** *Ce problème n'est pas de mon ressort* ▶ concerner, dépendre de, relever de.

ressortir v. Fig. et litt. *Une question qui ressortit à la philosophie* ▶ appartenir à, concerner, dépendre de, participer de, relever de.

ressortir v. **1** *Une tache claire qui ressort sur un fond sombre* ▶ contraster, se découper, se dessiner, se détacher, trancher. **2** *L'alignement serait parfait sans ce poteau qui ressort* ▶ avancer, déborder, dépasser, saillir. **3** *Il ressort de tout cela que...* ▶ découler, s'ensuivre, résulter. **4** Fig. *Ressortir de vieilles histoires* ▶ déterrer, exhumer, ressusciter. **5** Fig. *Ressortir toute sa science* ▶ recracher (fam.), régurgiter, répéter. **6 faire ressortir** *Un fond sombre qui fait ressortir la pâleur d'un visage* ▶ accuser, mettre en évidence, mettre en relief, mettre en valeur, rehausser, souligner.

ressortissant, ante n. **1** *Un ressortissant étranger en France* ▶ citoyen, résident. **2** Spécialement *à propos des ressortissants originaires d'un royaume* ▶ sujet.

ressource n. f. **1** *N'avoir d'autre ressource que la fuite* ▶ arme, atout, expédient, issue, moyen, planche de salut, possibilité, recours, secours, solution. **2** *Un pays qui dispose d'immenses ressources minières* ▶ potentiel, réserve, richesse. **3** Plur. *Être sans ressources* ▶ revenus.

ressurgir v. *Une passion qui ressurgit* ▶ se ranimer, renaître, reparaître, revenir, revivre.

ressusciter v. 1 *Une plante qui ressuscite après un arrosage* ▶ renaître, revivre. 2 Fig. *Votre retour l'a ressuscité* ▶ guérir, rétablir, sauver. 3 Fig. *Ressusciter de vieilles coutumes* ▶ déterrer, exhumer, ranimer, réhabiliter, ressortir, restaurer, rétablir.

restant n. m. ▶ excédent, reliquat, résidu (vx), reste, solde.

restauration n. f. 1 *La restauration d'un édifice* ▶ réfection, réhabilitation, remise en état, rénovation, réparation. 2 *La restauration de la monarchie* ▶ rétablissement.

restaurer v. 1 *Restaurer ses invités* ▶ nourrir, sustenter. 2 *Restaurer un monument* ▶ arranger, rafraîchir, refaire, réhabiliter, remettre en état, rénover, réparer, retaper (fam.). 3 Fig. *Restaurer une ancienne coutume* ▶ déterrer, ramener, ranimer, réhabiliter, relever, rétablir. 4 **se restaurer** *S'arrêter en chemin pour se restaurer* ▶ s'alimenter, bouffer (fam.), manger, se nourrir, se sustenter.

reste n. m. 1 *Le reste d'une somme d'argent* ▶ complément, excédent, reliquat, résidu (vx), restant, solde, surplus. 2 *On imagine le reste* ▶ suite. 3 Plur. *Les restes d'un repas* ▶ bribes, débris, déchets, détritus, rebuts, reliefs, rogatons (fam.). 4 Plur. *Les restes de qqn* ▶ cendres, os, ossements. 5 Plur. *Les restes d'une civilisation disparue* ▶ décombres, ruines, trace, vestiges. 6 **du reste** ▶ au demeurant, au reste, d'ailleurs.

rester v. 1 *Rester à la campagne pendant toutes les vacances* ▶ demeurer, résider, séjourner. 2 *Cette œuvre restera* ▶ se conserver, demeurer, durer, se maintenir, se perpétuer, persister, subsister, tenir. 3 *Rester en arrière* ▶ s'attarder, s'éterniser, lambiner (fam.), moisir (fam.), traînasser (fam.), traîner. 4 *Ceux qui s'en vont et ceux qui restent* ▶ survivre. 5 **y rester** Fam. *Il a failli y rester* ▶ mourir, succomber (litt.), y passer.

restituer v. 1 *Restituer une somme indûment perçue* ▶ redonner, rembourser, remettre, rendre. 2 *Restituer une inscription lacunaire* ▶ reconstituer, rétablir. 3 *Ce récit restitue bien l'atmosphère tragique de la guerre* ▶ exprimer, rendre, reproduire, traduire.

restreindre v. 1 *Restreindre ses dépenses* ▶ comprimer, diminuer, limiter, réduire, resserrer. 2 **se restreindre** *Se restreindre à l'essentiel* ▶ se borner à, se cantonner à, se contenter de, s'en tenir à, se limiter à.

restreint, einte adj. *Une équipe restreinte* ▶ limité, réduit, resserré.

restrictif, ive adj. ▶ limitatif.

restriction n. f. 1 *Décider une restriction des dépenses* ▶ amoindrissement, compression, diminution, limitation, réduction, resserrement. 2 *Des restrictions imposées en temps de guerre* ▶ contingentement, limitation, rationnement. 3 *Il a accepté sans aucune restriction* ▶ arrière-pensée, réserve, réticence.

restructuration n. f. *La restructuration du paysage politique* ▶ réaménagement, recomposition, remodelage, réorganisation.

restructurer v. *Restructurer un service administratif* ▶ réaménager, remodeler, réorganiser.

résultante n. f. *Son échec est la résultante d'un certain état d'esprit* ▶ aboutissement, conséquence, contrecoup, effet, fruit, produit, rançon, résultat, séquelle, suite.

résultat n. m. 1 *Le résultat d'une série d'événements* ▶ aboutissement, bilan, conclusion, conséquence, contrecoup, effet, fruit, produit, rançon, résultante. 2 *Le résultat d'un match* ▶ marque, score. 3 *Résultat, il a manqué son train* ▶ de ce fait, du coup, en conséquence, total (fam.).

résulter v. *Cette conclusion résulte de vos propres déclarations* ▶ découler, dériver, procéder, provenir.

résumé n. m. 1 *Un résumé d'histoire ancienne* ▶ abrégé, compendium (litt.). 2 *Ne connaître une œuvre qu'au travers d'un résumé* ▶ condensé, digest. 3 **en résumé** ▶ en bref, en gros (fam.), en un mot, grosso modo (fam.), schématiquement, sommairement, succinctement.

résumer v. 1 *Résumer les principaux points d'un exposé* ▶ récapituler, reprendre. 2 *Résumer un exposé trop long* ▶ abréger, condenser, raccourcir, réduire, resserrer, synthétiser. 3 **se résumer** *Son action se résume à peu de choses* ▶ se borner, se limiter, se réduire.

résurgence n. f. Fig. *La résurgence d'une mode* ▶ réapparition, regain, renaissance, retour, réveil.

résurrection n. f. Fig. *La ressurection de la nature au printemps* ▶ régénération (litt.), renaissance, renouveau, réveil.

rétablir v. 1 *Rétablir ce qui avait été détruit* ▶ reconstituer, reconstruire, réédifier, refaire, relever, réparer, restituer. 2 *Rétablir l'ordre* ▶ ramener, restaurer. 3 *Rétablir des relations avec qqn* ▶ renouer, reprendre.

4 *Rétablir qqn dans ses droits* ▶ réhabiliter, réintégrer, remettre, replacer. **5** *Cette thérapeutique l'a rétabli* ▶ guérir, ressusciter, sauver. **6 se rétablir** *Le calme se rétablit peu à peu* ▶ revenir. **7** *Se rétablir après une longue maladie* ▶ guérir, récupérer, se remettre, se retaper (fam.).

rétablissement n. m. **1** *Le rétablissement de la monarchie* ▶ restauration. **2** *Son rétablissement a été plus long que prévu* ▶ convalescence. **3** *Souhaiter à qqn un prompt rétablissement* ▶ guérison.

rétamer v. **1** Fam. *Se faire rétamer au poker* ▶ lessiver (fam.), nettoyer (fam.), ruiner. **2** Fam. *Cette marche l'a complètement rétamé* ▶ claquer (fam.), crever (fam.), épuiser, éreinter, esquinter (fam.), exténuer, vider (fam.).

retape n. f. Fam. ▶ racolage, tapin (fam.).

retaper v. **1** *Retaper une vieille ferme* ▶ arranger, rafistoler (fam.), remettre en état, rénover, réparer, restaurer. **2** Fam. *Ses vacances l'ont retapé* ▶ ragaillardir, ravigoter (fam.), reconstituer, regonfler, remonter, requinquer (fam.), revigorer. **3 se retaper** Fam. *Aller se retaper à la montagne* ▶ récupérer, se remettre, se remonter, se requinquer (fam.), se rétablir.

retard n. m. *Se décider après bien des retards* ▶ ajournement, atermoiement, délai, retardement (vx), temporisation.

retardataire adj. *Des mœurs retardataires* ▶ archaïque, arriéré, dépassé, désuet, périmé, rétrograde, ringard (fam.).

retardataire n. *Attendre les retardataires* ▶ attardé.

retardé, ée adj. *Un enfant retardé* ▶ arriéré, attardé, débile, demeuré.

retardement (à) adv. *Réagir à retardement* ▶ après coup.

retarder v. **1** *Retarder la progression de qqn* ▶ entraver, freiner, gêner, ralentir. **2** *Retarder son départ* ▶ ajourner, décaler, différer, éloigner, reculer, remettre, renvoyer, reporter, repousser, surseoir à.

retéléphoner v. ▶ rappeler.

retenir v. **1** *Retenir des marchandises en gage* ▶ conserver, garder. **2** *Retenir sa colère* ▶ brider (litt.), comprimer, contenir, contraindre, endiguer, étouffer, maîtriser, modérer, museler, ravaler, refouler, refréner, rentrer, réprimer. **3** *Le mauvais temps les a retenus en chemin* ▶ arrêter, bloquer, clouer, immobiliser. **4** *Un cordage qui retient des barriques* ▶ amarrer, attacher, fixer, maintenir, tenir. **5** *Retenir tous les détails d'une scène* ▶ enregistrer, mémoriser, se rappeler, se souvenir de. **6** *Retenir une place d'avion* ▶ louer, réserver. **7** *Un pourcentage à retenir d'une somme* ▶ décompter, déduire, défalquer, enlever, ôter, prélever, prendre, retirer, retrancher, soustraire. **8 se retenir** *Se retenir à une branche* ▶ s'accrocher, s'agripper, se cramponner, se raccrocher, se rattraper. **9** *Se retenir malgré une forte envie de rire* ▶ se contenir, se contrôler, se dominer, se maîtriser. **10** *Elle n'a pu se retenir de pleurer* ▶ s'empêcher.

retentir v. **1** *Le choc fit retentir la cloche* ▶ résonner, sonner, tinter, vibrer. **2** *Le mauvais temps retentit sur son humeur* ▶ déteindre, influer, se répercuter.

retentissant, ante adj. **1** *Une voix retentissante* ▶ éclatant, sonore, tonitruant, tonnant. **2** *Un succès retentissant* ▶ éclatant, fracassant.

retentissement n. m. **1** Fig. *Le retentissement d'une nouvelle* ▶ bruit, écho, éclat. **2** Fig. *Un événement qui a un retentissement considérable* ▶ conséquences, contrecoups, développements, impact, prolongements, répercussions.

retenue n. f. **1** *Une retenue sur une rémunération* ▶ précompte, prélèvement. **2** *10 km de retenue sur l'autoroute* ▶ bouchon (fam.), embouteillage. **3** *Le niveau d'une retenue d'eau* ▶ réservoir. **4** *Deux heures de retenue* ▶ colle (fam.), consigne. **5** *Réagir avec retenue malgré la surexcitation générale* ▶ mesure, modération, pondération.

réticence n. f. *Accepter sans réticence* ▶ arrière-pensée, réserve, restriction.

réticent, ente adj. ▶ circonspect, méfiant, réservé.

réticule n. m. Vx *Un réticule enserrant des cheveux* ▶ filet, résille.

rétif, ive adj. ▶ désobéissant, frondeur, indiscipliné, indocile, insubordonné, rebelle, récalcitrant, réfractaire, regimbeur (litt.).

retiré, ée adj. *Une bourgade retirée* ▶ à l'écart, écarté, éloigné, isolé, perdu, reculé.

retirer v. **1** *Retirer un blessé des décombres* ▶ arracher, dégager, extirper, extraire, sortir, tirer. **2** *Retirer son manteau* ▶ enlever, ôter, quitter. **3** *Retirer une plainte* ▶ annuler, ôter. **4** *Retirer sa parole* ▶ reprendre. **5** *Retirer ce qu'on vient de dire* ▶ désavouer, rétracter, revenir sur. **6** *Un total dont il faut retirer la moitié* ▶ décompter, déduire, défalquer, enlever, ôter, prélever, retenir, retrancher, soustraire. **7** *Quel bénéfice espérez-vous retirer de votre comportement ?* ▶ obtenir, recevoir, récolter, recueillir.

retombées

8 se retirer *Se retirer à la fin d'une soirée* ▶ s'éclipser, s'esquiver, partir, rentrer. **9** *Un ennemi qui se retire* ▶ battre en retraite, reculer, se replier. **10** *Se retirer devant un concurrent* ▶ abandonner, se démettre, démissionner, se désister, s'effacer. **11** *Se retirer loin du monde* ▶ se cloîtrer, s'isoler, se terrer. **12** *La mer se retire* ▶ baisser, s'éloigner, refluer.

retombées n. f. pl. Fig. *Les retombées politiques d'un succès militaire* ▶ conséquences, contrecoups, effets, implications, incidences, répercussions.

retomber v. **1** Fig. *Attendre que la température retombe* ▶ rebaisser, redescendre. **2** Fig. *La responsabilité du scandale retombe sur nous* ▶ incomber à, peser sur, rejaillir sur. **3** Fig. *Retomber dans les mêmes défauts* ▶ redonner. **4** Fig. *La discussion retombe toujours sur le même sujet* ▶ revenir sur. **5** Fig. *Vous ne retomberez plus sur une occasion pareille* ▶ retrouver.

rétorquer v. ▶ repartir (litt.), répliquer, répondre.

retors, orse adj. *Faites attention, il est très retors* ▶ artificieux (litt.), cauteleux, chafouin (fam.), ficelle (fam.), finaud, futé, machiavélique, madré, malin, matois, roublard (fam.), roué, rusé.

rétorsion n. f. ▶ représailles.

retouche n. f. ▶ correction, modification, rectification.

retoucher v. *C'est presque parfait, il suffit juste de le retoucher un peu* ▶ corriger, rectifier, reprendre, revenir sur, réviser, revoir.

retour n. m. **1** *Le retour du même phénomène* ▶ réapparition, recommencement, récurrence, regain, réitération, renaissance, renouveau, répétition, reproduction, réveil. **2** *Le retour d'un acteur après une longue absence* ▶ come-back (fam.), rentrée. **3** *Le retour d'un colis à l'envoyeur* ▶ réexpédition, renvoi. **4** Fig. *Un retour de fortune* ▶ renversement, retournement, revirement. **5 retour d'âge** ▶ ménopause. **6 retour en arrière** ▶ flash-back. **7 en retour** ▶ en compensation, en contrepartie, en échange, en revanche.

retournement n. m. **1** Fig. *Les retournements d'un homme politique* ▶ palinodie (litt.), pirouette, revirement, volte-face. **2 retournement de situation** ▶ bouleversement, péripétie, renversement de situation.

retourner v. **1** *Il est trop tard, on retourne* ▶ faire demi-tour, rebrousser chemin, rentrer, repartir, revenir. **2** *Retourner à son port d'attache* ▶ rallier, regagner, réintégrer, rejoindre, rentrer à, revenir à. **3** *Retourner à ses premières amours* ▶ se remettre à, retrouver, revenir à. **4** *On ignore de quoi il retourne* ▶ s'agir, être question. **5** *Retourner un mot pour le lire à l'envers* ▶ inverser, renverser. **6** *Retourner la terre* ▶ labourer, remuer. **7** *Retourner un colis à l'envoyeur* ▶ réexpédier, renvoyer. **8** Fig. *Retourner toute sa bibliothèque pour trouver un livre* ▶ bouleverser, chambarder (fam.), chambouler (fam.), mettre sens dessus dessous. **9** Fig. *Retourner un problème dans tous les sens* ▶ décortiquer, disséquer. **10** Fig. *Ce spectacle l'a complètement retourné* ▶ bouleverser, émouvoir, frapper, perturber, remuer, secouer, tournebouler (fam.), troubler. **11 se retourner** *Un voilier qui se tourne* ▶ chavirer, dessaler, se renverser. **12** *Une voiture qui se retourne* ▶ capoter. **13** *La situation s'est brusquement retournée* ▶ s'inverser, se renverser.

retracer v. Fig. *Retracer les exploits d'un héros* ▶ conter, décrire, évoquer, exposer, narrer, peindre (litt.), raconter, rappeler, rapporter, relater, rendre compte de.

rétractation n. f. ▶ abjuration, apostasie (litt.), désaveu, reniement.

rétracter v. **1** *Rétracter ce qu'on vient de dire* ▶ désavouer, retirer, revenir sur. **2 se rétracter** *Un témoin qui se rétracte* ▶ se dédire, se désavouer, faire machine arrière.

retrait n. m. **1** *Opérer un retrait stratégique* ▶ décrochage, recul, repli, retraite. **2** *Procéder au retrait des troupes d'occupation* ▶ évacuation. **3** *Le retrait d'une plainte* ▶ annulation, suppression. **4 en retrait** *On voit d'ici la façade et, légèrement en retrait, les écuries* ▶ derrière, en arrière.

retraite n. f. **1** *Opérer une retraite stratégique* ▶ décrochage, recul, repli, retrait. **2** *Se retirer dans une paisible retraite* ▶ asile (litt.), havre (litt.), solitude (litt.), thébaïde (litt.). **3** *Toucher une retraite confortable* ▶ pension.

retraité, ée n. ▶ pensionné.

retranché, ée adj. *Un camp retranché* ▶ fortifié.

retranchement n. m. *Le retranchement d'une partie de la somme* ▶ amputation, décompte, déduction, défalcation, prélèvement, retenue, soustraction, suppression.

retrancher v. **1** *Retrancher du salaire brut le montant des cotisations sociales* ▶ décompter, déduire, défalquer, enlever, ôter, prélever, prendre, rabattre, retenir,

soustraire, supprimer. 2 *Énumérer tous les noms d'une liste sans en retrancher un seul* ► **éliminer, enlever, excepter, exclure, ôter, supprimer. 3** *Il y a beaucoup à retrancher dans ce texte* ► **couper, élaguer, éliminer, enlever, retirer. 4 se retrancher** Fig. *Se retrancher dans un mutisme absolu* ► **se cantonner, se réfugier, se renfermer.**

retranscrire v. ► **recopier.**

rétréci, ie adj. Fig. et fam. *Un esprit rétréci* ► **borné, étriqué, étroit** (fam.), **obtus.**

rétrécir v. **1** *Rétrécir une jupe* ► **resserrer. 2** *L'éloignement rétrécit les objets* ► **rapetisser, réduire. 3** *Les pupilles rétrécissent sous l'effet de la lumière* ► **se contracter. 4 se rétrécir** *Une galerie qui se rétrécit progressivement* ► **s'étrangler, se resserrer.**

rétrécissement n. m. *Des spéléologues bloqués par le rétrécissement d'un boyau* ► **étranglement, resserrement.**

retremper v. **1** Fig. *Retremper les énergies* ► **fortifier, ranimer. 2 se retremper** Fig. *Se retremper dans une ambiance de travail* ► **se replonger.**

rétribuer v. ► **appointer, payer, rémunérer, salarier.**

rétribution n. f. *La rétribution d'un travail* ► **paiement, rémunération, salaire.**

rétroaction n. f. ► **feed-back.**

rétrocéder v. ► **redonner, rendre, restituer.**

rétrograde adj. *Des conceptions politiques rétrogrades* ► **arriéré, obscurantiste, passéiste, réactionnaire.**

rétrograder v. Fig. *Il avait fait des progrès, mais maintenant il rétrograde* ► **reculer, régresser, revenir en arrière.**

rétrospectivement adv. ► **après coup.**

retroussé, ée adj. *Un nez retroussé* ► **en trompette.**

retrousser v. *Retrousser ses jupons* ► **relever, remonter, trousser** (fam.).

retrouver v. **1** *Retrouver son portefeuille après se l'être fait voler* ► **récupérer. 2** *Avoir hâte de retrouver qqn* ► **rejoindre. 3** *Vous ne retrouverez pas de sitôt une occasion pareille* ► **retomber sur. 4** *Retrouver ses premières amours* ► **se remettre à, retourner à, revenir à. 5 se retrouver** *Il ne se retrouve pas dans le portrait que vous avez fait de lui* ► **s'identifier, se reconnaître. 6** *Un bâtiment où on a du mal à se retrouver* ► **se diriger, s'orienter, se reconnaître, se repérer.**

rets n. m. pl. Fig. et litt. *Elle a si habilement tendu ses rets qu'il s'est tout de suite laissé prendre* ► **filets, lacs** (litt.), **piège.**

réunion n. f. **1** *Une réunion internationale sur la pollution* ► **assises, carrefour, colloque, conférence, congrès, meeting, rencontre, séminaire, symposium, table ronde. 2** *La réunion de plusieurs éléments forme un tout homogène* ► **agglomération, agrégation, conjonction, fusion, groupement, rassemblement, synthèse, union.**

réunir v. **1** *Réunir ses collaborateurs* ► **assembler, grouper, rassembler, regrouper. 2** *Réunir des preuves* ► **accumuler, amasser, collecter, entasser, grouper, rassembler, recueillir, regrouper. 3** *Réunir deux galeries par un passage* ► **joindre, raccorder, rattacher, relier. 4** *Réunir en soi toutes les qualités physiques et morales* ► **allier, associer, combiner, concilier, conjuguer, cumuler, englober, joindre, marier, rassembler, regrouper, unir. 5 se réunir** *Se réunir deux fois par semaine* ► **s'assembler, se rencontrer, se retrouver. 6** *Deux voies d'eau qui se réunissent* ► **confluer, se fondre, se rejoindre.**

réussir v. **1** *Ils ont réussi!* ► **gagner. 2** *Ses affaires réussissent* ► **marcher, prospérer. 3** *Vous réussirez si vous êtes brillant* ► **aller loin, arriver, faire carrière, faire du chemin, percer. 4** *Réussir dans l'import-export* ► **faire fortune. 5** *Réussir tout ce qu'on entreprend* ► **mener à bien. 6** *Réussir à convaincre qqn* ► **arriver, parvenir.**

réussite n. f. **1** *Fêter sa réussite* ► **succès, triomphe, victoire. 2** *Faire une réussite* ► **patience.**

revalorisation n. f. **1** *La revalorisation d'un taux* ► **hausse, réévaluation, relèvement. 2** *La revalorisation d'un quartier* ► **réhabilitation, rénovation.**

revaloriser v. **1** *Revaloriser le salaire des enseignants* ► **hausser, rehausser, relever, remonter. 2** Spécialement à propos du taux d'une monnaie ► **réévaluer. 3** *Revaloriser un quartier ancien* ► **réhabiliter, rénover.**

revanche n. f. **1** *Être animé par un violent désir de revanche* ► **vengeance. 2 en revanche** ► **a contrario, à l'inverse, à l'opposé, au contraire, inversement, par contre** (fam.).

rêvasser v. ► **rêver, songer.**

rêvasserie n. f. *Perdre son temps en vaines rêvasseries* ► **chimère, rêverie, songerie.**

rêve n. m. **1** *Voir qqn en rêve* ► **songe** (litt.). **2** Fig. *Son rêve est de s'installer sous les tropiques* ► **ambition, désir, espérance, idéal. 3** Fig. *Un programme politique qui n'est*

rêvé *qu'une suite de rêves* ▶ château en espagne, chimère, fantasme, fiction, illusion, mirage, utopie. **4 de rêve** *Une plage de rêve* ▶ idéal, idyllique, merveilleux, parfait, sublime.

rêvé, ée adj. *C'est l'endroit rêvé* ▶ idéal.

revêche adj. ▶ acariâtre, aigre, bourru, désagréable, grincheux, hargneux, rébarbatif, rebutant, renfrogné, rogue, rugueux.

réveil n. m. Fig. *Le réveil de la nature au printemps* ▶ regain, régénération (litt.), renaissance, renouveau, résurrection.

réveiller v. **1** *Réveiller qqn* ▶ éveiller. **2** Fig. *Réveiller de vieux souvenirs* ▶ évoquer, ranimer, rappeler, raviver, ressusciter. **3** Fig. *Réveiller le courage de ses troupes* ▶ raffermir, ragaillardir, ranimer, ravigoter (fam.), raviver, réchauffer, réconforter, relever, remonter, requinquer (fam.), retaper (fam.), retremper, revigorer, revivifier. **4 se réveiller** *Se réveiller après un évanouissement* ▶ reprendre conscience, revenir à soi.

révélateur, trice adj. **1** *Une mimique révélatrice* ▶ éloquent, expressif, parlant, significatif, suggestif. **2** *Un incident révélateur de toute une atmosphère* ▶ caractéristique, emblématique, symptomatique, typique.

révélation n. f. **1** *La révélation d'un secret* ▶ dévoilement, divulgation. **2** *Multiplier les révélations auprès de la presse à scandale* ▶ déclaration, indiscrétion. **3** *Je vais vous faire une révélation : j'adore le mélodrame* ▶ aveu, confidence. **4** *Avoir la brusque révélation de la vérité* ▶ intuition, pressentiment, vision. **5** *Le joueur est la révélation de la saison* ▶ découverte.

révéler v. **1** *Révéler un complot* ▶ dénoncer, dévoiler, divulguer, trahir. **2** *Ce tableau révèle toute la maîtrise du peintre* ▶ attester, démontrer, établir, indiquer, manifester, marquer, montrer, prouver, témoigner de. **3 se révéler** *La vérité se révélera bientôt* ▶ apparaître, se manifester. **4** *Cette manœuvre s'est révélée utile* ▶ s'avérer.

revenant n. m. ▶ ectoplasme, esprit, fantôme, spectre.

revendication n. f. ▶ demande, desiderata, exigence, prétention, réclamation.

revendiquer v. **1** *Revendiquer son dû* ▶ demander, exiger, réclamer. **2** *Revendiquer une responsabilité* ▶ assumer, s'attribuer, endosser. **3** *Passer son temps à revendiquer* ▶ se plaindre, protester, râler (fam.), récriminer.

revenir v. **1** *Il n'est pas là, revenez dans une heure* ▶ repasser. **2** *Il est temps de revenir* ▶ faire demi-tour, rebrousser chemin, rentrer, repartir, retourner. **3** *Le printemps va bientôt revenir* ▶ réapparaître, renaître, reparaître, ressurgir. **4** *Revenir au port* ▶ rallier, regagner, réintégrer, rejoindre, rentrer à, retourner à. **5** *Revenir à ses premières amours* ▶ se remettre à, retourner à, retrouver. **6** *Revenir sur une vieille affaire* ▶ reconsidérer, reprendre, revoir. **7** *Revenir sur ce qu'on vient de dire* ▶ désavouer, retirer, rétracter. **8** *Revenir d'une grave maladie* ▶ guérir, se remettre, se rétablir, sortir (fam.), se tirer (fam.). **9** *Il est revenu de tout* ▶ se blaser, se fatiguer, se lasser. **10** *C'est à lui qu'il revient de décider* ▶ appartenir à, échoir à, incomber à, tomber sur. **11** *Votre hésitation revient à refuser* ▶ consister à, équivaloir à, signifier que. **12** *Cela me revient cher* ▶ coûter. **13** *Faire revenir une viande* ▶ dorer, rissoler. **14** Fam. *Votre tête ne lui revient pas* ▶ convenir à, plaire à. **15 revenir à soi** *Revenir à soi après un évanouissement* ▶ reprendre conscience, se réveiller.

revenu n. m. **1** *Calculer son revenu* ▶ gains. **2** *Le revenu d'une terre* ▶ produit, rapport. **3** *Le revenu d'un capital* ▶ bénéfice, gain, intérêt, rapport, rente.

rêver v. **1** *Passer son temps à rêver* ▶ bayer aux corneilles (litt.), être dans les nuages (fam.), rêvasser (fam.), songer. **2** *Il rêve de parvenir à ce résultat* ▶ ambitionner de, aspirer à, brûler de, désirer, souhaiter.

réverbération n. f. *La réverbération d'un rayon lumineux* ▶ réflexion, renvoi.

réverbère n. m. ▶ bec de gaz (vx), lampadaire.

réverbérer v. ▶ réfléchir, refléter, renvoyer.

révérence n. f. ▶ courbette.

révérencieux, euse adj. Litt. ▶ déférent, respectueux.

révérer v. Litt. *Révérer ses vieux maîtres* ▶ adorer, glorifier, honorer, respecter, vénérer.

rêverie n. f. **1** *Être plongé dans une profonde rêverie* ▶ rêvasserie, songerie. **2** *Ces propositions ne sont que de vaines rêveries* ▶ chimère, illusion, mirage, rêve, utopie.

revers n. m. **1** *Le revers d'une affiche* ▶ arrière, derrière, dos, envers, verso. **2** Fig. *Aller de revers en revers* ▶ déboire, défaite, échec, fiasco (fam.), insuccès. **3 au revers** ▶ au dos, au verso, derrière.

reverser v. *Reverser une somme sur un compte* ▶ reporter.

revêtir v. 1 *Revêtir un uniforme* ▶ endosser, enfiler, mettre, passer. 2 *Revêtir un enfant d'un costume* ▶ habiller, vêtir. 3 *Revêtir une piste de bitume* ▶ couvrir, enduire, garnir, recouvrir, tapisser. 4 *Revêtir un acte d'une signature officielle* ▶ pourvoir. 5 Fig. *Revêtir qqn d'un pouvoir illimité* ▶ investir. 6 Fig. *Cette affaire revêt un aspect bien étrange* ▶ prendre.

rêveur, euse adj. 1 *Une jeune fille rêveuse* ▶ rêvasseur, romanesque. 2 *Un air rêveur* ▶ absent, contemplatif, méditatif, pensif, songeur. 3 *Voilà qui laisse rêveur* ▶ perplexe.

rêveur, euse n. *Ce n'est qu'un rêveur* ▶ idéaliste, poète, romantique, songecreux, utopiste.

rêveusement adv. ▶ pensivement, songeusement.

revigorant, ante adj. *Un petit déjeuner revigorant* ▶ fortifiant, réconfortant, reconstituant, remontant, roboratif (litt.), stimulant, tonifiant, tonique.

revigorer v. *Ce bain nous a revigorés* ▶ fortifier, ragaillardir, ranimer, ravigoter (fam.), réconforter, reconstituer, remettre, remonter, requinquer (fam.), retaper (fam.), revivifier (litt.).

revirement n. m. *Les revirements d'un homme politique* ▶ palinodie (litt.), pirouette, retournement, volte-face.

réviser v. 1 *Réviser un texte de loi* ▶ amender, corriger, remanier, reprendre. 2 *Réviser son jugement* ▶ modifier, reconsidérer, rectifier, réexaminer, remettre en cause, revenir sur, revoir. 3 *Réviser ses leçons* ▶ repasser, répéter, revoir. 4 *Faire réviser sa voiture* ▶ contrôler, revoir, vérifier.

réviseur, euse n. ▶ correcteur.

révision n. f. 1 *Une révision de la Constitution* ▶ modification, rectification, réforme, remaniement. 2 *La révision d'un moteur* ▶ contrôle, vérification.

revitaliser v. Fig. *Revitaliser un secteur économique* ▶ ranimer, réactiver, régénérer, réveiller, revivifier (litt.).

revivre v. 1 *Se sentir revivre* ▶ renaître, ressusciter. 2 Fig. *Des croyances prêtes à revivre* ▶ réapparaître, renaître, ressurgir. 3 Fig. *Revivre un moment agréable* ▶ évoquer, se rappeler, se remémorer.

révocation n. f. 1 *La révocation d'un fonctionnaire* ▶ destitution, limogeage. 2 *La révocation d'une convention contractuelle* ▶ annulation, invalidation, rescision (vx), résiliation, rupture.

revoir v. 1 *Revoir les principaux moments de sa vie* ▶ se rappeler, se remémorer, se souvenir de. 2 *Revoir un texte* ▶ corriger, réformer, reprendre, retoucher. 3 *Revoir sa position* ▶ modifier, reconsidérer, réexaminer, remettre en cause, revenir sur, réviser. 4 *Revoir ses leçons* ▶ repasser, répéter, réviser.

révoltant, ante adj. *Un comportement révoltant* ▶ choquant, dégoûtant, honteux, indigne, odieux, scandaleux.

révolte n. f. 1 *Une autorité confrontée à une brusque révolte* ▶ agitation, insurrection, jacquerie, mutinerie, rébellion, sédition, soulèvement. 2 *Une chambrée soulevée par un vent de révolte* ▶ contestation, désobéissance, fronde (litt.), insoumission, insubordination. 3 *Éprouver un sentiment de révolte devant une injustice* ▶ colère, indignation.

révolter v. 1 *Ses propos m'ont révolté* ▶ choquer, dégoûter, écœurer, indigner, outrer, scandaliser. 2 **se révolter** *Des opprimés décidés à se révolter* ▶ s'insurger, se mutiner, se rebeller, résister, se soulever. 3 *Se révolter contre une décision injuste* ▶ se cabrer, s'élever, s'inscrire en faux, s'insurger, protester, se rebeller, se rebiffer, regimber.

révolu, ue adj. 1 *Avoir trente ans révolus* ▶ accompli, achevé, passé, sonné (fam.). 2 *Une époque aujourd'hui révolue* ▶ dépassé, disparu, envolé, évanoui, perdu, périmé.

révolution n. f. 1 *Accomplir une révolution autour d'un axe* ▶ rotation, tour. 2 *Une révolution intellectuelle et morale* ▶ bouleversement, cataclysme, chambardement (fam.), chamboulement (fam.), changement, conflagration, renversement. 3 Fam. *Une famille en pleine révolution* ▶ agitation, ébulition, effervescence, fermentation, tourmente.

révolutionnaire adj. 1 *Un gouvernement révolutionnaire* ▶ insurrectionnel. 2 *Une conception révolutionnaire* ▶ d'avant-garde, futuriste, inédit, novateur.

révolutionnaire n. *Un révolutionnaire professionnel* ▶ agitateur.

révolutionner v. 1 *Révolutionner une science* ▶ bouleverser, chambouler (fam.), métamorphoser. 2 Fig. *Révolutionner les esprits* ▶ bouleverser, ébranler, retourner, secouer, troubler.

revolver n. m. ▶ colt, flingue (fam.), pistolet.

révoquer v. 1 *Révoquer un préfet* ▶ casser, débarquer (fam.), dégommer (fam.), dé-

revue

mettre, démissionner (fam.), destituer, faire sauter (fam.), limoger. **2** *Révoquer un contrat* ▸ annuler, invalider, rescinder, résilier, rompre.

revue n. f. **1** *Faire la revue des incidents qui ont émaillé une cérémonie* ▸ bilan, dénombrement, inventaire, récapitulation, recensement. **2** *Le capitaine passera demain pour faire une revue* ▸ inspection. **3** *La revue du 11 novembre* ▸ défilé, parade. **4** *Une revue de music-hall* ▸ spectacle. **5** *S'abonner à une revue* ▸ magazine, périodique.

révulser v. *Ce spectacle m'a révulsé* ▸ écœurer, indigner, outrer, révolter, scandaliser.

rewriting n. m. ▸ réécriture.

rhétorique n. f. Péj. *Noyer son auditoire sous la rhétorique la plus fleurie* ▸ éloquence.

riant, ante adj. **1** *Il a toujours l'air riant* ▸ enjoué, épanoui, gai, gracieux, joyeux, radieux, réjoui, rieur. **2** *Un paysage riant* ▸ charmant, enchanteur, ravissant. **3** Fig. *De riantes perspectives* ▸ agréable, aimable, engageant, plaisant.

ribambelle n. f. ▸ cascade, chapelet, cortège, défilé, flopée (fam.), kyrielle, multitude, nuée, quantité, série, suite, tripotée (fam.).

ricanement n. m. *Ses propositions n'ont suscité que des ricanements* ▸ moquerie, quolibets, raillerie.

ricaner v. **1** *Des adolescentes qui ricanent au fond de la classe* ▸ glousser, pouffer. **2** *Ricaner des difficultés d'un concurrent* ▸ brocarder (litt.), se gausser de, se moquer de, se railler de (litt.).

ricaneur, euse adj. ▸ moqueur, narquois, railleur.

riche adj. **1** *Des gens riches* ▸ cossu, cousu d'or (fam.), fortuné, friqué (fam.), nanti, opulent. **2** *Un pays riche* ▸ florissant, opulent, prospère. **3** *Un riche ameublement* ▸ cossu, fastueux, luxueux, rupin (fam.), somptueux. **4** *De riches moissons* ▸ abondant, copieux, généreux, plantureux. **5** *Un sol riche* ▸ fécond, fertile. **6** *Une alimentation riche* ▸ nourrissant, nutritif.

riche n. ▸ crésus (fam.), millionnaire, nabab (fam.), satrape (fam.).

richement adv. **1** *Une maison richement meublée* ▸ fastueusement, luxueusement, magnifiquement, somptueusement. **2** *Une jeune fille richement dotée* ▸ abondamment, amplement, largement.

richesse n. f. **1** *Préférer la richesse à toute autre chose* ▸ argent. **2** *Passer de la richesse à la pauvreté* ▸ opulence, prospérité. **3** *Posséder une richesse insoupçonnée* ▸ bien, capital, fortune, moyens, pactole, patrimoine, ressources, trésor. **4** Fig. *La richesse d'un décor* ▸ apparat, éclat, faste, luxe, magnificence, pompe, somptuosité, splendeur. **5** Fig. *La richesse d'un terrain* ▸ fécondité, fertilité. **6** Fig. *La richesse des images dans la poésie baroque* ▸ abondance, luxuriance, profusion.

ricocher v. ▸ rebondir, rejaillir.

ricochet (par) adv. Fig. ▸ indirectement, par contrecoup.

ric-rac adv. Fam. ▸ juste, limite (fam.).

rictus n. m. *Un rictus de douleur* ▸ grimace.

rideau n. m. **1** *Mettre des rideaux aux fenêtres* ▸ tenture. **2** *Le rideau d'une cheminée* ▸ tablier. **3** *Un rideau de brume* ▸ écran, voile.

rider (se) v. *Une peau qui se ride* ▸ se chiffonner, se flétrir, se friper, se parcheminer, se plisser.

ridicule adj. **1** *Un comportement ridicule* ▸ absurde, bouffon, burlesque, déraisonnable, grotesque, insensé, loufoque (fam.), risible, saugrenu. **2** *Une somme ridicule* ▸ dérisoire, infime, minable (fam.), minime.

ridicule n. m. *Se moquer des ridicules de ses contemporains* ▸ défaut, travers.

ridiculement adv. **1** *Être ridiculement accoutré* ▸ burlesquement, grotesquement. **2** *Un prix ridiculement bas* ▸ dérisoirement, scandaleusement.

ridiculiser v. **1** Litt. *Elle a tout fait pour ridiculiser son mari* ▸ bafouer. **2** *Ridiculiser les tentatives d'un concurrent* ▸ brocarder (litt.), se gausser de, moquer (litt.), se moquer de, railler, se railler de (litt.), rire de.

rien Pron. **1** *Une fortune réduite à rien* ▸ néant, zéro. **2** **de rien du tout** Fam. *Un petit problème de rien du tout* ▸ dérisoire, infime, insignifiant, mineur, minime, négligeable. **3** **en rien** *Cela ne me gêne en rien* ▸ aucunement, nullement, pas du tout. **4** **pour rien** *Cela vous a coûté cher ? — Non, je l'ai eu pour rien* ▸ à l'œil (fam.), gratis (fam.), gratuitement, sans bourse délier. **5** *Se faire du souci pour rien* ▸ inutilement, pour des prunes (fam.).

rien n. m. *Se préoccuper pour des riens* ▸ bagatelle, baliverne, bêtise, bricole, broutille, futilité, misère, niaiserie, vétille.

rieur, euse adj. **1** *Un enfant rieur* ▸ enjoué, gai, joyeux. **2** *Une physionomie rieuse* ▸ réjoui, riant, souriant.

rigide adj. **1** *Du carton rigide* ▶ cassant, dur, raide. **2** *Une morale rigide* ▶ austère, guindé, inflexible, intraitable, intransigeant, rigoriste, rigoureux, sévère, strict.

rigidité n. f. **1** *La rigidité d'un muscle* ▶ raideur. **2** *La rigidité d'une morale* ▶ austérité, inflexibilité, intransigeance, rigorisme, rigueur, sévérité.

rigolade n. f. **1** Fam. *Ce n'est pas de la rigolade!* ▶ blague, foutaise (fam.), plaisanterie. **2** Fam. *Une bonne partie de rigolade* ▶ fou rire.

rigolard, arde adj. Fam. *Il a toujours un air rigolard que je ne supporte pas* ▶ hilare, narquois.

rigole n. f. *Creuser une rigole pour faciliter l'écoulement des eaux* ▶ saignée.

rigoler v. **1** Fam. *Il ne faut pas rigoler avec ça* ▶ blaguer (fam.), plaisanter. **2** Fam. *On a bien rigolé* ▶ se marrer (fam.), rire, se tordre (fam.).

rigolo, ote adj. Fam. ▶ amusant, comique, désopilant, drôle, marrant (fam.), plaisant, tordant (fam.).

rigolo, ote n. **1** Fam. *L'oncle Jean-Pierre, c'est un vrai rigolo* ▶ boute-en-train, comique, farceur, plaisantin. **2** Fam. *Tous ces prétendus spécialistes ne sont que des rigolos* ▶ amateur, charlot (fam.), fumiste, guignol (fam.), plaisantin (fam.).

rigorisme n. m. ▶ ascétisme, austérité, intransigeance, jansénisme, puritanisme, raideur, rigidité, rigueur, sévérité.

rigoriste adj. ▶ austère, intraitable, intransigeant, janséniste, puritain, rigide, rigoureux, sévère, strict.

rigoureusement adv. **1** *Punir rigoureusement* ▶ durement, sévèrement. **2** *C'est rigoureusement défendu* ▶ absolument, formellement, strictement, totalement. **3** *Une longueur rigoureusement mesurée* ▶ exactement, mathématiquement, minutieusement, précisément.

rigoureux, euse adj. **1** *Un climat rigoureux* ▶ âpre, dur, inclément (litt.), rude. **2** *Une morale rigoureuse* ▶ austère, draconien, janséniste, rigide, rigoriste, sévère, strict. **3** *Une démonstration rigoureuse* ▶ géométrique, logique, mathématique, méticuleux, précis, scientifique. **4** *Une rigoureuse neutralité* ▶ absolu, exact, parfait, strict.

rigueur n. f. **1** *La rigueur d'un climat* ▶ âpreté, dureté, inclémence (litt.), rudesse. **2** *La rigueur d'une répression* ▶ dureté, fermeté, sévérité. **3** *La rigueur d'un raisonnement* ▶ exactitude, justesse, logique, précision, rectitude. **4** *Une politique de rigueur* ▶ austérité. **5 de rigueur** *Les précautions de rigueur* ▶ indispensable, nécessaire, obligatoire.

rimer v. **1** *Passer ses loisirs à rimer* ▶ versifier. **2** Fig. et fam. *Cela ne rime à rien* ▶ correspondre à, signifier.

rimeur, euse n. ▶ rimailleur, versificateur.

ringard, arde adj. Fam. ▶ archaïque, démodé, dépassé, désuet, fossile, obsolète, passé de mode, périmé, suranné, vieillot.

ripaille n. f. Fam. *Sa vie n'est qu'une perpétuelle ripaille* ▶ bombance, festin.

ripailler v. ▶ banqueter, festoyer.

riper v. ▶ déraper, glisser.

riposte n. f. **1** *S'attirer une riposte cinglante* ▶ repartie, réplique, réponse. **2** *Lancer une offensive sans craindre la riposte* ▶ représailles.

riposter v. **1** *Riposter vertement* ▶ réagir, repartir (litt.), répliquer, répondre. **2** *Riposter en cognant* ▶ contre-attaquer, se défendre.

riquiqui adj. Fam. *Des résultats un peu riquiqui* ▶ étriqué, insuffisant, maigre, mesquin, pauvre.

rire v. **1** *Se mettre à rire* ▶ se marrer (fam.), rigoler (fam.), se tordre (fam.). **2** *C'était pour rire* ▶ s'amuser, badiner (litt.), blaguer (fam.), se distraire, se divertir, jouer, plaisanter. **3** *Rire de qqn* ▶ brocarder (litt.), se gausser de, se moquer de, railler, se railler de (litt.). **4 se rire de** *Se rire des obstacles* ▶ dédaigner, faire fi de (litt.), ignorer, se jouer de, mépriser, se moquer de.

rire n. m. *Provoquer le rire de l'auditoire* ▶ gaieté, hilarité, jubilation.

risée n. f. *S'attirer la risée du public* ▶ dérision, moquerie, raillerie.

risible adj. ▶ bouffon, burlesque, grotesque, ridicule.

risque n. m. *S'exposer aux risques d'une traversée en solitaire* ▶ aléa, danger, hasard, impondérable, imprévu, incertitude, péril.

risqué, ée adj. **1** *Une entreprise risquée* ▶ aléatoire, audacieux, aventureux, casse-gueule (fam.), dangereux, hardi, hasardeux, imprudent, osé, périlleux, téméraire. **2** *Une plaisanterie risquée* ▶ leste, licencieux, osé, scabreux.

risquer v. **1** *Risquer sa fortune* ▶ aventurer, compromettre, hasarder, jouer. **2** *Risquer l'aventure* ▶ oser, tenter. **3** *Risquer une amende* ▶ encourir, être passible de, s'exposer à. **4** *Risquer un accident* ▶ friser (fam.),

risque-tout

frôler. **5 se risquer** *Se risquer dans une affaire douteuse* ▶ s'aventurer, s'engager, se lancer. **6** *Se risquer à faire qqch d'interdit* ▶ s'aventurer à, s'essayer de, se hasarder à, oser, se permettre de.

risque-tout adj. ▶ audacieux, casse-cou (fam.), hardi, téméraire.

rissoler v. *Faire rissoler une viande* ▶ dorer, revenir.

ristourne n. f. *Multiplier les ristournes pour attirer les clients* ▶ discount, rabais, réduction, remise.

rite n. m. **1** *Respecter les rites de la bonne société* ▶ coutume, habitude, pratique, tradition, usage. **2** *Chez eux, prendre le thé est un véritable rite* ▶ cérémonial, liturgie, rituel.

ritournelle n. f. Fig. *Répéter toujours la même ritournelle* ▶ antienne (litt.), chanson, couplet, disque (fam.), histoire, leitmotiv, litanie, rabâchage, refrain, rengaine, scie (fam.).

rituel, elle adj. **1** *Un chant rituel* ▶ liturgique, religieux, sacré. **2** *Selon la formule rituelle* ▶ coutumier, habituel, traditionnel, usuel.

rituel n. m. **1** *Le rituel du vaudou* ▶ cérémonial, liturgie, rite. **2** *Les remises de décoration s'effectuent selon un certain rituel* ▶ protocole.

rivage n. m. **1** Litt. *Le rivage d'un fleuve* ▶ berge, bord, rive. **2** *Naviguer sans s'éloigner du rivage* ▶ bord, côte, littoral, rive (litt.). **3** *Les vagues qui déferlent sur le rivage* ▶ grève, plage.

rival, ale adj. *Des entreprises rivales* ▶ antagoniste, concurrent.

rival, ale n. *Un rival dangereux* ▶ adversaire, compétiteur, concurrent.

rivaliser v. **1** *Deux jeunes femmes qui rivalisent d'élégance* ▶ faire assaut. **2** *La sculpture de la Renaissance rivalise en finesse avec celle de l'Antiquité* ▶ se comparer à, égaler, le disputer à.

rivalité n. f. **1** *Des rivalités politiques qui prennent un tour aigu* ▶ antagonisme, conflit, lutte, opposition. **2** *Susciter une saine rivalité à l'intérieur d'une équipe* ▶ compétition, concurrence, émulation.

rive n. f. **1** *La rive d'un lac* ▶ berge, bord, rivage (litt.). **2** Litt. *Les rives de la mer Noire* ▶ bord, côte, littoral, rivage.

river v. **1** *River deux tôles* ▶ riveter. **2** Fig. *Le destin les a rivés l'un à l'autre* ▶ assujettir, attacher, enchaîner, lier. **3** Fig. *La maladie l'a rivé au lit* ▶ clouer, immobiliser.

riveter v. ▶ river.

rixe n. f. ▶ accrochage, affrontement, altercation, bagarre, dispute, échauffourée, lutte, pugilat, querelle.

robe n. f. **1** *La robe d'un ecclésiastique* ▶ froc, soutane. **2** *La robe d'un oignon* ▶ pelure. **3** *La robe d'un cheval* ▶ pelage. **4** *La robe d'un cigare* ▶ cape. **5 robe de chambre** ▶ peignoir.

roboratif, ive adj. Litt. *Une nourriture roborative* ▶ fortifiant, réconfortant, reconstituant, remontant, revigorant, tonifiant, vivifiant.

robot n. m. *Obéir comme un robot* ▶ automate.

robotisation n. f. ▶ automatisation.

robotiser v. ▶ automatiser.

robuste adj. **1** *Des montagnards robustes et combatifs* ▶ costaud, solide, vigoureux. **2** *Une mécanique robuste et quasiment inusable* ▶ résistant, solide. **3** Fig. *Un style robuste et sans mièvrerie* ▶ énergique, ferme, puissant, vigoureux.

robustesse n. f. *Un physique d'une robustesse étonnante* ▶ solidité, vigueur.

roc n. m. *Ce ne sera pas facile à percer, c'est du roc* ▶ caillou, pierre, roche, rocher.

rocaille n. f. ▶ caillasse (fam.), pierraille.

rocailleux, euse adj. **1** *Un terrain rocailleux* ▶ caillouteux, pierreux. **2** Fig. *Un style rocailleux* ▶ cahotique, dur, heurté, raboteux, râpeux, rêche, rude, rugueux. **3** Fig. *Une voix rocailleuse* ▶ guttural, râpeux, rauque.

rocambolesque adj. *Une histoire rocambolesque* ▶ abracadabrant, extravagant, invraisemblable.

roche n. f. *C'est de la roche, il faudrait de la dynamite pour la percer* ▶ caillou, pierre, roc, rocher.

rocher n. m. **1** *Ce ne sera pas facile à percer, c'est du rocher* ▶ caillou, pierre, roc, roche. **2** *Le bateau s'est fracassé sur les rochers* ▶ brisant, écueil, récif.

rocking-chair n. m. ▶ berceuse.

roder v. *Roder qqn aux nouvelles techniques de la communication* ▶ acclimater à, accoutumer à, adapter à, entraîner à, exercer à, familiariser avec, habituer à.

rôder v. ▶ errer, traîner, vadrouiller, vagabonder.

rôdeur, euse n. ▶ chemineau (vx), vagabond.

rodomontade n. f. ▶ fanfaronnade, forfanterie, hâblerie, vantardise.

rogatons n. m. pl. Fam. ▶ reliefs, restes.

rogne n. f. Fam. ▶ colère, fureur, rage.

rogner v. 1 *Rogner les pages d'un livre* ▶ ébarber, massicoter. 2 *Rogner une subvention* ▶ diminuer, raccourcir. 3 *Rogner sur tout* ▶ lésiner, mégoter (fam.), regarder à la dépense.

rognonner v. Fam. ▶ bougonner, grogner, grommeler, marmonner, maugréer, râler (fam.), ronchonner (fam.), rouspéter (fam.).

rognure n. f. ▶ chute, copeau, déchet, gratture.

rogue adj. *Elle a répondu d'un ton rogue qu'elle n'était pas la bonne* ▶ bourru, hargneux, renfrogné, revêche.

roi n. m. ▶ monarque, prince, souverain.

rôle n. m. 1 *Le rôle social du médecin* ▶ fonction, mission, tâche, vocation. 2 *Un acteur qui cherche un rôle à sa mesure* ▶ emploi, personnage.

romain, aine adj. *Étudier la civilisation romaine* ▶ latin.

roman n. m. Fig. *Tout ça, c'est un roman* ▶ affabulation, bateau (fam.), blague (fam.), bobard (fam.), calembredaine, carabistouille (fam.), conte, craque (fam.), fable (litt.), fantaisie, fiction, galéjade (fam.), histoire, invention.

romancer v. *Il romance un peu, mais le fond est vrai* ▶ affabuler, arranger, broder, enjoliver, fabuler, inventer.

romanesque adj. *Une jeune fille romanesque* ▶ fleur bleue, rêveur, romantique, sentimental.

romantique adj. 1 *Une jeune fille romantique* ▶ fleur bleue, rêveur, romanesque, sentimental. 2 *Une atmosphère romantique* ▶ poétique. 3 *Des conceptions politiques un peu romantiques* ▶ chimérique, idéaliste, irréaliste, utopiste.

rompre v. 1 *Un fleuve qui rompt une digue* ▶ briser, casser, détruire, disloquer, enfoncer, fracasser. 2 *Une passerelle qui rompt sous le poids d'une charge* ▶ casser, céder, péter (fam.). 3 Fig. *Rompre un contrat* ▶ annuler, invalider, rescinder, résilier, révoquer. 4 Fig. Spécialement pour un mariage ▶ annuler, dissoudre. 5 Fig. *Rompre un enchantement* ▶ faire cesser, mettre fin à. 6 Fig. *Deux amants décidés à rompre* ▶ se brouiller, se fâcher, se quitter, se séparer. 7 Fig. et litt. *Rompre qqn au maniement des armes* ▶ accoutumer à, entraîner à, exercer à, façonner à, familiariser avec, former à, habituer à. 8 **se rompre** *Une digue qui se rompt sous la pression de l'eau* ▶ se briser, se casser, céder, craquer, crever (fam.), éclater, lâcher, péter (fam.).

rompu, ue adj. Fig. *Revenir rompu d'une marche à pied* ▶ claqué (fam.), crevé (fam.), épuisé, éreinté, exténué, harassé, vanné (fam.), vidé (fam.).

ronchon, onne adj. Fam. ▶ bougon (fam.), grincheux, grognon (fam.), râleur (fam.), ronchonneur (fam.), rouspéteur (fam.).

ronchonnement n. m. Fam. ▶ bougonnement, grognement, grommellement.

ronchonner v. Fam. ▶ bougonner, grogner, grognonner, grommeler, gronder, marmonner, maronner, maugréer, murmurer, râler (fam.), rognonner (fam.), rouspéter (fam.).

rond, ronde adj. 1 *La Terre est ronde* ▶ sphérique. 2 *Une table ronde* ▶ circulaire. 3 *Un visage tout rond* ▶ arrondi. 4 *Un physique un peu rond* ▶ boulot (fam.), charnu, dodu, gras, grassouillet, mafflu (litt.), potelé, rebondi, replet, rondelet, rondouillard (fam.). 5 Fig. *Être rond en affaires* ▶ carré, direct, franc, net. 6 Fam. *Sortir de table un peu rond* ▶ éméché, gris (fam.), ivre, mûr (fam.), noir (fam.), parti (fam.), pompette (fam.), soûl.

rond n. m. 1 *Tracer un rond* ▶ cercle, circonférence. 2 Fig. et fam. *N'avoir plus un rond* ▶ liard (litt.), radis (fam.), sou. 3 **en rond** *S'asseoir en rond* ▶ circulairement.

rond-de-cuir n. m. ▶ bureaucrate, gratte-papier, paperassier, scribouillard (fam.).

ronde n. f. 1 *La ronde d'un veilleur de nuit* ▶ inspection, tournée. 2 **à la ronde** ▶ alentour, tout autour.

rondelet, ette adj. 1 *Une personne un peu rondelette* ▶ boulot (fam.), charnu, dodu, gras, grassouillet (fam.), potelé, rebondi, replet, rondouillard (fam.). 2 Fig. *Une somme rondelette* ▶ appréciable, conséquent, coquet, gentil (fam.), important, joli, substantiel.

rondelle n. f. *Une rondelle de citron* ▶ tranche.

rondement adv. 1 *Répondre rondement* ▶ carrément, franchement, nettement. 2 *Mener rondement une affaire* ▶ dare-dare (fam.), en vitesse, prestement, promptement, rapidement, vite, vivement.

rondeur n. f. 1 *La rondeur d'un fruit* ▶ rotondité, sphéricité. 2 *Avoir des rondeurs* ▶ forme. 3 Fig. *Parler avec rondeur* ▶ bonhomie, franchise, simplicité, sincérité.

rondouillard, arde adj. Fam. ▶ boulot (fam.), dodu, grassouillet, potelé, replet, rondelet.

rond-point n. m. ► étoile.

ronflement n. m. ► bourdonnement, ronron (fam.), ronronnement.

ronflant, ante adj. Fig. *Un style ronflant* ► ampoulé, déclamatoire, emphatique, grandiloquent, pompeux, prétentieux.

ronfler v. *Un moteur qui ronfle* ► ronronner.

ronger v. 1 *Un chien qui ronge un os* ► mâchouiller, mordiller. 2 *Une souris qui ronge du fromage* ► grignoter. 3 *Un acide qui ronge un métal* ► attaquer, corroder, entamer, éroder, piquer. 4 Fig. *Le remords me ronge* ► consumer, dévorer, hanter, miner, obséder, poursuivre, tenailler, tourmenter, travailler (fam.).

ronron n. m. 1 Fam. *Le ronron d'une machine* ► bourdonnement, ronflement, ronronnement. 2 Fig. *Le ronron de la vie quotidienne* ► routine, train-train (fam.).

ronronnement n. m. *Le ronronnement d'un moteur* ► bourdonnement, ronflement, ronron (fam.).

ronronner v. *Un moteur qui ronronne* ► ronfler.

rosaire n. m. ► chapelet.

rosière n. f. Vx et fam. ► enfant de marie, oie blanche, pucelle.

rosse adj. *Une plaisanterie très rosse* ► dur, méchant, mordant, vache (fam.), venimeux.

rosse n. f. 1 Vx et fam. *Monter une vieille rosse* ► carne (fam.), haridelle (litt.). 2 Fig. et fam. *Méfiez-vous, c'est une vraie rosse* ► carne (fam.), chameau (fam.), teigne (fam.), vache (fam.).

rossée n. f. Fam. ► correction, dégelée (fam.), dérouillée (fam.), peignée (fam.), pile (fam.), raclée, trempe (fam.), volée.

rosser v. ► battre, cogner (fam.), étriller, frapper, passer à tabac (fam.), rouer de coups, tabasser (fam.).

rosserie n. f. 1 *Faire une rosserie* ► crasse (fam.), vacherie (fam.). 2 *Dire une rosserie* ► méchanceté, vacherie (fam.), vanne (fam.).

rossignol n. m. *Un rossignol de cambrioleur* ► crochet, passe-partout.

rossolis n. m. ► droséra.

rot n. m. Fam. ► éructation, renvoi.

rotatif, ive adj. *Un mouvement rotatif* ► circulaire, giratoire, rotatoire, tournant.

rotation n. f. 1 *Effectuer une rotation autour d'un axe* ► cercle, giration, révolution, tour. 2 *La rotation des équipes dans un atelier de fabrication* ► alternance, roulement, succession.

rôtie n. f. ► canapé, toast.

rôtir v. 1 Fig. et fam. *Ne restez pas si près du feu, vous allez rôtir* ► cuire, griller. 2 Fig. et fam. *Se faire rôtir au soleil* ► dorer.

rotondité n. f. 1 *La rotondité d'un fruit* ► rondeur, sphéricité. 2 Plur. *Les rotondités d'une femme* ► formes, rondeurs.

roturier, ère adj. ► plébéien, populaire.

roublard, arde adj. Fam. ► astucieux, débrouillard (fam.), finaud, futé, madré, malin, matois, retors, roué, rusé.

roublardise n. f. 1 *Un homme politique d'une rare roublardise* ► matoiserie (litt.), rouerie, ruse. 2 *Se laisser prendre aux roublardises d'un camelot* ► astuce, fourberie, rouerie, ruse, stratagème.

roucouler v. Fig. *Roucouler des mots doux* ► susurrer.

roué, ée adj. ► combinard (fam.), futé (fam.), madré, malin, matois (fam.), retors, roublard (fam.), rusé.

rouelle n. f. Vx ► rondelle, tranche.

rouer de coups v. ► battre, cogner (fam.), étriller (litt.), passer à tabac (fam.), rosser, tabasser (fam.).

rouerie n. f. 1 *Des yeux pleins de rouerie* ► cautèle (litt.), malice, matoiserie (litt.), roublardise, ruse. 2 *Les rouries d'une jeune arriviste* ► astuce, combine (fam.), fourberie, intrigue, ruse, stratagème.

rouflaquettes n. f. pl. Fam. ► côtelettes (fam.), favoris, pattes de lapin.

rouge adj. 1 *Un visage tout rouge* ► congestionné, cramoisi, écarlate, empourpré, enflammé, enluminé, rougeaud, rubescent (litt.), rubicond, sanguin, vermeil. 2 *Un ciel aux reflets rouges* ► incandescent, rougeoyant.

rouge n. m. 1 *Le rouge lui monta au visage* ► feu, rougeur. 2 Fig. et péj. *La peur des rouges* ► communiste.

rougeâtre adj. ► brique.

rougeaud, aude adj. *Un visage rougeaud* ► congestionné, cramoisi, écarlate, enluminé, rouge, rubicond, sanguin.

rougeur n. f. 1 *Une rougeur à l'épaule* ► érubescence. 2 *La rougeur de la honte lui monta au visage* ► feu, rouge.

rougir v. 1 *Elle rougit à la moindre remarque* ► s'empourprer, piquer un fard (fam.). 2 *Je n'ai pas à rougir de cette décision* ► avoir honte de, regretter.

rougissant, ante adj. *Une personne toute rougissante* ► confus, gêné, intimidé, mal à l'aise.

rouiller v. 1 *L'eau rouille le fer* ▶ oxyder. 2 Fig. *L'inactivité rouille la mémoire* ▶ ankyloser, émousser, engourdir.

roulant, ante adj. 1 *Un escalier roulant* ▶ mécanique. 2 Fig. *Un feu roulant de questions* ▶ continu, ininterrompu, soutenu.

rouleau n. m. 1 *On a utilisé tout le tissu, il ne reste plus que le rouleau de carton* ▶ cylindre, tube. 2 *Se mettre des rouleaux dans les cheveux* ▶ bigoudi. 3 *Donner un rouleau à développer* ▶ bobine, film, pellicule.

roulée (bien) adj. f. Fig. et fam. *Une jeune fille bien roulée* ▶ bien faite.

roulement n. m. 1 *Un roulement de tonnerre* ▶ grondement. 2 *Le roulement des équipes* ▶ alternance, rotation, succession.

rouler v. 1 *De grosses larmes roulaient sur ses joues* ▶ couler, glisser. 2 *Rouler sous la table* ▶ dégringoler, s'écrouler, tomber. 3 *Une conversation qui roule sur un sujet important* ▶ porter sur, toucher à, tourner autour de, traiter de. 4 *Un torrent qui roule toutes sortes de débris* ▶ charrier, emporter, entraîner, transporter. 5 Fig. *Rouler toujours les mêmes projets dans sa tête* ▶ remâcher, ressasser, ruminer. 6 Fig. *Se faire rouler par un escroc* ▶ avoir (fam.), berner, duper, posséder, refaire (fam.), tromper. 7 Fam. *Ça roule!* ▶ fonctionner, marcher. 8 **rouler sa bosse** ▶ bourlinguer, circuler, vagabonder, voyager. 9 **se rouler** *Se rouler dans une couverture* ▶ s'enrouler, s'envelopper. 10 *Se rouler dans la fange* ▶ se vautrer.

roulette n. f. *Une roulette de dentiste* ▶ fraise.

roulis n. m. ▶ balancement, oscillation.

roulotte n. f. ▶ caravane.

round n. m. ▶ reprise.

rouspéter v. Fam. ▶ fulminer, grogner, maugréer, pester (fam.), protester, râler (fam.), renauder (fam.), ronchonner (fam.), rouscailler (fam.).

rouspéteur, euse adj. Fam. ▶ grincheux, grognon, râleur (fam.), ronchon (fam.), rouscailleur (fam.).

roussâtre adj. ▶ fauve.

routard, arde n. ▶ bourlingueur (fam.).

route n. f. 1 *Une route en bon état* ▶ chaussée, voie. 2 *S'enquérir de la route à suivre* ▶ chemin, itinéraire, parcours, trajet. 3 *Bonne route!* ▶ voyage. 4 **mettre en route** *Mettre une nouvelle affaire en route* ▶ amorcer, commencer, déclencher, démarrer (fam.), engager, entreprendre, impulser, initier, lancer, mettre en train. 5 **se mettre en route** ▶ démarrer, s'en aller, partir.

routier n. m. ▶ camionneur.

routine n. f. *Être esclave de la routine* ▶ habitude, ronron (fam.), train-train (fam.).

roux, rousse adj. *Des reflets roux* ▶ fauve.

royal, ale adj. 1 *Un privilège royal* ▶ monarchique, régalien. 2 Fig. *Un accueil royal* ▶ fastueux, grandiose, magnifique, princier, somptueux, splendide.

royalement adv. 1 *Recevoir qqn royalement* ▶ fastueusement, magnifiquement, princièrement, somptueusement, splendidement. 2 Fam. *Se moquer royalement de qqch* ▶ complètement, souverainement, totalement.

royalisme n. m. ▶ monarchisme.

royaliste adj. et n. ▶ monarchiste.

royalties n. f. pl. ▶ redevance.

royaume n. m. 1 *L'Espagne est un royaume* ▶ monarchie, royauté. 2 Fig. *C'est le royaume des amateurs de vieilles voitures* ▶ mecque (fam.), paradis.

royauté n. f. 1 *Renoncer à la royauté* ▶ couronne, sceptre, trône. 2 *Le déclin de la royauté* ▶ monarchie.

ruban n. m. *Un paquet d'enveloppes entouré par un ruban* ▶ faveur.

rubicond, onde adj. *Un visage rubicond* ▶ congestionné, cramoisi, écarlate, empourpré, enluminé, rouge, rougeaud, sanguin.

rubrique n. f. *Les rubriques d'un budget* ▶ section, titre.

ruche n. f. Fig. *Ce quartier est une véritable ruche* ▶ fourmilière.

rude adj. 1 *Un homme rude* ▶ bourru, fruste, rustique, sauvage. 2 *Être rude avec qqn* ▶ brutal, sec, sévère. 3 *Une étoffe rude* ▶ râpeux, rêche, rugueux. 4 *Un climat rude* ▶ âpre, difficile, dur, inclément (litt.), pénible, rigoureux, sévère. 5 *Un rude adversaire* ▶ redoutable. 6 Fam. *Une rude chance* ▶ beau, drôle de (fam.), fameux, joli, sacré (fam.), terrible (fam.).

rudement adv. 1 *Traiter qqn rudement* ▶ brutalement, durement, sèchement. 2 Fam. *Elle est rudement belle* ▶ bigrement (fam.), diablement (fam.), drôlement (fam.), extrêmement, fameusement (fam.), joliment (fam.), sacrément (fam.), terriblement, très.

rudesse n. f. 1 *Traiter qqn avec rudesse* ▶ brusquerie, brutalité, dureté, sécheresse, sévérité. 2 *La rudesse d'un climat* ▶ âpreté, dureté, inclémence (litt.), rigueur.

rudiment n. m. **1** *Les ancêtres des oiseaux n'avaient que des rudiments d'ailes* ▶ commencement, ébauche. **2** Plur. *Les rudiments de la chimie* ▶ a.b.c, b.a.-ba, bases, éléments, notions, principes.

rudimentaire adj. *Une argumentation rudimentaire* ▶ élémentaire, fruste, indigent, pauvre, schématique, simpliste, sommaire.

rudoyer v. ▶ brusquer, brutaliser, étriller, houspiller (fam.), malmener, maltraiter, molester, secouer.

rue n. f. **1** *Connaître toutes les rues de Paris* ▶ artère, voie. **2** *Traverser la rue* ▶ chaussée. **3 à la rue** ▶ dehors, sans abri, sans domicile.

ruée n. f. *S'attendre à une ruée de touristes* ▶ afflux, déferlement, flot, marée, rush, vague.

ruelle n. f. ▶ venelle (vx).

ruer v. **1 ruer dans les brancards** ▶ s'indigner, s'insurger, protester, se rebeller, se rebiffer, se récrier, regimber, résister. **2 se ruer** *Se ruer vers la sortie* ▶ bondir, s'élancer, foncer, fondre, se jeter, piquer (litt.), se précipiter.

rugby n. m. ▶ ballon ovale.

rugir v. **1** *Un tigre qui rugit* ▶ feuler, rauquer. **2** Fig. *Une tempête qui rugit* ▶ hurler, mugir. **3** Fig. *Faire rugir un moteur* ▶ vrombir. **4** Fig. *Rugir des insultes* ▶ crier, gueuler (fam.), hurler, vociférer.

rugissement n. m. **1** Fig. *Le rugissement d'une tempête* ▶ hurlement, mugissement. **2** Fig. *Des rugissements de colère* ▶ hurlement, vocifération. **3** Fig. *Le rugissement d'un moteur* ▶ vrombissement.

rugosité n. f. *Limer des rugosités* ▶ aspérité.

rugueux, euse adj. **1** *Une surface rugueuse* ▶ raboteux, râpeux, rêche. **2** Fig. *Un vin rugueux* ▶ âpre, râpeux, rêche.

ruine n. f. **1** *Assister à la ruine d'un empire* ▶ anéantissement, chute, débâcle, décadence, dégradation, délabrement, déliquescence, démantèlement, démolition, dépérissement, déroute, désagrégation, destruction, dislocation, dissolution, écroulement, effondrement, naufrage, renversement. **2** *Un chef d'entreprise au bord de la ruine* ▶ banqueroute, débâcle, déconfiture, faillite, liquidation, naufrage. **3** *Cinq enfants à nourrir, c'est une ruine* ▶ gouffre. **4** Plur. *Se promener au milieu des ruines* ▶ débris, décombres, restes, vestiges. **5** Litt. *Semer la ruine et le chaos* ▶ désolation, destruction, dévastation, ravage. **6** Fig. *Le pauvre homme n'est plus qu'une ruine* ▶ déchet, épave, loque.

ruiné, ée adj. *Un aristocrate ruiné* ▶ décavé (fam.).

ruiner v. **1** Litt. *La grêle a ruiné la moisson* ▶ anéantir, détruire, dévaster, ravager, saccager. **2** *Le krach l'a ruiné* ▶ couler (fam.), dépouiller, lessiver (fam.), mettre sur la paille (fam.), nettoyer (fam.). **3** Fig. *Ruiner les espoirs de qqn* ▶ abattre, anéantir, annihiler. **4** Fig. *Ruiner la réputation de qqn* ▶ briser, miner, perdre, saper. **5** Fig. *Tout ce travail lui a ruiné la santé* ▶ altérer, consumer, détériorer, détruire, esquinter.

ruineux, euse adj. ▶ cher, coûteux, dispendieux, exorbitant, onéreux, prohibitif, salé (fam.).

ruisseler v. **1** *La sueur lui ruisselait du front* ▶ couler, dégouliner, dégoutter. **2** Fig. *Ruisseler de lumière* ▶ rayonner, resplendir.

ruisselet n. m. ▶ ru (vx).

ruissellement n. ▶ dégoulinement, écoulement.

rumeur n. f. **1** *La rumeur d'un auditoire* ▶ bourdonnement, brouhaha, bruit, murmure. **2** *J'ai déjà entendu cette rumeur, mais je ne sais pas si c'est vrai* ▶ bruit, on-dit.

ruminer v. Fig. et fam. *Ruminer de sombres desseins* ▶ remâcher, ressasser.

rupestre adj. *Des peintures rupestres* ▶ pariétal.

rupture n. f. **1** *La rupture d'un assemblage métallique* ▶ brisure, cassure, dislocation. **2** *La rupture d'une négociation* ▶ arrêt, cessation. **3** *La rupture d'un contrat* ▶ annulation, invalidation, rescision, résiliation, révocation. **4** *Une suite de phénomènes qui se déroulent sans rupture* ▶ coupure, hiatus, interruption, solution de continuité. **5** *Il y a une rupture de ton manifeste entre les deux parties de ce roman* ▶ changement, décalage, écart. **6** *Une rupture entre deux personnes* ▶ brouille, cassure, divorce, séparation.

rural, ale adj. *Le monde rural* ▶ agricole, campagnard, paysan.

ruse n. f. **1** *Attention, c'est peut-être une ruse* ▶ artifice, astuce, feinte, piège, stratagème, subterfuge. **2** *Un homme plein de ruse* ▶ cautèle (litt.), finesse, habileté, malice, matoiserie (litt.), roublardise, rouerie. **3** *Les ruses d'un jeune arriviste* ▶ astuce, combine (fam.), fourberie, intrigue, rouerie, stratagème.

rusé, ée adj. ▶ adroit, astucieux, cauteleux (litt.), fin, finaud, futé, habile, madré (litt.), malicieux, malin, matois (litt.), retors, roublard, roué, subtil.

ruser v. ▶ biaiser, finasser, louvoyer, manœuvrer.

rush n. m. **1** *Le rush des vacanciers* ▶ afflux, déferlement, flot, marée, ruée, vague. **2** *Visionner des rushes* ▶ épreuve de tournage.

rustaud, aude adj. ▶ balourd (fam.), fruste, grossier, lourd (fam.), lourdaud (fam.), rustique, rustre.

rusticité n. f. ▶ balourdise (fam.), grossièreté, lourdeur, rustauderie (vx).

rustique adj. **1** Litt. *La vie rustique* ▶ campagnard, champêtre, rural. **2** *Des manières rustiques* ▶ abrupt, fruste, grossier, inculte, rude, rustaud, rustre. **3** *Une plante rustique* ▶ résistant, robuste.

rustre adj. *Des manières rustres* ▶ discourtois, fruste, grossier, rustaud, rustique.

rustre n. m. *Ne fréquentez pas ces rustres* ▶ brute, butor, goujat, malappris, malotru, mufle, pignouf (fam.), rustaud.

rut (en) adj. ▶ en chaleur, en chasse.

rutilant, ante adj. ▶ brillant, éblouissant, éclatant, étincelant, flamboyant, resplendissant.

rutiler v. ▶ briller, étinceler, flamboyer, resplendir.

rythme n. m. **1** *Le rythme d'une phrase* ▶ cadence, mouvement, nombre. **2** *Un rythme rapide* ▶ allure, cadence, mouvement, tempo. **3** *Danser en rythme* ▶ cadence, mesure. **4** Fig. *Accélérer le rythme des réformes* ▶ allure, marche, vitesse.

rythmé, ée adj. *Une phrase rythmée* ▶ cadencé, nombreux.

rythmer v. **1** *Rythmer une phrase* ▶ cadencer. **2** *Les offices qui rythment la vie des religieuses* ▶ régler, scander.

S

sabbat n. m. Fig. *Faire un sabbat de tous les diables sur le palier* ▶ boucan (fam.), chahut, raffut (fam.), ramdam (fam.), sarabande, tapage.

sabir n. m. Fig. *S'exprimer dans un sabir incompréhensible* ▶ baragouin (fam.), charabia (fam.), jargon.

sable adj. *Des planches de pin de couleur sable* ▶ beige.

sabotage n. m. Fig. *Il a travaillé trop vite, c'est un vrai sabotage* ▶ bâclage, bousillage (fam.).

saboter v. 1 Fig. *Saboter un travail* ▶ bâcler, bousiller (fam.), cochonner (fam.), gâcher. 2 Fig. *Saboter une négociation* ▶ torpiller.

sabrer v. 1 Fig. *Il faudrait sabrer beaucoup de choses dans cet article* ▶ biffer, couper, effacer, enlever, supprimer. 2 Fig. *Sabrer qqn à un examen* ▶ sacquer (fam.).

sac n. m. 1 *Un sac en papier* ▶ poche. 2 *Le sac d'une ville* ▶ pillage, saccage. 3 **sac à dos** ▶ havresac (vx). 4 **sac à provisions** ▶ cabas.

saccade n. f. ▶ à-coup, secousse, soubresaut.

saccadé, ée adj. *Une voix au débit saccadé* ▶ haché, heurté, irrégulier.

saccage n. m. 1 *Les saccages commis par des envahisseurs* ▶ déprédation, destruction, dévastation, pillage, ravage. 2 *Le saccage d'une ville* ▶ pillage, sac.

saccager v. 1 *Des soldats ennemis ont saccagé la région* ▶ désoler (litt.), dévaster, mettre à sac, piller, ravager, razzier, ruiner. 2 *Tout saccager dans une chambre* ▶ abîmer, bouleverser, chambouler (fam.), détruire.

sacerdoce n. m. *Exercer son sacerdoce dans une petite paroisse* ▶ ministère.

sachet n. m. *Un sachet de bonbons* ▶ paquet, poche.

sacoche n. f. ▶ musette.

sacraliser v. Fig. *Une société qui sacralise l'argent* ▶ déifier (litt.), diviniser, sanctifier.

sacre n. m. 1 *Le sacre d'un roi* ▶ couronnement. 2 Fig. *Cette récompense sera le sacre de sa carrière* ▶ apothéose, consécration, couronnement, triomphe.

sacré, ée adj. 1 *Une enceinte sacrée* ▶ béni, consacré. 2 *Un chant sacré* ▶ liturgique, religieux, rituel. 3 Fig. *Un principe sacré* ▶ intangible, intouchable, inviolable, révéré, sacro-saint, tabou, vénérable. 4 Fam. *C'est un sacré menteur* ▶ achevé, consommé, fameux, fieffé, fier (litt.).

sacré n. m. *Le sacré et le profane* ▶ religieux.

sacrer v. *Sacrer un roi* ▶ couronner, introniser.

sacrifice n. m. 1 *Avoir l'esprit de sacrifice* ▶ abnégation, renoncement. 2 Fig. *S'imposer des sacrifices pour faire faire des études à ses enfants* ▶ privation.

sacrifier v. 1 *Sacrifier un taureau aux dieux* ▶ immoler. 2 Fig. *Sacrifier des marchandises en fin de saison* ▶ bazarder (fam.), brader, liquider. 3 *Sacrifier à une mode* ▶ se conformer à, obéir à, suivre. 4 **se sacrifier** *Se sacrifier à une cause* ▶ se dévouer, s'immoler (litt.).

sacrilège adj. Litt. *Une main sacrilège* ▶ impie, profanateur (litt.).

sacrilège n. m. *Commettre un sacrilège épouvantable* ▶ profanation.

sacripant n. m. ▶ chenapan, coquin, fripon, garnement, gredin, pendard (litt.), vaurien.

sacristain n. m. ▶ bedeau.

sacro-saint, sainte adj. ▶ intouchable, inviolable, sacré, tabou.

sadique adj. *Un crime sadique* ▶ atroce, barbare, bestial, cruel, inhumain, sanguinaire, sauvage.

sadique n. *Tomber aux mains d'un sadique* ▶ tortionnaire.

sadiquement adv. *Se comporter sadiquement avec des prisonniers* ▶ cruellement, férocement, sauvagement.

sadisme n. m. *Être victime du sadisme de ses condisciples* ▶ barbarie, bestialité, cruauté, sauvagerie.

saga n. f. *Une grande saga romanesque* ▶ cycle.

sagace adj. ▶ avisé, clairvoyant, fin, intelligent, pénétrant, perspicace, subtil.

sagacité n. f. ▶ clairvoyance, discernement, finesse, intelligence, pénétration, perspicacité, subtilité.

sage adj. **1** *Un sage vieillard* ▶ avisé, circonspect, prudent, réfléchi, sensé. **2** *Une sage décision* ▶ judicieux, prudent, raisonnable, sensé. **3** *Un enfant sage* ▶ calme, docile, doux, gentil, obéissant, tranquille. **4** *Une robe sage* ▶ chaste, correct, décent.

sage-femme n. f. ▶ accoucheuse.

sagement adv. **1** *Attendez-moi sagement ici* ▶ calmement, gentiment, tranquillement. **2** *Vous agiriez sagement en vous tenant en retrait* ▶ prudemment.

sagesse n. f. **1** *Avoir assez de sagesse pour éviter les provocations* ▶ bon sens, circonspection, discernement, maturité, mesure, modération, pondération, prudence, raison. **2** *Un enfant d'une sagesse exemplaire* ▶ calme, docilité, douceur, obéissance, tranquillité.

saignement n. m. ▶ hémorragie.

saigner v. **1** *Saigner un porc* ▶ égorger. **2** Fig. *Saigner un débiteur* ▶ dépouiller, pressurer, rançonner.

saillant, ante adj. **1** *Une pomme d'Adam saillante* ▶ proéminent, protubérant. **2** *Un fait saillant* ▶ frappant, marquant, mémorable, notable, remarquable.

saillie n. f. **1** *Une saillie dans la roche* ▶ aspérité, avancée, proéminence, protubérance. **2** *L'époque de la saillie* ▶ accouplement, monte. **3** Litt. *Multiplier les saillies à la fin d'un repas* ▶ boutade, mot d'esprit, trait (litt.). **4** *en saillie Une falaise en saillie au-dessus d'une plage* ▶ en surplomb.

saillir v. **1** *Des rochers qui saillent au-dessus d'une falaise* ▶ avancer, déborder, dépasser, se détacher, ressortir, surplomber. **2** *Saillir une jument* ▶ s'accoupler avec, couvrir, monter.

sain, saine adj. **1** *Un enfant sain* ▶ bien portant, en bonne santé. **2** *Un climat sain* ▶ hygiénique, profitable, salubre, salutaire, tonique. **3** *Une nourriture saine* ▶ équilibré. **4** Fig. *Un jugement sain* ▶ judicieux, juste, raisonnable, sage, sensé. **5** *sain et sauf* ▶ entier, indemne, sauf (litt.).

sainement adv. **1** *Vivre sainement* ▶ hygiéniquement. **2** Fig. *Apprécier sainement un problème* ▶ correctement, raisonnablement.

saint, sainte adj. **1** *Des âmes saintes* ▶ bienheureux, élu. **2** *Se moquer des choses les plus saintes* ▶ auguste (litt.), respectable, sacré, vénérable.

saisie n. f. **1** *La saisie des biens* ▶ confiscation. **2** *La saisie des données* ▶ enregistrement. **3** Spécialement sur un clavier ▶ frappe.

saisir v. **1** *Saisir une corde* ▶ accrocher, agripper, attraper, s'emparer de, empoigner, happer, prendre. **2** *Saisir des biens* ▶ confisquer. **3** *Saisir un texte* ▶ enregistrer, taper. **4** *Ne pas bien saisir un problème* ▶ appréhender (vx), comprendre, concevoir, percevoir, piger (fam.), réaliser. **5** *Des nuances difficiles à saisir* ▶ discerner, percevoir. **6** Fig. *Ce spectacle nous a tous saisis* ▶ ébahir, ébranler, émouvoir, frapper, impressionner, méduser, pétrifier, retourner, secouer, sidérer, stupéfier, surprendre. **7** *se saisir Des troupes qui se saisissent d'une place* ▶ conquérir, s'emparer de, prendre, se rendre maître de.

saisissable adj. *Des nuances peu saisissables* ▶ discernable, perceptible, sensible.

saisissant, ante adj. **1** *Une représentation saisissante des horreurs de la guerre* ▶ frappant, impressionnant, poignant. **2** *Elle a changé de façon saisissante* ▶ époustouflant, extraordinaire, inouï, renversant, sidérant, soufflant (fam.), stupéfiant.

saisissement n. m. **1** Litt. *Cette nouvelle lui a causé un tel saisissement qu'il est tombé mort* ▶ choc, coup, émotion, secousse. **2** Litt. *S'évanouir de saisissement* ▶ ébahissement, stupéfaction, stupeur, surprise.

saison n. f. **1** Fig. *Les saisons de la vie* ▶ âge, époque, moment, période, temps. **2** *hors de saison Intervenir hors de saison* ▶ à contretemps, hors de propos, mal à propos.

salaire n. m. **1** *Un salaire mensuel* ▶ appointements, émoluments, fixe, paye, rémunération, rétribution, traitement. **2** Fig. *Recevoir le salaire de ses crimes* ▶ châtiment, prix, punition, récompense, sanction.

salarié, ée n. ▶ employé, travailleur.

salarier v. ▶ appointer, payer, rémunérer, rétribuer.

sale adj. **1** *Un vêtement sale* ▶ cradingue (fam.), crasseux, malpropre, souillé (litt.). **2** *Un sale type* ▶ dégoûtant, dégueulasse (fam.), détestable, ignoble, immonde, infâme, infect, méprisable, répugnant. **3** Fig. *Une sale affaire de chantage* ▶ dangereux, embêtant (fam.), ennuyeux, mauvais, méchant, vilain.

sale n. f. *Une petite sale* ▶ dégoûtante, vicieuse.

salé, ée adj. **1** Fig. *Une histoire salée* ▶ cru, épicé, gaulois, grivois, leste, licencieux, obscène, pimenté, poivré. **2** Fig. *L'addition est un peu salée* ▶ cher, élevé.

salement adv. **1** *Manger salement* ▶ malproprement. **2** Fam. *Il était salement content* ▶ drôlement, rudement, sacrément (fam.), vachement (fam.).

saleté n. f. **1** *Nettoyer un mur couvert de saletés* ▶ cochonnerie (fam.), salissure, tache. **2** *Se complaire dans la saleté* ▶ crasse, immondice (litt.), malpropreté. **3** Fig. *Faire une saleté à qqn* ▶ crasse (fam.), méchanceté, rosserie, vacherie (fam.), vilenie (litt.). **4** Fig. *Cet article est un tissu de saletés* ▶ cochonnerie (fam.), grossièreté, immondice, infamie, obscénité, ordure.

salir v. **1** *Salir ses vêtements* ▶ cochonner (fam.), maculer, tacher. **2** Fig. *Salir un honnête homme en le calomniant* ▶ diffamer. **3** Fig. *Une manœuvre de ce genre vous salirait irrémédiablement* ▶ déshonorer. **4** Fig. *Salir la réputation de qqn* ▶ éclabousser, entacher, flétrir (litt.), souiller, ternir.

salissure n. f. ▶ saleté, tache.

salle n. f. **1** *Une grande salle* ▶ pièce. **2** Fig. *Une salle attentive* ▶ assistance, auditeurs, auditoire, public, spectateurs. **3 salle d'audience** ▶ prétoire, tribunal. **4 salle de séjour** ▶ living-room, salon.

salon n. m. **1** *Passer un moment au salon* ▶ living-room, salle de séjour. **2** Fig. *Tenir un stand dans un Salon* ▶ exposition, foire.

salopette n. f. *Enfiler une salopette* ▶ bleu, combinaison.

saltimbanque n. ▶ artiste forain, baladin (vx), bateleur (vx).

salubre adj. *Vanter l'haltérophilie comme une activité salubre* ▶ hygiénique, sain.

salubrité n. f. *La salubrité d'un local* ▶ hygiène.

saluer v. **1** *Un comédien qui salue à la fin d'une représentation* ▶ s'incliner. **2** *Saluer le courage de qqn* ▶ honorer, rendre hommage à.

salut n. m. **1** *Adresser un salut amical à qqn* ▶ bonjour. **2** *Ne devoir son salut qu'à la fuite* ▶ sauvegarde. **3** Litt. *Prier pour le salut de son âme* ▶ rachat (litt.), rédemption (litt.).

salutaire adj. **1** *Un remède salutaire* ▶ bienfaisant. **2** Fig. *Un conseil salutaire* ▶ profitable, utile.

salutation n. f. **1** *Une profonde salutation* ▶ courbette, révérence. **2** Plur. *Adresser ses salutations* ▶ civilités, respects.

salve n. f. **1** *Entendre des salves d'armes à feu* ▶ décharge, rafale. **2** *Une salve de canons* ▶ bordée, volée.

sanctifier v. Fig. *Une société qui sanctifie l'argent* ▶ déifier (litt.), diviniser, glorifier, idolâtrer, sacraliser.

sanction n. f. **1** *La sanction de l'emploi d'un mot par l'usage* ▶ confirmation, consécration, entérinement, ratification. **2** *Une sanction sévère* ▶ châtiment, peine, punition.

sanctionner v. **1** *Sanctionner un usage* ▶ confirmer, consacrer, entériner, ratifier. **2** *Sanctionner un abus* ▶ châtier (litt.), punir, réprimer, sévir contre.

sanctuaire n. m. **1** *Un sanctuaire bouddhique* ▶ temple. **2** Fig. et litt. *Les assemblées sont les derniers sanctuaires de l'éloquence* ▶ asile, haut lieu, refuge, temple.

sandow n. m. N. dép. ▶ tendeur.

sang n. m. **1** *Être du même sang que qqn* ▶ ascendance, famille, lignage, lignée, race, souche. **2 mauvais sang** *Se faire du mauvais sang pour qqn* ▶ bile, souci.

sang-froid n. m. **1** ▶ aplomb, assurance, calme, cran (fam.), fermeté, flegme, impassibilité, maîtrise de soi, self-control (fam.). **2 de sang-froid** *Un crime passionnel? Moi je parie qu'il l'a tuée de sang-froid* ▶ délibérément, en toute connaissance de cause, froidement.

sanglant, ante adj. **1** *Un linge sanglant* ▶ ensanglanté, sanguinolent. **2** *Une bataille sanglante* ▶ meurtrier. **3** Fig. *Des reproches sanglants* ▶ violent.

sangle n. f. ▶ courroie.

sangler v. *Son corset lui sangle la taille* ▶ gainer, mouler, serrer.

sanglot n. m. *La maison entière résonne de ses sanglots* ▶ gémissement, larme, plainte, pleur.

sangloter v. ▶ pleurer.

sangsue n. f. Fig. et fam. *Chercher à se défaire d'une sangsue* ▶ pot de colle (fam.), raseur (fam.).

sanguin, ine adj. *Un visage sanguin* ▶ congestionné, cramoisi, écarlate, rubicond.

sanguinaire adj. *Un comportement sanguinaire* ▶ barbare, cruel, féroce, sadique, sauvage, violent.

sanguinolent, ente adj. *Un linge sanguinolent* ▶ ensanglanté, sanglant.

sans-abri n. ▶ sans-logis, s.d.f.

sans-cœur adj. ▶ dur, égoïste, impitoyable, inhumain, insensible, sec.

sans-emploi n. ▶ chômeur, demandeur d'emploi.

sans-gêne adj. *Des manières sans-gêne* ▶ cavalier, désinvolte, familier, libre.

sans-gêne n. m. *Être d'un sans-gêne révoltant* ▶ audace, désinvolture, familiarité, outrecuidance (litt.).

santé n. f. **1** *Préserver sa santé* ▶ équilibre, forme. **2 en bonne santé** *Un enfant en bonne santé* ▶ bien portant, sain.

saper v. **1** *La mer sape les falaises* ▶ affouiller, attaquer, creuser, éroder, miner, ronger. **2** Fig. *Saper l'autorité de qqn* ▶ affaiblir, battre en brèche, ébranler, miner.

saphisme n. f. ▶ lesbianisme, tribadisme (litt.).

sapidité n. f. ▶ goût, saveur.

sarabande n. f. Fig. *Faire une sarabande épouvantable* ▶ boucan (fam.), raffut (fam.), tapage, vacarme.

sarcasme n. m. *Abreuver qqn de sarcasmes* ▶ brocard (litt.), épigramme, flèche (litt.), lazzi (litt.), moquerie, pique, pointe, quolibet, raillerie, trait (litt.), vanne (fam.).

sarcastique adj. *Répliquer d'un ton sarcastique* ▶ caustique, mordant, persifleur, railleur.

sarclage n. m. ▶ binage.

sarcler v. ▶ biner.

sardonique adj. *Un rire sardonique* ▶ démoniaque.

sarrasin n. m. ▶ blé noir.

sas n. m. *Passer du grain dans un sas* ▶ crible, tamis.

satanique adj. ▶ démoniaque, diabolique, infernal, méphistophélique (litt.).

satiété n. f. **1** ▶ saturation. **2 à satiété** ▶ à gogo (fam.), à profusion, à souhait, à volonté, tout son soûl.

satiné, ée adj. **1** *Du tissu satiné* ▶ lustré. **2** *Une peau satinée* ▶ doux, velouté.

satire n. f. *Une amusante satire des milieux de l'édition* ▶ caricature, charge, parodie.

satirique adj. **1** *Une description satirique de la société moderne* ▶ parodique. **2** *Un esprit satirique* ▶ caustique, mordant, railleur.

satisfaction n. f. **1** *La satisfaction d'un désir* ▶ apaisement, assouvissement, contentement. **2** *Constater avec satisfaction qu'on ne s'est pas trompé* ▶ fierté, joie, plaisir.

satisfaire v. **1** *Pourquoi n'avez-vous pas voulu satisfaire son désir ?* ▶ apaiser, assouvir, combler, contenter, exaucer. **2** *Cela le satisfait-il ?* ▶ agréer à (litt.), convenir à, plaire à. **3** *Satisfaire à ses obligations* ▶ accomplir, s'acquitter de, se conformer à, exécuter, faire face à, observer, remplir, respecter, se soumettre à. **4** *Cette candidature satisfait-elle aux critères définis par le décret ?* ▶ correspondre à, obéir à, répondre à, respecter. **5 se satisfaire** *Se satisfaire du peu que l'on a* ▶ s'accommoder, s'arranger, se contenter.

satisfaisant, ante adj. *Une note satisfaisante* ▶ acceptable, convenable, correct, honnête, honorable, suffisant.

satisfait, aite adj. **1** *Être satisfait de sa nouvelle télévision* ▶ content, heureux. **2** *Prendre un petit air satisfait* ▶ arrogant, avantageux, prétentieux, suffisant. **3** *Afficher l'optimisme le plus satisfait* ▶ béat.

saturateur n. m. ▶ humidificateur.

saturation n. f. Fig. *L'excès de plaisir produit-il vraiment un effet de saturation ?* ▶ lassitude, ras-le-bol (fam.), satiété.

saturé, ée adj. *Une éponge saturée d'eau* ▶ gonflé, plein, rempli.

saturer v. **1** Fig. *Saturer le public d'annonces publicitaires* ▶ gaver, gorger. **2** Fig. *Saturer qqn à force de lui parler tout le temps de la même chose* ▶ dégoûter, écœurer, fatiguer, lasser, soûler.

satyre n. m. **1** *Les cornes des satyres* ▶ chèvre-pied (litt.), faune, sylvain (litt.). **2** Fig. *Être en butte à un vieux satyre* ▶ cochon (fam.), obsédé, pervers, vicieux.

saucissonné, ée adj. Fam. ▶ boudiné, engoncé, serré.

sauf, sauve adj. **1** Litt. *Par bonheur ils sont saufs* ▶ entier, indemne, sain et sauf. **2** Fig. *L'honneur est sauf* ▶ intact.

sauf prép. *Tout le monde le sait, sauf son mari* ▶ à l'exception de, à part, excepté, hormis.

sauf-conduit n. m. ▶ laissez-passer.

saugrenu, ue adj. ▶ aberrant, absurde, baroque, bizarre, burlesque, étrange, extravagant, farfelu (fam.), insolite, loufoque (fam.), original, singulier.

saumâtre adj. Fig. et fam. *Cette visite lui a laissé une impression très saumâtre* ▶ amer, déplaisant, désagréable, pénible.

saupoudrer v. Fig. *Saupoudrer un discours de citations* ▶ consteller, émailler, parsemer.

saut n. m. **1** *Les sauts d'un kangourou* ▶ bond, gambade. **2** *Le saut d'un parachutiste* ▶ plongeon.

saute n. f. *Être sujet à de fréquentes sautes d'humeur* ▶ changement, modification.

sauter v. **1** *Des chamois qui sautent de rocher en rocher* ▶ bondir, gambader. **2** *Sau-*

sautillant

ter dans le vide ▶ s'élancer, se jeter, plonger, se précipiter. **3** *Un puma qui saute sur sa proie* ▶ s'élancer, fondre, se jeter, se précipiter, se ruer, tomber. **4** *Sauter un obstacle* ▶ enjamber, franchir, passer. **5** *Sauter une ligne en recopiant* ▶ manquer, négliger, omettre, oublier, passer. **6** *La poudrière a sauté* ▶ exploser, voler en éclats.

sautillant, ante adj. Fig. *Un style sautillant* ▶ décousu, haché.

sautoir n. m. Litt. *Le sautoir de grand officier de la Légion d'honneur* ▶ collier.

sauvage adj. **1** *La nature sauvage des félins* ▶ farouche, indompté (litt.). **2** *Cet enfant est un peu sauvage* ▶ farouche, insociable, méfiant, ombrageux. **3** *Un cri sauvage* ▶ bestial, violent. **4** *Un endroit sauvage* ▶ abandonné, désert, désolé, inhabité, retiré, solitaire. **5** *Une usine paralysée par une grève sauvage* ▶ illégal, illicite.

sauvage n. Fig. *Quelle bande de sauvages!* ▶ brute, butor, goujat, grossier personnage, malotru (litt.), mufle, rustre.

sauvagerie n. f. *La sauvagerie d'un crime* ▶ barbarie, bestialité, brutalité, cruauté, férocité, sadisme.

sauvegarde n. f. **1** *Assurer la sauvegarde des libertés fondamentales* ▶ conservation, défense, maintien, préservation, protection. **2** *Se placer sous la sauvegarde de la justice* ▶ égide (litt.), protection, tutelle. **3** Fig. et litt. *Sa laideur est la sauvegarde de sa moralité* ▶ bouclier, gage, garantie, rempart, soutien.

sauvegarder v. *Sauvegarder les libertés* ▶ conserver, défendre, maintenir, préserver, protéger, sauver.

sauve-qui-peut n. m. ▶ débandade, déroute, fuite.

sauver v. **1** *Sauver un malade* ▶ guérir, tirer d'affaire. **2** *Sauver qqn d'un mauvais pas* ▶ arracher à, sortir de, tirer de (fam.). **3** *Essayer de sauver sa peau* ▶ défendre, préserver, protéger, sauvegarder. **4 se sauver** *Se sauver à toutes jambes* ▶ se barrer (fam.), se carapater (fam.), décamper, déguerpir, détaler (fam.), s'enfuir, filer, fuir, se tailler (fam.), se tirer (fam.).

sauveteur n. m. ▶ secouriste.

sauvette (à la) adv. Fig. et fam. *Se marier à la sauvette* ▶ en toute hâte, furtivement, précipitamment.

sauveur n. m. **1** *Vous êtes mon sauveur* ▶ bienfaiteur, messie, providence. **2** *Un pays qui se cherche un sauveur* ▶ homme providentiel.

savamment adv. **1** *Parler savamment* ▶ doctement (litt.). **2** *Manœuvrer savamment* ▶ adroitement, finement, habilement, ingénieusement, intelligemment.

savant, ante adj. **1** *Un professeur très savant* ▶ calé (fam.), compétent, cultivé, docte (litt.), érudit, fort. **2** *Employer des mots savants* ▶ calé (fam.), compliqué, difficile, recherché.

savant n. m. **1** *Les travaux d'un savant sur l'origine de la langue basque* ▶ érudit. **2** *Un savant fou* ▶ inventeur.

saveur n. f. **1** *La saveur d'un plat* ▶ goût, sapidité. **2** Fig. *La saveur d'une histoire* ▶ piment, piquant, plaisant (litt.), sel.

savoir v. **1** *Savoir la dernière nouvelle* ▶ connaître, être au courant de, être au fait de, être informé de, être instruit de. **2** *Savoir le latin* ▶ connaître, dominer, maîtriser, posséder. **3** *Savoir réparer un vélo* ▶ être à même de, être capable de, être en état de, être en mesure de, pouvoir.

savoir n. m. *Nous avons été étonnés de l'ampleur de son savoir dans ce domaine* ▶ connaissances, culture, érudition, instruction, science.

savoir-faire n. m. *La réalisation de cette maquette a demandé un grand savoir-faire* ▶ adresse, art (litt.), compétence, dextérité, doigté, expérience, habileté, pratique.

savoir-vivre n. m. *Les règles du savoir-vivre* ▶ bienséance, bonne éducation, civilité, correction, politesse, urbanité (litt.).

savon n. m. Fig. et fam. *Avoir droit à un savon du directeur général lui-même* ▶ admonestation (litt.), algarade, engueulade (fam.), remontrance, réprimande, semonce (litt.).

savourer v. **1** *Savourer un plat* ▶ apprécier, déguster, goûter, se régaler de. **2** *Savourer un repos bien mérité* ▶ apprécier, goûter, jouir de, profiter de.

savoureux, euse adj. **1** *Un repas savoureux* ▶ délectable (litt.), délicieux, exquis, succulent. **2** *Un récit savoureux* ▶ piquant, plaisant.

sbire n. m. ▶ homme de main, nervi (litt.), spadassin (litt.).

scabreux, euse adj. **1** *Une plaisanterie scabreuse* ▶ cru, épicé, hardi, leste, libre, licencieux, osé, pimenté, poivré, salé. **2** *Se lancer là-dedans sans aucune préparation, c'est un peu scabreux, non ?* ▶ délicat, difficile, osé, périlleux, risqué. **3** *La conversation a dévié sur un sujet un peu scabreux* ▶ délicat, embarrassant, épineux, inconfortable.

scalpel n. m. ▶ bistouri.

scandale n. m. **1** *Dire des choses pareilles, c'est un scandale!* ▶ abomination (litt.), honte, horreur, infamie. **2** *Faire du scandale* ▶ barouf (fam.), foin (fam.), pétard (fam.), tapage. **3** *Faire un scandale* ▶ éclat, esclandre (litt.). **4** *Les scandales qui minent la vie politique* ▶ affaire. **5** *Au grand scandale des auditeurs* ▶ émotion, indignation.

scandaleux, euse adj. *Une désinvolture scandaleuse* ▶ choquant, éhonté, épouvantable, honteux, indigne, révoltant.

scandaliser v. **1** *Cette affaire m'a scandalisé* ▶ choquer, indigner, outrer, révolter, suffoquer. **2** **se scandaliser** *Se scandaliser d'une simple plaisanterie* ▶ se formaliser, se froisser, s'indigner, s'offusquer.

scander v. Fig. *Scander son discours de coups de poing sur la table* ▶ ponctuer, rythmer.

scandinave adj. *Une jeune fille de type scandinave* ▶ nordique.

scarification n. f. ▶ entaille, incision.

scarifier v. ▶ entailler, inciser.

scatophile adj. ▶ coprophage, stercoraire.

sceau n. m. **1** *Apposer son sceau sur une enveloppe* ▶ cachet, estampille. **2** Fig. *Reconnaître le sceau d'un écrivain* ▶ cachet, empreinte, griffe, marque, patte, style.

scélérat, ate adj. Litt. *Des lois scélérates* ▶ infâme, perfide (litt.).

scélérat, ate n. Litt. ▶ bandit, canaille, coquin (litt.), fripouille, gredin, vaurien, vermine.

sceller v. **1** *Sceller une bouteille, un colis* ▶ cacheter, plomber. **2** Fig. *Cette fête va sceller notre réconciliation* ▶ confirmer, consacrer, entériner, ratifier, sanctionner.

scénario n. m. **1** *Le scénario d'un roman* ▶ canevas, histoire, intrigue, synopsis, trame. **2** Fig. *L'enlèvement a été perpétré selon un scénario soigneusement mis au point* ▶ plan.

scène n. f. **1** *Monter sur la scène* ▶ planches. **2** *La scène représente le palais d'Auguste* ▶ décor. **3** *Ce jardin a été la scène de crimes atroces* ▶ théâtre. **4** *La scène politique* ▶ échiquier. **5** *Il y a quelques scènes intéressantes dans ce film* ▶ passage, séquence. **6** *Une scène attendrissante* ▶ spectacle, tableau. **7** *Une famille où il y a des scènes perpétuelles* ▶ accrochage, algarade (litt.), altercation, discussion, dispute, drame, engueulade (fam.), heurt, prise de bec, querelle.

scénique adj. *L'art scénique* ▶ théâtral.

scepticisme n. m. ▶ doute, incrédulité, pyrrhonisme (litt.).

sceptique adj. *Accueillir une promesse avec une moue sceptique* ▶ dubitatif, incrédule.

schéma n. m. **1** *Un schéma du système digestif* ▶ croquis, dessin, diagramme, plan, représentation. **2** *Le schéma d'une intrigue dramatique* ▶ canevas, esquisse, plan, trame.

schématique adj. **1** *Une description schématique* ▶ bref, concis, condensé, ramassé, résumé, simplifié, sommaire, succinct. **2** *Avec une valeur péjorative* ▶ grossier, rudimentaire, simpliste, sommaire.

schématiquement adv. *Présenter un problème schématiquement* ▶ brièvement, en gros (fam.), grosso modo (fam.), sommairement, succinctement.

schématisation n. f. *Une argumentation affaiblie par une schématisation excessive* ▶ simplification.

schématiser v. ▶ abréger, condenser, résumer, simplifier.

schisme n. m. Fig. *Un schisme s'est produit dans le parti* ▶ division, scission.

scie n. f. Fig. et fam. *Écouter une scie à la mode* ▶ refrain, rengaine.

sciemment adv. ▶ délibérément, en toute connaissance de cause, exprès, intentionnellement, volontairement.

science n. f. **1** *Pour un homme de votre science!* ▶ culture, érudition, instruction, savoir. **2** *La science d'un peintre* ▶ maîtrise, savoir-faire, technique. **3** *Exceller dans toutes les sciences* ▶ discipline, domaine, matière.

science-fiction n. f. *Lire un roman de science-fiction* ▶ anticipation.

scinder v. ▶ décomposer, diviser, fractionner, fragmenter, morceler, sectionner.

scintillement n. m. **1** *Le scintillement de la lune sur l'eau* ▶ chatoiement (litt.), miroitement. **2** Fig. et litt. *Le scintillement d'un regard* ▶ éclat, pétillement.

scintiller v. **1** *Des lumières qui scintillent dans le lointain* ▶ brasiller (litt.), briller, clignoter, luire, miroiter. **2** *Un diamant qui scintille de tous ses feux* ▶ briller, étinceler, flamboyer, luire, miroiter.

scission n. f. *Une scission s'est produite dans le parti* ▶ division, schisme.

sclérose

sclérose n. f. Fig. *La sclérose d'un système administratif incapable de se renouveler* ▸ blocage, fossilisation, momification.

scléroser (se) v. Fig. *Une société qui se sclérose* ▸ se bloquer, se figer, se fossiliser, se momifier.

scolarité n. f. ▸ cursus, études.

scoop n. m. ▸ exclusivité.

score n. m. ▸ marque, résultat.

scorie n. f. *Des scories volcaniques* ▸ cendre, déchet, poussière, résidu.

scotch n. m. ▸ whisky.

scrupule n. m. **1** *Se conduire mal sans le moindre scrupule* ▸ état d'âme, hésitation, honte, pudeur, vergogne (litt.). **2** *S'acquitter d'un travail avec un grand scrupule* ▸ attention, conscience, exigence, méticulosité, minutie, précision, rigueur, sérieux, soin, zèle.

scrupuleusement adv. ▸ consciencieusement, méticuleusement, minutieusement, précisément, rigoureusement, sérieusement, soigneusement.

scrupuleux, euse adj. **1** *Un employé scrupuleux* ▸ consciencieux, sérieux. **2** *Une enquête scrupuleuse* ▸ attentif, consciencieux, méthodique, méticuleux, minutieux, sérieux, soigneux.

scrutateur, trice adj. *Un regard scrutateur* ▸ inquisiteur, investigateur.

scruter v. **1** *Scruter l'horizon* ▸ examiner, inspecter, observer. **2** Fig. *Scruter le tréfonds de sa conscience* ▸ analyser, disséquer (fam.), éplucher (fam.), étudier, examiner, explorer, fouiller, observer, sonder.

scrutin n. m. ▸ vote.

sculpter v. ▸ ciseler, tailler.

séance n. f. **1** *La séance d'un tribunal* ▸ audience. **2** *Aller au cinéma à la séance de quatorze heures* ▸ représentation. **3 séance tenante** ▸ à l'instant, aussitôt, illico (fam.), immédiatement, incontinent (litt.), sur-le-champ, sur l'heure (litt.), tout de suite.

séant n. m. Litt. ▸ arrière-train (fam.), derrière, fesses, fessier, postérieur.

sec, sèche adj. **1** *Une terre sèche* ▸ aride, ingrat. **2** *Un corps sec* ▸ décharné, émacié, étique, maigre. **3** *Un coup sec* ▸ bref, brusque. **4** *Une réponse sèche* ▸ acerbe, brutal, cassant, cinglant, dur, incisif, mordant, raide, rude. **5** Fig. *Un cœur sec* ▸ de marbre, de pierre, dur, endurci, indifférent, insensible. **6** *Un style sec* ▸ austère, étriqué, pauvre. **7 à sec** *Un puits à sec* ▸ asséché, tari, vide. **8** Fam. *Être à sec en fin de mois* ▸ désargenté, fauché (fam.), raide (fam.), sans le sou.

sécable adj. ▸ divisible.

sécession n. f. *L'implosion d'un syndicat à la suite de la sécession d'une partie de ses membres* ▸ dissidence, rupture, séparation.

sécessionniste adj. et n. ▸ séparatiste.

sèchement adv. Fig. *Répondre sèchement* ▸ brusquement, brutalement, durement, froidement, rudement.

sécher v. **1** *La canicule a séché les ruisseaux* ▸ assécher, tarir, vider. **2** *Sécher de l'encre, du sang* ▸ éponger, essuyer, étancher. **3** *Des fleurs coupées qui sèchent très vite* ▸ se déshydrater, se dessécher, se faner, se flétrir, se racornir.

sécheresse n. f. **1** *La sécheresse d'un sol* ▸ aridité. **2** Fig. *La sécheresse du cœur* ▸ aridité, dureté, froideur, indifférence, insensibilité.

séchoir n. m. ▸ sèche-cheveux.

second, onde adj. et n. **1** ▸ deuxième. **2 en second lieu** ▸ après, ensuite.

second n. m. ▸ adjoint, alter ego, âme damnée (péj.), assistant, auxiliaire, bras droit, collaborateur, éminence grise (péj.), lieutenant.

secondaire adj. ▸ accessoire, annexe, contingent, incident, marginal, mineur, subsidiaire.

secondairement adv. *Surtout préoccupé par sa carrière, il ne s'est intéressé à ses enfants que très secondairement* ▸ accessoirement, incidemment, marginalement, subsidiairement.

seconde n. f. Fig. *S'habiller en une seconde* ▸ clin d'œil, éclair, instant, minute.

seconder v. **1** *Seconder un médecin* ▸ aider, assister, épauler, prêter main-forte à. **2** *Seconder un projet* ▸ appuyer, favoriser, servir, soutenir.

secouer v. **1** *Secouer un arbre* ▸ agiter, remuer. **2** *Secouer la tête en signe de doute* ▸ branler (litt.), hocher. **3** Fig. *La mort de son ami l'a secoué* ▸ bouleverser, choquer, ébranler, perturber, remuer, retourner, tournebouler (fam.), traumatiser. **4** Fig. et fam. *Après une bêtise pareille, il va se faire drôlement secouer* ▸ admonester (litt.), engueuler (fam.), houspiller, réprimander. **5 se secouer** *Secouez-vous un peu, bon sang!* ▸ réagir, se reprendre, se ressaisir.

secourable adj. ▸ bon, charitable, généreux, humain, miséricordieux (litt.).

secourir v. ▸ aider, assister, donner un coup de main à, prêter main-forte à.

secouriste n. ▸ sauveteur.

secours n. m. **1** *Demander le secours d'un médecin* ▸ aide, appui, assistance, concours, soutien. **2** *Des secours pour des familles nécessiteuses* ▸ aide, allocation, don, subside, subvention. **3 au secours** *Appeler qqn au secours* ▸ à l'aide, à la rescousse, en renfort.

secousse n. f. **1** *Les secousses d'un véhicule* ▸ cahot, soubresaut. **2** *Avancer par secousses* ▸ à-coup, saccade. **3** Fig. *Il ne s'est jamais remis de cette secousse* ▸ choc, commotion, coup, ébranlement, traumatisme. **4 secousse sismique** ▸ séisme, tremblement de terre.

secret, ète adj. **1** *Des manœuvres secrètes* ▸ caché, clandestin, occulte, souterrain, subreptice (litt.). **2** *Un escalier secret* ▸ caché, dérobé. **3** *Un message secret* ▸ chiffré, codé. **4** *Confier à son journal ses pensées les plus secrètes* ▸ confidentiel, intime. **5** *Les desseins secrets de la Providence* ▸ impénétrable, insondable, obscur. **6** *Un enfant secret* ▸ cachottier (fam.), dissimulé, fuyant, insaisissable, mystérieux, renfermé, réservé.

secret n. m. **1** *Les secrets de la nature* ▸ arcane (litt.), énigme, mystère. **2** *Explorer les secrets du cœur humain* ▸ repli, tréfonds. **3** *Les secrets d'une affaire d'État* ▸ dessous. **4** *Dans ce genre d'affaires le secret est indispensable* ▸ confidentialité, discrétion, silence. **5** *Quel est votre secret pour réussir ça ?* ▸ procédé, recette, truc (fam.). **6 en secret** *Agir en secret* ▸ à la dérobée, clandestinement, dans l'ombre, en cachette, en catimini, en tapinois (litt.), sans tambour ni trompette (fam.), secrètement, sous le manteau (fam.), subrepticement.

secrètement adv. ▸ à la dérobée, clandestinement, dans l'ombre, en cachette, en catimini, en secret, en tapinois (litt.), sans tambour ni trompette (fam.), sous le manteau (fam.), subrepticement.

sécréter v. ▸ distiller, exsuder.

sectaire adj. *Un esprit sectaire* ▸ fanatique, intolérant, partisan.

sectarisme n. m. ▸ fanatisme, intolérance.

secte n. f. *Les diverses sectes qui s'affrontent à l'intérieur de la linguistique* ▸ chapelle, clan, coterie.

secteur n. m. **1** *Partager une ville en secteurs* ▸ quartier, subdivision, zone. **2** *Un secteur important de l'économie* ▸ branche, domaine, partie. **3** Fam. *Il n'y a personne dans le secteur* ▸ alentours, coin (fam.), environs, parages.

section n. f. **1** *Une section d'autoroute* ▸ partie, portion, segment, tronçon. **2** *Les sections d'un texte* ▸ partie, subdivision.

sectionner v. **1** *Sectionner une artère* ▸ couper, trancher. **2** *Sectionner un service administratif* ▸ diviser, fractionner, fragmenter, morceler, scinder, segmenter, subdiviser.

séculaire adj. **1** *Un chêne deux fois séculaire* ▸ centenaire. **2** *Une tradition séculaire* ▸ ancestral, antique, immémorial.

séculier, ère adj. **1** *Opposer les autorités séculières à celles de l'Église* ▸ civil, laïque. **2** *La puissance séculière de l'Église* ▸ temporel, terrestre.

secundo adv. ▸ deuxièmement.

sécuriser v. ▸ apaiser, calmer, rassurer, tranquilliser.

sécurité n. f. **1** *Avoir un sentiment de sécurité* ▸ confiance, tranquillité. **2** *Assurer la sécurité du territoire* ▸ défense, protection, sûreté. **3 sécurité sociale** ▸ assurances sociales. **4 en sécurité** *Ici vous êtes en sécurité* ▸ à couvert, à l'abri, en sûreté. **5 en toute sécurité** *Vous pouvez y aller en toute sécurité* ▸ en confiance, les yeux fermés, tranquillement.

sédatif, ive adj. et n. m. **1** *Un sédatif pour calmer la douleur* ▸ analgésique, antalgique, calmant. **2** *Un sédatif pour calmer un nerveux* ▸ anxiolytique, calmant, neuroleptique, tranquillisant.

sédentaire adj. ▸ casanier (péj.), pantouflard (fam. et péj.), pot-au-feu (fam. et péj.).

sédentariser (se) v. ▸ se fixer.

séditieux, euse adj. Litt. *Des menées séditieuses* ▸ factieux, subversif.

sédition n. f. *Les meneurs d'une sédition* ▸ émeute, insurrection, mutinerie, rebellion, révolte, soulèvement.

séducteur, trice adj. **1** *Un sourire séducteur* ▸ aguichant, charmeur, engageant, tentateur. **2** *Un homme très séducteur* ▸ charmeur, entreprenant.

séducteur, trice n. **1** À propos d'un homme ▸ bourreau des cœurs, casanova (litt.), charmeur, don juan, homme à femmes, lovelace (litt.), tombeur (fam.). **2** À propos d'une femme ▸ aguicheuse (péj.), allumeuse (fam. et péj.), femme fatale, vamp (fam.).

séduction n. f. **1** *Une femme qui ne manque pas de séduction* ▸ attrait, charme. **2** *La sé-*

séduire

duction exercée par les pays tropicaux ▶ attraction, attrait, fascination.

séduire v. 1 Vx Se laisser séduire par le Malin ▶ ensorceler, envoûter, fasciner, subjuguer (litt.). 2 Comment cet individu a-t-il pu la séduire ? ▶ tourner la tête de. 3 Ce spectacle nous a vraiment séduits ▶ captiver, charmer, conquérir, ravir (litt.). 4 Le conseil d'administration est très séduit par votre projet ▶ allécher, attirer, intéresser, tenter.

séduisant, ante adj. 1 Une proposition séduisante ▶ alléchant, attirant, attrayant, intéressant, tentant. 2 Une femme séduisante ▶ attirant, charmant.

segment n. m. Un segment de droite ▶ partie, portion.

segmentation n. f. La segmentation d'une cellule ▶ division, fractionnement, fragmentation, morcellement, sectionnement.

segmenter v. 1 Segmenter un trajet en quatre étapes ▶ découper, diviser, scinder. 2 se segmenter Une cellule qui se segmente ▶ se diviser, se fractionner, se fragmenter, se morceler, se scinder.

ségrégation n. f. ▶ discrimination.

seigneur n. m. Se comporter en seigneur ▶ maître, nabab, pacha, prince, roi, suzerain.

sein n. m. 1 Un chemisier entrouvert qui dévoile un sein ▶ mamelle (fam.), nichon (fam.), téton (litt.). 2 Avoir de beaux seins ▶ buste, gorge (vx), poitrine. 3 Fig. et litt. Porter un enfant dans son sein ▶ entrailles (litt.), flancs (litt.), ventre. 4 Fig. et litt. Le sein de la Terre ▶ centre, cœur. 5 **au sein de** S'épanouir au sein de sa famille ▶ à l'intérieur de, au milieu de, dans.

séisme n. m. 1 Une région dévastée par un séisme ▶ secousse sismique, tremblement de terre. 2 Fig. Cette crise politique s'est transformée en séisme ▶ cataclysme.

séjour n. m. 1 Son séjour de prédilection ▶ résidence. 2 Je lirai ça pendant mon séjour estival à la campagne ▶ villégiature. 3 Mettre la télévision dans le séjour ▶ living, living-room, salle de séjour, salon.

séjourner v. 1 Pendant ses vacances à la montagne, il séjourne dans un chalet ▶ habiter, loger, résider. 2 Cette amphore a séjourné pendant des siècles au fond de l'eau ▶ demeurer, rester.

sel n. m. Fig. Le sel d'une histoire ▶ piment, piquant, plaisant (n.), saveur.

sélect, ecte adj. ▶ b.c.b.g (fam.), bien, chic, choisi, distingué, élégant.

sélectif, ive adj. Une politique universitaire sélective ▶ élitiste.

sélection n. f. 1 Faire une sélection entre plusieurs projets ▶ choix, tri. 2 Publier une sélection de poèmes ▶ anthologie, assortiment, choix, éventail, florilège, recueil.

sélectionner v. Quelle station avez-vous sélectionnée pour vos vacances d'hiver ? ▶ choisir, élire (litt.), jeter son dévolu sur.

selon prép. Agir selon les prescriptions du médecin ▶ conformément à, d'après, suivant.

semailles n. f. pl. ▶ ensemencement, semis.

semblable adj. 1 Nous avons déjà connu une situation semblable ▶ analogue, comparable, équivalent, ressemblant, similaire. 2 Pourquoi tenez-vous de semblables propos ? ▶ pareil, tel.

semblable n. m. ▶ congénère, égal, frère, prochain.

semblant n. m. 1 Cette histoire n'a même pas un semblant de vérité ▶ apparence. 2 **faire semblant de** Faire semblant d'être d'accord ▶ feindre de.

sembler v. ▶ avoir l'air, paraître.

semence n. f. 1 Trier des semences ▶ grain, graine. 2 Fig. Les semences d'une révolution ▶ germe.

semer v. 1 Fig. Semer la discorde ▶ propager, répandre. 2 Fig. Semer des difficultés tout au long d'un texte ▶ disperser, disséminer, éparpiller, essaimer (litt.), parsemer, répandre. 3 Fig. et fam. Semer ses poursuivants ▶ distancer, fausser compagnie à.

sémillant, ante adj. ▶ alerte, fringant (litt.), gai, guilleret, ingambe (litt.), pétillant, pétulant, primesautier, vif, vivant.

séminaire n. m. Le séminaire annuel des médecins anesthésistes ▶ colloque, congrès, forum, symposium.

semis n. m. pl. ▶ ensemencement, semailles.

semonce n. f. Litt. Adresser à qqn une verte semonce ▶ admonestation (litt.), remontrance (litt.), représentation (litt.), réprimande, reproches.

sempiternel, elle adj. ▶ continuel, éternel, incessant, perpétuel.

sempiternellement adv. ▶ continuellement, éternellement, perpétuellement, sans cesse.

sénile adj. ▶ décrépit, gaga (fam.), gâteux, ramolli (fam.).

sénilité n. f. ▶ décrépitude, gâtisme, ramollissement.

sens n. m. **1** *Aller dans le bon sens* ▶ direction. **2** *Il a raison, dans un certain sens* ▶ perspective. **3** *À mon sens* ▶ avis, opinion, point de vue, sentiment. **4** *Opposer le sens d'un mot à sa forme matérielle* ▶ contenu, signifié. **5** *Distinguer les différents sens d'un mot* ▶ acception, emploi, signification. **6** *Chercher le sens d'un mot dans le dictionnaire* ▶ définition. **7** *Avoir le sens du beau* ▶ instinct, intuition, sentiment. **8** Plur. *L'éveil des sens* ▶ chair (litt.), désir, libido, sensualité, sexualité. **9 bon sens** *Ce pauvre garçon n'a aucun bon sens* ▶ jugement, jugeote (fam.), raison, sagesse, sens commun. **10 sens commun** *Cela choque le sens commun* ▶ bon sens, raison. **11 sens dessus dessous** *Une chambre où tout a été mis sens dessus dessous* ▶ en désordre, pêle-mêle.

sensation n. f. **1** *Une sensation de gêne* ▶ impression, sentiment. **2** *Procurer des sensations fortes* ▶ émotion, impression.

sensationnel, elle adj. ▶ ahurissant, énorme (fam.), époustouflant, exceptionnel, extraordinaire, fabuleux, fantastique (fam.), formidable, génial (fam.), impressionnant, incroyable, inouï, magnifique, merveilleux, prodigieux, remarquable, renversant, stupéfiant.

sensé, ée adj. **1** *Une personne sensée* ▶ raisonnable, sage. **2** *Une remarque sensée* ▶ intelligent, judicieux.

sensibiliser v. Fig. *Sensibiliser l'opinion publique au sort des minorités* ▶ attirer l'attention de.

sensibilité n. f. **1** *Une personne d'une excessive sensibilité* ▶ émotivité. **2** *Lire un texte avec beaucoup de sensibilité* ▶ finesse, sentiment.

sensible adj. **1** *Avoir la gorge sensible* ▶ délicat, fragile. **2** *Le point sensible* ▶ douloureux, névralgique. **3** *Une âme sensible* ▶ émotif, impressionnable. **4** *Être sensible au charme de qqn* ▶ accessible, réceptif. **5** *Être très sensible sur le point de l'honneur* ▶ chatouilleux, irritable, ombrageux, susceptible. **6** *Méfiez-vous, c'est une affaire sensible* ▶ brûlant, délicat. **7** *Le monde sensible* ▶ apparent, concret, matériel, palpable, perceptible, tangible, visible. **8** *Des progrès sensibles* ▶ appréciable, important, net, notable, substantiel.

sensiblement adv. **1** *Ils sont sensiblement du même âge* ▶ à peu près, approximativement, pratiquement (fam.), presque. **2** *La ville s'est sensiblement agrandie* ▶ nettement, notablement, substantiellement.

sensiblerie n. f. ▶ sentimentalisme.

sensualité n. f. **1** *L'éveil de la sensualité* ▶ chair (litt.), désir, libido, sens, sexualité. **2** *Un décor d'une grande sensualité* ▶ lascivité (litt.).

sensuel, elle adj. **1** *Un être sensuel* ▶ lascif, voluptueux. **2** *Un plaisir sensuel* ▶ charnel, érotique.

sentence n. f. **1** Litt. *Parler par sentences* ▶ aphorisme, apophtegme (litt.), formule, maxime. **2** *La sentence du tribunal* ▶ arrêt, décision, jugement, verdict.

sentencieusement adv. ▶ doctement.

sentencieux, euse adj. ▶ docte.

senteur n. f. ▶ arôme, bouquet, effluve, émanation, exhalaison, fragrance (litt.), fumet, parfum.

sentier n. m. ▶ chemin, piste, sente (litt.).

sentiment n. m. **1** *Avoir le sentiment d'être observé* ▶ impression, sensation. **2** *Quel est votre sentiment sur cette affaire?* ▶ avis, idée, jugement, opinion, point de vue, position. **3** *Réciter un texte en y mettant beaucoup de sentiment* ▶ émotion, sensibilité. **4** Litt. *Avoir le sentiment du beau* ▶ instinct, intuition, sens.

sentimental, ale adj. ▶ fleur bleue (fam.), romanesque, romantique.

sentimentalisme n. m. ▶ sensiblerie.

sentinelle n. f. ▶ factionnaire, garde, guetteur, planton, vigie.

sentir v. **1** *Sentir une odeur* ▶ humer, respirer. **2** *Une plage qui sent le varech* ▶ embaumer, empester (péj.), fleurer (litt.), puer (fam. et péj.). **3** *Sentir une douleur au côté* ▶ éprouver, ressentir. **4** Fam. *Je ne peux pas sentir ce type* ▶ blairer (fam.), piffer (fam.), souffrir (litt.), supporter, voir. **5** Fig. *Sentir qu'on agace qqn* ▶ comprendre, deviner, flairer, percevoir, pressentir, remarquer, se rendre compte, soupçonner, subodorer. **6** Fig. *Sentir les beautés d'un poème* ▶ apprécier, comprendre, être sensible à, goûter, percevoir, remarquer, se rendre compte de, savourer. **7** Fig. *Des pages qui sentent l'effort* ▶ respirer, révéler, trahir.

séparable adj. ▶ détachable, dissociable, isolable.

séparation n. f. **1** *La séparation des éléments d'un ensemble* ▶ démembrement, désagrégation, désunion, disjonction, division, divorce, fragmentation, morcellement. **2** *La séparation de l'un des éléments d'un ensemble* ▶ dissidence, rupture, schisme, scission, sécession. **3** *La séparation comme élément matériel entre deux ensembles* ▶ barrière, cloison, frontière,

séparatisme

mur. **4** *La douleur de la séparation* ▶ distance, éloignement. **5** *Établir une séparation entre le bien et le mal* ▶ démarcation, différenciation, distinction.

séparatisme n. m. ▶ autonomisme, indépendantisme.

séparatiste adj. et n. ▶ autonomiste, indépendantiste, sécessionniste.

séparé, ée adj. *Des espaces séparés* ▶ cloisonné, différent, distinct, indépendant.

séparément adv. ▶ individuellement, isolément, un par un.

séparer v. **1** *Séparer un coupon du reste du formulaire* ▶ détacher, disjoindre. **2** *Seule la mort pourra nous séparer* ▶ désunir. **3** *Séparer le bon grain de l'ivraie* ▶ différencier, discerner, discriminer, dissocier, distinguer, écarter, extraire, isoler. **4** *Séparer davantage les piquets d'une clôture* ▶ écarter, éloigner, espacer. **5** *se séparer Deux conjoints qui se séparent* ▶ casser (fam.), divorcer, se quitter, rompre. **6** *Un groupe qui se sépare* ▶ se disloquer, se dissoudre. **7** *Ce fleuve se sépare en plusieurs bras* ▶ se dédoubler, se diviser, se ramifier. **8** *Se séparer de sa famille* ▶ abandonner, se couper de, se détacher de, quitter, rompre avec. **9** *Se séparer d'un employé* ▶ chasser, congédier, licencier, remercier, virer (fam.). **10** *Être obligé de se séparer de ses bijoux* ▶ se débarrasser, se défaire, se démunir, se dessaisir.

septentrional, ale adj. ▶ nordique.

sépulcral, ale adj. **1** *Une atmosphère sépulcrale* ▶ funèbre, lugubre, sinistre. **2** Fig. *Une voix sépulcrale* ▶ caverneux.

sépulture n. f. ▶ sépulcre (litt.), tombe, tombeau.

séquelles n. f. pl. Fig. *Les séquelles de la crise économique* ▶ conséquences, contrecoups, effets, répercussions, retombées, suites.

séquence n. f. *Il y a quelques séquences intéressantes dans ce film* ▶ passage, scène.

séquestration n. f. *Se condamner pour finir sa thèse à une séquestration volontaire* ▶ claustration, enfermement.

séquestre n. m. ▶ confiscation, mainmise, saisie.

séquestrer v. **1** *Un mari jaloux qui séquestre sa femme* ▶ claquemurer, enfermer. **2** *Séquestrer des otages* ▶ retenir.

sérail n. m. **1** *Visiter le sérail du palais d'un sultan* ▶ gynécée (vx), harem. **2** *Faire partie du sérail universitaire* ▶ milieu, monde.

séraphin n. m. *Ses boucles blondes lui donnent des airs de séraphin* ▶ ange, chérubin.

séraphique adj. Fig. et litt. *Une grâce séraphique* ▶ angélique, céleste, éthéré.

serein, eine adj. *Il est resté serein malgré toute cette affaire* ▶ calme, cool (fam.), paisible, placide, tranquille.

sereinement adv. ▶ calmement, en confiance, paisiblement, tranquillement.

sérénité n. f. ▶ calme, paix, quiétude, tranquillité.

série n. f. **1** *Une série de problèmes* ▶ cascade, chapelet, cortège, kyrielle, ribambelle, succession, suite, vague. **2** *Un joueur de première série* ▶ catégorie.

sérier v. *Sérier les problèmes* ▶ classer, hiérarchiser, ordonner, ranger.

sérieusement adv. **1** *Travailler sérieusement* ▶ consciencieusement, scrupuleusement, soigneusement. **2** *Il a sérieusement besoin d'aide* ▶ réellement, véritablement, vraiment. **3** *Être sérieusement blessé* ▶ gravement, grièvement, sévèrement.

sérieux, euse adj. **1** *Un air sérieux* ▶ grave, posé, réfléchi. **2** *Un étudiant sérieux* ▶ consciencieux, minutieux, scrupuleux. **3** *Pour ce poste, c'est lui le candidat le plus sérieux* ▶ fiable, solide, sûr. **4** *Une jeune fille très sérieuse* ▶ comme il faut, convenable, sage. **5** *Une affaire qui présente de sérieuses difficultés* ▶ considérable, grand, grave, gros, important, réel. **6** *Il est dans un état sérieux* ▶ grave, inquiétant, préoccupant.

sérieux n. m. **1** *Montrer le plus grand sérieux dans son travail* ▶ application, conscience, scrupule, soin, zèle. **2** *Je ne conteste pas du tout le sérieux de cette proposition* ▶ fiabilité, solidité.

serin n. m. ▶ canari.

seriner v. *Il m'a seriné cette règle jusqu'à ce que je la sache* ▶ rabâcher, redire, répéter.

serment n. m. **1** *Être fidèle à son serment* ▶ engagement, parole, promesse. **2** *Le serment de ne plus s'enivrer* ▶ résolution, vœu.

sermon n. m. **1** *L'abbé se lança dans un sermon d'une grande éloquence* ▶ exhortation, harangue, homélie, prêche, prédication. **2** *Recevoir un sermon après avoir commis une faute* ▶ admonestation, blâme, leçon, remontrance, réprimande, reproches.

sermonner v. ▶ admonester, blâmer, chapitrer (litt.), gourmander (litt.), moraliser (litt.), morigéner (litt.), réprimander, semoncer (litt.), tancer (litt.).

serpenter v. ▶ onduler, zigzaguer.

serpentin, ine adj. ▶ flexueux (litt.), ondoyant, ondulant, onduleux, sinueux, tortueux.

serre n. f. *Les serres des oiseaux de proie* ▶ griffe.

serré, ée adj. **1** *Une végétation serrée* ▶ compact, dense, dru, épais, touffu. **2** *Une veste serrée à la taille* ▶ ajusté, collant, moulant, près du corps. **3** *Une jupe trop serrée* ▶ étriqué, étroit, juste, petit.

serrement n. m. *Un serrement de cœur* ▶ pincement.

serrer v. **1** *Serrer qqn sur son cœur* ▶ étreindre, presser. **2** *Serrer des objets les uns contre les autres* ▶ tasser. **3** *Serrer les lèvres* ▶ pincer. **4** *Une jupe qui serre la taille* ▶ brider, coller à, compresser, comprimer, corseter, enserrer, gainer, mouler, sangler. **5** *Serrer le trottoir* ▶ effleurer, frôler, raser. **6** *Serrer qqn contre un mur* ▶ acculer, coincer. **7 se serrer** *Se serrer pour que tout le monde puisse monter* ▶ se rapprocher, se resserrer, se tasser. **8** *L'enfant se serre contre sa mère* ▶ se blottir, se pelotonner.

sertir v. ▶ enchâsser, monter.

servage n. m. Fig. *Le servage des femmes* ▶ esclavage, servitude.

servante n. f. Vx ▶ domestique, employée de maison.

serveur n. m. ▶ barman, garçon.

serveuse n. f. ▶ barmaid.

serviabilité n. f. ▶ complaisance, obligeance.

serviable adj. ▶ complaisant, obligeant.

service n. m. **1** Plur. *Je me passerais bien de ses services* ▶ bons offices (litt.). **2** *Son service commence à 8 heures* ▶ activité, travail. **3** *Un service administratif* ▶ bureau, organisme. **4** *Un service religieux* ▶ office. **5 de service** *Être de service une nuit par semaine* ▶ de faction, de garde. **6 en service** *Mettre une machine en service* ▶ en marche. **7** *Une usine en service* ▶ en activité, en fonctionnement. **8 hors service** *L'ascenseur est hors service depuis ce matin* ▶ en panne. **9** *Vous n'en tirerez plus rien, le moteur est complètement hors service* ▶ bousillé (fam.), fichu (fam.), foutu (fam.), fusillé (fam.), mort (fam.). **10 rendre service** *Si je peux vous rendre service, n'hésitez pas à m'appeler* ▶ aider, dépanner, donner un coup de main à (fam.), prêter main-forte à.

serviette n. f. **1** *Ranger des papiers et des dossiers dans sa serviette* ▶ cartable, porte-documents. **2** *Une serviette suspendue à côté d'un lavabo* ▶ essuie-main.

servile adj. Fig. *Un employé servile* ▶ obséquieux, rampant.

servilement adv. ▶ obséquieusement, platement.

servilité n. f. ▶ obséquiosité.

servir v. **1** *Servir sous les plus grands maréchaux de l'Empire* ▶ combattre. **2** *Être toujours prêt à servir son pays* ▶ se dévouer à. **3** *Servir un projet* ▶ appuyer, favoriser, seconder, soutenir. **4** *Servir un plat* ▶ offrir, présenter, proposer. **5** *Cette table pourrait servir de bureau* ▶ être utilisé comme, faire office de (litt.), tenir lieu de. **6 se servir** *Se servir de toutes les ressources de son imagination* ▶ avoir recours à, employer, exercer, exploiter, jouer de, mettre en œuvre, profiter de, recourir à, tirer parti de, user de, utiliser. **7** *Vous avez le droit de vous servir de cette machine* ▶ disposer de, user de, utiliser. **8** *Savoir se servir d'une arme* ▶ manier, user de, utiliser.

serviteur n. m. Vx ▶ domestique, employé de maison.

servitude n. f. **1** *Un pays réduit à un état de servitude* ▶ asservissement, assujettissement, dépendance, esclavage, soumission, subordination, sujétion. **2** *Tout métier comporte des servitudes* ▶ contrainte, obligation.

set n. m. ▶ manche.

seuil n. m. **1** *S'arrêter sur le seuil* ▶ pas de la porte. **2** *Dépasser le seuil de surpeuplement* ▶ limite, point critique. **3** Fig. *Au seuil de la vie* ▶ aube (litt.), aurore (litt.), commencement, début.

seul, seule adj. **1** *Il est très seul depuis la mort de sa femme* ▶ esseulé, isolé, solitaire. **2** *C'est la seule chose dont il ait besoin* ▶ unique.

seulement adv. **1** *Il aime seulement les œufs au plat* ▶ exclusivement, ne... que..., uniquement. **2** *Ne vous inquiétez pas, j'ai seulement besoin de repos* ▶ simplement, tout bêtement, tout bonnement. **3** *Venez quand vous voudrez, seulement prévenez-moi* ▶ mais. **4** *Il vient seulement de partir* ▶ juste.

sève n. f. **1** *La sève d'une plante* ▶ suc (litt.). **2** Fig. *La sève de la jeunesse* ▶ énergie, force, puissance, vigueur.

sévère adj. **1** *Un maître sévère* ▶ dur, exigeant, ferme, impitoyable, inflexible, intraitable, intransigeant, rigoriste, rigoureux. **2** *Prendre un air sévère* ▶ critique, désapprobateur, réprobateur. **3** *Un régime sévère* ▶ draconien, dur, rigoureux, strict. **4** *Un cadre de vie un peu sévère* ▶ austère, dépouillé, simple, sobre. **5** *Des pertes sévères* ▶ grave, gros, important, lourd, sérieux.

sévèrement adv. **1** *Punir sévèrement qqn* ▶ durement. **2** *Des blessés sévèrement atteints* ▶ gravement, grièvement, sérieusement.

sévérité n. f. **1** *La sévérité d'un juge* ▶ dureté, inclémence (litt.), inflexibilité, intransigeance, rigueur. **2** *La sévérité d'un style* ▶ aridité, austérité, dépouillement, froideur, sécheresse.

sévices n. m. pl. ▶ brutalités, coups et blessures, mauvais traitements, violences, voies de fait.

sévir v. **1** *La tempête qui sévit depuis une semaine* ▶ faire rage. **2** *Sévir contre les abus* ▶ châtier (litt.), punir, réprimer, sanctionner.

sevrer v. Litt. *Sevrer qqn de ses plaisirs habituels* ▶ frustrer, priver.

sex-appeal n. m. ▶ attrait, charme, chien (fam.), piquant.

sexe n. m. *Être obsédé par le sexe* ▶ chair (litt.), cul (fam.).

sexualité n. f. *L'éveil de la sexualité* ▶ chair (litt.), désir, libido, sens, sensualité.

sexuel, elle adj. **1** *Les organes sexuels* ▶ génital. **2** *Des relations sexuelles* ▶ charnel, intime, physique.

sexuellement adv. ▶ charnellement, intimement, physiquement.

sexy adj. **1** Fam. *Une fille sexy* ▶ désirable, excitant. **2** Fam. *Des sous-vêtements sexy* ▶ affriolant, aguichant, émoustillant, érotique, excitant, provoquant, suggestif.

seyant, ante adj. *Une robe seyante* ▶ flatteur.

shooter v. **1** *Shooter dans les buts* ▶ tirer. **2 se shooter** Fam. *Se shooter à l'héroïne* ▶ se droguer, se piquer.

show n. m. ▶ exhibition, numéro, spectacle.

sibérien, enne adj. Fig. *Un froid sibérien* ▶ glacial, polaire.

sibylle n. f. ▶ devineresse, pythie.

sibyllin, ine adj. ▶ abscons (litt.), abstrus (litt.), énigmatique, ésotérique, hermétique, impénétrable, indéchiffrable, mystérieux, obscur.

sidéral, ale adj. ▶ astral, stellaire.

sidérant, ante adj. *Une audace sidérante* ▶ ahurissant, confondant (litt.), époustouflant, estomaquant (fam.), extraordinaire, inouï, renversant, soufflant (fam.), stupéfiant.

sidérer v. Fam. *Sa conduite nous a tous sidérés* ▶ abasourdir, ahurir, confondre (litt.), ébahir, éberluer, époustoufler, estomaquer (fam.), interloquer, méduser, renverser, souffler (fam.), stupéfier.

siècle n. m. *Le siècle des Lumières* ▶ âge, époque, ère, période, temps.

siège n. m. **1** *Occuper un siège au premier rang* ▶ place. **2** *Le siège d'un parti* ▶ quartier général. **3** *Le siège d'une ville* ▶ blocus, encerclement, investissement.

siéger v. Fig. *C'est là que siège le mal* ▶ demeurer, être, gésir (litt.), se localiser, résider, se situer, se trouver.

siffler v. *Siffler un acteur* ▶ conspuer, huer.

sifflets n. m. pl. *Un acteur accueilli par des sifflets* ▶ cris, huées, tollé.

signal n. m. **1** *Se lever au signal convenu* ▶ signe. **2** *La prise de la Bastille a été le signal de la Révolution* ▶ amorce, commencement, début, prélude, prémice. **3** *On dit que l'arrivée des hirondelles est un signal du printemps* ▶ annonce, indication, indice, marque, présage, signe avant-coureur. **4 signal lumineux** ▶ voyant. **5 signal sonore** ▶ bip.

signalement n. m. *Diffuser le signalement d'un escroc* ▶ description, portrait-robot.

signaler v. **1** *On m'a déjà signalé que j'aurai à payer un supplément* ▶ annoncer, avertir, aviser, faire savoir, indiquer, notifier. **2** *Signaler les références d'un ouvrage dans une note en bas de page* ▶ citer, indiquer, mentionner. **3** Litt. *Tout signale en lui un homme de mauvaises mœurs* ▶ dénoncer, désigner, montrer, révéler. **4 se signaler** *Se signaler par son courage* ▶ se distinguer, se faire remarquer, s'illustrer, se particulariser, se singulariser.

signalisation n. f. ▶ balisage.

signaliser v. ▶ baliser, flécher.

signature n. f. ▶ émargement, griffe, paraphe, seing (litt.).

signe n. m. **1** *Accourir au premier signe* ▶ appel, geste, signal. **2** *La fièvre est un signe d'infection* ▶ critère, indication, indice, manifestation, marque, symptôme, témoignage. **3** *Les signes particuliers qui permettent d'identifier une statue d'Hercule* ▶ attribut, caractère, caractéristique, trait. **4** *Des signes héraldiques* ▶ emblème, représentation, symbole. **5 signe avant-coureur** *Le retour des hirondelles est un signe avant-coureur du printemps* ▶ annonce,

indication, indice, marque, présage, promesse, signal.

signer v. ▶ émarger, parapher, viser.

significatif, ive adj. **1** *Un fait significatif du malaise de cette époque* ▶ caractéristique, représentatif, révélateur, spécifique, symptomatique, typique. **2** *Un silence significatif* ▶ éloquent, expressif, parlant, révélateur.

signification n. f. **1** *Un terme peut avoir plusieurs significations selon le contexte* ▶ acception, emploi, sens. **2** *Recevoir la signification d'un jugement* ▶ annonce, avis, notification.

signifiant n. m. *Le signifiant est le support matériel du sens* ▶ forme.

signifié n. m. *Opposer le signifié d'un mot à sa forme matérielle* ▶ contenu, sens.

signifier v. **1** *Son geste signifie clairement l'intensité de son émotion* ▶ dénoter, exprimer, indiquer, manifester, marquer, montrer, révéler, traduire. **2** *Signifier à qqn son renvoi* ▶ annoncer, aviser de, faire connaître, notifier. **3** *Signifier à qqn de quitter les lieux* ▶ commander à, enjoindre à, intimer à, mettre en demeure, ordonner à, sommer. **4** *La liberté ne signifie pas l'anarchie* ▶ équivaloir à, impliquer, revenir à, vouloir dire.

silence n. m. **1** *Le silence de la nuit* ▶ calme, paix, tranquillité. **2** *Le silence des témoins* ▶ mutisme. **3** *Recommencer à parler après un court silence* ▶ arrêt, interruption, pause. **4** *Solfier en respectant les silences* ▶ soupir.

silencieusement adv. **1** *Pleurer silencieusement* ▶ doucement, faiblement. **2** *Souffrir silencieusement* ▶ en silence.

silencieux, euse adj. **1** *Rester silencieux* ▶ muet. **2** *Un garçon silencieux* ▶ discret, renfermé, réservé, secret, taciturne. **3** *Une maison silencieuse* ▶ calme, paisible, tranquille. **4** *Marcher à pas silencieux* ▶ étouffé, feutré.

silhouette n. f. *À cause de l'obscurité on ne distingue plus que la silhouette des arbres* ▶ contour, forme, ligne, profil.

sillage n. m. Fig. *Suivre le sillage de qqn* ▶ brisées, traces.

sillon n. m. ▶ cannelure, rainure, strie.

sillonner v. ▶ courir, parcourir, traverser.

simagrées n. f. pl. **1** *Elle fait beaucoup de simagrées* ▶ chichis (fam.), manières, minauderies, mines. **2** *Toutes ces belles manières ne sont que des simagrées* ▶ grimaces (litt.).

similaire adj. ▶ approchant, assimilable, comparable, ressemblant, semblable, voisin.

similitude n. f. **1** *Il y a une certaine similitude entre leurs témoignages* ▶ analogie, concordance, corrélation, correspondance, parenté. **2** *On les a mis ensemble en raison de la similitude de leurs goûts* ▶ ressemblance, similarité, voisinage.

simple adj. **1** *Un corps physique simple* ▶ élémentaire, indécomposable, indivisible, insécable. **2** *Un travail simple* ▶ aisé, facile. **3** *Un langage simple* ▶ accessible, clair, compréhensible, intelligible, limpide. **4** *Une architecture encore très simple* ▶ élémentaire, fruste, primitif, rudimentaire, sommaire. **5** *Une décoration très simple* ▶ austère, dépouillé, sévère, sobre. **6** *Un objet de la qualité la plus simple* ▶ banal, commun, ordinaire, quelconque, vulgaire. **7** *Être resté très simple* ▶ nature (fam.), sans façon. **8** *Une âme simple* ▶ candide, ingénu, innocent, naïf. **9** *C'est une simple convention* ▶ pur. **10** *Ce serait trop simple!* ▶ commode, facile. **11 simple d'esprit** ▶ débile, dégénéré, demeuré, idiot.

simplement adv. **1** *Recevoir qqn simplement* ▶ à la bonne franquette (fam.), sans façon. **2** *Démontrer qqch assez simplement* ▶ aisément, facilement. **3** *Avoir simplement besoin d'affection* ▶ seulement, tout bêtement, tout bonnement, uniquement.

simplicité n. f. **1** *La simplicité d'un problème* ▶ facilité. **2** *La simplicité d'une démonstration* ▶ clarté, limpidité. **3** *La simplicité d'une décoration* ▶ austérité, dépouillement, sévérité, sobriété. **4** *Manquer de simplicité* ▶ naturel. **5** Litt. *Profiter de la simplicité de qqn* ▶ candeur, crédulité, inexpérience, ingénuité, innocence, naïveté.

simplificateur, trice adj. ▶ réducteur, schématique.

simplification n. f. ▶ réduction, schématisation.

simplifier v. **1** *Un appareil qui simplifie les tâches ménagères* ▶ faciliter. **2** *Peindre des fleurs en les simplifiant* ▶ schématiser, styliser.

simpliste adj. *Des conceptions politiques un peu simplistes* ▶ court, élémentaire, fruste, grossier, primaire, rudimentaire, sommaire.

simulacre n. m. *Un simulacre de justice* ▶ apparence, caricature, fantôme (litt.), illusion, imitation, ombre, parodie, semblant.

simulateur, trice n. ▶ imposteur.

simulation

simulation n. f. *Elle n'est pas malade, c'est de la simulation* ▶ chiqué (fam.), cinéma (fam.), cirque (fam.), comédie, frime (fam.).

simuler v. 1 *Simuler la folie* ▶ affecter, contrefaire, feindre, jouer, mimer, singer. 2 *Simuler les conditions d'un vol spatial* ▶ reproduire.

simultané, ée adj. ▶ coexistant, coïncident, concomitant, synchrone.

simultanéité n. f. ▶ coexistence, coïncidence, concomitance, synchronisme.

simultanément adv. ▶ à la fois, conjointement, de concert, de conserve, de front, en même temps, ensemble.

sincère adj. 1 *Je vais être tout à fait sincère avec vous: vous n'avez rien compris* ▶ carré (fam.), direct, franc, honnête, loyal. 2 *Une douleur sincère* ▶ authentique, réel, véridique, véritable, vrai.

sincèrement adv. 1 *Sincèrement, je n'en ai rien à faire* ▶ franchement, honnêtement. 2 *Être sincèrement désolé* ▶ réellement, vraiment.

sincérité n. f. 1 *La sincérité de qqn* ▶ bonne foi, franchise, loyauté. 2 *La sincérité d'un sentiment* ▶ authenticité, réalité, sérieux, véracité, vérité.

singe n. m. 1 *Les singes sont un embranchement des primates* ▶ simien. 2 Fig. *Arrête de faire le singe* ▶ bouffon, charlot (fam.), clown, guignol (fam.), mariole (fam.), pitre, rigolo (fam.), zouave (fam.).

singer v. 1 *Singer les tics de son patron* ▶ caricaturer, contrefaire, imiter, mimer, parodier, pasticher. 2 *Singer la passion la plus vive* ▶ affecter, contrefaire, feindre, jouer, mimer, simuler.

singerie n. f. ▶ bouffonnerie, clownerie, grimace, pitrerie.

singulariser (se) v. ▶ se différencier, se distinguer, se faire remarquer, se particulariser, se signaler.

singularité n. f. 1 *D'inspiration surtout classique, ce tableau présente plusieurs singularités* ▶ anomalie, bizarrerie, curiosité, originalité, particularité. 2 *Se faire remarquer par sa singularité* ▶ bizarrerie, étrangeté, extravagance, originalité.

singulier, ère adj. *Disons qu'il emploie des méthodes un peu singulières* ▶ anormal, bizarre, curieux, drôle, étonnant, étrange, extraordinaire, insolite, inusité, particulier, spécial, surprenant.

singulièrement adv. 1 *Rester singulièrement silencieux* ▶ bizarrement, curieusement, drôlement, étrangement. 2 *Un personnage singulièrement stupide* ▶ extrêmement, fort, particulièrement, très. 3 Litt. *Tout le monde a réagi, lui singulièrement* ▶ en particulier, notamment, particulièrement, spécialement, surtout.

sinistre adj. 1 *Une atmosphère sinistre* ▶ funèbre, lugubre, macabre, sombre, ténébreux (litt.). 2 *Un sinistre présage* ▶ alarmant, angoissant, effrayant, funeste, inquiétant, menaçant, sombre. 3 *Un sinistre imbécile* ▶ pauvre, sombre, triste.

sinistre n. m. 1 *Les victimes d'un sinistre* ▶ feu, incendie. 2 *Évaluer le sinistre* ▶ dommages, pertes.

sinistrement adv. *Une porte qui grince sinistrement* ▶ lugubrement.

sinon adv. 1 *Payez, sinon je ne réponds plus de rien* ▶ autrement, faute de quoi, sans quoi. 2 *Il ne s'intéresse à rien, sinon à la musique* ▶ excepté, hormis, sauf, si ce n'est.

sinueux, euse adj. 1 *Un chemin sinueux* ▶ tortueux, zigzagant. 2 *Des arabesques aux formes sinueuses* ▶ ondoyant, onduleux, serpentin.

sinuosités n. f. pl. *Les sinuosités d'une rivière* ▶ courbes, méandres, ondulations, tours et détours.

sirupeux, euse adj. 1 *Un liquide sirupeux* ▶ gluant, poisseux, visqueux. 2 Fig. *Une musique sirupeuse* ▶ dégoulinant (fam.), doucereux, sucré.

site n. m. 1 *Un site stratégique* ▶ emplacement, endroit, lieu, place, position, situation. 2 *Aller admirer les plus beaux sites de la campagne toscane* ▶ paysage.

situation n. f. 1 *La situation de cet édifice l'expose inévitablement aux inondations* ▶ emplacement, localisation, position. 2 *La situation d'un édifice par rapport au soleil* ▶ exposition, orientation, position. 3 *Dans la situation présente* ▶ circonstances, conditions, conjoncture, état. 4 *Avoir une situation importante* ▶ emploi, fonction, job (fam.), métier, place, position, poste, rang, travail.

situer v. 1 *L'auteur a situé l'intrigue à Paris* ▶ localiser, placer. 2 *Ne pas parvenir à situer une erreur dans une opération* ▶ apercevoir, déceler, découvrir, détecter, discerner, localiser, remarquer, repérer. 3 **se situer** *Le sens du goût se situe dans la langue* ▶ résider, siéger.

skate-board n. m. ▶ planche à roulettes.

sketch n. m. ▶ numéro, saynète.

skipper n. m. 1 *Le skipper d'un voilier* ▶ barreur. 2 *Le skipper d'un yacht* ▶ capitaine.

slip n. m. ▶ petite culotte.

snob adj. ▸ affecté, apprêté, emprunté, poseur.

snober v. ▸ dédaigner, mépriser.

snobisme n. m. ▸ affectation, pose.

sobre adj. 1 *Un mode de vie sobre* ▸ frugal, modéré, tempérant. 2 *Un style sobre* ▸ austère, dépouillé, discret, sévère, simple. 3 *Être sobre en paroles* ▸ mesuré, réservé.

sobrement adv. 1 *S'habiller sobrement* ▸ discrètement, sagement. 2 *Manger sobrement* ▸ légèrement, modérément, raisonnablement.

sobriété n. f. 1 *Boire avec sobriété* ▸ mesure, modération, sagesse, tempérance. 2 *Un discours d'une grande sobriété* ▸ mesure, modération, retenue. 3 *La sobriété d'une décoration* ▸ austérité, dépouillement, discrétion, sévérité, simplicité.

sobriquet n. m. ▸ pseudonyme, surnom.

sociable adj. *Avoir un caractère sociable* ▸ communicatif, liant, ouvert.

socialiser v. *Socialiser les biens de production* ▸ collectiviser, étatiser, nationaliser.

sociétaire n. ▸ associé, membre.

société n. f. 1 *Rendre service à la société* ▸ collectivité, communauté. 2 *Une société très fermée* ▸ cercle, clan, groupe, milieu. 3 *Fréquenter la meilleure société* ▸ monde. 4 *Saluer sous les applaudissements de toute la société* ▸ assemblée, assistance, compagnie, public. 5 *Aimer la société des femmes* ▸ commerce (litt.), compagnie, fréquentation. 6 *Diriger une société* ▸ affaire, boîte (fam.), entreprise, établissement, firme.

socle n. m. 1 *Le socle d'une colonne* ▸ base, piédestal. 2 *Ils se sont servis de ce rocher comme socle pour bâtir leur château* ▸ assise, soubassement, support.

sœur n. f. 1 *Elle est venue, mais elle était avec sa sœur* ▸ frangine (fam.). 2 *On voit que vous avez été élevée chez les sœurs* ▸ bonne sœur, nonne (vx), religieuse.

sofa n. m. ▸ canapé, divan.

soi (en) adv. ▸ intrinsèquement.

soi-disant adj. *Des soi-disant savants* ▸ présumé, prétendu, pseudo.

soi-disant adv. *Il venait soi-disant pour la soigner* ▸ censément (litt.), prétendument.

soif n. f. 1 *Souffrir de la soif* ▸ pépie (fam.). 2 Fig. *La soif des honneurs* ▸ appétit, besoin, désir, envie, faim.

soigné, ée adj. 1 *Une apparence soignée* ▸ coquet, élégant, impeccable, net, propre, raffiné. 2 *Un travail soigné* ▸ consciencieux, fignolé, léché, minutieux, peaufiné. 3 *Une langue soignée* ▸ académique, châtié, étudié, littéraire, recherché, soutenu.

soigner v. 1 *Soigner un malade* ▸ traiter. 2 *Soigner son petit mari* ▸ bichonner (fam.), chouchouter (fam.), choyer, couver, dorloter, gâter, pouponner. 3 Fig. *Soigner une relation importante* ▸ cultiver, ménager. 4 Fig. *Soigner son rapport de stage* ▸ fignoler, lécher (fam.), mitonner, peaufiner, travailler. 5 Fig. *Soigner son image* ▸ cultiver, entretenir.

soigneusement adv. ▸ délicatement, méticuleusement, minutieusement.

soigneux, euse adj. 1 *Une enquête soigneuse* ▸ consciencieux, méticuleux, minutieux, scrupuleux, sérieux. 2 *Un élève soigneux* ▸ appliqué, attentif, consciencieux, sérieux, travailleur, zélé. 3 *Être soigneux de sa personne* ▸ attentif à, préoccupé de, soucieux de.

soin n. m. 1 *Un travail accompli avec soin* ▸ application, conscience, minutie, scrupule, sérieux, zèle. 2 *Manipuler un objet fragile avec soin* ▸ circonspection, délicatesse, ménagement, précaution, prudence. 3 *Laisser à qqn le soin du ménage* ▸ charge, préoccupation, souci, tracas. 4 Plur. *Sa maladie nécessite des soins immédiats* ▸ thérapeutique, traitement. 5 Plur. *Entourer qqn de soins empressés* ▸ attentions, égards, prévenances, sollicitude.

soirée n. f. *Aller à une soirée* ▸ fête, réception.

sol n. m. 1 *Un sol fertile* ▸ terrain, terre. 2 *Défendre le sol français* ▸ patrie, territoire. 3 *Mettre une moquette sur le sol* ▸ plancher.

soldat n. m. ▸ bidasse (fam.), combattant, homme de troupe, militaire, troupier (fam.).

solde n. f. *La solde du soldat* ▸ rémunération, rétribution, salaire.

solde n. m. 1 *Voilà le principal, vous toucherez le solde un peu plus tard* ▸ complément, reliquat, restant, reste. 2 *Le solde d'un compte* ▸ balance, bilan. 3 Plur. *Acheter des soldes* ▸ fins de série. 4 **en solde** ▸ au rabais.

solder v. 1 *Solder un compte* ▸ clôturer, fermer. 2 **se solder** Fig. *La tentative s'est soldée par un échec* ▸ aboutir à, se conclure par, se traduire par.

soleil n. m. *Planter des soleils* ▸ tournesol.

solennel, elle adj. **1** *Un air solennel* ▶ auguste, imposant, majestueux, olympien. **2** Spécialement en mauvaise part ▶ cérémonieux, compassé, pompeux. **3** *Un ton solennel* ▶ doctoral, emphatique, pontifiant (péj.), professoral. **4** *Un serment solennel* ▶ officiel, public.

solennellement adv. **1** *Célébrer une fête solennellement* ▶ cérémonieusement, pompeusement (péj.). **2** *Jurer solennellement de faire qqch* ▶ officiellement, publiquement.

solennité n. f. **1** *La solennité d'une célébration* ▶ apparat, majesté, pompe. **2** *Parler avec une solennité hors de propos* ▶ cérémonie, componction, emphase. **3** Plur. *Assister à toutes sortes de solennités* ▶ cérémonies, fêtes.

solidaire adj. **1** *Une équipe solidaire* ▶ lié, soudé, uni. **2** *Deux phénomènes solidaires* ▶ corrélatif, interdépendant, lié.

solidariser (se) v. ▶ s'allier, s'unir.

solidarité n. f. **1** *Son exclusion a provoqué une réaction de solidarité* ▶ camaraderie, entraide, esprit de corps, fraternité. **2** *La solidarité de deux phénomènes* ▶ connexion, corrélation, interdépendance, liaison.

solide adj. **1** *Un matériau trop solide pour céder sous l'effort* ▶ consistant, coriace, costaud (fam.), dur, ferme, résistant, rigide, robuste. **2** *Un solide gaillard* ▶ costaud (fam.), endurant, fort, résistant, robuste, vigoureux. **3** Fig. *Un appui solide* ▶ assuré, concret, durable, effectif, ferme, fiable, fidèle, indéfectible, réel, sérieux, stable, sûr, tangible. **4** Fig. *Un argument solide* ▶ consistant, fondé, sérieux, valable.

solidement adv. **1** *Un canot solidement amarré* ▶ fermement, fortement. **2** *Être solidement constitué* ▶ robustement.

solidification n. f. **1** *Une substance en voie de solidification* ▶ concrétion, durcissement, épaississement. **2** Spécialement pour un liquide organique ▶ coagulation.

solidifier v. **1** *Solidifier une substance* ▶ durcir, épaissir. **2 se solidifier** *Un liquide qui se solidifie* ▶ cailler, coaguler, durcir, épaissir, se figer, prendre.

solidité n. f. **1** *Des montagnards d'une exceptionnelle solidité* ▶ endurance, force, résistance, robustesse, vigueur. **2** *Éprouver la solidité d'un cordage* ▶ résistance. **3** Fig. *La solidité d'une institution* ▶ continuité, durabilité (litt.), permanence, stabilité. **4** Fig. *Un caractère qui manque de solidité* ▶ constance (vx), fermeté, force, ténacité, vigueur.

soliloque n. m. ▶ monologue.

soliloquer v. ▶ monologuer.

solitaire adj. **1** *Un promeneur solitaire* ▶ isolé, seul. **2** *Un endroit solitaire* ▶ désert, écarté, inhabité, isolé, retiré, sauvage.

solitaire n. *C'est un vieux solitaire* ▶ misanthrope, ours, sauvage.

solitaire n. m. *Porter une bague avec un solitaire* ▶ brillant, diamant.

solitude n. f. *Éprouver un sentiment de solitude* ▶ abandon, délaissement, déréliction (litt.), isolement.

sollicitation n. f. *Céder aux pressantes sollicitations de ses amis* ▶ appel, demande, incitation, instance, invite, prière, requête.

solliciter v. **1** *Solliciter un poste* ▶ demander, postuler. **2** *Solliciter une faveur* ▶ demander, implorer (péj.), mendier (péj.), quémander (péj.), quêter (péj.). **3** *Un spectacle qui sollicite le regard* ▶ appeler, attirer, exciter, provoquer.

solliciteur, euse n. ▶ demandeur, quémandeur.

sollicitude n. f. *S'occuper d'une vieille tante avec sollicitude* ▶ attention, égards, intérêt, prévenance, soin.

solo (en) adv. ▶ sans accompagnement.

solution n. f. **1** *Trouver la solution d'un problème* ▶ clé, explication. **2** *Chercher une solution pour se tirer d'une difficulté* ▶ expédient, remède. **3** *S'acheminer vers la solution d'un conflit* ▶ aboutissement, achèvement, conclusion, dénouement, épilogue, fin, issue, terme. **4 solution de continuité** *Une suite de phénomènes qui se déroulent sans solution de continuité* ▶ coupure, hiatus, interruption, rupture.

somatique adj. *Des troubles somatiques* ▶ organique, physiologique, physique.

sombre adj. **1** *Une couleur sombre* ▶ foncé. **2** *Une forêt particulièrement sombre* ▶ noir, obscur, ombreux, opaque, ténébreux. **3** Fig. *Une humeur sombre* ▶ amer, bilieux (litt.), chagrin, funèbre, lugubre, mélancolique, morne, morose, sinistre, soucieux, taciturne, ténébreux (litt.), triste. **4** Fig. *De sombres perspectives* ▶ alarmant, angoissant, effrayant, funeste (litt.), inquiétant, menaçant, noir, sinistre. **5** Fig. *De sombres manœuvres* ▶ mystérieux, obscur, occulte, sourd, souterrain. **6** Fig. *Un sombre crétin* ▶ pauvre, sinistre, triste.

sombrer v. **1** *Un navire qui sombre* ▶ s'abîmer (litt.), couler, disparaître, s'enfoncer, s'engloutir, faire naufrage. **2** *Sombrer dans le désespoir* ▶ s'abandonner à, glisser dans, se laisser aller à, tomber dans.

sommaire adj. **1** *Un exposé sommaire* ▶ bref, concis, condensé, court, lapidaire, résumé, schématique, succinct. **2** *Une toilette sommaire* ▶ élémentaire, expéditif, hâtif, précipité, rapide, rudimentaire, simple, superficiel. **3** *Des conceptions politiques un peu sommaires* ▶ court, élémentaire, fruste, grossier, primaire, rudimentaire, simpliste.

sommaire n. m. *Une table des matières si étoffée qu'elle tient lieu de sommaire* ▶ abrégé, compendium (litt.), digest, résumé.

sommairement adv. **1** *Expliquer sommairement la situation* ▶ brièvement, en gros (fam.), en résumé, schématiquement, succinctement. **2** *Se laver sommairement* ▶ expéditivement, hâtivement, précipitamment, rapidement, rudimentairement, superficiellement.

sommation n. f. ▶ assignation, citation, commandement, injonction, intimation, mise en demeure, ordre, ultimatum.

somme n. f. **1** *La somme de ses dépenses* ▶ chiffre, montant, total. **2** *La somme de nos efforts* ▶ ensemble, masse, totalité. **3 en somme** ▶ au total, finalement, tout bien considéré. **4 somme toute** ▶ après tout, au total, en définitive, finalement.

somme n. m. ▶ dodo (fam.), roupillon (fam.).

sommeil n. m. **1** *Glisser doucement dans le sommeil* ▶ assoupissement, somnolence. **2** Fig. *Le sommeil de la nature* ▶ assoupissement, engourdissement, inactivité, léthargie, torpeur. **3** Fig. *Le sommeil éternel* ▶ repos.

sommeiller v. ▶ dormir, se reposer, somnoler.

sommer v. *Sommer qqn de quitter les lieux* ▶ commander à, enjoindre à (litt.), intimer à, mettre en demeure, ordonner à, signifier à.

sommet n. m. **1** *Le sommet d'une montagne ou d'un arbre* ▶ cime, crête, faîte, haut, point culminant, pointe, tête. **2** Plur. *L'air pur des sommets* ▶ cimes, montagne. **3** Fig. *Le sommet de la gloire* ▶ apogée, comble, faîte, pinacle (litt.), point culminant, summum, zénith.

sommité n. f. Fig. *Dans le monde médical, c'est une sommité* ▶ figure, grand, gros bonnet (fam.), grosse légume (fam.), huile (fam.), mandarin, monsieur, notabilité, notable, personnage, quelqu'un, vedette.

somnambule n. *Marcher comme un somnambule* ▶ automate, robot.

somnifère n. m. ▶ narcotique, soporifique.

somnolence n. f. **1** *Lutter contre un état de somnolence* ▶ assoupissement, demi-sommeil. **2** Fig. *Une économie en état de somnolence* ▶ apathie, engourdissement, inertie, léthargie, torpeur.

somnolent, ente adj. **1** *Il est resté somnolent toute la journée après cette nuit blanche* ▶ ensommeillé. **2** *Un éducateur aux prises avec un groupe d'adolescents somnolents* ▶ apathique, avachi, indolent, mollasse (fam.), mou, nonchalant. **3** Fig. *Une vie somnolente* ▶ apathique, inactif.

somnoler v. ▶ s'assoupir, sommeiller.

somptueusement adv. *Il nous reçoit toujours somptueusement* ▶ fastueusement, luxueusement, magnifiquement, princièrement, richement, royalement, splendidement, superbement.

somptueux, euse adj. *Des salles de réception somptueuses* ▶ éblouissant, fastueux, luxueux, magnifique, opulent, princier, riche, royal, splendide, superbe.

somptuosité n. f. *Être ébloui par la somptuosité d'une réception* ▶ apparat, faste, luxe, magnificence, opulence, pompe, richesse, splendeur.

son n. m. **1** *Percevoir des sons indistincts* ▶ bruit. **2** *J'ai tout de suite reconnu le son de sa voix* ▶ intonation, timbre. **3** *Le son suave de la mandoline* ▶ accents.

sondage n. m. **1** *Effectuer des sondages sur un terrain* ▶ prospection. **2** Fig. *Un sondage sur la consommation des ménages* ▶ enquête, questionnaire.

sonder v. **1** Fig. *Sonder sa propre conscience* ▶ analyser, étudier, examiner, explorer, fouiller, inspecter, scruter. **2** Fig. *Sonder qqn pour connaître ses intentions* ▶ consulter, interroger, pressentir, tâter (fam.).

songe n. m. **1** *Un songe étrange* ▶ rêve. **2** Fig. *Ce projet n'est qu'un songe* ▶ château en espagne, chimère, fantasme, illusion, mirage, rêve, utopie.

songer v. **1** *Passer des heures entières à songer mélancoliquement* ▶ méditer, rêvasser, rêver. **2** *Songer à l'avenir* ▶ penser, réfléchir. **3** *Songer à se marier* ▶ avoir l'idée de, envisager de, projeter de, se proposer de.

songerie n. f. ▶ méditation, rêvasserie, rêverie.

songeur, euse adj. **1** *Un enfant songeur* ▶ contemplatif, méditatif, rêveur. **2** *Tu parais songeur* ▶ pensif, préoccupé.

songeusement adv. ▸ contemplativement, pensivement, rêveusement.

sonnant, ante adj. Fig. *À midi sonnant* ▸ juste, pétant (fam.), pile (fam.), précis, tapant.

sonné, ée adj. 1 Fam. *Avoir cinquante ans sonnés* ▸ révolu. 2 Fam. *Un boxeur sonné* ▸ assommé, étourdi, groggy (fam.).

sonner v. 1 *Les cloches sonnent* ▸ carillonner, tinter. 2 *Sonner un domestique* ▸ appeler. 3 *Sonner du cor* ▸ jouer.

sonnerie n. f. 1 *La sonnerie du clairon* ▸ son. 2 *Une sonnerie électrique* ▸ sonnette.

sonnette n. f. 1 *Agiter une sonnette* ▸ clochette. 2 *La sonnette électrique de la porte d'entrée* ▸ sonnerie.

sonore adj. *Une voix sonore* ▸ éclatant, fort, retentissant, tonitruant, tonnant.

sonorité n. f. *La sonorité d'une salle* ▸ acoustique, résonance.

sophistication n. f. 1 *La sophistication d'un style* ▸ affectation (péj.), maniérisme (péj.), préciosité, raffinement, recherche. 2 *La sophistication d'un mécanisme* ▸ complexité, complication, raffinement, subtilité.

sophistique adj. Litt. *Un argument sophistique* ▸ captieux, fallacieux, spécieux, trompeur.

sophistiqué, ée adj. 1 *Un langage sophistiqué* ▸ affecté (péj.), maniéré (péj.), précieux, raffiné, recherché, subtil, tarabiscoté (fam. et péj.), travaillé. 2 *Du matériel sophistiqué* ▸ complexe, de pointe, performant, raffiné.

soporifique adj. 1 *Un médicament soporifique* ▸ narcotique, somnifère. 2 Fig. *Un discours soporifique* ▸ assommant, barbant (fam.), chiant (fam.), ennuyeux, mortel, rasoir (fam.).

sorcellerie n. f. *C'est de la sorcellerie!* ▸ magie, prodige.

sorcier adj. m. *Ce n'est pas bien sorcier* ▸ compliqué, difficile, dur, malin.

sorcier, ère n. 1 *Un sorcier aux pouvoirs surnaturels* ▸ enchanteur (litt.), mage, magicien, thaumaturge (litt.). 2 Fig. *Cette vieille sorcière refuse de nous vendre son terrain* ▸ harpie, mégère, virago.

sordide adj. 1 *Un réduit sordide* ▸ crasseux, dégoûtant, immonde, infâme, infect, innommable, répugnant. 2 Fig. *Un comportement sordide* ▸ abject, dégoûtant, écœurant, hideux, ignoble, immonde, infâme, infect, innommable, misérable, répugnant, vil.

sornettes n. f. pl. ▸ balivernes, billevesées (litt.), calembredaines, carabistouilles (fam.), chansons, contes, fables, fadaises, fariboles, histoires, salades (fam.).

sort n. m. 1 *Conjurer un sort* ▸ charme, enchantement, ensorcellement, envoûtement, maléfice, sortilège. 2 *Être satisfait de son sort* ▸ destin, destinée, état, lot. 3 *Les caprices du sort* ▸ destin, fortune (litt.), hasard, providence.

sortable adj. *Ses copines ne sont pas sortables* ▸ montrable, présentable.

sorte n. f. 1 *Il y a plusieurs sortes d'êtres vivants* ▸ catégorie, classe, espèce, famille, genre, groupe, ordre, race, type, variété. 2 *C'est une sorte de manteau sans manches* ▸ espèce, genre, manière. 3 **de la sorte** *Je ne pensais pas qu'il était possible de s'ennuyer de la sorte* ▸ à ce point, ainsi, de cette manière. 4 **en quelque sorte** *Il s'est fait un ennemi de lui-même* ▸ pour ainsi dire. 5 **de sorte que** *Parlez fort, de sorte qu'on vous entende* ▸ afin que, de manière à ce que, pour que.

sortie n. f. 1 *Attendre l'ennemi à la sortie d'un défilé montagneux* ▸ débouché, issue. 2 *Essayer d'interrompre la sortie d'un gaz* ▸ échappement, écoulement, évacuation. 3 *Localiser la sortie d'une source* ▸ émergence. 4 *La sortie d'un livre* ▸ édition, parution, publication. 5 *Une petite sortie en famille* ▸ balade, promenade, tour. 6 *Faire une violente sortie à propos d'un rien* ▸ scène. 7 **sortie de bain** *Endosser une sortie de bain* ▸ peignoir.

sortilège n. m. ▸ charme, enchantement, ensorcellement, envoûtement, maléfice, sort.

sortir v. 1 *Être forcé de sortir avant la fin* ▸ débarrasser le plancher (fam.), décamper, déguerpir, s'éclipser, s'en aller, s'esquiver, partir, se retirer, se sauver. 2 *Il devrait sortir un peu* ▸ s'aérer, se dégourdir, mettre le nez dehors (fam.), s'oxygéner (fam.). 3 *Une source qui sort* ▸ jaillir, sourdre (litt.), surgir. 4 *Un bourgeon qui sort* ▸ paraître, percer, poindre. 5 *Une fumée qui sort* ▸ se dégager, s'échapper, s'exhaler. 6 *Sortir d'une route* ▸ dévier de, s'écarter de, s'éloigner de, quitter. 7 *Un rocher qui sort de l'eau* ▸ déborder, dépasser, se détacher, émerger, ressortir, saillir. 8 *Sortir d'une bonne famille* ▸ descendre, être issu de, provenir, venir. 9 *Sortir de son rôle* ▸ s'écarter de, s'éloigner de, outrepasser. 10 *Que va-t-il sortir de cela ?* ▸ décou-

ler, résulter. **11** *Sortir un clou d'un mur* ▶ dégager, enlever, extirper, extraire, ôter, retirer. **12** *Sortir qqn d'un mauvais pas* ▶ tirer. **13** *Sortir un roman* ▶ éditer, faire paraître, publier. **14** *Sortir des âneries* ▶ débiter, dire, proférer. **15 s'en sortir** *Il s'en est bien sorti* ▶ se débrouiller, se dépatouiller (fam.), s'en tirer, y arriver.

S.O.S. n. m. ▶ appel au secours, signal de détresse.

sosie n. m. ▶ double, jumeau, réplique.

sot, sotte adj. **1** *Il n'est pas méchant, mais très sot* ▶ balourd (fam.), bêta (fam.), bête, borné, crétin, cruche (fam.), idiot, imbécile, inintelligent, niais, nigaud, stupide. **2** *Une idée sotte* ▶ absurde, déraisonnable, inepte, insensé, loufoque (fam.), ridicule, saugrenu.

sot, sotte n. ▶ andouille (fam.), âne, benêt, bêta, bête, cornichon (fam.), crétin, cruche (fam.), dadais, idiot, imbécile, niais, nigaud.

sottement adv. ▶ absurdement, bêtement, étourdiment, idiotement, stupidement.

sottise n. f. **1** *Être d'une sottise insondable* ▶ balourdise, bêtise, crétinerie, idiotie, imbécillité, inintelligence, niaiserie, stupidité. **2** *Commettre une sottise* ▶ balourdise, bévue, bourde (fam.), faute, gaffe, impair, maladresse. **3** *Raconter des sottises* ▶ baliverne, absurdité, ânerie, billevesée, calembredaine, carabistouille (fam.), fariboles, ineptie, sornette. **4** *S'intéresser à des sottises* ▶ babiole, bagatelle, bricole, fadaise (fam.), foutaise (fam.), futilité, misère, rien, vétille.

sottisier n. m. ▶ bêtisier.

sou n. m. **1** *N'avoir plus un sou* ▶ centime, kopeck (fam.), liard (fam.), radis (fam.), rond (fam.). **2** Plur. *Avoir des sous* ▶ argent. **3** Fig. et fam. *Il n'a pas un sou de jugeote* ▶ atome, brin, grain, gramme, ombre, once (litt.).

soubassement n. m. ▶ assise, base, fondation, fondement, infrastructure.

soubresaut n. m. **1** *Le loup mourut après un dernier soubresaut* ▶ convulsion, spasme. **2** *Les soubresauts d'un véhicule* ▶ cahot, secousse.

souche n. f. **1** *La souche d'un carnet de chèques* ▶ talon. **2** *Une souche noble* ▶ ascendance, extraction, famille, filiation, lignage, lignée, origine, race, sang.

souci n. m. **1** *Vivre sans souci* ▶ angoisse, anxiété, inquiétude. **2** *Être accablé de soucis* ▶ contrariété, désagrément, embarras, embêtement (fam.), empoisonnement (fam.), ennui, préoccupation, problème, tourment, tracas. **3** *Avoir un grand souci de son apparence* ▶ préoccupation, soin. **4 se faire du souci** *Se faire du souci pour son avenir* ▶ s'angoisser, se biler (fam.), se faire de la bile (fam.), se faire du mauvais sang, se faire du mouron (fam.), s'inquiéter, se tourmenter, se tracasser.

soucier (se) v. *Il ne se soucie guère de ce que vous pouvez devenir* ▶ s'embarrasser de, s'inquiéter de, s'intéresser à, s'occuper de, se préoccuper de, songer à, se tourmenter de.

soucieux, euse adj. **1** *Une mine soucieuse* ▶ angoissé, anxieux, contrarié, inquiet, préoccupé, sombre, tourmenté, tracassé. **2** *Être soucieux du bien-être de ses collaborateurs* ▶ attentif à, préoccupé de.

soucoupe n. f. ▶ sous-tasse.

soudain, aine adj. **1** *Une mort soudaine* ▶ brusque, foudroyant, fulgurant, subit. **2** *Son arrivée soudaine les a pris de court* ▶ fortuit, imprévu, inattendu, inopiné.

soudain adv. *Soudain, la porte s'est ouverte* ▶ brusquement, subitement, tout à coup.

soudainement adv. *Il a soudainement changé d'avis* ▶ brusquement, brutalement, inopinément, subitement, tout d'un coup.

soudaineté n. f. ▶ brusquerie, rapidité.

soudoyer v. ▶ acheter, arroser (fam.), corrompre, graisser la patte à (fam.), stipendier (litt.).

souffle n. m. **1** *Retenir son souffle* ▶ haleine, respiration. **2** *Il persistera jusqu'à son dernier souffle* ▶ soupir. **3** *Avoir du souffle* ▶ coffre (fam.). **4** *Du soupirail s'échappa brusquement un souffle pestilentiel* ▶ bouffée, exhalaison. **5** *Le souffle d'une explosion* ▶ onde de choc. **6** Fig. *Aimer jusqu'à en perdre le souffle* ▶ âme, esprit, vie. **7** Fig. et litt. *Le souffle poétique* ▶ enthousiasme, inspiration, veine.

soufflé, ée adj. *Des chairs soufflées* ▶ ballonné, bouffi, boursouflé, enflé, gonflé.

souffler v. **1** *Inspirez! Soufflez!* ▶ expirer. **2** *Souffler comme un bœuf* ▶ haleter. **3** *Laisser qqn souffler un peu* ▶ se délasser, se détendre, se reposer, respirer. **4** *Souffler qqch à l'oreille de qqn* ▶ chuchoter, glisser, murmurer, susurrer. **5** Fig. *Souffler une idée à qqn* ▶ conseiller, glisser, inspirer, suggérer. **6** Fig. et fam. *Il a toujours peur qu'on lui souffle ses idées* ▶ dérober, piquer (fam.), prendre, voler. **7** Fig. et fam. *Son aplomb m'a toujours soufflé* ▶ abasourdir, ébahir, époustoufler (fam.), estomaquer (fam.), mé-

souffrance

duser, sidérer, stupéfaire, stupéfier, suffoquer.

souffrance n. f. 1 *C'est une véritable souffrance pour moi de le voir dans cet état* ▶ chagrin, douleur, épreuve, peine, supplice, torture, tourment. **2 en souffrance** ▶ en attente, en carafe (fam.), en panne, en plan (fam.), en rade (fam.), en suspens.

souffrant, ante adj. ▶ incommodé, indisposé, malade, mal en point, mal fichu (fam.).

souffre-douleur n. m. ▶ bête noire, bouc émissaire, tête de turc, victime.

souffreteux, euse adj. *Un enfant souffreteux* ▶ chétif, débile, maladif, malingre.

souffrir v. 1 *Un blessé qui souffre* ▶ avoir mal. 2 *Avec tout ce que j'ai souffert!* ▶ endurer, subir, supporter. 3 *Les cultures ont souffert de la chaleur* ▶ pâtir (litt.). 4 *Ne pas pouvoir souffrir qqn* ▶ blairer (fam.), pifer (fam.), sentir (fam.), supporter, voir. 5 Litt. *Une affaire qui ne souffre aucun retard* ▶ admettre, autoriser, tolérer.

souhait n. m. 1 ▶ aspiration, désir, envie, rêve, vœu. **2 à souhait** *Un poulet cuit à souhait* ▶ convenablement, parfaitement.

souhaitable adj. *Il serait souhaitable que le problème soit réglé rapidement* ▶ adéquat, approprié, à propos, conseillé, convenable, indiqué, opportun, recommandé.

souhaiter v. 1 *Il souhaite vous remplacer* ▶ ambitionner de, aspirer à, avoir en tête de, avoir envie de, désirer, espérer, rêver de. 2 *Il souhaite le poste de directeur commercial* ▶ aspirer à, avoir envie de, convoiter, désirer, lorgner (fam.), rêver de, viser.

souiller v. 1 Litt. *Souiller l'eau d'une rivière* ▶ contaminer, corrompre (litt.), gâter, infecter, polluer. 2 Fig. et litt. *Souiller la mémoire de qqn* ▶ avilir, calomnier, déshonorer, diffamer, éclabousser, entacher, flétrir, profaner, salir.

souillure n. f. Fig. *Une vie sans souillure* ▶ faute, flétrissure, péché, tache.

souk n. m. ▶ bazar.

soûl, soûle adj. ▶ bourré (fam.), ivre, noir (fam.), paf (fam.), rond (fam.).

soulagement n. m. ▶ apaisement, réconfort.

soulager v. 1 *Cela me soulage de parler* ▶ apaiser, calmer. 2 *Ce traitement va soulager la douleur* ▶ adoucir, alléger, apaiser, atténuer, calmer, diminuer, émousser, endormir, lénifier, modérer, réduire, tempérer. 3 *Soulager une entreprise en difficulté* ▶ aider, assister, secourir. 4 Fam. *Soulager qqn de son portefeuille* ▶ alléger, débarrasser, décharger, délester.

soûlé, ée adj. Fig. *Être soûlé d'annonces publicitaires* ▶ gavé, saturé.

soûler v. 1 *Un alcool qui soûle* ▶ enivrer, griser, monter à la tête. 2 Fig. *Ses discours infinis nous soûlent tous* ▶ abrutir, assommer, étourdir, fatiguer. **3 se soûler** *Se soûler pour oublier* ▶ se beurrer (fam.), boire, se bourrer (fam.), se cuiter (fam.), s'enivrer, se noircir (fam.). 4 Fig. *Se soûler de plaisirs* ▶ se gaver, se rassasier, se repaître.

soulèvement n. m. 1 Fig. *Réprimer un soulèvement* ▶ émeute, insurrection, rébellion, révolte, sédition. 2 Spécialement pour des marins ou des soldats ▶ mutinerie, rébellion.

soulever v. 1 *Soulever un fardeau* ▶ élever, hisser, lever. 2 *Soulever sa jupe* ▶ relever, remonter, retrousser, trousser. 3 Fig. *Soulever une question* ▶ aborder, évoquer, poser. 4 Fig. *Soulever l'enthousiasme* ▶ déchaîner, déclencher, exciter, provoquer, susciter. 5 Fig. *Soulever son auditoire* ▶ enflammer, enthousiasmer, exalter, transporter. 6 Fig. *Cela va soulever des difficultés* ▶ causer, déclencher, déterminer, engendrer, occasionner, produire, provoquer, susciter. **7 se soulever** *Se soulever sur ses avant-bras* ▶ se dresser, se lever. 8 Fig. *Une province qui se soulève* ▶ s'insurger, se rebeller, se révolter.

soulier n. m. ▶ chaussure, godasse (fam.), pompe (fam.).

souligner v. 1 Fig. *Son rouge à lèvres souligne la pâleur de son visage* ▶ accentuer, accuser, faire ressortir, mettre en évidence, mettre en valeur, relever. 2 *Souligner les points importants d'un discours en élevant la voix* ▶ appuyer sur, insister sur, marquer, signaler.

soumettre v. 1 *Soumettre un peuple* ▶ asservir, assujettir, dominer, dompter, enchaîner, inféoder, mater, opprimer, réduire. 2 *Soumettre tout le monde à ses caprices* ▶ assujettir, subordonner. 3 *Soumettre son corps à des rayons lumineux* ▶ exposer, présenter. 4 *Soumettre un projet à qqn* ▶ présenter, proposer. **5 se soumettre** *Il fallut bien se soumettre* ▶ céder, s'incliner, obtempérer, se rendre, se résigner. 6 *Se soumettre à une règle* ▶ s'accommoder de, s'adapter à, s'assujettir à, se conformer à, obéir à, se plier à, satisfaire à, suivre.

soumis, ise adj. 1 *Un esprit soumis* ▶ discipliné, docile, obéissant. 2 *Des malheu-*

reux, soumis devant les arrêts du destin ▶ humble, résigné.

soumission n. f. 1 *Faire preuve de soumission devant les arrêts du destin* ▶ acceptation, humilité, résignation. 2 *Des enfants dont on exige de la soumission* ▶ discipline, docilité, obéissance. 3 *La soumission d'un roi vaincu* ▶ capitulation, reddition.

soupape n. f. Fig. *Cette discussion a servi de soupape à sa colère* ▶ dérivatif, diversion, exutoire (litt.).

soupçon n. m. 1 Plur. *Sa conduite a éveillé les soupçons* ▶ défiance (litt.), doutes, méfiance, suspicion (litt.). 2 *Un soupçon de lait, de sel* ▶ goutte, larme, nuage, ombre, pointe, trace.

soupçonner v. 1 *Soupçonner injustement sa femme* ▶ douter de, suspecter. 2 *On soupçonne une escroquerie* ▶ conjecturer (litt.), croire à, deviner, entrevoir, flairer (fam.), penser à, pressentir, présumer, subodorer, supposer.

soupçonneux, euse adj. ▶ défiant (litt.), méfiant, suspicieux (litt.).

soupe n. f. ▶ potage.

soupente n. f. ▶ réduit.

soupeser v. Fig. *Soupeser les avantages d'une situation* ▶ apprécier, estimer, évaluer.

soupir n. m. 1 *Des soupirs étouffés* ▶ gémissement. 2 *Jusqu'à son dernier soupir* ▶ souffle. 3 *Solfier en respectant les soupirs* ▶ silence.

souple adj. 1 *De la terre glaise encore souple* ▶ élastique, malléable, maniable, mou. 2 *Une tige d'osier humide et souple* ▶ flexible, malléable, pliable. 3 *N'être pas assez souple pour faire de la gymnastique* ▶ agile, délié, leste. 4 Fig. *Un esprit souple* ▶ accommodant, conciliant, diplomate. 5 Fig. *Ce garçon n'est pas très souple* ▶ docile, maniable.

souplesse n. f. 1 *La souplesse d'une substance* ▶ élasticité, flexibilité, malléabilité, maniabilité. 2 *La souplesse d'un danseur* ▶ agilité. 3 Fig. *Faire preuve de souplesse dans une situation difficile* ▶ diplomatie.

souquer v. ▶ ramer.

source n. f. 1 *S'abreuver à une source* ▶ point d'eau. 2 Fig. *C'est une vraie source de renseignements* ▶ filon, mine, veine. 3 Fig. *La source d'un malentendu* ▶ base, cause, fondement, germe, motif, origine, point de départ, principe, racine, raison.

sourciller v. Fig. *Accueillir une nouvelle sans sourciller* ▶ ciller, tiquer (fam.).

sourcilleux, euse adj. Litt. *Il est très sourcilleux sur le point de l'honneur* ▶ chatouilleux, exigeant, pointilleux, tatillon, vétilleux (litt.).

sourd, sourde adj. 1 *Un vieillard un peu sourd* ▶ dur d'oreille, malentendant. 2 *Un bruit sourd* ▶ étouffé, mat. 3 Fig. *Rester sourd aux arguments de qqn* ▶ fermé, imperméable, indifférent, insensible, rebelle, réfractaire. 4 Fig. *Une sourde protestation* ▶ diffus, indistinct, latent, souterrain, vague.

sourdine (en) adv. ▶ doucement, faiblement, silencieusement.

sourdre v. 1 Litt. *Le sang sourd de la plaie* ▶ couler, s'échapper, filtrer, se répandre, sortir. 2 Fig. et litt. *Le désespoir qui sourdait en lui* ▶ apparaître, éclore, naître.

souriant, ante adj. ▶ enjoué, gai, guilleret, jovial, joyeux, mutin (litt.), réjoui, rieur.

souricière n. f. Fig. *Attirer des malfaiteurs dans une souricière* ▶ piège, traquenard.

sourire v. 1 *Sourire de la naïveté de qqn* ▶ ironiser sur, plaisanter de. 2 *Cette idée ne me sourit guère* ▶ aller à, convenir à, plaire à, séduire.

sournois, oise adj. 1 *Un enfant sournois* ▶ dissimulateur, dissimulé, faux, fourbe (litt.), hypocrite. 2 *Un mal sournois* ▶ insidieux, traître.

sournoisement adv. ▶ à la dérobée, en catimini, en douce, en sous-main, en tapinois, insidieusement, mine de rien (fam.), par en dessous (fam.).

sournoiserie n. f. ▶ dissimulation, fausseté, fourberie (litt.), hypocrisie.

sous-alimentation n. f. ▶ dénutrition.

souscrire v. 1 Fig. et litt. *Souscrire à tous les propos de qqn* ▶ acquiescer, se rallier. 2 Fig. et litt. *Souscrire à tous les caprices de qqn* ▶ accéder à, accepter, adhérer à, consentir à, se prêter à.

sous-cutané, ée adj. ▶ hypodermique.

sous-développé, ée adj. *Ce service est encore sous-développé en matière d'informatique* ▶ sous-équipé.

sous-entendre v. ▶ insinuer, laisser entendre, suggérer.

sous-entendu, ue adj. ▶ implicite, inexprimé, informulé, tacite.

sous-entendu n. m. 1 *Parler par sous-entendus* ▶ allusion, ellipse, insinuation. 2 *Le sous-entendu est souvent facile à comprendre, mais difficile à expliquer* ▶ implicite, non-dit.

sous-estimation n. f. *Faire une sous-estimation de ses revenus* ▶ sous-évaluation.

sous-estimer v. *Sous-estimer les capacités de son concurrent direct* ▶ méconnaître, méjuger, mésestimer, minimiser, sous-évaluer.

sous-fifre n. m. Fam. ▶ sous-ordre, subalterne.

sous-jacent, ente adj. Fig. *Percevoir dans un éloge une critique sous-jacente* ▶ implicite, latent.

sous-main (en) adv. ▶ à la dérobée, clandestinement, en cachette, en catimini, en douce (fam.), en secret, en tapinois, mine de rien (fam.), par en dessous (fam.), sous le manteau.

sous-marin, ine adj. ▶ subaquatique.

sous-marin n. m. ▶ submersible.

sous-sol n. m. *Vider une maison du sous-sol au grenier* ▶ cave.

sous-tasse n. f. ▶ soucoupe.

soustraire v. **1** *Soustraire les frais du bénéfice brut* ▶ décompter, déduire, défalquer, enlever, ôter, retrancher. **2** *Soustraire un document à qqn* ▶ dérober, enlever, prendre, ravir (litt.), subtiliser (litt.), voler. **3** *se soustraire Chercher à se soustraire à une corvée* ▶ s'affranchir de (litt.), couper à (fam.), se dégager de, échapper à, esquiver, éviter.

sous-vêtements n. m. pl. *De beaux sous-vêtements féminins en soie* ▶ dessous, lingerie.

soute n. f. ▶ cale.

soutenable adj. **1** *Ce bruit n'est pas soutenable* ▶ supportable, tenable, vivable. **2** *Cette thèse n'est pas soutenable* ▶ acceptable, défendable, justifiable, plausible.

soutènement n. m. ▶ appui, contrefort, soutien.

souteneur n. m. ▶ maquereau (fam.), proxénète.

soutenir v. **1** *Les colonnes qui soutiennent la voûte* ▶ maintenir, porter, supporter. **2** *Caler des madriers pour soutenir un mur qui menace de tomber* ▶ consolider, étayer, maintenir. **3** *Il lui faut une nourriture qui le soutienne* ▶ sustenter. **4** *Soutenir le feu roulant des canons ennemis* ▶ endurer, faire face à, résister à, supporter. **5** *Soutenir son effort avec ténacité* ▶ persévérer dans, poursuivre. **6** *Ce qu'il entreprend est difficile, il a besoin qu'on le soutienne* ▶ aider, assister, épauler, seconder. **7** *Soutenir un candidat* ▶ appuyer, défendre, plaider pour, recommander. **8** *Un gouvernement décidé à soutenir le secteur agricole* ▶ aider, encourager, favoriser. **9** *Je soutiens qu'il a tort* ▶ affirmer, assurer, certifier, maintenir, prétendre.

soutenu, ue adj. **1** *Un effort soutenu* ▶ assidu, constant, continu, incessant, ininterrompu, régulier, suivi. **2** *Un style soutenu* ▶ académique, châtié, élevé, étudié, littéraire, noble, recherché, soigné. **3** *Une couleur soutenue* ▶ intense.

souterrain, aine adj. Fig. *Des menées souterraines* ▶ caché, clandestin, occulte, secret, ténébreux.

souterrain n. m. ▶ galerie, tunnel.

soutien n. m. **1** *Installer un madrier pour servir de soutien* ▶ appui, contrefort, étai, étançon, soutènement, support. **2** Fig. *Vous pouvez compter sur notre soutien* ▶ aide, appui, assistance, concours, coopération. **3** Fig. *Être le plus ardent soutien d'une cause* ▶ champion, défenseur, pilier, tenant.

soutirer v. *Soutirer de l'argent à qqn* ▶ arracher, extorquer.

souvenir (se) v. **1** *Vous vous souvenez de moi?* ▶ se rappeler, reconnaître, remettre. **2** *Il ne peut pas voir un passage à niveau sans se souvenir de son accident* ▶ penser à, rappeler, se remémorer, revoir. **3** *Il est enfin parvenu à se souvenir de son emploi du temps du jeudi 6* ▶ se rappeler, reconstituer, se remémorer, retrouver.

souvenir n. m. **1** *Cela restera toujours dans mon souvenir* ▶ mémoire. **2** *Des souvenirs confus de son enfance* ▶ image, impression, réminiscence. **3** Plur. *Ecrire ses souvenirs* ▶ autobiographie, mémoires.

souvent adv. **1** *Il est venu souvent* ▶ fréquemment, maintes fois (litt.). **2** *Dans cette famille, les enfants sont souvent blonds* ▶ d'ordinaire, en général, généralement, la plupart du temps.

souverain, aine adj. **1** *Un pouvoir souverain* ▶ absolu, omnipotent, suprême, tout-puissant. **2** *Un prince souverain* ▶ régnant. **3** *Une assemblée souveraine* ▶ autonome, indépendant, libre. **4** *Une beauté souveraine* ▶ absolu, extrême, idéal, parfait, royal, supérieur, suprême. **5** *Un remède souverain* ▶ infaillible, radical.

souverain n. m. ▶ monarque, prince, roi.

souverainement adv. Fig. *Il est souverainement ennuyeux* ▶ absolument, extrêmement, parfaitement, supérieurement, suprêmement.

souveraineté n. f. **1** *La souveraineté d'un roi* ▶ autorité, omnipotence (litt.), pouvoir,

toute-puissance. 2 *La souveraineté nationale* ▶ autonomie, indépendance.

soyeux, euse adj. *Une matière soyeuse au toucher* ▶ agréable, doux, moelleux, satiné, velouté.

spacieux, euse adj. ▶ ample, étendu, grand, large, vaste.

spartiate adj. **1** *L'opposition d'Athènes aux menées spartiates* ▶ lacédémonien. **2** Fig. *Un mode de vie spartiate* ▶ ascétique, austère, rigide, sévère, sobre.

spasme n. m. **1** *Des spasmes nerveux* ▶ contraction, convulsion, crispation. **2** *Mourir après un dernier spasme* ▶ convulsion, soubresaut.

spasmodique adj. ▶ convulsif, nerveux.

spatial, ale adj. *Un vaisseau spatial* ▶ interplanétaire, intersidéral, interstellaire.

speaker, speakerine n. Vx *Les speakers de la radio* ▶ annonceur, présentateur.

spécial, ale adj. **1** *N'avoir rien de spécial à raconter* ▶ exceptionnel, original, particulier. **2** *Il y a un emballage spécial pour ce genre de produit* ▶ particulier, spécifique. **3** *Il est vraiment spécial, votre ami!* ▶ à part, atypique, bizarre, extraordinaire, original, particulier, singulier, unique.

spécialement adv. **1** *Tous les savants, et spécialement les chimistes* ▶ en particulier, notamment, particulièrement, singulièrement (litt.), surtout. **2** *Il est venu spécialement pour vous* ▶ exclusivement, exprès, spécifiquement. **3** *Ce n'est pas spécialement réussi* ▶ particulièrement.

spécialiste n. ▶ expert, professionnel, technicien.

spécialité n. f. ▶ branche, discipline, domaine, fief (litt.), partie.

spécieux, euse adj. *Un argument spécieux* ▶ captieux (litt.), fallacieux, sophistique, trompeur.

spécification n. f. **1** *Déterminer la spécification d'un produit d'après les besoins du marché* ▶ caractérisation, caractéristiques, définition. **2** *La convocation ne comporte aucune spécification de date* ▶ indication, mention, précision.

spécificité n. f. *Le tourisme vert est la spécificité de cette région* ▶ caractéristique, particularité, propre, spécialité.

spécifier v. **1** *Ils n'ont pas spécifié la date de la prochaine réunion* ▶ déterminer, fixer. **2** *Le contrat ne le spécifie pas* ▶ indiquer, mentionner, préciser, stipuler.

spécifique adj. **1** *Rechercher les produits spécifiques d'une région* ▶ caractéristique de, particulier à, propre à, typique de. **2** *Il y a un emballage spécifique pour ce genre de produit* ▶ particulier, spécial.

spécifiquement adv. **1** *Il a fait cela spécifiquement pour vous* ▶ exclusivement, exprès, spécialement. **2** *Prétendre que l'agressivité est une conduite spécifiquement masculine* ▶ exclusivement, proprement, typiquement.

spécimen n. m. **1** *Un parfait spécimen d'architecture baroque* ▶ échantillon, exemplaire, exemple, modèle, prototype, représentant. **2** Fam. *Quel drôle de spécimen!* ▶ phénomène.

spectacle n. m. **1** *Quel spectacle s'offrit alors à ma vue!* ▶ scène, tableau. **2** *Le spectacle va commencer* ▶ représentation, séance. **3 se donner en spectacle** *Avoir horreur de se donner en spectacle* ▶ s'exhiber, se montrer.

spectaculaire adj. *Il a fait des progrès spectaculaires depuis la dernière fois* ▶ étonnant, extraordinaire, fabuleux, frappant, prodigieux.

spectateur, trice n. **1** *Se poser en spectateur des mœurs de son temps* ▶ observateur, témoin. **2** Plur. *Des spectateurs attentifs et passionnés* ▶ assistance, audience, auditoire, public, salle.

spectre n. m. **1** *Les spectres qui hantent ce château* ▶ apparition, esprit, fantôme, ombre, revenant. **2** Fig. *Le spectre de la misère* ▶ épouvantail, menace, psychose.

spéculateur, trice n. ▶ agioteur (litt.).

spéculatif, ive adj. *Des recherches qui ne présentent qu'un intérêt purement spéculatif* ▶ abstrait, conceptuel, théorique.

spéculation n. f. **1** *Une économie minée par la spéculation* ▶ agiotage (litt.). **2** *Se livrer à toutes sortes de spéculations sur la durée du gouvernement* ▶ calcul, réflexion, supputation, théorie.

spéculer v. **1** *Spéculer sur l'or* ▶ agioter (litt.), jouer. **2** *Spéculer sur l'origine de la vie* ▶ méditer, raisonner, réfléchir. **3** Fig. *Spéculer sur la crédulité de qqn* ▶ compter, tabler.

speech n. m. Fam. ▶ allocution, laïus (fam.), topo (fam.).

sperme n. m. ▶ semence.

sphère n. f. **1** *Le volume d'une sphère* ▶ boule, globe. **2** Fig. *Hors de la sphère de sa spécialité, il est complètement incompétent* ▶ cadre, champ, domaine, univers.

sphérique adj. *Le ballon de football est sphérique* ▶ rond.

spirale n. f. **1** *Les spirales bleutées qui montent d'une cigarette* ▶ arabesque, enroulement, serpentin, torsade, volute. **2 en spirale** *Un escalier en spirale* ▶ à vis, en colimaçon, en hélice.

spiritisme n. m. ▶ nécromancie.

spiritualité n. f. **1** *La spiritualité de l'âme* ▶ immatérialité, incorporéité. **2** *La spiritualité monastique* ▶ religiosité, mysticisme.

spirituel, elle adj. **1** *La nature spirituelle des divinités* ▶ abstrait, immatériel, incorporel. **2** *La vie spirituelle* ▶ intérieur, moral. **3** *Une réponse spirituelle* ▶ amusant, drôle, facétieux (litt.), fin, humoristique, ingénieux, malicieux, piquant, plaisant.

spirituellement adv. *Répliquer spirituellement à une question embarrassante* ▶ finement, ingénieusement, plaisamment.

spiritueux n. m. ▶ alcool, liqueur.

spleen n. m. Litt. ▶ cafard (fam.), ennui, idées noires, mélancolie, neurasthénie, tristesse, vague à l'âme.

splendeur n. f. **1** *La splendeur d'une réception* ▶ apparat, brillant, éclat, faste, luxe, magnificence, pompe, somptuosité. **2** *La splendeur d'un règne* ▶ éclat, gloire, lustre, prestige, rayonnement.

splendide adj. ▶ admirable, brillant, éblouissant, étincelant, fastueux, magnifique, merveilleux, sompteux, sublime, superbe.

splendidement adv. ▶ admirablement, brillamment, fastueusement, magnifiquement, merveilleusement, somptueusement, superbement.

spoliation n. f. ▶ dépossession, dépouillement.

spolier v. ▶ déposséder, dépouiller, frustrer, priver.

sponsor n. m. ▶ commanditaire.

sponsorisation n. f. **1** *Une politique systématique de sponsorisation* ▶ mécénat. **2** *La sponsorisation d'un club de football* ▶ financement, parrainage.

sponsoriser v. ▶ commanditer, financer, parrainer.

spontané, ée adj. **1** *Un enfant spontané* ▶ direct, franc, impulsif, nature (fam.), naturel, primesautier (litt.), sincère. **2** *Un stimulus qui provoque une réaction spontanée* ▶ automatique, impulsif, inconscient, instinctif, involontaire, irréfléchi, machinal, mécanique.

spontanéité n. f. ▶ authenticité, fraîcheur, franchise, naturel, sincérité.

spontanément adv. *La vipère est spontanément agressive* ▶ instinctivement, naturellement.

sporadique adj. *Un phénomène sporadique* ▶ épisodique, occasionnel.

sporadiquement adv. ▶ de temps à autre, épisodiquement, occasionnellement.

sport adj. *Il est très sport en affaires* ▶ fair-play, franc-jeu, loyal, régulier.

sport n. m. *Tu devrais faire du sport* ▶ culture physique, exercice.

sportivement adv. *Elle a reconnu sportivement qu'il avait gagné* ▶ loyalement.

sportivité n. f. ▶ fair-play.

spot n. m. ▶ projecteur.

spray n. m. ▶ atomiseur, bombe, vaporisateur.

squameux, euse adj. Litt. ▶ écailleux.

squelette n. m. **1** *Le squelette d'un oiseau* ▶ carcasse, ossature. **2** Fig. *Le squelette d'un roman* ▶ architecture, armature, canevas, carcasse, charpente, ossature, plan, schéma, structure.

squelettique adj. ▶ décharné, efflanqué, émacié, étique.

stabilisation n. f. *La stabilisation d'un terrain* ▶ consolidation, renforcement.

stabiliser v. **1** *Stabiliser un bateau* ▶ équilibrer. **2** *Stabiliser des accotements* ▶ consolider, renforcer. **3 se stabiliser** *Un jeu dont les règles se sont progressivement stabilisées* ▶ se fixer.

stabilité n. f. **1** *La stabilité d'un édifice* ▶ aplomb, assiette, équilibre. **2** *La stabilité d'une institution* ▶ continuité, permanence. **3** *La stabilité d'un sentiment* ▶ constance, fermeté, permanence, solidité. **4** *La stabilité des cours de la Bourse* ▶ fermeté.

stable adj. **1** *Un échafaudage stable* ▶ d'aplomb, équilibré. **2** *L'état du malade est stable* ▶ stationnaire, statique. **3** *Un sentiment stable* ▶ constant, durable, ferme, fixe, permanent, persistant, solide.

stade n. m. Fig. *Les différents stades d'une évolution* ▶ degré, échelon, étape, niveau, palier, période, phase, point.

stagnant, ante adj. *Des eaux stagnantes* ▶ dormant.

stagnation n. f. Fig. *La stagnation de l'économie* ▶ engourdissement, inertie, langueur, marasme, paralysie.

stagner v. Fig. *Stagner dans un emploi subalterne* ▶ croupir, languir, piétiner, plafonner, végéter.

stalle n. f. *Les stalles d'une écurie* ▶ box.

stance n. f. *Les stances d'un poème lyrique* ▶ strophe.

standard adj. *Un modèle standard* ▶ commun, courant, normalisé, ordinaire, usuel.

standard n. m. 1 *Un standard de fabrication* ▶ étalon, modèle, norme. 2 *Un standard téléphonique* ▶ central.

standardisation n. f. 1 *La standardisation de la production* ▶ homogénéisation, normalisation. 2 *La standardisation des conditions de vie* ▶ alignement, nivellement, uniformisation.

standardiser v. 1 *Standardiser les unités de production* ▶ homogénéiser, normaliser. 2 *Le développement des échanges tend à standardiser les comportements sociaux* ▶ aligner, niveler, uniformiser.

standardiste n. ▶ opérateur.

standing n. m. 1 *Il a une conduite étonnante pour qqn de son standing!* ▶ condition (litt.), niveau de vie, position, rang. 2 *Un immeuble de grand standing* ▶ classe, confort, luxe.

star n. f. ▶ étoile, vedette.

station n. f. 1 *Une station prolongée au même endroit* ▶ arrêt, halte, pause. 2 *Descendre du train à la prochaine station* ▶ arrêt, gare. 3 **station thermale** ▶ bains, eaux, établissement thermal, ville d'eaux.

stationnaire adj. *Un état stationnaire* ▶ stable, statique.

stationnement n. m. ▶ parcage, parking.

stationner v. ▶ garer, parquer.

station-service n. f. ▶ pompe à essence.

statique adj. 1 *Une société statique* ▶ figé, immobile. 2 *L'état du malade est statique* ▶ stable, stationnaire.

statuer v. ▶ décider, trancher.

stature n. f. 1 *Un homme d'une petite stature* ▶ gabarit, taille. 2 Fig. *Une erreur étonnante chez un chercheur de sa stature* ▶ carrure, classe, dimension, envergure, importance, qualité.

statut n. m. *Classer les gens en fonction de leur statut social* ▶ position, situation.

stèle n. f. ▶ pierre tombale.

stellaire adj. ▶ astral, sidéral.

stéréotype n. m. ▶ banalité, cliché, lieu commun, poncif.

stéréotypé, ée adj. ▶ banal, conventionnel, convenu, figé, tout fait.

stérile adj. 1 *Un pansement stérile* ▶ aseptique. 2 *Un sol stérile* ▶ aride, improductif, infécond (litt.), infertile (litt.), pauvre. 3 Fig. *Des efforts stériles* ▶ improductif, inefficace, infructueux, ingrat, inutile, vain.

stérilisant, ante adj. 1 *Un produit stérilisant* ▶ antiseptique, désinfectant. 2 Fig. *Une activité stérilisante* ▶ appauvrissant, desséchant.

stérilisateur n. m. ▶ autoclave, étuve.

stérilisation n. f. 1 *La stérilisation d'un instrument de chirurgie avant une opération* ▶ aseptisation. 2 *La stérilisation d'une plaie* ▶ désinfection. 3 *La stérilisation du lait* ▶ pasteurisation. 4 *La stérilisation d'un mâle* ▶ castration, émasculation.

stériliser v. 1 *Stériliser un bistouri avant une opération* ▶ aseptiser. 2 *Stériliser une salle d'hôpital après une opération* ▶ désinfecter. 3 *Stériliser du lait* ▶ pasteuriser. 4 *Stériliser un mâle* ▶ castrer, châtrer, émasculer. 5 Fig. *Stériliser la puissance créatrice de qqn* ▶ appauvrir, dessécher, épuiser, tarir.

stérilité n. f. 1 *La stérilité d'un sol* ▶ aridité, improductivité, infécondité (litt.), infertilité (litt.). 2 Fig. *La stérilité d'un débat* ▶ inefficacité, inutilité, vanité (litt.).

sterne n. f. ▶ hirondelle de mer.

stick n. m. *Un stick de colle* ▶ bâtonnet.

stigmate n. m. 1 Litt. *Les stigmates de la petite vérole* ▶ cicatrice, marque, trace. 2 Fig. et litt. *Les stigmates du vice* ▶ empreinte, marque, trace.

stigmatiser v. Fig. *Stigmatiser les vices de son temps* ▶ blâmer, condamner, critiquer, dénoncer, flétrir (litt.), fustiger (litt.), réprouver (litt.).

stimulant, ante adj. 1 *L'air de la montagne est stimulant* ▶ fortifiant, réconfortant, remontant, revigorant, vivifiant. 2 *Des résultats stimulants* ▶ encourageant, incitatif, motivant.

stimulant n. m. 1 *Administrer un stimulant* ▶ analeptique, cordial, dopant, excitant, fortifiant, reconstituant, remontant, tonique. 2 *L'appât du gain est un puissant stimulant* ▶ aiguillon, incitation, motivation, stimulus.

stimulateur cardiaque n. m. ▶ pacemaker.

stimulation n. f. *Une manipulation qui provoque la stimulation d'un nerf* ▶ excitation.

stimuler

stimuler v. 1 *Un climat qui stimule* ▶ doper, dynamiser (fam.), fortifier, ravigoter (fam.), réconforter, remonter, réveiller, revigorer, tonifier, vivifier. 2 *Stimuler la digestion* ▶ accélérer, activer. 3 *Stimuler le désir de qqn* ▶ aiguillonner, aiguiser, aviver, encourager, enflammer, éperonner, éveiller, exalter, exciter, fouetter.

stipulation n. f. *Les stipulations d'un contrat* ▶ clause, condition.

stipuler v. *Le contrat ne stipule pas que je doive vous payer tout de suite* ▶ indiquer, mentionner, préciser, spécifier.

stock n. m. ▶ provision, réserve.

stockage n. m. ▶ emmagasinage.

stocker v. *Stocker des vivres dans sa cave* ▶ accumuler, emmagasiner, engranger, entasser, entreposer.

stoïcisme n. m. 1 *Les enseignements du stoïcisme* ▶ portique. 2 Fig. *Faire preuve de stoïcisme face à l'adversité* ▶ caractère, courage, fermeté.

stoïque adj. *Demeurer stoïque au milieu des épreuves* ▶ courageux, ferme, inébranlable.

stoïquement adv. *Supporter stoïquement les souffrances* ▶ courageusement, fermement, héroïquement.

stomacal, ale adj. Vx ▶ gastrique.

stoppage n. m. *Faire un stoppage à un drap* ▶ raccommodage, ravaudage, reprise.

stopper v. 1 *Stopper une voiture* ▶ arrêter, immobiliser. 2 *Stopper une invasion* ▶ arrêter, bloquer, enrayer, faire cesser, juguler, mettre fin à, mettre un terme à. 3 *Stopper un accroc* ▶ raccommoder, ravauder, repriser.

strabisme n. m. ▶ loucherie.

strangulation n. f. *Tuer qqn par strangulation* ▶ étranglement.

stratagème n. m. ▶ artifice, astuce, ficelle (fam.), ruse, subterfuge (litt.), truc (fam.).

strate n. f. ▶ couche.

stratégie n. f. *Une stratégie commerciale* ▶ politique, tactique.

stratégique adj. *Un enjeu stratégique dans la conquête du pouvoir* ▶ déterminant, essentiel.

stressé, ée adj. 1 *Le candidat avait l'air un peu stressé* ▶ angoissé, anxieux, contracté, crispé. 2 *Être stressé par la vie moderne* ▶ oppressé.

strict, stricte adj. 1 *Être strict sur la discipline* ▶ inflexible, intraitable, intransigeant, rigide, sévère. 2 *Un régime strict* ▶ assujettissant, astreignant, draconien, dur, sévère. 3 *Un tailleur strict* ▶ classique, sévère, sobre. 4 *La stricte vérité* ▶ exact, précis, rigoureux.

strictement adv. *Ce que je vous raconte là est strictement confidentiel* ▶ absolument, complètement, entièrement, parfaitement, rigoureusement, totalement.

stricto sensu adv. ▶ littéralement, proprement.

strident, ente adj. *Pousser un cri strident* ▶ aigu, perçant.

strie n. f. *Un panneau de bois creusé de fines stries* ▶ cannelure, encoche, entaille, rainure, rayure, sillon.

strier v. *Strier une feuille de papier* ▶ hachurer, rayer.

string n. m. ▶ cache-sexe.

strip-tease n. m. ▶ effeuillage (fam.).

strophe n. f. 1 *Les strophes d'une chanson* ▶ couplet. 2 Spécialement pour un poème lyrique ▶ stance.

structure n. f. 1 *La structure métallique d'une gare* ▶ armature, carcasse, charpente, ossature, squelette. 2 *La structure d'un récit* ▶ agencement, architecture, arrangement, charpente, composition, configuration, construction, disposition, forme, ordonnance, ordre, organisation, plan, trame.

structurer v. *Structurer un récit* ▶ agencer, arranger, composer, construire, ordonner, organiser.

studieusement adv. ▶ sérieusement.

studieux, euse adj. ▶ appliqué, sérieux, travailleur.

studio n. m. 1 *Ils n'ont plus que des studios à louer* ▶ chambre. 2 *Se chercher un studio pour ses passages à Paris* ▶ garçonnière, pied-à-terre.

stupéfaction n. f. ▶ abasourdissement (litt.), ahurissement, ébahissement, effarement, saisissement, stupeur.

stupéfait, aite adj. ▶ abasourdi, ahuri, baba (fam.), confondu (litt.), ébahi, éberlué, effaré, époustouflé (fam.), estomaqué (fam.), frappé, interdit (litt.), interloqué, médusé, renversé, saisi, sidéré, soufflé, stupéfié, suffoqué.

stupéfiant, ante adj. ▶ ahurissant, confondant (litt.), éberluant, effarant, époustouflant (fam.), estomaquant (fam.), extraordinaire, inouï, médusant, renversant, saisissant, sidérant, soufflant (fam.), suffoquant.

stupéfiant n. m. ▶ drogue.

stupéfier v. ▶ abasourdir, ébahir, éberluer, effarer, époustoufler (fam.), estomaquer (fam.), méduser, renverser, sidérer, souffler (fam.), stupéfaire, suffoquer.

stupeur n. f. **1** Vx Rester immobile toute la journée, dans un état de stupeur ▶ abrutissement, hébétude. **2** Cette nouvelle a provoqué la stupeur ▶ abasourdissement, ahurissement, ébahissement, effarement, saisissement, stupéfaction.

stupide adj. **1** À cette vue, il est resté stupide ▶ abasourdi, ahuri, baba (fam.), confondu (litt.), ébahi, éberlué, effaré, estomaqué (fam.), interdit (litt.), interloqué, médusé, renversé, saisi, sidéré, stupéfait, stupéfié, suffoqué. **2** Un collègue particulièrement stupide ▶ abruti, bête, borné, bouché (fam.), crétin, idiot, imbécile, inintelligent, niais, obtus, sot. **3** Mais c'est stupide de dire une chose pareille! ▶ aberrant, absurde, bête, idiot, inepte, sot.

stupidement adv. Se comporter stupidement ▶ absurdement, bêtement, idiotement, sottement.

stupidité n. f. **1** La stupidité d'une remarque ▶ balourdise, bêtise, crétinerie, crétinisme, idiotie, imbécillité, inintelligence, niaiserie, sottise. **2** Accumuler les stupidités ▶ absurdité, ânerie, balourdise, bévue, boulette, bourde, connerie (fam.), crétinerie, erreur, faute, gaffe, idiotie, imbécillité, impair, ineptie, niaiserie, sottise.

stupre n. m. Litt. ▶ débauche, dépravation, lubricité, luxure, vice.

style n. m. **1** Le style d'un auteur ▶ façon, facture, main, manière, patte, ton, touche. **2** Le style d'une époque ▶ esthétique, genre, goût, ton. **3** Le style d'un meuble ▶ caractère, design, esthétique, forme. **4** Tout cela manque de style ▶ allure, cachet. **5** Cet individu a un drôle de style ▶ air, allure, apparence, aspect, dégaine (fam.), genre, look (fam.), touche (fam.), tournure. **6** On peut s'attendre à tout avec des gaillards de ce style ▶ acabit, calibre (fam.), catégorie, farine (fam.), genre, sorte, type.

styliser v. Styliser le dessin d'une fleur ▶ schématiser, simplifier.

styliste n. ▶ créateur, designer.

stylo à bille n. m. ▶ bic (nom déposé), crayon à bille.

suaire n. m. Litt. ▶ linceul.

suave adj. Un parfum suave ▶ délectable, délicat, délicieux, doux, exquis.

suavité n. f. ▶ délicatesse, douceur.

subalterne adj. Occuper une position subalterne ▶ inférieur, mineur, secondaire.

subalterne n. Une tâche de routine confiée à un subalterne ▶ exécutant, inférieur, sous-fifre (fam.), sous-ordre, subordonné.

subaquatique adj. ▶ sous-marin.

subconscient, ente adj. Percevoir une présence de façon subconsciente ▶ inconscient, instinctif.

subdiviser v. ▶ diviser, fractionner, morceler, partager.

subdivision n. f. **1** Les subdivisions d'une espèce ▶ division, embranchement, ramification, sous-division. **2** Les subdivisions d'un livre, d'un opéra ▶ chapitre, morceau, partie.

subir v. **1** Avec tout ce qu'elle a subi! ▶ déguster (fam.), écoper (fam.), endurer, éprouver, essuyer (litt.), prendre (fam.), ramasser (fam.), souffrir, supporter, trinquer (fam.). **2** Les objets subissent la loi de la gravitation ▶ obéir à, suivre. **3** Il va falloir qu'il subisse toutes sortes d'examens ▶ passer, se soumettre à.

subit, ite adj. Tout cela a été si subit que nous ne nous sommes pas encore vraiment adaptés ▶ brusque, brutal, imprévu, inopiné, rapide, soudain.

subitement adv. Il s'est subitement rendu compte que j'avais raison ▶ brusquement, brutalement, soudain, soudainement, tout à coup.

subjectif, ive adj. Une interprétation subjective ▶ individuel, partial (péj.), personnel, tendancieux (péj.).

subjectivement adv. Présenter les faits très subjectivement ▶ partialement (péj.), personnellement, tendancieusement (péj.).

subjuguer v. Subjuguer son auditoire ▶ captiver, charmer, éblouir, émerveiller, enchanter, ensorceler, envoûter, fasciner, ravir, séduire.

sublime adj. **1** Litt. Les régions sublimes de l'âme humaine ▶ supérieur, transcendant. **2** Un spectacle sublime ▶ admirable, divin, extraordinaire, magique, merveilleux, parfait, prodigieux.

sublimer v. **1** Un genre de peinture qui sublime la réalité ▶ idéaliser, magnifier. **2** Sublimer une pulsion ▶ transcender.

submerger v. **1** Le fleuve a submergé ses rives ▶ inonder, noyer. **2** Fig. Être submergé par les ennuis ▶ déborder, dépasser, envahir, inonder, noyer.

submersible n. m. ▶ sous-marin.

subodorer v. Subodorer une embrouille ▶ deviner, se douter de, entrevoir, flairer (fam.), pressentir, soupçonner.

subordination n. f. *Se plaindre d'être maintenu en état de subordination* ▶ assujettissement (litt.), dépendance, infériorité, sujétion, tutelle.

subordonné, ée adj. *Les prix des céréales sont subordonnés aux récoltes* ▶ dépendant de, tributaire de.

subordonné, ée n. *Tenir compte de l'avis de ses subordonnés* ▶ adjoint, inférieur.

subordonner v. *Subordonner tout à des questions d'intérêt* ▶ assujettir (litt.), faire dépendre de, soumettre.

suborner v. *Suborner un témoin* ▶ acheter, corrompre, soudoyer.

subreptice adj. Litt. ▶ clandestin, furtif, secret, sournois, souterrain.

subrepticement adv. *Se glisser subrepticement dans les coulisses* ▶ à la dérobée, clandestinement, en cachette, en catimini, en douce (fam.), en tapinois, furtivement.

subside n. m. ▶ aide, allocation, secours, subvention.

subsidiaire adj. **1** *Disposer en sus de ressources subsidiaires* ▶ annexe, auxiliaire, complémentaire. **2** *Laissons de côté pour le moment ces éléments subsidiaires* ▶ accessoire, contingent, incident, marginal, mineur, secondaire.

subsidiairement adv. ▶ accessoirement, secondairement.

subsistance n. f. ▶ approvisionnement, entretien, nourriture, ravitaillement.

subsister v. **1** *Son œuvre subsistera après sa mort* ▶ se conserver, demeurer, durer, se maintenir, persister, rester, survivre, tenir. **2** *Un salaire qui lui permet à peine de subsister* ▶ survivre, végéter, vivoter.

substance n. f. **1** *Une substance organique* ▶ corps, matière. **2** *La substance des choses* ▶ essence, nature, quintessence. **3** *La substance d'une conversation* ▶ contenu, essentiel, fond. **4 en substance** ▶ en gros (fam.), en résumé, sommairement.

substantiel, elle adj. **1** *Un repas substantiel* ▶ consistant, nourrissant, riche. **2** *Un apport financier substantiel* ▶ appréciable, conséquent, consistant, gros, important, sérieux.

substantif n. m. ▶ nom.

substituable adj. *Deux synonymes sont en principe substituables* ▶ commutable, interchangeable, permutable.

substituer v. *Substituer une copie à l'original* ▶ mettre à la place de, remplacer par.

substitut n. m. **1** *En son absence, vous pourrez faire office de substitut du maire* ▶ remplaçant, représentant. **2** *Rien ne pourra servir de substitut si on perd cela* ▶ ersatz, succédané.

substitution n. f. *La substitution d'un élément par un autre* ▶ échange, remplacement.

substrat n. m. *Un substrat latin avec des apports germaniques* ▶ fond.

subterfuge n. m. Litt. ▶ artifice, astuce, ruse, stratagème.

subtil, ile adj. **1** *Un esprit subtil* ▶ astucieux, clairvoyant, délié, fin, futé (fam.), habile, ingénieux, malin, pénétrant, perspicace, sagace (litt.). **2** *Une manœuvre subtile* ▶ adroit, astucieux, habile, ingénieux. **3** *C'est trop subtil pour moi* ▶ alambiqué (péj.), chinois (fam.), compliqué, difficile, fin, raffiné, sophistiqué. **4** *Un parfum subtil* ▶ délicat, léger, ténu.

subtilement adv. **1** *Manœuvrer subtilement* ▶ adroitement, astucieusement, finement, habilement, ingénieusement. **2** *Une odeur qui se mêle subtilement à une autre* ▶ délicatement, imperceptiblement.

subtiliser v. ▶ chiper (fam.), dérober, escamoter, faucher (fam.), piquer (fam.), souffler (fam.), voler.

subtilité n. f. **1** *Analyser un texte avec beaucoup de subtilité* ▶ finesse, perspicacité, sagacité. **2** *Les subtilités de la grammaire* ▶ chinoiserie (fam. et péj.), complication, difficulté, finesse, raffinement.

suburbain, aine adj. ▶ périphérique, périurbain.

subvenir v. *Subvenir aux besoins de qqn* ▶ pourvoir à, satisfaire à.

subvention n. f. ▶ aide, allocation, contribution, secours, subside.

subversif, ive adj. ▶ factieux (litt.), séditieux (litt.).

suc n. m. Fig. *Tirer le suc d'un sujet* ▶ essentiel, principal, quintessence, substantifique moelle.

succédané n. m. ▶ ersatz, substitut.

succéder v. **1** *Le printemps succède à l'hiver* ▶ remplacer, suivre, venir après. **2** *Succéder à qqn pendant une veille* ▶ relayer, relever, remplacer. **3 se succéder** *Tous ces événements se sont succédé très vite* ▶ s'enchaîner, se suivre.

succès n. m. **1** *Féliciter un sportif de son succès* ▶ exploit, performance, prouesse, tour de force. **2** *Cette vie a été une longue série de succès* ▶ réussite, triomphe, victoire. **3** Fam. *Lire les succès de l'été* ▶ best-seller. **4** Fam. *Écouter les succès de l'été* ▶ hit (fam.), tube.

successeur n. m. *Qui pourrait être le successeur d'un tel artiste?* ▶ continuateur, dauphin, héritier, remplaçant.

succession n. f. **1** *De nouvelles générations assureront la succession des responsables actuels* ▶ relève, remplacement. **2** *Le partage d'une succession* ▶ héritage, legs. **3** *Une succession de salles* ▶ enfilade, suite. **4** *Une succession d'ennuis, d'admirateurs* ▶ cascade, chapelet, cortège, défilé, enchaînement, kyrielle, procession, ribambelle (fam.), série, suite.

successivement adv. ▶ alternativement, à tour de rôle, l'un après l'autre, tour à tour.

succinct, incte adj. **1** *Un exposé succinct* ▶ bref, concis, court, rapide, schématique, sommaire. **2** *Un style succinct* ▶ concis, condensé, elliptique, laconique, lapidaire, ramassé.

succinctement adv. *Rappeler succinctement les détails d'une affaire* ▶ brièvement, rapidement, schématiquement, sommairement.

succomber v. **1** *Succomber à la tentation* ▶ s'abandonner, céder. **2** Fig. *Succomber sous le poids des soucis* ▶ fléchir, ployer. **3** Litt. *Succomber à la suite d'un accident* ▶ décéder, expirer (litt.), mourir, périr (litt.), trouver la mort.

succulent, ente adj. ▶ délectable, délicieux, excellent, exquis, savoureux.

succursale n. f. *Une banque qui ouvre une succursale dans une ville nouvelle* ▶ agence.

sucer v. **1** *Sucer le jus d'un fruit* ▶ aspirer, pomper (fam.). **2** *Sucer ses doigts* ▶ lécher.

sucrage n. m. *Le sucrage d'un vin* ▶ chaptalisation.

sucré, ée adj. Fig. *Un air sucré* ▶ doucereux, mielleux, patelin (litt.).

sucrer v. ▶ adoucir, édulcorer.

sucrerie n. f. ▶ bonbon, confiserie, douceur (litt.), friandise, gâterie, gourmandise.

sud adj. **1** *La frontière sud d'un pays* ▶ méridional. **2** *L'hémisphère sud* ▶ austral.

Sud n. m. *Aller passer ses vacances dans le Sud* ▶ Midi.

suer v. **1** *Un cheval qui sue* ▶ être en eau, être en nage, transpirer. **2** *Des murs qui suent* ▶ dégouliner, dégoutter, ruisseler, suinter. **3** *Suer du sang* ▶ exsuder (litt.), sécréter. **4** Fig. *Un endroit qui sue l'ennui* ▶ exhaler (litt.), respirer, transpirer. **5** faire **suer** *Ce type commence à me faire suer sérieusement* ▶ barber (fam.), embêter (fam.), emmerder (fam.), ennuyer, fatiguer, raser (fam.).

sueur n. f. **1** ▶ transpiration. **2 en sueur** ▶ en eau, en nage.

suffisamment adv. ▶ à satiété (litt.), assez.

suffisance n. f. Litt. ▶ fatuité (litt.), infatuation (litt.), prétention, vanité.

suffisant, ante adj. **1** *Des revenus suffisants* ▶ convenable, correct, honnête, honorable, passable, raisonnable, satisfaisant. **2** *Prendre un air suffisant* ▶ avantageux, bêcheur (fam.), crâneur (fam.), fat (litt.), infatué, pédant, poseur, prétentieux, satisfait, vain (litt.), vaniteux.

suffocant, ante adj. **1** *Une chaleur suffocante* ▶ accablant, étouffant, oppressant. **2** Fig. *Une audace suffocante* ▶ ahurissant, confondant, ébahissant, effarant, époustouflant (fam.), estomaquant (fam.), impressionnant, médusant, renversant, saisissant, sidérant, soufflant (fam.), stupéfiant.

suffoquer v. **1** *L'air brûlant suffoque* ▶ asphyxier, étouffer, oppresser. **2** Fig. *J'ai été suffoqué par sa réaction* ▶ abasourdir, éberluer, effarer, époustoufler (fam.), estomaquer (fam.), interloquer, méduser, pétrifier, renverser, saisir, sidérer, stupéfier.

suffrage n. m. **1** *Recueillir de nombreux suffrages* ▶ voix, vote. **2** Fig. et litt. *Mériter le suffrage des connaissants* ▶ adhésion, approbation, assentiment.

suggérer v. **1** *Il m'a suggéré de vous téléphoner* ▶ conseiller, souffler. **2** *Elle suggère que tu as eu tort* ▶ insinuer, sous-entendre.

suggestif, ive adj. *Un déshabillé suggestif* ▶ aguichant, évocateur, provocant.

suggestion n. f. **1** *Faire qqch sur la suggestion de qqn* ▶ conseil, indication. **2** *Le conseil d'administration examinera attentivement vos suggestions* ▶ proposition.

suicidaire adj. *Des pulsions suicidaires* ▶ autodestructeur.

suicide adj. *Une mission suicide* ▶ kamikaze.

suicidé, ée n. *Repêcher le corps d'un suicidé* ▶ désespéré.

suicider (se) v. ▶ se donner la mort, mettre fin à ses jours, se supprimer, se tuer.

sui generis adj. ▶ particulier, personnel, propre, spécial, spécifique.

suintement n. m. *Apercevoir des traces de suintement sur un mur* ▶ écoulement, infiltration.

suinter v. 1 *Un pin qui suinte de la résine* ▶ exsuder, sécréter, suer. 2 *Du sang qui suinte d'une plaie* ▶ dégoutter, s'égoutter, perler, sourdre (litt.).

suisse adj. ▶ helvète, helvétique.

suite n. f. 1 *Une suite de salles* ▶ enfilade, succession. 2 *Une suite d'ennuis* ▶ cascade, chapelet, cortège, défilé, enchaînement, kyrielle, ribambelle, série, succession. 3 *Le roi et sa suite* ▶ cortège, équipage (litt.), escorte, gens (litt.), train (vx). 4 *Des propos sans suite* ▶ cohérence, lien, ordre. 5 *Les suites d'une crise* ▶ conséquence, contrecoup, développement, effet, implication, incidence, lendemain, répercussion, séquelle. 6 **par la suite** *On verra ça par la suite* ▶ à l'avenir, dans l'avenir, plus tard.

suivant, ante adj. 1 *Les générations suivantes* ▶ futur, postérieur, ultérieur. 2 *Commentez la phrase suivante: le mieux est l'ennemi du bien* ▶ ci-après, ci-dessous.

suiveur, euse n. *Ce ne sera jamais qu'un suiveur* ▶ copieur, épigone (litt.), imitateur.

suivi, ie adj. 1 *Un effort suivi* ▶ assidu, constant, continu, durable, incessant, ininterrompu, opiniâtre, régulier, soutenu. 2 *Un raisonnement suivi* ▶ cohérent, logique.

suivre v. 1 *Des gardes du corps vont vous suivre dans tous vos déplacements* ▶ accompagner, emboîter le pas à, escorter, venir avec. 2 *Faire suivre sa femme* ▶ espionner, filer, pister, surveiller. 3 *Suivre un chemin* ▶ emprunter, parcourir, prendre. 4 *La route qui suit le fleuve* ▶ côtoyer, longer. 5 *Suivre un cours du soir* ▶ assister à, écouter, être présent à. 6 *Suivre l'actualité* ▶ s'intéresser à. 7 *Suivre une mode* ▶ adopter, se conformer à, obéir à, observer, se ranger à, respecter, se soumettre à. 8 *Une terrible répression suivit la révolte* ▶ succéder à, venir après. 9 *Je n'ai pas tout à fait suivi* ▶ comprendre, piger (fam.). 10 **se suivre** *Des événements qui se suivent et qui ne se ressemblent pas* ▶ s'enchaîner, se succéder.

sujet n. m. 1 *Des médecins qui examinent un sujet* ▶ malade, patient. 2 *Un sujet britannique* ▶ citoyen, ressortissant. 3 *Le sujet d'un litige* ▶ cause, fondement, mobile, motif, objet, occasion, origine, pourquoi, raison, source. 4 *Je ne sais rien sur ce sujet* ▶ article, chapitre, matière, point, question, thème. 5 **avoir sujet de** *Avoir sujet de se plaindre* ▶ avoir des raisons pour, avoir lieu de, avoir matière à. 6 **sujet parlant** *La place du sujet parlant dans la communication linguistique* ▶ émetteur, énonciateur, locuteur.

sujet, ette adj. 1 *Être sujet à changer* ▶ enclin à, exposé à, porté à, susceptible à. 2 **sujet à caution** *Une interprétation intéressante, mais sujette à caution* ▶ discutable.

sujétion n. f. 1 *Maintenir qqn en état de sujétion* ▶ asservissement, assujettissement, soumission, subordination. 2 Fig. et litt. *Entretenir un château est une sujétion permanente* ▶ asservissement, assujettissement, contrainte, esclavage, joug (litt.), servitude.

summum n. m. ▶ apogée, comble, faîte, fin du fin, maximum, nec plus ultra, sommet, top (fam.), zénith.

superbe adj. ▶ admirable, éblouissant, grandiose, magnifique, merveilleux, somptueux, splendide, sublime.

superbe n. f. Litt. *Une population exaspérée par la superbe de quelques notables* ▶ arrogance, condescendance, dédain, fierté, hauteur, morgue.

superbement adv. *Un salon superbement meublé* ▶ admirablement, divinement, magnifiquement, merveilleusement, somptueusement, splendidement, sublimement.

supercherie n. f. ▶ duperie, imposture, mystification, tromperie.

superficie n. f. ▶ aire, étendue, surface.

superficiel, elle adj. 1 *Une blessure superficielle* ▶ bénin, léger. 2 Fig. *Une femme superficielle* ▶ évaporé, frivole, futile, insouciant. 3 Fig. *Une conversation superficielle* ▶ creux, inconsistant, oiseux, vain, vide. 4 *Une analyse un peu trop superficielle* ▶ sommaire, succinct.

superficiellement adv. 1 *Être brûlé superficiellement* ▶ en surface, légèrement. 2 *Évoquer un sujet superficiellement* ▶ brièvement, schématiquement, sommairement, succinctement.

superflu, ue adj. *Encombrer une narration de détails superflus* ▶ en trop, inutile, superfétatoire (litt.).

supérieur, eure adj. 1 *Les étages supérieurs d'un bâtiment* ▶ du haut. 2 *Les classes supérieures* ▶ dominant. 3 *Un produit supérieur* ▶ excellent, extra (fam.), fameux. 4 *Prendre un air supérieur* ▶ arrogant, condescendant, dédaigneux, fier, hau-

tain, outrecuidant (litt.), prétentieux, suffisant. **5** *Une intelligence supérieure* ▸ distingué (litt.), éminent, exceptionnel, hors pair, incomparable, sans pareil, transcendant.

supérieur, eure n. *En référer à son supérieur* ▸ chef, patron.

supérieurement adv. **1** *L'auteur a décrit supérieurement l'atmosphère de cette province* ▸ admirablement, à merveille, excellemment, magistralement, merveilleusement, parfaitement. **2** *Être supérieurement intelligent* ▸ éminemment, exceptionnellement, remarquablement.

supériorité n. f. **1** *Affirmer la supériorité de la démocratie sur les autres régimes politiques* ▸ prééminence (litt.), prédominance, prépondérance, primauté, suprématie. **2** *Avoir la supériorité dans un combat* ▸ avantage, dessus. **3** *Un sourire de supériorité* ▸ condescendance, dédain.

supermarché n. m. ▸ grande surface.

superposer v. **1** *Superposer des caisses* ▸ amonceler, empiler, entasser. **2 se superposer** *Des lignes qui se superposent* ▸ se chevaucher, se recouvrir.

superposition n. f. *Une architecture faite de la superposition de styles différents* ▸ accumulation, amoncellement, chevauchement, entassement.

superstition n. f. ▸ croyance.

supplanter v. ▸ détrôner, éclipser, évincer, remplacer.

suppléance n. f. *Assurer la suppléance du responsable en titre* ▸ intérim, remplacement.

suppléant, ante n. **1** *Un travail de suppléant* ▸ intérimaire, remplaçant. **2** *Son suppléant le remplacera pendant son absence* ▸ adjoint, assesseur.

suppléer v. **1** *Le lieutenant-colonel suppléera le colonel en son absence* ▸ remplacer. **2** *Suppléer une lacune* ▸ combler, compenser, réparer. **3** *Suppléer son manque de culture par un humour ravageur* ▸ compenser, contrebalancer, pallier, remédier à.

supplément n. m. **1** *Avoir besoin d'un petit supplément pour finir le mois* ▸ complément, extra (fam.), rabiot (fam.), rallonge. **2** *Un supplément à la première édition d'un ouvrage* ▸ addenda, additif, annexe, appendice.

supplémentaire adj. **1** *Voici le contrat et les clauses supplémentaires* ▸ additionnel, adjoint, ajouté, annexe, complémentaire, subsidiaire. **2** *On va avoir du travail supplémentaire* ▸ en plus.

supplication n. f. **1** *Se répandre en supplications* ▸ adjuration (litt.), imploration, prière, supplique. **2** *Adresser une humble supplication à l'autorité administrative* ▸ requête, sollicitation.

supplice n. m. **1** *Assister au supplice d'un condamné* ▸ châtiment, exécution. **2** Fig. *Le supplice de l'attente* ▸ affres, angoisse, calvaire, martyre, souffrance, torture, tourment (litt.), transes.

supplier v. ▸ adjurer (litt.), conjurer, implorer, prier.

support n. m. **1** *Reposer sur un support* ▸ assise, base, socle, soubassement. **2** *Mettre un madrier en support* ▸ soutien.

supportable adj. **1** *Une atmosphère difficilement supportable* ▸ soutenable, tenable, vivable. **2** *Votre conduite n'est pas supportable* ▸ admissible, tolérable.

supporter v. **1** *Ce pilier supporte la voûte* ▸ maintenir, porter, soutenir. **2** *Une poterie qui supporte le feu* ▸ être à l'épreuve de, résister à, soutenir, tolérer. **3** *Supporter tous les frais* ▸ assumer, se charger de, endosser, prendre sur soi. **4** *Nous ne pourrons jamais supporter ce genre d'avanies* ▸ accepter, s'accommoder de, admettre, avaler (fam.), encaisser (fam.), endurer, souffrir (litt.), subir, tolérer. **5** Fam. *Supporter l'équipe de hockey sur gazon* ▸ encourager, soutenir.

supporter n. m. ▸ fan (fam.), partisan.

supposé, ée adj. ▸ hypothétique, présumé, prétendu, putatif, soi-disant.

supposer v. **1** *Après cela, je suppose qu'il ne reviendra plus* ▸ conjecturer (litt.), croire, imaginer, penser, présumer. **2** *La bonne entente suppose le respect mutuel* ▸ impliquer, nécessiter, réclamer.

supposition n. f. *Se fonder sur de simples suppositions* ▸ conjecture, hypothèse.

suppôt n. m. Litt. ▸ agent, séide (litt.).

suppression n. f. **1** *La suppression d'une disposition légale* ▸ abolition, abrogation. **2** *Faire de nombreuses suppressions dans un texte* ▸ amputation, coupure, mutilation, retranchement.

supprimer v. **1** *Supprimer une disposition légale* ▸ abolir, abroger. **2** *Supprimer un nom dans une liste* ▸ barrer, biffer, effacer, enlever, ôter, rayer, retirer, retrancher. **3** *Supprimer un espoir* ▸ anéantir, annihiler. **4** *Supprimer une ambiguïté* ▸ éliminer, lever. **5** *Supprimer un rival* ▸ assassiner, descendre (fam.), éliminer, occire (litt.), tuer, zigouiller (fam.). **6 se supprimer** ▸ se

supputation

donner la mort, mettre fin à ses jours, se suicider, se tuer.

supputation n. f. *Des prévisions économiques fondées sur des supputations gratuites* ▶ calcul, conjecture, estimation, évaluation, hypothèse, spéculation, supposition.

supputer v. *Supputer ses chances de réussite* ▶ calculer, estimer, évaluer, jauger.

supra adv. ▶ ci-dessus, plus haut.

suprématie n. f. *La suprématie économique d'un pays* ▶ domination, hégémonie, prédominance, prééminence, prépondérance, primauté, supériorité.

suprême adj. **1** *L'autorité suprême* ▶ souverain, supérieur. **2** *Avoir le suprême plaisir de la rencontrer seul à seule* ▶ extrême. **3** *Faire un suprême effort* ▶ dernier, ultime.

suprêmement adv. ▶ énormément, extrêmement, follement, formidablement, infiniment, prodigieusement, terriblement.

sur, sure adj. ▶ acide, aigre.

sûr, sûre adj. **1** *Il va réussir, c'est sûr* ▶ certain, clair, couru (fam.), évident, fatal, garanti, immanquable, incontestable, indubitable, inéluctable, inévitable, infaillible (litt.). **2** *Il a réussi, maintenant c'est sûr* ▶ avéré, certain, clair, établi, évident, garanti, incontestable, indubitable. **3** *Soyez-en sûr* ▶ assuré, certain, convaincu, persuadé. **4** *Un ami sûr* ▶ dévoué, éprouvé, fiable, fidèle, loyal, sincère, solide, véritable.

surabondamment adv. ▶ à l'excès, excessivement, trop.

surabondance n. f. *Raconter une histoire avec une surabondance de détails* ▶ avalanche, débauche, débordement, déluge, excès, exubérance, flopée (fam.), flot, foule, infinité, kyrielle, luxuriance, myriade, nuée, orgie, pléthore, pluie, prodigalité, profusion, ribambelle, surcharge.

surabondant, ante adj. *Une décoration surabondante* ▶ exubérant, luxuriant, pléthorique.

suraigu, uë adj. ▶ perçant, strident.

suralimenter v. ▶ gaver, surnourrir.

suranné, ée adj. ▶ ancien, antique, archaïque, arriéré, caduc, démodé, dépassé, désuet, fossile, inactuel, obsolète, périmé, rétrograde, vieilli, vieillot.

surcharge n. f. **1** *Une surcharge de poids* ▶ excédent, excès, surcroît, surplus. **2** Fig. *Une surcharge d'ornements* ▶ avalanche, débauche, débordement, déluge, excès, exubérance, flopée (fam.), flot, foule, infinité, kyrielle, luxuriance, myriade, nuée, orgie, pléthore, pluie, prodigalité, profusion, ribambelle, surabondance.

surchargé, ée adj. **1** *On ne pourra jamais monter, c'est déjà surchargé* ▶ bondé, bourré. **2** *Des classes surchargées* ▶ pléthorique. **3** Fig. *Rappelez demain, il est vraiment surchargé en ce moment* ▶ débordé.

surcharger v. **1** *Surcharger une pièce de meubles* ▶ bourrer, encombrer. **2** *Surcharger qqn de travail* ▶ accabler, écraser.

surchauffé, ée adj. Fig. *Un auditoire surchauffé* ▶ déchaîné, électrisé, exalté, frénétique, surexcité, survolté.

surclasser v. ▶ distancer, surpasser.

surcroît n. m. **1** *On lui a autorisé un surcroît de bagages* ▶ excédent, supplément, surcharge, surplus. **2 de surcroît** Litt. ▶ au surplus, de plus, en outre, en plus, par-dessus le marché (fam.).

surdoué, ée n. ▶ aigle, fort en thème (fam.), génie, phénix, prodige.

surélévation n. f. ▶ exhaussement, surhaussement.

surélever v. ▶ exhausser, rehausser, surhausser.

sûrement adv. ▶ à coup sûr, certainement, fatalement, forcément, immanquablement, inévitablement, infailliblement, obligatoirement.

surenchérissement n. m. ▶ augmentation, hausse, renchérissement.

surestimation n. f. *Des prévisions économiques fondées sur de grossières surestimations* ▶ exagération, surévaluation.

surestimer v. **1** *Surestimer la gravité d'un événement pour affoler la population* ▶ amplifier, exagérer, gonfler, surévaluer, surfaire. **2** *Le jury a beaucoup surestimé l'intelligence de ce candidat* ▶ s'exagérer, surévaluer, surfaire.

sûreté n. f. **1** *La sûreté de l'État* ▶ sécurité. **2** *La sûreté d'une voiture* ▶ fiabilité, sécurité. **3** *Montrer une grande sûreté dans ses jugements* ▶ acuité (litt.), clairvoyance, lucidité. **4** *Montrer une grande sûreté dans ses gestes* ▶ adresse, agilité, assurance, dextérité, doigté, fermeté, habileté, précision. **5** Plur. *Donner à qqn toutes les sûretés possibles* ▶ assurances, cautions, garanties. **6 en sûreté** ▶ à couvert, à l'abri, en sécurité.

surévaluation n. f. *Ce tableau a été l'objet d'une surévaluation manifeste* ▸ surestimation.

surévaluer v. **1** *Surévaluer le risque d'une épidémie pour faire fuir la population* ▸ amplifier, exagérer, gonfler, surestimer, surfaire. **2** *Le jury a beaucoup surévalué l'adresse de cette pianiste* ▸ s'exagérer, surestimer, surfaire.

surexcitation n. f. ▸ déchaînement, exaltation, fièvre, frénésie.

surexciter v. ▸ déchaîner, enfiévrer, enflammer, exalter, surchauffer, survolter, transporter.

surface n. f. **1** *Calculer la surface d'un champ* ▸ aire, étendue, superficie. **2** *Une surface rectangulaire* ▸ aire, plan. **3** Fig. *Ne connaître que la surface des choses* ▸ apparence, dehors, extérieur, façade. **4** Fig. et fam. *Avoir de la surface* ▸ crédit, influence. **5 en surface** Fig. *Il n'est aimable qu'en surface* ▸ en apparence, extérieurement, superficiellement. **6 grande surface** ▸ hypermarché, supermarché.

surfaire v. Fig. *Surfaire la gravité d'un événement* ▸ amplifier, exagérer, gonfler, surestimer, surévaluer.

surgeon n. m. ▸ pousse, rejeton.

surgir v. **1** *Le soleil va surgir* ▸ apparaître, émerger, jaillir, se montrer, paraître, percer, poindre, sortir. **2** Fig. *Des difficultés ont surgi* ▸ apparaître, s'élever, se manifester, naître, se présenter, survenir.

sur-le-champ adv. ▸ à l'instant, aussitôt, illico (fam.), immédiatement, incontinent (litt.), séance tenante, sur l'heure, tout de suite.

surmenage n. m. *Un cadre guetté par le surmenage* ▸ épuisement.

surmener v. ▸ crever (fam.), épuiser, éreinter, exténuer, harasser, tuer (fam.), vider (fam.).

surmonter v. **1** *Un clocheton surmonte le beffroi* ▸ coiffer, couronner. **2** Fig. *Surmonter une difficulté* ▸ triompher de, vaincre, venir à bout de. **3** Fig. *Surmonter sa colère* ▸ contrôler, dominer, dompter, maîtriser.

surnager v. **1** *Il ne surnageait plus à la surface que des débris d'épave* ▸ flotter. **2** Fig. *De vagues souvenirs surnageaient dans sa mémoire* ▸ se maintenir, subsister, survivre.

surnaturel, elle adj. **1** *Une atmosphère surnaturelle* ▸ fantastique, irréel. **2** Fig. *Une beauté surnaturelle* ▸ divin, extraordinaire, fabuleux, irréel, magique, merveilleux, miraculeux, prodigieux.

surnaturel n. m. *Étudier le surnaturel dans la littérature romantique* ▸ fantastique, merveilleux.

surnom n. m. ▸ pseudonyme, sobriquet.

surnombre (en) adv. ▸ en excédent, en surplus, en trop.

surnommer v. *On l'avait surnommé Barbapoux* ▸ appeler, baptiser.

surnuméraire adj. *Un enfant qui naît avec des doigts surnuméraires* ▸ en trop, excédentaire.

surpasser v. ▸ battre, dépasser, devancer, distancer, dominer, enfoncer (fam.), l'emporter sur, surclasser.

surpeuplé, ée adj. *Les villes surpeuplées d'Extrême-Orient* ▸ grouillant.

surplomb (en) adv. **1** *Une falaise en surplomb au-dessus d'une plage* ▸ en saillie. **2** *Un étage en surplomb au-dessus de la rue* ▸ en encorbellement.

surplus n. m. **1** *Évacuer le surplus d'eau* ▸ excédent, surcharge, trop-plein. **2** *Un surplus de graisse* ▸ excédent, excès, surcharge. **3** *Un surplus de bagages* ▸ supplément, surcroît. **4** *Demander un surplus* ▸ complément, rabiot (fam.), supplément. **5 au surplus** ▸ de surcroît, en outre, en plus.

surprenant, ante adj. ▸ bizarre, curieux, déconcertant, étonnant, étrange, inattendu, insolite, singulier.

surprendre v. **1** *Son assurance m'a surpris* ▸ déconcerter, étonner. **2** *Surprendre un geste de connivence* ▸ apercevoir, capter, déceler, découvrir, discerner, intercepter, remarquer, voir. **3** *Surprendre qqn en train de voler* ▸ attraper, coincer (fam.), pincer (fam.), piquer (fam.).

surprise n. f. **1** *Une profonde surprise se lut sur son visage* ▸ ébahissement, étonnement, stupéfaction, stupeur. **2** *Une visite surprise* ▸ inattendu. **3 par surprise** *Nous leur sommes tombés dessus par surprise* ▸ à l'improviste, impromptu (litt.), inopinément, sans crier gare (fam.).

surprise-partie n. f. Vx ▸ boum (fam.), fête, soirée.

surréaliste adj. *C'est surréaliste, ce que vous me proposez là* ▸ extravagant.

sursaut n. m. **1** *Il a eu un sursaut quand vous lui avez parlé de cela* ▸ haut-le-corps. **2** *Avoir un sursaut quand une porte claque* ▸ tressaillement. **3** Fig. *Dans un dernier sursaut pour s'en sortir...* ▸ effort, tentative.

sursauter v. *Le claquement de la porte l'a fait sursauter* ▸ tressaillir, tressauter.

surseoir v. *Surseoir à une exécution* ▶ différer, reculer, reporter, retarder.

sursis n. m. ▶ délai, moratoire, répit.

surtout adv. ▶ en particulier, notamment, par-dessus tout, particulièrement, plus que tout, principalement, singulièrement, spécialement.

surveillance n. f. **1** *Échapper à la surveillance des sentinelles* ▶ contrôle, vigilance. **2** *Un poste de surveillance* ▶ garde, guet, observation, veille. **3** *La surveillance du territoire* ▶ défense, protection.

surveillant, ante n. **1** *Un bâtiment contrôlé par plusieurs surveillants* ▶ garde, gardien, vigile. **2** *Spécialement dans un établissement scolaire* ▶ pion (fam.). **3** *Spécialement dans un établissement carcéral* ▶ garde-chiourme, gardien, maton (fam.).

surveiller v. **1** *Cela fait plusieurs heures que je vous surveille* ▶ avoir à l'œil (fam.), épier, guetter, observer. **2** *Surveiller de jeunes enfants* ▶ garder, veiller sur. **3** *Surveiller un travail* ▶ contrôler, inspecter, vérifier. **4** *Surveiller que tout se passe bien* ▶ veiller à ce que. **5** *Surveiller son langage* ▶ faire attention à.

survenir v. *Si une difficulté survient...* ▶ advenir (litt.), apparaître, arriver, se manifester, se présenter, se produire, surgir.

survêtement n. m. ▶ jogging.

survivance n. f. *Cet usage est une survivance de vieilles coutumes locales* ▶ reste.

survivant, ante n. ▶ réchappé (litt.), rescapé.

survivre v. Fig. *Cet usage a survécu* ▶ demeurer, durer, se maintenir, persister, rester, subsister, tenir.

survoler v. Fig. *Survoler un livre* ▶ feuilleter, lire en diagonale (fam.), parcourir.

survolter v. Fig. *Cette nouvelle les a complètement survoltés* ▶ déchaîner, électriser, enflammer, exalter, galvaniser, surchauffer (fam.), surexciter.

sus (en) adv. Litt. *Son salaire et une prime en sus* ▶ en plus, par-dessus le marché.

sus de (en) prép. Litt. *En sus du reste* ▶ en dehors de, indépendamment de, outre.

susceptible adj. **1** *Une personne extrêmement susceptible* ▶ chatouilleux, irritable, ombrageux. **2** *Est-il susceptible de vous remplacer?* ▶ à même de, apte à, capable de, de force à, de taille à, en état de, en mesure de.

susciter v. **1** *Ce genre de réflexion va vous susciter des ennuis* ▶ attirer, causer, créer, entraîner, occasionner, provoquer, valoir. **2** *La nouvelle a suscité dans tout le pays des manifestations d'enthousiasme* ▶ causer, déchaîner, déclencher, déterminer, donner lieu à, engendrer, entraîner, éveiller, faire naître, occasionner, produire, provoquer, soulever. **3** Litt. *Susciter des troubles contre un tyran* ▶ allumer, exciter, faire naître, fomenter (litt.), provoquer, soulever.

suscription n. f. *La lettre n'est jamais arrivée parce que la suscription était illisible* ▶ adresse.

susdit, ite adj. ▶ susmentionné, susnommé.

suspect, ecte adj. **1** *Un témoignage suspect* ▶ sujet à caution. **2** *Fréquenter des milieux suspects* ▶ douteux, équivoque, interlope, louche.

suspecter v. **1** *Suspecter un voisin* ▶ soupçonner. **2** *Suspecter une embrouille* ▶ conjecturer, entrevoir, flairer (fam.), pressentir, présumer, soupçonner, subodorer.

suspendre v. **1** *Suspendre un vêtement* ▶ accrocher, pendre. **2** *Suspendre le déroulement d'un processus* ▶ arrêter, bloquer, couper court à, enrayer, faire cesser, geler, interrompre, stopper. **3** *Dans l'attente des résultats ils ont suspendu leur départ* ▶ ajourner, différer, remettre, reporter, repousser, retarder, surseoir à. **4** *Suspendre une sanction* ▶ lever. **5** *Suspendre un fonctionnaire* ▶ interdire. **6** *se suspendre* *Se suspendre à une barre* ▶ s'accrocher, se pendre.

suspens (en) adv. **1** *Laisser une affaire en suspens* ▶ en attente, en carafe (fam.), en panne, en plan (fam.), en rade (fam.), en souffrance (litt.). **2** *Sans chef et ne sachant que faire, la troupe est restée en suspens* ▶ flottant, hésitant, incertain, indécis, irrésolu, perplexe.

suspension n. f. **1** *La suspension d'une voiture* ▶ amortisseurs, ressorts. **2** *Le salon est éclairé par une suspension* ▶ lustre, plafonnier. **3** *La suspension des hostilités* ▶ arrêt, cessation, interruption. **4 suspension d'armes** ▶ cessez-le-feu, trêve.

suspicieux, euse adj. Litt. ▶ défiant, méfiant, soupçonneux.

suspicion n. f. Litt. ▶ défiance, doute, méfiance, soupçon.

sustenter (se) v. ▶ s'alimenter, manger, se nourrir, se restaurer.

susurrement n. m. Litt. *Le susurrement d'une source au fond d'un bois* ▶ bruissement, chuchotement, murmure.

susurrer v. Litt. *Susurrer des horreurs à l'oreille de sa voisine* ▶ chuchoter, glisser, murmurer, souffler.

suturer v. *Suturer les lèvres d'une plaie* ▶ coudre, recoudre.

suzerain, aine n. Fig. *Un homme politique qui se comporte en suzerain dans son département* ▶ maître, patron, prince, seigneur.

suzeraineté n. f. Fig. *La suzeraineté d'un pays dans une région* ▶ domination, hégémonie, leadership, prédominance, souveraineté, suprématie.

svelte adj. *Une taille svelte* ▶ délié, élancé, fin, fuselé, longiligne, mince.

sveltesse n. f. ▶ finesse, minceur.

sweater n. m. ▶ tricot.

swinguer v. *Ça swingue!* ▶ balancer (fam.).

sylphe n. m. ▶ elfe.

sylviculteur, trice n. ▶ arboriculteur, pépiniériste.

sylviculture n. f. ▶ arboriculture.

symbiose n. f. ▶ accord, concorde, entente, harmonie, union.

symbole n. m. **1** *Le sceptre est un symbole de la royauté* ▶ attribut, emblème, image, insigne, marque, représentation, signe. **2** *Salomon est le symbole de la justice* ▶ incarnation, personnification. **3** *Interpréter la religion comme un ensemble de symboles* ▶ figure, image.

symbolique adj. *Une représentation symbolique de la force* ▶ emblématique, métaphorique.

symboliquement adv. ▶ emblématiquement, métaphoriquement.

symboliser v. *Le rouge symbolise la passion* ▶ figurer, matérialiser, représenter.

symétrie n. f. *Des tableaux et des statues qui se répondent avec une heureuse symétrie* ▶ équilibre, harmonie, régularité.

sympathie n. f. *Il ne peut s'empêcher d'éprouver une certaine sympathie pour son adversaire* ▶ affection, amitié, attirance, bienveillance, faible, inclination, intérêt, penchant, tendresse.

sympathique adj. **1** *Une atmosphère sympathique* ▶ accueillant, agréable, amical, chaleureux, charmant, chouette (fam.), cordial, plaisant. **2** *Un garçon sympathique* ▶ aimable, amène, avenant, chaleureux, charmant, cordial, plaisant.

sympathisant, ante n. *Un sympathisant du parti communiste* ▶ compagnon de route.

sympathiser v. *Ils ont tout de suite sympathisé* ▶ s'accorder, se comprendre, s'entendre, fraterniser.

symptomatique adj. *Une attitude symptomatique de tout un état d'esprit* ▶ caractéristique, emblématique, révélateur, typique.

symptôme n. m. ▶ indice, manifestation, signe.

synchrone adj. ▶ coïncidant, concomitant, concordant, simultané.

synchronisation n. f. ▶ coordination, harmonisation.

synchroniser v. *Synchroniser les interventions d'une équipe pédagogique* ▶ coordonner, harmoniser.

synchronisme n. m. ▶ coïncidence, concomitance, concordance, simultanéité.

syncope n. f. **1** *Avoir une syncope à la suite d'une violente émotion* ▶ défaillance, éblouissement, étourdissement, évanouissement, faiblesse, malaise, pâmoison (litt.). **2** *La syncope d'une voyelle brève* ▶ amuïssement, chute, disparition.

syncopé, ée adj. *Un rythme syncopé* ▶ boitillant.

syndicat n. m. *Un syndicat de producteurs* ▶ association, fédération, groupement, union.

synonyme adj. et n. m. ▶ équivalent.

synopsis n. m. ▶ canevas, maquette, plan, schéma, trame.

syntaxe n. f. *La syntaxe d'une phrase* ▶ construction, structure.

synthèse n. f. *Le griffon procède de la synthèse des caractères du lion et de l'aigle* ▶ alliance, association, combinaison, composition, jonction, mariage, réunion.

synthétique adj. **1** *Un colorant synthétique* ▶ artificiel, fabriqué. **2** *Donner une vision synthétique du problème* ▶ global.

synthétiser v. ▶ condenser, résumer, schématiser.

syphilis n. f. ▶ vérole (fam.).

syphilitique adj. ▶ vérolé (fam.).

systématique adj. **1** *Un esprit systématique* ▶ logique, méthodique, ordonné, organisé, rationnel. **2** *Opposer un refus systématique à toute proposition de conciliation* ▶ automatique, constant, invariable, régulier.

systématiquement adv. **1** *Fouiller systématiquement une maison* ▶ méthodiquement, rationnellement. **2** *Il refuse systématiquement de m'aider* ▶ automatiquement, invariablement, par principe, régulièrement.

systématiser v. ▶ rationaliser.

système n. m. **1** *Un système politique* ▶ doctrine, idéologie, philosophie, théorie. **2** *Trouver un bon système pour s'enrichir* ▶ combine (fam.), méthode, moyen, procédé, truc (fam.). **3** *Le système pénitenciaire* ▶ régime, règle, structure.

t

tabac n. m. **1** Fam. *Ce spectacle fait un tabac* ► malheur (fam.). **2** Fig. et fam. *... et d'autres choses du même tabac* ► acabit, calibre (fam.), catégorie, farine (fam.), genre, ordre, sorte, style, type, veine.

tabagisme n. m. ► nicotinisme (vx), tabacomanie (litt.).

tabatière n. f. *Un grenier où le jour arrive par une tabatière* ► lucarne.

table n. f. **1** *Travailler à sa table* ► bureau. **2** Fig. *Mettre la table* ► couvert. **3** Fig. *Les plaisirs de la table* ► bonne chère, cuisine, gastronomie. **4** Fig. *Un bon mot qui fait rire toute la table* ► tablée. **5** *L'ouvrage se termine par une table analytique* ► index, liste, répertoire. **6 table d'opération** ► billard (fam.). **7 table ronde** Fig. *Participer à une table ronde sur les nouvelles technologies* ► débat, rencontre, réunion.

tableau n. m. **1** *Un tableau d'affichage* ► panneau. **2** *Accrocher un tableau au mur* ► peinture, toile. **3** Fig. *Une pièce en dix tableaux* ► scène, séquence. **4** Fig. *Un charmant tableau* ► scène, spectacle. **5** Fig. *Faire le tableau de la vie des paysans* ► description, peinture, représentation. **6** Fig. *Sa description du carnage était si énergique qu'on en garde le tableau à l'esprit* ► image, peinture. **7** *Le tableau des avocats de la région* ► catalogue, liste, répertoire.

tabler v. *Tabler sur une amélioration de la situation économique* ► compter sur, escompter, espérer, se fonder sur, spéculer sur.

tablette n. f. **1** *Une tablette servant de support* ► planchette. **2** *Une tablette de chocolat* ► plaquette.

tablier n. m. *Un tablier d'écolier* ► blouse, sarrau (vx).

tabou, oue adj. **1** *Un animal tabou* ► intouchable, sacré, sacro-saint. **2** Fig. *Un sujet tabou* ► interdit.

tabou n. m. *Un tabou sexuel* ► interdit.

tache n. f. **1** *L'encre a coulé et a fait des taches* ► bavure, éclaboussure, marque, pâté, salissure, trace. **2** *Un cheval blanc avec des taches noires* ► moucheture, panachure, tacheture. **3** Fig. et litt. *Une vie sans tache* ► faute, péché, souillure.

tâche n. f. **1** *Attribuer à qqn une tâche précise et limitée* ► besogne (litt.), boulot (fam.), job (fam.), labeur (litt.), ouvrage (litt.), travail. **2** *Avoir un très haut sentiment de sa tâche* ► devoir, fonction, mission, office (litt.), rôle.

taché, ée adj. *Une feuille tachée de brun* ► moucheté, piqueté, tacheté, tiqueté (litt.).

tacher v. **1** *Tacher un vêtement* ► maculer (litt.). **2** Fig. *Une faute qui tache sa réputation* ► éclabousser, entacher, flétrir, noircir, salir, souiller, ternir.

tâcher v. *Tâchez au moins de réussir cela* ► s'efforcer, essayer, tenter.

tacheté, ée adj. ► marqueté, moucheté, ocellé (litt.), pommelé (litt.), taché, tavelé, tiqueté (litt.), truité (litt.).

tacite adj. ► implicite, inexprimé, informulé, sous-entendu.

tacitement adv. ► implicitement.

taciturne adj. ► morose, renfermé, secret, silencieux, sombre, ténébreux.

tacot n. m. Fam. ► guimbarde (fam.).

tact n. m. ► délicatesse, diplomatie, doigté, finesse, habileté, savoir-vivre.

tactique n. f. *Elle a une tactique infaillible pour obtenir ce qu'elle veut* ► méthode, politique, procédé, recette, stratégie, système, technique.

tag n. m. Fam. ► bombage, graffiti.

taguer v. Fam. *Taguer un slogan sur un mur* ► bomber (fam.).

taillader v. *Sa chatte lui a tailladé la joue d'un coup de griffe* ► déchirer, labourer, lacérer.

taille n. f. **1** *Un homme d'une haute taille* ► stature. **2** *Des grêlons de la taille d'un œuf de pigeon* ► calibre, dimension, format, gabarit, grandeur, grosseur, volume. **3** Fig. *Un événement de cette taille mérite d'être commémoré* ► calibre, dimension, envergure, format, gabarit, grandeur, importance, proportion. **4** *L'époque de la taille des arbres* ► élagage, émondage. **5** *Frapper sous la taille* ► ceinture. **6 de taille** *Être de taille à venir à bout d'un tel travail* ► apte à, capable de, de force à, en mesure de, susceptible de.

taillé, ée adj. **1** *Un homme taillé comme un hercule* ► bâti, charpenté, fait. **2** Fig. *Ce*

tailler

garçon est taillé pour réussir ▶ destiné à, fait pour.

tailler v. 1 *Tailler dans le vif* ▶ couper, inciser, trancher. 2 *Tailler une haie* ▶ ébrancher, éclaircir, élaguer, émonder, équarrir. 3 *Tailler une pierre* ▶ ciseler, sculpter. 4 **tailler en pièces** *Tailler une armée en pièces* ▶ anéantir, battre à plate couture, défaire, écraser, piler (fam.), pulvériser, terrasser. 5 **se tailler** Fig. *Se tailler la part du lion* ▶ s'arroger, s'attribuer, prendre. 6 Fig. et fam. *Viens, taillons-nous!* ▶ se barrer (fam.), se casser (fam.), décamper, dégager (fam.), déguerpir, détaler (fam.), disparaître, s'éclipser, s'en aller, s'esquiver, ficher le camp (fam.), filer (fam.), mettre les voiles (fam.), partir, prendre le large (fam.), se sauver, se tirer (fam.).

taillis n. m. *Une maison entourée de deux hectares de taillis* ▶ buissons, fourrés.

taire v. 1 *Taire un secret* ▶ cacher, celer (litt.), dissimuler, passer sous silence. 2 Litt. *Taire son chagrin* ▶ dissimuler, étouffer, ravaler, refouler, réprimer. 3 **se taire** ▶ la boucler (fam.), la fermer (fam.).

talent n. m. *Avoir un talent inné pour l'intrigue* ▶ aptitude, capacité, disposition, don, facilité, faculté, génie, instinct, penchant, prédisposition, propension, qualité, vocation.

talentueux, euse adj. ▶ doué.

talisman n. m. ▶ amulette, fétiche, grigri, mascotte, porte-bonheur.

talon n. m. *Le talon d'un chéquier* ▶ souche.

talonner v. 1 *Talonner un fuyard* ▶ être aux trousses de, pourchasser, poursuivre, traquer. 2 Fig. *Ses créanciers le talonnent sans cesse* ▶ assiéger, harceler, persécuter, pourchasser, presser, relancer, tarabuster, tourmenter.

talus n. m. *Élever un talus le long d'une voie ferrée* ▶ remblai.

tambouriner v. 1 *Tambouriner sur une table* ▶ pianoter, tapoter. 2 Fig. *Tambouriner une nouvelle* ▶ claironner, clamer, colporter, diffuser, proclamer, propager, répandre.

tamis n. m. ▶ crible, passoire, sas.

tamiser v. 1 *Tamiser de la farine, du grain* ▶ bluter, cribler, passer, sasser, vanner. 2 Fig. *Tamiser une lumière* ▶ adoucir, atténuer, estomper, voiler.

tampon n. m. 1 *Fermer un tonneau avec un tampon* ▶ bonde, bondon, bouchon. 2 *Apposer un tampon sur un document administratif* ▶ cachet.

tamponnement n. m. ▶ collision, heurt, télescopage.

tamponner v. 1 *Le camion a tamponné sa voiture* ▶ cogner, emboutir, heurter, percuter, rentrer dans, télescoper. 2 *Tamponner une carte* ▶ oblitérer, timbrer.

tam-tam n. m. Fig. et fam. *Faire du tam-tam autour d'une affaire* ▶ bruit, foin (fam.), publicité, raffut (fam.), ramdam (fam.), tapage.

tancer v. Litt. *Ils ont promis de ne pas recommencer, mais leur oncle les a quand même sévèrement tancés* ▶ admonester (litt.), attraper (fam.), chapitrer (litt.), disputer (fam.), engueuler (fam.), enguirlander (fam.), gourmander (litt.), gronder, houspiller, morigéner (litt.), passer un savon à (fam.), réprimander, sermonner (litt.), sonner les cloches à (fam.).

tandem n. m. Fig. et fam. *Ils forment un tandem parfait* ▶ couple, duo, paire.

tandis que conj. 1 *Tandis que je sortais, la pluie se mit à tomber* ▶ alors que, au moment où, cependant que, comme, pendant que. 2 *Tandis que je préfère le café, elle n'aime que le thé* ▶ alors que.

tangage n. m. ▶ balancement, oscillation.

tangent, ente adj. Fig. *Il a eu son avion, mais c'était tangent* ▶ juste, limite (fam.).

tangible adj. Fig. *Un avantage tangible* ▶ concret, effectif, manifeste, matériel, palpable, patent, positif, réel, sensible, sérieux, solide, visible.

tanguer v. Fig. *Le paysage a commencé à tanguer autour de lui* ▶ chanceler, danser, osciller, vaciller.

tanière n. f. 1 *La tanière du loup* ▶ antre, gîte, repaire. 2 Fig. *La tanière des brigands* ▶ abri, antre, asile, cachette, nid, refuge, repaire, retraite (litt.).

tank n. m. ▶ blindé, char, char d'assaut.

tanker n. m. ▶ bateau-citerne.

tanner v. 1 *Le soleil lui a tanné la peau* ▶ basaner, boucaner, bronzer, brunir, hâler. 2 Fig. et fam. *Il nous tanne avec ses critiques incohérentes* ▶ agacer, barber (fam.), ennuyer, faire suer (fam.), fatiguer, gonfler (fam.), importuner, lasser.

tannerie n. f. ▶ peausserie.

tant adv. 1 *C'était le jour où il a tant plu* ▶ tellement. 2 *Une décoration comme il y en a tant* ▶ beaucoup. 3 **tant bien que mal** ▶ cahin-caha. 4 **tant et plus** ▶ à qui mieux mieux.

tantième n. m. ▶ pourcentage.

tapage n. m. **1** *Cette bande d'énergumènes a fait un tapage incroyable pendant toute la nuit* ► barouf (fam.), bastringue (fam.), bazar (fam.), boucan (fam.), bruit, chahut, chambard (fam.), charivari, pétard (fam.), potin (fam.), raffut (fam.), ramdam (fam.), tintamarre, tohu-bohu, vacarme. **2** Fig. *On a fait beaucoup de tapage autour de cette affaire* ► bruit, foin (fam.), publicité, raffut (fam.), ramdam (fam.), tam-tam (fam.).

tapageur, euse adj. **1** *Des noctambules tapageurs* ► braillard, bruyant, gueulard (fam.). **2** Fig. *Une toilette tapageuse* ► clinquant, criard, provocant, tape-à-l'œil (fam.), voyant.

tapant, ante adj. *À trois heures tapantes* ► juste, pétant (fam.), pile (fam.), précis, sonnant.

tape n. f. *Saluer qqn d'une grande tape sur l'épaule* ► claque.

tape-à-l'œil adj. Fam. ► clinquant, criard, provocant, tapageur, voyant.

taper v. **1** *Taper à la porte* ► cogner, frapper, heurter. **2** *Taper qqn* ► battre, cogner (fam.), corriger, frapper, rosser (fam.). **3** *Taper un texte* ► dactylographier, saisir. **4** Fig. *Le soleil tape, aujourd'hui* ► cogner (fam.). **5** Fig. et fam. *Taper dans ses réserves* ► puiser.

tapinois (en) adv. ► à la dérobée, en cachette, en catimini, en dessous, en douce (fam.), furtivement, sournoisement, sous cape, subrepticement.

tapir (se) v. ► s'abriter, se blottir, se cacher, se dissimuler, s'embusquer, se lover, se nicher, se planquer (fam.), se ramasser, se recroqueviller, se terrer.

tapis-brosse n. m. ► paillasson.

tapisser v. ► couvrir, recouvrir, revêtir.

tapisserie n. f. *Des murs recouverts de tapisseries* ► tenture.

tapoter v. ► pianoter, tambouriner.

taquin, ine adj. ► espiègle, facétieux (litt.), malicieux, moqueur, narquois, railleur.

taquiner v. ► agacer, asticoter (fam.), exciter, faire enrager, harceler.

taquinerie n. f. ► agacerie, asticotage (fam.), espièglerie, facétie, farce, malice, moquerie, plaisanterie.

tarabiscoté, ée adj. *Un style tarabiscoté* ► affecté, alambiqué, baroque, chargé, contourné, maniéré, mignard (litt.), précieux, recherché, rococo, surchargé.

tarabuster v. **1** *Tarabuster qqn pour obtenir qqch* ► assiéger, fatiguer, harceler, importuner, persécuter, poursuivre, talonner. **2** *Cette pensée me tarabuste* ► angoisser, chiffonner, contrarier, inquiéter, obséder, poursuivre, tourmenter, tracasser, travailler, turlupiner (fam.).

tarauder v. Fig. *Le remords le taraude* ► hanter, obséder, poursuivre, tenailler, torturer, tourmenter.

tarder v. ► s'attarder, lambiner (fam.), lanterner, traînasser (fam.), traîner.

tare n. f. **1** *Écarter en bout de chaîne les produits qui présentent des tares* ► défaut, défectuosité, imperfection, malfaçon. **2** *Les tares d'une société* ► vice.

taré, ée adj. ► arriéré, débile, dégénéré, idiot.

targuer (se) v. **1** Litt. *Se targuer d'avoir franchi la Manche à la nage* ► s'enorgueillir de, se glorifier de, s'honorer de, se prévaloir de. **2** Litt. *Se targuer de l'emporter sur n'importe quel adversaire* ► se faire fort de, se flatter de, se piquer de (litt.), prétendre, se vanter de.

tarif n. m. *Établir le prix d'un service en fonction des tarifs en vigueur* ► barème, prix, taux.

tarir v. **1** *Une source qui tarit* ► s'assécher, s'épuiser, se tarir. **2** *À force de tirer de l'eau ils ont fini par tarir le puits* ► assécher, épuiser. **3** Fig. *Tarir la puissance créatrice de qqn* ► épuiser, éteindre. **4 se tarir** *Un puits qui se tarit* ► s'assécher, s'épuiser, tarir. **5** Fig. *Une inspiration qui se tarit* ► se consumer (litt.), s'épuiser, s'éteindre.

tarissement n. m. ► assèchement, épuisement.

tartiner v. **1** *Tartiner du beurre sur du pain* ► étaler, étendre. **2** Fig. et fam. *Tartiner un article* ► composer, écrire, rédiger.

tartufe n. m. et adj. ► dissimulateur, faux jeton (fam.), fourbe (litt.), hypocrite, sournois.

tartuferie n. f. ► fourberie, hypocrisie, sournoiserie.

tas n. m. **1** *Un bureau encombré par plusieurs tas de livres* ► accumulation, amas, amoncellement, empilement, entassement, monceau, pile. **2** Fig. et fam. *Avoir un tas de choses à faire* ► foule, foultitude (fam.), masse, monceau, multitude, quantité, ribambelle.

tasseau n. m. ► liteau.

tassement n. m. ► affaissement.

tasser v. **1** *Tasser de la paille* ► compresser, comprimer, fouler, presser. **2** *Des voyageurs tassés dans le métro* ► entasser, serrer. **3 se tasser** *Un vieillard qui se tasse* ► s'affaisser, se rabougrir, se ratatiner.

tâter v. **1** *Tâter un fruit* ▶ palper, tripoter. **2** Fig. *Tâter de tous les métiers* ▶ essayer, expérimenter, faire l'expérience de, toucher à. **3** Fig. et fam. *Tâter qqn pour savoir s'il accepterait de participer à une aventure* ▶ consulter, interroger, pressentir, sonder. **4 se tâter** Fig. et fam. *Il n'est pas encore décidé, il se tâte* ▶ hésiter, s'interroger.

tatillon, onne adj. ▶ formaliste, maniaque, méticuleux, minutieux, pointilleux, scrupuleux, vétilleux (litt.).

tâtonnement n. m. Fig. *Procéder par tâtonnements successifs* ▶ essai.

tâtons (à) adv. ▶ à l'aveugle, à l'aveuglette.

taudis n. m. ▶ bauge, bouge, galetas, gourbi.

tautologie n. f. **1** *La tautologie peut être un procédé d'amplification rhétorique* ▶ pléonasme, redondance, répétition. **2** *C'est une tautologie de dire qu'un quart d'heure avant sa mort il était encore vivant* ▶ évidence, lapalissade, truisme.

taux n. m. **1** *Le taux d'une action* ▶ cote, cours, valeur. **2** *Le taux d'albumine dans le sang* ▶ pourcentage, proportion.

tavelé, ée adj. ▶ marqueté, moucheté, piqueté, tacheté.

taverne n. f. ▶ auberge, gargote.

taxable adj. ▶ imposable.

taxation n. f. ▶ imposition.

taxe n. f. **1** *Voter de nouvelles taxes* ▶ charge, contribution, impôt. **2 hors taxe** *Un prix hors taxe* ▶ net.

taxer v. **1** *Taxer les signes extérieurs de richesse* ▶ imposer. **2** *Taxer qqn de mensonge* ▶ accuser. **3** Fig. *Sa bonté que certains taxent de faiblesse* ▶ qualifier, traiter.

taxidermiste n. ▶ empailleur, naturaliste.

taxinomie n. f. ▶ classement, classification, typologie.

technicien, enne n. *C'est une réparation délicate qu'on ne peut confier qu'à un technicien* ▶ homme de l'art, praticien, professionnel, spécialiste.

technique adj. *Un exposé intéressant, mais trop technique* ▶ pointu, spécialisé.

technique n. f. **1** *Il manque de génie, mais il a une technique exceptionnelle* ▶ habileté, maîtrise, savoir-faire, tour de main, virtuosité. **2** *Imiter la technique d'un peintre* ▶ facture, manière. **3** *Une technique de fabrication* ▶ méthode, pratique, procédé, recette.

tégument n. m. ▶ peau.

teigne n. f. Fig. *Quelle teigne!* ▶ chameau (fam.), gale, peste, poison, vipère.

teigneux, euse adj. Fam. ▶ agressif, belliqueux, combatif, querelleur.

teindre v. ▶ colorer.

teint n. m. ▶ carnation (litt.).

teinte n. f. **1** *Une teinte jaune* ▶ coloration, coloris, couleur, nuance, ton. **2** Fig. *Une teinte de mélancolie* ▶ brin, grain, nuance, ombre, soupçon, trace.

teinté, ée adj. *Des verres teintés* ▶ fumé.

teinter v. **1** *Teinter un tissu* ▶ colorer. **2 se teinter** *Un paysage qui se teinte de mauve* ▶ se nuancer.

teinture n. f. **1** *Une teinture végétale* ▶ colorant, couleur. **2** *Se faire faire une teinture* ▶ coloration, couleur. **3** Fig. *Avoir une vague teinture de philosophie* ▶ connaissances, éléments, notions, vernis.

teinturerie n. f. ▶ blanchisserie, pressing.

teinturier, ère n. ▶ blanchisseur.

tel, telle adj. **1** *Je n'avais jamais rien vu de tel* ▶ pareil, semblable. **2 tel quel, telle quelle** *Il est resté tel quel* ▶ identique, inchangé, intact, pareil (fam.).

télamon n. m. ▶ atlante.

télécommander v. *Télécommander un véhicule* ▶ radioguider, téléguider.

télécopie n. f. ▶ fax.

télécopieur n. m. ▶ fax.

télégramme n. m. ▶ bleu (vx), câble (vx), dépêche (vx), pneumatique (vx).

télégraphier v. ▶ câbler.

télégraphique adj. Fig. *Un style télégraphique* ▶ elliptique.

téléguidage n. m. ▶ radioguidage.

téléguider v. ▶ radioguider, télécommander.

téléimprimeur n. m. ▶ téléscripteur, télétype (nom déposé), télex.

télémessagerie n. f. ▶ messagerie électronique.

télépathie n. f. ▶ transmission de pensée.

téléphérique n. m. *Monter dans le téléphérique* ▶ benne, cabine téléphérique, télébenne, télécabine.

téléphone n. m. ▶ appareil, bigophone (fam.), combiné.

téléphoner v. ▶ appeler, bigophoner (fam.), passer un coup de fil (fam.).

télescopage n. m. *Le camion a dérapé, provoquant un télescopage d'une rare violence* ▶ carambolage, choc, collision, heurt, tamponnement.

télescope n. m. ▶ lunette astronomique.

télescoper v. ▶ accrocher, caramboler, cogner, emboutir, heurter, percuter, rentrer dans, tamponner.

téléscripteur n. m. ▶ téléimprimeur, télétype (nom déposé), télex.

téléski n. m. ▶ remonte-pente, tire-fesses (fam.).

télétraitement n. m. ▶ télégestion.

télétype n. m. N. dép. ▶ téléimprimeur, téléscripteur, télex.

télévision n. f. *Allumer la télévision* ▶ poste, téléviseur.

télex n. m. ▶ téléimprimeur, téléscripteur, télétype (nom déposé).

tellement adv. 1 *Il est tellement heureux!* ▶ si. 2 *Il t'aime tellement!* ▶ tant.

tellurique adj. *Une secousse tellurique* ▶ sismique.

téméraire adj. 1 *Cet alpiniste est trop téméraire pour qu'on lui confie des débutants* ▶ audacieux, casse-cou, entreprenant, hardi, imprudent, intrépide, risque-tout. 2 *Un jugement téméraire* ▶ aventuré, aventureux, dangereux, hasardeux, imprudent, inconsidéré, osé, périlleux, présomptueux, risqué.

témérité n. f. *Braver le danger avec une folle témérité* ▶ audace, culot (fam.), hardiesse, imprudence, intrépidité.

témoignage n. m. 1 *Écouter le témoignage du gendarme présent sur les lieux* ▶ déclaration, déposition, rapport, relation (litt.). 2 *Donner de multiples témoignages de bonne volonté* ▶ démonstration, gage, manifestation, marque, preuve, signe. 3 Fig. *Ces ruines sont les témoignages d'une civilisation disparue* ▶ attestation, empreinte, marque, preuve, signe, souvenir, témoin, trace, vestige.

témoigner v. 1 *Témoigner à un procès* ▶ déposer. 2 *Elle a témoigné qu'elle l'avait vu juste avant le crime* ▶ attester, certifier, déclarer. 3 *Témoigner sa sympathie à qqn* ▶ communiquer, dire, exprimer, manifester. 4 Litt. *Son attitude témoigne de son peu d'intelligence* ▶ attester, démontrer, dénoter, indiquer, laisser paraître, manifester, marquer, montrer, prouver, refléter, révéler, trahir.

témoin n. m. 1 *Le témoin d'une scène* ▶ spectateur. 2 *Le témoin est à la barre* ▶ déposant. 3 Fig. *Ces ruines sont les témoins d'une civilisation disparue* ▶ attestation, empreinte, marque, preuve, signe, souvenir, témoignage, trace, vestige.

tempérament n. m. 1 *Une personne d'un heureux tempérament* ▶ caractère, complexion (litt.), nature, naturel. 2 *Avoir du tempérament* ▶ caractère, personnalité. 3 **à tempérament** ▶ à crédit.

tempérance n. f. 1 ▶ mesure, modération, retenue, sobriété. 2 Spécialement pour la nourriture ▶ frugalité. 3 Spécialement pour le sexe ▶ continence (litt.).

tempérant, ante adj. 1 *Être tempérant dans ses plaisirs* ▶ mesuré, modéré, sobre. 2 Spécialement pour la nourriture ▶ frugal. 2 Spécialement pour le sexe ▶ continent (litt.).

température n. f. 1 *La température de cette région est plutôt douce* ▶ climat. 2 *Avoir de la température* ▶ fièvre.

tempéré, ée adj. 1 *Un climat tempéré* ▶ doux. 2 Fig. et litt. *Un esprit tempéré* ▶ calme, équilibré, mesuré, modéré, pondéré.

tempérer v. 1 *Rien ne vient tempérer la rigueur de ce climat* ▶ adoucir, attiédir, rafraîchir, réchauffer. 2 Fig. et litt. *Tempérer l'ardeur de qqn* ▶ atténuer, calmer, contenir, diminuer, freiner, modérer, pondérer.

tempête n. f. 1 *Un bateau pris dans une tempête* ▶ coup de chien (fam.), coup de tabac (fam.), tourmente (litt.). 2 Fig. *Une tempête d'imprécations* ▶ débordement, déchaînement, déferlement, explosion, tonnerre. 3 Fig. *Traverser une période de tempête* ▶ agitation, bouleversement, chaos, désordre, désorganisation, tourmente, trouble.

tempêter v. ▶ crier, éclater, s'emporter, enrager, exploser, fulminer (litt.), gronder, gueuler (fam.), pester, rager, tonner.

tempétueux, euse adj. Fig. et litt. *Une réunion tempétueuse* ▶ agité, houleux, mouvementé, orageux, tumultueux.

temple n. m. 1 *Un temple bouddhique* ▶ sanctuaire. 2 Fig. et litt. *Un temple de la gastronomie* ▶ haut lieu.

tempo n. m. ▶ allure, mouvement, rythme.

temporaire adj. ▶ intérimaire, momentané, passager, précaire, provisoire, transitoire.

temporairement adv. ▶ momentanément, passagèrement, provisoirement.

temporel, elle adj. 1 Litt. *Des jouissances temporelles* ▶ charnel, matériel, physique, sensuel, terrestre. 2 Litt. *Un pouvoir temporel* ▶ laïc, séculier. 3 *Le déroulement temporel d'un processus* ▶ chronologique, diachronique, historique.

temporisation n. f. ▶ ajournement, attentisme.

temporiser v. ▶ faire traîner.

temps n. m. 1 *Le temps de cuisson* ▶ durée. 2 *Voir les choses différemment avec le temps* ▶ distance, recul. 3 *Ce fut un temps de prospérité comme on en voit peu* ▶ âge, époque, ère, moment, période, saison. 4 *Donnez-moi encore un certain temps* ▶ délai, marge, répit, sursis. 5 *Mon temps viendra* ▶ heure. 6 *Prévoir le temps de demain* ▶ météo, température. 7 **à temps** *Intervenir à temps* ▶ à point, à point nommé. 8 **avec le temps** *Avec le temps, tu comprendras* ▶ à la longue, le temps aidant, tôt ou tard, un jour. 9 **de temps à autre** *Rendre visite à qqn de temps à autre* ▶ de loin en loin, de temps en temps, parfois, quelquefois. 10 **en même temps** *Crier tous en même temps* ▶ à la fois, à l'unisson, de concert, de conserve, en bloc, en chœur, ensemble, simultanément.

tenable adj. ▶ endurable, soutenable, supportable, tolérable, vivable.

tenace adj. 1 *Un adversaire tenace* ▶ acharné, buté, coriace (fam.), déterminé, entêté, obstiné, opiniâtre, patient, persévérant, résolu, têtu. 2 *Une tache tenace* ▶ coriace (fam.), résistant. 3 *Une migraine tenace* ▶ durable, persistant.

ténacité n. f. ▶ acharnement, détermination, entêtement, obstination, opiniâtreté, patience, persévérance, résolution.

tenailler v. Fig. *Le remords le tenaille* ▶ hanter, harceler, mettre au supplice, obséder, poursuivre, ronger, tarauder, torturer, tourmenter.

tenancier, ère n. ▶ gérant, patron, taulier (fam.).

tenant n. m. 1 *Le tenant du titre* ▶ détenteur. 2 Fig. *S'en prendre aux tenants du libéralisme* ▶ adepte, apôtre (litt.), champion, défenseur, gardien, partisan, protecteur, soutien.

tendance n. f. 1 *Avoir pour la paresse une tendance innée* ▶ disposition, goût, inclination, instinct, penchant, pente, prédisposition, propension. 2 *La tendance est à la hausse* ▶ orientation. 3 *Les différentes tendances d'un parti politique* ▶ courant, mouvement. 4 Fig. et fam. *C'est très tendance, ce bibi rose avec une voilette de deuil* ▶ à la page (fam.), branché (fam.), en vogue, in (fam.), mode.

tendancieux, euse adj. ▶ partial, partisan, subjectif.

tendeur n. m. ▶ sandow (nom déposé).

tendineux, euse adj. *Une viande tendineuse* ▶ nerveux.

tendre adj. 1 *Une chair tendre* ▶ délicat, fondant, moelleux. 2 *Des couleurs aux tons tendres* ▶ délicat, doux. 3 *Un père tendre* ▶ affectueux, aimant, cajoleur, câlin, caressant, doux, gentil, sensible. 4 *Offrir le tendre spectacle d'un amour partagé* ▶ attendrissant, charmant, gracieux, touchant.

tendre v. 1 *Tendre la main* ▶ avancer, présenter. 2 *Tendre le bras* ▶ allonger, étendre. 3 *Tendre l'oreille* ▶ dresser. 4 *Tendre ses muscles* ▶ bander, contracter, raidir. 5 *Tendre des bas* ▶ tirer. 6 *Tendre un mur avec une toile imprimée* ▶ recouvrir, tapisser. 7 Fig. *Tout tend à apaiser ce conflit* ▶ concourir, conspirer (litt.), contribuer, viser. 8 Fig. *Tendre à la perfection* ▶ s'acheminer vers, aspirer à, viser à. 9 **se tendre** *La situation s'est brusquement tendue* ▶ s'aggraver, dégénérer, se dégrader, se détériorer, empirer, se gâter.

tendrement adv. ▶ affectueusement, amoureusement, doucement, gentiment.

tendresse n. f. 1 *Manifester la plus vive tendresse vis-à-vis de qqn* ▶ affection, amitié, attachement, sentiment, sympathie. 2 *Faire mille tendresses à qqn* ▶ amabilité, cajolerie, câlinerie, caresse, chatterie, douceur.

tendron n. m. Litt. *Se marier avec un tendron* ▶ gamine, jeunesse, minette (fam.), petite.

tendu, ue adj. 1 Fig. *Un candidat très tendu* ▶ contracté, crispé, inquiet, nerveux, stressé (fam.). 2 Fig. *Une situation tendue* ▶ brûlant, difficile, épineux.

ténèbres n. f. pl. 1 *Se guider dans les ténèbres* ▶ noir, nuit, obscurité, ombre. 2 Fig. *Les ténèbres de l'inconscient* ▶ abîmes, abysses (litt.), énigmes, mystères, secrets.

ténébreux, euse adj. 1 Fig. et litt. *Une atmosphère ténébreuse de fin de règne* ▶ funèbre, lugubre, noir, sinistre, sombre, triste. 2 Fig. *Une affaire criminelle particulièrement ténébreuse* ▶ abscons (litt.), complexe, compliqué, difficile, embrouillé, énigmatique, hermétique, impénétrable, incompréhensible, inexplicable, inextricable, inintelligible, insaisissable, mystérieux, obscur, opaque.

teneur n. f. **1** *La teneur d'une eau en calcaire* ▶ concentration, degré, titrage, titre. **2** *La teneur d'un exposé* ▶ contenu.

ténia n. m. ▶ ver solitaire.

tenir v. **1** *Une sangle qui tient des bagages* ▶ assujettir, attacher, fixer, immobiliser, maintenir, retenir. **2** *Un cavalier qui a du mal à tenir son cheval* ▶ contenir, contrôler, dominer, maîtriser. **3** *Tenir un établissement* ▶ administrer, diriger, gérer, gouverner, mener. **4** *Tenir les yeux baissés* ▶ conserver, garder, maintenir. **5** *Je tiens la solution* ▶ avoir, détenir, posséder. **6** *Ce meuble tient beaucoup de place* ▶ occuper, remplir. **7** *Ce réservoir tient vingt litres* ▶ admettre, contenir, jauger, loger, recevoir, renfermer. **8** *Tenir un engagement* ▶ se conformer à, observer, respecter, satisfaire à, suivre. **9** *Il faut tenir à tout prix* ▶ s'accrocher, faire front, résister, tenir bon. **10** *Ce temps ne tiendra pas longtemps* ▶ continuer, demeurer, durer, se maintenir, persister, rester, subsister. **11** *Un papier peint qui ne tient pas au mur* ▶ adhérer, coller. **12** *Le pouvoir démocratique tient à la volonté du peuple* ▶ découler de, dépendre de, dériver de, émaner de, procéder de, provenir de, résulter de, venir de. **13** *Elle tient beaucoup à ce que tout se passe bien* ▶ désirer, souhaiter, vouloir. **14** *Cela tient du miracle* ▶ s'apparenter à, participer de, relever de, ressembler à. **15** *Je le tiens pour un véritable imbécile* ▶ considérer comme, croire, estimer, juger, prendre pour, regarder comme. **16 être tenu de** *Être tenu de se présenter tous les jours à la gendarmerie* ▶ avoir à, devoir, être astreint à, être contraint de, être dans l'obligation de, être obligé de. **17 tenir compte de** *Tenir compte de l'avis de qqn* ▶ écouter, faire cas de, prendre en considération. **18 tenir lieu de** *Cette pièce tiendra lieu de bureau* ▶ être utilisé comme, faire office de, servir de. **19 se tenir** *Se tenir à une corde* ▶ s'accrocher, s'agripper, se retenir. **20** *Se tenir au fond de la salle* ▶ demeurer, rester. **21** *Des enfants qui se tiennent bien* ▶ se comporter, se conduire. **22** *Une foire qui se tient chaque année* ▶ avoir lieu. **23** *Dans cette théorie, tout se tient* ▶ s'enchaîner, être lié. **24 s'en tenir à** *Il ne s'en est pas tenu à cela* ▶ s'arrêter à, se contenter de, se limiter à. **25 se tenir sur ses gardes** ▶ faire attention, faire gaffe (fam.), se méfier.

tennis de table n. m. ▶ ping-pong.

ténor n. m. Fig. *Les ténors du barreau* ▶ célébrité, figure, gloire, personnalité, sommité, star (fam.), vedette.

tension n. f. **1** *La tension des muscles* ▶ bandage, contraction, raidissement. **2** *La tension de l'esprit* ▶ attention, concentration. **3** *Il y a une certaine tension entre eux* ▶ antagonisme, conflit, désaccord, désunion, discorde, dissension, froid, mésentente, tirage, tiraillement.

tentant, ante adj. **1** *Tout cela est très tentant* ▶ alléchant, attirant, attractif, désirable, engageant, séduisant. **2** Spécialement *pour la nourriture* ▶ alléchant, appétissant, ragoûtant (litt.).

tentation n. f. **1** *La tentation de la chair* ▶ appel, attrait, séduction, sollicitation. **2** *Résister à la tentation d'interrompre l'orateur* ▶ démangeaison (fam.), désir, envie.

tentative n. f. *Une tentative de conciliation* ▶ démarche, effort, essai.

tente n. f. *Une tente de cirque* ▶ chapiteau.

tenter v. **1** *Tenter une ascension périlleuse* ▶ entreprendre, essayer, oser, risquer. **2** *Cette offre me tente* ▶ allécher, attirer, séduire. **3** *Tenter de résoudre une énigme* ▶ chercher à, s'efforcer de, s'escrimer à (fam.), essayer de, s'évertuer à, s'ingénier à, tâcher de.

tenture n. f. *L'entrée de l'escalier dérobé était masquée par une tenture* ▶ draperie, rideau, tapisserie.

tenu, ue adj. *Une maison bien tenue* ▶ entretenu.

ténu, ue adj. **1** *Une silhouette ténue* ▶ filiforme, fluet, fragile, frêle, gracile, menu, mince. **2** Fig. *Un son ténu* ▶ délicat, fin, léger, subtil.

tenue n. f. **1** *La tenue d'une maison* ▶ administration, direction, gestion. **2** *Un peu de tenue, s'il vous plaît!* ▶ correction, décence, dignité, pudeur, retenue. **3** *Sa tenue pendant cette soirée a été inqualifiable* ▶ attitude, comportement, maintien. **4** *Changer de tenue tous les jours* ▶ atours (litt.), effets (litt.), fringues (fam.), frusques (fam.), habillement, habits, nippes (fam.), sapes (fam.), toilette (litt.), vêtements.

tergiversation n. f. ▶ atermoiement, faux-fuyant, flottement, hésitation, louvoiement.

tergiverser v. *Ce n'est plus le moment de tergiverser, il faut se décider* ▶ atermoyer, balancer, hésiter, louvoyer, se tâter (fam.), tortiller (fam.).

terme n. m. **1** *Le terme d'une aventure* ▶ achèvement, bout, conclusion, dénouement, fin, issue. **2** *Le sens d'un terme* ▶ mot, vocable. **3** *Les termes d'une équation* ▶ élément, membre. **4** Plur. *Être en bons*

terminaison

termes avec qqn ▶ rapports, relations. **5 à terme** *Vendre à terme* ▶ à crédit, à échéance, à tempérament. **6 mettre un terme** *Mettre un terme à une expérience* ▶ arrêter, faire cesser, mettre fin à, stopper.

terminaison n. f. **1** *La terminaison d'un nerf* ▶ bout, extrémité. **2** *Les terminaisons d'un verbe* ▶ désinence, finale.

terminal, ale adj. ▶ dernier, extrême, final, suprême, ultime.

terminer v. **1** *Terminer un travail* ▶ achever, boucler (fam.), conclure, finir, liquider (fam.), régler. **2** *Encore un mot avant de terminer ce débat* ▶ arrêter, clore, clôturer, fermer, finir, interrompre, mettre fin à. **3** *L'ennemi n'avait pas encore terminé toutes ses réserves* ▶ absorber, consommer, épuiser, liquider (fam.), user, vider. **4 se terminer** *Quand ces négociations se termineront-elles?* ▶ aboutir, s'achever, s'arrêter, cesser, finir, s'interrompre, prendre fin. **5** *La rue se termine place de la gare* ▶ aboutir, s'arrêter, déboucher, donner, s'interrompre, prendre fin, tomber. **6** *Vous croyez que cette histoire a une chance de se terminer à notre avantage?* ▶ se dénouer, se résoudre, tourner.

terminologie n. f. *Un terme technique qui appartient à la terminologie linguistique* ▶ jargon (péj.), lexique, nomenclature, vocabulaire.

terne adj. **1** *Une couleur terne* ▶ blafard, blême, décoloré, délavé, éteint, fade, gris, pâle, passé, terni. **2** *Des gens ternes* ▶ banal, conventionnel, effacé, ennuyeux, falot, inexpressif, insignifiant, insipide, plat, quelconque. **3** *Une vie terne* ▶ ennuyeux, inintéressant, insignifiant, insipide, maussade, morne, morose, plat.

ternir v. **1** *Le soleil a terni l'éclat de ces rideaux* ▶ altérer, décolorer, défraîchir, délaver, effacer, éteindre, faner, flétrir, pâlir. **2** Fig. *Ternir la réputation de qqn* ▶ abaisser, avilir (litt.), déprécier (litt.), flétrir (litt.), salir. **3 se ternir** *Une teinte qui se ternit avec le temps* ▶ s'altérer, se décolorer, se défraîchir, se délaver, s'effacer, s'éteindre, se faner, se flétrir, pâlir, passer.

terrain n. m. **1** *Un terrain propice pour la vigne* ▶ sol, terre. **2** *Tout le terrain qui entoure ce lac est inconstructible* ▶ aire, espace, zone. **3** *Acheter un terrain pour faire construire une maison* ▶ emplacement, parcelle. **4** Fig. *La géographie, ce n'est pas son terrain* ▶ domaine, partie, rayon (fam.), secteur, spécialité.

594

terrasse n. f. *L'allée débouche sur une terrasse d'où on aperçoit la campagne environnante* ▶ belvédère, plate-forme.

terrasser v. **1** *Terrasser un adversaire* ▶ dompter, écraser, mater, renverser, triompher de, vaincre. **2** Fig. *La nouvelle l'a terrassé* ▶ accabler, anéantir, atterrer, briser, foudroyer.

terre n. f. **1** *Parcourir la Terre* ▶ globe, monde, planète, univers. **2** *Une terre excellente pour la vigne* ▶ sol, terrain. **3** *Posséder une terre* ▶ domaine, exploitation, fonds, propriété. **4** Litt. *Tout cela se passait en des terres lointaines* ▶ contrée, lieu, pays, région, rivage. **5 terre à terre** ▶ concret, matérialiste, prosaïque, réaliste. **6 terre glaise** ▶ argile, glaise.

terreau n. m. ▶ humus.

terrer (se) v. Fig. *Se terrer chez soi en attendant la fin des événements* ▶ se barricader, se cacher, se calfeutrer, se claquemurer, se cloîtrer, se confiner, se dissimuler, s'enfermer, se planquer (fam.), se réfugier, se tapir.

terrestre adj. Fig. *Se détacher des satisfactions terrestres* ▶ matériel, physique, profane, prosaïque, séculier (litt.), temporel (litt.).

terreur n. f. *Des attentats qui plongent une population dans la terreur* ▶ affolement, effroi, épouvante, horreur, panique, peur.

terreux, euse adj. *Un teint terreux* ▶ blafard, blême, cadavérique, cireux, grisâtre, hâve, livide, pâle, plombé, vitreux.

terrible adj. **1** *Un accident terrible* ▶ abominable, affreux, atroce, dramatique, effrayant, effroyable, épouvantable, horrible, terrifiant, tragique. **2** *Un vent terrible* ▶ déchaîné, furieux, violent. **3** *Un froid terrible* ▶ intense. **4** *Un enfant terrible* ▶ désobéissant, indiscipliné, indocile, infernal, insupportable, intenable, turbulent. **5** Fam. *Ce film n'était vraiment pas terrible* ▶ dément (fam.), extraordinaire, fabuleux, fameux, fantastique, formidable, génial (fam.), sensationnel, super (fam.).

terriblement adv. *Il est terriblement distrait* ▶ diablement (fam.), drôlement (fam.), excessivement, extraordinairement, extrêmement, formidablement, redoutablement, très.

terrien, enne adj. **1** *Un propriétaire terrien* ▶ foncier. **2** *Avoir des origines terriennes* ▶ paysan, rural.

terrier n. m. *Le terrier d'un renard* ▶ gîte, repaire, tanière.

terrifiant, ante adj. ▶ affolant, effrayant, effroyable, épouvantable, horrifiant, paniquant, terrible, terrorisant.

terrifier v. *Sa brutalité les a terrifiés* ▶ affoler, effarer, épouvanter, horrifier, paniquer (fam.), terroriser.

terril n. m. ▶ crassier.

terrine n. f. *La terrine du chef* ▶ pâté.

territoire n. m. **1** *L'armée est chargée de la défense du territoire* ▶ nation, pays. **2** *Un territoire administratif* ▶ circonscription, région, secteur, zone.

terroir n. m. *Un terroir qui produit un vin puissant* ▶ pays, région.

terrorisant, ante adj. *Il a tenu des propos terrorisants* ▶ affolant, effrayant, paniquant, terrifiant.

terroriser v. *Essayer de terroriser la population* ▶ affoler, épouvanter, paniquer (fam.), terrifier.

tertre n. m. ▶ butte, éminence, hauteur, monticule, tumulus.

test n. m. **1** *Procéder à des tests sur des cobayes pour s'assurer de l'innocuité d'un produit* ▶ essai, expérience, expérimentation. **2** *Faire des tests de résistance sur des poutrelles métalliques* ▶ épreuve, contrôle, vérification.

tester v. **1** *Tester la résistance d'une charpente* ▶ contrôler, éprouver, mettre à l'épreuve, vérifier. **2** *Tester un médicament sur un cobaye* ▶ essayer, expérimenter.

testicules n. f. pl. ▶ bourses, burnes (fam.), couilles (fam.), génitoires (litt.).

tétaniser v. Fig. *Sa timidité l'a complètement tétanisé* ▶ clouer, figer, inhiber, paralyser, pétrifier.

tête n. f. **1** *Avoir mal à la tête* ▶ crâne. **2** *Avoir une drôle de tête* ▶ bobine (fam.), bouille (fam.), figure, gueule (fam.), mine, tronche (fam.), visage. **3** *La tête d'un arbre* ▶ cime, faîte, haut, sommet. **4** Fig. *Ne rien avoir dans la tête* ▶ caboche (fam.), cafetière (fam.), cervelle, ciboulot (fam.), crâne, esprit. **5** Fig. *Avoir encore toute sa tête* ▶ esprits, facultés, intelligence, lucidité, raison. **6** Fig. *Arrêter les têtes d'un mouvement subversif* ▶ cerveau, chef, inspirateur, leader, meneur. **7 faire la tête** ▶ bouder, faire la gueule (fam.) **8 tête d'affiche** *Il a un certain renom, mais ce n'est pas encore une tête d'affiche* ▶ célébrité, star (fam.), vedette. **9 tête de lit** *S'asseoir à la tête du lit* ▶ chevet. **10 tête de mort** ▶ crâne. **11 tête de Turc** Fig. et fam. *La tête de Turc du groupe* ▶ bête noire, bouc émissaire, souffre-douleur.

tête-à-tête n. m. **1** *Venir troubler un tête-à-tête* ▶ conciliabule, conversation, entretien, entrevue. **2 en tête à tête** *Déjeuner en tête à tête avec un journaliste* ▶ en particulier, seul à seul.

téter v. Fig. *Téter un énorme cigare* ▶ sucer, suçoter.

tétine n. f. *La tétine d'une vache* ▶ mamelle, pis.

téton n. m. *Le téton d'un sein* ▶ mamelon.

têtu, ue adj. ▶ acharné, buté (péj.), cabochard (fam. et péj.), entêté (péj.), obstiné, opiniâtre, persévérant, résolu, tenace.

texte n. m. **1** *Un fait attesté par de multiples textes* ▶ document, écrit. **2** *Remettre un texte à une maison d'édition* ▶ copie, manuscrit. **3** *Dans ce texte, Balzac décrit la vie de province* ▶ morceau, page, passage. **4** *Préférer le texte du manuscrit Parisinus 7530* ▶ leçon, variante. **5** *Examiner attentivement le texte d'une loi* ▶ énoncé, formulation, lettre, libellé. **6** *Le texte d'un opéra* ▶ livret, paroles.

textile n. m. *Un textile très résistant* ▶ étoffe, tissu.

textuel, elle adj. ▶ exact, littéral, mot à mot.

textuellement adv. ▶ à la lettre, au pied de la lettre, exactement, littéralement, mot pour mot.

texture n. f. **1** *La texture d'une roche* ▶ composition, consistance, constitution, contexture, structure. **2** Fig. *La texture d'une œuvre* ▶ agencement, armature, arrangement, composition, construction, disposition, ordonnance, ordre, organisation, ossature, plan, structure, trame.

théâtral, ale adj. **1** *Un procédé théâtral* ▶ dramatique, scénique. **2** Fig. *Un ton théâtral* ▶ ampoulé, déclamatoire, emphatique, forcé, grandiloquent, ostentatoire, pompeux, ronflant, solennel.

théâtre n. m. **1** *Dans quel théâtre joue-t-on cette pièce ?* ▶ salle. **2** Fig. *Le théâtre d'un événement* ▶ emplacement, endroit, lieu, scène.

thème n. m. *Le thème principal de la conférence de ce soir* ▶ matière, objet, propos, question, sujet.

théoricien, enne n. ▶ doctrinaire (litt.), idéologue (litt.), penseur, philosophe.

théorie n. f. **1** *Exposer sa théorie en matière de reprise économique* ▶ conception, doctrine, idée, opinion, philosophie, thèse. **2** *La théorie de la gravitation* ▶ loi, principe, règle, système. **3 en théorie** *Chacun est*

théorique

libre, en théorie ▶ dans l'abstrait, en principe, sur le papier.

théorique adj. 1 *Opposer le jugement théorique et le jugement pratique* ▶ abstrait, conceptuel, spéculatif. 2 *Une valeur théorique* ▶ conventionnel, de principe, fictif.

théoriquement adv. *Théoriquement il devrait arriver à 4 heures* ▶ en principe, logiquement, normalement.

thérapeutique adj. *Un produit à usage thérapeutique* ▶ curatif, médical, médicamenteux, médicinal.

thérapie n. f. ▶ cure, médication (litt.), soins, thérapeutique (litt.), traitement.

thermique adj. *L'énergie thermique* ▶ calorifique.

thermomètre n. m. Fig. *L'inflation, thermomètre de l'économie* ▶ baromètre, indicateur.

thésaurisation n. f. ▶ épargne.

thésauriser v. 1 *Thésauriser sans chercher à faire fructifier son argent* ▶ capitaliser, économiser, entasser, épargner, mettre de côté (fam.). 2 *Thésauriser des pièces d'or* ▶ accumuler, amasser, empiler, entasser.

thèse n. f. 1 *Défendre une thèse* ▶ conception, hypothèse, idée, opinion, raisonnement, théorie. 2 *Écrire sa thèse* ▶ doctorat.

thorax n. m. ▶ buste, poitrine, torse, tronc.

tic n. m. Fig. *Étudier les tics de la civilisation contemporaine* ▶ habitude, manie.

ticket n. m. *Acheter son ticket dans le bus* ▶ billet, place, titre de transport.

tie-break n. m. ▶ jeu décisif.

tiède adj. 1 *Une température tiède* ▶ doux. 2 Fig. *Une foi tiède* ▶ mitigé, modéré, mou.

tiédeur n. f. 1 *La tiédeur d'un climat* ▶ douceur. 2 Fig. *La tiédeur d'un compliment* ▶ modération, mollesse.

tiédir v. Fig. *Avec le temps, sa passion a tiédi* ▶ s'atténuer, diminuer, faiblir, se modérer, mollir, se tempérer.

tige n. f. 1 *Une tige métallique* ▶ baguette, tringle. 2 *La tige d'une fleur* ▶ pédoncule (litt.), queue.

tigré, ée adj. 1 *Un chat roux, tigré de blanc* ▶ rayé, zébré. 2 *Des bananes tigrées* ▶ moucheté, piqueté, tacheté, tiqueté.

timbale n. f. 1 *Une timbale en argent* ▶ gobelet, godet. 2 *Une timbale de poisson* ▶ vol-au-vent.

timbre n. m. 1 *Une voix au timbre argentin* ▶ sonorité. 2 *Faire une collection de timbres* ▶ timbre-poste. 3 *Une carte d'adhérent qui porte le timbre de l'année* ▶ vignette. 4 *Un livre qui porte le timbre d'une bibliothèque* ▶ cachet, marque, sceau, tampon.

timbrer v. 1 *Timbrer une lettre* ▶ affranchir. 2 *Timbrer un passeport* ▶ estampiller, tamponner.

timide adj. 1 *Un enfant timide* ▶ craintif, réservé. 2 *Une protestation timide* ▶ faible, frileux, indécis, mou, pusillanime (litt.).

timidement adv. *Protester timidement* ▶ faiblement, mollement.

timidité n. f. 1 *Il est d'une telle timidité qu'il n'a pas osé l'aborder* ▶ réserve, retenue. 2 *Un orateur qui dénonce la timidité de la politique gouvernementale* ▶ faiblesse, frilosité, indécision, mollesse, pusillanimité (litt.).

timoré, ée adj. Litt. ▶ couard (litt.), craintif, froussard (fam.), pétochard (fam.), peureux, poltron (litt.), pusillanime (litt.), trouillard (fam.).

tintamarre n. m. ▶ barouf (fam.), bastringue (fam.), boucan (fam.), bruit, chahut, chambard (fam.), charivari, pétard (fam.), potin (fam.), raffut (fam.), ramdam (fam.), tapage, tohu-bohu, vacarme.

tintement n. m. ▶ carillon, tintinnabulement (litt.).

tinter v. ▶ carillonner, sonner, tintinnabuler (litt.).

tiquer v. Fig. *Ces propos l'ont fait tiquer* ▶ sourciller.

tiqueté, ée adj. *Un œillet tiqueté* ▶ moucheté, piqueté, tacheté, tigré.

tir n. m. 1 *Malgré la trêve, on entendait encore des tirs sporadiques* ▶ coup de feu. 2 *Le tir d'une fusée* ▶ lancement.

tirade n. f. 1 *La tirade d'Auguste dans Cinna* ▶ monologue. 2 *Débiter une longue tirade sur l'éducation des jeunes filles* ▶ couplet (litt.), développement, discours, homélie (litt.), laïus (fam.), tartine (fam.).

tirage n. m. 1 *Un tirage soigné* ▶ édition, impression, typographie. 2 *Un tirage en noir et blanc* ▶ cliché, épreuve, photo. 3 Fig. *Il y a du tirage entre eux* ▶ conflits, désaccords, difficultés, disputes, dissensions, frictions, frottements, heurts, mésententes, tensions, tiraillements.

tiraillé, ée adj. *Être tiraillé entre ses penchants et son sens du devoir* ▶ écartelé, partagé.

tiraillement n. m. 1 *Des tiraillements d'estomac* ▶ contraction, crampe. 2 Fig. *Des ti-*

raillements au sein d'une équipe ▶ antagonisme (litt.), conflit, désaccord, difficulté, dispute, dissension, friction, heurt, mésentente, tension, tirage.

tirer v. 1 *Tirer un traîneau* ▶ haler, remorquer, traîner. 2 *Tirer ses collants* ▶ tendre. 3 *Tirer une épée de son fourreau* ▶ dégager, enlever, extraire, ôter, retirer, sortir. 4 *Tirer de l'eau d'un puits* ▶ pomper, puiser. 5 *Tirer du jus d'un citron* ▶ exprimer, extraire. 6 *Tirer quelqu'un de prison* ▶ arracher à, délivrer de, extirper de, sortir de. 7 *Tirer une citation d'un texte* ▶ emprunter à, extraire de, puiser dans. 8 *Tirer la conclusion d'un raisonnement* ▶ déduire, inférer. 9 *Tirer quelque profit d'une situation* ▶ recueillir, retirer. 10 *Tirer à bout portant* ▶ canarder (fam.), faire feu. 11 *Tirer un lapin* ▶ abattre, descendre (fam.). 12 *Tirer le plan d'une maison* ▶ dessiner, tracer. 13 *Tirer un ouvrage sur un papier magnifique* ▶ éditer, imprimer, sortir. 14 *Tirer dans les buts* ▶ shooter. 15 *Un vert qui tire sur le bleu* ▶ se rapprocher de, tendre vers. 16 **tirer au clair** *Tirer une affaire au clair* ▶ débrouiller, démêler, dénouer. 17 **tirer avantage de** *Tirer avantage d'une occasion* ▶ exploiter, profiter de, tirer parti de, tirer profit de, utiliser. 18 **tirer en longueur** *Un discours qui tire en longueur* ▶ durer, se prolonger, traîner. 19 **tirer parti de** *Tirer parti des circonstances* ▶ exploiter, profiter de, tirer avantage de, tirer profit de, utiliser. 20 **tirer vanité de** Litt. *Tirer vanité de ses origines* ▶ s'enorgueillir de, se glorifier de, se vanter de. 21 **se tirer** *Se tirer d'une situation difficile* ▶ se dépêtrer, se sortir, venir à bout. 22 Fam. *Quand est-ce qu'on se tire?* ▶ ficher le camp (fam.), filer (fam.), s'en aller, partir. 23 **s'en tirer** *Il s'en tirera bien tout seul* ▶ se débrouiller, se dépatouiller (fam.), s'en sortir, réussir, y arriver. 24 *C'est grave? Croyez-vous qu'il s'en tirera?* ▶ en réchapper, s'en sortir, guérir.

tireuse de cartes n. f. ▶ cartomancienne.

tisane n. f. *Une tisane de menthe* ▶ décoction, infusion.

tisonnier n. m. ▶ pique-feu.

tisser v. Fig. *Tisser une intrigue* ▶ arranger, combiner, machiner, manigancer, monter, nouer, ourdir (litt.), préparer, tramer.

tissu n. m. 1 *Acheter du tissu pour faire une jupe* ▶ étoffe. 2 Fig. *Le tissu social* ▶ contexture, paysage, structure. 3 Fig. *Un tissu de bêtises* ▶ défilé, enfilade, série, succession, suite.

titanesque adj. ▶ colossal, cyclopéen (litt.), démesuré, énorme, géant, gigantesque, incommensurable (litt.), monstrueux, monumental.

titi n. m. ▶ gavroche.

titiller v. Fig. *Il ne cesse de la titiller sur ses opinions politiques* ▶ agacer, asticoter (fam.), provoquer.

titre n. m. 1 *Le titre d'un chapitre* ▶ dénomination, désignation, en-tête, intitulé, nom. 2 *Un titre universitaire* ▶ diplôme, grade. 3 *En mon titre de père* ▶ qualité. 4 *Ce succès est son plus grand titre de gloire* ▶ cause, motif, raison. 5 *Un titre attestant la propriété d'un domaine* ▶ acte, certificat, document, papier, pièce. 6 *Un titre boursier* ▶ valeur. 7 *Le titre d'une solution chimique* ▶ concentration, degré. 8 **titre de transport** *Acheter son titre de transport* ▶ billet, place, ticket. 9 **à juste titre** ▶ à bon droit, avec raison, justement, légitimement. 10 **à titre de** *À titre de président, je déclare la séance ouverte* ▶ comme, en qualité de, en tant que. 11 **à titre privé** ▶ officieusement. 12 **au même titre** *Il a reçu une décoration pour son héroïsme, et ses camarades au même titre* ▶ de la même manière, de même, également, identiquement, pareillement, semblablement. 13 **en titre** *Un professeur en titre* ▶ titulaire.

tituber v. ▶ chanceler, trébucher, vaciller, zigzaguer.

titulaire adj. *Un professeur titulaire* ▶ en titre.

titulaire n. *Le titulaire de ce passeport* ▶ détenteur, possesseur.

toast n. m. ▶ rôtie.

toasteur n. m. ▶ grille-pain.

toc n. m. 1 *C'est du toc* ▶ camelote, cochonnerie (fam.), pacotille, verroterie. 2 **en toc** Fam. *Des bijoux en toc* ▶ factice, faux.

tocade n. f. Fam. ▶ caprice, coup de tête, entichement (litt.), envie, fantaisie, foucade (litt.), lubie, passade.

tohu-bohu n. m. 1 *Débarquer au milieu d'un tohu-bohu inexprimable* ▶ affairement, agitation, barouf (fam.), chahut, chambardement (fam.), charivari (fam.), désordre, ramdam (fam.), remue-ménage, tintamarre, tumulte, vacarme. 2 Fig. *Un tohu-bohu d'images* ▶ fatras, fouillis, magma, méli-mélo.

toile n. f. 1 *Enlever de la toile pendant une tempête* ▶ voile. 2 *Une toile de Picasso* ▶ peinture, tableau. 3 **toile de fond** *La toile de fond d'une intrigue romanesque* ▶ décor.

toilette n. f. 1 *Une toilette élégante* ▶ mise, tenue. 2 *La toilette matinale* ▶ ablutions (litt.). 3 *La toilette d'un caniche* ▶ toilettage. 4 Plur. *Où sont les toilettes ?* ▶ cabinets, lieux (litt.), petit coin (fam.), w.-c.

toiletter v. Fig. *Toiletter un manuscrit* ▶ corriger, retoucher.

toiser v. 1 *Toiser un conscrit* ▶ mesurer. 2 Fig. *Toiser un inconnu* ▶ considérer, dévisager, examiner, observer.

toison n. f. ▶ fourrure, pelage, poil.

toit n. m. 1 *Faire refaire le toit de sa maison* ▶ couverture, toiture. 2 Fig. *Se chercher un toit pour la nuit* ▶ abri, asile (litt.), gîte, havre (litt.), refuge, retraite. 3 Fig. *Ne pas avoir de toit* ▶ domicile, habitation, logement, logis.

tolérable adj. *Ce genre de propos n'est pas tolérable* ▶ acceptable, admissible, excusable, pardonnable, supportable.

tolérance n. f. ▶ bienveillance, compréhension, humanité, indulgence, largeur d'esprit, libéralisme, mansuétude (litt.), ouverture d'esprit, patience.

tolérant, ante adj. *Être d'un naturel tolérant* ▶ accommodant, compréhensif, coulant (fam.), débonnaire (litt.), facile, humain, indulgent, large d'esprit, libéral, ouvert.

toléré, ée adj. ▶ autorisé, licite, permis, possible.

tolérer v. 1 *Tolérer certaines infractions au règlement* ▶ accepter, acquiescer à, admettre, autoriser, concéder, consentir à, fermer les yeux sur, permettre. 2 *On ne peut tolérer une telle erreur* ▶ accepter, admettre, avaler (fam.), excuser, laisser passer, pardonner, passer l'éponge sur (fam.), souffrir (fam.), supporter.

tollé n. m. ▶ clameur, huées, protestations, sifflets.

tombant, ante adj. *Des moustaches tombantes* ▶ pendant.

tombe n. f. ▶ sépulcre (litt.), sépulture, tombeau.

tombée du jour n. f. ▶ crépuscule, soir, tombée de la nuit.

tomber v. 1 *Tomber dans les escaliers* ▶ s'affaler, se casser la figure (fam.), choir (litt.), chuter (fam.), culbuter, dégringoler, s'écrouler, s'effondrer, s'étaler (fam.). 2 *Un mur qui tombe* ▶ s'abattre, s'affaisser, dégringoler, s'ébouler, s'écrouler, s'effondrer. 3 *Les plis d'une robe qui tombent jusqu'à terre* ▶ pendre, traîner. 4 *Les obstacles tombent les uns après les autres* ▶ disparaître, s'effacer. 5 *Son enthousiasme tomba* ▶ s'affaiblir, s'apaiser, s'atténuer, baisser, se calmer, cesser, décliner, diminuer, s'éteindre, faiblir, retomber, tourner court. 6 *Les reproches ont commencé à tomber dès la fin de son exposé* ▶ affluer, pleuvoir. 7 *Cette année son anniversaire tombe un mercredi* ▶ arriver, avoir lieu. 8 *Tomber au milieu d'une réunion de famille* ▶ arriver, survenir. 9 *Après le carrefour, la rue tombe dans la grand-place* ▶ aboutir à, déboucher dans, donner dans, rejoindre, se terminer dans. 10 *Tomber sur qqn à bras raccourcis* ▶ assaillir (litt.), charger, s'élancer sur, foncer sur, fondre sur (litt.), se jeter sur, se lancer sur, se précipiter sur, se ruer sur, sauter sur. 11 *Tomber par hasard sur un ami d'enfance* ▶ croiser, rencontrer, trouver. **12 tomber amoureux de** ▶ s'amouracher de (litt.), s'embraser pour (litt.), s'enamourer de (litt.), s'enflammer pour (litt.), s'enticher de (litt.), s'éprendre de (litt.), se toquer de (fam.). **13 tomber de haut** ▶ déchanter. **14 tomber en ruine** ▶ crouler, se dégrader, se délabrer, se détériorer, s'effondrer. **15 tomber fou** ▶ disjoncter (fam.), perdre la boule (fam.), perdre la tête, péter les plombs (fam.).

tombereau n. m. 1 *Décharger un tombereau* ▶ banne. 2 Fig. *Un tombereau d'injures* ▶ avalanche, averse, bordée, déferlement, déluge, flopée (fam.), flot, pluie, torrent.

tombola n. f. ▶ loterie.

tome n. m. *Un ouvrage en deux tomes* ▶ volume.

ton n. m. 1 *Le ton d'une voix* ▶ accent, inflexion, intonation, modulation, son, timbre. 2 *Son témoignage avait un tel ton de sincérité qu'on l'a cru* ▶ accent. 3 *Répondre d'un ton glacial* ▶ voix. 4 *Le ton d'un morceau de musique* ▶ tonalité. 5 *Une narration au ton épique* ▶ coloration, facture, style, tonalité, touche. 6 *Un tissu d'un ton chaud* ▶ coloris, couleur, nuance, teinte, tonalité. 7 *C'est joli en soi, mais ce n'est pas dans le ton* ▶ note. 8 **de bon ton** *L'assistance était tout à fait de bon ton* ▶ b.c.b.g (fam.), bien, choisi, comme il faut, convenable, distingué.

tonalité n. f. 1 *La tonalité d'un morceau de musique* ▶ ton. 2 *Une voix à la tonalité agréable* ▶ inflexions, intonation, timbre. 3 *Un tissu d'une tonalité triste* ▶ coloris, couleur, nuance, teinte, ton. 4 *Donner une tonalité lyrique à un texte* ▶ coloration, facture, style, ton, touche.

tondre v. 1 *Tondre la laine des moutons* ▶ raser. 2 *Tondre un gazon* ▶ couper. 3 Fam. *Tondre un client* ▶ écorcher (fam.), égorger (fam.), plumer (fam.), saigner (fam.).

tonifiant, ante adj. *Un petit déjeuner tonifiant* ▶ fortifiant, reconstituant, remontant, roboratif, stimulant, tonique, vivifiant.

tonifier v. 1 *L'eau froide tonifie la peau* ▶ raffermir. 2 *Cet air tonifie* ▶ fortifier, ragaillardir, réconforter, remonter, retaper (fam.), revigorer, stimuler, vivifier.

tonique adj. 1 *Une atmosphère tonique* ▶ fortifiant, reconstituant, remontant, roboratif, stimulant, tonifiant, vivifiant. 2 *Une voyelle tonique* ▶ accentué.

tonitruant, ante adj. *Une voix tonitruante* ▶ éclatant, retentissant, tonnant.

tonitruer v. Litt. ▶ brailler, crier, s'égosiller, s'époumoner, gueuler (fam.), hurler, vociférer.

tonnage n. m. ▶ contenance, jauge.

tonnant, ante adj. *Une voix tonnante* ▶ éclatant, retentissant, tonitruant.

tonneau n. m. ▶ barrique, fût, futaille.

tonnelet n. m. ▶ baril.

tonnelle n. f. ▶ gloriette.

tonner v. 1 *Le canon tonne* ▶ gronder. 2 Fig. *Tonner contre les abus* ▶ crier, s'emporter, exploser, fulminer (litt.), gronder, gueuler (fam.), pester, râler, rouspéter, tempêter.

tonnerre n. m. 1 *Avoir peur du tonnerre* ▶ orage. 2 Fig. *Le tonnerre de l'artillerie* ▶ fracas, grondement, roulement. 3 Fig. *Un tonnerre d'applaudissements* ▶ tempête.

tonus n. m. ▶ énergie, ressort.

topique adj. *Un argument topique* ▶ adapté, caractéristique, convenable, particulier, propre, spécifique, typique.

topo n. m. Fam. ▶ conférence, discours, exposé, intervention, laïus (fam.), speech (fam.).

topographie n. f. *Repérer la topographie d'un endroit* ▶ aspect, configuration, relief.

topographique adj. 1 *Un relevé topographique* ▶ cartographique. 2 *Une carte topographique* ▶ d'état-major.

torche n. f. ▶ flambeau.

tordre v. 1 *Tordre une barre de fer* ▶ courber, plier. 2 *Tordre un mouchoir* ▶ tortiller. 3 *Tordre une roue* ▶ déformer, fausser, gauchir, voiler. 4 **se tordre** *Se tordre la cheville* ▶ se fouler.

tordu, ue adj. 1 *Une branche toute tordue* ▶ recourbé, tortillé. 2 *Des jambes tordues* ▶ difforme, tors. 3 Fig. et fam. *Une idée tordue* ▶ baroque, biscornu (fam.), bizarre, excentrique, extravagant, fantaisiste, fantasque, farfelu (fam.), loufoque (fam.). 4 Fig. et fam. *Un esprit tordu* ▶ faux, oblique (litt.), tortueux (litt.), tourmenté.

toréro n. m. ▶ matador, toréador (vx).

tornade n. f. ▶ cyclone, ouragan, typhon.

torpeur n. f. ▶ abattement, apathie, assoupissement, atonie, engourdissement, hébétude, langueur, léthargie, prostration, somnolence.

torpiller v. Fig. *Torpiller les tentatives de ses concurrents* ▶ anéantir, briser, couler, ruiner, saboter.

torréfacteur n. m. ▶ brûloir.

torréfier v. ▶ brûler, griller.

torrent n. m. 1 Fig. *Un torrent d'injures* ▶ avalanche, averse, bordée, déferlement, déluge, flopée (fam.), flot, pluie, tombereau. 2 **à torrents** *Il pleut à torrents* ▶ à verse.

torrentiel, elle adj. *Une pluie torrentielle* ▶ diluvien (litt.).

torride adj. ▶ brûlant, caniculaire, étouffant.

tors, torse adj. ▶ difforme, tordu.

torsade n. f. ▶ tresse.

torse n. m. ▶ buste, poitrine, thorax, tronc.

torsion n. f. *Une grimace marquée par une horrible torsion des traits* ▶ contraction, déformation, distorsion.

tort n. m. 1 *Reconnaître ses torts* ▶ erreur, faute. 2 *Subir un tort* ▶ dommage, préjudice. 3 **à tort** *Être accusé à tort* ▶ faussement, indûment, injustement. 4 **à tort et à travers** *Parler à tort et à travers* ▶ à la légère, inconsidérément, légèrement. 5 **avoir tort** *Sur ce point je suis sûr que vous avez tort* ▶ faire erreur, se tromper. 6 **faire du tort à** *Une intervention trop agressive risquerait de lui faire du tort* ▶ déconsidérer, desservir, discréditer, faire tort à (vx), nuire à, porter préjudice à, porter tort à.

tortillement n. m. *Marcher avec un tortillement suggestif* ▶ balancement, déhanchement, trémoussement.

tortiller v. 1 *Tortiller son mouchoir* ▶ tordre. 2 *Tortiller des hanches* ▶ balancer, onduler, remuer. 3 Fig. et fam. *Il n'y a pas à tortiller* ▶ atermoyer (litt.), balancer, finasser (fam.), hésiter, tergiverser (litt.). 4 **se tortiller** *Se tortiller sur sa chaise* ▶ s'agiter, gigoter, remuer, se trémousser.

tortionnaire n. m. ▶ bourreau.

tortueux

tortueux, euse adj. 1 *Un cours d'eau tortueux* ▶ ondoyant (litt.), serpentin (litt.), sinueux, zigzagant. 2 *Une âme tortueuse* ▶ artificieux (litt.), fourbe (litt.), hypocrite, machiavélique, madré (litt.), matois (litt.), perfide (litt.), retors, roublard (fam.), roué (litt.), rusé.

torturant, ante adj. Fig. *Une pensée torturante* ▶ cruel, douloureux, obsédant.

torture n. f. 1 *Subir la torture* ▶ question (vx). 2 Fig. *Les tortures de la jalousie* ▶ martyre, supplice, tourment (litt.).

torturer v. 1 *Torturer un prisonnier politique* ▶ martyriser, questionner (vx). 2 Fig. *Le remords le torture* ▶ dévorer, hanter, harceler, mettre au supplice, obséder, persécuter, ravager, ronger, tarauder, tenailler, tourmenter (litt.). 3 Fig. *Torturer un texte pour lui faire dire qqch* ▶ déformer, dénaturer, forcer, violenter.

tôt adv. 1 ▶ à l'aube, à l'aurore, aux aubes (fam.), aux aurores (fam.), de bon matin, de bonne heure, dès l'aube, dès l'aurore, dès potron-minet (litt.). 2 **tôt ou tard** ▶ à la longue, avec le temps, le temps aidant.

total, ale adj. 1 *Il m'a rendu la somme totale* ▶ complet, entier, global, intégral. 2 *Avoir une confiance totale en qqn* ▶ absolu, entier, inconditionnel, plein.

total n. m. 1 *Le total des dépenses* ▶ addition, chiffre, ensemble, masse, montant, quantité, somme, totalité. 2 **au total** *Au total, il ne s'en est pas mal tiré* ▶ dans l'ensemble, en somme, finalement, globalement, somme toute, tout bien considéré, tout compte fait.

totalement adv. *Être totalement d'accord avec son interlocuteur* ▶ absolument, complètement, entièrement, parfaitement, pleinement, tout à fait.

totaliser v. 1 *Totaliser des quantités* ▶ additionner, sommer. 2 *Le vainqueur est celui qui totalise le plus grand nombre de points* ▶ compter, cumuler, rassembler, réunir.

totalitaire adj. *Lutter contre un pouvoir totalitaire* ▶ despotique (vx), dictatorial, fasciste, tyrannique.

totalitarisme n. m. ▶ despotisme (vx), dictature, fascisme, tyrannie.

totalité n. f. 1 ▶ ensemble, intégralité, masse, total, tout. 2 **en totalité** ▶ en bloc, entièrement, intégralement, totalement.

totémisme n. m. *Les rites ancestraux du totémisme* ▶ fétichisme.

600

touchant, ante adj. *Le touchant spectacle d'un amour partagé* ▶ attendrissant, émouvant.

touche n. f. 1 *La touche d'un peintre* ▶ facture, griffe, main, manière, patte, style. 2 Fig. *Ajouter une touche d'humour à un discours* ▶ note, nuance, teinte.

toucher v. 1 *Toucher une cible* ▶ atteindre, frapper. 2 *Toucher le port* ▶ arriver à, atteindre, parvenir à, rallier, rejoindre. 3 *Toucher de l'argent* ▶ empocher, encaisser, gagner, palper (fam.), percevoir, ramasser (fam.), recevoir. 4 *Elle n'a touché à rien de tout le dîner* ▶ manger, prendre. 5 *Il a juré de ne plus toucher à l'alcool* ▶ boire de, prendre de. 6 Fig. *Essayer de toucher qqn par téléphone* ▶ atteindre, contacter, joindre. 7 Fig. *Ne touchons pas à ces principes sacrés* ▶ attenter, déroger (litt.), porter atteinte. 8 Fig. *Nous touchons maintenant à un point délicat* ▶ aborder, arriver à, en venir à. 9 Fig. *Toucher à tous les métiers* ▶ essayer, expérimenter, faire l'expérience de, tâter de. 10 Fig. *Il connaît tout ce qui touche à la mer* ▶ concerner, intéresser, porter sur, se rapporter à, regarder, relever de, traiter de. 11 Fig. *Une indulgence qui touche au laxisme* ▶ confiner à (litt.), friser. 12 Fig. *Je vais lui en toucher un mot* ▶ dire. 13 Fig. *Son récit m'a touché* ▶ attendrir, émouvoir, remuer.

toucher n. m. 1 *Une matière rugueuse au toucher* ▶ contact. 2 *Déceler une grosseur au toucher* ▶ palpation.

touffe n. f. *Une touffe de cheveux* ▶ houppe, mèche, toupet.

touffu, ue adj. 1 *Un bois touffu* ▶ broussailleux, dense, épais, feuillu, foisonnant, impénétrable, luxuriant, serré. 2 *Avoir le cheveu touffu* ▶ abondant, dense, dru, fourni, serré. 3 Fig. *Un ouvrage touffu* ▶ compact, compliqué, confus (péj.), dense, encombré (péj.), obscur (péj.).

toujours adv. 1 *Elle se plaint toujours* ▶ constamment, continuellement, continûment (litt.), en permanence, éternellement, indéfiniment, perpétuellement, sans arrêt, sans fin, sans relâche, sempiternellement, tout le temps. 2 *Il gagne toujours* ▶ à tous les coups, immanquablement, inévitablement, invariablement. 3 *Le coupable court toujours* ▶ encore. 4 *Prenez toujours cet acompte* ▶ en tout cas, en tout état de cause, quoi qu'il en soit. 5 **pour toujours** ▶ à jamais, à perpétuité, définitivement.

toupet n. m. 1 *Un toupet de cheveux* ▶ houppe, mèche, touffe. 2 Fig. et fam. *Avoir le toupet de se plaindre* ▶ aplomb, audace,

tourner

culot (fam.), effronterie, front (litt.), hardiesse, outrecuidance (litt.).

toupie n. f. ▶ toton (vx).

tour n. m. **1** *La Terre effectue des tours sur elle-même et autour du Soleil* ▶ giration, révolution, rotation. **2** *Les tours et les détours d'un ruisseau* ▶ circonvolution (litt.), coude, courbe, méandre, sinuosité. **3** *Mesurer le tour d'un cercle* ▶ circonférence, contour, périmètre, périphérie, pourtour. **4** Fig. *Faire un tour dans le Bordelais* ▶ balade (fam.), circuit, excursion, périple (litt.), promenade, virée (fam.). **5** *C'est encore un tour de ces garnements!* ▶ blague (fam.), facétie (litt.), farce, niche (fam.), plaisanterie. **6** *Il trouvera certainement un nouveau tour pour se sortir d'affaire* ▶ artifice (litt.), astuce, combinaison, combine (fam.), coup, ficelle (fam.), ruse, stratagème (litt.), truc (fam.). **7** *Cette affaire prend un tour dramatique* ▶ air, allure, apparence, aspect, forme, tournure. **8** *Un tour propre à la langue familière* ▶ expression, formule, tournure. **9 mauvais tour** *Faire un mauvais tour à qqn* ▶ crasse (fam.), entourloupette (fam.), méchanceté, vacherie (fam.). **10 tour à tour** *Les trois généraux commandaient tour à tour* ▶ alternativement, à tour de rôle, l'un après l'autre, successivement. **11 tour de force** Fig. *Réaliser un tour de force* ▶ exploit, performance, prouesse. **12 tour de main** *Cette opération nécessite d'avoir le tour de main du spécialiste* ▶ expérience, habileté, maîtrise, métier, technique, virtuosité.

tour n. f. *Habiter une tour de trente étages* ▶ gratte-ciel.

tourbillon n. m. Fig. et litt. *Le tourbillon des mondanités* ▶ agitation, maelström (litt.), tohu-bohu, valse.

tourbillonnant, ante adj. ▶ tournoyant, virevoltant.

tourbillonnement n. m. ▶ tournoiement.

tourbillonner v. *Un danseur qui fait tourbillonner sa partenaire* ▶ pirouetter, tourner, tournoyer, virevolter.

tourelle n. f. *La tourelle d'un char* ▶ chambre de tir.

tourisme n. m. *Une agence de tourisme* ▶ voyages.

touriste n. **1** *Des autochtones qui se plaignent de l'afflux des touristes* ▶ vacancier. **2** Spécialement pendant l'été ▶ estivant. **3** *Voyager en classe touriste* ▶ économique.

tourment n. m. **1** Litt. *Les tourments de la jalousie* ▶ affres (litt.), déchirement (litt.), martyre (litt.), supplice, torture. **2** *Sa fille lui donne bien du tourment* ▶ angoisse, anxiété, inquiétude, peine, préoccupation, souci, tracas.

tourmente n. f. **1** Litt. *Être pris dans une tourmente* ▶ coup de chien (fam.), coup de tabac (fam.), tempête. **2** Fig. *La tourmente de 1789* ▶ ouragan, révolution, troubles, tumulte (litt.).

tourmenté, ée adj. **1** *Une âme tourmentée* ▶ angoissé, anxieux, inquiet, torturé. **2** Fig. *Un relief tourmenté* ▶ accidenté, irrégulier. **3** Fig. *Une époque tourmentée* ▶ agité, fiévreux, orageux, troublé, tumultueux. **4** Fig. *Un style tourmenté* ▶ compliqué, contourné, recherché, tarabiscoté (fam.).

tourmenter v. **1** *Tourmenter un chien* ▶ harceler, importuner, martyriser, persécuter, torturer. **2** Fig. *Ce remords ne cesse de le tourmenter* ▶ dévorer, hanter, harceler, mettre au supplice, obséder, persécuter, poursuivre, ravager, ronger, tarauder, tenailler, torturer. **3 se tourmenter** *Se tourmenter pour un rien* ▶ s'alarmer, s'angoisser, se biler (fam.), s'en faire, se faire de la bile, se faire des cheveux (fam.), se faire du mauvais sang, se faire du mouron (fam.), se faire du souci, s'inquiéter, se préoccuper, se ronger, se tracasser.

tournage n. m. ▶ filmage, prise de vues.

tournant, ante adj. **1** *Un pont tournant* ▶ pivotant. **2** *Un mouvement tournant* ▶ circulaire, giratoire, rotatif, rotatoire.

tournant n. m. ▶ virage.

tourné, ée adj. **1** *Une maison tournée à l'est* ▶ exposé, orienté. **2** *Du lait tourné* ▶ aigre, piqué, sur. **3 bien tourné** *Une jeune femme bien tournée* ▶ bien fait, bien fichu (fam.), bien foutu (fam.), bien roulé (fam.). **4** *Un compliment bien tourné* ▶ gracieux, joli.

tournebroche n. m. ▶ rôtissoire.

tourne-disque n. m. ▶ électrophone, phono (vx), pick-up (vx), platine.

tournée n. f. *Une tournée de surveillance* ▶ inspection, ronde, visite.

tourner v. **1** *Tourner ses jumelles vers la scène* ▶ braquer, diriger, orienter. **2** *Un danseur qui fait tourner sa partenaire* ▶ pirouetter, tourbillonner, tournoyer, virevolter. **3** *La voiture a tourné trop court* ▶ virer. **4** *Tourner l'ennemi* ▶ contourner, déborder. **5** Fig. *Tourner une difficulté* ▶ contourner, éluder, éviter, passer outre. **6** *Tourner un problème dans tous les sens* ▶ considérer, étudier, examiner, prendre. **7** Fig. et litt. *Ce qu'il dit est banal, mais il le tourne agréablement* ▶ exprimer, formuler, présenter. **8** *Le moteur tourne* ▶ fonctionner, marcher. **9** *Silence, on tourne* ▶ filmer. **10** *Un liquide qui*

tournesol

tourne ▸ s'avarier, chancir, se gâter, se piquer. **11** *Des joueurs qui tournent pendant un match* ▸ alterner, permuter, se relayer. **12** *Cela a tourné à la catastrophe* ▸ se changer en, dégénérer en, évoluer en, finir en, se transformer en, virer à. **13 tourner court** *Un projet qui tourne court* ▸ avorter, capoter, échouer. **14 tourner la tête** *Le succès lui a tourné la tête* ▸ enivrer, griser, monter à la tête.

tournesol n. m. ▸ soleil.

tournis n. m. Fig. et fam. ▸ étourdissement, vertige.

tournoi n. m. *Un tournoi de bridge* ▸ championnat, compétition, concours.

tournoiement n. m. ▸ tourbillonnement.

tournoyant, ante adj. ▸ tourbillonnant, virevoltant.

tournoyer v. ▸ pirouetter, pivoter, tourbillonner, tourner, virevolter.

tournure n. f. **1** *Une tournure d'esprit* ▸ forme, tour. **2** *La maison a pris une autre tournure depuis les travaux* ▸ air, allure, apparence, aspect, physionomie. **3** *La tournure des événements* ▸ cours, évolution, marche. **4** *Une tournure propre à la langue familière* ▸ expression, formule, locution, tour.

tour-opérateur n. m. ▸ voyagiste.

tourteau n. m. ▸ dormeur.

tout, toute adj. **1** *À tout instant* ▸ chaque. **2** *Pour tout salaire* ▸ seul, unique. **3** *Donner toute satisfaction* ▸ entier, plein. **4 à tout bout de champ** *Il en parle à tout bout de champ* ▸ à chaque instant, à tout propos.

tout n. m. **1** *Donnez-moi le tout* ▸ ensemble, totalité. **2** *Le tout est de bien comprendre* ▸ essentiel, principal.

tout adv. **1** *Il est tout jeune* ▸ extrêmement, très. **2** *Elle est toute nue* ▸ absolument, complètement, entièrement. **3 tout à coup** *J'y ai repensé tout à coup* ▸ brusquement, inopinément, soudain, subitement, tout d'un coup. **4 tout à fait** *Il n'est pas tout à fait d'accord* ▸ absolument, à cent pour cent, complètement, entièrement, parfaitement, pleinement, totalement, vraiment. **5 tout à l'heure** *Je ferai cela tout à l'heure* ▸ dans un instant, plus tard. **6 tout à trac** Litt. *Déclarer qqch tout à trac* ▸ à l'improviste, au débotté (fam.). **7 tout de go** *Aborder une question tout de go* ▸ directement, sans détour. **8 tout de même** *C'était interdit, mais il l'a fait tout de même* ▸ malgré tout, pourtant. **9 tout de suite** *Répondre tout de suite* ▸ à l'instant, aussitôt, illico (fam.), immédiatement, sur-le-champ.

toutefois adv. **1** *Pensez-vous toutefois que cela se passera si facilement?* ▸ cependant, malgré tout, néanmoins, pour autant (litt.), pourtant. **2** *...à condition toutefois que tout le monde soit d'accord* ▸ cependant, néanmoins, pourtant, seulement.

toute-puissance n. f. ▸ domination, empire (litt.), hégémonie, omnipotence (litt.), souveraineté.

tout-puissant, toute-puissante adj. ▸ omnipotent (litt.), souverain.

Tout-Puissant n. m. ▸ créateur, dieu, grand architecte (litt.), seigneur, très-haut, éternel, être suprême (litt.).

toxicité n. f. ▸ nocivité.

toxicomane n. ▸ camé (fam.), drogué.

toxique adj. **1** *Des vapeurs toxiques* ▸ asphyxiant, dangereux, délétère, empoisonné, méphitique, nocif. **2** *Un champignon puissamment toxique* ▸ vénéneux.

toxique n. m. ▸ poison.

trac n. m. ▸ angoisse, appréhension (litt.), frousse (fam.), pétoche (fam.), trouille (fam.).

tracas n. m. **1** *Sa santé lui cause bien du tracas* ▸ angoisse, anxiété, crainte, inquiétude, préoccupation, souci, tourment (litt.). **2** Plur. *Ce genre de démarche ne vous causera que des tracas* ▸ difficultés, embarras, embêtements, ennuis, problèmes.

tracasser v. **1** *Cette histoire me tracasse depuis longtemps* ▸ ennuyer, inquiéter, préoccuper, tarabuster (fam.), tourmenter, travailler (fam.), turlupiner (fam.). **2 se tracasser** *Vous n'avez aucune raison de vous tracasser pour cela* ▸ s'en faire (fam.), se faire de la bile (fam.), se faire du mauvais sang (fam.), s'inquiéter, se ronger (fam.), se tourmenter.

tracasserie n. f. *Des tracasseries administratives* ▸ chicane, chinoiserie, mesquinerie.

tracassier, ère adj. ▸ chicaneur, chicanier, procédurier, tatillon, vétilleux (litt.).

trace n. f. **1** *Suivre les traces d'un animal* ▸ empreintes, foulées (litt.), pas, piste. **2** *Il n'y a aucune trace du passage des Romains dans cette région* ▸ indication, indice, marque, preuve, témoignage, vestige. **3** *Il n'a gardé aucune trace de sa maladie* ▸ conséquence, séquelle. **4** Plur. et fig. *Suivre les traces de son père* ▸ brisées, sillage, voie. **5** Fig. *Cet événement a laissé une trace profonde dans son esprit* ▸ impression, mar-

trace, souvenir. **6** Fig. *On lui a juste trouvé une trace d'albumine* ▶ ombre, soupçon.

tracé n. m. *Présenter le tracé de la future autoroute* ▶ configuration, dessin, parcours, plan.

tracer v. **1** *Tracer le plan d'une maison* ▶ dessiner, tirer. **2** *Tracer une piste* ▶ baliser, jalonner, marquer, matérialiser. **3** Fig. *Tracer la voie à qqn* ▶ frayer (litt.), ouvrir.

tractations n. f. pl. ▶ marchandages (péj.), négociations, pourparlers.

tradition n. f. **1** Plur. *Les traditions d'une région* ▶ folklore. **2** *C'est une tradition locale qu'il faut respecter* ▶ coutume, habitude, pratique, rite, us (litt.), usage.

traditionalisme n. m. ▶ conformisme, conservatisme.

traditionaliste adj. et n. ▶ conformiste, conservateur.

traditionnel, elle adj. **1** *Selon la formule traditionnelle* ▶ accoutumé, classique, consacré, coutumier, habituel, rituel, usuel. **2** *Reprocher à ses beaux-parents leur mode de vie traditionnel* ▶ classique, conformiste, conventionnel, vieux jeu.

traditionnellement adv. ▶ classiquement (litt.), conventionnellement (litt.), d'habitude, généralement, habituellement.

traducteur, trice n. ▶ interprète.

traduction n. f. **1** *Faire un exercice de traduction à partir de la poésie latine* ▶ version. **2** *Ce film est une parfaite traduction des intentions du romancier* ▶ expression, interprétation, transposition.

traduire v. **1** *Traduire un texte en braille* ▶ transcrire. **2** *Ne pas parvenir à traduire sa pensée* ▶ exprimer, rendre, représenter, transposer. **3** *Cette attitude traduit un profond malaise* ▶ laisser paraître, manifester, montrer, révéler, trahir. **4** *Traduire qqn en justice* ▶ appeler, assigner, citer, convoquer, déférer. **5** **se traduire** *Sa nervosité se traduisait par un léger tremblement des mains* ▶ se manifester.

trafic n. m. **1** *Il y a un tel trafic qu'on ne pourra bientôt plus sortir en voiture* ▶ circulation. **2 trafic d'influence** ▶ concussion, malversation, prévarication.

traficoter v. Fam. *Qu'est-ce qu'il traficote, tout seul dans son coin?* ▶ bricoler (fam.), fabriquer (fam.), ficher (fam.), fricoter (fam.), magouiller (fam.), manigancer, mijoter (fam.), trafiquer (fam.), tramer.

trafiquer v. **1** *Trafiquer une substance* ▶ altérer, falsifier, frelater, truquer. **2** *Trafiquer sur l'immobilier* ▶ agioter (litt.), boursicoter, fricoter (fam.), spéculer, tripoter (fam.). **3** Fam. *Qu'est-ce que tu trafiques?* ▶ bricoler (fam.), fabriquer (fam.), ficher (fam.), fricoter (fam.), magouiller (fam.), manigancer, mijoter (fam.), traficoter (fam.), tramer.

tragédie n. f. *La disparition de son mari a été une tragédie épouvantable* ▶ catastrophe, drame, malheur.

tragique adj. **1** *Une situation tragique* ▶ abominable, critique, déchirant, dramatique, effroyable, pathétique, terrible. **2** *Prendre un air tragique* ▶ sombre, théâtral.

tragiquement adv. *Tout cela est tragiquement vrai* ▶ dramatiquement.

trahir v. **1** *On n'a jamais su lequel de ses compagnons a trahi Jean Moulin* ▶ dénoncer, donner (fam.), livrer. **2** *Trahir la confiance de qqn* ▶ abuser de, tromper. **3** *Trahir un secret* ▶ dévoiler, divulguer, livrer, révéler. **4** *Cette traduction trahit le texte* ▶ altérer, déformer, dénaturer, fausser, pervertir. **5** *Son attitude trahit son trouble* ▶ découvrir, dénoncer, dévoiler, indiquer, manifester, marquer, montrer, révéler, signaler.

trahison n. f. **1** *S'aviser de la trahison de son mari* ▶ inconstance (litt.), infidélité, perfidie (litt.), tromperie. **2** *La trahison de Bazaine* ▶ félonie (litt.), forfaiture.

train n. m. **1** *Un train de marchandises* ▶ convoi. **2** *Préférer le train à l'avion* ▶ chemin de fer, rail. **3** *Aller à un train d'enfer* ▶ allure, vitesse. **4 en train** *Se retrouver très en train après quelques jours de vacances* ▶ dispos (litt.), en forme. **5 mettre en train** *Mettre en train une nouvelle affaire* ▶ amorcer, commencer, débuter, démarrer, engager, entreprendre, initier, lancer, mettre en route.

traînant, ante adj. *Un rythme un peu traînant* ▶ languissant, lent, mou.

traînasser v. ▶ s'attarder, flâner, lambiner (fam.), lanterner, musarder (litt.), traîner.

traîne n. f. *La traîne d'une robe de mariée* ▶ queue.

traînée n. f. *Un avion qui laisse derrière lui une traînée blanche* ▶ sillage, trace.

traîner v. **1** *Traîner une péniche* ▶ haler, remorquer, tirer. **2** *Traîner ses enfants avec soi* ▶ trimbaler (fam.). **3** *Les plis d'une robe qui traînent jusqu'à terre* ▶ pendre, tomber. **4** *Des négociations qui traînent* ▶ durer, s'étendre, s'éterniser, se prolonger, tirer en longueur, se traîner. **5** *Traîner dans les rues* ▶ vadrouiller (fam.), vagabonder, zoner (fam.). **6** *Si vous voulez finir à temps, il ne faut pas traîner* ▶ s'attarder, flâner, lambiner (fam.), lanterner, musarder (litt.), traînasser.

training

7 traîner dans la boue *Traîner qqn dans la boue* ▶ dénigrer, salir, vilipender (litt.). **8 faire traîner** *Faire traîner une procédure pour gagner du temps* ▶ faire durer, prolonger, retarder. **9 se traîner** *Le blessé se traîna jusqu'au téléphone* ▶ ramper.

training n. m. ▶ jogging, survêtement.

train-train n. m. Fam. ▶ habitude, routine.

trait n. m. **1** *Tracer un trait* ▶ ligne. **2** *Partir comme un trait* ▶ flèche. **3** *Boire d'un trait* ▶ gorgée, lampée (fam.). **4** Plur. *Avoir de jolis traits* ▶ physionomie, visage. **5** *La surinformation est un trait typique de notre époque* ▶ aspect, attribut, caractère, caractéristique, marque, propriété, signe. **6** Litt. *Décocher un trait mordant* ▶ brocard (litt.), moquerie, mot d'esprit, pointe, raillerie, sarcasme. **7 trait de génie** ▶ illumination, trouvaille. **8 trait d'union** *Deux mots reliés par un trait d'union* ▶ tiret. **9** Fig. *Servir de trait d'union entre deux groupes* ▶ contact, interface, intermédiaire, lien. **10 avoir trait** Litt. *Aimer tout ce qui a trait à la navigation aérienne* ▶ concerner, porter sur, se rapporter à, regarder, toucher à, traiter de.

traite n. f. **1** *La traite des esclaves* ▶ commerce, négoce, trafic. **2 d'une traite** ▶ en une seule fois, sans interruption, sans s'arrêter.

traité n. m. *Les clauses d'un traité commercial* ▶ accord, convention, pacte.

traitement n. m. **1** *Toucher un traitement convenable* ▶ appointements, émoluments, paye, rémunération, rétribution, salaire. **2** *Prescrire un traitement à un malade* ▶ cure, médication (litt.), soins, thérapeutique (litt.), thérapie.

traiter v. **1** *Traiter avec l'ennemi* ▶ composer, discuter, négocier, parlementer, transiger. **2** *Traiter qqn durement* ▶ se comporter avec, se conduire avec, en user avec (litt.), mener (litt.). **3** *Traiter un malade* ▶ soigner. **4** *Traiter une question* ▶ agiter, discuter, disserter sur, étudier, examiner. **5** *Traiter de nombreuses affaires avec le Japon* ▶ brasser, faire, mener, négocier, s'occuper de. **6** *Être curieux de tout ce qui traite de la botanique* ▶ avoir trait à, concerner, porter sur, se rapporter à, regarder, toucher à. **7** *Traiter qqn d'imbécile* ▶ qualifier de, taxer de.

traître adj. **1** Litt. *Être traître à sa parole* ▶ infidèle. **2** Fig. *Faites attention, ce vin est un peu traître* ▶ perfide (litt.), trompeur.

traître, traîtresse n. *Ce traître mérite la mort* ▶ félon (litt.), judas (litt.), parjure (litt.), renégat (litt.).

traîtreusement adv. ▶ déloyalement, perfidement (litt.).

traîtrise n. f. **1** *Découvrir la traîtrise d'un prétendu ami* ▶ déloyauté, perfidie (litt.). **2** *Une piste pleine de traîtrises* ▶ chausse-trappe, piège.

trajectoire n. f. **1** *La trajectoire d'une planète* ▶ orbite. **2** *Une fusée qui change brusquement de trajectoire* ▶ direction, orientation. **3** Fig. *La trajectoire sinueuse d'un homme politique* ▶ chemin, itinéraire, parcours, route, voie.

trajet n. m. *Couvrir d'une seule traite le trajet de Paris à Rome* ▶ chemin, distance, itinéraire, parcours, route.

trame n. f. Fig. *La trame d'un roman* ▶ action, canevas, carcasse, intrigue, ossature, plan, scénario, squelette, structure, synopsis.

tramer v. Fig. *Tramer un complot* ▶ combiner (fam.), échafauder, goupiller (fam.), manigancer, mijoter (fam.), monter, ourdir (litt.), préparer, tisser.

tranchant, ante adj. **1** *Un couteau tranchant* ▶ acéré, affilé (litt.), affûté, aiguisé, coupant. **2** Fig. *Un ton tranchant* ▶ autoritaire, brusque, cassant, catégorique, coupant, impérieux, incisif, péremptoire, sec.

tranchant n. m. *Le tranchant d'une épée* ▶ fil.

tranche n. f. **1** *Une tranche de citron* ▶ rondelle. **2** *Une tranche de saumon* ▶ darne. **3** *Un programme de construction divisé en plusieurs tranches* ▶ morceau, partie, portion, tronçon.

tranché, ée adj. **1** Fig. *Des couleurs tranchées* ▶ franc, net. **2** Fig. *Une opinion tranchée* ▶ catégorique, péremptoire.

tranchée n. f. ▶ fossé.

trancher v. **1** *Trancher une corde* ▶ couper, sectionner. **2** *Trancher dans le vif* ▶ tailler. **3** Fig. *Trancher une difficulté* ▶ régler, résoudre, solutionner (fam.). **4** Fig. *En définitive, c'est le patron qui tranchera* ▶ choisir, décider, statuer. **5** *Une tache de jaune vif qui tranche sur un fond noir* ▶ se détacher, ressortir. **6** *Ces deux couleurs tranchent vivement l'une avec l'autre, mais sans détonner* ▶ contraster avec, s'opposer à.

tranquille adj. **1** *Les enfants sont restés à peu près tranquilles la première heure, mais après...* ▶ calme, coi (litt.), sage, silencieux. **2** *Un caractère tranquille* ▶ doux, égal, gentil, pacifique, paisible, placide (litt.), posé, serein. **3** *Vous ne gagnerez pas beaucoup, mais c'est très tranquille* ▶ cool (fam.), paisible, peinard (fam.), pépère (fam.), relax (fam.). **4** *Vous pouvez être tranquille qu'on ne le reverra pas de sitôt* ▶ assuré, certain, sûr. **5** *Soyez tranquille, nous les aurons* ▶ confiant (litt.).

tranquillement adv. **1** *Attendez tranquillement mon retour* ▶ calmement, gentiment, paisiblement, patiemment, peinardement (fam.), sagement, sereinement (litt.). **2** *Vous pouvez me confier cet enfant tranquillement* ▶ en confiance, les yeux fermés.

tranquillisant n. m. *Prescrire des tranquillisants à qqn de dépressif* ▶ calmant, sédatif.

tranquilliser v. ▶ apaiser, calmer, rasséréner, rassurer, sécuriser.

tranquillité n. f. **1** *Constituer un trouble pour la tranquillité publique* ▶ ordre, sécurité. **2** *Aimer la tranquillité* ▶ calme, paix, quiétude (litt.), repos, silence. **3** *Il a répondu avec la plus grande tranquillité qu'il ne nous rendrait pas un sou* ▶ assurance, calme, flegme, placidité (litt.), sang-froid.

transaction n. f. **1** *Le procès a abouti à une transaction* ▶ accommodement, accord, arrangement, compromis, conciliation, convention, entente, marché. **2** *Réussir une transaction fructueuse* ▶ affaire, marché, opération.

transalpin, ine adj. ▶ italien.

transatlantique n. m. **1** *Traverser l'océan sur un transatlantique* ▶ paquebot. **2** *S'allonger sur un transatlantique* ▶ chaise longue.

transbahuter v. Fam. ▶ balader (fam.), coltiner, déménager, transporter, trimbaler (fam.).

transbordeur n. m. ▶ car-ferry, ferry-boat.

transcendant, ante adj. *Une intelligence transcendante* ▶ éminent, exceptionnel, hors ligne (litt.), incomparable, remarquable, sans pareil, sublime, supérieur.

transcender v. **1** *Transcender une pulsion* ▶ sublimer. **2** *Cette préoccupation morale transcende tout le reste* ▶ dépasser, éclipser, l'emporter sur.

transcription n. f. *Procéder à la transcription d'un acte sur les registres de l'état civil* ▶ copie, enregistrement, report.

transcrire v. **1** *Transcrire une proposition sur un procès-verbal* ▶ copier, coucher par écrit, écrire, enregistrer, inscrire, mentionner, mettre, noter, porter, reporter. **2** *Transcrire des informations en langage informatique* ▶ traduire, transcoder, transposer. **3** *Transcrire du grec en caractères latins* ▶ translittérer.

transe n. f. **1** *Être dans un état de transe* ▶ extase, hypnose. **2** Plur. *Vivre dans des transes perpétuelles* ▶ affres (litt.), alarmes, angoisse, anxiété, appréhension, crainte, inquiétude.

transfèrement n. m. *Le transfèrement d'un détenu* ▶ déplacement, transfert, transport.

transférer v. **1** *Transférer un droit* ▶ céder, transmettre. **2** *Transférer une population d'une région à une autre* ▶ déplacer, faire passer, transplanter, transporter. **3** *Transférer une administration, une entreprise* ▶ délocaliser.

transfert n. m. **1** *Le transfert d'une obligation* ▶ cession, transmission. **2** *Un transfert de population* ▶ déplacement, transfèrement (litt.), transplantation. **3** *Un transfert de troupes* ▶ déplacement, transport. **4** *Le transfert d'une administration, d'une entreprise* ▶ délocalisation. **5** Fig. *Un transfert inconscient* ▶ identification, projection.

transfiguration n. f. Litt. *Après la naissance de son enfant, ce fut comme une transfiguration* ▶ métamorphose.

transfigurer v. *Son succès l'a transfiguré* ▶ métamorphoser, transformer.

transformable adj. ▶ convertible, modifiable.

transformation n. f. **1** *La transformation d'un décor* ▶ changement, modification. **2** *Les transformations successives d'un système politique* ▶ aménagement, changement, évolution, mutation, renouvellement, rénovation, variation.

transformer v. **1** *Prétendre transformer du plomb en or* ▶ changer, convertir, métamorphoser, muer (litt.), transmuer (litt.). **2** *Transformer un service administratif* ▶ arranger, modifier, refondre, réformer, remanier. **3** *Cette épreuve l'a transformé* ▶ métamorphoser, transfigurer. **4** *Cette traduction transforme le sens même du texte* ▶ altérer, changer, déformer, dénaturer, fausser, modifier. **5 se transformer** *La société se transforme peu à peu* ▶ changer, évoluer, se métamorphoser, se modifier. **6** *Dès qu'on parle d'argent, elle se transforme en harpie* ▶ se changer en, se métamorphoser en, tourner à, virer à.

transformisme n. m. ▶ évolutionnisme.

transformiste adj. ▶ évolutionniste.

transfuge n. ▶ déserteur, félon (litt.), judas (litt.), parjure, renégat (litt.), traître.

transgresser v. *Transgresser une loi* ▸ contrevenir à, désobéir à, enfreindre, passer outre à, tourner, violer.

transgression n. f. ▸ infraction, violation.

transi, ie adj. **1** *Transi de froid* ▸ engourdi, figé, frissonnant, gelé, glacé, grelottant, morfondu. **2** *Transi de peur* ▸ cloué, paralysé, pétrifié, tétanisé.

transiger v. *Refuser de transiger* ▸ s'arranger, composer, s'entendre, négocier, traiter.

transit n. m. *Le transit des marchandises dans un port* ▸ passage.

transiter v. *Transiter par la Suisse* ▸ passer par, traverser.

transition n. f. **1** *Une phrase de transition* ▸ liaison. **2** *Passer sans transition de la pauvreté à la fortune* ▸ intermédiaire.

transitoire adj. **1** *Un bonheur transitoire* ▸ bref, court, éphémère, fugace, fugitif, momentané, passager, précaire. **2** *Un régime politique transitoire* ▸ intérimaire, provisoire, temporaire.

translucide adj. **1** *Du verre translucide* ▸ dépoli. **2** *Une eau translucide* ▸ clair, cristallin (litt.), diaphane (litt.), limpide, pur, transparent.

transmettre v. **1** *Transmettre un bien à ses descendants* ▸ laisser, léguer. **2** *Transmettre ses pouvoirs pendant son absence* ▸ déléguer, transférer. **3** *Transmettre un message, une nouvelle* ▸ adresser, apprendre, communiquer, diffuser, envoyer, faire connaître, faire parvenir, faire savoir, propager, répercuter. **4** *Transmettre une maladie* ▸ communiquer, inoculer.

transmigration n. f. Litt. *La métempsycose est la transmigration des âmes* ▸ réincarnation.

transmissible adj. **1** *Une propriété transmissible* ▸ cessible, transférable. **2** *Une maladie transmissible* ▸ communicable, contagieux.

transmission n. f. **1** *La transmission d'une onde* ▸ diffusion, dissémination, émission, propagation, rayonnement. **2** *La transmission des connaissances* ▸ circulation, communication, diffusion, propagation. **3** *La transmission des pouvoirs* ▸ passation, transfert. **4** *La transmission d'une maladie* ▸ contagion, contamination, inoculation. **5 transmission de pensée** ▸ télépathie.

transmuer v. Litt. *Transmuer du plomb en or* ▸ changer, convertir, métamorphoser, muer (litt.), transformer.

transmutation n. f. Litt. ▸ changement, conversion, métamorphose, mutation (litt.), transformation.

transparaître v. Fig. *Son embarras transparaît à travers ce genre de remarques* ▸ apparaître, se dévoiler, se manifester, se montrer, paraître, poindre (litt.), se révéler, se trahir, se voir.

transparence n. f. **1** *La transparence de l'eau* ▸ limpidité. **2** Fig. *La transparence d'un raisonnement* ▸ clarté, intelligibilité (litt.), limpidité, netteté.

transparent, ente adj. **1** *Une eau transparente* ▸ clair, cristallin (litt.), diaphane (litt.), limpide, pur, translucide. **2** *Un tissu transparent* ▸ diaphane (litt.), vaporeux. **3** Fig. *Une allusion transparente* ▸ clair, évident, manifeste, visible. **4** Fig. *Une personnalité un peu transparente* ▸ effacé, falot, insignifiant, insipide, plat, quelconque, terne.

transpercer v. **1** *La balle lui a transpercé l'intestin* ▸ percer, perforer, traverser, trouer. **2** *La pluie a transpercé son manteau* ▸ pénétrer, traverser.

transpiration n. f. **1** *Un effort qui provoque une forte transpiration* ▸ sudation. **2** *Une odeur de transpiration* ▸ sueur.

transpirer v. **1** *Transpirer après un effort* ▸ être en eau, être en nage, suer. **2** *Une information confidentielle qui transpire* ▸ s'ébruiter, filtrer, percer.

transplantation n. f. **1** *La transplantation d'un rosier* ▸ repiquage. **2** *La transplantation d'organes* ▸ greffe. **3** *La transplantation d'une communauté* ▸ déplacement, transfert.

transplanter v. **1** *Transplanter un arbuste* ▸ repiquer. **2** *Transplanter un rein* ▸ greffer. **3** *Transplanter une population* ▸ déplacer, transférer. **4 se transplanter** *Une famille française qui décide de se transplanter au Canada* ▸ émigrer.

transport n. m. **1** *Un transport de troupes* ▸ déplacement, transfert. **2** *Le transport des marchandises* ▸ acheminement, fret. **3** Fig. et litt. *Aimer qqn avec transport* ▸ ardeur, emportement, exaltation, ferveur, fièvre, fougue, passion.

transportable adj. *Un ordinateur transportable* ▸ portable, portatif.

transporté, ée adj. Fig. *Être transporté de joie* ▸ éperdu, ivre.

transporter v. **1** *Transporter des marchandises d'une ville à une autre* ▸ transbahuter (fam.), transférer, trimbaler (fam.), véhiculer. **2** Fig. *Ce projet ne les a pas vraiment transportés* ▸ emballer (fam.), émerveiller, enflammer, enthousiasmer, exalter, ravir.

transporteur, euse n. *Un transporteur de fonds* ▶ convoyeur.

transposer v. Fig. *Transposer librement un mythe ancien* ▶ adapter.

transposition n. f. 1 *La transposition des termes d'une fraction* ▶ interversion, inversion, permutation, renversement. 2 *Une transposition de syllabes* ▶ métathèse. 3 Fig. *La transposition d'un roman au cinéma* ▶ adaptation.

transversalement adv. ▶ en travers, obliquement.

trapu, ue adj. ▶ courtaud, râblé, ramassé.

traquenard n. m. ▶ embûche (litt.), embuscade, guet-apens, piège, souricière.

traquer v. ▶ chasser, courir après (fam.), pourchasser, poursuivre.

traumatiser v. ▶ bouleverser, choquer, commotionner, perturber, secouer (fam.).

traumatisme n. m. ▶ choc, commotion, coup, ébranlement, secousse.

travail n. m. 1 *Se mettre au travail* ▶ besogne (litt.), boulot (fam.), labeur (litt.), œuvre, ouvrage, tâche. 2 *Cette dissertation lui a demandé beaucoup de travail* ▶ effort, peine. 3 *Rebroder une robe est un travail délicat* ▶ besogne (litt.), boulot (fam.), entreprise, opération, tâche. 4 *Trouver un travail intéressant* ▶ activité, boulot (fam.), emploi, gagne-pain (fam.), job (fam.), métier, place, poste, profession, situation. 5 *C'est à lui d'intervenir : après tout, c'est son travail* ▶ fonction, rôle, tâche. 6 *Un bijou d'un travail raffiné* ▶ exécution, façon, facture. 7 *Publier un long travail sur Michelet* ▶ étude, ouvrage, texte.

travaillé, ée adj. *Un style un peu trop travaillé* ▶ ciselé, étudié, fignolé, fini, léché (fam.), peaufiné, poli, recherché, soigné, sophistiqué.

travailler v. 1 *Travailler toute la nuit* ▶ s'activer, bosser (fam.), trimer (fam.), turbiner (fam.). 2 *Où travaille-t-il?* ▶ exercer, fonctionner (fam.), officier (fam.). 3 *Travailler une pâte* ▶ malaxer, manier, pétrir, triturer. 4 *Travailler un matériau* ▶ façonner, modeler, ouvrager, ouvrer. 5 *Travailler ses mathématiques* ▶ apprendre, bûcher (fam.), chiader (fam.), étudier, piocher (fam.), potasser (fam.). 6 *Travailler à redresser la situation* ▶ s'appliquer à, s'attacher à, s'efforcer de, s'employer à, s'escrimer à, s'évertuer à (litt.), s'ingénier à, œuvrer à (litt.). 7 *Du vin qui travaille* ▶ fermenter. 8 *Les panneaux de la porte ont travaillé* ▶ se déformer, gauchir, gondoler, se gondoler, jouer. 9 Fig. *Ce problème le travaille* ▶ contrarier, embêter, ennuyer, hanter, obnubiler, obséder, poursuivre, préoccuper, tourmenter, tracasser.

travailleur, euse adj. *Un élève travailleur* ▶ appliqué, assidu, attentif, bosseur (fam.), bûcheur (fam.), consciencieux, laborieux (litt.), sérieux, studieux, zélé (litt.).

travailleur, euse n. *Parler au nom de l'ensemble des travailleurs* ▶ salarié.

travers n. m. 1 *Chacun a ses petits travers* ▶ défaut, faible, faiblesse, imperfection, manie, marotte, péché mignon. 2 **de travers** *Une drôle de maison toute de travers* ▶ de guingois, tordu. 3 *S'y prendre de travers* ▶ gauchement, incorrectement, mal, maladroitement. 4 *Comprendre de travers* ▶ à contresens, incorrectement, mal. 5 **en travers** *Partager une feuille en traçant une ligne en travers* ▶ obliquement, transversalement.

traverse n. f. 1 Litt. *Prendre une traverse à travers champs* ▶ raccourci. 2 Fig. et litt. *Les traverses de la vie* ▶ difficulté, épreuve.

traversée n. f. *La traversée des Alpes* ▶ franchissement, passage.

traverser v. 1 *La balle a traversé l'estomac* ▶ percer, perforer, transpercer, trouer. 2 *La pluie a traversé son manteau* ▶ pénétrer, transpercer. 3 *Traverser un gué* ▶ franchir, passer. 4 *Payer une taxe pour traverser la Suisse* ▶ passer par, transiter par. 5 *Traverser un pays en tout sens* ▶ courir, parcourir, sillonner. 6 *Les rivières qui traversent une région* ▶ arroser, baigner, irriguer.

traversin n. m. ▶ polochon.

travestir v. 1 *Travestir un page en jeune fille* ▶ costumer, déguiser. 2 Fig. *Travestir sa voix* ▶ arranger, changer, contrefaire, déformer, transformer. 3 Fig. *Travestir la vérité* ▶ déguiser, falsifier, farder, fausser, maquiller, masquer, truquer, voiler.

travestissement n. m. 1 *Porter un travestissement original* ▶ costume, déguisement. 2 Fig. *Un odieux travestissement des faits* ▶ altération, déformation, distorsion, falsification.

trébucher v. 1 *Trébucher sur un obstacle* ▶ achopper, à, buter contre, cogner , se cogner contre, heurter. 2 Fig. *Avec l'âge, sa mémoire commence à trébucher* ▶ chanceler.

tréflé, ée adj. *Une église à plan tréflé* ▶ trilobé.

tréfonds n. m. Fig. et litt. *Le tréfonds de l'âme humaine* ▶ abîme, abysse (litt.), profondeur.

treillage n. m. *Un jardin clos par un treillage* ▶ claie, claire-voie, treillis.

treille n. f. *Le mur du jardin est recouvert d'une treille* ▶ vigne.

treillis n. m. *Un enclos entouré d'un treillis* ▶ claie, claire-voie, treillage.

trekking n. m. *Faire du trekking dans les Andes* ▶ randonnée.

tremblement n. m. **1** *Son corps était agité de tremblements* ▶ convulsion, frisson, soubresaut, spasme, tressaillement. **2** *Le tremblement de la voix* ▶ chevrotement, trémolo. **3** *Le tremblement du sol sous l'effet des marteaux-piqueurs* ▶ trépidation, vibration. **4 tremblement de terre** ▶ secousse sismique, séisme.

trembler v. **1** *Trembler de froid* ▶ frissonner, grelotter. **2** *Trembler de peur* ▶ frémir, frissonner, tressaillir. **3** *Le sol tremblait sous les marteaux-piqueurs* ▶ trépider, vibrer. **4** *Une petite lumière qui tremble au loin* ▶ clignoter, papilloter, scintiller, trembloter, vaciller. **5** Fig. *Il tremble d'être accusé* ▶ appréhender, avoir peur, craindre, redouter.

trembloter v. *La flamme tremblote* ▶ clignoter, papilloter, scintiller, trembler, vaciller.

trémolo n. m. **1** *Le trémolo du violon* ▶ vibrato. **2** *Dire qqch avec des trémolos dans la voix* ▶ tremblement.

trémoussement n. m. *Marcher avec des trémoussements suggestifs* ▶ balancement, déhanchement, tortillement.

trémousser (se) v. **1** *Se trémousser sur sa chaise* ▶ s'agiter, gigoter, remuer, se tortiller. **2** *Marcher en se trémoussant* ▶ se déhancher.

trempe n. f. **1** Fig. *Un homme de cette trempe* ▶ caractère, énergie, envergure, force, gabarit, qualité, stature, valeur. **2** Fam. *Recevoir une bonne trempe* ▶ correction, dégelée (fam.), raclée (fam.), volée (fam.).

tremper v. **1** *L'eau a giclé si fort que nous avons tous été trempés* ▶ arroser, asperger, doucher, inonder. **2** *Tremper un croissant dans du café* ▶ plonger. **3** *Des cornichons qui trempent dans du vinaigre* ▶ baigner, macérer, mariner. **4** Fig. *Tremper dans une affaire louche* ▶ se mouiller (fam.), participer à. **5** Fig. *Les épreuves trempent le caractère* ▶ aguerrir, blinder (fam.), durcir, endurcir, fortifier, raffermir.

trépas n. m. Litt. ▶ décès, mort.

trépasser v. Litt. ▶ décéder, mourir.

trépidant, ante adj. *Mener une vie trépidante* ▶ agité, animé, mouvementé, tumultueux.

trépidation n. f. *Sentir des trépidations dans le sol* ▶ tremblement, vibration.

trépider v. *Les marteaux-piqueurs faisaient trépider les trottoirs* ▶ trembler, vibrer.

trépigner v. Fig. *La foule trépigne d'impatience* ▶ piaffer.

très adv. **1** *Un pianiste très doué* ▶ diablement (litt.), drôlement (fam.), extrêmement, fort (litt.), hyper (fam.), joliment (fam.), rudement (fam.), super (fam.), terriblement, vachement (fam.). **2** *Tout cela est très clair* ▶ absolument, parfaitement, tout à fait, vraiment.

trésor n. m. **1** *Posséder un trésor caché* ▶ fortune, magot (fam.), pactole. **2** Plur. *Ce dépliant met en valeur les trésors touristiques d'une région* ▶ merveilles, patrimoine, ressources, richesses. **3** *Publier un Trésor de la langue anglaise* ▶ thésaurus. **4** Fig. *Cette secrétaire est un véritable trésor* ▶ merveille, perfection, perle. **5** Fig. *Ce document est un trésor inépuisable pour les historiens* ▶ filon, mine. **6 Trésor public** ▶ fisc.

trésorerie n. f. *Sa situation n'est pas mauvaise, mais pour le moment sa trésorerie est insuffisante* ▶ disponibilités, fonds, liquidités, réserves.

tressaillement n. m. *Avoir un tressaillement d'émotion* ▶ frémissement, frisson, sursaut, tremblement.

tressaillir v. *Tressaillir de peur* ▶ frémir, frissonner, sursauter, trembler.

tresse n. f. *Être coiffée avec de longues tresses* ▶ natte.

tresser v. *Tresser des fleurs pour faire une couronne* ▶ entortiller, entrelacer, natter.

trêve n. f. **1** *Une trêve de quelques mois entre deux belligérants* ▶ cessez-le-feu, suspension d'armes. **2** *Ne s'accorder aucune trêve* ▶ répit, repos. **3 sans trêve** *Un malade qui souffre sans trêve* ▶ constamment, continuellement, sans arrêt, sans cesse, sans interruption, sans relâche, sans rémission, sans répit, toujours, tout le temps. **4 trêve de** *Trêve de plaisanteries* ▶ assez de.

tri n. m. **1** *Faire un tri entre plusieurs possibilités* ▶ choix, sélection. **2** *Le tri des lettres* ▶ classement, répartition, triage.

triage n. m. *Le triage du courrier* ▶ classement, répartition, tri.

tribu n. f. **1** *Les tribus indiennes d'Amérique* ▶ ethnie, peuplade. **2** Fig. et fam. *Passer ses vacances avec toute sa tribu* ▶ famille, smala (fam.).

tristesse

tribulations n. f. pl. *Réussir après toutes sortes de tribulations* ▶ incidents, mésaventures, vicissitudes.

tribun n. m. *Les grands tribuns de la période révolutionnaire* ▶ harangueur (vx), orateur.

tribunal n. m. 1 *Être convoqué au tribunal* ▶ palais de justice. 2 *En appeler d'un tribunal à un autre* ▶ cour, juridiction.

tribune n. f. *Une tribune réservée aux orateurs* ▶ chaire, estrade.

tribut n. m. 1 Litt. *Payer un lourd tribut aux vainqueurs* ▶ contribution, impôt. 2 Fig. et litt. *Recevoir le tribut de ses forfaits* ▶ châtiment, punition, récompense, salaire, sanction.

tributaire adj. *La récolte est tributaire de l'ensoleillement* ▶ assujetti à, dépendant de, soumis à, subordonné à.

tricher v. 1 *Tricher à un examen* ▶ frauder, truander (fam.). 2 *Tricher sur son âge* ▶ mentir.

tricherie n. f. ▶ arnaque (fam.), fraude, tromperie, truandage (fam.), trucage.

tricheur, euse n. ▶ fraudeur, truqueur.

tricot n. m. 1 *Passer un tricot par-dessus sa chemise* ▶ chandail, pull, pull-over, sweater. 2 **tricot de corps** ▶ débardeur, maillot de corps.

trier v. 1 *Trier des papiers* ▶ classer, classifier, répartir. 2 *Trier soigneusement l'assistance pour éviter tout incident* ▶ choisir, écrémer, filtrer, sélectionner. 3 *Trier des fruits* ▶ calibrer. 4 *Trier des grains* ▶ cribler, tamiser.

trimbaler v. Fam. *Trimbaler un grand sac avec soi* ▶ balader (fam.), porter, promener (fam.), traîner, transbahuter (fam.), transporter.

trimer v. Fam. *Trimer sans arrêt* ▶ s'activer, bosser (fam.), travailler, turbiner (fam.).

trinquer v. 1 *Trinquer au succès de l'entreprise* ▶ boire, porter un toast. 2 Fam. *C'est elle qui a fait le coup, mais ce sont eux qui vont trinquer* ▶ déguster (fam.), écoper (fam.).

triomphal, ale adj. 1 *Un succès triomphal* ▶ éclatant, retentissant. 2 *Un accueil triomphal* ▶ enthousiaste.

triomphalement adv. *Annoncer triomphalement son dernier succès* ▶ victorieusement.

triomphant, ante adj. *Regarder qqn d'un petit air triomphant* ▶ satisfait, vainqueur, victorieux.

triomphateur, trice n. *Ce champion a été le grand triomphateur des Jeux* ▶ gagnant, vainqueur.

triomphe n. m. 1 *Le triomphe de la raison au XVIIIe siècle* ▶ apothéose, consécration, couronnement. 2 *Elle a perdu! Quel triomphe pour lui!* ▶ jubilation. 3 *Faire un triomphe à qqn* ▶ ovation.

triompher v. 1 *Son équipe a triomphé dans toutes les compétitions* ▶ avoir le dessus, dominer, faire un malheur (fam.), gagner, s'imposer, l'emporter. 2 *Il triomphe depuis sa promotion* ▶ crier victoire, être fou de joie, exulter, jubiler, pavoiser. 3 *Rembrandt triomphe dans le clair-obscur* ▶ briller, se distinguer, exceller. 4 *Triompher de tous les obstacles* ▶ surmonter, vaincre, venir à bout de. 5 *Triompher de tous ses adversaires* ▶ dominer, l'emporter sur, vaincre, venir à bout de.

tripatouillage n. m. Fam. *Du tripatouillage dans les statistiques* ▶ falsification, fraude, traficotage (fam.).

tripatouiller v. Fam. *Tripatouiller des comptes* ▶ falsifier, maquiller, traficoter (fam.), trafiquer.

tripes n. f. pl. 1 Fam. *La blessure était telle qu'il avait les tripes qui lui sortaient du ventre* ▶ boyaux, entrailles, intestins, viscères. 2 Fam. *Parler avec ses tripes* ▶ cœur.

tripotage n. m. *Il y a eu des tripotages lors de ces élections* ▶ combine, grenouillage (fam.), magouille (fam.), manipulation, micmac (fam.), trafic.

tripoter v. 1 *Ne tripotez pas les légumes* ▶ palper, tâter, toucher, triturer. 2 Fam. *Arrêtez de me tripoter!* ▶ papouiller (fam.), peloter (fam.). 3 Fig. *Tripoter dans l'import-export* ▶ fricoter (fam.), grenouiller (fam.), magouiller (fam.), trafiquer.

trique n. f. ▶ casse-tête, matraque.

triste adj. 1 *Nous sommes tristes de vous voir partir* ▶ affligé (litt.), attristé, chagriné, désolé, malheureux, navré (litt.), peiné. 2 *Un homme perpétuellement triste* ▶ abattu, accablé, cafardeux, chagrin (litt.), déprimé, lugubre, maussade, mélancolique, morne, morose, sinistre, sombre. 3 *C'est triste de perdre ses parents à son âge* ▶ affligeant, attristant, déplorable, désolant, douloureux, lamentable, malheureux, navrant, pénible, pitoyable. 4 *Il est dans un triste état* ▶ déplorable, lamentable, mauvais, minable (fam.), pauvre, piteux, pitoyable. 5 *Des couleurs tristes* ▶ terne.

tristesse n. f. 1 *Rien ne peut remédier à sa tristesse* ▶ abattement, accablement, affliction (litt.), cafard (fam.), chagrin, démoralisation, déprime (fam.), mélancolie, morosité, neurasthénie, peine, spleen (litt.),

triturer

vague à l'âme. **2** *La tristesse d'un paysage* ▶ désolation, grisaille, mélancolie, monotonie, uniformité.

triturer v. **1** *Triturer des graines pour faire une bouillie* ▶ briser, broyer, concasser, écrabouiller, écraser, piler, pulvériser. **2** *Triturer une pâte* ▶ malaxer, manier, pétrir, travailler. **3** *Arrête de triturer ces fruits!* ▶ manipuler, palper, tâter, tripoter.

triumvirat n. m. *Un pays dirigé par un triumvirat* ▶ troïka.

trivial, ale adj. **1** *Une solution triviale* ▶ évident. **2** *Il se croit original, mais ce qu'il raconte est parfaitement trivial* ▶ banal, bateau (fam.), commun, connu, éculé, insignifiant, ordinaire, plat, rebattu, ressassé. **3** *Un vocabulaire trivial* ▶ bas, choquant, cru, grossier, obscène, ordurier, poissard (litt.), sale, vulgaire.

trivialement adv. *Parler trivialement* ▶ grossièrement, vulgairement.

trivialité n. f. **1** *Une argumentation d'une trivialité navrante* ▶ banalité, platitude. **2** *Assener des trivialités en pensant intéresser l'auditoire* ▶ banalité, évidence, platitude, truisme (litt.). **3** *Employer une langue d'une trivialité inadmissible* ▶ grossièreté, obscénité, vulgarité.

troc n. m. ▶ échange.

troïka n. f. Fig. *Un pays dirigé par une troïka* ▶ triumvirat.

trombe n. f. **1** *Il est tombé des trombes d'eau* ▶ cataracte, déluge, torrent. **2** Fig. *Il est passé comme une trombe* ▶ ouragan, tornade.

trompe n. f. *Une trompe de berger* ▶ corne.

tromper v. **1** *Tromper un naïf* ▶ abuser (litt.), attraper, avoir (fam.), berner (litt.), blouser (fam.), duper (litt.), faire marcher (fam.), leurrer (litt.), mener en bateau (fam.), mystifier, pigeonner (fam.), posséder (fam.), refaire (fam.), rouler (fam.). **2** *La ressemblance m'a trompé* ▶ abuser (litt.), induire en erreur. **3** *Tromper la vigilance de ses gardiens* ▶ déjouer, mettre en défaut. **4** *Tromper son mari* ▶ cocufier (fam.), trahir. **5 se tromper** *Tout le monde peut se tromper* ▶ faire erreur, faire fausse route, se ficher dedans (fam.), se fourvoyer (litt.), se gourer (fam.), se planter (fam.). **6** *S'il croit que je vais supporter cela, il se trompe* ▶ s'abuser (litt.), se faire des illusions, s'illusionner, se leurrer (litt.), se méprendre (litt.), se mettre le doigt dans l'œil (fam.).

tromperie n. f. **1** *Il y a eu tromperie sur la marchandise* ▶ arnaque, escroquerie, fraude, tricherie. **2** *Tous vos sourires ne sont que tromperie* ▶ artifice, chiqué (fam.), duperie (litt.), fausseté, faux-semblant (litt.), feinte, fourberie (litt.), imposture, mensonge, mystification (litt.), perfidie (litt.).

trompette (en) adj. *Un nez en trompette* ▶ retroussé.

trompeur, euse adj. **1** *Se laisser prendre par des discours trompeurs* ▶ artificieux (litt.), captieux (litt.), fallacieux (litt.), insidieux, mensonger, menteur, mystificateur, perfide (litt.), sophistique, spécieux (litt.). **2** *Recevoir qqn avec une gentillesse trompeuse* ▶ hypocrite. **3** *Un espoir trompeur* ▶ chimérique, fallacieux (litt.), illusoire, utopique.

tronc n. m. ▶ buste, poitrine, torse.

tronçon n. m. **1** *Découper une anguille en tronçons* ▶ morceau, tranche. **2** *Un tronçon d'autoroute* ▶ portion, segment.

tronçonner v. *Tronçonner un arbre* ▶ débiter.

trône n. m. Fig. *Renoncer au trône* ▶ couronne, royauté, sceptre (litt.).

tronquer v. *Tronquer un texte* ▶ amputer, couper, estropier, mutiler, rogner.

trop adv. **1** *Manger trop* ▶ à l'excès, exagérément, excessivement, immodérément, surabondamment. **2** *Vous êtes trop aimable* ▶ bien, fort (litt.), très. **3 de trop** *Je sens bien que je suis de trop* ▶ gênant, importun, indésirable. **4 en trop** *Il a dans ses bagages en trop* ▶ en excédent, en surcharge, en surnombre, en surplus.

trop-plein n. m. **1** *Donner le trop-plein de la production à des œuvres caritatives* ▶ excédent, surplus. **2** *Avoir un trop-plein d'étudiants* ▶ excès, surcharge.

troquer v. ▶ changer, échanger.

trottinette n. f. ▶ patinette.

trou n. m. **1** *S'abriter dans un trou de la falaise* ▶ anfractuosité, cavité, creux, excavation. **2** *Apercevoir de la lumière par un trou* ▶ brèche, fente, fissure, interstice, jour, orifice, ouverture, trouée. **3** *Faire un trou à sa chemise* ▶ accroc, déchirure. **4** Fig. *Il a eu un trou au moment où on lui a posé cette question* ▶ absence, blanc, oubli, perte de mémoire. **5** Fig. *Il y a de sérieux trous dans sa culture littéraire* ▶ lacune, vide. **6** Fig. *Un trou dans un budget* ▶ déficit. **7** Fam. *On ne trouve rien dans ce trou* ▶ bled (fam.), coin, patelin (fam.). **8** Fam. *Mettre un cambrioleur au trou* ▶ bloc (fam.), cabane (fam.), prison, violon (fam.).

troublant, ante adj. **1** *Une ressemblance troublante* ▶ déconcertant, étonnant, extraordinaire, frappant, saisissant, stupéfiant, surprenant. **2** *Un sourire troublant*

trouble adj. **1** *Un liquide trouble* ▶ opaque. **2** *Une image trouble* ▶ brouillé, confus, flou. **3** Fig. *Obéir à des motivations troubles* ▶ ambigu, équivoque, inavouable, louche (fam.), obscur, suspect, ténébreux.

trouble n. m. **1** *Cette question sur son passé l'a plongé dans le plus grand trouble* ▶ confusion, embarras, gêne, malaise. **2** *Sa présence lui causait un trouble délicieux* ▶ agitation, émoi (litt.), émotion. **3** *Souffrir de troubles métaboliques* ▶ dérèglement, déséquilibre, désordre, dysfonctionnement. **4** Plur. *Vivre une période de troubles* ▶ agitation, bouleversement, chaos, désordre, désorganisation, perturbation, tourmente (litt.).

troublé, ée adj. *Une époque particulièrement troublée* ▶ agité, mouvementé, orageux, tourmenté, tumultueux.

trouble-fête n. ▶ empêcheur de tourner en rond (fam.), éteignoir, rabat-joie.

troubler v. **1** *Aucun nuage ne trouble la limpidité du ciel* ▶ assombrir, brouiller, obscurcir. **2** *La présence de nombreux assistants l'a troublé* ▶ déboussoler (fam.), déconcerter, décontenancer, démonter, dérouter, désarçonner, désorienter, déstabiliser, effaroucher, embarrasser, gêner, impressionner, intimider, mettre mal à l'aise, perturber. **3** *Sa présence l'a délicieusement troublée* ▶ émouvoir, remuer, toucher. **4** *Des manifestants ont troublé la réunion* ▶ bouleverser, déranger, désorganiser, interrompre, perturber. **5** **se troubler** *Sa vue se troubla* ▶ se brouiller. **6** Fig. *Le candidat s'est troublé* ▶ se décontenancer, se démonter, perdre contenance, perdre la tête, perdre les pédales (fam.).

trouée n. f. **1** *Se faufiler dans une trouée de la haie* ▶ brèche, ouverture, trou. **2** *Faire une trouée dans les rangs ennemis* ▶ brèche, percée.

trouer v. ▶ percer, perforer, transpercer, traverser.

troupe n. f. **1** *Une troupe d'infanterie* ▶ corps, unité. **2** Plur. *Être vaincu par les troupes françaises* ▶ armée, forces. **3** *Une troupe d'oies sauvages* ▶ bande, essaim, nuée, troupeau, volée. **4** *Commander à toute une troupe de domestiques* ▶ armada (litt.), armée, escadron, essaim, flopée (fam.), foule, légion, masse, multitude, nuée, quantité, régiment.

troupeau n. m. *Un troupeau de cent têtes de bétail* ▶ cheptel.

trousse n. f. **1** *Une trousse de toilette* ▶ nécessaire. **2 aux trousses** *Avoir la police aux trousses* ▶ au train (fam.), aux talons (fam.). **3 être aux trousses de** *Être aux trousses d'un escroc international* ▶ courir après (fam.), pourchasser, poursuivre, traquer.

trousser v. Litt. *Trousser sa jupe* ▶ lever, relever, remonter, retrousser, soulever.

trouvaille n. f. *Un style plein de trouvailles* ▶ création, découverte, idée, invention.

trouver v. **1** *Un collectionneur qui trouve une édition rare de Balzac* ▶ découvrir, décrocher (fam.), dégoter (fam.), dénicher (fam.), mettre la main sur, se procurer, tomber sur. **2** *Trouver un nouveau procédé de fabrication* ▶ concevoir, créer, découvrir, imaginer, inventer. **3** *Trouver la solution d'un mystère* ▶ comprendre, deviner, saisir. **4** *Elle a eu du mal à le trouver* ▶ atteindre, contacter, joindre, tomber sur, toucher. **5** Fig. *Je le trouve très intelligent* ▶ considérer comme, croire, estimer, juger, penser, regarder comme (litt.), tenir pour (litt.). **6** Fig. *Je trouve que c'est très utile* ▶ considérer, croire, estimer, juger, penser. **7 se trouver** *Elle se trouve laide* ▶ se considérer comme, se croire, s'estimer, se juger. **8** *La maison se trouve sur une colline* ▶ être, se situer. **9** *Ce tour de phrase se trouve souvent chez Flaubert* ▶ apparaître, exister, figurer, se rencontrer. **10** *Il s'est trouvé qu'il habitait près de chez moi* ▶ s'avérer, se révéler. **11** *Il se trouve toujours qqn pour vous accuser* ▶ arriver, survenir. **12 se trouver mal** ▶ défaillir (litt.), s'évanouir, tomber dans les pommes (fam.).

truand n. m. ▶ bandit, gangster, malfaiteur.

trublion n. m. ▶ agitateur, perturbateur.

truc n. m. **1** Fam. *Qu'est-ce que c'est que ce truc?* ▶ bidule (fam.), chose, machin (fam.). **2** Fam. *Elle a des trucs pour rester belle* ▶ astuce, ficelle (fam.), formule, méthode, moyen, procédé, recette, ruse, stratagème, système.

trucage n. m. **1** *Réclamer une élection sans trucage* ▶ fraude. **2** Plur. *Un film avec des trucages extraordinaires* ▶ effets spéciaux.

truchement n. m. *S'adresser à la population par le truchement des médias* ▶ canal, entremise, intermédiaire, médiation, moyen, voie.

truculent, ente adj. *Un récit truculent* ▶ coloré, haut en couleurs, rabelaisien, savoureux.

truffe n. f. *La truffe d'un chien* ▶ museau, nez.

truffer

truffer v. Fig. *Truffer ses discours de citations* ▶ bourrer, farcir, remplir.

truisme n. m. ▶ évidence, lapalissade, tautologie.

truquer v. *Truquer une photo* ▶ maquiller, retoucher, traficoter (fam.), trafiquer.

trust n. m. ▶ cartel, consortium.

truster v. Fig. et fam. *Les athlètes américains ont trusté les médailles* ▶ accaparer, monopoliser.

tuant, ante adj. 1 Fig. et fam. *Un boulot pas trop tuant* ▶ crevant (fam.), éreintant (fam.), fatigant, foulant (fam.), pénible. 2 Fig. et fam. *Ce type est vraiment tuant!* ▶ assommant, exaspérant, pénible, usant.

tube n. m. 1 *Un tube en carton* ▶ cylindre, rouleau. 2 *Les tubes d'une canalisation d'eau* ▶ boyau, conduite, tuyau. 3 Fam. *Chanter les tubes de l'été* ▶ hit (fam.), succès. 4 **tube à essai** ▶ éprouvette.

tuberculeux, euse adj. 1 *Une jeune fille tuberculeuse* ▶ phtisique (vx), poitrinaire (vx). 2 *Une plante à racine tuberculeuse* ▶ tubéreux.

tuberculose n. f. ▶ phtisie (vx).

tubéreux, euse adj. *Une racine tubéreuse* ▶ tuberculeux.

tubulaire adj. *Un conduit tubulaire* ▶ cylindrique.

tuer v. 1 *Tuer le chef d'une bande rivale* ▶ abattre, assassiner, buter (fam.), descendre (fam.), exécuter, faire la peau à (fam.), faire son affaire à (fam.), liquider (fam.), occire (vx), supprimer, trucider (fam.). 2 *Tuer un cerf à l'issue d'une chasse à courre* ▶ servir. 3 *Cette maladie l'a tué en quelques jours* ▶ emporter, foudroyer. 4 Fig. *Ce genre de mesure va tuer le petit commerce* ▶ anéantir, faire disparaître, ruiner, supprimer. 5 Fig. *Cet effort m'a tué* ▶ briser, claquer (fam.), crever (fam.), épuiser, éreinter, exténuer, harasser, vanner, vider (fam.). 6 **se tuer** *Se tuer pour éviter une mort infamante* ▶ se détruire (litt.), se donner la mort, mettre fin à ses jours, se suicider, se supprimer. 7 *Se tuer dans un accident de voiture* ▶ mourir, trouver la mort. 8 Fig. *Se tuer à expliquer la grammaire à des enfants* ▶ s'acharner à, se crever à (fam.), s'épuiser à, s'éreinter à, s'escrimer à (litt.), s'évertuer à (litt.), se fatiguer à, peiner pour, s'user à.

tuerie n. f. ▶ boucherie, carnage, hécatombe, massacre.

tueur, euse n. *Cet homme est un tueur* ▶ assassin, criminel, meurtrier.

tuile n. f. Fig. et fam. *Il m'est arrivé une tuile* ▶ embêtement (fam.), ennui, mésaventure, pépin (fam.).

tuméfaction n. f. ▶ boursouflure, enflure, gonflement, intumescence, œdème.

tuméfier v. *Le coup lui a tuméfié la lèvre* ▶ boursoufler, enfler, gonfler.

tumeur maligne n. f. ▶ cancer, néoplasme.

tumulte n. m. ▶ barouf (fam.), brouhaha, chahut, charivari, désordre, raffut (fam.), ramdam (fam.), tapage, tohu-bohu, vacarme.

tumultueux, euse adj. ▶ agité, animé, fiévreux, houleux, mouvementé, orageux, tempétueux (litt.), tourmenté, trépidant.

tumulus n. m. ▶ tertre.

tuner n. m. ▶ syntoniseur.

tunnel n. m. *Un tunnel creusé dans le sol* ▶ galerie, passage souterrain, souterrain.

turbulence n. f. *Des prix soumis à des turbulences fréquentes* ▶ changement, fluctuation, oscillation, variation.

turbulent, ente adj. *Un enfant turbulent* ▶ agité, dissipé, excité, nerveux, pétulant (litt.), remuant, vif.

turfiste n. ▶ parieur.

turgescence n. f. ▶ gonflement, tumescence.

turgescent, ente adj. ▶ congestionné, distendu, enflé, gonflé, tumescent, turgide.

turlupiner v. Fam. *Cette histoire le turlupine* ▶ contrarier, embêter, ennuyer, préoccuper, tourmenter, tracasser, travailler.

turpitude n. f. Litt. *Être capable de toutes les turpitudes* ▶ abjection (litt.), abomination (litt.), bassesse, horreur, ignominie (litt.), infamie, vilenie (litt.).

tutélaire adj. Litt. *Un dieu tutélaire* ▶ protecteur.

tutelle n. f. 1 *Se placer sous la tutelle des lois* ▶ égide (litt.), protection, sauvegarde. 2 *Une filiale qui met en cause la tutelle de la maison mère* ▶ ascendant, autorité, domination, emprise, leadership, mainmise, pouvoir.

tuteur n. m. *Redresser une plante avec un tuteur* ▶ échalas, rame.

tuyau n. m. 1 *De l'eau acheminée par des tuyaux* ▶ canalisation, conduite, tube.

2 Fam. *Merci pour le tuyau* ▶ indication, information, renseignement.

type n. m. **1** *Des types d'imprimerie* ▶ caractère. **2** *Harpagon est le type même de l'avare* ▶ archétype, exemple, idéal, modèle, parangon (litt.), représentant. **3** *Ce bâtiment est un beau type d'architecture militaire* ▶ échantillon, exemple, représentant, spécimen. **4** *Les plantes se divisent en plusieurs types* ▶ catégorie, classe, espèce, famille, genre, ordre, sorte, variété. **5** *Des individus de ce type* ▶ acabit, catégorie, farine (fam.), genre, nature, sorte, style. **6** Fam. *Qui est ce type?* ▶ bonhomme (fam.), bougre (fam.), citoyen (vx), coco (fam.), gaillard (fam.), gars (fam.), gus (fam.), homme, individu, mec (fam.), monsieur, oiseau (fam.), personnage, quidam (vx et fam.), zèbre (fam.), zigoto (fam.). **7** *pauvre type* ▶ incapable, minable, moins que rien, nullité, zéro.

typhon n. m. *Une île dévastée par un typhon* ▶ cyclone, ouragan, tornade.

typique adj. *Une attitude typique d'un état dépressif* ▶ caractéristique de, particulier à, propre à, représentatif de, révélateur de, significatif de, spécifique de, symptomatique de.

typiquement adv. *Un comportement typiquement masculin* ▶ proprement, spécifiquement.

typologie n. f. *Établir une typologie des névroses* ▶ catalogue, classement, classification, systématique, taxinomie (litt.).

tyran n. m. ▶ autocrate, despote, dictateur, potentat.

tyrannie n. f. **1** *Se soulever contre la tyrannie* ▶ absolutisme, autocratie, despotisme, dictature, totalitarisme. **2** Fig. *Subir la tyrannie d'un chef* ▶ autoritarisme, joug, oppression, persécution. **3** Fig. *La tyrannie d'une accoutumance* ▶ empire, joug (litt.).

tyrannique adj. *Exercer un pouvoir tyrannique* ▶ absolu, autocratique, despotique, dictatorial, dominateur, oppressif, totalitaire.

tyranniser v. **1** *Tyranniser ses sujets* ▶ opprimer. **2** Fig. *Se laisser tyranniser par ses passions* ▶ asservir, assujettir, dominer.

u

ukase n. m. Fig. *Sans aucune concertation, cette décision ressemblerait fort à un ukase* ▶ commandement, diktat, injonction, mise en demeure, ordre, sommation, ultimatum.

ulcérer v. Fig. *Cette plaisanterie l'a profondément ulcéré* ▶ blesser, froisser, heurter, mortifier, piquer, vexer.

ultérieur, eure adj. ▶ futur, postérieur, subséquent (litt.), suivant.

ultérieurement adv. ▶ a posteriori, après, ensuite, plus tard.

ultimatum n. m. ▶ commandement, diktat, injonction, mise en demeure, ordre, sommation, ukase.

ultime adj. **1** *La phase ultime d'un processus* ▶ dernier, extrême, final, terminal. **2** *Faire un ultime effort* ▶ dernier, suprême.

ultra n. *Opposer les modérés et les ultras* ▶ extrémiste, jusqu'au-boutiste, maximaliste.

ultramoderne adj. ▶ d'avant-garde, de pointe, dernier cri.

un, une adj. **1** *Livre un* ▶ premier. **2** *un à un* ▶ l'un après l'autre.

unanime adj. *Une croyance unanime* ▶ général, universel.

uni, ie adj. **1** *Une surface unie* ▶ égal, lisse, plan, plat. **2** *Une équipe unie* ▶ solidaire, soudé. **3** *Mener une vie tranquille et unie* ▶ égal, monotone (péj.), régulier, uniforme.

unification n. f. *L'unification des textes de loi de la communauté européenne* ▶ alignement, homogénéisation, normalisation, standardisation, uniformisation. **2** *L'unification des deux Allemagnes* ▶ fusion, jonction, rassemblement, regroupement, réunion.

unifier v. **1** *Unifier les législations commerciales à l'échelon européen* ▶ aligner, homogénéiser, normaliser, standardiser, uniformiser. **2** *Unifier les provinces d'un pays* ▶ fusionner, rassembler, regrouper, réunir.

uniforme adj. **1** *Un mouvement uniforme* ▶ égal, homogène, régulier. **2** *Tout le monde professe ici des opinions uniformes* ▶ identique, semblable, standardisé. **3** *Mener une existence uniforme* ▶ égal, monotone (péj.), régulier, uni.

uniformément adv. **1** *Un enduit uniformément étalé* ▶ régulièrement. **2** *Tout était uniformément ennuyeux* ▶ également, identiquement, pareillement, semblablement.

uniformisation n. f. ▶ alignement, homogénéisation, normalisation, standardisation.

uniformiser v. *Uniformiser les législations européennes* ▶ aligner, homogénéiser, normaliser, standardiser, unifier.

uniformité n. f. **1** *L'uniformité d'un mouvement* ▶ égalité, homogénéité, régularité. **2** *Les modes de vie à travers le monde tendent aujourd'hui à l'uniformité* ▶ identité, standardisation. **3** *L'uniformité d'une vie* ▶ égalité, monotonie (péj.), régularité.

uniment (tout) adv. Litt. *Donner son avis tout uniment* ▶ franchement, sans détour, sans façon, simplement.

union n. f. **1** *Le maire a célébré leur union* ▶ hymen (litt.), mariage. **2** *Une heureuse union de couleurs* ▶ alliance, assemblage, association, assortiment, combinaison, mariage, réunion. **3** *L'union fait la force* ▶ entente, solidarité. **4** *Préconiser l'union des forces politiques progressistes* ▶ accord, alliance, association, coalition, entente, groupement, jonction, rassemblement, regroupement, réunion, unification. **5 union libre** ▶ collage (fam.), concubinage.

unique adj. **1** *C'est son unique souci* ▶ exclusif, seul. **2** *Un talent unique* ▶ d'exception, exceptionnel, extraordinaire, hors du commun, incomparable, inégalable, inimitable, irremplaçable, rare, transcendant. **3** Fam. *Elle est unique!* ▶ étonnant, extravagant, impayable (fam.), incroyable, inouï, invraisemblable, spécial, stupéfiant.

uniquement adv. *Une action menée à des fins uniquement humanitaires* ▶ exclusivement, purement, seulement, simplement, strictement.

unir v. **1** *Unir une jupe rouge avec une veste verte* ▶ allier, apparier, assembler, associer, assortir, marier, réunir. **2** *Unir deux substances pour en former une seule* ▶ agglutiner, agréger, amalgamer, fondre, fusionner, mélanger, mêler. **3** *Ils ont décidé d'unir leurs efforts* ▶ allier, associer, combiner, conjuguer, joindre, rassembler, réunir. **4** *Une ligne ferroviaire qui unit deux pays* ► desservir, relier. **5 s'unir** *Deux rivières qui s'unissent* ► confluer, se fondre, fusionner, se joindre, se mélanger, se mêler. **6** *S'unir contre l'adversité* ► s'allier, s'associer, se coaliser, se liguer, se solidariser. **7** *S'unir pour le meilleur et pour le pire* ► convoler (litt.), s'épouser, se marier.

unisson (à l') adv. **1** *Crier à l'unisson des slogans subversifs* ► de concert, de conserve, en chœur, en même temps, ensemble, simultanément. **2** *Leurs esprits sont à l'unisson* ► en accord, en harmonie.

unité n. f. **1** *Les différentes unités d'un ensemble* ► composant, constituant, élément, partie, pièce. **2** *Un officier à la tête de son unité* ► corps, troupe. **3** *Ce roman manque d'unité* ► cohérence, cohésion, harmonie, homogénéité. **4** *L'unité de la République* ► indivisibilité. **5** *Une parfaite unité de vues* ► communauté, conformité, identité, similitude.

univers n. m. **1** *L'exploration de l'Univers* ► cosmos, espace. **2** *Une arme dont la puissance fait trembler l'univers* ► globe, monde, terre. **3** Fig. *Vivre dans un univers restreint* ► domaine, monde, sphère, système.

universaliser v. *Universaliser l'instruction* ► généraliser, systématiser.

universel, elle adj. **1** *L'histoire universelle* ► international, mondial, planétaire. **2** *Une croyance universelle* ► général, unanime. **3** *Un concile universel* ► œcuménique. **4** *Un esprit universel* ► encyclopédique.

universellement adv. *Une histoire universellement connue* ► mondialement.

université n. f. *Un professeur d'université* ► faculté.

urbain, aine adj. **1** *Les populations urbaines* ► citadin. **2** Fig. et litt. *Un monsieur très urbain* ► affable, aimable, amène, civil, courtois, poli.

urbanité n. f. Litt. ► affabilité, amabilité, civilité (vx), courtoisie, éducation, politesse, savoir-vivre.

urgence (d') adv. *Il faudrait réparer ça d'urgence* ► au plus tôt, immédiatement, sans attendre, sans délai, sans tarder, tout de suite.

urgent, ente adj. *Une affaire urgente* ► pressant, pressé.

uriner v. ► faire pipi (fam.), pisser (fam.).

urinoir n. m. *Entrer précipitamment dans un urinoir* ► pissotière (fam.), **sanisette** (nom déposé), vespasienne (vx).

urne n. f. *Une urne funéraire* ► vase.

usage n. m. **1** *L'usage de cet instrument remonte à l'Antiquité* ► emploi, utilisation. **2** *Quel pouvait bien être l'usage de cet outil?* ► destination, fonction. **3** Litt. *Il n'a pas l'usage du grand monde* ► habitude, pratique. **4** Plur. *Étudier les usages d'une population primitive* ► coutumes, habitudes, mœurs, pratiques, traditions, us (litt.). **5** Plur. *Respecter les usages d'une cour* ► cérémonial, décorum, étiquette, formes, protocole, rites. **6** Plur. *Un tel comportement est absolument contraire aux usages* ► bienséance, convenances, conventions, politesse, savoir-vivre. **7 d'usage** *Il est d'usage de donner un pourboire* ► habituel, rituel, traditionnel.

usagé, ée adj. *Un vêtement usagé* ► défraîchi, élimé, fatigué, limé, râpé, usé, vieux.

usager n. m. *Les usagers des transports en commun* ► utilisateur.

usant, ante adj. *Cet enfant est usant* ► épuisant, fatigant, tuant.

usé, ée adj. **1** *Une étoffe usée* ► défraîchi, élimé, fatigué, limé, râpé, usagé, vieux. **2** *Une petite vieille tout usée* ► décati, décrépit, fané. **3** *Une plaisanterie usée* ► banal, commun, éculé, rebattu, ressassé, vieilli.

user v. **1** *Cet appareil use peu d'électricité* ► consommer, dépenser, manger (fam.). **2** *Ils ont complètement usé cette moquette à force de marcher dessus* ► abîmer, élimer, râper. **3** *La mer use les rochers* ► éroder, ronger. **4** *Sa maladie l'a usé prématurément* ► affaiblir, épuiser, fatiguer, miner. **5** *User de ses charmes* ► avoir recours à, déployer, employer, exercer, exploiter, faire jouer, faire usage de, jouer de, mettre en œuvre, recourir à, se servir de, tirer parti de, tirer profit de, utiliser. **6 s'user** *Il s'est usé à travailler* ► s'affaiblir, s'épuiser. **7** Fig. *Sa résistance commence à s'user* ► chanceler, faiblir, mollir, se relâcher, vaciller.

usiner v. *Usiner une pièce à la fraiseuse* ► façonner.

usité, ée adj. *Un terme peu usité* ► commun, courant, employé, fréquent, usuel, utilisé.

ustensile n. m. **1** *Vous auriez un ustensile pour découper cette volaille ?* ► instrument. **2** *Qu'est-ce que c'est que cet ustensile ?* ► engin.

usuel, elle adj. **1** *Un mot usuel* ► commun, courant, employé, fréquent, usité,

usuellement utilisé. **2** *La procédure usuelle* ▶ classique, commun, consacré, courant, habituel, normal, ordinaire, régulier, traditionnel.

usuellement adv. ▶ classiquement, communément, couramment, habituellement, normalement, ordinairement, traditionnellement.

usufruit n. m. ▶ jouissance.

usure n. f. **1** *L'usure d'un métal, de la pierre* ▶ abrasion, corrosion, érosion. **2** *Assister impuissant à l'usure progressive d'un monument* ▶ dégradation. **3** *L'usure des forces* ▶ amoindrissement, diminution.

usurpateur, trice n. ▶ imposteur.

usurpation n. f. **1** *L'usurpation des biens des vaincus par les vainqueurs* ▶ appropriation, confiscation. **2** *S'arroger un droit par usurpation* ▶ empiétement.

usurper v. **1** *Usurper un titre de baron* ▶ s'approprier, s'arroger, s'attribuer. **2** *Usurper sur les attributions d'autrui* ▶ empiéter.

utérus n. m. ▶ matrice (vx).

utile adj. **1** *Il aurait été plus utile de s'unir au lieu de commencer par se disputer* ▶ avantageux, fructueux, payant (fam.), profitable, salutaire. **2** *Un collaborateur utile* ▶ précieux. **3 en temps utile** ▶ en temps opportun, le moment venu.

utilisable adj. *Un matériau encore utilisable* ▶ bon, employable, exploitable.

utilisateur n. m. ▶ usager.

utilisation n. f. *Une machine d'une utilisation très simple* ▶ emploi, maniement, usage.

utiliser v. **1** *Savoir utiliser correctement un outil* ▶ employer, manier, se servir de. **2** *Vous pouvez utiliser l'ordinateur en mon absence* ▶ disposer de. **3** *Utiliser toutes les ressources de son imagination* ▶ avoir recours à, employer, exercer, exploiter, jouer de, mettre en jeu, mettre en œuvre, profiter de, recourir à, se servir de, tirer parti de, tirer profit de, user de.

utilitaire adj. **1** *Un appareil utilitaire* ▶ fonctionnel, pratique. **2** *Des préoccupations bassement utilitaires* ▶ matériel.

utilité n. f. **1** *S'interroger sur l'utilité d'un achat* ▶ avantage, intérêt. **2** Plur. et fig. *Cet acteur joue seulement les utilités* ▶ bouche-trou, figurant.

utopie n. f. ▶ chimère, fantasme, idéal, rêve.

utopique adj. ▶ chimérique, illusoire, imaginaire, impossible, irréalisable, mythique.

uvule n. f. ▶ luette.

V

vacance n. f. **1** *La vacance d'un poste* ▶ disponibilité. **2** Plur. *Prendre quelques jours de vacances* ▶ congé, repos.

vacancier, ère n. **1** ▶ touriste. **2** Spécialement pendant l'été ▶ estivant.

vacant, ante adj. *Un poste vacant* ▶ à pourvoir, disponible, inoccupé, libre.

vacarme n. m. ▶ boucan (fam.), bruit, chahut, charivari, fracas, raffut (fam.), ramdam (fam.), tapage, tintamarre.

vacataire n. ▶ intérimaire.

vacciner v. Fig. *Ses trois mariages auraient pourtant dû le vacciner contre ce genre d'aventure* ▶ immuniser, prémunir, préserver de.

vache adj. **1** Fam. *Il a été très vache avec vous* ▶ méchant. **2** Fam. *C'est vache ce qui vous arrive là* ▶ dur, pénible.

vachement adv. Fam. *C'est vachement bon* ▶ drôlement (fam.), hyper (fam.), rudement (fam.), super (fam.), terriblement, très.

vacher, ère n. ▶ bouvier.

vacillement n. m. *Les vacillements d'une flamme* ▶ clignotement, papillotement, tremblement, tremblotement.

vaciller v. **1** *Vaciller de fatigue* ▶ chanceler, flageoler, tituber. **2** *Une flamme qui vacille au moindre souffle* ▶ clignoter, papilloter, scintiller, trembler, trembloter. **3** Fig. *Leur résistance commence à vaciller* ▶ chanceler, faiblir.

vacuité n. f. Litt. *Se plaindre de la vacuité de son existence* ▶ néant, vide.

vade-mecum n. m. **1** *Un vade-mecum de chimie* ▶ abrégé, aide-mémoire, compendium (litt.), épitomé (litt.), guide, manuel, mémento, synopsis. **2** *Inscrire ses rendez-vous sur un vade-mecum* ▶ agenda, aide-mémoire, bloc-notes, mémento, mémorandum, pense-bête.

va-et-vient n. m. **1** *Son métier l'oblige à de constants va-et-vient entre Paris et Marseille* ▶ allée et venue, navette. **2** *Le va-et-vient des voitures sur le boulevard* ▶ circulation, passage, trafic.

vagabonde, onde adj. Litt. *Mener une vie vagabonde* ▶ errant, instable, nomade.

vagabond, onde n. ▶ chemineau (vx), clochard, sans-abri, s.d.f.

vagabondage n. m. *Découvrir une ville au fil de longs vagabondages nocturnes* ▶ errance (litt.), flânerie.

vagabonder v. **1** *Vagabonder de par le monde* ▶ bourlinguer (fam.), rouler sa bosse (fam.). **2** Fig. *Laisser vagabonder ses pensées* ▶ divaguer, errer, flotter.

vague adj. **1** *À cause du brouillard, on ne percevait que des contours vagues* ▶ flou, imprécis, indéfini, indéfinissable, indéterminé, indistinct, vaporeux. **2** *Une robe vague* ▶ ample, flou, lâche, large. **3** *On attendait des explications moins vagues* ▶ abstrait, approximatif, confus, évasif, flou, fumeux (fam.), général, imprécis, nébuleux, obscur. **4** *Un remords vague l'envahissait* ▶ sourd, trouble. **5** *C'est un vague barbouilleur* ▶ insignifiant, quelconque.

vague n. f. **1** *Un pont de bateau balayé par une vague énorme* ▶ déferlante, lame. **2** Plur. *Se laisser bercer par le bruit des vagues* ▶ flots, houle, onde (litt.). **3** Fig. *La découverte de ce gisement a provoqué une vague d'immigration* ▶ déferlement, flot, marée, ruée, rush.

vague n. m. **1** *Sur ce point, il est resté dans le vague* ▶ flou. **2** *Le vague de son contour* ▶ imprécision. **3** *vague à l'âme* *Éprouver du vague à l'âme en évoquant de vieux souvenirs* ▶ blues (fam.), cafard, mélancolie, nostalgie, spleen, tristesse.

vaguement adv. **1** *Il nous a répondu très vaguement* ▶ approximativement, évasivement. **2** *On devine vaguement ce qui va se passer* ▶ confusément, obscurément. **3** *Il était vaguement ennuyé* ▶ légèrement, un peu.

vaillance n. f. ▶ bravoure, cœur (litt.), courage, cran (fam.), hardiesse, intrépidité.

vaillant, ante adj. **1** *De vaillants chevaliers* ▶ brave, courageux, hardi, intrépide, preux (litt.), valeureux. **2** *Depuis sa maladie il n'est pas très vaillant* ▶ dispos, en forme, solide, vigoureux.

vain, vaine adj. **1** Litt. *Les vains plaisirs de ce monde* ▶ dérisoire, frivole, futile, insignifiant, puéril, superficiel. **2** *Se bercer d'espoirs vains* ▶ chimérique, fallacieux, faux, illusoire, imaginaire, inconsistant, trompeur, utopique. **3** *Ses efforts sont restés vains* ▶ inefficace, infructueux, inutile, stérile. **4** Litt. *Sa beauté la rend bien vaine*

vaincre

▶ fier, orgueilleux, prétentieux, suffisant, vaniteux. **5 en vain** *Ils ont tout tenté, mais en vain* ▶ en pure perte (litt.), inutilement, sans succès, vainement.

vaincre v. **1** *Vaincre l'armée ennemie* ▶ battre, défaire (litt.), écraser, enfoncer, l'emporter sur. **2** *Vaincre sa timidité* ▶ dominer, maîtriser, surmonter, triompher de, venir à bout de.

vaincu, ue n. *Avoir une mentalité de vaincu* ▶ loser (fam.), perdant.

vainement adv. ▶ en pure perte (litt.), en vain, inutilement, sans succès.

vainqueur adj. **1** *Les soldats vainqueurs* ▶ victorieux. **2** *Un air vainqueur* ▶ triomphant.

vainqueur n. m. *Donner un prix au vainqueur* ▶ champion, gagnant, lauréat.

vaisseau n. m. **1** Vx *Le vaisseau sombra corps et biens* ▶ bateau, bâtiment, navire, nef (vx). **2 vaisseau spatial** ▶ astronef (vx), engin spatial, véhicule spatial.

vaisselier n. m. ▶ crédence, dressoir.

vaisselle n. f. *Refuser de faire la vaisselle* ▶ plonge (fam.).

valable adj. **1** *Ce passeport n'est plus valable* ▶ bon, en règle, valide. **2** *Un argument valable* ▶ acceptable, admissible, fondé, juste, justifié, légitime, recevable, sérieux, solide. **3** Fam. *Qqn de très valable* ▶ capable, compétent, efficace, qualifié.

valet n. m. ▶ domestique, laquais (litt.), larbin (fam. et péj.), serviteur.

valeur n. f. **1** Litt. *Ces soldats ont fait la preuve de leur valeur* ▶ bravoure, courage, vaillance. **2** *Ce sera facile pour un homme de cette valeur* ▶ calibre (fam.), carrure, classe, envergure, étoffe, mérite, qualité, stature, trempe (fam.). **3** *Montrer en quoi réside la valeur d'un roman* ▶ force, grandeur, importance, intérêt, portée. **4** *Des bijoux d'une valeur inestimable* ▶ coût, prix. **5** *Une valeur boursière* ▶ titre. **6 mettre en valeur** *Son nouvel aménagement met en valeur la beauté de son mobilier* ▶ faire ressortir, faire valoir, mettre en évidence, rehausser. **7** *Elle cherche toujours à mettre ses enfants en valeur* ▶ faire mousser (fam.), faire valoir, valoriser.

valeureux, euse adj. Litt. ▶ brave, courageux, vaillant.

validation n. f. *Procéder à la validation d'un contrat ou d'un record* ▶ confirmation, entérinement, homologation, ratification.

valide adj. **1** *Combien d'hommes valides reste-t-il dans votre compagnie?* ▶ bien portant. **2** *Votre carte d'identité n'est plus valide* ▶ bon, en règle, valable.

valider v. **1** *Le Conseil constitutionnel est seul habilité à valider les résultats d'une élection présidentielle* ▶ confirmer, entériner, homologuer, ratifier. **2** *Le cachet de la mairie valide les actes d'état civil* ▶ authentifier, certifier, garantir, légaliser.

validité n. f. *Des arguments dépourvus de toute validité* ▶ bien-fondé, sérieux, solidité, valeur.

valise n. f. *Faire ses valises* ▶ bagage.

valoir v. **1** *Cela vaut cent francs* ▶ coûter, faire, revenir à. **2** *Une noire vaut deux croches* ▶ égaler, équivaloir à. **3** *Sa maladresse lui a valu toutes sortes de mécomptes* ▶ attirer, causer, procurer. **4** *Ce compliment vaut bien un baiser* ▶ donner droit à, être digne de, mériter. **5 faire valoir** *Faire valoir un domaine* ▶ exploiter. **6** *Faire valoir ce qu'il y a de plus intéressant dans un texte* ▶ faire ressortir, mettre en évidence, mettre en valeur. **7 se faire valoir** *Il cherche toujours à se faire valoir* ▶ se faire mousser (fam.), frimer (fam.), se mettre en valeur, se mettre en vedette. **8 valoir la peine** *Ce texte vaut la peine d'être étudié soigneusement* ▶ gagner à, mériter de, valoir le coup (fam.).

valorisant, ante adj. *Un travail valorisant* ▶ gratifiant.

valorisation n. f. *La valorisation d'une terre* ▶ amélioration, amendement, bonification, enrichissement, fertilisation, mise en valeur.

valoriser v. *Cet exploit l'a valorisé aux yeux de ses camarades* ▶ faire valoir, mettre en valeur.

vamp n. f. ▶ femme fatale, séductrice.

vampiriser v. Fig. *Une mère de famille qui se fait vampiriser par ses enfants* ▶ esclavagiser.

vandale adj. et n. ▶ barbare, destructeur, dévastateur, iconoclaste.

vandaliser v. ▶ saccager.

vanité n. f. **1** *Il n'a pas la vanité de prétendre tout savoir* ▶ fatuité, outrecuidance (litt.), présomption, prétention. **2** Litt. *La vanité des choses d'ici-bas* ▶ fragilité, frivolité, futilité, inanité (litt.), inconsistance, insignifiance.

vaniteux, euse adj. et n. ▶ crâneur (fam.), fat (litt.), glorieux (vx), infatué, m'as-tu-vu (fam.), outrecuidant (litt.), poseur (fam.), présomptueux, prétentieux, puant (fam.), ramenard (fam.), suffisant, vain (litt.).

vanity-case n. f. ▶ baise-en-ville (fam.), mallette.

vanne n. f. Fam. *Lancer des vannes à qqn* ▶ raillerie (litt.), rosserie (fam.), sarcasme.

vanner v. 1 *Vanner du blé* ▶ sasser, tamiser. 2 Fam. *Cet effort m'a vanné* ▶ claquer (fam.), crever (fam.), épuiser, éreinter, exténuer, harasser, tuer (fam.).

vantail n. m. *Ouvrir les deux vantaux d'une porte d'entrée* ▶ battant, panneau.

vantard, arde adj. et n. ▶ bluffeur, esbroufeur (fam.), fanfaron, fier-à-bras, frimeur (fam.), galéjeur (litt.), gascon (litt.), hâbleur (litt.), m'as-tu-vu (fam.), matamore (litt.).

vantardise n. f. 1 *Il est d'une vantardise exaspérante* ▶ forfanterie (litt.), hâblerie (litt.). 2 *Multiplier les vantardises devant un auditoire ébahi* ▶ fanfaronnade, rodomontade (litt.).

vanter v. 1 *Vanter les qualités de qqn* ▶ célébrer, exalter, glorifier, louer, porter aux nues, prôner. 2 *se vanter Il n'y a vraiment pas de quoi se vanter* ▶ crâner (fam.), se faire mousser (fam.), se faire valoir, frimer (fam.), la ramener (fam.), plastronner. 3 *Il prétend avoir tout réussi mais je crois qu'il se vante un peu* ▶ bluffer, en rajouter (fam.), exagérer. 4 *Elle se vante de venir à bout de cette difficulté* ▶ se faire fort de, se flatter de, se piquer de, prétendre, se targuer de (litt.).

va-nu-pieds n. Vx et péj. ▶ clochard, gueux (litt.), mendiant, miséreux, vagabond.

vapeur n. f. 1 *Des vapeurs putrides qui se dégagent d'un marais* ▶ émanation, exhalaison. 2 Litt. *Une fine vapeur enveloppait encore la campagne* ▶ brouillard, brume, nuage. 3 Plur. et fig. *Les vapeurs de l'alcool* ▶ fumées.

vaporeux, euse adj. 1 Litt. *Des détails qui se fondent dans l'atmosphère vaporeuse* ▶ brumeux, nébuleux, voilé. 2 Fig. *Un tissu vaporeux* ▶ aérien, arachnéen (litt.), immatériel, transparent.

vaporisateur n. m. ▶ aérosol, atomiseur, brumisateur (nom déposé), nébuliseur, pulvérisateur.

vaporisation n. f. *Deux vaporisations d'insecticide suffisent* ▶ pulvérisation.

vaporiser v. 1 *Vaporiser du parfum dans une pièce* ▶ pulvériser. 2 *se vaporiser Le liquide s'est entièrement vaporisé* ▶ s'évaporer, se volatiliser.

vaquer v. *Vaquer à ses occupations favorites* ▶ s'adonner, se consacrer, se livrer.

varech n. m. ▶ fucus, goémon.

vareuse n. f. ▶ blouse (vx).

végétatif

variable adj. *Un temps variable* ▶ capricieux, changeant, incertain, instable.

variante n. f. *Les diverses variantes d'un manuscrit* ▶ leçon.

variation n. f. 1 *Étudier les variations politiques au XIXe siècle* ▶ évolution, modification, mutation, transformation. 2 *Ce climat est sujet à d'importantes variations de température* ▶ changement, écart, fluctuation, mouvement, oscillation, saute.

varié, ée adj. *Il a des goûts variés* ▶ divers, diversifié, éclectique, multiple.

varier v. 1 *Elle cherche à varier les menus* ▶ diversifier. 2 *Les mœurs varient d'une époque à l'autre* ▶ changer, évoluer, fluctuer, se modifier, se transformer.

variété n. f. 1 *La variété de couleurs d'un tableau* ▶ diversité. 2 *Il existe plusieurs variétés d'oranges* ▶ espèce, genre, sorte, type. 3 Plur. *Un spectacle de variétés* ▶ music-hall.

vase n. f. ▶ boue, bourbe (litt.), fange (litt.), limon.

vaseux, euse adj. 1 *Des fonds vaseux* ▶ boueux, bourbeux, fangeux, limoneux. 2 Fig. et fam. *Se sentir vaseux après une soirée trop arrosée* ▶ abruti, mal en point, mal fichu (fam.), mal foutu (fam.), vasouillard (fam.).

vassaliser v. ▶ asservir, assujettir, soumettre.

vaste adj. ▶ étendu, grand, large, spacieux.

vaurien, enne n. ▶ chenapan, coquin, fripon (litt.), galapiat (fam.), galopin, garnement, gredin, polisson, sacripant.

vautour n. m. Fig. *Les vautours de la finance* ▶ charognard, rapace, requin.

vautrer (se) v. 1 *Se vautrer sur son lit* ▶ s'abattre, s'affaler, s'avachir (fam.), s'écrouler, s'effondrer, s'étaler. 2 *Se vautrer dans la boue* ▶ se rouler. 3 Fig. *Se vautrer dans le vice* ▶ s'abandonner à, s'adonner à, se complaire dans, se laisser aller à, se livrer à.

va-vite (à la) adv. ▶ hâtivement, précipitamment.

vécu n. m. *Ces histoires, on sent que c'est du vécu* ▶ authentique, réel, vrai.

vedette n. f. 1 *Une vedette de cinéma* ▶ étoile, star, tête d'affiche. 2 *Une vedette du monde scientifique* ▶ célébrité, gloire, personnalité, sommité.

végétal n. m. ▶ plante.

végétatif, ive adj. Fig. *Mener une vie végétative* ▶ désœuvré, inactif.

végétation n. f. *Une végétation luxuriante* ▶ flore.

végéter v. Fig. *Malgré ses qualités, il végète dans un emploi subalterne* ▶ piétiner, stagner.

véhémence n. f. ▶ ardeur, chaleur, emportement, enthousiasme, feu, flamme, fougue, impétuosité, passion, virulence.

véhément, ente adj. ▶ ardent, emporté, enflammé, enthousiaste, fougueux, impétueux, passionné, virulent.

véhiculer v. **1** *Véhiculer qqn jusqu'à chez lui* ▶ conduire, transporter. **2** *Les médias véhiculent l'information* ▶ diffuser, propager, transmettre.

veille n. f. **1** *L'état de veille et l'état de sommeil* ▶ éveil. **2** *Un soldat à son poste de veille* ▶ garde, surveillance. **3** **à la veille de** // *Il est à la veille de se marier* ▶ sur le point de.

veillée n. f. *Les longues veillées d'hiver* ▶ soirée.

veiller v. **1** *Veillez à ce qu'il n'arrive rien* ▶ faire attention, prendre garde. **2** *Veiller sur un enfant en l'absence de ses parents* ▶ garder, s'occuper de, prendre soin de, surveiller.

veilleur, euse n. ▶ garde, gardien, guetteur, sentinelle, surveillant.

veilleuses n. f. pl. *Allumer ses veilleuses* ▶ feux de position, lanternes.

veinard, arde adj. Fam. ▶ chanceux, fortuné (litt.), verni (fam.).

veine n. f. **1** *Les veines d'une feuille d'arbre* ▶ nervure. **2** *Exploiter une veine dans une mine* ▶ filon, gisement. **3** Fig. *La veine poétique d'un auteur* ▶ inspiration, souffle. **4** Fig. *Avoir de la veine* ▶ baraka (fam.), bol (fam.), chance, pot (fam.).

veiné, ée adj. *Du marbre blanc veiné de noir* ▶ jaspé, marbré, marqueté.

vélaire adj. *Une consonne vélaire* ▶ guttural (vx).

velléitaire adj. et n. ▶ aboulique (litt.), hésitant, mou.

vélo n. m. Fam. ▶ bécane (fam.), bicyclette, clou (fam.), petite reine (fam.).

véloce adj. Litt. ▶ prompt, rapide, vif.

vélocité n. f. Litt. *S'acquitter de sa tâche avec vélocité* ▶ célérité (litt.), promptitude, rapidité, vitesse, vivacité.

vélomoteur n. m. ▶ mobylette (nom déposé).

velouté, ée adj. **1** *Une peau veloutée* ▶ doux, satiné. **2** *Un potage velouté* ▶ moelleux, onctueux.

velu, ue adj. ▶ poilu.

venaison n. f. *Un pâté de venaison* ▶ gibier.

vénal, ale adj. *Un fonctionnaire vénal* ▶ achetable, corruptible, marron (fam.).

vénalité n. f. ▶ corruptibilité.

Vendéen n. m. *L'insurrection des Vendéens* ▶ chouan.

vendeur, euse n. *Un vendeur ambulant* ▶ marchand.

vendre v. **1** *Vendre des marchandises au détail* ▶ débiter, écouler. **2** *Vendre des manuscrits au prix fort* ▶ monnayer. **3** *Vendre ses actions pour s'acheter une maison* ▶ liquider, réaliser. **4** *Vendre qqn à l'ennemi* ▶ dénoncer, livrer.

vendu, ue adj. *Un politicien vendu* ▶ corrompu, marron (fam.).

vénéneux, euse adj. ▶ toxique.

vénérable adj. **1** *Un vénérable vieillard* ▶ auguste, digne, estimable, honorable, respectable. **2** *Atteindre un âge vénérable* ▶ avancé, canonique (fam.), respectable.

vénération n. f. **1** *Exposer des reliques à la vénération des fidèles* ▶ adoration. **2** Fig. *Éprouver pour sa femme une véritable vénération* ▶ adoration, culte, dévotion, passion.

vénérer v. **1** *Vénérer un saint* ▶ adorer, révérer. **2** *Vénérer l'argent* ▶ adorer, diviniser, idolâtrer, révérer. **3** *Vénérer la mémoire de qqn* ▶ honorer.

vénerie n. f. ▶ chasse à courre.

vengeance n. f. *Être animé par un violent désir de vengeance* ▶ revanche.

vengeur n. m. ▶ justicier.

véniel, elle adj. *Un péché véniel* ▶ anodin, bénin, insignifiant, léger.

venimeux, euse adj. Fig. *Un aigri qui tient des propos venimeux sur tout le monde* ▶ fielleux, haineux, malveillant, méchant, médisant.

venin n. m. **1** *Le venin du serpent* ▶ poison. **2** Fig. *De mauvaises langues qui distillent du venin* ▶ fiel.

venir v. **1** *Viens plus près* ▶ approcher, avancer. **2** *Ils sont venus chez moi* ▶ s'amener (fam.), débarquer (fam.), se pointer (fam.), rappliquer (fam.), se rendre. **3** *Les manches de ce pull lui viennent au coude* ▶ arriver. **4** *Les plantes viennent bien sur ce terrain* ▶ se développer, grandir. **5** *Il faut prendre les choses comme elles viennent* ▶ apparaître, arriver, se présenter, se produire, survenir. **6** *Il se marie la semaine qui vient* ▶ suivre. **7** *Cette coutume nous vient des anciens Romains* ▶ dater de, descendre de, remonter à. **8** *Cette catastrophe vient d'une* *maladresse initiale* ▸ découler de, dériver de, émaner de, partir de, procéder de, provenir de, résulter de, sortir de, tenir à. **9 en venir à** *J'en viens au point essentiel* ▸ aborder, en arriver à. **10 en venir aux mains** *Ils étaient tellement en colère qu'ils en sont venus aux mains* ▸ se bagarrer (fam.), se battre. **11 venir à bout de** Fam. *Elle est venue à bout de tous les obstacles* ▸ dominer, surmonter, triompher de, vaincre. **12 venir au monde** *Elle est venue au monde à la fin de la guerre* ▸ naître, voir le jour (litt.).

vente n. f. **1** *Un produit dont la vente est régulière tout au long de l'année* ▸ débit, écoulement. **2 vente à domicile** ▸ démarchage, porte-à-porte.

ventilation n. f. **1** *Une odeur désagréable due à une ventilation insuffisante* ▸ aération. **2** Fig. *La ventilation des crédits entre les chapitres d'un budget* ▸ dispatching (fam.), distribution, partage, péréquation, répartition.

ventiler v. **1** *Ventiler une pièce où l'on entrepose de la nourriture* ▸ aérer. **2** Fig. *Ventiler des fournitures entre les ateliers d'une usine* ▸ dispatcher (fam.), distribuer, partager, répartir.

ventral, ale adj. ▸ abdominal.

ventre n. m. **1** *Recevoir un coup de poing dans le ventre* ▸ abdomen, buffet (fam.). **2** *Avoir le ventre plein* ▸ panse (fam.). **3** *Il commence à avoir du ventre* ▸ bedaine (fam.), bide (fam.), brioche (fam.). **4** *Un enfant qui bouge dans le ventre de sa mère* ▸ sein (litt.). **5 ventre à terre** Fig. *Accourir ventre à terre* ▸ à bride abattue, à fond de train (fam.), à toute vitesse.

ventripotent, ente adj. ▸ bedonnant, pansu, ventru.

ventru, ue adj. **1** *Un quinquagénaire ventru* ▸ bedonnant (fam.), pansu, ventripotent. **2** *Un vase ventru* ▸ gros, renflé.

venue n. f. **1** *Célébrer la venue du printemps* ▸ apparition, approche, arrivée, avènement (litt.). **2 venue au monde** *Annoncer la venue au monde d'un enfant* ▸ naissance.

ver n. m. **1** Plur. *Un cadavre grouillant de vers* ▸ vermine. **2 ver de terre** ▸ lombric. **3 ver solitaire** ▸ ténia.

véracité n. f. *Son témoignage s'est révélé d'une parfaite véracité* ▸ exactitude, fidélité, véridicité (litt.), vérité.

verbal, ale adj. *Une promesse verbale* ▸ oral.

verbalement adv. *Promettre qqch verbalement* ▸ oralement.

verbeux, euse adj. **1** *Un orateur verbeux* ▸ bavard, causant (fam.), discoureur, jacasseur (fam.), loquace, phraseur, prolixe, volubile. **2** *Un style verbeux* ▸ bavard, délayé, diffus, redondant.

verbiage n. m. *Un texte plein d'un inutile verbiage* ▸ bavardage, blabla (fam.), délayage, logorrhée (litt.), longueurs, remplissage.

verdâtre adj. *Une teinte verdâtre* ▸ glauque, olivâtre.

verdeur n. f. **1** Fig. *Un vieillard d'une verdeur étonnante* ▸ jeunesse, vigueur, vitalité, vivacité. **2** Fig. *Atténuer la verdeur d'une expression* ▸ brutalité, crudité, réalisme, rudesse.

verdict n. m. *Le tribunal a rendu son verdict* ▸ décision, jugement, sentence.

verdir v. **1** *La campagne verdit au printemps* ▸ verdoyer (litt.). **2** Fig. *Verdir de peur* ▸ blêmir, pâlir.

véreux, euse adj. **1** Fig. *Un politicien véreux* ▸ corrompu, indélicat, malhonnête, marron (fam.), pourri. **2** Fig. *Être compromis dans une affaire véreuse* ▸ douteux, louche, suspect.

verge n. f. ▸ membre, pénis, phallus, sexe masculin, zizi (fam.).

vergogne (sans) adv. *Mentir sans vergogne* ▸ effrontément, sans honte, sans pudeur, sans scrupule.

véridicité n. f. Litt. *Vérifier la véridicité d'un témoignage* ▸ exactitude, fidélité, véracité, vérité.

véridique adj. **1** *Un témoignage parfaitement véridique* ▸ exact, fidèle, vrai. **2** *Un sentiment véridique* ▸ authentique, réel, sincère, véritable, vrai.

vérificateur, trice n. *Un vérificateur des Poids et Mesures* ▸ contrôleur, inspecteur.

vérification n. f. **1** *La vérification de la régularité d'une élection* ▸ contrôle. **2** *Soumettre un produit à une vérification* ▸ contrôle, épreuve, essai, test. **3** *La vérification d'un pronostic* ▸ confirmation, réalisation.

vérifier v. **1** *Vérifier les livres de compte d'une entreprise* ▸ contrôler, inspecter. **2** *Vérifier la résistance d'un matériau* ▸ s'assurer de, éprouver, essayer, expérimenter, tester. **3** *Cela vérifie bien son diagnostic initial* ▸ confirmer, justifier, prouver. **4 se vérifier** *Vos prévisions se sont vérifiées* ▸ se confirmer, se réaliser.

vérin n. m. ▸ cric.

véritable adj. **1** *Un sac en cuir véritable* ▸ authentique, naturel, pur, vrai. **2** *Sa douleur est trop affichée pour être véritable*

▶ authentique, réel, sincère, véridique, vrai.

véritablement adv. *Il paraissait malade et il l'était véritablement* ▶ bel et bien, effectivement, réellement, vraiment.

vérité n. f. 1 *Ce portrait est d'une grande vérité* ▶ exactitude, fidélité, justesse, rectitude, rigueur, véracité, véridicité (litt.). 2 *Il m'a toujours caché la vérité* ▶ réalité. 3 *Il y a dans son récit un air de vérité qui force la conviction* ▶ authenticité, franchise, sincérité. 4 *Énoncer des vérités indémontrables* ▶ axiome, postulat, principe, vérité première. 5 **en vérité** Litt. *C'est peu de chose, en vérité* ▶ assurément, vraiment.

vermeil, eille adj. *Un gros buveur au teint vermeil* ▶ cramoisi, écarlate, empourpré, enluminé, rougeaud, rubescent (litt.), rubicond, sanguin.

vermine n. f. 1 *Une charogne dévorée par la vermine* ▶ vers. 2 *Des cheveux pleins de vermine* ▶ parasites. 3 Fig. et litt. *Hors d'ici, vermine!* ▶ canaille, crapule, fripouille (fam.), gredin, scélérat.

vermoulu, ue adj. *Traiter une poutre vermoulue* ▶ piqué, piqueté, rongé.

vernis n. m. Fig. *Sa prétendue culture n'est qu'un vernis superficiel* ▶ apparence, façade, faux-semblant, teinture.

vernissé, ée adj. ▶ brillant, luisant.

vérole n. f. Fam. ▶ syphilis.

verre n. m. 1 *Boire un verre au comptoir* ▶ coup (fam.), godet (fam.), pot (fam.). 2 Plur. *Porter des verres grossissants* ▶ lunettes.

verroterie n. f. *Cette bague, c'est de la verroterie!* ▶ camelote, clinquant, pacotille, simili, toc.

verrouillage n. m. 1 *Le verrouillage d'une arme à feu* ▶ blocage. 2 *Le verrouillage d'un quartier par les forces de l'ordre* ▶ bouclage, encerclement, fermeture, investissement.

verrouiller v. 1 *Verrouiller une arme à feu* ▶ bloquer. 2 *Verrouiller une brèche pendant un combat* ▶ fermer, obstruer. 3 *Verrouiller un quartier* ▶ boucler, encercler, fermer, investir. 4 *Verrouiller un prisonnier* ▶ boucler, enfermer.

vers prép. 1 *Se diriger vers Rome* ▶ en direction de. 2 *Vers Gênes, on changera de bateau* ▶ aux environs de, du côté de.

versant n. m. 1 *Le versant sud d'une montagne* ▶ côté, face, pan, pente. 2 Fig. *Le versant social de la politique gouvernementale* ▶ aspect, côté.

versatile adj. *Être d'humeur versatile* ▶ capricieux, changeant, fantaisiste, fantasque, incertain, inconstant, inégal, instable, irrégulier, lunatique, mobile, variable.

versatilité n. f. *La versatilité de l'opinion publique* ▶ inconstance, instabilité, mobilité, variabilité.

verse (à) adv. ▶ à torrents.

versé, ée adj. Litt. *Être versé dans les sciences occultes* ▶ expert en, spécialiste de.

versement n. m. *Des versements échelonnés* ▶ paiement.

verser v. 1 *Verser par terre l'eau d'une bassine* ▶ déverser, jeter, renverser, répandre, vider. 2 *Versez-nous donc à boire* ▶ servir. 3 *La charrette a versé à la suite d'une collision* ▶ basculer, culbuter. 4 *Verser un million à qqn en échange de son silence* ▶ donner, payer, remettre. 5 *Verser de nouvelles pièces dans un dossier* ▶ apporter, déposer, mettre.

versificateur, trice n. *Opposer les poètes aux simples versificateurs* ▶ rimailleur, rimeur.

versification n. f. ▶ métrique.

versifier v. ▶ rimer.

version n. f. 1 *Livrer sa propre version des faits* ▶ compte rendu, exposé, interprétation, narration, rapport, récit, relation. 2 *Publier les différentes versions d'un texte* ▶ état, mouture. 3 *Faire un exercice de version à partir d'un texte latin* ▶ traduction.

verso n. m. ▶ derrière, dos, revers.

vert, verte adj. 1 *Quand il a su ça, il est devenu vert* ▶ blafard, blême. 2 *Il était vert de peur* ▶ bleu. 3 *Un vieillard encore étonnamment vert* ▶ alerte, allègre, dispos, frais, fringant, gaillard, ingambe (litt.), jeune, solide, vaillant, vif, vigoureux. 4 *Un fruit vert* ▶ acide, aigre, sur. 5 *L'Europe verte* ▶ agricole. 6 *Les partis verts* ▶ écologiste.

vert n. m. 1 Fam. *Aller au vert* ▶ campagne. 2 *Voter pour les Verts* ▶ écologiste.

vertement adv. Litt. *Il l'a tancé vertement* ▶ brutalement, rudement, vivement.

vertical, ale adj. *Vérifier qu'une colonne est parfaitement verticale* ▶ d'aplomb, droit.

verticalement adv. ▶ d'aplomb, droit.

vertige n. m. 1 *Un malade qui se plaint d'avoir des sensations de vertige* ▶ éblouissement, étourdissement, tournis. 2 Fig. *Le vertige que procure une égoïne subite* ▶ enivrement, exaltation, excitation, griserie, ivresse, transport (litt.).

vertigineux, euse adj. 1 *Des montagnes d'une hauteur vertigineuse* ▶ démesuré. 2 Fig. *Dépenser des sommes vertigineuses* ▶ astronomique, colossal, énorme, exorbitant, hallucinant, prodigieux.

vertu n. f. 1 *Protéger la vertu d'une jeune fille* ▶ chasteté, pureté. 2 *Une épouse à la vertu sans tache* ▶ fidélité, honnêteté (litt.). 3 *La bonté est une vertu rare* ▶ don, qualité. 4 *Ce breuvage a des vertus particulières* ▶ pouvoir, propriété, qualité.

vertueux, euse adj. 1 Vx *Un prince vertueux et aimé de ses sujets* ▶ honnête, impartial, intègre, juste, probe (litt.). 2 *Une jeune fille vertueuse* ▶ chaste, pur. 3 *Une épouse vertueuse* ▶ fidèle, honnête (litt.).

verve n. f. 1 *La verve d'un orateur* ▶ bagou (fam.), éloquence. 2 Litt. *La verve poétique* ▶ inspiration, souffle, veine.

vespasienne n. f. Vx ▶ pissotière (fam.), urinoir.

vestibule n. m. ▶ antichambre, entrée, hall.

vestige n. m. 1 Plur. *Visiter les vestiges d'une civilisation disparue* ▶ décombres, restes, ruines. 2 *Il ne restait plus aucun vestige de son luxe passé* ▶ souvenir, trace.

vêtements n. m. pl. ▶ affaires, atours (litt.), effets, fringues (fam.), frusques (fam.), garde-robe, habillement, habits, nippes (fam.), sapes (fam.), tenue, toilette.

vétéran n. m. 1 *Un vétéran de la guerre de 14* ▶ ancien combattant. 2 *Rendre hommage aux vétérans d'une profession* ▶ ancien, doyen, vieux routier (fam.).

vétille n. f. *Se disputer pour une vétille* ▶ bagatelle, bêtise, bricole (fam.), broutille, détail, misère, rien, sottise.

vétilleux, euse adj. Litt. *Un correcteur vétilleux* ▶ chicanier, exigeant, maniaque, méticuleux, minutieux, pinailleur (fam.), pointilleux, tatillon.

vêtir v. 1 Litt. *Vêtir un enfant* ▶ habiller. 2 Spécialement de façon inhabituelle ou ridicule ▶ accoutrer, affubler, costumer, déguiser, endimancher, fagoter (fam.), harnacher, nipper (fam.), travestir. 3 **se vêtir** *Se vêtir sans la moindre fantaisie* ▶ se fringuer (fam.), s'habiller, se nipper (fam.), se saper (fam.). 4 *Se vêtir chaudement* ▶ se couvrir, s'habiller. 5 *Se vêtir en noir* ▶ s'habiller, se mettre.

veto n. m. ▶ opposition, refus, rejet.

vétuste adj. 1 *Abattre un bâtiment vétuste* ▶ branlant, chancelant, croulant, décrépit, délabré. 2 *Remettre à neuf une installation vétuste* ▶ ancien, défraîchi, délabré, détérioré, fatigué, périmé, usagé, usé, vieux.

vétusté n. f. *La vétusté d'une installation* ▶ ancienneté, délabrement, détérioration.

veule adj. *Un homme veule, qui fuit devant le danger* ▶ capon (vx), couard (litt.), craintif, dégonflé (fam.), faible, lâche, peureux, pleutre, poltron, pusillanime, trouillard (fam.).

veuvage n. m. ▶ viduité (litt.).

vexant, ante adj. 1 *Vos soupçons sont vexants* ▶ blessant, déplaisant, désagréable, désobligeant, froissant, humiliant, mortifiant, offensant, ulcérant. 2 *Je l'ai manqué d'un quart d'heure, c'est vexant* ▶ contrariant, irritant, rageant, râlant (fam.).

vexation n. f. *Être en butte à des vexations de toutes sortes* ▶ avanie (litt.), brimade, humiliation, tracasserie.

vexer v. 1 *Vos insinuations l'ont profondément vexé* ▶ blesser, désobliger, froisser, heurter, humilier, mortifier, offenser, offusquer, piquer, ulcérer. 2 **se vexer** *Elle se vexe pour un rien* ▶ se fâcher, se formaliser, se froisser, s'offenser.

viande n. f. *Des cannibales amateurs de viande humaine* ▶ chair.

viatique n. m. Fig. et litt. *La musique lui a servi de viatique pendant cette douloureuse épreuve* ▶ aide, secours, soutien.

vibrant, ante adj. 1 *Une voix vibrante qui porte loin* ▶ éclatant, retentissant, sonore, tonitruant. 2 Fig. *Faire un éloge vibrant du disparu* ▶ bouleversant, émouvant, pathétique, poignant, prenant, touchant.

vibration n. f. 1 *Des vibrations provoquées par un marteau-piqueur* ▶ trépidation. 2 *On sentait dans sa voix des vibrations de colère* ▶ frémissement, tremblement. 3 *Se sentir entouré de vibrations positives* ▶ onde.

vibrer v. 1 *Un marteau-piqueur qui fait vibrer le trottoir* ▶ trembler, trépider. 2 *La cloche vibra* ▶ résonner, retentir, sonner, tinter. 3 Fig. *Vibrer d'enthousiasme* ▶ frémir, palpiter.

vice n. m. 1 *Se vautrer dans le vice* ▶ débauche, dépravation, dévergondage, licence (litt.), luxure, mal, péché, stupre (litt.). 2 *Avoir le vice de la procédure* ▶ fureur, manie, passion, rage, virus (fam.). 3 *Cette installation comporte un vice caché* ▶ défaut, défectuosité, imperfection, malfaçon, tare.

vice versa adv. ▶ inversement, réciproquement.

vichyste adj. et n. ▸ maréchaliste, pétainiste.

vicié, ée adj. *Des citadins qui respirent un air vicié* ▸ corrompu (litt.), gâté, impur, pollué, souillé (litt.).

vicier v. 1 *Des fumées d'usine qui vicient l'air d'une ville* ▸ corrompre (litt.), gâter, infecter, polluer, souiller (litt.). 2 Fig. *Ses mauvaises fréquentations ont vicié son jugement* ▸ altérer, corrompre (litt.), déformer, dénaturer, fausser, pervertir.

vicieusement adv. ▸ perversement, sournoisement.

vicieux, euse adj. 1 *Un regard vicieux* ▸ impudique, lascif, libidineux, licencieux, lubrique, pervers, salace. 2 *Se faire renverser par une jument vicieuse* ▸ indisciplinable, indocile, récalcitrant, rétif. 3 *Un joueur de tennis spécialiste des balles vicieuses* ▸ imprévisible.

vicieux, euse n. 1 *Un vieux vicieux* ▸ cochon (fam.), obsédé, pervers, satyre. 2 *Une petite vicieuse* ▸ dégoûtant, sale.

vicissitudes n. f. pl. Litt. *Rester fidèle à qqn au travers des vicissitudes de la vie* ▸ aléas, hasards, impondérables, imprévus.

victime n. f. 1 *Cet accident a fait une dizaine de victimes* ▸ mort. 2 *Le tigre s'acharne sur sa victime* ▸ prise, proie. 3 *Elle se fait passer pour une victime* ▸ bouc émissaire, martyr, souffre-douleur.

victoire n. f. *L'équipe gagnante fête sa victoire* ▸ réussite, succès, triomphe.

victorieusement adv. ▸ triomphalement.

victorieux, euse adj. ▸ triomphant, vainqueur.

victuailles n. f. pl. *Acheter des victuailles au marché* ▸ nourriture, provisions, vivres.

vidange n. f. *Un robinet de vidange* ▸ purge.

vidanger v. *Vidanger un carburateur* ▸ purger, vider.

vide adj. 1 *Ce puits est vide* ▸ à sec, asséché, tari. 2 *Les meubles sont partis et la maison paraît vide* ▸ désert, nu. 3 *L'appartement reste vide pendant les vacances* ▸ inhabité, inoccupé, libre. 4 *Mener une existence vide* ▸ creux, inconsistant, insignifiant, insipide, sans intérêt. 5 *Tenir des propos vides de sens* ▸ dénué, dépourvu.

vide n. m. 1 *Le vide sidéral* ▸ espace. 2 *Ménager un vide entre deux parois* ▸ cavité, creux, espace. 3 *Combler les vides de sa mémoire* ▸ blanc, lacune, trou. 4 *Il y a eu un vide dans l'exercice du pouvoir* ▸ hiatus, interruption, solution de continuité, vacance. 5 *Se plaindre du vide de son existence* ▸ inanité, inconsistance, insignifiance, insipidité, néant, vacuité, vanité (litt.). 6 *Son absence a créé un vide* ▸ manque.

vider v. 1 *Vider un carburateur* ▸ purger, vidanger. 2 *Vider un puits* ▸ assécher, épuiser, tarir. 3 *Vider une cave* ▸ déblayer, dégager, désencombrer. 4 *Vider une bouteille à soi tout seul* ▸ finir, nettoyer (fam.), sécher (fam.). 5 *Vider par terre l'eau d'une bassine* ▸ déverser, jeter, renverser, répandre, verser. 6 *Vider une bête avant de la faire cuire* ▸ étriper, éviscérer. 7 Litt. *Vider une querelle* ▸ clore, conclure, en finir avec, liquider, régler, résoudre, terminer. 8 Fam. *Cet effort m'a vidé* ▸ claquer (fam.), crever (fam.), épuiser, éreinter, exténuer, fatiguer, harasser, lessiver (fam.), pomper (fam.), tuer (fam.). 9 Fam. *Il l'a vidé avec pertes et fracas* ▸ chasser, congédier, licencier, limoger, mettre à la porte, mettre dehors, remercier, virer (fam.). 10 **se vider** *L'eau du lavabo se vide trop lentement* ▸ couler, s'écouler.

vie n. f. 1 *Passer sa vie à travailler* ▸ existence, jours. 2 *Elle a eu une vie étrange* ▸ destin, destinée, sort. 3 *Écrire une vie de Mozart* ▸ biographie. 4 *Son mariage a transformé sa vie* ▸ existence, habitudes. 5 Fig. *Les enfants mettent de la vie chez lui* ▸ agitation, animation, mouvement. 6 Fig. *Un enfant plein de vie* ▸ dynamisme, énergie, entrain, pétulance (litt.), vigueur, vitalité, vivacité.

vieillerie n. f. Péj. *Débarrassez-vous de cette vieillerie* ▸ antiquité.

vieillesse n. f. *Une caisse de retraite pour la vieillesse* ▸ troisième âge.

vieilli, ie adj. *Professer des idées vieillies* ▸ démodé, dépassé, désuet, inactuel, obsolète, périmé, suranné (litt.).

vieillir v. 1 *Commencer à vieillir* ▸ se décatir, décliner. 2 *Il faut attendre que ce vin vieillisse* ▸ se faire, mûrir. 3 *Les oeuvres de génie ne vieillissent jamais* ▸ dater, passer de mode.

vieillissement n. m. 1 *Essayer de retarder le vieillissement* ▸ sénescence. 2 Fig. *Le processus cyclique du vieillissement et du renouvellement des doctrines* ▸ désuétude, obsolescence (litt.).

vieillot, ote adj. *Soutenir des théories vieillottes* ▸ anachronique, caduc, démodé, dépassé, désuet, inactuel, obsolète, passé de mode, périmé, retardataire, suranné (litt.).

vierge adj. 1 *Épouser un jeune homme encore vierge* ▸ puceau. 2 *Des champs de*

neige vierge ➤ immaculé, intact, net. **3** *De la cire vierge* ➤ brut, naturel, pur.

vieux ou **vieil, vieille** adj. **1** *Une vieille dame* ➤ âgé. **2** *Avoir l'air vieux avant l'âge* ➤ décati, fané, flétri, usé. **3** *Avoir une passion pour les vieilles voitures* ➤ ancien. **4** *Tout est vieux dans cette installation* ➤ défraîchi, délabré, fatigué, usagé, usé, vétuste. **5** *Une vieille habitude* ➤ ancré, enraciné, invétéré. **6 vieux garçon** *Il est resté vieux garçon* ➤ célibataire. **7 vieux jeu** *Son père est resté très vieux jeu* ➤ conformiste, conventionnel, traditionnel.

vieux n. m. **1** *Apprendre aux enfants à respecter les vieux* ➤ aîné, ancien. **2** *Une soirée où il n'y a que des vieux* ➤ ancêtre (fam.), barbon (vx), croulant (fam.), fossile (fam.), personne âgée, vieillard. **3** Plur. et fam. *Ses vieux ne veulent pas la laisser sortir* ➤ parents.

vif, vive adj. **1** *Il était plus mort que vif* ➤ vivant. **2** *Un froid vif* ➤ mordant, piquant. **3** *Une vive chaleur* ➤ ardent, brûlant. **4** *L'air vif de la montagne* ➤ tonique, vivifiant. **5** *Un rouge vif* ➤ éclatant, franc. **6** *Un esprit, un mouvement vif* ➤ agile, alerte, délié, éveillé, leste, preste (litt.), prompt, rapide. **7** *Une douleur vive* ➤ aigu, fort, intense, profond, violent. **8** *Il vous en veut d'avoir été un peu vif avec lui* ➤ acerbe, brusque, cassant, caustique, cinglant, dur, emporté, incisif, mordant, violent.

vif n. m. *Nous voici dans le vif du débat* ➤ cœur.

vigilance n. f. **1** *Redoubler de vigilance* ➤ attention, circonspection, précaution. **2** *Déjouer la vigilance de son gardien* ➤ attention, surveillance.

vigilant, ante adj. ➤ attentif, circonspect, précautionneux, soigneux.

vigile n. m. ➤ garde, gardien, surveillant.

vigne n. f. **1** *Faire pousser une vigne sur un mur* ➤ treille. **2** *Posséder une vigne du côté de Mâcon* ➤ clos, vignoble.

vigneron, onne n. ➤ viticulteur.

vignette n. f. *Une vignette fiscale* ➤ timbre.

vignoble n. m. *Posséder un vignoble du côté de Mâcon* ➤ clos, vigne.

vigoureusement adv. *Protester vigoureusement contre un projet* ➤ énergiquement, fermement, fortement, vivement.

vigoureux, euse adj. **1** *Un grand gaillard vigoureux* ➤ athlétique, costaud (fam.), fort, robuste, solide. **2** *Une plante drue et vigoureuse* ➤ résistant, robuste, vivace. **3** *Cette maladie exige un traitement vigoureux* ➤ énergique, puissant.

vigueur n. f. **1** *Il a la vigueur d'un homme jeune* ➤ ardeur, dynamisme, énergie, force, robustesse, vitalité. **2** *S'opposer avec vigueur à une proposition* ➤ chaleur, énergie, fermeté, force, véhémence, vivacité. **3** *Un style qui manque de vigueur* ➤ dynamisme, énergie, fermeté, force, muscle, nerf, puissance, ressort. **4 en vigueur** *Le tarif en vigueur* ➤ en application, en cours.

vil, vile adj. Litt. ➤ abject, bas, dégradant, honteux, ignoble, ignominieux (litt.), immonde, indigne, infâme, innommable, méprisable, misérable, petit, répugnant, sordide.

vilain, aine adj. **1** *Avoir de vilaines dents* ➤ disgracieux, inesthétique, laid, moche (fam.). **2** *Être compromis dans une vilaine affaire* ➤ méchant (fam.), sale (fam.). **3** *Puisque tu as été vilain, tu resteras dans ta chambre* ➤ désobéissant, méchant.

vilain n. m. *Ça va faire du vilain* ➤ grabuge (fam.), scandale.

vilenie n. f. Litt. *Commettre une vilenie* ➤ bassesse, ignominie, infamie.

villa n. f. ➤ cottage, pavillon.

village n. m. ➤ bled (fam. et péj.), bourg, bourgade, localité, patelin (fam. et péj.).

villageois, oise adj. *Une fête villageoise* ➤ campagnard, paysan.

ville n. f. ➤ agglomération, cité.

villégiature n. f. *Passer deux mois de villégiature sur la côte basque* ➤ séjour.

vin n. m. **1** *Boire un verre de vin* ➤ pinard (fam.). **2** *Servir un grand vin* ➤ cru.

vindicatif, ive adj. ➤ rancunier.

vinification n. f. ➤ cuvage, cuvaison.

violation n. f. *Être condamné pour violation de la loi* ➤ atteinte à, contravention à, désobéissance à, entorse à, infraction à, inobservation de, manquement à, transgression de.

violemment adv. **1** *Frapper violemment* ➤ brutalement, dur, fort, fortement, rudement. **2** *Protester violemment contre une mesure inique* ➤ âprement, furieusement, vivement.

violence n. f. **1** *La violence d'un combat* ➤ acharnement, âpreté, brutalité, frénésie, fureur, rage. **2** *S'élever avec violence contre une décision* ➤ âpreté, feu (litt.), fougue, impétuosité, passion, véhémence, virulence, vivacité. **3** Plur. *Subir des violences* ➤ brutalités, coups, mauvais traitements, sévices, voies de fait.

violent, ente adj. 1 *Subir les colères d'un homme violent* ▶ agressif, brusque, brutal, emporté, irascible. 2 *Des rythmes violents* ▶ déchaîné, effréné, endiablé, impétueux. 3 *Ressentir une douleur violente au genou* ▶ aigu, fort, intense, profond, vif. 4 Fam. *C'est un peu violent!* ▶ fort.

violer v. 1 *Violer une femme* ▶ abuser de. 2 *Violer la loi* ▶ contrevenir à, déroger à, désobéir à, enfreindre, transgresser. 3 *Violer un sanctuaire* ▶ profaner, souiller.

violon n. m. 1 ▶ crincrin (fam.). 2 *violon d'Ingres Les timbres, c'est son dernier violon d'Ingres* ▶ dada (fam.), hobby, marotte, passe-temps, passion, tocade.

violoneux n. m. ▶ ménétrier (vx).

vipère n. f. Fig. *Sa femme est une vipère* ▶ chameau (fam.), gale, peste, poison, teigne.

virage n. m. ▶ tournant.

virago n. f. ▶ démon, dragon, harpie, mégère.

virer v. 1 *Virer d'un demi-tour* ▶ pivoter, tourner. 2 Fam. *Virer un employé* ▶ balancer (fam.), chasser, congédier, donner son congé à, licencier, mettre à la porte, mettre dehors, remercier, renvoyer, vider (fam.).

virevolter v. *Un danseur qui fait virevolter sa partenaire* ▶ pirouetter, tourbillonner, tourner, tournoyer.

virginité n. f. ▶ pucelage (fam.).

viril, ile adj. 1 *Un visage aux traits virils* ▶ mâle, masculin. 2 *Se montrer viril devant le danger* ▶ courageux, énergique, ferme, hardi.

virilité n. f. ▶ masculinité.

virtuellement adv. *Il a virtuellement gagné* ▶ pratiquement, presque, quasiment.

virtuose n. 1 *Aux échecs, c'est un virtuose* ▶ as (fam.), expert, maître. 2 *Un concert donné par un virtuose* ▶ maestro.

virtuosité n. f. *La virtuosité d'un pianiste* ▶ brio, maestria, maîtrise.

virulence n. f. *Répondre avec virulence* ▶ âpreté, feu (litt.), fougue, impétuosité, passion, véhémence, violence, vivacité.

virulent, ente adj. 1 *Un microbe virulent* ▶ dangereux, mauvais, pernicieux. 2 Fig. *Tenir des propos virulents contre qqn* ▶ âpre, dur, véhément, vif, violent.

virus n. m. Fig. et fam. *Il a le virus des jeux électroniques* ▶ fureur, manie, passion, rage, vice (fam.).

vis (à) adj. *Un escalier à vis* ▶ en colimaçon, en hélice, en spirale, en vrille.

visage n. m. 1 *Avoir un joli visage* ▶ bouille (fam.), face, figure, frimousse, gueule (fam.), minois, tête, traits, tronche (fam.). 2 *Garder un visage renfrogné* ▶ air, expression, mine. 3 Fig. *Ces immeubles neufs ont changé le visage du quartier* ▶ allure, aspect, caractère, configuration, physionomie.

vis-à-vis de prép. *Ses malheurs ne sont rien vis-à-vis des vôtres* ▶ en comparaison de, en face de, en regard de, par rapport à.

viscéral, ale adj. Fig. *Une haine viscérale* ▶ instinctif, irraisonné, tripal (fam.).

viscères n. m. pl. ▶ entrailles, tripes (fam.).

visées n. f. pl. *Il a toujours eu des visées très élevées* ▶ ambition, but, dessein, objectif, prétention, vues.

viser v. 1 *Viser une cible* ▶ ajuster, mettre en joue. 2 *Viser la présidence de la République* ▶ ambitionner, aspirer à, briguer, convoiter, désirer, guigner (fam.), prétendre à, rêver de. 3 *Cette mesure vise les moins favorisés* ▶ s'appliquer à, concerner, intéresser, se rapporter à, toucher. 4 *Cette réforme vise à améliorer les conditions de travail* ▶ chercher à, tendre à. 5 *Viser un passeport* ▶ apostiller.

visible adj. 1 *Sous cet angle, même la plus petite variation de couleur est visible* ▶ apparent, distinct, observable, perceptible, sensible. 2 *Il est visible qu'elle se sent coupable* ▶ clair, évident, flagrant, manifeste, net.

visiblement adv. *Il en a visiblement assez* ▶ clairement, de toute évidence, manifestement.

vision n. f. 1 *Corriger un défaut de la vision* ▶ œil, vue. 2 *Avoir une vision* ▶ hallucination. 3 Fig. *Avoir une curieuse vision du monde* ▶ appréhension, conception, idée, image, représentation.

visionnaire n. *Une conception de visionnaire* ▶ prophète.

visite n. f. 1 *Organiser la visite d'une ville* ▶ tour. 2 *Une visite de surveillance* ▶ inspection, ronde, tournée. 3 *Les gendarmes ont fait une visite à son domicile* ▶ fouille, perquisition. 4 *Une visite médicale* ▶ contrôle, examen. 5 *rendre visite Il a profité de son passage ici pour rendre visite à quelques amis* ▶ aller voir, faire un saut chez, passer voir, visiter.

visiter v. 1 *Visiter un malade* ▶ aller voir, rendre visite à. 2 *Visiter tous les musées de la ville* ▶ courir, faire le tour de, voir. 3 *Les douaniers ont longuement visité le chargement* *du camion* ► contrôler, examiner, explorer, fouiller, inspecter.

visqueux, euse adj. 1 *Un liquide visqueux* ► gluant, poisseux, sirupeux. 2 Fig. *Une obséquiosité visqueuse* ► doucereux, gluant, mielleux, poisseux, sirupeux.

visuel, elle adj. *Des sensations visuelles* ► optique.

vital, ale adj. *La formation est un problème vital pour les sociétés modernes* ► capital, crucial, décisif, essentiel, fondamental, majeur, primordial.

vitalité n. f. *Même dans les situations les plus difficiles, il garde une vitalité exceptionnelle* ► allant, dynamisme, énergie, entrain, pep (fam.), pétulance, punch (fam.), tonus, vie, vigueur, vivacité.

vite adv. 1 *Il a fallu qu'il aille vraiment vite pour arriver si tôt* ► à fond de train, à toute allure, à toute vitesse. 2 *Il s'est vite décidé* ► en moins de deux (fam.), en un instant, en un rien de temps, en un tour de main, en un tournemain, prestement (litt.), promptement (litt.), rapidement, rapido presto (fam.), rondement (litt.), vivement (litt.). 3 *Il sera vite dégoûté* ► bientôt, rapidement.

vitesse n. f. 1 *Ne dépassez pas cette vitesse* ► allure. 2 *On apprécie la vitesse avec laquelle il travaille* ► célérité (litt.), diligence (litt.), promptitude (litt.), rapidité. 3 **à toute vitesse** *Il conduit vraiment à toute vitesse* ► à fond de train, à toute allure, vite. 4 **en vitesse** Fam. *Il faudrait faire ça en vitesse* ► au plus vite, promptement (litt.), rapidement, rondement (litt.).

viticulteur, trice n. ► vigneron.

vitre n. f. *Les vitres d'une voiture* ► carreau, fenêtre, glace.

vitreux, euse adj. Fig. *Avoir le teint vitreux* ► blafard, blême, cadavérique, cireux, hâve, livide, plombé, terreux, verdâtre.

vitrine n. f. *La vitrine d'une magasin* ► devanture.

vitupérer v. 1 Litt. *Vitupérer les abus* ► blâmer, condamner, critiquer, dénoncer, fustiger (litt.), réprouver, stigmatiser (litt.). 2 *Vitupérer contre la hausse des prix* ► crier, fulminer, gueuler (fam.), pester, protester, râler (fam.), tempêter, tonner.

vivable adj. *Cette situation n'est pas vivable* ► soutenable, supportable, tenable.

vivace adj. Fig. *Des préjugés vivaces* ► durable, persistant, solide, tenace.

vivacité n. f. 1 *Une jeune personne pleine de vivacité* ► allant, allégresse (litt.), animation, ardeur, dynamisme, enthousiasme, entrain, feu (litt.), fougue, gaieté, pep (fam.), pétulance, vie, vitalité. 2 *La vivacité d'une réplique* ► fougue, impétuosité, véhémence, virulence. 3 *La vivacité d'une couleur* ► intensité, vigueur, violence.

vivant, ante adj. 1 *Il est blessé mais vivant* ► en vie. 2 *Il était plus mort que vivant* ► vif. 3 Fig. *Un enfant gai et vivant* ► animé, éveillé. 4 Fig. *Une rue vivante* ► animé, fréquenté, passant. 5 Fig. *Un récit vivant* ► animé, coloré, expressif, pittoresque, suggestif, vif.

vivats n. m. pl. ► acclamations, bravos.

vivement adv. 1 *Se lever vivement à l'arrivée de qqn* ► précipitamment, prestement, promptement (litt.), rapidement, vite. 2 *Parler vivement à qqn* ► brusquement, brutalement, durement, sèchement. 3 *Désirer vivement qqch* ► ardemment, beaucoup, fortement, intensément, profondément.

viveur n. m. ► bon vivant, fêtard, jouisseur, noceur.

vivier n. m. *Cette école est un vivier de cadres supérieurs* ► pépinière.

vivifiant, ante adj. 1 *Un climat vivifiant* ► fortifiant, ravigotant (fam.), revigorant, stimulant, tonifiant. 2 Fig. et litt. *Un enthousiasme vivifiant et communicatif* ► exaltant, excitant, galvanisant, grisant, stimulant.

vivifier v. *Le bon air vivifie* ► fortifier, ragaillardir, ranimer, ravigoter (fam.), remonter, réveiller, revigorer, stimuler, tonifier.

vivoter v. ► subsister, survivre, végéter.

vivre v. 1 *Vivre de pain et d'eau* ► se nourrir de. 2 *Son image vivra toujours en moi* ► être, exister, rester, subsister. 3 *Vivre des jours heureux* ► couler, passer. 4 *Vivre une longue épreuve* ► subir, supporter, traverser. 5 *Vivre à Paris* ► demeurer, habiter, résider, séjourner. 6 *Vivre pour son art* ► se consacrer à, se dévouer à, se donner à.

vivres n. m. pl. ► aliments, denrées, nourriture, provisions, subsistances, victuailles.

vocable n. m. ► mot, terme.

vocabulaire n. m. 1 *Ce terme fait-il partie du vocabulaire médical ?* ► jargon (péj.), lexique, nomenclature, terminologie. 2 *Publier un vocabulaire des termes d'architecture* ► dictionnaire, glossaire, index.

vocation n. f. *S'interroger sur la vocation des intellectuels* ► but, destination, fonction, mission, objectif, raison d'être, rôle, tâche.

vociférations n. f. pl. ▶ beuglements, braillements, clameurs, cris, hurlements.

vociférer v. ▶ beugler (fam.), brailler, crier, s'époumoner, gueuler (fam.), hurler, tonitruer.

vœu n. m. **1** *Le vœu de ne plus s'enivrer* ▶ résolution, serment. **2** *Tous ses vœux ont été comblés* ▶ aspiration, attente, demande, désir, espoir, prière, requête, souhait.

vogue n. f. **1** *La vogue des cheveux longs* ▶ mode. **2 en vogue** *Un chanteur très en vogue* ▶ à la mode, à la page, branché (fam.), in (fam.), mode (fam.).

voguer v. Litt. *Voguer vers le Nouveau Monde* ▶ cingler, faire route, naviguer.

voie n. f. **1** *Une voie de communication* ▶ axe. **2** *Assurer l'entretien des voies* ▶ chaussée, route, rue. **3** *Une route à trois voies* ▶ couloir, file. **4** *Il est interdit de marcher sur la voie* ▶ rails. **5** Fig. *Suivre la voie de qqn* ▶ brisées (litt.), sillage, traces. **6** Fig. *Indiquer à qqn la voie à suivre* ▶ chemin, direction, itinéraire, ligne, parcours, route, trajet. **7** Fig. *Communiquer qqch par la voie d'une émission grand public* ▶ canal, entremise, intermédiaire, truchement. **8 mettre sur la voie** *Ces indices ont mis les enquêteurs sur la voie* ▶ aiguiller, guider, orienter. **9 voie sans issue** *S'engager par erreur dans une voie sans issue* ▶ cul-de-sac, impasse. **10 voies de fait** Plur. *Se livrer à des voies de fait sur qqn* ▶ brutalités, sévices, violences.

voile n. m. **1** Fig. *Dissimuler un événement derrière un voile de fumée* ▶ écran, rideau. **2** Fig. *Dissimuler sa cupidité sous le voile de la dévotion* ▶ masque.

voilé, ée adj. **1** *Un temps voilé* ▶ brumeux, couvert, embrumé, nébuleux, nuageux. **2** *Avoir la voix un peu voilée* ▶ enroué, éraillé, rauque.

voiler v. **1** *Les nuages voilent l'éclat du soleil* ▶ affaiblir, atténuer, estomper, tamiser. **2** *Voiler son trouble* ▶ cacher, camoufler, déguiser, dissimuler, masquer, travestir (litt.). **3** *Voiler une roue de bicyclette* ▶ gauchir, tordre.

voir v. **1** *Voir une forme qui se détache dans la nuit* ▶ apercevoir, aviser (litt.), discerner, distinguer, entrevoir, remarquer. **2** *Tout le monde a vu cette émission de télévision* ▶ regarder. **3** *Au cours de mon étude, j'ai pu voir différents phénomènes* ▶ constater, noter, observer, remarquer, repérer. **4** *Voyons un peu ce dossier* ▶ considérer, étudier, examiner, se pencher sur. **5** *Voir toute l'Andalousie en huit jours* ▶ faire le tour de, sillonner, visiter. **6** *Je l'ai vu l'autre jour en sortant de chez vous* ▶ croiser, rencontrer, tomber sur. **7** *Je ne le vois plus depuis longtemps* ▶ frayer avec (litt.), fréquenter. **8** *Aller voir un médecin* ▶ consulter. **9** Fig. *Je vois la scène comme si j'y étais* ▶ se faire une idée de, se figurer, imaginer, se représenter. **10** Fig. *Tu vois le problème?* ▶ comprendre, concevoir, saisir. **11** Fig. *Vois ce que tu peux faire* ▶ penser à, réfléchir à, songer à. **12 se voir** *Il n'est pas content, et cela se voit* ▶ crever les yeux (fam.), sauter aux yeux (fam.). **13** *Ces symptômes se voient sur certains malades* ▶ arriver, se présenter, se produire, survenir, se trouver.

voire adv. *Je crains qu'il ne soit bien tard, voire trop tard* ▶ et même.

voisin, ine adj. **1** *Deux propriétés voisines* ▶ adjacent, attenant, contigu, mitoyen, proche, rapproché. **2** *Visiter la France et les pays voisins* ▶ avoisinant, frontalier, limitrophe. **3** *Des idées voisines* ▶ analogue, apparenté, approchant, comparable, proche, semblable, similaire.

voisinage n. m. **1** *Faire des randonnées dans le voisinage* ▶ alentours, environs, parages. **2** *Le voisinage de leurs maisons leur permettait de se voir* ▶ contiguïté, mitoyenneté, proximité.

voisiner v. *Une région où l'artisanat de la dentelle voisine avec la pétrochimie* ▶ coexister, cohabiter.

voiture n. f. **1** *Une puissante voiture* ▶ automobile, bagnole (fam.), cylindrée. **2** *Une voiture postale* ▶ fourgon, wagon. **3 voiture de course** ▶ bolide.

voix n. f. **1** *Avoir une belle voix* ▶ organe. **2** *Répondre d'une voix glaciale* ▶ ton. **3** Fig. *Écouter la voix de sa conscience* ▶ appel, avertissement, conseil, suggestion. **4** Fig. *Obtenir la majorité des voix* ▶ suffrage, vote. **5 à voix basse** ▶ doucement, mezza voce. **6 à voix haute** ▶ clairement, distinctement.

vol n. m. **1** *L'oiseau prend son vol* ▶ envol, essor, volée. **2** *Voir passer un vol d'hirondelles* ▶ bande, nuée, troupe, volée. **3** *Vivre de petits vols* ▶ chapardage (fam.), larcin. **4** *Faire blinder sa porte à la suite d'un vol* ▶ cambriolage. **5** *À ce prix-là, c'est du vol* ▶ arnaque (fam.), escroquerie.

volage adj. *Un mari volage* ▶ coureur, frivole, inconstant, infidèle, léger.

volant, ante adj. **1** *Un pont volant* ▶ mobile. **2** *Le personnel volant d'une compagnie aérienne* ▶ navigant.

volant n. m. Fig. *Un volant de sécurité* ▶ marge, réserve.

volatil, ile adj. Fig. *Un électorat volatil* ▶ changeant, fluctuant, mouvant.

volatiliser (se) v. **1** *Tout le liquide s'est volatilisé* ▶ s'évaporer, se vaporiser. **2** Fig. *Elle s'est volatilisée à la fin du dîner* ▶ disparaître, s'éclipser, s'envoler, s'évaporer.

volcanique adj. Fig. *Un tempérament volcanique* ▶ ardent, bouillant, enflammé, explosif, fougueux.

volée n. f. **1** *Les oiseaux prennent leur volée* ▶ envol, essor, vol. **2** *Voir passer une volée de moineaux* ▶ bande, nuée, troupe, vol. **3** *Une volée de canons* ▶ bordée, salve. **4** Fam. *Recevoir une volée* ▶ correction, dégelée (fam.), dérouillée (fam.), raclée (fam.), rossée (fam.).

voler v. **1** *Un commerçant qui vole ses clients* ▶ arnaquer (fam.), escroquer, estamper (fam. et vx), filouter (fam.), rançonner, truander (fam.). **2** *On m'a volé mon portefeuille* ▶ barboter (fam.), chaparder (fam.), chiper (fam.), dérober, embarquer (fam.), faucher (fam.), piquer (fam.), prendre, subtiliser (litt.). **3** *Se faire voler pendant un voyage* ▶ dépouiller, détrousser (litt.), dévaliser. **4** *Un oiseau qui vole autour d'un clocher* ▶ tournoyer, voltiger. **5** *Son écharpe volait au vent* ▶ flotter, ondoyer (litt.), onduler, voleter. **6** Fig. *Voler au secours de qqn* ▶ bondir, courir, s'élancer, foncer, se précipiter, se ruer. **7** *voler de ses propres ailes* Fig. ▶ s'émanciper, se libérer. **8** *voler en éclats* *Toutes les vitres ont volé en éclats* ▶ éclater.

volet n. m. **1** *Fermer les volets* ▶ contrevent. **2** Fig. *Le deuxième volet de l'enquête* ▶ pan, partie.

voleter v. **1** *Des papillons de nuit qui volètent autour d'une lampe* ▶ tourbillonner, tournoyer, virevolter, voltiger. **2** *Son écharpe voletait au vent* ▶ flotter, ondoyer (litt.), onduler, voler.

voleur, euse n. **1** *Arrêter un voleur la main dans le sac* ▶ pickpocket. **2** *Le voleur s'est contenté de prendre la chaîne stéréo* ▶ cambrioleur. **3** Fig. *Ce banquier est un voleur* ▶ aigrefin (litt.), bandit, brigand, crapule, escroc, filou, forban (litt.), fripouille (fam.), gangster, malfaiteur, truand.

volontaire adj. **1** *On cherche du personnel volontaire* ▶ bénévole. **2** *Il s'agit d'une erreur tout à fait volontaire* ▶ conscient, délibéré, intentionnel, pesé, réfléchi, voulu. **3** *Elle a un petit air volontaire* ▶ assuré, décidé, déterminé, ferme, résolu, têtu.

volontairement adv. *Il m'a nui volontairement* ▶ à dessein, délibérément, de propos délibéré, en connaissance de cause, exprès, intentionnellement, sciemment.

volontariat n. m. ▶ bénévolat.

volonté n. f. **1** *Avoir la volonté de réussir* ▶ désir, dessein, intention, projet. **2** *Tout sera fait selon votre volonté* ▶ attente, bon plaisir (litt.), demande, désir, prière, requête, souhait, vœu. **3** *Faire preuve d'une volonté peu commune* ▶ détermination, fermeté, obstination, opiniâtreté, persévérance, résolution, ténacité. **4** *à volonté* ▶ à discrétion, ad libitum (litt.), à gogo (fam.), à loisir, à satiété (litt.).

volontiers adv. **1** *Je le recevrais volontiers* ▶ de bon cœur, de bon gré, de bonne grâce, de gaieté de cœur. **2** *Les asperges se mangent volontiers avec de la vinaigrette* ▶ couramment, d'habitude, fréquemment, généralement, habituellement, ordinairement. **3** *Je te crois volontiers* ▶ aisément, facilement.

volte-face n. f. **1** *Il fit volte-face pour faire front à son adversaire* ▶ demi-tour. **2** Fig. *Les volte-face perpétuelles d'un homme politique* ▶ palinodie (litt.), pirouette, retournement, revirement.

voltiger v. **1** *Des papillons de nuit qui voltigent autour d'une lampe* ▶ tourbillonner, tournoyer, virevolter, voleter. **2** *Des rideaux qui voltigent au vent* ▶ flotter, ondoyer (litt.), onduler, voler, voleter.

volubile adj. ▶ bavard, causant, loquace, prolixe.

volubilité n. f. ▶ faconde, loquacité (litt.), prolixité.

volume n. m. **1** *Des volumes qui s'accumulent sur une table* ▶ bouquin (fam.), livre, ouvrage. **2** *Il a fini de lire le premier volume des Trois Mousquetaires* ▶ tome. **3** *Le volume d'une citerne* ▶ capacité, contenance, cubage. **4** *Ce meuble occupe un volume important* ▶ espace, place. **5** *Des objets de volumes différents* ▶ dimension, gabarit, grosseur, taille. **6** *Le volume des exportations augmente* ▶ masse, quantité, somme.

volumineux, euse adj. *Un colis volumineux* ▶ embarrassant, encombrant, gros.

volupté n. f. *Quelle volupté que de n'avoir rien à faire!* ▶ délectation, délice, joie, jouissance, plaisir, régal.

voluptueusement adv. *S'étendre voluptueusement sur un sofa* ▶ lascivement.

voluptueux, euse adj. *Une pose voluptueuse* ▶ érotique, impudique, lascif, luxurieux, sensuel.

volute n. f. ▸ circonvolution, enroulement, repli, sinuosité, spire.

vomir v. 1 *Voyager en voiture lui donne envie de vomir* ▸ dégobiller (fam.), dégueuler (fam.), gerber (fam.), rendre. 2 *Vomir tout son déjeuner* ▸ dégurgiter, régurgiter, rejeter, rendre. 3 Fig. et litt. *Vomir des injures* ▸ balancer (fam.), jeter, lancer, proférer, sortir (fam.). 4 Fig. et litt. *Vomir les tièdes* ▸ abhorrer (litt.), abominer (litt.), détester, exécrer, haïr, honnir (litt.).

vorace adj. 1 *Un convive vorace* ▸ glouton, goinfre, goulu, insatiable. 2 Fig. *Un usurier vorace* ▸ âpre, avide, cupide, rapace.

voracement adv. ▸ avidement, gloutonnement, goulûment.

voracité n. f. 1 *La voracité d'un affamé* ▸ appétit, gloutonnerie, goinfrerie, insatiabilité. 2 *La voracité d'un prêteur sur gage* ▸ âpreté, avidité, cupidité, rapacité.

vote n. m. 1 *Ne pas prendre part au vote* ▸ élection, scrutin. 2 *Obtenir la majorité des votes* ▸ suffrage, voix.

voter v. *L'assemblée a voté une motion de censure* ▸ adopter.

vouer v. 1 *Vouer sa vie à la science* ▸ consacrer, dédier, offrir, sacrifier. 2 *Ses antécédents le vouaient à la carrière diplomatique* ▸ destiner, prédestiner. 3 *Cette entreprise est vouée à l'échec* ▸ condamner, promettre. 4 **se vouer** *Se vouer à ses chères études* ▸ s'adonner, se consacrer, se donner, se livrer.

vouloir v. 1 *Je veux profiter de mes vacances* ▸ aspirer à, avoir envie de, avoir l'intention de, désirer, entendre, être décidé à, prétendre, souhaiter, tenir à. 2 *Donner à un enfant tout ce qu'il veut* ▸ avoir envie de, convoiter, désirer, souhaiter. 3 *Je ne suis pas sûr qu'il voudra me recevoir* ▸ accepter, consentir à, daigner (litt.). 4 *La loi veut qu'un malfaiteur soit puni* ▸ commander, exiger, ordonner, prescrire. 5 **vouloir bien** *Je veux bien que vous veniez aussi* ▸ accepter, admettre, autoriser, consentir à, permettre. 6 **vouloir dire** *Qu'est-ce que veut dire ce mot?* ▸ signifier. 7 *Refuser cette invitation voudrait clairement dire que nous rompons avec eux* ▸ impliquer, montrer, signifier, supposer. 8 **s'en vouloir** *Il s'en veut de nous avoir dit cela* ▸ se mordre les doigts (fam.), regretter, se repentir, se reprocher.

voulu, ue adj. 1 *Une erreur voulue* ▸ délibéré, intentionnel, volontaire. 2 *Il n'a pas les qualités voulues pour ce poste* ▸ désiré, exigé, fixé, prescrit, requis, souhaité.

voûté, ée adj. *Un vieillard voûté par l'âge* ▸ cassé, courbé, déjeté, plié.

voyage n. m. 1 *Un voyage en Bourgogne* ▸ balade (fam.), circuit, excursion, périple, randonnée, tour, virée (fam.). 2 *Un voyage scientifique au pôle Nord* ▸ expédition, exploration. 3 *Le voyage d'Ulysse* ▸ odyssée, pérégrination. 4 *Il est en voyage* ▸ déplacement. 5 Plur. *Une agence de voyages* ▸ tourisme. 6 *Faire plusieurs voyages pour transporter un chargement* ▸ allée et venue, navette, va-et-vient. 7 Fig. *Le voyage initiatique d'un intellectuel* ▸ cheminement, itinéraire, parcours, trajet.

voyager v. ▸ se balader (fam.), bourlinguer (fam.), circuler, se déplacer, rouler sa bosse (fam.), vagabonder.

voyageur, euse n. 1 *Il a longtemps été un grand voyageur* ▸ bourlingueur (fam.), globetrotter. 2 *Demander son ticket à un voyageur* ▸ passager. 3 **voyageur de commerce** ▸ commis voyageur (vx), représentant, représentant de commerce, v.r.p.

voyant, ante adj. 1 *Aimer les couleurs voyantes* ▸ criard, tapageur, tape-à-l'œil. 2 *Une tentative de séduction un peu trop voyante* ▸ clair, évident, manifeste, ostensible, patent, visible.

voyant, ante n. *Avoir des dons de voyant* ▸ extralucide, médium.

voyou n. m. 1 *Ces voyous m'ont volé mon autoradio* ▸ canaille, crapule, fripouille, gredin. 2 *Tu n'es qu'un petit voyou!* ▸ chenapan, coquin, fripon (litt.), galapiat (fam.), galopin, garnement, gredin, polisson, sacripant, vaurien.

vrac (en) adv. ▸ en désordre, pêle-mêle.

vrai, vraie adj. 1 *Ce qu'on vous a raconté là est tout à fait vrai* ▸ authentique, certain, exact, historique, juste, réel, sûr, véridique, véritable. 2 *Un vrai diamant* ▸ authentique, véritable. 3 *Un sentiment vrai* ▸ authentique, pur, sincère. 4 *La vraie valeur d'une monnaie* ▸ effectif, réel. 5 *J'en viens au vrai problème* ▸ capital, essentiel, fondamental, majeur, primordial, principal. 6 *C'est un vrai coquin* ▸ achevé, authentique, complet, fieffé (litt.), franc, parfait, véritable. 7 *C'est un vrai gâchis* ▸ absolu, complet, intégral, total.

vrai n. m. *Quel est le vrai dans ce qu'il raconte?* ▸ réalité, vérité.

vraiment adv. 1 *Il a vraiment fait ce qu'il nous avait dit* ▸ bel et bien, effectivement, réellement, véritablement. 2 *Vraiment, il exagère!* ▸ en vérité, franchement, sans mentir, sérieusement, sincèrement. 3 *Il n'est pas encore vraiment au courant* ▸ absolument, parfaitement, tout à fait, très, véritablement.

vraisemblable adj. **1** *Inventer une histoire vraisemblable* ▸ crédible, plausible. **2** *Ce n'est pas certain, mais c'est très vraisemblable* ▸ probable.

vraisemblablement adv. ▸ probablement, sans doute.

vraisemblance n. f. ▸ crédibilité, plausibilité (litt.).

vrille (en) adj. *Un escalier en vrille* ▸ en colimaçon, en hélice, en spirale, à vis.

vrombir v. **1** *Le frelon vrombit* ▸ bourdonner. **2** *Un moteur qui vrombit* ▸ rugir.

vrombissement n. m. **1** *Le vrombissement d'un insecte* ▸ bourdonnement. **2** *Le vrombissement des moteurs* ▸ rugissement.

vu prép. *Vu la situation...* ▸ étant donné, eu égard à.

vu que conj. Fam. *Vu que nous sommes ses héritiers, nous devons aussi avoir notre part* ▸ attendu que, comme, dans la mesure où, du fait que, étant donné que, puisque.

vue n. f. **1** *Avoir un défaut de la vue* ▸ œil, vision. **2** *La vue de cette misère l'a bouleversé* ▸ image, spectacle, tableau. **3** *Monter au dernier étage pour profiter de la vue* ▸ panorama, paysage, perspective. **4** Plur. et fig. *Nous n'avons pas les mêmes vues sur cette question* ▸ avis, conception, idée, jugement, opinion, point de vue, position, sentiment. **5** Plur. et fig. *Cela n'entre pas dans mes vues* ▸ intentions, plans, projets, propos. **6 à première vue** *À première vue, c'est irréparable* ▸ a priori, au premier abord. **7** *Ils sont une centaine, à première vue* ▸ à peu près, approximativement, au jugé, à vue de nez (fam.), en gros (fam.), environ. **8 en vue** *Laisser un objet bien en vue* ▸ au premier plan, en évidence.

vulgaire adj. **1** *Le nom vulgaire d'une plante* ▸ courant, usuel. **2** *Une expression vulgaire* ▸ bas, grossier, populacier (vx), relâché, trivial. **3** *Un vulgaire chat de gouttière* ▸ banal, commun, courant, ordinaire, quelconque.

vulgairement adv. **1** *La valériane est vulgairement appelée herbe aux chats* ▸ couramment, familièrement. **2** *Parler vulgairement* ▸ grossièrement, trivialement.

vulgarisation n. f. *La vulgarisation d'une science* ▸ diffusion, propagation.

vulgariser v. *Vulgariser une science* ▸ diffuser, propager, répandre.

vulgarité n. f. ▸ grossièreté, trivialité.

vulnérable adj. ▸ faible, fragile, sans défense.

W-Z

wagon n. m. ▶ fourgon (vx), voiture.

wagon-lit n. m. ▶ sleeping.

wagonnet n. m. *Un wagonnet de bauxite* ▶ benne, berline, chariot.

walkman n. m. N. dép. ▶ baladeur.

warnings n. m. pl. ▶ feux de détresse.

water-closets n. m. pl. ▶ cabinets, lavabos, lieux (litt.), petit coin (fam.), toilettes.

waterproof adj. ▶ étanche, imperméable.

week-end n. m. ▶ fin de semaine.

wharf n. m. ▶ appontement.

whisky n. m. *Vous prendriez un whisky ?* ▶ scotch.

winch n. m. ▶ cabestan.

yachtman n. m. ▶ plaisancier.

zébrer v. ▶ rayer.

zébrure n. f. ▶ bande, ligne, raie, rayure, traînée, trait.

zèle n. m. ▶ assiduité (litt.), dévouement, diligence (litt.), empressement, sérieux, soin.

zélé, ée adj. **1** *Un employé zélé* ▶ assidu (litt.), dévoué, diligent (litt.), empressé, sérieux, travailleur. **2** *Un admirateur zélé* ▶ ardent, enthousiaste, fanatique, fervent, passionné.

zénith n. m. Fig. *Le zénith de la gloire* ▶ apogée, point culminant, sommet, summum.

zéphyr n. m. ▶ brise.

zeppelin n. m. ▶ dirigeable.

zéro n. m. **1** *Sa fortune est réduite à zéro* ▶ néant, rien. **2** Fig. *Tu n'es qu'un zéro* ▶ incapable, moins que rien, nul, nullard (fam.), nullité.

zézaiement n. m. ▶ blèsement, zozotement (fam.).

zézayer v. ▶ bléser, zozoter (fam.).

zigzag n. m. *Les zigzags d'une route* ▶ lacet, méandre, sinuosité.

zigzaguer v. **1** *Une route qui zigzague* ▶ serpenter. **2** *Un ivrogne qui zigzague* ▶ chanceler, tituber, vaciller. **3** Fig. *Zigzaguer pour éviter une difficulté* ▶ biaiser, finasser, louvoyer, slalomer, tergiverser.

zinc n. m. **1** Fam. *Boire un café au zinc* ▶ bar, comptoir. **2** Fam. *Perdre les commandes de son zinc* ▶ avion, coucou (fam.).

zizanie n. f. *La question religieuse est un perpétuel sujet de zizanie dans cette famille* ▶ désaccord, discorde, dispute, dissension, mésentente, mésintelligence (litt.), querelle.

zone n. f. **1** *Une zone réservée aux expérimentations militaires* ▶ aire, emplacement, enceinte, espace, périmètre, secteur, terrain. **2** *Chercher à élargir sa zone d'influence* ▶ champ, domaine.

zozotement n. m. Fam. ▶ blèsement, zézaiement.

zozoter v. Fam. ▶ bléser, zézayer.

Imprimé en Italie par

LTV

LA TIPOGRAFICA VARESE
Società per Azioni

Varese

Dépôt légal Éditeur : 23480-06/2002

Collection n° 31 - Édition n° 06

28/0492/0